J. von Staudingers
Kommentar zum Bürgerlichen Gesetzbuch
mit Einführungsgesetz und Nebengesetzen
Buch 4 · Familienrecht
§§ 1684–1717
(Elterliche Sorge – Umgangsrecht)

Kommentatorinnen und Kommentatoren

Dr. Christoph Althammer
Professor an der Universität Regensburg

Dr. Georg Annuß, LL.M.
Rechtsanwalt in München, Außerplanmäßiger Professor an der Universität Regensburg

Dr. Christian Armbrüster
Professor an der Freien Universität Berlin, Richter am Kammergericht a. D.

Dr. Arnd Arnold
Professor an der Universität Trier, Dipl.-Volksw.

Dr. Markus Artz
Professor an der Universität Bielefeld

Dr. Martin Avenarius
Professor an der Universität zu Köln

Dr. Ivo Bach
Professor an der Universität Göttingen

Dr. Christian Baldus
Professor an der Universität Heidelberg

Dr. Wolfgang Baumann
Rechtsanwalt und Notar a. D. in Wuppertal, Professor an der Bergischen Universität Wuppertal

Dr. Winfried Bausback
Professor a. D. an der Bergischen Universität Wuppertal, bayerischer Staatsminister der Justiz a. D., Mitglied des Bayerischen Landtags

Dr. Roland Michael Beckmann
Professor an der Universität des Saarlandes, Saarbrücken

Dr. Dr. h. c. Detlev W. Belling, M.C.L.
Professor an der Universität Potsdam

Dr. Andreas Bergmann
Professor an der Fernuniversität in Hagen

Dr. Falk Bernau
Richter am Bundesgerichtshof, Karlsruhe

Dr. Martin Bialluch
Wiss. Assistent am Max-Planck-Institut in Hamburg

Dr. Marcus Bieder
Professor an der Universität Osnabrück

Dr. Werner Bienwald †
Professor an der Evangelischen Fachhochschule Hannover, Rechtsanwalt in Oldenburg

Dr. Tom Billing
Rechtsanwalt in Berlin

Dr. Eike Bleckwenn
Rechtsanwalt in Hannover

Dr. Reinhard Bork
Professor an der Universität Hamburg

Dr. Wolfgang Breyer
Rechtsanwalt in Stuttgart

Dr. Jan Busche
Professor an der Universität Düsseldorf

Dr. Georg Caspers
Professor an der Universität Erlangen-Nürnberg

Dr. Dr. h. c. Tiziana Chiusi
Professorin an der Universität des Saarlandes, Saarbrücken

Dr. Michael Coester, LL.M.
Professor an der Universität München

Dr. Dr. h. c. Dagmar Coester-Waltjen, LL.M.
Professorin an der Universität Göttingen

Dr. Johanna Croon-Gestefeld, LL.M.
Professorin an der Universität Lüneburg

Dr. Thomas Diehn, LL.M.
Notar in Hamburg, Lehrbeauftragter an der Universität Hamburg

Dr. Katrin Dobler
Richterin am Oberlandesgericht Stuttgart

Dr. Heinrich Dörner
Professor an der Universität Münster

Dr. Werner Dürbeck
Vorsitzender Richter am Oberlandesgericht Frankfurt a. M.

Dr. Anatol Dutta, M. Jur.
Professor an der Universität München

Dr. Christina Eberl-Borges
Professorin an der Universität Mainz

Dr. Dres. h. c. Werner F. Ebke, LL.M.
Professor an der Universität Heidelberg

Dr. Jan Eickelberg, LL.M. †
Professor an der Hochschule für Wirtschaft und Recht, Berlin

Jost Emmerich
Richter am Oberlandesgericht München

Dr. Volker Emmerich
Professor an der Universität Bayreuth, Richter am Oberlandesgericht Nürnberg a. D.

Dr. Cornelia Feldmann
Rechtsanwältin in Freiburg i. Br.

Dr. Matthias Fervers
Akad. Rat a. Z. an der Universität München

Dr. Timo Fest, LL.M.
Professor an der Universität zu Kiel

Dr. Karl-Heinz Fezer
Professor em. an der Universität Konstanz, Honorarprofessor an der Universität Leipzig, Richter am Oberlandesgericht Stuttgart a. D.

Dr. Philipp S. Fischinger, LL.M.
Professor an der Universität Mannheim

Dr. Holger Fleischer
Direktor am Max-Planck-Institut für ausländisches und internationales Privatrecht in Hamburg, Professor an der Bucerius Law School, Hamburg

Dr. Robert Freitag, Maître en droit
Professor an der Universität Erlangen-Nürnberg

Dr. Jörg Fritzsche
Professor an der Universität Regensburg

Dr. Tobias Fröschle
Professor an der Universität Siegen

Dr. Susanne Lilian Gössl, LL.M.
Professorin an der Universität Bonn

Dr. Beate Gsell, Maître en droit
Professorin an der Universität München, Richterin am Oberlandesgericht München

Dr. Thomas Gutmann, M. A.
Professor an der Universität Münster

Dr. Martin Gutzeit
Professor an der Universität Gießen

Dr. Martin Häublein
Professor an der Universität Innsbruck

Dr. Johannes Hager
Professor an der Universität München

Dr. Felix Hartmann, LL.M.
Professor an der Freien Universität Berlin

Dr. Wolfgang Hau
Professor an der Universität München, Richter am Oberlandesgericht München

Dr. Rainer Hausmann
Professor an der Universität Konstanz

Dr. Stefan Heilmann
Vorsitzender Richter am Oberlandesgericht Frankfurt, Honorarprofessor an der Frankfurt University of Applied Sciences

Dr. Jan von Hein
Professor an der Universität Freiburg i. Br.

Dr. Jörn Heinemann
Notar in Neumarkt i.d. Opf.

Dr. Christian Heinze
Professor an der Universität Heidelberg

Dr. Stefan Heinze
Notar in Köln

Dr. Tobias Helms
Professor an der Universität Marburg

Silas Hengstberger, LL.B.
Wiss. Mitarbeiter an der Universität Mannheim

Dr. Dr. h. c. mult. Dieter Henrich
Professor an der Universität Regensburg

Dr. Carsten Herresthal, LL.M.
Professor an der Universität Regensburg

Christian Hertel, LL.M.
Notar in Weilheim i. OB.

Dr. Stephanie Herzog
Fachanwältin für Erbrecht in Würselen

Joseph Hönle
Notar in München

Dr. Ulrich Hönle
Notar in Waldmünchen

Dr. Clemens Höpfner
Professor an der Universität Münster

Dr. Bernd von Hoffmann †
Professor an der Universität Trier

Dr. Dr. h. c. Heinrich Honsell
Professor an der Universität Zürich, Honorarprofessor an der Universität Salzburg

Dr. Rainer Hüttemann
Professor an der Universität Bonn

Dr. Martin Illmer, M. Jur.
Richter am Landgericht Hamburg, Privatdozent an der Bucerius Law School

Dr. Florian Jacoby
Professor an der Universität Bielefeld

Dr. Ulrich von Jeinsen
Rechtsanwalt und Notar in Hannover, Honorarprofessor an der Universität Hannover

Dr. Dagmar Kaiser †
Professorin an der Universität Mainz

Dr. Bernd Kannowski
Professor an der Universität Bayreuth

Dr. Christoph A. Kern, LL.M.
Professor an der Universität Heidelberg

Dr. Christian Kesseler
Notar in Düren, Honorarprofessor an der Universität Trier

Dr. Walter Klein
Rechtsanwalt in Köln

Dr. Fabian Klinck
Professor an der Universität Bochum

Dr. Frank Klinkhammer
Richter am Bundesgerichtshof, Karlsruhe, Honorarprofessor an der Universität Marburg

Dr. Steffen Klumpp
Professor an der Universität Erlangen-Nürnberg

Dr. Jürgen Kohler
Professor an der Universität Greifswald

Dr. Sebastian Kolbe
Professor an der Universität Bremen

Dr. Stefan Koos
Professor an der Universität der Bundeswehr München

Dr. Rüdiger Krause
Professor an der Universität Göttingen

Dr. Heinrich Kreuzer
Notar in München

Dr. Lena Kunz, LL.M.
Akad. Mitarbeiterin an der Universität Heidelberg

Dr. Steffen Kurth, LL.M.
Rechtsanwalt in Bielefeld

Dr. Clemens Latzel
Privatdozent an der Universität München

Dr. Arnold Lehmann-Richter
Professor an der Hochschule für Wirtschaft und Recht Berlin

Dr. Saskia Lettmaier, B.A., LL.M.
Professorin an der Universität zu Kiel, Richterin am Schleswig-Holsteinischen Oberlandesgericht in Schleswig

Stefan Leupertz
Richter a. D. am Bundesgerichtshof, Honorarprofessor an der TU Dortmund

Dr. Johannes Liebrecht
Professor an der Universität Zürich

Dr. Jan Lieder, LL.M.
Professor an der Universität Freiburg i. Br., Richter am Schleswig-Holsteinischen Oberlandesgericht

Dr. Dimitrios Linardatos
Professor an der Universität des Saarlandes, Saarbrücken

Dr. Martin Löhnig
Professor an der Universität Regensburg

Dr. Dirk Looschelders
Professor an der Universität Düsseldorf

Dr. Stephan Lorenz
Professor an der Universität München

Dr. Sigrid Lorz
Professorin an der Universität Greifswald

Dr. Katharina Lugani
Professorin an der Universität Düsseldorf

Dr. Tobias Lutzi, LL.M., M.Jur.
Professor an der Universität Augsburg

Dr. Gerald Mäsch
Professor an der Universität Münster, Richter am Oberlandesgericht Hamm a.D.

Dr. Robert Magnus
Professor an der Universität Bayreuth

Dr. Ulrich Magnus
Professor an der Universität Hamburg, Affiliate des MPI für ausländisches und internationales Privatrecht, Hamburg, Richter am Hanseatischen Oberlandesgericht zu Hamburg a. D.

Dr. Mark Makowsky
Professor an der Universität Mannheim

Dr. Peter Mankowski †
Professor an der Universität Hamburg

Dr. Dr. h. c. Heinz-Peter Mansel
Professor an der Universität zu Köln

Dr. Peter Marburger †
Professor an der Universität Trier

Dr. Wolfgang Marotzke
Professor an der Universität Tübingen

Dr. Sebastian A. E. Martens
Professor an der Universität Passau

Dr. Dr. Dr. h. c. mult. Michael Martinek, M.C.J.
Professor an der Universität des Saarlandes, Saarbrücken, Honorarprofessor an der Universität Johannesburg, Südafrika

Dr. Annemarie Matusche-Beckmann
Professorin an und Vizepräsidentin der Universität des Saarlandes, Saarbrücken, Stellv. Richterin am Verfassungsgerichtshof des Saarlandes

Dr. Felix Maultzsch, LL.M.
Professor an der Universität Frankfurt a. M.

Dr. Patrick Meier
Notar in Bischofsheim i.d. Rhön, Privatdozent an der Universität Würzburg

Dr. Dr. Detlef Merten
Professor an der Deutschen Universität für Verwaltungswissenschaften Speyer

Dr. Tanja Mešina
Staatsanwältin, Stuttgart

Dr. Rudolf Meyer-Pritzl
Professor an der Universität zu Kiel, Richter am Schleswig-Holsteinischen Oberlandesgericht in Schleswig

Dr. Morten Mittelstädt
Notar in Hamburg

Dr. Oliver Moufang
Rechtsanwalt in Frankfurt a.M., Honorarprofessor an der Hochschule Wiesbaden

Dr. Peter O. Mülbert
Professor an der Universität Mainz

Dr. Hans-Heinrich Nöll
Rechtsanwalt in Hamburg

Dr. Jürgen Oechsler
Professor an der Universität Mainz

Dr. Hartmut Oetker
Professor an der Universität zu Kiel, Richter am Thüringer Oberlandesgericht in Jena a. D.

Wolfgang Olshausen
Notar a. D. in Rain am Lech

Dr. Dirk Olzen
Professor an der Universität Düsseldorf

Dr. Sebastian Omlor, LL.M., LL.M.
Professor an der Universität Marburg

Dr. Gerhard Otte
Professor an der Universität Bielefeld

Dr. Frank Peters †
Professor an der Universität Hamburg, Richter am Hanseatischen Oberlandesgericht zu Hamburg a. D.

Dr. Christian Picker
Professor an der Universität Tübingen

Dr. Andreas Piekenbrock
Professor an der Universität Heidelberg

Dr. Jörg Pirrung †
Richter am Gericht erster Instanz der Europäischen Gemeinschaften i. R., Honorarprofessor an der Universität Trier

Dr. Paul Popescu
Rechtsanwalt in Köln

Dr. Maximilian Freiherr von Proff zu Irnich
Notar in Köln

Dr. Lukas Rademacher M.Jur.
Professor an der Universität zu Kiel

Dr. Thomas Raff
Notar in Ludwigshafen

Dr. Manfred Rapp †
Notar a. D., Landsberg am Lech

Dr. Dr. h.c. Thomas Rauscher
Professor an der Universität Leipzig, Professor h.c. an der Eötvös Loránd Universität Budapest, Dipl.Math.

Dr. Peter Rawert, LL.M.
Notar in Hamburg, Honorarprofessor an der Universität Kiel

Dr. Wolfgang Reetz
Notar in Köln

Eckhard Rehme
Vorsitzender Richter am Oberlandesgericht Oldenburg i. R.

Dr. Moritz Renner
Professor an der Universität Mannheim

Dr. Tilman Repgen
Professor an der Universität Hamburg

Dr. Philipp Reuß, M.Jur.
Professor an der Universität Göttingen

Dr. Christoph Reymann, LL.M. Eur.
Notar in Landsberg am Lech, Professor an der Privaten Universität Liechtenstein

Dr. Reinhard Richardi
Professor an der Universität Regensburg, Präsident a. D. des Kirchlichen Arbeitsgerichtshofs der Deutschen Bischofskonferenz, Bonn

Dr. Volker Rieble
Professor an der Universität München, Direktor des Zentrums für Arbeitsbeziehungen und Arbeitsrecht

Dr. Daniel Rodi
Akad. Rat a. Z. an der Universität Heidelberg

Dr. Anne Röthel
Professorin an der Bucerius Law School, Hamburg

Dr. Christian Rolfs
Professor an der Universität zu Köln

Dr. Dr. h. c. Herbert Roth
Professor an der Universität Regensburg

Dr. Ludwig Salgo
Apl. Professor an der Universität Frankfurt a. M.

Dr. Adam Sagan, M. Jur.
Professor an der Universität Bayreuth

Dr. Anne Sanders
Professorin an der Universität Bielefeld

Dr. Daniel Schäuble
Notar in Waldshut-Tiengen

Dr. Renate Schaub, LL.M.
Professorin an der Universität Bochum

Dr. Martin Josef Schermaier
Professor an der Universität Bonn

Dr. Gottfried Schiemann
Professor an der Universität Tübingen

Dr. Eberhard Schilken
Professor an der Universität Bonn

Dr. Martin Schmidt-Kessel
Professor an der Universität Bayreuth

Dr. Daniel Johannes Schneider
Notarassessor in Neustadt a. d. Weinstraße

Ulf Schönenberg-Wessel
Notar und Rechtsanwalt in Kiel

Dr. Günther Schotten
Notar a. D. in Köln, Honorarprofessor an der Universität Bielefeld

Dr. Andrea Schulz
Deutsche Verbindungsbeamtin in Frankreich, Bundesministerium der Justiz und für Verbraucherschutz

Dr. Holger Schulz
Direktor des Amtsgerichts Meldorf

Dr. Roland Schwarze
Professor an der Universität Hannover

Dr. Andreas Schwennicke
Rechtsanwalt und Notar a. D. in Berlin

Dr. Stephan Serr
Notar in Ochsenfurt

Dr. Reinhard Singer
Professor an der Humboldt-Universität Berlin, Richter am Oberlandesgericht Rostock a. D.

Dr. Stephanie Sittmann-Haury, M.M.
Wiss. Mitarbeiterin an der Universität Mainz

Dr. Dr. h. c. Ulrich Spellenberg
Professor an der Universität Bayreuth

Dr. Sebastian Spiegelberger
Notar a. D. in Rosenheim

Dr. Ansgar Staudinger
Professor an der Universität Bielefeld

Julian Stein, LL.M.
Wiss. Mitarbeiter an der Universität Mainz

Dr. Björn Steinrötter
Professor an der Universität Potsdam

Dr. Malte Stieper
Professor an der Universität Halle-Wittenberg

Dr. Markus Stoffels
Professor an der Universität Heidelberg

Dr. Michael Stürner, M. Jur.
Professor an der Universität Konstanz, Richter am Oberlandesgericht Karlsruhe

Dr. Felipe Temming, LL.M.
Professor an der Universität Hannover

Burkhard Thiele
Präsident des Oberlandesgerichts Rostock a. D., Präsident des Landesverfassungsgerichts Mecklenburg-Vorpommern a. D.

Dr. Christoph Thole
Professor an der Universität zu Köln

Dr. Karsten Thorn
Professor an der Bucerius Law School, Hamburg

Dr. Gregor Thüsing, LL.M.
Professor an der Universität Bonn

Dr. Madeleine Tolani, LL.M.
Professorin an der Hochschule Wismar

Dr. Barbara Veit
Professorin an der Universität Göttingen

Dr. Bea Verschraegen, LL.M., M.E.M.
Professorin an der Universität Wien, adjunct professor an der Universität Macao

Dr. Klaus Vieweg
Professor an der Universität Erlangen-Nürnberg

Dr. A. Olrik Vogel
Rechtsanwalt in München

Dr. Markus Voltz
Notar in Offenburg

Dr. Reinhard Voppel
Rechtsanwalt in Köln

Dr. Rolf Wagner
Professor an der Universität Potsdam, Ministerialrat im Bundesjustizministerium

Dr. Christoph Andreas Weber
Privatdozent an der Universität München

Dr. Johannes Weber, LL.M.
Notarassessor, Geschäftsführer des Deutschen Notarinstituts, Würzburg

Gerd Weinreich
Vorsitzender Richter am Oberlandesgericht Oldenburg a. D., Rechtsanwalt in Oldenburg

Dr. Matthias Wendland, LL.M.
Professor an der Universität Graz

Dr. Domenik H. Wendt, LL.M.
Professor an der Frankfurt University of Applied Sciences

Dr. Olaf Werner
Professor an der Universität Jena, Richter am Thüringer Oberlandesgericht Jena a. D.

Dr. Denise Wiedemann
Wiss. Mitarbeiterin am Max-Planck-Institut für ausländisches und internationales Privatrecht, Hamburg

Dr. Daniel Wiegand, LL.M.
Rechtsanwalt in München

Dr. Wolfgang Wiegand
Professor an der Universität Bern

Dr. Peter Winkler von Mohrenfels
Professor an der Universität Rostock, Richter am Oberlandesgericht Rostock a. D.

Dr. Felix Wobst
Notar in Gerolzhofen

Heinz Wöstmann
Richter am Bundesgerichtshof, Karlsruhe

Dr. Luitpold Graf Wolffskeel von Reichenberg
Notar in Bamberg

Dr. Hans Wolfsteiner †
Notar a. D., Rechtsanwalt in München

Dagmar Zorn
Dipl.-Rechtspflegerin, Großbeeren

Redaktorinnen und Redaktoren

Dr. Christian Baldus

Dr. Dr. h. c. mult. Christian von Bar, FBA

Dr. Michael Coester, LL.M.

Dr. Tobias Fröschle

Dr. Hans Christoph Grigoleit

Dr. Johannes Hager

Dr. Dr. h. c. mult. Dieter Henrich

Dr. Carsten Herresthal, LL.M.

Sebastian Herrler

Dr. Dr. h. c. Manfred Löwisch

Dr. Robert Magnus

Dr. Ulrich Magnus

Dr. Heinz-Peter Mansel

Dr. Peter O. Mülbert

Dr. Gerhard Otte

Dr. Lore Maria Peschel-Gutzeit †*

Dr. Thomas Raff

Dr. Peter Rawert, LL.M.

Dr. Volker Rieble

Dr. Christian Rolfs

Dr. Dr. h. c. Herbert Roth

Dr. Markus Stoffels

Dr. Barbara Veit

Dr. Wolfgang Wiegand

---

* Der Staudinger betrauert das Versterben seiner Autorin und Redaktorin Frau Dr. Lore Maria Peschel-Gutzeit. Wir erinnern hiermit voller Dankbarkeit an ihren großen und langjährigen Einsatz für den Kommentar.

J. von Staudingers
Kommentar zum Bürgerlichen Gesetzbuch mit Einführungsgesetz und Nebengesetzen

Buch 4
Familienrecht
§§ **1684–1717**
(Elterliche Sorge – Umgangsrecht)

Neubearbeitung 2023
von
Michael Coester
Werner Dürbeck

Redaktorin
Lore Maria Peschel-Gutzeit †

ottoschmidt – De Gruyter · Berlin

Die Kommentatorinnen und Kommentatoren

Neubearbeitung 2023
§§ 1684–1688: WERNER DÜRBECK
§§ 1693–1698b: MICHAEL COESTER
§§ 1712–1717: WERNER DÜRBECK

Neubearbeitung 2019
§§ 1684–1686a: WERNER DÜRBECK
§§ 1687–1688: LUDWIG SALGO
§§ 1693–1698b: MICHAEL COESTER
§§ 1712–1717: WERNER DÜRBECK

Neubearbeitung 2014
§§ 1684–1686a: THOMAS RAUSCHER
§§ 1687–1688: LUDWIG SALGO
§§ 1693–1698b: MICHAEL COESTER
§§ 1712–1717: THOMAS RAUSCHER

Sachregister

STEFANIE HÖRPEL, Bad Honnef

Zitierweise

STAUDINGER/DÜRBECK (2023) § 1684 Rn 1
STAUDINGER/DÜRBECK (2023) Vorbem 1 zu §§ 1712–1717

Zitiert wird nach Paragraph bzw Artikel und Randnummer.

Hinweise

Der **Staudinger ist online auf juris** abrufbar. Nähere Angaben dazu sowie das Abkürzungsverzeichnis finden Sie auf www.staudinger-bgb.de.

Der **Stand der Bearbeitung** ist Mai 2023.

Am Ende eines jeden Bandes befindet sich eine Übersicht über den aktuellen Stand des Gesamtwerks STAUDINGER.

Die Deutsche Nationalbibliothek verzeichnet diese Publikation in der Deutschen Nationalbibliografie; detaillierte bibliografische Daten sind im Internet über http://dnb.dnb.de abrufbar.

ISBN 978-3-8059-1371-3

Satz: jürgen ullrich typosatz, Nördlingen.

Druck und Bindearbeiten: CPI books GmbH, Leck.

Umschlaggestaltung: Bib Wies, München.

♾ Gedruckt auf säurefreiem Papier, das die DIN ISO 9706 über Haltbarkeit erfüllt.

Inhaltsübersicht

* Zitiert wird nicht nach Seiten, sondern nach Paragraph bzw Artikel und Randnummer; siehe dazu auch „Zitierweise“.

§ 1684
Umgang des Kindes mit den Eltern

(1) Das Kind hat das Recht auf Umgang mit jedem Elternteil; jeder Elternteil ist zum Umgang mit dem Kind verpflichtet und berechtigt.

(2) Die Eltern haben alles zu unterlassen, was das Verhältnis des Kindes zum jeweils anderen Elternteil beeinträchtigt oder die Erziehung erschwert. Entsprechendes gilt, wenn sich das Kind in der Obhut einer anderen Person befindet.

(3) Das Familiengericht kann über den Umfang des Umgangsrechts entscheiden und seine Ausübung, auch gegenüber Dritten, näher regeln. Es kann die Beteiligten durch Anordnungen zur Erfüllung der in Absatz 2 geregelten Pflicht anhalten. Wird die Pflicht nach Absatz 2 dauerhaft oder wiederholt erheblich verletzt, kann das Familiengericht auch eine Pflegschaft für die Durchführung des Umgangs anordnen (Umgangspflegschaft). Die Umgangspflegschaft umfasst das Recht, die Herausgabe des Kindes zur Durchführung des Umgangs zu verlangen und für die Dauer des Umgangs dessen Aufenthalt zu bestimmen. Die Anordnung ist zu befristen. Für den Ersatz von Aufwendungen und die Vergütung des Umgangspflegers gilt § 277 des Gesetzes über das Verfahren in Familiensachen und in den Angelegenheiten der freiwilligen Gerichtsbarkeit entsprechend.

(4) Das Familiengericht kann das Umgangsrecht oder den Vollzug früherer Entscheidungen über das Umgangsrecht einschränken oder ausschließen, soweit dies zum Wohl des Kindes erforderlich ist. Eine Entscheidung, die das Umgangsrecht oder seinen Vollzug für längere Zeit oder auf Dauer einschränkt oder ausschließt, kann nur ergehen, wenn andernfalls das Wohl des Kindes gefährdet wäre. Das Familiengericht kann insbesondere anordnen, dass der Umgang nur stattfinden darf, wenn ein mitwirkungsbereiter Dritter anwesend ist. Dritter kann auch ein Träger der Jugendhilfe oder ein Verein sein; dieser bestimmt dann jeweils, welche Einzelperson die Aufgabe wahrnimmt.

Materialien: BT-Drucks 13/4899 v 13. 6. 1996; BT-Drucks 13/8511 v 12. 9. 1997, 67; KindRG v 16. 12. 1997; Abs 3 S 3–6: BT-Drucks 16/6308 v 7. 9. 2007; BT-Drucks 16/9733 v 23. 6. 2008; BT-Drucks 16/13082 v 19. 5. 2009; FGG-RG v 17. 12. 2008.

Schrifttum

1. Allgemeines Schrifttum

ALTHAMMER, Brüssel IIa Rom III (2014)
ANDRAE, Internationales Familienrecht (4. Aufl 2019)
BALLOFF, Kinder vor dem Familiengericht (4. Aufl 2022)
BALLOFF/KORITZ, Praxishandbuch für Verfahrensbeistände (2. Aufl 2015)
BERGMANN/DIENELT, Ausländerrecht (14. Aufl 2022)
BRANDIS/HEUERMANN, Ertragssteuerrecht (16. EL 2022)
BUMILLER/HARDERS/SCHWAMB, FamFG (13. Aufl 2022)
CANARIS, Die Feststellung von Lücken im Gesetz (2. Aufl 1983)
CASTELLANOS, Psychologische Sachverständigengutachten im Familienrecht (3. Aufl 2021)
DETHLOFF, Familienrecht (33. Aufl 2022)

Dettenborn, Kindeswohl und Kindeswille (6. Aufl 2021)
Dettenborn/Walter, Familienrechtspsychologie (4. Aufl 2022)
Dutta/Jacoby/Schwab, FamFG (4. Aufl 2021)
Ehinger/Rasch/Schwonberg/Siede, Handbuch Unterhaltsrecht (8. Aufl 2018)
Erman, BGB (17. Aufl 2023)
Fischer, Strafgesetzbuch (70. Aufl 2023)
Fröschle, Sorge und Umgang in der Rechtspraxis (2. Aufl 2018)
Gerhardt/vHeintschel-Heinegg/Klein, Handbuch Familienrecht (12. Aufl 2021)
Gernhuber/Coester-Waltjen, Familienrecht (7. Aufl 2020)
Göppinger/Rakete-Dombek, Vereinbarungen anlässlich der Ehescheidung (11. Aufl 2018)
Gottschalk/Schneider, Prozess- und Verfahrenskostenhilfe, Beratungshilfe (10. Aufl 2021)
Grube/Wahrendorf/Flint, SGB XII (7. Aufl 2020)
Grüneberg, Bürgerliches Gesetzbuch (82. Aufl 2023)
Gsell/Krüger/Lorenz/Reymann, beck-online. Großkommentar Zivilrecht (2023)
Hau/Poseck, Beck Online Kommentar zum BGB (65. Edition 2023)
Haussleiter, FamFG (2. Aufl 2017)
Heilmann, Praxiskommentar Kindschaftsrecht (2. Aufl 2020)
Helms, Gutachten F zum 71. Deutschen Juristentag (2016)
Hoffmann, Personensorge (3. Aufl 2018)
Johannsen/Henrich/Althammer, Familienrecht (7. Aufl 2020)
Kaiser/Schnitzler/Schilling/Sanders, BGB/Familienrecht (4. Aufl 2021)
Karpenstein/Mayer, Konvention zum Schutz der Menschenrechte und Grundfreiheiten: EMRK (3. Aufl 2022)
Kavemann/Kreyssig, Handbuch Kinder und häusliche Gewalt (3. Aufl 2013)
Kluth/Heusch, Beck'scher Online Kommentar Ausländerrecht (2022)
Krüger/Breetzke/Nowak, Gleichberechtigungsgesetz (1958)
Kunkel/Kepert/Pattar, Sozialgesetzbuch VIII (8. Aufl 2022)
Lack/Hammesfahr, Psychologische Gutachten im Familienrecht (2019)
Larenz/Canaris, Methodenlehre des Rechts (3. Aufl 1979)
Mayer, Beck'scher Online-Kommentar Streitwert (2023)
Münchener Kommentar, BGB Bd 9 (8. Aufl 2020)
Münchener Kommentar, FamFG (3. Aufl 2018)
Münchener Kommentar, ZPO (6. Aufl 2020)
Münder/Meysen/Trenczek, Frankfurter Kommentar SGB VIII (9. Aufl 2022)
Musielak/Borth/Frank, Familiengerichtliches Verfahren, 1. und 2. Buch FamFG (7. Aufl 2022)
Niepmann/Kerschner, Die Rechtsprechung zur Höhe des Unterhalts (15. Aufl 2023)
Oberloskamp/Borgs-Lauf/Röchling/Seidenstücker, Gutachtliche Stellungnahmen in der Sozialen Arbeit (2017)
Oberloskamp/Dürbeck, Vormundschaft, Pflegschaft und Beistandschaft für Minderjährige (5. Aufl 2023)
Prenzlow, Elterliche Sorge und Umgang (3. Aufl 2022)
Prütting/Helms, FamFG Kommentar (6. Aufl 2023)
Rauscher, Europäisches Zivilprozess- und Kollisionsrecht, EuZPR/EuIPR, Bd 5 (5. Aufl 2020)
Rolfs/Giesen/Messling/Udsching, Beck Online Kommentar zum Sozialrecht (2022)
Salgo/Lack, Verfahrensbeistandschaft (4. Aufl 2020)
Salzgeber, Familienpsychologische Gutachten (7. Aufl 2020)
Schellhorn/Fischer/Mann/Kern, SGB VIII (5. Aufl 2016)
Schmahl, Kinderrechtskonvention mit Zusatzprotokollen, Handkommentar (2. Aufl 2017)
Schmidt, EStG (41. Aufl 2022)
Schneider/Dürbeck, Gebühren in Familiensachen (2. Aufl 2021)
Schneider/Kurpat, Streitwert Kommentar (15. Aufl 2021)
Schnitzler, Münchener Anwaltshandbuch Familienrecht (5. Aufl 2020)
Schönke/Schröder, Strafgesetzbuch (30. Aufl 2019)
Schürmann, Sozialrecht für die familienrechtliche Praxis (2. Aufl 2022)

SCHWAB/ERNST, Handbuch Scheidungsrecht (8. Aufl 2019)
SOERGEL, BGB, Familienrecht 3/2 (13. Aufl 2017)
STERNAL, FamFG (21. Aufl 2023)
THOMAS/PUTZO, Zivilprozessordnung (43. Aufl 2022)
VÖLKER/CLAUSIUS, Sorge- und Umgangsrecht (8. Aufl 2021)
WALPER/FICHTNER/NORMANN (Hrsg), Hochkonflikthafte Trennungsfamilien (2. Aufl 2013)
WENDL/DOSE, Das Unterhaltsrecht in der familienrichterlichen Praxis (10. Aufl 2019)
WIESNER/WAPLER, SGB VIII (6. Aufl 2022)
WINTER, Internationales Familienrecht bei Fällen mit Auslandsbezug (2023)
ZEMPEL, Sorge- und Umgangsrecht für nichteheliche Kinder (2013)
ZÖLLER, ZPO (34. Aufl 2022).

2. Abkürzungen

BeckOGK/Bearbeiter: siehe GSELL/KRÜGER/LORENZ/REYMANN
BeckOK-Ausländerrecht/Bearbeiter: siehe KLUTH/HEUSCH
BeckOK-BGB/Bearbeiter: siehe HAU/POSECK
BeckOK-Sozialrecht/Bearbeiter: siehe ROLFS/GIESEN/MESSLING/UDSCHING
BeckOK-Streitwert/Bearbeiter: siehe MAYER
FA-FamR/Bearbeiter: siehe GERHARDT/vHEINTSCHEL-HEINEGG/KLEIN
FamRefK/Bearbeiter: siehe unter Ziff 4 BÄUMEL ua
FK-SGB VIII/Bearbeiter: siehe MÜNDER/MEYSEN/TRENCZEK
HB-VB/Bearbeiter: siehe SALGO/LACK
LPK-SGB VIII/Bearbeiter: siehe KUNKEL/KEPERT/PATTAR
MAH Familienrecht/Bearbeiter: siehe SCHNITZLER
MünchKommBGB/Bearbeiter: siehe Münchener Kommentar BGB
MünchKommFamFG/Bearbeiter: siehe Münchener Kommentar FamFG
MünchKommZPO/Bearbeiter: siehe Münchener Kommentar ZPO
NK-BGB/Bearbeiter: siehe KAISER/SCHNITZLER/SCHILLING/SANDERS.

3. Vom NEhelG zum KindRG

Zu älterem Schrifttum siehe STAUDINGER/PESCHEL-GUTZEIT (1997) § 1634 aF und STAUDINGER/RAUSCHER (2014) § 1684.

BAER, Stellungnahme zum Entwurf eines Gesetzes zur Neuregelung des Rechts der elterlichen Sorge, ZfJ 1977, 516
dies, Die neuen Regelungen der Reform des Rechts der elterlichen Sorge für das „Dauerpflegekind“, FamRZ 1982, 221
dies, Erweiterung des Besuchsrechts des nichtehelichen Vaters?, DAVorm 1988, 861
BALLOFF/WALTER, Der psychologische Sachverständige in Familiensachen, FuR 1991, 334
BECKER, Kontakte der Kinder – Rechtliche Probleme um das Verkehrs- und Umgangsrecht, RdJ 1975, 344
ders, Elterliches Verkehrsrecht und Kindesrecht, ZfJ 1972, 124
BOSCH, Aktuelle Probleme des Familien- und Erbrechts, FamRZ 1970, 497
ders, Volljährigkeit – Ehemündigkeit – Elterliche Sorge, Kritische Gedanken zu mehreren Gesetzentwürfen, FamRZ 1973, 489
BRÖTEL, Die grundrechtliche Stellung des Vaters bei der Adoption seines nichtehelichen Kindes durch Dritte, FamRZ 1995, 72
COESTER, Das Kindeswohl als Rechtsbegriff – Die richterliche Entscheidung über die elterliche Sorge beim Zerfall der Familiengemeinschaft (1983)
ders, Gemeinsames Sorgerecht nach Scheidung?, EuGRZ 1982, 256
DELLIAN, Überlegungen zu § 1634 BGB, FamRZ 1969, 365
ders, Beschwerderecht des Stiefvaters gegen Verkehrsrechtsregelung, NJW 1968, 2149
DICKMEIS, Einige kurze Anmerkungen zu den bevorstehenden Änderungen des Kindschaftsrechts und ihre Bedeutung für die Planungsvorgaben der Kinder- und Jugendhilfe, DAVorm 1996, 553
DIECKMANN, Betrachtungen zum Recht der elterlichen Sorge – vornehmlich für Kinder aus gescheiterter Ehe, AcP 178 (1978) 298
DÖRR, Elterliche Sorge, Umgangsbefugnis und Kindesherausgabe in der Entwicklung seit dem 1. EheRG, NJW 1989, 690

ders, Die Entwicklung des Familienrechts seit Ende 1991, NJW 1993, 207
Dörr/Hansen, Die Entwicklung des Familienrechts seit Mitte 1995, NJW 1996, 2698
Dürr, Verkehrsregelung gemäß § 1634 BGB (2. Aufl 1978)
Ell, Anmerkungen aus psychologischer Sicht zur Regelung der Personensorge, ZfJ 1980, 319
ders, Psychologische Kriterien zur Umgangsregelung, DAVorm 1986, 745
ders, Väter – Väter – Väter, ZfJ 1988, 436
Fehmel, Die Anhörung des Kindes im Sorgerechtsverfahren, DAVorm 1981, 169
ders, Nochmals: Kindesanhörung im Sorgerechtsverfahren, ZfJ 1982, 654
Freund, Die Anhörungspflicht gemäß § 50b FGG – Nützliche Pflicht oder „des Guten zuviel"?, Ein Vorschlag de lege ferenda, DRiZ 1982, 268
Fthenakis, Väter – Zur Psychologie der Vater-Kind-Beziehung (Band 1), Zur Vater-Kind-Beziehung in verschiedenen Familienstrukturen (Band 2) (1985, 1988)
Geppert, Zur strafbaren Kindesentziehung (§ 235 StGB) beim „Kampf um das Kind". Überlegungen de lege lata und de lege ferenda, in: GS Kaufmann (1986) 759
Giesen, Das Wohl des Kindes im Falle eines Elternkonfliktes zwischen Sorge- und Verkehrsberechtigtem, NJW 1972, 225
Göppinger, Elterliche Gewalt über nichteheliche Kinder, FamRZ 1970, 57
Holzhauer, Verwandtschaftliche Elternstellung, verfassungsmäßiges Elternrecht und elterliche Sorge, FamRZ 1982, 109
Knöpfel, Faktische Elternschaft, Bedeutung und Grenzen, FamRZ 1983, 317
ders, Zur Neuregelung des elterlichen Umgangsrechts (§§ 1634, 1711), FamRZ 1989, 1017
Kühne/Kluck, Sexueller Mißbrauch – forensisch-psychologische und psychodiagnostische Aspekte, FamRZ 1995, 981
Lakies, Umgang zwischen Vater und nichtehelichem Kind, ZRP 1990, 229
ders, Mehr Rechte für ledige Väter? – Betrachtungen zu Kinderleben und Vaterrechten anläßlich eines Gesetzesentwurfs, ZfJ 1989, 162
Lempp, Die Rechtsstellung des Kindes aus geschiedener Ehe – Aus kinder- und jugendpsychiatrischer Sicht, NJW 1972, 315
ders, Kindeswohl und Kindesrecht, ZfJ 1974, 124
ders, Der Entwurf eines Gesetzes zur Neuregelung des Rechtes der elterlichen Sorge aus kinder- und jugendpsychiatrischer Sicht, ZfJ 1977, 507
ders, Das Wohl des Kindes in §§ 1666 und 1671 BGB, NJW 1963, 1659
ders, Noch einmal – Kindeswohl und Kindeswille, NJW 1964, 440
ders, Braucht der sorgeberechtigte oder der nichtsorgeberechtigte Elternteil einen besonderen Schutz? Kinderpsychiatrische Gedanken zu zwei Urteilen nach § 1634 BGB, ZfJ 1981, 283
ders, Die Ehescheidung und das Kind (1989)
ders, Das gemeinsame Sorgerecht aus kinderpsychiatrischer Sicht, ZfJ 1984, 305
ders, Zur Umgangsbefugnis des nichtehelichen Vaters, FamRZ 1989, 16
ders, Folgeprobleme nach Scheidungsurteilen des Familiengerichts, JbRSoz 1987, 137
Lorenzen-Linke/Balloff, Gemeinsame elterliche Sorge nach der Scheidung, FamRZ 1993, 1032
Luthin, Aus der Praxis zum Sorgerechtsgesetz, FamRZ 1981, 111
ders, Nochmals: Zu den durch das Sorgerechtsgesetz normierten Anhörungspflichten, FamRZ 1981, 1149
ders, Elterliche Sorge, Umgangsbefugnis und Kindeswohl – Neueres aus Rechtsprechung und Schrifttum, FamRZ 1984, 114
ders, Neue Möglichkeiten zur Ausgestaltung des Umgangs, FamRZ 1991, 361
ders, Zum Recht des Vaters auf Umgang mit seinem nichtehelichen Kind in der Praxis der Rechtsprechung, FamRZ 1996, 564
Mackscheidt, Loyalitätsproblematik bei Trennung und Scheidung, FamRZ 1993, 254
Martiny, Sorgerecht, Umgangsrecht und Unterhalt – Die Teilung des Unteilbaren, in: FS Ferid (1988) 309
Michalski, Gemeinsames Sorgerecht geschiedener Eltern, FamRZ 1992, 128
Oelkers, Die Rechtsprechung zum Umgangsrecht – eine Übersicht über die letzten fünf Jahre, FamRZ 1995, 1385

ders, Formelle und materiell-rechtliche Fragen des Umgangsrechts nach § 1634 BGB, FamRZ 1995, 449
ders, Die Rechtsprechung zum Sorge- und Umgangsrecht – Zweites Halbjahr 1995 bis Anfang 1997, FamRZ 1997, 779
Oelkers/Kasten/Oelkers, Das gemeinsame Sorgerecht nach Scheidung in der Praxis des Amtsgerichts Hamburg – Familiengericht, FamRZ 1994, 1080
Peschel-Gutzeit, Die Herausgabe der zum persönlichen Gebrauch eines Kindes bestimmten Sachen – Probleme des materiellen und formellen Rechts unter besonderer Berücksichtigung des Kinderausweises, MDR 1984, 890
Plattner, Entsprechen deutsche Sorge- und Umgangsrechtsentscheidungen dem Zeitempfinden des Kindes?, FamRZ 1993, 384
Regel, „Entziehen" und „Entführen" Minderjähriger: Zur Auslegung der §§ 235, 236 StGB (1973)
Salzgeber/Höfling, Der diagnostische Prozess bei der familienpsychologischen Begutachtung. Ein Beitrag zur Datenbasis und zur Intervention des psychologischen Sachverständigen im Rahmen des Begutachtungsprozesses, ZfJ 1991, 388
Salzgeber/Vogel/Partale, Relevanz von Alkoholproblemen bei Sorge- und Umgangsregelungen aus psychiatrisch-psychologischer Sicht, FuR 1991, 324
Schlüter, Elterliches Sorge- und Umgangsrecht bei nichtehelicher Elternschaft, FuR 1994, 341
Schütz, Gemeinsame elterliche Sorge nach Scheidung, durch Gesetz zum Regelfall zu erhebende Chance für Eltern und Kind oder für die Praxis ungeeignetes Ausnahmemodell?, ZfJ 1987, 189
Schwenzer, Die Rechtsstellung des nichtehelichen Kindes, FamRZ 1992, 121
Simitis, Kindschaftsrecht – Elemente einer Theorie des Familienrechts, in: FS Müller-Freienfels (1986) 579
Simon, Das Verkehrsrecht – Ein natürliches Elternrecht?, FamRZ 1972, 485
ders, Umgangsrecht, Adoption, Elternrecht: Zur Reform des § 1634 BGB, ZfJ 1974, 413
Spangenberg/Spangenberg, Umgang mit dem „Nein" – Vermittlung des Umganges gegen den ausgesprochenen Willen des sorgeberechtigten Elternteiles, ZfJ 1994, 458
Steffen, Lebensqualität und Persönlichkeitsentwicklung nach Ehescheidung, Sorgerechts- und Verkehrsregelung, ZfJ 1979, 129
Stöcker, Die UNO-Kinderkonvention und das deutsche Familienrecht, FamRZ 1992, 245 und FamRZ 1992, 895
Strätz, Elterliche Personensorge und Kindeswohl, vornehmlich in der zerbrochenen Familie, FamRZ 1975, 541
Tiedemann, Aids – Familienrechtliche Probleme, NJW 1988, 729
Ullmann, Verfassungs- und völkerrechtliche Widersprüche bei der Ratifikation der UNO-Kinderrechtskonvention, FamRZ 1991, 898
Vollertsen, Die Besuchsregelung nach § 1634 BGB, ZfJ 1977, 230
Walter, Einschränkung und Ausschluß des Umgangs nach § 1634 II S 2 BGB, ZfJ 1996, 270
Weber, Die Entwicklung des Familienrechts seit Mitte 1997, NJW 1998, 3083
Weychardt, Zur Berücksichtigung der Kosten der Ausübung des Umgangsrechts bei der Berechnung des Ehegattenunterhalts, FamRZ 1995, 539
Zenz, Elterliche Sorge und Kindesrecht – Zur beabsichtigten Neuregelung, StAZ 1973, 257.

4. Schrifttum zur Reform des Kindschaftsrechts 1998

Arbeitsgemeinschaft für Jugendhilfe, Zum Referentenentwurf des Bundesministeriums der Justiz zum Kindschaftsrecht – Juli 1995, ZfJ 1996, 94
Bäumel/Bienwald/Häussermann/Hoffmann/Maurer/Meyer-Stolte/Rogner/Sonnenfeld/Wax, Familienrechtsreformkommentar (1998; zit FamRefK/Bearbeiter)
Coester, Reform des Kindschaftsrechts, JZ 1992, 809
Deutscher Familiengerichtstag eV, Stellungnahme zu dem Entwurf eines Gesetzes zur Reform des Kindschaftsrechts, FamRZ 1997, 337
Dickmeis, Das neue Kindschaftsrecht und seine Bedeutung für die sozialen Dienste, ZfJ 1998, 193
Ebert, Zur Konfiguration (Konfrontation?) von innerstaatlichem Recht und Völkerrecht in der

aktuellen deutschen Familienrechtslage, FamRZ 1994, 273
FINGER, Zum Entwurf eines Gesetzes zur Erweiterung des Umgangsrechts nichtehelicher Väter, JZ 1989, 231
ders, UN-Konvention über die Rechte des Kindes vom 20. 11. 1989 und deutsche Kindschaftsrechtsreform, ZfJ 1999, 451
ders, Gemeinsame Sorge unverheirateter Eltern – zum Stand der Gesetzesreform, ZfJ 1997, 301
FRICKE, Anhörungen von Kindern im Familiengericht, KindPrax 1999, 191
HAHNE, Überlegungen zur Verbesserung der Rechtsstellung des nichtehelichen Kindes, FamRZ 1990, 928
HEILMANN, Kindliches Zeitempfinden und Verfahrensrecht (1998)
JOPT, Anmerkungen zum Referentenentwurf zur Reform des Kindschaftsrechts aus psychologischer Sicht, ZfJ 1996, 203
Jugendamt Siegburg, Begleiteter Umgang – Konzeptionelle Grundlagen und Verfahrensregelungen, KindPrax 1999, 125
KLENNER, Rituale der Umgangsvereitelung bei getrenntlebenden oder geschiedenen Eltern, FamRZ 1995, 1529
KOHLER, Kindschaftsrechtsreform im Blickwinkel der Kinder, ZfJ 1999, 128
LIPP, Die elterliche Sorge für das nichteheliche Kind nach dem Kindschaftsrechtsreformgesetz (KindRG), FamRZ 1998, 65
MÜHLENS, Einführung in das neue Kindschaftsrecht, KindPrax 1998, 3
NORMANN-KOSSAK/MAYER, Das Projekt „Begleiteter Umgang" im Familien-Notruf München – ein wertender Erfahrungsbericht, Kind-Prax 1999, 74
OELKERS, Das neue Sorge- und Umgangsrecht – Grundzüge und erste Erfahrungen, ZfJ 1999, 263
OFUATEY-KODJOE, Zum Wohle des Kindes: Je jünger, desto weniger Kontakt?, ZfJ 1997, 233
PETERS/SCHIMKE, Die Verfahrenspflegschaft nach § 50 FGG – erste Erfahrungen und Konsequenzen, KindPrax 1999, 143
RAUSCHER, Das Umgangsrecht im Kindschaftsrechtsreformgesetz, FamRZ 1998, 329
RICHTER/KREUZNACHT, Der „beschützte" Umgang, ZfJ 1999, 45
RUMMEL, Die Freiheit, die Reform des Kindschaftsrechts und das „ganz normale Chaos der Liebe", ZfJ 1997, 202
SALZGEBER, Gedanken eines psychologischen Sachverständigen zum begleiteten Umgang des Kindes mit einem Elternteil, FamRZ 1999, 975
SALZGEBER/VOGEL/PARTALE/SCHRADER, Zur Frage der Erziehungsfähigkeit aus medizinisch-psychologischer Sicht bei gerichtlichen Fragen zu Sorge- und Umgangsregelungen, FamRZ 1995, 1311
SCHWAB, Zum Entwurf eines Gesetzes über die rechtliche Möglichkeit des Umgangs zwischen Vater und nichtehelichem Kind – Nichtehelichen-Umgangsgesetz, FamRZ 1990, 932
SCHWAB/WAGENITZ, Einführung in das neue Kindschaftsrecht, FamRZ 1997, 1377
SEIBERT, Verfassung und Kindschaftsrecht, FamRZ 1995, 1457
WICHMANN, Die Reform des Kindschaftsrechts in der Diskussion, FuR 1996, 161
WIESNER, Die Reform des Kindschaftsrechts – Auswirkungen für die Praxis der Kinder- und Jugendhilfe, ZfJ 1998, 269
WILLUTZKI, Kindschaftsrechtsreform, Versuch einer wertenden Betrachtung, KindPrax 1998, 8, 37.

5. Entwicklungen nach der Kindschaftsrechtsreform

ALTROGGE, Das Kind im Fokus der Betrachtung, ZKJ 2008, 310
dies, Recht des Kindes auf Umgang mit dem umgangsunwilligen Elternteil, FPR 2008, 410
dies, Umgang unter Zwang: Das Recht des Kindes auf Umgang mit dem umgangsunwilligen Elternteil (2007)
BALLOFF, Kindeswille, Grundbedürfnisse des Kindes und Kindeswohl in Umgangsrechtsfragen, FPR 2002, 240
ders, Stalking und Kinder-Kindeswohl, Sorge- und Umgangsrecht, ZKJ 2008, 190
ders, Der Sachverständige im Umgangsverfahren, FPR 2007, 288
ders, Wechselmodell und Erziehungsfähigkeit, FPR 2006, 284
ders, Die Rolle des Sachverständigen in Kindschaftssachen nach neuem Recht, FPR 2006, 415
ders, Die Bedeutung des Vaters für die Entwicklung des Kindes, FPR 2005, 210

BALLOFF/STÖTZEL, Verfahrenspflegschaft nach § 50 FGG aus der Perspektive des Kindes, Kind-Prax 2002, 47
BENDA, Verkehrtes zum Verkehrsrecht, EuGRZ 2002, 1
BERNAU, Fällt ein Schadensersatzanspruch wegen Vereitelung des Umgangsrechts in die Zuständigkeit des Prozess- oder des Familiengerichts?, FamRZ 2007, 248
BISSMAIER, Die Thematisierung sexuellen Missbrauchs und der Amtsermittlungsgrundsatz, DAVorm 2000, 967
BORN, Umzug ins Ausland bei Umgangsrecht des anderen Elternteils – geht das?, FamFR 2009, 129
BORTH, Erwartungen der Familiengerichte an den Verfahrenspfleger, KindPrax 2000, 48
BRISCH, Bindung und Umgang, in: Brühler Schriften zum Familienrecht, 17. DFGT 2008, 89
BROCK/BREIDENEICHEN, Der mit dem Kind spricht, FuR 2001, 487
BRÜCKNER, Väterrechte vor dem Europäischen Gerichtshof für Menschenrechte (EGMR), FPR 2005, 200
Bundesministerium für Familie, Senioren, Frauen und Jugend (Hrsg), Deutsche Standards zum begleiteten Umgang (2008)
BUSSE/STELLER/VOLBERT, Sexueller Missbrauchsverdacht in familiengerichtlichen Verfahren, in: Praxis der Rechtspsychologie, Sonderheft 2 (2000)
BÜTE, Das Umgangsrecht bei Kindern geschiedener oder getrennt lebender Eltern (2. Aufl 2005)
CARL/ESCHWEILER, Kindesanhörung – Chancen und Risiken, NJW 2005, 1681
COESTER-WALTJEN, Schuldrecht und familienrechtliche Rechtsverhältnisse, in: FS Canaris (2007) 131
EHINGER, Überlegungen zur Verfahrensgestaltung in Umgangsregelungsfällen bei häuslicher Gewalt, FPR 2006, 171
ENGELHARDT, Offene Fragen zum Verfahrenspfleger für das Kind (§ 50 FGG), FamRZ 2001, 525
FEGERT, Wann ist der begleitete Umgang, wann ist der Ausschluss des Umgangs indiziert?, FPR 2002, 219
FICHTNER, Mittellose Väter gleich vaterlose Kinder? Zur Frage der Kontakte zwischen wohnungslosen Männern und ihren getrennt lebenden Kindern, JAmt 2005, 386
FICHTNER/FTHENAKIS, Der begleitete Umgang gemäß § 1684 IV BGB: Wie wirken mitwirkungsbereite Dritte mit?, FPR 2002, 231
FICHTNER/SALZGEBER, Gibt es den goldenen Mittelweg? Das Wechselmodell aus Sachverständigensicht, FPR 2006, 278
FINGER, § 1684 BGB – Umgangsverweigerung und ihre Folgen, FuR 2006, 299
FINKE, Umgang – Kindeswohl gegen Elterngrundrecht, FF 2001, 115
FRICKE, Gewalt und Umgang, FPR 2005, 24 dies, Begleiteter Umgang mit Säuglingen und Kleinkindern, ZfJ 2005, 389
FTHENAKIS (Hrsg), Begleiteter Umgang von Kindern (2008)
FUSS, Begleiteter Umgang aus Sicht des Familiengerichts, FPR 2002, 225
GARDNER, The Parental Alienation Syndrome (2. Aufl 1998)
GÖDDE/WARTNER, Begleiteter Umgang in Europa – auf dem Weg der Vernetzung, Kind-Prax-Spezial 2004, 23
GOTTSCHALK, Boykottierter Umgang – Zwangsweise Durchsetzung von Umgangsregelungen und Grenzen staatlicher Interventionsmöglichkeiten, FPR 2007, 308
dies, Prüfungsumfang im Rahmen der Vollstreckung einer Umgangsregelung, FPR 2008, 417
GROH, Nächster Halt: Karlsruhe – Endstation: Straßburg – Die Bedeutung des BVerfG und des EGMR für die Entscheidung umgangsrechtlicher Streitigkeiten, FPR 2009, 153
GUTJAHR, Gerichtliche Entscheidungen über die elterliche Sorge und das Umgangsrecht im Zusammenhang mit dem Wechselmodell, FPR 2006, 301
HAMMER, Die Gestaltung von Elternvereinbarungen zum Sorge- und Umgangsrecht (I und II), FamRB 2006, 275; 2006, 311
ders, Was ist Gewalt im Rahmen der Zwangsvollstreckung nach § 33 II FGG?, FPR 2008, 413
ders, Elternvereinbarungen im Sorge- und Umgangsrecht (2004)
HAUSSLEITER, Loyalitätspflichten der Eltern bei Umgang und Erziehung, NJW-Spezial 2007, 151

Heiderhoff, Schuldrechtliche Ersatzansprüche zwischen Eltern bei Verletzungen des Umgangsrechts?, FamRZ 2004, 324
Helfer/Kempe/Krugman (Hrsg), Das mißhandelte Kind (2002)
Henne, Die Rechte der leiblichen Eltern von Pflegekindern (2009)
Henrich, Schadensersatz aus Verletzung des familienrechtlichen Umgangsrechts, JZ 2003, 49
Himpel/Hüther, Auswirkungen emotionaler Verunsicherung und traumatischer Erfahrungen auf die Hirnentwicklung, in: Stiftung zum Wohl des Pflegekindes (Hrsg), 3. Jahrbuch des Pflegekinderwesens – Kontakte zwischen Pflegekind und Herkunftseltern, (2004) 111
Hirsch, Psychoanalytische Traumatologie – Das Trauma in der Familie (2004)
Höflinger, Bei Partnerschaftsgewalt kein elterliches Umgangsrecht nach der Trennung, ZfJ 2004, 63
Hohloch, Schadensersatz bei Verletzung des Umgangsrechts, FF 2004, 202
Hommers/Steinmetz-Zubovic/Lewand, Anforderungen an die Begutachtung zu Erziehungsfähigkeit und Umgang bei seelischer Erkrankung eines Elternteils, FPR 2005, 230
Hönig, Das Umgangsrecht im Spannungsfeld zwischen Eltern- und Kinderrechten unter besonderer Berücksichtigung der verfassungsrechtlichen Problematik (2004)
Hopp, Umgang bei Kindern im Kinderheim oder in der Pflegefamilie, FPR 2007, 279
Jaeger, Verlagerung von Sorgerechtskonflikten in Umgangsstreitigkeiten, FPR 2005, 70
Jansen, Sozialrechtliche Leistungsansprüche zur Ermöglichung des Umgangs, FPR 2009, 144
Johnston, Entfremdete Scheidungskinder? Neuere Forschungsergebnisse und Lösungsansätze, ZKJ 2007, 218
Jones, Die Beurteilung vermuteten sexuellen Mißbrauchs beim Kind, in: Helfer/Kempe/Krugman (Hrsg), Das mißhandelte Kind (2002) 443
Jopt/Zütphen, Psychologische Begutachtung aus familiengerichtlicher Sicht: A: Entscheidungsorientierter Ansatz, ZfJ 2004, 310; B: Lösungsorientierter Ansatz, ZfJ 2004, 362
Kaiser, Gemeinsame elterliche Sorge und Wechselmodell, FPR 2008, 143
Kanthak, Kindeswohlgefährdung: Diagnostische Verfahren und Methoden, ZfJ 2004, 180
Karle/Klosinski, Ausschluss des Umgangs – und was dann?, ZfJ 2000, 343
Kindler, Folgewirkungen schwerer psychischer Erkrankungen mindestens eines Elternteils auf die Entwicklung von Kindern, FPR 2005, 227
ders, Auswirkungen von häuslicher Gewalt auf die psychosoziale Entwicklung von Kindern, FPR 2005, 16
ders, Umgangsregelungen im Einzelfall – Psychologische Aspekte, FPR 2009, 150
ders, Umgang und Kindeswohl – Empirische Befundlage und Folgerungen, ZKJ 2009, 110
ders, Umgangskontakte: Wohl und Wille des Kindes, FPR 2007, 291
Kindler/Fichtner, Die gemeinsame elterliche Sorge aus der Sicht der Bindungs- und Scheidungsforschung, FPR 2008, 139
Kindler/Salzgeber/Fichtner/Werner, Familiäre Gewalt und Umgang, FamRZ 2004, 1241
Kloeckner, Die Durchsetzung der Kindesherausgabe und des Umgangsrechts im Elternstreit (2002)
Klüber/Terlinden-Arzt, Die Bedeutung des Umgangs für das Kind aus entwicklungs- und familienpsychologischer Sicht, FPR 2002, 215
Kodjoe, Auswirkungen des Vater-Kind-Kontaktverlustes: der „immaterielle Schaden" aus psychologischer Sicht, DAVorm 2000, 641
Kodjoe/Koeppel, Früherkennung von PAS – Möglichkeiten psychologischer und rechtlicher Interventionen, KindPrax 1998, 138
Koeppel, Zur Bedeutung der „Elsholz-Entscheidung" für die Fortentwicklung des deutschen Kindschaftsrechts, DAVorm 2000, 639
Kohne, Der Wille des Kindes in sorge- und umgangsrechtlichen Entscheidungen des Familiengerichts: Ein ewig ungelöstes Problem?, JAmt 2009, 167
Kölch/Fegert, Die umgangsrechtliche Praxis aus Sicht der Kinder- und Jugendpsychiatrie, FamRZ 2008, 1573
Kostka, Die Begleitforschung zur Kindschaftsrechtsreform – eine kritische Betrachtung, FamRZ 2004, 1924
dies, Das Wechselmodell – Forschungserkenntnisse aus den USA, FPR 2006, 271

KRAEFT, Vollstreckungsmaßnahmen nach § 33 FGG, FuR 2000, 357, 417
KUNKEL, Handlungspflichten und -möglichkeiten des Jugendamts und der Gerichte zum Schutz betroffener Kinder, FPR 2005, 239
LEITNER/SCHOELER, Maßnahmen und Empfehlungen für das Umgangsverfahren im Blickfeld einer Differentialdiagnose bei Parental Alienation Syndrome (PAS) unterschiedlicher Ausprägung in Anlehnung an Gardner, DAVorm 1998, 849
LENZ/BAUMANN, Umgangsrecht auf internationaler Ebene, insbesondere vor dem EGMR, FPR 2004, 303
LEYHAUSEN, Der beschützte Umgang gemäß § 1684 Abs 4 BGB als Möglichkeit zur Aufrechterhaltung einer Eltern-Kind-Beziehung in problematischen Trennungs- und Scheidungssituationen (2000)
LIERMANN, Nationales Sorge- und Umgangsrecht im Lichte der Europäischen Menschenrechtskonvention, DAVorm 2000, 629
LUTHIN, Sorge- und Umgangsrecht bei Trennung und Scheidung der Eltern, in: SCHWAB/HAHNE (Hrsg), Familienrecht im Brennpunkt (2004) 241
MACH-HOUR, Das Ausländergesetz im Licht der Kindschaftsrechtsreform, FamRZ 2000, 1341
MAIER, Hinwirken auf das Einvernehmen nach § 52 FGG und das Vermittlungsverfahren nach § 52a FGG, FPR 2007, 301
MARSCH, Kontrolle der rechtsprechenden Gewalt und der Fall Görgülü, NJ 2009, 152
MARX, Der aufenthaltsrechtliche Status des nichtsorgeberechtigten Elternteils nach der Rechtsprechung des Bundesverfassungsgerichts, InfAuslR 2006, 441
MENNE, Das Holen und Bringen des Kindes im Rahmen der Regelung des Umgangs, ZKJ 2006, 135
ders, Zum Umgangsrecht mit Strafgefangenen und Untersuchungshäftlingen, ZKJ 2006, 250
ders, Der Umgangspfleger – ein unbekanntes Wesen?, ZKJ 2006, 445
MEYER-LADEWIG/PETZOLD, Die Bindung deutscher Gerichte an Urteile des EGMR, NJW 2005, 15
MORAWE, Die Vermittlung nach § 52a FGG und die Güteverhandlung nach § 278 ZPO – eine vergleichende Betrachtung, FPR 2004, 193
MOTZER, Neuere Tendenzen beim Umgangsrecht, FPR 2007, 275
ders, Prozesskostenhilfe und Anwaltsbeiordnung im Umgangsrechtsverfahren, FPR 2009, 158
ders, Die gerichtliche Praxis der Sorgerechtsentscheidung seit der Neufassung von § 1671 BGB, FamRZ 1999, 1101
MÜLLER, Erfahrungen mit dem begleiteten Umgang aus Sicht der Umgangsbegleiterin, FPR 2002, 237
MÜNDER, Umgangsrecht – wessen Recht?, in: FS Derleder (2005) 565
ders, Die Kosten des Umgangsrechts im SGB II und SGB XII, NZS 2008, 617
OELKERS, Sorge- und Umgangsrecht (2. Aufl 2004)
OFUATEY-KODJOE/KOEPPEL, The Parental Alienation Syndrome (PAS), DAVorm 1998, 9
PESCHEL-GUTZEIT, Das missverstandene PAS – Wie Sorgerechtsentzug und Geschwisterkoppelung das Wohl der Kinder gefährden, FPR 2003, 271
dies, Die Regelung des Umgangs nach der Herausnahme des Kindes aus dem Elternhaus, §§ 1666, 1666a BGB, FPR 2003, 290
dies, Umgangspflicht – Eine Naturalobligation?, NJW 2008, 1922
PFAFF, Die Beachtung des Kindeswohles – Normierungsdefizite im Ausländerrecht, ZAR 2009, 81
PIETZCKER, Häufig vorkommende psychiatrische Erkrankungen im Sorge- und Umgangsverfahren – Beschreibung der Krankheitsbilder, FPR 2005, 222
PROKSCH, Rechtstatsächliche Untersuchung zur Reform des Kindschaftsrechts (2002)
ders, Die Kindschaftsreform auf dem Prüfstand – Wirkungen für Kinder und Eltern, JAmt 2004, 1
PRÜM, Die Folgen der Verletzung des Umgangsrechts (2006)
RAHN/BORGOLTE, Praxismodell Trialog e.V., FPR 2002, 245
RESCH/MÖHLER, Die Bedeutung des abwesenden Elternteils für das Kind, FPR 2004, 56
RIECK, Freizügigkeit, Elternrecht und Kindeswohl. Was hat Vorrang?, ZKJ 2009, 165
RIXE, Anmerkung zu EGMR Nr 74969/01

v 26. 2. 2004 (Görgülü/Deutschland), FamRZ 2004, 1460
ders, Zur Rechtsprechung des EuGHMR in Kindschaftssachen in: Brühler Schriften zum Familienrecht, Band 14, 16. DFGT (2006) 57
ders, Einstweilige Anordnung betreffend das Umgangsrecht des nichtehelichen Vaters, FamRZ 2005, 176
ders, Der EGMR als Motor einer Harmonisierung des Familienrechts in Europa, FPR 2008, 222
Röchling, Sinn und Zweck frühzeitiger Verfahrenspflegerbestellung, JAmt 2002, 158
Salgo, Umgang mit Kindern in Familienpflege – Voraussetzungen und Grenzen, FPR 2004, 419
ders, Wie man aus einer ungünstigen Situation eine das Wohl des Kindes gefährdende machen kann – Grenzen der Staatsintervention zur Durchsetzung des Umgangsrechts, FPR 2008, 401
Sallum, Die strafrechtlichen Probleme der internationalen Kindesentführung beim Streit um das gemeinsame Kind (2008)
Salzgeber, Anmerkung zum Beschluss des Bundesverfassungsgericht 1 BvR 746/08, ZKJ 2009, 204
Salzgeber/Stadler, Verfahrenspfleger und psychologischer Sachverständiger, JAmt 2001, 382
Salzgeber/Stadler/Schmidt/Partale, Umgangsprobleme – Ursachen des Kontaktabbruchs durch das Kind jenseits des Parental Alienation Syndrome, KindPrax 1999, 107
Salzgeber/Willutzki, Das Umgangsrecht aus der Sicht des psychologischen Sachverständigen, ZKJ 2006, 18
Schael, Antrag und gerichtliche Umgangsverfügung als Voraussetzung eines Vermittlungsverfahrens gemäß § 52a FGG, FamRZ 2005, 1796
Schauder, Umgang während eines laufenden Verfahrens nach § 1666 BGB, ZKJ 2007, 92
Schilling, Betreuungsunterhalt und Wechselmodell, FPR 2006, 291
Schulz, Internationale Regelungen zum Sorge- und Umgangsrecht, FPR 2004, 299
dies, Die Zeichnung des Haager Kinderschutz-Übereinkommens von 1996 und der Kompromiss zur Brüssel IIa-Verordnung, FamRZ 2003, 1351
Schulze, Das Umgangsrecht – Die deutsche Reform im Kontext europäischer Rechtsentwicklung (2001)
Schütz, Rechtspositionen ausländischer Kinder im Falle von Ausweisung und Abschiebung ihrer Eltern, ZAR 2000, 32
Schwab, Gemeinsame elterliche Verantwortung – ein Schuldverhältnis?, FamRZ 2002, 1297
ders, Die Rechtsprechung des BVerfG und seine Bedeutung für die Entwicklung des Familienrechts, FF 2009, 481
Schwab/Hahne, Familienrecht im Brennpunkt (2004)
Schwab/von zur Gathen, Stellungnahme des Verbandes allein erziehender Mütter und Väter zur Begleitforschung über die Umsetzung der Kindschaftsrechtsreform, KindPrax 2003, 170
Schweitzer, Die Vollstreckung von Umgangsregelungen (2007)
Seidenstücker, Zur Umsetzung des neuen Kindschaftsrechts in der Arbeit von Jugendämtern, ZfJ 2001, 88
Siehr, Die Eheverordnung von 2003 und das MSA von 1961, in: FS Schwab (2005) 1267
Solomon, Brüssel IIa – Die neuen europarechtlichen Regeln zum internationalen Verfahrensrecht in Fragen der elterlichen Verantwortung, FamRZ 2004, 1409
Söpper, Handy und Umgangsrecht, FamRZ 2002, 73
Spangenberg, Wer holt und bringt das Kind?, KindPrax 2004, 56
ders, Die Vollstreckungsfähigkeit von Umgangsregelungen, FamRZ 2007, 13
Spindler, Begleiteter Umgang bei hochkonflikthafter Trennung und Scheidung, KindPrax 2003, 53
Stadler/Salzgeber, Kontaktverweigerung bei Scheidungskindern – Was tun?, FF 2001, 85
Steinberger/Lecking, Ersatzansprüche bei Verletzung familienrechtlicher Umgangspflichten, MDR 2009, 960
Steller/Busse, Der Vorwurf des sexuellen Missbrauchs in Verfahren um das Sorge- und Umgangsrecht: Potentielle Folgen familiengerichtlicher Entscheidungen, in: Hof/Schulte (Hrsg), Wirkungsforschung zum Recht III (2001) 91

STEPHAN, Betreuter Umgang – ein Bericht aus der Praxis, KindPrax 2000, 141
STÜRTZ/MEYSEN, Das Jugendamt im Umgangsverfahren, FPR 2007, 282
SYDOW, Der begleitete Umgang nach § 1684 BGB i.V. mit § 18 SGB VIII aus der Sicht der öffentlichen Jugendhilfe, FPR 2002, 228
THEURER, Umgangskosten – Wem sind sie zuzuordnen? Wer trägt sie?, FamRZ 2004, 1619
THIEL, Zwischen Hilfeleistung und Zwang: Begleiteter Umgang und Umgangspflegschaft, JAmt 2003, 449
UNZNER, Bindungstheorie und Wechselmodell, FPR 2006, 274
VERGHO, Die Vorbereitung auf einen begleiteten Umgang – Ein Praxismodell unter besonderer Berücksichtigung des Umgangs im Kontext familiärer Gewalt, FPR 2007, 296
WALLERSTEIN/LEWIS, Langzeitwirkungen der elterlichen Ehescheidung auf Kinder, FamRZ 2001, 65
WALLERSTEIN/LEWIS/BLAKESLEE, Scheidungsfolgen – Die Kinder tragen die Last (2002)
WALPER, Das Umgangsrecht im Spiegel psychologischer Forschung in: Brühler Schriften zum Familienrecht, 16. DFGT (2006) 100
WALTER, Umgang mit dem in Familienpflege untergebrachten Kind, §§ 1684, 1685 BGB – psychologische Aspekte, FPR 2004, 415
WEBER, Verfahrenspflegschaft und Umgangsbegleitung, JAmt 2002, 161
WEISBRODT, Wie kann der Familienrichter das Verfahren gestalten, um mit Umgangskonflikten umgehen zu können?, KindPrax 2000, 9
WEYCHARDT, Die Behandlung von Umgangskosten beim Kindesunterhalt und beim Ehegattenunterhalt, FPR 2006, 333
ders, Zur Frage des Schadenersatzes im Umgangsrecht, FamRZ 2003, 927
WILL, Der Schutz kindlicher Beziehungen im Schnittfeld von Familien- und Ausländerrecht, FPR 2002, 549
WILLUTZKI, Betreuter Umgang – Hilfestellung für ein faires Miteinander, KindPrax 2003, 49
ders, Die Subjektstellung des Kindes im Elternkonflikt – Zur Entwicklung in Deutschland, ZKJ 2009, 237
WURDAN/RAHN, Kinder im Umfeld häuslicher Gewalt – Erfahrungen aus der Arbeit im Frauenhaus und Vorstellung der Jugendhilfemaßnahme „Begleiteter Umgang“ und „kontrollierter Umgang“[2], FPR 2001, 275
ZEYCAN, Der Fall Görgülü /. BRD im Lichte der Menschenrechtskonvention, FuR 2004, 443
ZIMMERMANN, Gewaltanwendung gegen das Kind, den herausgabepflichtigen Elternteil und sonstige Dritte bei Vorliegen eines Herausgabebeschlusses, FPR 2008, 420.

6. Umgangsrechtliche Themen des FGG-Reformgesetz 2009

ADELMANN, Bundesverfassungsgericht schafft „Kindergrundrecht“, JAmt 2008, 289
ALTROGGE, Der Zwang zum Umgang und das Kindeswohl – Ein auflösbarer Widerspruch?, ZKJ 2008, 154
dies, Das Urteil des BVerfG zur zwangsweisen Durchsetzung der Umgangspflicht und die Ordnungsmittel des FamFG, FPR 2009, 34
BRUNS, Die Beteiligten im Familienverfahren, NJW 2009, 2797
VAN ELS, Zwangsweise Durchsetzung der Umgangspflicht, FPR 2009, 161
ERNST, Der Sachverständige in Kindschaftssachen nach neuem Recht, FPR 2009, 345
FICHTNER/SALZGEBER, Konzepte zur Herstellung von Einvernehmen: Intervention statt Diagnostik?, FPR 2009, 348
FLÜGGE, Persönlichkeitsrechte als Grenze der Umgangsrechte und -pflichten, Streit 2008, 110
dies, Gerichtssaal als Elternschule? Neue Gefährdungen durch die geplante Reform des familiengerichtlichen Verfahrens, FPR 2008, 1
GREGER, Die einigungsorientierte Begutachtung aus verfahrensrechtlicher Sicht, FPR 2010, 443
HEINKE, Umgangsrecht und Partnerschaftsgewalt – nicht nur ein mechanisches Problem – Oder: Warum beschleunigte Verfahren gefährlich sein können, Streit 2008, 3
HEISS, Ansprüche aus dem Eltern-Kind-Verhältnis und aus dem Umgangsrecht, FPR 2011, 96
HEISTERMANN, Eilverfahren im Sorge- und Umgangsbereich nach dem FamFG, FF 2009, 281
HEITER, Verfahrensfähigkeit des Kindes in personenbezogenen Verfahren nach dem FamFG, FamRZ 2009, 85
HENNEMANN, Die Umsetzung des Vorrangs- und Beschleunigungsgrundsatzes – Schnelle Termi-

nierung und Fristsetzung bei schriftlicher Begutachtung, FPR 2009, 20
Kohler, Vom Umgang mit der Umgangspflegschaft, JAmt 2010, 226
Krause, Das Verfahren in Kindschaftssachen nach dem FamFG, FamRB 2009, 156
Lack, Die Beteiligtenstellung des Jugendamts in Kindschaftssachen, ZKJ 2010, 189
Müller, Beteiligung des Verfahrenspflegers bzw des Umgangspflegers an der Herausgabe des Kindes, FPR 2008, 425
Rackl, Das Rechtsmittelrecht nach dem FamFG (2011)
Rakete-Dombek, Umgang um jeden Preis? Pflicht zum Umgang nur für Kinder?, FPR 2008, 492
Rasche, Beschleunigte Kindschaftssachen? – Das Vorranggebot des FamFG, FF 2009, 192
Rauscher, Die Beteiligung des Kindes am Umgangsvergleich, FamFR 2010, 28
Reinken, Hinwirken auf ein Einvernehmen der Beteiligten – Aufgaben und Handlungsmöglichkeiten des Gerichts nach dem FamFG, FPR 2010, 428
Salgo, Mitwirkung am Zustandekommen einer einvernehmlichen Regelung – Aufgaben und Pflichten des Verfahrensbeistands, FPR 2010, 456
Salzgeber/Fichtner, Kindschaftsrechtsreform aus sachverständiger Sicht, ZKJ 2008, 287
dies, Neue Aufgaben für den Sachverständigen, ZKJ 2009, 334
Spangenberg/Spangenberg, Sachverstand in der Mediation – Beispiel einer Umgangsvermittlung, FPR 2009, 156
Trenczek, Der Verfahrensbeistand im FamFG, ZKJ 2009, 196
ders, Einvernehmliche Regelungen in Familiensachen – Neue Anforderungen durch das FamFG, FPR 2009, 335
Trunk, FamFG: Sorge- und Umgangsrechtskonflikte bei Trennung und Scheidung, JAmt 2009, 282
Veit, Interessenvertreter des Kindes: Verfahrensbeistand und Umgangspfleger nach dem FamFG, FF 2008, 476
Vogel, Der Verfahrensbeistand, FPR 2010, 43
Walter, Hinwirken auf Einvernehmen – Welche Zusatzqualifikation braucht das Gericht?, FPR 2009, 23
Willutzki, Die Umgangspflegschaft, ZKJ 2009, 281
Zivier, Die neuen gesetzlichen Regelungen zur Umgangspflegschaft, ZKJ 2010, 306
Zorn, Das Verfahren in Kindschaftssachen nach dem FamFG, Rpfleger 2009, 421.

7. Schrifttum nach der FGG-Reform

Ahnert, Frühe Bindung – Entstehung und Entwicklung (3. Aufl 2014)
Althammer, Schmerzensgeld wegen überlanger Dauer von Zivilverfahren, JZ 2011, 446
Arbeitsgruppe Familienrechtliche Gutachten 2015, Mindestanforderungen an die Qualität von Sachverständigengutachten im Kindschaftsrecht, FamRZ 2015, 2025
Augstein, Die Überprüfung der familiengerichtlichen Kostenentscheidung durch das Beschwerdegericht, FamRZ 2016, 1833
Balloff, „08/15-Umgang" und Perspektiven eines entwicklungsfördernden Umgangs, FPR 2013, 303
ders, Väter und Kinder, ZKJ 2011, 349
ders Die Beauftragung von Sachverständigen in Kindschaftssachen, FPR 2011, 12
ders, Kinder vor dem Familiengericht (3. Aufl 2018)
Balloff/Vogel, Alter und Entwicklungsstand des Kindes sowie Ausgestaltung des Umgangs, FF 2017, 98
dies, Streitpotenzial bei der Übernachtungs- und der Ferienregelung im Umgangsrecht, FF 2019, 4
Balloff/Walter, Anforderungen an familienrechtspsychologische Gutachten bei Kindeswohlgefährdungen nach § 1666 BGB, NZFam 2015, 580
Balomatis, Das Wechselmodell in Europa, NZFam 2016, 833
Bauer/Beichel-Benedetti, Das neue Ausweisungsrecht, NVwZ 2016, 416
Baumann/Michel-Biegel/Rücker/Serafin/Wiesner, Zur Notwendigkeit professioneller Intervention bei Eltern-Kind-Entfremdung – Teil 1, ZKJ 2022, 244, – Teil 2, ZKJ 2022, 292
Becker/Büchse, Kinder als Betroffene von häuslicher Gewalt, ZKJ 2011, 292

Behrend, Kindliche Kontaktverweigerung nach Trennung der Eltern aus psychologischer Sicht. Entwurf einer Typologie (2009)
dies, Qualität und Stabilität von Elterneinigungen, ZKJ 2021, 439
Benassi, Kinderrechte ins Grundgesetz – alternativlos!, ZRP 2015, 24
Bergau/Ulrich, Empirische Befunde zur lösungsorientierten Begutachtung als Intervention bei hochstrittiger Trennung und Scheidung, NZFam 2015, 785
Mar Bergmann, Die Umgangspflegschaft in der Praxis der Familiengerichte, FF 2014, 345
dies, Das Wechselmodell im familiengerichtlichen Verfahren, ZKJ 2013, 489
Mat Bergmann, Der Beweisbeschluss im Kindschaftsverfahren: Schnittstelle zwischen Recht und Spekulation, FamRB 2016, 364
Bilsdorfer, Willkür als sachgerechte Lösung – Die Berechtigungsbestimmung im Kindergeldrecht, NJW 2013, 897
Blum/Urso, Der begleitete Umgang im familiengerichtlichen Verfahren, in: Menne/Scheurer-Englisch/Hundsalz (Hrsg), Jahrbuch der Erziehungsberatung, Band 9 (2012) 264
vBoch-Galhau, Parental Alienation und Parental Alienation Syndrome/Disorder (2012)
Bock, Zur Strafbarkeit des allein sorgeberechtigten Elternteils nach § 235 II StGB zu Lasten des umgangsberechtigten anderen Elternteils (§ 1684 BGB), JR 2016, 300
Bohnert, Mitwirkungspflichten bei der Beweisaufnahme in Familiensachen, NZFam 2014, 107
Born, Wechselmodell gegen den Willen des anderen Elternteils – geht das, und ist das sinnvoll?, NZFam 2022, 821
ders, Ehegattenunterhalt bei Wechselmodell – eine selbst gewählte Schwächung des Unterhaltsanspruchs?, NZFam 2023, 433
Bosch, Wechselmodell und Unterhalt, FF 2015, 92
Brandes, Kinder und Eltern nach der Trennung, ZKJ 2012, 347
Brisch, Die vier Bindungsqualitäten und die Bindungsstörungen, FPR 2013, 183
ders, Auswirkungen häuslicher Gewalt auf die Entwicklung von Säuglingen und Kleinkindern – Befunde aus der neurobiologischen Forschung, in: Kavemann/Kreyssig (Hrsg), Handbuch Kinder und häusliche Gewalt (3. Aufl 2013) 169
Britz, Ausgewählte Verfassungsfragen umgangs- und sorgerechtlicher Streitigkeiten beim Elternkonflikt nach Trennung, FF 2015, 387
dies, Kinderschutz – aktuelle verfassungsrechtliche Leitlinien, NZFam 2016, 1113
Bruns, Alle Jahre wieder: Umgangsregelungen an Feiertagen, in den Ferien und auf Reisen, FPR 2013, 553
Bruske, Ehegattenunterhalt und paritätisches Wechselmodell, NZFam 2020, 865
Bublath/Kannegiesser/Salzgeber, Hinweise für das Gespräch mit dem Kind im familiengerichtlichen Verfahren, NZFam 2021, 477
Büchner/Ballan/Kathola/Stridde, Verfahrensbeistandschaft mit interkulturellem Bezug, NZFam 2017, 487
Büchner/Mach-Hour, Verfahrensbeistandschaft bei Kindeswohlgefährdung, NZFam 2016, 597
Burschel, Umfang der Beschränkung des Umgangs nach Ort, Zeit und Art, NZFam 2016, 395
ders, Wie weit geht die Pflicht zur Förderung des Umgangs?, NZFam 2015, 623
Burschik/Schreiner-Hirsch, Praktische Grundlagen zum Begleiteten Umgang, in: Dürbeck (Hrsg), Handbuch Begleiteter Umgang (4. Aufl 2023) 151
Bussian, Das paritätische Wechselmodell im familiengerichtlichen Verfahren, ZKJ 2023, 90
Büte, Verfahrenskostenhilfe und Anwaltsbeiordnung in Kindschaftssachen, FPR 2011, 17
Cappenberg, Das Bindungs- und Beziehungserleben von Pflegekindern, in: Carl/Karle, Kindesanhörung und Fortbildung von Familienrichtern, NZFam 2014, 930
Carl/Clauss/Karle, Kindesanhörung im Familienrecht (2015)
Christl, Umgangskosten als Mehrbedarf in der Prozess- und Verfahrenskostenhilfe, NJW 2016, 3687
ders, Wechselmodell in der Prozess- und Verfahrenskostenhilfe, FamRZ 2016, 959
ders, Sind Erleichterungen für Einelternfamilien in der Prozess-/Verfahrenskostenhilfe geboten?, Rpfleger 2018, 241
Cirullies, Keine Vollstreckung ohne Hinweis –

Stolpersteine bei § 89 Abs 2 FamFG, ZKJ 2016, 450
ders, Vollstreckung aus Titeln nach § 86 FamFG, FPR 2012, 473
ders, Zur Vollstreckbarkeit von Umgangstiteln, ZKJ 2011, 448
ders, Vollstreckung in Familiensachen (2. Aufl 2017)
ders, Ordnungshaft bei hartnäckiger Umgangsverweigerung – warum nicht?, FamRB 2020, 241
Cirullies/Cirullies, Das neue Gesetz zur Verbesserung des Schutzes gegen Nachstellungen – eine Reform mit überschätzter Wirkung, FamRZ 2017, 493
dies, Schutz bei Gewalt und Nachstellung (2. Aufl 2019)
Clausius, Umgang – Entwicklung 40 Jahre, in: Götz/Schnitzler (Hrsg), 40 Jahre Familienrechtsreform (2017) 269
Clauss-Hasper, Vorgerichtliche Beratungsgebühren im Familienrecht, NZFam 2016, 735
Coester, Die Rechtsposition des Kindes im Verfassungsrecht, in: FS Salgo (2016) 13
ders, Kindeswohlgefährdung: Anforderungen an die Gefährdung aus juristischer Sicht, NZFam 2016, 577
ders, Zum Eingriffsmaßstab in den Fällen des Umgangsboykotts, ZKJ 2012, 182
Coester-Waltjen/Coester, Konsensorientierte Intervention bei elterlichen Sorgerechtskonflikten, in: FS Schwenzer (2011) 337
Coester/Waltjen/Lipp/Schumann/Veit (Hrsg), Das Pflegekindverhältnis – zeitlich befristete oder dauerhafte Lebensperspektive für Kinder?, Göttinger juristische Schriften Band 15 (2014) 21
Collo, Muslimische Migrantenfamilien im deutschen Sorge- und Umgangsverfahren (2021)
Cortico, Familien mit Migrationshintergrund – Das Dilemma der Kulturalisierung, in: Dürbeck (Hrsg), Handbuch Begleiteter Umgang (4. Aufl 2023) 229
Dahm, Die „Geeignetheit“ von Verfahrensbeiständen gem § 158 FamFG, ZKJ 2017, 341
Damljanovic, Das Wechselmodell (2016)
Dern/Fuchsloch, Temporäre Bedarfsgemeinschaft im SGB II – wie soll es weitergehen?, SGb 2017, 61
Dethloff/Maschwitz, Kinderrechte in Europa – wo stehen wir?, FPR 2012, 190
Dettenborn, Grundlagen der Glaubhaftigkeitsbegutachtung, NZFam 2016, 593
ders, Hochkonflikthaftigkeit bei Trennung und Scheidung, ZKJ 2013, 231, 272
ders, Kindeswohl und Kindeswille (5. Aufl 2017)
Dettenborn/Fichtner, Empfehlungen zum Verfassen und Prüfen von psychologischen Sachverständigengutachten im Familienrecht – eine praktische Anleitung, NZFam 2015, 1035
Deutscher Familiengerichtstag eV, Gerichtliche Anordnung eines paritätischen Wechselmodells: Stellungnahme des Vorstands v 9. 3. 2017 zu BGH, Beschluss vom 1. 2. 2017 – XII ZB 601/15, FamRZ 2017, 584
Deutscher Paritätischer Wohlfahrtsverband – Gesamtverband eV, Paritätisches Positionspapier „Kinder in besonderen Lebenslagen – Eltern in Haft“ v 10. 4. 2017 (www.der-paritätische.de)
Di Cato, Der begleitete Umgang, FamRB 2014, 389
Dieckmann, Die rechtliche Stellung des lediglich biologischen Vaters im Wandel des gesellschaftlichen Familienbildes (2013)
Dietrich, Begleiteter Umgang bei hochstrittigen Elternpaaren, in: Dürbeck (Hrsg), Handbuch Begleiteter Umgang (4. Aufl 2023) 196
Diouani-Streek, Kontinuität im Kinderschutz – Perspektivplanung für Pflegekinder (2015)
Diouani-Streek/Salgo, Probleme sozialer Elternschaft für Pflegeeltern und Vorschläge zu ihrer rechtlichen Anerkennung, RdJB 2016, 176
Dittmann/Raabe, Herausforderungen für niedergelassene Ärzt/inn/e/n im Umgang mit der Einschätzung (gewichtiger) Anhaltspunkte für eine Kindeswohlgefährdung, JAmt 2018, 437
Döll/Wanitzek, Rechtsprechungsübersicht zum Recht der elterlichen Sorge und des Umgangs, FamRZ 2016, 1317
Dreissigacker, Umgang und Kindeswohl (2016)
Duderstadt, Einschränkung und Ausschluss im Sorge- und Umgangsrecht – Teil 2 (Umgangsrecht), NZFam 2020, 952
Dürbeck, Zur Pflicht des Jugendamts, Gerichtskosten zu tragen, ZKJ 2017, 19
ders, Die Verweigerung begleiteten Umgangs durch das Jugendamt, ZKJ 2015, 457

ders, Das Gesetz zur Reform der elterlichen Sorge nicht miteinander verheirateter Eltern aus Sicht der Praxis, ZKJ 2013, 330
ders, Die Vergütung des Umgangspflegers für die Begleitung des Umgangs durch die Landesjustizkasse – Umgangsbegleitung auf Kosten der Eltern?, ZKJ 2019, 141
ders, Die Einlegung der Rechtsbeschwerde beim BGH durch den Verfahrensbeistand, ZKJ 2019, 262
ders, Zur Hinweispflicht des Sachverständigen in Kindschaftssachen nach § 407a IV 2 Alt. 1 ZPO, NZFam 2022, 8
ders, Rechtsgrundlagen für ein Kontaktverbot im Verhältnis Eltern und Kind, ZKJ 2020, 209
ders, Die anwaltliche Vertretung des Kindes in Kindschaftssachen, in: FS Dose (2022) 87
ders (Hrsg), Handbuch Begleiteter Umgang (4. Aufl 2023)
Dürbeck/Schneider, Kosten in Kindschaftssachen, FamRZ 2021, 1341
Ehmke, Der Vorwurf des sexuellen Missbrauchs an Kindern im familiengerichtlichen Verfahren, NZFam 2016, 1132
Eichenhofer, Umgangsrecht ohne Aufenthaltsrecht? Die Rechtsstellung nichtsorgeberechtigter ausländischer Elternteile im Völker-, Verfassungs- und Aufenthaltsrecht – geltende Rechtslage und Reformbedarf, ZAR 2013, 89
Elden, Wer trägt die Umgangskosten?, NJW-Spezial 2010, 132
Elzer/Gutowski, Formalien bei der Beschwerde in Familiensachen, NZFam 2015, 1042
Engelfried, Betreute Menschen mit minderjährigen Kindern, BtPrax 2013, 13
Ernst, Umgang und Unwilligkeit, NZFam 2015, 641
ders, Der Umgangsvergleich, NZFam 2015, 804
Faber, Sorge- und Umgangsrecht bei Umzug und geplanter Auswanderung des betreuenden Elternteils, FuR 2012, 464
Fahl, Die Verantwortungsgemeinschaft von Familiengerichten und Jugendämtern in Kindschaftsverfahren, NZFam 2015, 247
Fahrendholz/Zumbach, Bewertung eines entgegenstehenden Kindeswillens in Umgangsfragestellungen durch Sachverständige, RPsych 2020, 36
Fauth-Engel, Das Verfahren in Kindschaftssachen in Fällen häuslicher Gewalt, in: Kavemann/Kreyssig (Hrsg), Handbuch Kinder und häusliche Gewalt (3. Aufl 2013) 187
Fegert, Endgültiges Aus für das Parental Alientation Syndrom (PAS) im amerikanischen Klassifikationssystem DSM-5, ZKJ 2013, 190
ders, Die Frage des Kindeswohls und der Ausgestaltung des Umgangsrechts nach Trennung der Eltern in Fällen häuslicher Gewalt aus kinder- und jugendpsychiatrischer Sicht, in: Kavemann/Kreyssig (Hrsg), Handbuch Kinder und häusliche Gewalt (3. Aufl 2013) 195
Fegert/Kemper, Verhinderung bzw Reduktion des Risikos der (Re-)Traumatisierung von Kindern und Jugendlichen in Institutionen und Pflegekindern, in: Fegert/Ziegenhain/Goldbeck (Hrsg), Traumatisierte Kinder in Deutschland (2. Aufl 2013) 210
Fichtner, Das Kindeswohl im Bermudadreieck? Besonderheiten familienpsychologischer Begutachtung bei Umgangs- und Sorgerechtsstreitigkeiten, NZFam 2015, 588
ders, Der Umgang mit dem Umgangsboykott und das gefährdete Kindeswohl aus psychologischer Sicht, in: Coester-Waltjen/Lipp/Schumann/Veit (Hrsg), Alles zum Wohl des Kindes?, Göttinger Juristische Schriften Band 12 (2012) 94
Finger, Das Übereinkommen über die Rechte des Kindes (UN-Kinderrechtskonvention – UN-KRK), FuR 2020, 97
Finke, Rechtliche Grundlagen und Ausgestaltung der Kindesbetreuung durch Eltern und Dritte, NZFam 2014, 865
ders, Sorgerecht und Umgang bei Erkrankung des Kindes, NZFam 2015, 1114
Flindt, Die neue Brüssel IIb-VO, NZFam 2022, 669
Fritzsche, Die Pflicht zum elektronischen Rechtsverkehr – Chancen und Risiken, NZFam 2022, 1
Frohn, Ergänzungspflegschaft zur Regelung des Umgangs?, FF 2016, 240
Funk/Osten/Scharl/Schmid/Stotz, Familiengerichtliches Kindschaftsverfahren bei häuslicher Gewalt, FamRB 2016, 282
Gartenhof/Hartmann-Hilter/Loebel/Normann/Salzgeber/Schmid/Weber von Kos-

LOWSKI, Das Münchener Modell in der Praxis, ZKJ 2011, 285
GARTENHOF/SCHMID/NORMANN/vTHÜNGEN/WOLF, Auflagen nach § 156 I FamFG im Spannungsfeld der Eltern zwischen Autonomie und Zwang, NZFam 2014, 972
GEIGER, Probleme und Unstimmigkeiten bei der sozialrechtlichen Absicherung des Umgangsrechts im SGB II, ZfSH/SGB 2017, 255
GOEPEL/RAIHALA, Belastende Lebensereignisse im Kindes- und Jugendalter, NZFam 2021, 490
GOLDBECK, Häusliche Gewalt. Psychische Folgen für Kinder, in: WALPER/FICHTNER/NORMANN (Hrsg), Hochkonflikthafte Trennungsfamilien (2. Aufl 2013) 131
GOMILLE, Der Umgang mit Pflegekindern zu Corona-Zeiten, RdJB 2021, 33
GOTTSCHALK/HEILMANN, Zu den Voraussetzungen eines Ausschlusses des Umgangs der leiblichen Eltern mit ihrem in einer Pflegefamilie lebenden Kind, ZKJ 2013, 113
dies, Anordnung eines paritätischen Wechselmodells gegen den Willen eines Elternteils?, ZKJ 2017, 180
GÖTZ, Kindeswohl bei Auslandsbezug, in: GÖTZ/SCHNITZLER, 40 Jahre Familienrechtsreform (2017) 255
GRABA, Kindergeldausgleich beim Wechselmodell, NZFam 2016, 842
GRANDEL, Minenfeld Ordnungsgeld" – zur Vollstreckbarkeit gerichtlicher Umgangsregelungen, FF 2019, 55
GREGER, Mediation in Kindschaftssachen – Kosten, Akzeptanz, Nachhaltigkeit, FPR 2011, 115
GRIESEL/SALZGEBER, Abklärung eines Missbrauchsvorwurfs bei einem Kind, NZFam 2015, 606
GÜSSOW, Die Beteiligung und Vertretung des Kindes in Kindschaftssachen (2022)
HAMMER, Elternvereinbarungen über den Verbleib und die Finanzierung von Kindern, in: BAYER/KOCH (Hrsg), Scheidungsfolgevereinbarungen (2016) 75
ders, Die gerichtliche Anordnung des Wechselmodells, FamRZ 2015, 1433
ders, Die Rollen des Jugendamts in Kindschaftssachen, FamRZ 2017, 1904
ders, Überlegungen zu einer grundlegenden Reform des Sorge- und Umgangsrechts, FamRZ 2018, 229
ders, Die gerichtliche Billigung von Vergleichen nach § 156 Abs 2 FamFG, FamRZ 2011, 1268
ders, Entwicklungslinien im Sorge- und Umgangsrecht bei Getrenntleben der Eltern, FamRZ 2021, 905
ders, Das Miteinander und Nebeneinander von Familiengericht und Jugendamt in Kindschaftssachen, in: FS Dose (2022) 247
ders, Anhörung des Kindes durch das Beschwerdegericht in Verfahren betreffend die Aufhebung kindesschutzrechtlicher Maßnahmen gemäß § 1696 Abs 2 und 3 BGB, FamRZ 2022, 1581
HANKE, Das Wechselmodell im kanadischen Kindschaftsrecht – Ein gangbarer Weg auch für Deutschland?, FamRB 2014, 106
HAUMANN, Getrennt gemeinsam erziehen, ZKJ 2018, 13
HEILMANN, Die Gesetzeslage zum Sorge- und Umgangsrecht, NJW 2012, 16
ders, Die Ergänzungspflegschaft mit dem Aufgabenkreis „Regelung des Umgangs" (Umgangsbestimmungspflegschaft), FamRZ 2014, 1753
ders, Der Bundesgerichtshof und der Umgangsboykott, ZKJ 2012, 105
ders, Der Umgang des Pflegekindes mit seinen leiblichen Eltern, ZKJ 2014, 48
ders, Kindeswohl und Wechselmodell, NJW 2015, 3346
ders, Der Verfahrensbeistand als Grundrechtsgarant für das Kind, ZKJ 2017, 219
HEINE, Das System der sorgerechtlichen Alleinentscheidungsbefugnisse (2010)
HEISS, Ansprüche aus dem Eltern-Kind-Verhältnis und aus dem Umgangsrecht, FPR 2011, 96
HELMS, Fortsetzung der Vormundschaft bei Flüchtlingen trotz Vollendung des 18. Lebensjahres, ZKJ 2018, 219
HELMS/SCHNEIDER, Anordnung eines Wechselmodells in der Rechtsprechung der Oberlandesgerichte seit der Grundsatzentscheidung des BGH v 1. 2. 2017, FamRZ 2020, 813
HENNEMANN, Die Anhörung des Kindes in Kindschaftsverfahren § 159 FamFG, NZFam 2014, 871

dies, Meldewesen, Kindergeldberechtigung und Sozialleistungen beim Wechselmodell, NZFam 2016, 825
dies, Rechtliche Mittel bei Umgangsverweigerung trotz Gerichtsbeschlusses, FamFR 2013, 316
dies, Das Wechselmodell als Umgangsregelung – eine überzeugende Lösung?, NJW 2017, 1787
dies, Der gerichtlich gebilligte Vergleich in Umgangsverfahren gemäß § 156 II FamFG, NZFam 2021, 910
HERGENRÖDER, Sorge- und Umgangsrecht nach Trennung – Status Quo und Ausblick, in: vBARY (Hrsg), Aktuelle Reformen im Familienrecht – ein interdisziplinärer Blick (2023) 33
HERMANN/DIETRICH, Probleme und Suchterkrankungen des Umgangsberechtigten, NZFam 2018, 500
HERRLER, Überprüfung und Auswertung von familienpsychologischen Gutachten aus richterlicher Sicht, NZFam 2015, 597
HEUCHEMER, Kardinalfehler der Rechtsprechung zum Umgangsrecht, FuR 2017, 368
HEYNEN, Das tabuisierte Risiko: Tötungsdelikte im Kontext häuslicher Gewalt, in: KAVEMANN/KREYSSIG (Hrsg), Handbuch Kinder und häusliche Gewalt (3. Aufl 2013) 64
dies, Zeugung durch Vergewaltigung – Folgen für Mütter und Kinder, in: KAVEMANN/KREYSSIG (Hrsg), Handbuch Kinder und häusliche Gewalt (3. Aufl 2013) 60
HINZ, Mutter- und Vaterbilder im Familienrecht des BGB 1900–2010 (2014)
HOLZMANN, Verfahren betreffend die elterliche Verantwortung nach der Brüssel IIa-VO, FPR 2010, 497
B HOFFMANN, Tätigkeit von Verfahrensbeistand und Sachverständigen in kindschaftsrechtlichen Verfahren – Eine Betrachtung aus datenschutzrechtlicher Perspektive, ZKJ 2020, 249
K HOFFMANN, Ordnungsmittel bei Mehrfachverstößen gegen Unterlassungstitel, NJW 2019, 2126
HOFFMANN/KÜKEN-BECKMANN/VOSS, Stalking und häusliche Gewalt aus psychologischer Sicht, FPR 2011, 211
HOLLDORF/vPIRANI, Der begleitete Umgang im Spannungsfeld zwischen Jugendhilfe und Familiengericht, ZKJ 2012, 384
HORNDASCH, Besondere Umgangssituationen und ihr Streitpotential, NZFam 2014, 884
ders, Das Recht des Kindes auf Umgang, FPR 2012, 208
ders, Das Wechselmodell und seine Folgen, FuR 2016, 558 und 2016, 632
HUBER, Hochkonflikt und Kindeswohlgefährdung, NZFam 2022, 583
HÜSSTEGE, Die neue Brüssel IIa-Verordnung – was bleibt, was ändert sich, FamRZ 2022, 1591
Institut für Demoskopie Allensbach, Getrennt gemeinsam erziehen – Befragung von Trennungseltern im Auftrag des BMFSFJ, Untersuchungsbericht (2017)
IVANITS, Keine Beteiligung des Kindes bei elterlichem Einvernehmen?, NZFam 2016, 7
dies, Die Stellung des Kindes in auf Einvernehmen zielenden gerichtlichen und außergerichtlichen Verfahren in Kindschaftssachen (2012)
JANSEN, Sozialrechtliche Leistungsansprüche zur Ermöglichung des Umgangs, FPR 2009, 144
JESTAEDT, Elternpflicht als Kindesrecht? – Jugendhilferecht am verfassungsrechtlichen Scheideweg, JAmt/ZKJ Sonderheft 2010, 32
JOKISCH, Die Entwicklung der Rechtsprechung zur elterlichen Sorge und zum Umgangsrecht seit dem Jahre 2014, FuR 2016, 85 (Teil 2), 145 (Teil 3)
dies, Das Wechselmodell – Grundlagen und Probleme, FuR 2013, 679 und 2014, 25
dies, Der gerichtliche Vergleich im familiengerichtlichen Verfahren, insbesondere in Unterhalts- und Kindschaftssachen – Teil 3, FuR 2020, 626
dies, Die Neuregelungen der Verfahrensbeistandschaft aufgrund des Gesetzes zur Bekämpfung sexualisierter Gewalt gegen Kinder – eine erste Bestandsaufnahme, FuR 2022, 556
JURCZYK/WALPER, Gemeinsames Sorgerecht nicht miteinander verheirateter Eltern (2013)
KANNEGIESSER, Qualitätssicherung in der Begutachtung, NZFam 2022, 861
KARL, Keine Bagatellgrenze von 10 % für die Umgangskosten mit dem Kind, jM 2014, 467
KARLE/GATHMANN/KLOSINSKI, Zur Praxis der Kindesanhörung in Deutschland, ZKJ 2010, 432
KASSING, Kinderschutz und Umgang (2014)

Kaufhold/Hornung, Über den richtigen Umgang mit dem Umgangspfleger (§ 1684 Abs 3 Satz 3–5 BGB), ZKJ 2017, 97
Kavemann, Gewalt in der Partnerschaft der Eltern – Traumatisierung von Kindern und Jugendlichen und Fragen des Umgangsrecht, in: Fegert/Ziegenhain/Goldbeck (Hrsg), Traumatisierte Kinder und Jugendliche in Deutschland (2. Aufl 2013) 140
dies, Häusliche Gewalt gegen die Mutter und die Situation der Töchter und Söhne – Ergebnisse deutscher Untersuchungen, in: Kavemann/Kreyssig (Hrsg), Handbuch Kinder und häusliche Gewalt (3. Aufl 2013) 15
Keuter, Zuständigkeitsprobleme in Kindschaftssachen bei Wechsel des gewöhnlichen Aufenthalts des Kindes, FuR 2015, 262
ders, Beschleunigungsrüge und Beschleunigungsbeschwerde: Präventive Rechtsbehelfe bei überlanger Verfahrensdauer in Kindschaftssachen, FamRZ 2016, 817
ders, Kritische Anmerkungen zur Rechtsprechung zu § 89 Abs 2 FamFG, FamRZ 2016, 1732
ders, Begleiteter Umgang – Familienrichter ohne Entscheidungskompetenz?, JAmt 2011, 373
ders, Vertretung Minderjähriger in Kindschaftssachen nach dem FamFG, NJW 2010, 1851
ders, „Zahlen bitte!" – Haftet der Verfahrensbeistand für Dolmetscherkosten?, FamRZ 2014, 1971
ders, Gebührenrechtliche Stolpersteine für den Verfahrensbeistand, FamRZ 2018, 14
ders, Fallstricke bei der Beendigung kindschaftsrechtlicher Verfahren, FamRZ 2022, 1003
ders, Der Umgangspfleger als Umgangsbegleiter – ein Dauerthema, FamRZ 2022, 581
ders, Einleitung amtswegiger Kindschaftsverfahren, NZFam 2022, 1105
Kinderrechtekommission des Deutschen Familiengerichtstags eV, Das Wechselmodell im deutschen Familienrecht, FamRZ 2014, 1157
dies, Reformbedarf im Pflegekinderwesen, FamRZ 2014, 891
dies, Die Richterschaft in der Familiengerichtsbarkeit, ZKJ 2018, 179
Kindler, Kinderschutz im BGB, FPR 2012, 422
ders, Häusliche Gewalt und Hochstrittigkeit, FPR 2011, 207
ders, Trennung zwischen Kindern und Bezugspersonen, FPR 2013, 194
ders, Äpfel, Birnen oder Obst? Partnerschaftsgewalt, Hochstrittigkeit und die Frage nach sinnvollen Interventionen, in: Walper/Fichtner/Normann (Hrsg), Hochkonflikthafte Trennungsfamilien (2. Aufl 2013) 111
ders, Partnergewalt und Beeinträchtigungen kindlicher Entwicklung: Ein aktueller Forschungsüberblick, in: Kavemann/Kreyssig (Hrsg), Handbuch Kinder und häusliche Gewalt (3. Aufl 2013) 27
Kindler/Walper, Das Wechselmodell im Kontext elterlicher Konflikte, NZFam 2016, 820
Kindler/Walter/Friedrich-Bäker, (Begleiteter) Umgang und Kindeswohl: Eine Forschungsübersicht, in: Prinz/Klinkhammer (Hrsg), Handbuch Begleiteter Umgang (3. Aufl 2017) 33
Kirchberg, Eine Bestandsaufnahme anlässlich 70 Jahre Grundgesetz – (Teil II), FF 2020, 237
ders, BVerfG und EGMR – wer hat das letzte Wort auf dem Gebiet des Familienrechts?, FF 2018, 272
Kircher, Gefährdung des Kindeswohls aus kinder- und jugendpsychiatrischer Sicht, NZFam 2016, 600
Kischkel, Femizid, FamRZ 2022, 837
ders, Die Reform der Kindesanhörung nach § 159 FamFG – Auswirkungen auf die Praxis, FamRZ 2021, 1595
ders, Der familiengerichtliche Billigungsbeschluss nach § 156 II FamFG als beschwerdefähige Endentscheidung – und die Folgen, NZFam 2019, 907
Klein, Kinder substanzabhängiger Eltern: Auswirkungen auf die elterliche Erziehungsfähigkeit und Entwicklung der Kinder, NZFam 2018, 477
Kleinwegener, Einschränkung des Umgangsrechts, in: Götz/Schnitzler, 40 Jahre Familienrechtsreform (2017) 281
Kliemann/Fegert, Familienväter, Stiefväter, Ziehväter, Pflegeväter und sog. „Kinderpornographie", ZKJ 2021, 333
F Klinkhammer, Zum Verhältnis von Rechtsfortbildung und Rechtspolitik am Beispiel des Umgangsrechts des biologischen Vaters, in: Juristische Studiengesellschaft Jahresband 13 (2013) 89

ders, Das Durchführungsgesetz zur Brüssel IIb-VO, FamRZ 2022, 325
M Klinkhammer, Begleiteter Umgang bei häuslicher Gewalt – Chancen und Grenzen, in: Prinz/Klinkhammer, Handbuch Begleiteter Umgang (3. Aufl 2017) 241
Klinkhammer/Prinz (Hrsg), Handbuch begleiteter Umgang (3. Aufl 2017)
dies, Rolle und Aufgabe der Umgangsbegleitung, in: Prinz/Klinkhammer (Hrsg), Handbuch Begleiteter Umgang (3. Aufl 2017) 193
Knittel, Ausschluss des Anspruchs auf Unterhaltsvorschuss, JAmt 2019, 183
Knoop, Zuständigkeit in Umgangssachen bei rechtmäßigem Umzug, NJW-Spezial 2017, 260
Koch, Betreuung des Kindes im Rahmen des Umgangs, FuR 2016, 265
Köckeritz, Bindungserhalt bei Kindern in Verwandtenpflege, ZKJ 2022, 124
Köckeritz/Nowacki, Bindungen von Kindern in Pflegefamilien, ZKJ 2021, 44
Kogan, Rechtsfragen und Entwicklung des (beabsichtigten) Familienlebens in der EMRK, der EU-Grundrechtecharta und dem nationalen Recht am Maßstab des Art 8 EMRK (2018)
Köhler, Neue Regelungen im Sachverständigenrecht, JAmt 2017, 61
ders, Jugendliche ab 14 Jahren in Kindschaftssachen – eine praktische Anleitung, ZKJ 2018, 50
ders, Große Reform des Kindschaftsrechts nötig?, ZKJ 2020, 4
ders, Sachverständigengutachten in Kindschaftssachen, ZKJ 2020, 421
ders Internationale Zuständigkeit für die Vollstreckung von Umgang, ZKJ 2019, 400
Koritz, Kinderrechte im Konflikt ihrer Eltern – Die Gefahr in Streitzeiten die Rechte der Kinder zu missachten, FPR 2012, 212
dies, Verfahrensbeistandschaft bei hochstrittiger Elternschaft und Umgang der Kinder, FPR 2012, 385
dies, Die Vergütung des Verfahrensbeistandes, FPR 2012, 272
dies, Zur Frage der Haftung des Verfahrensbeistands, FPR 2012, 568
Kostka, Wechselmodell hin, Residenzmodell her? Zur Stärkung der Subjektstellung des Kindes bei Trennung der Eltern, in: FS Salgo (2016) 159
dies, Neue Erkenntnisse zum Wechselmodell?, ZKJ 2014, 54
dies, Das Wechselmodell als Leitmodell? – Umgang und Kindeswohl im Spiegel aktueller internationaler Forschung, Streit 2014, 147
Krekeler, Die Vollstreckung von Umgangstiteln, FF 2017, 240
Kretzschmar, Fliegende Kinder – Umgangsregelungen bei großer räumlicher Entfernung, NZFam 2014, 893
Krüger, Gewaltschutz und Umgang, NZFam 2016, 294
ders, Stalking als familien- und strafrechtliches Problem, FPR 2011, 219
Krumm, Die wichtigsten Praxisprobleme der persönlichen Kindesanhörung nach § 159 FamFG, FamFR 2013, 265
Kuleisa-Binge, Verfahrensbeistandschaft, Ergänzungspflegschaft und Umgangspflegschaft, FPR 2012, 363
Lack, Ausschluss des Umgangsrechts leiblicher Eltern mit ihrem in einer Pflegefamilie untergebrachten Kind, FamFR 2013, 73
dies, Möglichkeiten und Grenzen der Gesetzgebung zur Effektivierung des Kinderschutzes (2012)
dies, Rechtliche Überlegungen zur religiös motivierten Beschneidung von Jungen im Kindesalter, ZKJ 2012, 336
dies, Verfahren in Kindschaftssachen während der Corona-Krise, NJW 2020, 1255
dies, Die gerichtliche Anordnung des Wechselmodells, NJW 2021, 837
dies, Die Entwicklung der Verfahrensbeistandschaft seit Inkrafttreten des Gesetzes zur Bekämpfung sexualisierter Gewalt gegen Kinder, FamRZ 2023, 1249
Lack/Heilmann, Kinderschutz und Familiengericht, ZKJ 2014, 308
Lack/Salgo, Entwicklung der Verfahrensbeistandschaft seit Inkrafttreten des FamFG, FPR 2012, 353
Lengning/Lüpschen, Auswirkungen auf Bindungs- und Beziehungsqualitäten bei Misshandlung, Vernachlässigung und sexuellem Missbrauch, FPR 2013, 213
Lentz/Hellmann, Schwierige Umgangsfragen –

Handlungsstrategien bei hochkonflikthaften Familien, FuR 2019, 264
LETTMAIER/DÜRBECK, Die Behandlung elterlicher Umgangskosten im Unterhalts-, Sozial- und Steuerrecht, FamRZ 2019, 81
LICENI-KIERSTEIN, Der Umgang mit den Umgangskosten, FamRB 2012, 347
LIES-BENACHIB, Umgangsanregung und Justizgewährungsanspruch – Zur Verpflichtung des Familiengerichts, ein Umgangsverfahren einzuleiten, NZFam 2018, 581
dies, Ein Paukenschlag im Kindschaftsverfahren? Zu den familienverfahrensrechtlichen Regelungen des Gesetzes zur Bekämpfung sexualisierter Gewalt an Kindern, FF 2021, 430
LISSNER, Die Aufgaben des Jugendamts als Ausschlusstatbestand für die Beratungshilfe, FamRB 2016, 32
LÖHNIG, Pendelkinder – Kindeswohl und gleichberechtigte, geteilte elterliche Verantwortung, NZFam 2016, 817
ders, Der Wechselmodellbeschluss des BGH: Stellenwert und sorgerechtliche Folgen, FF 2017, 429
LOHSE, Umgangspflegschaft, Themengutachten, DIJuF-Rechtsgutachten (2015)
LOHSE/BECKMANN, Die Umgangsbegleitung als Leistung der Kinder- und Jugendhilfe nach § 18 SGB VIII, in: DÜRBECK (Hrsg), Handbuch Begleiteter Umgang (4. Aufl 2023) 177
LÖWER, Familienpsychologische Sachverständigengutachten in Sorge-, Umgangs- und Kindeswohlgefährdungsverfahren (2017)
LÜBLINGHOFF, Das Gesetz zur Änderung des Sachverständigenrechts, NJW 2016, 3329
LUTHE, Kinderrechte ins Grundgesetz?, ZKJ 2014, 94
LUTHIN, Eine Mitwirkung Dritter: Begleiteter Umgang, FamRB 2016, 69
MAASS, Keine Barunterhaltspflicht im echten Wechselmodell, FamRZ 2016, 603
ders, Die Unterhaltsrente im Wechselmodell – ein systemwidriges Danaergeschenk?, FamRZ 2017, 673
ders, Finanzieller Ausgleich beim Wechselmodell, FamRB 2021, 430
ders, Eckpunkte des Bundesministeriums der Justiz zur Modernisierung des Unterhaltsrechts, NZFam 2023, 913
MANDLA, Das „Wechselmodell“ im Umgangsrecht und die Beliebigkeit der Argumentation – Schwierigkeiten mit Methodik und Gleichberechtigung, NJ 2011, 278
MARCHLEWSKI, Das Wechselmodell zwischen § 1671 und § 1684 BGB – Der Staat wacht an der Grenze des § 1666 BGB, FF 2015, 98
ders, Das Wechselmodell im Kindschaftsrecht (2018)
C MAYER, Haftung und Paarbeziehung (2017)
dies, Ersatzansprüche bei Verstößen gegen Regelungen des Personensorge- oder Umgangsrechts, FamRZ 2019, 1969
S MAYER, Die rechtliche Stellung sowie Aufgaben des Verfahrensbeistands, jM 2017, 140
vMAYER, Begleiteter Umgang bei Vollzeitpflege, in: DÜRBECK(Hrsg), Handbuch Begleiteter Umgang (4. Aufl 2023) 177
MAYWALD, Entfremdung durch Kontaktabbruch – Kontakt verweigernde Kinder oder Eltern nach der Trennung, FPR 2013, 200
ders, Kinderrechte ins Grundgesetz – Ein langer Atem ist notwendig, JAmt 2022, 136
MENNE, Herausforderungen für die Familiengerichtsbarkeit aufgrund von Migration und Flüchtlingsbewegungen insbesondere in Kindschaftsverfahren, FamRZ 2016, 1223
ders, Kinderschutz neu denken in einem Einwanderungsland, NDV 2016, 456
ders, Aktuelle Praxisfragen grenzüberschreitender Kindschaftssachen – Grenzüberschreitende Umgangsregelungen, FamRB 2015, 359
ders, Aktuelle Praxisfragen grenzüberschreitender Kindschaftssachen – Internationale Richternetzwerke, FamRB 2015, 441
ders, Neues Recht für die Verfahrensbeistandschaft, NZFam 2020, 1033
MEROLD, Die sozialrechtliche Berücksichtigungsfähigkeit von Aufwendungen für die Wahrnehmung des elterlichen Umgangsrechts, FamRZ 2016, 1986
MEYSEN, Familiengericht und Jugendamt: produktives Ringen oder Machtkampf?, NZFam 2016, 580
ders, Stärkung von Kindern und Jugendlichen in Pflegefamilien und Einrichtungen – und mehr, FamRZ 2021, 401
MEYSEN/BAER/MEILICKE/BECKER/BRANDT, Kindeswohl bei Aufwachsen in islamisch oder sala-

fistisch geprägten Familien. Orientierungshilfe für Jugendämter (2021)
Moelle, Die (anwaltliche) Vertretung Minderjähriger in Kindschaftssachen, ZKJ 2020, 7
Morat/Kramer, Verfahrensbeistandschaft und Datenschutz, ZKJ 2014, 139
Motzer/Kugler/Grabow, Kinder aus Migrationsfamilien in der Rechtspraxis (2. Aufl 2012)
Müller, Trauma und Begleiteter Umgang, in: Dürbeck (Hrsg), Handbuch Begleiteter Umgang (4. Aufl 2023) 258
Nickel, Grundlagen der Gewährung von Beratungs- und Verfahrenskostenhilfe in Kindschaftssachen, NJW 2011, 1117
Nowacki/Remiorz, Bindung bei Pflegekindern (2018)
Oberloskamp, Das Jugendamt im familiengerichtlichen Verfahren, ZKJ 2016, 336
Obermann, Der Umgangspfleger nach § 1666 BGB – gefährdet, aber notwendig?, NZFam 2014, 976
ders, Normative Strukturen des Umgangs, FamRZ 2016, 1031
ders, Kindesanhörung bei Einigung der Eltern?, NZFam 2015, 1129
ders, Der Umgang von Pflegekindern mit den leiblichen Eltern – ein Dilemma, NZFam 2019, 293
ders, Das in der Haft der Mutter geborene Kind, NZFam 2022, 728
ders, Gerichtliche Umgangsregelung – von Amts wegen oder nur auf Antrag?, FamRZ 2023, 409
ders, Betreuungsmodell und Lebensmittelpunkt als Gegenstand von elterlicher Sorge und Umgangsrecht, NZFam 2023, 337
Osthold, Die rechtliche Behandlung des Elternkonflikts (2016)
ders, Antrags- und Amtsverfahren in Kindschaftssachen nach dem FamFG, FamRZ 2017, 1643
Oswald/Goldbeck, Traumata bei Pflegekindern, in: Fegert/Ziegenhain/Goldbeck (Hrsg), Traumatisierte Kinder und Jugendliche in Deutschland (2. Aufl 2013) 203
Overmann, Vergütung des Verfahrensbeistands – Ist-Zustand und künftige Entwicklung, FPR 2012, 370
Peschel-Gutzeit, Die Bedeutung des Kindeswillens, NZFam 2014, 433
dies, Noch immer keine Untätigkeitsbeschwerde in Kindschaftssachen – Erneute Kritik des EGMR, ZRP 2015, 170
dies, Der Umgang mit dem Umgangsboykott, in: Coester-Waltjen/Lipp/Schumann/Veit (Hrsg), Alles zum Wohl des Kindes?, Göttinger Juristische Schriften Band 12 (2012) 105
dies, Das paritätische Wechselmodell, in: FS Koch (2019) 509
Pietsch, Internationale Kindesentführung, FuR 2017, 189
Pintens, Familienrecht und Rechtsvergleichung in der Rechtsprechung des Europäischen Gerichtshofes für Menschenrechte, FamRZ 2016, 341
Plattner, Begleiteter Umgang mit psychisch kranken Eltern und ihren Kindern, in: Dürbeck (Hrsg), Handbuch Begleiteter Umgang (4. Aufl 2023) 218
Preisner, Das gesetzliche mittreuhänderische Schuldverhältnis kraft gemeinsamer Elternschaft (2014)
Prenzlow, Mitwirkung des Verfahrensbeistandes am Zustandekommen einer einvernehmlichen Regelung – was ist daraus geworden?, FPR 2012, 366
Prinz, Kompetenzverteilung zwischen Familiengericht und Jugendamt bei der Anordnung und Durchführung begleiteter Umgangskontakte – Analyse und Ausblick, NZFam 2022, 477
Prinz/Güthoff, Standards im Begleiteten Umgang am Beispiel des Kinderschutzbundes, in: Prütting/Helms/Hammer (Hrsg), Handbuch Begleiteter Umgang (3. Aufl 2017) 131
dies, Raum für Kinder und der Raum des Kindes im Begleiteten Umgang, in: Prinz/Klinkhammer (Hrsg), Handbuch Begleiteter Umgang (3. Aufl 2017) 165
Prinz/Rix, Pflegekinder und Umgangskontakte – eine besondere Herausforderung im Begleiteten Umgang, in: Prinz/Klinkhammer (Hrsg), Handbuch Begleiteter Umgang (3. Aufl 2017) 293
Radtke, Verfassung und Verfassungsbeschwerde im Familienrecht, FF 2022, 431
Rake, Elterliche Sorge und Umgang im Zeichen der Corona-Pandemie, FamRZ 2022, 1078
ders, Pandemiebedingte Verhaltenspflichten während des Umgangs, FamRZ 2021, 1087

ders, Kindschaftsrechtliche Auswirkungen der Coronakrise, FamRZ 2020, 650
RAUSCHER, COVID-19-Pandemie und Zivilprozess, COVuR 2000, 2
RITTER, Begleiteter Umgang in Zeiten von Corona, JAmt 2020, 369
ROHMANN, Billigung nach § 156 Abs 1 FamFG – Kindeswohlprüfung und Grenzen der Billigung, FPR 2013, 307
ders, Anhörung des Kindes und der Eltern sowie Bekanntgabe der Entscheidung an das Kind als kommunikativer Prozess, FPR 2013, 464
ders, Fachliche Standards bei der Erweiterung des Auftrags nach § 163 FamFG, NZFam 2015, 793
ROSELT/WIENEMANN, Umgangsrecht im SGB II: Erhöhter Wohnraumbedarf?, FamRB 2014, 307
RUBENBAUER/DOSE, Barunterhaltspflicht der Eltern gegenüber ihren minderjährigen Kindern unter Berücksichtigung des Betreuungsanteils bis hin zum Wechselmodell, FamRZ 2022, 1497
RÜCKER/WALPER/PETERMANN/BÜTTNER, Befunde der Studie „Kindeswohl und Umgangsrecht" – Wohlergehen von Kindern Trennungsfamilien (2023), abrufbar unter projekt-petra.de/de/studie-kindeswohl-und-umgangsrecht
RUETTEN, Das paritätische Wechselmodell und Streitfragen des Kindergeldes sowie anderer kindbezogener Leistungen, NZFam 2016, 337
RÜTING, Rückführung in die Herkunftsfamilie, Umgang, FPR 2012, 381
SACHENBACHER, Besondere Herausforderungen an Kinderschutzverfahren unter Pandemiebedingungen in praktischer und rechtlicher Sicht, FamRZ 2021, 917
dies, Die Kindesanhörung – Das Kind als Subjekt und nicht Objekt des Verfahrens, FF 2022, 343
SALEWSKI/STÜRMER, Qualität familienrechtspsychologischer Gutachten, ZKJ 2015, 4
SALGO, Häusliche Gewalt, Traumatisierung und Umgang, in: FEGERT/ZIEGENHAIN/GOLDBECK (Hrsg), Traumatisierte Kinder und Jugendliche in Deutschland (2. Aufl 2013) 121
ders, Das Beschleunigungsgebot in Kindschaftssachen, FF 2011, 352
ders, Der qualifizierte Familienrichter als tragende Säule im Kinderschutz, ZKJ 2018, 168
SALZGEBER, Das Wechselmodell, NZFam 2014, 921
ders, Umgang und Herstellung von Einvernehmen, FPR 2013, 299
ders, Beziehungsförderung durch Begutachtung?, NZFam 2015, 788
ders, Interkulturelle Aspekte bei der familienpsychologischen Begutachtung, NZFam 2017, 481
SALZGEBER/BUBLATH, Betreuungsmodelle aus Kindersicht, NZFam 2016, 837
dies, Der familienrechtspsychologische Sachverständige im Spannungsfeld zwischen Recht und Fachwissenschaft, NZFam 2022, 963
SCHÄDER, Umgangspflegschaft und Umgangsbegleitung, JAmt 2021, 8
dies, Kindeswille und Umgangsvereitelung, FamRZ 2019, 1120
dies, Sorgerechtliche Maßnahmen bei Umgangsvereitelung, FamRZ 2019, 1672
SCHADOW/SALZGEBER/BUBLATH/ZWINGMANN, Sachverständige in familienrechtlichen Verfahren – Eine empirische Untersuchung zu Anfeindungen in der familienrechtlichen, NZFam 2022, 573
SCHARL/SCHMID, Sucht und Persönlichkeitsstörung in Kindschaftssachen, FamRB 2013, 224
dies, Bei gerichtlicher Umkehr einer nicht paritätischen Betreuungsregelung zusätzlich Übertragung des Aufenthaltsbestimmungsrechts erforderlich, FamRB 2020, 247
SCHEIWE, Der alternierende Aufenthalt des Kindes bei getrenntlebenden Eltern im Rechtsvergleich, in: COESTER-WALTJEN/LIPP/SCHUMANN/VEIT, Das Wechselmodell – Reformbedarf im Kindschaftsrecht? (2018) 1
SCHIRRMACHER/MEYSEN, Häusliche Gewalt: Perspektiven für einen kindeswohlorientierten, effektiven Schutz vor Gewalt in Kindschafts- und Familienverfahrensrecht, FamRZ 2021, 1929
SCHLUND, Begleiteter Umgang bei „schwierigen Fallkonstellationen", ZKJ 2015, 55, 104
SCHLÜNDER, Der gerichtlich gebilligte Vergleich, FamRZ 2012, 9
SCHMID, Juristische Grundsätze zu Umgangsmodellen, NZFam 2014, 881
ders, Kontaktverbot für Täter gegenüber Kindern in Gewaltfällen, FamRB 2012, 317
ders, Unterbringung des Kindes und Jugend-

lichen wegen anhaltender Umgangsverweigerung?, FPR 2011, 566
ders, Familiengerichtliche Kooperation in Fällen von Kindesmisshandlung und sexuellem Missbrauch, FamRB 2014, 267
ders, Schwierigkeiten des begleiteten Umgangs, NZFam 2016, 604
ders, Grenzen von Einvernehmen in Kindschaftssonderfällen, NZFam 2015, 292
ders, Wechselmodell, Definition, Voraussetzungen, rechtliche Funktion der Alltagssorge, NZFam 2016, 818
Schmidt, Die Kosten des Umgangs – SGB II-Ansprüche im Interesse des Kindes, NJW 2014, 2465
ders, Umgang in Pandemiezeiten – „Nur, wenn Du getestet bist!", NZFam 2021, 865
ders, Der Umgang von Eltern und Kind im Existenzsicherungsrecht, NJW 2020, 812
Schmidtke, Nichteheliche Väter – von der Unterhaltspflicht zum Sorge- und Umgangsrecht (2015)
H Schneider, Die Beschleunigungsrüge in Kindschaftssachen – Verfahren und Kosten, FamRB 2016, 479
N Schneider, Die Einigungsgebühr in Kindschaftssachen, NZFam 2015, 825
ders, Die Kosten in Vermittlungsverfahren nach § 165 FamFG, NZFam 2015, 906
ders, Kosten in Kindschaftssachen nach § 151 Nr 1–3 FamFG, NZFam 2016, 606
ders, Abtrennung einer Kindschaftssache aus dem Verbund und Aufnahme in den Verbund, NZFam 2014, 984
S Schneider, Bedingungen für die kindeswohldienliche Praktizierung des Wechselmodells (2021)
Schnitzler, Einstweiliger Rechtsschutz bei Kindschaftssachen im Verhältnis zum Hauptsacheverfahren und der Beschleunigungsgrundsatz, FF 2012, 62
Schorn, Das Pflegekind in der Rechtsprechung des Bundesverfassungsgerichts und des Europäischen Gerichtshofs für Menschenrechte (2010)
Schröder, Die Rechtstellung des Kindes im Wechselmodell – Ein Rechtsvergleich mit der alternierenden Obhut in der Schweiz (2022)
Schüler, Begleiteter Umgang bei häuslicher Gewalt – Chance oder Verlegenheitslösung?, in: Kavemann/Kreyssig (Hrsg), Handbuch Kinder und häusliche Gewalt (3. Aufl 2013) 208
Schumann, Zusammenhänge zwischen sexuellen Übergriffen auf Kinder und Konsum von Kindesmissbrauchsabbildungen bei Offline- und Online-Tätern (2021)
dies, Gemeinsam getragene Elternverantwortung nach Trennung und Scheidung – Reformbedarf im Sorge-, Umgangs- und Unterhaltsrecht, NJW-Beil 2018, 33
dies, Gutachten B zum 72. Deutschen Juristentag, Gemeinsam getragene Elternverantwortung nach Trennung und Scheidung – Reformbedarf im Sorge-, Umgangs- und Unterhaltsrecht? (2018)
Schwab, Was ist und was bedeutet Familie?, FF 2022, 53
Schwamb, Herbeiführung paritätischer Betreuung (Wechselmodell) durch gerichtliche Umgangsregelung – zugleich Besprechung von BGH NZFam 2017, 206, NZFam 2017, 253
Schwarz, Die Verteilung der elterlichen Sorge aus erziehungswissenschaftlicher und juristischer Sicht (2011)
Schweppe, Kindesanhörung im europäischen Vergleich, in: FS Salgo (2016) 227
Schweppe/Bussian, Die Kindesanhörung aus familienrichterlicher Sicht, ZKJ 2012, 3
Schwonberg, Erste Klärung und offene Fragen zum Wechselmodell, ZfF 2018, 30
ders, Anordnung eines Wechselmodells, FamRZ 2018, 129
Seifert/Püschel/Heinemann, Häusliche Gewalt aus rechtsmedizinischer Sicht, FPR 2011, 185
Seiler, Wechselmodell – unterhaltsrechtliche Fragen, FamRZ 2015, 1845
Sokolowski, Die Übernahme der Kosten des ausländischen Umgangs mit dem Kind, insbesondere in der EU, nach § 21 Abs 6 SGB II, ZESAR 2013, 266
Spangenberg, Umgangskosten, NZFam 2016, 341
ders, Infizierte Kinder – Mediation in einem Umgangskonflikt, NZFam 2014, 972
Spangenberg/Spangenberg, Umgang und Konkretheitsgebot: der Frosch auf der Leitung, FamRZ 2011, 1704

Splitt, Einschränkungen und Ausschluss des Umgangsrechts, FF 2016, 146
ders, Rechtsfragen im Zusammenhang mit familienpsychologischen Sachverständigengutachten, FF 2018, 51
ders, Maßnahmen gegen die Vereitelung von Umgangskontakten, FF 2019, 94
ders, Die Aufhebung der Bestellung zum Verfahrensbeistand, FamRB 2020, 331
ders, Die Anwendung des § 68 III 2 FamFG im familiengerichtlichen Beschwerdeverfahren, NZFam 2022, 392
Steinbach/Augustijn/Helms/Flindt, Das Wohlbefinden von Eltern im Wechselmodell: Weitere Ergebnisse der Studie „Familienmodelle in Deutschland" (FAMOD), FamRZ 2022, 1827
Steinbach/Augustijn/Helms/Schneider, Erste Ergebnisse der Studie „Familienmodelle in Deutschland" (FAMOD): Zur Bedeutung des Wechselmodells für das kindliche Wohlbefinden nach elterlicher Trennung oder Scheidung, FamRZ 2021, 729
Stemmler/Kannegiesser, Diagnostische Kompetenzen von Sachverständigen in Kindschaftssachen: Welche Anforderungen sind zu stellen?, NZFam 2017, 639
Stiller/Schuhr, Umgangsregelungen nach partnerschaftlicher Gewalt in Familien mit Kindern, ZKJ 2022, 163
Stockmann, Das Gesetz zur Änderung des Sachverständigenrechts und zur weiteren Änderung des FamFG sowie zur Änderung des SGG, der VwGO, der FGO und des GKG, FamRB 2016, 442
ders, Wer bestimmt den Urlaubsort?, FamRB 2017, 315
Stösser, Änderungen im Sachverständigenrecht, FamRZ 2016, 1902
Stösser/Mutschler/Karle, Interkulturelle Familien in familiengerichtlichen Verfahren, FPR 2013, 216
Strasser, „In meinem Bauch zittert alles" – Traumatisierung von Kindern durch Gewalt gegen die Mutter, in: Kavemann/Kreyssig (Hrsg), Handbuch Kinder und häusliche Gewalt (3. Aufl 2013) 47
Strube, Das Vorrang- und Beschleunigungsgebot im Kindschaftsrecht, NJW 2022, 3486
dies, Änderungen für das Beschwerdeverfahren in Kindschaftssachen durch das Gesetz zur Bekämpfung sexualisierter Gewalt gegen Kinder, NZFam 2021, 901
Sünderhauf, Vorurteile gegen das Wechselmodell: Was stimmt, was nicht? – Argumente in der Rechtsprechung und Erkenntnisse aus der psychologischen Forschung, FamRB 2013, 90; 2013, 327
dies, Wechselmodell – Psychologie – Recht – Praxis: Abwechselnde Kinderbetreuung durch Eltern nach Trennung oder Scheidung (2013)
Temizyürek, Die richterliche Kindesanhörung: Bindungsfürsorge, Bindungstoleranz, Bindungsblockade, ZKJ 2018, 301
Treichel, Familien- und grundsicherungsrechtliche Anmerkungen zum Wechselmodell, NZFam 2016, 1128
Tschrepp, Umgang und Pflegekindschaft im BGB, FamFG und SGB VIII (2021)
Tuna, „Anne und Baba sollen sich wieder vertragen" – Sensibilität in Umgangsfragen bei Familien mit Migrationshistorie, NZFam 2014, 896
Uerpmann-Wittzack, Die Rechtsprechung des Europäischen Gerichtshofs für Menschenrechte zum Familienrecht in den Jahren 2020 und 2021, FamRZ 2022, 749
Ulrich, Umgangskontakte über große Distanzen aus psychologischer Sicht, NZFam 2014, 889
Vergho, Die Vorbereitung auf einen begleiteten Umgang – Wie können nützliche Arbeitsbeziehungen zwischen den beteiligten hergestellt werden?, in: Prinz/Klinkhammer (Hrsg), Handbuch Begleiteter Umgang (3. Aufl 2017) 321
Vesting, Das neue Sachverständigenrecht, RPsych 2017, 196
Viefhues, Unterhaltsrechtliche Behandlung der Kosten des Umgangsrechts, jM 2014, 442
ders, Unterhaltsrechtliche Behandlung der Kosten des Umgangsrechts, FuR 2019, 568
C Vogel, Sucht und Komorbidität, NZFam 2018, 483
H Vogel, Der Verfahrensbeistand, FPR 2010, 43
ders, Umgangspflegschaft – Umgangsbegleitung, FF 2016, 441

ders, Diffamierung des nicht einigungsbereiten Elternteils im Kindschaftsverfahren (?), NZFam 2015, 802
ders, Die Regelung der elterlichen Sorge und des Umgangs bei psychischer Erkrankung der Eltern oder eines Elternteils im Rahmen des Gesetzes zur Reform der elterlichen Sorge nicht miteinander verheirateter Eltern, FF 2014, 150
ders, Verzögerungsrüge versus Untätigkeits- oder Beschleunigungsbeschwerde in Kindschaftssachen, FPR 2012, 528
ders, Umgangsausschluss, FF 2017, 434
ders, Hat der Vergewaltiger ein Recht auf Umgang mit seinem nichtehelichen Kind?, FF 2019, 391
ders, Der Verhältnismäßigkeitsgrundsatz in Kindschaftssachen – Teil 1, FamRB 2022, 364 – Teil 2 FamRB 2022, 413
ders, Die Änderungen der Verfahrensbeistandsbestimmungen nach §§ 158–158c FamFG, FamRB 2022, 200
ders, Der Verfahrensbeistand gemäß §§ 158 ff FamFG, FF 2022,143
Volke, Der unbefristete Umgangsausschluss bei getrenntlebenden Eltern in der Rechtsprechung des BVerfG und des EuGHMR, FamRZ 2020, 10
Volke/Kriewald, Überblick über die zum 1. 7. 2021 in Kraft getretenen Änderungen des § 68 FamFG und ihre Bedeutung für die Praxis, FamRB 2021, 436
Völker, Vollstreckung einer Entscheidung zur Herausgabe von Personen und zur Regelung des Umgangs, §§ 88 ff FamFG, FPR 2012, 485
Volpert, Anwaltsvergütung für die Tätigkeit als Verfahrenspfleger und Verfahrensbeistand, NJW 2013, 2491
ders, Die Gerichtskostenvorauszahlungspflicht im familiengerichtlichen Verfahren, FPR 2010, 327
Vomberg, Sorgerecht, Umgangsrecht, Kindesentzug bei Trennung oder Scheidung der Eltern, FPR 2011, 444
Voss, Häusliche Gewalt, Stalking und Familiengerichtsverfahren, FPR 2011, 199
Wabnitz, Der Kindeswohlvorrang der UN-Kinderrechtekonvention nach der Rücknahme der deutschen Vorbehaltserklärung, ZKJ 2010, 428
Wagner/Janzen, Die Anwendung des Haager Kinderschutzübereinkommens in Deutschland, FPR 2011, 110
Wallner, Pädophilie und sexueller Kindesmissbrauch im Familienverfahren, NZFam 2015, 610
Walper, Arrangements elterlicher Fürsorge nach Trennung und Scheidung: Das Wechselmodell im Licht neuer Daten aus Deutschland, in: Brühler Schriften zum Familienrecht Band 19, 21. DFGT (2016) 99
Walper/Fichtner, Zwischen den Fronten. Psychosoziale Auswirkungen von Elternkonflikten auf Kinder, in: Walper/Fichtner/Normann (Hrsg), Hochkonflikthafte Trennungsfamilien (2. Aufl 2013) 91
Walper/Wendt, Die Bedeutung der Abstammung für die Identitätsfindung und Persönlichkeitsentwicklung in der Adoleszenz: Adoption, Samenspende und frühe Vaterabwesenheit nach Trennung der Eltern, Zeitschrift für Familienforschung, Sonderheft 8, Pluralisierung von Elternschaft (2011) 211
Walter, Begleiteter Umgang aus familienrechtspsychologischer Sicht – Gegenstand und Aufgabe der Familienrechtspsychologie, in: Prinz/Klinkhammer (Hrsg), Handbuch Begleiteter Umgang (3. Aufl 2017) 149
Walther, Datenschutz und begleiteter Umgang, in: Dürbeck (Hrsg), Handbuch Begleiteter Umgang (4. Aufl 2023) 108
Mar Weber, Der EGMR als Motor der effektiven Durchsetzung von Umgangsrechten, NZFam 2015, 337
ders, Unterhalt beim Wechselmodell, NZFam 2016, 829
ders, Sorgerecht und Umgang bei Substanzmissbrauch, NZFam 2018, 519
Mat Weber, Hoch konflikthafte Eltern in familiengerichtlichen Verfahren um Sorge und Umgang – Ein psychologischer Beitrag, FuR 2021, 446 (Teil I); FuR 2021, 528 (Teil II)
Wegener, Pflicht des Richters zum Hinwirken auf eine Einigung aus richterlicher Sicht nach § 156 FamFG, NZFam 2015, 799
dies, Die Berechnung des Kindesunterhalts beim Wechselmodell – ein praktikabler Weg de lege lata, FamRZ 2019, 1021
Welte, Der Familienschutz im Spektrum des Ausländerrechts (2012)

Wersig, Getrennt leben, gemeinsam betreuen – das Wechselmodell im Steuer- und Sozialrecht, in: Scheiwe/Wersig (Hrsg), Einer zahlt und eine betreut (2010) 273
Wissenschaftliche Dienste Deutscher Bundestag, Das Wechselmodell – Die Kontroverse in Deutschland sowie rechtlicher Rahmen, Praxis und Forschungsstand in Australien, Belgien, Großbritannien und Schweden, WD 9 -3000 – 035/15 v 24. 6. 2015 (www.bundestag.de)
Witt, Das Wechselmodell, SchlHA 2021, 445
ders, Änderungen im familiengerichtlichen Beschwerdeverfahren durch das Gesetz zur Bekämpfung sexualisierter Gewalt gegen Kinder, FamRZ 2021, 1510
Wössner, Sexueller Kindesmissbrauch durch Kinderpornografie-Konsumenten (m/w/d)?, JAmt 2021, 12
Wüstenberg, Kindeswohlgefährdung bei Genitalverstümmelung, FPR 2012, 452
Zempel, Mit Zwang zum Umgang? Die Entscheidung des Bundesverfassungsgerichts vom 1. 4. 2008 – Herleitung und Folgen, FF 2010, 238
Ziegler, Umgangsrecht – Antrag auf Umgangsregelung/Umgangsrechtsausschluss, FuR 2017, 547
Zimmer, Das Sorge- und Umgangsrecht im Lichte der Kindschaftsrechtsreform (2011)
Zimmermann/Fichtner/Walper/Lux/Kindler, Verdorbener Wein in neuen Schläuchen – Warum wir allzu einfache Vorstellungen von „Eltern-Kind-Entfremdung" hinter uns lassen müssen, ZKJ 2023, 43 (Teil 1); ZKJ 2023, 83 (Teil 2)
Zitelmann, Kinderschutz durch Inobhutnahme, ZKJ 2011, 236.

Systematische Übersicht

Alphabetische Übersicht

I. Normgeschichte, Entwicklung der Normziele

1. Rechtslage bis zum Inkrafttreten des KindRG

a) Rechtslage unmittelbar vor Inkrafttreten des KindRG

1 Bis zum 1.7.998 bestanden unterschiedliche Regeln über das Umgangsrecht mit ehelichen Kindern (§ 1634 aF) und mit **nichtehelichen Kindern** (§ 1711 aF; zur historischen Entwicklung vgl Clausius, in: Götz/Schnitzler, 40 Jahre Familienrechtsreform [2017] 269 ff; Schmidtke, Nichteheliche Väter – von der Unterhaltspflicht zum Sorge- und Umgangsrecht [2015] 13 ff). Ein Umgangsrecht mit dem ehelichen Kind nach § 1634 aF behielt der Elternteil, dem die Personensorge nicht zustand. Dies konnte sich insbesondere ergeben aus einer Sorgerechtsregelung gemäß §§ 1671, 1672 aF aus Anlass der Scheidung oder Trennung der Eltern. Auch auf die Mutter des nichtehelichen Kindes war § 1634 aF anzuwenden (Bosch FamRZ 1970, 57, 67). Über den Umgang des **nichtehelichen Kindes** mit seinem **Vater** bestimmte nach § 1711 Abs 1 S 1 aF dagegen der Personensorgeberechtigte, regelmäßig also die Mutter (§ 1705 aF). Eine Möglichkeit zur gerichtlichen Regelung – durch das *Vormundschaftsgericht* – bestand zwar nach Maßgabe von §§ 1711 Abs 2 S 2, 1634 Abs 2 aF, setzte aber voraus, dass der Umgang mit dem Vater dem Wohl des Kindes *diente* (näher Staudinger/Rauscher [2000] § 1684 Rn 1, 2; Göppinger FamRZ 1970, 57, 67).

Diese Bestimmung war im Jahr 1981 durch das BVerfG (BVerfGE 56, 363) als verfassungsgemäß angesehen worden. In jüngerer Zeit vor Inkrafttreten des KindRG waren jedoch aufgrund verstärkter Bedenken und eines im Wandel befindlichen Grundrechtsverständnisses durchaus nicht aussichtslose Verfassungsbeschwerden gegen diese Norm anhängig (Seibert FamRZ 1995, 1457, 1461; vgl auch BVerfG FamRZ 1997, 605, 606 [Eilverfahren]: Zweifel an der Verfassungsmäßigkeit von § 1705 BGB).

b) Ältere Rechtsentwicklung

2 **§§ 1634 aF und 1711 aF** beruhten gegenüber **vormaligem Recht** auf einem vielstufigen Fortschritt in der Umsetzung der Erkenntnis, dass der Umgang mit den Eltern eine am **Kindeswohl** auszurichtende Frage ist.

aa) Bereits die erste Fassung des BGB zum 1. 1. 1900 enthielt in § 1636 aF ein *Verkehrsrecht* mit dem ehelichen Kind desjenigen Elternteils, dem infolge der Scheidung die Personensorge nicht zustand, wobei hier Gründe der Billigkeit maßgeblich für den Gesetzgeber waren (Staudinger/Engelmann [1899] Bd 4, S 425). Die ursprüngliche Regelung des Umgangs mit einem gemeinsamen Kind nach Scheidung der Ehe in *§ 1636 BGB der Urfassung* war dabei geprägt von dem im Sanktionensystem der **Verschuldensscheidung** bestehenden sorgerechtlichen Automatismus, der die elterliche Sorge dem nicht schuldigen Ehegatten zuwies (§ 1635 BGB Urfassung). Außerhalb der Ehescheidung verweigerte die damalige Rechtsprechung ein Verkehrsrecht (RGZ 153, 238, 241).

§ 82 EheG (v 6. 7. 1938, RGBl 1938 I 807, ebenso § 75 EheG 1946) griff dieses Recht zum persönlichen Verkehr auf, hatte aber erstmals von einer gerichtlichen Sorgerechtsregelung (§ 81 EheG 1938) auszugehen und schuf eine gerichtliche Ausschlussmöglichkeit, wenn diese dem Wohl des Kindes diente.

§ 1634 idF des GleichberG führte die Bestimmung zum 1. 7. 1958 in das BGB zurück, dehnte sie erstmals aus auf alle Fälle, in denen einem Elternteil (nicht nur nach Scheidung) die Personensorge nicht zustand und präzisierte im heutigen Sinn (vgl § 1684 Abs 4 S 1 BGB) die gerichtliche Ausschlussmöglichkeit auf Fälle, in denen dies zum Wohl des Kindes *erforderlich* war. Durch das *1. EheRG* (v 14. 6. 1976, BGBl 1976 I 1421) wurde zum 1. 7. 1977 die Regelungsbefugnis dem **Familiengericht** anstelle des Vormundschaftsgerichts zugewiesen. Das *SorgeRG* (v 18. 7. 1979, BGBl 1979 I 1061) ersetzte zum 1. 1. 1980 den Begriff *Verkehr* durch den – bereits in § 1711 aF verwendeten – Begriff *Umgang*. Ebenfalls auf das SorgeRG gehen die *Wohlverhaltensklausel* (in Anlehnung an Art 274 Abs 1 Schweizer ZGB, heute § 1684 Abs 2 S 1 BGB), die ausdrückliche Bestimmung der Regelungsbefugnis des Gerichts im Verhältnis zu Dritten und die Ausdehnung auf Fälle des *Getrenntlebens* zurück (im Einzelnen zur Historie des § 1634 aF: Staudinger/Peschel-Gutzeit[12] § 1634 Rn 1 ff; Regierungsentwurf zum KindRG BT-Drucks 13/4899, 40; Schulze, Das Umgangsrecht [2001] 97 ff).

3 **bb)** Dagegen enthielt das bis zum Inkrafttreten des *NEhelG* geltende Recht keine Regelung zu Kontakten des **nichtehelichen Vaters** mit dem Kind. Dieser galt nach § 1589 Abs 2 aF als mit dem Kind nicht verwandt und hatte folglich auch kein Verkehrsrecht mit dem Kind, was dem gesellschaftlichen Bild der nicht nichtehelichen Familienstruktur entsprach (Dieckmann, Die rechtliche Stellung des lediglich biologischen Vaters im Wandel des gesellschaftlichen Familienbildes [2013] 31, 43 ff). § 1711 aF geht zurück auf die Fassung durch das NEhelG. Erstmals wurde die Bestimmungsbefugnis des Sorgeberechtigten über den Umgang des Kindes mit dem Vater geregelt und eine Entscheidungsbefugnis des Vormundschaftsgerichts geschaffen. Durch das *SorgeRG* wurde eine Verweisung auf das *Wohlverhaltensgebot* des § 1634 Abs 1 S 2 aF (§ 1711 Abs 1 S 2 aF) und auf die *Gestaltungsmöglichkeiten* des Gerichts nach § 1634 Abs 2 aF (§ 1711 Abs 2 S 2 aF) aufgenommen (im Einzelnen zur Historie des § 1711 aF: Staudinger/Göppinger[12] § 1711 Rn 1 ff; Regierungsentwurf zum KindRG BT-Drucks

13/4899, 40 f; Clausius, in: Götz/Schnitzler, 40 Jahre Familienrechtsreform [2017] 269 f; Lakies ZRP 1990, 229).

2. KindRG

a) Grundtendenzen

Die Reform des Umgangsrechts im KindRG (BGBl 1998 I 2492; vgl dazu Rauscher FamRZ 1998, 329) war von drei grundsätzlichen, auch rechtsvergleichend im Vordringen befindlichen (dazu Schwenzer FamRZ 1992, 121, 126 f; BT-Drucks 13/4899, 44 f) **Tendenzen** geprägt, der *Gleichstellung* innerhalb und außerhalb einer Ehe ihrer Eltern geborener Kinder, der Konzentration des Umgangsrechts auf die *Rechtsstellung des Kindes* und die Erweiterung des *Kreises der Umgangspersonen.* Hinzu kamen weitere Zielsetzungen, die eine Verbesserung der praktischen Umsetzung des Umgangsrechts anstrebten, insbesondere die Verstärkung von *mediativen Lösungsmodellen,* aber auch die Bekämpfung von *Umgangsobstruktion.* Damit entsprach der Gesetzgeber Veränderungen in der gesellschaftlichen Situation und des Familienbildes in Bezug auf die Anerkennung außerehelicher familiärer Lebensformen. Im Einzelnen: 4

b) Abkehr von § 1711 aF

Bereits in der 11. Legislaturperiode war ein **Entwurf** eines *Gesetzes über die rechtlichen Möglichkeiten des Umgangs zwischen Vater und nichtehelichem Kind* (NEhelUmgG, BT-Drucks 11/5494; dazu: Lakies ZRP 1990, 229; ders ZfJ 1989, 162; Baer DAVorm 1988, 861; Finger JZ 1989, 231; Knöpfel FamRZ 1989, 1017; Schwab FamRZ 1990, 932) vorgelegt worden, der insbesondere den Regelungsmaßstab des § 1711 aF an den des § 1634 aF anpasste, also dem Vormundschaftsgericht ermöglichen sollte, dem Vater die Befugnis zum persönlichen Umgang einzuräumen, wenn der Umgang dem Wohl des Kindes *nicht widerspricht.* Nachdem dieser Entwurf nach der Anhörung im Rechtsausschuss nicht mehr weiterverfolgt worden war, bestand ein zentrales Ziel des KindRG darin, den Umgang zwischen Eltern und Kindern unabhängig von einer (früheren) Ehe der Eltern zu regeln (BT-Drucks 13/4899, 41, 46). Die Stärkung der Stellung des nichtehelichen Vaters entsprach zudem auch der damals bereits vom BVerfG vertretenen Ansicht, auch diesem das Elternrecht aus Art 6 Abs 2 GG voll anzuerkennen (BVerfG 7. 5. 1991 – 1 BvL 32/88, FamRZ 1991, 913 Rn 35; BVerfG 7. 3. 1995 – 1 BvR 790/91, FamRZ 1995, 789 Rn 62 f; Rauscher FamRZ 1998, 329, 331). Dieses Ziel wurde in § 1684 BGB verwirklicht, nach dem das elterliche Umgangsrecht vom Personenstand der Eltern unabhängig sein sollte (BT-Drucks 13/4899, 68), insbesondere also auch den Umgang des **Kindes** mit dem **Vater** erfasste, wenn dieser nicht mit der Mutter verheiratet ist oder war. 5

c) Verdeutlichung des Kindesinteresses am Umgang

Weiter sollte deutlicher gemacht werden, dass der **Umgang dem Interesse des Kindes** und seiner Entwicklung dient (BT-Drucks 13/4899, 46), dass das *Wohl des Kindes* im Zentrum der Regelung steht (Johannsen/Henrich/Althammer/Rake § 1684 Rn 1). Diese, unter dem Eindruck der Erkenntnisse der Kinderpsychologie bereits in der Rechtsprechung zu § 1634 aF anerkannte und zu § 1711 aF zuletzt gewachsene Erkenntnis der Bedeutung des Umgangs mit beiden Eltern für das Kindeswohl stellt **§ 1626 Abs 3 S 1 BGB idF des KindRG** programmatisch an den Anfang des Fünften Titels – Elterliche Sorge. Obgleich § 1626 Abs 3 S 1 BGB eigenständige Rechte nicht begründet, wird damit für die Rechtsanwendung im Rahmen des § 1684 BGB (und, soweit der Umgang mit Dritten in Rede steht, des § 1685 BGB) die Frage nach der grund- 6 sätzlichen Kindeswohldienlichkeit und dem Charakter des Umgangs als Pflicht-Recht der Eltern programmatisch beantwortet.

Die **Abkehr von der Elternorientiertheit**, die sich noch in § 1634 aF insbesondere in der Formulierung als Recht eines Elternteils niedergeschlagen hatte, wurde auf Vorschlag des Bundesrates (BT-Drucks 13/4899, 153 Nr 19, der jedoch noch eine Beschränkung auf das über 14-jährige Kind und einen Ausschluss der Vollstreckungsmöglichkeit vorsah, 161, Nr 41) durch die Formulierung eines *Rechtes des Kindes* auf Umgang in § 1684 Abs 1 BGB verdeutlicht. Damit soll auch klargestellt werden, dass das Kind nicht *Objekt* des Umgangsrechts ist, sondern, wie dies auch Art 9 Abs 3 der UN-Kinderrechtskonvention formuliert (vgl auch unten Rn 20), ein eigenes Recht zur Pflege persönlicher Kontakte hat. Entgegen der ablehnenden Haltung des Regierungsentwurfs und der Stellungnahme der Bundesregierung (BT-Drucks 13/4899, 168), die praktische Probleme bei der Durchsetzung eines *klagbaren* Umgangsrechts des Kindes betonte, versprach sich der Rechtsausschuss von der Neufassung einen **Bewusstseinswandel**: Eltern sollte verdeutlicht werden, dass sie nicht nur ein Recht auf Umgang haben, sondern im Interesse des Kindes auch die Pflicht, diesen Umgang zu ermöglichen (BT-Drucks 13/8511, 68; Schwab/Wagenitz FamRZ 1997, 1381; FamRefK/Rogner § 1684 Rn 3).

d) Ausdehnung des Umgangsrechts auf Sorgeberechtigte

7 Da die Gestaltung der elterlichen Sorge im Fall der Trennung oder Scheidung der Eltern in § 1671 BGB idF des KindRG nur noch **auf Antrag** eine gerichtliche Sorgerechtsregelung vorsieht, also vom Fortbestand der **gemeinsamen elterlichen Sorge** als Regelmodell ausgeht, ist das Umgangsrecht nach § 1684 Abs 1 BGB nicht mehr auf den nicht sorgeberechtigten Elternteil beschränkt, sondern besteht zwischen dem Kind und beiden Elternteilen, insbesondere auch zu einem sorgeberechtigten Elternteil, bei dem sich das Kind nicht regelmäßig aufhält (BT-Drucks 13/4899, 68).

e) Erweiterte gerichtliche Gestaltungsmöglichkeiten

8 Erweitert wurden auch die gerichtlichen Gestaltungsmöglichkeiten.

aa) Fernkontakte

Die Neufassung spricht nicht mehr vom „*persönlichen* Umgang“, sondern lediglich vom „Umgang“. Damit sollte klargestellt werden, dass auch **telefonischer und brieflicher Kontakt** in den Anwendungsbereich des § 1684 BGB fällt und dem Familiengericht auch hierfür eine Kompetenz zur näheren Bestimmung zukommt (BT-Drucks 13/4899, 105).

bb) Begleiteter Umgang

9 Ebenfalls neu war die ausdrückliche Ermöglichung des **begleiteten Umgangs** in § 1684 Abs 4 S 3 und 4 BGB. In bestimmten Fallkonstellationen, vor allem bei unbewiesenem, aber nicht fernliegendem Verdacht von Kindesmissbrauch oder der Gefahr der Kindesentziehung sollte sich eine für alle Beteiligten akzeptable Lösung dadurch finden lassen, dass der Umgang zwar nicht ausgeschlossen wird, aber nur unter Beteiligung eines Dritten stattfinden darf (vgl dazu unten Rn 350 ff). Durch die ausdrückliche Regelung sollte klargestellt werden, dass ein völliger Ausschluss des Umgangs wegen des Verhältnismäßigkeitsgrundsatzes nur in Betracht kommen sollte, wenn ein begleiteter Umgang nicht ausreicht, das Wohl des Kindes zu gewährleisten (BT-Drucks 13/4899, 106).

f) Durchsetzung des Umgangsrechts

Jenseits der materiell-rechtlichen Regelung des Umgangsrechts strebte das KindRG eine Verbesserung der **Durchsetzbarkeit des Umgangsrechts** an. 10

aa) Vollstreckung

Da sich die klassischen Durchsetzungsmethoden des **Vollstreckungsrechts** (Zwangsgeld, Zwangshaft) oft als bedenklich oder unwirksam erwiesen haben, eine Unterhaltskürzung des betreuenden Elternteils auf den Lebensstandard des Kindes durchschlagen kann, andererseits aber die Gefahr der *Entfremdung* bei Nichtdurchsetzung gesehen wurde, die schlimmstenfalls nach einiger Zeit zum Ausschluss des Umgangs führen kann, setzte der Gesetzgeber des KindRG verstärkt auf *Hilfestellungen zur einverständlichen,* zumindest *weniger verletzenden Konfliktlösung* (BT-Drucks 13/4899, 47). Dabei wurde die Möglichkeit der Vollstreckung bewusst nicht aufgegeben, weil von ihr eine *Signalwirkung* ausgeht. Ziel war es, im Einklang mit der Forderung des *BVerfG* (BVerfG 18. 2. 1993 – 1 BvR 692/92, NJW 1993, 2671), der verfahrensrechtlichen Durchsetzung der materiellen Grundrechtsposition wirkungsvoll zu dienen (BT-Drucks 13/4899, 69). Diesen Grundsatz hat das BVerfG in der Folgezeit eindrucksvoll betont (BVerfG 14. 7. 2010 – 1 BvR 3189/09, juris Rn 19, FamRZ 2010, 1622).

bb) Einschränkung des Vollzugs früherer Entscheidungen

Hierzu wurde zudem die Möglichkeit eröffnet, nicht nur das Umgangsrecht, sondern auch den **Vollzug früherer Entscheidungen** über das Umgangsrecht – und damit deren Vollstreckung – **einzuschränken** oder auszuschließen (§ 1684 Abs 4 S 1 BGB). Führt Umgangsobstruktion durch den Elternteil, bei dem das Kind sich gewöhnlich aufhält, dazu, dass der Umgang mit dem Umgangselternteil wegen der entstandenen Spannung für das Kindeswohl bedenklich wird, so konnte nach bisherigem Recht nur das Umgangsrecht beschränkt werden, was wie eine ungewollte Bestrafung des Umgangselternteils für ein Verhalten des betreuenden Elternteils empfunden wurde. Nunmehr kann auch – lediglich – die Vollstreckung ausgesetzt werden, sodass der Rechtsappell bestehen bleibt (BT-Drucks 13/4899, 106; LIPP FamRZ 1998, 65, 75; vgl unten Rn 300 ff). 11

cc) Beratungsangebot

Flankierend wurde zudem das **Beratungsangebot des Jugendamtes** nach § 18 Abs 3 SGB VIII ergänzt um ein Angebot zur Unterstützung von Kindern und Jugendlichen im Bemühen darum, dass die Umgangsberechtigten von diesem Recht Gebrauch machen (BT-Drucks 13/4899, 68; vgl dazu WIESNER/WAPLER/DÜRBECK § 18 SGB VIII Rn 15 ff). 12

dd) Umgangsvermittlungsverfahren

Im **Vorfeld von Zwangsmaßnahmen** zur Durchsetzung der gerichtlichen Umgangsregelung oder zur Änderung von Umgangsregelungen bei bestehenden Problemen sollte die ebenfalls im KindRG geschaffene **gerichtliche Vermittlung** im Verfahren nach § 52a FGG aF (nun § 165 FamFG, vgl dazu unten Rn 508 ff) noch eine einverständliche Konfliktlösung mit Hilfe des Gerichts ermöglichen, ohne dass sich die Eltern bereits mit gegensätzlichen Verfahrensanträgen gegenüberstehen (BT-Drucks 13/4899, 133). Das in § 52a FGG aF begründete formalisierte Vermittlungsverfahren war auf Kritik des Bundesrates gestoßen (BT-Drucks 13/4899, 162, Nr 44) wegen seiner Kompliziertheit und der fehlenden Möglichkeit der Erzwingung einer Verfahrensteilnahme beider Eltern. Bemerkenswert war die Erwähnung von Sorgerechtsmaßnahmen bei 13

Scheitern der Vermittlung in § 52a Abs 5 FGG aF (nun § 165 Abs 5 FamFG): Der Gesetzgeber benannte damit ausdrücklich eine bisher selten genutzte, rechtsvergleichend durchaus übliche Option gegen Fälle schwerer Umgangsvereitelung.

g) Auskunftsanspruch, Umgangsrechte Dritter

14 Zur Entwicklung des **Auskunftsanspruchs** vgl § 1686 Rn 1 ff; zum neu geschaffenen und weiter entwickelten **Umgangsrecht Dritter** vgl § 1685 Rn 1 ff; zum Umgangsrecht des **biologischen, nicht rechtlichen Vaters** vgl § 1686a Rn 1 ff.

3. Auswirkungen des FGG-RG auf das Umgangsrecht

a) Umgangspflegschaft (Abs 3 S 3–6)

15 Art 50 Nr 28 **FGG-RG** v 17. 12. 2008 (BGBl 2008 I 2586) griff die in der Praxis seit der Kindschaftsrechtsreform 1998 aus § 1666 BGB entwickelte Figur der **Umgangspflegschaft** (BT-Drucks 16/6306, 345: 750 von Jugendämtern geführte Umgangspflegschaften) auf und führte sie einer Regelung zu, die im Vergleich zur vormaligen Rechtslage (vgl etwa OLG Frankfurt 3. 2. 2004 – 1 UF 284/00, juris Rn 6, FamRZ 2004, 1311; Menne ZKJ 2006, 445) nicht mehr die hohe **Eingriffsschwelle des § 1666 BGB** voraussetzen sollte, gleichwohl aber auf Fälle ernsthafter Umgangsvereitelung beschränkt ist; die Wohlverhaltenspflicht (§ 1684 Abs 2 BGB) muss „dauerhaft oder wiederholt erheblich" beeinträchtigt sein (vgl zu den Einzelheiten Rn 127 ff und Schäder JAmt 2021, 2). Zugleich wurden die Befugnisse des Umgangspflegers (Herausgabe, Aufenthaltsbestimmung während des Umgangs) klargestellt. Zu Zwangsmaßen soll der Umgangspfleger auch durch die Neuregelung nicht befugt sein (BT-Drucks 16/6308, 346).

b) Verfahrensrecht, Kindschaftssachen

16 Darüber hinaus ergeben sich im Kernbereich der Reform, die das Familienverfahren im FamFG regelt, zahlreiche **verfahrensrechtliche Einflüsse** der Reform auf das Umgangsrecht betreffende Verfahren, welche gemäß § 151 Nr 2 FamFG den Kindschaftssachen zugeordnet sind. Insbesondere hatten das **Beschleunigungsgebot** (§ 155 FamFG), das **Hinwirken auf Einvernehmen** (§ 156 FamFG) und die Regelung des **Verfahrensbeistands** (§ 158 ff FamFG) ändernden Einfluss auf die Verfahrensführung (zum Verfahren unten Rn 379 ff).

c) Vollstreckung

17 Ein weiteres im Vordergrund stehendes Anliegen des FGG-RG war es, die lückenhafte Regelung des vormaligen **Vollstreckungsrechts** zu beseitigen und gerade in Umgangssachen die Vollstreckung schneller und effektiver auszugestalten (BT-Drucks 16/6308, 168). Dem dient insbesondere § 89 FamFG, wonach ab der seit dem 1. 9. 2009 geltenden Rechtslage Verstöße gegen Umgangsregelungen mit **Ordnungsmitteln** – statt wie zuvor mit Zwangsmitten – zu sanktionieren sein sollen (vgl dazu unten Rn 527 ff). Dies hat – wie das BVerfG jüngst betont hat (BVerfG 17. 2. 2022 – 1 BvR 743/21, FamRZ 2022, 794 m Anm Hammer) – auch Einfluss auf die Frage, ob ein Umgang auch gegen den Willen des Umgangsberechtigten durchzusetzen ist.

4. Auswirkungen des Gesetzes zur Änderung des Sachverständigenrechts ua

18 Durch das **Gesetz zur Änderung des Sachverständigenrechts** und zur weiteren Änderung des FamFG v 11. 10. 2016 (BGBl 2016 I 2222) wurden als Reaktion des Gesetz-

gebers auf die Rechtsprechung des EGMR in Umgangssachen (vgl dazu unten Rn 461 ff) die **Untätigkeitsrechtsbehelfe** der §§ 155b und c FamFG (Beschleunigungsrüge, Beschleunigungsbeschwerde) eingeführt, welche das familiengerichtliche Verfahren gerade auch in Umgangssachen nachhaltig beeinflussen. Die Änderungen des **Sachverständigenrechts** in §§ 163a FamFG, 404 ff ZPO sind dagegen weniger einschneidend ausgefallen, als dies der vormaligen Absicht des Gesetzgebers entsprochen hat (vgl dazu unten Rn 449 ff).

Durch das **Gesetz zur Stärkung von Kindern und Jugendlichen** (KJSG) v 3. 6. 2021 **18a** (BGBl 2021 I 1444) wurden die Rechte von Kindern, die in Pflegefamilien und betreuten Einrichtungen leben, gestärkt (vgl dazu Meysen FamRZ 2021, 401). Neben Verbesserungen im SGB VIII und der Einführung einer Dauerverbleibensanordnung in § 1632 Abs 4 S 2 BGB wurde auch durch Einfügung von § 1697a Abs 2 BGB die Kindeswohldienlichkeit des Umgangs mit betroffenen fremduntergebrachten Kindern (endlich) an die Frage des Bestehens einer **Rückkehroption** in den elterlichen Haushalt geknüpft (vgl dazu unten Rn 275 ff).

Durch das **Gesetz zur Bekämpfung sexualisierter Gewalt gegen Kinder** v 16. 6. 2021 **18b** (BGBl 2021 I 1810) wurden neben einer Verschärfung des Sexualstrafrechts auch einschneidende Änderungen im kindschaftsrechtlichen Verfahren herbeigeführt. So sind die Regelungen über den **Verfahrensbeistand** (§§ 158 ff FamFG) grundlegend reformiert worden (vgl dazu unten Rn 412 ff) und das **Beschwerdeverfahren** wurde durch den neu gefassten § 68 Abs 5 Nr 2 FamFG dahin geändert, dass ab 1. 7. 2021 in Verfahren, in denen ein Umgangsausschluss nach § 1684 Abs 4 BGB in Betracht kommt, sowohl eine Übertragung auf den Einzelrichter (§ 68 Abs 4 FamFG) als auch ein Absehen von persönlichen Anhörungen nach § 68 Abs 3 S 2 BGB in der zweiten Instanz nicht mehr zulässig sind (vgl dazu unten Rn 497 ff).

5. Rechtspolitischer Ausblick: Das Umgangsrecht auf dem Prüfstand?

Beeinflusst insbesondere durch die Diskussion um das sog Wechselmodell (vgl dazu **19** unten Rn 251 ff) und infolge der vielfach stärkeren Beanspruchung der Elternrechte durch die Kindesväter hatte das Bundesministerium für Familie, Senioren, Frauen und Jugend reagiert und 2015 an die Forschungsgruppe PETRA und an das Zentrum für Klinische Psychologie und Rehabilitation der Universität Bremen eine sozialwissenschaftliche Studie mit dem Titel *„Kindeswohl und Umgangsrecht“* in Auftrag gegeben, welche erforschen sollte, wie jährlich rund 170.000 von Ehescheidungen betroffene Kinder und Jugendliche unterschiedliche Umgangskonstellationen erleben, wie es ihnen dabei ergeht und wie sich die konkrete Ausgestaltung des Umgangsrechts auf ihr Befinden und ihre weitere Entwicklung auswirkt (vgl http://Kindeswohl-umgangsrecht.de). Hier versprach sich der Gesetzgeber auch Erkenntnisse in Bezug auf die Kindeswohldienlichkeit des Wechselmodells (vgl Gottschalk/Heilmann ZKJ 2017, 181). In zwei weiteren Vertiefungsstudien sollten zudem familiengerichtliche und jugendhilferechtliche Verfahren im Hinblick auf das Kindeswohl analysiert werden. Bereits im Entstehungsprozess wurden hierbei wegen der befürchteten Einflussnahme von Lobbyistengruppen, die bereits die Frage der Auswahl von Teilnehmern der Studie betreffen, Zweifel an der Studie in der Öffentlichkeit geäußert (vgl etwa Welt N24 v 26. 9. 2016). Die Studie musste zunächst aus datenschutzrechtlichen Gründen „auf Eis gelegt“ werden (vgl Meldung des BMFSFJ v 19. 3. 2021) und ist erst jüngst am 28. 7. 2023 nach mehrjähriger Verzögerung erschienen (vgl Rücker/Walper/Petermann/Büttner, Befunde der Studie „Kindeswohl und Umgangsrecht" – Wohlergehen von Kindern in Trennungsfamilien [2023], abrufbar unter projekt-petra.de/de/studie-kindeswohl-und-umgangsrecht). Ausweislich der Meldung des BMFSJ v 22. 8. 2023 beruht sie auf einer nicht repräsentativen Querschnittsbefragung und zudem auf Erhebungen im Zeitraum 2016/2017. Das Ergebnis der Studie ist kaum ergiebig und wenig überraschend. Danach ist die Wahl des Betreuungsarrangements nicht entscheidend für das Kindeswohl. Im Vordergrund für das kindliche Wohlergehen stehen vielmehr positive Elternbeziehungen des Kindes und deren Konfliktfreiheit. Weiterhin sind die Partizipationsmöglichkeiten von Kindern und Jugendlichen an der Frage der Aufteilung der Betreuung von zentraler Bedeutung (vgl Rücker/Walper/Petermann/Büttner, Befunde der Studie „Kindeswohl und Umgangsrecht" – Wohlergehen von Kindern in Trennungsfamilien [2023] 157 ff).

Eine weitere wissenschaftliche und interdisziplinäre Studie zum Wechselmodell wird derzeit ausgewertet und ist jedenfalls in Teilen bereits veröffentlicht (vgl Steinbach/Augustijn/Helms/Schneider FamRZ 2021, 729 und Steinbach/Augustijn/Helms/Flindt FamRZ 2022, 1827). Verallgemeinerungsfähige Ergebnisse zu den Vor- und Nachteilen der Kinderbetreuung im paritätischen und asymmetrischen Wechselmodell sowie im traditionellen Residenzmodell hat sie bislang kaum liefern können. Es ist daher zu konstatieren, dass wirklich aussagekräftige aktuelle sozialwissenschaftliche Befunde zur Kindeswohldienlichkeit verschiedener Umgangs- und Kinderbetreuungsformen bis heute fehlen. Gerade weil in Gerichtsverfahren heute umgangsberechtigte Elternteile regelmäßig höhere Betreuungsanteile reklamieren, wären gerade aus dem Bereich der sozialwissenschaftlichen Forschung klarere Hinweise auf die Vor- und Nachteile der verschiedenen Kindesbetreuungsformen wünschenswert. Welche Folgerungen der Gesetzgeber im Umgangsrecht aus der vorbezeichneten Entwicklung der Praxis ziehen wird, lässt sich auch gegenwärtig noch kaum abschätzen. Das **Wechselmodell** hat durch die seinerzeit überraschende Entscheidung des BGH v 1. 2. 2017 (BGH 1. 2. 2017 – XII ZB 601/15, FamRZ 2017, 532) jedenfalls nachhaltig Einzug in das Umgangsrecht gefunden (vgl dazu unten Rn 251 ff) und die Abgrenzung zwischen Sorge- und Umgangsrecht auf den Prüfstand gestellt. Zu den gegenwärtigen Reformvorschlägen und -bestrebungen vgl unten Rn 56a.

II. Rechtsnatur des Umgangsrechts

1. Völkervertragliche Grundlagen zum materiellen Recht

a) UN-KRK

20 Die UN-KRK (UN-Kinderrechtskonvention, BT-Drucks 12/42) beeinflusst das Kindschaftsrecht in zahlreichen Aspekten (vgl dazu Finger FuR 2020, 97; zur Einwirkung auch auf europäisches Recht: Steindorff-Classen EuR 2011, 19 ff); Ausgangspunkt für das **Umgangsrecht** ist **Art 9 Abs 3 UN-KRK**, wonach die Vertragsstaaten das Recht des Kindes, das von einem oder beiden Eltern getrennt lebt, **regelmäßige persönliche Beziehungen** zu beiden Elternteilen zu pflegen, zu achten haben, soweit dies nicht dem Kindeswohl widerspricht (vgl dazu Schmahl Art 9 KRK Rn 9–11; Osthold, Die rechtliche Behandlung von Elternkonflikten [2016] 327 ff). Zu § 1711 aF war umstritten, ob das Fehlen eines grundsätzlich gesetzlich bestimmten Umgangsrechts zwischen Vater und Kind mit Art 9 Abs 3 UN-KRK sowie mit Art 8, 14 EMRK zu vereinbaren sei.

Zu **Art 9 Abs 3 UN-KRK** bestand zwar weitgehend Einigkeit, dass nur ein (wie durch § 1684 BGB geschehen) gesetzlich gewährleistetes **Recht des Kindes** auf persönliche Beziehungen und unmittelbare Kontakte zu beiden Eltern mit dem Wortlaut, vor allem aber mit dem Geist der Konvention zu vereinbaren ist (Koeppel ZfJ 1991, 355; ders FamRZ 1992, 31; Ebert FamRZ 1994, 273, 275; Schlüter FuR 1994, 341, 343; Stellungnahme des deutschen Familiengerichtstages eV FamRZ 1997, 337, 341 Nr 17; Stellungnahme der Bundeskonferenz für Erziehungsberatung eV ZfJ 1996, 509; Stellungnahme der Arbeitsgemeinschaft für Jugendhilfe ZfJ 1996, 94, 97). Nur vereinzelt wurde aus dem – auch auf maßgeblichen deutschen Einfluss zurückzuführenden – *Verzicht auf eine ausdrückliche Gleichstellung* ehelicher und nichtehelicher Geburt im normativen Teil des Konventionstextes (die Präambel enthält sehr wohl einen Hinweis auf das Diskriminierungsverbot) auf die Neutralität der Konvention zu dieser Frage geschlossen (LG Essen FamRZ 1994, 399, 400). Die UN-KRK begründet jedoch nach der am 6. 3. 1992 bei Hinterlegung der Ratifikationsurkunde durch die Bundesrepublik abgegebenen „Interpretationserklärung" (die nicht durch das Zustimmungsgesetz gedeckt war) keine innerstaatliche, sondern ausschließlich eine zwischenstaatliche Verpflichtung. Die völkerrechtliche Zulässigkeit dieser als Vorbehalt wirkenden „Interpretationserklärung" wurde mit Rücksicht auf Art 51 Abs 2 UN-KRK weitgehend verneint (Wolf ZRP 1991, 374; Ullmann FamRZ 1991, 898; Koeppel ZfJ 1991, 355; Schlüter FuR 1994, 341; **aA** Stöcker FamRZ 1992, 245 und 895). Am 3. 5. 2010 wurde jedoch von der Bundesregierung die Rücknahme der Vorbehaltserklärung beschlossen und am 15. 7. 2010 den Vereinten Nationen als **förmliche Rücknahmeerklärung** übergeben, sodass die UN-KRK heute ohne Einschränkung in Deutschland gilt (vgl Koritz FPR 2012, 212; Wabnitz ZKJ 2010, 428).

Nachdem sich der Streit um eine unmittelbare Wirkung oder eine Verpflichtung des Gesetzgebers zur Reform jedenfalls hinsichtlich des Umgangsrechts durch § 1684 BGB erledigt hat, lässt sich aus Art 9 Abs 3 UN-KRK jedenfalls eine grundsätzliche Wertentscheidung herleiten, welche den Grundsatz des § 1626 Abs 3 S 1 BGB und seine Konkretisierung in § 1684 Abs 1 BGB stützt und der beliebigen Disposition entzieht, was auch in anderen europäischen Staaten die gesetzliche Anerkennung eines Umgangsrechts des Kindes und des Vorrangs des Kindeswohls befördert hat (Steindorff-Classen EuR 2011, 19, 22 f; Wabnitz ZKJ 2010, 428; Dethloff/Maschwitz FPR 2012, 190, 191). Obwohl Art 9 Abs 3 UN-KRK lediglich bestimmt, dass Vertragsstaaten das Umgangsrecht zu *„achten"* haben, enthält die Norm eine **positive Verpflichtung** der Staaten, alle möglichen Maßnahmen zu treffen, um das elterliche Umgangsrecht zu verwirklichen (Schmahl Art 9 KRK Rn 10).

Im Übrigen kann die UN-KRK als **Auslegungshilfe** für die Bestimmung von Inhalt und Reichweite der Grundrechte des GG herangezogen werden (BVerfG 5. 7. 2013 – 2 BvR 708/12, juris Rn 21). Soweit es das **Wechselmodell** betrifft, hat das BVerfG aus Art 9 Abs 3 UN-KRK keine Verpflichtung gesehen, im Falle der Trennung der Eltern das Wechselmodell als gesetzlichen Regelfall anzusehen (BVerfG 24. 6. 2015 – 1 BvR 486/14, FamRZ 2015, 1585 Rn 18). Da Art 9 Abs 3 UN-KRK Eltern ein Umgangsrecht mit ihrem Kind nur gewährt, soweit dies nicht seinem Wohl widerspricht, bietet die Bestimmung bei einer im Raum stehenden Kindeswohlgefährdung im Ergebnis auch **kein höheres Schutzniveau** als bereits durch § 1684 Abs 4 S 2 BGB vermittelt wird (KG 23. 12. 2020 – 16 UF 10/20, NZFam 2021, 218 m Anm Salzgeber).

b) EMRK und EU-Grundrechtecharta

aa) Rechtsgrundlagen für Umgangsrecht

21 Die Garantie der Achtung des Familienlebens in **Art 8 Abs 1 EMRK**, ggf iVm dem Diskriminierungsverbot des **Art 14 EMRK**, als Grundlage der Durchsetzung von Umgangsrechten rückt zunehmend ins Blickfeld; insbesondere hat der EGMR in den beiden letzten Jahrzehnten mehrfach Umgangs- und Sorgeentscheidungen deutscher Gerichte als gegen die EMRK verstoßend angesehen und neue Entwicklungen angestoßen. Nicht zu Unrecht wird er als *„Motor“* zur effektiven Durchsetzung von Umgangsrechten bezeichnet (so Weber NZFam 2015, 337). Eine Bedeutungsverstärkung erfährt die EMRK durch die weitgehend parallele Gestaltung der **EU-Grundrechtecharta** (v 12. 12. 2007, ABl EU 2007 C 303/1); die Achtung des Privat- und Familienlebens regelt Art 7 EU-Grundrechtecharta in Anlehnung an Art 8 EMRK; das Diskriminierungsverbot des Art 21 EU-Grundrechtecharta vereinigt Art 19 AEUV (vormals Art 13 EGV) und Art 14 EMRK (eingehend zu weiteren EU-rechtlichen Grundlagen des Schutzes von Kinderrechten Steindorff-Classen EuR 2011, 19).

Schon vor Inkrafttreten des KindRG wurde Art 8 Abs 1 EMRK iVm Art 14 EMRK zunehmend als Grundlage einer Garantie des **Umgangsrechts des Kindes mit beiden Eltern**, unabhängig von seiner Geburt, verstanden (LG Zweibrücken FamRZ 1997, 633 gestützt auf EGMR NJW 1995, 2153; AG Gütersloh FamRZ 1998, 576; Konventionswidrigkeit des § 1711 aF nahmen an: Ebert FamRZ 1994, 273, 284; Brötel FamRZ 1995, 72, 77; Schlüter FuR 1994, 341, 344; wohl auch Palandt/Diederichsen [57. Aufl 1998] § 1711 Rn 1). Insoweit erfüllt § 1684 BGB die Anforderungen der EMRK (Finger ZfJ 1999, 451, 453: „weit über die Vorgaben hinaus“), zumal die gewonnene Interpretation dieser Normen der EMRK sich nun auch im Verständnis von Art 6 Abs 2 GG verwirklicht (unten Rn 29 ff).

Verfahrensrechtlich spielte in der Vergangenheit zunehmend in der EGMR-Rechtsprechung zu Umgangssachen auch die an **Art 6 Abs 1 EMRK** zu messende **Verfahrensdauer** eine Rolle. Der EGMR fordert angesichts der Bedeutung des Zeitfaktors für das Kindeswohl in Umgangssachen die Einhaltung eines engen Zeitplanes und die Vermeidung unnötiger Verzögerungen (EGMR FamRZ 2009, 1037 [LS] [*Adam/Deutschland*]; dazu Rixe/Alberti FamRZ 2009, 1037; EGMR FamRZ 2011, 1283 [*Kuppinger/Deutschland*]; vgl auch EGMR 15. 5. 2008 – 58364/00, juris [*Lück/Deutschland*]: Streichung nach Anerkennung des Verstoßes durch die BRep Deutschland; EGMR 17. 1. 2012 – 1598/06, FamRZ 2012, 429: Umgangsrecht von ehemaligen Pflegeeltern bei 3½-jähriger Verfahrensdauer [*Kopf und Liberda/Österreich*]; EGMR 28. 4. 2015 – 1714/10, juris [*Ferrari/Rumänien*]: 13 Monate), betont jedoch durchaus, dass das Beschleunigungsgebot in unvermeidbaren Verzögerungen etwa der Begutachtung Grenzen findet (EGMR 25. 9. 2007 – 28782/04, juris [*HL/Deutschland*]). In der Entscheidung v 15. 1. 2015 (EGMR 15. 1. 2015 – 62198/11, FamRZ 2015, 469 [*Kuppinger/Deutschland*]) wurde das **Fehlen eines Untätigkeitsrechtsbehelfs** im deutschen Kindschaftsrecht beanstandet, was den Gesetzgeber dazu veranlasst hat, Beschleunigungsrechtsbehelfe in §§ 155b und c FamFG zu schaffen (vgl bereits oben Rn 18).

Einen weiteren Schwerpunkt der Entscheidungen des EGMR zum Umgangsrecht bildet die Frage der effektiven **Durchsetzung des elterlichen Umgangsrechts** bei Verweigerung durch den betreuenden Elternteil. Der EGMR beanstandet hier die nicht hinreichende **Vollstreckung** von Umgangsentscheidungen (EGMR 6. 10. 2016 – 23280/16, NLMR 2016, 436 [*Moog/Deutschland*]: kein Vollzug von Ordnungsgeldbeschlüssen; EGMR 23. 6. 2016 – 53377/13, FamRZ 2016, 1569 LS [*Strumia/Italien*]: kein Vollzug von Sanktionen; EGMR 15. 1.

2015 – 62198/11, FamRZ 2015, 469 [*Kuppinger/Deutschland*]: Ordnungsgeld in Höhe von 300 EUR bei wiederholten Verstößen zu niedrig). In der zuletzt genannten Entscheidung hat der EGMR auch die fehlende Beschleunigung des Vollstreckungsverfahrens angemahnt, was zu einer Änderung von § 88 Abs 3 FamFG geführt hat, wonach entsprechende Verfahren vorrangig und beschleunigt durchzuführen sind und Verzögerungen im Wege der Beschleunigungsrechtsbehelfe der §§ 155b und c FamFG beanstandet werden können. Zu weit geht allerdings die Auffassung des EGMR, im Einzelfall könnten auch entgegen § 90 Abs 2 S 1 FamFG Zwangsmaßnahmen gegen Kinder erforderlich sein (EGMR 15. 1. 2015 – 62198/11, FamRZ 2015, 469 Nr 103 [*Kuppinger/Deutschland*]; zu Recht kritisch Weber NZFam 2015, 337, 340; MünchKommBGB/Hennemann § 1684 Rn 1) oder bei einem Umgangsboykott der Mutter das Kind wegzunehmen sei (EGMR 23. 6. 2016 – 53377/13, FamRZ 2016, 1569 [*Strumia/Italien*]; zur aktuellen Rechtsprechung des EGMR zum Umgangsrecht vgl Uerpmann-Wittzack FamRZ 2022, 749, 751 ff).

bb) Familienbegriff

Der **Familienbegriff**, von dem die Rechtsprechung zu Art 8 Abs 1, 14 EMRK ausgeht, **22**
unterscheidet sich deutlich vom ursprünglichen Ansatz des deutschen Umgangsrechts (zum Begriff der Familie vgl Schwab FF 2022, 53). Während dieses auch idF des KindRG grundsätzlich bei der **rechtlichen Elternschaft** und Verwandtschaft ansetzte und in § 1685 BGB das Umgangsrecht nur sehr zurückhaltend auf Stiefeltern ausdehnte, schützt Art 8 Abs 1 EMRK die **tatsächlich existierende Familie** (EGMR NJW 1979, 2449, 2453 = EuGRZ 1979, 454, 459 [*Marckx v Deutschland*]; EGMR 17. 1. 2012 – 1598/06, FamRZ 2012, 429: Umgangsrecht von ehemaligen Pflegeeltern [*Kopf und Liberda v Österreich*]; EGMR 16. 7. 2015 – 39438/13, NLMR 2015, 336: ehemaliger rechtlicher Vater [*Nazarenko v Russland]*; EGMR 29. 9. 2020 – 36335/18, BeckRS 2020, 24340 [*Fatkhutdinov v Russland*]: Umgangsrecht des Scheinvaters nach Anfechtung der Vaterschaft; EGMR 12. 11. 2020 – 19511/16, FamRZ 2021, 194 m Anm Hammer [*Honner/Frankreich*]: Umgangsrecht der Lebenspartnerin), primär also eine *sozial gelebte Familie* (Lenz/Baumann FPR 2004, 303; Osthold, Die rechtliche Behandlung von Elternkonflikten [2016] 288 f; Karpenstein/Mayer/Pätzold Art 8 EMRK Rn 41 ff). Insoweit wurde aber der Abstand zwischen dem Verständnis der EMRK und der durch Art 6 Abs 2 GG bestimmten Anschauung geringer, nachdem das BVerfG den leiblichen Vater, wenn er Elternverantwortung trägt, in Art 6 Abs 2 GG einbezogen hat (BVerfG NJW 2003, 2151) und der Gesetzgeber (Gesetz zur Änderung der Vorschriften über die Anfechtung der Vaterschaft und das Umgangsrecht von Bezugspersonen; dazu § 1685 Rn 5) den Personenkreis, dem jenseits der (rechtlichen) Eltern Umgangsrechte mit dem Kind zustehen (§ 1685 BGB), auf ehemalige Bezugspersonen, insbesondere den leiblichen und sozialen Vater (BT-Drucks 15/2253, 1), erweitert hat.

Im letzten Jahrzehnt hatte der EGMR zunehmend Fälle zu entscheiden, welche die – auch durch das KindRG nicht gelöste – Umgangsproblematik im Verhältnis des Kindes zu dem **leiblichen Vater, der Verantwortung übernehmen will**, dazu aber mangels von der Mutter anfangs geduldeter Beziehung zum Kind nie Gelegenheit hatte, betreffen. Diese Rechtsprechung löst sich deutlich von dem früheren, ausschließlich an der tatsächlich gelebten Familie als Schutzgut orientierten Verständnis des Art 8 EMRK, das weder den Umgang mit dem *bloß rechtlichen* Vater ohne Sozialbeziehung zum Kind (OLG Hamm FamRZ 1996, 1356; OLG Hamm FamRZ 1997, 1561, 1562) noch die *Anbahnung* eines Umgangs zwischen dem *biologischen Vater* und dem Kind (LG Köln NJW 1996, 1415) durch den Familienbegriff des Art 8 EMRK gedeckt sah.

Seit der Entscheidung im Fall *Görgülü* (EGMR NJW 2004, 3397 mNw zu andere Rechtsordnungen betreffenden Fällen) geht der EGMR davon aus, dass auch die **angestrebte Familienbeziehung** dem Schutz des Art 8 EMRK unterstehen kann, sodass eine staatliche Verpflichtung bestehen kann, auf die Zusammenführung eines leiblichen Elternteils mit dem Kind hinzuwirken, insbesondere Umgang anzubahnen (im Einzelnen § 1686a Rn 1 ff und hier unten Rn 24).

cc) EGMR: Umgangsrecht mit vorheriger Familienbeziehung zum Kind

23 Deutsches Umgangsrecht betreffende **Verfahren vor dem EGMR** hatten auch nach Inkrafttreten des KindRG § 1711 aF zum Gegenstand (Umgangsrechtsfälle zu anderen Rechtsordnungen sind zusammengestellt in Ziff 42 des Erläuternden Berichts zum CE-CCC; dazu auch Brückner FPR 2005, 200). Sowohl in Hinblick auf die dort entwickelten hohen Anforderungen an Eingriffe in das Umgangsrecht und an das einer Umgangsbeschränkung vorangehende *Verfahren* bleiben diese Entscheidungen des EGMR auch unter §§ 1684 ff BGB bedeutsam.

Im Vordergrund stehen Urteile zum Umgang von *Vater und Kind* (eingehend Lenz/Baumann FPR 2004, 303, 304; Rixe, in: Brühler Schriften zum Familienrecht Bd 14, 16. DFGT, 2006, 57), seltener Fälle des *Umgangsausschlusses* gegenüber beiden Eltern (dazu EGMR FamRZ 2002, 1393 [*Kutzner*]; EGMR NJW 2004, 3401 [*Haase*]; Lenz/Baumann FPR 2004, 303, 305; zu ausländerrechtlichen Aspekten von Umgangsentscheidungen in der Rechtsprechung des EGMR vgl Lenz FF 2001, 190, 192; Kugler FamRBInt 2011, 40).

In drei Entscheidungen zu § 1711 aF, die jeweils zu einer Verurteilung der Bundesrepublik geführt haben (EGMR EuGRZ 2002, 595 [*Elsholz*]; EGMR FamRZ 2002, 381 [*Sommerfeld*]; EGMR EuGRZ 2002, 25 [*Sahin*]), war das Umgangsrecht zwischen dem Kind und dem nicht mit der Mutter verheirateten **Vater**, der mit dem Kind und der Mutter für einen Zeitraum nach der Geburt zusammengelebt hatte, ausgeschlossen worden. Da diese gerichtlichen Maßnahmen ohne Weiteres eine formale Rechtsgrundlage haben, ist das entscheidende Prüfungskriterium gemäß Art 8 Abs 2 EMRK die **„Notwendigkeit in einer demokratischen Gesellschaft“**.

Im Fall *Elsholz* (EGMR EuGRZ 2002, 595) hatte die Große Kammer einen Verstoß gegen Art 8 Abs 1 EMRK iVm Art 14 EMRK verneint, weil § 1711 aF im Fall nicht zu einer Schlechterbehandlung des Beschwerdeführers geführt hatte, Schadensersatz jedoch wegen Verletzung des Grundsatzes des fairen Verfahrens (Art 6 EMRK) zugesprochen (dazu Koeppel DAVorm 2000, 639; Kodjoe DAVorm 2000, 642; Liermann DAVorm 2000, 629).

In den beiden anderen Fällen *Sommerfeld* (EGMR FamRZ 2002, 381) und *Sahin* (EGMR EuGRZ 2002, 25) hatte die Kammer sowohl einen Verstoß gegen Art 8 Abs 1 EMRK iVm Art 14 Abs 1 EMRK sowie unmittelbar gegen Art 8 Abs 1 EMRK angenommen, einerseits wegen diskriminierender Anwendung von § 1711 aF (die hiergegen gerichtete Kritik von Benda EuGRZ 2002, 1 kann nicht geteilt werden, da sie – aus der Feder des früheren BVerfG-Präsidenten verständlich – die lange zögerliche Haltung des BVerfG gegenüber einer Einbeziehung des nichtehelichen Vaters in den Schutzbereich des Art 6 Abs 2 GG zu rechtfertigen sucht; allerdings steht dies durchaus in Einklang mit der kunstvollen Argumentation, die das BVerfG – NJW 2003, 2151, 2155 – zu § 1711 Abs 2 aF entfaltet), andererseits aufgrund genereller Anforderungen an das zur Umgangsversagung führende Verfahren (insbesondere Einholung von Sachverständigengutachten und Anhörung des Kindes), wodurch das Einzelfallermessen der Fachgerichte erheblich eingeschränkt wurde (insoweit ist die Kritik von BENDA EuGRZ 2002, 1 mit Hinweis auf die Sachnähe der Fachgerichte durchaus nachvollziehbar). Die gegen die beiden Kammerentscheidungen gerichteten Rechtsmittel der Bundesregierung führten vor der Großen Kammer (EGMR FPR 2004, 344 [*Sommerfeld*]; EGMR FPR 2004, 350 [*Sahin*]) zu einer Verurteilung nur wegen der Diskriminierung unter § 1711 aF (Art 8 Abs 1 EMRK iVm Art 14 EMRK) sowie zu einer Relativierung der Anforderungen hinsichtlich des Verfahrens: Insbesondere wird das Ermessen der Fachgerichte in Ansehung von Kindesanhörung und Begutachtung gestärkt.

Zusammenfassend steht der Umgang von Eltern, die mit dem Kind zusammengelebt haben oder regelmäßigen Umgang pflegen konnten, dem Grunde nach unter dem Schutz des Art 8 EMRK. Beschränkungen sind daran zu messen, ob sie „in einer demokratischen Gesellschaft notwendig" sind. Tendenziell bestehen für eine Beschränkung des Umgangs deutlich höhere Anforderungen als für eine Sorgerechtsregelung. Weitergehende Beschränkungen, insbesondere eine Umgangsbeschränkung oder ein dauernder Umgangsausschluss unterliegen auf der Grundlage der in den vorgenannten Entscheidungen geprägten Kriterien einer strengen Kontrolle (vgl dazu GROH FPR 2009, 153, 154), sind aber nicht ausgeschlossen (EGMR 28. 5. 2020 – 17895/14, NJW 2021, 3441 [*Evers/Deutschland*]: kein Umgang nach sexuellem Missbrauch der geistig behinderten Mutter; EGMR 14. 10. 2008 – 36106/05, juris [*JH/Deutschland*]; EGMR 25. 9. 2007 – 28782/04, juris [*HL/Deutschland*]). Jüngst hat der EGMR auch erstmals **Art 31 Abs 2 der Istanbul-Konvention** zur Rechtfertigung eines Umgangsausschlusses (und der fehlenden Rechtfertigung einer Sorgerechtsentscheidung) bei Gewaltausübung des Vaters herangezogen (EGMR 10. 11. 2022 – 25426/20, FamRZ 2023, 277 [*IM/Italien*] m Anm MEYSEN = NZFam 2022, 1144 m Anm VOLKE).

Allerdings fordert der EGMR bei einem gerechtfertigten Umgangsausschluss im Regelfall eine **Überprüfung der Entscheidung** nach Ablauf von einem Jahr (EGMR 17. 5. 2011 – 9732/10, FamRZ 2011, 1484 [*Heidemann/Deutschland*]), hält aber aus Gründen des Kindeswohls im Einzelfall auch einen **unbefristeten und dauerhaften Ausschluss** des Umgangs im Hinblick auf die Möglichkeit der Einleitung von Abänderungsverfahren nach §§ 166 Abs 2 FamFG, 1696 Abs 2 BGB für gerechtfertigt (EGMR 28. 4. 2016 – 20106/13, FamRZ 2017, 891 Rn 52 ff [*Buchleither v Deutschland*]; vgl dazu VOLKE FamRZ 2020, 10).

Andererseits billigt der EGMR den nationalen Fachgerichten bei begrenzten Umgangsregelungen einen **großen Ermessensspielraum zu** (vgl schon EGMR EuGRZ 2002, 595), der sich in einer Reihe von EGMR-Urteilen realisiert, die deutsche Umgangsregelungen billigen; wesentliche Bedeutung hat jeweils für den Bestand vor Art 8 Abs 2 EMRK die Stichhaltigkeit der die Umgangsregelung tragenden Gründe des Kindeswohls und deren verfahrensrechtlich korrekte Erhebung (EGMR NJW 2006, 2241 [*Süss/Deutschland*]; EGMR 2. 5. 2006 [32806/02] [*AV/Deutschland*]; EGMR 25. 9. 2007 [28782/04] [*HL/Deutschland*]; EGMR 20. 2. 2007 [16013/04] [*HK/Deutschland*] betreffend Umgangsrecht bei Auslandsumzug des Sorgeberechtigten; EGMR 11. 9. 2007 [6600/05] [*IB/Deutschland*] betreffend Umgangsrecht bei Kind in Pflegefamilie; EGMR 11. 12. 2006 – 39485/03, juris [*WS/Deutschland*]). Zahlreiche weitere Entscheidungen belegen die hohe Belastung des EGMR mit deutschen Umgangssachen, zunehmend aber auch die geringe Erfolgsaussicht von Individualbeschwerden, soweit Umgangsentscheidungen sorgsam in ihren Grundlagen ermittelt und begründet sind.

dd) EGMR: Umgangsrecht zur Herstellung einer Familienbeziehung

24 Im Mittelpunkt der jüngeren Rechtsprechung des EGMR steht die Frage, unter welchen Voraussetzungen die Herstellung eines **beabsichtigten Familienlebens** in den Schutzbereich des Art 8 EMRK fällt. Hier zeichnet sich ein bewegliches Dreieck aus den Kriterien der **rechtlichen Elternschaft**, der **biologischen Elternschaft** und **bestehender sozialer Kontakte** ab.

Im Fall *Görgülü* (EGMR NJW 2004, 3397 [*Görgülü/Deutschland*]; dazu Zeycan FuR 2004, 443; Rixe FamRZ 2004, 1460; Motzer FPR 2007, 275, 276; Marsch NJ 2009, 152) hatte der EGMR einen Fall zu beurteilen, in dem es an einem **vorherigen Zusammenleben mit dem Kind fehlte** (ebenso für den Sorge- und Umgangsrechtsentzug gegenüber beiden Eltern: EGMR NJW 2004, 3401 [*Haase*]), wobei die **rechtliche Vaterschaft** bestand. Der EGMR misst diesen Fall grundsätzlich an dem zu Art 8 Abs 2 EMRK entwickelten strengen Maßstab: Ein völliger und dauerhafter Umgangsausschluss des leiblichen Vaters mache jede Form der Familienzusammenführung und Herstellung des weiteren Familienlebens unmöglich. Das Urteil spricht ein Bekenntnis zur Kindeswohldienlichkeit auch der biologischen Familienbande aus, die im konkreten Fall in Konflikt zu einer Pflegefamilie standen, der das Kind aufgrund unmittelbar nachgeburtlicher Adoptionsfreigabe anvertraut war. Es diene dem Wohl des Kindes, seine Familienbande aufrechtzuerhalten, denn sie zu zerschneiden, könne nur unter sehr außergewöhnlichen Umständen gerechtfertigt sein. Diese die damalige deutsche Praxis in Frage stellende Aussage (die Empörung des betroffenen Gerichts auslöste: OLG Naumburg FamRZ 2004, 1510, welches dem EGMR „eine hochgradig ideologisch vorbesetzte Interpretation des Anspruchs des nichtehelichen Vaters gemäß Artikel 8 EMRK" vorwarf, worauf mehrfach das BVerfG einzugreifen hatte: BVerfGE 111, 307; BVerfG FamRZ 2005, 173; BVerfG FamRZ 2005, 1233; bis hin zur Nichtannahme der Verfassungsbeschwerden gegen die letztlich getroffene Umgangsregelung BVerfG FamRZ 2007, 531; BVerfG FF 2007, 103 jeweils auch mit außergewöhnlichen Verfahrensgeschichte) bedurfte in der Folge mehrfacher Präzisierung in unterschiedlich nuancierten Fallgestaltungen.

Die Abwägung bei **Fehlen einer rechtlichen Vaterschaft** zeigt zunächst das Urteil im Fall *Hülsmann* (EGMR NJW-RR 2009, 1585 [*Hülsmann/Deutschland*]) auf: Die biologische Verwandtschaft kann hiernach durchaus Grundlage des Rechts auf Familienleben iSd Art 8 EMRK sein. Die biologische Verwandtschaft genügt aber nicht allein, das heißt ohne weitere rechtliche oder tatsächliche Merkmale; sie muss, um umgangsrechtlich den Schutz des Art 8 EMRK zu genießen, entweder rechtlich verfestigt oder durch Elemente tatsächlichen Zusammenlebens verstärkt sein. Hierbei ist das Zusammenleben zwar die regelmäßige Voraussetzung, doch kann auch das beabsichtigte Familienleben nach den Umständen des Einzelfalles bereits genügen; hierbei kommt es ua auf die Art der Beziehung zwischen den leiblichen Eltern, das nachweisliche Interesse des leiblichen Vaters und sein Bekenntnis zu dem Kind an, was letztlich auch für den rechtlichen Vater gilt (ebenso EGMR Slg 2004-V Nr 143, 146 [*Pini ua/Rumänien*]; EGMR ÖJZ 2000, 354 [*Nylund/Finnland*]; EGMR Slg 2004-IV Nr 36 [*Lebbink/Niederlande*]). Regelmäßig ist jedoch die Situation nur biologischer Vaterschaft geprägt durch die Sperrwirkung einer anderweitigen rechtlichen Vaterschaft, ohne die der biologische Vater unschwer die Feststellung seiner rechtlichen Vaterschaft betreiben könnte; sie wird zum Sonderfall dadurch, dass die Mutter mit einem Mann zusammenlebt, der rechtlicher Vater des Kindes geworden ist, wodurch ein sozial und rechtlich gefestigtes Familienleben in Konflikt mit einem angestrebten Familienleben steht, das sich auf eine – ungeklärte – biologische Abstammung gründen will. Allerdings leidet das Urteil gerade hier unter einer wenig präzisen Eingrenzung des durchaus erspürten Interessenkonflikts auf der Ebene der beteiligten Erwachsenen. Wenn selbst die erfolglose, da schon durch anderweitige Vaterschaft gesperrte, Anerkennung der Vaterschaft und das Bemühen um Besuchskontakte dem Beschwerdeführer letztlich nicht hilft, so müsste dies bedeuten, dass die familiären Bindungen in solchen Konstellationen nicht nur „in gewissem Umfang von der Mutter mitbestimmt" (EGMR NJW-RR 2009, 1585, 1586 f), sondern bis hin zum Ausschluss des biologischen Vaters final determiniert werden könnten.

Der in nicht unähnlicher Konstellation zugunsten des Beschwerdeführers entschiedene Fall *Anayo* (EGMR FamRZ 2011, 269; dazu Rixe FamRZ 2011, 1363; zu aufenthaltsrechtlichen Konsequenzen Kugler FamRBint 2011, 40; zur Einwirkung von Art 8 Abs 1 EMRK auf § 60 Abs 5 AufenthG VG Meiningen 10. 6. 2008 – 2 K 20605/00 Me, juris) arbeitete in deutlich besser strukturierter Begründung das entscheidende Kriterium heraus und zerstreute letztlich die nach dem Hülsmann-Urteil bestehenden Zweifel. Obgleich auch dort ein anderer Mann (der Ehemann der Mutter) rechtlicher Vater war und der Beschwerdeführer mit seinem Bemühen um Umgang von Anfang an am Widerstand der Mutter und ihres Ehemanns scheiterte, sah der EGMR das Interesse des Beschwerdeführers an seinen biologischen Kindern hinreichend nachgewiesen. Die formalrechtlichen Begründungen (Fehlen einer sozial-familiären Beziehung iSd § 1685 Abs 2 BGB, Umgangsbestimmungsrecht der rechtlichen Eltern nach § 1632 Abs 2 BGB) der deutschen Gerichte lässt der EGMR nicht als eine vor Art 8 Abs 2 EMRK rechtfertigende Begründung gelten. Entscheidend sei eine individuell am Kindeswohl, insbesondere der Kindeswohlnützlichkeit des Umgangs mit dem biologischen Vater, orientierte Einzelfallprüfung.

Das *Anayo*-Urteil statuiert damit vor allem die sich schon in der vorherigen Rechtsprechung abzeichnende Erkenntnis (dazu eingehend Rixe FPR 2008, 222, 225 f; ders FamRZ 2011, 1363, 1364; Willutzki ZKJ 2011, 90, 93), dass die Konkurrenz von biologischer und rechtlicher Vaterschaft sich in einer mit Art 8 Abs 2 EMRK konformen Weise **nicht durch generelle gesetzliche Regeln oder Vermutungen** lösen lässt; eine **Einzelfallabwägung am Maßstab des Kindeswohls** wird damit zwingend. Dies bestätigt der EGMR schließlich im Fall *Schneider* (EGMR FamRZ 2011, 1715 [*Schneider/Deutschland*]) gleichermaßen für Umgangs- und Auskunftsrecht im Konflikt zwischen biologischer und rechtlicher Vaterschaft.

ee) Gesetzgeberische Konsequenzen

Die Rechtsprechung des EGMR zwang den deutschen Gesetzgeber ein weiteres Mal **25**
zu einer Reaktion.

Betreffend die elterliche Sorge des nicht mit der Mutter verheirateten (jedoch rechtlich verfestigten) Vaters brachte das *Zaunegger*-Urteil (EGMR NJW 2010, 501 [*Zaunegger/Deutschland*]) das BVerfG (BVerfG JR 2011, 203) von seiner mühsam konstruierten Billigung des einseitig die Mutter favorisierenden § 1626a Abs 1 Nr 2 iVm Abs 2 aF (BVerfGE 107, 150) ab (Mandla JR 2011, 185: „Von Straßburg und der Wirklichkeit gedrängt"), schuf dadurch eine vorläufige Möglichkeit der Sorgeerlangung des Vaters auch gegen den Willen der Mutter und brachte damit eine längst fällige rechtspolitische Diskussion in Gang. Wenngleich die neue Regelung (BGBl 2013 I 795; zum Gesetzentwurf Keuter

FamRZ 2012, 825) Reste der Typisierung nicht abschütteln kann (§ 1626a Abs 3 BGB) und mit einer modifizierten Antrags-/Widerspruchslösung in § 1626a Abs 2 BGB ein nicht sehr praxisfreundliches Verfahren etablierte (vgl insbesondere Dürbeck ZKJ 2013, 330 und die Kritik der BRAK Stellungnahme Nr 23/2012), wäre ein solcher Fortschritt ohne den EGMR kaum denkbar gewesen.

In ähnlicher Weise führten im Jahr 2013 auch die Urteile *Anayo* und *Schneider* (dazu § 1686a Rn 2 ff) zu einer Stärkung der Rechte des leiblichen, nicht rechtlichen Vaters in seinem Bestreben um Übernahme von Verantwortung durch Umgang und Auskunft. Das *Gesetz zur Stärkung der Rechte des leiblichen, nicht rechtlichen Vaters* (im Einzelnen § 1686a Rn 1 ff) strebt die vom EGMR geforderte Enttypisierung und die Öffnung einer individuellen Abwägung der Kindeswohldienlichkeit von Umgang- und Auskunftsrecht des biologischen Vaters, der in der Erlangung der Stellung des rechtlichen Vaters durch eine anderweitige Vaterschaft gesperrt ist, durch Schaffung des neuen § 1686a BGB an.

Schließlich führte die Entscheidung im Fall *Kuppinger* (EGMR 15. 1. 2015 – 62198/11, FamRZ 2015, 469 [*Kuppinger/Deutschland*]) durch das Gesetz zur Änderung des Sachverständigenrechts ua (vgl oben Rn 18) zur Einführung der Beschleunigungsrechtsbehelfe der §§ 155b, c FamFG und zur Einfügung von § 88 Abs 3 FamFG in das umgangsrechtliche Vollstreckungsrecht.

ff) Innerstaatliche Beachtung von EGMR-Urteilen

26 α) Die **Umsetzung der Urteile des EGMR** wirft praktische Schwierigkeiten auf, weil der EGMR zwar **Schadensersatz** aus Art 41 EMRK zuspricht, jedoch die Ausgangsentscheidung nicht aufheben und zurückverweisen kann, also jedenfalls verfahrensrechtlich kein Rangverhältnis zu der angegriffenen nationalen Entscheidung besteht.

Die Ansicht, Entscheidungen des EGMR hätten Wirkung nur indirekt im Rahmen des Willkürverbotes (vgl OLG Naumburg FamRZ 2004, 1507, dazu BVerfG NJW 2004, 3407 [*Görgülü*]), mit der Konsequenz, auf erneuten Antrag im selben Fall unter Berufung auf das Fehlen einer formalen Bindung deutscher Gerichte das EGMR-Verdikt zu missachten und die alte Entscheidung zu bestätigen, ist nicht haltbar (Klein JZ 2004, 1176; ebenso Kirchberg FF 2018, 272, 279).

Das **BVerfG** (BVerfG NJW 2004, 3407; BVerfG FamRZ 2005, 173; BVerfG FamRZ 2005, 783) nimmt einen integrativen Standpunkt ein, nachdem zwischen Richtern des BVerfG und des EGMR ein presse-öffentlicher Disput entstanden war (dazu Rixe FamRZ 2005, 176). Materiell stehe die EMRK selbst zwar nicht im Verfassungsrang, jedoch im Rang eines Bundesgesetzes und sei deshalb, auch unter Berücksichtigung der völkervertraglichen Bindung, nicht nur von der Bundesrepublik, sondern von allen staatlichen Organen, insbesondere den Gerichten, im Rahmen des Art 20 Abs 3 GG zu beachten, weshalb die Nichtbeachtung einer Entscheidung des EGMR geeignet ist, den Betroffenen in seinem Grundrecht aus Art 20 Abs 3 GG zu verletzen (BVerfG NJW 2005, 1105; BVerfG 19. 5. 2015 – 2 BvR 1170/14, FamRZ 2015, 1263 Rn 50). Den Gewährleistungen der EMRK komme – obwohl sie innerhalb der deutschen Rechtsordnung im Rang eines Bundesgesetzes stehen – insoweit auch verfassungsrechtliche Bedeutung zu, da der Konventionstext und die Rechtsprechung des EGMR auf der Ebene des Verfassungsrechts als Auslegungshilfen für die Bestimmung von Inhalt und Reichweite von Grundrechten und rechtsstaatlichen Grundsätzen des Grundgesetzes dienen (BVerfG 19. 5. 2015 – 2 BvR 1170/14, FamRZ 2015, 1263 Rn 47). Dies zwingt zwar nicht zu einer schematischen Umsetzung der EGMR-Entscheidung im konkreten Fall, insbesondere bei erneuter Beantragung der von deutschen Gerichten unter Missbilligung des EGMR abgewiesenen Umgangsregelung. Jedoch hat sich das deutsche Gericht erkennbar mit dem Verdikt des EGMR im konkreten Fall auseinanderzusetzen und eine Abweichung ggf nachvollziehbar zu begründen (zur Umsetzung im zweiten *Görgülü*-Beschluss, BVerfG FamRZ 2005, 173, zustimmend Rixe FamRZ 2005, 176, 177).

Die in Auslegung der EMRK durch den EGMR erörterten Aspekte sind auch durch das BVerfG als **Auslegungshilfen** in die **verfassungsrechtliche Würdigung** einzubeziehen (BVerfG EuGRZ 2004, 317; BVerfG NJW 2004, 3407; BVerfG FamRZ 2005, 173). Dies erscheint nicht nur wegen der völkerrechtlichen Bindung der Bundesrepublik an die EMRK geboten. Bei anderem Verständnis käme es zu einem bedenklichen Niveaukonflikt, nachdem das BVerfG in seiner „*Solange*"-Rechtsprechung einen die Grundrechtskontrolle nach dem GG weitgehend verdrängenden europäischen Grundrechtsstandard postuliert, der sich jedoch bisher weitgehend aus der EMRK und der stark an dieser orientierten EU-Grundrechtecharta speist. Stehen danach europäische Grundrechte wenigstens gleichwertig neben denen des GG, so können sie schwerlich in ihrer Gestalt als Menschenrechte nach der EMRK deutlich darunter angesiedelt werden (so auch im Erg Klinkhammer, in: Juristische Studiengesellschaft Jahresband 2013, 89, 100 ff).

β) Der **EGMR** selbst nimmt einen weiter gehenden Standpunkt ein (zu den Konsequenzen eingehend Rixe FamRZ 2004, 1460, 1461 ff), der zu einer unmittelbaren Bindung im entschiedenen Fall tendiert (zustimmend Meyer-Ladewig/Petzold NJW 2005, 15, 18; iE auch Groh FPR 2009, 153, 154 f); der beklagte Staat sei rechtlich nicht nur zur Zahlung der als gerechte Entschädigung zugesprochenen Beträge verpflichtet, sondern auch dazu, unter Aufsicht des Ministerkomitees allgemeine oder individuelle Maßnahmen in seiner Rechtsordnung zu treffen, um die vom Gerichtshof festgestellte Verletzung abzustellen und den Folgen soweit wie möglich abzuhelfen (EGMR NJW 2004, 3397 [*Görgülü*]; EGMR NJW 2004, 3401 [*Haase*]; kritisch zur Frage der Bindung an die Rspr des EGMR Löhnig/Preisner FamRZ 2012, 489). Auf längere Sicht spricht für die Haltung des EGMR schon die faktische Durchsetzungskraft. Steigende Entschädigungssummen, vor allem im Fall wiederholter Verstöße gleichen Typs und der mit einer wiederholten Verurteilung durch den EGMR für die BRep Deutschland einhergehende Ansehensnachteil zwingen jenseits dogmatischer Erwägungen zu Gefolgschaft von Gerichten und Gesetzgeber. Darüber hinaus wird sogar eine Orientierungswirkung bei EGMR-Urteilen anzunehmen sein, die Grundsatzfragen betreffen, jedoch gegen einen anderen Konventionsstaat ergangen sind (Groh FPR 2009, 153, 155). **27**

γ) Unter dem Eindruck dieser Rechtsprechung hat der **Gesetzgeber** denn auch reagiert. Jedenfalls zeigen die drei vorbezeichneten einschlägigen Gesetzesänderungen (oben Rn 18, 25), auch wenn sie betreffend § 1626a BGB formal der in Folge der EGMR-Urteile geänderten Rechtsprechung des BVerfG geschuldet sein mögen, dass der deutsche Gesetzgeber aus EGMR-Urteilen die gebotenen generellen Konsequenzen zieht. **28**

Die Korrektur im **individuell entschiedenen Fall** ermöglicht der auf nach dem 31. 12. 2006 rechtskräftig abgeschlossene Verfahren anwendbare (§ 35 EGZPO) § 580 Nr 8

ZPO, wonach die vom EGMR festgestellte Verletzung der EMRK im entschiedenen Fall die **Restitutionsklage** eröffnet, sofern die Entscheidung auf der Verletzung beruht. Die Bestimmung ist über § 48 Abs 2 FamFG auch in Familiensachen, insbesondere in Umgangssachen (Motzer FPR 2007, 275, 276) anzuwenden; ob dadurch der Streit um die Bindungswirkung gänzlich überholt ist (Motzer FPR 2007, 275, 276), erscheint fraglich; folgt man dem Ansatz des BVerfG, so eröffnet § 580 Nr 8 ZPO nur die Möglichkeit, im neuen Verfahren das EGMR-Urteil gehörig zu berücksichtigen, was aber wohl nur Raum lässt für ergänzende Einzelfallabwägungen, nicht aber für abweichende Rechtsgrundsätze (zuletzt offen gelassen von BVerfG 5. 8. 2022 – 1 BvR 2329/21, FamRZ 2022, 1627 Rn 22 zu § 197 Abs 3 FamFG). Der Ausschluss der Anwendbarkeit von § 580 Nr 8 ZPO von Verfahren, die vor dem Stichtag 31. 12. 2006 beendet worden sind, ist auch in einem Umgangsverfahren höchstrichterlich bestätigt worden (BGH 19. 3. 2014 – XII ZB 511/13, FamRZ 2014, 927; ihm folgend BVerfG 19. 5. 2015 – 2 BvR 1170/14, FamRZ 2015, 1263).

2. Verfassungsrechtliche Grundlagen

a) Art 6 Abs 2 GG: Elternrecht

29 Das elterliche Umgangsrecht wird nach heute allgemeiner Ansicht durch **Art 6 Abs 2 GG** gewährleistet (BVerfG 25. 5. 2022 – 1 BvR 326/22, FamRZ 2022, 1286 Rn 13; BVerfG 30. 7. 2014 – 1 BvR 1530/14, NZFam 2015, 234 Rn 9; BVerfG 16. 6. 1971 – 1 BvR 192/70, BVerfGE 31, 194 Rn 34; BGH 21. 10. 1964 – IV ZB 338/64, BGHZ 42, 364 juris Rn 24; vgl dazu Radtke FF 2022, 431, 435 ff). Die verfassungsrechtliche Absicherung hängt damit in ihrer Reichweite eng zusammen mit der Beschreibung des von diesem Grundrecht erfassten Personenkreises, insbesondere mit der in der Rechtsprechung des BVerfG fortschreitenden Einbeziehung des nicht mit der Mutter verheirateten und auch nicht sorgeberechtigten Vaters (ausführlich zur Entwicklung Hönig, Das Umgangsrecht im Spannungsfeld zwischen Eltern- und Kinderrechten unter besonderer Berücksichtigung der verfassungsrechtlichen Problematik [2004] 127 ff).

aa) Umgangsrecht als Pflichtrecht im Kindesinteresse

30 Die Herleitung des Umgangsrechts aus dem **natürlichen, verfassungsrechtlich geschützten Elternrecht** (Art 6 Abs 2 GG) geht zurück auf eine Entscheidung des BGH vom 21. 10. 1964 (BGHZ 42, 364). Danach ist das Umgangsrecht (damals *„Verkehrsrecht"*) ein selbständiges, dem Personensorgerecht gegenüberstehendes Recht, welches ebenso wie dieses auf Art 6 Abs 2 GG beruht. Nachdem das *BVerfG* bereits die für den Fall der Scheidung der Ehe nach früherem Recht vorgesehene Verteilung der elterlichen Sorge und des Verkehrsrechts als mit Art 6 Abs 2 GG vereinbar angesehen hatte (BVerfGE 31, 194), hat das Gericht den Ansatz der verfassungsrechtlichen Parallelität von Sorge- und Umgangsrecht ausdrücklich in seiner Entscheidung zur Verfassungsmäßigkeit von § 1634 aF (BVerfGE 64, 180; vgl auch BVerfG NVwZ 2000, 59, 60; BVerfG FamRZ 2001, 1137: Umgangsrecht unterfällt Art 6 Abs 2 GG und ist bei Ausweisungsentscheidung zu berücksichtigen) aufgegriffen. Das damals noch dem (nicht sorgeberechtigten) *Elternteil* eingeräumte Umgangsrecht ist jedoch kein Recht an der Person des Kindes, sondern ein pflichtgebundenes Recht. Die Belange des Kindes seien jedoch durch die Möglichkeit, den Umgang zu regeln, ihn auszuschließen oder zu beschränken, ausreichend gewahrt. In dieser, aus § 1634 Abs 2 aF auch in die Neufassung übernommenen Befugnis konkretisiert sich das *Wächteramt des Staates.* Diese Einordnung als Pflicht-Recht geht zurück auf eine Rechtsprechung des BVerfG, die das

von Art 6 Abs 2 GG geschützte Elternrecht grundsätzlich als pflichtgebundenes Recht charakterisiert, welches eingebunden ist in die *Elternverantwortung* (BVerfGE 24, 119; BVerfGE 31, 194) und unmittelbar aus Art 6 Abs 2 GG auch dem Kind gegenüber besteht (BVerfG JZ 2008, 944).

Insbesondere ergibt sich aus der Herleitung sowohl des Umgangsrechts als auch des Sorgerechts unmittelbar aus Art 6 Abs 2 GG, dass beide **Eltern im Verhältnis zueinander** die Elternrechte zu respektieren haben; daher muss auch ein allein sorgeberechtigter Elternteil grundsätzlich den persönlichen Umgang des Kindes mit dem anderen Elternteil ermöglichen (BVerfGE 31, 194, 206 f; BVerfG NJW 1993, 2671; BVerfG NJW 1995, 1342, 1343). Im Streit um die Ausübung des Umgangsrechts sind beide von Art 6 Abs 2 GG geschützten Rechtspositionen sowie die Rechtsposition des Kindes und die Vorrangigkeit seines Wohls im Sinne **praktischer Konkordanz** abzuwägen (BVerfGE 64, 180, 187; BVerfG 7. 3. 2005 – 1 BvR 552/04, FamRZ 2005, 871 Rn 9; BVerfG FamRZ 2009, 399; Obermann FamRZ 2016, 1031, 1033). Art 6 Abs 2 GG als Prüfungsmaßstab für Eingriffe in das Umgangsrecht steht damit außer Frage, was die Position des Umgangselternteils stärkt (Schwab FF 2009, 481, 488); hierauf gestützte Verfassungsbeschwerden gegen Umgangsentscheidungen waren in der Vergangenheit bemerkenswert häufig und auch in Detailfragen (vgl auch Schwab FF 2009, 481, 488: „Entscheidungsraster der Fachgerichte") zum Teil erfolgreich (BVerfG FuR 2006, 176; BVerfG FamRZ 2006, 605; BVerfG FamRZ 2007, 1078; BVerfG FamRZ 2007, 1625; BVerfG FamRZ 2009, 399; BVerfG BeckRS 2009, 41859; die Entscheidungen werden jeweils im Sachzusammenhang thematisiert). Diese Tendenz hat sich jedoch in den letzten Jahren so nicht fortgesetzt (vgl etwa die Entscheidungen BVerfG 3. 4. 2023 – 1 BvR 2353/22, FamRZ 2023, 946: unbefristeter Umgangsausschluss; BVerfG 25. 5. 2022 – 1 BvR 326/22, FamRZ 2022, 1286; BVerfG 17. 9. 2016 – 1 BvR 1547/16, ZKJ 2016, 457: unbefristeter Umgangsausschluss; BVerfG 29. 7. 2015 – 1 BvR 1468/15, ZKJ 2015, 463: begleiteter Umgang; BVerfG 24. 6. 2015 – 1 BvR 486/14, FamRZ 2015, 1585: Wechselmodell; BVerfG 25. 4. 2015 – 1 BvR 3326/14, ZKJ 2015, 319: Umgangsausschluss; BVerfG 30. 7. 2014 – 1 BvR 1530/14, NZFam 2016, 234: begleiteter Umgang wegen Pädophilie; BVerfG 13. 12. 2012 – 1 BvR 1766/12, ZKJ 2013, 162: zu Unrecht kein Umgangsausschluss „Nazimutter"; BVerfG 29. 11. 2012 – 1 BvR 335/12, ZKJ 2013, 120: Umgangsausschluss Pflegekind).

Die Verankerung im Pflichtrecht des **Art 6 Abs 2 GG** rechtfertigt es grundsätzlich 31
auch, dem Elternteil die **Verpflichtung zum Umgang** aufzuerlegen, wie dies § 1684 BGB idF des KindRG in einem Paradigmenwechsel gegenüber der vormaligen Betrachtungsweise des Umgangs als Elternrecht tut. Das BVerfG misst also auch das Recht des Kindes auf Umgang nicht an Art 6 Abs 1 GG, sondern an der Pflichtseite des Art 6 Abs 2 GG, entwickelt diesen also zu einem Grundrecht des Kindes und stärkt dessen Rechtsposition (dazu Altrogge ZKJ 2008, 310; Zempel FF 2010, 238, 239, 241; Peifer NDV 2008, 239, 241; mit dogmatischen Zweifeln iE zustimmend: Adelmann JAmt 2008, 289, 292; nicht zu Unrecht in grundrechtsdogmatischer Hinsicht ablehnend: Jestaedt ZKJ 2010 Sonderheft, 32, 34 f). Der damit verbundene Eingriff in das allgemeine Persönlichkeitsrecht des Elternteils (Art 2 Abs 1, Art 1 Abs 1 GG) ist hierdurch grundsätzlich gerechtfertigt, soweit der Umgang dem Wohl des Kindes dient (BVerfG JZ 2008, 944); auch eine Berufung des anderweitig verheirateten Elternteils auf eine Gefährdung seiner Ehe (Art 6 Abs 1 GG) kann dies nicht relativieren (Rauscher JZ 2008, 949, 950; Altrogge, Umgang unter Zwang [2007] 124). Der mit **zwangsweiser Durchsetzung** des Umgangs gegen den Elternteil verbundene Eingriff diente jedoch nach Einschätzung des BVerfG (BVerfG 1. 4. 2008 – 1 BvR 1620/04, JZ 2008, 944) zu dem vor dem 1. 9. 2009 geltenden

Recht nur ausnahmsweise dem **Kindeswohl** und konnte nach seiner Ansicht nur in solchen Ausnahmefällen gerechtfertigt sein; ob damit nicht letztlich der Umgangsverweigerung Vorschub geleistet und das Persönlichkeitsrecht des Kindes unter dem Gesichtspunkt erfahrener Ablehnung zu gering geachtet wird, blieb fraglich (Rauscher JZ 2008, 949, 951; Huber FPR 2008, 238, 244: „unvollkommene Verbindlichkeit"). Jedenfalls lässt sich diese Abwägung zwischen Elternpflicht und Persönlichkeitsrecht in der Person des Umgangselternteils nicht übertragen auf den Konflikt zwischen Umgangsrecht des *einen* und dessen Ablehnung durch den *anderen* Elternteil. Dem liegt auch die Regelung des § 89 FamFG zugrunde, wonach hinsichtlich des Entschließungsermessens bzgl des „Ob" eines **Ordnungsmittels** ebenfalls differenziert wird zwischen den Fällen eines umgangsunwilligen und einem umgangsverweigernden (im Regelfall Ordnungsmittel) Elternteil (vgl BT-Drucks 16/9733, 292; Prütting/Helms/Hammer § 89 FamFG Rn 16 f). Den bereits zum 1. 9. 2009 stattgefundenen **Wechsel vom Zwangsmittel (§ 33 FGG aF) hin zum Ordnungsmittel (§ 89 FamFG)** hat nun auch das BVerfG im Hinblick auf die elterliche Pflicht zur Wahrnehmung des Umgangs vollzogen. In seiner Entscheidung vom 17. 2. 2022 hat das BVerfG (BVerfG 17. 2. 2022 – 1 BvR 743/21, FamRZ 2022, 794) ausgeführt, dass seine frühere Rechtsprechung zur zwangsweisen Durchsetzung der Umgangspflicht nicht ohne weiteres auf das Ordnungsmittelsystem von § 89 FamFG übertragbar ist und hat insoweit keine verfassungsrechtlichen Bedenken gegen die Erteilung eines Warnhinweises nach § 89 Abs 2 FamFG gegenüber einem umgangsunwilligen Elternteil angemeldet. Erst bei der Entscheidung über die Sanktionierung eines Verstoßes gegen die Pflicht zur Wahrnehmung des gerichtlich angeordneten Umgangs hat das Familiengericht bei der Entscheidung über das „Ob" des Ordnungsmittels sein Anordnungsermessen auszuüben und zu prüfen, ob der Umgang trotz des Zwangs durch die Vollstreckung dem Kindeswohl dient.

Der Eingriff in die Rechtsbeziehung zwischen Kind und anderem Elternteil fällt aber auf der Seite des betreuenden Elternteils nicht in den Schutzbereich des allgemeinen Persönlichkeitsrechts (Völker FamRB 2008, 174, 176; Rauscher JZ 2008 949, 951; **aA** Peschel-Gutzeit NJW 2008, 1922, 1925; Flügge Streit 2008, 110, 114; vgl auch dies FPR 2008, 135; zweifelnd Schwab FF 2009, 481, 489). Das Persönlichkeitsrecht des Kindes kann hingegen durch den Umgang betroffen sein (dazu Rn 36).

bb) Kein Vorrang des Sorgerechts

32 **α)** Dabei stellt das *BVerfG* zunehmend klarer heraus, dass das natürliche Elternrecht aus Art 6 Abs 2 S 1 GG, sofern es im Konflikt der Eltern um Sorgerecht und/oder Umgangsrecht beiden Eltern zur Seite steht, nicht geeignet ist, einem Elternteil den Vorrang einzuräumen. Das Umgangsrecht eines nicht sorgeberechtigten Elternteils steht ebenso wie die elterliche Sorge des anderen unter dem Schutz des Art 6 Abs 2 GG (BVerfG FamRZ 2004, 1166, 1167) und ist von diesem **unabhängig**. Letzteres folgt schon daraus, dass auch Eltern, denen das Sorgerecht nach § 1666 BGB entzogen wurde, ein Umgangsrecht nach § 1684 BGB besitzen (BVerfG 29. 11. 2012 – 1 BvR 335/12, ZKJ 2013, 120 Rn 19; Britz FF 2015, 387, 388). Können sich die Eltern nicht über das Umgangsrecht einigen, haben die Gerichte nach § 1684 Abs 3 S 1 BGB eine Entscheidung zu treffen, die die beiderseitigen Grundrechtspositionen unter vorrangiger Einbeziehung des Kindeswohls zu berücksichtigen hat (BVerfG FamRZ 2005, 871). Die Gerichte müssen sich im Einzelfall um eine **Konkordanz der Grundrechte** bemühen und dürfen nicht das Elternrecht des Umgangsberechtigten zurückdrängen (BVerfGE

64, 180, 187; BVerfG 7. 3. 2005 – 1 BvR 552/04, FamRZ 2005, 871 Rn 9); entscheidende Bedeutung kommt wegen der **Pflichtgebundenheit des Elternrechts** jedoch gerade in diesen Fällen dem **Kindeswohl als übergeordnetem bestimmendem Maßstab** zu (BVerfG FamRZ 2004, 1166, 1167; BVerfG FamRZ 2005, 871); das Elternrecht ist in dieser Konstellation vor allem als Elternverantwortlichkeit, also als Elternpflicht zu verstehen (ausdrücklich BVerfG NJW 1999, 631; vgl auch BVerfGE 37, 217; 56, 363; 68, 176; 75, 201). Wird eine sorge- oder umgangsrechtliche Regelung nicht hinreichend dem Kindeswohl gerecht, so verletzt dies das Kind in seinem Grundrecht auf Wahrung des staatlichen Wächteramtes aus Art 6 Abs 2 S 2 GG iVm Art 2 Abs 1 GG (BVerfG 1. 4. 2008 – 1 BvR 1620/04, FamRZ 2008, 845 Rn 75; Horndasch FPR 2012, 208, 209). Zugleich bedeutet dies eine Verletzung des Elterngrundrechts aus Art 6 Abs 2 S 1 GG zulasten des von der unrichtigen Entscheidung beeinträchtigten Elternteils (BVerfG NJW 1999, 631, 633 f; BVerfG FamRZ 2004, 1166, 1167).

β) **Ältere Ansichten** zur Rechtsnatur des Umgangsrechts (dazu im Einzelnen Staudinger/Peschel-Gutzeit[12] § 1634 Rn 11 ff) haben demgegenüber keine Bedeutung mehr. 33

Soweit ältere Erklärungsversuche die verfassungsrechtliche Gewährleistung des Umgangsrechts bestreiten (so die Theorie von der öffentlich-rechtlichen Befugnis: Dellian NJW 1968, 2149; ders FamRZ 1969, 365, 366), stehen sie nicht im Einklang mit Art 6 Abs 2 GG. Die These, das Umgangsrecht sei bloßer **Rest der Personensorge** (RGZ 153, 238, 242; RGZ 141, 319, 320; sowie in ständiger Rspr das KG, zuletzt FamRZ 1989, 656; Holzhauer FamRZ 1982, 109, 117; MünchKommBGB/Hinz [3. Aufl 1992] § 1634 Rn 3, gestützt auf das mit der Neufassung erledigte Wortlautargument [„*behält* die Befugnis"]), ließe sich zwar mit Art 6 Abs 2 GG vereinbaren, ist aber jedenfalls durch die bewusst eigenständige Regelung des Umgangsrechts in § 1684 BGB überholt (vgl Osthold, Die rechtliche Behandlung von Elternkonflikten [2016] 620 ff).

Insbesondere hat sich auch der formal zwischen den Begründungstheorien geführte Streit um die Vereinbarkeit des nach früherem Recht verbreitet angenommenen Fehlens einer *Umgangspflicht* (dazu Staudinger/Peschel-Gutzeit[12] § 1634 Rn 23 ff mit der schon damals richtigen Folgerung einer Umgangspflicht aus der Natur des Elternrechts als Pflicht-Recht) durch die Neufassung erledigt: Der Gesetzgeber des KindRG hat die konsequente Folgerung aus der Herleitung des Umgangsrechts aus dem Elternrecht gezogen, indem er das Umgangsrecht (auch) dem Kind zugewiesen und den Eltern im Interesse des Kindeswohles die Umgangspflicht auferlegt (§ 1626 Abs 3 S 1 BGB) hat.

Soweit eine *naturrechtliche Grundlage* angenommen wird (zuletzt OLG Bamberg FamRZ 1998, 970; ältere Nachw Gernhuber/Coester-Waltjen § 67 Rn 3), steht dies nicht in Widerspruch zur Herleitung aus Art 6 Abs 2 GG, sofern nur das „vor- und überverfassungsrechtliche Naturrecht" (OLG Bamberg FamRZ 1998, 670) mit einem Begriff von „Elternschaft" operiert, der mit Art 6 Abs 2 GG in Einklang steht.

Schließlich kann auch die als Antithese zur *Blutsverwandtschaft* verstandene Herleitung aus der *sozialen Elternschaft* (Simon FamRZ 1972, 485; ders ZfJ 1974, 413; Lempp NJW 1972, 315) nicht isoliert als Herleitung dienen, ist aber für die Suche nach dem maßgeblichen Begriff der „Elternschaft" nicht ohne Bedeutung.

cc) Art 6 Abs 2 GG zugunsten des nicht mit der Mutter verheirateten Vaters

34 Ganz im Vordergrund der älteren Rechtsprechung zu Art 6 Abs 2 GG stand die Frage nach der **Reichweite** der geschützten Elternschaft in Bezug auf den **nicht mit der Mutter verheirateten Vater** zu seinem Kind.

Hierzu hat sich das *BVerfG* in den beiden Jahrzehnten vor Inkrafttreten des KindRG aus alten Denkschemata gelöst und die für das KindRG richtungweisende Sicht des Art 6 Abs 2 GG entwickelt. Ex post betrachtet markiert dies den Schlusspunkt einer an früheren Sozialbildern orientierten Sicht der Entscheidung zur Verfassungsgemäßheit von §§ 1705 und 1711 aF (BVerfGE 56, 363). Die Umgangsregelung des § 1711 aF wurde dort noch gerechtfertigt mit dem Unterschied zwischen ehelicher und nichtehelicher Geburt und dem Bestreben des Gesetzgebers des NEhelG, dem nichtehelichen Kind das Schicksal von Scheidungswaisen zu ersparen. Das klassische Argument der *stabilen Zuordnung* stand dort noch ganz im Vordergrund; der potenzielle Konflikt der Eltern wurde als (negatives) Schicksal erkannt, das Fehlen der väterlichen Bezugsperson nicht.

Möglich war dies nur auf der Prämisse, den Schutz des Art 6 Abs 2 GG dem nichtehelichen Vater zu versagen. Diese Prämisse hat das *BVerfG* in seinen Entscheidungen zu § 1738 Abs 1 aF (BVerfGE 84, 168) und zu § 1747 Abs 2 S 1 und 2 aF (BVerfGE 92, 158) umgestoßen. Nachdem in der ersten Entscheidung jedenfalls dem mit dem Kind *zusammenlebenden* Vater das Elternrecht zugesprochen wurde, hat die zweite Entscheidung ohne Wenn und Aber das Elternrecht des Vaters bestätigt (zur Entwicklung im Einzelnen STAUDINGER/RAUSCHER [2004] Einl 30 ff zu §§ 1589 ff).

Das KindRG hat für das Umgangsrecht hieraus die Konsequenz gezogen und im Verhältnis von rechtlichem Vater und Kind das Umgangsrecht mit denselben Bedingungen gestaltet wie für alle von Art 6 Abs 2 GG geschützten Eltern. Insbesondere kommt in dieser Regelung zum Ausdruck, dass die **rechtliche Elternschaft** auch dann grundsätzlich umgangsrechtlich anzuerkennen ist, wenn sie sich (noch) nicht zu einer **sozialen Elternschaft** entwickelt hat oder entwickeln konnte, wenn also der Vater mit dem Kind – aus welchen Gründen auch immer – noch nicht in einer sozialen Familie zusammengelebt hat. Die Befugnis des Gesetzgebers, bei der Ausgestaltung der konkreten Rechte beider Elternteile die unterschiedlichen tatsächlichen Verhältnisse zu berücksichtigen (BVerfGE 92, 158 ff), sollte nicht durch schematische gesetzliche Fallgruppenbildung, sondern durch richterliche Einzelfallgerechtigkeit unter vorrangiger Berücksichtigung des Kindeswohls ausgefüllt werden.

dd) Art 6 Abs 2 GG bei (nur) biologischer, nicht rechtlicher Elternschaft

35 Die lange offen gebliebene Frage nach einem Schutz des Umgangs bei nicht rechtlich verfestigter **biologischer Elternschaft** hat sich im Anschluss an zwei Entscheidungen des EGMR (vgl oben Rn 24 f) durch die gesetzliche Regelung des Umgangsrechts des biologischen, nicht rechtlichen Vaters in § 1686a BGB erledigt (vgl § 1686a Rn 1 ff). Ob sich das Umgangsrecht nach § 1686a BGB aus Art 6 Abs 2 GG oder lediglich aus Art 2 Abs 1 GG iVm Art 1 Abs 1 GG ableitet, haben das BVerfG und auch der BGH (noch) offengelassen (BVerfG 19. 11. 2014 – 1 BvR 2843/14, FamRZ 2015, 212; BGH 5. 10. 2016 – XII ZB 280/15, ZKJ 2017, 21).

b) Art 2 Abs 1 GG: Persönlichkeitsrecht des Kindes

Ergänzend beeinflusst auch das **Persönlichkeitsrecht des Kindes** in ganz entscheidender Weise die Ausgestaltung des Umgangs (Art 2 Abs 1 GG iVm Art 1 Abs 1 GG). Das *BVerfG* hat bereits vor dem KindRG die Bedeutung zunächst im Zusammenhang mit der Ausgestaltung des *Verfahrens* zur Umgangsregelung ausdrücklich erwähnt (BVerfG NJW 1993, 2671, 2672). Das Persönlichkeitsrecht des Kindes erscheint durch die materielle Umgangsregelung in zweifacher Hinsicht berührt: **36**

Zum einen betrifft mit zunehmendem Alter die Beurteilung des Kindeswohls auch die Frage der Berücksichtigung des Willens des Kindes bzw dessen Entwicklung zu einer *eigenverantwortlichen Persönlichkeit* (OLG Thüringen FamRZ 1996, 359, 361; Obermann FamRZ 2016, 1031, 1032). Insoweit widerstreitet das Persönlichkeitsrecht zwar nicht dem Kindeswohl, begrenzt aber das nach Art 6 Abs 2 GG pflichtgebundene Elternrecht (BVerfG 1. 4. 2008 – 1 BvR 1620/04, FamRZ 2008, 845 Rn 75). Es steht aber in einem Spannungsverhältnis zu einer objektiven Beurteilung der Kindeswohlnützlichkeit des Umgangs, weil dem reiferen Jugendlichen womöglich auch eine objektiv unvernünftige Entscheidung gegen ein – an sich seinem optimal verstandenen Wohl förderliches – Umgangsrecht zugestanden werden muss, um nicht sein wachsendes Selbstbestimmungsrecht zu verletzen.

Zum anderen erwächst aus dem Persönlichkeitsrecht des Kindes das Recht zur Erfahrung seines *Woher und Wohin,* aus dem das *BVerfG* ein Recht auf Kenntnis der eigenen Abstammung entwickelt hat (dazu Staudinger/Rauscher [2011] Einl 110 ff zu §§ 1589 ff). Das Persönlichkeitsrecht des Kindes verlangt daher grundsätzlich danach, zu seinen Eltern in Kontakt zu treten, sie als Eltern zu erfahren und sich ein Bild von ihnen zu machen. Insoweit ist die umgangsrechtliche Folgerung aus dem allgemeinen Persönlichkeitsrecht des Kindes vollständig zielidentisch mit dem Inhalt des vom Kindeswohl geforderten Umgangsrechts. Im Ergebnis entspricht dies der vom BVerfG gefundenen Herleitung des Umgangsrechts des Kindes aus dem Pflichtcharakter des Art 6 Abs 2 GG (BVerfG 1. 4. 2008 – 1 BvR 1620/04, JZ 2008, 944 und BVerfG 17. 2. 2022 – 1 BvR 743/21, FamRZ 2022, 794). Die vom BVerfG in diesem Zusammenhang betonte Grundrechtssubjektivität des Kindes lässt sich durchaus zwanglos mit seinem Persönlichkeitsrecht begründen.

c) Kinderrechte in das Grundgesetz

Bereits seit vielen Jahren existiert in der Politik, den Medien (etwa der Artikel von Prantl in SZ v 13. 1. 2017) und dem familien- und jugendhilferechtlichen Schrifttum (vgl das Editorial von Heilmann ZKJ 2017, Heft 1) eine Diskussion um die Aufnahme eines expliziten Kindergrundrechts in das Grundgesetz. Dies wird seit je her von der ganz überwiegenden Auffassung zwar befürwortet (zuletzt Maywald JAmt 2022, 136; Kirchhoff Recht und Politik 2021, 63; Heiderhoff NZFam 2020, 320; Benassi ZRP 2015, 24; Luthe ZKJ 2014, 94; Hohmann-Dennhardt FPR 2012, 185; zu den verschiedenen Argumenten vgl Lack, Möglichkeiten und Grenzen der Gesetzgebung zur Effektivierung des Kinderschutzes [2012] 76 ff). Die vormals regierenden Koalitionsparteien CDU/CSU/SPD hatten sich zwar in ihren Koalitionsvertrag vom 12. 3. 2018 (S 21 Rn 801–809) für die 19. Legislaturperiode darauf verständigt, Kinderrechte im Grundgesetz ausdrücklich zu verankern und ein explizites Kindergrundrecht zu schaffen. Im Januar 2021 verabschiedete das Bundeskabinett auch tatsächlich einen (mutlosen) Gesetzentwurf, der Art 6 Abs 2 GG durch die folgenden Sätze ergänzen sollte: **37**

„Die verfassungsmäßigen Rechte der Kinder einschließlich ihres Rechts auf Entwicklung zu eigenverantwortlichen Persönlichkeiten sind zu achten und zu schützen. Das Wohl des Kindes ist angemessen zu berücksichtigen. Der verfassungsrechtliche Anspruch von Kindern auf rechtliches Gehör ist zu wahren. Die Erstverantwortung der Eltern bleibt unberührt."

Am 8. 6. 2021 scheiterte jedoch auch dieses Vorhaben. Es verwundert nicht, dass auch im Koalitionsvertrag für die 20. Legislaturperiode (S 98) erneut die Verankerung eines Kindergrundrechts im GG vorgesehen ist.

3. Schadensersatz wegen Verletzung des Umgangsrechts

a) Ansprüche aus der Verletzung familienrechtlicher Schutzpflichten

38 Der **BGH** (BGH 19. 6. 2002 – XII ZR 173/00, FamRZ 2002, 1099) stützt **Schadensersatzansprüche** wegen durch Umgangsvereitelung entstandenen Mehrkosten (unbeschadet dort dahinstehend gelassener deliktischer Ansprüche, vgl dazu unten Rn 40) auf den Gesichtspunkt der **positiven Verletzung** (heute § 280 Abs 1 BGB, so ausdrücklich auch OLG Frankfurt FF 2003, 222; Henrich JZ 2003, 49; ablehnend Schwab FamRZ 2002, 1297, 1300) **von Schutzpflichten** (zutreffend Heiderhoff FamRZ 2004, 324, 325: „das Kind wird nicht zum Leistungsgegenstand") im Rahmen eines durch § 1684 Abs 2 BGB begründeten **familienrechtlichen schuldrechtsähnlichen Rechtsverhältnisses.** Das in § 1684 BGB enthaltene elterliche Umgangsrecht begründet nach heute überwiegender Auffassung (KG 18. 5. 2020 – 13 UF 88/18, juris Rn 39, FamRZ 2020, 1731; OLG Bremen 24. 11. 2017 – 4 UF 61/17, juris Rn 19, MDR 2018, 95; OLG Hamburg 9. 5. 2017 – 7 UF 75/16, FamRZ 2018, 599; KG 6. 4. 2017 – 19 UF 87/16, juris Rn 11, FamRZ 2018, 270 m Anm Heiderhoff; OLG Frankfurt 21. 7. 2015 – 4 UF 379/14, FamRZ 2016, 387 Rn 28; OLG Köln 4. 7. 2014 – 4 UF 22/13, juris Rn 4, FamRZ 2015, 151; Weychardt FamRZ 2003, 927; MünchKommBGB/Hennemann § 1684 Rn 95; Mayer, Haftung und Paarbeziehung [2017] 402 ff; ablehnend: Prüm, Die Folgen der Verletzung des Umgangsrechts [2006] 159 ff; Coester-Waltjen, in: FS Canaris [2007] 131, 133 ff; Schwab FamRZ 2002, 1297) zwischen dem Umgangsberechtigten und dem zur Gewährung des Umgangs Verpflichteten eine **gesetzliche Sonderverbindung familienrechtlicher Art**, die durch das **Wohlverhaltensgebot des § 1684 Abs 2 BGB** näher ausgestaltet wird und an der das Kind als Begünstigter teilhat. Unerheblich ist dabei, ob es sich bei der Ausgestaltung des Umgangsrechts um eine **gerichtliche Umgangsregelung** nach § 1684 Abs 3 BGB oder um eine nach § 156 Abs 2 FamFG **gerichtlich gebilligte oder außergerichtliche Umgangsvereinbarung** handelt (OLG Bremen 24. 11. 2017 – 4 UF 61/17, juris Rn 19, MDR 2018, 95). Da die mit der Ausübung des Umgangsrechts verbundenen Kosten grundsätzlich vom Umgangsberechtigten zu tragen sind, umfasst dieses gesetzliche Rechtsverhältnis die – auch dem Kindeswohl dienende – Pflicht, bei der Gewährung des Umgangs auf die Vermögensbelange des Umgangsberechtigten Rücksicht zu nehmen und diesem die Wahrnehmung seines Umgangsrechts mit dem Kind nicht durch die Auferlegung unnötiger Vermögensopfer zu erschweren (Mayer, Haftung und Paarbeziehung [2017] 429). Insoweit handelt es sich um einen Spezialfall der aus § 241 Abs 2 BGB folgenden **allgemeinen Rücksichtnahmepflicht** (Mayer FamRZ 2019, 1969, 1971). Eine Verletzung dieser Verpflichtung kann – unter Heranziehung der zur positiven Forderungsverletzung entwickelten Grundsätze – Schadensersatzpflichten des betreuenden Elternteils gegenüber dem umgangsberechtigten Elternteil auslösen. Aufgrund der Wohlverhaltenspflicht ist der zur Umgangsgewährung verpflichtete Elternteil gehalten – wie dies auch im Rahmen von § 89 FamFG der Fall ist (vgl BGH FamRZ 2012, 533) –, erzieherisch

auf das Kind einzuwirken und es zur Wahrnehmung des Umgangs anzuhalten. Bei einem Hinderungsgrund (zB Erkrankung des Kindes) hat er den Umgangselternteil unverzüglich hiervon zu unterrichten. Wie bei § 89 Abs 4 FamFG wird ein Verschulden des zur Umgangsgewährung Verpflichteten bei einem Anspruch nach § 280 Abs 1 BGB nach dessen Abs 1 S 2 vermutet, dh dieser hat im Verfahren darzulegen und zu beweisen, dass er alles ihm Mögliche getan hat, auf das Kind einzuwirken und das Entstehen vergeblicher Vermögensaufwendungen beim Umgangsberechtigten zu vermeiden (Mayer FamRZ 2019, 1969, 1973). Es genügt insoweit **Fahrlässigkeit** (BGH 19. 6. 2002 – XII ZR 173/00, FamRZ 2002, 1099 Rn 19; OLG Bremen 24. 11. 2017 – 4 UF 61/17, juris Rn 30, MDR 2018, 95; MünchKommBGB/Hennemann § 1684 Rn 105), wobei erwartet werden darf, dass der betreuende Elternteil seine Bindung an eine gerichtliche Regelung oder außergerichtliche Vereinbarung einzusehen vermag. Die **Haftungsprivilegierung** analog § 1359, 1664 BGB findet keine Anwendung (Mayer, Haftung und Paarbeziehung [2017] 431; Hohloch FF 2004, 202, 206; **aA** Preisner, Das gesetzliche mittreuhänderische Schuldverhältnis kraft gemeinsamer Elternschaft [2014] 292 f). Der das Kind betreuende Elternteil kann insbesondere nicht seine Bewertung des Kindeswohls an die Stelle der Entscheidung setzen, sondern hat ggf durch (auch einstweilige) Rechtsbehelfe auf deren Aufhebung hinzuwirken (BGHZ 151, 155, 161; OLG Frankfurt 21. 7. 2015 – 4 UF 379/14, FamRZ 2016, 387 Rn 34; Steinberger/Lecking MDR 2009, 960, 963; Finger FuR 2006, 299, 306; **aA** Heiderhoff FamRZ 2004, 324, 326 mit Beispielen betreffend die Flugangst schlecht träumender Kinder und überängstlicher Mütter; würde man dem Relevanz beimessen, so würde jede Schutzbehauptung des betreuenden Elternteils zum übergesetzlichen Notstand).

Folgt man dem zutreffenden Ansatz des BGH, so bestehen Schadensersatzansprüche jedoch auch, wenn gegen eine **nicht gerichtlich bestätigte Umgangsvereinbarung** verstoßen wird (OLG Bremen 24. 11. 2017 – 4 UF 61/17 Rn 19, juris, FamRZ 2018, 273; OLG Brandenburg 3. 11. 2014 – 3 UF 55/14, juris Rn 54; Hammer, Elternvereinbarungen im Sorge- und Umgangsrecht [2004] 221 ff; Mayer FamRZ 2019, 1969, 1972). Der schuldrechtsähnliche Charakter tritt hier sogar noch deutlicher zutage, auch wenn die Vereinbarung der Konkretisierung einer gesetzlichen Verpflichtung dient (wie hier Steinberger/Lecking MDR 2009, 960, 962) und eine einseitige Lösungsmöglichkeit nicht angenommen werden kann (dazu unten Rn 153 ff; differenzierend Henrich JZ 2003, 49; insoweit nicht eindeutig BGHZ 151, 155, 161); auf die fehlende Vollstreckbarkeit solcher Vereinbarungen kommt es jedenfalls nicht an (Steinberger/Lecking MDR 2009, 960, 963; **aA** Luthin, in: Schwab/Hahne, Familienrecht im Brennpunkt [2004] 241, 253).

Der vom BGH entwickelte Ansatz ist im Schrifttum neben Zustimmung (Henrich JZ 2003, 49; Rakete-Dombek FF 2002, 210, 212; Finger FuR 2006, 299, 306; Coester-Waltjen, in: FS Canaris [2007] 131, 133 ff; Heiss FPR 2011, 96, 99; nur unter dogmatischen Gesichtspunkten zweifelnd Weychardt FamRZ 2003, 927) auch auf **Kritik** gestoßen. Gerügt wird insbesondere der schuldrechtsähnliche Ansatz insgesamt (eingehend Schwab FamRZ 2002, 1297; zweifelnd auch Heiderhoff FamRZ 2004, 324, 326), die Verlagerung der kindzentrierten Regelung des § 1684 BGB auf einen Schutzzweck, der sich auf den Umgangselternteil bezieht (Schwab FamRZ 2002, 1297), und die damit verbundene Verlagerung aus den Instrumenten des Kindschaftsrechts in die des Schuldrechts (Schwab FamRZ 2002, 1297, 1299) sowie der durch die Konstruktion vorgezeichnete Verschuldensmaßstab (§ 276 BGB, leichte Fahrlässigkeit), überdies die Streitvermehrung, die dem Kindeswohl abträglich sei (Johannsen/Henrich/Jaeger [6. Aufl 2015] § 1684 Rn 30a).

Letztlich ist dem BGH aber zuzustimmen und auch die Rechtsprechung (vgl oben) folgt ihm insoweit ohne Ausnahmen. Die hieran geübte Kritik, der dogmatische Aufwand einer Begründung aus § 1684 BGB bringe gegenüber dem deliktischen Ansatz nur geringe Vorteile (Staudinger/Rauscher [2014] § 1684 Rn 26; Weychardt FamRZ 2003, 920, 927), ist nicht berechtigt, da die Lösung über § 280 BGB hinsichtlich der Frage der Darlegungs- und Beweislast bzgl des Verschuldens mit § 89 Abs 4 FamFG korrespondiert und auch die Anwendung des § 278 BGB auf Umgang vereitelnde Aufsichtspersonen erscheint sachgerecht. Gleichwohl ist auch im Rahmen von Schadensersatzansprüchen wegen Verletzung des Umgangsrechts der Umstand nicht aus den Augen zu verlieren, dass diese in erster Linie dem Kindeswohl dienen. Daher werden Umstände wie die wirtschaftliche Leistungsfähigkeit des betreffenden Elternteils oder der Verschuldensgrad – wie auch im Vollstreckungsrecht – auch bei der Zuerkennung von Schadensersatzansprüchen miteinzubeziehen sein (zutreffend Heiderhoff FamRZ 2018, 272 f).

b) Umfang des Schadensersatzanspruchs

39 Problematisch ist bei der Verletzung des Umgangsrechts der Umstand, dass dem Umgangselternteil im Regelfall keine Schäden im herkömmlichen Sinne durch unfreiwillige Vermögensopfer entstehen, sondern, zB durch vergebliche Reisekosten, Aufwendungen fehlschlagen. Im Rahmen vertraglicher Schadensersatzansprüche (§ 280 Abs 1 BGB) können **vergebliche bzw fehlgeschlagene Aufwendungen** aber – anders als im Deliktsrecht – unter dem Gesichtspunkt des Ersatzes des negativen Interesses als Vertrauensschaden zu ersetzen sein (Mayer, Haftung und Paarbeziehung [2017] 428; Grüneberg/Grüneberg § 249 Rn 60; Mayer FamRZ 2019, 1969, 1974; Heiderhoff FamRZ 2004, 324, 327; zur Anwendung von §§ 249 ff BGB vgl auch Hohloch FF 2004, 202, 207). Der **Schadensersatzanspruch umfasst** daher die durch Vereitelung entstandenen **Mehrkosten** (vgl OLG Frankfurt FF 2003, 222, auf Grundlage des Ansatzes des BGH; zur Kostentragung beim Umgang im Allgemeinen unten Rn 135 ff), aber auch grundsätzlich die vergeblich aufgewendeten eigenen **Reisekosten zur Abholung des Kindes** (OLG Hamburg 9. 5. 2017 – 7 UF 75/16, FamRZ 2018, 599; OLG Frankfurt 21. 7. 2015 – 4 UF 379/14, juris Rn 39 ff, FamRZ 2016, 387: Bestimmung nach den Regeln des JVEG; OLG Köln 4. 7. 2014 – 4 UF 22/13, juris Rn 12 ff, FamRZ 2015, 151; OLG Karlsruhe FamRZ 2002, 1056; AG Gütersloh FamRZ 1998, 576; AG Essen FamRZ 2000, 1110; Grüneberg/Götz § 1684 Rn 39; Gottschalk FPR 2007, 308, 311; Hohloch FF 2004, 202, 207).

39a Ist der Umgang nicht am Wohnort des Umgangselternteils auszuüben, sind neben den Reisekosten auch Aufwendungen für die Anmietung einer **Unterkunft** oder eines Mietwagens zu ersetzen (OLG Hamburg 9. 5. 2017 – 7 UF 75/16, FamRZ 2018, 599: Umgang in Mallorca). Soweit es um vergeblich aufgewendete **Kosten für eine beabsichtigte Urlaubsreise** mit dem Kind geht, können als Schaden für frustrierte Aufwendungen nach wohl überwiegender Ansicht lediglich die für das Kind aufgewendeten Kosten, nicht aber die eigenen Kosten bei Nichtantritt der Reise beansprucht werden (KG 18. 5. 2020 – 13 UF 88/18, FamRZ 2020, 1731; KG 6. 4. 2017 – 19 UF 87/16, juris Rn 13, FamRZ 2018, 270 m zustimmender Anm Heiderhoff: Verweigerung der Übergabe des Reisepasses des Kindes; **aA** OLG Frankfurt 17. 5. 2018 – 1 U 202/17, juris Rn 20, FamRZ 2018, 1842 für einen Anspruch nach §§ 51, 52 BGSG gegenüber der Bundespolizei). **§ 284 BGB** ist als Anspruchsgrundlage insoweit nicht anwendbar, da das Umgangsrechtsverhältnis primäre Leistungspflichten nicht enthält (Heiderhoff FamRZ 2018, 272). Ein ersatzfähiger Schaden kann aber mit der Erwägung hergeleitet werden, dass das umgangsrechtliche Rechtsverhältnis iSd

§ 241 Abs 2 BGB auch die Pflicht umfasst, den anderen Elternteil in seinem Vertrauen auf die Einhaltung der Umgangsregelung davor zu schützen, dass seine finanziellen Ausgaben nicht vergeblich aufgewendet werden (Steinberger/Lecking MDR 2009, 960, 963; Heiderhoff FamRZ 2004, 324, 327), sodass § 284 BGB insoweit den Ersatz frustrierter Aufwendungen nicht abschließend regelt und daneben auch eine Ersatzpflicht nach §§ 280 Abs 1, 241 Abs 2 BGB in Betracht kommt (zutreffend MünchKomm-BGB/Ernst § 284 Rn 38). Daher sind entgegen der überwiegenden Ansicht bei einer als Folge von Umgangsvereitelung **abgesagten Urlaubsreise** auch die Aufwendungen des Umgangselternteils und ggf weiterer Begleitpersonen (wie der Lebensgefährtin, vgl den Fall von KG 18. 5. 2020 – 13 UF 88/18, NJW 2020, 2415) jedenfalls im Rahmen von § 280 Abs 1 BGB zu ersetzen (Mayer FamRZ 2019, 1969, 1975). In Abzug zu bringen sind dabei aber in Folge des Nichtantritts der ursprünglich geplanten Reise erfolgte Gutschriften bzw Rückerstattungen, wobei im Hinblick auf die Rechtsprechung des *BGH* (BGH 20. 3. 2018 – X ZR 25/17, NJW 2018, 2039) je nach Ausgestaltung der Reisebedingungen nicht verbrauchte Steuern und Gebühren von einer Rückerstattung ausgenommen sein können. Es können daher bei einer abgesagten Urlaubsreise im Einzelfall zur Ermittlung des ersatzfähigen Schadens tiefgehende juristische Einzelfragen des Reisevertragsrechts miteinzubeziehen sein.

Zu ersetzen sind auch vergeblich aufgewendete **Kosten für die Betreuung und Unterhaltung des Kindes** während des Umgangs (AG Essen FamRZ 2004, 52; Grüneberg/Götz § 1684 Rn 39; Hohloch FF 2004, 202, 207; **aA** Heiderhoff FamRZ 2004, 324, 327, am Schadenscharakter dieser Kosten zweifelnd). Dies folgt insbesondere daraus, dass diese Kosten des Umgangs grundsätzlich als unterhaltsrechtlich unbeachtlich dem Umgangselternteil zur Last fallen, sodass dieser vor den Folgen fehlgehender Dispositionen geschützt werden muss (Hohloch FF 2004, 202, 207). Ein **Schmerzensgeld** bzw Ersatz immaterieller Schäden wird trotz Berührung des allgemeinen Persönlichkeitsrechts des Umgangselternteils bei schlichter Vereitelung regelmäßig mangels Schwere der Verletzung nicht geschuldet (KG 18. 5. 2020 – 13 UF 88/18, juris Rn 89 ff, NJW 2020, 2415; AG Essen FamRZ 2008, 717); anders jedoch, wenn zur Umgangsvereitelung besonders erschwerende Umstände hinzutreten (LG Essen FamRZ 2008, 2032: Randalevorwurf ggü der Polizei). Zu ersetzen ist auch ein etwaiger **Verdienstausfall** nach Maßgabe von § 252 BGB (OLG Frankfurt 21. 7. 2015 – 4 UF 379/14, juris Rn 42 f, FamRZ 2016, 387: auch zur Berechnung bei einem Selbständigen). 39b

Ebenso zu ersetzen sind die Kosten für die **Beauftragung eines Rechtsanwalts** im Ausland, wenn der betreuende Elternteil die Herausgabe der Reisepässe der Kinder verweigert (OLG Bremen 24. 11. 2017 – 4 UF 61/17, juris Rn 35, FamRZ 2017, 273: bei vereinbarter Übergabe der Kinder in der Türkei). Das *KG Berlin* (KG 18. 5. 2020 – 13 UF 88/18, juris Rn 87, NJW 2020, 2415) hat dem umgangsberechtigten Elternteil bei einer abgesagten Urlaubsreise zu Recht auch (gerichtliche) **Rechtsverfolgungskosten** für ein einstweiliges Anordnungsverfahren zuerkannt, welches der Kindesvater unmittelbar nach Abbruch der geplanten Reise beim Amtsgericht beantragt hatte, um seine von der Mutter bestrittene Berechtigung zur Reise iSd § 1687 Abs 1 BGB mit dem Kind feststellen zu lassen. Hier besteht ein materiell-rechtlicher Kostenerstattungsanspruch als Schaden auch dann, wenn es an einem verfahrensrechtlichen Erstattungsanspruch mangelt, wenn das Familiengericht nach § 81 Abs 1 S 1 FamFG von der Erstattung außergerichtlicher Auslagen abgesehen hat. Nicht überzeugend war die Entscheidung des Kammergerichts dagegen insoweit, als es die **außergerichtlichen Anwaltskos-** 39c

ten zur Durchsetzung des Schadensersatzanspruchs nicht für ersatzfähig gehalten hat (KG 18. 5. 2020 – 13 UF 88/18, juris Rn 97, NJW 2020, 2415). Soweit das *KG Berlin* hier die Ansicht vertreten hat, diese seien nur dann zu ersetzen, wenn die Beauftragung und das außergerichtliche Tätigwerden des Anwalts zu einem Zeitpunkt erfolgen, bei dem der Schuldner in Verzug ist, ist dem entgegenzuhalten, dass im Rahmen eines – hier gegebenen – Schadensersatzanspruchs Rechtsverfolgungskosten schon dann zu ersetzen sind, wenn diese aus Sicht des Geschädigten erforderlich und zweckmäßig waren (BGH 23. 1. 2014 – III ZR 37/13, juris Rn 48, NJW 2014, 939; MünchKommBGB/Oetker § 249 Rn 180). Auf das Vorliegen von Schuldnerverzug kommt es nur an, wenn der materielle Anspruch nicht auf Schadensersatz gerichtet ist.

39d Der Anspruch auf Schadenersatz kann jedoch wegen eines etwaigen **Mitverschuldens** (§ 254 Abs 1 BGB) unter dem Gesichtspunkt der Schadensminderungspflicht des Umgangsberechtigten auszuschließen sein, so insbesondere dann, wenn ein Umgangstermin rechtzeitig abgesagt wurde und Aufwendungen, wie zB die Anreise mit dem PKW, gleichwohl getätigt wurden (OLG Frankfurt 21. 7. 2015 – 4 UF 379/14, juris Rn 34, FamRZ 2016, 387; OLG Köln 4. 7. 2014 – 4 UF 22/13, juris Rn 9, FamRZ 2015, 151; Mayer, Haftung und Paarbeziehung [2017] 429; Heiderhoff FamRZ 2018, 272). In die **Schadenminderungspflicht**, die ohne Weiteres zur rechtzeitigen Absage eventueller Buchungen verpflichtet, können durchaus auch sorgerechtliche Wertungen einfließen (vgl Hohloch FF 2004, 202, 208 zum Ausschluss des Ersatzes von **übertriebenen Umgangsaufwendungen**, mit denen der Umgangselternteil den Betreuungselternteil „ausstechen" wollte).

c) Ansprüche aus unerlaubter Handlung

40 Das Umgangsrecht ist nach überwiegender Ansicht auch ein **absolutes Recht iSd § 823 Abs 1 BGB**, das gegen jedermann wirkt (RGZ 141, 319, 320; KG 18. 5. 2020 – 13 UF 88/18, juris Rn 41, NJW 2020, 2415; OLG Bremen 24. 11. 2017 – 4 UF 61/17, juris Rn 19, FamRZ 2017, 273; OLG Karlsruhe FamRZ 2002, 1056; AG Essen 5. 6. 2007 – 18 C 216/04, juris Rn 25, FamRZ 2008, 717; BeckOK-BGB/Veit [1. 1. 2023] § 1684 Rn 10; Henrich JZ 2003, 49; Weychardt FamRZ 2003, 927; Heiderhoff FamRZ 2004, 324, 326; Hohloch FF 2004, 202, 205; nach zustimmenden Ausführungen mit Rücksicht auf den neuen Ansatz offen gelassen in BGH 19. 6. 2002 – XII ZR 173/00, FamRZ 2002, 1099; **aA** Johannsen/Henrich/Jaeger [6. Aufl 2015] § 1684 Rn 30a; Prüm, Die Folgen der Verletzung des Umgangsrechts [2006] 167 ff). Entgegen früher häufiger vertretener Ansicht (dazu Staudinger/Peschel-Gutzeit[12] § 1634 Rn 32; ebenso noch OLG Frankfurt, Vorinstanz zu BGH NJW 2002, 2566) wirkt das Umgangsrecht als absolutes Recht auch **gegenüber dem Inhaber oder Mitinhaber der elterlichen Sorge**. Das Umgangsrecht steht jedenfalls in seiner Ausgestaltung durch § 1684 BGB nicht in einem nachgeordneten Verhältnis zu dem Sorgerecht, auf dessen Inhaberschaft es nicht mehr ankommt. Eine Verletzung des Umgangsrechts berechtigt den Umgangsberechtigten danach zu **Schadensersatz nach § 823 Abs 1** (KG 18. 5. 2020 – 13 UF 88/18, juris Rn 41, NJW 2020, 2415; OLG Bremen 24. 11. 2017 – 4 UF 61/17, juris Rn 19, FamRZ 2017, 273; OLG Frankfurt 16. 6. 1992 – 3 WF 6/92, juris; OLG Karlsruhe FamRZ 2002, 1056; AG Gütersloh FamRZ 1998, 576; AG Essen FamRZ 2000, 1110; AG Essen FamRZ 2004, 52; Mayer FamRZ 2019, 1969, 1970; Hohloch FF 2004, 202, 207; Heiss FPR 2011, 96, 99) – nicht nur aus § 826 BGB (dessen Voraussetzungen selten vorliegen: Heiderhoff FamRZ 2004, 324, 326; bejaht aber von KG 18. 5. 2020 – 13 UF 88/18, juris Rn 42, NJW 2020, 2415) – und auch zu **Unterlassungsansprüchen entsprechend § 1004 BGB** (Büte, Das Umgangsrecht bei Kindern geschiedener oder getrennt lebender Eltern [2005] Rn 142; Soergel/Strätz [12. Aufl 1987] § 1634 Rn 5; tendenziell zustimmend BGHZ 151, 155 und Prüm, Die Folgen der Verletzung des Umgangsrechts [2006] 199, soweit ein Anspruch nach § 826 BGB besteht). Auch Verstöße des betreuenden Elternteils gegen eine Verpflichtung zur *aktiven Mitwirkung* (durch Herausgabe des Kindes) können Schadensersatzansprüche auslösen (OLG Karlsruhe FamRZ 2002, 1056, 1057).

Rechtswidrig ist die Vereitelung dann, wenn das Umgangsrecht besteht und nicht entsprechend beschränkt wurde bzw wenn gegen eine getroffene Umgangsregelung verstoßen wird. Ein nicht begründeter Verdacht oder ein lediglich gestellter Abänderungsantrag lassen das **Verschulden** nicht entfallen (AG Essen FamRZ 2000, 1110; eine ungewisse verfahrensrechtliche Lage im Zeitpunkt der Veranlassung der Kosten kann jedoch ein **Mitverschulden** nach § 254 Abs 1 BGB begründen: AG Essen FamRZ 2004, 53). Als Rechtfertigungsgründe kommen in Ausnahmefällen das Vorliegen kindeswohlgefährdender Gründe, wie zB eine ernsthafte Erkrankung des Kindes in Betracht (Mayer FamRZ 2019, 1969, 1972). **40a**

Im Übrigen ist auch die Verletzung eines **nicht gerichtlich geregelten Umgangsrechts** grundsätzlich in den deliktischen Anspruch einzubeziehen (Staudinger/Hager [2017] § 823 Rn 183), denn sie bedeutet eine Inhaltsbestimmung des Umgangsrechts durch die primär befugten Eltern (Art 6 Abs 2 GG), die den Inhalt des absoluten Rechts beschreibt und von der sich einseitig zu lösen regelmäßig rechtswidrig ist und Verschulden begründet. Bei Vereitelung eines bis dato nur stillschweigend geregelten Umgangs kann allerdings die Beurteilung der Rechtswidrigkeit sowie des Verschuldens schwierig sein.

Nicht zu ersetzen im Rahmen eines Anspruchs nach § 823 Abs 1 BGB sind aber – im Gegensatz zu Ansprüchen aus § 280 Abs 1 BGB (dazu oben Rn 39) **fehlgeschlagene bzw frustrierte Aufwendungen** als negatives Interesse des Geschädigten (KG 18. 5. 2020 – 13 UF 88/18, NJW 2020, 2415; Mayer, Haftung und Paarbeziehung [2017] 428).

d) Schadensersatzansprüche gegen den Umgangselternteil

Fraglich ist, ob auch Mehrkosten, die durch eine **vereinbarungswidrige Nichtausübung des Umgangs** durch den Umgangsberechtigten bei dem das Kind *betreuenden Elternteil* entstehen (notwendige Fremdbetreuung, Fahrtkosten für die Anreise zu einem vereinbarten Übergabeort), sowie Aufwendungen, die dort frustriert werden (Nichtwahrnehmung gebuchter Veranstaltung), – abgesehen von § 826 BGB – unter dem Gesichtspunkt der Verletzung des Umgangsrechtsverhältnisses nach § 280 Abs 1 BGB geltend gemacht werden können. Zutreffend ist insoweit, dass hier nicht das Sorgerecht durch Nichtabholung des Kindes verletzt ist und insoweit § 823 Abs 1 BGB ausscheidet. Nach wohl überwiegender Ansicht soll auch ein Anspruch des zur Umgangsgewährung Verpflichteten nach § 280 Abs 1 BGB nicht in Betracht kommen, wobei zum Teil Gesichtspunkte des Kindeswohls in Bezug auf einen „erzwungenen" Umgang angeführt werden (Heiderhoff FamRZ 2004, 324, 326 f) oder aber die Gegenseitigkeit des Rechtsverhältnisses und eine damit im Zusammenhang stehende Schutzpflicht des Umgangsberechtigten verneint wird (Staudinger/Rauscher [2014] § 1684 Rn 26b; Henrich JZ 2003, 49, 50). Auch kann angeführt werden, dass die in § 1684 Abs 1 BGB geregelte Umgangspflicht nicht gegenüber dem anderen Elternteil, sondern gegenüber dem Kind besteht (Henrich JZ 2003, 49, 50). **41**

Diese Gründe vermögen jedoch nicht zu überzeugen. Auch soweit es den betreuenden Elternteil betrifft, besteht zu seinen Gunsten eine aus §§ 1684 Abs 2, 241 Abs 2

BGB folgende Pflicht, ihm Vermögensopfer infolge einer Nichtbeachtung der Pflicht, den Umgang wahrzunehmen, zu ersparen. Gründe des Kindeswohls können, anders als im Vollstreckungsrecht nach § 89 FamFG, das Entstehen eines schuldrechtlichen Schadensersatzanspruchs infolge einer schuldhaften Pflichtverletzung nicht in Frage stellen, sodass grundsätzlich auch dem betreuenden Elternteil bei Verstößen gegen eine Umgangspflicht ein aus dem gesetzlichen Schuldverhältnis familienrechtlicher Art folgender Anspruch auf Schadensersatz zuzubilligen ist (ebenso MünchKommBGB/Hennemann § 1684 Rn 105; Mayer FamRZ 2019, 1969, 1976; Coester-Waltjen, in: FS Canaris [2007] 131, 140). Der umgangsberechtigte Elternteil ist zudem in der Lage, durch rechtzeitige Mitteilung der beabsichtigten Nichtwahrnehmung seines Umgangsrechts die Schadensminderungspflicht des anderen Elternteils zu begründen und so den Eintritt eines Schadens zu verhindern (vgl oben Rn 39 am Ende). Als Schaden kommen insbesondere Telefon- oder Fahrtkosten in Betracht, aber auch Kosten für die Betreuung des Kindes, wenn zB der betreuende Elternteil einen bereits bezahlten Theaterbesuch wahrnehmen will (Steinberger/Lecking MDR 2009, 960, 963; **aA** Fröschle, Sorge und Umgang in der Rechtspraxis [2. Aufl 2018] Rn 1090; Henrich JZ 2003, 49, 50).

e) Verfahrensrechtliche Geltendmachung

42 Verfahrensrechtlich sind sowohl deliktische als auch familienrechtliche Schadensersatzansprüche wegen Umgangsverletzung **sonstige Familiensachen**, wobei dies, abhängig vom (früheren) Bestehen einer Ehe der Eltern, aus § 266 Nr 3 oder Nr 5 FamFG folgt (Heiss FPR 2011, 96, 99; Steinberger/Lecking MDR 2009, 960, 965 f; zur Rechtslage vor Inkrafttreten des FamFG Bernau FamRZ 2007, 248). In jedem Fall handelt es sich gemäß § 112 Nr 3 FamFG um **Familienstreitsachen**, für die gemäß § 113 Abs 1 S 2 FamFG die Vorschriften der ZPO und nicht die für Umgangssachen iSd § 151 Nr 2 FamFG vorgesehenen Regelungen des FamFG gelten.

4. Strafrechtlicher Schutz des Umgangsrechts

43 Das Umgangsrecht genießt nach hM auch **strafrechtlichen Schutz gemäß § 235 StGB**. Völlig unstreitig gilt dies, wenn ein Dritter das Kind entzieht, während es sich beim Umgangsberechtigten aufhält.

Den Straftatbestand der Kindesentziehung erfüllt aber nach überwiegender Ansicht in der straf- und familienrechtlichen Literatur und der Strafgerichte auch der (ggf allein) **sorgeberechtigte Elternteil**, der dem Umgangsberechtigten das Kind entzieht, um es in das Ausland zu verbringen bzw es nach Verbringen ins Ausland dem Umgangsberechtigten vorenthält (§ 235 Abs 2 StGB; RGSt 66, 254; BGHSt 10, 376, 378; BGHSt 44, 357; BT-Drucks 13/8587, 38; OLG Bremen JR 1961, 107; OLG Hamm JR 1983, 513; AG Hamburg 21. 12. 2005 – 843-159/05, juris Rn 22; Schönke/Schröder/Eisele § 235 StGB Rn 11; Caspary FPR 2011, 215, 216; Soergel/Jakobitz § 1684 Rn 4; Staudinger/Rauscher [2014] § 1684 Rn 27; vgl dazu ausführlich Regel, „Entziehen“ und „Entführen“ Minderjähriger: Zur Auslegung der §§ 235, 236 StGB [1973] 1 ff). *Gewalt, Drohung oder List* (§ 235 Abs 1 Nr 1 StGB) ist für diese Variante nicht mehr erforderlich (vgl noch zu § 235 StGB aF BGH FamRZ 1999, 651, 652: Ausreise zu Land, um aus London nach Pakistan zu fliegen, Vermeidung der Visa-Beantragung bei der pakistanischen Vertretung in Deutschland). Es genügt die schlichte Verbringung unter Umständen, die sich als Entziehung darstellen, insbesondere das Verbringen *unter Verschweigen des Aufenthaltsstaates* gegenüber dem Umgangselternteil und Behörden (AG Hamburg-Barmbek 21. 12. 2005 – 843-159/05, juris Rn 23 ff: kein unvermeidbarer Verbotsirrtum bei Anfrage an das Jugendamt zum Aufenthaltsbestimmungsrecht, wenn das Umgangsrecht dabei nicht erwähnt wird; ein Fall, der zeigt, dass es nicht unbedingt planmäßigen Vorgehens bedarf wie in BGH FamRZ 1999, 651). Auch nach dieser vorherrschenden Auffassung begründet ein das Umgangsrecht *erschwerender* **offengelegter Umzug** des Sorgeberechtigten mit dem Kind ins Ausland keine Strafbarkeit.

Trotz teilweise geäußerter *Kritik* (Staudinger/Peschel-Gutzeit[12] § 1634 ; Geppert, in: GS Kaufmann [1986] 759, 775; Schönke/Schröder/Eser [29. Aufl 2014] § 235 StGB Rn 11) hat der BGH an dieser Rechtsprechung nach Inkrafttreten des KindRG gerade auch im Hinblick auf die eigenständige Herleitung des Umgangsrechts aus dem durch Art 6 Abs 2 GG geschützten Elternrecht und die Neufassung des § 1684 BGB festgehalten (BGH FamRZ 1999, 651 = BGHSt 44, 355; zustimmend auch die hL: Lackner/Kühl [25. Aufl 2004] § 235 StGB Rn 2; Fischer § 235 StGB Rn 3).

Dieser hM ist aber nicht zu folgen. Auch wenn das Umgangsrecht unzweifelhaft als eigenständiges Recht aus Art 6 Abs 2 GG folgt und als absolutes Recht iSd § 823 Abs 1 BGB auch zivilrechtlichen Deliktsschutz genießt (vgl oben Rn 40), kann ein Verhalten, was in zivilrechtlicher Hinsicht durch Gebrauch des alleinigen Sorgerechts für ein Kind im Einklang mit der Rechtsordnung steht, nicht in strafrechtlicher Hinsicht untersagt sein (ebenso Bock JR 2016, 300, 308 f; Geppert, in: GS Kaufmann [1986] 759, 775; Sallum, Die strafrechtlichen Probleme der internationalen Kindesentführung beim Streit um das gemeinsame Kind [2008] 40 ff). Soweit die strafrechtliche Literatur und Rechtsprechung zudem darauf abstellen, bei § 235 StGB sei das Sorgerecht das von der Norm geschützte Rechtsgut (BGHSt 16, 61; Fischer § 235 StGB Rn 2), wird in Bezug auf das Umgangsrecht verkannt, dass dieses gerade nicht Ausfluss oder Restbestandteil des Sorgerechts, sondern von ihm unabhängig ist (vgl oben Rn 32). Schließlich vermag auch nicht einleuchtend sein, warum ein „offener" Umzug in das Ausland strafbares Verhalten ausschließen soll, während ein geheim gehaltener Wegzug zu strafbarem Verhalten, was in der Praxis zum Teil internationale Untersuchungshaftbefehle zur Folge hat, führen soll. Jedenfalls im Verhältnis zum alleinigen Sorgeberechtigten wird dem Umgangsrecht daher der strafrechtliche Schutz zu versagen sein.

5. Umgangsrecht und Ausländerrecht

Im Ausländerrecht bewirkt Art 6 Abs 2 GG zwar **keinen absoluten Schutz** des Umgangsrechts in der Weise, dass aus dem Elterngrundrecht der Anspruch auf Erteilung einer *Aufenthaltserlaubnis* abgeleitet werden kann (BVerfG 8. 12. 2005 – 2 BvR 1001/04, FamRZ 2006, 187 Rn 17; BVerfG 18. 7. 1979 – 1 BvR 650/77, juris Rn 32, FamRZ 1979, 1000). Im Zusammenhang mit einem Einreisebegehren des Umgangsberechtigten oder seiner *Ausweisung oder Abschiebung* sind aber die grundsätzlichen Wertentscheidungen des Art 6 Abs 1 und 2 GG, Art 8 Abs 1 EMRK angemessen zu berücksichtigen und gegen das öffentliche Interesse abzuwägen (BVerfG 18. 4. 1989 – 2 BvR 1169/84, BVerfGE 80, 81, 93; eingehend Welte, Der Familienschutz im Spektrum des Ausländerrechts [2012] 1 ff; Schütz ZAR 2000, 32). **44**

a) Aufenthaltserlaubnis

Im Mittelpunkt steht hier ein etwaiger Anspruch eines ausländischen Elternteils auf Erteilung einer **Aufenthaltserlaubnis zum Familiennachzug** nach **§§ 27 ff AufenthG** oder deren Verlängerung (§ 8 AufenthG; vgl OLG Koblenz FamRZ 2009, 133). Für den **45**

Umgangselternteil, der nicht iSd § 28 Abs 1 S 1 Nr 3 AufenthG die **Personensorge** ausübt (was zwar nicht notwendig die rechtliche Inhaberschaft des Sorgerechts voraussetzt, vgl OVG Lüneburg 14. 10. 2010 – 8 PA 234/10, juris Rn 18 ff; es muss aber die familiäre Gemeinschaft im Bundesgebiet gelebt werden, dann kann eine Aufenthaltserlaubnis nach Ermessen erteilt werden, vgl Dienelt, in: Bergmann/Dienelt § 28 AufenthG Rn 28; das Umgangsrecht allein aber genügt nicht: VGH Mannheim 5. 7. 2018 – 11 S 1224/18, juris Rn 15 ff; Eichenhofer ZAR 2013, 89, 90), ist auf § 28 Abs 1 S 4 AufenthG abzustellen: Ist das **minderjährige ledige Kind Deutscher**, so kann danach im Rahmen pflichtgemäßer Ermessensausübung eine Aufenthaltserlaubnis auch dem nicht personensorgeberechtigten ausländischen Elternteil erteilt werden, wenn eine **familiäre Gemeinschaft** schon im Bundesgebiet gelebt wird (VGH Mannheim 5. 7. 2018 – 11 S 1224/18, juris Rn 18; VGH München 26. 9. 2016 – 10 B 13.1318, juris Rn 32; VGH München 18. 12. 2012 – 10 C 12. 1789, juris Rn 27 ff, FamRZ 2017, 1770; OVG Brandenburg 3. 5. 2016 – OVG 3 B 13. 15, juris Rn 31). Wesentlicher Maßstab für die Anwendung dieser Norm sind Art 6 Abs 1 und 2 GG, die als solche zwar keinen Aufenthaltsanspruch geben, aber sowohl bei der Entscheidung über eine Aufenthaltserlaubnis als auch über aufenthaltsbeendende Maßnahmen (unten Rn 46) angemessen zu berücksichtigen sind (BVerfG 5. 6. 2013 – 2 BvR 586/13, NVwZ 2013, 1207 Rn 12 ff; BVerfG NVwZ 2009, 387).

Die bloße **formale familienrechtliche Rechtsstellung** als **Umgangsberechtigter** nach § 1684 BGB begründet für sich aber keinen Anspruch auf Aufenthaltserlaubnis (OVG Brandenburg 3. 5. 2016 – OVG 3 B 13.15, juris Rn 31 ff; OVG Münster JAmt 2007, 258; VG Saarlouis 8. 4. 2011 – 10 L 119/11, juris; zu § 23 AuslG aF: Mach-Hour FamRZ 2000, 1341; Will FPR 2002, 549). Dies gilt auch dann, wenn in formaler Hinsicht eine gerichtliche Umgangsregelung besteht (OVG Schleswig 30. 1. 2023 – 4 MB 50/22, juris). Entscheidend sind die tatsächlichen Verhältnisse des **Einzelfalles** (BVerfG FamRZ 2002, 601, 602; BVerfG KindPrax 2004, 103, 104; BVerfG FamRZ 2006, 187), nach denen sich das Bestehen einer **familiären Gemeinschaft** beurteilt, die sich durch Art und Umfang der Ausübung elterlicher Verantwortung definiert (OVG Schleswig 30. 1. 2023 – 4 MB 50/22, juris; OVG Münster JAmt 2007, 258; ebenso zu § 17 Abs 1 AuslG aF: OVG Hamburg FamRZ 2000, 880).

Die überwiegend früher übliche Differenzierung zwischen einer hierfür genügenden *Beistandsgemeinschaft* und einer nicht genügenden bloßen *Begegnungsgemeinschaft* (so noch VGH München 18. 12. 2012 – 10 C 12.1789, juris) ist hierbei einer Betrachtung gewichen, die umfassend auf die vom Umgangselternteil übernommenen **tatsächlichen Elternverantwortung** (VG Saarlouis 8. 4. 2011 – 10 L 119/11, juris) bzw **Elternfunktion** (OVG Lüneburg 14. 10. 2010 – 8 PA 234/10, juris; BeckOK-Ausländerrecht/Tewocht [1. 10. 2021] § 28 AufenthG Rn 27) in Gestalt von **Erziehungs- und Betreuungsleistungen** abstellt.

Bei **häuslicher Gemeinschaft** ist eine Lebensgemeinschaft regelmäßig – unabhängig vom Bestehen einer Ehe und den Sorgeverhältnissen – anzunehmen (VGH Mannheim FamRZ 2000, 884). Eine familiäre Gemeinschaft kann aber auch bei **Fehlen einer häuslichen Gemeinschaft** aufgrund der Intensität des Erziehungsbeitrags des Umgangsberechtigten bestehen (OVG Berlin-Brandenburg 9. 6. 2011 – OVG 2 B 2. 10, juris Rn 23, dort auch zur Sperrwirkung des § 10 Abs 3 S 1 AufenthG). Hierzu hat sich inzwischen die Ansicht durchgesetzt, die dem gestiegenen Gewicht des Umgangsrechts nach § 1684 BGB idF des KindRG auch aufenthaltsrechtlich Bedeutung beimisst (seit BVerfG NVwZ 2000, 59, 60; BVerfG FamRZ 2002, 601, 602; OVG Lüneburg NVwZ-RR 2000, 833; offen gelassen von BVerfG KindPrax 2004, 103, 105; **aA** noch VGH Kassel AuAS 2003, 86). Nach der jüngeren Rechtsprechung des BVerfG ist hierbei kein kleinlicher Maßstab anzulegen (BVerfG 5. 6. 2013 – 2 BvR 586/13, NVwZ 2013, 1207 Rn 13 f; BVerfG NVwZ 2009, 387; OVG Berlin-Brandenburg 9. 6. 2011 – OVG 2 B 2. 10, juris; zur Entwicklung CERNOTA ZAR 2006, 102; MARX InfAuslR 2006, 441; EICHENHOFER ZAR 2013, 89). Dabei ist auch bei ausländerrechtlichen Entscheidungen maßgeblich auf die Sicht des Kindes abzustellen und im Einzelfall zu ermitteln, ob tatsächlich eine persönliche Verbundenheit besteht, auf deren Aufrechterhaltung das Kind zu seinem Wohl angewiesen ist (BVerfG 5. 6. 2013 – 2 BvR 586/13, NVwZ 2013, 1207 Rn 14). Von einer gelebten familiären Gemeinschaft ist deshalb schon auszugehen, wenn **regelmäßiger Umgang** des ausländischen Elternteils mit dem Kind stattfindet, der dem auch sonst Üblichen entspricht (BVerfG BVerfGK 14, 458; BVerfG NVwZ 2009, 387, 388; BVerfG FamRZ 2002, 601: nicht nur quantitativ, sondern auch qualitativ zu bemessen; OLG Koblenz FamRZ 2009, 133; OVG Lüneburg 14. 10. 2010 – 8 PA 234/10, juris; VGH München 18. 12. 2012 – 10 C 12. 1789, juris); auch das Alter des Kindes ist beachtlich (BVerfG 5. 6. 2013 – 2 BvR 586/13, NVwZ 2013, 1207 Rn 14; BVerfG NVwZ 2006, 682: kleines Kind, das die Trennung nicht begreifen kann); auch Unterhaltsleistungen sind schließlich in die Gesamtbetrachtung einzubeziehen (BVerfG BVerfGK 7, 49; BeckOK-Ausländerrecht/TEWOCHT [1. 10. 2021] § 28 AufenthG Rn 28). Einem intensiven Umgang, der auf eine teilweise Betreuung des Kindes und Übernahme wesentlicher Erziehungsverantwortung hinausläuft, ist stärkeres Gewicht beizumessen (BVerfG FamRZ 1996, 1266, 1267; VerfGH Berlin FamRZ 2002, 161, 163; VG Göttingen NVwZ 2000, 348). Teilweise wird sogar ein Aufenthaltsrecht nach § 28 Abs 1 S 4 AufenthG für eine **aussichtsreiche Anbahnung** einer familiären Gemeinschaft angenommen (OVG Schleswig 18. 11. 2020 – 4 MB 38/20, juris; VG Hamburg 19. 6. 2008 – 15 K 1993/07, juris; vgl auch OLG Oldenburg FamRZ 2013, 49: kein Umgangsausschluss wegen Schwierigkeiten der Einreise; **aA aber** OVG Schleswig 30. 1. 2023 – 4 MB 50/22, juris bei einem wenig positiven Verlauf von begleiteten Umgang; OLG Koblenz 3. 2. 2016 – 13 UF 761/15, juris Rn 31, FamRZ 2016, 1093: kein Umgangsrecht für ein erst beabsichtigtes Familienleben, wenn die Voraussetzungen einer Ausweisung und Abschiebung vorliegen; VGH München 26. 9. 2016 – 10 B 13.1318, juris Rn 35 ff: nur Duldung bei beabsichtigtem Familienleben).

Auch wenn dies nicht mehr als **„Begegnungsgemeinschaft"** (vgl noch BVerfG FamRZ 1989, 1159; auch nach Inkrafttreten des KindRG: VGH Berlin FamRZ 2002, 161, 163: OVG Lüneburg NVwZ-RR 2000, 833, 834; Niedersächsisches OVG InfAuslR 2001, 78) etikettiert wird, sichern bloße Kontakte deutlich unterhalb eines regelmäßigen üblichen Umgangs den Aufenthaltstitel nicht (OVG Münster JAmt 2007, 258, 259). Eine Fortwirkung einer **früheren Familiengemeinschaft**, insbesondere nach Trennung der Eltern, ergibt sich nicht (BVerfG KindPrax 2004, 103, 105; OVG Berlin-Brandenburg 11. 1. 2018 – OVG 3 S 5.18, juris Rn 6). Ob im Übrigen ein regelmäßiger **begleiteter Umgang** eine Lebensgemeinschaft iSd § 28 Abs 1 S 4 AufenthG begründen kann, erscheint zweifelhaft (bejaht von VGH Mannheim 14. 3. 2017 – 11 S 383/17, juris Rn 13 ff in einem Verfahren nach § 80 Abs 5 VwGO; zu Recht verneint im Fall von OVG Schleswig 18. 11. 2020 – 4 MB 38/20, juris Rn 24).

In Betracht kommt aber zur Wahrnehmung eines Umgangsrechts auch eine **Aufenthaltserlaubnis** nach § 25 Abs 3 oder Abs 5 AufenthG (EICHENHOFER ZAR 2013, 89, 90 mwN Fn 15, 16) oder eine Duldung nach § 60a Abs 2 AufenthG (VGH Mannheim 5. 7. 2018 – 11 S 1224/18, juris Rn 28; OVG Berlin-Brandenburg 11. 1. 2018 – OVG 3 S 5.18, juris Rn 8 ff; VGH Kassel 17. 9. 2014 – 9 B 1450/14, juris Rn 12; VG Düsseldorf 17. 3. 2023 – 27 L 990/22, juris; EICHENHOFER ZAR 2013, 89, 90 mNw in Fn 17).

Einfach gesetzlich ungeregelt ist hingegen der Familiennachzug eines Ausländers zu seinem **Kind ohne deutsche Staatsangehörigkeit**; insbesondere regelt § 29 AufenthG einen Nachzug Elternteil zu Kind nicht. Nur wenn das Kind anerkannter Flüchtling ist oder im Falle unbegleiteter Einreise subsidiären Schutz genießt, greift § 36 Abs 1 AufenthG ein (BeckOK-Ausländerrecht/Tewocht [1. 10. 2021] § 36 AufenthG Rn 2; Eichenhofer ZAR 2013, 89, 90). Eine Aufenthaltserlaubnis nach § 36 Abs 2 AufenthG kann im Übrigen nur zur Vermeidung einer *außergewöhnlichen Härte* erteilt werden, was nach hM nicht schon wegen der Betroffenheit des Art 6 Abs 2 GG bejaht wird, sondern nur, wenn die Versagung unter grund- und menschenrechtlichen Gesichtspunkten schlicht unvertretbar ist (Eichenhofer ZAR 2013, 89, 90). Hier ergeben sich Konstellationen insbesondere bei Aufenthaltstitel oder Duldung des anderen Elternteils in Deutschland, die gemessen an Art 6 Abs 1, 2 GG zumindest die Duldung des Aufenthalts des Umgangselternteils erfordern können (eingehend zur Diskussion Pfaff ZAR 2009, 81).

b) Ausweisung, Abschiebung

46 Diese Wertentscheidung greift auch ein für die Abwägung gegen **aufenthaltsbeendende Maßnahmen** (BVerfG 9. 1. 2009 – 2 BvR 1064/08, NVwZ 2009, 387 Rn 14; NVwZ 2000, 59, 60: Art 6 Abs 2 GG in gleichem Maß beachtlich, auch wenn ein ausländerrechtlicher Verstoß, der Anlass zur Ausweisung gibt, schon vor der Begründung des Kindschaftsverhältnisses erfolgte; BVerfG FamRZ 2002, 601, 602).

Einem vollziehbar ausreisepflichtigen Ausländer konnte nach der bisherigen Rechtslage aus einer im vorstehenden Sinn (Rn 45) bestehenden Familiengemeinschaft mit seinem Kind ein **Ausweisungs-** (VG Freiburg 28. 1. 2010 [4 K 817/08]) oder **Abschiebungsverbot** erwachsen (OVG Bautzen 23. 11. 2009 – 3 B 478/09, juris; VG Freiburg 4. 4. 2007 – 4 K 515/07, juris; noch zum AuslG aF VGH Mannheim FamRZ 2001, 420), ggf auch ein die Ausweisung auf absehbare Zeit hindernder rechtlicher Grund, der über **§ 25 Abs 5 AufenthG** zur Erteilung einer *Aufenthaltserlaubnis* führen kann bzw (S 2) soll (OVG Lüneburg 14. 10. 2010 – 8 PA 234/10, juris) oder auch ein Anspruch auf Gestattung der kurzfristigen **Wiedereinreise** zum Zweck der Ausübung eines zugesprochenen Umgangsrechts, wenn die Abschiebung bereits vollzogen wurde (BVerfG NJW 2003, 3547).

In dem seit dem 1. 1. 2016 **neu geregelten Ausweisungsrecht** der §§ 50 ff AufenthG (vgl dazu Bauer/Beichel-Benedetti NVwZ 2016, 416) sind in § 55 Abs 1 Nr 4 AufenthG *(Ausübung des Umgangsrechts mit einem deutschen Kind)* und in § 55 Abs 2 Nr 3 AufenthG *(Ausübung des Umgangsrechts mit einem sich hier rechtmäßig aufhaltenden ausländischen Kind)* explizit Gründe aufgeführt, die ein besonders schwerwiegendes **Bleibeinteresse** darstellen, die in die **Interessensabwägung bei der Entscheidung über die Ausweisung** nach Maßgabe von § 53 Abs 1 AufenthG einfließen müssen (vgl hierzu OVG Lüneburg 23. 11. 2017 – 8 ME 113/17, juris Rn 11; VGH München 20. 2. 2017 – 10 ZB 15.1804, juris; Bergmann/Dienelt/Bauer § 55 AufenthG Rn 10 und 23). Das *BVerfG* (BVerfG 9. 12. 2021 – 2 BvR 1333/21, NJW 2022, 1804) verlangt hier, dass bei allen aufenthaltsrechtlichen Entscheidungen, die den Umgang mit einem Kind berühren, maßgeblich auch auf die Sicht des Kindes abzustellen und im Einzelfall zu untersuchen sei, ob tatsächlich eine persönliche Verbundenheit besteht, auf deren Aufrechterhaltung das Kind zu seinem Wohl angewiesen ist. Soweit die Lebensgemeinschaft zwischen einem Ausländer und seinem Kind nur in Deutschland stattfinden kann, etwa, weil das Kind deutscher Staatsangehörigkeit und ihm wegen der Beziehungen zu seiner Mutter eine Ausreise nicht zumutbar ist, so soll die Pflicht des Staates, die Familie zu schützen, einwanderungspolitische Belange regelmäßig zurücktreten lassen.

Auch bei der Abwägung im Rahmen der Entscheidung im **einstweiligen Rechtsschutz** wiegt der Nachteil eines ein ausgeübtes Umgangsrecht vereitelnden Vollzuges einer Abschiebung häufig schwerer als der Nachteil eines auf einen überschaubaren Zeitraum verlängerten Aufenthalts des Ausländers in der Bundesrepublik (BVerfG FamRZ 2001, 1137). Auch in dieser Konstellation ist entscheidend auf die Qualität der konkreten familiären Gemeinschaft abzustellen (VerfGH Brandenburg 18. 10. 2007 – 16/07, juris; VGH München 25. 10. 2022 – 19 CS 22.1755, juris Rn 35; OVG Magdeburg 5. 12. 2022 – 2 M 71/22, juris: Aussetzung der Abschiebung nach § 60a Abs 2 S 1 AufenthG).

Weitergehend verstößt eine Abschiebung, die dazu führt, dass ein **anhängiges Verfahren auf Umgangsregelung** (jedenfalls bei vorherigem Bestehen einer Familiengemeinschaft) präjudiziert wird, gegen **Art 8 Abs 1 EMRK** (EGMR FamRZ 2000, 1561; VG Cottbus 19. 12. 2016 – 4 L 639/16, juris für den biologischen Vater, der mit einem Vaterschaftsfeststellungsantrag erst die Voraussetzungen eines Umgangsrechts begründen will; VGH Kassel 17. 9. 2014 – 9 B 1450/14, juris Rn 19; VG Münster 18. 4. 2008 – 8 L 247/08, juris; anders wenn noch keine Beziehung zwischen Elternteil und Kind besteht: vgl VGH München 21. 11. 2016 – 10 CE 16.2047, juris Rn 4 ff; VGH München 11. 11. 2016 – 10 C 16.1790, juris Rn 12 ff oder bei Gewalt gegenüber der Kindesmutter: OVG Bremen 30. 11. 2021 – 2 B 386/21, ZAR 2022, 84). Gleichwohl kann im Einzelfall gerade bei straffälligen Umgangselternteilen das Interesse am Vollzug der Ausweisung höher wiegen als das Interesse, während der Dauer eines Umgangsverfahrens in Deutschland zu verbleiben (OVG Lüneburg 23. 11. 2017 – 8 ME 113/17, juris Rn 13 ff). Auch ein nicht aussichtsreicher Verlauf eines gerichtlich geregelten begleiteten Umgangs kann im Einzelfall einer Abschiebung nicht entgegenstehen (OVG Schleswig 30. 1. 2023 – 4 MB 50/22, juris; ebenso VG Düsseldorf 17. 3. 2023 – 27 L 990/22, juris zu § 60a Abs 2 AufenthG).

Art 8 EMRK wirkt überdies auf die Abschiebung unmittelbar ein über § 60 Abs 5 AufenthG; so kann die Abschiebung in einen Heimatstaat, der Nichtvertragsstaat der EMRK ist, unzulässig sein, wenn dieser Eltern und minderjährigen Kindern unter abstrakten Voraussetzungen (Alter, Geschlecht des Kindes) kein Umgangsrecht einräumt (VG Meiningen 10. 6. 2008 – 2 K 20605/00, juris: kein Umgangsrecht der Mutter mit über 7 bzw 9 Jahre alten Kindern im iranischen Recht). Gemäß § 60a Abs 2 S 1 AufenthG kann eine Abschiebung rechtlich unmöglich sein, wenn ein tatsächlich ausgeübtes Umgangsrecht des betroffenen Ausländers mit seinem im Inland lebenden Kind vereitelt werden könnte (VGH Kassel 20. 6. 2022 – 3 B 643/21, ZAR 2023, 90; OVG Magdeburg 10. 7. 2018 – 2 M 44/18, juris Rn 22 ff; VGH Mannheim 5. 7. 2018 – 11 S 1224/18, juris Rn 28).

c) Weitere aufenthaltsrechtliche Maßnahmen

Entsprechende Abwägungen, die sich an der Familiengemeinschaft mit dem Kind orientieren, sind auch maßgeblich für andere aufenthaltsrechtliche Maßnahmen (VGH München 22. 2. 2012 – 10 ZB 11.969, juris, zur **Verlustfeststellung nach § 5 Abs 5 FreizügG/EU**, dort auch zur Abwägung an Art 24 Abs 3 EU-GRCh; OVG Magdeburg 18. 3. 2008 – 2 O 48/08, juris: Erlaubnis zum **vorübergehenden Verlassen des beschränkten Bereichs gem § 12 Abs 5 AufenthG** bei Duldung; VG Freiburg 28. 1. 2010 – 4 K 817/08, juris: Bestimmung der Dauer der **Sperrfrist nach Ausweisung etc gem § 11 Abs 1 S 3 AufenthG**; ebenso VG Berlin 22. 2. 2011 – 35 K 420. 09, juris). **47**

6. Zweck und Bedeutung des Umgangsrechts

a) Umgang und gemeinsame Sorge

48 Das Bestehen des Umgangsrechts des Kindes und der Eltern ist zwar nach der Neufassung des § 1684 Abs 1 BGB im Gegensatz zu § 1634 aF und § 1711 aF nicht mehr auf die typischen Konfliktsituationen der Trennung oder Scheidung der Eltern bzw der Kindschaft ohne Ehe und ohne Zusammenleben der Eltern fixiert. Es entfaltet jedoch rein tatsächlich seine **praktische Funktion** auch weiterhin in Situationen des elterlichen Konflikts. Solange die Eltern mit dem Kind zusammenleben, erfüllt sich das (beidseitige) Umgangsrecht von selbst. Dass Art 6 Abs 2 GG gerade in der Konfliktsituation das natürliche Elternrecht und das aus ihm fließende Umgangsrecht schützt, ist in der bereits erörterten Entwicklung der Rechtsprechung des BVerfG anerkannt (BVerfGE 31, 194; BVerfGE 61, 358; BVerfGE 92, 158).

Die durch das BMJ in Auftrag gegebene **Begleitforschung** (Proksch, Rechtstatsächliche Untersuchung zur Reform des Kindschaftsrechts [2002]; ders JAmt 2004, 1, 3; zu gesetzgeberischen Plänen zur Reaktion auf daraus erkennbare Defizite: Antwort der Bundesregierung auf Kleine Anfrage BT-Drucks 15/2340, BT-Drucks 15/2399) zu den Auswirkungen des KindRG lieferte auch eine detaillierte Beschreibung der tatsächlichen Umgangssituation der betroffenen Familien in der damaligen Zeit (zur Umsetzung in der Arbeit der Jugendämter Seidenstücker ZfJ 2001, 88, 93). Hierbei fällt von dem dort gewählten Ausgangspunkt, der nach der Bewährung der gemeinsamen Sorge fragt, insbesondere auf, dass die Umgangssituation bei **gemeinsamer elterlicher Sorge** sich in vielen Parametern anders darstellt als bei alleiniger elterlicher Sorge. Dies belegt aber nicht ohne Weiteres, dass die gemeinsame elterliche Sorge der *Grund* für eine Verbesserung der Umgangssituation ist (insoweit bietet der *systematische* Ansatz von Proksch eine offene Flanke für Kritik, vgl Schwab/von zur Gathen KindPrax 2003, 170, 171; Kostka FamRZ 2004, 1924). Die Konfliktträchtigkeit von Fragen des elterlichen Umgangs ist auch nach den sozialwissenschaftlichen Erkenntnissen unabhängig davon, ob die Eltern über die gemeinsame Sorge verfügen oder nicht (Schwarz, Die Verteilung der elterlichen Sorge aus erziehungswissenschaftlicher und juristischer Sicht [2011] 188). Allerdings nimmt nach der vorbezeichneten Studie des BMJ die Häufigkeit von Umgangsstreitigkeiten bei alleinigem Sorgerecht des betreuenden Elternteils zu (Proksch, Rechtstatsächliche Untersuchung zur Reform des Kindschaftsrechts [2002] 151). Das könnte dafür sprechen, dass in zahlreichen Fällen die emotionale Konstellation, die eine gemeinsame elterliche Sorge ermöglicht, auch zur Basis einer günstigen Umgangssituation wird und umgekehrt emotionale Ursachen, welche die Kooperation bei der Sorge behindern, auch auf den Umgang durchschlagen. Ob dies aber allein schon als Beleg für die Annahme genügt, dass zwischen gemeinsamer Sorge und verbesserter Umgangssituation ein *Zusammenhang* besteht und sich gemeinsame Sorgeverantwortung zwangsläufig vorteilhaft auf die Umgangsausübung, insbesondere auf beidseitige Umgangstoleranz, auswirkt, dürfte nicht hinreichend gesichert sein, zumal auch die Qualität der gemeinsamen Sorgerechtsausübung für die Frage der Kindeswohldienlichkeit des Umgangs von Bedeutung ist. Auch wenn aus der Bindungsforschung berichtet wird, dass die gemeinsame elterliche Sorge nicht besonders ausgeprägte, aber vom Zufall doch deutlich abgrenzbare Vorteile gegenüber Kindern unter Alleinsorge erbringt (Kindler/Fichtner FPR 2008, 139), ist noch nicht hinreichend geklärt, ob allein der Umgang die Familiensituation verbessern kann oder eine bessere Familiensituation ein positives Umgangsklima schafft (Kindler/Reinhold FPR 2007, 291).

Umgangsstreitigkeiten nehmen trotz der starken Tendenz zur gemeinsamen elterlichen Sorge weiter zu. Nur noch in etwa 1,9 % der Ehescheidungsverfahren wird die elterliche Sorge einem Elternteil allein übertragen (Statistisches Bundesamt, Rechtspflege Familiengerichte Fachserie 10 Reihe 2.2. - 2021 zu Nr 2.8: 963 Fälle von 49.857 Eheverfahren mit gemeinsamen minderjährigen Kindern); dem stehen jährlich über 55.000 erledigte Umgangsverfahren (ebenda, zu 2.2. Nr 2.1) gegenüber. Dies zeigt aber, dass bei zunehmender Akzeptanz des gemeinsamen Sorgerechts und der Regelung der Entscheidungsbefugnisse in § 1687 Abs 1 BGB das Umgangsrecht noch immer als Konfliktfeld hervortritt (SALZGEBER, Familienpsychologische Gutachten [7. Aufl 2020] Rn 543). Dies sollte zwar nicht dahingehend missverstanden werden, dass das gemeinsame Sorgerecht den Konflikt beim Umgang verstärkt (vgl JAEGER FPR 2005, 71 ff). Auf der anderen Seite wird bei einer hochkonflikthaften Auseinandersetzung der Eltern um das Umgangsrecht im Regelfall keine hinreichend tragfähige soziale Beziehung zwischen den Eltern bestehen, die mit einer für die Begründung oder Beibehaltung der gemeinsamen Sorge erforderlichen wechselseitigen Kooperations- und Kommunikationsfähigkeiten verbunden sein wird (diese zu § 1671 BGB entwickelten Grundsätze gelten im Übrigen auch für das gemeinsame Sorgerecht bei nicht ehelichen Kindern nach § 1626a Abs 2 BGB, vgl BGH 15. 6. 2016 – XII ZB 419/15, ZKJ 2016, 414 Rn 10; DÜRBECK ZKJ 2013, 330, 333). **49**

b) Primärer Zweck: Pflege der Beziehung

aa) Erhalt der Beziehung zu dem Kind

Die Anerkennung des hohen Schutzmaßstabs des Art 6 Abs 2 GG für das Umgangsrecht beruht auf der Erkenntnis einer **überragenden Bedeutung** des Umgangsrechts für die Entwicklung des Kindes, die der Gesetzgeber in § 1626 Abs 3 S 1 BGB zum programmatischen Grundsatz erhoben hat. **50**

Ausgangspunkt der heute ganz einhelligen Beschreibung des **primären Zwecks** des Umgangsrechts ist die Entscheidung des *BGH* vom 21. 10. 1964 (BGHZ 42, 364), in der das Gericht – in Anlehnung an eine bereits in den Jahren 1907 und 1915 gebrauchte Formel des Kammergerichts (KGJ 34, A 23; 48, 5; vgl HAMMER FamRZ 2021, 905, 906) – die bis heute wesentlichen und in kaum einer obergerichtlichen Gerichtsentscheidung fehlenden Gesichtspunkte nennt:

Das Umgangsrecht solle „dem Umgangsberechtigten ermöglichen, sich von dem körperlichen und geistigen Befinden des Kindes und seiner Entwicklung durch Augenschein und gegenseitige Aussprache fortlaufend zu überzeugen, die verwandtschaftlichen **Beziehungen zu dem Kind aufrechtzuerhalten**, einer Entfremdung vorzubeugen sowie dem **gegenseitigen Liebesbedürfnis** Rechnung zu tragen" (vgl BVerfG 25. 5. 2022 – 1 BvR 326/22, FamRZ 2022, 1286 Rn 13; BVerfG 25. 4. 2015 – 1 BvR 3326/14, FamRZ 2015, 1093 Rn 17; BVerfGE 31, 194, 205; ebenso: BGH 31. 10. 2018 – XII ZB 411/18, FamRZ 2019, 115 Rn 13; BGH FamRZ 1965, 130; BGH FamRZ 1975, 103; BGH FamRZ 1984, 778; BGH FamRZ 1999, 651, 652; OLG Dresden 6. 9. 2016 – 18 UF 342/16, juris Rn 10, ZKJ 2017, 112; OLG Frankfurt 11. 7. 2016 – 1 UF 45/16, juris Rn 17; OLG Saarbrücken ZKJ 2011, 178; OLG Celle FamRZ 1989, 1194, 1195; OLG Celle FamRZ 1998, 971, 972; OLG Celle FamRZ 1998, 1458, 1459; OLG Hamm FamRZ 1996, 424; OLG Hamm FamRZ 1997, 1095; ähnlich OLG Brandenburg 15. 1. 2009 – 10 UF 155/08, juris; OLG Brandenburg FamRZ 2009, 1688; OLG Hamburg FamRZ 2011, 822; OLG Hamm FamRZ 1994, 57; OLG Karlsruhe FuR 1998, 270, 272; GRÜNEBERG/GÖTZ § 1684 Rn 1; SOERGEL/JAKOBITZ § 1684 Rn 14; JOHANNSEN/HENRICH/ALTHAMMER/RAKE § 1684 Rn 1; NK-BGB/PESCHEL-GUTZEIT/EBELING § 1684 Rn 9).

Auch wenn an der Beibehaltung der Definition des primären Zwecks des Umgangsrechts zum Teil Kritik geübt wird (NK-BGB/Peschel-Gutzeit/Ebeling § 1684 Rn 9; eingehend zu den einzelnen Kriterien Schulze, Das Umgangsrecht [2001] 34 ff), erfasst sie doch diejenigen Konstellationen, in denen bereits eine soziale und emotionale Beziehung zwischen Kind und umgangsberechtigten Elternteil vorhanden ist. Sie vernachlässigt jedoch angesichts ihrer Ausrichtung auf die Bedürfnisse des umgangsberechtigten Elternteils, dass auch das Kind nach § 1684 Abs 1 BGB ein Umgangsrecht besitzt, an dessen Wohl sich die Ausübung des Umgangsrecht zu orientieren hat. Durch das Umgangsrecht soll auch dem Kind ermöglicht werden, die verwandtschaftlichen Beziehungen aufrecht zu erhalten, zugleich soll dadurch einer Entfremdung vorgebeugt werden und dadurch auch dem Liebesbedürfnis beider Rechnung getragen werden und dazu beigetragen werden, dass das Kind eine gedeihliche Entwicklung erfährt (zutreffend OLG Braunschweig 14. 10. 1998 – 1 UF 164/98, juris Rn 3, FamRZ 1999, 185; NK-BGB/Peschel-Gutzeit/Ebeling § 1684 Rn 9).

bb) Bekämpfung der Entfremdung, Herstellung der Beziehung

51 Zum Teil wurde in der älteren Rechtsprechung als Zweck auch formuliert, das Umgangsrecht diene (nach einer längeren Trennung vom Kind) dem Zweck, „die verwandtschaftlichen **Beziehungen zu ihm anzuknüpfen**, und so einer Verfestigung der bereits eingetretenen *Entfremdung entgegenzuwirken*“ (OLG Hamm FamRZ 1997, 307; vgl auch OLG Hamm FamRZ 1993, 1233, 1234; OLG Braunschweig FamRZ 1999, 185; OLG Koblenz FamRZ 2008, 714). Dies macht zutreffend deutlich, dass auch im Fall einer schon eingetretenen Entfremdung das Kindeswohl nach einer *Herstellung* des wünschenswerten Kontaktes zu beiden Eltern verlangen kann, dass also das Umgangsecht auch den Zweck erfüllen kann, eine soziale und emotionale Beziehung zum anderen Elternteil erst zu begründen oder aber bei einer Entfremdung diese wiederherzustellen (kritisch zur Verwendung des Begriffs der „Entfremdung“ aus sozialwissenschaftlicher Hinsicht Zimmermann/Fichtner/Walper/Lux/Kindler ZKJ 2023, 43, 45).

c) Der sozialwissenschaftliche Hintergrund

aa) Orientierung am Kindeswohl

52 Der in der Rechtsprechung erzielte Konsens, dass **Beziehungen** des Kindes zu dem Elternteil, bei dem es nicht lebt, grundsätzlich von vorrangigem Wert für die Sozialisation des Kindes sind, gründet sich auf § 1626 Abs 3 S 1 BGB, wonach zum **Wohl des Kindes** der **Umgang des Kindes mit beiden Elternteilen gehört**. Dieser Grundsatz ist weder aus juristischer noch aus **psychologischer Sicht** unumstritten. Diese Sichtweise ist aber für die juristische Rechtfertigung der Zweckformel gleichwohl von ausschlaggebender Bedeutung: Die Orientierung der Gestaltung des Umgangsrechts am **Kindeswohl**, welches ein unbestimmter Rechtsbegriff ohne juristisch-vorexistente Begriffsausfüllung ist, kann mit juristischem Werkzeug nicht bewältigt werden. Die Lebenserfahrung des Richters hilft gerade für die Frage nach der Sozialisationsbedeutung im Widerstreit mit dem Konfliktpotential nicht weiter. Der Richter ist damit angewiesen, das maßgebliche **Erfahrungswissen der Medizin, der Erziehungswissenschaften und der Psychologie** zu erfassen und in die juristische Regelung der Lebensverhältnisse des Kindes umzusetzen (Coester, Das Kindeswohl als Rechtsbegriff [1983] 163; zum Kindeswohl aus Sicht des psychologischen Sachverständigen Salzgeber, Familienpsychologische Gutachten [7. Aufl 2020] Rn 905 ff). Bemerkenswert ist jedoch, dass trotz gesetzlicher Normierung des Zusammenhangs von Umgang und Kindeswohl in **§ 1626 Abs 3 S 1 BGB als gesetzliches Leitbild** (vgl Staudinger/Lettmaier [2020] § 1626 Rn 341) **sozialwissen-**

schaftliche Studien nahelegen, dass Kinder, die ohne Kontakte zu ihrem Vater aufwachsen, im Vergleich zu anderen Kindern auch keine negative Entwicklung oder gar Verhaltensauffälligkeiten aufzeigen (Walper, in: Brühler Schriften zum Familienrecht Bd 14, 16. DFGT 2005 [2006] 100, 120 f; Kindler/Walter/Friedrich-Bäker, in: Klinkhammer/Prinz, Handbuch begleiteter Umgang [3. Aufl 2017] 34, 42 ff; Castellanos, Psychologische Sachverständigengutachten im Familienrecht [3. Aufl 2021] Rn 978; Lack/Hammesfahr, Psychologische Gutachten im Familienrecht [2019] Rn 628; Zimmermann/Fichtner/Walper/Lux/Kindler ZKJ 2023, 43, 48; Kindler ZKJ 2009, 110; Kindler/Reinhold FPR 2007, 291). Damit korrespondiert das gesetzliche Leitbild von § 1626 Abs 3 S 1 BGB nicht hinreichend mit den sozialwissenschaftlichen Befunden. Gleichwohl ist fachübergreifend unbestritten, dass bei **nicht hochkonflikthaften Elternbeziehungen und niedrigem Loyalitätsdruck** sich Kontakte zum nichtbetreuenden Elternteil entwicklungsfördernd auf die betreffenden Kinder auswirken (Walper, in: Brühler Schriften zum Familienrecht Bd 14, 16. DFGT 2005 [2006] 100, 121). Umgekehrt zeigen sich bei hochkonflikthaften Auseinandersetzungen zwischen den Eltern und großem Koalitionsdruck deutliche negative Auswirkungen in seelischer und körperlicher Hinsicht bei Kindern, die Umgang mit dem anderen Elternteil haben (Kindler/Walter/Friedrich-Bäker, in: Klinkhammer/Prinz, Handbuch begleiteter Umgang [3. Aufl 2017] 34, 42; Lack/Hammesfahr, Psychologische Gutachten im Familienrecht [2019] Rn 628).

bb) Schutz bei Loyalitätskonflikten

Die rechtliche Behandlung des Umgangsrechts bei **hochkonflikthaften Auseinandersetzungen** der Eltern um das Umgangsrecht hat in Rechtsprechung und Schrifttum vor allem vor Inkrafttreten des FGG-RG zu heftigen Kontroversen geführt. Insoweit war zunächst eine starke Strömung feststellbar, die zu einer *restriktiven Haltung* im Konflikt der Eltern riet, um das Kind nicht dem Elternkonflikt auszusetzen und **Loyalitätskonflikte** zu vermeiden. Das durch die Trennung und Scheidung der Eltern ohnehin verunsicherte Kind werde überfordert, wenn es anlässlich des Umgangs die noch nicht verarbeiteten Konflikte der Eltern erfahren und aushalten müsse (Salgo FPR 2008, 401; Rakete-Dombek FPR 2008, 492; Gottschalk FPR 2007, 308; Becker ZfJ 1972, 124; ders RdJ 1975, 344; Dellian FamRZ 1969, 365; Dickmeis ZfJ 1982, 271, 280; Ell DAVorm 1986, 745; Lempp NJW 1963, 1659; ders NJW 1964, 440; ders NJW 1972, 315, 317 f; ders ZfJ 1974, 124, 132; ders ZfJ 1981, 283, 286; ders JbRSoz 1987, 137; Giesen NJW 1972, 235; Steffen ZfJ 1979, 129, 133; Strätz FamRZ 1975, 541, 546; Vollertsen ZfJ 1977, 230 f; ältere Nachw bei Staudinger/Peschel-Gutzeit[12] § 1634 Rn 46). 53

Unter Bezugnahme auf Entwicklungen der psychologischen Untersuchung des Verhältnisses von Kindern zu den sie nicht primär betreuenden Elternteilen wurde dagegen auf die Notwendigkeit verwiesen, trotz der Widerstände des alleinerziehenden Elternteils (überwiegend die Mutter; vgl etwa die Studien von Bowlby, dazu Resch/Möhler FPR 2004, 56, 57) dem Kind den Kontakt zum anderen Elternteil (meist der Vater) **soweit als möglich zu erhalten** (Fthenakis, Väter Bd 2 [1988] 60, 77; Wallerstein/Lewis FamRZ 2001, 65; Coester, Das Kindeswohl als Rechtsbegriff [1983] 181 mit Nachw; Klenner FamRZ 1995, 1529; Mackscheidt FamRZ 1993, 254; Wichmann FuR 1996, 161; Resch/Möhler FPR 2004, 56, 57 mit Nachw; Kölch/Fegert FamRZ 2008, 1573, 1580; vgl auch OLG Bamberg ZfJ 1996, 194, 196: „möglichst viel vom besten Erziehungsmodell erhalten").

Die Grundlage dieser Forderung wurde einerseits **entwicklungspsychologisch** in der Bedeutung von Vater und Mutter als Bezugspersonen beiderlei Geschlechts für die

Sozialisation des Kindes gesehen (Fthenakis Väter Bd 1 [1985] 290 ff, 358 ff; Resch/Möhler FPR 2004, 56, 57) und andererseits im Hinblick auf den in der Rechtsprechung unter dem Gesichtspunkt des *„Liebesbedürfnisses"* behandelten Aspekt aus **familienpsychologischer** Sicht, als der Umgang den Vorteil habe, weil das Kind sich weiterhin (sofern dies vorher der Fall war) bei beiden Eltern geborgen fühlen kann und weil ihm *Identifikationsmöglichkeiten* mit beiden Eltern geboten werden würden.

cc) Insbesondere: das PAS (Parental Alienation Syndrome)

54 Das in den 1990er Jahren entwickelte Parental Alientation Syndrome (PAS) geht zurück auf den US-amerikanischen Kinderpsychiater Richard Alan Gardner (Gardner, The Parental Alienation Syndrome [1992]; näher zur US-amerikanischen Literatur und zur Aufnahme in der Rechtsprechung in den USA: Ofuatey-Kodjoe/Koeppel DAVorm 1998, 9, 11 f, 21 ff). Es beschreibt eine Störung im Sinne eines Krankheitsbildes, bei der ein Kind zielgerichtet von einem Elternteil im Sinne einer *„Gehirnwäsche"* herabgesetzt und dahin beeinflusst wird, dass es den Kontakt zu dem anderen Elternteil verweigert, ohne dass es auf eigene Erfahrungen mit dem anderen Elternteil reagieren würde (vgl Ofuatey-Kodjoe/Koeppel DAVorm 1998, 9; dies KindPrax 1998, 138; Leitner/Schoeler DAVorm 1998, 850).

Das **Phänomen** wird symptomatisch folgendermaßen beschrieben: Das Kind wendet sich einem (regelmäßig dem betreuenden) Elternteil zu, den das Kind in der gerichtlichen Anhörung kritiklos und -unfähig als den „guten" Elternteil idealisiert, während es den anderen unreflektiert und begründungsunfähig verteufele, aus seinem Leben streiche und dies alles, selbst im Vorschulalter, unter Verwendung höchst altersunangemessener Ausdrucksformen als „eigene Meinung" präsentiere (vgl die ausführliche Darstellung bei Zimmer, Das Sorge- und Umgangsrecht im Lichte der Kindschaftsrechtsreform [2011] 276 ff). Als zentrale, dieses Verhalten des Kindes bewirkende **Ursache** wird ein **Wahrnehmungsverlust** des Kindes beschrieben, der verursacht wird durch eine **Solidarisierung** mit dem bewusst oder unbewusst die Trennung nicht verarbeitenden und das Kind **programmierenden Elternteil**. Diese Programmierung könne schuldlos sein, sie kann aber auch gezielt stattfinden (zu Beispielen, die als Entfremdungstechnik beurteilt werden: vBoch-Galhau, Parental Alienation und Parental Alienation Syndrome/Disorder [2012] 25 ff). Das Kind werde hierdurch instrumentalisiert, um die eigenen emotionalen Bedürfnisse des betreuenden Elternteils zu befriedigen und dessen Emotionen auszudrücken. Liegt zwar Programmierung vor, reagiert das Kind aber nicht entsprechend, so wird hingegen PAS nicht diagnostiziert. Liege ein Krankheitsbild in diesem Sinne vor, sei frühzeitig durch Zwangs- oder Ordnungsmittel bis hin zum Sorgerechtsentzug hierauf zu reagieren (vgl im Einzelnen Dreissigacker, Umgang und Kindeswohl [2016] 38 ff).

Das PAS hat in der Vergangenheit kontroverse Diskussionen ausgelöst und auch Eingang in die Rechtsprechung gefunden (nach einer Auswertung von Fegert ZKJ 2013, 190 hatten sich seit 2000 insgesamt 36 oberlandesgerichtliche Entscheidungen mit dem PAS auseinandergesetzt; zuletzt OLG Koblenz 23. 2. 2022 – 7 UF 16/22, NZFam 2023, 261 m Anm Lack; OLG Karlsruhe 19. 8. 2011 – 16 UF 140/11, juris Rn 55 ff, FamRZ 2011, 1963; vgl auch OLG Dresden NJW 2003, 147; KG FamRZ 2000, 1606; OLG Frankfurt FamRZ 2001, 638; OLG Zweibrücken DAVorm 1999, 783 zur Vermittlung bei Indizien für PAS; AG Groß-Gerau DAVorm 2000, 433, 434; AG Fürstenfeldbruck FamRZ 2002, 118; vgl auch AG Rinteln ZfJ 1998, 344, 345 PAS auch im Verhältnis nicht verheirateter Eltern, noch zu § 1711 aF; ausführlich Staudinger/Rauscher [2014] § 1684 Rn 39a).

An ihm wurde aber zu Recht kritisiert, dass es sowohl hinsichtlich Entstehung, klinischer Relevanz und Behandlungsmöglichkeiten nicht empirisch abgesichert sei (CASTELLANOS, Psychologische Sachverständigengutachten im Familienrecht [3. Aufl 2021] Rn 1006; SALZGEBER, Familienpsychologische Gutachten [7. Aufl 2020] Rn 1214; BALLOFF/KORITZ, Praxishandbuch für Verfahrensbeistände [2015] 116) und die Ablehnung eines Elternteiles durch das Kind verschiedene Ursachen haben könne und im Übrigen die Gefahr bestehe, den **Willen des Kindes zu übergehen** (MAYWALD FPR 2013, 200, 201; DETTENBORN/WALTER, Familienrechtspsychologie [4. Aufl 2022] 113; HB-VB/FEGERT Rn 852 ff; SALZGEBER/STADLER/SCHMIDT/PARTALE KindPrax 1999, 107; SALZGEBER FF 2003, 232; JOHNSTON ZKJ 2007, 218; LUTHIN, in: SCHWAB/HAHNE, Familienrecht im Brennpunkt [2004] 241, 250; AK 9 des 14. DFGT, FamRZ 2002, 1317). Letzteres gilt umso mehr, als auch ein **manipulierter Wille** des Kindes im Einzelfall zu beachten sein kann, wenn er nicht den wirklichen Bindungsverhältnissen widerspricht (BVerfG 17. 9. 2016 – 1 BvR 1547/16, ZKJ 2016, 457 Rn 20; BVerfG 25. 4. 2015 – 1 BvR 3326/14, ZKJ 2015, 319 Rn 17).

Das PAS wurde daher auch zu Recht von der American Psychiatric Association **nicht als diagnostizierbares psychiatrisches Störungsbild** im Klassifikationssystem DSM-5 aufgenommen (vgl FEGERT ZKJ 2013, 190). Es hat sich aus heutiger Sicht weder in der Rechtsprechung (vgl KG 20. 6. 2014 – 3 UF 159/12, juris Rn 37, ZKJ 2015, 235; verkannt von HEUCHEMER FuR 2017, 368, 369 ff) noch im Bereich familienpsychologischer Sachverständigengutachten etabliert und nimmt allenfalls in jüngeren, wenig praxisorientierten juristischen Forschungsarbeiten einen – viel zu großen – Stellenwert ein (vgl etwa in den Dissertationen von DREISSIGACKER, Umgang und Kindeswohl [2016] 38 ff; ZIMMER, Das Sorge- und Umgangsrecht im Lichte der Kindschaftsrechtsreform [2011] 276 ff). Unbestreitbar ist allerdings, dass die vom PAS-Konzept beschriebenen Symptome tatsächlich in der Praxis bei den sog Umgangsboykottfällen auftreten können. Deren Ursachen, insbesondere ein etwaiger manipulierter Kindeswille, sind unter Zuhilfenahme familienpsychologischer (vgl dazu FICHTNER, in: COESTER-WALTJEN/LIPP/SCHUMANN/VEIT, Alles zum Wohl des Kindes? [2012] 94; ders NZFam 2015, 588, 589; KINDLER FPR 2012, 422) und pädagogischer (Jugendamt, Verfahrensbeistand) Hilfsmittel aufzuklären und das im Raum stehende Umgangsrecht ist mit dem zur Verfügung stehenden umgangs-, sorge- und vollstreckungsrechtlichen Instrumentarium unter Beachtung des Kindeswohls und seiner möglichen Gefährdung bei einer Nichtberücksichtigung seines beeinflussten Willens (vgl BVerfG 17. 9. 2016 – 1 BvR 1547/16, ZKJ 2016, 457 Rn 20) zu verwirklichen und durchzusetzen. Einer auf einen Umgangsboykott folgenden Entziehung des Sorgerechts nach § 1666 BGB hat der BGH aber sehr enge Grenzen gesetzt (BGH 26. 10. 2011 – XII ZB 247/11, FamRZ 2012, 99; HEILMANN ZKJ 2012, 105). In den Sozialwissenschaften werden heute Verhaltensweisen von Elternteilen, die darauf abzielen, den Kontakt ihrer Kinder zum anderen Elternteil einzuschränken, zunehmend als „**Gatekeeping**" bezeichnet (vgl ZIMMERMANN/FICHTNER/WALPER/LUX/KINDLER ZKJ 2023, 43, 46).

d) Weitere Zwecke

aa) Ersatzelternteil

Zutreffend wird dem Umgangsrecht als weiterer Zweck eine in die Zukunft wirkende **Vorsorge** für den Fall unterlegt, dass der Umgangselternteil **wegen Ausfalls des Sorgeelternteils** (wieder) die elterliche Sorge übernehmen müsse (vgl §§ 1678 Abs 2, 1680 Abs 2 und 3, 1696 BGB). Die Wahrnehmung des Umgangsrechts kann insoweit die nötige Umstellung des Kindes und die Hinwendung zu dem wieder sorgeberechtigten Elternteil erleichtern (BVerfGE 64, 180; BGH FamRZ 1984, 778, 779; OLG Bamberg 55

FamRZ 1984, 507; Gernhuber/Coester-Waltjen § 67 Rn 6; Johannsen/Henrich/Althammer/Rake § 1684 Rn 4; NK-BGB/Peschel-Gutzeit/Ebeling § 1684 Rn 10; BeckOK-BGB/Veit [1. 1. 2023] § 1684 Rn 5; BeckOGK/Altrogge [15. 11. 2021] § 1684 Rn 62). Diese vom BGH (BGH FamRZ 1999, 651, 652; vgl dazu auch ausführlich zu kindespsychologischen Gesichtspunkten Schulze, Das Umgangsrecht [2001] 42 f) treffend als **„Reserveelternteil"** beschriebene Funktion ist nicht zu unterschätzen, weil solche Fälle in der Praxis (zB bei einer psychischen Erkrankung oder sonstigen Lebenskrise des betreuenden Elternteils) durchaus nicht selten vorkommen.

bb) Umgangsrecht als Erziehungsaufgabe? – Reform des Sorge- und Umgangsrechts

56 Unbestritten ist, dass das Umgangsrecht nicht den Zweck verfolgt, eine **gleichberechtigte Teilnahme beider Elternteile** am Leben des gemeinsamen Kindes zu ermöglichen (BVerfG 24. 6. 2015 – 1 BvR 486/14, ZKJ 2015, 419 Rn 11; OLG Köln 12. 3. 2012 – 4 UF 235/11, juris Rn 10, FamRZ 2012, 1885; OLG Brandenburg 29. 12. 2009 – 10 UF 150/09, juris Rn 13, FamRZ 2010, 1352; BeckOK-BGB/Veit [1. 1. 2023] § 1684 Rn 6; Soergel/Jakobitz § 1684 Rn 14; NK-BGB/Peschel-Gutzeit/Ebeling § 1684 Rn 9), was die Anordnung eines paritätischen **Wechselmodells** im Einzelfall in einem Umgangsverfahren aber nach Auffassung des BGH nicht ausschließt (BGH 1. 2. 2017 – XII ZB 601/15, FamRZ 2017, 532; vgl dazu Rn 251 ff). Nach zutreffender hM bezweckt es grundsätzlich auch nicht, dem nur umgangsberechtigten nichtsorgeberechtigten Elternteil die **Miterziehung** des Kindes zu ermöglichen (BGHZ 42, 364; KG 18. 4. 1978 – 377/78, FamRZ 1978, 728 [LS]; LG Tübingen DAVorm 1974, 193; Johannsen/Henrich/Althammer/Rake § 1684 Rn 4; Heilmann/Gottschalk § 1684 Rn 4; Salzgeber, Familienpsychologische Gutachten [6. Aufl 2015] Rn 623; Schmid NZFam 2014, 881). Bei **gemeinsamer elterlicher Sorge** ist aber nach § 1626 Abs 2 BGB auch dem nicht überwiegend das Kind betreuenden Kind dessen Erziehung zugewiesen. Allerdings hat in diesem Fall der mitsorgeberechtigte Umgangselternteil mit Rücksicht auf die *Wohlverhaltensklausel* (§ 1684 Abs 2 S 1 HS 2 BGB) eine *gegenläufige Erziehung* zu vermeiden (KG FamRZ 1980, 399; BayObLGZ 1961, 119). Das gilt aber auch für den Elternteil, bei dem das Kind lebt.

Nach der **Gegenauffassung** bezweckt das Umgangsrecht auch die Miterziehung des Kindes (Staudinger/Rauscher [2014] § 1684 Rn 41; Büte, Das Umgangsrecht bei Kindern geschiedener oder getrennt lebender Eltern [2005] Rn 138; Koch FuR 2016, 265), was aus dem Sozialisationszweck des Umgangsrechts folgen soll. Dieser Auffassung ist zuzugestehen, dass aufgrund der sich verändernden Intensität der Inanspruchnahme von Väterrechten sich das Umgangsrecht in der Gegenwart vielfach zu einem **Mitbetreuungsrecht** entwickelt und die Interaktion mit dem Kind immer auch prägende und pädagogische Einflüsse mit sich bringt (Balloff FPR 2013, 303, 305).

In Konfliktfällen, insbesondere in Fragen der Sicherheit des Kindes und grundsätzlichen Erziehungsfragen, kann im Einzelfall aber dem Sorgerecht gegenüber dem Umgangsrecht der Vorrang gebühren (OLG München FamRZ 1998, 974: Mitfahrt auf dem Motorrad des Vaters; KG 21. 5. 2002 – 18 UF 57/02, juris Rn 5, FamRZ 2003, 112: Kontakt mit gefährlichem Kampfhund). Die Grenzziehung ist hier jedoch im Einzelfall schwierig und unter Berücksichtigung von §§ 1684 Abs 2, 1687 Abs 1 BGB vorzunehmen (vgl etwa OLG Nürnberg 12. 6. 1995 – 7 UF 1680/95, juris: keine Auflage an den den Zeugen Jehovas anhängenden Vater, jede religiöse Erziehung des Kindes zu unterlassen, wenn der Vater kindeswohlbewusst handelt; dort auch zu einer „Süßigkeitenverbotsauflage"; anders noch AG Hagen DAVorm 1968, 191).

56a Das vermag aber nichts daran zu ändern, dass weder vom historischen Ursprung noch vom Sinn und Zweck des Umgangsrechts diesem Erziehungsfunktion zugewiesen wäre. Insoweit wäre es Aufgabe des Gesetzgebers, durch eine Neuregelung des Sorge- und Umgangsrechts künftig zwischen **Mitbetreuungsrecht und Umgangsrecht** zu differenzieren. Genau in diese Richtung bewegt sich die ursprünglich von Hammer vorgeschlagene Reform des Sorge- und Umgangsrecht (vgl Hammer FamRZ 2018, 229). Nach dessen Vorstellungen sollte das heutige Umgangsrechts in ein Betreuungsrecht mitsorgeberechtigter Elternteile und ein Umgangsrecht nicht mitsorgeberechtigter Elternteile aufgespalten werden. Bei gemeinsamer elterlicher Sorge solle die Aufteilung der **Betreuung** des Kindes auf der Sorgerechtsausübungsebene in einer Norm des **Sorgerechts** geregelt werden, während § 1684 BGB nur noch für das Umgangsrecht von nicht (mit-)sorgeberechtigten Eltern anzuwenden wäre (Hammer FamRZ 2018, 231, 234 f). Dieser Vorschlag ist im Rahmen seiner Gesamtkonzeption *(ua Verlagerung des Elternstreits weg von der Sorgerechtsübertragungsebene des § 1671 BGB hin zur Sorgerechtsausübungsebene, verfahrensrechtlicher Kindschaftsverbund, Verweigerung gemeinsamer Sorge nur bei Kindeswohlgefährdung)* zu begrüßen. Angesichts der wachsenden Bedeutung der gemeinsamen elterlichen Sorge und der Wahrnehmung von Erziehungsverantwortung durch die Kindesväter bis hin zum Wechselmodell lässt sich das Umgangsrecht heute nicht mehr mit dem in Rn 50 erwähnten historischen Zweck der Aufrechterhaltung des sozialen Kontakts und der Befriedigung emotionaler Liebesbedürfnisse erklären. Eine Unterscheidung zwischen Mitbetreuung und Umgangsrecht würde auch die gemeinsame elterliche Sorge stärken und dazu beitragen, das Leitbild der gemeinsamen Wahrnehmung elterlicher Verantwortung weiter voranzubringen. Ob der Gesetzgeber diesen wohl durchdachten Reformvorstellungen folgen wird, muss abgewartet werden.

Die von Schumann (NJW-Beil 2018, 33; Gutachten B zum 72. DJT [2018] B 72 ff) anlässlich des 72. DJT gemachten Reformvorschläge sind dagegen in Bezug auf das Umgangsrecht weniger weitgehend. Es wird hier vor allem ein Reformbedarf bei der gerichtlichen Ausgestaltung einer geteilten Kinderbetreuung im Bereich des Sorgerechts, einer Neuregelung des Kindesunterhalts und einer Abkehr vom Amtswegigkeitsprinzip (§ 24 FamFG) hin zu einem Antragserfordernis bei Umgangssachen einschließlich von Abänderungsverfahren nach § 1696 Abs 1 BGB gesehen. Auch Schumann fordert, die von den Eltern geteilte Betreuung ihres Kindes (ab einem Betreuungsanteil von 30 % bis hin zum paritätischen Wechselmodell) künftig in Abkehr von der umgangsrechtlichen Lösung des BGH in einer Norm des Sorgerechts (§ 1628 Abs 2 BGB nF) antragsabhängig und außerhalb des Umgangsrechts gesetzlich vorzusehen (Schumann NJW-Beil 2018, 33; Gutachten B zum 72. DJT [2018] B 61 ff).

Für die Ansätze von Schumann und Hammer spricht sicher der Umstand, dass durch eine Verlagerung der Entscheidung über das Betreuungsmodell aus dem Umgangsrecht in das Sorgerecht das Umgangsrecht wieder auf seinen historischen und wesenseigenen Zweck, der Sicherung von Kontakt und Bindungen zwischen berechtigtem Elternteil und Kind zurückgeführt werden würde. Die umgangsrechtliche Verlagerung der Regelung des Betreuungsmodells bei geteilter Mitbetreuung von Eltern in einem Rahmen von 30–50 % löst letztlich die Grenzen zwischen Sorge- und Umgangsrecht auf und kann keine dauerhafte Lösung dieser Frage sein.

56b Das BMJV schien in der 19. Legislaturperiode jedenfalls gewillt zu sein, notwendige Reformen des Rechts des Kindesunterhalts bei geteilter Betreuung auch mit gesetzlichen Neuregelungen des Sorge- und Umgangsrechts zu verbinden (vgl Antwort der BReg auf die Kleine Anfrage der FDP-Fraktion, BT-Drucks 19/3597 und BT-Drucks 19/3317). Aufgrund der Vereinbarung im Koalitionsvertrag der vormaligen großen Koalition wurde im April 2018 ein Gremium mit hochrangigen Experten aus Wissenschaft und Praxis als **Arbeitsgruppe „Sorge- und Umgangsrecht, insbesondere bei gemeinsamer Betreuung nach Trennung und Scheidung"** eingesetzt, welches 2019 ein von der Mehrheit der Mitglieder getragenes **Thesenpapier** mit 50 Thesen zum Sorge- und Umgangsrecht vorgestellt hat (abgedruckt in ZKJ 2020, 18; dazu Köhler ZKJ 20, 4). In Bezug auf das Umgangsrecht sprach sich das Gremium dafür aus, den Begriff „Umgang" künftig nur noch für die in §§ 1685, 1686a BGB geregelten Dritten zu verwenden und im Elternverhältnis den Terminus *„Betreuung"* als rein faktischen Begriff zu gebrauchen und die elterlichen Betreuungsanteile künftig – entsprechend dem Vorschlag von Hammer (oben Rn 56a) – gerichtlich auf der Sorgerechtsausübungsebene mittels einer Generalklausel, die § 1671 BGB und § 1628 BGB vereinigt, zu regeln. Obwohl der Vorschlag in der Fachöffentlichkeit insgesamt auf Zustimmung gestoßen war (etwa Köhler ZKJ 2020, 4), blieb der Gesetzgeber untätig. Ein bis heute offiziell nicht veröffentlichter Referentenentwurf des BMJV vom 19. 8. 2020 zum Entwurf eines Gesetzes zur Änderung des Abstammungs-, Kindschafts- und Kindesunterhaltsrechts (abrufbar unter https://vaeteraufbruch.de) gelangte gar nicht erst in das Bundeskabinett. Änderungen zu § 1684 BGB enthielt er aber ohnehin nicht. Auch wenn gegenwärtig erneut im BMJ an einer Reform des Kindschaftsrechts gearbeitet wird, ist deren Realisierung nicht absehbar. An der Notwendigkeit einer Reform besteht – auch angesichts zunehmender Abgrenzungsschwierigkeiten zwischen Sorge- und Umgangsrecht gerade bei der Zuweisung von Betreuungsanteilen – kein Zweifel (vgl ausführlich Hammer FamRZ 2021, 905; Obermann NZFam 2023, 337). Dies gilt umso mehr, als in der Rechtsprechung zunehmend in Zweifel gezogen wird, dass bei einem Elternstreit um die Betreuungsanteile bzw den Schwerpunkt des Kindesaufenthalts **Eingriffe in das Sorgerecht nach § 1671 BGB** verhältnismäßig sein sollen, wenn sich die entsprechenden Fragen durch eine Umgangsregelung nach § 1684 Abs 3 S 1 BGB auf der Ebene der Sorgerechtsausübung lösen lassen (vgl OLG Frankfurt 19. 12. 2022 – 6 UF 208/22, NZFam 2023, 162 m Anm Ernst = FamRZ 2023, 289 m Anm Schwonberg; KG 18. 5. 2018 – 3 UF 4/18, NZFam 2018, 637).

cc) Kindeswohlorientierte Überwachung?

57 Nach zutreffender hM dient das Umgangsrecht auch nicht der **Überwachung** des Erziehungsstils des Sorgeberechtigten durch den Umgangsberechtigten sowie seiner **Kontrolle** (KG FamRZ 1980, 399; OLG Stuttgart FamRZ 1966, 256, 258; Soergel/Jakobitz § 1684 Rn 14; Johannsen/Henrich/Althammer/Rake § 1684 Rn 4; Grüneberg/Götz § 1684 Rn 1; zahlreiche Nachw zur älteren Rechtsprechung bei Staudinger/Peschel-Gutzeit[12] § 1634 Rn 49).

Nach der Gegenansicht soll aus der elterlichen Verantwortung für das Kind auch die Pflicht des Umgangsberechtigten folgen, bei Feststellung von Erziehungs- und Entwicklungsmängeln des Kindes auf eine Änderung sorgerechtlicher Regelungen nach § 1696 BGB hinzuwirken (Staudinger/Rauscher [2014] § 1684 Rn 42; Giesen NJW 1972, 225, 227). Diese hieraus folgende Pflicht zur Überwachung des Kindeswohls sei nach der Wertung des Art 6 Abs 2 GG gegenüber dem Wächteramt des Staates auch vorrangig.

Dem kann jedoch nicht zugestimmt werden. Natürlich folgt aus der Elternverantwortung für das Kind auch eine fortwährende Pflicht zur Überprüfung, ob das Kindeswohl gefährdet ist. Diese Pflicht richtet sich jedoch schon von der Zielrichtung her nicht auf das Erziehungsverhalten des überwiegend betreuenden und ggf allein sorgeberechtigten Elternteils, andernfalls die Gefahr bestünde, fortwährende Konflikte wegen Nachfragen oder Meinungsverschiedenheiten in Erziehungsfragen zwischen den Eltern herbeizuführen. Dessen ungeachtet steht dem Umgangsberechtigten jederzeit die Möglichkeit offen, bei für ihn erkennbaren Erziehungs- oder Entwicklungsmängeln des anderen Elternteils familiengerichtlich nach §§ 1671, 1696 Abs 1 BGB eine Änderung der Sorgerechtsregelung überprüfen zu lassen. Im Übrigen gelten bei gemeinsamer elterlicher Sorge §§ 1627, 1687 BGB.

III. Umgangsrecht – Rechtsnatur und Inhalt (Abs 1)

1. Kindeswohlgebundenes Recht jedes Elternteils

a) Beidseitiges Recht

Die Bestimmung bezieht sich – vor dem Hintergrund der Fundierung des Umgangs 58
in Art 6 Abs 2 GG (auch als Recht des Kindes: BVerfG JZ 2008, 944) und ihrer systematischen Stellung – nur auf den Umgang des **minderjährigen Kindes** mit seinen Eltern (AG Ettlingen FamRZ 2001, 369: nicht anzuwenden auf Umgang mit betreuten Volljährigen; Grüneberg/Götz § 1684 Rn 4).

§ 1684 Abs 1 BGB gewährt das Umgangsrecht als ein **Recht des Kindes** (Abs 1 HS 1) sowie als **Recht und Pflicht jedes Elternteils** (Abs 1 HS 2). Diese Auflösung des Umgangsrechts in **einzelne subjektive Rechte** war im Rahmen der Kindschaftsrechtsreform zunächst auf Kritik gestoßen (Palandt/Diederichsen [59. Aufl 2000] § 1684 Rn 6). Anders als § 1626 Abs 3 S 1 BGB ist aber das in Abs 1 formulierte Recht des Kindes mehr als ein bloßer Programmsatz und wird so insoweit auch Art 9 Abs 3 UN-KRK gerecht. Wie das BVerfG durch die Einbettung des Umgangsrechts des Kindes in die Pflichtseite des Art 6 Abs 2 GG eindrucksvoll gezeigt hat (oben Rn 29 ff), verläuft die Entwicklung vom Recht des Elternteils auf Umgang hin zu Abs 1 parallel zur Entwicklung des Art 6 Abs 2 GG vom Elternrecht zum Pflicht-Recht. Zudem sind aus der Fassung des § 1684 Abs 1 BGB durchaus konkrete Folgerungen in Ansehung der *Durchsetzbarkeit des Umgangsrechts* zu ziehen. Insbesondere hat der Gesetzgeber des KindRG durch die unterschiedliche Gewährung subjektiver Rechte in Abs 1 (an Kind und Eltern) und in § 1685 BGB (an bestimmte Dritte, trotz § 1626 Abs 3 S 2 BGB aber nicht an das Kind) bewusst eine unterschiedliche Durchsetzbarkeit des Umgangsrechts normiert. Problematisch bleibt, dass jedenfalls das kleine Kind die Initiative zur Geltendmachung und Durchsetzung des Umgangsrechts nicht selbst ergreifen kann, sodass hier letztlich die Interessen des gesetzlichen Vertreters im Vordergrund stehen; in der späteren Phase der Identitätsfindung hat das Kindesrecht aber durchaus für das Kind selbst Bedeutung (Münder, in: FS Derleder [2005] 565, 578 f). Hieran knüpfen auch die gesetzlichen Regelungen über die **Verfahrensfähigkeit** des bereits 14-jährigen Kindes (§§ 9 Abs 1 Nr 3, 60, 164 FamFG; vgl dazu Köhler ZKJ 2018, 50; Heiter FamRZ 2009, 85) an. Schließlich wird die Formulierung des Umgangsrechts als subjektives Recht des Elternteils seiner aus Art 6 Abs 2 GG herzuleitenden Bedeutung, gleichermaßen als Abwehrrecht wie als Rechtsposition im Verhältnis zum Sorgerecht anderer Personen, gerecht.

b) Einklagbares Elternrecht

59 In der Ausgestaltung durch das KindRG bleibt das Umgangsrecht (auch) ein – einklagbares – **Recht des Elternteils** (§ 1684 Abs 1 HS 2 BGB). Unzutreffend ist es daher, in Abs 1 eine vollständige Abkehr vom Umgangsrecht des Elternteils zugunsten eines ausschließlichen Kindesrechts zu sehen (so aber OLG Rostock ZfJ 1999, 307). Die im Gesetzgebungsverfahren geführte Diskussion um die ausdrückliche Normierung eines Umgangsrechts des Kindes hat nie in Frage gestellt, dass das Umgangsrecht auch im Interesse des jeweiligen Elternteils als dessen eigenes Recht fortbesteht – was im Übrigen mit Rücksicht auf Art 6 Abs 2 GG ohnedies nicht zweifelhaft sein kann (schon unter § 1634 aF: VG Münster FamRZ 1996, 702). Die gesetzliche Neuformulierung des Umgangsrechts betrifft aus Sicht des Elternteils vielmehr die Verdeutlichung der ebenfalls schon seit langer Zeit anerkannten (BVerfG NJW 1993, 2671; BVerfG 12. 10. 2010 – 1 BvL 14/09, FamRZ 2010, 2050 Rn 61; BVerfG 17. 2. 2022 – 1 BvR 743/21, FamRZ 2022, 794 Rn 17; BGHZ 42, 364, 370; OLG Hamm FamRZ 1995, 1432; MünchKommBGB/Hennemann § 1684 Rn 8) Natur des Umgangsrechts als ein treuhänderisches **Pflicht-Recht zum Wohl des Kindes**. Auch insoweit bestand völlige Einigkeit, dass grundsätzlich das Kind nicht *Objekt* eines elterlichen Anspruchs, sondern sein *Wohl* der vorrangige Maßstab der Ausübung des Umgangsrechts ist. Der Regierungsentwurf wollte dies lediglich durch § 1626 Abs 3 S 1 BGB verdeutlichen, der über seine programmatische Natur hinaus als konkrete Grundlage der Ausfüllung des Kindeswohls verstanden werden soll (BT-Drucks 13/4899, 93: „Anlass für gerichtliche Maßnahmen nach § 1666 bis hin zum Entzug der elterlichen Sorge“). Der Bundesrat und ihm folgend der Rechtsausschuss strebten mit der Gesetz gewordenen Fassung des § 1684 Abs 1 BGB eine stärkere Betonung dieser an sich unumstrittenen Zentrierung auf das Kindeswohl an. In erster Linie ging es hierbei nicht um eine *Anspruchs*verlagerung auf das Kind (dazu unten Rn 73 ff) – die der Regierungsentwurf gerade als problematisch angesehen hatte –, sondern um ein Signal an beide um das Umgangsrecht streitenden Eltern (BT-Drucks 13/8511, 68; Schwab/Wagenitz FamRZ 1997, 1377, 1381). Wenn das Umgangsrecht des anderen Elternteils als vorrangig im Interesse des Kindes bestehend empfunden wird, sollte der andere Elternteil in der Lage sein, den Umgang nicht als Niederlage und dessen Behinderung nicht als Sieg im Streit um einen Anspruch zu begreifen (FamRefK/Rogner § 1684 Rn 3).

c) Keine Umgangspflicht des Kindes

60 Das Umgangsrecht des Elternteils besteht als Elternrecht im **Verhältnis zum anderen Elternteil und Dritten**. Ihm korrespondiert jedoch keine Pflicht des Kindes zum Umgang (OLG Hamburg FamRZ 2008, 1372; Obermann FamRZ 2016, 1031). Dies wird verdeutlicht durch die Fassung des § 1684 Abs 1 BGB: HS 1 nennt nur ein Recht des Kindes, HS 2 ein Recht und eine Pflicht jedes Elternteils. Dies bedeutet nicht, dass die *Ablehnung des Umgangs* durch das Kind jedenfalls der Ausübung des Umgangsrechts entgegenstünde. Der geäußerte Wille eines (insbesondere kleineren) Kindes ist nicht ohne Weiteres beachtlich; ihm kann, wenn er nicht frei von Einflussnahme des anderen Elternteils gebildet ist und den wirklichen Bindungsverhältnissen widerspricht (BVerfG 17. 9. 2016 – 1 BvR 1547/16, ZKJ 2016, 457 Rn 20), das Kindeswohl selbst entgegenstehen, weil er dann auf eine Schädigung des eigenen Wohls gerichtet ist (BVerfG 2. 4. 2001 – 1 BvR 212/98 – FamRZ 2001, 1057 Rn 4; OLG Koblenz 30. 12. 2015 – 13 UF 503/15, juris Rn 19; OLG Bamberg ZfJ 1996, 194, 196; Peschel-Gutzeit NZFam 2014, 433). Abs 1 HS 1 macht jedoch deutlich, dass ein Umgangsrecht nicht gegen den nachvollziehbaren und frei von Beeinflussung gebildeten Willen des Kindes, insbesondere eines Jugend-

lichen, durchgesetzt werden kann. Dass dem Kind keine Pflicht zum Umgang auferlegt wird, korrespondiert der Grundrechtslage: Dem Kind ist kein zu Art 6 Abs 2 GG vergleichbares Pflicht-Recht im Verhältnis zu seinen Eltern auferlegt. Soweit das Kind den Umgang nicht will, ist sein Grundrecht auf freie Entfaltung der Persönlichkeit (Art 2 Abs 1 GG iVm Art 1 Abs 1 GG) berührt. In dem Maß, in dem die Entwicklung zu einer selbstbestimmten Persönlichkeit die Beachtung des Kindeswillens erfordert, dient sie zugleich dem Kindeswohl; umgekehrt beeinträchtigt die Durchsetzung eines Umgangsrechts gegen den beachtlichen Kindeswillen das Kindeswohl (BVerfG 17. 9. 2016 – 1 BvR 1547/16, ZKJ 2016, 457 Rn 20; OLG Brandenburg 6. 10. 2015 – 10 UF 57/13, juris Rn 36 ff, FuR 2016, 303; OLG Stuttgart 23. 2. 2015 – 15 UF 192/13, juris Rn 19 ff, FamRZ 2015, 1727; OLG Hamburg FamRZ 2008, 1372).

Eine Umgangspflicht des Kindes lässt sich auch nicht mittelbar dadurch erreichen, dass es von einem Umgangsberechtigten **testamentarisch als Erbe** eingesetzt wird und dies unter die **aufschiebende Bedingung** gestellt wird, dass es einer vom Erblasser erwarteten **Umgangspflicht** nachkommt. Das *OLG Frankfurt* (OLG Frankfurt 5. 2. 2019 – 20 W 98/18, NJW-RR 2019, 394) hat in einer Nachlasssache zu Recht in einem solchen Fall, der das Umgangsrecht eines Großelternteils betraf, die so statuierte Umgangspflicht des Kindes als sittenwidrig nach § 138 Abs 1 BGB angesehen.

d) Höchstpersönlichkeit

Das Umgangsrecht ist **höchstpersönlicher Natur** (BGH FamRZ 2008, 1334; zu Folgerungen für Vertretung und Verfahrensstandschaft Rn 78 ff). Da dem Kindeswohl nur der Umgang mit dem Elternteil selbst dient, kann das Umgangsrecht nicht auf einen Dritten, zB einen Großelternteil oder einen sonstigen Beauftragten, übertragen werden (MünchKommBGB/Hennemann § 1684 Rn 18; BeckOK-BGB/Veit [1. 1. 2023] § 1684 Rn 10; Hammer, in: Bayer/Koch, Scheidungsfolgenvereinbarungen [2016] 75, 76). 61

e) Unverzichtbarkeit

aa) Grundsatz

Das Umgangsrecht ist als solches (als „Stammrecht“) **unverzichtbar**. Ein dennoch vorgenommener Verzicht ist unbeachtlich (BGH 11. 5. 2012 – XII ZB 120/04, juris Rn 25, FamRZ 2005, 1471; BGH NJW 1984, 1951; BayObLGZ 1956, 191, 193; Gernhuber/Coester-Waltjen § 66 Rn 5; Heilmann/Gottschalk § 1684 Rn 1; Grüneberg/Götz § 1684 Rn 3). Der Grundsatz der Unverzichtbarkeit des Umgangsrechts ist Teil des deutschen *ordre public* und setzt sich gegen ein kollisionsrechtlich berufenes ausländisches Recht durch (KG DJZ 1931, 365; Grüneberg/Thorn Art 6 EGBGB Rn 25). 62

bb) Nichtausübungsvereinbarung

Eine Verpflichtung, von der Ausübung des Umgangsrechts abzusehen, wurde nach früherer Rechtslage für grundsätzlich möglich gehalten (BGH NJW 1984, 1951; Staudinger/Peschel-Gutzeit[12] § 1634 Rn 30). Ob dies mit Rücksicht auf die zugunsten des Kindeswohls normierte *Umgangspflicht* auch unter neuem Recht gilt, ist fraglich (dazu unten Rn 73). Jedenfalls ist eine Vereinbarung nach § 138 BGB **sittenwidrig** und nichtig, in der ein Elternteil sich gegen eine **Gegenleistung**, zB die Freistellung von Unterhaltspflichten, verpflichtet, von der Ausübung des Umgangsrechts abzusehen, wenn also das Umgangsrecht zum Gegenstand eines Handels gemacht wird. Eine Kommerzialisierung des Umgangsrechts widerspricht dem Kindeswohl (BGH NJW 1984, 1951; Völker/Clausius, Sorge- und Umgangsrecht [8. Aufl 2021] § 2 Rn 24). Im Übrigen folgt 63 die Unwirksamkeit einer solchen Vereinbarung, was das Umgangsrecht angeht, bereits daraus, dass eine frühere Vereinbarung wegen der Amtswegigkeit des Verfahrens das nach § 1684 Abs 3 BGB zur Regelung des Umgangs angerufene Familiengericht nicht bindet. Daher ist auch eine Vereinbarung, die im Gegenzug zu einem **Verzicht auf das Sorgerecht** diesem Elternteil als „Trostpflaster" ein erweitertes Umgangsrecht einräumt, im Rahmen einer gerichtlichen Regelung des Umgangs nach Abs 3 unbeachtlich (OLG Karlsruhe FuR 1998, 270). Der *BGH* (BGH 16. 6. 2021 – XII ZB 58/20, NJW 2021, 2801 Rn 32, 34) hat allerdings in einem Fall zu § 1686a BGB, in dem eine Vereinbarung zwischen einem offenen Samenspender – der ursprünglich rechtlicher Vater war – und der Mutter und deren Lebenspartnerin geschlossen worden war, wonach dieser in die Stiefkindadoption einwilligen sollte, die Ansicht vertreten, dass bei einem gleichzeitig erklärten Verzicht auf die Wahrnehmung des Umgangsrechts einem künftigen Umgangsbegehren der Einwand des **„widersprüchlichen Verhaltens"** entgegen gehalten hätte werden können. Das lässt sich aber im Hinblick auf das Umgangsrecht des Kindes nach § 1684 Abs 1 BGB insoweit nicht auf das nicht disponible elterliche Umgangsrecht nach § 1684 BGB übertragen.

Nicht notwendig sittenwidrig ist hingegen eine Vereinbarung, die eine **dem Kindeswohl dienende (vorübergehende) Nichtausübung** des Umgangsrechts zum Gegenstand hat und weitere Konsequenzen dieser Nichtausübung regelt (OLG Frankfurt FamRZ 1985, 596, 597, hinsichtlich einer Unterhaltsfreistellung abgrenzend zu BGH NJW 1984, 1951; Grüneberg/Götz § 1684 Rn 2, 40; Gernhuber/Coester-Waltjen § 67 Rn 5). Da der Vorwurf der Sittenwidrigkeit nur aus der Kommerzialisierung des Umgangsrechts herzuleiten ist, kommt es darauf an, ob der zeitweilige Verzicht oder das Absehen von der Ausübung des Umgangsrechts am Wohl des Kindes orientiert ist, insbesondere der Streitvermeidung dient, oder ob er als Gegenleistung vereinbart wird. Im Übrigen folgt die Zulässigkeit einer Vereinbarung über eine kindeswohlorientierte vorübergehende Nichtausübung des Umgangsrechts auch aus dem Umstand, dass auf eine einseitige Erklärung des Umgangsberechtigten im gerichtlichen Verfahren, das Umgangsrecht derzeit nicht ausüben zu wollen, das Verfahren vom Familiengericht ohne Sachentscheidung einzustellen ist (OLG Frankfurt 20. 11. 2016 – 1 UF 189/15, juris Rn 8, FamRZ 2016, 479).

f) Unverwirkbarkeit

64 Das Umgangsrecht **kann nicht verwirkt werden**, auch nicht durch jahrelange Nichtausübung (OLG Brandenburg 3. 2. 2003 – 9 UF 171/02, juris Rn 13, FamRZ 2003, 1405; KG FamRZ 1985, 639; OLG Düsseldorf FamRZ 1986, 202; OLG Hamm FamRZ 1996, 424; Völker/Clausius, Sorge- und Umgangsrecht [8. Aufl 2021] § 2 Rn 24; Heilmann/Gottschalk § 1684 Rn 1; Oelkers, Sorge- und Umgangsrecht [2. Aufl 2004] § 2 Rn 29). Die frühere Gegenansicht (Staudinger/Peschel-Gutzeit[12] § 1634 Rn 30 und 297 mNw, Rn 296 zum Ausschluss) hielt, von dem schon zu § 1634 aF vertretenen Standpunkt einer bestehenden Umgangspflicht des Elternteils ausgehend, die Annahme einer Verwirkung des Umgangsrechts zum Wohl des Kindes für erforderlich, wenn der umgangsberechtigte Elternteil in jahrelanger Nichtausübung gegen den Willen des umgangsbereiten Kindes sich um dieses nicht gekümmert hat. Dass in solchen Fällen äußerstenfalls wegen irreversibler Entfremdung ein Umgang kindeswohlschädlich sein kann, ist zwar nicht gänzlich auszuschließen; der Begründungsansatz über die Verwirkung ist jedoch unzutreffend: Gerade wenn man, wie nun in § 1684 Abs 1 HS 2 BGB klargestellt, eine Umgangspflicht des Elternteils bejaht und das Umgangsrecht vorrangig als Pflicht-Recht zugunsten des

Kindeswohls begreift, kommt der Ansatz der Verwirkung nicht in Betracht, weil dieser das Verhalten des Elternteils sanktioniert, ohne das Kindeswohl zu berücksichtigen; der Umgang bleibt grundsätzlich kindeswohldienlich, auch wenn er nach langer Zeit vorsichtig wieder angebahnt werden muss (OLG Hamm FamRZ 1996, 424). Da das Umgangsrecht sich ohnedies nicht gegen das Kind richtet, das Kind grundsätzlich nicht zum Umgang verpflichtet ist, besteht kein Bedürfnis, es wegen Verwirkung seitens des Elternteils von einer – nicht bestehenden – Umgangspflicht zu befreien. Dem anderen Elternteil aber, dem das Umgangsrecht tatsächlich Pflichten auferlegt, würde die Annahme einer Verwirkung auch eine kindeswohlwidrige Abwehr des Umgangsrechts ermöglichen.

Das Problem ist vielmehr auf der Ebene des § 1684 Abs 4 S 1 und 2 BGB zu lösen: Ist durch jahrelange Umgangsverweigerung der Elternteil dem Kind **entfremdet**, so kann eine Einschränkung (vor allem durch Begleitung des Umgangs), im Fall einer nicht anders abwendbaren Kindeswohlgefährdung ein Ausschluss des Umgangsrechts erforderlich sein (dazu unten Rn 339); nicht, weil die jahrelange Nichtausübung als Verwirkung zu sanktionieren wäre, sondern weil das Kindeswohl es erfordert bzw gefährdet ist.

g) Persönliche Reichweite des Umgangsrechts

aa) Unabhängigkeit vom Sorgerechtsmodell

Das Umgangsrecht steht **„jedem Elternteil"** zu. Auf die Sorgerechtsverhältnisse **65**
kommt es, anders als noch nach §§ 1634, 1711 aF, nicht an. Damit wird der schon in § 1634 Abs 4 aF berücksichtigten Möglichkeit der gemeinsamen elterlichen Sorge getrenntlebender Eltern Rechnung getragen; ein Umgangsrecht hat aber auch der Alleininhaber der elterlichen Sorge gegenüber dem anderen Elternteil, wenn sich das Kind dort (mit seiner Zustimmung) aufhält (BT-Drucks 13/4899, 105; FamRefK/Rogner § 1684 Rn 6). Der sorgeberechtigte Elternteil soll nicht vor die Alternative gestellt werden, entweder das Kind herauszuverlangen – also seine Zustimmung zurückzunehmen – oder auf Kontakte zum Kind zu verzichten (BT-Drucks 13/4899, 68).

Hält sich das Kind ohne Zustimmung des allein sorgeberechtigten Elternteils (und nicht im Rahmen von dessen Umgangsrecht) bei dem anderen Elternteil auf, so besteht zwar grundsätzlich ebenfalls aus § 1684 Abs 1 BGB ein Umgangsrecht des Sorgeberechtigten (Johannsen/Henrich/Jaeger [6. Aufl 2015] § 1684 Rn 8). Dieser wird aber, sofern er nicht nachträglich den Aufenthalt des Kindes bei dem anderen Elternteil duldet, weitergehend nach § 1632 Abs 1 und 3 BGB die Herausgabe des Kindes verlangen.

Insbesondere besteht das Umgangsrecht auch dann, wenn dem Elternteil die **elterliche Sorge nach § 1666 BGB entzogen** wurde (BVerfG 29. 11. 2012 – 1 BvR 335/15, ZKJ 2013, 120 Rn 19) oder der Elternteil sich in anderer Weise als **erziehungsungeeignet** erwiesen hat. Allerdings können die Gründe, welche die Erziehungsunfähigkeit begründen, ggf eine Einschränkung, äußerstenfalls bei nicht anders abwendbarer Kindeswohlgefährdung den Ausschluss des Umgangsrechts nach Abs 4 erforderlich machen (OLG Saarbrücken 25. 8. 2014 – 6 UF 64/14, juris Rn 12 ff, NZFam 2015, 44: sexueller Missbrauch; OLG Hamburg 29. 9. 2010 – 12 UF 163/08, juris Rn 23: Gefahr der Retraumatisierung; OLG Bamberg NJW-RR 1999, 515, 517 wegen Kindesentführung trotz noch bestehender gemeinsamer Sorge; BayObLG FamRZ 1995, 1438: Psychose der Mutter, Alkoholsucht des Vaters). Ein Zusammenhang muss jedoch nicht bestehen; vielfach kann den sich aus der mangelnden Eignung zur elterlichen Sorge ergebenden Problemen durch eine besondere Ausgestaltung des Umgangs, insbesondere dessen Begleitung oder zeitliche Begrenzung, begegnet werden (OLG Hamm 1. 4. 2016 – 7 UF 58/16, juris Rn 5, FamRZ 2016, 1778; OLG Hamm FamRZ 1997, 1095, 1096; Grüneberg/Götz § 1684 Rn 1).

Zu einer möglichen Reform des Umgangsrechts durch eine Differenzierung zwischen Betreuung durch mitsorgeberechtigte und Umgang von nichtsorgeberechtigten Eltern vgl oben Rn 56a f.

bb) Unabhängigkeit von Ehe der Eltern

66 Anders als nach §§ 1634, 1711 aF kommt es auch nicht darauf an, ob die **Eltern des Kindes verheiratet** sind oder jemals miteinander verheiratet waren (BT-Drucks 13/4899, 105; Johannsen/Henrich/Jaeger [6. Aufl 2015] § 1684 Rn 8). Unmaßgeblich ist im Fall nicht verheirateter Eltern auch, ob die Eltern die elterliche Sorge zu einem früheren Zeitpunkt gemeinsam ausgeübt haben (§ 1626a BGB). Auch dem mit der Mutter nicht verheirateten Vater steht das Umgangsrecht als originäres Recht und nicht erst kraft einer gerichtlichen Entscheidung (vgl § 1711 aF) zu (KG FamRZ 2000, 49, 50).

cc) Anknüpfung an die rechtliche Elternschaft

67 Das Umgangsrecht nach § 1684 BGB steht nur den **Eltern im abstammungsrechtlichen Sinne** (§§ 1591, 1592 BGB) zu (BVerfG 20. 9. 2006 – 1 BvR 1337/06, FamRZ 2006, 1661 Rn 14; BGH 16. 6. 2021 – XII ZB 58/20, NJW 2021, 2801 Rn 13; OLG Frankfurt 9. 2. 2006 – 2 UF 386/05, juris Rn 14; Heilmann/Gottschalk § 1684 Rn 5; Gernhuber/Coester-Waltjen § 67 Rn 7). Grundsätzlich besteht das Umgangsrecht auch dann fort, wenn die **Vaterschaft bestritten**, jedoch noch nicht rechtskräftig angefochten ist (BGH FamRZ 1988, 711; BayObLGZ 1961, 349; Johannsen/Henrich/Jaeger [6. Aufl 2015] § 1684 Rn 8; für den Fall der **heterologen Insemination**: OLG Frankfurt FamRZ 1988, 754). Dies gilt auch dann, wenn der Vater die Ehelichkeit des Kindes angefochten hat, solange die fehlende Vaterschaft nicht rechtskräftig festgestellt ist (BGH 23. 3. 1988 – IVb 100/87, juris Rn 8, FamRZ 1988, 711; OLG Düsseldorf 23. 3. 1988 – 10 UF 66/87, FamRZ 1987, 1177). Erst recht stehen bloße *Zweifel* an der Vaterschaft (AG Kerpen FamRZ 1994, 1486) oder der Umstand, dass sich die Eltern bereits vor der Geburt des Kindes *getrennt* haben (OLG Hamm FamRZ 1994, 58), dem Umgangsrecht dem Grunde nach nicht entgegen.

Eine *Einschränkung* oder ein *Ausschluss* nach § 1684 Abs 4 S 2 BGB kann jedoch ausnahmsweise schon in Betracht kommen, bevor die Vaterschaft und mit ihr das Umgangsrecht durch Anfechtung entfällt, wenn nach den Umständen des Falles die **Nichtvaterschaft feststeht** und die Geltendmachung des Umgangsrechts, mag sie auch emotional auf Seiten des Scheinvaters motiviert sein, sich lediglich auf die formale rechtliche Vaterschaft stützt (iE zutreffend OLG Frankfurt FamRZ 1990, 655). Dies wird insbesondere dann zu erwägen sein, wenn das Kind nach Trennung der Mutter vom Scheinvater mit seinem wirklichen (biologischen) Vater in einer sozialen Familie lebt, die Anfechtung der Vaterschaft des Scheinvaters jedoch aus Rechtsgründen nicht mehr möglich ist – was nach §§ 1600 ff BGB nur noch im Fall der Versäumung der Anfechtungsfrist durch Mutter und Kind in Betracht kommt (zu der Problematik nach altem Recht, die geprägt war durch das eingeschränkte Anfechtungsrecht des Kindes [§ 1596 aF] und das Fehlen eines Anfechtungsrechts der Mutter vgl Staudinger/Peschel-Gutzeit[12] § 1634 Rn 110, 291 ff).

Um das Umgangsrecht des Scheinvaters auszuschließen, müssen freilich die Voraussetzungen des Abs 4 vorliegen, ohne Ausschluss des Umgangs also eine Gefährdung des Kindeswohls drohen (sehr weitgehend OLG Frankfurt FamRZ 1990, 655: angesichts fehlender natürlicher Bande für Umgangsrecht kein Raum).

dd) Umgangsrecht des biologischen Vaters

Der biologische Vater hat **kein Umgangsrecht** aus § 1684 BGB, solange seine Vaterschaft nicht nach § 1592 Nr 2 oder Nr 3 begründet ist (BVerfG 20. 9. 2006 – 1 BvR 1337/06, FamRZ 2006, 1661 Rn 14; OLG Frankfurt 9. 2. 2006 – 2 UF 386/05, juris Rn 14). Dies folgt aus dem systembedingten Rückgriff des Elternbegriffes in § 1684 Abs 1 BGB auf die rechtliche Verwandtschaft (OLG Saarbrücken KindPrax 2003, 29). Dies gilt auch für denjenigen leiblichen Vater, der die rechtliche Elternstellung durch **Adoption** verloren hat (BGH 16. 6. 2021 – XII ZB 58/20, NJW 2021, 2801 Rn 13). **68**

Dem biologischen, nicht rechtlichen Vater steht jedoch nunmehr als Reaktion des Gesetzgebers auf die Einbeziehung des biologischen Vaters in den Menschenrechtsschutz durch den EGMR ein Umgangsrecht nach § 1686a BGB (vgl dort Rn 1 ff) und bei bestehender sozialer Vaterschaft ein Umgangsrecht nach § 1685 Abs 2 BGB zu (vgl dort Rn 24).

ee) Umgangsrecht bei Pflegekindern

Als auch in rechtlicher Hinsicht problematisch erweist sich die Frage des elterlichen Umgangsrechts mit einem bei **Pflegeeltern** (im Sinne einer Vollzeitpflege nach § 33 SGB VIII) lebenden Kind (vgl dazu eingehend Obermann NZFam 2019, 293; Heilmann ZKJ 2014, 48; Rüting FPR 2012, 381; Tschrepp, Umgang und Pflegekindschaft [2021] 1 ff; Lack/Salgo, in: Prenzlow, Handbuch Elterliche Sorge und Umgang [3. Aufl 2022] 476 ff; Hopp FPR 2007, 279; Salgo FPR 2004, 419; Peschel-Gutzeit FPR 2003, 290; Schorn, Das Pflegekind in der Rechtsprechung des BVerfG und des EGMR [2010] 70 ff; Henne, Die Rechte der leiblichen Eltern von Pflegekindern [2009] 112 ff). **69**

Die Belange betroffener Pflegekinder bedürfen auch im Hinblick auf Art 20 Abs 1 UN-KRK besonderer Aufmerksamkeit. Dass das aus **Art 6 Abs 2 GG** folgende **elterliche Umgangsrecht** auch bei einer Fremdunterbringung des Kindes unabhängig vom Sorgerecht Geltung findet (BVerfG 29. 11. 2012 – 1 BvR 335/15, ZKJ 2013, 120 Rn 19), was auch für den Geltungsbereich von Art 8 Abs 1 EMRK gilt (EGMR 26. 2. 2004 – 74969/01, FamRZ 2004, 1456 Nr 9 [*Görgülü/Deutschland*]), wurde bereits oben erörtert (Rn 20 ff). Im Gegenzug können aber auch **Pflegeeltern** hinsichtlich ihres mit dem Kind bestehenden Familienverbandes das Grundrecht von **Art 6 Abs 1 GG** in Anspruch nehmen (BVerfG 5. 4. 2005 – 1 BvR 1664/04, FamRZ 2005, 783 Rn 18; BVerfG 12. 10. 1988 – 1 BvR 818/88, FamRZ 1989, 31 Rn 28; BVerfG 17. 10. 1984 – 1 BvR 284/84, FamRZ 1985, 39 Rn 42). Das **mehrpolige Grundrechtsverhältnis** wird schließlich ergänzt durch das **Kind als Träger des Persönlichkeitsrechts nach Art 2 Abs 1 iVm Art 1 Abs 1 GG** (oben Rn 36).

Damit sind im Rahmen der erforderlichen Abwägung unter Umständen bis zu fünf *(jeweils zwei leibliche Eltern und Pflegelternteile und das Kind)* Grundrechtspositionen bei der Frage des Umgangs miteinander im Sinne einer **Konkordanz** in Einklang zu bringen, wobei auch hier das **Wohl des Kindes** (§ 1697a BGB) letztlich bestimmend sein muss (BVerfG 5. 4. 2005 – 1 BvR 1664/04, FamRZ 2005, 783 Rn 18). Dies hat nunmehr auch der Gesetzgeber konzediert und mit § 1697a Abs 2 BGB nF die Frage des Bestehens einer **Rückkehrperspektive** für den Elternumgang als mitzuberücksichtigendes Kindeswohlkriterium gesetzlich verankert.

Zur Umgangsregelung bei Pflegekindern im Einzelnen vgl unten Rn 275.

ff) Umgangsrecht nach Adoption

70 Etwas anders gilt nur im Fall der **Adoption.** Mit der Adoption erlischt das Verwandtschaftsverhältnis des Kindes zu seinen leiblichen Eltern (§ 1755 Abs 1 BGB) und mit ihm das Umgangsrecht nach § 1684 BGB (BGH 16. 6. 2021 – XII ZB 58/20, NJW 2021, 2801 Rn 13; OLG Rostock FamRZ 2005, 744: auch Umgangsrechte von Großeltern). § 1755 Abs 1 BGB greift dadurch nicht unzulässig in das Elternrecht nach Art 6 Abs 2 GG ein, weil mit der Annahme ein neues, funktionsfähiges und von Art 6 Abs 2 GG geschütztes Eltern-Kind-Verhältnis hergestellt wird (BVerfGE 24, 119, 142 zu § 1747 BGB Abs 3aF; BayObLGZ 1971, 114, 121). Ein Umgangsrecht nach § 1685 Abs 2 BGB bleibt zwar möglich (BGH 16. 6. 2021 – XII ZB 58/20, NJW 2021, 2801 Rn 14 ff; OLG Stuttgart FamRZ 2006, 1865). Bestand allerdings noch kein sozial-familiäres Verhältnis zwischen Eltern und Kind, weil die Weggabe des Kindes zeitnah nach der Geburt erfolgte, kommt § 1685 Abs 2 BGB nicht zum Tragen (BGH 16. 6. 2021 – XII ZB 58/20, NJW 2021, 2801 Rn 18). Der EGMR hat diese Rechtslage auch bei einer halboffenen Adoption mit Art 8 Abs 1 EMRK – anders als beim Umgangsrecht leiblicher Väter – vereinbar gesehen und den durch das deutsche Kindschaftsrecht vorgesehenen Vorrang der Adoptivfamilie als legitimes Ziel zur Rechtfertigung nach Art 8 Abs 2 EMRK gesehen (EGMR 5. 6. 2014 – 31021/08 Nr 67 ff, FamRZ 2014, 1351). Auch die nach deutschem Recht geltende Unverbindlichkeit von Abreden zwischen Adoptiveltern und leiblichen Eltern über das Umgangs- und Auskunftsrecht hat er bestätigt. Gleichwohl hat der BGH (BGH 16. 6. 2021 – XII ZB 58/20, NJW 2021, 2801 Rn 20 ff) für den leiblichen Vater und **offenen Samenspender**, der vereinbarungsgemäß in die Adoption durch die Lebenspartnerin der Mutter eingewilligt hat, ein Umgangsrecht nach § 1686a BGB für möglich gehalten, was allerdings der leiblichen Mutter nach der derzeit geltenden Gesetzeslage verwehrt ist (zum Ausgang des Falles vgl KG 24. 11. 2021 – 13 UF 120/19, FamRZ 2022, 1783: kein Umgangsrecht für den Samenspender mangels Kindeswohldienlichkeit).

Wegen der weiteren Einzelheiten ist auf § 1685 Rn 25 hinzuweisen.

Bereits die Erteilung der **Einwilligung zur Adoption** lässt im Übrigen nach § 1751 Abs 1 S 1 BGB das Umgangsrecht aus § 1684 Abs 1 BGB entfallen.

gg) Kein Umgangsrecht mit Haustieren

71 Das Umgangsrecht nach § 1684 Abs 1 HS 2 BGB kann sich immer nur auf ein **Kind** beziehen. Eine analoge Anwendung auf **Haustiere** (insbesondere Hunde und Katzen) scheidet aus (OLG Hamm 19. 11. 2010 – 10 UF 240/10, juris Rn 11, FamRZ 2011, 893; OLG Schleswig NJW 1998, 3127; OLG Bamberg MDR 2004, 37; Johannsen/Henrich/Althammer/Dürbeck § 1361a Rn 20; **aA** AG Bad Mergentheim NJW 1997, 3033). § 1684 Abs 1 BGB ist zugeschnitten auf ein am Wohl des Kindes orientiertes Umgangsrecht und dient nicht in erster Linie der Befriedigung emotionaler Bedürfnisse des umgangsberechtigten Elternteils, um die es im Verhältnis von zwei sich trennenden Partnern zu einem gemeinsam gehaltenen Haustier geht; insoweit gelten gemäß § 90a BGB die Bestimmungen über die **Verteilung der Haushaltsgegenstände** nach §§ 1361a, 1568b BGB, die nur eine Zuweisung, aber keine Umgangsregelung vorsehen (OLG Stuttgart 23. 4. 2019 –

18 UF 57/19, juris Rn 21, MDR 2019, 943; OLG Nürnberg 20. 12. 2016 – 10 UF 1249/16, juris Rn 36, FamRZ 2017, 513; OLG Stuttgart 7. 4. 2014 – 18 UF 62/14, juris Rn 17, FamRZ 2014, 1300; OLG Schleswig 20. 2. 2013 – 15 UF 143/12, juris Rn 19, FamRZ 2013, 1984; JOHANNSEN/HENRICH/ALTHAMMER/DÜRBECK § 1361a Rn 20; GRÜNEBERG/GÖTZ § 1361a Rn 10). Hier wäre aber angesichts der gestiegenen gesellschaftlichen Wertschätzung für Haustiere, denen gegenüber Kindern vergleichbare Gefühle entgegengebracht werden, über eine flexiblere gesetzliche Regelung, die auch ein „Mitnutzungsrecht" vorsehen müsste, nachzudenken. Andere Möglichkeiten für eine Betreuungsregelung bestehen aber bei nichtehelichen Lebensgemeinschaften, weil § 745 II BGB bei Miteigentum eine Nutzungsregelung vorsieht und hier in der Rechtsprechung sogar jüngst ein Wechselmodell mit einem Hund angeordnet worden ist (LG Frankenthal 12. 5. 2023 – 2 S 149/22, NJW-Spezial 2023, 518).

h) Zeitliche Reichweite des Umgangsrechts: bis hin zum Wechselmodell und einem Wechsel des gewöhnlichen Kindesaufenthalts?

aa) Wechselmodell als Umgangsregelung

Ob eine gerichtliche Regelung des sog **Wechselmodells**, also einer hälftigen Aufteilung der Betreuung des Kindes zwischen den Eltern, auch **durch Umgangsregelung** nach § 1684 Abs 3 BGB erfolgen kann oder sich ausschließlich als eine Frage des **Sorgerechts**, namentlich des Aufenthalts- und Umgangsbestimmungsrechts, darstellt, war lange Zeit in Rechtsprechung und Literatur umstritten. 72

Die weit überwiegende Auffassung in der Rechtsprechung und im Schrifttum ging davon aus, dass die gerichtliche Anordnung eines Wechselmodells von § 1684 Abs 3 BGB nicht vorgesehen und ohne einen entsprechenden Konsens der Eltern nicht möglich sei, weil der gesetzlichen Regelung des § 1684 BGB und von § 1687 BGB das sog **Residenzmodell**, also der nicht überwiegende Aufenthalt des Kindes bei dem Umgangsberechtigten zugrunde liege und im Übrigen das Wechselmodell auch **nicht gegen den Willen** eines Elternteil angeordnet werden könne (OLG Dresden 8. 2. 2017 – 20 UF 853/16, juris Rn 5; FamRZ 2017, 896; OLG Schleswig 16. 6. 2016 – 10 UF 197/15, juris Rn 91, FamRZ 2016, 1945 [LS]; OLG Dresden 27. 6. 2016 – 20 UF 456/16, juris Rn 3, MDR 2016, 1456; OLG Brandenburg 15. 2. 2016 – 10 UF 213/14, juris Rn 28, FamRZ 2016, 1473 [LS]; OLG Jena 7. 4. 2016 – 2 UF 651/15, juris Rn 12, FamRZ 2016, 2122 und 12. 9. 2016 – 4 UF 678/15, juris Rn 22, FamRZ 2016, 2126; OLG München 31. 8. 2016 – 16 UF 1019/16, juris Rn 15, FamRZ 2016, 2120; OLG Nürnberg 8. 12. 2015 – 11 UF 1257/15, juris Rn 41, FamRZ 2016, 2119; OLG Karlsruhe 21. 5. 2016 – 18 UF 231/14, juris Rn 18, FamRZ 2015, 1736; OLG Koblenz 21. 5. 2015 – 18 UF 231/14, juris Rn 18, FamRZ 2015, 1911; OLG Saarbrücken 26. 6. 2014 – 6 UF 62/14, juris Rn 6, MDR 2014, 1326; OLG Naumburg 8. 8. 2014 – 8 UF 152/14, juris Rn 48, FamRZ 2015, 764; OLG Saarbrücken 8. 9. 2014 – 6 UF 62/14, juris Rn 16, ZKJ 2015, 32; OLG Brandenburg 13. 11. 2013 – 15 UF 107/13, juris Rn 6; OLG München 15. 1. 2013 – 4 UF 1827/12, juris Rn 18, FamRZ 2013, 1822; OLG Hamm 16. 2. 2012 – 2 UF 211/11, juris Rn 17, FamRZ 2012, 1883; OLG Düsseldorf 7. 11. 2012 – 6 UF 191/12, juris Rn 8; OLG Brandenburg 7. 6. 2012 – 15 UF 314/11, juris Rn 10 f, FF 2012, 457; OLG Dresden 29. 7. 2011 – 21 UF 354/11, juris Rn 34, FamRZ 2011, 1741 [LS]; OLG Düsseldorf 14. 3. 2011 – 8 UF 189/10, juris Rn 11, ZKJ 2011, 256; STAUDINGER/RAUSCHER [2014] § 1684 Rn 50, 162a; MünchKomm-BGB/HENNEMANN [6. Aufl 2012] § 1684 Rn 99; HEILMANN/GOTTSCHALK [1. Aufl 2015] § 1684 Rn 11; MARCHLEWSKI FF 2015, 98; JOHANNSEN/HENRICH/JAEGER [6. Aufl 2015] § 1684 Rn 28a; DFGT KRK FamRZ 2014, 1157, 1166; VÖLKER/CLAUSIUS, Sorge- und Umgangsrecht [7. Aufl 2016] § 1 Rn 320 ff; DAMLJANOVIC, Das Wechselmodell [2016] 92; COESTER FF 2010, 10, 12).

Demgegenüber sahen andere Stimmen die gerichtliche Anordnung des Wechselmodells – unabhängig von der Frage, ob es bei fehlendem Elternkonsens auch gegen den Willen eines Elternteils angeordnet werden kann – als Frage einer **sorgerechtlichen Regelung** nach §§ 1671 Abs 1, 1626a Abs 2 BGB an (so OLG München 31. 8. 2016 – 16 UF 1019/16, juris Rn 15, FamRZ 2016, 2120; OLG Karlsruhe 21. 5. 2016 – 18 UF 231/14, juris Rn 18, FamRZ 2015, 1736; OLG Naumburg 8. 8. 2014 – 8 UF 152/14, juris Rn 48, FamRZ 2015, 764; OLG Brandenburg 7. 6. 2012 – 15 UF 314/11, juris Rn 10 f, FF 2012, 457; OLG Schleswig 19. 12. 2013 – 10 UF 197/15, juris Rn 29 ff, SchlHA 2014, 456; KG 28. 2. 2012 – 18 UF 184/09, juris Rn 9 ff, ZKJ 2012, 267; Sünderhauf, Wechselmodell [2013] 376 ff; Bergmann ZKJ 2013, 489; eingehend Hammer FamRZ 2015, 1433, 1438 f; Heilmann/Keuter [1. Aufl 2015] § 1671 Rn 26, soweit es die Aufrechterhaltung eines Wechselmodells betrifft).

Eine dritte Ansicht war dagegen der Auffassung, dass das Wechselmodell das Umgangsrecht nach § 1684 BGB betreffe und dass auch eine gerichtliche Entscheidung als **Umgangsregelung nach § 1684 Abs 3 BGB** ergehen könne (so OLG Naumburg 28. 2. 2013 – 3 UF 186/12, juris Rn 10, FamRZ 2014, 50; OLG Naumburg 26. 9. 2013 – 8 UF 146/13, juris Rn 14; OLG Hamburg 17. 12. 2015 – 2 UF 106/14, juris Rn 27, FamRZ 2016, 912; AG Heidelberg 19. 8. 2014 – 31 F 15/14, juris Rn 15, FamRZ 2015, 151; AG Hannover 10. 2. 2014 – 618 F 491/14, juris Rn 15, FamRZ 2014, 1212; AG Erfurt 14. 9. 2012 – 36 F 141/11, juris Rn 51, FamRZ 2013, 1590; Schmid NZFam 2016, 818, 819 f; Sünderhauf/Rixe FamRB 2014, 418, 420 f; Gutjahr FPR 2006, 301, 304).

Während das **BVerfG** in seiner ersten Entscheidung zum Wechselmodell (BVerfG 24. 6. 2015 – 1 BvR 486/14, FamRZ 2015, 1585 Rn 22; vgl dazu Heilmann NJW 2015, 3346; Britz FF 2015, 387, 390 f) die Frage der Anwendung von §§ 1671, 1684 BGB auf das Wechselmodell den Fachgerichten überlassen wollte, hat sich der **BGH** in seinem grundlegendem Beschluss vom 1. 2. 2017 (BGH 1. 2. 2017 – XII ZB 601/15, juris Rn 15 ff, FamRZ 2017, 532; dazu Schwamb NZFam 2017, 253; Hennemann NJW 2017, 1787; später bestätigt durch BGH 27. 11. 2019 – XII ZB 512/18, FamRZ 2020, 255) überraschend der zuletzt genannten Ansicht angeschlossen und entschieden, dass das Wechselmodell – auch gegen den Willen des anderen Elternteils (dazu unten Rn 251 ff) – in einem **Umgangsverfahren** nach § 1684 Abs 3 BGB geregelt werden könne. Das Residenzmodell sei in §§ 1687, 1606 Abs 3 S, 1629 Abs 2 S 2 BGB lediglich als gesetzliches Leitbild vorgesehen, ohne dass der Gesetzgeber sich hinsichtlich der Kinderbetreuung auf dieses festgelegt habe. Der Umfang des Umgangsrechts stelle sich lediglich als quantitative Frage dar und könne auch eine paritätische Beteiligung des Umgangsberechtigten an der Betreuung des Kindes erreichen (**aA** DFGT FamRZ 2017, 584, 585; Staudinger/Rauscher [2014] § 1684 Rn 50: Umgang setze zwingend voraus, dass das Kind nicht beim Berechtigen lebe). Auch im Schrifttum geäußerte Bedenken zu möglichen Widersprüchen einer Regelung des Wechselmodells durch eine Umgangsregelung hat der BGH entgegen hiergegen vorgebrachter Bedenken (vgl DFGT KRK FamRZ 2014, 1157, 1166) nicht geteilt und jedenfalls bei gemeinsamer elterlicher Sorge folgerichtig auf §§ 1687, 1628 BGB verwiesen. Ob das Wechselmodell nach § 1684 Abs 3 BGB auch bei alleinigem Sorgerecht angewendet werden kann, hat der BGH letztlich offengelassen. Im Regelfall wird sich bei fehlender gemeinsamer elterlicher Sorge die Frage eines Wechselmodells ohnehin nicht stellen, weil das Wechselmodell auch nach Ansicht des BGH erhöhte Kommunikations- und Kooperationsfähigkeiten der Eltern voraussetzt (BGH 1. 2. 2017 – XII ZB 601/15, juris Rn 30, FamRZ 2017, 532), sodass es bei fehlender Eignung der Eltern zur Ausübung der gemeinsamen elterlichen Sorge ein nicht einvernehmliches Wechselmodell nicht geben kann (ähnlich HENNEMANN NJW 2017, 1787, 1788 f). Verständigen sich die Eltern gleichwohl bei Beibehaltung der alleinigen Sorge auf ein Wechselmodell, richtet sich die Ausübung der sorgerechtlichen Befugnisse nach § 1687a ebenfalls nach § 1687 (vgl dazu HENNEMANN NJW 2017, 1787, 1788).

Die Entscheidung des BGH lässt leider eine vertiefte Auseinandersetzung mit dem Zweck des Umgangsrechts und seiner historischen Wurzeln und Entwicklung vermissen. Es war ursprünglich als bloßes Verkehrsrecht ausgestaltet (vgl Rn 1 ff). Auch mit seiner Neuregelung durch das KindRG hat der Gesetzgeber nicht bezweckt, dem Umgangsrecht unabhängig vom Sorgerecht Erziehungsfunktion beizumessen und eine gleichberechtigte Teilhabe beider Eltern am Leben des Kindes zu gewährleisten (vgl oben Rn 56). Mit der Ausdehnung des Umgangsrechts zu einem Mitbetreuungsrecht besteht nunmehr Anlass, den Zweck des Umgangsrechts, wie er § 1684 BGB zugrunde liegt, neu zu überdenken oder aber – den Reformvorschlägen von Arbeitsgruppe Sorge- und Umgangsrecht, HAMMER und SCHUMANN (oben Rn 56a f) folgend – gesetzlich zwischen der Regelung des Umgangsrechts und der sorgerechtlichen Regelung der (geteilten) Betreuung des Kindes zwischen mitsorgeberechtigten Eltern zu differenzieren. Auch angesichts der zahlreichen rechtlichen Folgefragen des Wechselmodells, die sich etwa in Belangen des Unterhalts, Meldewesens, Sozial- und Steuerrechts oder Kindergeldes stellen (vgl dazu unten Rn 251 ff), wird der Gesetzgeber tätig werden müssen und das Wechselmodell umfassend auf eine gesetzliche Grundlage stellen müssen (vgl dazu die Reformvorschläge von HAMMER FamRZ 2018, 229 und SCHUMANN NJW-Beil 2018, 33; dies, Gutachten B zum 72. DJT [2018] 54 ff; vgl oben Rn 56a). 72a

Das Wechselmodell hat jedenfalls durch die Entscheidung des BGH vom 1. 2. 2017 mit der zu erwarteten Vehemenz Eingang in die gegenwärtigen Umgangsverfahren vor den Familiengerichten gefunden. Ob daneben auch die von der vormaligen Praxis bevorzugte Lösung über das Sorgerecht nach §§ 1671, 1626a Abs 2 BGB (vgl HAMMER FamRZ 2015, 1433) alternativ zur Begründung eines Wechselmodells zur Verfügung steht, hat der BGH bis heute offen gelassen. Da die sorgerechtliche Begründung eines Wechselmodells in ihrer Ausgestaltung mit einer wechselseitigen Übertragung des Aufenthaltsbestimmungsrechts bei gleichzeitiger Begründung von Herausgabeansprüchen (vgl HAMMER FamRZ 2015, 1433, 1435, 1444) weitaus schwieriger als eine dem Gericht zu überlassende amtswegige Umgangsregelung ist, hat sich in der Praxis weitgehend die umgangsrechtliche Lösung durchgesetzt. Hierfür spricht insbesondere der Umstand, dass über eine sorgerechtliche Begründung des Wechselmodells zwar die Übergabe des Kindes nach §§ 1632 BGB, 89 FamFG vollstreckbar geregelt werden kann, nicht aber die Entgegennahme des Kindes zur tatsächlichen Wahrnehmung der Betreuung des Kindes durch einen das Wechselmodell ablehnenden Elternteil (MARCHLEWSKI, Das Wechselmodell im Kindschaftsrecht [2018] 192 ff). Zu den Voraussetzungen, sorgerechtlichen Lösungsversuchen und Folgeproblemen eines Wechselmodells vgl ausführlich unten Rn 251 ff.

bb) Überwiegender Betreuungsanteil durch eine Umgangsregelung und das Verhältnis zur Übertragung des Aufenthaltsbestimmungsrechts?

Nachdem der *BGH* (BGH 1. 2. 2017 – XII ZB 601/15, juris Rn 15 ff, FamRZ 2017, 532) eine zeitliche Begrenzung des Umgangsrechts bis hin zur Regelung paritätischer Mitbetreuung durch das Wechselmodell nicht angenommen hat (oben Rn 72), stellt sich die Frage, ob durch eine Umgangsregelung nach § 1684 Abs 3 S 1 BGB auch im Er- 72b gebnis ein **Aufenthaltswechsel des Kindes** durch die Regelung eines **Betreuungsanteils** des (bisher nur) Umgangsberechtigten von **über 50 %** bewirkt werden kann. Das *KG Berlin* hat in einer bemerkenswerten Entscheidung (KG 18. 5. 2018 – 3 UF 4/18, juris Rn 35 ff, NZFam 2018, 637) in konsequenter Anwendung der vom BGH zum Wechselmodell entwickelten Kriterien tatsächlich angenommen, dass bei gemeinsamer elterlicher Sorge das Familiengericht eine bisher praktizierte Betreuungsregelung von etwa 65 % zugunsten der Kindesmutter im Rahmen einer Umgangsregelung auch zugunsten des anderen Elternteils, dort des Kindesvaters, umkehren könne, sodass das Kind also künftig seinen überwiegenden Aufenthalt im Haushalt des vormals nur umgangsberechtigten Elternteils habe. Da aus der Systematik der sorge- und umgangsrechtlichen Normen keine Einschränkung des Umfangs der Umgangskontakte folge und auch § 1687 BGB keine gesetzliche Festlegung der Kindesbetreuung auf das Residenzmodell enthalte, könne ungeachtet des Umstands, dass Streitigkeiten der Eltern über das Aufenthaltsbestimmungsrecht auch sorgerechtlich nach § 1671 Abs 1 BGB entschieden werden können, durch eine Umgangsregelung auch ein anderweitiges Betreuungsmodell angeordnet werden (KG 18. 5. 2018 – 3 UF 4/18, juris Rn 35, NZFam 2018, 637). Auch in diesem Fall liege kein Eingriff in das Sorgerecht des vormals überwiegend betreuenden Elternteils vor, da auch dort wie bei jeder Regelung des Umgangsrechts das Sorgerecht weder entzogen noch übertragen werde, sondern lediglich in die Ausübung der elterlichen Sorge, insbesondere in das Aufenthalts- und Umgangsbestimmungsrecht, eingegriffen werde (KG 18. 5. 2018 – 3 UF 4/18, juris Rn 36, NZFam 2018, 637).

72c Auch wenn die Entscheidung des *KG Berlin* (KG 18. 5. 2018 – 3 UF 4/18, NZFam 2018, 637) – auch an dieser Stelle in der Vorauflage (Rn 72; ebenso Johannsen/Henrich/Althammer/Rake § 1684 Rn 46; Bussian ZKJ 2023, 90, 91) – (zunächst) kritisch gesehen wurde, hat sie die Praxis bis heute nachhaltig beeinflusst und erhebliche **Abgrenzungsschwierigkeiten** zwischen der Regelung des Umgangs bzw der elterlichen Betreuungsanteile nach § 1684 Abs 3 BGB einerseits und der alleinigen Übertragung des Aufenthaltsbestimmungsrechts nach § 1671 Abs 1 S 2 Nr 2 BGB andererseits verursacht (vgl Hammer FamRZ 2021, 905, 908 ff). Auch außerhalb des Wechselmodells stellt sich nämlich die Frage, ob Eltern, die sich getrennt haben und nunmehr um die quantitative Aufteilung der Kindesbetreuungsanteile streiten, eine umgangsrechtliche Regelung oder sorgerechtliche Entscheidung über das Aufenthaltsbestimmungsrecht herbeizuführen haben. Während es in der Vergangenheit für erforderlich gehalten wurde, zunächst über § 1671 Abs 1 S 2 Nr 2 BGB eine familiengerichtliche Entscheidung über das Aufenthaltsbestimmungsrecht herbeizuführen und sodann ggf in einem weiteren gerichtlichen Umgangsverfahren das Umgangsrecht desjenigen Elternteils, dem das Aufenthaltsbestimmungsrecht entzogen wurde, zu regeln, schließen sich nunmehr immer mehr Familiengerichte – im Ergebnis der Entscheidung des Kammergerichts folgend – der Ansicht an, dass durch eine Regelung des Umgangsrechts im Sinne der Aufteilung der Kindesbetreuung eine sorgerechtliche Entscheidung über das Aufenthaltsbestimmungsrecht entbehrlich ist.

So hat etwa der *4. Familiensenat des OLG Frankfurt* (OLG Frankfurt 5. 12. 2018 – 4 UF 167/18, juris Rn 22 ff, FamRB 2019, 102) bereits Ende 2018 zum Wechselmodell entschieden, dass dieses grundsätzlich nicht nach § 1671 Abs 1 S 2 Nr 2 BGB gerichtlich angeordnet werden könne (ihm folgend der 3. Familiensenat des OLG Frankfurt 15. 2. 2022 – 3 UF 81/21, juris Rn 69, FamRZ 2022, 614; Johannsen/Henrich/Althammer/Lack § 1671 Rn 19a;

aA OLG Frankfurt 9. 2. 2021 – 6 UF 172/20, FamRZ 2021, 1120 im Anschluss an BGH 27. 11. 2019 – XII ZB 512/18, FamRZ 2020, 255 Rn 16).

In diese Richtung tendieren auch neuere Entscheidungen anderer Oberlandesgerichte (etwa OLG Saarbrücken 5. 10. 2020 – 6 UF 122/20, FamRZ 2021, 39; OLG Zweibrücken 9. 3. 2021 – 2 WF 49/21, FamRZ 2021, 1145 zum Gebührenrecht). So hat etwa das *OLG Saarbrücken* (OLG Saarbrücken 5. 10. 2020 – 6 UF 122/20, FamRZ 2021, 39) kein Problem darin gesehen, dass nach der Beendigung eines einvernehmlich praktizierten Wechselmodells über die künftigen Betreuungsanteile – ohne vorherige Entscheidung über das Aufenthaltsbestimmungsrecht – in einem Umgangsverfahren entschieden wird. In der gleichen Konstellation hat der *1. Familiensenat des OLG Frankfurt* (OLG Frankfurt 26. 4. 2022 – 1 UF 219/21, FamRZ 2022, 1532) eine sorgerechtliche Entscheidung über das Aufenthaltsbestimmungsrecht nach § 1671 BGB aber jedenfalls für möglich gehalten, in einem anderen vergleichbaren Fall aber auch eine umgangsrechtliche Lösung für rechtlich zulässig erachtet (OLG Frankfurt 16. 12. 2021 – 1 UF 113/21, NZFam 2023, 31 m Anm Hennemann; zu Recht diese Alternativität ablehnend Völker FamRZ 2022, 1535 f; zustimmend dagegen Bussian ZKJ 2023, 90, 92). Das *OLG Zweibrücken* (OLG Zweibrücken 9. 3. 2021 – 2 WF 49/21, FamRZ 2021, 1145) hat im Rahmen einer Verfahrenswertbeschwerde die (gerichtlich gebilligte) Vereinbarung eines Wechselmodells im Rahmen eines Sorgerechtsverfahrens zu Recht als (von Amts wegen eingeleitete) Umgangssache nach § 151 Nr 2 FamFG angesehen und eine sorgerechtliche Begründung des Wechselmodells abgelehnt. Auch das *OLG Dresden* (OLG Dresden 19. 2. 2021 – 21 UF 32/21, FamRZ 2021, 691) hat in einer jüngeren Entscheidung zur Beendigung eines durch eine gerichtlich gebilligte Umgangsvereinbarung zustande gekommenen Wechselmodells eine Entscheidung über das Aufenthaltsbestimmungsrecht nach § 1671 BGB verweigert und die Eltern – unter Zulassung der Rechtsbeschwerde – auf die Einleitung eines Umgangsabänderungsverfahren nach § 1696 BGB verwiesen. Die Entscheidung wird sich auch auf den Fall übertragen lassen, dass das Wechselmodell nicht gerichtlich angeordnet, sondern einvernehmlich praktiziert wurde. Der *BGH* (BGH 19. 1. 2022 – XII ZA 12/21, NJW 2022, 1533) hat die Entscheidung des OLG Dresden bestätigt und erneut (vgl bereits BGH 27. 11. 2019 – XII ZB 512/18, FamRZ 2020, 255 Rn 15) ausgeführt, dass mit der Übertragung des Aufenthaltsbestimmungsrechts auf einen Elternteil nicht zugleich notwendigerweise die gerichtliche Entscheidung für ein Residenzmodell verbunden sei (dem BGH folgend auch KG 21. 12. 2022 – 3 UF 87/21, FamRZ 2023, 606). Denn diese Folge sei nicht Gegenstand der Sorgerechtsentscheidung, welche allein in der Übertragung der entsprechenden Befugnis auf den Elternteil besteht. Auch ist nach Ansicht des BGH die Betreuung im Residenzmodell nicht auf andere Weise zwangsläufig mit der Übertragung des Aufenthaltsbestimmungsrechts verbunden. Den letzten Schritt in Richtung des Vorrangs umgangsrechtlicher Lösungen ist schließlich der *6. Familiensenat des OLG Frankfurt* (OLG Frankfurt 19. 12. 2022 – 6 UF 208/22, NZFam 2023, 162 m Anm Ernst) gegangen, wonach beim Streit über die quantitative Aufteilung der elterlichen Betreuungsanteile im Hinblick auf den Schutz des Sorgerechts nach Art 6 Abs 2 S 1 GG eine Entscheidung über die Auflösung des gemeinsamen Aufenthaltsbestimmungsrechts nach § 1671 Abs 1 S 2 Nr 2 BGB **unverhältnismäßig** sei und daher der umgangsrechtlichen Lösung dieser Frage – auf der Ebene der Sorgerechtsausübung – schon aus verfassungsrechtlichen Erwägungen der Vorzug gebühre. Gleichwohl wird in der Rechtsprechung auch noch der *traditionelle Ansatz* vertreten, dass bei Beendigung eines einvernehmlich praktizierten Wechselmodells vorrangig eine Entscheidung über das Aufenthaltsbestimmungsrecht nach

§ 1671 Abs 1 BGB zu treffen sei (OLG Brandenburg 21. 6. 2023 – 13 UF 157/22, NZFam 2023, 904 m Anm Dürbeck und 29. 3. 2023 – 13 UF 157/22, NZFam 2023, 656 m Anm Flux: jeweils ohne Auseinandersetzung mit den Gegenmeinungen und ohne die Rechtsbeschwerde zuzulassen).

Das Problem des Verhältnisses der umgangsrechtlichen Verteilung der Betreuungsanteile zur (alternativen) Zuweisung des sorgerechtlichen Aufenthaltsbestimmungsrechts zeigt sich anschaulich an einer Entscheidung des *OLG Brandenburg* (OLG Brandenburg 6. 7. 2020 – 13 UF 26/20, FamRZ 2021, 34). Im dortigen Fall hatten die Eltern nach ihrer Trennung im Jahr 2017 bis zur erstinstanzlichen Entscheidung über den Kindesumgang ca 3 Jahre ein Wechselmodell praktiziert, das der Kindesvater fortführen und die Kindesmutter beenden wollte. In dem betreffenden Umgangsverfahren hatte der Kindesvater eine gerichtliche Regelung des Wechselmodells begehrt, hilfsweise eine Regelung von Wochenendumgang des Kindes mit seiner Mutter. Eine Zuweisung des Kindesaufenthalts bei einem Elternteil war nach der Trennung zu keiner Zeit gerichtlich oder einvernehmlich erfolgt. Parallel zur Umgangssache führten die Eltern ein Sorgerechtsverfahren nach § 1671 Abs 1 S 2 Nr 2 BGB, über welches auch zum Zeitpunkt der Entscheidung des OLG Brandenburg über das Umgangsrecht erstinstanzlich noch nicht entschieden worden war und dass offenkundig auch vor dem Hintergrund geführt wurde, dass die Kindesmutter einen Wegzug mit dem Kind beabsichtigt hatte. Das OLG Brandenburg hat die erstinstanzliche Entscheidung, ein Wechselmodell nicht anzuordnen und dem Kindesvater lediglich einen vierzehntägigen Wochenendumgang und hälftigen Ferienumgang zu gewähren, zwar in Ansehung der Umgangsfrage im Ergebnis zutreffend bestätigt. In der Sache selbst hat es aber durch seine Umgangsregelung de facto über die Zuweisung des Aufenthaltsbestimmungsrechts und die erstmalige Begründung des schwerpunktmäßigen Aufenthalts des Kindes im mütterlichen Haushalt entschieden, ohne dabei – wie es selbst eingeräumt hat (OLG Brandenburg 6. 7. 2020 – 13 UF 26/20, juris Rn 19, FamRZ 2021, 34) – die zur Entscheidung über das alleinige Aufenthaltsbestimmungsrecht zu § 1671 Abs 1 S 2 Nr 2 BGB entwickelten Sorgerechtskriterien der Kontinuität, der Bindungen des Kindes, der Möglichkeiten der Förderung des Kindes und des Kindeswillens (BGH 16. 3. 2011 – XII ZB 407/10, ZKJ 2011, 220; Heilmann/Keuter § 1671 Rn 29) zu prüfen.

All diese Widersprüche und Ungereimtheiten lassen sich in solchen Fällen nur dadurch vermeiden, dass entweder zeitgleich und gemeinsam über die sorge- und umgangsrechtlichen Fragen entschieden wird oder aber – was insgesamt vorzugswürdig erscheint – der umgangsrechtlichen Verteilung der Kindesbetreuung generell gegenüber der Aufhebung des gemeinsamen Aufenthaltsbestimmungsrechts der Vorzug gewährt wird (ebenso Völker FamRZ 2022, 1535 f; Ernst NZFam 2023, 164 ff; Obermann NZFam 2023, 337, 344 f). Dadurch ließen sich auch Fragen der Mutwilligkeit iSd § 114 Abs 2 ZPO bei der gleichzeitigen Einleitung von Sorge- und Umgangsverfahren (wie in der Entscheidung des BGH 19. 1. 2022 – XII ZA 12/21, NJW 2022, 1533 und OLG Frankfurt 19. 12. 2022 – 6 UF 208/22, NZFam 2023, 162) vermeiden und auch im Hinblick auf Art 6 Abs 2 S 1 GG erscheint es vorzugswürdig, von der Aufhebung des gemeinsamen Aufenthaltsbestimmungsrechts und damit eines Eingriffs in das elterliche Sorgerecht abzusehen. Die zahlreichen Widersprüche und die damit einhergehende Rechtsunsicherheit zeigen aber auch, dass de lege ferenda der Gesetzgeber nicht umhinkommen wird, jedenfalls beim Elternumgang, die Unterscheidung zwischen Sorge- und Umgangsrecht materiell- und verfahrensrechtlich völlig neu zu regeln.

2. Recht des Kindes – Pflicht der Eltern

a) Ausgangspunkt: Klarstellung

aa) Recht des Kindes aus Art 6 Abs 2 GG

Nach § 1684 Abs 1 S 1 BGB steht dem Kind ein **eigenständiges Recht auf Umgang** mit jedem Elternteil zu, dem eine Umgangspflicht jedes Elternteils korrespondiert. Aus der Begründung, die im *Rechtsausschuss* gegeben wurde (BT-Drucks 13/8511, 67 f; hierzu oben Rn 5, 44), ergibt sich, dass mit dieser Fassung vor allem eine Verdeutlichung der Kindeswohlgebundenheit des elterlichen Umgangsrechts angestrebt war. Zudem sollte klargestellt werden, dass das Kind **nicht Objekt** des elterlichen Umgangsrechts ist (FamRefK/Rogner § 1684 Rn 3; Schwab/Wagenitz FamRZ 1997, 1377, 1381; Finger ZfJ 1997, 301, 304; Horndasch FPR 2012, 209). Das Umgangsrecht des Kindes ist damit vor allem Ausdruck der **Elternpflicht**. Das Urteil des **BVerfG** vom 1. 4. 2008 (BVerfG 1. 4. 2008 – 1 BvR 1620/04, JZ 2008, 944) stützt das Umgangsrecht des Kindes als eigenes Grundrecht auf Art 6 Abs 2 GG. Diese grundrechtsdogmatische Einordnung erscheint jedoch durchaus zweifelhaft (zur Kritik Jestaedt ZKJ 2010, Sonderheft, 32) und es fällt auf, dass das BVerfG in späteren Entscheidungen zum Umgangsrecht hierauf nicht mehr zurückgreift, sondern das Recht auf elterliche Pflege und Erziehung aus Art 2 Abs 1 GG iVm Art 6 Abs 2 S 1 GG herleitet (BVerfG 19. 2. 2013 – 1 BvL 1/11, FamRZ 2013, 521 Rn 43). Dass das Kind auch im Bereich seines Rechts auf Umgang mit seinen Eltern Träger von Grundrechten, insbesondere des **allgemeinen Persönlichkeitsrechts** nach Art 2 Abs 1 GG iVm Art 1 Abs 1 GG ist, ist zudem unbestritten (vgl BVerfG 29. 7. 1968 – 1 BvL 20/63, juris Rn 58, NJW1968, 2233; BVerfG 18. 2. 1993 – 1 BvR 692/2, juris Rn 10, FamRZ 1993, 662; Altrogge, Umgang unter Zwang [2007] 65 ff, die zudem ein auf Art 6 Abs 1 gestütztes Grundrecht des Kindes bejaht). Auch folgt das eigene Umgangsrecht des Kindes aus Art 9 Abs 3 UN-KRK. 73

bb) Abkehr von der früheren vorherrschenden Ansicht

Die Fassung des § 1684 Abs 1 BGB steht am Ende einer Entwicklung, die im Schrifttum zu **§ 1634 aF** zu einer **Abkehr von der ursprünglich hM** (vgl Holzhauer FamRZ 1982, 109, 117), welche in der Rechtsprechung freilich weiter vertreten wurde, geführt hatte, die eine Verpflichtung des umgangsberechtigten Elternteils zum Umgang mit dem Kind ablehnte (BFH FamRZ 1997, 21, 22, dennoch die einkommensteuerrechtliche Zwangsläufigkeit der Kosten bejahend; OLG Düsseldorf FamRZ 1986, 202). Ein Recht des Kindes auf Umgang wurde zunehmend als notwendiges Korrelat der Natur des Umgangsrechts als Pflicht-Recht verstanden, weil jeder Elternpflicht ein Recht des Kindes entspricht (Gernhuber/Coester-Waltjen § 67 Rn 3; Coester JZ 1992, 809, 815; MünchKommBGB/Hennemann § 1684 Rn 5; ähnlich schon Staudinger/Peschel-Gutzeit[12] § 1634 aF Rn 25, dort jedoch mit der Annahme einer aus § 1618a folgenden *beidseitigen* Umgangspflicht; de lege ferenda verbreitet gefordert, vgl Arbeitsgemeinschaft für Jugendhilfe ZfJ 1996, 94, 97; Lempp FamRZ 1989, 16, 17; zur Entwicklung auch Schulze, Das Umgangsrecht [2001] 169 ff). 74

b) Durchsetzbarkeit und Vollstreckbarkeit

aa) Grundsatz

Die Gesetzgebungsgeschichte wirft aber darüber hinaus die Frage auf, in welchem *Umfang* und mit welcher *Zielrichtung* das Umgangsrecht des Kindes und die korrespondierende Verpflichtung **durchsetzbar und vollstreckbar** sein sollte. Der Bundesrat, auf dessen Vorschlag das Umgangsrecht des Kindes zurückgeht (BT-Drucks 13/4899, 153 Nr 19), hatte zunächst vorgeschlagen, das Umgangsrecht von der Vollstreckbar- 75 keit nach § 33 FGG aF auszunehmen (BT-Drucks 13/4899, 161 Nr 41). Die *Bundesregierung* hat in ihrer Gegenäußerung auf die Gefahr der Undurchsetzbarkeit oder der nur formalen Durchführung eines vom Kind erzwungenen Umgangs hingewiesen (BT-Drucks 13/4899, 168). Der vom *Rechtsausschuss* mitgeteilten Erwägung zur Gesetz gewordenen Fassung lag zwar ausdrücklich das Modell eines klagbaren und auch vollstreckbaren Umgangsrechts des Kindes zugrunde; andererseits wurde auch in diesem Zusammenhang nochmals der Verdeutlichungscharakter betont, der „mehr als weiterer staatlicher Zwang" zu Bewusstsein und Kooperation der Eltern führen könne (BT-Drucks 13/8511, 68).

Damit erscheint einerseits klar, dass das Recht des Kindes **gegenüber dem Umgangselternteil** letztlich auch einforderbar und grundsätzlich auch vollstreckbar sein soll (Rauscher FamRZ 1998, 329, 332; NK-BGB/Peschel-Gutzeit/Ebeling § 1684 Rn 12), dass aber andererseits das Bestreben dahin gehen sollte, diese im Sinn des Kindeswohls problematische Option (vgl FamRefK/Rogner § 1684 Rn 4; Johannsen/Henrich/Jaeger [6. Aufl 2015] § 1684 Rn 33) zu vermeiden und wenn möglich eine freiwillige Ausübung des Umgangsrechts zu erreichen (so auch die früheren Hinweise auf die Pflicht zum Umgang: OLG München FamRZ 1998, 750; Willutzki KindPrax 1998, 8, 11; Mühlens KindPrax 1998, 3, 7).

bb) Praktische Umsetzung

76 Nach Inkrafttreten des KindRG ist gleichwohl feststellbar, dass in der Praxis eine **Verurteilung und Durchsetzung** des Umgangsrechts des Kindes gegen einen unwilligen Elternteil eine nicht unbedeutende Rolle spielt (BVerfG 17. 2. 2022 – 1 BvR 743/21, FamRZ 2022, 794; BVerfG 1. 4. 2008 – 1 BvR 1620/04, JZ 2008, 944; OLG Frankfurt 22. 8. 2022 – 6 WF 112/22, NJW-RR 2022, 1515: Ordnungsgeld bejaht; OLG Frankfurt 11. 11. 2020 – 3 UF 156/20, NJW 2021, 2297: Umgangspflicht gegen den Willen des Vaters; OLG Hamm 25. 7. 2017 – 6 WF 179/17, juris Rn 4 f, FamRZ 2018, 111: Ordnungsgeld verneint; OLG Oldenburg 28. 7. 2016 – 13 WF 55/16, juris Rn 4, FamRZ 2017, 390: Ordnungsgeld bejaht; OLG Frankfurt 12. 9. 2013 – 5 WF 171/13, juris Rn 15, FamRZ 2014, 403: Ordnungsgeld verneint; OLG Stuttgart 7. 8. 2008 – 16 WF 194/08, juris Rn 10, FamRZ 2009, 354; OLG Brandenburg NJW 2004, 3786; OLG Celle MDR 2001, 395; zustimmend Finke FF 2001, 115; OLG Köln FamRZ 2001, 1023; OLG Köln FamRZ 2002, 979; OLG Köln FamRZ 2004, 52; AG Bochum FamRZ 2007, 494; Ernst NZFam 2015, 641, 642; Zempel FF 2010, 238). Die Berufung auf die grundrechtlich geschützte Handlungsfreiheit (Art 2 GG; OLG Celle MDR 2001, 395) steht schon im Hinblick auf die aus Art 6 Abs 2 GG folgende Elternpflicht und des damit verbundenen, ebenfalls grundrechtlich verbürgten Umgangsrechts des Kindes grundsätzlich einer **Verpflichtung zum Umgang** nicht entgegen, die sich auch nicht als Eingriff in den unantastbaren Bereich der privaten Lebensgestaltung erweist (vgl BVerfG 17. 2. 2022 – 1 BvR 743/21, FamRZ 2022, 794; OLG Celle MDR 2001, 395 gegen den Einwand des Vaters, es habe sich um ein „rein sexuelles Verhältnis" zur Kindesmutter gehandelt).

77 Die umstrittene Frage, ob die **zwangsweise Durchsetzung des Umgangs** gegen den nachhaltig ablehnenden Elternteil dem Kindeswohl dient, hatte für das bis zum 31. 8. 2009 geltende Recht durch das Urteil des BVerfG vom 1. 4. 2008 (BVerfG JZ 2008, 944; ebenso BGH FamRZ 2008, 1334) eine Klarstellung erfahren, die zugleich neue Diskussionen ausgelöst hat. Im Widerstreit zwischen dem Argument, gegen einen beharrlich den Umgang verweigernden Elternteil könne ein Umgang nicht durchgesetzt werden (OLG Nürnberg FamRZ 2002, 413, 414; OLG Nürnberg FamRZ 2007, 925; AG Celle FamRZ 2010, 1681; vgl auch VerfGH Berlin FamRZ 2004, 970, 971), und der grundsätzlichen gesetzlichen Wertung, wonach das Kind ein Recht auf den Umgang hat (OLG Brandenburg NJW 2004, 3786,

3787), hat das BVerfG die Position eingenommen, eine zwangsweise Umgangsdurchsetzung komme nur in Betracht, wenn sich im konkreten Einzelfall hinreichende Anhaltspunkte dafür ergeben, dass **Kindeswohldienlichkeit dennoch zu bejahen sei**; ein Umgang mit einem obstruierend-unwilligen Elternteil kann das Kind belasten und dem Kindeswohl abträglich sein (iE zustimmend LUTHIN FamRZ 2008, 853; ALTROGGE FPR 2008, 410). Gleichwohl kann kritisch betrachtet werden, dass das BVerfG durch seine erste Entscheidung zur Durchsetzung der elterlichen Umgangspflicht eine faktische Freistellung des zum Umgang verpflichteten Elternteils zur Regel gemacht hat und zu wenig die Chance einbezogen hat, dass unter dem Nachdruck der Androhung und Durchsetzung von Vollstreckungsmaßnahmen die Ernsthaftigkeit des gesetzgeberischen Ziels erkannt wird oder bei einem begleiteten Umgang die Scheu, seine Ablehnung Dritten zu offenbaren, zu Annäherung führt (RAUSCHER JZ 2008, 949). Wenn man das Urteil stärker von seiner grundsätzlichen Aussage (Kindesrecht, grundsätzliche Vollstreckbarkeit) begreift, hat es aber das Kindeswohl gestärkt (vgl ALTROGGE ZKJ 2008, 154, 310; dies FPR 2009, 34; ADELMANN JAmt 2008, 289; ZEMPEL FF 2010, 238). Nicht jeder anfangs erzwungene Umgang muss langfristig gesehen dem Kindeswohl abträglich sein (zutreffend daher OLG Frankfurt 11. 11. 2020 – 3 UF 156/20, NJW 2021, 2297; OLG Oldenburg 28. 7. 2016 – 13 WF 55/16, juris Rn 4, FamRZ 2017, 390; OLG Celle MDR 2001, 395). Erst recht gilt dies, wenn Umgang zwar stattfindet, jedoch in einem dem Kindeswohl völlig unzureichenden Maß (OLG Köln FamRZ 2004, 52: nicht jedoch, wenn eine Ausdehnung eines normalen Umgangs vielleicht wünschenswert wäre; AG Hann Münden FamRZ 2000, 1599).

Gelegentlich wurde in der Vergangenheit das Urteil des BVerfG auf Fälle fehlender Umgangstoleranz des **betreuenden Elternteils** projiziert (vgl etwa RAKETE-DOMBEK FPR 2008, 492). Zwar ist sowohl die Umgangsverweigerung des Umgangspflichtigen als auch fehlende Umgangstoleranz des zur Umgangsgewährung Verpflichteten kindeswohlwidrig und damit pflichtwidrig. Das Ringen um einen dem Kindeswohl förderlichen Umgang darf aber nicht zu der Frage führen, ob Gleichheit im Unrecht zur Umgangsverweigerung besteht. Der Vorwurf von zweierlei Maß (PESCHEL-GUTZEIT NJW 2008, 1922, 1925) verkennt, dass die Ansicht des BVerfG nur ein Nachgeben im Interesse des Kindeswohls, aber kein Verweigerungsrecht des Umgangsunwilligen bedeutet. Auch bei einer Verweigerungshaltung des zum Umgang verpflichteten Elternteils hat das Familiengericht **im Erkenntnisverfahren** einen **Umgangstitel** zu schaffen, soweit der Umgang das Kindeswohl nicht gefährdet und wegen fehlenden Elternkonsenses eine gerichtliche Umgangsregelung veranlasst ist (OLG Frankfurt 11. 11. 2020 – 3 UF 156/20, NJW 2021, 2297; OLG Frankfurt 9. 7. 2013 – 6 UF 140/13, juris Rn 4, FamRZ 2014, 576; ALTROGGE FPR 2008, 410, 412). Erst auf der **Ebene des Vollstreckungsverfahrens** ist im jeweiligen Einzelfall zu prüfen, ob ein erzwungener Umgang Aussicht hat, das Wohl des Kindes zu fördern. Dabei ist die Frage, ob eine realistische Chance besteht, dass die Erfahrung mit dem Kind dazu führt, dass der umgangsunwillige Elternteil seine Ablehnungshaltung überwindet, von entscheidender Bedeutung. Auch ist zu berücksichtigen, dass die Ablehnungshaltung für sich gesehen schon eine erhebliche Beeinträchtigung des seelischen Wohls des Kindes darstellen wird, welche durch erzwungene Umgangskontakte nicht zwangsläufig verstärkt werden muss (OLG Frankfurt 11. 11. 2020 – 3 UF 156/20, NJW 2021, 2297; OLG Oldenburg 28. 7. 2016 – 13 WF 55/16, juris Rn 4, FamRZ 2017, 390; **aA** OLG Hamm 25. 7. 2017 – 6 WF 179/17, juris Rn 4 f, FamRZ 2018, 111).

Nur unter besonderen Umständen nachvollziehbar ist es, wenn ein Umgangselternteil seine **Ehe** durch den Umgang mit einem während dieser Ehe außerehelich gezeugten Kind **in Gefahr** sieht – ein in der Praxis durchaus gerne vorgetragenes Argument (BVerfG NJW 2002, 1863; BVerfG JZ 2008, 944; hiergegen zutreffend OLG Brandenburg NJW 2004, 3786). Der bloße Umstand, dass die Umgangsausübung für eine kürzere Zeit den Elternteil seiner ehelichen Familie vorenthält, kann ebenso wenig eine Verletzung des Grundrechts aus Art 6 Abs 1 GG begründen, wie die durch den Umgang bewirkte Bewusstmachung der Existenz des außerehelich gezeugten Kindes.

Der Gesetzgeber des FGG-RG hat bei der Neufassung des umgangsrechtlichen Vollstreckungsrechts die Entscheidung des BVerfG zur Durchsetzung des Umgangsrechts in § 89 FamFG miteinfließen lassen (zur Umsetzung vgl Altrogge FPR 2009, 34). Nach dessen Abs 1 *(„kann")* besteht für das Familiengericht ein Ermessen bei der Entscheidung, ob Ordnungsmittel bei Verstößen gegen Umgangspflichten verhängt werden. Nach den Gesetzesmaterialien (Beschlussempfehlung des Rechtsausschusses BT-Drucks 16/9733, 291) sollte durch diese Formulierung entgegen dem Gesetzesentwurf *(„soll")* gerade die Möglichkeit geschaffen werden, zu vermeiden, dass ein umgangsunwilliger Elternteil vom Familiengericht gegen seinen Willen mit Zwangsmitteln zum Umgang mit dem Kind angehalten werden muss.

Den gesetzlichen **Übergang vom Zwangsmittel hin zum Ordnungsmittel** hat inzwischen auch das BVerfG (BVerfG 17. 2. 2022 – 1 BvR 743/21, FamRZ 2022, 794) zum Anlass genommen, seine zum früheren Recht ergangene Rechtsprechung zur Durchsetzung der elterlichen Umgangspflicht nach § 89 FamFG anzupassen. In seiner Entscheidung vom 17. 2. 2022 hat das BVerfG ausgeführt, dass seine frühere Rechtsprechung zur zwangsweisen Durchsetzung der Umgangspflicht nicht ohne weiteres auf das Ordnungsmittelsystem von § 89 FamFG übertragbar sei und hat insoweit keine verfassungsrechtlichen Bedenken gegen die *Erteilung eines Warnhinweises nach § 89 Abs 2 FamFG* gegenüber dem umgangsunwilligen Elternteil angemeldet. Erst bei der Entscheidung über die Sanktionierung eines Verstoßes gegen die Pflicht zur Wahrnehmung des gerichtlich angeordneten Umgangs hat das Familiengericht bei der Entscheidung über das „Ob" des Ordnungsmittels sein *Anordnungsermessen* auszuüben und zu prüfen, ob der Umgang trotz des Zwangs durch die Vollstreckung dem Kindeswohl dient. Soweit der umgangsberechtigte Elternteil den Umgang mit seinem Kind nicht grundsätzlich verweigert, sondern sich nur nicht an die Vorgaben einer gerichtlichen Umgangsregelung halten möchte, bestehen insoweit gegen die Durchsetzung der Umgangspflicht mit Ordnungsmitteln keine verfassungsrechtlichen Bedenken (BVerfG 17. 2. 2022 – 1 BvR 743/21, FamRZ 2022, 794; OLG Frankfurt 22. 8. 2022 – 6 WF 112/22, NJW-RR 2022, 1515; Prütting/Helms/Hammer § 89 FamFG Rn 17).

Darüber hinaus ist aber im umgekehrten Fall der Verweigerung des Umgangs durch den betreuenden Elternteil die Bestimmung als **„Soll-Regel"** aufzufassen (OLG Brandenburg 28. 7. 2020 – 13 WF 118/20, FamRZ 2021, 217; OLG Schleswig 26. 5. 2020 – 10 WF 77/20, FamRZ 2020, 1373; KG 17. 8. 2016 – 13 WF 116/16, juris Rn 10, FamRZ 2017, 457; OLG Frankfurt 28. 6. 2012 – 4 WF 122/16, juris Rn 12, FamRZ 2013, 475; Völker/Clausius, Sorge- und Umgangsrecht [8. Aufl 2021] § 6 Rn 34; Prütting/Helms/Hammer § 89 FamFG Rn 17).

c) Vertretung des Kindes bei Umgangsdurchsetzung

78 Will das Kind seinen Umgangswunsch durchsetzen, so ergeben sich zudem **Vertretungsfragen**. Der Bundesrat hatte vorgeschlagen, das eigene Umgangsrecht auf das über 14-jährige Kind zu beschränken und diesem ein eigenes Antragsrecht zur

Durchsetzung zu geben (BT-Drucks 13/4899, 153 Nr 19; einen erneuten Vorstoß unternahm die Initiative der Bundesländer Hamburg und Sachsen-Anhalt im Entwurf eines Kinderrechteverbesserungsgesetzes, der ein eigenständiges Recht des über 12-jährigen Kindes zur Durchsetzung des Umgangsrechts auch ohne Zustimmung des gesetzlichen Vertreters vorsieht, BR-Drucks 369/99; KindPrax 1999, 196). Dies hätte für die Zeit bis zum Inkrafttreten des FamFG Vertretungsprobleme vermieden. Im Anschluss an die Entscheidung des BVerfG vom 1. 4. 2008 (BVerfG 1. 4. 2008 – 1 BvR 1620/04, JZ 2008, 944; oben Rn 76 f) hat der BGH in einem Umgangsverfahren, in dem das Kind Umgang gegen einen unwilligen Elternteil beansprucht hatte, entschieden, dass das Umgangsrecht des Kindes in seinem Namen nur durch den gesetzlichen Vertreter geltend gemacht werden könne. Ein eigenes Recht des Sorgeberechtigten bestünde nicht, auch gewillkürte Prozessstandschaft sei nicht möglich (BGH 14. 5. 2008 – XII ZB 225/06, FamRZ 2008, 1334). Diese Rechtsprechung hat sich aber durch das am 1. 9. 2009 in Kraft getretene FamFG erledigt. Umgangsverfahren sind nunmehr amtswegige Verfahren iSd § 24 FamFG, die keines Verfahrensantrages iSd § 23 FamFG bedürfen, sondern ggf auf Anregung **von Amts wegen** eingeleitet werden (BGH 1. 2. 2017 – XII ZB 601/15, juris Rn 7, FamRZ 2017, 532; OLG Saarbrücken 5. 3. 2018 – 6 UF 116/17, juris Rn 33; OLG Frankfurt 27. 6. 2011 – 4 WF 144/11, juris Rn 9; Heilmann NJW 2012, 16, 20; Heilmann/Cirullies §§ 23–25 FamFG Rn 4; **aA** Osthold FamRZ 2017, 1643, 1648). Damit bedarf es eines Antrages des Kindes vertreten durch den sorgeberechtigten Elternteil nicht mehr (OLG Frankfurt 9. 7. 2013 – 6 UF 140/13, juris Rn 3, FamRZ 2014, 576; Heilmann/Gottschalk § 1684 Rn 85). Jeder Elternteil kann vielmehr selbst – in eigenem Namen – die Einleitung eines Umgangsverfahrens nach § 24 FamFG anregen. Da die Anregung eines Verfahrens iSd § 24 FamFG keine Verfahrensfähigkeit voraussetzt, könnte sich auch das noch nicht nach § 9 Abs 1 Nr 3 FamFG verfahrensfähige Kind selbst an das Familiengericht wenden, was jedoch in der Praxis nicht vorkommt. Auf das Bestehen eines eigenes „Antragsrechts" kommt es gerade nicht an.

Das im Umgangsverfahren beteiligte, aber nicht selbst nach § 9 Abs 1 Nr 3 FamFG verfahrensfähige Kind bedarf aber im gerichtlichen Verfahren der **Vertretung durch seinen gesetzlichen Vertreter**. Ist der betreuende Elternteil allein sorgeberechtigt, so vertritt er das Kind (§ 1629 Abs 1 S 3). Ist der den Umgang verweigernde Umgangselternteil mitsorgeberechtigt, so kommt eine Alleinvertretung nach § 1687 Abs 1 BGB angesichts der Bedeutung des elterlichen Umgangs nicht in Betracht (Heilmann/Gottschalk § 1687 Rn 6). Das Kind wird hier nach § 1629 Abs 1 S 2 BGB von beiden Elternteilen vertreten. Steht es unter Vormundschaft, wird das Kind von seinem Vormund vertreten (§ 1789 Abs 2 S 1 BGB).

Dass in einem Umgangsverfahren die Rechte des Kindes vielfach in Konflikt mit den **79** Elternrechten, sei es das Umgangsrecht oder das Umgangsbestimmungsrecht, geraten, ist unbestreitbar, sodass sich die Frage stellt, ob hier nicht wegen einer **Interessenskollision** nach § 1629 Abs 2 S 3 BGB dem oder den vertretungsberechtigten Elternteil die Vertretungsmacht entzogen werden müsste und dem Kind nach § 1809 BGB ein Ergänzungspfleger zur Vertretung im Umgangsverfahren bestellt werden müsste (so Staudinger/Veit [2014] § 1795 Rn 53). Der **BGH** ist dem jedoch – in Rahmen eines Verfahrens nach § 1671 BGB – zu Recht entgegen getreten, weil die eigenen Interessen des Kindes bereits hinreichend durch die Bestellung eines Verfahrensbeistandes (§ 158 FamFG) gewahrt sind und die gleichzeitige Bestellung eines Ergänzungspflegers und eines Verfahrensbeistandes das Verfahren noch schwerfälliger machen würde (BGH 7. 9. 2011 – XII ZB 12/11, juris Rn 18 ff, ZKJ 2011, 465, bestätigt durch BGH 27. 6. 2018 – XII ZB 46/18, juris Rn 10, NJW 2018, 2962; DÜRBECK, in: OBERLOSKAMP/DÜRBECK, Vormundschaft [5. Aufl 2023] § 3 Rn 47; SCHAEL FamRZ 2009, 265, 269). Auch soweit in einem Umgangsverfahren die gemeinsam sorgeberechtigten Eltern darüber streiten, wem von beiden das Recht, **einen Rechtsanwalt für das Kind zu beauftragen**, nach § 1628 BGB zu übertragen ist, genügt die Bestellung eines Verfahrensbeistands zur hinreichenden Interessensvertretung des Kindes, sodass die entsprechenden Anträge der Eltern zurückzuweisen sind (BGH 27. 6. 2018 – XII ZB 46/18, juris Rn 12 ff, NJW 2018, 2962).

80 Im Übrigen besteht ein Anspruch des Kindes und Jugendlichen gegen das **Jugendamt** auf **Beratung und Unterstützung** bei der Ausübung des Umgangsrechts (§ 18 Abs 3 S 1 SGB VIII; vgl WIESNER/WAPLER/DÜRBECK § 18 SGB VIII Rn 19 ff; WEBER FPR 2011, 323; FamRefK/ROGNER § 1684 Rn 14; RAUSCHER FamRZ 1998, 331, 332 f), der Kindern und Jugendlichen jedoch mangels Kenntnis durch die Jugendhilfe auch aktiv vermittelt werden muss (KOHLER ZfJ 1999, 128, 131). Der Anspruch besteht altersunabhängig und soll nach dem Wortlaut der Vorschrift auch ohne Kenntnis des oder der Sorgeberechtigten gegeben sein (vgl BT-Drucks 13/8511, 82), wobei aber ein Konflikt mit dem aus der Erziehungsverantwortung folgenden Informationsbedürfnis der Sorgeberechtigten auftreten kann (vgl WIESNER/WAPLER/DÜRBECK § 18 SGB VIII Rn 21). Soweit erwünscht und sinnvoll, kann das Jugendamt bei dem Familiengericht – im Regelfall nach einem Gespräch mit den Eltern, die ebenfalls einen Beratungs- und Unterstützungsanspruch in Bezug auf das Umgangsrecht besitzen (§ 18 Abs 3 S 3 SGB VIII) – selbst die Einleitung eines Umgangsverfahrens nach § 24 FamFG anregen. Zu einer Vertretung des Kindes ist es aber nach § 18 Abs 3 SGB VIII nicht befugt (WIESNER/WAPLER/DÜRBECK § 18 SGB VIII Rn 22).

Praktische Bedeutung dürfte das Kindesrecht auf Umgang auch in **Richtung auf den Elternteil** haben, der sich dem Umgang widersetzt, obgleich der Umgangselternteil den Umgang wünscht. In dieser Richtung steht das Recht des Kindes im Einklang mit dem Recht des Umgangselternteils, das mangels einer Umgangspflicht nicht gegen das Kind, sondern gegen den anderen die Obhut ausübenden Elternteil gerichtet ist (HEILMANN/GOTTSCHALK § 1684 Rn 16; BeckOGK/ALTROGGE [15. 11. 2021] § 1684 Rn 43). Soweit das Kind selbst – mit Beratung und Unterstützung des Jugendamts (soeben Rn 78) – initiativ wird und eine Regelung nach § 1684 Abs 3 S 1 BGB begehrt, kann sich ein solches Vorgehen natürlich aus Sicht des Kindes dann als sehr konfliktbeladen erweisen (vgl FamRefK/ROGNER § 1684 Rn 17). Das vom Kind um Beratung und Unterstützung angegangene Jugendamt wird jedoch in diesem Fall bemüht sein, das Kind aus der Rolle des *„Antragstellers“* herauszuhalten, indem es den Umgangselternteil überzeugt, im Interesse des Kindes die verfahrensrechtliche Initiative zu ergreifen oder aber selbst beim Familiengericht die Einleitung eines Umgangsverfahrens anregt.

3. Verhältnis zum Sorgerecht

a) Selbständigkeit

81 Sorgerecht und Umgangsrecht sind **selbständige** Rechte, die beide im natürlichen Elternrecht wurzeln und von Art 6 Abs 2 GG garantiert sind (BVerfGE 31, 194; FamRZ 2016, 1917 Rn 18; BGHZ 51, 219; BGH FamRZ 1987, 356, 358; OLG Hamburg FamRZ 1996, 1093; SOERGEL/JAKOBITZ § 1684 Rn 3; GRÜNEBERG/GÖTZ § 1684 Rn 3; JOHANNSEN/HENRICH/ALTHAMMER/RAKE § 1684 Rn 6; BeckOK-BGB/VEIT [1. 1. 2023] § 1684 Rn 26; vgl oben Rn 65). Dieser

Grundsatz wird durch die Neufassung des Umgangsrechts in § 1684 BGB durch das KindRG insoweit bestätigt, als das Umgangsrecht nicht mehr vom Fehlen des (Personen-)Sorgerechts abhängt, was die Eigenständigkeit betont und dem Gedanken, das Umgangsrecht könnte nur Restbestand der Personensorge sein, die Grundlage entzieht (vgl schon oben Rn 65).

b) Einschränkung der Personensorge – Frage des Umgangsbestimmungsrechts

Soweit dem anderen Elternteil (auch) die Personensorge zusteht, **schränkt das Umgangsrecht die Ausübung der Personensorge ein**, namentlich das Recht zur Aufenthaltsbestimmung und das Recht zur Umgangsbestimmung gemäß § 1632 Abs 2 BGB (BGH 6. 7. 2016 – XII ZB 47/15, juris Rn 45, ZKJ 2016, 419). 82

Ob die Befugnis zur Umgangsbestimmung Bestandteil der elterlichen Sorge ist und ob dieser gegenüber der Umgangsregelung und im Verhältnis zum Sorgerecht begrenzende Funktion zukommt, war sehr umstritten (vehement verneint vormals von Staudinger/Rauscher [2014] § 1684 Rn 63). Der Frage kommt auch entscheidende Bedeutung zu, ob der Bestellung eines **Umgangsbestimmungspflegers** nach § 1666 BGB (vgl dazu unten Rn 126) gegenüber der Bestimmung eines Umgangspflegers nach § 1684 Abs 3 BGB ein eigenständiger Anwendungsbereich zukommt.

In der Rechtsprechung und in der Literatur wurde dazu früher die Auffassung vertreten, dass die elterliche Sorge eine entsprechende **Befugnis zur Umgangsbestimmung** nicht umfasse. Das Sorgerecht ermächtige dessen Inhaber aber nicht, den Umgang mit dem nicht betreuenden Elternteil näher zu bestimmen, auszugestalten oder gar zu verweigern, der Umfang und die Ausübung des Umgangsrechts ergäben sich vielmehr aus einer am Kindeswohl orientierten Inhaltsbestimmung des Umgangsrechts selbst (OLG Karlsruhe 13. 2. 2014 – 18 UF 58/13, juris Rn 13, FamRZ 2014, 1378; OLG München 22. 12. 2010 – 33 UF 1745/10, juris Rn 7, JAmt 2011, 162; Staudinger/Rauscher [2014] § 1684 Rn 63, 110 ff; Jokisch FuR 2016, 145, 148; Frohn FF 2016, 240, 242).

Zum Teil wurde auch die Ansicht vertreten, die Umgangsbestimmungsbefugnis folge aus dem **Aufenthaltsbestimmungsrecht** und beinhalte nicht die Bestimmung über Art und Umfang des Umgangs mit dem anderen Elternteil (OLG Stuttgart 14. 8. 2014 – 11 UF 118/14, juris Rn 17 f, JAmt 2014, 651).

Der **BGH** hat sich jedoch in seiner Entscheidung vom 6. 7. 2016 (BGH 6. 7. 2016 – XII ZB 47/15, juris Rn 44 ff, ZKJ 2016, 419) zu Recht der Auffassung angeschlossen, dass das Umgangsbestimmungsrecht als Teil der Personensorge einzuordnen ist (OLG Frankfurt 13. 7. 2015 – 3 UF 251/14, juris Rn 28, FamRZ 2016, 246; OLG Frankfurt 16. 1. 2015 – 4 UF 255/14, juris Rn 27, ZKJ 2015, 154; OLG Frankfurt 13. 5. 2015 – 4 UF 385/14, juris Rn 16; OLG Frankfurt 20. 4. 2015 – 4 UF 54/15, juris Rn 22, FamRZ 2016, 68; Heilmann FamRZ 2014, 1753; Vogel FF 2016, 441, 445). Die rechtliche Befugnis, über den Umgang eines Kindes zu bestimmen, ist Teil der elterlichen Personensorge nach § 1626 Abs 1 BGB. Dies folgt schon aus der Bestimmung des **§ 1632 Abs 2 BGB**, wonach zur Personensorge auch das Recht gehört, den Umgang des Kindes auch mit Wirkung für und gegen Dritte zu bestimmen. Dies gilt – bei alleinigem Sorgerecht – auch für den **Umgang des Kindes mit dem anderen Elternteil** (BGH 6. 7. 2016 – XII ZB 47/15, juris Rn 45; ZKJ 2016, 419; Johannsen/Henrich/Althammer/Dürbeck § 1632 BGB Rn 21; Heilmann FamRZ 2014, 1753, 1755; **aA** OLG Celle 16. 12. 2010 – 10 UF 253/10, juris Rn 12, ZKJ 2011, 182; Staudinger/Rauscher [2014] § 1684

Rn 117; Obermann FamRZ 2016, 1031, 1034; ders NZFam 2014, 976). Das Recht zur Umgangsbestimmung ist unabhängig vom Aufenthaltsbestimmungsrecht und ist allein dem Träger der Personensorge zugewiesen. Zum Umgang des Kindes gehört auch der Kontakt zu dem anderen Elternteil. Auch die Bestimmung des Umgangs mit den Eltern fällt unter die Personensorge. Hieran vermag der Umstand nicht zu ändern, dass das elterliche Umgangsrecht selbständig ist und von Art 6 Abs 2 GG geschützt ist. Andernfalls ließe sich auch nicht erklären, weshalb im Falle des Entzuges des elterlichen Sorgerechts nach § 1666 BGB der Vormund in der Lage ist, ohne Mitwirkung des Familiengerichts Vereinbarungen mit den Eltern über ihr Umgangsrecht zu treffen (OLG Frankfurt 16. 1. 2015 – 4 UF 255/14, juris Rn 27, ZKJ 2015, 154; vgl DIJuF-Rechtsgutachten JAmt 2022, 534, 535).

Unter Zugrundelegung dieses dogmatischen Ansatzes gilt: Bei gemeinsamer Personensorge treffen beide Elternteile die Umgangsbestimmung (Staudinger/Salgo [2020] § 1632 Rn 20). Kann kein Konsens über den Elternumgang erzielt werden, ist – anders als der BGH meint – nicht nach § 1628 BGB zu verfahren, sondern nach der spezielleren Regelung von § 1684 Abs 3 BGB. Steht die elterliche Sorge einem Elternteil allein zu, ist dieser auch berechtigt, den Umgang des Kindes mit dem anderen Elternteil zu regeln. Das dem anderen Elternteil nach § 1684 Abs 1 BGB zustehende, vom Sorgerecht unabhängige Umgangsrecht, das von Art 6 Abs 2 GG geschützt ist, wird bei einer nicht einvernehmlichen Handhabung aber dadurch verwirklicht, dass durch die den Eltern eröffnete Möglichkeit der Herbeiführung einer gerichtlichen Umgangsregelung nach Abs 3 das ebenfalls nach Art 6 Abs 2 GG geschützte Sorgerecht *(hier in Form des Aufenthalts- und Umgangsbestimmungsrechts)* des anderen Elternteils eingeschränkt wird (BGH 6. 7. 2016 – XII ZB 47/15, juris Rn 45, ZKJ 2016, 419 zur Umgangsbestimmungspflegschaft; BGH 1. 2. 2017 – XII ZB 601/15, juris Rn 20, FamRZ 2017, 532 zum Wechselmodell; OLG Brandenburg 23. 9. 2021 – 13 UF 111/21, juris; Splitt FF 2019, 94, 98; Heilmann FamRZ 2014, 1753, 1755; Obermann FamRZ 2016, 1031, 1033; **aA** Staudinger/Rauscher [2014] § 1684 Rn 117; Frohn FF 2016, 240, 242).

Damit kann das Umgangsbestimmungsrecht auch nach § 1666 BGB entzogen werden und zur Umgangsbestimmung ein Ergänzungspfleger bestimmt werden, zu den Einzelheiten vgl Rn 126.

Der dogmatische Streit um das Umgangsbestimmungsrecht zur Regelung des elterlichen Umgangsrechts darf im Übrigen in Bezug auf seine praktischen Auswirkungen nicht überbewertet werden. Auch nach der Gegenauffassung führt bei fehlendem elterlichem Konsens der Weg zur Notwendigkeit einer Anrufung des Familiengerichts nach § 1684 Abs 3 BGB (OLG Celle 14. 7. 2021 – 10 UF 245/20, FamRZ 2022, 613 m Anm Götz). Die vom BGH anerkannte Lösung über das Umgangsbestimmungsrecht ermöglicht aber am besten eine weitgehend widerspruchsfreie dogmatische Abgrenzung zwischen elterlichem Umgangs- und Sorgerecht (verkannt aber jüngst von OLG Hamm 30. 1. 2023 – 13 UF 175/22, NZFam 2023, 848 m Anm Lack).

c) Ausübung der elterlichen Sorge während des Umgangs § 1687

aa) Entscheidung über alltägliche Angelegenheiten und der tatsächlichen Betreuung

83 Grundsätzlich trifft der Umgangsberechtigte, während das Kind sich bei ihm befindet, die Entscheidung in allen **Angelegenheiten der tatsächlichen Betreuung** des Kindes

(zum System sorgerechtlicher Alleinentscheidungsbefugnisse vgl Heine, Das System der sorgerechtlichen Alleinentscheidungsbefugnisse [2010] 1 ff). Bei gemeinsamer elterlicher Sorge folgt dies aus § 1687 Abs 1 S 4 BGB, bei alleinigem Sorgerecht des betreuenden Elternteils aus der Verweisung von § 1687a BGB auf vorbezeichnete Rechtsnorm. Dagegen hat der das Kind überwiegend betreuende Elternteil die Befugnis zur alleinigen Entscheidung in **Angelegenheiten des täglichen Lebens** (§ 1687 Abs 1 S 2 BGB). Alltagsangelegenheiten sind nach der gesetzlichen Definition von § 1687 Abs 1 S 3 BGB solche, die häufig vorkommen und keine schwer abzuändernden Auswirkungen auf die Entwicklung des Kindes haben. Die Alltagsangelegenheiten iSd § 1687 Abs 1 S 2 BGB und die Angelegenheiten der tatsächlichen Betreuung iSd Abs 1 S 4 überschneiden sich jedoch (vgl die Übersicht bei Heilmann/Gottschalk § 1687 Rn 14 und hier § 1687 Rn 50 ff), was letztlich zeigt, dass die § 1687 Abs 1 BGB zugrundeliegende Dreistufigkeit der Verteilung sorgerechtlicher Kompetenzen missglückt ist. Im Interesse des von Art 6 Abs 2 S 1 GG geschützten Umgangsrechts dürfte § 1687 Abs 1 S 4 BGB weit auszulegen sein. Damit entscheidet – unabhängig von der Aufteilung des Sorgerechts (§ 1687a BGB) – der Umgangsberechtigte – bis zur Grenze einer Gefährdung des Kindeswohls – über die **Ausgestaltung des Umgangs** nach Art, Zeit und Ort (KG 8. 10. 2015 – 13 WF 146/15, juris Rn 11, FamRZ 2016, 389; Burschel NZFam 2016, 395). Dies betrifft insbesondere Fragen der Ernährung, der Freizeit- und Sportaktivitäten, Medienkonsum, Umfang der schulischen Hausarbeiten und Bekleidung (OLG Brandenburg 11. 5. 2016 – 13 UF 37/16, juris Rn 7, NJW-RR 2016, 1347) des Kindes. Auch die Wahl des **Urlaubsorts** ist – bis zur Grenze einer möglichen Gefährdung des Kindes (zB Reisen in Krisenregionen, siehe unten Rn 85) – eine Angelegenheit der tatsächlichen Betreuung und obliegt daher dem Umgangselternteil (KG 1. 8. 2016 – 13 UF 106/16, juris Rn 20, FamRZ 2016, 2111; OLG Brandenburg 13. 11. 2013 – 15 UF 107/13, juris Rn 26; OLG Frankfurt 30. 7. 2008 – 2 UF 185/08, juris Rn 11, OLGR 2009, 739; Stockmann FamRB 2017, 315, 316). In diesem Zusammenhang hat der umgangsberechtigte Elternteil auch gegen den anderen Elternteil einen nach §§ 1632 Abs 1, 1684 Abs 2 BGB analog bestehenden Anspruch auf **Herausgabe des Reisepasses** des Kindes (BGH 27. 3. 2019 – XII ZB 345/18, MDR 2019, 676). Damit verbleibt § 1687 Abs 1 S 2 BGB gegenüber Abs 1 S 4 während des Aufenthalts des Kindes beim Umgangsberechtigten ein eher enger Anwendungsbereich (zB An- und Abmeldung bei Sportvereinen, Musikunterricht, ärztliche Vorsorge- und Routineuntersuchungen, vgl Heilmann/Gottschalk § 1687 Rn 14). Eine weitere Begrenzung (Koch FuR 2016, 265, 267) der Entscheidungsbefugnis des Umgangsberechtigten erfolgt aber durch das in § 1627 BGB verankerte **Gebot zur Erzielung kindeswohlorientierten Einvernehmens** und der aus § 1684 Abs 2 BGB folgenden **Loyalitätspflicht**. Bei Streitigkeiten um Alltagsangelegenheiten kann nach § 1687 Abs 2 BGB das **Familiengericht** angerufen werden, das auch das Entscheidungsrecht in Alltagsangelegenheiten ausschließen oder einschränken kann (OLG Brandenburg 11. 5. 2016 – 13 UF 37/16, juris Rn 8, NJW-RR 2016, 1347; zur Ausgestaltung des Verfahrens vgl Heilmann/Gottschalk § 1687 Rn 21 ff und hier unter § 1687 Rn 57 ff). Auch hinsichtlich des **Ortes**, an dem der Umgang mit dem Kind stattfindet, besteht ein Entscheidungsrecht des umgangsberechtigten Elternteils, was nicht zwingend die Wohnung sein muss (KG 8. 10. 2015 – 13 WF 146/15, juris Rn 11, FamRZ 2016, 389: Mitnahme des Kindes zur Arbeitsstelle eines Discjockeys). Auch über die Art des **Transportmittels**, mit dem der Umgangsberechtigte das Kind zum Umgang abholt, entscheidet der Umgangsberechtigte, wobei er hier die Sicherheit des Kindes (Kindersitz, Notwendigkeit der Begleitung des allein reisenden Kindes, keine Fahrt unter die Fahrtüchtigkeit einschränkendem Alkohol- und Drogeneinfluss) zu beachten hat. In diesem Zusammenhang wird der Transport eines jedenfalls noch kleinen Kindes mit einem Motorrad (OLG München FamRZ 1998, 974) wegen der damit verbundenen Gefahren nicht in Betracht kommen.

83a Relevant im Kontext des elterlichen Umgangsrechts sind auch Fragen der **Abholung des Kindes von einer Kinderbetreuungseinrichtung**. Das *OLG Dresden* (OLG Dresden 27. 2. 2019 – 23 UF 93/19, FamRZ 2019, 1334) hat sich in einer neueren Entscheidung mit der Frage beschäftigt, ob die alleinbetreuende Mutter – bei gemeinsamer elterlicher Sorge – dem umgangsberechtigten Vater untersagen kann, das Kind außerhalb seiner Umgangszeiten vom Kindergarten abzuholen und dort herauszuverlangen, um es zur Mutter zu verbringen. Da hier offenkundig ein Dissens der Eltern über die sorgerechtliche Entscheidungsbefugnis bestanden hatte, beantragte die Kindesmutter im Wege einstweiliger Anordnung dem Vater zu untersagen, das Kind ohne ihre Zustimmung von der Kindestagestätte abzuholen und herauszuverlangen. Das Amtsgericht hatte dem Antrag stattgegeben und fernliegend § 1666 Abs 3 Nr 3 und 4 BGB als Rechtsgrundlage benannt. Das OLG Dresden hat die Beschwerde des Vaters im Ergebnis zutreffend mit der Erwägung zurückgewiesen, dass die Entscheidung, wer das Kind vom Kindergarten abholt und sodann in den Haushalt des betreuenden Elternteils begleitet, zu den Angelegenheiten des täglichen Lebens iSd § 1687 Abs 1 S 2 und 3 BGB zählt und daher vom betreuenden Elternteil allein zu treffen ist (vgl auch OLG Bremen 1. 7. 2008 – 4 UF 39/08, FamRZ 2009, 355 und hier § 1687 Rn 38). Nicht überzeugend hat das OLG Dresden aber keine Ausführungen dazu gemacht, wie die entsprechende Entscheidung verfahrensrechtlich einzuordnen war. Zutreffend wäre es gewesen, die Eingabe der Mutter als Antrag nach § 1687 Abs 2 BGB zu behandeln. Danach kann das Familiengericht die Befugnisse nach Abs 1 S 2 und 4 einschränken und ausschließen, soweit dies zum Wohl des Kindes erforderlich ist. Über den Wortlaut hinaus kann aber auch die gerichtliche Feststellung beantragt werden, ob es sich bei einer Angelegenheit um eine solche von erheblicher Bedeutung handelt oder um eine des täglichen Lebens (OLG Frankfurt 7. 6. 2010 – 2 WF 117/10, FamRZ 2011, 47; Heilmann/Gottschalk § 1687 Rn 22). Der Antrag auf Feststellung ist insoweit unter dem Gesichtspunkt der Verhältnismäßigkeit das mildere Mittel gegenüber einer (vollstreckbaren) Unterlassensanordnung (OLG Frankfurt 7. 6. 2010 – 2 WF 117/10, FamRZ 2011, 47). Allerdings ist darauf zu verweisen, dass die Entscheidung der Frage, wer das Kind in der Zeit abzuholen hat, in der ein Umgangsrecht des anderen Elternteils besteht, ausschließlich von letzterem zu treffen ist (§ 1687 Abs 1 S 4 BGB).

Das *OLG Brandenburg* (OLG Brandenburg 24. 2. 2020 – 13 UF 125/19, FamRZ 2020, 1654) hat sich dagegen mit der Frage befasst, ob es dem umgangsberechtigten Elternteil, der das betroffene Kind nach einer Umgangsregelung vom Schülerhort abzuholen hat, in sorgerechtlicher Hinsicht gestattet ist, dieses zu veranlassen, sich allein von dort zu der 800 Meter entfernten Kindertagesstätte seines kleineren Bruders zu begeben, wo der umgangsberechtigte Vater sodann beide Kinder abholen wollte. Die Kindesmutter war dem entgegengetreten und hatte veranlasst, dass sich auch die Hortleitung dem Ansinnen des Vaters widersetzte. Das OLG Brandenburg hat im Rahmen des vom Vater gestellten Feststellungsantrages nach § 1687 Abs 2 BGB zu Recht darauf verwiesen, dass die Art und Weise der Abholung des Kindes nicht Gegenstand der von den Eltern getroffenen Umgangsvereinbarung ist. Bereits mit Beginn des Umgangs nach Beendigung des Schulunterrichts obliegt es dem Umgangsberechtigten, nach § 1687 Abs 1 S 4 BGB darüber zu entscheiden, in welcher Art und Weise er das Kind in Empfang nimmt, weil es sich insoweit um eine Angelegenheit der tatsächlichen Betreuung handelt.

Für **Notfälle** gilt das **Alleinvertretungsrecht** des Umgangsberechtigten nach §§ 1687 Abs 1 S 5, 1687a, 1629 Abs 1 S 4 BGB (vgl dazu § 1687 Rn 54). **83b**

Zur Frage der Anwesenheit Dritter während des Umgangs, des Bestimmungsrechts zum Umgang des Kindes mit Dritten vgl Rn 86, zur Frage von Urlaubsreisen mit dem Kind vgl Rn 85.

bb) Entscheidungen über Angelegenheiten von erheblicher Bedeutung

Nicht (allein) zugewiesen sind dem Umgangsberechtigten dagegen gemäß § 1687 **84**
Abs 1 S 1 BGB Entscheidungen über Angelegenheiten, die für das Kind von **erheblicher Bedeutung** sind. Im Umkehrschluss von § 1687 Abs 1 S 3 BGB handelt es sich hierbei um solche Belange, aus denen sich schwer abzuändernde Auswirkungen auf die kindliche Entwicklung ergeben. Die Entscheidungsbefugnis ist in solchen Fragen bei alleinigem Sorgerecht gemäß §§ 1687a, 1687 Abs 1 S 1 BGB dem Sorgerechtsinhaber und bei gemeinsamem Sorgerecht beiden Elternteilen nur gemeinsam zugewiesen (§ 1627 BGB). Im letzteren Fall bestehen wechselseitige Informationspflichten und Informationsrechte, es ist bei fehlendem Konsens eine gerichtliche Entscheidung nach § 1628 BGB herbeizuführen. Angelegenheiten von besonderer Bedeutung (dazu Heilmann/Gottschalk § 1687 Rn 7) sind etwa Fragen der Notwendigkeit (nicht nur alltäglicher) medizinischer Maßnahmen (zB Impfung, vgl BGH 3. 5. 2017 – XII ZB 157/16, juris Rn 20, FamRZ 2017, 1057; OLG Frankfurt 17. 8. 2021 – 6 UF 120/21, FF 2022, 35 (COVID); OLG Frankfurt 4. 9. 2015 – 6 UF 150/15, juris Rn 8, ZKJ 2015, 105; Brissa JR 2012, 401; vgl ausführlich § 1687 BGB Rn 41), die Verwendung des Vermögens des Kindes (OLG Oldenburg 30. 1. 2018 – 4 WF 11/18, juris Rn 9 f), Fragen der Ausbildungs- und Schulwahl, die Beantragung von Ausweisen oder Erziehungshilfen (OVG Koblenz 29. 10. 2012 – 7 A 10868/12, juris Rn 32, ZKJ 2013, 84), Schutzmaßnahmen im Kontext der Corona-Pandemie (vgl OLG Bamberg 26. 7. 2021 – 7 UF 84/21, FamRZ 2021, 1537: Teilnahme an Corona-Schnelltests in der Schule), die Inanspruchnahme von Notbetreuungseinrichtungen während der Corona-Pandemie (vgl AG Aachen 15. 5. 2020 – 220 F 136/20, NJW 2020, 2039 einerseits und AG München 26. 3. 2020 – 566 F 2876/20, ZKJ 2020, 316 andererseits) und vor allem grundlegende Fragen der Erziehung des Kindes, wobei sich gerade bei letzteren erhebliches Konfliktpotential bei unterschiedlichen Wertvorstellungen und religiösen Bekenntnissen zwischen den Eltern ergeben und das Umgangsrecht auch zum Nachteil des Kindes tangieren kann.

cc) Insbesondere Urlaubsreisen mit dem Kind

Im Vordergrund der Rechtsprechung steht im Rahmen der Entscheidungsbefugnisse **85**
beim Umgangsrecht die Frage, ob **Urlaubs- und sonstige Reisen** des Umgangsberechtigten mit dem Kind als Angelegenheiten der tatsächlichen Betreuung iSd § 1687 Abs 1 S 4 BGB auch ohne Zustimmung des anderen (mit-)sorgeberechtigten Elternteils unternommen werden können. Urlaubsreisen jedenfalls in das **europäische Ausland** oder Auslandsreisen in das (weiter entfernte) **Heimatland** des Umgangsberechtigten gehören nach heutiger gesellschaftlicher Anschauung nicht zu den Angelegenheiten von besonderer Bedeutung für das Kindeswohl, die einer alleiniger Entscheidungsbefugnis des Umgangsberechtigten über den Ort und die Ausgestaltung des Umgangs entgegenstehen und können daher auch ohne Einwilligung bzw Entscheidung des (Mit-)Sorgerechtsinhabers unternommen werden (KG 18. 5. 2020 –

13 UF 88/18, FamRZ 2020, 1731; KG 1. 8. 2016 – 13 UF 106/16, juris Rn 20, FamRZ 2016, 2111; OLG Brandenburg 13. 11. 2013 – 15 UF 107/13, juris Rn 26; OLG Frankfurt 30. 7. 2008 – 2 UF 185/08, juris Rn 11, OLGR 2009, 739; Stockmann FamRB 2017, 315, 316; Menne FamRB 2015, 359, 360). Sorgerechtsrelevant iSd § 1687 Abs 1 S 1 BGB werden sie grundsätzlich erst dann, wenn die Reise mit einer **Gefährdung des Kindeswohls** verbunden ist oder sonstige Gründe (wie etwa die Dauer der Anreise oder die Art und Begleitumstände der Reise) das **Kindeswohl nachhaltig tangieren** (OLG Frankfurt 21. 7. 2016 – 5 UF 206/17, juris Rn 11, ZKJ 2016, 361 zu einer Reise des betreuenden Elternteils in die Türkei; ebenso OLG Frankfurt 27. 6. 2018 – 4 UF 110/18, juris; OLG Karlsruhe 5. 8. 2014 – 5 WF 115/14, juris Rn 22, FamRZ 2015, 150; vgl auch § 1687 Rn 33 f). Im Zuge weltweiter Gefahren durch Terroranschläge, Bürgerkriege, Kriege, Naturkatastrophen oder – wie zuletzt im Kontext der **Corona-Pandemie** – ansteckende Krankheiten wird die Einschätzung, wann eine Reise für das Kind mit erheblichen Gefahren verbunden ist, zunehmend schwieriger. Etwaige **Reisewarnungen des Auswärtigen Amtes** können ein Indiz für das Bestehen einer Gefahr sein, ihre Formulierungen sind jedoch auch häufig politisch motiviert und sie sind daher letztlich nicht allein ausschlaggebend (OLG Köln 3. 7. 2019 – 10 UF 106/19, FamRZ 2020, 997 – Afghanistan; OLG Frankfurt 21. 7. 2016 – 5 UF 206/17, juris Rn 15, ZKJ 2016, 361; **aA** Stockmann FamRB 2017, 315, 319: ausschließlich nach den Sicherheitshinweisen des Auswärtigen Amts; ebenso OLG Köln 20. 12. 2019 – 10 UF 212/19, FamRZ 2020, 998 – Nicaragua). In der jüngeren Rechtsprechung wurden etwa Reisen in die Türkei (OLG Frankfurt 21. 7. 2016 – 5 UF 206/17, juris Rn 16, ZKJ 2016, 361) oder Ukraine (OLG Karlsruhe 5. 8. 2014 – 5 WF 115/14, juris Rn 22, FamRZ 2015, 235) als nicht alltäglich in diesem Sinne eingestuft, während Reisen nach Thailand (KG 2. 2. 2017 – 13 UF 163/16, juris Rn 15, FuR 2017, 396; KG 23. 6. 2017 – 13 WF 97/17, juris Rn 10 f, ZKJ 2017, 375), Russland (AG Wittenberg 28. 6. 2023 – 5a F 327/23, juris) oder Großbritannien (KG 1. 8. 2016 – 13 UF 106/16, juris Rn 17, FamRZ 2016, 2111) als Alltagsangelegenheit qualifiziert wurden. In Bezug auf Gefahren durch das **Corona-Virus** wurden sogar gewöhnliche Urlaubsreisen nach Mallorca (OLG Braunschweig 30. 7. 2020 – 2 UF 88/20, NJW 2020, 3042) oder Nicaragua (OLG Frankfurt 13. 3. 2020 – 7 UF 17/20, ZKJ 2020, 316) als erhebliche Angelegenheit iSd § 1687 BGB eingestuft und untersagt.

Wendet sich der Umgangselternteil, der die **Reise des betreuenden Elternteils** mit dem Kind verhindern will, an das Familiengericht, sind entsprechende Verfahren entgegen der Ansicht des KG (KG 1. 8. 2016 – 13 UF 106/16, juris Rn 14, FamRZ 2016, 2111) nicht als Umgangssachen iSd § 151 Nr 2 FamFG, sondern als sorgerechtliche Angelegenheiten nach § 151 Nr 1 FamFG iVm § 1628 bzw § 1687 Abs 2 BGB (vgl dazu Heilmann/Gottschalk § 1687 Rn 22) zu qualifizieren, sodass Entscheidungen im Wege **einstweiliger Anordnung** auch der Beschwerde nach § 57 S 2 Nr 1 FamFG unterliegen. Dies gilt auch für die Entscheidung eines Elternstreits um die Inanspruchnahme einer Notbetreuungseinrichtung im Kontext der Corona-Pandemie (zutreffend AG Aachen 15. 5. 2020 – 220 F 136/20, NJW 2020, 2039: § 1628 BGB; **aA** AG München 26. 3. 2020 – 566 F 2876/20, ZKJ 2020, 316: Frage des Umgangsrechts). Hinsichtlich der weiteren Einzelheiten und der älteren Rechtsprechung ist auf die Kommentierung zu § 1687 BGB Bezug zu nehmen (vgl § 1687 Rn 33 ff).

Will dagegen der betreuende Elternteil die Reise des Kindes mit dem Umgangselternteil verhindern, ist bei alleinigem Sorgerecht ein Umgangsverfahren bzw Umgangsabänderungsverfahren einzuleiten, bei gemeinsamer Sorge kann auch das Familiengericht nach § 1628 BGB angerufen werden (vgl KG 2. 2. 2017 – 13 UF 163/16, juris Rn 8 f, FamRZ 2017, 1061; Stockmann FamRB 2017, 315, 317 ff).

dd) Anwesenheit Dritter und Umgang des Kindes mit Dritten

Kontakte des Kindes zu anderen Personen als zum Umgangsberechtigten während des Umgangs werfen verschiedene Bestimmungsfragen auf. 86

Bis zum Inkrafttreten des KindRG regelte § 1634 Abs 2 S 1 HS 2 aF ausdrücklich, dass während der Dauer des Umgangs der **Umgangsberechtigte bestimmt**, mit wem sonst das Kind umgehen oder Kontakt haben darf (vgl dazu BGH 13. 12. 1968 – IV ZB 1035/68, FamRZ 1969, 148). Eine entsprechende Regelung wurde idF des KindRG nicht aufgenommen. Damit sollte nach allgemeiner Ansicht aber keine Änderung der Rechtslage verbunden sein; vielmehr diente § 1634 Abs 2 S 1 HS 2 aF dem praktischen Bedürfnis, die Beurteilung, ob ein Umgang des Kindes mit bestimmten Personen mit seinem Wohl vereinbar ist, deshalb dem Umgangselternteil zu überlassen, weil dieser die in Frage kommenden Personen regelmäßig eher kennen wird als der andere Elternteil (OLG Zweibrücken FamRZ 2001, 639, 640; BT-Drucks 8/2788, 55; obiter auch KG FamRZ 2003, 112: keine entsprechende Anwendung auf – gefährliche – Haustiere). Fraglich ist, ob man dies nunmehr auf § 1687 Abs 1 S 4 BGB (gemeinsames Sorgerecht) iVm § 1687a BGB (kein Sorgerecht des Umgangsberechtigten) stützen kann. Der Gesetzgeber hat die „Angelegenheiten der tatsächlichen Betreuung" anscheinend recht eng gesehen (BT-Drucks 13/4899, 108: „was das Kind zu Essen bekommt oder wann es ins Bett geht"). Im Interesse eines unverkrampften Familienlebens während des Umgangs ist in diesem Zusammenhang jedoch der Rahmen der tatsächlichen Betreuung weit zu ziehen und dieser wird insbesondere den **Kontakt mit Dritten** einzubeziehen haben (BGH 13. 12. 1968 – IV ZB 1035/68, juris Rn 21, BGHZ 51, 219; Johannsen/Henrich/Jaeger [6. Aufl 2015] § 1684 Rn 31; Horndasch NZFam 2016, 884, 885; Rauscher FamRZ 1998, 329, 334).

An dieser Stelle ist damit zu erörtern, inwieweit während der Ausübung des Umgangsrechts weitere Personen **anwesend** sein dürfen. Ein Anwesenheitsrecht des **betreuenden Elternteils** während des Umgangs des anderen Elternteils besteht nicht (Horndasch NZFam 2016, 884, 885). Das schließt es aber nicht aus, dass zB bei Säuglingen oder stark verunsicherten und entfremdeten Kindern die Anwesenheit der betreuenden Kindesmutter zumindest für eine kurze Übergangszeit sinnvoll und von beiden Eltern erwünscht sein kann. Der andere Elternteil kann auch für den Fall einer nicht einvernehmlichen Lösung als **Umgangsbegleiter** iSd § 1684 Abs 4 S 3 BGB in Betracht kommen (OLG Frankfurt 8. 7. 2022 – 4 UF 11/22, NZFam 2022, 940: Umgang in der Wohnung der Mutter; OLG Nürnberg 26. 11. 2013 – 10 UF 173/13, juris Rn 18, FamRZ 2014, 858), wovon aber zur Vermeidung von Konflikten nur in begründeten Ausnahmefällen Gebrauch gemacht werden sollte (MünchKommBGB/Hennemann § 1684 Rn 28). Gerade bei erschwerter Elternkommunikation und *konfliktreichen Auseinandersetzungen* ist die Anordnung der Anwesenheit des betreuenden Elternteils während des Umgangs unzulässig (EGMR 10. 1. 2017 – 32407/13, NLMR 2017, 20 Nr 91 [*Nowakowski/Polen*]).

Im Übrigen bestimmt der Umgangsberechtigte nach § 1687 Abs 1 S 4 BGB, welche dritten Personen bei seinem Umgang mit dem Kind anwesend sind (BGH 13. 12. 1968 – IV ZB 1035/68, juris Rn 21, BGHZ 51, 219). Dies gilt grundsätzlich auch für solche Dritte, deren Anwesenheit der Umgangselternteil duldet oder wünscht, der andere – allein oder mitsorgeberechtigte – Elternteil aber **ablehnt**.

Zumeist geht es hier um die **Anwesenheit eines neuen Partners** des Umgangselternteils. Nur insoweit geht es um Sorgerechtsabgrenzung, da grundsätzlich die Bestimmung des Umgangs des Kindes von der Personensorge umfasst ist (§ 1632 Abs 2 BGB). Zu unterscheiden ist aber zwischen dem hier behandelten „Umgang" iS von Kontakten mit Dritten *anlässlich* des Umgangs mit dem Elternteil (Besuche, Anwesenheit von Großeltern des Kindes, Lebenspartner, Spielen mit Nachbarskindern etc) und dem **eigenberechtigten und rechtlich selbständigen Umgang Dritter nach § 1685 BGB**, der dem **Umgangsbestimmungsrecht** als Teil der Personensorge (§ 1632 Abs 2 BGB) unterliegt. Nur für die Entscheidung über den Umgang mit Dritten iSd § 1685 BGB hat die sorgerechtliche Entscheidungsbefugnis Vorrang, weil es sich um eine wesentliche Angelegenheit iSd § 1687 Abs 1 S 1 BGB handelt (OLG Dresden FamRZ 2005, 1275; OLG Jena FamRZ 2009, 894; Heilmann/Gottschalk § 1687 Rn 7). Über die Frage der bloßen Anwesenheit Dritter oder Kontakte des Kindes zu Dritten (zB Freunde, Nachbarn) entscheidet dagegen der Umgangsberechtigte nach § 1687 Abs 1 S 4, 1687a BGB, weil es die Frage der Ausgestaltung des Umgangs betrifft (KG 8. 10. 2015 – 13 WF 146/15, juris Rn 25, FamRZ 2016, 389; in diese Richtung auch schon BGH 13. 12. 1968 – IV ZB 1035/68, juris, BGHZ 51, 219). Der (allein oder mitsorgeberechtigte) andere Elternteil kann insoweit den **Umgang** mit bestimmten Personen (insbesondere dem **neuen Lebenspartner** des Umgangsberechtigten oder dessen Eltern) nicht verbieten (OLG Hamm 6. 8. 1981 – 4 UF 235/81, FamRZ 1982, 93; Johannsen/Henrich/Jaeger [6. Aufl 2015] § 1684 Rn 31; Soergel/Jakobitz § 1684 Rn 32).

Nur dann, wenn das **Kindeswohl es erfordert oder gefährdet ist**, kann nach Maßgabe von §§ 1687 Abs 2, 1684 Abs 4 S 1 bzw 2 BGB **gegenüber dem Umgangsberechtigten**, nicht dem Dritten, eine familiengerichtliche Regelung veranlasst sein, dass der Umgang (im Regelfall) vorübergehend oder auch längerfristig nicht in Anwesenheit des Dritten stattzufinden hat (vgl BVerfG 16. 6. 2021 – 1 BvR 709/21, ZKJ 2021, 457 [pädophiler Ehemann der umgangsberechtigten Mutter] – vorgehend OLG Hamm 22. 12. 2020 – 11 UF 211/18, juris; BayObLGZ 1969, 194; OLG Celle FamRZ 1970, 209; OLG Stuttgart NJW 1978, 380; KG FamRZ 1978, 729; OLG Düsseldorf FamRZ 1979, 859; OLG Düsseldorf FamRZ 1992, 205, 206; OLG Hamm FamRZ 1982, 93; OLG Nürnberg FamRZ 1998, 976; Grüneberg/Götz § 1684 Rn 11). Eine Ablehnung des Dritten durch den anderen Elternteil genügt hier allein nicht. **Maßstab** dieser Regelung ist – weil es sich insoweit um eine **Einschränkung des Umgangsrechts** handelt – § 1684 Abs 4 S 1 oder 2 BGB. Eine vorübergehende Untersagung der Beteiligung eines Dritten am Umgang ist nach § 1684 Abs 4 S 1 BGB also dann zulässig, wenn dies zum *Wohl des Kindes erforderlich* ist (MünchKommBGB/Hennemann § 1684 Rn 39), im Übrigen bedarf es für eine Einschränkung *von längerer Dauer aber einer Kindeswohlgefährdung* nach § 1684 Abs 4 S 2 BGB. Das BVerfG (BVerfG 16. 6. 2021 – 1 BvR 709/21, ZKJ 2021, 457 m Anm Dürbeck) konnte die Frage insoweit offen lassen, weil im dortigen Fall (OLG Hamm 22. 12. 2020 – 11 UF 211/18, juris) durch die Anwesenheit des (pädophilen) Ehemannes der Mutter während des Umgangs das Kindeswohl gefährdet gewesen wäre.

Eine Einschränkung kann auch dann in Betracht kommen, wenn sich die Ablehnungshaltung des betreuenden Elternteils gegenüber dem Dritten **auf das Kind übertragen hat** und diese das Kind stark psychisch belastet und den Umgang sonst gefährden würde (OLG Nürnberg 19. 8. 1997 – 7 WF 2685/97, juris Rn 6, FamRZ 1998, 976, allerdings zu Unrecht auch auf das dort noch nicht abgelaufene Trennungsjahr abstellend, was aber nicht im Zusammenhang mit dem Kindeswohl steht; Heilmann/Gottschalk § 1684 Rn 50). Dies gilt natürlich erst recht, wenn die Ablehnungshaltung des Kindes auf **eigenen, für es belastenden Erfahrungen** mit dem Dritten (zB Gewalt, unangemessene Autorität,

Einmischung in Erziehungsfragen) beruht. In Betracht kommt ein Anwesenheitsverbot auch bei Gefährdungen der psychischen Entwicklung des Kindes durch den Dritten (vgl OLG Schleswig NJW 1985, 1786: Partnerin des Vaters berühmt sich wahrsagerischer und okkulter Fähigkeiten) oder aber bei Störungen des Umgangs durch den **schädlichen Einfluss Dritter** auf den Umgangselternteil (KG 6. 5. 2016 – 13 UF 40/16, juris Rn 27, FamRZ 2016, 1780 m Anm Dürbeck: Großmutter des Kindes).

ee) Umgangsverbote iSd § 1632 Abs 2

87 Unter das Umgangsbestimmungsrecht von § 1632 Abs 2 BGB fällt auch das Recht, **Verbote zum Umgang mit dem Kind** (iS eines Kontaktverbotes) **gegenüber Dritten** (zB Nachbarn, Freunde des Kindes etc) auszusprechen (Johannsen/Henrich/Althammer/Dürbeck § 1632 Rn 13, 14). Soweit es Personen iSd § 1685 BGB betrifft, gilt hinsichtlich deren Umgang mit dem Kind letztgenannte Norm (siehe oben Rn 86). Entgegen einer in der Rechtsprechung (OLG Brandenburg 13. 1. 2015 – 9 UF 24/14, juris Rn 18 ff, NJW-RR 2015, 581: „Dorfoma“) vertretenen Auffassung sind auf § 1632 Abs 2 BGB gestützte Umgangs- bzw Kontaktverbote gegenüber Dritten stets Angelegenheiten von erheblicher Bedeutung für das Kind und können nicht vom Umgangsberechtigten nach § 1687 Abs 1 S 4 BGB allein geltend gemacht werden (Heilmann/Fink § 1632 Rn 25). Man stelle sich hier nur den Fall vor, der umgangsberechtigte Vater untersage dem Freund oder der besten Freundin der Tochter den Umgang mit dem Kind gegen den Willen der (mit-)sorgeberechtigten Mutter. Umgangsverbote des oder der Sorgeberechtigten können auch auf § 1632 Abs 2 BGB gestützt werden und gemäß § 1632 Abs 3 BGB vor dem **Familiengericht als Umgangssache** iSd § 151 Nr 2 FamFG (Prütting/Helms/Hammer § 151 FamFG Rn 10; MünchKommFamFG/Heilmann § 151 Rn 36) geltend gemacht werden (vgl etwa BGH 29. 9. 2010 – XII ZB 161/09, juris Rn 9 f, FamRZ 2010, 1975; AG Flensburg 17. 11. 2008 – 90 F 194/11, juris Rn 8, FamRZ 2012, 563).

Noch nicht hinreichend geklärt ist aber die Abgrenzung von familiengerichtlich auf § 1632 Abs 2 BGB gestützten Verboten zu auf §§ 823, 1004 BGB beruhenden Unterlassungsansprüchen (Verletzung des Sorgerechts als sonstiges Rechtsgut) und zu § 1 GewSchG (vgl Johannsen/Henrich/Althammer/Dürbeck § 1632 Rn 18 ff). Ein Vorrang, Ansprüche gegen Dritte nach §§ 823, 1004 BGB als sonstige Familiensache nach § 266 Abs 1 Nr 4 oder 5 FamFG geltend zu machen, besteht jedenfalls nicht, da sonst § 1632 Abs 2 und 3 BGB überflüssig wäre (**aA** OLG Brandenburg 13. 1. 2015 – 9 UF 24/14, juris Rn 11, NJW-RR 2015, 581).

d) Umzug und Auswanderung des Personensorgeberechtigten

aa) Rechtsvereinheitlichung durch den BGH

88 Ein im Zuge der Globalisierung und der multikulturellen Gesellschaft nicht seltener (vgl Nachw bei Coester, Das Kindeswohl als Rechtsbegriff [1983] 341 ff; Born FamFR 2009, 129; Faber FuR 2012, 464) sehr intensiver Konflikt zwischen Personensorge und Umgangsrecht entsteht, wenn der **allein personensorgeberechtigte** Elternteil (sonst § 1687 Abs 1 S 1 BGB) aufgrund des ihm zustehenden **Aufenthaltsbestimmungsrechts** mit dem Kind einen Aufenthalt, insbesondere im entfernteren **Ausland** wählt, der die **Ausübung des Umgangs** des anderen Elternteils **erschwert oder faktisch ausschließt**. Der gleiche Konflikt entsteht, wenn der mitsorgeberechtigte Elternteil beabsichtigt, mit dem bei ihm lebenden Kind in das Ausland zu verziehen und beim Familiengericht einen Antrag gemäß § 1671 Abs 1 S 2 Nr 2 BGB stellt, ihm zur Realisierung dieses Vorhabens das alleinige Aufenthaltsbestimmungsrecht (§ 1631 Abs 1 BGB)

zu übertragen. In beiden Fällen besteht die Gefahr, dass das dem anderen Elternteil zustehende Umgangsrecht aufgrund der Ausübung des sorgerechtlichen Aufenthaltsbestimmungsrechts wesentlich erschwert oder dessen Ausübung im schlimmsten Fall sogar unmöglich gemacht wird. Es entsprach bereits früherer hM, dass ein allein sorgeberechtigter Elternteil durch das Umgangsrecht des anderen nicht in seinem Aufenthaltsbestimmungsrecht begrenzt wird (BGHZ 51, 219; BGH NJW 1987, 893; BGH FamRZ 1990, 392; OLG Düsseldorf FamRZ 1979, 965, 966; OLG Karlsruhe FamRZ 1996, 1094; OLG Köln FamRZ 1972, 572; Gernhuber/Coester-Waltjen [5. Aufl 2006] § 66 II 4; Johannsen/Henrich/Jaeger [6. Aufl 2015] § 1684 Rn 17). Danach sei der Konflikt nicht durch die *Wohlverhaltensklausel* (§ 1684 Abs 2 S 1 BGB) zu bewältigen (ausdrücklich OLG Karlsruhe FamRZ 1996, 1094), weil die im Rahmen der Personensorge erfolgende Aufenthaltsbestimmung nach hM grundsätzlich gerade nicht eine unzulässige Beeinträchtigung des Verhältnisses zum Umgangselternteil, sondern Teil der Sorgerechtsausübung sei. Das BVerfG hat diese Ansicht zu Recht gebilligt; ein Rechtssatz des Inhalts, dass der Sorgeberechtigte das Kind erziehen und seinen Aufenthalt so bestimmen müsse, dass der andere Elternteil das Umgangsrecht wahrnehmen könne, finde im Gesetz keine Stütze (BVerfGE 31, 194; vgl auch OLG Karlsruhe FamRZ 1996, 1094). Es entsprach dabei auch der vormaligen Rechtsprechung, dass nur das Sorgerecht, nicht aber das „schwächere" Umgangsrecht, ein Recht gewähre, sich der Auswanderung des Kindes zu widersetzen und letzteres im Konfliktfall nachrangig sei (BGH 6. 12. 1989 – IVb ZB 66/88, juris Rn 12, FamRZ 1990, 392; BGH 14. 1. 1987 – IVb ZR 65/85, juris Rn 40, FamRZ 1987, 356; OLG Nürnberg 11. 2. 2000 – 7 UF 4435/99, juris Rn 77, FamRZ 2000, 1603). Teilweise wurde ergänzend auf das *Persönlichkeitsrecht* und das Recht auf *Freizügigkeit* des allein Sorgeberechtigten abgestellt (vgl noch OLG Nürnberg FamRZ 2000, 1603; Staudinger/Peschel-Gutzeit[12] § 1634 Rn 311; ähnlich noch NK-BGB/Peschel-Gutzeit [1. Aufl 2005] § 1684 Rn 29). Im Übrigen wurde in der instanzgerichtlichen Rechtsprechung verbreitet die Ansicht vertreten, dass insbesondere von Belang sei, ob der auswanderungswillige Elternteil **triftige Gründe** für die Auswanderung habe oder diese willkürlich erfolge (OLG Frankfurt FamRZ 2003, 1491; OLG Oldenburg FamRZ 1980, 78; OLG Stuttgart NJW 1980, 1227, 1229; OLG München FamRZ 1981, 389, 391; OLG München FamRZ 2003, 1493; OLG München NJW-RR 2009, 512; OLG Zweibrücken NJW-RR 2004, 1588, 1589; noch weitergehend RGZ 141, 319, 322: zwingende Gründe).

Nach der insbesondere von Rauscher vertretenen Gegenansicht (Staudinger/Rauscher [2014] § 1684 Rn 68 ff) verletze diese Betrachtungsweise aber den Schutz des Umgangs durch Art 6 Abs 2 GG und Art 8 EMRK. Nach der vom Gesetzgeber des KindRG in § 1626 Abs 3 S 1 BGB getroffenen Grundsatzentscheidung erscheine es kaum mehr möglich, ein durch das Umgangsrecht nicht begrenztes Aufenthaltsbestimmungsrecht anzunehmen. Hinzu komme, dass auch das Umgangsrecht *des Kindes* betroffen sei. Die durch den Auswanderungswunsch bewirkte faktische Verhinderung des Umgangs trage die **Vermutung der Kindeswohlschädlichkeit** regelmäßig in sich (vgl zu diesem Ansatz auch OLG Hamm FamRZ 1999, 394: Verhinderung einer potenziell möglichen Auswanderung; OLG Hamm FamRZ 2000, 1039: erfolgter Umzug als Kriterium fehlender Kooperationsfähigkeit; weniger weit gehend OLG Zweibrücken NJW-RR 2004, 1588, 1589). Die Auswanderungsentscheidung des Sorgeberechtigten stelle sich als eine für das Kindeswohl nachteilige Erschwerung oder Vereitelung des Umgangsrechts dar, weshalb zu prüfen sei, ob sie sich dennoch ausnahmsweise in der Gesamtschau als für das Kindeswohl nicht nachteilig erweise (vgl auch LG Düsseldorf FamRZ 1979, 965).

Der **BGH** hat durch zwei Entscheidungen aus dem Jahr 2010 (BGH 28. 4. 2010 – XII ZB 81/09 ZKJ 2010, 327; vgl dazu COESTER ZKJ 2012, 182) und 2011 (BGH 16. 3. 2011 – XII ZB 407/10, FamRZ 2011, 796) jedoch nunmehr überzeugende und heute in der Rechtsprechung angewandte Grundsätze zur Lösung dieses Konflikts zwischen Sorgerecht und Umgangsrecht entwickelt und hat sich dabei vorsichtig von der Ansicht distanziert, das Umgangsrecht sei gegenüber dem Sorgerecht das *„schwächere" Recht.* In der Entscheidung vom 28. 4. 2010, der ein Fall der Aufhebung des gemeinsamen Aufenthaltsbestimmungsrechts nach § 1671 aF zugrunde lag, hat der BGH ausgeführt, dass auch im Falle einer Auswanderung als vornehmliche Gesichtspunkte des **Kindeswohls** die anerkannten Kriterien der Erziehungseignung der Eltern, die Bindungen des Kindes, die Prinzipien der Förderung und der Kontinuität sowie die Beachtung des Kindeswillens seien (zur Kindeswohlprüfung bei Auslandsbezug vgl GÖTZ, in: GÖTZ/SCHNITZLER, 40 Jahre Familienrechtsreform [2017] 255). In verfassungsrechtlicher Hinsicht seien die durch Art 6 Abs 2 GG gewährleisteten Elternrechte beider Elternteile zu berücksichtigen. Die allgemeine Handlungsfreiheit des auswanderungswilligen Elternteils gemäß Art 2 Abs 1 GG, deren Bedeutung in der vormaligen Rechtsprechung und im Schrifttum unterschiedlich beurteilt wurde, sei zwar nur mittelbar betroffen und diese sei nicht unmittelbar Gegenstand der Abwägung der elterlichen Grundrechte nach Art 6 Abs 2 GG. Die allgemeine Handlungsfreiheit des auswanderungswilligen Elternteils sei aber insoweit von Bedeutung, als sie die tatsächliche Ausgangslage für die vorzunehmende Güterabwägung vorgebe. Im Rahmen der Kindeswohlprüfung sei **nicht davon auszugehen, dass der betreuende Elternteil mit dem Kind im Inland verbleibe**, auch wenn sich durch Beibehaltung dieses Zustands das Kindeswohl zur Geltung bringen lasse, sondern es sei **zu unterstellen**, dass der betreffende Elternteil **seinen Auswanderungswunsch realisiere**. Es komme dabei nicht darauf an, ob dem Auswanderungsvorhaben triftige Gründe zugrunde liegen würden, deren Überprüfung sei an dieser Stelle auch von den Familiengerichten nicht vorzunehmen. Daher seien die Familiengerichte auch nicht berechtigt, dem auswanderungswilligen Elternteil die Ausreise zu untersagen und so seine Handlungsfreiheit einzuschränken, um im Hinblick auf das Sorge- und Umgangsrecht den Status quo aufrechtzuerhalten. Einzig die Frage, wie sich die Auswanderung auf das Kindeswohl auswirke, sei von den Familiengerichten zu überprüfen. Ausgangspunkt der Kindeswohlprüfung sei also die Frage, ob der Wegzug des Kindes mit dem überwiegend betreuenden Elternteil oder der Verbleib bei dem (bisher umgangsberechtigten) Elternteil **die bessere Lösung** sei. Die Frage, ob der Elternteil triftige Gründe habe auszuwandern, sei nur bei der Kindeswohlprüfung von Belang, da bei einem **unvernünftigen oder willkürlichen Auswanderungswunsch** die Erziehungseignung, insbesondere die **Bindungstoleranz** in Frage stehen könne, was bei schädlichen Auswirkungen auf das Kind auch im Einzelfall zu einem Sorgerechtszug oder aber dazu führen könne, die Sorge dem anderen Elternteil zu übertragen. Einer Auswanderung mit dem Kind stehe ferner auch nicht die Regelung von § 1626 Abs 3 S 1 BGB, wonach der Umgang mit beiden Elternteilen dem Kindeswohl dient, entgegen, weil hieraus nicht eine durch die Auswanderung vermutete Kindeswohlschädlichkeit folge und die Vorschrift nur klarstelle, dass der Umgang mit beiden Elternteilen einer von mehreren, im Übrigen nicht vorrangigen Kindeswohlaspekten sei. Auch aus dem Wohlverhaltensgebot des § 1684 Abs 2 BGB folge im Hinblick auf das Umgangsrecht und dessen Beeinträchtigung nichts anderes. Das Recht des Kindes auf Umgang und das Umgangsrecht des anderen Elternteils sowie das Ausmaß ihrer Rechte seien vielmehr in die Kindeswohlprüfung nach § 1671 BGB miteinzubeziehen 89

(BGH 28. 4. 2010 – XII ZB 81/09, juris Rn 18 ff, ZKJ 2010, 327; BGH 16. 3. 2011 – XII ZB 407/10, juris Rn 43, 54, FamRZ 2011, 796).

Die Entscheidungen des BGH zum Konflikt des Umgangsrechts mit dem Sorgerecht in Fällen der Auswanderung haben in erheblichem Maße zur Rechtsvereinheitlichung beigetragen und ihre Grundsätze sind heute durchgängig Gegenstand instanzgerichtlicher Entscheidungen der Familiengerichte (vgl etwa OLG Frankfurt 4. 1. 2022 – 7 UF 117/21, NZFam 2022, 413; OLG Düsseldorf 2. 3. 2021 – 3 UF 173/20, NZFam 2022, 990; OLG Koblenz 8. 11. 2018 – 13 UF 413/18, FamRZ 2019, 804; OLG Stuttgart 26. 10. 2018 – 15 UF 170/18, ZKJ 2019, 150; OLG Köln 4. 11. 2015 – 10 UF 123/15, NZFam 2016, 1207; OLG Frankfurt 18. 6. 2013 – 7 UF 67/12, FamRZ 2014, 323; OLG Nürnberg 14. 3. 2012 – 10 UF 1899/11, FamRZ 2013, 553; OLG Bremen 25. 11. 2010 – 4 UF 128/10, Streit 2010, 157; OLG Hamm 4. 4. 2011 – 8 UF 237/10, ZKJ 2011, 385). Auch im Schrifttum ist sie auf Zustimmung gestoßen (vgl die Anm zu BGH ZKJ 2010, 327 von Coester in FF 2010, 365 und Völker in FamRZ 2010, 1065; MünchKommBGB/Hennemann § 1684 Rn 61 ff; Johannsen/Henrich/Althammer/Rake § 1684 Rn 14; Faber FuR 2012, 464).

89a Nicht unproblematisch ist dagegen in den Umzugs- bzw Auswanderungsfällen das Verhältnis von § 1671 BGB und § 1628 BGB. Insoweit neigen die Amtsgerichte häufig dazu, bei gemeinsamer Sorge anstatt nach § 1671 Abs 1 S 2 Nr 2 BGB über das Aufenthaltsbestimmungsrecht zu entscheiden, sich nach § 1628 BGB auf die Übertragung der Entscheidungsbefugnis zum Umzug mit dem Kind zu beschränken (vgl etwa AG Erfurt 4. 5. 2018 – 36 F 1499/17, FamRZ 2018, 1671; auch im Fall von KG 1. 8. 2023 – 16 UF 49/23, NJ 2023, 399; zustimmend Hammer, in: FS Koch [2019] 467, 474 f). Die obergerichtliche Rechtsprechung folgt dem zu Recht nicht (OLG Düsseldorf 19. 12. 2022 – 5 WF 52/22, juris; OLG Stuttgart 26. 10. 2018 – 15 UF 170/18, ZKJ 2019, 150; OLG Koblenz 14. 11. 2018 – 13 UF 413/18, FamRZ 2019, 804). Der *BGH* hat in seiner *„Mexico"-Entscheidung* eindeutig vorgegeben, dass der andere mitsorgeberechtigte Elternteil – von Ausnahmefällen der Willkür oder des gezielten Umgangsboykotts abgesehen – den Wegzug im Hinblick auf die allgemeine Handlungsfreiheit des auswanderungs- oder umzugswilligen Elternteils nur dann verhindern könne, wenn er seinerseits die Übertragung des alleinigen Aufenthaltsbestimmungsrechts und damit den Wechsel des Kindes in seinen Haushalt beantrage. Er kann sich damit nicht darauf beschränken, die Zurückweisung des Antrages des anderen Elternteils zu beantragen, auch kann ein Aufenthaltswechsel des Kindes zum anderen Elternteil und damit ein Verbleib des Kindes im Inland nicht durch eine Entscheidung nach § 1628 BGB erreicht werden. Nicht zuzustimmen ist der vorerwähnten Entscheidung des *OLG Stuttgart* (OLG Stuttgart 26. 10. 2018 – 15 UF 170/18, ZKJ 2019, 150) aber insoweit, als dieses den von der Kindesmutter gestellten Antrag nach § 1628 BGB deshalb zurückgewiesen hat, weil ein erforderlicher Antrag nach § 1671 Abs 1 S 2 Nr 2 BGB nicht im Beschwerdeverfahren hätte gestellt werden können. Auf diese Frage kam es nämlich deshalb nicht an, weil sich ein Antrag nach § 1628 BGB bei gleichem Rechtsschutzziel in einen solchen nach § 1671 Abs 1 BGB umdeuten lässt. Dies hat der BGH bereits für die Umdeutung eines Antrages nach § 1671 Abs 1 BGB in einen solchen nach § 1628 BGB entschieden (BGH 27. 6. 2018 – XII ZB 46/18, ZKJ 2018, 424) und es ist kein Grund ersichtlich, warum dies nicht auch im umgekehrten Fall gelten soll. Nicht zulässig dürfte es im Übrigen im Hinblick auf die allgemeine Handlungsfreiheit sein, im Rahmen der Übertragung des alleinigen Aufenthaltsbestimmungsrechts auf den umzugswilligen Elternteil den Umzug an Bedingungen zu knüpfen oder ihn erst zu einem in der Zukunft liegenden Zeitpunkt zu gestatten (so OLG Koblenz 14. 11. 2018 – 13 UF 413/18, FamRZ 2019, 804: erst nach Ablauf des Schuljahres).

bb) Die Rechtslage bei gemeinsamer elterlicher Sorge

Nach den obigen Maßstäben ist zwischen Fällen von gemeinsamer Sorge und alleini- 90
ger Sorge zu differenzieren. Bei **gemeinsamer Sorge** wird sich der umgangsberechtigte Elternteil nicht auf die Zurückweisung des Sorgerechtsantrags des anderen beschränken können, da die Aufrechterhaltung des Status quo infolge des Auswanderungswunsches des anderen Elternteils nicht ansteht, sondern er wird selbst einen **Antrag auf Übertragung des alleinigen Sorgerechts nach § 1671 Abs 1 S 2 Nr 2 BGB** stellen müssen, worauf ihn das Familiengericht hinzuweisen hat. Unterlässt er dies (wie im Fall von OLG Nürnberg 14. 3. 2012 – 10 UF 1899/11, FamRZ 2013, 553), ist lediglich zu prüfen, ob ein Verbleib des Kindes in der Obhut des auswanderungswilligen Elternteils dem Kindeswohl entspricht oder ob ausnahmsweise Maßnahmen nach §§ 1671 Abs 4, 1666 BGB angezeigt sind. Selbst wenn keine triftigen Gründe für den Auswanderwunsch vorliegen würden, erscheint aber fragwürdig, ob angesichts der fehlenden Bereitschaft des umgangsberechtigten Elternteils zur Übernahme der Betreuung des Kindes aus Kindeswohlsicht Anlass besteht, nach § 1666 BGB einzuschreiten.

Stellt der Umgangselternteil selbst einen Antrag nach § 1671 Abs 1 S 2 Nr 2 BGB, ist die vom BGH vorgegebene **zweistufige Kindeswohlprüfung** (oben Rn 88) unter Einbeziehung der **Kontinuität**, der **Bindungen** des Kindes und **Förderungskompetenzen** der Eltern, des **Kindeswillens** und der **Auswirkungen auf das Umgangsrecht** des Kindes und Elternteils vorzunehmen (vgl dazu Götz, in: Götz/Schnitzler, 40 Jahre Familienrechtsreform [2017] 255, 265).

Dabei kommt dem **Kontinuitätsgrundsatz** (OLG Frankfurt 4. 1. 2022 – 7 UF 117/21, NZFam 2022, 413; OLG Düsseldorf 2. 3. 2021 – 3 UF 173/20, NZFam 2022, 990; OLG Nürnberg 14. 3. 2012 – 10 UF 1899/11, juris Rn 16, FamRZ 2013, 553; OLG Bremen 25. 11. 2010 – 4 UF 128/10, juris Rn 12, Streit 2010, 157) und den **Möglichkeiten und Fähigkeiten** des bisher nur umgangsberechtigten Elternteils, künftig die alleinige Betreuung des Kindes zu gewährleisten, große Bedeutung zu (vgl OLG Köln 4. 11. 2015 – 10 UF 123/15, juris Rn 18, NZFam 2016, 1207). Wird das Kind durch den Umzug in das Ausland erheblichen Risiken für sein Wohlergehen ausgesetzt (wie zB durch Bürgerkrieg, Beschneidung oder Zwangsheirat vom Mädchen), spricht dies gegen die Erziehungseignung des auswanderungswilligen Elternteils. Gerade bei älteren Kindern wird der **Kindeswille** von zentraler Bedeutung sein. Im Übrigen ist aber auch zu bedenken, dass Kinder durch den Auswanderungswunsch ihrer bisherigen Hauptbezugsperson häufig in einen **Loyalitätskonflikt** zu dem anderen Elternteil geraten, was vielfach dazu führt, dass sie die bisherige Situation beibehalten wollen und zu einer **autonomen Willensbildung** (vgl Salzgeber, Familienpsychologische Gutachten [7. Aufl 2020] Rn 1100 ff; Dettenborn, Kindeswohl und Kindeswille [6. Aufl 2021] 60 ff) in solchen Fällen nicht fähig sind (OLG Köln 4. 11. 2015 – 10 UF 123/15, juris Rn 18, NZFam 2016, 1207).

Auf der Seite des Umgangsberechtigten spielt auch die **Quantität und Qualität bisheriger Umgangskontakte** eine Rolle (OLG Bremen 25. 11. 2010 – 4 UF 128/10, juris Rn 13, Streit 2010, 157).

Abzuwägen ist die Erziehungskontinuität, die für den auswandernden Hauptbezugselternteil spricht, jedoch auch gegen Nachteile der **Umgewöhnung an andere Lebens-**

verhältnisse, da Auswanderung auch ein hohes Maß an kultureller und sprachlicher Neuorientierung erfordern kann (vgl Rieck ZKJ 2009, 165, 167). Hier sind auch ein möglicher Schulsystemwechsel, der Verlust von Heimatgefühl (OLG Hamm FamRZ 1999, 394; OLG Nürnberg FamRZ 2000, 1603; KG ZKJ 2009, 211: Auswanderung nach China) und Freunden sowie sonstigen wichtigen Bezugspersonen, wie Großeltern oder Stiefgeschwister, oder der Verlust des bisherigen sozialen Standards des Kindes (OLG Köln 4. 11. 2015 – 10 UF 123/15, juris Rn 20, NZFam 2016, 1207) zu berücksichtigen. Hiergegen wiederum ist abzuwägen, ob diese Nachteile durch die Erziehungskontinuität, ggf in Verbindung mit einer Integration der weiteren Familie des betreuenden Elternteils ausgeglichen und aufgefangen werden können (OLG Düsseldorf FamRZ 1986, 296; OLG Nürnberg FamRZ 2000, 1603).

In Ausnahmefällen kann auch einem Elternteil, der **eigenmächtig** ohne vorherige Entscheidung über das Aufenthaltsbestimmungsrecht mit den Kindern ins Ausland verzieht, bei fehlender Vollstreckung einer Entscheidung nach dem **HKÜ** aus Gründen der Kontinuität nachträglich das Aufenthaltsbestimmungsrecht zu übertragen sein (vgl den tragischen Fall einer nach Japan ausgewanderten Mutter von OLG Brandenburg 15. 4. 2020 – 13 UF 162/17, FamRB 2020, 270; bestätigt von VerfG Brandenburg 19. 2. 2021 – VfGBbg 49/20, juris; kritisch Niethammer-Jürgens FamRB 2020, 270).

91 Auch nach Auffassung des BGH sind die **Gründe** für den Auswanderungswunsch des betreffenden Elternteils im Rahmen der **Kindeswohlprüfung** vor allem für das Kriterium der **Bindungstoleranz** als Bestandteil der Erziehungseignung von Bedeutung. Besondere Anforderungen an deren Qualität sind hier entgegen teilweise früherer Rechtsprechung (vgl etwa OLG Frankfurt FamRZ 2003, 1491; OLG Oldenburg FamRZ 1980, 78; OLG Stuttgart NJW 1980, 1227, 1229; OLG München FamRZ 1981, 389, 391; OLG München FamRZ 2003, 1493; OLG München NJW-RR 2009, 512; OLG Zweibrücken NJW-RR 2004, 1588, 1589; ebenso Staudinger/Rauscher [2014] § 1684 Rn 72; noch weitergehend RGZ 141, 319, 322: zwingende Gründe), die *„triftige Gründe"* verlangt hat, nicht zu stellen. Die Gründe der Auswanderung dienen vor allem im Rahmen der Prüfung von § 1671 Abs 1 S 2 Nr 2 BGB dazu, zu klären, ob der Auswanderungswunsch nicht dahin motiviert ist, dem Kind den anderen Elternteil zu entziehen und das **Umgangsrecht zu vereiteln**. Auch wenig dringende Gründe können aber nicht zwangsläufig dazu führen, einen Aufenthaltswechsel des Kindes aus Kindeswohlgesichtspunkten zu rechtfertigen (anders MünchKommBGB/Hennemann § 1684 Rn 58: Korrektur bei kaum nachvollziehbarer Entscheidung). Ausreichend sind insoweit **nachvollziehbare Gründe**. Es genügt, dass diese die eigene **Lebensgestaltung** des bisher Sorgeberechtigten betreffen (OLG Bremen 25. 11. 2010 – 4 UF 128/10, juris Rn 10, Streit 2010, 157: neue Arbeitsstelle in Ungarn; OLG Köln 11. 1. 2006 – 4 UF 229/05, juris: Tätigkeit für EU-Kommission in Bangladesch; NK-BGB/Peschel-Gutzeit/Ebeling § 1684 Rn 30; **aA** OLG Frankfurt FamRZ 2003, 1491: Zusatzausbildung im Ausland; Staudinger/Rauscher [2014] § 1684 Rn 72). Nachvollziehbar ist grundsätzlich immer der Wunsch, in die **eigene Heimat** zurückzukehren (OLG Nürnberg 14. 3. 2012 – 10 UF 1899/11, juris Rn 18, FamRZ 2013, 553; OLG Zweibrücken NJW-RR 2004, 1588; OLG Nürnberg FamRZ 2000, 1603; OLG Köln NJW-RR 2006, 1588; OLG München NJW-RR 2009, 512; anders OLG München FamRZ 2009, 794).

Bei **gegenläufigen Sorgerechtsanträgen** hat das Familiengericht in jedem Fall das Aufenthaltsbestimmungsrecht auf einen der beiden Elternteile gemäß § 1671 Abs 1 S 2 Nr 2 BGB **zu übertragen**. Die bloße Zurückweisung beider Anträge unter Aufrechterhaltung der gemeinsamen Sorge würde sonst den vom BGH geforderten Prüfungsmaßstab, nämlich die Außerachtlassung der bisherigen Betreuungssituation infolge der Handlungsfreiheit des Auswanderungswilligen, unterlaufen (OLG Köln 4. 11. 2015 – 10 UF 123/15, juris Rn 10, NZFam 2016, 1207).

cc) Die Rechtslage bei alleiniger elterlicher Sorge

Ist der auswanderungswillige Elternteil **alleiniger Sorgerechtsinhaber** bedarf er zur Realisierung seines Entschlusses nicht der Mitwirkung des umgangsberechtigten Elternteils oder einer Entscheidung des Familiengerichts. Nach der – zweifelhaften – im Strafrecht vorherrschenden Meinung (vgl oben Rn 43) macht er sich jedoch nach § 235 StGB wegen Entziehung eines Minderjährigen **strafbar**, wenn er das Umgangsrecht des anderen Elternteils durch einen nicht offen gelegten Wegzug in das Ausland verletzt. Er hat daher – und auch aus Gründen der elterlichen Verantwortung und der aus dem Umgangsrechtsverhältnissen entstehenden Pflicht – den anderen Elternteil über seinen geplanten Wegzug rechtzeitig zu **informieren**. Das Umgangsrecht selbst kann in dieser Situation den Fortzug des Kindes nicht verhindern. Außerhalb von nur ausnahmsweise vorliegenden Fällen der Kindeswohlgefährdung nach § 1666 BGB hat der umgangsberechtigte Elternteil nur die Möglichkeit, durch einen **Sorgerechtsantrag nach § 1671 Abs 2 S 2 Nr 2 BGB** *(oder § 1696 Abs 1 BGB bei einer bereits vorangegangenen Sorgerechtsübertragung)* und eine daraufhin erfolgende familiengerichtliche **Übertragung der Alleinsorge** zu erreichen, dass das Kind nicht in das Ausland verzieht (vgl OLG Bremen 25. 11. 2010 – 4 UF 128/10, juris). In Bezug auf die Kindeswohlprüfung gilt der Maßstab von § 1671 Abs 2 S 2 Nr 2 („… *dem Wohl des Kindes am besten entspricht …*"; vgl dazu STAUDINGER/COESTER [2020] § 1671 Rn 273 f). 92

dd) Umzug im Inland

Die vorbezeichneten Kriterien gelten zwar auch entsprechend bei einem **Umzug innerhalb Deutschlands**, andererseits ist hier meist das **Maß der Erschwerung** des Umgangs erheblich relativiert (vgl OLG Frankfurt 4. 1. 2022 – 7 UF 117/21, NZFam 2022, 413 m Anm PREISNER). Ein Umzug innerhalb Deutschlands wird eher selten (vgl allerdings den Fall von OLG Dresden 19. 5. 2017 – 22 UF 241/17, FamRZ 2017, 1834) den Umgang unzumutbar erschweren und kann ggf durch angepasste Umgangsregelungen aufgefangen werden; das mag in bestimmten Fällen auch innerhalb Europas gelten (BVerfG 23. 3. 2007 – 1 BvR 156/07, FamRZ 2007, 1078: Schweiz/Deutschland; OLG Koblenz NJW 2008, 238: Deutschland/England; AG Tempelhof-Kreuzberg FamRZ 2009, 795: Deutschland/Österreich; gegen einen Umzug: OLG München FamRZ 2009, 794: Deutschland/Italien, m zust Anm DOLLINGER; AG Bensheim ZKJ 2009, 175: Hessen/Norddeutschland, aufgehoben durch OLG Frankfurt ZKJ 2009, 176). Allerdings kann es in solchen Fällen auch vorkommen, dass das Kind den Wunsch äußert, in seinem bisherigen sozialen Umfeld (Schule, Freunde) zu verbleiben. Hier kann durchaus der zu beachtende Kindeswille eine Übertragung des Aufenthaltsbestimmungsrechts auf den bisherigen Umgangselternteil nach § 1671 Abs 1 S 2 Nr 2 oder Abs 2 S 2 Nr 2 BGB auf dessen Antrag hin rechtfertigen (vgl OLG Dresden 19. 5. 2017 – 22 UF 241/17, juris Rn 41 ff, FamRZ 2017, 1834: Umzug nach München). 93

ee) Erhöhte Kosten des Umgangs

Soweit es infolge des Vollzuges des Auswanderungsentschlusses zu Umgängen zwischen dem im Inland verbliebenen Elternteil und dem im Ausland lebenden Kind kommt, entstehen zwangsläufig erhöhte Umgangsmehrkosten, zB durch Flugkosten, Hotelübernachtungen etc Die Kosten des Umgangs trägt zwar grundsätzlich der umgangsberechtigte Elternteil (vgl unten Rn 159 ff). Gerade für den Fall des Wegzuges des 94 betreuenden Elternteils und der Entstehung erhöhter Kosten des Umgangs hat aber das *BVerfG* entschieden, dass es nicht mit Art 6 Abs 2 GG vereinbar ist, wenn nicht in Betracht gezogen wird, ob der **sorgeberechtigte Elternteil anteilig zur Übernahme** an dem für das Holen und Bringen der Kinder zur Ausübung des Umgangsrechts erforderlichen zeitlichen und organisatorischen Aufwandes **zu verpflichten ist**, um hierdurch einer **faktischen Vereitelung des Umgangsrechts** vorzubeugen (BVerfG 5. 2. 2002 – 1 BvR 2029/00, juris Rn 8, FamRZ 2002, 809). Das Bestehen eines solchen Anspruchs auf Beteiligung an erhöhten Umgangskosten durch den sorgeberechtigten Elternteils wird heute im Fall des Wegzuges mit dem Kind nicht mehr in Zweifel gezogen (OLG Frankfurt 8. 2. 2022 – 6 WF 14/22, NZFam 2022, 304 m Anm Opitz; OLG Saarbrücken 22. 2. 2019 – 6 UF 145/18, ZKJ 2019, 314; OLG Nürnberg 26. 11. 2013 – 10 UF 173/13, juris Rn 21, FamRZ 2014, 858; OLG Brandenburg 15. 10. 2009 – 9 UF 61/09, juris Rn 40, NJW-RR 2010, 148; OLG Dresden 7. 2. 2005 – 20 UF 896/04, juris Rn 4, FamRZ 2005, 927; Völker/Clausius, Sorge- und Umgangsrecht [8. Aufl 2021] § 2 Rn 141; Elden NJW-Spezial 2010, 132; BeckOK-BGB/Veit [1. 1. 2023] § 1684 Rn 66).

Der Anspruch kann jedoch, soweit er auf Zahlung von Geld gerichtet ist, nicht im Umgangsverfahren (§ 151 Nr 2 FamFG) zuerkannt werden, da er **vermögensrechtlicher** Natur ist (OLG Frankfurt 8. 2. 2022 – 6 WF 14/22, NZFam 2022, 304; OLG Bremen 13. 4. 2016 – 5 UF 17/16, juris Rn 6, FamRZ 2017, 297; vgl dazu unten Rn 166). Er ist im Unterhaltsverfahren oder als Familienstreitsache nach § 266 Abs 1 Nr 5 FamFG geltend zu machen, wobei hier nach § 114 FamFG Anwaltszwang besteht (OLG Frankfurt 8. 2. 2022 – 6 WF 14/22, NZFam 2022, 304 m Anm Opitz).

Ist der im Ausland lebende Elternteil nicht leistungsfähig oder ist der Anspruch gegen ihn nicht durchsetzbar, kann ein Empfänger von SGB II-Leistungen die Übernahme der Umgangskosten als **Mehrbedarf nach § 21 Abs 6 SGB II** beanspruchen (BVerfG 9. 2. 2010 – 1 BvL 1/09, SGb 2010, 227; BT-Drucks 17/1465, 9; dazu unten Rn 173). Dies gilt im Hinblick auf Art 6 Abs 2 GG, 9 Abs 3 UN-KRK, 7 GR-Charta auch für einen **im Ausland** stattfindenden Umgang mit dem Kind (BSG 11. 2. 2015 – B 4 AS 27/14 R, juris Rn 18, SGb 2016, 155; LSG Rheinland-Pfalz 24. 10. 2010 – L 1 SO 133/10 B ER juris Rn 11 ff, FamRZ 2011, 1098: USA; Sokolowski Zesar 2013, 266). Er erfasst dann insbesondere auch Flugkosten, Kosten für die Übernachtung im Hotel, Kosten für die Benutzung öffentlicher Verkehrsmittel am Umgangsort und Verpflegungsmehraufwand (Sokolowski Zesar 2013, 266, 270). Im Einzelfall kann hier aber auch ein Umzug in die Nähe der Kinder zumutbar sein (LSG Nordrhein-Westfalen 26. 11. 2021 – L 21 AS 2060/18, NZFam 2022, 281 m Anm Bülow).

4. Inhaltlicher Rahmen des Umgangsrechts

95 Im Gegensatz zu der früheren Bezeichnung als „Besuchs- oder Verkehrsrecht" und auch zu der in § 1634 Abs 1 aF enthaltenen Wendung *„persönlicher* Umgang" wurde die geltende Fassung durch das KindRG bewusst gewählt, um klarzustellen, dass das **Umgangsrecht umfassend** ist. Hierzu gehören nicht nur *persönliche Kontakte,* sondern auch *Brief-* und *telefonische Kontakte* (BT-Drucks 13/4899, 105; FamRefK/Rogner § 1684 Rn 7), Kontakte per *E-Mail* oder in Form elektronischer *Kurznachrichten* (vgl BT-Drucks 13/4899, 104 f; Erman/Döll § 1684 Rn 7) und ggf auch *Geschenke* des Umgangselternteils an das Kind. Solche neben dem persönlichen Umgang im engeren Sinn bestehende Umgangsbefugnisse – auch **Umgangssurrogate** genannt (Grüneberg/Götz

§ 1684 Rn 18; Heilmann/Gottschalk § 1684 Rn 51) – können sowohl parallel zu regelmäßig stattfindenden persönlichen Besuchen, als auch – im Fall des tatsächlichen oder gerichtlichen Ausschlusses solcher Besuche – als Restbestand des Umgangsrechts gegeben sein (KG 28. 10. 2005 – 13 UF 119/05, juris Rn 30, FamRZ 2006, 878; BayObLG FamRZ 1993, 1487; Johannsen/Henrich/Althammer/Rake § 1684 Rn 42; MünchKommBGB/Hennemann § 1684 Rn 32).

a) Persönlicher Kontakt

aa) Besuche beim Umgangselternteil

Der persönliche Umgang erfolgt regelmäßig durch **Besuche des Kindes bei dem Umgangselternteil.** Diese müssen, um dem Zweck des Umgangsrechts dienen zu können, in einer Umgebung ermöglicht werden, die einen Austausch erlaubt, der dem wechselseitigen Informations- und Kommunikationsbedürfnis gerecht wird. Auch ist es aus Sicht des Kindes wichtig, den anderen Elternteil in seiner **natürlichen Umgebung**, insbesondere in seiner **Wohnung** zu erleben (OLG Brandenburg 24. 1. 2019 – 9 UF 143/18, juris; KG 7. 10. 2015 – 13 WF 146/15, juris Rn 8, ZKJ 2016, 25 m Anm Gottschalk; OLG Koblenz 17. 7. 2008 – 7 UF 208/08, juris Rn 27, FamRZ 2009, 133; Horndasch NZFam 2014, 884, 886). Daher ist grundsätzlich ein Umgang in der sozialen Umgebung des Elternteils geboten. Die Ausgestaltung des Umgangs hängt hierbei auch vom **Alter des Kindes** ab; ein persönlicher Umgang kann auch bei sehr kleinen Kindern den Bedürfnissen des Kindes entsprechend ausgestaltet werden (zu Einzelheiten unten Rn 221 ff). Es kann jedoch – etwa zur Kontaktanbahnung – im Einzelfall aus Gründen des Kindeswohls geboten sein, lediglich Tagesumgang außerhalb der Wohnung des Umgangsberechtigten am Ort des Betreuungselternteils zu gewähren (OLG Frankfurt 24. 11. 2020 – 5 UF 110/20, NJW-RR 2021, 131). 96

bb) Ausgestaltung

In der tatsächlichen Ausgestaltung seines Zusammenseins mit dem Kind ist der Umgangselternteil **grundsätzlich frei** (KG 8. 10. 2015 – 13 WF 146/15, juris Rn 11, FamRZ 2016, 389; OLG Zweibrücken FamRZ 2001, 639; Burschel NZFam 2016, 395). Dieser anerkannte Grundsatz wird bestätigt durch § 1687 Abs 1 S 4 BGB, ggf iVm § 1687a BGB, wonach der Elternteil, bei dem sich das Kind mit Einwilligung des anderen Elternteils aufhält, die Alleinentscheidung in Angelegenheiten der tatsächlichen Betreuung hat (bereits oben Rn 83 ff). 97

Auf die Verteilung des Sorgerechts kommt es insoweit nicht an. Maßstab der Gestaltung ist ausschließlich das **Kindeswohl** und die wechselseitige **Wohlverhaltenspflicht** nach § 1684 Abs 2 BGB. Dem Kind soll durch den Umgang auch die Möglichkeit gegeben werden, zusammen mit dem Umgangselternteil Erfahrungen zu sammeln, die ihm sonst verschlossen sind, soweit diese das Kindeswohl nicht konkret gefährden. So darf der Umgangselternteil mit dem Kind Veranstaltungen (Theater, Kino, Konzert, Feste, Tierpark, Sportveranstaltungen) besuchen. Er darf in kindgerechter Weise und zu angemessener Zeit mit dem Kind *Gaststätten* besuchen (OLG Darmstadt OLGE 11, 297), das Kind zu seinem *Arbeitsplatz* mitnehmen (KG 8. 10. 2015 – 13 WF 146/15, juris Rn 11, FamRZ 2016, 389: Discjockey), Ausflüge und Verwandtenbesuche unternehmen und das Kind zu eigenen sportlichen Aktivitäten mitnehmen (vgl OLG Braunschweig OLGE 26, 249, Schwimmen, Segeln, Radfahren, Tennis, Skifahren), soweit es sich nicht um *Extremsportarten* handelt, die üblicherweise von Kindern nicht ausgeübt werden oder Gefahren für die Sicherheit des Kindes beinhalten. Auch in der

Auswahl des **Verkehrsmittels** zur Beförderung des Kindes bei Abholung und Ausflügen ist der Umgangselternteil grundsätzlich frei, sofern hierdurch keine außergewöhnlichen Gefahren heraufbeschworen werden (vgl OLG München FamRZ 1998, 974: Verbot der Mitnahme eines 9-Jährigen auf dem Motorrad). Andererseits darf der Umgangselternteil auch im Übrigen das Kind keinen unangemessenen **Gefährdungen** aussetzen (KG FamRZ 2003, 112 und OLG Frankfurt 27. 10. 2020 – 1 UF 170/20, ZKJ 2021, 116: Anwesenheit von gefährlichen Hunden; mit Parallelen zur Anwesenheit Dritter hat dies aber nichts zu tun, Vels FamRZ 2003, 946). Auch im Fall des **Ferienumgangs** bestimmt bis zur Grenze einer im Interesse des Kindeswohls erforderlichen Einschränkung nach § 1684 Abs 4 BGB der Umgangselternteil den Ferienort (KG 23. 6. 2017 – 13 WF 97/17, juris Rn 10, ZKJ 2017, 375; OLG Frankfurt 30. 7. 2008 – 2 UF 185/08, juris Rn 11, OLGR 2009, 739; OLG Frankfurt FamRZ 1999, 1008; siehe dazu oben Rn 85).

98 Können sich die Eltern über Fragen der tatsächlichen Ausgestaltung des Umgangs, welche nicht unter § 1687 Abs 1 S 1 und 2 BGB fallen, nicht einigen, so hat der andere Elternteil, auch wenn er sorgeberechtigt ist, kein Bestimmungsrecht (AG Rosenheim FamRZ 2004, 49: Auslandsreise; **aA** wohl KG FamRZ 2003, 112 betreffend die Anwesenheit eines Hundes). Es bedarf vielmehr einer Entscheidung des Familiengerichts zur Ausübung des Umgangsrechts gemäß § 1684 Abs 3 S 1 BGB (im Einzelnen zu Art und Maß dieser Ausgestaltung unten Rn 175 ff). Auch § 1687 Abs 2 BGB sieht hier eine Möglichkeit vor, das Familiengericht anzurufen, um die Entscheidungsbefugnisse über Alltagsangelegenheiten zu begrenzen (vgl dazu § 1687 Rn 56 ff); Geht es um wesentliche Belange des Kindeswohls iSd § 1687 Abs 1 S 2 BGB, sind Uneinigkeiten über die Ausgestaltung des Umgangs (zB gefährliche Urlaubsreise) nach § 1628 BGB zu klären (siehe oben Rn 85, insbesondere zur Frage der Urlaubsreisen mit dem Kind).

cc) Anwesenheit Dritter

99 Zur **Bestimmung des Kontakts mit Dritten** während des Umgangs mit dem Elternteil siehe oben Rn 86.

b) Brief- und Telefonkontakt und moderne elektronische Kommunikation

aa) Briefverkehr und elektronische Kommunikation als Teil des Umgangsrechts

100 Nach früherem Recht war mit Rücksicht auf die Fassung als *„persönlicher"* Umgang nicht unstrittig, ob Briefwechsel und telefonische Kontakte des Umgangselternteils mit dem Kind aus dem Umgangsrecht herleitbar waren. Durch die Neufassung wurde bewusst (BT-Drucks 13/4899, 104) die damals schon überwiegende Ansicht (KG 1. 11. 1968 – 1 W 2506/68, FamRZ 1968, 262, 263; OLG Braunschweig OLGE 26, 249; **aA** noch RGZ 141, 319; BayObLGZ 33, 243) bestätigt, dass **Briefverkehr** grundsätzlich vom Umgangsrecht umfasst ist. Im Zeitalter der **elektronischen Kommunikation** sind Briefe allerdings nicht nur für Kinder und Jugendliche heute weitgehend durch Kontakte über das **Mobiltelefon, Skype, E-Mails, soziale Netzwerke** wie Facebook, **Kurznachrichten** per SMS oder Messengerdienste nahezu bedeutungslos geworden. Diese Umgangssurrogate sind nicht nur dann von Bedeutung, wenn das Umgangsrecht über längere Zeit aus äußeren Gründen (zB infolge großer räumlicher Entfernung oder Inhaftierung – vgl den Fall von OLG Oldenburg 24. 7. 2023 – 11 UF 77/23, BeckRS 2023, 20864) nicht durch persönlichen Kontakt ausgeübt werden. Über ihre genaue Ausgestaltung haben die Eltern **Einvernehmen** herzustellen. Gelingt dies nicht, hat das Familiengericht auch deren Ausgestaltung nach Anzahl und Dauer nach § 1684 Abs 3 BGB zu regeln (OLG Karlsruhe 24. 10. 2017 – 18 UF 166/17, juris Rn 29, NZFam 2017, 1129; OLG Brandenburg 1. 7. 2015 – 10 UF 8/

15, juris Rn 51; KG 28. 10. 2005 – 13 UF 119/05, juris Rn 30, FamRZ 2006, 878; OLG Schleswig 11. 12. 2002 – 13 UF 77/02, juris Rn 6, FamRZ 2003, 950; MünchKommBGB/Hennemann § 1684 Rn 32).

Da sie permanente persönliche Kommunikation zu nahezu jeder Zeit und ortsunabhängig ermöglichen, sind sie heute im zwischenmenschlichen Bereich zur Pflege sozialer und auch verwandtschaftlicher Beziehung von ganz herausragender Bedeutung, und zwar auch aus Sicht des Kindeswohls (aus kindespsychologischer Sicht Salzgeber, Familienpsychologische Gutachten [7. Aufl 2020] Rn 519), weil sie Trennungsschmerzen zwischen den Besuchskontakten lindern und eine permanente Information über das **Alltagsleben** und die Befindlichkeit des Kindes oder Jugendlichen ermöglichen. Gleichzeitig sind sie aber **Ursache für Konflikte** unter den Eltern und können das Kind im Sinne einer **Überbehütung** belasten. Es sollten daher zwischen den Eltern unter Einbeziehung des Kindes klare und verbindliche Absprachen über die Anzahl und Häufigkeit dieser Umgangssurrogate erfolgen. Sind telefonische Kontakte gerichtlich angeordnet oder vereinbart, folgt aus der Wohlverhaltenspflicht von § 1684 Abs 2 BGB, dass der umgangsverpflichtete Elternteil nicht nur die telefonische Erreichbarkeit des Kindes sicherzustellen, sondern auch für eine ungestörte Umgebung bzw Atmosphäre Sorge zu tragen hat, in der eine gute Verständigung ohne ablenkende Umstände möglich ist (OLG Celle 16. 2. 2023 – 10 WF 168/22, FuR 2023, 386, das ein Ordnungsgeld gegen die Mutter verhängt hat).

Umgangskontakte im Wege schriftlicher Kommunikation kommen in Ausnahmefällen auch dann in Betracht, wenn das Umgangsrecht nach § 1684 Abs 4 BGB wegen Kindeswohlgefährdung ausgeschlossen wird (OLG Koblenz 16. 7. 2018 – 13 UF 180/18, FuR 2019, 351; OLG Koblenz 3. 6. 2014 – 13 UF 503/177/14, juris Rn 41, FamRZ 2014, 2010: entgegenstehender Kindeswille). In diesem Fall werden diese ggf ergänzt durch das Auskunftsrecht nach § 1686 BGB.

bb) Beschränktes Kontrollrecht bei Briefverkehr und elektronischer Kommunikation

Umstritten war lange Zeit, ob der (allein) personensorgeberechtigte Elternteil ein **Recht zur Kontrolle** des Briefwechsels des Kindes mit dem Umgangsberechtigten hat (vgl generell zur sorgerechtlichen Befugnis der Postkontrolle Dethloff, Familienrecht [33. Aufl 2022] § 13 Rn 98). Dies wurde teilweise in Rechtsprechung und Schrifttum bejaht; der Sorgeberechtigte müsse befugt sein, ungeeignete Briefe, die den Erziehungszweck gefährden und dem Wohl des Kindes abträglich sind, zurückzuhalten; er müsse diese aber dem Familiengericht zur Entscheidung vorlegen (KG FamRZ 1968, 262; Soergel/Strätz [12. Aufl 1987] § 1634 Rn 13). Diese Verfahrensweise ist jedoch nur schwer mit dem Wohl des Kindes, das selbst Träger von Grundrechten ist, und der **Wahrung des Briefgeheimnisses** vereinbar. Deshalb wurde in der früheren Rechtsprechung auch zu Recht darauf hingewiesen, dass Briefwechsel, insbesondere bei Kindern im Jugendalter, zum inneren Kern des Persönlichkeitsrechts gehören (OLG Köln FamRZ 1973, 265). Der Inhalt von eigenen Briefen diene, vergleichbar einem Tagebuch, der Selbstbespiegelung, die der Jugendliche zu einer Selbstfindung und Persönlichkeitsentwicklung benötige. Dem ist hinsichtlich der Frage der Briefkontrolle sicher zuzustimmen. Durch ein umfassendes Kontrollrecht in Bezug auf Briefe des umgangsberechtigten Elternteils würde das für die Erziehung grundlegende Vertrauen des Kindes gegenüber dem Sorgeberechtigten in die Achtung seiner Privatsphäre erschüttert werden (so auch schon Krüger FamRZ 1956, 329, 334). Gegen eine Kontrolle des Briefverkehrs 101 spricht im Übrigen auch, dass der Briefverkehr Teil des Umgangsrechts ist und das Umgangsrecht ebenfalls, unbeschadet einer Einschränkung bei Erforderlichkeit für das Kindeswohl nach Maßgabe von § 1684 Abs 4 BGB, unkontrolliert ausgeübt wird. Grundsätzlich ist daher eine **Briefkontrolle unzulässig** (DIJuF-Rechtsgutachten JAmt 2014, 261).

Ausnahmsweise kann bei Vorliegen **konkreter Gefahr für das Kindeswohl** (vgl DIJuF-Rechtsgutachten JAmt 2014, 261) der betreuende Elternteil Briefe anhalten und kontrollieren (etwa durch ein das Kind in Loyalitätskonflikte stürzendes Untergraben der Erziehungsautorität); dies beschränkt sich jedoch auf Fälle, die eine Entscheidung nach § 1684 Abs 4 BGB erforderlich machen könnten. Deshalb kann auch der allein sorgeberechtigte Elternteil nicht selbst abschließend entscheiden, sondern muss zurückgehaltene Briefe dem Familiengericht mit dem Ziel einer Entscheidung nach Abs 4 vorlegen. Neben der Beschränkung oder dem Ausschluss des Briefverkehrs nach Abs 4 kommt insbesondere auch in Betracht, dass das Familiengericht den Umgangselternteil bei Vorliegen von das Kindeswohl beeinträchtigenden Briefen zunächst gemäß § 1684 Abs 3 S 2 BGB *anhält,* Äußerungen in Briefen zu unterlassen, die das Verhältnis zu dem das Kind betreuenden Elternteil beeinträchtigen. Umgekehrt sind gegen den betreuenden Elternteil, der den Briefverkehr stört, ebenfalls Maßnahmen nach Abs 3 S 2, äußerstenfalls nach §§ 1666, 1696 BGB möglich.

Haben beide Eltern die elterliche Sorge inne, so gilt, da ein umfassendes Kontrollrecht aufgrund der Personensorge ohnedies nicht besteht und der Briefverkehr vorrangig eine Umgangsproblematik darstellt, grundsätzlich nichts anderes. Bei Vorliegen triftiger Gründe, die in Hinblick auf § 1687 Abs 1 S 2 BGB auch in diesem Fall bei das Kind verunsichernden Eingriffen in die tägliche Erziehung vorliegen können, kommt eine Regelung nach Abs 4 bzw nach Abs 3 in Betracht. Geht es bei den Briefkontakten um Grundsatzfragen der Erziehung, so liegt der Fall nicht anders, als wenn ein mitsorgeberechtigter Elternteil mündlich das Kind in einer Erziehungsfrage konfliktträchtig beeinflusst, weil die Eltern sich nicht einigen können. Insoweit entscheidet das Familiengericht ggf nach § 1628 BGB.

102 Diese zur Briefkontrolle geltenden Grundsätze gelten für die **modernen Formen elektronischer Kommunikation** jedoch nur eingeschränkt. Diese zeichnen sich zum einen dadurch aus, dass sie bisweilen frei für jedermann oder bestimmte Personenkreise zugänglich sind (zB soziale Netzwerke). Zum anderen konkurriert hier unter Umständen das Recht des Kindes auf **Achtung seiner Privatsphäre** und der Beachtung seiner wachsenden Persönlichkeit (vgl § 1626 Abs 2 S 1 BGB) mit der **Aufsichtspflicht** des erziehungsberechtigten Sorgeberechtigten (§ 1631 Abs 1 BGB), wie sie gerade angesichts der durch das Internet bestehenden Gefahren (zB pornographische oder gewaltverherrlichende Inhalte) für Kinder und Jugendliche bestehen. Man denke auch an das unter Umständen strafbare Herunterladen urheberrechtlich geschützter Dateien (Filme, Musik), die auch für den betreuenden Elternteil zu Haftungsrisiken (§ 832 BGB) führen können (vgl zum Umfang der Aufsichtspflicht BGH 11. 6. 2015 – I ZR 7/14, NJW 2016, 950). Auch die Benutzung von Messenger-Diensten wie WhatsApp birgt erhebliche Gefahren für Kinder und bedarf ggf der elterlichen Kontrolle (AG Bad Hersfeld 22. 7. 2016 – F 361/16, juris Rn 142 ff, FamRZ 2016, 2114). Ungeachtet etwaiger Notwendigkeiten von Aufsicht und Kontrolle hat sich diese gleichwohl am Alter, Reifegrad und sozialer Entwicklung des Kindes zu orientieren und seine Intimsphäre zu respektieren (vgl Staudinger/Salgo [2020] § 1631 Rn 44; Staudinger/Lettmaier [2020] § 1626 Rn 321). Für eine zielgerichtete Kontrolle des Inhalts E-Mail- oder Kurznachrichtenverkehrs zwischen Kind und Umgangsberechtigten besteht daher auch insoweit – bei Fehlen von einer Gefahr begründenden Umständen – keine erzieherische Veranlassung.

cc) Telefon

α) Gegen die Zulässigkeit von **Telefonkontakten** wurde früher argumentiert, diese seien nicht überwachbar und deshalb im Rahmen des Umgangsrechts unzulässig (AG Deggendorf FamRZ 1979, 1061; Soergel/Strätz [12. Aufl 1987] § 1634 Rn 12). Dies ist schon deshalb unrichtig, weil aus den unter Rn 101 und 102 dargelegten Gründen ein Kontrollrecht des anderen Elternteils – auch des allein Sorgeberechtigten – nicht besteht und auch telefonisch keine anderen Mitteilungen ausgetauscht zu werden pflegen als beim persönlichen Kontakt. 103

Auch das Argument, Telefonanrufe könnten das Kind unvorbereitet in Krisenstimmungen antreffen, also auch verstören (AG Deggendorf FamRZ 1979, 1061), kann einen grundsätzlichen Ausschluss von Telefonkontakten nicht begründen. Nur konkrete Risiken können Anlass für ein Verbot geben.

Auch Telefonate zählen heute zu den alltäglichen Kommunikationsformen von Kindern und Jugendlichen. Über ihre Anzahl, Dauer und Zeitpunkte sollten sich die Eltern unter Einbeziehung des Kindes aber zur Vermeidung von Konfliktpotential verständigen und klare und verbindliche Regelungen treffen. Es sollten daher zwischen den Eltern unter Einbeziehung des Kindes klare und verbindliche Absprachen über die Anzahl und Häufigkeit dieser Umgangssurrogate erfolgen (Salzgeber, Familienpsychologische Gutachten [7. Aufl 2020] Rn 603). Gelingt dies nicht, hat das Familiengericht deren Ausgestaltung nach Zeitpunkt, Anzahl und Dauer nach § 1684 Abs 3 BGB rechtsverbindlich zu regeln (OLG Karlsruhe 24. 10. 2017 – 18 UF 166/17, juris Rn 29, NZFam 2017, 1129; OLG Brandenburg 1. 7. 2015 – 10 UF 8/15, juris Rn 51; KG 28. 10. 2005 – 13 UF 119/05, juris Rn 30, FamRZ 2006, 878; OLG Schleswig 11. 12. 2002 – 13 UF 77/02, juris Rn 6, FamRZ 2003, 950; MünchKommBGB/Hennemann § 1684 Rn 32).

Soweit Telefonkontakt regelmäßig in Betracht kommt, ist dieser **grundsätzlich unüberwacht zuzulassen** (OLG Schleswig FamRZ 2003, 950). Telefonate sollen es dem Kind ermöglichen, sich zwischen oft weit auseinanderliegenden Besuchskontakten spontan und unbefangen dem Umgangselternteil mitzuteilen; dies gilt gleichermaßen für kleine Kinder, die zu schriftlichen Kontakten noch nicht imstande sind. Eine gänzliche Beschränkung telefonischer Kontakte zum Umgangselternteil würde aus Sicht des Kindes vielfach irritierend wirken, weil die Zulässigkeit von Telefonaten mit Freunden und Bekannten die Regel ist, der Umgangselternteil aber als nachteiliger Ausnahmefall erschiene. Der telefonische Kontakt dient also ebenfalls unmittelbar dem Zweck des Umgangsrechts, eine möglichst unbefangene und natürliche Kontaktpflege zu sichern.

Erst recht dient telefonischer Kontakt der Verwirklichung des Umgangsrechts, wenn ein persönlicher Umgang derzeit nicht stattfinden kann oder erheblich beschränkt ist (OLG München FamRZ 1998, 976, 977).

104 **β)** Der Umgangsberechtigte hat zur Verwirklichung seines Umgangsrechts allerdings keinen Anspruch darauf, dass dem Kind ein **eigenes Mobiltelefon** überlassen wird, da hier eine für das Kind wesentliche Erziehungsfrage iSd § 1687 Abs 1 S 1 BGB berührt wird (Söpper FamRZ 2002, 73, 75; Burschel NZFam 2016, 395, 396; MünchKommBGB/Hennemann § 1684 Rn 32; NK-BGB/Peschel-Gutzeit/Ebeling § 1684 Rn 20), sodass die Einwilligung des betreuenden Elternteils erforderlich ist; dies gilt unabhängig von der Sorgerechtslage, weil das Zurverfügungstellen des Telefons jedenfalls nicht auf die von § 1687 Abs 1 S 4 BGB erfassten Zeiträume beschränkt bleibt. Dies gilt natürlich auch dann, wenn der Umgangselternteil dem Kind ein **Mobiltelefon** schenken möchte und anbietet, die laufenden Kosten zu finanzieren. Auch hinsichtlich des Umfangs der Nutzung (außerhalb der Nutzung als Umgangskontakt) entscheidet grundsätzlich der Sorgeberechtigte, auch wenn der Umgangselternteil die Kosten zu tragen bereit ist, damit das Kind den verantwortungsvollen Umgang mit dem Kostenaufwand der Nutzung lernt (Söpper FamRZ 2002, 73, 75). Auch bei größerer räumlicher Entfernung ist es im Übrigen heute möglich, auch ohne Telefon via Internet (zB Skype) verbal und visuell zu kommunizieren.

Auch zur **Bereitstellung** eines Festnetztelefonanschlusses für das Kind ist der betreuende Elternteil nicht verpflichtet (Büte, Das Umgangsrecht bei Kindern geschiedener oder getrennt lebender Eltern [2005] Rn 116).

Fraglich ist, ob eine Verpflichtung besteht, die **Telefonnummer** eines vorhandenen Telefonanschlusses dem Umgangselternteil **bekanntzugeben**. Grundsätzlich steht es als Ausfluss des Persönlichkeitsrechts in der freien Entscheidung des Telefonteilnehmers, wem er seine Telefonnummer mitteilt (OLG Düsseldorf FamRZ 1997, 46). Sofern dem Kind die Benutzung des Telefonanschlusses nicht verwehrt wird, um den Umgangselternteil anzurufen, dürfte eine solche Verpflichtung im Hinblick auf die Herstellung von Telefonkontakten *mit dem Kind* in Abwägung des Kindeswohls gegen das Persönlichkeitsrecht des betreuenden Elternteils nicht anzunehmen sein. Hiervon zu unterscheiden ist die Frage, ob im Interesse der Erreichbarkeit des *betreuenden Elternteils* für Terminabsprachen und in Notfällen die Bekanntgabe der Telefonnummer verlangt werden kann (hierzu OLG Düsseldorf FamRZ 1997, 46 mit ablehnender Anm Sarres).

Im Übrigen besteht weder für den umgangsberechtigten noch für den (überwiegend) betreuenden Elternteil ein Recht, dass das Kind für ihn während der Anwesenheit bei dem jeweiligen anderen telefonisch erreichbar ist (MünchKommBGB/Hennemann § 1684 Rn 32: **aA** Büte, Das Umgangsrecht bei Kindern geschiedener oder getrennt lebender Eltern [2005] Rn 178 für den betreuenden Elternteil).

dd) Regelung durch Familiengericht

105 Als Elemente des Umgangsrechts können sowohl briefliche als auch telefonische Kontakte bei Uneinigkeit der Eltern gemäß § 1684 Abs 3 S 1 BGB durch das **Familiengericht** geregelt werden (OLG Oldenburg 24. 7. 2023 – 11 UF 77/23, BeckRS 2023, 20864; OLG Karlsruhe 24. 10. 2017 – 18 UF 166/17, juris Rn 29, NZFam 2017, 1129; OLG Brandenburg 1. 7. 2015 – 10 UF 8/15, juris Rn 51; KG 28. 10. 2005 – 13 UF 119/05, juris Rn 30, FamRZ 2006, 878; OLG Schleswig FamRZ 2003, 950; OLG München FamRZ 1998, 976, 977; NK-BGB/Peschel-Gutzeit/Ebeling § 1684 Rn 20; jeweils Telefonregelung).

c) Geschenke durch den Umgangselternteil

In der älteren Rechtsprechung wurde ein Recht des Umgangselternteils, dem Kind angemessene oder kleinere **Geschenke** zu senden, sowie eine Verpflichtung des sorgeberechtigten Elternteils, diese Geschenke auszuhändigen, verneint, bzw von einer positiven gerichtlichen Regelung im Rahmen der Bestimmung der Art und Weise des Umgangs abhängig gemacht (KG OLGE 14, 252; KG ZfJ 1937/38, 449; BayObLGZ 15, 441). 106

Auch insoweit hat sich aber heute die Erkenntnis durchgesetzt, dass **maßvolle Geschenke** grundsätzlich dem Zweck des Umgangsrechts dienen und – soweit sie nicht vom pädagogischen Ansatz her verfehlt sind – *erlaubt* sind (Büte, Das Umgangsrecht bei Kindern geschiedener oder getrennt lebender Eltern [2005] Rn 180; NK-BGB/Peschel-Gutzeit/Ebeling § 1684 Rn 21; MünchKommBGB/Hennemann § 1684 Rn 32). Dabei wird teils auf das Erziehungsziel des Sorgeberechtigten abgestellt, dem die Geschenke nicht zuwiderlaufen dürften (Soergel/Strätz [12. Aufl 1987] § 1634 Rn 16). Verbreitet wird vertreten, auch Geschenke sollten der Regelungsbefugnis des Familiengerichts nach § 1684 Abs 3 BGB unterfallen, wenn die Eltern sich über die Angemessenheit nicht einig sind und die Geschenke durch ein Übermaß das Erziehungsrecht des Sorgeberechtigten zu durchkreuzen und diesem das Kind zu entfremden geeignet sind (Steffen ZfJ 1979, 129, 133; Johannsen/Henrich/Jaeger [6. Aufl 2015] § 1684 Rn 9; Büte, Das Umgangsrecht bei Kindern geschiedener oder getrennt lebender Eltern [2005] Rn 180).

Der letztgenannten Ansicht, dass Geschenke einerseits notwendig sind, um dem Kind eine möglichst weitgehende Normalität im Umgang mit dem Elternteil zu ermöglichen und diesem Gelegenheit zu geben, Zuneigung auch durch Geschenke auszudrücken, ist im Ansatz beizupflichten. Andererseits können aber übermäßige Geschenke kindeswohlschädlich sein und Konflikte mit den im Alltag erlebten Lebensverhältnissen auslösen. Es bedarf jedoch eines stärker objektivierbaren, am Kindeswohl orientierten Maßstabes, um die Frage zu klären, *welches Maß* Geschenke haben dürfen. Auch insoweit kann schwerlich die Frage, ob ein oder beide Elternteile sorgeberechtigt sind und daher *bestimmen* können, jedenfalls bei nicht wesentlichen die Erziehungsbelange des Kindes betreffenden Dingen (zB Mobiltelefon, siehe oben Rn 104), den entscheidenden Ausschlag geben. Gerade bei der Notwendigkeit der Anbahnung eines länger nicht mehr stattgefundenen Umgangs und einer damit einher gehenden Entfremdung auf der Seite des Kindes können Geschenke auch kindespsychologisch geeignet sein, eine **Wiederannäherung** zwischen dem betreffenden Elternteil und dem Kind zu fördern (OLG Koblenz 16. 7. 2018 – 13 UF 180/18, FuR 2019, 351; OLG Saarbrücken 28. 1. 2015 – 6 UF 145/14, juris Rn 14, MDR 2015, 595: dort auch vom Sachverständigen empfohlen; OLG Köln 16. 3. 2009 – 4 UF 160/08, juris Rn 6, FamRZ 2009, 1422).

Im Interesse des Kindes muss aber vermieden werden, dass zwischen dem Alltag bei dem betreuenden Elternteil und dem Maß der Geschenke des Umgangselternteils eine *Polarisierung* auftritt, dass das Kind vom Umgangselternteil verwöhnt wird. Dieser Konflikt ist auch im Übrigen dem Umgangsrecht immanent, weil der Umgangselternteil regelmäßig als *Freizeitelternteil* erscheint und daher, gerade wenn er den Umgang für das Kind optimal gestalten will, leicht aus Sicht des Kindes auf eine irreale Sonnenseite des Lebens gestellt wird. Da aber auch die Gefahr besteht, dass durch Geschenke im Übermaß die Beziehung des Kindes zum betreuenden Elternteil gestört wird und dieser sich genötigt fühlen kann, dem Kind Vergleichbares zu liefern, ist hier eine Grenzziehung unerlässlich. Dies gilt umso mehr, wenn sich der Lebensstandard des betreuenden Elternteils wesentlich von dem des Umgangsberechtigten unterscheidet. Maßgeblich sind hier im Falle einer familiengerichtlichen Regelung die Umstände des Einzelfalles.

d) Übersendung von Fotos und Urkunden an den Umgangselternteil

107 Die Übersendung von **Fotos** und **Zeugnissen** des Kindes im Fall der Einschränkung, insbesondere des Ausschlusses des Umgangsrechts, ist hingegen systematisch nicht unmittelbar als Restbestand des Umgangsrechts nach § 1684 Abs 1 BGB, sondern als Element des in seiner Herkunft an das Umgangsrecht angelehnten **Auskunftsanspruchs** einzuordnen (vgl dazu § 1686 Rn 14). Geht es allerdings um die Frage, ob der Umgangselternteil selbst Fotos von dem Kind herstellen darf, ist dies nach §§ 1687 Abs 1 S 4, 1687a BGB zu beurteilen und nicht Gegenstand eines Anspruchs nach § 1686 BGB (zu Unrecht OLG Karlsruhe 14. 2. 2023 – 2 WF 22/23, FamRZ 2023, 786 mit ablehnender Anm Hammer). Nur für den Fall, dass der Umgangselternteil das Foto des Kindes unberechtigt öffentlich verbreiten möchte, kann der betreuende Elternteil ihm die Bildaufnahme untersagen (Hammer FamRZ 2023, 788).

IV. Wohlverhaltensgebot (§ 1684 Abs 2)

1. Inhalt im Verhältnis der Eltern

a) Unterlassensverpflichtung

108 § 1684 Abs 2 S 1 BGB erlegt beiden Eltern wechselseitig eine **Verpflichtung** auf, alles zu **unterlassen**, was das **Verhältnis des Kindes zum jeweils anderen Elternteil beeinträchtigt oder die Erziehung erschwert** (BGH 1. 2. 2012 – XII ZB 188/11, juris Rn 17, ZKJ 2012, 219; OLG Celle FamRZ 1998, 971; OLG München FamRZ 1997, 750). Diese eigentlich selbstverständliche, auch bei zusammenlebenden Eltern im Interesse einer gedeihlichen Erziehung des Kindes zu fordernde Verhaltensweise wird erfahrungsgemäß im Konflikt der Eltern nicht selten verletzt, indem die Eltern, leider meist auch unter Einbeziehung der Kinder, ihre auf der Beziehungsebene liegenden Streitigkeiten auch nach der Trennung oder Scheidung fortsetzen. Die Wohlverhaltenspflicht beruht auf der Annahme, dass durch Konflikte der Eltern im Zusammenhang mit dem Umgangsrecht Kinder in einen **Loyalitätskonflikt** gebracht werden (OLG Köln 4. 7. 2014 – 4 UF 22/13, juris Rn 5, FamRZ 2015, 151; Heilmann/Gottschalk § 1684 Rn 18; Schwab/Ernst/Schäder, Handbuch Scheidungsrecht [8. Aufl 2019] § 5 Rn 288; Walper/Fichtner, in: Walper/Fichtner/Normann, Hochkonflikthafte Trennungsfamilien [2013] 91, 96 ff). Die Bestimmung will angesichts dieser Erfahrungstatsache beiden Eltern aufzeigen, was zum Wohl des Kindes von ihnen in dieser Lage zu erwarten ist (BT-Drucks 8/2788, 54; Johannsen/Henrich/Althammer/Rake § 1684 Rn 11; Grüneberg/Götz § 1684 Rn 5). Das Gebot entspricht der verfassungsrechtlichen Bedeutung des Elternrechts als ein **treuhänderisches zum Wohl des Kindes** auszuübendes Recht (BVerfGE 64, 180).

b) Beide Eltern als Adressaten

109 In der Neufassung durch das KindRG wendet sich die Bestimmung unterschiedslos an **beide Eltern**. Eine sachliche Änderung ist hierdurch nicht eingetreten; da das Umgangsrecht nicht mehr von der Sorgerechtsverteilung abhängt, ist auch hinsichtlich des Wohlverhaltensgebotes eine sorgerechtlich typisierte Rollenverteilung nicht erkennbar. Das Wohlverhaltensgebot gilt auch, wenn die Eltern eine **gemeinsame elter-**

liche Sorge innehaben und nicht unmittelbar das Umgangsrecht betroffen ist. So haben sich die Eltern auch der Einflussnahme auf das Kind in streitigen Erziehungsfragen (zB Erwecken von Versagensängsten gegenüber einer vom anderen Elternteil gewünschten weiterführenden Schulbildung) zu enthalten und sind in diesem Fall gehalten, den Konflikt über Einzelfragen der Erziehung miteinander auszutragen.

Dennoch ergeben sich neben allgemein zu formulierenden Verpflichtungen, die beide Eltern treffen, aus der tatsächlichen Rollenverteilung zwischen betreuendem Elternteil und Umgangselternteil spezifische Verhaltenspflichten.

Allgemein trifft **beide Eltern** eine Pflicht zu **loyalem Verhalten** zur Verwirklichung des Umgangsrechts (OLG Saarbrücken 29. 10. 2014 – 6 WF 186/14, juris Rn 7, FamRZ 2015, 863; Haussleiter NJW-Spezial 2007, 151; Heilmann/Gottschalk § 1684 Rn 18). In diesem Zusammenhang haben sie alles zu unterlassen, was das Verhältnis des Kindes zum jeweils anderen Elternteil beeinträchtigt oder die Erziehung erschwert. Beide Eltern haben es zu unterlassen, die *Ursachen des Scheiterns* ihrer Beziehung oder *Eigenschaften* des anderen Elternteils zur Beeinflussung oder Einnahme des Kindes einzusetzen (Büte, Das Umgangsrecht bei Kindern geschiedener oder getrennt lebender Eltern [2005] Rn 153) sowie Achtung und Liebe des Kindes zu dem anderen Elternteil zu untergraben (Johannsen/Henrich/Althammer/Rake § 1684 Rn 11). *Partnerschaftliche Belange,* insbesondere auch im Verhältnis zu einem neuen Partner, sind ggf zurückzustellen, auch wenn das Umgangsrecht des früheren Partners für eine neue Beziehung als störend empfunden wird (AG Kerpen FamRZ 1994, 1486, 1488). Beide Eltern sind verpflichtet, persönliche Aversionen gegen den anderen Elternteil strikt dem Wohl des Kindes unterzuordnen (AG Leutkirch FamRZ 1994, 401) und Spannungen von dem Kind – soweit dies möglich ist – fernzuhalten (LG Tübingen DAVorm 1974, 193; Soergel/Jakobitz § 1684 Rn 18). Das Umgangsrecht des Kindes hat Vorrang vor Befindlichkeiten des Elternteils, mit dem es zusammenlebt (KG FamRZ 2001, 1163). Auch **unnötige Vermögensnachteile** des Umgangselternteils, die über die zwangsläufigen Umgangskosten hinausgehen, dürfen nicht provoziert werden (BGH 19. 6. 2002 – XII ZR 173/00, FamRZ 2002, 1099; KG 18. 5. 2020 – 13 UF 88/18, FamRZ 2020, 1731; OLG Hamburg 9. 5. 2017 – 7 UF 75/16, FamRZ 2018, 599; AG Monschau FamRZ 2004, 287). Das in § 1684 BGB gewährte elterliche Umgangsrecht begründet insoweit zwischen dem Umgangsberechtigten und dem zur Gewährung des Umgangs Verpflichteten ein gesetzliches Rechtsverhältnis familienrechtlicher Art, das durch § 1684 Abs 2 BGB näher ausgestaltet wird (vgl oben Rn 38). Es beinhaltet die Pflicht, bei der Gewährung des Umgangs auf die Vermögensbelange des Umgangsberechtigten Rücksicht zu nehmen. Eine Verletzung dieser Wohlverhaltensverpflichtung kann nach § 280 Abs 1 BGB Schadensersatzpflichten des Verletzers gegenüber dem umgangsberechtigten Elternteil auslösen (BGH 19. 6. 2002 – XII ZR 173/00, FamRZ 2002, 1099; KG 18. 5. 2020 – 13 UF 88/18, FamRZ 2020, 1731; vgl oben Rn 38 ff).

c) Pflicht zur aktiven Umgangsförderung

Nach allgemeiner Ansicht erschöpft sich die Wohlverhaltenspflicht nicht in Unterlassungen; vielmehr ergeben sich **aktive Förderungspflichten**, wenngleich der Gesetzgeber des KindRG es versäumt hat, die Norm entsprechend dieser Zielsetzung anzupassen (OLG Thüringen FamRZ 2000, 47; OLG Rostock 20. 4. 2006 – 11 UF 57/01, juris Rn 36, FamRZ 2006, 2623; OLG Karlsruhe NJW-RR 1999, 7; Grüneberg/Götz § 1684 Rn 5; FamRefK/Rogner § 1684 Rn 8; Johannsen/Henrich/Althammer/Rake § 1684 Rn 11; Soergel/Jakobitz § 1684 Rn 18). Ohnehin lassen sich zu missbilligende erzieherische Verhaltensweisen **110** häufig nicht danach unterscheiden, ob sie sich in einem bloßen schädlichen Unterlassen erschöpfen oder bereits aktiv das Verhältnis des Kindes zum anderen Elternteil erschweren. Insbesondere haben beide Elternteile schlichte Untätigkeit in Beziehung auf die Kontakte des Kindes zum anderen Elternteil zu unterlassen, wo nach **erzieherischen Grundsätzen ein Tätigwerden im Sinne einer behutsamen positiven Einflussnahme** auf das Kind geboten ist. Gegen die Loyalitätspflicht verstößt also auch, wer durch formal korrektes Nichtstun dem Kind Ablehnung gegen den anderen Elternteil deutlich macht und in dem Kind hierdurch *aktive Ablehnung provoziert,* die dann scheinbar auf den eigenen Willensentschluss des Kindes rückführbar ist. Hingegen kann *physischer Zwang* im Hinblick auf § 1631 Abs 2 BGB (zur Bedeutung des Gebotes zur gewaltfreien Erziehung vgl Heilmann/Fink § 1631 Rn 15 ff) gegen das Kind unter keinen Umständen verlangt werden (vgl aber OLG Zweibrücken FamRZ 1987, 90; LG Mannheim NJW 1972, 950). Es sind aber aktiv alle in Betracht kommenden erzieherischen Mittel einzusetzen, um das Kind zur Wahrnehmung des Umgangs zu veranlassen (BGH 1. 2. 2012 – XII ZB 188/11, juris Rn 25, ZKJ 2012, 219).

110a Endlich hat der *BGH* (BGH 27. 3. 2019 – XII ZB 345/18, MDR 2019, 676) auch die seit Jahrzehnten bestehende Streitfrage entschieden, ob und wenn ja aufgrund welcher Rechtsgrundlage ein Anspruch unter Eltern auf **Herausgabe des Reisepasses** (oder vergleichbarer Dokumente, wie Impfausweise oder Aufenthaltsgenehmigung) des Kindes besteht. Er hat sich dabei der auch hier vertretenen Ansicht angeschlossen, dass ein Anspruch kindschaftsrechtlicher Natur existiert und diesen unter Heranziehung der Wohlverhaltenspflicht auf eine Analogie zu §§ 1632 Abs 1, 1684 Abs 2 BGB gestützt. Er gilt sorgerechtsunabhängig sowohl für den überwiegend betreuenden Elternteil – wie im Fall des BGH – als auch für den Umgangselternteil, wenn diese den Pass oder sonstigen Ausweis – vor allem für eine Reise mit dem Kind – zur Ausübung des Sorge- oder Umgangsrechts benötigen. Er steht allerdings aus Gründen des Kindeswohls unter dem Vorbehalt, dass der die Herausgabe begehrende Elternteil mit dem Pass seine elterlichen Befugnisse nicht überschreiten darf (zB bei Entführungsgefahr). Macht ihn der umgangsberechtigte Elternteil geltend, dürfte es sich verfahrensrechtlich um eine Umgangssache nach § 151 Nr 2 FamFG handeln, im Übrigen bei einem Anspruch des Betreuungselternteils um eine Sorgesache nach § 151 Nr 1 FamFG (vgl Johannsen/Henrich/Althammer/Dürbeck § 1632 Rn 12).

d) Pflichten des betreuenden Elternteils

111 In Bezug auf das Umgangsrecht sind dem betreuenden Elternteil folgende Verhaltenspflichten auferlegt:

aa) Keine Umgangsvereitelung

Er hat alles zu unterlassen, was die Durchführung einer vereinbarten oder gerichtlich verfügten **Umgangsregelung beeinträchtigen oder vereiteln** könnte (zu den vielfältigen Erscheinungen der Umgangsvereitelung aus psychologischer Sicht: Klenner FamRZ 1995, 1529). Hierzu gehört auch, dass der betreuende Elternteil seine *familiären und beruflichen Verhältnisse* so einrichtet, dass er seiner Verpflichtung zur Ermöglichung des Umgangs nachkommen kann (OLG Koblenz 3. 6. 2015 – 11 WF 415/15, juris Rn 33, FamRZ 2016, 1104; OLG Köln 9. 7. 2012 – 4 WF 63/12, MDR 2012, 1293). Erst recht hat er seine eigene ablehnende Haltung so zu steuern, dass das Kind nicht in einen *Loyalitätskonflikt* gerät, indem es sich auf die Seite des betreuenden Elternteils, der seine Abneigung gegen den Umgang deutlich macht, stellt, um dessen Wohlwollen zu erhalten (OLG

Celle 4. 1. 2018 – 10 UF 126/16, juris Rn 50 ff, NZFam 2018, 528; OLG Bamberg NJW-RR 1995, 201, 202; OLG Hamm FamRZ 1994, 57, 58; OLG Nürnberg NJW 1994, 2964; OLG Köln KindPrax 1998, 157). Gegen die Wohlverhaltenspflicht verstößt ein Elternteil auch, der eine vordergründige Förderung des Umgangs durch subtilen psychischen Einfluss selbst untergräbt (OLG Schleswig NJW-RR 2008, 1389), der es einem kleineren Kind **freistellt**, ob es Umgang mit dem anderen Elternteil haben will (OLG Saarbrücken 29. 10. 2014 – 6 WF 186/14, juris Rn 7, FamRZ 2015, 863; OLG Saarbrücken FamRZ 2007, 927), der seine Unzufriedenheit mit der Umgangsregelung gegenüber dem Kind zum Ausdruck bringt (OLG Düsseldorf 18. 5. 2018 – 8 UF 53/17, FF 2018, 378) oder der den Umgang zwar nicht verhindert, aber durch periphere Verbote unmöglich macht (LSG NRW NJW-RR 2008, 88: Verbot der Benutzung öffentlicher Verkehrsmittel). Krankheitsnahe Beeinflussungen (OLG München FamRZ 1997, 750: psychische Erkrankung; KG FamRZ 1989, 656, 659: psychosomatische Erkrankungen des Kindes) markieren nur extreme Fälle der Verletzung dieser Verpflichtung; auch weniger intensives negatives Einwirken auf das Kind ist zu unterlassen.

bb) Erzieherische Umgangsförderung

Darüber hinaus muss der betreuende Elternteil im Rahmen der Erziehung (wiederum unabhängig von der Sorgerechtslage, da hinsichtlich der Frage, ob das Kind dem Umgang positiv gegenübersteht, de facto der betreuende Elternteil den größten Einfluss nehmen kann) die Bereitschaft des Kindes zum **Umgang mit dem anderen Elternteil fördern**, die Besuche bei diesem als etwas Positives vermitteln und psychische Widerstände des Kindes gegen den Umgangselternteil mit – selbstverständlich angemessenen und zumutbaren – erzieherischen Maßnahmen überwinden (BGH 1. 2. 2012 – XII ZB 188/11, juris Rn 25, ZKJ 2012, 219; OLG Brandenburg 23. 5. 2023 – 13 WF 67/23, juris Rn 12; OLG Brandenburg 15. 6. 2021 – 9 WF 129/21, juris Rn 10; OLG Brandenburg 10. 12. 2020 – 9 WF 289/20, juris Rn 11; OLG Brandenburg 4. 9. 2019 – 9 WF 208/19, juris Rn 10; OLG Frankfurt 29. 5. 2013 – 5 WF 120/13, juris Rn 3, FuR 2013, 664; OLG Saarbrücken 8. 10. 2012 – 6 WF 381/12, juris Rn 4, ZKJ 2013, 79; OLG Brandenburg FamRZ 1996, 1092; OLG Celle FamRZ 1998, 971, 972; OLG Celle FamRZ 1999, 173; OLG Düsseldorf FamRZ 1979, 857, 858; OLG Frankfurt ZfJ 1998, 343, 344; OLG Hamm ZfJ 1999, 226, 228; OLG Karlsruhe FamRZ 2002, 1125; OLG Köln FamRZ 1998, 961, 962; OLG Zweibrücken FamRZ 1987, 90; Johannsen/Henrich/Althammer/Rake § 1684 Rn 11; BeckOK-BGB/Veit [1. 1. 2023] § 1684 Rn 51; Oelkers FamRZ 1995, 449, 452). Bei **jüngeren Kindern** dürfte im Regelfall davon auszugehen sein, dass diese aus eigenem Antrieb keine unüberwindliche Ablehnung des Umgangs entwickeln, sodass die vom betreuenden Elternteil geforderten Erziehungsmaßnahmen bei entsprechendem Bemühen auch gelingen sollten (OLG Frankfurt 6. 1. 2020 – 8 WF 162/19, FamRZ 2021, 218; OLG Saarbrücken 11. 12. 2019 – 6 WF 156/19, FamRZ 2020, 701; OLG Frankfurt 28. 6. 2012 – 4 WF 122/12, juris Rn 18, FamRZ 2013, 475: 4 Jahre; OLG Frankfurt 11. 9. 2012 – 4 WF 196/12, juris Rn 29, ZKJ 2013, 263; OLG Karlsruhe 5. 5. 2011 – 5 WF 51/11, juris Rn 21, FamRZ 2011, 1669; Balloff FPR 2013, 303, 307). Dies wird dem betreuenden Elternteil insoweit auch, wie bei der vergleichbaren Verweigerung des *Schulbesuchs* durch das Kind (zutreffend auf diesen Vergleich abstellend OLG Saarbrücken 29. 10. 2014 – 6 WF 186/14, juris Rn 20, FamRZ 2015, 863), gelingen. Bei **älteren Kindern** ist dies, jedenfalls bei nachdrücklicher und nachvollziehbarer Weigerung (OLG Köln 12. 3. 2014 – 4 WF 167/13, juris Rn 6: 13 Jahre; OLG Düsseldorf 27. 3. 2009 – 6 UF 191/08, FamRZ 2009, 1419: 11 Jahre; vgl auch BVerfG 25. 4. 2015 – 1 BvR 3326/14, FamRZ 2015, 1093 Rn 24, 25), nicht mehr ohne Weiteres vorauszusetzen (OLG Hamm FamRZ 1996, 363; OLG Hamm FamRZ 2008, 1371: Grenze ca 9–11 Jahre; ebenso Prütting/Helms/Hammer § 89 FamFG Rn 40). Es ist jedoch auch hier im Rahmen von § 89 Abs 4 FamFG im Einzelfall darzulegen, welche erzieherischen Anstrengungen unternommen wurden, um auf das Kind einzu- 112 wirken (OLG Brandenburg 23. 5. 2023 – 13 WF 67/23, juris Rn 12 f; OLG Köln 14. 4. 2015 – 26 WF 57/15, juris Rn 7, FamRZ 2015, 1734: 10-jähriges Kind; OLG Saarbrücken 8. 10. 2012 – 6 WF 381/12, juris Rn 4, ZKJ 2013, 79; Prütting/Helms/Hammer § 89 FamFG Rn 39, 40).

Dies gilt auch, wenn zwischen den Eltern ein **Konfliktpotential** besteht, das eine gemeinsame elterliche Sorge ausschließt; die Förderung des Umgangs ist in solchen Situationen sogar besonders bedeutsam. Eine besondere Verpflichtung zur Förderung besteht, wenn der betreuende Elternteil das Umgangsrecht nachhaltig und wiederholt vereitelt hat (OLG Köln 9. 7. 2012 – 4 WF 63/12, juris Rn 5, MDR 1012, 1293; OLG Brandenburg 10. 12. 2020 – 9 WF 289/20, juris Rn 6 ff); in diesem Fall ist es vorrangig Sache dieses Elternteils, dafür zu sorgen, dass das Umgangsrecht dauerhaft und in angemessenem Umfang wieder ausgeübt werden kann (OLG Nürnberg FamRZ 1997, 614).

cc) Einzelfälle

113 – Der Betreuungselternteil darf grundsätzlich nicht seine **Wohnanschrift geheim halten** und damit die Kontaktaufnahme des Umgangselternteils mit dem Kind vereiteln. Die planmäßige Vereitelung des Umgangs durch Umzug und Verschweigen der neuen Anschrift bedeutet einen schweren Verstoß gegen das Wohlverhaltensgebot (OLG München FamRZ 1997, 1160; Büte, Das Umgangsrecht bei Kindern geschiedener oder getrennt lebender Eltern [2005] Rn 154). Ausnahmsweise kann die Geheimhaltung der Wohnanschrift bei Vorliegen eines schutzwürdigen Interesses gerechtfertigt sein; hieran ist ein strenger Maßstab anzulegen (KG FamRZ 1999, 876: begründete Angst vor Gewalttätigkeit). Ein solcher Ausnahmefall kann aber bei Fällen vorausgegangener schwerer häuslicher *Gewalt oder Stalking* iSd § 1 GewSchG durchaus gegeben sein (vgl zum Fall einer unbegründeten Klage wegen verweigerter Meldeauskunft des umgangsbegehrenden Vaters vor den Verwaltungsgerichten OVG Münster 9. 12. 2014 – 16 A 1049/14, ZKJ 2015, 162). Hier wird allerdings meist ohnehin der Umgang nach § 1684 Abs 4 BGB ausgeschlossen sein oder nur in begleiteter Form stattfinden. Gegenüber dem *Familiengericht* ist die Anschrift aber – schon im Hinblick auf die später ggf notwendige Vollstreckung der Gerichtskosten – stets anzugeben (BGH 9. 12. 1987 – IVb ZR 4/87, juris Rn 7 f, NJW 1988, 2114; OLG Frankfurt 20. 5. 2016 – 4 UF 333/15, juris Rn 33 ff, FamRZ 2017, 204).

Gefordert sind auch äußere aktive Verhaltensweisen, die nach dem Geist und Sinn einer Umgangsregelung geboten erscheinen.

– So muss der betreuende Elternteil das Kind zum vereinbarten Zeitpunkt zur **Abholung bereitmachen** und es dem Umgangselternteil übergeben (BGH NJW-RR 2012, 324; OLG Celle FamRZ 1998, 1130, 1131), wobei eine *aktive Herausgabepflicht* besteht, die erst dem Kind deutlich macht, dass eine Umgangsregelung zu befolgen ist (OLG Karlsruhe FamRZ 2002, 1125, 1126; Völker/Clausius, Sorge- und Umgangsrecht [8. Aufl 2021] § 2 Rn 33). Hierzu gehört es auch, das Kind mit den für den Umgang notwendigen Gegenständen, insbesondere *Ersatzkleidung*, auszustatten, die der Umgangselternteil nicht vorhalten muss (KG 7. 3. 2017 – 13 WF 39/17, juris Rn 31, FamRZ 2017, 1580; OLG Brandenburg 22. 2. 2007 – 10 UF 219/06, juris Rn 23; OLG Schleswig 3. 2. 2006 – 13 UF 135/06, juris Rn 9, FamRZ 2006, 881; AG Monschau FamRZ 2004, 287; Heilmann/Gottschalk § 1684 Rn 21; Grüneberg/Götz § 1684 Rn 5; Erman/Döll § 1684 Rn 27). Gleiches gilt für die Mitgabe von erforderlichen *Reisedokumenten* des Kindes bei einem Ferienumgang (BGH 27. 3. 2019 – XII ZB 345/18, MDR 2019, 676; OLG Bremen 24. 11. 2017 –

4 UF 61/17, juris Rn 20, ZKJ 2018, 103; OLG Brandenburg 1. 7. 2015 – 10 UF 8/15, juris; MünchKommBGB/Hennemann § 1684 Rn 20), von benötigter *Sportbekleidung* (vgl KG 17. 8. 2016 – 13 WF 116/16, juris Rn 20 ff, FamRZ 2017, 457) oder von Medikamenten (zB bei Asthma oder Allergien).

Falls **Bringen** des Kindes zum Umgangselternteil vereinbart oder angeordnet ist, darf er sich nicht darauf beschränken, untätig vor der Haustüre anzuhalten und dem Kind dadurch mittelbar nahezulegen, es brauche nicht auszusteigen, wenn es nicht wolle (OLG Saarbrücken 21. 12. 2006 – 9 UF 147/06, juris Rn 35, FamRZ 2007, 927; OLG Brandenburg FamRZ 1996, 1092: zudem noch Dokumentation des formalen Wartevorganges mit der Videokamera). Falls das Kind sich bei der Übergabe verweigert, hat der betreuende Elternteil vielmehr alle verfügbaren Möglichkeiten zu ergreifen, um erzieherisch auf das Kind einzuwirken (OLG Frankfurt 21. 7. 2015 – UF 379/14, juris Rn 37, FamRZ 2016, 387).

Grundsätzlich besteht jedoch keine Pflicht – unabhängig von entsprechenden Absprachen – das Kind zum Umgangselternteil zu **bringen oder es abzuholen** (OLG Bamberg 30. 1. 2023 – 7 UF 190/22, juris; OLG Hamm FamRZ 2004, 560; OLG Zweibrücken FamRZ 1982, 531; Heilmann/Gottschalk § 1684 Rn 44; vgl dazu unten Rn 244 ff auch zu möglichen Ausnahmen). Mangels anderer Vereinbarung oder gerichtlicher Regelung ist dies Sache des Umgangselternteils (OLG Frankfurt 29. 9. 2022 – 6 UF 103/22, juris (auch bei einem in Polen lebenden Elternteil); OLG Koblenz FamRZ 1996, 560, 561; OLG Nürnberg NJWE-FER 1999, 146; OLG Zweibrücken FamRZ 1982, 531; MünchKommBGB/Hennemann § 1684 Rn 40). Hieran ändert nach der vorbezeichneten hM auch der Umstand nichts, dass die Eltern die *elterliche Sorge gemeinsam* innehaben (**aA** noch OLG Saarbrücken FamRZ 1983, 1054; Staudinger/Rauscher [2014] § 1684 Rn 95). Im Übrigen kann unabhängig von der Verteilung des Sorgerechts dann eine Verpflichtung zur Mitwirkung des betreuenden Elternteils an der Verwirklichung des Umgangs bestehen, insbesondere, wenn wegen *großer Entfernung* bei Abholung des Kindes *faktisch das Umgangsrecht vereitelt würde* und nur gewährleistet werden kann, wenn das Kind zum Umgangselternteil reist; in solchen Fällen ist vom betreuenden Elternteil zu erwarten, dass er das Kind zum Zug bringt und abholt (erst recht, wenn diese Lage durch Umzug mit dem Kind entstanden ist: OLG Schleswig FamRZ 2006, 881; vgl auch BVerfG FamRZ 2002, 809: am besten dem Kindeswohl entsprechend; zu eng OLG Nürnberg NJWE-FER 1999, 146: 7 1/2 Stunden Wegezeit pro Wochenende dem Umgangselternteil zumutbar; anders aber im Fall OLG Bamberg 30. 1. 2023 – 7 UF 190/22, juris; vgl dazu ausführlich Rn 244 ff).

– Der betreuende Elternteil muss auch bemüht sein, aktiv am **Zustandekommen einer vernünftigen Besuchsregelung** mitzuwirken; hierzu gehört zwar auch die Mitwirkungsbereitschaft an einer für die Kindeswohlentscheidung erforderlichen sachverständigen Begutachtung (OLG Köln FamRZ 1998, 1463, 1464; Oelkers FamRZ 1995, 449, 452). Damit korrespondiert aber im Hinblick auf das allgemeine Persönlichkeitsrecht (Art 2 Abs 1 GG iVm Art 1 Abs 1 GG) und einer fehlenden gesetzlichen Eingriffsnorm keine Pflicht des Elternteils, selbst an der *Erstellung eines Sachverständigengutachtens* mitzuwirken (BVerfG 20. 5. 2003 – 1 BvR 2222/01, juris Rn 8 ff, FamRZ 2004, 523; BGH 17. 2. 2010 – XII ZB 68/06, juris Rn 21, FamRZ 2010, 720; OLG Oldenburg 23. 11. 2020 – 11 WF 259/20, FamRZ 2021, 1135; ausführlich Bohnert NZFam 2014, 107).

Ist ein Verfahren nach § 1684 Abs 3 BGB anhängig, so muss der das **Kind** betreuende Elternteil die vom Gericht angeordneten Maßnahmen zur Ermittlung des Kindeswohls allerdings insoweit unterstützen, als er das Kind zu einem beauftragten *Sachverständigen* (vgl BGH 17. 2. 2010 – XII ZB 68/06, juris Rn 21, FamRZ 2010, 720: ggf Teilsorgerechtsentzug nach § 1666 Abs 3 Nr 5 BGB; OLG Rostock 20. 4. 2006 – 11 UF 57/01, juris Rn 36, FamRZ 2006, 2623; Heilmann/Heilmann § 163 FamFG Rn 42 und zur Anhörung bei dem *Familiengericht* vgl Prütting/Helms/Hammer § 159 FamFG Rn 18: Erzwingung durch Zwangsmittel nach § 35 FamFG) bringen muss (vgl zur Verfahrensverschleppung durch Boykott BVerfG FamRZ 1997, 871, 873). Eine Pflicht, das Kind zu einem Gespräch zum *Jugendamt* im Rahmen dessen Mitwirkung am Umgangsverfahren nach §§ 50 SGB VII, 162 FamFG zu bringen, besteht dagegen nicht (Heilmann/Köhler § 50 SGB VIII Rn 17).

- Auch der Versuch, eine bestehende Besuchsregelung dadurch zu unterlaufen, dass dem Antrag auf Vollstreckung ein **mutwilliger Abänderungsantrag** entgegengesetzt wird, kann die Wohlverhaltenspflicht verletzen (OLG Zweibrücken FamRZ 1996, 877), es sei denn es wurde wegen veränderter Umstände ein zulässiger Abänderungsantrag und ein Antrag auf einstweilige Einstellung der Vollstreckung nach § 93 Abs 1 Nr 4 FamFG gestellt (BGH 1. 2. 2012 – XII ZB 188/11, juris Rn 23, ZKJ 2012, 219; OLG Karlsruhe 3. 7. 2014 – 18 WF 11/14, juris Rn 16, ZKJ 2014, 482; Prütting/Helms/Hammer § 89 FamFG Rn 42).

- Die Wohlverhaltenspflicht erfordert es, dass der betreuende Elternteil ggf auch **auf Dritte einwirkt**, den Umgang des Kindes mit dem Umgangselternteil nicht zu behindern, so insbesondere, wenn der betreuende Elternteil mit dem Kind bei seinen Eltern lebt und sich hinter deren ablehnender Haltung verschanzt (OLG Zweibrücken FamRZ 1996, 877: Einwirkung auf Eltern, ein wöchentliches Telefonat trotz der behaupteten Störung der ruhigen Wohnatmosphäre zuzulassen).

- Die Wohlverhaltenspflicht von § 1684 Abs 2 BGB steht einem **Wegzug oder einer Auswanderung** des betreuenden Elternteils mit dem Kind allein nicht entgegen (BGH 28. 4. 2010 – XII ZB 81/09, juris Rn 26, ZKJ 2010, 327; siehe oben Rn 88 ff).

- Schließlich hat sich der betreuende Elternteil jeder direkten oder indirekten **negativen Beeinflussung** des Kindes durch *abwertende bzw ehrverletzende Äußerungen* in Bezug auf den anderen Elternteil gegenüber dem Kind und gegenüber dem anderen Elternteil in Anwesenheit des Kindes zu enthalten (OLG Saarbrücken 24. 1. 2011 – 6 UF 116/10, juris Rn 23 f, ZKJ 2011, 178: auch nonverbal; Heilmann/Gottschalk § 1684 Rn 19). Gleiches gilt für abwertende Äußerungen über eine gerichtlich angeordnete Umgangsregelung (OLG Düsseldorf 18. 5. 2018 – 8 UF 53/17, NJW-Spezial 2018, 550).

113a Aus der Wohlverhaltenspflicht kann im Hinblick auf das allgemeine Persönlichkeitsrecht keine rechtlich durchsetzbare Pflicht zur Inanspruchnahme von **Beratung und außergerichtlicher Streitbeilegungsgesprächen** (vgl § 156 Abs 1 S 5 FamFG; KG 30. 4. 2018 – 19 UF 71/17, juris Rn 42, FamRZ 2018, 1324; KG 17. 6. 2015 – 18 WF 109/14, juris Rn 12; OLG Frankfurt 19. 2. 2015 – 5 WF 45/15, juris Rn 6, ZKJ 2015, 195: auch nicht bei Verpflichtung in einem Vergleich) und auch nicht zur **Inanspruchnahme therapeutischer Hilfe** (BVerfG 1. 12. 2010 – 1 BvR 1572/10, juris Rn 16 ff, FamRZ 2011, 179; BGH 27. 10. 1993 – XII ZB 88/92, juris Rn 19, MDR 1994, 382) abgeleitet werden. Gleichwohl fordert der EGMR bei konfliktreichen Elternbeziehungen, die das Umgangsrecht erschweren, die Ausschöpfung von konfliktderegulierenden Instrumenten, zu denen er etwa Familientherapie, Beratung oder Mediation zählt (EGMR 10. 1. 2017 – 32407/13, NLMR 2017, 20 Nr 86 [*Nowakowski/Polen*]). Das

OLG Düsseldorf (OLG Düsseldorf 12. 2. 2020 – 1 UF 182/19, NZFam 2020, 448) hat in einer Entscheidung zum Elternumgang zu der Frage Stellung beziehen müssen, ob in einer Endentscheidung (dort Ausschluss des Umgangs für die Dauer von sechs Monaten) auch eine *Auflage* an den betreuenden Elternteil erteilt werden darf, an einer *Beratung* („*Kinder im Blick*") teilzunehmen. Zutreffend hat es dabei festgestellt, dass § 156 Abs 1 S 4 FamFG keine geeignete Rechtsgrundlage hierfür in einer Endentscheidung darstellt, da die Norm nur für Zwischenentscheidungen während einer anhängigen Kindschaftssache konzipiert ist (KG 30. 1. 2019 – 13 UF 161/18, juris Rn 11, ZKJ 2019, 234; HEILMANN/WEGENER § 156 FamFG Rn 60). Soweit das OLG Düsseldorf aber darüber hinaus die Ansicht vertreten hat, dass auch § 1684 BGB im Hinblick auf die in Abs 2 geregelte **Wohlverhaltenspflicht** keine hinreichend bestimmte Rechtsgrundlage für eine **Beratungsauflage** beinhalte, ist dem zu widersprechen. Denn § 1684 Abs 3 S 2 BGB bestimmt ausdrücklich, dass das Familiengericht die Beteiligten durch Anordnungen zur Erfüllung der in Abs 2 geregelten Wohlverhaltenspflicht anhalten kann. Dies ermächtigt zwar nicht zur Erteilung von Therapieauflagen Rn 199), jedoch sehr wohl zu **flankierenden Beratungsauflagen in einer Endentscheidung** (OLG Frankfurt 27. 10. 2020 – 1 UF 170/20, NJW-RR 2020, 1460; KG 30. 1. 2019 – 13 UF 161/18, juris Rn 12, ZKJ 2019, 234; KG 30. 4. 2018 – 19 UF 71/17, juris Rn 42, FamRZ 2018, 1324; OLG Brandenburg 15. 2. 2016 – 10 UF 213/14, juris Rn 44, FamRZ 2016, 1473). Solche Auflagen sind in entsprechender Anwendung von § 156 Abs 1 S 5 FamFG nicht mit Zwangsmitteln durchsetzbar und selbstständig mit der Beschwerde nach § 58 Abs 1 FamFG anfechtbar (KG 30. 1. 2019 – 13 UF 161/18, ZKJ 2019, 234). Sie sind auch dann nicht vollziehbar, wenn ein Elternteil sich in einer Vereinbarung zu einer Beratung verpflichtet hat (OLG Frankfurt 19. 2. 2015 – 5 WF 45/15, juris Rn 6, ZKJ 2015, 195). Wegen der Beratungen immanenten Freiwilligkeit sind Beratungsauflagen allerdings unverhältnismäßig und haben zu unterbleiben, wenn der betreffende Elternteil im Verfahren mit Nachdruck signalisiert hat, eine Beratung abzulehnen (KG 30. 1. 2019 – 13 UF 161/18, juris Rn 14, ZKJ 2019, 234). Denkbar sind schließlich bei hartnäckiger Umgangsverweigerung und Bejahung einer Kindeswohlgefährdung iSd § 1666 Abs 1 BGB **Auflagen zur Inanspruchnahme von Hilfen nach dem SGB VIII gemäß § 1666 Abs 3 Nr 1 BGB** (OLG Düsseldorf 4. 1. 2023 – 1 UF 112/22, FuR 2023, 144), welche aber in einem Sorgerechtsverfahren nach § 151 Nr 1 FamFG anzuordnen sind.

e) Pflichten des Umgangselternteils

Den Umgangselternteil treffen folgende Wohlverhaltenspflichten: **114**

aa) Zurückhaltung bei Erziehungsfragen

Ihm ist es verboten, das Kind gegen den sorgeberechtigten Elternteil einzunehmen oder dessen **Erziehungsbemühungen zu erschweren oder zu vereiteln** (JOHANNSEN/HENRICH/JAEGER § 1684 Rn 14; SOERGEL/JAKOBITZ § 1684 Rn 18). In diesem Zusammenhang wurde die Frage der Erziehungsfunktion des Umgangsrechts (vgl oben Rn 56) und die Reichweite der Entscheidungsbefugnisse des Umgangsberechtigten nach Maßgabe von §§ 1687, 1687a BGB (dazu oben Rn 83 ff) bereits erörtert. Soweit im Rahmen des Umgangs eine erzieherische Einflussnahme auf das Kind zum Wohl des Kindes stattfindet (zutreffend LEMPP NJW 1972, 315, 317) und *nicht im Widerspruch zu grundlegenden Erziehungsvorstellungen des anderen Elternteils* steht und diesem die Erziehung erschwert (OLG Saarbrücken 24. 1. 2011 – 6 UF 116/10, juris Rn 15, FamRZ 2011, 1409; VÖLKER/CLAUSIUS, Sorge- und Umgangsrecht [8. Aufl 2021] § 2 Rn 33; BeckOGK/ALTROGGE [15. 11. 2021] § 1684 Rn 391), insbesondere durch Verhaltensweisen, gemeinsame Aktivitäten, Erlebnisse und Erfahrungen, die der Umgangselternteil vermittelt, kann das Wohlverhaltensgebot auch bei fehlendem elterlichem Konsens nicht dazu führen, dass der Umgangselternteil solches unterlässt. Er hat jedoch dem Kind zu verdeutlichen, dass solche Aktivitäten nicht einen absoluten Anspruch in sich tragen, um zu vermeiden, dass das Kind den betreuenden Elternteil ablehnt, weil er solche mit dem Kind nicht unternimmt. Auch ist die *Erziehungsautorität* des anderen Elternteils nicht zu untergraben (OLG Saarbrücken 24. 1. 2011 – 6 UF 116/10, juris Rn 15, ZKJ 2011, 178; Johannsen/Henrich/Althammer/Rake § 1684 Rn 13). Entscheidungen in grundsätzlichen Erziehungsfragen, für die der betreuende Elternteil die Kompetenz hat (alleiniges Sorgerecht, wesentliche Dinge nach § 1687 Abs 1 S 1 BGB), sind ohnehin nicht gegenüber dem Kind ohne Übereinstimmung mit dem anderen Teil in Frage zu stellen.

bb) Einzelfälle

114a – In gleicher Weise wie der betreuende Elternteil muss der Umgangselternteil den Rahmen eines vereinbarten oder gerichtlich festgesetzten **Umgangsrechts einhalten**; er darf das Kind nicht über diesen Rahmen hinaus gegen den Willen des anderen Elternteils bei sich behalten (BayObLG 27. 1. 1993 – 1Z BR 102/92, FamRZ 1993, 823, 824). Überdies muss er ebenfalls in gebotener Weise am **Zustandekommen einer kindeswohldienlichen Umgangsregelung** mitwirken (OLG Hamm FamRZ 1997, 693, 694).

– Auch der Umgangselternteil darf seine **Wohnanschrift** nicht verheimlichen, damit der betreuende Elternteil weiß, wo er sich während des Umgangs regelmäßig mit dem Kind aufhält (OLG Hamm FamRZ 1997, 693, 694; Büte, Das Umgangsrecht bei Kindern geschiedener oder getrennt lebender Eltern [2005] Rn 154).

– Auch der umgangsberechtigte Elternteil hat sich jeder direkten oder indirekten **negativen Beeinflussung des Kindes** durch abwertende bzw ehrverletzende Äußerungen in Bezug auf den anderen Elternteil gegenüber dem Kind und gegenüber dem anderen Elternteil in Anwesenheit des Kindes zu enthalten (KG 28. 10. 2005 – 13 UF 119/05, juris Rn 31, FamRZ 2006, 878; Heilmann/Gottschalk § 1684 Rn 19). Er hat, soweit erforderlich, **Hilfen** der Kinder- und Jugendhilfe für die Frage der kindgerechten Ausgestaltung des Umgangs in Anspruch zu nehmen (OLG Düsseldorf 18. 5. 2018 – 8 UF 53/17, NJW-Spezial 2018, 550).

– Auch der Umgangselternteil hat die Verpflichtung, das Kind **pünktlich** und der Vereinbarung oder gerichtlichen Anordnung entsprechend in Empfang zu nehmen und den Umgang mit ihm auszuüben und es pünktlich zurückzubringen (KG 23. 6. 2022 – 16 WF 29/22, NJ 2022, 504; KG 16. 2. 2012 – 17 UF 375/11, juris Rn 17, ZKJ 2012, 222; OLG Hamm 20. 12. 1996 – 12 UF 176/96, juris Rn 9, FamRZ 1997, 693; Büte, Das Umgangsrecht bei Kindern geschiedener oder getrennt lebender Eltern [2005] Rn 154).

– Fraglich ist aber, ob auch eine Pflicht besteht, **außerhalb einer rechtsverbindlichen Vereinbarung** oder familiengerichtlichen Regelung fester Umgangszeiten **jede (persönliche) Kontaktaufnahme zu unterlassen**. Diese Frage ist unstreitig zu bejahen, wenn dies ausdrücklich so in der Vereinbarung oder gerichtlichen Anordnung bestimmt ist (OLG Jena 17. 7. 2015 – 1 WF 154/15, juris Rn 26, FuR 2016, 664; OLG Frankfurt 31. 10. 2016 – 2 WF 302/16, juris Rn 13, NZFam 2017, 83). Aus dem Wohlverhaltensgebot von § 1684 Abs 2 BGB dürfte im Übrigen bei einer *fehlenden ausdrücklichen Regelung* nicht das *konkludente Gebot* an den Umgangsberechtigten folgen, sich außerhalb der festgelegten Zeiten überraschender und nicht mit dem anderen Elternteil abgestimmter Kontaktaufnahmen zu enthalten (BGH 6. 7. 2016 – XII ZB 47/15, juris Rn 50, ZKJ 2016, 419 obiter dictum; OLG Frankfurt 5. 6. 2023 – 6 WF NZFam 2023, 791 m Anm Cirullies – beim BGH anhängig unter XII ZA 19/23; OLG Brandenburg 14. 2. 2023 – 9 WF 2/23, juris; OLG Zweibrücken 19. 10. 2021 – 6 WF 202/21, NZFam 2022, 1073 m Anm Cirullies; OLG Frankfurt 31. 10. 2016 – 2 WF 302/16, juris Rn 13, NZFam 2017, 83: bloße Kontaktaufnahmen, wie die Herbeiführung eines Zusammentreffens nach der Schule seien kein Umgang im Rechtssinne; OLG Frankfurt 13. 9. 2017 – 5 WF 63/16, juris Rn 14, ZKJ 2018, 28; Prütting/Helms/Hammer § 89 FamFG Rn 11; **aA** KG 13. 2. 2015 – 13 WF 203/14, juris Rn 13 ff, ZKJ 2015, 191; Heilmann/Gottschalk § 1684 Rn 24; Grüneberg/Götz § 1684 Rn 5; Völker/Clausius, Sorge- und Umgangsrecht [8. Aufl 2021] § 2 Rn 33). Soweit es die Teilnahme an **besonderen Veranstaltungen im Leben des Kindes** (wie zB Einschulungsfeier) betrifft, ist eine solche beiden Elternteilen auch in den Zeiten zu gewähren, in denen das Kind sich in der Obhut des anderen Elternteils befindet (OLG Karlsruhe 21. 5. 2021 – 2 UF 181/20, FamRZ 2021, 1804; OLG Brandenburg 13. 11. 2013 – 15 UF 107/13, juris; NK-BGB/Peschel-Gutzeit/Ebeling § 1684 Rn 39). Anders ist dies aber, wenn bei einer hochkonflikthaften Elternbeziehung im Falle eines Aufeinandertreffens der Eltern mit dem Kindeswohl abträglichen Feindseligkeiten zu rechnen ist (OLG Zweibrücken 30. 8. 2021 – 2 UFH 2/21, juris Rn 6, MDR 2021, 1397; MünchKommBGB/Hennemann § 1684 Rn 39).

2. Ausdehnung, wenn das Kind in Obhut anderer Personen ist (Abs 2 S 2)

a) Die Verpflichtung zu loyalem Verhalten gilt auch dann, wenn sich das Kind **115**
nicht in der Obhut eines Elternteils, sondern in der anderer Personen, zB eines Vormunds, Pflegers oder von Pflegeeltern (ausführlich Tschrepp, Umgang und Pflegekindschaft [2021] 128 ff), befindet (§ 1684 Abs 2 S 2 BGB; FamRefK/Rogner § 1684 Rn 9). Sowohl die (umgangsberechtigten) Eltern als auch die betreuende Person (BVerfG FamRZ 2007, 335: Grüneberg/Götz § 1684 Rn 8; Henne, Die Rechte der leiblichen Eltern von Pflegekindern [2009] 128), also zB Pflegeeltern (vgl insoweit Schorn, Das Pflegekind in der Rechtsprechung des BVerfG und des EGMR [2010] 226 ff), Heimleitung, Vormund (BGH 19. 2. 2014 – XII ZB 165/13, juris Rn 13 ff, ZKJ 2014, 251: Amtsvormund) etc, trifft in gleicher Weise das Wohlverhaltensgebot, wie dies im Verhältnis von Umgangselternteil zu betreuendem Elternteil der Fall ist. Auch Pflegeeltern haben alles zu unterlassen, was das Verhältnis des Kindes zu seinen leiblichen Eltern beeinträchtigt und den Umgang so zu gestatten, dass er für das Kind nicht belastend ist (OLG Hamburg 4. 1. 2008 – 2 UF 132/07, juris Rn 16, FamRZ 2009, 1001; OLG Naumburg 15. 12. 2006 – 8 UF 84/05, juris Rn 26, FamRZ 2007, 665; BeckOGK/Altrogge [15. 11. 2019] § 1684 Rn 383). Von den leiblichen Eltern kann zwar im Hinblick auf ihr Umgangsrecht nicht verlangt werden, dass sie mit der Fremdunterbringung einverstanden sind (OLG Köln 11. 12. 2012 – 27 UF 122/12, juris Rn 31, NZFam 2014, 188 zu den Großeltern nach § 1685 BGB; Johannsen/Henrich/Althammer/Rake § 1684 Rn 13), doch haben sie sich gegenüber dem Kind zurückzuhalten, um dessen Verbleib in der Pflegefamilie nicht zu gefährden und den Pflegepersonen die Erziehung und Pflege des Kindes nicht zu erschweren.

Diese Regelung macht überdies deutlich, dass das loyale Verhalten nicht formal an der Rollenverteilung Sorgeberechtigter – Umgangsberechtigter zu bestimmen ist, sondern wesentlich an die tatsächlichen Erziehungs- und Betreuungsverhältnisse anknüpft. Ebenso, wie einem mitsorgeberechtigten Umgangselternteil keine geringere

Loyalität gegenüber den Erziehungsmethoden des betreuenden Elternteils auferlegt ist als einem nicht sorgeberechtigten Umgangselternteil, haben etwa auch (ehemals) sorgeberechtigte Eltern die Erziehung durch Pflegeeltern durch Wohlverhalten zu unterstützen. In beiden Fällen sind Meinungsverschiedenheiten über den Erziehungsstil nicht über Einflussnahme auf das Kind auszutragen, sondern zwischen den beteiligten Eltern und/oder Betreuungspersonen.

116 **b)** § 1684 Abs 2 S 2 BGB erfasst nur die Situation der Betreuung des Kindes durch Dritte im Verhältnis zu den umgangsberechtigten Eltern. Zur Wohlverhaltenspflicht **anderer Umgangsberechtigter** im Verhältnis zu den das Kind betreuenden Eltern vgl die Verweisungen von § 1685 Abs 3 S 1 BGB und § 1686a Abs 2 S 1 BGB.

3. Verletzung der Wohlverhaltenspflicht, Maßnahmen, Sanktionen – Umgangsvereitelung und Umgangsboykott

a) Arten und Gründe einer Umgangsablehnung

116a Die Frage der rechtlichen Reaktion auf Fälle der **Umgangsvereitelung** (Umgangsboykott) war vor allem vor Inkrafttreten des FamFG zum 1. 9. 2009 eines der zentralen Themen des Umgangsrechts und beschäftigt bis in die Gegenwart die obergerichtliche Rechtsprechung (BVerfG 28. 2. 2012 – 1 BvR 3116/11, ZKJ 2012, 186; BVerfG 28. 7. 2005 – 1 BvR 180/04, juris; BGH 26. 10. 2011 – XII ZB 247/11, FamRZ 2012, 99), das rechtswissenschaftliche Schrifttum (vgl etwa Schäder FamRZ 2019, 1220; dies FamRZ 2019, 1672; Splitt FF 2019, 94; Salgo FPR 2008, 441; Gottschalk FPR 2007, 308; Vels FPR 2009, 161; Peschel-Gutzeit, in: Coester-Waltjen/Lipp/Schumann/Veit, Alles zum Wohl des Kindes?, Göttinger Juristische Schriften, Band 12 [2012] 105) und auch die psychologische bzw sozialpädagogische Fachliteratur (vgl etwa Baumann/Michel-Biegel/Rücker/Serafin/Wiesner ZKJ 2022, 254; ZKJ 2022, 292; Zimmermann/Fichter/Walper/Lux/Kindler ZKJ 2023, 43; ZKJ 2023, 83; Fahrendholz/Zumbach RPsych 2020, 36; Maywald FPR 2013, 200; Kindler FPR 2012, 422; Fichtner, in: Coester-Waltjen/Lipp/Schumann/Veit, Alles zum Wohl des Kindes?, Göttinger Juristische Schriften Band 12 [2012] 94; Stadler/Salzgeber FF 2001, 85; zum PAS vgl Rn 54). Auch wenn in der Mehrheit der Fälle in der Praxis die Gründe der Nichtrealisierung von Umgangskontakten in der Sphäre des betreuenden Elternteils liegen, darf nicht übersehen werden, dass in den weit überwiegenden Fällen (auch) das betreffende *Kind* Umgangskontakte mit dem anderen Elternteil verweigert. Die für das Kind maßgeblichen Gründe müssen nicht ausnahmslos auf einer Beeinflussung seines Willens durch den betreuenden Elternteil zurückzuführen sein (so bei OLG Celle 4. 1. 2018 – 10 UF 126/16, juris Rn 64 ff, NZFam 2018, 528), sondern können auch das Ergebnis *eigener Erfahrungen* mit dem Umgangsberechtigten sein oder auf einer *Kombination* von Beeinflussung, eines im Rahmen einer hochkonflikthaften Auseinandersetzung entstandenen Loyalitätskonflikts und eigenen Erfahrungen mit dem Umgangsberechtigen beruhen (zu den kindespsychologischen Einzelheiten Maywald FPR 2013, 200). Schließlich fällt unter den Begriff des Umgangsboykotts auch die Verweigerung des Umgangs mit dem Kind durch den Umgangsberechtigten (siehe dazu oben Rn 30 f). Die bloße Verweigerung des Umgangs durch den betreuenden Elternteil wird bei Fehlen kindeswohlgefährdender Aspekte iSd § 1684 Abs 4 BGB kaum einer familiengerichtlichen Anordnung entgegenstehen können. Lehnt jedoch das Kind als Ergebnis seiner Anhörung nach § 159 FamFG Umgang mit dem anderen Elternteil ab, sind nach den verfassungsrechtlichen Vorgaben von Art 6 Abs 2 GG die Grundrechte der Eltern mit dem Grundrecht des Kindes im Wege der Konkordanz miteinander in Einklang zu bringen und zu beachten, dass ein Ausschluss des Umgangs nur nach der strengen Maßgabe von § 1684 Abs 4 BGB zulässig ist. Im Hinblick auf die Bedeutung des *Kindeswillens* für sein *Recht zur Selbstbestimmung* und der Erkenntnis, dass *ein gegen seinen Willen erzwungener Umgang wegen der Erfahrung der Missachtung seiner Persönlichkeit mehr Schaden als Nutzen für das Kind bringt* (BVerfG 17. 9. 2016 – 1 BvR 1547/16, FamRZ 2016, 1917 Rn 20), sind die Gründe seiner Ablehnung und die Frage der Beeinflussung seines Willens vom Familiengericht näher aufzuklären und dabei aber zu beachten, dass auch ein *beeinflusster Wille* zu respektieren ist, wenn er den wirklichen Bindungsverhältnissen entspricht (BVerfG 25. 4. 2015 – 1 BvR 3326/14, FamRZ 2015, 1169 Rn 17). Ist er nach Maßgabe – unter Umständen trotz Beeinflussung – unter Berücksichtigung des Alters und der Reife des Kindes maßgeblich und würde sein Übergehen eine Gefährdung für das körperliche oder seelische Wohl des Kindes mit sich bringen, ist der Umgang, falls keine milderen Maßnahmen (insbesondere durch Umgangsbegleitung) in Betracht kommen, auszuschließen (so auch im Fall BVerfG 25. 4. 2015 – 1 BvR 3326/14, FamRZ 2015, 1169). In der Praxis der Rechtsprechung der Oberlandesgerichte zu § 1684 Abs 4 BGB zeigt sich eine deutliche Tendenz, in vermehrtem Maße den Willen des Kindes auch unter 12 Jahren Beachtung zu schenken (vgl dazu Rn 302 ff). Dies ist aus Kindeswohlgesichtspunkten nicht zu kritisieren. Kommt dagegen das Familiengericht zu einer streitigen gerichtlichen Anordnung des Umgangs nach § 1684 Abs 3 BGB oder billigt es nach § 156 Abs 2 FamFG eine Vereinbarung der Beteiligten, so impliziert dies die Kindeswohldienlichkeit und letztlich auch die Unbeachtlichkeit eines ggf entgegenstehenden Kindeswillens. Verstößen gegen die Realisierung des Umgangsrechts und damit auch gegen die Wohlverhaltenspflicht ist mit dem zur Verfügung stehenden rechtlichen Instrumentarium zu begegnen (dazu unten Rn 117 ff), um das Umgangsrecht des anderen Elternteils und dasjenige des Kindes zur Verwirklichung zu bringen. Dass dies in der Praxis auch bei Ausschöpfung aller rechtlichen Möglichkeiten nicht immer gelingt, liegt in der Natur des Umgangsrechts, in dessen Mittelpunkt das Kind steht. Es lässt sich am Ende auch nicht mit *Gewalt gegen das Kind* durchsetzen (§ 90 Abs 2 S 1 FamFG), auch wenn der EGMR hieran Zweifel geäußert hat (EGMR 15. 1. 2015 – 62198/11, juris Rn 103, FamRZ 2015, 469 [*Kuppinger/Deutschland*]; zu Recht kritisch Weber NZFam 2015, 337, 340; MünchKommBGB/Hennemann § 1684 Rn 1). Der in der in Literatur erhobene Vorwurf, es bestünde ein rechtliches Sanktionsgefälle in Bezug auf Verletzungen der Wohlverhaltenspflicht zu Lasten des Umgangsberechtigten (vgl Staudinger/Rauscher [2014] § 1684 Rn 101 ff), ist allerdings so nicht treffend. Das Bedürfnis von rechtlichen Sanktionen gegen Umgangsberechtigte wegen Verletzung der Wohlverhaltenspflicht ist in der Praxis – außerhalb einer Kindeswohlgefährdung nach Abs 4 – eher selten und bei einem Umgangsboykott durch ihn, hatte das BVerfG durch seine Entscheidung vom 1. 4. 2008 (BVerfG 1. 4. 2008 – 1 BvR 1620/04, FamRZ 2008, 845) ihn faktisch von rechtlichen Sanktionen weitgehend freigestellt (siehe dazu oben Rn 31).

b) Sanktionen gegen den Umgangsberechtigten und den Umgangsverpflichteten

Verstöße des **Umgangsberechtigten** gegen das Wohlverhaltensgebot sind durch Maß- 117
nahmen des Ausschlusses oder der Beschränkung des Umgangs nach § 1684 Abs 4 BGB sanktionierbar, wenn sie das erforderliche *beachtliche Maß* erreichen und dadurch das Kindeswohl gefährdet haben. Heute besteht auch Einigkeit, dass sich der Gefahrbegriff für eine dauerhafte Kindeswohlgefährdung nicht von dem hohen Maßstab des Gefahrenbegriffs von § 1666 BGB unterscheidet (BVerfG 17. 9. 2016 – 1 BvR 1547/16, FamRZ 2016, 1917 Rn 19; Heilmann/Gottschalk § 1684 Rn 65; BeckOK-BGB/Veit [1. 1.

2023] § 1684 Rn 172; Splitt FF 2016, 146), was durchaus der Gleichwertigkeit von Sorge- und Umgangsrecht im Hinblick auf Art 6 Abs 2 GG entspricht. Ein Ungleichgewicht der Instrumente zur Reaktion auf Verstöße gegen die Wohlverhaltenspflicht ergibt sich aber nicht allein dadurch, dass gegenüber dem Umgangsberechtigten milder erscheinende abgestufte Sanktionen (Umgangsbeschränkungen, begleiteter Umgang, Umgangsausschluss) möglich sind, während gegenüber dem **betreuenden Elternteil** im Wesentlichen Sorgerechtseingriffe in Betracht kommen (**aA** Staudinger/Rauscher [2014] § 1684 Rn 102; Haussleiter NJW-Spezial 2007, 151).

Auch wenn in der Rechtspraxis im Bereich des sorgerechtlichen und umgangsrechtlichen Instrumentariums bei Fällen des Umgangsboykotts durch den betreuenden Elternteil bisweilen die Elternrechte des Umgangsberechtigten auf der Strecke bleiben, und dieser ggf neben der Nichtrealisierung des Umgangsrechts zusätzlich noch das Mitsorgerecht mangels tragfähiger sozialer Beziehung der Eltern verlieren vermag (vgl BGH FamRZ 2008, 592: Alleinsorge für die den Umgang boykottierende Mutter wegen außergewöhnlicher Familienkonstellation; OLG Saarbrücken ZKJ 2011, 178; AG Lahr FamRZ 2003, 1861, 1862), wird dort vor allem wegen des neuen **Vollstreckungsrechts nach § 89 FamFG**, das auch *strafrechtlichen Charakter* besitzt, zunehmend deutlich, dass von einer Sanktionslosigkeit nicht mehr die Rede sein kann. Das Instrumentarium wird vor allem dort, wo vollstreckbare Umgangsregelungen bestehen, zu recht intensiver (vgl OLG Saarbrücken 11. 12. 2019 – 6 WF 156/19, NJW-RR 2020, 195: 1 Monat Ordnungshaft; OLG Jena 24. 3. 2015 – 1 WF 60/15, juris Rn 10 ff: 6 Tage Ordnungshaft) und vielfältiger angewendet; auch die *Abänderung der Sorgerechtsregelung* jedenfalls nach §§ 1696 Abs 1, 1671 Abs 2 Nr 2 BGB steht heute durchaus im Raum (vgl dazu unten Rn 123) und ist keineswegs eine kindespsychologisch tabuisierte Option (vgl insbes Jopt ZfJ 1996, 203, 209). § 165 Abs 5 S 2 FamFG nennt schließlich ausdrücklich für den Fall des Scheiterns eines *Umgangsvermittlungsverfahrens* auch Maßnahmen in Bezug auf die Sorge als eine vom Gericht zu erwägende Möglichkeit. Auch die zum 1. 1. 2009 neu geregelte *Umgangspflegschaft* nach Abs 3 S 3–6 wird in der Praxis häufig bei niedrigschwelligen Umgangsvereitelungsfällen eingesetzt. Schließlich sind auch kinderschützende Maßnahmen, wie der Entzug des Umgangsbestimmungsrechts nach § 1666 BGB, in Erwägung zu ziehen (dazu unten Rn 126).

Im Einzelnen kommen die folgenden **sanktionierenden Maßnahmen** in Betracht, die wegen der Grundrechtsrelevanz möglicher Eingriffe nach dem **Prinzip der Verhältnismäßigkeit** abzustufen sind (dazu BVerfG 27. 11. 2020 – 1 BvR 836/20, FamRZ 2021, 753 Rn 29; Vogel FamRB 2022, 413, 414; Gottschalk FPR 2007, 308, 312; Weisbrodt KindPrax 2000, 9, 13; Haussleiter NJW-Spezial 2007, 151, 152) – was dem Gericht die schwierige Suche nach dem mildesten *wirksamen* Mittel abverlangt.

c) Anordnungen nach Abs 3 S 2

aa) Anordnungen

118 Das Familiengericht kann die Eltern nach § 1684 Abs 3 S 2 BGB durch **Anordnungen zur Erfüllung der Loyalitätspflicht** anhalten. Eine solche Verfügung kann, wenn sie hinreichend bestimmt ist, eine Grundlage für Ordnungsmittel nach § 89 FamFG bilden (MünchKommFamFG/Zimmermann § 89 Rn 14; noch zu § 33 FGG aF: OLG Brandenburg FamRZ 2005, 2011; **aA** zu Unrecht OLG Düsseldorf 12. 2. 2020 – 1 UF 182/19, NZFam 2020, 448). **Ziel** der durch das KindRG neu geschaffenen Regelung ist es, eine Möglichkeit zu Anordnungen unterhalb der Schwelle von § 1696 BGB bzw § 1666 BGB zu eröffnen (BT-Drucks

13/4899, 105; FamRefK/ROGNER § 1684 Rn 12). Einen bestimmten Antrag muss der Elternteil, der die Wohlverhaltenspflicht des anderen gerichtlich erzwingen will, wegen der Amtswegigkeit des Umgangsverfahrens nicht stellen, da das Gericht hieran nicht gebunden ist und ihm eine Vielfalt an möglichen Gebots- und Untersagungsverfügungen zur Verfügung steht, in deren Auswahl das Gericht nicht zu beschränken ist (OLG Karlsruhe JAmt 2004, 442; HEILMANN/GOTTSCHALK § 1684 Rn 56). Gerichtliche Anordnungen zur Erfüllung der Wohlverhaltenspflichten sind im Übrigen auch milderes Mittel gegenüber einem teilweisen Entzug des Sorgerechts nach § 1666 BGB (OLG Frankfurt 13. 12. 2017 – 7 UF 64/17, juris Rn 20, FamRZ 2018, 827: Entzug der Vertretungsmacht zur Geltendmachung von Kindesunterhalt). Der vereinzelt gestellten Forderung, § 1684 Abs 3 S 2 BGB bei der anstehenden Reform des Sorge- und Umgangsrechts zu streichen, weil dieser bevormundend ausgestaltet sei (so Schumann, Gutachten B zum 72. DJT [2018] B 72 ff), kann nicht beigetreten werden, weil das Familiengericht gerade in Fällen von kindeswohlabträglichen Umgangsvereitelungen über effiziente Mittel der Durchsetzung des Umgangsrechts verfügen muss.

bb) Adressaten

Die **Reichweite** der Norm ist allerdings nicht völlig klar (vgl BeckOK-BGB/VEIT [1. 1. 2023] § 1684 Rn 119). Hinsichtlich der **Adressaten** solcher Anordnungen könnte aus der systematischen Stellung in Abs 3 zu folgern sein, dass Umfang und Ausübung des Umgangsrechts im Verhältnis der Eltern und gegenüber *Dritten* erfasst sind. Richtiger Ansicht nach bezieht sich Abs 3 S 2 nach seinem Zweck und seinem Wortlaut nur auf Anordnungen zum Zweck der Erfüllung der Wohlverhaltenspflicht nach § 1684 Abs 2 BGB; die Bestimmung betrifft also grundsätzlich **Anordnungen gegenüber den Eltern** und im Fall des Abs 3 S 2 gegenüber **Dritten, die das Kind in Obhut haben**, wie insbesondere Pflegepersonen. 119

cc) Regelungsinhalte

Auch hinsichtlich des Katalogs möglicher Regelungsinhalte ist die Bestimmung gänzlich offengehalten. Richtigerweise ist sie so verstehen, dass sie das Gericht vorwiegend zu *Ermahnungen* und *Anleitungen* an die Eltern ermächtigt, welche eine konkrete, nach § 1684 Abs 3 S 1 BGB getroffene Umgangsregelung flankieren und in engem Zusammenhang mit dem verfahrensrechtlichen Gebot des Hinwirkens auf Einvernehmlichkeit (§ 156 FamFG) samt der Verstärkung durch das MediationsG (§ 156 Abs 1 S 3 FamFG; HOHMANN FamRB 2012, 285, 287; ZORN FamRZ 2012, 1265) und der gerichtlichen Vermittlung (§ 165 FamFG) stehen. Dies umfasst insbesondere die schon im Rahmen der Regelungsbefugnis nach § 1634 Abs 2 S 1 aF als zulässig angesehenen **Auflagen** zur Umgangsregelung; zB *Verbote,* vor dem Kind bestimmte Streitfragen zur Sprache zu bringen (OLG Düsseldorf 18. 5. 2018 – 8 UF 53/17, NJW-Spezial 2018, 550; KG KGJ 51, 31, 34), herabwürdigende Äußerungen in Bezug auf den jeweils anderen Elternteil in Anwesenheit des Kindes zu unterlassen, Hilfen für die Frage der kindgerechten Ausgestaltung des Umgangs in Anspruch zu nehmen (OLG Düsseldorf 18. 5. 2018 – 8 UF 53/17, NJW-Spezial 2018, 550), bestimmte Themen mit dem Kind zu besprechen (vgl HENNEMANN FamFR 2013, 316, 317; HEILMANN/GOTTSCHALK § 1684 Rn 55) oder das Verbot, das Kind weiteren psychologischen Begutachtungen auszusetzen (OLG Frankfurt FamRZ 2000, 52). Weiterhin gibt die Regelung die Befugnis, einen Termin zur persönlichen Anhörung mit den Eltern zu bestimmen (JOHANNSEN/HENRICH/JAEGER [6. Aufl 2015] § 1684 Rn 15). 120

Es ist allerdings zu fragen, ob damit das sehr weit gesteckte **gesetzgeberische Ziel** erreicht werden kann, dem zum Teil beklagten Missstand abzuhelfen, dass Verstöße des betreuenden Elternteils gegen das Wohlverhaltensgebot familienrechtlich letztlich „nur durch Maßnahmen nach § 1666 sanktioniert" (BT-Drucks 13/4899, 105) werden. Ermahnungen bedürfen aber keiner ausdrücklichen Regelungsbefugnis und erweisen sich gegenüber einem zur Obstruktion entschlossenen Elternteil regelmäßig als fruchtlos. Konkrete Anweisungen an den betreuenden Elternteil zur Durchführung des Umgangsrechts (so das im Gesetzentwurf BT-Drucks 13/4899, 105 f genannte Beispiel: Anordnung an die betreuende Mutter, das Kind vor dem Umgangstag mit dem Vater rechtzeitig zu Bett zu bringen, um nicht Übermüdung zu provozieren; das Verbringen des Kindes zum Bahnhof oder Flughafen, Mitgabe bestimmter Gegenstände wie Pass, Sportkleidung, Medikamente) wären von der Regelungsbefugnis des Abs 3 *S 1* nicht gedeckt, sodass Abs 3 S 2 in solchen Anweisungen einen nicht unbedeutenden (Johannsen/Henrich/Jaeger [6. Aufl 2015] § 1684 Rn 15) Anwendungsbereich finden würde. Solche Anordnungen sind auch, sofern sie vergleichbar einer Umgangsregelung nach Abs 3 S 1 hinreichend bestimmt gefasst sind, **vollstreckungsfähig**. Insbesondere setzen sie nicht voraus, dass *nachhaltige* bzw *schwere* Verstöße vorliegen. Das Verschulden ist im Übrigen nach § 89 Abs 4 FamFG zu vermuten. Wegen der relativ behutsamen Auswirkungen sind sie letztlich als Vorstufen schwererer Eingriffe (Sorgerechtsmaßnahmen, Vollstreckungsmaßnahmen) zu verstehen und können durchaus eingesetzt werden, um die Neigung zur Obstruktion im Anfang abzuwehren (Klenner FamRZ 1995, 1529, 1534; Johannsen/Henrich/Althammer/Rake § 1684 Rn 15).

dd) Anordnung von Familientherapie

121 Aus psychologischer Sicht würde es sich in Fällen von Umgangsverweigerung durchaus anbieten, die Möglichkeit der **Anordnung einer Familientherapie** oder einer **therapeutischen Umgangsvermittlung** (Maywald FPR 2013, 200, 203; Fichtner, in: Coester-Waltjen/Lipp/Schumann/Veit, Alles zum Wohl des Kindes? [2012] 94, 101 f; methodisch hierzu Spangenberg/Spangenberg ZfJ 1994, 458) zu erwägen.

Die ganz herrschende Rechtsprechung lehnte aber bereits unter Geltung des *FGG* im Hinblick auf das allgemeine Persönlichkeitsrecht eine verpflichtende familiengerichtliche Regelungskompetenz für therapeutische Maßnahmen, die einen Elternteil betreffen, ab (BGH FamRZ 1994, 158, 160; OLG Brandenburg FamRZ 2002, 975, 978; BezG Erfurt FamRZ 1992, 1333; OLG Hamburg FamRZ 1996, 422, 424; OLG Hamm BeckRS 2012, 10098; OLG Karlsruhe FamRZ 2004, 56; OLG Naumburg ZKJ 2009, 129; OLG Nürnberg FamRZ 2006, 1146; OLG Stuttgart ZKJ 2007, 321 unter Aufgabe der Gegenansicht). Weder schien eine **beweisrechtliche Einordnung**, die nicht der Therapie der Eltern dient (OLG Hamm FamRZ 1996, 1098), möglich, noch war eine zwangsweise **Durchsetzung** (zB von Umgangskontakten in Anwesenheit eines Sachverständigen) zulässig (BVerfG FamRZ 2004, 523). Familientherapie konnte auch nicht als unmittelbar milderes Minus zu **Zwangsmitteln** nach § 33 FGG aF angeordnet werden (OLG Bamberg FamRZ 1999, 173).

An dieser Rechtslage hat sich auch unter Geltung des *FamFG* nichts geändert. Aus der Wohlverhaltenspflicht kann auch heute keine **rechtlich durchsetzbare Pflicht** (vgl § 156 Abs 1 S 5 FamFG) zur Inanspruchnahme von **Beratung und außergerichtlichen Streitbeilegungsgesprächen** (KG 17. 6. 2015 – 18 WF 109/14, juris Rn 12; OLG Frankfurt 19. 2. 2015 – 5 WF 45/15, juris Rn 6, ZKJ 2015, 195: auch nicht bei Verpflichtung in einem Vergleich) und zur **Inanspruchnahme therapeutischer Hilfe** durch Eltern (BVerfG 1. 12. 2010 – 1 BvR 1572/

10, juris Rn 16 ff, FamRZ 2011, 179; OLG Brandenburg 30. 11. 2016 – 13 UF 147/16, juris Rn 18, FamRZ 2017, 966; OLG Koblenz 5. 2. 2013 – 13 UF 939/12, juris Rn 8, FamRZ 2013, 1823; Grüneberg/Götz § 1684 Rn 20) abgeleitet werden. Auch bildet § 1684 Abs 3 S 2 BGB keine gesetzliche Grundlage für eine verbindliche Anordnung der Teilnahme eines Kindes an einer Trennungsgruppe gleich betroffener Kinder (OLG Köln 1. 4. 2016 – 10 UF 81/15, juris Rn 9, FamRZ 2017, 383) oder eines Therapeutenwechsels für das Kind (OLG Koblenz 5. 2. 2013 – 13 UF 939/12, juris Rn 10, FamRZ 2013, 1823). Ob diese Rechtslage aber langfristig Art 8 EMRK standhalten wird, erscheint vor dem Hintergrund, dass der EGMR eine Verpflichtung der Familiengerichte zur Anordnung konfliktderegulierender Instrumente, wie zB Familientherapie, Beratung oder Mediation annimmt (EGMR 10. 1. 2017 – 32407/13, NLMR 2017, 20 Nr 84 ff [*Nowakowski/Polen*]), zweifelhaft. Trotz ihrer fehlenden Vollstreckbarkeit können aber gleichwohl Auflagen zur Wahrnehmung elterlicher Beratungsgespräche erteilt werden, wobei als Rechtsgrundlage in einer Endentscheidung § 1684 Abs 3 S 2 BGB heranzuziehen ist, da § 156 Abs 1 S 4 FamFG derartige Anordnungen nur für die Dauer des noch schwebenden Umgangsverfahrens erlaubt (KG 30. 4. 2018 – 19 UF 71/17, juris Rn 42, FamRZ 2018, 1324; OLG Frankfurt 27. 10. 2020 – 1 UF 170/20, NJW-RR 2020, 1460; verkannt von OLG Düsseldorf 12. 2. 2020 – 1 UF 182/19, NZFam 2020, 448).

Soweit das Familiengericht in seiner Endentscheidung einem Elternteil eine auf § 1684 Abs 3 S 2 BGB zu stützende **Beratungsauflage** erteilt hat, ist diese – auch wenn sie analog § 156 Abs 1 S 5 FamFG nicht erzwingbar ist – selbständig mit der **Beschwerde** nach § 58 Abs 1 FamFG anfechtbar (KG 29. 1. 2019 – 13 UF 161/18, NZFam 2019, 313). Da Beratung ohne **freiwillige** Motivation kaum gewinnbringend sein kann, ist deren gerichtliche Anordnung bei einer gänzlich ablehnenden Haltung des betreffenden Elternteils kein geeignetes Mittel zu einer Verbesserung der Kooperation der Eltern und daher unverhältnismäßig (KG 29. 1. 2019 – 13 UF 161/18, NZFam 2019, 313).

Mit **§ 163 Abs 2 FamFG** wird nun zwar der Ansatz einer **lösungsorientierten Begutachtung** (vgl dazu Behrend ZKJ 2021, 439; Salzgeber FPR 2013, 299; Bernau/Ulrich NZFam 2015, 785; kritisch Heilmann/Heilmann § 163 FamFG Rn 61; aus der Rspr vgl OLG Celle 19. 7. 2012 – 15 UF 81/12, juris Rn 21 f, ZKJ 2012, 446) beweisrechtlich verankert, sodass die Bedenken gegen eine Doppelfunktion des Sachverständigen zumindest rein formal entfallen (zu Recht dennoch kritisch Heilmann/Heilmann § 163 FamFG Rn 61). **121a**

Jedoch bleibt weiterhin die **Mitwirkung der Eltern an der Erstellung des Gutachtens freiwillig** (siehe oben Rn 113), sodass eine lösungsorientierte Erweiterung des Sachverständigenauftrags nur Erfolg verspricht, wenn sie mit den Eltern abgestimmt ist (im Einzelnen MünchKommFamFG/Schumann § 163 Rn 8). Insbesondere begründen die in § 156 FamFG bestimmten Instrumente zur Herbeiführung von Einverständnis keine verpflichtenden Anordnungen therapeutischer Maßnahmen. **§ 156 Abs 1 S 4 FamFG** (obiter erwogen von OLG Hamm 19. 3. 2012 – 8 UF 43/12, juris Rn 4 f, FamRZ 2013, 48; wohl auch BeckOK-BGB/Veit [1. 2. 2022] § 1684 Rn 40.2) eröffnet nur die Anordnung einer Beratung während des Verfahrens, nicht aber einer Therapie, ebenso **§ 156 Abs 1 S 3 FamFG** idF des MediationsG, der nur die Anordnung der Teilnahme an einem Informationsgespräch über Mediation oder sonstiger außergerichtlicher Möglichkeiten der Konfliktbeilegung ermöglicht (kritisch Flügge FPR 2008, 1; zu den einzelnen Möglichkeiten Heilmann/Wegener § 156 FamFG Rn 42 ff; dies NZFam 2015, 799). Auch die Wahrnehmung dieser sinnvollen Möglichkeiten kann aber nach § 156 Abs 1 S 5 FamFG **nicht er-**

zwungen werden. § 81 Abs 2 Nr 5 FamFG sieht aber immerhin vor, dass dem Elternteil, der einer Anordnung nach § 156 Abs 1 S 3 oder 4 FamFG ohne Entschuldigungsgründe nicht nachgekommen ist, die **Kosten des Verfahrens** in vollem Umfang auferlegt werden können (kritisch Keidel/Zimmermann [20. Aufl 2020] § 81 FamFG Rn 65: rechtspolitisch verfehlt; Heilmann/Dürbeck § 81 FamFG Rn 16; **aA** Vogel FPR 2015, 802, 804), was aber in der Rechtspraxis bisher keine Rolle gespielt hat.

Damit bleiben auch unter § 163 Abs 2 FamFG nur die schon vorher von einzelnen Gerichten versuchten **mittelbaren Anreize**: Selbst wenn § 1684 Abs 3 S 2 BGB wegen der Schwere des Eingriffs in das Persönlichkeitsrecht keine ausreichend klare Grundlage für eine positive Anordnung geben sollte, kann das Gericht über eine bloße *Empfehlung* (OLG Hamm FamRZ 1994, 57, 58) bzw Beratungsverpflichtungen nach § 156 Abs 1 S 3, 4 FamFG hinaus einen Zusammenhang zu in Betracht kommenden, eingriffsintensivierenden Maßnahmen herstellen. Der wirksame Anhalt zur Erfüllung dieser Pflicht besteht in der Verdeutlichung jener Maßnahmen, die geeignet sind, dem betreffenden Elternteil zu helfen und effektiv dem Kindeswohl zu dienen. Selbst wenn eine formelle Anordnung oder gar zwangsweise Durchsetzung solcher therapeutischer Maßnahmen nicht zulässig ist, erscheinen die Erfolgsaussichten nicht gering, sofern das Gericht sich bereitfindet, dem betroffenen Elternteil klarzumachen, dass ohne eine Therapie oder professionelle Hilfe auch die Verhängung **sorgerechtlicher Maßnahmen** zu erwägen ist (vgl etwa OLG Frankfurt FamRZ 2001, 638, 639; OLG Stuttgart FamRZ 2001, 932; vgl auch OLG Brandenburg FamRZ 2002, 975; OLG Braunschweig FamRZ 1999, 185; OLG Düsseldorf FamRZ 2001, 512; AG Lahr FamRZ 2003, 1861).

Zulässig ist im Übrigen eine auf **§ 1666 Abs 3 Nr 3 BGB** gestützte **Therapieauflage** in der Form, dass der Mutter auferlegt wird, das **Kind** einer therapeutischen Behandlung zuzuführen, um die Umgangskontakte mit dem Vater zu fördern (BVerfG 28. 2. 2012 – 1 BvR 3116/11, ZKJ 2012, 186 Rn 34; OLG Brandenburg 15. 12. 2017 – 10 UF 21/16, juris Rn 83, NZFam 2018, 211; OLG Hamm 5. 9. 2013 – 6 UF 146/13, juris Rn 19, NZFam 2014, 810: Begutachtung von Umgangskontakten). Auflagen an den betreuenden Elternteil, zur Beseitigung der Verweigerungshaltung des Kindes dieses einer **therapeutischen Behandlung** zu unterziehen, kommen aber dann nicht in Betracht, wenn diese nicht auf einer krankhaften Indikation beruhen (BVerfG 17. 9. 2016 – 1 BvR 1547/16, juris Rn 35, ZKJ 2016, 457).

d) Vollstreckungsmaßnahmen

122 Besteht die Verletzung der Wohlverhaltenspflicht in einem Verstoß gegen eine hinreichend bestimmte gerichtliche oder gerichtlich bestätigte einverständliche **Umgangsregelung**, so kann – nun auch nachträglich (anders § 33 FGG aF) – mit **Ordnungsmitteln** nach § 89 FamFG reagiert werden (im Einzelnen unten Rn 527 ff). Dies betrifft die Wohlverhaltenspflichten **beider Elternteile**, also gleichermaßen Umgangsvereitelungen und die Durchsetzung der gerichtlich ausreichend konkretisierten aktiven Förderungspflicht (OLG Oldenburg 28. 7. 2016 – 13 WF 55/16, FamRZ 2017, 390; BayObLG FamRZ 1993, 823; OLG Brandenburg FamRZ 1996, 1092; OLG Celle FamRZ 1998, 1130; OLG Hamm FamRZ 1996, 363; OLG Köln FamRZ 1998, 961; nicht bei Ausreise ins Ausland, weil dies nicht die Wohlverhaltensklausel betrifft: OLG Karlsruhe FamRZ 1996, 1094; Heilmann/Cirullies § 89 FamFG Rn 13, vgl dazu bereits oben Rn 109) wie missbräuchliche Überschreitungen des Umgangsrechts (BayObLG FamRZ 1993, 823). Voraussetzung hierfür ist immer der Verstoß gegen eine **konkrete Anordnung** (BGH 1. 2. 2012 – XII ZB 188/11, juris Rn 18, ZKJ

2012, 219; Cirullies FPR 2012, 473; 475; Völker FPR 2012, 485, 486), die erst Grundlage für einen Warnhinweis (§ 89 Abs 2 FamFG) oder Verhängung von Ordnungsmitteln sein kann; ein allgemeiner Wohlverhaltensverstoß genügt nicht (OLG Karlsruhe JAmt 2004, 442).

Solche Maßnahmen mit Strafcharakter setzen **Verschulden** (§ 89 Abs 4 FamFG) und damit **zurechenbares Verhalten** voraus, sodass sie, im Gegensatz zu sorgerechtlichen Maßnahmen, bei nicht steuerbarem zwanghaftem Verhalten und dadurch bedingter fehlender Schuldfähigkeit nicht in Betracht kommen (vgl BVerfG 14. 7. 1981 – 1 BvR 575/80, juris Rn 9 ff, NJW 1981, 2457 zu § 890 ZPO; OLG Koblenz 29. 3. 2017 – 13 WF 168/17, juris Rn 14, FamRZ 2017, 1933; OLG Hamm 3. 3. 2017 – 7 WF 130/16, juris Rn 48; OLG Frankfurt 4. 6. 2014 – 5 WF 110/14, juris Rn 4, FamRZ 2014, 1956 jeweils zu § 95 Abs 1 Nr 4 FamFG).

Da die schon vor dem KindRG als ungeeignet angesehene Anwendung von **unmittelbarem Zwang bzw Gewalt gegen das Kind** (vgl BGH NJW-RR 1986, 1264, 1265) zunächst durch § 33 Abs 2 S 2 FGG (vgl dazu Hammer FPR 2008, 413) ausgeschlossen, nun in § 90 Abs 2 S 2 FamFG unter einen weitgehend ausschließenden Kindeswohlvorbehalt gestellt ist, bleiben Ordnungsgeld oder Ordnungshaft.

In krassen Fällen der Umgangsvereitelung können auch empfindliche **Ordnungsgelder** (bis 25.000 EUR im Einzelfall, § 89 Abs 3 FamFG) angedroht und verhängt werden. **Ordnungshaft** könnte ihrerseits das Kindeswohl betreffen, da der Sorgeberechtigte das Kind betreuen muss, was er während der Haft nicht kann. Ihre Androhung und Verhängung darf dennoch als äußerstes Mittel in Betracht gezogen werden, wenn bereits absehbar ist, dass ein Ordnungsgeld seine Wirkung verfehlen würde (OLG Karlsruhe FamRZ 1998, 637, 638; OLG Dresden FamRZ 2002, 1588) und insbesondere bereits zuvor verhängte Ordnungsgelder ohne Wirkung geblieben sind (OLG Saarbrücken 11. 12. 2019 – 6 WF 156/19, NJW-RR 2020, 195: 1 Monat; OLG Jena 24. 3. 2015 – 1 WF 60/15, juris Rn 11 ff: 6 Tage Ordnungshaft; OLG Schleswig 16. 7. 2014 – 12 WF 67/14, FamRZ 2015, 1222: 5 Tage; Prütting/Helms/Hammer § 89 FamFG Rn 21; **aA** Hennemann FamFR 2013, 316, 318: nur wenn die Betreuung des Kindes sichergestellt ist); die Vollstreckung nach § 89 FamFG ist auch aus Gründen der Verhältnismäßigkeit ein *milderes Mittel* als eine in schwerwiegenden Fällen in Betracht kommende Sorgerechtsmaßnahme (BVerfG 28. 2. 2012 – 1 BvR 3116/11, ZKJ 2012, 186 Rn 32). Auch wenn aus *psychologischer Sicht* durchaus berechtigt gefordert wird, in Fällen hochkonflikthafter Elternauseinandersetzungen mit staatlichem Zwang in Form von Vollstreckungsmaßnahmen vorsichtig umzugehen, weil misslungener Elternumgang kindesschädlich sein kann und auf Seiten des umgangsverweigernden Elternteils eine verhaltensändernde Wirkung fragwürdig sei (vgl etwa Salgo FPR 2008, 401; Wallerstein/Lewis FamRZ 2001, 65, 69; Dettenborn/Walter Familienrechtspsychologie [4. Aufl 2022] 281; Salzgeber, Familienpsychologische Gutachten [7. Aufl 2020] Rn 619), darf in juristischer Hinsicht nicht verkannt werden, dass die Frage der Kindeswohldienlichkeit im Erkenntnisverfahren zu entscheiden ist. Eine *nochmalige Kindeswohlprüfung* findet im Vollstreckungsverfahren nicht statt (BGH 1. 2. 2012 – XII ZB 188/11, juris Rn 22, ZKJ 2012, 219; BT-Drucks 16/6308, 218; Prütting/Helms/Hammer § 89 FamFG Rn 42; Gottschalk FPR 2008, 417). Auch in Ansehung von Art 8 Abs 1 EMRK fordert der *EGMR* gerade in jüngerer Vergangenheit von den deutschen Familiengerichten immer wieder eine beschleunigte und effektive Vollstreckung von Umgangsregelungen (EGMR 6. 10. 2016 – 23280/08, NJW 2017, 3699 [*Moog/Deutschland*]: kein Vollzug von Ordnungsgeldbeschlüssen; EGMR 23. 6. 2016 – 53377/13, FamRZ 2016, 1569 LS [*Strumia/Italien*]: kein Vollzug von Sanktionen;

EGMR 15. 1. 2015 – 62198/11, FamRZ 2015, 469 [*Kuppinger/Deutschland*]: Ordnungsgeld in Höhe von 300 EUR bei wiederholten Verstößen zu niedrig).

Näher zur Vollstreckung unten Rn 527 ff.

e) Sorgerechtsmaßnahmen gegen den betreuenden Elternteil

aa) Sorgerechtsübertragung auf den umgangsberechtigten Elternteil nach §§ 1671 Abs 1 und 2, 1696 Abs 1

123 Nach gegenwärtiger Rechtslage kann eine **Sorgerechtsregelung** auch – außerhalb einer Kindeswohlgefährdung – als Reaktion auf einen Umgangsboykott durch **Übertragung des Sorgerechts auf den Umgangselternteil** erfolgen (§§ 1671 Abs 1 Nr 2 und Abs 2 Nr 2, 1696 Abs 1 BGB; OLG Dresden 25. 3. 2022 – 18 UF 692/21, BeckRS 2022, 32572; OLG Braunschweig 22. 7. 2022 – 1 UF 118/20, juris; OLG Celle 14. 7. 2021 – 10 UF 245/20, juris Rn 110 ff, FamRZ 2022, 611; OLG Stuttgart 19. 12. 2018 – 17 UF 96/18, ZKJ 2019, 370; OLG Köln 1. 3. 2018 – 10 UF 19/18, ZKJ 2019, 69; OLG Celle 4. 1. 2018 – 10 UF 126/16, juris Rn 63, NZFam 2018, 528; OLG Köln 25. 8. 2017 – 25 UF 83/17, juris Rn 19 ff, FamRZ 2017, 1839; OLG Dresden 19. 5. 2017 – 22 UF 241/17, juris Rn 70, 94, FamRZ 2017, 1834; OLG Brandenburg 6. 6. 2017 – 9 UF 190/16, juris Rn 39, FuR 2018, 87; OLG Saarbrücken 8. 9. 2014 – 6 UF 70/14, juris Rn 36 ff; OLG Frankfurt 28. 3. 2011 – 2 UF 109/10, juris Rn 21 ff; aus der älteren Rechtsprechung vgl OLG Frankfurt NJW-RR 2009, 4; OLG Hamm FamRZ 2007, 1677; OLG Brandenburg FamRZ 2002, 1273; OLG Brandenburg JAmt 2003, 489, 490; AG Fürstenfeldbruck FamRZ 2002, 118) bzw eine begehrte Neuregelung wegen entsprechender Defizite auch abgelehnt werden (KG FamRZ 2000, 1606, 1607), wenn der betreuende Elternteil den Umgang zum Schaden des Kindeswohls in nachhaltiger Weise vereitelt. Da die Fähigkeit eines Elternteils, Umgang des Kindes auch mit dem anderen Elternteil zuzulassen, unter den Gesichtspunkt der **Bindungstoleranz** ein nicht nur unwesentlicher Bestandteil der Erziehungsfähigkeit (BGH 28. 4. 2010 – XII ZB 81/09, juris Rn 24, ZKJ 2010, 327; Salzgeber, Familienpsychologische Gutachten [7. Aufl 2020] Rn 1193 f; Motzer FamRZ 1999, 1101) ist, kann ihre Einschränkung bei hartnäckiger Verweigerung des Umgangs im Rahmen der Kindeswohlprüfung nach §§ 1671 Abs 1 Nr 2 und Abs 2 Nr 2, 1696 Abs 1 BGB im Einzelfall in der Abwägung der Kriterien der Kontinuität, Bindungen des Kindes, Förderungskompetenzen der Eltern und des Kindeswillens (zur Abwägung im Einzelnen Staudinger/Coester [2020] § 1671 Rn 77 ff) durchaus von ausschlaggebender Bedeutung sein und zu einer Übertragung des Aufenthaltsbestimmungsrechts auf den Umgangsberechtigten führen (bejaht von OLG Dresden 25. 3. 2022 – 18 UF 692/21, BeckRS 2022, 32572; OLG Braunschweig 22. 7. 2022 – 1 UF 118/20, juris; OLG Celle 14. 7. 2021 – 10 UF 245/20, juris Rn 110 ff, FamRZ 2022, 611; OLG Frankfurt 11. 3. 2021 – 6 UF 233/20, juris; OLG Stuttgart 19. 12. 2018 – 17 UF 96/18, ZKJ 2019, 370; OLG Köln 1. 3. 2018 – 10 UF 19/18, juris Rn 10, FamRZ 2018, 1515; OLG Celle 4. 1. 2018 – 10 UF 126/16, juris Rn 62 ff, NZFam 2018, 528: auch gegen den Willen der Kinder; OLG Köln 25. 8. 2017 – 25 UF 83/17, juris Rn 19 ff, FamRZ 2017, 1839: § 1671 Abs 2 Nr 2; verneint von OLG Frankfurt 23. 3. 2017 – 4 UF 3/17, juris Rn 14 f, FamRZ 2017, 1841). Im Ergebnis bewirken solche Maßnahmen, bei denen das Aufenthaltsbestimmungsrecht zur alleinigen Ausübung auf den bisher nur umgangsberechtigten Elternteil übertragen wird, eine Änderung der tatsächlichen Betreuungssituation; das Kind lebt fortan bei dem anderen Elternteil (OLG Celle 4. 1. 2018 – 10 UF 126/16, juris Rn 68 ff, NZFam 2018, 528; OLG Köln 25. 8. 2017 – 25 UF 83/17, juris Rn 19 ff, FamRZ 2017, 1839; OLG Dresden 19. 5. 2017 – 22 UF 241/17, juris Rn 42 ff, FamRZ 2017, 1834; OLG Brandenburg 6. 6. 2017 – 9 UF 190/16, juris Rn 31 ff, FuR 2018, 87; OLG Brandenburg 19. 7. 2016 – 10 UF 8/16, juris Rn 41, NZFam 2016, 808; OLG Saarbrücken 8. 9. 2014 – 6 UF 70/14, juris Rn 36 ff; OLG Frankfurt 28. 3. 2011 – 2 UF 109/10, juris Rn 21 ff; OLG Dresden NJW 2003, 147; AG Besigheim JAmt 2002,

137). Häufig stehen Fälle hartnäckiger Umgangsvereitelung auf der Seite des betreuenden Elternteils auch im Zusammenhang mit **psychischen Erkrankungen** desselben (vgl OLG Celle 4. 1. 2018 – 10 UF 126/16, juris Rn 64, NZFam 2018, 528: Persönlichkeitsstörung oder ADHS).

Eingriffe in die elterliche Sorge stehen allerdings immer unter der Prämisse, dass zur Beseitigung der Gefährdung des Kindeswohls wegen des Grundsatzes der Verhältnismäßigkeit das **mildeste Mittel** gewählt werden muss und erst bei Scheitern oder offenbarer Aussichtslosigkeit ein stärkerer Eingriff zulässig ist (BVerfG 28. 2. 2012 – 1 BvR 3116/11, ZKJ 2012, 186 Rn 28; BGH FamRZ 2012, 99). Eine Neuregelung der elterlichen Sorge ist deshalb **Ultima ratio**, wenn andere Mittel zur Durchsetzung des Wohlverhaltens gegenüber dem Umgangsrecht versagt haben oder erfolglos erscheinen (OLG Köln FamRZ 1998, 1463; Grüneberg/Götz § 1684 Rn 7). Sie erfordert eine umfassende Abwägung der mit anderen Handlungsmöglichkeiten verbundenen Gefährdungen des Kindeswohls (OLG Hamm FamRZ 2007, 1677) und eine **eingehende Begründung** der Erforderlichkeit (BVerfG 28. 2. 2012 – 1 BvR 3116/11, ZKJ 2012, 186 Rn 30).

Die durch einen Sorgerechtswechsel regelmäßig starke Betroffenheit des Kindeswohls lässt die geübte Zurückhaltung der Gerichte durchaus geboten erscheinen (vgl KG 10. 5. 2010 – 19 UF 7/09, juris, FamRZ 2011, 122; OLG Schleswig NJW-RR 2008, 1389).

Ein Verstoß gegen das Wohlverhaltensgebot muss nicht nur ein beachtliches Maß erreicht haben, ehe eine Sorgerechtsmaßnahme getroffen wird. Eine Rolle spielt bei der Frage der Einschränkung der Bindungstoleranz zudem, ob der (ablehnende) *Wille des Kindes* vom betreuenden Elternteil beeinflusst wurde (OLG Braunschweig 22. 7. 2022 – 1 UF 118/20, NZFam 2022, 1083; OLG Celle 4. 1. 2018 – 10 UF 126/16, juris Rn 74, NZFam 2018, 528; OLG Brandenburg 6. 6. 2017 – 9 UF 190/16, juris Rn 43, FuR 2018, 87; KG FamRZ 2000, 1606, 1607; OLG Frankfurt ZfJ 1998, 343; OLG Frankfurt FamRZ 2001, 638, 639; OLG Köln FamRZ 1998, 1463; OLG Hamm FamRZ 1996, 1098; OLG Hamm ZfJ 1999, 226; OLG München FamRZ 1997, 45; OLG Zweibrücken DAVorm 1999, 139, 140; AG Besigheim JAmt 2002, 137, 139; AG Frankfurt FamRZ 2004, 1595, 1597; MünchKommBGB/Hennemann § 1684 Rn 20; Johannsen/Henrich/Jaeger § 1684 Rn 16). Allerdings kann auch der beeinflusste Wille des Kindes zu beachten sein, wenn er nicht im Widerspruch zu seinen wirklichen Bindungsverhältnissen steht (siehe unten Rn 307). Auch der oft willkürlich geäußerte **Verdacht des sexuellen Missbrauchs** (BGH 12. 12. 2007 – XII ZB 158/05, juris Rn 18, FamRZ 2008, 592; OLG Brandenburg 19. 7. 2016 – 10 UF 8/16, juris Rn 41, NZFam 2016, 808; OLG Frankfurt 28. 3. 2011 – 2 UF 109/10, juris Rn 25; OLG Dresden NJW 2003, 147; AG Groß-Gerau DAVorm 2000, 433; Heilmann/Keuter § 1671 Rn 35) ist vom Familiengericht hier besonders sorgsam aufzuklären. Erweist sich dieser als nicht haltbar und hält die Kindesmutter gleichwohl an ihm fest und verweigert den Umgang, kann dies eine Übertragung des Aufenthaltsbestimmungsrechts auf den Vater rechtfertigen (OLG Stuttgart 19. 12. 2018 – 17 UF 96/18, ZKJ 2019, 370).

Gleichwohl ist auch bei einer massiv eingeschränkten Bindungsintoleranz stets zu berücksichtigen, dass Sorgerechtseingriffe **nicht die Sanktionierung** des Fehlverhaltens eines Elternteils bezwecken, sondern sich ausschließlich am Kindeswohl zu orientieren haben (BVerfG 7. 3. 2023 – 1 BvR 221/23, FamRZ 2023, 944 Rn 12; BVerfG 30. 9. 2010 – 1 BvR 2414/10, FF 2010, 488 Rn 11; KG 10. 5. 2010 – 19 UF 7/09, juris Rn 14, FamRZ 2011, 122; Staudinger/Coester § 1696 Rn 88). Insbesondere sind auch die durch einen *Obhutswechsel nachteiligen Folgen* für das Kind miteinzubeziehen (BVerfG 28. 2. 2012 – 1 BvR

3116/11, ZKJ 2012, 186 Rn 25). Sowohl der im jeweiligen Einzelfall beachtliche Kindeswille, die Bindungen des Kindes zu seiner Hauptbezugsperson, die im Übrigen nicht eingeschränkte Erziehungsfähigkeit des betreuenden Elternteils als auch der Kontinuitätsgrundsatz können einem Wechsel des Aufenthaltsbestimmungsrechts entgegen stehen (OLG Saarbrücken 16. 11. 2011 – 6 UF 126/11, juris Rn 12 ff, ZKJ 2012, 115; KG 10. 5. 2010 – 19 UF 7/09, juris Rn 14, FamRZ 2011, 122) und im Einzelfall auch die Übertragung der gesamten elterlichen Sorge auf den umgangsverweigernden Elternteil rechtfertigen, wenn es an einer hinreichenden tragfähigen sozialen Beziehung der Eltern fehlt, wobei es hier nicht auf ein Verschulden ankommt (BGH 12. 12. 2007 – XII ZB 158/05, juris Rn 14, FamRZ 2008, 592; Grüneberg/Götz § 1671 Rn 17).

123a In der Vergangenheit hatten trotz hartnäckiger **Umgangsverweigerung** und hochkonflikthafter Elternbeziehung Anträge des betreuenden Elternteils, ihm wegen **fehlender Kommunikation und Kooperation** der Eltern die alleinige Sorge nach § 1671 Abs 1 S 1 und S 2 Nr 2 BGB zu übertragen, häufig Erfolg, weil es aus Sicht des Kindes nicht darauf ankommt, welcher Elternteil am fehlendem Umgang und der nicht vorhandenen sozialen Beziehung der Eltern die Verantwortung trägt (BGH 12. 12. 2007 – XII ZB 158/05, juris Rn 14, FamRZ 2008, 592). Den Versuchen des nicht betreuenden Elternteils, der Aufhebung der gemeinsamen Sorge durch die Erteilung einer (umfassenden) **Sorgerechtsvollmacht** entgegenzutreten, hatte die Rechtsprechung früher überwiegend eine Absage erteilt, wenn die Vollmacht vom betreuenden Elternteil wegen ihrer jederzeitig möglichen Widerrufbarkeit nicht akzeptiert worden war (vgl zuletzt OLG Brandenburg 7. 10. 2019 – 9 UF 174/19, juris Rn 9, NJ 2020, 263; OLG Hamburg 25. 4. 2018 – 12 UF 56/18, Streit 2019, 23; **aA** OLG Frankfurt 27. 2. 2019 – 8 UF 61/18, ZKJ 2019, 230; OLG Frankfurt 2. 12. 2019 – 4 UF 151/19, NZFam 2020, 174). Der **BGH** (BGH 29. 4. 2020 – XII ZB 112/19, NJW 2020, 2182) hat sich aber im Hinblick darauf, dass auch die Übertragung des alleinigen Sorgerechts nach § 1671 Abs 1 S 2 Nr 2 BGB einen Eingriff in das durch Art 6 Abs 2 S 1 GG geschützte Elternrecht darstellt, der Ansicht angeschlossen, dass die Erteilung einer (General-) Sorgerechtsvollmacht bei einer nachhaltigen Störung der elterlichen Kooperation und Kommunikation aus Gründen der Verhältnismäßigkeit das mildere Mittel gegenüber der Aufhebung der gemeinsamen Sorge darstelle, und zwar auch dann, wenn es mangels Einverständnis des antragstellenden Elternteils an einem rechtsgeschäftlichen Grundverhältnis mangelt, weil insoweit das aus dem gemeinsamen Sorgerecht folgende gesetzliche Schuldverhältnis bereits das Grundverhältnis darstelle. Voraussetzung für den Vorrang der Sorgerechtsvollmacht gegenüber einer gerichtlichen Übertragung der alleinigen Sorge soll nach Ansicht des BGH lediglich eine ausreichende Kooperationsfähigkeit und –bereitschaft der Eltern sein, aber nur soweit diese auch unter Berücksichtigung des durch die Vollmacht erweiterten Handlungsspielraums des bevollmächtigten Elternteils unerlässlich ist. Dies ist aber ausnahmsweise nur dann anzunehmen, wenn – wie im Fall des BGH – aufgrund mangelnder Akzeptanz der Vollmacht durch den Rechtsverkehr weitere Mitwirkungshandlungen des vollmachtgebenden Elternteils erforderlich sind oder aber die Gefahr besteht, dass der vollmachtgebende Elternteil die Vollmachtausübung des anderen durch eigene Handlungen konterkariere. Die Anerkennung der Sorgerechtsvollmacht durch den BGH (vgl dazu Löhnig NJW 2020, 2150) wird in der Praxis dazu führen, dass § 1671 Abs 1 S 2 Nr 2 BGB trotz Erfüllung seiner Voraussetzungen häufig nur noch in engen Ausnahmefällen anzuwenden sein wird, zumal der BGH der Ansicht ist, dass eine Prognose über die Wahrscheinlichkeit des jederzeit möglichen Widerrufs der Vollmacht nicht zu treffen ist und die Sorgerechtsvollmacht auch dann beachtlich sein soll, wenn der andere Elternteil keinen Umgang oder sonstigen Kontakt zu dem Kind hat. Für von Umgangsvereitelung betroffene Elternteile stellt die Entscheidung des BGH jedenfalls insoweit einen Trost dar, als sie in formeller Hinsicht Mitinhaber des Sorgerechts bleiben können und aus dem gemeinsamen Sorgerecht folgende Kontrollrechte trotz Erteilung einer Generalvollmacht beanspruchen können und sogar müssen.

bb) Sorgerechtsentzug nach § 1666

Soweit man mit der herrschenden (juristischen) Meinung davon ausgeht, dass – ent- **124**
gegen der sozialwissenschaftlichen Befundlage (Walper, in: Brühler Schriften zum Familienrecht Bd 14, 16. DFGT 2005 [2006] 100, 120 f; Kindler/Walter/Friedrich-Bäker, in: Klinkhammer/Prinz, Handbuch begleiteter Umgang [3. Aufl 2017] 34, 42 ff; Castellanos, Psychologische Sachverständigengutachten im Familienrecht [3. Aufl 2021] Rn 978; Zimmermann/Fichter/Walper/Lux/Kindler ZKJ 2023, 83, 84; vgl bereits Rn 52) – bei einem nicht stattfindenden Elternumgang eine **Gefährdung des Kindeswohls** vorliegt (so Staudinger/Coester [2020] § 1666 Rn 148 mit Nachweisen der älteren Rspr; im Ergebnis auch BVerfG 27. 11. 2020 – 1 BvR 836/20, FamRZ 2021, 753 Rn 28; zu Recht zweifelnd Salgo, in: FS Schwab [2005] 891, 893; ders FPR 2008, 401, 404 f), was bei hochkonflikthaften und länger andauernden Elternauseinandersetzungen aber durchaus der Fall sein kann (Walper/Fichtner, in: Walper/Fichtner/Normann, Hochkonflikthafte Trennungsfamilien [2013] 91, 96 ff; ebenso BVerfG 27. 11. 2020 – 1 BvR 836/20, FamRZ 2021, 753 Rn 28; OLG Hamm 30. 1. 2023 – 13 UF 175/22, juris), ist auch eine Entziehung des Sorgerechts des betreuenden Elternteils nach § 1666 BGB zu erwägen. Da §§ 1671, 1696 Abs 1 BGB gegenüber § 1666 BGB aus Gründen der Verhältnismäßigkeit vorrangig sind, kommen grundsätzlich nur Fälle in Betracht, in denen der umgangsberechtigte Elternteil die Betreuung des Kindes nicht übernehmen kann oder will, sodass eine *Fremdplatzierung* des Kindes in einem Heim oder bei einer Pflegeperson anstehen würde. Wegen dieses durch die Herausnahme aus der Obhut seines betreuenden Elternteils für das Kind schwerwiegenden Eingriffs in sein Leben und sein allgemeines Persönlichkeitsrecht, müssen in jedem Fall die *Vorteile* der Maßnahme (ungestörter Umgang mit dem anderen Elternteil) die für das Kind sich daraus ergebenden *Nachteile überwiegen* (vgl BVerfG 27. 11. 2020 – 1 BvR 836/20, FamRZ 2021, 753 Rn 29; BVerfG 29. 10. 2010 – 1 BvR 374/09, FamRZ 2010, 713 Rn 33 ff; BGH 16. 10. 2011 – XII ZB 247/11, juris Rn 39, ZKJ 2012, 107). Ein dauerhafter Verbleib des Kindes im Heim oder bei Pflegepersonen ließe sich nur rechtfertigen, wenn beide Elternteile auf Dauer erziehungsungeeignet wären und eine Abwägung der Vor- und Nachteile die dauerhafte Heimunterbringung als die für das Kindeswohl bessere Alternative erscheinen ließe. Außerdem muss der Sorgerechtsentzug im Hinblick auf den **Verhältnismäßigkeitsgrundsatz** erforderlich sein, weil mildere Mittel nicht zur Verfügung stehen. Wie bereits oben (Rn 116a) erwähnt, verlangt die Rechtsprechung hier zu Recht die vorrangige Ausschöpfung von Maßnahmen der Vollstreckung (§§ 89 ff FamFG), der Bestellung eines Umgangspflegers (§ 1684 Abs 3 S 3–6 BGB) und ggf der zwangsweise durchsetzbaren therapeutischen Behandlung des Kindes (BVerfG 28. 2. 2012 – 1 BvR 3116/11, ZKJ 2012, 186 Rn 25; BGH 16. 10. 2011 – XII ZB 247/11, juris Rn 32 ff, ZKJ 2012, 107; Heilmann ZKJ 2012, 105). Vor diesem Hintergrund wird sich allein zum Zwecke der effizienten Durchsetzung von Umgangskontakten eine Entziehung des Aufenthaltsbestimmungsrechts mit dem Ziel der Fremdunterbringung nicht rechtfertigen lassen (BGH 16. 10. 2011 – XII ZB 247/11, juris Rn 42, ZKJ 2012, 107; OLG Brandenburg 30. 11. 2016 – 13 UF 147/16, juris Rn 12 f, FamRZ 2017, 966; OLG Frankfurt 12. 3. 2013 – 6 UF 302/12, juris Rn 8 ff, FamRZ 2014, 396; Splitt FF 2019, 94, 100; Schmid FPR 2011, 566, 568 ff). Etwas anderes kann nur dann

gelten, wenn weitere Umstände auf Seiten des betreuenden Elternteils hinzutreten (zB psychische Erkrankung, schwerwiegende Fälle des over-protecting), die eine Herausnahme des Kindes unumgänglich machen (vgl dazu Staudinger/Coester [2016] § 1666 Rn 148a). In einem solchen Fall haben die Familiengerichte bei einem Verdacht der Kindeswohlgefährdung im Rahmen eines Umgangsverfahrens kinderschutzrechtliche Maßnahmen nach § 1666 BGB zu erwägen und entsprechende Ermittlungen zu tätigen (OLG Brandenburg 5. 3. 2018 – 13 WF 48/18, juris Rn 7 f, FamRZ 2018, 1088). Denkbar sind unterhalb der Schwelle von § 1666 Abs 3 Nr 6 BGB bei hartnäckiger Umgangsverweigerung und Bejahung einer Kindeswohlgefährdung iSd § 1666 Abs 1 BGB aber **Auflagen zur Inanspruchnahme von Hilfen nach dem SGB VIII gemäß § 1666 Abs 3 Nr 1 BGB** (OLG Hamm 30. 1. 2023 – 13 UF 175/22, juris; OLG Düsseldorf 4. 1. 2023 – 1 UF 112/22, juris), welche ebenfalls in einem Sorgerechtsverfahren nach § 151 Nr 1 FamFG angeordnet werden können.

125 Die früher diskutierte – in der Praxis oftmals mit „Zustimmung" der Eltern erfolgende – Übertragung des Sorgerechts nach § 1666 BGB **auf einen Dritten** (AG Frankfurt FamRZ 2004, 1595, 1596) kommt rechtlich gesehen nicht in Betracht, weil es im Regelfall schon an den Voraussetzungen von § 1666 BGB fehlt, zumal diese nicht zur Disposition der Beteiligten stehen (OLG Dresden 31. 1. 2023 – 21 UF 776/20, juris Rn 15 f: nicht zu therapeutischen Zwecken; OLG Frankfurt 16. 4. 2015 – 4 UF 54/15, juris Rn 27, FamRZ 2016, 68 zur Umgangsbestimmungspflegschaft, vgl die folgende Rn 126).

Der Gedanke der Übertragung des Aufenthaltsbestimmungsrechts auf einen Dritten hat aber die für die Praxis bedeutsame Entwicklung zur **Umgangspflegschaft** angestoßen, die nunmehr eine gesetzliche Regelung in Abs 3 S 3–6 gefunden hat (Rn 127 ff).

Zulässig nach § 1666 BGB sind aber auch **(vorübergehende) Einschränkungen des Aufenthaltsbestimmungsrechts** mit Bestellung eines **Ergänzungspflegers**, wenn etwa in einem den Umgang betreffenden Verfahren eine **Anhörung** oder **psychologische Begutachtung** des Kindes erforderlich ist und der das Kind betreuende Elternteil die Mitwirkung des Kindes verweigert und dadurch das Verfahren nachhaltig behindert bzw verzögert (BVerfG FamRZ 1997, 871, 873; vgl auch BayObLG 20. 7. 1994 – 1Z BR 74/94, FamRZ 1995, 501, 502; OLG Hamburg FamRZ 1996, 422; OLG Rostock FamRZ 2006, 1623; siehe dazu oben Rn 113).

cc) Umgangsbestimmungspflegschaft (§ 1666)

126 Nach anfänglichen Zweifeln (BGH NJW-RR 1986, 1264, 1265) wurde vor Inkrafttreten des FamFG als ein relativ milder Eingriff in das Sorgerecht eine **Umgangs- bzw Aufenthaltsbestimmungspflegschaft** in Rechtsprechung und Schrifttum entwickelt, die als **Ergänzungspflegschaft** mit partieller Sorgerechtseinschränkung (§§ 1666, 1909, 1916 BGB idF bis zum 31. 12. 2022) konstruiert war (OLG Bamberg FamRZ 1985, 1175; OLG Brandenburg JAmt 2003, 489, 490; OLG Dresden FamRZ 2002, 1588; OLG Frankfurt NJW 2000, 368; OLG Frankfurt FamRZ 2002, 1585; OLG Frankfurt FamRZ 2004, 1311; OLG Frankfurt NJW-RR 2009, 4; OLG Karlsruhe JAmt 2002, 135; OLG Köln FamRZ 1998, 1463; OLG Köln FamRZ 2003, 952, 953; OLG Köln FamRZ 2010, 1747; OLG München FamRZ 2007, 1902; OLG Saarbrücken DAVorm 1996, 277; OLG Saarbrücken jurisPR-FamR 21/2007 Anm 4 [Völker]; OLG Zweibrücken FamRZ 2007, 1678; AG Aalen FamRZ 1991, 360; AG Rosenheim DAVorm 1987, 144; Menne ZKJ 2006, 445; zur **Beteiligtenstellung** DIJuF-Rechtsgutachten JAmt 2005, 459; zu **organisatorischen Fragen** DIJuF-Rechtsgutachten JAmt 2009, 309; zur **Ablehnung wegen Parteilichkeit** OLG Karlsruhe

FamRZ 2005, 1571; statistische **Daten** berichtet das DIJuF in: JAmt 2004, 571, 572). Als Maßnahme nach § 1666 BGB konnte eine solche Pflegschaft erst bei Scheitern einer im Vergleich milderen Vollstreckung angeordnet werden (OLG Celle JAmt 2004, 150). Andererseits war sie im Vergleich zum Entzug sonstiger Bestandteile des Sorgerechts das mildere und damit vorrangige Mittel (OLG Schleswig NJW-RR 2008, 1389). Das Rechtsinstitut war der Befürchtung ausgesetzt, das Problem auf das früher regelmäßig als Pfleger bestellte Jugendamt (zu Kostengründen DIJuF-Rechtsgutachten JAmt 2008, 92) zu verlagern, ohne effiziente Befugnisse zu übertragen (treffend AG Fürstenfeldbruck FamRZ 2001, 118, 119: „dass die um keine Ausrede verlegene Mutter auch gegenüber einem Umgangspfleger Strategien entwickeln wird"; Luthin FamRZ 1991, 361: „jetzt das JA am Zuge"). Eine gleichzeitige Entziehung und Übertragung des **Aufenthaltsbestimmungsrechts** auf den Pfleger erschien daher geboten (OLG Brandenburg FamRZ 2007, 577; OLG Frankfurt FamRZ 2004, 1311; OLG Karlsruhe NJW-RR 2007, 443; OLG Saarbrücken JAmt 2008, 109). Überdies waren die Aufgaben des Umgangsbestimmungspflegers strittig (Willutzki ZKJ 2009, 281; Menne ZKJ 2006, 445; unklare Fragen aus Sicht der Jugendämter, betreffend die **Aufgaben** DIJuF-Rechtsgutachten JAmt 2007, 84; DIJuF-Rechtsgutachten JAmt 2008, 93; sowie **Weisungen und Vorgaben** des Familiengerichts an das Jugendamt DIJuF-Rechtsgutachten JAmt 2004, 31; DIJuF-Rechtsgutachten JAmt 2005, 350; DIJuF-Rechtsgutachten JAmt 2005, 458; DIJuF-Rechtsgutachten JAmt 2008, 89).

Mit Inkrafttreten des FamFG wurde in § 1684 Abs 3 S 3–6 BGB eine **Umgangspflegschaft unterhalb der Schwelle von § 1666 BGB** eingeführt, deren Aufgabe nach Abs 3 S 4 in Fällen dauerhafter oder wiederholter Verletzung der Wohlverhaltenspflicht die Herausgabe des Kindes zur Durchführung des Umganges und für die Dauer des Umgangs die Bestimmung des Aufenthalts des Kindes ist (dazu unten Rn 127 ff).

Nach Inkrafttreten des FamFG zum 1. 9. 2009 herrschte in der Praxis *Unklarheit,* ob damit auch der nach vormaligen Recht auf § 1666 BGB begründete Umgangsbestimmungspfleger obsolet geworden war oder aber weiterhin existierte.

Ein Teil der Rechtsprechung und in der Literatur vertrat hier die Auffassung, dass ein Umgangsbestimmungspfleger schon deshalb nicht bestellt werden könne, weil die elterliche Sorge eine entsprechende Befugnis zur Umgangsbestimmung nicht umfasse (OLG Karlsruhe 13. 2. 2014 – 18 UF 58/13, juris Rn 13, FamRZ 2014, 1378; OLG München 22. 12. 2010 – 33 UF 1745/10, juris Rn 7, JAmt 2011, 162; Staudinger/Rauscher [2014] § 1684 Rn 63, 110 ff; Jokisch FuR 2016, 145, 148; Frohn FF 2016, 240, 242) oder sich die Umgangsbestimmungsbefugnis aus dem Aufenthaltsbestimmungsrecht herleite und neben Abs 3 S 3 kein Raum für eine zweite Art der Pflegschaft sei (OLG Stuttgart 14. 8. 2014 – 11 UF 118/14, juris Rn 17 f, JAmt 2014, 651).

Der *BGH* hat sich jedoch in seiner Entscheidung vom 6. 7. 2016 (BGH 6. 7. 2016 – XII ZB 47/15, juris Rn 44 ff, ZKJ 2016, 419) zu Recht der Auffassung angeschlossen, dass das Umgangsbestimmungsrecht als Teil der Personensorge (vgl § 1632 Abs 2 BGB) einzuordnen ist (OLG Frankfurt 13. 7. 2015 – 3 UF 251/14, juris Rn 28, FamRZ 2016, 246; OLG Frankfurt 16. 1. 2015 – 4 UF 255/14, juris Rn 27, ZKJ 2015, 154; OLG Frankfurt 13. 5. 2015 – 4 UF 385/14, juris Rn 16; OLG Frankfurt 20. 4. 2015 – 4 UF 54/15, juris Rn 22, FamRZ 2016, 68; Heilmann FamRZ 2014, 1753; Vogel FF 2016, 441, 445) und die Umgangsbestimmungspflegschaft folgerichtig anerkannt (zur dogmatischen Begründung siehe oben Rn 82). Die rechtliche Befugnis zur Umgangsbestimmung kann damit unter den Voraussetzungen von § 1666

BGB gesondert entzogen werden. In diesem Fall bestimmt der Umgangsbestimmungspfleger (§ 1809 BGB) nach §§ 1813, 1795 Abs 1 S 3, 1632 Abs 2 BGB über den Ort, den zeitlichen Umfang und die Art und Weise des Umgangs. Er kann diesen aber, ebenso wenig wie die sorgeberechtigten Eltern, zwangsweise durchsetzen, sondern muss bei fehlendem Einvernehmen mit den Eltern das Familiengericht nach § 1684 Abs 3 BGB anrufen, damit dieses eine vollstreckungsfähige Regelung trifft (OLG Celle 14. 7. 2021 – 10 UF 245/20, juris Rn 126, FamRZ 2022, 611; OLG Frankfurt 13. 5. 2015 – 4 UF 385/14, juris Rn 16; DIJuF-Rechtsgutachten JAmt 2022, 534; Schäder FamRZ 2019, 1672, 1676; Obermann NZFam 2014, 976, 980; ders FamRZ 2016, 1031, 1034; Frohn FF 2016, 240, 244). Da die Umgangspflegschaft sich aus §§ 1666, 1809 BGB ableitet, kann sie nicht in einem Umgangsverfahren, sondern nur im Rahmen eines **Sorgerechts- und Pflegschaftsverfahrens** angeordnet werden (§ 151 Nr 1 und 5 FamFG), was in einem einstweiligen Anordnungsverfahren die Frage der Statthaftigkeit der Beschwerde nach § 57 S 1 und S 2 Nr 1 FamFG tangiert (vgl OLG Brandenburg 23. 9. 2021 – 13 UF 111/21, juris Rn 11 ff; Prütting/Helms/Dürbeck § 57 FamFG Rn 5a). Die verfahrensrechtliche Trennung zwischen Umgang und Sorge bedeutet insoweit auch, dass in einem Umgangsverfahren im zweiten Rechtszug nicht ein Umgangsbestimmungspfleger bestellt werden kann (**aA** OLG Hamm 30. 1. 2023 – 13 UF 175/22, NZFam 2023, 848 m Anm Lack, das allerdings offenkundig übersehen hatte, dass auch die elterliche Sorge bei ihm angefallen war). Hat das Familiengericht Sorge- und Umgangsverfahren miteinander verbunden (§ 20 FamFG), so kann durch die Bestellung eines Umgangsbestimmungspflegers nicht auf eine **Regelung des Umgangsrechts** (Ausschluss oder vollstreckbare Regelung) abgesehen werden (so aber OLG Hamm 30. 1. 2023 – 13 UF 175/22, NZFam 2023, 848; vgl oben Rn 187).

Wegen des Grundsatzes der **Verhältnismäßigkeit** ist die Entziehung dieser Befugnis aber einer **strengen Prüfung** der Eignung und Erforderlichkeit zu unterziehen und im Falle eines Elternkonflikts durch vorrangig zu treffende Anordnungen nach § 1684 Abs 3 BGB ausgeschlossen (BGH 6. 7. 2016 – XII ZB 47/15, juris Rn 47, ZKJ 2016, 419; OLG Frankfurt 23. 3. 2017 – 4 UF 3/17, juris Rn 20 f, FamRZ 2017, 1841; OLG Brandenburg 16. 2. 2017 – 9 UF 113/16, juris Rn 31, JurBüro 2017, 612). Ihre eigentliche Bedeutung hat die Umgangsbestimmungspflegschaft daher in Fällen der *Fremdunterbringung des Kindes,* bei denen das Umgangsbestimmungsrecht als Teil der Personensorge noch bei den Eltern verblieben ist (so in den Fällen von OLG Frankfurt 16. 1. 2015 – 4 UF 255/14, ZKJ 2015, 154 und OLG Frankfurt 29. 6. 2023 – 6 UF 58/23, juris Rn 50). Hier wird sie sogar im Falle des Entzuges des Aufenthaltsbestimmungsrechts *regelmäßig* angeordnet werden müssen, da den Herkunftseltern in solchen Fällen nicht die Regelung des eigenen Umgangs überlassen werden kann und der Vormund bzw Ergänzungspfleger eine rechtliche Befugnis zur Regelung des Kindesumgangs benötigt.

In den hier zu erörternden Fällen der Umgangsverweigerung durch den betreuenden Elternteil werden aufgrund der Vorrangigkeit von § 1684 Abs 3 BGB die Voraussetzungen von § 1666 BGB eher selten vorliegen können (anschaulich verneint im Fall von OLG Frankfurt 16. 4. 2015 – 4 UF 54/15, juris Rn 24 ff, FamRZ 2016, 68), weil auch der Umgangsbestimmungspfleger nicht berechtigt ist, den Umgang in rechtlich durchsetzbarer Weise zu regeln. Den Voraussetzungen von § 1666 BGB genügt es nicht, wenn die Anordnung der Umgangsbestimmungspflegschaft im Einvernehmen mit den Eltern erfolgt oder allein mit der „Hoffnung“ verknüpft wird, diesem möge es gelingen, den Elternkonflikt im Hinblick auf das Umgangsrecht zu lösen (so die maßgebliche Erwägung von OLG Frankfurt 13. 7. 2015 – 3 UF 251/14, juris Rn 31, FamRZ 2016, 246 und im Erg auch OLG Hamm 30. 1. 2023 – 13 UF 175/22, juris; einen Sonderfall stellt OLG Frankfurt 13. 5. 2015 – 4 UF 385/14, juris dar, da dort eine bereits angeordnete Umgangspflegschaft dazu führte, dass die Mutter die Umgangsregelung befolgt hatte und sie ankündigte, bei deren Wegfall den Umgang wieder zu verweigern). Auch ist die Einrichtung einer **Umgangspflegschaft** nach § 1684 Abs 3 BGB als gegenüber der Entziehung des Umgangsbestimmungsrechts **milderes Mittel** vorrangig zu erwägen (BGH 6. 7. 2016 – XII ZB 47/15, juris Rn 46, ZKJ 2016, 419; OLG Frankfurt 23. 3. 2017 – 4 UF 3/17, juris Rn 20 f, FamRZ 2017, 1841). Vorrangig sind auch die Ausschöpfung von **Vollstreckungsmöglichkeiten** und die **Anordnung begleiteter Umgangskontakte** (OLG Frankfurt 23. 3. 2017 – 4 UF 3/17, juris Rn 27, FamRZ 2017, 1841). Damit kommt der Umgangsbestimmungspflegschaft in der Regel außerhalb der Fremdunterbringung des Kindes kaum Relevanz zu. In Fällen schwerwiegender Umgangsvereitelung und fehlender Bindungstoleranz kann sie aber letztes Mittel sein, ein Umdenken beim betreuenden Elternteil und ggf auch bei dem umgangsverweigernden Kind zu erzielen.

f) Umgangspflegschaft nach § 1684 Abs 3 S 3–6

aa) Gesetzgeberischer Zweck und Aufgaben des Umgangspflegers

Der Gesetzgeber des FGG-RG (BT-Drucks 16/6308, 345) hat die aus seiner Sicht positi- **127**
ve Aufnahme der vormalig kraft Richterrechts auf § 1666 BGB gestützten Umgangsbestimmungspflegschaft (siehe oben Rn 126; höchst kritisch allerdings BAG Verfahrenspflegschaft KJR 2008, 115 ff) aufgegriffen und das Institut der **Umgangspflegschaft** in § 1684 Abs 3 S 3–6 BGB begründet. Hierbei ergeben sich gegenüber dem ursprünglichen Modell ineinandergreifende materielle und systematische Veränderungen:

Obgleich in Abs 3 geregelt, handelt es sich dogmatisch nicht um ein Instrument der inhaltlichen gerichtlichen Umgangsregelung (Abs 3 S 1), sondern um eine Erweiterung der dortigen Instrumente zur **Durchsetzung des Wohlverhaltensgebotes** im Sinne einer Pflegschaft zur **Durchführung** des Umgangs. Die Umgangspflegschaft nach Abs 3 S 3 ist ein **milderes Mittel** bei der Prüfung eines Sorgerechtsentzuges wegen Kindeswohlgefährdung nach § 1666 BGB und ist, soweit sie ausreicht, der Gefährdung angemessen zu begegnen, vorrangig vor einem Entzug der elterlichen Sorge und der damit verbundenen Fremdunterbringung eines Kindes anzuwenden (BVerfG 28. 2. 2012 – 1 BvR 3116/11, ZKJ 2012, 186 Rn 25; BGH 26. 10. 2011 – XII ZB 247/11, juris Rn 28, 32 ff, ZKJ 2012, 107; OLG Hamm NJW-RR 2011, 150, 152; Kaufhold/Hornung ZKJ 2017, 97, 100); eine Umgangspflegschaft kann die Umgangsproblematik unter Umständen auch bei gemeinsamer elterlicher Sorge lösen (OLG München JAmt 2011, 162).

Vom **begleiteten Umgang** ist sie im Fall der Anordnung gegen den Umgangselternteil weiter funktionell zu **unterscheiden** (Umgangspflegschaft bei Pflichtwidrigkeiten in der Umgangsdurchführung, Konflikte bei der Übergabe des Kindes Verweigerung, Unpünktlichkeit etc; begleiteter Umgang bei Gefährdung des Kindeswohls, vgl dazu OLG Schleswig 12. 7. 2016 – 8 UF 133/16, juris Rn 11, ZKJ 2016, 464; Keuter FamRZ 2022, 581; Schäder JAmt 2021, 2; Dürbeck ZKJ 2019, 141).

Vom **Verfahrensbeistand** (§ 158 FamFG), der die Interessen des Kindes auch im **familiengerichtlichen** Verfahren der Umgangsregelung wahrt, unterscheidet sich der Umgangspfleger durch die Aufgabenstellung in der Umsetzung dieser Regelung (im Einzelnen Stötzel FPR 2009, 27; Veit FF 2008, 476).

127a Mit der Verlagerung nach § 1684 Abs 3 BGB wird bewusst die Grundlage in § 1666 BGB und damit die Eingriffsschwelle der **Kindeswohlgefährdung** verlassen; Voraussetzung der Anordnung ist nur noch eine dauerhafte oder wiederholte **erhebliche Verletzung der Wohlverhaltenspflicht** des Abs 2 (OLG Brandenburg 8. 1. 2018 – 10 UF 21/17, juris Rn 44 ff; MünchKommBGB/Hennemann § 1684 Rn 64; Johannsen/Henrich/Althammer/Rake § 1684 Rn 48; Zivier ZKJ 2010, 306). Der Gesetzgeber war insoweit der Ansicht, dass sich dies auf Fälle der Umgangsvereitelung durch den **betreuenden Elternteil oder die Obhutsperson** des Kindes beschränkt (BT-Drucks 16/6308, 345). Nicht ausreichend sollten demnach zu erwartende Verstöße gegen die Wohlverhaltenspflicht durch den **Umgangsberechtigten** sein. Dieser einschränkenden Auslegung ist der BGH (BGH 31. 10. 2018 – XII ZB 135/18, FamRZ 2019, 199 Rn 22 m Anm Keuter) zu Recht gefolgt (ebenso OLG Saarbrücken 28. 1. 2015 – 6 UF 145/14, MDR 2015, 595; Keuter FamRZ 2022, 581, 582; Zivier ZKJ 2010, 306, 307). Die wohl überwiegende Ansicht hält dagegen zu erwartende Verstöße gegen die Wohlverhaltenspflicht durch den umgangsberechtigten Elternteil für ausreichend und beruft sich insoweit auf den Gesetzeswortlaut (OLG Hamm 10. 12. 2021 – 13 UF 96/21, NZFam 2022, 112 in bewusster Abkehr vom BGH; OLG Frankfurt 2. 7. 2013 – 4 UF 159/13, juris Rn 16; MünchKommBGB/Hennemann § 1684 Rn 66; Johannsen/Henrich/Althammer/Rake § 1684 Rn 48; Obermann NZFam 2022, 115). Der einschränkenden Auslegung des BGH ist aber zuzustimmen, denn bei allein vom Umgangsberechtigten ausgehenden Verstößen gegen die Wohlverhaltenspflicht wären Einschränkungen der sorgerechtlichen Befugnisse der Betreuungsperson durch eine Umgangspflegschaft nicht hinnehmbar. Auch gebührt in solchen Konstellationen § 1684 Abs 4 BGB (Ausschluss oder Einschränkung des Umgangsrechts) der Vorrang. Zu erwartende Verstöße durch den Umgangsberechtigten sind allenfalls dann bei der Auslegung von § 1684 Abs 3 S 3 BGB von Bedeutung, wenn sie gleichzeitig mit zu erwartenden Verstößen durch den betreuenden Elternteil gegeben sind (vgl OLG München 16. 8. 2011 – 26 UF 263/11, juris Rn 26: wechselseitige Verstöße bei der Übergabe). Die Voraussetzungen der dauerhaften oder wiederholten erheblichen Verletzung der Wohlverhaltenspflicht sind im Übrigen vom Familiengericht festzustellen (BVerfG 16. 8. 2018 – 1 BvR 836/18, juris Rn 1). Es genügt insoweit nicht, dass der Umgang durch die Einrichtung der Umgangspflegschaft erleichtert wird.

127b Zutreffend stützt der Gesetzgeber im Übrigen die Abkehr vom Maßstab des Sorgerechtseingriffs, der zugleich der des Grundrechtseingriffs (Art 6 Abs 2 GG) ist, darauf, dass hier nicht in das Elternrecht des Sorgeberechtigten eingegriffen, sondern beide Elternrechte (Sorge und Umgang) zum Ausgleich gebracht werden (BT-Drucks 16/6308, 345). Die Umgangspflegschaft bedeutet mit Rücksicht auf die Befugnis nach § 1684 Abs 3 S 4 BGB lediglich eine **Sorgerechtseinschränkung** (§ 1630 BGB; BT-Drucks 16/6308, 346), stellt aber keinen Sorgerechtseingriff dar (§ 1666 BGB) und **wurzelt daher im Umgangsrecht** (OLG Brandenburg 20. 3. 2020 – 9 UF 59/20, juris Rn 3, FamRZ 2020, 1664; OLG Düsseldorf 20. 3. 2018 – 3 UF 30/18, juris Rn 3, 4; OLG Schleswig 12. 7. 2016 – 8 UF 133/16, juris Rn 12, ZKJ 2016, 464; OLG Hamm 4. 8. 2016 – 14 WF 119/16, juris Rn 9; OLG Celle FuR 2011, 173; OLG Hamm 8. 5. 2012 – 7 UF 23/12, juris Rn 24 ff; OLG Köln 25. 11. 2011 – 4 UF 238/11, juris Rn 3, FamFR 2012, 109; OLG München 16. 8. 2011 – 26 UF 263/11, juris Rn 27; Willutzki ZKJ 2009, 281, 283; Prütting/Helms/Dürbeck § 57 FamFG Rn 5; Heilmann/Gottschalk § 1684 Rn 57; Vogel FF 2016, 441, 442; Heilmann FamRZ 2014, 1753, 1755). Damit sind Entscheidungen zur Umgangspflegschaft im Wege **einstweiliger Anordnung** auch nicht nach § 57 S 1 FamFG mit der Beschwerde **anfechtbar**. Die Gegenmeinung (OLG Saarbrücken 11. 10. 2013 – 6 UF 128/13, juris Rn 21, ZKJ 2014, 75; OLG Schleswig 23. 3. 2011 –

15 UF 2/11, juris Rn 38, FamRZ 2012, 151; Völker/Clausius, Sorge- und Umgangsrecht [8. Aufl 2021] § 2 Rn 45; Johannsen/Henrich/Althammer/Kohlenberg § 57 FamFG Rn 2; Sternal/Giers § 57 FamFG Rn 6), die einen Sorgerechtseingriff bejaht und folglich im einstweiligen Anordnungsverfahren § 57 S 2 Nr 1 FamFG anwendet, ist weder mit der Entstehungsgeschichte noch mit dem systematischen Standort der Vorschrift wie auch der Abgrenzung zur Umgangsbestimmungspflegschaft vereinbar.

127c Der Umgangspfleger ist ausschließlich für die **Durchführung einer bestehenden** – gerichtlich angeordneten oder vereinbarten und nach § 156 Abs 2 FamFG familiengerichtlich gebilligten – **Umgangsregelung** zuständig. Nicht ist er befugt, den Umgang selbst zu bestimmen oder zu regeln, diese Aufgabe kann ihm auch nicht durch das Familiengericht übertragen werden (OLG Saarbrücken 20. 4. 2015 – 6 UF 42/15, juris Rn 3, FamRZ 2015, 1928; OLG Hamm 12. 8. 2013 – 6 UF 100/13, juris Rn 15, FamRZ 2014, 402; OLG Frankfurt 17. 5. 2013 – 4 UF 45/13, juris Rn 14, FamRB 2013, 319; KG 21. 9. 2012 – 17 UF 118/12, juris Rn 18, MDR 2013, 43; Heilmann/Gottschalk § 1684 Rn 59; Vogel FF 2016, 441, 442; Bergmann FF 2014, 345, 347; Johannsen/Henrich/Althammer/Rake § 1684 Rn 50), wobei dies auch bei der Anordnung **begleiteter Umgangskontakte** gilt (OLG Frankfurt 10. 8. 2016 – 5 UF 167/15, juris Rn 8, FamRZ 2016, 1787). Fehlt eine solche Regelung, ist im **Beschwerdeverfahren** ein entsprechender amtsgerichtlicher Beschluss nach § 69 Abs 1 S 2 FamFG aufzuheben und das Verfahren an das Erstgericht zurückzuverweisen, da es sich um eine verdeckte Teilentscheidung handelt (OLG Brandenburg 20. 1. 2020 – 13 UF 207/19, NJW-RR 2020, 458; OLG Saarbrücken 20. 4. 2015 – 6 UF 42/15, juris Rn 3, FamRZ 2015, 1928; OLG Hamm 12. 8. 2013 – 6 UF 100/13, juris Rn 15, FamRZ 2014, 402; OLG Frankfurt 17. 5. 2013 – 4 UF 45/13, juris Rn 14; FamRB 2013, 319; Heilmann/Dürbeck § 69 FamFG Rn 5; Jokisch FuR 2016, 145, 149).

127d Im Rahmen der Durchführung des Umgangs ist der Umgangspfleger nach § 1684 Abs 3 S 4 BGB berechtigt, den **Aufenthalt des Kindes** für die Dauer des Umgangs zu bestimmen und **die Herausgabe des Kindes** zum Zwecke der Durchführung des Umgangs zu verlangen. Letztlich ist er damit für die Organisation des Umgangs zuständig (OLG Brandenburg 11. 4. 2014 – 3 UF 50/13, juris Rn 59; Vogel FF 2016, 441, 443). In diesem Rahmen ist ihm durchaus ein **Ermessensfreiraum** zuzubilligen, da das Familiengericht lediglich den Ort, die Zeit und die Art des Umgangs bestimmen muss; die Modalitäten des Holens oder Bringens oder die Frage, welche einzelnen Gegenstände (zB Kleidung etc) dem Kind mitzugeben sind, müssen nicht ausdrücklich geregelt werden (KG 21. 9. 2012 – 17 UF 118/12, juris Rn 18, JAmt 2012, 671; Vogel FF 2016, 441, 443). Nicht darf er aber die Frage entscheiden, ob der **Umgang zu begleiten** ist, insbesondere steht ihm auch kein Recht zu, während des Umgangs **anwesend** zu sein (OLG Köln 3. 11. 2017 – 4 UF 72/17, juris Rn 3, ZKJ 2018, 101; OLG Karlsruhe 13. 9. 2013 – 2 WF 125/13, juris Rn 25, FamRZ 2014, 672; OLG Hamm 12. 8. 2013 – 6 UF 100/13, juris Rn 15, FamRZ 2014, 402; KG 21. 9. 2012 – 17 UF 118/12, juris Rn 18, JAmt 2012, 671; Dürbeck ZKJ 2015, 457, 459; MünchKommBGB/Hennemann § 1684 Rn 68).

In seiner überraschenden Entscheidung vom 31. 10. 2018 hat der *BGH* (BGH 31. 10. 2018 – XII ZB 135/18, juris Rn 24, FamRZ 2019, 199) aber nunmehr die Ansicht vertreten, dass berufsmäßige Umgangspfleger, denen auch die **Begleitung des Umgangs** übertragen ist, hierfür auch eine Vergütung von der Justizlandeskasse beanspruchen können. Damit ist die Streitfrage entschieden, ob dem Umgangspfleger auch durch gerichtlichen Beschluss die Umgangsbegleitung nach § 1684 Abs 4 S 3 BGB übertragen werden kann (zur Kritik Dürbeck ZKJ 141; Keuter FamRZ 2019, 202). Die Voraussetzungen für die Umgangspflegschaft nach § 1684 Abs 3 S 3 BGB und für die Umgangsbegleitung nach § 1684 Abs 4 S 1 bzw 2 BGB müssen in diesem Fall aber *kumulativ* vorliegen (übersehen von OLG Düsseldorf 18. 9. 2019 – 1 UF 118/19, ZKJ 2020, 27 m Anm Dürbeck, das die Notwendigkeit der Umgangsbegleitung an § 1684 Abs 3 S 3 BGB geknüpft hatte), was eher selten der Fall sein wird (vgl Schäder JAmt 2021, 2)

127e Ein Recht zu einer **kurzzeitigen Anwesenheit** wird ihm aber dann zu gewähren sein, wenn die Umgangspflegschaft (auch) zur Anbahnung längerer nicht mehr stattgefundener Kontakte angeordnet worden ist (OLG Frankfurt 2. 7. 2013 – 4 UF 159/13, juris Rn 16). Der Umgangspfleger soll insbesondere bei der Übergabe und Rückgabe des Kindes anwesend sein, den Umgang vorbereiten, die konkrete Ausgestaltung bestimmen und bei Meinungsverschiedenheiten der Eltern auch **vermitteln** (BT-Drucks 16/6308, 345; Kaufhold/Hornung ZKJ 2017, 97, 102; Bergmann FF 2014, 345, 346). Nicht zugewiesen ist ihm allerdings die Aufgabe, **Nachholtermine** für ausgefallene Umgangskontakte zu bestimmen, da dies Teil des personensorgerechtlichen Umgangsbestimmungsrechts ist (Grüneberg/Götz § 1684 Rn 22; Heilmann/Gottschalk § 1684 Rn 59; Völker/Clausius, Sorge- und Umgangsrecht [8. Aufl 2021] § 2 Rn 42; **aA** BT-Drucks 16/6308, 345; OLG Hamm 13. 5. 2013 – 2 UF 51/14, juris Rn 6, ZKJ 2014, 393). Sieht er einen Bedarf für eine Abänderung der Umgangsregelung oder für die Anwendung von Ordnungsmitteln, hat er dies bei dem Familiengericht anzuregen. Gegenüber dem Familiengericht hat er – auf Anforderung – auch über den Verlauf und über Gründe und Plausibilität von Absagen (beider Eltern) zu **berichten** (BT-Drucks 16/6308, 346: Berichtspflicht; Obermann NZFam 2014, 976). Die Befugnis, die **Herausgabe des Kindes** zu verlangen, verschafft ihm nur einen (eigenen) Anspruch, nicht dessen **zwangsweise Durchsetzung**. Hierfür benötigt er bei Verweigerung der Herausgabe einen Titel (§ 86 FamFG), der in der Praxis im Wege der einstweiligen Anordnung (§§ 49 ff FamFG) ergeht, und hier ist auch über die ggf erforderliche Anwendung unmittelbaren Zwangs nach Maßgabe von § 90 FamFG (kein unmittelbarer Zwang gegen das Kind) zu entscheiden (BT-Drucks 16/6308, 346; Zivier ZKJ 2010, 306, 307; Müller FPR 2008, 425, 426).

Dem Umgangspfleger nicht übertragen werden kann die Befugnis, das Kind im Hinblick auf eine vom betreuenden Elternteil behauptete Erkrankung einer ärztlichen Untersuchung zuzuführen (**aA** OLG Braunschweig 27. 8. 2018 – 2 UF 57/18, juris Tenor Ziff 8).

bb) Voraussetzungen

128 Nach § 1684 Abs 3 S 3 BGB setzt die Anordnung der Umgangspflegschaft die **dauerhafte oder wiederholte erhebliche Verletzung der Wohlverhaltenspflicht** (§ 1684 Abs 2 BGB) voraus. Wegen der mit ihrer Anordnung verbundenen Beschränkung des Sorgerechts (siehe oben Rn 127) ist sie nicht in das Ermessen des Familiengerichts gestellt (BVerfG 16. 8. 2018 – 1 BvR 836/18, juris Rn 1). Hierzu reichen *Schwierigkeiten bei der Umgangsausübung* grundsätzlich nicht aus (OLG Saarbrücken 28. 1. 2015 – 6 UF 145/14, juris Rn 10, MDR 2015, 595; OLG Hamm 12. 8. 2013 – 6 UF 100/13, juris Rn 13, FamRZ 2014, 402; Völker/Clausius, Sorge- und Umgangsrecht [8. Aufl 2021] § 2 Rn 41: kein „Allheilmittel"). Sie unterliegt – entgegen teilweise ausgeübter Praxis – im Rahmen von § 156 Abs 2 FamFG auch *nicht der Disposition der Beteiligten,* weil sie an die Anordnungsvoraussetzungen von Abs 3 S 3 gebunden ist und auch für die Staatskasse bei bedürftigen Beteiligten iSd § 114 ZPO beträchtliche Kosten verursachen kann (Prütting/Helms/Hammer § 156 FamFG Rn 60b; Hennemann NZFam 2021, 910, 911; Wegener NZFam 2015, 799, 800). Sie setzt im Regelfall **erhebliches vorausgegangenes Umgangsvereitelungsverhalten** vor-

aus (BT-Drucks 16/6308, 345; OLG Brandenburg 8. 1. 2018 – 10 UF 21/17, juris Rn 45) und dass der betroffene Elternteil erkennen lässt, dass er auch **künftig** an seiner Verweigerungshaltung festhält (MünchKommBGB/Hennemann § 1684 Rn 60). Ausreichend ist es auch, dass infolge erschwerter Kommunikation und Kooperation der Eltern bei den *Über- und Rückgaben* des Kindes regelmäßige, das Kindeswohl erheblich *beeinträchtigende Auseinandersetzungen* entstehen, die aber jedenfalls auch vom betreuenden Elternteil ausgehen müssen (siehe oben Rn 127a; OLG München 16. 8. 2011 – 26 UF 263/11, juris Rn 22, FamFR 2011, 478). Eine Anordnung der Umgangspflegschaft kommt schließlich auch dann in Betracht, wenn länger nicht mehr stattgefundene Umgangskontakte wieder *angebahnt* werden müssen und aufgrund hochkonflikthafter elterlicher Auseinandersetzungen die Prognose getroffen werden kann, dass ein kindeswohldienlicher Umgang nicht durchgeführt werden kann (OLG Frankfurt 2. 7. 2013 – 4 UF 159/13, juris Rn 16). Das Bestehen von Differenzen genügt aber nicht (OLG Saarbrücken 11. 10. 2013 – 6 UF 128/13, juris Rn 21, ZKJ 2014, 75; OLG Hamm 12. 8. 2013 – 6 UF 100/13, juris Rn 13, FamRZ 2014, 402). Der Umstand, dass das Kind den Umgang ablehnt, vermag für sich gesehen die Voraussetzungen einer Umgangspflegschaft auch nicht zu begründen (OLG Brandenburg 22. 6. 2018 – 10 UF 109/15, juris Rn 61).

Damit hängt die Anordnung auch **nicht** mehr von vorherigen **erfolglosen Vollstreckungsmaßnahmen** ab; selbst mit einer ersten **Umgangsregelung** (§ 1684 Abs 3 S 1 BGB) kann bereits eine Umgangspflegschaft verbunden werden, wenn vorherige erhebliche Verletzungen der Wohlverhaltenspflicht festgestellt sind und der betroffene Elternteil erkennen lässt, dass er diese fortsetzen wird (BeckOGK/Altrogge [15. 11. 2019] § 1684 Rn 499; Kaufhold/Hornung ZKJ 2017, 97, 101).

Verfahrensrechtlich wird im Regelfall eine Umgangspflegschaft bereits mit einer gerichtlichen **Umgangsregelung** zu verbinden sein (Zivier ZKJ 2010, 306, 307; Heilmann/Gottschalk § 1684 Rn 60; insbesondere, wenn schon das Ob des Umgangs streitig ist: BAG Verfahrenspflegschaft ZKJ 2008, 115, 116), da es im Konfliktfall an einer einverständlichen Regelung fehlt. Eines Antrages auf Anordnung einer Umgangspflegschaft bedarf es wegen der Amtswegigkeit des Umgangsverfahrens nach § 1684 BGB nicht (unten Rn 381). Die Amtswegigkeit des Umgangsverfahrens bedingt auch, dass bei einer Beschwerde des betreuenden Elternteils der Grundsatz der *reformatio in peius* nicht gilt und eine Umgangspflegschaft in diesem Fall auch erstmals im zweiten Rechtszug angeordnet werden kann (OLG Braunschweig 27. 8. 2018 – 2 UF 57/18, juris Rn 40, FamRZ 2019, 119). Soweit im Hinblick auf die anstehende Reform des Kindschaftsrechts die Einführung eines Antragserfordernisses verlangt wird (Schumann NJW-Beil 2018, 33, 35 f; dies, Gutachten B zum 72. DJT [2018] B 76 f), weil diese keine Sanktion für elterliches Fehlverhalten sein dürfe, kann dies nicht nachvollzogen werden, weil deren Voraussetzungen aus dem Gesetz folgen und diese mit der Verletzung der Wohlverhaltenspflicht verknüpft sind. Auch für die gesetzliche Einführung eines Antragserfordernisses (so Schumann, Gutachten B zum 72. DJT [2018] B 77) besteht kein Bedarf.

cc) Dauer und Auswahl

Die Umgangspflegschaft ist **nicht als Dauerlösung** konzipiert; sie ist nach § 1684 Abs 3 **129**
S 5 BGB in der familiengerichtlichen Entscheidung über ihre Anordnung zu *befristen* (OLG Hamm 12. 8. 2013 – 6 UF 100/13, juris Rn 14, FamRZ 2014, 402), wobei das Gericht die Dauer der Befristung im jeweiligen Einzelfall an dem Zweck orientiert, durch die Umgangspflegschaft die Eltern dazu zu bringen, nach einiger Zeit die Durchführung

des Umgangs selbst zu bewältigen (OLG Brandenburg 8. 1. 2018 – 10 UF 21/17, juris Rn 57); eine **Verlängerung** ist, auch auf Anregung der Eltern (OLG Hamm NJW-RR 2011, 150, 152), möglich, wenn nach Ansicht des Gerichts für die Zweckerreichung noch Aussicht besteht (BT-Drucks 16/6308, 346). **Funktionell zuständig** für die Verlängerung ist nach § 14 Abs 1 Nr 7 RPflG der Familienrichter (OLG München 11. 12. 2012 – 2 WF 1917/12, juris Rn 4, FamRZ 2013, 1155; Heilmann/Heilmann § 14 RPflG Rn 17). Erweist sich die Umgangspflegschaft als erfolglos, so sind andere, regelmäßig sorgerechtliche, Maßnahmen zu erwägen. Die **örtliche Zuständigkeit** des zunächst angerufenen Familiengerichts für ein Verfahren zur Regelung des Umgangsrechts dauert auch dann nach § 2 Abs 2 FamFG fort, wenn nach Erlass einer Endentscheidung nur noch über die mögliche Verlängerung einer befristet angeordneten Umgangspflegschaft zu entscheiden ist (OLG Zweibrücken 27. 8. 2014 – 2 AR 14/14, juris Rn 7, FamRZ 2015, 520; **aA** Heilmann/Gottschalk § 1684 Rn 60: neues eigenständiges Verfahren).

130 Im Übrigen gelten, insbesondere für die **Auswahl des Umgangspflegers**, §§ 1813, 1778, 1779 BGB entsprechend (BT-Drucks 16/6308, 346; zu Auswahl und Bestellung: Kohler JAmt 2010, 226, 227; Zivier ZKJ 2010, 306, 307). Danach soll eine Person bestimmt werden, die nach ihren persönlichen Verhältnissen, ihrer Vermögenslage und sonstigen Verhältnissen zur Führung der Umgangspflegschaft geeignet ist. Der Gesetzgeber ging davon aus, dass entsprechend der vor dem 1. 9. 2009 vorherrschenden Praxis (vgl DIJuF JAmt 2004, 571, 572) diese Aufgabe weiterhin den *Jugendämtern* zu übertragen ist (BT-Drucks 16/6308, 345). Das hat sich aber in der gegenwärtigen Praxis so nicht bestätigt, wobei offenbar aber regionale Unterschiede bestehen.

130a Das *DIJuF* hat sich in einem Rechtsgutachten (DIJuF-Rechtsgutachten JAmt 2020, 19) mit der interessanten Frage beschäftigt, ob ein **Jugendamt** vom Familiengericht auch *gegen seinen Willen* verpflichtet werden kann, eine Umgangspflegschaft zu übernehmen. Die Gesetzesmaterialien zu § 1684 Abs 3 S 3 BGB sprechen für eine positive Beantwortung dieser Frage, findet sich doch in der Gesetzesbegründung der Hinweis, dass Jugendämter – wie nach vormaligem Recht bei der Umgangsergänzungspflegschaft nach § 1909 aF – als Umgangspfleger bestellt werden sollen (BT-Drucks 16/6308, 345). Auch ging der Gesetzgeber davon aus, dass §§ 1909, 1915, 1779 aF jedenfalls entsprechend auf die Umgangspflegschaft anzuwenden sein sollen, wie dies auch die heute hM vertritt (OLG Brandenburg 5. 9. 2013 – 3 WF 46/13, NZFam 2014, 476; MünchKomm-BGB/Schneider § 1915 Rn 5). Nimmt man dies an, so wäre auch § 1791b aF anzuwenden, sodass insoweit das Jugendamt im Rahmen einer Amtspflegschaft verpflichtet wäre, das Amt auszuüben, soweit kein ehrenamtlicher Einzelumgangspfleger zu Verfügung steht. Allerdings hat das DIJuF zu Recht darauf hingewiesen, dass § 1791b aF dann ins Leere läuft, wenn sich für das Jugendamt nicht eine entsprechende Aufgabenzuweisung aus dem SGB VIII ergibt. Hier kommt allein § 2 Abs 3 Nr 11 SGB VIII in Betracht, wonach zu den anderen Aufgaben des Jugendamts die Wahrnehmung der Beistandschaft, Amtspflegschaft und Amtsvormundschaft gehört. Da die Umgangspflegschaft dort nicht genannt ist und diese im Gegensatz zur Beistandschaft, Ergänzungspflegschaft und Vormundschaft keine sorgerechtlichen Vertretungsbefugnisse verschafft, lässt es sich – wie das DIJuF es annimmt – gut vertreten, dass das Jugendamt nicht gegen seinen Willen zum Umgangspfleger bestimmt werden kann. Ordnet das Familiengericht dies gleichwohl an, sollten Jugendämter hiergegen von ihrem Beschwerderecht Gebrauch machen. Erfolgt die Anordnung der Umgangspflegschaft (auch) deshalb, damit der Umgangspfleger den Umgang begleitet, so wäre dies im Hinblick darauf, dass nach § 1684 Abs 4 S 3 BGB der Umgangsbegleiter bereit sein muss, diese Aufgabe zu übernehmen, evident gesetzeswidrig.

Als Umgangspfleger kommt zwar auch eine *nicht berufsmäßig* tätige dritte Person in Betracht, zu der das Kind Bindungen hat (wie zB aus dem Freundes- oder Verwandtenkreis). Da zur Erfüllung der schwierigen Aufgaben des Umgangspflegers aber *großes pädagogisches und psychologisches Geschick* gehört und ein *Mindestmaß an Rechtskenntnissen* erforderlich ist, kommt dies nur in Ausnahmefällen in Betracht. Obwohl ein gesetzlicher Vorrang eines *Berufspflegers* (§§ 1813 Abs 1, 1774 Abs 1 Nr 2 BGB) gegenüber dem Jugendamt als Amtspfleger nicht besteht, sollte das Jugendamt nur in Ausnahmefällen zum Umgangspfleger bestellt werden und ein berufsmäßig tätiger Rechtsanwalt, der Erfahrung in Kindschaftssachen zB als Verfahrensbeistand aufweist, oder ein Sozialpädagoge/Sozialarbeiter ausgewählt werden (ebenso Kaufhold/Hornung ZKJ 2017, 97, 102). Auch der Mitarbeiter eines Vormundschaftsvereins könnte nach Maßgabe von § 1774 Abs 1 Nr 3 BGB bestellt werden. Angesichts begrenzter personeller Ressourcen bei den Jugendämtern, der ungewöhnlichen Arbeitszeiten (Wochenendumgang) und der Gefahr einer Überschneidung mit den dem Jugendamt im Verfahren nach §§ 162 FamFG, 50 SGB VIII zugewiesenen Aufgaben sollten hier ungeachtet des erheblichen Kostenaufwands für die Vergütung des Umgangspflegers berufsmäßig tätige Rechtsanwälte oder Pädagogen bevorzugt werden (OLG Brandenburg 5. 9. 2013 – 3 WF 46/13, juris Rn 3, NZFam 2014, 476; Köhler JAmt 2010, 226, 228; DIJuF-Rechtsgutachten JAmt 2009, 309, 310). Keinesfalls sollte der *Verfahrensbeistand* (§ 158 FamFG) wegen der Gefahr von Interessenskollisionen und des nicht identischen Aufgabenkreises gewählt werden. **130b**

Zuständig für Auswahl und Entlassung ist an sich der Rechtspfleger, § 3 Nr 2a RPflG, soweit nicht – wie in der Praxis der Regelfall – der Familienrichter anlässlich der Umgangsregelung und Anordnung der Pflegschaft selbst gemäß § 6 RPflG **kraft Sachzusammenhangs** die Auswahlentscheidung getroffen hat. Überwachung (§ 1802 Abs 2 BGB) und die Frage der Entlassung des Umgangspflegers (§ 1812 BGB) obliegen dagegen dem Rechtspfleger (OLG München 5. 12. 2012 – 16 WF 1486/12, juris Rn 4, FamRZ 2013, 1328). Soweit die Umgangspflegschaft durch Fristablauf endet, ist der nach § 1812 Abs 2 BGB nF ggf deklaratorische Beschluss über die Beendigung der Umgangspflegschaft vom Rechtspfleger zu erlassen und in diesem Fall nicht anfechtbar (OLG Stuttgart 14. 8. 2012 – 17 WF 147/12, juris Rn 8, ZKJ 2012, 491). **130c**

Nach dem zum 1. 1. 2023 geltenden Pflegschaftsrecht ist die vormals in § 1789 aF vorgesehene förmliche Bestellung des Umgangspflegers durch den Rechtspfleger, die seine *persönliche Anwesenheit* erforderlich machte (OLG Brandenburg 15. 4. 2015 – 15 WF 84/15, juris Rn 4, FamRZ 2015, 1735; Heilmann/Dürbeck § 1789 Rn 2), entfallen (vgl nunmehr § 168a FamFG).

dd) Vergütung

Die **Vergütung** und der **Ersatz von Aufwendungen** des Umgangspflegers bestimmen sich entsprechend § 277 FamFG (§ 1684 Abs 3 S 6 BGB); der Anspruch richtet sich damit nicht gegen das Kind (§§ 1813, 1808 Abs 2 und 3 BGB), sondern gegen die Staatskasse (§ 277 Abs 4 S 1 FamFG) und ist letztlich über Nr 2014 FamGKG Teil der **gerichtlichen Auslagen** und damit Kosten des familiengerichtlichen Verfahrens zur Anordnung der Umgangspflegschaft (BT-Drucks 16/6308, 346; OLG Koblenz 18. 5. 2015 – **131**

7 WF 463/15, juris Rn 12, MDR 2015, 898). Ist der Umgangspfleger ausnahmsweise **nicht berufsmäßig** tätig, erhält er nach § 1684 Abs 3 S 6 BGB iVm § 277 Abs 1 S 2 FamFG, 1877 Abs 1, 2 und 4 S 1 BGB lediglich Ersatz seiner Aufwendungen (insbesondere Fahrtkosten; zum Ersatz von Kopierkosten vgl OLG Düsseldorf 22. 11. 2019 – 6 WF 231/19, AGS 2020, 376), einen Vergütungsanspruch besitzt er nicht (Prütting/Helms/Fröschle § 277 FamFG Rn 7). Der **berufsmäßig** tätige Umgangspfleger kann dagegen neben dem Ersatz seiner Aufwendungen nach § 277 Abs 2 S 2 FamFG iVm § 4 Abs 1 VBVG iVm § 1877 Abs 1 BGB auch eine **Vergütung nach seinem konkreten Zeitaufwand** gemäß § 277 Abs 2 S 2 FamFG iVm § 3 Abs 1 VBVG beanspruchen. Hierfür bedarf es nach § 277 Abs 2 S 1 FamFG der ausdrücklichen gerichtlichen **Feststellung der Berufsmäßigkeit** der Tätigkeit anlässlich des Bestellungsverfahrens, sie kann nicht später im Kostenfestsetzungsverfahren nachgeholt werden (BGH 30. 4. 2014 – XII ZB 190/13, juris Rn 7, FamRZ 2014, 1283). Wird der Bestellungsbeschluss dagegen später im Wege der **Berichtigung** um die Berufsmäßigkeit der Amtsausübung geändert, so ist dessen Rechtskraft für das Vergütungsfestsetzungsverfahren auch dann bindend, wenn die Voraussetzungen für eine Beschlussberichtigung gemäß § 42 FamFG nicht vorgelegen haben (BGH 11. 4. 2018 – XII ZB 487/17, juris Rn 15 ff, FamRZ 2018, 1006). Auch bei einer rechtswidrigen Berichtigung durch das Familiengericht besteht aber keine Beschwerdebefugnis der Staatskasse (OLG Hamburg 24. 4. 2019 – 12 UF 46/19, juris Rn 12).

Nach dem bis zum 31. 12. 2022 geltenden Recht konnten Vergütungsansprüche erst für Tätigkeiten entstehen, die zeitlich **nach der förmlichen Bestellung nach § 1789 aF** erfolgten (BGH 30. 8. 2017 – XII ZB 562/16, juris Rn 11, FamRZ 2017, 1846; BGH 27. 9. 2017 – XII ZB 6/16, juris Rn 10, MDR 2017, 117 zum Ergänzungspfleger; OLG Brandenburg 15. 4. 2015 – 15 EF 84/15, juris Rn 5, FamRZ 2015, 1735; OLG Hamm 26. 9. 2013 – 6 WF 211/13, juris Rn 6, ZKJ 2014, 78; OLG Saarbrücken 12. 9. 2011 – 6 UF 132/11, juris Rn 13, ZKJ 2012, 33; Heilmann/Gottschalk § 1684 Rn 61; Menne ZKJ 2010, 245). Wurden gleichwohl Tätigkeiten vor rechtswirksamer Bestellung erbracht, so war in der Vergangenheit streitig, ob bei Vorliegen besonderer **Vertrauensschutz** begründender Umstände nach **§ 242 BGB** eine Vergütung gewährt werden kann, wobei die Rechtsprechung hier bei professionell tätigen und rechtskundigen Umgangspflegern zum Teil zu großzügig verfahren ist und die Ausnahme praktisch zur Regel gemacht hat (vgl OLG Frankfurt 19. 9. 2016 – 6 WF 125/16, juris 9 f, FamRZ 2017, 461; OLG Brandenburg 15. 4. 2015 – 15 WF 84/15, juris Rn 7, FamRZ 2015, 1735; OLG Hamm 26. 9. 2013 – 6 WF 211/13, juris Rn 6, ZKJ 2014, 78; OLG Koblenz 19. 11. 2009 – 11 WF 905/09, juris Rn 2 ff, ZKJ 2010, 253; ebenso MünchKommBGB/Spickhoff § 1789 Rn 13; Keuter FamRZ 2010, 1955, 1958). Dieser Ansicht war der **BGH** entschieden und zu Recht entgegen getreten (BGH 30. 8. 2017 – XII ZB 562/16, juris Rn 12 ff, FamRZ 2017, 1846; BGH 27. 9. 2017 – XII ZB 6/16, juris Rn 11, MDR 2017, 117). Danach konnten jedenfalls in dem förmlichen Vergütungsfestsetzungsverfahren nach § 168 FamFG auf § 242 BGB oder Amtshaftung gestützte Vergütungsansprüche für Tätigkeiten vor der Bestellung nach § 1789 BGB vom Umgangspfleger nicht geltend gemacht werden, was schließlich auch dann gilt, wenn dieser auf Veranlassung des Familiengerichts tätig geworden ist (ebenso Staudinger/Veit [2014] § 1789 Rn 17). Seine Rechtfertigung fand diese Ansicht in dem Umstand, dass die Kompetenz des funktionell zuständigen Rechtspflegers sich darauf beschränkt, den Grund und die Höhe des Vergütungsanspruchs zu überprüfen. Nach dem seit 1. 1. 2023 geltenden Vormundschafts- und Pflegschaftsrecht ist die vormals mit konstitutiver Wirkung vorgesehene Verpflichtung nach § 1789 aF aber entfallen. Vielmehr bestimmt § 168a Abs 2 FamFG nunmehr, dass Beschlüsse über Bestellung eines Vormunds oder Pflegers (§ 168f FamFG) bereits mit

Bekanntgabe an den Vormund oder Pfleger wirksam werden. Das Problem der Geltendmachung von Vergütungsansprüchen für Tätigkeiten vor der Verpflichtung stellt sich insoweit nur für den Fall, dass der Umgangspfleger bereits vor Bekanntgabe des Beschlusses Tätigkeiten entfaltet.

Bis zur Entscheidung des BGH vom 31. 10. 2018 (BGH 31. 10. 2018 – XII ZB 135/18, NJW 2019, 435) entsprach es der hM, dass der Umgangspfleger eine Vergütung für die **Begleitung des Umgangs** nicht beanspruchen konnte, da diese Aufgabe dem Umgangspfleger gesetzlich nicht zugewiesen ist. Dies sollte auch dann gelten, wenn das Familiengericht ihn nach § 1684 Abs 4 S 3 BGB mit der Begleitung des Umgangs beauftragt hatte, weil diesbezüglich **kein Vergütungsanspruch** des berufsmäßig tätigen Pflegers gegenüber der Staatskasse gesetzlich vorgesehen ist (OLG Köln 3. 11. 2017 – 4 UF 72/17, juris Rn 4, ZKJ 2018, 101; OLG Frankfurt 10. 8. 2016 – 5 UF 167/15, juris Rn 8, FamRZ 2016, 1787; OLG Karlsruhe 13. 9. 2013 – 2 WF 125/13, juris Rn 25, FamRZ 2014, 672; KG 24. 8. 2012 – 25 WF 29/12, juris Rn 7, ZKJ 2012, 492; Dürbeck ZKJ 2015, 457, 459; zur Problematik der Beauftragung des Umgangspflegers zur Umgangsbegleitung vgl Rn 354, zur Vergütung vgl auch Rn 376). In seiner überraschenden Entscheidung vom 31. 10. 2018 hat der BGH (BGH 31. 10. 2018 – XII ZB 135/18, juris Rn 24, FamRZ 2019, 199) aber nunmehr die Ansicht vertreten, dass berufsmäßige Umgangspfleger, denen auch die Begleitung des Umgangs übertragen ist, hierfür auch eine Vergütung von der Justizlandeskasse beanspruchen können. Wegen der Einzelheiten und Kritik an dieser Entscheidung vgl Rn 378. **131a**

Auf die Vergütung nach Abs 3 S 6 ist dabei keine **Umsatzsteuer** zu entrichten (OLG Rostock 31. 1. 2017 – 10 UF 305/14, juris Rn 2 ff, FamRZ 2017, 1231). Der Vergütungsanspruch ist nach der **Ausschlussfrist** des § 1808 Abs 3 S 2 BGB iVm § 2 Abs 2 S 1 VBVG binnen 15 Monaten nach seiner Entstehung geltend zu machen, und zwar im **Vergütungsfestsetzungsverfahren** nach §§ 1684 Abs 3 S 6 BGB, 277 Abs 4 S 2 FamFG iVm § 292 Abs 1 und 5 FamFG (vgl Prütting/Helms/Hammer § 168d FamFG Rn 8). Wird die Frist versäumt, so erlöschen die Ansprüche auf Vergütung und Aufwendungsersatz (OLG Dresden 18. 4. 2019 – 18 WF 186/19, FamRZ 2020, 1029). Allerdings besteht nach § 2 Abs S 2 VBVG iVm § 1877 Abs 5 BGB die Möglichkeit, auf Antrag eine Fristverlängerung zu gewähren. Eine Wiedereinsetzung in den vorigen Stand sieht das Gesetz nicht vor (vgl Staudinger/Bienwald [2020] § 1836 Rn 286). Die Höhe der Vergütung richtet sich für den berufsmäßigen Umgangspfleger nach § 277 Abs 2 S 2 FamFG iVm § 3 VBVG nach den dort vorgesehenen Stundensätzen. Für ausgefallene Umgangszeiten muss der Umgangspfleger konkret darlegen, dass er die Zeit nicht anderweitig für andere berufliche Termine hat nutzen können (vgl OLG Koblenz 20. 12. 2018 – 13 WF 914/18, ZKJ 2019, 152). **131b**

g) Einschränkung und Ausschluss des Umgangsrechts bei Illoyalität des Umgangselternteils

Bei Verstößen des **Umgangsberechtigten** gegen das Wohlverhaltensgebot kommen nach allgemeiner Ansicht **Maßnahmen nach § 1684 Abs 4 BGB**, also die Einschränkung oder der Ausschluss des Umgangsrechts, in Betracht (Johannsen/Henrich/Jaeger [6. Aufl 2015] § 1684 Rn 16). Erforderlich ist in gleicher Weise wie für Sorgerechtsmaßnahmen gegen den betreuenden Elternteil, dass Verstöße ein **beachtliches Maß** erreichen und dass sie eine gegenwärtige und in die Zukunft wirkende Beeinträchtigung, bei § 1684 Abs 4 S 2 BGB eine Gefährdung, des Kindeswohls bedeuten (vgl dazu **132**

Rn 286). Der bloße Verstoß gegen Modalitäten gerichtlicher Umgangsregelungen und typische Standardkonflikte zwischen Eltern begründen eine Einschränkung des Umgangsrechts nicht, sofern daraus nicht eine schwere Beeinträchtigung des Kindeswohls resultiert (OLG Rostock 5. 5. 2009 – 10 UF 33/09, juris Rn 12, FamRZ 2010, 997).

Deshalb kommen solche Maßnahmen für eine Sanktionierung von Verstößen gegen periphere gerichtliche Regelungen von Umgangsmodalitäten (vgl aber KG FamRZ 1968, 260: Verstoß gegen Schreibverbot) nicht in Betracht; § 1684 Abs 4 BGB ist ebenso wie §§ 1696, 1666 BGB **kein Instrument zur Bestrafung** für illoyales Verhalten, sondern ein Instrument zur **Sicherung des Kindeswohls**. Insoweit ist ebenso wie bei Sorgerechtsmaßnahmen zu beachten, dass eine nicht zwingend notwendige Einschränkung des Umgangsrechts das Kindeswohl mehr schädigt als der Verstoß gegen das Wohlverhaltensgebot. Ist allerdings bei nachhaltigen Verstößen gegen das Wohlverhaltensgebot die Schwelle einer Kindeswohlgefährdung erreicht, insbesondere bei Gewalt gegen die Betreuungsperson (OLG Köln 6. 12. 2010 – 4 UF 183/10, juris Rn 4, FamRZ 2011, 571) oder sonstiger Aggression in Form von Wut, Bedrohungen oder fortlaufender Beleidigungen (vgl die Fälle von OLG Saarbrücken 17. 11. 2016 – 6 UF 90/16, juris Rn 25, NZFam 2017, 134; OLG Rostock 5. 5. 2009 – 10 UF 33/09, juris Rn 12, FamRZ 2010, 997; zu zivilrechtlichen Ansprüchen der Pflegeperson auf Unterlassung und Löschung von ehrverletzenden Einträgen in sozialen Netzwerken vgl OLG Dresden 5. 9. 2017 – 4 U 682/17, FamRZ 2018, 474), kann ein Umgangsausschluss oder eine Beschränkung des Umgangs erforderlich sein.

Ein einmaliger, eher **symbolisch wirkender Ausschluss** des Umgangsrechts als Reaktion auf einen nicht unbedeutenden Verstoß gegen die Wohlverhaltenspflicht dürfte aus Kindessicht nicht unproblematisch sein, auch wenn nach hM § 1684 Abs 4 S 1 BGB hier auch ohne eine konkrete Kindeswohlgefährdung in Betracht käme (vgl dazu Rn 284 und OLG Nürnberg 19. 7. 2016 – 7 UF 746/16, juris Rn 43, ZKJ 2017, 33). Ausnahmsweise mag eine solche Anordnung zulässig sein, wenn die Auseinandersetzung zwischen den Eltern hochstreitig verläuft und einem fortgesetzt illoyalen Verhalten vorgebeugt werden muss (AG Friedberg FamRZ 1992, 1333: Ausschluss des Umgangsrechts für eine nahe Ferienregelung wegen Verweigerung der Zusammenarbeit mit dem nach § 50 SGB VIII eingeschalteten Jugendamt), das absehbar das Kindeswohl gefährden würde.

Die Einhaltung der äußeren Modalitäten des Umgangsrechts kann daher im Ergebnis eher mit Maßnahmen nach § 1684 Abs 3 S 2 BGB und mit Vollstreckungsmaßnahmen nach § 89 FamFG erreicht werden.

h) Unterhaltsverwirkung

aa) Verwirkung nachehelichen Unterhalts

133 Ein außerhalb des Sorgerechts liegendes Mittel zur Sanktionierung von schwersten Verstößen gegen die Wohlverhaltenspflicht ergibt sich aus **§ 1579 Nr 7 BGB**, sofern der Verstoß von einem Elternteil ausgeht, der gegen den anderen einen Anspruch auf **ehelichen Unterhalt** hat. Diese Konstellation ist häufiger bei Vereitelung des Umgangsrechts durch den betreuenden Elternteil gegeben, kann aber auch bei sonstigen Verstößen des Umgangselternteils gegen die Wohlverhaltenspflicht eingreifen (vgl OLG Zweibrücken FamRZ 2002, 241, 242: § 1579 Nr 2 aF wegen Ausnutzung eines Umgangskontaktes zu schwerer Körperverletzung des anderen Elternteils). Gerade in Fällen, in denen trotz Umgangsboykott die Alleinsorge dem boykottierenden Elternteil mangels anderer

Optionen belassen bzw übertragen werden muss, ist eine Verwirkung des nachehelichen Unterhalts zu erwägen (OLG Saarbrücken FamRZ 2012, 884, 886).

Fortgesetzte, massive und schuldhafte (nicht bei nachvollziehbaren Gründen: BGH NJW 1987, 893: Auswanderung) **Vereitelung** des Umgangsrechts bedeutet gerade wegen des Solidaritätsverstoßes in Bezug zu einem gemeinsamen Kind ein offensichtliches und schwerwiegendes einseitiges Fehlverhalten (§ 1579 Nr 7 BGB), das zur teilweisen Verwirkung des Unterhaltsanspruchs bis auf den Mindestunterhalt führt (BGH 14. 3. 2007 – XII ZR 158/04, juris Rn 64, FamRZ 2007, 882; BGH NJW 1987, 893 zu § 1579 Abs 1 Nr 4 aF; OLG Saarbrücken FamRZ 2012, 884, 886; OLG Brandenburg 12. 1. 2011 – 9 WF 383/09, juris Rn 11; OLG Celle FamRZ 1989, 1194; OLG Nürnberg FamRZ 1994, 1393; OLG Nürnberg FamRZ 1997, 614; OLG München FamRZ 1998, 750; OLG München FamRZ 1997, 1160; OLG Schleswig FamRZ 2003, 688; AG Lahr FamRZ 2003, 1861; Niepmann/Kerscher, Die Rechtsprechung zur Höhe des Unterhalts [15. Aufl 2023] Rn 1154; Finger FuR 2006, 299; Splitt FF 2019, 94, 100 f; Gottschalk FPR 2007, 308, 310; auch beim **Trennungsunterhalt**: OLG München 14. 2. 2006 – 4 UF 192/05, juris Rn 17). In besonders krassen Fällen nach Scheitern aller anderen Maßnahmen (Ordnungsmittel, Umgangspflegschaft, Aufenthaltsbestimmungsrecht) kommt auch ein völliger Unterhaltsausschluss im Bereich des Ehegattenunterhalts in Betracht; die Betreuungsbelange des Kindes bedeuten keinen absolut wirkenden Schutz für den betreuenden Elternteil (OLG München FamRZ 2006, 1605, 1606; zur Abwägung im Einzelnen unter Berücksichtigung der Kindesinteressen Gottschalk FPR 2007, 308, 310 f).

Eine Einschränkung des **Kindesunterhalts** wegen Umgangsvereitelung kommt dagegen nicht in Betracht (OLG Köln NJWE-FER 2000, 311). Dies gilt auch dann, wenn ein inzwischen volljähriges Kind über einen langen Zeitraum seiner Minderjährigkeit den *Kontakt zum unterhaltspflichtigen Elternteil abgelehnt* hat (OLG Frankfurt 3. 8. 2020 – 8 UF 165/19, juris; vgl auch BGH 5. 11. 1997 – XII ZR 20/96, NJW 1998, 978).

bb) Geltendmachung bei bestehendem Titel

Die Verwirkung kann **wahlweise** (BGH 30. 5. 1990 – XII ZR 57/89, juris Rn 7, FamRZ 1990, **134**
1095; Wendl/Dose/Schmitz § 10 Rn 161) im Wege des **Vollstreckungsgegenantrages** nach §§ 113 Abs 1 S 2 FamFG, 767 ZPO gegen einen titulierten Unterhaltsanspruch (OLG München FamRZ 1997, 1160) oder im Wege des **Abänderungsantrags** nach § 238, 239 FamFG (OLG München 14. 2. 2006 – 4 UF 192/05, juris: Unterhaltsvergleich) geltend gemacht werden. Der Anspruch kann wieder in voller Höhe entstehen, wenn der Umgangsberechtigte nicht nur vorübergehend sein Umgangsrecht in angemessenem Umfang wieder wahrnehmen kann (OLG München FamRZ 1998, 750; Nürnberg NJW 1994, 2964; MünchKommBGB/Hennemann § 1684 Rn 104). Hierzu genügt es jedoch nicht, dass der betreuende Elternteil sich nunmehr lediglich neutral zu dem Umgangsrecht verhält. Vielmehr muss er die Wirkungen seines früheren Fehlverhaltens bei dem Kind beseitigen, sodass der Unterhaltspflichtige und Umgangsberechtigte tatsächlich den angemessenen Umgang ausüben kann (OLG Nürnberg FamRZ 1997, 614).

i) Scheidungsrechtliche Härteklausel

Kein geeignetes Mittel, Umgangsvereitelung zu begegnen, ist der Einsatz der schei- **135**
dungsrechtlichen Härteklausel (§ 1568 BGB). Die Aufrechterhaltung der Ehe ist kein geeignetes, sachlich konnexes Mittel, die Umgangstoleranz des scheidungswilligen Ehegatten zu fördern (OLG Frankfurt NJW-RR 2002, 577; Staudinger/Rauscher [2018] § 1568 Rn 57a; **aA** AG Korbach JuS 2001, 228).

k) Schadensersatz

136 Als ein durchaus wirksames Mittel zur Reaktion auf Fälle von Umgangsverweigerung kommt die Geltendmachung von Schadensersatzansprüchen wegen vergeblicher Aufwendungen etc gemäß §§ 280 Abs 1, 823 Abs 1, 826 BGB in Betracht, vgl hierzu ausführlich oben Rn 38 ff.

l) Vermittlungsverfahren § 165 FamFG

137 Ein Instrument der Bewältigung von Verstößen gegen die Wohlverhaltenspflicht nach § 1685 Abs 2 BGB stellt auch das in § 165 FamFG geregelte familiengerichtliche **Vermittlungsverfahren dar**, das auf Antrag eines Elternteils durch einen Elternteil einzuleiten ist, hierzu unten Rn 508 ff.

V. Einverständliche Gestaltung des Umgangs

1. Einverständliche Gestaltung

a) Vorrang der Elternautonomie

138 Die Ausgestaltung des Umgangs ist in erster Linie **Aufgabe der Eltern**. Umgangsrecht und Sorgerecht haben ihre Grundlage im Elternrecht aus Art 6 Abs 2 GG und stehen im Zusammenhang mit der dort gewährleisteten Elternverantwortung und **Elternautonomie**, der die Erwartung zugrunde liegt, dass Eltern auch nach einer Trennung am besten wissen, was dem Kindeswohl dient (BVerfG 3. 11. 1982 – 1 BvL 25/80, juris Rn 51 FamRZ 1982, 1179; Prütting/Helms/Hammer § 156 FamFG Rn 1). Eine gerichtliche Regelung kommt nur in Betracht, wenn die Eltern sich nicht einigen können und das Kindeswohl ein staatliches Eingreifen verlangt; bei hinreichender Einigung fehlt es am staatlichen Regelungsbedürfnis (BVerfG FamRZ 1983, 872). Dabei soll der Staat im Rahmen seines **Wächteramtes** so weit möglich darin unterstützen, einvernehmliche *Konfliktlösungen zu finden,* da diese gerade in Sorge- und Umgangsangelegenheiten in besserem Maße als eine gerichtlich angeordnete Regelung geeignet sind, akzeptiert zu werden und der Elternverantwortung gerecht zu werden (Johannsen/Henrich/Althammer/Döll § 156 FamFG Rn 1; Heilmann/Wegener § 156 FamFG Rn 3).

Die Bedeutung der **eigenverantwortlichen Konfliktlösung** durch die Eltern selbst wurde bereits im Gesetzgebungsverfahren zum KindRG ausdrücklich hervorgehoben (BT-Drucks 13/4899, 75 f; OLG Köln FamRZ 1998, 961, 962); sie findet im Bereich des FamFG besonderen **verfahrensrechtlichen Ausdruck** in § 156 Abs 1 S 1 FamFG, wonach das Familiengericht auch in Umgangssachen in jeder Lage des Verfahrens auf ein Einvernehmen der Beteiligten hinwirken soll, soweit dies dem Kindeswohl nicht widerspricht (eingehend Wegener NZFam 2015, 799). Hierzu dienen dem Familiengericht die in § 156 Abs 1 S 2–4 FamFG genannten Hilfsmittel (vgl oben Rn 121). Die zuletzt genannte Einschränkung der Einvernehmensförderung zeigt aber, dass in Fällen der Kindeswohlgefährdung (zB infolge Gewalt) die Elternautonomie zugunsten des **Kinderschutzes** zurücktreten muss (vgl Schmid NZFam 2015, 292). Auch wird hieran deutlich, dass letztlich eine Dispositionsbefugnis über das Umgangsrecht und das Umgangsbestimmungsrecht als Teil der Personensorge nicht besteht (Jokisch FuR 2020, 626, 627). Bei § 156 Abs 2 FamFG handelt es sich daher um ein *Rechtsinstitut eigener Art* (Kischkel NZFam 2019, 907).

Für den Fall des Vermittlungsverfahrens zu einer Umgangsregelung bekräftigt § 165 Abs 4 FamFG den Elternvorrang und bestimmt ausdrücklich das Verhältnis der Vereinbarung zur gerichtlichen Regelung (näher unten Rn 508 ff).

b) Realisierung im Scheidungsverfahren

Hingegen ist das Erfordernis der Umgangsregelung als Voraussetzung einer **einverständlichen Scheidung** (§ 630 Abs 1 Nr 2 ZPO aF) mit Inkrafttreten des FamFG entfallen, was freilich nicht eine geringere Bedeutung der einverständlichen Sorge- und Umgangsregelung signalisiert, sondern der Erkenntnis geschuldet ist, dass § 630 ZPO aF nicht das geeignete Mittel zur Förderung ernsthafter Auseinandersetzung mit der Elternverantwortung war. **139**

Im **Ehescheidungsverbund** (§ 137 FamFG) ist nach geltendem Verfahrensrecht eine Umgangsregelung auch dann nicht von Amts wegen zu treffen, wenn die Ehegatten keine ausdrückliche Umgangsvereinbarung getroffen haben. Das schließt es aber nicht aus, dass die Eltern auch im Rahmen des Ehescheidungsverfahrens eine Einigung über das Umgangsrechts in einer Scheidungsfolgenvereinbarung (ein Muster für eine Umgangsvereinbarung findet sich bei Sander, in: Göppinger/Rakete-Dombek, Vereinbarungen anlässlich der Ehescheidung [11. Aufl 2018] 2. Teil Rn 22) treffen, die aber bei fehlender Rechtshängigkeit einer Umgangssache nicht familiengerichtlich gebilligt werden kann, weil eine Kindeswohlprüfung nicht erfolgt ist. In den Scheidungsverbund gelangt das Umgangsrecht nur, wenn dies gemäß § 137 Abs 3 FamFG einer der beteiligten Ehegatten **beantragt**.

c) Vereinbarungen und die Frage des Umgangsbestimmungsrechts

Aus dem Sorgerecht fließt rein formal ein Bestimmungsrecht (§ 1632 Abs 2 BGB) hinsichtlich des Umgangs (oben Rn 82). Bei gemeinsamer elterlicher Sorge versteht es sich von selbst, dass ohne eine gerichtliche Regelung auch in Ansehung des Umgangs das Einvernehmensgebot nach §§ 1627, 1687 Abs 1 S 1 BGB gilt. Aber auch der allein sorgeberechtigte Elternteil kann sich letztlich nur formal auf § 1632 Abs 2 BGB stützen, weil das Sorgerecht insoweit durch das Umgangsrecht begrenzt wird und es auch hier bei fehlendem außergerichtlichem Konsens einer familiengerichtlichen Regelung (§ 1684 Abs 3 S 1 BGB) bedarf. **140**

Solange sich die Eltern außergerichtlich nicht über die Ausgestaltung des Umgangs geeinigt haben (und keine gerichtliche Regelung nach Abs 3 S 1 getroffen ist), besteht also materiell die Notwendigkeit zur Einigung. Das aus § 1632 Abs 2 BGB folgende formelle Bestimmungsrecht findet seine Grenze in der Notwendigkeit, bei fehlendem Konsens das Familiengericht anzurufen (zur normativen Struktur des Umgangsrecht vgl Obermann FamRZ 2016, 1031).

d) Regelungsrahmen und Grenzen der Elternvereinbarung

Inhaltlich können die Eltern jedenfalls alle Umgangsregelungen treffen, die auch das Familiengericht anordnen könnte (Soergel/Jakobitz § 1684 Rn 17). Nachdem der BGH (oben Rn 72) zwischenzeitlich anerkannt hat, dass das Wechselmodell, also die paritätische Teilhabe an der Betreuung des Kindes, auch als eine Regelung des Umgangsrechts anzusehen ist, sind vom **Umfang** des Umgangsrechts auch Elternvereinbarungen keine Grenzen gezogen. **141**

Den Eltern steht aber ungeachtet des aus der Personensorge folgenden Umgangsbestimmungsrechts **keine vertragliche Disposition** über das Umgangsrecht als Stammrecht zu (BGH 11. 5. 2005 – XII ZB 120/04, juris Rn 25, FamRZ 2005, 1471; BGH NJW 1984, 1951; HAMMER FamRB 2006, 275, vgl oben Rn 62), das als Pflichtrecht gegenüber dem Kind auch die Eltern bindet. Eine vertragliche Regelung des Umgangsrechts konkretisiert, anders als eine Entscheidung des FamG über die Ausgestaltung des Umgangsrechts, dieses nicht in der Weise, dass hierdurch sein Inhalt gestaltet wird (BGH FamRZ 2005, 1471, 1473). Erst recht können in einer Umgangsvereinbarung nicht die sorgerechtlichen Parameter umgestaltet werden, die nur einer gerichtlichen Regelung (insbesondere §§ 1696, 1671 BGB) zugänglich sind (OLG Stuttgart 4. 3. 2014 – 11 UF 42/14, juris Rn 1, ZKJ 2014, 334; GRÜNEBERG/GÖTZ § 1671 Rn 1; HAMMER, in: BAYER/KOCH, Scheidungsfolgenvereinbarungen [2016] 75, 76 f). Das Umgangsrecht unterliegt weder in **materiell-rechtlicher** Hinsicht noch in **verfahrensrechtlicher** Hinsicht der Disposition der Beteiligten. Verfahrensrechtlich deshalb nicht, weil das Verfahren als Amtsermittlungsverfahren (siehe Rn 381) ausgestaltet ist und nur durch eine gerichtliche Entscheidung bzw einen Mitwirkungsakt beendet werden kann, wie im Falle einer Vereinbarung § 156 Abs 2 FamFG verdeutlicht (vgl WEGENER NZFam 2015, 799, 800 f; KISCHKEL NZFam 2019, 907). Materiell-rechtlich nicht, weil über das Umgangsrecht nicht verfügt werden kann und es durch das Kindeswohl begrenzt wird (BGH 11. 5. 2005 – XII ZB 120/04, juris Rn 25, FamRZ 2005, 1471; PRÜTTING/HELMS/HAMMER § 156 FamFG Rn 49). Hierdurch unterscheidet sich Elternautonomie von der sonst im Zivilrecht geltenden Privatautonomie (HAMMER, Elternvereinbarungen im Sorge- und Umgangsrecht [2004] 68).

Nach zutreffender Ansicht ist eine Vereinbarung der Beteiligten über einen **Umgangsausschluss** iSd § 1684 Abs 4 S 1 und 2 BGB der familiengerichtlichen Billigung nach § 156 Abs 2 FamFG nicht zugänglich, da ein solcher nicht der Disposition der Eltern unterliegt (OLG Braunschweig 13. 5. 2020 – 2 UF 187/19, juris Rn 56 ff, FamRZ 2020, 1189; HENNEMANN NZFam 2021, 910, 911; **aA** PRÜTTING/HELMS/HAMMER § 156 FamFG Rn 60a; VÖLKER/CLAUSIUS, Sorge- und Umgangsrecht [8. Aufl 2021] § 2 Rn 237).

Dies bedeutet jedoch nicht, dass die **private außergerichtliche Vereinbarung** der Eltern ohne jede rechtliche Relevanz wäre. Zur Frage der Bindungswirkung an solche Vereinbarungen vgl unten Rn 156.

Nicht einer Vereinbarung zugänglich sind Vereinbarungen über die Anordnung einer **Umgangspflegschaft** (siehe oben Rn 128).

e) Sittenwidrige Regelung

142 **Sittenwidrig und nichtig** (§ 138 Abs 1 BGB) sind Vereinbarungen, in denen das Umgangsrecht **kommerzialisiert** wird, insbesondere ein Verzicht auf das Umgangsrecht oder seine Ausübung als Gegenleistung für eine Freistellung von Unterhaltsverpflichtungen (dazu oben Rn 63). Dies bedeutet jedoch nicht, dass jeder Verhandlungszusammenhang, insbesondere im Rahmen einer Scheidungsfolgenregelung, bereits als Kommerzialisierung einzuordnen ist. Solange die Umgangsregelung kindeswohldienlich ist, insbesondere, wenn die Umgangsregelung durch ein Nachgeben an anderer, der vollen Disposition der Ehegatten unterliegenden Stelle (zB Ehegattenunterhalt) sogar gefördert wird, liegt Sittenwidrigkeit eher fern.

2. Vollstreckbarkeit als gerichtlich gebilligter Vergleich

a) Kein Genehmigungserfordernis zur Wirksamkeit

143 Grundsätzlich bedarf eine Umgangsregelung zu ihrer Wirksamkeit **nicht der gerichtlichen Genehmigung** (OLG Karlsruhe FamRZ 1999, 325; OLG Zweibrücken FamRZ 1998, 1467). Elternvereinbarungen zum Umgangsrecht sind grundsätzlich **formfrei** und das Maß der notwendigen Detaillierung kann abhängig von der Konfliktbehaftetheit der Elternbeziehung gemacht werden (Hammer FamRB 2006, 311). Ohne gerichtliche Billigung ist die Regelung jedoch weder **vollstreckungsfähig** (§ 86 FamFG) noch hat sie, wenn sie im Rahmen eines gerichtlichen Verfahrens erfolgt, verfahrensbeendigende Wirkung, weil Umgangssachen amtswegige Verfahren nach § 24 FamFG sind und der Gegenstand nach Maßgabe von § 36 Abs 1 FamFG nicht der Disposition der Beteiligten unterliegt (ausführlich Keuter FamRZ 2022, 1003). Zur Frage, ob und inwieweit eine Vereinbarung Bindung für die Beteiligten entfaltet und einer einseitigen Aufkündigung zugänglich ist, vgl unten Rn 153a.

b) Vollstreckbarkeit nur durch gerichtliche Billigung

144 Eine Vereinbarung über die Ausgestaltung des Umgangs ist jedoch **als solche nicht vollziehbar und vollstreckbar**, wie sich dies § 86 Nr 2 und 3 FamFG entnehmen lässt (OLG Düsseldorf 27. 9. 1982 – 1 WF 277/12, FamRZ 1983, 90; Johannsen/Henrich/Althammer/Rake § 1684 Rn 23; Cirullies FPR 2012, 473, 474 f; Gernhuber/Coester-Waltjen § 67 Rn 9; Hammer FamRB 2006, 311, 312). Mangels Dispositionsbefugnis wird sie auch nicht durch **notarielle Beurkundung** zum Vollstreckungstitel. Materiell ergibt sich dies daraus, dass die Eltern ohne *sachliche Kontrolle* und *Kindeswohlprüfung* durch das Familiengericht eine Erzwingbarkeit der das Kindeswohl beeinflussenden Umgangsvereinbarung nicht herbeiführen können (Jokisch FuR 2020, 626, 627). *Verfahrensrechtlich* ist nach §§ 88 ff FamFG nur ein Titel iSd § 86 FamFG vollstreckbar, also gerichtliche Umgangsregelungen und gerichtlich gebilligte Umgangsvergleiche, während mangels Dispositionsbefugnis über den Umgang kein Titel nach §§ 86 Abs 1 Nr 3 FamFG, 794 ZPO hergestellt werden kann (BGH 10. 7. 2019 – XII ZB 507/18, NJW 2020, 687 Rn 13). Damit erfährt die elterliche Umgangsvereinbarung erst durch die **familiengerichtliche Billigung** (§ 156 Abs 2 FamFG) ihre konkretisierende konstitutive Wirkung (BGH 11. 5. 2005 – XII ZB 120/04, juris Rn 25, FamRZ 2005, 1471).

c) Gerichtlich gebilligter Vergleich

145 Unter § 33 FGG aF nahm die ganz hM in der Rechtsprechung die Vollziehbarkeit und Vollstreckbarkeit einer Umgangsvereinbarung nicht bereits aufgrund **gerichtlicher Protokollierung** (OLG Düsseldorf FamRZ 1979, 843; OLG Düsseldorf FamRZ 1983, 90; OLG Hamm FamRZ 1980, 932; OLG Koblenz FamRZ 1995, 1282; OLG Koblenz FamRZ 1996, 560; OLG München FamRZ 1991, 850; OLG Nürnberg FamRZ 2003, 779; OLG Zweibrücken FamRZ 1996, 877; OLG Zweibrücken FamRZ 1997, 217), sondern erst aufgrund **erkennbarer Billigung** (BGH FamRZ 1988, 277; BGH FamRZ 2005, 1471, 1473; OLG Nürnberg FamRZ 2003, 779; OLG Bamberg FamRZ 1995, 428; OLG Brandenburg FamRZ 1995, 484; OLG Düsseldorf ZfJ 1995, 426; OLG Frankfurt FamRZ 1988, 1315; OLG Frankfurt FamRZ 1996, 876; OLG Köln FamRZ 1998, 961, 962; OLG Karlsruhe FamRZ 1988, 1196; OLG Karlsruhe FamRZ 1994, 1401; OLG Karlsruhe FamRZ 1999, 325; OLG Koblenz FamRZ 1996, 560) durch das Familiengericht an.

Protokollierung und Billigung sind nun in **§ 156 Abs 2 S 1 FamFG** ausdrücklich zusammengeführt, jedenfalls für Umgangsvereinbarungen, die während Anhängigkeit eines Verfahrens zustande kommen. Das Familiengericht protokolliert solche Vereinbarungen als **gerichtlich gebilligten Vergleich** (iSd § 86 Abs 1 Nr 2 FamFG), wenn es sie billigt (OLG Naumburg 10. 8. 2011 – 3 UF 170/11 juris Rn 3 ff, FamFR 2012, 44), was voraussetzt, dass die Vereinbarung nicht in Widerspruch zum Kindeswohl (§ 156 Abs 2 S 2 FamFG; **negative Kindeswohlprüfung**) steht. Die Vereinbarung der Eltern, welche allerdings auch der Zustimmung der anderen Verfahrensbeteiligten bedarf (dazu unten Rn 147), hat zwar nicht nur den Charakter eines Vorschlags (so aber OLG Frankfurt 25. 5. 2010 – 5 UF 50/10, juris Rn 13, FamRZ 2011, 394; OLG Zweibrücken FamRZ 1997, 217), allerdings können die Eltern nicht über das Kindeswohl disponieren; § 156 Abs 2 S 2 FamFG verlangt, dass das Familiengericht den gefundenen Konsens dahin überprüft, ob **erhebliche Gründe** des Kindeswohls (insbesondere der Kindeswille, Gefahr der Traumatisierung nach häuslicher Gewalt, vgl BT-Drucks 16/6308, 293; aus psychologischer Sicht: Rohmann FPR 2013, 307) gegen die beabsichtigte Umgangsregelung sprechen, und geht damit hinsichtlich der materiell-rechtlichen Kindeswohlprüfung etwa über den Maßstab von § 1671 Abs 1 Nr 1 BGB (Verweigerung nur bei Kindeswohlgefährdung) hinaus, bleibt aber unter der Schwelle von § 1697a BGB (BGH 10. 7. 2019 – XII ZB 507/18, NJW 2020, 687 Rn 12; Prütting/Helms/Hammer § 156 FamFG Rn 58; ders FamRZ 2011, 1268, 169; Ernst NZFam 2015, 804, 806; Hennemann NZFam 2021, 910, 912). *Widerspricht die Regelung dem Kindeswohl* in diesem Sinne, bedarf es keines gesonderten Beschlusses über die Nichtbilligung, sondern das Familiengericht entscheidet über die Umgangsregelung durch (anfechtbaren) Endbeschluss nach 38 FamFG (BGH 10. 7. 2019 – XII ZB 507/18, NJW 2020, 687 Rn 38; KG 26. 11. 2020 – 16 UF 138/19 FamRZ 2021, 609; OLG Frankfurt 25. 5. 2010 – 5 UF 50/10, juris Rn 11 ff, FamRZ 2011, 394; MünchKommFamFG/Schumann § 156 Rn 20; Heilmann/Wegener § 156 FamFG Rn 65). Es darf sich nicht darauf beschränken, die Billigung zu versagen, weil es sich insoweit nur um eine nicht verfahrensbeendigende Zwischenentscheidung handeln würde.

146 Der Streit, ob die **Billigung förmlich durch Beschluss** ausgesprochen werden muss oder weiterhin eine konkludente Billigung genügt (OLG Nürnberg MDR 2005, 513 noch zu § 278 Abs 6 ZPO; üblich war auch nach altem Verfahrensrecht ein Beschluss: OLG Köln OLGR 2007, 278), hatte sich zunächst nach der FGG-Reform für gerichtlich gebilligte Vergleiche nach § 156 Abs 2 FamFG fortgesetzt: Nach einer Auffassung bedurfte es keines gesonderten Billigungsbeschlusses, weil nach dem Wortlaut der Norm die bloße Protokollierung genüge (OLG Nürnberg 28. 4. 2011 – 7 UF 487/11, juris Rn 6, FamRZ 2011, 1533; Heilmann/Wegener [1. Aufl 2015] § 156 FamFG Rn 65; Heilmann NJW 2012, 887, 889; MünchKommFamFG/Schumann § 156 Rn 27). Da Grundlage der Vollstreckung nach § 86 Nr 2 FamFG aber nicht die Vereinbarung der Beteiligten, sondern die gerichtliche Billigung ist, war die hM der Ansicht, dass die familiengerichtliche Billigung zwingend im Rahmen einer **förmlichen Endentscheidung iSd § 38 FamFG** zu erfolgen hat, welche auch **nach § 58 FamFG anfechtbar** sein soll (OLG Frankfurt 17. 9. 2018 – 4 UF 62/18, juris; OLG Hamm 21. 5. 2015 – 2 UF 3/15, juris Rn 15, FamRZ 2015, 1988; OLG Düsseldorf 23. 3. 2015 – 5 UF 51/15, juris Rn 7; OLG Hamm 7. 8. 2014 – 10 UF 115/14, juris Rn 5, FamRZ 2015, 273; OLG München 14. 12. 2011 – 11 WF 1050/11, juris Rn 15, AGS 2012, 76; Cirullies FPR 2012, 473, 474; Prütting/Helms/Hammer [4. Aufl 2018] § 156 FamFG Rn 68; ders FamRZ 2011, 1268, 1271). Dieser Ansicht dürfte bereits ursprünglich auch der BGH gewesen sein (BGH 3. 2. 2017 – XII ZB 601/15, juris Rn 23, FamRZ 2017, 532: *„… durch Beschluss zu billigen …“*).

Mit seiner Entscheidung vom 10. 7. 2019 hat der **BGH** (BGH 10. 7. 2019 – XII ZB 507/18, FamRZ 2019, 1616) diese Frage endgültig geklärt. Er ist dabei der vorherrschenden und auch hier vertretenen Ansicht gefolgt, dass die Billigung einer Umgangsvereinbarung zwingend in der Form eines **gerichtlichen Beschlusses** (§ 38 FamFG) erfolgen muss, welcher von den Beteiligten auch **selbständig mit der Beschwerde** nach § 58 Abs 1 FamFG **angefochten** werden kann. Geklärt ist nunmehr auch, dass allein der Billigungsbeschluss *Grundlage der Vollstreckung* der Umgangsregelung nach § 86 Abs 1 Nr 2 FamFG ist. Eine etwaige konkludente familiengerichtliche Billigung genügt insoweit nicht den Anforderungen des § 156 Abs 2 FamFG, wenn sich hieraus nicht entnehmen lässt, dass die erforderliche Kindeswohlprüfung stattgefunden hat (OLG Zweibrücken 24. 6. 2021 – 2 WF 116/21, MDR 2021, 1157). Bezieht sich der Billigungsbeschluss allerdings auf eine **einstweilige Umgangsregelung iSd § 49 FamFG**, ist er auch bei offenkundiger Fehlerhaftigkeit nicht nach § 57 S 1 FamFG anfechtbar (OLG Nürnberg 28. 7. 2023 – 11 UF 543/23, juris).

d) Zustimmung der weiteren Beteiligten

Gemäß § 156 Abs 2 Abs 2 FamFG kann ein Vergleich über den Umgang nur dann **147** familiengerichtlich gebilligt werden, wenn alle Beteiligten iSd § 7 FamFG der Vereinbarung zustimmen. Auch in dieser verfahrensrechtlichen Bestimmung zeigt sich die fehlende Dispositionsbefugnis der Eltern über das Umgangsrecht (vgl Rn 175). Ausnahmslos erforderlich ist insoweit die Zustimmung des gemäß § 158 Abs 3 S 2 FamFG auch formell am Verfahren beteiligten **Verfahrensbeistandes** (OLG Brandenburg 5. 10. 2020 – 9 WF 161/20, FamRZ 2021, 627; OLG Brandenburg 31. 5. 2019 – 13 WF 118/19, FamRZ 2019, 1454; OLG Brandenburg 10. 10. 2016 – 13 WF 226/16, FamRZ 2017, 391; OLG München 1. 9. 2014 – 4 UF 508/14, juris Rn 16, ZKJ 2015, 116 m Anm Dürbeck; Sternal/Schäder § 156 FamFG Rn 13; Hammer FamRZ 2011, 1268, 1269). Das **Jugendamt** muss als nach § 162 FamFG mitwirkende Behörde nur dann zustimmen, wenn es sich nach § 162 Abs 2 S 2 FamFG am Verfahren beteiligt hat. Für eine verfassungskonforme einschränkende Auslegung im Sinne der Forderung nach einem sachlichen Grund für die Weigerung des Jugendamts (so etwa MünchKommFamFG/Schumann § 156 Rn 25) besteht hier kein Raum (Prütting/Helms/Hammer § 156 FamFG Rn 54; vgl auch BT-Drucks 16/6308, 237). Ist das Jugendamt zum **Amtsvormund** bestellt, so ist es – wie auch der Einzelvormund – nach § 7 Abs 2 Nr 1 FamFG als Inhaber der Personensorge am Umgangsverfahren beteiligt (BGH 28. 9. 2016 – XII ZB 251/16, juris Rn 13, ZKJ 2017, 26; OLG Nürnberg 19. 7. 2016 – 7 UF 746/16, juris Rn 39, FamRZ 2017, 298; Dürbeck ZKJ 2017, 19, 20; **aA** Oberloskamp ZKJ 2017, 336, 342). Auch **Pflegepersonen** des Kindes sind Beteiligte, wenn sie nach § 161 Abs 1 S 1 FamFG als Beteiligte zum Verfahren hinzugezogen worden sind oder nach § 7 Abs 2 Nr 1 FamFG, wenn ihnen in der Umgangsvereinbarung Pflichten auferlegt werden (OLG München 1. 9. 2014 – 4 UF 508/14, juris Rn 12 f, ZKJ 2015, 116 m Anm Dürbeck; Johannsen/Henrich/Althammer/Dürbeck § 161 FamFG Rn 3). Letzteres folgt bereits aus § 7 Abs 2 Nr 1 FamFG, sodass es insoweit nicht auf einen Antrag nach § 7 Abs 3 FamFG ankommt (**aA** für Bereitschaftspflegeeltern DIJuF-Rechtsgutachten JAmt 2017, 487, 488: nur auf Antrag). Auf eine Unterscheidung zwischen Bereitschafts- und Dauerpflegepersonen kommt es insoweit nur im Rahmen von § 161 Abs 1 FamFG an.

Auch das **Kind** selbst ist nach zutreffender hM am Verfahren gemäß § 7 Abs 2 Nr 1 FamFG beteiligt (BGH 27. 6. 2018 – XII ZB 46/18, NJW 2018, 2962 Rn 10; Heilmann/Wegener § 156 FamFG Rn 65a; Sternal/Schäder § 156 FamFG Rn 13; Prütting/Helms/Hammer § 156 FamFG Rn 51). Seine Zustimmung erklärt für ihn der oder die gesetzlichen Vertreter. Ist es nach § 9 Abs 1 Nr 3 FamFG mit Erreichen des 14. Lebensjahres – ausnahmsweise – selbst verfahrensfähig *und* macht es im Verfahren sein eigenes Umgangsrecht geltend, erteilt es die Zustimmung selbst (Prütting/Helms/Hammer § 156 FamFG Rn 51; Sternal/Schäder § 156 FamFG Rn 13; vgl dazu auch Köhler ZKJ 2018, 50, 54 und unten Rn 408; **aA** zu Unrecht Schumann NJW-Beil 2018, 33, 36 ohne Eingehen auf § 9 Abs 1 Nr 3 FamFG: das Kind müsse immer selbst zustimmen).

e) Zeitpunkt für das Vorliegen des Einvernehmens

148 Problematisch ist die Frage, wie zu verfahren ist, wenn vor der Entscheidung des Familiengerichts über die Billigung der Vereinbarung ein Beteiligter seine Zustimmung zu der gerichtlich protokollierten Umgangsregelung zurückzieht. Da das Umgangsverfahren erst durch die gerichtliche Entscheidung über die Billigung einer Vereinbarung beendet wird, ist der Auffassung zu folgen, dass – wie auch bei der Zustimmung nach § 1671 Abs 1 Nr 1 BGB (vgl Heilmann/Keuter § 1671 Rn 8 m Nachw der Rspr) – das Einvernehmen aller Beteiligter auch **zum Zeitpunkt der Entscheidung** vorliegen muss und daher bereits erklärte Zustimmungen bis zum Abschluss der letzten Tatsacheninstanz frei **widerruflich** sind (OLG Düsseldorf 31. 8. 2017 – 1 UF 113/17, juris Rn 8, ZKJ 2018, 68; OLG Hamm 21. 5. 2015 – 2 UF 3/15, juris Rn 18, FamRZ 2015, 1988; OLG Düsseldorf 23. 3. 2015 – 5 UF 51/15, juris Rn 9; Schlünder FamRZ 2012, 9, 13; Prütting/Helms/Hammer § 156 FamFG Rn 57). Dieser Ansicht hat sich auch der BGH (BGH 10. 7. 2019 – XII ZB 507/18, FamRZ 2019, 1616 Rn 22) ausdrücklich angeschlossen. Wurde eine gerichtliche Vereinbarung zunächst vom Familiengericht nicht gebilligt, kann der Widerruf auch stillschweigend durch eine Stellungnahme in einem späteren Vollstreckungsverfahren erfolgen (OLG Düsseldorf 31. 8. 2017 – 1 UF 113/17, juris Rn 10, ZKJ 2018, 68). Eine ursprünglich im (elterlichen) Konsens getroffene Entscheidung lässt dann aber für die nun streitig zu treffende gerichtliche Umgangsregelung vermuten, dass sie dem Kindeswohl entsprochen hat, weshalb sie – vorbehaltlich neu hinzugetretener Umstände – eine gewisse **Indizwirkung** entfaltet (BGH 16. 3. 2011 – XII ZB 407/10, juris Rn 78, ZKJ 2011, 220; OLG Brandenburg 21. 1. 2021 – 9 UF 237/20, juris Rn 4; KG 26. 11. 2020 – 16 UF 138/19, FamRZ 2021, 609 m Anm Kischkel; Hammer FamRZ 2005, 1209, 1214).

f) Beteiligung des Kindes bei einvernehmlicher Umgangsregelung

149 Auch wenn für die Billigung der Umgangsvereinbarung die Zustimmung auch des am Verfahren beteiligten **Kindes** erforderlich ist (vgl oben Rn 147), wird diese – von dem Ausnahmefall des § 9 Abs 1 Nr 3 FamFG abgesehen (dazu Rn 147 und 408) – in nahezu allen Fällen von seinem gesetzlichen Vertreter erteilt. In den meisten Fällen werden aber in der erstinstanzlichen Gerichtspraxis Umgangsvereinbarungen bereits im ersten Termin (§ 155 Abs 2 FamFG) geschlossen, ohne dass zuvor eine **Kindesanhörung** nach § 159 FamFG erfolgt wäre und diese wird im Regelfall auch nicht vor der Entscheidung über die Billigung des Vergleichs nachgeholt. Dies wird zum Teil damit begründet, dass der Verzicht auf die Anhörung des Kindes gerechtfertigt sei, weil dadurch unnötige Belastungen für das Kind vermieden würden und sich auch aus §§ 155 Abs 2, 156 Abs 2 FamFG ergeben würde, dass das Kind nicht vor dem ersten Termin zu hören sei (BeckOGK/Altrogge [15. 1. 2021] § 1684 Rn 200.2). Andere stellen auf den Vorrang der Elternautonomie ab (Obermann NZFam 2015, 1129, 1130 ff). Mit der Stellung des Kindes als **Träger eigener Grund- und Verfahrensrechte** und der Notwendigkeit einer umfassenden **Kindeswohlprüfung** nach § 156 Abs 2 S 2 FamFG lässt sich dies aber nicht vereinbaren (Prütting/Helms/Hammer § 156 FamFG Rn 60; Heilmann/Heilmann § 159 FamFG Rn 14; MünchKommFamFG/Schumann § 156 Rn 13; Ivanits NZFam 2016, 7, 9). Ungeachtet des organisatorischen und zeitlichen Mehraufwands für die Gerichte ist daher auf eine Kindesanhörung jedenfalls im ersten Rechtszug nicht zu verzichten. Mit seiner Entscheidung vom 10. 7. 2019 hat der *BGH* (BGH 10. 7. 2019 – XII ZB 507/18, FamRZ 2019, 1616 Rn 30) ebenfalls bestätigt, dass auch bei Abschluss einer Umgangsvereinbarung nach § 156 Abs 2 FamFG die **persönliche Anhörung** des Kindes nach Maßgabe von § 159 FamFG zu erfolgen hat. Denn ohne diese kann das Familiengericht die ihm nach § 156 Abs 2 S 2 FamFG auferlegte – wenn auch gegenüber § 1697a Abs 1 BGB eingeschränkte – **Kindeswohlprüfung** nicht durchführen. Unterlässt es diese und billigt die Vereinbarung zum Umgangsrecht, handelt es sich um eine Entscheidung, die auf einem **schweren Verfahrensfehler** iSd § 69 Abs 1 S 3 FamFG beruht und der auf Antrag zur Aufhebung der Entscheidung und zur Zurückverweisung des Verfahrens führen kann (BGH 10. 7. 2019 – XII ZB 507/18, FamRZ 2019, 1616 Rn 34). Eine etwaige konkludente familiengerichtliche Billigung genügt insoweit nicht den Anforderungen des § 156 Abs 2 FamFG, wenn sich hieraus nicht entnehmen lässt, dass die erforderliche Kindeswohlprüfung stattgefunden hat (OLG Zweibrücken 24. 6. 2021 – 2 WF 116/21, MDR 2021, 1157).

g) Billigung im Umgangsvermittlungsverfahren und im Sorgerechtsverfahren

Ein Sonderfall der Billigung ist ausdrücklich in **§ 165 Abs 4 FamFG** für das **Vermittlungsverfahren** geregelt. Die aus § 52a FGG aF übernommene Regelung betrifft, anders als die Protokollierung nach § 156 Abs 2 FamFG, die insbesondere auch im erstmals anhängigen Umgangsregelungsverfahren in Betracht kommt, Situationen, in denen es in Durchführung einer bereits bestehenden familiengerichtlichen Regelung (Beschluss oder gebilligter Vergleich) zu Durchführungsschwierigkeiten gekommen ist, die zu einem Umgangsvermittlungsverfahren geführt haben. 150

Gemäß § 165 Abs 4 S 2 FamFG tritt der dort geschlossene gerichtlich gebilligte Vergleich *„an die Stelle der bisherigen gerichtlichen Verfügung“;* die vormalige Regelung bestimmte dagegen ausdrücklich in § 52a Abs 4 FGG aF, dass diese ersetzende Wirkung nur einer gerichtlich gebilligten elterlichen Vereinbarung zukam (BT-Drucks 13/4899, 134; vgl dazu Jeske, Das Vermittlungsverfahren nach § 52a FGG und die Familienmediation [2005] 136 ff). Nunmehr ist die Legaldefinition des gerichtlich gebilligten Vergleichs aus § 156 Abs 2 FamFG in § 165 Abs 4 S 2 FamFG hineinzulesen, sodass auch der das Umgangsvermittlungsverfahren abschließende Vergleich nur protokolliert wird, wenn er vom Gericht nach negativer Kindeswohlprüfung gebilligt wird.

Auch in einem **Sorgerechtsverfahren** können die Beteiligten durch einen **Mehrvergleich eine Vereinbarung zum Umgangsrecht** schließen. Geschieht dies im zweiten Rechtszug, stellt sich die Frage, ob das **Beschwerdegericht** eine dort geschlossene Umgangsvereinbarung gemäß § 156 Abs 2 FamFG billigen kann. Die Frage ist jedenfalls dann zu bejahen, wenn in erster Instanz kein Umgangsverfahren *anhängig* ist (OLG Stuttgart FamRZ 1981, 1105; OLG Karlsruhe FamRZ 1994, 1401; Prütting/Helms/Hammer § 156 FamFG Rn 48a; Völker/Clausius, Sorge- und Umgangsrecht [8. Aufl 2021] § 2 Rn 246; Hennemann NZFam 2021, 910, 911; Ernst NZFam 2015, 804, 805; Schlünder FamRZ 2012, 9, 10; **aA** Heilmann/Wegener § 156 FamFG Rn 11; Heilmann NJW 2012, 887, 889: nur Protokollierung aber nicht Billigung möglich). Dies rechtfertigt sich aus dem Vorrang der elterlichen Vereinbarung, die zu einer abschließenden Streitbefriedung nur führen kann, wenn beide sich berührenden Gegenstände in die Einigung einbezogen werden können. Auch wird das Beschwerdegericht, obwohl das Umgangsrecht bei ihm nicht angefallen ist, im Regelfall durch das Sorgerechtsverfahren dazu in der Lage sein, die Umgangsfrage zu beurteilen. Voraussetzung ist aber, dass auch das Kind zur Frage des Umgangs 150a persönlich angehört wurde (vgl dazu Rn 149). Ist dagegen in erster Instanz eine Umgangssache *anhängig*, obliegt die Billigung des vor dem Beschwerdegericht geschlossenen Umgangsvergleichs dem Amtsgericht (Prütting/Helms/Hammer § 156 FamFG Rn 48a). Eine beim **Güterichter** geschlossene Vereinbarung zum Umgangsrecht muss durch das erkennende Gericht gebilligt werden (Hennemann NZFam 2021, 910, 911).

h) Bestimmtheit der einverständlichen Regelung

151 Durch die gerichtliche Billigung werden die **übrigen Vollstreckungsvoraussetzungen** nicht übergangen. Die Vereinbarung wird lediglich einem gerichtlichen Beschluss gleichgestellt (vgl § 86 Nr 2 FamFG). Insbesondere hängt die Vollzugsfähigkeit und damit auch Billigung davon ab, dass die vom Gericht gebilligte Vereinbarung **hinreichend bestimmt** ist (BGH 10. 7. 2019 – XII ZB 507/18, FamRZ 2019, 1616 Rn 38; BGH 1. 2. 2012 – XII ZB 188/11, juris Rn 18, FamRZ 2012, 533; OLG Frankfurt 21. 1. 2014 – 5 WF 310/13, juris Rn 6, NZFam 2014, 610; Johannsen/Henrich/Althammer/Döll § 156 FamFG Rn 10). Hierfür ist eine konkrete Bestimmung über Art, Ort und Zeit des Umgangs erforderlich. Nicht erforderlich ist hingegen, dass der Umgangstitel detailliert bezeichnete Verpflichtungen des betreuenden Elternteils, insbesondere zum Bereithalten und Abholen des Kindes, enthält (BGH 1. 2. 2012 – XII ZB 188/11, juris Rn 18, FamRZ 2012, 533; Völker FPR 2012, 485, 486; vgl zu den vollstreckungsrechtlichen Voraussetzungen unten Rn 531 ff).

i) Keine Vertragsstrafevereinbarung

152 Die Eltern können nicht das Erfordernis der gerichtlichen Billigung als Voraussetzung der Vollziehbarkeit der Umgangsvereinbarung dadurch vermeiden, dass sie eine **Vertragsstrafe** für den Fall der Zuwiderhandlung vereinbaren (Hammer, in: Bayer/Koch, Scheidungsfolgenvereinbarungen [2016] 75, 87 f; Johannsen/Henrich/Althammer/Döll § 156 FamFG Rn 11). Eine solche Vereinbarung wäre sittenwidrig, weil sie ohne eine Kontrolle am Kindeswohl die vereinbarte Umgangsregelung erzwingbar machen soll und damit mittelbar über das Kindeswohl frei disponiert (**aA** für den Fall eines Umzuges des Kindes in das Ausland zur Vermeidung ineffektiver grenzüberschreitender Vollstreckung Rauscher NZFam 2015, 95, Anm zu OLG Bremen 5 WF 67/14). Die Vereinbarung von Ordnungsmaßnahmen oder Zwangsmaßnahmen ist ebenfalls unzulässig; auch auf den Warnhinweis nach § 89 Abs 2 FamFG kann nicht verzichtet werden (vgl unten Rn 537 ff).

3. Bindung und Änderung einer Umgangsvereinbarung

a) Bindung zwischen den Eltern

153 Ob eine elterliche Umgangsvereinbarung als solche zwischen den Eltern **rechtsgeschäftliche Bindungen** entfaltet, ist umstritten (eingehend Hammer, Elternvereinbarungen im Sorge- und Umgangsrecht [2004] 151 ff). Gleiches gilt für die Frage, inwieweit für das Familiengericht eine Bindung an eine frühere Umgangsvereinbarung der Eltern besteht. Hier ist zu differenzieren zwischen der **außergerichtlichen** Umgangsvereinbarung und der **gerichtlich gebilligten** Vereinbarung iSd § 156 Abs 2 FamFG.

aa) Die außergerichtliche Vereinbarung als Rechtsgeschäft

153a Die wohl überwiegende Ansicht geht von einer **rechtsgeschäftlichen Natur** der Vereinbarung aus und bejaht deren Verbindlichkeit bis zu einer einverständlichen oder gerichtlichen Änderung (KG 29. 8. 1980 – 17 UF 2814/80, juris Rn 9, FamRZ 1980, 1156; MünchKommBGB/Hennemann § 1684 Rn 15; Staudinger/Rauscher [2014] § 1684 Rn 126 ff; Hammer,

Elternvereinbarungen im Sorge- und Umgangsrecht [2004] 221 ff; Büte, Das Umgangsrecht bei Kindern geschiedener oder getrennt lebender Eltern [2005] § 1684 Rn 151). Von diesem Ausgangspunkt wird teilweise vertreten, ein **einseitiger Widerruf** sei auch dann nicht wirksam, wenn er auf Gründe des Kindeswohls gestützt werde (KG 7. 3. 2017 – 13 WF 39/17, juris Rn 20; KG FamRZ 1980, 1156, 1157; OLG Karlsruhe ZfJ 1957, 247; OLG Karlsruhe FamRZ 1959, 70; Soergel/Strätz [12. Aufl 1987] § 1634 Rn 17). Teilweise wird dagegen zwar eine grundsätzliche rechtsgeschäftliche Bindung angenommen, ein Widerruf aus **Gründen des Kindeswohls** aber für zulässig gehalten (OLG Köln FamRZ 1982, 1237; Gernhuber/Coester-Waltjen § 67 Rn 9; BeckOK-BGB/Veit [1. 1. 2023] § 1684 Rn 36).

Die Gegenansicht verneint eine rechtsgeschäftliche Bindung der Vereinbarung. Die Annahme einer Bindung sei letztlich **gegen das Kindeswohl** gerichtet, die Einigung müsse jederzeit **frei widerruflich** sein, um eine dem Kindeswohl dienende Regelung herbeizuführen. Da ohnedies bei Streit über die Umgangsvereinbarung das Familiengericht am Maßstab des Kindeswohls zu entscheiden habe, würde eine Bindung der Eltern an die Vereinbarung nur die Überbürdung der **Feststellungslast** auf denjenigen bedeuten, der sich aus der Vereinbarung lösen will; das Gericht dürfe durch die Elternvereinbarung **nicht gebunden** sein; eine Bindung stehe der erforderlichen flexiblen Anpassung der Umgangsregelung an die insbesondere altersentsprechend geänderten Bedürfnisse des Kindes entgegen (Johannsen/Henrich/Jaeger [6. Aufl 2015] § 1684 Rn 12; Staudinger/Peschel-Gutzeit[12] § 1634 aF Rn 159).

Der vorstehend genannten hM kann so nicht zugestimmt werden. Auf den Abschluss **154**
von Vereinbarungen über das Umgangsrecht können die rechtsgeschäftlichen Regeln des BGB (§§ 104 ff BGB) nicht angewendet werden. Elternvereinbarungen über das Umgangsrechts betreffen höchstpersönliche Rechte der Eltern selbst und stehen in einem nicht trennbaren Zusammenhang mit den **Rechten des Kindes** und sind im Hinblick auf Art 6 Abs 2 GG **pflichtgebunden**. Auch wenn für das Kind unbestreitbar ein Bedürfnis nach Stabilität und Kontinuität auch in Fragen seines Umgangs mit dem anderen Elternteil besteht, welches durch den Abschluss einer Vereinbarung der Eltern gefördert wird, unterliegt das Kindeswohl auch im Hinblick auf sein **Zeitempfinden** regelmäßiger Veränderungen, welches einer Bindung der Eltern an eine außergerichtliche Umgangsvereinbarung für die Zukunft entgegensteht. Hinzu kommt, dass das Umgangsrecht **nicht disponibel** ist und ohne eine Beteiligung des Familiengerichts und eine dort getroffene Umgangsregelung nicht durchgesetzt werden kann. Auch spricht für eine einseitige Aufkündbarkeit, dass auch die Zustimmung für einen vor dem Familiengericht nach § 156 Abs 2 FamFG geschlossenen Vergleich nach ganz hM vor einer Entscheidung über die Billigung des Vergleichs einseitig widerrufen werden kann (dazu oben Rn 148).

Es verdient daher die Ansicht Zustimmung, dass eine außergerichtliche Umgangsvereinbarung **einseitig** im Hinblick auf das Kindeswohl **für die Zukunft aufgekündigt** werden kann.

Dies impliziert aber nicht, dass eine Umgangsvereinbarung **nicht ohne rechtliche Verbindlichkeit** wäre. So führt nach heute ganz hM eine gerichtliche Umgangsregelung zu einem gesetzlichen Schuldverhältnis familienrechtlicher Art, aus dem auch die Pflicht erwächst, auf Vermögensinteressen des jeweils anderen Elternteils Rücksicht zu nehmen, bei deren Verletzung Schadensersatzansprüche nach § 280 Abs 1 BGB entstehen können (siehe oben Rn 38). Auch wenn der BGH der Auffassung ist, dass eine elterliche Umgangsvereinbarung *„erst durch die familiengerichtliche Billigung ihre konkretisierende konstitutive Wirkung erfahre“* (BGH 11. 5. 2005 – XII ZB 120/04, juris Rn 25, FamRZ 2005, 1471), hat dies vor allem im Hinblick auf § 1684 Abs 3 BGB und die Durchsetzung des Umgangsrechts verfahrensrechtliche Bedeutung. Den Eltern steht es frei, im Rahmen ihrer Elternautonomie Vereinbarungen über Art, Zeit und Ort des Umgangs mit dem Kind zu treffen. Diese entfalten auch insoweit Rechtsverbindlichkeit, als bei deren Verletzung auch Schadensersatz, insbesondere für vergebliche Aufwendungen, verlangt werden kann (ebenso OLG Bremen 24. 11. 2017 – 4 UF 61/17, juris Rn 19, MDR 2018, 95; OLG Brandenburg 3. 11. 2014 – 3 UF 55/14, juris Rn 54; Hammer, Elternvereinbarungen im Sorge- und Umgangsrecht [2004] 221 ff). Dies zeigt, dass auch durch eine außergerichtliche Vereinbarung das Umgangsrecht in rechtsverbindlicher Weise konkretisiert werden kann.

bb) Bindung an gerichtlich gebilligten Vergleich

155 Demgegenüber ist ein **gerichtlich gebilligter Vergleich** (§ 156 Abs 2 FamFG) zwischen den Eltern bindend und kann nur im Verfahren nach § 1696 Abs 1 BGB iVm § 1684 Abs 3 BGB geändert werden (BGH 16. 3. 2011 – XII ZB 407/10, juris Rn 77, ZKJ 2011, 220; OLG Schleswig 30. 5. 2016 – 10 UF 11/16, juris Rn 37, ZKJ 2016, 362). Eine einverständliche Regelung bleibt aber wegen des Vorrangs der Elternverantwortung auch im Verhältnis zur gerichtlichen Regelung möglich, da im Umgangsrecht eine § 1626b Abs 3 BGB vergleichbare Beschränkung fehlt (BeckOK-BGB/Veit [1. 1. 2023] § 1684 Rn 36). Diese setzt freilich die gerichtliche Regelung nicht förmlich außer Kraft. Faktisch ist jedoch niemand (es sei denn, ein Dritter wäre sorgeberechtigt) befugt, die gerichtliche Regelung zu erzwingen, wenn die Eltern ihre neue Vereinbarung einvernehmlich durchführen. Eine einvernehmliche Abänderung der gerichtlichen Umgangsregelung nimmt dieser aber die Möglichkeit der Vollstreckung.

b) Bindung des Gerichts

aa) Außergerichtliche Vereinbarungen

156 **Hält ein Elternteil** an der nicht gerichtlich gebilligten Umgangsvereinbarung **nicht mehr fest** und kündigt diese auf, was nach der hier vertretenen Auffassung zulässig ist (siehe oben Rn 153 f), so ist streitig, in welcher Art und Weise das Familiengericht die vormalige Vereinbarung zu berücksichtigen hat. Da es sich – mangels vorheriger gerichtlicher Umgangsregelung – nicht um eine gerichtliche Entscheidung iSd § 1696 Abs 1 BGB handelt (OLG Stuttgart 23. 8. 2017 – 18 UF 104/17, juris Rn 34, ZKJ 2018, 17; OLG Brandenburg 10. 6. 2020 – 13 WF 98/20, NZFam 2020, 734; OLG Zweibrücken FamRZ 1997, 217), ergibt sich jedenfalls nicht unmittelbar aus § 1696 Abs 1 BGB eine Beschränkung der Neuregelung auf **triftige**, das Wohl des Kindes nachhaltig berührende **Gründe**.

Nach einer Ansicht entscheidet das Familiengericht in diesem Fall **frei, nur am Maßstab des Kindeswohls** (OLG Stuttgart 23. 8. 2017 – 18 UF 104/17, juris Rn 34, ZKJ 2018, 17; OLG Jena 13. 8. 2007 – 2 UF 150/07, OLGR 2008, 510 zum Sorgerecht; BayObLG FamRZ 1965, 618; OLG Zweibrücken FamRZ 1997, 217; Johannsen/Henrich/Jaeger [6. Aufl 2015] § 1684 Rn 12; Staudinger/Peschel-Gutzeit[12] § 1634 aF Rn 164 ff).

Die Gegenansicht will eine von der Vereinbarung abweichende Regelung nur zulassen, wenn **erhebliche Gründe** analog § 1696 Abs 1 BGB im Interesse des Kindeswohls dies erfordern (OLG Brandenburg 10. 12. 2007 – 9 WF 367/07, juris Rn 7, FamRZ 2008, 2055; KG

FamRZ 1980, 1156; wohl auch OLG Karlsruhe FamRZ 1999, 325: Billigung auch im Umgangsregelungsverfahren, wenn Streit entstanden ist; offen gelassen von OLG Zweibrücken FamRZ 1998, 1465, 1466 und OLG Nürnberg 13. 1. 2014 – 7 UF 1741/13, juris Rn 10, FamRZ 2014, 859; Staudinger/Rauscher [2014] § 1684 Rn 132; Hammer, Elternvereinbarungen im Sorge- und Umgangsrecht [2004] 212 ff).

Die zuerst genannte Ansicht ist zutreffend. Die nach § 1684 Abs 3 S 1 BGB zu treffende Entscheidung hat sich nach § 1697a BGB ausschließlich am Kindeswohl zu orientieren. Die Kindeswohlprüfung beinhaltet zwingend die Frage, ob sich eine in der Vergangenheit einvernehmlich praktizierte Umgangsregelung bewährt hat. Ist dies der Fall, kommt der vormaligen Umgangsvereinbarung **Indizwirkung** zu (vgl BGH 16. 3. 2011 – XII ZB 407/10, juris Rn 78, ZKJ 2011, 220 zu Sorgerechtsvereinbarungen; OLG Brandenburg 21. 1. 2021 – 9 UF 237/20, juris Rn 4; KG 26. 11. 2020 – 16 UF 138/19, FamRZ 2021, 609; im Erg auch OLG Karlsruhe 17. 2. 2020 – 5 UF 6/20, juris Rn 11; Johannsen/Henrich/Jaeger [6. Aufl 2015] § 1684 Rn 12; Hammer FamRZ 2005, 1209, 1214). Sind Umstände hinzugetreten, die eine anderweitige Umgangsregelung als kindeswohldienlich erscheinen lassen, ist der Umgang anderweitig zu regeln. Diese Umstände sind nicht an § 1696 Abs 1 BGB zu messen, sondern am **Kindeswohl** (OLG Stuttgart 23. 8. 2017 – 18 UF 104/17, juris Rn 34, ZKJ 2018, 17).

Da nach der hier vertretenen Auffassung im Falle der Aufkündigung einer Umgangsvereinbarung eine Bindung der Eltern bis zu einer gerichtlichen Neuregelung nicht besteht (oben Rn 154), hat das Amtsgericht für den Fall, dass nach einem frühen ersten Termin nach § 155 Abs 2 FamFG Entscheidungsreife noch nicht gegeben ist und auch eine Einigung der Eltern nicht stattfindet, den Umgang – von Amts wegen – vorläufig im Wege der einstweiligen Anordnung nach § 156 Abs 3 S 1 FamFG zu regeln.

bb) Gerichtlich gebilligter Vergleich

Demgegenüber ist ein **gerichtlich gebilligter Vergleich** (§ 156 Abs 2 FamFG) nur dann **157**
vom Familiengericht gemäß § 1696 Abs 1 BGB iVm § 166 Abs 1 FamFG abzuändern, wenn **triftige Gründe** des Kindeswohls für eine anderweitige Regelung des Umgangs bestehen (OLG Brandenburg 10. 4. 2014 – 10 UF 212/13, juris Rn 23, FamRZ 2014, 1859; Heilmann/Gottschalk § 1696 Rn 4, 20 f); insoweit besteht ersichtlich Einigkeit auch dahingehend, dass die *Kontinuität* einer Umgangsregelung durchaus für die Kindeswohlprüfung von Bedeutung ist. § 1696 BGB stellt sicher, dass Umgangsregelungen jederzeit geändert werden können, wenn dies aus triftigen und gewichtigen Gründen notwendig ist, dass aber nicht mit Beliebigkeit und ohne Rücksicht auf vorhergehende Entscheidungen neue Regelungen eingefordert werden können (OLG Köln 15. 3. 2012 – 4 UF 18/12, FamFR 2012, 334; OLG Karlsruhe FuR 1998, 270, 271; OLG Zweibrücken FamRZ 1997, 45; OLG Zweibrücken FamRZ 1998, 1466). Die Bedeutung der Erziehungskontinuität im Verfahren nach § 1696 BGB wurde durch die Neufassung dieser Bestimmung im KindRG bewusst hervorgehoben, um den Eindruck bei den Betroffenen zu vermeiden, eine Änderung der früheren Regelung sei nahezu in das Belieben des Familiengerichts gestellt (BT-Drucks 13/4899, 109).

Eine von den Eltern gewünschte einverständliche Abänderung ist dabei aufgrund der Elternautonomie aber auch bei der Prüfung der triftigen Abänderungsgründe zu berücksichtigen (Grüneberg/Götz § 1696 Rn 11).

c) Bindung an vermögensrechtliche Nebenvereinbarungen

158 Von der Frage der Bindung an die eigentliche Umgangsregelung zu trennen ist die Bindung an eine Vereinbarung über **(insbesondere vermögensrechtliche) Nebenaspekte** des Umgangs, welche nicht das Kindeswohl, sondern nur Interessen der Eltern betreffen: Vereinbarungen über das Holen und Bringen des Kindes sowie über die Tragung der Kosten des Umgangs sind rechtsgeschäftlich (vgl den sehr anschaulichen Fall von OLG Brandenburg 3. 11. 2014 – 3 UF 55/14, juris); sie können nicht nach § 1696 BGB geändert werden, sondern unterliegen **schuldrechtlichen Prinzipien**. Solche Vereinbarungen begründen durchsetzbare (einklagbare) Leistungsansprüche (OLG Frankfurt FamRZ 2003, 250; Hammer FamRB 2006, 275), ggf Schadensersatzansprüche (zB Nichteinhaltung von Zeitvereinbarungen: Heiss FPR 2011, 96, 99; vgl Rn 157). Eine Änderung kommt also nur nach den Grundsätzen des **Wegfalls der Geschäftsgrundlage** (§ 313 BGB) in Betracht (OLG Frankfurt FamRZ 1988, 866; OLG Zweibrücken FamRZ 1998, 1465, 1466). Soweit sie vermögensrechtlicher Natur sind (insbesondere Umgangskosten), können sie aber nicht als Kindschaftssachen nach § 151 Nr 2 FamFG geltend gemacht werden, sondern sind entweder im Unterhaltsverfahren oder aber nach § 266 Abs 1 Nr 3 oder 5 FamFG als sonstige Familiensache geltend zu machen (OLG Frankfurt 8. 2. 2022 – 6 WF 14/22, FamRZ 2022, 977; OLG Bremen 13. 4. 2016 – 5 UF 17/16, juris Rn 4, FamRZ 2017, 297; Prütting/Helms/Heiter § 266 FamFG Rn 59).

VI. Kosten des Umgangs

1. Arten und Relevanz

159 Für die Ausübung des Umgangsrechts entstehen regelmäßig Kosten, wenn – wie im Regelfall – dem Umgangsberechtigten auferlegt wird, das Kind bei dem betreuenden Elternteil oder der Obhutsperson abzuholen und nach dem Umgang wieder dort zurückzubringen. Zu nennen sind hier insbesondere **Fahrtkosten** für An- und Rückreise, ggf **Übernachtungskosten**, falls der Umgang nicht in der Wohnung des Umgangsberechtigten ausgeübt werden kann, sowie Kosten für die **Verpflegung des Kindes** und die **Zurverfügungstellung von Wohnraum**. Weiterhin zu nennen sind etwaige Kosten der Begleitung des Umgangs. Die Frage, wer diese Kosten im Ergebnis zu tragen hat und wie sie sonst rechtlich zu berücksichtigen sind, stellt sich in vielfacher Weise. Es geht nicht nur um die Frage, ob sich der betreuende Elternteil zu beteiligen hat, sondern vor allem im **Unterhaltsrecht** stellt sich das Problem, ob diese Kosten Bedarf des Kindes oder des Umgangsberechtigten sind und ob diese bei der Berechnung von Bedarf und Leistungsfähigkeit vom Einkommen des Umgangsberechtigten in Abzug zu bringen sind. Im **Sozialrecht** geht es darum, ob diese Aufwendungen einen Mehrbedarf begründen können, während sich im **Einkommensteuerrecht** die Frage stellt, ob diese Kosten steuerlich absetzbar sind (ausführlich Lettmaier/Dürbeck FamRZ 2019, 81).

2. Kostentragung des Umgangsberechtigten

160 Obwohl sich das Umgangsrecht im Zuge gesellschaftlicher Veränderungen in vielen Fällen weg von einem reinen Verkehrsrecht hin zu einem Mitbetreuungsrecht entwickelt, hält die ganz hM an dem Grundsatz fest, dass die infolge der Umgangsausübung entstehenden Kosten vom **Umgangselternteil** allein zu tragen sind (BGH 12. 3. 2014 – XII ZB 234/13, juris Rn 12, FamRZ 2014, 917; OLG Koblenz 29. 6. 2017 – 13 UF 72/17, juris

Rn 56; OLG Brandenburg 29. 9. 2016 -13 UF 204/14, juris Rn 48; MünchKommBGB/Hennemann § 1684 Rn 50; Johannsen/Henrich/Althammer/Rake § 1684 Rn 40; Heilmann/Gottschalk § 1684 Rn 53; Grüneberg/Götz § 1684 Rn 37; Völker/Clausius, Sorge- und Umgangsrecht [8. Aufl 2021] § 2 Rn 201 Rn 137; Elden NJW-Spezial 2010, 132; **aA** Staudinger/Rauscher [2014] § 1684 Rn 135 ff; Spangenberg NZFam 2016, 341; Weychardt FPR 2006, 333). Die in der Literatur vorgeschlagene Behandlung der Umgangskosten als *Mehrbedarf des Kindes*, für den beide Elternteile anteilig nach § 1606 Abs 3 S 1 BGB haften müssten (so Lettmaier/Dürbeck FamRZ 2019, 81, 85; Theurer FamRZ 2004, 1619, 1621; Spangenberg NZFam 2016, 341, 342) hat sich in der Praxis nicht durchgesetzt. In Bezug auf das Umgangsrecht kann diese Kostenzuweisung aber zB dann zu ungerechten Ergebnissen führen, wenn die Umgangskosten besonders hoch sind (zB durch Wegzug des anderen Elternteils in das Ausland) und der Berechtigte wirtschaftlich nicht dazu imstande ist, die Umgangskosten zu tragen. Das *BVerfG* hat in einem solchen Fall im Jahr 2002 (BVerfG 5. 2. 2002 – 1 BvR 2029/00, FamRZ 2002, 809) entschieden, dass die Familiengerichte im Hinblick auf Art 6 Abs 2 S 1 GG gehalten sind, in Fällen unterschiedlicher Wohnorte der Eltern bei ihren Umgangsregelungen auch darauf zu achten, dass das Umgangsrecht durch einen **hohen Zeit- und Kostenaufwand nicht faktisch vereitelt** wird und eine **Beteiligung des betreuenden Elternteils** in diesen Fällen an dem zeitlichen und organisatorischen Aufwand erwägen müssen. Weiterhin steht eine faktische Vereitelung des Umgangsrechts auch dann im Raum, wenn bei nicht größerer Entfernung die Umgangskosten so hoch sind, dass sie nicht aus dem Einkommen des Umgangsberechtigten finanziert werden können (zum Problem der Umgangsverhinderung durch Mittellosigkeit: Fichtner JAmt 2005, 386) oder auf Einkommen unterhalb des unterhaltsrechtlichen Selbstbehalts zurückgegriffen werden müsste. Auch wenn die heute noch als herrschend gewählte Einordnung der einseitigen Kostenverteilung noch fortgilt, erscheint jedenfalls eine generelle Verlagerung auf den Betreuungselternteil (Erstattungsanspruch) oder das Kind (Anrechnung auf den Unterhalt) nicht wertungsgerecht. Soweit andererseits dem Betreuungselternteil selbst Kosten und sonstige Aufwendungen (zB entgangene Arbeitszeit) aus einer rechtlich oder vertraglich geregelten Mitwirkungspflicht beim Holen und Bringen des Kindes anfallen, ist freilich auch dies *seine* Elternpflicht, für die er keinen Aufwendungsersatz verlangen kann (BGH NJW 1995, 717; BGH FamRZ 2002, 1099, 1100; zusammenfassend BGH FamRZ 2005, 707; OLG Frankfurt FPR 2004, 398; OLG Hamm FamRZ 2001, 444; Grüneberg/Götz § 1684 Rn 37; Johannsen/Henrich/Jaeger [6. Aufl 2015] § 1684 Rn 30; BeckOK-BGB/Veit [1. 1. 2023] § 1684 Rn 65; Soergel/Jakobitz § 1684 Rn 27; NK-BGB/Peschel-Gutzeit/Ebeling § 1684 Rn 43; Oelkers FamRZ 1995, 1385, 1389; Theurer FamRZ 2004, 1619). Indes fehlt es aber trotz der oben genannten Entscheidung des BVerfG bis heute an einer Rechtsgrundlage für einen Anspruch auf Kostenbeteiligung im Elternverhältnis, sodass die Lösung des Problems letztlich nur im Unterhalts-, Steuer- und Sozialrecht zu suchen ist.

3. Berücksichtigung beim Ehegatten- und Kindesunterhalt

a) Die Entwicklung der Rechtsprechung

Sofern der Umgangselternteil zugleich dem Kind (§ 1601 BGB) und ggf auch dem betreuenden Elternteil Unterhalt (§§ 1361, 1569 ff, 1615l BGB) schuldet, stellt sich die Frage, ob sich die vom Umgangselternteil zu tragenden **Umgangskosten** auf den von seinem Einkommen abhängigen **Bedarf** und seine **unterhaltsrechtliche Leistungsfähigkeit** bzw auf den Ehegattenselbstbehalt gegenüber dem früheren Ehegatten auswirken. 161

Ursprünglich wurden im Grundsatz in der Rechtsprechung die Umgangskosten nicht als Minderung der unterhaltsrechtlichen Leistungsfähigkeit anerkannt (BGH NJW 1995, 717, 718; BGH NJW 2002, 2566; OLG Bamberg FamRZ 1987, 1295; OLG Frankfurt FamRZ 1987, 1033; OLG Karlsruhe FamRZ 1992, 58; OLG Karlsruhe FPR 2003, 28, 29; OLG Hamm FamRZ 2001, 444; Soergel/Strätz [12. Aufl 1987] § 1634 Rn 30; vgl zur Entwicklung der Rspr auch Liceni-Kierstein FamRB 2011, 346), weil eine einkommensmindernde Berücksichtigung beim Umgangsberechtigten dazu führe, dass die Umgangskosten zum Teil auf den anderen Elternteil bzw auf das Kind verlagert werden würden. **Ausnahmen** wurden in eng begrenzten Fällen unter Abwägung aller Umstände des Einzelfalles zugelassen (BGH NJW 1995, 717, 718). Erst wenn die Nichtanrechnung der Umgangskosten auf die Leistungsfähigkeit des Umgangselternteils dazu führe, dass dieser sein Umgangsrecht nicht oder doch nur in erheblich beschränktem Umfang ausüben kann (BVerfG FamRZ 2003, 1371), sollen solche Billigkeitserwägungen eingreifen (BGH NJW 1995, 717; OLG Karlsruhe FPR 2003, 28, 29). Selbst in diesem Fall aber sei die Berücksichtigung ausgeschlossen, wenn der umgangsberechtigte Unterhaltsschuldner zwar nur den Selbstbehalt zur Verfügung habe, der kindesbetreuende Unterhaltsberechtigte aber weniger als das Existenzminimum erhalte.

Diese restriktive Linie hat der BGH aber nach der Reform des Kindschaftsrechts aufgegeben und erkannt, dass das Unterhaltsrecht dem Unterhaltsschuldner nicht die Möglichkeit nehmen dürfe, sein Umgangsrecht auszuüben, und eine unterhaltsrechtliche Berücksichtigung der Umgangskosten dann für zulässig erachtet, wenn und soweit sie nicht aus dem anteiligen Kindergeld bestritten werden können (BGH 23. 2. 2005 – XII ZR 56/02, juris Rn 11 ff, FamRZ 2005, 706: Erhöhung des Selbstbehalts beim Kindesunterhalt). Hintergrund war, dass § 1612b Abs 5 aF in der seit 1. 1. 2001 geltenden Fassung (BGBl 2000 I 1479) durch Nichtanrechnung des Kindergeldes bei Unterschreitung von 135 % des Regelbetrages beim Kindesunterhalt gerade in beengten finanziellen Verhältnissen dem barunterhaltspflichtigen Elternteil (und damit regelmäßig dem Umgangselternteil) im Ergebnis keinen Anteil am Kindergeld verschaffte. Dies veranlasste das BVerfG (BVerfG FamRZ 2003, 1370, 1377) in seiner Entscheidung zur Verfassungsgemäßheit von § 1612b Abs 5 BGB dieser Fassung zu dem Hinweis, dass das Unterhaltsrecht dem Unterhaltspflichtigen nicht die Möglichkeit nehmen dürfe, sein Umgangsrecht zur Erhaltung der Eltern-Kind-Beziehung kindeswohlentsprechend auszuüben.

Durch die Neuregelung des § 1612b Abs 1 BGB durch die **Unterhaltsreform 2007** in der seit 1. 1. 2008 geltenden Fassung war aber das Argument, der Umgangselternteil erhalte einen (nun grundsätzlich hälftigen) Anteil am Kindergeld, nicht mehr tragfähig, da seitdem das Kindergeld als bedarfsdeckende Leistung an das Kind gilt (§ 1612b Abs 1 BGB), welches auch den Unterhaltspflichtigen entlastet, indem als Kindesunterhalt nur der um das hälftige Kindergeld geminderte Zahlbetrag zu leisten ist (vgl Staudinger/Klinkhammer [2022] § 1603 Rn 224; Niepmann/Seiler, Die Rechtsprechung zur Höhe des Unterhalts [14. Aufl 2019] Rn 1037). Damit drohte in Bezug auf die Berücksichtigung der Umgangskosten ein Rückschritt in die Rechtsprechung vor dem KindRG. Der BGH hat jedoch im Bereich des Kindesunterhalts seine bisherige Rechtsprechung insoweit aufrechterhalten, als dass die Umgangskosten beim Kindesunterhalt dann zu berücksichtigen sind, wenn der Unterhaltspflichtige nur den **Mindestunterhalt** (abzüglich des hälftigen Kindergelds) zu zahlen hat oder ein **Mangelfall** vorliegt und er die Umgangskosten aus seinem (notwendigen) Selbstbehalt aufbringen müsste (BGH 24. 6. 2009 – XII ZR 161/08, juris Rn 33, FamRZ 2009, 1477; BGH 17. 6. 2009 – XII ZR 102/08, juris Rn 41, FamRZ 2009, 1391; BGH 27. 5. 2009 – XII ZR 78/08, juris Rn 57, FamRZ 2009, 1300; vgl das Berechnungsbeispiel bei WENDL/DOSE/KLINKHAMMER § 2 Rn 272; vgl zu solchen Fällen auch OLG Jena 25. 5. 2010 – 1 UF 19/10, juris Rn 60 ff; OLG Brandenburg 11. 11. 2009 – 13 UF 58/09, juris Rn 22 ff). In einem solchen Fall ist entweder der **Selbstbehalt** in Höhe der Umgangskosten **zu erhöhen** oder das **Einkommen** entsprechend zu **reduzieren** (OLG Schleswig 20. 12. 2013 – 15 WF 414/13, juris Rn 20, MDR 2014, 477; STAUDINGER/KLINKHAMMER [2022] § 1603 Rn 223; EHINGER, in: EHINGER/RASCH/SCHWONBERG/SIEDE, Handbuch Unterhaltsrecht [8. Aufl 2018] Rn 1.330; LETTMAIER/DÜRBECK FamRZ 2019, 81. 82 f). Das *OLG Brandenburg* (OLG Brandenburg 10. 1. 2020 – 13 UF 184/19, juris Rn 20, NJW-RR 2020, 325) hat in einer Entscheidung zum Mindestunterhalt in Bezug auf die von der unterhaltspflichtigen Kindesmutter geltend gemachten **Umgangskosten** (Reisekosten von Baden-Württemberg nach Brandenburg, einmal monatlich Hin- und Rückfahrt) zutreffend darauf verwiesen, dass die betreffenden Kosten vom Unterhaltsschuldner so konkret darzulegen sind, dass zumindest eine Schätzung analog § 287 ZPO möglich ist und der Unterhaltsgläubiger hierzu hinreichend erwidern kann. Dies hatte die dortige Beschwerdeführerin offenkundig unterlassen.

Hat der umgangsberechtigte Elternteil auch **Ehegattenunterhalt** zu leisten, kann ebenfalls ein Abzug vom Einkommen oder eine Erhöhung des angemessenen Selbstbehalts erfolgen, wenn die Umgangskosten deutlich über dem ihm verbleibenden Kindergeldanteil (5,5/10) liegen (OLG Koblenz 29. 6. 2017 – 13 UF 72/17, juris Rn 56 ff). **161a**

In Betracht kommen aber in diesem Zusammenhang nur Umgangskosten, die **notwendiger Weise** anfallen. **Fahrtkosten** für das Abholen und Bringen des Kindes sind insoweit auf das notwendige Maß zu beschränken und es besteht die Obliegenheit, wenn möglich öffentliche Verkehrsmittel zu benutzen (OLG Jena 18. 5. 2016 – 14 UF 142/16, juris Rn 16; OLG Schleswig 20. 12. 2013 – 15 WF 414/13, juris Rn 20, MDR 2014, 477; WENDL/DOSE/KLINKHAMMER § 2 Rn 273; VIEFHUES FuR 2019, 568, 569).

Bei erhöhten Umgangskosten infolge **großer Entfernung der Wohnorte der Eltern** (Wegzug) ist unterhaltsrechtlich aber auch von Belang, ob der Unterhaltspflichtige diese durch seinen eigenen Wegzug veranlasst hat (OLG Koblenz 29. 6. 2017 – 13 UF 72/17, juris Rn 56 ff; OLG Saarbrücken 17. 11. 2011 – 6 UF 110/11, juris Rn 24, FamRZ 2012, 797; OLG Frankfurt KindPrax 2003, 69; MünchKommBGB/HENNEMANN § 1684 Rn 50; EHINGER, in: EHINGER/RASCH/SCHWONBERG/SIEDE, Handbuch Unterhaltsrecht [8. Aufl 2018] Rn 1.334; **aA** OLG Brandenburg NJW-RR 2010, 148; OLG Karlsruhe FamRZ 1992, 58; AG Brühl FamRZ 1995, 936; WEYCHARDT FamRZ 1995, 539; STAUDINGER/RAUSCHER [2014] § 1684 Rn 136). Ist der Unterhaltspflichtige etwa aus privaten Gründen vom Wohnort der Kinder weggezogen, so können erhöhte Fahrtkosten jedenfalls im Mangelfall nicht berücksichtigt werden und es ist ggf auf die Inanspruchnahme öffentlicher Hilfen zur Finanzierung der Umgangskosten zu verweisen. Hinsichtlich des Abzugs außerordentlich hoher Fahrtkosten für das Abholen und Bringen des Kindes ist im Übrigen nach zutreffender Ansicht nicht auf die in den Unterhaltsrichtlinien der OLG vorgesehenen Pauschalsätze abzustellen, sondern es sind bei einer Reise mit dem PKW die reinen Betriebskosten in Form von Kraftstoff und Motoröl anzusetzen, welche zudem nicht über den Kosten alternativer öffentlicher Verkehrsmittel liegen dürfen (OLG Bamberg 9. 2. 2022 – 7 UF 196/21, juris Rn 28, FF 2022, 328; OLG Koblenz 29. 6. 2017 – 13 UF 72/17, juris Rn 67 ff: 0,15 EUR pro km).

Die anteiligen **Wohnkosten** für die Bereithaltung eines Zimmers für das Kind sind nicht abzugsfähig, weil es im Regelfall ausreichend ist, Kinder in den Räumlichkeiten unterzubringen, die dem individuellen Wohnbedarf des Umgangsberechtigten entsprechen (BGH 13. 3. 2014 – XII ZB 234/13, juris Rn 35, FamRZ 2014, 917; OLG Schleswig 20. 12. 2013 – 15 WF 414/13, juris Rn 16, MDR 2014, 477; Viefhues jM 2014, 442, 443; OLG Jena 18. 5. 2016 – 14 UF 142/16, juris Rn 23: nicht notwendigerweise eigenes Kinderzimmer).

Auch dann, wenn hohe Umgangskosten unvermeidbar sind, sind diese entsprechend dem Rechtsgedanken von § 1606 Abs 3 S 2 BGB nicht zu berücksichtigen, wenn der Umgangsberechtigte auch nach Abzug der Umgangskosten noch über **ausreichendes Einkommen** verfügt (BGH 13. 3. 2014 – XII ZB 234/13, juris Rn 35, FamRZ 2014, 917; BGH 21. 12. 2005 – XII ZB 126/03, juris Rn 21, ZKJ 2006, 513; OLG Nürnberg 10. 2. 2010 – 9 WF 150/10, juris Rn 7; Wendl/Dose/Klinkhammer § 2 Rn 273). Soweit wegen weiter Entfernung zwischen den Wohnorten der Eltern **Übernachtungskosten oder Verpflegungsmehraufwand** (Niepmann/Kerscher, Die Rechtsprechung zur Höhe des Unterhalts [15. Aufl 2023] Rn 1037; Liceni-Kierstein FamRB 2012, 346, 347) erforderlich sind, was auch der Fall sein kann, wenn der Umgang am Wohnort des betreuenden Elternteils durchzuführen ist (vgl den Fall vom OLG Brandenburg 3. 11. 2014 – 3 UF 55/14, juris Rn 36: keine Pflicht zur Übernachtung in der Jugendherberge), können diese bei beengten wirtschaftlichen Verhältnissen zu berücksichtigen sein.

Nicht berücksichtigungsfähig sind dagegen, auch nicht bei erweitertem Umgang, Aufwendungen für **Freizeitaktivitäten** mit dem Kind, Spielsachen, Kleidung, Wohnungsausstattung uä (Viefhues jM 2014, 442, 443). Ebenso unberücksichtigt bleibt unterhaltsrechtlich, dass dem betreuenden Elternteil **Ersparnisse** in der Lebenshaltung infolge der Abwesenheit des Kindes (zB Verpflegungskosten) zugutekommen und gegenüber dem Kind, dass dessen Naturalbedarf während der Umgangszeiten durch den Umgangsberechtigten (Wohnen, Essen) gedeckt ist, da dies bereits in den Sätzen der Düsseldorfer Tabelle berücksichtigt ist (BGH 12. 3. 2014 – XII ZB 234/13, juris Rn 35 und 39, FamRZ 2014, 917).

b) Erweiterter Umgang

162 Da im Zuge **gesellschaftlicher Veränderungen** immer mehr Elternteile in größerem Umfang bis hin zum Wechselmodell von ihrem Umgangsrecht Gebrauch machen, stellt sich die Frage, ob die unter Rn 161, 161a skizzierte nur in Ausnahmefällen und bei bescheidenen Lebensverhältnissen stattfindende Berücksichtigung der Umgangskosten im Unterhaltsrecht noch zeitgerecht ist. Hier wird vielfach eine grundlegende Reform des Kindesunterhaltsrecht, das außerhalb des Wechselmodells eine alleinige Barunterhaltspflicht des nicht überwiegend betreuenden Elternteils vorsieht (§ 1606 Abs 3 S 2 BGB), nicht zu Unrecht verlangt (vgl 21. DFGT 2015, AK 15 Nr 3; SFK 3 des DIJuF FamRB 2022, 285). Hierauf hat der Gesetzgeber nunmehr reagiert und das BMJ hat am 24. 8. 2023 **Eckpunkte für ein neues Unterhaltsrecht** vorgelegt (abrufbar unter https://www.bmj.de/SharedDocs/Pressemitteilungen/DE/2023/0825_Unterhaltsrecht.html). Dieses sieht vor, dass im Bereich des Kindesunterhalts bereits bei einem asymmetrischen Wechselmodell von der alleinigen Barunterhaltspflicht des nicht überwiegend betreuenden Elternteils abgesehen werden soll. Von einer Betreuung im asymmetrischen Wechselmodell soll nach dem Eckpunktepapier ausgegangen werden, wenn der Betreuungsanteil des mitbetreuenden Elternteils mehr als 29 % beträgt. Ab dieser

Schwelle soll die vorgeschlagene Neuregelung greifen (zu den Einzelheiten MAASS NZFam 2023, 913).

Dessen ungeachtet hat der BGH seine Rechtsprechung zur Berücksichtigung der Umgangskosten für Fälle **erweiterten Umgangs unterhalb der Schwelle des Wechselmodells** (zum Wechselmodell Rn 264 und BGH 11. 1. 2017 – XII ZB 565/15, FamRZ 2017, 437 zur Haftung für den Kindesunterhalt; WENDL/DOSE/KLINKHAMMER § 2 Rn 447 ff) weiterentwickelt. Danach kommt auch bei der Erweiterung des Umgangsrechts über das übliche Maß hinaus (zu Unrecht verneint von OLG Brandenburg 29. 9. 2016 – 13 UF 204/14, juris Rn 48 bei einem Anteil von ca 33 %) bei **nicht beengten wirtschaftlichen Verhältnissen** grundsätzlich kein Abzug der Umgangskosten vom Einkommen in Betracht. Nur dann, wenn der barunterhaltspflichtige Elternteil ein weit über das übliche Maß hinausgehendes Umgangsrecht wahrnehme, könnten im Rahmen der Billigkeit hiermit verbundene erhöhte Zusatzkosten in der Form berücksichtigt werden, sodass beim Kindesunterhalt eine **Herabstufung** um eine oder mehrere Einkommensgruppen der **Düsseldorfer Tabelle** erfolge oder auf eine sonst gebotene Hochstufung verzichtet werde (BGH 12. 3. 2014 – XII ZB 234/13, juris Rn 37, FamRZ 2014, 917, im dortigen Fall hatte der Vater einen Betreuungsanteil von 35 %; OLG Brandenburg 14. 4. 2022 – 9 UF 155/21, NZFam 2022, 975 m Anm NIEPMANN; OLG Düsseldorf 18. 5. 2015 – 7 UF 10/15, JAmt 2016, 169; VIEFHUES FuR 2019, 568, 576). Der **Bedarf des Kindes** könne im Übrigen noch weiter gemindert sein, wenn der unterhaltspflichtige Elternteil infolge des erweiterten Umgangsrechts dem Kind Leistungen erbringe, mit denen er dessen Unterhaltsbedarf in anderer Weise als durch Zahlung einer Geldrente erbringe, wobei hier insbesondere an **erhöhte Verpflegungskosten** zu denken sei. Etwaige Mehraufwendungen und damit verbundene Ersparnisse im Haushalt des betreuenden Elternteils seien jedoch so **konkret darzulegen**, dass es dem Familiengericht möglich sei, diese nach Maßgabe von §§ 113 Abs 1 S 2 FamFG, 287 ZPO zu schätzen (BGH 12. 3. 2014 – XII ZB 234/13, juris Rn 38 f, FamRZ 2014, 917; VIEFHUES jM 2014, 442, 446), was in der Praxis nur selten gelingen wird.

Vor diesem Hintergrund ist der Kindesunterhalt auch dann grundsätzlich in voller Höhe zu leisten, wenn sich das Kind im Rahmen einer Ferienregelung für längere Zeit bei dem umgangsberechtigten Elternteil aufhält (VÖLKER/CLAUSIUS, Sorge- und Umgangsrecht [8. Aufl 2021] § 2 Rn 147). Nach neuerer Ansicht (RUBENBAUER/DOSE FamRZ 2022, 1497, 1503 f mit Berechnungsbeispiel) wird in Fällen des erweiterten Umgangs eine **Kombination der gesetzlichen Regelungen in § 1606 Abs 3 S 1 und S 2 BGB** vorgeschlagen. Danach soll zunächst das durchschnittliche Verhältnis der Betreuungsanteile und sodann das Verhältnis der unterhaltsrelevanten Einkünfte nach Abzug des angemessenen Selbstbehalts ermittelt werden. Als Durchschnitt dieser beiden Werte soll dann die beiderseitige Unterhaltspflicht ermittelt werden. Es bleibt abzuwarten, wie sich der BGH in dieser Frage weiter positionieren wird. Letztlich sollte aber die Durchbrechung des Grundsatzes der alleinigen Barunterhaltspflicht des nicht überwiegend betreuenden Elternteils im Hinblick seine überdurchschnittlichen Betreuungsleistungen dem Gesetzgeber vorbehalten werden.

c) Kritik

Die zurückhaltende Berücksichtigung von Umgangskosten im Unterhaltsrecht stößt 163
– auch angesichts steigender Fälle von erweitertem Umgang mit hohen Betreuungsanteilen – zunehmend auf Kritik. So hat etwa auch der Vorstand des 15. DFGT (Ziffer 2c, noch weitergehend AK 15 Nr 10: voller Abzug) gefordert, Umgangskosten in „an-

gemessenem Umfang" beim Einkommen des Umgangsberechtigten zu berücksichtigen. In der Literatur wird zum Teil gefordert, die Umgangskosten grundsätzlich in voller Höhe unterhaltsrechtlich zu berücksichtigen und im Ergebnis beiden Elternteilen entsprechend ihrer jeweiligen Einkommensverhältnisse aufzuerlegen. Diese sollen als **trennungsbedingter Mehrbedarf** einen familienrechtlichen Ausgleichsanspruch unter den Eltern (Weychardt FPR 2006, 333) oder Mehrbedarf des Kindes (Spangenberg NZFam 2016, 341, 342; Lettmaier/Dürbeck FamRZ 2019, 81, 85 f) bzw Sonderbedarf des Kindes (Staudinger/Rauscher [2014] § 1684 Rn 139) begründen, für den beide Elternteile nach § 1606 Abs 3 S 1 BGB haften sollen. Hierfür spricht sicher, dass mit der Betonung des Kindesrechts auf Umgang in § 1684 Abs 1 BGB gefolgert werden könnte, dass damit auch eine anteilige Verantwortung der Eltern für das Umgangsrecht (BVerfG NJW 2002, 1863) durch eine gemeinsame Verantwortung auch für dessen Kosten einhergehe (Theurer FamRZ 2004, 1619, 1621; Staudinger/Rauscher [2014] § 1684 Rn 139). Der in § 1684 Abs 1 BGB angelegte **Konflikt zwischen Elternrechten und Kinderrechten** setzt sich damit im Unterhaltsrecht fort. Angesichts zunehmender gemeinsamer elterlicher Betreuung und der damit einhergehenden Ausweitung des Umgangsrechts erscheint die Forderung, Umgangskosten als Bedarf des Kindes zu werten, nicht unberechtigt. Gleichwohl wäre hier der Gesetzgeber gehalten, höhere Kinderbetreuungsanteile durch eine strukturelle Reform des Kindesunterhaltsrechts zu berücksichtigen. Das Unterhaltsrecht hat seinen Beitrag dazu zu leisten, dass das aus Art 6 Abs 2 GG folgende Umgangsrecht nicht vereitelt wird. Dies ist aber gegenwärtig durch die Rechtsprechung zum Unterhaltsrecht gewährleistet. Im Übrigen obliegt es dem Sozialstaat, einkommensschwache Umgangsberechtigte bei der Verwirklichung ihres Rechts zu unterstützen (siehe unten Rn 170 ff). Auch außerhalb der Frage der rechnerischen Berücksichtigung der Umgangskosten hat das Unterhaltsrecht Rücksicht auf das elterliche Umgangsrecht zu nehmen, wie dies etwa bei der Frage der Erwerbsobliegenheit für eine Nebenbeschäftigung am Wochenende im Rahmen der Zurechnung fiktiver Erwerbseinkünfte der Fall ist (vgl BVerfG 27. 8. 2014 – 1 BvR 192/12, juris Rn 22, FamRZ 2014, 1977; BGH 3. 12. 2008 – XII ZR 182/06, juris Rn 25, ZKJ 2009, 363).

4. Beteiligung des anderen Elternteils an den Umgangskosten

164 Hat sich der andere Elternteil an den erhöhten Kosten des Umgangs zu beteiligen, insbesondere weil er diese durch einen Wegzug veranlasst hat (vgl oben Rn 94) und das Umgangsrecht aufgrund knapper finanzieller Mittel des Berechtigten Gefahr läuft, faktisch vereitelt zu werden (BVerfG 5. 2. 2002 – 1 BvR 2029/00, FamRZ 2002, 4809 Rn 8), ist die Frage der Kostenbeteiligung des betreuenden Elternteils vorrangig im **Unterhaltsrecht** zu lösen (OLG Bremen 13. 4. 2016 – 5 UF 17/16, juris Rn 5, FamRZ 2017, 297; Johannsen/Henrich/Althammer/Rake § 1684 Rn 40). Ist das Umgangsrecht durch organisatorische Gegebenheiten (zB aufgrund großer Entfernung, der Umgangsberechtigte kann das Kind nicht abholen) gefährdet, ist eine Beteiligung des betreuenden Elternteils durch die Regelung über die Frage des **Holens und Bringens** des Kindes gemäß § 1684 Abs 3 BGB zu lösen (dazu unten Rn 245). Schwierig ist die Frage aber zu beantworten, ob auch außerhalb des Unterhaltsrechts rechtliche Möglichkeiten bestehen, den betreuenden Elternteil zu einer Kostenbeteiligung zu verpflichten.

164a Das *OLG Saarbrücken* (OLG Saarbrücken 22. 2. 2019 – 6 UF 145/18, NZFam 2019, 498) hat in einer jüngeren Entscheidung einer Mutter, die nach der Trennung vom Kindesvater mit dem Kind von Hannover in das ca 500 km entfernte Saarland verzogen war, auferlegt, das Kind alle sechs Wochen nach Beendigung des einwöchigen Umgangs beim Vater in Hannover wieder abzuholen, obwohl die Kindesmutter als Empfängerin von SGB II-Leistungen wirtschaftlich nicht imstande war, die Reisekosten zu tragen. Es hat – in Übereinstimmung mit dem Jugendamt – darauf verwiesen, dass die Kindesmutter einen Antrag auf Gewährung weiterer SGB II-Leistungen beim zuständigen Jobcenter stellen könne. Diese Vorgehensweise begegnet aber durchaus Bedenken. Umgangskosten stellen zwar sozialrechtlichen Mehrbedarf nach § 21 Abs 6 SGB II dar (s Rn 172), dabei ging der Gesetzgeber aber davon aus, dass die Kosten beim umgangsberechtigten und nicht beim betreuenden Elternteil entstehen (BT-Drucks 17/1465, 9). Ob der Kindesmutter im Fall des OLG Saarbrücken tatsächlich die entstehenden Reisekosten zur Abholung des Kindes als sozialrechtlicher Mehrbedarf erstattet werden, hat das OLG Saarbrücken nicht abgewartet, was sehr bedenklich ist. Auch hätte es nahegelegen, bei beidseitigem wirtschaftlichem Unvermögen zur Finanzierung der Reisekosten den Umgangsberechtigten auf dessen Finanzierung durch die Sozialbehörden zu verweisen, zumal keine Anhaltspunkte vorlagen, dass die Kindesmutter in Umgangsvereitelungsabsicht umgezogen ist, sondern sogar Gewalt durch den Kindesvater eingewendet hatte.

a) Elternvereinbarungen

Soweit eine Kostenbeteiligung des anderen Elternteils nach den oben genannten Grundsätzen angemessen und erforderlich ist, versucht die Praxis, hier entsprechende **einvernehmliche Regelungen** in gerichtlich gebilligte Umgangsvereinbarungen iSd § 156 Abs 2 FamFG aufzunehmen. Hier können die Eltern nicht nur Vereinbarungen hinsichtlich des Holens und Bringens bei größeren Entfernungen der Wohnorte, treffen (OLG Frankfurt FamRZ 1988, 866; OLG Zweibrücken FamRZ 1997, 32; OLG Zweibrücken FamRZ 1998, 1465; OLG Zweibrücken FamRZ 1998, 975). Auch Kostenregelungen können dort getroffen werden. Sie können nach privatrechtlichen Grundsätzen auch außergerichtlich, zB im Rahmen einer Scheidungsfolgenvereinbarung geregelt werden und bedürfen keiner gerichtlichen Genehmigung (Viefhues jM 2014, 442, 446). Sie verstoßen grundsätzlich nicht gegen die guten Sitten (§ 138 BGB; OLG Zweibrücken FamRZ 1998, 1465, 1466) und entsprechende Ansprüche auf Kostenerstattung können dann auch **eingeklagt** werden (vgl OLG Brandenburg 3. 11. 2014 – 3 UF 55/14, juris). Sie sind in diesem Fall rein **schuldrechtlicher** Natur (OLG Zweibrücken FamRZ 1998, 1465, 1466). 165

Soweit solche Vereinbarungen zwischen den Eltern schuldrechtlicher Natur sind, können sie nicht widerrufen oder gekündigt, sondern nur bei Unzumutbarkeit aufgrund von Störungen, die nicht in den Risikobereich eines der Elternteile fallen, nach den Grundsätzen vom **Wegfall der Geschäftsgrundlage** (zB wegen Veränderungen der Einkommenssituation) gemäß § 313 BGB angepasst werden (Büte, Das Umgangsrecht bei Kindern geschiedener oder getrennt lebender Eltern [2005] Rn 173). Eine nicht vorhergesehene zeitliche Erstreckung der Umgangsbefugnis ist bei angemessener Leistungsfähigkeit des Verpflichteten kein solcher Grund (OLG Zweibrücken FamRZ 1998, 1465, 1467).

b) Begründung von Kostenbeteiligungspflichten im Umgangsverfahren

Wenig erörtert im Schrifttum (zuletzt aber Opitz NZFam 2022, 305) wurde bisher die Frage, ob das Familiengericht im Rahmen eines Umgangsverfahrens berechtigt ist, eine Kostenbeteiligungspflicht des betreuenden Elternteils im Rahmen eines Umgangs- 166 verfahrens zu begründen. Dies ist in der obergerichtlichen Rechtsprechung anlässlich von Entscheidungen zum Umgangsrecht bereits geschehen (vgl OLG Nürnberg 26. 11. 2013 – 10 UF 173/13, juris Rn 22, FamRZ 2014, 858: Erstattung jedes dritten Fluges; OLG Brandenburg 15. 10. 2009 – 9 UF 61/09, juris Rn 30 ff, NJW-RR 2010, 148: 45 EUR mtl), ohne aber die rechtliche Möglichkeit einer solchen Anordnung näher zu hinterfragen. Dem kann nicht zugestimmt werden. Gegenstand einer Umgangssache iSd § 151 Nr 2 FamFG ist allein die Entscheidung über den Umgang mit dem Kind. Zwar kann das Familiengericht nach § 1684 Abs 3 S 2 BGB (vollstreckbare) Anordnungen zur Erfüllung des Wohlverhaltensgebots des Abs 2 anordnen. Insoweit ließe sich argumentieren, dass die Verpflichtung des betreuenden Elternteils, sich zur Realisierung des Umgangsrechts an den Kosten des Umgangs zu beteiligen, aus dem aus Abs 2 folgenden Gebot zur aktiven Förderung des Umgangs herzuleiten sei. Dies dürfte jedoch gleichwohl nicht der Fall sein. § 1684 BGB beinhaltet unmittelbar keine Befugnis des Familiengerichts, über die Finanzierung des Umgangs zu entscheiden. Wäre dem so, müsste das Familiengericht die Einkommens- und Vermögensverhältnisse umfassend nach unterhaltsrechtlichen Maßstäben aufklären. Dies würde auch das Kindschaftsverfahren in erheblicher Weise verzögern und dem **Beschleunigungsgebot** von § 155 Abs 1 FamFG eklatant widersprechen (zutreffend daher OLG Bremen 13. 4. 2016 – 5 UF 17/16, juris Rn 3 ff, FamRZ 2017, 297). Ob es damit überhaupt an einer Rechtsgrundlage für eine Kostenbeteiligung des anderen Elternteils mangelt (OLG Bremen 13. 4. 2016 – 5 UF 17/16, juris Rn 3 ff, FamRZ 2017, 297; Johannsen/Henrich/Althammer/Rake § 1684 Rn 40; Ehinger, in: Ehinger/Rasch/Schwonberg/Siede, Handbuch Unterhaltsrecht [8. Aufl 2018] Rn 1.334; Lettmaier/Dürbeck FamRZ 2019, 81, 82), wäre mit der Rechtsprechung des BVerfG (BVerfG 5. 2. 2002 – 1 BvR 2029/00, FamRZ 2002, 809) zur Verhinderung einer faktischer Vereitelung der Umgangswahrnehmung aus wirtschaftlichen oder organisatorischen Gründen nur schwer in Einklang zu bringen. Nach hier vertretener Ansicht sollte an die Rechtsprechung des BGH zur Herleitung eines Schadensersatzanspruchs aus der Verletzung der durch das gesetzliche Umgangsrechtsverhältnis folgenden Wohlverhaltenspflicht angeknüpft werden (BGH 19. 6. 2002 – XII ZR 173/00, FamRZ 2002, 1099, vgl oben Rn 38) und aus diesem **gesetzlichen Schuldverhältnis familienrechtlicher Art** ein Anspruch auf Kostenbeteiligung hergeleitet werden. Dieser Anspruch wäre dann als sonstige Familiensache nach § 266 Abs 1 Nr 3 bzw Nr 5 FamFG vor dem Familiengericht geltend zu machen (OLG Frankfurt 8. 2. 2022 – 6 WF 14/22, NZFam 2022, 304 m Anm Opitz; vgl dazu auch Prütting/Helms/Heiter § 266 FamFG Rn 58; Heiss FPR 2011, 96, 99).

5. Einkommensteuerrecht

a) Keine Abzugsfähigkeit als außergewöhnliche Belastungen

167 Nach Streichung von § 33a Abs 1a EStG (StRG 1990, BGBl 1988 I 1093) fehlt es an einer die Umgangskosten individuell berücksichtigenden einkommensteuerrechtlichen Regelung. Der Gesetzgeber begründet dies damit, dass der Kinderfreibetrag und das den hieraus resultierenden Steuereffekt damals in 95 % der Fälle übersteigende Kindergeld mehrfach angehoben worden seien und Aufwendungen zur Pflege des Eltern-Kind-Verhältnisses hierdurch abgegolten seien (BT-Drucks 11/2157, 150; BFH FamRZ 1997, 21).

Der **Bundesfinanzhof** lehnt bis heute in ständiger Rechtsprechung eine Berücksichtigung der Umgangskosten als **außergewöhnliche Belastungen** iSd § 33 Abs 1 EStG ab; es handele sich nicht um zwangsläufige außergewöhnliche Aufwendungen, da diese der typischen Lebensführung zuzuordnen seien und – unabhängig von ihrer Höhe – nicht nach Art und Grund außergewöhnlich seien (BFH FamRZ 1997, 21; BFHE 180, 551; BFH FamRZ 2008, 151; BFH 11. 1. 2011 – VI B 60/10, juris Rn 3 f, FamRZ 2011, 641; BFH 15. 2. 2012 – VI B 111/11, juris Rn 4, FamRB 2012, 344; zweifelnd noch BFH NV 2004, 1635; Schmidt/Loschelder § 33 EStG Rn 90 „Kinder"; **aA** Brandis/Heuermann/Baldauf [2022] § 33 EStG Rn 257; kritisch NK-BGB/Geissler Anhang §§ 1684 ff Rn 7; Lettmaier/Dürbeck FamRZ 2019, 81, 88; Staudinger/Rauscher [2014] § 1684 Rn 154). Erst recht gilt dies für Umgangskosten von Großeltern (BFH FamRZ 2009, 1139). In der finanzgerichtlichen Rechtsprechung finden sich hingegen Ansätze zu einer Differenzierung, soweit durch Wegzug des betreuenden Elternteils mit dem Kind ins Ausland **außergewöhnlich hohe Umgangskosten** entstehen (FG Hessen EFG 2006, 1249, allerdings nicht bestätigt durch BFH 27. 9. 2007 – III R 30/06, BFH/NV 2008, 539; **aA** aber FG Niedersachsen 5. 12. 2018 – 3 K 15/18, EFG 2019, 344). Wohl unumstritten fehlt es hingegen beim Umgang von *Großeltern* mit dem Enkel bereits an der Zwangsläufigkeit (FG Schleswig-Holstein EFG 2008, 131, 132).

Anerkannt als außergewöhnliche Belastung hatte der *BFH* noch zu § 1711 aF dagegen die Kosten der **gerichtlichen Durchsetzung** des Umgangsrechts (BFH 4. 12. 2001 – III R 31/00, juris Rn 20 ff, DB 2002, 1137) und für Besuchsfahrten zu kranken Angehörigen, die der Heilung und Linderung der Erkrankung dienen (BFH 2. 3. 1984 – VI R 158/80, BFHE 149, 556: Ehegatte), was sich auf Kinder übertragen lässt (NK-BGB/Peschel-Gutzeit/Ebeling § 1684 Rn 12; NK-BGB/Geissler Anh §§ 1684 ff Rn 7). An dieser Rechtsprechung hat der BFH aber in der Folgezeit nicht festgehalten und den Kosten für die gerichtliche und außergerichtliche Durchsetzung die Anerkennung als außergewöhnliche Belastung versagt (BFH 10. 3. 2016 – VI R 38/13, juris Rn 18 ff, FamRZ 2016, 1359; BFH 1. 11. 2011 – VI B 60/10, juris Rn 6, FamRZ 2011, 641; Brandis/Heuermann/Baldauf [2022] § 33 EStG Rn 222). Eine Anerkennung der Kosten eines gerichtlichen Umgangsverfahrens zieht der BFH nur für den Fall in Erwägung, dass dem umgangsberechtigten Elternteil der Umgang gänzlich verweigert wird (BFH 10. 3. 2016 – VI R 38/13, juris Rn 20 und 23, FamRZ 2016, 1359).

Diese Rechtslage gilt nunmehr nach der gesetzlichen Neufassung von § 33 Abs 2 S 4 EStG zum 1. 1. 2013 (BGBl 2013 I 1809) auch dann, wenn das Umgangsrecht im Scheidungsverbund (§ 137 Abs 3 FamFG) geltend gemacht wird, weil § 33 Abs 2 S 4 EStG nF die steuerliche Berücksichtigung der Scheidungskosten ausschließt (BFH 18. 5. 2017 – VI R 9/16, juris Rn 7 ff, FamRZ 2017, 1627).

Das *FG Düsseldorf* (FG Düsseldorf 13. 3. 2018 – 13 K 3024/17 E, juris Rn 14 ff) ist hiervon jedoch in einer jüngeren Entscheidung abgewichen und hat die Kosten für die Rückführung eines Kindes nach dem HKÜ und für ein damit im Zusammenhang stehendes Umgangsverfahren als aus dem Kernbereich menschlichen Lebens berührende tatsächliche Zwangslage gesehen, die im Rahmen von § 33 Abs 2 S 4 EStG zu berücksichtigen seien. Der *BFH* (BFH 13. 8. 2020 – VI R 15/18, NJW 2021, 110) ist dem jedoch nicht gefolgt. Unter Existenzgrundlage im Sinne dieser Rechtsnorm sei lediglich die Gefährdung der materiellen Lebensgrundlage des Steuerpflichtigen zu verstehen, sodass immaterielle Erwägungen hier nicht zu berücksichtigen seien. Ausnahmen werden angesichts der klaren Haltung des BFH hier künftig nicht mehr in Erwägung gezogen werden können, auch wenn das elterliche Umgangsrecht den Kernbereich des menschlichen Lebens tangiert.

b) Verlagerung der Begründung: Abgeltung durch Familienleistungsausgleich

168 Während der BFH vor Inkrafttreten des KindRG bereits die Zwangsläufigkeit der Umgangsaufwendungen in Zweifel gezogen hatte (BFHE 148, 22), verlagerte sich die Argumentation ausschließlich auf die Außergewöhnlichkeit iSd § 33 EStG; auch der BFH ging angesichts der Umgangspflicht jedes Elternteils von der *Zwangsläufigkeit* aus. Gleichwohl handele es sich im Gegensatz zu Verfahrenskosten im Streit um den Umgang oder Krankheitskosten nicht um *außergewöhnliche* Aufwendungen (BFH 15. 2. 2012 – VI B 111/11, juris Rn 4, FamRB 2012, 344; BFHE 180, 551; BFH FamRZ 2008, 151; FG Köln 18. 12. 2006 – 7 K 1426/06, DStRE 2007, 1014; FG Baden-Württemberg EFG 2011, 712).

Dem allgemeinen Gleichheitssatz (Art 3 Abs 1 GG), aus dem sowohl das objektive als auch ein subjektives Nettoprinzip der Besteuerung herzuleiten ist, genüge der geltende Familienleistungsausgleich, ohne dass es einer Berücksichtigung dieser Aufwendungen als außergewöhnliche Belastungen bedürfe. Auch im Bereich eines am subjektiven Nettoprinzip zu messenden, der Privatsphäre (allgemeine Lebensführung) zuzuordnenden Aufwands könne der Gesetzgeber generalisierende, typisierende und pauschalierende Regelungen treffen; hierdurch unterscheide sich das Steuerrecht auch vom Sozialrecht, in dem Umgangskosten als Mehrbedarf anerkannt sind. Der Gesetzgeber müsse zwar das Existenzminimum eines Kindes steuerlich berücksichtigen; die Entscheidung, Aufwendungen eines getrenntlebenden Elternteils für den Umgang als durch den Familienleistungsausgleich abgegolten anzusehen, liege jedoch im Rahmen des gesetzgeberischen Regelungsspielraums (BFH 15. 2. 2012 – VI B 111/11, juris Rn 6 ff, FamRB 2012, 344).

c) Verstoß gegen Art 6 Abs 2 GG?

169 Die Auffassung des BFH zur Nichtabzugsfähigkeit der Umgangskosten erscheint nicht unproblematisch. Unter Zugrundelegung der nach dem Existenzminimumbericht ermittelten und aus dem Sozialrecht hergeleiteten Freibeträge sind gerade Umgangskosten nicht im Regelsatz enthalten (BSG 7. 11. 2006 – B 7 b AS 14/06 R, FamRZ 2007, 465), sondern stellen sozialrechtlichen Mehrbedarf nach § 21 Abs 6 SGB II dar. Soweit hierin die Umgangskosten nicht über das sozialrechtliche Grundsystem steuerrechtlich generalisierend abgebildet worden sind, müssten sie im Hinblick auf Art 6 Abs 2 GG zum steuerlichen Abzug zugelassen werden, soweit sie der Höhe nach außergewöhnlich sind, wodurch auch ein Gleichlauf zwischen Steuer- und Sozialrecht hergestellt werden würde.

6. Sozialrecht

a) Umgangskosten im Sozialrecht

170 Bereits im früheren Sozialhilferecht war der Anspruch auf Zahlung angemessener Umgangskosten, insbesondere Fahrtkosten, dem Grunde nach anerkannt (zur Entwicklung Jansen FPR 2009, 144; Geiger ZfSH/SGB 2017, 255; Lettmaier/Dürbeck FamRZ 2019, 81, 86). Unter Geltung des BSHG wurden Umgangskosten aber nicht – wie heute – als **Mehrbedarf** behandelt, sondern es wurde der Regelsatz (§ 22 Abs 1 S 2 BSHG aF) erhöht, soweit dies im Einzelfall geboten war, wobei die von den Eltern getroffene oder gerichtlich angeordnete Umgangsregelung für die Häufigkeit der Bedarfsentstehung maßgeblich war (BVerfG 25. 10. 1994 – 1 BvR 1197/93, FamRZ 1995, 86). Allerdings ergaben sich aus der Rechtsprechung vor dem Übergang vom BSHG zur Grundsicherung nach SGB II zum 1. 1. 2005 streitige Beurteilungsmaßstäbe für die

Häufigkeit der durch Sozialhilfe zu unterstützenden Besuche. Entgegen der früheren Ansicht des BVerwG (BVerwGE 92, 97, 100 ff) hat auf hiergegen gerichtete Verfassungsbeschwerden das BVerfG (BVerfG NJW 1995, 1342) die Begrenzung auf Hilfe zum Lebensunterhalt für regelmäßig nur einen Besuch pro Monat als offensichtlich gegen Art 6 Abs 2 S 1 GG verstoßend angesehen. Im Sozialhilferecht ist danach das von Art 6 Abs 2 S 1 GG geschützte Maß des – auch ohne gerichtliche Regelung – zwischen den Eltern vereinbarten Umgangs zu berücksichtigen, wobei ein angemessener Interessenausgleich zwischen den Interessen des Kindes, des Umgangsberechtigten und des Grundsicherungsträgers zu erfolgen hat, der aber eine unbeschränkte Sozialisierung von Scheidungsfolgekosten vermeidet (BSG FamRZ 2007, 465; SG Berlin 5. 7. 2007 – S 37 AS 13620/07 ER, juris).

Durch die Neuordnung der Grundsicherungssysteme durch das SGB II und das SGB XII war eine Neuorientierung veranlasst, die dazu führte, dass das BSG im Jahr 2006 (BSG 7. 11. 2006 – B 7 b AS 14/06 R, juris Rn 19, FamRZ 2007, 465) eine Lösung über eine Erhöhung der Regelleistung zur Sicherung des Lebensunterhaltes außerhalb der ausdrücklich gesetzlich geregelten Fälle verwarf und mangels anderer spezieller Rechtsgrundlage auf eine Anwendung der allgemeinen Ermessensvorschrift von § 73 SGB XII (Hilfe in sonstigen Lebenslagen) verwies. Hier müsse – auch in Ansehung der Fahrtkosten – hinsichtlich des Umgangs zwischen den **Ansprüchen des Kindes** und Ansprüchen des **Umgangsberechtigten** differenziert werden. Hinsichtlich der zusätzlichen Lebenshaltungskosten für die Zeiten, in denen das Kind sich bei dem Umgangsberechtigten aufhielt (insbesondere Verpflegung, Kleidung), entwickelte das BSG zur Stärkung des elterlichen Umgangsrechts die sog **temporäre Bedarfsgemeinschaft** im Rahmen von § 7 Abs 3 Nr 4 SGB II (siehe dazu unten Rn 171). Nachdem das BVerfG im Jahr 2010 (BVerfG 9. 2. 2010 – 1 BvL 1/09, juris Rn 204, NJW 2010, 505) entschieden hatte, dass es mit Art 1 Abs 1, 20 Abs 1 GG unvereinbar ist, dass das SGB II keinen Anspruch auf Leistungen zur Sicherstellung eines zur Deckung des menschenwürdigen Existenzminimums unabweisbaren, laufenden, nicht nur einmaligen, **besonderen Bedarfs** gewährt, hat der Gesetzgeber hierauf reagiert und hat in **§ 21 Abs 6 SGB II**, der seit 3. 6. 2010 gilt (BGBl 2010 I 671), bestimmt, dass ein **Mehrbedarf** anerkannt wird, soweit im Einzelfall ein *unabweisbarer, laufender, nicht nur einmaliger besonderer Bedarf* besteht. Nach S 2 der Bestimmung soll ein Mehrbedarf dann unabweisbar sein, wenn er insbesondere nicht durch die Zuwendungen Dritter sowie unter Berücksichtigung von Einsparmöglichkeiten der Leistungsberechtigten gedeckt werden kann und seiner Höhe nach erheblich von einem durchschnittlichen Bedarf abweicht. Die **Kosten für die Wahrnehmung des Umgangsrechts** wurden dabei ausdrücklich in den Gesetzesmaterialien als Anwendungsfall für einen Mehrbedarf erwähnt (BT-Drucks 17/1465, 9). Für den Bereich des SGB XII fehlt aber eine gesetzliche Regelung des Mehrbedarfs, hier wurde früher zum Teil auf § 73 SGB XII abgestellt (SG Aachen 1. 10. 2013 – S 20 SO 2/13, juris Rn 36 ff), während heute vorwiegend § 27a Abs 4 Nr 2 SGB XII angewendet wird (LSG Baden-Württemberg 17. 4. 2019 – L 2 SO 4004/18, juris Rn 30; ebenso Schmidt NJW 2020, 812, 815; Wrackmeyer/Schoene in Grube/Wahrendorf/Flint SGB XII [7. Aufl 2020] § 27a SGB XII Rn 62; BeckOK-Sozialrecht/Kaiser [1. 6. 2023] § 73 SGB XII Rn 5). Danach wird der Regelsatz abweichend von der maßgebenden Regelbedarfsstufe festgesetzt, wenn ein durch die Regelbedarfe abgedeckter Bedarf nicht nur einmalig, sondern für eine Dauer von voraussichtlich mehr als einem Monat unausweichlich in mehr als geringem Umfang oberhalb durchschnittlicher Bedarfe liegt, wie sie sich nach den bei der Ermittlung der Regelbedarfe zugrundeliegenden durchschnittlichen Verbrauchsausgaben ergeben, und die dadurch bedingten Mehraufwendungen begründbar nicht anderweitig ausgeglichen werden können. Inhaltlich gelten aber auch hier uneingeschränkt die in Rn 170 ff dargestellten Grundsätze entsprechend.

b) Regelbedarf des Kindes – temporäre Bedarfsgemeinschaft

171 Nach der in vorstehender Rn 170 geschilderten Begründung der **temporären Bedarfsgemeinschaft** durch das BSG ist diese heute fester Bestandteil des Sozialrechts (vgl Wissenschaftliche Dienste des Deutschen Bundestages v 8. 12. 2016 – WD 6 – 3000 – 139/16). In Ansehung des Regelbedarfs besteht demnach ein **Anspruch des Kindes** auf Sozialgeld (Regelbedarf) in Höhe von *1/30* für *jeden Tag* der Zugehörigkeit in der Bedarfsgemeinschaft des Umgangsberechtigten *mit mehr als zwölf Stunden* (BSG 14. 12. 2021 – B 14 AS 73/20 R, FamRZ 2022, 1106 Rn 18 ff; BSG 6. 8. 2014 – B 4 AS 55/13 R, juris Rn 32, BSGE 116, 254; BSG 2. 7. 2009 – B 14 AS 75/08 R, juris Rn 16, NJW 2010, 2381; Schürmann, Sozialrecht für die familienrechtliche Praxis [2. Aufl 2022] Rn 785 ff mit Berechnungsbeispielen; Schmidt NJW 2020, 812, 814; Merold FamRZ 2016, 1986). Zu betonen ist, dass es sich nicht um einen Anspruch des Umgangsberechtigten handelt, sondern des Kindes. Der **verfahrensrechtlichen Geltendmachung** durch den Umgangsberechtigten dient die zum 1. 1. 2011 neu geschaffene Vorschrift des **§ 38 Abs 2 SGB II**, wonach für Leistungen an Kinder im Rahmen der Ausübung des Umgangsrechts die umgangsberechtigte Person die Befugnis hat, Leistungen nach dem SGB II zu beantragen und entgegenzunehmen, soweit das Kind (im Rahmen des Umgangs) seinem Haushalt angehört (Schellhorn FuR 2007, 193). Sie bezieht sich jedoch nur auf das *sozialverwaltungsrechtliche Verfahren* und eröffnet keine Befugnis zur Vertretung des Kindes vor den *Sozialgerichten* (BSG 2. 7. 2009 – B 14 AS 54/08 R, juris Rn 22, NJW 2010, 1306 zu § 38 S 1 SGB II aF; LSG Berlin-Brandenburg 29. 11. 2013 – L 32 AS 2879/13 B ER, juris Rn 25; OLG Saarbrücken 6. 5. 2016 – 9 WF 91/15, juris Rn 13, FamRZ 2017, 286; Schmidt NJW 2014, 2465, 2467; Münder NZS 2008, 617, 622). Da es sich auch um keine Frage der tatsächlichen Betreuung iSd § 1687 Abs 1 S 4 BGB handelt (BSG 2. 7. 2009 – B 14 AS 54/08 R, juris Rn 22, NJW 2010, 1306; MünchKomm-BGB/Hennemann § 1687 Rn 17), ist bei gemeinsamem Sorgerecht bei fehlender Zustimmung des betreuenden Elternteils eine Übertragung der Entscheidung nach § 1628 BGB erforderlich (Schmidt NJW 2020, 812, 815). Ist der umgangsberechtigte Elternteil nicht Mitinhaber der elterlichen Sorge, besteht nach gegenwärtiger Rechtslage keine gesetzliche Möglichkeit einer gerichtlichen Geltendmachung des Sozialhilfeanspruches des Kindes durch den Umgangsberechtigten (OLG Saarbrücken 6. 5. 2016 – 9 WF 91/15, juris Rn 16 f, FamRZ 2017, 286), was im Hinblick auf Art 6 Abs 2 GG und Art 3 Abs 1 GG erhebliche verfassungsrechtliche Zweifel an der Regelung aufkommen lässt. Die bislang nur richterrechtlich entwickelte temporäre Bedarfsgemeinschaft sollte angesichts ihrer Bedeutung in der Praxis dringend gesetzlich im SGB II verankert werden (vgl dazu Dern/Fuchsloch SGb 2017, 61; Treichel NZFam 2016, 1128, 1131 und Geiger ZfSH/SGB 2017, 255, 256 jeweils auch zu einem inzwischen verworfenen Gesetzesentwurf der Bundesregierung).

c) Fahrtkosten als Mehrbedarf

172 Nach der Einfügung von § 21 Abs 6 SGB II (siehe oben Rn 170) besteht heute kein Zweifel daran, dass **Fahrtkosten**, die zur Ausübung des Umgangsrechts anfallen und notwendig sind, als sozialrechtlicher **Mehrbedarf** beansprucht werden können (BSG 4. 6. 2014 – B 14 AS 30/13 R, juris Rn 30, FamRZ 2014, 2003; BSG 18. 11. 2014 – B4 AS 4/14 R, juris Rn 15, FuR 2015, 367; Merold FamRZ 2016, 1986, 1987). Die im Rahmen von § 21 Abs 6 S 2

SGB II zu prüfende Frage, ab wann ein Mehrbedarf *„unabweisbar“* ist, war in der Vergangenheit in der Praxis streitig, weil von den Sozialbehörden die Auffassung vertreten wurde, es existiere eine *Bagatellgrenze* von 10 % des maßgebenden Regelsatzes (vgl zum früheren Streitstand Schmidt NJW 2014, 2465, 2466; Karl jM 2014, 467). Einer solchen Bagatellgrenze hat das BSG (BSG 4. 6. 2014 – B 14 AS 30/13 R, juris Rn 30 ff, FamRZ 2014, 2003) aber zu Recht eine Absage erteilt und im Übrigen hinsichtlich der Höhe von Fahrtkosten mit dem Pkw entschieden, dass entsprechend **§ 5 Abs 1 BRKG** *0,20 EUR pro gefahrenen Kilometer* beansprucht werden können. Im Hinblick auf das in § 21 Abs 6 S 2 SGB II vorgesehene Gebot, Einsparmöglichkeiten zu nutzen, ist aber von *Einsparungsmöglichkeiten* Gebrauch zu machen und – falls kostengünstiger – sind *öffentliche Verkehrsmittel* zum Abholen und Bringen des Kindes zu nutzen (BSG 18. 11. 2014 – B4 AS 4/14 R, juris Rn 21, FuR 2015, 367 mit sehr ausführlicher Begründung; BSG 11. 2. 2015 – B 4 AS 27/14 R, juris Rn 24, FuR 2015, 549; vgl dazu auch Merold FamRZ 2016, 1986, 1987 f; Geiger ZfSH/SGB 2017, 255, 261). Auch kann sich sozialrechtlich die Frage stellen, ob dem Kind zugemutet werden kann, allein unter Nutzung öffentlicher Verkehrsmittel zu dem umgangsberechtigten Elternteil anzureisen (bejaht von LSG Bayern 25. 6. 2010 – L 7 AS 404/10 B ER, juris Rn 25 bei 14-jährigem Kind; weitere Nachw bei Schmidt NJW 2014, 2465, 2466).

Zu berücksichtigen bleibt dennoch weiterhin die **Entfernung** zwischen dem Wohnort des Kindes und dem des Umgangselternteils (vgl schon DIJuF-Rechtsgutachten JAmt 2005, 24, 25). Die Eltern können insbesondere nicht in dem Bewusstsein, dass die Reisekosten ihnen nicht zur Last fallen, ein Umgangsrecht vereinbaren, das in dieser Weise in ausreichenden, aber bescheidenen wirtschaftlichen Verhältnissen nicht vereinbart worden wäre (vgl etwa LSG Baden-Württemberg 3. 8. 2010 – L 13 AS 3318/10 ER-B, juris Rn 4, SRa 2011, 76; OVG Münster NJW 1991, 190, 191: zunehmende Entfernung verändert Angemessenheit). Zum Umfang des Mehrbedarfs bei Umgängen im Ausland und bei weiter Entfernung vgl unten Rn 173.

Ob Fahrtkosten auch dann als sozialrechtlicher Mehrbedarf beansprucht werden **172a** können, wenn der betreuende Elternteil aufgrund einer Vereinbarung oder gerichtlichen Umgangsregelung verpflichtet ist, das Kind zum Umgangsberechtigten zu bringen und dort wieder abzuholen, ist bislang nicht hinterfragt worden. Dass es hierbei um eine Frage von praktischer Relevanz handelt, zeigt eine aktuelle Entscheidung des *OLG Saarbrücken* (OLG Saarbrücken 22. 2. 2019 – 6 UF 145/18, NZFam 2019, 498). Dort war einer Mutter, die nach der Trennung vom Kindesvater mit dem Kind von Hannover in das ca 500 km entfernte Saarland verzogen war, auferlegt worden, das Kind alle sechs Wochen nach Beendigung des einwöchigen Umgangs beim Vater in Hannover wieder abzuholen, obwohl die Kindesmutter als Empfängerin von SGB II-Leistungen wirtschaftlich nicht dazu imstande war, die Reisekosten zu tragen. Das OLG Saarbrücken hat – in Übereinstimmung mit dem Jugendamt – darauf verwiesen, dass die Kindesmutter einen Antrag auf Gewährung weiterer SGB II-Leistungen beim zuständigen Jobcenter stellen könne. Ob der Kindesmutter dieser Mehrbedarf tatsächlich bewilligt worden ist, ist nicht bekannt. Soweit der Kindesvater im dortigen Fall nicht dazu imstande gewesen sein sollte, die Reisekosten für das Holen und Bringen des Kindes selbst zu finanzieren, hätte es nahegelegen, ihn auf die Finanzierung durch die Sozialbehörden zu verweisen, zumal es in der Sache um die Realisierung seines Umgangsrechts geht.

d) Umgangskosten bei weiter Entfernung (Ausland)

173 Umgangskosten sind grundsätzlich auch dann sozialrechtlich als Mehrbedarf zu qualifizieren, wenn der Wohnsitz von Umgangsberechtigten und betreuendem Elternteil weit voneinander entfernt liegt (BSG 11. 2. 2015 – B 4 AS 27/14 R, juris Rn 18 ff, SGb 2016, 155 für noch nicht dauerhaft getrenntlebende Ehegatten). Dies gilt im Hinblick auf Art 6 Abs GG, 9 Abs 3 UN-KRK, 7 EU-GR-Charta auch für einen **im Ausland** stattfindenden Umgang mit dem Kind (BSG 11. 2. 2015 – B 4 AS 27/14 R, juris Rn 18, SGb 2016, 155; LSG Rheinland-Pfalz 24. 10. 2010 – L 1 SO 133/10 B ER, juris Rn 11 ff, FamRZ 2011, 1098: USA; LSG Thüringen 12. 11. 2007 – L 8 SO 90/07 ER, juris 22, 26, FEVS 54, 416: Österreich; Sokolowski ZESAR 2013, 266; Geiger ZfSH/SGB 2017, 255, 262). Er erfasst dann insbesondere auch **Flugkosten, Kosten für die Übernachtung im Hotel**, Kosten für die **Benutzung öffentlicher Verkehrsmittel** am Umgangsort und Verpflegungsmehraufwand (Sokolowski ZESAR 2013, 266, 270). Allerdings muss hier im Hinblick auf die Häufigkeit von Umgangskontakten eine Besserstellung des Arbeitssuchenden gegenüber erwerbstätigen Umgangsberechtigten auch zur Verhinderung von Missbräuchen und der Verlagerung des Unterhalts auf die staatliche Gemeinschaft im Einzelfall beachtet werden (BVerfG 25. 10. 1994 – 1 BvR 1197/93, juris Rn 24, FamRZ 1995, 86; LSG Thüringen 12. 11. 2007 – L 8 SO 90/07 ER, juris 22, 26, FEVS 54, 416; Schmidt NJW 2014, 2465, 2467). Es kann auch im Einzelfall eine Obliegenheit für den Leistungsberechtigten bestehen, zur Verringerung der Entfernung zum Kind in dessen Nähe **umzuziehen** (LSG Nordrhein-Westfalen 26. 11. 2021 – L 21 AS 2060/18, juris Rn 58, NZFam 2022, 281).

e) Zusätzlicher Bedarf für Kosten der Unterkunft und Heizung

174 Schließlich kommt neben dem Mehrbedarf nach § 21 Abs 6 SGB II auch ein Anspruch für einen zusätzlichen Bedarf für die durch den Umgang erhöhten **Kosten der Unterkunft und Heizung** nach § 22 Abs 1 SGB II in Betracht (vgl dazu BSG 14. 12. 2021 – B 14 AS 73/20 R, FamRZ 2022, 1106 Rn 34; Merold FamRZ 2016, 1986, 1988; Schmidt NJW 2020, 812, 814). Das BSG hat inzwischen die vormalige Streitfrage, ob es sich um einen Anspruch des Kindes oder des umgangsberechtigten Elternteils handelt (vgl dazu Roselt/Wienemann FamRB 2014, 307, auch zu Fragen der Berechnung), dahin geklärt, dass dieser Anspruch dem *Elternteil* zugeordnet ist (BSG 17. 2. 2016 – B 4 AS 2/15 R, juris Rn 21 ff, FamRZ 2016, 904). Er besteht, wenn für die Ausübung des Umgangsrechts *zusätzlicher Wohnraum- und Heizungsbedarf* entsteht. Praktizieren die Eltern ein sog *Nestmodell,* so können von dem bedürftigen Elternteil (nur) die Hälfte der Kosten der Miete der vormaligen Ehewohnung und die Hälfte der Zweitwohnung beansprucht werden (LSG Niedersachsen-Bremen 19. 5. 2017 – L 11 AS 245/17 B ER, juris Rn 20 f, FamRZ 2017, 1886).

174a Das *BSG* (BSG 29. 8. 2019 – B 14 AS 43/18 R, FamRZ 2020, 378) hat sich auch bereits mit der Frage beschäftigt, unter welchen Voraussetzungen einem Vater, der ein Umgangsrecht mit seinem Kind jedes zweite Wochenende und unregelmäßig in den Ferien und an Feiertagen ausübt, gemäß § 22 Abs 1 Satz 3 SGB II darauf verwiesen werden kann, in eine kleinere Wohnung als die bisher über § 22 SGB II finanzierte, 70 m^2 große Wohnung zu ziehen. Gemäß § 22 Abs 1 S 3 SGB II sind Aufwendungen für die Unterkunft und Heizung, die den der Besonderheit des Einzelfalles angemessenen Umfang übersteigen, als Bedarf nur so lange anzuerkennen, wie es der oder dem alleinstehenden Leistungsberechtigten oder der Bedarfsgemeinschaft nicht möglich oder nicht zuzumuten ist, durch einen Wohnungswechsel, durch Vermieten oder auf andere Weise die Aufwendungen zu senken, in der Regel jedoch längstens für sechs Monate. Die Ermittlung des angemessenen Umfangs der Aufwendungen für die Unterkunft soll nach Ansicht des BSG in zwei Schritten erfolgen. Zunächst seien die abstrakten Aufwendungen für die Unterkunft (Bruttokaltmiete) zu ermitteln und sodann die konkrete (subjektive) Angemessenheit dieser Aufwendungen im Einzelfall im Vergleich mit den tatsächlichen Aufwendungen zu prüfen, wobei hier insbesondere auch die Zumutbarkeit eines etwaigen Umzuges einzubeziehen sei. Bei der Bestimmung der abstrakt angemessenen Wohnungsgröße sei das Kind, wenn das Umgangsrecht nicht im Sinne eines Wechselmodells ausgeübt werde (vgl BSG 11. 7. 2019 – B 14 AS 23/18 R, FamRZ 2020, 382), nicht als weiteres Haushaltsmitglied zu berücksichtigen. Die Frage, ob bei einem Elternteil wegen der Wahrnehmung eines Umgangsrechts ein zusätzlicher Wohnraumbedarf anzuerkennen sei, betreffe ausschließlich die konkrete Angemessenheit. Obgleich das BSG die besondere Grundrechtsrelevanz der Wahrnehmung des Umgangsrechts und den Umstand betont, dass aus § 22b Abs 3 S Nr 2 SGB II – unabhängig von der Frage, ob eine Satzung tatsächlich existiert – folge, dass für die Ausübung des Umgangsrechts ein zusätzlicher Wohnraumbedarf entstehen könne, hat es sich gegen die typisierte Erhöhung des Wohnraumbedarfs ausgesprochen und wohl insbesondere vor dem Hintergrund, dass das Umgangsrecht in dem betreffenden Fall nicht in erweitertem Umfang ausgeübt wurde, keine Rechtsverletzung durch die konkrete Angemessenheitsprüfung der Vorinstanz gesehen. Lediglich die abstrakte Angemessenheitsprüfung wurde vom BSG beanstandet und das Verfahren mangels hinreichender tatsächlicher Feststellungen insoweit an das LSG zurückverwiesen (vgl dazu BSG 30. 1. 2019 – B 14 AS 24/18 R, NJW 2019, 2796). Die Frage, unter welchen konkreten Voraussetzungen ein zusätzlicher Unterkunftsbedarf wegen der Ausübung des Umgangsrechts anzuerkennen ist, bleibt daher einer Einzelfallprüfung vorbehalten, bei der der Umfang des Umgangs, die Entfernung der Elternwohnsitze, das Alter und die Lebenssituation des Kindes sowie die konkreten Wohnverhältnisse von zentraler Bedeutung sind.

Im Bereich des **Wohnungsgeldrechts** bestimmten § 5 Abs 6 S 1 und 2 WoGG in der **174b**
bis zum 31. 12. 2015 geltenden Fassung (BGBl 2008 I 1846) dagegen, dass lediglich umgangsberechtigte und *nicht gleichzeitig mitsorgeberechtigte Elternteile* beanspruchen können, dass ihre Kinder im Rahmen der Bemessung des Wohnungsgeldes berücksichtigt werden. Das BVerwG (BVerwG 24. 11. 2016 – 5 C 57. 15, juris Rn 8 ff, FamRZ 2017, 673) hat diese Rechtslage als mit Art 6 Abs 2 und Art 3 GG vereinbar gesehen. Die Frage hat sich aber nunmehr durch das zum 1. 1. 2016 geänderte WoGG (BGBl 2015 I 1610) erledigt (vgl nun § 6 Abs 4 WoGG).

VII. Gerichtliche Regelung des Umgangs (§ 1684 Abs 3)

1. Notwendigkeit einer gerichtlichen Regelung

a) Erforderlichkeit des gerichtlichen Eingreifens

aa) Amtsverfahren

Gemäß § 1684 Abs 3 S 1 BGB kann das **Familiengericht** über den Umfang und die **175**
Ausübung des Umgangsrechts entscheiden. Dieses Verfahren ist – jedenfalls seit dem zum 1. 9. 2009 geltenden Verfahrensrecht – als **Amtsverfahren** iSd § 24 FamFG ausgestaltet, bedarf also keines Antrags nach § 23 FamFG (BGH 1. 2. 2017 – XII ZB 601/15, juris Rn 7, ZKJ 2017, 190; OLG Brandenburg 3. 7. 2015 – 10 UF 173/14, juris Rn 14, FamRZ 2015, 1818; OLG Frankfurt 19. 3. 2013 – 4 UF 261/12, juris Rn 9, FamRZ 2013, 1994; Heilmann/Gott-

Schalk § 1684 Rn 85; Keuter NZFam 2022, 1105; Obermann FamRZ 2016, 1031, 1034; Heilmann NJW 2012, 16, 20; **aA** Johannsen/Henrich/Jaeger [6. Aufl 2015] § 1684 Rn 21: Antrag oder von Amts wegen; Osthold FamRZ 2017, 1643, 1648; Ziegler FuR 2017, 547, 548; Socha FamRZ 2010, 948; MünchKommFamFG/Ulrici § 23 Rn 8 ff; ähnlich Lies-Benachib NZFam 2018, 581, 582 ff: kein Ermessen in Bezug auf die Einleitung des Verfahrens). Es sollte daher auch die in Gerichtspraxis noch vorherrschende Bezeichnung der Eltern als *„Antragsteller"* und *„Antragsgegner"* aufgegeben werden, zumal diese auch der gemeinsamen elterlichen Verantwortung für den Umgang des Kindes zu beiden Eltern nicht gerecht wird. Die Einordnung des Verfahrens als amtswegig bedingt, dass das Verfahren von den Beteiligten weder durch **Rücknahme** (§ 22 FamFG) noch durch **gemeinsame Erledigungserklärungen** formal beendet werden kann (OLG Frankfurt 13. 12. 2021 – 6 WF 155/21, NZFam 2022, 225; OLG Köln 12. 10. 2021 – 10 UF 86/21, NZFam 2022, 653; OLG Koblenz 12. 9. 2019 – 13 UF 506/19, FamRZ 2020, 1109; OLG Brandenburg 21. 3. 2014 – 9 WF 27/14, juris Rn 3, FamRZ 2014, 2019; OLG Frankfurt 3. 12. 2012 – 1 WF 327/12, juris Rn 14, ZKJ 2013, 127; Heilmann/Gottschalk § 1684 Rn 85; Keuter FamRZ 2022, 1003).

Auch der Erlass einer **einstweiligen Anordnung** (§§ 49 ff FamFG) bedarf deshalb in Umgangsverfahren nach § 1684 BGB (§ 51 Abs 1 S 1 FamFG) keines Antrags. Eltern können aber nach § 24 Abs 1 FamFG eine gerichtliche Regelung des Umgangs **anregen**, wobei sich wegen des rechtlich schützenswerten Interesses (Art 6 Abs 2 GG) das Entscheidungsermessen des Familiengerichts hinsichtlich des „Ob" der Verfahrenseinleitung regelmäßig auf Null reduzieren wird (Prütting/Helms/Hammer § 151 FamFG Rn 42). Zur Frage der Statthaftigkeit der Beschwerde bei Nichteinleitung eines amtswegigen Umgangsverfahrens durch das Familiengericht vgl Rn 497.

Insbesondere ergibt sich heute daraus auch kein Problem einer *„Antragsbefugnis"*, wenn das **Umgangsrecht des Kindes** durchgesetzt werden soll (siehe oben Rn 78). Die Anregung zum Tätigwerden kann auch ohne Weiteres von dem betreuenden Elternteil selbst ausgehen (OLG Frankfurt 9. 7. 2013 – 6 UF 140/13, juris Rn 3, FamRZ 2014, 576; Heilmann/Gottschalk § 1684 Rn 85; schon zum vormaligen Recht OLG Köln FamRZ 2002, 979; **aA** noch BGH 14. 5. 2008 – XII ZB 225/06, juris Rn 13, FamRZ 2008, 1334: Vertretung bei Antragstellung erforderlich).

Aus dem **Vorrang des Elternrechts** und der Subsidiarität des staatlichen Wächteramtes folgt jedoch, dass eine **Elternvereinbarung** die Erforderlichkeit einer gerichtlichen Regelung noch im Instanzenzug entfallen lassen kann (OLG Hamm 14. 10. 2008 – 2 UF 102/08, juris Rn 1; Obermann FamRZ 2016, 1031, 1035). Bei früherer Elternvereinbarung kommt eine gerichtliche Entscheidung nach der hier vertretenen Auffassung ohne Bindung an solche Vereinbarungen (Rn 156) in Betracht, wenn über diese Vereinbarung oder ihre Durchführung im Einzelnen kein Einverständnis der Eltern (mehr) besteht und ein Elternteil diese im Interesse des Kindeswohls für die Zukunft aufgekündigt hat (vgl oben Rn 154). Hingegen kommt ein gerichtliches Eingreifen zwar grundsätzlich nicht in Betracht, wenn eine Gefährdung des Kindeswohls iSd § 1684 Abs 4 S 2 BGB nicht vorliegt und das Gericht lediglich eine andere Umgangsgestaltung für das Kindeswohl als vorteilhafter ansieht. Auf der anderen Seite zeigt § 156 Abs 2 S 2 FamFG, dass das Familiengericht eine Elternvereinbarung nicht nur dann nicht zu billigen hat und eine eigene Umgangsregelung zu treffen hat, wenn das **Kindeswohl gefährdet würde**, sondern wenn die Regelung dem Kindeswohl **widerspricht**, sodass eine Bindung an die Elternautonomie auch dann nicht besteht, wenn **erhebli-**

che Gründe des Kindeswohls für eine anderweitige Regelung des Umgangs sprechen (BGH 1. 2. 2012 – XII ZB 188/11, juris Rn 11, FamRZ 2012, 533; Prütting/Helms/Hammer § 156 FamFG Rn 58; ders, FamRZ 2011, 1268, 1270; **aA** Soergel/Strätz [12. Aufl 1987] § 1634 Rn 19; Rauscher FamFR 2010, 28, 29; Obermann FamRZ 2016, 1031, 1035; MünchKommFamFG/Schumann § 156 Rn 13).

bb) Regelungsbedürfnis bei Untätigkeit der Eltern

Verhalten sich die Eltern zum Umgangsrecht **passiv**, weil der das Kind nicht betreuende Elternteil einen Umgang nicht anstrebt, so fehlte es nach § 1634a aF an einem **Regelungsbedürfnis** (Soergel/Strätz [12. Aufl 1987] § 1634 Rn 19; vgl auch § 623 Abs 3 S 2 ZPO aF). **176**

Seit Inkrafttreten des **KindRG** gewährt aber § 1684 Abs 1 BGB nun auch dem Kind ein Recht auf Umgang, sodass weder den Anregungen der Eltern (keine Bindung an deren Verfahrensanträge im Hinblick auf § 26 FamFG) noch deren Vereinbarungen (§ 156 Abs 2 S 2 FamFG, dazu oben Rn 175) bei der Umgangsregelung alleinige Bedeutung zukommen kann. Das Familiengericht wird also ggf auch tätig werden, wenn die Eltern einverständlich untätig bleiben.

Auf der anderen Seite kann das Familiengericht **nicht ohne Anlass** von außen die Rolle des Umgangsstifters übernehmen; ein Tätigwerden von Amts wegen ist jedoch im Regelfall immer dann geboten, wenn eine entsprechende **Anregung** (§ 24 Abs 1 FamFG) vom **Jugendamt** (OLG Saarbrücken 20. 3. 2007 – 9 UF 167/06, juris Rn 10, JAmt 2007, 432; BeckOGK/Altrogge [15. 11. 2021] § 1684 Rn 143; Coester FamRZ 1996, 1181, 1182) oder auch von dem – auch nicht förmlich vertretenen – **Kind**, unabhängig von seiner Verfahrensfähigkeit nach § 9 Abs 1 Nr 3 FamFG, erfolgt. Mit Rücksicht auf die Ausgestaltung des Umgangsrechts als Recht des Kindes (vgl oben Rn 73 ff) muss das Gericht auf Anregung des Kindes tätig werden, wobei hier dem Kind in jedem Fall ein Verfahrensbeistand (§ 158 Abs 3 Nr 1 FamFG) zu bestellen ist. In der Praxis kommen Anregungen zur Einleitung eines Umgangsverfahrens auch häufig von **Verfahrensbeiständen** und **Umgangspflegern**, die bereits in früheren Verfahren betreffend die Sorge oder den Umgang tätig waren.

cc) Streit über Einzelheiten der Umgangsgestaltung

Sind die Eltern im Grundsatz einig über den Umgang, streiten aber über Einzelheiten der Durchführung des Umgangs, so fehlt es für eine familiengerichtliche Regelung nicht am **Rechtsschutzbedürfnis** (BayObLG MDR 1963, 1013; OLG Köln FamRZ 2002, 979). Dies folgt schon daraus, dass eine Regelung nach § 1684 Abs 3 BGB bei Fehlen einer Einigung sich nicht auf die Festlegung des Umgangsrechts als solches beschränken darf, sondern auch die Einzelheiten der Durchführung in einer vollstreckungsfähigen Art und Weise bestimmen muss; in diesem Rahmen besteht daher Regelungsbedarf, wenn die Uneinigkeit sich auf solche Details beschränkt. **177**

Eine familiengerichtliche Regelung ist auch zu treffen, wenn ausnahmsweise der betreuende Elternteil ein weitergehendes Umgangsrecht vorschlägt, als der Umgangselternteil wünscht (schon zu § 1634 aF: OLG Düsseldorf FamRZ 1986, 202; vgl OLG Frankfurt 11. 11. 2020 – 3 UF 156/20, NJW 2021, 124). Fehlendes Rechtsschutzinteresse (eines Elternteils) kann in diesem Fall nicht entgegenstehen, weil angesichts der Einigkeit der Eltern über die Kindeswohldienlichkeit dem Grunde nach sogar eine amtswegige

Entscheidung in Betracht kommt, um das Umgangsrecht des Kindes in geeigneter Weise durchzusetzen.

dd) Umgangsregelung bei Vormundschaft oder Pflegschaft

178 Steht die Personensorge oder (nur) das Aufenthalts- und Umgangsbestimmungsrecht einem **Vormund** oder **Pfleger** zu, so ist auf das den Eltern und dem Kind verbleibende Recht auf Umgang miteinander § 1684 Abs 3 BGB anzuwenden. Auch besteht hier die in § 1684 Abs 2 S 1 BGB geregelte Wohlverhaltenspflicht (Abs 2 S 2). Im Falle der Fremdunterbringung des Kindes sind grundsätzlich die Eltern und der Sorgerechtsinhaber zur *Einigung* über das Umgangsrecht berufen; dem Vormund oder Pfleger steht zwar grundsätzlich ein einseitiges Umgangsbestimmungsrecht (§§ 1795 Abs 1 S 3, 1632 Abs 2 BGB) zu (vgl oben Rn 82). Einigen sich die Eltern und der Vormund aber nicht auf eine Regelung des elterlichen Umgangs, so ist – ggf auf Anregung der Eltern, des Jugendamts, der Pflegeperson oder des Vormunds – nach § 1684 Abs 3 BGB eine Entscheidung des Familiengerichts herbeizuführen (vgl DIJuF-Rechtsgutachten JAmt 2022, 534).

ee) Änderung der Umgangsregelung

179 Das Familiengericht kann unter den Voraussetzungen des § 1696 Abs 1 BGB eine **gerichtliche Umgangsregelung ändern**. Auch für eine Änderung der Umgangsregelung ist das Kindeswohl oberster Maßstab (§ 1697a BGB). Nach der Präzisierung des von § 1696 Abs 1 BGB gewählten Maßstabs (*triftige* Gründe, *nachhaltige* Kindeswohlberührung, *angezeigte* Änderung) ist die Änderung einer gerichtlichen Umgangsregelung oder gerichtlich gebilligten Umgangsvereinbarung zwar jederzeit, aber nicht nach Beliebigkeit möglich. Erforderlich ist insbesondere eine *Veränderung der Umstände* in rechtlicher oder tatsächlicher Hinsicht gegenüber der bei der ursprünglichen Regelung vorausgesetzten Lage. Zur Frage der Anwendung von § 1696 Abs 1 BGB auf außergerichtliche Umgangsvereinbarungen vgl oben Rn 156.

Die **Eingriffsschwelle** für eine Änderung der Umgangsregelung ist trotz Neufassung des § 1696 BGB wie schon vor dem KindRG niedriger als für eine Änderung der Sorgerechtsregelung (OLG Bamberg 30. 1. 2023 – 7 UF 190/22, juris Rn 22; OLG Frankfurt 26. 10. 2021 – 6 UF 147/21, juris Rn 12, FamRZ 2022, 362; Staudinger/Coester § 1696 Rn 113). Die Umgangsregelung unterliegt – auch wegen des kindlichen Zeitempfindens (Heilmann, Kindliches Zeitempfinden und Verfahrensrecht [1998] 114 f) – nicht im gleichen Maß wie eine Sorgerechtsregelung dem Erfordernis der **Erziehungskontinuität**, solange sie nur modifiziert wird, da Umgangsregelungen weniger schwerwiegend in die Lebensverhältnisse von Kindern eingreifen als Sorgerechtsentscheidungen, die ggf zu einem Aufenthaltswechsel des Kindes führen. Selbstverständlich gilt dies nicht, wenn das Kindeswohl der begehrten Änderung aus anderen Gründen entgegensteht (OLG Hamm OLGZ 1966, 205; ergänzend auch OLG Zweibrücken FamRZ 1997, 45, 46: Abwägung von Erziehungskontinuität und Zeitgefühl eines Kleinkindes). Insoweit kann auch einer bereits bestehenden Umgangsregelung aus Kindessicht ein *Bedürfnis nach Stabilisierung* zukommen (OLG Köln 15. 3. 2012 – 4 UF 18/12, juris Rn 14, FamFR 2012, 334).

Eine Änderung der Umgangsregelung ist also vor allem dann angezeigt, wenn das Kindeswohl *primär* betroffen ist, sei es, dass sich die bisherige Regelung objektiv nicht bewährt, das Kind den Umgang verweigert und Ordnungsmittel dem Kindeswohl zuwiderliefen (OLG Schleswig 21. 11. 1978 – 8 WF 275/18, SchlHA 1979, 20) oder ein

Elternteil beharrlich gegen das Wohlverhaltensgebot verstößt (Soergel/Plettenberg § 1696 Rn 14); ein Abänderungsbedürfnis besteht auch dann, wenn die Änderung in mittelbarer Wirkung für das Kindeswohl nachhaltig förderlicher ist als die bisherige Regelung, was auch der Fall ist, wenn sie dem Umgangselternteil den Umgang erleichtert, ohne – bei objektiver Betrachtung – im Übrigen nachteilige Folgen zu haben. Hingegen rechtfertigen vorübergehende Probleme nicht die Änderung der Umgangsregelung (OLG Naumburg FamRZ 2005, 1771). Auf der anderen Seite stellt auch die Abänderung einer bisherigen Umgangsregelung zum Nachteil des umgangsberechtigten Elternteils zum Wohl des Kindes keine Einschränkung des Umgangsrechts iSd § 1684 Abs 4 BGB dar, sondern begründet sich ausschließlich gem § 1684 Abs 3 BGB iVm § 1696 Abs 1 BGB (OLG Schleswig 30. 5. 2016 – 10 UF 11/16, juris Rn 38, ZKJ 2016, 362).

ff) Verhältnis zu Sorgerechtsmaßnahmen

Im Verhältnis zu Sorgerechtsmaßnahmen nach **§ 1671 BGB** ist zu beachten, dass diese grundsätzlich **keinen Ersatz für eine Umgangsregelung** darstellen können, weil auch der gemeinsam Sorgeberechtigte kein alleiniges Bestimmungsrecht hinsichtlich des Umgangs mit dem anderen Elternteil hat (oben Rn 82), durch eine Sorgerechtsentscheidung der Umgangskonflikt also nicht gelöst wird. Insbesondere ist bei gemeinsamer elterlicher Sorge eine Übertragung des Aufenthaltsbestimmungsrechts nicht dazu bestimmt, einem Elternteil die einseitige Entscheidung in Umgangskonflikten zu ermöglichen (OLG Zweibrücken FamRZ 2000, 1042). **180**

Aber auch hochkonflikthafte Auseinandersetzungen der Eltern um das Umgangsrecht bleiben oft nicht ohne Auswirkungen auf das Sorgerecht. Zwar erscheint das Argument nicht treffend, bei Streit über das Umgangsrecht zunächst die Alleinsorge auf den Elternteil zu übertragen, bei dem das Kind lebt, weil dies angeblich zur Beruhigung der Lage führe und eine Basis für eine Umgangsregelung sei (so KG FamRZ 2000, 502, 503). Gleichwohl offenbaren hochkonflikthafte Auseinandersetzungen um das Umgangsrecht häufig, dass es den Eltern infolge fehlender Kooperations- und Kommunikationsfähigkeiten an einer für die Beibehaltung des gemeinsamen Sorgerechts unerlässlichen hinreichenden sozialen Beziehung fehlt, sodass unabhängig von der Frage des Verschuldens auch die Übertragung des alleinigen Sorgerechts auf den betreuenden Elternteil in Betracht kommt, wenn trotz fehlender Bindungstoleranz auf Seiten des betreuenden Elternteils in der Person des Umgangsberechtigten nicht die für das Kind bessere Alternative gesehen werden kann (BGH 12. 12. 2007 – XII ZB 158/05, juris Rn 19, FamRZ 2008, 592; OLG Köln 21. 12. 2011 – 4 UF 204/11, juris Rn 23; Staudinger/Coester [2020] § 1671 Rn 208). Die gleichen Maßstäbe gelten insoweit auch für die Begründung der gemeinsamen elterlichen Sorge nach § 1626a Abs 2 BGB (BGH 15. 6. 2016 – XII ZB 419/15, juris Rn 14, ZKJ 2016, 414; Dürbeck ZKJ 2013, 330, 332). Die Problematik hängt eng mit der Frage zusammen, welches Maß an Konsensfähigkeit bestehen muss, um Eltern, obgleich sie in Einzelfragen uneins sind, die gemeinsame elterliche Sorge zu belassen.

Umgangskonflikte aufgrund mangelnder Bindungstoleranz des betreuenden Elternteils können aber natürlich auch Anlass sein, dem bisher Umgangsberechtigten die Sorge oder das Aufenthaltsbestimmungsrecht zur alleinigen Ausübung nach § 1671 Abs 1 Nr 2, Abs 2 Nr 2 BGB zu übertragen, was in der Praxis zunehmend Bedeutung gewinnt (dazu oben Rn 123).

b) Ziel der Regelung – Regelungsinstrumente

aa) Kindeswohl als Maßstab

181 Bei der **Ausgestaltung der Regelung** ist das Familiengericht weder an Anträge noch die Vorstellungen der Eltern gebunden. Oberstes Regelungsprinzip ist nach § 1697a BGB das **Kindeswohl** (BVerfGE 31, 194; BVerfG FamRZ 2005, 871; BayVerfGH NJW 1973, 1644; BGHZ 51, 219); dabei geht das Gesetz, wie § 1684 Abs 1 und 4 BGB sowie § 1626 Abs 3 S 1 BGB zeigen, grundsätzlich von der **Kindeswohldienlichkeit des Umgangs mit jedem Elternteil** aus. Auf den Umstand, dass diese Vermutung aus sozialwissenschaftlicher Hinsicht zweifelhaft ist (Walper, in: Brühler Schriften zum Familienrecht Bd 14, 16. DFGT 2005 [2006] 100, 120 f; Kindler/Walter/Friedrich-Bäker, in: Klinkhammer/Prinz, Handbuch begleiteter Umgang [3. Aufl 2017] 34, 42 ff; Castellanos, Psychologische Sachverständigengutachten im Familienrecht [3. Aufl 2021] Rn 978; Kindler ZKJ 2009, 110; Kindler/Reinhold FPR 2007, 291), wurde bereits hingewiesen (oben Rn 52).

Eine verfassungsrechtliche **Konkordanz** mit den Grundrechtspositionen der Eltern kann nur insoweit hergestellt werden, wie dies mit dem Kindeswohl in Einklang zu bringen ist (BVerfG 25. 4. 2015 – 1 BvR 3326/14, juris Rn 17, ZKJ 2015, 319; BVerfG FamRZ 2009, 399; BVerfG FamRZ 2010, 1622; OLG Saarbrücken FamRZ 2011, 122). Letztlich stehen damit weiterhin die *eigenen Interessen der Eltern* im Zweifel hinter dem Kindeswohl zurück (OLG Karlsruhe FuR 1998, 270; KG FamRZ 2002, 412; OLG Saarbrücken FamRZ 2011, 824); dies entspricht der Natur des Elternrechts als treuhänderisches **Pflicht-Recht** nach Art 6 Abs 2 GG und der in der Situation des Elternkonflikts bestehenden besonderen Aufgabe, die mit dem Getrenntleben der Eltern für die Entwicklung des Kindes verbundene Schädigung nach Möglichkeit zu mildern und eine vernünftige, den Interessen des Kindes entsprechende Lösung für seine Pflege und Erziehung sowie seine weiteren persönlichen Beziehungen zu ihnen zu finden (BVerfGE 61, 358; BVerfGE 31, 194).

Das bedeutet einerseits, dass dem Kindeswohl widersprechende, auf **Eigeninteressen** und eigene Gefühlslagen und Befindlichkeiten (KG FamRZ 2001, 1163) orientierte Wünsche *beider* Elternteile auf die Umgangsregelung keinen Einfluss nehmen dürfen. Soweit solche Wünsche und Vorstellungen ein Verhalten hervorrufen, das faktisch auf den Umgang Einfluss nimmt, ist dem im Rahmen der für eine Verletzung des Wohlverhaltensgebots möglichen Sanktionen zu begegnen. Auch wenn aus psychologischer Sicht *trennungsbedingte Gefühle,* wie Gekränktsein, Verletztsein und Aversion, aufgrund des Scheiterns der Partnerbeziehung verständlich sein mögen (vgl Fichtner NZFam 2015, 588, 589), darf dies an sich weder unmittelbar noch mittelbar die Gestaltung des Umgangs beeinträchtigen (OLG Karlsruhe NJW-RR 2007, 443). Jeder Elternteil ist im Hinblick auf das Wohl des Kindes gehalten, solche persönlichen Emotionen, die dem anderen Elternteil als früherem Partner gelten, von dem Kind fernzuhalten.

Andererseits besteht **keine grundsätzliche Gegenläufigkeit** von Eltern- und Kindesinteressen. Eine Umgangsregelung, die sich (auch) nach den Bedürfnissen des Umgangselternteils richtet, kann im Einzelfall mittelbar auch das Wohl des Kindes fördern, wenn es den Umgangselternteil in einem entspannten und mit der Regelung zufriedenen Zustand erlebt. Gleichwohl ist für das Kind aber damit ein seelisches Gleichgewicht nicht erreicht, wenn es den anderen Elternteil, bei dem es sich überwiegend aufhält, in einem frustrierten und mit der Regelung unzufriedenen Zustand erlebt (zur kindespsychologischen Sicht des Umgangs vgl Salzgeber, Familienpsychologische Gutachten [7. Aufl 2020] Rn 543 ff; KINDLER FPR 2009, 150; KLÜBER/TERLINDEN-ARZT FPR 2002, 215) und so **Loyalitätskonflikten** ausgesetzt wird.

bb) Keine Verweigerung einer gerichtlichen Regelung

Ist eine **Umgangsregelung angeregt** und ein Umgangsverfahren von Amts wegen ein- **182**
geleitet worden, so stellt sich die Frage, ob das Familiengericht eine positive Regelung auch dann treffen muss, wenn es den Vorstellungen des Umgangsberechtigten aus Gründen des Kindeswohls nicht stattgeben will. Ist eine Regelung erforderlich, so kann und muss grundsätzlich das Gericht eine dem Kindeswohl dienende Umgangsregelung treffen. Dies gilt regelmäßig dann, wenn eine Umgangsregelung begehrt wird, weil in diesem Fall offenkundig Meinungsverschiedenheiten um das Umgangsrecht bestehen. Das Gericht kann sich also nicht darauf beschränken, eine begehrte Umgangsregelung, die nach seiner Ansicht dem Kindeswohl nicht dient, **zurückzuweisen.** Die **bloße Ablehnung einer Umgangsregelung** käme in der Wirkung einem *Umgangsausschluss* gleich und ließe die Beteiligten *in Ungewissheit* darüber, in welcher Art und Weise der Umgangsberechtigte sein Umgangsrecht wahrnehmen kann und in welchem zeitlichen Abstand er erneute gerichtliche Überprüfung erreichen kann (BVerfG 30. 8. 2005 – 1 BvR 776/05, juris Rn 9 f, FamRZ 2006, 1005; BVerfG 14. 7. 2005 – 1 BvR 2151/03, juris Rn 10, FamRZ 2005, 1815; BGH 13. 4. 2016 – XII ZB 238/15, juris Rn 17, FamRZ 2016, 1058; BGH 27. 10. 1993 – XII ZB 88/92, juris Rn 15; OLG Frankfurt 22. 8. 2023 – 6 UF 119/23, juris; OLG Schleswig 28. 8. 2017 – 8 UF 131/17, juris Rn 14 f, ZKJ 2018, 23; OLG Brandenburg 26. 10. 2021 – 10 UF 40/21, juris Rn 57, FamRZ 2022, 358; OLG Frankfurt 8. 7. 2015 – 5 UF 135/15, juris Rn 2, 4, FamRZ 2016, 482; OLG Frankfurt 11. 7. 2013 – 5 UF 167/13, juris Rn 9 ff, ZKJ 2013, 421; OLG Brandenburg 31. 5. 2012 – 9 UF 6/12, juris Rn 17, FamRZ 2013, 237; JOHANNSEN/HENRICH/ALTHAMMER/RAKE § 1684 Rn 26).

Das Gericht kann im Streitfall auch *nicht die Regelung den Eltern überlassen* und sich auf eine Missbrauchskontrolle zurückziehen (BGHZ 51, 219; anders noch BGHZ 42, 364, 372; OLG Frankfurt 13. 12. 2021 – 6 WF 155/21, NZFam 2022, 679; OLG Zweibrücken FamRZ 1982, 530). Die *Zurückweisung eines Umgangsregelungsbegehrens* ist insoweit *keine gesetzliche Form der Beendigung eines Umgangsverfahrens.* Das Familiengericht kann das Verfahren nur in der Form beenden, dass es eine Umgangsregelung nach § 1684 Abs 3 BGB trifft, eine Umgangsvereinbarung nach § 156 Abs 2 FamFG billigt, den Umgang bei Kindeswohlgefährdung nach § 1684 Abs 4 BGB ausschließt oder aber, wenn das Regelungsbedürfnis entfallen ist (zB infolge einer außergerichtlichen Einigung oder Abstandnahme des Umgangsberechtigten von seinem Kontaktwunsch, vgl OLG Frankfurt 20. 11. 2015 – 1 UF 189/15, juris Rn 8, FamRZ 2016, 479; OBERMANN FamRZ 2016, 1031, 1035) das Verfahren durch Endbeschluss einstellen.

Auch wenn eine gerichtlich zu billigende *Vereinbarung* keine ausreichend detaillierte und damit vollzugsfähige Umgangsregelung hat, so kann das Gericht diese nicht in der gewählten Form billigen, sondern muss auf eine hinreichende bestimmte Umgangsregelung hinwirken (BGH 1. 2. 2012 – XII ZB 188/11, juris Rn 11, FamRZ 2012, 533; PRÜTTING/HELMS/HAMMER § 156 FamFG Rn 61). Dies gilt auch dann, wenn in der zu billigenden Vereinbarung *begleitete Umgangskontakte* vereinbart sind, die nicht die Person oder Institution des Umgangsbegleiters, die genaue Zeit und den Ort der Umgangskontakte enthalten (OLG Frankfurt 10. 8. 2016 – 5 UF 167/16, juris Rn 8, FamRZ 2016, 1787; HEILMANN/GOTTSCHALK § 1684 Rn 75; PRÜTTING/HELMS/HAMMER § 156 FamFG Rn 61).

c) Ausnahmsweise Nichtregelung des Umgangs

183 Ob in **Ausnahmefällen** eine Regelung unterbleiben bzw auf die Beteiligten verlagert werden darf, ist fraglich.

aa) Frühere Ansätze zu flexiblen Entscheidungsmöglichkeiten

Teilweise wurden in der früheren Rechtsprechung in besonders gelagerten Fällen **Alternativen zu einer Regelung des Umgangs** (§ 1684 Abs 3 BGB) oder einer Einschränkung bzw einem Ausschluss des Umgangs (§ 1684 Abs 4 BGB) für möglich gehalten; so, wenn zwischen dem Umgangselternteil und dem fast volljährigen Kind sich ein reger Briefkontakt entwickelt hat, in dessen Rahmen eher die *Problemfelder eigenverantwortlich auszuräumen* sind als durch eine den Umgang regelnde oder ausschließende Entscheidung (OLG Zweibrücken FamRZ 1993, 728, 729); wenn eigentlich die Voraussetzungen für einen Ausschluss des Umgangsrechts vorliegen, aber die bloße Zurückweisung für den beantragenden Elternteil *schonender und ebenso zweckdienlich* ist (OLG Frankfurt FamRZ 1995, 1431: Strafgefangener); oder wenn der die Regelung begehrende Elternteil zwar ein Umgangsrecht hat, dieses aber gegen den (pflichtwidrig) provozierten Widerstand des Kindes *nicht durchsetzen,* sondern auf einen Sinneswandel des Kindes warten will (OLG Karlsruhe FamRZ 1990, 655, 656; vgl auch OLG Düsseldorf FamRZ 1979, 857, 858; OLG Hamburg FamRZ 1988, 1316).

Diese Ansätze sind aber im Grundsatz so nicht mit dem Gesetz zu vereinbaren und es ist heute – auch verfassungsrechtlich (VerfG Brandenburg 17. 9. 2022 – 9/22, juris Rn 46 ff, NZFam 2023, 697 m Anm Billhardt) – anerkannt, dass es Konstellationen gibt, die es dem Familiengericht erlauben, von einer Umgangsregelung gänzlich abzusehen. Es ist zwischen folgenden Fällen zu differenzieren:

bb) Abstandnahme vom Umgangswunsch oder fehlende Bereitschaft der Wahrnehmung der im Raum stehenden Umgangsregelung

184 Stellt das Familiengericht während des Verfahrens fest, dass die Regelung von Umgang (auch in begleiteter Form) zu einer **Gefährdung des Kindeswohls** führen würde, hat es nach § 1684 Abs 4 BGB den Umgang grundsätzlich (befristet) auszuschließen. Es kommt nicht darauf an, ob eine bloße Nichtregelung durch Feststellung, dass keine Umgangsregelung veranlasst ist, schonender für das Kind oder den Umgang suchenden Elternteil wäre. Nimmt allerdings der den Umgang begehrende Elternteil von seinem Wunsch eines Umgangs mit dem Kind *ernsthaft und glaubhaft Abstand* und besteht auch sonst kein Bedürfnis nach kinderschützenden Anordnungen (zB für ein vollstreckbares Kontaktverbot nach § 1684 Abs 4 BGB, vgl OLG Frankfurt 11. 3. 2013 – 4 UF 305/12, juris Rn 15, ZKJ 2013, 298; Dürbeck ZKJ 2020, 209), so bedarf es im Hinblick auf den Grundsatz der Verhältnismäßigkeit nicht der Anordnung eines Umgangsausschlusses, sondern das Verfahren ist durch die Feststellung, dass eine Umgangsregelung nicht veranlasst ist, zu beenden (OLG Frankfurt 20. 11. 2015 – 1 UF 189/15 – 1 UF 189/15, juris Rn 8 f, FamRZ 2016, 479; AG Flensburg 14. 1. 2022 – 90 F 81/20, juris Rn 34; BeckOK-BGB/Veit [1. 1. 2023] § 1684 Rn 80). Für eine Beendigung des Verfahrens durch Antragsrücknahme (§ 22 FamFG) oder übereinstimmende Erledigungserklärung der Beteiligten besteht wegen der Amtswegigkeit des Verfahrens (siehe oben Rn 175) kein Raum. Hält das Familiengericht die Abstandnahme des betreffenden Elternteils von seinem Umgangswunsch für *nicht nachhaltig oder glaubhaft,* so hat es das Verfahren fortzuführen und nach § 1684 Abs 4 BGB den Umgang auszuschließen (OLG Nürnberg 20. 4. 2016 – 7 UF 270/16 Rn 187, NZFam 2016, 1206).

Gleichgestellt ist schließlich der Fall, dass der umgangsberechtigte Elternteil darauf beharrt, **nur einen seinen Vorstellungen entsprechenden Umgang**, insbesondere in seiner Wohnung, wahrzunehmen und das Familiengericht aus Gründen des Kindeswohls (zB wegen Entfremdung oder bei Kleinkindern) nur einen Umgang ohne Übernachtungen am gewöhnlichen Aufenthaltsort des Kindes in Aussicht stellt. Das *OLG Frankfurt* (OLG Frankfurt 24. 11. 2020 – 5 UF 110/20, NJW-RR 2021, 131) hat zutreffend von einer Umgangsregelung für den Fall abgesehen, dass sich der umgangsberechtigte Vater nur dazu bereit erklärt hat, in den Ferien längere Zeiträume in seiner (mehrere Hundert Kilometer vom Wohnsitz des Kindes entfernten) Wohnung mit dem Kind zu verbringen und den vom Amtsgericht – aus Gründen des Kindeswohls – geregelten tageweisen Umgang am Wohnort von Mutter und Kind beharrlich verweigert hat. Diese Fallkonstellation ist vergleichbar mit der Verweigerung einer (notwendigen) Begleitung des Umgangs durch den Umgangsberechtigten (Rn 187), sodass es nur konsequent ist, auch hier statt der Anordnung eines (verweigerten) Umgangs von einer Umgangsregelung gänzlich abzusehen. Eines Umgangsausschlusses nach § 1684 Abs 4 BGB bedurfte es hier nicht. Der betroffene Kindesvater bleibt dabei auch nicht im Ungewissen, denn es steht ihm jederzeit frei, seine Position zu überdenken und sodann eine Umgangsregelung gerichtlich herbeizuführen. In einem ähnlichen Fall des *OLG Frankfurt* (OLG Frankfurt 29. 9. 2022 – 6 UF 103/22, NZFam 2023, 221) war die inzwischen nach Polen verzogene Mutter nicht bereit, den kindeswohldienlichen Umgang am Wohnort des Kindes in Deutschland wahrzunehmen, obwohl ihr dies ohne weiteres möglich und zumutbar gewesen war. Auch hier bedurfte es keiner gerichtlichen Umgangsregelung oder eines Ausschlusses des Umgangsrechts. **184a**

Soweit das *OLG Brandenburg* (OLG Brandenburg 20. 3. 2020 – 9 UF 27/20, NJ 2020, 450) in einem Fall, in dem der Kindesvater lediglich einen jeweils mehrwöchigen **Ferienumgang** mit seinem Kind begehrt hatte, die Ansicht vertreten hat, dass es auch hier genüge, den „Umgangsrechtsantrag" zurückzuweisen, da der elterliche Streit sich auf bestimmte Umgangsrechtszeiträume begrenze, ist dem aber nicht zuzustimmen. Da Umgangsverfahren amtswegige Verfahren sind, erstreckt sich der Verfahrensgegenstand nicht bloß auf die Zeiträume, die den Vorstellungen und Wünschen des Umgangsberechtigten entsprechen. Da der Kindesvater nach den mitgeteilten Gründen über keinen Umgang mit dem Kind mehr verfügte, hätte der Umgang vom Familiengericht entweder positiv geregelt werden oder aber ausgeschlossen werden müssen. Soweit der Senat ausgeführt hat, dass nach seiner Ansicht ein kurzzeitiger begleiteter Umgang zur Kontaktwiederanbahnung sinnvoll gewesen wäre, erschließt sich ebenfalls nicht, warum eine solche gerichtliche Regelung nicht amtswegig erfolgt ist. Dieser hätte jedenfalls nicht die Anregung des Umgangsberechtigten, nur den Ferienumgang zu regeln, entgegengestanden, weil die Eltern über den Verfahrensgegenstand grundsätzlich nicht verfügen können und der – zeitlich unbefristete – Kindesumgang an sich den Gegenstand des Verfahrens bildet. Soweit der Kindesvater am Verfahren nicht mitgewirkt hat und den Erörterungsterminen ferngeblieben war, fehlte es an seiner für die Regelung begleiteten Umgangs erforderlichen Mitwirkungsbereitschaft und es hätte mithin der Umgang befristet ausgeschlossen werden müssen (Rn 340). **184b**

cc) Bloße Feststellung der Umgangsberechtigung?

Auf eine bloße Feststellung der Umgangsberechtigung kann sich das Familiengericht grundsätzlich nicht beschränken; auch die **Ausgestaltung des Umgangs** kann bei Regelungsbedarf weder den **Eltern** noch **Dritten überlassen** werden; insbesondere darf die **185**

Entscheidung über Fragen von Art, Ort und Zeit des Umgangs nicht dem **Umgangspfleger** (vgl Rn 127) und auch nicht dem Umgangsbegleiter (vgl Rn 360) überlassen werden (OLG Frankfurt 5. 9. 2013 – 1 UF 244/13, juris Rn 6, FamFR 2013, 525; OLG Köln 17. 1. 2011 – 21 UF 190/10, juris Rn 14, ZKJ 2011, 181; Heilmann/Gottschalk § 1684 Rn 28).

186 Eine Ausnahme vom Grundsatz, dass der Umgang auszuschließen oder vollstreckbar zu regeln ist, dürfte auch dann nicht gelten, wenn das Familiengericht den Eltern das Umgangsbestimmungsrecht nach § 1666 BGB entzogen hat (siehe oben Rn 126). Soweit das Familiengericht in dem parallel geführten oder verbundenen Umgangsverfahren damit die begründete Erwartung verbindet, dass es dem **Umgangsbestimmungspfleger** kraft seiner (formalen) Sorgerechtsbefugnis (§ 1632 Abs 2 BGB) gelingen wird, mit den Eltern eine einvernehmliche Lösung zu erzielen, was aber wohl nur in Ausnahmefällen zu erwarten sein dürfte, kann es das Verfahren nicht dadurch beenden, dass es feststellt, dass derzeit eine Umgangsregelung nicht veranlasst ist, ohne aber die Umgangsberechtigung positiv festzustellen (OLG Stuttgart 14. 8. 2014 – 11 UF 118/14, juris Rn 12, JAmt 2012, 654; **aA** OLG Hamm 30. 1. 2023 – 13 UF 175/22, juris). Hier wird es aber im Regelfall – auch aus Gründen der Kostenersparnis – eher geboten sein, das Verfahren vorläufig gemäß § 21 FamFG auszusetzen und ggf den Umgang vorläufig durch einstweilige Anordnung (§§ 49 ff FamFG) zu regeln oder ggf auszuschließen.

Ältere Ansätze, durch eine bloße Feststellung des Umgangsrechts dem Kind gegen den **Widerstand des Betreuungselternteils** zu helfen, sich gegen eine irrationale Ablehnung des Umgangselternteils zu entscheiden, weil es erfährt, dass das Gericht eine positive Einstellung zu diesem billigt, ja diese „anordnet" (OLG Karlsruhe FamRZ 1990, 901, 903; OLG Karlsruhe FamRZ 1996, 1092), haben sich nicht durchgesetzt. Sie sind geprägt von der Erwartung, dass sich die Beteiligten trotz des Konflikts aufeinander zu bewegen, während § 1684 Abs 3 BGB nach einer Lösung des Konflikts verlangt.

dd) Nichtregelung mangels Mitwirkungsbereitschaft des Umgangselternteils beim begleiteten Umgang

187 Kommt das Familiengericht zum Ergebnis, dass zur Abwendung einer Kindeswohlgefährdung nur *begleiteter Umgang* nach § 1684 Abs 4 S 3 BGB in Betracht kommt, erklärt der umgangsberechtigte Elternteil aber *nachhaltig,* diesen nur in unbegleiteter Form wahrzunehmen und wirkt auch nicht an der jugendhilferechtlichen Bewilligung begleiteter Kontakte nach § 18 SGB VIII durch Stellung eines notwendigen Antrages mit, so ist das Verfahren nicht durch eine unbestimmte und nicht vollstreckungsfähige Regelung begleiteten Umgangs zu beenden (so aber zu Unrecht KG 9. 5. 2016 – 13 UF 40/16, juris Rn 22, FamRZ 2016, 1780 m Anm Dürbeck), sondern das Verfahren ist – wenn nicht das Kind selbst ein Umgangsrecht beansprucht – mit der Feststellung zu beenden, dass eine *Regelung des Umgangs nicht veranlasst* ist (OLG Brandenburg 21. 1. 2022 – 10 UF 78/21, juris – bestätigt durch VerfG Brandenburg 17. 9. 2022 – 9/22, juris; OLG Brandenburg 26. 10. 2021 – 10 UF 40/21, FamRZ 2022, 358; OLG Karlsruhe FamRZ 2006, 1867, 1868; Dürbeck FamRZ 2016, 1784, Anm zu KG FamRZ 2016, 1780). In dieser Situation bleibt der Umgangselternteil auch nicht im Unklaren über das Maß des zulässigen Umgangs, zumal es ihm jederzeit freisteht, eine neue Umgangsregelung nach § 1684 Abs 3 BGB zu beanspruchen. Für einen Umgangsausschluss besteht in dieser Konstellation im Hinblick auf den Verhältnismäßigkeitsgrundsatz keine Veranlassung.

Das *OLG Brandenburg* (OLG Brandenburg 15. 6. 2020 – 13 UF 57/20, ZKJ 2020, 472) hat sich in einer Entscheidung zum Umgangsrecht eines Kindesvaters mit dessen – überraschendem – Ansinnen befasst, statt des vom Amtsgericht angeordneten (unbegleiteten) Wochenendumgangs den Umgang auszuschließen, hilfsweise begleiteten Umgang anzuordnen. Obwohl die Voraussetzungen für einen begleiteten Umgang nach § 1684 Abs 4 S 3 BGB im konkreten Fall vorlagen und vom Jugendamt die Bewilligung der Leistung nach § 18 Abs 3 S 4 SGB VIII zugesichert worden war, verweigerte der betreffende Kindesvater die Stellung des erforderlichen Antrages (vgl BVerwG 28. 9. 2000 – 5 C 29/99, ZfJ 2001, 310; s Rn 370). Zu Recht hat sich der Senat der auch hier vertretenen Ansicht angeschlossen, dass in einem solchen Fall der **fehlenden Mitwirkungsbereitschaft** des Umgangselternteils an der Realisierung an sich wünschenswerter begleiteter Umgänge weder ein Umgangsausschluss noch die Regelung eines – nicht vollstreckbaren – begleiteten Umgangs zu erfolgen hat, sondern sich das Familiengericht auf die **Feststellung** beschränken kann, dass eine **Umgangsregelung nicht veranlasst** ist. Es liegt in einem solchen Fall allein in der Sphäre des Umgangsberechtigten, durch eine Veränderung seiner Mitwirkungsbereitschaft an der Herbeiführung begleiteten Umgangs im Rahmen eines Abänderungsbegehrens nach § 166 Abs 1 FamFG künftig wieder Umgang mit seinen Kindern zu haben. Die sonst regelmäßig gebotene gerichtliche Bestimmung des Umgangs kann hier ausnahmsweise unterbleiben, da der Umgangsberechtigte nicht in Unkenntnis über die Voraussetzungen eines ihm offenstehenden Umgangs verbleibt und Gründe für einen künftigen Ausschluss des Umgangsrechts nicht vorliegen (vgl BGH 11. 5. 2005 – XII ZB 120/04, juris Rn 15, JAmt 2006, 45). 187a

ee) Nichtregelung bei Widerstand des anderen Elternteils oder des Kindes?

Ältere Ansätze, durch eine bloße Feststellung des Umgangsrechts dem Kind gegen den **Widerstand des Betreuungselternteils** zu helfen, sich gegen eine irrationale Ablehnung des Umgangselternteils zu entscheiden, weil es erfährt, dass das Gericht eine positive Einstellung zu diesem billigt, ja diese „anordnet" (OLG Karlsruhe FamRZ 1990, 901, 903; OLG Karlsruhe FamRZ 1996, 1092), haben sich nicht durchgesetzt. Sie sind geprägt von der Erwartung, dass sich die Beteiligten trotz des Konflikts aufeinander zu bewegen, während § 1684 Abs 3 BGB nach einer Lösung des Konflikts verlangt. 188

Nach der fragwürdigen Entscheidung des **EGMR** (EGMR 3. 4. 2018 – 43976/17, FamRZ 2019, 1612 – vorgehend OLG Köln 6. 7. 2016 – 4 UF 41/16, juris) zur Zulässigkeit einer Nichtregelung des elterlichen Umgangsrechts statt eines Umgangsausschlusses wegen eines den Umgang **ablehnenden Kindeswillens** (zur Kritik Dürbeck ZKJ 2019, 462; s Rn 313), wird nunmehr auch im Schrifttum (Stockmann FamRB 2020, 321 – allerdings auch unter unzutreffender Berufung auf OLG Brandenburg 22. 6. 2018 – 10 UF 109/15, FamRZ 2018, 1757; im Erg auch OLG Hamm 30. 1. 2023 – 13 UF 175/22, NZFam 2023, 848) die Ansicht vertreten, dass es eines Ausschlusses des Umgangsrechts nach § 1684 Abs 4 S 2 BGB nicht bedarf, wenn das Kind den Umgang ablehnt, ihm aber die Möglichkeit offengehalten werden soll, im Fall einer Meinungsänderung von sich aus auf den Umgangsberechtigten zuzugehen. Zwar hat der EGMR in der vorbezeichneten Entscheidung in der Tat betont, dass im Fall des OLG Köln kein Fall des Ausschlusses des Umgangsrechts vorliege und die von ihm hierfür entwickelten Prüfungsmaßstäbe in Bezug auf Art 8 EMRK nicht anzuwenden seien. Er hat allerdings dabei übersehen, dass die Ansicht, im Hinblick auf den Willen des Kindes müsse das Umgangsrecht nicht nach § 1684 Abs 4 S 2 BGB ausgeschlossen werden, sondern lediglich entschie- 188a den werden, dass von einer gerichtlichen Regelung des Umgangsrechts abgesehen werde, mit der deutschen Regelung des Elternumgangs nach § 1684 BGB nicht zu vereinbaren ist. § 1684 BGB sieht – anders als § 1685 BGB (BGH 12. 7. 2017 – XII ZB 350/16, juris Rn 36, ZKJ 2017, 463) – grundsätzlich nur die Möglichkeit vor, entweder nach § 1684 Abs 3 S 1 BGB den elterlichen Umgang vollstreckbar zu regeln und ihn ggf nach Abs 4 S 1 oder 2 zu beschränken oder aber ihn nach Abs 4 S 2 wegen einer nicht anders abwendbaren Gefährdung des Kindeswohls auszuschließen (vgl OLG Frankfurt 13. 7. 2020 – 5 UF 15/20, FamRZ 2020, 2010; OLG Brandenburg 22. 6. 2018 – 10 UF 109/15, juris Rn 21, FamRZ 2018, 1757; obiter dictum zuletzt auch BGH 12. 7. 2017 – XII ZB 350/16, juris Rn 35, ZKJ 2017, 463).

ff) Einvernehmliche nicht vollstreckbare Umgangsregelungen

189 Gelangen die Eltern im Laufe des Verfahrens zu einer einvernehmlichen Regelung des künftigen Umgangs und wollen diese – etwa aus Gründen der **Flexibilität** – bewusst nicht so bestimmt fassen, dass sie einer **Vollstreckung nach § 89 FamFG** zugänglich wäre, so kann diese Vereinbarung nach § 156 Abs 2 FamFG mangels Vollstreckungsfähigkeit nicht familiengerichtlich gebilligt werden (dazu oben Rn 151). Unbeschadet dessen ist aufgrund der **Elternautonomie** eine (vollstreckbare) gerichtliche Umgangsregelung in einem solchen Fall nicht erforderlich, wenn **nicht erhebliche Kindeswohlgründe** (zB das Kind wünscht sehr mehr oder weniger Umgang, es ist Begleitung des Umgangs erforderlich, Kindeswohlgefährdung, in der Vergangenheit bereits erforderliche Vollstreckungsverfahren) dem entgegenstehen. Daher kann das Gericht auch hier, wenn solche erheblichen Kindeswohlgründe dem im Einzelfall nicht entgegenstehen, das Verfahren mit der Feststellung, dass eine gerichtliche Regelung des Umgangs nicht veranlasst ist, beenden (OLG Frankfurt 3. 12. 2012 – 1 WF 327/12, juris Rn 11 ff, ZKJ 2013, 127; Prütting/Helms/Hammer § 156 FamFG Rn 63; Heilmann/Gottschalk § 1684 Rn 86; Obermann FamRZ 2016, 1031, 1035). Besteht allerdings kein Einvernehmen, so sieht das Gesetz die Regelung **flexibler Umgangszeiten** auch dann nicht vor, wenn ein Elternteil berufsbedingt an der Einhaltung starrer Umgangsregelungen gehindert ist (OLG Karlsruhe 24. 10. 2017 – 18 UF 166/17, juris Rn 26, ZKJ 2018, 152).

189a Soweit das *OLG Karlsruhe* (OLG Karlsruhe 17. 2. 2020 – 5 UF 6/20, juris Rn 18, NJW-RR 2020, 516) aber in einer Entscheidung zum Wechselmodell, in der die Eltern zuvor in einer außergerichtlichen Umgangsvereinbarung den Umgang des Vaters geregelt und über einen längeren Zeitraum praktiziert hatten, die Voraussetzungen eines Wechselmodells aus Gründen des Vorrangs der Kontinuität verneint und sodann die Ansicht vertreten hat, es bedürfe auch keiner amtswegigen (vollstreckbaren) Umgangsregelung, da die Eltern die (nicht vollstreckungsfähige) Umgangsregelung befolgen und bei Veränderungen anpassen würden, kann dem unter Berücksichtigung der vorstehenden Ausführungen nur mit der Maßgabe zugestimmt werden, dass aus dem Verhalten der Eltern im Verfahren geschlossen werden kann, dass sie beide jedenfalls stillschweigend für den Fall der Ablehnung der Anordnung eines Wechselmodells auf eine gerichtliche Regelung des Umgangs nach § 1684 Abs 3 S 1 BGB zugunsten ihrer flexiblen außergerichtlichen Vereinbarung verzichten wollen.

gg) Zurückweisung einstweiligen Rechtsschutzes

190 Unbeschadet dessen ist die bloße Zurückweisung eines **Antrags auf Erlass einer einstweiligen Anordnung** (§§ 49 ff FamFG) zulässig, wenn die besonderen Voraussetzungen, insbesondere das *Regelungsbedürfnis* oder die **Dringlichkeit** nicht vorliegen und

es im Interesse des Kindeswohles vorzugswürdig ist, eine endgültige Regelung des Umgangs abzuwarten und im Hauptsacheverfahren weitere Ermittlungen zu tätigen. Hierfür spricht, dass infolge der Ablehnung einer vorläufigen Regelung keine Ungewissheit für die Beteiligten eintritt, weil über die Frage des Umgangs endgültig in der Hauptsache zu entscheiden ist.

Häufig aber wird im Streit um den Umgang nach § 156 Abs 3 S 1 FamFG eine einstweilige Anordnung sogar von Amts wegen zu treffen sein, um eine **Entfremdung** bis zur Hauptsacheentscheidung zu verhindern oder aber zum Schutz des Kindes ein **vorläufiger Ausschluss** des Umgangs geboten ist. Auch die **Aufrechterhaltung** einer bisher einvernehmlich praktizierten Umgangsregelung im Wege einstweiliger Anordnung kommt in Betracht (jeweils zur vorläufigen Fortsetzung eines *Wechselmodells* AG Duisburg 26. 2. 2015 – 41 F 10/15, juris Rn 11, FamRZ 2015, 305; AG Hannover 10. 2. 2014 – 618 F 491/14, juris Rn 15 ff, FamRZ 2014, 1212).

2. Konkrete gerichtliche Regelung

a) Regelungsdichte – Bestimmtheit

Die Regelung nach § 1684 Abs 3 BGB hat zwingend **Art, Ort, Zeitpunkt, Häufigkeit** 191
und **Dauer** des Umgangs zu bestimmen (BGH 1. 2. 2012 – XII ZB 188/11, juris Rn 11, FamRZ 2012, 533; BeckOK-BGB/Veit [1. 1. 2023] § 1684 Rn 78; Völker/Clausius, Sorge- und Umgangsrecht [8. Aufl 2021] § 2 Rn 60; Heilmann/Gottschalk § 1684 Rn 28; Johannsen/Henrich/Althammer/Rake § 1684 Rn 27; Cirullies ZKJ 2011, 448) sowie die Modalitäten des **Bringens** bzw **Holens** des Kindes zu bzw von seiner Wohnung beim betreuenden Elternteil, wobei hier jedoch auch ohne ausdrückliche Regelung davon auszugehen ist, dass es dem Umgangsberechtigten obliegt, das Kind abzuholen und zu bringen und der betreuende Elternteil verpflichtet ist, das Kind bereitzuhalten und wieder entgegenzunehmen (BGH 1. 2. 2012 – XII ZB 188/11, juris Rn 18, FamRZ 2012, 533; Sternal/Giers § 89 FamFG Rn 4; Heilmann/Cirullies § 86 FamFG Rn 21). Dieser Grundsatz hat vor allem deshalb Bedeutung, weil ohne eine hinreichend bestimmte Umgangsregelung eine zwangsweise Durchsetzung der Umgangsregelung im Wege der Vollstreckung (§§ 86 ff FamFG) nicht möglich wäre und das Erkenntnisverfahren damit nicht ohne eine vollstreckbare Entscheidung beendet werden würde (OLG Schleswig 23. 3. 2015 – 10 UF 6/15, juris Rn 29, FamRZ 2015, 1040; OLG Frankfurt 5. 9. 2013 – 5 UF 167/13, juris Rn 13, ZKJ 2013, 421; Heilmann/Dürbeck § 69 FamFG Rn 5; Völker/Clausius, Sorge- und Umgangsrecht [8. Aufl 2021] § 2 Rn 61). Hierdurch soll auch vermieden werden, dass es bei streitanfälligen Eltern Anlass zur Fehlauslegung gibt (AG Holzminden FamRZ 1997, 47, 48: „finden Eltern, die sich zu Lasten des Kindes streiten möchten, immer einen Anlass"; vgl auch OLG Stuttgart FamRZ 2000, 50 zum Streit über den Begriff „Ferien"). Wird ein **begleiteter Umgang** (§ 1684 Abs 4 S 3 BGB) angeordnet, so ist auch hier eine Regelung nach Ort, Zeit und Häufigkeit des Umgangs erforderlich (OLG Frankfurt 10. 8. 2016 – 5 UF 167/16, juris Rn 8, FamRZ 2016, 1787; OLG Saarbrücken 25. 3. 2010 – 6 UF 136/09, juris Rn 23, NJW-RR 2010, 1446; Heilmann/Gottschalk § 1684 Rn 75) und es ist der den Umgang begleitende und **mitwirkungsbereite Dritte** genau zu bezeichnen. Die Auswahl der Begleitperson kann nicht dem Jugendamt überlassen werden (OLG Frankfurt 21. 1. 2014 – 5 WF 310/13, juris Rn 3, NZFam 2014, 610; OLG Schleswig 23. 3. 2015 – 10 UF 6/15, juris Rn 29, FamRZ 2015, 1040; Prütting/Helms/Hammer § 156 FamFG Rn 62). Nach Abs 4 S 4 kann der mitwirkungsbereite Dritte auch ein Träger der Jugendhilfe oder ein Verein sein, der dann selbst entscheidet, welche Einzelperson die Aufgabe der Umgangsbegleitung übernimmt.

192 Diese an Streitvermeidung und Vollstreckbarkeit orientierte Ansicht blieb in der Vergangenheit nicht ohne **Kritik**: Detaillierte Umgangsregelungen sind naturgemäß unflexibel und können insbesondere das Kind belasten, wenn es im Einzelfall eine andere Handhabung wünscht (Spangenberg/Spangenberg FamRZ 2011, 1704); das Konkretisierungsgebot mag auch in der Praxis dazu verführen, Umgangsregelungen nach Tabelle zu treffen, statt Besonderheiten des Einzelfalls zu berücksichtigen (Kindler FPR 2009, 150). Die Spannung zur vorherrschenden Praxis, die der Gesetzeslage entspricht, entsteht hier aber auch deshalb, weil flexible Lösungen ein Maß an Einigungsbereitschaft der Eltern voraussetzen, die aber im Regelfall bei gerichtlichen Auseinandersetzungen um das Umgangsrecht fehlen. Nur dann, wenn in diesen Fällen Umgangsregelungen vollstreckbar sind, werden sie von den beteiligten Eltern auch als rechtsverbindlich empfunden, sodass flexible Umgangsregelungen (nicht gerichtlich zu billigenden) Umgangsvereinbarungen (siehe oben Rn 189) vorbehalten bleiben müssen (OLG Karlsruhe 24. 10. 2017 – 18 UF 166/17, juris Rn 26, ZKJ 2018, 152).

b) Keine Übertragung auf Eltern, Dritte oder das Kind

193 Zwar ist auch die Ausgestaltung des Umgangs grundsätzlich Aufgabe der Eltern (OLG Brandenburg FamRZ 2010, 1923); da die Umgangsregelung jedoch vor dem Hintergrund steht, dass die Eltern sich nicht einigen können (OLG Brandenburg JAmt 2002, 422), ist eine **konkrete und vollständige gerichtliche Regelung** zu treffen. Eine Regelung, die im Detail auch Ausweich- und Nachholregelungen für Reisen, Erkrankungsfälle etc enthält, ist hingegen nur ausnahmsweise bei zutage tretendem Konflikt zu treffen (OLG Brandenburg JAmt 2002, 422; Heilmann/Gottschalk § 1684 Rn 52; Horndasch NZFam 2014, 884, 888). Auch dem **Umgangspfleger** ist nach der hier vertretenen Auffassung nicht die Entscheidung über Nachholtermine übertragen (oben Rn 127).

Die Ausgestaltung des Umgangs kann auch nicht durch das Gericht auf **Dritte**, insbesondere einen Umgangspfleger oder Umgangsbegleiter, verlagert werden, indem es das Ausmaß des Umgangs im Beschluss nur in groben Zügen bestimmt und eine außergerichtliche Festlegung der Einzelheiten nach Zeit, Dauer und Ort durch Dritte vorsieht (vgl oben Rn 182 und die dortigen Nachweise; aus der älteren Rspr vgl OLG Frankfurt FamRZ 1999, 617; OLG Frankfurt OLGR 2008, 841; OLG München FamRZ 2003, 1955, 1956; OLG Saarbrücken DAVorm 1996, 277) oder sie den Eltern überlässt, ohne ein detailliert bestimmtes (auch Zeitregelungen vorsehendes) Verfahren anzuordnen (OLG Frankfurt 16. 9. 2022 – 3 UF 86/22, NZFam 2022, 1035; OLG Braunschweig MDR 1999, 102: zwei Terminvorschläge mit Auswahlrecht ohne Frist für die Bekanntgabe der Vorschläge). Auch eine vom **Willen des Kindes** abhängige flexible Regelung wäre nicht hinreichend bestimmt (OLG Brandenburg FamRZ 2002, 974, 975). Eine gerichtlich angeordnete flexible Umgangsregelung ist auch dann gesetzlich nicht zulässig, wenn ein Elternteil beruflich bedingt an der Einhaltung starrer Umgangszeiten gehindert ist (OLG Karlsruhe 24. 10. 2017 – 18 UF 166/17, juris Rn 26, ZKJ 2018, 152).

193a Soweit das *OLG Brandenburg* (OLG Brandenburg 20. 8. 2020 – 9 UF 119/20, juris Rn 16, NZFam 2020, 976) sich bei der Frage, ob bei einer gerichtlichen Umgangsregelung mit einem 14-jährigen Kind eine **zeitliche Befristung bis zum Erreichen des 16. Lebensjahres** des Kindes zulässig ist oder ob der Umgang in diesem Fall unbefristet bis zum **Eintritt der Volljährigkeit** zu regeln ist, dahin positioniert hat, dass eine Befristung insoweit unzulässig ist, da sonst für den Umgangselternteil ungewiss wäre, ob und in welchem Umfang er bei Eintritt des 16. Lebensjahres des Kindes umgangsberechtigt ist, ist dem zuzustimmen. Ob der Umgang dann bei einer etwaigen Verweigerungshaltung des Kindes vollstreckbar iSd § 89 FamFG ist, ist eine andere Frage (s Rn 546).

c) Regelung zur Anbahnung des Umgangs

aa) Wiederanbahnung

Die Notwendigkeit einer Anbahnung des Umgangs stellte sich in Anwendung von § 1634 aF regelmäßig als Problem der **Wiederanbahnung** nach einer Weile der Umgangsunterbrechung dar. Diese Fallsituation hat durch die Neufassung des § 1684 BGB keine abweichende Regelung erfahren. Ziel einer Wiederanbahnung ist es, eine als nicht gerechtfertigt erkannte (sonst Entscheidung nach § 1684 Abs 4 BGB) – auch durch Verhinderung des Umgangs durch den anderen Elternteil (OLG Braunschweig FamRZ 1999, 185) – eingetretene **Entfremdung** (Maywald FPR 2013, 200, 201) in einer für das Kind behutsamen Weise zu überwinden, und so einem dauerhaften Kontaktabbruch vorzubeugen und eine Situation zu verhindern, in der die Umgangsablehnung sich so verfestigt hat, dass der Umgang zum Wohl des Kindes ausgeschlossen werden müsste. 194

Die Notwendigkeit der **erstmaligen Anbahnung** des Umgangs stellt sich aber auch dann, wenn *nach der Geburt* des Kindes über einen längeren Zeitraum noch überhaupt kein Kontakt zwischen Elternteil und Kind, zB wegen einer erfolgten Fremdunterbringung des Kindes oder bei der Trennung der Eltern noch vor der Geburt oder kurz danach, stattgefunden hat und sich Kind und Elternteil noch gar nicht kennen (vgl etwa KG 6. 5. 2016 – 13 UF 40/16, juris Rn 27, ZKJ 2016, 468). Große Bedeutung kommt der erstmaligen Kontaktanbahnung auch beim Umgangsrecht des biologischen nicht rechtlichen Vaters nach § 1686a BGB zu (vgl § 1686a Rn 18).

Auch Verständnis für eine psychische Belastung des Betreuungselternteils darf im Übrigen grundsätzlich nicht der Anbahnung des Umgang entgegenstehen, soweit der Umgang im Einzelfall das Wohl des Kindes nicht gefährdet (vgl etwa OLG Karlsruhe NJW-RR 2007, 443: „Die psychische Belastung der Mutter kann nicht zum Ausschluss des Umgangsrechts von Vater und Kind führen, sondern es ist Aufgabe des Senats, Lösungen zu finden, die trotz dieser längerfristigen psychischen Barriere der Mutter eine Umgangsanbahnung ermöglichen.“).

Umgangsregelungen zur Wiederanbahnung tragen zwar die **Gefahr des Scheiterns** in sich, dürfen aber nicht allein deshalb abgelehnt werden, weil keine Gewähr dafür besteht, dass der Prozess der Umgangsanbahnung zu Ende geführt werden kann; dies gilt nicht nur für die umgangsimmanenten Risiken, sondern auch bei äußeren Umständen, die eine Umgangsanbahnung gefährden können, wie dies insbesondere bei einer zu erwartenden ausländerrechtlichen **Abschiebung** des ausländischen Umgangsberechtigten der Fall ist (OLG Bremen NJW-RR 2011, 1084, 1085: Abschiebung des Umgangselternteils; **aA** bei im Raum anstehender Abschiebung des Vaters: OLG Koblenz 3. 2. 2016 – 13 UF 761/15, juris Rn 34, MDR 2016, 396: Gefährdung des Kindeswohls wegen zu erwartenden erneuten Kontaktabbruchs durch Abschiebung).

bb) Regelungsinstrumente

Zur Umgangsanbahnung stehen verschiedene Regelungsinstrumente zur Verfügung. 195
Vor allem bei älteren Kindern bietet sich eine **sukzessive Kontaktaufnahme** (Balloff FPR 2013, 303, 306 f) an. Schriftliche, telefonische, schließlich allmählich an ein übliches

Maß heranwachsende persönliche Kontakte können es dem Umgangselternteil erlauben, dem Kind wieder ein positives Elternbild zu vermitteln (OLG Braunschweig FamRZ 1999, 185; AG Zossen DAVorm 1999, 143).

α) Umgangspflegschaft – Umgangsbestimmungspfleger

196 Die **Umgangspflegschaft** hat durch ihre ausdrückliche gesetzliche Regelung (§ 1684 Abs 3 S 3–6 BGB; Rn 127 ff) auch als Instrument der vorsichtigen und kindeswohldienlichen Umgangsanbahnung (vgl OLG Frankfurt 19. 9. 2016 – 6 WF 125/16 Rn 2, FamRZ 2017, 461) eine Aufwertung erfahren. In diesem Zusammenhang kommt jedoch der Abgrenzung der Befugnisse des Umgangspflegers gegen die Aufgaben des Familiengerichts erhebliche Bedeutung zu. Die Anordnung der Umgangspflegschaft erspart dem Familiengericht nicht die konkrete Regelung des Umgangs nach Art, Ort, Häufigkeit und Zeit, auch wenn die Gestaltung des Umgangs von der Beurteilung des jeweiligen Standes der Entwicklung abhängt. Immerhin kann die *Umgangsgestaltung* im Detail dem Umgangspfleger überlassen bleiben (Rn 127) und damit eine gewisse Flexibilität erreicht werden. Der Umgangspfleger ist jedoch – soweit ihm nicht gleichzeitig die Umgangsbegleitung nach Abs 4 S 3 übertragen ist – zu einer Anwesenheit während des Umgangs nicht berechtigt (oben Rn 127), sodass er insoweit nur begrenzt an der Umgangsanbahnung mitwirken kann. Auch setzt die Anordnung der Umgangspflegschaft nach § 1684 Abs 3 S 3 BGB dauerhafte oder wiederholte erhebliche Verstöße der Wohlverhaltenspflicht voraus, sodass er nicht zur Verfügung steht, wenn solche Verstöße nicht im Raum stehen. Dies gilt in ähnlicher Weise für den **Umgangsbestimmungspfleger**, dessen Bestellung sogar eine Kindeswohlgefährdung nach § 1666 BGB voraussetzt. Liegt diese vor, kann er ein geeignetes Instrument zur Anbahnung von Umgangskontakten sein (OLG Frankfurt 13. 5. 2015 – 4 UF 385/14, juris Rn 25; Obermann NZFam 2014, 976, 979). Im Übrigen kann aber auch der Umgangspfleger auf eine Anpassung der getroffenen gerichtlichen Umgangsregelung hinwirken, wenn etwa eine Ausweitung des Umgangs bei positiv verlaufender Anbahnung angezeigt ist.

β) Sukzessive Umgangsregelung

197 Nur in eingeschränkter Weise als Maßnahme nach § 1684 Abs 3 BGB lässt sich eine allmähliche Anbahnung auch durch einen **gerichtlichen Besuchsplan** erreichen, der eine sukzessive hinreichend bestimmte Umgangsregelung vorsieht, da der Übergang von kurzzeitigen Kontakten in längere Umgangsintervalle oft nicht vorhersehbar ist, weil er von der Reaktion des Kindes abhängig ist. Nicht mit dem Gebot der Bestimmtheit und Vollstreckungsfähigkeit einer Umgangsregelung vereinbar ist es, diese in ihrer weiteren Gestaltung von **Bedingungen** abhängig zu machen. Ist die Entwicklung im Hinblick auf das Wohl des Kindes nicht absehbar, verbleiben im Einzelfall oft nur Regelungen, die kurze Zeitintervalle vorsehen (so LG Offenburg FamRZ 1996, 239, 240: zunächst 1/2 Stunde monatlich, bei kleinem Kind und starker Entfremdung). Bei starker Entfremdung können insbesondere auch unter Umständen bei nicht mehr kleineren Kindern zunächst **Übernachtungen** (OLG Brandenburg 7. 8. 2015 – 9 UF 8/15, juris Rn 20, FuR 2016, 483) und ein längerer Ferienumgang (OLG Köln FamRZ 2005, 1276) auszunehmen sein. Die Anordnung mehrerer Stufen empfiehlt sich nur, wenn die Entwicklung auf die Befindlichkeit des Kindes prognostizierbar ist. Unter Umständen kommt für das Familiengericht auch in Betracht, zunächst aufgrund einer **Zwischenvereinbarung** oder einer **einstweiligen Anordnung** kurze Zeitintervalle zu bestimmen und seine Entscheidung in der Hauptsache vom Ergebnis des Verlaufs abhängig zu machen.

γ) Begleiteter Umgang

Das klassische Instrument der **Wiederanbahnung** von Umgangskontakten bei schwerwiegender Entfremdung ist der **begleitete Umgang** nach § 1684 Abs 4 S 3 BGB (dazu ausführlich unten Rn 367). Bei etwa 30 % der in der Praxis stattfindenden Umgangsbegleitungen steht dieser Aspekt bei längerer Kontaktunterbrechung im Vordergrund (Kindler/Walter/Friedrich-Bäker, in: Klinkhammer/Prinz, Handbuch begleiteter Umgang [3. Aufl 2017] 34, 59). Allerdings setzt die Anordnung begleiteter Umgangskontakte nach § 1684 Abs 4 S 3 BGB – bei nicht nur kurzer Dauer – eine Gefährdung des Kindeswohls voraus (vgl Rn 352), sodass sie regelmäßig kein Mittel ist, Entfremdung aufgrund Kontaktunterbrechung zu begegnen. Nicht gesetzlich zulässig ist es im Zusammenhang mit dem begleiteten Umgang, das **Jugendamt** nicht nur mit der *Begleitung,* sondern auch mit der *Entwicklung* des zeitlichen Umfangs des Umgangs zu betrauen, weil dies eine Verlagerung der Entscheidung nach § 1684 Abs 3 BGB vom Gericht auf einen Dritten wäre (OLG Frankfurt FamRZ 1999, 617; OLG Saarbrücken DAVorm 1996, 277; siehe oben Rn 182). Das bedingt aber gleichwohl nicht, dass bei positivem Verlauf des begleiteten Umgangskontakts das Jugendamt oder der mit der Begleitung beauftragte freie Träger der Kinder- und Jugendhilfe mit den Eltern für die Zukunft *außergerichtliche Regelungen* erarbeiten, die eine erneute gerichtliche Anrufung des Familiengerichts nach Beendigung der Umgangsbegleitung entbehrlich machen. **198**

δ) Professionelle Umgangsvermittlung durch Sachverständige und Pädagogen

Naheliegend erschiene aus psychologischer Sicht auch die Einschaltung des **Sachverständigen** zur Vermittlung des Umgangs (zur Einschaltung des Sachverständigen zu Beweiszwecken unten Rn 449 ff). Die Erkenntnis, dass der psychologische Sachverständige am ehesten über das Instrumentarium verfügt, den Umgang zu vermitteln (vgl dazu Behrend ZKJ 2021, 439; Spangenberg/Spangenberg ZfJ 1994, 458; Salzgeber, Familienpsychologische Gutachten [7. Aufl 2020] Rn 564 ff), führt nicht selten in der Praxis dazu, dass dies versucht wird (Dörr NJW 1993, 2407, 2413). **199**

Auch wenn die therapeutische Bewältigung von Umgangskonflikten in vielen Fällen dringend angezeigt wäre (vgl Maywald FPR 2013, 200, 203; Fichtner, in: Coester-Waltjen/Lipp/Schumann/Veit, Alles zum Wohl des Kindes? [2012] 94, 101 f; methodisch hierzu Spangenberg/Spangenberg ZfJ 1994, 458), ist in diesem Zusammenhang die verpflichtende Anordnung **familientherapeutischer Maßnahmen** gegen den Willen eines Beteiligten zur Umgangsvermittlung nicht als Instrument der Regelung nach Abs 3 zugelassen (BVerfG 1. 12. 2010 – 1 BvR 1572/10, ZKJ 2011, 98; BGH NJW 1994, 312, 313; OLG Brandenburg FamRZ 2010, 1357; vgl auch oben Rn 113 betreffend Maßnahmen nach Abs 3 S 2 zur **Erfüllung der Wohlverhaltenspflicht**). Diese Ansicht erscheint aus Rechtsgründen kaum zweifelhaft, da weder die beweisrechtliche Einschaltung des Sachverständigen eine Ausdehnung seiner Aufgabe auf therapeutische Ziele erlaubt noch selbst bei weitem Verständnis eine Familientherapie als Entscheidung über *Umfang* und *Ausübung des Umgangsrechts* iSd Abs 3 verstanden werden kann.

Aus *psychologischer Sicht* wird freilich die Abgrenzung weniger eindeutig gesehen; insbesondere wird bezweifelt, dass der psychologische Sachverständige sich überhaupt auf die bloße Beweiserhebung beschränken kann *(Statusdiagnostik)* oder ob nicht bereits die beweisrechtliche Aufgabe mit Eingriffen in die Dynamik der Familie *(Interventionsdiagnostik)* verbunden sein muss, um brauchbare Grundlagen für die gerichtliche Entscheidung zu liefern (dazu im Einzelnen unten Rn 449 ff).

Als verfahrensrechtliches Instrument für das Familiengericht steht hier das **lösungsorientierte Sachverständigengutachten** nach § 163a Abs 2 FamFG zur Verfügung (vgl dazu Greger FPR 2010, 443; Fichtner/Salzgeber FPR 2009, 348; Behrend ZKJ 2021, 439), das in der Praxis in Umgangssachen auch bei hochkonflikthaften Umgangsstreitigkeiten eingesetzt werden kann (vgl etwa OLG Frankfurt 17. 9. 2014 – 4 UF 355/13, juris Rn 16, 17). Von ihnen sollte aber vor allem im Hinblick auf die für das kindliche Zeitempfinden und damit einhergehende Entfremdungsgefahr wegen der damit verbundenen Verzögerung des Verfahrens eher zurückhaltend Gebrauch gemacht werden (Heilmann/Heilmann § 163 FamFG Rn 61). Zudem besteht keine Pflicht der Eltern, an der Begutachtung mitzuwirken (vgl oben Rn 113).

Auch auf die Instrumente der **Familienberatungsstellen und Jugendämter** ist im Kontext der professionellen Intervention bei Eltern-Kind-Entfremdung hinzuweisen (ausführlich Baumann/Michel-Biegel/Rücker/Serafin/Wiesner ZKJ 2022, 241; ZKJ 2022, 291).

ε) Erstmalige Umgangsanbahnung

200 Durch die Gleichstellung des Umgangsrechts eines Kindes unverheirateter Eltern mit seinem Vater unter Aufgabe der restriktiven Haltung des § 1711 aF durch das KindRG rückte die Notwendigkeit von Maßnahmen zur **erstmaligen Anbahnung des Umgangs** in das Blickfeld. Auch die Ausdehnung des Umgangsrechts auf den nicht rechtlichen Vater (§ 1686a BGB) trifft vermehrt auf Familien ohne vorherigen Vater-Kind-Kontakt zu.

Die frühere Rechtslage war geprägt vom Umgangsrecht als Rest eines gescheiterten Zusammenlebens der insbesondere ehelichen (§ 1634 aF) Familien. In der Rechtsprechung zu § 1711 aF drang nur mühsam der Gedanke durch, dass eine Regelung des Umgangs auch ohne eine vorherige Beziehung dem Kindeswohl förderlich sein kann. Zwar wurde anerkannt, dass ein früheres Zusammenleben mit dem Kind *für* die Einräumung eines Umgangsrechts nach § 1711 aF sprach und – wie § 1634 aF – auch eine *Wiederherstellung* eines Umgangs nahelegte (OLG Karlsruhe JuS 1999, 399; LG Aachen FamRZ 1990, 202; LG Berlin FamRZ 1990, 92; LG Lüneburg FamRZ 1991, 111; LG Wuppertal FamRZ 1997, 634; LG Zweibrücken FamRZ 1997, 633; vgl auch Nachw bei Staudinger/Göppinger[12] § 1711 aF Rn 38; Dieckmann, Die rechtliche Stellung des lediglich biologischen Vaters im Wandel des gesellschaftlichen Familienbildes [2013] 101 f). Teilweise wurde aber unzutreffend dieser positive Gesichtspunkt negativ als *conditio sine qua non* für ein solches Umgangsrecht formuliert (ausdrücklich LG Duisburg FamRZ 1991, 1099; Luthin FamRZ 1996, 564, 565; vgl auch die Kritik im Umfeld des Entwurfs eines NEhelUmgG: Hahne FamRZ 1990, 928, 930; Knöpfel FamRZ 1989, 1017, 1019; Schwab FamRZ 1990, 932). Nur in einzelnen Fällen wurde anerkannt, dass auch die *ursprüngliche Anbahnung* von Umgang, den der Vater im Interesse des Kindes aus innerer Anteilnahme und echter Zuneigung sucht, dem Kindeswohl dient (LG Arnsberg DAVorm 1996, 205; LG Arnsberg FamRZ 1998, 319; LG München I 29. 1. 1996 [13 T 2462/95]; Luthin FamRZ 1996, 564, 565).

Hier haben sich durch die Einräumung eines **wechselseitigen Umgangsrechts** in § 1684 Abs 1 BGB die gesetzlichen Vorgaben verschoben: Grundsätzlich ist nun davon auszugehen, dass ein Umgang beider Eltern mit ihrem Kind dessen Wohl dient und dass persönliche Spannungen zwischen den Eltern dem nicht entgegenstehen dürfen. In solchen Konstellationen ist allerdings zu prüfen, ob einer Umgangsregelung das Wohl des Kindes – aus dann aber im Einzelnen positiv zu erforschenden Gründen –

entgegensteht und zu einer Entscheidung nach § 1684 Abs 4 BGB zwingt. Auch einem Vater, der erst mehrere Jahre nach der Geburt des Kindes sein Umgangsrecht wahrnehmen möchte, kann – unabhängig von den Gründen seiner vormaligen Kontaktverweigerung – jedenfalls im Rahmen von § 1684 BGB (anders bei § 1686a BGB, vgl § 1686a Rn 15) – ein Umgangsrecht nicht allein aus diesem Grund versagt werden.

Ist in solchen Fällen eine Umgangsregelung zu treffen, so steht das Gericht allerdings vor der Aufgabe, einen Umgang **behutsam herzustellen** (OLG Braunschweig FamRZ 2002, 118; OLG Stuttgart FamRZ 2001, 932), wobei nicht nur ein etwaiger Widerstand der Mutter zu überwinden ist, sondern vor allem die Akzeptanz des Kindes gegenüber seinem ihm bis dahin fremden Vater gewonnen werden muss (vgl BT-Drucks 13/4899, 105; Rauscher FamRZ 1998, 329, 336). Die **Regelungsinstrumente** unterscheiden sich nicht von denen der Wiederanbahnung des Umgangs (oben Rn 195 ff).

3. Das Kindeswohl – Kriterien der gerichtlichen Umgangsregelung

Entscheidender Maßstab jeder gerichtlichen Entscheidung über das Umgangsrecht **201** ist das **Kindeswohl**. Das Familiengericht hat grundsätzlich die Regelung zu treffen, die – unter Berücksichtigung der aus Art 6 Abs 2 GG folgenden Grundrechtspositionen der Eltern im Wege der **Konkordanz** – dem Kindeswohl nach § 1697a BGB **am besten entspricht** (BVerfG 14. 7. 2010 – 1 BvR 3189/09, juris Rn 17 und 21, FamRZ 2010, 1622, 1623). Bei einem Ausschluss des Umgangs im Fall der Trennung von Eltern und Kind gilt ein strengerer Maßstab, weil hier nach § 1684 Abs 4 BGB das Erfordernis einer Kindeswohlgefährdung zu beachten ist (vgl dazu unten Rn 280 ff).

Der Begriff des Kindeswohls bedarf jedoch infolge seiner **Unbestimmtheit** der Konkretisierung. Der *BGH* hat in seiner (umgangsrechtlichen) Entscheidung zum *Wechselmodell* zutreffend hervorgehoben, dass die im Bereich des Sorgerechts (§ 1671 BGB) entwickelten **Kindeswohlkriterien** (vgl BGH 28. 4. 2010 – XII ZB 81/09, juris Rn 19, ZKJ 2010, 327; Staudinger/Coester [2020] § 1671 Rn 177 ff) zur Ausfüllung des Begriffs des Kindeswohls, namentlich die **Erziehungseignung** der Eltern, die **Bindungen** des Kindes zu seinen Eltern und etwaigen Geschwistern, die Grundsätze der **Förderung** und **Kontinuität** und die Beachtung des **Kindeswillens** auch für die Frage des Umfangs eines Umgangsrechts heranzuziehen sind (BGH 1. 2. 2017 – XII ZB 601/15, juris Rn 25, ZKJ 2017, 190; bestätigt durch BGH 27. 11. 2019 – XII ZB 512/18, FamRZ 2020, 255 Rn 20). Sie werden im Hinblick auf den Umfang des Umgangsrechts ergänzt durch das **Alter des Kindes**, sein **Zeitempfinden** und seine **Resilienz**, den **örtlichen Gegebenheiten** und, gerade soweit es um die Frage eines erweiterten Umgangsrechts bis hin zum Wechselmodell geht, durch die Qualität der **sozialen Beziehung der Eltern** zueinander und das Bestehen eines das Kindeswohl tangierenden **Konfliktniveaus** der Eltern (ähnlich Heilmann/Gottschalk § 1684 Rn 29). Schließlich können auch **interkulturelle Aspekte** von Familien mit **Immigrationshintergrund** bedeutsam sein (vgl dazu Motzer, in: Motzer/Kugler/Grabow, Kinder aus Migrationsfamilien in der Rechtspraxis [2. Aufl 2012] 177 ff; Menne FamRZ 2016, 1223; ders NDV 2016, 456; Tuna NZFam 2014, 896; Salzgeber NZFam 2017, 481; Collo, Muslimische Immigrantenfamilien in Sorge- und Umgangsverfahren [2021] 17 ff).

Überlagert werden diese Kriterien aber stets durch das dem Familiengericht obliegende **staatliche Wächteramt**, das es gebietet, im Hinblick auf das Kind mögliche Gefährdungen seines Wohls (§ 1684 Abs 4 BGB) bei einer elterlichen Umgangsregelung zu beachten und so einen effizienten **Kinderschutz** zu gewährleisten.

a) Kindeswille

202 Dem **Willen** des betroffenen Kindes (allgemein zu seiner Beachtung im Kindschaftsrecht Peschel-Gutzeit NZFam 2014, 433) kommt bei der Regelung des Umgangsrechts – abhängig vom Alter und seiner Entwicklungsreife – entscheidende Bedeutung zu. Er ist Ausdruck der von ihm empfundenen **Bindung** und gleichzeitig ein **Akt der Selbstbestimmung** (BVerfG 17. 9. 2016 – 1 BvR 1547/16, juris Rn 20, ZKJ 2016, 457; BVerfG 26. 9. 2006 – 1 BvR 1827/06, juris Rn 24, ZKJ 2007, 201; KG 18. 5. 2018 – 3 UF 4/18, juris Rn 43, NZFam 2018, 637). Auch wenn seiner Beachtung gerade psychologisch für die Entwicklung eines Kindes große Bedeutung zukommt (vgl Dettenborn, Kindeswohl und Kindeswille [6. Aufl 2021] 60 ff), kann er aber im Konflikt mit den Grundrechten der Eltern und deren Verantwortung für das Kind grundsätzlich nicht alleiniger Maßstab von gerichtlichen Umgangsregelungen sein. Zum einen steht er in einem **Spannungsverhältnis** mit dem aus Art 6 Abs 2 GG folgenden **Erziehungs- und Umgangsrecht der Eltern**, die auch Rechtspflichten gegenüber dem Kind darstellen. Der Umgang mit den Eltern ist ebenso wie die Ausübung der elterlichen Sorge Teil der Erziehung und Entwicklung des Kindes, für die der Wille des Kindes nur insoweit Beachtung finden kann, als er mit dem Wohl des Kindes vereinbar ist (BVerfG NJW 1993, 2671; BVerfG FamRZ 2007, 1876; zur verstärkten Beachtlichkeit bei zwei kindeswohlvereinbaren Alternativen: BVerfG JAmt 2009, 201). Zum anderen sind ihm Grenzen gesetzt, soweit das Kind aufgrund seines **Alters und seiner Entwicklungsreife** noch nicht dazu in der Lage ist, diesen in **autonomer** Weise zu bilden (BVerfG 18. 5. 2009 – 1 BvR 142/09, juris Rn 19, FamRZ 2009, 1389). Nach den psychologischen Erkenntnissen beginnt die **Fähigkeit der Willensbildung** bei Kindern erst mit dem 3.–4. Lebensjahr (Castellanos, Psychologische Sachverständigengutachten im Familienrecht [3. Aufl 2021] Rn 230). Bei **Kleinkindern** hat er noch geringere Bedeutung, ist aber dennoch zu beachten, kann aber bei der Abwägung mit den weiteren zu beachtenden Kindeswohlkriterien (oben Rn 201) zurücktreten. Gleichwohl kann ein von einem Kleinkind geäußerter Wille nach Umgang Ausdruck des Vorhandenseins von **Bindungen** sein und den Umfang des Umgangsrechts maßgeblich beeinflussen (BVerfG 26. 9. 2006 – 1 BvR 1827/06, juris Rn 24, ZKJ 2007, 201: möglicher Wunsch nach Übernachtungen; KG 18. 5. 2018 – 3 UF 4/18, juris Rn 42 ff, NZFam 2018, 637: Aufenthaltswechsel eines 7-jährigen Kindes), wie umgekehrt die Ablehnungshaltung eines kleineren Kindes auch Ausdruck fehlender Bindung oder eines gestörten Bindungsverhältnisses sein kann (OLG Brandenburg 7. 8. 2015 – 9 UF 8/15, juris Rn 20: keine Übernachtung gegen den Willen einer 8-Jährigen; zur Bedeutung der Bindung und von Bindungsstörungen für den Umgang vgl Brisch, in: Brühler Schriften zum Familienrecht, 17. DFGT [2008] 89). Mit **zunehmendem Alter** gewinnt der Kindswille jedoch auch in Ansehung der Frage des Umgangsrechts an Bedeutung, denn die eigene Willensbildung ist Ausdruck der Individualität und Persönlichkeitsentwicklung des Kindes als Grundrechtsträger. Zur **Persönlichkeitsentwicklung** gehört insoweit auch, dass der wachsenden Fähigkeit eines Kindes zu eigener Willensbildung und selbständigem Handeln Rechnung getragen wird, damit es sich zu einem eigenverantwortlichen und gemeinschaftsfähigen Menschen entwickeln kann und es durch eine Missachtung seines Willens in seiner Persönlichkeitsentwicklung nicht beeinträchtigt wird (vgl BVerfG 25. 4. 2015 – 1 BvR 3326/14, juris Rn 17, FamRZ 2015, 1093; BGH 27. 11. 2019 – XII ZB 511/18, FamRZ 2020, 252 Rn 19; Heilmann/Gottschalk § 1684 Rn 31). Zu beachten ist allerdings, dass der Kindeswille nicht stets das Ergebnis selbstbestimmter und autonomer Prozesse ist, sondern dass dieser **Beein-**

flussungen – insbesondere auch durch den betreuenden Elternteil – unterliegen kann, was dazu führen kann, dass er hinter das Kindeswohl zurücktreten muss (BGH 27. 11. 2019 – XII ZB 511/18, FamRZ 2020, 252 Rn 19, 27). Allerdings ist auch ein auf einer Beeinflussung beruhender Wille im Hinblick auf das Persönlichkeitsrecht des Kindes zu beachten, wenn er den **wirklichen Bindungsverhältnissen nicht widerspricht** (BVerfG 25. 4. 2015 – 1 BvR 3326/14, juris Rn 17, FamRZ 2015, 1093; BVerfG 2. 4. 2001 – 1 BvR 212/98, juris Rn 4, FamRZ 2001, 1057; OLG Köln 30. 6. 2022 – 14 UF 30/22, juris Rn 31). Hier ist von Bedeutung, ob eine etwaige Ablehnungshaltung des Kindes auf eigenem Erleben beruht und im Verhältnis zu dem anderen Elternteil begründet ist (Castellanos, Psychologische Sachverständigengutachten im Familienrecht [3. Aufl 2021] Rn 1001; zB erlebte Gewalt, Vernachlässigung, autoritäres oder religiös motiviertes Erziehungsverhalten, Ablehnung der Lebensgefährtin oder in der Wohnung des umgangsberechtigten Elternteils lebender Großeltern, mangelnde Liebe oder Empathie, fehlende Spielmöglichkeiten etc).

Dem liegt auch die durch die **Sozialwissenschaften** (Kindler FPR 2007, 291, 293; Wallerstein/Lewis FamRZ 2001, 65, 69; Dettenborn, Kindeswohl und Kindeswille [6. Aufl 2021] 99; Dettenborn/Walter, Familienrechtspsychologie [4. Aufl 2022] 258, 281; Salzgeber, Familienpsychologische Gutachten [7. Aufl 2020] Rn 587) – gerade bei Fällen, in denen das Kind **Loyalitätskonflikten** ausgesetzt ist – bestätigte Erkenntnis zugrunde, dass ein gegen den **ernsthaften Widerstand** des Kindes **erzwungener Umgang** durch die Erfahrung der Missachtung der eigenen Persönlichkeit im Regelfall mehr Schaden verursacht als Nutzen für das Kind bringt (BVerfG 25. 4. 2015 – 1 BvR 3326/14, juris Rn 17, FamRZ 2015, 1093; BVerfG 2. 4. 2001 – 1 BvR 212/98, juris Rn 4, FamRZ 2001, 1057; OLG Brandenburg 18. 8. 2021 – 13 UF 90/21, juris Rn 20; OLG Koblenz 3. 6. 2014 – 13 UF 503/177/14, juris Rn 17, FamRZ 2014, 2010), zumal betroffene Kinder bei erzwungenem Umgang später häufig den Kontakt zu dem betreffenden Elternteil abbrechen (Wallerstein/Lewis FamRZ 2001, 65, 69).

Im Rahmen der Kindeswohlprüfung kommt es bei der Frage der Beachtlichkeit des Kindeswillens im Vergleich zu den sonstigen zu prüfenden Kriterien maßgeblich darauf an, ob das Kind nach seinem Alter und seinem Entwicklungsstand die Bedeutung des Umgangs mit dem anderen Elternteil versteht und sein Wille **stabil, intensiv, zielorientiert und autonom** ist (BVerfG 29. 11. 2012 – 1 BvR 335/12, ZKJ 2013, 120 Rn 31: *„konstant und wiederholt";* KG 14. 11. 2012 – 13 UF 141/12, juris Rn 47, FamRZ 2013, 709; MünchKommBGB/Hennemann § 1684 Rn 55; Dettenborn/Walter, Familienrechtspsychologie [4. Aufl 2022] 84 ff; Castellanos, Psychologische Sachverständigengutachten im Familienrecht [3. Aufl 2021] Rn 232). Auch wird es im Rahmen der Güterabwägung und der zu berücksichtigenden Grundrechte der Eltern nicht völlig außer Acht bleiben können, ob die von dem Kind vorgebrachten Gründe aus seiner Sicht **nachvollziehbar** sind (OLG Karlsruhe 26. 1. 2022 – 2 UF 77/21, ZKJ 2022, 356; OLG Saarbrücken 25. 8. 2014 – 6 UF 64/14, juris Rn 18, NZFam 2015, 44; OLG Brandenburg 20. 5. 2010 – 10 UF 46/09, juris Rn 30: Übernachtung, FamRZ 2010, 1923; BeckOGK/Altrogge [15. 11. 2019] § 1684 Rn 367; kritisch Peschel-Gutzeit NZFam 2014, 433 f; Salzgeber, Familienpsychologische Gutachten [7. Aufl 2020] Rn 523), wobei aber stets die ggf schädliche Wirkung einer gegen den Willen des Kindes getroffenen Regelung zu bedenken ist (Castellanos, Psychologische Sachverständigengutachten im Familienrecht [3. Aufl 2021] Rn 1008; Fahrendholz/Zumbach RPsych 2020, 36, 48 ff). Allerdings geben auch offensichtliche Verweigerungshaltungen des Kindes Hinweise auf eine unsichere Bindungsentwicklung.

Schließlich ist noch zu bedenken, dass sich Kinder gerade bei konfliktbeladenen Elternbeziehungen in einem **Loyalitätskonflikt** befinden, der sich bei gegen seinen Willen erzwungenen Umgangsregelungen ebenfalls langfristig nachteilig für das körperliche und seelische Wohl des Kindes auswirken kann (vgl Walper, in: Brühler Schriften zum Familienrecht Bd 14, 16. DFGT 2005 [2006] 100, 120 f).

Bei der Würdigung des Kindeswillens muss im Hinblick auf die Intensität der Betroffenheit des Elterngrundrechts des um Umgang nachsuchenden Elternteils auch zwischen Fragen der **Regelung** des Umgangs nach § 1684 Abs 3 BGB und einem aufgrund des entgegenstehenden Willens des Kindes veranlassten **Ausschluss** des Umgangsrechts nach § 1684 Abs 4 BGB (dazu unten Rn 302 ff) klar unterschieden werden, zumal hier auch unterschiedliche Maßstäbe der Kindeswohlprüfung gelten.

Auch wenn bei Abs 4 der strenge Maßstab der nicht anders abwendbaren Kindeswohlgefährdung gilt, ist in den letzten Jahren in der Gerichtspraxis unübersehbar, dass die Tendenz sich zu einer zunehmenden Berücksichtigung des einen Umgang ablehnenden Kindes auch bei Kindern ab dem 6. Lebensjahr entwickelt (vgl dazu unten Rn 302 ff).

In **verfahrensrechtlicher Hinsicht** dient die nach § 159 FamFG regelmäßig erforderliche **gerichtliche Anhörung des Kindes** (vgl unten Rn 427 ff) und die Bestellung eines **Verfahrensbeistandes** nach § 158 FamFG (dazu unten Rn 412 ff) dazu, den Willen des Kindes zur Geltung zu bringen. Dadurch wird auch der **Grundrechtsschutz des Kindes durch die Gestaltung des Verfahrens** sichergestellt (BVerfG 14. 7. 2010 – 1 BvR 3189/09, juris Rn 18, FamRZ 2010, 1622).

b) Kontinuität

203 Ein wesentliches Kriterium bei der Regelung des Umgangs nach § 1684 Abs 3 BGB ist der Grundsatz der **Kontinuität**, dem in mehrfacher Hinsicht Bedeutung zukommt. Haben sich die Eltern zeitnah vor der Einleitung des Umgangsverfahrens getrennt, so kann das Kindeswohl die Wahrung der **Erziehungskontinuität** erfordern, wobei es hierbei nicht primär auf die noch durch § 1634 aF betonte kontinuierliche Erziehung *durch den sorgeberechtigten Elternteil* (Nachw Staudinger/Peschel-Gutzeit[12] § 1634 Rn 221) ankommt. Haben sich die Eltern schon während ihres Zusammenlebens die Betreuung des Kindes geteilt, kann der Gedanke der Erziehungskontinuität für ein **erweitertes Umgangsrecht** bis hin zum **Wechselmodell** sprechen (vgl OLG Frankfurt 8. 6. 2020 – 6 UF 2/20, juris Rn 20; KG 30. 4. 2018 – 19 UF 71/17, juris Rn 32, FamRZ 2017, 1324; OLG Karlsruhe 5. 11. 2013 – 5 UF 27/13, juris Rn 41, FamRZ 2014, 1124; zum Wechselmodell vgl Rn 251 ff), zumal letzteres nach Ansicht des BGH (BGH 1. 2. 2017 – XII ZB 601/15, juris Rn 26, FamRZ 2017, 532) auch bei fehlendem Einvernehmen der Eltern in einem Umgangsverfahren angeordnet werden kann. Dies gilt natürlich auch dann, wenn die Trennung schon länger zurückliegt und die Eltern sich danach **einvernehmlich** auf eine Umgangsregelung verständigt und diese längere Zeit praktiziert haben (OLG Hamburg 17. 12. 2015 – 2 UF 106/14, juris Rn 29 ff, FamRZ 2016, 912; OLG Braunschweig 3. 4. 2014 – 3 UF 6/14, juris Rn 18 f, FamRZ 2015, 61 jeweils zum Wechselmodell). Umgekehrt sprechen Gründe der Erziehungskontinuität auch häufig gegen einen Übergang vom Residenz- zum Wechselmodell (vgl etwa OLG Dresden 7. 6. 2021 – 21 UF 153/21, juris Rn 15, FamRZ 2021, 1805). Nach der hier vertretenen Auffassung (oben Rn 156) können **außergerichtliche Umgangsvereinbarungen** zwar einseitig aufgekündigt werden und im ge-

richtlichen Verfahren gilt hinsichtlich der Bindung an die Vereinbarung nicht die Schwelle von § 1696 Abs 1 BGB analog. Gleichwohl kann die ursprüngliche Vereinbarung im Interesse der Kontinuität des Umgangs (unabhängig vom Erziehungsaspekt) **Indizwirkung** für die nun erforderliche gerichtliche Regelung (oben Rn 156) haben. So wurde in der Rechtsprechung bereits mehrfach ein Wechselmodell im Rahmen einer einstweiligen Anordnung vorläufig aus Gründen der Kontinuität aufrechterhalten (OLG Düsseldorf 7. 11. 2012 – 6 UF 191/12, juris Rn 10; AG Duisburg 26. 2. 2015 – 41 F 10/15, juris Rn 11, FamRZ 2015, 305; AG Hannover 10. 2. 2014 – 618 F 491/14, juris Rn 15 ff, FamRZ 2014, 1212), aber auch bei Überwiegen der Nachteile dieser Betreuungsform beendet (OLG Frankfurt 16. 12. 2021 – 1 UF 113/21, ZKJ 2022, 308).

Schließlich kommt dem Aspekt der Kontinuität im Rahmen der Kindeswohlprüfung im **Abänderungsverfahren** nach § 1696 Abs 1 BGB große Bedeutung zu, weil es hier ebenfalls um die Abänderung einer bereits praktizierten und im ursprünglichen Verfahren als kindeswohldienlich festgestellten Umgangsregelung geht, welche **triftige Gründe** erfordert (vgl OLG Dresden 27. 4. 2022 – 21 UF 71/22, juris Rn 5, FamRZ 2022, 1208; OLG Köln 16. 3. 2012 – 4 UF 18/12, FamFR 2012, 334; OLG Karlsruhe FuR 1998, 270, 271; OLG Zweibrücken FamRZ 1997, 45; OLG Zweibrücken FamRZ 1998, 1466).

Der Gedanke der Kontinuität spielt dagegen keine Rolle, wenn der Umgang erst **angebahnt** werden muss, weil Elternteil und Kind sich noch nicht kennen oder aber nach einer längeren Zeit der Kontaktlosigkeit eine Entfremdung eingetreten ist und der Umgang wieder hergestellt werden soll.

c) Erziehungsfähigkeit

Als weiteres Kriterium bei der Frage der Regelung des Umgangsrechts, insbesondere **204**
der Art und des Umfangs, ist die **Erziehungsfähigkeit** des umgangsberechtigten Elternteils von Bedeutung. Aus **familienpsychologischer Sicht** ist hierin die Fähigkeit zu verstehen, die *emotionalen und körperlichen Bedürfnisse des Kindes zu erkennen,* das Kind angemessen und altersgerecht zu versorgen, zu betreuen und entsprechend erzieherisch auf die vom Kind gezeigten oder anstehenden Bedürfnisse einzugehen (Salzgeber, Familienpsychologische Gutachten [7. Aufl 2020] Rn 947). Dass das Vorhandensein dieser Fähigkeit im Falle eines **erweiterten Umgangs bis hin zum Wechselmodell** vorhanden sein muss, ist unzweifelhaft (KG 18. 5. 2018 – 3 UF 4/18, juris Rn 38 ff, NZFam 2018, 637; OLG Jena 12. 9. 2016 – 4 UF 678/15, juris Rn 48, FamRZ 2016, 2126; Balloff FPR 2006, 284). Sie spielt natürlich im Sinne der **Betreuungskompetenz** oder **Umgangseignung** (BeckOGK/Altrogge [15. 11. 2021] § 1684 Rn 347 ff; Balloff, Kinder vor dem Familiengericht [4. Aufl 2022] 6.1) auch eine Rolle bei der Frage, ob und in welchem *Umfang* das Umgangsrecht gewährt werden kann, zB bei der Frage Übernachtungen des vor allem kleineren Kindes (OLG Hamm 22. 1. 2014 – 8 UF 82/13, juris Rn 47, NZFam 2014, 912; Balloff/Vogel FF 2019, 4; Dettenborn/Walter, Familienrechtspsychologie [4. Aufl 2022] 244; Rohmann FPR 2013, 307, 311). Zu erwarten sind ein *ernsthaftes Interesse* an dem Kind, *Feinfühligkeit* und die Fähigkeit zu *emotionaler Zuwendung* (Salzgeber/WiLLutzki ZKJ 2006, 186, 188; Balloff FPR 2005, 210, 212; BeckOGK/Altrogge [15. 11. 2019] § 1684 Rn 349). Der Umstand, dass der umgangsberechtigte Elternteil keinen **Kindesunterhalt** leistet, hat dagegen keinen Einfluss auf das Umgangsrecht (OLG Bremen 25. 2. 2011 – 4 UF 108/10, juris Rn 13, NJW-RR 2011, 1084), kann aber bei gegebener Leistungsfähigkeit mangelndes Interesse an dem Kind offenbaren.

Zu berücksichtigen sind hier natürlich auch **Einschränkungen** der Betreuungskompetenz durch Krankheiten, Alkohol- und Drogensucht (vgl hierzu KLEIN NZFam 2018, 477 aus psychologischer Sicht), aber auch Erziehungsmängel infolge **religiös** motivierter und nicht kindesgerechter Vorstellungen eines Elternteils (KG 18. 5. 2018 – 3 UF 4/18, juris Rn 48 und 61, NZFam 2018, 637: keine Teilnahme am Sport- und Schwimmunterricht, keine Kindesgeburtstagfeiern, keine westliche Musik, kein Medienkonsum, keine Spiele; OLG Köln 15. 3. 2013 – 26 UF 9/13, ZKJ 2013, 302: Salafist). Zur Berücksichtigung interkultureller Besonderheiten beim Umgang vgl unten Rn 210.

Als Teil der Erziehungsfähigkeit ist auch die **Bindungstoleranz** (zum Begriff siehe oben Rn 90, 123) des Umgangsberechtigten von Belang, jedenfalls bei erweitertem Umgang bis hin zum Wechselmodell (OLG Köln 21. 2. 2012 – 4 UF 258/11, juris Rn 11, FamRZ 2012, 1885; OLG Dresden 31. 1. 2023 – 21 UF 776/20, juris Rn 41). Bedeutsam ist die Fähigkeit zur **kindgemäßen Kontaktgestaltung** und die Gabe zur **Feinfühligkeit** gerade bei **belasteten oder traumatisierten** Kindern (KINDLER FPR 2009, 291, 293; BALLOFF, Kinder vor dem Familiengericht [4. Aufl 2022] 6.1).

Auch bei **fremduntergebrachten Kindern** ist noch ein Mindestmaß elterlicher Kompetenzen, die nicht nur auf die Befriedigung der physischen und seelischen Bedürfnisse des Kindes und der Vermeidung von Gefahren für das Kind beschränkt sind, sondern vor allem auch Bindungstoleranz gegenüber den Pflegepersonen erforderlich (OLG Koblenz 30. 9. 2016 – 11 UF 418/16, juris Rn 80, FamRZ 2017, 301; CASTELLANOS, Psychologische Sachverständigengutachten im Familienrecht [3. Aufl 2021] Rn 1020; LACK/HAMMESFAHR, Psychologische Gutachten im Familienrecht [2019] Rn 601; WALTER FPR 2004, 415, 417).

d) Förderungsgrundsatz

205 Ein weiterer wichtiger Aspekt der Erziehung, der auch im Umgangsrecht von Bedeutung sein kann, ist der Grundsatz der **Förderung**. Er bezieht sich auf die Fähigkeit und Bereitschaft, das Kind in seiner emotionalen, sozialen, kognitiven und körperlichen Entwicklung zu *unterstützen* und etwaigen Defiziten in der Persönlichkeitsentwicklung entgegenzutreten (CASTELLANOS, Psychologische Sachverständigengutachten im Familienrecht [3. Aufl 2021] Rn 178; STAUDINGER/COESTER [2020] § 1671 Rn 198 f; vgl auch BVerfG 1. 4. 2008 – 1 BvR 1620/04, juris Rn 75, FamRZ 2008, 845). Ihm kommt bei der Frage der Ausübung des Umgangsrechts als bloßes Verkehrsrecht im Regelfall keine ausschlaggebende Bedeutung zu. Anders ist dies aber bei erweitertem Umgang bis hin zur paritätischen Aufteilung der Betreuung zu beurteilen (BGH 1. 2. 2017 – XII ZB 601/15, juris Rn 25, ZKJ 2017, 190; KG 18. 5. 2018 – 3 UF 4/18, juris Rn 38 ff, NZFam 2018, 637).

Der Aspekt der Förderungskompetenzen steht schließlich auf der Seite des betreuenden Elternteils im Zusammenhang mit der aus § 1684 Abs 2 BGB folgenden Wohlverhaltenspflicht, den Umgang des Kindes mit dem anderen Elternteil zu unterstützen (OLG Köln 14. 4. 2015 – 26 WF 57/15, juris Rn 4 und 7, FamRZ 2015, 1734; dazu oben Rn 108 ff; LACK/HAMMESFAHR, Psychologische Gutachten im Familienrecht [2019] Rn 635 f).

e) Bindungen des Kindes

206 Auf der Seite des Kindes sind seine **Bindungen** für die Entscheidungen über das elterliche Umgangsrecht von zentraler Bedeutung, zumal es von seiner historischen Funktion her darauf gerichtet ist, diese zu beiden Eltern aufrechtzuerhalten (vgl dazu oben Rn 50). Den Begriff der Bindungen verwendet das Gesetz in § 1626 Abs 3 S 2

BGB. Er ist in rechtswissenschaftlicher Hinsicht nicht identisch mit dem von der Psychologie entwickelten Bindungsbegriff iSd **Bindungstheorie**, der ein biologisch begründetes Verhaltenssystem in den ersten drei Lebensjahren beschreibt (vgl dazu Brisch FPR 2013, 183; Salzgeber, Familienpsychologische Gutachten [7. Aufl 2020] Rn 1240 ff). Er umfasst eine auf Liebe, Zuneigung, Verbundenheit und Vertrauen begründete Beziehung des Kindes zu einer Bezugsperson und ist nicht auf das Verhältnis des Kindes zu seinen Eltern beschränkt, wie § 1626 Abs 3 S 2 BGB zeigt. Der Aspekt der Bindung findet – wie § 1632 Abs 4 BGB zeigt – auch Beachtung im Verhältnis des Kindes zu dritten Pflegepersonen (BVerfG 18. 5. 1993 – 1 BvR 338/90, juris Rn 30, FamRZ 1993, 1045; OLG Koblenz 30. 9. 2016 – 11 UF 418/16, juris Rn 80, FamRZ 2017, 301). Der psychologische Begriff der Bindung ist aber nicht ohne Einfluss auf das Umgangsrecht (vgl Brisch, in: Brühler Schriften zum Familienrecht Bd 15, 17. DFGT [2008] 99). Hat das Kind ein *sicheres Bindungsverhalten* in diesem Sinne entwickelt und verfügt über eine sichere Bindung auch zu beiden Elternteilen, wird es im Falle der es belastenden Elterntrennung besser dazu in der Lage sein können, mit nun anstehenden Loyalitätskonflikten umzugehen und es werden sich aufgrund seiner stärkeren *Resilienz* (Castellanos, Psychologische Sachverständigengutachten im Familienrecht [3. Aufl 2021] Rn 213 ff; Balloff, Kinder vor dem Familiengericht [4. Aufl 2022] 6.1; dazu unten Rn 209) weniger häufig Widerstände oder Verhaltensunsicherheiten in Bezug auf das Umgangsrecht ergeben, wie dies bei Kindern mit *unsicherer Bindung* und/oder *Bindungsstörungen* auch aufgrund höherer *Vulnerabilität* der Fall ist (Maywald FPR 2013, 200, 201 f; Salzgeber, Familienpsychologische Gutachten [7. Aufl 2020] Rn 1253 ff; zur Bedeutung bei Pflegekindern Walter FPR 2004, 415; Heilmann ZKJ 2014, 48, 49; Lack/Hammesfahr, Psychologische Gutachten im Familienrecht [2019] Rn 674 ff). Besondere Bedeutung kommt diesen Gesichtspunkten vor allem auch bei einer durch *Bindungsabbruch* entstanden *Entfremdung* zu, wie sie etwa bei einer Fremdunterbringung des Kindes (BVerfG 14. 7. 2010 – 1 BvR 3189/09, FamRZ 2010, 1622; Heilmann ZKJ 2014, 48), einer Rückführung des Kindes in den elterlichen Haushalt oder aufgrund von Umgangsvereitelung entstehen kann.

Bestehen zwischen Eltern und Kind Bindungen in diesem Sinne, dient das Umgangsrecht deren Aufrechterhaltung. Sind diese noch nicht vorhanden (kein Kontakt nach der Geburt) oder infolge Kontaktverlust abgebrochen werden, dient das Umgangsrecht der Herstellung oder Wiederherstellung einer von Art 6 Abs 2 GG geschützten Bindung zwischen Eltern und Kind.

Schließlich haben auch die Bindungen des Kindes zu **dritten Personen**, vor allem wenn sie im Haushalt eines der beiden Elternteile leben, Einfluss auf die Regelung des Umgangs. Namentlich kommen hier neue Lebenspartner, Großeltern oder Geschwister (OLG Hamburg 17. 12. 2015 – 2 UF 106/14, juris Rn 33, FamRZ 2016, 912; MünchKommBGB/Hennemann § 1684 Rn 58) in Betracht. Auch wenn sich ein eigenes Umgangsrecht des Kindes zu dritten Bindungspersonen aus § 1685 BGB nicht ergibt (vgl § 1685 Rn 9), können vorhandene Bindungen Einfluss auf die Ausgestaltung und den Umfang des Umgangsrechts haben und zu einer Begrenzung (der Dritte, zB Stiefgeschwister, lebt im Haushalt der Mutter) oder Ausweitung des Umgangsrechts führen (Stiefgeschwister leben im Haushalt des Vaters).

Geschwister sollten – unabhängig von der Verteilung der elterlichen Sorge – während des Umgangs möglichst zusammen sein können, also nicht etwa „ausgetauscht“ werden (BayObLG MDR 1953, 44; MünchKommBGB/Hennemann § 1684 Rn 48; vgl dazu auch

EGMR 6. 4. 2010 – 4694/03, FamRZ 2010, 1046 [Ls] [*Akin/Türkei*]). Werden die Geschwister nicht regelmäßig vom selben Elternteil betreut, gibt der Umgang mit dem anderen Elternteil die notwendige Gelegenheit, dass die nicht zusammenlebenden Geschwister sich treffen. Dies ist auch zu berücksichtigen, wenn ein Kind ggf eine Geschwisterbindung zu **Stiefgeschwistern** (Kindern des neuen Partners eines Elternteils) oder Halbgeschwistern entwickelt hat (OLG Hamm ZfJ 1999, 226, 228). Zu denken ist auch an die „Bindung" des Kindes zu einem **Haustier**.

Zur Problematik der Anwesenheit Dritter während des Umgangs vgl oben Rn 86.

f) Räumliche Entfernung der Wohnorte

207 Die **räumliche Entfernung der Wohnsitze** der Elternteile hat naturgemäß entscheidenden Einfluss auf die Ausgestaltung, den Ort, die Zeit und die Häufigkeit des Umgangs. Bei extrem großer Entfernung droht das Umgangsrecht sogar faktisch vereitelt zu werden, was Fragen der Ausgestaltung und Finanzierung der Umgangskosten aufwirft (vgl oben Rn 159 ff). Im Übrigen hat die Entfernung aber auch maßgebliche Bedeutung auf Möglichkeiten des erweiterten Umgangs bis hin zum Wechselmodell (OLG Schleswig 16. 6. 2016 – 10 UF 197/15, juris Rn 100, FamRZ 2016, 1945; Heilmann NJW 2015, 3346; trotzdem bejaht in einem Ausnahmefall von OLG Frankfurt 9. 2. 2021 – 6 UF 172/20, NJW 2021, 2442), Fragen der Übernachtung des Kindes (vgl OLG Köln 8. 2. 2019 – 10 UF 189/18, juris Rn 4, ZKJ 2020, 265: geringe Entfernung) oder Modalitäten des Holens und Bringens des Kindes (dazu unten Rn 244 f). Bei großer Entfernung spielt für die Frage, an welchem Ort der Umgang ausgeübt werden soll, auch das Alter des Kindes eine Rolle (vgl Ulrich NZFam 2014, 889 aus kindespsychologischer Sicht).

g) Alter des Kindes

208 Das **Alter des Kindes** steht der Umgangsregelung zwar nicht grundsätzlich entgegen; es beeinflusst aber auch im Hinblick auf das **kindliche Zeitempfinden** (Heilmann, Kindliches Zeitempfinden und Verfahrensrecht [1998] 100 f; Dettenborn/Walter, Familienrechtspsychologie [4. Aufl 2022] 53 ff; Balloff/Vogel FF 2017, 98, 99; aus der Rspr BVerfG 11. 12. 2000 – 1 BvR 661/0, juris Rn 15, FamRZ 2001, 753; OLG Köln 8. 2. 2019 – 10 UF 189/18, juris Rn 4, ZKJ 2020, 265; OLG Koblenz 30. 9. 2016 – 11 UF 418/16, juris Rn 77, FamRZ 2017, 301 m Anm Dürbeck) und die davon abhängigen unterschiedlichen Bedürfnisse des Kindes in erheblicher Weise die Regelung des Umgangsrechts. Auf die Bedeutung des Alters für die Beachtlichkeit des Kindeswillens wurde bereits eingegangen (oben Rn 202).

Auch bei **Säuglingen** und Kindern im Kleinstkindalter ist zwar grundsätzlich eine Regelung nach § 1684 Abs 3 BGB zu treffen, weil auch bei Kleinstkindern ein Umgangsrecht besteht (BVerfG 23. 10. 2006 – 2 BvR 1797/06, juris Rn 22 ff, FamRZ 2006, 1822: Besuchsrecht bei Säuglingen in der JVA; OLG Köln 8. 2. 2019 – 10 UF 189/18, juris Rn 4, ZKJ 2020, 265: Übernachtungen bei Kind im Grundschulalter; OLG Zweibrücken FamRZ 1986, 714; OLG Bamberg FamRZ 1984, 507; Balloff/Vogel FF 2019, 4, 8). Dabei ist jedoch hinsichtlich der Dauer des Umgangs und der Zeiträume zwischen den einzelnen Besuchen beim Umgangselternteil auf das kindliche Zeitempfinden und auf noch nicht abgeschlossene **Bindungsprozesse** (vgl oben Rn 206) zur Hauptbezugsperson des Kindes Rücksicht zu nehmen. Dieser Umstand hat in erheblicher Weise Bedeutung für Fragen des erweiterten Umgangs bis hin zum Wechselmodell (Kindler/Walper NZFam 2016, 820, 822; Salzgeber NZFam 2014, 921, 922 zu Säuglingen). Fehlt dem Umgangsberechtigten die Erfahrung und Fähigkeit zum Umgang mit Kleinstkindern, kann Umgangsbegleitung nach § 1684 Abs 4 S 3 BGB veranlasst sein (Heilmann/Gottschalk § 1684 Rn 72; zur Ausgestaltung begleiteten Umgangs bei Säuglingen Fricke ZfJ 2005, 389).

Schließlich hat das Alter und Zeitempfinden des Kindes auch Einfluss auf die Frage, ob es infolge der Trennung und eines damit verbundenen Kontaktabbruchs zu einer **Entfremdung** gekommen ist (OLG Nürnberg 19. 7. 2016 – 7 UF 746/16, juris Rn 44, ZKJ 2017, 33; Maywald FPR 2013, 200, 201).

h) Elternbeziehung und Resilienz des Kindes

Die soziale Beziehung der Elternteile untereinander, die Ursachen für das **Scheitern der Beziehung** der Eltern (BayObLGZ 1951, 300; BayObLGZ 1957, 134, 141), aber auch **Unterhaltspflichtverletzungen** gegenüber dem betreuenden Elternteil haben auf die Regelung nach § 1684 Abs 3 BGB keinen direkten Einfluss. Eine qualitativ hochwertige elterliche Beziehung in Bezug auf die Übereinstimmung der Erziehungsvorstellungen, der Bereinigung von Konflikten und der **wechselseitigen Fähigkeit zu Kommunikation und Kooperation** muss aber im Regelfall gegeben sein, wenn ein erweitertes Umgangsrecht in Form des Wechselmodells angestrebt ist (BGH 1. 2. 2017 – XII ZB 601/15, juris Rn 31, FamRZ 2017, 532: Wechselmodell; OLG Koblenz 21. 12. 2017 – 13 UF 676/17, FamRZ 2018, 507: erweiterter Umgang; Kostka ZKJ 2014, 54; Hammer FamRZ 2015, 1433, 1441; **aA** Sünderhauf, Wechselmodell [2013] 365 ff; dazu unten Rn 251 ff). In Ausnahmefällen kann allerdings auch bei hohem elterlichen Konfliktniveau und eingeschränkter elterlicher Kommunikation ein erweitertes Umgangsrecht bis hin zur Regelung paritätischer Betreuung in Betracht kommen, wenn dies sich nicht nachteilig auf das Kind ausgewirkt, der Kindeswille nicht entgegensteht und die elterliche Kommunikation durch die Inanspruchnahme von Beratung verbessert werden kann (KG 30. 4. 2018 – 19 UF 71/17, FamRZ 2017, 1324). 209

Dies dürfte – wenn auch in schwächerem Maß – im Grundsatz auch dann gelten, wenn ein unter dem Wechselmodell liegendes erweitertes Umgangsrecht angestrebt wird (OLG Frankfurt 9. 7. 2021 – 4 UF 52/21, NZFam 2022, 698: „asymmetrisches" Wechselmodell).

Die fehlende **Bindungsintoleranz** des betreuenden Elternteils steht grundsätzlich einer Umgangsregelung nicht im Wege, wenn das Kind über eine gute **Resilienz** verfügt (KG 30. 4. 2018 – 19 UF 71/17, FamRZ 2018, 1324) und mit dem daraus folgenden **Loyalitätskonflikt** umgehen kann, was in der Praxis durchaus zu beobachten ist. Allerdings besteht ein erheblicher mittelbarer Zusammenhang zwischen einer **hochkonflikthaften Elternauseinandersetzung** und dem Kindeswohl. Denn das Kind wird nach den sozialwissenschaftlichen Befunden durch diese in einen Loyalitätskonflikt gebracht und oft schwer belastet, was zu seelischen und körperlichen Beeinträchtigungen führen kann, die im schlimmsten Fall in einer stabilen Ablehnungshaltung hinsichtlich des Umgangs enden können (vgl Lack/Hammesfahr, Psychologische Gutachten im Familienrecht [2019] Rn 657; Huber NZFam 2022, 583; Weber FuR 2021, 446; FuR 2021, 528; Walper/Fichtner, in: Walper/Fichtner/Normann, Hochkonflikthafte Trennungsfamilien [2013] 91, 96 ff; Balloff FPR 2008, 303, 305; Kindler FPR 2007, 291, 292; vgl dazu auch OLG Köln 4. 7. 2014 – 4 UF 22/13, juris Rn 5, FamRZ 2015, 151). Diese Einflüsse auf das Kind können nicht nur zu reduzierten Umgangskontakten (so die Empfehlung von Castellanos, Psychologische Sachverständigengutachten im Familienrecht [3. Aufl 2021] Rn 981 f), sondern auch wegen einer möglichen Gefährdung des Kindeswohls durch eine Nichtbeachtung seines Willens zum Umgangsausschluss nach

§ 1684 Abs 4 BGB führen (vgl dazu den Fall von OLG Frankfurt 17. 9. 2014 – 4 UF 355/13, juris Rn 6 ff, der bereits mehrfach auch das BVerfG und den EGMR beschäftigt hat). Es ist heute unzweifelhaft, dass ein mit einer konflikthaften Elternbeziehung verbundener hoher Koalitionsdruck in Fragen des Umgangs für die betroffene Kinder häufig mit negativen Folgewirkungen verbunden ist (vgl Walper, in: Brühler Schriften zum Familienrecht Bd 14, 16. DFGT 2005 [2006] 100, 120 f), sodass ein Zusammenhang zwischen der Elternbeziehung, Umgangsrecht und Kindeswohl nicht ernsthaft geleugnet werden kann (Castellanos, Psychologische Sachverständigengutachten im Familienrecht [3. Aufl 2021] Rn 979 ff; Baumann/Michel-Biegel/Rücker/Serafin/Wiesner ZKJ 2022, 244; kritisch aber Zimmermann/Fichter/Walper/Lux/Kindler ZKJ 2023, 43). Zur Bewältigung solcher Konflikte stößt das Recht oft an seine Grenzen, da die Familiengerichte – bei Verweigerung psychologischer bzw pädagogischer Intervention durch die Eltern – im Regelfall nicht über ein ausreichendes Instrumentarium verfügen, um die oft mit irrationalen Feindseligkeiten verbundenen Elternkonflikte zur Entlastung des Kindes zu beenden. Hier verbleibt nur eine einzelfallabhängige, alle obigen Kriterien beachtende Entscheidung über das Umgangsrecht.

i) Interkulturelle Aspekte

210 Nicht zu unterschätzen sind in Umgangsfragen auch interkulturelle Hintergründe der betreffenden Familien. So lebten im Jahr 2021 bereits 22,3 Millionen Menschen (Anteil 27,2 %) mit Migrationshintergrund in Deutschland (Destatis, Pressemitteilung 162 v 12. 4. 2022; vgl dazu auch Menne NDV 2016, 456 zu den sich daraus ergebenden Herausforderungen für den Kinderschutz). Bei Familien aus dem islamischen Kulturkreis (ausführlich Collo, Muslimische Migrantenfamilien im deutschen Sorge- und Umgangsverfahren [2021] 20 ff; Meysen/Baer/Meilicke/Becker/Brandt, Kindeswohl bei Aufwachsen in islamisch oder salafistisch geprägten Familien [2021] 8 ff) ist etwa die Bedeutung der *Großfamilie* zu berücksichtigen, was im Rahmen des elterlichen Umgangs häufig zur Teilhabe der Großeltern an den Kontakten mit dem Kind führt (Motzer, in: Motzer/Kugler/Grabow, Kinder aus Migrationsfamilien in der Rechtspraxis [2. Aufl 2012] 181; Salzgeber, Familienpsychologische Gutachten [7. Aufl 2020] Rn 879 ff). Es ist weiter unter Umständen an ein Verständnis für *kultureigene Rollenverteilungen* in der Familie, für *bigamische Ehen* oder der *Zwangsverheiratung Minderjähriger* (sehr anschaulich OLG Köln 4. 6. 2018 – 27 UF 56/18, juris Rn 3 und 7; OLG Zweibrücken 30. 6. 2022 – 6 UF 18/22, juris Rn 1, FamRZ 2022, 1936), für die *Erziehung* von Kindern, für das *Spielverhalten* mit dem Kind und an die Bedeutung der *Ehre* etwa bei der Trennung von Ehegatten zu denken (vgl etwa Tuna NZFam 2014, 896 speziell zu türkischstämmigen Familien; Salzgeber NZFam 2017, 481, 483 f). Solche Aspekte können bei Verletzung von Ehre oder Rollenerwartungen im Trennungskonflikt zu schwerwiegenden Verstößen gegen das Wohlverhaltensgebot, zu Kindeswohlgefährdungen oder auch zu Umgangsverweigerung auf beiden Elternseiten führen, allerdings auch, beeinflusst durch religiöse und kulturelle Vorstellungen, Bindungstoleranz fördern (sehr anschaulich Tuna NZFam 2014, 896, 898 ff). Weitere bedeutsame Aspekte betreffen den Umgang mit *häuslicher oder trennungsbedingter Gewalt* gegenüber Müttern oder Kind (Menne FamRZ 2016, 1223, 1229 f; Salzgeber NZFam 2017, 481, 484). Leider ist in diesem Zusammenhang auch das Thema **„Femizid"** (dazu Kischkel FamRZ 2022, 837) im Kontext mit kulturellen Wertvorstellungen zu benennen (vgl etwa OLG Brandenburg 2. 2. 2021 – 9 UF 232/20, FamRZ 2022, 275; OLG Frankfurt 15. 10. 2020 – 4 UF 134/20, ZKJ 2021, 231; OLG Brandenburg 3. 8. 2020 – 13 UF 64/19, FamRZ 2020, 2010; OLG Bremen 7. 2. 2020 – 4 UF 131/19, ZKJ 2021, 112; OLG Celle 8. 2. 2015 – 10 WF 11/15, juris; OLG Frankfurt 7. 6. 2011 – 4 UF 123/08, juris). Schließlich ist auch auf die Gefahr von *Ehrenmorden* (vgl OLG Köln 4. 6. 2018 – 27 UF 56/18, juris Rn 43 ff zum

Sorgerecht), auf Fälle schwerster und auf *Verunstaltung* der Mutter gerichteter Körperverletzungen (OLG Zweibrücken 30. 6. 2022 – 6 UF 18/22, FamRZ 2022, 1936; KG 23. 12. 2020 – 16 UF 10/20, FamRZ 2021, 693) und die Frage des Bestehens einer *Entführungsgefahr* für das Kind (Stösser/Mutschler/Karle FPR 2013, 216, 219 f) zu verweisen. Mangelnde *Kenntnisse der deutschen Sprache* des umgangsberechtigten Elternteils oder aber die Ablehnung weiblicher Begleiter können etwa bei einem *begleiteten Umgang* dessen Umsetzung und Ausgestaltung erheblich erschweren (vgl Prinz/Klinkhammer, in: Klinkhammer/Prinz, Handbuch Begleiteter Umgang [3. Aufl 2017] 187 f; Cortico, in: Dürbeck, Handbuch Begleiteter Umgang [4. Aufl 2023] 229, 235 ff; Menne FamRZ 2016, 1223, 1229).

Geht es aber um das aus der Migrationsfamilie betroffene Kind, so stellt sich für dieses die mit dem Trennungskonflikt seiner Eltern bzw Großfamilie verbundene Situation nicht anders als bei Familien aus anderen Kulturkreisen dar, der Loyalitäts- und Koalitionsdruck und das damit verbundene Leiden steht in keinem Zusammenhang mit kultureller Herkunft oder Anschauungen (Tuna NZFam 2014, 896, 898). In Bezug auf das Kindeswohl richtet sich dieses aber nicht nach den Wertvorstellungen ausländischer Kulturkreise, sondern nach der **Werteordnung des Grundgesetzes** und den im Inland anerkannten gesellschaftlichen Werten und Moralvorstellungen, wie das *Kammergericht Berlin* zutreffend in einem Fall erheblicher Gewalt gegenüber der Mutter betont hat (KG 23. 12. 2020 – 16 UF 10/20, juris Rn 24, FamRZ 2021, 693).

Auch soweit religiöse Vorstellungen und Erziehungsvorstellungen eines Elternteils dazu führen, dass das Kind sich nicht in eine multikulturelle Gesellschaft integrieren und altersgerecht in seiner Persönlichkeit entwickeln kann, kann dies Einfluss auf den Umfang des Umgangsrechts haben (sehr anschaulich KG 18. 5. 2018 – 3 UF 4/18, juris Rn 48 und 61, NZFam 2018, 637: streng gläubige zum Islam konvertierte Kindesmutter). Auch *verfahrensrechtlich* können Familien mit Immigrationshintergrund an die beteiligten Richter, Rechtsanwälte, Verfahrensbeistände (vgl Büchner/Ballan/Kathola/Stridde NZFam 2017, 487), Jugendämter (vgl die Empfehlungen von Meysen/Baer/Meilicke/Becker/Brandt, Kindeswohl bei Aufwachsen in islamisch oder salafistisch geprägten Familien [2021] 38 ff), Sachverständige (Salzgeber NZFam 2017, 481), Umgangspfleger und Umgangsbegleiter erhöhte Anforderungen stellen.

k) Gesamtabwägung – kein tabellarischer Umgang

Die vorgenannten Kriterien sind nicht im Sinne von Tatbestandsvoraussetzungen zu **211** prüfen, sondern im jeweiligen Einzelfall gegeneinander **abzuwägen** und es ist im Wege der Konkordanz diejenige Umgangs- bzw Betreuungsregelung zu treffen, die die betroffenen Grundrechte am besten miteinander in Einklang bringt (KG 30. 4. 2018 – 19 UF 71/17, juris Rn 24, FamRZ 2018, 1324). Allgemein gültige Aussagen, in welcher Situation eine bestimmte Umgangsregelung zu treffen ist, existieren nicht. Die früher vorherrschende Praxis, Regeln in *tabellarischer Hinsicht* nach Alter des Kindes und sonstigen Kriterien aufzustellen und im Normalfall Umgang jedes zweite Wochenende von Freitag bis Sonntag zu gewähren, ist heute zu Recht überwunden, da dies dem jeweiligen im *Einzelfall* betroffenen Kind als Individuum und Träger eigener Grundrechte nicht gerecht wird (Erman/Döll § 1684 Rn 26; Heilmann NJW 2012, 16, 20; Kindler FPR 2009, 150; Salzgeber, Familienpsychologische Gutachten [7. Aufl 2020] Rn 547). Schließlich gebietet das aus Art 6 Abs 2 GG folgende elterliche Umgangsrecht, das heute im Zuge sich *verändernder gesellschaftlicher Verhältnisse* oft nicht mehr als nur bloßes Verkehrsrecht wahrgenommen wird, eine schematische Betrachtungsweise.

Auch soweit es das *Wechselmodell* anbelangt, hat der BGH einer schematischen Beurteilung der Kindeswohldienlichkeit entgegen der vormaligen hM eine Absage erteilt und entschieden, dass ein Wechselmodell im Einzelfall auch gegen den Willen eines Elternteils als Regelung des Umgangsrechts angeordnet werden kann (BGH 1. 2. 2017 – XII ZB 601/15, juris Rn 26, FamRZ 2017, 532; ebenso KG 30. 4. 2018 – 19 UF 71/17, FamRZ 2017, 1324; zuvor schon OLG Karlsruhe 21. 5. 2015 – 18 UF 231/14, juris Rn 25, FamRZ 2015, 1736; zum Wechselmodell vgl unten Rn 251 ff). Damit sind stets allein die Umstände des Einzelfalles unter Berücksichtigung oben genannter Kriterien des Kindeswohls für die Frage maßgebend, wie der Umgang hinsichtlich Ort, Zeit, Häufigkeit und seiner Ausgestaltung zu regeln ist. Auch tabellarische Auswertungen obergerichtlicher Entscheidungen zum Umgang (vgl Staudinger/Rauscher [2014] § 1684 Rn 202) sind nicht gewinnbringend, weil sie Einzelfälle betreffen und in der Praxis die meisten Umgangssachen durch gerichtlich gebilligte Elternvereinbarungen beendet werden. Im Übrigen hat das Familiengericht bei der Regelung des kindeswohlorientierten Umgangs auch die *Vorstellungen der Eltern* – soweit das Kind nicht fremduntergebracht ist oder Anlass zur Einschränkung oder Ausschluss nach § 1684 Abs 4 BGB besteht – zu berücksichtigen (vgl KG 4. 8. 2022 – 17 UF 6/21, FamRZ 2023, 131 m Anm Kischkel zum Einfluss von Art 31 Istanbul-Konvention). Die Elternautonomie gebietet es, von den Vorstellungen der Eltern auch zum Umgangsrecht nur dann abzuweichen, wenn dem erhebliche Gründe des Kindeswohls entgegenstehen (vgl oben Rn 138 ff).

212 Soweit das Familiengericht zum Ergebnis gelangt, dass weder Einschränkung noch Ausschluss des Umgangsrechts veranlasst ist, hat es nach § 1684 Abs 3 BGB den Umgang zu regeln. Aus der in §§ 1626 Abs 3 S 1, 1684 Abs 1 und 4 BGB enthaltenen Grundwertung ergibt sich, dass der Gesetzgeber davon ausgeht, dass der Umgang des nicht überwiegend betreuenden Elternteils *dem Kindeswohl dient* und dass das Kind hiervon in seiner Entwicklung mehr profitiert, als wenn es keinen Umgang mit beiden Eltern hat. Obwohl sich aus der sozialwissenschaftlich Befundlage wohl ableiten lässt, dass Kinder, die ohne Väter aufwachsen, in ihrer Entwicklung keine Nachteile erleiden (Walper, in: Brühler Schriften zum Familienrecht Bd 14, 16. DFGT 2005 [2006] 100, 120 f; Kindler FPR 2007, 291; Kindler/Walter/Friedrich-Bäker, in: Klinkhammer/Prinz, Handbuch begleiteter Umgang [3. Aufl 2017] 34, 42 ff; Castellanos, Psychologische Sachverständigengutachten im Familienrecht [3. Aufl 2021] Rn 978), ist die familienrechtliche Vermutung der Kindeswohldienlichkeit in juristischer Hinsicht nicht in Frage zu stellen. Im Übrigen liefert die sozialwissenschaftliche Forschung auch wichtige Erkenntnisse zur Frage des kindeswohldienlichen Umfangs des Umgangsrechts. Danach profitieren Kinder vom Umgang mit dem anderen Elternteil vor allem dann, wenn dieser aus Sicht des Kindes **qualitativ** hochwertig und frei von Konflikten gestaltet wird, und nicht von der **Quantität**, also der Häufigkeit und Dauer der Umgangskontakte, abhängt (Salzgeber, Familienpsychologische Gutachten [7. Aufl 2020] Rn 550; Lack/Hammesfahr, Psychologische Gutachten im Familienrecht [2019] Rn 642; Castellanos, Psychologische Sachverständigengutachten im Familienrecht [3. Aufl 2021] Rn 979; Kindler/Walter/Friedrich-Bäker, in: Klinkhammer/Prinz, Handbuch begleiteter Umgang [3. Aufl 2017] 34, 41 ff). Eine Erkenntnis, die immer mehr auch zu den Gerichten vordringt (vgl OLG Brandenburg 13. 1. 2021 – 13 UF 95/20, juris Rn 16; OLG Brandenburg 21. 2. 2019 – 9 UF 227/18, juris Rn 9, 10; OLG Jena 12. 9. 2016 – 4 UF 678/15, juris Rn 45, FamRZ 2016, 2126), aber vielen Eltern in der Praxis noch schwer zu vermitteln ist.

4. Ort des Umgangs

a) Bestimmungsrecht des Umgangselternteils

Den Ort des Umgangs bestimmt während des Umgangs grundsätzlich der **Umgangselternteil**. Die überwiegende Ansicht formuliert zwar, geeigneter Ort des Umgangs sei die *Wohnung des Umgangsberechtigten* (BGH 13. 12. 1968 – IV ZB 1035/68, NJW 1969, 422; OLG Koblenz FamRZ 2009, 133, 134; BayObLG FamRZ 1965, 155, 156; KG FamRZ 2006, 878; 1978, 729, 730; OLG Düsseldorf FamRZ 1988, 1196; OLG München FamRZ 1978, 614, 617; AG Kerpen FamRZ 1994, 1486, 1487; Johannsen/Henrich/Althammer/Rake § 1684 Rn 37; BeckOK-BGB/Veit [1. 1. 2023] § 1684 Rn 89; Soergel/Jakobitz § 1684 Rn 24; MünchKommBGB/Hennemann § 1684 Rn 28; Kretzschmar NZFam 2014, 893, 894). Das bedeutet aber nur, dass grundsätzlich keine örtliche Einschränkung auf neutrale oder überwachte Räumlichkeiten vorzunehmen ist (OLG Brandenburg FamRZ 2002, 414). Es obliegt daher dem Umgangsberechtigten, in den von §§ 1687 Abs 1, 1687a BGB, möglichen Kindeswohlgefährdungen und etwaigen Elternvereinbarungen gezogenen Grenzen den Ort des Umgangs zu bestimmen (KG 22. 6. 2017 – 13 WF 97/17, MDR 2017, 1127; KG 7. 10. 2015 – 13 WF 146/15, juris Rn 8, ZKJ 2016, 25 m Anm Gottschalk; Grüneberg/Götz § 1684 Rn 17; Burschel NZFam 2016, 395; Horndasch NZFam 2014, 884, 886). Da der persönliche Umgang regelmäßig durch Besuche des Kindes bei dem Umgangselternteil erfolgt, müssen diese, um dem Zweck des Umgangsrechts dienen zu können, in einer Umgebung ermöglicht werden, die einen Austausch erlaubt, der dem wechselseitigen Informations- und Kommunikationsbedürfnis gerecht wird. Auch ist es aus Sicht des Kindes wichtig, den anderen Elternteil in seiner **natürlichen Umgebung**, insbesondere in seiner Wohnung zu erleben (KG 7. 10. 2015 – 13 WF 146/15, juris Rn 8, ZKJ 2016, 25 m Anm Gottschalk; MünchKommBGB/Hennemann § 1684 Rn 28; Burschel NZFam 2016, 395). Dies beinhaltet auch, dass der Umgangsberechtigte das Kind mit an seinen **Arbeitsplatz** mitnehmen darf, soweit er dieses dort nicht Gefährdungen aussetzt (KG 7. 10. 2015 – 13 WF 146/15, juris Rn 9, ZKJ 2016, 25; MünchKommBGB/Hennemann § 1684 Rn 28). 213

Daher ist grundsätzlich ein Umgang in der sozialen Umgebung des Elternteils geboten. Das Vorhalten eines *eigenen Zimmers* für das Kind ist grundsätzlich nicht Voraussetzung für einen Umgang in der Wohnung (KG 10. 1. 2011 – 17 UF 225/10, juris Rn 4 f, FF 2011, 12; Heilmann/Gottschalk § 1684 Rn 47), die Notwendigkeit des Schlafens im Bett des Umgangsberechtigten kann aber Einfluss auf die Frage haben, ob Übernachtungen des Kindes in Betracht kommen (dazu unten Rn 230 ff).

Dies bedeutet aber nicht, dass der Umgang auf die Wohnung des Umgangsberechtigten beschränkt wäre. Ausflüge, auch während der gesamten Dauer eines Umgangsintervalls, Besuche (zB bei Verwandten des Umgangselternteils) und andere Freizeitaktivitäten außer Hause gehören zum Umgang. Das Kind soll den Umgangselternteil in dessen normaler Umgebung erleben, um einen unbefangenen Kontakt zu ermöglichen. Dies gilt auch für kleinere Kinder, sodass auch der Umgang eines noch nicht zwei Jahre alten Kindes mit dem Elternteil in dessen Wohnung stattfinden kann, soweit der Umgangsberechtigte fähig ist, das Kind in dieser Zeit altersgerecht zu versorgen (OLG Köln 8. 2. 2019 – 10 UF 189/18, ZKJ 2020, 265; OLG Brandenburg 29. 12. 2009 – 10 UF 150/09, juris Rn 21, FamRZ 2010, 1352; AG Kerpen FamRZ 1994, 1486, 1487; Heilmann/Gottschalk § 1684 Rn 39; **aA** AG Eschwege FamRZ 2001, 1162). Zur Frage der Umgangsdauer und der damit im Zusammenhang stehender Fragen noch nicht abgeschlossener Bindungsprozesse vgl oben Rn 206.

Auch bei Ferienumgang bestimmt der Umgangselternteil grundsätzlich in den durch §§ 1687 Abs 1, 1687a BGB und das Kindeswohl gezogenen Grenzen (vgl oben Rn 85) den Ferienort.

Bei großer **räumlicher Entfernung** zwischen dem Wohnort des Umgangselternteils und dem Wohnort des Kindes wird – vorbehaltlich einer Elternvereinbarung – eher selten eine Lösung des „Treffens auf halbem Weg" im Wege der Regelung nach § 1684 Abs 3 BGB möglich sein, da hieran der betreuende Elternteil mitwirken müsste. Außerdem ist eine solche Lösung wenig geeignet, dem Kind ein ungezwungenes Umgangserlebnis zu vermitteln. Regelmäßig ist eine solche Entfernung daher bei der *zeitlichen Ausgestaltung* durch längere, dafür seltenere Besuche des Kindes beim Umgangselternteil auszugleichen (dazu unten Rn 229). Bestehen aber Gründe, auf das Wohl des Kindes Rücksicht zu nehmen (etwa bei Entfremdung oder fehlender Erziehungseignung des Umgangsberechtigten), so kann der Umgang zumindest vorübergehend außerhalb der Wohnung des Umgangsberechtigten am Aufenthaltsort des Kindes anzuordnen sein (vgl etwa die Fälle von OLG Frankfurt 24. 11. 2020 – 5 UF 110/20, NJW-RR 2021, 133; OLG Frankfurt 20. 9. 2022 – 6 UF 103/22, NZFam 2023, 221).

Zum **Umzug des Sorgeberechtigten** mit dem Kind an einen weit entfernten Ort oder in das Ausland siehe oben Rn 88 ff.

b) Auslandsreisen/Entführungsbesorgnis

214 Grundsätzlich darf der Umgangselternteil während des Umgangs mit dem Kind auch in das **Ausland** fahren (zur Problematik der dem Kind drohenden Gefahren bei **Urlaubsreisen** oben Rn 85). Besteht allerdings die Besorgnis, dass er das Kind *nicht zurückbringen* wird, kommt eine Regelung in Form einer **Grenzsperre** in Betracht, die dem Umgangselternteil das Verlassen der Bundesrepublik Deutschland bzw des Schengen-Raumes zusammen mit dem Kind verbietet oder von der Einwilligung des (mit-)sorgeberechtigten betreuenden Elternteils abhängig macht. Eine solche Regelung kann jedoch nicht auf § 1684 Abs 3 S 1 BGB als *Auflage* (OLG Hamm NJWE-FER 1998, 56) gestützt werden, da hiermit eine *räumliche Einschränkung* des Umgangsrechts iSd § 1684 Abs 4 S 1 BGB verbunden ist. Liegen jedoch Gründe vor, welche **nachhaltig** die Besorgnis der **Entführungsgefahr** begründen, so kann ein entsprechendes Verbot – neben der Möglichkeit einer Anordnung nach § 1666 Abs 3 BGB (zu den Voraussetzungen vgl OLG Frankfurt 7. 6. 2018 – 1 UF 50/18, juris Rn 14 ff, NZFam 2018, 693; OLG Nürnberg 15. 10. 2020 – 10 UF 651/20, juris Rn 183, FamRZ 2021, 600) – auch auf § 1684 Abs 4 S 1 oder 2 BGB gestützt werden (OLG Hamm 10. 5. 2010 – 6 UF 184/09, juris Rn 16 ff, FamRZ 2010, 1574; KG 14. 11. 2007 – 3 WF 167/07, juris Rn 14, FamRZ 2008, 1648; OLG Brandenburg FamRZ 2003, 947; OLG Karlsruhe NJW 1996, 1416; OLG München FamRZ 1993, 94; AG Heidenheim 26. 7. 2013 – 9 F 552/13, FamFR 3013, 478; Menne FamRZ 2016, 1223, 1229; vgl dazu unten Rn 337). Hierbei sind zwar die Anforderungen an die Darlegungslast hinsichtlich einer konkreten Entführungsgefahr nicht zu überspannen. Ein konkreter Entführungsplan muss jedoch nicht vorgetragen werden. Es genügt, dass der Umgangselternteil glaubhaft *gedroht* (OLG Karlsruhe NJW 1996, 1416) oder früher bereits eine *Entführung versucht* (OLG München FamRZ 1993, 94) hat oder sonst eine **konkrete Gefahr** besteht, dass der Umgangsberechtigte das Kind nicht mehr zurückbringt (OLG Frankfurt 2. 7. 2013 – 4 UF 159/13, juris Rn 13: Gefahr verneint; ebenso KG 30. 4. 2018 – 19 UF 71/17, juris Rn 39, FamRZ 2018, 1324 und OLG Frankfurt 7. 6. 2018 – 1 UF 50/18, NJW 2018, 2503; OLG Brandenburg 15. 10. 2009 – 9 UF 61/09, juris Rn 25 ff, NJW-RR 2010, 148: Gefahr bejaht). Andererseits wäre es verfehlt, im Zuge zunehmender Immigration und multikultureller Ehen ausländische Elternteile und insbesondere Väter aus muslimischen Ländern als potenzielle Entführer pauschal zu diffamieren, weil die Sorgerechtsvorstellungen in deren Heimatrechtsordnung vom deutschen Recht abweichen (Heilmann/Gottschalk § 1684 Rn 72; auf diese Gefahr wies auch schon Staudinger/Peschel-Gutzeit[12] § 1634 aF Rn 303 zutreffend hin; dazu auch die Untersuchung von Stösser/Mutschler/Karle FPR 2013, 216, 219 f). Die bloß *abstrakte Möglichkeit* oder *Angst des betreuenden Elternteils,* dass der umgangsberechtigte Elternteil in einem anderen Land lebt, zu seinem Heimatland enge Beziehungen unterhält oder das Kind nicht zurückbringen könnte, rechtfertigt den mit einer Umgangsbeschränkung verbundenen Eingriff in das Umgangsrecht nicht (BVerfG FamRZ 2010, 109; OLG Schleswig NJW-RR 2008, 962; AG Kerpen FamRZ 2000, 50; Motzer, in: Motzer/Kugler/Grabow, Kinder aus Migrationsfamilien in der Rechtspraxis [2. Aufl 2012] 179). Vielmehr ist es für das Kind ein wichtiges Erlebnis seiner Identitätsfindung, auch das Heimatland des ausländischen Elternteils kennenzulernen (AG Detmold FamRZ 2000, 1605 [Pakistan]). Ist der Heimatstaat des Umgangselternteils nicht Mitgliedstaat des *Haager Übereinkommens über die zivilrechtlichen Aspekte internationaler Kindesentführung,* so begründet dies zwar für sich genommen nicht die Annahme der Entführungsgefahr, kann und sollte aber bei der Entscheidung über ein Verbot der Verbringung in das Ausland berücksichtigt werden (OLG Karlsruhe NJW 1996, 1416). Denkbar sind schließlich auch Absicherungen durch eine sog **„mirror order"**-Entscheidung des ebenfalls zuständigen Gerichts am Umgangsort, welche dazu dient, durch eine Parallelentscheidung der Gerichte zweier Staaten für den Fall des Nichtzurückbringens des Kindes die Vollstreckung zu beschleunigen (vgl dazu Stockmann FamRB 2017, 315, 320; Menne FamRB 2015, 359, 361). Auch **Meldeauflagen** oder die **Hinterlegung von Geld** als Kaution kommen in Betracht (Menne FamRZ 2016, 1223, 1228 f; ders FamRB 2015, 359, 361).

Eine das Umgangsrecht als solches nicht beschränkende, also als **Auflage** vorstellbare, Anordnung, dass der Umgangselternteil während des Umgangs seinen eigenen **Reisepass und/oder Personalausweis zu hinterlegen** hat (so OLG Hamm 3. 9. 2015 – 11 UF 55/15, juris Rn 21 f; OLG Frankfurt 2. 7. 2013 – 4 UF 159/13, juris Rn 21; OLG Hamm 13. 7. 2010 – 2 UF 277/09, juris Rn 29, NJW-RR 2010, 150; OLG Köln FamRZ 1972, 572; OLG München FamRZ 1998, 976, 977; Heilmann/Gottschalk Rn 78), ist hingegen nach zutreffender Ansicht unzulässig (OLG Brandenburg FamRZ 2003, 947; Motzer, in: Motzer/Kugler/Grabow, Kinder aus Migrationsfamilien in der Rechtspraxis [2. Aufl 2012] 180; Grandke NJ 2003, 267): Handelt es sich um ein *deutsches Ausweispapier,* so steht jedenfalls hinsichtlich des Personalausweises die Mitführungspflicht nach § 1 des Gesetzes über Personalausweise (PAuswG) entgegen (OLG Karlsruhe NJW 1996, 1416; Dörr/Hansen NJW 1996, 2698, 2705). Einer zivilrechtlichen Anordnung der Passhinterlegung dürfte auch die öffentlichrechtliche Zweckbestimmung des Passes entgegenstehen, der nach § 1 Abs 4 S 1 PaßG im Eigentum der BRep Deutschland steht und auf Verlangen des Inhabers von jedem Dritten sofort herauszugeben ist (OLG Karlsruhe NJW 1996, 1416). Bei *ausländischen Ausweispapieren* tritt zu der ebenfalls bestehenden und völkerrechtlich anzuerkennenden Passhoheit des ausstellenden Staates, die sogar die Sicherstellung durch deutsche Behörden verbietet (OVG Münster 12. 7. 1972 – IV B 280/72, NJW 1972, 2199; OLG Brandenburg FamRZ 2003, 947; Peschel-Gutzeit MDR 1984, 890, 895), noch das *aufenthaltsrechtliche Argument,* dass der Ausländer ohne Pass seinen ausweisrechtlichen Pflichten nach § 48 Abs 1 Nr 1 AufenthG nicht nachkommen kann (vgl zu § 43 AuslG aF: OLG Karlsruhe NJW 1996, 1416; OLG Brandenburg FamRZ 2003, 947) und sich sogar nach § 95 Abs 1 Nr 1 AufenthG strafbar machen kann. 215

216 Die **Anordnung eines Kfz-Benutzungsverbotes** während des Umgangs (OLG München FamRZ 1998, 976) dürfte zwar nicht als Auflage, sondern, wegen des das Umgangsrecht räumlich beschränkenden Charakters, nur nach § 1684 Abs 4 BGB möglich sein; sie erweist sich aber als eine grundsätzlich zulässige Maßnahme (zB bei wiederholten Trunkenheitsfahrten), die gegenüber engeren Beschränkungen sogar als milderes Mittel im Interesse des Kindeswohls geboten sein kann. Erforderlich ist aber auch hier, dass **konkrete Anhaltspunkte** bestehen, dass der Umgangsberechtigte das Kind einer Gefährdung zB infolge Drogen-, Alkohol- oder Medikamentenkonsums aussetzt (OLG Dresden 6. 9. 2016 – 18 UF 342/16, juris Rn 19, ZKJ 2017, 112; OLG Brandenburg 20. 7. 2010 – 10 UF 25/10, juris Rn 29, vgl unten Rn 231).

Zur Möglichkeit **weiterer Einschränkungen des Umgangsrechts** in solchen Fällen, insbesondere durch einen *begleiteten Umgang* (OLG Brandenburg 15. 10. 2009 – 9 UF 61/09, juris Rn 25 ff, NJW-RR 2010, 148) oder eine *Überwachung* (OLG München FamRZ 1998, 976: Detektiv) vgl unten Rn 363 ff; hat ein vorheriger Entführungsversuch zu einer **Umgangsablehnung durch das Kind** geführt, so kann auch ein – zum Schutz gegen Entführung an sich nicht gebotener – zeitweiser Umgangsausschluss anzuordnen sein (OLG Hamm FamRZ 2010, 1574; Menne FamRZ 2016, 1223, 1229).

c) Ausnahme: Umgang in der Wohnung des betreuenden Elternteils

217 Nur ausnahmsweise kann der Umgang in der **Wohnung des betreuenden Elternteils** angeordnet werden. Hierfür müssen Gründe des Kindeswohls vorliegen. Bei längerer, mit Transportunfähigkeit einhergehender **Erkrankung des Kindes** kann eine solche Ausgestaltung geboten sein und verstößt dann insbesondere nicht gegen das Grundrecht der Unverletzlichkeit der Wohnung (Art 13 GG) des betreuenden Elternteils (BVerfG FamRZ 2005, 429).

Im Allgemeinen wird sich dieser Ort schon deshalb nicht eignen, weil der Umgangselternteil sich in Anwesenheit und unter Aufsicht des anderen Elternteils hier nicht unbefangen verhalten dürfte und außerdem die Gefahr erhöht würde, dass das Kind in Streitigkeiten der Eltern hineingezogen wird (BayObLGZ 1950/51, 357; BayObLG FamRZ 1965, 155, 158; BayObLG FamRZ 1966, 453, 455; MünchKommBGB/Hennemann § 1684 Rn 28). Daher sollte eine solche Lösung nicht gewählt werden, auch wenn sie ggf dem aus weiter Entfernung anreisenden Umgangselternteil bequem erscheint. Das schließt es freilich nicht aus, dass die Kindeseltern sich im Rahmen ihrer Elternautonomie auf einen (vorübergehenden) Umgang in der Wohnung des Umgangsberechtigten verständigen. Einer gerichtlichen Anordnung des Umgangs in der Wohnung gegen den Willen des betreuenden Elternteils stehen aber Art 13 GG und Art 2 Abs 1 GG iVm Art 1 Abs 1 GG entgegen (vgl BVerfG FamRZ 2005, 429; **aA** OLG Frankfurt 8. 7. 2022 – 4 UF 11/22, FamRZ 2022, 1860 zum begleiteten Umgang). Hieran vermag auch die aktive Wohlverhaltenspflicht von § 1684 Abs 2 BGB nichts zu ändern.

d) Ausnahme: Umgang am Wohnort des Kindes

218 Ausnahmsweise wird der der Umgang lediglich am **Wohnort des Kindes** stattfinden können. Dies ist zunächst insbesondere dann der Fall, wenn es sich noch um ein **Kleinkind** handelt, das ggf noch gestillt werden muss, sodass in dieser Phase nur kurzzeitige Umgangskontakte in Betracht kommen können (zur Dauer des Umgangs in diesen Fällen siehe unten Rn 224). Eine weitere Notwendigkeit für einen Umgang am Wohnort des Kindes besteht dann, wenn aufgrund **großer Entfernung** der Eltern-

wohnsitze ein Umgang am Wohnort des Umgangsberechtigten nicht möglich ist. Man denke hier an Fälle, in denen das Kind noch sehr klein ist und noch keine ausreichenden Bindungen an den Umgangsberechtigten besitzt (OLG Frankfurt 24. 11. 2020 – 5 UF 110/20, NJW-RR 2021, 131; OLG Brandenburg 4. 3. 2014 – 10 UF 190/13, juris Rn 18) oder aber an Fälle, in denen aufgrund so weiter Entfernung eine Anreise mit dem Flugzeug (zB in das **Ausland**) erforderlich ist (vgl Kretschmar NZFam 2014, 893; OLG Frankfurt 20. 9. 2022 – 6 UF 103/22, NZFam 2023, 221). So wird bei einem außerhalb von Europa lebenden Kind der Umgang auch aus Kostengründen ggf in einem Hotel oder einer Jugendherberge am Wohnsitz des Kindes stattfinden müssen (vgl den Fall von LSG Rheinland-Pfalz 24. 10. 2010 – L 1 SO 133/10 B ER juris Rn 11 ff, FamRZ 2011, 1098: USA; dazu Sokolowski ZESAR 2013, 266 und oben Rn 173). Ist das Kind **fremduntergebracht** und sind nur *begleitete Umgangskontakte* möglich, so haben diese grundsätzlich am Wohnort des Kindes stattzufinden (OLG Koblenz 30. 9. 2016 – 11 UF 418/16, juris Rn 71, FamRZ 2017, 306 m Anm Dürbeck).

e) Ausnahme: Umgang an neutralem Ort

Die Anordnung, dass der Umgang an einem **neutralen Ort** auszuüben ist, bedeutet **219**
häufig eine **Einschränkung des Umgangsrechts**, für welche grundsätzlich die Voraussetzungen des § 1684 Abs 4 BGB vorliegen müssen; das Kindeswohl muss also ohne eine solche Einschränkung gefährdet sein (Johannsen/Henrich/Althammer/Rake § 1684 Rn 38; **aA** [nur Erforderlichkeit] OLG Düsseldorf FamRZ 1988, 1196; Soergel/Jakobitz § 1684 Rn 24). Dies kommt in Betracht, wenn das Kindeswohl durch den Umgang mit Personen im Haushalt des Umgangselternteils gefährdet ist (zB gewalttätiger oder pädophiler Lebensgefährte oder Ehemann; vgl BGH 21. 9. 2022 – XII ZB 150/19, NJW 2023, 56 m Anm Obermann) oder wenn aus Gründen in der Person des Umgangselternteils ein begleiteter Umgang nach § 1684 Abs 4 S 3 BGB angeordnet werden muss, nicht hingegen, wenn der betreuende Elternteil ohne Vorliegen einer Kindeswohlgefährdung das Zusammentreffen des Kindes mit Personen im Umfeld des Umgangselternteils nicht wünscht. Möglich ist aber auch *ohne Vorliegen zwingender Voraussetzungen* des Kindeswohls eine solche örtliche Umgangsregelung, wenn der Umgangselternteil von sich aus zur Ausräumung von Schwierigkeiten im Umgangsverfahren (zB Abneigung des Kindes gegen neuen Lebenspartner des Umgangselternteils; Bedenken des betreuenden Elternteils) mit einem neutralen Umgangsort einverstanden ist.

Die Anordnung des Umgangs an einem neutralen Ort kann auch als **vorübergehende Maßnahme** im Zusammenhang mit der (Wieder-)Anbahnung des Umgangs erforderlich sein (zB in dem Kind bekannten Räumlichkeiten des Jugendamtes oder des Kinderschutzbundes; OLG Hamm ZfJ 1999, 226, 228; BeckOK-BGB/Veit [1. 1. 2023] Rn 91). Schließlich kann der Umgang in neutralen Räumen durch den Zwang der Verhältnisse bestimmt sein, wenn etwa das Kind während der Schulzeit in einem Internat oder Heim lebt und nur dort Besuch empfangen kann oder wenn der Umgangselternteil inhaftiert (dazu unten Rn 369) ist.

Der konkrete Umgangsort ist in diesen Fällen durch das Gericht zu bestimmen, wobei für die Auswahl der Grund maßgeblich ist, der einem Umgang in der Wohnung des Umgangselternteils entgegensteht. In Betracht kommen Räume des Jugendamtes, einer Pfarrei, einer Jugend- oder Kindereinrichtung, ein kindergerechter Besuchsraum in einer Justizvollzugsanstalt (vgl OLG Hamburg 2. 8. 2016 – 2 UF 49/16, ZKJ 2017, 277, dazu unten Rn 220), aber auch die Wohnung von Freunden oder Verwandten, insbesondere der Großeltern des Kindes (BayObLG ZfJ 1968, 145; OLG Bamberg FamRZ 1984, 507; OLG Düsseldorf FamRZ 1988, 1196; Heilmann/Gottschalk § 1684 Rn 48; Soergel/Jakobitz § 1684 Rn 24).

f) Ausnahme: Umgang mit inhaftierten Eltern

220 Ist der **Umgangselternteil inhaftiert** (insbesondere infolge Untersuchungs- oder Strafhaft, Abschiebungshaft), so steht dieser Umstand dem Umgangsrecht grundsätzlich nicht entgegen, da auch hier die Aufrechterhaltung von Bindungen zwischen Kind und dem betreffenden Elternteil geboten sein kann (BVerfG 23. 10. 2006 – 2 BvR 1797/06, juris Rn 24 ff, FamRZ 2006, 1822; OLG Oldenburg 24. 7. 2023 – 11 UF 77/23, NZFam 2023, 942 m Anm Volke; OLG Brandenburg 5. 12. 2018 – 9 UF 217/18, ZKJ 2019, 236; OLG Hamburg 2. 8. 2016 – 2 UF 49/16, juris Rn 15 ff, ZKJ 2017, 277; OLG Hamm 6. 1. 2003 – 8 WF 288/02, juris Rn 7, FamRZ 2003, 951; AG Schwäbisch-Hall 26. 10. 2021 – 2 F 650/21, juris; AG Pankow 11. 8. 2004 – 18 F 3766/03, ZKJ 2006, 264; Obermann NZFam 2022, 728, 730 f; Menne ZKJ 2006, 250). Hier versteht es sich von selbst, dass der Umgang – außerhalb von Freigang oder offenem Vollzug – lediglich in den **Besuchsräumen der Justizvollzugsanstalten** stattfinden kann. Für die Länder besteht im Hinblick auf das nach Art 6 Abs 2 GG geschützte Umgangsrecht eine Verpflichtung, die Besuchsräume und Besuchszeiten so zu gestalten, dass ein *kindeswohlgerechter Umgang* möglich ist (BVerfG 23. 10. 2006 – 2 BvR 1797/06, juris Rn 29, FamRZ 2006, 1822; BVerfG 6. 4. 1976 – 2 BvR 61/76, juris Rn 14 ff, BVerfGE 42, 85; zur Gestaltung des Umgangs aus psychologischer Sicht Salzgeber, Familienpsychologische Gutachten [7. Aufl 2020] Rn 662 ff; vgl auch OLG Hamburg 2. 8. 2016 – 2 UF 49/16, juris Rn 17, ZKJ 2017, 277). Falls strafvollzugsrechtlich andere Orte ermöglicht werden können, sind diese vorzuziehen, so die Wohnung eines Bewährungshelfers (BayVerfGH NJW 1973, 1644; kritisch Becker RdJ 1975, 344, 347) oder während eines Hafturlaubs die Wohnung der Großeltern (BGH FamRZ 1984, 1084). Denkbar sind hier auch Umgangskontakte mittels Videotelefonaten (OLG Oldenburg 24. 7. 2023 – 11 UF 77/23, NZFam 2023, 942).

Äußerst problematisch ist die Frage, ob ein elterliches Umgangsrecht des Gefangenen auch dann in Betracht kommt, wenn sich die **Straftat**, die er begangen hat oder derer er dringend verdächtig ist, gegen das **Kind oder die Mutter** gerichtet hat. Hier ist natürlich auch ein Umgangsausschluss nach § 1684 Abs 4 BGB zu prüfen, insbesondere auch bei vorsätzlicher **Tötung oder schwerer Körperverletzung der Mutter** eines Kleinkindes (vgl die Fälle von OLG Zweibrücken 30. 6. 2022 – 6 UF 18/22, FamRZ 2022, 1936; OLG Frankfurt 15. 10. 2020 – 4 UF 134/20, ZKJ 2021, 231; OLG Brandenburg 3. 8. 2020 – 13 UF 64/19, FamRZ 2020, 2010; OLG Celle 8. 2. 2015 – 10 WF 11/15, juris; OLG Frankfurt 7. 6. 2011 – 4 UF 123/08, juris und BGH 13. 4. 2016 – XII ZB 238/15, ZKJ 2016, 300: keine Mutwilligkeit der Geltendmachung des Umgangsrechts im Rahmen der Verfahrenskostenhilfe, dazu unten Rn 322).

Ein weiteres Problem ergibt sich bei inhaftierten Gefangenen daraus, dass der Umgangsberechtigte im Regelfall nicht dazu in der Lage ist, das Kind selbst **abzuholen und zurückzubringen**. Verweigert der betreuende Elternteil, dies selbst zu übernehmen, verlangt das BVerfG von den Familiengerichten die Prüfung, ob diesem diese Verpflichtung durch gerichtliche Anordnung aufzuerlegen ist (BVerfG 5. 2. 2002 – 1 BvR 2029/00, juris Rn 8, FamRZ 2002, 809; OLG Hamm 6. 1. 2003 – 8 WF 288/02, juris Rn 7, FamRZ 2003, 951; bejaht von OLG Hamburg 2. 8. 2016 – 2 UF 49/16, ZKJ 2017, 277 für eine im selben Ort lebende Mutter für Besuche alle 2 Wochen, was aber zu weitgehend sein dürfte, siehe dazu unten Rn 245 f). Dem sind aber bei *großer Entfernung* zwischen JVA und dem Wohnort des betreuenden Elternteils Grenzen gesetzt (vgl den Fall von OLG Frankfurt 22. 8. 2023 – 6 UF

119/23, juris). Hier ist es unter Umständen den Betreuungspersonen und den Kindern nicht zumutbar, derart weite Reisen über ggf mehrere hundert Kilometer einschließlich der Tragung der Reisekosten auf sich zu nehmen (vgl OLG Frankfurt 7. 6. 2011 – 4 UF 123/08, juris: Untersuchungshaft des noch nicht rechtskräftig wegen Mordes zum Nachteil der Kindesmutter Verurteilten wird mehrere hundert Kilometer vom Wohnort der fremduntergebrachten Kinder, die noch keine Bindung zu ihm besitzen, vollzogen; verfehlt AG Schwäbisch Hall 26. 10. 2021 – 2 F 650/21, juris, das sich insoweit eines Umgangspflegers bedient hat, obwohl die Voraussetzungen von § 1684 Abs 3 S 3 BGB nicht vorlagen). Hier besteht im Übrigen auch in Deutschland noch Verbesserungsbedarf hinsichtlich einer verbindlichen Sicherstellung der Finanzierung des Kindesumgangs zwischen Justiz und Jugendhilfe und der Berufung von Kinder- und Familienbeauftragten in den Justizvollzugsanstalten (vgl Deutscher Paritätischer Wohlfahrtsverband – Gesamtverband eV, Paritätisches Positionspapier „Kinder in besonderen Lebenslagen – Eltern in Haft“ v 10. 4. 2017, 1, 3 f).

5. Häufigkeit und Dauer des Umgangs

a) Kindeswohl als Maßstab

Zur zeitlichen Ausgestaltung des Umgangs hat der Gesetzgeber keine Richtlinie gegeben (BT-Drucks 8/2788, 55). Wie oben unter Rn 201 ff dargelegt, hat sich auch die Dauer und Häufigkeit des Umgangs am **Kindeswohl** (§ 1697a BGB) zu orientieren und die betroffenen Grundrechte des Kindes und der Eltern sind im Wege der Konkordanz miteinander in Einklang zu bringen. Der unbestimmte Begriff des Kindeswohls ist durch die anerkannten Kriterien der Kontinuität, der Erziehungsfähigkeit der Eltern unter Einschluss ihrer sozialen Beziehung zueinander, der Förderung, der Bindungen des Kindes, des Kindesalters unter Einbeziehung seiner individuellen Belastbarkeit und Verletzlichkeit und der örtlichen Gegebenheiten (Entfernung der Wohnorte) auszufüllen (vgl BGH 1. 2. 2017 – XII ZB 601/15, juris Rn 25, NZFam 2017, 206; ausführlich oben Rn 201 ff). 221

Diese am Einzelfall orientierte Prüfung kann nicht durch angebliche *allgemeine Erfahrungssätze* oder *regelmäßige Praxis* ersetzt werden; sie erfordert eine Ausschöpfung der verfahrensmäßigen Möglichkeiten zur Ermittlung des Willens, der Bedürfnisse und der Belange des Kindes (BVerfG FamRZ 2006, 605; BVerfG NJW 1993, 2671, 2672; vgl auch BVerfGE 31, 194; BVerfGE 55, 171, 182; BGHZ 51, 219, 225). Andererseits sucht die gerichtliche Praxis angesichts der Häufigkeit der nach § 1684 Abs 3 BGB zu entscheidenden Fälle gerade hinsichtlich der Zeitdauer nach einer gewissen Schematisierung; gleichwohl können tabellarische Grundsätze nicht den individuellen Umständen des jeweiligen Einzelfalls und dem jeweiligen Kind als Individuum gerecht werden (vgl dazu oben Rn 211). Allerdings haben sich bei Kindern in verschiedenen **Alters- und Entwicklungsstufen** gewisse Tendenzen entwickelt (dazu sogleich unter Rn 223 ff), die auf *kinderpsychologischen und erziehungswissenschaftlichen Erkenntnissen beruhen* und dazu förderlich sind, die vom Fachfamiliengericht anzustrengende **Prognose** zu treffen, in welchem zeitlichen Umfang der elterliche Umgang dem Kindeswohl gerecht wird.

b) Möglicher zeitlicher Rahmen des Umgangsrechts

Nachdem sich in den letzten Jahren das Umgangsrecht im Zuge gesellschaftlicher Veränderungen und angesichts des gesteigerten Interesses von Vätern an ihren Kindern (zur Entwicklung der gesellschaftlichen Elternbilder vgl Hinz, Mutter- und Vaterbilder im Familien- 222 recht des BGB 1900–2010 [2014] 1 ff) in vielen Fällen *von einem bloßen Verkehrsrecht hin zu einem Mitbetreuungsrecht* mit größeren Zeitanteilen entwickelt hat, muss bei der Frage der Bemessung von Häufigkeit und Umgang danach unterschieden werden, in welchem **Umfang** der Umgangsberechtigte sein Recht anstrebt. Reklamiert er höhere Zeitanteile zum Zwecke der Mitbetreuung und Miterziehung des Kindes im Rahmen gemeinsamer elterlicher Sorge, kommt – Kindeswohldienlichkeit vorausgesetzt – ein **erweitertes Umgangsrecht** in Betracht. Nachdem der BGH zwischenzeitlich der vormals herrschenden Ansicht, § 1684 BGB liege zwingend ein Residenzmodell zugrunde, eine Absage erteilt hat (BGH 1. 2. 2017 – XII ZB 601/15, juris Rn 25, ZKJ 2017, 190), tritt neben dem **herkömmlichen Umgangsrecht** zur Aufrechterhaltung von Bindungen und sozialen Kontakten, dem erweiterten Umgang zum Zwecke der Mitbetreuung und Miterziehung, eine dritte Art und Dimension der zeitlichen Ausgestaltung des Umgangsrecht hinzu, nämlich die hälftige Aufteilung der Kindesbetreuung durch das sog **Wechselmodell.** Diesem soll im Rahmen dieser Darstellung wegen seiner Komplexität und der Auswirkung auf andere Rechtsgebiete ein gesonderter Abschnitt zukommen (vgl unten Rn 251 ff). Auch vor dem Hintergrund der Beanspruchung höherer väterlicher Kinderbetreuung, die sich in einer fast nicht zu überschauenden Flut obergerichtlicher Entscheidungen zum Wechselmodell widerspiegelt, darf aber nicht außer Betracht bleiben, dass in Deutschland gerade in den ersten Lebensjahren von Kindern immer noch Mütter den Großteil der Betreuungsarbeit leisten und Hauptbezugsperson des nach Bindungen suchenden Kindes sind. Schließlich ist an dieser Stelle auch an die bereits unter Rn 212 aufgeführte Erkenntnis zu erinnern, dass nicht die Quantität der Umgangskontakte für die Aufrechterhaltung und Stabilisierung der Beziehung zwischen Kind und dem umgangsberechtigten Elternteil entscheidend ist, sondern deren **Qualität und die Abstinenz von Elternkonflikten**.

c) Periodischer Umgang

aa) Grundsatz: Periodischer Umgang

223 In der Gerichtspraxis wird im Allgemeinen – abhängig von Alter und Entwicklungsstand des Kindes (Balloff/Vogel FF 2017, 98, 100) – ein periodischer Umgang von **kürzerer Dauer** bestimmt. Diese Praxis ist, sofern nicht Besonderheiten vorliegen, eher kindgerecht als die Konzentration auf seltene längere Aufenthalte (OLG Karlsruhe 14. 2. 2003 – 2 WF 142/02, juris Rn 9, FamRZ 2004, 1115; OLG Oldenburg 16. 11. 2000 – 12 UF 134/00, juris Rn 2, FamRZ 2001, 1164; AG Kerpen FamRZ 1994, 1486, 1487; Grüneberg/Götz § 1684 Rn 14; MünchKommBGB/Hennemann § 1684 Rn 29; Castellanos, Psychologische Sachverständigengutachten im Familienrecht [3. Aufl 2021] Rn 986 f).

Für **Periodizität** spricht trotz der damit durch häufigeres Holen und Bringen verbundenen Unbequemlichkeiten für alle Beteiligten, dass die periodische Umgangsregelung den Umgang zu einer *festen Gewohnheit* im Alltag des Kindes werden lässt, die Stetigkeit und Selbstverständlichkeit vermittelt und eine *Entfremdung* vermeidet.

bb) Kleinkinder

224 Bei **Kleinkindern**, die nicht über ein an objektiven Maßstäben ausgerichtetes **Zeitgefühl** verfügen, ist weniger die Dauer des einzelnen Umgangs entscheidend als die *Regelmäßigkeit* (OLG Köln 8. 2. 2019 – 10 UF 189/18, ZKJ 2020, 265; OLG Koblenz 20. 6. 2017 – 13 UF 269/17, FamRZ 2017, 1844; OLG Brandenburg 29. 12. 2009 – 10 UF 150/09, juris Rn 33, FamRZ 2010, 1352; OLG Köln FamRZ 2010, 998; schon Abstände von wenigen Wochen können zu einem Maß an Entfremdung führen, das in späteren Entwicklungsphasen erst nach Monaten eintritt:

OLG Brandenburg 4. 3. 2014 – 10 UF 190/13, juris Rn 18; OLG Hamm FamRZ 1990, 654, 655; AG Kerpen FamRZ 1994, 1486, 1487; Dettenborn/Walter, Familienrechtspsychologie [4. Aufl 2022] 283: Lempp ZfJ 1984, 305, 306; Plattner FamRZ 1993, 384). Es sollte daher der Abstand zwischen den einzelnen Besuchen kürzer sein und möglichst nur **eine Woche** (OLG Koblenz 20. 6. 2017 – 13 UF 269/17, FamRZ 2017, 1844: OLG Brandenburg 29. 12. 2009 – 10 UF 150/09, juris Rn 33, FamRZ 2010, 1352: 2-mal pro Woche; OLG Brandenburg FamRZ 2002, 414; OLG Köln FamRZ 2010, 998), nicht aber länger als zwei Wochen betragen (OLG Oldenburg FamRZ 2001, 1164; AG München DAVorm 1999, 310; AG Eschwege FamRZ 2001, 1162; Plattner FamRZ 1993, 384).

Bei **Säuglingen** (zur Bedeutung des Umgangsrechts auch mit einem Säugling vgl BVerfG 23. 10. 2006 – 2 BvR 1797/06, juris Rn 26, FamRZ 2006, 1822) werden sogar noch kürzere Abstände von weniger als zwei Tagen empfohlen, die auch auf die Lebensgewohnheiten des Kindes, insbesondere sein **Schlaf- und Essverhalten**, seine **Resilienz** und sein **Bindungsverhalten** zur Hauptbetreuungsperson Rücksicht nehmen müssen (Balloff/Vogel FF 2017, 98, 100; Kindler/Walper NZFam 2016, 820, 821; Fthenakis FPR 1995, 94; Salzgeber, Familienpsychologische Gutachten [7. Aufl 2020] Rn 564).

Eine Schematisierung anhand der – für ältere Kinder oft geeigneten – Grundregel eines 14-tägigen (Wochenend-)Besuches verbietet sich (AG Kerpen FamRZ 1994, 1486, 1487; AG München DAVorm 1999, 310: nicht mit der Mutter verheirateter Vater). Die Häufigkeit der Besuche beim Umgangselternteil kann unmittelbaren Einfluss auf die Entwicklung und Aufrechterhaltung einer vertrauensvollen Beziehung zu diesem haben: Ein Kleinkind kann zeitliche Dimensionen nicht erfassen und hat möglicherweise keine Vorstellung, ob es nach dem Besuchsende den Elternteil noch gibt, was das Kind bei größeren Besuchsabständen immer wieder aufs Neue der Ungewissheit aussetzt, ob es diesen Elternteil jemals wiedersieht (Plattner FamRZ 1993, 384, 385).

Wird freilich eine Regelung getroffen, die bei einem kleinen Kind bereits einen **Wochenendbesuch** mit Übernachtung vorsieht, so kann einer Ausdehnung dieser Regelung auf einen Wochenrhythmus die Gefahr entgegenstehen, dass das Kind in eine instabile „Pendelsituation“ gerät, zumal, wenn es einen Elternteil nur am Wochenende, den anderen nur während der Woche erleben würde (OLG Zweibrücken FamRZ 1997, 45, 46). Hier kann sich eher ein 14-tägiger Wochenendrhythmus mit einem zusätzlichen Besuch während der Woche empfehlen (OLG Brandenburg FamRZ 2002, 414; ähnlich auch ohne eine Übernachtung OLG Köln FamRZ 2010, 998). Sind beide Eltern im **Schichtdienst** tätig, ist dies auch bei der Gestaltung des Umgangs mit einem kleineren Kind zu berücksichtigen, wobei hier auch ein mehrwöchiger Rhythmus in Betracht kommt (OLG Brandenburg 16. 4. 2015 – 10 UF 19/15, juris Rn 20 ff). Soweit beide Elternteile an den **Wochenenden** arbeiten müssen, haben im Zweifel die Interessen des betreuenden Elternteils jedenfalls bei einer von ihm beabsichtigten Erweiterung seiner beruflichen Tätigkeit auch an den Wochenenden zurückzutreten (OLG Koblenz 7. 7. 2022 – 13 UF 203/22, FamRZ 2023, 295 m Anm Witt).

Einsichtigen Eltern stehen **weitere Mittel** zur Hilfe für das kindliche Zeitempfinden und zur Vermeidung von Verlustangst zur Verfügung, die sich freilich kaum gerichtlich anordnen lassen (Ofuatey-Kodjoe ZfJ 1997, 233, 235: Abreißkalender, auf dem die Tage mit dem Papa einen roten Punkt haben; Fotos des Umgangselternteils im Kinderzimmer).

Hat das bei **Pflegeeltern** lebende Kleinkind mit beiden Eltern Umgangskontakte, so ist trotz der grundsätzlichen Notwendigkeit enger zeitlicher Abstände darauf zu achten, dass das Kind nicht durch den Besuchsplan überfordert wird und bei seiner Integration in die Pflegefamilie gestört wird (OLG Braunschweig FamRZ 2002, 118). Dies gilt freilich auch bei älteren Pflegekindern (OLG Frankfurt 12. 10. 2015 – 5 UF 195/15, juris Rn 5).

cc) Größere Kinder

225 Bei **größeren Kindern** (ab Kindergartenalter) ging die frühere Tendenz der Rechtsprechung noch zu einem **14-tägigen Umgang** (OLG Brandenburg FamRZ 2002, 974, 975; OLG Brandenburg JAmt 2002, 422; OLG Oldenburg FamRZ 2001, 1164; AG Kerpen FamRZ 1994, 1487, 1488: „im Rechtsbewusstsein schon beinahe verfestigte Grundregel"; vgl zu dem Wandel ggü der älteren Praxis [monatlich] Soergel/Jakobitz § 1684 Rn 25; Staudinger/Peschel-Gutzeit[12] § 1634 Rn 222 ff mwNw), der einerseits Entfremdung und das Gefühl von Ungewöhnlichkeit des Umgangs vermeidet, andererseits aber auch nicht einer Unterteilung der Eltern in einen Alltags- und einen Wochenendelternteil (vgl OLG Zweibrücken FamRZ 1997, 45, 46) Vorschub leisten sollte. Bei gutem Verhältnis des Kindes zu dem Umgangselternteil und vorbehaltlich entgegenstehender schulischer Belange sowie zeitlicher Möglichkeiten des Umgangselternteils wird heute aber durchaus häufig ein zusätzlicher Umgangstag während der Woche vorgesehen, ohne dass dadurch die Stabilität des Hauptwohnortes leiden müsste (OLG Hamm 22. 1. 2014 – 8 UF 82/13, juris Rn 40 ff, NZFam 2014, 912: aber ohne Übernachtung; OLG Brandenburg JAmt 2002, 422: neben dreitägiger Wochenendregelung; OLG Oldenburg FamRZ 2001, 1164: neben knapper Wochenendregelung; AG Bonn 11. 10. 2011 – 401 F 63/10, juris Rn 3; Heilmann/Gottschalk § 1684 Rn 35). Hier wird aber gerade bei Schulkindern auch die Fähigkeit der Eltern zu *wechselseitiger Abstimmung und Kooperation* in Erziehungsfragen von Bedeutung sein (Salzgeber, Familienpsychologische Gutachten [7. Aufl 2020] Rn 574).

d) Dauer des einzelnen Umgangs bei periodischem Umgang

aa) Bestimmende Faktoren

226 Die **Dauer** des einzelnen Umgangs wird einerseits bestimmt durch die Relation zur Häufigkeit der Besuche. Muss aufgrund besonderer Umstände des Einzelfalles (insbesondere große Entfernung der Wohnorte der Eltern) der Abstand der einzelnen Umgangskontakte größer gewählt werden, so spricht dies gegen eine eng bemessene Dauer schon deshalb, weil zunächst Fremdheit überwunden werden muss. Die Dauer muss so ausreichend bemessen sein, dass die anfängliche Scheu überwunden werden kann und Kind und Umgangselternteil etwas wirklich Sinnvolles miteinander erleben können (OLG Brandenburg 26. 9. 2013 – 3 UF 49/13, juris Rn 26 ff; OLG Hamm FamRZ 1990, 654, 655; AG Kerpen FamRZ 1994, 1486, 1487). Dabei ist auch auf gemeinsame *Hobbies* Rücksicht zu nehmen, die einen bestimmten zeitlichen Rahmen erfordern. Die Dauer der einzelnen Besuche ist aber vor allem dem *Alter des Kindes* entsprechend zu bemessen (Simitis, in: FS Müller-Freienfels [1986] 579, 612 f). Das bedeutet einerseits, dass bei kleinen Kindern wiederum deren *Zeitgefühl* zu beachten ist, das auch wenige Stunden als einen langen Zeitraum auffasst; andererseits ist die *Belastbarkeit* des Kindes, seine Bindung an die Hauptbetreuungsperson und seine Fähigkeit, sich ohne Angst auf eine neue Situation einzustellen, zu berücksichtigen.

Wird ein Umgang erst (wieder) **angebahnt**, so hat dies vorübergehend auf die Dauer des Umgangs Einfluss im Rahmen einer vorsichtigen Entwicklung eines dem Kindeswohl dienlichen Verhältnisses zu dem Umgangselternteil; die konkrete Regelung wird hier bestimmt durch das Maß der zu überwindenden Entfremdung und wird immer nur eine vorübergehende, auf eine Erweiterung hin tendierende Regelung sein können (OLG Hamm ZfJ 1999, 226, 228: zunächst 3 Stunden wöchentlich; OLG Karlsruhe FamRZ 1996, 1092: zunächst 3 Stunden monatlich), die ggf durch Umgangsbegleitung zu unterstützen ist (OLG Brandenburg 4. 3. 2014 – 10 UF 190/13, juris Rn 22).

bb) Kleinkinder

Die auch heute noch vorherrschende Ansicht, bei einem **Kleinkind** den Umgang auf wenige (2 bis 4) Stunden zu begrenzen, weil das Kleinkind der *Belastung* der Trennung von seiner Hauptbezugsperson (dem betreuenden Elternteil) und seiner gewohnten Umgebung oft nicht gewachsen sei, entsprach bereits der älteren Rechtsprechung (OLG Bamberg FamRZ 1984, 507, 508; OLG Brandenburg FamRZ 2002, 414, 415; KG OLGZ 65, 102; OLG Düsseldorf JR 1950, 369; OLG Düsseldorf FamRZ 1988, 1196; LG Hof DAVorm 1966, 308; LG Heilbronn Justiz 1973, 433; LG Heilbronn Justiz 1974, 126; AG Eschwege FamRZ 2001, 1162; vgl auch Dürr, Verkehrsregelung gemäß § 1634 BGB [2. Aufl 1978] 25 Anm 103), ist aber nicht unumstritten (vgl Ofuatey-Kodjoe ZfJ 1997, 233: „ins Mystische gehende Qualitäten"; Staudinger/Rauscher [2014] § 1684 Rn 194). Gleichwohl entspricht sie den heute vorhandenen sozialwissenschaftlichen Erkenntnissen (Castellanos, Psychologische Sachverständigengutachten im Familienrecht [3. Aufl 2021] Rn 988 f; Salzgeber, Familienpsychologische Gutachten [7. Aufl 2020] Rn 562, 564; Balloff/Vogel FF 2017, 98, 100 f). Bei Säuglingen ist insbesondere auch auf die Lebensgewohnheiten des Kindes, insbesondere sein **Schlaf- und Essverhalten**, seine **Resilienz** und seine **Bindungsentwicklung** Rücksicht zu nehmen (Balloff/Vogel FF 2017, 98, 100; Kindler/Walper NZFam 2016, 820, 821; Fthenakis FPR 1995, 94; Salzgeber, Familienpsychologische Gutachten [7. Aufl 2020] Rn 564; vgl dazu bereits oben Rn 206 ff). Gerade der zuletzt genannte Umstand der noch nicht abgeschlossenen Bindungsentwicklung des Kindes kann gegen einen erweiterten Umgang bis hin zum Wechselmodell bei Kleinkindern sprechen (Kindler/Walper NZFam 2016, 820, 821 f; Salzgeber NZFam 2016, 921, 927). In diesem Zusammenhang ist natürlich auch von Bedeutung, ob und in welchem Umfang der umgangsberechtigte Elternteil bereits *vor der Trennung* in die *Betreuung des Kleinkindes eingebunden* war, über adäquaten *Wohnraum* für das Kind verfügt und inwieweit auch zu ihm eine *Bindungsrepräsentation* stattfindet (OLG Saarbrücken 7. 3. 2018 – 6 UF 116/17, juris Rn 35 f, FuR 2018, 371; OLG Brandenburg 29. 12. 2009 – 10 UF 150/09, juris Rn 24, FamRZ 2010, 1352; zur Bedeutung des Bestehens einer sicheren Bindung zu beiden Elternteilen für erweiterten Umgang vgl BGH 1. 2. 2017 – XII ZB 601/15, juris Rn 29, ZKJ 2017, 190; Balloff/Vogel FF 2019, 4, 8). Soweit es die Versorgung des Kindes betrifft, spricht dieser Aspekt nicht gegen eine zeitliche Ausdehnung, wenn der Umgangselternteil das Kind versorgen kann (so auch OLG Brandenburg 29. 12. 2009 – 10 UF 150/09, juris Rn 24, FamRZ 2010, 1352: Übernachtung bei 2-jährigen Kind mit starker Bindung auch zum Vater; OLG Brandenburg FamRZ 2002, 414; OLG Frankfurt FamRZ 2002, 978). Gerade bei kleineren Kindern hat auch der Umstand Bedeutung, dass der Umgangselternteil dazu imstande sein muss, seiner *Aufsichtspflicht* nachzukommen, was es rechtfertigen kann, ihm Auflagen und Weisungen – etwa in Bezug auf bei ihm lebende gefährliche Tiere (vgl OLG Frankfurt 27. 10. 2020 – 1 UF 170/20, ZKJ 2021, 116: 7 Hunde) – zur Vermeidung einer Kindeswohlgefährdung zu erteilen. 227

Tendenziell wird allerdings in Verbindung mit der Erfüllung der Forderung nach einem **häufigeren Umgang** kleiner Kinder der einzelne Besuch kürzer ausgestaltet werden, weil dies dem Zeiterlebnis des Kindes besser entspricht als ein einmaliges

Treffen in größeren Abständen (OLG Köln 19. 1. 2010 – 4 UF 163/09, juris Rn 7 ff, FamRZ 2010, 998; Plattner FamRZ 1993, 384, 385; iE wie hier BeckOK-BGB/Veit [1. 1. 2023] § 1684 Rn 94).

cc) Größere Kinder

228 Mit Abschluss der Phase der Bindungsrepräsentation ab dem **dritten bis vierten Lebensjahr** und einem sich verändernden kindlichen Zeitempfinden kann auch durch eine niedrigere Frequenz und eine damit einhergehende Ausdehnung der Umgangsdauer die Aufrechterhaltung der Eltern-Kind-Beziehung gesichert werden, wobei hier auch zu prüfen ist, ob bereits Übernachtungen kindeswohldienlich sind (bejaht bei 2-jährigem Kind von OLG Brandenburg 29. 12. 2009 – 10 UF 150/09, juris Rn 24, FamRZ 2010, 1352; verneint bei knapp 3-jährigem Kind von OLG Köln 19. 1. 2010 – 4 UF 163/09, juris Rn 7 ff, FamRZ 2010, 998). Bei **größeren Kindern** sind ausgedehntere Besuche die Regel. Bei **Kindergartenkindern** bleibt aber die Regelmäßigkeit der Kontakte von der Bedeutung her vor der Frage der Dauer der einzelnen Kontakte (Balloff/Vogel FF 2017, 98, 102; Dettenborn/Walter, Familienrechtspsychologie [4. Aufl 2022] 283), wobei bei niedrigem Koalitionsdruck für das Kind und Flexibilität des Umgangsberechtigten auch ein zusätzlicher Kontakt während der Woche in Betracht kommen kann (Horndasch NZFam 2014, 884, 885). Bei Kindern im **Schulalter und Jugendlichen** stehen vorbehaltlich der im Einzelfall zu berücksichtigenden Kindeswohlkriterien (siehe oben Rn 201 ff) auch längere Besuchskontakte mit Übernachtungen im Raum (vgl Salzgeber, Familienpsychologische Gutachten [7. Aufl 2020] Rn 572 ff). Allerdings bedingt der zunehmende Entwicklungsprozess in der Persönlichkeit des Kindes dessen zunehmende Beteiligung an Entscheidungen zum Umgang, was auch ein Bedürfnis nach *flexibleren Umgangsregeln* aus Sicht des Kindes schafft (Dettenborn/Walter, Familienrechtspsychologie [4. Aufl 2022] 283; Balloff/Vogel FF 2017, 98, 103). In gerichtlichen Umgangsregelungen, die vollstreckungsfähig sein müssen, lässt sich dieses Bedürfnis aber leider nicht umsetzen (OLG Karlsruhe 24. 10. 2017 – 18 UF 166/17, juris Rn 26, FuR 2018, 206), sodass dies (wünschenswerten) Elternvereinbarungen vorbehalten bleibt. Wegen der Notwendigkeit des Schulbesuchs (vgl OLG Brandenburg FamRZ 2002, 974, 975) können im Einzelfall auch nur Besuche an Wochenenden in Betracht kommen, die sich über ganze Tage oder ein ganzes oder verlängertes Wochenende erstrecken (zur Übernachtung unten Rn 230 ff).

Bis zu welchem **Höchstalter** des Kindes gerichtliche Umgangsregelungen überhaupt getroffen werden können, lässt sich pauschal nicht beantworten und steht im Zusammenhang mit der *Achtung der Persönlichkeit des Kindes und seines Willens* (dazu oben Rn 202, 36 und unten Rn 310 ff; aus der Rspr vgl BVerfG 13. 7. 2005 – 1 BvR 1245/05, juris Rn 14: 14-jähriges Kind; KG 2. 2. 2010 – 13 UF 189/09, juris Rn 13, FamRZ 2011, 122: 16 Jahre; OLG Hamburg 12. 3. 2008 – 10 UF 57/07, juris Rn 22 ff, FamRZ 2008, 1372: 16 Jahre).

dd) Ausnahme: Große Entfernung

229 Eine abweichende zeitliche Gestaltung kann erforderlich werden, wenn eine **große Entfernung** zwischen den Wohnorten des Kindes und des Umgangselternteils die Durchführung regelmäßiger kürzerer Besuche (an Wochenenden) zu zeitaufwendig und für das Kind beschwerlich oder gar unzumutbar macht (OLG Frankfurt 24. 11. 2020 – 5 UF 110/20, juris Rn 12, FamRZ 2021, 1125; OLG Brandenburg 1. 7. 2015 – 10 UF 8/15, juris Rn 43 ff; OLG Brandenburg 26. 9. 2013 – 3 UF 49/13, juris Rn 26 ff: 400 km; Völker/Clausius, Sorge- und Umgangsrecht [8. Aufl 2021] § 2 Rn 71 ff).

Zum einen ist die Umgangsregelung auf die **Reisemöglichkeiten** abzustimmen. In Betracht zu ziehen ist in solchen Fällen eine Umgangsregelung, bei der der *Umgangselternteil zum Umgang reist* und nicht das (noch kleine) Kind, was freilich nur möglich ist, wenn der Umgangselternteil diesen Zeit- und Kostenaufwand tragen kann und will (OLG Brandenburg 4. 3. 2014 – 10 UF 190/13, juris Rn 17 ff; AG Tempelhof-Kreuzberg FamRZ 2009, 795; Heilmann/Gottschalk § 1684 Rn 48; vgl auch den Fall von OLG Frankfurt 29. 9. 2022 – 6 UF 103/22, NZFam 2023, 221 bei einem schon älteren Kind). Diese Variante empfiehlt sich bei Kindern bis 3 Jahren (Ulrich NZFam 2014, 889, 890). Zur Frage der Tragung der **Umgangskosten** in diesen Fällen einschließlich der Übernahme durch die Sozialbehörden vgl oben Rn 170 ff.

Auch eine Umgangsgestaltung, bei der das *Kind über eine größere Strecke anreist,* insbesondere mit dem **Flugzeug** (vgl Kretzschmar NZFam 2014, 893: *„Fliegende Kinder"*) oder der *Bahn,* wo heute umfassende **Möglichkeiten der Reisebegleitung** bestehen, darf jedenfalls bei nicht mehr ganz jungen Kindern, die problemlos reisen, nicht vorschnell als unzumutbar abgetan werden (BVerfG FamRZ 2010, 109, 110: Spanien-Deutschland, 9-jähriges Kind; zu den kindespsychologischen Anforderungen vgl Ulrich NZFam 2014, 889). Bei älteren Kindern kommt auch die Anreise mit einem *Fernbus* in Betracht (Kretzschmar NZFam 2014, 893, 895). Auch für den einzelnen Umgangstermin muss Rücksicht auf Fahr- und Flugpläne genommen und nach Alternativen gesucht werden, damit der Umgang in voller Länge stattfinden kann (BVerfG 14. 2. 2006 – 1 BvR 98/06, FuR 2006, 176: Anordnung der Fluganreise des 11-jährigen Kindes trotz fehlender Flugverbindung am ersten Tag einer einwöchigen Ferienumgangsperiode). Kann das Kind allein anreisen, so kann das Familiengericht dem *betreuenden Elternteil die Pflicht auferlegen,* das Kind zum Bahnhof oder Flughafen zu bringen und dort wieder abzuholen (KG 28. 10. 2005 – 13 UF 119/05, juris Rn 21, FamRZ 2006, 878; dazu unten Rn 244 ff). Lehnt das Kind dies ab, ist aber von einer solchen Anordnung abzusehen (vgl OLG Bamberg 30. 1. 2023 – 7 UF 190/22, juris Rn 25 ff).

Zum anderen muss meist trotz geeigneter Gestaltung der Reiseart auch die **Terminierung** anders als im Regelfall gestaltet werden. Bei sehr weiter Entfernung kommt eine Umgangsregelung in **Ferienblöcken** in Betracht (OLG Hamm FamRZ 1990, 654, 655; MünchKommBGB/Hennemann § 1684 Rn 36; Grüneberg/Götz § 1684 Rn 14). Sofern dies zeitlich und finanziell darstellbar erscheint, sollte jedoch auch in solchen Distanzfällen, vor allem aber bei *kleineren Kindern,* eher ein Umgang in **Wochenendblöcken**, ergänzt um zwischenzeitlich regelmäßige **Telefonate**, gesucht werden, um der geschilderten Entfremdungsgefahr vorzubeugen (OLG Brandenburg 1. 7. 2015 – 10 UF 8/15, juris Rn 51: 2-mal wöchentliche Telefonate; KG 28. 10. 2005 – 13 UF 119/05, juris Rn 29 ff, FamRZ 2006, 878; OLG Hamm NJWE-FER 1998, 56: ein langes Wochenende pro Monat und ein wöchentliches Telefonat; Kretzschmar NZFam 2014, 893, 895; vgl zu Telefonaten im Rahmen des Umgangs im Übrigen oben Rn 103 ff).

e) Übernachtungen

aa) Erforderlichkeit der Regelung

Ob das Kind bei dem Umgangselternteil **übernachtet**, ist ebenfalls Gegenstand des Regelungsauftrages nach § 1684 Abs 3 BGB (OLG Brandenburg 24. 1. 2019 – 9 UF 143/18, juris Rn 35; OLG Köln 8. 2. 2019 – 10 UF 189/18, ZKJ 2020, 265; OLG Saarbrücken 23. 1. 2013 – 6 UF 20/13, juris Rn 10, NJW-RR 2013, 452; AG Holzminden FamRZ 1997, 47; Johannsen/Henrich/Althammer/Rake § 1684 Rn 31; Heilmann/Gottschalk § 1684 Rn 39; Balloff/Vogel FF 230

2019, 4, 8; HORNDASCH NZFam 2014, 884, 885). Das gilt auch dann, wenn die Eltern sich im Übrigen über den Umfang des Umgangsrechts geeinigt haben und *nur* die Übernachtung streitig ist (OLG Köln 8. 2. 2019 – 10 UF 189/18, ZKJ 2020, 265; BeckOK-BGB/VEIT [1. 1. 2023] § 1684 Rn 100; **aA** AG Groß-Gerau FamRZ 1995, 313). Die Regelung eines Umgangs *ohne Übernachtung* des Kindes misst sich im Übrigen nicht an § 1684 Abs 4 S 1 BGB, sondern an der Kindeswohldienlichkeitsschwelle von § 1684 Abs 3 BGB iVm § 1697a BGB (OLG Saarbrücken 23. 1. 2013 – 6 UF 20/13, juris Rn 10, NJW-RR 2013, 452; HEILMANN/GOTTSCHALK § 1684 Rn 39; VÖLKER/CLAUSIUS, Sorge- und Umgangsrecht [8. Aufl 2021] § 2 Rn 77; **aA** OLG Köln 12. 3. 2012 – 4 UF 235/11, juris Rn 6, FamFR 2012, 335; HORNDASCH NZFam 2014, 884, 886). Eine *Grenze* findet der Ausschluss von Übernachtungen allerdings dort, wo insbesondere wegen großer Entfernung vom Wohnort des Kindes ein Ausschluss von Übernachtungen einer **faktischen Umgangseinschränkung** gleichkäme (BVerfG 26. 9. 2006 – 1 BvR 1827/06, juris Rn 20 f, ZKJ 2007, 201; OLG Zweibrücken 21. 7. 2008 – 5 UF 74/08, juris Rn 5, FamRZ 2009, 134; GRÜNEBERG/GÖTZ § 1684 Rn 15).

Die Übernachtungsregelung hängt insbesondere vom **Alter** (ablehnend aber BALLOFF/VOGEL FF 2019, 4, 8) und der **psychischen Gesamtverfassung** des Kindes (CASTELLANOS, Psychologische Sachverständigengutachten im Familienrecht [3. Aufl 2021] Rn 988; DICKMEIS ZfJ 1982, 271, 279; ELL DAVorm 1986, 745, 749) sowie von der Intensität der **Bindung** des Kindes an den Umgangselternteil (OLG Saarbrücken 7. 3. 2018 – 6 UF 116/17, juris Rn 36, FuR 2018, 371; OLG Brandenburg 7. 8. 2015 – 9 UF 8/15, juris Rn 20 ff; HEILMANN/GOTTSCHALK § 1684 Rn 39; ROHMANN FPR 2013, 307, 311; BALLOFF/VOGEL FF 2017, 98, 104; ERMAN/DÖLL § 1684 Rn 26a) ab. Schwierig zu beurteilende Detailfragen muss das Gericht ggf mit sachverständiger Beratung lösen (LUTHIN Anm zu AG Groß-Gerau, FamRZ 1995, 313; dort bestand Unklarheit über die Ursache von Schlafstörungen bei einem Kleinkind). Ggf können auch berechtigte **Bedürfnisse des Umgangselternteils** entgegenstehen (OLG München FamRZ 2005, 2010: betagter Vater). Grundsätzlich wird die Übernachtung anlässlich des Umgangs als Regel anzusehen sein, die nur aus Gründen des Kindeswohls eingeschränkt werden kann; auch an die **Wohnverhältnisse** des Umgangselternteils dürfen deshalb keine übertriebenen Anforderungen gestellt werden (KG FamRZ 2011, 825: Wohnungsgröße, Beschaffung eines Kinderbettes). Bemerkenswert sind die Ausführungen des *OLG Köln* (OLG Köln 8. 2. 2019 – 10 UF 189/18, juris Rn 5, ZKJ 2020, 265) in diesem Kontext, als nach seiner Ansicht es dem Entwicklungsprozess von Kindern nicht diene, sie unter eine „Schutzglocke“ zu legen, um ihnen familiäre Auseinandersetzungen zu ersparen. Auch sieht der Senat in der Belastung des Kindes mit der Veränderung von Strukturen eine Möglichkeit, aus diesen Erfahrungen neue Kräfte zu beziehen (so bereits auch OLG Saarbrücken 23. 1. 2013 – 6 UF 20/13, juris Rn 15, FamRZ 2013, 712).

Soweit der Umgangsberechtigte in seiner Wohnung **raucht**, ist ihm aufzuerlegen, dies während der Ausübung des Umgangs jedenfalls im Schlafraum des Kindes zu unterlassen (KG 10. 1. 2011 – 17 UF 225/10, juris Rn 5, FF 2011, 127). Eine **feste Altersgrenze** für die Annahme der Kindeswohldienlichkeit von Übernachtungen existiert im Übrigen nicht (BVerfG 26. 9. 2006 – 1 BvR 1827/06, juris Rn 17 ff, ZKJ 2007, 201; OLG Saarbrücken 7. 3. 2018 – 6 UF 116/17, juris Rn 35, FuR 2018, 371; OLG Nürnberg 28. 10. 2009 – 7 UF 1009/09, juris Rn 26, FamFR 2010, 21; OLG Zweibrücken 21. 7. 2008 – 5 UF 74/08, juris Rn 5, FamRZ 2009, 134; MünchKommBGB/HENNEMANN § 1684 Rn 34; HEILMANN NJW 2012, 16, 20; sehr weitgehend aber OLG Brandenburg 29. 12. 2009 – 10 UF 150/09, juris Rn 24, FamRZ 2010, 1352: 2-jähriges Kind und BALLOFF/VOGEL FF 2019, 4, 8: altersunabhängig).

bb) Kleinkinder

231 Bei **kleinen Kindern bis zum Vorschulalter** wurden ursprünglich Übernachtungen von den Gerichten im Streitfall meist nicht zugelassen (KG FamRZ 1979, 70; OLG Düsseldorf FamRZ 1988, 1196; OLG Hamm FamRZ 1990, 654: nicht gegen den Willen des Sorgeberechtigten; LG Tübingen FamRZ 1975, 167; vgl auch OLG Zweibrücken FamRZ 1997, 45, 46: „nach der allgemeinen Übung nicht selbstverständlich"). Zunehmend lehnt die Rechtsprechung jedoch zutreffend eine generelle (Mindest-)Altersgrenze für Übernachtungen beim Umgang ab (OLG Köln 8. 2. 2019 – 10 UF 189/18, ZKJ 2020, 265; OLG Saarbrücken 5. 3. 2018 – 6 UF 116/17, juris Rn 35; OLG Saarbrücken 23. 1. 2013 – 6 UF 20/13, juris Rn 10, NJW-RR 2013, 452; OLG Zweibrücken FamRZ 2009, 134; OLG Brandenburg 29. 12. 2009 – 10 UF 150/09, juris Rn 24, FamRZ 2010, 1352; OLG Nürnberg FuR 2010, 114); Übernachtungsumgang fällt auch bei einem kleinen Kind in den Schutzbereich des Art 6 Abs 2 GG (BVerfG FamRZ 2007, 105). Die Übernachtung ist also nicht erst dann zuzulassen, wenn sie zur Festigung der Beziehung des Kindes zum Umgangselternteil erforderlich ist, sondern vielmehr nur dann zu beschränken, wenn das Kindeswohl dies rechtfertigt (OLG Frankfurt FamRZ 2002, 978; ebenso OLG Brandenburg FamRZ 2010, 1352: regelmäßig geboten; Heilmann/Gottschalk § 1684 Rn 39).

Übernachtung ist jedenfalls möglich, wenn das Verhältnis mit dem Umgangselternteil stabil und nicht durch die Trennung unterbrochen worden ist und das Kind mit ihm – und dessen Wohnung – **vertraut** ist (OLG Saarbrücken 7. 3. 2018 – 6 UF 116/17, juris Rn 35 f, FuR 2018, 371; OLG Frankfurt FamRZ 2002, 978; OLG Hamm FamRZ 1990, 654, 655; Dettenborn/Walter, Familienrechtspsychologie [4. Aufl 2022] 283; Rohmann FPR 2013, 307, 311). Bei einer vertrauensvollen, innigen Bindung zum Umgangselternteil und einer im Übrigen normalen psychischen Lage des Kindes steht das Alter des Kindes einer Übernachtung beim Umgangselternteil zwar nicht grundsätzlich im Weg (Johannsen/Henrich/Althammer/Rake § 1684 Rn 31; Balloff/Vogel FF 2019, 4, 8; Ell DAVorm 1986, 745, 749 unterscheidet, ob es um ein hierfür geeignetes „psychisch strapazierbares Regelkind" geht oder um ein „neurotisches Ausnahmekind"). Gleichwohl bestehen aus der Kindespsychologie Anhaltspunkte, dass Kinder unter **achtzehn Monaten**, die bei einer Hauptbezugsperson leben, durch regelmäßige Übernachtungen eine **unsichere Bindungsqualität** entwickeln können (Salzgeber, Familienpsychologische Gutachten [7. Aufl 2020] Rn 562; Castellanos, Psychologische Sachverständigengutachten im Familienrecht [3. Aufl 2022] Rn 988; Dettenborn/Walter, Familienrechtspsychologie [4. Aufl 2022] 283). Auch spielt hier natürlich eine Rolle, ob das Kind noch gestillt werden muss und inwieweit der Umgangsberechtigte dazu in der Lage ist, ein Kleinkind zu versorgen und zu betreuen, insbesondere weil er **bereits vor der Trennung mit dem Kind zusammengelebt** und es betreut hat (OLG Brandenburg 29. 12. 2009 – 10 UF 150/09, juris Rn 21 ff, FamRZ 2010, 1352: 2-jähriges Kind; MünchKommBGB/Hennemann § 1684 Rn 35; Heilmann/Gottschalk § 1684 Rn 39; Rohmann FPR 2013, 307, 311; Salzgeber NZFam 2014, 921, 927; zu weitgehend Balloff/Vogel 2019, 4, 8). Ab einem Alter von **drei bis vier Jahren** dürfte aber bei abgeschlossener Bindungsrepräsentation ein Umgang mit Übernachtungen grundsätzlich ohne Probleme stattfinden können, soweit das Kind nicht bereits durch hohen **Koalitionsdruck** belastet ist und nicht **Abwehrreaktionen** entwickelt hat (OLG Köln 8. 2. 2019 – 10 UF 189/18, ZKJ 2020, 265: Grundschulkind; OLG Brandenburg 24. 1. 2019 – 9 UF 143/18, juris Rn 35; OLG Saarbrücken 23. 1. 2013 – 6 UF 20/13, juris Rn 10, NJW-RR 2013, 452: 3½-jähriges Kind; Balloff/Vogel FF 2017, 98, 104; Castellanos, Psychologische Sachverständigengutachten im Familienrecht [3. Aufl 2021] Rn 988 f; vgl auch OLG Brandenburg 7. 8. 2015 – 9 UF 8/15, juris Rn 20: keine Übernachtung bei 8-jährigen Kind wegen entgegenstehendem Willen).

Ob im Einzelfall bei Bestehen einer im Übrigen für das Wohl des Kindes ausreichenden Umgangsregelung auf eine Ausdehnung hin zu einer Übernachtung verzichtet werden kann, um den Streit der Eltern gerade (und nur) um diese Frage zu vermeiden, ist fraglich. Die Vermeidung eines Loyalitätskonflikts bedeutet durchaus einen relevanten Gesichtspunkt, sofern der Umgang auch ohne die begehrte Übernachtung dem Kindeswohl genügt (OLG Hamm FamRZ 1990, 654, 655). Ist wegen Streit der Eltern eine Übernachtungsregelung nicht möglich oder wird um des Friedens willen auf sie verzichtet, so kommt auch eine Gestaltung des Umgangs in kürzeren Intervallen in Betracht (KG NJWE-FER 2000, 175: 3 Stunden wöchentlich zusätzlich zu 14-Tages-Besuchen). Lehnt der Umgangselternteil einen Umgang ohne Übernachtungen ab und kann aber nur ein Umgang ohne Übernachtungen dem Kindeswohl entsprechen, kann das Familiengericht von einer Umgangsregelung absehen (OLG Frankfurt 24. 11. 2020 – 5 UF 110/20, juris Rn 10, NJW-RR 2021, 131; vgl oben Rn 187).

Im Übrigen genügt die Befürchtung des betreuenden Elternteils, der Umgangsberechtigte könne infolge seines **Drogen- oder Alkoholkonsums** das Kind nicht hinreichend betreuen, nicht für die Verweigerung von Übernachtungen, wenn die Gefahrprognose nicht auf hinreichend konkrete Umstände gestützt werden kann (OLG Dresden 6. 9. 2016 – 18 UF 342/16, juris Rn 19, ZKJ 2017, 112; OLG Brandenburg 20. 7. 2010 – 10 UF 25/10, juris Rn 29).

cc) Größere Kinder

232 Bei **älteren Kindern** (ab Vorschulalter) werden schon seit geraumer Zeit von der hM Übernachtungen als geeignet angesehen, die vertrauensvolle Beziehung zu dem Umgangselternteil zu festigen und zu erhalten (OLG Saarbrücken 23. 1. 2013 – 6 UF 20/13, juris Rn 10, NJW-RR 2013, 45; KG 10. 1. 2011 – 17 UF 225/10, juris Rn 4, FF 2011, 127; OLG Brandenburg 20. 5. 2010 – 10 UF 46/09, juris Rn 29, FamRZ 2010, 1923; OLG Nürnberg 28. 10. 2009 – 7 UF 1009/09, juris Rn 26 ff, FuR 2010, 114; OLG Zweibrücken 21. 7. 2008 – 5 UF 74/08, juris Rn 5, FamRZ 2009, 134; Heilmann NJW 2012, 16, 20; Balloff/Vogel FF 2017, 98, 104; NK-BGB/Peschel-Gutzeit/Ebeling § 1684 Rn 37). Kinder, die eine konfliktfreie Beziehung zu dem Umgangselternteil haben, werden in der Regel auch die Übernachtung bei diesem Elternteil bevorzugen (Ell DAVorm 1986, 745, 750). Die ablehnende Haltung des anderen (sorgeberechtigten) Elternteils steht dem nicht grundsätzlich entgegen (BVerfG NJW 1993, 2671; **aA** Dürr, Verkehrsregelung gemäß § 1634 BGB [2. Aufl 1978] 26). Dabei kann im Einzelfall auch ein **entgegenstehender Wille** des Kindes nicht zu beachten sein (OLG Brandenburg 20. 7. 2010 – 10 UF 25/10, juris Rn 24 ff, ZFE 2010, 472; OLG Brandenburg 20. 5. 2010 – 10 UF 46/09, juris Rn 30, FamRZ 2010, 1923: 5-jähriges Kind mit Sachverständigengutachten; anders bei 8-jährigem anfälligen Kind nach vorherigem Kontaktabbruch zu Recht OLG Brandenburg 7. 8. 2015 – 9 UF 8/15, juris Rn 19 ff; kritisch gegenüber zwangsweiser Übernachtung Balloff/Vogel FF 2017, 98, 104).

Erforderlich ist, dass der Umgangselternteil sich in der Lage zeigt, das Kind auch über einen längeren Zeitraum zu betreuen (OLG Hamm NJWE-FER 1998, 56), was bei bereits größeren Kindern regelmäßig angenommen werden kann. Je größer die Abstände zwischen den einzelnen Besuchen sind, umso dringender ist das Bedürfnis, dass der Besuch sich über mehrere Tage erstreckt und Übernachtungen einschließt. Hierfür kommen dann wegen Berufstätigkeit des Umgangselternteils und Schulbesuch des Kindes häufig nur **Wochenenden** in Betracht. Dabei ist darauf zu achten, dass auch dem das Kind regelmäßig betreuenden Elternteil Wochenenden verbleiben, an denen er sich mit dem Kind beschäftigen kann. Dies gilt augenfällig dann, wenn auch dieser Elternteil berufstätig ist und nur am Wochenende Zeit hat (NK-BGB/Peschel-Gutzeit/Ebeling § 1684 Rn 37; Oelkers FamRZ 1995, 449, 455), hat aber auch in anderen Fällen Bedeutung, damit vermieden wird, dass das Kind seine Eltern in einen für die Pflichten zuständigen Alltags- und einen für die Sonnenseite zuständigen Freizeitelternteil unterscheidet. Dem wird ein Umgangsrecht im zweiwöchigen Rhythmus gerecht.

Wird dieser geregelt, muss wegen des vollstreckungsrechtlichen Bestimmtheitsgebots der Anfangstermin kalendermäßig bestimmt sein (OLG Saarbrücken 19. 4. 2013 – 6 WF 65/13, juris Rn 11, ZKJ 2013, 360).

Im Zuge flexiblerer Arbeitszeiten und Arbeitsorte wird gegenwärtig in der Praxis aber auch sehr häufig ein **weiterer Umgangstag während der Woche** mit Übernachtung beansprucht. Ist das Kind mit dem Umgangselternteil vertraut, so kommen auch Wochenendaufenthalte mit **einer zusätzlichen Übernachtung** (insbesondere Freitagabend bis Montag) in Betracht, wenn dies dem Wohl des Kindes entspricht. Eine Ablehnung solcher Regelungsvorstellungen darf nicht schematisch auf eine „übliche Spruchpraxis" gestützt werden. Auch die bessere Dispositionsmöglichkeit des Umgangselternteils kann für eine solche Regelung sprechen, weil die Vermeidung von Hektik beim Abholen und Zurückbringen sowohl dem Kindeswohl als auch dem Elternrecht dienen kann (BVerfG NJW 1993, 2671, 2672). Gegen einen zusätzlichen Umgang während der Woche können aber *Elternkonflikte* bei den Übergaben des Kindes (AG Potsdam 3. 5. 2013 – 43. 1 F 100/12, juris Rn 8), eine bislang unter Kontinuitätsgrundsätzen *praktizierte und bewährte Umgangsregelung* (KG 29. 7. 2014 – 17 UF 55/14, juris Rn 6 ff, FamRZ 2014, 2013) oder eine *Überforderung des Kindes* infolge einer ohnehin konfliktreichen Elternbeziehung sprechen (OLG Hamm 22. 1. 2014 – 8 UF 82/13, juris Rn 40 ff, NZFam 2014, 912: nur ohne Übernachtung; Völker/Clausius, Sorge- und Umgangsrecht [8. Aufl 2021] § 2 Rn 78). Gegen eine Erweiterung des Umgangswochenendes bis *montagmorgens* werden sich bei Kindergarten- und Schulkindern häufig aber wenig Einwände ergeben, sofern die Entfernung der Elternwohnsitze nicht weit ist und der Umgangsberechtigte die Möglichkeit besitzt, das Kind montags zur Schule bzw in den Kindergarten zu bringen (wie hier Völker/Clausius, Sorge- und Umgangsrecht [8. Aufl 2021] § 2 Rn 78; **aA** unter Hinweis auf die Notwendigkeit klarer Strukturen für das Kind OLG Saarbrücken 4. 1. 2011 – 6 UF 132/10, juris Rn 21, FamRZ 2011, 824).

f) Zeitliche Abweichungen bei gemeinsamer elterlicher Sorge

Fraglich ist, ob bei **gemeinsamer elterlicher Sorge** abweichende Grundsätze für den **zeitlichen Umfang** der Umgangsregelung gelten. 233

aa) Keine generell andere Behandlung

Von der wohl überwiegenden Ansicht zu **§ 1634 Abs 4 aF** wurde eine solche abweichende Behandlung vertreten, insbesondere im Fall des Getrenntlebens der (noch) verheirateten Eltern. Ein Elternteil, der die elterliche Sorge innehabe, dürfe nicht wie ein nur Umgangsberechtigter behandelt werden. Daher wurde für diesen Fall eine großzügigere Umgangsregelung angeordnet (OLG Bremen FamRZ 1956, 190; OLG Karlsruhe FamRZ 1958, 333; BayObLGZ 1966, 102; OLG Hamm FamRZ 1968, 527), die auch die Erziehungsfunktion in den Umgang mit dem (auch) sorgeberechtigten Elternteil einschloss (MünchKommBGB/Hinz [3. Aufl 1992] § 1634 Rn 24; Staudinger/Peschel-Gutzeit[12] § 1634 Rn 217, 252).

Mit dem Übergang zur gemeinsamen elterlichen Sorge nach Trennung und/oder Scheidung als **normativer und faktischer Regelfall** (§ 1671 BGB) sowie mit der sorgerechtsunabhängigen Gestaltung des § 1684 BGB ist nicht nur aus gesetzessystematischen Gründen eine andere Rechtslage entstanden. Der Gesetzgeber hat das Umgangsrecht gegenüber dem Sorgerecht auch inhaltlich deutlich verselbständigt und zum Ausdruck gebracht, dass es für die Ausgestaltung des Umgangsrechts auf die Frage, wer Inhaber der elterlichen Sorge ist, nicht mehr ankommt (BT-Drucks 13/4899, 105). Auch der Nutzen des Umgangs für das Kind verstärkt sich nicht deshalb, weil der Umgangselternteil auch sorgeberechtigt ist, sondern folgt aus dessen erlebter Qualität (Castellanos, Psychologische Sachverständigengutachten im Familienrecht [3. Aufl 2021] Rn 979).

Dass dieser Ansatz unzutreffend ist, zeigen auch deutlich die **Kompetenzregeln** in §§ 1687, 1687a BGB. Misst man die Frage am **Kindeswohl** – und nicht an der Rechtsstellung des Elternteils (so schon zu § 1634 aF KG OLGZ 1965, 102; OLG Saarbrücken FamRZ 1983, 1054; LG Heilbronn Justiz 1974, 126; Vollertsen ZfJ 1977, 230, 241; Dürr, Verkehrsregelung gemäß § 1634 BGB [2. Aufl 1978] 25) – so sollte klar sein, dass auch ein sorgeberechtigter Elternteil nicht befugt ist, anlässlich des Umgangs mit dem Kind die Erziehungskontinuität zu durchbrechen. § 1687 Abs 1 S 4 und § 1687a BGB machen deutlich, dass gemeinsame elterliche Sorge nicht bedeuten kann, dass jeder Elternteil als eigenständige Erziehungspersönlichkeit das Kind immer dann erzieht, wenn sich das Kind bei ihm aufhält, dass also das Kind mehr oder weniger zwischen den Eltern aufgeteilt wird. Vielmehr zwingt die Situation der Trennung der Eltern zu einem anderen Modus der Festlegung einer *einheitlichen und kontinuierlichen Erziehung*. Die Sorgerechtsverteilung beeinflusst nur den Weg, wie dieser Erziehungsstil *bestimmt* wird, nicht aber die Art und Weise, wie er gegenüber dem Kind *zu vertreten* ist. Nach §§ 1687 Abs 1 S 4, 1687a BGB entscheidet deshalb der Umgangselternteil – und zwar unabhängig von der Sorgerechtslage – nur Fragen der tatsächlichen Betreuung während der Dauer des Umgangs. Das ist keine Frage der Autorität, sondern der Praktikabilität. Soweit es um Fragen von erheblicher Bedeutung iSd § 1687 Abs 1 S 1 BGB geht, hat dagegen bei gemeinsamem Sorgerecht der das Kind nicht regelmäßig betreuende Elternteil zwar ein gleichberechtigtes Entscheidungsrecht. Der Umgang mit dem Kind ist aber im Interesse des Kindeswohles nicht der Platz, um dieses Recht auszuüben; das von § 1687 Abs 1 S 1 BGB geforderte Einvernehmen ist *zwischen den Eltern* und nicht durch Einflussnahme auf das Kind herzustellen. Diese einvernehmlich gefundenen Erziehungsgrundsätze sind Grundlage der Erziehungskontinuität.

Die **gemeinsame elterliche Sorge** ist damit unter § 1684 BGB idF des KindRG als solche grundsätzlich kein den Umgang erweiterndes Kriterium.

Ob auf der anderen Seite gemeinsames Sorgerecht nicht doch mittelbare Voraussetzung für einen erweiterten Umgang bis hin zum Wechselmodell ist, ist aber eine andere Frage. Denn ein erweitertes Umgangsrecht setzt hinreichende Kooperation und Kommunikation der Eltern voraus, wie dies auch bei §§ 1626a, 1671 BGB der Fall ist (vgl BGH 1. 2. 2017 – XII ZB 601/15, juris Rn 30, ZKJ 2017, 190; vgl unten Rn 234).

Die bereits oben erwähnte (Rn 56a), gegenwärtig geführte Diskussion um eine **Reform des Sorge- und Umgangsrechts** könnte aber durch eine sorgerechtsabhängige Differenzierung zwischen elterlichem **Mitbetreuungsrecht und Umgangsrecht** zu einer Neuregelung gelangen (vgl die Vorschläge von Hammer FamRZ 2018, 229), soweit Sorgerechtsstreitigkeiten von der Übertragungsebene auf die Ausübungsebene verlagert werden würden und das gemeinsame Sorgerecht nur noch bei Kindeswohlgefährdung oder Desinteresse verweigert bzw aufgehoben werden könnte.

bb) Konsensabhängiges erweitertes Umgangsrecht

234 Ob auf der anderen Seite gemeinsames Sorgerecht nicht doch mittelbare Voraussetzung für einen **erweiterten Umgang bis hin zum Wechselmodell** ist, ist aber eine andere Frage. Denn ein erweitertes Umgangsrecht setzt – wie die gemeinsame elterliche Sorge – eine hinreichend *tragfähige soziale Beziehung* der Eltern voraus, die erhöhte *Kommunikations- und Kooperationsfähigkeiten* erfordert (BGH 1. 2. 2017 – XII ZB 601/15, juris Rn 25, FamRZ 2017, 532; OLG Frankfurt 9. 7. 2021 – 4 UF 52/21, juris Rn 23, NZFam 2022, 698; OLG Koblenz 21. 12. 2017 – 13 UF 676/17, FamRZ 2018, 507: erweiterter Umgang; Hammer FamRZ 2015, 1433, 1441; Heilmann NJW 2015, 3346, 3347 jeweils zum Wechselmodell). Erfüllen die Eltern infolge ihrer Konfliktlage und mangelnder Kooperation und Kommunikation nicht die Voraussetzungen für die Begründung oder Aufrechterhaltung der gemeinsamen elterlichen Sorge iSd §§ 1626a Abs 2, 1671 Abs 1 BGB, so wird dieser Umstand auch im Rahmen der Kindeswohldienlichkeit eines erweiterten Umgangsrechts nicht außer Acht zu lassen sein. Auf der anderen Seite hat der Umfang des Umgangsrechts keinen Einfluss auf das grundsätzliche Verhältnis von Sorge- und Umgangsrecht (BGH 1. 2. 2017 – XII ZB 601/15, juris Rn 19 und 20, FamRZ 2017, 532; BGH 27. 11. 2019 – XII ZB 512/19, FamRZ 2020, 255). Denn alleiniges Sorgerecht eines Elternteils kann auch von den (nicht miteinander verheirateten) Eltern im Rahmen ihrer Autonomie bewusst so gewollt sein (vgl die empirische Erhebung bei Walper/Langmeyer, in: Jurczyk/Walper, Gemeinsames Sorgerecht nicht miteinander verheirateter Eltern [2013] 164 ff), ohne dass dies notwendiger Weise in einem Zusammenhang mit ihren Kooperations- und Kommunikationsfähigkeiten stehen muss. Damit kommt ein erweitertes Umgangsrecht bis hin zum Wechselmodell jedenfalls grundsätzlich auch bei alleiniger elterlicher Sorge in Betracht, wohin wohl auch der BGH tendiert (BGH 1. 2. 2017 – XII ZB 601/15, juris Rn 20 und 21, FamRZ 2017, 532).

Bei gemeinsam sorgeberechtigten Eltern sollte eigentlich ein geringeres Konfliktpotential bestehen, das mittelbar auch ein weiteres Umgangsrecht ermöglichen könnte. Dieser Gedanke verfängt aber nur, wenn die Eltern sich um das Umgangsrecht nicht streiten. Dies ist aber nicht die Situation der gerichtlichen Regelung nach § 1684 Abs 3 BGB. Hier wird die Vermutung höherer Konsensfähigkeit gerade dadurch überlagert, dass jedenfalls um das Umgangsrecht Streit besteht.

g) Fest- und Feiertage

aa) Sinn des Festtagsumgangs

235 Die früher hM entschied die **Festtagsfrage** mit dem spätestens unter dem gewandelten Sorgerechtsverständnis des KindRG – nicht nur wegen der Zunahme gemeinsamer Sorge – kaum mehr zeitgemäßen Satz: „An Festtagen gehört das Kind zum Sorgeberechtigten." (Soergel/Strätz [12. Aufl 1987] § 1634 Rn 24; MünchKommBGB/Hinz [3. Aufl 1992] § 1634 aF Rn 28; Schnitzerling FamRZ 1958, 444, 446, alle unter Bezugnahme auf KG OLGRspr 33, 356; OLG München JW 1939, 289). Die Frage des Umgangsrechts an hohen Festtagen hat sehr wenig mit der Verteilung der elterlichen Sorge zu tun, weil gerade die mit dem Festtag verbundenen menschlich-emotionalen Bedürfnisse gänzlich unabhängig von der Sorgeberechtigung des jeweiligen Elternteils sind.

Auch wenn die *Kontinuität* der Lebensverhältnisse dafür spricht, dass das Kind **im Jahreslauf bestimmte Feiertage** in seiner gewohnten Umgebung bei dem überwiegend betreuenden Elternteil verbringt, ist es vor allem für ein kleines Kind wichtig, die großen Festtage Weihnachten, Ostern und Pfingsten oder Feiertage anderer Konfessionen nicht nur im Kreis der Familie des betreuenden Elternteils zu verbringen, sondern auch Gelegenheit zu haben, den anderen Elternteil an diesen emotional bedeutsamen Tagen sehen und mit ihm Zuneigung (und Geschenke) austauschen zu können (OLG Bamberg FamRZ 1990, 193; Salzgeber, Familienpsychologische Gutachten [7. Aufl 2020] Rn 599; Oelkers FamRZ 1995, 1385, 1389). Jugendliche mögen einer Vor- oder Nachverlagerung des Festtagsbesuchs rational zugänglicher sein; im kindlichen Alter konzentriert sich das Festtagserlebnis samt der in Kindergarten und Schule vermittelten Familienbezüge des Festes (Geschenke basteln für Mama und Papa etc) aber auf den Festtag. Ein Vorrang des Sorgeberechtigten bzw Alleinbetreuenden kann dann gerechtfertigt werden, wenn bei diesem der jeweilige Feiertag eine besondere Bedeutung hat und gefeiert wird, beim Umgangselternteil aber nicht (Horndasch NZFam 2014, 884, 887). Das muss jedoch auch dann gelten, wenn der Feiertag – etwa wegen unterschiedlicher Konfession – nur bei dem Umgangselternteil Bedeutung hat und für das Kind in seiner bisherigen Erziehung Bedeutung erlangt hat; zB kann es für ein Kind aus einer christlich-jüdischen Mischehe, das Yom Kippur als Festtag verinnerlicht hat, schwerlich darauf ankommen, ob der jüdische Elternteil sein Betreuungselternteil ist.

Bei **einfachen Feiertagen** (wie zB 1. 5., 3. 10. oder die im Mai/Juni liegenden Donnerstagfeiertage) dürfte dagegen grundsätzlich kein Anlass für die Regelung eines Umgangsrechts bestehen. Das schließt es freilich nicht aus, anlässlich der Regelung eines Wochenendumgangs solche einmaligen Feiertage – ggf in Verbindung mit einem Brückentag – miteinzubeziehen, um auch dem Umgangsberechtigten zB zu ermöglichen, Kurzurlaube über verlängerte Wochenenden mit dem Kind zu verbringen (Horndasch NZFam 2014, 884, 888; Bruns FamFR 2013, 553).

bb) Doppelfeiertags-Regelung

236 Die **überwiegende Ansicht** versucht dieser Erkenntnis (Rn 235) zu Recht durch eine eher schematische Regelung gerecht zu werden: Es wird an **Festtagen** eine auf diesen Tag fallende Umgangsregelung überlagert (OLG Frankfurt FamRZ 1996, 362; Heilmann/Gottschalk § 1684 Rn 43; Horndasch NZFam 2014, 884, 887), sodass der Umgang an diesem Tag entfällt oder später nachgeholt wird. An **Doppelfeiertagen** (Ostern, Pfingsten) wird für den jeweils *zweiten Feiertag* häufig ein außerhalb des periodischen Umgangs bestehendes Umgangsrecht gewährt (OLG Brandenburg 3. 6. 2015 – 10 WF 54/15, juris Rn 5; OLG Bamberg FamRZ 1990, 193; OLG Brandenburg FamRZ 2002, 974, 975; OLG Nürnberg 12. 6. 1995 [7 UF 1680/95]; OLG Nürnberg NJWE-FER 1999, 146; OLG Frankfurt 11. 5. 2009 – 3 UF 402/07, juris; LG Mannheim MDR 1961, 1016; AG Osnabrück DAVorm 1997, 422: nicht verheiratete Eltern; AG Holzminden FamRZ 1997, 47; AG Schwabach Streit 2006, 130; BeckOK-BGB/Veit [1. 1. 2023] § 1684 Rn 104.1; Soergel/Jakobitz § 1684 Rn 25; Bruns FamFR 2013, 553; **aA** LG Heilbronn Justiz 1973, 433). Weihnachten wird heute auch als **Dreitagefest** wahrgenommen, also das Heiligabend-Problem einbezogen (OLG Brandenburg 16. 10. 2008 – 9 UF 42/08, juris: Heiliger Abend alternierend). Dies ist ein Fortschritt gegenüber der vor mehr als 50 Jahren herrschenden Rechtsprechung (Nachw bei Staudinger/Peschel-Gutzeit[12] § 1634 Fn zu Rn 227), wenngleich die Begründung, der umgangsberechtigte Elternteil könne diesen Besuch „verlangen“, immer noch offen oder latent von einem Vorrang der (Familie des) Sor-

geberechtigten ausgeht (deutlich AG Schwabach Streit 2006, 130) und das Kindeswohl eher schematisiert. Auch hinsichtlich des Weihnachtsfests entspricht es heute noch weit verbreiteter Praxis, den Umgangsberechtigten auf den 26.12. zu verweisen (OLG Brandenburg 3. 6. 2015 – 10 WF 54/15, juris Rn 5; OLG Brandenburg 20. 7. 2010 – 10 UF 25/10, juris Rn 30). Eine Annäherung an ideale Lösungen dürfte – jedenfalls bei regelmäßigen und erweiterten Umgang – das **im Jahreswechsel** alternierende Modell 1./2. Feiertag sein (OLG Koblenz 21. 12. 2017 – 13 UF 676/17, FamRZ 2018, 507; OLG Hamm 22. 1. 2014 – 8 UF 82/13, juris Rn 49 ff, NZFam 2014, 912; OLG Saarbrücken 22. 2. 2011 – 6 UF 165/10, BeckRS 2014, 17427 Rn 10; OLG Brandenburg OLGR 2007, 6; OLG Brandenburg 16. 10. 2008 – 9 UF 42/08, juris: Einbeziehung des Heiligen Abends; OLG Nürnberg MDR 2011, 1044; MünchKommBGB/Hennemann § 1684 Rn 38; Heilmann/Gottschalk § 1684 Rn 42; Burschel NZFam 2016, 395, 397). Die Teilung der Festtage ist ein unvermeidbarer Kompromiss, der den beiden kindlichen Bedürfnissen nach Feiertagserlebnis in seiner gewohnten Umgebung und nach feiertäglichem Erlebnis mit beiden Eltern zumeist gerecht wird, zumal sich aus Kindessicht mit beiden Eltern verbrachte Feierlichkeiten nur in Ausnahmefällen bewähren (Salzgeber, Familienpsychologische Gutachten [7. Aufl 2020] Rn 599; Bruns FamFR 2013, 553).

Bedenken ergeben sich freilich deshalb, weil das diesem Ansatz zugrundeliegende Prinzip, Feiertage zu Hause zu verbringen, weithin einer verbreiteten Neigung gewichen ist, an **Feiertagen Kurzreisen** zu unternehmen. Ob das dem Kindesbedürfnis nach einem geborgenen Feiertagserlebnis entspricht, mag zweifelhaft sein; eine wohlverstandene Umgangsregelung wird sich dem nicht entgegenstellen können, ohne Feiertagskonflikte zu schüren. Ggf ist eine Feiertags-Umgangsregelung anzuordnen, die das Kind abwechselnd große Feste ganz bei einem Elternteil verbringen lässt oder nur Weihnachten in überkommener Weise aufteilt und für Ostern/Pfingsten jeweils geschlossene Regelungen vorsieht (Johannsen/Henrich/Althammer/Rake § 1684 Rn 35). Da Umgangsregelungen in den meisten Fällen auf längere Zeiträume angelegt sind, ist jedoch zu bedenken, dass auch der Elternteil, bei dem das Kind lebt, seine Vorstellungen von der Nutzung der Feiertage zu Urlaubszwecken ggf dem Wohl des Kindes unterordnen muss. Der Wunsch, hin und wieder zu noch unbestimmten Feiertagen Urlaub zu machen, steht einer hergebrachten Feiertagsregelung iSd herrschenden Rechtsprechung nicht entgegen; ggf müssen die Eltern für den Einzelfall eine Einigung erzielen, oder es ist eine Einzelfallregelung nach Abs 3 zu treffen (OLG Bamberg FamRZ 1990, 193).

cc) Individuelle Feste

Anlässlich individueller Festtage (**Geburtstag, Kommunion, Konfirmation, Firmung** etc) 237
stellt sich nicht zwangsläufig die Frage des Zusammenseins des Kindes mit beiden Elternteilen als ein Entweder-Oder. Auch an solchen Feiertagen besteht ein Interesse des Umgangselternteil, diese grundsätzlich mit dem Kind begehen zu können (BeckOK-BGB/Veit [1. 1. 2023] § 1684 Rn 105). Dem Umgangselternteil – und dem Betreuungselternteil – kann insoweit über § 1684 Abs 3 BGB nicht die Teilnahme an öffentlichen Teilen (zB in der Kirche, Schule) versagt werden (OLG Karlsruhe 21. 5. 2021 – 2 UF 181/20, FamRZ 2021, 1804; **aA** noch KG DR 1940, 980). Andererseits wird es kaum das Kindeswohl fördern, wenn die Teilnahme am privaten Teil eines solchen Festes im Familienkreis durch eine Regelung nach Abs 3 erzwungen wird und es zu Streitigkeiten während der Feier kommt (NK-BGB/Peschel-Gutzeit/Ebeling § 1684 Rn 39). In einem solchen Fall ist ihm die Anwesenheit zu versagen (OLG Zweibrücken 30. 8. 2021 – 2 UFH 2/21, ZKJ 2022, 71).

Bei **Geburtstagen** kommt eine in zeitlich engem Zusammenhang stehende „Nachfeier", etwa durch ein zusätzliches Umgangswochenende oder einen Umgangstag während der Woche, in Betracht (OLG Brandenburg OLGR 2007, 6; AG Osnabrück DAVorm 1997, 422); eine Aufteilung des Geburtstags empfiehlt sich dagegen nicht, weil sonst das Kind an einem ihm persönlich gehörenden Feiertag zu sehr in die Pflicht genommen wird, wobei aber auch hier flexible Regelungen, zB Übernachtung des Kindes am Tag vor seinem Geburtstag beim Umgangselternteil, möglich sind (vgl OLG Brandenburg 6. 7. 2020 – 13 UF 26/20, juris Rn 24, ZKJ 2021, 71; KG 30. 4. 2018 – 19 UF 71/17, juris Rn 40, ZKJ 2018, 381; OLG Schleswig 30. 5. 2016 – 10 UF 11/16, juris Rn 22, ZKJ 2016, 362). Eher in Ausnahmefällen ist an einen jährlichen Wechsel (anders NK-BGB/Peschel-Gutzeit/Ebeling § 1684 Rn 39; Heilmann/Gottschalk § 1684 Rn 42; eher ablehnend OLG Koblenz 21. 12. 2017 – 13 UF 676/17, juris Rn 44 ff, FamRZ 2018, 507), dann aber mit „Nachfeiern" beim jeweils anderen Elternteil zu denken. Das Kindeswohl spricht wohl ohnehin zumindest bei kleineren Kindern dafür, den Tag für einen Kindergeburtstag mit Freunden freizuhalten (AG Schwabach Streit 2006, 103), auch wenn dies faktisch wiederum den Betreuungselternteil bevorzugen wird. Schließlich kann im Einzelfall auch auf **Geburtstage des Umgangselternteil** und auch natürlich des **betreuenden Elternteils** bei der gerichtlichen Umgangsregelung Rücksicht zu nehmen sein (vgl OLG Brandenburg 1. 7. 2015 – 10 UF 8/15, juris Rn 44; OLG Brandenburg 13. 11. 2013 – 15 UF 107/13, juris Rn 34; OLG Karlsruhe 5. 11. 2013 – 5 UF 27/13, FamRZ 2014, 1124 Tenor Ziff 4; AG Reinbek 12. 5. 2015 – 5 F 30/15, juris Rn 18, FamRZ 2015, 1817). Einmalige Feste, wie **Einschulung, Kommunion, Firmung, Konfirmation**, sollten jedenfalls außerhalb des öffentlichen Teils mit dem betreuenden Elternteil verbracht werden (Völker/Clausius, Sorge- und Umgangsrecht [8. Aufl 2021] § 2 Rn 87; Horndasch NZFam 2014, 884, 887).

h) Ferien

aa) Bedeutung

238 **Ferienregelungen** erlangen angesichts geänderter Urlaubsgewohnheiten zunehmende Bedeutung. Einerseits steht eine Umgangsregelung dem Urlaub des Kindes **mit dem Elternteil, bei dem das Kind lebt**, nicht entgegen. Es würde dem Kindeswohl erheblich widersprechen, wenn wegen der besonderen Familiensituation heute übliche Urlaubsreisen unterbleiben müssten. Solange solche Urlaube nicht in schikanöser Weise geplant werden, um das Umgangsrecht auszuhöhlen, *entfallen periodische Umgangstermine* während des Urlaubs (OLG Saarbrücken 7. 3. 2018 – 6 UF 116/17, FuR 2018, 371; OLG Frankfurt FamRZ 1996, 362; OLG Saarbrücken 4. 1. 2011 – 6 UF 132/10, juris Rn 24, FamRZ 2011, 824; OLG Brandenburg 16. 10. 2008 – 9 UF 42/08, juris Rn 11; Völker/Clausius, Sorge- und Umgangsrecht [8. Aufl 2021] § 2 Rn 82; Heilmann/Gottschalk § 1684 Rn 43). Eine Regelung für **Ersatzzeiten** muss nicht getroffen werden (OLG Saarbrücken 4. 1. 2011 – 6 UF 132/10, juris Rn 24, FamRZ 2011, 824; MünchKommBGB/Hennemann § 1684 Rn 37). Im Interesse des Kindes liegt es freilich, wenn ein solcher Ersatzumgang vom betreuenden Elternteil angeboten wird. Besteht allerdings eine **Umgangsregelung** unter Einschluss der Ferien, kann der betreuende Elternteil nicht eigenmächtig durch einen Urlaub mit dem Kind die Umgangszeiten des anderen Elternteils vereiteln. Kann keine Einigung unter den Eltern erzielt werden, ist das Familiengericht nach § 1684 Abs 3 BGB – ggf im Wege eines Antrags auf Erlass einer einstweiligen Anordnung nach §§ 49 ff FamFG – anzurufen. Plant der betreuende Elternteil mit dem Kind einen längeren Ferienaufenthalt im Ausland, kann dies bei einem Kleinkind aber dazu führen, dass dies destabilisierenden Einfluss auf die Bindung des Kindes zum Umgangselternteil hat, sodass entweder eine Entscheidung nach § 1628 BGB oder eine Umgangsregelung veranlasst

sein kann, die das verhindert (OLG Köln 22. 7. 2011 – 4 UF 144/11, juris Rn 7, ZKJ 2012, 29 zu § 1628; SALZGEBER, Familienpsychologische Gutachten [7. Aufl 2020] Rn 598; BALLOFF/VOGEL FF 2019, 4, 9).

bb) Ob des Urlaubsumgangs

Ob das Kind **mit dem Umgangselternteil** Ferien verbringt und ggf eine Urlaubsreise unternimmt, ist ausschließlich nach dem Kindeswohl zu entscheiden. Das BVerfG hat insoweit die früher restriktive Praxis, die vor allem bei kleinen Kindern Ferienumgang nicht für erforderlich hielt, deutlich gewendet. Auch der Ferienumgang wird zur Regel, wenn nicht das Kindeswohl entgegensteht: Bei vorbehaltloser Zuwendung des Kindes zum Umgangselternteil kann der Wunsch dieses Elternteils insbesondere nicht mit dem Hinweis auf allgemeine Richtwerte, Rechtsprechungspraxis oder die Vermutung, das Kind vermisse einen solchen Urlaub nicht, abgewiesen werden (BVerfG NJW 1993, 2671, 2672). Auch bei kleinen Kindern hält die Versagung von Ferienumgang mit dem pauschalen Hinweis auf das Kindesalter Art 6 Abs 2 GG nicht stand (BVerfG FamRZ 2007, 105; BVerfG FamRZ 2007, 1078, 1079). Das BVerfG betont zutreffend, dass gerade gemeinsame Ferien und das dadurch mögliche längere zwanglose Zusammenleben dazu beitragen können, Bindungen zum Umgangselternteil zu verstärken (BVerfG FamRZ 2005, 871; BVerfG FamRZ 2007, 1078, 1079; OLG Düsseldorf 18. 5. 2018 – 8 UF 53/17, NJW-Spezial 2018, 550; BALLOFF/VOGEL FF 2019, 4, 9; BRUNS FamFR 2013, 553). Dem folgt die Rechtsprechung heute, wobei bei einem nicht mehr kleinen Kind das Absehen von einer Ferienregelung sich sogar im Einzelfall als *Umgangseinschränkung* iSd § 1684 Abs 4 S 1 oder 2 BGB darstellen kann (OLG Saarbrücken 11. 10. 2013 – 6 UF 128/13, juris Rn 15, ZKJ 2014, 75; OLG Koblenz 15. 12. 2015 – 11 UF 619/15, juris Rn 46 ff; OLG Düsseldorf 18. 5. 2018 – 8 UF 53/17, juris Rn 16; OLG Frankfurt 25. 9. 2006 – 2 UF 361/06, juris Rn 8, ZKJ 2007, 495; HORNDASCH NZFam 2014, 884, 886). 239

Entgegen früher vertretener Ansicht kommt ein Ferienumgang **nicht nur als Ersatz** in Betracht, wenn eine periodische Umgangsregelung daran scheitert, dass Kind und Umgangselternteil in weiter Entfernung voneinander wohnen (so ansatzweise noch SOERGEL/STRÄTZ [12. Aufl 1987] § 1634 Rn 22; vgl Nachw bei KG FamRZ 1979, 70; OLG Stuttgart FamRZ 1981, 1006, 1007). Das Argument verfängt allenfalls in Gegenrichtung: Ferienumgang ist umso notwendiger, wenn der periodische Umgang wegen großer Entfernung seltener stattfindet (BVerfG FamRZ 2007, 1078, 1079).

Grundsätzlich ist somit eine Ferienregelung, sofern nicht besondere Gründe des Kindeswohls entgegenstehen, **zusätzlich zum periodischen Umgang** anzuordnen (OLG Saarbrücken 7. 3. 2018 – 6 UF 116/17, juris Rn 37, FuR 2018, 371; OLG Saarbrücken 11. 10. 2013 – 6 UF 128/13, juris Rn 15, ZKJ 2014, 75; OLG Bamberg 15. 12. 2015 – 11 UF 619/15, juris Rn 46 ff; OLG Frankfurt 25. 9. 2006 – 2 UF 361/06, juris Rn 8, ZKJ 2007, 495; BayObLGZ 1957, 134; BayObLGZ 1964, 28; BayObLGZ 1964, 443; BayObLGZ 1965, 355; OLG Brandenburg 15. 1. 2009 – 10 UF 155/08, juris; OLG Hamburg DAVorm 1968, 10; OLG Köln FamRZ 1982, 1237; LG Heilbronn Justiz 1973, 433; LG Tübingen DAVorm 1974, 193; JOHANNSEN/HENRICH/ALTHAMMER/RAKE § 1684 Rn 33; MünchKommBGB/HENNEMANN § 1684 Rn 36; BeckOK-BGB/VEIT [1. 1. 2023] § 1684 Rn 102). Dass auch insoweit der Urlaub bei dem Umgangselternteil den periodischen Umgang überlagert und ersetzt, ist unproblematisch (vgl zur umgekehrten Situation Rn 238). Auch insoweit gilt das Erfordernis der möglichst **vollständigen, konkreten und unmissverständlichen Regelung**, da selbst die Definition des Begriffes „Schulferien" zu Streit führen kann (vgl OLG Brandenburg 19. 6. 2020 – 9 UF 40/20, NJ 2020, 544; OLG Stuttgart

FamRZ 2000, 50). Nicht ausreichend ist es daher, die Dauer des Ferienumgangs nur nach der nicht näher bestimmten Zeitdauer zu regeln (OLG Brandenburg 14. 3. 2006 – 9 WF 27/06, juris Rn 3, ZKJ 2006, 423: „14 Tage"). Auch beim Ferienumgang sind Beginn und Ende nicht nur tag- sondern auch uhrzeitgenau zu regeln (OLG Bamberg 12. 3. 2013 – 7 WF 356/12, juris Rn 23, FamRZ 2013, 1759).

239a Der **Ausschluss von** Ferienumgang bedarf einer sachlich nachvollziehbaren Begründung, wobei es immer erläuterungsbedürftig ist, warum es bei der Durchführung mehrwöchiger Umgangskontakte größere Schwierigkeiten zu befürchten gibt als bei periodischem Wochenendumgang (BVerfG FamRZ 2005, 871). Eine Typisierung von **Ablehnungsgründen** kommt nicht in Betracht. Dasselbe gilt für die Frage, welche **Dauer** ein Ferienumgang haben sollte. Weder besteht eine Vermutung, dass ein Ferienumgang die **Erziehungskontinuität** beeinträchtigt (so aber noch KG FamRZ 1978, 728; OLG München FamRZ 1978, 614, 617; Soergel/Strätz [12. Aufl 1987] § 1634 Rn 22), noch ist ein Ferienumgang bei Kindern im **Vorschul-** oder gar **Grundschulalter** generell ausgeschlossen (OLG Hamm NJWE-FER 1998, 56; OLG Frankfurt 11. 5. 2009 – 3 UF 402/07, juris Rn 10; AG Osnabrück DAVorm 1997, 422; hierzu prägend das BVerfG FamRZ 2007, 1078). Die gegenteilige, früher überwiegende, Ansicht (Nachw Staudinger/Peschel-Gutzeit[12] § 1634 Rn 228) ist durch die individuelle Beurteilung des Kindeswohls überwunden. Auch der **Widerspruch des (allein) Sorgeberechtigten** schließt einen Ferienumgang nicht aus (OLG Düsseldorf 18. 5. 2018 – 8 UF 53/17, NJW-Spezial 2018, 550; AG Osnabrück DAVorm 1997, 422; **aA** LG Berlin FamRZ 1973, 99, 100). Bei kleineren Kindern ist aber – wie bei der Frage von Übernachtungen (siehe dazu oben Rn 231) – zu berücksichtigen, ob diese für längere Zeiträume vom überwiegend betreuenden Elternteil getrennt werden können (Völker/Clausius, Sorge- und Umgangsrecht [8. Aufl 2021] § 2 Rn 81; Ell DAVorm 1996, 745). Es kann sogar eine solche Regelung bei erheblichem Streitpotential der Eltern als vorübergehender Ersatz einer periodischen Umgangsregelung vorzuziehen sein, um einen belastungsfreien Umgang des Kindes mit dem Umgangselternteil zu ermöglichen. Die **Ablehnung des Ferienumgangs durch das Kind selbst** sollte aber bei sonst durchgeführtem periodischem Umgang als starkes Indiz für die Gestaltungswünsche des Kindes (Feriengewohnheiten, Freundeskreis etc) gewertet (vgl KG FamRZ 1978, 728: 11-jähriges Kind; zur Dauer des Ferienumgangs: OLG Naumburg FamRZ 2002, 564) und zunächst eine Intensivierung des wechselseitigen Vertrauens gesucht werden.

Ist die Beziehung zwischen dem Kind und dem Umgangselternteil noch nicht ausreichend intensiv und vertrauensvoll, so kommt auch eine Regelung in Betracht, die den Ferienumgang erst **für einen späteren Zeitpunkt** vorsieht oder in Aussicht stellt (AG Osnabrück DAVorm 1997, 422, 425).

Soweit aber wesentliche Kindeswohlkriterien dem nicht entgegenstehen und eine hinreichende Vertrautheit zwischen Kind und Umgangselternteil besteht, sind die Ferien des Kindes **hälftig** zwischen den Eltern aufzuteilen (KG 30. 4. 2018 – 19 UF 71/17, juris Rn 39, FamRZ 2018, 1324; OLG Hamm 22. 1. 2014 – 8 UF 82/13, juris Rn 48, NZFam 2014, 912; OLG Frankfurt 25. 9. 2006 – 2 UF 361/06, juris Rn 8, ZKJ 2007, 495; Heilmann/Gottschalk § 1684 Rn 40; Horndasch NZFam 2014, 884, 886; Salzgeber, Familienpsychologische Gutachten [7. Aufl 2020] Rn 598). Bei **kleineren Kindern** und nicht hinreichender Gewöhnung kann zumindest bei den Sommerferien der Umgang auch auf ein oder zwei Wochen zu beschränken sein (OLG Brandenburg 10. 8. 2022 – 13 UF 9/22, juris Rn 10 ff; OLG Saarbrücken 5. 3. 2018 –

6 UF 116/17, juris Rn 43: zwei Wochen bei 2-jährigem Kind und erheblichen Elternkonflikten; Salzgeber, Familienpsychologische Gutachten [7. Aufl 2020] Rn 598).

Die Anordnung von Ferienumgang setzt im Übrigen nicht voraus, dass der Umgangselternteil mit dem Kind **verreisen** will, da auch längeres Zusammensein mit dem Kind geeignet ist, die Bindung des Kindes zu dem betreffenden Elternteil zu festigen (Horndasch NZFam 2014, 884, 886). Auch spielt es keine Rolle, ob der Umgangselternteil in dieser Zeit erwerbstätig ist oder Urlaub hat, da das Kind auch von der Erfahrung profitieren kann, den Umgangselternteil in seinem Alltag zu erleben (Salzgeber, Familienpsychologische Gutachten [7. Aufl 2020] Rn 598). Will der Umgangselternteil mit dem Kind in das Ausland verreisen, richtet sich die **Entscheidungsbefugnis** über das „Ob" der Reise nach §§ 1687a, 1687 BGB (dazu oben Rn 85), sodass diese grundsätzlich nicht der Zustimmung des anderen Elternteils bedarf, solange diese nicht eine Gefahr für das Kind mit sich bringt oder aber die Gefahr einer Entführung besteht (KG 30. 4. 2018 – 19 UF 71/17, FamRZ 2018, 1324; KG 23. 6. 2017 – 13 WF 97/17, juris Rn 10, ZKJ 2017, 375; AG Heidenheim 26. 7. 2013 – 9 F 552/13, juris Rn 8 ff, FamFR 2013, 478 m Anm Grün;). Vgl dazu § 1687 Rn 33.

i) Ausgefallene Umgangstage

aa) Nachholung bei periodischem Umgang

Ob für ausgefallene Besuchstage im Rahmen einer **periodischen Umgangsregelung** 240
ein Ersatzumgang stattfindet, ist zweifelhaft. Bei *zwingenden Gründen in der Person des Kindes* (wirkliche Erkrankung: BayObLG NJWE-FER 1998, 184, 185: Diagnose eines Kurarztes genügt nicht; zwingende Veranstaltungen, auch im Freizeit-, Sport- und Vereinsleben) ist es einerseits klar, dass der regelmäßige Besuchstag entfallen muss. Andererseits sollte es zwischen den Eltern selbstverständlich sein (AG Holzminden FamRZ 1997, 47, 48), zu versuchen, diesen Besuchstag nachzuholen (OLG Brandenburg 26. 9. 2013 – 3 UF 49/13, juris; Oelkers FamRZ 1995, 449, 455; BeckOK-BGB/Veit [1. 1. 2023] § 1684 Rn 107). Dasselbe gilt, wenn der Besuchstag auf einen hohen Festtag fällt, an dem nach der Umgangsregelung das Kind sich bei dem betreuenden Elternteil aufhält (AG Holzminden FamRZ 1997, 47, 48). Auf der anderen Seite besteht bei fehlendem Konsens und mangels einer gerichtlichen Nachholungsregelung kein durchsetzbarer Rechtsanspruch auf einen Ersatztermin, zumal dadurch auch aus Sicht des Kindes ein praktizierter verlässlicher Rhythmus beeinträchtigt werden würde (MünchKommBGB/Hennemann § 1684 Rn 42).

Bei längerer Krankheit des Kindes können ohnehin nicht alle ausgefallenen Umgangstage nachgeholt werden (NK-BGB/Peschel-Gutzeit/Ebeling § 1684 Rn 41).

Hinderungsgründe aus der Sphäre des Umgangselternteils können nach zutreffender hL (MünchKommBGB/Hennemann § 1684 Rn 42; NK-BGB/Peschel-Gutzeit/Ebeling § 1684 Rn 27 und 41; Burschel NZFam 2016, 395, 397; **aA** Staudinger/Rauscher [2014] § 1684 Rn 210) keinen Anspruch auf Nachholung begründen, da der andere Elternteil sich darauf einrichten können muss, wann das Kind von ihm zu betreuen ist. Dies gilt sowohl dann, wenn der Umgangselternteil Umgangstermine ohne guten Grund ausfallen lässt, als auch bei unabweisbaren Verhinderungen (**aA** OLG Brandenburg 1. 6. 2010 – 9 UF 92/09, juris Rn 18, FamRZ 2010, 1925).

bb) Vorherige Regelung

241 Die vorherige richterliche **Anordnung von Ersatzumgang** (vgl das Muster bei Finke NZFam 2015, 1114, 1117) empfiehlt sich aber dann, wenn vorherzusehen ist, dass Umgangstage ausfallen werden (zB gleichzeitige Feiertagsregelung, Urlaubsregelung oder Andeutungen im Verfahren über häufige Abwesenheit des Kindes) oder wenn es zu einem solchen Ausfall bereits in der Vergangenheit gekommen ist (OLG Braunschweig 27. 8. 2018 – 2 UF 57/18, juris; OLG Nürnberg NJWE-FER 1999, 146, 147) und hierüber Streit entstanden ist (OLG Saarbrücken 8. 11. 2011 – 6 UF 140/11, juris Rn 10, FamRZ 2012, 646; OLG Brandenburg 1. 6. 2010 – 9 UF 92/09, juris Rn 18, FamRZ 2010, 1925; Grüneberg/Götz § 1684 Rn 14; Völker/Clausius, Sorge- und Umgangsrecht [8. Aufl 2021] § 2 Rn 97). Praktikabel ist eine grundsätzliche Regelung des Inhalts, dass der Umgang auf den nächstmöglichen üblichen Umgangstag nach dem ausgefallenen zu verschieben ist; dadurch wird auch verhindert, dass das periodische Umgangsrecht unterlaufen wird (LG Heilbronn Justiz 1974, 126). Auf der anderen Seite führen für die Eltern solche Verschiebungen unter Umständen zu Problemen in der Organisation und Lebensplanung und für das Kind wird der aus seiner Sicht wichtige Rhythmus beeinträchtigt. Deshalb ist es wichtig, dass Umgangsregelungen im Interesse einer Verständlichkeit und Handhabbarkeit überschaubar bleiben (OLG Brandenburg 13. 11. 2020 – 13 UF 128/20, juris LS Nr 2). Die Anordnung von Ersatzumgang darf nicht dazu führen, dass das Kind überlastet wird (Oelkers FamRZ 1995, 449, 455). Auch können viele Nachholtermine dazu führen, dass die Vollstreckbarkeit einer Umgangsregelung beeinträchtigt wird. Von Nachholungsregelungen sollte daher zurückhaltend Gebrauch gemacht werden, etwa in der Beschränkung auf solche Fälle, in denen eine *Umgangsvereitelung* durch den betreuenden Elternteil im Raum steht. Wird eine gerichtliche Regelung getroffen, sollte für den Fall der Erkrankung des Kindes genau geregelt sein, dass ein ausführliches **ärztliches Attest** über die Art der Erkrankung des Kindes (Heilmann/Gottschalk § 1684 Rn 52) *und* seiner **Transportunfähigkeit** vorgelegt wird (OLG Braunschweig 27. 8. 2018 – 2 UF 57/18, juris Tenor Ziff 14, FamRZ 2019, 119; OLG Schleswig 21. 8. 2018 – 10 WF 122/18, juris Rn 6, FamRZ 2018, 1946), da auch im Falle einer **Erkrankung** des Kindes der Umgang grundsätzlich beim Umgangsberechtigten stattzufinden hat (OLG Schleswig 21. 8. 2018 – 10 WF 122/18, juris Rn 6, FamRZ 2018, 1946; OLG Brandenburg 4. 7. 2002 – 15 UF 25/02, juris Rn 6, FamRZ 2003, 111; Finke NZFam 2015, 1114, 1117). Im Übrigen folgt aus der Wohlverhaltensverpflichtung von § 1684 Abs 2 BGB, dass sich die Eltern wechselseitig rechtzeitig darüber informieren, wenn ein Umgang nicht stattfinden kann (MünchKommBGB/Hennemann § 1684 Rn 42; BeckOK-BGB/Veit [1. 2. 2022] § 1684 Rn 36). Das Familiengericht kann nach § 1684 Abs 3 S 2 BGB entsprechende Benachrichtigungspflichten in den Tenor seiner Entscheidung aufnehmen (OLG Karlsruhe 24. 10. 2017 – 18 UF 166/17, ZKJ 2018, 152).

cc) Ferienumgang

242 Die **Nachholung** eines aus zwingenden Gründen **ausgefallenen Ferienaufenthalts** (hier wird als zwingend nur Erkrankung in Betracht kommen, da ein Kind auch bei intakter Elternbeziehung seine Freizeitaktivitäten üblicherweise für die Urlaubszeit unterbrechen muss, wenn eine einverständliche Urlaubsverlegung nicht möglich ist) ist zwar ebenso wünschenswert, erweist sich jedoch häufiger als eine Belastung für das Kind. So ist nicht ohne Weiteres ein Sommerferien-Aufenthalt in den Weihnachtsferien (LG Karlsruhe DAVorm 1975, 243) oder den darauf folgenden Ferien nachzuholen (OLG Hamburg 18. 8. 2016 – 12 UF 193/15, juris Rn 20, FamRZ 2016, 2129). Die mit einer Nachholung verbundene Planungserschwerung für den das Kind betreuenden Elternteil

ist – wie die für den Umgangselternteil – zu berücksichtigen, insbesondere, wenn für die mögliche Ersatzzeit bereits eine Disposition getroffen wurde, zB die Buchung einer eigenen Urlaubsreise.

dd) Mitteilungspflicht

Treten Hinderungsgründe auf, so besteht aus dem Wohlverhaltensgebot des § 1684 Abs 2 BGB die **Verpflichtung des betreuenden Elternteils**, dies ehestmöglich dem Umgangselternteil **mitzuteilen** (BeckOK-BGB/Veit [1. 1. 2023] § 1684 Rn 107); umgekehrt gilt dies in gleicher Weise für unerwartete Verhinderungen des Umgangselternteils (MünchKommBGB/Hennemann § 1684 Rn 42; zur Erreichbarkeit für diesen Zweck OLG Düsseldorf FamRZ 1997, 46 mit zutreffend ablehnender Anm Sarres). Sind bei der Durchführung des Umgangs Schwierigkeiten bekannt geworden, so sind auch hierfür klare Regelungen (Fristen, Benachrichtigungswege) nach § 1684 Abs 3 BGB zu treffen (OLG Nürnberg NJWE-FER 1999, 146, 147; Schwab/Ernst/Schäder, Handbuch Scheidungsrecht [8. Aufl 2019] § 5 Rn 318). 243

k) Holen und Bringen – Bereithalten

aa) Aufgabe des Umgangselternteils

Regelungen in der gerichtlichen Umgangsregelung darüber, dass der betreuende Elternteil das Kind bereithalten und dass der Umgangselternteil das Kind holen und zurückbringen muss, sind im Hinblick auf das **vollstreckungsrechtliche Bestimmtheitsgebot** zwar nicht erforderlich (BGH 1. 2. 2012 – XII ZB 188/11, juris Rn 18, FamRZ 2012, 533; Prütting/Helms/Hammer § 89 FamFG Rn 7). Gleichwohl sollten sie im Interesse der Rechtsklarheit und zur Streitvermeidung explizit aufgeführt werden (OLG Köln 17. 1. 2011 – 21 UF 190/10, juris Rn 14, JAmt 2011, 166; OLG Frankfurt 21. 2. 2013 – 5 UF 25/13, BeckRS 2014, 17407; Heilmann/Gottschalk § 1684 Rn 46). Sie bedürfen sogar zwingend einer Regelung, wenn gegen den Umgangselternteil ein **Kontakt- und Näherungsverbot** gegenüber dem anderen Elternteil nach § 1 GewSchG besteht (OLG Frankfurt 21. 2. 2013 – 5 UF 25/13, BeckRS 2014, 17407; OVG Bautzen 17. 7. 2013 – 5 B 345/13, juris Rn 7; Heilmann/Gottschalk § 1684 Rn 46). In diesem Fall ist vom Familiengericht zu regeln, dass ein Dritter, insbesondere ein Verwandter oder ggf Umgangspfleger nach § 1684 Abs 3 S 3 BGB das Kind abholt und zurückbringen muss. 244

Das Holen und Bringen des Kindes ist dabei grundsätzlich allein **Aufgabe des Umgangselternteils** (OLG Brandenburg 3. 7. 2015 – 10 UF 173/14, juris LS Nr 7; OLG Brandenburg JAmt 2002, 422, 423; MünchKommBGB/Hennemann § 1684 Rn 40; Johannsen/Henrich/Althammer/Rake § 1684 Rn 39; zur beständigen Praxis Spangenberg KindPrax 2004, 56; Menne ZKJ 2006, 135).

bb) Ausnahme: Unzumutbare Erschwerung oder Vereitelung

Aufgrund der im KindRG betonten Gewährleistung des Umgangs durch **Art 6 Abs 2 GG** hat insofern ein Wandel der Rechtsprechung eingesetzt, als eine Verpflichtung des betreuenden Elternteils zur Mitwirkung beim Bringen oder Abholen des Kindes (und ggf Tragung der dem betreuenden Elternteil dadurch entstehenden Mühen und Kosten durch diesen; vgl zur Kostentragung im Übrigen oben Rn 164 ff; insbesondere BVerfG NJW 2002, 1863, 1864) jedenfalls dann anzunehmen ist, wenn ansonsten der **Umgang unzumutbar erschwert oder gar vereitelt** würde (vgl dazu oben Rn 164 ff und OLG Hamm FamRZ 2003, 951, 952; OLG Hamm JAmt 2004, 150, 151; OLG Nürnberg NJWE-FER 1999, 146; MünchKommBGB/Hennemann § 1684 Rn 40; Grüneberg/Götz § 1684 Rn 6; erst- 245 mals OLG Saarbrücken FamRZ 1983, 1054, noch beschränkt auf getrennt lebende gemeinsam Sorgeberechtigte).

cc) Reichweite des Wohlverhaltensgebotes

246 Die früher hM nahm an, aus dem **Wohlverhaltensgebot** (§ 1684 Abs 2 BGB) erwachse **keine** Verpflichtung zur aktiven Mitwirkung des das Kind betreuenden Elternteils (OLG Zweibrücken FamRZ 1982, 531; OLG Frankfurt FamRZ 1987, 1033; OLG Frankfurt FamRZ 1988, 866; OLG Koblenz FamRZ 1996, 560, 561; OLG Nürnberg NJWE-FER 1999, 146; Luthin FamRZ 1984, 114, 117). Inzwischen ist jedoch anerkannt, dass das Wohlverhaltensgebot nicht nur *Unterlassungen,* sondern **aktive Förderung** gebietet (OLG Karlsruhe FamRZ 2002, 1125, 1126; oben Rn 110). Fraglich kann also nur sein, wie weit der Rahmen aktiver Förderungspflicht zu ziehen ist.

Aktive Mitwirkung ist damit gefordert in den typischen *„Bahnhofs- und Flughafenfällen"* (Menne ZKJ 2006, 135, 136), in denen das schon ältere Kind zum Umgangselternteil reist und deshalb zwangsläufig vom betreuenden Elternteil zum Verkehrsmittel gebracht werden muss (KG 28. 10. 2005 – 13 UF 119/05, juris Rn 21, FamRZ 2006, 878; OLG München FF 2003, 183; AG Detmold FamRZ 2006, 880; zur Zumutbarkeit der Reise des Kindes auch BVerfG FamRZ 2010, 109; sowie oben Rn 229); wie auch in Fällen ungleicher Mobilität (OLG Saarbrücken FamRZ 1983, 1054). Das gilt gleichermaßen, wenn unter Aufbringung größter Anstrengung der Umgangselternteil auch ohne eine solche Mitwirkung den Umgang sicherstellen könnte (OLG Schleswig 3. 2. 2006 – 13 UF 135/05, juris Rn 9, FamRZ 2006, 881: Bringen auf halbem Weg; nicht überzeugend OLG Nürnberg NJWE-FER 1999, 146: 500 m zum Bahnhof für den Betreuungselternteil weniger zumutbar als 3½ Std reine Zugfahrt für den Umgangselternteil). Das *OLG Saarbrücken* (OLG Saarbrücken 22. 2. 2019 – 6 UF 145/18, NZFam 2019, 498) hat in einer Entscheidung zu § 1684 BGB einer Mutter, die nach der Trennung vom Kindesvater mit dem Kind von Hannover in das ca 500 km entfernte Saarland verzogen war, auferlegt, das Kind alle sechs Wochen nach Beendigung des einwöchigen Umgangs beim Vater in Hannover wieder abzuholen, obwohl die Kindesmutter als Empfängerin von SGB II-Leistungen wirtschaftlich nicht dazu imstande war, die Reisekosten zu tragen. Ob in diesem Fall tatsächlich die Gefahr bestand, dass durch eine anderweitige Regelung der Umgang des Vaters tatsächlich unzumutbar erschwert oder gar vereitelt werden konnte, erscheint aber durchaus fraglich, zumal auch der Kindesvater auf die Möglichkeit der Finanzierung der Reisekosten als sozialrechtlicher Mehrbedarf nach § 21 Abs 6 SGB XII (s Rn 172) hätte verwiesen werden können.

Auswirkungen auf die **Kostentragungsproblematik** (oben Rn 159 ff) sind meist eher nachrangig, zumal gerade in Fällen weiter Umgangsreisen des Kindes häufig nicht die Kostentragung, sondern die zeitliche Entlastung im Vordergrund steht. Eine Mitwirkung am Holen und Bringen kann aber auch eingesetzt werden, um selbst bei relativ geringer Distanz dem leistungsunfähigen Umgangselternteil Zusatzkosten zu ersparen (OLG Brandenburg ZFE 2007, 312). Zur Frage des Bringens des Kindes bei einem inhaftierten Umgangselternteil vgl oben Rn 220 und unten Rn 318, 369.

dd) Regelung einer Verpflichtung zum Bereithalten

247 Fraglich ist, ob in die gerichtliche Anordnung eine **Verpflichtung zum Bereithalten** des Kindes durch den betreuenden Elternteil aufzunehmen ist. Dass diese Verpflichtung besteht, ist auch vom Standpunkt der hM zur Mitwirkungsfrage (soeben Rn 246) unbe-

stritten. Eine Ansicht hielt diese Verpflichtung für einen selbstverständlichen Reflex der Umgangsregelung (KG FamRZ 1977, 405, 406; OLG Karlsruhe 30. 4. 1998 – 20 WF 27/98, juris; Soergel/Strätz [12. Aufl 1987] § 1634 Rn 20; Sternal/Giers § 89 FamFG Rn 4). Die Gegenansicht bejahte die Notwendigkeit einer ausdrücklichen Anordnung aus Gründen der Vollstreckbarkeit (BayObLG FamRZ 1975, 279; BayObLGZ 1970, 240, 241; OLG Frankfurt FamRZ 1966, 258; OLG Stuttgart Justiz 1966, 45; OLG Stuttgart FamRZ 1979, 342; LG Berlin FamRZ 1976, 285). Der **BGH** hat im Hinblick auf das in § 89 FamFG enthaltene vollstreckungsrechtliche Bestimmtheitsgebot entschieden, dass es keiner expliziten Aufnahme der Bereithaltenspflicht des betreuenden Elternteils in einem Umgangstitel bedarf (BGH 1. 2. 2012 – XII ZB 188/11, juris Rn 18, FamRZ 2012, 533; Prütting/Helms/Hammer § 89 FamFG Rn 7). Unbeschadet der Frage der Vollstreckbarkeit, empfiehlt es sich aber für die *Gestaltung der Regelung* nach § 1684 Abs 3 BGB diese Pflicht aufzunehmen, um dem anderen Elternteil zu verdeutlichen, dass es seiner aktiven Mitwirkung an der Realisierung des Umgangsrechts bedarf, die auch beinhaltet, dass er *erzieherisch auf das Kind einwirken muss,* damit dieses selbst den Umgang wahrnehmen kann. Auch sollte ihm in Verbindung mit dem Warnhinweis nach § 89 Abs 2 FamFG dadurch verdeutlicht werden, dass schuldhafte Verstöße mit Ordnungsmitteln zu sanktionieren sind (dazu unten Rn 537 ff).

ee) Weitere Modalitäten des Holens und Bringens

Über die Modalitäten des Holens und Bringens (insbesondere Verkehrsmittel) entscheidet ebenfalls das Familiengericht nach § 1684 Abs 3 BGB. Auch ein allein sorgeberechtigter Elternteil hat insoweit keine grundsätzliche Befugnis, Direktiven zu erteilen. Die gegenteilige Ansicht, die eine solche Befugnis als Ausfluss des Sorgerechts, mit Ausnahme schikanöser Anordnungen, annahm (OLG Frankfurt FamRZ 1988, 866; OLG Frankfurt FamRZ 1987, 1033; OLG Saarbrücken FamRZ 1983, 1054; OLG Zweibrücken FamRZ 1982, 531), ist nicht mit § 1687a BGB iVm § 1687 Abs 1 S 4 BGB zu vereinbaren. Die Auswahl zwischen üblichen Verkehrsmitteln ist Angelegenheit der tatsächlichen Betreuung, also während des Umgangs vom Umgangselternteil zu entscheiden. Nur wenn die Modalität *von erheblicher Bedeutung* iSd § 1687 Abs 1 S 1 BGB ist, entscheidet der Sorgeberechtigte oder entscheiden die gemeinsam sorgeberechtigten Eltern einverständlich (vgl zur Abholung mit dem Motorrad OLG München FamRZ 1998, 974, dazu oben Rn 41). **248**

l) Auflagen, sonstige Ausgestaltung des Umgangs

Mit der Umgangsregelung im engeren Sinn (periodischer Umgang, Feiertage, Ferien, Holen und Bringen) können den Umgang im Einzelnen ausgestaltende **Auflagen** verbunden werden. Diese, schon zu § 1634 aF als Konsequenz des Wohlverhaltensgebotes angenommene, Regelungsbefugnis (Nachw bei Staudinger/Peschel-Gutzeit[12] § 1634 Rn 244 ff) geht, soweit die Auflage nicht ohnehin noch von § 1684 Abs 3 S 1 BGB erfasst ist, nun in der ausdrücklichen Regelungsbefugnis des **Abs 3 S 2** auf. So kann das Familiengericht die Gegenwart eines gefährlichen **Tieres** anlässlich des Umgangs verbieten (KG FamRZ 2003, 112; Völker/Clausius, Sorge- und Umgangsrecht [8. Aufl 2021] § 2 Rn 94) oder im Hinblick auf die Aufsichtspflicht einschränken (OLG Frankfurt 27. 10. 2020 – 1 UF 170/20, ZKJ 2021, 116: 7 Hunde), das **Rauchen** in der Wohnung in den Aufenthaltsräumen des Kindes untersagen (KG 10. 1. 2011 – 17 UF 225/10, juris Rn 5, FamRZ 2011, 825; **aA** nur bei Atemwegserkrankungen des Kindes Weber NZFam 2018, 510, 514) oder Regelungen treffen, in welcher **Sprache** sich der – ausländische – Umgangselternteil mit dem Kind verständigen soll (OLG München FamRZ 2002, 979, jedoch zutreffend mit der Ten- **249** denz, die Frage der Sprache von der Mitwirkungsbereitschaft des Kindes abhängig zu machen). Zur Anordnung eines **Ausreiseverbotes** oder der **Passhinterlegung** oben Rn 215; zum Umgang mit **Dritten** anlässlich des Umgangs mit dem Elternteil oben Rn 86; zu **unzulässigen Therapieauflagen** oben Rn 113, 199.

249a Soweit das *OLG Düsseldorf* (OLG Düsseldorf 12. 2. 2020 – 1 UF 182/19, NZFam 2020, 448; ebenso bereits OLG Karlsruhe 17. 2. 2003 – 20 WF 152/02, FamRZ 2004, 56) in einer Entscheidung zum Elternumgang die Ansicht vertreten hat, dass § 1684 BGB im Hinblick auf die in Abs 2 geregelte Wohlverhaltenspflicht keine hinreichend bestimmte Rechtsgrundlage für eine Beratungsauflage beinhalte, ist dem aber nicht zu folgen. Denn § 1684 Abs 3 S 2 BGB bestimmt ausdrücklich, dass das Familiengericht die Beteiligten durch Anordnungen zur Erfüllung der in Abs 2 geregelten Wohlverhaltenspflicht anhalten kann. Dies ermächtigt zwar nicht zur Erteilung von Therapieauflagen (s Rn 199), jedoch sehr wohl zu flankierenden Beratungsauflagen in einer Endentscheidung (OLG Frankfurt 27. 10. 2020 – 1 UF 170/20, juris Rn 18, ZKJ 2021, 116; KG 30. 1. 2019 – 13 UF 161/18, juris Rn 12, ZKJ 2019, 234; KG 30. 4. 2018 – 19 UF 71/17, juris Rn 42, FamRZ 2018, 1324; KG 25. 7. 2017 – 13 UF 110/17, ZKJ 2017, 230; OLG Brandenburg 15. 2. 2016 – 10 UF 213/14, juris Rn 44, FamRZ 2016, 1473; vgl auch zu den Einzelheiten Rn 113).

250 **Strafklauseln**, wonach der folgende periodische Umgang entfällt, wenn das Kind zu spät zurückgebracht wird, sind nicht nur als gerichtliche Regelungsmöglichkeit abzulehnen, sondern sollten auch in Umgangsvereinbarungen als sittenwidrig angesehen werden (**aA** OLG Nürnberg FuR 2010, 114: halbe Stunde), weil das Umgangsrecht des Kindes hierdurch ebenso sanktioniert wird wie das des Umgangselternteils; sinnvoller erscheinen insoweit maßvolle *Vertragsstrafevereinbarungen,* die beide Elternteile zur Pünktlichkeit anhalten mögen und die Unannehmlichkeiten der Verspätung für den jeweils anderen kompensieren. Eltern, die sich einigen können, solche Vertragsstrafen auf ein Sparkonto des Kindes einzuzahlen, brauchen wahrscheinlich entsprechende Vereinbarungen nicht. Im Übrigen steht hier die Anwendung von § 89 FamFG im Raum.

VIII. Das Wechselmodell

1. Begriff

251 Kaum ein anderes Betreuungsmodell hat im Kindschaftsrecht die rechtswissenschaftliche und gesellschaftspolitische Diskussion in den letzten 20 Jahren stärker geprägt als das **Wechselmodell**. Im umgangsrechtlichen Kontext hat sich – beeinflusst von der Rechtsprechung des BGH zum Unterhaltsrecht (siehe oben Rn 161 ff) – hinsichtlich des Umfangs des Umgangsrechts eine Differenzierung zwischen **normalem Umgang** (Wochenende, Ferien), **erweitertem Umgangsrecht** (Teilhabe auch an Werktagen) und als dritte Stufe das **Wechselmodell** etabliert (vgl Hammer FamRZ 2015, 1433; ausführlich zu den unterschiedlichen wissenschaftlichen Definitionsversuchen Damljanovic, Das Wechselmodell [2016] 23 ff; Schneider, Bedingungen für die kindeswohldienliche Praktizierung eines Wechselmodells [2021] 10 ff). Von einem Wechselmodell in diesem Sinne ist im Kindschaftsrecht – nach der hier zugrundeliegenden Auffassung – nur auszugehen, wenn ein Fall **echter paritätischer Mitbetreuung** des Kindes vorliegt, die elterlichen Betreuungsanteile also bei jeweils 50 % liegen. In der Praxis haben sich dabei zwei Regelungsmodelle entwickelt: Der *wöchentliche Wechsel* des Kindes zwischen mütterlichem und väterlichem Haushalt oder eine Regelung dahin, dass das Kind in der einen Woche sich zB von Montag bis Mittwoch bei dem einen Elternteil und mittwochs bis Montag früh bei dem anderen Elternteil aufhält bei entsprechendem Wechsel in der darauf folgenden Woche. Die Definition des Wechselmodells ist dabei nicht einheitlich. So wird etwa in den **Sozialwissenschaften** bereits bei Betreuungszeiten über 30 % aus psychologischer Sicht von einem Wechselmodell gesprochen (Salzgeber NZFam 2014, 921, 922; Walper, in: Brühler Schriften zum Familienrecht Bd 19, 21. DFGT 2015 [2016] 99, 108; Steinbach/Augustijn/Helms/Schneider FamRZ 2021, 729), auch in der rechtswissenschaftlichen Literatur werden im Sinne eines *asymmetrischen Wechselmodells* Modelle mit weniger als 50 % Betreuungsanteil als Wechselmodell bezeichnet (etwa Horndasch FuR 2011, 593, 594; Sünderhauf, Wechselmodell [2013] 66 f), während die Ständige Fachkonferenz 3 des DIJuF (abgedruckt in FamRZ 2013, 346) von einem echten Wechselmodell nur dann ausgeht, wenn die Eltern sich über alle Fragen (auch die finanziellen) geeinigt haben. Auch die am 24. 8. 2023 vorgelegten Eckpunkte des BMJ zur Modernisierung des Unterhaltsrechts (vgl oben Rn 162) verwenden diese Terminologie. Im Rahmen dieser Darstellung zum Umgangsrecht wird einem Wechselmodell nur das echte paritätische Wechselmodell zugrunde gelegt. Versuche in der Rechtsprechung, das *asymmetrische Wechselmodell* im Umgangsrecht insoweit gleichzusetzen (vor allem OLG Frankfurt 9. 7. 2021 – 4 UF 52/21, juris Rn 23, NZFam 2022, 698; OLG Frankfurt 5. 12. 2018 – 4 UF 167/18, juris Rn 24, FamRZ 2019, 976), tragen in rechtlicher Hinsicht mehr zur Verwirrung bei, als sie der Rechtsanwendung dienlich wären.

2. Historische Entwicklung

Entgegen weit verbreiteter Annahme (Sünderhauf, Wechselmodell [2013] 376; Sünderhauf/Rixe FamRB 2014, 418, 420) ist das Wechselmodell keine Erscheinung der jüngeren Vergangenheit, sondern hat bereits in den achtziger Jahren des letzten Jahrhunderts Rechtsprechung und Literatur beschäftigt (vgl etwa BVerfG 3. 11. 1982 – 1 BvL 25/80 ua, FamRZ 1982, 1179; AG Königstein 12. 2. 1980 – 10 F 94/79, FamRZ 1980, 483 jeweils zu einem Nestmodell; Schütz ZfJ 1987, 189, 190). Bereits im Jahr 1982 wurde im Schrifttum von *Coester* auf dessen Herkunft aus dem US-amerikanischen Rechtsraum verwiesen (vgl Coester EuGRZ 1982, 256: „Amerikanisches Modell“). Ab 1987 wurde in der Literatur der Begriff „Wechselmodell“ verwendet (Schütz ZfJ 1987, 189), 1994 wurde in einer von Hamburger Richtern verfassten Studie (Oelkers/Kasten/Oelkers FamRZ 1994, 1080, 1082) der Anteil des Wechselmodells am Amtsgericht Hamburg mit immerhin 11% angegeben. Die erste Veröffentlichung einer (sorgerechtlichen) Gerichtsentscheidung zum Wechselmodell datiert aus dem Jahr 2000 (AG Hannover 13. 10. 2000 – 608 F 2223/99, FamRZ 2001, 846). 252

Auch der *Gesetzgeber des KindRG* hatte bereits Kenntnis vom Wechselmodell (BT-Drucks 13/4899, 36 f), hat dieses insbesondere bei der Ausgestaltung von § 1687 BGB aber wohl als damals nicht praktisch relevant gesehen (Hammer, Elternvereinbarungen im Sorge- und Umgangsrecht [2004] 49; Finke NZFam 2014, 865, 866; Marchlewski FF 2015, 98, 99). Unbestritten hat das Wechselmodell aber im Zuge gesellschaftlicher Entwicklungen im Hinblick auf die zunehmende Arbeitstätigkeit von Müttern, der Änderung der Vaterrolle durch zunehmendes Betreuungsinteresse von Vätern und deren Förderung, zB durch Elterngeld, dem Ausbau staatlicher Kinderbetreuung und zunehmender – auch durch Änderungen des Ehegattenunterhaltsrechts bedingter – Fremdbetreuung von Kindern und auch durch eine rechtliche Stärkung des gemeinsamen Sorgerechts zwischen nicht verheirateten Eltern (vgl § 1626a Abs 2 BGB) in Deutschland eine stark zunehmende Bedeutung erfahren (ausführlich zu den Gründen der Verbreitung Damljanovic, Das Wechselmodell [2016] 37 ff; Schneider, Bedingungen für die kindeswohldienliche Praktizierung eines Wechselmodells [2021] 18 ff: „Strukturwandel der Familie"). Im Bereich der Wissenschaft haben vor allem die das Wechselmodell propagierenden Veröffentlichungen von Sünderhauf (Wechselmodell [2013]; FamRB 2013, 290; FamRB 2013, 327) die Diskussion um die Kindeswohldienlichkeit paritätischer elterlicher Mitbetreuung angestoßen und zum Teil zu heftigen Kontroversen geführt (zum Gegenstandpunkt als Reaktion auf die Thesen von Sünderhauf vor allem Kostka ZKJ 2014, 54; dies Streit 2014, 147), wobei sogar die Frage aufgeworfen wurde, ob das Wechselmodell im Zuge von Rechtsentwicklungen im Ausland (unten Rn 253) nicht *neues gesetzgeberisches Leitbild* der Betreuung von Kindern bei Getrenntleben der Eltern in Deutschland werden sollte (dazu unten Rn 259). Etwa seit dieser Zeit sind kaum mehr zählbare *obergerichtliche Entscheidungen* zur *sorge- und umgangsrechtlichen Behandlung* des Wechselmodells und zahlreiche juristische und sozialwissenschaftliche Beiträge in der Literatur veröffentlicht worden. Hinzu kommen Fragen der Behandlung des Wechselmodells im Unterhaltsrecht, beim Kindergeldbezug, Meldewesen, im Sozialrecht und der Prozess- und Verfahrenskostenhilfe sowie im Steuerrecht (dazu unten Rn 263 ff). Das Wechselmodell hat im Jahr 2015 sogar den *Wissenschaftlichen Dienst des Deutschen Bundestags* beschäftigt (WD 9-3000 – 035/15 v 24. 6. 2015) und das BMFSFJ versprach sich durch die von ihm in Auftrag gegebene, aber gescheiterte Studie *„Umgang und Kindeswohl"* (dazu oben Rn 19) auch Erkenntnisse zur Kindeswohldienlichkeit des Wechselmodells (vgl Gottschalk/Heilmann ZKJ 2017, 180). Das *BVerfG* hat ebenfalls im Jahr 2015 zur Frage der sorgerechtlichen Behandlung des Wechselmodells Stellung bezogen und weder im Hinblick auf Art 3, 6 Abs 2 GG noch auf völkerrechtliche Verpflichtungen im Sinne der UN-Kinderrechtskonvention eine Notwendigkeit gesehen, das Wechselmodell als gesetzgeberischen Regelfall der Kinderbetreuung zu regeln (BVerfG 24. 6. 2015 – 1 BvR 486/14, juris Rn 12 ff, ZKJ 2015, 419; bestätigt durch BVerfG 22. 1. 2018 – 1 BvR 2616/17, juris Rn 7 f, FamRZ 2018, 593). Offen gelassen hatte das BVerfG zunächst die damals noch streitige Frage, ob ein Wechselmodell auch gegen Willen eines Elternteils angeordnet werden kann (vgl dazu Britz FF 2015, 387, 390). Der *BGH* hat schließlich in seiner Entscheidung vom 1. 2. 2017 (BGH 1. 2. 2017 – XII ZB 601/15, FamRZ 2017, 532) die vormals streitige Frage, ob das Wechselmodell auch in einem **Umgangsverfahren** nach § 1684 Abs 3 BGB gerichtlich – **auch gegen den Willen eines Elternteils** – angeordnet werden kann (vgl dazu ausführlich oben Rn 72), in diesem Sinne entschieden. Damit hat das Wechselmodell endgültig Eingang in das Recht des elterlichen Umgangs gefunden und es gibt heute kaum mehr ein gerichtliches Umgangsverfahren, in dem nicht ein Elternteil ein Wechselmodell anstreben würde (vgl zur Praxis aus anwaltlicher Sicht Born NZFam 2022, 821). Auch vor diesem Hintergrund hat das *BVerfG* an seiner Auffassung festgehalten, dass der Gesetzgeber nicht gehalten sei, eine paritätische Betreuung von Kindern als Regelfall vorzusehen (BVerfG 22. 1. 2018 – 1 BvR 2616/17, FamRZ 2018, 593 Rn 7). Gleichwohl beschäftigt die Frage des Wechselmodells als mögliches neues gesetzliches Leitbild zunehmend auch die **politischen Parteien**. So hat die *FDP-Fraktion* bereits am Tag der Kanzlerwahl am 14. 3. 2018 einen Entschließungsantrag in den Bundestag eingebracht, das Wechselmodell als Regelfall der Kinderbetreuung einzuführen (BT-Drucks 19/1175), von der Fraktion *DIE LINKE* stammt ein hierzu gegenläufiger Entschließungsantrag (BT-Drucks 19/1172). Eine gesetzliche Neuregelung des Sorge-, Umgangs- und Unterhaltsrechts steht aber bis heute aus.

3. Das Wechselmodell im Rechtsvergleich – Verbreitung in Deutschland

Angestoßen wurde die Diskussion in Deutschland um das Wechselmodell auch durch Entwicklungen in anderen europäischen und außereuropäischen Rechtsordnungen (ausführlich zum europäischen Rechtsvergleich Scheiwe, in: Coester-Waltjen/Lipp/Schumann/Veit, Das Wechselmodell – Reformbedarf im Kindschaftsrecht? [2018] 1; Balomatis NZFam 2016, 833; Hammer FamRZ 2015, 1433, 1434), die zum Teil gesetzliche Regelungen über das Wechselmodell enthalten, das auch *gegen den Willen eines Elternteils* angeordnet werden kann (vgl etwa Art 372-2-9 franz Code Civil, Art 374 § 2 belg Code Civil, 337-ter Abs 2 ital Codice Civile, § 26 Abs 2 tschechisches Familiengesetz, Art 1: 253a § 2 niederl BGB; Art 298b Abs 2 und 3 Schweizer ZGB – dazu rechtsvergleichend Schröder, Die Rechtsstellung des Kindes im Wechselmodell [2022] 69 ff). Größere Verbreitung findet es auch in Schweden (vgl Wissenschaftliche Dienste Deutscher Bundestag, WD 9-3000 -035/15 v 24. 6. 2015, 24 ff), Australien (Sünderhauf, Wechselmodell [2013] 768 ff) und Kanada (vgl dazu Hanke FamRB 2014, 106). In Belgien gilt nach Art 374 § 2 Code Civil das Wechselmodell ausdrücklich als **vorrangige** Betreuungsform, in die gleiche Richtung tendiert Art 373-2-9 franz Code Civil (Balomatis NZFam 2016, 833, 835) und das italienische Recht in Art 337-ter Abs 2 Codice Civile (Hammer FamRZ 2015, 1433, 1434). Das besagt aber nichts darüber, ob das Wechselmodell auch rechtstatsächlich die vorherrschende Betreuungsform sein müsste. So betrage etwa der Anteil des Wechselmodells in Belgien 17 %, in Frankreich altersabhängig zwischen 10 und 13 %, in den Niederlanden zwischen 17 und 20 %, in Dänemark ca 20 % und in Schweden ca 30 % bis 50% (Nachweise bei Walper, in: Brühler Schriften zum Familienrecht Bd 19, 21. DFGT 2015 [2016] 99, 108 ff; Salzgeber, Familienpsychologische Gutachten [7. Aufl 2020] Rn 630). Exakte Zahlen für die Verbreitung des Wechselmodells in Deutschland existieren dagegen nicht. Nach einer von Walper vorgenommenen Analyse auf der Basis aktueller Daten soll sich der Anteil auf etwa 5 % belaufen (Walper, in: Brühler Schriften zum Familienrecht Bd 19, 21. DFGT 2015 [2016] 99, 120 ff; Kindler/Walper NZFam 2016, 820, 821). Eine im Auftrag des BMFSFJ in Auftrag gegebene und im Jahr 2017 veröffentlichte Studie des *Instituts für Demoskopie Allensbach* (Institut für Demoskopie Allensbach, Getrennt gemeinsam erziehen [2017] 25 f) geht von einem Anteil des (echten) Wechselmodells von etwa 8 % unter den getrennt lebenden Eltern aus, neuere Quellen gehen von ca 15% aus, wobei hier aber auch das asymmetrische Wechselmodell erfasst ist (vgl Hammann ZKJ 2018, 13, 14; Salzgeber, Familienpsychologische Gutachten [7. Aufl 2020] Rn 630). 253

Die für Deutschland angenommene Verbreitung des Wechselmodells im Vergleich zu Nachbarländern zeigt, dass andere europäische Nachbarstaaten hinsichtlich der Einbeziehung von Vätern in die Kinderbetreuung wesentlich weiter fortgeschritten waren, was auch – man denke an die skandinavischen Länder wie Dänemark und Schweden – besseren Bedingungen der Vereinbarkeit von Erwerbstätigkeit und Familie geschuldet ist. Will der Gesetzgeber paritätische Elternbetreuung fördern, muss gerade auch der *Zusammenhang von familien- und arbeitspolitischen Wertevorstellungen* berücksichtigt werden.

4. Das Wechselmodell als Regelung des Umgangsrechts

Entgegen vormaliger hM hat der **BGH** (BGH 1. 2. 2017 – XII ZB 601/15, juris Rn 15 ff, FamRZ 2017, 532) eine gerichtliche Regelung des Wechselmodells als *Elternumgang* im Rahmen von § 1684 Abs 3 BGB für möglich erachtet und damit die Diskussion vom 254

Sorgerecht (§ 1671 BGB) in das Umgangsverfahren nach § 151 Nr 2 FamFG verlagert (vgl dazu ausführlich bereits oben Rn 72). Nach seiner Auffassung enthalten weder § 1684 BGB noch § 1687 Abs 1 BGB eine gesetzliche Festlegung auf das *Residenzmodell,* sodass es § 1684 Abs 3 BGB auch ermögliche, eine **hälftige Mitbetreuung** durch den anderen Elternteil anzuordnen. Folgerichtig von diesem Standpunkt aus, hält der BGH auch entgegen vormaliger hM (OLG Jena 12. 9. 2016 – 4 UF 678/15, juris Rn 30, FamRZ 2016, 2126; OLG Schleswig 16. 6. 2016 – 10 UF 197/15, juris Rn 90, FamRB 2016, 345; OLG Nürnberg 8. 12. 2015 – 11 UF 1257/15, juris Rn 42, FamRZ 2016, 2119; KG 22. 5. 2015 – 18 UF 133/14, juris Rn 11, ZKJ 2015, 422; OLG Saarbrücken 26. 6. 2014 – 6 UF 62/14, juris Rn 5, MDR 2014, 1326; OLG Naumburg 26. 9. 2013 – 8 UF 146/13, juris Rn 13; OLG Naumburg 28. 2. 2013 – 3 UF 186/12, juris Rn 12, FamRZ 2014, 50; OLG München 15. 1. 2013 – 4 UF 1827/12, juris Rn 19, NZFam 2014, 187; OLG Hamm 25. 7. 2011 – 8 UF 190/10, juris Rn 4, NJW 2012, 398; OLG Koblenz 12. 1. 2010 – 11 UF 251/09, juris Rn 15, FamRZ 2010, 738; Staudinger/Rauscher [2014] § 1684 Rn 50; Finke NZFam 2014, 865, 868; **aA** schon vor der Entscheidung des BGH: OLG Hamburg 17. 12. 2015 – 2 UF 106/14, juris Rn 27 ff, FamRZ 2016, 912; OLG Schleswig 19. 12. 2013 – 15 UF 55/13, juris Rn 58, SchlHA 2014, 456; OLG Jena 22. 8. 2011 – 2 UF 295/11; AG Heidelberg 19. 8. 2014 – 31 F 15/14, juris Rn 47, FF 2015, 31; Schmid NZFam 2016, 818, 819; Horndasch FuR 2016, 558, 560; Jokisch FuR 2013, 679, 681) eine **umgangsrechtliche** Anordnung des Wechselmodells **gegen den Willen eines Elternteils** für möglich (kritisch DFGT Stellungnahme v 9. 3. 2017 zu BGH 1. 2. 2017 – XII ZB 601/15, FamRZ 2017, 584, 585; Marchlewski, Das Wechselmodell im Kindschaftsrecht [2018] 240 ff), rückt aber gleichzeitig das **Kindeswohl** nach § 1697a BGB in den Mittelpunkt der einzelfallbezogenen Prüfung der Voraussetzungen für eine paritätische elterliche Mitbetreuung. Wertungswidersprüche zum *Sorgerecht* oder verfassungsrechtliche Bedenken im Hinblick auf einen Eingriff in das elterliche Aufenthaltsbestimmungsrecht sieht der BGH durch die umgangsrechtliche Wechselmodellregelung nicht, weil sich diese nach seiner Ansicht lediglich als *Einschränkung der Sorgerechtsausübung* und nicht als Regelung des Aufenthalts des Kindes darstelle (BGH 1. 2. 2017 – XII ZB 601/15, juris Rn 20, FamRZ 2017, 532; bestätigt durch BGH 27. 11. 2019 – XII ZB 512/18, FamRZ 2020, 255; kritisch und ablehnend zu diesem Ansatz die beiden in Kassel ansässigen Familiensenate des OLG Frankfurt 29. 1. 2020 – 2 UF 301/19, juris Rn 13, NJW 2020, 3730 und 24. 3. 2021 – 7 UF 111/20, juris Rn 10; Gottschalk/Heilmann ZKJ 2017, 180, 181; Hennemann NJW 2017, 1787, 1788; DFGT Stellungnahme v 9. 3. 2017 zu BGH 1. 2. 2017 – XII ZB 601/15, FamRZ 2017, 584, 585; ebenso schon zuvor Marchlewski FF 2015, 98, 104 f; ders, Das Wechselmodell im Kindschaftsrecht [2018] 249 ff). Offen gelassen hat der BGH aber wichtige Folgefragen mit sorgerechtlichem Bezug.

So ist bis heute unklar, ob ein Wechselmodell auch durch eine *paritätische Aufteilung des Sorgerechts* mit wechselseitigen Herausgabeansprüchen gemäß §§ 1671 Abs 1 Nr 1 oder 2, 1632 Abs 1 BGB (dazu OLG Schleswig 19. 12. 2013 – 15 UF 55/13, juris Rn 29 ff, SchlHA 2014, 456; OLG Düsseldorf 7. 11. 2012 – 6 UF 191/12, juris Rn 6; Hammer FamRZ 2015, 1433, 1436 ff; Sünderhauf, Wechselmodell [2013] 376 ff) oder durch *Zuweisung des alleinigen Aufenthaltsbestimmungsrechts* (bejahend noch OLG Frankfurt 9. 2. 2021 – 6 UF 172/20, FamRZ 2021, 1120 – verneinend OLG Frankfurt 15. 2. 2022 – 3 UF 81/21, FamRZ 2022, 359) geregelt werden kann (dazu unten Rn 260). Weiterhin hat der BGH offengelassen, ob und wie eine umgangsrechtliche Regelung des Wechselmodells bei *alleinigem Sorgerecht* erfolgen kann (unten Rn 262) und wie sich konkret im Rahmen von §§ 1687, 1687a BGB die *Aufteilung sorgerechtlicher Befugnisse* bei paritätischer Kindesbetreuung gestaltet (dazu unten Rn 261).

5. Voraussetzungen für die Anordnung eines Wechselmodells

a) Aus Sicht der Human- und Sozialwissenschaften

Obwohl in den letzten Jahren eine Vielzahl von Beiträgen zum Wechselmodell aus den **Human- und Sozialwissenschaften** erschienen sind (vgl KINDLER/WALPER NZFam 2016, 820; SALZGEBER/BUBLATH NZFam 2016, 837; WALPER, in: Brühler Schriften zum Familienrecht Bd 19, 21. DFGT 2015 [2016] 99; SALZGEBER NZFam 2014, 921; ders, Familienpsychologische Gutachten [7. Aufl 2020] Rn 622 ff; ROHMANN FPR 2013, 307; KOSTKA, in: FS Salgo [2016] 159; dies ZKJ 2014, 54; CASTELLANOS, Psychologische Sachverständigengutachten im Familienrecht [3. Aufl 2021] Rn 480 ff; LACK/HAMMESFAHR, Psychologische Gutachten im Familienrecht [2019] Rn 735 ff; aus dem älteren Schrifttum: BALLOFF FPR 2006, 284; FICHTNER/SALZGEBER FPR 2006, 28; UNZNER FPR 2006, 274) ist die Befundlage zum Wechselmodell nicht eindeutig zu interpretieren, zumal inländische Studien weitgehend fehlen (SALZGEBER, Familienpsychologische Gutachten [7. Aufl 2020] Rn 633; SCHNEIDER, Bedingungen für die kindeswohldienliche Praktizierung eines Wechselmodells [2021] 50 ff) und nicht hinreichend differenziert wird zwischen **einvernehmlicher und gerichtlich angeordneter Praktizierung** des Wechselmodells und schließlich auch asymmetrische Wechselmodelle miteinbezogen werden. Auch die bereits veröffentlichen Ergebnisse der interdisziplinären Studie *„Familienmodelle in Deutschland"* (**FAMOD**) haben kaum für die Rechtsanwendung förderliche Ergebnisse hervorgebracht (vgl STEINBACH/AUGUSTIJN/HELMS/SCHNEIDER FamRZ 2021, 729; STEINBACH/AUGUSTIJN/HELMS/FLINDT FamRZ 2022, 1827). Einigkeit besteht aber insoweit, dass die Wahl eines bestimmten Betreuungsmodells in Bezug auf das Kindeswohl nicht pauschal bestimmt werden kann und eine hälftige Aufteilung der Betreuung für das Kind *Chancen und Risiken* mit sich bringt (KINDLER/WALPER NZFam 2016, 821, 824; SALZGEBER NZFam 2014, 921, 923 ff). Dabei können Kinder bei fehlenden oder niedrigschwelligen *Elternkonflikten* von hohen Betreuungsanteilen durch ihre Väter profitieren, umgekehrt kann hoher Elternkonflikt und der damit für das Kind verbundene Loyalitätskonflikt bei erweitertem Umgang eine erhöhte Belastung für das Kind darstellen (KINDLER/WALPER NZFam 2016, 820, 824; WALPER, Das Umgangsrecht im Spiegel psychologischer Forschung, in: Brühler Schriften zum Familienrecht, 16. DFGT [2006] 100, 121; SALZGEBER, Familienpsychologische Gutachten [7. Aufl 2020] Rn 645). Weiterhin ist zu berücksichtigen, dass aus Kindessicht nicht die Quantität der Kontakte zum anderen Elternteil im Vordergrund steht, sondern dessen **Qualität** bzw Intensität des Umgangs entscheidend ist, damit eine stabile Bindung hergestellt bzw aufrechterhalten werden kann (CASTELLANOS, Psychologische Sachverständigengutachten im Familienrecht [3. Aufl 2021] Rn 979; KOSTKA, in: FS Salgo [2016] 159, 164; UNZNER FPR 2006, 274, 276). Auch bei fehlendem Elternkonflikt bestehen Risikofaktoren für das Kind durch die Gefahr von Bindungsstörungen bei **kleineren Kindern** (MICHALSKI FamRZ 1992, 128, 132; SALZGEBER, Familienpsychologische Gutachten [7. Aufl 2020] Rn 643), erhöhten seelischen Belastungen und „Hyperloyalität" gegenüber beiden Elternteilen (vgl MARCHLEWSKI, Das Wechselmodell im Kindschaftsrecht [2018] 30 ff mit zahlreichen Nachweisen). Auf Seiten der Eltern besteht die Gefahr für das Kind, dass diese sich nicht aus kindeswohlorientierten Gründen für eine paritätische Mitbetreuung entscheiden, sondern dass Eigeninteressen, wie etwa das Bedürfnis nach beruflichem Fortkommen, mehr Zeit für einen neuen Partner oder aber unterhaltsrechtliche Erwägungen, im Vordergrund stehen. 255

Als **wesentliche Kriterien für die Kindeswohldienlichkeit** eines Wechselmodells werden im Übrigen eine *gesteigerte kooperative und konfliktarme Ausübung der Elternschaft,* bereits *bestehende Bindungen* zu beiden Elternteilen, *flexible Arbeitszeiten* oder Möglichkeiten der *Fremdbetreuung,* nah entfernte *Wohnorte* der Eltern, Berücksichtigung des *Kindeswillens,* eine *kindgerechte Unterbringung* in beiden Haushalten, eine hinreichende *Anpassungsfähigkeit* des Kindes und bereits vorhandene *Erfahrung* in der Betreuung des Kindes aus der Zeit vor der Trennung genannt (Salzgeber NZFam 2014, 921, 928; Salzgeber/Bublath NZFam 2016, 837, 840 f; Kostka Streit 2014, 147; Rohmann FPR 2013, 307, 310 f).

Bei **Säuglingen und Kleinkindern** (unter 3–4 Jahren) geht die überwiegende Auffassung dahin, ein Wechselmodell nicht zu empfehlen, da häufig wechselnde Übernachtungsorte die *Gefahr von Verhaltensauffälligkeiten* und zur Entwicklung einer *Bindungsunsicherheit* gegenüber der Mutter als Hauptbezugsperson begründen (Kostka, in: FS Salgo [2016] 159, 165 f; Salzgeber NZFam 2014, 921, 924; ders, Familienpsychologische Gutachten [7. Aufl 2020] Rn 643; Castellanos, Psychologische Sachverständigengutachten im Familienrecht [3. Aufl 2021] Rn 483; zum *unterschiedlichen Bindungsverhalten* von Kleinkindern gegenüber Vater und Mutter vgl Ahnert, Frühe Bindung [2014] 37 f, 67; zu den einzelnen aus den USA und Australien vorliegenden Studien vgl Damljanovic, Das Wechselmodell [2016] 53 ff).

Als mögliche **Gefahren** des Wechselmodells auch bei größeren Kindern werden genannt **Loyalitäts- und Ambivalenzkonflikte** des Kindes, da es aufgrund seines ausgeprägten *Gerechtigkeitsempfindens* es beiden Elternteilen Recht machen will und deshalb Veränderungswünsche oft zurückstellt, Gefahren der *Überbehütung* des Kindes durch beide Eltern oder in die andere Richtung der Nichtübernahme der elterlichen Verantwortung, weil der jeweils andere Elternteil für das Entstehen eines Problems oder Konflikts verantwortlich gemacht wird (Castellanos, Psychologische Sachverständigengutachten im Familienrecht [3. Aufl 2021] Rn 482; Salzgeber, Familienpsychologische Gutachten [7. Aufl 2020] Rn 642; Salzgeber NZFam 2014, 921, 926). Auch in den Sozialwissenschaften findet sich aber die Auffassung, dass sich das Wechselmodell auch bei **konfliktreichen Elternbeziehungen** eigne, weil es konfliktregulierend wirke (so Sünderhauf, Wechselmodell [2013] 119 ff, 365 ff), keine Zustimmung, da sich dadurch weder das elterliche Konfliktniveau senken lässt noch die bereits oben erwähnten Risiken für das Kind infolge seines Koalitionsdrucks abmindern oder beseitigen lassen (Kindler/Walper NZFam 2016, 820, 824; Walper, in: Brühler Schriften zum Familienrecht Bd 19, 21. DFGT 2015 [2016] 99, 105; Salzgeber NZFam 2014, 921, 927; Kostka ZKJ 2014, 54, 58 f; Castellanos, Psychologische Sachverständigengutachten im Familienrecht [3. Aufl 2021] Rn 482; Salzgeber, Familienpsychologische Gutachten [7. Aufl 2020] Rn 645; Dettenborn/Walter, Familienrechtspsychologie [4. Aufl 2022] 231 f). Dass der Umstand, dass zwischen den Eltern hochkonflikthafte Beziehungen herrschen, die den im Wechselmodell erhöhten Abstimmungs- und Kooperationsbedarf verhindern und die Gefahr der Entstehung eines Loyalitätskonflikts für das Kind mit sich bringen, einem gerichtlich angeordneten Wechselmodell entgegenstehen, ist inzwischen in der Rechtsprechung unstreitig und findet sich so auch in der aktuellen Judikatur (vgl OLG Dresden 31. 1. 2023 – 21 UF 776/20, juris; OLG Dresden 7. 6. 2021 – 21 UF 153/21, FamRZ 2021, 1805; OLG Karlsruhe 16. 12. 2020 – 20 UF 56/20, NJW-RR 2021, 324; KG 26. 11. 2020 – 16 UF 138/19, NJW 2021, 867; vgl unten Rn 256).

b) Aus Sicht der Rechtsprechung und Rechtswissenschaft

256 Der **BGH** hat in seiner ersten (umgangsrechtlichen) Entscheidung zum Wechselmodell zutreffend hervorgehoben, dass sich die Frage der gerichtlichen Anordnung paritätischer elterlicher Mitbetreuung am **Kindeswohl** (§ 1697a BGB) zu orientieren hat und damit das Kindeswohl in den Mittelpunkt der Betrachtung gerückt. Das Wechselmodell ist daher nur dann anzuordnen, wenn es im Vergleich zu anderen Betreu-

ungsmodellen dem *Wohl des Kindes am besten entspricht.* Dabei sind die im Bereich des *Sorgerechts* (§ 1671 BGB) entwickelten **Kriterien** (vgl BGH 28. 4. 2010 – XII ZB 81/09, juris Rn 19, ZKJ 2010, 327; STAUDINGER/COESTER [2020] § 1671 Rn 177 ff) **zur Ausfüllung des Kindeswohlbegriffes**, namentlich die **Erziehungseignung** der Eltern einschließlich ihrer **Bindungstoleranz**, die **Bindungen** des Kindes zu seinen Eltern und etwaigen Geschwistern, die Grundsätze der **Förderung** und **Kontinuität** und die Beachtung des **Kindeswillens** auch für die Frage des *Umfangs eines Umgangsrechts* heranzuziehen (BGH 27. 11. 2019 – XII ZB 512/18, FamRZ 2020, 255 Rn 20; BGH 1. 2. 2017 – XII ZB 601/15, juris Rn 25, FamRZ 2017, 532; KG 30. 4. 2018 – 19 UF 71/17, FamRZ 2018, 1324; OLG Stuttgart 23. 8. 2017 – 18 UF 104/17, juris Rn 36 ff, ZKJ 2018, 17). Wegen der hier zu prüfenden Einzelheiten ist auf Rn 201 ff Bezug zu nehmen.

Von Bedeutung ist in diesem Zusammenhang vor allem, in welchem Umfang beide Elternteile **bereits vor der Trennung in die Kinderbetreuung eingebunden** waren, die **räumliche Entfernung der elterlichen Wohnorte**, die **Erreichbarkeit von Schule oder Kindergarten**, die **Erziehungsstile** der Eltern und eine **hinreichende Kommunikations- und Kooperationsbereitschaft** der Eltern, ohne die sich der durch die paritätische Betreuung entstehende **erhöhte** Abstimmungs- und Kooperationsbedarf nicht bewältigen lässt (BGH 27. 11. 2020 – XII ZB 512/18, FamRZ 2022, 255 Rn 24; BGH 1. 2. 2017 – XII ZB 601/15, juris Rn 30, FamRZ 2017, 532; OLG Dresden 31. 1. 2023 – 21 UF 776/20, juris; OLG Köln 30. 6. 2022 – 14 UF 30/22, juris Rn 36 ff; OLG Dresden 27. 4. 2022 – 21 UF 71/22, juris Rn 7, FamRZ 2022, 1208; OLG Brandenburg 14. 3. 2022 – 9 UF 191/21, NZFam 2022, 749 m Anm LACK; KG 26. 11. 2021 – 16 UF 138/19, juris Rn 21, NJW 2021, 867; OLG Frankfurt 26. 10. 2021 – 6 UF 147/21, FamRZ 2022, 362; OLG Brandenburg 17. 9. 2021 – 10 UF 34/21, juris Rn 22, NZFam 2022, 1053; OLG Frankfurt 6. 7. 2021 – 3 UF 144/20, juris 33, MDR 2021, 1139; OLG Dresden 7. 6. 2021 – 21 UF 153/21, juris Rn 12, FamRZ 2021, 1805; OLG Karlsruhe 16. 12. 2020 – 20 UF 56/20, NJW-RR 2021, 324; KG 26. 11. 2020 – 16 UF 138/19, NJW 2021, 867; OLG Saarbrücken 6. 10. 2020 – 6 UF 120/20, juris Rn 22; OLG Brandenburg 6. 7. 2020 – 13 UF 26/20, juris Rn 12, ZKJ 2021, 71; OLG Frankfurt 8. 6. 2020 – 6 UF 2/20, juris Rn 16 ff; OLG Karlsruhe 17. 2. 2020 – 5 UF 6/20, juris Rn 10, FamRZ 2022, 1371; OLG Brandenburg 31. 5. 2019 – 13 UF 170/18, juris Rn 19, FamRZ 2020, 345; OLG Naumburg 16. 4. 2019 – 9 UF 14/19, juris Rn 15; OLG Stuttgart 18. 3. 2019 – 16 UF 4/19, FamRZ 2020, 107; OLG Bamberg 1. 3. 2019 – 7 UF 226/18, juris Rn 39, FamRZ 2019, 979; OLG Brandenburg 21. 2. 2019 – 9 UF 227/18, juris Rn 6; OLG Brandenburg 21. 11. 2018 – 13 UF 30/17, juris Rn 41; KG 18. 5. 2018 – 3 UF 4/18, juris Rn 56, NZFam 2018, 637; OLG Hamm 29. 8. 2017 – 11 UF 89/17, FamRB 2018, 313: Wechselmodell trotz weiter Entfernung; OLG Stuttgart 23. 8. 2017 – 18 UF 104/17, juris Rn 36 ff, ZKJ 2018, 17; Wechselmodell bei einem Kleinkind; OLG Brandenburg 2. 5. 2017 – 10 UF 2/17, juris Rn 28, NZFam 2017, 812; OLG Jena 12. 9. 2016 – 4 UF 678/15, juris Rn 48, FamRZ 2016, 2126; OLG Schleswig 16. 6. 2016 – 10 UF 197/15, juris Rn 51, FamRB 2016, 345; OLG Karlsruhe 21. 5. 2015 – 18 UF 231/14, juris Rn 25, FamRZ 2015, 1736; OLG Saarbrücken 8. 9. 2014 – 6 UF 62/14, juris Rn 14, ZKJ 2015, 32; OLG München 15. 1. 2013 – 4 UF 1827/12, juris Rn 20, NZFam 2014, 187; OLG Hamm 16. 2. 2012 – 2 UF 211/11, juris Rn 23, FamRZ 2012, 1883; OLG Düsseldorf 7. 11. 2012 – 6 UF 191/12, juris Rn 6; OLG Nürnberg 22. 7. 2011 – 7 UF 830/11, juris Rn 18 f, MDR 2011, 1044; OLG Koblenz 12. 1. 2010 – 11 UF 251/09, juris Rn 15, FamRZ 2010, 738; AG Erfurt 14. 9. 2012 – 36 F 141/11, juris Rn 60, ZKJ 2013, 31; HEILMANN/GOTTSCHALK § 1684 Rn 11; MünchKommBGB/HENNEMANN § 1684 Rn 26; MARCHLEWSKI, Das Wechselmodell im Kindschaftsrecht [2018] 37 ff; LACK NJW 2021, 837; WITT SchlHA 2021, 445; HEILMANN NJW 2015, 3346, 3347; SCHMID NZFam 2016, 818, 819; BERGMANN ZKJ 2013, 489, 490; zur Rechtsprechung vgl BORN NZFam 2022, 821; HELMS/SCHNEIDER FamRZ 2020, 813; SCHWONBERG FamRZ 2018, 1298). Sind diese Voraussetzungen aber gegeben, so kann das Wechselmodell auch **gegen den Willen eines Elternteils** angeordnet werden

(BGH 1. 2. 2017 – XII ZB 601/15, juris Rn 24, FamRZ 2017, 532; OLG Frankfurt 26. 10. 2021 – 6 UF 147/21, FamRZ 2022, 362; OLG Frankfurt 8. 6. 2020 – 6 UF 2/20, juris; OLG Bamberg 1. 3. 2019 – 7 UF 226/18, FamRZ 2019, 979; OLG Stuttgart 18. 3. 2019 – 16 UF 4/19, FamRZ 2020, 107; KG 30. 4. 2018 – 19 UF 71/17, FamRZ 2018, 1324; OLG Stuttgart 23. 8. 2017 – 18 UF 104/17, juris Rn 31, ZKJ 2018, 17). Fehlt es den Eltern aber an **erhöhten Kommunikations- und Kooperationsfähigkeiten** und ist ihr Verhältnis **erheblich konfliktbelastet**, so entspricht ein Wechselmodell grundsätzlich nicht dem Kindeswohl. Nicht ausreichend ist es – wie bei der Auslegung von § 1671 Abs 1 S 2 Nr 2 BGB –, dass die Eltern nur über ein Mindestmaß an Kooperations- und Kommunikationsfähigkeit in den wesentlichen Fragen der Entwicklung des Kindes verfügen (so aber OLG Hamm 29. 8. 2017 – 11 UF 89/17, FamRB 2018, 313).

Auch widerspricht es dem Wohl des Kindes, ein Wechselmodell zu dem Zweck anzuordnen, die fehlende Kommunikations- und Kooperationsbasis erst *herzustellen* (BGH 1. 2. 2017 – XII ZB 601/15, juris Rn 31, FamRZ 2017, 532; OLG Brandenburg 31. 5. 2019 – 13 UF 170/18, juris Rn 23, FamRZ 2020, 345; KG 22. 5. 2015 – 18 UF 133/14, juris Rn 29, ZKJ 2015, 422; OLG Brandenburg 13. 11. 2013 – 15 UF 107/13, juris Rn 12; OLG Köln 21. 2. 2012 – 4 UF 258/11, juris Rn 13; Heilmann/Gottschalk § 1684 Rn 11; Hammer FamRZ 2015, 1433, 1441; Heilmann NJW 2015, 3346, 3347; Finke NZFam 2014, 865, 869; **aA** AG Hannover 10. 2. 2014 – 618 F 491/14, juris Rn 18, FamRZ 2014, 1212). Auf den durch elterliche Konflikte verursachten **Loyalitätsdruck** bei den betreffenden Kindern wurde bereits hingewiesen (Rn 255). Geht es um die Aufrechterhaltung eines bereits praktizierten Wechselmodells, kann in Ausnahmefällen auch bei einer **hochkonflikthaften Elternbeziehung** und eingeschränkter Kommunikation und Kooperation ein Wechselmodell anzuordnen sein, wenn sich dieser Mangel bisher nicht nachteilig auf das Kind ausgewirkt hat, eine hälftige elterliche Betreuung dem Willen des Kindes entspricht und eine Verbesserung der Elternbeziehung durch die Inanspruchnahme von Beratung möglich erscheint (OLG Bamberg 1. 3. 2019 – 7 UF 226/18, juris Rn 47, FamRZ 2019, 979; KG 30. 4. 2018 – 19 UF 71/17, FamRZ 2018, 1324; zu weitgehend aber OLG Hamm 29. 8. 2017 – 11 UF 89/17, FamRB 2018, 313 mit der Anordnung eines Wechselmodells trotz Hochkonflikthaftigkeit, Geschwistertrennung und großer Entfernung der Elternwohnsitze bei einem 3-jährigen Kind). Auch Verstöße gegen das **Wohlverhaltensgebot** von § 1684 Abs 2 BGB erhöhen den Koalitionsdruck des Kindes und stehen einem erweiterten Umgangsrecht entgegen (OLG Brandenburg 21. 2. 2019 – 9 UF 227/18, juris Rn 7; OLG Bremen 16. 8. 2018 – 4 UF 57/18, FamRZ 2018, 1908: Elternkonflikte und weite Entfernung der Wohnsitze; OLG Saarbrücken 8. 9. 2014 – 6 UF 62/14, juris Rn 24, ZKJ 2015, 32: heimliche SMS an das Kind mit herabwürdigenden Äußerungen in Bezug auf den anderen Elternteil).

Entsprechend der Erkenntnisse der Humanwissenschaften (oben Rn 255) sollte das Wechselmodell grundsätzlich auch nicht bei **Säuglingen und Kleinkindern** (unter 3–4 Jahren) unter Bindungsgesichtspunkten praktiziert werden, was auch der BGH (BGH 1. 2. 2017 – XII ZB 601/15, juris Rn 29, FamRZ 2017, 532) zumindest angedeutet hat und im Übrigen auch der hL entspricht (OLG Dresden 29. 7. 2011 – 21 UF 354/11, juris Rn 34 ff, FamRZ 2011, 1741; Völker/Clausius, Sorge- und Umgangsrecht [8. Aufl 2021] § 1 Rn 326; Hammer FamRZ 2015, 1433, 1443; Heilmann NJW 2015, 3346, 3347; Damljanovic, Das Wechselmodell [2016] 53 ff; **aA** OLG Stuttgart 18. 3. 2019 – 16 UF 4/19, FamRZ 2020, 107 ohne nähere Begründung und unter Bezugnahme auf eine unzureichende Quelle von Sünderhauf FamRB 2013, 327, 329).

Schließlich verlangt ein Wechselmodell auch ein gewisses Maß an **wirtschaftlicher Leistungsfähigkeit** (Walper, in: Brühler Schriften zum Familienrecht Bd 19, 21. DFGT 2015 [2016] 99, 112) beider Eltern, da für das Kind Mehraufwendungen infolge der Notwendigkeit der doppelten Anschaffung vieler Sachen des Kindes (Kleidung, Fahrrad, Spielsachen, Computer etc) und der insgesamt durch zwei vollwertige Kinderzimmer erhöhten Wohnkosten entstehen. Begünstigend wirkt sich für ein Wechselmodell auch der Umstand aus, wenn ein Kind unter der Woche **ganztags fremdbetreut** wird, da dann die vom Kind verlangten Anpassungsleistungen reduziert werden (Salzgeber NZFam 2014, 921, 928).

c) Bewertung und Ausblick

Die Rechtsprechung des BGH zum umgangsrechtlich begründeten Wechselmodell 257
ist trotz offener sorgerechtlicher Fragen (oben Rn 254) und Ungereimtheiten (Wahl des Betreuungsmodells im Umgangsverfahren) jedenfalls bei der gegenwärtigen Gesetzeslage insgesamt nicht in Frage zu stellen. Soweit ihm die *Kasseler Familiensenate* des OLG Frankfurt (OLG Frankfurt 29. 1. 2020 – 2 UF 301/19, NJW 2020, 3730 und 24. 3. 2021 – 7 UF 111/20, juris) nicht Folge leisten und die Anordnung des Wechselmodells ausschließlich über eine Sorgerechtsregelung nach § 1671 BGB für zulässig erachten, folgt dem die heute ganz vorherrschende Rechtsprechung zu Recht nicht mehr. Das gilt umso mehr, als nach dieser Ansicht offen bleibt, wie durch eine sorgerechtliche Entscheidung durch das Familiengericht eine konkrete und vollstreckbare Betreuungsregelung herbeigeführt werden soll. Folge dieser Mindermeinung ist, dass bei Anordnung eines (sorgerechtlichen) Wechselmodells regelmäßig ein weiteres Verfahren zum Umgangsrecht eingeleitet werden müsste, in dem die konkrete Ausgestaltung der Kindesbetreuung geregelt werden müsste.

Das Wechselmodell ist ungeachtet seiner im internationalen Vergleich noch eher geringen Verbreitung auch in Deutschland in beeindruckender Weise Rechtswirklichkeit geworden. Es ist heute in der Praxis in Umgangsverfahren eher die Regel als die Ausnahme, dass nicht von einem Elternteil der Wunsch nach paritätischer Kindesbetreuung geäußert wird, mögen die rechtlichen Voraussetzungen dafür auch fernliegen. Erfüllen die Eltern die oben genannten Kriterien und entspricht das Wechselmodell auch dem Willen des Kindes, so können Kinder hiervon durch das Erfahren unterschiedlicher Wert-, Lebens- und Erziehungsvorstellungen ihrer Eltern durchaus profitieren und den für sie schwierigen Prozess der Elterntrennung überwinden. Gleichzeitig kann Wertediskrepanz aber auch für ein Kind belastend sein und verlangt von ihm hohe Anpassungsleistungen (Salzgeber, Familienpsychologische Gutachten [7. Aufl 2020] Rn 637). Vor dem Hintergrund der Notwendigkeit *erhöhter Kooperations- und Kommunikationsfähigkeit* der Eltern wird das Wechselmodell auch in Zukunft überwiegend auf außergerichtlichem elterlichem Konsens beruhen. Auch wenn nach Ansicht des BGH das Wechselmodell gegen den Willen eines Elternteils angeordnet werden kann, hat sich an den erhöhten Anforderungen des Wechselmodells an die Kindeswohldienlichkeit nichts geändert. Entgegen der Darstellung der Auswirkungen der Entscheidung des BGH in den damals erschienenen Medien, hat der BGH im Ergebnis nicht die Elternrechte der Umgangsberechtigten gestärkt, sondern die Rechte der betroffenen Kinder (ähnlich Gottschalk/Heilmann ZKJ 2017, 180, 181). Verweigert in einem gerichtlichen Umgangsverfahren ein Elternteil die Praktizierung eines Wechselmodells, so liegt dem – das zeigen die hierzu bereits in der Vergangenheit ergangenen familiengerichtlichen Entscheidungen – in den meisten Fällen ein *erhebliches elterliches Konfliktniveau* zugrunde und es fehlt oft zudem an erhöhter *Kooperations- und Kommunikationsfähigkeit* der Eltern (sehr treffend BGH 27. 11. 2019 – XII ZB 512/18, FamRZ 2020, 255; OLG Bamberg 18. 9. 2017 – 2 UF 133/17, juris Rn 24 ff, FamRZ 2018, 438; KG 13. 4. 2017 – 16 UF 8/17, juris Rn 4, FamRZ 2017, 1409; anders aber im Fall von OLG Stuttgart 23. 8. 2017 – 18 UF 104/17, juris Rn 44, ZKJ 2018, 17). Ist dies der Fall, wird auch ein dem Wechselmodell positiv gegenüberstehender *Kindeswille* – ähnlich wie bei der Frage der Begründung oder Aufrechterhaltung der gemeinsamen elterlichen Sorge – nicht zur Anordnung eines Wechselmodells führen können, zumal sich im Loyalitätskonflikt befindende Kinder häufig in der gerichtlichen Anhörung für eine *„Gleichberechtigung“* beider Eltern aussprechen (vgl BGH 27. 11. 2019 – XII ZB 512/18, FamRZ 2020, 255 Rn 29; OLG Köln 30. 6. 2022 – 14 UF 30/22, juris; OLG Frankfurt 16. 12. 2021 – 1 UF 113/2, juris Rn 41; OLG Saarbrücken 6. 10. 2020 – 6 UF 120/20, juris Rn 22; OLG Brandenburg 21. 2. 2019 – 9 UF 227/18, juris Rn 14; OLG Frankfurt 26. 10. 2018 – 1 UF 263/17, juris Rn 38; OLG Brandenburg 2. 5. 2017 – 10 UF 2/17, juris Rn 28 ff, NZFam 2017, 812). Das schließt es aber nicht aus, gerade bei schon älteren Kindern dem selbstbestimmten Kindeswillen nachzukommen und eine paritätische Betreuung anzuordnen (OLG Frankfurt 26. 10. 2021 – 6 UF 147/21, juris Rn 18, FamRZ 2022, 362; OLG Brandenburg 17. 9. 2021 – 10 UF 34/21, juris Rn 24 ff, NZFam 2021, 1053; OLG Frankfurt 6. 7. 2021 – 3 UF 144/20, juris Rn 30 f, MDR 2021, 1139; OLG Frankfurt 8. 6. 2020 – 6 UF 2/20, juris Rn 21).

Bei *hoher elterlicher Konfliktbelastung* und/oder *eingeschränkter Bindungstoleranz* dient ein Wechselmodell gerade nicht der Harmonisierung der sozialen Elternbeziehung (OLG Brandenburg 31. 5. 2019 – 13 UF 170/18, juris Rn 23, NJW-RR 2019, 1218; KG 13. 4. 2017 – 16 UF 8/17, juris Rn 4, FamRZ 2017, 1409). Das schließt aber nicht aus, im Einzelfall die Fortführung eines bereits praktizierten Wechselmodells auch bei hohem elterlichen Konfliktniveau anzuordnen, wenn dies dem Kindeswillen entspricht, das Kind hinreichend stabil ist und eine Verbesserung der elterlichen Kommunikation durch die Inanspruchnahme von Beratung möglich erscheint (KG 30. 4. 2018 – 19 UF 71/17, FamRZ 2017, 1324; zu einem Ausnahmefall bei weiter Entfernung der Elternwohnsitze auch OLG Frankfurt 9. 2. 2021 – 6 UF 172/20, FamRZ 2021, 1120; zu weitgehend aber OLG Hamm 29. 8. 2017 – 11 UF 89/17, FamRB 2018, 313: Wechselmodell trotz Hochkonflikthaftigkeit und weiter Entfernung der Elternwohnsitze und wohl auch OLG Bamberg 1. 3. 2019 – 7 UF 226/18, FamRB 2019, 220).

Im Übrigen kommt das Wechselmodell nach den vorhandenen Befunden am ehesten bei Kindern im Alter zwischen *6 und 12 Jahren* in Betracht (Salzgeber, Familienpsychologische Gutachten [7. Aufl 2020] Rn 642; Schmid NZFam 2016, 818, 819), in der Praxis wird es aber oft schon ab dem *3. Lebensjahr* von Kindern gewählt (Walper, in: Brühler Schriften zum Familienrecht Bd 19, 21. DFGT 2015 [2016] 99, 111; zweifelhaft aber OLG Stuttgart 18. 3. 2019 – 16 UF 4/19, FamRZ 2020, 107 – hier führte der Elternkonflikt nach Anordnung des Wechselmodells zu einem Streit um den Kindesunterhalt sogar zum BVerfG – vgl BVerfG 13. 10. 2022 – 1 BvR 1019/22, NZFam 2022, 24 m Anm Born). Etwa ab dem *12. Lebensjahr* bzw dem Beginn der Pubertät neigen Kinder aber häufig dazu, ein schon bestehendes Wechselmodell nicht fortsetzen zu wollen (BGH 1. 2. 2017 – XII ZB 601/15, juris Rn 29, FamRZ 2017, 532; Salzgeber NZFam 2014, 921, 923; Kostka FPR 2006, 271; Kaiser FPR 2008, 143, 148), was wiederum entsprechende Anpassungsleistungen und Bindungstoleranz der Eltern verlangt. Gleichwohl sind auch Fälle von gelungenen Wechselmodellen bekannt, in denen Kinder über das 18. Lebensjahr hinaus freiwillig und ohne Koalitionsdruck ein Wechselmodell fortgesetzt haben. Ist bei einem im Raum stehenden Wechselmodell die Frage, ob dies im Hinblick auf ein (meist noch kleineres) Kind längerfristig seinem Wohl entspricht, nur schwer zu beantworten oder leidet ein Kind akut unter der Elterntrennung, kann ein solches auch *übergangsweise erprobt* bzw durchgeführt werden (BGH 27. 11. 2019 – XII ZB 512/18, FamRZ 2020, 255 Rn 24; Hammer FamRZ 2015, 1433, 1443; Fichtner/Salzgeber FPR 2006, 278, 283). *Verfahrensrechtlich* stehen hier Zwischenvereinbarungen in Hauptsacheverfahren oder die Regelung per einstweiliger Anordnung zur Verfügung.

Die gerichtliche Anordnung des Wechselmodells auch **gegen den Willen** eines Elternteils kommt vor allem dann in Betracht, wenn die Eltern *bereits vor der Trennung* mit dem Kind zusammengelebt haben, es gemeinsam betreut haben und auch nach der Trennung einvernehmlich ein Wechselmodell praktiziert haben. Hier kann unter *Kontinuitätsgesichtspunkten* und noch hinreichender sozialer Beziehung der Eltern die **Fortführung des Wechselmodells** dem Kindeswohl am besten dienen (OLG Frankfurt 7. 4. 2021 – 4 UF 236/20, juris; KG 30. 4. 2018 – 19 UF 71/17, FamRZ 2018, 1324; OLG Dresden 8. 2. 2017 – 20 UF 853/16, juris Rn 9 ff, FamRZ 2017, 896; OLG Hamburg 17. 12. 2015 – 2 UF 106/14, juris Rn 29 ff, FamRZ 2016, 912; OLG Naumburg 14. 7. 2014 – 4 UF 151/13, juris Rn 6 ff, FamRZ 2014, 1860; OLG Braunschweig 3. 4. 2014 – 3 UF 6/14, juris Rn 18, FamRZ 2015, 61; OLG Schleswig 19. 12. 2013 – 15 UF 55/13, juris Rn 45 ff, SchlHA 2014, 456; OLG Celle 4. 1. 2008 – 15 WF 241/07, juris Rn 10, FamRZ 2008, 2053; AG Heidelberg 19. 8. 2014 – 31 F 15/14, juris Rn 31 ff, FF 2015, 31; Staudinger/Coester [2020] § 1671 Rn 51a; Hennemann NJW 2017, 1787, 1789; Horndasch FuR 2011, 593, 595 f; DFGT KRK FamRZ 2014, 1157, 1163), wobei auch dem stabilen **Willen des Kindes** zur Fortführung der paritätischen Betreuung erhebliches Gewicht zukommen kann (BVerfG 30. 6. 2009 – 1 BvR 1868/08, juris Rn 15 ff, FF 2009, 416; OLG Dresden 14. 4. 2022 – 21 UF 304/21, NJ 2022, 269; KG 30. 4. 2018 – 19 UF 71/17, FamRZ 2018, 1324; KG 28. 2. 2012 – 18 UF 184/09, juris Rn 12 ff, ZKJ 2012, 267; Salzgeber, Familienpsychologische Gutachten [7. Aufl 2020] Rn 651; Jokisch FuR 2013, 681, 683). In solchen Fällen der Beibehaltung eines bereits praktizierten Wechselmodells kommt auch dessen vorläufige Aufrechterhaltung im Wege *einstweiliger Anordnung* nach §§ 49 ff FamFG in Betracht (OLG Düsseldorf 7. 11. 2012 – 6 UF 191/12, juris Rn 9; AG Duisburg 26. 2. 2015 – 41 F 10/15, juris Rn 20 ff, FamRZ 2015, 1305). Geschieht dies in einem Umgangsverfahren, sind entsprechende Beschlüsse nach § 57 S 1 FamFG nicht mit der *Beschwerde* anfechtbar (BGH 1. 2. 2017 – XII ZB 601/15, juris Rn 22, FamRZ 2017, 532; OLG Frankfurt 23. 2. 2021 – 8 UF 188/20, ZKJ 2021, 308; Prütting/Helms/Dürbeck § 57 FamFG Rn 7; **aA** OLG Frankfurt 29. 1. 2020 – 2 UF 301/19, NJW 2020, 3730 und auch noch OLG München 31. 8. 2016 – 16 UF 1019/16, juris Rn 10 ff, FamRZ 2016, 2120: Umdeutung in eine sorgerechtliche Regelung nach § 57 S 2 Nr 1 FamFG; kritisch zum Ausschluss der Beschwerde Gottschalk/Heilmann ZKJ 2017, 180, 182). 258

Die Aufrechterhaltung eines bereits praktizierten Wechselmodells kommt hingegen nicht in Betracht, wenn es sich im Hinblick auf das **Kind** und sein Bedürfnis nach Stabilität als *belastend* erwiesen hat (OLG Koblenz 12. 1. 2010 – 11 UF 251/09, juris Rn 20 ff, FamRZ 2010, 738) oder nicht zu einer Stabilisierung der elterlichen Beziehung geführt hat (OLG Frankfurt 26. 4. 2022 – 1 UF 219/21, NZFam 2022, 926; OLG Hamburg 18. 8. 2016 – 12 UF 193/15, juris Rn 9, FamRZ 2016, 2129).

Die **erstmalige Begründung** eines bisher noch nicht praktizierten (echten) Wechselmodells durch gerichtliche Anordnung dürfte dagegen auch unter Zugrundelegung der vom BGH entwickelten Grundsätze nur in Ausnahmefällen bei *erhöhter Kooperation und Kommunikation* der Eltern und *positiver Haltung des Kindes* in Betracht kommen (zu Recht ablehnend OLG Bremen 16. 8. 2018 – 4 UF 57/18, FuR 2019, 37: Pilot). Zu nennen sind insbesondere Fälle, in denen der umgangsberechtigte Elternteil bereits über ein erweitertes Umgangsrecht verfügt und auch das Kind sich eine paritätische Aufteilung der Betreuung wünscht (vgl OLG Frankfurt 26. 10. 2021 – 6 UF 147/21, FamRZ 2022, 362; OLG Stuttgart 23. 8. 2017 – 18 UF 104/17, juris Rn 36 ff, ZKJ 2018, 17; OLG Frankfurt 12. 4. 2013 – 5 UF 55/12, juris Rn 8, FamFR 2013, 500).

Schließlich sind aus der Praxis auch – bislang nicht veröffentlichte – Fälle bekannt, in denen Eltern nach der Trennung im *Streit um das Aufenthaltsbestimmungsrecht* (§ 1671 Abs 1 Nr 2 BGB) eine **Einigung** dahin erzielen, künftig die Betreuung iSd Wechselmodells aufzuteilen. In einem solchen Fall kommt allerdings der negativen Kindeswohlprüfung nach § 156 Abs 2 S 2 FamFG große Bedeutung zu und es ist vor der Entscheidung über die Billigung der Vereinbarung in jedem Fall das betroffene Kind anzuhören, zumal es die Hauptbelastung bei einem Wechselmodell zu tragen hat (Hennemann NJW 2017, 1787, 1789).

6. Das Wechselmodell als neues gesetzliches Leitbild der Kindesbetreuung?

259 Das *BVerfG* hat im Jahr 2015 zur Frage der sorge- bzw umgangsrechtlichen Behandlung des Wechselmodells Stellung bezogen und weder im Hinblick auf Art 3, 6 Abs 2 GG noch auf völkerrechtliche Verpflichtungen (insbesondere Art 9 Abs 3 UN-KRK) eine Notwendigkeit gesehen, das Wechselmodell als **gesetzgeberischen Regelfall** der Kinderbetreuung vorzusehen (BVerfG 24. 6. 2015 – 1 BvR 486/14, juris Rn 12 ff, ZKJ 2015, 419; vgl dazu Heilmann NJW 2015, 3346). An dieser Auffassung hat es auch im Anschluss an die Entscheidung des *BGH,* Wechselmodelle könnten auch im Rahmen von Umgangsentscheidungen nach § 1684 BGB gegen den Willen eines Elternteils angeordnet werden, festgehalten (BVerfG 22. 1. 2018 – 1 BvR 2616/17, FamRZ 2018, 593 Rn 7).

Dem entspricht auch die unter Rn 253 dargestellte noch relativ geringe Verbreitung des Wechselmodells in Deutschland. Hierzu im Widerspruch stehend hat jedoch die *parlamentarische Versammlung des Europarates* am 2. 10. 2015 einstimmig in der Resolution 2079/2015 (vgl dazu Balomatis NZFam 2016, 833; Löhnig NZFam 2016, 817; Damljanovic, Das Wechselmodell [2016] 103) alle Mitgliedstaaten dazu aufgefordert, die Doppelresidenz (Wechselmodell), also die gleichmäßige Betreuung von Trennungskindern durch beide Elternteile, als bevorzugt anzunehmendes Modell im Gesetz zu verankern. Die Parlamentarische Versammlung wolle konsequent die Gleichstellung der Geschlechter am Arbeitsplatz und im Privatbereich fördern. Auch innerhalb der Familie müsse bereits ab der Geburt des Kindes die Gleichstellung von Eltern gewährleistet und gefördert werden. Die Beteiligung beider Eltern in ihrer Erziehung des Kindes sei von Vorteil für dessen Entwicklung und die Rolle der Väter gegenüber ihren Kindern, ebenso kleinen Kindern, müsse besser anerkannt und angemessener bewertet werden. Zur Realisierung dieses Ziels seien die Mitgliedstaaten im Hinblick auf Art 8 EMRK zu verpflichten, in ihre Gesetze den Grundsatz der Doppelresidenz (Wechselmodell) nach einer Trennung einzuführen und Ausnahmen ausschließlich auf Fälle von Kindesmisshandlung, Vernachlässigung oder häuslicher Gewalt zu beschränken.

Die vorbezeichnete Resolution wird zu Recht vehement kritisiert, da sie in einseitiger Weise das Elternrecht in den Mittelpunkt der Betrachtung rückt, während kindschaftsrechtliche Entscheidungen sich aber auf das Kindeswohl zu zentrieren haben (Löhnig NJW-Editorial Heft 9/2016; ders NZFam 2016, 817). Da Resolutionen des Europarates keine Bindungswirkung gegenüber den Mitgliedstaaten entfalten, wird angesichts der noch geringen Verbreitung des Wechselmodells kaum davon auszugehen sein, dass der deutsche Gesetzgeber dem, etwa entsprechend der belgischen Gesetzeslage (oben Rn 253), nachkommen wird.

In die gleiche Richtung wie die Resolution geht ein Entschließungsantrag der *FDP-Bundestagsfraktion* v 13. 3. 2018, das Wechselmodell als gesetzlichen Regelfall der Kinderbetreuung bei Trennung der Eltern gesetzlich zu verankern (BT-Drucks 19/1175; zum gegenläufigen Antrag der Fraktion der *LINKEN*, vgl BT-Drucks 19/1172; dazu oben Rn 253). Der Antrag dürfte insoweit bei der noch ausstehenden Reform des Sorge- und Umgangsrechts kaum eine Mehrheit im Bundestag finden.

Ob das Wechselmodell im deutschen Kindschaftsrecht gesetzlich als eine Alternative verankert werden soll, ist demgegenüber eine andere Frage (vgl dazu Hergenröder, in: vBary, Reformen im Familienrecht [2023] 33, 47). Nach der Entscheidung des BGH zur umgangsrechtlichen Begründung des Wechselmodells ergibt sich ein Regelungsbedarf eher im Sorgerecht, vor allem bei §§ 1687, 1687a BGB und in zentralen Fragen des Unterhalts-, Sozial-, Steuer- und Melderechts (dazu unten Rn 263 ff). Auch stellt sich die Frage, ob die gerichtliche Bestimmung des Betreuungsmodells bei geteilter Betreuung (ab 30 %) nicht generell außerhalb des Umgangsrechts im Rahmen § 1671 BGB oder § 1628 BGB, wie dies bei den gegenwärtigen Reformvorschlägen diskutiert wird (oben Rn 56a), geregelt werden sollte. Die Bundesregierung scheint jedenfalls gewillt zu sein, die nötigen Reformen im Bereich des Unterhalts- und Kindschaftsrechts sowie im Sozial-, Steuer- und Verwaltungsrecht in dieser Legislaturperiode anzugehen (vgl Antwort der BReg auf die Kleine Anfrage der FDP-Fraktion [BT-Drucks 19/3317] v 25. 7. 2018, BT-Drucks 19/3597; Eckpunkte des BMJ zur Modernisierung des Unterhaltsrechts v 24. 8. 2023, vgl oben Rn 162).

7. Sorgerechtliche Bezüge des Wechselmodells

a) Begründung des Wechselmodells nach § 1671 Abs 1

Nachdem der BGH im Jahr 2017 den Weg der umgangsrechtlichen Begründung des 260
Wechselmodells eröffnet hatte, stellt sich bis heute die Frage, ob dies alternativ entsprechend der vormaligen hM (oben Rn 72, 254) auch auf der **sorgerechtlichen Ebene** möglich ist. Diese Unsicherheit geht sogar so weit, dass Anwälten heute zT empfohlen wird, in Wechselmodellfällen Sorge- und Umgangsverfahren parallel einzuleiten (vgl Lack NJW 2021, 837, 838; Hammer FamRZ 2021, 37, 39). Dass der Einzelmeinung der in Kassel ansässigen Familiensenate des OLG Frankfurt (OLG Frankfurt 29. 1. 2020 – 2 UF 301/19, NJW 2020, 3730 und 24. 3. 2021 – 7 UF 111/20, juris), ein Wechselmodell könne nur sorgerechtlich und nicht umgangsrechtlich angeordnet werden, nicht zu folgen ist, wurde bereits dargelegt (oben Rn 257). Der *BGH* hat die Frage zunächst ausdrücklich offengelassen (BGH 1. 2. 2017 – XII ZB 601/15, juris Rn 15, FamRZ 2017, 532). In seiner zweiten Entscheidung zum Wechselmodell vom 27. 11. 2019 (BGH 27. 11. 2019 – XII ZB 512/18, FamRZ 2020, 255 Rn 14, 15, 16) hat er auch im Hinblick auf die Anwendung von § 1696 Abs 1 BGB bei vorheriger Entscheidung über das Aufenthaltsbestimmungsrecht nach § 1671 Abs 1 S 2 Nr 2 BGB und dort erfolgter Prüfung des Wechselmodells an der strikten Trennung von Sorge- und Umgangsrecht festgehalten und betont, dass mit der Zuweisung des Aufenthaltsbestimmungsrechts nicht notwendiger Weise eine Entscheidung für ein Residenzmodell verbunden sei. Des Weiteren hat er ausgeführt,

dass es – im Hinblick auf das Wechselmodell – denkbar sei, einem Elternteil das Aufenthaltsbestimmungsrecht dann zu übertragen, wenn dieser eine zuverlässige Durchführung eines Wechselmodells eher gewährleiste als der andere Elternteil (dieser Argumentation folgend OLG Frankfurt 9. 2. 2021 – 6 UF 172/20, FamRZ 2021, 1120; OLG Brandenburg 24. 3. 2020 – 15 UF 68/17, FamRZ 2020, 1655). Mit einer solchen Lösung über § 1671 Abs 1 BGB ist jedoch eine konkrete Aufteilung der paritätischen Betreuung nicht erreicht, da es insoweit auch der Übertragung des Umgangsbestimmungsrechts bedürfte, denn das Sorgerecht beinhaltet nicht die Befugnis, über den Umfang der Betreuungsleistung des anderen Elternteils zu bestimmen. § 1671 Abs 1 BGB eröffnet dem Familiengericht insoweit auch *keinen Durchgriff auf die Ebene der Ausübung des Sorgerechts* (Staudinger/Coester [2020] § 1671 Rn 51a). Konsequent hat auch das *OLG Zweibrücken* (OLG Zweibrücken 9. 3. 2021 – 2 WF 49/21, juris Rn 13, FamRZ 2021, 1145) im Rahmen einer Verfahrenswertbeschwerde die (gerichtlich von ihm gebilligte) Vereinbarung eines Wechselmodells im Rahmen eines Sorgerechtsverfahrens nach § 1671 BGB zu Recht als (von Amts wegen eingeleitete) Umgangssache nach § 151 Nr 2 FamFG angesehen und sich ebenfalls einer sorgerechtlichen Begründung des Wechselmodells entzogen. Durch eine Übertragung des Aufenthaltsbestimmungsrechts nach § 1671 Abs 1 S 2 Nr 2 BGB besteht auch die Gefahr, dass der insoweit allein berechtigte Elternteil entgegen seiner Ankündigung der Etablierung eines Wechselmodells den Aufenthalt des Kindes anderweitig bestimmt (MünchKommBGB/Hennemann § 1671 Rn 31; Marchlewski, Das Wechselmodell im Kindschaftsrecht [2018] 191 f). Auch ist nicht einzusehen, warum derjenige Elternteil, der das Wechselmodell befürwortet, mit der Übertragung des Aufenthaltsbestimmungsrechts auch die Befugnis erhalten würde, mit dem Kind ohne Zustimmung des anderen Elternteils umzuziehen und damit über eine weit überschießende Rechtsmacht verfügen würde.

Ein anderer – hier noch in der Vorauflage befürworteter – sorgerechtlicher Ansatz zur Begründung eines Wechselmodells wäre eine *Übertragung des periodisch wechselnden alleinigen Aufenthaltsbestimmungsrechts* an den jeweils betreuenden Elternteil nach § 1671 Abs 1 Nr 1 bzw 2 BGB in Verbindung mit der *Begründung wechselseitiger Herausgabeansprüche* nach § 1632 Abs 1 BGB (OLG Schleswig 19. 12. 2013 – 15 UF 55/13, juris Rn 29 ff, SchlHA 2014, 456; OLG Düsseldorf 7. 11. 2012 – 6 UF 191/12, juris Rn 6; Hammer FamRZ 2015, 1433, 1436 ff). Diese Lösung hat sich aber in der Praxis nicht bewährt und wird heute zu Recht überwiegend abgelehnt (OLG Karlsruhe 16. 12. 2020 – 20 UF 56/20, juris Rn 20, NJW-RR 2021, 324; OLG Frankfurt 5. 12. 2018 – 4 UF 167/18, juris Rn 22, ZKJ 2019, 267; Johannsen/Henrich/Althammer/Lack § 1671 Rn 19, 19a; Bussian ZKJ 2023, 90, 91). Sie ist lediglich für eine einvernehmliche Begründung des Wechselmodells zu gebrauchen, da nicht zwingend beidseitige Anträge auf Übertragung des Aufenthaltsbestimmungsrechts gestellt werden müssen und zudem für den Elternteil, der das Wechselmodell ablehnt, keine Veranlassung für die Stellung eines nach § 1632 Abs 1 BGB notwendigen Herausgabeantrages besteht.

Der teilweise früher vertretenen Auffassung, es genüge bei der sorgerechtlichen Begründung eines Wechselmodells, den Antrag des das Wechselmodell ablehnenden Elternteils auf Übertragung des alleinigen Aufenthaltsbestimmungsrechts (iVm einer gerichtlichen Feststellung der hälftigen Betreuung) zurückzuweisen (OLG Brandenburg 17. 5. 2018 – 9 UF 96/17, NZFam 2018, 756; OLG Naumburg 14. 7. 2014 – 4 UF 151/13, juris Rn 4 ff, FamRZ 2014, 1860; OLG Frankfurt 12. 4. 2013 – 5 UF 55/12, juris Rn 8 ff, FamFR 2013, 500; Heilmann/Keuter [1. Aufl 2015] § 1671 Rn 26), kann ebenfalls nicht gefolgt werden, zumal dadurch keine **vollstreckbare** und damit rechtsverbindliche Aufteilung der Betreuungszeiten erfolgen kann und der Streit um das Betreuungsmodell letztlich unentschieden bleiben würde (Hammer FamRZ 2015, 1433, 1436; Finke NZFam 2014, 865, 870).

Damit besteht de lege lata keine rechtliche Möglichkeit, ein Wechselmodell sorgerechtlich über § 1671 BGB durch die Zuweisung von konkreten, einer Vollstreckung zugänglichen Betreuungszeiten zu begründen. Entsprechende Sorgerechtsanträge sollten daher unter Verweis auf die Notwendigkeit eines Umgangsverfahrens zurückgewiesen werden (zutreffend OLG Frankfurt 19. 12. 2022 – 6 UF 208/22, NZFam 2023, 162 m Anm Ernst; OLG Frankfurt 15. 2. 2022 – 3 UF 81/21, juris Rn 68 ff, FamRZ 2022, 614; im Ergebnis auch OLG Frankfurt 5. 12. 2018 – 4 UF 167/18, FamRZ 2019, 976).

Der **Vorrang der umgangsrechtlichen Entscheidung** über das Betreuungsmodell und die konkreten Betreuungszeiten gegenüber einer Aufhebung des gemeinsamen Aufenthaltsbestimmungsrechts besteht auch aus **verfassungsrechtlichen Erwägungen** im Hinblick auf das von Art 6 Abs 2 S 1 GG geschützte elterliche Sorgerecht. Es ist unzweifelhaft, dass auch ein auf § 1671 Abs 1 oder 2 BGB gestützter Eingriff in das Sorgerecht dem *Verhältnismäßigkeitsgrundsatz* genügen muss (BVerfG 23. 1. 2019 – 1 BvR 1461/18, FamRZ 2019, 802 Rn 2). Kann ein Elternstreit auf der Sorgerechtsausübungsebene gelöst werden, wie zB betreffend einer einzelnen Angelegenheit nach § 1628 BGB, so bedarf es keiner Aufhebung der gemeinsamen Sorge. Gleiches hat aber nach der hier vertretenen Ansicht für die Frage der Zuweisung der elterlichen Betreuungszeiten zu gelten. Es ist heute kaum mehr in Zweifel zu ziehen, dass über § 1684 Abs 3 S 1 BGB auch bei gemeinsamem Aufenthaltsbestimmungsrecht die Betreuungsanteile aufgrund der Geltung der zu § 1671 BGB entwickelten Kindeswohlkriterien im Umgangsrecht im Rahmen eines Umgangsverfahrens zu verteilen sind, und zwar auch dann, wenn die Voraussetzungen für ein Wechselmodell nicht vorliegen (KG 18. 5. 2018 – 3 UF 4/18, FamRZ 2018, 1329; OLG Brandenburg 6. 7. 2020 – 13 UF 26/20, juris; OLG Frankfurt 23. 2. 2021 – 8 UF 188/20, ZKJ 2021, 308; OLG Frankfurt 16. 12. 2021 – 1 UF 113/21, ZKJ 2022, 308; OLG Saarbrücken 5. 10. 2020 – 6 UF 122/20, ZKJ 2021, 75; OLG Frankfurt 19. 12. 2022 – 6 UF 208/22, NZFam 2023, 162; Völker FamRZ 2022, 1535 f; Hammer FamRZ 2022, 620). Für eine *Entscheidung über das Aufenthaltsbestimmungsrecht* besteht in diesem Fall – wie nach früherer Praxis – keine Veranlassung (so aber noch OLG Brandenburg 29. 3. 2023 – 13 UF 157/22, juris; OLG Karlsruhe 16. 12. 2020 – 20 UF 56/20, FamRZ 2021, 688; OLG Brandenburg 23. 3. 2020 – 15 UF 68/17, juris; im Erg auch Bussian ZKJ 2023, 90, 92; wie hier Obermann NZFam 2023, 337, 342 ff). **260a**

Der *BGH* (BGH 19. 1. 2022 – XII ZA 12/21, NJW 2022, 1533 Rn 13) hat diese Ansicht bereits für den Fall bestätigt, dass ein Wechselmodell in einem Umgangsverfahren mit gerichtlicher Billigung (§ 156 Abs 2 FamFG) vereinbart war und hat ausdrücklich entschieden, dass über **dessen Abänderung** nach § 1696 Abs 1 BGB nur in einem Umgangsverfahren und nicht in einem Sorgerechtsverfahren über die Zuweisung des Aufenthaltsbestimmungsrechts entschieden werden könne (so auch vorgehend OLG Dresden 19. 2. 2021 – 21 UF 32/21, ZKJ 2021, 311 und im Ergebnis auch OLG Frankfurt 23. 2. 2021 – 8 UF 188/20, ZKJ 2021, 308 und nachgehend KG 22. 12. 2022 – 3 UF 87/21, NZFam 2023, 220 m Anm Fuchs). Wurde das Wechselmodell zuvor *einvernehmlich ohne Vorhandensein eines Titels* praktiziert, besteht kein Grund, diese Frage anders zu beurteilen und auch eine sorgerechtliche Beendigung des Wechselmodells für zulässig zu erachten (so aber OLG Brandenburg 29. 3. 2023 – 13 UF 157/22, juris; OLG Frankfurt 26. 4. 2022 – 1 UF 219/21, FamRZ

2022, 1532; OLG Karlsruhe 16. 12. 2020 – 20 UF 56/20, FamRZ 2021, 688; Bussian ZKJ 2023, 90, 92; wie hier OLG Frankfurt 19. 12. 2022 – 6 UF 208/22, NZFam 2023, 162 mit zustimmender Anm Ernst). Durch eine Entscheidung über das Aufenthaltsbestimmungsrecht wäre weder der Streit über die konkreten Betreuungsanteile entschieden noch wäre dieser Sorgerechtseingriff verhältnismäßig (ebenso Völker FamRZ 2022, 1535 f; Obermann NZFam 2023, 337, 342 ff). Eine *ausschließlich umgangsrechtliche Beendigung des Wechselmodells* würde nicht nur das gemeinsame Aufenthaltsbestimmungsrecht erhalten, sondern darüber hinaus auch das Führen von zwei Kindschaftssachen (Sorge und Umgang nach § 151 Nr 1 und 2 FamFG) entbehrlich machen und damit erheblichen Kostenaufwand für die Beteiligten vermeiden.

Die hier vertretene Ansicht zum Vorrang der umgangsrechtlichen Regelung der elterlichen Betreuungsanteile hat aber nicht nur Bedeutung für diejenigen Fälle, in denen von einem Elternteil die Begründung oder Aufhebung eines Wechselmodells angestrebt wird. Auch soweit im Zuge der *Trennung* beide Elternteile den überwiegenden Aufenthalt des Kindes im Rahmen eines **Residenzmodells** anstreben, besteht entgegen früherer Praxis kein Bedarf für eine Entscheidung über das Aufenthaltsbestimmungsrecht, da auch hier unter Anwendung der *identischen Kindeswohlkriterien* eine Aufteilung der Betreuungsanteile in sachgerechter und kostensparender Weise möglich ist (vgl dazu bereits Rn 72c). Schließlich vermeidet der hier befürwortete Vorrang des Umgangsrechts auch rechtliche Wertungswidersprüche und Rechtsfehler bei der parallelen Führung von Verfahren über das Aufenthaltsbestimmungsrecht nach § 1671 BGB und über das Umgangsrecht. So hatte das *OLG Brandenburg* (OLG Brandenburg 6. 7. 2020 – 13 UF 26/20, FamRZ 2021, 34) im dort anhängigen Umgangsverfahren über das vom Kindesvater begehrte Wechselmodell zu entscheiden, ohne dass dem bereits eine außergerichtliche Einigung über den Kindesumgang vorausgegangen wäre. Ein Verfahren über die Aufhebung des gemeinsamen Aufenthaltsbestimmungsrechts nach § 1671 Abs 1 BGB war noch im ersten Rechtszug anhängig. Unter Verkennung der erforderlichen Anwendung der zu § 1671 BGB entwickelten Kindeswohlkriterien der Kontinuität, der Bindungen des Kindes, der Möglichkeiten der Förderung des Kindes und des Kindeswillens hatte das OLG Brandenburg die Voraussetzungen des Wechselmodells verneint und sodann ein Umgangsrecht des Vaters unterhalb der Schwelle paritätischer Betreuung geregelt. In der Sache selbst hatte es aber durch seine Umgangsregelung de facto bereits über die Zuweisung des Aufenthaltsbestimmungsrechts und die erstmalige Begründung des schwerpunktmäßigen Aufenthalts des Kindes im mütterlichen Haushalt entschieden.

b) Sorgerechtsausübung bei gemeinsamer Sorge im Wechselmodell (§ 1687 Abs 1 S 2?)

261 Die Frage, wie sich die **Sorgerechtsausübung im Wechselmodell** bei **gemeinsamer elterlicher Sorge** verhält, ist umstritten. Der pauschale Verweis des BGH (BGH 1. 2. 2017 – XII ZB 601/15, juris Rn 21, FamRZ 2017, 532), die sorgerechtlichen Folgen des umgangsrechtlich begründeten Wechselmodells seien, *„im Allgemeinen § 1687 BGB zu entnehmen"* ist wenig zielführend (ebenso Gottschalk/Heilmann ZKJ 2017, 180, 181; Schwonberg FamRZ 2017, 536, 537; Löhnig FF 2017, 429, 432), weil § 1687 Abs 1 S 2 BGB hinsichtlich der Entscheidungskompetenz in *alltäglichen Angelegenheiten* des Kindes voraussetzt, dass sich das Kind – entsprechend des Residenzmodells – in der (überwiegenden) *alleinigen Obhut* eines Elternteils befindet, woran es beim Wechselmodell gerade fehlt (ausführlich Marchlewski FF 2015, 98).

Die heute *überwiegende Auffassung* vertritt hier heute die Meinung, dass § 1687 Abs 1 S 2 BGB bei einem Wechselmodell so auszulegen sei, dass die Alleinentscheidungskompetenz in Angelegenheiten des täglichen Lebens zwischen den Eltern jeweils mit dem Kind temporär *hin und her wechsle* (OLG Schleswig 19. 12. 2013 – 15 UF 55/13, juris Rn 35, SchlHA 2014, 456; BeckOGK/Tillmanns [1. 3. 2022] § 1687 Rn 8; Schwab/Ernst/Schäder, Handbuch Scheidungsrecht [8. Aufl 2019] § 8 Rn 19; Staudinger/Salgo [2019] § 1687 Rn 15; Hammer FamRZ 2021, 905, 911; FamRZ 2015, 1433, 1436; Jokisch FuR 2013, 679, 680; BeckOK-BGB/Veit [1. 1. 2023] § 1687 Rn 23 f: Analogie; Völker/Clausius, Sorge- und Umgangsrecht [8. Aufl 2021] § 1 Rn 336: Analogie; Hennemann NJW 2017, 1787, 1788; Schilling NJW 2007, 3233, 3236). Die Folge dieser Auffassung wäre, dass § 1687 Abs 1 S 4 BGB dann im Wechselmodell keine Anwendung finden würde und beide Elternteile sorgerechtlich gegenläufige Rechtshandlungen im Namen des Kindes vornehmen könnten. So könnte jeder Elternteil etwa allein entscheiden, welche Sportvereine oder welchen Musikunterricht das Kind in der jeweiligen Betreuungsperiode besucht (anschaulich Heilmann/Gottschalk § 1687 Rn 13: die eine Woche Tanz- und Gitarrenunterricht, die andere Geige und Handball; NK-BGB/Peschel-Gutzeit/Ebeling § 1687 Rn 14).

Nach der zutreffenden *Gegenansicht* findet § 1687 Abs 1 S 2 BGB im Wechselmodell wegen des insoweit eindeutigen Wortlauts gar *keine Anwendung,* sodass sich auch in Ansehung der alltäglichen Angelegenheiten des Kindes die Notwendigkeit gemeinsamer elterlichen Entscheidung ergibt und im Übrigen eine Alleinentscheidungsbefugnis nur aus § 1687 Abs 1 S 4 BGB hinsichtlich der Angelegenheiten der tatsächlichen Betreuung folgt (Johannsen/Henrich/Althammer/Rake § 1687 Rn 5; Coester FamRZ 2017, 584; Kaiser FPR 2008, 143, 144; Löhnig FF 2017, 429, 433 unter Verweis auf ein gesetzliches mittreuhänderisches Schuldverhältnis zwischen den Eltern). Die zuletzt genannte Ansicht weiß auch deshalb zu überzeugen, weil zwischen § 1687 Abs 1 S 4 BGB, der ohnehin im Hinblick auf die gestiegene Bedeutung des elterlichen Umgangsrechts weit auszulegen ist (OLG Zweibrücken 29. 8. 2000 – 5 UF 39/99, juris Rn 34, FamRZ 2001, 639; Johannsen/Henrich/Althammer/Rake § 1687 Rn 5), und § 1687 Abs 1 S 2 BGB Überschneidungen bestehen und nur wenige Angelegenheiten der Alltagssorge (zB ärztliche Vorsorgeuntersuchungen, Musikunterricht, An- und Abmeldung bei Sportvereinen, vgl die Übersicht bei Heilmann/Gottschalk § 1687 Rn 14) nicht unter die Angelegenheiten der tatsächlichen Betreuung iSd § 1687 Abs 1 S 4 BGB fallen. Erfordert ein Wechselmodell erhöhte Kooperation und Kommunikation unter den Eltern und das Fehlen erheblicher Konflikte, so bedarf es der konfliktvermeidenden Wirkung von § 1687 Abs 1 S 2 BGB nicht, weil es gerade im Wechselmodell Eltern möglich sein muss, sich auch in den alltäglichen Angelegenheiten des Kindes zu verständigen. In Konfliktfällen kann nach §§ 1628, 1687 Abs 2 BGB das Familiengericht angerufen werden, wie dies etwa bei der Frage der Schulwahl bei einem im Wechselmodell betreuten Kind bereits geschehen ist (vgl KG 25. 7. 2017 – 13 UF 110/17, FamRZ 2018, 502 m Anm Köhler). Im Rahmen von § 1687 BGB wäre allerdings eine gesetzgeberische Regelung der sorgerechtlichen Befugnisse im Wechselmodell zu wünschen (ebenso DFGT FamRZ 2017, 584, 585; Marchlewski, Das Wechselmodell im Kindschaftsrecht [2018] 304 ff; vgl auch den Vorschlag von Schumann, Gutachten B zum 72. DJT [2018] B 43 ff). Hierbei müsste auch geregelt werden, dass es den Eltern im Rahmen ihrer Elternautonomie freisteht, von §§ 1687, 1687a BGB abweichende Regelungen zu treffen, was nach derzeitiger Gesetzeslage nicht unumstritten ist (vgl Schumann, Gutachten B zum 72. DJT [2018] B 46 ff).

c) Das Wechselmodell auch bei alleiniger Sorge?

262 Ob das Wechselmodell umgangsrechtlich auch bei **alleiniger elterlicher Sorge** begründet werden kann, hat der BGH letztlich offengelassen (BGH 1. 2. 2017 – XII ZB 601/15, juris Rn 19 und 21, FamRZ 2017, 532). Rechtsdogmatisch bestehen jedoch auch hier für ein Wechselmodell keine Hinderungsgründe, obgleich bei fehlender **rechtlicher Eignung der Eltern** für eine gemeinsame Ausübung der elterlichen Sorge das Wechselmodell wegen seiner hohen Anforderung an das Zusammenwirken der Eltern notwendigerweise ausscheiden muss. Verfügen die Eltern nämlich nicht über das von §§ 1626a Abs 2, 1671 Abs 1 BGB vorausgesetzte **Mindestmaß** an Übereinstimmung in wesentlichen Bereichen der elterlichen Sorge und insgesamt über eine tragfähige soziale Beziehung (BGH 15. 6. 2016 – XII ZB 419/15, juris Rn 23, ZKJ 2016, 414 zu § 1626a Abs 2 BGB; BGH 12. 12. 2007 – XII ZB 158/05, juris Rn 5, FamRZ 2008, 592 zu § 1671 BGB), so fehlen ihnen auch die für ein Wechselmodell erforderlichen erhöhten Kooperations- und Kommunikationsfähigkeiten. Für den umgekehrten Fall, dass die soziale Beziehung der Eltern diesen Anforderungen genügt, wird eine vorangegangene sorgerechtliche Entscheidung, mit der dem vormals überwiegend betreuenden Elternteil die alleinige Sorge be- bzw überlassen wurde (§§ 1626a Abs 2, 1671 Abs 1 Nr 2 BGB), nach der umgangsrechtlichen Begründung eines Wechselmodells auf Antrag nach § 1696 Abs 1 BGB zugunsten des gemeinsamen Sorgerechts abzuändern sein (vgl Schwonberg ZfF 2018, 30, 33 f).

Beruht das alleinige Sorgerecht dagegen auf einer bewusst so **gewollten Gestaltungsentscheidung** der Eltern, so steht dies einem Wechselmodell nicht entgegen. Bei Vorliegen der Voraussetzungen für ein Wechselmodell kann hier bei Einvernehmen der Eltern ein Wechselmodell durch gerichtliche Billigung einer Umgangsvereinbarung gemäß § 156 Abs 2 FamFG oder in Ausnahmefällen durch eine streitige gerichtliche Umgangsregelung nach § 1684 Abs 3 S 1 BGB begründet werden. Auch hinsichtlich der Entscheidungskompetenzen ergeben sich – nach der hier vertretenen Auffassung (vorstehende Rn 261) – wegen der Verweisung von § 1687a BGB auf § 1687 Abs 1 S 4 BGB – keine Unterschiede zum gemeinsamen Sorgerecht.

8. Das Wechselmodell in anderen Rechtsmaterien

263 Das Wechselmodell wirft auch außerhalb des Kindschaftsrechts zahlreiche Fragen auf, etwa im Bereich des Unterhaltsrechts, des Kindergeldes, Steuer-, Sozial- und Melderechts sowie der Prozess- und Verfahrenskostenhilfe. Diese können hier nur im *Überblick* mit weiterführenden Hinweisen dargestellt werden (eingehend Damljanovic, Das Wechselmodell [2016] 115 ff).

a) Kindesunterhalt

264 Beim Kindesunterhalt bedarf es – anders als im Umgangsrecht (siehe oben Rn 251) – einer **Definition des Wechselmodells**, weil nach ständiger Rechtsprechung des BGH (BGH 11. 1. 2017 – XII ZB 565/15, juris Rn 20, FamRZ 2017, 437; BGH 5. 11. 2014 – XII ZB 599/13, juris Rn 17 ff, MDR 2015, 96; BGH 12. 3. 2014 – XII ZB 234/13, juris Rn 16 ff, FamRZ 2014, 917) nur im **paritätischen Wechselmodell** von der §§ 1612 Abs 1 S 1, 1606 Abs 3 S 2 BGB zugrunde liegenden Aufteilung von Unterhaltsgewährung durch *Betreuung* des einen Elternteils und Unterhaltsgewährung durch *Barunterhalt* des anderen Elternteils abzuweichen ist. Die Ausübung eines erweiterten Umgangsrechts genügt insoweit nicht (OLG Brandenburg 14. 4. 2022 – 9 UF 155/21, NZFam 2022, 955 m Anm Niepmann). Ob der Ge-

setzgeber angesichts sich verändernder gesellschaftlicher Verhältnisse bei der Kindesbetreuung am Konzept des § 1606 Abs 3 S 2 BGB (Gleichwertigkeit von Betreuungs- und Barunterhalt) bei geteilter Elternbetreuung unterhalb der Schwelle des (paritätischen) Wechselmodells festhalten kann, musste auch unter Berücksichtigung auch der internationalen Rechtsentwicklung bezweifelt werden (vgl Schumann NJW-Beil 2018, 33, 34, 36). Hierauf hat der Gesetzgeber nunmehr reagiert und das BMJ hat am 24. 8. 2023 **Eckpunkte für ein neues Unterhaltsrecht** vorgelegt (vgl oben Rn 162). Dieses sieht vor, dass im Bereich des Kindesunterhalts bereits bei einem asymmetrischen Wechselmodell von der alleinigen Barunterhaltspflicht des nicht überwiegend betreuenden Elternteils abgesehen werden soll. Von einer Betreuung im asymmetrischen Wechselmodell soll nach dem Eckpunktepapier ausgegangen werden, wenn der Betreuungsanteil des mitbetreuenden Elternteils mehr als 29 % beträgt. Ab dieser Schwelle soll die vorgeschlagene Neuregelung greifen (zu den Einzelheiten Maass NZFam 2023, 913).

Bei der Frage, ob ein Wechselmodell vorliegt, misst der BGH einem Betreuungsanteil im Bereich von 50 % **indiziellen Charakter** zu, hält es aber für möglich, dass trotz annähernd gleicher Betreuungsanteile von einem Residenzmodell auszugehen sein kann, wenn der **Schwerpunkt der tatsächlichen Betreuungsverantwortung** bei einem Elternteil allein liegt (BGH 5. 11. 2014 – XII ZB 599/13, juris Rn 21 f, MDR 2015, 96; BGH 12. 3. 2014 – ZB 234/13, juris Rn 30 f, FamRZ 2014, 917 – in beiden Fällen wurde ein echtes Wechselmodell verneint; vgl dazu Wegener FamRZ 2019, 1021, 1022; Schmid NZFam 2016, 818; Weber NZFam 2016, 829, 830). Liegt in diesem Sinne ein echtes Wechselmodell vor, so sind die Betreuungsleistung beider Elternteile nach Maßgabe von § 1606 Abs 3 S 2 BGB zu berücksichtigen und es schulden nach **§ 1606 Abs 3 S 1 BGB** beide Elternteile **anteilig nach ihren Einkommens- und Vermögensverhältnissen** den Barunterhalt des Kindes (BGH 11. 1. 2017 – XII ZB 565/15, juris Rn 20, FamRZ 2017, 437; kritisch Maass FamRZ 2017, 673). Die Vereinbarung bzw Praktizierung eines Wechselmodells beinhaltet insoweit nicht eine konkludente Abrede der Eltern, dass Unterhalt nur in Form von Naturalunterhalt an das Kind zu leisten sei (BGH 11. 1. 2017 – XII ZB 565/15, juris Rn 22, FamRZ 2017, 437; Seiler FamRZ 2017, 1845, 1847; **aA** Maass FamRZ 2016, 603, 605 f), eine Befreiung von der Barunterhaltspflicht durch die jeweiligen Betreuungsleistungen tritt nach § 1606 Abs 3 S 2 BGB daher nicht ein (BGH 5. 11. 2014 – XII ZB 599/13, juris Rn 17, MDR 2015, 96; verkannt jüngst vom OLG Brandenburg 20. 7. 2022 – 13 UF 149/20, NZFam 2023, 83 m Anm Bruske, das bei einer einkommenslosen Mutter lediglich 50% des Barunterhalts zuerkannt hat). Der *Bedarf des Kindes* errechnet sich beim Wechselmodell nach § 1606 Abs 3 S 1 BGB nach dem zusammengerechneten beidseitigen Elterneinkommen anhand der Düsseldorfer Tabelle zuzüglich des durch das Wechselmodell entstandenen *Mehrbedarfs* und etwaigem sonstigen Mehrbedarf (insbesondere erhöhte Fahrt- und Mietkosten; vgl BGH 11. 1. 2017 – XII ZB 565/15, juris Rn 23 ff, FamRZ 2017, 437; BGH 5. 11. 2014 – XII ZB 599/13, juris Rn 14, MDR 2015, 96; Seiler FamRZ 2015, 1845, 1847 ff; Rubenbauer/Dose FamRZ 2022, 1497; Maass FamRB 2021, 430, 431; zur Berechnung Wendl/Dose/Klinkhammer § 2 Rn 450). Hierbei sind auch fiktive Einkünfte wegen Verstößen gegen die Erwerbsobliegenheiten (§ 1603 Abs 2 BGB) zu Lasten des Kindes zu berücksichtigen, wenn der betreffende Elternteil in Höhe seines Haftungsanteiles Naturalunterhalt erbringt (BGH 11. 1. 2017 – XII ZB 565/15, juris Rn 27 f, FamRZ 2017, 437; Wendl/Dose/Klinkhammer § 2 Rn 567, 562). Sodann sind entsprechend der beidseitigen Einkommens- und Vermögensverhältnisse unter Vorwegabzug des angemessenen Selbstbehalts die jeweiligen Anteile zu ermitteln (BGH 12. 1. 2011 – XII ZR 83/08, juris Rn 34, FamRZ 2011, 454; Weber NZFam 2016, 829, 832). Abgrenzbare, regelmäßig erbrachte Leistungen für das Kind (zB für Kleidung, Schulsachen) sind als Erfüllung des Unterhaltsanspruchs vom ermittelten Anteil des jeweiligen Elternteils abzuziehen (zu Recht kritisch Maass FamRB 2021, 430, 432; FamRZ 2017, 673, 675 unter Hinweis darauf, dass es in das Belieben der Eltern gestellt ist, diese nach Festsetzung des Unterhalts wieder einzustellen). Das **Kindergeld** ist auch beim Wechselmodell zur Hälfte gemäß § 1612b BGB auf den Barbedarf des minderjährigen Kindes anzurechnen (BGH 11. 1. 2017 – XII ZB 565/15, juris Rn 48, FamRZ 2017, 437; BGH 20. 4. 2016 – XII ZB 45/15, juris Rn 12, FamRZ 2016, 1053; Niepmann/Kerscher, Die Rechtsprechung zur Höhe des Unterhalts [15. Aufl 2023] Rn 894), 50 % der anderen Hälfte des Kindergeldes (also ¼) sind im Verhältnis zu dem das Kindergeld nicht beziehenden Elternteil im Wege der Verrechnung vom Unterhaltsanspruch des Kindes in Abzug zu bringen (BGH 11. 1. 2017 – XII ZB 565/15, juris Rn 50, FamRZ 2017, 437; OLG Brandenburg 20. 7. 2022 – 13 UF 149/20, NZFam 2023, 83; Seiler FamRZ 2015, 1845, 1848 f; **aA** Weber NZFam 2016, 829, 832; Niepmann/Schwamb, Die Rechtsprechung zur Höhe des Unterhalts [14. Aufl 2016] Rn 894: nur in Höhe der jeweiligen Haftungsquote). Im Ergebnis kann das Kind aber beim echten Wechselmodell Unterhalt nur gegen den Elternteil geltend machen, der unter Berücksichtigung der beidseitigen Einkünfte den höheren Haftungsteil schuldet (OLG Nürnberg 20. 12. 2016 – 11 UF 673/16, juris Rn 23, NZFam 2017, 257).

264a Leistungen nach dem **UVG** können dagegen bei einem Wechselmodell nicht beansprucht werden, da gemäß § 1 Abs 1 Nr 2 UVG Voraussetzung für einen **Unterhaltsvorschuss** ua ist, dass das Kind *„bei einem seiner Elternteile lebt"*, was bei einem Wechselmodell nach der verwaltungsrechtlichen Rechtsprechung nicht der Fall sein soll (BVerwG 11. 10. 2012 – 5 C 20/11, juris Rn 20 f, ZKJ 2013, 124; OVG Münster 4. 7. 2022 – 12 A 3583/20, NJW 2947; vgl dazu auch Hennemann NZFam 2016, 825, 828 f; Damljanovic, Das Wechselmodell [2016] 199 ff). Soweit der ein Wechselmodell begehrende Elternteil in Bezug auf den Kindesunterhalt leistungsunfähig ist und der andere Elternteil Leistungen nach dem UVG bezieht, wird letzterer kaum dazu zu bewegen sein, einem Wechselmodell zuzustimmen, weil er dadurch nicht nur die Leistungen nach dem UVG verlieren würde, sondern darüber hinaus bei eigener Leistungsfähigkeit barunterhaltspflichtig in Bezug auf den Kindesunterhalt werden würde. Allerdings ist in diesem Zusammenhang auch zu berücksichtigen, dass nach Ansicht der Rechtsprechung ein Kind auch dann nicht bei einem Elternteil iSd § 1 Abs 1 Nr 2 UVG leben soll, wenn der Betreuungsanteil des anderen umgangsberechtigten Elternteils etwa 1/3 erreicht (OVG Münster 4. 7. 2022 – 12 A 3583/20, NJW 2022, 2947; OVG Münster 15. 12. 2015 – 12 A 1053/14, juris Rn 33 ff, ZKJ 2016, 143; VG Berlin 27. 9. 2016 – 21 K 111. 16, juris Rn 14, JAmt 2016, 627; Knittel JAmt 2019, 183, 186; Hdb FamR/Diehl [12. Aufl 2021] Kap 14 Rn 195).

265 In verfahrensrechtlicher Hinsicht kann bei gemeinsamer Sorge der Elternteil, der den niedrigeren Haftungsanteil zu tragen hat, das Kind vor dem Familiengericht nicht vertreten, da sich das Kind nicht iSd § 1629 Abs 2 S 2 BGB in **seiner Obhut** befindet (BGH 12. 3. 2014 – XII ZB 234/13, juris Rn 16, FamRZ 2014, 917; OLG Stuttgart 16. 2. 2022 – 16 UF 113/21, juris; OLG Nürnberg 20. 12. 2016 – 11 UF 673/16, juris Rn 19, NZFam 2017, 257; Seiler FamRZ 2015, 1845; 1850; vgl dazu auch BVerfG 13. 10. 2022 – 1 BvR 1019/22, NZFam 2023, 24 m Anm Born). Es ist daher nach der derzeitigen Gesetzeslage entweder nach **§ 1628 BGB** die Übertragung der Entscheidungsbefugnis zur Geltendmachung des Kindesunterhaltes auf einen Elternteil zu beantragen (so OLG Brandenburg 16. 9. 2022 – 9 UF 74/22, NZFam 2022, 1138 m Anm Niepmann; OLG Brandenburg 26. 6. 2020 – 9 UF 36/20, NJ 2020, 546;

OLG Hamburg 15. 8. 2018 – 2 UF 70/18, juris Rn 12; OLG Frankfurt 17. 10. 2016 – 6 UF 242/16, juris Rn 4, NJW 2017, 336) *oder* nach §§ **1629 Abs 2 S 1, 1824 Abs 1 Nr, 1809 BGB** ein Ergänzungspfleger für das Kind zu bestellen (OLG Stuttgart 1. 3. 2023 – 11 UF 214/22, juris; OLG Köln 21. 3. 2014 – 4 UF 1/14, juris 3 f, FamRZ 2015, 859; Seiler FamRZ 2015, 1845, 1850). Der BGH hält beide Möglichkeiten für zielführend (BGH 12. 3. 2014 – XII ZB 234/13, juris Rn 16, FamRZ 2014, 917; ebenso Wendl/Dose/Schmitz § 10 Rn 45). Zutreffend ist aber die Erwägung, dass der Weg über § 1628 BGB auch im Hinblick auf das von Art 6 Abs 2 S 1 GG geschützte Elternrecht der schonendere Eingriff darstellt, da in diesem Fall nicht in das beiderseitige Sorgerecht eingegriffen werden muss und mit der Übertragung der Entscheidungsbefugnis auch eine Entscheidung über das „Ob" der Einleitung eines Unterhaltsverfahrens geklärt wird (OLG Brandenburg 26. 6. 2020 – 9 UF 36/20, NJ 2020, 546). Eine Entscheidung nach § 1628 BGB stößt aber dann an ihre Grenzen, wenn sich während des gerichtlichen Verfahrens die Einkommensverhältnisse der Eltern dahingehend ändern, dass nunmehr der andere Elternteil ausgleichsberechtigt wird, was in der Praxis durchaus vorkommt.

Hier sollte aber der Gesetzgeber in jedem Fall tätig werden und betroffenen Eltern ein vorgeschaltetes und kostenverursachendes Sorgerechtsverfahren ersparen. Die am 24. 8. 2023 vorgelegten Eckpunkte des BMJ zur Modernisierung des Unterhaltsrechts (siehe oben Rn 162) kündigen eine diesbezügliche Änderung von § 1629 Abs 2 und 3 BGB bereits an. Erreicht werden könnte dies durch eine Ergänzung von § 1629 Abs 2 BGB, wonach in Fällen einer geteilten Betreuung jeder Elternteil Unterhaltsansprüche des Kindes gegen den anderen Elternteil geltend machen kann (so zutreffend Schumann, Gutachten B zum 72. DJT [2018] B 106).

b) Betreuungsunterhalt

Noch nicht höchstrichterlich geklärt ist die Handhabung des Wechselmodells beim **Betreuungsunterhalt gemäß § 1570, 1615l BGB** (vgl dazu Damljanovic, Das Wechselmodell [2016] 191 ff; Born NZFam 2023, 433; Bruske NZFam 2020, 865; Schilling FPR 2006, 291). Betreuen beide Elternteile das Kind gleichermaßen, kann im Rahmen von § 1570 BGB nur ein Anspruch des einkommensschwächeren Ehegatten in Betracht kommen (Jokisch FuR 2014, 25, 30; Schilling FPR 2006, 291, 293), während bei § 1615l BGB wegen der nicht bedarfsprägenden gemeinsamen Lebensverhältnisse unterschiedliche Ansprüche beider Elternteile entstehen können (Erman/Hammermann § 1615l Rn 9a), die zu verrechnen wären (Damljanovic, Das Wechselmodell [2016] 191). Der in §§ 1570 Abs 1 S 1, 1615l Abs 2 S 3 BGB enthaltene Grundsatz, dass vor dem 3. Lebensjahr des Kindes keine Erwerbsobliegenheit besteht, passt für das Wechselmodell wegen der nur hälftigen Betreuung des Kindes nicht und es wird im jeweiligen Einzelfall zu prüfen sein, ob und in welchem Umfang beidseitige Erwerbsobliegenheiten bestehen (Jokisch FuR 2014, 25, 30; Bruske NZFam 2020, 865, 872 f; Schilling FPR 2006, 291, 293). Im Übrigen dürfte bei beidseitiger elterlicher Kindesbetreuung ein eher **verschärfter Beurteilungsmaßstab** hinsichtlich der Erwerbsobliegenheiten anzunehmen sein (BGH 26. 1. 1983 – IVb ZR 344/81, juris Rn 12 ff, FamRZ 1983, 569; Bosch FF 2015, 92, 97; Bruske NZFam 2020, 865, 872 f). 266

c) Kindergeld

Hinsichtlich des Kindergeldes für ein im Wechselmodell betreutes Kind ist zwischen der **Bezugsberechtigung** gegenüber der Finanzbehörde und dem **Ausgleich des Kindergeldes** unter den Eltern zu differenzieren (vgl ausführlich Hennemann NZFam 2016, 825, 267

826 f; Ruetten NZFam 2016, 337). Da das Kindergeld nach § 64 EStG nur an einen Elternteil ausbezahlt werden kann, bedarf es stets der **Bestimmung des Bezugsberechtigten**. Eine einvernehmliche Aufteilung unter den Eltern gegenüber dem Finanzamt ist nicht zulässig (BFH 12. 8. 2010 – III B 94/09, BFH/NV 2010, 2062; KG 23. 8. 2019 – 13 WF 69/19, NZFam 2019, 828; OLG Brandenburg 30. 10. 2019 – 9 WF 248/19, FamRZ 2020, 1095). Die Bestimmung erfolgt auch beim Wechselmodell **analog § 64 Abs 2 S 2 EStG** gemeinsam durch die Eltern, wobei eine bereits während des Zusammenlebens getroffene Bestimmung bis zu einem **Widerruf** fortwirkt (BFH 23. 3. 2005 – III R 91/03, juris Rn 14, NJW 2005, 2175; Brandis/Heuermann/Selder § 64 EStG Rn 19). Findet keine Einigung zwischen den Eltern statt, so bestimmt das Familiengericht – Rechtspfleger nach § 25 Nr 2a RPflG – gemäß §§ 64 Abs 2 S 3 EStG, 231 Abs 2 FamFG auf Antrag den Berechtigten (OLG Köln 12. 12. 2014 – 12 UF 105/14, juris Rn 5, AGS 2015, 135; OLG Celle 14. 5. 2012 – 10 UF 94/11, juris Rn 22 ff, NJW-RR 2012, 1351; zum Verfahren Bilsdorfer NJW 2013, 897). Die Prüfung, ob tatsächlich eine gleichwertige Aufnahme in beide elterlichen Haushalte (zu den Kriterien BFH 18. 4. 2013 – V R 41/11, juris Rn 17 ff, BFHE 241, 264) erfolgt ist, obliegt aber nicht dem Familiengericht, sondern den Familienkassen (OLG Celle 14. 5. 2012 – 10 UF 94/11, juris Rn 22 ff, NJW-RR 2012, 1351; Hennemann NZFam 2016, 825, 826). Die Entscheidung über die Bezugsberechtigung hat sich im Übrigen am Zweck des Kindergeldes zu orientieren, das Existenzminimum von Kindern durch Entlastung der Familie zu sichern, sodass das Kindeswohl im Vordergrund steht (OLG Dresden 30. 12. 2013 – 20 WF 1043/13, juris Rn 14, FamRZ 2014, 1055). Hat sich bei einem Wechselmodell ein Elternteil in der Vergangenheit durch die wahrheitswidrige Behauptung eines Residenzmodells die Bezugsberechtigung erschlichen, so kann dies in einem späteren Verfahren indizieren, dass dieser Elternteil in Bezug auf das Kindergeld das Kindeswohl nicht hinreichend beachtet (OLG Celle 25. 5. 2018 – 19 UF 24/18, FamRB 2018, 299).

Zu Recht hat das *KG Berlin* (KG 23. 8. 2019 – 13 WF 69/19, NZFam 2019, 828) für den Fall eines fehlenden elterlichen Konsenses für die nach § 64 EStG vorzunehmenden Abwägung der Kindeswohlbelange erkannt, dass dem Grundsatz der **Kontinuität** des Kindergeldbezuges maßgebliche Bedeutung zukomme und hat den Antrag des Kindesvaters, der eine Änderung der Auszahlung des Kindergeldes an ihn begehrte, folgerichtig zurückgewiesen. Zutreffend hat der Senat – wie auch das *OLG Celle* (OLG Celle 23. 5. 2018 – 19 UF 24/18, JAmt 2019, 273) – den Umständen der Höhe der Einkünfte der Eltern in Bezug auf die unterhaltsrechtliche Leistungsfähigkeit und der von ihnen erbrachten Unterhaltsleistungen an das Kind (vgl § 64 Abs 3 S 2 und 3 EStG) sowie der Meldeadresse des Kindes bei einem Wechselmodell keine ausschlaggebende Bedeutung zuerkannt.

In verfahrensrechtlicher Hinsicht ist darauf hinzuweisen, dass Beschwerden gegen die Entscheidung des Familiengerichts nach §§ 231 Abs 2 FamFG, 64 Abs 2 S 3 EStG regelmäßig unzulässig sind, weil die Beschwerdesumme nach § 61 Abs 1 FamFG nicht erreicht wird (BGH 29. 1. 2014 – XII ZB 555/12, NJW-RR 2014, 833).

267a Hinsichtlich des **Ausgleichs** des Kindergeldes unter Eltern ist beim Wechselmodell danach zu differenzieren, ob dies im Rahmen eines etwaigen **Barunterhaltsanspruches** des Kindes berücksichtigt und verrechnet wurde (dazu oben Rn 264) oder aber ein **isolierter Ausgleich** des Kindergeldes erfolgen soll. Letzterer ist insbesondere dann gegeben, wenn die Eltern vereinbart haben, dass kein Kindesunterhalt gezahlt werden soll. Der *BGH* hat in seiner Entscheidung vom 20. 4. 2016 (BGH 20. 4. 2016 – XII ZB 45/

15, juris Rn 12 ff, FamRZ 2016, 1053) bei einem Wechselmodell einen **familienrechtlichen Ausgleichsanspruch** eines Elternteils auf Ausgleich des dem anderen Elternteil gezahlten Kindergeldes anerkannt. Den Streit um die Höhe dieses Anspruchs (zum Streitstand vgl HENNEMANN NZFam 2016, 825, 826; RUETTEN NZFam 2016, 337, 338 f) hat er dahin entschieden, dass dieser zunächst 50 % des auf die Hälfte der Betreuung des Kindes fallenden Anteils beträgt, also insgesamt 1/4 des Kindergeldes. Einen Anteil an der anderen auf den Barunterhalt des Kindes fallenden Hälfte kann der betreffende Elternteil nur beanspruchen, wenn er darlegt und beweist, dass er rechnerisch (§ 1606 Abs 3 S 1 BGB) die Hälfte des Barunterhalts schuldet (BGH 20. 4. 2016 – XII ZB 45/15, juris Rn 29, FamRZ 2016, 1053), was in diesem Fall eine unterhaltsrechtliche Berechnung im Verfahren vor dem Familiengericht erforderlich macht. Im Übrigen unterliegt der familienrechtliche Ausgleichsanspruch wegen der in der Vergangenheit liegenden Beträge der Schranke von § 1613 Abs 1 BGB (BGH 20. 4. 2016 – XII ZB 45/15, juris Rn 34, FamRZ 2016, 1053).

d) Sozialrecht

Mit der Anerkennung der **temporären Bedarfsgemeinschaft** durch das BSG und der gesetzlichen Verankerung von **Umgangskosten als Mehrbedarf** in § 21 Abs 6 SGB II (vgl oben Rn 170 ff und die dort zitierte Rspr des BSG) sind im Rahmen des Grundsicherungsrechts wesentliche Fragen des Wechselmodells erfasst. Für das Kind besteht damit ein Sozialgeldanspruch (§§ 19 Abs 1 S 2, 23 Abs 2 SGB II), der entsprechend der jeweiligen Betreuungszeiten tageweise aufgeteilt wird und nach Maßgabe von § 38 Abs 2 SGB II von beiden SGB II-berechtigten Elternteilen geltend gemacht werden kann (ausführlich zum Wechselmodell TREICHEL NZFam 2016, 1128, 1130 ff; HENNEMANN NZFam 2016, 825, 827 f; WERSIG, in: SCHEIWE/WERSIG, Einer zahlt und eine betreut? [2010] 273, 279 ff; vgl auch SG Berlin 6. 10. 2017 – S 37 AS 25345/15, juris Rn 27 ff, FamRZ 2018, 309). **Wechselmodell-bedingte Mehrkosten**, wie zB Fahrtkosten, können als Mehrbedarf nach § 21 Abs 6 SGB II verlangt werden (DAMLJANOVIC, Das Wechselmodell [2016] 197; SCHMIDT NJW 2020, 812). Mehrkosten der **Unterkunft** sind nach Maßgabe von § 22 Abs 1 S 1 und 3 SGB als zusätzlicher Bedarf im Rahmen der Angemessenheitsprüfung zu gewähren (vgl BSG 11. 7. 2019 – B 14 AS 23/18 R, FamRZ 2020, 382: Kopfteilmethode; BSG 17. 2. 2016 – B 4 AS 2/15, juris Rn 21, JAmt 2016, 571; SG Dresden 8. 3. 2018 – S 52 AS 109/15, juris Rn 25: Kopfteilmethode; SG Berlin 6. 10. 2017 – S 37 AS 25345/15, juris Rn 34 ff, FamRZ 2018, 309: Kopfteilmethode; TREICHEL NZFam 2016, 1128, 1131). Praktizieren die Eltern ein sog **Nestmodell**, so kann der Bedürftige jeweils nur die Hälfte der Kosten (Unterkunft und Heizung) der vormaligen Ehewohnung und seiner Zweitwohnung beanspruchen (LSG Niedersachsen-Bremen 19. 5. 2017 – L 11 AS 245/17, juris Rn 20 f, FamRZ 2017, 1886). 268

Hinsichtlich des **Mehrbedarfs für Alleinerziehung** nach § 21 Abs 2 SGB II hat das BSG eine Aufteilung des Mehrbedarfs auf beide Elternteile anerkannt, soweit der monatliche Betreuungsanteil 50 % beträgt und die Betreuung in mindestens wöchentlichen Rhythmus wechselt (BSG 3. 3. 2009 – B 4 AS 26/14 R, juris Rn 16, FamRZ 2009, 1214; BSG 11. 2. 2015 – B 4 AS 26/14, juris Rn 12, FamRZ 2015, 1187; BSG 11. 7. 2019 – B 14 AS 23/18 R, FamRZ 2020, 382 Rn 16, 17; SG Dresden 8. 3. 2018 – S 52 AS 109/15, juris Rn 29 ff; SG Berlin 6. 10. 2017 – S 37 AS 25345/15, juris Rn 53 ff, FamRZ 2018, 309; WERSIG, in: SCHEIWE/WERSIG, Einer zahlt und eine betreut? [2010] 273, 283).

Im Bereich des **Wohngeldrechts** bestand dagegen in § 5 Abs 6 S 1 WoGG eine gesetzliche Regelung des (asymmetrischen, dh nicht notwendigerweise paritätischen) Wech- 268a selmodells **gemeinsam sorgeberechtigter** Eltern (zur Frage der Verfassungsmäßigkeit vgl BVerwG 24. 11. 2016 – 5 C 57/15, juris Rn 22 ff, FamRZ 2017, 714), nach welcher das Kind als Haushaltsmitglied beider Elternteile gilt (vgl dazu Schürmann, Sozialrecht für die familienrechtliche Praxis [1. Aufl 2016] Rn 558; Damljanovic, Das Wechselmodell [2016] 198 f). Durch das zum 1. 1. 2016 geänderte WoGG (BGBl 2015 I 1610) wurde mit § 5 Abs 4 WoGG nF das Erfordernis gemeinsamen Sorgerechts aufgegeben. Eine Förderung kommt nunmehr nach § 5 Abs 4 S 2 WoGG bereits bei einem Betreuungsanteil von mindestens einem Drittel in Betracht (vgl Schürmann, Sozialrecht für die familienrechtliche Praxis [2. Aufl 2022] Rn 558).

In Bezug auf die Registrierung des Umgangsberechtigten für **öffentlich geförderten Wohnraum** zusammen mit dem Kind als Haushaltsmitglied iSd der Landesgesetze zur Sicherung der Zweckbestimmung von Wohnraum kommt ein Anspruch auf Registrierung und Bewilligung einer Sozialwohnung nur dann in Betracht, wenn die Kinder mit dem Umgangsberechtigten zusammen eine Wohn- und Wirtschaftsgemeinschaft führen bzw wenn erwartet werden kann, dass die Kinder zur Führung der Wohn- und Wirtschaftsgemeinschaft alsbald und auf Dauer in den Haushalt des Berechtigten aufgenommen werden, was bei einem Wechselmodell grundsätzlich (für beide Elternteile) in Betracht kommt. Hieran fehlt es bei einem gemeinsamen Sorgerecht aber, wenn der andere Elternteil weder im Verwaltungsverfahren sein Einverständnis zu einem Wechselmodell erteilt noch eine familiengerichtliche Umgangsregelung ein paritätisches Wechselmodell vorsieht (VGH München 18. 4. 2017 – 12 ZB 17.590, juris Rn 4 ff, FamRZ 2017, 1723).

Zur Frage von Leistungen nach dem UVG bei einem Wechselmodell siehe oben Rn 264a.

e) Melderecht

269 Ähnlich wie bei der Kindergeldbezugsberechtigung (siehe oben Rn 267) kann auch im Meldewesen (vgl Hennemann NZFam 2016, 825, 826; Ernst/Schwab/Schäder, Handbuch Scheidungsrecht [8. Aufl 2019] § 5 Rn 169) das Kind nur **an einem Hauptwohnsitz** gemeldet sein (§ 21 Abs 1 BMG). Der Wohnsitz von Minderjährigen leitet sich nach § 22 Abs 2 Alt 1 BMG von dem der Personensorgeberechtigten ab, bei einem Getrenntleben der Sorgeberechtigten ist nach Abs 2 Alt 2 die Hauptwohnung dort, wo der **Schwerpunkt der Lebensbeziehungen** des Kindes liegt. Bei einem paritätischen Wechselmodell lässt sich aber ein derartiger Schwerpunkt nicht bestimmen. Es obliegt in einem solchen Fall zunächst der gemeinsamen Entscheidung der sorgeberechtigten Eltern, den Hauptwohnsitz zu bestimmen, gelingt eine Einigung der Eltern nicht, ist die frühere Familienwohnung der Hauptwohnsitz des Kindes, wenn ein Elternteil die Wohnung nach der Trennung weiter bewohnt oder nach der Trennung bewohnt hat (BVerwG 30. 9. 2015 – 6 C 38/14, juris Rn 24, ZKJ 2016, 30). Wird die frühere Familienwohnung von keinem Elternteil mehr bewohnt und sind beide gleichzeitig aus der früheren Wohnung ausgezogen, wird darauf abzustellen sein, wo der Schwerpunkt der Lebensbeziehung des Kindes vor Beginn des Wechselmodells gewesen ist (Hennemann NZFam 2016, 825, 826). Mangelte es auch an einer gemeinsamen Familienwohnung vor der Trennung, wird auf denjenigen Wohnsitz abzustellen sein, wo das Kind früher gemeldet war (OVG Berlin-Brandenburg 1. 9. 2017 – OVG 5 N 14. 16, juris Rn 11, FamRZ 2018, 311; Ernst/Schwab/Schäder, Handbuch Scheidungsrecht [8. Aufl 2019] § 5 Rn 169). Ist auch dies nicht möglich, kann der Hauptwohnsitz des Kindes *de lege lata* nicht bestimmt wer-

den, zumal auch § 1628 BGB nicht angewendet werden kann, weil die Anmeldung des Wohnsitzes des Kindes nicht von erheblicher Bedeutung für das Kind iSd § 1687 Abs 1 S 1 BGB ist (BVerwG 30. 9. 2015 – 6 C 38/14, juris Rn 24, ZKJ 2016, 30; OLG München 25. 1. 2008 – 12 UF 1776/07, juris Rn 11, NJW-RR 2008, 1534). Bei gemeinsamer elterlicher Sorge besteht im Übrigen keine rechtliche Befugnis eines Elternteils, Ansprüche des Kindes auf Berichtigung oder Ergänzung der Meldedaten in Bezug auf dessen Hauptwohnsitz gemäß §§ 9 Abs 1 Nr 2, 12 BMG gerichtlich geltend zu machen (OVG Berlin-Brandenburg 1. 9. 2017 – OVG 5 N 14. 16, juris Rn 5, FamRZ 2018, 311). Im Bereich der (freiwilligen) Übernahme von **Schulbeförderungskosten** durch die Kommunen hat die verwaltungsgerichtliche Praxis bei im Wechselmodell lebenden Kindern ebenfalls auf denjenigen Wohnsitz des Kindes abgestellt, an dem es angemeldet ist und den Wohnsitz bei dem anderen Elternteil unberücksichtigt gelassen (VG Schleswig 9. 10. 2017 – 9 A 257/16, juris Rn 23, FamRZ 2018, 544). Gleiches gilt für Elternbeiträge nach den Landes-**Kitagesetzen** (vgl OVG Bautzen 7. 10. 2021 – 3 A 816/20, juris Rn 32, SächsVBl 2022, 75 zu § 15 Abs 1 S 3 SächsKitaG: Absenkung des Elternbeitrages für ein zweites Zählkind).

f) Prozess- und Verfahrenskostenhilfe

Das Wechselmodell wirft schließlich auch im Bereich der **Prozess- und Verfahrenskostenhilfe** bei den subjektiven Voraussetzungen (§ 115 ZPO) einige Rechtsfragen auf **270** (ausführlich Christl FamRZ 2016, 959; ders Rpfleger 2018, 241). So war etwa umstritten, ob beiden Elternteilen der volle **Kinderfreibetrag** nach § 115 Abs 1 S 3 Nr 2b ZPO zu gewähren ist, was in der Rechtsprechung zum Teil bejaht wurde (OLG Oldenburg 8. 2. 2021 – 13 WF 11/21, MDR 2021, 967; OLG Dresden 5. 8. 2015 – 20 WF 294/15, juris Rn 3, FamRZ 2016, 253; ebenso noch Gottschalk, in: Dürbeck/Gottschalk, PKH/VKH [8. Aufl 2016] Rn 308; MünchKommZPO/Wache § 115 Rn 33). Dem ist jedoch nicht zuzustimmen, da eine Gleichstellung von Eltern im Wechselmodell mit zusammenlebenden doppelverdienenden Eltern wegen des fehlenden Familienunterhaltsverbandes nicht geboten ist. Der Kinderfreibetrag steht vielmehr beiden Eltern nur zur Hälfte zu (OLG Frankfurt 13. 7. 2020 – 5 WF 117/20, FamRZ 2020, 1746; OLG Brandenburg 10. 12. 2010 – 9 WF 266/20, juris; OLG Brandenburg 1. 2. 2019 – 13 WF 13/19, FuR 2019, 476; Prütting/Helms/Dürbeck § 76 FamFG Rn 30; Christl FamRZ 2016, 959, 960; ders Rpfleger 2018, 241). Dieser Ansicht hat sich nunmehr auch der *BGH* (BGH 19. 1. 2022 – XII ZB 276/21, NZFam 2022, 354 m Anm Christl) angeschlossen.

Wechselmodellbedingte Mehraufwendungen (wie zB Fahrtkosten) können als **Mehrbedarf** nach § 115 Abs 1 S 3 Nr 4 ZPO iVm § 21 Abs 6 SGB II geltend gemacht werden (siehe oben Rn 268). Durch das Wechselmodell erhöhte **Wohnkosten** sind im Rahmen von § 115 Abs 1 S 3 Nr 3 ZPO zu berücksichtigen. Der **Mehrbedarf für Alleinerziehende** nach § 115 Abs 1 S 3 Nr 4 ZPO iVm § 21 Abs 3 SGB II ist – entsprechend der grundsicherungsrechtlichen Beurteilung durch das BSG (BSG 11. 7. 2019 – B 14 AS 23/18 R, FamRZ 2020, 382; BSG 3. 3. 2009 – B 4 AS 26/14 R, juris Rn 16, FamRZ 2009, 1214; BSG 11. 2. 2015 – B 4 AS 26/14, juris Rn 12, FamRZ 2015, 1187; siehe oben Rn 268) – beim paritätischen Wechselmodell beiden Elternteilen je zur Hälfte zu gewähren (BGH 16. 2. 2022 – XII ZB 19/21, NJW-RR 2022, 582 Rn 13; Christl FamRZ 2016, 959, 961; ders Rpfleger 2018, 241, 245). **270a**

Kindergeld ist im Sinne des Prozesskostenhilferechts auch nach der zum 1. 1. 2008 erfolgten Änderung des § 1612b BGB grundsätzlich Einkommen des Beziehers, soweit es nicht zur Bestreitung des notwendigen Lebensunterhalts eines minderjährigen

Kindes zu verwenden ist (BGH 14. 12. 2016 – XII ZB 207/15, juris Rn 7, MDR 2017, 354). Wird kein Barunterhalt geleistet, erfolgt der Kindergeldabgleich gemäß § 82 Abs 1 S 3 SGB XII mit dem hälftigen Freibetrag für das Kind (vgl Christl FamRZ 2019, 959, 962 mit Berechnungsbeispiel).

g) Steuerrecht

271 Im Bereich des Einkommensteuerrechts tangiert das Wechselmodell insbesondere die Fragen der **Kindergeldbezugsberechtigung** nach § 64 EStG (dazu oben Rn 267), den **Kinderfreibetrag** nach § 32 EStG und den **Entlastungsbetrag für Alleinerziehende** nach § 24b EStG. Hinsichtlich des **Kinderfreibetrages** kann bei Getrenntleben jeder Elternteil grundsätzlich den hälftigen Freibetrag geltend machen; dabei wird im Rahmen der amtswegigen **Günstigkeitsprüfung** nach § 31 Abs 1 S 4 EStG (Vergleich Kindergeld zu Steuerersparnis aufgrund des Freibetrages) nur das hälftige Kindergeld angerechnet (Ruetten NZFam 2016, 337, 339). Die hälftige Aufteilung geschieht dabei unabhängig davon, an wen das Kindergeld gezahlt wird (Wersig, in: Scheiwe/Wersig, Einer zahlt und eine betreut? [2010] 273, 278). Dabei kommt es steuerrechtlich nicht darauf an, wie zwischen den im Wechselmodell betreuenden Eltern das Kindergeld intern aufgeteilt wurde, sodass sich das Wechselmodell im Ergebnis hier nicht von sonstigen Betreuungsmodellen unterscheidet. Gemäß § 32 Abs 6 S 6 EStG kann jedoch der Kinderfreibetrag auf Antrag auf einen Elternteil übertragen werden, wenn (nur) dieser Elternteil seiner Barunterhaltspflicht gegenüber dem Kind für das Kalenderjahr im Wesentlichen nachgekommen ist und der andere Elternteil mangels Leistungsfähigkeit nicht unterhaltspflichtig ist.

Hinsichtlich des **Entlastungsbetrages für Alleinerziehende** (§ 24b EStG) kann dieser nur von einem steuerpflichtigen Elternteil beansprucht werden, der alleinstehend ist, also ausschließlich mit dem Kind zusammenlebt (§ 24b Abs 2 EStG). Eine Aufteilung des Freibetrages – anders als im Sozialrecht bei § 21 Abs 3 SGB II, siehe oben Rn 268 – ist hier nicht vorgesehen (vgl § 24b Abs 1 S 3 EStG, BFH 28. 4. 2010 – III R 79/08, juris Rn 16, NJW 2010, 3263). Entscheidend für die Zugehörigkeit zu einem Haushalt ist dabei der melderechtliche Wohnsitz (§ 24b Abs 1 S 2 EStG). Ist das Kind bei beiden Elternteilen (Haupt- und Nebenwohnsitz) gemeldet, kommt es nach § 24b Abs 1 S 3 EStG darauf an, welcher der beiden Elternteile die Voraussetzungen für die Kindergeldbezugsberechtigung nach § 64 Abs 2 S 1 EStG erfüllt (Brandis/Heuermann/Selder § 24b EStG Rn 25). Lässt sich eine überwiegende Obhut bzw Haushaltsaufnahme – wie beim echten Wechselmodell – nicht feststellen, soll nach Auffassung des BFH § 64 Abs 2 S 2 EStG gelten, sodass die Eltern selbst bestimmen können, wer von beiden den Entlastungsbetrag für Alleinerziehende in Anspruch nehmen soll (BFH 28. 4. 2010 – III R 79/08, juris Rn 18 ff, NJW 2010, 3263; Damljanovic, Das Wechselmodell [2016] 207). Können sich die Eltern nicht einigen, ist – anders als bei der Kindergeldbezugsberechtigung (§ 64 Abs 2 S 3 EStG) – eine Entscheidungsbefugnis des Familiengerichts nicht vorgesehen. Es ist dann auf denjenigen Elternteil abzustellen, der das Kindergeld bezieht (BFH 28. 4. 2010 – III R 79/08, juris Rn 21, NJW 2010, 3263; Brandis/Heuermann/Selder § 24b EStG Rn 25). Damit entscheidet das Familiengericht aber bei Uneinigkeit über den Entlastungsbetrag letztlich doch auch im Rahmen der Kindergeldbezugsberechtigung mittelbar über den Berechtigten nach § 24b EStG. Ob – wie beim Kindergeld – im Innenverhältnis bei einem Wechselmodell wegen der Vorteile durch den Entlastungsbetrag für Alleinerziehende ein familienrechtlicher Ausgleichsanspruch in Betracht kommen kann, ist noch nicht geklärt (verneinend Ruetten NZFam 2016, 337, 340).

h) Besoldungsrecht

272 Eine bemerkenswerte *Privilegierung des Wechselmodells* besteht im Bundesbesoldungsrecht bei dem in §§ 39, 40 BBesG geregelten **Familienzuschlag** für Beamte, Richter und Soldaten des Bundes. Sind beide Eltern während des gemeinsamen Zusammenlebens mit dem Kind bezugsberechtigt, so bestimmen §§ 40 Abs 1 Nr 4 S 4, 40 Abs 4 BBesG, dass der Zuschlag beiden Eltern bzw Ehegatten nur hälftig gewährt wird. Leben sie getrennt und praktizieren das Wechselmodell, so soll § 40 Abs 1 Nr 4 S 4 BBesG nicht analog anzuwenden sein, sondern beide bezugsberechtigte Eltern sollen den vollen Familienzuschlag erhalten, da dieser den Mehrbedarf ausgleichen solle, der durch die Praktizierung der paritätischen Mitbetreuung entstehe (BVerwG 27. 3. 2014 – 2 C 2/13, juris Rn 25 ff, NJW-Spezial 2014, 548; VG Berlin 22. 6. 2017 – 36 K 66. 16, juris Rn 20 ff; DAMLJANOVIC, Das Wechselmodell [2016] 207 f). Ist nur ein Elternteil bezugsberechtigt, ist aber noch ungeklärt, ob im paritätischen Wechselmodell ein familienrechtlicher Ausgleichsanspruch in Bezug auf den Familienzuschlag in Betracht kommen kann (bejahend RUETTEN NZFam 2016, 337, 340 f).

IX. Regelung gegenüber Dritten (§ 1684 Abs 3 S 1 HS 2)

1. Reichweite

273 Gemäß § 1684 Abs 3 S 1 HS 2 BGB kann das Familiengericht den Umgang auch **gegenüber Dritten** näher regeln. Die Bedeutung und Reichweite dieser Regelung erschließen sich nicht ohne Weiteres. Die Regelung beruht historisch auf dem durch das SorgerechtsänderungsG v 18. 7. 1979 (BGBl 1979 I 1061) eingefügten § 1634 Abs 2 aF. Ausweislich der Gesetzesmaterialien (BT-Drucks 8/2788, 55) wollte der Gesetzgeber es dem Familiengericht ermöglichen, den elterlichen Umgang auch mit Wirkung gegenüber einem solchen Dritten zu regeln, in dessen **Obhut** sich das Kind befindet und der dem Umgangsberechtigten den Verkehr verweigert. Hintergrund war, dass in der Rechtsprechung und im Schrifttum streitig war, ob in einem solchen Fall das Familiengericht oder aber das Prozessgericht für die Verkehrsregelung gegenüber der dritten Obhutsperson zuständig war (BT-Drucks 8/2788, 55; BayObLGZ 1994, 258, 262). Adressat der Regelung sind damit in erster Linie **Pflegepersonen des Kindes** (BVerfG 24. 7. 2006 – 1 BvR 971/03, juris Rn 11 ff, FamRZ 2007, 335; HEILMANN NJW 2012, 16, 20), bei denen es sich gewöhnlich aufhält, wie zB Pflegeeltern, Großeltern, ohne dass es darauf ankäme, ob ein Pflegeverhältnis iSd § 33 SGB VIII vorliegt. Weiterhin sind solche Dritte erfasst, denen die **rechtliche Befugnis zur Aufenthalts- und Umgangsbestimmung** zusteht, da das Umgangsrecht die Ausübung dieser sorgerechtlichen Kompetenzen beschränkt (BGH 1. 2. 2017 – XII ZB 601/15, juris Rn 20, FamRZ 2017, 532; BGH 6. 7. 2016 – XII ZB 47/15, juris Rn 44 ff, FamRZ 2016, 1752), sodass auch der **Vormund oder Pfleger**, in dessen Obhut sich das Kind nicht befindet, Adressat der Vorschrift ist und auch ihm (vollstreckbare) Pflichten zur Ermöglichung des Umgangs auferlegt werden können (BGH 19. 2. 2014 – XII ZB 165/13, juris Rn 16 ff, ZKJ 2014, 251; OLG Frankfurt 28. 11. 2012 – 1 WF 294/12, juris Rn 8, ZKJ 2012, 167 jeweils zum Amtsvormund; DÜRBECK in OBERLOSKAMP/DÜRBECK, Vormundschaft [5. Aufl 2023] § 3 Rn 38). Werden den obhuts- oder sorgeberechtigten Dritten Pflichten durch eine Umgangsregelung auferlegt, sind sie auch nach § 7 Abs 2 Nr 1 FamFG am Verfahren zu beteiligen und auch nach § 59 FamFG beschwerdeberechtigt (dazu unten Rn 407 und 503).

Entgegen einer im Schrifttum weit verbreiteten Ansicht (MünchKommBGB/HENNEMANN § 1684 Rn 59; STAUDINGER/RAUSCHER [2014] § 1684 Rn 219) ist § 1684 Abs 3 S 1 HS 2 BGB jedoch **keine Befugnisnorm** für Anordnungen **gegenüber sonstigen Dritten**, die das Kind **nicht in Obhut haben** oder über das Sorgerecht nicht verfügen. Ihnen kann insbesondere nicht durch eine vollstreckbare Anordnung nach Abs 3 S 1 auferlegt werden, nicht während des Umgangs anwesend zu sein. Gelangt das Familiengericht zum Ergebnis, dass es mit dem Kindeswohl nicht zu vereinbaren ist, dass eine bestimmte Person aus dem Umfeld des Umgangsberechtigten (zB Lebensgefährtin, Großeltern) während des Umgangs anwesend ist, hat es – je nach zeitlicher Dauer – nach § 1684 Abs 3 S 1 HS 1 oder Abs 4 S 2 BGB **gegenüber dem Umgangsberechtigten** die (vollstreckbare) Auflage zu erteilen, dass diese dritte Person nicht während des Umgangs anwesend sein darf (vgl etwa BVerfG 16. 6. 2021 – 1 BvR 709/21, ZKJ 2021, 457; KG 6. 5. 2016 – 13 UF 40/16 Rn 27 ff, FamRZ 2016, 1780 m Anm Dürbeck). Genügt dies nicht, insbesondere, weil von der Person eine Gefahr für das Kind ausgeht, können Schutzanordnungen, wie zB ein Kontaktverbot, nach § 1 GewSchG oder § 1666 Abs 1, 3 Nr 4, Abs 4 BGB gegenüber dem Dritten ergehen (Staudinger/Coester [2020] § 1666 Rn 232, 236 f). Das ist etwa dann der Fall, wenn der Partner des Umgangselternteils im begründeten Verdacht steht, das Kind **sexuell missbraucht** zu haben. Handelt es sich bei dem Dritten um Großeltern, Geschwister oder sonstige soziale Bezugspersonen des Kindes iSd § 1685 Abs 1 oder 2 BGB, können Schutzmaßnahmen auf § 1685 Abs 3 S 1 BGB iVm § 1684 Abs 4 BGB gestützt werden. Gegenüber sonstigen Dritten kommen schließlich auch auf § 1632 Abs 3 und 2 BGB gestützte gerichtliche Anordnungen auf Antrag des oder der Sorgeberechtigten in Betracht (Johannsen/Henrich/Althammer/Dürbeck § 1632 BGB Rn 14 ff; dazu oben Rn 86, 87).

Regelungen, welche die **Anwesenheit Dritter anordnen**, sind ausdrücklich in § 1684 Abs 4 S 3 BGB niedergelegt (dazu unten Rn 350 ff). Regelungen des Umgangs mit Dritten, die ein **eigenes Umgangsrecht** haben, bestimmen sich nach § 1685 BGB (s Erläuterungen dort).

2. Ausschluss der Anwesenheit dritter Personen

274 Eine auf den Ausschluss der Anwesenheit eines Dritten lautende familiengerichtliche Anordnung **gegenüber dem Umgangsberechtigten** kann wegen dessen grundsätzlichen Bestimmungsrechts nach § 1687 Abs 1 S 4 BGB nur dann ergehen, wenn das **Kindeswohl** (§ 1697a BGB) dies erfordert oder gefährdet ist. Rechtsgrundlage für eine Einschränkung von kürzerer Dauer ist nicht § 1684 Abs 3 S 1 Alt 2 BGB, sondern Alt 1 der Vorschrift, im Übrigen bei längerer Dauer § 1684 Abs 4 S 2 BGB. Zu den Einzelheiten ist auf vorstehende Rn 273 und auf Rn 86 Bezug zu nehmen.

3. Umgang mit fremduntergebrachten Kindern

a) Pflegekinder

275 Als Anwendungsfall von § 1684 Abs 3 S 1 Alt 2 BGB gilt der elterliche Umgang mit Kindern, die sich bei **Pflegeeltern** (im Sinne einer Vollzeitpflege nach § 33 SGB VIII) aufhalten (vgl dazu Rn 52, 115). Im Jahr 2021 befanden sich in Deutschland 87.300 Kinder in Vollzeitpflege (Destatis, Pressemitteilung Nr 454 v 27. 10. 2022). Das von Art 6 Abs 2 GG geschützte **elterliche Umgangsrecht gilt** auch bei einer Fremdunterbringung des Kindes unabhängig vom Sorgerecht (BVerfG 29. 11. 2012 – 1 BvR 335/15, ZKJ 2013, 120 Rn 19; vgl dazu eingehend Tschrepp, Umgang und Pflegekindschaft [2021] 13 ff; Freitag FuR 2020, 636; Obermann NZFam 2019, 293; Heilmann ZKJ 2014, 48; Rüting für 2012, 381; Lack/Salgo, in:

PRENZLOW, Handbuch Elterliche Sorge und Umgang [3. Aufl 2022] 428 ff; HOPP FPR 2007, 279; SALGO FPR 2004, 419; PESCHEL-GUTZEIT FPR 2003, 290; SCHORN, Das Pflegekind in der Rechtsprechung des BVerfG und des EGMR [2010] 70 ff; HENNE, Die Rechte der leiblichen Eltern von Pflegekindern [2009] 112 ff). Auch können sich betroffene Eltern auf Art 8 Abs 1 EMRK berufen (EGMR 26. 2. 2004 – 74969/01, FamRZ 2004, 1456 Nr 9 [*Görgülü/Deutschland*]). Umgekehrt ist auch der **Familienverband der Pflegefamilie** von Art 6 Abs 1 GG (BVerfG 12. 10. 1988 – 1 BvR 818/88, juris Rn 28, FamRZ 1989, 31) und Art 8 Abs 1 EMRK (EGMR 17. 1. 2012 – 1598/06, FamRZ 2012, 429; zur neueren Rspr des EGMR zum Schutz der sozialen Bindungen des Kindes gegenüber seinen Pflegeeltern vgl PINTENS FamRZ 2016, 341, 345 Fn 58) geschützt. Schließlich erweisen sich betroffene **Pflegekinder** im Hinblick auf Art 20 Abs 1 UN-KRK und als Träger des allgemeinen Persönlichkeitsrechts (Art 2 Abs 1, 1 Abs 1 GG) als besonders schützenswert.

Allerdings ist die Situation von fremduntergebrachten Kindern mit denen, die von einer **Trennung oder Scheidung** der Eltern betroffen sind, nicht vergleichbar (SALGO FPR 2004, 419, 425 ff; HEILMANN ZKJ 2014, 48, 50; TSCHREPP, Umgang und Pflegekindschaft [2021] 34 ff). Ob auch bei Pflegekindern die Vermutung des **§ 1626 Abs 3 S 1 BGB**, wonach zum Wohl des Kindes auch der Umgang des Kindes mit beiden Elternteilen gehört, Geltung beansprucht (zu Recht ablehnend BeckOGK/ALTROGGE [15. 11. 2021] § 1684 Rn 326; TSCHREPP, Umgang und Pflegekindschaft [2021] 97 ff; SALGO FPR 2004, 419, 425; HEILMANN ZKJ 2014, 48, 50; **aA** MünchKommBGB/HENNEMANN § 1684 Rn 106 und BVerfG 29. 11. 2012 – 1 BvR 335/15, ZKJ 2013, 120 Rn 19), erscheint nämlich angesichts des Umstands, dass in sehr vielen Fällen einer Fremdunterbringung ein elterlicher Sorgerechtsentzug nach § 1666 BGB vorausgeht (SALGO/LACK, in: PRENZLOW, Handbuch Elterliche Sorge und Umgang [2. Aufl 2016] 350; DIJuF-Rechtsgutachten JAmt 2010, 271), mehr als zweifelhaft, zumal die sozialwissenschaftliche Befundlage das Regel-Ausnahme-Verhältnis von § 1626 Abs 3 S 1 BGB ohnehin nicht bestätigt (vgl Rn 52, 181).

Damit sind im Rahmen der für das Umgangsrecht erforderlichen Abwägung ggf bis zu fünf *(jeweils zwei leibliche Eltern und Pflegeelternteile und das Kind)* Grundrechtspositionen miteinander im Sinne einer **Konkordanz** in Einklang zu bringen, wobei auch hier das **Wohl des Kindes** letztlich bestimmend ist (BVerfG 5. 4. 2005 – 1 BvR 1664/04, FamRZ 2005, 783 Rn 18; BVerfG 29. 11. 2012 – 1 BvR 335/15, ZKJ 2013, 120 Rn 21 ff).

Beim **Umgang mit Pflegekindern** ist zunächst von ganz entscheidender Bedeutung, ob **276**
das Pflegeverhältnis mit einer **Rückkehroption** begründet wurde (bzw ob eine solche fortbesteht) oder aber mangels Fehlens einer realistischen **Rückkehrperspektive** von einem dauerhaften Verbleib des Kindes in der Pflegefamilie (was §§ 33 S 1, 37 Abs 1 S 3 SGB VIII jugendhilferechtlich vorsehen) auszugehen ist (OLG Celle 8. 10. 2018 – 10 UF 91/18, juris Rn 9, FuR 2019, 349; OLG Koblenz 30. 9. 2016 – 11 UF 418/16, juris Rn 77, FamRZ 2017, 301 m Anm DÜRBECK; OLG Hamm 1. 4. 2016 – 7 UF 58/16, juris Rn 5, FamRZ 2016, 1778; OLG Frankfurt 12. 10. 2015 – 5 UF 195/10, juris Rn 6; TSCHREPP, Umgang und Pflegekindschaft [2021] 35 ff; LACK/SALGO, in: PRENZLOW, Handbuch Elterliche Sorge und Umgang [3. Aufl 2022] 478; HEILMANN ZKJ 2014, 48, 51; DFGT KRK FamRZ 2014, 891). Die Rückkehrperspektive beeinflusst nämlich in diesen Fällen auch den **Zweck** des Umgangs. *Besteht eine realistische Rückkehroption,* dient er dazu, den Eltern und dem betroffenen Kind diese Option offen zu halten und Eltern und Kind (behutsam) auf ein Wiederzusammenleben vorzubereiten (vgl OLG Bamberg 22. 9. 2016 – 7 UF 119/16, juris Rn 32, FamRZ 2017, 294; OLG Brandenburg 19. 5. 2008 – 10 UF 94/07, juris Rn 36, FamRZ 2009, 61, auch zur Verbindung mit einer

Verbleibensanordnung nach § 1632 Abs 4 BGB, dazu auch BayObLG FamRZ 2000, 633, 635; BayObLG FamRZ 2001, 563), was sich auch auf die Art und den Umfang des Umgangs auswirken muss. Hierdurch wird auch dem Umstand Rechnung getragen, dass es sich bei der Inpflegenahme von Kindern nach der Wertvorstellung des Gesetzgebers grundsätzlich um eine vorübergehende Maßnahme handelt, die durch die Zusammenführung der Ursprungsfamilie zu beenden ist, sobald die Umstände dies erlauben (EGMR 26. 2. 2002 – 46544/99 Ziff 61 ff, FamRZ 2002, 1393 [*Kutzner/Deutschland*]; OLG Hamm 17. 1. 2011 – 8 UF 133/10, juris Rn 14, ZKJ 2011, 175). Auch soll die Rückkehrperspektive für das Kind nach der grundsätzlichen gesetzgeberischen Konzeption – wie auch § 1632 Abs 4 BGB in seiner heutigen Fassung zeigt – grundsätzlich offen gehalten werden (BVerfG 17. 10. 1984 – 1 BvR 284/84, juris Rn 48; FamRZ 1985, 39; OLG Saarbrücken 5. 12. 2013 – 6 UF 132/13, juris Rn 27, ZKJ 2014, 117; Rüting FPR 2012, 381, 384).

276a Durch das am 10. 6. 2021 in Kraft getretene **Kinder- und Jugendhilfegesetz** v 3. 6. 2021 (BGBl 2021 I 1444) hat der Gesetzgeber endlich auch im BGB die Rechte von Pflegekindern im Kontext mit der Frage einer **Rückkehroption** gestärkt und gesetzlich festgeschrieben. Neben der Einführung einer sog **Dauerverbleibensanordnung** in § 1632 Abs 4 S 2 BGB hat er in Abs 2 der Kindeswohlbestimmung von **§ 1697a BGB** auch eine für den Umgang mit Pflegekindern bedeutsame Änderung festgeschrieben (vgl OLG Frankfurt 27. 2. 2023 – 1 UF 196/22, juris). Lebt das Kind in Familienpflege, so hat nach § 1697a Abs 2 S 1 BGB das Familiengericht, soweit nichts anderes bestimmt ist, in Verfahren betreffend die elterliche Sorge und den Umgang auch zu berücksichtigen, ob und inwieweit sich innerhalb eines im Hinblick auf die Entwicklung des Kindes vertretbaren Zeitraums die Erziehungsverhältnisse bei den Eltern derart verbessert haben, dass diese das Kind selbst erziehen können. Soweit die Voraussetzungen für eine Dauerverbleibensanordnung nach § 1632 Abs 4 S 2 Nr 1 BGB vorliegen, so *hat* das Gericht nach Satz 2 bei seiner Entscheidung auch das **Bedürfnis des Kindes nach kontinuierlichen und stabilen Lebensverhältnissen** zu berücksichtigen. Damit müssen heute die Familiengerichte auch im Verfahren und bei der Entscheidung über das Umgangsrecht der Eltern nach § 1684 BGB (BeckOK-BGB/Veit [1. 1. 2023] § 1697a Rn 9; Meysen FamRZ 2021, 401, 404) berücksichtigen, ob sich die Erziehungsbedingungen bei den Eltern innerhalb eines im Hinblick auf das kindliche Zeiterleben vertretbaren Zeitraums derart verbessert haben, dass eine Rückkehr des Kindes in seine Herkunftsfamilie realistisch ist (BT-Drucks 19/26107, 132). Besteht eine Rückkehrperspektive, so muss dies beim Umfang des Umgangs berücksichtigt werden und dieser so ausgestaltet werden, dass die Beziehung des Kindes zu seinen Eltern erhalten bleibt und eine Rückkehr nicht durch Entfremdung des Kindes von seinen Eltern erschwert oder gar unmöglich wird, sondern das Kind und seine Eltern durch den Umgang auf einen Wechsel aus der Pflegestelle in den elterlichen Haushalt vorbereitet werden (BT-Drucks 19/26107, 132, 144; Meysen FamRZ 2021, 401, 404).

276b **Besteht eine solche Rückkehrperspektive allerdings nicht** und ist das Pflegeverhältnis *auf Dauer* angelegt, stehen nach der gesetzlichen Wertung von § 1697a Abs 2 S 1 und 2 BGB die **Stabilität und Kontinuität** der Pflegefamilie und die **neuen Bindungen des Kindes** zu seinen Pflegeeltern viel stärker im Vordergrund und der Umgang bezweckt dann weder die Rückkehr zu den Eltern noch die *Aufrechterhaltung qualitativ gleichwertiger Bindungen* zu den Eltern (OLG Frankfurt 27. 2. 2023 – 1 UF 196/22, juris; OLG Koblenz 30. 9. 2016 – 11 UF 418/16, juris Rn 86 ff, FamRZ 2017, 301 m Anm Dürbeck; OLG Hamm 1. 4. 2016 – 7 UF 58/16, juris Rn 5, FamRZ 2016, 1778; OLG Frankfurt 12. 10. 2015 – 5 UF

195/15, juris Rn 5; OLG Oldenburg 11. 2. 2010 – 11 UF 170/09, juris Rn 12, 15, FamRZ 2010, 1356; Heilmann ZKJ 2014, 48, 51; Salgo FPR 2004, 419, 424, 427; Schorn, Das Pflegekind in der Rechtsprechung des BVerfG und des EGMR [2010] 72; zum Bindungserleben von Pflegekindern vgl Cappenberg, in: Coester-Waltjen/Lipp/Schumann/Veit, Pflegekindverhältnisse – zeitlich befristete oder dauerhafte Lebensperspektive für Kinder?, Göttinger juristische Schriften Bd 15 [2014] 21), was auch Einfluss auf die Umgangsintervalle haben muss (OLG Frankfurt 12. 10. 2015 – 5 UF 195/15, juris Rn 5; Castellanos, Psychologische Sachverständigengutachten im Familienrecht [3. Aufl 2021] Rn 1019; Heilmann ZKJ 2014, 48, 51).

Weiterhin sind vor allem **kindespsychologische Kriterien** beim elterlichen Umgang mit Pflegekindern von Bedeutung (vgl dazu Salzgeber, Familienpsychologische Gutachten [7. Aufl 2020] Rn 827 ff; Castellanos, Psychologische Sachverständigengutachten im Familienrecht [7. Aufl 2021] Rn 1019 ff; Walter FPR 2004, 415; Cappenberg, in: Coester-Waltjen/Lipp/Schumann/Veit, Pflegekindverhältnisse – zeitlich befristete oder dauerhafte Lebensperspektive für Kinder?, Göttinger juristische Schriften Bd 15 [2014] 21). Hierbei ist insbesondere der **Grund der Fremdunterbringung** bestimmend für das Kindeswohl, da etwa bei Fällen vorausgegangener elterlicher Gewalt, sexueller Übergriffe, psychischer Erkrankung der Eltern oder schwerer Vernachlässigen stets die **Gefahr einer Retraumatisierung** des Kindes besteht (BVerfG 27. 12. 2022 – 1 BvR 1943/22, NZFam 2023, 402 m Anm Keuter: Umgangsausschluss bei einem Pflegekind im Anschluss an OLG Celle 6. 9. 2022 – 19 UF 92/22, juris; OLG Frankfurt 27. 2. 2023 – 1 UF 196/22, juris; OLG Saarbrücken 22. 11. 2018 – 6 UF 120/18, NJW-RR 2019, 327; OLG Saarbrücken 17. 11. 2016 – 6 UF 90/16, juris Rn 25, NZFam 2017, 25; OLG Hamm 8. 5. 2012 – 11 UF 177/10, juris Rn 32 ff, FamRZ 2013, 708; Salgo FPR 2004, 419, 424; Lack/Salgo, in: Prenzlow, Handbuch Elterliche Sorge und Umgang [3. Aufl 2022] 479 f; Castellanos, Psychologische Sachverständigengutachten im Familienrecht [3. Aufl 2021] Rn 1013; Diouani-Streek, Kontinuität im Kinderschutz [2015] 69 ff; Oswald/Goldbeck, in: Fegert/Ziegenhain/Goldbeck, Traumatisierte Kinder in Deutschland [2013] 203; Fegert/Kemper, in: Fegert/Ziegenhain/Goldbeck, Traumatisierte Kinder in Deutschland [2013] 210; aus *kinderpsychiatrischer Sicht:* Kircher NZFam 2016, 600 und aus Sicht der Hirnforschung Himpel/Hüther, in: Stiftung zum Wohl des Pflegekindes, 3. Jahrbuch des Pflegekinderwesens – Kontakte zwischen Pflegekind und Herkunftseltern [2004] 111). Auch bei nicht *hinreichend aufgeklärten Ursachen* von Verletzungen eines Kindes, welches es im elterlichen Haushalt erlitten hat, kann zur Verhinderung neuerlicher Verletzungen oder der Gefahr einer Retraumatisierung eine Einschränkung des Umgangsrechts gerechtfertigt sein (OLG Frankfurt 27. 2. 2023 – 1 UF 196/22, juris; OLG Koblenz 16. 6. 2015 – 7 UF 198/15, juris Rn 38, FamRZ 2016, 66; zum Sorgerechtsentzug bei bloßem Verdacht der schweren Kindesmisshandlung BVerfG 16. 9. 2022 – 1 BvR 1807/20, NZFam 2023, 17 m Anm Volke). 276c

Erhebliche **Entwicklungsstörungen und Verhaltensauffälligkeiten** (auch auf vorangegangene Umgangskontakte) des Kindes, infolge derer ein erhöhter Betreuungs- und Pflegebedarf und große Bindungsbedürfnisse (Salzgeber, Familienpsychologische Gutachten [7. Aufl 2020] Rn 831; zu möglichen Bindungsstörungssymptomen bei Pflegekindern vgl Nowacki/Remiorz, Bindung bei Pflegekindern [2018] 128 ff) bestehen, können ebenfalls Grund einer Einschränkung des Umgangsrechts sein (OLG Oldenburg 11. 2. 2010 – 11 UF 170/09, juris Rn 12 ff, FamRZ 2010, 1356; OLG Hamm 8. 5. 2012 – 11 UF 177/10, juris Rn 32 ff, FamRZ 2013, 708), und zwar auch dann, wenn das Kind mehr Kontakt mit seinen Eltern wünscht (OLG Hamm 1. 4. 2016 – 7 UF 58/16, juris Rn 7, FamRZ 2016, 1778).

In diesem Zusammenhang spielen auch die **Vulnerabilität** des Kindes (OLG Celle 21. 2. 2013 – 12 UF 55/11, juris Rn 23, ZKJ 2013, 259; Wather FPR 2004, 415, 416), seine **Angst** vor einer ungewissen Zukunft seines Lebensmittelpunkts (OLG Koblenz 30. 9. 2016 – 11 UF 418/06, juris Rn 72, FamRZ 2017, 301 m Anm Dürbeck; OLG Celle 21. 2. 2013 – 12 UF 55/11, juris Rn 22, ZKJ 2013, 250; Diouani-Streek/Salgo RdJB 2016, 176, 190; Heilmann ZKJ 2014, 48, 49, 52; Hopp FPR 2007, 279, 282), die **Bindungen** des Kindes zu seinen **Herkunftseltern** (OLG Saarbrücken 5. 12. 2013 – 6 UF 132/13, juris Rn 55, ZKJ 2014, 117; Köckeritz ZKJ 2022, 124) und etwaigen dort lebenden **Geschwistern**, sein **Wille** (BVerfG 29. 11. 2012 – 1 BvR 335/15, ZKJ 2013, 120 Rn 31: Umgangsausschluss wegen entgegenstehenden Willen des Pflegekindes, OLG Karlsruhe 20. 1. 2022 – 2 UF 77/21, NZFam 2022, 609 m Anm Tschrepp; vgl dazu Gottschalk/Heilmann ZKJ 2013, 113 und Lack FamFR 2013, 73; Walther FPR 2004, 4115, 417; Peschel-Gutzeit FPR 2003, 290, 291 f), seine **Bindungen zu den Pflegepersonen** (und deren Kindern und Verwandten) eine gewichtige Rolle (OLG Frankfurt 27. 2. 2023 – 1 UF 196/22, juris; OLG Oldenburg 11. 2. 2010 – 11 UF 170/09, juris Rn 15, FamRZ 2010, 1356; OLG Brandenburg 19. 5. 2008 – 10 UF 94/07, juris Rn 29, FamRZ 2009, 61; Walter FPR 2004, 415, 416 ff; Cappenberg, in: Coester-Waltjen/Lipp/Schumann/Veit, Pflegekindverhältnisse – zeitlich befristete oder dauerhafte Lebensperspektive für Kinder?, Göttinger juristische Schriften Bd 15 [2014] 21; Lack/Hammesfahr, Psychologische Gutachten im Familienrecht [2019] Rn 671: Köckeritz/Nowacki ZKJ 2021, 44).

Auf der Seite der Eltern sind ihre **erzieherischen und empathischen Fähigkeiten** (OLG Frankfurt 27. 2. 2023 – 1 UF 196/22, juris; OLG Hamm 8. 5. 2012 – 11 UF 177/10, juris Rn 32 ff, FamRZ 2013, 708; Salzgeber, Familienpsychologische Gutachten [7. Aufl 2020] Rn 833; Walther FPR 2004, 415, 417), **ihr Interesse an dem Kind** bei der Wahrnehmung des Umgangs (OLG Brandenburg 1. 6. 2010 – 9 UF 92/09, juris Rn 5, 11, FamRZ 2010, 1925: mehrfache Nichtwahrnehmung des Umgangs; Walther FPR 2004, 415, 418), die – in der Praxis oftmals fehlende – **Akzeptanz der Fremdunterbringung** des Kindes (vgl dazu OLG Frankfurt 12. 10. 2015 – 5 UF 195/10, juris Rn 5, 6) und ihre **Bindungstoleranz** gegenüber den Pflegeeltern von Bedeutung, da diese sowohl die seelische Verfassung des Kindes durch die Verursachung von **Loyalitätskonflikten** (BVerfG 9. 2. 2007 – 1 BvR 217/07, juris Rn 34, FamRZ 2007, 531; OLG Saarbrücken 17. 11. 2016 – 6 UF 90/16, juris Rn 25, NZFam 2017, 25; OLG Hamm 8. 5. 2012 – 11 UF 177/10, juris Rn 42, FamRZ 2013, 708; Salzgeber, Familienpsychologische Gutachten [7. Aufl 2020] Rn 834) als auch die **Stabilität der Pflegefamilie** und den **Integrationsprozess** des Pflegekindes (vgl dazu Cappenberg, in: Coester-Waltjen/Lipp/Schumann/Veit, Pflegekindverhältnisse – zeitlich befristete oder dauerhafte Lebensperspektive für Kinder?, Göttinger juristische Schriften Bd 15 [2014] 21, 29 ff) gefährden können (vgl OLG Frankfurt 12. 10. 2015 – 5 UF 195/15, juris Rn 5; Salzgeber, Familienpsychologische Gutachten [7. Aufl 2020] Rn 830; Lack/Hammesfahr, Psychologische Gutachten im Familienrecht [2019] Rn 671; Heilmann ZKJ 2014, 48, 51). In diesem Zusammenhang können auch von den Eltern verursachte **Spannungen im Verhältnis zu den Pflegeeltern** Gründe für eine Beschränkung oder Versagung des Umgangs sein (OLG Koblenz 30. 9. 2016 – 11 UF 418/16, juris Rn 104, FamRZ 2017, 301 m Anm Dürbeck; OLG Saarbrücken 17. 11. 2016 – 6 UF 90/16, juris Rn 25, NZFam 2017, 25; OLG Celle 21. 2. 2013 – 12 UF 55/11, juris Rn 23, ZKJ 2013, 250).

Die *Pflegepersonen* sind ebenso dem Wohl des bei ihm lebenden Kindes verpflichtet und haben dessen Kontakt zu den Eltern nach besten Kräften zu unterstützen, wobei organisatorische Schwierigkeiten hinter dem Umgangsrecht zurückzutreten haben (BVerfG FamRZ 2007, 335; OLG Hamm 28. 2. 2011 – 8 UF 227/10, juris Rn 23, FamRZ 2011, 1668).

277 Unter Berücksichtigung dieser Kriterien kann auch bei einem schon älteren Pflegekind und keiner bestehenden Rückkehrperspektive das elterliche Umgangsrecht auf *wenige regelmäßige Kontakte* zu beschränken sein, auch wenn sich das Kind mehr

Kontakt mit den Eltern wünscht, wenn bei einer Ausweitung des Umgangs das Bedürfnis des Kindes nach *Stabilität und Sicherheit* gefährdet wäre (OLG Hamm 1. 4. 2016 – 7 UF 58/16, juris Rn 7, FamRZ 2016, 1778). Dies gilt dann umso mehr, wenn die *leiblichen Eltern getrennt* leben und beide ihr Umgangsrecht selbständig wahrnehmen, weil hier die Stabilität des Pflegefamilienverbandes und die Integrierung des Pflegekindes in seine neue soziale Familie – auch bei einem Kindeswunsch nach mehr Umgang – gewahrt sein muss (OLG Frankfurt 12. 10. 2015 – 5 UF 195/15, juris Rn 5). Um die erforderliche *Abwägung der verschiedenen Grundrechtspositionen* von Eltern, Pflegeeltern und des Kindes vornehmen zu können, sind aber *konkrete Feststellungen* von den Familiengerichten zu treffen, insbesondere wenn das Umgangsrecht der Eltern beschränkt oder ausgeschlossen werden soll (BVerfG 14. 7. 2010 – 1 BvR 3189/09, JAmt 2011, 220 Rn 21 ff). Allerdings kann nach zutreffender herrschenden Meinung in Literatur und Rechtsprechung ein **kurzzeitiger Ausschluss des Umgangsrechts** aus Gründen des Kindeswohls nach § 1684 Abs 4 S 1 BGB angeordnet werden, auch wenn nicht festgestellt werden kann, dass durch Umgangskontakte das Wohl des Kindes gefährdet werden würde, wenn die *vorübergehende Aussetzung* des Umgangs aus Kindeswohlgründen, zB um seine *Integration in die Pflegefamilie* zu ermöglichen, *erforderlich* ist (OLG Nürnberg 19. 7. 2016 – 7 UF 746/16, juris Rn 43, ZKJ 2017, 33: drei Monate; Grüneberg/Götz § 1684 Rn 34; Johannsen/Henrich/Jaeger [6. Aufl 2015] Rn 22; Heilmann/Gottschalk Rn 65; **aA** Johannsen/Henrich/Althammer/Rake Rn 55; Staudinger/Rauscher [2014] § 1684 Rn 265; vgl dazu unten Rn 287 ff).

Auch bei der Frage der **Art des Umgangs** (unbegleitet oder begleitet) sind die oben genannten Kriterien gegeneinander abzuwägen. In der Praxis kommt häufig nur ein **begleiteter Umgang** mit Pflegekindern in Betracht, was insbesondere bei *Kleinkindern* der Fall ist und auch dann, wenn die Eltern die Fremdunterbringung des Kindes *nicht akzeptieren* (vgl zur Ausgestaltung des begleiteten Umgangs bei Pflegekindern Prinz/Rix, in: Klinkhammer/Prinz, Handbuch Begleiteter Umgang [3. Aufl 2017] 293 ff; Mayer, in: Dürbeck, Handbuch Begleiteter Umgang [4. Aufl 2023] 177 ff).

Im Übrigen dürfte sich ein **vierteljährlicher Umgangskontakt** bei einem auf Dauer angelegten Pflegeverhältnis an der untersten Grenze dessen bewegen, was zur Aufrechterhaltung der Bindungen des Kindes zu seinen Eltern erforderlich ist (noch ausreichend: OLG Oldenburg 11. 2. 2010 – 11 UF 170/09, juris Rn 12 ff, FamRZ 2010, 1356; OLG Brandenburg 1. 6. 2010 – 9 UF 92/09, juris Rn 5, FamRZ 2010, 1925; nicht ausreichend: OLG Hamm 17. 1. 2011 – 8 UF 133/10, juris Rn 15, ZKJ 2011, 175; OLG Hamm 28. 2. 2011 – 8 UF 227/10, juris Rn 22, FamRZ 2011, 1668). Bei Bestehen einer Rückkehrperspektive sind kürzere Intervalle erforderlich (OLG Celle 8. 10. 2018 – 10 UF 91/18, juris Rn 9, FuR 2019, 349).

Pflegeeltern selbst, sowie Personen, die mit dem Kind und einem Elternteil gemein- 278
sam gelebt haben, kann ein Umgangsrecht nur nach § 1685 Abs 2 BGB, jedoch nicht in entsprechender Anwendung von § 1684 BGB zustehen (BGH NJW 2001, 3337; OLG Dresden DAVorm 2000, 176; OLG Hamm FamRZ 2000, 1600; vgl dazu § 1685 Rn 23).

Noch nicht hinreichend geklärt ist im Übrigen die **verfahrensrechtliche Stellung** der **Pflegeeltern**, insbesondere im Hinblick auf ihre Beteiligtenstellung nach §§ 7, 161 FamFG und ihre Beschwerdeberechtigung nach § 59 FamFG (dazu unten Rn 407, 503).

Adressat und **Verpflichteter** einer gerichtlichen Umgangsregelung nach § 1684 Abs 3 S 1 HS 2 BGB können bei einem Pflegekind nach den unter Rn 273 erörterten Grundsätzen die **Pflegepersonen** selbst *und/oder* der **Vormund/Pfleger** des Kindes sein. Hier ist zu differenzieren: Ist die Pflegeperson selbst Vormund/Pfleger, so kann nur sie Verpflichteter einer Umgangsregelung sein, zB hinsichtlich der Bereithaltung und Übergabe des Kindes oder des Verbringens des Kindes zum Umgangsort (insbesondere bei begleitetem Umgang). Gleiches gilt, wenn die Eltern noch selbst über das Aufenthalts- und Umgangsbestimmungsrecht verfügen, insbesondere, weil sie der Inpflegenahme des Kindes zugestimmt haben. Verfügt dagegen ein Dritter (insbesondere das Jugendamt) über das Aufenthalts- und Umgangsbestimmungsrecht, können sowohl der Pflegeperson als auch dem Amtsvormund Pflichten im Rahmen der Umgangsregelung auferlegt werden, wobei es hier zweckmäßiger erscheint, den Vormund/Pfleger zu verpflichten, da er über die maßgeblichen rechtlichen Befugnisse verfügt.

b) Kinder in Heimunterbringung oder in sonstigen betreuten Wohnformen

279 Im Jahr 2021 befanden sich immerhin 122.700 Kinder und Jugendliche (Destatis, Pressemitteilung Nr 454 v 27. 10. 2022) in der Heimerziehung oder in sonstigen betreuten Wohnformen iSd § 34 SGB VIII (zu den einzelnen Formen vgl Wiesner/Wapler/Wapler § 34 SGB VIII 14 ff). Fragen des elterlichen Umgangsrechts bei in Heimen lebenden Kindern beschäftigen Rechtsprechung und Schrifttum nicht in dem Maße, wie dies bei Pflegekindern iSd § 33 SGB VIII der Fall ist (dazu oben Rn 276). Auch bei in Heimen oder sonstigen betreuten Wohnformen untergebrachten Kindern ist nach § 1697a Abs 2 S 3 BGB danach zu differenzieren, ob eine **Perspektive für die Rückkehr** in die Familie besteht (vgl auch §§ 34 S 2 Nr 1, 37c SGB VIII) oder aber die Fremdunterbringung auf längere Zeit (§ 34 S 2 Nr 3 SGB VIII) ausgerichtet ist (Zitelmann ZKJ 2011, 236, 240; Hopp FPR 2007, 279, 280). Für die *betroffenen Kinder* spielt der Kontakt mit den Eltern häufig eine größere Rolle als bei Pflegekindern, weil ein Ersatz für das Aufwachsen in der Familie hier nicht vorhanden ist (Hopp FPR 2007, 279, 280). Grundsätzlich gelten auch für Kinder in Heimerziehung oder sonstigen betreuten Wohnformen diejenigen Kindeswohlkriterien, wie sie auch für Pflegekinder zu berücksichtigen sind (siehe dazu oben Rn 275 ff), sodass vor allem der *Grund der Fremdunterbringung,* Gefahren der *Retraumatisierung, Bindungen* zu den Eltern, die *Erziehungsfähigkeit* der Eltern, ihr *Interesse* am Kind (OLG Brandenburg 1. 6. 2010 – 9 F 92/09, juris Rn 5 ff, FamRZ 2010, 1925: Kind im SOS-Kinderdorf), die *Rückkehrperspektive* und der *Kindeswille* von großer Bedeutung für das Umgangsrecht sind (Salzgeber, Familienpsychologische Gutachten [7. Aufl 2020] Rn 839). Anders als bei Pflegekindern fließen zwar Grundrechte der Betreuungspersonen nicht in die *Güterabwägung* ein, jedoch muss eine Umgangsregelung auch Rücksicht auf die *Integration* des Kindes in den Heim- oder Wohnverband nehmen, was einem erweiterten Umgangsrecht der Eltern entgegenstehen kann. In der Praxis erschwert werden einzelfallabhängige und kindeswohlgerechte Umgangsregelungen dadurch, dass Umgangstermine häufig einseitig unter Hinweis auf begrenzte organisatorische *Kapazitäten* durch die jeweiligen Heimleitungen festgelegt werden (Salzgeber, Familienpsychologische Gutachten [7. Aufl 2020] Rn 839). Soweit nur **begleiteter Umgang** stattfinden kann, wird dieser zunehmend von externen Fachkräften wahrgenommen, da im Heimbereich häufig personelle Kapazitäten fehlen (Prinz/Klinkhammer, in: Klinkhammer/Prinz, Handbuch begleiteter Umgang [3. Aufl 2017] 165, 187). Auch wenn die *Auswahl des Heims* oder der sonstigen Wohnform vor allem in örtlicher Hinsicht entscheidenden Einfluss auf die Wahrnehmung des elterlichen Umgangsrechts haben kann (insbesondere bei weiter Entfernung vom Elternwohnort), ist den

Familiengerichten die Kontrolle von Entscheidungen des öffentlichen Trägers der Kinder- und Jugendhilfe entzogen (OLG Nürnberg 17. 11. 2014 – 11 UF 1097/14, juris Rn 32, NJOZ 2015, 754). Soweit es mögliche Einschränkungen des Umgangsrecht im Kontext mit der **Corona-Pandemie** anbelangt, hat das *VG Hamburg* (VG Hamburg 16. 4. 2020 – 11 E 1630/20, ZKJ 2020, 235 m Anm WIESNER; ebenso VG Gelsenkirchen 29. 4. 2020 – 20 L 516/20, BtPrax 2020, 158) in Bezug auf in diesem Zusammenhang ursprünglich erlassene landesrechtlichen Kontaktbeschränkungen entschieden, dass die Regelung in § 15 der Hamburgischen SARS-CoV-2-EindämmungsVO v 2. 4. 2020 idF vom 9. 4. 2020, die es Eltern verbot, ihre im Kinderschutzhaus untergebrachten Kinder zu besuchen, gegen Art 6 Abs 3 und Abs 2 S 1 GG verstößt. Eine weitgehende Suspendierung des Elterngrundrechts durch einen generellen Ausschluss des Umgangs im Verordnungswege sei unzulässig. Die zuständige Hamburger Senatsverwaltung hatte im Übrigen damals bereits am Tag nach der Verkündung des Beschlusses durch eine Änderung der VO reagiert und ein zeitlich eingegrenztes Besuchsrecht geregelt.

X. Einschränkung und Ausschluss des Umgangsrechts oder des Vollzugs früherer Entscheidungen (§ 1684 Abs 4 S 1, 2)

1. Umgangsrecht: Eingriffsvoraussetzungen

a) KindRG: Zwei Eingriffsschwellen

aa) Erforderlichkeit bzw Kindeswohlgefährdung

§ 1684 Abs 4 BGB unterscheidet hinsichtlich der Kindeswohlbetroffenheit, die für eine Einschränkung oder den Ausschluss des Umgangsrechts erreicht sein muss, seit der Fassung durch das KindRG **zwei Eingriffsschwellen**. Grundsätzlich kann das Familiengericht eine solche Maßnahme treffen, soweit dies zum **Wohl des Kindes erforderlich** ist (§ 1684 Abs 4 S 1 BGB). Eine „Einschränkung oder ein Ausschluss *für längere Zeit*" setzt hingegen voraus, dass andernfalls das **Wohl des Kindes gefährdet** wäre (§ 1684 Abs 4 S 2 BGB). Diese unterschiedlichen Schwellen gelten auch für die – ebenfalls erst in § 1684 BGB idF des KindRG geschaffene und in der Praxis weitgehend bedeutungslose – Möglichkeit der Einschränkung/des Ausschlusses des **Vollzuges** früherer Umgangsentscheidungen (zu diesem Instrument im Einzelnen unten Rn 300 f). 280

bb) Erhöhte Schwelle bei Umgangsausschluss

Diese im Rechtsausschuss angebrachte Differenzierung soll gezielt die **gesetzliche Schwelle erhöhen** für den Ausschluss und die dauerhafte Einschränkung des Umgangsrechts oder seines Vollzugs. Der Gesetzgeber greift auf eine Tendenz zurück, die vormals der BGH (FamRZ 1984, 1084; FamRZ 1988, 711; NJW 1994, 312) vor dem Hintergrund der umgangsfreundlichen Rechtsprechung des BVerfG (BVerfGE 31, 194, 209) entwickelt hatte, strengere Anforderungen an den Ausschluss des Umgangsrechts zu stellen, und vollzieht diese Tendenz im Gesetz nach (BT-Drucks 13/8511, 74). 281

b) Klarstellung gegenüber § 1634 Abs 2 S 2 aF

aa) Orientierung an § 1666 oder § 1696

Die Einordnung der Eingriffsschwelle beruht auf einer zu **§ 1634 Abs 2 S 2 aF** geführten Diskussion und schließt diese ab. § 1684 Abs 4 S 1 BGB stimmt mit § 1634 Abs 2 S 2 aF hinsichtlich der Schwelle weitgehend überein. Lediglich wird durch die Verwendung des Wortes *„soweit"* anstelle des vormaligen *„wenn"* klargestellt, dass das Kindeswohl nicht nur über das „Ob" des Eingriffs, sondern auch über die *Reichweite* 282 befindet; dies beinhaltete keine Änderung gegenüber der vormaligen Rechtsprechung (BT-Drucks 13/4899, 106). Zu § 1634 Abs 2 S 2 aF bestand jedoch Streit über die Bedeutung der Wendung *„zum Wohl des Kindes erforderlich"*. Die Deutung bewegte sich zwischen den von **§ 1666 BGB einerseits** und **§ 1696 Abs 1 BGB andererseits** als allgemeineren Eingriffsnormen des Kindschaftsrechts beschriebenen Grenzen.

bb) Kindeswohlgefährdung als Eingriffsschwelle bei Umgangsausschluss

283 Verbreitet wurde bereits vor dem KindRG vertreten, dieser Maßstab sei dem des § 1666 BGB gleich, die Maßnahme nach § 1634 Abs 2 S 2 aF setze eine **Gefährdung des Kindeswohls** voraus (BVerfGE 31, 194, 209; BGH NJW 1980, 454; OLG Stuttgart NJW 1981, 404; OLG Celle FamRZ 1990, 1026; MünchKommBGB/Hinz [3. Aufl 1992] § 1634 Rn 42; mwNw zu dieser hM Staudinger/Peschel-Gutzeit[12] § 1634 aF Rn 262). Die jüngere Rechtsprechung zu § 1634 aF folgte weitgehend einer Präzisierung durch den BGH (FamRZ 1984, 1084; FamRZ 1988; 711, NJW 1994, 312), wonach für einen *Ausschluss* des Umgangsrechts eine nicht durch eine bloße Einschränkung abwendbare Gefährdung des Kindeswohls gegeben sein müsse (OLG Celle NJW-RR 1990, 1290; OLG Celle FamRZ 1998, 971, 972; OLG Düsseldorf FamRZ 1994, 1277; OLG Düsseldorf FamRZ 1997, 1095, 1096; OLG Köln MDR 1997, 653; OLG Hamburg FamRZ 1996, 422, 423; OLG Hamm FamRZ 1994, 58, 59; OLG Hamm FamRZ 1997, 693, 694).

Diese Entwicklung hat der Gesetzgeber des KindRG bewusst mit § 1684 Abs 4 S 2 BGB aufgegriffen. Schon der Grundsatz der Verhältnismäßigkeit (Rn 290 ff) erfordert es, dass im Hinblick auf das Elterngrundrecht von Art 6 Abs 2 S 1 GG vor einem Ausschluss andere abgestufte und mildere Maßnahmen der Umgangsregelung erwogen werden (BVerfG 23. 1. 2008 – 1 BvR 2911/07, juris Rn 25, FuR 2008, 338; OLG Hamburg FamRZ 2011, 822; OLG Nürnberg FamRZ 2008, 715; OLG Saarbrücken FamRZ 2007, 495).

cc) Niedrigere Schwelle bei vorübergehender Umgangsbeschränkung oder Ausschluss nach Abs 4 S 1

284 Ein verbreitete Ansicht zu § 1634 aF wollte **„triftige, das Kindeswohl nachhaltig berührende Gründe"** (iSd § 1696 Abs 1 BGB) genügen lassen, die auch unterhalb der Schwelle des § 1666 BGB eine Umgangsbeschränkung rechtfertigen könnten (KG FamRZ 1989, 656, 659; OLG Hamburg FamRZ 1991, 471; Staudinger/Peschel-Gutzeit[12] § 1634 aF Rn 262 ff, 264; Gernhuber/Coester-Waltjen § 66 IV 1; Knöpfel FamRZ 1983, 317, 323; offen gelassen von OLG Hamm FamRZ 1996, 361) und bezog dies auch auf den Umgangs*ausschluss* (Staudinger/Peschel-Gutzeit[12] § 1634 Rn 264; zu diesem Verständnis auch OLG Düsseldorf FamRZ 1997, 1095, 1096 [die These ablehnend]; AG Kerpen FamRZ 1998, 254 [der These zustimmend]; OLG Hamm FamRZ 1996, 361 [offen gelassen]).

Die Neufassung bestätigt aber, orientiert man sich am **Wortlaut**, diese Ansicht mit Einschränkungen: Da § 1684 Abs 4 S 2 BGB eine Kindeswohl*gefährdung* voraussetzt, verbleibt es bei der unverändert gebliebenen Formulierung des Abs 4 S 1 bei einem *Minus* an Eingriffsschwelle. Da im Übrigen sich in Satz 1 auch das Wort „Ausschluss" befindet, kann die Norm – auch vor dem Hintergrund des Verhältnismäßigkeitsgrundsatzes – nur so auslegt werden, dass auch **Umgangsausschlüsse von nicht längerer Dauer** iSd Abs 4 S 2 **ohne Vorliegen einer Kindeswohlgefährdung** zulässig sein müssen, wie dies die wohl hM zu Recht vertritt (OLG Nürnberg 19. 7. 2016 – 7 UF 746/16, juris Rn 43, ZKJ 2017, 33; Heilmann/Gottschalk Rn 65; BeckOGK/Altrogge [15. 11. 2021] § 1684 Rn 405, 428; Johannsen/Henrich/Jaeger [6. Aufl 2015] § 1684 Rn 22; Völker/Clausius,

Sorge- und Umgangsrecht [8. Aufl 2021] § 2 Rn 156; MünchKommBGB/Hennemann § 1684 Rn 72; NK-BGB/Peschel-Gutzeit/Ebeling § 1684 Rn 46 f; so auch schon die ältere Rspr zu § 1634 aF, vgl OLG Düsseldorf FamRZ 2001, 512; OLG Hamm FamRZ 2000, 1108; OLG Naumburg FamRZ 2002, 564, 565; OLG Schleswig FamRZ 2000, 48, 49; **aA** Johannsen/Henrich/Althammer/Rake § 1684 Rn 55; BeckOK-BGB/Veit [1. 1. 2023] § 1684 Rn 171; Staudinger/Rauscher [2014] § 1684 Rn 264 f; Vogel FF 2017, 434, 436 für den Ausschluss des Umgangs). Im Hinblick auf Art 6 Abs 2 GG sind aber gleichwohl auch Eingriffe nach § 1684 Abs 4 S 1 BGB nur zulässig, wenn sie **zum Wohl des Kindes erforderlich** und im Übrigen **verhältnismäßig** sind (MünchKommBGB/Hennemann § 1684 Rn 72).

Zudem ist der Anwendungsbereich des § 1684 Abs 4 S 1 BGB ohnehin auf Randbereiche der vorübergehenden Umgangsbeschränkung reduziert (dazu unten Rn 287 ff; vgl Walter ZfJ 1996, 270, 272: örtlich Übergabesituation, Beteiligung Dritter), weil der formal geringere Maßstab des S 1 nur eingreift, wenn die Maßnahme von vornherein klar begrenzt ist. Überwiegend werden zudem längerfristige Regelungen begehrt, die ohnedies an S 2 zu messen sind. Auch wenn § 1684 Abs 4 S 1 BGB in der Praxis eher geringe Bedeutung zukommt, sollte entgegen jüngsten Vorschlägen zur Reform des Sorge- und Umgangsrechts (Schumann, Gutachten B zum 72. DJT [2018] B 77 ff) an einer Unterscheidung zwischen kurz- und längerfristigen Umgangsbeschränkungen festgehalten werden.

c) Eingriffsschwelle bei Ausschluss und Einschränkung auf längere Zeit oder Dauer

aa) Längere Zeit

Welche Zeiträume als *„längere Zeit“* einzuordnen sind, ergibt sich nicht aus dem Gesetz. **285**

Da sich auch die Bestimmung des Zeitraums am Kindeswohl orientieren muss, wird heute zutreffend überwiegend vertreten, dass sich die die Abgrenzung von § 1684 Abs 4 S 1 und 2 BGB nach dem **Zeitempfinden und Alter des Kindes** zu richten hat (OLG Nürnberg 19. 7. 2016 – 7 UF 746/16, juris Rn 44, ZKJ 2017, 33: zwei Monate; OLG Karlsruhe 5. 5. 2008 – 16 UF 3/08, juris Rn 23, FamRZ 2009, 130; Johannsen/Henrich/Jaeger [6. Aufl 2015] § 1684 Rn 34; Heilmann/Gottschalk § 1684 Rn 66; Völker/Clausius, Sorge- und Umgangsrecht [8. Aufl 2021] § 2 Rn 161; Splitt FF 2016, 146; Heilmann NJW 2012, 16, 21; Plattner FamRZ 1993, 384, 385), sodass insbesondere bei jüngeren Kindern schon bei einem Ausschluss von *einem oder zwei Monaten* ein längerer Zeitraum iSd Abs 4 S 2 vorliegen kann. Bei älteren Kindern sollte die Höchstdauer bei einem Ausschluss etwa bei *drei Monaten* angesiedelt werden (Heilmann/Gottschalk § 1684 Rn 66; Salzgeber, Familienpsychologische Gutachten [7. Aufl 2020] Rn 532, **aA** Johannsen/Henrich/Jaeger [6. Aufl 2015] § 1684 Rn 34: bis zu einem Jahr bei älteren Kindern). In diesem Zusammenhang spielt auch eine Rolle, **ob und in welchem Umfang vor der gerichtlichen Entscheidung Umgangskontakte** stattgefunden haben (Grüneberg/Götz § 1684 Rn 24; Heilmann NJW 2012, 16, 21). Jedenfalls dürfte eine Frist von einem halben Jahr (BeckOK-BGB/Veit [1. 1. 2023] § 1684 Rn 183.1) ab dem 7. Lebensjahr oder gar einem Jahr ab dem 12. Lebensjahr (beide Vorschläge von Johannsen/Henrich/Jaeger [6. Aufl 2015] § 1684 Rn 34) viel zu hoch gegriffen sein.

bb) Gefährdung des Kindeswohls

Liegt ein Fall des § 1684 Abs 4 S 2 BGB vor *(längerer* Ausschluss oder längerfristige/ dauernde Einschränkung), so entspricht die Eingriffsschwelle der **Gefährdung des Kin-** **286**

deswohls dem **Maßstab des § 1666 BGB** (BGH 21. 9. 2022 – XII ZB 150/19, NZFam 2023, 63 Rn 37 m Anm Preisner; OLG Brandenburg 19. 7. 2013 – 3 UF 20/12, juris Rn 22, FamRZ 2014, 1124; OLG Brandenburg 15. 3. 2012 – 9 UF 235/11, juris Rn 12, ZKJ 2012, 356; OLG Oldenburg FamRZ 2005, 925, 926; OLG Naumburg FamRZ 2007, 665, 667; Johannsen/Henrich/Althammer/Rake Rn 54, 56; Splitt FF 2016, 146; zur Anforderung an die Gefährdung aus juristischer Sicht vgl Coester NZFam 2016, 577). Die Formulierung, das „Wohl des Kindes gebiete die Einschränkung" (BVerfG 29. 11. 2012 – 1 BvR 335/12, juris Rn 28, ZKJ 2013, 120; OLG Celle FamRZ 2000, 48, inhaltlich dürfte allerdings eine Kindeswohlgefährdung vorgelegen haben), wird diesem Maßstab nicht gerecht. Auch darf sich das Familiengericht nicht darauf beschränken, eine Umgangsregelung abzulehnen, weil dies faktisch einem Umgangsausschluss gleichkommt (siehe dazu oben Rn 182). Der Maßstab von § 1684 Abs 4 S 2 BGB entspricht insbesondere auch der ständigen Rechtsprechung des BVerfG, das eine **konkrete Gefährdung der seelischen und körperlichen Entwicklung des Kindes** fordert und bestätigt, dass Abs 4 S 2 ausreichend Raum für diesen verfassungsrechtlich gebotenen Maßstab lässt (BVerfG 14. 7. 2010 – 1 BvR 3189/09, juris Rn 17, FamRZ 2010, 1622; BVerfG 29. 11. 2012 – 1 BvR 335/12, juris Rn 25, ZKJ 2013, 120 für den Sonderfall des Umgangsrechts zu einem in Pflegefamilie untergebrachten Kind; BVerfG 17. 9. 2016 – 1 BvR 1547/16, juris Rn 19, ZKJ 2016, 457; BVerfG 25. 6. 2021 – 1 BvR 2027/20, FamRZ 2021, 1709 Rn 15; ebenso zu Art 8 Abs 2 EMRK: EGMR 28. 4. 2016 – 20106/13, juris Rn 43 Nr 67 ff, NJW 2017, 3697 [*Moog/Deutschland*]; EGMR 12. 7. 2007 – 39741/02, juris). Dementsprechend bestehen hohe Anforderungen auch an die Verschaffung der **Entscheidungsgrundlage** des Gerichts (BVerfG 25. 6. 2021 – 1 BvR 2027/20, FamRZ 2021, 1709 Rn 15); häufig kann die Erforderlichkeit eines Umgangsausschlusses nicht ohne ein auf die Frage des Ausschlusses bezogenes Sachverständigengutachten festgestellt werden (BVerfG FamRZ 2009, 399; OLG Saarbrücken FamFR 2012, 285).

Auch bei Feststellung einer konkreten und gegenwärtigen Gefährdung des Kindeswohls kommt wegen des **Verhältnismäßigkeitsgrundsatzes** (vgl zu dessen Bedeutung im Umgangsrecht Vogel FamRB 2022, 413, 414) ein – längerer bzw dauerhafter – **Ausschluss des Umgangsrechts** nur als äußerste Maßnahme in Betracht, wenn der festgestellten Gefährdung des Kindeswohls nicht durch eine bloße Einschränkung des Umgangs oder dessen sachgerechte Ausgestaltung begegnet werden kann (BVerfGE 31, 194; BGH FamRZ 1984, 1084; BGH FamRZ 1988, 711, BGH NJW 1994, 312; OLG Saarbrücken 14. 10. 2014 – 6 UF 110/14, juris Rn 21 ff, ZKJ 2015, 117; OLG Rostock FamRZ 2004, 968, 969; OLG Saarbrücken FamRZ 2001, 369; OLG Celle NJW-RR 1990, 1290; OLG Celle FamRZ 1998, 971; OLG Düsseldorf FamRZ 1994, 1277; OLG Hamburg FamRZ 1996, 422, 423; OLG Hamm FamRZ 1997, 307, 308; OLG Köln FamRZ 1997, 1097; OLG Köln FamRZ 2005, 295; OLG Köln FamRZ 2005, 1770; OLG Thüringen FamRZ 2000, 47; Grüneberg/Götz § 1684 Rn 24; Heilmann/Gottschalk § 1684 Rn 68; Oelkers FamRZ 1995, 449, 453; ders FamRZ 1997, 779, 790).

Hierbei ist insbesondere zu bedenken, dass ein Umgangsausschluss, auch wenn er, wie meist, für 1–3 Jahre befristet angeordnet wird, in der Mehrheit der Fälle dazu führt, dass es zu einem vollständigen Kontaktabbruch kommt (Karle/Klosinski ZfJ 2000, 343, 346).

Der Ausschluss des elterlichen Umgangs unterliegt auch bei **Pflegekindern strengen Voraussetzungen** (BVerfG 29. 11. 2012 – 1 BvR 335/12, juris Rn 25, ZKJ 2013, 120 für den Sonderfall des Umgangsrechts zu einem in Pflegefamilie untergebrachten Kind) und darf hier nicht schematisch erfolgen (EGMR 26. 2. 2002 – 46544/99, FamRZ 2002, 1393 Nr 78; OLG Hamm 19. 11. 2003 – 8 WF 300/03, juris Rn 12, FamRZ 2004, 1310). Erst recht kommt ein Umgangsausschluss nicht in Betracht, wenn der Umgang das Kindeswohl nicht gefährdet, jedoch äußere Schwierigkeiten seine Durchführung behindern (OLG Oldenburg FamRZ 2013, 49: Umgang mit im Ausland lebenden Vater bei Einreiseproblemen).

Trotz der traurigen Folgen des Staufener Kindesmissbrauchsfalles ist der *BGH* (BGH 6. 2. 2019 – XII ZB 408/18, NJW 2019, 1435) in Bezug auf die bei einer Kindeswohlgefährdung durch pädo- oder hebephilen Bezugspersonen nach § 1666 BGB zu ergreifenden Rechtsfolgen einer zugunsten des Kinderschutzes weniger restriktiven Beachtung des Verhältnismäßigkeitsgrundsatzes entgegengetreten. In seiner zu § 1666 BGB ergangenen Entscheidung zum Fall des Zusammenlebens der Kindesmutter mit ihren pädophilen Lebensgefährten hat er zwar entschieden, dass in Bezug auf die Annahme einer Kindeswohlgefährdung auf der **Tatbestandsebene** an die Wahrscheinlichkeit des Schadenseintritts umso geringere Anforderungen zu stellen seien, *desto* schwerer der drohende Schaden wiegt, sodass im Einzelfall – bei konkreten Verdachtsmomenten – auch eine Wahrscheinlichkeit des Schadenseintritts unter 50% ausreichen könne. Dies soll jedoch im Hinblick auf den Grundsatz der Verhältnismäßigkeit nicht für die auf die zur Beseitigung der Kindeswohlgefährdung zu ergreifenden **Rechtsfolgen** gelten. Der Entzug der elterlichen Sorge erfordere eine erhöhte Wahrscheinlichkeit eines Schadenseintritts im Sinne einer *„ziemlichen" Sicherheit* (BGH 6. 2. 2019 – XII ZB 408/18, NJW 2019, 1435 Rn 34; vgl auch BVerfG 23. 4. 2018 – 1 BvR 383/18, juris Rn 16, ZKJ 2018, 312). Obwohl das *BVerfG* im Rahmen der Prüfung der Verhältnismäßigkeit eines Sorgerechtseingriffes einer Differenzierung der Wahrscheinlichkeitsgrade auf der Tatbestands- und Rechtsfolgenebene entgegen getreten ist (BVerfG 21. 9. 2020 – 1 BvR 528/19, FamRZ 2021, 104 Rn 31; zustimmend Coester ZKJ 2021, 142, 144), hat der BGH diese Differenzierung in einer weiteren Entscheidung zu § 1666 BGB, die auch den Umgang des hebephilen Vaters mit den eigenen Kleinkindern betraf, beibehalten (BGH 21. 9. 2022 – XII ZB 150/19, NZFam 2023, 63 Rn 35 m Anm Preisner). Die zu § 1666 Abs 3 BGB ergangenen Entscheidungen zur Anwendung der sog *„je-desto-Formel"* lassen sich auf den Gefahrbegriff im Umgangsrecht übertragen, soweit der Umgangselternteil etwa wegen Straftaten mit kinderpornographischem Hintergrund oder sexuellem Missbrauch von (fremden) Kindern in Erscheinung getreten ist. Auch hier wird für die Rechtsfolge des Umgangsausschlusses an den Grad der Wahrscheinlichkeit jedenfalls aus Verhältnismäßigkeitsgesichtspunkten eine vergleichsweise hohe Wahrscheinlichkeit zu stellen sein. Für die Familiengerichte stellt sich aber – das zeigt die Praxis – das Problem, dass Wahrscheinlichkeitsprognosen in diesen Fällen auch mit sachverständiger Hilfe kaum zu treffen sind (so auch im Fall von OLG Frankfurt 28. 2. 2019 – 5 UF 200/18, juris Rn 20, FamRZ 2019, 1425). **286a**

d) Eingriffsschwelle bei kurzfristiger Einschränkung oder Ausschluss (Abs 4 S 1)

aa) Erforderlichkeit für Kindeswohl

Für eine bloß kurzfristige Einschränkung oder einen Ausschluss des Umgangsrechts genügt nach § 1684 Abs 4 S 1 BGB die **Erforderlichkeit** zum Wohl des Kindes (oben Rn 284). Insoweit bedarf es keiner nachgewiesenen Kindeswohlgefährdung. Nach zutreffender Ansicht ist hier auf den **Maßstab von § 1696 Abs 1 BGB** abzustellen: es genügen demnach *konkrete, triftige und gegenwärtige Gründe, die das Wohl des Kindes nachhaltig berühren* (OLG Karlsruhe 23. 9. 1998 – 18 UF 192/98, juris Rn 7, FamRZ 1999, 184; Johannsen/Henrich/Althammer/Rake § 1684 Rn 57; BeckOK-BGB/Veit [1. 1. 2023] § 1684 Rn 170; Splitt FF 2016, 146). Diese Gründe müssen jedoch im Hinblick auf den **Verhältnismäßigkeitsgrundsatz** von solcher Schwere sein, dass sie bei angemessener Berück- **287** sichtigung der grundsätzlichen Bedeutung des Umgangsrechts für das Kind eine Einschränkung als erforderlich erscheinen lassen.

bb) Kurzfristiger Ausschluss des Umgangsrechts

288 Da § 1684 Abs 4 S 1 BGB nach umstrittener, aber zutreffender Ansicht auch einen Umgangsausschluss von nicht längerer Dauer ermöglicht (siehe oben Rn 285), stellt sich die Frage nach möglichen Anwendungsfällen. In der Rechtsprechung haben auf Abs 4 S 1 gestützte Umgangsausschlüsse kaum nennenswerte Bedeutung. Denkbar sind sie etwa bei *Pflegekindern,* denen eine ungestörte Integration in eine Dauerpflegestelle ermöglicht werden soll (OLG Nürnberg 19. 7. 2016 – 7 UF 746/16, juris Rn 45, ZKJ 2017, 33: zwei Monate; vgl oben Rn 277), oder aber durch *Loyalitätskonflikte* überbelasteten Kindern, die vorübergehend einer *Entlastung* bedürfen. Auch die Psychologie empfiehlt bei jüngeren Kindern kurzzeitige Ausschlüsse, um die Beziehung zum Umgangselternteil wieder zu stabilisieren bzw zu verbessern (Salzgeber, Familienpsychologische Gutachten [7. Aufl 2020] Rn 534). Oftmals sind die Grenzen zu einer Kindeswohlgefährdung iSd Abs 4 S 2 in den hier in Betracht kommenden Fällen fließend (vgl OLG Rostock 7. 5. 2009 – 10 UF 33/09, juris Rn 11, FamRZ 2010, 997: dreimonatiger Ausschluss wegen schwerer Verstöße gegen das Wohlverhaltensgebot). Hierbei ist schließlich aber auch zu bedenken, dass die Folgen eines kurzfristen Ausschlusses des Umgangs nicht kindeswohlneutral sind, und es ist die Gefahr einer (weiteren) Entfremdung des Kindes stets in die Abwägung miteinzubeziehen.

In Betracht kommen weiterhin Umstände aus der *Sphäre des Kindes.* So können Eingewöhnungsschwierigkeiten in einer neuen Umgebung, ein Schulwechsel, schulische Schwierigkeiten oder pubertär bedingte *Ablehnung* eines Umgangs mit dem Umgangselternteil durch kürzerfristige Pausen ausgestanden werden, ohne dass von einer Kindeswohlgefährdung aufgrund des Umgangs ausgegangen werden muss. In solchen Fällen wird (lediglich) ein vorübergehender Belastungsdruck, den zu ertragen erst nach und nach Erziehungsziel sein kann, von dem Kind genommen, ohne die Gefahr der Entfremdung heraufzubeschwören.

cc) Kurzfristige Einschränkungen des Umgangsrechts

289 Die Reichweite von § 1684 Abs 4 S 1 BGB hinsichtlich möglicher Einschränkungen des Umgangsrechts von nicht längerer Dauer erschließt sich nicht ohne Weiteres, zumal **Abgrenzungsprobleme** zur familiengerichtlichen Regelungsbefugnis nach Abs 3 S 1 bestehen. Unbestritten ist zunächst, dass die *vorübergehende* Beschränkung der **Art des Umgangs** durch die Anordnung **begleiteter Umgangskontakte** iSd Abs 4 S 3 (insbesondere zur Kontaktanbahnung) einen Anwendungsfall von Abs 4 S 1 darstellt (OLG Nürnberg 26. 11. 2013 – 10 UF 173/13, juris Rn 16, FamRZ 2014, 858; OLG Brandenburg 12. 10. 2009 – 10 UF 118/07, juris Rn 24; Heilmann/Gottschalk § 1684 Rn 69; Völker/Clausius, Sorge- und Umgangsrecht [8. Aufl 2021] § 2 Rn 157 f). Bei der Anordnung von begleiteten Umgangskontakten von längerer Dauer gilt allerdings der Maßstab von Abs 4 S 2 (dazu unten Rn 352). Weiterhin fallen unter Abs 4 S 1 vorübergehende Einschränkungen hinsichtlich des **Umgangsorts** (dazu oben Rn 217 ff) und der **Anwesenheit dritter Personen** (zB Lebensgefährtin oder Großeltern des Umgangsberechtigten bei der Ausübung des Umgangsrechts [dazu oben Rn 86]). Ansteckungsgefahren im Kontext der **Corona-Pandemie** wurden auch in den Hochzeiten der Pandemie als kein verhältnismäßiges Mittel für einen Ausschluss oder eine Beschränkung des elterlichen Umgangsrechts angesehen (dazu § 1684 Rn 326a).

Problematisch ist im Hinblick auf die schwierige Abgrenzung zu Abs 3 S 1 die Frage, ob Abs 4 S 1 auch hinsichtlich der **Zeit und Dauer des Umgangs** anzuwenden ist, wie dies etwa beim Ausschluss von **Übernachtungen** (KG 16. 9. 2021 – 19 UF 59/18, juris Rn 12, FamRZ 2019, 1147; OLG Hamm 4. 6. 2012 – 8 UF 70/12, juris Rn 17) oder **Ferienumgang** (KG 16. 9. 2021 – 19 UF 59/18, juris Rn 12, FamRZ 2019, 1147; OLG Schleswig 30. 5. 2016 – 10 UF 11/16, juris Rn 40, ZKJ 2016, 362; OLG Saarbrücken 11. 10. 2013 – 6 UF 128/13, juris Rn 15, ZKJ 2014, 75) vertreten wird. Dem kann insoweit nicht zugestimmt werden. Soweit die gerichtliche Umgangsregelung eine Bestimmung über Zeit und Dauer des Umgangs zu treffen hat, orientiert sich diese Regelung nach Abs 3 S 1 am Kindeswohlmaßstab von § 1697a Abs 1 BGB. Nur dann, wenn durch die Regelung dem Umgangsrecht die Gefahr droht, **faktisch vereitelt** zu werden, insbesondere durch zu kurz bemessene Umgangszeiten, liegt eine Beschränkung iSd Abs 4 S 1 vor (BVerfG 26. 9. 2006 – 1 BvR 1827/06, juris Rn 16 und 21, ZKJ 2007, 201: Ferien und Übernachtungen; OLG Saarbrücken 23. 1. 2013 – 6 UF 20/13, juris Rn 10, ZKJ 2013, 218: Übernachtungen). Nur in diesem Fall verbleibt ein Anwendungsbereich für Abs 4 S 1 hinsichtlich einer etwaigen Beschränkung des Umgangsrechts durch eine zu knapp bemessene gerichtliche Umgangsregelung.

2. Verhältnismäßigkeit: Abgestufte Entscheidungsmöglichkeiten

a) Verhältnismäßigkeit

Für alle Einschränkungen des Umgangs, auch solche unterhalb der Schwelle des Ausschlusses des Umgangsrechts, gilt der **Grundsatz der Verhältnismäßigkeit** (BVerfG 15. 6. 1971 – 1 BvR 192/70, juris Rn 37, BVerfGE 194; BVerfG 23. 1. 2008 – 1 BvR 2911/07, juris Rn 24, FuR 2008, 338; OLG Koblenz FamRZ 2007, 926, 927; OLG Naumburg FamRZ 2007, 665, 667; OLG Nürnberg FamRZ 2009, 1687; Johannsen/Henrich/Althammer/Rake § 1684 Rn 55; MünchKommBGB/Hennemann § 1684 Rn 70; Heilmann/Gottschalk § 1684 Rn 68; Vogel FamRB 2022, 413). Schon die von § 1684 Abs 4 S 1 BGB vorausgesetzte *Erforderlichkeit* für das Kindeswohl verlangt, dass die dem Kindeswohl drohende nachteilige Entwicklung nicht durch *andere mildere Maßnahmen* abgewendet werden kann. Dieser schon zu § 1634 aF geltende Grundsatz wurde durch den Begriff „soweit" in Abs 4 S 1 noch verdeutlicht (Rauscher FamRZ 1998, 329, 334). 290

b) Verhältnis zu Umgangsregelungen iSd Abs 3

aa) Vorrang der Umgangsregelung – fließende Grenze

Der Situation angemessenere **Anordnungen über Ort, Zeit und Art des Umgangs** können eine Einschränkung entbehrlich machen. 291

Dabei ist allerdings – wie bereits unter Rn 289 ausgeführt – zu beachten, dass auch die Grenze zwischen der Regelung des Umgangs und seiner Einschränkung fließend ist. Vor allem Maßnahmen, welche hinsichtlich des **Ortes des Umgangs** beschränkend wirken, stellen häufig eine *Einschränkung* dar (BVerfG 6. 11. 2009 – 1 BvR 1410/08, FamRZ 2010, 109 Rn 19; OLG Brandenburg 27. 2. 2007 – 10 UF 193/06, juris Rn 4), auch wenn sie als milderes Mittel gegenüber einem Ausschluss oder einem begleiteten Umgang vorzuziehen sind. Hierzu gehört die Bestimmung eines neutralen Ortes des Umgangs bei *Prostitution* des Umgangselternteils (OLG Braunschweig MDR 1962, 132, vgl zum „anstößigen Lebenswandel" auch OLG Celle ZfJ 1956, 137), die nicht nur Umgangsregelung ist, da ohne den gegebenen Anlass die Ausübung des Umgangs in der Wohnung des Umgangselternteils nicht untersagt werden könnte. Ebenso ist die Anordnung, dass der Umgang nur in Anwesenheit des betreuenden Elternteils stattfinden darf, eine nach

Abs 4 zu behandelnde Einschränkung (OLG Köln FamRZ 2000, 1109; dazu oben Rn 289 und Rn 86).

Wird der Befürchtung einer *Entführungsgefahr* (vgl dazu bereits oben Rn 214) durch ein Verbot begegnet, mit dem Kind Deutschland zu verlassen (OLG München FamRZ 1993, 94, 95; OLG Karlsruhe FamRZ 1996, 424, 425; AG Kerpen FamRZ 2000, 50, 51; vgl auch BVerfG 6. 11. 2009 – 1 BvR 1410/08, FamRZ 2010, 109 Rn 19) oder den Reisepass zu hinterlegen (OLG Hamm 3. 9. 2015 – 11 UF 55/15, juris; OLG Hamm 13. 7. 2010 – 2 UF 277/09, juris Rn 47, NJW-RR 2011, 150; was nach hiesiger Ansicht aber rechtlich unzulässig ist, vgl oben Rn 215), so liegt keine Umgangsregelung iSd Abs 3 mehr vor, sondern eine Einschränkung. Auch der bei einer konkreten Wiederholungsgefahr nach einem früheren Entführungsversuch gebotene Umgang an einem bestimmten Ort, der eine Verhinderung einer Entführung ohne konkrete Gegenwart eines Dritten erlaubt (OLG Celle FamRZ 1996, 364: Haus der Großeltern), ist Einschränkung iSd Abs 4.

bb) Vorrang zeitlicher Beschränkungen

292 Auch **zeitliche Beschränkungen** (zum Ausschluss *auf Zeit* vgl unten Rn 295) sind einem Umgangsausschluss vorzuziehen und stellen im Regelfall auch keine Einschränkung des Umgangs dar. Sie eignen sich insbesondere, um nach längerer Unterbrechung des Umgangs eine schonende Gewöhnung zu ermöglichen (OLG Köln MDR 1997, 653) oder in Phasen besonderer Belastung oder abwehrender Haltung des Kindes einer ungünstigen Entwicklung vorzubeugen. Dabei kommen in der ersten Fallgruppe *kürzere* Besuche (KG FamRZ 1985, 639; OLG Hamm ZfJ 1967, 314; OLG Hamm FamRZ 1996, 424) mit Tendenz zu einer normalen Häufigkeit, in der zweiten eher für eine gewisse Zeit *seltenere* (und kürzere) Besuche in Betracht (OLG Celle FamRZ 1989, 892; OLG Celle FamRZ 2007, 662: kurzfristige Aussetzung einer Umgangsregelung; ebenso OLG Brandenburg FamRZ 2010, 1357 [LS]; OLG Stuttgart NJW 1978, 380; LG Heilbronn Justiz 1974, 126; AG Bochum ZfJ 1978, 373; oder ein kürzerfristiger Ausschluss: OLG Bamberg ZfJ 1996, 194). Erst dann, wenn durch die gerichtliche Regelung dem Umgangsrecht die Gefahr droht, **faktisch vereitelt** zu werden, insbesondere durch zu kurz bemessene Umgangszeiten, liegt eine Beschränkung iSd § 1684 Abs 4 S 1 BGB vor (BVerfG 26. 9. 2006 – 1 BvR 1827/06, juris Rn 16 und 21, ZKJ 2007, 201: Ferien und Übernachtungen; OLG Saarbrücken 23. 1. 2013 – 6 UF 20/13, juris Rn 10, ZKJ 2013, 218: Übernachtungen; zum Streitstand siehe oben Rn 289).

cc) Vorrang von Auflagen

293 Milderes Mittel gegenüber einem Ausschluss können schließlich **Auflagen** sein. Von der Möglichkeit der Auflage, die sich als Brücke zwischen der bloßen Regelung nach § 1684 Abs 3 BGB und der Einschränkung nach Abs 4 erweist, sollte gerade im Hinblick auf den Verhältnismäßigkeitsgrundsatz intensiver Gebrauch gemacht werden (Rummel ZfJ 1997, 202). Hierzu gehören insbesondere Verbote, bestimmte Probleme im Gespräch mit dem Kind zu thematisieren, das Verbot der Benutzung von Kfz, wenn dadurch einer Besorgnis der Entführungsgefahr begegnet werden kann (vgl OLG München FamRZ 1998, 976), der Umgang mit gefährlichen Haustieren (OLG Frankfurt 27. 10. 2020 – 1 UF 170/20, ZKJ 2021, 116) oder ein Rauchverbot in Anwesenheit des Kindes (KG 10. 1. 2011 – 17 UF 225/10, juris Rn 5, FamRZ 2011, 825).

293a Das *OLG Brandenburg* (OLG Brandenburg 20. 8. 2020 – 9 UF 119/20, juris Rn 19, NZFam 2020, 976) hat sich in einer Entscheidung zum Elternumgang mit einem 14-jährigen Kind mit der Frage befasst, ob im Rahmen einer gerichtlichen Umgangsregelung

Auflagen zum Tragen von **FFP-2-Masken** als Schutzmaßnahmen gegen das **Corona-Virus** angezeigt sind. Zu Recht hat es darauf verwiesen, dass ein Anspruch auf Einhaltung der gesetzlichen Corona-Regeln während der Wahrnehmung des Umgangs jedenfalls im Regelfall nicht besteht. Es ist im Übrigen auch – jedenfalls bei Fehlen anderweitiger Anhaltspunkte – davon auszugehen, dass der Umgangsberechtigte – wie auch der betreuende Elternteil – im Rahmen der Gestaltung des Umgangs die staatlichen Regeln zur Vermeidung von Corona-Ansteckungsgefahren beachten wird, um sich, das Kind und auch Dritte nicht zu gefährden (vgl auch AG Frankfurt aM 9. 4. 2020 – 456 F 5092/20, NJW 2020, 1825). Insoweit kann der Umgang im Hinblick auf das Elterngrundrecht auch nicht davon abhängig gemacht werden, dass der Umgangselternteil einen **negativen Test** vorlegt oder gar geimpft ist (OLG Nürnberg 14. 4. 2021 – 10 UF 72/21, MDR 2021, 820; OLG Braunschweig 22. 5. 2020 – 1 UF 51/20, ZKJ 2020, 314; Schmidt NJW 2020, 865, 866). Auch Auflagen zur Einhaltung der **Corona-Schutzregeln** (wie zB Maskentragen, Abstandswahrung) wurden zu Recht ohne besonderen Anlass als unverhältnismäßig angesehen, da im Regelfall davon auszugehen ist, dass der Umgangselternteil – wie auch der andere Elternteil – die staatlich angeordneten Maßnahmen einhält und das Kind nicht unnötig der Gefahr einer Ansteckung aussetzt (OLG Brandenburg 21. 8. 2020 – 9 UF 119/20, NZFam 2020, 976; AG Marl 29. 12. 2020 – 36 F 347/20, FamRZ 2021, 761; AG Köln 24. 9. 2020 – 332 F 85/20, FF 2020, 506: keine Maske während des Umgangs; AG Tostedt 10. 9. 2020 – 14 F 156/20, FamRZ 2021, 200; AG Frankfurt aM 9. 4. 2020 – 456 F 5092/20, JAmt 2020, 266; Rake FamRZ 2021, 1087, 1090). Dies dürfte im Übrigen auch für den elterlichen Umgang mit Pflegekindern Geltung beanspruchen (dazu Gomille RdJB 2021, 33).

dd) Art des Umgangs

Als verhältnismäßig schwerwiegendste eingreifende Maßnahme im Bereich der Umgangseinschränkung kommt nach § 1684 Abs 4 S 3 BGB eine Reduzierung des Umgangsrechts dahin in Betracht, dass dieser in Anwesenheit einer dritten Person durchzuführen ist, sog **begleiteter Umgang** (dazu ausführlich unten Rn 350 ff). 294

c) Befristung eines Umgangsausschlusses

aa) (Befristeter) Ausschluss als äußerstes Mittel

Ein **Ausschluss** des Umgangs kommt nur als äußerstes Mittel in Betracht, wenn ein milderes Mittel zur Abwehr der Gefährdung des Kindeswohls nicht in Betracht kommt (oben Rn 290). 295

Auch der vergleichsweise mildere **Ausschluss auf Zeit** steht im Verhältnis zu anderen, nur beschränkenden Maßnahmen unter dieser Voraussetzung; er ist insbesondere gegen einen **begleiteten Umgang** als milderes Mittel abzuwägen (BVerfG 23. 1. 2008 – 1 BvR 2911/07, juris Rn 24 und 27, FuR 2008, 338; OLG Saarbrücken 14. 10. 2014 – 6 UF 110/14, juris Rn 35, ZKJ 2015, 117; OLG Brandenburg 15. 3. 2012 – 9 UF 235/11, juris Rn 12, ZKJ 2012, 356; Heilmann/Gottschalk § 1684 Rn 68) und grundsätzlich zu **befristen** (BVerfG 17. 7. 2005 – 1 BvR 2151/03, juris Rn 10, FamRZ 2005, 1815; BGH 12. 7. 1984 – IVb ZB 95/83, juris Rn 9, FamRZ 1984, 1048; EGMR 17. 5. 2011 – 9732/10 Nr 32, FamRZ 2011, 1484; ausführlich zur Rechtsprechung des EGMR und BVerfG Volke FamRZ 2020, 10).

Eine **Befristung des Umgangsausschlusses** ist nicht nur im Hinblick auf die Verhältnismäßigkeit einem zu Unrecht Endgültigkeit signalisierenden unbefristet ausgesprochenen Ausschluss vorzuziehen. Obgleich der EGMR ursprünglich verlangt hat, im

Regelfall einen Umgangsausschluss **jährlich** zu überprüfen (EGMR 17. 5. 2011 – 9732/10 Nr 32, FamRZ 2011, 1484 [*Heidemann/Deutschland*]), besteht kein Regelfall dahin, dass Umgangsausschlüsse von längerer Dauer als einem Jahr eher die Ausnahme sein müssen. Der gegenteiligen Auffassung (OLG Saarbrücken 3. 4. 2012 – 6 UF 10/12, juris Rn 26, MDR 2012, 1231; Völker/Clausius, Sorge- und Umgangsrecht [7. Aufl 2016] § 2 Rn 162; Heilmann/Gottschalk [1. Aufl 2015] § 1684 Rn 68) hat sich das *BVerfG* ausdrücklich nicht angeschlossen (BVerfG 25. 4. 2015 – 1 BvR 3326/14, juris Rn 27, ZKJ 2015, 319). Folgerichtig hält die Rechtsprechung zunehmend auch längere und sogar **unbefristete** Ausschlüsse (BVerfG 3. 4. 2023 – 1 BvR 2353/22, juris: 2 Jahre; BVerfG 17. 9. 2016 – 1 BvR 1547/16, juris Rn 36 ff, FamRZ 2016, 1917: unbefristet; BVerfG 30. 7. 2014 – 1 BvR 1530/14, juris Rn 12, NZFam 2015, 234; drei Jahre; OLG Schleswig 22. 11. 2022 – 8 UF 110/22, juris: 2 Jahre; OLG Frankfurt 3. 6. 2022 – 1 UF 242/21, FamRZ 2022, 1939: 2,5 Jahre; KG 20. 6. 2014 – 3 UF 159/12, juris Rn 40, ZKJ 2015, 235: bis zur Volljährigkeit; OLG Zweibrücken 30. 6. 2022 – 6 UF 18/22, juris Rn 24, FamRZ 2022, 1936; OLG Karlsruhe 26. 1. 2022 – 2 UF 77/21, ZKJ 2022, 356; OLG Köln 15. 3. 2013 – 26 UF 9/13, juris Rn 20, ZKJ 2013, 302: 7 Jahre; OLG Hamm 8. 1. 2009 – 2 UF 214/08, juris Rn 61, ZFE 2009, 192: bis zur Volljährigkeit bei 15-jährigem Kind) für zulässig, wenn der Kindeswille oder sonstige erhebliche Gründe in der Person des Kindes (durchgängiger Wille eines nicht mehr kleinen Kindes, Gefahr der Retraumatisierung, absehbare Belastung durch eine Befristung) oder des Umgangsberechtigten (OLG Köln 15. 3. 2013 – 26 UF 9/13, juris Rn 20, ZKJ 2013, 302: Salafist) diese negative Prognose rechtfertigen, zumal diese Umgangsentscheidungen nach § 1696 Abs 2 BGB iVm § 166 Abs 2 FamFG jederzeit neu überprüft und abgeändert werden können (BVerfG 17. 9. 2016 – 1 BvR 1547/16, juris Rn 36, FamRZ 2016, 1917; vgl dazu unten Rn 557). Dies entspricht auch der neueren Rechtsprechung des *EGMR,* der im Hinblick auf §§ 1696 Abs 2 BGB ebenfalls eine unbefristete Verweigerung des Umgangs für unschädlich hält (EGMR 28. 4. 2016 – 20106/13, juris Rn 52 f, FamRZ 2017, 891 m Anm Hammer [*Buchleither/Deutschland*]; Volke FamRZ 2020, 10).

Eine Befristung verdeutlicht jedenfalls, dass es Aufgabe beider Eltern ist, eine bestehende Gefährdung für das Kindeswohl zu überwinden; sie zeigt in diesem Fall auch, dass der Umgang lediglich *„ruht“*. Insbesondere, wenn die Kindeswohlgefährdung im Konflikt der Eltern begründet liegt, gleichwohl aber dem Kind durch den befristeten Ausschluss der psychische Druck genommen werden muss, ist eine kürzere Befristung geboten (OLG Brandenburg 15. 3. 2012 – 9 UF 235/11, juris; OLG Nürnberg FamRZ 2008, 715: jeweils ein Jahr).

Ordnet das Gericht eine befristete Beschränkung oder einen befristeten Ausschluss an, so ist aus Gründen der Rechtssicherheit regelmäßig eine **konkrete Bestimmung der Zeitdauer** vorzunehmen (MünchKommBGB/Hennemann § 1684 Rn 72); nicht erforderlich ist die Festlegung eines präzisen Kalenderdatums als Endtermin, sofern sich aus der Entscheidung die Dauer durch Bezugnahme auf ein künftiges gewisses Ereignis eindeutig bestimmen lässt (BGH FamRZ 1984, 1084, 1085: „bis zur Entlassung aus der Strafhaft“). Hängt der Wegfall des Anlasses des zeitlichen Ausschlusses nicht von einem solchen Ereignis ab, sondern lediglich von der nicht absehbaren Entwicklung des Kindes, so ist eine kalendermäßige Bestimmung erforderlich (BVerfG 25. 6. 2021 – 1 BvR 2027/20, FamRZ 2021, 1709 Rn 25; BayObLG FamRZ 1982, 958; KG FamRZ 1980, 399; OLG Celle FamRZ 1998, 973, 974; OLG Düsseldorf FamRZ 1977, 827; OLG Düsseldorf FamRZ 1998, 1460; OLG Frankfurt FamRZ 1983, 217; OLG Hamm ZfJ 1967, 314, 315; OLG Hamm FamRZ 1996, 361; OLG Stuttgart NJW 1978, 1593). Ein Ausschluss auf Zeit kann grundsätzlich nicht für einen unbestimmten Zeitraum oder „vorübergehend“ bestimmt werden (vgl aber KG

FamRZ 1986, 503; AG Hamburg-Harburg Streit 1984, 143). Kein Ausschluss auf Zeit, sondern inhaltlich unbefristet, ist der *Ausschluss für die Dauer der Minderjährigkeit* (OLG Thüringen FamRZ 1996, 359, 360).

bb) Befristung bei unklarer Dauer

Das im Sinne der Rechtssicherheit liegende Erfordernis der regelmäßigen konkreten Befristung kann mit der Einschätzung des – ggf gutachtlich beratenen – Gerichts kollidieren, wenn diese dahin geht, dass eine Störung oder Gefährdung des Kindeswohls zwar zu Beschränkung oder Ausschluss zwingt, aber wegen der erhofften Besserung der Kindesentwicklung der **vorübergehende Charakter** eines bloßen „Aussetzens" des Umgangs (OLG Bamberg ZfJ 1997, 337) deutlich gemacht werden soll. In solchen Fällen ist schon aus Gründen der Verhältnismäßigkeit ein Ausschluss auf Dauer nicht angezeigt (vgl zum „einstweiligen, aber unbefristeten" Ausschluss: OLG Hamm FamRZ 1997, 693, 694). Die Rechtssicherheit erfordert es auch, dass beide Elternteile und das Kind in diesen Fällen wissen, zu welchem Zeitpunkt das Gericht eine neue Überprüfung für sinnvoll hält (BGH 27. 10. 1993 – XII ZB 88/92, juris Rn 15, MDR 1994, 382; OLG Celle FamRZ 1998, 971) oder innerhalb welchen Zeitraums das Gericht von ihnen eine Auseinandersetzung mit den zugrundeliegenden Problemen erwartet (OLG Celle FamRZ 1998, 973, 974). Der einstweilige Charakter ist vielmehr dadurch zum Ausdruck zu bringen, dass das Gericht die Maßnahme für eine bestimmte, eher knapper bemessene Frist (OLG Bamberg ZfJ 1996, 194, 197: 6 Monate zur Selbstfindung bei 14-jährigem Mädchen) anordnet und das Erfordernis einer erneuten Überprüfung der Entwicklung des Kindes am Ende dieser Frist in den Entscheidungsgründen erkennbar macht (OLG Bamberg ZfJ 1997, 337, 338). **296**

d) Kein Ermessen bei Vorliegen der Voraussetzungen des Abs 4

Liegen die Voraussetzungen einer Einschränkung oder eines Ausschlusses vor, so kann das Gericht **nicht die Entscheidung unterlassen**. § 1684 Abs 4 S 1 und 2 BGB eröffnen kein Entschließungsermessen (BGH 11. 5. 2005 – XII ZB 120/04, juris Rn 16, FamRZ 2005, 1471; BeckOGK/Altrogge [15. 11. 2021] § 1684 Rn 406). Der Ausdruck *„kann"* macht lediglich die gerichtliche Entscheidungsbefugnis hinsichtlich der *Auswahl* der Maßnahmen deutlich, von der Gebrauch gemacht werden *muss*. Auch im Beschwerdeverfahren gegen die bloße Abweisung eines „Antrags" nach § 1684 Abs 3 BGB hat das OLG zu prüfen, ob und für welche Dauer das Kindeswohl eine Beschränkung des Umgangs nach § 1684 Abs 4 BGB verlangt; das Gericht ist dem Kindeswohl verpflichtet; ein **Verböserungsverbot** besteht bei den **amtswegigen** Verfahren nach § 1684 BGB nicht (OLG Koblenz 23. 2. 2022 – 7 UF 16/22, NZFam 2023, 261 m Anm Lack; OLG Brandenburg 31. 8. 2020 – 15 UF 40/18, juris Rn 16; OLG Nürnberg 20. 4. 2016 – 7 UF 270/16, juris Rn 187, NZFam 2016, 1206; OLG Hamm 15. 2. 2016 – 14 UF 135/14, juris Rn 6; OLG Stuttgart 23. 2. 2015 – 15 UF 192/13, juris Rn 54, FamRZ 2015, 1727; OLG Brandenburg 20. 10. 2009 – 10 UF 177/08, juris Rn 25, NJW-RR 2010, 301; OLG Düsseldorf FamRZ 1998, 1460, 1461; Heilmann/Dürbeck § 68 FamFG Rn 4). **297**

Die Problematik stellt sich häufig zusammen mit der oben (Rn 182 ff) erörterten Frage, ob eine begehrte Umgangsregelung nach § 1684 Abs 3 BGB unterbleiben kann, und muss in gleicher Weise wie dort beantwortet werden. Aus Verfahrenssicht stellt sich die Frage der Nichtregelung meist in Fällen, in denen ein Elternteil eine Regelung nach § 1684 Abs 3 BGB begehrt und der andere mit einer gegenläufigen Anregung nach § 1684 Abs 4 BGB reagiert. Materiell-rechtlich kann eine Umgangsregelung nur versagt oder substantiell eingeschränkt werden, wenn die Voraussetzungen des § 1684 Abs 4 BGB vorliegen. Das Gericht ist hier grundsätzlich darauf beschränkt, entweder den Umgang nach § 1684 Abs 3 BGB zu regeln oder eine Maßnahme nach Abs 4 zu treffen; durch eine Nichtentscheidung bleibt das Umgangsrecht nur scheinbar unberührt; tatsächlich aber wissen weder der Umgangselternteil noch das Kind, in welchem Umfang ein Umgangsrecht besteht (BVerfG 14. 7. 2005 – 1 BvR 2151/03, juris Rn 10, FamRZ 2005, 1815; BGH 27. 10. 1993 – XII ZB 88/92, juris Rn 15, NJW 1994, 312; dazu oben Rn 182 ff). Auch dem Umstand, dass das **Kind den Umgang** aus objektiv nicht nachvollziehbaren Gründen **ablehnt**, dazu aber auch nicht gezwungen werden kann, lässt sich nicht durch Unterlassen einer Regelung begegnen (so aber OLG Hamm FamRZ 1997, 307), sondern nur durch Unterlassen von *Vollstreckungsmaßnahmen,* die in Form von Zwang gegen das Kind ohnehin nicht zulässig sind (§ 90 Abs 2 S 1 FamFG; vgl dazu unten Rn 556). Nur dann, wenn der umgangsberechtigte Elternteil glaubhaft und nachhaltig von seinem *Umgangswunsch Abstand nimmt,* er zur *Mitwirkung an begleiteten Umgangskontakten nicht bereit* ist und auch Kinderschutzgesichtspunkte ein Kontaktverbot nicht verlangen, kann eine **Nichtregelung des Umgangs** nach Abs 3 in Betracht kommen (dazu ausführlich oben Rn 183 ff).

e) Erstreckung auf sonstige Kontakte

298 Ein Ausschluss des Umgangsrechts umfasst grundsätzlich sämtliche Arten der Kontaktaufnahme, insbesondere **telefonische, elektronische** und **briefliche Kontakte** sowie das **Herbeiführen von Zusammentreffen mit dem Kind** (OLG Saarbrücken 14. 11. 2016 – 6 UF 90/16, ZKJ 2017, 152; Dürbeck ZKJ 2020, 209, 212; BeckOGK/Altrogge [15. 11. 2021] § 1684 Rn 410; im Ergebnis auch OLG Frankfurt 31. 10. 2016 – 2 WF 302/16, juris Rn 13, NZFam 2017, 83; **aA** OLG Schleswig SchlHA 1984, 173; Staudinger/Rauscher [2014] § 1684 Rn 279). Zu der aber umstrittenen Frage der Bestimmtheit der Regelung im Rahmen der Vollstreckung nach § 89 FamFG und des Warnhinweises nach § 89 Abs 2 FamFG vgl aber unten Rn 533.

f) Aufhebung

299 Auch eine nicht ausdrücklich befristete Anordnung ist **aufzuheben**, wenn ihre Grundlage entfallen ist (BVerfG 17. 9. 2016 – 1 BvR 1547/16, juris Rn 39, ZKJ 2016, 457; BayObLG FamRZ 1982, 958, 960). Die Aufhebung erfolgt jedoch nicht unter den flexiblen Voraussetzungen des § 1696 Abs 1 BGB, sondern gemäß § 1696 Abs 2 BGB iVm § 166 Abs 2 FamFG (BVerfG 28. 10. 2019 – 1 BvR 2237/19, juris Rn 3) auch ohne Antrag, da die Anwendung von § 1684 Abs 4 BGB eine **Ausübung des staatlichen Wächteramts** bedeutet, welche bei Wegfall der Eingriffsgrundlage von Amts wegen zurückzunehmen ist (BVerfG 17. 9. 2016 – 1 BvR 1547/16, juris Rn 39, ZKJ 2016, 457; Gernhuber/Coester-Waltjen § 67 Rn 14; Johannsen/Henrich/Althammer/Rake § 1684 Rn 58; Staudinger/Coester § 1696 Rn 30; Heilmann/Gottschalk § 1696 Rn 26).

3. Aussetzung der Vollziehung (Abs 4 S 2 Alt 2)

a) Gesetzgeberischer Hintergrund und Anwendungsbereich

300 Gemäß § 1684 Abs 4 S 2 BGB kann das Familiengericht das Umgangsrecht oder seinen **Vollzug** für *längere Zeit* ausschließen, wenn andernfalls das Wohl des Kindes gefährdet würde. Die durch das KindRG neu geschaffene Möglichkeit der Einschränkung oder Aussetzung des Vollzugs früherer Entscheidungen hat in der Rechtsprechung keine nennenswerte Bedeutung erlangt (vgl aus den letzten Jahren einzig OLG Brandenburg 15. 7. 2015 – 10 UF 191/13, juris Rn 50). **Gesetzgeberischer Hintergrund** dieser

Entscheidungsmöglichkeit war der von § 1634 Abs 2 S 2 aF her bekannte Konflikt in Fällen, in denen das Umgangsrecht nur deshalb dem Wohl des Kindes widerspricht oder gar schadet, weil der das Kind betreuende Elternteil den Umgang *obstruiert und das Kind beeinflusst.* In solchen Fällen bestand nach § 1634 Abs 2 S 2 aF nur die Möglichkeit, das Umgangsrecht selbst zu beschränken oder auszuschließen. Der Regierungsentwurf weist darauf hin, dass durch eine solche Entscheidung *falsche Signale* gesetzt werden würden (BT-Drucks 13/4899, 106). Der Umgangselternteil könne nicht verstehen, warum ein Verhalten des anderen Elternteils zum Anlass genommen wird, ihm das Umgangsrecht zu nehmen. Das *falsche Signal* gegenüber dem betreuenden Elternteil bestehe darin, dass er für sein Verhalten mit dem Wegfall des Umgangsrechts „belohnt" werde (BT-Drucks 13/4899, 106). Mit der bloßen Aussetzung des Vollzuges werde der richtige Adressat für die Pflichtwidrigkeit benannt (Lipp FamRZ 1998, 65, 75). Dies gelte insbesondere in Fällen, in denen der Umgangsberechtigte die Vollstreckung aus einer gerichtlichen Entscheidung betreibe und das Gericht die Überprüfung des Sachverhalts zum Anlass nehme, das Umgangsrecht auszuschließen. Es sei für den Umgangsberechtigten hier leichter verständlich, dass lediglich die Vollstreckung des Titels zeitweise unterbleibe und dem betreuenden Elternteil würde dadurch deutlich, dass er ausschließlich im Interesse des Kindes „geschont" werden würde und das Umgangsrecht des anderen Elternteils nicht weggefallen sei (BT-Drucks 13/4899, 106).

Nach dem Wortlaut **(„früherer Entscheidungen")** und dem Willen des Gesetzgebers ergibt sich ohne Zweifel, dass eine Aussetzung oder Einschränkung des Vollzuges nur in Betracht kommt, wenn das Gericht nach Vorliegen einer Umgangsregelung (§ 1684 Abs 3 BGB) erneut, insbesondere in einem **Abänderungsverfahren** nach §§ 1696 Abs 1 BGB, 166 Abs 1 FamFG einschreiten muss. Die insbesondere von Rauscher vertretene Auffassung, diese am Wortlaut und an der den Gesetzgeber zur Regelung veranlassenden Vollstreckungssituation orientierte Auslegung erscheine zu eng (Staudinger/Rauscher [2014] § 1684 Rn 303), ist insoweit nicht haltbar und hat sich auch in der Praxis in keiner Weise durchgesetzt. Es besteht daher nach der Gesetzeslage keine Möglichkeit der Einschränkung oder Aussetzung des Vollzuges für eine **gleichzeitig getroffene Umgangsregelung**. Damit ist die Norm auch nicht entgegen der Intention des Gesetzgebers entsprechend anzuwenden auf die Fälle, in denen der umgangsberechtigte Elternteil den Umgang mit dem Kind verweigert, soweit nicht bereits eine gerichtliche Umgangsregelung besteht. Auch wenn letzteres der Fall sein sollte, wird eine Aussetzung der Vollziehung dieses Vollstreckungstitels nicht auf § 1684 Abs 4 S 2 Alt 2 BGB gestützt werden können, weil es regelmäßig am Erfordernis einer Kindeswohlgefährdung durch die Nichtwahrnehmung des Umgangsrechts mangeln wird. Im Übrigen bieten § 93 FamFG im Vollstreckungsverfahren und § 64 Abs 3 FamFG im Beschwerdeverfahren ausreichende verfahrensrechtliche Instrumente der vorläufigen Aussetzung einer Umgangsregelung (vgl BVerfG 10. 11. 2022 – 1 BvR 1496/22, juris Rn 13, NZFam 2023, 87 m Anm Keuter).

b) Milderes Mittel im Rahmen der Verhältnismäßigkeit?

Die Erwartung des Gesetzgebers, dass die Familiengerichte sich des Symbolcharak- 301
ters von § 1684 Abs 4 S 2 Alt 2 BGB bedienen würden, hat sich nicht bestätigt, sie ist in der Praxis nahezu bedeutungslos (siehe oben Rn 300) und findet auch in der umgangsrechtlichen Kommentarliteratur kaum Beachtung (vgl etwa MünchKommBGB/Hennemann § 1684 Rn 70 ff; Johannsen/Henrich/Althammer/Rake § 1684 Rn 53 ff; Heilmann/

Gottschalk § 1684 Rn 67). Diese Entwicklung und die damit einhergehende Bedeutungslosigkeit von Abs 4 S 2 Alt 2 sind durchaus nachvollziehbar. Gerichtliche Entscheidungen mit lediglich *Appell- oder Signalcharakter* sind letztlich nicht geeignet, hochkonflikthafte Auseinandersetzungen um das Umgangsrecht zu beeinflussen. Auch beruht Abs 4 S 2 Alt 2 auf der noch vor Inkrafttreten des KindRG vorherrschenden Auffassung, Umgangsverweigerung durch das Kind fiele ausschließlich in die Verantwortung des betreuenden Elternteils, der zudem das Kind in diese Richtung beeinflusst habe. Tatsächlich ergibt sich jedoch angesichts heutiger psychologischer Erkenntnisse, dass in den wenigsten Fällen der Umgangsverweigerung durch Kinder gezielte aktive Manipulationen im Sinne des von Gardner entwickelten PAS-Syndroms (vgl dazu oben Rn 54) vorliegen, sondern diesen altersabhängig differenzierte Ursachen bei der kindlichen Willensbildung zugrunde liegen, die ihre Mitursachen auch in dem Verhalten des umgangsberechtigten Elternteils, in Loyalitätskonflikte auslösenden Elternauseinandersetzungen, ungünstigen Bindungsverhältnissen zum Umgangselternteil, in passiven Beeinflussungen des Kindes durch den Umgangselternteil und sein familiäres Umfeld und in den das Kind belastenden Gerichtsverfahren haben können (eingehend Behrend, Kindliche Kontaktverweigerung nach Trennung der Eltern aus psychologischer Sicht [2009] 78 ff). Vor allem in Fällen, in denen ein Umgang wegen eines **entgegenstehenden beachtlichen Kindeswillens** mit einer nicht anders abwendbaren Kindeswohlgefährdung einhergehen würde, wird eine bloße Außervollzugsetzung des Umgangstitels dem Wohl des Kindes nicht gerecht. Vollstreckungsrechtlich besteht im Übrigen nach **§ 93 Abs 1 Nr 4 FamFG** ohnehin die Möglichkeit, im Falle der Einleitung eines Abänderungsverfahrens die Vollstreckung der gerichtlichen Umgangsregelung **einstweilen einzustellen**. Die Aussetzung des Vollzugs einer bereits vorliegenden gerichtlichen Umgangsregelung ist im Übrigen auch nicht im Sinne des **Verhältnismäßigkeitsgefüges des § 1684 Abs 4 BGB** das mildere Mittel gegenüber dem Umgangsausschluss (so aber Staudinger/Rauscher [2014] § 1684 Rn 306). Das BVerfG hat in keiner seiner seit 1998 ergangenen zahlreichen Entscheidungen über Verfassungsbeschwerden betreffend Umgangsausschlüsse nach § 1684 Abs 4 S 2 Alt 1 BGB einen solchen Grundsatz aufgestellt, zumal auch die Aussetzung des Vollzuges einer Umgangsregelung, wie der Ausschluss selbst, am Ergebnis eines zeitlich befristeten fehlenden Umgangs nichts zu ändern vermag. Auch lässt sich den Gesetzesmaterialien ein solches Verständnis von Abs 4 S 2 Alt 2 nicht entnehmen. Schließlich ist es häufig – aus den oben genannten Gründen – auch kaum möglich, Art und Ausmaß einer zielgerichteten Manipulation des Kindes durch den betreuenden Elternteil festzustellen. Der Gesetzgeber sollte bei den in Zukunft anstehenden Reformen des Umgangsrechts dies zum Anlass nehmen, Abs 4 S 2 Alt 2 zu streichen (ebenso Schumann, Gutachten B zum 72. DJT [2018] B 78).

4. Umgangsausschluss nach Abs 4 S 2 wegen des entgegenstehenden und beachtlichen Kindeswillens

a) Bedeutung des Kindeswillens

302 Die Bedeutung der **Ablehnung des Umgangs durch das Kind** rückt bereits seit den Vorarbeiten zum SorgeRG verstärkt in den Vordergrund der Diskussion (eine Schrifttumsauswahl der 1970er und 1980er Jahre findet sich bei Staudinger/Peschel-Gutzeit[12] § 1634 Fn zu Rn 200; vgl im Übrigen Nachw im Folgenden) und hat auch die Rechtsprechung zu § 1684 Abs 4 S 2 BGB in den letzten Jahren stark geprägt (vgl Schäder FamRZ 2019, 1125; Ernst NZFam 2015, 641; kritisch Klenner FamRZ 1995, 1529; Staudinger/Rauscher [2014]

§ 1684 Rn 281). Zur Bedeutung des **Kindeswillens** bei der Prüfung der Kindeswohldienlichkeit des elterlichen Umgangs mit ihm wurde bereits oben (Rn 202) Stellung bezogen. Der einen Umgang mit den Eltern oder einem Elternteil ablehnende Wille des Kindes ist auch bei § 1684 Abs 4 S 2 BGB von erheblicher Bedeutung, weil seine Nichtbeachtung dazu führen kann, dass durch eine gleichwohl erfolgte Umgangsregelung und deren Durchsetzung das **Wohl des Kindes gefährdet** wird (BVerfG 25. 4. 2015 – 1 BvR 3326/14, juris Rn 17 und 21, ZKJ 2015, 319). Hiervon betroffen sein können beide Elternteile bei einer *Fremdunterbringung des Kindes* bei Pflegepersonen (BVerfG 29. 11. 2012 – 1 BvR 335/12, juris Rn 31, ZKJ 2013, 320; OLG Karlsruhe 20. 1. 2022 – 2 UF 77/21, NZFam 2022, 609 bzgl des Vaters; OLG Saarbrücken 27. 11. 2018 – 6 UF 120/18, NJW-RR 2019, 327 bzgl der Mutter) oder Verwandten (OLG Hamm 6. 6. 2016 – 4 UF 186/15, juris Rn 49 ff, FamRZ 2016, 1940: das Kind lebt bei der Schwester) oder aber der umgangsberechtigte Elternteil, wenn das Kind bei dem anderen Elternteil lebt, wobei hier in gleichem Maße umgangsberechtigte *Mütter* (OLG Stuttgart 23. 2. 2015 – 15 UF 192/13, FamRZ 2015, 1727; OLG Saarbrücken 12. 7. 2010 – 6 UF 32/10, MDR 2011, 106) betroffen sein können. Erkennbar ist in der *Praxis* eine Tendenz, dem Kindeswillen und einer möglichen Gefährdung des Kindes durch seine Nichtbeachtung auch bereits bei jüngeren Kindern im Alter von 8–13 Jahren Rechnung zu tragen (vgl etwa BVerfG 3. 4. 2023 – 1 BvR 2353/22, juris; BVerfG 17. 9. 2016 – 1 BvR 1547/16, juris Rn 20 ff, ZKJ 2016, 457: 11 Jahre; OLG Schleswig 22. 11. 2022 – 8 UF 110/22, juris; OLG Brandenburg 19. 4. 2022 – 9 UF 209/21, juris: 11 Jahre; OLG Brandenburg 23. 5. 2019 – 13 UF 62/18, juris: 8 Jahre; OLG Frankfurt 18. 12. 2018 – 4 UF 165/18, juris: 12 Jahre; OLG Zweibrücken 19. 10. 2012 – 6 UF 83/11, juris Rn 26 ff, Streit 2013, 78: 9 Jahre; AG Bremerhaven 25. 8. 2010 – 151 F 792/07, FamRZ 2012, 646: 9 Jahre; OLG Hamm 4. 4. 2011 – 8 UF 161/10, juris Rn 51 ff, NJW-RR 2011, 1447: 8 Jahre).

b) Persönlichkeitsrecht und Recht zur Selbstbestimmung

Der **Kindeswille** ist – wie bereits oben Rn 202 zu § 1697a BGB festgestellt – Ausdruck **303**
der von ihm empfundenen **Bindung** und gleichzeitig ein **Akt der Selbstbestimmung** (BVerfG 14. 4. 2021 – 1 BvR 1839/20, ZKJ 2022, 17 Rn 18; BVerfG 17. 9. 2016 – 1 BvR 1547/16, juris Rn 20, ZKJ 2016, 457; BVerfG FamRZ 2009, 1389; BVerfG JAmt 2009, 201; BVerfG 26. 9. 2006 – 1 BvR 1827/06, juris Rn 24, ZKJ 2007, 201; BGH FamRZ 2010, 1060, 1063; OLG Bremen 21. 11. 2017 – 5 UF 81/16, juris Rn 17; OLG Düsseldorf ZfJ 1988, 466; OLG Hamm FamRZ 1988, 1313; OLG Karlsruhe FamRZ 1966, 315, 316; OLG Köln FamRZ 1972, 264; OLG Hamm FamRZ 1978, 262, 265; OLG Saarbrücken ZKJ 2011, 178, 179; Schäder FamRZ 2019, 1120, 1122 f; Lempp ZfJ 1977, 507, 509; Bosch FamRZ 1973, 489, 498; Kohne JAmt 2009, 167, 168). Auch wenn seiner Beachtung gerade psychologisch für die *Entwicklung eines Kindes* große Bedeutung zukommt (vgl Dettenborn, Kindeswohl und Kindeswille [6. Aufl 2021] 60 ff) kann er aber im **Konflikt mit den Grundrechten der Eltern** und deren Verantwortung für das Kind grundsätzlich *nicht allein Maßstab* von gerichtlichen Umgangsregelungen sein, zumal er in einem Spannungsverhältnis mit dem aus Art 6 Abs 2 GG folgenden **Erziehungs- und Umgangsrecht der Eltern** steht. Zum anderen sind ihm Grenzen gesetzt, soweit das Kind aufgrund seines **Alters und seiner Entwicklungsreife** noch nicht dazu in der Lage ist, diesen in **autonomer** Weise zu bilden (BVerfG 18. 5. 2009 – 1 BvR 142/09, juris Rn 19, FamRZ 2009, 1389). Nach den psychologischen Erkenntnissen beginnt die *Fähigkeit der Willensbildung* bei Kindern erst mit dem 3.–4. Lebensjahr (Castellanos, Psychologische Sachverständigengutachten im Familienrecht [3. Aufl 2021] Rn 230; Dettenborn, Kindeswohl und Kindeswille [6. Aufl 2021] 70 f). Mit **zunehmendem Alter** gewinnt der Kindeswille jedoch auch in Ansehung der Frage des Umgangsrechts an Bedeutung, denn die eigene Willensbildung ist Ausdruck der Individualität und Persönlichkeit des

Kindes als Grundrechtsträger. Zur **Persönlichkeitsentwicklung** gehört insoweit auch, dass der *wachsenden Fähigkeit* eines Kindes zu eigener Willensbildung und selbständigem Handeln Rechnung getragen wird, damit es sich zu einer eigenverantwortlichen und gemeinschaftsfähigen Persönlichkeit entwickeln kann und es durch eine Missachtung seines Willens in seiner Persönlichkeitsentwicklung nicht beeinträchtigt wird (vgl BVerfG 25. 4. 2015 – 1 BvR 3326/14, juris Rn 17, FamRZ 2015, 1093; Heilmann/Gottschalk § 1684 Rn 31). Auch soweit der betreuende Elternteil den Umgang verweigert, dient die Erzwingung des Umgangs gegen den Willen des Kindes nicht der Bestrafung dieses Elternteils (BVerfG 28. 7. 2005 – 1 BvR 180/04, juris Rn 11; OLG Frankfurt 9. 7. 2021 – 4 UF 52/21, juris Rn 30, NZFam 2022, 698 m Anm Billhardt).

Der Wille des Kindes ist weiterhin **Indiz seiner inneren Bindung** an einen Elternteil (BVerfG FamRZ 2007, 1078, 1079; BVerfG FamRZ 2008, 1737, 1738; BVerfG JAmt 2009, 201; BeckOK-BGB/Veit [1. 1. 2023] § 1684 Rn 185). Diese Funktion des Willens ist nach Ansicht der Rechtsprechung nicht von der geistigen Reife des Kindes abhängig (BGH FamRZ 1984, 1084: auch bei 4 1/2-jährigem Kind; BGH FamRZ 2010, 1060, 1063), sondern allein von seiner Fähigkeit, seine psychische und soziale Beziehung zu beiden Eltern wirklichkeitsgetreu mitzuteilen oder auch nur der Möglichkeit, aus den Mitteilungen des Kindes auf seine Bindungen Rückschlüsse zu ziehen (OLG Bremen 21. 11. 2017 – 5 UF 81/16, juris Rn 17; OLG Hamm NJW-RR 1993, 1290; OLG Karlsruhe FamRZ 1978, 270; OLG München FamRZ 1979, 70, 71; OLG Stuttgart ZfJ 1975, 131; Coester, Das Kindeswohl als Rechtsbegriff [1983] 261; Dickmeis ZfJ 1982, 271; Dieckmann AcP 178 [1978] 298, 315; Lempp NJW 1963, 1659, 1660; ders NJW 1964, 440; Zenz StAZ 1973, 257, 269; Oelkers FamRZ 1995, 1385, 1388). Andererseits ist der *geäußerte* Wille in dieser Funktion nur eines von zahlreichen Kriterien, aus denen sich die wirklichen Bindungen des Kindes ermitteln lassen; Bindung und *geäußerter* Wille sind nicht zwangsläufig identisch (Weisbrodt KindPrax 2000, 9, 10).

c) Gefährdung des Kindeswohls durch Nichtbeachtung seines Willens

304 Nach gefestigter Rechtsprechung des *BVerfG* haben die Familiengerichte auch bei der Entscheidung über die Einschränkung oder den Ausschluss des Umgangs sowohl die betroffenen Grundrechtspositionen des oder der *Elternteile* als auch das *Wohl des Kindes* und dessen Individualität als Grundrechtsträger zu berücksichtigen (BVerfG 31. 5. 1983 – 1 BvL 11/80, juris Rn 32, FamRZ 1983, 872, 456). Hierbei ist zu bedenken, dass das Kind mit der Kundgabe seines Willens von seinem Selbstbestimmungsrecht Gebrauch macht und seinem Willen mit zunehmendem Alter vermehrt Bedeutung zukommt (vgl oben Rn 303). Ein gegen den *ernsthaften Widerstand* des Kindes erzwungener Umgang kann durch die Erfahrung der Missachtung der eigenen Persönlichkeit – ungeachtet der Vermutung von § 1626 Abs 3 S 1 BGB – bei diesem *mehr Schaden verursachen als nutzen* (BVerfG 25. 4. 2015 – 1 BvR 3326/14, juris Rn 17, FamRZ 2015, 109). Dabei kann auch ein auf einer bewussten oder unbewussten **Beeinflussung** beruhender Wille beachtlich sein, wenn er **Ausdruck echter und schützenswerter Bindung** ist und die beeinflussten Äußerungen nicht den **wirklichen Bindungsverhältnissen widersprechen** (BVerfG 14. 4. 2021 – 1 BvR 1839/20, FamRZ 2021, 1201 Rn 37; BVerfG 17. 9. 2016 – 1 BvR 1547/16, juris Rn 20, ZKJ 2016, 457; BVerfG 2. 4. 2001 – 1 BvR 212/98, juris Rn 4, FamRZ 2001, 1057; OLG Bremen 21. 11. 2017 – 5 UF 81/16, juris Rn 17; Peschel-Gutzeit NZFam 2014, 433, 434). Dabei ist es Aufgabe des Familiengerichts, die maßgeblichen *Gründe für die Verweigerungshaltung* des Kindes zu ermitteln (BVerfG 17. 9. 2016 – 1 BvR 1547/16, juris Rn 21, ZKJ 2016, 457). Unerlässlich ist es hierbei, das im Regelfall schon ältere Kind nach § 159 FamFG *persönlich anzuhören* und ihm nach § 158 FamFG einen *Verfah-*

rensbeistand zu bestellen. Ob zudem ein **kinderpsychologisches Sachverständigengutachten** einzuholen ist, ist eine Frage der Reichweite der Amtsermittlungspflicht (§ 26 FamFG) im Einzelfall und auch des Alters des betroffenen Kindes (verneint bei schon älteren Kindern BVerfG 17. 9. 2016 – 1 BvR 1547/16, juris Rn 44, ZKJ 2016, 457; BVerfG 13. 7. 2005 – 1 BvR 1245/05, juris Rn 13 f, BVerfGK 6, 57: 14 Jahre; OLG Saarbrücken 25. 8. 2014 – 6 UF 64/14, juris Rn 20, NZFam 2015, 44: 11 Jahre; OLG Bremen 15. 4. 2013 – 4 UF 3/13, juris Rn 13 ff, NJW 2013, 2603; MünchKommBGB/HENNEMANN § 1684 Rn 56; bejaht bei einem jüngeren Kind zwischen 8–10 Jahre von OLG Schleswig 22. 9. 2015 – 10 UF 105/15, juris Rn 42 ff, NZFam 2016, 29; OLG Saarbrücken 3. 4. 2012 – 6 UF 10/12, juris Rn 16 ff, MDR 2012, 1231). Auch kann ein bereits in einem vormaligen Umgangsverfahren eingeholtes Sachverständigengutachten genügen, wenn sich die Umstände nicht wesentlich geändert haben und sich der Wille des Kindes verfestigt hat (BVerfG 17. 9. 2016 – 1 BvR 1547/16, juris Rn 44, ZKJ 2016, 457). Letztlich entscheidend für die Frage der Notwendigkeit der Einholung eines Sachverständigengutachtens ist es, ob das Familiengericht bereits über eine **hinreichende zuverlässige Erkenntnisgrundlage** verfügt (EGMR 6. 10. 2016 – 23280/08, NJW 2017, 3699 Rn 78 [*Moog/Deutschland*]; BVerfG 14. 4. 2021 – 1 BvR 1839/20, FamRZ 2021, 1201 Rn 20; OLG Frankfurt 13. 7. 2020 – 5 UF 15/20, FamRZ 2020, 2010 (kein Gutachten bei Miterleben häuslicher Gewalt); PRÜTTING/HELMS/HAMMER § 163 FamFG Rn 4).

d) Erkenntnisse der Psychologie

Auch soweit von den Gerichten zu beachten ist, dass der Kindeswille nicht stets das Ergebnis selbstbestimmter und autonomer Prozesse ist, sondern dass dieser **Beeinflussungen** – insbesondere durch den betreuenden Elternteil oder dessen familiäres und persönliches Umfeld – unterliegen kann (vgl BGH 27. 11. 2019 – XII ZB 511/18, NJW 2020, 1065 Rn 27), bedarf dieser Prozess einer Hinterfragung im jeweiligen Einzelfall. So ist bei der Frage, ob ein auf einer Beeinflussung beruhender Wille im Hinblick auf das Persönlichkeitsrecht des Kindes zu beachten ist, wenn er den **wirklichen Bindungsverhältnissen nicht widerspricht** (BVerfG 25. 4. 2015 – 1 BvR 3326/14, juris Rn 17, FamRZ 2015, 1093; BVerfG 2. 4. 2001 – 1 BvR 212/98, juris Rn 4, FamRZ 2001, 1057; OLG Bremen 21. 11. 2017 – 5 UF 81/16, juris Rn 17), auch von Bedeutung, ob eine etwaige Ablehnungshaltung des Kindes auf **eigenem Erleben** beruht und im Verhältnis zu dem anderen Elternteil begründet ist (CASTELLANOS, Psychologische Sachverständigengutachten im Familienrecht [3. Aufl 2021] Rn 1001; BEHREND, Kindliche Kontaktverweigerung nach Trennung der Eltern aus psychologischer Sicht [2009] 178 f; ZIMMERMANN/FICHTNER/WALPER/LUX/KINDLER ZKJ 2023, 43, 45 f; zB erlebte Gewalt (OLG Frankfurt 13. 7. 2020 – 5 UF 15/20, FamRZ 2020, 2010), Vernachlässigung, autoritäres Erziehungsverhalten, Ablehnung der Lebensgefährtin oder in der Wohnung des umgangsberechtigten Elternteils lebender Großeltern, mangelnde Liebe oder Empathie, fehlende Spielmöglichkeiten, Verantwortungszuweisung für die Trennung der Eltern etc). Auch das **Alter des Kindes** ist psychologisch betrachtet von erheblicher Bedeutung. 305

Schließlich folgt aus den Erkenntnissen der Sozialwissenschaften (KINDLER FPR 2007, 291, 293; WALLERSTEIN/LEWIS FamRZ 2001, 65, 69; DETTENBORN, Kindeswohl und Kindeswille [6. Aufl 2021] 98 f; DETTENBORN/WALTER, Familienrechtspsychologie [4. Aufl 2022] 277 ff; SALZGEBER, Familienpsychologische Gutachten [7. Aufl 2020] Rn 587), dass gerade bei Fällen, in denen das Kind **Loyalitätskonflikten** ausgesetzt ist, ein gegen den **ernsthaften Widerstand** des Kindes erzwungener Umgang durch die Erfahrung der Missachtung der eigenen Persönlichkeit im Regelfall mehr Schaden verursacht als Nutzen für das Kind bringt, was die obige Rechtsprechung des BVerfG (BVerfG 25. 4. 2015 – 1 BvR 3326/14, juris Rn 17,

FamRZ 2015, 1093; BVerfG 2. 4. 2001 – 1 BvR 212/98, juris Rn 4, FamRZ 2001, 1057; OLG Koblenz 3. 6. 2014 – 13 UF 503/177/14, juris Rn 17, FamRZ 2014, 2010) bestätigt, zumal betroffene Kinder bei erzwungenem Umgang später häufig den Kontakt zu dem betreffenden Elternteil abbrechen (Wallerstein/Lewis FamRZ 2001, 65, 69; Salzgeber, Familienpsychologische Gutachten [7. Aufl 2020] Rn 587; zu den Risiken einer Missachtung des Kindeswillens vgl auch Fahrendholz/Zumbach RPsych 2020, 36, 48 ff).

306 Eine in diesem Zusammenhang bedeutsame Forschungsarbeit stammt von der als Sachverständige tätigen Psychologin Behrend (Kindliche Kontaktverweigerung nach Trennung der Eltern aus psychologischer Sicht [2009]), in der versucht wurde, mittels zweier eigener, im Rahmen der praktischen Tätigkeit erstellter Studien **kindliche Umgangsverweigerung zu typologisieren**. Es werden hierbei *drei Typen* der Umgangsverweigerung unterschieden, die jeweils schwerpunktmäßig verschiedenen Altersgruppen zugerechnet werden, und Kriterien festgestellt, die Umgangsverweigerung begünstigen. Als allen Fällen und Typen gemeinsam wurde ein **hohes Konfliktniveau** zwischen den getrennten Eltern festgestellt und als Begünstigungsfaktoren eine nicht entwickelte **Bindung** zum umgangsberechtigten Elternteil, die Belastung des Kindes durch **familiengerichtliche Verfahren** (gerichtliche Anhörung, Gespräche mit Verfahrensbeistand, Sachverständigen, Jugendamt, Umgangspfleger oder Umgangsbegleiter) sowie die Eingehung **neuer Paarbeziehungen** durch die Eltern benannt (Behrend, Kindliche Kontaktverweigerung nach Trennung der Eltern aus psychologischer Sicht [2009] 168 f). Der vor allem bei Kleinkindern bis zum Grundschulalter festgestellte *erste* Typ (**Streitmeidung**) zeichne sich dadurch aus, dass mangels hinreichender kognitiver Fähigkeiten eine Beeinflussung noch nicht greife und die Ablehnungshaltung auf *Streit- und Konfliktvermeidungsstrategien des Kindes* beruhe, die nicht auf einer persönlichen Ablehnung des umgangsberechtigten Elternteils basieren würden. Diese seien durch Abbau akuter Belastungssituationen, wie sie insbesondere bei Übergabesituationen zwischen den Eltern für das Kind spürbar würden, aufzulösen (Behrend, Kindliche Kontaktverweigerung nach Trennung der Eltern aus psychologischer Sicht [2009] 170 ff). Dagegen beruhe der *zweite* Typ auf einer **Instrumentalisierung** des Kindes durch den betreuenden Elternteil, der jedoch in den wenigsten festgestellten Fällen auf einer aktiven und zielgerichteten Beeinflussung des Kindes im Sinne des PAS-Syndroms beruhe. Im Vordergrund stünden vielmehr *passive Einflussnahmen,* wie vermeintlich wahre, abwertende oder schuldzuweisende Äußerungen über den anderen Elternteil oder das Überlassen gerichtlichen Schriftverkehrs an das Kind, welche in Verbindung mit dem ausgelösten Prozess einer **Parteinahme** für den betreuenden Elternteil eine massive und stabile Ablehnungshaltung gegenüber dem anderen Elternteil auslösen würden (Behrend, Kindliche Kontaktverweigerung nach Trennung der Eltern aus psychologischer Sicht [2009] 173 ff). Schließlich sei der *dritte* Typ, der vor allem bei schon älteren Kindern anzutreffen sei, dadurch gekennzeichnet, dass die Ablehnungshaltung auf eine **eigene Kränkung des Kindes** im Kontext der Trennung gestützt wird, wie etwa durch (aus Sicht des Kindes) schuldhafte Herbeiführung der Trennung, mangelnde Empathie für das Kind, abwertende Äußerungen über den betreuenden Elternteil oder egozentrische Führung von Gerichtsverfahren (Behrend, Kindliche Kontaktverweigerung nach Trennung der Eltern aus psychologischer Sicht [2009] 178 f; vgl auch Maywald FPR 2013, 200, 201). Ein Abbau der Verweigerungshaltung sei ohne Gegensteuerung des betreuenden Elternteils (Typ 2) bzw des umgangsberechtigten Elternteils (Typ 3) kaum zu bewerkstelligen.

e) Beachtlichkeit des Kindeswillens

Im Rahmen der Kindeswohlgefährdungsprüfung stellt die Rechtsprechung – den Erkenntnissen der Psychologie folgend (DETTENBORN/WALTER, Familienrechtspsychologie [4. Aufl 2022] 81 ff; CASTELLANOS, Psychologische Sachverständigengutachten im Familienrecht [3. Aufl 2021] Rn 232) – darauf ab, ob der Kindeswille unter Berücksichtigung des Alters und der Entwicklung des Kindes **stabil, intensiv, zielorientiert und autonom** ist (BVerfG 29. 11. 2012 – 1 BvR 335/12, ZKJ 2013, 120 Rn 31: „konstant und wiederholt"; OLG Koblenz 16. 7. 2018 – 13 UF 180/18, juris Rn 7, 21;OLG Brandenburg 22. 6. 2018 – 10 UF 109/15, juris Rn 22 ff; OLG Koblenz 3. 6. 2014 – 13 UF 177/14, juris Rn 20, FamRZ 2014, 2010; KG 14. 11. 2012 – 13 UF 141/12, juris Rn 47, FamRZ 2013, 709; MünchKommBGB/HENNEMANN § 1684 Rn 55; SCHÄDER FamRZ 2919, 1120, 1122). Dabei wird es im Rahmen der Güterabwägung und der zu berücksichtigenden Grundrechte der Eltern nicht völlig außer Acht bleiben können, ob die von dem Kind vorgebrachten Gründe **aus seiner Sicht nachvollziehbar** sind (OLG Karlsruhe 26. 1. 2022 – 2 UF 77/21, ZKJ 2022, 356; OLG Brandenburg 18. 6. 2021 – 8 UF 39/21, juris: Unlust einer 15-Jährigen; OLG Frankfurt 17. 9. 2014 – 4 UF 355/13, juris Rn 5; OLG Saarbrücken 25. 8. 2014 – 6 UF 64/14, juris Rn 18, NZFam 2015, 44; BeckOGK/ALTROGGE [15. 11. 2021] § 1684 Rn 367; VOGEL FF 2017, 434, 441; **kritisch** PESCHEL-GUTZEIT NZFam 2014, 433 f; JOHANNSEN/HENRICH/ALTHAMMER/RAKE § 1684 Rn 62; SPLITT FF 2016, 146, 148), wobei aber stets die ggf schädliche Wirkung einer gegen den Willen des Kindes getroffenen Regelung zu bedenken ist und die Frage der Nachvollziehbarkeit der Weigerungsgründe nicht unverzichtbares Kriterium sein kann (SPLITT FF 2016, 146, 148). 307

Beruht die Ablehnungshaltung des Kindes auf **eigenen Erfahrungen und ggf seelischer Verletzung oder Enttäuschung** mit bzw durch den Umgangsberechtigten, ist insoweit kein Zweifel an der Nachvollziehbarkeit zu erheben (vgl etwa OLG Brandenburg 24. 10. 2022 – 13 UF 12/22, juris: Gewaltausbrüche und Beschimpfungen; OLG Karlsruhe 20. 1. 2022 – 2 UF 77/21, ZKJ 2022, 356: Abneigung des Vaters gegenüber Pflegeeltern; OLG Frankfurt 13. 7. 2020 – 5 UF 15/20, FamRZ 2020, 2010: Miterleben häuslicher Gewalt; OLG Frankfurt 18. 12. 2018 – 4 UF 165/18, juris: versuchte Manipulation und negative Äußerungen über die Mutter; OLG Saarbrücken 27. 11. 2018 – 6 UF 120/18, FF 2019, 121: erlebte Vernachlässigung und Alkoholismus; OLG Karlsruhe 16. 7. 2018 – 13 UF 180/18, juris Rn 22: Angst vor Misshandlungen; OLG Brandenburg 23. 5. 2018 – 13 UF 115/16, juris Rn 16; vorheriger Zwang zum Umgang; OLG Hamm 6. 6. 2016 – 4 UF 186/15, juris Rn 22 ff, FamRZ 2016, 1940: Angst eines Pflegekindes vor Gewalt des Vaters, Mutter schützt Kind nicht; OLG Nürnberg 20. 4. 2016 – 7 UF 270/16, juris Rn 189, NZFam 2016, 1206: Diffamierung der Kindesmutter; KG 14. 11. 2012 – 13 UF 141/12, juris Rn 48 ff, FamRZ 2013, 709: Vater ist zugleich Stiefgroßvater; OLG Saarbrücken 3. 4. 2012 – 6 UF 10/12, juris Rn 18, MDR 2012, 1231: Interview mit Bild in der Boulevardpresse; OLG Hamm 4. 4. 2011 – 8 UF 161/10, juris Rn 51 ff, NJW-RR 2011, 1447: sexuell übergriffiges Verhalten des Vaters gegenüber dem Kind; OLG Saarbrücken 12. 7. 2010 – 6 UF 32/10, juris Rn 16 f, JAmt 2011, 167: Stalkingähnliches Verhalten durch Mutter; OLG Köln 25. 1. 2010 – 4 UF 188/09, juris Rn 11, MDR 2010, 636: vorausgegangener Umgangsabbruch; OLG Nürnberg 22. 6. 2009 – 10 UF 790/08, juris Rn 40, FamRZ 2009, 1687: Angst vor Aggression). Schließlich ist auch zu bedenken, dass Ablehnungshaltungen bei Kindern gerade als Reaktion auf hochkonflikthafte Elternauseinandersetzungen iS einer **psychischen Abwehrreaktion** entstehen, welche bei Nichtbeachtung die Gefahr von Belastungsstörungen begründen (EGMR 28. 4. 2016 – 20106/13, juris Rn 46, 50, FamRZ 2017, 891 m Anm HAMMER [*Buchleither/Deutschland*]; BVerfG 17. 9. 2016 – 1 BvR 1547/16, juris Rn 23 ff, ZKJ 2016, 457; OLG Bremen 21. 11. 2017 – 5 UF 81/16, juris Rn 17 ff).

Der Wille des Kindes kann **beeinflusst** sein (vgl etwa den Fall von OLG Köln 8. 12. 2016 – 25 UF 109/16, juris Rn 24, FamRB 2017, 299 und oben Rn 202). Dass eine Beeinflussung durch den Umgang ablehnenden betreuenden Elternteil häufig stattfindet, ist kaum bestreitbar (Gernhuber/Coester-Waltjen § 67 Rn 11; Klenner FamRZ 1995, 1530; Ofuatey-Kodjoe/Koeppel DAVorm 1998, 9 ff). Diese Beeinflussung muss nicht bewusst oder gar vorsätzlich erfolgen, sie erfolgt sogar meist passiv und unbeabsichtigt durch Übertragung eigener unbewältigter Emotionen in Bezug auf die Trennung der Eltern auf das Kind (Richter/Kreuznacht ZfJ 1999, 45, 50; Behrend, Kindliche Kontaktverweigerung nach Trennung der Eltern aus psychologischer Sicht [2009] 173 ff). Auch das Gerichtsverfahren selbst kann die Neigung des Kindes und des betreuenden Elternteils zur Ablehnung des Umgangs steigern, weil das Kind eine Abwehrhaltung gegen die Erwartungen des Umgang begehrenden Elternteils, ggf auch gegen die beteiligten Professionen entwickelt (Salzgeber ZKJ 2009, 204). Ob auch der beeinflusste Wille des Kindes zu beachten ist, hängt nach der oben zu Rn 305 dargestellten Rechtsprechung des BVerfG davon ab, ob er den **wirklichen Bindungsverhältnissen** entspricht.

308 Die vormals überwiegende Ansicht, dass der als manipuliert erkannte Kindeswillen im Ausgangspunkt unbeachtlich sei, da er kein brauchbares Indiz für die wirkliche Bindung des Kindes erbringe (BGH FamRZ 1985, 169, 170; BGH FamRZ 2010, 1060, 1063; OLG Brandenburg 20. 7. 2010 – 10 UF 25/10, juris Rn 25: unter Berufung auf das PAS; OLG Thüringen FamRZ 2000, 44; BayObLGZ 1951, 330, 335; BayObLGZ 1951, 421, 423; BayObLGZ 1957, 134, 145; BayObLG FamRZ 1959, 122, 125; BayObLGZ 1964, 443; BayObLGZ 1974, 443; BayObLGZ 1977, 200; BayObLG FamRZ 1977, 650, 652; OLG Bamberg FamRZ 2000, 46; OLG Brandenburg FamRZ 2003, 1405; OLG Dresden FamRZ 2002, 1588; OLG Dresden NJW 2003, 147; OLG Düsseldorf FamRZ 1969, 664; OLG Frankfurt FamRZ 1966, 258; OLG Frankfurt FamRZ 1993, 729, 730; OLG Hamburg FamRZ 1996, 422, 423; OLG Hamm OLGZ 1975, 386; OLG Hamm NJW-RR 1996, 770; OLG Hamm FamRZ 1994, 57; OLG Karlsruhe FamRZ 1968, 170; OLG Köln FamRZ 1972, 144, 145; OLG Köln FamRZ 1972, 574, 576) lässt sich heute so nicht mehr aufrechterhalten. Denn auch der beeinflusste Wille kann den **wahren Bindungsverhältnissen** entsprechen und kann im Übrigen gleichwohl mit dem wahren, stabilen kindlichen Willen übereinstimmen und seine Nichtbeachtung dem Kind **seelischen Schaden** zufügen (BVerfG 25. 4. 2015 – 1 BvR 3326/14, juris Rn 21, ZKJ 2015, 319; OLG Brandenburg 19. 4. 2022 – 9 UF 209/21, juris Rn 30, NZFam 2022, 609; OLG Brandenburg 31. 8. 2020 – 15 UF 40/18, juris Rn 18; OLG Brandenburg 17. 12. 2018 – 9 UF 86/18, juris Rn 10, JAmt 2020, 103; OLG Bremen 21. 11. 2017 – 5 UF 81/16, juris Rn 17; OLG Stuttgart 23. 2. 2015 – 15 UF 192/13, juris Rn 29 ff, FamRZ 2015, 1727; OLG Frankfurt 17. 9. 2014 – 4 UF 355/13, juris Rn 15; OLG Koblenz 3. 6. 2014 – 13 UF 177/14, juris Rn 26 f, FamRZ 2014, 2010; OLG Brandenburg 20. 10. 2009 – 10 UF 177/08, juris Rn 19 ff, NJW-RR 2010, 301; Johannsen/Henrich/Althammer/Rake § 1684 Rn 62; NK-BGB/Peschel-Gutzeit/Ebeling § 1684 Rn 14 f; Castellanos, Psychologische Sachverständigengutachten im Familienrecht [3. Aufl 2021] Rn 1008; Ell ZfJ 1980, 319, 320 f; ders DAVorm 1986, 745; ders ZfJ 1988, 436, 440).

Damit kommt es letztlich bei der Frage der Beachtlichkeit des Kindeswillens vornehmlich auf seine **Qualität** (OLG Schleswig 22. 9. 2015 – 10 UF 105/15, juris Rn 40, NZFam 2016, 29; Splitt FF 2016, 146, 148) und **Konstanz** an, wobei mit zunehmendem Alter des Kindes die Anforderungen an die Qualität des Willens abzusenken sind. Bei der Frage der Beachtlichkeit des Kindeswillens sollte im Übrigen auch bedacht werden, dass eine Umgangsregelung nur dann sinnvoll ist, wenn diese auch nach § 89 FamFG **vollstreckt** werden kann. Ist es aber dem betreuenden Elternteil wegen der Intensität des

Kindeswillens weder zumutbar und noch möglich, ohne Einsatz der nach § 90 Abs 2 S 1 FamFG unzulässigen Gewalt derart erzieherisch auf das Kind einzuwirken, dass dieses den Umgang wahrnimmt, so spricht dies für die Voraussetzungen eines Umgangsausschlusses (OLG Koblenz 16. 7. 2018 – 13 UF 180/18, juris Rn 29, FuR 2019, 351; OLG Brandenburg 6. 10. 2015 – 10 UF 57/13, juris Rn 44, FuR 2016, 303: 14 Jahre altes Kind; OLG Koblenz FamRZ 2008, 714).

Für die Frage, ob die Nichtbeachtung des Kindeswillens zu einer nicht anderweitig abwendbaren *Gefährdung seines Wohls* führen würde, ist eine **Prognoseentscheidung** zu treffen (BVerfG 29. 11. 2012 – 1 BvR 335/12, juris Rn 31, ZKJ 2013, 120; allgemein zur Kindeswohlgefährdungsfeststellung vgl Coester NZFam 2016, 577); ob eine Kindeswohlgefährdung besteht, lässt sich freilich oftmals nur schwer vorhersagen (kritisch daher Salzgeber ZKJ 2009, 204), sie kann nicht einfach nur unterstellt werden. Hier spielen *Alter, Entwicklung, Resilienz und Vulnerabilität* des Kindes (Dettenborn, Kindeswohl und Kindeswille [6. Aufl 2021] 43 ff), *Stärke des Willens* und die Bereitschaft der Eltern, ihr Konfliktniveau zu begrenzen, eine entscheidende Rolle. Bei Kindern *ab 14 Jahren* dürfte der Anspruch des Kindes auf Achtung seiner Persönlichkeit regelmäßig für einen Ausschluss des Umgangs sprechen, im Übrigen ist stets zu hinterfragen, ob dem Kind eine Beeinträchtigung seines Selbstwertgefühls zugemutet werden kann und ob nicht auch aus diesem Grund es zu einer Gefährdung seiner Persönlichkeitsentwicklung durch die Ausprägung von Verhaltensauffälligkeiten oder psychischen Erkrankungen kommen kann (BVerfG 25. 4. 2015 – 1 BvR 3326/14, juris Rn 21, ZKJ 2015, 319; OLG Saarbrücken 27. 11. 2018 – 6 UF 120/18, FF 2019, 121; OLG Bremen 21. 11. 2017 – 5 UF 81/16, juris Rn 17; OLG Saarbrücken 25. 8. 2014 – 6 UF 64/14, juris Rn 18, NZFam 2015, 1093; Splitt FF 2016, 146, 148). Das Kind darf aber keinesfalls zum *Spielball experimenteller Versuche* der Umgangsherstellung gemacht werden (BVerfG 25. 4. 2015 – 1 BvR 3326/14, juris Rn 20, ZKJ 2015, 319; OLG Frankfurt 17. 9. 2014 – 4 UF 355/13, juris Rn 14). Schließlich ist noch zu bedenken, dass sich Kinder gerade bei konfliktbeladenen Elternbeziehungen in einem **Loyalitätskonflikt** befinden, der sich bei gegen ihren Willen erzwungenen Umgangsregelungen ebenfalls langfristig nachteilig für das körperliche und seelische Wohl auswirken kann (vgl Walper, in: Brühler Schriften zum Familienrecht Bd 14, 16. DFGT 2005 [2006] 100, 120 f; vgl zu den Möglichkeiten professioneller Interventionen Baumann/Michel-Biegel/Rücker/Serafin/Wiesner ZKJ 2022, 244). 309

Zur Feststellung der für diese Prognose erforderlichen Grundlagen dienen die persönliche Anhörung des Kindes, die Einschätzung von Verfahrensbeistand und Jugendamt sowie ggf die Empfehlung eines Sachverständigen (sehr anschaulich OLG Bremen 21. 11. 2017 – 5 UF 81/16, juris Rn 17 ff).

f) Der Kindeswille in der Rechtsprechung und Möglichkeiten der Vermeidung eines Umgangsausschlusses

aa) Kleinere Kinder

Bei **kleineren Kindern** bis zum Grundschulalter liegt einer etwaigen Umgangsverweigerung aus den oben Rn 302 ff dargestellten Gründen im Regelfall keine persönliche Ablehnung des Umgangselternteils zugrunde, sondern diese dient der *kindlichen Streit- bzw Stressvermeidung* anlässlich des Trennungskonflikts der Eltern. Soweit dem frühzeitig entgegengewirkt wird, dürften *konfliktderegulierende Maßnahmen,* wie die Anordnung einer Umgangspflegschaft und/oder ggf begleiteter Umgang, prognostisch als positiv zum Abbau der Verweigerungshaltung des Kindes beurteilt 310 werden (Behrend, Kindliche Kontaktverweigerung nach Trennung der Eltern aus psychologischer Sicht [2009] 188 f). Dass die Inanspruchnahme von *Elternberatung* (§ 18 SGB VIII) in solchen Fällen sinnvoll ist, liegt auf der Hand. Oftmals fehlt es allerdings in der Praxis vielen Eltern an der hierzu erforderlichen Bereitschaft. Ist allerdings der Wille der bereits älteren Geschwister des Kleinkinds beachtlich und führt dieser zu einem Umgangsausschluss, kann es im Einzelfall auch dem Kleinkind unzumutbar sein, allein den Umgang mit dem anderen Elternteil wahrzunehmen (vgl OLG Schleswig 22. 11. 2022 – 8 UF 110/22, juris – bestätigt durch BVerfG 3. 4. 2023 – 1 BvR 2353/22, juris).

bb) Kinder im Schulalter bis 11 Jahren

311 Bei Kindern im **Alter von 6 bis zu etwa 11 bis 12** Jahren ging die ältere überwiegende Rechtsprechung zwar davon aus, dass der das Kind betreuende Elternteil verpflichtet und regelmäßig dazu in der Lage sein soll, auf einen entgegenstehenden Kindeswillen durch geeignete *erzieherische Maßnahmen einzuwirken* (OLG Celle FamRZ 1987, 622; OLG Frankfurt FamRZ 1966, 258; OLG Frankfurt FamRZ 1993, 729, 730; OLG Hamm FamRZ 1996, 363; OLG Zweibrücken FamRZ 1987, 90, 91; obiter OLG Hamburg FamRZ 2008, 1372, 1373; vgl auch BayObLG FamRZ 1977, 736, 740: nicht mehr ab etwa 13 Jahren). In der jüngeren Judikatur und im Schrifttum wird diese für das Vollstreckungsrecht (Verschulden nach § 89 Abs 4 FamFG) entwickelte Schwelle jedoch zunehmend auf 8 bis 11 Jahre abgesenkt (vgl etwa OLG Bremen 21. 11. 2017 – 5 UF 81/16, juris Rn 17; OLG Köln 12. 3. 2014 – 4 WF 167/13, juris Rn 6; OLG Hamm 12. 12. 2007 – 10 WF 196/07, FamRZ 2008, 1371; Prütting/Helms/Hammer § 89 FamFG Rn 17; Heilmann/Cirullies § 89 FamFG Rn 25; Balloff FPR 2013, 303, 307). Die Frage einer *Altersgrenze* kann an dieser Stelle aber offenbleiben, da bei der Prüfung einer Kindeswohlgefährdung stets das im Einzelfall betroffene Kind im Mittelpunkt der Betrachtung steht. Liegt der Umgangsverweigerung im Einzelfall ein von der Qualität her im Sinne der in Rn 302 ff umschriebener Kindeswille vor, so kann er auch zum Umgangsausschluss führen, sofern mildere Mittel, wie insbesondere eine Umgangspflegschaft oder Umgangsbegleitung, nicht zur Gefahrabwendung ausreichen. Insoweit kann auch der Wille von **7- bis 9-jährigen Kindern** (bejaht von OLG Brandenburg 24. 10. 2022 – 13 UF 12/22, juris Rn 26 ff: 7 Jahre; OLG Brandenburg 23. 5. 2019 – 13 UF 62/18, juris Rn 29 ff: 8 Jahre; OLG Bremen 21. 11. 2017 – 5 UF 81/16, juris Rn 17 ff: 8 Jahre; OLG Zweibrücken 19. 10. 2012 – 6 UF 83/11, juris Rn 26 ff, Streit 2013, 78: 9 Jahre; OLG Hamm 4. 4. 2011 – 8 UF 161/10, juris Rn 51 ff, NJW-RR 2011, 1447: 8 Jahre; AG Bremerhaven 25. 8. 2010 – 151 F 792/07, juris: 9 Jahre; OLG Celle FamRZ 2008, 1369, 1370: eigenständiger Wille einer 8-Jährigen „zu respektieren"; verneint von OLG Brandenburg 20. 7. 2010 – 10 UF 25/10, juris Rn 25 unter Hinweis auf das PAS; vgl auch OLG Schleswig 22. 9. 2015 – 10 UF 105/15, NZFam 2016, 29 zum nicht hinreichend ermittelten Willen von Kindern im Alter zwischen 6 und 11 Jahren) oder **10- bis 11-jährigen Kindern** (bejaht von BVerfG 25. 4. 2015 – 1 BvR 3326/14, juris Rn 20, ZKJ 2015, 319; OLG Schleswig 22. 11. 2022 – 8 UF 110/22, juris: 10,5 Jahre; OLG Brandenburg 24. 10. 2022 – 13 UF 12/22, juris Rn 26 ff: 11 Jahre; OLG Brandenburg 19. 4. 2022 – 9 UF 209/21, NZFam 2022, 609: 11 Jahre; OLG Frankfurt 13. 7. 2020 – 5 UF 15/20, FamRZ 2020, 2010: 11 Jahre; OLG Nürnberg 20. 4. 2016 – 7 UF 270/16, juris Rn 189, NZFam 2016, 1206: 10 Jahre; OLG Frankfurt 17. 9. 2014 – 4 UF 355/13, juris Rn 14; verneint von AG Detmold 26. 10. 2016 – 33 F 169/16, juris Rn 11 ff, FuR 2017, 106; Zurückverweisung mangels Sachverständigengutachtens bei 10-jährigem Kind durch OLG Saarbrücken 3. 4. 2012 – 6 UF 10/12, MDR 2012, 1231) einen Umgangsausschluss erforderlich machen. Gerade bei noch jüngeren Kindern gewinnt allerdings die Frage, ob die Weigerungshaltung auf aus Kindessicht **nachvollziehbaren Gründen** beruht (aus der älteren Rechtsprechung, die auf objektive verständliche Gründe abstellte, vgl OLG Bamberg FamRZ 1989, 890: vorbereitungslose Verbringung in die USA durch bisher persönlich unbekannten Vater; OLG Celle

FamRZ 1998, 973: Angst wegen – erhärtetem – Verdacht des sexuellen Missbrauchs; OLG Celle FamRZ 1998, 1458, 1459: nicht verarbeitete Erlebnisse und Überforderung; OLG Hamm FamRZ 1997, 307, 308; OLG Brandenburg ZfJ 2002, 231; OLG Köln FamRZ 2005, 2011: Angst wegen früherem Entführungsversuch; OLG Karlsruhe ZfJ 1980, 292: Angst wegen früherer Gewalt durch den Vater; OLG Schleswig FamRZ 2000, 48, 49: Angst vor Trennung von der Pflegefamilie; eher weitgehend OLG Karlsruhe FamRZ 2002, 624, 625: als Belästigung empfundene Befragung; OLG Köln FamRZ 2005, 1770: subjektiv beachtliche Gründe; AG Düsseldorf FamRZ 2009, 1421: Streit um ärztlich verordnete Medikation des Kindes bei AD-Syndrom; AG Westerstede FamRZ 2010, 44: höchst unsensibles Vorgehen des Umgangselternteils), an Bedeutung, nicht aber im Sinne eines unverzichtbaren Kriteriums (siehe oben Rn 307 ff).

Das *BVerfG* hat im Übrigen in seiner berühmten Entscheidung vom 13. 12. 2012 zum Fall einer Mutter, die aus der rechtsextremen Szene ausgestiegen war, darauf hingewiesen, dass auch bei einer von den Instanzgerichten nicht hinreichend ermittelten Ablehnungshaltung der drei Kinder, die sich im Alter von 8–12 befunden hatten, seelische Schädigungen durch die Regelung eines Umgangs mit dem Vater hervorgerufen könnten (BVerfG 13. 12. 2012 – 1 BvR 1766/12, juris Rn 35, ZKJ 2013, 162).

Beruht die Ablehnung auf einer *langfristigen Entfremdung,* so ist eine behutsame *Anbahnung* des Umgangs erforderlich (OLG Braunschweig FamRZ 1999, 185; OLG Thüringen FamRZ 1996, 359, auch auf das Recht des Umgangselternteils abstellend; anders OLG Schleswig FamRZ 2000, 48, 49: Kontaktablehnung nach langjähriger Familienpflege). Erweisen sich die nachvollziehbaren Gründe als absehbar vorübergehend, so ist der Ausschluss oder die Einschränkung des Umgangs zeitlich zu begrenzen (OLG Celle FamRZ 1998, 1458, 1459).

Wird allerdings eine nicht anders als durch einen *längerfristigen Umgangsausschluss* abwendbare Gefährdung des Kindeswohls bejaht, kann diese häufig ohne elterlichen Konfliktabbau, etwa durch eine Mediation (vgl OLG Zweibrücken 19. 10. 2012 – 6 UF 83/11, juris Rn 33, Streit 2013, 78) oder andere pädagogische oder psychologische Interventionen (vgl Baumann/Michel-Biegel/Rücker/Serafin/Wiesner ZKJ 2022, 244; Fahrendholz/Zumbach RPsych 2020, 36; Salzgeber, Familienpsychologische Gutachten [7. Aufl 2020] Rn 716 ff), nicht beseitigt werden. Als untauglich erscheint nach der hier vertretenen Auffassung (vgl oben Rn 300) auch die in § 1684 Abs 4 S 2 Alt 2 BGB vorgesehene Möglichkeit, lediglich die Vollziehung einer bereits bestehenden Umgangsregelung auszusetzen, da ihr lediglich Signalwirkung zukommt, die sich zudem ohnehin nicht an das Kind, sondern den betreuenden Elternteil richten soll.

cc) Kinder ab 12 Jahren

Die am häufigsten in der Praxis vorzufindenden Fälle des Umgangsausschlusses be- 312
treffen Kinder **ab 12 Jahren** (OLG Schleswig 22. 11. 2022 – 8 UF 110/22, juris: 12 Jahre; OLG Brandenburg 24. 10. 2022 – 13 UF 12/22, juris Rn 26 ff: 16 Jahre; OLG Karlsruhe 20. 1. 2022 – 2 UF 77/21, ZKJ 2022, 356: Pflegekind 12 Jahre; OLG Brandenburg 18. 6. 2021 – 9 UF 39/21, juris: Ausschluss verneint bei Kind von 15 Jahren; OLG Brandenburg 31. 8. 2020 – 15 UF 40/18, juris: 3 Kinder im Alter von 13, 14, 15; OLG Brandenburg 27. 12. 2018 – 9 UF 86/18, JAmt 2020, 103: 15 Jahre; OLG Frankfurt 18. 12. 2018 – 4 UF 165/18, juris: 12 Jahre; OLG Saarbrücken 27. 11. 2018 – 6 UF 120/18, FF 2019, 121: Pflegekind 16 Jahre; OLG Koblenz 16. 7. 2018 – 13 UF 180/18, juris: 12 Jahre; OLG Brandenburg 23. 5. 2018 – 13 UF 115/16, juris: 17 Jahre; OLG Brandenburg 22. 6. 2018 – 10 UF 109/15, juris Rn 22 ff: 14 Jahre; KG 20. 6. 2014 – 3 UF 159/12, ZKJ 2015, 235: 13- und 16 Jahre; OLG

Bremen 15. 4. 2013 – 4 UF 3/13, NJW 2013, 2603: 13 und 15 Jahre; OLG Köln 25. 1. 2010 – 4 UF 188/09, MDR 2010, 636: 15 Jahre; OLG Brandenburg 6. 10. 2015 – 10 UF 57/13, FuR 2016, 303: 14 Jahre; OLG Brandenburg 20. 10. 2009 – 10 UF 177/08, NJW-RR 2010, 301: 14 Jahre; OLG Saarbrücken 12. 7. 2010 – 6 UF 32/10, JAmt 2011, 167: 13 Jahre; OLG Hamm 6. 6. 2014 – 4 UF 186/15, FamRZ 2016, 1940: 13 Jahre; OLG Stuttgart 23. 2. 2015 – 15 UF 192/13, FamRZ 2015, 1727: 12 Jahre; OLG Koblenz 3. 6. 2014 – 13 UF 177/14, FamRZ 2014, 2010: 12 Jahre; BVerfG 17. 9. 2016 – 1 BvR 1547/16, ZKJ 2016, 457: 12 Jahre; BVerfG 29. 11. 2012 – 1 BvR 335/12, ZKJ 2013, 120: 12 Jahre; KG 14. 11. 2012 – 13 UF 141/12, FamRZ 2013, 709: 12 und 14 Jahre; OLG Nürnberg 22. 6. 2009 – 10 UF 790/08, FamRZ 2009, 1687: 12 Jahre).

Zur Frage der **Nachvollziehbarkeit** der Gründe aus Kindessicht und zur Frage der Behandlung des beeinflussten Kindeswillens vgl oben Rn 302 ff. Soweit die Rechtsprechung noch am Erfordernis der Nachvollziehbarkeit der Verweigerungshaltung des Kindes festhält, ist nicht auf objektiv berechtigte Gründe abzustellen. Maßgeblich ist vielmehr, dass *aus Sicht des Kindes* die Ablehnung berechtigt erscheint, unerheblich davon, ob sie auf tatsächliche oder auch eingebildete, nicht sachgerecht verarbeitete Ereignisse zurückführbar ist (BGH FamRZ 1980, 131, 133: Furcht, erneut in die schweren Konflikte der Eltern gezogen zu werden; OLG Schleswig 22. 11. 2022 – 8 UF 110/22, juris: vermeintlicher sexueller Missbrauch und psychische Erkrankung; OLG Brandenburg 24. 10. 2022 – 13 UF 12/22, juris Rn 26 ff: Gewaltausbrüche und Beschimpfungen; OLG Karlsruhe 20. 1. 2022 – 2 UF 77/21, ZKJ 2022, 356: Abneigung des Vaters gegenüber Pflegeeltern; OLG Frankfurt 13. 7. 2020 – 5 UF 15/20, FamRZ 2020, 2010: Miterleben häuslicher Gewalt; OLG Frankfurt 18. 12. 2018 – 4 UF 165/18, juris: versuchte Manipulation und negative Äußerungen über die Mutter; OLG Saarbrücken 27. 11. 2018 – 6 UF 120/18, FF 2019, 121: erlebte Vernachlässigung und Alkoholismus; OLG Karlsruhe 16. 7. 2018 – 13 UF 180/18, juris Rn 22: Angst vor Misshandlungen; OLG Brandenburg 23. 5. 2018 – 13 UF 115/16, juris Rn 16: vorheriger Zwang zum Umgang; OLG Bamberg FamRZ 1994, 1276: Pflegekinder nach massiver Enttäuschung und Abgrenzung von ihren Eltern; OLG Stuttgart 23. 2. 2015 – 15 UF 192/13, juris Rn 19, FamRZ 2015, 1727: tiefgehende Abneigung gegen die Mutter; OLG Saarbrücken 12. 7. 2010 – 6 UF 32/10, juris Rn 16 ff, MDR 2011, 106: Stalking durch Mutter; OLG Köln 25. 1. 2010 – 4 UF 188/09, juris Rn 12, MDR 2010, 636: Enttäuschung über Eskalation des Trennungskonflikts; OLG Brandenburg 20. 10. 2009 – 10 UF 177/08, juris Rn 17, NJW-RR 2010, 301: Fotografieren des Kindes außerhalb des Umgangs; OLG Bamberg NJW-RR 1999, 515, 517: erhebliches Gewaltpotential des Umgangselternteils [Schüsse] gegen anderen Elternteil; OLG Düsseldorf FamRZ 1998, 1460, 1461: schon bei 11-jährigem Pflegekind bei Besorgnis von Kindesmissbrauch und dadurch verursachter Entfremdung; OLG Hamm FuR 1998, 410: begründete Furcht wegen früherem Entführungsversuch; OLG Hamm NJWE-FER 1999, 235: Abneigung wegen im Kern realer Gewalttätigkeit; OLG Thüringen FamRZ 1996, 359: Art der Annäherung des Vaters ggü 16-jähriger Tochter; OLG Karlsruhe ZfJ 1980, 292, 293: Gewalttätigkeit des Vaters und Angst 15-jähriger Tochter; OLG Hamburg FamRZ 2008, 1372, 1373: empfundenes Desinteresse des Vaters; OLG Nürnberg FamRZ 2009, 1687: als aggressiv wahrgenommene Verhaltensweisen; OLG Hamm ZFE 2009, 192: Gefühl, in den Elternstreit gezogen zu werden; OLG Köln BeckRS 2010, 05236: Enttäuschung über Verhalten des Vaters bei unklarer Tatsachenlage; OLG Saarbrücken JAmt 2011, 167, 168: als peinlich empfundenes Verhalten der Mutter in der Schule; LG München FamRZ 1971, 311; LG Ravensburg DAVorm 1975, 243: Vorstrafe des Vaters wegen sexuellen Missbrauchs von Kindern; **keine solchen Gründe** lagen vor bei: KG FamRZ 2001, 368: unmotivierte Erklärung, das Kind „brauche" den Vater nicht; OLG Brandenburg DAVorm 2000, 72, 74: zu wenig abwechslungsreiche Gestaltung des Umgangs, Mitgliedschaft in Sportverein, neuer Partner der Mutter als „Vater"; OLG Düsseldorf FamRZ 1994, 1277: schlichte Ablehnung beeinflusst durch kleinlich-aggressive Haltung des betreuenden Vaters; vgl zum beeinflussten Willen bei älteren Kindern, wenngleich ohne ausreichende Abwägung, auch

OLG München FamRZ 1978, 614, 617 OLG Hamm FamRZ 1994, 57: gebetsmühlenhaft nicht begründbare Ablehnung durch 13-jähriges Kind). Das Gericht darf dabei den Willen nicht aufgrund einer abstrakten Beurteilung der Einsichtsfähigkeit nach Altersklassen zur Entscheidungsgrundlage nehmen, sondern muss sich mit der Ansicht des Jugendlichen auseinandersetzen, um die subjektive Konsistenz seiner Gründe zu erproben (BGH FamRZ 1980, 131, 133). Der sachverständigen Begutachtung kommt in dieser Altersgruppe vor allem Bedeutung für die Frage zu, ob *Beeinflussung* vorliegt. Erscheint dies dem Gericht ausgeschlossen oder unerheblich, so kann bei Vorliegen einer begründeten festen Überzeugung ggf das Gericht die Relevanz des Willens auch ohne Sachverständigengutachten beurteilen (OLG Bremen NJW 2013, 2603). Auf die Nachvollziehbarkeit der Ablehnung durch das Kind kommt es schließlich dann nicht an, wenn durch Sachverständigengutachten festgestellt wird, dass *allein die Überprüfung des Umgangsrechts* dem Kindeswohl schaden würde (EGMR 17. 5. 2011 – 9732/10, juris Rn 31 ff). Hierbei ist auch zu beachten, dass Ablehnungshaltungen bei Kindern gerade als Reaktion auf hochkonflikthafte Elternauseinandersetzungen iS einer **psychischen Abwehrreaktion** entstehen, welche bei Nichtbeachtung die Gefahr von Belastungsstörungen begründet (EGMR 28. 4. 2016 – 20106/13, juris Rn 46, 50, FamRZ 2017, 891 [*Buchleither/Deutschland*]; BVerfG 17. 9. 2016 – 1 BvR 1547/16, juris Rn 23 ff, ZKJ 2016, 457).

In dieser Altersgruppe tritt jedoch bei Fehlen nachvollziehbarer Gründe zudem die Abwägung des Willens als Ausdruck der wachsenden **Selbstbestimmung** und damit das **Persönlichkeitsrecht** in die Argumentation ein. 313

Eine absolute Beachtung des Willens scheidet aber auch in dieser Altersgruppe aus, denn der gegen den Umgang gerichtete Wille ist generell auf einen nicht mit dem Wohl des Kindes vereinbaren völligen Abbruch der persönlichen Beziehung zu einem Elternteil gerichtet (OLG Bamberg ZfJ 1996, 194, 196; OLG Düsseldorf FamRZ 1994, 1277; anders wohl OLG Hamm FamRZ 1997, 307 [LS]: „schon aus dem Persönlichkeitsrecht"), weshalb auch der Gesetzgeber eine starre Altersgrenze nicht gezogen hat (BeckOK-BGB/Veit [1. 1. 2023] § 1684 Rn 185) und auch in der Psychologie Einigkeit herrscht, dass auch das über 14-jährige Kind nicht allein über Aufnahme und Abbruch von Umgang entscheiden darf (Balloff FPR 2002, 240, 241).

Jedoch muss ggf dem Willen des älteren Kindes auch nachgegeben werden, wenn dieser zwar von subjektiv stark empfundenen Gründen getragen ist, sich einer argumentativen Überprüfung aber nicht stellen will oder kann und dies derzeit nicht ohne Schaden zu überwinden ist (BVerfG 29. 11. 2012 – 1 BvR 335/12, juris Rn 31, NJW 2013, 1867). Dies ist auch der Erkenntnis geschuldet, dass ein älteres Kind auch einmal erfahren muss, aus eigenen Fehlentscheidungen zu lernen, sofern dadurch keine irreparablen Schädigungen drohen. Ist ein erheblicher Entfremdungsprozess bereits eingetreten, so kann gegen seinen Willen keine Umgangsregelung getroffen werden; auch hier bleibt nur die Chance auf eine Entwicklung der eigenen Haltung des Jugendlichen (OLG Brandenburg NJW-RR 2010, 301; OLG Saarbrücken ZKJ 2011, 178, 180; OLG Rostock ZfJ 1999, 399).

Bei Kindern ab 14 Jahren dürfte – bei altersgemäßer Reife – eine ernstliche Weigerung eines älteren Kindes/Jugendlichen *in weitem Umfang* beachtenswert sein. Hierfür spricht auch der Umstand, dass ihnen das Verfahrensrecht ab diesem Alter weitergehende Mitwirkungsrechte gewährt (vgl §§ 9 Abs 1 Nr 3, 60, 159 Abs 1, 164

FamFG), sodass hier an die Nachvollziehbarkeit der Gründe geringere Anforderungen gestellt werden sollten. Bei Jugendlichen ab 14 Jahren, die den Umgang verweigern, sollte im Übrigen das Familiengericht darauf hinwirken, dass ein freiwilliger Verzicht auf den Umgang seitens des Umgangselternteils angebracht ist (vgl OLG Karlsruhe FamRZ 1990, 655), um dem Minderjährigen die Chance zur Selbstfindung in Respekt vor der kindeswohlorientierten Entscheidung des Elternteils zu geben. Auch die im Regelfall *fehlende Vollstreckungsfähigkeit* einer Umgangsregelung mangels Einwirkungsmöglichkeit des Betreuungselternteils (vgl § 89 Abs 4 FamFG) ist zu bedenken.

Dies soll aber nicht als eine feste Altersgrenze angesehen werden, sondern maßgeblich bleibt stets die Beurteilungsfähigkeit des Kindes nach dem Stand seiner individuellen Entwicklung im Einzelfall. Hierzu muss das Gericht sich mit den Gründen, die das Kind vorbringt, argumentativ auseinandersetzen und ihm Gelegenheit geben, seine Haltung zu überprüfen (BGH FamRZ 1980, 131, 133).

Auflagen an den betreuenden Elternteil, zur Beseitigung der Verweigerungshaltung des Kindes dieses einer **therapeutischen Behandlung** zu unterziehen, kommen nicht in Betracht, wenn diese nicht auf einer krankhaften Indikation beruhen (BVerfG 17. 9. 2016 – 1 BvR 1547/16, juris Rn 35, ZKJ 2016, 457).

dd) EGMR: Umgangsausschluss ohne Gefährdung des Kindeswohls?

313a Der *Europäische Gerichtshof für Menschenrechte* (EGMR 3. 4. 2018 – 43976/17, FamRZ 2019, 1612 [*Sangoi v Deutschland*]) hat die Individualbeschwerde einer in Zypern lebenden Kindesmutter als unbegründet zurückgewiesen und die Nichtregelung ihres Umgangsrechts mit ihrem 14-jährigen, in Deutschland bei dem Vater lebenden Sohn als mit Art 8 EMRK vereinbar gesehen, weil das Kind während des gesamten mehrjährigen Verfahrens eine Umgangsregelung kontinuierlich abgelehnt hatte, es in seiner Willensbildung nicht von seinem alleinerziehenden Vater beeinflusst worden war und die Fachgerichte auch die Interessen der Beschwerdeführerin hinreichend gewürdigt hätten. Der Entscheidung liegt ein Fall des *OLG Köln* (OLG Köln 6. 7. 2016 – 4 UF 41/16, juris) zugrunde. Danach hatte das Amtsgericht im ersten Rechtszug wegen des für das Kind bestehenden Loyalitätskonfliktes und seinem einem Umgang entgegenstehenden Willen entschieden, dass von einer Umgangsregelung einschließlich der von der Mutter erstrebten telefonischen Kontakte über Skype abzusehen sei und darauf verwiesen, dass es der Initiative des Kindes überlassen werden solle, mit seiner Mutter in der von ihm bevorzugten Art und Weise Kontakt aufzunehmen. Das OLG Köln hat die Beschwerde der Kindesmutter zurückgewiesen und hierfür zunächst angeführt, dass schon eine vollstreckbare Regelung des (ggf zu begleitenden) Umgangs nicht in Betracht gekommen wäre, weil die Kindesmutter aus Zypern hätte anreisen müssen, wo sie auch die Versorgung des bei ihr lebenden weiteren, im Jahr 2010 geborenen Kindes vorher hätte sicherstellen müssen. Als weiteren, gewichtigeren Grund hat das OLG Köln den konstanten Willen des damals fast 14-jährigen Jungen angesehen, der unter Berücksichtigung des von der Mutter verursachten Koalitionsdruckes nicht missachtet werden dürfe und der nach der Überzeugung des Senats auch nicht vom Kindesvater negativ beeinflusst worden sei (OLG Köln 6. 7. 2016 – 4 UF 41/16, juris Rn 6 und 7). Das *BVerfG* (BVerfG 14. 12. 2016 – 1 BvR 2043/16, nv) hat die Verfassungsbeschwerde der Kindesmutter – ohne Begründung – nicht zur Entscheidung angenommen, wobei der Verfahrensbeistand nach einem nochmaligen Gespräch mit dem Kind im Verfassungsbeschwerdeverfahren mitgeteilt hatte, dass das Kind das Verhalten der Mutter nicht mehr ertragen könne und zunehmend psychosomatische Symptome aufweise (EGMR 3. 4. 2018 – 43976/17, FamRZ 2019, 1612 Nr 13).

Die Ansicht des OLG Köln, eine vollsteckbare Regelung des Umgangsrechts der Kindesmutter komme wegen deren Wohnsitz in Zypern und der Notwendigkeit der Sicherstellung der Betreuung ihres weiteren 6-jährigen Kindes nicht in Betracht, vermag nicht zu überzeugen und hat auch Zweifel beim EGMR hervorgerufen (EGMR 3. 4. 2018 – 43976/17, FamRZ 2019, 1612 Nr 18), da die Mutter lediglich vier Umgangstermine pro Jahr begehrt hatte und diese auch in begleiteter Form hätten geregelt werden können, um einer weiteren negativen Beeinflussung des Kindes durch sie zu begegnen. Anders verhält sich dies aber wegen des vom bereits fast 14-jährigen Kind konstant über einen längeren Zeitraum geäußerten und auch autonom gebildeten Willens des Kindes, der hier offenkundig einer Umgangsregelung entgegenstand. Die Besonderheit der Entscheidung des OLG Köln liegt aber darin begründet, dass das Umgangsrecht der Kindesmutter nicht nach § 1684 Abs 4 S 2 BGB ausgeschlossen wurde, sondern lediglich entschieden wurde, dass von einer gerichtlichen Regelung des Umgangsrechts abzusehen sei, was vom EGMR sogar ausdrücklich positiv im Hinblick auf Art 8 EMRK gewürdigt worden ist (EGMR 3. 4. 2018 – 43976/17, FamRZ 2019, 1612 Nr 20).

§ 1684 BGB sieht aber – anders als § 1685 BGB (§ 1685 Rn 59) – grundsätzlich nur die Möglichkeit vor, entweder nach § 1684 Abs 3 S 1 BGB den elterlichen Umgang vollstreckbar zu regeln und ihn ggf nach Abs 4 S 1 oder 2 zu beschränken, oder aber ihn nach Abs 4 S 2 wegen einer nicht anders abwendbaren Gefährdung des Kindeswohls auszuschließen (Rn 183 ff). Die bloße Feststellung, dass eine Regelung des Umgangsrechts nicht zu treffen ist, kommt nur in wenigen von der Rspr entwickelten Ausnahmefällen in Betracht (s Rn 184 ff), zu denen ein der Ausübung des Umgangsrechts entgegenstehender Wille des Kindes nicht gehört. Es hätte daher von den Fachgerichten der Umgang nach § 1684 Abs 4 S 2 BGB ausgeschlossen werden müssen. Das von dem Kind geäußerte Bedürfnis, mit seiner Mutter weiterhin über Messengerdienste zu kommunizieren und ggf via Skype in Kontakt zu treten, hätte dadurch berücksichtigt werden können, dass in der Entscheidung darauf hätte verwiesen werden können, dass ein Kontaktaufnahmeverbot insoweit nicht besteht. Eine Kindeswohlgefährdung iSd Abs 4 S 2 durch die Missachtung des Kindeswillens hätte nach den getroffenen Feststellungen aber sicher bejaht werden können.

5. Sonstige Fälle von Umgangsbeschränkung und -ausschluss

a) Nicht unmittelbar auf das Kind bezogene Umstände des Umgangselternteils

aa) Wandel von Umgangsausschluss zu Umgangsbegleitung

In der älteren Rechtsprechung spielte **sozial missbilligtes Verhalten**, insbesondere mit sexueller Färbung, eine erhebliche Rolle. Zu diesen Fällen besteht inzwischen Einigkeit, dass der missbilligte Lebenswandel als solcher nicht zu einer Einschränkung oder gar einem Ausschluss des Umgangs führt; vielmehr ist jeweils zu prüfen, ob sich ein dem Kindeswohl nachteiliger oder schädlicher Einfluss ergibt; in diesem Fall wird es jedoch häufig möglich sein, durch die Ausgestaltung des Umgangs oder eine geringfügige Beschränkung, insbesondere in räumlicher Hinsicht, dem Kindeswohl Rechnung zu tragen. 314

bb) Prostitution/anstößiger Lebenswandel

315 Weder die **Prostitution** noch ein sonst *„sittlich anstößiger" Lebenswandel* des Umgangselternteils stehen dem Umgang ohne Weiteres entgegen (OLG Naumburg 31. 5. 1999 – 3 UF 60/99, juris Rn 6; KG OLGE 46, 175, 176; OLG Braunschweig MDR 1962, 132; OLG Celle ZfJ 1956, 137). Zu berücksichtigen ist dabei insbesondere der Wandel sittlicher Anschauungen in der Gesellschaft; der Umstand, dass der Umgangselternteil häufiger wechselnde intime Bekanntschaften pflegt, wird heute noch nicht einmal mehr als Anlass für eine mögliche Kindeswohlbetroffenheit gesehen werden können. Anders kann im Falle der Prostitution zu entscheiden sein, wenn diese in der Wohnung in Anwesenheit des Kindes ausgeübt wird bzw werden soll (Völker/Clausius, Sorge- und Umgangsrecht [8. Aufl 2021] § 2 Rn 178), hier genügen aber dann Einschränkungen des Umgangsrechts im Hinblick auf den *Ort des Umgangs* (vgl oben Rn 219).

cc) Nichteheliche Gemeinschaft/Homosexualität

316 Die vollständige gesellschaftliche Akzeptanz **nichtehelicher Partnerschaften** hat die frühere Fragestellung, ob eine solche Beziehung des Umgangselternteils den Ausschluss des Umgangs rechtfertigen könnte, obsolet werden lassen. Schon verhältnismäßig frühzeitig wurde ein Ausschluss (OLG Schleswig MDR 1957, 420) oder eine Beschränkung bzw besondere Ausgestaltung mit Rücksicht auf eine solche Beziehung (so noch OLG Braunschweig OLGE 26, 249, 252) abgelehnt (vgl schon OLG Schleswig MDR 1957, 420). Hiervon zu unterscheiden ist die Frage, ob ein neuer Partner des Umgangselternteils von der Anwesenheit anlässlich des Umgangs des Elternteils mit dem Kind ausgeschlossen werden kann, was nur ausnahmsweise anzunehmen ist, insbesondere, wenn dadurch in die Hoffnung des Kindes auf eine Versöhnung seiner Eltern in einer das Kind belastenden Weise eingegriffen wird oder das Kind den neuen Partner ablehnt (vgl oben Rn 86). Schließlich begründet auch der Umstand der **Homosexualität** des Umgangselternteils selbstverständlich keine Veranlassung für eine Einschränkung oder den Ausschluss des Umgangsrechts (OLG Celle 30. 10. 2009 – 21 UF 151/09, juris Rn 14, ZKJ 2010, 74; Erman/Döll § 1684 Rn 24; MünchKommBGB/Hennemann § 1684 Rn 89).

dd) Vorstrafen/Inhaftierung

317 **Vorstrafen** des Umgangselternteils begründen ebenfalls nicht ohne Weiteres eine Umgangsbeschränkung. Insbesondere Straftaten, deren Unrechtsgehalt sich *nicht auf das familiäre Umfeld* des Kindes bezogen haben und die sich allenfalls mittelbar durch die Verurteilung auswirken, sind grundsätzlich nicht geeignet, das Kindeswohl relevant zu betreffen (vgl OLG Naumburg 31. 5. 1999 – 3 UF 60/99, juris Rn 6; OLG München JFG 14, 189: Münzdelikt). Eine Strafhaft aufgrund einer Verurteilung wegen eines Gewaltverbrechens, das sich nicht gegen die eigene Familie gerichtet hat, indiziert nicht ohne Weiteres eine Gefährdung des Kindeswohls durch den Umgang des Täters mit dem Kind (OLG Celle FamRZ 1990, 1026, 1027). Vielmehr ist im Einzelfall zu prüfen, ob – ausnahmsweise – eine solche Gefährdung vorliegt. Regelmäßig wird der Umgang des *Häftlings* mit seinem Kind ohnehin nur als **begleiteter Umgang** stattfinden, sodass einer Gefährdung zumeist durch diese Einschränkung vorgebeugt werden kann (BayVerfGH NJW 1973, 1644 zu Recht auch die Rechte des Inhaftierten berücksichtigend; BGH FamRZ 1984, 1084; kritisch Becker RDJ 1975, 344, 347; vgl auch oben Rn 220 und unten Rn 369; zur Nichtregelung als schonenderes Mittel für die Dauer der Strafhaft, wenn ansonsten nur ein Ausschluss in Betracht käme: OLG Frankfurt FamRZ 1995, 1431). Zu Straftaten mit **sexuellem Hintergrund** (wie zB aus pädophilen oder exhibitionistischen Neigungen), die das Umgangsrecht beeinflussen können, vgl unten Rn 331 ff.

318 Erst recht ist die **Inhaftierung** des Umgangselternteils (als rein tatsächlicher Umstand ohne Rücksicht auf den Grund) für sich allein nicht geeignet, den Ausschluss des Umgangs zu begründen (OLG Oldenburg 24. 7. 2023 – 11 UF 77/23, NZFam 2023, 942; OLG Brandenburg 5. 12. 2018 – 9 UF 217/18, juris Rn 3, ZKJ 2019, 237; OLG Hamburg 2. 8. 2016 – 2 UF 49/16, juris Rn 15 ff, ZKJ 2017, 277; OLG Brandenburg FamRZ 2003, 1405; OLG Hamm FamRZ 1980, 481; OLG Hamm FamRZ 2003, 951; OLG Köln KindPrax 1999, 173). Der Kindeswohlbeeinträchtigung, die sich aufgrund der Ausübung des Umgangs in der JVA ergeben würde, ist nach Möglichkeit durch Wahl eines geeigneten neutralen Umgangsortes vorzubeugen (BGH FamRZ 1984, 1084; OLG Hamm FamRZ 1980, 481; OLG Köln KindPrax 1999, 173). Dem werden jedoch die heute in den Justizvollzugsanstalten vorhandenen räumlichen und organisatorischen Möglichkeiten von Besuchen auch von Kleinkindern im Regelfall gerecht (vgl OLG Frankfurt 22. 8. 2023 – 6 UF 119/23, juris: Maßregelvollzug; OLG Brandenburg 5. 12. 2018 – 9 UF 217/18, juris Rn 3, ZKJ 2019, 237; OLG Hamburg 2. 8. 2016 – 2 UF 49/16, juris Rn 17, ZKJ 2017, 277; vgl dazu unten Rn 369; zum Problem der Unterbringung und des Umgangs von Müttern, deren Kinder in der JVA geboren werden, vgl Obermann NZFam 2022, 728). Führt allerdings der Besuch des Kindes bei dem inhaftierten Elternteil dazu, dass die Erinnerung des Kindes an die sein soziales Umfeld betreffende Tat aufgefrischt wird und das Kind dadurch neuen Belastungen ausgesetzt ist, so kann deshalb ein Ausschluss des Umgangsrechts in Betracht kommen (OLG Zweibrücken 30. 6. 2022 – 6 UF 18/22, FamRZ 2022, 1936: schwere Körperverletzung der Mutter; KG FamRZ 1968, 260, 261: Sexualdelikt an Freundin der Tochter). Gleiches gilt, bei weiter Entfernung zwischen JVA und dem Wohnsitz des Kindes, wenn der Betreuungsperson und dem Kind die regelmäßige Anreise und Tragung der Reisekosten unzumutbar ist (vgl oben Rn 220), wobei hier auch der Umstand bislang *fehlender Bindungen* zwischen Kind und inhaftierten Elternteil eine Rolle spielt (OLG Frankfurt 7. 6. 2011 – 4 UF 123/08, juris Rn 17). Wünschenswert wäre hier im Übrigen – bei Kindeswohldienlichkeit des betreuten Umgangs – eine verbindliche Klärung der Finanzierungsgrundlagen und eine Förderung und die Berufung von Kinder- und Familienbeauftragten in den Justizvollzuganstalten (Deutscher Paritätischer Wohlfahrtsverband – Gesamtverband eV, Paritätisches Positionspapier „Kinder in besonderen Lebenslagen – Eltern in Haft" v 10. 4. 2017, 1, 3 f).

Bei **Untersuchungs- und Strafhaft** müssen jedenfalls seitens der von den Ländern getragenen Haftanstalten Vorkehrungen hinsichtlich Räumlichkeiten und Besuchszeiten getroffen werden, damit eine angemessene Ausübung des Umgangsrechts möglich ist (BVerfG FamRZ 1993, 1296, 1297; BVerfG FamRZ 2006, 1822; Menne ZKJ 2006, 250). Ausführlich zum begleiteten Umgang mit inhaftierten Elternteilen unten Rn 369.

ee) (Häusliche) Gewalt gegen anderen Elternteil

α) Gewalt gegen die Mutter als Kindeswohlgefährdung

319 Hingegen ist durch eine (schwere) Gewaltstraftat des Umgangselternteils **gegen den anderen Elternteil** regelmäßig das Wohl des Kindes stark berührt (vgl zur Bedeutung bei gemeinsamer Sorge BVerfG FamRZ 2004, 354). Auch wenn die Existenz von Gewalt von Frauen gegenüber Männern nicht zu leugnen ist, steht im Bereich der schwereren Straftaten unter Eltern nahezu ausschließlich **häusliche Gewalt der Väter** gegenüber den Müttern im Vordergrund, was auch polizeiliche Statistiken (vgl BKA, Partnerschaftsgewalt – Kriminalstatistische Auswertung 2021, 8: 19 % männliche Tatopfer bei häuslicher Gewalt) und Erfahrungen in der kindschaftsrechtlichen Praxis (OLG Brandenburg 24. 10. 2022 – 13 UF 12/22, juris; Kassing, Kinderschutz und Umgangsrecht [2014] 7; Salzgeber, Familienpsychologische Gutachten [7. Aufl 2020] Rn 1272; Stiller/Schuhr ZKJ 2022, 163; Schirrmacher/Meysen

FamRZ 2021, 1929; FRICKE FPR 2005, 24, 25; HÖFLINGER ZfJ 2004, 63; zu Unrecht zweifelnd STAUDINGER/RAUSCHER [2014] § 1684 Rn 328, 346) bestätigen. Gewalt kann dabei gegen den betreuenden Elternteil sowohl **physisch** als auch psychisch oder **sexuell** (HOFFMANN/KÜKEN-BECKMANN/VOSS FPR 2011, 211; KINDLER, in: KAVEMANN/KREYSSIG, Handbuch Kinder und häusliche Gewalt [3. Aufl 2013] 27) vermittelt werden. Im Zuge steigender Immigration beschäftigen sogar Fälle der Gefahr von *Ehrenmorden* in der Zwischenzeit auch die Familiengerichte (vgl OLG Köln 4. 6. 2018 – 27 UF 56/18, juris Rn 42 ff zum Sorgerecht einer syrischen Mutter). Gleiches gilt für Fälle der trennungsbedingten **Tötung** von Kindesmüttern oder **schwersten Körperverletzungen** mit dem Ziel der Verunstaltung (vgl OLG Zweibrücken 30. 6. 2022 – 6 UF 18/22, FamRZ 2022, 1936; OLG Brandenburg 2. 2. 2021 – 9 UF 233/20, FamRZ 2022, 275; KG 23. 12. 2020 – 16 UF 10/20, FamRZ 2021, 693; zum Femizid im Kinderschutzverfahren KISCHKEL FamRZ 2022, 837).

Auch soweit lediglich die Gefahr einer erheblichen Straftat zum Nachteil von Leib und Leben der die Kinder betreuenden Mutter durch den Vater und dessen Umfeld **droht**, kann eine **mittelbare Gefährdung der Kinder**, die von der bedrohten Hauptbezugsperson anhängig sind, genügen, um das Umgangsrecht auszuschließen (BVerfG 13. 12. 2012 – 1 BvR 1766/12, juris Rn 24, ZKJ 2013, 162 und nachfolgend OLG Dresden 20. 12. 2013 – 22 UF 53/13, juris Rn 35 ff, FamRZ 2014, 577: aus der rechtsextremen Szene ausgestiegene Kindesmutter; KG 23. 12. 2020 – 16 UF 10/20, FamRZ 2021, 693; vgl auch OLG Köln 4. 6. 2018 – 27 UF 56/18, juris Rn 42 ff zum Sorgerecht: Gefahr eines Ehrenmordes als Gefährdung auch des Kindes). Soweit im Übrigen vor allem früher vertreten wurde, dass auch schwerwiegende häusliche Gewalt gegenüber der Kindesmutter zumeist *kein Indiz* dafür sei, dass der Täter **auch gegen das Kind gewalttätig** werden würde (OLG Saarbrücken FamRZ 2001, 369; STAUDINGER/RAUSCHER [2014] § 1684 Rn 328), widerspricht dies der heutigen rechtstatsächlichen und humanwissenschaftlichen Befundlage. Väter, die schwere Körperverletzungs- oder Sexualstraftaten gegenüber der Mutter begangen haben, stellen vielmehr auch für ihre Kinder ein höheres Risiko dar, dass diese selbst im Zuge der Trennung oder während des Umgangs Opfer von Gewalt werden (STRASSER, in: KAVEMANN/KREYSSIG, Handbuch Kinder und häusliche Gewalt [3. Aufl 2013] 47, 56 f unter Hinweis auf amerikanische und kanadische Studien; BECKER/BÜCHSE ZKJ 2011, 292, 293; SALZGEBER, Familienpsychologische Gutachten [7. Aufl 2020] Rn 1278). Auch geht die Neigung zu Gewalt gegenüber der Mutter sehr oft mit erheblicher **Einschränkung der Erziehungsfähigkeit** einher (KINDLER FPR 2012, 422, 425; SALZGEBER, Familienpsychologische Gutachten [7. Aufl 2020] Rn 1277).

Im Übrigen **erleben** Kinder in den allermeisten Fällen (vgl KAVEMANN, in: KAVEMANN/KREYSSIG, Handbuch Kinder und häusliche Gewalt [3. Aufl 2013] 15, 17; dies, in: FEGERT/ZIEGENHAIN/GOLDBECK, Traumatisierte Kinder und Jugendliche in Deutschland [2. Aufl 2013] 140, 141 f) die Gewalt unter den Eltern **mit**, sei es, dass sie sie unmittelbar sehen oder hören, Verletzungen der Mutter am Folgetag wahrnehmen oder sogar selbst aktiv versuchen, die Mutter zu schützen. Es ist heute unbestritten, dass Kinder durch eine solche mittelbare Gewalterfahrung **traumatisiert** werden können und der Gefahr körperlicher und seelischer Schäden in ihrer Entwicklung ausgesetzt sind (OLG Frankfurt 3. 6. 2022 – 1 UF 242/21, NJW-RR 2022, 1370; OLG Köln FamRZ 2011, 571; AG Bremen ZKJ 2008, 214; SALZGEBER, Familienpsychologische Gutachten [7. Aufl 2020] Rn 1271 f; KINDLER, in: KAVEMANN/KREYSSIG, Handbuch Kinder und häusliche Gewalt [3. Aufl 2013] 27, 30 ff; GOLDBECK, in: WALPER/FICHTNER/GOLDBECK, Hochkonflikthafte Trennungsfamilien [2013] 131, 133 ff; KINDLER, in: WALPER/FICHTNER/GOLDBECK, Hochkonflikthafte Trennungsfamilien [2013] 111, 120 ff). Häufige Folgen sind **posttraumatische Belastungsstörungen**, das Entwickeln von *Ängsten* begleitet von Schlafstörungen oder Albträumen, der *Verlust von emotionaler Sicherheit* in der Familie oder die Entwicklung von *Aggressionen* und ein höheres Risiko, später selbst gewaltbereit zu sein (Goepel/Raihala NZFam 2021, 490; Becker/Büchse ZKJ 2011, 292, 293; Kindler, in: Kavemann/Kreyssig, Handbuch Kinder und häusliche Gewalt [3. Aufl 2013] 27, 30 ff; ders, in: Walper/Fichtner/Normann, Hochkonflikthafte Trennungsfamilien [2013] 111, 120 ff; Goldbeck, in: Walper/Fichtner/Normann, Hochkonflikthafte Trennungsfamilien [2013] 131, 133 ff; Funk/Osten/Scharl/Schmid/Stotz FamRB 2016, 282, 283). Erkenntnisse der *Bindungs- und Hirnforschung* belegen, dass auch bereits **Säuglinge und Kleinkinder** entwicklungshemmenden Einflüssen und Störungen in ihrem Bindungsaufbau durch das Miterleben von Gewalt ausgesetzt sind (Brisch, in: Kavemann/Kreyssig, Handbuch Kinder und häusliche Gewalt [3. Aufl 2013] 169). Im Übrigen ist häufige Folge von Gewalt gegenüber der **Mutter**, dass diese ebenfalls selbst traumatisiert wird und in ihrer Fähigkeit zur Erziehung des Kindes und zur emotionalen Hinwendung zu ihm eingeschränkt wird (Salzgeber, Familienpsychologische Gutachten [7. Aufl 2020] Rn 1271: erhöhtes Risiko von Depressionen und Einschränkung der emotionalen Verfügbarkeit; Kindler, in: Kavemann/Kreyssig, Handbuch Kinder und häusliche Gewalt [3. Aufl 2013] 27, 40).

Dass solche Erlebnisse und Gefahren nicht ohne Einfluss auf das Umgangsrecht sein können, liegt auf der Hand. Auch ist in diesen Fällen die **Vermutungsregel von § 1626 Abs 3 S 1** BGB wegen des vorrangigen staatlichen Wächteramts zum Schutz des Kindes zurückgedrängt (Salgo, in: Fegert/Ziegenhain/Goldbeck, Traumatisierte Kinder und Jugendliche in Deutschland [2. Aufl 2013] 121, 128).

In diesem Kontext ist auch das in Deutschland am 1. 2. 2018 in Kraft getretene **Übereinkommen des Europarats zur Verhütung und Bekämpfung von Gewalt gegen Frauen und häuslicher Gewalt**, auch bekannt als **Istanbul-Konvention** (BGBl 2017 II 1026), zu beachten, welches in Art 31 Abs 1 vorsieht, dass die Vertragsstaaten in Fällen von Gewalt gegen Frauen Maßnahmen zu treffen haben, die sicherstellen sollen, dass dies bei Entscheidungen über die **Ausübung des Besuchsrechts** betreffend Kinder Berücksichtigung findet. Es ist erfreulich, dass in der Rechtsprechung zum Umgangsrecht nunmehr die Wertungen von Art 31 Istanbul-Konvention in Fällen von Gewalt und sexuellen Übergriffen zunehmend an Bedeutung gewinnen (vgl OLG Köln 29. 9. 2022 – 14 UF 57/22, FamRZ 2022, 1933: Umgangsausschluss nach sexuellem Missbrauch eines Kleinkindes; KG 4. 8. 2022 – 17 UF 6/21, FamRZ 2023, 131: kein Umgang mit Übernachtungen nach Gewalt gegenüber der Mutter; vgl dazu auch Schirrmacher/Meysen FamRZ 2021, 1929, 1932). Auch der *EGMR* (EGMR 10. 11. 2022 – 25246/20, NZFam 2022, 1144 m Anm Volke) hat jüngst bei einer sorgerechtlichen Entscheidung Art 31 Istanbul-Konvention zitiert und für die Umgangsverweigerung der Mutter nach erfahrener Gewalt durch den Vater Verständnis gezeigt. 319a

„Handgreiflichkeiten“ ohne ernsthafte Folgen fallen allerdings nicht in diese Kategorie (vgl OLG Brandenburg FamRZ 2003, 1405). Hat die Kindesmutter in solchen Fällen gleichwohl eine Anordnung nach § 1 GewSchG erwirkt, ist bei einer Umgangsregelung darauf zu achten, dass ein Dritter, insbesondere Umgangspfleger oder sonstiger dazu Bereiter das Kind abholt oder bringt (OLG Frankfurt 21. 2. 2013 – 5 UF 25/13, BeckRS 2014, 17407; OVG Bautzen 17. 7. 2013 – 5 B 345/13, juris Rn 7; Heilmann/Gottschalk § 1684 Rn 46). Bei einem bloßen **Verdacht** von Gewalt gegenüber dem betreuenden Elternteil ist dieser vom Familiengericht aufzuklären und es kann insoweit nicht der Ausgang des Strafverfahrens abgewartet werden (OLG Hamburg 2. 4. 2020 – 12 UF 35/20, FamRZ 2020, 1736). 319b

319c Ein Ausschluss des Umgangs kommt insbesondere in Betracht, wenn das Kind durch das Miterleben von Gewalt *traumatisiert* worden ist (OLG Frankfurt 3. 6. 2022 – 1 UF 242/21, NJW-RR 2022, 1370; OLG Köln FamRZ 2011, 571; AG Bremen ZKJ 2008, 214) und die – vom Familiengericht aufzuklärende (vgl KG 4. 8. 2022 – 17 UF 6/21, FamRZ 2023, 131: dort verneint) – Gefahr einer *Retraumatisierung* des Kindes besteht (OLG Celle 6. 9. 2022 – 19 UF 92/22, juris; OLG Saarbrücken 17. 11. 2016 – 6 UF 90/16, juris Rn 24, ZKJ 2017, 152; Kavemann, in: Fegert/Ziegenhain/Goldbeck, Traumatisierte Kinder und Jugendliche in Deutschland [2. Aufl 2013] 140, 146 f; Kindler/Salzgeber/Fichtner/Werner FamRZ 2004, 1241, 1248 f; MünchKommBGB/Hennemann § 1684 Rn 74; speziell bei Pflegekindern: Oswald/Goldbeck, in: Fegert/Ziegenhain/Goldbeck, Traumatisierte Kinder und Jugendliche in Deutschland [2. Aufl 2013] 203; zu den psychischen Folgen für das Kind Goepel/Raihala NZFam 201, 490; vgl auch BVerfG 27. 12. 2022 – 1 BvR 1943/22, FamRZ 2023, 438: Umgangsausschluss bei einem Pflegekind). Besteht eine solche Gefahr, wird auch **begleiteter Umgang** ausscheiden müssen (OLG Frankfurt 3. 6. 2022 – 1 UF 242/21, NJW-RR 2022, 1370: unbefristeter Ausschluss; zum begleiteten Umgang bei häuslicher Gewalt vgl unten Rn 364 und Klinkhammer, in: Klinkhammer/Prinz, Handbuch begleiteter Umgang [3. Aufl 2017] 241). Bei – unter Umständen auch wiederholtem – Miterleben von Gewalt gegen den anderen Elternteil kommt hinsichtlich der Umgangsfrage natürlich auch dem **Willen des Kindes** erhebliche Bedeutung zu (vgl OLG Brandenburg 24. 10. 2022 – 13 UF 12/22, juris; OLG Frankfurt 13. 7. 2020 – 5 UF 15/20, FamRZ 2020, 2010). Lehnt das Kind den Umgang ab, stellt dies regelmäßig einen nachvollziehbaren Grund dar, der es erforderlich machen wird, den Willen des Kindes zu beachten (siehe oben Rn 302 ff). Auf der anderen Seite existieren aber auch – seltene – Fälle, in denen sich Kinder *mit dem Täter solidarisieren* (Kavemann, in: Kavemann/Kreyssig, Handbuch Kinder und häusliche Gewalt [3. Aufl 2013] 15, 17: 2 % nach einer dort genannten Studie). Hier kann es sogar zu einer Kindeswohlgefährdung führen, wenn dem Kind der Umgang mit dem gewalttätigen Elternteil verweigert wird.

In jedem Fall bedarf es einer sorgfältigen Abwägung der im Raum stehenden Interessen und Grundrechte (KG 4. 8. 2022 – 17 UF 6/21, FamRZ 2023, 131; Vollertsen ZfJ 1977, 230, 236), oft wird das Gericht nur nach *sachverständiger Beratung* entscheiden können (OLG Schleswig 22. 9. 2015 – 10 UF 105/15, juris Rn 33 ff, ZKJ 2015, 466; OLG Zweibrücken NJWE-FER 1999, 95: Vergewaltigung der Mutter mit nachfolgender gefährlicher Körperverletzung [Messerstich], eines der Kinder bezichtigte die Mutter der falschen Anschuldigung). Dem **Verfahrensrecht** (§§ 158, 159 FamFG) kommt dabei bei der Berücksichtigung des Schutzes des Kindes besondere Bedeutung zu, wobei das Ziel der Verfahrensbeschleunigung (§ 155 FamFG) hier gegenüber der Notwendigkeit der Aufklärung von Tat und Folgen für das Kind zurückstehen muss (vgl Heinke Streit 2008, 3 ff).

320 Vorrangiges Ziel muss nach einem kindlichen Miterleben von erheblicher Gewalt gegenüber seiner Mutter zunächst die *Stabilisierung der Bindung des Kindes* zu seiner Hauptbezugsperson sein (Kindler FPR 2005, 16, 20). Das Umgangsrecht des gewalttätigen Elternteils sollte aus diesem Grund und wegen der Notwendigkeit der Aufklärung einer Traumatisierung des Kindes zunächst im Wege der einstweiligen Anordnung nach § 1684 Abs 4 S 1 BGB vorläufig ausgeschlossen werden, wozu es nicht einer konkreten Kindeswohlgefährdung bedarf (Funk/Osten/Scharl/Schmid/Stotz FamRB 2016, 282, 285 unter Hinweis auf den Sonderleitfaden des sog Münchener Modells; DIJuF-Rechtsgutachten JAmt 2016, 435, 436; AG Bremen 14. 10. 2003 – 61 F 2745/03, juris Rn 15; AG Hamburg 19. 7. 2016 n 631 F 391/15, juris Rn 5 ff, Streit 2016, 120: Einbruch in die Wohnung der Mutter und Zusammenschlagen der Tante des Kindes). Die *Vollstreckung* einer bereits bestehenden gerichtlichen Umgangsregelung sollte nach § 93 Abs 1 Nr 4 FamFG vorläufig eingestellt werden. Die im Raum stehen Gewalttaten bedürfen – im Falle eines Bestreitens – ebenso der *amtswegigen Aufklärung* wie die Frage des Ausmaßes einer etwaigen Traumatisierung des Kindes und die Gefahren einer Retraumatisierung. Erst danach kann eine Entscheidung in der Hauptsache getroffen werden, ob ein Umgang das Wohl des Kindes gefährden würde und ob bei Bestehen einer Gefährdung diese durch einen begleiteten Umgang abgewendet werden kann. Im ersten Fall ist der Umgang ggf auch über einen längeren Zeitraum auszuschließen (OLG Frankfurt 3. 6. 2022 – 1 UF 242/21, NJW-RR 2022, 1370: unbefristeter Ausschluss; OLG Köln 6. 12. 2010 – 4 UF 183/10, juris Rn 4 ff, FamRZ 2011, 571; AG Bremen 23. 1. 2007 – 61 F 2747/02, juris Rn 22 ff, ZKJ 2008, 214; DIJuF-Rechtsgutachten JAmt 2016, 435, 436 f), da begleiteter Umgang das Kind nicht vor psychischer Belastung zu schützen vermag. Kommt (begleiteter) Umgang in Betracht, wird auch *vom umgangsberechtigten Elternteil zu erwarten sein,* dass er im Vorfeld bereit ist, sein Verhalten zu *reflektieren,* ggf *Beratung* oder soziale Trainingskurse (insbesondere sog Anti-Aggressionstrainingskurse) in Anspruch zu nehmen und vor allem bereit ist, **Verantwortung für sein Fehlverhalten auch gegenüber dem Kind zu übernehmen** (Fauth-Engel, in: Kavemann/Kreyssig, Handbuch Kinder und häusliche Gewalt [3. Aufl 2013] 187, 192 ff; Salgo, in: Fegert/Ziegenhain/Goldbeck, Traumatisierte Kinder und Jugendliche in Deutschland [2. Aufl 2013] 121, 127; Salzgeber, Familienpsychologische Gutachten [7. Aufl 2020] Rn 1292; Schüler, in: Kavemann/Kreyssig, Handbuch Kinder und häusliche Gewalt [3. Aufl 2013] 208, 218 ff). Nimmt er Angebote zur Umgangsvermittlung nicht hinreichend wahr, wird der Umgang auszuschließen sein (OLG Köln 21. 12. 2011 – 4 UF 206/11, juris Rn 13 ff).

Mittelbare Auswirkungen strafrechtlicher Maßregeln zum Schutz gegen eine Wieder- 321
holung der Tat (zB Annäherungsverbote, Kontaktverbote) oder **Anordnungen nach § 1 GewSchG** zum Schutz des betreuenden Elternteils sind nicht schon deshalb unverhältnismäßig, weil sie auch den Umgang *faktisch beeinträchtigen* (OLG Bamberg NJW 2011, 2151), sollten aber bei gerichtlicher Regelung des Umgangsrechts durch geeignete umgangsrechtliche Maßnahmen (Bringen und Holen des Kindes durch Umgangsbegleiter oder Umgangspfleger – siehe oben Rn 319 und OLG Frankfurt 21. 2. 2013 – 5 UF 25/13, BeckRS 2014, 17407; OVG Bautzen 17. 7. 2013 – 5 B 345/13, juris Rn 7) möglichst vermieden werden. Im Übrigen können umgangsrechtliche Fragestellungen – schon wegen der unterschiedlichen Verfahrensregelungen – nicht in **Gewaltschutzverfahren** gelöst werden (OLG Brandenburg 5. 12. 2016 – 10 UF 120/16, juris Rn 8, FuR 2017, 613; Heilmann/Cirullies § 1 GewSchG Rn 20; Cirullies/Cirullies, Schutz bei Gewalt und Nachstellung [2. Aufl 2019] Rn 127, 183; Dürbeck ZKJ 2020, 209, 212). Hieran vermag auch der Umstand, dass der Gesetzgeber mit der Neuschaffung von § 214a FamFG (vgl dazu Cirullies/Cirullies FamRZ 2017, 439) nunmehr auch *einvernehmliche Lösungen* in Gewaltschutzverfahren fördern will, nichts zu ändern. Dies darf nicht zum Anlass genommen werden, außerhalb der zwingend zu beachtenden Verfahrensregeln der §§ 158, 159, 162 FamFG anlässlich der gütlichen Beilegung eines Gewaltschutzverfahrens Regelungen des Umgangsrechts herbeizuführen.

Ähnlich verhält es sich bei Straftaten gegen sonstige **nahe Angehörige und Freunde des Kindes.** Insbesondere bei Sexualdelikten gegen Freunde oder Freundinnen des Kindes kann der Umgang mit dem Täter einerseits zu einer dauernden Erinnerung des Kindes an das Tatgeschehen führen; andererseits kann die Tat auch den Verdacht begründen, dass der Täter sich womöglich auch am eigenen Kind vergehen könnte (zum Umgangsausschluss in solchen Konstellationen vgl OLG Köln 29. 9. 2022 – 14 UF 57/22, FamRZ 2022, 1933; KG FamRZ 1968, 260, 261; KG FamRZ 1968, 262; LG Berlin FamRZ 1973, 147).

Zur **Straftat gegen das Kind** selbst, insbesondere zu Sexual- und Gewaltdelikten, unten Rn 331 ff.

β) Vorsätzliche Tötung des betreuenden Elternteils

322 Im Zusammenhang mit häuslicher Gewalt kommt es anlässlich der Elterntrennung und der Führung hochkonflikthafter Auseinandersetzungen um das Sorge- und Umgangsrecht – oft auch als Folge verfehlter kultureller Wertvorstellungen – in nicht nur seltenen Fällen auch zur **vorsätzlichen Tötung des betreuenden Elternteils**, vornehmlich der Kindesmutter (vgl dazu Heynen, in: Kavemann/Kreyssig, Handbuch Kinder und häusliche Gewalt [3. Aufl 2013] 64 ff; Kischkel FamRZ 2022, 837: Femizid). Vornehmlich betroffen sind dabei Kleinkinder, wobei aber auch ältere Kinder – erinnert sei an dieser Stelle an das tragische Schicksal des zur Tatzeit 14-jährigen Marc aus Mönchengladbach (www.stern.de v 11. 5. 2017: *„Eine Leiche im Baum. Eine erschütterte Stadt. Ein 17-Jähriger, der Unfassbares erlebte"*) – durch den – oft miterlebten – Verlust der Mutter schwerwiegend traumatisiert werden können.

Handelt es sich bei dem betreffenden Tötungsdelikt um ein solches, von dem das noch kleine Kind **keine Detailkenntnis** erlangt hat, so ist im Regelfall der Ausschluss des Umgangs bis zu einem Alter geboten, ab dem dem Kind zugemutet werden kann, von der Tat zu erfahren und dies zu verarbeiten (BGH NJW 1981, 2067: Totschlag des Vaters an der Mutter mit nachfolgender Entziehung des Sorgerechts nach § 1666 BGB; offen gelassen von OLG Frankfurt 7. 6. 2011 – 4 UF 123/08, juris; unbefristeter Ausschluss bei OLG Brandenburg 2. 2. 2021 – 9 UF 233/20, FamRZ 2022, 275; zum Sorgerecht: vgl OLG Frankfurt 15. 10. 2020 – 4 UF 134/20 ZKJ 2021, 231; OLG Brandenburg 3. 2. 2021 – 9 UF 232/20, FamRZ NZFam 2021, 1068; OLG Brandenburg 3. 8. 2020 – 13 UF 64/19, FamRZ 2020, 2009; OLG Saarbrücken 26. 8. 2009 – 6 UF 68/09, FamRZ 2010, 385: Tötungsversuch in Anwesenheit der Kinder). Dem Kind sollte es daher selbst überlassen bleiben, erst nach Ausbildung seiner Fähigkeit zur Willensbildung (vgl dazu oben Rn 302 ff) die Entscheidung darüber zu treffen, mit dem Täterelternteil Kontakt aufzunehmen. Die *Vermutung von § 1626 Abs 3 S 1 BGB* ist hier eindeutig widerlegt. Bei älteren Kindern hat angesichts der Gefahr einer Retraumatisierung und der Notwendigkeit therapeutischer Aufarbeitung und Bewältigung des Geschehens (Heynen, in: Kavemann/Kreyssig, Handbuch Kinder und häusliche Gewalt [3. Aufl 2013] 64, 71 ff) die Stabilisierung des Kindes im Vordergrund zu stehen, weshalb das Umgangsrecht des Täters zurückzutreten hat (Heilmann FamRZ 2016, 1060, 1061 – Anm zu BGH 13. 4. 2016 – XII ZB 238/15, FamRZ 2016, 1058). Um in Fällen der vorsätzlichen Tötung des betreuenden Elternteils zu dieser Erkenntnis zu gelangen, wird es im Regelfall auch die Amtsermittlungspflicht (§ 26 FamFG) des Familiengerichts kaum gebieten, jedenfalls bei Kleinkindern und älteren Kindern, die einen Umgang mit dem Täter ablehnen, ein *kinderpsychologisches Sachverständigengutachten* einzuholen (zutreffend OLG Brandenburg 2. 2. 2021 – 9 UF 233/20, juris Rn 18, FamRZ 2022, 275; Heilmann FamRZ 2016, 1060, 1061 – Anm zu BGH 13. 4. 2016 – XII ZB 238/15, FamRZ 2016, 1058; **aA** OLG Celle 8. 5. 2015 – 10 WF 11/15, juris Rn 10 f, NZFam 2016, 92). Die Einschätzung von Jugendamt und Verfahrensbeistand und die ggf durchzuführende Kindesanhörung werden hier oftmals eine hinreichende Entscheidungsgrundlage ergeben. Ob dem wegen Totschlags oder Mordes verurteilten oder dringend verdächtigten Elternteil **Verfahrenskostenhilfe** für die Verfolgung seines Umgangsrechts zu bewilligen ist, ist eine andere Frage, Mutwilligkeit iSd § 114 ZPO wegen der Verursachung des gerichtlichen Umgangsverfahrens (vgl dazu unten Rn 493) kann jedenfalls nicht angenommen werden (BGH 13. 4. 2016 – XII ZB 238/15, juris Rn 21 ff, FamRZ 2016, 1058).

γ) Zeugung des Kindes durch Vergewaltigung

Als problematisch erweist sich die Frage des väterlichen Umgangsrechts, wenn dieser 323
das Kind durch **Vergewaltigung der Mutter** gezeugt hat. Der Umstand der gewaltsamen Zeugung des Kindes schließt zwar das Umgangsrecht des Vaters und des Kindes nicht per se aus, insbesondere, wenn bereits nach der Geburt durch das Zusammenleben mit dem Kind eine *Bindung* zwischen beiden entstanden ist. Ob eine – nachvollziehbare – Ablehnung der Mutter zu derart starken Spannungen und Belastungen führt, dass das Kindeswohl gefährdet ist, ist eine andere Frage, die angesichts der Gegebenheiten häufig zu bejahen sein wird (DIJuF-Rechtsgutachten JAmt 2001, 540, 541), zumal aus Kindessicht vor allem eine Stärkung und Stabilisierung der Mutter-Kind-Beziehung als vorrangig gegenüber dem Bindungsaufbau zum Vater geboten ist (vgl zu den Folgen für Mutter und Kind aus psychologischer Sicht Heynen, in: Kavemann/Kreyssig, Handbuch Kinder und häusliche Gewalt [3. Aufl 2013] 60). Gleichwohl wird hier im Regelfall – soweit nicht besondere Umstände vorliegen – der Umgang so lange auszuschließen sein, bis das Kind selbst dazu imstande ist, eine eigenverantwortliche Entscheidung zum Umgang mit seinem Erzeuger zu treffen (zutreffend Vogel FF 2020, 391). Dies gebietet schon Art 31 Istanbul-Konvention. Auch der *EGMR* hat ein Kontaktverbot eines Mannes bestätigt, der die geistig behinderte erwachsene Tochter seiner Lebensgefährtin missbraucht und mit ihr ein Kind gezeugt hatte (EGMR 28. 5. 2020 – 17895/14, NJW 2021, 3441 [*Evers/Deutschland*]).

δ) Gestaltung des familiengerichtlichen Verfahrens bei (häuslicher) Gewalt

Was die **verfahrensrechtliche Gestaltung** von **kinderschutzorientierten Fällen** häuslicher 324
Gewalt anbelangt, sind zahlreiche Besonderheiten zu beachten. Problematisch kann hier bereits die Frage der *Eröffnung des Verfahrens* sein, da das Familiengericht häufig keine Kenntnis von gewalttätigen und vom Kind miterlebten Übergriffen gegen den betreuenden Elternteil erhalten wird, wenn nicht von den Eltern eine Umgangsregelung bzw ein Ausschluss des Umgangs angeregt wird. Stellt der betreuende Elternteil beim Familiengericht einen Antrag nach *§ 1 GewSchG* und ergibt sich aus der Antragsschrift, dass gemeinsame Kinder die Tat miterlebt haben, wird das Familiengericht im Regelfall im Hinblick auf eine im Raum stehende Kindeswohlgefährdung *von Amts wegen* (§ 24 FamFG) ein Umgangsverfahren nach § 151 Nr 2 FamFG einzuleiten haben (Krüger NZFam 2016, 294, 296). Enthält die Antragsschrift dagegen keine Angaben über die Existenz oder Anwesenheit von Kindern während der Tat, so ergibt sich das Dilemma, dass das Familiengericht, wenn es einem Antrag nach § 1 GewSchG wegen Dringlichkeit ohne mündliche Anhörung stattgibt, keine Veranlassung sehen kann, auch Fragen des Umgangs oder des Sorgerechts (§ 1666 BGB) von Amts wegen nachzugehen. Auch ist eine Anhörung des *Jugendamts* in Fällen von § 1 GewSchG nicht vorgesehen (§ 213 Abs 1 FamFG). Die hier bestehenden Schutzlücken (vgl Johannsen/Henrich/Althammer/Dürbeck § 214 FamFG Rn 1) sollte der Gesetzgeber schließen und regeln, dass Anträge nach dem GewSchG ausnahmslos Angaben darüber enthalten sollten, ob (gemeinsame) Kinder vorhanden sind. Auch sollte § 213 FamFG erweitert werden und das Jugendamt auch in Verfahren nach § 1 GewSchG anzuhören und auf seinen Antrag hin zu beteiligen sein, wenn ein Kind

im Haushalt des potenziellen Opfers lebt. Ein entsprechender Gesetzentwurf des Bundesrates v 27. 4. 2022 liegt dem Bundestag vor (BT-Drucks 20/1541).

Hat das Familiengericht auf Anregung eines Elternteils oder des Jugendamts bzw von Amts wegen auf Grund von häuslicher Gewalt ein Umgangsverfahren eingeleitet, so passen *§§ 155 ff FamFG* nur sehr bedingt auf kinderschutzorientierte Verfahren, da vor allem die Vorschriften der §§ 155, 156 FamFG vorwiegend auf die Förderung *beschleunigter und einvernehmlicher Lösungen* der Umgangsfrage zugeschnitten sind. Diese stehen jedoch in den hier zu beurteilenden Fragen der Auswirkungen und Gefahren miterlebter Gewalt für das Wohl des Kindes und der Notwendigkeit der Sachaufklärung nicht im Vordergrund (ausführlich Salgo, in: Fegert/Ziegenhain/Goldbeck, Traumatisierte Kinder und Jugendliche in Deutschland [2. Aufl 2013] 121, 125 ff; Schirrmacher/Meysen FamRZ 2021, 1929, 1932 f; Heinke Streit 2008, 3). So wird sich etwa in dem nach § 155 Abs 2 FamFG bereits binnen einem Monat anzuberaumenden Erörterungstermin Entscheidungsreife nicht ergeben können, weil das Familiengericht vor allem die Folgen der Tat für Kind und betreuenden Elternteil aufzuklären haben wird und vor einer Umgangsregelung dafür Sorge zu tragen hat, dass sich die Beziehung zwischen Kind und verletztem Elternteil zunächst stabilisiert (Fauth-Engel, in: Kavemann/Kreyssig, Handbuch Kinder und häusliche Gewalt [2013] 187, 189). Das Gebot von § 156 Abs 1 FamFG, in Kindschaftssachen auf *einvernehmliche Lösungen* zwischen den Eltern hinzuwirken, passt für kinderschutzorientierte Umgangsverfahren ebenfalls nicht, was sich gesetzestechnisch an der Einschränkung von § 156 Abs 1 S 1 letzter HS FamFG „wenn dies dem Kindeswohl nicht widerspricht …" festmachen lässt. Auch Methoden der Mediation (vgl §§ 156 Abs 1 S 3, 36a FamFG) oder eine Verweisung des Verfahrens an den Güterichter (§ 35 Abs 5 FamFG) sind bei Fragen der Sicherheit und des Schutzes eines Kindes vor Gewalt und Retraumatisierung im Regelfall keine geeigneten Instrumente (Salgo, in: Fegert/Ziegenhain/Goldbeck, Traumatisierte Kinder und Jugendliche in Deutschland [2013] 121, 139; Schirrmacher/Meysen FamRZ 2021, 1929, 1933). In keinem Fall sollte bei Kindern in Fällen miterlebter häuslicher Gewalt eine (einvernehmliche) Umgangsregelung nach § 156 Abs 2 FamFG *ohne vorherige Kindesanhörung* erfolgen. Soweit die Vorwürfe vom Umgangselternteil bestritten werden, sollten Straf- oder Polizeiakten beigezogen werden und dem Kind ein Verfahrensbeistand nach § 158 FamFG bestellt werden. Bei akuter und fortdauernder Gefährdung des betreuenden Elternteils kann es veranlasst sein, dessen Anschrift und Aufenthaltsort gegenüber dem anderen Elternteil *geheim zu halten* (vgl KG 8. 5. 1998 – 13 WF 2854/98, juris Rn 4 f, FamRZ 1999, 876; Schirrmacher/Meysen FamRZ 2021, 1929,1933 f; zur Geheimhaltung der Anschrift des Kindes DIJuF-Rechtsgutachten JAmt 2021, 314) und die nach § 160 FamFG durchzuführende persönliche **Elternanhörung** gemäß § 33 Abs 1 S 2 FamFG getrennt (vgl MünchKommFamFG/Schumann § 160 Rn 13; Prütting/Helms/Hammer § 160 FamFG Rn 9; verkannt von Musielak/Borth/Frank § 160 FamFG Rn 8) oder in Anwesenheit von Sicherheitspersonal durchzuführen (Ehinger FPR 2006, 171, 172). Ist – wie häufig in der Praxis – weiterer Ermittlungsbedarf angezeigt, wird das Familiengericht bei noch nicht absehbarer Folgeneinschätzung in Bezug auf Fragen der Traumatisierung des Kindes gemäß § 156 Abs 3 S 1 FamFG eine vorläufige Regelung des Umgangs durch einstweilige Anordnung veranlassen, wobei hier vor allem aus den unter Rn 320 dargelegten Gründen ein auf § 1684 Abs 4 S 1 BGB gestützter vorläufiger Umgangsausschluss in Betracht zu ziehen ist. Als Vorbild für die Gestaltung des familiengerichtlichen Verfahrens im Falle häuslicher Gewalt können im Übrigen die Grundsätze des Sonderleitfadens des interdisziplinären Arbeitskreises **Münchener Modell** (www.justiz.bayern.de/

media/images/behoerden-und-gerichte/amtsgerichte/muenchen/familiensachen/2017.11.13-sonderleitfaden.pdf) dienen (vgl dazu Funk/Osten/Scharl/Schmid/Stotz FamRB 2016, 282).

Das *OLG Hamburg* (OLG Hamburg 2. 4. 2020 – 12 UF 35/20, juris) hat in einer Umgangssache, in der das Amtsgericht in einem Fall häuslicher Gewalt mit anschließender Mitnahme bzw Entführung der Kinder durch den Vater den Umgang für die Dauer von 8 Monaten ausgeschlossen hatte, zutreffend darauf verwiesen, dass in einem Umgangsverfahren der rechtskräftige Abschluss eines parallel geführten Strafverfahrens nicht abzuwarten ist und das Familiengericht im Rahmen seiner Amtsermittlungspflicht sich eine eigene Überzeugung zu bilden hat, ob bzw mit welcher Wahrscheinlichkeit der bestrittene Tatvorwurf zutrifft und welche Folgerungen daraus für das Umgangsverfahren zu ziehen sind. Zu diesem Zweck hat es auch das während der vermeintlichen Tat anwesende Kind anzuhören und darf hiervon nicht mit der Begründung absehen, dass mit einer Anhörung das Strafverfahren möglicherweise gefährdet werden würde. Hinsichtlich der Wahrscheinlichkeit des Tatgeschehens reicht es keinesfalls aus, dass nicht mit an Sicherheit grenzender Wahrscheinlichkeit auszuschließen sei, dass der Umgangsberechtigte die ihm vorgeworfenen Taten begangen hat, sondern der Ausschluss des Umgangs ist – wie beim Entzug der elterlichen Sorge nach § 1666 Abs 3 Nr 6 BGB – nur bei einer erhöhten Wahrscheinlichkeit des Schadenseintritts, nämlich ziemlicher Sicherheit, verhältnismäßig (vgl BGH 6. 2. 2019 – XII ZB 408/18, FamRZ 2019, 598 Rn 18 zu § 1666 BGB und BGH 21. 9. 2022 – XII ZB 150/19, NZFam 2023, 63 m Anm Preisner). Auch ist es nicht gerechtfertigt, eine unzureichende Sachaufklärung durch einen relativ kurzen Zeitraum eines Umgangsausschlusses zu kompensieren. 324a

ff) Stalking

Auch im Bereich des **Stalkings** ist auf der Opferseite zwischen betreuendem Elternteil und Kind zu differenzieren. Soweit der betreuende Elternteil, im Regelfall die Mutter (vgl Salzgeber, Familienpsychologische Gutachten [7. Aufl 2020] Rn 1281: 90 % der Opfer sind Frauen), betroffen ist, sind die in §§ 238 StGB, 1 Abs 2 Nr 2 GewSchG geregelten Verhaltensweisen des Nachstellens in ähnlicher Weise umgangsrechtlich zu behandeln wie häusliche Gewalt (zu den Erscheinungsformen im familiären Umfeld Voss FPR 2011, 199; Krüger FPR 2011, 219; Balloff ZKJ 2008, 190). Das Vorhandensein gemeinsamer Kinder gilt dabei als ein erheblicher Risikofaktor für die Entstehung von Stalking (Hoffmann-Küken/Voss FPR 2011, 211, 213). 325

Soweit es die Frage einer Gefährdung des Kindeswohls durch das Nachstellen seiner Hauptbezugsperson betrifft, kommt es zunächst darauf an, ob und inwieweit das *Kind dadurch belastet* worden ist (Salzgeber, Familienpsychologische Gutachten [2020] Rn 1286, 1289; Balloff ZKJ 2008, 190, 193: 57 % der befragten Kinder leiden unter Ängsten oder anderen Beeinträchtigungen). Hierbei ist auch von Bedeutung, in welchem Ausmaß der betreuende Elternteil von den Angriffen auf sein Persönlichkeitsrecht in seiner Erziehungsfähigkeit und in seiner Fähigkeit, sich dem Kind zuzuwenden, betroffen ist. Umgekehrt ist auf der Seite des Täterelternteils zu berücksichtigen, dass Stalking regelmäßig einhergeht mit eingeschränkter Erziehungsfähigkeit infolge von Persönlichkeitsstörungen (vgl AG Bremen 31. 8. 2006 – 61 F 786/05, juris Rn 45, Streit 2007, 28; Salzgeber, Familienpsychologische Gutachten [7. Aufl 2020] Rn 1290) und im Bereich des Umgangs mit einer Instrumentalisierung des Kindes zur Vermittlung von Stalkinghandlungen (Voss FPR 2011, 199, 202). Soweit aus den vorbezeichneten Gründen kindeswohlschädliche Belastungen gegeben sind, werden diese regelmäßig einen Umgangsausschluss rechtfertigen (vgl OLG Hamm 17. 4. 2018 – 10 UF 56/17, juris; AG Bremen Streit 2007, 28: Verschaffen von Zugang zur Wohnung). Auch hier ist – wie bei häuslicher Gewalt – eine erforderliche Stabilisierung der Opfer-Kind-Beziehung vorrangig gegenüber dem Umgangsrecht des Täterelternteils. Liegt der Schwerpunkt der Stalkinghandlungen auf einer manipulativen Instrumentalisierung des Kindes, kann auch begleiteter Umgang in Betracht kommen.

gg) Krankheit und Infektionsrisiken

326 Krankheiten des Umgangselternteils erfordern (und erlauben) zunächst nur diejenigen Einschränkungen des Umgangs, die notwendig sind, um das Kind vor einer **konkreten Gefährdung** zu schützen. Soweit umgangsberechtigte Elternteile unter einer **körperlichen Behinderung** leiden, folgt schon aus Art 23 Abs 2 S 2 der UN-Behindertenkonvention, dass die Mitgliedstaaten diese in angemessener Weise bei der Wahrnehmung ihrer elterlichen Verantwortung zu unterstützen haben, sodass die Behinderung isoliert kein Grund für eine Beschränkung oder gar den Ausschluss des Umgangsrecht sein kann (EGMR 10. 1. 2017 – 32407/13, NLMR 2017, 20 Nr 93 [*Nowakowski/Polen*]: taubstummer Vater).

326a **α) Infektionskrankheiten**

Soweit hier noch in der Vorauflage vertreten wurde, dass bei **unbekannten Infektionskrankheiten** sowie bei bekannten ohne sicheren **Impfschutz** ein vorübergehender Ausschluss das einzig mögliche Mittel, sei, hat sich diese Ansicht durch die Anfang 2020 ausgebrochene **Corona-Pandemie** überholt.

Bereits am Anfang des 19. Jahrhunderts wurde die bloße Möglichkeit, dass eine erfolgreich therapierte ansteckende Krankheit wieder ausbrechen könnte, nicht als Rechtfertigung für Beschränkungen des Umgangsrechts (KG ZfJ 1927/28, 271 Nr 8) angesehen.

Praktisch bedeutsam war in jüngerer Zeit etwa der Umgang mit einem **HIV**-infizierten Elternteil. Nachdem die Übertragungswege dieser Infektionskrankheit bekannt sind, kommt ein Ausschluss des Umgangs nicht mehr in Betracht, da bei normalen sozialen Kontakten die Übertragung des AIDS-Virus ausgeschlossen ist (OLG Hamm 6. 1. 2003 – 8 WF 288/02, juris Rn 6, FamRZ 2003, 951; OLG Frankfurt NJW 1991, 1554; OLG Hamm NJW 1989, 2336; Johannsen/Henrich/Jaeger [6. Aufl 2015] § 1684 Rn 36; Erman/Döll § 1684 Rn 29a; Völker/Clausius, Sorge- und Umgangsrecht [8. Aufl 2021] § 2 Rn 171; Tiedemann NJW 1988, 729, 730, 736; ebenso zur Sorgerechtsübertragung auf den infizierten Elternteil: OLG Stuttgart NJW 1988, 2620). Das Restrisiko, das im Wesentlichen in der Gefahr des Kontakts mit Blut bei einer Verletzung des Umgangselternteils besteht (OLG Frankfurt NJW 1991, 1554), rechtfertigt aber auch keine Einschränkung des Umgangsrechts, sofern der Umgangselternteil verantwortungsbewusst mit dem Risiko umgeht. Bestehen hieran Zweifel, so kann der Gefahr durch einen Umgang in Begleitung eines fachkundigen Dritten begegnet werden (vgl OLG Hamm NJW 1989, 2336, wo allerdings die Vorinstanz entschieden zu strenge Auflagen gemacht hatte).

326b Aktuelle Bedeutung hat das Thema Infektionskrankheiten in Bezug auf den Ausschluss bzw die Beschränkung des Umgangsrechts durch die Anfang 2020 ausgebrochene **Corona-Pandemie** erlangt und zu einer Fülle von Rechtsprechung und Schrifttum in umgangsrechtlichen Fragen Anlass gegeben (aus dem Schrifttum etwa Rauscher COVuR 2020, 2; Rake FamRZ 2021, 1087; ders FamRZ 2020, 650; Lack NJW 2020, 1255; Schmidt NZFam 2021, 865).

Als erstes deutsches Familiengericht hatte sich das AG Frankfurt aM (AG Frankfurt aM 9. 4. 2020 – 456 F 5092/20, NJW 2020, 1825) mit der Frage befassen müssen, ob angesichts der Ansteckungsgefahr mit dem Corona-Virus und der in diesem Zusammenhang aufgrund Landesrechts ergangenen Maßnahmen der Kontakteinschränkung der Umgang eines Vaters mit seinen drei minderjährigen Kindern weiter zu gewähren ist oder aber einzuschränken oder auszusetzen ist. Es hat dabei zutreffend darauf verwiesen, dass Umgangskontakte auch während der Corona-Pandemie nicht per se ausgeschlossen sind. Erforderlich sei hier eine Abwägung der wegen der Pandemie mit außerhäuslichen Kontakten verbundenen Gesundheitsrisiken einerseits und der Folgen des Abbruchs der Bindung zwischen den Kindern und ihrem Vater andererseits. Bedeutsam sei insoweit, ob die Eltern und die Kinder einer Risikogruppe für schwere Verläufe der COVID-19-Erkrankung zugehörig seien, was in dem konkreten Fall nicht anzunehmen war. Auch die Bundesregierung hatte bereits bei der Verhängung des ersten Lockdowns darauf verwiesen, dass dadurch die Sorge und der Umgang mit Kindern nicht tangiert werden solle (vgl Rauscher COVuR 2020, 2, 3). Dass die Ansteckungsgefahren durch das Corona-Virus **keinen Ausschluss des Umgangsrechts** nach § 1684 Abs 4 BGB rechtfertigen, ist heute anerkannt (vgl OLG Nürnberg 14. 4. 2021 – 10 UF 72/21, MDR 2021, 820; OLG Braunschweig 20. 5. 2020 – 1 UF 51/20, NJW 2020, 2038; AG Marl 29. 12. 2020 – 36 F 347/20, FamRZ 2021, 761; Schmidt NZFam 2021, 865, 866 f). Auch kann der Umgang nicht durch Auflagen in Bezug auf die Einhaltung von Schutzmaßnahmen der Durchführung einer Impfung eingeschränkt oder gar von deren Einhaltung abhängig gemacht werden. Gleichwohl können sowohl die Erkrankung selbst als auch staatlich angeordnete Schutzmaßnahmen zu *faktischen Beeinträchtigungen* des Umgangsrechts führen. Ist etwa der Umgangselternteil oder das Kind infiziert, wird der Umgang für diese Zeit und eine anschließend einzuhaltende Quarantäne nicht durchgeführt werden können (vgl Rake FamRZ 2020, 650, 651). Am Beginn der Pandemie wurden auch in Heimen und Erziehungseinrichtungen staatliche Besuchsverbote verhängt, die nicht umgangsrechtlich, sondern auf dem Verwaltungsrechtsweg anzugreifen waren. Zum Teil konnte pandemiebedingt das Abholen des Kindes wegen *Ausfall des Transportmittels* nicht umgesetzt werden (vgl OLG Brandenburg 21. 8. 2020 – 9 UF 119/20, NZFam 2020, 976). *Begleitete Umgänge* konnten zeitweise nicht durchgeführt werden, weil Jugendämter und freie Träger der Jugendhilfe diese im Hinblick auf Ansteckungsgefahren verweigerten, ohne dass Familiengerichte hierauf Einfluss nehmen konnten (vgl BGH 9. 6. 2021 – XII ZB 513/20, JAmt 2021, 579). Auch pandemiebedingte *Beschränkungen des Gerichtsbetriebes*, wie etwa in Berlin zu Beginn der Pandemie angeordnet (vgl die Beschleunigungsbeschwerde von KG 25. 6. 2020 – 17 WF 1028/20, NJW 2020, 3324 oder die Aussetzung des Umgangsverfahrens nach § 21 FamFG durch AG Frankfurt aM 8. 4. 2020 – 456 F 5080/20, FamRZ 2020, 841), haben Einfluss auf die Wahrnehmung und gerichtliche Regelung des elterlichen Umgangsrechts genommen und waren letztlich zum Schutz der Gerichtsbediensteten und Verfahrensbeteiligten hinzunehmen. Auch der Umgang mit *Pflegekindern* war pandemiebedingt beeinträchtigt (vgl dazu Gomille RdJB 2021, 33).

β) Ekelerregende Krankheiten

Ist die Krankheit des Umgangselternteils nicht ansteckend, erregt sie aber bei dem Kind **Widerwillen oder Ekel**, so kann das Kindeswohl durch den Umgang berührt, 327 ausnahmsweise auch gefährdet sein. Auch wenn ein solcher Widerwille von einem objektiv-sittlichen Standpunkt nicht zu billigen sein mag, kann er doch als nachvollziehbarer Grund die Verweigerung eines Umgangs durch das Kind beachtlich machen (OLG Hamm FamRZ 1997, 307). Dabei kommt dem Gericht die schwierige Aufgabe zu, in sachlicher Abwägung des Krankheitsbildes und ohne moralisierende Ermahnungen dem Kind den Umgang nahezubringen oder, was noch schmerzlicher sein dürfte, dem Elternteil die Irritation des Kindes durch das Krankheitsbild verständlich zu machen.

γ) Suchtkrankheiten

328 Bei Suchtkrankheiten (**Alkohol- oder Drogenabhängigkeit**; dazu Salzgeber/Vogel/Partale FuR 1991, 324; Scharl/Schmid FamRB 2013, 234; Weber NZFam 2018, 510; Hermann/Dietrich NZFam 2018, 500) besteht eine Gefahr für das Kindeswohl nur dann, wenn die Abhängigkeit im konkreten Einzelfall zu zeitweisen und nicht absehbaren Ausfallerscheinungen führt, sodass eine *ordnungsgemäße Betreuung* des Kindes im Einzelfall während des Umgangs nicht gewährleistet ist (OLG Hamburg 24. 8. 2021 – 12 UF 128/21, juris Rn 20, FamRZ 2022, 360; OLG Dresden 6. 9. 2016 – 18 UF 342/16, juris Rn 19, ZKJ 2017, 112; OLG Frankfurt 8. 7. 2015 – 5 UF 135/15, juris Rn 4, FamRZ 2016, 482; Grüneberg/Götz § 1684 Rn 27; Weber NZFam 2018, 510, 513 f). Obwohl elterliche Alkohol- und Drogensucht generell erhöhte Risiken für das Kind im Hinblick auf Gewalt, die Entwicklung eigenen Suchtverhaltens, schlechte schulische Leistungen und spätere Arbeitslosigkeit, Bindungsstörungen oder Stress infolge von Geheimhaltungsdruck beinhalten (Klein NZFam 2018, 477, 478 f; Scharl/Schmid FamRB 2013, 224, 225 f), genügen *allein abstrakte Gefahren* nicht für eine Einschränkung oder Ausschließung des Umgangsrechts (OLG Dresden 6. 9. 2016 – 18 UF 342/16, juris Rn 19, ZKJ 2017, 112). Hiervon weicht die Praxis aber häufig selbst beim Konsum auch nur leichter Drogen, wie zB Cannabis, ab und beschränkt zu Unrecht das Umgangsrecht (vgl etwa AG Ansbach 26. 5. 2011 – 4 F 283/10, juris Rn 10, FamRZ 2011, 1802: begleiteter Umgang bei Cannabiskonsum). Besteht ohnehin nur ein begleiteter bzw sonst beaufsichtigter Umgang, sind auch etwaige Auflagen, sich regelmäßig einem Drogenscreening zu unterziehen, fehl am Platz (so aber OLG Hamburg 2. 8. 2016 – 2 UF 49/16, juris Rn 33, ZKJ 2017, 277).

Auf der Seite des suchtkranken Elternteils ist zu berücksichtigen, dass Alkohol- oder Drogensucht häufig **begleitet wird von psychischen Störungen** (ausführlich Vogel NZFam 2018, 483 zu Sucht und Komorbidität).

Es besteht im Übrigen keine Rechtsgrundlage für eine in einer Kindschaftssache im Rahmen eines Beweisbeschlusses getroffene Anordnung, ein Elternteil habe an einer **Untersuchungsmaßnahme** (zB Haaranalyse, Leberwerteuntersuchung) mitzuwirken (OLG Frankfurt 7. 4. 2015 – 5 WF 66/15, juris Rn 15, 16, ZKJ 2015, 328: Drogentest; OLG Nürnberg 16. 8. 2013 – 11 WF 1071/13, juris Rn 23, FamRZ 2014, 677: Alkoholuntersuchung; MünchKommBGB/Hennemann § 1684 Rn 89; Vogel FF 2017, 434, 438). Wird allerdings eine Untersuchung auf freiwilliger Basis verweigert, kann dies gegen eine Übernachtung des Kindes sprechen (OLG Frankfurt 8. 7. 2015 – 5 UF 135/15, juris Rn 4, FamRZ 2016, 482; in diese Richtung tendierend auch OLG Brandenburg 5. 10. 2022 – 13 WF 166/22, juris Rn 10; **aA** Vogel FF 2017, 434, 438: keine nachteiligen Schlüsse) und beim Verdacht des Konsums harter Drogen (wie zB Heroin) eine Begleitung des Umgangs erforderlich machen (OLG Koblenz 24. 5. 2006 – 11 UF 60/06, juris Rn 10, FamRZ 2007, 926). Das Familiengericht kann dem Umgangsberechtigten auch Auflagen erteilen, zB während des Umgangs keinen Alkohol oder Drogen zu konsumieren (OLG Saarbrücken 17. 9. 2003 – 9 UF 91/03, juris Rn 16, ZFE 2004, 26; WEBER NZFam 2018, 510, 514).

Auch bei suchtbedingter *unkontrollierter Aggression* kann jedenfalls ein unbegleiteter Umgang mit dem Kind nicht stattfinden und es muss ggf zunächst der Umgang ausgeschlossen werden (OLG Naumburg 28. 12. 2009 – 3 UF 203/09, juris Rn 4). Ob der süchtige Elternteil Einsicht zeigt, ist nur von geringer Bedeutung; Maßnahmen nach § 1684 Abs 4 BGB dienen nicht dem Zweck, Süchtige einer Therapie zuzuführen. Entscheidend ist, ob im konkreten Fall eine Gefährdung des Kindeswohls besteht; das kann bei einem vor dem Familiengericht betont „einsichtigen" Süchtigen durchaus auch der Fall sein, wenn er sich nicht zu kontrollieren vermag. Andererseits kann es vorkommen, dass ein „uneinsichtiger" Abhängiger, insbesondere, wenn ein Alkoholmissbrauch auf die Partnersituation zurückführbar ist, vor dem Umgang mit dem Kind auf Konsum verzichtet, weil die Hemmschwelle, vor dem Kind angetrunken zu erscheinen und sein Gesicht auch noch gegenüber dem Kind zu verlieren, besonders hoch sein mag. Mit Ausnahme schwerer Fälle, in denen das Kind auch davor geschützt werden muss, die menschliche Achtung gegenüber dem suchtkranken Elternteil zu verlieren, ist ein begleiteter Umgang einem Ausschluss des Umgangs vorzuziehen (vgl zu dessen Gestaltung bei Suchterkrankungen HERMANN/DIETRICH NZFam 2018, 500, 506 ff; nicht besonders einfühlsam insoweit OLG Frankfurt NJW-RR 2002, 1444, das auf mangelnde Stabilisierung einer auch durch die Familienkrise bedingten Drogenabhängigkeit mit weiterem Umgangsausschluss reagiert). Jahrelange schwere Alkoholerkrankung kann freilich in Zusammenwirken mit anderen Faktoren einen Umgangsausschluss notwendig machen (OLG Frankfurt FamRZ 2003, 1317, 1318: jahrelange Krankheit, Alkoholerkrankung, Traumatisierung des Kindes und darauf gestützter Sorgerechtsentzug; vgl unten Rn 345).

Nach **erfolgreichem Entzug** ist abzuwägen zwischen dem notwendigen Vertrauensvorschuss gegenüber dem Umgangselternteil und dem nicht nur bei Alkohol bekanntermaßen extrem hohen Rückfallrisiko. Ein Ausschluss des Umgangs kommt hier nicht in Betracht; ggf bedarf es aber einer vorsichtigen Wiederaufnahme oder Erweiterung der Umgangskontakte unter Einbeziehung von geeigneten Schutzmaßnahmen, insbesondere begleitetem Umgang (OLG Hamm 17. 1. 2011 – 8 UF 133/10, juris Rn 16, ZKJ 2011, 174: 4-jähriges Pflegekind einer drogenabhängigen Mutter; OLG Koblenz FamRZ 2007, 926), bis sich die Situation des Umgangselternteils als nachhaltig stabil erweist. Das bloße Misstrauen, ob die Alkoholerkrankung endgültig bewältigt ist, rechtfertigt keinen Umgangsausschluss (KG FamRZ 2002, 412, 413).

Zu beachten ist, dass der **Vorwurf** des Alkoholismus oder Drogenkonsums nicht selten auch als Instrument gegen den Umgangselternteil eingesetzt wird (vgl etwa OLG Hamburg 24. 8. 2021 – 12 UF 128/21, FamRZ 2022, 360; OLG Köln 12. 3. 2012 – 4 UF 235/11, juris Rn 14, FamRZ 2012, 1885; OLG Saarbrücken 23. 1. 2013 – 6 UF 20/13, juris Rn 13, ZKJ 2013, 365). Das Gericht sollte dabei nicht Diskussionen um Konsumgewohnheiten in den Vordergrund stellen, sondern nach Vorfällen forschen, die im dargelegten Sinn das Kindeswohl konkret berühren und weit weniger einer bloßen Behauptung zugänglich sind als ein „Übermaß" des Genussmittelkonsums.

δ) Psychische Erkrankung

Leidet der Umgangselternteil an einer **psychischen Erkrankung** (vgl allgemein zur Bedeu- **329**
tung in Kindschaftssachen SCHARL/SCHMID FamRB 2013, 224; VOGEL FF 2014, 150; SALZGEBER, Fa-

milienpsychologische Gutachten [7. Aufl 2020] Rn 1022 ff), so kann ein Ausschluss des Umgangs geboten sein, wenn das Verhalten des Elternteils auf das Kind *beängstigend wirkt* (OLG Bremen 21. 11. 2017 – 5 UF 81/16, juris Rn 18 ff: schizophrene Erkrankung; OLG Saarbrücken 12. 7. 2010 – 6 UF 32/10, juris Rn 16 f, JAmt 2011, 167: Stalkingähnliches Verhalten durch Mutter; OLG Köln 17. 3. 2022 – 14 UF 60/21, juris Rn 47, NZFam 2022, 891: diverse Persönlichkeitsstörungen; AG Bremen 31. 8. 2006 – 61 F 786/05, juris Rn 45, Streit 2007, 28: ebenfalls Stalking bei festgestellter Persönlichkeitsstörung) oder wenn eine *Gefahr* von dem Elternteil ausgeht, zB bei Depressionen mit ernst zu nehmenden Suiziddrohungen, paranoider Schizophrenie (OLG Saarbrücken 12. 7. 2010 – 6 UF 32/10, juris Rn 13 ff, JAmt 2011, 167), fehlender Impulskontrolle und gestörter Affektregulation (OLG Nürnberg 20. 4. 2016 – 7 UF 270/16, juris Rn 189, NZFam 2016, 1206) oder aggressiver Persönlichkeitsstörung in Fällen häuslicher Gewalt (KG 23. 12. 2020 – 16 UF 10/20, juris Rn 5, FamRZ 2021, 693; OLG Köln 23. 3. 2005 – 4 UF 119/04, juris Rn 7 ff, ZKJ 2006, 100). Ein Ausschluss des Umgangs kann auch geboten sein, wenn dem kranken Elternteil die *Fähigkeit fehlt, sich auf das Kind einzustellen,* was häufig bei Psychosen (zur Beeinflussung der Erziehungsfähigkeit durch Psychosen und zu Möglichkeiten der Wiederherstellung der Erziehungsfähigkeit: Salzgeber/Vogel/Partale/Schrader FamRZ 1995, 1311; Salzgeber, Familienpsychologische Gutachten [7. Aufl 2020] Rn 1036 ff) der Fall ist; das gilt auch, wenn ein echter menschlicher Kontakt gegenüber dem Kind nicht mehr möglich ist (AG Peine FamRZ 1965, 85). Abzuwägen ist auch in diesen Fällen, ob die Schwere der Störung einen Ausschluss des Umgangs erfordert oder ob ein begleiteter, ggf zeitlich stark eingeschränkter, Umgang möglich bleibt (OLG Celle 8. 10. 2018 – 10 UF 91/18, juris Rn 9, FuR 2019, 349; OLG Frankfurt 24. 3. 2015 – 5 UF 270/14, juris Rn 8, ZKJ 2015, 240; allgemeine Persönlichkeitsstörung, Umgangsbegleitung aber vom Jugendamt verweigert; KG KGJ 52, 19). Depressionen und posttraumatische Belastungsstörungen sind Erkrankungen, die – behandelt – in vielen Fällen keine Beeinträchtigung darstellen, die bei Kontakt zu einem Kind das Kindeswohl gefährden würden (OLG Köln 16. 11. 2012 – 25 UF 143/12, juris Rn 14; MünchKommBGB/Hennemann § 1684 Rn 90). *Verweigert* der betreffende Umgangselternteil die *Mitwirkung an einer Begutachtung* (was zulässig ist, vgl BGH 17. 2. 2010 – XII ZB 68/09, juris Rn 21 f, FamRZ 2010, 720), kann die überwiegende Wahrscheinlichkeit, dass eine psychische Störung vorliegt, die sich auf das Wohl des Kindes nachteilig auswirken kann, genügen, um das Umgangsrecht einzuschränken (OLG München 13. 12. 2013 – 26 UF 1436/13, juris Rn 45 ff, FamRZ 2014, 1385). Die Grundsätze der *Beweisvereitelung* sind hier aber gleichwohl nicht anwendbar (BGH 17. 2. 2010 – XII ZB 68/09, juris Rn 23 f, FamRZ 2010, 720).

Im Übrigen unterfällt bei unter *gesetzlicher Betreuung* stehenden Umgangselternteilen die Umgangsbestimmung nicht in den Aufgabenkreis des Betreuers, was nicht ausschließt, dass sich der Betreuer für das Umgangsrecht des Betreuten im familiengerichtlichen Verfahren als dessen gesetzlicher Vertreter einsetzt (vgl zum Problemkreis des Verhältnisses betreuter Menschen zu ihren minderjährigen Kindern Engelfried BtPrax 2013, 13).

Zu beachten ist schließlich, dass Alkohol- oder Drogensucht häufig von psychischen Erkrankungen begleitet werden (vgl Vogel NZFam 2018, 483 zu Sucht und Komorbidität aus ärztlicher Sicht).

hh) Weltanschauung, Zugehörigkeit zu Religionsgemeinschaften

330 **Weltanschauliche Überzeugungen** des Umgangselternteils erlauben grundsätzlich keine Beschränkung des Umgangs. Dass dem Kind diese Überzeugungen anlässlich

des Umgangs bekannt werden, ist Folge der mit dem Umgang selbstverständlich verbundenen erzieherischen Elemente im Sinn einer Erweiterung des Erfahrungshorizonts des Kindes. Solange der Umgangselternteil nicht massiv versucht, das Kind zu beeinflussen und solange die Gestaltung des Umgangs nicht leidet, ist die bloße Zugehörigkeit zu einer weltanschaulichen oder religiösen Gruppe kein Grund zur Einschränkung des Umgangs (OLG Nürnberg 12. 6. 1995 – 7 WF 1620/95, juris; AG Düren FamRZ 2004, 970; AG Göttingen FamRZ 2003, 112: jeweils Zeugen Jehovas; MünchKommBGB/Hennemann § 1684 Rn 89; **aA** AG Hagen DAVorm 1968, 191). Gewisse Beeinflussungen in der religiösen Erziehung sind unvermeidlich und rechtfertigen keine Eingriffe in das Umgangsrecht (AG Düren FamRZ 2004, 970: Mitnahme zu Gottesdienst; **aA** BayObLGZ 1961, 119 von einem noch gänzlich anderen gesellschaftlichen Verständnis der Bedeutung konfessionell-religiöser Erziehung her argumentierend). Andererseits schließt die weltanschauliche Motivierung eines Verhaltens die Gefährdung des Kindeswohls nicht aus; wirkt der Umgangselternteil *massiv „bekehrend"* auf das Kind ein oder *ängstigt* sich das Kind nachhaltig vor den Begleiterscheinungen, so kann diese Folge einen Anlass zu Maßnahmen nach § 1684 Abs 4 BGB geben (vgl auch OLG Schleswig NJW 1985, 1786 zu Maßnahmen gegenüber der Partnerin des umgangsberechtigten Vaters wegen angeblich okkulter Fähigkeiten).

Hiergegen abzugrenzen sind Fälle, in denen die religiöse oder weltanschauliche Ausrichtung nur die Grundlage für nach außen dringende und sich gegenüber dem Kind manifestierende **Verhaltensweisen**, insbesondere eine **Radikalisierung** des Umgangselternteils, sind; insoweit beruht der Umgangsausschluss nicht auf der Weltanschauung, sondern auf der Art und Weise, diese Weltanschauung zu vertreten (dazu BVerfG FamRZ 2013, 433: rechtsradikale Gewaltbereitschaft gegen die aus der Szene aussteigende Mutter; OLG Köln 15. 3. 2013 – 26 UF 9/13, juris Rn 13 ff, ZKJ 2013, 302: Einstellen islamistischer Drohvideos im Internet durch einen Salafisten; ausführlich Meysen/Baer/Meilicke/Becker/Brandt, Kindeswohl bei Aufwachsen in islamistisch oder salafistisch geprägten Familien [2021] 8 ff; zum Einfluss solcher Radikalisierung auf das Umgangsrecht auch KG 18. 5. 2018 – 3 UF 4/18, ZKJ 2018, 374). Auch bei drohender, religiös motivierter **Genitalverstümmelung** können Einschränkungen des Umgangsrechts veranlasst sein (OLG Karlsruhe 5. 5. 2008 – 16 UF 3/08, juris Rn 24 ff, ZKJ 2008, 428: weibliche Genitalverstümmelung; zur Genitalverstümmelung bei Knaben vgl Lack ZKJ 2012, 336).

b) Konfliktlagen zwischen dem Umgangselternteil und dem Kind

aa) Sexueller Missbrauch – Pädophilie

Eine auffällige, allerdings nicht allein mit der tatsächlichen Häufigkeit des Phänomens erklärbare Mehrung haben seit geraumer Zeit Fälle erfahren, in denen dem Umgangselternteil ein tatsächlicher oder drohender **sexueller Missbrauch** des Kindes vorgeworfen wird. 331

α) Nachgewiesener sexueller Missbrauch

Dass **nachgewiesener sexueller Missbrauch** (zum Begriff vgl Lengning/Lüpschen FPR 2013, 213, 214; OLG Jena 10. 3. 2003 – 1 UF 264/02, juris Rn 21, FamRZ 2003, 1314 zu § 1666 BGB) des Kindes einen Ausschluss des Umgangs zur Folge haben muss (BVerfG 3. 4. 2023 – 1 BvR 2353/22, NZFam 2023, 703 m Anm Keuter; OLG Schleswig 22. 11. 2022 – 8 UF 110/22, juris; OLG Saarbrücken 25. 8. 2014 – 6 UF 64/14, juris Rn 17 ff, NZFam 2015, 44; AG Bremen 26. 1. 2006 – 61 F 2210/05, juris Rn 29 ff, Streit 2006, 126; AG Kerpen FamRZ 1998, 254; Heilmann/Gottschalk § 1684 Rn 78; BeckOGK/Altrogge [15. 11. 2021] § 1684 Rn 453; Duderstadt NZFam 2020, 952, 954; Splitt FF 2016, 146, 148 f; Fegert FPR 2002, 219, 220) steht außer Frage. Der Nachweis kann dabei durch eine *strafrechtliche Verurteilung* oder durch das *Einräumen* der Tat durch den Umgangselternteil (so im Fall von OLG Schleswig 22. 11. 2022 – 8 UF 110/22, juris) erbracht sein. Handelt es sich um eine Ausnahmesituation, so kann die Behauptung des Täters, dies werde nicht mehr vorkommen, nicht genügen, weil ungewiss ist, ob der Täter in der Lage ist, nach seinem Willen zu handeln (AG Bad Iburg FamRZ 1988, 536, 537). Auch wenn das missbrauchte Kind den Wunsch nach Umgang äußert, kann dies auf bei dem Kind stattfindenden *Verdrängungs- oder Abwehrmechanismen* (etwa durch die sog *Identifikation mit dem Aggressor,* vgl HIRSCH, Psychoanalytische Traumatologie [2004] 260 f) beruhen und die Gefahr von Retraumatisierung durch die Gewährung von – begleiteten – Umgangskontakten nicht zwangsläufig ausschließen. Hier wird in jedem Fall eine Abklärung des Kindeswillens durch ein *psychologisches Sachverständigengutachten* zu erfolgen haben. Lehnt das missbrauchte Kind dagegen den Umgang ab, wird ein Ausschluss des Umgangs auch ohne Einholung eines Sachverständigengutachtens erfolgen können (OLG Saarbrücken 25. 8. 2014 – 6 UF 64/14, juris Rn 20, NZFam 2015, 44). Ein Umgangsausschluss wegen der konkreten Gefahr einer Schädigung des Kindeswohls durch einen sexuellen Missbrauch wird auch dann zu erfolgen haben, wenn sexuelle Übergriffe in der Vergangenheit gegenüber **anderen Kindern** (OLG Hamm 31. 3. 2015 – 3 UF 241/13, juris Rn 16 ff, FamRZ 2015, 1732: Verurteilung wegen sexuellen Missbrauchs von Kindern in 96 Fällen) oder **minderjährigen Geschwistern** stattgefunden hat (OLG Köln 29. 9. 2022 – 14 UF 57/22, FamRZ 2022, 1933; OLG Schleswig 22. 11. 2022 – 8 UF 110/22, juris; OLG Saarbrücken 25. 8. 2014 – 6 UF 64/14, juris Rn 17 ff, NZFam 2015, 44; KG 13. 4. 2012 – 18 UF 4/12, juris Rn 9 ff, Streit 2013, 81). Wurde das Kind von einem **Dritten** (insbesondere Lebensgefährte des Umgangselternteils) missbraucht, kommt ein Umgangsausschluss oder eine Beschränkung desselben gegenüber dem umgangsberechtigten Elternteil in Betracht, wenn dieser nicht imstande ist, das Kind während des Umgangs zu *schützen* (OLG Köln 26. 1. 1999 – 318 F 153/98, DAVorm 1999, 311 zu § 1685; MünchKommBGB/HENNEMANN § 1684 Rn 87; vgl auch BGH 23. 11. 2016 – XII ZB 149/16, ZKJ 2017, 108 zu § 1666 BGB und SALGO ZKJ 2018, 168 zu dem tragischen Fall des sexuellen Missbrauchs eines 9-Jährigen in Staufen/Breisgau des OLG Karlsruhe 27. 7. 2017 – 18 UF 112/17, ZKJ 2018, 188). Hier kann insbesondere auch die Anordnung ergehen, den Umgang nur **in Abwesenheit des (pädophilen) Ehepartners** oder Lebensgefährten auszuüben (BVerfG 16. 6. 2021 – 1 BvR 709/21, ZKJ 2021, 457; anders beurteilt aber im Sorgerechtsfall von BGH 6. 2. 2019 – XII ZB 408/18, NJW 2019, 1435).

Ob eine vorsichtige – begleitete – **Neuanbahnung** (LORENZEN-LINKE/BALLOFF FamRZ 1993, 1032) des Umgangs in Betracht kommt, nachdem geraume Zeit verstrichen ist und der Täter seine Strafe verbüßt hat, lässt sich nicht pauschal beantworten. Maßgeblich sind hier die Schwere des Missbrauchs, der Kindeswille, die körperlichen und psychischen Folgen für das Kind (vgl SALZGEBER, Familienpsychologische Gutachten [7. Aufl 2020] Rn 1295; LENGNING/LÜPSCHEN FPR 2013, 213, 214 ff; GOEPEL/RAIHALA NZFam 2021, 490) und die *Verantwortungsübernahme* durch den Umgangselternteil (EHMKE NZFam 2016, 1132, 1137). Auch soweit sexuelle Übergriffe nicht der Befriedigung des Geschlechtstriebs dienen, sondern *kulturell bedingt gerechtfertigt* werden, ist der Umgang auszuschließen, wenn die Handlungen durch das Kind als übergriffig und missbrauchend erlebt werden (OLG Hamm 4. 4. 2011 – 8 UF 161/10 Rn 55, NJW-RR 2011, 1447: mehrfaches Anfassen des Penis eines 8-jährigen Jungen während des Umgangs im Rahmen einer Begutachtung durch einen Sachverständigen).

β) Verdacht des sexuellen Missbrauchs

Fälle nachgewiesenen sexuellen Missbrauchs von Kindern sind in der Praxis eher selten. Wird ein dementsprechender Vorwurf im familiengerichtlichen Umgangsverfahren durch den betreuenden Elternteil erhoben, und zB auf *Äußerungen, sexualisierte Verhaltensweisen oder körperliche Verletzungen* des Kindes gestützt (sehr anschaulich KG 30. 4. 2018 – 19 UF 71/17, juris Rn 28, FamRZ 2018, 1324; OLG Hamm 2. 11. 2022 – 5 UF 108/22, juris zu § 1666 BGB; JONES, in: HELFER/KEMPE/KRUGMAN, Das mißhandelte Kind [2002] 443), hat das Familiengericht diesen Vorwurf im Rahmen des ihm durch Art 6 Abs 2 GG, 1684 Abs 4 BGB zugewiesenen **staatlichen Wächteramts** aufzuklären. Es besteht in diesem Moment ein *Dilemma,* da sowohl ein vorschneller Kontaktabbruch zum Umgangselternteil aufgrund einer unwahren Beschuldigung als auch die Wiederholung von sexuellen Übergriffen bei Fortdauer der Umgangskontakte bei Richtigkeit des Vorwurfs sich kindeswohlgefährdend darstellen können. Insoweit ist stets eine **Abwägung dieser Kindeswohlgesichtspunkte** vorzunehmen (OLG Frankfurt 20. 11. 2017 – 4 UF 223/17, FamRZ 2018, 597; OLG Bamberg FamRZ 1995, 181; OLG Frankfurt FamRZ 1995, 1432 m Anm SCHULZE FamRZ 1997, 42 und WEYCHARDT FamRZ 1997, 444; OLG Stuttgart FamRZ 1994, 718). Dieser Konflikt wird zudem dadurch verstärkt, dass häufig solche Anschuldigungen vorschnell erhoben werden und auch die Gefahr des zielgerichteten *„Missbrauchs des Missbrauchs"* (vgl hierzu: OLG Hamm 2. 11. 2022 – 5 UF 108/22, juris; OLG Köln 11. 7. 2022 – 14 UF 34/22, juris Rn 44 f, NZFam 2022, 1034; SALZGEBER, Familienpsychologische Gutachten [7. Aufl 2020] Rn 1293; BUSSE/STELLER/VOLBERT, Missbrauchsverdacht in familiengerichtlichen Verfahren [2000] 1 ff; STELLER/BUSSE, in: HOF/SCHULTE [2001] 91; WALTER ZfJ 1996, 270, 275; CARL FamRZ 1995, 1183; KÜHNE/KLUCK FamRZ 1995, 981; RÖSNER/SCHADE FamRZ 1993, 1133; STORSBERG FamRZ 1994, 1543) durch den betreuenden Elternteil besteht. Solche vorschnell und unberechtigt erhobenen Vorwürfe können ihrerseits seelische Gewalt gegenüber dem Kind und ein Indiz für fehlende Erziehungseignung darstellen (BGH 12. 12. 2007 – XII ZB 158/05, FamRZ 2008, 592; OLG Hamm 2. 11. 2022 – 5 UF 108/22, juris; OLG Köln 11. 7. 2022 – 14 UF 34/22, juris Rn 45, NZFam 2022, 1034; DITTMANN/RAABE JAmt 2018, 437). 332

Da § 1684 Abs 4 S 2 BGB auf eine Gefährdung des Kindeswohls abstellt, ist unbestritten, dass es auch in Fällen des **Verdachts eines sexuellen Missbrauchs** einer strafrechtlichen Verurteilung des Umgangselternteils nicht bedarf, um das Umgangsrecht auszuschließen, der **Grundsatz in dubio pro reo** tritt insoweit gegenüber dem Schutz des Kindeswohls zurück (OLG Karlsruhe 16. 10. 2017 – 18 UF 154/17, juris Rn 40 ff, NZFam 2017, 1132; MünchKommBGB/HENNEMANN § 1684 Rn 86; VÖLKER/CLAUSIUS, Sorge- und Umgangsrecht [8. Aufl 2021] § 2 Rn 169; KLIEMANN/FEGERT ZKJ 2021, 333, 335). Im Hinblick auf die einschneidende Bedeutung des Vorwurfs für den Umgangselternteil kann allerdings die *bloße Äußerung* eines Tatverdachts nicht Grundlage für eine Beschränkung oder den Ausschluss des Umgangsrechts sein (OLG Frankfurt 20. 11. 2017 – 4 UF 223/17, FamRZ 2018, 597; OLG Nürnberg 13. 1. 2014 – 7 UF 1741/13, juris Rn 14 f, FamRZ 2014, 859; OLG Karlsruhe 18. 2. 2013 – 18 UF 13/11, juris Rn 25, FamRB 2014, 7; KG 21. 9. 2012 – 17 UF 118/12, juris Rn 21, JAmt 2012, 671; VOGEL FF 2017, 434, 436; SPLITT FF 2016, 146, 149). In jedem Fall hat das Familiengericht im Rahmen der nach § 26 FamFG gebotenen **Amtsermittlung** den Vorwurf des sexuellen Missbrauchs aufzuklären und mit Jugendamt und Strafverfolgungsbehörden zu kooperieren (vgl SALGO ZKJ 2018, 168; SCHMID FamRB 2014, 267). Dass **Kindesanhörung** und die Bestellung eines **Verfahrensbeistands** hier unverzichtbare Mittel der Sachaufklärung und des Schutzes des Kindes im gerichtlichen Verfahren sind, müsste sich von selbst verstehen, wird aber in der Praxis – das zeigt der *Breis-*

gauer Fall des Missbrauchs eines 9-Jährigen – nicht immer beachtet (vgl OLG Karlsruhe 27. 7. 2017 – 18 UF 112/17, FamRZ 2018, 511 und vorgehend AG Freiburg 11. 4. 2017 – 46 F 798/17, FamRZ 2018, 510; zu Recht kritisch Salgo ZKJ 2018, 168). Von der Kindesanhörung kann auch nicht im Hinblick auf die Stellung des Kindes als *Zeuge im Strafverfahren* abgesehen werden (BVerfG 25. 6. 2021 – 1 BvR 2027/20, FamRZ 2021, 1709 Rn 21). Bis zur Aufklärung des Verdachts im Hauptverfahren kann der Umgang im Einzelfall durch **einstweilige Anordnung** (§ 49 FamFG) vorläufig auszuschließen oder zu beschränken sein (vgl BVerfG 20. 1. 2023 – 1 BvR 2345/22, FamRZ 2023, 525).

Bei Säuglingen und Kleinkindern, die einer Befragung durch den Richter, Verfahrensbeistand oder Sachverständigen noch nicht zugänglich sind (Griesel/Salzgeber NZFam 2015, 606, 608), werden zunächst **rechtsmedizinische Untersuchungen** im Vordergrund stehen (vgl Seifert/Püschel/Heinemann FPR 2011, 185). Bei älteren Kindern wird der Missbrauchsvorwurf durch eine sachverständige **Glaubhaftigkeitsbegutachtung** abzuklären sein (vgl dazu OLG Hamm 2. 11. 2022 – 5 UF 108/22, juris; OLG Frankfurt 20. 11. 2017 – 4 UF 223/17, FamRZ 2018, 597; Dettenborn NZFam 2016, 593; Ehmke NZFam 2016, 1132; Griesel/Salzgeber NZFam 2015, 606, 607 ff). **Suggestive** Kindesbefragungen durch den betreuenden Elternteil sind hier regelmäßig mangels Objektivität der Frageperson wenig zielführend (OLG Hamm 2. 11. 2022 – 5 UF 108/22, juris; Ehmke NZFam 2016, 1132). Aufgabe des Sachverständigen ist es dabei nicht, die Frage zu beantworten, ob ein Missbrauch tatsächlich stattgefunden hat, die Beantwortung dieser Frage obliegt tatrichterlicher Würdigung. Aufgabe des Sachverständigen ist es vielmehr, zu überprüfen, ob die Angaben des betroffenen Kindes im Hinblick auf den Missbrauchsvorwurf den wissenschaftlichen Kriterien dahin genügen, dass die *Aussage des Kindes als hinreichend wahrscheinlich erlebnisfundiert* zu qualifizieren ist oder nicht (Griesel/Salzgeber NZFam 2015, 606, 609; zu den Anforderungen an die Aussagequalität Dettenborn NZFam 2016, 593, 595 ff). Hierdurch lassen sich in der Praxis häufig entsprechende Vorwürfe entkräften (vgl etwa OLG Hamm 2. 11. 2022 – 5 UF 108/22, juris; OLG Karlsruhe 29. 7. 2019 – 20 UF 164/18, juris: körperliche Gewalt; OLG Karlsruhe 20. 12. 2018 – 20 UF 182/17, juris Rn 25 ff; ZKJ 2019, 374: keine Pädophilie; KG 30. 4. 2018 – 19 UF 71/17, juris Rn 28, FamRZ 2018, 1324; OLG Frankfurt 20. 11. 2017 – 4 UF 223/17, FamRZ 2018, 597; OLG Brandenburg 6. 10. 2015 – 10 UF 57/13, juris Rn 45 ff, FuR 2016, 303; OLG Frankfurt 13. 5. 2015 – 4 UF 385/15, juris Rn 22; OLG Karlsruhe 18. 2. 2013 – 18 UF 13/11, juris Rn 33 ff, FamRB 2014, 7).

Der vom *AG Schwäbisch Hall* (AG Schwäbisch Hall 28. 7. 2022 – 2 F 88/21, NZFam 2022, 1125 m Anm Salzgeber/Vehrs; 31. 3. 2022 – 2 F 447/19, NZFam 2022, 129; 25. 10. 2021 – 2 F 150/20, NZFam 2022, 654) propagierte Einsatz des **Polygraphen** in diesen Fällen ist schon aus beweisrechtlichen Gründen (vgl Bruns NZFam 2022, 129; Volke NZFam 2022, 654) nicht geeignet (vgl dazu aus psychologischer Sicht Salzgeber/Vehrs NZFam 2022, 1129).

Wird parallel zum familiengerichtlichen Umgangsverfahren ein **strafrechtliches Ermittlungsverfahren** geführt, sollten doppelte Ermittlungen vermieden werden, die Strafakten zu Beweiszwecken beigezogen werden (OLG Brandenburg 14. 8. 2001 – 9 WF 137/01, juris Rn 5, JAmt 2001, 606; MünchKommBGB/Hennemann § 1684 Rn 87) und Kontakt zur Staatsanwaltschaft gehalten werden. Eine **Aussetzung** des Umgangsverfahrens im Hinblick auf ein parallel geführtes Strafverfahren nach § 21 FamFG sollte aber im Hinblick auf den Beschleunigungsgrundsatz nach § 155 Abs 1 FamFG unbedingt vermieden werden (so aber OLG Braunschweig 6. 3. 2018 – 1 WF 33/18, juris Rn 2 ff, FamRZ 2018, 1157 in einem Verfahren nach § 1671 Abs 1 BGB; zutreffend dagegen OLG Hamburg 2. 4. 2020 –

12 UF 35/20, FamRZ 2020, 1736). Besteht bereits eine vollstreckbare Umgangsregelung kann der in einem Abänderungsverfahren bestehende Verdacht des sexuellen Missbrauchs dazu führen, die **Vollstreckung** nach § 93 Abs 1 Nr 4 FamFG einstweilig einzustellen, wenn gewichtige Anhaltspunkte bestehen, dass die Umgangsregelung nicht mehr dem Kindeswohl dient bzw das Kindeswohl gefährdet (OLG Karlsruhe 3. 7. 2014 – 18 WF 11/14, juris Rn 16 ff, ZKJ 2014, 482). Soweit ein schwerwiegender Verdacht besteht oder andere, einem Umgang entgegenstehende Gründe, wie der Kindeswille, vorliegen, ist eine Entscheidung über den Ausschluss oder eine Beschränkung des Umgangsrechts vor Abschluss des Strafverfahrens zu treffen (OLG Hamburg 2. 4. 2020 – 12 UF 35/20, FamRZ 2020, 1736; OLG Naumburg 15. 7. 2020 – 3 UF 14/20, juris).

Wird das staatsanwaltschaftliche Ermittlungsverfahren nach § 170 Abs 2 StPO wegen des Zweifelsgrundsatzes eingestellt und bleibt es nach den Ermittlungen des Familiengerichts **offen**, ob tatsächlich ein Missbrauch stattgefunden hat, so ist eine **kindeswohlorientierte Risikoabschätzung** vorzunehmen, die sich am Verdachtsgrad und den Folgen eines Umgangs für das Kind zu orientieren hat (OLG Karlsruhe 16. 10. 2017 – 18 UF 154/17, juris Rn 86, NZFam 2017, 1132; OLG Karlsruhe 18. 2. 2013 – 18 UF 13/11, juris Rn 23 ff, FamRB 2014, 7; Splitt FF 2016, 146, 149). Hat die Staatsanwaltschaft das Verfahren nach § 170 Abs 2 StPO eingestellt, so hat dies zwar auch für die Ermittlungen des Familiengerichts eine Bedeutung (OLG Dresden NJW 2003, 147, 148), befreit dieses wegen der Unabhängigkeit der Verfahren und des staatlichen Wächteramts im Bereich des Kindesschutzes aber nicht von der vorbezeichneten Risikoabwägung. Besteht eine hinreichende Wahrscheinlichkeit für einen Missbrauch und eine Schädigung des Kindeswohls ist der Umgang auszuschließen oder nur in begleiteter Form zu gewähren, andernfalls ist bei nicht hinreichend gesicherten Indizien der Umgang auch dann unbeschränkt zu regeln, wenn der betreuende Elternteil weiterhin von einem Missbrauch überzeugt ist (OLG Karlsruhe 4. 7. 2019 – 20 UF 182/17, juris Rn 25; OLG Karlsruhe 20. 12. 2018 – 20 UF 182/17, juris Rn 24, ZKJ 2019, 374; KG 30. 4. 2018 – 19 UF 71/17, FamRZ 2018, 1324: Wechselmodell; KG 21. 9. 2012 – 17 UF 118/12, juris Rn 22, JAmt 2012, 671; OLG Hamm 5. 9. 1997 – 3 UF 289/97, FamRZ 1998, 256; Völker/Clausius, Sorge- und Umgangsrecht [8. Aufl 2021] § 2 Rn 167). Bei einer fortdauernden Umgangsverweigerung kommt in solchen Fällen auch der Entzug des Umgangsbestimmungsrechts nach § 1666 BGB (OLG Frankfurt 13. 5. 2015 – 4 UF 385/14, juris Rn 24 ff; siehe oben Rn 126) oder die Übertragung der Alleinsorge auf den Vater in Betracht (OLG Stuttgart 19. 12. 2018 – 17 UF 96/18, ZKJ 2019, 370). Gleichwohl gilt es zu beachten, dass sich die Überzeugung des betreuenden Elternteils von der Existenz eines sexuellen Übergriffs in Ausnahmefällen *auf das Kind übertragen kann,* was ebenfalls eine Beschränkung des Umgangsrechts nötig machen kann (OLG Brandenburg 6. 10. 2015 – 10 UF 57/13, juris Rn 48, FuR 2016, 303: dort verneint; Völker/Clausius, Sorge- und Umgangsrecht [8. Aufl 2021] § 2 Rn 169; vgl auch den Fall von OLG Schleswig 22. 11. 2022 – 8 UF 110/22, juris).

γ) Pädophilie

Im Zuge verbesserter strafrechtlicher Aufklärungsmöglichkeiten hinsichtlich des Besitzes und der Verbreitung **kinderpornographischer Schriften** (insbesondere durch Überwachung der Nutzung des Internets) und einer inzwischen erfolgten Verschärfung des Strafrechts durch das Gesetz zur Bekämpfung sexualisierter Gewalt gegen Kinder v 16. 6. 2021 (BGBl 2021 I 1810) sind auch in der familiengerichtlichen Praxis vermehrt Fälle festzustellen, in denen umgangsberechtigte Väter einer strafrechtlichen Verfolgung wegen entsprechender Straftaten (vgl § 184b StGB) ausgesetzt sind. Auch 333 der BGH musste sich jüngst mit einem solchen Fall befassen (BGH 21. 9. 2022 – XII ZB 150/19, NZFam 2023, 63 m Anm Preisner). Es stellt sich insoweit die Frage, inwieweit der Konsum kinderpornographischen Bildmaterials auch zu einer Gefahr für das Kind durch einen **pädosexuellen Übergriff** führen kann, was in der Praxis von betroffenen Müttern und auch Jugendämtern häufig befürchtet wird. Nach dem humanwissenschaftlichen Forschungsstand kann **Pädophilie** zwar eine Ursache für aktives pädosexuelles Verhalten sein, zieht körperliche Übergriffe auf ein Kind (sog *Hands-On-Delikte*) jedoch nicht zwingend nach sich (BGH 21. 9. 2022 – XII ZB 150/19, NZFam 2023, 63 Rn 25; Wallner NZFam 2015, 610, 611; Schumann, Zusammenhänge zwischen sexuellen Übergriffen auf Kinder und Konsum von Kindesmissbrauchsabbildungen bei Offline- und Online-Tätern [2021]; Wössner JAmt 2021, 12, 14 f). Weiterhin ist zu berücksichtigen, dass bei der Risikoeinschätzung auch eine mögliche Hemmschwelle pädophiler Täter gegenüber einem sexuellen Missbrauch des eigenen leiblichen Kindes im Raum steht (BGH 21. 9. 2022 – XII ZB 150/19, NZFam 2023, 63 Rn 25 unter Verweis auf Salzgeber, Familienpsychologische Gutachten [7. Aufl 2020] Rn 1006, 1008). Aus diesem Grund rechtfertigen grundsätzlich pädophile Neigungen eine Umgangseinschränkung oder einen Umgangsausschluss für sich nicht. Gleichwohl darf die eher geringe statistische Wahrscheinlichkeit eines Übergriffs auf das eigene Kind (dazu ausführlich OLG Brandenburg 2. 6. 2023 – 9 UF 212/19, NZFam 2023, 751) nicht dahin missverstanden werden, dass sie allein rechtfertigen würde, von der Prüfung einer Kindeswohlgefährdung im Einzelfall abzusehen. Bei der Prognose, ob eine Gefährdung des Kindeswohls droht, muss schon von Verfassungs wegen die drohende Schwere der Beeinträchtigung des Kindeswohls bedacht werden. Je gewichtiger der zu erwartende Schaden für das Kind oder je weitreichender mit einer Beeinträchtigung des Kindeswohls zu rechnen ist, desto geringere Anforderungen müssen an den Grad der Wahrscheinlichkeit gestellt werden, mit der auf eine drohende oder erfolgte Verletzung geschlossen werden kann (BVerfG 27. 7. 2023 – 1 BvR 1242/23, juris Rn 17).

Es muss vielmehr im Einzelfall – regelmäßig durch sachverständige Beratung – festgestellt werden, dass hieraus eine **konkrete Gefahr** für das eigene Kind resultiert (BVerfG 30. 7. 2014 – 1 BvR 1530/14, juris Rn 11, NZFam 2015, 234; BVerfG 29. 11. 2007 – 1 BvR 1635/07, juris Rn 17, FamRZ 2008, 494; BVerfG 13. 7. 2005 – 1 BvR 215/05, juris Rn 11, FamRZ 2005, 1816; Völker/Clausius, Sorge- und Umgangsrecht [8. Aufl 2021] § 2 Rn 170; MünchKommBGB/Hennemann § 1684 Rn 88). Ergeben die danach anzustellenden Ermittlungen, dass die bisher *nicht hinreichend bearbeiteten* pädophilen Neigungen auch die Gefahr pädosexueller Übergriffe begründen, so ist der Umgang auszuschließen oder nur in begleiteter Form zu gewähren (OLG Düsseldorf 28. 5. 2009 – 6 UF 188/07, juris Rn 33 ff, FamRZ 2009, 1685: Ausschluss bei einem Kleinkind). Vor umfassender Aufklärung der im Raum stehenden Gefahren kann ein vorläufiger Umgangsausschluss oder begleiteter Umgang (OLG Koblenz 4. 6. 2020 – 7 UF 201/20, ZKJ 2020, 469) und/oder Sorgerechtsentzug nach § 1666 BGB (OLG Frankfurt 26. 3. 2018 – 1 UF 4/18, ZKJ 2018, 315 betreffend die Mutter) im Wege einstweiliger Anordnung nach § 49 FamFG geboten sein. Auch der *BGH* (BGH 21. 9. 2022 – XII ZB 150/19, NZFam 2023, 63 Rn 37) hält in solchen Fällen im sorgerechtlichen Verfahren nach § 1666 BGB Schutzanordnungen nach § 1666 Abs 3 Nr 3 und 4 BGB (Wohnungsverweisung und Kontakteinschränkungen mit den Kindern) für denkbar, unterzieht sie aber seit seiner umstrittenen Entscheidung vom 6. 2. 2019 (BGH 6. 2. 2019 – XII ZB 408/18, juris Rn 34, NZFam 2019, 342 m Anm Rohmann) hinsichtlich der *Wahrscheinlichkeit eines Übergriffs* oder einer sonstigen Kindeswohlgefährdung (zB durch Beobachtungen des Kindes beim Konsum von Kinderpornographie durch den Vater) auf der Rechtsfolgenseite einer sehr hohen und praktisch kaum erreichbaren Schwelle (siehe dazu oben Rn 286a).

Auch ohne Feststellung einer konkreten Gefahr kann allerdings bei einem pädophilen Vater eine Beschränkung des Umgangs auf begleitete Kontakte in Betracht kommen, wenn zwischen den Eltern auch deshalb ein nicht aufzulösender Konflikt besteht, die Mutter unbegleitete Kontakte ablehnt und der Vater mit seinen Neigungen *nicht offen umgeht* (BVerfG 30. 7. 2014 – 1 BvR 190/14, juris Rn 11, NZFam 2015, 234; OLG Schleswig 16. 4. 2014 – 8 UF 81/13, juris Rn 43 ff, FamRZ 2014, 1385; MünchKommBGB/Hennemann § 1684 Rn 88). Auch ein ablehnender Kindeswille kann hier eine Umgangsbeschränkung rechtfertigen (OLG Schleswig 22. 11. 2022 – 8 UF 110/22, juris – bestätigt durch BVerfG 3. 4. 2023 – 1 BvR 2353/22, juris; OLG Naumburg 15. 7. 2020 – 3 UF 14/20, juris). Gleiches gilt bei Notwendigkeit einer Kontaktanbahnung wegen Entfremdung (OLG Köln 11. 7. 2022 – 14 UF 34/22, NZFam 2022, 1034).

Bloße Verdachtsäußerungen im Hinblick auf vermeintliche pädophile Neigungen genügen, wie auch bei sexuellem Missbrauch, vgl oben Rn 332, nicht für eine Beschränkung des Umgangsrechts (OLG München 16. 8. 2011 – 26 UF 263/11, juris Rn 16, FamFR 2011, 478). Sind diese Verdachtsäußerungen aber von Substanz, hat das Familiengericht diese aufzuklären und unter Umständen auch den Computer des Umgangselternteils durch einen technischen Sachverständigen auf das Vorhandensein von Beweismaterial zu untersuchen (AG Gießen 3. 7. 2015 – 248 F 884/14, nv).

Problematisch ist in den Fällen pädophiler Väter allerdings der Umstand, dass in der Praxis auch *Sachverständige* oftmals kaum dazu in der Lage sind, die Wahrscheinlichkeit sexueller Übergriffe verlässlich zu prognostizieren (so auch im Fall von OLG Frankfurt 28. 2. 2019 – 5 UF 200/18, FamRZ 2019, 1425 als Vorinstanz von BGH 21. 9. 2022 – XII ZB 150/19, NZFam 2023, 63).

Letztlich wird in jedem Einzelfall zu entscheiden sein, ob angesichts pädo- oder hebephiler Neigungen der Väter deren Umgangsrecht nach § 1684 Abs 4 BGB auszuschließen oder einzuschränken ist. Die vom BGH an den Gefahrbegriff des § 1684 Abs 4 S 2 BGB gestellten Anforderungen an die Wahrscheinlichkeit einer Kindeswohlgefährdung werden regelmäßig nicht hinreichend sicher von den Familiengerichten festgestellt werden können.

δ) Sexuell gefärbtes Verhalten

Verhaltensweisen mit sexuellem Unterton spielen unter höchst unterschiedlichen Ge- 334
sichtspunkten in der Umgangsrechtsprechung eine Rolle und dürften in einer von stark auf Sexualisierung orientierten Medien geprägten Gesellschaft durchaus tendenziell zunehmen. Ihnen kann vor allem im Zusammenwirken mit anderen ein Spannungsverhältnis zwischen Kind und Umgangselternteil auslösenden Faktoren Bedeutung zukommen, zumal hier häufig zwar keine unmittelbare Gefahr von Übergriffen besteht, jedoch die Belastung des Kindes durch traumatisierende Wirkungen des Erlebten relevant sein kann.

So ist die Fertigung von **Nacktaufnahmen des Kindes** gewiss ein Indiz für eine Gefährdung des Kindeswohls (OLG Frankfurt 26. 3. 1018 – 1 UF 4/18, juris Rn 16 f, NJW 2018, 2208 zu § 1666 BGB; OLG Oldenburg OLGR 2008, 243). Gleiches gilt für gemeinsame Saunabesuche mit den Töchtern, das gemeinsame unbekleidete Im-Bett-Liegen mit diesen und die zeitweilige Durchführung der Umgangskontakte in einem Wohnwagen auf dem Campingplatz eines Naturistenvereins (so bestätigt von BVerfG 16. 6. 2021 – 1 BvR 708/21, ZKJ 2021, 457 Rn 14 bei einem offenkundig pädophilen Ehemann der Mutter). Selbst das Fehlen einer subjektiven sexuellen Motivation des Umgangselternteils schließt es nicht aus, dass das Kind ein objektiv sexuell gefärbtes Verhalten als erhebliche Belastung wahrnimmt (OLG Hamm 4. 4. 2011 – 8 UF 161/10, NJW-RR 2011, 1447: angebliche Üblichkeit des Griffs an die Genitalien im Herkunftsland). Das Zugänglichmachen einer „Porno-DVD" wird dagegen allenfalls im Zusammenhang mit erheblichen weiteren Vorkommnissen einen Umgangsausschluss rechtfertigen (die wohl bei OLG Köln ZFE 2008, 354 vorlagen).

bb) Körperliche Gewalt gegenüber dem Kind

335 Ebenso wie *mittelbar* vom Kind erlebte Gewalt gegenüber dem betreuenden Elternteil (dazu oben Rn 319 ff) kann auch **häusliche Gewalt gegenüber dem Kind** einen Ausschluss oder eine Beschränkung des Umgangsrechts rechtfertigen. Dies wird vor allem bei regelmäßig und über *lange Zeiträume* verübter Gewalt und *schwerwiegenden Verletzungen* des Kindes in Betracht kommen. Dabei wird es häufig infolge von *Gefährdungsmitteilungen* von Schule oder Ärzten gegenüber dem Jugendamt bereits nach § 1666 BGB zu einer Fremdunterbringung des Kindes kommen müssen. Ein Ausschluss des elterlichen Umgangs ist insbesondere dann veranlasst, wenn bei dem fremduntergebrachten Kind die **Gefahr einer Retraumatisierung** besteht (OLG Hamburg 29. 9. 2010 – 12 UF 163/08, juris Rn 23, FamRZ 2011, 822; AG Bremen 23. 1. 2007 – 61 F 2747/02, juris Rn 22 ff, ZKJ 2008, 214; Grüneberg/Götz § 1684 Rn 25; Heilmann/Gottschalk § 1684 Rn 78). Dabei kann heute aus psychologischer Sicht ohne Weiteres davon ausgegangen werden, dass *traumatische Belastungsreaktionen* nach einer gewalttätigen Misshandlung des Kindes regelmäßig stattfinden und auch langfristig zu psychischen Belastungen bei den betroffenen Kindern führen (Salzgeber, Familienpsychologische Gutachten [7. Aufl 2020] Rn 1275; Goepel/Raihala NZFam 2021, 490; Becker/Büchse ZKJ 2011, 292; Lengning/Lüpschen FPR 2013, 213). Die Gefahr einer Retraumatisierung hat dabei besondere Bedeutung bei Kindern, die bei *Pflegepersonen* oder in *Heimunterbringung* leben (vgl speziell zu Pflegekindern Oswald/Goldbeck, in: Fegert/Ziegenhain/Goldbeck, Traumatisierte Kinder und Jugendliche in Deutschland [2. Aufl 2013] 203; Lack/Hammesfahr, Psychologische Gutachten im Familienrecht [2019] Rn 675). Bei der Frage, ob der Umgang auszuschließen oder in begleiteter Form zu gewähren ist, spielen die Schwere der Übergriffe, Verantwortungsübernahme durch den Täter und der Kindeswille eine entscheidende Bedeutung (vgl oben Rn 320). Bei schweren Misshandlungen und daraus resultierenden schweren körperlichen und geistigen Behinderungen des Kindes dürfte ein begleiteter Umgang im Regelfall nicht in Frage kommen (Heilmann/Gottschalk § 1684 Rn 78; **aA** OLG Oldenburg 1. 2. 2005 – 11 UF 40/04, juris Rn 9 ff; FamRZ 2005, 925; vgl auch den Fall von OLG Karlsruhe 20. 1. 2022 – 2 UF 77/21, NZFam 2022, 609: schwerste körperliche und geistige Behinderungen).

Wird der Gewaltvorwurf vom Umgangselternteil **bestritten**, so hat das Familiengericht diesen im Rahmen seiner Amtsermittlungspflicht nach § 26 FamFG aufzuklären. In Betracht kommen hier insbesondere **rechtsmedizinische Untersuchungen** (vgl Seifert/Püschel/Heinemann FPR 2011, 185 und den Fall von BVerfG 16. 9. 2022 – 1 BvR 1807/20, NZFam 2023, 17 m Anm Volke zu einem auf Verdacht der Kindesmisshandlung gestützten und verfassungsrechtlich bestätigten Sorgerechtsentzug) und eine **psychologische Glaubhaftigkeits-**

begutachtung bei bereits älteren und aussagetüchtigen Kindern (DETTENBORN NZFam 2016, 593). Zu Gestaltung und Besonderheiten des familiengerichtlichen Umgangsverfahrens in Fällen häuslicher Gewalt vgl im Übrigen oben Rn 324.

Schließlich können auch Fälle **drohender Genitalverstümmelung** eine Beschränkung des Umgangsrechts rechtfertigen (OLG Karlsruhe 5. 5. 2008 – 16 UF 3/08, juris Rn 24 ff, ZKJ 2008, 428: begleiteter Umgang; WÜSTENBERG FPR 2012, 452, 453).

Wird der Umgang wegen vorangegangener Gewalt gegenüber dem Kind ausgeschlossen und besteht die Gefahr, dass der Umgangselternteil gleichwohl versucht, Kontakt zu dem Kind aufzunehmen, stellt § 1684 Abs 4 S 2 BGB auch eine Rechtsgrundlage für ein vollstreckbares **Kontaktaufnahmeverbot** dar (OLG Frankfurt 11. 3. 2013 – 4 UF 305/12, juris Rn 15, ZKJ 2013, 298; PRÜTTING/HELMS/DÜRBECK § 57 FamFG Rn 6; DÜRBECK ZKJ 2020, 209, 213). Ob § 1 GewSchG gegenüber nicht sorgeberechtigten Elternteilen im Hinblick auf § 3 GewSchG anwendbar ist, ist umstritten (bejahend OLG Karlsruhe 31. 10. 2011 – 5 WF 166/11, juris Rn 15, FamRZ 2012, 460; JOHANNSEN/HENRICH/GÖTZ [6. Aufl 2015] § 3 GewSchG Rn 5), aber im Hinblick auf den durch § 3 GewSchG angeordneten Vorrang des Kindschaftsrechts, das auch die Verfahrensrechte des Kindes im Hinblick auf §§ 158 ff FamFG besser zu schützen vermag, abzulehnen (OLG Frankfurt 5. 8. 2019 – 4 UF 185/19, NJW-Spezial 2019, 677; OLG Frankfurt 2. 4. 2019 – 1 UF 247/19, ZKJ 2019, 309; 11. 3. 2013 – 4 UF 305/12, juris Rn 15, ZKJ 2013, 298; OLG Brandenburg 5. 12. 2016 – 10 UF 120/16, juris Rn 8, FuR 2017, 613; JOHANNSEN/HENRICH/ALTHAMMER/DÜRBECK § 3 GewSchG Rn 5a; DÜRBECK ZKJ 2020, 209, 212; HEILMANN/CIRULLIES § 1666 Rn 13). Im Übrigen dürfte es jedenfalls aber auch ausreichen, den Beschluss, der einen Umgangsausschluss ausspricht, mit einem **Warnhinweis nach § 89 Abs 2 FamFG** zu versehen, um Zuwiderhandlungen durch Kontaktaufnahmen mit dem Kind mit Ordnungsmitteln zu sanktionieren (OLG Saarbrücken 17. 11. 2016 – 6 UF 90/16, juris Rn 29, ZKJ 2017, 152; DÜRBECK ZKJ 2020, 209, 212; **aA** OLG Frankfurt 31. 10. 2016 – 2 WF 302/16, juris Rn 14, ZKJ 2017, 73: Unterlassensverpflichtung im Tenor aufzunehmen). 335a

Schließlich gilt für das Verhältnis von § 1684 Abs 4 S 2 BGB und § 1666 Abs 3 Nr 4 BGB, dass Kontaktverbote gegenüber einem **(mit-)sorgeberechtigten Elternteil** auf beide Rechtsgrundlagen gestützt werden können (BGH 21. 9. 2022 – XII ZB 150/19, NZFam 2023, 63 Rn 33; DÜRBECK ZKJ 2020, 209, 213), wobei bei einer Entscheidung nach § 1666 Abs 3 Nr 4 BGB die Schwelle von § 1684 Abs 4 S 2 BGB erreicht sein muss (BGH 21. 9. 2022 – XII ZB 150/19, NZFam 2023, 63 Rn 37; MünchKommBGB/LUGANI § 1666 Rn 188; JOHANNSEN/HENRICH/ALTHAMMER/JOKISCH § 1666 Rn 118).

Bei einem Kontaktverbot gegenüber einem **nicht (mehr) sorgeberechtigten Elternteil** hat dagegen § 1684 Abs 4 BGB Vorrang, da Eltern nicht Dritte iSd § 1666 Abs 4 BGB sind (OLG Frankfurt 20. 10. 2023 – 6 UF 151/23, juris; OLG Frankfurt 5. 8. 2019 – 4 UF 185/19, juris Rn 10; OLG Frankfurt 2. 4. 2019 – 1 UF 247/19, ZKJ 2019, 309; AG Recklinghausen 27. 8. 2020 – 42 F 199/20, juris Rn 14; JOHANNSEN/HENRICH/ALTHAMMER/DÜRBECK § 3 GewSchG Rn 5a; DÜRBECK ZKJ 2020, 209, 212; STAUDINGER/COESTER [2020] § 1666 Rn 145, 237).

cc) Stalking

Ebenso wie auch der betreuende Elternteil (im Regelfall die Mutter) kann auch das Kind – in eher seltenen Fällen – Opfer von **Stalking** (zum Begriff vgl oben Rn 325) durch den Umgangselternteil werden (vgl dazu BALLOFF ZKJ 2008, 190; SCHMID FamRB 2012, 317). 336

Dies betrifft in der Praxis vornehmlich *fremduntergebrachte* Kinder, wobei erst Kinder ab dem 6. Lebensjahr dazu in der Lage sind, die Dynamik des Stalkinggeschehens zu erfassen (Balloff ZKJ 2008, 190, 192). **§ 3 GewSchG** schließt nach zutreffender Ansicht die Anwendung von § 1 Abs 2 Nr 2 GewSchG auch gegenüber **nichtsorgeberechtigten Elternteilen** aus (OLG Frankfurt 5. 8. 2019 – 4 UF 185/19, NJW-Spezial 2019, 677; OLG Frankfurt 2. 4. 2019 – 1 UF 247/19, ZKJ 2019, 30911. 3. 2013 – 4 UF 305/12, juris Rn 15, ZKJ 2013, 298; Johannsen/Henrich/Althammer/Dürbeck § 3 GewSchG Rn 5a; Dürbeck ZKJ 2020, 209, 212; Heilmann/Cirullies § 1666 Rn 13; **aA** OLG Karlsruhe 31. 10. 2011 – 5 WF 166/11, juris Rn 15, FamRZ 2012, 460; Johannsen/Henrich/Götz [6. Aufl 2015] § 3 GewSchG Rn 5), sodass in jedem Fall die kindschaftsrechtlichen Verfahrensvorschriften Anwendung finden, wobei § 1684 Abs 4 S 2 BGB hinsichtlich Kontaktaufnahme- und Näherungsverboten der Vorrang gegenüber § 1666 gebührt (vgl dazu oben Rn 335, auch zum Streitstand). Bei einer *konkreten* Gefährdung des Kindeswohls sollte der Umgang ausgeschlossen werden und ein Kontaktaufnahme- und Näherungsverbot verbunden mit einem Warnhinweis nach § 89 Abs 2 FamFG (OLG Saarbrücken 17. 11. 2016 – 6 UF 90/16, juris Rn 29, ZKJ 2017, 152; siehe oben Rn 335a) angeordnet werden.

dd) Entführungsgefahr

337 Besteht die konkrete Gefahr einer **Entführung des Kindes** (vgl dazu die Untersuchung von Stösser/Mutschler/Karle FPR 2013, 216, 219) durch den Umgangselternteil, so ist eine Einschränkung des Umgangs erforderlich (OLG Hamm 3. 9. 2015 – 11 UF 55/15, juris; OLG Braunschweig OLGE 26, 249; OLG Celle FamRZ 1996, 364; OLG Köln FamRZ 2005, 1770; OLG München FamRZ 1993, 94; Baer ZfJ 1977, 516, 526). Eine solche Gefahr ist jedenfalls anzunehmen, wenn bereits eine Entführung *versucht* wurde und nach den sonstigen Fallumständen *Wiederholungsgefahr* besteht (OLG Celle FamRZ 1996, 364: Uneinsichtigkeit, Medienkampagne; OLG Hamm FamRZ 2010, 1574), nicht aber schon dann, wenn der Umgangselternteil Ausländer ist und womöglich erregt oder verärgert, aber ohne Plan, *angekündigt* hat, das Kind in seine Heimat zu verbringen (OLG Hamm 3. 9. 2015 – 11 UF 55/15, juris; OLG Köln FuR 2000, 238, 239) und auch nicht, wenn der Umgangselternteil in Deutschland finanzielle Probleme hat, die ihn abstrakt veranlassen könnten, in sein Heimatland zurückzukehren (OLG Hamm FamRZ 2002, 1585). Die bloße **abstrakte Möglichkeit** oder **Angst des betreuenden Elternteils**, dass der umgangsberechtigte Elternteil in einem anderen Land lebt oder zu seinem Heimatland enge Beziehungen unterhält, rechtfertigt den mit einer Umgangsbeschränkung verbundenen Eingriff in das Umgangsrecht nicht (BVerfG 6. 11. 2009 – 1 BvR 1410/08, juris Rn 19, FamRZ 2010, 109; OLG Schleswig NJW-RR 2008, 962; OLG Koblenz 17. 7. 2008 – 7 UF 208/08, juris Rn 23, FamRZ 2009, 133; AG Kerpen FamRZ 2000, 50; Motzer, in: Motzer/Kugler/Grabow, Kinder aus Migrationsfamilien in der Rechtspraxis [2. Aufl 2012] 179). Dies gilt auch im Hinblick auf § 1684 Abs 4 S 2 BGB für die Anordnung begleiteten Umgangs (verkannt von OLG Düsseldorf 18. 9. 2019 – 1 UF 118/19, ZKJ 2020, 27 m Anm Dürbeck). Auch Einreiseprobleme des Umgangsberechtigten (OLG Oldenburg 18. 7. 2012 – 4 UF 74/12, juris Rn 15, FamRZ 2013, 49: begleiteter Umgang trotz Entführungsgefahr; MünchKommBGB/Hennemann § 1684 Rn 83) rechtfertigen ebenso wenig einen Umgangsausschluss wie das Bestehen einer *Ausreisepflicht* (OLG Bremen 25. 2. 2011 – 4 UF 108/10, juris Rn 8, NJW-RR 2011, 1084; **aA** OLG Koblenz 3. 2. 2016 – 13 UF 761/15, juris Rn 23 ff, MDR 2016, 396).

Ein befristeter Ausschluss kommt in Ausnahmefällen dann in Betracht, wenn die Kindesmutter große Angst vor einer Entführung hat und das Kind bei Durchführung der Umgangskontakte in einen zu einer seelischen Beeinträchtigung führenden

Loyalitätskonflikt geraten würde (OLG Hamm 10. 5. 2010 – 6 UF 184/09, juris Rn 17 ff, FamRZ 2010, 1574).

Gegenüber einem Ausschluss des Umgangsrechts, der nur im Ausnahmefall in Betracht kommt (OLG Köln FamRZ 2000, 1109; MENNE FamRZ 2016, 1223, 1228 f), bieten sich nach den Umständen des Einzelfalles, insbesondere der Bindung des Kindes und dem Maß der Gefahr, andere **mildere Mittel** an: Das Verbot der Verbringung des Kindes in ein Kfz, die Überwachung des Umgangs durch einen Detektiv (OLG München FamRZ 1998, 976), die räumliche Beschränkung des Umgangs (OLG Hamm 3. 9. 2015 – 11 UF 55/15, juris; vgl auch oben Rn 214 ff) auf einen neutralen überwachten Ort (OLG Celle FamRZ 1996, 364, 365), bis hin zum eigentlichen begleiteten Umgang, also der dauernden Anwesenheit eines Dritten, ggf auch des anderen Elternteils (AG Frankfurt aM Streit 1986, 69). Nicht zulässig ist nach hier vertretener Ansicht die Anordnung der Hinterlegung von **Ausweispapieren** (oben Rn 215).

Ein **Ausschluss des Umgangs** kommt in Betracht, wenn sich die Gefahr der Entführung durch diese Formen der Gestaltung und Beschränkung des Umgangs nicht beseitigen lässt oder wenn (auch) aufgrund eines früheren Entführungsversuchs das (zu einer einsichtigen Entscheidung fähige) Kind den Umgang *ablehnt* (OLG Bamberg FamRZ 1993, 726; OLG Hamm FuR 1998, 410). Nicht genügend ist ein Entführungsverdacht, der sich nur davon nährt, dass der Umgangselternteil den Sorgeberechtigten für erziehungsunfähig hält (**aA** OLG Köln FuR 2000, 239, 240).

ee) Vernachlässigung

Hat der umgangsberechtigte Elternteil (bzw bei fremduntergebrachten Kindern beide Elternteile) das Kind **grob vernachlässigt**, sodass ihm bzw ihnen deswegen die elterliche Sorge nach § 1666 BGB entzogen werden musste (bzw, so er sie innehätte, entzogen werden müsste; zur Vernachlässigung als häufigste Form der Kindeswohlgefährdung vgl KINDLER FPR 2012, 422, 425 f), so kann ein Ausschluss des Umgangs wegen der Gefahr einer **Retraumatisierung** erforderlich sein (OLG Celle 18. 12. 2009 – 12 UF 201/08, juris Rn 45 ff; HEILMANN/GOTTSCHALK § 1684 Rn 80; ERMAN/DÖLL § 1684 Rn 29; vgl dazu auch GOEPEL/RAIHALA NZFam 2021, 490), insbesondere, wenn das Kind bereits bei Pflegeeltern mit dem Ziel der Adoption lebt (AG Hamburg DAVorm 1977, 457, 458). Allerdings sollte nach Möglichkeit auch in solchen Fällen der Ausschluss zeitlich begrenzt werden, um ein mögliches späteres Bedürfnis des Kindes nach Kennenlernen seiner Eltern offenzuhalten. **338**

ff) Entfremdung infolge längerer Umgangsunterbrechung

Interesselosigkeit des umgangsberechtigten Elternteils und eine hierauf zurückzuführende **Entfremdung** führt weder zu einem wirksamen Verzicht noch zu einer Verwirkung des Umgangsrechts (oben Rn 62 ff). Grundsätzlich rechtfertigt eine langjährige Nichtausübung des Umgangsrechts – gleich, ob aus Interesselosigkeit, faktischer Verhinderung oder Duldung von Widerständen – nicht einen künftigen Ausschluss. Auch die Erwägung einer *Abtreibung,* die der spätere Umgangselternteil angesichts einer Schwangerschaft in der Beziehungskrise angestellt haben mag, spricht nicht für einen Umgangsausschluss (OLG Köln NJW 2003, 1878). **339**

Sofern der Elternteil **nunmehr den Umgang sucht**, ist dies grundsätzlich als dem Kindeswohl vorteilhaft zu fördern und nicht zu behindern. Allerdings muss mit Rücksicht auf die Entfremdung oder gar Fremdheit, wenn dem Kind der Elternteil gänzlich unbekannt ist oder geworden ist, eine *vorsichtige* und *schonende Anbahnung* des Umgangs erfolgen (OLG Brandenburg 19. 7. 2013 – 3 UF 20/12, juris Rn 23, FamRZ 2014, 1124; OLG Koblenz 2. 8. 2007 – 7 UF 220/05, juris Rn 16 ff, FamRZ 2008, 714; OLG Brandenburg FamRZ 2003, 1405; OLG Hamm FamRZ 2003, 951; OLG Naumburg 23. 7. 2001 – 14 UF 36/01, juris Rn 54 ff, JAmt 2002, 32; MünchKommBGB/Hennemann § 1684 Rn 91; BeckOK-BGB/Veit [1. 1. 2023] § 1684 Rn 213). Dies kann es erfordern, dass der persönliche Umgang zunächst für eine Weile ausgeschlossen wird, um eine Kontaktaufnahme auf brieflichem, telefonischem oder anderem Weg einzuleiten, ehe ein persönlicher Kontakt aufgenommen wird (OLG Bamberg FamRZ 1989, 890).

Insbesondere bedarf es *aktiver Förderungsmaßnahmen* durch das Familiengericht im Sinne einer behutsamen Umgangsbelebung auch dann, wenn der Umgang **aufgrund des Partnerkonflikts der Eltern** für längere Zeit faktisch unterblieben ist und vom betreuenden Elternteil weiter abgelehnt wird. In solchen Fällen kann von Desinteresse meist keine Rede sein, sodass sowohl das Kind als auch der umgangswillige Elternteil auf die Förderung ihres beiderseitigen Umgangsrechts angewiesen sind; das Gericht muss zwar auch in diesem Fall ggf den Umgang behutsam wiederbeleben; die Zielrichtung ist hier jedoch eindeutig gegen die Umgangsvereitelung und den Umgangsausschluss und auf eine Förderung des Umgangs zu richten (OLG Braunschweig FamRZ 1999, 185). Diese Situation kann nach Scheidung oder Trennung der Eltern bestehen, nachdem das Kind zunächst mit beiden Eltern zusammengelebt hatte. Nach der Anerkennung des Umgangsrechts zwischen dem Kind und dem nicht mit der Mutter verheirateten Vater kommen hierfür jedoch auch Konstellationen in Betracht, in denen der Vater nach längeren erfolglosen Versuchen erstmals mit gerichtlicher Hilfe versucht, Kontakt mit seinem Kind zu erhalten und dabei auch Belastungen überwunden werden müssen, die darauf gründen, dass das Kind von seiner *Abstammung* bislang keine Kenntnis hat (OLG Brandenburg 28. 9. 2006 – 9 UF 133/06, juris Rn 13 ff; vgl auch unten Rn 362 ff und den Fall von BGH 29. 4. 2020 – XII ZB 112/19, ZKJ 2020, 364 zum Sorgerecht; **aA** VerfGH Berlin 21. 3. 2005 – VerfGH 67/03, juris Rn 43 ff, FamRZ 2005, 2012: Kindeswohlgefährdung durch Kenntnis der Abstammung).

Anders verhält es sich, wenn der Elternteil auch noch im Zeitpunkt der familiengerichtlichen Entscheidung im Grunde **kein am Wohl des Kindes orientiertes Interesse** am Umgang zeigt, aber aus Rechthaberei oder sonst aus eigensinnigen Motiven weiter um das Umgangs*recht* streitet. Indizien hierfür können die fehlende Beteiligung im Verfahren, aber auch ein am Wohlergehen des Kindes desinteressiertes sonstiges Verhalten sein. In diesem Fall kann ein Ausschluss des Umgangs geboten sein (OLG Düsseldorf FamRZ 1994, 1276, 1277; OLG Hamm FamRZ 1997, 693). Auch kann natürlich bei einer Entfremdung der **Wille des Kindes**, sofern er zu beachten ist, einen Ausschluss des Umgangs rechtfertigen (dazu oben Rn 302 ff).

gg) Fehlgeschlagener begleiteter Umgang

340 Auch soweit vom Familiengericht zunächst **begleiteter Umgang** (dazu unten Rn 350 ff) als milderes Mittel zu einem Umgangsausschluss angeordnet wurde oder anzuordnen gewesen wäre, dieser aber **fehlgeschlagen** ist, kommt ein Ausschluss des Umgangsrechts in Betracht. Hier ist der begleitete Umgang dann *kein geeignetes Mittel mehr*, eine fortbestehende Kindeswohlgefährdung als milderes Mittel gegenüber dem Ausschluss des Umgangsrechts abzuwenden.

Hierher gehören zunächst diejenigen Fälle, in denen zwar die Voraussetzungen für die Anordnung begleiteten Umgangs nach Maßgabe von § 1684 Abs 4 S 3 BGB vorliegen, jedoch wegen der **Weigerung des Jugendamts**, einen solchen nach § 18 Abs 3 S 3 SGB VIII zu bewilligen, und der **Mittellosigkeit des Umgangsberechtigten** kein bereiter und geeigneter Umgangsbegleiter gefunden wird (vgl BVerfG 29. 7. 2015 – 1 BvR 1468/15, ZKJ 2015, 463; wohl auch im Fall BVerfG 8. 6. 2017 – 1 BvR 1054/17, juris Rn 1: kein mitwirkungsbereiter Dritter im einstweiligen Anordnungsverfahren vorhanden; OLG Frankfurt 22. 8. 2023 – 6 UF 119/23, juris; OLG Frankfurt 24. 3. 2015 – 5 UF 270/14, ZKJ 2015, 240; OLG Schleswig 23. 3. 2015 – 10 UF 6/15, FamRZ 2015, 1040; OLG Frankfurt 19. 3. 2013 – 4 UF 261/12, juris Rn 16, FamRZ 2013, 1994 zu § 1685 BGB; Dürbeck ZKJ 2015, 457; vgl dazu unten Rn 359). Soweit die Anordnung unbegleiteter Umgangskontakte – wie regelmäßig der Fall – zu einer Kindeswohlgefährdung führen würde, kann als Konsequenz der fehlenden Anordnungskompetenz des Familiengerichts gegenüber dem Jugendamt (dazu unten Rn 359) nur der befristete Umgangsausschluss nach § 1684 Abs 4 S 2 BGB verbleiben (OLG Koblenz 11. 6. 2019 – 13 UF 86/19, FuR 2020, 367; OLG Frankfurt 24. 3. 2015 – 5 UF 270/14, juris Rn 9, ZKJ 2015, 240; OLG Frankfurt 19. 3. 2013 – 4 UF 261/12, juris Rn 16, FamRZ 2013, 1994 zu § 1685; AG Bremen 21. 5. 2015 – 68 F 1086/15, BeckRS 2015, 18187; Dürbeck ZKJ 2015, 457, 459; Keuter JAmt 2011, 373, 375 f; vgl auch BVerfG 8. 6. 2017 – 1 BvR 1054/17, juris Rn 1). Eine Aussetzung des Umgangsverfahrens nach § 21 FamFG, um dem Umgangselternteil die Möglichkeit zu eröffnen, auf dem Verwaltungsgerichtswege seinen Anspruch gegenüber dem Träger der Jugendhilfe auf Bewilligung begleiteter Umgangskontakte durchzusetzen (so OLG Schleswig 23. 3. 2015 – 10 UF 6/15, juris Rn 34, FamRZ 2015, 1040; Prinz NZFam 2022, 477, 483; Schäder JAmt 2021, 2, 7; vgl dazu auch BVerfG 29. 7. 2015 – 1 BvR 1468/15, juris Rn 6, ZKJ 2015, 463 und BGH 9. 6. 2021 – XII ZB 513/20, NJW-RR 2021, 1297 Rn 18, die beide eine Aussetzung des Verfahrens für denkbar halten), dürfte mit dem in Kindschaftssachen geltenden Beschleunigungsgrundsatz (§ 155 FamFG) nicht in Einklang zu bringen sein (Dürbeck ZKJ 2015, 457, 459; Keuter JAmt 2011, 373, 375; BeckOGK/Altrogge [15. 11. 2021] § 1684 Rn 499). Auch sind die Voraussetzungen von § 1684 Abs 3 S 3 BGB und § 18 Abs 3 S 3 SGB VIII nicht identisch, weil zB letztere Vorschrift voraussetzt, dass auch der betreuende Elternteil als (Mit-)Inhaber des Umgangsbestimmungsrechts einen Antrag bei dem zuständigen Jugendamt stellt bzw dort sein Einverständnis erklärt (DIJuF-Rechtsgutachten JAmt 2017, 230, 231; Wiesner/Wapler/Dürbeck § 18 SGB VIII Rn 33 f; Dürbeck ZKJ 2015, 457, 459; MünchKommBGB/Hennemann § 1684 Rn 70). Soweit in der Literatur (BeckOGK/Altrogge [15. 11. 2021] § 1684 Rn 499) vertreten wird, das Familiengericht müsse bei Verweigerung des Jugendamts gleichwohl eine konkrete Umgangsregelung treffen und das Jugendamt gegen seinen Willen zum Umgangsbegleiter bestimmen, um dem Jugendamt die familienrechtliche Bewertung vor Augen zu halten und den Beteiligten die Möglichkeit zu eröffnen, über den Verwaltungsgerichtsweg ihren Anspruch nach § 18 Abs 3 S 4 SGB VIII gegenüber dem Jugendamt einzuklagen, ist dies mit § 1684 Abs 4 S 3 BGB, der ausnahmslos die **Mitwirkungsbereitschaft des Umgangsbegleiters** fordert, nicht in Einklang zu bringen und käme letztlich einer vom Gesetzgeber (bislang) nicht gewollten Anordnungskompetenz des Familiengerichts gegenüber dem Jugendamt gleich (ebenso Prinz NZFam 2022, 477, 483).

Ein weiterer Fall notwendigen Umgangsausschlusses infolge fehlgeschlagenen begleiteten Umgangs liegt dann vor, wenn dieser infolge des **Fehlverhaltens des Umgangselternteils** eingestellt werden muss (OLG Bremen 21. 11. 2017 – 5 UF 81/16, juris Rn 22: mehrfacher Abbruch begleiteter Umgänge mangels Problemeinsicht; OLG Saarbrücken 17. 11. 2016 – **340a**

6 UF 90/16, juris Rn 23 ff, ZKJ 2017, 152: massive Beleidigungen und Bedrohungen des Umgangselternteils; ähnlich OLG Koblenz 30. 9. 2016 – 11 UF 418/16, FamRZ 2017, 301 m Anm Dürbeck, wo allerdings nicht zwingend weiterer begleiteter Umgang angeordnet wurde). Zu nennen sind auch Fälle, in denen *weibliche Umgangsbegleiter* von Vätern mit *Migrationshintergrund* abgelehnt werden (vgl Prinz/Klinkhammer, in: Klinkhammer/Prinz, Handbuch begleiteter Umgang [3. Aufl 2017] 165, 187 f) oder aber die vorgegebenen *Regeln oder Empfehlungen* professioneller Umgangsbegleiter in kindeswohlabträglicher Art und Weise missachtet werden (OLG Köln 21. 12. 2011 – 4 UF 206/11, juris Rn 14 ff: unangemessene Geschenke, eigenmächtiges Verlassen des Raumes mit dem Kind, massives Bedrängen des Kindes, Missachtung von Regeln; Schlund ZKJ 2015, 55, 59). Hierher gehören schließlich auch Fälle, in denen der Umgangsberechtigte die begleiteten Umgangstermine nur unzuverlässig wahrnimmt oder nicht an notwendigen Vor- und Nachgesprächen teilnimmt und in denen Kinder von sich aus den begleiteten Umgangskontakt abbrechen (vgl Schlund ZKJ 2015, 55, 59: nachhaltige Weigerung des Kindes führt zur Unterbrechung des begleiteten Umgangs; ebenso bei OLG Frankfurt 23. 7. 2020 – 5 UF 15/20, FamRZ 2020, 2010). Ist dies der Fall, verbleibt im Regelfall nur, in einem einzuleitenden Abänderungsverfahren nach §§ 166 FamFG, 1696 Abs 2 BGB zu überprüfen, ob der entgegenstehende Wille des Kindes einen fortdauernden Umgangsausschluss rechtfertigt (bejaht bei OLG Frankfurt 23. 7. 2020 – 5 UF 15/20, FamRZ 2020, 2010). Oftmals wünschen in der Praxis umgangsberechtigte Elternteile aber wegen der Enttäuschung über den Abbruch des begleiteten Umgangs durch das Kind weder eine Fortsetzung desselben noch die Einleitung eines Abänderungsverfahrens.

340b Fraglich ist schließlich, ob der Umgang auch dann auszuschließen ist, wenn der **Umgangsberechtigte sich weigert**, begleiteten Umgang in Anspruch zu nehmen und auch entsprechende Anträge auf jugendhilferechtliche Bewilligung beim Jugendamt nicht stellt. In solchen Fällen ist das Verfahren jedenfalls nicht durch eine unbestimmte und nicht vollstreckungsfähige Regelung begleiteten Umgangs zu beenden (so aber zu Unrecht KG 9. 5. 2016 – 13 UF 40/16, juris Rn 22, FamRZ 2016, 1780 m Anm Dürbeck; OLG Brandenburg 2. 4. 2015 – 15 UF 168/11, FamRZ 2015, 1818: unzulässige Bedingung, dass Vater Umgangsbegleitung beim Jugendamt beantragt), sondern dieses ist – wenn nicht das Kind selbst ein Umgangsrecht beansprucht – *mit der Feststellung zu beenden, dass eine Regelung des Umgangs nicht veranlasst ist* (OLG Brandenburg 21. 1. 2022 – 10 UF 78/21, juris – bestätigt durch VerfG Brandenburg 17. 9. 2022 – 9/22, juris; OLG Brandenburg 26. 10. 2021 – 10 UF 40/21, FamRZ 2022, 358; OLG Karlsruhe FamRZ 2006, 1867, 1868; Dürbeck FamRZ 2016, 1784, Anm zu KG FamRZ 2016, 1780; vgl dazu oben Rn 187). In dieser Situation bleibt der Umgangselternteil auch nicht im Unklaren über das Maß des zulässigen Umgangs, zumal es ihm jederzeit freisteht, eine neue Umgangsregelung nach § 1684 Abs 3 BGB zu beanspruchen. Für einen Umgangsausschluss besteht in dieser Konstellation im Hinblick auf den Verhältnismäßigkeitsgrundsatz daher keine Veranlassung (vgl oben Rn 187).

hh) Vaterschaftsanfechtung

α) Anfechtung durch den umgangsberechtigten Vater

341 In Frage gestellt wird nicht selten das Umgangsrecht, wenn die **Abstammung** des Kindes von dem Umgangselternteil **angefochten** oder angezweifelt wird.

Insbesondere dann, wenn der **Vater die Abstammung anficht** und während des laufenden Statusverfahrens den Umgang zu dem Kind begehrt, liegt auf den ersten Blick das Gegenargument nahe, der Vater habe sich von dem Kind endgültig losgesagt, sodass ein Ausschluss des Umgangsrechts zur Vermeidung einer das Kindeswohl gefährdenden Widersprüchlichkeit geboten sei. Dem hat zu Recht der BGH (BGH 23. 3. 1988 – IVb ZB 100/87, juris Rn 9, NJW 1988, 1666) entgegengesetzt, dass eine Ausnahme von der Sperrwirkung (§ 1593 aF, nun § 1599 Abs 1 BGB) vom Kindeswohl nicht gefordert sei. Der Vater, der die Klärung der Abstammung betreibt, handelt auch im Interesse des Kindes an der Klärung von dessen Status; er verhält sich nicht widersprüchlich, wenn er die emotionale Bindung zu dem Kind dennoch aufrechterhalten will – und womöglich hofft, sein Verdacht hinsichtlich der Abstammung möge sich nicht bewahrheiten (BGH 23. 3. 1988 – IVb ZB 100/87, juris Rn 9, NJW 1988, 1666; OLG Düsseldorf NJW 1988, 831; **aA** OLG Nürnberg NJW 1988, 831). Eine Aussetzung des Umgangs für die Dauer des Statusverfahrens wäre wegen der Gefahr einer Entfremdung nicht kindeswohldienlich und berücksichtigt zudem nicht, dass dem Umgangselternteil auch nach Rechtskraft der Feststellung der Nichtvaterschaft ein Umgangsrecht nach § 1685 Abs 2 BGB zustünde; zudem wäre die Wiederherstellung des Umgangs nach Abweisung der Vaterschaftsanfechtung nicht gewährleistet. Selbst wenn sich die Nichtabstammung des Kindes von dem Mann erweist, kann eine gewachsene soziale Vater-Kind-Beziehung als Sozialbeziehung erhalten bleiben, sodass dem Kind durch die Fortsetzung des Umgangs in der Krise der Beziehung der „Eltern" jedenfalls ein Vorteil entsteht.

Letzteres gilt insbesondere auch, wenn das Kind durch heterologe Insemination gezeugt wurde (OLG Nürnberg NJW 1988, 831) und erst recht, wenn nur Zweifel an der Abstammung erhoben werden, ohne dass es schon zu einem Statusverfahren gekommen ist (AG Kerpen FamRZ 1994, 1486; zum Ganzen Staudinger/Rauscher [2011] § 1599 Rn 64).

β) Anfechtung wegen eindeutig unmöglicher Vaterschaft

Anders verhält es sich, wenn der Mann zwar de iure Vater des Kindes ist, es aber 342
nach Sachlage biologisch nicht sein kann, weil sich die Ehegatten bereits längere Zeit vor der Geburt des Kindes getrennt haben und auch kein Umgang mit dem Kind stattgefunden hat. In diesem Fall fehlt die den Umgang bei Zweifeln an der biologischen/leiblichen Vaterschaft rechtfertigende soziale Vater-Kind-Beziehung. Die einseitige emotionale Bindung des scheinbaren Vaters an das Kind genügt nicht; es ist daher das Umgangsrecht auszuschließen (OLG Frankfurt 8. 11. 1989 – 5 UF 212/89, juris Rn 2, FamRZ 1990, 655). Hingegen steht dem Umgangsrecht nicht entgegen, dass der Vater das Kind wegen der bereits vor der Geburt erfolgten Trennung nicht kennt, jedoch die Vaterschaft nicht angezweifelt wird (OLG Hamm FamRZ 1994, 58; **aA** VerfGH Berlin 21. 3. 2005 – VerfGH 67/03, juris Rn 43 ff, FamRZ 2005, 2012: Kindeswohlgefährdung durch Kenntnis der Abstammung).

γ) Anfechtung durch die Mutter

Schwierig zu beurteilen sind Fälle, in denen die **Mutter die Vaterschaft anzweifelt** oder 343
anficht und selbst einen neuen Partner als Vater bezeichnet. Dies kann einen Umgangsausschluss gegenüber dem Mann, dessen Vaterschaft bestritten wird, nur dann erforderlich machen, um das Kind vor Loyalitätskonflikten zu bewahren. Im Übrigen dürfte aber im Regelfall ein Ausschluss des Umgangsrechts schon deshalb nicht gerechtfertigt sein, weil dem bisherigen rechtlichen, soweit er eine sozial-familiäre Beziehung zu dem Kind hat, Vater auch nach erfolgreicher Vaterschaftsanfechtung ein Umgangsrecht nach § 1685 Abs 2 BGB zustünde. Allein das Interesse der Mutter an

einer störungsfreien Eingliederung des Kindes in eine neue Familie kann den Ausschluss des Umgangs des Kindes mit seinem vormaligen rechtlichen Vater nicht rechtfertigen (OLG Stuttgart 26. 7. 2000 – 17 UF 99/00, juris Rn 9, FamRZ 2001, 932). Zu bedenken ist aber auch, dass eine solche Behauptung geeignet wäre, gerade bei kleinen Kindern den Umgang für eine Weile zu unterbinden, sodass nach Abschluss des Statusverfahrens das Kind dem wirklichen Vater entfremdet wäre.

ii) Unterhaltsverzug

344 Ausbleibende oder unzureichende **Unterhaltsleistungen** rechtfertigen nicht den Ausschluss oder die Einschränkung des Umgangsrechts; das Umgangsrecht ist kein Druckmittel gegen säumige Unterhaltsschuldner (OLG Bremen 25. 2. 2011 – 4 UF 108/10, juris Rn 11, NJW-RR 2011, 1084; OLG Saarbrücken 29. 4. 2005 – 9 UF 15/05, juris Rn 41, JAmt 2006, 211; KG ZfJ 1978, 372; BayObLGZ 32, 364; BayObLGZ 1957, 134, 145; OLG Celle ZfJ 1954, 86; OLG Hamm FamRZ 1966, 269; Grüneberg/Götz § 1684 Rn 31; Splitt FF 2016, 143, 147). Nur in Ausnahmefällen lassen sich mit hinreichender Sicherheit aus der Nichtzahlung von Unterhalt Schlüsse auf eine fehlende elterliche Zuneigung und Desinteresse am Wohlergehen des Kindes ziehen, die dann einen Ausschluss des Umgangsrechts mangels echter persönlicher Beziehung rechtfertigen können (KG ZfJ 1978, 372: eigene emotionale Betroffenheit des Kindes, das das Ausbleiben des Unterhalts als Lieblosigkeit empfand; ähnlich AG Ingolstadt DAVorm 1967, 24; Steffen ZfJ 1979, 129, 133; Martiny, in: FS Ferid [1988] 309, 325, 326). Dies sollte jedoch nicht zur Ersatzbegründung werden, um schließlich doch die Umgangsverweigerung als Druckmittel zu legitimieren; oft ist Unterhaltsverweigerung gerade ein Ausdruck der Enttäuschung über eine Umgangsbehinderung und könnte am besten durch eine angemessene Unterstützung des Umgangs des Unterhaltspflichtigen beseitigt werden.

c) Gründe aus dem Verhältnis zwischen den Eltern

aa) Alte Tendenz: Ausschluss zur „Beruhigung"

345 In der Haltung der Rechtsprechung gegenüber dem Umgangsrecht angesichts **fortdauernder Spannungen** zwischen den Eltern ist eine deutliche Änderung festzustellen.

Zunächst überwog die **Tendenz**, das **Umgangsrecht zumindest zeitweise auszuschließen**, mit der Begründung, anhaltende Spannungen zwischen den Eltern wirkten sich nachteilig auf das Kind aus (LG Berlin FamRZ 1973, 99; LG Ravensburg DAVorm 1976, 417; LG Paderborn DAVorm 1984, 1030). Teilweise wurde angenommen, auf die Verursachung durch den einen oder den anderen Elternteil komme es nicht an (OLG Stuttgart NJW 1978, 1593), teilweise wurden „verständliche" Gründe auf Seiten des Sorgeberechtigten gefordert (OLG Stuttgart NJW 1978, 1593, wobei die Sorge der Mutter, das Kind könne zum Vater „überwechseln", verständlich sein mag, aber nicht hinnehmbar ist, weil subjektives Liebesbedürfnis des Elternteils nicht Besitzstandswahrung am Kind rechtfertigt). Diese häufig auf die Ansicht von Lempp (NJW 1972, 315, 317; ders, Die Ehescheidung und das Kind [1989] 34, 39), eine Einräumung des Umgangsrechts sei ohne erheblichen Schaden für das Kind überhaupt nicht möglich, solange noch Spannungen zwischen den Eltern bestünden, gestützte Auffassung wird heute kaum noch vertreten.

bb) Kein Ausschluss wegen Verweigerung durch den betreuenden Elternteil

346 Die heute ganz überwiegende Ansicht vertritt mit Rücksicht auf die **Gefahr der Entfremdung** und die Gefahr eines ansonsten gänzlich zur **Disposition** des betreuenden Elternteils gestellten Umgangs zu Recht den gegenteiligen Ansatz. Die ablehnende

Haltung des betreuenden Elternteils rechtfertigt schon deshalb keinen Umgangsausschluss, weil das Umgangsrecht gleichberechtigt neben dem Sorgerecht unter dem **Schutz des Art 6 Abs 2 GG** steht (BVerfG FamRZ 2004, 1166, 1167). Fortbestehende Spannungen oder sogar Verfeindung der Eltern sind als solche kein Grund, das Umgangsrecht einzuschränken oder auszuschließen (BGH 12. 7. 1984 – IVb ZB 95/83, juris Rn 12, FamRZ 1984, 1084; KG FamRZ 1985, 639; KG FamRZ 2001, 1163; OLG Karlsruhe FamRZ 1990, 901; OLG Hamm FamRZ 1994, 58: selbst, wenn sich die Eltern schon vor Geburt des Kindes getrennt haben und ein Umgang erst herzustellen ist; OLG Hamm FamRZ 1999, 326; OLG Thüringen FamRZ 2000, 47; Johannsen/Henrich/Althammer/Rake § 1684 Rn 61; Lentz/Hellmann FuR 2019, 264; Vogel FF 2017, 434, 437; Steffen ZfJ 1979, 129, 138). Der gut gemeinte Versuch der Gegenansicht, dem Kind die Hilflosigkeit im Konflikt der Erwachsenen zu ersparen, bis es ein selbstbewussteres Alter erreicht (vgl insbesondere Staudinger/Peschel-Gutzeit[12] § 1634 Rn 299), übersieht, dass damit dem Kindeswohl auf lange Sicht durch Entfremdung geschadet werden könnte (zu den Folgen eines Umgangsausschlusses Karle/Klosinski ZfJ 2000, 343: 90 % dauernder Kontaktverlust durch Umgangsausschluss; **aA** aber Wallerstein/Lewis FamRZ 2001, 67: kein Überdauern der Ablehnungshaltung des Kindes über die Adoleszenz hinaus). Die Forderung, dass es Aufgabe der Eltern ist, die Konflikte – durch Inanspruchnahme von Beratungsmöglichkeiten – so weit auszuräumen, dass ein gedeihlicher Umgang möglich ist, verbindet aber beide Ansichten.

cc) Umgangsausschluss nur bei konkreter Kindeswohlgefährdung

Auch bei Streit der Eltern und **Hochkonflikthaftigkeit** darf also das Umgangsrecht nur dann ausgeschlossen werden, wenn eine **konkrete Kindeswohlgefährdung** vorliegt, der nicht durch bloße Einschränkungen begegnet werden kann (OLG Saarbrücken FamRZ 2007, 495; AG Magdeburg FamRZ 2005, 1770: „jahrelang gelebte tiefe Hassgefühle"; aus psychologischer Sicht zu Fällen von Hochkonflikt und Kindeswohlgefährdung Huber NZFam 2022, 583). Diese kann sich allein aus der Person des **Kindes** ergeben. Wenn das Kind **traumatisch** oder sonst mit psychischem Krankheitswert auf die ständigen Konflikte reagiert (OLG Brandenburg 15. 7. 2015 – 10 UF 191/13, juris Rn 50: Destabilisierung eines gesundheitlich beeinträchtigten Kindes; KG 20. 6. 2014 – 3 UF 159/12, juris Rn 40, ZKJ 2015, 235; OLG Hamm FamRZ 1995, 314; OLG Rostock FamRZ 2004, 968: Angstsymptomatik; OLG Saarbrücken FamRZ 2007, 495) oder in schwere **Loyalitätskonflikte** (BVerfG 29. 11. 2012 – 1 BvR 335/12, juris Rn 31, ZKJ 2013, 120; OLG Nürnberg 20. 4. 2016 – 7 UF 270/16, juris Rn 192, NZFam 2016, 1206; OLG Brandenburg 6. 10. 2015 – 10 UF 57/13, juris Rn 24, FuR 2016, 303; OLG Celle 21. 2. 2013 – 12 UF 55/11, juris Rn 23, ZKJ 2013, 250; OLG Brandenburg 15. 3. 2012 – 9 UF 235/11, juris Rn 20, ZKJ 2012, 356; OLG Nürnberg 9. 8. 2007 – 11 UF 305/07, juris Rn 17, FamRZ 2008, 715) gerät, auch wenn ein weniger empfindliches Kind gelassener reagieren würde, muss das Umgangsrecht ggf ausgeschlossen werden, ohne dass es auf die Ursächlichkeit des Phänomens ankommt. Bloße Abneigung des Kindes gegen den Umgangselternteil genügt zwar grundsätzlich nicht (OLG Celle FamRZ 2007, 662; **aA** OLG Hamm FamRZ 2000, 45; fraglich auch OLG Hamm FamRZ 2002, 1583), hier ist aber gleichwohl zu prüfen, inwieweit die Nichtbeachtung des Willens des Kindes zu einer Kindeswohlgefährdung führen würde (vgl dazu oben Rn 302 ff). Es ist im Übrigen heute anerkannt, dass eine durch **hochkonflikthafte Elternauseinandersetzungen** entstandene **Ablehnungshaltung des Kindes** iS einer **psychischen Konfliktlösungsstrategie** den Ausschluss des Umgangsrechts rechtfertigt, wenn zu besorgen ist, dass ein gegen den **Willen** des Kindes angeordneter Umgang die Gefahr von Belastungsstörungen beim Kind begründet (EGMR 28. 4. 2016 – 20106/13, juris Rn 46, 50, FamRZ 2017, 891 [*Buchleither/Deutschland*]; BVerfG 17. 9. 2016 – 1 BvR 1547/16, juris Rn 24 ff, ZKJ 2016, 457; OLG Zweibrücken 19. 10. 2012 – 6 UF 83/11, juris Rn 32, Streit 2013, 347

78; Vogel FF 2017, 434, 437). Zum Ausschluss des Umgangs wegen eines entgegenstehenden und zu beachtenden Kindeswillens vgl im Übrigen ausführlich oben Rn 302 ff.

d) Umstände von Seiten des Kindes

aa) Säuglinge und Kleinkinder

348 Ein sehr **junges Alter** des Kindes begründet keine Einschränkung des Umgangs; auch der Umgang mit Säuglingen und Kleinkindern dient nach dem Zweck des Umgangsrechts dem Kindeswohl, da insbesondere eine Entfremdung zwischen Kind und Elternteil zu vermeiden ist (BVerfG 23. 10. 2006 – 2 BvR 1797/06, juris Rn 22 ff, FamRZ 2006, 1822: Besuchsrecht bei Säuglingen in der JVA; OLG Bamberg FamRZ 1984, 507; OLG Hamm JMBl NRW 1959, 68; OLG Karlsruhe FamRZ 1999, 184; OLG Stuttgart NJW 1981, 404; OLG Zweibrücken DAVorm 1986, 355; AG Kerpen FamRZ 2000, 50, 51). Den besonderen Bedürfnissen des kleinen Kindes ist durch eine entsprechende *Ausgestaltung* des Umgangs Rechnung zu tragen (oben Rn 224, 227, 231). Auch kommt bei Kleinkindern und Säuglingen grundsätzlich ein begleiteter Umgang in Betracht (vgl OLG Brandenburg 13. 1. 2021 – 13 UF 95/20, juris Rn 16; Fricke ZfJ 2005, 389 und unten Rn 350 ff).

Zur Differenzierung hinsichtlich der Beachtlichkeit des *Kindeswillens* nach dem Alter des Kindes oben Rn 302 ff.

bb) Krankheiten, Störungen

349 **Psychische und physische Störungen** des Kindes (vgl zu letzteren Salzgeber, Familienpsychologische Gutachten [7. Aufl 2020] Rn 1123a ff), mit denen das Kind auf den Umgang reagiert, können Beschränkungen oder einen Ausschluss des Umgangs erforderlich machen (OLG Brandenburg 15. 7. 2015 – 10 UF 191/13, juris 50: Ausschluss wegen Gefahr der Destabilisierung eines gesundheitlich belasteten Kindes, ebenso OLG Karlsruhe 20. 1. 2022 – 2 UF 77/21, NZFam 2022, 609 bei einem Pflegekind; OLG Hamm 4. 6. 2012 – 8 UF 70/12, juris Rn 14 ff: trotz Gefahr einer Persönlichkeitsstörung Umgang mit fremduntergebrachten Kind; OLG Hamburg 29. 9. 2010 – 12 UF 163/08, juris Rn 23 ff, FamRZ 2011, 822: Ausschluss wegen emotionaler Entwicklungsstörung und Gefahr einer psychosenahen Persönlichkeitsstörung).

Ob dabei zu differenzieren ist zwischen Störungen, die im **Zusammenhang mit dem Umgang**, insbesondere früheren Vorfällen mit dem Umgangselternteil, stehen (OLG Hamburg FamRZ 2011, 822) und solchen, die zwar auf der Trennung der Eltern und deren Konflikt beruhen, jedoch nicht durch den Umgang entstanden sind, erscheint zweifelhaft. § 1684 Abs 4 S 2 BGB erfordert auch bei denjenigen Kindern, die nicht durch bereits stattgefundenen Umgang vorgeschädigt sind, eine *Prognose,* ob durch die Anordnung zukünftiger Umgangskontakte die Gefahr einer körperlichen, psychischen oder seelischen Schädigung besteht. Gerade bei **hochkonflikthaften Elternauseinandersetzungen** und damit einhergehenden **Koalitionsdruck**, entwickeln Kinder nicht selten Ablehnungshaltungen gegenüber dem Umgang mit dem nichtbetreuenden Elternteil, der iS einer kindlichen psychischen Konfliktlösungsstrategie zu sehen ist (vgl oben Rn 304 ff). Durch die Nichtbeachtung des kindlichen Willens besteht hier durchaus die Gefahr einer Belastungsstörung oder sonstiger psychischen Entwicklungsschäden, weshalb der Umgang ggf auszuschließen ist (EGMR 28. 4. 2016 – 20106/13, juris Rn 46, 50, FamRZ 2017, 891 [*Buchleither/Deutschland*]; BVerfG 25. 4. 2015 – 1 BvR 1547/16, juris Rn 24 ff, ZKJ 2016, 457; BVerfG 17. 9. 2015 – 25. 4. 2016 – 1 BvR 3326/14, juris Rn 21 ff, ZKJ 2015, 319; OLG Frankfurt 17. 9. 2014 – 4 UF 355/13, juris Rn 6 ff; OLG Zweibrücken 19. 10. 2012 –

6 UF 83/11, juris Rn 32, Streit 2013, 78; Splitt FF 2016, 146, 148; Finke NZFam 2015, 1114, 1117 f). Schließlich gehören in diese Fallgruppe auch jene Fälle, bei denen infolge vorangegangener Misshandlung oder Vernachlässigung des Kindes die Gefahr einer Retraumatisierung des Kindes besteht (vgl dazu oben Rn 331 ff). Zum Ausschluss des Umgangs wegen eines entgegenstehenden und zu beachtenden Kindeswillens vgl im Übrigen ausführlich oben Rn 302 ff.

Soweit eine Gesundheitsgefährdung durch die Wahrnehmung bzw Ausgestaltung des Umgangs entsteht (zB Mitnahme eines Kleinkindes auf dem Motorrad, Fahren unter Alkoholeinfluss, Rauchen in der Wohnung, Umgang mit gefährlichen Tieren, Missachtung der Verabreichung notwendiger Medikamente, gefährliche Freizeitunternehmungen und Reisen), ist dem zunächst durch konkrete Weisungen oder Auflagen nach § 1684 Abs 3 S 1 BGB zu begegnen, bevor eine Umgangsbeschränkung oder gar ein Ausschluss zu erwägen ist.

Dass mitunter der Gesundheitszustand des Kindes in übertriebener Weise Gegenstand von Umgangsverfahren ist, zeigt eine jüngere Entscheidung des OLG Braunschweig (OLG Braunschweig 20. 5. 2020 – 1 UF 51/20, FuR 2020, 475). Dort hatte sich das Familiengericht bei der Regelung des väterlichen Umgangsrechts mit seinem 6-jährigen Kind mit der Frage befassen müssen, ob eine Einschränkung oder der Ausschluss des Umgangs deshalb zu erwägen ist, weil der Umgangsberechtigte in seinem PKW über keinen geeigneten, vom TÜV anerkannten **Kindersitz** verfügt. Dass bei Fehlen einer geeigneten Vorrichtung ein Transport des Kindes wegen der im Raum stehenden Gefahren für dessen Leib und Leben nicht zu erfolgen hat und dies Einfluss auf die Ausgestaltung des Umgangs und die Modalitäten des Bringens und Abholen des Kindes haben kann, liegt zwar auf der Hand. In dem zur Entscheidung anstehenden Fall hatte der umgangsberechtigte Vater aber durch einen beim ADAC durchgeführten Test nachgewiesen, dass ein geeigneter Kindersitz in seinem Pkw ordnungsgemäß eingebaut worden war. Zutreffend hat der Senat auch darauf verwiesen, dass die krankhafte Neigung des Kindes zu **Fieberkrämpfen** ebenfalls eine Einschränkung des Umgangsrechts, etwa durch den Ausschluss von Übernachtungen, nicht rechtfertigt, da auch der umgangsberechtigte Elternteil hier entsprechende Heil- und Gegenmaßnahmen, wie etwa die Verabreichung eines Medikaments, treffen kann. Dem Kind während des Umgangs drohende **allgemeine Gefahren** (wie etwa das Stürzen aus einem offenen Fenster, das Sichverletzen mit einem Messer, das Fallen in einen Gartenteich, Gefahren im Straßenverkehr) können ebenfalls nicht berücksichtigt werden, soweit keine Anhaltspunkte für einen erhöhten Beaufsichtigungsbedarf des Kindes bestehen. **349a**

XI. Begleiteter Umgang (§ 1684 Abs 4 S 3, 4)

1. Institutionalisierung durch das KindRG, frühere Gesetzgebung und Rechtsprechung

a) Historische Entwicklung

§ 1634 aF sah einen **begleiteten Umgang** nicht ausdrücklich vor. Allerdings enthielt bereits das **Preußische Allgemeine Landrecht** (1794) im zweiten Teil (zweiter Titel) in § 102 eine Gesetzesnorm, wonach es im richterlichen Ermessen stand, eine Regelung zu treffen, wie oft und *unter welcher Aufsicht* Eltern, die von der Erziehung des Kin- **350** des ausgeschlossen waren, Besuche des Kindes zu gestatten sind (vgl Staudinger/Schwoerer [1966] § 1634 Rn 1; ausführlich zur historischen Entwicklung des begleiteten Umgangs Leyhausen, Der beschützte Umgang nach § 1684 [2000] 100 ff). Demgemäß umfasste auch unter Geltung des zum 1. 1. 1900 in Kraft getretenen § 1636 aF die Zuständigkeit des Vormundschaftsgerichts die Möglichkeit zum Erlass einer Anordnung, den persönlichen Verkehr mit dem Kind nur unter **Aufsicht eines Dritten** zu gestatten, wobei hier auch ein besonderer *Pfleger* bestellt werden konnte (vgl Staudinger/Engelmann [1926] § 1636, S 1033 f). § 43 Abs 1 S 4 RJWG v 9. 7. 1922 (RGBl 1922 I 633) bestimmte schließlich, dass das Vormundschaftsgericht das *Jugendamt* mit der Ausführung seiner Anordnungen aus § 1636 S 2 aF *mit dessen Einverständnis* beauftragen konnte, was auch die Beaufsichtigung des Verkehrs umfasste (Leyhausen, Der beschützte Umgang nach § 1684 BGB [2000] 101). Der völlige Ausschluss des Verkehrsrechts galt bis zu Beginn der 1920er Jahre noch als unzulässig (Staudinger/Schwoerer [1966] § 1634 Rn 82) und wurde erst durch das EheG 1938 in § 82 Abs 2 S 2 EheG aF gesetzlich geregelt. Nach § 48 Abs 2 S 2 Alt 1 JWG aF v 11. 8. 1961 (BGBl 1961 I 1205) konnte das Vormundschaftsgericht das Jugendamt auch ohne sein Einverständnis mit der Ausführung seiner Anordnungen zum Verkehrsrecht nach § 1634 Abs 2 aF betrauen. Auch nach der gesetzlichen Anerkennung des Verkehrsrechts des nichtehelichen Vaters in § 1711 aF blieb die Einschaltung des Jugendamts zur Beaufsichtigung des Verkehrs nach der Nachfolgebestimmung von § 48c JWG v 6. 8. 1970 (BGBl 1970 I 1197) dort noch eher ohne große Bedeutung (Leyhausen, Der beschützte Umgang nach § 1684 BGB [2000] 103 f), wobei in der Folge durch § 50 Abs 1 KJHG v 1. 1. 1991 (BGBl 1990 I 1163) die **Anordnungskompetenz** des Familiengerichts gegenüber dem Jugendamt wieder aufgegeben wurde.

Betrachtet man die Entwicklung der Rechtsprechung, so wurde dort zunehmend die Anordnung der Anwesenheit eines **„Überwachungspflegers"** als eine mögliche Einschränkung des Umgangsrechts für möglich gehalten, um die ansonsten drohende Notwendigkeit eines Ausschlusses des Umgangsrechts zu vermeiden (BayObLGZ 1967, 412; OLG Celle ZfJ 1956, 137; OLG Hamm ZfJ 1967, 314, 315; OLG Hamm FamRZ 1959, 169 MünchKommBGB/Hennemann § 1684 Rn 68; Soergel/Strätz [12. Aufl 1987] § 1634 Rn 27). Wegen des einschränkenden Charakters setzte diese Maßnahme voraus, dass eine solche Überwachung iSd § 1634 Abs 2 S 2 aF *zum Wohl des Kindes erforderlich* war (OLG Hamm NJW 1967, 446). In der jüngeren Rechtsprechung wurde hierfür zunehmend die aus der Psychologie übernommenen Begriffe des **„beschützten", „behüteten", „betreuten" oder „begleiteten" Umgangs** eingeführt (OLG Celle FamRZ 1996, 364; OLG Frankfurt FamRZ 1995, 1432; OLG Hamburg FamRZ 1996, 422; OLG Hamm NJW 1989, 2336; OLG Hamm FamRZ 1993, 1233; OLG Hamm FamRZ 1996, 424; OLG Hamm FamRZ 1997, 307; OLG München FamRZ 1998, 976; OLG Stuttgart FamRZ 1994, 718; OLG Bamberg 1985, 1075; Willutzki KindPrax 2003, 49; Leyhausen, Der beschützte Umgang nach § 1684 BGB [2000] 107 ff).

b) Regelung durch das KindRG

351 Erst im Jahr 1998 erfolgte durch das KindRG (BGBl 1997 I 2942) in § 1684 Abs 4 S 2 und 3 aF (heute Abs 4 S 3 und 4) ausdrücklich eine Regelung des begleiteten Umgangs im materiellen Kindschaftsrecht.

Hierdurch wollte der Gesetzgeber insbesondere verdeutlichen, dass ein völliger Ausschluss des Umgangs wegen des **Grundsatzes der Verhältnismäßigkeit** (Erforderlichkeit) nur in Betracht kommt, wenn ein begleiteter Umgang nicht ausreicht, das Wohl des Kindes zu gewährleisten (BT-Drucks 13/4899, 106; BVerfG 23. 1. 2008 – 1 BvR 2911/07, juris Rn 27, FuR 2008, 338). Der Gesetzgeber wählte hier noch den Begriff des *„beschützten"* Umgangs, welcher sich jedoch in der Praxis und im Schrifttum nicht durchgesetzt hat und heute durch den Begriff der **Umgangsbegleitung** ersetzt worden ist (zu den unterschiedlichen Begriffen und Funktionen der Umgangsbegleitung vgl LEYHAUSEN, Der beschützte Umgang nach § 1684 BGB [2000] 98 ff; FTHENAKIS/GRIEBEL, Begleiteter Umgang von Kindern [2008] IX, XIII ff). Während unter § 1634 aF der begleitete Umgang als ein seltenes Regelungsinstrument verstanden wurde, ist er, wie erwartet, in vielen Fällen an die Stelle eines Umgangsausschlusses getreten und hat heute eine herausragende Bedeutung in der Praxis (vgl die Entscheidungen im Folgenden; aus dem Schrifttum DÜRBECK, Handbuch Begleiteter Umgang [4. Aufl 2023]; KLINKHAMMER/PRINZ, Handbuch begleiteter Umgang [3. Aufl 2017]; FTHENAKIS, Begleiteter Umgang [2008]; PRINZ NZFam 2022, 477; SCHÄDER JAmt 2021, 2; LUTHIN FamRB 2016, 69; DÜRBECK ZKJ 2015, 457; ZKJ 2019, 141; SCHLUND ZKJ 2015, 55, 108; DIJuF – Rechtsgutachten JAmt 2014, 316; CATO FamRB 2014, 389; BLUM-MAURICE/URSO, in: MENNE/SCHEURER-ENGLISCH/HUNDSALZ, Jahrbuch der Erziehungsberatung Bd 9 [2012] 264; VERGHO FPR 2007, 296; WILLUTZKI KindPrax 2003, 49, 50; vgl schon FamRefK/ROGNER § 1684 Rn 23).

Am Nebeneinander von familienrechtlicher Regelung in § 1684 Abs 4 S 3 BGB und der – im Regelfall – **jugendhilferechtlichen Umsetzung** des begleiteten Umgangs nach Maßgabe von § 18 Abs 3 S 3 SGB VIII (dazu PRINZ NZFam 2022, 477; DÜRBECK ZKJ 2015, 457; HEILMANN/KÖHLER § 18 SGB VIII Rn 3; MEYSEN NZFam 2016, 580; SCHMID NZFam 2016, 604; HOLLDORF/vPIRANI ZKJ 2012, 384) hat der Gesetzgeber festgehalten, was in der Praxis zu *beträchtlichen Verzögerungen* und in Zeiten von fiskalischen Zwängen seitens der Jugendämter immer häufiger zu dem Problem führt, wie das Familiengericht zu verfahren hat, wenn das *Jugendamt begleiteten Umgang nicht bewilligt* und auch der Umgangsberechtigte finanziell außerstande ist, professionelle Umgangsbegleitung zu finanzieren (vgl dazu bereits oben Rn 340).

Hinsichtlich der Ausgestaltung **professioneller Umgangsbegleitung** wurden im Auftrag des BMFSFJ Ende der 1990er Jahre *„Deutsche Standards zum begleiteten Umgang"* entwickelt, welche als Richtschnur für seine Umsetzung in der Praxis gelten (vgl BMFSFJ, Deutsche Standards zum begleiteten Umgang [2008] 1 ff; FTHENAKIS/GÖDDE, in: FTHENAKIS, Begleiteter Umgang von Kindern [2008] 188 ff), heute aber durch die rechtliche und gesellschaftliche Entwicklung zum Teil überholt sind.

Begleiteter Umgang bedarf nicht der **Zustimmung** der Eltern, sondern wird, wie auch andere Maßnahmen nach § 1684 Abs 4 S 1 oder 2 BGB, durch das Gericht angeordnet (**aA** zu Unrecht AG Tempelhof-Kreuzberg FamRZ 2003, 948, wonach „begleiteter" Umgang die Mitwirkung beider Eltern voraussetze, nicht aber „unterstützter" Umgang). Gegen den Willen des Umgangselternteils ist begleiteter Umgang allerdings kaum durchsetzbar; diesem droht aber bei Verweigerung dieses milderen Mittels die Nichtregelung des Umgangsrechts bzw bei Gefährdung des Kindeswohls der Umgangsausschluss (oben Rn 340).

Der begleitete Umgang ist freilich **kein Allheilmittel** (HEILMANN/GOTTSCHALK § 1684 Rn 73; HEILMANN NJW 2012, 16, 21; ders ZKJ 2014, 48, 52; SALZGEBER, Familienpsychologische Gutachten [7. Aufl 2020] Rn 614). Einerseits bedeutet die Überwachung durch einen beim Umgang anwesenden Dritten eine schwere Zumutung und Einschränkung des Elternrechts für den Umgangselternteil und auch für das Umgangsrecht des Kindes, die in der Reihung der Umgangseinschränkungen keinesfalls als ein besonders mildes Mittel angesehen werden kann, das zur Streitschlichtung im üblichen Umgangskonflikt herangezogen werden dürfte (BVerfG 14. 7. 2010 – 1 BvR 3189/09, juris Rn 22 ff, FamRZ 2010, 1622; BVerfG 29. 11. 2007 – 1 BvR 1635/07, juris Rn 21, FamRZ 2008, 494; OLG München FamRZ 2003, 551; Di Cato FamRB 2014, 389, 390; über **praktische Erfahrungen** berichten Stephan KindPrax 2000, 141; Müller FPR 2002, 237; Spindler KindPrax 2003, 53; Vergho FPR 2007, 296; Schlund ZKJ 2015, 55, 104; vgl auch zur praktischen Umsetzung in **Europa** Gödde/Wartner KindPrax Spezial 2004, 23; Fthenakis/Gödde, Begleiteter Umgang von Kindern [2008] 103 ff; zum begleiteten Umgang während der Corona-Pandemie Ritter JAmt 2020, 369). Andererseits kann einer Kindeswohlgefährdung nur in bestimmten *Fallgruppen* (BT-Drucks 13/4899, 106) durch einen begleiteten Umgang begegnet werden (dazu unten Rn 362 ff), sodass begleiteter Umgang nicht immer die mildere Alternative zum Umgangsausschluss bedeutet. Schließlich setzt das – zur Sicherstellung des Erfolgs einer solchen Anordnung notwendige – Erfordernis der *Mitwirkungsbereitschaft* eines Dritten praktische Grenzen (dazu unten Rn 370 ff).

2. Anwendungsschwelle, Verhältnismäßigkeit

a) Begleiteter Umgang als Umgangseinschränkung iSd Abs 4 S 1 und 2

352 Der begleitete Umgang ist eine Maßnahme nach § 1684 Abs 4 S 1 und 2 BGB, bedeutet also eine **Einschränkung des Umgangsrechts** (BVerfG 29. 11. 2007 – 1 BvR 1635/07, juris Rn 21, FamRZ 2008, 494; Johannsen/Henrich/Althammer/Rake § 1684 Rn 63; BeckOGK/Altrogge [15. 11. 2021] § 1684 Rn 466 sowie Entscheidungen sogleich). Damit steht die Anordnung des begleiteten Umgangs im Gefüge der Eingriffsschwellen des § 1684 Abs 4 S 1 und 2 BGB. Entgegen weit verbreiteter Ansicht im Schrifttum und der Rechtsprechung (OLG Brandenburg 3. 4. 2008 – 10 UF 16/08, juris Rn 8, FamRZ 2008, 1374; OLG München 13. 11. 2002 – 4 UF 383/02, FamRZ 2003, 551; BeckOGK/Altrogge [15. 11. 2019] § 1684 Rn 467; MünchKommBGB/Hennemann § 1684 Rn 73; Staudinger/Rauscher [2014] § 1684 Rn 309; Splitt FF 2016, 146, 149) setzt die Anordnung begleiteter Umgangskontakte nicht ausnahmslos eine anders nicht abwendbare **Gefährdung des Kindeswohls** voraus. Hier gelten, wie bei sonstigen Beschränkungen und dem Ausschluss des Umgangsrechts, vielmehr die unterschiedlichen Schwellen von § 1684 Abs 4 S 1 und 2 BGB (OLG Brandenburg 19. 7. 2013 – 3 UF 20/12, juris Rn 21, 37, FamRZ 2014, 1124; OLG Köln 17. 1. 2011 – 21 UF 190/10, juris Rn 15, ZKJ 2011, 181; Johannsen/Henrich/Althammer/Rake § 1684 Rn 63; Heilmann/Gottschalk § 1684 Rn 69; Dürbeck, in: Dürbeck (Hrsg), Handbuch Begleiteter Umgang [4. Aufl 2023] 61, 63 f; Prinz NZFam 2022, 477, 478, nunmehr auch BeckOK-BGB/Veit [1. 1. 2023] § 1684 Rn 227). Dies bedeutet, dass es für begleitete Umgangskontakte von **nicht längerer Dauer** iSd Abs 4 S 2, was nach hiesiger Auffassung einen Zeitraum von bis zu drei Monaten umfasst (oben Rn 285), nach Abs 4 S 1 genügt, dass begleiteter Umgang für diesen Zeitraum schon dann angeordnet werden kann, wenn er zum **Wohl des Kindes erforderlich** ist (zur Auslegung oben Rn 287). Dies betrifft in erster Linie diejenigen Fälle, in denen wegen Entfremdung der Kontakt zwischen Umgangselternteil und Kind erst wieder **angebahnt** werden muss und bei denen nach wenigen begleiteten Umgangskontakten im Anschluss Umgang in unbegleiteter Form zu gewähren und regeln ist (dazu unten Rn 367). Wegen der erheblichen Einschränkung des Elternrechts und auch des Umgangsrechts des Kindes und der erheblichen Belastungen für den Umgangselternteil und das Kind durch eine Beaufsichtigung des Umgangs sollte aber auch § 1684 Abs 4 S 1 BGB in diesen Fällen eng ausgelegt werden.

Soweit aber – wie in den sonstigen Fallkonstellationen des begleiteten Umgangs regelmäßig der Fall – begleiteter Umgang über eine **längere Zeit** iSd Abs 4 S 2 zu regeln ist, bedarf es der Feststellung, dass das Kindeswohl durch unbegleiteten Umgang **konkret gefährdet** wäre (BVerfG 14. 7. 2010 – 1 BvR 3189/09, juris Rn 22 ff, FamRZ 2010, 1622; BVerfG 29. 11. 2007 – 1 BvR 1635/07, juris Rn 21, FamRZ 2008, 494; KG 6. 5. 2016 – 13 UF 40/16, juris Rn 29, ZKJ 2016, 468; OLG Brandenburg FamRZ 2008, 1374; OLG Jena FamRZ 2007, 661, 662; OLG Karlsruhe FamRZ 2009, 130, 131; OLG Köln JAmt 2011, 166; OLG Koblenz FamRZ 2009, 133; BeckOK-BGB/Veit [1. 1. 2023] § 1684 Rn 227; Heilmann/Gottschalk § 1684 Rn 69; Dürbeck ZKJ 2015, 457, 458). Diese Feststellung darf nur auf gesicherter Tatsachengrundlage getroffen werden und begleiteter Umgang darf nicht als Lösung bei Vermutungen und Restzweifeln angeordnet werden (BVerfG 29. 11. 2007 – 1 BvR 1635/07, juris Rn 21 ff, FamRZ 2008, 494; OLG Köln 11. 7. 2022 – 14 UF 34/22, juris Rn 25, NZFam 2022, 1034; OLG Schleswig 23. 3. 2015 – 10 UF 6/15, juris Rn 33, FamRZ 2015, 1040; Grüneberg/Götz § 1684 Rn 24). Insbesondere sind *Angebote der Kinder- und Jugendhilfe* von niedrigerer Eingriffsschwelle vorrangig zu erwägen (13. Deutscher Familiengerichtstag FuR 2000, 113, 115 Nr 2 a bb). Auch das Verfahren ist deshalb so zu gestalten, dass die Grundrechte des Umgangselternteils gewahrt werden (BVerfG FamRZ 2005, 1816). Daher kommt begleiteter Umgang nicht in Betracht, wenn die Voraussetzungen des § 1684 Abs 4 S 1 und 2 BGB nicht vorliegen, der andere Elternteil sich jedoch mit einem Umgangsrecht in Anwesenheit Dritter leichter abfinden könnte bzw weniger besorgt wäre (OLG Schleswig 23. 3. 2015 – 10 UF 6/15, juris Rn 33, FamRZ 2015, 1040; OLG Düsseldorf JAmt 2002, 266: Angst wegen Pflanzensammeln; Dürbeck, in: Dürbeck (Hrsg), Handbuch Begleiteter Umgang [4. Aufl 2023] 61, 65; Heilmann NJW 2012, 16, 21; Heilmann/Gottschalk § 1684 Rn 73; MünchKomm-BGB/Hennemann § 1684 Rn 73; Dürbeck ZKJ 2015, 457, 458).

Der begleitete Umgang eignet sich daher für Fallgruppen, in denen eine häufig nicht geringe Gefährdung des Kindes besteht, die sich aber nicht aus dem Umgang als solchem ergibt, sondern aus **Risiken aus Anlass des Umgangs**, insbesondere solchen, die von dem Umgangselternteil ausgehen und durch die Anwesenheit eines Dritten beherrscht werden können. Dabei hat sich in den letzten Jahren die Erwartung bestätigt, dass der begleitete Umgang nicht nur in Fällen eingesetzt werden kann, die der Gesetzgeber als plastische Situationen der Gefahrabwehr genannt hat (Gefahr des sexuellen Missbrauchs, Kindesentziehung, BT-Drucks 13/4899, 106). Der begleitete Umgang ist auch ein Instrument in Fällen geworden, in denen auf der Grundlage von an das Kind herangetragenen Elternkonflikten irrationale Umgangsängste bei dem Kind und damit extreme Konfliktsituationen entstehen, die an einen Umgangsausschluss denken lassen (OLG Rostock 28. 1. 2004 – 11 UF 57/01, FamRZ 2004, 968; Luthin FamRB 2016, 69, 71; Di Cato FamRB 2014, 389, 390; Salzgeber, Familienpsychologische Gutachten [7. Aufl 2020] Rn 614 f; Richter/Kreuznacht ZfJ 1999, 45, 49 sprechen sogar von dem beschützten Umgang als Regelinstrument, ehe an einen Ausschluss gedacht wird). Weiter stehen Fälle notwendiger Kontaktanbahnung infolge Entfremdung, häuslicher Gewalt oder der Gefahr sexueller Übergriffe und Suchterkrankungen des Umgangselternteils im Vordergrund (siehe unten Rn 362 ff). Muss in solchen Situationen zunächst der Umgang ausgeschlossen werden, so ist der begleitete Umgang zur anschließenden Wiederanbahnung in Betracht zu ziehen (dazu unten Rn 318). Auch soweit sich ein sexueller Missbrauchsvorwurf nicht erhärtet, ist selbst bei einem **Einverständnis des Umgangelternteils** mit der Umgangsbegleitung eine Kindeswohlgefährdung nach § 1684 Abs 4 S 2 BGB zwingend festzustellen (OLG Brandenburg 31. 1. 2020 – 13 UF 207/19, juris Rn 16, 17, NJW-RR 2020, 458), weil auch das Umgangsrecht des Kindes hiervon betroffen ist und das Umgangsrecht nur unter dem Vorbehalt des Kindeswohls zur Disposition der Eltern steht (vgl § 156 Abs 2 S 2 FamFG; Rn 141). Liegen diese Voraussetzungen nicht vor, ist konsequenterweise unbegleiteter Umgang zu gewähren (vgl OLG Karlsruhe 20. 12. 2018 – 20 UF 182/17, ZKJ 2019, 374).

b) Abgrenzung gegen andere Instrumente

353 Vom begleiteten Umgang iSd Abs 4 S 3 zu unterscheiden ist die **außergerichtliche Umgangsvermittlung** bzw der **einverständlich begleitete Umgang** (§ 18 Abs 3 S 3 und 4 SGB VIII; zum konsensual begleiteten Umgang vgl auch Normann-Kossak/Mayer KindPrax 1999, 74). Sie unterscheidet sich vom begleiteten Umgang durch die **Freiwilligkeit** auf Seiten aller Beteiligten und ist ein bloßes staatliches Angebot, bei Schwierigkeiten in der Durchführung des Umgangs dem Kind und den Eltern beratend und helfend beizustehen, auch wenn die Methodik der Durchführung aus Sicht des Umgangsbegleiters im Einzelfall ähnlichen Regeln folgen mag. § 18 Abs 3 S 3 und 4 SGB VIII gelten auch außerhalb gerichtlicher Umgangsverfahren uneingeschränkt (Wiesner/Wapler/Dürbeck § 18 SGB VIII Rn 32), begründen aber keinen Anspruch auf Bereitstellung eines Umgangsbegleiters, wenn es an einem **materiellen Umgangsrecht** mangelt (VG Augsburg 27. 4. 2021 – Au 3 K 20.734, juris Rn 24; VG Frankfurt/Oder 12. 7. 2013 – 6 L 350/13, juris Rn 10, ZKJ 2014, 125; Fischer, in: Schellhorn/Fischer/Mann/Kern § 18 SGB VIII Rn 31).

In der Praxis der vorwiegend von freien Trägern der Kinder- und Jugendhilfe angebotenen Umgangsbegleitung stehen aber Fälle im Vordergrund, die aus anhängigen bzw vorangegangenen gerichtlichen Umgangsverfahren resultieren (Schlund ZKJ 2015, 55, 56). Zu den jugendhilferechtlichen Voraussetzungen der Bewilligung begleiteten Umgangs nach § 18 Abs 3 S 3 SGB VIII vgl unten Rn 374. Daneben steht es Eltern im außergerichtlichen Bereich auch frei, außerhalb der Kinder- und Jugendhilfe – allerdings auf eigene Kosten – **professionelle Umgangsbegleitung**, wie sie etwa von Psychologen oder Pädagogen angeboten wird, in Anspruch zu nehmen.

354 Abzugrenzen ist auch gegen die **Umgangsbestimmungs-** oder **Umgangspflegschaft** (vgl OLG Hamm 10. 12. 2021 – 13 UF 96/21, NZFam 2022, 112 m Anm Obermann; OLG Schleswig 12. 7. 2016 – 8 UF 133/16, juris Rn 11, ZKJ 2016, 464; Schäder JAmt 2021, 2; Keuter FamRZ 2022, 581; Vogel FF 2016, 441). Während diese Institute das *Sorgerecht* zum Zweck der Durchsetzung des Umgangsrechts beschränken (§ 1666 BGB bzgl der Umgangsbestimmungspflegschaft, zur umstr Frage des Sorgerechtseingriffs bei der Umgangspflegschaft vgl oben Rn 127), ist der begleitete Umgang eine *Beschränkung des Umgangsrechts* iSd § 1684 Abs 4 S 1 und 2 BGB. Begleiteter Umgang ist also nicht milderes Mittel im Verhältnis zur Umgangspflegschaft (so aber Thiel JAmt 2003, 449, 451), sondern ein in der Zielrichtung verschiedenes Instrument: Umgangspflegschaft sichert den Umgang bei Widerstand des betreuenden Elternteils (OLG Celle FuR 2011, 173) oder konfliktreichen Auseinandersetzungen bei der Übergabe des Kindes; begleiteter Umgang *gewährleistet* dagegen den Umgang, wenn ohne die Begleitung das Kindeswohl gefährdet wäre oder dieser bei kurzen Zeiträumen iSd Abs 4 S 1 zum Wohl des Kindes erforderlich ist (vgl oben Rn 352). Es hat sich bereits in der obergerichtlichen Rechtsprechung gezeigt, dass bei einer gleichzeitigen Anordnung von Umgangspflegschaft und Umgangsbegleitung die unterschiedlichen Maßstäbe von § 1684 Abs 3 S 3 und Abs 4 S 2 BGB verkannt werden (etwa von OLG Düsseldorf 18. 9. 2019 – 1 UF 118/19, ZKJ 2020, 27: Umgangsbegleitung durch den Umgangspfleger bei Verneinung einer Kindeswohlgefährdung). Der Umgangspfleger ist – ohne ausdrückliche Anordnung nach § 1684 Abs 4 S 3 BGB – grundsätzlich nicht be-

rechtigt, während des Umgangs anwesend zu sein, da ihm eine Überwachungsaufgabe nicht zugewiesen ist (OLG Frankfurt 10. 8. 2016 – 5 UF 167/16, juris Rn 11, FamRZ 2016, 1787; OLG Karlsruhe 13. 2013 – 2 WF 125/13, juris Rn 25, NZFam 2014, 628; KG 24. 8. 2012 – 25 WF 29/12, juris Rn 6, FamRZ 2013, 478; DÜRBECK ZKJ 2015, 457, 459). Die Anordnung eines begleiteten Umgangs ist demgegenüber gemäß § 1684 Abs 4 S 3 BGB eine eigenständige, in ihrem Eingriff in das Elternrecht deutlich weitergehende familiengerichtliche Maßnahme. Dem Familiengericht, nicht dem Umgangspfleger obliegt die Entscheidung, ob ein Umgang nur stattfinden darf, wenn eine andere Person anwesend ist. Bedarf es der Durchsetzung eines begleiteten Umgangs gegen den betreuenden Elternteil, so kann jedoch parallel zur Anordnung des begleiteten Umgangs auch die Anordnung einer *Umgangspflegschaft* (§ 1684 Abs 3 S 3 BGB) erforderlich sein (OLG Hamm 10. 12. 2021 – 13 UF 96/21, NZFam 2022, 112 m Anm OBERMANN; OLG Schleswig 23. 3. 2015 – 10 UF 6/15, juris Rn 35, FamRZ 2015, 1040; SCHÄDER JAmt 2021, 2, 3; OLG Düsseldorf FamRZ 2011, 822; zu weitgehend hingegen BISSMAIER DAVorm 2000, 967, 969), soweit für beide Rechtsinstitute die Voraussetzungen erfüllt sind (BGH 31. 10. 2018 – XII ZB 135/18, JAmt 2020, 37 Rn 24). Vor der Entscheidung des BGH v 31. 10. 2018 (BGH 31. 10. 2018 – XII ZB 135/18, JAmt 2020, 37) wurde überwiegend vertreten, dass die gleichzeitige Bestellung des Umgangspflegers als Umgangsbegleiter regelmäßig schon deshalb nicht in Betracht komme, weil ihm ein Vergütungsanspruch gegen die Staatskasse oder gegen die Eltern nicht zustehe (siehe unten Rn 376), weil eine **Finanzierung der Kosten** professioneller Umgangsbegleitung nach dem gegenwärtigen Recht ausschließlich im Rahmen einer jugendhilferechtlichen Bewilligung durch das Jugendamt nach Maßgabe von § 18 Abs 3 S 3 SGB VIII oder durch den Umgangselternteil selbst erfolgen könne (OLG Köln 3. 11. 2017 – 4 UF 72/17, juris Rn 4, ZKJ 2018, 101; OLG Frankfurt 10. 8. 2016 – 5 UF 167/16, juris Rn 11, FamRZ 2016, 1787; MEYSEN NZFam 2016, 580; DÜRBECK ZKJ 2015, 457, 459 ; KEUTER JAmt 2011, 373, 374 ff) und auch wegen möglicher Interessenskollisionen auf eine Aufgabenvermischung von Umgangspflegschaft und Umgangsbegleitung verzichtet werden sollte (HEILMANN/GOTTSCHALK [1. Aufl 2015] § 1684 Rn 64; KULEISA-BINGE FPR 2012, 363; DÜRBECK ZKJ 2015, 457, 459; LUTHIN FamRB 2016, 69, 70). Dem ist der BGH (BGH 31. 10. 2018 – XII ZB 135/18, JAmt 2020, 37 Rn 19 ff; zur Kritik hieran DÜRBECK ZKJ 2019, 141) aber entgegengetreten und zum Ergebnis gelangt, dass im Falle einer gerichtlichen Anordnung der Begleitung des Umgangs durch den Umgangspfleger diesem auch ein Anspruch auf Vergütung gegenüber der Staatskasse zu gewähren sein soll.

Dem **Umgangsbestimmungspfleger** obliegt dagegen die Regelung des Umgangs des Kindes mit dem Umgangselternteil bzw bei Fremdunterbringung des Kindes mit beiden Elternteilen. In seine Entscheidungsbefugnis fällt zwar auch die Frage, ob und von wem der Umgang zu begleiten ist (DIJuF-Rechtsgutachten JAmt 2017, 230 f). Für eine gegenüber den Beteiligten rechtsverbindliche und vollstreckungsfähige Umgangsregelung fehlt ihm jedoch die Befugnis, dazu bedarf es einer gerichtlichen Umgangsregelung (vgl oben Rn 126).

Abzugrenzen ist schließlich auch gegen die **Verfahrensbeistandschaft** (§ 158 FamFG, **355**
unten Rn 412 ff). Der Verfahrensbeistand ist grundsätzlich eine auf der Seite des Kindes im *Verfahren* tätige Person. Um diese Aufgabe zu erfüllen, kann er zwar durchaus, sofern er psychologisch befähigt ist und die Beteiligten einverstanden sind, die Interaktion des Kindes mit dem Umgangselternteil beobachten. Dies dient aber dann der Vorbereitung der Interessenwahrnehmung im Verfahren (WEBER JAmt 2002, 161, 163). Hingegen ist der zur Mitwirkung bei begleitetem Umgang erforderliche

Dritte erst im Anschluss an eine entsprechende gerichtliche Umgangsregelung einzusetzen. Die Bestellung eines Verfahrensbeistands zum Zweck der Umgangsbegleitung ist also verfahrensfehlerhaft (Weber JAmt 2002, 161, 163). Auch wenn es sinnvoll erscheinen mag, wenn ein entsprechend geschulter Verfahrensbeistand bereits das Vertrauen des Kindes und der Eltern genießt, diesen anschließend *auch* um die Begleitung des Umgangs zu ersuchen, sollte hierauf wegen möglicher Interessenskollisionen und auch im Hinblick auf etwaige spätere Abänderungsverfahren verzichtet werden.

c) Verhältnismäßigkeit

356 Für den begleiteten Umgang gilt wegen seiner Einordnung als Umgangseinschränkung der **Verhältnismäßigkeitsgrundsatz** (MünchKommBGB/Hennemann § 1684 Rn 70). Die Anwesenheit eines Dritten darf – auch bei Bejahung einer konkreten Gefahr für das Wohl des Kindes – nur angeordnet werden, wenn keine milderen Mittel zur Verfügung stehen, um dem Kindeswohl zu entsprechen; insbesondere darf der begleitete Umgang nicht angeordnet werden, wenn davon auszugehen ist, dass der Umgangselternteil **Auflagen** beachten wird, welche eine Kindeswohlgefährdung verhindern.

Im **Verhältnis zum Ausschluss** des Umgangs ist der begleitete Umgang das mildere Mittel und daher vorab zu prüfen (BVerfG 23. 1. 2008 – 1 BvR 2911/07, juris Rn 27, FuR 2008, 338; Dürbeck, in: Dürbeck (Hrsg), Handbuch Begleiteter Umgang [4. Aufl 2023] 61, 65; 13. Deutscher Familiengerichtstag FuR 2000, 113, 115, Nr 2 a aa). Ist begleiteter Umgang geeignet, die Kindeswohlgefährdung zu beseitigen (zur psychologischen Indikation beider Instrumente Fegert FPR 2002, 219), so hat der begleitete Umgang Vorrang vor einem Umgangsausschluss, selbst wenn das Kind sich dem Umgang – nicht nachvollziehbar – widersetzt (BVerfG FuR 2005, 421; OLG Köln 8. 12. 2016 – 25 UF 109/16, juris Rn 24, FamRB 2017, 299). Ein Umgangsausschluss kommt in diesem Fall nur in Betracht, falls der Umgangselternteil sich dem begleiteten Umgang verweigert (OLG Köln FamRZ 2001, 1163; MünchKommBGB/Hennemann § 1684 Rn 73), wobei aber in diesem Fall der Umgang als milderes Mittel nicht zu regeln ist, sofern nicht dem Kind Gefahren durch den Umgangselternteil drohen (OLG Brandenburg 21. 10. 2022 – 10 UF 78/21, juris; OLG Karlsruhe FamRZ 2006, 1867, 1868; Dürbeck FamRZ 2016, 1784, Anm zu KG FamRZ 2016, 1780; vgl ausführlich oben Rn 187). Die gesetzliche Verdeutlichung der hohen Eingriffsschwelle vor dem Umgangsausschluss ist der bedeutsamste Grund für die vermehrte Anordnung begleiteten Umgangs in der Praxis (Willutzki KindPrax 2003, 49, 50). Aus einer Kindeswohlgefährdung im Fall unbegleiteten Umgangs darf nicht darauf geschlossen werden, dass diese Gefährdung auch bei begleitetem Umgang bestehe (OLG Köln FamRZ 2005, 295). Umgekehrt kann wegen der Gefahr der **Retraumatisierung** des Kindes, etwa bei sexuellem Missbrauch, schwerer häuslicher unmittelbar erfahrener oder miterlebter Gewalt oder Vernachlässigung, in vielen Fällen auch Umgangsbegleitung einer solchen Gefahr häufig nicht wirksam begegnen (OLG Frankfurt 3. 6. 2022 – 1 UF 242/21, NJW-RR 2022, 1370; OLG Saarbrücken 17. 11. 2016 – 6 UF 90/16, juris Rn 24, ZKJ 2017, 152; Müller, in: Dürbeck (Hrsg), Handbuch Begleiteter Umgang [4. Aufl 2023] 258, 265 ff; Kavemann, in: Fegert/Ziegenhain/Goldbeck, Traumatisierte Kinder und Jugendliche in Deutschland [3. Aufl 2013] 140, 146 f; Kindler/Salzgeber/Fichtner/Werner FamRZ 2004, 1241, 1248 f; Salgo, in: Fegert/Ziegenhain/Goldbeck, Traumatisierte Kinder und Jugendliche in Deutschland [2. Aufl 2013] 121, 138; MünchKommBGB/Hennemann § 1684 Rn 73). Besonders problematisch stellt sich auch der – im Regelfall zu begleitende – Umgang **während der Anhängigkeit eines Verfahrens nach § 1666 BGB** dar (vgl dazu Schauder ZKJ 2007, 92).

Im Verhältnis zu **anderen Einschränkungen des Umgangs** ist zu beachten, dass der begleitete Umgang eine unnatürliche Umgangssituation bedeutet, insbesondere die Ungezwungenheit des Umgangs stark belastet (BeckOGK/Altrogge [15. 11. 2021] § 1684 Rn 468; Vergho FPR 2007, 296, 298). Auch das Kind kann durch begleiteten Umgang in seiner Umgebung stigmatisiert werden oder Angst aufbauen, zB wenn der betreuende Elternteil ihm die Vorgeschichte, die zu einem begleiteten Umgang führt, mitteilt (Salzgeber FamRZ 1999, 975, 976). Häufig wird auch der *Kostenaspekt* dazu führen, dass der begleitete Umgang nur für relativ kurze Zeiträume stattfinden kann; begleiteter Umgang ist also eine in der Verhältnismäßigkeitsskala dem Ausschluss sehr nahestehende Maßnahme, die zu vermeiden ist, wenn andere Einschränkungen genügen.

d) Abstufungen innerhalb der Begleitungsmodalitäten

§ 1684 Abs 4 S 3 BGB lässt auch verhältnismäßig mildere **Abstufungen der Begleitung** 357
zu. Die Bandbreite bewegt sich zwischen bloßer (ggf phasenweiser) *Anwesenheit* eines Dritten (OLG Köln 11. 7. 2022 – 14 UF 34/22, NZFam 2022, 1034; OLG Köln FamRZ 2005, 1276 im Fall einer Wiederanbahnung nach Entfremdung; Luthin FamRB 2016, 69, 70) und der *aktiven Umgangsförderung* und -Unterstützung durch eine psychologisch und/oder pädagogisch befähigte *professionelle Fachkraft.* So kann auch statt der dauernden Anwesenheit eines Dritten während des Umgangs eine Anwesenheit lediglich in der Wohnung oder dem Haus angeordnet werden, in dem der Umgang stattfindet, wenn – zB bei Entführungsgefahr (OLG Celle FamRZ 1996, 364) – dadurch das Kindeswohl gewahrt und zugleich die Ungezwungenheit des Umgangs besser gesichert wird. Umgang in einer Einrichtung (OLG Jena FamRZ 2007, 661, 662) bedeutet hingegen eine stärkere Beschränkung. Ein vom Obhutselternteil begleiteter Umgang in dessen Wohnung (so OLG Frankfurt 8. 7. 2022 – 4 UF 11/22, FamRZ 2022, 1860) sollte aber unbedingt vermieden werden. Häufig wird ein begleiteter Umgang, der nicht an einen bestimmten Ort gebunden ist, sondern Aktivitäten im Freien erlaubt, angeordnet werden können. Eine solche Gestaltung beugt der Langeweile und Ablehnung beim Kind vor, das kaum mehrere Stunden in einer unnatürlichen Umgebung mit dem Umgangselternteil verbringen will (Salzgeber FamRZ 1999, 975, 976). Auch eine Überwachung während eines im Übrigen frei gestalteten Umgangs kommt in Betracht (OLG München FamRZ 1998, 976, 977: Detektiv bei Entführungsgefahr). Hingegen kann die Anordnung einer **Umgangsberatung** nicht auf die Befugnis zur Anordnung einer Umgangsbegleitung gestützt werden (OLG Brandenburg FamRZ 2002, 975; OLG Karlsruhe FamRZ 2004, 56; OLG Stuttgart FamRZ 2007, 1682, 1683; **aA** KG FamRZ 2008, 810, 812; ebenso noch OLG Stuttgart FamRZ 2001, 932). Nimmt der Umgangsberechtigte allerdings das *Angebot zu Vor- und Nachberatung* (vgl dazu Fthenakis/Gödde, Begleiteter Umgang von Kindern [2008] 433 ff; Luthin FamRB 2016, 69, 72; zur professionellen Vorbereitung des begleiteten Umgangs: Vergho, in: Klinkhammer/Prinz, Handbuch begleiteter Umgang [3. Aufl 2017] 321 ff; Schlund ZKJ 2015, 55, 58 ff) *nicht wahr,* kann dies nicht nur dazu führen, dass der mitwirkungsbereite Dritte seine Bereitschaft zur Umgangsbegleitung widerruft, was jederzeit und ohne Grund möglich ist (unten Rn 370). Die Praxis zeigt auch, dass bei Beratungsresistenz nur in seltenen Fällen begleiteter Umgang in einen natürlichen, spannungsfreien und unbegleiteten Umgang übergehen kann (exemplarisch: OLG Brandenburg 2. 4. 2015 – 15 UF 168/11, FamRZ 2015, 1818), zumal die **Beratung des Umgangselternteils** einen Kernbereich für einen professionell fundierten begleiteten Umgang darstellt (Klinkhammer/Prinz, in: dies, Handbuch begleiteter Umgang [3. Aufl 2017] 194, 199). Im Übrigen richtet sich die Intensität der Beratung und Gestaltung nach dem Einzelfall und dem Schutzbedürfnis für das Kind (Fthenakis/Gödde, Begleiteter Umgang von Kindern [2008] 103, 105 f).

3. Dauer – Notwendigkeit einer Reform des begleiteten Umgangs

358 Das früher überwiegende *jugendhilferechtliche Schrifttum* (Wiesner/Struck [5. Aufl 2015] § 18 SGB VIII Rn 32c; FK-SGB VII/Proksch [7. Aufl 2013] § 18 Rn 45; Schlund ZKJ 2015, 104, 106; Blum-Maurice/Urso, in: Menne/Scheurer-Englisch/Hundsalz, Jahrbuch der Erziehungsberatung Bd 9 [2012] 264, 281; ebenso VG Würzburg 21. 11. 2018 – W 3 E 18.1262, juris Rn 47) stand auf dem Standpunkt, begleiteter Umgang sei von seiner Zielsetzung her **keine Dauerlösung** und die Begleitung, nicht der Umgang an sich (vgl OLG Saarbrücken FamFR 2011, 93 m Anm Hennemann), sei regelmäßig zu beschränken. Dem folgt auch ein Teil der *rechtswissenschaftlichen* Literatur (etwa Staudinger/Rauscher [2014] § 1684 Rn 312; Luthin FamRB 2016, 69, 70). Diese Ansicht entspricht auch einer weit verbreiteten **Praxis der Jugendämter**, wegen knapper finanzieller und personeller Ressourcen begleitete Umgangskontakte häufig begrenzt auf maximal sechs Monate oder auf eine bestimmte Anzahl (oft im Bereich von 5–10 Terminen) zu bewilligen. Da das **Familiengericht** nicht befugt ist, sich über die begrenzte Mitwirkungsbereitschaft des Jugendamts bei der Realisierung des begleiteten Umgangs hinwegzusetzen (dazu bereits oben Rn 340), zeigt sich schon hieran, dass die gegenwärtige Regelung der Aufteilung familien- und jugendhilferechtlicher Instrumentarien verfehlt ist.

Eine *generelle* und nicht einzelfallabhängige *Begrenzung* der Anzahl der begleiteten Umgangstermine wird weder dem Elternrecht (Art 6 Abs 2 GG) noch dem Umgangsrecht des Kindes gerecht. Je nach Fallkonstellation und Grund der Notwendigkeit der Umgangsbegleitung kann sich ein Bedürfnis auch für eine **dauerhafte und zeitlich unbefristete Umgangsbegleitung** ergeben. Man denke etwa an Fälle von *psychischen Erkrankungen* des Umgangselternteils (OLG Frankfurt 24. 3. 2015 – 5 UF 270/14, juris Rn 8, ZKJ 2015, 240: paranoide Schizophrenie; ähnlich OLG Brandenburg 2. 4. 2015 – 15 UF 168/11, juris Rn 33, FamRZ 2015, 1818: 5 Jahre begleiteter Umgang bei Uneinsichtigkeit und Beratungsresistenz; Hermann/Dietrich NZFam 2018, 500, 506 f) oder des Kindes, von Alkohol- oder Drogensucht, Gefahren für das Kind durch drohende sexuelle oder sonst gewalttätige Übergriffe (BVerfG 30. 6. 2014 – 1 BvR 1530/14, juris Rn 12, NZFam 2015, 234: 4 Jahre; OLG Schleswig 16. 4. 2014 – 8 UF 81/13, juris Rn 51, FamRZ 2014, 385: vier Jahre begleiteter Umgang bei Pädophilie) oder dauerhafter Entführungsgefahr. Zu nennen sind hier auch Einschränkungen in der Kommunikation mit dem Kind infolge körperlicher Behinderungen (EGMR 10. 1. 2017 – 32407/13, NLMR 2017, 20 Nr 86 und 93 [*Nowakowski/Polen*]: taubstummer Vater).

Es handelt sich mithin bei begleitetem Umgang grundsätzlich um *keine nur vorübergehende Maßnahme* bzw Einschränkung des Umgangsrechts und damit einhergehend um keine nur vorübergehende Leistung der *Jugendhilfe* (OLG Frankfurt 24. 3. 2015 – 5 UF 270/14, juris Rn 8, ZKJ 2015, 240; OLG Saarbrücken 10. 1. 2011 – 6 UF 126/10, juris Rn 11, FamFR 2011, 93; Wiesner/Wapler/Dürbeck § 18 SGB VIII Rn 32c; Heilmann/Gottschalk § 1684 Rn 69; FK-SGB VIII/Tammen § 18 Rn 41; BeckOGK/Altrogge [15. 11. 2021] § 1684 Rn 470; Lohse/Beckmann, in: Dürbeck (Hrsg), Handbuch Begleiteter Umgang [4. Aufl 2023] 88, 97; Dürbeck ZKJ 2015, 457, 458; nunmehr auch DIJuF-Rechtsgutachten JAmt 2020, 449, 450).

Ungeachtet dessen hat der begleitete Umgang in einer nicht nur unerheblichen Anzahl von Fällen natürlich das Ziel, einen **zukünftig unbegleiteten Umgang zu ermöglichen** (OLG Brandenburg 2. 4. 2015 – 15 UF 168/11, juris Rn 34, FamRZ 2015, 1818; MünchKomm-BGB/Hennemann § 1684 Rn 77; Luthin FamRB 2016, 69; Salzgeber FamRZ 1999, 975, 976).

Dies gilt namentlich für die Fälle der Begegnung einer Entfremdung durch Kontaktanbahnung und des Abbaus von Ängsten oder Konflikten des Kindes. Ist hier bereits zum Zeitpunkt der Entscheidung absehbar, dass im Anschluss an die Umgangsbegleitung unbegleitete Kontakte in Betracht kommen, sind die Begleittermine zu befristen und es ist eine Anschlussregelung hinsichtlich des unbegleiteten Umgangs zu treffen (OLG Köln 11. 7. 2022 – 14 UF 34/22, NZFam 2022, 1034; OLG Frankfurt 17. 9. 2018 – 4 UF 62/18, FamRZ 2019, 214: 6 Termine ohne Anschlussregelung; OLG Frankfurt 20. 11. 2017 – 4 UF 223/17, FamRZ 2018, 597; OLG Saarbrücken 10. 1. 2011 – 6 UF 126/10, juris Rn 11, FamFR 2011, 93; Luthin FamRB 2016, 69, 70; Di Cato FamRB 2014, 389, 390).

Der *BGH* (BGH 10. 7. 2019 – XII ZB 507/18, NJW 2020, 687 Rn 27, 28 im Anschluss an OLG Frankfurt 17. 9. 2018 – 4 UF 62/18, juris Rn 12, FamRZ 2019, 214) hat anerkannt, dass bei zeitlicher Befristung der Umgangsbegleitung eine *Anschlussregelung* dann nicht erforderlich ist, wenn davon ausgegangen werden könne, dass die Eltern künftig dazu in der Lage sind, den Kindesumgang konfliktfrei selbst zu regeln. In den meisten Fällen des begleiteten Umgangs lässt sich jedoch eine *zuverlässige Prognose,* wie sich die Umgangsbegleitung auf das (gefährdete) Kind auswirken wird und ab welchem Zeitpunkt unbegleiteter Umgang möglich sein wird, nicht treffen. Daher verbleibt häufig nur eine **unbefristete** (OLG Saarbrücken 10. 1. 2011 – 6 UF 126/10, juris Rn 11, FamFR 2011, 93; OLG Hamm 28. 2. 2011 – 8 UF 227/10, juris Rn 23 ff, FamRZ 2011, 1668; OLG Celle 3. 12. 2014 – 19 UF 129/14, juris Rn 10 ff, FamRZ 2015, 769; OLG Frankfurt 24. 3. 2015 – 5 UF 270/14, juris Rn 8, ZKJ 2015, 240; Völker/Clausius, Sorge- und Umgangsrecht [8. Aufl 2021] § 2 Rn 185; OLG Saarbrücken 14. 10. 2014 – 6 UF 110/14, juris Rn 34 ff, ZKJ 2015, 117; Luthin FamRB 2016, 69, 70; Di Cato FamRB 2014, 389, 390; Dürbeck ZKJ 2015, 457, 458) oder jedenfalls **langfristige** und unter Umständen mehrjährige Umgangsbegleitung (BVerfG 30. 6. 2014 – 1 BvR 1530/14, juris Rn 12, NZFam 2015, 234; OLG Schleswig 16. 4. 2014 – 8 UF 81/13, juris Rn 51, FamRZ 2014, 385: vier Jahre; OLG Brandenburg 2. 4. 2015 – 15 UF 168/11, juris Rn 33, FamRZ 2015, 1818: insgesamt 5 Jahre). Zukünftig entstehenden Anpassungserfordernissen ist dann gegebenenfalls durch ein Abänderungsverfahren nach § 166 FamFG iVm § 1696 BGB Rechnung zu tragen (OLG Saarbrücken 10. 1. 2011 – 6 UF 126/10, juris Rn 11, FamFR 2011, 93; Völker/Clausius, Sorge- und Umgangsrecht [8. Aufl 2021] § 2 Rn 185; BeckOGK/Altrogge [15. 11. 2019] § 1684 Rn 479).

Dieser im Hinblick auf die Grundrechte der Eltern und des Kindes gebotenen Regelungsnotwendigkeit werden aber trotz des Umstands, dass **fiskalische und personelle Sparzwänge der Jungendhilfe** die Verwirklichung des elterlichen und kindlichen Umgangsrecht nicht beschränken dürfen (OLG Hamburg 2. 8. 1995 – 12 UF 85/94, juris Rn 16, FamRZ 1966, 422; BeckOGK/Altrogge [15. 11. 2019] § 1684 Rn 489; MünchKommBGB/Hennemann § 1684 Rn 77; Keuter JAmt 2011, 373), in der Praxis nicht überwindbare Grenzen gesetzt, weil sich kaum ein Jugendamt dazu bereit erklärt, begleitete Umgänge unbefristet oder über längere, uU mehrjährige Zeiträume, zu bewilligen, was sowohl richterlich tätige Kommentatoren (BeckOGK/Altrogge [1. 4. 2018] § 1684 Rn 453; MünchKommBGB/Hennemann § 1684 Rn 77) bestätigen als auch den eigenen familienrichterlichen Erfahrungen des Verfassers dieses Kommentars entspricht. Betrachtet man die zuvor genannten zweitinstanzlich ergangenen Entscheidungen über *unbefristete bzw langfristige Umgangsbegleitung* näher, so fällt auf, dass hier vielfach eine Bewilligung durch das Jugendamt nicht vorlag (anders nur bei OLG Saarbrücken 14. 10. 2014 – 6 UF 110/14, juris Rn 37, ZKJ 2015, 117). So verweigerte in dem Fall des OLG Saarbrücken (OLG Saarbrücken 10. 1. 2011 – 6 UF 126/10, juris Rn 10, FamFR 2011, 93) das Jugendamt die Umgangsbeteiligung, es fand sich aber ein (offenbar ehrenamtlich tätiger) freier Träger der Jugendhilfe als Umgangsbegleiter. Im Fall des OLG Frankfurt (OLG Frankfurt 24. 3. 2015 – 5 UF 270/14, juris Rn 8, ZKJ 2015, 240) gelang dies nicht, weshalb der Umgang auszuschließen war. Ebenso in dem vom VG Oldenburg (VG Oldenburg 26. 4. 2017 – 13 B 6834/16, ZKJ 2017, 287) erwähnten Fall des OLG Oldenburg (OLG Oldenburg 19. 12. 2016 – 4 UF 167/16, nv: nur telefonischer Kontakt). Im Fall des OLG Schleswig (OLG Schleswig 16. 4. 2014 – 8 UF 81/13, juris Rn 26, FamRZ 2014, 385) blieb die Person des Umgangsbegleiters in gesetzwidriger Weise (dazu unten Rn 376) offen, was erstaunlicherweise vom BVerfG nicht beanstandet worden ist (BVerfG 30. 6. 2014 – 1 BvR 1530/14, NZFam 2015, 234). Dies geschah ebenso im Fall des OLG Celle (OLG Celle 3. 12. 2014 – 19 UF 129/14, juris Rn 12, FamRZ 2015, 769), bei dem die Auswahl des Umgangsbegleiters rechtlich unzulässig (dazu unten Rn 370 ff) dem Jugendamt überlassen wurde. Schon diese Beispiele zeigen die oft nicht gesetzeskonform zu lösenden Probleme des begleiteten Umgangs infolge der unterschiedlichen Aufgabenzuweisung an die Familiengerichte und Jugendämter hinsichtlich der Anordnung und Durchführung des Umgangs.

359 Damit stellt sich die Frage, wie das Familiengericht zu verfahren hat, wenn – wie im Regelfall – das Jugendamt nur bereit ist, eine **begrenzte Anzahl** von begleiteten Umgangsterminen zu bewilligen, sich ein ehrenamtlich tätiger Umgangsbegleiter nicht findet und auch **keine sichere Prognose** hinsichtlich der Ausgestaltung des Umgangs nach Abschluss der Umgangsbegleitung getroffen kann. Nur bei besonderen regionalen Verhältnissen und Bedingungen kann auf alternative Modelle, wie etwa das Modell der Patenpflegschaft in Hamburg, zurückgegriffen werden (vgl dazu Hermann/Dietrich NZFam 2018, 500, 507). Da im Übrigen eine Anordnungskompetenz des Familiengerichts gegenüber dem Jugendamt im Hinblick auf die notwendige Mitwirkungsbereitschaft des Dritten nach § 1684 Abs 4 S 3 BGB nicht besteht (dazu unten Rn 370), verbleiben letztlich nur zwei Möglichkeiten: Das Familiengericht könnte zum einen zunächst eine *Teilentscheidung* treffen und den begleiteten Umgang befristet und begrenzt auf die vom Jugendamt bewilligten Termine regeln und das Verfahren zunächst aussetzen. Nach Wiederaufnahme des Verfahrens wäre dann per Schlussbeschluss darüber zu entscheiden, ob unbegleiteter Umgang anzuordnen ist oder der Umgang – bei Nichtbewilligung zusätzlicher Termine – auszuschließen ist. Ergibt sich die Notwendigkeit weiterer Umgangsbegleitung, wären diese wiederum von der Bewilligung durch das Jugendamt abhängig, was ggf erneut die Notwendigkeit einer Teilentscheidung bedeuten würde. Schon dadurch zeigt sich, dass dieser verfahrensrechtlich mögliche Weg weder für die in der Praxis durch Erledigungsdruck belasteten Familiengerichte noch für die Verfahrensbeteiligten und deren anwaltliche Verfahrensbevollmächtigte zumutbar ist. Teilentscheidungen *analog § 301 ZPO* sind darüber hinaus in Umgangssachen regelmäßig unzulässig, weil sie die Gefahr sich widersprechender Entscheidungen beinhalten (OLG Frankfurt 22. 4. 2021 – 8 UF 71/21, juris Rn 10, FamRZ 2021, 1718; vgl Rn 467). Alternativ müsste der begleitete Umgang per *einstweiliger Anordnung* nach § 49 FamFG geregelt werden (so OLG Frankfurt 16. 9. 2022 – 3 UF 86/22, juris Rn 13, NZFam 2022, 1035) und das Hauptsacheverfahren so lange ruhen, bis das Ergebnis der begleiteten Umgänge vorliegt, was nur schwerlich mit dem Beschleunigungsgrundsatz (§ 155 FamFG) in Einklang zu bringen ist und zudem unnötige Kosten verursacht. Gleichwohl tendiert die Rechtsprechung in Fällen, in denen die Möglichkeit eines unbegleiteten Umgangs nicht sicher prognostiziert werden kann, dazu, amtsgerichtliche Entscheidungen, die sich darauf beschränken, eine begrenzte Anzahl von begleiteten Umgangsterminen ohne Anschlussregelung anzuordnen, als *verdeck-*

te unzulässige Teilbeschlüsse anzusehen und verweist entsprechende Verfahren nach § 69 Abs 1 S 2 FamFG an das Amtsgericht zurück (vgl OLG Karlsruhe 9. 5. 2023 – 20 UF 25/23, juris; OLG Frankfurt 16. 9. 2022 – 3 UF 86/22, NZFam 2022, 1035: 5 Termine in ca 2 Monaten; OLG Hamburg 24. 8. 2021 – 12 UF 128/21, FamRZ 2022, 360: Regelung für 6 Monate). Das gleiche gilt für den Fall, dass nach Durchführung der begleiteten Umgänge eine Verlängerung derselben den Beteiligten vorbehalten wird (OLG Brandenburg 13. 1. 2021 – 13 UF 95/20, juris).

Dem kann so nicht zugestimmt werden. Bei unsicherer Prognose für eine Anschlussregelung sollten im Hinblick auf den Beschleunigungsgrundsatz (§ 155 FamFG) und verfahrensökonomische Erwägungen verfahrensabschließende Endentscheidungen über einen **befristeten Zeitraum**, der mindestens drei bis sechs Monate betragen sollte, als zulässig angesehen werden. Der begleitete Umgang muss aber auch hier in vollstreckungsfähiger Art und Weise geregelt werden und die Beteiligten sodann für den Fall, dass sie sich im Anschluss daran nicht auf eine einvernehmliche Regelung des Umgangs einigen können, auf ein **Abänderungsverfahren** nach §§ 166 FamFG, 1696 BGB verwiesen werden (vgl etwa OLG Frankfurt 17. 9. 2018 – 4 UF 62/18, juris; OLG Koblenz 30. 9. 2016 – 11 UF 418/16, juris Rn 99, FamRZ 2017, 301 m Anm Dürbeck), was allerdings im Hinblick auf die erneute Entstehung von Gerichts- und Anwaltskosten jedenfalls bei Nichtbeziehern von Verfahrenskostenhilfe ebenfalls für die beteiligten Eltern unbefriedigend ist.

Das **Dilemma um die fehlende Entscheidungskompetenz des Familienrichters** beim begleiteten Umgang infolge der – mittelbaren – Abhängigkeit der Bewilligung desselben durch das Jugendamt (vgl dazu Dürbeck, in: Dürbeck (Hrsg), Handbuch Begleiteter Umgang [4. Aufl 2023] 61, 87; Prinz NZFam 2022, 477; Dürbeck ZKJ 2015, 457; Meysen NZFam 2016, 580; Keuter JAmt 2011, 373; Schmid NZFam 2016, 604) kann letztlich nur durch eine Gesetzesänderung gelöst werden, die auch die **Finanzierung der Kosten der Umgangsbegleitung in den Justizhaushalt verlagert**. Sowohl die Auswahl der Person des Umgangsbegleiters als auch die Zahl und Dauer der begleiteten Umgangstermine können nicht von finanziellen und personellen Ressourcen der Jugendhilfe abhängig gemacht werden, sondern haben sich nach § 1697a BGB ausschließlich am Kindeswohl zu orientieren. Diese notwendige Gestaltung als auch die Frage der Vergütung berufsmäßiger Umgangsbegleiter ließen sich ohne Weiteres durch die Einführung einer **Umgangsbegleitungspflegschaft**, welche hinsichtlich der Vergütung des berufsmäßigen Begleiters wie bei der Umgangspflegschaft (Abs 3 S 6) auf § 277 FamFG verweisen müsste, lösen. Auch zeigt der **internationale Vergleich**, dass die Zuweisung von Aufgaben- und Finanzierungsverantwortung für gerichtliche Umgangsentscheidungen und im Anschluss daran für die Gewährung und Finanzierung von Hilfen bei der Ausübung des Umgangs nicht auseinanderfallen müssen (vgl dazu näher Meysen NZFam 2016, 580, 582; Prinz NZFam 2022, 477, 486). Dadurch könnte auch dem in der Praxis immer häufiger vorkommenden Konflikt, dass das Jugendamt entgegen dem Familiengericht keine Notwendigkeit der Umgangsbegleitung sieht und deren Bewilligung gänzlich verweigert, begegnet werden. Schließlich ließe sich dadurch auch das Problem lösen, dass nach der gegenwärtigen Rechtslage **minderbemittelte Umgangselternteile** bei der Frage der Dauer und Auswahl der Begleitperson benachteiligt sind, weil sie nicht wie Bezieher höherer Einkommen dazu in der Lage sind, die Kosten **professioneller Umgangsbegleiter** selbst zu tragen, sondern auf die **kostenfreie Bewilligung durch die Träger der Jugendhilfe** angewiesen sind, was auch Bedenken im Hinblick auf Art 3 Abs 1

GG (vgl Dürbeck ZKJ 2015, 457, 459) beseitigen würde. Würden die Umgangsbegleitungskosten auf diesem Weg zu **Kosten des familiengerichtlichen Verfahrens**, wären sie grundsätzlich auch von den Eltern als Kostenschuldner zu tragen, was ebenfalls, abweichend zur gegenwärtigen Kostenfreiheit im Jugendhilferecht, durchaus sachgerecht wäre. Schließlich könnten die in der gerichtlichen Praxis entstehenden **Verzögerungen** infolge des Abwartenmüssens auf das jugendhilferechtliche Bewilligungsverfahren (dazu unten Rn 360), die im Hinblick auf den Beschleunigungsgrundsatz (§ 155 FamFG) und bei der Gefahr weiterer Entfremdung kaum hinnehmbar sind, beseitigt werden, wenn das Familiengericht selbst die Person des Umgangsbegleiters auswählen könnte.

Insgesamt besteht beim begleiteten Umgang mithin ein **erhöhter gesetzgeberischer Reformbedarf** (ebenso Dürbeck, in: Dürbeck (Hrsg), Handbuch Begleiteter Umgang [4. Aufl 2023] 61, 87; Heilmann/Gottschalk § 1684 Rn 76; Dürbeck ZKJ 2015, 457, 459).

Die im Hinblick auf das Zusammenwirken von Familiengericht und Jugendamt viel gepriesene *„Verantwortungsgemeinschaft“* (LPK-SGB VIII/Berneiser/Diehl § 50 Rn 8; Holldorf/vPirani ZKJ 2012, 384, 386; Fahl NZFam 2015, 247) vermag die vorerwähnten Probleme bei der Anordnung begleiteten Umgangs in der Praxis nicht zu lösen.

4. Vollstreckungsfähige Regelung

360 Die Anordnung des betreuten Umgangs ersetzt nicht die **konkrete Regelung** der Umgangsmodalitäten durch das Gericht; deren Bestimmung kann nicht dem *mitwirkungsbereiten Dritten überlassen* werden; das Gericht muss also auch den betreuten Umgang vollstreckungsfähig nach **Tagen, Uhrzeit, Ort und Häufigkeit** regeln (BVerfG 25. 6. 2021 – 1 BvR 2027/20, FamRZ 2021, 1709 Rn 24; OLG Brandenburg 13. 1. 2021 – 13 UF 95/20, juris Rn 11; OLG Brandenburg 31. 1. 2020 – 13 UF 207/19, NJW-RR 2020, 458; OLG Frankfurt 10. 8. 2016 – 5 UF 167/16, juris Rn 8, FamRZ 2016, 1787; KG FamFR 2013, 21; OLG Frankfurt 5. 9. 2013 – 1 UF 244/13, juris Rn 6, FamFR 2013, 325; OLG Celle 28. 3. 2013 – 19 UF 61/13, juris Rn 7, FamRZ 2013, 1237; OLG Köln JAmt 2011, 166; OLG Saarbrücken FamRZ 2010, 1922; OLG Stuttgart FamRZ 2007, 1682; OLG Zweibrücken OLGR 2003, 287; Johannsen/Henrich/Althammer/Rake § 1684 Rn 64; Heilmann/Gottschalk § 1684 Rn 75; Di Cato FamRB 2014, 389). Auch kann die Frage der Ausgestaltung des Umgangs hinsichtlich Zeit, Dauer, Ort und Häufigkeit des Umgangs nicht dem **Jugendamt** (BVerfG 25. 6. 2021 – 1 BvR 2027/20, FamRZ 2021, 1709 Rn 24; OLG Brandenburg 13. 1. 2021 – 13 UF 95/20, juris Rn 11; OLG Frankfurt 10. 8. 2016 – 5 UF 167/16, juris Rn 8, FamRZ 2016, 1787) oder dem zur Umgangsbegleitung bestimmten sonstigen Dritten (OLG Frankfurt 5. 9. 2013 – 1 UF 244/13, juris Rn 7 ff, FamFR 2013, 325; OLG Celle 28. 3. 2013 – 19 UF 61/13, juris Rn 7, FamRZ 2013, 1237; OLG Köln 17. 1. 2011 – 21 UF 190/10, juris Rn 14, ZKJ 2011, 181) überlassen werden. Ebenso scheidet es aus, dass sich das Familiengericht die **spätere Konkretisierung** seines Beschlusses hinsichtlich der Bestimmung der Umgangstermine und Umgangsörtlichkeit **vorbehält** (OLG Saarbrücken 12. 3. 2010 – 6 UF 128/09, juris Rn 24, FamRZ 2010, 1922; OLG Frankfurt 10. 8. 2016 – 5 UF 167/16, juris Rn 8, FamRZ 2016, 1787). Schließlich muss die familiengerichtliche Umgangsregelung – auch bei dem gerichtlich nach § 156 Abs 2 FamFG zu billigenden Vergleich (OLG Frankfurt 21. 1. 2014 – 5 WF 310/13, juris Rn 6, NZFam 2014, 610) – die **Person oder Institution (Abs 4 S 4: Jugendamt oder Verein) des mitwirkungsbereiten Umgangsbegleiters bezeichnen**, dessen Auswahl kann ebenfalls nicht dem Jugendamt überlassen werden (OLG Frankfurt 5. 9. 2013 – 1 UF 244/13, juris Rn 7 ff, FamFR 2013, 32; Heilmann/Gottschalk § 1684 Rn 75; Dürbeck ZKJ 2015, 457, 458).

Hierdurch werden erhöhte Anforderungen an die Amtsermittlungspflicht des Familiengerichts (§ 26 FamFG) gestellt, weil heute seitens der Jugendämter die Praxis überwiegt, Umgangsbegleitung nicht selbst anzubieten, sondern **freie Träger der Kinder- und Jugendhilfe** (wie zB Caritas, Deutscher Kinderschutzbund etc) damit zu betrauen, was sich auch daran zeigt, dass wiederholt Oberlandesgerichte bei der Regelung des begleiteten Umgangs das Konkretheitsgebot verletzt haben (unzulässige Überlassung der Auswahl Person des Umgangsbegleiters durch das Jugendamt und keine Regelung von Ort und Zeit: OLG Naumburg 15. 7. 2020 – 3 UF 14/20, juris – was BVerfG 25. 6. 2021 – 1 BvR 2027/20, FamRZ 2021, 1709 Rn 24 zu entnehmen ist; unzulässige Überlassung der Auswahl Person des Umgangsbegleiters durch das Jugendamt: OLG Schleswig 16. 4. 2014 – 8 UF 81/13, juris Rn 26, FamRZ 2014, 385; OLG Celle 3. 12. 2014 – 19 UF 129/14, juris Rn 12, FamRZ 2015, 769; keine konkrete Regelung der Zeit: KG 6. 5. 2016 – 13 UF 40/16, FamRZ 2016, 1780 m Anm Dürbeck). Lebt das Kind im **Ausland**, kann die Auswahl der Person des Umgangsbegleiters aber dem ausländischen Familiengericht vor Ort überlassen werden (OLG Köln 8. 12. 2016 – 25 UF 109/16, juris Rn 24, FamRB 2017, 299: Benennung eines Kurators durch das polnische Familiengericht), wobei sich hier die Einschaltung des Verbindungsrichters empfiehlt (vgl dazu Menne FamRB 2015, 441). Erschwert wird die konkrete Regelung von Umgangsterminen schließlich auch dadurch, dass Träger der Jugendhilfe kaum dazu imstande sind, Termine auch an **Samstagen oder Sonntagen** anzubieten (Kleinwegener, in: Götz/Schnitzler, 40 Jahre Familienrechtsreform [2017] 281, 287; vgl auch DIJuF-Rechtsgutachten JAmt 2018, 500, 501), was zu Kollisionen mit den Arbeitszeiten des Umgangselternteils oder den Schulzeiten des Kindes führen kann.

Soweit es den **Ort** des begleiteten Umgangs betrifft, haben die **Interessen des Kindes** und des betreuenden Elternteils bzw seiner Pflegepersonen Vorrang, sodass dieser – ungeachtet des Wahlrechts nach § 5 SGB VIII – nicht an dem divergierenden Wohnort des Umgangsberechtigten, sondern am **Wohnort des Kindes** durchzuführen ist (OLG Koblenz 30. 9. 2016 – 11 UF 418/16, juris Rn 65 ff, FamRZ 2017, 301 m Anm Dürbeck; vgl dazu auch OVG Münster 26. 4. 2016 – 12 B 209/16, juris Rn 7 f, JAmt 2016, 446). De facto ist aber dem Familiengericht wegen der Bestimmung des Umgangsbegleiters im Rahmen von § 18 Abs 3 S 4 SGB VIII durch das Jugendamt auch die Auswahl des Orts des begleiteten Umgangs im Regelfall entzogen, was ebenfalls für die Notwendigkeit einer Reform des begleiteten Umgangs durch Einführung einer gesetzlichen Umgangsbegleitungspflegschaft spricht.

In all diesen Fällen liegen bei Verstößen der Familiengerichte gegen das Bestimmtheitsgebot **unzulässige Teilentscheidungen** vor, die gemäß § 69 Abs 1 S 2 FamFG im Beschwerdeverfahren regelmäßig zur Aufhebung der amtsgerichtlichen Entscheidung und **Zurückverweisung des Verfahrens** an die erste Instanz führen (OLG Brandenburg 13. 1. 2021 – 13 UF 95/20, juris Rn 11; OLG Frankfurt 10. 8. 2016 – 5 UF 167/16, juris Rn 7, FamRZ 2016, 1787; OLG Celle 3. 12. 2014 – 19 UF 129/14, juris Rn 6, FamRZ 2015, 769; OLG Saarbrücken 12. 3. 2010 – 6 UF 128/09, juris Rn 24, FamRZ 2010, 1922; Heilmann/Dürbeck § 69 FamFG Rn 5). Eine unzulässige Teilentscheidung liegt auch dann vor, wenn sich das Familiengericht darauf beschränkt, unbegleitete Umgangskontakte auszuschließen, ohne konkret begleiteten Umgang zu regeln (vgl VerfGH Sachsen 2. 12. 2020 – Vf. 205-IV-20, NZFam 2021, 88 m Anm Köhler; OLG Frankfurt 22. 8. 2023 – 6 UF 119/23, juris).

Auch soweit dem **Jugendamt** die **Vormundschaft** über das Kind oder die Pflegschaft für die Umgangsbestimmung übertragen ist, kann dieses im Verhältnis zu den Eltern nicht die wesentlichen Einzelheiten des Umgangs in rechtsverbindlicher und vollstreckungsfähiger Hinsicht bestimmen, da § 1684 Abs 3 BGB auch hier gilt. Im Gegensatz zum Umgangspfleger, der ggf für die Durchsetzung des Umgangs gegenüber dem betreuenden Elternteil auch einen gewissen **Handlungsspielraum** benötigt (hierzu DIJuF-Rechtsgutachten JAmt 2008, 91), kann sich die Aufgabe des mitwirkungsbereiten Dritten durchaus in seinem bloßen Zugegensein (etwa in den Fallgruppen, in denen die Kindeswohlgefährdung von der Person des Umgangselternteils ausgeht) erschöpfen. Gewisse Spielräume einer Bestimmung durch den Dritten (Holen und Bringen, zweifelhaft, ob auch der Ort) können hingegen erforderlich sein, wenn die Umgangsregelung einer situationsangepassten Ausgestaltung bedarf, was insbesondere bei der begleiteten Umgangsanbahnung der Fall ist; auch dann muss aber das Gericht die wesentlichen Modalitäten regeln (KG FamFR 2013, 21: „Feinabstimmung").

Hingegen ist eine Regelung, wonach das Kind von einem mitwirkungsbereiten Dritten zum Umgangselternteil **gebracht und abgeholt** wird, weil es zwischen den Eltern bei der Abholung häufig zu Streit kommt und sie nicht in der Lage sind, sich aus Anlass der Übergabe des Kindes auch nur zu sehen (Willutzki KindPrax 2003, 49, 51: „bei beiden sträuben sich sofort die Nackenhaare"), nicht Umgangsbegleitung und muss nicht auf Abs 4 S 3 gestützt werden (vgl Salzgeber FamRZ 1999, 975). Sofern der Dritte sodann beim Umgang selbst nicht zugegen ist, wird dadurch nicht in das Umgangsrecht eingegriffen, sondern lediglich iSd Abs 3 das Holen und Bringen ausgestaltet.

5. Häufigkeit begleiteter Umgänge

361 Die für den unbegleiteten Umgang bereits benannten Kriterien für die **Häufigkeit der Kontakte** (oben Rn 231 ff) gelten grundsätzlich auch für den begleiteten Umgang. Sie hängen maßgeblich vom **Alter** des betroffenen Kindes (OLG Celle 8. 10. 2018 – 10 UF 91/18, juris Rn 9: bei einem 1-jährigen Pflegekind sei ein Umgang von einmal im Monat zu wenig für die Mutter; OLG Hamm 28. 2. 2011 – 8 UF 227/10, juris Rn 24, FamRZ 2011, 1668: einmal im Monat bei 4-jährigen Kind, demgegenüber OLG Hamm 17. 1. 2011 – 8 UF 133/10, juris Rn 14 f, ZKJ 2011, 175: 6 Termine im Jahr bei 4-jährigem Kind, zu Recht kritisch MünchKommBGB/Hennemann § 1684 Rn 75; vgl zum Umgang mit Säuglingen und Kleinkindern, bei denen wegen des kindlichen Zeitempfindens häufigere Kontakte erforderlich sind, Fricke ZfJ 2005, 389) und seinem **Willen** ab, werden bei einer *Fremdunterbringung* aber auch durch die Notwendigkeit der Integration des Kindes in eine Pflegefamilie (OLG Hamm 1. 4. 2016 – 7 UF 58/16, juris Rn 5, FamRZ 2016, 1778, auch zur Bedeutung der Rückkehrperspektive, vgl oben Rn 275 ff) oder in ein Kinderheim oder sonstige Form des betreuten Wohnens (oben Rn 278) begrenzt. *Faktische Grenzen* werden zudem durch die **Anzahl der vom Jugendamt bewilligten begleiteten Umgänge** (zur Kritik hieran siehe oben Rn 358) und bei Kindern in Heimunterbringung durch dort vorherrschende organisatorische Zwänge gezogen. In Fällen notwendiger *Kontaktanbahnung* (unten Rn 367) hängt die Anzahl und Häufigkeit begleiteten Umgangs von der Prognose ab, ob und wenn ja, ab welchem Zeitpunkt unbegleiteter Umgang angeordnet werden kann.

6. Anwendungsfälle

a) Verdacht sexuellen Missbrauchs/Pädophilie

362 In Betracht kommt der begleitete Umgang in Fällen des unbewiesenen, jedoch **nicht fernliegenden Verdachts des sexuellen Missbrauchs** (OLG Celle FamRZ 1998, 971; OLG

Frankfurt FamRZ 1995, 1432; OLG Hamm FamRZ 1993, 1233; OLG München FamRZ 1999, 674, 675; AG Kerpen FamRZ 1998, 254, 255; BT-Drucks 13/4899, 106; Grüneberg/Götz § 1684 Rn 29; Dürbeck, in: Dürbeck (Hrsg), Handbuch Begleiteter Umgang [4. Aufl 2023] 61, 66; Fthenakis/Gödde, Begleiteter Umgang von Kindern [2008] 352 ff; Richter/Kreuznacht ZfJ 1999, 45, 49; Rösner/Schade FamRZ 1993, 1135; verneint im Fall von OLG Karlsruhe 4. 7. 2019 – 20 UF 78/19, juris). Bei nachgewiesenem sexuellem Missbrauch ist dagegen der Umgangsausschluss im Regelfall zum Schutz des Kindes vorrangig (oben Rn 331). Allenfalls wenn das Kind den Umgang wünscht, kann der begleitete Umgang hier ein Mittel sein, um den abrupten Abbruch des Kontakts und mögliche Schuldgefühle des Kindes zu vermeiden (Lorenzen-Linke/Balloff FamRZ 1993, 1032).

Voraussetzung der Anordnung von begleitetem Umgang ist, dass andernfalls der Umgang auszuschließen wäre. Der geäußerte Verdacht von sexuellem Missbrauch erfordert eine **Risikoabwägung**, die an gesicherten Tatsachen auszurichten ist (KG FamFR 2013, 21; vgl oben Rn 332). Selbst auf durch Indizien belegte **Restzweifel**, die jedoch eine Gefahr nicht als naheliegend erscheinen lassen, kann ein begleiteter Umgang wegen der Schwere der Beschränkung nicht gestützt werden (BVerfG FamRZ 2008, 494). Bei **unbewiesenen Verdächtigungen** ist begleiteter Umgang insbesondere keine Kompromisslösung, weil dadurch ohne hinreichend begründeten Anlass schwer in das Umgangsrecht eingegriffen würde (KG 21. 9. 2012 – 17 UF 118/12, juris Rn 22, JAmt 2012, 671; OLG Stuttgart FamRZ 1994, 718; OLG Hamm 5. 9. 1997 – 3 UF 289/97, FamRZ 1998, 256; Völker/Clausius, Sorge- und Umgangsrecht [8. Aufl 2021] § 2 Rn 167). Hier ist konsequenterweise unbegleiteter Umgang zu gewähren (OLG Karlsruhe 4. 7. 2019 – 20 UF 78/19, juris; OLG Karlsruhe 20. 12. 2018 – 20 UF 182/17, ZKJ 2019, 374). Ist der betreuende Elternteil weiterhin der festen Überzeugung, dass eine Missbrauch stattgefunden hat oder droht, rechtfertigt dies zwar grundsätzlich nicht eine Einschränkung des Umgangsrechts, es ist aber zu beachten, dass sich die Überzeugung des betreuenden Elternteils von der Existenz oder Gefahr eines sexuellen Übergriffs in Ausnahmefällen auf das Kind übertragen kann, was wiederum eine Beschränkung des Umgangsrechts nötig machen kann (OLG Brandenburg 6. 10. 2015 – 10 UF 57/13, juris Rn 48, FuR 2016, 303: dort verneint; Völker/Clausius, Sorge- und Umgangsrecht [8. Aufl 2021] § 2 Rn 169). Auch eine *in der Zwischenzeit eingetretene Entfremdung* des Kindes infolge der wegen der Ermittlungen erfolgten Aussetzung des Umgangs kann einen vorübergehenden begleiteten Umgang erforderlich machen (sehr anschaulich OLG Frankfurt 20. 11. 2017 – 4 UF 223/17, FamRZ 2018, 597).

Bei **Pädophilie** des Umgangselternteils kommt eine Beschränkung oder ein Ausschluss des Umgangsrechts nur dann in Betracht, wenn festgestellt werden kann, dass hieraus eine konkrete Gefahr für das eigene Kind durch pädosexuelle Übergriffe folgt (oben Rn 333). Nach gegenwärtigem Forschungsstand kann die Gefahr eines körperlichen Übergriffs auf das eigene Kind nicht ohne zusätzliche Erkenntnisse unterstellt werden (BGH 21. 9. 2022 – XII ZB 150/19, NZFam 2023, 63 Rn 41 ff; siehe ausführlich dazu oben Rn 333; vgl aber andererseits BVerfG 30. 6. 2014 – 1 BvR 1530/14, NZFam 2015, 234: begleiteter Umgang für 4 Jahre). Nicht ausgeschlossen hat der *BGH* aber wegen damit einhergehenden anderen Gefahren (zB durch Beobachtungen des Kindes beim Konsum von Kinderpornographie durch den Vater) Kontaktbeschränkungen nach § 1666 Abs 3 Nr 4 BGB durch von den Großeltern beaufsichtigte Treffen mit den Kindern. Auch ohne Feststellung einer konkreten Gefahr kann allerdings bei einem pädophilen Vater eine Beschränkung des Umgangs auf begleitete Kontakte in Betracht kommen, wenn zwi- **362a** schen den Eltern auch deshalb ein nicht aufzulösender Konflikt besteht, weil die Mutter unbegleitete Kontakte ablehnt und der Vater mit seinen Neigungen nicht offen umgeht (BVerfG 23. 11. 2008 – 1 BvR 190/14, juris Rn 11, NZFam 2015, 234; OLG Schleswig 16. 4. 2014 – 8 UF 81/13, juris Rn 43 ff, FamRZ 2014, 1385; MünchKommBGB/Hennemann § 1684 Rn 88). Bloße Verdachtsäußerungen im Hinblick auf vermeintliche pädophile Neigungen genügen, wie auch bei sexuellem Missbrauch, nicht für eine Beschränkung des Umgangsrechts (OLG München 16. 8. 2011 – 26 UF 263/11, juris Rn 16, FamFR 2011, 478). Vor einer umfassenden Aufklärung der Gefahren für das Kind durch pädophile Elternteile kann aber im Wege *einstweiliger Anordnung* (§ 49 FamFG) ein vorläufiger begleiteter Umgang in Betracht kommen. So hat etwa das *OLG Koblenz* (OLG Koblenz 4. 6. 2020 – 7 UF 201/20, juris Rn 20, NZFam 2020, 784) in einer – sehr konsequenten – Entscheidung über eine einstweilige Anordnung betreffend einen mit der Kindesmutter verheirateten Vater, auf dessen Handy insgesamt fünf Dateien kinderpornographischen Inhalts gefunden wurden, ein gegen diesen nach § 1666 Abs Nr 3 und 4 BGB angeordnetes vorläufiges **Wohnungsbetretens- und Kontakt- und Näherungsverbot** bestätigt. Zugleich wurde im selben Verfahren der Umgang dahin geregelt, dass dieser nur in **begleiteter Form** stattfinden dürfe. Inhaltlich zeigt die Entscheidung, dass sich nach den jüngsten Kindesmissbrauchsfällen, etwa von Münster, Bergisch Gladbach, Lüdge oder zuvor Staufen, der familienrechtliche Umgang mit **pädophilen Tätern** trotz der unbefriedigenden Entscheidungen des BGH zur Wahrscheinlichkeit des Eintritts einer Kindeswohlgefährdung (BGH 6. 2. 2019 – XII ZB 408/18, NJW 2019, 1435 und BGH 21. 9. 2022 – XII ZB 150/19, NZFam 2023, 63) zunehmend verschärft.

b) Entführungsgefahr

363 Nicht mehr so häufig wie früher kommt begleiteter Umgang auch bei **konkreter Entführungsgefahr**, insbesondere ins Ausland, in Betracht (OLG Brandenburg 15. 10. 2009 – 9 UF 61/09, juris Rn 25, NJW-RR 2010, 148; OLG Köln 14. 12. 2004 – 4 UF 90/03, juris Rn 12 ff, ZKJ 2006, 259 m Anm Menne; OLG Celle FamRZ 1996, 364; OLG München FamRZ 1998, 976; BT-Drucks 13/4899, 106; Grüneberg/Götz § 1684 Rn 30; Dürbeck (Hrsg), Handbuch Begleiteter Umgang [4. Aufl 2023] 61, 67; Leyhausen, Der beschützte Umgang [2000] 135; zu Recht verneint bei OLG Hamm 13. 7. 2010 – 2 UF 277/09, juris Rn 46, NJW-RR 2011, 150). Auch hier steht die Eignung meist außer Frage, es sei denn, der Umgangselternteil hätte bereits erhöhte Energie gezeigt, eine schützende Begleitung zu überwinden (OLG Hamm FamRZ 1997, 307, 308). Allerdings kann auch die massive Angst des Kindes vor einer Mitnahme in das Heimatland des Umgangselternteils eine längerfristige Umgangsbegleitung rechtfertigen, wenn diese nicht anderweitig beseitigt werden kann (OLG Celle 3. 12. 2014 – 19 UF 129/14, juris Rn 10, FamRZ 2015, 769).

In dieser Fallgruppe sind jedoch auch andere, **mildere Möglichkeiten** der Einschränkung im Grenzbereich zur bloßen Auflage zu erwägen (im Einzelnen oben Rn 214 ff). In dieser Situation kommt bei einer Dauergefahr allerdings auch ein längerfristiger begleiteter Umgang in Betracht (Salzgeber FamRZ 1999, 975, 976); dabei darf aber nicht übersehen werden, dass gerade Entführungsdrohungen und -pläne oft schon nach kurzer Zeit nicht mehr ernsthaft verfolgt werden, weil dem Elternteil selbst die damit verbundenen Konsequenzen, der Verlust des Arbeitsplatzes und des Lebensumfelds in Deutschland, bewusst werden (KG ZfJ 1999, 395, 396). Auch wird eine Verbringung des Kindes in das Ausland dadurch erschwert, dass der Umgangselternteil regelmäßig nicht im Besitz von dessen Pass ist (OLG Frankfurt 2. 7. 2013 – 4 UF 159/13, juris Rn 22, das aber einem Umgangspfleger zu Unrecht die Befugnis zur Umgangsbegleitung einräumt).

Auch in dieser Indikation ist die Höhe der **Eingriffsschwelle** zu beachten; ein *Verdacht* genügt nicht, sondern es muss sich aus *objektiven Tatsachen* eine ausreichend *wahrscheinliche Gefährdung* ergeben (BVerfG 6. 11. 2009 – 1 BvR 1410/08, juris Rn 19, FamRZ 2010, 109; OLG Schleswig NJW-RR 2008, 962; OLG Koblenz 17. 7. 2008 – 7 UF 208/08, juris Rn 23, FamRZ 2009, 133; AG Kerpen FamRZ 2000, 50; MOTZER, in: MOTZER/KUGLER/GRABOW, Kinder aus Migrationsfamilien in der Rechtspraxis [2. Aufl 2012] 179). Eine bloß abstrakte Gefahr (OLG Frankfurt 2. 7. 2013 – 4 UF 159/13, juris Rn 22; OLG Koblenz FamRZ 2009, 133) bzw Mutmaßungen des betreuenden Elternteils (OLG Düsseldorf FamRZ 2011, 822: dort iE knapp befristete Begleitung wegen Umgangsanbahnung und gewissen konkreten Hinweisen auf Entführungsgefahr) genügen nicht. Allein der Umstand, dass der Umgangselternteil aus einem entfernten Land eines *anderen Kulturkreises* stammt und dorthin gute Kontakte unterhält, rechtfertigt nicht die Annahme einer konkreten Entführungsgefahr (OLG Koblenz 17. 7. 2008 – 7 UF 208/08, juris Rn 23, FamRZ 2009, 133; OLG Düsseldorf FamRZ 2011, 822; OLG Saarbrücken OLGR 2002, 341: jedenfalls bei Lebensmittelpunkt seit Jahren in Deutschland). Eine begründete Gefahr der Entführung kann sich insbesondere aus dem Kontext einer vom Umgangselternteil angestrebten rituellen *Beschneidung* ergeben, wobei hier aber die Genitalverstümmelung bei Mädchen im Vordergrund steht (OLG Karlsruhe FamRZ 2009, 130; eingehend zur Thematik WÜSTENBERG ZKJ 2008, 411), jedoch kommt auch die Gefahr einer Beschneidung von Knaben trotz der politisch willfährig und wenig sorgerechtlich motivierten gesetzlichen Legalisierung in § 1631d BGB jedenfalls bei entgegenstehendem Willen des anderen Elternteils in Betracht.

Liegt eine konkrete Gefährdung vor, so ist gleichwohl zu erwägen, ob **mildere Mittel** der bloßen Umgangsregelung nach § 1684 Abs 3 BGB genügen (dazu oben Rn 214 ff).

c) Misshandlung oder Bedrohung des Kindes und sonstige Fälle häuslicher Gewalt

Frühere körperliche oder seelische Misshandlung oder Bedrohung des Kindes durch den Umgangselternteil kann einen begleiteten Umgang indizieren (OLG Oldenburg FamRZ 2005, 925, 926; BeckOGK/ALTROGGE [15. 11. 2019] § 1684 Rn 486; FTHENAKIS/GÖDDE, Begleiteter Umgang von Kindern [2008] 306 ff; RICHTER/KREUZNACHT ZfJ 1999, 45, 49; PESCHEL-GUTZEIT FPR 2003, 290, 292); dabei spielt nicht nur – wie in den beiden ersten Fallgruppen – der Schutz des Kindes vor Wiederholungen eine Rolle (vgl KG FamRZ 1999, 876: Bedrohung), sondern auch die *Überwindung von Erinnerungen an traumatische Ereignisse* (DIJuF-Rechtsgutachten JAmt 2016, 435, 437; MÜLLER, in: DÜRBECK (Hrsg), Handbuch Begleiteter Umgang [4. Aufl 2023] 258, 265 ff). Gleichgestellt sind Fälle von miterlebter Gewalt gegenüber dem betreuenden Elternteil, Geschwistern oder sonstigen Verwandten (siehe oben Rn 319). Kommt (begleiteter) Umgang in Betracht, wird auch vom umgangsberechtigten Elternteil zu erwarten sein, dass er im Vorfeld bereit ist, sein Verhalten zu reflektieren, ggf Beratung oder soziale Trainingskurse (insbesondere sog Anti-Aggressionstrainingskurse) in Anspruch zu nehmen und vor allem auch fähig ist, *Verantwortung* für sein Fehlverhalten auch gegenüber dem Kind zu übernehmen (FAUTH-ENGEL, in: KAVEMANN/KREYSSIG, Handbuch Kinder und häusliche Gewalt [3. Aufl 2013] 187, 192 ff; SALGO, in: FEGERT/ZIEGENHAIN/GOLDBECK, Traumatisierte Kinder und Jugendliche in Deutschland [2. Aufl 2013] 121, 127; SALZGEBER, Familienpsychologische Gutachten [7. Aufl 2020] Rn 1292; SCHÜLER, in: KAVEMANN/KREYSSIG, Handbuch Kinder und häusliche Gewalt [3. Aufl 2013] 208, 218 ff). Nimmt er Angebote zur Umgangsvermittlung nicht hinreichend wahr, wird der Umgang auszuschließen sein (OLG Köln 21. 12. 2011 – 4 UF 206/11, juris Rn 13 ff). 364

Für die Ausgestaltung von begleiteten Umgang in Fällen *häuslicher Gewalt* bedarf es dabei zum Schutz des Kindes besonderen *psychologischen Geschicks durch den Umgangsbegleiter* (zur Ausgestaltung in diesen Fällen DIJuF-Rechtsgutachten JAmt 2004, 135; Müller, in: Dürbeck (Hrsg), Handbuch Begleiteter Umgang [4. Aufl 2023] 258, 265 ff; Klinkhammer, in: Klinkhammer/Prinz, Handbuch Begleiteter Umgang [3. Aufl 2017] 241 ff; Schüler, in: Kavemann/Kreyssig, Handbuch Kinder und häusliche Gewalt [3. Aufl 2013] 208 ff; Schlund ZKJ 2015, 55, 58 f; Vergho FPR 2007, 296, 299 f; aus Sicht von Frauenhäusern: Wurdan/Rahn FPR 2001, 275; eingehend zur psychologischen Methodik Kindler/Salzgeber/Fichtner/Werner FamRZ 2004, 1241). Auch eine, wiederum auf objektive Tatsachen zu stützende, konkrete **Besorgnis einer Gewalttätigkeit** kann im Einzelfall einen betreuten Umgang rechtfertigen (OLG Brandenburg 28. 9. 2006 – 9 UF 133/06, juris Rn 14; OLG Karlsruhe FamRZ 2009, 130: Gefahr der Genitalverstümmelung). Zum Vorrang des Umgangsausschlusses bei der Gefahr der Retraumatisierung des Kindes vgl oben Rn 335, zu den Fällen der vorsätzlichen Tötung der Kindesmutter und der dort im Regelfall nicht gegebenen Indikation eines begleiteten Umgangs oben Rn 322.

d) Krankheit

365 Ist der Umgangselternteil **psychisch krank, alkohol-** oder **drogenabhängig** und neigt deshalb zu unvorhersehbaren oder für das Kind beängstigenden Verhaltensweisen (Richter/Kreuznacht ZfJ 1999, 45, 49; zu häufigen psychiatrischen Krankheitsbildern im Umgangsverfahren sowie zu deren Wirkungen Pietzcker FPR 2005, 222; Kindler FPR 2005, 227; Hermann/Dietrich, in: Fthenakis [Hrsg], Begleiteter Umgang von Kindern [2008] 411 ff; dies NZFam 2018, 500, 506 ff; zur Problematik der Erziehungsfähigkeit bei solchen Erkrankungen Hommers/Steinmetz-Zubovic/Lewand FPR 2005, 230; insbesondere zu Suchtsituationen: Scharl/Schmid FamRB 2013, 224; Klein NZFam 2018, 477), so kann die Anordnung eines begleiteten Umgangs das Risiko beseitigen, dass der Umgangselternteil in einem für das Kindeswohl ungeeigneten Zustand erscheint oder dass sich das Kind während des Umgangs hilflos irritierenden Verhaltensweisen ausgesetzt sieht (Salzgeber/Vogel/Partale FuR 1991, 324, 328: Alkohol; Vogel FF 2014, 150). Insbesondere, wenn sich bereits Störungen bei dem Kind zeigen, die einen erhöhten Betreuungsbedarf begründen, kommt ein unbegleiteter Umgang nicht in Betracht (OLG Brandenburg FamRZ 2008, 716, 717).

Ein begleiteter Umgang kann in dieser Fallgruppe jedoch auch **unverhältnismäßig** sein, wenn es etwa nur darum geht, vor dem Umgang zu prüfen, ob der Umgangselternteil *alkoholisiert* ist oder unter dem Einfluss von Drogen steht. Allein abstrakte Gefahren genügen nicht für eine Einschränkung des Umgangsrechts (OLG Dresden 6. 9. 2016 – 18 UF 342/16, juris Rn 19, ZKJ 2017, 112: Drogenkonsum; OLG Frankfurt 8. 7. 2015 – 5 UF 135/15, juris Rn 4, FamRZ 2016, 482: Alkohol). Hiervon weicht die Praxis häufig beim Konsum auch nur leichter Drogen, wie zB Cannabis, ab und beschränkt zu Unrecht das Umgangsrecht (vgl etwa AG Ansbach 26. 5. 2011 – 4 F 283/10, juris Rn 10, FamRZ 2011, 1802: begleiteter Umgang bei Cannabiskonsum). Überwundene Alkoholabhängigkeit ist als solche kein Grund mehr für betreuten Umgang; jedoch kann dieser für eine nachfolgende Anbahnungsphase sinnvoll sein (KG FamRZ 2002, 412, 413, dazu unten Rn 318). Wird eine Untersuchung auf Alkohol- oder Drogensucht auf freiwilliger Basis (zur Unzulässigkeit etwaiger Beweiserhebungen vgl oben Rn 328) verweigert, kann dies gegen eine Übernachtung des Kindes sprechen (OLG Frankfurt 8. 7. 2015 – 5 UF 135/15, juris Rn 4, FamRZ 2016, 482) und beim Verdacht des Konsums harter Drogen (wie zB Heroin) eine Begleitung des Umgangs erforderlich machen (OLG Koblenz 24. 5. 2006 – 11 UF 60/06, juris Rn 10, FamRZ 2007, 926; Hermann/Dietrich NZFam 2018, 500, 506 ff auch zur

Frage der Ausgestaltung des begleiteten Umgangs bei Suchterkrankungen). Bei schweren Suchterkrankungen kann der begleitete Umgang auch davon abhängig gemacht werden, dass der Umgangselternteil regelmäßige Drogentests vorlegt oder zuvor an einer Beratung über die Durchführung der Ziele des begleiteten Umgangs teilnimmt (KG 6. 5. 2018 – 13 UF 40/16, juris Rn 39, FamRZ 2016, 1780 m Anm Dürbeck; Weber NZFam 2018, 510, 514).

Bei **psychischen Erkrankungen** des Umgangselternteils (dazu Vogel FF 2014, 150) kommt ebenfalls nur bei einer konkreten Gefahr für das Kind ein Ausschluss (dazu oben Rn 329) oder eine Beschränkung des Umgangsrechts (dazu Plattner, in: Dürbeck (Hrsg), Handbuch Begleiteter Umgang [4. Aufl 2023] 218; Fthenakis/Gödde, Begleiteter Umgang von Kindern [2008] 411 ff; OLG Celle 8. 10. 2018 – 10 UF 91/18, juris) in Betracht. Hier kann auch der begründete Verdacht einer psychischen Erkrankung des Umgangselternteils für eine Umgangsbegleitung genügen, wenn der Umgangselternteil sich weigert, an einer psychiatrischen bzw psychologischen Begutachtung mitzuwirken (OLG München 13. 12. 2013 – 26 UF 1436/13, juris Rn 54, FamRZ 2014, 1385) und das konkrete Risiko kindesschädlicher Einflüsse bei unbegleiteten Umgängen besteht.

Bei **physischen Krankheiten** des Umgangselternteils, insbesondere bei Infektionskrankheiten (näher oben Rn 326), wird ein begleiteter Umgang nur in Betracht kommen, wenn die Krankheit ansteckend ist, aber unter Beachtung von medizinischen Vorsichtsmaßregeln die Ansteckungsgefahr ausgeschlossen werden kann (sehr weitgehend die – insoweit nicht angefochtene – erstinstanzliche Regelung bei OLG Hamm NJW 1989, 2336). Häufig ist dann aber auch ein begleiteter Umgang nicht erforderlich, sofern der Umgangselternteil sich des Risikos bewusst ist und sich entsprechend verhält. Zu nennen sind hier auch Einschränkungen des Umgangselternteils in der Kommunikationsfähigkeit mit dem Kind infolge **körperlicher Behinderung** (EGMR 10. 1. 2017 – 32407/13, NLMR 2017, 20 Nr 86 und 93 [*Nowakowski/Polen*]: taubstummer Vater).

e) Außergewöhnliche Elternkonflikte

Außergewöhnliche Konfliktsituationen – meist in der Folge der Trennungskrise der 366
Eltern – und damit verbundene **hochkonflikthafte Auseinandersetzungen** um das Umgangsrecht können den begleiteten Umgang als eine – möglichst – vorübergehende Lösung begründen. Zwar begründen Konflikte der Eltern grundsätzlich Eingriffe in das Umgangsrecht nicht, da auch hier das Umgangsrecht nur dann ausgeschlossen oder beschränkt werden darf, wenn eine **konkrete Kindeswohlgefährdung** vorliegt (oben Rn 346 f). Diese kann sich in diesen Fällen allein aus der Person des **Kindes** ergeben. Vor allem wenn das Kind traumatisch oder sonst mit psychischem Krankheitswert auf die ständigen Konflikte reagiert oder in schwere Loyalitätskonflikte (BVerfG 29. 11. 2012 – 1 BvR 335/12, juris Rn 31, ZKJ 2013, 120; OLG Frankfurt 17. 9. 2018 – 4 UF 62/18, juris; OLG Nürnberg 20. 4. 2016 – 7 UF 270/16, juris Rn 192, NZFam 2016, 1206; OLG Brandenburg 6. 10. 2015 – 10 UF 57/13, juris Rn 24, FuR 2016, 303; OLG Celle 21. 2. 2013 – 12 UF 55/11, juris Rn 23, ZKJ 2013, 250; OLG Brandenburg 15. 3. 2012 – 9 UF 235/11, juris Rn 20, ZKJ 2012, 356; OLG Nürnberg 9. 8. 2007 – 11 UF 305/07, juris Rn 17, FamRZ 2008, 715) gerät, auch wenn ein weniger empfindliches Kind gelassener reagieren würde, muss das Umgangsrecht ggf beschränkt werden, ohne dass es auf die Ursächlichkeit des Phänomens ankommt. Hier geht es etwa um die Fälle, in denen der Umgangselternteil bewusst oder unbewusst das Kind anlässlich des Umgangs mit in den Konflikt zieht, sei es durch den Aufbau einer übermäßigen Bindung an das Kind zum Zweck der eigenen Konflikt-

bewältigung, Schuldzuweisungen, Herabsetzen des anderen Elternteils, oder als eine Brücke, um über den Umgang mit dem Kind wieder Kontakt zu dem anderen Elternteil zu knüpfen (Richter/Kreuznacht ZfJ 1999, 45, 49). Hinzukommen oftmals das Infragestellen des Aufenthalts des Kindes beim betreuenden Elternteil (OLG Hamm 23. 5. 2012 – 8 UF 32/10, juris Rn 30), der Erziehungseignung des betreuenden Elternteils (OLG Koblenz 30. 9. 2016 – 11 UF 418/16, juris Rn 80 ff, FamRZ 2017, 301 m Anm Dürbeck: Pflegekind; OLG Brandenburg 2. 4. 2015 – 15 UF 168/11, juris Rn 27 f, FamRZ 2015, 1818), das Unterwandern der Erziehung des anderen Elternteils (OLG Saarbrücken 14. 10. 2014 – 6 UF 110/14, juris Rn 26, ZKJ 2015, 117) oder die Unfähigkeit, auf Bedürfnisse des Kindes einzugehen (OLG Frankfurt 11. 7. 2016 – 1 UF 45/16, juris Rn 18). Da hier nicht der Umgang als solcher das Kindeswohl schädigt, sondern seine *Instrumentalisierung* durch den Umgangselternteil, kann ein begleiteter Umgang eine Alternative geben (vgl dazu Dietrich, in: Dürbeck (Hrsg), Handbuch Begleiteter Umgang [4. Aufl 2023] 196). Da die beschriebenen Verhaltensweisen in der Partnerkrise häufig geradezu zwanghaft auftreten, andererseits aber bei intellektueller Betrachtung von den meisten Menschen abgelehnt werden, besteht oftmals die Erwartung, dass sich der Umgangselternteil in Gegenwart Dritter zu beherrschen vermag, was aber bei Vorhandensein von Beratungsresistenz häufig nicht der Fall ist (vgl OLG Brandenburg 2. 4. 2015 – 15 UF 168/11, juris Rn 27 f, FamRZ 2015, 1818). Umgekehrt kommt ein begleiteter Umgang auch in Betracht, wenn das Kindeswohl durch begründete oder unbegründete *Angst* vor dem Umgang gefährdet ist (OLG Hamm KindPrax 1999, 63; OLG Hamm FamRZ 1999, 326). Die Anwesenheit einer Vertrauensperson des Kindes wird zwar häufig nicht den obstruierenden betreuenden Elternteil beruhigen, aber in aller Regel das Kind (vgl OLG Frankfurt 8. 7. 2022 – 4 UF 11/22, FamRZ 2022, 1860).

Solche Regelungen können dann in einen unbegleiteten Umgang münden, wenn das Kind Zutrauen zum Umgangselternteil gefasst hat. Auch den Elternteilen kann eine psychologische Begleitung des begleiteten Umgangs zeigen, wie sie durch ihr Verhalten auf das Kind nachteilig einwirken (Salzgeber FamRZ 1999, 975, 976). Kein adäquates Mittel bei einer konfliktreichen Elternbeziehung stellt im Übrigen die Anordnung von Umgängen in Begleitung des betreuenden Elternteils dar (EGMR 10. 1. 2017 – 32407/13, NLMR 2017, 20 Nr 91 [*Nowakowski/Polen*]: taubstummer Vater; **aA** OLG Frankfurt 8. 7. 2022- 4 UF 11/22, FamRZ 2022, 1860).

f) (Wieder-)Anbahnung des Umgangs bei Entfremdung

367 War der Umgang – häufig wegen einer Verweigerungshaltung des betreuenden Elternteils – für längere Zeit **unterbrochen** oder soll ein **Umgang erst angebahnt werden**, so kann, hier schon von der Zielsetzung her regelmäßig für eine *Übergangszeit* (ausnahmsweise aber auch auf Dauer bei Misslingen der Anbahnung: OLG Hamm 28. 2. 2011 – 8 UF 227/10, juris Rn 24 ff, FamRZ 2011, 1668: Pflegekind), ein begleiteter Umgang vor allem einem kleinen Kind helfen, die Scheu zu verlieren und sich an den Umgangselternteil zu gewöhnen (OLG Frankfurt 8. 7. 2022- 4 UF 11/22, FamRZ 2022, 1860; OLG Köln 11. 7. 2022 – 14 UF 34/22, NZFam 2022, 1034; OLG Frankfurt 17. 9. 2018 – 4 UF 62/18, juris; OLG Köln 8. 12. 2016 – 25 UF 109/16, juris Rn 20, FamRB 2017, 299; OLG Brandenburg 16. 4. 2015 – 10 UF 226/14, juris Rn 26 ff; OLG Nürnberg 26. 11. 2013 – 10 UF 173/13, juris Rn 16, FamRZ 2014, 858; OLG Brandenburg 19. 7. 2013 – 3 UF 20/12, juris Rn 23, FamRZ 2014, 1124; OLG Oldenburg 18. 7. 2012 – 4 UF 74/12, juris Rn 9, FamRZ 2013, 49; OLG Düsseldorf 25. 10. 2010 – 4 UF 252/09, juris Rn 5 f, FamRZ 2011, 822; OLG Brandenburg 12. 10. 2009 – 10 UF 118/07, juris Rn 25, FamRZ 2010, 740; OLG Brandenburg 29. 6. 2009 – 9 UF 102/08, juris Rn 27, FamRZ 2009, 1688; OLG Hamm FamRZ 1996, 424;

OLG Hamm FamRZ 1999, 326; KG FamRZ 2002, 412, 413; BMFSFJ, Deutsche Standards zum begleiteten Umgang [2008] 25; Heilmann/Gottschalk § 1684 Rn 72; Johannsen/Henrich/Althammer/Rake § 1684 Rn 63; Splitt FF 2016, 146, 150; Steighorst ZFE 2002, 236, 238; Willutzki KindPrax 2003, 49, 51; Fuss FPR 2002, 225, 226). Dabei kann es im Hinblick auf das kindliche Zeitempfinden und die Gefahr weiterer Entfremdung im Einzelfall auch geboten sein, begleiteten Umgang im Wege der **einstweiligen Anordnung** nach §§ 49 ff FamFG anzuordnen (OLG Frankfurt 16. 9. 2022 – 3 UF 86/22, juris Rn 13, NZFam 2022, 1035; OLG Brandenburg 21. 3. 2013 – 3 UFH 1/13, juris Rn 2).

Auch bei einer Umgangsanbahnung bei einem in einer **Pflegefamilie** lebendem Kind kann ein solcher begleiteter Umgang zur Gewöhnung stattfinden (OLG Hamm 28. 2. 2011 – 8 UF 227/10, juris Rn 24 ff, FamRZ 2011, 1668; KG FamRZ 2008, 810). Insbesondere kann der begleitete Umgang in Fällen, in denen der **Konflikt der Eltern** für eine gewisse Zeit sogar einen Umgangsausschluss erforderlich machte, im Anschluss geboten sein, um den Umgangsausschluss so kurz zu halten, dass keine unüberwindbare Entfremdung eintritt und eine behutsame und zugleich konsequente Umgangsanbahnung möglich wird (OLG Koblenz FamRZ 2008, 714; OLG Köln FamRZ 2009, 129). Allerdings kann es bei mehrjährigem Ausschluss des Umgangsrechts geboten sein, zunächst durch schriftlichen oder fernmündlichen Kontakt des Kindes mit dem Umgangselternteil den persönlichen begleiteten Umgang vorzubereiten (OLG Brandenburg 19. 7. 2013 – 3 UF 20/12, juris Rn 23, FamRZ 2014, 1124).

Bei größeren Kindern kommt eine Umgangsanbahnung durch begleiteten Umgang in Betracht, wenn das Kind aus nicht beachtlichen Gründen (oben Rn 302 ff) den **Umgang ablehnt** (OLG Frankfurt 17. 9. 2018 – 4 UF 62/18, juris; KG FamRZ 2001, 368, 369; OLG Köln 8. 12. 2016 – 25 UF 109/16, juris Rn 20, FamRB 2017, 299) und sein entgegenstehender Wille nicht einen Ausschluss erforderlich macht.

Eine Wiederanbahnung kann aber auch ggf mit **milderen Gestaltungsmitteln** erreicht werden (OLG Brandenburg FamRZ 2003, 1405).

Nicht erforderlich ist dagegen ein begleiteter Umgang im Hinblick auf die bei einem Säugling erforderliche normale **Hygienepflege** (vgl aber noch BayObLG JFG 5, 76); Umgang mit Kleinstkindern wird ohnehin häufig zeitlich so gestaltet, dass solche Pflegemaßnahmen nicht anfallen (vgl im Übrigen zum begleiteten Umgang mit Säuglingen und Kleinkindern Fricke ZfJ 2005, 389).

g) Fremduntergebrachte Kinder

Allein der Umstand, dass ein Kind – meist nach vorausgegangenen Sorgerechtsentzug nach § 1666 BGB – in Familienpflege oder Heimunterbringung lebt, vermag eine Beschränkung des Umgangsrechts auf begleitete Kontakte nicht zu rechtfertigen (BVerfG 14. 7. 2010 – 1 BvR 3189/09, juris Rn 21 ff, FamRZ 2010, 1622: Pflegekind; OLG Köln 13. 7. 2017 – 10 UF 70/17, ZKJ 2019, 148). Gleichwohl können zur Stabilisierung des Kindes und Integration in seine neue Umgebung begleitete Umgangskontakte veranlasst sein, wobei es für kürzere Zeiträume nach § 1684 Abs 4 S 1 BGB genügt, dass diese zum Wohl des Kindes erforderlich sind (vgl oben Rn 352). Im Übrigen ist bei der Anordnung von Umgangsbegleitung für längere Zeiträume iSd Abs 4 S 2 auch hier stets die Feststellung einer *konkreten Gefahr* für das Kind durch die Gewährung unbegleiteter Kontakte erforderlich. Hier spielen Fragen der Rückkehrperspektive (§ 1697a **368**

Abs 2 BGB), der Akzeptanz der Fremdunterbringung, die Verursachung von Loyalitätskonflikten bei dem Kind, Gefahren durch körperliche bzw sexuelle Übergriffe, die Gefahr einer Retraumatisierung und die Fähigkeit der Eltern zur Umgangsgestaltung und zum Eingehen auf die Bedürfnisse des Kindes eine zentrale Rolle (vgl ausführlich oben Rn 275 ff). Bei Kleinkindern ist auf das Zeitempfinden des Kindes Rücksicht zu nehmen (OLG Celle 8. 10. 2018 – 10 UF 91/18, juris Rn 9).

h) Inhaftierte Elternteile

369 Schon der Umstand, dass ein umgangsberechtigter Elternteil sich in **Haft** (insbesondere Straf- oder Untersuchungshaft, vgl dazu oben Rn 220 und 318) befindet, bedingt, dass aus Gründen der Anstaltssicherheit *Besuche des Kindes in der JVA* nicht unbeaufsichtigt erfolgen können. Soweit dem Umgangsberechtigten nicht Straftaten angelastet werden, die sich gegen das Kind oder den betreuenden Elternteil gerichtet haben (vgl den Fall von OLG Zweibrücken 30. 6. 2022 – 6 UF 18/22, FamRZ 2022, 1936), wird ein Bedarf für eine Umgangsbegleitung nach § 1684 Abs 4 S 3 BGB häufig nicht bestehen, wenn die den Umgang bzw Besuch des Kindes beaufsichtigenden Mitarbeiter der betreffenden JVA hinreichend pädagogisch bzw psychologisch geschult sind (OLG Hamburg 2. 8. 2016 – 2 UF 49/16, juris Rn 29, ZKJ 2017, 277: dort bejaht; vgl auch OLG Frankfurt 22. 8. 2023 – 6 UF 119/23, juris zum Maßregelvollzug). Anders wird dies aber vor allem dann zu beurteilen sein, wenn der Umgangsberechtigte Straftaten gegen Leib oder Leben des Kindes oder betreuenden Elternteil begangen hat oder solcher Taten dringend verdächtig ist und das Familiengericht – ausnahmsweise (vgl oben Rn 319 ff) – gleichwohl den Umgang nicht ausschließt. Hier wird es eines professionell begleiteten Umgangs im Rahmen einer Anordnung nach § 1684 Abs 4 S 3 BGB im Regelfall bedürfen.

Bei der Regelung von Zeit, Ort und Häufigkeit der Umgangskontakte sind hier jedoch dem Familiengericht *Grenzen* gesetzt, da es auf bauliche, personelle und organisatorische Möglichkeiten der Durchführung von Besuchen in der betreffenden *Justizvollzugsanstalt* Rücksicht zu nehmen hat und sich insoweit auch nicht über deren Sicherheitsbelange hinwegsetzen kann (OLG Brandenburg 5. 12. 2018 – 9 UF 217/18, FamRZ 2019, 985), zumal eine familiengerichtliche Umgangsregelung für die Justizvollzugsanstalt keine unmittelbare rechtliche Bindungswirkung entfaltet (OLG Frankfurt 6. 1. 2015 – 3 Ws 904/14, juris Rn 3). Das *Amtsgericht Schwäbisch Hall* hat dies in einem Fall, in dem das Kind der Mutter in der JVA geboren wurde und diese sich geweigert hatte, der Mutter einen Mutter-Kind-Platz zur Verfügung zu stellen, bei der Regelung des mütterlichen Umgangsrechts in grober Weise missachtet und der JVA sogar in rechtswidriger Weise die Verfahrenskosten auferlegt (vgl AG Schwäbisch Hall 26. 10. 2021 – 2 F 650/21 eA, juris und dazu die ausführliche Schilderung und Bewertung dieses Aufsehen erregenden Falles von Obermann NZFam 2022, 728, der eine Vielzahl von Gerichten unterschiedlicher Rechtswege bis hin zum BVerfG beschäftigt hat). Im Einzelfall kann ein Umgang hier auch in Form von (überwachten) **Videotelefonaten** mit dem Kind in Betracht kommen (vgl OLG Oldenburg 24. 7. 2023 – 11 UF 77/23, NZFam 2023, 942 m Anm Volke).

7. Mitwirkungsbereiter Dritter

a) Mitwirkungsbereitschaft

370 Der zur Begleitung bestimmte Dritte muss nach § 1684 Abs 4 S 3 BGB **zur Mitwirkung bereit** sein. Das hat das Familiengericht vor Anordnung des begleiteten Um-

gangs zu klären (OLG Frankfurt 24. 3. 2015 – 5 UF 270/14, juris Rn 9, ZKJ 2015, 240; OLG Frankfurt FamRZ 1999, 617). Auf Abs 3 S 1 HS 2, wonach Regelungen auch gegenüber Dritten getroffen werden können, kann eine Einbeziehung in den begleiteten Umgang nicht gestützt werden, da die Vorschrift sich nach ihrem Zweck nicht darauf bezieht, dass ein Dritter gegen seinen Willen zur *Anwesenheit* bei Ausübung des Umgangsrechts gezwungen werden könnte (BT-Drucks 13/4899, 106; FamRefK/Rogner § 1684 Rn 25; Johannsen/Henrich/Jaeger [6. Aufl 2015] § 1684 Rn 32). Auch im Fall des Abs 4 S 4 kann der öffentliche **Träger der Jugendhilfe** oder der jeweilige Verein eines freien Trägers **nicht vom Familiengericht gezwungen werden**, die Aufgabe des beschützenden Dritten zu übernehmen, obwohl dies nach § 2 Abs 2 Nr 2 iVm § 18 Abs 3 S 3 und 4 SGB VIII zu den Aufgaben und Leistungen der Kinder- und Jugendhilfe gehört (BVerfG 29. 7. 2015 – 1 BvR 1468/15, juris Rn 5, FamRZ 2015, 1686; BGH 9. 6. 2021 – XII ZB 513/20, JAmt 2021, 579 Rn 16; OLG Frankfurt 24. 3. 2015 – 5 UF 270/14, juris Rn 9, ZKJ 2015, 240; BT-Drucks 13/4899, 106; Dürbeck ZKJ 2015, 457, 458; **aA** zu Unrecht: AG Schwäbisch Hall 26. 10. 2021 – 2 F 650/21 eA, juris; AG Erfurt 22. 12. 2016 – 36 F 1485/16, juris Rn 6). Dies gilt ausnahmslos und auch für den Fall, dass das **Jugendamt** die jugendhilferechtliche **Bewilligung** von Umgangsbegleitung nach § 18 Abs 3 S 4 SGB VIII **verweigert** (BVerfG 29. 7. 2015 – 1 BvR 1468/15, juris Rn 5, FamRZ 2015, 1686; BGH 9. 6. 2021 – XII ZB 513/20, JAmt 2021, 579 Rn 16; OLG Frankfurt 24. 3. 2015 – 5 UF 270/14, juris Rn 9, ZKJ 2015, 240; OLG Schleswig 23. 3. 2015 – 10 UF 6/15, juris Rn 34, FamRZ 2015, 1040; MünchKommBGB/Hennemann § 1684 Rn 76; Dürbeck ZKJ 2015, 457, 458), wobei die **fehlende Anordnungskompetenz** des Familiengerichts gegenüber dem Jugendamt hier bereits (nach Abs 4 S 3) aus dem *materiellen Recht* folgt (OLG Frankfurt 28. 11. 2012 – 1 WF 294/12, juris Rn 18, ZKJ 2013, 167; Dürbeck ZKJ 2015, 457, 459), sodass sich die vor allem bei § 1666 BGB kontrovers diskutierte Frage des Verhältnisses zwischen Familiengericht und Jugendamt im Hinblick auf § 36a SGB VIII hier nicht stellt (zur Diskussion um die Anordnungskompetenz der Familiengerichte gegenüber den Jugendämtern vgl Heilmann/Köhler § 36a SGB VIII Rn 1 ff; Meysen NZFam 2016, 580; Vogel NZFam 2016, 585; Prinz NZFam 2022, 477). Zu den Folgen bei Verweigerung der Umgangsbewilligung durch das Jugendamt vgl Rn 340.

Die Freiwilligkeit der Umgangsbegleitung und die fehlende Beteiligtenstellung des Umgangsbegleiters im gerichtlichen Verfahren bedingt auch, dass eine Umgangsregelung bei Verstößen **nicht gegen den Umgangsbegleiter** mit Ordnungsmitteln nach § 89 FamFG **vollstreckt** werden kann (BGH 9. 6. 2021 – XII ZB 513/20, JAmt 2021, 579 Rn 20; OLG Frankfurt 23. 6. 2020 – 5 WF 107/20, ZKJ 2020, 437; Prütting/Helms/Hammer § 89 FamFG Rn 15; DIJuF-Rechtsgutachten JAmt 2012, 648, 650; **aA** zu Unrecht: AG Erfurt 22. 12. 2016 – 36 F 1485/16, juris Rn 6, welches einen Warnhinweis gemäß § 89 Abs 2 FamFG gegenüber dem Jugendamt erteilt hat), zumal er seine Mitwirkungsbereitschaft jederzeit widerrufen kann (BGH 9. 6. 2021 – XII ZB 513/20, JAmt 2021, 579 Rn 16). Dies gilt auch dann, wenn das **Jugendamt** in einem nach § 156 Abs 2 FamFG **gerichtlich gebilligten Vergleich** seine **Mitwirkungsbereitschaft** an der Begleitung des Umgangs **erklärt** hat und es am Verfahren nach § 162 Abs 2 S 2 FamFG beteiligt war (BGH 9. 6. 2021 – XII ZB 513/20, JAmt 2021, 579 Rn 16; Prütting/Helms/Hammer § 89 FamFG Rn 15; Sternal/Giers § 89 FamFG Rn 9; Finke FamFR 2013, 142; zweifelnd, aber damals noch offen lassend: BGH 19. 2. 2014 – XII ZB 165/13, juris Rn 20, ZKJ 2014, 251; **aA** OLG Frankfurt 28. 11. 2012 – 1 WF 294/12, juris Rn 12 ff, ZKJ 2013, 167).

Im Verhältnis zum umgangsberechtigten Elternteil stellt dies lediglich eine sozialverwaltungsrechtliche Zusicherung iSd § 34 SGB X dar (DIJuF-Rechtsgutachten JAmt 2012, 648, 649).

b) Person des Dritten

371 Dritter kann eine **Privatperson** sein, also Freunde, Bekannte, Verwandte, Lehrer oder Geistliche (Grüneberg/Götz § 1684 Rn 35; Heilmann/Gottschalk § 1684 Rn 75; Völker/Clausius, Sorge- und Umgangsrecht [8. Aufl 2021] § 2 Rn 191; Dürbeck ZKJ 2015, 457, 458; Di Cato FamRB 2014, 389, 391). Dabei bedarf es nicht notwendig des Einverständnisses der Verfahrensbeteiligten. Immer muss jedoch das Gericht die **Eignung** des Dritten prüfen (OLG Stuttgart FamRZ 2007, 1682, 1683). Für einen gedeihlichen Umgang ist es jedoch erforderlich, dass der Dritte das *Vertrauen des Kindes* genießt, möglichst auch das des betreuenden Elternteils, um nicht neuen Streit zu programmieren, und auch möglichst das des Umgangselternteils, weil er mit diesem zusammentreffen muss, was aber in der Praxis kaum zu verwirklichen ist (Willutzki KindPrax 2003, 49, 51).

Für die Begleitung durch Privatpersonen eignen sich allenfalls Fälle, in denen es vorrangig um den *äußeren Schutz* des Kindes geht und besondere *psychologische oder pädagogische Kenntnisse* nicht erforderlich sind. Hier kann die Begleitung durch eine den Beteiligten bekannte Privatperson oder die Durchführung des Umgangs im Haus eines Verwandten dem begleiteten Umgang einiges von seiner unnatürlichen Gestalt nehmen (vgl OLG Celle FamRZ 1996, 364, 365; OLG Hamburg FamRZ 1996, 422, 424: jeweils im Haus der Großeltern seitens des Umgangselternteils; vgl auch BGH 21. 9. 2022 – XII ZB 150/19, NZFam 2023, 63 zur Beaufsichtigung des Umgangs des pädophilen Vaters durch seine Eltern im Rahmen von § 1666 Abs 3 Nr 4 BGB). Sofern es ausschließlich um die Bewachung zur Verhinderung einer Entführung geht, kann Dritter zwar auch ein Detektiv sein (OLG München FamRZ 1998, 976, 977), wobei in solch brisanten Fällen aber wohl eher an einen Umgangsausschluss zu denken ist. Insgesamt sollte aber – trotz knapper personeller und finanzieller Ressourcen der Jugendhilfe – auf den Einsatz von Privatpersonen zur Umgangsbegleitung wenn möglich verzichtet werden, da diese bei Konflikten während des Umgangs kaum dazu in der Lage sind, diesen zu begegnen (ebenso MünchKommBGB/Hennemann § 1684 Rn 74; Willutzki KindPrax 2003, 49, 51). Wählt das Familiengericht gleichwohl eine Privatperson aus, muss es zunächst ihre Mitwirkungsbereitschaft ermitteln (BT-Drucks 13/4899, 106; OLG Frankfurt 14. 1. 1999 – 3 UF 309/98, juris Rn 12, FamRZ 1999, 617; BeckOGK/Altrogge [15. 11. 2021] § 1684 Rn 473).

Der **betreuende Elternteil** kann zwar nach der Gesetzeslage ebenfalls zum Umgangsbegleiter bestimmt werden, soweit er mitwirkungsbereit ist. Kindeswohldienlich wäre dies aber nur dann, wenn zwischen den Eltern keine Konflikte bestehen und insbesondere auch der Umgangsberechtigte einverstanden ist (EGMR 10. 1. 2017 – 32407/13, NLMR 2017, 20 Nr 91 [*Nowakowski/Polen*]: taubstummer Vater; **aA** und sehr zweifelhaft OLG Frankfurt 8. 7. 2022 – 4 UF 11/22, FamRZ 2022, 1860: Umgang in der Wohnung der Mutter). Keinesfalls kann aber die Mitwirkungsbereitschaft des betreuenden Elternteils durch gerichtliche Anordnung erzwungen werden (Völker/Clausius, Sorge- und Umgangsrecht [8. Aufl 2021] § 2 Rn 191; MünchKommBGB/Hennemann § 1684 Rn 74; **aA** OLG Nürnberg 26. 11. 2013 – 10 UF 173/13, juris Rn 18, FamRZ 2014, 858).

In der Praxis spielen private Umgangsbegleiter im Übrigen so gut wie keine Rolle.

c) Umgangsbegleiter der öffentlichen und freien Jugendhilfe

372 Ist – wie im absoluten Regelfall – (Mit-)Ursache für die Anordnung des begleiteten Umgangs eine Problematik, die möglichst mittels einer **psychologischen bzw pädagogischen Hilfestellung** abgebaut werden soll, ist die Einschaltung eines professionell, ins-

besondere (vgl zur Einschaltung eines Arztes als Dritter bei AIDS-Infektion: OLG Hamm NJW 1989, 2336) **psychologisch bzw pädagogisch ausgebildeten Dritten**, der entsprechend heute geltender Standards (vgl BMFSFJ, Deutsche Standards zum begleiteten Umgang [2008] 14 ff; Fthenakis/Gödde, Begleiteter Umgang von Kindern [2008] 433 ff; Prinz/Güthoff, in: Klinkhammer/Prinz, Handbuch Begleiteter Umgang [3. Aufl 2017] 131 ff: Deutscher Kinderschutzbund; Dürbeck (Hrsg), Handbuch Begleiteter Umgang [4. Aufl 2023] 341 zu den Qualitätsstandards des Deutschen Kinderschutzbundes) eine **Konzeption** zur Überwindung der den begleiteten Umgang notwendig machenden Gründe bzw zum notwendigen Schutz des Kindes vorlegen kann (13. DFGT FuR 2000, 113, 115 Nr 2 a bb; Salzgeber/Vogel/Partale FuR 1991, 324, 328; zu **Praxiserfahrungen und Konzepten** vgl Burschik/Schreiner-Hirsch, in: Dürbeck (Hrsg), Handbuch Begleiteter Umgang [4. Aufl 2023] 151; Schlund ZKJ 2015, 55 ff, 104 ff; Vergho FPR 2007, 296; Fthenakis BEB 1999, 3; Müller FPR 2002, 237; Rahn/Borgolte FPR 2002, 245; Leyhausen, Der beschützte Umgang etc [2000] 111 ff; eingehend zur **Vorbereitung** eines begleiteten Umgangs Vergho FPR 2007, 296), erforderlich. Den Konzepten ist gemeinsam, dass sich der begleitete Umgang **dreistufig** in eine *Vorbereitungsphase* (Gespräche mit beiden Eltern und dem Kind, Vereinbarung der Termine, vgl Vergho FPR 2007, 296), die *Durchführung* und die *Abschussphase* (Gespräch, Zukunftsplanung, Beratung) nach Beendigung der Begleitung untergliedert (vgl Luthin FamRB 2016, 69, 72 f). Zur Vorbereitung des begleiteten Umgangs kann den Eltern vom **Familiengericht aufzugeben** sein, an einem Vorgespräch mit dem zuständigen Umgangsbegleiter teilzunehmen und das Kind zum Kennenlernen der Örtlichkeit und Person des Umgangsbegleiters vorab zu bringen (OLG Brandenburg 21. 3. 2013 – 3 UFH 1/13, juris Rn 6).

In Betracht kommen dabei öffentliche **Träger der Jugendhilfe** (vgl den Praxisbericht von Sydow FPR 2002, 228) bzw einschlägig tätige **Vereine der freien Träger der Jugendhilfe** (§ 1684 Abs 4 S 4 HS 1 BGB), wie zB der Deutsche Kinderschutzbund, AWO oder Caritas, da nach §§ 2 Abs 2 Nr 2, 18 Abs 3 S 3 und 4 SGB VIII dies zu den Aufgaben der **Kinder- und Jugendhilfe** (dazu Kunkel FPR 2005, 239, 242) gehört. Der Träger der öffentlichen bzw freien Jugendhilfe bestimmt dabei nach Abs 4 S 4 HS 2 selbst, **welche Einzelperson** die Aufgabe der Umgangsbegleitung übernimmt. Entgegen dem weiten Wortlaut bedeutet dies aber nicht, dass die Aufgabe durch die Organisation weiterübertragen werden darf. Die Bestimmung des Dritten setzt zwar dessen Einverständnis voraus, ist aber im Übrigen Aufgabe des Gerichts; die Auswahl des Dritten geschieht auch mit Rücksicht auf dessen Fachkunde, Neutralität und Akzeptanz bei den Beteiligten. Die Organisation darf also keine außenstehenden Privatpersonen bestimmen, insbesondere nicht den betreuenden Elternteil oder diesem nahestehende Personen; neben den Mitarbeitern der jeweiligen Jugendhilfebehörde oder *(ehrenamtlichen)* Mitarbeitern bzw Mitgliedern des jeweiligen Vereins kommen insbesondere auch auf Honorarbasis beschäftigte **Fachkräfte** in Betracht. Probleme bei der Umsetzung der Auswahl einer geeigneten Fachkraft bestehen häufig dann, wenn Umgangselternteil und/oder Kind *nicht der deutschen Sprache mächtig* sind und die Umgangsbegleitung, wie regelmäßig, impliziert, dass der Umgangsbegleiter die Konversation unter den Beteiligten versteht (zur Frage der Amtshaftung bei Verweigerung eines Umgangsbegleiters, der die Muttersprache des Umgangselternteils spricht, vgl OLG Hamburg 1. 7. 2011 – 1 U 34/10, FamRZ 2011, 1671; zur Hinzuziehung eines Dolmetschers DIJuF-Rechtsgutachten JAmt 2020, 644 bei Gefahr der Negativbeeinflussung des Kindes durch den Vater; vgl auch zum Umgang mit Sprachproblemen Cortico, in: Dürbeck (Hrsg), Handbuch Begleiteter Umgang [4. Aufl 2023] 229, 235 f).

Entgegen früherer Praxis (vgl die heute nicht mehr repräsentative statistische Erhebung von Fichtner/Fthenakis FPR 2002, 231, 233) und vorbehaltlich noch herrschender regionaler Unterschiede haben sich heute vielfach die **Jugendämter** vollständig aus der Umgangsbegleitung zurückgezogen und übertragen diese Aufgabe ganz überwiegend auf **Träger der freien Jugendhilfe**, wie dies im Übrigen auch der Zielsetzung von § 4 Abs 2 SGB VIII entspricht. Innerhalb der freien Träger werden aber nicht durchweg **professionelle Fachkräfte** mit der Aufgabe der Umgangsbegleitung betraut, sondern zum Teil auch **ehrenamtlich** tätige Mitarbeiter eingesetzt. Der Umstand, dass das Familiengericht hierauf keinen Einfluss hat, ist unbefriedigend und spricht ebenfalls dafür, die Auswahl des Umgangsbegleiters im Zuge einer erforderlichen Reformierung des begleiteten Umgangs (siehe oben Rn 358) ausschließlich in die Hand des Familiengerichts zu legen. Im Übrigen kann das Familiengericht das Jugendamt nicht anweisen, begleitete Umgangskontakte selbst durchzuführen bzw einen freien Träger damit zu beauftragen (vgl oben Rn 370). Das Jugendamt hat sich aber auf Nachfrage dem Familiengericht gegenüber im Hinblick auf die sozialrechtliche Gewährleistungspflicht von § 79 Abs 2 SGB VIII zu seiner **Mitwirkungsbereitschaft zu erklären** (BGH 9. 6. 2021 – XII ZB 513/20, JAmt 2021, 579 Rn 18; OVG Saarlouis 4. 8. 2014 – 1 B 283/14, juris Rn 24, ZKJ 2014, 488; Wiesner/Wapler/Dürbeck § 18 SGB VIII Rn 33 f; MünchKommBGB/Hennemann § 1684 Rn 76).

Zu Fragen des **Datenschutzes** beim begleiteten Umgang vgl Walther, in: Dürbeck (Hrsg), Handbuch Begleiteter Umgang [4. Aufl 2023] 108 ff.

d) Professionelle Umgangsbegleiter auf Honorarbasis

373 Die Einschaltung von **professionellen Psychologen oder Pädagogen** zur Umgangsbegleitung wäre sinnvoll und hätte für den betroffenen Umgangselternteil den Vorteil, dass das Familiengericht nicht das zum Teil langwierige und das Verfahren verzögernde jugendhilferechtliche Bewilligungsverfahren (unten Rn 374-376) abwarten müsste. In der Praxis bieten Psychologen und sonst als Verfahrensbeistände oder Umgangspfleger tätige Pädagogen oder Rechtsanwälte solche Dienste durchaus an. Diese haben gegenüber Trägern der Jugendhilfe (vgl Wiesner/Wapler/Dürbeck § 18 SGB VIII Rn 33a) den Vorteil, dass sie häufig *Termine auch am Wochenende* anbieten. Nach der gegenwärtigen Gesetzeslage (oben Rn 358) kann aber eine Finanzierung berufsmäßig tätiger Umgangsbegleiter über die gerichtlichen Verfahrenskosten nicht erfolgen. Ein professioneller Umgangsbegleiter kann daher außerhalb der Finanzierung durch die Jugendhilfe nur auf **Honorarbasis** von den Eltern beauftragt werden, was zur Folge hat, dass der Umgangselternteil aufgrund seines *Vertrages* mit dem Umgangsbegleiter *dessen Kosten* zu tragen hätte. Hierzu sind aber im Hinblick auf die *kostenfreie Gewährung des begleiteten Umgangs durch die Jugendhilfe* nur wenige einkommensstarke Elternteile bereit. Ob dies gerade bei Verweigerung oder nur zeitlich sehr beschränkter Bewilligung von Umgangsbegleitung durch das Jugendamt für einkommensschwache Eltern, die die Kosten der Umgangsbegleitung auch nicht über die Verfahrenskostenhilfe (§§ 76 Abs 1 FamFG, 114 ZPO) finanzieren können, mit **Art 3 Abs 1 GG** zu vereinbaren ist, erscheint zweifelhaft (vgl Dürbeck ZKJ 2015, 457, 460). Nur eine scheinbare Alternative hierzu ist die vom *BGH* auch im Hinblick auf die Finanzierung durch die Justizkasse anerkannte und in der Praxis durchaus verbreitete Beauftragung eines **Umgangspflegers** auch für die Umgangsbegleitung, da insoweit kumulativ auch die engen Voraussetzungen von § 1684 Abs 3 S 3 BGB vorliegen müssen (vgl dazu auch Keuter FamRZ 2022, 581; Schäder JAmt

2021, 2; DÜRBECK ZKJ 2019, 141 und oben bereits Rn 131 und Rn 376). Wird der (berufsmäßige) Umgangspfleger auch zum Umgangsbegleiter bestellt, so sind die Auslagen für seine Vergütung nach Nr 2014 KV FamGKG *Teil der Gerichtskosten* und den Eltern in Rechnung zu stellen, soweit sie nach §§ 81 ff FamFG zu den Gerichtskosten herangezogen worden sind.

8. Jugendhilferechtliches Bewilligungsverfahren

Kommt wie im Regelfall während des gerichtlichen Umgangsverfahren nur die **Auswahl eines Trägers der Jugendhilfe** in Betracht, so hat das Familiengericht zunächst das jugendhilferechtliche Bewilligungsverfahren **abzuwarten**, da erst dann feststeht, ob und wenn ja welcher konkrete Träger den Umgang begleitet. Im **Bewilligungsverfahren** (vgl dazu LOHSE/BECKMANN, in: DÜRBECK (Hrsg), Handbuch Begleiteter Umgang [4. Aufl 2023] 89, 100 ff) sind schon die formellen Voraussetzungen für die Gewährung begleiteten Umgangs als Leistung der Jugendhilfe iSd § 2 Abs 2 Nr 2 SGB VIII noch nicht hinreichend geklärt. Während das *BVerwG* der Ansicht ist, dass Leistungen der Jugendhilfe grundsätzlich eines **Antrages** bei dem Träger der öffentlichen Jugendhilfe bedürfen (BVerwG 28. 9. 2000 – 5 C 29/99, juris Rn 13, ZfJ 2001, 310; BVerwG 14. 11. 2013 – 5 C 34/12, juris Rn 35, ZKJ 2014, 108; OLG Brandenburg 15. 6. 2020 – 13 UF 57/20, juris Rn 10, JAmt 2020, 468; ebenso DÜRBECK ZKJ 2015, 457, 458; HOLLDORF/vPIRANI ZKJ 2012, 384, 385 f) ist das überwiegende Schrifttum der Auffassung, dass es eines förmlichen Antrages nicht bedarf, da Ansprüche auf Sozialleistungen nach § 40 Abs 1 SGB I kraft Gesetzes bei Vorliegen ihrer Voraussetzungen entstehen würden und daher ein Einverständnis genüge (DIJuF-Rechtsgutachten JAmt 2012, 460; JAmt 2020, 449450; WIESNER/WAPLER/WAPLER § 27 SGB VIII Rn 50; LPK-SGB VIII/KUNKEL/KEPERT § 27 Rn 1). Die **Praxis der Jugendämter** folgt dabei jedenfalls überwiegend der Rechtsprechung und besteht auf der *(schriftlichen) Stellung eines Antrages* auf einem dafür vorgesehenen Vordruck, der im Regelfall in der mündlichen Verhandlung bei dem Familiengericht nicht vorliegt. Häufig wird unabhängig davon ein späterer Termin mit den Eltern beim Jugendamt zum Abschluss eines Hilfeplanes (§ 36 SGB VIII) erforderlich sein (HOLLDORF/vPIRANI ZKJ 2012, 384, 386), auch wenn ein solcher bei Maßnahmen nach § 18 SGB VIII nicht obligatorisch ist (LPK-SGB VIII/KUNKEL/KEPERT § 36 Rn 13). Dabei bestehen die Jugendämter nicht selten darauf, dass auch *der betreuende und (mit-)sorgeberechtigte Elternteil* einen Antrag stellt (vgl DIJuF-Rechtsgutachten JAmt 2017, 230, 231 und den Fall von OLG Koblenz 11. 6. 2019 – 13 UF 86/19, NZFam 2020, 133), was sich angesichts des Umstands, dass es sich bei § 18 Abs 3 S 4 SGB VIII um einen Anspruch des umgangsberechtigten Elternteils handelt, jedenfalls im Kontext eines familiengerichtlichen Verfahrens nicht erschließt (OVG Münster 27. 6. 2014 – 12 B 579/14, NJW 2014, 3593; WIESNER/WAPLER/DÜRBECK § 18 SGB VIII Rn 33a; SCHÄDER JAmt 2021, 2, 6). Wirkt der betreuende Elternteil bei Antragstellung und ggf Hilfeplanerstellung nicht mit, weil er den Umgang verweigert, kommt es häufig zu Verzögerungen und Irritationen, die darauf beruhen, dass Leistungen der Jugendhilfe – anders als bei gerichtlichen Entscheidungen zum Umgangsrecht – auf dem **Prinzip der Freiwilligkeit** beruhen (FK-SGB VIII/MÜNDER Einleitung Rn 33). 374

Der Anspruch nach § 18 Abs 3 und 4 SGB VIII ist im Übrigen auch dann gegenüber dem Träger öffentlicher Jugendhilfe geltend zu machen, wenn die Leistung selbst durch einen **Träger freien Jugendhilfe** erbracht werden soll (vgl § 3 Abs 2 S 2 SGB VIII; OVG Münster 18. 4. 2006 – 12 B 378/06, juris Rn 5). Soweit das Jugendamt nicht als

Amtsvormund oder Amtspfleger bestellt ist (zu diesem Fall vgl § 1686 Rn 5), besteht allerdings kein Anspruch auf **Auskunft über die persönlichen Verhältnisse des Kindes** gemäß § 1686 BGB gegen das Jugendamt als Erbringer von Leistungen iSd § 18 Abs 3 S 4 SGB VIII, und zwar weder zivilrechtlich noch öffentlich-rechtlich (OVG Schleswig 29. 11. 2017 – 3 O 40/17, juris Rn 3: unbekannter Aufenthalt des Kindes).

375 In **materiell-rechtlicher Hinsicht** bestimmt § 18 Abs 3 S 3 SGB VIII, dass umgangsberechtigte Eltern einen Anspruch auf Beratung und Unterstützung bei der Ausübung des Umgangsrechts haben. S 4 ergänzt diese Regelung dahin, dass bei der Herstellung von Umgangskontakten und bei der Ausführung gerichtlicher oder vereinbarter Umgangsregelungen das Jugendamt vermitteln und **in geeigneten Fällen Hilfestellung** leisten soll. Unter den Begriff der *Hilfestellung* fällt unzweifelhaft auch die Umgangsbegleitung (OVG Münster 28. 12. 2016 – 12 B 1336/16, juris Rn 5, FamRZ 2017, 808; FK-SGB VIII/Tammen § 18 Rn 44; Heilmann/Köhler § 18 SGB VIII Rn 2; Wiesner/Wapler/Dürbeck § 18 SGB VIII Rn 32a). Der Begriff der **Eignung** des Falles ist ein *unbestimmter Rechtsbegriff*, der von den Verwaltungsgerichten uneingeschränkt nachprüfbar ist und den Jugendämtern keinen Beurteilungsspielraum gewährt (OVG Münster 15. 12. 2021 – 12 B 1551/21, juris Rn 21, NZFam 2022, 188; OVG Berlin-Brandenburg 19. 4. 2012 – OVG 6 S 12. 12, juris Rn 8, ZKJ 2012, 362; OVG Münster 27. 6. 2014 – 12 B 579/14, juris Rn 12, NJW 2014, 3593; FK-SGB VIII/Tammen § 18 Rn 45). Ein Fall ist dann für eine Umgangsbegleitung geeignet, wenn die Hilfestellung des Jugendamts für die Umgangskontakte **förderlich** ist (OVG Münster 28. 12. 2016 – 12 B 1336/16, juris Rn 15, FamRZ 2017, 808; Fischer, in: Schellhorn/Fischer/Mann/Kern § 18 SGB VIII Rn 30). Die Rechtsprechung grenzt aber im Hinblick auf Art 6 Abs 2 S 1 GG und Art 8 Abs 1 EMRK zunehmend negativ dahin ab, dass eine Eignung iSd § 18 Abs 3 S 4 SGB VIII dann nicht gegeben ist, wenn die beabsichtigte Umgangsbegleitung *das Kindeswohl gefährdet* (OVG Münster 6. 5. 2022 – 12 B 398/22, NZFam 2023, 93; OVG Münster 22. 2. 2017 – 12 E 780/16, juris Rn 8, FamRZ 2017, 1935; VG Gera 23. 2. 2021 – 6 K 330/20 Ge, juris Rn 58, ZKJ 2021, 423). Dem Jugendamt ist dabei grundsätzlich eine gegenüber dem Familiengericht **eigenständige Entscheidung** zugewiesen, die sich am *Kindeswohl* und seiner möglichen Gefährdung (OVG Münster 22. 2. 2017 – 12 E 780/16, juris Rn 8), den Grund- und Menschenrechten des Umgangselternteils (OVG Münster 28. 12. 2016 – 12 B 1336/16, juris Rn 5, FamRZ 2017, 808) und auch der *Kooperationsbereitschaft* des Umgangselternteils (OVG Berlin-Brandenburg 19. 4. 2012 – OVG 6 S 12. 12, juris Rn 20, ZKJ 2012, 362) unter Zugrundelegung pädagogischer Erwägungen zu richten hat. Auf fehlende *personelle oder finanzielle Kapazitäten* kann sich der Träger der öffentlichen Jugendhilfe dabei nicht berufen (OVG Münster 28. 12. 2016 – 12 B 1336/16, juris Rn 20, FamRZ 2017, 808; OVG Münster 27. 6. 2014 – 12 B 579/14, juris Rn 32, NJW 2014, 3593). Die Eignung kann aber fehlen, wenn sich kein freier Träger zur Umgangsbegleitung bereit erklärt und der Umgangsberechtigte auch nicht bereit ist, Hilfe seitens des Jugendamtes anzunehmen (OVG Berlin-Brandenburg 19. 4. 2012 – OVG 6 S 12. 12, juris Rn 9, ZKJ 2012, 362).

Bei der Einschätzung, ob etwa im Falle *hochkonflikthafter Elternauseinandersetzungen* und damit verbundener Loyalitätskonflikte und einer etwaigen Ablehnungshaltung des Kindes der Umgang auszuschließen oder Umgangsbegleitung zu gewähren ist, kann es – auch angesichts verfahrensrechtlicher Instrumente und Prüfungsmaßstäbe (vgl Dürbeck ZKJ 2015, 457, 460) – durchaus zu *unterschiedlichen Auffassungen zwischen Familiengerichten und Jugendämtern* in Bezug auf die Frage der Förderlichkeit der Umgangsbegleitung und der Gefährdung des Kindeswohls kommen. Denkbar sind auch Meinungsverschiedenheiten zwischen Jugendamt und Familiengericht, ob ein beschützter Umgang bei einem pädophilen Vater mit Gefahren eines „Hands-On-Delikts" zur Umgangsbegleitung geeignet ist (vgl den Fall von OVG Münster 15. 12. 2021 – 12 B 1551/21, juris Rn 21, NZFam 2022, 188). Dies ist hinzunehmen und Folge der **verfehlten gesetzgeberischen Konzeption** einer Aufteilung der Umgangsbegleitung in Bezug auf ihre Anordnung einerseits und ihre Umsetzung und Finanzierung andererseits. Auf der anderen Seite zeigt sich in der verwaltungsgerichtlichen Rechtsprechung eine Tendenz, bei der Auslegung des Merkmals „geeignet" sich an die Einschätzung des Familiengerichts im Hinblick auf das Kindeswohl (§ 1697a BGB) zu orientieren und Jugendämter bei Bejahung begleiteten Umgangs durch das Familiengericht zum Angebot der Leistung gegenüber dem Umgangsberechtigten zu verpflichten (OVG Münster 6. 5. 2022 – 12 B 398/22, NZFam 2023, 93; OVG Münster 15. 12. 2021 – 12 B 1551/21, juris Rn 21, NZFam 2022, 188; VG Würzburg 21. 11. 2018 – W 3 E 18.1262, juris). Im Hinblick auf die gleichwohl fortbestehende Rechtsunsicherheit und die durch unterschiedliche Einschätzungen von Familiengericht und Jugendamt eintretenden Verfahrensverzögerungen ist der Vorschlag von Prinz (NZFam 2022, 477, 486) zu begrüßen, de lege ferenda § 18 Abs 3 S 4 SGB VIII dahin zu ergänzen, dass ein „geeigneter Fall" für eine Umgangsbegleitung insbesondere dann vorliegt, wenn das Familiengericht in einem anhängigen Umgangsverfahren die Erforderlichkeit einer professionellen Begleitung des Umgangs zwischen Elternteil und Kind festgestellt hat.

Mögliche Divergenzen zwischen Familiengericht und Jugendamt betreffen schließlich auch die Frage, ob begleitete Umgänge **zeitlich unbefristet** anzuordnen sind (vgl oben Rn 358) oder in welchem zeitlichen Umfang Umgangsbegleitung gewährt werden soll (vgl den Fall eines Pflegekindes von OVG Saarlouis 4. 8. 2014 – 1 B 283/14, ZKJ 2012, 488). Hat das Familiengericht bei zunächst vorhandener Mitwirkungsbereitschaft des Jugendamts begleitete Umgangskontakte angeordnet, gewährt allerdings § 18 Abs 3 S 4 SGB VIII keine Befugnis des Jugendamts, den Inhalt der familiengerichtlichen Umgangsentscheidung nach eigenem pädagogischem Ermessen selbständig abzuändern (OVG Münster 27. 6. 2014 – 12 B 579/14, juris Rn 27, NJW 2014, 3593; Fischer, in: Schellhorn/Fischer/Mann/Kern § 18 SGB VIII Rn 31). Das schließt es freilich nicht aus, dass der begleitete Umgang eingestellt wird, etwa wenn das Kind eine nachhaltige Ablehnungshaltung zeigt oder der Umgangsberechtigte nachhaltig gegen Vorgaben der zuständigen Fachkraft verstößt (Schlund ZKJ 2015, 55, 59), da gegenüber dem Familiengericht die in § 1684 Abs 4 S 3 BGB vorausgesetzte *Mitwirkungsbereitschaft jederzeit widerrufen* werden kann (BGH 9. 6. 2021 – XII ZB 513/20, JAmt 2021, 579 Rn 16). In diesem Fall wäre vom Jugendamt gegenüber dem Familiengericht anzuregen, die Umgangsregelung nach § 1696 Abs 1 BGB abzuändern und den Umgang auszuschließen.

Auch scheidet eine Bewilligung begleiteter Umgangskontakte aus, wenn weder eine einvernehmliche Umgangsregelung mit dem Umgangsbestimmungsberechtigten besteht (vgl DIJuF-Rechtsgutachten JAmt 2017, 230, 231, äußerst zweifelhaft) noch eine Anordnung begleiteter Umgangskontakte durch das Familiengericht in Aussicht steht (OVG Bremen 7. 4. 2017 – 1 B 291/16, juris Rn 24 ff, ZKJ 2017, 324; VG Cottbus 22. 4. 2016 – 1 L 169/16, juris Rn 10; VG Frankfurt/Oder 17. 10. 2013 – 6 L 350/13, juris Rn 8, ZKJ 2014, 125).

Verweigert das Jugendamt die Bewilligung begleiteten Umgangs oder gewährt es diese – wie im Regelfall – nicht in dem vom Familiengericht erwünschten, unbefristeten **375a**

oder zeitlich größerem **Umfang**, so ist das Familiengericht wegen seiner fehlenden Weisungskompetenz (vgl oben Rn 370) hieran gebunden. Es liegt nunmehr an dem Umgangsberechtigten, die Entscheidung des Jugendamts auf dem **Verwaltungsrechtsweg** überprüfen zu lassen und den ihm in § 18 Abs 3 S 3 und 4 SGB VIII gewährten Rechtsanspruch gemäß §§ 40, 42 VwGO im Wege der **Verpflichtungsklage**, ggf im Wege des einstweiligen Rechtsschutzes, durchzusetzen (BVerfG 29. 7. 2015 – 1 BvR 1468/15, juris Rn 6, ZKJ 2015, 463; BGH 9. 6. 2021 – XII ZB 513/20, JAmt 2021, 579 Rn 18; OVG Münster 15. 12. 2021 – 12 B 1551/21, juris Rn 21, NZFam 2022, 188; OVG Saarlouis 4. 8. 2014 – 1 B 283/14, juris Rn 21 ff, ZKJ 2012, 488; OLG Köln 3. 11. 2017 – 4 UF 72/17, juris Rn 4, ZKJ 2018, 101; OLG Schleswig 23. 3. 2015 – 10 UF 6/15, juris Rn 34, FamRZ 2015, 1040; VG Bremen 20. 4. 2023 – 3 V 63/23, juris; VG Oldenburg 26. 4. 2017 – 13 B 6834/16, ZKJ 2017, 287; MünchKommBGB/Hennemann § 1684 Rn 77; Dürbeck ZKJ 2015, 457, 458). Aufgrund der sozialrechtlichen Gewährleistungspflicht von § 79 Abs 2 SGB VIII kann der öffentliche Jugendhilfeträger auch dahin verpflichtet werden, seine **Mitwirkungsbereitschaft gegenüber dem Familiengericht zu erklären** (BVerfG 29. 7. 2015 – 1 BvR 1468/15, juris Rn 6, ZKJ 2015, 463; BGH 9. 6. 2021 – XII ZB 513/20, JAmt 2021, 579 Rn 18; OVG Münster 28. 12. 2016 – 12 B 1336/16, juris Rn 34, FamRZ 2017, 808). Soweit Bundesländer, wie zB Bayern (vgl Art 15 Abs 1 S 1 Nr 4 AGVwGO), Sonderregelungen getroffen haben (vgl LPK-SGB VIII/Kunkel/Kepert Anhang 5 Rn 49), ist vor Beschreitung des Verwaltungsgerichtswegs gemäß § 62 SGB X ein **Widerspruchsverfahren** durchzuführen (vgl dazu LPK-SGB VIII/Kunkel/Kepert Anhang 5 Rn 50 ff).

9. Auswahlverfahren des Familiengerichts

376 Das Verfahren des Familiengerichts hinsichtlich der Auswahl des Umgangsbegleiters hängt – wie in der Praxis der Regelfall – bei der Auswahl eines **Trägers der Jugendhilfe** von der Entscheidung im jugendhilferechtlichen Verfahren ab. Zunächst wird das Familiengericht bei im Übrigen bestehender Entscheidungsreife in der **mündlichen Verhandlung** darauf hinweisen, dass begleiteter Umgang nach seiner Ansicht in Betracht kommt und sich nach der **Mitwirkungsbereitschaft des Jugendamts** erkundigen, soweit ein Vertreter des Jugendamts an der Verhandlung teilnimmt. Durchaus nicht selten wird hier in der Praxis von der Fachkraft des Allgemeinen Sozialen Dienstes keine verbindliche Erklärung abgegeben und auf die Notwendigkeit der jugendhilferechtlichen Bewilligung verwiesen. Damit ist das Familiengericht zunächst wegen der Notwendigkeit einer **konkreten Umgangsregelung** nach Ort, Zeit, Dauer und Häufigkeit des begleiten Umgangs (oben Rn 360) unter Einschluss der *Benennung der umgangsbegleitenden Institution* gehindert, eine Endentscheidung über den Umgang zu treffen. Auch ist es den Beteiligten zu diesem Zeitpunkt nicht möglich, eine verfahrensabschließende **Vereinbarung** über den begleiteten Umgang zu schließen, weil die Vereinbarung infolge ihrer *Unbestimmtheit* nicht nach § 156 Abs 2 FamFG gebilligt werden kann (OLG Frankfurt 21. 1. 2014 – 5 WF 310/13, juris Rn 6, NZFam 2014, 610). Wird nach Ablauf eines Zeitraumes, der infolge von Urlaub oder Personalknappheit bei den Jugendämtern oder Verzögerungen bei der Antragstellung durch die beteiligten Eltern durchaus bis zu zwei Monaten dauern kann, begleiteter Umgang bewilligt, wird dies in der Praxis häufig zunächst dem Familiengericht nicht mitgeteilt. Bringt das Familiengericht sodann in Kenntnis, welcher Träger der öffentlichen oder freien Jugendhilfe den Umgang in welchem Umfang nach der Bewilligungsentscheidung begleiten soll, hat es sodann die *zuständige Fachkraft zu kontaktieren,* um den *Ort* und die *genauen Termine des Umgangs* in Erfahrung zu bringen. Geschieht dies, wird

häufig zunächst auf die Notwendigkeit der Führung von *Vorgesprächen* mit den Beteiligten und dem Kind unter Einschluss der Vereinbarung der Umgangstermine mit den Beteiligten verwiesen, was zu erneuter Verzögerung führt. Sind die Termine nach der Vorbereitungsphase vereinbart, bedarf es ebenfalls zunächst deren Kenntniserlangung durch das Familiengericht. Häufig finden in der Praxis bereits Umgangstermine statt, ohne dass das Familiengericht Kenntnis hiervon besitzt. Erst wenn es Kenntnis von den Terminen besitzt, kann es eine konkrete Umgangsregelung im Rahmen seiner Endentscheidung treffen. Das hier in groben Zügen skizzierte Verfahren zeigt, wie schwerfällig, aufwendig und verfahrensverzögernd sich die gegenwärtige Rechtslage auf das kindschaftsrechtliche Umgangsverfahren auswirkt (vgl OLG Frankfurt 5. 9. 2013 – 1 UF 244/13, juris Rn 7, FamFR 2013, 525). Auch dies zeigt die Notwendigkeit einer gesetzlichen Reform (dazu oben Rn 358). Könnte das Familiengericht selbst die Person des – im Regelfall berufsmäßigen – Umgangsbegleiters bestimmen, so könnte dieser zur mündlichen Verhandlung geladen werden und bereits dort mit den Beteiligten konkrete Termine vereinbaren. Eine Endentscheidung könnte dann bereits im Termin zur mündlichen Verhandlung oder im unmittelbaren Anschluss ergehen, was sowohl dem Beschleunigungsgrundsatz (§ 155 FamFG) als auch dem notwendigen Schutz des Umgangsberechtigten und des Kindes vor weiterer Entfremdung gerecht werden würde. Die vorstehenden aufwändigen Ermittlungen haben in der Vergangenheit dazu geführt, dass Amtsgerichte diese dadurch umgangen haben, dass Umgangspflegschaft angeordnet und dem Umgangspfleger auch die Aufgabe der Umgangsbegleitung übertragen wurde (dazu bereits oben Rn 373), was im Hinblick auf die umstrittene Frage seines Vergütungsanspruchs gegenüber der Justizkasse vom BGH (BGH 31. 10. 2018 – XII ZB 135/18, juris Rn 24, FamRZ 2019, 199; zur Kritik Dürbeck ZKJ 2019, 141; Keuter FamRZ 2019, 202 und oben Rn 354) letztlich auch noch gefördert wurde.

Die Auswahl des Umgangsbegleiters steht im Übrigen auch im Kontext mit dem in § 155 FamFG geregelten Beschleunigungsgrundsatz für Umgangssachen. Das *OLG Frankfurt* (OLG Frankfurt 26. 3. 2020 – 8 WF 45/20, FamRZ 2020, 1117) hatte sich in einer Entscheidung über eine gegen die Verfahrensführung des Amtsgerichts gerichtete **Beschleunigungsbeschwerde** (§ 155c FamFG) mit der Frage befasst, welche Anforderungen bei der Suche des Familiengerichts nach einem geeigneten und mitwirkungsbereiten Umgangsbegleiter im Hinblick auf den Beschleunigungsgrundsatz (§ 155 FamFG) zu stellen sind. In dem dortigen Fall war das Amtsgericht offensichtlich der Auffassung, es sei Aufgabe des Umgangsberechtigten, eine geeignete Person oder Institution zur Umgangsbegleitung zu benennen, was zu einer erheblichen Verfahrensverzögerung geführt hat. Zu Recht hat das OLG Frankfurt – entsprechend der auch hier vertretenen Ansicht – betont, dass aus der **Amtsermittlungspflicht** (§ 26 FamFG) folgt, dass das Familiengericht sich zunächst selbst bei dem Jugendamt zu erkundigen hat, ob dieses begleiteten Umgang nach § 18 SGB VIII bewilligt und falls ja, welcher Träger hierzu in Betracht kommt. Nur dann, wenn das Jugendamt die Bewilligung der Umgangsbegleitung verweigert, und auch kein sonstiger freier Träger – ehrenamtlich oder auf Kosten des Umgangsberechtigten – zur Verfügung steht, kann es auf die **Mitwirkungspflicht** des Umgangsberechtigten (§ 27 FamFG) verweisen (s Rn 377). Kann dieser – ggf nach Beantragung einer einstweiligen Anordnung beim Verwaltungsgericht – zeitnah keinen mitwirkungsbereiten Träger benennen, hat das Familiengericht über die Anordnung unbegleiteten Umgangs oder – wie im Regelfall – über den Ausschluss des Umgangs zeitnah zu entscheiden (vgl OLG Frankfurt 24. 3. 2015 – 5 UF 270/14, 376a

ZKJ 2015, 240; OLG Brandenburg 31. 1. 2020 – 13 UF 207/19, NJW-RR 2020, 458; insoweit auch bestätigt von BVerfG 8. 6. 2017 – 1 BvR 1054/17, juris Rn 1).

377 Verweigert das Jugendamt die Bewilligung begleiteten Umgangs oder gewährt es diese – wie im Regelfall – nicht in dem vom Familiengericht erwünschten unbefristeten Umfang, so ist das Familiengericht wegen seiner fehlenden Weisungskompetenz (vgl oben Rn 370) hieran gebunden. Es hat nunmehr gegenüber dem Umgangselternteil den Hinweis zu erteilen, dass ihn bei der Ermittlung eines geeigneten Umgangsbegleiters eine **Mitwirkungsobliegenheit** trifft (OLG Frankfurt 17. 5. 2013 – 4 UF 45/13, juris Rn 14 f; OLG Koblenz 11. 6. 2019 – 13 UF 86/19, juris Rn 28, ZKJ 2020, 112; OLG Brandenburg 31. 1. 2020 – 13 UF 207/19, NJW-RR 2020, 458; OLG Brandenburg 15. 6. 2020 – 13 UF 57/20, juris Rn 10, JAmt 2020, 468) und ihm gegen die Entscheidung des Jugendamts der Verwaltungsrechtsweg offen steht (BGH 9. 6. 2021 – XII ZB 513/20, JAmt 2021, 579 Rn 18; vgl oben Rn 340, 375). Sodann hat das Familiengericht selbst von Amts wegen zu ermitteln, ob freie Träger – bei wie im Regelfall nicht einkommensstarken Umgangsberechtigten ehrenamtlich – bereit sind, Umgangsbegleitung zu leisten, was häufig nicht der Fall ist (vgl OLG Frankfurt 24. 3. 2015 – 5 UF 270/14, juris Rn 9, ZKJ 2015, 240; Dürbeck ZKJ 2015, 457, 459).

Gelingt dies nicht (vgl die Fälle von BVerfG 8. 6. 2017 – 1 BvR 1054/17, juris; BVerfG 29. 7. 2015 – 1 BvR 1468/15, ZKJ 2015, 463; OLG Koblenz 11. 6. 2019 – 13 UF 86/19, ZKJ 2020, 112; OLG Frankfurt 24. 3. 2015 – 5 UF 270/14, ZKJ 2015, 240; OLG Schleswig 23. 3. 2015 – 10 UF 6/15, FamRZ 2015, 1040; OLG Frankfurt 19. 3. 2013 – 4 UF 261/12, juris Rn 16, FamRZ 2013, 1994 zu § 1685; AG Bremen 21. 5. 2015 – 68 F 1086/15, BeckRS 2015, 18187), verbleibt bei einer Verweigerung des Jugendamts nach der hier vertretenen Auffassung (vgl oben Rn 340), soweit die Anordnung unbegleiteter Umgangskontakte zu einer Kindeswohlgefährdung führen würde, nur der **befristete Umgangsausschluss** nach § 1684 Abs 4 S 2 BGB (OLG Koblenz 11. 6. 2019 – 13 UF 86/19, juris Rn 28, ZKJ 2020, 112; OLG Brandenburg 31. 1. 2020 – 13 UF 207/19, NJW-RR 2020, 458; OLG Frankfurt 24. 3. 2015 – 5 UF 270/14, juris Rn 9, ZKJ 2015, 240; OLG Frankfurt 19. 3. 2013 – 4 UF 261/12, juris Rn 16, FamRZ 2013, 1994 zu § 1685 BGB; AG Bremen 21. 5. 2015 – 68 F 1086/15, BeckRS 2015, 18187; Dürbeck ZKJ 2015, 457, 459; Keuter JAmt 2011, 373, 375 f; bestätigt auch durch BVerfG 8. 6. 2017 – 1 BvR 1054/17, juris). Eine **Aussetzung des Umgangsverfahrens** nach § 21 FamFG, um dem Umgangselternteil die Möglichkeit zu eröffnen, auf dem Verwaltungsgerichtswege seinen Anspruch gegenüber dem Träger der Jugendhilfe auf Bewilligung begleiteter Umgangskontakte durchzusetzen (so OLG Schleswig 23. 3. 2015 – 10 UF 6/15, juris Rn 34, FamRZ 2015, 1040; Johannsen/Henrich/Althammer/Rake § 1684 Rn 64; Prinz NZFam 2022, 477, 484; Schäder JAmt 2021, 27; Meysen NZFam 2016, 580, 581; Splitt FF 2016, 146; vgl dazu auch BVerfG 29. 7. 2015 – 1 BvR 1468/15, juris Rn 6, ZKJ 2015, 463 und BGH 9. 6. 2021 – XII ZB 513/20, JAmt 2021, 579 Rn 18), ist mit dem in Kindschaftssachen geltenden Beschleunigungsgrundsatz (§ 155 FamFG) nur schwer in Einklang zu bringen (Dürbeck ZKJ 2015, 457, 459; Keuter JAmt 2011, 373, 375).

10. Kostenfreiheit

378 Die im Regierungsentwurf vorgesehene Befugnis des Jugendamts, für die Tätigkeit beim begleiteten Umgang **Kosten** zu erheben (Entwurf § 90 Abs 1 S 1 Nr 4 SGB VIII), wurde im Gesetzgebungsverfahren verworfen. Schon der Bundesrat hatte in seiner Stellungnahme zutreffend betont, dass der Verursacher oft schwer ermittelbar sei und sowohl die Belastung des betreuenden Elternteils als auch die des Umgangselternteils

mit den Kosten die Situation verschärfte und zu Ungerechtigkeiten führte (BT-Drucks 13/4899, 164; Zustimmung der Bundesregierung BT-Drucks 13/4899, 173; Rechtsausschuss BT-Drucks 13/8511, 82). Soweit das **Jugendamt** die Aufgabe übernimmt und durch eigene Mitarbeiter erfüllen lässt, trägt das Jugendamt die Kosten; dies gilt auch, wenn das Jugendamt außenstehende Fachkräfte einsetzt (offen gelassen von OLG Brandenburg FamRZ 2008, 1480; zur internen Genehmigung hierfür Jugendamt Siegburg KindPrax 1999, 125, 127). Das Jugendamt kann die Kosten mangels gesetzlicher Grundlage nicht den Eltern überbürden (Wiesner/Wapler/Dürbeck § 18 SGB VIII Rn 34; Luthin FamRB 2016, 69, 73; Dürbeck ZKJ 2015, 457, 458; Willutzki KindPrax 2003, 49, 51). Erklärt sich ein **freier Träger der Jugendhilfe** mitwirkungsbereit gegen Kostenersatz, so kommt ein Leistungsanspruch der Eltern nach § 18 Abs 3 SGB VIII in Betracht, über den das Jugendamt entscheidet (DIJuF-Rechtsgutachten JAmt 2006, 91), wobei aber in der Praxis Vereinbarungen über die Kostenerstattung zwischen Jugendamt und freien Trägern nach § 77 SGB VIII im Vordergrund stehen (LPK-SGB VIII/Kunkel/Pattar § 18 Rn 24). Hat der Umgangsberechtigte die Kosten der Umgangsbegleitung durch einen Dritten vorfinanziert, kommt ein Kostenerstattungsanspruch gegenüber dem Jugendhilfeträger nur unter den Voraussetzungen von § 36a Abs 3 S 1 Nr 2 iVm § 18 Abs 3 S 4 SGB VIII in Betracht (VG Gera 23. 2. 2021 – 6 K 330/20 Ge, juris: dort verneint mangels Eignung und Bedürftigkeit).

Bei Bestimmung eines im Rahmen seines **Berufes** ausgewählten Dritten (Psychologe, Pädagoge, Rechtsanwalt, Arzt, Detektiv) wird dieser regelmäßig sein Einverständnis von der Übernahme der Kosten abhängig machen. In diesem Fall müssen die Eltern sich darüber einigen, wer die Kosten trägt; auch in diesem Fall kommt – in Ausnahmefällen – ein Leistungsanspruch nach § 18 Abs 3 S 3 und 4 SGB VIII in Betracht, wenn das Jugendamt die Leistung – ausnahmsweise – bewilligt (OLG Hamm FamRZ 2008, 1374).

Ein Anspruch auf Erstattung der Vergütung des Umgangsbegleiters gegen die **Justizkasse** besteht mangels gesetzlicher Regelung nicht (OLG Hamm FamRZ 2008, 1374), weil sie nach gegenwärtiger Rechtslage nicht zu den Verfahrenskosten zählt (OLG Köln 3. 11. 2017 – 4 UF 72/17, juris Rn 4, ZKJ 2018, 101; OLG Frankfurt 10. 8. 2016 – 5 UF 167/16, juris Rn 11 f, FamRZ 2016, 1787; Heilmann/Gottschalk § 1684 Rn 77; Dürbeck ZKJ 2015, 457, 459; Keuter JAmt 2011, 373, 374 f; DIJuF-Rechtsgutachten JAmt 2002, 67). Dies gilt selbst dann nicht, wenn das Gericht es versäumt hat, sich der Mitwirkungsbereitschaft des Dritten zu versichern (DIJuF-Rechtsgutachten JAmt 2006, 91). Wenn aber der (berufsmäßige) Umgangsbegleiter **zugleich als Umgangspfleger** bestellt, erwirbt er entgegen vormaliger hM (OLG Köln 3. 11. 2017 – 4 UF 72/17, juris Rn 4, ZKJ 2018, 101; OLG Frankfurt 10. 8. 2016 – 5 UF 167/16, juris Rn 11, FamRZ 2016, 1787; OLG Karlsruhe 13. 9. 2013 – 2 WF 125/13, juris Rn 25, NZFam 2014, 618; KG 24. 8. 2012 – 25 WF 29/12, juris Rn 6 f, ZKJ 2012, 492; Dürbeck ZKJ 2015, 457, 459; Keuter JAmt 2011, 373, 375; bereits oben Rn 131) nach Ansicht des BGH (BGH 31. 10. 2018 – XII ZB 135/18, NJW 2019, 435) grundsätzlich auch einen Vergütungsanspruch gegen die Staatskasse. weil es an einer gesetzlichen Regelung für die Vergütung mangelt. Konsequenz einer Erstattung der Vergütung der Tätigkeit des Umgangspflegers für die Umgangsbegleitung durch die Staatskasse ist im Übrigen, dass diese – anders als bei Erbringung der Leistung durch einen Träger der Jugendhilfe – als Kosten des Verfahrens (KV FamGKG Nr 2014) von den Beteiligten zu tragen sind, soweit sie als Kostenschuldner für die Verfahrenskosten haften und soweit ihnen nicht ratenfreie Verfahrenskostenhilfe bewilligt worden ist. Für eine vom **Betreuungsgericht** angeordnete Begleitung des Umgangs des Betreuten mit einem

Dritten besteht ebenfalls keine gesetzliche Grundlage für einen Anspruch auf Vergütung und Aufwendungsersatz des berufsmäßigen Umgangsbegleiters gegenüber der Staatskasse (BGH 22. 6. 2022 – XII ZB 442/20, NZFam 2022, 882 m Anm Gietl).

XII. Verfahren

1. Umgangsregelung inner- und außerhalb des Scheidungsverbunds

a) Kindschaftssachen, Familiensachen

379 Umgangsregelungen sind **Kindschaftssachen** (§ 151 Nr 2 FamFG) und als solche **Familiensachen** (§ 111 Nr 2 FamFG). Mit Inkrafttreten des FamFG am 1. 9. 2009 wurde die Aufteilung der Verfahrensregeln zwischen ZPO und Freiwilliger Gerichtsbarkeit aufgehoben. Da Umgangssachen weder zu den Familienstreitsachen (§ 112 FamFG) noch zu den Ehesachen (§ 121 FamFG) gehören, gilt die Verweisung von § 113 Abs 1 S 2 FamFG nicht, sodass einzelne Bestimmungen der ZPO nur noch über Verweisungen aus dem FamFG (zB § 6 S 1 FamFG für die Richterablehnung, § 16 Abs 2 FamFG für die Berechnung von Fristen, § 30 Abs 1 FamFG für die förmliche Beweiserhebung, § 85 FamFG für die Kostenfestsetzung, § 76 Abs 1 FamFG für die Verfahrenskostenhilfe) anzuwenden sind. Sonderregelungen im GVG bestehen fort.

Als Umgangsregelungen kommen alle in §§ 1684 BGB vorgesehenen gerichtlichen Regelungen des Umgangs der Eltern mit einem (gemeinschaftlichen) minderjährigen Kind in Betracht. Auch die Anordnung einer *Umgangspflegschaft* ist Umgangssache, auch wenn hierdurch das Sorgerecht eingeschränkt wird (OLG Düsseldorf 20. 3. 2018 – 3 UF 30/18, juris; OLG Schleswig 12. 7. 2016 – 8 UF 133/16, juris Rn 12; OLG Hamm 4. 8. 2016 – 14 WF 119/16, juris Rn 9; OLG Celle FuR 2011, 173; OLG Hamm 8. 5. 2012 – 7 UF 23/12, juris Rn 24 ff; OLG Köln 29. 11. 2011 – 4 UF 238/11, juris Rn 3, FamFR 2012, 109; OLG München 16. 8. 2011 – 26 UF 263/11, juris Rn 27; Prütting/Helms/Dürbeck § 57 FamFG Rn 5; Vogel FF 2016, 441, 442; Heilmann FamRZ 2014, 1753, 1755; Heilmann/Gottschalk § 1684 Rn 57; vgl dazu und auch zur Gegenmeinung oben Rn 127); wird das Sorgerecht hinsichtlich der *Umgangsbestimmung einem Ergänzungspfleger* nach §§ 1666, 1809 BGB übertragen, handelt es sich jedoch um ein Verfahren betreffend die **elterliche Sorge** nach § 151 Nr 1 FamFG (BGH 6. 7. 2016 – XII ZB 47/15, juris Rn 44 ff, ZKJ 2016, 419; OLG Hamburg 27. 10. 2021 – 2 UF 71/21, juris Rn 18, NZFam 2022, 613 m Anm Jokisch; vgl oben Rn 126), sodass eine Entscheidung hierüber nicht im Umgangsverfahren zu treffen ist. Bei einer von einem *unter gesetzlicher Betreuung* stehenden Elternteil begehrten Umgangsregelung mit einem **volljährigen Kind** handelt es sich dagegen nicht um eine Umgangssache gemäß §§ 111 Nr 2, 151 Nr 2 FamFG, sondern um eine vom Betreuer zu veranlassende Besuchsregelung (OLG Hamm 6. 1. 2014 – 8 WF 179/13, juris Rn 1).

b) Umgangsregelung, Ehesache und Scheidungsverbund

380 Mit dem Inkrafttreten des FamFG ist regelungstechnisch die unterschiedliche verfahrensrechtliche Behandlung von **Umgangsregelungen im Scheidungsverbund** und solchen in **isolierten Verfahren** entfallen, weil auch Ehesachen und Scheidungsverbund im FamFG geregelt sind (§§ 121 ff, 133 ff, 137 FamFG). Mit dem Inkrafttreten des FamFG ist ebenfalls die für die Scheidung auf Grundlage der Vermutung des § 1566 Abs 1 BGB **(einverständliche Scheidung)** erforderliche Einigung über Umgang und elterliche Sorge (§ 630 Abs 1 Nr 2 ZPO aF) entfallen. Erforderlich ist – unabhängig von dem angestrebten Nachweistatbestand des Scheiterns der Ehe – nur noch die

Mitteilung von Namen, Geburtsdatum und gewöhnlichem Aufenthalt gemeinschaftlicher minderjähriger Kinder in der Antragsschrift (§ 133 Abs 1 Nr 1 FamFG), die sodann Anlass zu der Anhörung nach § 128 Abs 2 FamFG gibt.

Gleichwohl ergeben sich weiterhin verfahrensrechtliche Besonderheiten durch die Anhängigkeit einer Ehesache sowie die Möglichkeit der Einbeziehung in den Scheidungsverbund. Während der **Anhängigkeit einer Ehesache** zwischen den Eltern ist das Gericht der Ehesache **ausschließlich zuständig** für gemeinsame Kinder betreffende Kindschaftssachen (§ 152 Abs 1 FamFG). Eine bereits anhängige Umgangssache wird von Amts wegen an dieses Gericht **abgegeben** (§ 153 FamFG). Die Abgabe ist aber erst dann möglich, wenn die Ehesache durch Zustellung des Scheidungsantrages *rechtshängig* geworden ist (OLG Hamm 13. 7. 2010 – 2 Sdb [FamS] Zust 15/10, juris Rn 7, FamRZ 2011, 58; Prütting/Helms/Hammer § 153 FamFG Rn 2; Keuter FuR 2015, 262, 265).

Durch die Abgabe der Umgangssache an das Gericht der Ehesache wird jedoch das Umgangsverfahren nicht kraft Gesetzes **Verbundsache**. Dies setzt vielmehr nach § 137 Abs 3 FamFG einen **Einbeziehungsantrag** eines Ehegatten vor Schluss der mündlichen Verhandlung im ersten Rechtszug in der Scheidungssache voraus, soweit ihn das Familiengericht nicht aus *Gründen des Kindeswohls* ablehnt (vgl OLG Brandenburg 28. 7. 2011 – 9 UF 32/11, juris Rn 22, FamRZ 2012, 56: keine Ablehnung nur wegen Streit der Eltern über den Umgang). Zwar bedeutet in Kindschaftssachen materiell-rechtlich nicht mehr die Ehescheidung, sondern die Trennung eine sorgerechtliche und faktische Zäsur (vgl § 1671 BGB), gleichwohl können nach § 137 Abs 3 FamFG nicht Umgangsregelungen zu **Folgesachen** werden, die nicht erst *für den Fall der Scheidung,* sondern bereits für die Zeit des Getrenntlebens begehrt werden (Prütting/Helms/Helms § 137 FamFG Rn 63; **aA** Staudinger/Rauscher [2014] § 1684 Rn 371). Auch für Umgangsverfahren als Folgesachen gelten die §§ 151 ff FamFG, soweit sich nicht aus §§ 133 ff FamFG etwas anderes ergibt (MünchKommFamFG/Heiter § 137 Rn 94).

Hier wird im Rahmen der Kindeswohlprüfung nach § 137 Abs 3 FamFG allerdings der für Umgangssachen geltende *Beschleunigungsgrundsatz* (§ 155 FamFG) und das im Kindeswohl liegende Bedürfnis nach einer zeitigen Regelung der Frage betreffend seinen Umgang mit dem nicht betreuenden Elternteil regelmäßig gebieten, die Umgangssache *nicht in den Ehescheidungsverbund* aufzunehmen (Heilmann/Keuter § 137 FamFG Rn 7; Prütting/Helms/Helms § 137 FamFG Rn 63; dagegen für einen „Kindesverbund" unter Einschluss von Fragen des Kindesunterhalts Mayer FamRZ 2016, 430).

Ist ein **Scheidungsverfahren im Ausland** anhängig, so steht die Möglichkeit, nach dortigem Verfahrensrecht den Umgang mit einem gemeinschaftlichen Kind mitzuregeln, der Einleitung eines isolierten Umgangsregelungsverfahrens in Deutschland *nicht* entgegen, soweit deutsche Gerichte international zuständig sind (OLG Karlsruhe FamRZ 1991, 362, 363). Insbesondere im Anwendungsbereich der Brüssel IIb-VO und des KSÜ besteht keine ausschließliche Zuständigkeit der Gerichte der Ehesache (Art 10 Brüssel IIb-VO, Art 10 KSÜ).

2. Verfahrenseinleitung – Amtsverfahren

Auch unter Geltung des FamFG war der Charakter des Umgangsverfahrens als *Amtsverfahren* nicht unstrittig (zur Historie vgl Obermann FamRZ 2023, 409). Teilweise 381 wurde mit Rücksicht auf den sich aus § 1684 Abs 1 BGB ergebenden Umgangsanspruch angenommen, es handele sich um Antragsverfahren (Heistermann FF 2009, 281, 284; Socha FamRZ 2010, 948; Johannsen/Henrich/Jaeger [6. Aufl 2015] § 1684 Rn 21: Antrag oder von Amts wegen; differenzierend Prütting/Helms/Hammer [5. Aufl 2020] § 151 FamFG Rn 43; aus der Rspr: KG 24. 10. 2016 – 19 UF 32/16, FamRZ 2017, 899 zu § 1685 BGB). Nach heute zutreffender hM sind Umgangssachen (außer §§ 1686, 1686a BGB) – jedenfalls seit dem seit 1. 9. 2009 geltenden Verfahrensrecht – als reines **Amtsverfahren** iSd § 24 FamFG ausgestaltet, bedürfen also *keines Antrags* nach § 23 FamFG (BGH 1. 2. 2017 – XII ZB 601/15, juris Rn 7, FamRZ 2017, 532; BGH 12. 7. 2017 – XII ZB 350/16, juris Rn 36, FamRZ 2017, 1668 m Anm Dürbeck; OLG Frankfurt 9. 10. 2020 – 4 WF 158/20, juris; OLG Frankfurt 28. 6. 2019 – 4 UF 136/19, juris Rn 11; OLG Brandenburg 3. 7. 2015 – 10 UF 173/14, juris Rn 14, FamRZ 2015, 1818; OLG Frankfurt 19. 3. 2013 – 4 UF 261/12, juris Rn 9, FamRZ 2013, 1994; Heilmann/Gottschalk § 1684 Rn 85; Keuter FamRZ 2022, 1003; NZFam 2022, 1105; Obermann FamRZ 2016, 1031, 1034; Heilmann NJW 2012, 16, 20; **aA** OLG Koblenz 12. 9. 2019 – 13 UF 506/19, juris Rn 6, FamRZ 2020, 1109; Osthold FamRZ 2017, 1643, 1648; MünchKommFamFG/Ulrici § 23 Rn 9; Johannsen/Henrich/Althammer/Rake § 1684 Rn 7, 26). Dies folgt schon daraus, dass eine Umgangsregelung nach § 1684 Abs 3 BGB, insbesondere aber ein zum Wohl des Kindes erforderlicher Umgangsausschluss (§ 1684 Abs 4 BGB) unzweifelhaft durch das Familiengericht auch ohne förmlichen Antrag eines Elternteils getroffen werden kann und ggf muss. Es sollte daher auch die in der Gerichtspraxis noch vorherrschende Bezeichnung der Eltern als *„Antragsteller"* und *„Antragsgegner"* aufgegeben werden, zumal diese Bezeichnungen der *gemeinsamen* elterlichen Verantwortung auch für den Umgang des Kindes zu beiden Eltern nicht gerecht werden. Eingaben an das Familiengericht, eine Umgangsregelung nach § 1684 Abs 3 BGB zu treffen, sind daher **Anregungen** zu einer amtswegigen Verfahrenseinleitung iSd 24 Abs 1 FamFG. Im Regelfall wird das Familiengericht aber gleichwohl auch bei einer Anregung im Hinblick auf die unmittelbar betroffenen Eltern- und Kindergrundrechte zu einer Verfahrenseinleitung, jedenfalls bei Fehlen einer gerichtlichen Regelung, verpflichtet sein (OLG Frankfurt 9. 10. 2020 – 4 WF 158/20, juris; OLG Koblenz 15. 11. 2016 – 7 UF 611/16, FamRZ 2017, 898; OLG Brandenburg 24. 5. 2016 – 13 WF 118/16, juris Rn 4, FamRZ 2017, 310; OLG Frankfurt 8. 7. 2015 – 5 UF 135/15, juris Rn 3, FamRZ 2016, 482; Grüneberg/Götz § 1684 Rn 9: Obermann FamRZ 2023, 409; Lies-Benachib NZFam 2018, 581, 582 ff). In jedem Fall ist auch die **Ablehnung der Verfahrenseinleitung** auf eine Anregung eines unmittelbar in seinen Grundrechten Betroffenen zu **verbescheiden** (OLG Frankfurt 30. 12. 2021 – 6 UF 237/21, FamRZ 2022, 545; OLG Koblenz 15. 11. 2016 – 7 UF 611/16, FamRZ 2017, 898; **aA** OLG Frankfurt 31. 3. 2015 – 5 UF 272/14, juris Rn 28, ZKJ 2015, 275), um diesem die Möglichkeit zu eröffnen, *Beschwerde gegen die Nichteinleitung* des Verfahrens nach § 58 FamFG einzulegen (BVerfG 17. 9. 2016 – 1 BvR 1547/16, juris Rn 39, ZKJ 2016, 457; OLG Hamburg 13. 9. 2022 – 12 UF 118/22, FamRZ 2023, 219 m Anm Jokisch; OLG Frankfurt 30. 12. 2021 – 6 UF 237/21, FamRZ 2022, 545; OLG Koblenz 15. 11. 2016 – 7 UF 611/16, juris Rn 4 f, FamRZ 2017, 898; OLG Brandenburg 6. 5. 2015 – 15 WF 91/15, juris Rn 3 ff, FamRZ 2015, 1993; OLG Frankfurt 31. 3. 2015 – 5 UF 272/14, juris Rn 22, ZKJ 2015, 275; OLG Hamm 26. 1. 2010 – 15 W 361/09, juris Rn 10 ff, FGPrax 2010, 143 zum Registerrecht; Heilmann/Dürbeck § 58 FamFG Rn 3; Keuter NZFam 2022, 1105, 1109; **aA** noch BGH 24. 4. 2012 – II ZB 8/10, juris Rn 12, Rpfleger 2012, 445 zum Vereinsregisterverfahren; MünchKommFamFG/Ulrici § 24 Rn 13). Die Ablehnung der Einleitung eines Verfahrens kommt – entgegen in der Literatur erhobener Einwände (Lies-Benachib NZFam 2018, 581, 585; Osthold FamRZ 2017, 163) – aber insbesondere bei Anregungen, nach § 1696 Abs 1 BGB eine bestehende gerichtliche Umgangsregelung *abzuändern,* in Betracht, wenn sich aus der Anregung keine hinreichend triftigen Gründe für eine abweichende Umgangsregelung ergeben oder aber bereits die Einleitung eines neuen Verfahrens das Kindeswohl gefährden würde (OLG Hamburg 13. 9. 2022 – 12 UF 118/22, FamRZ 2023, 219; OLG Frankfurt 30. 12. 2021 – 6 UF 237/21, FamRZ 2022, 545; OLG Frankfurt 31. 3. 2015 – 5 UF 272/14, juris Rn 26, ZKJ 2015, 275; ebenso OLG Hamburg 25. 9. 2020 – 12 WF 106/20, FamRZ 2021, 201 m Anm DÜRBECK, dort aber bejaht).

Aufgrund der Amtswegigkeit des Verfahrens muss ein Elternteil, der eine Umgangsregelung anregt, auch keinen konkret ausgestalteten Vorschlag präsentieren (BGH FamRZ 1994, 158, 159; PRÜTTING/HELMS/HAMMER § 151 FamFG Rn 50). Auch in diesem Fall sind die subjektiven Rechte des Umgangsberechtigten, insbesondere auch sein Justizgewährungsanspruch hinreichend durch die Eröffnung eines Beschwerderechts bei Nichteinleitung des Verfahrens durch das Amtsgericht gewahrt, was auch der Auffassung des BVerfG entspricht (BVerfG 17. 9. 2016 – 1 BvR 1547/16, juris Rn 39, ZKJ 2016, 457).

Die Einordnung des Verfahrens als amtswegig bedingt, dass das Verfahren von den Beteiligten weder durch **Rücknahme** (§ 22 Abs 1 FamFG) noch durch **gemeinsame Erledigungserklärungen** (§ 22 Abs 3 FamFG) formal beendet werden kann (OLG Frankfurt 13. 12. 2021 – 6 UF 155/21, FamRZ 2022, 798; OLG Köln 12. 10. 2021 – 10 UF 86/21, NZFam 2022, 653; OLG Koblenz 12. 9. 2019 – 13 UF 506/19, FamRZ 2020, 1109; OLG Brandenburg 21. 3. 2014 – 9 WF 27/14, juris Rn 3, FamRZ 2014, 2019; OLG Frankfurt 3. 12. 2012 – 1 WF 327/12, juris Rn 14, ZKJ 2013, 127; OLG Schleswig 30. 12. 2011 – 10 UF 230/11, juris Rn 20, ZKJ 2012, 193; HEILMANN/GOTTSCHALK § 1684 Rn 85; ausführlich KEUTER FamRZ 2022, 1003).

Auch der Erlass einer **einstweiligen Anordnung** (§§ 49 ff FamFG) bedarf deshalb (§ 51 Abs 1 S 1 FamFG) keines Antrags. Eltern können aber nach § 24 Abs 1 FamFG eine gerichtliche Regelung des Umgangs **anregen**, wobei sich wegen des rechtlich schützenswerten Interesses (Art 6 Abs 2 GG) das Entscheidungsermessen des Familiengerichts hinsichtlich des „Ob" der Verfahrenseinleitung regelmäßig auf Null reduzieren wird.

Aufgrund der Amtswegigkeit des Verfahrens ergibt sich im Gegensatz zu der vor **381a**
dem 1. 9. 2009 geltenden Rechtslage heute auch kein Problem einer *„Antragsbefugnis"* mehr, wenn das **Umgangsrecht des Kindes** durchgesetzt werden soll (siehe oben Rn 78 ff). Die Anregung zum Tätigwerden kann ohne Weiteres von dem betreuenden Elternteil selbst ausgehen (OLG Koblenz 3. 6. 2019 – 7 UF 234/19, ZKJ 2020, 189; OLG Karlsruhe 10. 4. 2019 – 5 UF 48/19, FamRZ 2019, 1794; OLG Frankfurt 13. 11. 2017 – 4 WF 209/17, juris; OLG Frankfurt 9. 7. 2013 – 6 UF 140/13, juris Rn 3, FamRZ 2014, 576; HEILMANN/GOTTSCHALK § 1684 Rn 85; schon zum vormaligen Recht OLG Köln FamRZ 2002, 979; **aA** noch BGH 14. 5. 2008 – XII ZB 225/06, juris Rn 13, FamRZ 2008, 1334: Vertretung bei Antragstellung erforderlich) oder aber auch durch das Kind selbst (ggf über das Jugendamt, vgl § 18 Abs 3 S 2 SGB VIII) erfolgen, wobei es insoweit auch nicht auf seine Verfahrensfähigkeit nach § 9 Abs 1 Nr 3 FamFG ankommt (KG 24. 10. 2016 – 19 UF 32/16, juris Rn 9 ff, FamRZ 2017, 899 zu § 1685 Abs 1 BGB). Regt der betreuende Elternteil an, den Umgang des anderen Elternteils gerichtlich zu regeln, betrifft dies nicht den höchstpersönlichen Umgangsanspruch des Kindes, sondern dessen eigene Rechtsposition aus dem Elternrecht (OLG Karlsruhe 10. 4. 2019 – 5 UF 48/19, FamRZ 2019, 1794), sodass sich die Frage der Vertretung des Kindes nicht stellt. Auch bei einer mit einem Verfahrenskostenhilfe-Antrag verbundenen Anregung zur Einleitung eines erstmaligen Umgangsverfahrens ist

im Regelfall zunächst über die (amtswegige) Einleitung des Verfahrens zu entscheiden und der Verfahrenskostenhilfeantrag kann nicht vorab mangels Erfolgsaussichten abgelehnt werden kann (OLG Frankfurt 13. 11. 2017 – 4 WF 209/17, juris). Eine Pflicht zur Einleitung des Verfahrens besteht jedenfalls dann, wenn sich aus der Anregung oder sonstigen gerichtsbekannten Tatsachen ergibt, dass das Kindeswohl eine gerichtliche Umgangsregelung nach § 1684 BGB erfordert.

Der Grundsatz der Amtswegigkeit von Umgangsverfahren nach § 1684 BGB wird im Rahmen der Diskussion um eine **Reform des Kindschaftsrechts** aber zum Teil in Zweifel gezogen und dabei auf den bevormundenden Charakter der Norm und den Vorrang der Elternautonomie verwiesen (vgl etwa SCHUMANN NJW-Beil 2018, 33, 35 f; SCHUMANN, Gutachten B zum 72. DJT [2018] B 77 f; OBERMANN FamRZ 2023, 409; OSTHOLD FamRZ 2017, 1643 ff). Die hieran geübte Kritik ist aber unberechtigt. Bei einem behutsamen und die Eltern- und Kinderrechte berücksichtigenden Umgang mit der Amtswegigkeit des Verfahrens ergeben sich in der Praxis keine Rechtsbeeinträchtigungen für die Beteiligten. Im Übrigen besteht in Ausnahmefällen – etwa bei einer Fremdunterbringung des Kindes oder im Anschluss an eine Gewaltschutzanordnung im Elternverhältnis – unzweifelhaft ein Bedürfnis, Umgangsverfahren auch dann von Amts wegen im Interesse des Kindes und der Eltern einzuleiten, wenn nicht ein Ausschluss oder eine Beschränkung des Umgangsrechts nach § 1684 Abs 4 BGB wegen Gefährdung des Kindeswohls in Betracht kommt. Gleiches gilt für die Amtswegigkeit von Abänderungsverfahren nach § 1696 Abs 1 BGB (kritisch allerdings insoweit STAUDINGER/COESTER § 1696 Rn 4 f). Auch soweit es das im Regelfall im Umgangsverfahren nicht verfahrensfähige Kind über 14 Jahre betrifft (vgl dazu unten Rn 408), bedarf es keines eigenen Antragsrechts des Kindes (wie von SCHUMANN NJW-Beil 2018, 33, 36 gefordert), weil das Kind – unabhängig von seiner Verfahrensfähigkeit – selbst berechtigt ist, die Einleitung eines Umgangsverfahrens anzuregen und kaum vorstellbar ist, dass Familiengerichte einer solchen Anregung nicht nachkommen.

3. Zuständigkeit

a) Sachliche Zuständigkeit

382 **Sachlich zuständig** für Umgangsverfahren nach § 1684 BGB ist das **Familiengericht** (§§ 23a Abs 1 Nr 1, 23b Abs 1 GVG iVm §§ 111 Nr 2, 151 Nr 2 FamFG). Diese sachliche Zuständigkeit ist heute umfassend, unabhängig davon, ob die Eltern miteinander verheiratet oder nicht verheiratet sind, und betrifft auch die Regelung des Umgangs gegenüber Dritten (§ 1684 Abs 3 S 1 HS 2 BGB; vgl dazu oben Rn 273 ff). Bereits mit Inkrafttreten des KindRG war die frühere Zuständigkeit des *Vormundschaftsgerichts,* insbesondere zur Regelung des Umgangs nach § 1711 aF, entfallen (zur Zuständigkeitskonzentration BT-Drucks 13/4899, 120; OELKERS ZfJ 1999, 263, 264).

Ausschließlich zuständig sind in erster Instanz die Amtsgerichte – Familiengerichte (§ 23b Abs 1 GVG) –, in zweiter Instanz die Familiensenate des **Oberlandesgerichts** (§ 119 Abs 1 Nr 1 lit a, Abs 2 GVG). Rechtsbeschwerdegericht iSd §§ 70 ff FamFG ist in Familiensachen nach § 133 GVG der **Bundesgerichtshof**.

b) Funktionelle Zuständigkeit

383 **Funktionell zuständig** ist – auch in Umgangssachen außerhalb des Verbundes – der **Richter** (§ 14 Abs 1 Nr 7 RPflG). Gemäß § 23b Abs 3 S 2 GVG idF bis zum 31. 12.

2022 darf ein **Richter auf Probe** im ersten Jahr nach seiner Ernennung Geschäfte des Familienrichters nicht wahrnehmen. Der Bundestag hatte am 6. 7. 2016 bereits angesichts öffentlicher Kritik an der Kompetenz von Familienrichtern im Rahmen des inzwischen in Kraft getretenen Gesetzes zur Änderung des Sachverständigenrechts (BGBl 2016 I 2222) eine Entschließung angenommen, wonach die **Qualifikationsanforderungen für Familienrichter** weiter zu erhöhen seien (BT-Drucks 18/9092, 8). Danach sollen die Länder sicherstellen, dass auch die Richterschaft, insbesondere im Kindschaftsrecht, dazu imstande sei, psychologische Sachverständigengutachten nachzuvollziehen, und verwies in diesem Zusammenhang auf die für Insolvenzrichter geltenden erhöhten Qualitätsanforderungen in § 23 Abs 6 S 2 und 3 GVG, welche belegbare **Fachkenntnisse** nebst der Notwendigkeit der **Fortbildung** von den zuständigen Richtern verlangen. Die Bundesregierung wurde aufgefordert, gemeinsam mit den Ländern einen Gesetzesentwurf zu erarbeiten, mit dem angemessene Eignungsvoraussetzungen für Familienrichter eingeführt werden (BT-Drucks 18/9092, 9). Die Diskussion hierüber hatte durch die viel kritisierten Entscheidungen der Instanzgerichte im tragischen Breisgauer Missbrauchsfall (OLG Karlsruhe 27. 7. 2017 – 18 UF 112/17, ZKJ 2018, 188 und AG Freiburg 46 F 798/17, ZKJ 2018, 187) erheblich an Fahrt gewonnen (vgl Salgo ZKJ 2018, 168; ZKJ 2017, 254; DFGT KRK ZKJ 2018, 179). Durch das am 1. 7. 2021 in Kraft getretene *Gesetz zur Bekämpfung sexualisierter Gewalt gegen Kinder* (BGBl 2021 I 1810) wurde § 23b Abs 3 GVG insoweit neu gefasst. Satz 2 wurde beibehalten, sodass nach wie vor Proberichter bereits nach dem ersten Berufsjahr als Familienrichter tätig sein dürfen (zu Recht kritisch Lies-Benachib NZFam 2021, 430, 431). Nach dessen Abs 3 Satz 3 sollen Familienrichter aber seit 1. 1. 2022 über **belegbare Kenntnisse** auf den Gebieten des Familienrechts, insbesondere des Kindschaftsrechts, des Familienverfahrensrechts und der für das Verfahren in Familiensachen notwendigen Teile des Kinder- und Jugendhilferechts sowie über belegbare Grundkenntnisse der Psychologie, insbesondere der Entwicklungspsychologie des Kindes, und der Kommunikation mit Kindern verfügen. Nach Satz 4 dürfen einem Richter, dessen Kenntnisse auf diesen Gebieten nicht belegt sind, die Aufgaben eines Familienrichters nur zugewiesen werden, wenn der Erwerb der Kenntnisse *alsbald* zu erwarten ist, was im Übrigen nach § 119 Abs 2 GVG auch für die in Familiensenaten tätigen Richter des Oberlandesgerichts gilt. Auch wenn diese „weichen" Vorgaben hinter den Erwartungen (vgl Lies-Benachib NZFam 2021, 430, 431 ff) zurückgeblieben sind, ist doch zu konstatieren, dass in den Bundesländern nunmehr vermehrt Anstrengungen unternommen werden, Familienrichter auch in den für sie oft fremden sozialwissenschaftlichen Disziplinen aus- bzw fortzubilden.

c) Internationale Zuständigkeit

aa) Brüssel IIb-VO

α) Anwendungsbereich; Zuständigkeiten

Die internationale Zuständigkeit deutscher Gerichte für eine Umgangsregelung bestimmt sich seit dem 1. 8. 2022 gemäß Art 7 ff der Verordnung (EU) 2019/1111 des Rates v 26. 6. 2019 über die Zuständigkeit, die Anerkennung und Vollstreckung von Entscheidungen in Ehesachen und in Verfahren betreffend die elterliche Verantwortung und über internationale Kindesentführungen (ABl 2019 L 178 S 1) – sog **Brüssel IIb-VO** –, die an die Stelle der vormaligen VO (EG) Nr 2201/2003 über die Zuständigkeit und die Anerkennung und Vollstreckung von Entscheidungen in Ehesachen und in Verfahren betreffend die elterliche Verantwortung etc („Brüssel IIa-VO") getreten ist (vgl dazu Flindt NZFam 2022, 669; Hüsstege FamRZ 2022, 591). Nach **Art 7 Abs 1** 384

Brüssel IIb-VO sind für Verfahren betreffend die elterliche Verantwortung die Gerichte des Mitgliedstaats zuständig, in dem das Kind zum Zeitpunkt der Antragstellung seinen **gewöhnlichen Aufenthalt** hat. Im Gegensatz zu der schon von der Brüssel IIa-VO abgelösten Brüssel II-VO (EG Nr 1347/2000) ist die Brüssel IIb-VO auch auf *isolierte,* also nicht im Verbund mit einer Ehesache zu entscheidende Umgangssachen anzuwenden (OLG München FamRZ 2011, 1887). Eine **Altersgrenze** für die Anwendung ergab sich aus der Brüssel IIa-VO nicht.

Nunmehr bestimmt aber Art 2 Abs 2 lit 6 Brüssel IIb-VO, dass Kind im Sinne der Verordnung nur Personen *unter 18 Jahren* sind. Entsprechend hat der deutsche Gesetzgeber im Zuge der Reform des Vormundschaftsrechts auch Art 7, 24 EGBGB angepasst (vgl zum früheren Streitstand BGH 20. 12. 2017 – XII ZB333/17, juris Rn 10, FamRZ 2018, 457 und hier in der Vorbearbeitung).

Deutsche Gerichte sind im Übrigen **international zuständig**, wenn das Kind zum Zeitpunkt der Antragstellung seinen **gewöhnlichen Aufenthalt** in Deutschland hat (Art 7 Abs 1 Brüssel IIb-VO). Der Begriff ist weiterhin in der Verordnung nicht definiert und daher *verordnungsautonom* und unter Heranziehung der Rechtsprechung des EuGH zu bestimmen (EuGH 8. 6. 2017 – C-111/17 PPU, FamRZ 2017, 1506; EuGH 2. 4. 2009 – C-523/07, FamRZ 2009, 847; EuGH 22. 12. 2010 – C-497/10, FamRZ 2011, 617; BeckOGK/Markwardt [1. 3. 2023] Art 21 EGBGB Rn 72; Heilmann/Schweppe Art 8 Brüssel IIa-VO Rn 3; Winter, Internationales Familienrecht [2023] Rn 376 ff; Hüsstege FamRZ 2022, 1591, 1594). Er ist dem Wohl des Kindes entsprechend und insbesondere nach dem Kriterium der räumlichen Nähe dahin zu bestimmen, dass der Ort maßgeblich ist, der eine *gewisse Integration des Kindes in ein soziales und familiäres Umfeld* erkennen lässt (EuGH 15. 2. 2017 – C-499/15, juris Rn 60, FamRZ 2017, 734). Die in der Rechtsprechung häufig genannte Sechsmonatsfrist (vgl etwa OLG Hamm 12. 6. 2012 – 11 UF 117/12, juris Rn 58, ZKJ 2013, 35 zu Art 4 HKÜ) ist allenfalls ein Indiz (OLG Karlsruhe 17. 1. 2018 – 18 UF 185/17, FamRZ 2018, 920; Heilmann/Schweppe Art 8 Brüssel IIa-VO Rn 5; Völker/Clausius, Sorge- und Umgangsrecht [8. Aufl 2021] § 11 Rn 15). Maßgeblich sind insbesondere das Alter des Kindes, der Wille seiner Betreuungsperson, Dauer und Regelmäßigkeit des Aufenthalts, Sprachkenntnisse, Ort und Umstände der Einbindung in eine Schule oder einen Kindergarten und die familiären und sozialen Bindungen des Kindes und seiner Betreuungsperson (EuGH 2. 4. 2009 – C-523/07, juris Rn 34 ff, FamRZ 2009, 843; OLG Stuttgart 6. 5. 2014 – 17 UF 60/14, juris Rn 23, FamRZ 2014, 1930; weitere Einzelheiten bei Rauscher/Rauscher, Europäisches Zivilprozess- und Kollisionsrecht [4. Aufl 2015] Art 8 Brüssel IIa-VO Rn 11 ff und bei Winter, Internationales Familienrecht [2023] Rn 376 ff). Bei Säuglingen und Kleinkindern kommt es maßgeblich auf den Aufenthaltsort des Betreuungselternteils an (OLG Hamm 2. 2. 2011 – 8 UF 98/10, juris Rn 17 f, IPRspr 2011, Nr 249, 636; Völker/Clausius, Sorge- und Umgangsrecht [8. Aufl 2021] § 11 Rn 15).

Diese Zuständigkeit bleibt gemäß Art 8 Abs 1 Brüssel IIb-VO bei **rechtmäßigem Umzug des Kindes** in einen anderen Mitgliedstaat für drei Monate zum Zweck der *Änderung einer Umgangsentscheidung* erhalten (EuGH 27. 4. 2023 – C-372/22, juris; 15. 2. 2017 – C-499/15, juris Rn 55, FamRZ 2017, 734; OLG München FamRZ 2011, 1887; Knoop NJW-Spezial 2017, 260). Für den Beginn der Frist, während der die Gerichte des Mitgliedstaats des früheren gewöhnlichen Aufenthalts des Kindes für die Entscheidung über einen Antrag auf Änderung einer endgültigen Entscheidung über das Umgangsrecht zuständig bleiben, ist auf den Tag nach dem tatsächlichen Umzug des Kindes in den Mitgliedstaat seines neuen gewöhnlichen Aufenthalts und nicht auf den Tag nach der gerichtlichen Entscheidung, mit der der Zeitpunkt der Änderung des gewöhnlichen Aufenthalts des Kindes festgelegt wurde, abzustellen (EuGH 27. 4. 2023 – C-372/22, juris Rn 20 ff). Maßgeblich für die Einhaltung der Dreimonatsfrist ist trotz der Amtswegigkeit des Umgangsabänderungsverfahrens die Einleitung des Verfahrens durch Anrufung des Gerichts iSd Art 17 Brüssel IIb-VO (OLG München 26. 7. 2011 – 33 UF 874/11, juris Rn 20, FamRZ 2011, 1887; ALTHAMMER/SCHÄUBLE Art 9 Brüssel IIa-VO Rn 10). Voraussetzung ist aber weiterhin, dass der Umgangselternteil seinen gewöhnlichen Aufenthalt im Ursprungsmitgliedstaat hat. Im Übrigen ist für ein Abänderungsverfahren iSd §§ 166 FamFG, 1696 BGB das Ursprungsgericht nicht international zuständig, wenn das Kind inzwischen seinen gewöhnlichen Aufenthalt in einem Drittland hat (MünchKommBGB/GOTTWALD Art 9 Brüssel IIa-VO Rn 3 ff). Auch wenn eine Zuständigkeit nach Art 8 Brüssel IIb-VO für das Abänderungsverfahren fortbesteht, bleibt eine Verweisung nach Art 12 Brüssel IIb-VO möglich, wenn dessen Voraussetzung vorliegen (EuGH 27. 4. 2023 – C-372/22, FamRZ 2023, 1199 Rn 34 ff).

Zur Frage der internationalen Zuständigkeit im *Vollstreckungsverfahren* vgl Art 40 und 41 Brüssel IIb-VO und unten Rn 531.

Im Falle eines **Wechselmodells** dürfte gleichwohl entgegen einer in der Literatur vertretenen Auffassung (HEILMANN/SCHWEPPE Art 8 Brüssel IIa-VO Rn 5; PRÜTTING/HELMS/HAU Vor §§ 98–106 FamFG Rn 23) kein gewöhnlichen Aufenthalt in verschiedenen Staaten in Betracht kommen (so die hM, vgl ALTHAMMER/SCHÄUBLE Art 8 Brüssel IIa-VO Rn 8; GRÜNEBERG/THORN Art 5 EGBGB Rn 10; RAUSCHER/RAUSCHER, Europäisches Zivilprozess- und Kollisionsrecht [4. Aufl 2015] Art 8 Brüssel IIa-VO Rn 11; zum Streitstand vgl HOLZMANN FPR 2010, 497, 498). In solchen Zweifelsfällen ist auf den Ort abzustellen, an dem sich das Kind vor der Vereinbarung über seinen wechselnden Aufenthalt gewöhnlich aufgehalten hat (ALTHAMMER/SCHÄUBLE Art 8 Brüssel IIa-VO Rn 8).

Die VO enthält weiterhin eigenständige Zuständigkeitsregeln für Fälle des **widerrechtlichen Verbringens des Kindes** in einen anderen Mitgliedstaat (Art 9 Brüssel IIb-VO).

Das *OLG Frankfurt* (OLG Frankfurt 5. 11. 2019 – 8 UF 152/19, FamRZ 2020, 1119) hat in einer Entscheidung zur Frage der internationalen Zuständigkeit für ein Umgangsverfahren die zutreffende Ansicht vertreten, dass (auch) bei einer zunächst bestehenden Zuständigkeit nach Art 8 Abs 1 Brüssel IIa-VO idF bis zum 31. 7. 2022 (jetzt Art 7 Abs 1 Brüssel IIb-VO) bei einem rechtmäßigen Umzug des Kindes in einen KSÜ-Staat (Schweiz) während des Verfahrens und einem dort begründeten neuen gewöhnlichen Aufenthalt die internationale Zuständigkeit deutscher Familiengerichte entfällt, weil insoweit keine Fortwirkung der Zuständigkeit (perpetuatio fori) besteht. Nach dem dort festgestellten Sachverhalt bestand aber wohl schon bei Einleitung des Verfahrens ein neuer gewöhnlicher Aufenthalt des Kindes in der Schweiz, zumal der mitsorgeberechtigte Kindesvater dem Umzug des Kindes zugestimmt hatte, sodass schon die Brüssel IIa-VO nicht anzuwenden war. Die internationale Zuständigkeit ist ungeachtet der Regelung in § 65 Abs 4 FamFG in jeder Lage des Verfahrens und damit auch im Beschwerdeverfahren zu prüfen (BGH 30. 9. 2015 – XII ZB 635/14, FamRZ 2015, 2147). Da diese bereits im ersten Rechtszug nicht gegeben war, war die angefochtene Entscheidung zur Regelung des Kindesumgangs aufzuheben und **384a** das Verfahren einzustellen (s Rn 394). Dass die internationale Zuständigkeit bei einem (rechtmäßigem) **Wegzug in einen KSÜ-Staat** entfällt, hat inzwischen der *EuGH* (EuGH 14. 7. 2022 – C-572/21, NZFam 2022, 948 m Anm Flindt) auch in einem Sorgerechtsverfahren bestätigt.

β) Kein Rückgriff auf die lex fori

385 Ist der Anwendungsbereich der Brüssel IIb-VO eröffnet, so ist ein **Rückgriff auf die deutsche lex fori ausgeschlossen**, auch wenn sich aus der Brüssel IIb-VO keine internationale Zuständigkeit deutscher Gerichte ergibt; denn es besteht dann immer die Zuständigkeit des Aufenthalts-Mitgliedstaats gemäß Art 7 Abs 1 Brüssel IIb-VO (Art 11 Brüssel IIb-VO). Die Anordnung **einstweiliger Maßnahmen** einschließlich von *Schutzmaßnahmen* durch das nach deutschem Verfahrensrecht zuständige Gericht bleibt jedoch möglich (Art 15 Brüssel IIb-VO).

bb) Haager KSÜ und MSA

α) KSÜ

386 Am **1. 1. 2011 ist** das **Haager Übereinkommen** vom 19. 10. 1996 über den **Schutz von Kindern** (KSÜ) für Deutschland in Kraft getreten (BGBl 2009 II 603; im Einzelnen Staudinger/Pirrung [2018] Vorbem D 1 ff zu Art 19 EGBGB; Wagner/Janzen FPR 2011, 110). Sein räumlich-persönlicher Anwendungsbereich erstreckt sich auf Kinder bis zur Vollendung des 18. Lebensjahres (Art 2 KSÜ) mit gewöhnlichem Aufenthalt in einem Vertragsstaat (zu den einzelnen Vertragsstaaten vgl Heilmann/Schweppe Art 5 KSÜ Rn 2). Zum 1. 2. 2017 ist auch die Türkei Vertragsstaat des KSÜ geworden (BGBl 2016 II 1263). Das KSÜ hat das MSA (Rn 387) im Verhältnis zwischen den Vertragsstaaten (Art 51 KSÜ) ersetzt, im Verhältnis zur Brüssel IIb-VO hat letztere Vorrang.

Für die internationale Zuständigkeit deutscher Gerichte in Umgangssachen folgt daraus: Hat das Kind gewöhnlichen Aufenthalt in einem Mitgliedstaat der Brüssel IIb-VO (oben Rn 384), so ist das KSÜ zuständigkeitsrechtlich nicht anwendbar. Hat es gewöhnlichen Aufenthalt in einem Vertragsstaat des MSA, der (noch) nicht Vertragsstaat des KSÜ ist, so bleibt es bei der Anwendung des MSA, welches aber nach dem Beitritt der Türkei zum KSÜ in Bezug auf die internationale Zuständigkeit nur noch Geltung für die chinesische Provinz Macau beanspruchen kann. Das KSÜ ist zuständigkeitsrechtlich also nur anzuwenden, wenn das Kind seinen gewöhnlichen Aufenthalt in einem Vertragsstaat des KSÜ hat, der nicht der Brüssel IIb-VO angehört, weshalb es für die internationale Zuständigkeit deutscher Gerichte bei im Inland lebenden Kindern ohne Bedeutung ist.

Die internationale Zuständigkeit bestimmt sich grundsätzlich nach dem **gewöhnlichen Aufenthalt** (vgl dazu oben Rn 384) des Kindes (Art 5 Abs 1 KSÜ). Die internationale Zuständigkeit deutscher Gerichte für Umgangsregelungen betreffend im Ausland lebende *deutsche Kinder* ergibt sich – anders als unter dem MSA – nicht bereits wegen der deutschen Staatsangehörigkeit. Sie kann sich insbesondere durch Übernahme der Zuständigkeit gemäß Art 9 Abs 1 KSÜ oder aus der KSÜ-Verbundzuständigkeit (Art 10 KSÜ) ergeben. Eilmaßnahmen nach Art 11 Abs 1 KSÜ bzw beschränkte Maßnahmen nach Art 12 KSÜ sind auch im Staat des schlichten Aufenthalts des Kindes möglich. Zum Wechsel der Zuständigkeit bei einem rechtmäßigen Wechsel des gewöhnlichen Aufenthalts in einen KSÜ-Staat oben Rn 384a.

β) MSA

387 Nach Inkrafttreten des KSÜ (Rn 386) galt das Haager MSA nur noch im Verhältnis zur **Türkei**, die dem MSA, nicht aber dem KSÜ angehörte und zur chinesischen Provinz Macau. Das Verhältnis zur Brüssel IIa-VO bestimmte deren Art 60 lit a, wonach im Verhältnis zwischen den Mitgliedstaaten der VO diese Vorrang vor dem MSA hat. Im Verhältnis zu anderen Vertragsstaaten – nun also nur noch zur Türkei – galt jedoch in seinem Anwendungsbereich das MSA, dessen Anwendbarkeit an den gewöhnlichen Aufenthalt des Kindes anknüpft (Art 13 Abs 1 MSA). Dies bedeutete, dass bei gewöhnlichem Aufenthalt des Kindes (zum Begriff Art 12 MSA) in der Türkei (OLG Oldenburg FamRZ 2007, 1827; Andrae IPRax 2008, 82, 84), aber auch bei gewöhnlichem Aufenthalt eines türkischen Kindes in Deutschland oder einem anderen Vertragsstaat des MSA (Staudinger/Pirrung [2018] Vorbem C 211 zu Art 19 EGBGB; Siehr, in: FS Schwab [2005] 1267, 1270; Andrae IPRax 2008, 82, 84; Rauscher/Rauscher Art 60, 61 Brüssel IIa-VO Rn 6), aus Sicht deutscher Gerichte das Zuständigkeitssystem des MSA galt. Für türkische Kinder mit gewöhnlichem Aufenthalt in Deutschland bestand damit die Zuständigkeit deutscher Gerichte aus Art 1 MSA; eine internationale Zuständigkeit deutscher Gerichte bestand gemäß Art 4 MSA, wenn das Kind *deutscher Staatsangehöriger* ist, auch wenn das Kind in der Türkei lebt. Das MSA ist jedoch in Bezug auf die internationale Zuständigkeit durch den Beitritt der Türkei zum KSÜ (vgl oben Rn 386) zum 1. 2. 2017 bedeutungslos geworden.

γ) Kein Rückgriff auf die lex fori

388 Ist der **Anwendungsbereich des KSÜ eröffnet**, so kann, auch bei Fehlen einer internationalen Zuständigkeit deutscher Gerichte, eine internationale Zuständigkeit *nicht* aus dem deutschen internationalen Verfahrensrecht nach §§ 98 f FamFG hergeleitet werden (§ 97 Abs 1 S 1 FamFG). Insbesondere besteht auch für eine **Umgangsregelung im Scheidungsverbund** keine internationale Verbundzuständigkeit (§ 98 Abs 2 FamFG), selbst wenn alle Beteiligten Deutsche sind (MünchKommFamFG/Rauscher § 98 Rn 107). Hat das Kind seinen gewöhnlichen Aufenthalt nicht in Deutschland, jedoch in einem anderen Vertragsstaat, so sind deutsche Familiengerichte für die Umgangsregelung international nur zuständig, wenn die Voraussetzungen von Art 9 oder 10 KSÜ vorliegen (soeben Rn 378).

cc) Restzuständigkeit gemäß §§ 98, 99 FamFG nach der lex fori

389 Ist hingegen **weder der Anwendungsbereich der Brüssel IIb-VO noch der des KSÜ** eröffnet, was in Zeiten zunehmender Globalisierung und Immigration gerade bei nichteuropäischer Herkunft immer häufiger vorkommt (gewöhnlicher Aufenthalt in Nichtvertragsstaat bzw Volljährigkeit des Kindes [nur] aus Sicht des jeweiligen internationalen Rechtsinstruments), so bestimmt sich die internationale Zuständigkeit deutscher Gerichte für eine Umgangsentscheidung gemäß Art 14 Brüssel IIb-VO nach der lex fori, also im **Verbund** mit einer Ehesache nach § 98 Abs 2 FamFG als internationale Verbundzuständigkeit. Für ein isoliertes Umgangsverfahren sind deutsche Gerichte nach Art 14 Brüssel IIb-VO iVm § 99 Abs 1 S 1 Nr 1 FamFG international zuständig, wenn das **Kind Deutscher** ist (vgl BGH 30. 9. 2015 – XII ZB 635/14, juris Rn 15 ff, FamRZ 2015, 2147: China; OLG Stuttgart 2. 5. 2016 – 16 AR 4/16, juris Rn 11, FamRZ 2017, 237: USA; KG 20. 6. 2014 – 3 UF 159/12, juris Rn 21, ZKJ 2015, 235: Vereinigte Emirate). Dies gilt auch dann, wenn das Kind nach Durchführung eines HKÜ-Verfahrens wieder in den Staat seines gewöhnlichen Aufenthaltes zurückgeführt worden ist (OLG Bremen 21. 6. 2017 – 4 UF 20/17, juris Rn 15, MDR 2017, 1127: Mexiko).

Nach hM genügt bei einer *Doppelstaatsangehörigkeit* das Vorhandensein der deutschen Staatsangehörigkeit, ohne dass es auf die Effektivität iSd nur für das Kollisionsrecht geltenden Art 5 Abs 1 S 1 und 2 EGBGB ankommt (BGH 18. 6. 1997 – XII ZB 156/95, juris Rn 13 f, NJW 1997, 3024; Prütting/Helms/Hau Vor §§ 98–106 FamFG Rn 28; anders aber BGH 28. 6. 2020 – XII ZB 158/18, FamRZ 2020, 1811 bei Anerkennung einer ausländischen Scheidung). § 99 Abs 1 Nr 2 FamFG (gewöhnlicher Aufenthalt des Kindes in Deutschland) hat im Hinblick auf den vorrangigen und universell geltenden Art 7 Abs 1 Brüssel IIb-VO keine Bedeutung. Eine Zuständigkeit deutscher Gerichte besteht nach § 99 Abs 1 S 2 FamFG auch dann, wenn das Kind der *Fürsorge* durch ein deutsches Gericht bedarf, was insbesondere minderjährige unbegleitete Flüchtlinge betreffen kann (BGH 20. 12. 2017 – XII ZB333/17, juris Rn 14, FamRZ 2018, 457 zu einem nach dem Heimatrecht vermeintlich noch minderjährigen über 18 Jahre alten Flüchtling aus Guinea; Heilmann/Schweppe § 99 FamFG Rn 4).

dd) Verbringung und Umzug mit dem Kind ins Ausland

α) Das Haager Kindesentführungsübereinkommen (HKÜ)

390 Von der Frage der internationalen Zuständigkeit zur Umgangsregelung zu unterscheiden ist die Einleitung eines Verfahrens nach dem **Haager Übereinkommen über die zivilrechtlichen Aspekte internationaler Kindesentführung** v 25. 10. 1980 (BGBl 1990 II 207; im Einzelnen Winter, Internationales Familienrecht [2023] Rn 666 ff; Pietsch FuR 2017, 189 und die Kommentierungen von MünchKommBGB/Heiderhoff und Heilmann/Schweppe zu Art 1 ff HKÜ). Die Einleitung eines solchen Verfahrens ist auch im Verhältnis zu EU-Mitgliedstaaten als solche nicht durch die Brüssel IIb-VO überlagert; diese regelt nur die Frage der Zuständigkeit für Sorge- und Umgangsentscheidungen im Entführungsfall, setzt aber ihrerseits die Möglichkeit eines Rückführungsantrags nach dem Haager Übereinkommen voraus (Art 9 Brüssel IIb-VO).

Ziel dieses Übereinkommens ist nicht primär die abschließende, am Kindeswohl orientierte Detailregelung, sondern die Herstellung des status quo ante, wenn ein Kind widerrechtlich in einen anderen Staat verbracht oder dort zurückgehalten wird. Bei **Verbringung des Kindes ins Ausland gegen den Willen des Umgangselternteils** ist danach zu differenzieren, wohin das Kind verbracht wird. Gelangt es in einen anderen Mitgliedstaat der Brüssel IIb-VO, so ist zu unterscheiden: Handelt es sich um einen Fall der *Kindesentführung,* der auch dann vorliegt, wenn der betreuende Elternteil, der *nicht* die Alleinsorge innehat, das Kind in das Ausland bringt, so greift Art 9 Nr b Abs i) Brüssel IIb-VO ein. Dem mitsorgeberechtigten Umgangselternteil bleibt, solange der Aufenthaltswechsel nicht gebilligt wird, grundsätzlich ein Jahr (Art 12 Abs 1 HKÜ) zur Stellung eines Rückführungsantrags nach dem Haager Kindesentführungsübereinkommen *und* die deutschen Gerichte bleiben weiterhin für eine Umgangs- und Sorgeregelung zuständig.

Gemäß Art 4 HKÜ ist dieses Übereinkommen auch anzuwenden auf Fälle der Verletzung des *Rechts zum persönlichen Umgang* (Art 1 Nr b HKÜ). Hierbei erweitert das Übereinkommen nicht die Sorge- und Umgangsberechtigungen nach nationalem Recht. Der **Wegzug des allein Sorgeberechtigten** stellt grundsätzlich kein widerrechtliches Verbringen des Kindes dar (MünchKommBGB/Heiderhoff Art 3 HKÜ Rn 12). Ausnahmsweise kann ein Verfahren zur Rückführung auch eingeleitet werden, wenn der allein Sorgeberechtigte das Kind in das Ausland verbringt, hierzu jedoch im Verhältnis zum Umgangselternteil *nicht berechtigt* ist. Dies ist aus Sicht des § 1684 BGB dann der

Fall, wenn das Familiengericht dem Sorgeberechtigten zuvor die Verbringung des Kindes in einen anderen Vertragsstaat *untersagt* hat (MünchKommBGB/Siehr [7. Aufl 2017] Art 3 HKÜ Rn 3). Soweit der betreuende Elternteil allerdings das (unbeschränkte) alleinige Aufenthaltsbestimmungsrecht hat, kann er innerhalb Europas seinen Aufenthalt und den des Kindes bestimmen, ohne sich einer Entführung schuldig zu machen. In anderen Fällen der (rechtswidrigen) Behinderung des Umgangsrechts durch Verbringung des Kindes in einen anderen Vertragsstaat kann ein Antrag mit dem Ziel der Herstellung des Umgangs nach Art 21 HKÜ an die zentrale Behörde des Vertragsstaates (in Deutschland das Bundesamt für Justiz mit Sitz in Bonn) gestellt werden. Im Übrigen gelten §§ 1684 ff BGB.

Wird das Kind nach Inkrafttreten des KSÜ für Deutschland in einen **KSÜ-Vertragsstaat** verbracht, der nicht Mitgliedstaat der Brüssel IIb-VO ist, so bleibt im Entführungsfall (insbesondere bei gemeinsamer Sorge) die internationale Zuständigkeit deutscher Gerichte bestehen, solange das Kind im Zielstaat keinen gewöhnlichen Aufenthalt erlangt. Schließlich gilt hier Art 7 KSÜ, der Art 9 Brüssel IIb-VO entspricht. Die Lage ist insgesamt der nach der Brüssel IIb-VO ähnlich.

Eine Unterstützung des Umgangselternteils bei der Ausübung des Umgangsrechts durch das zuständige **Jugendamt** sieht im Übrigen § 9 Abs 1 Nr 4 IntFamRVG in Entführungsfällen vor (vgl dazu Wiesner/Wapler/Dürbeck, SGB VIII, Anhang 3 Rn 169 ff).

Zur örtlichen Zuständigkeit in Kindesentführungsfällen vgl §§ 11, 12 IntFamRVG.

β) Deutsche Zuständigkeit bei rechtmäßiger Verbringung in einen Brüssel IIb-Mitgliedstaat

Liegt *keine Kindesentführung* vor, weil der betreuende Elternteil die *Alleinsorge* inne- **391**
hat und auch nicht gegen eine gerichtliche Anordnung, insbesondere zum Aufenthaltsbestimmungsrecht, verstößt, so entfällt grundsätzlich die Zuständigkeit deutscher Gerichte, wenn ein neuer gewöhnlicher Aufenthalt des Kindes begründet worden ist. War bei einem Umzug des betreuenden Elternteils mit dem Kind in einen Vertragsstaat bereits ein Umgangsverfahren im Herkunftsstaat anhängig, so bleibt nach Art 7 Abs 1 Brüssel IIb-VO die einmal dort begründete Zuständigkeit auch dann fortbestehen, wenn das Kind in der Zwischenzeit seinen gewöhnlichen Aufenthalt in einem anderen Staat begründet hat (sog **perpetuatio fori**; vgl BGH 17. 2. 2010 – XII ZB 68/09, juris Rn 9, FamRZ 2010, 720; OLG Köln 8. 12. 2016 – 25 UF 109/16, juris Rn 13, FamRB 2017, 299: Umzug nach Polen; OLG München 26. 7. 2011 – 33 UF 874/11, juris Rn 18, FamRZ 2011, 1887). Bei doppelter Rechtshängigkeit (**Litispendenz**) in einer Umgangssache gilt nach Art 20 Abs 2 Brüssel IIb-VO das Prioritätsprinzip, wonach das später angerufene Gericht sein Verfahren von Amts wegen aussetzt, bis die Zuständigkeit des zuerst angerufenen Gerichts geklärt ist.

Wird ein Kind während eines laufenden Umgangsverfahrens in erster oder zweiter **391a**
Instanz – rechtmäßig – in einen Brüssel IIb-Mitgliedstaat verbracht, kann dies auch Anlass sein, in das „Verweisungsverfahren“ nach Art 12 Brüssel IIb-VO einzutreten. Danach kann das zunächst international zuständige (*deutsche*) Gericht in Ausnahmefällen und unter Bejahung der Kindeswohldienlichkeit das Verfahren **aussetzen** und die Beteiligten „einladen“, bei dem ausländischen Gericht **einen Antrag** nach Art 12 Abs 1 Nr a Brüssel IIb-VO zu stellen oder das Gericht des ausländischen Mitgliedstaates dazu auffordern, sich gemäß Abs 5 für zuständig zu erklären (Art 12 Abs 1 Nr

b Brüssel IIb-VO). Voraussetzung der Aussetzung des Verfahrens ist aber die Erwartung, dass das ausländische Gericht den Fall **besser beurteilen** kann (vgl dazu EuGH 27. 10. 2016 – C-428/15, FamRZ 2016, 2071; OLG Karlsruhe 20. 4. 2020 – 16 UF 39/19, FamRZ 2021, 124) und dass das Kind zu dem betreffenden Mitgliedstaat eine *„besondere Bindung"* hat. Stellt ein Elternteil einen entsprechenden Antrag bei dem (ausländischen) Gericht des Aufenthaltsorts des Kindes und erklärt sich dieses Gericht nach Art 12 Abs 2 Brüssel IIb-VO binnen sechs Wochen für zuständig, so hat sich das deutsche Familiengericht nach Art 12 Abs 2 S 2 Brüssel IIb-VO für unzuständig zu erklären und sein Verfahren einzustellen (OLG Karlsruhe 10. 8. 2020 – 16 UF 39/19, FamRZ 2021, 128; zur Entscheidung über die Gehörsrüge des umgangsberechtigten Vaters vgl OLG Karlsruhe 11. 9. 2020 – 16 UF 39/19, FamRZ 2021, 129). Befindet sich das Verfahren im zweiten Rechtszug, so hat das Oberlandesgericht in diesem Fall die erstinstanzliche Umgangsentscheidung aufzuheben (OLG Karlsruhe 10. 8. 2020 – 16 UF 39/19, FamRZ 2021, 128; OLG Karlsruhe 11. 8. 2014 – 18 UF 26/14, juris). Bei dem komplizierten Verfahren nach Art 12 Brüssel IIb-VO handelt es sich dabei um keine Verweisung des Verfahrens im technischen Sinn, sondern um die Einleitung eines neuen Verfahrens in dem betreffenden Mitgliedstaat, welches zur Unzuständigkeit des vormals zuständigen inländischen Familiengerichts führt (vgl Heilmann/Schweppe Art 15 Brüssel IIa-VO Rn 1).

γ) Deutsche Zuständigkeit bei Verbringung in KSÜ-Staat

392 Bei Verlagerung des Aufenthalts durch einen Umzug des Kindes mit dem allein Sorgeberechtigten und ohne Verstoß gegen ein Verbringensverbot (Rn 390) in einen KSÜ-Vertragsstaat kann grundsätzlich eine Änderung des gewöhnlichen Aufenthalts des Kindes eintreten, deutsche Gerichte verlieren die internationale Zuständigkeit (Art 5 Abs 2 KSÜ). Das KSÜ enthält – anders als die Brüssel IIb-VO in Art 7 Abs 1 – keine perpetuatio fori, sodass auch bei einem bereits eingeleiteten Umgangsverfahren ein **Wechsel der internationalen Zuständigkeit** eintritt (OLG Frankfurt 5. 11. 2019 – 8 UF 152/19, NJW-RR 2020, 260; KG 2. 3. 2015 – 3 UF 156/14, juris Rn 8 ff, NZFam 2015, 474; OLG Karlsruhe 12. 11. 2013 – 5 UF 140/11, juris Rn 26 ff, ZKJ 2014, 335; OLG Karlsruhe 27. 7. 2023 – 18 UF 233/22, juris zum Sorgerecht; KG 1. 8. 2023 – 16 UF 49/23, NJ 2023, 399 zum Sorgerecht; Heilmann/Schweppe Art 5 KSÜ Rn 7 f; Völker/Clausius, Sorge- und Umgangsrecht [8. Aufl 2021] § 11 Rn 35; vgl auch EuGH 14. 7. 2022 – C-572/21, NZFam 2022, 948 m Anm Flindt zum Sorgerecht). Bei nachträglichem Wegfall der internationalen Zuständigkeit ist allerdings zu differenzieren: Entfällt die internationale Zuständigkeit wegen (rechtmäßigen) Wegzuges mit dem Kind in einen KSÜ-Staat erst im **Beschwerdeverfahren**, so bestimmt Art 14 KSÜ, dass (wirksame) sorge- und umgangsrechtliche Anordnungen so lange in Kraft bleiben, bis sie durch die nunmehr zuständigen Gerichte des Staates des neuen gewöhnlichen Aufenthalts abgeändert oder aufgehoben werden. Es ist daher das Verfahren vom Beschwerdegericht nicht wegen eines Verfahrenshindernisses einzustellen, sondern die Beschwerde als unbegründet zurückzuweisen (OLG Karlsruhe 27. 7. 2023 – 18 UF 233/22, juris und 22. 3. 2017 – 5 UF 233/16, juris; **aA** KG 1. 8. 2023 – 16 UF 49/23, NJ 2023, 399: Verwerfung als unzulässig). Fehlt die internationale Zuständigkeit bereits **im ersten Rechtszug** oder ist sie dort nachträglich durch Begründung eines neuen gewöhnlichen Aufenthalts in einem KSÜ-Staat entfallen, so besteht ein Verfahrenshindernis und das Verfahren ist – ggf vom Beschwerdegericht – einzustellen (OLG Frankfurt 5. 11. 2019 – 8 UF 152/19, NJW-RR 2020, 260).

Maßgeblich ist insoweit der Zeitpunkt der Entscheidung (Knoop NJW-Spezial 2017, 260, 261). In Fällen doppelter Rechtshängigkeit gilt Art 13 KSÜ, wonach das später angerufene Gericht seine Zuständigkeit nicht ausüben darf, solange das erstbefasste Gericht Maßnahmen prüft.

Insbesondere besteht auch bei deutscher Staatsangehörigkeit des Kindes – anders als unter Art 4 MSA – eine Zuständigkeit nur unter den Voraussetzungen von Art 9 KSÜ. Die Gerichte des neuen Aufenthaltsstaates dürfen also in Abstimmung mit den neuen Aufenthaltsbehörden wieder tätig werden.

δ) Deutsche Zuständigkeit bei Verbringung in einen Nichtvertragsstaat

Wird das Kind in einen Staat gebracht, der nicht der Brüssel IIb-VO und nicht dem KSÜ angehört (zur Rechtslage unter Geltung des heute nicht mehr relevanten MSA vgl Staudinger/Rauscher [2014] § 1684 Rn 380c und OLG Stuttgart 12. 4. 2012 – 17 UF 22/12, juris Rn 10 ff, FamRZ 2013, 49: Umzug des Kindes in die Türkei), so finden nach § 97 Abs 1 FamFG in Umgangssachen §§ 99 Abs 1 Nr 1, 98 Abs 2 FamFG Anwendung. Da beide Vorschriften die internationale Zuständigkeit nicht an den Aufenthaltsort des Kindes anknüpfen, kommt ein Zuständigkeitswechsel durch einen Auslandsumzug schon deshalb nicht in Frage. 393

ee) Verfahrensrechtliche Behandlung der internationalen Zuständigkeit des Familiengerichts

Das Familiengericht hat auch in Umgangssachen **in jeder Lage des Verfahrens von Amts wegen** seine internationale Zuständigkeit zu prüfen (BGH 17. 2. 2010 – XII ZB 68/09, juris Rn 8, FamRZ 2010, 720; KG 1. 8. 2023 – 16 UF 49/23, NJ 2023, 399; OLG Frankfurt 5. 11. 2019 – 8 UF 152/19, NJW-RR 2020, 260). Anders als die Rüge der örtlichen Zuständigkeit gemäß § 65 Abs 4 FamFG kann die Rüge des Fehlens bzw Wegfalls (siehe oben Rn 392) der internationalen Zuständigkeit auch noch in der **Beschwerdeinstanz** erhoben werden (OLG Frankfurt 5. 11. 2019 – 8 UF 152/19, NJW-RR 2020, 260; OLG Hamm 2. 2. 2011 – 8 UF 98/10, juris Rn 16, FamFR 2011, 480; Heilmann/Dürbeck § 65 FamFG Rn 6; Sternal/Sternal § 65 FamFG Rn 21). 394

Kommt das Gericht zum Ergebnis, dass die internationale Zuständigkeit bereits im ersten Rechtszug ge**fehlt** hat oder dort entfallen ist, so besteht ein **Verfahrenshindernis** und das Verfahren ist einzustellen (OLG Frankfurt 5. 11. 2019 – 8 UF 152/19, NJW-RR 2020, 260; Sternal/Sternal § 3 FamFG Rn 38; unzureichend OLG Stuttgart 12. 4. 2012 – 17 UF 22/12, juris Rn 19, FamRZ 2013, 49, das lediglich die erstinstanzliche Umgangsregelung aufgehoben hat). Eine *Verweisung* an das ausländische zuständige Gericht scheidet aus, da § 3 FamFG nicht die internationale Zuständigkeit betrifft (Sternal/Dimmler § 97 FamFG Rn 15; Prütting/Helms/Prütting § 3 FamFG Rn 13; Heilmann/Schweppe Art 17 Brüssel IIa-VO Rn 1). Die in Art 12 Brüssel IIb-VO iVm § 13a IntFamRVG geregelte Verweisung – im Sinne der angloamerikanischen Lehre der **forum non conveniens** (unangemessene Zuständigkeit) – richtet sich nicht an das international unzuständige Gericht, sondern, wie Art 12 Abs 1 Brüssel IIb-VO zeigt, an das Gericht, das für die Entscheidung zuständig ist (AG Lüdinghausen 22. 8. 2014 – 14 F 138/14, BeckRS 2014, 16505). Ist ein anderes unter die Brüssel IIb-VO fallendes Gericht eines Vertragsstaates zuständig, gilt Art 18 Brüssel IIb-VO, sodass sich das Familiengericht von Amts wegen für unzuständig zu erklären hat.

Bejaht das Familiengericht seine internationale Zuständigkeit, trifft es eine Umgangsregelung und begründet in seiner Endentscheidung die von einem Beteiligten gerügte internationale Zuständigkeit. Hiergegen kann Beschwerde nach § 58 FamFG ohne die Beschränkung von § 65 Abs 4 FamFG eingelegt werden (OLG Frankfurt 5. 11. 2019 – 8 UF 152/19, NJW-RR 2020, 260). Obwohl die Verweisung von § 113 Abs 1 S 2 FamFG auf § 280 ZPO nicht gilt, ist in analoger Anwendung von § 280 ZPO auch in FamFG-Verfahren durch – mit der Beschwerde nach § 58 FamFG iVm § 280 Abs 2 ZPO analog anfechtbaren – **Zwischenbeschluss** die internationale Zuständigkeit mit Rechtskraftwirkung festzustellen (OLG Stuttgart 6. 5. 2014 – 17 UF 60/14, juris Rn 10 ff, JAmt 2014, 573; OLG Oldenburg 26. 7. 2012 – 4 WF 82/12, juris Rn 6, FamRZ 2013, 481; STERNAL/JOKISCH § 38 FamFG Rn 33).

Verneint das Familiengericht zu Unrecht seine internationale Zuständigkeit und stellt das Verfahren wegen eines Verfahrenshindernisses ein, so wird die Entscheidung im Beschwerdeverfahren gemäß § 69 Abs 1 S 2 FamFG aufzuheben und das Verfahren in die erste Instanz zurückzuverweisen sein, weil dort noch keine Entscheidung in der Sache ergangen ist (OLG Bremen 21. 6. 2017 – 4 UF 20/17, juris Rn 21, MDR 2017, 1127).

Entfällt die internationale Zuständigkeit wegen (rechtmäßigen) Wegzuges mit dem Kind in einen KSÜ-Staat erst im **Beschwerdeverfahren**, so bestimmt Art 14 KSÜ, dass (wirksame) sorge- und umgangsrechtliche Anordnungen so lange in Kraft bleiben, bis sie durch die nunmehr zuständigen Gerichte des Staates des neuen gewöhnlichen Aufenthalts abgeändert oder aufgehoben werden. Es ist daher das Verfahren nicht wegen eines Verfahrenshindernisses einzustellen, sondern die Beschwerde als unbegründet zurückzuweisen (OLG Karlsruhe 27. 7. 2023 – 18 UF 233/22, juris und 22. 3. 2017 – 5 UF 233/16, juris; **aA** KG 1. 8. 2023 – 16 UF 49/23, NJ 2023, 399: Verwerfung als unzulässig; vgl oben Rn 392).

d) Örtliche Zuständigkeit

aa) Bei isolierter Umgangssache

395 **α)** Ist **keine Ehesache anhängig**, so ist das Gericht zuständig, in dessen Bezirk das Kind seinen *gewöhnlichen Aufenthalt* hat (§ 152 Abs 2 FamFG); fehlt ein solcher im Inland, so ist nach § 152 Abs 3 FamFG auch das Gericht zuständig, in dessen Bezirk das *Bedürfnis der Fürsorge* bekannt wird (zur Auslegung des Bedürfnisses OLG Hamm 19. 3. 2013 – 2 SAF 4/13, juris Rn 12 ff, ZKJ 2013, 307; MünchKommFamFG/HEILMANN § 152 Rn 23 ff). In Umgangssachen kommt dies insbesondere in Fällen einer drei Monate nach Aufenthaltswechsel fortbestehenden internationalen Zuständigkeit aus Art 8 Brüssel IIb-VO in Betracht (dazu oben Rn 384).

Der **gewöhnliche Aufenthalt** bestimmt sich hier nach deutschem Recht, für eine Anlehnung an die Ausfüllung des gewöhnlichen Aufenthalts von *Kindern* entsprechend der Rechtsprechung des EuGH für die Brüssel IIa-VO bzw Brüssel IIb-VO (so STAUDINGER/RAUSCHER [2014] § 1684 Rn 381 und OLG Köln 15. 3. 2012 – 21 AR 1/12, juris Rn 10, FamRZ 2012, 1406) besteht aber kein Bedürfnis. Maßgeblich für den gewöhnlichen Aufenthalt des Kindes ist insbesondere die *Dauer des Aufenthalts sowie Umfang und Intensität der sozialen (familiären, schulischen, freundschaftlichen) Beziehungen am Aufenthaltsort* (OLG Hamm 13. 7. 2010 – 2 Sdb [FamS] Zust 21/10, juris Rn 13 ff, FamRZ 2011, 395; HEILMANN/KEUTER § 152 FamFG Rn 12: analog § 30 Abs 3 S 2 SGB I). Dabei spielt auch das *Alter* des Kindes und seine *Abhängigkeit von seiner Betreuungsperson* eine zentrale Rolle für die Gewichtung der einzelnen Kriterien (OLG Köln 15. 3. 2012 – 21 AR 1/12, juris Rn 10, FamRZ 2012, 1406; OLG Hamm 2. 2. 2011 – 8 UF 98/10, juris Rn 17 f, IPRspr 2011,

Nr 249, 636; Prütting/Helms/Hammer § 152 FamFG Rn 16). Auf den Wohnsitz (vgl §§ 7 Abs 1, 11 Satz 1 BGB) kommt es bei der Bestimmung des gewöhnlichen Aufenthalts nicht an (MünchKommFamFG/Heilmann § 152 Rn 17). Auch bei einem echten paritätischen **Wechselmodell** wird im Regelfall bei unterschiedlichen Wohnsitzen der Eltern in zwei Gerichtsbezirken nur ein gewöhnlicher Aufenthaltsort des Kindes anzunehmen sein, im Zweifel kommt es in dieser Reihenfolge auf den sozialen Schwerpunkt des Kindes (Schule, Kindergarten) und hilfsweise auf den letzten gemeinsamen Wohnort der Eltern mit dem Kind an (OLG Rostock 25. 5. 2000 – 10 UF 126/00, juris Rn 24 f, FamRZ 2001, 642 zu Art 3 HKÜ; Prütting/Helms/Hammer § 152 FamFG Rn 18).

Maßgeblich für die Prüfung der örtlichen Zuständigkeit ist bei § 152 Abs 2 FamFG der **Zeitpunkt der Verfahrenseinleitung**, da auch bei einem späteren Aufenthaltswechsel die einmal begründete örtliche Zuständigkeit aufgrund der in § 2 Abs 2 FamFG geregelten **perpetuatio fori** fortbestehen bleibt. Dies gilt auch dann, wenn das Umgangsverfahren zwar beendet ist, aber später noch über eine **Verlängerung einer befristeten Umgangspflegschaft** zu entscheiden ist (OLG Zweibrücken 27. 8. 2014 – 2 AR 14/14, juris Rn 7, FamRZ 2015, 520).

Was das *Verhältnis von § 152 Abs 2 FamFG zu § 50 Abs 1 FamFG* bei vorangegangener Umgangsregelung per **einstweiliger Anordnung** betrifft, so gilt für den Fall, dass sich das betroffene Kind nach Erlass der einstweiligen Anordnung zwischenzeitlich gewöhnlich im Bezirk eines anderen Amtsgerichts aufhält, dass § 50 Abs 1 FamFG für das Gericht, das die einstweilige Anordnung erlassen hat, zwar die Zuständigkeit für die **Einleitung des Hauptsacheverfahrens** begründet, mangels örtlicher Zuständigkeit für die **Durchführung** des Verfahrens ist das Verfahren allerdings gemäß § 3 FamFG an das nach § 152 Abs 2 FamFG zuständige Amtsgericht zu **verweisen** (OLG Frankfurt 4. 1. 2017 – 1 SV 27/16, juris Rn 3 ff, FamRB 2017, 139; Prütting/Helms/Dürbeck § 52 FamFG Rn 2; **aA** OLG München 21. 12. 2010 – 33 WF 2159/10, juris Rn 9 ff, FamRZ 2011, 1078; Sternal/Giers § 52 FamFG Rn 5). Ist in einem Umgangshauptsacheverfahren Beschwerde nach § 58 FamFG eingelegt und ist diese infolge des Eingangs der Akten bereits dort anhängig (Prütting/Helms/Dürbeck § 50 FamFG Rn 6), so bestimmt § 50 Abs 1 S 2 FamFG, dass für die Einleitung eines einstweiligen Anordnungsverfahrens das Beschwerdegericht zuständig ist.

Insbesondere bei **Fehlen eines gewöhnlichen Aufenthalts** des Kindes (zB bei unbekanntem Aufenthalt, vgl OLG Karlsruhe 28. 7. 2011 – 18 UF 117/11, juris Rn 9 f, FamRZ 2011, 1888; BT-Drucks 16/6308, 235; Aufenthalt des Kindes mit der Mutter in einem Frauenhaus: OLG Hamm 27. 10. 2020 – 13 WF 204/20, FamRZ 2021, 1126) oder bei einem gewöhnlichen Aufenthalt des deutschen Kindes in einem Nichtvertragsstaat (Heilmann/Keuter § 152 FamFG Rn 15) kann eine weite Auslegung des **§ 152 Abs 3 FamFG**, wonach das Gericht zuständig ist, in dessen Bezirk ein **Fürsorgebedürfnis** besteht, negative Kompetenzkonflikte und die mit der Kompetenzbestimmung verbundenen Verzögerungen vermeiden (OLG Hamm 27. 10. 2020 – 13 WF 204/20, FamRZ 2021, 1126; Grün FamFR 2013, 252). Soweit ein schon älteres Kind seinen Aufenthalt **auf eigenen Wunsch** ohne Zustimmung des vormaligen Obhutselternteils zum anderen Elternteil verlagert, kommt es grundsätzlich zu keinem sofortigen Wechsel des gewöhnlichen Aufenthalts (BGH 29. 10. 1980 – IVb 586/80, FamRZ juris Rn 4, FamRZ 1981, 135; Hammer FamRZ 2021, 1983; **aA** OLG Brandenburg 6. 10. 2021 – 10 UF 74/21, FamRZ 2021, 1982).

Lebt das **deutsche Kind** in einem (meist außereuropäischen) Nichtvertragsstaat, führt die (internationale) Zuständigkeit deutscher Familiengerichte nach §§ 99 Abs 1 Nr 1, 152 Abs 3 FamFG aber häufig zu kaum lösbaren Problemen in der Sachaufklärung und gebotenen persönlichen Anhörung des im Ausland lebenden Kindes und seines betreuenden Elternteils.

396 **β)** Eine **spezielle Verweisungsregelung** besteht (nur bei isolierten Kindschaftssachen) bei **einseitiger Änderung des Aufenthaltes des Kindes** gemäß § 154 FamFG (vgl dazu Keuter FuR 2015, 262, 263). Das Gericht am (neuen) gewöhnlichen Aufenthalt des Kindes (§ 152 Abs 2 FamFG) kann ein Verfahren an das Gericht des früheren gewöhnlichen Aufenthalts des Kindes **verweisen**, wenn ein Elternteil den Aufenthalt des Kindes *ohne vorherige Zustimmung* des anderen, ebenfalls zur Aufenthaltsbestimmung berechtigten Elternteils (OLG Hamm 1. 7. 2010 – 2 Sdb [FamS] Zust 19/10, juris Rn 20, FamRZ 2011, 55) geändert hat. Die Bestimmung hat einen engen Anwendungsbereich, da die Verlegung des gewöhnlichen Aufenthalts gegen den Willen eines (ebenfalls) aufenthaltsbestimmungsberechtigten Elternteils, wie in Auslandsfällen, eine zeitliche Integrationskomponente hat (MünchKommFamFG/Heilmann § 154 Rn 7; zur Rückgängigmachung eines probeweisen Aufenthaltswechsels des Kindes zusammen mit der Mutter zum Vater OLG Köln FamRZ 2012, 1406, 1408).

bb) Verweisung, Zuständigkeitskonflikt

397 Das angerufene Gericht prüft **von Amts wegen** die Voraussetzungen seiner Zuständigkeit (OLG Köln FamRZ 2012, 1406, 1407); ergibt sich seine **Unzuständigkeit** und die Zuständigkeit eines anderen Gerichts, so erklärt es sich *nach Anhörung der Beteiligten* durch nicht anfechtbaren, für das verwiesene Gericht *bindenden* (§ 3 Abs 3 FamFG) Beschluss für unzuständig und **verweist** das Verfahren von Amts wegen an dieses andere Gericht (§ 3 Abs 1 FamFG); bei mehreren zuständigen Gerichten ist nach § 3 Abs 2 FamFG zu verfahren.

Auch ein zuständiges Gericht kann nach § 4 FamFG die Sache an ein anderes Gericht bei Vorliegen eines **wichtigen Grundes abgeben**. Hierzu bedarf es aber der Übernahmebereitschaft des anderen Gerichts, ansonsten bestimmt das für das erstbefasste Gericht zuständige Oberlandesgericht die Zuständigkeit (§ 5 Abs 1 Nr 5, Abs 2 FamFG; OLG Hamm FamFR 2010, 394). Maßgeblich hierfür sind Gesichtspunkte des *Kindeswohls.*

Negative Zuständigkeitskonflikte, deren Lösung vor Inkrafttreten des FamFG umstritten war (vgl etwa BGH FamRZ 1997, 173), sind nach § 5 Abs 1 Nr 4 FamFG zu lösen. Dies gilt nach § 5 Abs 1 Nr 3 FamFG gleichermaßen, wenn beide Gerichte förmlich ihre Zuständigkeit durch Beschluss ablehnen, als auch dann, wenn das verweisende Gericht seine Kompetenz ohne förmlichen Beschluss leugnet (OLG Köln FamRZ 2012, 1406, 1407: Aktenrücksendung). Hierbei ist die Bindungswirkung des Verweisungsbeschlusses nach § 3 Abs 3 S 2 FamFG zu beachten, soweit der Verweisung nicht jegliche rechtliche Grundlage fehlt und sie nicht als willkürlich erscheint (OLG Köln FamRZ 2012, 1406, 1408; Heilmann/Köhler § 3 FamFG Rn 3a) oder die Beteiligten entgegen § 3 Abs 1 S 2 FamFG nicht vorher angehört wurden.

cc) Änderung einer Umgangsregelung

398 Die Änderung einer Umgangsregelung nach § 166 FamFG ist ein neues **selbständiges Verfahren**; die örtliche Zuständigkeit ist daher im *Zeitpunkt der Befassung* des Ge-

richts mit dem Änderungsverfahren zu bestimmen (BayObLGZ 1975, 197, 199; OLG Düsseldorf FamRZ 1978, 621; PRÜTTING/HELMS/HAMMER § 152 FamFG Rn 7). Dies gilt auch dann, wenn sich die internationale Zuständigkeit als Abänderungszuständigkeit aus Art 8 Brüssel IIb-VO ergibt (dazu oben Rn 384). Auch im Verhältnis zu einem *Sorgerechtsverfahren* nach § 1671 BGB ist das Umgangsverfahren selbständig (vgl § 151 Nr 1 und 2 FamFG).

dd) Zuständigkeit bei Anhängigkeit einer Ehesache

Ist eine **Ehesache anhängig** (§ 124 S 1 FamFG), so ist für eine Umgangsregelung wegen **gemeinsamer Kinder** der Ehegatten das Gericht ausschließlich örtlich zuständig, bei dem die Ehesache im ersten Rechtszug anhängig ist oder war (§ 152 Abs 1 FamFG). Diese ausschließliche Zuständigkeit verdrängt nach dem klaren Wortlaut nicht eine anderweitige internationale Zuständigkeit eines ausländischen Gerichts, was Bedeutung für die Anerkennung einer ausländischen Entscheidung hat, die nicht bereits wegen ausschließlicher Zuständigkeit deutscher Gerichte scheitert. **399**

Wird eine Ehesache anhängig, *während ein isoliertes Umgangsverfahren* dieser Art (bei einem anderen Familiengericht) im ersten Rechtszug bereits gemäß § 2 Abs 1 FamFG anhängig ist, so regelt § 153 FamFG die **Konzentration der Zuständigkeit** bei dem **Gericht der Ehesache**; das Verfahren in der Kindschaftssache ist von Amts wegen an das Gericht der Ehesache **abzugeben**, was jedoch voraussetzt, dass dieses nicht nur anhängig, sondern durch Zustellung des Scheidungsantrages (§§ 113 Abs 1 S 2 FamFG, 261, 253 ZPO) **rechtshängig** geworden ist. Die Bewilligung von Verfahrenskostenhilfe für die Ehesache genügt nicht (PRÜTTING/HELMS/HAMMER § 153 FamFG Rn 2).

Diese ausschließliche Zuständigkeit des Gerichts der Ehesache betrifft, wie schon unter § 621 Abs 2 S 1 Nr 2 ZPO aF, nicht nur die Regelung des Umgangs der Ehegatten mit dem Kind, sondern auch die Regelung des Umgangs *Dritter* mit einem gemeinschaftlichen Kind der Ehegatten. Durch diese Konzentration wollte der Gesetzgeber des KindRG sicherstellen, dass die Interessen der einzelnen Umgangsberechtigten und des Inhabers der Sorge abgestimmt werden (BT-Drucks 13/4899, 120).

War eine Ehesache anhängig und wurde das Umgangsrecht dort nicht nach § 137 Abs 3 FamFG im Verbund geregelt, so ist die Zuständigkeit für ein später erforderlich werdendes Umgangsverfahren selbständig zu bestimmen; das Gericht der Ehesache bleibt nicht zuständig (BGH NJW-RR 1991, 1346).

ee) Umgangsregelung im Scheidungsverbund

Folgesache im **Scheidungsverbund** kann ein Verfahren zur Umgangsregelung jedoch nur nach § 137 Abs 3 FamFG werden; Voraussetzung ist also insbesondere, dass ein *Scheidungsverfahren* anhängig ist; ein Verbund mit anderen Ehesachen (§ 121 Nr 2, 3 FamFG) ist nicht möglich. Die Voraussetzungen des § 137 Abs 3 FamFG gelten auch für ehemals selbständige Umgangsverfahren, die nach § 153 FamFG an das Gericht der Ehesachen abgegeben wurden. Die durch das KindRG geschaffene automatische Einbeziehung als Verbundsache bei Abtrennung auf Antrag wurde in § 137 Abs 3 FamFG umgekehrt: Die Umgangsregelung (Kindschaftssache) wird nur als Verbundsache einbezogen, wenn ein Ehegatte vor Schluss der mündlichen Verhandlung im ersten Rechtszug der Scheidungssache dies **beantragt** und das Gericht diese nicht aus Gründen des Kindeswohls ablehnt. **400**

Als Verbundsache geeignet sind Verfahren zur Regelung des Umgangs mit einem gemeinschaftlichen Kind oder das Umgangsrecht eines Ehegatten mit einem Kind des anderen Ehegatten (§ 137 Abs 3 FamFG). Die Regelung ist insofern flexibler als § 623 ZPO aF, weil grundsätzlich auch ein Umgangsverfahren, welches das *Kind selbst* aufgrund seines Umgangsrechts aus § 1684 Abs 1 BGB begehrt, auf Antrag eines Ehegatten Verbundsache werden kann. Freilich wird die Einbeziehung der Umgangssache in den Scheidungsverbund häufig aus Gründen des Kindeswohls und der Notwendigkeit der Beschleunigung (§ 155 FamFG) des Kindschaftsverfahrens nicht sachgerecht sein.

Wurde die Umgangssache gemäß § 137 Abs 2 3 FamFG auf Antrag eines Ehegatten gleichwohl in den Verbund einbezogen, ist eine **Abtrennung** nach § 140 Abs 2 Nr 3 FamFG zwar nicht mehr voraussetzungslos möglich; sie erfolgt in einer Umgangssache als Kindschaftsfolgesache aber dann, wenn das Gericht dies aus *Gründen des Kindeswohls* für sachgerecht hält, insbesondere eine Entscheidung vor Entscheidungsreife der Scheidungssache aus Gründen des Kindeswohls geboten ist oder wenn das Verfahren in der Kindschaftsfolgesache ausnahmsweise ausgesetzt ist (MünchKommFamFG/Heiter § 140 Rn 33; Heilmann/Keuter § 140 FamFG Rn 4). § 140 Abs 2 Nr 3 FamFG stellt insbesondere nach Einbeziehung in den Verbund weiterhin die von § 137 Abs 3 letzter HS FamFG für die Einbeziehung vorgesehene Kindeswohldienlichkeit auch im weiteren Verlauf sicher (Johannsen/Henrich/Althammer/Markwardt § 140 FamFG Rn 8).

4. Beteiligte des Umgangsverfahrens

401 Regelungen über die Frage, wer in Umgangssachen betreffend das elterliche Umgangsrecht nach § 1684 BGB vom Familiengericht **am Verfahren zu beteiligen** ist, finden sich in §§ 7, 161, 162 FamFG. Der Umstand, dass eine Person oder Institution Verfahrensbeteiligter ist, ist im Übrigen nicht gleichbedeutend mit der Frage, ob sie auch *beschwerdeberechtigt* iSd § 59 FamFG ist. Auch wer nach dem FamFG *anzuhören* ist (vgl zB §§ 160, 161, 162 FamFG), wird nicht allein dadurch zum Beteiligten (§ 7 Abs 6 FamFG). Zur Beteiligtenfähigkeit vgl § 8 FamFG. Die Frage der Beteiligung hat im Übrigen entscheidende Bedeutung für die Beurteilung, welche *Rechte und Pflichten* einer Person oder Institution im *Verfahren* eingeräumt werden, wie etwa das Recht auf Bewilligung von Verfahrenskostenhilfe, auf Akteneinsicht, das Beweisantragsrecht, Ablehnung von Richtern oder Sachverständigen, Ladung und Teilnahme zu Terminen, Heranziehung zur Kostentragung (§ 81 Abs 1 S 1 und Abs 4 FamFG) und vor allem auch die Mitsprache bei Abschluss eines Umgangsvergleichs nach § 156 Abs 2 FamFG (vgl im Übrigen zur Beteiligung Bruns NJW 2009, 2797).

a) Kind

402 Das **Kind** ist in Umgangsverfahren nach § 7 Abs 2 Nr 1 FamFG Beteiligter, da es durch die Entscheidung über den Umgang mit einem Elternteil selbst *in eigenen Rechten,* insbesondere seinem allgemeinen Persönlichkeitsrecht (Art 2 Abs 1, Art 1 Abs 1 GG) bzw seinem ihm selbst durch § 1684 Abs 1 BGB zugewiesenen Recht auf Umgang *betroffen* ist (BGH 27. 6. 2018 – XII ZB 46/18, juris Rn 10, NJW 2018, 2962; Prütting/Helms/Hammer § 151 FamFG Rn 57; vgl auch BGH 7. 9. 2011 – XII ZB 12/11, juris Rn 8, JAmt 2011, 535 zum Sorgerecht). Hiervon zu trennen ist die Frage, ob das Kind auch selbst *verfahrensfähig* ist (vgl unten Rn 408) und ob es im Umgangsverfahren der *Vertretung* bedarf (unten Rn 411).

b) Eltern

Im Regelfall sind auch beide **Eltern** *Mussbeteiligte* nach § 7 Abs 2 Nr 1 FamFG, da sie durch eine Regelung des Umgangs in ihrem *Sorge- bzw Umgangsrecht* (Art 6 Abs 2 GG) unmittelbar betroffen sind. Dies gilt ausnahmslos, wenn das Kind bei einem Elternteil lebt. Ist das Kind aber *fremduntergebracht* (zB bei Pflegeeltern oder in einem Heim) und steht unter Vormundschaft (§ 1773 BGB), und begehrt lediglich *ein Elternteil* eine Umgangsregelung, ist der **andere nicht sorgeberechtigte Elternteil** grundsätzlich nicht in eigenen Rechten unmittelbar betroffen, soweit nicht durch die Umgangsregelung mit dem anderen Elternteil sein eigenes Umgangsrecht (zB durch eine Reduzierung der Umgangszeiten) beeinträchtigt wird (KG 26. 11. 2013 – 18 UF 224/13, juris Rn 11 f, NJW-RR 2014, 522; OLG Bremen 29. 5. 2012 – 4 UF 50/12, juris Rn 5 f, ZKJ 2012, 405; Heilmann/Dürbeck § 59 FamFG Rn 8 jeweils zu § 59 FamFG, was sich aber insoweit mit § 7 Abs 2 Nr 1 FamFG deckt). Ob dies auch dann gilt, wenn das unter Vormundschaft stehende Kind im *Haushalt des betreffenden nichtsorgeberechtigten Elternteils lebt* (vgl KG 26. 11. 2013 – 18 UF 224/13, juris Rn 12 ff, NJW-RR 2014, 522 zur Beschwerdeberechtigung), ist zweifelhaft. Jedenfalls dann, wenn dem betreuenden Elternteil durch die Umgangsregelung – wie regelmäßig der Fall – Pflichten, wie zB das Bereithalten des Kindes oder Informationspflichten auferlegt werden sollen, ist dieser auch in eigenen Rechten betroffen und deshalb am Umgangsverfahren zu beteiligen. 403

Dessen ungeachtet sind Eltern aber unabhängig von ihrer Beteiligtenstellung in Umgangssachen nach Maßgabe von § 160 FamFG **anzuhören** (dazu unten Rn 438 ff).

c) Verfahrensbeistand

Ein im Umgangsverfahren bestellter **Verfahrensbeistand** (dazu unten Rn 412 ff) ist gemäß § 158b Abs 3 S 1 FamFG kraft Gesetzes Beteiligter des Umgangsverfahrens (vgl Prütting/Helms/Hammer § 158b FamFG Rn 18). 404

d) Vormund

Verfahrensbeteiligter gemäß § 7 Abs Nr 2 Nr 1 FamFG ist auch der **Vormund** des Kindes, insbesondere auch das **Jugendamt** als Amtsvormund, da auch sein Recht zur Ausübung der Personensorge in Form des Umgangsbestimmungsrechts (§§ 1795 Abs 1 S 3, 1632 Abs 2 BGB) unmittelbar betroffen ist (BGH 28. 9. 2016 – XII ZB 251/16 Rn 13, ZKJ 2017, 26; OLG Nürnberg 19. 7. 2016 – 7 UF 746/16, juris Rn 39, ZKJ 2017, 33 zu § 59 FamFG; Heilmann/Köhler § 7 FamFG Rn 16; Dürbeck ZKJ 2017, 19; **aA** Oberloskamp ZKJ 2016, 336, 342). Als Amtsvormund hat das Jugendamt dabei eine eigene, von der Stellung des nach § 162 FamFG anzuhörenden und ggf ebenfalls zu beteiligenden Jugendamts *unabhängige Beteiligtenstellung* (Dürbeck, in: Oberloskamp/Dürbeck, Vormundschaft [5. Aufl 2023] § 3 Rn 38; Hammer FamRZ 2017, 1904, 1905). Gleichgestellt ist der **Ergänzungspfleger**, soweit ihm das Umgangsbestimmungsrecht zugewiesen ist (vgl Prütting/Helms/Hammer § 151 FamFG Rn 56a). 405

e) Jugendamt

Das nach § 162 Abs 1 FamFG anzuhörende **Jugendamt** ist nach § 162 Abs 2 S 2 FamFG nur **auf Antrag** – zwingend – zu beteiligen, was in der Praxis bei fremduntergebrachten Kindern veranlasst ist. Von dem insoweit bestehenden Wahlrecht wird in der Praxis aber von Jugendämtern in Umgangssachen eher selten Gebrauch gemacht. Der – formfreie (Lack ZKJ 2010, 189, 190) – Antrag kann in jedem Stadium des Verfahrens gestellt werden. Von einem solchen Antrag ist *konkludent* auszugehen, 406 wenn das Jugendamt einen Sachantrag stellt (BT-Drucks 16/6308, 241) oder aber von seinem *Beschwerderecht* nach § 162 Abs 3 S 2 FamFG Gebrauch macht (Sternal/Schäder § 162 FamFG Rn 10; Heilmann/Dürbeck § 162 FamFG Rn 22). Von seinem Antragsrecht nach § 162 Abs 2 S 2 FamFG sollte das Jugendamt vor allem dann Gebrauch machen, wenn es sich ein Mitspracherecht bei *Abschluss eines Umgangsvergleichs* nach § 156 Abs 2 FamFG sichern will (BT-Drucks 16/6308, 237; Sternal/Schäder § 156 FamFG Rn 18; Wiesner/Wapler/Dürbeck, SGB VIII, Anhang 3 Rn 18).

f) Pflegepersonen

407 **Pflegepersonen** des Kindes können in Umgangsverfahren nicht nur gemäß §§ 161 Abs 1, 7 Abs 3 FamFG *auf Antrag* oder *von Amts wegen* im Interesse des Kindes zu beteiligen sein, sondern sind gemäß § 7 Abs 2 Nr 1 FamFG sogar regelmäßig **Muss-Beteiligte**, wenn das Familiengericht beabsichtigt, ihnen im Rahmen einer Umgangsregelung *Pflichten,* wie zB Holen, Bringen oder Bereithalten des Kindes, aufzuerlegen (Dürbeck FamRZ 2016, 1784 f, Anm zu KG FamRZ 2016, 1780; Johannsen/Henrich/Althammer/Dürbeck § 161 FamFG Rn 3; Prütting/Helms/Hammer § 161 FamFG Rn 6; Heilmann ZKJ 2014, 48, 53).

5. Verfahrensfähigkeit

a) Kind

408 Die nach § 9 Abs 1 Nr 1 FamFG grundsätzlich an die bürgerlich-rechtliche Geschäftsfähigkeit geknüpfte Verfahrensfähigkeit erfährt in § 9 Abs 1 Nr 3 FamFG insoweit eine Ausnahme, als **beschränkt Geschäftsfähige**, die das **14. Lebensjahr** vollendet haben, selbst verfahrensfähig sind, wenn sie ein eigenes Recht, das ihre Person betrifft und ihnen *nach dem bürgerlichen Recht* zusteht, in einem gerichtlichen Verfahren *geltend machen* (ausführlich Güssow, Die Beteiligung und Vertretung des Kindes in Kindschaftssachen [2022] 35 ff). In Umgangssachen betreffend § 1684 BGB ist dies aber nur in den seltenen Konstellationen der Fall, in denen Kinder selbst ihr *eigenes*, nach § 1684 Abs 1 BGB bestehendes *Recht zum Umgang* mit den Eltern oder dem umgangsberechtigten Elternteil geltend machen (vgl KG 24. 10. 2016 – 19 UF 32/16, juris Rn 9, FamRZ 2017, 899 zu § 1685 Abs 1 BGB, wo allerdings für minderjährige Geschwister ein solches Recht besteht; Köhler ZKJ 2018, 50, 53; Heiter FamRZ 2009, 85, 87; Heilmann/Cirullies § 9 FamFG Rn 2; Dürbeck ZKJ 2018, 194; **aA** zu Unrecht OLG Hamburg 29. 12. 2017 – 12 WF 111/17, ZKJ 2018, 193; wohl auch Schumann NJW-Beil 2018, 33, 36). Auch soweit es um Verfahren geht, in denen das Kind gemäß § 1684 Abs 4 BGB vor dem Umgang geschützt werden muss, verleiht nicht das bürgerliche Recht nach § 1684 Abs 4 BGB, sondern die Verfassung (Art 1, 2 GG) dem Kind ein subjektives Recht auf Ausübung des staatlichen Wächteramts (BGH 12. 5. 2021 – XII ZB 34/21, FamRZ 2021, 1402 Rn 23 ff zu § 1666 BGB; Prütting/Helms/Prütting § 9 FamFG Rn 14; Prütting/Helms/Dürbeck § 76 FamFG Rn 10b; Dürbeck, in: FS Dose [2022] 87, 93 f; Köhler ZKJ 2018, 50, 51; Heiter FamRZ 2009, 85, 87; **aA** OLG Hamburg 29. 12. 2017 – 12 WF 111/17, ZKJ 2018, 193). Auch dann, wenn elterliche Gewalt im Raum steht, folgt etwas anderes nicht aus § 1631 Abs 2 BGB, da das Recht auf gewaltfreie Erziehung dem Kind kein einklagbares Recht iS eines Anspruchs verschafft (Heilmann/Fink § 1632 BGB Rn 16; Dürbeck ZKJ 2018, 194; Heiter FamRZ 2009, 85, 87; **aA** OLG Hamburg 29. 12. 2017 – 12 WF 111/17, ZKJ 2018, 193).

Damit bedarf das Kind außerhalb des Sonderfalls der Geltendmachung seines eigenen Umgangsrechts gegen unwillige Elternteile stets der **gesetzlichen Vertretung** im Umgangsverfahren (unten Rn 411). Dessen ungeachtet bestehen aber unabhängig von der Verfahrensfähigkeit für Kinder, die das 14. Lebensjahr vollendet haben, auch im *Verfahrensrecht* zahlreiche Sonderbestimmungen, wie etwa das Beschwerderecht nach § 60 FamFG und die Bekanntgabe der Entscheidung an das Kind (§ 164 FamFG).

Zur Frage der Verfahrensfähigkeit des Kindes im **Beschwerdeverfahren** nach §§ 58 ff FamFG vgl unten Rn 504.

Aus §§ 9 Abs 1 Nr 3, 167 Abs 3 FamFG wird im Übrigen zum Teil zu Unrecht abgeleitet, dass Jugendliche für den Fall, dass sie verfahrensfähig sind (dazu oben), analog § 107 BGB auch einen *Geschäftsbesorgungsvertrag mit einem Rechtsanwalt* abschließen können (OLG Bremen 14. 11. 2016 – 4 WF 82/16, juris Rn 4 f, FamRZ 2017, 1701; OLG Dresden 24. 1. 2014 – 22 WF 15/14, juris Rn 13 ff, NJW 2014, 2451; OLG Braunschweig 17. 5. 2016 – 1 WF 105/16, juris Rn 17, InfAuslR 2016, 367; Streicher FamRZ 2022, 1711), was ungeachtet dessen, dass aus der Verfahrensfähigkeit die Möglichkeit der Erteilung einer Prozessvollmacht erwächst (BGH 30. 10. 2013 – XII ZB 317/13, FamRZ 2014, 110 Rn 7), mit dem Schutzzweck von §§ 107 ff BGB nicht zu vereinbaren ist (OLG Frankfurt 10. 5. 2022 – 6 WF 73/22, NJW-RR 2022, 874; Dürbeck, in: FS Dose [2022] 87, 95 f; Staudinger/Klumpp [2021] Vorbem 142 zu §§ 104 ff; Erman/Müller § 106 Rn 3).

Auch die *Bewilligung von Verfahrenskostenhilfe und Beiordnung eines Rechtsanwalts* nach § 78 Abs 2 FamFG kommt nur in Betracht, soweit das antragstellende Kind selbst verfahrensfähig ist (BGH 12. 5. 2021 – XII ZB 34/21, FamRZ 2021, 1402 Rn 23 ff; OLG Bremen 14. 11. 2016 – 4 WF 82/16, juris Rn 6, FamRZ 2017, 1701 zu § 1889 Abs 2 BGB; OLG Stuttgart 17. 1. 2014 – 11 WF 271/13, juris Rn 8 f, ZKJ 2014, 289; Dürbeck, in: FS Dose [2022] 87, 96; Prütting/Helms/Dürbeck § 76 FamFG Rn 10b). Zur Bewilligung von Verfahrenskostenhilfe für das Kind vgl im Übrigen Rn 494.

b) Eltern

Die **Verfahrensfähigkeit** eines Elternteils ist dann nicht gegeben, wenn dieser selbst 409
noch minderjährig (dann aber ggf § 9 Abs 1 Nr 3 FamFG) ist oder aber nach § 105 Nr 2 BGB infolge einer krankhaften Störung sich in einem Zustand befindet, der die freie Willensbestimmung nicht nur vorübergehend ausschließt. Bestehen Anhaltspunkte für den zuletzt genannten Fall und hat der Betroffene keinen gesetzlichen Betreuer, hat das Familiengericht dem gemäß § 9 Abs 5 FamFG iVm § 56 ZPO in jeder Lage des Verfahrens von Amts wegen nachzugehen und nach persönlicher Anhörung des Betroffenen diese Frage ggf durch ein Sachverständigengutachten zu klären (vgl Zöller/Althammer § 56 ZPO Rn 2, 8 mit Nachweisen der Rspr des BGH).

Im **Verbund mit der Ehescheidung** erstreckt sich die notwendige Vertretung der Ehegatten durch einen Rechtsanwalt nach § 114 Abs 1 FamFG (Familiengericht und OLG) auch auf die Folgesache Umgang (Heilmann/Keuter § 114 FamFG Rn 2). § 114 Abs 2 FamFG (Vertretung vor dem BGH) gilt dagegen für alle Beteiligten, § 114 Abs 1 FamFG hingegen nur für die Ehegatten.

6. Anwaltszwang

Im **isolierten Umgangsverfahren** besteht für die Beteiligten – auch im Beschwerdever- 410
fahren vor dem OLG – **kein Anwaltszwang** (OLG Celle FamRZ 2010, 1363; MünchKomm-

FamFG/Pabst § 10 Rn 3; ebenso vor Inkrafttreten des FamFG: OLG Zweibrücken FamRZ 1997, 687; zur **Beiordnung** eines Rechtsanwalts bei Verfahrenskostenhilfe unten Rn 494). Nur im Verfahren der *Rechtsbeschwerde* zum BGH besteht Anwaltszwang (§ 10 Abs 4 FamFG).

Im **Verbund mit der Ehescheidung** erstreckt sich die notwendige Vertretung durch einen Rechtsanwalt nach § 114 Abs 1 FamFG (Familiengericht und OLG) auch auf die Folgesache Umgang. § 114 Abs 2 FamFG gilt für alle Beteiligten, § 114 Abs 1 FamFG hingegen nur für die Ehegatten. Geklärt hat der BGH in der Zwischenzeit die Frage, ob sich die Ehegatten auch in einer Folgesache der freiwilligen Gerichtsbarkeit bei der **Einlegung der Beschwerde** durch einen Rechtsanwalt vertreten lassen müssen. Entgegen dem Wortlaut von § 114 Abs 4 Nr 6 FamFG iVm §§ 78 Abs 3 ZPO, 64 Abs 2 S 1 und 2 FamFG unterliegt danach auch die Einlegung der Beschwerde in FamFG-Folgesachen dem Anwaltszwang (BGH 26. 4. 2017 – XII ZB 3/16, juris Rn 12 ff, FamRZ 2017, 1151; OLG Frankfurt 22. 3. 2016 – 2 UF 67/16, juris Rn 6, FamRZ 2016, 1802; Johannsen/Henrich/Althammer/Althammer § 64 FamFG Rn 4; **aA** OLG Brandenburg 24. 3. 2014 – 13 UF 207/13, juris Rn 7, FamRZ 2014, 1933; Zöller/Feskorn § 64 FamFG Rn 5).

Allerdings entfällt der Anwaltszwang wieder, wenn die Kindschaftssache im ersten Rechtszug vom Scheidungsverfahren gemäß § 140 Abs 2 Nr 3 FamFG abgetrennt wird, weil die Kindschaftssache dann als selbständiges Verfahren fortgeführt wird (§ 137 Abs 5 Satz 2 FamFG).

7. Gesetzliche Vertretung des Kindes

411 Soweit das Kind nicht ausnahmsweise selbst nach § 9 Abs 1 Nr 3 FamFG verfahrensfähig ist (oben Rn 408), bedarf es nach § 9 Abs 2 FamFG der **gesetzlichen Vertretung** im Verfahren, welche durch seine sorgeberechtigten Eltern bzw den alleinsorgeberechtigten Elternteil (§§ 1626, 1629 BGB) oder den Vormund oder Ergänzungspfleger (§§ 1789 Abs 2 S 1, 1813 Abs 1 BGB) erfolgt (vgl BGH 27. 6. 2018 – XII ZB 46/18, juris Rn 15, NJW 2019, 2962).

Die Vertretungsbefugnis der Eltern ist durch die eigene Verfahrensbeteiligung **nicht kraft Gesetzes ausgeschlossen**, weil §§ 1629 Abs 2 S 1, 1824 Abs 1 Nr 3 BGB in den Kindschaftssachen nach § 151 FamFG nicht anwendbar ist, da es sich nicht um kontradiktorische Verfahren handelt (BGH 26. 10. 2011 – XII ZB 247/11, juris Rn 22, FamRZ 2012, 99; Heilmann/Dürbeck § 1795 Rn 11). Trotz des in Umgangsverfahren häufig bestehenden **Interessenskonflikts** zwischen den (ggf mitsorgeberechtigten) Eltern und dem Kind ist den sorgeberechtigten Eltern auch nicht nach §§ 1629 Abs 2 S 3, 1789 Abs 2 S 3 und 4 3 BGB die Vertretungsmacht zu entziehen und für das Kind ein **Ergänzungspfleger** (§ 1809 BGB) zu bestellen, weil die Interessen des Kindes in diesen Fällen hinreichend durch die Bestellung eines **Verfahrensbeistandes** nach § 158 Abs 3 Nr 1 FamFG wahrgenommen werden können, auch wenn diesem nach § 158b Abs 3 S 2 FamFG nicht die gesetzliche Vertretung des Kindes obliegt (BGH 27. 6. 2018 – XII ZB 46/18, juris Rn 15, NJW 2018, 2962; BGH 7. 9. 2011 – XII ZB 12/11, juris Rn 17 ff, ZKJ 2011, 465; BGH 18. 1. 2012 – XII ZB 489/11, juris Rn 7, FamRZ 2012, 436; Prütting/Helms/Hammer § 151 FamFG Rn 59; vgl zum früheren Meinungsstreit vor der Entscheidung durch den BGH Keuter NJW 2010, 1851).

411a Besteht zwischen den (gemeinsam sorgeberechtigten) Eltern Streit darüber, ob für die Vertretung des Kindes im Verfahren ein **Rechtsanwalt** bestellt werden soll oder nicht, so kann eine Entscheidung des Familiengerichts nach § 1628 BGB beantragt werden (BGH 27. 6. 2018 – XII ZB 46/18, juris Rn 10, NJW 2018, 2962). Wurde allerdings für das Kind im Umgangsverfahren ein Verfahrensbeistand nach § 158 FamFG bestellt, erfordert das Kindeswohl es nicht, darüber hinaus einen Rechtsanwalt zu beauftragen, sodass entsprechende Elternanträge nach § 1628 BGB zurückzuweisen sind (BGH 27. 6. 2018 – XII ZB 46/18, juris Rn 14 ff, NJW 2018, 2962). Beauftragt der alleinsorgeberechtigte Elternteil einen Rechtsanwalt für das Kind, so führte dies bereits nach der bis zum 30. 6. 2021 geltenden Rechtslage im Regelfall trotz der Regelung von § 158 Abs 5 FamFG aF nicht zu einer Aufhebung der Bestellung eines Verfahrensbeistandes bzw zum Unterbleiben einer Bestellung, weil die Gefahr bestand, dass der sorgeberechtigte Elternteil durch seine Weisungsbefugnis Einfluss auf die Vertretung des Kindes durch den Rechtsanwalt nehmen könnte (vgl BGH 27. 6. 2018 – XII ZB 46/18, juris Rn 15, NJW 2018, 2962). Durch die Streichung von § 158 Abs 5 FamFG aF zum 1. 7. 2021 hat sich die Frage nun ohnehin erledigt, sodass die anwaltliche Vertretung des Kindes die Frage der Notwendigkeit eines Verfahrensbeistands nicht mehr tangiert (Prütting/Helms/Hammer § 158 FamFG Rn 11 ff; Dutta/Jacoby/Schwab/Lack § 158 FamFG Rn 27; Dürbeck, in: FS Dose [2022] 87, 89; Güssow, Die Beteiligung und Vertretung des Kindes in Kindschaftssachen [2022] 190; BT-Drucks 19/23707, 53, **aA** Jokisch FuR 2021, 471, 474). Das gilt auch dann, wenn das ausnahmsweise nach § 9 Abs 1 Nr 3 FamFG verfahrensfähige Kind (vgl oben Rn 408) selbst einen Rechtsanwalt bevollmächtigt und wenn nicht erkennbar ist, dass es hierbei von einem Elternteil beeinflusst wurde.

Ist der alleinbetreuende Elternteil auch alleiniger Inhaber des Sorgerechts, so steht es im frei, in einem Umgangsverfahren für die Vertretung des Kindes einen **Rechtsanwalt** zu mandatieren, der seinen Weisungen unterworfen ist. Dass hierdurch erhebliche **Interessenskollisionen** zwischen Kindes- und Elterninteressen entstehen, zeigte ein Fall zum Umgangs- und Auskunftsrecht nach § 1686 BGB, der bereits längere Zeit beim Amtsgericht Tempelhof-Kreuzberg anhängig war und bereits mehrfach das *KG Berlin* beschäftigt hatte (vgl KG 6. 3. 2019 – 13 WF 28/19, ZKJ 2019, 305 zur Teilnahme des Anwalts des Kindes an der Kindesanhörung und KG 17. 5. 2019 – 18 UF 32/19, FamRZ 2019, 1702 zum Entzug des Vertretungsrechts des Kindes). In dem betreffenden Fall hatte die Kindesmutter im Zusammenwirken mit dem Rechtsanwalt der Kinder sowohl den Kontakt der Kinder zum Verfahrensbeistand unterbunden, eine Mitwirkung der Kinder an der Begutachtung durch einen Sachverständigen verweigert als auch die Teilnahme der Kinder an der gerichtlichen Anhörung verweigert. Das Amtsgericht hat der Kindesmutter daraufhin das **Recht zur Vertretung der Kinder** nach §§ 1629 Abs 2 S 3, 1796 aF entzogen und den Kindern insoweit einen Ergänzungspfleger bestellt (vgl dazu ausführlich Moelle ZKJ 2020, 7). Das *KG Berlin* (KG 17. 5. 2019 – 18 UF 32/19, FamRZ 2019, 1702) hat auf die Beschwerde der Kindesmutter die Entscheidung aufgehoben, weil der Entzug des Vertretungsrechts unverhältnismäßig gewesen sei und die Interessen des Kindes – entsprechend der Rechtsprechung des BGH (BGH 7. 9. 2011 – XII ZB 12/11, juris Rn 29, FamRZ 2011, 1788) – auch in diesem Fall hinreichend durch den Verfahrensbeistand wahrgenommen werden können. Die Entscheidung des KG ist in ersten Reaktionen zu Recht kritisiert worden (vgl Keuter FamRZ 2019, 1705; Moelle ZKJ 2020, 7) und sie wird wohl Anlass geben müssen, die Vertretung des Kindes in Kindschaftssachen, die seine Person betreffen, neu zu überdenken. Der BGH (BGH 7. 9. 2011 – XII ZB 12/11, juris Rn 29, FamRZ 2011, 1788) hat in der vorerwähnten Entscheidung lediglich für den Regelfall angenommen, dass § 1796 aF (nun § 1789 Abs 2 S 3 BGB) im Zusammenhang mit Kindschaftsverfahren dahin zu verstehen sei, dass eine Entziehung **411b** der elterlichen Vertretungsbefugnis dann nicht angeordnet werden darf, wenn durch die Bestellung eines Verfahrensbeistands bereits auf andere Weise für eine wirksame Interessenvertretung des Kindes Sorge getragen werden kann. Wie dies aber der Fall sein soll, wenn die sorgeberechtigten Eltern dem Verfahrensbeistand jeden Kontakt zu dem Kind verweigern und für das Kind ein Rechtsanwalt tätig ist, der offenkundig die Interessen des sorgeberechtigten Elternteils wahrnimmt, erschließt sich nicht.

8. Der Verfahrensbeistand für das Kind (§§ 158–158c FamFG)

a) Interessenwahrnehmung des Kindes

412 Durch das **KindRG** wurde die Möglichkeit geschaffen, dass das Gericht dem minderjährigen Kind einen **Verfahrenspfleger** zur **Wahrnehmung seiner Interessen** bestimmt (§ 50 Abs 1 FGG aF; zur historischen Entwicklung, die bis zurück in das Allgemeine Preußische Landrecht geht, vgl KORITZ FPR 2012, 385). Diese Regelung sollte nicht zuletzt die Forderung des BVerfG umsetzen, durch die Verfahrensgestaltung die Wahrung der Belange des Kindes und seinen Anspruch auf rechtliches Gehör sicherzustellen (BVerfGE 55, 171, 179; BVerfG NJW 1999, 631; BT-Drucks 13/4899, 129). Diese Bestimmung wurde in § 158 FamFG übernommen, die Bezeichnung geändert (heute **Verfahrensbeistand**), um dessen Aufgaben im Verfahren zu verdeutlichen; dem diente auch § 158 Abs 4 FamFG (aF), der erstmals eine Aufgabenbeschreibung normierte.

Die Einrichtung der Verfahrensbeistandschaft ist dabei Ausdruck der **Subjektstellung** des Kindes und seiner Individualität als Grundrechtsträger (BVerfG FamRZ 2004, 86; BGH FamRZ 2010, 1060, 1063; HB-VB/SALGO Rn 59 ff unter Hinweis auf Art 12 UN-KRK); entsprechend ist der Verfahrensbeistand *Vertreter der (objektiven) Kindesinteressen* und verhilft dem (subjektiven) Willen des Kindes zu Gehör. Auch wenn das Kind nach § 9 Abs 1 Nr 3 FamFG ausnahmsweise selbst **verfahrensfähig** sein sollte (vgl oben Rn 408) oder im Übrigen schon das 14. Lebensjahr erreicht hat, ist die Bestellung nicht entbehrlich (ZORN Rpfleger 2009, 421, 425 f). Das gilt nach hM auch dann, wenn es selbst im Verfahren durch einen eigenen Rechtsanwalt vertreten ist (oben Rn 411a).

Insbesondere **widerstreitende Elternanträge und hochkonflikthafte Elternauseinandersetzungen** weisen auf die Erforderlichkeit hin, auch um das Kind vor einer Parteinahme und einem Loyalitätskonflikt zu schützen, vgl § 158 Abs 2 Nr 1 FamFG idF bis zum 30. 6. 2021 (BVerfG 18. 7. 2006 – 1 BvR 1565/05, juris Rn 29, FamRZ 2006, 1261 zum HKÜ; KORITZ FPR 2012, 385, 386 f).

Mit der Regelung des § 158 FamFG ist der Gesetzgeber den sich aus Art 6 Abs 2 S 2 und Art 2 Abs 1 GG ergebenden **Schutzpflichten** zugunsten des Kindes ausreichend nachgekommen; auch wenn das Kind die Bestellung nicht eigenständig beantragen kann, so kann es sie doch **anregen** (BVerfG NJW 2003, 3544 noch zu § 50 FGG aF; PRÜTTING/HELMS/HAMMER [6. Aufl 2020] § 158 FamFG Rn 12). Unabhängig von der anfänglichen Beurteilung der Erforderlichkeit der Bestellung kann es geboten sein, im weiteren Verfahrensverlauf einen Verfahrensbeistand zu bestellen, wenn etwa das Gericht den nachhaltig **geäußerten Willen des Kindes** wegen eines angenommenen Loyalitätskonflikts nicht berücksichtigt (BVerfG FamRZ 2007, 1797).

Der Verfahrensbeistand hat sich heute in Sorge- und Umgangsverfahren etabliert. Seine Bedeutung in Kindschaftsverfahren wurde auch durch das BVerfG erheblich dadurch aufgewertet, dass er – anders als das Jugendamt (BVerfG 15. 12. 2020 – 1 BvR 1395/19, FamRZ 2021, 512) – berechtigt, ist **Verfassungsbeschwerde** in eigenem Namen einzulegen und mit dieser Grundrechte des Kindes geltend zu machen (BVerfG 5. 9. 2022 – 1 BvR 65/22, NJW 2022, 3570; BVerfG 30. 4. 2018 – 1 BvR 393/18, FamRZ 2018, 1092; BVerfG 3. 2. 2017 – 1 BvR 2569/16, FamRZ 2017, 524).

Durch das am 1. 7. 2021 und 1. 1. 2022 in zwei Stufen in Kraft getretene **Gesetz zur** **412a**
Bekämpfung sexualisierter Gewalt gegen Kinder (BGBl 2021 I 1810) wurde die Regelung des Verfahrensbeistands grundlegend **reformiert** (vgl dazu Lack FamRZ 2023, 1249; Jokisch FuR 2022, 556; Vogel FF 2022, 143; FamRB 2022, 200; Menne NZFam 2020, 1033). Sie wurde neu strukturiert und befindet sich nunmehr in insgesamt vier Vorschriften (§§ 158 bis 158c FamFG). Hierbei wurden vor allem **Qualitätsanforderungen** (§ 158a FamFG) gesetzlich verankert. Weitere inhaltliche Änderungen betreffen die Regelung **zwingender Bestellungstatbestände** in § 158 Abs 2 FamFG, die Neuregelung der Aufhebung der Bestellung in § 158 Abs 4 FamFG und die Einführung einer **schriftlichen Berichtspflicht** in § 158b Abs 1 S 2 FamFG.

Bereits § 158 Abs 1 und 2 FamFG aF war nicht als Ermessensnorm ausgestaltet, son- **413**
dern das Familiengericht *musste* nach Abs 1 einen Verfahrensbeistand für das Kind bestellen, wenn dies zur Wahrnehmung seiner Interessen **erforderlich** ist (OLG Rostock 4. 7. 2014 – 11 UF 111/14, juris Rn 6, FamRZ 2014, 2020; Heilmann/Keuter § 158 FamFG Rn 6). Die *Regelbeispiele* in § 158 Abs 2 FamFG aF indizierten dabei die Erforderlichkeit, waren aber nicht zwingend, noch schlossen sie die Bestellung in anderen Fällen nach § 158 Abs 1 FamFG aF aus. Im Gesetzgebungsverfahren des KindRG wurde der Vorschlag einer *zwingenden Vertretung* des Kindes zwar nicht aufgegriffen (Rechtsausschuss BT-Drucks 13/8511, 64); gleichwohl konnte bei Verwirklichung eines Regelbeispiels nur in Ausnahmefällen von der Bestellung abgesehen werden. In diesem Fall musste das Familiengericht nach § 158 Abs 3 S 3 FamFG aF das Absehen von einer Verfahrensbeistandsbestellung in seiner Endentscheidung *begründen*. In Umgangsverfahren nach § 1684 BGB kamen vor allem § 158 Abs 2 Nr 1 FamFG aF (**erheblicher Interessensgegensatz**) und Abs 2 Nr 5 (Möglichkeit eines **Umgangsausschlusses oder einer wesentlichen Beschränkung des Umgangsrechts**) in Betracht. Eine wesentliche Beschränkung des Umgangsrechts liegt in diesem Sinne auch dann vor, wenn nur **begleiteter Umgang** in Frage kommt (OLG Saarbrücken 25. 3. 2010 – 6 UF 136/09, juris Rn 21, FamRZ 2010, 2085; Prütting/Helms/Hammer § 158 FamFG Rn 21).

Der zum 1. 7. 2021 neu gefasste § 158 FamFG sieht nunmehr **drei Schwellen** der **Erforderlichkeit** der Bestellung eines Verfahrensbeistands vor. Nach dem *Grundtatbestand von § 158 Abs 1 FamFG* ist ein Verfahrensbeistand zu bestellen, wenn dies zur Wahrnehmung der Interessen des Kindes erforderlich ist. Hierbei ist eine Gesamtabwägung nach den Umständen des Einzelfalls vorzunehmen und zu hinterfragen, ob die Angelegenheit für das Kind von erheblicher Bedeutung ist, die Eltern bzw der gesetzliche Vertreter des Kindes zur Wahrnehmung der Kindesinteressen in der Lage sind und ob die Interessen des Kindes nicht allein durch die Beachtung der Verfahrensgarantien nach §§ 26, 159, 160, 161, 162 FamFG gewahrt werden können (BT-Drucks 13/4899, 130; Prütting/Helms/Hammer § 158 FamFG Rn 7). Eine *zwingende Bestellung* sieht nunmehr § 158 Abs 2 FamFG in den dort genannten Fällen vor, während Abs 3 *Regelbeispiele* vorsieht.

War die Bestellung des Verfahrensbeistands erforderlich, so muss das Gericht auch durch die **Verfahrensgestaltung** dem Verfahrensbeistand die Möglichkeit geben, seine Funktion sinnvoll wahrzunehmen (BGH FamRZ 2010, 1060, 1063). Insbesondere muss ihm nach § 159 Abs 4 S 3 FamFG Gelegenheit gegeben werden, bei einer im Beisein des Sachverständigen stattfindenden persönlichen Anhörung des Kindes gemäß § 159 Abs 1 FamFG zugegen zu sein (BGH FamRZ 2010, 1060, 1063; OLG Bremen FamRZ 2000, 1298).

b) Erforderlichkeit im Umgangsverfahren

414 **aa)** Maßstab für die Bestellung ist im Rahmen des Grundtatbestands von § 158 Abs 1 FamFG die Einschätzung des Gerichts, ob das **subjektive Interesse des Kindes ausreichend zu Gehör** kommt. Besteht zwischen dem Kind und dem betreuenden Elternteil ein **ernsthafter Interessengegensatz**, weil dieser Elternteil den Umgang ablehnt und hierfür nicht ohne Weiteres gute Gründe erkennbar sind (OLG Brandenburg 21. 12. 2022 – 13 UF 116/22, juris; OLG Naumburg FamRZ 2009, 1417: Ablehnung obwohl noch kein Kontakt stattgefunden hat), so liegt zwar bei gemeinsamer elterlicher Sorge nicht formal der nach dem Konzept des § 158 Abs 3 Nr 1 FamFG vorausgesetzte Interessengegensatz zu *beiden* gesetzlichen Vertretern vor. Gleichwohl genügt ein ernster Interessengegensatz zu dem betreuenden Elternteil (Krause FamRB 2009, 156, 158), unabhängig von der Sorgerechtskonstellation, weil eine Bestellung erforderlich ist, um den Willen des Kindes von den Motiven und Interessen dieses Elternteils gelöst festzustellen.

Offenkundig ist die Bestellung eines Verfahrensbeistands erforderlich, wenn das Kind mit der **Haltung des betreuenden Elternteils** oder sogar mit dessen Sorgeberechtigung **nicht einverstanden** ist (Jopt ZfJ 1996, 203, 210). Aber schon dann, wenn die Eltern sich im Umgangsverfahren wie Streitparteien mit **gegensätzlichen Anträgen** gegenüberstehen, kann jedenfalls nicht ausgeschlossen werden, dass ein Interessengegensatz besteht (**aA** OLG Düsseldorf NJW 2000, 1274; OLG Frankfurt FamRZ 1999, 1293, 1294). Insoweit genügt bereits die Möglichkeit einer Nachordnung der Kindesinteressen gegenüber den Elterninteressen (OLG Köln 22. 3. 2012 – 27 UF 48/12, juris Rn 3, FamRB 2012, 214; Sternal/Schäder § 158 FamFG Rn 9; Heilmann/Keuter § 158 FamFG Rn 14). Jedenfalls wenn der Streit um das Umgangsrecht das übliche Maß übersteigt, ist die Bestellung eines Verfahrensbeistands zwingend erforderlich (OLG Rostock ZfJ 1999, 307; ähnlich im Fall einer hochstreitigen Sorgerechtsregelung OLG Hamm FamRZ 1999, 41). Beispiele für eine fehlende Erforderlichkeit im Umgangssachen dürften Verfahren sein, in denen lediglich um eine Ferienregelung oder geringfügig abweichende Umgangszeiten gestritten wird (vgl OLG Braunschweig 11. 10. 2021 – 1 WF 106/21, JurBüro 2022, 39) oder wenn in einem Abänderungsverfahren schon triftige Gründe iSd § 1696 Abs 1 BGB nicht erkennbar sind. In der Praxis werden aber heute in nahezu allen Umgangsverfahren nach § 1684 BGB Verfahrensbeistände bestellt (vgl zu empirischen Grundlagen Lack/Salgo FPR 2012, 353; Lack FamRZ 2023, 1249, 1250).

Dass das Kind in seiner Anhörung die **Ansicht des betreuenden Elternteils teilt**, rechtfertigt nicht die Annahme, dass kein Interessengegensatz besteht und das Kindesinteresse ausreichend vertreten ist (**aA** OLG Düsseldorf KindPrax 2000, 27), da das Interesse des Kindes von der Beachtlichkeit seines Willens (dazu oben Rn 202) unterschieden werden muss. Das Verfahren dient gerade der Ermittlung dessen, was im wirklichen, nicht nur geäußerten, Interesse des Kindes liegt.

Verzichtbar ist die Bestellung bei erheblichem Interessengegensatz nur dann, wenn die Wahrung des selbständigen Kindesinteresses anderweitig sichergestellt ist, insbesondere wenn das Kind bei der richterlichen Anhörung seine Wünsche und Vorstellungen ersichtlich unbeeinflusst darstellen konnte (OLG Koblenz FamRZ 2001, 515).

bb) Insbesondere bedarf es nach § 158 Abs 3 Nr 4 FamFG regelmäßig der Bestellung eines Verfahrensbeistandes, wenn **eine wesentliche Beschränkung des Umgangs** in Betracht kommt. In dieser Konstellation lagen bereits nach bisherigem Recht regelmäßig ein schwerer Grundkonflikt oder erhebliche Vorwürfe gegen den Umgangselternteil vor (Trenczek ZKJ 2009, 196, 198; Büchner/Machhour NZFam 2016, 597, 598 f). Hauptanwendungsfall von § 158 Abs 3 Nr 4 FamFG ist eine im Raum stehende Anordnung von **begleitetem Umgang** (OLG Saarbrücken FamRZ 2010, 2085; OLG Köln JAmt 2011, 166, 167; Prütting/Helms/Hammer § 158 FamFG Rn 40; Heilmann/Keuter § 158 FamFG Rn 19). Eine kurze oder nur für einen Einzelfall vorgenommene – zB im Rahmen einer einstweiligen Anordnung – Umgangseinschränkung fällt nicht hierunter (vgl Beschlussempfehlung und Bericht des Rechtsausschusses BT-Drucks 16/9733, 294). Ein Verfahrensbeistand ist auch dann zu bestellen, wenn der umgangsberechtigte Elternteil mit der Umgangsbegleitung *einverstanden* ist (OLG Brandenburg 31. 1. 2020 – 13 UF 207/19, NJW-RR 2020, 458). Ob ein Absehen von einer Ferienregelung oder Übernachtungen unter das Regelbeispiel fallen, dürfte sehr zweifelhaft sein (so aber Prütting/Helms/Hammer § 158 FamFG Rn 40 unter Bezugnahme auf KG 16. 1. 2019 – 19 UF 59/18, FamRZ 2019, 1147). 415

Nicht vom Regelfall des § 158 Abs 3 Nr 4 FamFG erfasst sind nach der hier vertretenen Ansicht (§ 1685 Rn 55) Beschränkungen des Umgangs mit anderen Umgangspersonen (§ 1685 BGB) als den Eltern (OLG Celle FamFR 2011, 449 zum alten Recht; Sternal/Schäder § 158 FamFG Rn 26; **aA** Prütting/Helms/Hammer § 158 FamFG Rn 40; Dutta/Jacoby/Schwab/Lack § 158 FamFG Rn 44). Sieht das Familiengericht trotz Vorliegens eines Regelbeispiels von der Bestellung eines Verfahrensbeistands ab, muss es dies in der Endentscheidung nach § 158 Abs 3 S 2 FamFG besonders **begründen**.

cc) Ein **Muss-Fall** der Bestellung eines Verfahrensbeistands liegt nach § 158 Abs 2 Nr 2 FamFG dagegen vor, wenn ein **Ausschluss des elterlichen Umgangs** nach § 1684 Abs 4 BGB in Betracht kommt. Das dürfte regelmäßig (aber nicht zwingend) dann der Fall sein, wenn ein Ausschluss vom Jugendamt gefordert wird (OLG Saarbrücken 28. 6. 2021 – 6 UF 58/21, ZKJ 2021, 465). Das Regelbeispiel dürfte auch dann verwirklicht sein, wenn lediglich indirekter Kontakt mittels Telefon, E-Mail- oder Briefverkehr gestattet wird (Prütting/Helms/Hammer § 158 FamFG Rn 33; **aA** Witt FamRZ 2021, 1510, 1512 zu § 68 Abs 5 Nr 2 FamFG). 416

c) Abgrenzung zum begleiteten Umgang und Umgangspflegschaft

Der **begleitete Umgang** nach § 1684 Abs 4 S 3 BGB ist weder Alternative noch Konkurrenz zur Bestellung eines Verfahrensbeistands. Beide Institute setzen an unterschiedlichen Stellen ein: Der Verfahrensbeistand soll eine Verbesserung der Artikulationsmöglichkeiten des Kindes *im Verfahren* ermöglichen, seine Bestellung ist kein Eingriff in ein Umgangs- oder Sorgerecht und setzt daher auch keine Kindeswohlgefährdung voraus. Die Zielrichtung des begleiteten Umgangs ist dagegen die Abwehr einer Gefährdung des Kindeswohls in der *Durchführung* der getroffenen Umgangsregelung. Im Einzelfall könnte zwar der Verfahrensbeistand später als Dritter auch als Umgangsbegleiter fungieren, weil er das Vertrauen des Kindes erlangt hat, hiervon 417 sollte aber unbedingt wegen der unterschiedlichen Funktionen beider Personen und der Möglichkeit späterer Abänderungsverfahren abgesehen werden (vgl oben Rn 355).

Ebenso ist der **Umgangspfleger** ein Element, welches die Durchführung des Umgangs betrifft und nicht das Umgangsregelungsverfahren. Aus den soeben zur Umgangsbegleitung genannten Gründen sollte der Verfahrensbeistand auch nicht mit der Aufgabe der Umgangspflegschaft betraut werden (siehe oben Rn 130).

d) Aufgaben des Verfahrensbeistands

aa) Interessenvertretung

418 Die **Aufgabenstellung** des Verfahrensbeistands ist nach anfänglicher Ungewissheit, die insbesondere durch den im Gesetzgebungsverfahren verwendeten Begriff *„Anwalt des Kindes“* beeinflusst war, heute weitgehend geklärt und durch die Reform zum 1. 7. 2021 durch § 158b FamFG präzisiert worden.

Nach § 158b Abs 1 S 1 FamFG hat der Verfahrensbeistand die **Interessen des Kindes festzustellen** und im gerichtlichen Verfahren zur Geltung zu bringen, wobei das *Interesse* des Kindes nicht notwendig auf dessen *Willen* beschränkbar ist (BT-Drucks 16/6308, 239; Prütting/Helms/Hammer § 158b FamFG Rn 4; Mayer jM 2017, 140; Will ZfJ 1998, 1; Oelkers ZfJ 1999, 263, 264; Dickmeis DAVorm 1996, 553, 565; **aA** Peters/Schimke KindPrax 1999, 143, 146 zu § 50b FGG). Insoweit ist bei seiner Aufgabenstellung der Interessensvertretung sowohl das subjektive Interesse des Kindes (**Kindeswille**) als auch dessen **objektives Interesse (Kindeswohl)** zu berücksichtigen (BVerfG 15. 12. 2020 – 1 BvR 1395/19, FamRZ 2021, 512 Rn 28). Zwischen der Interessenvertretung des Kindes und seinem Wohl lässt sich kein Widerspruch konstruieren, der den Verfahrensbeistand zwingen könnte, einem womöglich dem Kindeswohl widersprechenden Willen zu folgen. Allerdings besteht gleichwohl das Ziel, im **Konfliktfall zwischen Wille und Wohl des Kindes** beides in das Verfahren einzubringen (Staudinger/Salgo [2020] § 1631b Rn 38). Er ist aber gleichwohl Parteivertreter und in gewissem Sinn einem Rechtsanwalt vergleichbar, der freilich wegen der altersbedingten Artikulationsdefizite des Kindes oft erheblich größere Anstrengungen unternehmen muss, dessen Interessenlage zu ermitteln (vgl OLG Karlsruhe FamRZ 2001, 1166, 1167; Brock/Breideneichen FuR 2001, 487: „Der mit dem Kind spricht“; Borth KindPrax 2000, 48, 50 f; detailliert zur Psychologie dieses Vorgangs Balloff/Stötzel KindPrax 2002, 47).

Voraussetzung ist hierzu die **Feststellung der Interessenlage** des Kindes. Der Verfahrensbeistand ist dabei aber nicht bloß *Übermittler des geäußerten Willens* des Kindes, den er durch persönlichen Kontakt mit diesem ermittelt (zu eng OLG Braunschweig FamRZ 2001, 776; OLG Rostock FamRZ 2002, 969, 970; OLG Schleswig KindPrax 2001, 31; wohl auch OLG Frankfurt FamRZ 1999, 1293). Er hat vielmehr umfassend die subjektiven Interessen des Kindes zu ermitteln. Nach dem neu eingefügten § 158b Abs 1 S 2 FamFG hat der Verfahrensbeistand nunmehr auch eine **schriftliche Stellungnahme** beim Familiengericht einzureichen, sodass es nicht mehr genügt, seine Äußerungen in der mündlichen Erörterung nach § 28 Abs 4 FamFG in einem Vermerk niederzulegen. Dies gilt in jedem Rechtszug (zum Inhalt der Stellungnahme vgl Vogel FF 2022, 143, 151 f). Zur Führung von außergerichtlichen Gesprächen sogleich Rn 419.

Weiter hat der Verfahrensbeistand die Aufgabe, dem Kind Gegenstand, Ablauf und Ausgang des Verfahrens, also die **Vorgehensweise des Gerichts** zu **vermitteln** (§ 158b

Abs 1 S 3 FamFG) und das Kind im Verfahren zu begleiten (Heilmann/Keuter § 158 FamFG Rn 37; OLG München FamRZ 2002, 563). Nur hierdurch kann er dem Ziel dienen, die Belastung des Kindes durch das Verfahren zu mindern. Ein weiteres Element dieser Entlastung des Kindes in der ungewohnten Verfahrenssituation ist die **Begleitung des Kindes in dessen persönlicher Anhörung** (§ 159 Abs 4 S 3 FamFG).

Neu hinzugekommen ist durch § 158b Abs 1 S 4 FamFG die Pflicht, den gerichtlichen Beschluss **mit dem Kind zu erörtern**, wenn das Verfahren **durch Endentscheidung beendet** wird (vgl Lack FamRZ 2023, 1249, 1253 f). Hierdurch soll das Kind von neutraler Seite über den Verfahrensausgang informiert werden und die Gelegenheit erhalten, Fragen – auch im Hinblick auf die Möglichkeit eines Rechtsmittels – zu stellen (BT-Drucks 19/23707, 55). Die Vorschrift gilt für jeden Rechtszug (Menne NZFam 2020, 1033, 1044) und findet auch Anwendung bei einer Beschwerderücknahme, der Feststellung, dass der Umgang nicht zu regeln ist und bei einem Billigungsbeschluss nach § 156 Abs 2 FamFG (Dutta/Jacoby/Schwab/Lack § 158b FamFG Rn 13).

Aus der Stellung als parteilicher Interessenvertreter folgt gemäß § 383 Abs 1 Nr 6 ZPO ein **Zeugnisverweigerungsrecht** des Verfahrensbeistands hinsichtlich von Tatsachen, die ihm in Ausübung seiner Tätigkeit bekannt geworden sind; dieses Recht besteht berufsgruppenunabhängig wegen der funktionalen Vertrauensstellung (OLG Braunschweig FamRZ 2012, 1408; Prütting/Helms/Hammer § 158b FamFG Rn 23; im Einzelnen auch zu anderen Herleitungsansätzen Menne FamRZ 2012, 1356); auch wenn der Verfahrensbeistand Rechtsanwalt ist, beruht seine **Verschwiegenheitspflicht** nicht unmittelbar auf § 43a Abs 2 BRAO (OLG Braunschweig FamRZ 2012, 1408), sondern auf § 158b Abs 1 FamFG iVm Art 2 Abs 1, 1 Abs 1 GG (OLG Frankfurt 24. 8. 2010 – 7 UF 54/10, juris Rn 16; Lack/Salgo FPR 2012, 353, 356; Mayer jM 2017, 140, 144).

Auch darf er im Rahmen seines Aufgabenkreises **Daten** erheben, speichern und an das Gericht, den Sachverständigen und den anderen Beteiligten übermitteln, vgl Art 6 Abs 1 lit c und e DSGVO iVm § 158b Abs 1 und 2 FamFG (dazu Hoffmann ZKJ 2020, 249, 251).

bb) Gespräche und Vermittlung als sekundäre Aufgabe

Fragen wirft die Einordnung **außergerichtlicher Gespräche** mit anderen Beteiligten, **419** den Eltern und dem Jugendamt oder Dritten, wie Lehrern, Ärzten, Therapeuten, Kindergärtnerinnen auf. Einerseits wurde verbreitet in der Rechtsprechung zu § 50 Abs 1 FGG aF angenommen, dass solche Hintergrundgespräche der originären Aufgabe der **Ermittlung des wirklichen Kindesinteresses** dienen (OLG Düsseldorf FamRZ 2003, 167, 168; OLG Düsseldorf FamRZ 2003, 190; OLG Dresden FamRZ 2002, 1211; OLG Frankfurt FamRZ 2008, 1364; OLG Karlsruhe FamRZ 2001, 1166; OLG Stuttgart FamRZ 2003, 322; missverständlich OLG Dresden FamRZ 2002, 968: nur Sprachrohr des Kindes), insbesondere dann, wenn sich Anzeichen ergeben, dass das Kind seine Interessen nicht unbeeinflusst äußert (**aA** OLG Schleswig KindPrax 2001, 31).

Andererseits entsprach es vormals herrschender Rechtsprechung, dass es **nicht Aufgabe** des Verfahrenspflegers nach § 50 Abs 1 FGG aF sei, eine dem objektiven Kindeswohl am besten dienende **Lösung zu entwickeln** (BVerfG 9. 3. 2004 – 1 BvR 455/02, juris Rn 45, FamRZ 2004, 1267; OLG Brandenburg FamRZ 2001, 692; OLG Brandenburg FamRZ 2002, 1353; OLG Braunschweig FamRZ 2001, 776; OLG Dresden FamRZ 2002, 968; OLG Dresden

FamRZ 2003, 877; OLG Frankfurt FamRZ 2002, 335; OLG Köln FamRZ 2006, 1057; OLG München FamRZ 2002, 563; KG FamRZ 2000, 1300; OLG Rostock FamRZ 2002, 969, 970) und mit den übrigen Verfahrensbeteiligten ein Umgangsrecht auszuhandeln (OLG Brandenburg FamRZ 2001, 1541; OLG Frankfurt FamRZ 2002, 335, 336; OLG Stuttgart FamRZ 2003, 322; **aA** wohl AG Mönchengladbach-Rheydt KindPrax 2002, 64).

Im Gesetzentwurf zu § 158 Abs 4 FamFG idF bis zum 30. 6. 2021 wurde hingegen dieser investigative und mediative Ansatz als originäre Aufgabe einbezogen, was jedoch im Rechtsausschuss als eine Überschreitung der primären Funktion befunden wurde. In der Gesetz gewordenen Fassung ist die Einschaltung des Verfahrensbeistands in die Suche nach Lösungen mit den Beteiligten nur als vom Gericht im Einzelfall zu übertragende sekundäre Aufgabe vorgesehen (§ 158 Abs 4 S 3 FamFG aF; im Einzelnen MünchKommFamFG/Schumann § 158 Rn 32 f; Salgo FPR 2010, 456). Dies bedeutet aber nicht, dass die Führung von Hintergrundgesprächen im primären Aufgabenbereich der Ermittlung des Kindeswillens und -interesses ausscheidet (vgl OLG Köln 21. 2. 2012 – 4 UF 258/11, juris Rn 21 ff, FamRZ 2012, 1885: Erkundigungen über räumliche Verhältnisse), wenngleich die Abgrenzung zwischen der rein investigativen und der mediativen Gesprächsführung schwierig erscheint (Veit FF 2008, 476, 479). Gleichwohl ist es in der heutigen Praxis der Familiengerichte zu Recht zum absoluten Regelfall geworden, Verfahrensbeistände gemäß § 158b Abs 2 FamFG mit dem **erweiterten Aufgabenkreis der Gesprächsführung mit den Eltern und weiteren Bezugspersonen des Kindes** und zur Mitwirkung am Zustandekommen einer einvernehmlichen Regelung des Umgangsrechts zu beauftragen. Diese Entwicklung ist auch dem Umstand geschuldet, dass viele Jugendämter infolge der Beschleunigung des kindschaftsrechtlichen Umgangsverfahrens durch das FamFG (Monatstermin nach § 155 Abs 2 S 2 FamFG) bis heute nicht imstande sind, rechtzeitig Berichte über die familiären Verhältnisse des Kindes im Rahmen ihrer Mitwirkungspflicht nach §§ 162 FamFG, 50 SGB VIII zu erstellen. Der Verfahrensbeistand ist daher auch – entgegen der gesetzgeberischen Zielsetzung (BR-Drucks 308/1/12, 9; vgl auch BVerfG 6. 11. 2009 – 1 BvR 1410/08, juris Rn 22, FamRZ 2010, 109 noch zu § 50b FGG aF) – de facto ein *Hilfsorgan der Sachaufklärung* für das Familiengericht geworden und hat in dieser Funktion heute das Jugendamt – jedenfalls bei nicht fremduntergebrachten Kindern – vielerorts fast vollständig verdrängt (vgl dazu ausführlich Heilmann/Dürbeck § 162 FamFG Rn 28 f). Soweit der Verfahrensbeistand mit dem erweiterten Aufgabenkreis von § 158b Abs 2 FamFG betraut worden ist, bedarf es keiner abschließenden gerichtlichen Festlegung, mit welchen konkreten Bezugspersonen er Gespräche führen soll, noch besteht eine Begrenzung auf etwaige im Bestellungsbeschluss genannte Bezugspersonen (OLG Celle 28. 2. 2013 – 10 UF 12/13, juris Rn 10, ZKJ 2013, 461; Heilmann/Keuter § 158 FamFG Rn 43). Zu beachten hat der Verfahrensbeistand aber die rechtlichen Grenzen des **Datenschutzes** (zu den Einzelheiten vgl Hoffmann ZKJ 2020, 249; Morat/Kramer ZKJ 2014, 139, 140; Heilmann/Keuter § 158 FamFG Rn 54 ff; Mayer jM 2017, 140, 144 f; zur **Haftung** des Verfahrensbeistands vgl Koritz FPR 2012, 568).

cc) Abgrenzung zu Jugendamt und Sachverständigen

420 Zu den gesetzlichen Aufgaben des **Jugendamtes** (vgl §§ 1 Abs 1 und 3, 50 SGB VIII) besteht zwar eine gewisse Ähnlichkeit im Ziel (Aufgabenidentität nimmt an FamRefK/Maurer § 50 FGG Rn 8; zum Verhältnis zwischen Verfahrensbeistand und Jugendamt Heilmann/Dürbeck § 162 FamFG Rn 28 f; Mayer jM 2017, 140, 141; Will JAmt 2001, 158; Röchling JAmt 2002, 158), doch ist die Erreichung einer kindeswohlorientierten Entscheidung im Grunde Aufgabe jeder am Verfahren beteiligten Profession. Der Verfahrensbeistand ist ins-

besondere wegen der gewollten Parteilichkeit deutlich stärker geeignet, subjektive Interessen des Kindes zu vermitteln. Jugendämtern fällt es dagegen außerhalb von Kindeswohlgefährdungsfällen schwer, sich im Elternkonflikt zu positionieren. Dem Jugendamt gegenüber empfinden sich auch viele ältere Kinder und erst recht auch deren Eltern, schon wegen der Behördeneigenschaft und der durch §§ 8a, 42 SGB VIII zugewiesenen Aufgabe der Gefahrenabwehr, in der Objektrolle des Begutachteten bzw Überwachten; die Einschaltung des Verfahrensbeistands bedeutet auch den Versuch einer Subjektivierung des Selbstverständnisses des Kindes im Verfahren und auch die Stärkung des Selbstbewusstseins des Kindes im Verfahren. Andererseits übernimmt im möglichen mediativen und sachaufklärenden Aufgabenbereich der Verfahrensbeistand eine vermittelnde Funktion, die früher traditionell dem Jugendamt oder den Beratungsstellen zugemessen wurde. Hierdurch ist es in der Praxis, was inzwischen auch der Gesetzgeber angesichts des beträchtlichen Kostenaufwands für die Vergütung der Verfahrensbeistände konstatiert hat (BR-Drucks 308/1/12, 9), zu einer **Funktionsverlagerung** innerhalb des familiengerichtlichen Kindschaftsverfahrens gekommen (Heilmann/Dürbeck § 162 FamFG Rn 29). Der mit dem erweiterten Aufgabenkreis von § 158b Abs 2 FamFG bestellte Verfahrensbeistand ist es heute, der sich – anstelle des Jugendamts – in die Familie vor Ort begibt, soweit erforderlich Gespräche mit Dritten (zB Lehrer, Kindergärtner, Therapeuten des Kindes) führt und dessen schriftlicher Bericht (§ 158b Abs 1 S 2 FamFG) dem Familiengericht entscheidende Hinweise auf den Kindeswillen und die Interessen und Fähigkeiten der Eltern gibt. Demgegenüber sind dem Jugendamt sowohl das Kind als auch die Eltern häufig nicht persönlich bekannt, ein Gespräch scheitert in der alltäglichen Gerichtspraxis nicht selten schon daran, dass die Jugendämter bis heute vielfach weder personell noch organisatorisch auf den bereits binnen einem Monat anzuberaumenden Gerichtstermin gemäß § 155 Abs 2 S 2 FamFG eingestellt sind. Dadurch überlassen Jugendämter in der Praxis dem Verfahrensbeistand die früher von ihm selbst wahrgenommene Rolle, sodass diese sich häufig in Umgangssachen – jedenfalls außerhalb von § 1684 Abs 4 BGB – darauf beschränken, auf Beratungsangebote der Kinder- und Jugendhilfe hinzuweisen, und so die richterliche Entscheidungsfindung nicht spürbar fördern.

Im Übrigen kann das Jugendamt wegen der unterschiedlichen Funktionen im Verfahren nicht als Verfahrensbeistand bestellt werden (OLG Hamm 18. 2. 2013 – 8 WF 39/12, juris Rn 7, FamRZ 2014, 600; OLG Naumburg 10. 3. 1999 – 8 WF 69/99, juris Rn 5 ff, FamRZ 2000, 300; Dutta/Jacoby/Schwab/Lack § 158 FamFG Rn 18), zumal dem Jugendamt nicht die subjektive Interessensvertretung des Kindes zugewiesen ist (OLG Saarbrücken 28. 6. 2021 – 6 UF 58/21, ZKJ 2021, 465).

Vom **Sachverständigen** unterscheidet sich der Verfahrensbeistand klar funktional da- **421**
durch, dass er nicht Helfer des Gerichts ist und – mit Ausnahme seiner Bestellung und Entlassung – nicht unter der Überwachung und Anleitung des Gerichts agiert (im Einzelnen Salzgeber/Stadler JAmt 2001, 382). Andererseits gerät die sekundäre Aufgabe der Förderung einvernehmlicher Lösungen (§ 158b Abs 2 S 1 FamFG) in die Nähe der Interventionsdiagnostik, die ebenfalls nicht der primären Aufgabe eines Sachverständigen entspricht, dem Gericht Entscheidungsgrundlagen vorzubereiten, jedoch aber nunmehr (§ 163 Abs 2 FamFG) als fakultative Aufgabe anerkannt ist.

Die drei Rollen treffen sich also in dem Bemühen des FamFG-Gesetzgebers, im Umgangsverfahren jede Profession auch in die **Suche nach einverständlichen Lösungen** einzubinden. Dies führt naturgemäß dazu, dass Gerichte, die das Kindschaftsverfahren zu einem mediativ orientierten Modell entwickeln, den Verfahrensbeistand eher häufig mit der zusätzlichen Aufgabe der Vermittlung betrauen (Gartenhof/Hartmann-Hilter/Loebel/Normann/Salzgeber/Schmid/Weber von Koslowski Zkj 2011, 285, 286 zum „Münchener Modell"). Aus Sicht des Kindes besteht aber die Gefahr, mit einer Vielzahl von am Verfahren mitwirkenden Personen, die auch persönlich mit ihm Gespräche zu führen haben (Richter, Jugendamt, Verfahrensbeistand, Sachverständiger), überfordert zu werden.

e) Die geeignete Person des Verfahrensbeistands

422 Nach § 158 Abs 1 FamFG idF bis zum 31. 12. 2021 soll ein **geeigneter** Verfahrensbeistand bestellt werden (vgl ausführlich zum Ergebnis einer Studie Dahm ZKJ 2017, 341). Der Gesetzgeber hatte ursprünglich insoweit kein bestimmtes Anforderungsprofil vorgegeben, ging aber davon aus, dass es sich um Persönlichkeiten handelt, die aufgrund ihrer *Sachkunde und ihrer sozialen Kompetenz* im *Umgang mit Kindern* dazu imstande sind, die Interessen des Kindes zu ermitteln und im Verfahren zu vertreten (KG 19. 2. 2014 – 17 UF 5/14, juris Rn 24, ZKJ 2014, 285; Heilmann/Keuter § 158 FamFG Rn 11). Durch das Gesetz zur Bekämpfung sexualisierter Gewalt gegen Kinder (BGBl 2021 I 1810) wurden mit Wirkung zum 1. 1. 2022 in dem neuen § 158a FamFG **konkrete Qualitätsanforderungen** für Verfahrensbeistände festgeschrieben, um den Kinderschutz zu verbessern (ausführlich Jokisch FuR 2022, 556). Nach § 158a Abs 1 S 1 FamFG ist nunmehr nur noch eine Person als Verfahrensbeistand **fachlich geeignet**, wenn sie **Grundkenntnisse** auf den Gebieten des Familienrechts, insbesondere des Kindschaftsrechts, des Verfahrensrechts in Kindschaftssachen und des Kinder- und Jugendhilferechts, sowie Kenntnisse der Entwicklungspsychologie des Kindes hat sowie über kindgerechte Gesprächstechniken verfügt. Nach Satz 2 sind die fachlichen Voraussetzungen, dh die vom Gesetz geforderten Kenntnisse und Fähigkeiten **auf Verlangen des Gerichts** nachzuweisen. Der **Nachweis** kann nach Satz 3 insbesondere über eine sozialpädagogische, pädagogische, juristische oder psychologische **Berufsqualifikation** sowie eine für die Tätigkeit als Verfahrensbeistand **spezifische Zusatzqualifikation** erbracht werden. Nach § 158a Abs 1 S 4 FamFG besteht zudem eine **Fortbildungsverpflichtung** binnen eines Zweijahres-Zeitraumes, die ebenfalls auf Verlangen nachzuweisen ist. Damit ist nunmehr die Auswahl eines Laien ohne die entsprechenden Qualifikationen ausgeschlossen.

Neben der fachlichen Eignung muss nach § 158a Abs 2 FamFG auch eine **persönliche Eignung** hinzukommen. Nach Satz 1 muss die auszuwählende Person die Gewähr bieten, die Interessen des Kindes gewissenhaft, unvoreingenommen und unabhängig wahrzunehmen. Persönlich **ungeeignet** ist eine Person insbesondere dann, wenn sie rechtskräftig wegen bestimmter in § 158a Abs 2 S 2 FamFG bezeichneter **Straftaten** zum Nachteil eines Kindes oder Erwachsenen verurteilt worden ist. Zur Überprüfung dieser Voraussetzungen soll sich das Familiengericht ein **erweitertes Führungszeugnis** von der betreffenden Person iSd § 30a BZRG vorlegen lassen oder im Einverständnis mit der betreffenden Person anderweitig Einsicht in ein bereits vorliegendes erweitertes Führungszeugnis nehmen. Das Führungszeugnis darf **nicht älter als drei Jahre** sein. Nach § 158a Abs 2 S 5 FamFG ist die Einsichtnahme in das erweiterte Führungszeugnis des bestellten Verfahrensbeistands, das Ausstellungsdatum sowie die Feststellung, dass das erweiterte Führungszeugnis keine Eintragung über eine rechtskräftige Verurteilung wegen einer in Satz 2 genannten Straftat enthält, **aktenkundig** zu machen.

In der Praxis stehen dabei heute auf die Wahrnehmung von Verfahrensbeistandschaften spezialisierte *Fachanwälte für Familienrecht* sowie Vertreter aus den *sozialwissenschaftlichen* Bereichen, insbesondere Sozialpädagogen und Sozialarbeiter im Vordergrund. Vereinzelt bieten auch Diplompsychologen ihre Dienste für Verfahrensbeistandschaften an, hierauf sollte aber dann verzichtet werden, wenn ohnehin ein kinderpsychologisches Sachverständigengutachten einzuholen ist. Die Qualität der *Rechtskenntnisse* des Verfahrensbeistands wird eher ausnahmsweise im Vordergrund stehen, wenn es schwerpunktmäßig auf juristische Sachkunde ankommt (BT-Drucks 13/4899, 130; Oelkers ZfJ 1999, 263, 264), da die Materie des Umgangsrechts mehr von der sozialen als der formalen Dimension des Rechts bestimmt ist. Insbesondere kleinere Kinder werden überdies weniger Scheu gegenüber ihrem Verfahrensbeistand aufbringen, wenn dieser eine überdurchschnittliche Fähigkeit des Eingehens auf das Kind hat. Im Übrigen ist bei der Auswahl des Verfahrensbeistands auch zu berücksichtigen, ob das Kind und seine Eltern der *deutschen Sprache* mächtig sind und *interkulturelle Bezüge* es nicht erforderlich machen, einen Verfahrensbeistand mit entsprechenden Sprachkenntnissen und interkulturellem Verständnis auszuwählen (vgl dazu Büchner/Ballan/Kathola/Stridde NZFam 2017, 478). **422a**

Das *Jugendamt* bzw dessen Mitarbeiter können hingegen wegen der Gefahr von Interessenskollisionen nicht zum Verfahrensbeistand bestellt werden (OLG Hamm 18. 2. 2013 – 8 WF 39/12, juris Rn 7, FamRZ 2014, 600; OLG Naumburg 10. 3. 1999 – 8 WF 69/99, juris Rn 5 ff, FamRZ 2000, 300; Sternal/Schäder § 158a FamFG Rn 10; vgl bereits oben Rn 420).

f) Aufhebung der Bestellung

Der zum 1. 7. 2021 neu eingefügte § 158 Abs 4 S 2 FamFG enthält jetzt eine Regelung der **Aufhebung** eines bereits bestellten Verfahrensbeistands während des laufenden erst- oder zweitinstanzlichen Verfahrens. Danach hebt das Familiengericht die Bestellung des Verfahrensbeistands auf, wenn der **Verfahrensbeistand dies beantragt** und einer Entlassung keine erheblichen Gründe entgegenstehen (*Nr 1*) oder die Fortführung des Amtes die *Interessen des Kindes gefährden* würde (*Nr 2*). **422b**

Der in § 158 Abs 5 FamFG idF bis zum 30. 6. 2021 geregelte Aufhebungsgrund der *Vertretung des Kindes durch einen Rechtsanwalt* oder anderen Verfahrensbevollmächtigten wurde zu Recht ersatzlos gestrichen.

Erhebliche Gründe, die einem Antrag des Verfahrensbeistands auf Entpflichtung nach Nr 1 entgegenstehen können, liegen etwa dann vor, wenn der Antrag zur Unzeit, etwa kurz vor dem Erörterungstermin gestellt wird und der Beschleunigungsgrundsatz in der jeweiligen Instanz beeinträchtigt werden würde (vgl OLG Bamberg 13. 9. 2022 – 7 UF 84/22, NZFam 2023, 32 mit kritischer Anm Keuter; Prütting/Helms/Hammer § 158 Rn 46). Das erneute Entstehen eines Vergütungsanspruchs des nachfolgenden Verfahrensbeistands stellt keinen zulässigen Grund für eine Ablehnung des Antrages dar (Dutta/Jacoby/Schwab/Lack § 158 FamFG Rn 51).

Eine *Gefährdung der Kindesinteressen* nach Nr 2 liegt etwa dann vor, wenn der Verfahrensbeistand erkrankt oder aber seine gesetzlichen Aufgaben unzureichend bzw unzuverlässig wahrnimmt, was etwa bei Verletzung seiner Pflicht zur Abgabe einer schriftlichen Stellungnahme nach § 158 Abs 1 S 2 FamFG der Fall sein kann. Dabei sind aber strenge Maßstäbe anzustellen und es ist zu berücksichtigen, dass der Verfahrensbeistand ein einseitiger Vertreter des Kindes ist, der seine Aufgaben eigenständig, frei von Weisungen wahrnimmt und weder unter der „Oberaufsicht" des Familiengerichts steht noch zur Objektivität oder Neutralität verpflichtet ist (KG 20. 8. 2021 – 16 UF 2/21, FamRZ 2022, 212; MENNE FamRB 2022, 276, 277). Differenzen des Verfahrensbeistands mit den Eltern können nur in Ausnahmefällen eine Aufhebung seiner Bestellung rechtfertigen (bejaht von OLG Karlsruhe 1. 8. 2013 – 5 UF 62/13, FamRZ 2014, 1136; verneint von OLG Hamm 16. 7. 2007 – 4 UF 126/07, FamRZ 2008, 427). Erweist sich der Verfahrensbeistand im Nachhinein (zB im Beschwerdeverfahren) als fachlich und/oder persönlich ungeeignet iSd § 158 Abs 1 und 2 FamFG, dürfte eine Aufhebung der Bestellung auch ohne Gefährdung der Kindesinteressen iSd § 158 Abs 4 S 2 Nr 2 FamFG in Betracht kommen (DUTTA/JACOBY/SCHWAB/LACK § 158 FamFG Rn 51; **aA** PRÜTTING/HELMS/HAMMER § 158 FamFG Rn 47). Liegen nach § 158 Abs 4 S 2 Nr 2 FamFG eine Entlassung des Verfahrensbeistands rechtfertigende Gründe ausnahmsweise vor, hat das Familiengericht darauf zu achten, dass dem neuen Verfahrensbeistand noch genug Zeit verbleibt, sich mit den tatsächlichen und rechtlichen Gegebenheiten und mit dem Kind hinreichend vertraut zu machen (BGH 16. 3. 2011 – XII ZB 407/10, juris Rn 71, ZKJ 2011, 220).

g) Anfechtbarkeit der Bestellung oder Entlassung/Ablehnung der Bestellung

423 Die **Bestellung eines Verfahrensbeistands**, seine **Auswahl** sowie die **Ablehnung oder Aufhebung einer Bestellung** können **nicht isoliert angefochten** werden (§ 158 Abs 5 FamFG). Zur anderweitigen Rechtslage bei Bestellung eines Verfahrensbeistands durch den Rechtspfleger in Verfahren nach § 1686 BGB vgl § 1686 Rn 19. Nicht isoliert anfechtbar ist nach § 158 Abs 5 FamFG auch die vom Familiengericht getroffene Entscheidung, den Verfahrensbeistand nach § 158 Abs 4 S 2 FamFG zu entpflichten oder aber dessen Bestellung nicht aufzuheben.

Bereits vor dieser gesetzlichen Klarstellung in § 158 Abs 3 S 4 FamFG aF entsprach es überwiegender Ansicht, dass die Bestellung bloße **Zwischenentscheidung** ist (OLG Bremen OLGR 2000, 239; OLG Celle FamRZ 1999, 1589; OLG Brandenburg FamRZ 2000, 1295; OLG Düsseldorf FamRZ 2000, 249; OLG Dresden FamRZ 2000, 1296; OLG Frankfurt FamRZ 2008, 1364; KG FamRZ 2000, 1298; OLG Hamm FamRZ 2003, 881; OLG Karlsruhe FamRZ 2000, 1296; OLG Nürnberg FamRZ 2008, 73; OLG Zweibrücken FamRZ 2001, 170; OLG Zweibrücken FamRZ 2004, 1980; kritisch MENNE ZKJ 2008, 111). Eine Ansicht in der Rechtsprechung bejahte jedoch eine **ausnahmsweise Anfechtbarkeit** auch als Zwischenentscheidung wegen des hiermit verbundenen Eingriffs in das Elternrecht (Art 6 Abs 2 GG) und der – unter § 50 Abs 1 FGG aF noch relevanten – Kosten (OLG Dresden FamRZ 2000, 1296; OLG Frankfurt FamRZ 1999, 1293; OLG Hamm FamRZ 1999, 41; OLG Hamburg FamRZ 2001, 34; KG FamRZ 2000, 1298; KG FamRZ 2003, 1478; OLG Karlsruhe NJW-RR 2001, 78; OLG Köln FamRZ 2000, 487; OLG Köln FamRZ 2002, 968). Auch dies hatte aber die herrschende Rechtsprechung zutreffend verneint, weil es den Eltern unbenommen bleibe, die Interessen des Kindes im Verfahren *ebenfalls* zu vertreten und eine Anfechtung das grundsätzlich beschleunigungsbedürftige Sorge- bzw Umgangsverfahren erheblich verzögern würde (OLG Brandenburg FamRZ 2000, 1595; OLG Celle FamRZ 1999, 1589; OLG Düsseldorf FamRZ 2000, 249; OLG Hamm FamRZ 2003, 881; OLG Naumburg FamRZ 2001, 170; OLG Stuttgart MDR 2001, 88; OLG Zweibrücken FamRZ 2001, 170; OLG Zweibrücken FamRZ 2004, 1980; zum Ganzen auch ENGELHARDT FamRZ 2001, 525).

Mit dem gegen die **Endentscheidung** statthaften Rechtsbehelf kann gemäß § 58 Abs 2 FamFG aber die *Bestellung* (OLG München 25. 11. 2011 – 11 WF 1577/11, juris Rn 8, Rpfleger

2012, 205; OLG Celle KindPrax 1999, 172; **aA** wohl OLG Rostock ZfJ 1999, 307), die *Ablehnung der Bestellung* (OLG Saarbrücken 25. 3. 2010 – 6 UF 136/09, juris Rn 18, 21, FamRZ 2010, 2085; OLG München FamRZ 2010, 486, 487; Heilmann/Dürbeck § 58 FamFG Rn 10) oder die *fehlende Geeignetheit* des Verfahrensbeistands (KG 19. 2. 2014 – 17 UF 5/14, juris Rn 24, ZKJ 2014, 285; OLG Frankfurt 31. 10. 2012 – 4 WF 167/12, juris Rn 21, FamRZ 2013, 1331) angefochten werden, wenn diese rechtsfehlerhaft (OLG Saarbrücken FamRZ 2010, 2085, 2086 zur Begründung der Entscheidung) erfolgte. Nach zutreffender Ansicht kann auch die Beschwerde eines bereits 14-jährigen Kindes (§ 60 FamFG) hierauf gestützt werden (Heilmann/Keuter § 158 FamFG Rn 27; Völker/Clausius, Sorge- und Umgangsrecht [8. Aufl 2021] § 5 Rn 41; **aA** OLG Stuttgart 21. 5. 2001 – 11 WF 111/01, juris Rn 9 ff, MDR 2001, 1242). Mit der **Verfassungsbeschwerde** kann die unterbliebene Bestellung eines Verfahrensbeistands nur gerügt werden, wenn sie erfolglos im Instanzenzug gerügt wurde (BVerfG FamRZ 2008, 246; vgl auch BVerfG 5. 9. 2023 – 1 BvR 1395/23, juris).

Wurde entgegen § 158 Abs 1–3 FamFG ein Verfahrensbeistand nicht bestellt, stellt dies einen **schweren Verfahrensfehler** iSd § 69 Abs 1 S 3 FamFG dar und kann im Beschwerdeverfahren – auf Antrag – zur Aufhebung und Zurückverweisung des Verfahrens führen (vgl etwa OLG Brandenburg 21. 12. 2022 – 13 UF 116/22, juris; OLG Koblenz 26. 5. 2020 – 9 UF 244/20, FamRZ 2021, 46; OLG Brandenburg 30. 1. 2019 – 13 UF 1/19, FamRZ 2019, 906). Nach zutreffender Ansicht kann die Zurückverweisung in diesem Fall aber auch **antragsunabhängig auf § 69 Abs 1 S 2 FamFG** gestützt werden, weil wegen der fehlenden Hinzuziehung eines notwendigen Beteiligten (§ 158b Abs 3 S 1 FamFG) eine *unzulässige Teilentscheidung* vorliegt (OLG Zweibrücken 20. 1. 2022 – 6 UF 132/21, FamRZ 2022, 1117; OLG Frankfurt 8. 6. 2021 – 6 UF 79/21, FamRZ 2021, 1817; OLG Hamm 20. 11. 2017 – 9 UF 168/17, FamRZ 2018, 456; OLG Rostock 4. 7. 2014 – 11 UF 111/14, FamRZ 2014, 2020; OLG Brandenburg 25. 7. 2012 – 15 UF 132/12, FamRB 2012, 343; Heilmann/Dürbeck § 69 FamFG Rn 5; **aA** KG 9. 4. 2014 – 17 UF 27/14, FamRZ 2014, 1790; Prütting/Helms/Hammer § 158 FamFG Rn 52). **423a**

h) Beteiligtenstellung und Beschwerderecht

Durch seine Bestellung wird der Verfahrensbeistand gemäß § 158b Abs 3 S 1 FamFG zum **Beteiligten** des Umgangsverfahrens (vgl dazu Rn 404). Wegen der **Besorgnis der Befangenheit** kann er aber nicht abgelehnt werden (OLG Braunschweig 27. 8. 2018 – 2 UF 57/18, juris Rn 95; OLG Hamburg 14. 4. 2016 – 12 UF 140/15, juris Rn 5, FamRZ 2016, 1694; Mayer jM 2017, 140; Vogel FPR 2010, 43, 45). Eine entsprechende Eingabe ist aber nach Maßgabe von § 158 Abs 4 S 2 Nr 2 FamFG (Aufhebung der Bestellung wegen Gefährdung der Kindesinteressen) zu verbescheiden (KG 20. 8. 2021 – 16 UF 2/21, FamRZ 2022, 212; OLG Hamburg 14. 4. 2016 – 12 UF 140/15, juris Rn 6, FamRZ 2016, 1694; OLG Karlsruhe 1. 8. 2013 – 5 UF 62/13, juris Rn 7, FamRZ 2014, 1136: unüberbrückbare Differenzen mit einem Elternteil; AG Euskirchen 15. 5. 2019 – 39 F 42/19, FamRB 2020, 188; Splitt FamRB 2020, 331). **424**

Gemäß § 158b Abs 3 S 2 FamFG kann der Verfahrensbeistand im Interesse des Kindes **Rechtsmittel**, insbesondere nach § 58 FamFG Beschwerde gegen erstinstanzliche Entscheidungen zum elterlichen Umgangsrecht einlegen. Das eigene Beschwerderecht des Kindes nach § 60 FamFG bleibt hiervon unberührt (Prütting/Helms/Hammer § 158 FamFG Rn 20). Obwohl er nach § 158b Abs 3 S 3 FamFG nicht gesetzlicher Vertreter des Kindes ist, ist er auch befugt, **Verfassungsbeschwerde** gegen nicht anfechtbare Endentscheidungen einzulegen und mit dieser Rechte des Kindes in eigenem Namen geltend zu machen (BVerfG 5. 9. 2022 – 1 BvR 65/22, NJW 2022, 3570; BVerfG 30. 4. **425**

2018 – 1 BvR 393/18, FamRZ 2018, 1092; BVerfG 3. 2. 2017 – 1 BvR 2569/16, juris Rn 35, FamRZ 2017, 524 m Anm Salgo; vgl dazu Heilmann ZKJ 2017, 219). Kein Beschwerderecht besitzt der Verfahrensbeistand gegen die Aufhebung seiner Bestellung nach § 158 Abs 4 S 2 Nr 2 FamFG oder der Verweigerung derselben nach § 158 Abs 4 S 2 Nr 1 FamFG (Dutta/Jacoby/Schwab/Lack § 158 FamFG Rn 56; Salgo FPR 2006, 12, 16; **aA** Menne FF 2020, 276, 284 für den Fall seiner Abberufung als Rechtsmittel für das Kind).

425a Rechtlich problematisch ist für den Verfahrensbeistand die **Einlegung der Rechtsbeschwerde** nach §§ 71 ff FamFG (ausführlich dazu Dürbeck ZKJ 2019, 262). Da er nach § 158b Abs 3 S 2 FamFG **nicht gesetzlicher Vertreter** des Kindes ist, kann er diese nicht im Namen des Kindes einlegen (BGH 27. 6. 2018 – XII ZB 46/18, FamRZ 2018, 1512 Rn 13). Ob er dies als Bevollmächtigter des Kindes – unter Aufgabe seiner Stellung als Verfahrensbeistands – tun kann, erscheint ebenso zweifelhaft und wurde vom *BGH* (BGH 27. 3. 2019 – XII ZB 66/19, FamRZ 2019, 1077 Rn 4) offen gelassen (zur Rechtslage im Betreuungsrecht vgl BGH 31. 10. 2018 – XII ZB 288/18, NJW-RR 2019, 129 Rn 7). Da er mithin die Rechtsbeschwerde nur in eigenem Namen im Interesse des Kindes einlegen kann, bedarf auch er gemäß § 10 Abs 4 FamFG dabei – auch wenn er selbst Anwalt ist – der Vertretung durch einen **beim BGH zugelassenen Rechtsanwalt**. Eine Ausnahme für den Verfahrensbeistand besteht dabei nicht (BGH 27. 3. 2019 – XII ZB 71/19, ZKJ 2019, 265 Rn 3, der die Rechtsbeschwerde deshalb verworfen hat). Da § 158c FamFG dem berufsmäßigen Verfahrensbeistand auch für den dritten Rechtszug nur einen pauschalen Vergütungsanspruch von bis zu 550 EUR pro Kind zubilligt, kann er die Kosten seiner anwaltlichen Verfahrensvertretung vor dem BGH nicht gegenüber der Staatskasse abrechnen und hätte diese – auch wenn sie seine Vergütung übersteigen – selbst zu tragen. Damit verbleibt ihm als letzte Möglichkeit nur die Finanzierung des beim BGH zugelassenen Rechtsanwalts über die Beiordnung (§ 78 FamFG) im Rahmen der **Verfahrenskostenhilfe** (Prütting/Helms/Dürbeck § 76 FamFG Rn 10; Heilmann/Dürbeck § 76 FamFG Rn 4). Insoweit käme es – wie bei der Vertretung des Kindes durch seinen Vormund (BGH 19. 1. 2011 – XII ZB 323/10, FamRZ 2011, 633 Rn 14 ff; Dürbeck ZKJ 2019, 262) – auf die **Einkommens- und Vermögensverhältnisse des Kindes** und nicht des Verfahrensbeistands an. Hierauf hat der BGH auch in seinen beiden Entscheidungen vom 27. 3. 2019 verwiesen (BGH 27. 3. 2019 – XII ZB 66/19, FamRZ 2019, 1077 Rn 4; BGH 27. 3. 2019 – XII ZB 71/19, ZKJ 2019, 265 Rn 4). Dadurch ist die Problematik aber nicht gelöst. Denn der Verfahrensbeistand ist – anders als der Vormund – nicht der gesetzliche Vertreter des Kindes. Ist das Kind selbst nicht bedürftig iSd §§ 114, 115 ZPO, etwa, weil es Vermögen oder einen Verfahrenskostenvorschussanspruch gegen seine Eltern besitzt, scheidet dieser Weg aus. Ist es mittellos, so müsste die Erklärung über seine persönlichen und wirtschaftlichen Verhältnisse nach § 117 Abs 2 ZPO von seinem gesetzlichen Vertreter, also ggf in einer Umgangssache von seinen Eltern, abgegeben werden, und zwar nach Möglichkeit noch binnen der Frist von § 71 Abs 1 FamFG. Wie hier zu verfahren sein soll, wenn die Eltern dem nicht oder nur verzögert nachkommen, bleibt offen und ist kaum zu lösen. Gleiches gilt für den Fall, dass sie sich weigern, trotz eigener Leistungsfähigkeit die Kosten für die Vergütung des beim BGH zugelassenen Bevollmächtigten des Verfahrensbeistands vorzuschießen. Hier verbliebe letztlich nur die Möglichkeit, über § 158c FamFG hinaus dem Verfahrensbeistand einen Ersatz seiner Aufwendungen für die Verfahrensvertretung vor dem BGH gegenüber der Staatskasse zu gewähren (so Heilmann/Keuter § 158 FamFG Rn 40), was der Gesetzgeber angesichts der elementaren Bedeutung von Rechtsmitteln des Verfahrensbeistands für die betroffenen Kinder und der zunehmenden Anzahl von

Rechtsmitteln durch Verfahrensbeistände so schnell wie möglich regeln sollte. Solange dies nicht der Fall ist, sollten Verfahrensbeistände, die eine nach § 70 FamFG zugelassene Rechtsbeschwerde einlegen wollen, zunächst Verfahrenskostenhilfe für eine noch beabsichtigte Rechtsbeschwerde einlegen. Dass sie zu diesem Zeitpunkt noch nicht dazu imstande sind, eine Erklärung über die persönlichen und wirtschaftlichen Verhältnisse des Kindes vorzulegen, dürfte ihnen im Rahmen der Wiedereinsetzung in die versäumte Rechtsbeschwerdefrist nicht zum Nachteil gereichen. Verfügt das Kind über einen Anspruch auf einen Vorschuss der Verfahrenskosten gegen seine Eltern, verweigern diese aber dessen Erfüllung, dürfte zunächst gleichwohl Verfahrenskostenhilfe unter Beiordnung eines beim BGH zugelassenen Rechtsanwalts zu bewilligen sein, der sodann Rechtsbeschwerde formgerecht einlegen kann (vgl BGH 10. 7. 2008 – VII ZB 25/08, ZKJ 2008, 469). Dass Verfahrensbeistände über die hierzu erforderlichen Spezialkenntnisse des Verfahrensrechts nicht verfügen, zeigen die oben genannten beiden Entscheidungen des BGH.

i) Aufwendungsersatz, Vergütung

Aufwendungsersatz und Vergütung im Verfahren unterscheiden sich gemäß § 158c FamFG danach, ob der Verfahrensbeistand **berufsmäßig** oder nicht berufsmäßig tätig wird. Der **nichtberufsmäßige Verfahrensbeistand** erhält nach § 158c Abs 2 FamFG nur Aufwendungsersatz entsprechend den Bestimmungen über den Aufwendungsersatz von Verfahrenspflegern (§ 277 Abs 1 FamFG). Der in der Praxis nahezu ausschließlich **berufsmäßig** tätige **Verfahrensbeistand** erhält im primären Aufgabenbereich je Instanz eine auch die Aufwendungen (einschließlich der Fahrtkosten: BGH FamFR 2010, 517) abdeckende *Fallpauschale von 350 EUR* inklusive der Mehrwertsteuer, bei Übertragung auch des sekundären aufklärenden und vermittelnden Aufgabenbereichs (§ 158b Abs 2 S 1 FamFG; Rn 419) von *550 EUR* inklusive der Mehrwertsteuer. 426

Seit Inkrafttreten von § 158 FamFG idF bis zum 30. 6. 2021 ist es der Rechtsprechung, vornehmlich der des *BGH,* gelungen, zahlreiche Streitfragen um die Vergütung des berufsmäßigen Verfahrensbeistands zu klären (vgl dazu Keuter FamRZ 2018, 14; Overmann FPR 2012, 370; Volpert NJW 2013, 2491; Koritz FPR 2012, 272; Lack/Salgo FPR 2012, 353). Die Bestellung in der Umgangssache begründet eine weitere Fallpauschale, wenn derselbe Verfahrensbeistand im *einheitlichen* Verfahren auch in der **Sorgerechtsangelegenheit** bestellt ist (BGH 1. 8. 2012 – XII ZB 456/11, juris Rn 9, ZKJ 2012, 488). Dies gilt bei hinreichender Tätigkeit in beiden Verfahren auch dann, wenn diese *verbunden* werden (OLG München FamFR 2013, 157). Dies gilt allerdings nicht, wenn in einem Sorgerechtsverfahren auch das Umgangsrecht erörtert wird und sodann ein gerichtlich gebilligter **Mehrvergleich** über den Umgang geschlossen wird und ein Umgangsverfahren nicht amtswegig eingeleitet wurde (OLG Düsseldorf 25. 3. 2021 – 3 WF 172/20, NZFam 2022, 798; OLG Dresden 27. 5. 2016 – 18 WF 1406/15, juris Rn 8 ff, FamRZ 2016, 2030; AG Stralsund 23. 3. 2018 – 45 F 31/18, juris Rn 5; **aA** OLG Schleswig 19. 4. 2016 – 15 WF 170/15, juris Rn 10, ZKJ 2016, 371; Keuter FamRZ 2018, 14, 15). Bei einer gerichtlichen Billigung der Umgangsvereinbarung nach § 156 Abs 2 FamFG dürfte allerdings von der Einleitung eines Umgangsverfahrens auszugehen sein (Dürbeck/Schneider FamRZ 2021, 1341, 1352; **aA** OLG Düsseldorf 25. 3. 2021 – 3 WF 172/20, NZFam 2022, 798). Ist allerdings in der parallel eingeleiteten Umgangssache ein Bestellungsbeschluss oder eine nach Ansicht des BGH ausreichende verfahrensleitende Verfügung (vgl BGH 16. 3. 2022 – XII ZB 154/21, FamRZ 2022, 981 zu § 276 FamFG) ergangen, kann eine **nachträgliche Bestellung** nach Ende der Instanz **nicht rückwirkend** einen Vergütungsanspruch herbeiführen (OLG

Düsseldorf 25. 3. 2021 – 3 WF 172/20, NZFam 2022, 798; OLG Frankfurt 30. 7. 2020 – 8 WF 108/20, FGPrax 2020, 224; OLG München 19. 8. 2015 – 11 WF 1028/15, juris Rn 13, NJW-RR 2016, 134). Auch die nachträgliche Erweiterung seines Aufgabenkreises kann nicht rückwirkend herbeigeführt werden (OLG Oldenburg 21. 4. 2015 – 4 WF 30/15, juris Rn 6, MDR 2016, 774). Die Praxis konstruiert in den Fällen einer gänzlich unterbliebenen Bestellung eine *„konkludente"* Bestellung des Verfahrensbeistandes (OLG Frankfurt 30. 7. 2020 – 8 WF 108/20, FGPrax 2020, 224; OLG Brandenburg 8. 8. 2018 – 13 WF 125/18, JurBüro 2018, 545; OLG Schleswig 19. 4. 2016 – 15 WF 170/15, ZKJ 2016, 371; OLG Nürnberg 25. 11. 2014 – 7 UF 1819, 13, FamRZ 2015, 694; **aA** OLG München 13. 10. 2016 – 11 WF 1092/16, juris Rn 10 ff, FamRB 2017, 90; AG Stralsund 23. 3. 2018 – 45 F 31/18, juris Rn 5; Dürbeck ZKJ 2021, 115), was angesichts des Prinzips der Klarheit im Gebührenrecht nicht überzeugend ist.

Ebenso erhält der Verfahrensbeistand die Pauschalgebühr für jedes von ihm betreute Kind, wenn er im Verfahren für **mehrere Kinder** bestellt ist (BGH FamFR 2010, 517; BGH 19. 1. 2011 – XII ZB 496/10, juris Rn 5 f). Auch fallen doppelte Gebühren an, wenn der Verfahrensbeistand in der Umgangssache sowohl im Hauptsacheverfahren als auch im **einstweiligen Anordnungsverfahren** bestellt worden ist (BGH 17. 11. 2010 – XII ZB 478/10, juris Rn 9 ff, FamRZ 2011, 199; OLG Frankfurt 30. 7. 2020 – 8 WF 108/20, FGPrax 2020, 224; OLG Zweibrücken 2. 3. 2015 – 6 WF 14/15, juris Rn 10, MDR 2015, 715: auch bei einheitlicher Aktenführung). Im Falle der **Aufhebung und Zurückverweisung** an das Amtsgericht gemäß § 69 Abs 1 S 2 oder 3 FamFG durch das Beschwerdegericht erhält der Verfahrensbeistand für das neuerliche Verfahren vor dem Ausgangsgericht – anders als der Rechtsanwalt als Verfahrensbevollmächtigter gemäß § 21 RVG – keine erneute pauschale Vergütung (BGH 27. 9. 2017 – XII ZB 420/16, juris Rn 11 ff, ZKJ 2018, 64 m Anm Dürbeck; OLG Hamm 4. 7. 2014 – 6 WF 61/14, juris Rn 10, FuR 2015, 483; Haussleiter/Eickelmann § 158 FamFG Rn 31; **aA** OLG Saarbrücken 10. 12. 2012 – 9 WF 409/12, juris Rn 7, FamRZ 2013, 1330).

Der Vergütungsanspruch **entsteht** im Übrigen in dem Zeitpunkt, in dem der Verfahrensbeistand *nach außen hin erkennbar* mit der Wahrnehmung seiner Aufgaben beginnt, wobei allein die Entgegennahme des Bestellungsbeschlusses (BGH 19. 1. 2011 – XII UB 400/10, juris Rn 7, FamRZ 2011, 558) oder der Beschwerdeschrift (OLG Celle 18. 7. 2012 – 10 UF 158/12, juris Rn 11 ff, FamRZ 2013, 573) nicht genügt. Auch unbedeutende Handlungen vor Beendigung des Verfahrens, wie ein vergeblicher Versuch, das Jugendamt telefonisch zu kontaktieren, genügen nicht (OLG München 8. 8. 2022 – 11 WF 780/22, FamRB 2023, 19). Nicht ausreichend ist auch die Einlegung der Beschwerde durch den Verfahrensbeistand (OLG Naumburg 20. 8. 2014 – 3 WF 97/14, juris Rn 2, FamRB 2015, 212), da dies insoweit noch dem ersten Rechtszug zuzuordnen ist. Ausreichend ist aber die Kenntnisnahme der Beschwerdebegründung (OLG Nürnberg 25. 11. 2014 – 7 UF 1819/13, juris Rn 16, MDR 2015, 100; Prütting/Helms/Hammer § 158c FamFG Rn 5).

Ein neuer Vergütungsanspruch entsteht – unter Fortgeltung des Aufgabenkreises – gesondert im **Beschwerdeverfahren** nach § 58 FamFG (OLG Köln 6. 11. 2019 – 27 UF 35/19, juris), allerdings nur soweit der Hauptgegenstand rechtshängig ist. Im Kostenbeschwerdeverfahren oder in Verfahren der sofortigen Beschwerde bei Zwischenentscheidungen entsteht kein neuer Vergütungsanspruch (OLG München 28. 5. 2019 – 11 WF 548/19, FamRZ 2019, 1733).

Da der Vergütungsanspruch des berufsmäßigen Verfahrensbeistands als **Pauschale** ausgestaltet ist, kann weder bei *erhöhtem Tätigkeitsaufwand* nach Stunden abgerechnet werden (BGH 9. 10. 2013 – XII ZB 667/12, juris Rn 7 ff, ZKJ 2014, 21) noch können bei außergewöhnlich *hohen Fahrtkosten* diese als **Aufwendungsersatz** (§ 158c Abs 1 S 3 FamFG) zusätzlich beansprucht werden (BGH 13. 11. 2013 – XII ZB 612/12, juris Rn 8, NJW 2014, 157; BGH 15. 9. 2010 – XII ZB 260/10, juris Rn 8 ff, ZFE 2011, 150). Gleiches gilt nach der gegenwärtigen Rechtslage auch für die Frage der dem Verfahrensbeistand entstandenen **Dolmetscherkosten** für die Gespräche mit dem Kind und/oder seinen Eltern (OLG Hamm 14. 4. 2023 – 6 WF 15/23, juris; OLG München 28. 10. 2015 – 11 WF 1365/15, juris Rn 11, ZKJ 2016, 28; OLG Hamm 3. 4. 2014 – 6 WF 241/13, juris Rn 5, FamRZ 2014, 2024; ebenso BGH 26. 3. 2014 – XII ZB 346/13, FamRZ 2014, 1013 zu den Kosten eines Gebärdendolmetschers im Rahmen der Pauschale des § 4 Abs 2 S 1 VBVG; **aA** OLG Braunschweig 26. 6. 2023 – 1 WF 61/23, FamRZ 2023, 1307; Keuter FamRZ 2014, 1971). Das Ergebnis mag unbillig sein, entspricht aber der gegenwärtigen Gesetzeslage. Kein Ausweg ist der vom *OLG Frankfurt* (OLG Frankfurt 17. 10. 2013 – 5 WF 249/13, juris Rn 5, FamRZ 2014, 1135; die hiergegen von der Staatskasse eingelegte Rechtsbeschwerde war unzulässig, vgl BGH 15. 4. 2015 – XII ZB 624/13, juris Rn 4, NZFam 2015, 837) beschrittene Weg der gerichtlichen Gestattung der Hinzuziehung eines Dolmetschers durch den Verfahrensbeistand, da diese Vorgehensweise einer gesetzlichen Rechtsgrundlage entbehrt. Derartige Schwierigkeiten sollten dadurch gelöst werden, dass ein Verfahrensbeistand ausgewählt wird, der selbst über entsprechende Sprachkenntnisse verfügt.

Für den Vergütungsanspruch des berufsmäßigen Verfahrensbeistands findet im Übrigen die **fünfzehnmonatige Ausschlussfrist** des § 1877 Abs 4 BGB (§ 1835 Abs 1 S 3 aF) entsprechende Anwendung (BGH 5. 10. 2016 – XII ZB 464/15, juris Rn 14, ZKJ 2017, 67 m zahlreichen Nachweisen zum früheren Streitstand). In der Zwischenzeit hat der *BGH* (BGH 27. 2. 2019 – XII ZB 495/18, MDR 2019, 702) seine Rechtsprechung zur Geltung der 15-monatigen Ausschlussfrist des § 1835 Abs 1 S 3 aF für den Vergütungsanspruch des berufsmäßigen Verfahrensbeistands fortgeführt und hat nunmehr auch die vormals streitige Frage entschieden, ob die Frist erst mit der Beendigung der Tätigkeit des Verfahrensbeistands (so OLG Zweibrücken 16. 3. 2015 – 6 WF 15/15, MDR 2015, 772, 773; OLG Hamm 6. 11. 2015 – 6 WF 106/15, juris Rn 11) oder bereits mit der Aufnahme der Tätigkeit und damit mit der Entstehung des Vergütungsanspruchs beginnt (so noch Zorn FamRZ 2014, 234). Der BGH hat sich der zuletzt genannten Ansicht angeschlossen, sodass Verfahrensbeistände durch eine sorgsame Fristenkontrolle darauf achten müssen, dass die Ausschlussfrist für ihren Vergütungsanspruch nicht erst mit Beendigung der jeweiligen Instanz, sondern bereits mit der Aufnahme ihrer Tätigkeit zu laufen beginnt.

Aufwendungen und Vergütung sind im Übrigen stets aus der **Staatskasse** zu leisten (§ 158c Abs 3 S 1 FamFG); die Einziehung als Auslagen des Verfahrens (Nr 2013 KV FamGKG) von den Beteiligten erfolgt, soweit sie als **Kostenschuldner** nach dem FamGKG für die Gerichtsauslagen haften (vgl OLG Hamm 24. 9. 2019 – 6 WF 175/19, juris; OLG Jena 26. 2. 2019 – 3 WF 37/19, FuR 2019, 727; OLG Frankfurt 3. 12. 2012 – 1 WF 327/12, juris Rn 6, ZKJ 2013, 127). Erfolgte die Bestellung des Verfahrensbeistands zu Unrecht, weil die Voraussetzungen von § 158 FamFG nicht vorlagen, kann von der Erhebung der Auslagen im Einzelfall nach § 20 FamGKG abzusehen sein (OLG Frankfurt 22. 12. 2022 – 6 WF 154/22, juris; OLG Braunschweig 11. 10. 2021 – 1 WF 106/21, JurBüro 2022, 39), wobei hier auch eine unterbliebene Anhörung der Beteiligten vor der Bestellung eines Verfahrensbeistands bedeutsam sein kann (OLG Karlsruhe 5. 4. 2018 – 16 WF 2/18, FamRZ 2019, 630; OLG Frankfurt 22. 1. 2021 – 4 WF 199/20, FamRZ 2021, 879).

Verfahrensrechtlich gilt für die Vergütung des Verfahrensbeistandes nach der Verweisung von § 158c Abs 3 S 2 FamFG **das Vergütungsfestsetzungsverfahren** von § 292 Abs 1 und 5 FamFG.

Legt der Verfahrensbeistand **Verfassungsbeschwerde** ein (zur Zulässigkeit vgl oben Rn 425), wird § 158c FamFG hinsichtlich der Vergütung des Verfahrensbeistands entsprechend anzuwenden sein (Heilmann ZKJ 2017, 219, 220; Menne FamRB 2017, 135).

Die Vergütung des Verfahrensbeistands unterliegt im Übrigen nicht mehr der **Umsatzsteuer** (so noch FG Köln 17. 5. 2017 – 9 K 3140/14, juris Rn 19 ff, ZKJ 2017, 430). Mit seinem sicher überraschenden Urteil hat der *BFH* (BFH 17. 7. 2019 – V R 27/17, FamRZ 2019, 1931) auf die Revision einer Verfahrensbeiständin gegen die zuvor bezeichnete Entscheidung des FG Köln (FG Köln 17. 5. 2017 – 9 K 3140/14, ZKJ 2017, 430) und die gängige Praxis der Finanzverwaltung erkannt, dass mit der Tätigkeit von Verfahrensbeiständen erzielte Umsätze nicht der **Umsatzsteuer** unterliegen. Die Rechtsgrundlage hierfür sieht der BFH in Art 132 Abs 1 lit g der Richtlinie 2006/112/EG des Rates vom 28. 11. 2006 über das gemeinsame Mehrwertsteuersystem, die Deutschland in Bezug auf die Leistungen von Verfahrensbeiständen nicht in das nationale Recht umgesetzt hat und die deshalb unmittelbare Rechtsanwendung findet. Nach Ansicht des BFH ist die Tätigkeit von Verfahrensbeiständen nicht mit derjenigen von Rechtsanwälten vergleichbar und der Verfahrensbeistand sei als „soziale Einrichtung" im Sinne der vorbezeichneten Norm des europäischen Rechts anzusehen. Damit bleiben künftig auch die Leistungen derjenigen Verfahrensbeistände von der Umsatzsteuer befreit, deren Vergütungen die derzeit gültige Kleinunternehmergrenze von 22.500 EUR jährlich (§ 19 Abs 1 UStG) überschreiten.

9. Anhörung

a) Anhörung des Kindes (§ 159 FamFG)

aa) Altersabhängigkeit

427 Die **persönliche Anhörung des Kindes** (vgl eingehend Carl/Clauss/Karle, Kindesanhörung im Familienrecht [2015] Rn 1 ff; Hennemann NZFam 2014, 871; Krumm FamFR 2013, 265; Schweppe/Bussian ZKJ 2012, 13; unter kindespsychologischen Gesichtspunkten Bublath/Kannegiesser/Salzgeber NZFam 2021, 477 und unter dem Gesichtspunkt der Bindungen Temizyürek ZKJ 2018, 301) bezweckt die Verwirklichung der Subjektstellung des Kindes als betroffenen Grundrechtsträger (oben Rn 36 f) im familiengerichtlichen Verfahren durch die Gewährung **rechtlichen Gehörs** und dient darüber hinaus der **Sachaufklärung**, da es im Regelfall nur bei seiner persönlichen Mitwirkung möglich ist, diese zu berücksichtigen und eine **zuverlässige Grundlage für eine am Kindeswohl orientierte Entscheidung** zu erhalten (BVerfG 13. 11. 2007 – 1 BvR 1637/07, juris Rn 25, FamRZ 2008, 246; BGH 15. 6. 2016 – XII ZB 419/15, juris Rn 45, FamRZ 2016, 1439).

Diese Zwecke setzt im Verfahrensrecht § 159 FamFG um, der in der bis zum 30. 6. 2021 geltenden Fassung zwischen zwei Altersstufen des Kindes differenziert hatte. Eine Kindesanhörung in der Umgangsangelegenheit war nach § 159 Abs 1 S 1 FamFG aF bei Kindern, die das **14. Lebensjahr vollendet** haben, stets erforderlich. Bei **kleineren Kindern** unter 14 Jahren war die persönliche Anhörung nach § 159 Abs 2 FamFG aF nur erforderlich, wenn die Neigungen, Bindungen und der Wille des Kindes für die Entscheidung von Bedeutung sind, was bei Verfahren über den Umgang regelmäßig der Fall ist (BVerfG 26. 9. 2006 – 1 BvR 1827/06, juris Rn 24, ZKJ 2007, 201; BGH FamRZ 1984, 1084, 1086; OLG Frankfurt FamRZ 1997, 571; OLG Frankfurt FamRZ 1998, 1042, 1043; OLG Hamm FamRZ 1996, 421; OLG Köln FamRZ 1980, 1153; OLG München OLGZ 1980, 191; auch betreffend Umgang mit Großeltern: OLG Hamm FamRZ 2009, 996; Prütting/Helms/Hammer § 159 FamFG [5. Aufl 2020] Rn 7).

Durch das **Gesetz zur Bekämpfung sexualisierter Gewalt gegen Kinder** (BGBl 2021 I 1810) hat der Gesetzgeber die **altersabhängige Differenzierung** bei der Frage der Anhörung des Kindes mit Wirkung zum 1. 7. 2021 **aufgegeben** (vgl dazu Kischkel FamRZ 2021, 1595; Sachenbacher FF 2022, 343). Nunmehr sind Kinder *jeder Altersstufe* nach § 159 Abs 1 FamFG persönlich anzuhören und das Familiengericht hat sich von ihnen einen persönlichen Eindruck zu verschaffen. Wie § 159 Abs 2 S 1 Nr 2 FamFG zeigt, ist in Abs 1 jedwede Altersgrenze entfallen. Allerdings konnte nach früherer Rechtslage bei Kindern unter 3 Jahren oder Erkrankung bzw Behinderung auf die Anhörung verzichtet werden, wenn diese sich alters- oder gesundheitsbedingt nicht artikulieren konnten (BVerfG 20. 8. 2020 – 1 BvR 886/20, FamRZ 2020, 1725 Rn 34; BVerfG 14. 7. 2010 – 1 BvR 3189/98, FamRZ 2010, 1622; BGH 15. 6. 2016 – XII ZB 419/15, FamRZ 2016, 1439 Rn 46; Prütting/Helms/Hammer § 159 FamFG Rn 20), weshalb die Gesetzessystematik schwer nachvollziehbar ist (zutreffend Kischkel FamRZ 2021, 1595, 1596).

Die Bestimmung entspricht im Übrigen dem verfassungsrechtlichen Gebot, bei Sorgerechts- und Umgangsentscheidungen durch die Ausgestaltung des Verfahrens sicherzustellen, dass das Gericht den **Willen des Kindes** zur Kenntnis nimmt und bei der Entscheidung berücksichtigt, soweit dies mit dem Wohl des Kindes vereinbar ist (BVerfG 25. 6. 2021 – 1 BvR 2027/20, FamRZ 2021, 1709 Rn 17; BVerfGE 55, 171; BVerfG NJW 1993, 2671; BVerfG NJW 1999, 631). Sie sichert die Stellung des Kindes als **Subjekt des Verfahrens** (BT-Drucks 19/23707, 25; BVerfG 13. 11. 2007 – 1 BvR 1637/07, juris Rn 25, FamRZ 2008, 246; OLG Oldenburg FamRZ 2010, 44). Ein **Absehen** von Anhörung ist im Zusammenhang mit dem Zweck der grundsätzlichen Anhörungspflicht zu sehen, die eines der Elemente darstellt, durch welche sich das Gericht in **verfassungsrechtlich gebotener Weise** die erforderlichen **Entscheidungsgrundlagen** beschafft (BVerfG FamRZ 2009, 399; KG 19. 2. 2014 – 17 UF 5/14, juris Rn 20, ZKJ 2014, 285).

Trotz des damit vorgezeichneten, von § 159 Abs 2 FamFG (vgl unten Rn 428 f) formulierten Ausnahmecharakters eines Absehens von der Anhörung kann es weiterhin Fälle geben, in denen auch ohne schwerwiegende Gründe eine Entscheidung ausnahmsweise ohne Anhörung des Kindes ergehen kann, zB weil offensichtlich kein Anlass für eine gerichtliche Maßnahme besteht (BayObLGZ 1993, 203) oder weil die Entscheidung über Details der Umgangsregelung von rein objektiven Fragen abhängt (OLG München FamRZ 1998, 974: allgemeine Sicherheitsfragen bei kleinerem Kind, Mitfahren auf einem Motorrad, wobei sich hier schon die Frage stellt, ob sich das Kind dabei unwohl fühlt), was nunmehr auch durch § 159 Abs 2 S 1 Nr 3 FamFG klargestellt ist. Besteht wegen einer objektiven Gefährdung durch den Umgangselternteil ein Entscheidungsspielraum nicht, so ist die Anhörung nicht per se entbehrlich, kann aber wegen Gefährdung des Kindeswohls im Einzelfall unterbleiben (OLG Hamm 7. 4. 2015 – 3 UF 241/13, juris Rn 24, FamRZ 2015, 1732: sexueller Missbrauch; OLG Hamm FamRZ 1993, 1233, 1234: pädophile Neigung).

Hingegen kann die Anhörung nicht aus Gründen unterbleiben, die ein bestimmtes Ergebnis der Anhörung aus vermeintlichen Erfahrungssätzen herleiten, wenn etwa das Kind den potenziellen Umgangselternteil seit der Geburt nicht erlebt hat und deshalb Neigungen und Bindungen des Kindes vermeintlich nicht vorhanden sind (so BayObLG ZfJ 1985, 36), denn in solchen Fällen kann die Anhörung Aufschluss geben, ob das Kind ein Bedürfnis zeigt, den bisher unbekannten Elternteil kennenzulernen; dass ein solches Bedürfnis bestehen kann, ist zur Grundlage der verfassungsgerichtlichen Rechtsprechung zur Kenntnis der eigenen Abstammung geworden. Die Anhörung kann auch nicht unterbleiben, weil das Gericht von ihr keine wesentliche Sachaufklärung erwartet (vgl aber AG Kamen FamRZ 1981, 705, 706), denn die Anhörung dient auch der **Gewährung rechtlichen Gehörs** (Heilmann/Heilmann § 159 FamFG Rn 1 f; Carl/Clauss/Karle, Kindesanhörung im Familienrecht [2015] Rn 107; vgl auch BGH 5. 10. 2016 – XII ZB 280/15, juris Rn 45 ff, FamRZ 2016, 2082 zu § 1686a BGB; OLG Braunschweig 27. 8. 2018 – 2 UF 57/18, juris Rn 84 ff). Eine solche Erwartung kann aber in die Abwägung einfließen, ob dem Kind gegen seinen Willen eine Anhörung zuzumuten ist (sogleich Rn 428).

Eine Vernehmung des Kindes als **Zeuge** oder Verfahrensbeteiligter darf im Übrigen nach § 163a FamFG nicht stattfinden.

bb) Absehen von Anhörung

428 Die Anhörung ist damit im Regelfall in Umgangssachen aus den unter Rn 427 genannten Gründen und im Hinblick auf die Neufassung von § 159 FamFG **zwingend**. Von ihr darf nur in den Ausnahmefällen des § 159 Abs 2 S 1 FamFG abgesehen werden. Nr 1 nennt zunächst **schwerwiegende Gründe für das Absehen von der Anhörung**, die in der Begründung des Beschlusses niederzulegen sind (BGH FamRZ 1984, 1084, 1085; OLG Celle 5. 2. 2013 – 10 UF 309/12, juris Rn 8, FamRZ 2013, 1681; OLG Frankfurt FamRZ 1999, 617; OLG Zweibrücken FamRZ 1997, 687; OLG Naumburg 10. 1. 2007 – 3 UF 12/07, juris; Hennemann NZFam 2014, 871, 874).

Schwerwiegende Gründe sind triftige, das Wohl des Kindes nachhaltig berührende Gründe (BGH NJW-RR 1986, 1130; BayObLG FamRZ 2001, 647; MünchKommFamFG/Schumann § 159 Rn 7; Heilmann/Heilmann § 159 FamFG Rn 15; Krumm FamFR 2013, 265, 266), deren Vorliegen den Sinn der Anhörung in sein Gegenteil verkehren würde. Dies ist der Fall, wenn – regelmäßig nach sachverständiger Beratung des Gerichts (MünchKommFamFG/Schumann § 159 Rn 7) – eine ernstzunehmende *psychische oder physische Beeinträchtigung* des Kindes zu befürchten ist (BGH NJW-RR 1986, 1130; KG FamRZ 1981, 204; KG FamRZ 1990, 1383, 1385; BayObLG FamRZ 1984, 929, 930; BayObLG FamRZ 1987, 87, 88; OLG Karlsruhe FamRZ 1993, 90; OLG Köln FamRZ 1997, 1549; AG Köln DAVorm 1999, 312), insbesondere bei Suizidgefahr (BayObLG FamRZ 1995, 500). Erforderlich ist eine Abwägung zwischen der zu erwartenden Belastung des Kindes durch die Anhörung und deren Beitrag zur erforderlichen Sachaufklärung (BT-Drucks 19/27303, 57; OLG Saarbrücken 18. 2. 2022 – 6 UF 5/22, juris Rn 11, FamRZ 2022, 963).

Sinnvoll kann ein Verzicht auf eine Kindesanhörung auch dann sein, wenn das Kind sich in einem außergewöhnlichen *Loyalitätskonflikt* befindet, möglicherweise durch einen Elternteil *fremdbestimmt* ist und die Anhörung diese Situation verschlimmern würde, weil das Kind sich durch das Gericht in die Rolle des Entscheidungsträgers gedrängt sieht (OLG Braunschweig 27. 8. 2018 – 2 UF 57/18, juris Rn 90 – bestätigt durch BGH 31. 10. 2018 – XII ZB 411/18, FamRZ 2019, 115; OLG Hamm 1. 8. 2011 – 8 UF 136/11, juris Rn 10, FamFR 2012, 93; OLG Zweibrücken DAVorm 2000, 998, 1006), wobei allerdings heute das Bestehen von Loyalitätskonflikten eher die Regel in Sorge- und Umgangsverfahren ist (Prütting/Helms/Hammer § 159 FamFG Rn 16). Das Gericht wird sich im Übrigen in Fällen *schwerer Gefahren* für das Kindeswohl kaum auf das bloße Unterlassen der Anhörung beschränken können, sondern wird positive Maßnahmen zum Schutz des Kindes treffen müssen, jedenfalls aber auf die festgestellten Phänomene sorge- und umgangsrechtlich reagieren müssen. Der pauschale Hinweis auf angeblich mit der Anhörung unvermeidbar verbundene *Belastungen* reicht jedoch keinesfalls als Grund für ein Absehen aus (BVerfG 17. 6. 2009 – 1 BvR 467/09, juris Rn 41, FamRZ 2009, 1472; BGH 15. 6. 2016 – XII ZB 419/15, juris Rn 47, FamRZ 2016, 1439; OLG Köln FamRZ 1997, 1549; Prütting/Helms/Hammer § 159 FamFG Rn 16; verfehlt OLG Schleswig 22. 11. 2022 – 8 UF 110/22, juris – aber dort wegen einer ausreichenden Erkenntnisgrundlage offen gelassen von BVerfG 3. 4. 2023 – 1 BvR 2353/22, juris), zumal nach den heute vorliegenden psychologischen und rechtstatsächlichen Erkenntnissen diese bei *kindgerechter und einfühlsamer Gestaltung* im Regelfall **nicht zu einer ernsthaften Belastung des Kindes** führt (Carl/Karle, in: Carl/Clauss/Karle, Kindesanhörung im Familienrecht [2015] Rn 401 ff; Karle/Gathmann/Klosinski ZKJ 2010, 432, 434; Schweppe/Bussian ZKJ 2012, 13, 14). Eine eventuell gleichwohl gegebene Belastung des Kindes kann auch im Regelfall durch die Gestaltung der Anhörung auf ein zumutbares Maß reduziert werden (BGH 15. 6. 2016 – XII ZB 419/15, juris Rn 47, FamRZ 2016, 1439). Auch soweit im Raum steht, dass das Kind durch das Verhalten des Umgangselternteils traumatisiert sein könnte und durch die Anhörung die Gefahr einer Retraumatisierung bestehen könnte, bedarf das Bestehen einer solchen Gefahr der amtswegigen Sachaufklärung, etwa durch Anhörung oder Vernehmung des Therapeuten, des im Strafverfahren bestellten Ergänzungspflegers oder durch Einholung eines kinderpsychologischen Sachverständigengutachtens (OLG Hamburg 2. 4. 2020 – 12 UF 35/20, FamRZ 2020, 1736).

Sofortiger Handlungsbedarf bei Gefahr im Verzug – zB bei einer einstweiligen Anordnung – kann nach § 159 Abs 3 S 2 FamFG ein schwerwiegender Grund sein; in diesem Fall ist die Anhörung jedoch unverzüglich nachzuholen (OLG Saarbrücken 18. 2. 2022 – 6 UF 5/22, juris Rn 12, FamRZ 2022, 963; KG FamRZ 1981, 204; BayObLG FamRZ 1985, 100, 101; BayObLG FamRZ 1985, 520, 521; MünchKommFamFG/Schumann § 159 Rn 8).

Auch der Hinweis auf die *Zeugenstellung* des Kindes in einem gegen den Umgangsberechtigten geführten *Strafverfahren* und die Gefährdung desselben durch eine persönliche Anhörung des Kindes vor dem Familiengericht kann im Hinblick auf die Amtsermittlungspflicht und der Verfahrensrechte des Kindes ein Absehen von der Anhörung nicht rechtfertigen (OLG Hamburg 2. 4. 2020 – 12 UF 35/20, FamRZ 2020, 1736; vgl auch BVerfG 25. 6. 2021 – 1 BvR 2027/20, FamRZ 2021, 1709).

Verweigert das Kind die Anhörung, so darf das Gericht nicht ohne Weiteres von ihr absehen, sondern muss nach pflichtgemäßem Ermessen entscheiden, ob es die Anhörung ggf in einer dem Kind vertrauteren Umgebung durchzuführen versucht (BayObLG FamRZ 1994, 913, 915). Ist dagegen von der (ggf nochmaligen) Anhörung keine weitere Sachaufklärung zu erwarten, so sollte das Gericht Anlass haben, nicht weiter in das Kind zu dringen (OLG Frankfurt ZfJ 1998, 343, 344; OLG Rostock DAVorm 1995, 1150, 1151), zumal aus § 159 Abs 4 S 2 FamFG auch folgt, dass das Gericht es zu akzeptieren hat, wenn sich das Kind nicht äußern möchte (KG 16. 2. 2012 – 17 UF 375/11, juris Rn 21, ZKJ 2012, 222; Heilmann/Heilmann § 159 FamFG Rn 30). Das Erscheinen zur persönlichen Anhörung kann jedoch nach Maßgabe von § 33 Abs 3 S 3 FamFG durch **Vorführung**

des Kindes als Ultima ratio erzwungen werden (zu den Einzelheiten vgl PRÜTTING/HELMS/HAMMER § 159 FamFG Rn 36). Im Übrigen kann das Erscheinen auch durch **Zwangsgeld oder Zwangshaft** gegenüber den Eltern nach § 35 FamFG erzwungen werden (OLG Celle 29. 7. 2019 – 21 WF 123/19, FamRZ 2019, 1875; KG 17. 5. 2019 – 18 UF 32/19, FamRZ 2019, 1702; **aA** OLG Karlsruhe 11. 1. 2023 – 5 WF 138/22, NZFam 2023, 173 m Anm KEUTER).

Ein *übereinstimmender Elternvorschlag,* auch wenn ihm sich das Jugendamt anschließt – was in Umgangssachen, die regelmäßig nur im Streitfall zu Gericht gelangen, kaum vorkommen wird –, macht die Anhörung nicht entbehrlich (BGH 16. 3. 2011 – XII ZB 407/10, juris Rn 66, FamRZ 2011, 796; OLG Oldenburg FamRZ 2010, 44; PRÜTTING/HELMS/HAMMER § 159 FamFG Rn 18; HENNEMANN NZFam 2014, 871, 874; **aA** FREUND DRiZ 1982, 268 de lege ferenda). Die Anhörung hat Doppelfunktion und zielt neben der Sachverhaltsermittlung auch auf die Gewährung rechtlichen Gehörs für das mit eigenen Grundrechten am Verfahren beteiligte Kind, das nicht durch die Einigkeit der anderen Beteiligten ersetzt werden kann. Im Übrigen kann die vom Familiengericht beabsichtigte Anhörung des Kindes entgegen dem Willen eines Elternteils als *Zwischenentscheidung* (vgl § 58 Abs 2 FamFG) nicht mit der (sofortigen) Beschwerde angefochten werden (OLG Frankfurt 6. 7. 2016 – 5 WF 167/16, juris Rn 4, NZFam 2016, 803: angebliche Belastung des Kindes; HEILMANN/DÜRBECK § 58 FamFG Rn 10).

429 **Sonstige** Gründe iSd § 159 Abs 2 FamFG, die ein Absehen von der persönlichen Anhörung rechtfertigen können, ergeben sich – soweit für Umgangssachen relevant – aus § 159 Abs 2 S 1 Nr 2 und 3 FamFG. Nach Nr 2 kann von einer Anhörung abgesehen werden, wenn das Kind offensichtlich **nicht dazu in der Lage ist, seine Neigungen und seinen Willen kundzutun**, was insbesondere bei Kindern unter 3 Jahren und solchen, die an geistigen Behinderungen leiden, anzunehmen ist (oben Rn 427). Die in § 159 Abs 2 S 2 und 3 FamFG geregelte Pflicht, sich auch von Säuglingen und Kleinkindern einen *persönlichen Eindruck* zu verschaffen, betrifft nur Verfahren nach § 1666 BGB. Schließlich ist auch § 159 Abs 2 S 1 Nr 3 FamFG von Bedeutung, wonach die Anhörung entbehrlich ist, wenn die **Neigungen, Bindungen und der Wille des Kindes für die Entscheidung nicht von Bedeutung sind** und eine persönliche Anhörung auch aus sonstigen Gründen nicht angezeigt ist. Das kann in Umgangssachen etwa anzunehmen sein, wenn der Elternstreit sich ausschließlich auf die Umgangsmodalitäten bezieht (vgl BT-Drucks 19/27303, 57), die internationale Zuständigkeit fehlt (OLG Karlsruhe 27. 7. 2023 – 18 UF 233/22, juris) oder eine Endentscheidung schon aus Rechtsgründen, zB weil dringende Gründe für eine Abänderung eines Umgangstitels nach § 1696 BGB nicht erkennbar sind, zu treffen ist (vgl PRÜTTING/HELMS/HAMMER § 159 FamFG Rn 24).

429a Nach **§ 51 Abs 3 S 2 FamFG** kann im Hauptsacheverfahren von einer Kindesanhörung abgesehen werden, wenn diese betreffend der gleichen Angelegenheit bereits zuvor im *einstweiligen Anordnungsverfahren* stattgefunden hat und keine neuen zusätzlichen Erkenntnisse von einer erneuten Vornahme zu erwarten sind. Dies wird auch im umgekehrten Fall zu gelten haben (PRÜTTING/HELMS/HAMMER § 159 FamFG Rn 33). Voraussetzung ist aber, dass es sich um den gleichen Gegenstand handelt, was bei Sorge- und Umgangsrecht grundsätzlich nicht der Fall ist (OLG Saarbrücken 18. 2. 2022 – 6 UF 5/22, FamRZ 2022, 963; OLG Saarbrücken 5. 1. 2018 – 9 UF 54/17, FamRZ 2018, 1001).

Ein ähnlicher Rechtsgedanke liegt der für das **Beschwerdeverfahren** geltenden Bestimmung von **§ 68 Abs 3 S 2 FamFG** zugrunde, wonach ebenfalls von einer erneuten Kindesanhörung abgesehen werden kann, wenn diese – ohne Verstoß gegen Verfahrensvorschriften – im ersten Rechtszug durchgeführt wurde und von einer erneuten Vornahme durch das Beschwerdegericht keine neuen Erkenntnisse zu erwarten sind (BGH 12. 7. 2017 – XII ZB 350/16, juris Rn 19, FamRZ 2017, 1668 m Anm Dürbeck). Ob letzteres der Fall ist, wird sich im Beschwerdeverfahren insbesondere aus dem Bericht des Verfahrensbeistands ergeben. Vor allem dann, wenn das Beschwerdegericht beabsichtigt, von der erstinstanzlichen Entscheidung des Amtsgerichts *in erheblicher Weise abzuweichen,* wird der Anspruch des Kindes auf rechtliches Gehör eine neuerliche Anhörung im zweiten Rechtszug gebieten (BGH 15. 6. 2016 – XII ZB 419/15, juris Rn 43, FamRZ 2016, 1439; Hennemann NZFam 2014, 871, 873). Gleiches gilt, wenn neue entscheidungserhebliche Erkenntnisse, wie zB durch ein neues oder ergänztes Sachverständigengutachten, vorliegen (BGH 12. 7. 2017 – XII ZB 350/16, juris Rn 19, FamRZ 2017, 1668 m Anm Dürbeck). § 68 Abs 3 S 2 FamFG wurde jedoch durch das Gesetz zur Bekämpfung sexualisierter Gewalt gegen Kinder (BGBl 2021 I 1810) mit Wirkung zum 1. 7. 2021 durch § 68 Abs 5 Nr 2 FamFG dahin eingeschränkt, dass ein Absehen von den persönlichen Anhörungen dann im Beschwerdeverfahren unzulässig ist, wenn der *Ausschluss des elterlichen Umgangsrechts nach § 1684 Abs 4 BGB in Betracht kommt* (dazu Rn 504a f).

Demgegenüber stellt der Abschluss einer **Umgangsvereinbarung iSd § 156 Abs 2 FamFG** im Hinblick auf die Stellung des Kindes als Grundrechtsträger keinen hinreichenden Grund zu einem Verzicht auf die Kindesanhörung dar (oben Rn 149).

cc) Anhörung kleiner Kinder

Das **Alter des Kindes** setzt keine absolute Grenze gegen eine Anhörung; eine relative **430**
Grenze ergibt sich jedoch aus der Fähigkeit des Kindes zur Beantwortung von Fragen, die ab einem Alter von **3 Jahren** generell anzunehmen ist (BGH 15. 6. 2016 – XII ZB 419/15, juris Rn 46, FamRZ 2016, 1439; BayObLG FamRZ 1997, 1429; OLG Frankfurt FamRZ 1997, 571). Daher sind Kleinkinder ab einem Alter von 3 Jahren anzuhören (BVerfG 26. 9. 2006 – 1 BvR 1827/06, juris Rn 24, FamRZ 2007, 105; BGH 15. 6. 2016 – XII ZB 419/15, juris Rn 46, FamRZ 2016, 1439; BGH FamRZ 1984, 1084: knapp 5 Jahre; KG FamRZ 1983, 1159: knapp 5 Jahre; BayObLG FamRZ 1983, 761: 6 Jahre; BayObLGZ 1983, 125, 127: 4 Jahre; BayObLG ZfJ 1985, 36: 3 Jahre; OLG Frankfurt FamRZ 1997, 571: ab 3 Jahre; OLG Frankfurt FamRZ 1998, 1042: ab 3 Jahre; OLG Frankfurt FamRZ 1999, 617: 4 Jahre; OLG Hamburg FamRZ 1983, 527: 5 Jahre; OLG Köln FamRZ 1980, 1153: 2½; und 4 Jahre; OLG Hamm DAVorm 1981, 921: knapp 6 Jahre; OLG Hamm FamRZ 1996, 421: 6 Jahre; OLG Zweibrücken FamRZ 1997, 687: 5 Jahre; Baer FamRZ 1982, 221, 232; Fehmel DAVorm 1981, 169, 170, 172; ders ZfJ 1982, 654, 657; Luthin FamRZ 1981, 111, 113; FamRZ 1981, 1149; Krumm FamFR 2013, 265, anders ältere Entscheidungen kurz nach Inkrafttreten des § 50b FGG aF: BayObLG FamRZ 1981, 814; BayObLG FamRZ 1981, 999; OLG Oldenburg FamRZ 1981, 811, 813). Besondere Bedeutung hat in dieser Altersgruppe die Beachtung altersmäßiger Besonderheiten der Äußerung, insbesondere das **außersprachliche Verhalten** (zur Anhörung von Kindern unter 7 Jahren Carl/Eschweiler NJW 2005, 1681, 1683).

Kann das Gericht ein Kind wegen seines jungen Alters oder einer geistigen Behinderung nicht persönlich anhören, so muss es in Erfüllung seiner Amtsermittlungspflicht nach § 26 FamFG in anderer Weise versuchen, eine neutrale Beurteilungsgrundlage über das Kind zu gewinnen. In Betracht kommt eine Augenscheineinnahme, die es dem Richter ermöglicht, das Kind zu beobachten und sich einen persönlichen Eindruck von ihm zu verschaffen (Hennemann NZFam 2014, 871, 874). Ansonsten kommt eine kinderpsychologische Begutachtung oder die Einvernahme sachkundiger, mit den Verhältnissen der Familie vertrauter Personen in Betracht (BGH FamRZ 1984, 1084, 1086; OLG Zweibrücken FamRZ 1997, 687).

dd) Anhörung in der Corona-Pandemie

430a Als problematisch gestaltete sich die Frage des Absehens von der Kindesanhörung in der Corona-Pandemie. Das OLG Brandenburg (OLG Brandenburg 10. 6. 2020 – 9 UF 42/20, juris Rn 8, NJ 2021, 27) hatte hier in einer Entscheidung zum Wechselmodell die von der Kinderrechtekommission des Deutschen Familiengerichtstags in seiner Stellungnahme zu Kindschaftssachen in **Coronazeiten** (DFGT KRK FamRZ 2020, 827, 828) abgegebene Empfehlung aufgegriffen, von der **persönlichen Anhörung von Kindern** unter 6 Jahren während der Corona-Pandemie abzusehen, weil diese die Mindestabstände nicht einhalten würden. Noch deutlicher hat sich derselbe Senat (OLG Brandenburg 20. 5. 2020 – 9 UF 97/20, juris Rn 8, NJW-RR 2020, 1271) in einer Sorgerechtssache – ebenfalls unter Bezugnahme auf die Stellungnahme der Kinderrechtekommission – geäußert und dort gar die Ansicht vertreten, es werde „allgemein angeraten", angesichts der Corona-Pandemie Kinder frühestens ab dem sechsten Lebensjahr persönlich anzuhören. Dies erscheint – rückblickend – in rechtlicher Hinsicht aber nicht haltbar. Risiken vor einer Infektion mit dem Corona-Virus vermögen eine Ausnahme von der Anhörungspflicht nicht zu begründen und müssen durch entsprechende Schutzmaßnahmen minimiert werden (OLG München 31. 3. 2021 – 26 UF 82/21, juris Rn 9, FamRZ 2021, 1716; Prütting/Helms/Hammer § 159 FamFG Rn 18; Lack NJW 2020, 1255, 1256). Das hat auch der BGH im Betreuungsrecht zur Anhörung des Betroffenen unmissverständlich betont (BGH 14. 10. 2020 – XII ZB 235/20, FamRZ 2021, 138).

ee) Form und Gestaltung der Anhörung

α) Unmittelbarkeit

431 Über die Form und **Gestaltung der Anhörung** bestimmt das Gericht (BVerfG NJW 1981, 217), was auch weiterhin in § 159 Abs 4 S 4 FamFG nF geregelt ist.

Die Anhörung erfolgt nach § 159 Abs 1 FamFG **persönlich**, also **mündlich** durch das Gericht. Sie kann nicht auf den Sachverständigen, den Verfahrensbeistand oder das Jugendamt delegiert werden, kann aber in besonderen Fällen mit sachverständiger Unterstützung stattfinden.

Die Anhörung soll dem Kind Gelegenheit geben, seinen Gefühlen und Neigungen und auch eventuellen Aversionen Ausdruck zu geben. Hierzu muss das Kind grundsätzlich, soweit nicht Nachteile für seine Entwicklung, Erziehung oder Gesundheit zu befürchten sind, auch über den Verfahrensstand und den möglichen Ausgang informiert werden (§ 159 Abs 4 S 1 FamFG). Dabei muss der Familienrichter, der sich in Fragen der Kindesanhörung auch *interdisziplinär* fortbilden sollte (vgl Carl/Karle NZFam 2014, 930; Temizyürek ZKJ 2018, 301, 302), sich auf das Alter, den Entwicklungsstand – auch in sprachlicher Hinsicht – und die seelische Verfassung des Kindes einstellen (BVerfGE 55, 171; Bublath/Kannegiesser/Salzgeber NZFam 2021, 477, 478 ff; Carl/Eschweiler NJW 2005, 1681, 1683 ff) und die Anhörung **kind- und altersgerecht gestalten** (vgl zu den Techniken der Befragung und Gesprächsführung Balloff, Kinder vor dem Familiengericht [4. Aufl 2022] I 14.2; Bublath/Kannegiesser/Salzgeber NZFam 2021, 477, 481 ff; Temizyürek ZKJ 2018, 301, 303 ff; Heilmann/Heilmann § 159 FamFG Rn 29 ff; Carl/Karle, in: Carl/Clauss/Karle, Kindesanhörung im Familienrecht [2015] Rn 328 ff; Rohmann FPR 2013, 464, 466 ff; speziell zum Umgangsrecht Karle/Clauss, in: Carl/Clauss/Karle, Kindesanhörung im Familienrecht [2015] Rn 462 ff), wobei insbesondere in Fällen behaupteten Kindesmissbrauchs Vorsicht geboten ist (BVerfG FamRZ 1981, 124, 126; BayObLG FamRZ 1992, 1212; BUBLATH/KANNEGIESSER/SALZGEBER NZFam 2021, 477, 484 ff ; zur Anhörung mittels eines **soziometrischen Tests** OLG Karlsruhe FamRZ 1995, 1001; OELKERS FamRZ 1997, 779, 786; zur Anhörung bei Möglichkeit **häuslicher Gewalt** EHINGER FPR 2006, 171, 172).

Die Zulässigkeit der Anhörung durch einen **ersuchten** oder **beauftragten Richter** wurde vormals als Frage des Ermessens des Gerichts gesehen (BGH NJW 1985, 1702, 1705; BayObLGZ 1980, 215, 221; BayObLG FamRZ 1985, 100, 101; DÖRR NJW 1989, 690, 693), wird aber heute zunehmend unter dem Eindruck der Funktion der Anhörung zu Recht restriktiv bewertet. Eine Anhörung durch einen *ersuchten* Richter darf wegen der Bedeutung des persönlichen Eindrucks nur in seltenen Ausnahmefällen erfolgen (BGH NJW 1985, 1702, 1705; BayObLG FamRZ 1985, 100, 101; PRÜTTING/HELMS/HAMMER § 159 FamFG Rn 13; FEHMEL DAVorm 1981, 170, 175). Kommt es entscheidend auf den **persönlichen Eindruck** des Gerichts an, so ist die Anhörung durch den ersuchten Richter regelmäßig unzulässig (BVerfG 13. 5. 2020 – 1 BvR 663/19, FamRZ 2020, 1579 Rn 14; OLG Frankfurt FamRZ 1988, 98; OLG Stuttgart Justiz 1980, 149).

Ebenso soll nach Auffassung des *BGH* die Anhörung in der **Beschwerdeinstanz** – soweit das Verfahren nicht auf den Einzelrichter nach § 68 Abs 4 S 1 FamFG übertragen ist – vom gesamten **Senat** durchzuführen sein und kann jedenfalls dann nicht dem *Berichterstatter* des Senats als beauftragtem Richter überlassen werden, wenn es auf den *persönlichen Eindruck* von dem betreffenden Kind ankommt und dieser der Entscheidung zugrunde gelegt werden soll (BGH FamRZ 2010, 1060, 1061; anders die früher hM BGH NJW 1985, 1702, 1705; BayObLG Rpfleger 1982, 27; BayObLGZ 1983, 231, 234; BayObLG ZfJ 1985, 36, 37; BayObLG FamRZ 1986, 102, 103; OLG Frankfurt Rpfleger 1980, 391). Nach dem zum 1. 7. 2021 neu eingefügten § 68 Abs 4 S 2 FamFG kann aber das Beschwerdegericht die persönliche Anhörung des Kindes durch Beschluss einem seiner Mitglieder als *beauftragtem Richter* übertragen, wenn es dies aus Gründen des Kindeswohls für sachgerecht hält oder das Kind offensichtlich nicht in der Lage ist, seine Neigungen und seinen Willen kundzutun. Bereits die zuvor 2010 ergangene Entscheidung des BGH hat dazu geführt, dass Kinder in der Praxis heute überwiegend von dem aus drei Mitgliedern bestehenden Familiensenaten gemeinsam angehört werden, soweit die Sache nach §§ 68 Abs 4 S 1 FamFG, 526 ZPO nicht auf den Einzelrichter übertragen wurde. Es wird aber nicht zu Unrecht kritisiert, dass eine Anhörung des Kindes durch drei ihm nicht bekannte Personen gerade kleinere Kinder überfordern kann, und der Ertrag einer Anhörung häufig verringert sein wird (CARL/KARLE, in: CARL/CLAUSS/KARLE, Kindesanhörung im Familienrecht [2015] Rn 326; SCHWEPPE/BUSSIAN ZKJ 2012, 13, 19; HEILMANN/HEILMANN § 159 FamFG Rn 10; **aA** HENNEMANN NZFam 2014, 871, 873). Nach der wohl überwiegenden Auffassung muss unter den Voraussetzungen des § 68 Abs 4 S 2 FamFG die Kindesanhörung nicht wiederholt werden, wenn *zwischenzeitlich ein Senatsmitglied ausgeschieden ist* (PRÜTTING/HELMS/HAMMER § 159 FamFG Rn 15; bereits zuvor ablehnend OLG Hamm 26. 2. 2014 – 3 UF 184/13, juris Rn 26, FamRZ 2014, 1789; HEILMANN/HEILMANN § 159 FamFG Rn 11).

Das *BVerfG* (BVerfG 24. 4. 2015 – 1 BvR 3326/14, juris Rn 33, FamRZ 2015, 1093) hat es im Übrigen zu Recht als ausreichend angesehen, wenn das Kind nur durch den Berichterstatter des Senats angehört worden ist, wenn es seine bereits im ersten Rechtszug geäußerte Meinung zum Umgang bekräftigt hat.

Hält sich das Kind im **Ausland** auf und lässt sich eine Anreise zu einem Anhörungstermin nicht realisieren, etwa weil sich die Betreuungsperson des Kindes weigert, mit dem Kind zu einem Termin anzureisen, hat eine Ermittlung des Kindeswillens durch die Einholung eines **Berichts durch den internationalen Sozialdienst (Berlin)** zu erfolgen (Prütting/Helms/Hammer § 159 FamFG Rn 19; vgl zu dessen Beteiligung bei der Umgangsbegleitung OLG Nürnberg 26. 11. 2013 – 10 UF 173/13, juris Rn 18, FamRZ 2014, 858), wobei aber auch Fälle existieren, in denen jedwede Anhörung des Kindes letztlich unmöglich ist (vgl OLG Hamm 2. 2. 2011 – 8 UF 98/10, juris Rn 22, FamFR 2011, 480). Im Zuge der heute bestehenden technischen Möglichkeiten sollte in diesen Fällen aber gerade bei schon älteren Kindern versucht werden, die Anhörung via Skype oder ähnlicher Dienste durchzuführen.

Eher kritisch zu bewerten ist der Ansatz, Kindesanhörungen generell durch **Bild- und Tonübertragung** durchzuführen. Hier kann weder beurteilt werden, ob das Kind während der Übertragung durch Dritte beeinflusst wird, noch wird eine hinreichende Möglichkeit für die Richter verschafft, körperliche Signale des Kindes während der Befragung wahrzunehmen (Dutta/Jacoby/Schwab/Lack § 159 FamFG Rn 12; Prütting/Helms/Hammer § 159 FamFG Rn 12; zweifelnd auch BVerfG 7. 2. 2022 – 1 BvR 1655/21, FamRZ 2022, 694 Rn 8, 11).

β) Kindgemäßer Ort

432 Der Ort der Anhörung sollte, vor allem bei **kleinen Kindern**, so gewählt werden, dass das Kind nicht neben der Scheu vor dem Richter als einem fremden Menschen auch noch Ängste vor einer fremden Umgebung verarbeiten muss. Zwar wird aus Kindessicht ein dem Kind vertrauter neutraler Ort (Kindergarten, Kindertagesstätte, dem Kind bekannte Räume des Jugendamtes; Carl/Eschweiler NJW 2005, 1681, 1682 ff) der düsteren oder funktionell-sterilen Atmosphäre eines Gerichtsgebäudes vorzuziehen sein, der Umsetzung steht aber in der Praxis entgegen, dass Familienrichter heute angesichts ihrer Belastung nicht über die hierfür erforderlichen zeitlichen Ressourcen verfügen und Kindesanhörungen daher fast durchgängig im Gerichtsgebäude stattfinden müssen, soweit das Kind dazu in der Lage ist, dort hin zu kommen. Hierbei sollte gerade bei kleineren Kindern auf die kindgerechte Gestaltung von Anhörungsräumen (Kinderspielzimmer) im Gericht geachtet werden (Heilmann/Heilmann § 159 FamFG Rn 26; Fricke KindPrax 1999, 191, 192), was heute aber jedenfalls bei größeren Gerichten meist durch Einrichtung spezieller Kindesanhörungsräume oft der Fall ist. Die Bereithaltung von Spielsachen birgt aber auch die Gefahr, dass das Kind hiervon abgelenkt wird und im Ergebnis die Kommunikation über die Umgangsfrage mit ihm darunter leiden kann.

γ) Anwesenheit weiterer Personen

433 Die Anwesenheit der **Eltern** oder eines Elternteils bei der Anhörung sollte in jedem Fall **vermieden werden**, um die unbefangene Äußerung des Kindes so weit als möglich zu erleichtern (BVerfG 5. 6. 2019 – 1 BvR 675/19, FamRZ 2019, 1437; BGH NJW 1987, 1024; OLG Köln FamRZ 1997, 1549; Carl/Eschweiler NJW 2005, 1681, 1683). Die Entscheidung trifft das Gericht gemäß § 159 Abs 4 S 4 FamFG nach pflichtgemäßem Ermessen; ein Teilnahmeanspruch der Eltern oder ihrer **Verfahrensbevollmächtigten** besteht nicht (BVerfG 5. 6. 2019 – 1 BvR 675/19, FamRZ 2019, 1437; BVerfG NJW 1981, 217; BGH 18. 6. 1986 – IVb ZB 105/84, juris Rn 17, NJW 1987, 1024; KG 6. 3. 2019 – 13 WF 28/19, FamRZ 2019, 1434; Carl/Eschweiler NJW 2005, 1681, 1683; Krumm FamFR 2013, 265).

433a Das *BVerfG* (BVerfG 5. 6. 2019 – 1 BvR 675/19, FamRZ 2019, 1437) hat sich zu Recht auch dagegen gewandt, dass **Eltern und ihren Anwälten** die Möglichkeit verschafft wird, über eine **Videoaufzeichnung** an der Kindesanhörung teilzunehmen. Gerade in der jüngsten Vergangenheit wurden vermehrt Forderungen von Eltern und deren Rechtsanwälten auf eine Teilnahme an der Kindesanhörung gestellt. So hatte bereits zuvor das *OLG Koblenz* (OLG Koblenz 20. 8. 2018 – 9 UF 247/18, ZKJ 2019, 181 zu § 1632 BGB) entschieden, dass es für eine Videoaufzeichnung der Kindesanhörung in Kindschaftssachen an einer Rechtsgrundlage mangelt. Zu Recht betont das BVerfG, dass sowohl das Interesse des Kindes als auch die Effektivität der Sachaufklärung es im Regelfall erfordern, dass das Kind sich in Abwesenheit der Eltern und deren Verfahrensbevollmächtigten möglichst unbefangen in der persönlichen Anhörung vor dem Familiengericht äußern kann. Dieser Aspekt kann in Ausnahmefällen sogar dazu führen, den **Verfahrensbeistand** von der Teilnahme an der Kindesanhörung auszuschließen, wenn dadurch eine bessere Sachaufklärung zu erwarten ist (BGH 28. 4. 2010 – XII ZB 81/09, juris Rn 45, FamRZ 2010, 1060; KG 6. 3. 2019 – 13 WF 28/19, ZKJ 2019, 305). Schließlich wäre nach Ansicht des BVerfG auch eine Anhörung des Kindes in Anwesenheit der Eltern (auch mittels Videoübertragung) nicht mit § 163a FamFG zu vereinbaren, wonach das Kind nicht als Zeuge in Kindschaftssachen vernommen werden darf. Der den Eltern zustehende Anspruch auf rechtliches Gehör wird dadurch gewährleistet, dass das Ergebnis der Kindesanhörung in einem Vermerk nach § 28 Abs 4 FamFG niedergelegt wird und ihnen hierzu Gelegenheit zur Stellungnahme eröffnet wird.

433b Die vom BVerfG aufgestellten Grundsätze lassen sich im Übrigen auch auf den Fall übertragen, dass das Kind selbst von einem **Rechtsanwalt** vertreten wird, der Weisungen eines Elternteils oder sonstigen Dritten, die auf das Verfahren Einfluss nehmen wollen (zB der erwachsene Freund einer Jugendlichen), unterliegt oder deren Interessen zumindest auch wahrnimmt. Auch in diesen Fällen steht es im Ermessen des Familiengerichts (§ 159 Abs 4 S 4 FamFG), das Kind in Abwesenheit seines Rechtsanwalts persönlich anzuhören (KG 6. 3. 2019 – 13 WF 28/19, ZKJ 2019, 305).

433c Die Entscheidung zur Durchführung der Anhörung ist verfahrensleitend und kann nur zusammen mit der Endentscheidung angefochten werden (§ 58 Abs 2 FamFG; vgl OLG Frankfurt 6. 7. 2016 – 5 WF 167/16, juris Rn 4, NZFam 2016, 803 und bereits oben Rn 428). Eine Anhörung in Gegenwart eines Elternteils kann ausnahmsweise bei kleinen Kindern oder in sonstigen besonderen Fällen geboten sein, wenn (auch) Ziel der Anhörung ist, die Reaktion des Kindes auf den Elternteil zu beobachten und seine Bindung an diesen hierdurch festzustellen (vgl KG FamRZ 1983, 1159). In diesem Fall kommt auch eine Anhörung in Betracht, zu der nur teilweise die Eltern beigezogen werden. Die **Verfahrensbevollmächtigten** der Eltern nehmen hingegen an der Anhörung nicht teil.

433d Den Eltern ist jedenfalls das **wesentliche Ergebnis der Anhörung** zur Gewährung des rechtlichen Gehörs **bekanntzugeben** (BGH 18. 6. 1986 – IVb ZB 105/84, juris Rn 17, NJW 1987, 1024; KG FamRZ 1980, 1156; OLG Köln FPR 2001, 393, 394; Heilmann/Heilmann § 159 FamFG Rn 24), wobei im Regelfall nach § 28 Abs 4 FamFG ein **Anhörungsvermerk** zu fertigen ist (vgl unten Rn 436). Die (erstmalige) Wiedergabe des Ergebnisses der Anhörung in den Gründen der Endentscheidung genügt nicht (Hennemann NZFam 2014, 871, 873; Prütting/Helms/Hammer § 159 FamFG Rn 47; **aA** OLG Celle 28. 2. 2013 – 10 UF 12/13, juris Rn 8, ZKJ 2013, 461).

433e Sofern ein **Verfahrensbeistand** des Kindes bestellt ist, soll dieser bei der persönlichen Anhörung anwesend sein (§ 159 Abs 4 S 3 FamFG; Krumm FamFR 2013, 265). Dies sichert die angemessene Vertretung der Kindesinteressen (BGH FamRZ 2010, 1060, 1061) und soll dem Kind helfen, die ungewohnte Situation besser zu bewältigen (vgl auch Fricke KindPrax 1999, 191, 193 zur Möglichkeit der ablenkenden Betreuung vor der Anhörung); anders kann nur verfahren werden, wenn konkrete Gründe dafür sprechen, dass die Sachaufklärung durch die Teilnahme des Verfahrensbeistands beeinträchtigt wird (BGH FamRZ 2010, 1060, 1061), etwa durch erkennbare Beeinflussung. Der Verfahrensbeistand kann jedoch auf sein Teilnahmerecht *verzichten,* wenn er dies unter Kindeswohlgesichtspunkten für sinnvoll erachtet (OLG Naumburg 18. 10. 2011 – 8 UF 204/11, juris Rn 19 f; Prütting/Helms/Hammer § 159 FamFG Rn 39; Heilmann/Heilmann § 159 FamFG Rn 24). Dies wurde inzwischen auch vom *BVerfG* (BVerfG 13. 5. 2020 – 1 BvR 663/19, FamRZ 2020, 1579 Rn 16) bestätigt.

433f In begründeten Ausnahmefällen (zB bei traumatisierten Kindern) kann es auch erforderlich sein, bei der Anhörung des Kindes einen **Sachverständigen** hinzuzuziehen (vgl BVerfG 5. 11. 1980 – 1 BvR 349/80, juris Rn 29, NJW 1981, 217). Das *OLG Celle* (OLG Celle 3. 6. 2019 – 10 WF 87/19, juris) hat in einer Entscheidung betreffend ein Richterablehnungsgesuch im Rahmen eines Umgangsverfahrens nach § 1685 Abs 2 BGB entschieden, dass eine richterliche Anhörung des Kindes auch in Anwesenheit eines gerichtlich bestellten Sachverständigen erfolgen kann, obgleich ein alleinsorgeberechtigter Elternteil die sachverständige Exploration des Kindes im Verfahren verweigert. Dies ist schon deshalb zutreffend, weil das Familiengericht in diesem Fall auch berechtigt ist, dem betreffenden Elternteil im Hinblick auf die Exploration des Kindes gemäß § 1666 Abs 3 Nr 5 und 6 BGB die hierfür erforderlichen Teile des Sorgerechts zu entziehen bzw die Zustimmung zur Untersuchung des Kindes zu ersetzen, soweit eine Gefährdung des Kindeswohls bejaht werden kann (BGH 17. 2. 2010 – XII ZB 68/09, FamRZ 2010, 720; Heilmann/Heilmann § 163 FamFG Rn 42).

δ) Geschwister

434 Soweit das Umgangsverfahren **mehrere Kinder** betrifft, sollten diese grundsätzlich **allein und getrennt voneinander** durch den Richter angehört werden, da sonst dem Erfordernis einer möglichst aussagekräftigen Ermittlung des Kindeswillens nicht hinreichend Rechnung getragen werden kann (OLG Schleswig 22. 9. 2015 – 10 UF 105/15, juris Rn 46, ZKJ 2015, 466; Temizyürek ZKJ 2018, 301, 304; Carl/Karle, in: Carl/Clauss/Karle, Kindesanhörung im Familienrecht [2015] Rn 321 f). Gerade bei Kindern von unterschiedlichem Alter besteht die Gefahr, dass aufgrund des verschiedenen Alters und Entwicklungsstandes der Kinder und ihrer ggf unterschiedlichen Wahrnehmung und Verarbeitung in der Frage des Umgangs nicht gewährleistet ist, dass sich alle Kinder unbeeinflusst voneinander, zu ihren eigenen Wünschen und Vorstellungen äußern. So besteht bei kleineren Kindern die Gefahr, dass sie sich den Äußerungen ihrer älteren Geschwister, die ggf den Umgang ablehnen, ohne Weiteres anschließen (OLG Schleswig 22. 9. 2015 – 10 UF 105/15, juris Rn 46, ZKJ 2015, 466; Prütting/Helms/Hammer § 159 FamFG Rn 44). Ältere und dominante Geschwister können allein durch ihre Anwesenheit jüngere Kinder einschüchtern und beeinflussen, während wiederum aus Sicht von älteren Kindern diese dazu neigen können, aus Rücksichtnahme gegenüber jüngeren Kindern ihre eigenen Wünsche oder Ängste nicht preiszugeben (Carl/Karle, in: Carl/Clauss/Karle, Kindesanhörung im Familienrecht [2015] Rn 322). Nach einer getrennten Anhörung können die Kinder bei Bedarf auch noch zusätzlich gemeinsam angehört werden, um weitere Erkenntnisse über die Qualität der Geschwisterbeziehungen und das Vorhandensein von Beeinflussungen zwischen den Geschwistern zu erhalten.

ε) Zeitpunkt, Dauer

Die Wahl des **Zeitpunkts der Anhörung** liegt nach § 159 Abs 4 S 4 FamFG ebenfalls im Ermessen des Familiengerichts (BT-Drucks 16/6308, 240; Sternal/Schäder § 159 FamFG Rn 29; Heilmann/Heilmann § 159 FamFG Rn 18). Für einen möglichst frühen Zeitpunkt spricht der Umstand, dass dadurch erreicht werden kann, dass das Kind nicht bereits durch den betreuenden Elternteil im Hinblick auf das laufende Verfahren beeinflusst ist (Ofuatey-Kodjoe/Koeppel DAVorm 1998, 9, 26). Im Übrigen sollten – soweit die zeitlichen Ressourcen des Gerichts dies zulassen – die Anhörung des Kindes und der Eltern und sonstigen Beteiligten *nicht am selben Tag* stattfinden, da die Gefahr besteht, dass sich die Anspannung des betreuenden Elternteils auf das Kind überträgt und so im Übrigen Wartezeiten und ein etwaiger Betreuungsbedarf für das Kind während der Elternanhörung vermieden werden kann (Hennemann NZFam 2014, 871, 873 f). Eine *vorherige Anhörung* des Kindes hat den Vorteil, dass die Ergebnisse der Kindesanhörung in die mündliche Erörterung mit den Beteiligten einfließen können. Bei *traumatisierten Kindern* wird sich, zB bei einem Verdacht auf sexuellen Missbrauch, empfehlen, zunächst die Exploration durch einen Sachverständigen abzuwarten (vgl Prütting/Helms/Hammer § 159 FamFG Rn 43, 45). 435

Die **Dauer der Anhörung** bedarf ebenfalls einer kindgerechten Gestaltung und richtet sich nach dem Alter und der Persönlichkeit des Kindes und den sonstigen Umständen des Einzelfalls; unergiebige Kindesanhörungen können auch darauf beruhen, dass die Anhörung zu knapp durchgeführt oder bereits unter zeitlichen Zwängen terminiert wird (Fricke KindPrax 1999, 191).

Die Anhörung muss in dem **jeweiligen Umgangsverfahren** erfolgen. Wird ein neues Verfahren eingeleitet, so ist sie ggf zu wiederholen, auch wenn ein Sorgerechtsverfahren vorangegangen ist und in jenem Verfahren zum Umgang eine Elternvereinbarung zum Umgang getroffen wurde (OLG Saarbrücken 5. 1. 2018 – 9 UF 54/17, juris Rn 12; OLG Saarbrücken 14. 5. 1990 – 6 UF 46/90, juris Rn 19). Innerhalb desselben Rechtszuges kann es auch erforderlich sein, das Kind **mehrfach persönlich anzuhören**, was etwa bei einem Dezernentenwechsel (Schweppe/Bussian ZKJ 2012, 13, 19), Hinweisen auf eine Veränderung des Kindeswillens gegenüber dem in der ersten Anhörung geäußerten (vgl BVerfG 5. 12. 2008 – 1 BvR 746/08, juris Rn 55 ff, FamRZ 2009, 399), bei sehr langer Verfahrensdauer (EGMR 6. 10. 2016 – 23280/08, 2334/10, juris Rn 81, NJW 2017, 3699 [*Moog/Deutschland*]: 16 Monate; OLG Bamberg 3. 8. 2020 – 7 UF 251/18, FamRZ 2021, 704: 1 Jahr; OLG Saarbrücken 5. 1. 2018 – 9 UF 14/17, FamRZ 2018, 1001: 1,5 Jahre) oder aber bei tatsächlichen Veränderungen der Sachlage während des Verfahrens (zB aufkommender Vorwurf des Missbrauchs) der Fall sein kann (vgl Prütting/Helms/Hammer § 159 FamFG Rn 46). 435a

ff) Dokumentation

Das wesentliche Ergebnis der Anhörung ist gemäß § 28 Abs 4 FamFG in einem **Aktenvermerk** so niederzulegen, dass der persönliche Eindruck des Gerichts dokumentiert ist (KG 20. 12. 2016 – 25 UF 23/16, juris Rn 3, FamRZ 2017, 1854; OLG Saarbrücken 5. 1. 2018 – 9 UF 54/17, juris Rn 10; MünchKommFamFG/Schumann § 159 Rn 13; zu den inhaltlichen Anforderungen vgl Kischkel FamRZ 2021, 1595, 1598). Dies kann auch in der auf die Kinde- 436 sanhörung folgende Sitzungsniederschrift im Rahmen des Erörterungstermins erfolgen (Prütting/Helms/Hammer § 159 FamFG Rn 47). Der Erstellung eines förmlichen Protokolls und dessen Vorlage an die Beteiligten bedarf es insoweit dagegen nicht (OLG Celle 28. 2. 2013 – 10 UF 12/13, juris Rn 8, ZKJ 2013, 461; vgl auch BGH 29. 10. 2014 – XII ZB 20/14, FamRZ 2015, 39, juris Rn 14 zum Abstammungsrecht). Die Dokumentation dient weiterhin auch der Überprüfung durch ein Rechtsmittelgericht darauf, ob alle wesentlichen Gesichtspunkte angesprochen wurden. Die Anhörung ist Teil der **Sachaufklärung** nach § 26 FamFG (und nicht nur Gewährung rechtlichen Gehörs), die in der Beschwerdeinstanz hinsichtlich ihrer Vollständigkeit überprüfbar sein muss. Sie ist aber keine förmliche Beweisaufnahme, was auch aus § 163a FamFG folgt, wonach das Kind nicht als Zeuge oder Beteiligter zu vernehmen ist (Heilmann/Heilmann § 159 FamFG Rn 11). Gemäß § 37 Abs 2 FamFG muss den Beteiligten vor einer Endentscheidung Gelegenheit gegeben werden, zum Ergebnis der Kindesanhörung **Stellung zu nehmen** (BVerfG 5. 6. 2019 – 1 BvR 675/19, FamRZ 2019, 1437).

gg) Anfechtbarkeit bei Unterbleiben

437 Das Unterbleiben der gebotenen Anhörung ohne gehörigen Grund ist ein **Verfahrensmangel** iSd §§ 69 Abs 1 S 3, 74 Abs 3 FamFG, der von Amts wegen zu beachten ist und im Beschwerde- und Rechtsbeschwerdeverfahren zur Aufhebung der darauf beruhenden Entscheidung und zur **Zurückverweisung an das Ausgangsgericht** führen kann (BGH 15. 6. 2016 – XII ZB 419/15, juris Rn 34, FamRZ 2016, 439; OLG Saarbrücken 18. 2. 2022 – 6 UF 5/22, FamRZ 2022, 963; OLG Brandenburg 4. 10. 2021 – 9 UF 167/21, FamRZ 2022, 806; OLG Saarbrücken 5. 1. 2018 – 9 UF 54/17, juris Rn 16; OLG Brandenburg 29. 8. 2012 – 3 UF 77/12, juris Rn 12 ff; OLG Saarbrücken NJW 2011, 2306; OLG Hamm 25. 7. 2011 – 8 UF 50/11, juris Rn 13, FamRZ 2012, 725; BayObLGZ 1980, 138, 141; Heilmann/Dürbeck § 69 FamFG Rn 7). Auch wenn die Voraussetzungen von § 69 Abs 1 S 3 FamFG vorliegen, so kann das Beschwerdegericht – insbesondere aus Gründen notwendiger Verfahrensbeschleunigung – aber auch die Anhörung selbst nachholen und in der Sache entscheiden (OLG Schleswig 20. 11. 2012 – 10 WF 187/12, juris Rn 6, NJW-RR 2013, 777; BayObLG FamRZ 1995, 500, 501; MünchKommFamFG/Schumann § 159 Rn 13; Kischkel FamRZ 2021, 1595, 1598). Ebenfalls schwere Verfahrensfehler iSd § 69 Abs 1 S 3 FamFG stellen Verstöße im Kontext mit der Dokumentation der Kindesanhörung nach § 28 Abs 4 FamFG und des Absehens von der Kindesanhörung nach § 159 Abs 3 S 1 FamFG dar (OLG Saarbrücken 18. 2. 2022 – 6 UF 5/22, FamRZ 2022, 963; OLG Brandenburg 11. 2. 2011 – 13 UF 7/11, FamFR 2011, 328).

b) Anhörung der Eltern (§ 160 FamFG)

aa) Erforderlichkeit

438 § 160 FamFG regelt die Anhörung der Eltern; gegenüber dem Wortlaut des § 50a FGG aF unterscheidet sich die Bestimmung deutlich, ohne dass hiermit inhaltlich wesentliche Änderungen verbunden sind. § 160 Abs 1 S 1 FamFG sieht in der Regel die **persönliche Anhörung** der Eltern in den die Person des Kindes betreffenden Verfahren vor. Dies sind die in § 151 Nr 1–5 FamFG genannten Kindschaftssachen, also auch Umgangssachen nach § 151 Nr 2. Demgegenüber betrifft § 160 Abs 2 FamFG die Anhörung in sonstigen Kindschaftssachen, die das **Vermögen** des Kindes betreffen (Heilmann/Wegener § 160 FamFG Rn 25). § 160 Abs 1 FamFG betrifft darüber hinaus auch die Art und Form der Anhörung, die grundsätzlich **persönlich mündlich** und nur ausnahmsweise schriftlich erfolgen kann (vgl OLG Oldenburg 23. 12. 2009 – 8 UF 219/09, juris Rn 5; zur persönlichen Anhörung im Vollstreckungsverfahren siehe unten Rn 550).

Für die **Erforderlichkeit der Anhörung** in Umgangsverfahren gelten damit § 160 Abs 1, 3, 4 FamFG: Insoweit verdeutlicht das Gesetz, dass die Anhörung der Eltern nicht nur regelmäßig stattfindet, sondern zwingend ist (OLG Bamberg 29. 12. 2021 – 7 UF 175/21, FamRZ 2022, 652; OLG Frankfurt 4. 6. 2021 – 6 UF 69/21, FamRZ 2022, 549; OLG Frankfurt 5. 1. 2015 – 5 UF 350/14, juris 3, NZFam 2015, 169; OLG Brandenburg 29. 8. 2012 – 3 UF 77/12, juris Rn 15; Johannsen/Henrich/Althammer/Döll § 160 FamFG Rn 2) und nur bei Vorliegen **schwerwiegender Gründe** unterbleiben darf (unten Rn 439). § 160 Abs 1 FamFG gilt auch unabhängig davon, ob dem jeweiligen Elternteil das *Sorgerecht* zusteht (OLG Celle 12. 8. 2011 – 10 UF 118/11, juris Rn 19, ZKJ 2011, 431; Heilmann/Wegener § 160 FamFG Rn 23).

Ungeachtet von § 160 Abs 1 FamFG kann auch bei **Vorliegen einer umfassenden schriftlichen Einlassung** eines Elternteils auf die persönliche Anhörung zumindest in Verfahren nach § 1684 BGB nur ganz ausnahmsweise verzichtet werden (so OLG Celle ZKJ 2011, 431, allerdings zu § 1685 BGB). Im Rahmen von § 1684 BGB sind jedenfalls bei einem nicht fremduntergebrachten Kind kaum Ausnahmen vom Grundsatz der persönlichen Anhörung beider Eltern denkbar, wenn dieser nicht Hindernisse, wie zB Auslandsaufenthalt oder dauerhafte Erkrankung, entgegenstehen. Ist das Kind fremduntergebracht und begehrt nur ein Elternteil ein Umgangsrecht, während der andere *nicht sorgeberechtigte Elternteil kein Interesse* an einem Umgang zeigt, wird es genügen, ihn lediglich schriftlich anzuhören (ähnlich Heilmann/Wegener § 160 FamFG Rn 23; zur Frage der Beteiligung in diesen Fällen oben Rn 403).

Ebenso wie die Anhörung des Kindes dient die Anhörung der Eltern nicht nur der Gewährung des von § 34 FamFG geforderten **rechtlichen Gehörs**, sondern auch der bestmöglichen **Sachaufklärung** (OLG Brandenburg 3. 8. 2015 – 13 UF 190/14, juris Rn 38, FamRZ 2016, 240; MünchKommFamFG/Schumann § 160 Rn 1); sie erfordert daher, dass das Gericht sich einen umfassenden **persönlichen Eindruck** verschafft, zu denen in Kindschaftssachen auch Neigungen, Wünsche und Befindlichkeiten der Eltern gehören (BGH NJW 1985, 1702, 1705; BayObLGZ 1980, 202, 205; OLG Brandenburg 3. 8. 2015 – 13 UF 190/14, juris Rn 38, FamRZ 2016, 240; BayObLG FamRZ 1982, 634, 637; BayObLG FamRZ 1996, 878; KG FamRZ 1997, 109; OLG München OLGZ 1980, 191; Prütting/Helms/Hammer § 160 FamFG Rn 2; auch bei einstweiliger Anordnung: OLG Düsseldorf DAVorm 1996, 531; OLG Karlsruhe FamRZ 1993, 90). Nicht erforderlich ist die Anhörung, wenn von vornherein keine ausreichenden Anhaltspunkte vorhanden sind, dass eine gerichtliche Maßnahme zu treffen ist (BayObLGZ 1993, 203).

bb) Absehen von Anhörung

Von der persönlichen Anhörung darf das Gericht nach § 160 Abs 3 FamFG nur **aus schwerwiegenden Gründen absehen**, die im Beschluss festzuhalten sind (BGH NJW-RR 1986, 1130; BayObLGZ 1980, 202, 205; BayObLG FamRZ 1982, 634, 637; BayObLG FamRZ 1984, 205, 207; BayObLG DAVorm 1984, 517; BayObLG FamRZ 1987, 87; OLG Düsseldorf FamRZ 1993, 1108; OLG Hamm OLGZ 1984, 20; Johannsen/Henrich/Althammer/Döll § 160 FamFG Rn 4). Häufigster Fall ist die *Nichterreichbarkeit* (unbekannter Aufenthalt; BayObLGZ 1987, 141; allerdings folgt hier aus § 26 FamFG die Pflicht zu amtswegigen Nachforschungen, vgl OLG Naumburg 27. 9. 2011 – 8 UF 165/11, juris Rn 8) oder eine *erheblich erschwerte Erreichbarkeit* (Auslandsaufenthalt; OLG Hamm 2. 2. 2011 – 8 UF 98/10, juris Rn 22, FamFR 2011, 480; OLG Naumburg 27. 9. 2011 – 8 UF 165/11, juris Rn 5; BayObLG FamRZ 1981, 814). Ist einem im Ausland befindlichen Elternteil die Reise zum Termin nicht möglich, hat die Anhö- 439 rung auf andere Weise, etwa fernmündlich oder per Videotelefonat, zu erfolgen (EGMR 2. 12. 2021 – Nr 36516/19, FamRZ 2022, 214 [*Jallow/Norwegen*]). Auch eine über die unvermeidbare Belastung hinausgehende erhebliche *Beeinträchtigung des Gesundheitszustandes* (BGH NJW-RR 1986, 1130; BayObLG FamRZ 1987, 87; Prütting/Helms/Hammer § 160 FamFG Rn 18) kann ein schwerwiegender Grund sein.

Kein schwerwiegender Grund ist hingegen die Weigerung oder das (einmalige) **Nichterscheinen** des Anzuhörenden (OLG Bamberg 29. 12. 2021 – 7 UF 175/21, FamRZ 2022, 652; OLG Frankfurt 4. 6. 2021 – 6 UF 69/21, FamRZ 2022, 549; OLG Bremen 26. 1. 2015 – 5 UF 123/14, juris Rn 13, ZKJ 2015, 202; LG Köln Rpfleger 1984, 101). Erscheint ein – ordnungsgemäß geladener – Elternteil unentschuldigt nicht im Anhörungstermin, hat das Familiengericht einen neuen Termin zu bestimmen und im Regelfall nach § 33 Abs 3 S 1 FamFG ein **Ordnungsgeld** festzusetzen (OLG Bamberg 29. 12. 2021 – 7 UF 175/21, FamRZ 2022, 652). Auch wenn in der Ladung gemäß § 34 Abs 3 FamFG auf die Folgen des Ausbleibens und der Möglichkeit einer Entscheidung ohne persönliche Anhörung hingewiesen worden ist, kann von der Anhörung nicht abgesehen werden, da § 160 FamFG vor allem auch der *Sachaufklärung* und nicht vorrangig den verfahrensrechtlichen Interessen des Elternteils dient (OLG Bremen 26. 1. 2015 – 5 UF 123/14, juris Rn 13, ZKJ 2015, 202; verkannt von OLG Koblenz 19. 5. 2020 – 9 UF 191/20, juris Rn 34 ff, ZKJ 2021, 65). Insoweit wird die Regelung von § 34 Abs 3 FamFG durch den spezielleren § 160 Abs 3 FamFG verdrängt (Heilmann/Cirullies § 34 FamFG Rn 9).

Bei *Gefahr im Verzug,* insbesondere im Verfahren nach §§ 49 ff FamFG, kann nach § 160 Abs 4 FamFG die Anhörung zunächst unterbleiben, ist sodann jedoch unverzüglich nachzuholen (OLG Köln FamRZ 1995, 1509).

Liegen solche Gründe für ein Absehen von persönlicher Anhörung vor, so bedarf es gleichwohl einer **schriftlichen Anhörung** (MünchKommFamFG/Schumann § 160 Rn 5), soweit der Grund iSd § 160 Abs 3 FamFG nicht auch diese Anhörungsform erfasst (zB stark erschwerte Erreichbarkeit selbst im Postweg).

Weitere Gründe, die ein Absehen von der persönlichen Anhörung der Eltern rechtfertigen können, ergeben sich aus **§ 51 Abs 3 S 2 FamFG** (Anhörung bereits im Verfahren der einstweiligen Anordnung, dazu oben Rn 429) und aus **§ 68 Abs 3 S 2 FamFG** (Entscheidung über die Beschwerde ohne neuerliche Anhörung, dazu OLG Brandenburg 3. 8. 2015 – 13 UF 190/14, juris Rn 39 ff und oben Rn 429). Nach § 68 Abs 5 Nr 2 FamFG ist im **Beschwerdeverfahren** die persönliche Anhörung der Eltern zu wiederholen, wenn ein Ausschluss des Umgangs nach § 1684 Abs 4 BGB in Betracht kommt (dazu § 1684 Rn 504a f). Erscheint dort ein Elternteil *unentschuldigt* nicht zu dem vom Senat anberaumten Termin, wird ein neuer Termin – anders als im ersten Rechtszug – nicht zu bestimmen und über die Beschwerde zu entscheiden sein, wenn kein Bedürfnis für eine weitere Sachaufklärung durch Anhörung des säumigen Elternteils besteht.

cc) Gestaltung der Anhörung

440 Die Gestaltung der Anhörung (vgl §§ 33, 34 FamFG) steht im pflichtgemäßen Ermessen des Gerichts. Insbesondere die **Anwesenheit anderer Beteiligter** ist hiernach zu beurteilen; auch der Verfahrensbeistand ist, anders als bei Anhörung des Kindes (§ 159 Abs 4 S 3 FamFG), nicht zwingend zu beteiligen. Regelmäßig erfolgt die Anhörung eines Elternteils jedoch in Anwesenheit des anderen, um eine wechselseitige

Reaktion zu ermöglichen (Prütting/Helms/Hammer § 160 FamFG Rn 9; zur Gesprächsführung vgl Rohmann FPR 2013, 464, 470). Ausnahmen hiervon bestimmen sich nach § 33 Abs 1 S 2 FamFG, wonach etwa in Fällen *häuslicher Gewalt,* psychischer Blockaden oder Bedrohungslagen eine **getrennte Anhörung der Eltern** in Betracht kommt (dazu MünchKommFamFG/Schumann § 160 Rn 13). Die getrennte persönliche Anhörung kann insbesondere dann geboten sein, wenn davon auszugehen ist, dass die gemeinsame Anhörung der Eltern einschüchternde Wirkung ausübt (BT-Drucks 16/6308, 191). Bei akuten Gefährdungslagen kann es auch erforderlich sein, den Verfahrensbevollmächtigten des anderen Elternteils nicht vom Anhörungstermin zu unterrichten und auch diesen von der Anwesenheit auszuschließen (KG 1. 8. 2017 – 3 WF 150/17, juris Rn 21 f, ZKJ 2017, 467). Das erforderliche **rechtliche Gehör** wird in diesem Fall durch die Übersendung des **Anhörungsvermerks** (§ 28 Abs 4 FamFG) und die Möglichkeit der Stellungnahme dazu (§ 37 Abs 2 FamFG) gewährt. Gegen die Anhörung durch den **beauftragten Richter** bestehen geringere Bedenken als bei Anhörung des Kindes (Rn 431), da Einlassungen der Eltern eher objektivierbar und rationalisierbar sind und damit einer objektiven Weitergabe eher zugänglich sind. Gleichwohl ist die frühere Ansicht, wonach grundsätzlich eine Anhörung durch den beauftragten Richter zulässig sei, sofern nicht ausnahmsweise das Rechtsmittelgericht einen Eindruck des gesamten Spruchkörpers für erforderlich hält (BGH NJW 1985, 1702, 1705; BayObLG FamRZ 1980, 1150, 1152; BayObLGZ 1983, 231, 234), nicht aufrecht zu erhalten, nachdem zunehmend die verfassungsrechtliche Bedeutung der persönlichen Anhörung als eine die Entscheidungsgrundlagen sichernde Verfahrensgestaltung in den Vordergrund tritt (BVerfG FamRZ 2006, 605). Erfolgt die Elternanhörung durch den beauftragten Richter, darf der Senat seine Entscheidung nicht auf dessen persönlichen Eindruck stützen und im Übrigen die Anhörung in ihrem objektiven Ertrag verwerten (Heilmann/Wegener § 160 FamFG Rn 11). Die Anhörung durch den **ersuchten Richter** ist ebenfalls nur ausnahmsweise möglich (Sternal/Schäder § 160 FamFG Rn 11; anders noch BGH NJW 1985, 1702, 1705).

dd) Dokumentation

Ebenso wie bei der Kindesanhörung (dazu oben Rn 436) ist das wesentliche Ergebnis **441**
der Elternanhörung gemäß § 28 Abs 4 FamFG in einem **Anhörungsvermerk** oder einer Sitzungsniederschrift schriftlich und aussagekräftig zu dokumentieren (BGH FamRZ 2001, 907; KG 1. 8. 2017 – 3 WF 150/17, juris Rn 28, ZKJ 2017, 467; OLG Saarbrücken 25. 3. 2010 – 6 UF 136/09, juris Rn 20, FamRZ 2010, 2085), um dem Beschwerdegericht die Möglichkeit zu eröffnen, zu prüfen, ob eine hinreichende Grundlage für eine am Kindeswohl orientierte Entscheidung vorgelegen hat und im Beschwerdeverfahren nach Maßgabe von § 68 Abs 3 S 1 und 2 FamFG eine erneute Elternanhörung angezeigt ist (Sternal/Schäder § 160 FamFG Rn 14; Heilmann/Wegener § 160 FamFG Rn 14).

ee) Anfechtbarkeit bei Unterbleiben

Das Unterbleiben der gebotenen Anhörung ohne gehörigen Grund ist ein **Verfah- 442**
rensmangel iSd §§ 69 Abs 1 S 3, 74 Abs 3 FamFG, der von Amts wegen zu beachten ist und im Beschwerde- und Rechtsbeschwerdeverfahren regelmäßig zur Aufhebung der darauf beruhenden Entscheidung und zur **Zurückverweisung führt** (OLG Bamberg 29. 12. 2021 – 7 UF 175/21, FamRZ 2022, 652: OLG Frankfurt 4. 6. 2021 – 6 UF 69/21, FamRZ 2022, 549; OLG Frankfurt 9. 8. 2016 – 5 UF 169/16, juris Rn 13, FamRZ 2017, 244; OLG Frankfurt 5. 1. 2015 – 5 UF 350/14, juris Rn 4, NZFam 2015, 169; OLG Bremen 26. 1. 2015 – 5 UF 123/14, juris Rn 13, ZKJ 2015, 202; BGH 15. 6. 2016 – XII ZB 419/15, juris Rn 34, FamRZ 2016, 1439; OLG Naumburg

27. 9. 2011 – 8 UF 165/11, juris Rn 5 ff; Heilmann/Dürbeck § 69 FamFG Rn 7). Auch wenn die Voraussetzungen von § 69 Abs 1 S 3 FamFG vorliegen, kann das Beschwerdegericht – wenn es die Verfahrensbeschleunigung gebietet – aber auch die Anhörung selbst nachholen und in der Sache entscheiden.

c) Anhörung von Pflege- und Bezugspersonen (§ 161 Abs 2 FamFG)

443 Gemäß § 161 Abs 2 FamFG sind auch **Pflegepersonen des Kindes** anzuhören, wenn das Kind seit längerer Zeit in Familienpflege lebt. Entsprechendes gilt für die in § 161 Abs 1 S 2 FamFG genannten Bezugspersonen des Kindes (Ehegatte oder Lebenspartner eines Elternteils oder Umgangsberechtigter iSd § 1685 BGB), bei denen das Kind aufgrund einer Entscheidung nach § 1682 BGB lebt. Der Begriff der *„längeren Zeit"* ist unter Berücksichtigung des altersbedingten kindlichen Zeitempfindens und des Umfangs der entstandenen Bindungen zwischen Kind und Pflegeperson zu bestimmen (vgl ausführlich Staudinger/Salgo [2020] § 1632 Rn 69; Johannsen/Henrich/Althammer/Dürbeck § 1632 Rn 5). Bei kleineren Kindern wird eine Zeitspanne von drei bis sechs Monaten bereits ausreichend sein (Heilmann ZKJ 2014, 48, 53; Prütting/Helms/Hammer § 161 FamFG Rn 4). Auch § 161 Abs 2 FamFG ist, was in der Praxis häufig übersehen wird, als **Anhörungspflicht** ausgestaltet, die hinsichtlich des „Ob" der Anhörung kein Ermessen gewährt (BT-Drucks 16/6308, 241). Ein Absehen von der Anhörung ist analog § 160 Abs 4 FamFG (Heilmann/Heilmann § 161 FamFG Rn 23) nur bei Gefahr im Verzug in Eilverfahren nach §§ 49 ff FamFG möglich, aber dann unverzüglich nachzuholen. Zur Frage der Verfahrensbeteiligung von Pflege- und Bezugspersonen vgl § 161 Abs 1 FamFG und oben Rn 407. Anders als bei §§ 159, 160 Abs 1 FamFG ist eine *persönliche,* dh mündliche Anhörung nicht zwingend, aber zur Sachaufklärung im Rahmen von § 26 FamFG häufig von großem Vorteil (OLG Saarbrücken 13. 11. 2013 – 6 UF 181/13, FamRZ 2014, 598; Dutta/Jacoby/Schwab/Lack § 161 FamFG Rn 15). Auch kann bei einer Anwesenheit der Pflegeperson im Erörterungstermin ggf eine gütliche Einigung nach § 156 Abs 2 FamFG erzielt werden. Zweckmäßig ist es auch, die Pflegeperson(en) im unmittelbaren Anschluss an die Kindesanhörung persönlich anzuhören, weil im Regelfall sie selbst das Kind zur Anhörung bringen. Im Übrigen genügt aber nach dem Gesetz die *schriftliche* Anhörung der Pflege- und Bezugspersonen iSd § 161 FamFG (OLG Saarbrücken 13. 11. 2013 – 6 UF 181/13, juris Rn 15, FamRZ 2014, 598; Johannsen/Henrich/Althammer/Dürbeck § 161 FamFG Rn 10).

Dessen ungeachtet hat das Familiengericht aber auch stets zu beachten, ob die Pflegepersonen nicht auf Antrag oder sogar – wie regelmäßig der Fall (vgl Rn 407) – von Amts wegen nach §§ 161 Abs 1, 7 Abs 2 Nr 1 FamFG am Verfahren förmlich zu **beteiligen** sind. Letzteres ist immer dann anzunehmen, wenn das Familiengericht in Erwägung zieht, ihnen im Rahmen einer Umgangsregelung vollstreckbare Pflichten, wie das Bereithalten oder Bringen des Kindes, aufzuerlegen (oben Rn 407). Werden sie als Beteiligter hinzugezogen, so sind sie im Regelfall nach § 34 Abs 1 Nr 1 FamFG auch **persönlich anzuhören** (Dutta/Jacoby/Schwab/Lack § 161 FamFG Rn 15).

Unterbleibt die gesetzlich vorgesehene Anhörung der Pflege- und Bezugspersonen nach § 161 Abs 2 FamFG, kann dies nach § 69 Abs 1 S 3 FamFG ebenfalls zur Aufhebung der erstinstanzlichen Entscheidung und Zurückverweisung des Verfahrens an das Amtsgericht führen (OLG Saarbrücken 13. 11. 2013 – 6 UF 181/13, juris Rn 17, FamRZ 2014, 598; Heilmann/Dürbeck § 69 FamFG Rn 7).

d) Anhörung des Vormunds oder Ergänzungspflegers

444 Ist für das Kind ein **Vormund oder ein Ergänzungspfleger**, der über das Umgangsbestimmungsrecht (§§ 1795 Abs 1 S 3, 1632 Abs 2 BGB) verfügt, bestellt, so ist auch dieser am Umgangsverfahren nach § 7 Abs 2 Nr 1 FamFG *beteiligt* (vgl oben Rn 405) und in dieser Eigenschaft (also auch bei Amtsvormundschaft der *zuständige Mitarbeiter des Jugendamts,* dem die Wahrnehmung der Aufgabe nach § 55 Abs 2 SGB VIII übertragen worden ist) **persönlich anzuhören.** Dies folgt zwar nicht aus § 160 Abs 1 FamFG, welcher sorgerechtsunabhängig allein für die Kindeseltern gilt, sondern aus der allgemeinen Bestimmung von **§ 34 Abs 1 Nr 1 FamFG** (Dürbeck, in: Oberloskamp/Dürbeck, Vormundschaft [5. Aufl 2023] § 3 Rn 93). Im Fall einer **Amtsvormundschaft** oder Amtspflegschaft besteht die Anhörungspflicht selbständig neben der nach § 162 Abs 1 FamFG erforderlichen Anhörung des Jugendamts als sozialpädagogische Fachbehörde (dazu unten Rn 445).

e) Mitwirkung des Jugendamts (§ 162 FamFG)

aa) Anhörung

445 Im Gegensatz zu der enumerativen Fassung des § 49a Abs 1 FGG aF sieht **§ 162 Abs 1 FamFG** die **Anhörung des Jugendamts** in allen die Person des Kindes betreffenden Verfahren vor. Für das bisher vormals einbezogene Umgangsverfahren ergeben sich hieraus keine grundsätzlichen Änderungen. In Verfahren nach § 1684 BGB ist daher das Jugendamt anzuhören. Bei Gefahr im Verzug kann das Familiengericht Regelungen schon vor Anhörung des Jugendamts treffen. Die Anhörung ist in diesem Fall unverzüglich nachzuholen (§ 162 Abs 1 S 2 FamFG).

Nicht nach § 162 FamFG zwingend erforderlich ist die Anhörung des Jugendamts im **Scheidungsverfahren**, wenn keiner der Ehegatten einen Antrag zum Sorgerecht oder zum Umgang stellt. Gemäß § 17 Abs 3 SGB VIII hat aber das Familiengericht die Rechtshängigkeit einer Scheidungssache und die Namen und Anschriften der Eheleute und der Kinder dem Jugendamt mitzuteilen, wenn gemeinschaftliche Kinder vorhanden sind, damit das Jugendamt den Eltern **Beratungsangebote** nach § 17 Abs 2 SGB VIII nahebringen kann (vgl dazu Wiesner/Wapler/Struck § 17 SGB VIII Rn 44 ff). § 17 Abs 3 SGB VIII wird dabei von § 133 Abs 1 Nr 1 FamFG flankiert, wonach die Scheidungsantragsschrift zwingend Angaben über Namen, Aufenthaltsort und Geburtsdaten von gemeinsamen minderjährigen Kindern enthalten muss. Auch im Rahmen der Anhörung der Ehegatten, sowie als Element des Hinwirkens auf eine einvernehmliche Regelung, ist nach § 156 Abs 1 S 2 FamFG insbesondere auch auf die bestehenden Möglichkeiten der Beratung der Träger der Kinder- und Jugendhilfe hinzuweisen (vgl dazu Heilmann/Wegener § 156 FamFG Rn 42 ff).

bb) Mitwirkung – Rechte und Pflichten bei fehlender Beteiligung

446 Hat das Jugendamt – wie in Umgangssachen in der Praxis die Regel – nicht von seinem Beteiligungsrecht nach § 162 Abs 2 S 2 FamFG (dazu oben Rn 406) Gebrauch gemacht, hat es auch ohne Beteiligtenstellung *Rechte und Pflichten.* Neben dem *Anhörungsrecht* nach § 162 Abs 1 FamFG sind dem Jugendamt alle Entscheidungen, zu denen es anzuhören war, *bekannt* zu machen und es ist von allen *Terminen zu benachrichtigen* (§ 162 Abs 3 S 1 FamFG). Ferner ist das Jugendamt zum frühen Termin nach § 155 Abs 2 FamFG zu laden. Der Anhörungspflicht steht allerdings auch eine *Verpflichtung des Jugendamts zur Mitwirkung* während der gesamten Dauer des Verfahrens gegenüber (FK-SGB VIII/Trenczek § 50 Rn 12). Die Verpflichtung des Jugend-

amtes, das Gericht in Kindschaftssachen bei Maßnahmen, die die Person des Kindes betreffen, zu *unterstützen* und im Verfahren mitzuwirken, ergibt sich dabei aus § 50 Abs 1 S 2 Nr 1 SGB VIII. Es hat eine fachliche Äußerung (zu den unterschiedlichen Begriffen vgl Wiesner/Wapler/Dürbeck SGB VIII Anhang 3 Rn 11 ff; Oberloskamp/Borgs-Lauf/Röchling/Seidenstücker, Gutachtliche Stellungnahmen in der sozialen Arbeit [2017] 41 ff; zum Inhalt in Umgangssachen nach § 1684: Wiesner/Wapler/Dürbeck, SGB VIII, Anhang 3 Rn 97 ff) abzugeben, die im Hinblick auf den frühen Termin nach § 155 Abs 2 FamFG dort auch mündlich erfolgen kann, ist aber bei fehlender Anordnung seines persönlichen Erscheinen nicht zum Erscheinen in Terminen verpflichtet (BT-Drucks 17/10490, 20; Heilmann/Köhler § 50 SGB VIII Rn 7). Es soll das Gericht durch fachkundigen pädagogischen Rat unterstützen und zu den zu treffenden Entscheidungen Stellung nehmen (OLG Köln 31. 3. 1995 – 25 UF 53/95, juris Rn 8, NJW-RR 1995, 1410). Nach zutreffender, aber umstrittener Ansicht hat es grundsätzlich auch einen **Entscheidungsvorschlag** zu machen (BGH 18. 6. 1986 – IVb ZB 105/84, juris Rn 16, FamRZ 1986, 895; BGH 21. 5. 1954 – IV ZB 8/54, ZfJ 1954, 234; OLG Stuttgart 28. 8. 2006 – 17 UF 151/06, juris Rn 12, ZKJ 2007, 80; Heilmann/Köhler § 50 SGB VIII Rn 12; Oberloskamp ZKJ 2016, 336, 340 f auch zu möglichen Ausnahmen; **aA** Wiesner/Wapler/Wapler § 50 SGB VIII Rn 50). Ist das Jugendamt nicht Beteiligter, stehen ihm trotz seiner besonderen Funktion die Beteiligtenrechte zwar nicht zu. Gleichwohl sind ihm Schriftsätze der übrigen Beteiligten und ein eingeholtes *Sachverständigengutachten* zu übersenden, weil es sonst nicht dazu in der Lage ist, seine fachliche Äußerung auf hinreichenden Grundlagen zu fertigen und sein Recht zur Beschwerde auszuüben (DIJuF- Rechtsgutachten JAmt 2010, 25; Prütting/Helms/Hammer § 162 FamFG Rn 14; **aA** noch Lack ZKJ 2010, 189, 191).

Das Jugendamt ist dabei nicht nur Hilfsorgan des Gerichts, sondern hat eine **eigenständige Stellung**, aus der heraus es das Gericht bei der Sachaufklärung und Entscheidungsfindung unterstützt (OLG Schleswig FamRZ 1994, 1129, 1130; OLG Frankfurt FamRZ 1992, 206, 207; BT-Drucks 11/5948, 87; Sternal/Schäder § 162 FamFG Rn 11; Hammer, in: FS Dose [2022] 247).

Der **Bericht** des Jugendamts ist zur Wahrung des rechtlichen Gehörs (Art 103 Abs 1 GG) den Verfahrensbeteiligten, insbesondere den Eltern, zur Kenntnis zu bringen (KG FamRZ 1979, 69), auch wenn sie zuvor bereits angehört wurden.

Eine Verpflichtung zur **Beratung und Unterstützung** (der Eltern und des Kindes) bei der Ausübung des Umgangsrechts ergibt sich aus § 18 Abs 3 SGB VIII (im Einzelnen Stürtz/Meysen FPR 2007, 282 ff).

Initiator des Verfahrens kann auch das Jugendamt nach § 8a Abs 3 SGB VIII sein, wobei das Gericht auch im Fall einer auf eine Kindeswohlgefährdung hinweisenden Anregung des Jugendamts in seiner Amtsermittlung keinen Bindungen unterliegt (OLG Saarbrücken JAmt 2007, 432).

cc) Örtlich zuständiges Jugendamt

447 Die örtliche Zuständigkeit des nach § 162 Abs 1 FamFG anzuhörenden Jugendamts ist in § 87b SGB VIII iVm § 86 Abs 1–4 SGB VIII geregelt. Anzuhören ist demnach das Jugendamt, welches für den **gewöhnlichen Aufenthalt der Eltern** zuständig ist; bei verschiedenen gewöhnlichen Aufenthalten das für den gewöhnlichen Aufenthalt des **sorgeberechtigten Elternteils** zuständige Jugendamt (§§ 87b Abs 1 S 1, 86 Abs 1 S 1,

Abs 2 S 1 SGB VIII). Steht die Personensorge beiden Eltern gemeinsam zu, so richtet sich die Zuständigkeit nach dem gewöhnlichen Aufenthalt des Elternteils, bei dem das **Kind** seinen **gewöhnlichen Aufenthalt** hat (§ 86 Abs 2 S 2 SGB VIII). Bei fehlendem Sorgerecht der Eltern ist schließlich nach § 86 Abs 2 S 4 FamFG der gewöhnliche Aufenthalt des (im Regelfall fremduntergebrachten) Kindes maßgeblich. Bei einer **Veränderung** des für die Zuständigkeitsbegründung maßgeblichen **Aufenthalts** (zB durch einen Umzug) verbleibt es nach § 87b Abs 2 S 1 SGB VIII bis zum Abschluss des familiengerichtlichen Verfahrens bei der örtlichen Zuständigkeit des im Verfahren mitwirkenden Jugendamts. Soweit sich wegen des Wegzugs die Notwendigkeit einer Stellungnahme des Jugendamts am neuen Wohnort des Elternteils bzw Kindes ergibt, hat das Familiengericht im Rahmen seiner Amtsermittlungspflicht das für das Verfahren zuständig gebliebene Jugendamt zu ersuchen, im Wege der Amtshilfe das Jugendamt vor Ort zu ersuchen, Bericht zu erstatten (vgl Heilmann/Köhler § 50 SGB VIII Rn 21).

dd) Unterbleiben der Anhörung

Das **Unterbleiben** der Anhörung des Jugendamts ist ein Verfahrensfehler, der nach § 69 Abs 1 S 3 FamFG auf Antrag zur Aufhebung und Zurückverweisung an die erste Instanz führen kann (BGH 18. 6. 1986 – IVb ZB 105/84, juris Rn 16, FamRZ 1986, 895: Unterlassen der Anhörung in zweiter Instanz; OLG Frankfurt 5. 1. 2015 – 5 UF 350/14, juris Rn 7 f, FamRZ 2015, 1521; KG FamRZ 1979, 69; BayObLG FamRZ 1987, 87; OLG Celle FamRZ 1990, 1026; OLG Düsseldorf FamRZ 1979, 859; OLG Düsseldorf DAVorm 1996, 531; OLG Schleswig SchlHA 1977, 191; OLG Zweibrücken DAVorm 1986, 355; Heilmann/Dürbeck § 69 FamFG Rn 7). Dies gilt entsprechend, wenn das Familiengericht ein *örtlich unzuständiges Jugendamt* angehört hat (OLG Frankfurt 9. 8. 2016 – 5 UF 169/16, juris Rn 12, FamRZ 2017, 244; vgl auch BGH 20. 11. 2013 – XII ZB 569/12, ZKJ 2014, 104 zur Anhörung des – insoweit nur in Berlin vorstellbaren – Falles eines sachlich unzuständigen Jugendamts). Schließlich kann die unterbliebene Anhörung des Jugendamts auch die Besorgnis der Befangenheit des Richters begründen (OLG Frankfurt 15. 7. 2010 – 3 WF 178/10, juris Rn 7 ff, JAmt 2010, 567). 448

10. Begutachtung durch Sachverständige (§ 163 FamFG)

a) Amtsermittlungsgrundsatz

Im Rahmen des **Amtsermittlungsgrundsatzes** (§ 26 FamFG) hat das Gericht alle nach pflichtgemäßem Ermessen erforderlichen Beweismittel auszuschöpfen, um eine möglichst *zuverlässige Tatsachengrundlage* für seine am Kindeswohl orientierte (§ 1697a BGB) Entscheidung zum Umgangsrecht zu erhalten (BVerfG FamRZ 2009, 1389; Prütting/Helms/Hammer § 163 FamFG Rn 4). Bei der Auswahl der Ermittlungsmaßnahmen ist das Familiengericht grundsätzlich frei. Es entscheidet nach *pflichtgemäßem Ermessen,* ob es sich zur Beschaffung der für seine Entscheidung erheblichen Tatsachen mit formlosen Ermittlungen begnügen will (**Freibeweis** gemäß § 29 FamFG, zB informatorische Befragung von Bezugspersonen des Kindes; Einholung von Auskünften) oder aber ob es eine förmliche Beweisaufnahme nach den Vorschriften der ZPO (**Strengbeweis** gemäß § 30 FamFG) durchführt. Die Art und Weise der Durchführung der Ermittlungen wird allerdings durch die für die Kindschaftssachen speziellen Vorschriften der §§ 155 ff FamFG (Bestellung eines Verfahrensbeistandes, Anhörung von Kind, Eltern, Jugendamt, Pflegepersonen) und insbesondere durch den Beschleunigungsgrundsatz (§ 155 FamFG) beeinflusst. Eine förmliche Beweisaufnahme soll über die Richtigkeit einer Tatsache stattfinden, wenn das Gericht seine Entschei- 449 dung maßgeblich auf die Feststellung dieser Tatsache (zB das Vorhandensein von Gewalt oder Missbrauch) stützen will und ihre Richtigkeit von einem der Beteiligten bestritten wird (§ 30 Abs 3 FamFG). Gemäß § 30 Abs 1 FamFG erfolgt die förmliche Beweisaufnahme nach den Vorschriften der ZPO. Soll ein schriftliches **Sachverständigengutachten** (§ 163 FamFG) eingeholt werden, bedarf es nach zutreffender Ansicht (MünchKommFamFG/Ulrici § 30 Rn 3; **aA** die wohl hL, vgl BGH 15. 9. 2010 – XII ZB 383/10, NJW 2011, 520 Rn 19; Dutta/Jacoby/Schwab/Lack § 163 FamFG Rn 8; Löwer, Familienpsychologische Sachverständigengutachten in Sorge-, Umgangs- und Kindeswohlgefährdungsverfahren [2017] 108) gemäß §§ 30 Abs 1 FamFG, 358 ZPO eines **Beweisbeschlusses**, der das Beweisthema so konkret wie möglich bezeichnen muss und sich nicht auf den Gesetzestext beschränken darf (Bergmann FamRB 2016, 364, 365 ff auch mit Formulierungsbeispielen). Über **§ 30 Abs 1 FamFG** finden auch die in der ZPO befindlichen Vorschriften der §§ 402 ff ZPO über die Beweiserhebung durch Sachverständigengutachten Anwendung, soweit nicht nach § 163 FamFG Sonderregeln gelten. Bei der Abfassung des Beweisbeschlusses und der gestellten Beweisfragen hat das Familiengericht höchste Sorgfalt walten zu lassen und muss diese so konkret wie möglich formulieren (vgl BVerfG 20. 1. 2016 – 1 BvR 2742/15, FamRZ 2016, 439 Rn 15; Heilmann/Heilmann § 163 FamFG Rn 36; Splitt FF 2018, 51, 53).

b) Öffentliche Kritik und gesetzliche Reform des Sachverständigenrechts

450 Die Tätigkeit psychologischer, psychiatrischer oder pädagogischer Sachverständiger im Kindschaftsrecht stand bereits seit längerer Zeit, insbesondere in den Medien und seitens von Interessensverbänden stark in der Kritik. Es wurde den Sachverständigen wissenschaftliche und methodische Inkompetenz, *mangelnde Qualifikation,* Voreingenommenheit und ein zu enges Verhältnis zu den Familienrichtern und Jugendämtern vorgeworfen (vgl BT-Drucks 18/6985, 10). Auch die *Dauer* der Erstellung der Gutachten und häufige Verzögerungen wurden bemängelt, weil sie wegen des kindlichen Zeitempfindens den Ausgang gerichtlicher Verfahren stark beeinflussen. Auch eine Ende 2014 veröffentlichte Studie zweier Psychologieprofessoren der Fernuniversität Hagen (vgl Salewski/Stürmer ZKJ 2015, 4) und eine Entscheidung des Bundesverfassungsgerichts (BVerfG 19. 11. 2014 – 1 BvR 1178/14, FamRZ 2015, 112) zur Nichtverwertbarkeit eines in einem Sorgerechtsverfahren eingeholten mangelhaften psychologischen Sachverständigengutachtens haben den *Gesetzgeber* dazu veranlasst, die Tätigkeit von Sachverständigen – über das Kindschaftsrecht hinaus (vgl dazu Lüblinghoff NJW 2016, 3329; speziell für Familiensachen vgl Stösser FamRZ 2016, 1902; Stockmann FamRB 2016, 442) – neu gesetzlich zu regeln, um die Qualität der Gutachten zu verbessern und das Vertrauen in die Unabhängigkeit und Neutralität gerichtlich bestellter Sachverständiger zu verbessern (Gesetz zur Änderung des Sachverständigenrechts ua v 11. 10. 2016, BGBl 2016 I 222). Gleichzeitig hat eine interdisziplinäre Arbeitsgruppe, fachlich begleitet durch das (vormalige) BMJV, Empfehlungen zu den **Mindestanforderungen an die Qualität von Sachverständigengutachten** im Kindschaftsrecht erarbeitet und veröffentlicht (Arbeitsgruppe Familienrechtliche Gutachten 2015, FamRZ 2015, 2025), die inzwischen überarbeitet und in zweiter Auflage erschienen sind (abgedruckt in FamRZ 2019, 1765; zur Qualitätssicherung in der Begutachtung vgl Kannegiesser NZFam 2022, 861).

c) Notwendigkeit der Einholung eines Sachverständigengutachtens

451 Die Frage, wann in Umgangssachen die Einholung eines Sachverständigengutachtens geboten ist, ist nicht pauschalierend zu beantworten und hängt stets von den Umständen des Einzelfalls ab. Auch die Betonung der verfassungsrechtlichen Gebotenheit der Gewinnung einer **zuverlässigen Entscheidungsgrundlage** in Kindschaftssachen (vgl EGMR 6. 10. 2016 – 23280/08, 2334/10, juris Rn 77, NJW 2017, 3699 [*Moog/Deutschland*]; BVerfG FamRZ 2009, 1389; NJW 1981, 217) führt nach der gegenwärtigen Rechtslage nicht dazu, dass von der Einholung eines fachpsychologischen Gutachtens nur noch in einfachen Sachverhaltsgestaltungen abgesehen werden könnte, wie dies in der älteren Rechtsprechung und Literatur häufig vertreten wurde (vgl STAUDINGER/RAUSCHER [2014] § 1684 Rn 410; OLG Bamberg 2. 12. 2009 – 7 UF 281/09, juris Rn 5 ff, FamRZ 2010, 741; OLG Nürnberg 28. 10. 2009 – 7 UF 1009/09, juris Rn 36, FuR 2010, 114). Generell gilt zwar der Grundsatz, dass je stärker der Eingriff in das Elternrecht ist, umso höhere Anforderungen an die tatrichterliche Sachaufklärung zu stellen sind, sodass insbesondere bei Einschränkungen oder beim Ausschluss des Umgangsrechts nach § 1684 Abs 4 S 2 BGB auch die Einholung eines Sachverständigengutachtens zu erwägen ist, wenn das Gericht nicht selbst über die erforderliche Sachkunde verfügt (BVerfG 14. 7. 2010 – 1 BvR 3189/09, juris Rn 27, FamRZ 2010, 1622; BGH 26. 10. 2011 – XII ZB 247/11, juris Rn 30 und 41, FamRZ 2012, 99; PRÜTTING/HELMS/HAMMER § 163 FamFG Rn 4). Das bedeutet aber gleichwohl nicht, dass auch in diesen Fällen stets die Einholung eines Sachverständigengutachtens geboten wäre, weil das Familiengericht auch ohne Gutachten durch seine getätigten Ermittlungen, insbesondere der Kindes- und Elternanhörung, der Expertise von qualifizierten Verfahrensbeiständen und Jugendämtern oder sonstigen Auskünften (zB von Umgangspflegern oder Umgangsbegleitern), Berichten oder Attesten, über eine *ausreichende Tatsachengrundlage* für eine am Kindeswohl orientierte Entscheidung verfügen kann (BVerfG 20. 11. 2012 – 1 BvR 335/12, juris Rn 33, ZKJ 2013, 120; BVerfG 29. 11. 2012 – 1 BvR 335/12, juris Rn 31, FamRZ 2013, 361; BVerfG 8. 3. 2012 – 1 BvR 206/12, juris Rn 20 ff, ZKJ 2012, 306; OLG Jena 2. 2. 2017 – 3 UF 42/16, juris Rn 5, NZFam 2017, 535; HEILMANN/HEILMANN § 163 FamFG Rn 9 f). Gerade in Fällen erwiesenen sexuellen Missbrauchs oder Gewalt gegenüber der Mutter oder dem Kind ist oft die Einholung eines Sachverständigengutachtens auch bei einem Umgangsausschluss entbehrlich (vgl etwa OLG Frankfurt 13. 7. 2020 – 5 UF 15/20, FamRZ 2020, 2010; OLG Brandenburg 3. 2. 2021 – 9 UF 233/20, NZFam 2021, 1023; OLG Frankfurt 3. 6. 2022 – 1 UF 242/21, FamRZ 2022, 1939). Es ist in diesem Zusammenhang auch zu bedenken, dass mit der Einholung von Sachverständigengutachten auch **erhebliche Nachteile**, wie insbesondere eine das Ergebnis möglicherweise beeinflussende *Verzögerung* des Verfahrens (meist in einem Bereich von mindestens sechs Monaten), eine beträchtliche Erhöhung des *Kostenaufwands* für die Beteiligten (die Kosten für die Entschädigung eines psychologischen Sachverständigen liegen heute je nach Aufwand und Region in einem Bereich von 5.000–15.000 EUR) und die mit der Erstellung des Gutachtens einhergehenden Belastungen für die Beteiligten, entstehen. Diese Nachteile sind in Relation zu setzen gegenüber dem zu erwartenden Erkenntnisgewinn durch ein Gutachten (OLG Frankfurt 13. 11. 2008 – 1 UF 72/08, juris Rn 27 f, FamRZ 2009, 990; HEILMANN/HEILMANN § 163 FamFG Rn 12). Im Übrigen kommt die Einholung von Sachverständigengutachten in Betracht vor allem bei streitigen Fällen von Gewalt oder sexuellem Missbrauch (hier auch rechtsmedizinische Gutachten oder Glaubhaftigkeitsbegutachtung, vgl PRÜTTING/HELMS/HAMMER § 163 FamFG Rn 6 und oben Rn 332 ff), zur Ermittlung der Bindungen des Kindes und des wahren Kindeswillens (OLG Saarbrücken 3. 4. 2012 – 6 UF 10/12, juris Rn 16, MDR 2012, 1231; anders aber bei bereits älteren Kindern: OLG Bremen 15. 4. 2013 – 4 UF 3/13, juris Rn 13 ff, NJW 2013, 2603; LÖWER, Familienpsychologische Sachverständigengutachten in Sorge-, Umgangs- und Kindeswohlgefährdungsverfahren [2017] 157 ff; SCHÄDER FamRZ 2019, 1120, 1123) oder aber bei psychischer Erkrankung von Eltern oder Kindern (vgl EGMR 6. 10. 2016 – 23280/08, 2334/10, juris Rn 78, NJW 2017, 3699 [*Moog/Deutschland*]: Erkrankung der den Umgang verhindernden Mutter; OLG Hamm 15. 9. 2014 – 3 UF 109/13, juris Rn 42 ff, FamRZ 2015, 346; Prütting/Helms/Hammer § 163 FamFG Rn 6).

Eine **Bindung an Beweisanträge** der Beteiligten auf Einholung eines Sachverständigengutachtens besteht in Amtsermittlungsverfahren nicht (Sternal/Sternal § 26 FamFG Rn 23), allerdings hat sich das Familiengericht für den Fall, dass es diesen nicht nachkommt, in den Entscheidungsgründen damit auseinanderzusetzen (OLG Saarbrücken 3. 4. 2012 – 6 UF 10/12, juris Rn 22, MDR 2012, 1231).

Im **einstweiligen Anordnungsverfahren** können wegen der nötigen Beschleunigung des Verfahrens dagegen keine Sachverständigengutachten eingeholt werden (BVerfG 23. 4. 2018 – 1 BvR 383/18, FF 2018, 311 Rn 28; EGMR 22. 3. 2018 – 11308/16, KirchE 65, 375 [*Zwölf Stämme*]; Lack/Heilmann ZKJ 2014, 308, 309; Köhler JAmt 2017, 61, 62; kaum nachvollziehbar aber BVerfG 7. 4. 2014 – 1 BvR 3121/13, juris Rn 26, FamRZ 2014, 907 zu § 1666 BGB). Gleichwohl müssen auch hier einschneidende Maßnahmen auf einer zuverlässigen Entscheidungsgrundlage beruhen (BVerfG 10. 6. 2020 – 1 BvR 572/20, FamRZ 2020, 1562; ausführlich Prütting/Helms/Dürbeck § 49 FamFG Rn 12).

Privatgutachten, die in der Praxis vermehrt von beteiligten Eltern eingeholt werden, können ein notwendiges vom Gericht einzuholendes Gutachten nicht ersetzen, weil es ihnen an Neutralität und Zugang zu allen entscheidungserheblichen Tatsachengrundlagen mangelt (Heilmann/Heilmann § 163 FamFG Rn 6; zur aggressiven und rechtlich unzulässigen Werbung mit ihnen vgl LG Mannheim 11. 5. 2022 – 14 O 190/20, NZFam 2022, 1100 m Anm Schulteis). Sie sind auch Ausdruck wachsender **Anfeindungen** von Eltern gegenüber Sachverständigen (vgl dazu Schadow/Salzgeber/Bublath/Zwingmann NZFam 2022, 573), die sogar schon zu Regressprozessen gegen Sachverständige nach § 839a BGB geführt haben (vgl OLG Hamm 11. 8. 2021 – 11 U 136/20, FamRZ 2022, 204; OLG Karlsruhe 13. 4. 2021 – 9 W 20/21, FamRZ 2021, 1818; vgl dazu Kannegiesser NZFam 2022, 861, 867 f). Sie gelten als **Beteiligtenvortrag** (vgl BGH 1. 2. 2017 – VII ZB 18/14, juris Rn 18, NJW 2017, 1397 zur Kostenerstattung), mit dem sich das Gericht aber bei Würdigung des von ihm eingeholten Gutachtens auseinandersetzen muss (vgl etwa BGH 29. 4. 2020 – XII ZB 242/19, FamRZ 2020, 1300 Rn 22 zum Betreuungsrecht; OLG Stuttgart 22. 3. 2015 – 15 UF 192/13, juris Rn 55 f, FamRZ 2015, 1727; Kannegiesser NZFam 2022, 861, 868). Der Privatgutachter muss jedoch grundsätzlich nicht mündlich angehört werden (BVerfG 24. 5. 2015 – 1 BvR 3326/14, juris Rn 32, FamRZ 2015, 1093; Prütting/Helms/Hammer § 163 FamFG Rn 30).

Besteht vor diesem Hintergrund die Notwendigkeit eines Sachverständigengutachtens und unterlässt das Familiengericht dessen Einholung, so liegt ein schwerer Verfahrensmangel iSd § 69 Abs 1 S 3 FamFG vor, der auf Antrag zur Aufhebung der Entscheidung und **Zurückverweisung** des Verfahrens an das Amtsgericht führt (OLG Frankfurt 3. 3. 2022 – 6 UF 225/21, FamRZ 2022, 1119 zu § 1632 Abs 4 BGB; OLG Zweibrücken 20. 1. 2022 – 6 UF 132/21, FamRZ 2022, 1117 zu § 1684 Abs 4 BGB; OLG Bremen 5. 8. 2016 – 4 UF 49/16, juris Rn 16 ff, FuR 2017, 215; OLG Schleswig 22. 9. 2015 – 10 UF 105/15, juris Rn 42, ZKJ 2015, 466; OLG Saarbrücken 3. 4. 2012 – 6 UF 10/12, juris Rn 16, MDR 2012, 1231; OLG Zweibrücken 26. 10. 1998 – 5 UF 98/98, juris Rn 19, FamRZ 1999, 1009; Heilmann/Dürbeck § 69 FamFG Rn 8; Splitt FF 2018, 51, 52).

d) Auswahl und Verfahren

Durch die Neufassung von § 163 Abs S 1 FamFG (BGBl 2016 I 2222) hat der Gesetzgeber **Vorgaben für die Qualifikation des Sachverständigen** in Kindschaftssachen aufgestellt. Danach ist in Umgangssachen nach § 151 Nr 2 FamFG das Gutachten durch einen geeigneten Sachverständigen zu erstatten, der mindestens eine psychologische, psychotherapeutische, kinder- und jugendpsychiatrische, ärztliche, pädagogische oder sozialpädagogische Berufsqualifikation verfügen soll. Bei der Auswahl eines **Pädagogen oder Sozialpädagogen** (ablehnend Löwer, Familienpsychologische Sachverständigengutachten in Sorge-, Umgangs- und Kindeswohlgefährdungsverfahren [2017] 231 f) ist nach dem durch eine Empfehlung des Rechtsausschusses (BT-Drucks 18/9092, 20) ebenfalls neuen § 163 Abs 1 S 2 FamFG der Erwerb ausreichender diagnostischer und analytischer Kenntnisse durch eine anerkannte Zusatzqualifikation *nachzuweisen.* S 2 bezieht sich dabei aber nur auf den Fall, dass ein Pädagoge bzw Sozialpädagoge mit der Erstattung eines *psychologischen Gutachtens* beauftragt werden soll (BT-Drucks 18/9092, 20; Prütting/Helms/Hammer § 163 FamFG Rn 9 f). Dabei hat der Gesetzgeber aber offenbar übersehen, dass es derzeit keine anerkannten Zusatzqualifikationen für Pädagogen und Sozialpädagogen gibt (vgl Stemmler/Kannegiesser NZFam 2017, 639; Prütting/Helms/Hammer § 163 FamFG Rn 9 f; kritisch Vesting RPsych 2017, 196, 198 ff), sodass es genügen muss, dass das Familiengericht seine Qualifikation – zB aufgrund schon früherer Erfahrungen mit ihm – anerkennt (OLG Saarbrücken 16. 10. 2018 – 6 UF 112/18, FamRZ 2019, 606; Köhler JAmt 2017, 61, 64), was allerdings im Einzelnen in den Gründen der Entscheidung unter Würdigung der vorgelegten Zertifikate in Bezug auf die erforderliche Zusatzqualifikation gewürdigt werden muss (vgl die eingehende Auseinandersetzung damit von OLG Schleswig 31. 5. 2019 – 13 UF 13/19, FamRZ 2020, 596 und 7. 5. 2020 – 13 UF 4/20, FamRZ 2020, 1359 sowie dazu Köhler ZKJ 2020, 421, 425). Steht eine psychische Erkrankung eines Elternteils im Raum, so kann dies aber nicht durch einen Pädagogen beurteilt werden (Salzgeber NZFam 2018, 1102, der hier einen Facharzt für Psychiatrie für erforderlich hält). Unterbleibt dies, kann die Entscheidung vom Beschwerdegericht aufgehoben und gemäß § 69 Abs 1 S 3 FamFG das Verfahren an das Amtsgericht zurückzuverweisen sein (OLG Saarbrücken 16. 10. 2018 – 6 UF 112/18, ZKJ 2019, 146). 452

Im Übrigen steht die **Auswahl des Sachverständigen** im Ermessen des Gerichts. Die für die Gutachtenerstattung zu verlangende Berufsqualifikation wird dabei vom Beweisthema bestimmt.

Nach § 30 Abs 1 FamFG iVm § 404 Abs 2 ZPO *kann* das Familiengericht die Beteiligten zur Person des Sachverständigen **anhören**, wobei aber gerade in den beschleunigt durchzuführenden Umgangssachen (§ 155 Abs 1 FamFG) jedenfalls eine schriftliche Anhörung mit der Gewährung von Stellungnahmefristen im Hinblick auf dadurch eintretende Verzögerungen unterbleiben sollte (Prütting/Helms/Hammer § 163 FamFG Rn 9i; vgl auch BT-Drucks 18/9092, 14). Eine **unterbliebene Anhörung** kann auch nicht isoliert mit der sofortigen Beschwerde angefochten werden (OLG Frankfurt 10. 10. 2017 – 2 WF 247/17, juris Rn 16 ff, ZKJ 2017, 109 mwNw; vgl auch unten Rn 458).

Mit dem Beweisbeschluss und der Beauftragung eines individuell und namentlich bestimmten Sachverständigen hat das Gericht gemäß § 30 Abs 1 FamFG iVm § 411 Abs 1 ZPO dem Sachverständigen bei Anordnung schriftlicher Begutachtung zugleich eine **Frist** für die Einreichung des Gutachtens zu setzen, die vorher mit dem Sachverständigen abgestimmt werden sollte (vgl Hennemann FPR 2009, 20). Versäumt der Sachverständige die Frist, so *soll* (vormals „kann“) nach dem ebenfalls neu gefassten § 411 Abs 2 ZPO gegen den Sachverständigen nach vorheriger Androhung und Setzung einer Nachfrist ein Ordnungsgeld von bis zu 3.000 EUR verhängt werden. Hiervon muss aber dann abgesehen werden, wenn die Verzögerung auf einer unzureichenden Mitwirkung der Beteiligten beruht (BT-Drucks 16/6308, 242). Ein nur mündlich zu erstattendes Gutachten ist gesetzlich zwar vorgesehen (§§ 30 Abs 1 FamFG, 396 ff ZPO), wird aber in Umgangssachen nur bei einfachen Fragestellungen und daher eher selten zur nötigen Sachaufklärung geeignet sein.

e) Erstellung, Würdigung und Verwertung des Gutachtens

453 Das Gutachten ist von der **Person** zu erstatten, die im Beweisbeschluss genannt ist. Weder die Exploration noch die Erstellung des Gutachtens kann – entgegen der Praxis vieler in Kliniken tätigen Ärzte – weiter delegiert werden und dürfte in diesem Fall zur Unverwertbarkeit des Gutachtens führen, auch wenn der vom Gericht bestellte Sachverständige das schriftliche Gutachten mitunterzeichnet (Heilmann/Heilmann § 163 FamFG Rn 45 f, auch zur Möglichkeit der Hinzuziehung von **Hilfspersonal**). Rechtlich **verbindliche Mindeststandards** gibt es für die Erstellung von psychologischen Gutachten in Kindschaftssachen nicht, die nunmehr vorliegenden Mindestanforderungen der Arbeitsgruppe Familienrechtliche Gutachten (FamRZ 2015, 2025; FamRZ 2019, 1765) sind aber ein Anhaltspunkt für die zu beachtenden Anforderungen (vgl im Übrigen zur Erstellung und Überprüfung von familienpsychologischen Gutachten in Umgangssachen Salzgeber/Bublath NZFam 2022, 963, 968 f am Beispiel Umgang; Salzgeber NZFam 2017, 481 zu interkulturellen Aspekten; ders, Familienpsychologische Gutachten [7. Aufl 2020] Rn 1310 ff; Dettenborn/Fichtner NZFam 2015, 1035; Herrler NZFam 2015, 597; Fichtner NZFam 2015, 588; Balloff/Walter NZFam 2015, 280; Balloff FPR 2011, 12; Balloff FPR 2007, 288; Salzgeber/Willutzki ZKJ 2006, 186). Auch diese vermögen aber nichts daran zu ändern, dass der Sachverständige in der **Wahl seiner Methodik** grundsätzlich frei ist, soweit diese den aktuellen wissenschaftlichen Erkenntnissen entspricht (BGH 30. 7. 1999 – 1 StR 618/98, juris Rn 17, FamRZ 1999, 1648 zur Glaubhaftigkeitsbegutachtung im Strafrecht; OLG Frankfurt 3. 4. 2014 – 5 UF 345/13, juris Rn 14, ZKJ 2014, 292; Herrler NZFam 2015, 597, 598; weitere Einzelheiten bei Heilmann/Heilmann § 163 FamFG Rn 52 ff). Auch Umfang, die Erhebung, Auswahl und Interpretation der Daten sind seiner fachlichen Kompetenz überlassen (OLG Saarbrücken 13. 10. 2011 – 6 UF 108/11, juris Rn 43, FamRZ 2012, 463). Soweit der Sachverständige im Rahmen einer familienpsychologischen Begutachtung Anknüpfungstatsachen, die er für die Beantwortung der Beweisfragen für bedeutsam hält, mittels der Einholung von **Auskünften von dritten Personen** (zB Ärzte, Kinderbetreuer, Lehrer) erhebt, ist dies verfahrensrechtlich auch ohne ausdrückliche Anordnung des Familiengerichts gemäß §§ 30 Abs 1 FamFG, 404a Abs 4 ZPO nicht zu beanstanden, soweit die Sorgeberechtigten im Hinblick auf eine etwaige **Verschwiegenheitspflicht** hierzu eingewilligt haben (OLG Schleswig 22. 6. 2017 – 10 UF 103/17, juris Rn 35, SchlHA 2017, 393; OLG Frankfurt 28. 11. 2016 – 6 WF 200/16, juris Rn 11, FamRZ 2017, 914). Bei Weigerung der Kindeseltern, die Schweigepflichtsentbindungserklärung für das Kind zur Einholung von Auskünften bei dritten Personen zu erteilen, kann diese Erklärung unter den Voraussetzungen von § 1666 Abs 3 Nr 5 BGB durch das Familiengericht ersetzt werden (OLG Schleswig 22. 6. 2017 – 10 UF 103/17, juris Rn 36 f, SchlHA 2017, 393; Prütting/Helms/Hammer § 163 FamFG Rn 22a).

Ergibt die Überprüfung eines Gutachtens, dass dieses infolge von Mängeln **nicht verwertbar** ist, so sind diese zu thematisieren und wenn möglich durch schriftliche Ergänzung oder im Rahmen einer mündlichen Vernehmung des Sachverständigen zu beheben. Gelingt dies nicht, kann auch ein **mangelhaftes Gutachten** unter Umständen verwertbar sein, wenn die Mängel thematisiert werden, die fachliche Qualifikation des Sachverständigen näher geklärt und nachvollziehbar dargelegt wird, inwieweit dessen Aussagen aus dem Gutachten gleichwohl verwertbar sind und zur Entscheidungsfindung beitragen können (BVerfG 27. 4. 2017 – 1 BvR 563/17, juris Rn 19, ZKJ 2017, 313; BVerfG 19. 11. 2014 – 1 BvR 1178/14, juris Rn 35, FamRZ 2015, 112; Völker/Clausius, Sorge- und Umgangsrecht [8. Aufl 2021] § 1 Rn 408). Eine **wiederholte Begutachtung** kommt wegen der damit verbundenen Belastungen nur ausnahmsweise in Betracht; nur wenn die Sachkunde des Richters und anderweitig getroffenen Feststellungen nicht ausreichend sind, muss die Einholung eines weiteren Gutachtens nach § 30 Abs 1 FamFG iVm § 412 ZPO erwogen werden, wobei aber der zu erwartende Erkenntnisgewinn gegenüber den Nachteilen einer weiteren Verfahrensverzögerung abzuwägen ist (Prütting/Helms/Hammer § 163 FamFG Rn 30).

Das Gericht ist bei seiner Entscheidungsfindung an das Ergebnis des Sachverständigen **nicht gebunden**, abweichen hiervon darf es aus anderen als rechtlichen Gründen aber nur, wenn es eine *anderweitige zuverlässige Grundlage* für eine am Kindeswohl orientierte Entscheidung hat, eine eingehende Begründung für seine Entscheidung gibt und seine eigene Sachkunde nachweist (BVerfG 3. 2. 2017 – 1 BvR 2569/16, juris Rn 49, FamRZ 2017, 524; BVerfG 24. 7. 2006 – 1 BvR 971/03, juris Rn 15, FamRZ 2007, 335; BVerfG FamRZ 2007, 1625; Prütting/Helms/Hammer § 163 FamFG Rn 31).

f) Mitwirkung und Zustimmung zur Begutachtung

Die **Beteiligten**, insbesondere die Eltern, sind zwar zur Mitwirkung bei der Ermitt- 454
lung des Sachverhalts gemäß § 27 Abs 1 FamFG verpflichtet (vgl dazu ausführlich Bohnert NZFam 2014, 107). Hieraus folgt jedoch im Hinblick auf das Grundrecht zur informationellen Selbstbestimmung (Art 2 Abs 1, 1 Abs 1 GG) keine Verpflichtung, an der Erstellung des Gutachtens **mitzuwirken** (BGH 17. 2. 2010 – XII ZB 68/09, juris Rn 21 f, FamRZ 2010, 720; BVerfG 20. 5. 2003 – 1 BvR 2222/01, juris Rn 16 f, FamRZ 2004, 523), wovon heute von Eltern in der Praxis nicht selten Gebrauch gemacht wird. Nach Auffassung des *BGH* soll aber in diesen Fällen versucht werden, den verweigernden Elternteil in Anwesenheit des Sachverständigen gerichtlich nach § 160 FamFG anzuhören und das persönliche Erscheinen des betreffenden Elternteils ggf zwangsweise nach § 33 Abs 3 FamFG durchzusetzen (BGH 17. 2. 2010 – XII ZB 68/09, juris Rn 32 f, FamRZ 2010, 720). Eine Verpflichtung, Fragen des Sachverständigen zu beantworten, besteht aber ebenfalls nicht. Die Erfahrungen in der Praxis zeigen jedoch, dass sich auf diesem Wege kaum brauchbare Ergebnisse durch die Sachverständigenbeobachtung gewinnen lassen (ebenso Heilmann/Heilmann § 163 FamFG Rn 40). Wird von dem Sorgeberechtigten die Mitwirkung des Kindes an der Exploration durch den Sachverständigen verweigert, wozu auch die **Teilnahme des Kindes** an einer Interaktion mit dem Umgangselternteil gehört, kann diese durch sorgerechtliche Eingriffe nach §§ 1671 Abs 1 Nr 2 oder Abs 2 Nr 2 bzw § 1666 Abs 5 Nr 5, 6 BGB erzwungen werden (BGH 17. 2. 2010 – XII ZB 68/09, juris Rn 45, FamRZ 2010, 720; OLG Hamm 5. 9. 2013 – 6 UF 146/13, juris Rn 21 ff, NZFam 2014, 810; Prütting/Helms/Hammer § 163 FamFG Rn 22). Das **einsichtsfähige Kind**, welches ein solches Maß an Verstandesreife erlangt hat, dass es die Tragweite dieser höchstpersönlichen Entscheidung übersehen kann, kann dagegen die Einwilligung selbst erteilen oder aber verweigern (BGHZ 29, 33; BayObLG FamRZ 1987, 87).

Aus der Weigerung eines Elternteils, an der vom Gericht im Interesse des Kindeswohls für erforderlich gehaltenen Begutachtung teilzunehmen, dürfen freilich materielle Rückschlüsse auf die Haltung dieses Elternteils gegenüber dem Kindeswohl gezogen werden, sodass ggf eine dem nicht mitwirkungsbereiten Elternteil ungünstige Umgangsregelung in Betracht kommt (OLG Frankfurt FamRZ 2001, 638, 639). Hingegen kann eine Verletzung der Mitwirkungspflicht (zB Nichtherausgabe des Kindes) nicht in dem Sinn in der Beweiswürdigung gegen den sich weigernden Beteiligten verwertet werden, dass Tatsachen, die Gegenstand der Beweiserhebung sind, als erwiesen angesehen werden (MünchKommFamFG/Schumann § 163 Rn 6). Auch sind in Kindschaftssachen bei von Art 2 Abs 1, 1 Abs 1 GG umfasster berechtigter Verweigerung der Mitwirkung an der Gutachtenerstellung die verfahrensrechtlichen Regeln der **Beweisvereitlung** nicht anwendbar (BGH 17. 2. 2010 – XII ZB 68/09, juris Rn 25 f, FamRZ 2010, 720). Hat ein Elternteil zunächst der Begutachtung zugestimmt und diese nach Durchführung der Exploration widerrufen, ergibt sich kein Verwertungsverbot (EGMR 22. 3. 2018 – 11308/16 und 11344/16, FamRZ 2019, 975 [*Tlapak/Deutschland*]).

Während der Exploration ist es den Beteiligten nach zutreffender Ansicht nicht gestattet, eine **Begleitperson** (zB Beistand oder Rechtsanwalt) – auch ohne Äußerungs- bzw Beteiligungsrecht – hinzuziehen (KG 18. 2. 2021 – 3 UF 1069/20, FamRZ 2021, 1226; OLG Brandenburg 19. 9. 2019 – 9 WF 180/19, juris Rn 10 ff; Prütting/Helms/Hammer § 163 FamFG Rn 20d; **aA** OLG Hamm 3. 2. 2015 – 14 UF 135/14, juris Rn 6, FamRZ 2015, 1126; Dutta/Jacoby/Schwab/Lack § 163 FamFG Rn 40). Ein Recht zur Anwesenheit bei der Exploration des Kindes besteht für die Beteiligten ebenfalls nicht (vgl dazu Prütting/Helms/Hammer § 163 FamFG Rn 20b). **Video- und Tonaufzeichnungen** darf der Sachverständige nur über Untersuchungen und Gesprächen mit den Eltern und nicht über diejenigen mit dem Kind anfertigen (KG 18. 2. 2021 – 3 UF 1069/20, FamRZ 2021, 1226; Sternal/Schäder § 163 FamFG Rn 17; vgl dazu auch BVerfG 5. 6. 2019 – 1 BvR 675/19, FamRZ 2019, 1437 zur Kindesanhörung).

Eine schuldhafte zu erheblichen Verfahrensverzögerungen führende Verletzung der Mitwirkungspflicht ist aber nach § 81 Abs 2 Nr 4 FamFG **kostenrechtlich** sanktioniert, wonach bei erheblicher Verzögerung des Verfahrens durch schuldhaftes Verletzen von Mitwirkungspflichten dem betroffenen Beteiligten die Kosten des Verfahrens ganz oder teilweise auferlegt werden können (KG 14. 9. 2015 – 3 WF 119/15, juris Rn 11 ff, ZKJ 2015, 464; OLG Celle 1. 9. 2014 – 10 UF 134/14, juris Rn 27, ZKJ 2014, 479; MünchKomm-FamFG/Schumann § 163 Rn 6; Heilmann/Dürbeck § 81 FamFG Rn 15).

g) Ablehnung des Sachverständigen

455 Gemäß § 30 Abs 1 FamFG iVm § 406 Abs 1 ZPO kann ein Sachverständiger aus den gleichen Gründen, die zur Ablehnung des Richters berechtigen (vgl § 6 Abs 1 FamFG iVm § 42 ZPO), **abgelehnt** werden, was in der Praxis gerade in hochkonflikthaften Umgangsverfahren nach § 1684 BGB von erheblicher Bedeutung ist (vgl dazu ausführlich Vogel FamRB 2017, 186; Prütting/Helms/Hammer § 163 FamFG Rn 23 ff). Gemäß § 407a Abs 2 ZPO hat der Sachverständige nach seiner Auswahl unverzüglich zu prüfen, ob ein Grund vorliegt, der geeignet ist, Misstrauen gegen seine Unparteilichkeit zu rechtfertigen und diese dem Gericht unverzüglich mitzuteilen. Für den Fall der Ablehnung des Sachverständigen bereits *nach seiner Auswahl* sieht § 406 Abs 2 ZPO eine Zweiwochenfrist nach Verkündung bzw Zustellung des Bestellungsbeschlusses vor. Mögliche Gründe, die eine **Besorgnis der Befangenheit** des Sachverständigen begründen können, sind die *Überschreitung seines Gutachtenauftrages* (BGH 11. 4. 2013 – VII ZB 32/12, juris Rn 11 ff, MDR 2013, 739; OLG Frankfurt 10. 3. 2016 – 7 WF 15/16, juris Rn 4, NJW-RR 2016, 710), die sachlich ungerechtfertigte *Nichthinzuziehung eines Beteiligten* (OLG Frankfurt 30. 5. 1986 – 3 WF 105/86, FamRZ 1986, 1021), die *voreingenommene Begegnung* eines Beteiligten und das Sichleitenlassen von *sachfremden Erwägungen* (BVerfG 19. 11. 2014 – 1 BvR 1178/14, juris Rn 30, FamRZ 2015, 112), das sich den *Vorgaben eines Beteiligten* Unterwerfen hinsichtlich der Durchführung der Exploration (BGH 5. 10. 2016 – XII ZB 280/15, juris Rn 42 f, FamRZ 2016, 2082 zu § 1686a BGB), das *Zugrundelegen falscher Tatsachen* oder das Behandeln *streitiger Tatsachen* als unstreitig (KG 25. 10. 2011 – 13 WF 195/11, juris Rn 17, FamFR 2012, 210) oder die *selbständige Würdigung von Beweisen* und Berücksichtigung nicht vorgegebener Anknüpfungstatsachen (BGH 5. 10. 2016 – XII ZB 280/15, juris Rn 41 f, FamRZ 2016, 2082 zu § 1686a BGB; zulässig ist dagegen die Einbeziehung von Äußerungen Dritter, vgl OLG Düsseldorf 31. 1. 2017 – 6 WF 6/17, juris Rn 23 ff, ZKJ 2017, 238). Soweit ein Sachverständiger sich in einer Umgangssache wegen der Verweigerungshaltung der Mutter zum Umgang des Vaters mit dem Kind auch zu möglichen Sorgerechtseingriffen äußert, hat das *OLG Brandenburg* (OLG Brandenburg 10. 1. 2020 – 13 WF 247/19, FamRZ 2020, 1112) zutreffend keinen Ablehnungsgrund wegen Überschreitung des Gutachtenauftrages gesehen. Denn die gutachterlich zu beantwortende Frage nach Umgangsregelungen gegen den Willen eines alleinsorgeberechtigten Elternteils betrifft denknotwendig auch dessen Sorgerecht in Ansehung des darin enthaltenen Umgangsbestimmungsrechts (§ 1632 Abs 2 BGB). Dass ein Umgangsgutachten damit zugleich gegebenenfalls erforderliche Einschränkungen des Sorgerechts in Ansehung des Umgangsbestimmungsrechts zu thematisieren hat, liegt auf der Hand. Derartige Erwägungen sind auch dann veranlasst, wenn ein Sorgerechtsverfahren nach §§ 1671, 1666 BGB noch nicht anhängig ist. In Umgangsverfahren hat das Familiengericht zudem antragsunabhängige Entscheidungen zu treffen, wobei gerade § 1666 BGB auch amtswegige Eingriffe in das Umgangsbestimmungsrechts des sorgeberechtigten Elternteils ermöglicht (BGH 6. 7. 2016 – XII ZB 47/15, ZKJ 2016, 419; siehe Rn 126).

Über das Ablehnungsgesuch hat das mit der Sache befasste Gericht nach § 406 Abs 4 ZPO durch Beschluss zu entscheiden, gegen den für den Fall, dass der Befangenheitsantrag als unbegründet zurückgewiesen wurde, nach § 406 Abs 5 ZPO die **sofortige Beschwerde** nach §§ 567 ff ZPO statthaft ist.

h) Erweiterter diagnostischer Ansatz – Lösungsorientierte Begutachtung (§ 163 Abs 2 FamFG)

Eine wesentliche Erweiterung der Aufgabenstellung des Sachverständigen ergibt sich aus der dem Gericht in **§ 163 Abs 2 FamFG** eingeräumten Möglichkeit einer auch auf die **Herstellung von Einvernehmen** zwischen den Beteiligten gerichteten Beauftragung (vgl dazu aus Sachverständigensicht Behrend ZKJ 2021, 439 und ZKJ 2022, 14). 456

Die Aufgabe des Gutachters wurde traditionell vor dem Hintergrund seiner Funktion als sachkundiger Entscheidungshelfer grundsätzlich **diagnostisch statusorientiert**, nicht therapeutisch verstanden. Auch die wesentliche Interaktionsbeobachtung zwischen Kind und Elternteil (zum Verzicht bei strikter Ablehnung des Kindes OLG Köln 21. 12. 2011 – 4 UF 206/11, juris) ist diagnostisch veranlasst. Aus dieser Sicht folgte, dass eine Familientherapie gegen den Willen eines Elternteils nicht auf dem Umweg über ein als Beweismittel erhobenes Sachverständigengutachten erreicht werden kann (BVerfG FamRZ 2004, 523; BGH FamRZ 1994, 158, 160).

Dem stand zunehmend eine Entwicklung der psychologischen Gutachtenpraxis gegenüber, in der die herkömmliche **Statusdiagnostik** zunehmend durch die sog **Interventionsdiagnostik** (AG Mönchengladbach-Rheydt FamRZ 1999, 730, 731) ergänzt wurde, die in der Diagnose interaktive Methoden einsetzt. Auch diese Diagnostik versteht sich nicht als Therapie. Sie trägt nur dem Umstand Rechnung, dass im Gegensatz zur sonstigen Vorstellung von Begutachtung die psychologische Diagnose ein dynamischer Vorgang ist, den der Gutachter nur beobachten kann, indem er an ihm teilnimmt. Vertreter dieser Diagnostik gehen davon aus, dass eine psychologische Beweiserhebung ohne Interaktions- und Interventionsmaßnahmen nicht möglich ist (Salzgeber/Höfling ZfJ 1991, 388; vgl auch Balloff/Walter FuR 1991, 334; Schade/Friedrich FPR 1998, 237, 238). Kindespsychologische Diagnostik erfordert vielfältige Interaktionsbeobachtungen sowohl mit dem Kind als auch mit seinen Eltern und seinem Umfeld (eingehend Kanthak ZfJ 2004, 180). Es war auch bereits vor Schaffung von § 163 Abs 2 FamFG zulässig, dass das Gericht den Sachverständigen beauftragt, mit den Eltern die Möglichkeiten einer einverständlichen Umgangsregelung zu erkunden und nur für den Fall des Scheiterns der Einigung eine Statusdiagnose anfordert und zur Grundlage seiner Entscheidung macht. Diese Erweiterung der Diagnostik war bereits im FGG-Verfahren zu akzeptieren, da sie nicht die Zielsetzung des Sachverständigen, sondern seine Methodik betrifft.

457 **§ 163 Abs 2 FamFG** vollzieht hingegen einen deutlich weiteren Schritt und erlaubt nunmehr den Übergang von einem **entscheidungsorientierten Ansatz**, der von einer sachverständigen Diagnose und einem an das Gericht adressierten Vorschlag ausgeht (eingehend Jopt/Zütphen ZfJ 2004, 310 ff), hin zu einem **lösungsorientierten Begutachtungsansatz** (Ernst FPR 2009, 345, 346 f; Balloff FPR 2006, 415; Salzgeber/Fichtner ZKJ 2008, 287; dies ZKJ 2009, 334; Salzgeber NZFam 2015, 788; ders FPR 2013, 299; Behrend ZKJ 2021, 439; ZKJ 2022, 14).

Die Doppelbeauftragung des Sachverständigen ist nicht ohne Risiken, zumal seine **unabhängige, dem Kindeswohl verpflichtete Stellung** durch Interaktion mit anderen Beteiligten in Gefahr gerät und er sich im Fall des Scheiterns seiner Bemühungen um eine einvernehmliche Lösung dem **Vorwurf der Befangenheit** aussetzen kann (im Einzelnen MünchKommFamFG/Schumann § 163 Rn 9 f; Heilmann/Heilmann § 163 FamFG Rn 61). Die Entscheidung des Gerichts nach § 163 Abs 2 FamFG setzt insbesondere eine sorgsame Prüfung der Chancen eines solchen doppelten Tätigwerdens voraus.

Die **Methodik** geht davon aus, dass der Streit in sorgerechtlichen Fragen nicht auf der Elternebene begutachtet werden kann, solange – wie dies regelmäßig der Fall ist – der bestehende Paarkonflikt aufgrund der Personenidentität von Paar und Eltern auch im Sorgerechtsstreit aktiviert wird. Ziel ist es, durch Intervention die Paarebene von der Elternebene zu isolieren und dadurch den Ex-Partnern als Eltern zu verdeutlichen, dass ihr Streit regelmäßig nicht auf der Elternebene entsteht, sondern nur aus der Paarebene in die Elternebene hineingetragen wird (eingehend zu den Methoden und der Akzeptanz in der familiengerichtlichen Praxis Jopt/Zütphen ZfJ 2004, 362 ff; vgl schon Jopt ZfJ 1996, 203, 211). Ziel dieses nicht mehr als rein diagnostische Gutachtertätigkeit fassbaren Ansatzes ist letztlich nicht die Entscheidungshilfe für den Richter, sondern die Entscheidungsvermeidung durch Wiederherstellung der Souveränität der Parteien als Eltern. Der Sachverständige ist nicht mehr Entscheidungshelfer, sondern wird zum Kooperationspartner des Familienrichters.

Fachliche Standards zur Methodik bei der lösungsorientierten Begutachtung existieren bislang nicht (vgl Rohmann NZFam 2015, 793; Bergau/Ulrich NZFam 2015, 785).

Von § 163 Abs 2 FamFG sollte in der familiengerichtlichen Praxis **zurückhaltend Gebrauch gemacht werden.** Das kindschaftsrechtliche Verfahren ist bereits ohne § 163 Abs 2 FamFG überfrachtet von Regelungen und Aufträgen für Personen und Institutionen, die auf eine einvernehmliche Lösung des Umgangskonflikts hinwirken sollen (vgl § 156 Abs 1 S 1 FamFG für den Richter, § 158 Abs 4 S 3 FamFG für den Verfahrensbeistand, § 156 Abs 1 S 2 FamFG für die Träger der Kinder- und Jugendhilfe, §§ 156 Abs 1 S 3, 36a FamFG für eine etwaige außergerichtliche Mediation, § 36 Abs 5 FamFG für das Verfahren vor dem Güterichter). Zeigen Eltern Interesse an einer einvernehmlichen Lösung der Umgangsfrage und gelingt eine solche vor dem Familiengericht trotz Unterstützung durch den Verfahrensbeistand und das Jugendamt gleichwohl nicht, sollten die Eltern auf das (kostenfreie) Verfahren vor dem **Güterichter** nach § 36 Abs 5 FamFG verwiesen werden, welches in der Praxis immer größere Akzeptanz erfährt (vgl zum Verfahren des Güterichters im Einzelnen Heilmann/Wegener § 36 FamFG Rn 9 ff). Gelingt auch dort keine Einigung und ist die Einholung eines (diagnostischen) Sachverständigengutachtens gleichwohl erforderlich, dürften auch die Erfolgsaussichten für eine einvernehmliche Lösung auf Vermittlung des Sachverständigen gering sein und den hierfür erforderlichen zusätzlichen Kosten- und Zeitaufwand nicht rechtfertigen.

i) Anfechtbarkeit der (erweiterten) Sachverständigenbestellung

Weder die **Anordnung der Begutachtung** des Kindes als solche noch die Erweiterung 458
des Gutachtenauftrags nach § 163 Abs 2 FamFG können mit der **Beschwerde angefochten** werden, § 58 Abs 1, 2 FamFG, 30 Abs 1 ZPO iVm § 355 Abs 2 ZPO (BGH 4. 5. 2022 – VII ZB 46/21, NJW 2022, 2622; OLG Brandenburg 21. 11. 2022 – 13 WF 184/22, juris; OLG Frankfurt 10. 10. 2017 – 2 WF 247/17, juris Rn 16 ff, ZKJ 2018, 109; OLG Saarbrücken 18. 12. 2013 – 6 WF 197/13, juris Rn 2; MünchKommFamFG/Schumann § 163 Rn 14; bereits unter dem FGG: BayObLG NJW-FER 1998, 43; BayObLG FamRZ 2000, 249; OLG Brandenburg FamRZ 1997, 1019; OLG Brandenburg FGPrax 2004, 281; OLG Frankfurt FamRZ 2002, 970; OLG Koblenz FamRZ 2000, 1233). Auch soweit das Gericht *vor seiner Auswahl* der Person des Sachverständigen *rechtliches Gehör* nicht gewährt hat, führt dies nach der Neufassung von § 404 Abs 2 ZPO entgegen vormaliger Rechtsprechung (OLG Frankfurt 8. 12. 2015 – 4 WF 244/15, juris Rn 10, FamRZ 2016, 1799 unter Berufung auf BGH 28. 5. 2009 – I ZR 93/08, MDR 2009, 1184) nicht zur ausnahmsweise zulässigen Anfechtbarkeit eines Beweisbeschlusses, da durch die Formulierung „können" gerade sichergestellt werden sollte, dass in den eilbedürftigen Kindschaftssachen eine Anhörung der Beteiligten unterbleiben kann (OLG Brandenburg 21. 11. 2022 – 13 WF 184/22, juris; OLG Frankfurt 10. 10. 2017 – 2 WF 247/17, juris Rn 16 ff, ZKJ 2018, 109 m Anm Dürbeck; BT-Drucks 18/6985, 13).

Ausnahmsweise anfechtbar sind Beweisbeschlüsse über die Einholung von Sachverständigengutachten, wenn diese in unzulässiger Weise eine **konkrete Mitwirkungshandlung eines Beteiligten** an einer solchen Untersuchung anordnen (OLG Frankfurt 7. 4. 2015 – 5 WF 66/15, juris Rn 9, ZKJ 2015, 328: Drogenkonsum; OLG Nürnberg 16. 8. 2013 – 11 WF 1071/13, juris Rn 19, FamRZ 2014, 677: Alkoholkonsum).

Jedenfalls der Beschwerde durch den Sorgeberechtigten gemäß §§ 58 Abs 1, 57 S 2 Nr 1 FamFG zugänglich ist hingegen die **Ersetzung der Zustimmung zur Begutachtung** des Kindes gemäß § 1666 Abs 3 Nr 5 BGB, die Bestellung eines Ergänzungspflegers sowie Vollstreckungsmaßnahmen, die eindeutig in das Sorgerecht eingreifen (OLG Brandenburg FGPrax 2004, 281, 282; OLG Zweibrücken FamRZ 2002, 1210; Prütting/Helms/Hammer § 163 FamFG Rn 20).

458a Soweit sich ein Beteiligter eines Umgangsverfahrens gegen die Einholung eines familienpsychologischen Sachverständigengutachtens mit der Verfassungsbeschwerde gegen den betreffenden Beweisbeschluss wendet, verlangt das BVerfG im Hinblick auf den **Subsidiaritätsgrundsatz von § 90 Abs 2 S 1 BVerfGG** gleichwohl die vorherige Anfechtung des Beweisbeschlusses, weil in Einzelfällen die sofortige Beschwerde von den Fachgerichten als statthaft angesehen werde (BVerfG 18. 12. 2018 – 1 BvR 1240/18, NJW 2019, 987 Rn 4 ff). Dies vermag nicht zu überzeugen, da Beweisbeschlüsse nur in ganz seltenen Ausnahmenfällen anfechtbar sind und sich auch die vom BVerfG zitierte Entscheidung des OLG Frankfurt (OLG Frankfurt 8. 12. 2015 – 4 WF 244/15, FamRZ 2016, 1799) inzwischen überholt hat. Den Betroffenen hier eine nach Nr 1912 KV FamGKG kostenpflichtige Entscheidung des Beschwerdegerichts für ein offensichtlich unzulässiges Rechtsmittel zuzumuten, erscheint nicht nachvollziehbar.

k) Vergütung des Sachverständigen und Hinweispflicht nach § 407a Abs 4 ZPO

458b Die **Vergütung** des Sachverständigen richtet sich gemäß §§ 30 Abs 1 FamFG, 414 ZPO nach dem JVEG, dort insbesondere §§ 8 ff JVEG. In den Sorge- und Umgangsverfahren ist jüngst in der Rechtsprechung ein Streit darüber entstanden, ob die Regelung von **§ 407a Abs 4 S 2 Alt 1 ZPO**, wonach der Sachverständige rechtzeitig darauf **hinzuweisen** hat, wenn ihm Kosten erwachsen, die erkennbar **außer Verhältnis zum Wert des Streitgegenstands** entstehen, auch für amtswegig eingeleitete Kindschaftsverfahren Geltung beansprucht. Ausgelöst wurde die Diskussion durch fast gleichzeitig ergangene und sich widersprechende Entscheidungen des OLG Frankfurt, namentlich des 8. Familiensenats (OLG Frankfurt 16. 6. 2021 – 8 WF 200/18, JurBüro 2021, 531) zu einer Beschwerde nach § 57 Abs 2 FamGKG und des 18. Zivilsenats (OLG Frankfurt 15. 6. 2021 – 18 WF 86/21, JurBüro 2021, 533) zu einer weiteren Beschwerde nach § 4 Abs 5 JVEG (ausführlich dazu Dürbeck NZFam 2022, 8). Während der 8. Familiensenat die Ansicht vertreten hatte, § 407a Abs 4 S 2 ZPO finde auf amtswegig geführte Kindschaftssachen keine Anwendung (ihm im Ergebnis folgend OLG Celle 4. 1. 2022 – 17 WF 230/21, NJW-RR 2022, 870), folgte der Zivilsenat der Ansicht (etwa OLG Nürnberg 22. 8. 2018 – 11 WF 800/18, FamRZ 2019, 130), dass aufgrund der Verweisung von § 30 Abs 1 FamFG keine Veranlassung bestehe, Kindschaftssachen hiervon auszunehmen. Der zuletzt genannten Ansicht folgt inzwischen zu Recht die hM (OLG München 7. 11. 2022 – 11 WF 928/22, NZFam 2023, 281 m Anm Dürbeck; OLG Frankfurt 3. 8. 2022 – 1 WF 37/22, NJW-RR 2022, 1447; Dürbeck NZFam 2022, 8, 10 f; Schneider NZFam 2022, 947), da es auch im Interesse der Eltern als künftige Kostenschuldner liegt, so rechtzeitig über die im Raum stehenden Kosten der Begutachtung informiert zu werden, dass sie in einem Verfahren zum Umgang hierauf – zB durch den Abschluss einer Vereinbarung nach § 156 Abs 2 FamFG – reagieren können. Uneinheitlich wird aber die Frage beantwortet, ab welchem Betrag die Vergütung des Sachverständigen außer Verhältnis zum Wert des Verfahrens iHv regelmäßig 4.000 EUR (§ 45 Abs 1 Nr 2 FamGKG) steht. Rechtsfolge eines Verstoßes gegen § 407a Abs 4 S 2 ZPO ist nach § 8a Abs 3 JVEG die **Kürzung der Vergütung** des Sachverständigen nach billigem Ermessen auf einen Betrag, der in einem angemessenen Verhältnis zum Wert des Gegenstands steht (vgl etwa LG Frankfurt 16. 2. 2022 – 2-09 T 36/22, NZFam 2022, 947 und OLG München 7. 11. 2022 – 11 WF 928/22, NZFam 2023, 281).

11. Hinwirken auf einvernehmliche Regelung (§ 156 FamFG)

Unbeschadet des speziellen *Vermittlungsverfahrens* nach § 165 FamFG, das aber nur im Vorfeld von Vollstreckungsmaßnahmen eingreift (unten Rn 508 ff), gilt auch im Umgangsverfahren § 156 FamFG, der gegenüber § 52 FGG idF des KindRG (MAIER FPR 2007, 301; WEBER NJW 1998, 3083, 3091; RAUSCHER FamRZ 1998, 329, 338; OELKERS ZfJ 1999, 263, 264) ein erweitertes Instrumentarium vorsieht. Das Gericht ist verpflichtet, in jeder Phase des Verfahrens auf eine **einvernehmliche Regelung** hinzuwirken; hierzu steht eine Reihe von Instrumenten zur Verfügung (WEGENER NZFam 2015, 799; KRAUSE FamRB 2009, 156, 158; TRUNK JAmt 2009, 282, 283 ff; TRENCZEK FPR 2009, 335; WALTER FPR 2009, 23; kritisch FLÜGGE FPR 2008, 1). Neben der gerichtlichen Erörterung von Einigungsmöglichkeiten mit den Eltern tritt zum einen, wie schon unter § 52 FGG aF, gemäß § 156 Abs 1 S 2 FamFG der Hinweis auf die *außergerichtlichen Beratungsmöglichkeiten* durch *Beratungsstellen* und das *Jugendamt* nach § 18 Abs 3 SGB VIII (vgl dazu GARTENHOF/SCHMID/NORMANN/VONTHÜNGEN/WOLF NZFam 2014, 972; BRANDES ZKJ 2012, 347; WIESNER/WAPLER/DÜRBECK § 18 SGB VIII Rn 17 ff). Die **Teilnahme an einer solchen Beratung** während laufenden Verfahrens kann nach § 156 Abs 1 S 4 FamFG auch angeordnet werden, allerdings nach § 156 Abs 1 S 5 FamFG *weder durchgesetzt noch angefochten* werden. Eine schon unter § 52 FGG aF strittige (AG Eilenburg NJW-RR 2007, 154 mNw) Anordnung außergerichtlicher Konfliktbeilegung (Mediation, dazu GREGER FPR 2011, 115; SPANGENBERG/SPANGENBERG FPR 2009, 156 und speziell bei Umgangskonflikten SPANGENBERG NZFam 2017, 6) gibt es weiterhin nicht; es besteht jedoch ausdrücklich die Möglichkeit des Hinweises auf dieses Einigungsmittel; angeordnet werden kann nur die **Teilnahme an einem kostenlosen Informationsgespräch** zu den Mediationsmöglichkeiten bei einer vom Gericht bestimmten Stelle und die Vorlage einer Bescheinigung hierüber (§ 156 Abs 1 S 3 FamFG idF des MediationsG). Beide Anordnungen sind nicht selbständig anfechtbar, aber auch nicht mit Zwangsmitteln durchsetzbar (§ 156 Abs 1 S 5 FamFG), eine Sanktionierung ist jedoch über die **Kostenregelung** nach § 81 Abs 2 Nr 5 möglich (MünchKommFamFG/SCHUMANN § 156 Rn 10; HOHMANN FamRB 2012, 285, 287). Sie spielen beide in der Praxis keine Rolle, schon aus Kostengründen bevorzugt die Praxis den Versuch einer einvernehmlichen Lösung bei dem **Güterichter** nach § 36 Abs 5 FamFG (vgl dazu HEILMANN/WEGENER § 36 FamFG Rn 9 ff). Eine **Beratungsauflage in einer Endentscheidung** kann dagegen auf § 1684 Abs 3 S 2 BGB gestützt werden (OLG Frankfurt 27. 10. 2020 – 1 UF 170/20, juris Rn 18, ZKJ 2021, 116; KG 30. 1. 2019 – 13 UF 161/18, juris Rn 11, FamRZ 2019, 982; OLG Brandenburg 15. 2. 2016 – 10 UF 213/14, juris Rn 44, FuR 2016, 533; zu Unrecht **aA** OLG Düsseldorf 12. 2. 2020 – 1 UF 182/19, MDR 2020, 803), ist aber analog § 156 Abs 1 S 4 FamFG ebenfalls nicht vollstreckbar. 459

Bewusst nicht mehr vorgesehen ist eine *Aussetzung des Verfahrens* (§ 52 Abs 2 FGG aF), die ohnehin in Umgangssachen mit Rücksicht auf das Kindeswohl und die Gefahr der Entfremdung kaum in Betracht kam. Der Eilbedürftigkeit trägt vielmehr § 156 Abs 3 FamFG dadurch Rechnung, dass nicht nur das Scheitern von Einigungsbemühungen Anlass für die Erörterung einer **einstweiligen Anordnung** gibt (§ 156 Abs 3 S 1 FamFG; dazu unten Rn 470 ff), sondern auch bei Anordnung einer außergerichtlichen Beratung oder eines Informationsgesprächs über Mediation jeweils eine Regelung durch einstweilige Anordnung erfolgen soll (§ 156 Abs 3 S 2 FamFG), wodurch erreicht wird, dass diese Instrumente nicht zur Verzögerung zum Nachteil des Kindeswohls geraten.

460 Als Ergebnis erfolgreicher Einigungsbemühungen sieht § 156 Abs 2 FamFG die Aufnahme der Regelung als **gerichtlich gebilligter Vergleich** (§ 86 Abs 1 Nr 2 FamFG; vgl dazu ausführlich oben Rn 145 ff und Ernst NZFam 2015, 804) vor. Den auf einvernehmliche Lösungen abzielenden Instrumentarien von § 156 Abs 1 und 2 FamFG werden allerdings Grenzen bei der Notwendigkeit kinderschützender Maßnahmen nach § 1684 Abs 4 BGB (etwa bei häuslicher Gewalt und Missbrauch, vgl dazu oben Rn 314 ff) und durch die Notwendigkeit der Verfahrensbeschleunigung im Hinblick auf das kindliche Zeitempfinden gezogen (vgl dazu unten Rn 461 ff und Schmid NZFam 2015, 292). Auch besteht die Gefahr, dass die nach § 159 FamFG erforderliche Beteiligung des Kindes durch dessen persönliche Anhörung vernachlässigt wird (vgl Obermann NZFam 2015, 1129; Ivanits NZFam 2016, 7; dies, Die Stellung des Kindes in auf Einvernehmen zielenden gerichtlichen und außergerichtlichen Verfahren in Kindschaftssachen [2012] 266 ff; Rauscher FamFR 2010, 28 und dazu ausführlich oben Rn 149).

12. Beschleunigung – Untätigkeits- und Verzögerungsrechtsbehelfe

a) Eilbedürftigkeit, Verfahrensgestaltung

461 Umgangsverfahren sind in besonderer Weise **eilbedürftig**. Dies gilt insbesondere in Fällen, in denen der Umgang aktuell nicht stattfindet und durch die begehrte Entscheidung hergestellt werden soll. Hier führt jede Verfahrensverzögerung wegen der Bedeutung des **kindlichen Zeitempfindens** und der – vor allem bei kleinen Kindern extrem schnell – einsetzenden **Entfremdung** häufig schon rein faktisch zu einer dem Umgangsrecht nachteiligen Vorentscheidung (BVerfG FamRZ 1997, 871, 872; BVerfG FamRZ 2001, 753; BVerfG FamRZ 2004, 689; BVerfG FamRZ 2008, 2258; EGMR 15. 1. 2015 – 62198/11, FamRZ 2015, 469; EGMR FamRZ 2011, 1283; BGH 6. 5. 2021 – III ZR 72/20, NJW 2021, 3194 Rn 24; BGH 13. 3. 2014 – III ZR 91/13, juris Rn 41, FamRZ 2014, 933). Die verfassungsrechtliche Dimension von Art 6 Abs 2 und 3 GG verlangt nach einer **Verfahrensgestaltung**, die dem Gebot effektiven Grundrechtsschutzes gerecht wird (BVerfG FamRZ 2002, 1021; BGH 6. 5. 2021 – III ZR 72/20, NJW 2021, 3194: Verfahrensverzögerung von 37 Monaten bei Umgang mit Kleinkind). Gegen das Gebot effektiver Verfahrensgestaltung verstößt das Gericht nicht nur dann, wenn es untätig bleibt, was in Umgangsverfahren schwerlich über Jahre der Fall sein wird, sondern auch, wenn es zwar durch Versuche der Beweiserhebung und Terminierung seinem Willen Ausdruck verleiht, das Verfahren zu fördern, aber an der ablehnenden Haltung eines Beteiligten scheitert, ohne sich dieser effizient zu widersetzen (BVerfG FamRZ 1997, 871, 873). Auch beim *begleiteten Umgang* muss das Verfahren durch Nachfragen beim Jugendamt nach geeigneten und bereiten freien Trägern der Jugendhilfe beschleunigt geführt werden (OLG Frankfurt 26. 3. 2020 – 8 WF 45/20, juris Rn 22, FamRZ 2020, 1117).

Der Gesetzgeber des FamFG hat das **Beschleunigungsgebot** speziell auch für Umgangssachen in § 155 Abs 1 und 2 FamFG geregelt (vgl dazu Strube NJW 2022, 3486; Weber NZFam 2017, 99; Salgo FF 2011, 352; Hennemann FPR 2009, 20; Rasche FF 2009, 192), wonach Umgangssachen vorrangig und beschleunigt durchzuführen sind (Abs 1) und der in Abs 2 S 1 genannten **(frühe) Erörterungstermin** binnen *einem Monat* stattfinden soll (§ 155 Abs 2 S 2 FamFG). Nach § 155 Abs 2 S 3 FamFG darf zudem nur aus zwingenden Gründen eine *Terminverlegung* stattfinden (vgl OLG Brandenburg 12. 12. 2021 – 13 UF 7/21, FamRZ 2022, 211). Das Beschleunigungsgebot des § 155 FamFG wird flankiert durch weitere der Beschleunigung dienende gesetzliche Bestimmungen (vgl dazu MünchKommFamFG/Heilmann § 155 Rn 7), wie § 156 Abs 3 S 2 FamFG (Erlass einer **einstweiligen Anordnung** bei Anordnung einer Beratung oder schriftlicher Begutachtung), § 30 Abs 1 FamFG iVm § 411 Abs 1 ZPO (Fristsetzung bei schriftlicher *Begutachtung),* § 158 Abs 1 S 2 FamFG (frühzeitige Bestellung eines *Verfahrensbeistands)* und § 57 S 1 FamFG *(Nichtanfechtbarkeit* einer einstweiligen Anordnung zum Umgangsrecht).

Ungeachtet dessen besteht auch nach Ansicht des BVerfG (BVerfG 6. 9. 2019 – 1 BvR 1763/18, ZKJ 2020, 98: kein zur Umgangsbegleitung bereiter Träger) in Umgangssachen weder verfassungs- noch konventionsrechtlich eine Pflicht des Familiengerichts zu **„maximaler" Verfahrensbeschleunigung**. Auch im Hinblick auf die **Corona-Pandemie** waren gerade an deren Beginn Abstriche bei der nötigen Beschleunigung der Verfahren kaum zu vermeiden (vgl KG 25. 6. 2020 – 17 WF 1028/20, NJW 2020, 3324: Notbetrieb der Berliner Gerichte am Beginn der Pandemie; AG Frankfurt aM 8. 4. 2020 – 456 F 5080/20, ZKJ 2020, 193: Aussetzung des Umgangsverfahrens am Beginn der Pandemie; vgl dazu SACHENBACHER FamRZ 2021, 917; LACK NJW 2020, 1255). **461a**

b) Der lange Weg zur Beschleunigungsbeschwerde

Erst mit dem Gesetz zur Änderung des Sachverständigenrechts ua vom 14. 10. 2016 (BGBl 2016 I 2222) hat der Gesetzgeber erstmals speziell für die in § 155 Abs 1 FamFG beschleunigt durchzuführenden Kindschaftssachen, zu denen Umgangssachen gehören, in § 155c FamFG eine gesetzliche geregelte **Beschwerde wegen Untätigkeit bzw Verzögerung** des Verfahrens geschaffen. Bereits unter Geltung des FGG hatte sich in der Rechtsprechung zur Umsetzung des verfassungsrechtlich gebotenen Beschleunigungsgrundsatzes die **Untätigkeitsbeschwerde** entwickelt. Die Zulässigkeit dieses gesetzlich nicht normierten, zT auf eine Analogie zu § 21 Abs 2 FamFG gestützten Rechtsbehelfs war aber in der Vergangenheit nicht unumstritten (vgl ZÖLLER/HESSLER § 567 ZPO Rn 21; VOGEL FPR 2009, 165). Sie wurde gerade in Sorge- und Umgangsrechtverfahren nicht selten erhoben. Aus verfassungsrechtlichen Gründen wurde sie als ein notwendiges Mittel der Verfahrensbeteiligten, das gerichtliche Verfahren im Fall einer unzumutbaren und auf **Rechtsverweigerung** hinauslaufenden Verfahrensverzögerung voranzutreiben (sog „Tu-was-Beschwerde", vgl OLG Frankfurt 9. 6. 2011 – 1 W 30/11, NJOZ 2012, 402) von den Familiensenaten der Oberlandesgerichte überwiegend aber bejaht (BVerfG 24. 7. 2008 – 1 BvR 547/06, juris Rn 35 ff, FamRZ 2008, 2258; OLG Frankfurt 13. 10. 2009 – 4 WF 112/09, juris Rn 11, FamRZ 2010, 487; OLG Frankfurt 12. 8. 2009 – 5 WF 154/09, juris Rn 4, FamRZ 2009, 2021; OLG München 8. 4. 2009 – 30 WF 47/09, juris Rn 6 f, MDR 2010, 33). Als *ordentlicher Rechtsbehelf* war sie allerdings wegen ihrer unklaren Voraussetzungen gleichwohl *nicht anerkannt* (BVerfG 20. 9. 2007 – 1 BvR 775/07, juris Rn 5, NJW 2008, 503). Nachdem der **EGMR** bereits im Jahr 2006 festgestellt hatte, dass die Untätigkeitsbeschwerde angesichts ihrer unklaren Voraussetzungen keinen wirksamen präventiven und beschleunigenden Rechtsbehelf darstelle (EGMR 8. 6. 2006 – 75529/01, FamRZ 2007, 1449 Nr 110 [*Sürmeli/Deutschland*]) und die Bundesrepublik Deutschland in einer großen Anzahl von Verfahren wegen *unangemessen langer Verfahrensdauer* verurteilt wurde (vgl dazu ALTHAMMER JZ 2011, 446), entschied er im Jahr 2010 im Rahmen eines sog *„Piloturteils",* dass die Bundesrepublik Deutschland binnen Jahresfrist verpflichtet sei, einen wirksamen Rechtsbehelf gegen überlange Gerichtsverfahren zu schaffen (EGMR 2. 9. 2010 – 46344/06, NJW 2010, 3355 Nr 73 [*Rumpf/Deutschland*]; vgl dazu PESCHEL-GUTZEIT ZRP 2015, 170). Dem kam der Gesetzgeber durch das **Gesetz über den Rechtsschutz bei überlangen Gerichtsverfahren** ua v 24. 11. 2011 (BGBl 2011 I 2302) nach und führte in §§ 198 ff GVG ein zweistufiges System (**Verzögerungsrüge und Entschä-** **462**

digungsanspruch) verschuldensunabhängiger Staatshaftung ein, das neben der Kompensation durch Verfahrensverzögerung erlittener Nachteile auch der Prävention von Verfahrensverzögerung und Untätigkeit dienen sollte (BT-Drucks 17/3802, 16; Peschel-Gutzeit ZRP 2015, 170). Danach haben Betroffene nach § 198 Abs 3 S 1 GVG zunächst die Möglichkeit, im Falle einer unangemessenen Verfahrensdauer dies bei dem erkennenden Gericht zu rügen (sog Verzögerungsrüge), ohne dass dies mit einem Devolutiveffekt – wie bei der Untätigkeitsbeschwerde – verbunden wäre. Danach kann Entschädigungsklage nach § 201 GVG vor den erstinstanzlich zuständigen Oberlandesgerichten erhoben werden. Umgangssachen wurden dabei in der Gesetzesbegründung im Hinblick auf das kindliche Zeitempfinden und die Gefahr einer Präjudizierung der Entscheidung durch Verzögerungen ausdrücklich vom Gesetzgeber als Anwendungsfall von § 198 GVG genannt (BT-Drucks 17/3802, 18). §§ 198 ff GVG sollten dabei nach dem Willen des Gesetzgebers *abschließend* sein und für die vormalige Untätigkeitsbeschwerde kein Anwendungsbereich mehr bestehen (BT-Drucks 17/3802, 16), was in der Folge auch so vom BGH bestätigt wurde (BGH 20. 11. 2012 – VIII ZB 49/12, juris Rn 3, NJW 2013, 385), in der Literatur aber berechtigte Kritik hervorrief (vgl etwa Vogel FPR 2012, 528; Staudinger/Rauscher [2014] § 1684 Rn 416c).

Obgleich gerade in Umgangssachen §§ 198 ff GVG nach deren Inkrafttreten in der Praxis eine große Bedeutung zukam (vgl etwa BGH 13. 3. 2014 – III ZR 91/13, MDR 2014, 534; OLG Braunschweig 8. 2. 2013 – 4 SchH 1/12, FamRZ 2014, 59; OLG Köln 21. 3. 2013 – 7 SchH 5/12, juris; OLG Köln 15. 3. 2013 – 7 SchH 6/12, juris; aus der jüngeren Rspr vgl BGH 13. 4. 2017 – III ZR 277/16, FF 2017, 263), hat der **EGMR** die deutsche Rechtslage im Hinblick auf das **Fehlen eines wirksamen präventiven Rechtsbehelfs** gegen die überlange Dauer von Umgangsverfahren als nicht mit Art 13 EMRK vereinbar angesehen (EGMR 15. 1. 2015 – 62198/11 Nr 138 ff, FamRZ 2015, 469 [*Kuppinger/Deutschland*]; vgl dazu Weber NZFam 2015, 337; Peschel-Gutzeit ZRP 2015, 170) und den Gesetzgeber zur Einführung eines Beschleunigungsrechtsbehelfs außerhalb des Systems der §§ 198 ff GVG jedenfalls in beschleunigt durchzuführenden Kindschaftssachen (§ 155 Abs 1 FamFG) gezwungen. Nachdem der der Entscheidung des EGMR zugrunde liegende Fall nur etwa drei Monate später erneut das **BVerfG** beschäftigt hatte (BVerfG 25. 4. 2015 – 1 BvR 3326/14, ZKJ 2015, 319: ein Verfassungsverstoß wegen überlanger Verfahrensdauer wurde verneint, weil diese maßgeblich durch das Verhalten des Vaters während des Verfahrens verursacht worden war), hat der Gesetzgeber mit dem **Gesetz zur Änderung des Sachverständigenrechts** ua vom 11. 10. 2016 (BGBl 2016 I 2222) in §§ 155b, 155c FamFG spezielle und nur für die in § 155 Abs 1 FamFG genannten Kindschaftssachen, zu denen Umgangsverfahren gehören, präventive Rechtsbehelfe geschaffen (dazu unten Rn 463 ff), die nach § 88 Abs 3 FamFG auch im **Vollstreckungsverfahren** nach §§ 89 ff FamFG Anwendung finden.

c) Beschleunigungsrüge und Beschleunigungsbeschwerde (§§ 155b, 155c FamFG)

463 Die nunmehr in allen Umgangssachen geltenden §§ 155b, 155c FamFG sehen ein **zweistufiges System** des präventiven Vorgehens **gegen Untätigkeit und Verfahrensverzögerungen** vor (vgl dazu ausführlich Keuter FamRZ 2016, 1817). Anders als die frühere Untätigkeitsbeschwerde handelt es sich um *ordentliche Rechtsbehelfe,* welche aufgrund des in § 90 Abs 2 S 2 BVerfGG geregelten Subsidiaritätsgrundsatzes vor Einlegung einer Verfassungsbeschwerde geltend gemacht werden müssen (BVerfG 1. 3. 2017 – 1 BvR 2311/16, juris Rn 3). Sie finden auch dann Anwendung, wenn sich eine Umgangssache gemäß § 137 Abs 3 FamFG im **Ehescheidungsverbund** befindet (OLG Brandenburg 19. 7. 2017 – 9 WF 155/17, juris Rn 1, FamRZ 2018, 128).

aa) Beschleunigungsrüge § 155b FamFG

In § 155b FamFG ist eine qualifizierte **Beschleunigungsrüge** vorgesehen, die nach dessen Abs 3 zugleich als Verzögerungsrüge iSd § 198 Abs 3 S 1 GVG gilt. Mit der Beschleunigungsrüge kann ein Beteiligter (vgl KEUTER FamRZ 2016, 1817, 1818 f) in einer Umgangssache nach § 155b Abs 1 S 1 FamFG geltend machen, dass die bisherige Verfahrensdauer nicht dem *Vorrang- und Beschleunigungsgebot nach § 155 Abs 1 FamFG* entspricht. Das Beschleunigungsgebot gilt dabei auch für solche Umgangssachen, welche sich im *Scheidungsverbund* nach § 137 Abs 3 FamFG befinden (OLG Brandenburg 19. 7. 2017 – 9 WF 155/17, FamRZ 2017, 128; OLG Brandenburg 11. 2. 2019 – 13 WF 21/19, NJW 2019, 3315). Der Betroffene hat dabei nach § 155b Abs 1 S 2 FamFG *Umstände darzulegen,* aus denen sich ergibt, dass das Verfahren nicht vorrangig und beschleunigt durchgeführt worden ist. § 155b FamFG gilt **in allen Rechtszügen** (grob vernachlässigt von BGH 21. 9. 2022 – XII ZB 150/19, NZFam 2023, 63: über 3 Jahre in einem Verfahren betreffend einen pädophilen Vater nach § 1666 BGB) und auch im Verfahren der einstweiligen Anordnung (BT-Drucks 18/9092, 16). Nach § 25 Abs 1 FamFG kann sie *schriftlich oder zur Niederschrift der Geschäftsstelle* eingelegt werden, *Anwaltszwang* besteht nach § 114 Abs 1 und 2 FamFG, wenn sich die Umgangssache im Scheidungsverbund (BT-Drucks 18/9092, 17) oder sich in der Rechtsbeschwerdeinstanz (§ 10 Abs 4 FamFG) befindet. Gemäß § 155 Abs 2 S 1 FamFG hat das *erkennende Gericht* – anders als in den übrigen Familiensachen nach § 198 Abs 3 GVG – über die Beschleunigungsrüge spätestens *innerhalb eines Monats* nach deren Eingang durch Beschluss zu *entscheiden.* Das Gericht hat dabei seine eigene Verfahrensführung im Hinblick auf die Einhaltung des Vorrang- und Beschleunigungsgebots zu überprüfen und darüber durch nach § 38 Abs 3 S 1 FamFG zu **begründenden Beschluss** zu entscheiden. 464

Hält nach § 155b Abs 2 S 2 FamFG das Gericht die Beschleunigungsrüge angesichts einer unangemessen langen Verfahrensdauer für *begründet,* so hat es unverzüglich **geeignete Maßnahmen zur vorrangigen und beschleunigten Durchführung des Verfahrens** zu ergreifen, wobei in Umgangssachen insbesondere der Erlass einer einstweiligen Anordnung zu prüfen ist. Als geeignete Maßnahmen in diesem Sinn kommen auch etwa die Anberaumung eines zeitnahen Termins mit den Beteiligten, die zeitnahe persönliche Anhörung von Beteiligten bzw des Kindes, ein Beweisbeschluss mit Fristsetzung für eine Begutachtung oder die weitere Ermittlung von entscheidungserheblichen Tatsachen oder bei Entscheidungsreife die Entscheidung in der Sache selbst in Betracht (BT-Drucks 18/9092, 17). Für Umgangssachen, die sich gemäß § 137 Abs 3 FamFG im Scheidungsverbund befinden, ist die Abtrennung der Folgesache nach § 140 Abs 2 Nr 3 FamFG zu erwägen (OLG Brandenburg 19. 7. 2017 – 9 WF 155/17, FamRZ 2018, 128; OLG Brandenburg 11. 2. 2019 – 13 WF 21/19, NJW 2019, 3315).

Umstände, aus denen sich Verstöße gegen das Vorrang- und Beschleunigungsgebot von § 155 Abs 1 und 2 FamFG ergeben können, liegen vor zB bei verspäteter Zuständigkeitsprüfung oder Bestellung eines Verfahrensbeistands, Terminverlegungen ohne zwingenden Grund iSd § 155 Abs 2 S 4 und 5 FamFG, Absehen eines Termins, um dem Umgangsberechtigten aufzugeben, zunächst um Beratung und Vermittlung beim Jugendamt nachzusuchen (OLG Brandenburg 10. 7. 2018 – 10 WF 71/18, FamRZ 2020, 694), fehlenden Anhörungen nach §§ 159–162 FamFG, mangelnde Suche nach einem Umgangsbegleiter oder Untätigkeit bei Fristüberschreitungen durch Sachverständige (OLG Hamburg 8. 2. 2017 – 7 WF 9/17, juris Rn 6, FamRZ 2017, 986; OLG Frankfurt 26. 3. 2020 – 8 WF 45/20, FamRZ 2020, 1117; KEUTER FamRZ 2016, 1817, 1819). Hinzukommen muss aber eine *hierdurch bedingte unangemessene Verfahrensdauer.* Wann dies der Fall ist, richtet sich nach den Umständen des Einzelfalls, wobei insbesondere der Gegenstand des Verfahrens, das Alter des Kindes und sein Zeitempfinden (vgl BGH 6. 5. 2021 – III ZR 72/20, NJW 2021, 3194 Rn 24), die Komplexität des Falles, aber auch Verzögerungen durch das Verhalten von Beteiligten, wie zB *unsinnige Befangenheitsanträge* (EGMR 21. 2. 2017 – 13240/15, juris Rn 89, FamRZ 2017, 895 [*Müller/Deutschland*]), Terminsäumnis oder fehlende oder unzuverlässige Mitwirkung bei der Sachaufklärung (insbesondere bei der Begutachtung) zu berücksichtigen sind (vgl BVerfG 25. 4. 2015 – 1 BvR 3326/14, juris Rn 40, ZKJ 2015, 319; OLG Stuttgart 17. 3. 2017 – 17 WF 31/17, juris Rn 51, MDR 2017, 580; Prütting/Helms/Hammer § 155b FamFG Rn 16, 19; BT-Drucks 18/9092, 17). Maßstab ist insoweit vor allem das Kindeswohl, das auch den Beschleunigungsgrundsatz prägt und etwa im Fall notwendigen **Kinderschutzes** nach § 1684 Abs 4 S 2 BGB diesen begrenzt, aber auch verlangt, einer durch die Verfahrensdauer bedingten Entfremdung des Kindes vom Umgangselternteil entgegenzuwirken (OLG Bremen 2. 2. 2017 – 4 UF 13/17, juris Rn 10, ZKJ 2017, 198). Die *nominale Verfahrensdauer* ist dabei für sich genommen nicht entscheidend, weil bei komplexen Verfahren unter Umständen auch große Zeiträume wegen der notwendigen Sachaufklärung hinzunehmen sein können (vgl KG 31. 1. 2017 – 13 WF 12/17, juris Rn 15, ZKJ 2017, 193: 2,5 Jahre; OLG Karlsruhe 31. 3. 2021 – 18 WF 39/21, juris). Mit *zunehmender Verfahrensdauer* steigen aber die Anforderungen an das Gericht, das Verfahren aktiv und nachhaltig zu fördern (VerfGH Berlin 9. 11. 2016 – 159/15, juris Rn 15, FamRZ 2017, 732). Mit der Beschleunigungsrüge kann im Übrigen nur eine *tatsächlich eingetretene,* nicht aber eine mögliche, in der Zukunft liegende drohende Verfahrensverzögerung, wie sie zB bei einer großzügig bemessenen Frist für einen Sachverständigen gegeben sein kann, gerügt werden (OLG Bremen 2. 2. 2017 – 4 UF 13/17, juris Rn 10, ZKJ 2017, 198; Keuter FamRZ 2017, 1817, 1820). Auch bei nach § 30 Abs 1 FamFG iVm § 411 Abs 1 ZPO unterbliebener Fristsetzung für die Erstellung eines Sachverständigengutachtens liegt keine Verletzung des Beschleunigungsgebots vor, wenn das Gericht aktiv auf eine zeitnahe Erstellung des Gutachtens hinwirkt oder sachliche Gründe für eine Verzögerung bestehen (KG 31. 1. 2017 – 13 WF 12/17, juris Rn 17, ZKJ 2017, 193). Verzögerungen als Folge der **Corona-Pandemie** waren zumindest an deren Beginn je nach Bedeutung des Falles hinzunehmen (KG 25. 6. 2020 – 17 WF 1028/20, ZKJ 2020, 477: „Lockdown" der Berliner Gerichte).

Wird die Monatsfrist des § 155 Abs 2 FamFG nicht gewahrt, weil das Familiengericht den ursprünglichen Termin wegen Verhinderung eines Beteiligten verlegen musste, kann bei einer Terminverlegung auch zu berücksichtigen sein, dass für die Frage des Umgangs entscheidungsrelevante Ermittlungsergebnisse im Termin wenn möglich vorhanden sein sollen (OLG Bremen 12. 7. 2017 – 4 UF 72/17, juris Rn 10 ff, FamRZ 2017, 1855: ärztliche Abklärung des sexuellen Missbrauchsverdachts).

Hält das Gericht die Beschleunigungsrüge für **unbegründet**, stellt es dies durch zu begründenden Beschluss fest und belehrt nach § 39 FamFG über das Rechtsmittel der Beschleunigungsbeschwerde nach § 155c FamFG.

Eine **Kostenentscheidung** ist bei der Entscheidung über die Beschleunigungsrüge in keinem Fall veranlasst. Kostenrechtlich wurde nämlich § 19 Abs 1 S 2 Nr 3 RVG dahin ergänzt, dass die **anwaltliche Tätigkeit** im Rahmen des Verfahrens der Beschleunigungsrüge – wie bei der allgemeinen Verzögerungsrüge nach § 198 GVG – mit den Gebühren für das Verfahren in der Hauptsache abgegolten ist. **Gerichtskosten** fallen für die Beschleunigungsrüge nicht an (vgl Prütting/Helms/Dürbeck § 155b FamFG Rn 30; Schneider FamRB 2016, 479, 481). Damit bedarf es auch keiner Festsetzung des Gebührenverfahrenswerts.

bb) Beschleunigungsbeschwerde § 155c FamFG

Nach § 155c Abs 1 S 1 FamFG kann bei einer *erfolglosen Beschleunigungsrüge* in- **465**
nerhalb einer Frist von zwei Wochen **Beschwerde** – nach Zustellung gemäß § 41 Abs 1 S 2 FamFG – eingelegt werden. Für den seltenen Fall, dass auf ein vor dem 1. 9. 2009 eingeleitetes Umgangsverfahren gemäß Art 111 Abs 1 S 1 FGG-RG nicht das FamFG, sondern das FGG anzuwenden ist, finden §§ 155b, 155c FamFG analoge Anwendung (OLG Bremen 12. 10. 2017 – 4 UF 107/17, juris Rn 16 ff, FamRZ 2018, 450).

Nach § 155c Abs 4 S 1 FamFG ist die Beschwerde auch dann statthaft, wenn das Gericht innerhalb der Monatsfrist des § 155b Abs 2 S 1 FamFG keine Entscheidung über die Beschleunigungsrüge getroffen hat (sog **Untätigkeitsbeschleunigungsbeschwerde**), hier gilt eine Frist von *zwei Monaten* ab Eingang der Beschleunigungsrüge (bis Erlass der Entscheidung über die Beschleunigungsrüge, vgl OLG Braunschweig 16. 8. 2021 – 1 WF 97/21, juris Rn 14), § 155c Abs 4 S 2 FamFG (vgl OLG Karlsruhe 1. 8. 2017 – 20 WF 125/17, NZFam 2018, 282). § 155b Abs 4 FamFG dürfte *analog* auf den Fall anzuwenden, dass das Ausgangsgericht der Beschleunigungsrüge zwar stattgegeben, es aber *unterlassen* hat, die zur Beschleunigung des Verfahrens erforderlichen Maßnahmen nach § 155b Abs 2 S 2 FamFG zu treffen (Prütting/Helms/Hammer § 155c FamFG Rn 26).

Beschwerdeberechtigt ist nur derjenige Beteiligte, der die Beschleunigungsrüge eingelegt hat (Hausleiter/Eickelmann § 155c FamFG Rn 2). Die Beschwerde ist nach § 155c Abs 1 S 2 FamFG iVm § 64 Abs 1 S 1 FamFG bei dem Gericht *einzulegen,* dessen Entscheidung angefochten wird. Dies gilt nach § 64 Abs 1 S 2 FamFG auch für einen Antrag auf Bewilligung von Verfahrenskostenhilfe für eine beabsichtigte Beschleunigungsbeschwerde.

Zuständiges **Beschwerdegericht** ist nach § 155c Abs 2 S 1 FamFG das Oberlandesgericht, wenn das Amtsgericht über die Beschleunigungsrüge entschieden hat; betrifft die Beschleunigungsrüge das zweit- oder drittinstanzliche Verfahren, entscheidet nach § 155c Abs 2 S 2 FamFG ein **anderer Spruchkörper** desselben Gerichts. Gemäß § 155c Abs 3 S 1 FamFG hat das Beschwerdegericht unverzüglich nach Aktenlage, wenn möglich *binnen eines Monats* („soll") zu entscheiden. Ist die Beschwerde unzulässig (zB wegen Fristversäumung oder Wegfall des Rechtsschutzbedürfnisses), so hat das Beschwerdegericht nach § 155c Abs 3 S 2 FamFG iVm § 68 Abs 2 S 2 FamFG die Beschwerde zu verwerfen. Fälle des *nachträglichen Wegfalls des Rechtsschutzbedürfnisses* sind die zwischenzeitliche Erledigung des Ausgangsverfahrens in der jeweiligen Instanz (BVerfG 7. 2. 2022 – 1 BvR 2180/21, FamRZ 2022, 709; BVerfG 23. 8. 2018 – BvR 700/18, juris Rn 4; OLG Frankfurt 24. 3. 2022 – 5 WF 25/22, NZFam 2022, 615; OLG Karlsruhe 25. 10. 2017 – 18 WF 188/17, juris Rn 14 ff, ZKJ 2018, 66 m Anm Dürbeck) oder die Nachholung der bisher versäumten Verfahrenshandlungen (sog *faktische Abhilfe*, vgl OLG Köln 7. 12. 2021 – 14 WF 160/21, FamRZ 2022, 881; Prütting/Helms/Hammer § 155c FamFG Rn 22). § 62 FamFG (nachträgliche Feststellung einer etwaigen Verfahrensverzögerung) findet in diesen Fällen keine Anwendung (OLG Frankfurt 24. 3. 2022 – 5 WF 25/22, NZFam 2022, 615; OLG Karlsruhe 25. 10. 2017 – 18 WF 188/17, juris Rn 18 ff, ZKJ 2018, 66).

Ist die **Beschwerde zulässig**, so hat das Beschwerdegericht nach § 155c Abs 3 S 2 FamFG **festzustellen, ob die bisherige Dauer des Verfahrens dem Vorrang- und Beschleunigungsgebot des § 155 Abs 1 FamFG entspricht**. Der Maßstab der Begründetheitsprüfung entspricht insoweit demjenigen von § 155b Abs 2 S 1 FamFG (vgl dazu oben Rn 464). Dabei ist nicht von dem Maßstab *eines idealen Richters* auszugehen, sondern es ist anhand des konkreten Einzelfalles ein *objektiver Maßstab* anzulegen (OLG Frankfurt 26. 3. 2020 – 8 WF 45/20, FamRZ 2020, 1117; OLG Stuttgart 17. 3. 2017 – 17 WF 31/17, juris Rn 78, MDR 2017, 580; BT-Drucks 18/9092, 19). Bei der Überprüfung der Verfahrensführung durch das erkennende Gericht ist diesem allerdings im Hinblick auf die **richterliche Unabhängigkeit** (Art 97 Abs 1 GG) ein **weiter Gestaltungsspielraum** in Bezug auf die Erfüllung seiner Amtsermittlungspflicht einzuräumen (BGH 13. 4. 2017 – III ZR 277/16, juris Rn 16, FF 2017, 263 zu § 198 GVG; OLG Brandenburg 18. 4. 2017 – 9 WF 88/17, FamRZ 2018, 284; BT-Drucks 18/9092, 19), sodass dem Beschwerdegericht eine Überprüfung der sachlichen Richtigkeit der Verfahrensführung des betreffenden Gerichts entzogen ist. Vor diesem Hintergrund erfolgt weder eine **Überprüfung der Zweckmäßigkeit** der Einholung eines Sachverständigengutachtens (OLG Stuttgart 17. 3. 2017 – 17 WF 31/17, juris Rn 84, MDR 2017, 580; BT-Drucks 18/9092, 19) oder Zweitgutachtens (KG 31. 1. 2017 – 13 WF 12/17, juris Rn 26, ZKJ 2017, 193) noch erfolgt eine Überprüfung der inhaltlichen Richtigkeit bereits ergangener einstweiliger Anordnungen (KG 31. 1. 2017 – 13 WF 12/17, juris Rn 19, ZKJ 2017, 193; Prütting/Helms/Hammer § 155c FamFG Rn 19). Auch ist von Bedeutung, ob etwaige Verfahrensverzögerungen nicht auf ein **Verhalten des Beschwerdeführers** zurückzuführen sind (OLG Bremen 12. 10. 2017 – 4 UF 107/17, juris Rn 30, FamRZ 2018, 450; OLG Brandenburg 18. 4. 2017 – 9 WF 88/17, FamRZ 2018, 284). *Verweigert* in einer Umgangssache ein Elternteil die *Begutachtung des Kindes,* so hat das Familiengericht entweder ein Verfahren zur Ersetzung der Zustimmung nach § 1666 Abs 3 Nr 5 BGB einzuleiten (vgl BGH 17. 2. 2010 – XII ZB 68/08, juris Rn 45, NJW 2010, 1351) oder aber bei Entscheidungsreife eine Entscheidung über das Umgangsrecht nach § 1684 Abs 3 und 4 BGB zu treffen und kann sich nicht darauf beschränken, auf eine einvernehmliche Lösung der Frage zu warten (vgl OLG Karlsruhe 1. 8. 2017 – 20 WF 125/17, NZFam 2018, 282).

Soweit es die **Verzögerung des zweitinstanzlichen Verfahrens** betrifft, hat das OLG Karlsruhe (OLG Karlsruhe 4. 3. 2020 – 20 WF 20/20, NJW-RR 2020, 652) zutreffend darauf verwiesen, dass alleiniger Gegenstand der im zweiten Rechtszug erhobenen Beschleunigungsrüge die Verfahrensweise des Oberlandesgerichts als Beschwerdegericht ist. Gleichwohl ist in die Prüfung der überlangen Verfahrensdauer und Verzögerung die gesamte Zeit seit Anhängigkeit im ersten Rechtszug in die Prüfung einzubeziehen, weil die Gesamtdauer des Verfahrens dafür maßgeblich sein kann, wie beschleunigt das Beschwerdeverfahren zu führen ist (vgl auch Prütting/Helms/Hammer § 155c FamFG Rn 16).

Stellt das Beschwerdegericht fest, dass die bisherige Verfahrensdauer gegen § 155 Abs 1 FamFG verstößt, hat es sich nicht auf die bloße Feststellung dieses Umstands zu beschränken, sondern hat auch *auszuführen, welche Maßnahmen aus seiner Sicht zur Verfahrensförderung notwendig sind* (BT-Drucks 18/9092, 19). Nach § 155c Abs 3 S 3 FamFG ist das Ausgangsgericht an die rechtliche Beurteilung des Beschwerdegerichts gebunden. Das Beschwerdegericht kann aber mit Rücksicht auf dessen richterliche Unabhängigkeit das Ausgangsgericht weder zum Erlass einer einstweiligen Anordnung noch zum Treffen einer anderweitigen verfahrensbeschleunigenden Maßnahme anweisen oder ihm eine Frist zum Ergreifen bestimmter Verfahrensmaßnahmen setzen (OLG Brandenburg 18. 4. 2017 – 9 WF 88/17, FamRZ 2018, 284; KG 31. 1. 2017 – 13 WF 12/17, juris Rn 13, ZKJ 2017, 193; BT-Drucks 18/9092, 19). Im Übrigen entfaltet die Entscheidung nach § 155c Abs 3 FamFG keine Bindungswirkung für einen späteren Entschädigungsprozess nach § 201 GVG (BT-Drucks 18/9092, 19; Sternal/Schäder § 155c FamFG Rn 15).

cc) Kosten

Hinsichtlich der Kosten des Beschwerdeverfahrens fehlt in § 155c FamFG eine § 87 Abs 5 FamFG entsprechende Verweisung auf §§ 81 ff FamFG, sodass allenfalls eine analoge Anwendung in Frage kommt (Prütting/Helms/Hammer § 155c FamFG Rn 25). Im Übrigen ist hier zu differenzieren (vgl dazu Schneider FamRB 2016, 479): 466

Ist die Beschwerde als **unzulässig verworfen oder als unbegründet zurückgewiesen** worden, entstehen nach KV Nr 1912 FamGKG in Bezug auf die **Gerichtskosten Festgebühren**, die eine Wertfestsetzung entbehrlich machen. In Bezug auf die **Rechtsanwaltsgebühren** entsteht nach VV Nr 3500 RVG eine wertabhängige 0,5 Verfahrensgebühr für das Beschwerdeverfahren. Der **Wert des Gegenstands der anwaltlichen Tätigkeit** ist – nur auf Antrag – nach § 33 Abs 1 RVG vom Beschwerdegericht festzusetzen.

Der Gegenstandswert ist – wie bei der vormaligen Untätigkeitsbeschwerde – nach dem **Interesse des Beschwerdeführers an einer zeitnahen Entscheidung** des Verfahrens nach § 42 Abs 2 FamGKG zu bestimmen, sodass – entgegen der vormaligen Ansicht des *BGH* zur Untätigkeitsbeschwerde (BGH 29. 9. 2010 – XII ZB 308/10, juris Rn 2), der sich nunmehr aber das *OLG Karlsruhe* (OLG Karlsruhe 4. 3. 2020 – 20 WF 20/20, juris Rn 12, FamRZ 2020, 1214) angeschlossen hat – nicht der volle Wert der Hauptsache nach § 45 Abs 1 Nr 2 FamGKG, sondern lediglich ein **Bruchteil** der zugrundeliegenden Hauptsache anzusetzen ist, wobei sich in der Gerichtspraxis ein Wert von ca 1/3 – 1/2 der Hauptsache durchsetzt (OLG Brandenburg 26. 7. 2021 – 9 WF 167/21, juris; OLG Bremen 12. 10. 2017 – 4 UF 107/17, juris Rn 34, FamRZ 2018, 450; OLG Stuttgart 17. 3. 2017 – 17 WF 31/17, juris Rn 86, MDR 2017, 580; KG 31. 1. 2017 – 13 WF 12/17, juris Rn 28, ZKJ 2017, 193; OLG Bremen 2. 2. 2017 – 4 UF 13/17, juris Rn 16, ZKJ 2017, 198; BeckOK-Streitwert/Dürbeck [1. 7. 2018] „Beschleunigungsbeschwerde“ Rn 2; **aA** OLG Brandenburg 18. 4. 2017 – 9 WF 88/17, FamRZ 2018, 284 und OLG Karlsruhe 25. 10. 2017 – 18 WF 188/17, juris Rn 25, ZKJ 2018, 66: ½ des Hauptsachewerts in einem eA-Verfahren).

Die Gerichtskosten und die außergerichtlichen Auslagen der Beteiligten sind im Falle einer erfolglosen Beschleunigungsbeschwerde im Regelfall **(analog) § 84 FamFG** dem Beschwerdeführer aufzuerlegen (OLG Stuttgart 17. 3. 2017 – 17 WF 31/17, juris Rn 86, MDR 2017, 580; KG 31. 1. 2017 – 13 WF 12/17, juris Rn 28, ZKJ 2017, 193).

War die Beschleunigungsbeschwerde dagegen **erfolgreich**, so entstehen nach dem FamGKG keine Gerichtskosten (Prütting/Helms/Dürbeck § 155c FamFG Rn 30).

Obgleich auch bei einer erfolgreichen Beschwerde Anwaltsgebühren nach VV Nr 3500 RVG entstehen, bedarf es im Beschwerdeverfahren hier keiner Kostenentscheidung, da die Kosten des Beschwerdeverfahrens – wie im vergleichbaren Fall der erfolgreichen sofortigen Beschwerde bei Ablehnung eines Richters nach § 6 FamFG iVm § 42 ZPO (vgl MünchKommZPO/Stackmann § 46 Rn 14) – entgegen der bisher ergangenen Rechtsprechung (OLG Hamburg 8. 2. 2017 – 7 WF 9/17, juris Rn 8, FamRZ 2017, 986) **zu den Kosten des Ausgangsverfahrens** gehören.

Für das Verfahren der **Beschleunigungsbeschwerde** kann im Übrigen **Verfahrenskostenhilfe** nach Maßgabe von § 76 Abs 1 FamFG iVm §§ 114 ff ZPO bewilligt und ein Rechtsanwalt nach § 78 FamFG beigeordnet werden, nicht dagegen für die Beschleunigungsrüge nach § 155b FamFG, weil hier keine Kosten entstehen.

13. Entscheidung

a) Endentscheidung

aa) Beschluss, Verbundbeschluss

467 Die Endentscheidung in der isolierten Umgangssache ergeht als **Beschluss** (§ 38 FamFG); die Umgangsregelung im Scheidungsverbund durch **Beschluss im Verbund** (§ 142 Abs 1 FamFG). In einem **abgetrennten Umgangsverfahren** (§ 140 FamFG) wird ebenfalls durch selbständigen Beschluss entschieden. Schließlich bedarf es auch bei der Billigung eines Umgangsvergleichs nach § 156 Abs 2 FamFG einer verfahrensabschließenden Entscheidung in Beschlussform (BGH 10. 7. 2019 – XII ZB 507/18, FamRZ 2019, 1616, vgl dazu oben Rn 146).

Der Beschluss ist mit einer **Rechtsbehelfsbelehrung** zu versehen (§ 39 FamFG).

Wird der **Scheidungsantrag abgewiesen**, so werden zwar grundsätzlich anhängige Folgesachen gegenstandslos (§ 142 Abs 2 S 1 FamFG). Hiervon ausdrücklich ausgenommen sind die Kindschaftssachen, die nach § 137 Abs 3 FamFG zwar als Folgesachen einbezogen sind, aber ihrer Natur nach nicht auf eine Entscheidung (nur) für den Fall der Scheidung abzielen. Umgangssachen bleiben also trotz Abweisung des Scheidungsantrags anhängig und werden als selbständige Familiensachen fortgeführt; eines Vorbehalts oder Antrags eines Beteiligten bedarf es nicht (§ 142 Abs 2 S 3 FamFG). § 142 FamFG ist auch im Rechtsmittelverfahren anzuwenden. Bei Abweisung des Scheidungsantrages durch das Rechtsmittelgericht sind Umgangssachen, die nach § 142 Abs 2 S 3 FamFG weiterbetrieben werden müssen, in der Instanz fortzuführen, in der sie sich bei der Abweisung des Scheidungsantrages befunden haben (BGH 14. 12. 1983 – IVb ZR 26/82, juris Rn 3, NJW 1984, 2041; Johannsen/Henrich/Althammer/Markwardt § 142 FamFG Rn 8). Anders verhält es sich bei **Rücknahme des Scheidungsantrags**: Insoweit werden nur die in § 141 S 2 FamFG genannten Kindschaftssachen (Übertragung der elterlichen Sorge wegen Gefährdung) kraft Gesetzes fortgeführt, während es insbesondere für eine Umgangssache einer vor Wirksamkeit der Rücknahme erfolgenden *Erklärung eines Beteiligten über die Fortführung* bedarf; in diesem Fall bleiben sie wiederum als selbständige Familiensachen anhängig (§ 141 S 3 FamFG).

467a Eine **Teil-Endentscheidung** darf analog § 301 ZPO auch in Verfahren der freiwilligen Gerichtsbarkeit (Sternal/Jokisch § 38 FamFG Rn 29; Musielak/Borth/Frank § 38 FamFG Rn 2) nur ergehen, wenn die Entscheidung über diesen Teil unabhängig von der Entscheidung über den restlichen Verfahrensgegenstand getroffen werden kann und die Gefahr widersprechender Entscheidungen ausgeschlossen ist (BGH 16. 6. 2010 – VIII ZR 62/09, NJW-RR 2011, 189). In Bezug auf die *Regelung* des Umgangs und auf *Ausschluss* des Umgangs kommt eine *(offene)* Teilentscheidung schon deshalb nicht in Betracht, weil sich die Gefahr widersprechender Entscheidungen ergibt, wenn das

Rechtsmittelgericht oder ein anderer Richter erster Instanz die entschiedene Teilfrage anders beurteilt als das Familiengericht (OLG Frankfurt 22. 4. 2021 – 8 UF 71/21, NJW-RR 2021, 869; OLG Düsseldorf FamRZ 2000, 1291). Auch widerspricht eine Teilentscheidung der gesetzgeberischen Konzeption zum Ablauf des Verfahrens. Ist in einer Umgangssache im ersten Termin (§ 155 Abs 2 FamFG) Entscheidungsreife nicht gegeben, etwa, weil ein Sachverständigengutachten einzuholen ist oder ein außergerichtlicher Einigungsversuch unternommen werden soll, hat das Gericht nach § 156 Abs 3 S 1 und 2 FamFG mit den Beteiligten und dem Jugendamt den *Erlass einer einstweiligen Anordnung* zu erörtern und ggf den Umgang vorläufig nach § 49 FamFG zu regeln oder auszuschießen. Eine Teilentscheidung lässt sich mit dieser verfahrensrechtlichen Konzeption nicht vereinbaren.

Unzulässige (*verdeckte*) Teilentscheidungen in Umgangssachen liegen vor allem dann vor, wenn das Familiengericht eine nicht vollstreckungsfähige Umgangsregelung getroffen hat; sie führen ebenfalls regelmäßig nach § 69 Abs 1 S 2 FamFG zur Aufhebung der Entscheidung und Zurückverweisung des Verfahrens an das Amtsgericht (siehe dazu unten Rn 505).

bb) Entscheidungsinhalt

Inhalt der Endentscheidung ist die (positive) Regelung des Umgangs, die Einschränkung oder der Ausschluss des Umgangsrechts oder die Billigung des elterlichen Vergleichs über das Umgangsrecht (§ 156 Abs 2 FamFG). Nicht zulässig ist die Abweisung einer Regelungsanregung ohne Entscheidung über die Frage, in welchem Umfang das Umgangsrecht besteht bzw einzuschränken ist (dazu oben Rn 182 ff). **Adressaten der Entscheidungen** können die Eltern oder Dritte, wie zB der Vormund oder Pflegepersonen des Kindes sein (vgl § 1684 Abs 3 S 2 BGB), nicht aber das Kind, das aus § 1684 BGB nur berechtigt, nicht verpflichtet ist. Nur in **Ausnahmefällen** ist eine **Sachentscheidung entbehrlich** und das Verfahren mit der *Feststellung, dass eine Umgangsregelung nicht veranlasst ist,* zu beenden, insbesondere im Falle der *Ablehnung von begleiteten oder sonst beschränkten Umgängen* durch den Umgangselternteil (oben Rn 187), der ernsthaften *Abstandnahme* von dem Wunsch, Umgang mit dem Kind zu haben (oben Rn 184) und im Falle einer im Rahmen der Elternautonomie erzielten *Einigung über einen nicht vollstreckbar* geregelten Umgang (oben Rn 189). 468

b) Erlass, Bekanntgabe und Wirksamwerden

In einer Umgangssache wird ein Beschluss iSd § 38 FamFG dadurch **erlassen**, dass die Entscheidungsformel den anwesenden Beteiligten *verlesen* wird oder – wie im Regelfall – eine *Übergabe der unterschriebenen Entscheidung an die Geschäftsstelle* erfolgt (vgl § 38 Abs 3 S 3 FamFG; OLG Schleswig 28. 8. 2017 – 8 UF 131/17, juris Rn 43, ZKJ 2018, 23; OLG Frankfurt 13. 1. 2016 – 4 UF 272/15, juris Rn 11, FamRZ 2016, 1801). Eine *Verkündung* der Entscheidung unter Abwesenheit der Beteiligten ist weder nötig noch hinreichend. Die Geschäftsstelle hat das maßgebliche Datum der Übergabe an die Geschäftsstelle nach § 38 Abs 3 S 3 FamFG auf dem Beschluss zu vermerken. Mit dem **Erlass** der Entscheidung wird eine Entscheidung existent und ab diesem Zeitpunkt ist das Gericht an seine Entscheidung gebunden und kann diese nicht mehr außerhalb eines gesetzlich dafür vorgesehenen Verfahrens *abändern* (BGH 8. 7. 2015 – XII ZB 586/14, juris Rn 5, FamRZ 2015, 1877; Sternal/Jokisch § 38 FamFG Rn 90). Zudem kann eine Entscheidung erst ab dem Zeitpunkt ihres Erlasses nach § 63 Abs 3 S 2 FamFG auch *Gegenstand eines Rechtsmittels* sein. 469

Die selbständige Umgangsentscheidung wird dagegen gegenüber den Beteiligten erst **wirksam** mit der **Bekanntgabe** an denjenigen, für welchen sie ihrem Inhalt nach bestimmt ist (§ 40 Abs 1 FamFG). Das Gericht ist nicht befugt, im Tenor seiner Entscheidung einen hiervon abweichenden Zeitpunkt zu bestimmen (OLG Celle 2. 5. 2013 – 10 UF 100/13, juris Rn 7, ZKJ 2013, 359).

Die **Bekanntgabe** *erfolgt* nach § 41 Abs 1 S 2 FamFG im Regelfall durch *förmliche Zustellung* des Beschlusses. Sind die Beteiligten anwesend, kann der Beschluss nach § 41 Abs 2 S 1 FamFG auch durch Verlesen der Beschlussformel bekannt gegeben werden. In diesem Fall ist die Begründung des Beschlusses nach § 41 Abs 2 S 3 FamFG unverzüglich nachzuholen und nach S 4 auch in Schriftform bekannt zu geben. **Zustellungsadressaten** sind zunächst die Beteiligten des Verfahrens (vgl oben Rn 401 ff), also im Regelfall die Eltern, der Verfahrensbeistand, der Vormund oder Pfleger und im Falle von §§ 161 Abs 1 S 1, 7 Abs 2 Nr 1 FamFG auch die Pflegepersonen des Kindes.

Dem **Kind** ist der Beschluss nach § 164 S 1 FamFG bekanntzumachen, wenn das Kind das 14. Lebensjahr vollendet hat, nicht geschäftsunfähig und gegen den Beschluss persönlich beschwerdeberechtigt (vgl § 60 FamFG) ist. Die Bekanntmachung erfolgt in diesem Fall an das Kind **persönlich**, also nicht an den gesetzlichen Vertreter oder den Verfahrensbeistand (Johannsen/Henrich/Althammer/Dürbeck § 164 FamFG Rn 2; Prütting/Helms/Hammer § 164 FamFG Rn 4). Bei zulässiger anwaltlicher Vertretung des Kindes genügt die Bekanntgabe an den Verfahrensbevollmächtigten (Johannsen/Henrich/Althammer/Dürbeck § 164 FamFG Rn 2; Sternal/Schäder § 164 FamFG Rn 5; **aA** MünchKommFamFG/Schumann § 164 Rn 5). Eine *Begründung* der Entscheidung soll dem Kind hingegen nicht mitgeteilt werden, wenn **Nachteile** für seine Entwicklung, Erziehung oder Gesundheit zu befürchten sind (§ 164 S 2 FamFG; vgl dazu Rohmann FPR 2013, 464, 470), was etwa in Fällen sexuellen Missbrauchs anzunehmen sein kann (OLG Brandenburg 6. 10. 2015 – 10 UF 57/13, juris Rn 84). Trifft dies nur auf einen *Teil der Gründe* zu, so sind lediglich diese Teile zu entfernen (Heilmann/Heilmann § 164 FamFG Rn 5). Die Entscheidung hierüber liegt im **Ermessen** des Familienrichters bzw des Vorsitzenden des Rechtsmittelgerichts (Prütting/Helms/Hammer § 164 FamFG Rn 5).

Dem **Jugendamt** ist die Entscheidung bekanntzumachen, soweit das Jugendamt zu hören war, also nicht nur dann, wenn es auf seinen Antrag formell an dem Verfahren beteiligt war (§ 162 Abs 3 S 1 FamFG). Entsprechend ist das Jugendamt gemäß §§ 59 Abs 3, 162 Abs 3 S 2 FamFG unabhängig von seiner formellen Beteiligung beschwerdeberechtigt. War bei einem fremduntergebrachten Kind das Jugendamt auch als **Amtsvormund** am Verfahren beteiligt (vgl oben Rn 405), so ist der Beschluss auch an diesen zuzustellen (vgl DIJuF-Rechtsgutachten JAmt 2018, 142; Heilmann/Dürbeck § 1791b Rn 12).

Die Umgangsregelung im **Scheidungsverbund** wird gemäß § 148 FamFG erst wirksam mit Rechtskraft des Verbundbeschlusses, der gemäß § 142 Abs 3 FamFG zu verkünden und gemäß § 113 Abs 1 S 2 FamFG, § 317 ZPO zuzustellen ist (BGH FamRZ 2012, 106; Prütting/Helms/Helms § 142 FamFG Rn 7 und § 148 FamFG Rn 7).

14. Einstweilige Anordnungen

a) Selbständiges Verfahren

aa) Gegenüber der früheren Rechtslage ergeben sich unter dem FamFG bedeutsame *strukturelle Änderungen* der Bestimmungen über das Verfahren zum Erlass einer **einstweiligen Anordnung** in Kindschafts-, also auch in Umgangssachen. 470

Zum einen wurde mit §§ 49 ff FamFG ein **selbständiges Verfahren** (vgl § 51 Abs 3 S 1 FamFG) zur einstweiligen Anordnung geschaffen, während nach früherem Recht eine einstweilige Anordnung nur im Zusammenhang mit einem Hauptverfahren ergehen konnte, welches regelmäßig den Umgang betreffen musste; nur ausnahmsweise konnte in einem das Sorgerecht betreffenden Hauptsacheverfahren eine einstweilige Anordnung zum Umgang ergehen (Staudinger/Rauscher [2006] § 1684 Rn 421, 423; Schnitzler FF 2012, 62).

Zum anderen entfällt die Unterscheidung der Rechtsgrundlagen für einstweilige Anordnungen im isolierten Umgangsverfahren (vormals § 621g ZPO aF) und im Scheidungsverbund (§ 620 Nr 2 ZPO aF).

bb) Die besondere Bedeutung einstweiliger Anordnungen im Umgangsverfahren zur Vermeidung einer dem Kindeswohl nachteiligen faktischen Verfestigung der Umgangsstörung unterstreicht **§ 156 Abs 3 S 1 FamFG**, der in Fällen des **Scheiterns einer Einigung im frühen Termin** (§ 155 Abs 2 FamFG) die *Erörterung einer einstweiligen Anordnung* mit den Beteiligten vorsieht. Anders als im Fall des § 52 Abs 2 FGG aF und im Fall des § 156 Abs 3 S 2 FamFG handelt es sich hier nicht um eine Situation ausnahmsweiser Verzögerung des Verfahrens (§ 52 Abs 2 FGG aF: Aussetzung, die in § 156 FamFG nicht mehr vorgesehen ist; § 156 Abs 3 S 2 FamFG: Anordnung außergerichtlicher Einigungsinstrumente), sondern um den Regelfall der im notwendig frühen Termin (§ 155 Abs 2 FamFG: ein Monat nach Einleitung des Verfahrens) nicht erzielten Einigung. Damit wird in Umgangsverfahren mangels einverständlicher Lösung im frühen Termin die Prüfung einstweiliger Anordnungen zur Regel. Freilich gilt dies nur dann, wenn die Hauptsache nicht entscheidungsreif ist, insbesondere, weil weitere Ermittlungen, wie zB die Einholung eines Sachverständigengutachtens, erforderlich sind. Auch insoweit gelten aber im Übrigen §§ 49 ff FamFG, insbesondere in Ansehung der Selbständigkeit des Verfahrens, der Dringlichkeit und der Notwendigkeit eines Regelungsbedürfnisses. 471

cc) Weiter geht § 156 Abs 3 S 2 FamFG, der bei Anordnung der Inanspruchnahme einer **Mediationsberatung** oder einer **Begutachtung** regelmäßig den Erlass einer einstweiligen Anordnung fordert. Auch für den Erlass einer einstweiligen Anordnung auf dieser Grundlage gelten die §§ 49 ff FamFG. Liegen die Voraussetzungen des § 156 Abs 3 S 2 FamFG vor, so ist in allen Umgangssachen **von Amts wegen** der Erlass einer einstweiligen Anordnung zu prüfen (Heistermann FF 2009, 281, 284; MünchKomm-FamFG/Schumann § 156 Rn 25). Schließlich legt § 156 Abs 3 S 2 FamFG in Ansehung des Regelungsbedürfnisses nicht dessen Annahme zwangsläufig nahe (Musielak/Borth/Frank § 156 FamFG Rn 16). 472

dd) Durch die zum 15. 10. 2016 (BGBl 2016 I 2222) neu geschaffene Regelung von **§ 155b Abs 2 S 2 letzter HS FamFG** haben die Familiengerichte nunmehr auch im Falle 473 einer **begründeten Beschleunigungsrüge** zu prüfen, ob durch den Erlass einer einstweiligen Anordnung den durch überlange Gerichtsverfahren bedingten Gefahren, insbesondere durch eine Entfremdung des Kindes, wirksam begegnet werden kann. Da Umgangsverfahren zu den amtswegigen Verfahren nach § 24 FamFG gehören (oben Rn 381), bedarf es insoweit für die Verfahrenseinleitung keines Antrages. Die amtswegige Prüfung nach § 155 Abs 2 S 2 FamFG bedarf dabei keines Vermerkes in den Akten (Prütting/Helms/Hammer § 155b FamFG Rn 23; **aA** Sternal/Schäder § 155b FamFG Rn 9).

b) Verfahrensgrundsätze

474 **aa)** Das Verfahren der einstweiligen Anordnung nach §§ 49 ff FamFG zur Regelung oder zu Einschränkung oder Ausschluss des Umgangs ist nach § 51 Abs 3 S 1 FamFG ein **selbständiges Verfahren**; dies gilt auch, wenn ein Hauptsacheverfahren (selbständig oder im Scheidungsverbund) anhängig ist oder wird (Prütting/Helms/Dürbeck § 51 FamFG Rn 20; Heistermann FF 2009, 281, 283). Auch das das Umgangsrecht betreffende einstweilige Anordnungsverfahren ist jedoch als solches **Kindschaftssache** und unterliegt daher gemäß § 51 Abs 2 S 1 FamFG den §§ 151 ff FamFG, soweit sich nicht aus der Natur des einstweiligen Verfahrens etwas anderes ergibt (MünchKommFamFG/Heilmann § 151 Rn 8). Ist in der Hauptsache **Beschwerde** nach §§ 58 ff FamFG eingelegt, fehlt es im Hinblick auf die Möglichkeit einer unselbständigen und kostenneutralen einstweiligen Anordnung nach § 64 Abs 3 FamFG im Regelfall am Rechtsschutzbedürfnis für ein selbständiges einstweiliges Anordnungsverfahren nach §§ 49 ff FamFG (OLG Frankfurt 30. 6. 2017 – 4 UFH 1/17, juris Rn 3, NZFam 2017, 967).

475 **bb)** Eine einstweilige Anordnung kann **von Amts wegen** erlassen werden, wenn die entsprechende Regelung auch im Hauptsacheverfahren eines Antrags nicht bedarf (vgl § 51 Abs 1 FamFG). Da Umgangssachen zu den amtswegigen Verfahren nach § 24 FamFG gehören (oben Rn 381), hat das Familiengericht stets die Möglichkeit einer vorläufigen Regelung des Umgangs oder seines Ausschlusses, ohne dass es eines Antrages oder einer Anregung eines Beteiligten oder des Jugendamts bedarf. Immer von Amts wegen zu prüfen ist der Erlass einer einstweiligen Anordnung in den Fällen des § 156 Abs 3 S 1 und 2 FamFG sowie § 155b Abs 2 S 2 FamFG (vgl oben Rn 471 bis 473).

476 **cc)** Zuständig ist nach § 50 Abs 1 S 1 FamFG das Gericht, das für die Hauptsache im ersten Rechtszug zuständig wäre, sodass insoweit hinsichtlich der örtlichen Zuständigkeit §§ 152 ff FamFG gelten (dazu oben Rn 395 ff). Dies gilt unbeschadet der Anhängigkeit einer Hauptsache. Ist die Hauptsache – durch Eingang der Akten (Prütting/Helms/Dürbeck § 50 FamFG Rn 6) – beim Beschwerdegericht anhängig, so entscheidet dieses auch erstinstanzlich über die einstweilige Anordnung (§ 50 Abs 1 S 2 FamFG). War das einstweilige Anordnungsverfahren bereits vor Eingang der Hauptsache beim Beschwerdegericht eingeleitet worden, bleibt das Amtsgericht nach dem Grundsatz der perpetuatio fori zuständig (OLG Köln 15. 3. 2019 – 27 UFH 2/19, juris Rn 6; OLG Brandenburg 29. 4. 2013 – 13 UFH 1/12, MDR 2013, 854). In besonders dringenden Fällen kann auch das Familiengericht entscheiden, in dessen Bezirk sich das Regelungsbedürfnis ergibt (§ 50 Abs 2 FamFG); in Umgangssachen kommt hier insbesondere das Familiengericht in Betracht, in dessen Bezirk sich das Kind (schlicht) aufhält.

c) Dringendes Bedürfnis

Sachliche Voraussetzung einer vorläufigen Maßnahme im Verfahren der einstweiligen Anordnung ist, dass der Erlass gerechtfertigt ist und ein **dringendes Bedürfnis** für ein sofortiges Tätigwerden besteht (§ 49 Abs 1 FamFG). Angesichts des nach § 155 Abs 1 FamFG für Umgangssachen geltenden **Beschleunigungsgebots**, welches auch für das Hauptsacheverfahren eine möglichst zeitige Endentscheidung gebietet, und dem **Erfordernis der persönlichen Anhörung der Beteiligten** nach §§ 159 ff FamFG fehlt es in Umgangssachen häufig an einem dringenden Bedürfnis für ein sofortiges Tätigwerden, da im Verfahren nach §§ 49 ff FamFG oft kaum schnellere Entscheidungen als in der Hauptsache herbeigeführt werden können (OLG Stuttgart 30. 9. 2010 – 16 WF 189/10, juris Rn 10, FamRB 2011, 42; Prütting/Helms/Dürbeck § 49 FamFG Rn 13; Sternal/Giers § 49 FamFG Rn 12; Schnitzler FF 2012, 62, 63). Anders ist aber zu verfahren, wenn eine einstweilige Anordnung zum Umgangsausschluss wegen *schwerwiegender Kindeswohlgefährdung* (zB bei Fällen von häuslicher Gewalt oder sexuellen Missbrauchs) nach Durchführung einer Risikoabwägung (vgl OLG Koblenz 4. 6. 2020 – 7 UF 201/20, NZFam 2020, 784KG 5. 4. 2012 – 17 UF 50/12, juris Rn 26 ff, FamRB 2012, 241) zu ergehen hat, die unter Umständen sogar noch vor persönlicher Anhörung (§ 51 Abs 2 S 2 FamFG) erfolgen kann und ggf muss. Häufigster Anwendungsfall einer einstweiligen Anordnung in Umgangssachen dürfte daher der Fall von § 156 Abs 3 S 1 FamFG sein, dass eine *einvernehmliche Lösung im frühen Erörterungstermin* (§ 155 Abs 2 FamFG) nicht erzielt wird und die Hauptsache wegen der Notwendigkeit weiterer Ermittlungen, insbesondere der Einholung eines Sachverständigengutachtens, noch nicht entscheidungsreif ist. Soweit danach die Notwendigkeit einer vorläufigen (positiven) Regelung des Umgangsrechts besteht, wird es sich im Regelfall nur um *unbegleitete Kontakte* handeln können, weil häufig wegen des schwerfälligen und langwierigen jugendhilferechtlichen Bewilligungsverfahrens (vgl oben Rn 376) ein zur **Umgangsbegleitung** mitwirkungsbereiter Dritter nicht kurzfristig gefunden werden kann (ebenso Heilmann/Wegener § 156 FamFG Rn 70; vgl auch den Fall von BVerfG 8. 6. 2017 – 1 BvR 1054/17, juris). Demgegenüber kann auch im Verfahren der einstweiligen Anordnung ein **Umgangspfleger** nach § 1684 Abs 3 S 3 BGB bestellt werden (vgl OLG Hamm 4. 8. 2016 – 14 WF 119/16, FamRZ 2017, 47). 477

Nach der Entscheidung des BGH (vgl oben Rn 251 ff) zur umgangsrechtlichen Begründung eines **Wechselmodells** können nunmehr auch entsprechende Regelungen dazu per einstweiliger Anordnung in Umgangssachen getroffen werden (vgl jeweils zur vorläufigen Fortsetzung eines Wechselmodells AG Duisburg 26. 2. 2015 – 41 F 10/15, juris Rn 11, FamRZ 2015, 305; AG Hannover 10. 2. 2014 – 618 F 491/14, juris Rn 15 ff, FamRZ 2014, 1212).

Hinsichtlich des **Beurteilungsmaßstabes** zur Frage eines dringenden Bedürfnisses zur Regelung des Umgangs ist eine **Folgen- und Risikoabwägung** anzustellen. Ein dringendes Bedürfnis zu sofortigem, einstweiligem Einschreiten besteht, wenn eine Folgenabwägung ergibt, dass die Nachteile, die für die Rechte und Interessen der Beteiligten entstehen, wenn die einstweilige Anordnung unterbleibt, die Hauptsache aber im Sinne des Antragstellers entschieden würde, schwerer wiegen als die Nachteile, die durch die vorläufige Maßnahme eintreten können, die aber aufzuheben und rückabzuwickeln ist, wenn sich der Antrag bzw das Begehren in der Hauptsache als erfolglos erweisen sollte (OLG Brandenburg 29. 8. 2019 – 13 UF 135/19, juris; OLG Brandenburg 16. 4. 2015 – 13 UF 70/15, juris Rn 19, FamRZ 2015, 1515 zum Sorgerecht; Heilmann/Lack § 49 FamFG Rn 9). Der Gesetzgeber des FamFG setzt jedoch für das Umgangsverfahren typisiert voraus, dass in den in § 156 Abs 3 FamFG bezeichneten Fällen regelmäßig nicht nur ein Tätigwerden von Amts wegen erforderlich ist, sondern dass auch regelmäßig ein dringendes Bedürfnis zu bejahen ist (BT-Drucks 16/6308, 237). Dies setzt aber nicht die Anforderungen an die Ermittlung der Entscheidungsvoraussetzungen außer Kraft, beeinflusst aber insbesondere die Bewertung der Entfremdungsgefahr als einen das dringende Bedürfnis begründenden Umstand.

Im Fall des **§ 156 Abs 3 S 1 FamFG**, also des Scheiterns einer Einigung im frühen Termin nach § 155 Abs 2 FamFG, kann eine vorübergehende **positive Umgangsregelung** geboten sein, wenn der das Kind betreuende Elternteil jeden persönlichen Umgang des Kindes mit dem anderen Elternteil verweigert und Gründe für eine Einschränkung des Umgangs nicht erkennbar sind (OLG Bamberg FamRZ 1995, 181, 182; ähnlich OLG Köln FamRZ 1997, 386, 387 bei eigenmächtiger Aufenthaltsverlegung; vgl auch OLG Brandenburg FamRZ 1998, 1249). Verzögerung bedeutet in solchen Fällen immer Gefahr für das Kindeswohl durch Entfremdung (Musielak/Borth/Frank § 156 FamFG Rn 17; MünchKomm-FamFG/Schumann § 156 Rn 25). Eine **negative Umgangsregelung**, also vorübergehende Einschränkung bzw Ausschluss, sind dann geboten, wenn sich für eine Gefährdung des Kindeswohls nach einer Risikoabwägung ein dringender objektiv greifbarer, nicht nur auf die Behauptung des anderen Elternteils gestützter Verdacht ergibt (KG 5. 4. 2012 – 17 UF 50/12, juris Rn 26 ff, FamRB 2012, 241; OLG Bamberg FamRZ 1995, 181, 182) und es einer weiteren Klärung der Umstände des Streits zwischen den Eltern bedarf.

Ob darüber hinaus **§ 156 Abs 3 S 2 FamFG** eine **Vermutung** des dringenden Bedürfnisses aufstellt, ist strittig (bejahend Heistermann FF 2009, 281, 284; verneinend MünchKomm-FamFG/Schumann § 156 Rn 25; Musielak/Borth/Frank § 156 FamFG Rn 16). Da jedenfalls das Gericht mit Rücksicht auf den Amtsermittlungsgrundsatz zunächst auch in diesem Fall summarisch den Sachverhalt zu prüfen hat, lässt sich die Bestimmung („soll") jedenfalls im Sinne einer Regelfallannahme verstehen: Der Gesetzgeber geht davon aus, dass die durch eine außergerichtliche Beratung oder durch eine notwendige Begutachtung eintretende Verzögerung im Regelfall nach einer vorläufigen Maßnahme verlangt, weil sonst der faktische Umgangsausschluss zur vorübergehenden Regel würde, während sich umgekehrt die vorläufige positive Umgangsregelung als das häufigere Ergebnis der einstweiligen Anordnung erweist. Vorrangig wird das Familiengericht allerdings auch hier nach § 156 Abs 1 FamFG auf eine **einvernehmliche Zwischenregelung des Umgangs** für die Dauer der Maßnahme hinzuwirken haben (Prütting/Helms/Hammer § 156 FamFG Rn 87).

d) Entscheidungsgrundlagen, Anhörung

478 Vor dem Erlass einer einstweiligen Anordnung bestehen dieselben **Anhörungspflichten** wie vor Erlass der Hauptsacheentscheidung (§§ 51 Abs 2 S 1, 159 ff FamFG). Aus § 156 Abs 3 S 3 FamFG, der für das einstweilige Anordnungsverfahren in Umgangssachen die **persönliche Anhörung des Kindes** regelmäßig fordert, ist nicht zu schließen, dass die Anhörung anderer Beteiligter, insbesondere der Eltern, nach Ermessen entfallen kann. Allerdings kann mit Rücksicht auf die Eilbedürftigkeit des Verfahrens eine abweichende Beurteilung der schwerwiegenden Gründe, insbesondere der Kindeswohlgefährdung, durch eine weitere Verzögerung, in § 160 Abs 3 FamFG geboten sein. In diesem Fall ist die persönliche Anhörung der Eltern aber unverzüglich nachzuholen. Gleiches gilt nach § 162 Abs 1 S 2 FamFG für die Anhörung des Jugendamts.

Auch im Verfahren der einstweiligen Anordnung muss das Gericht von Amts wegen die materielle Rechtslage im Einzelfall und das Vorliegen des dringenden Bedürfnisses **summarisch prüfen** (Prütting/Helms/Dürbeck § 49 FamFG Rn 4; MünchKommFamFG/Schumann § 156 Rn 25). Das verfassungsrechtliche **Gebot der Ausschöpfung aller Aufklärungs- und Prüfungsmöglichkeiten** besteht aber im Hinblick auf Art 6 Abs 2 GG und den Verhältnismäßigkeitsgrundsatz auch in diesem Verfahren (BVerfG FamRZ 2009, 1897; BVerfG ZKJ 2011, 133), insbesondere wenn das Umgangsrecht vorläufig ausgeschlossen werden soll (vgl BVerfG 29. 9. 2015 – 1 BvR 1292/15, juris Rn 20, FamRZ 2016, 22; BVerfG 7. 4. 2014 – 1 BvR 3121/13, juris Rn 20, FamRZ 2014, 907 zu § 1666 BGB). Ein Sachverständigengutachten ist allerdings nicht einzuholen (vgl BVerfG 23. 4. 2018 – 1 BvR 383/18, FF 2018, 311; EGMR 22. 3. 2018 – 11308/16, FamRZ 2018, 689 [LS]). Gleichwohl müssen auch Eilmaßnahmen, die schwere Grundrechtseingriffe beinhalten, auf einer möglichst zuverlässigen Entscheidungsgrundlage beruhen (BVerfG 10. 6. 2020 – 1 BvR 572/20, FamRZ 2020, 1562).

Auch im Fall einer zunächst nicht auszuschließenden Gefährdung des Kindeswohls durch den Umgang muss überdies erwogen werden, ob dieser Gefährdung nicht ggf mit Maßgaben zur Ausgestaltung oder Einschränkungen, insbesondere einem begleiteten Umgang, begegnet werden kann, sodass ein vorläufiger – auch durch Nichtentscheidung faktisch eintretender – Umgangsausschluss ohne eine solche Abwägung unverhältnismäßig sein kann (BVerfG FamRZ 2002, 1021, 1024; vgl BVerfG FamRZ 2005, 173 zur familiengerichtlichen einstweiligen Anordnung einer vorsichtigen begleiteten Umgangsanbahnung zwischen einem Pflegekind und dem Vater; ebenso die Entscheidung in der Hauptsache: BVerfG FamRZ 2005, 783). Auch wenn alle Beteiligten vom Familiengericht in der Hauptsache angehört worden sind und **keine weiteren Ermittlungen zu tätigen sind**, kann eine Entscheidung durch einstweilige Anordnung bei einer Weigerungshaltung des Kindes veranlasst sein. Das *BVerfG* (BVerfG 2. 10. 2020 – 1 BvR 2248/20, juris) hat im Kontext einer Verfassungsbeschwerde in einer Umgangssache entschieden, es könne auch dann Anlass für eine vorläufige Regelung des Umgangsrechts im Wege einstweiliger Anordnung bestehen, wenn die Ermittlungen an sich abgeschlossen sind. Es sei vor allem in Fällen einer Weigerungshaltung des Kindes naheliegend, zunächst dessen Entwicklung bei Durchführung mehrerer Umgänge zu beobachten, um die Entscheidung über weitere Umgänge darauf stützen zu können. Dieser Ansicht ist zuzustimmen. Auch der *BGH* ist der Ansicht, dass bei einem umgangsrechtlich angeordneten Wechselmodell dieses auch „versuchsweise" zur Erprobung angeordnet werden könne (BGH 27. 11. 2019 – XII ZB 512/18, FamRZ 2020, 255 Rn 24).

Der Erlass einer einstweiligen Anordnung nach §§ 49 ff FamFG hat mit Rücksicht auf die erforderliche Rechtswegerschöpfung auch dann Vorrang vor dem Erlass einer einstweiligen Anordnung nach § 32 Abs 1 BVerfGG, wenn das Familiengericht das Verfahren unangemessen verzögert hat; die Beurteilung der Erforderlichkeit und des Inhalts einer einstweiligen Umgangsmaßnahme ist vorrangig Aufgabe der Fachgerichte (BVerfG 24. 4. 2006 – 1 BvR 547/06, juris).

e) Wirksamwerden, Kosten, Rechtsmittel

aa) Die einstweilige Anordnung **wird wirksam** mittels Bekanntgabe (oben Rn 469). **479**

Eine Anordnung der sofortigen Wirksamkeit ist bei einer einstweiligen Anordnung schon deshalb nicht erforderlich, weil diese bereits aus ihrem Charakter als Eilverfahren des vorläufigen Rechtsschutzes zu folgern ist (OLG Hamm 6. 1. 2011 – 8 WF 322/10, juris Rn 2, FPR 2011, 232; Prütting/Helms/Dürbeck § 53 FamFG Rn 2).

480 **bb)** Für die **Kosten** im selbständigen Verfahren der einstweiligen Anordnungen gelten die allgemeinen Vorschriften der §§ 81 ff FamFG (§ 51 Abs 4 FamFG; vgl unten Rn 483), wobei der *Gebührenverfahrenswert* gemäß § 41 FamGKG zu ermäßigen ist; in der Regel ist von der Hälfte des Wertes der Hauptsache (§ 45 Abs 1 Nr 2 FamGKG) auszugehen (ausführlich zur Wertbestimmung in Umgangssachen unten Rn 484 f).

481 Gegen die einstweilige Anordnung in Umgangssachen findet ausnahmslos die **Beschwerde** nicht statt (§ 57 S 1 FamFG), die Ausnahmen in § 57 S 2 FamFG umfassen nicht Umgangsregelungen. Dies gilt auch bei Entscheidungen über den Ausschluss oder die Beschränkung des elterlichen Umgangsrechts nach § 1684 Abs 4 BGB (OLG Brandenburg 22. 12. 2022 – 13 UF 181/22, juris; OLG Brandenburg 20. 3. 2020 – 9 UF 59/20, NJ 2020, 403; OLG Frankfurt 2. 4. 2019 – 1 UF 247/17, ZKJ 2019, 309: Kontaktverbot). Dies gilt auch dann, wenn sie zugleich die Modalitäten der Übergabe zum Zwecke des Umgangs regeln (OLG Köln 26. 11. 2019 – 10 UF 184/19, juris). Anderes gilt für die Umgangsregelung flankierende Sorgerechtsregelungen (zB Entzug des Aufenthalts- oder Umgangsbestimmungsrechts nach § 1666 BGB; vgl OLG Brandenburg 20. 3. 2020 – 9 UF 59/20, NJ 2020, 403; Prütting/Helms/Dürbeck § 57 FamFG Rn 5a) gemäß § 57 S 2 Nr 1 FamFG. Die Einordnung einer Maßnahme unter § 1684 Abs 3 oder 4 BGB in Abgrenzung zu Sorgerechtseingriffen hat daher erhebliche Bedeutung für den Rechtsschutz im Instanzenzug. Ist nach § 1684 Abs 3 S 3 BGB eine **Umgangspflegschaft** angeordnet, so handelt es sich nach zutreffender hM um eine nach § 57 S 1 FamFG unanfechtbare Umgangssache, weil deren Rechtsgrundlage im Umgangsrecht wurzelt (OLG Brandenburg 20. 3. 2020 – 9 UF 59/20, NJ 2020, 403; OLG Düsseldorf 20. 3. 2018 – 3 UF 30/18, juris; OLG Hamm 4. 8. 2016 – 14 WF 119/16, juris Rn 9, MDR 2016, 1470; OLG Schleswig 12. 7. 2016 – 8 UF 133/16, juris Rn 6, ZKJ 2016, 464; OLG Hamm 8. 5. 2012 – 7 UF 23/12, juris Rn 21; OLG Köln 25. 11. 2011 – 4 UF 238/11, juris Rn 2, FamFR 2012, 109; Prütting/Helms/Dürbeck § 57 FamFG Rn 5; Heilmann FamRZ 2014, 1753, 1755; **aA** OLG Schleswig 3. 3. 2011 – 15 UF 2/11, juris Rn 38, FamRZ 2012, 151; Sternal/Giers § 57 FamFG Rn 6b). Ist durch einstweilige Anordnung in einem Umgangsverfahren ein **Wechselmodell** vorläufig begründet oder abgelehnt worden, sind entsprechende Entscheidungen gleichwohl nicht anfechtbar (BGH 1. 2. 2017 – XII ZB 601/15, juris Rn 22, ZKJ 2017, 190; OLG Frankfurt 23. 2. 2021 – 8 UF 188/20, FamRZ 2021, 948; OLG Hamm 4. 12. 2013 – 8 UF 238/12, juris Rn 3, FamRZ 2014, 1389; Prütting/Helms/Dürbeck § 57 FamFG Rn 7; **aA** OLG München 31. 8. 2016 – 16 UF 1019/16, juris Rn 10, FamRZ 2016, 2120: Umdeutung in eine sorgerechtliche Regelung; ebenfalls OLG Frankfurt 29. 1. 2020 – 2 UF 301/19, NJW 2020, 3730: nur sorgerechtliche Begründung eines Wechselmodells).

Wird dagegen eine **Umgangsbestimmungspflegschaft** iSd § 1809 BGB angeordnet, unterfällt diese § 57 S 2 Nr 1 FamFG, weil sie auf § 1666 BGB beruht (OLG Brandenburg 20. 3. 2020 – 9 UF 59/20, NJ 2020, 403; Prütting/Helms/Dürbeck § 57 FamFG Rn 5a). Bei einem **Kontakt- und Näherungsverbot** gegenüber einem nicht (mehr) sorgeberechtigten Elternteil hängt die Anfechtbarkeit einer einstweiligen Anordnung davon ab, ob man die Rechtsgrundlage in § 1 GewSchG, § 1666 BGB oder, wie nach zutreffender Ansicht (OLG Frankfurt 5. 8. 2019 – 4 UF 185/19, juris Rn 10; OLG Frankfurt 2. 4. 2019 – 1 UF 247/17, ZKJ 2019, 309: OLG Frankfurt 11. 3. 2013 – 4 UF 305/12, juris Rn 8 ff, ZKJ 2013, 298; Dürbeck ZKJ 2020, 210; dazu oben Rn 335), in § 1684 Abs 4 BGB sieht. Beim Streit um eine **Urlaubsreise** mit dem Kind ist danach zu differenzieren, ob die Reise zu den alltäglichen Angelegenheiten iSd § 1687 Abs 1 S 3 und 4 BGB zählt – dann Umgangssache, wenn der Umgangsberechtigte die Reise plant (KG 2. 2. 2017 – 13 UF 163/16, juris Rn 8 ff, NJ 2017, 194). Wendet sich dagegen der Umgangselternteil gegen eine Reise des betreuenden Elternteils mit dem Kind außerhalb der Umgangszeiten, kann schon deshalb keine Umgangssache vorliegen, weil dies nicht das Umgangsrecht tangiert (zu Unrecht daher KG 1. 8. 2016 – 13 UF 106/16, juris Rn 15 ff, MDR 2016, 1269). Bei der Anordnung eines Ausreiseverbots in Verbindung mit einer **Grenzsperre** gegen den Umgangsberechtigten (vgl oben Rn 214) entscheidet die Rechtsgrundlage bzw Verfahrensart (§ 1684 Abs 4 BGB oder § 1666 BGB) über die Anfechtbarkeit einer einstweiligen Anordnung (vgl KG 14. 11. 2007 – 3 WF 167/07, juris Rn 14, FamRZ 2008, 1648).

Damit verbleibt in Umgangssachen bei einer einstweiligen Anordnung letztlich nur die Möglichkeit von Anträgen nach § 54 Abs 1 FamFG auf Abänderung oder auf Durchführung der mündlichen Verhandlung nach § 54 Abs 2 FamFG (vgl BVerfG 15. 10. 2020 – 1 BvR 2262/20, juris).

§ 57 S 1 FamFG beeinflusst im Übrigen auch die Anfechtbarkeit von Nebenentschei- **482**
dungen. So sind etwa auch **Kostenentscheidungen** in Umgangssachen nicht isoliert nach § 58 FamFG anfechtbar, weil Rechtsmittel in Nebenentscheidungen nicht weitergehend statthaft sein können als die Hautsache selbst (OLG Hamburg 1. 2. 2022 – 12 WF 8/22, FamRZ 2022, 877; OLG Brandenburg 15. 10. 2013 – 3 WF 90/13, juris Rn 6; OLG Frankfurt 24. 1. 2012 – 3 UF 495/11, juris Rn 6 ff; OLG Hamburg 26. 11. 2010 – 7 UF 154/10, juris Rn 2, MDR 2011, 104 zum Umgangsrecht; Heilmann/Dürbeck § 58 FamFG Rn 7). Aus demselben Grund sind auch Entscheidungen über die Zurückweisung eines Antrages auf Bewilligung von **Verfahrenskostenhilfe** nicht nach §§ 76 Abs 2 FamFG, 127 Abs 2, 567 ff ZPO mit der sofortigen Beschwerde anfechtbar, wenn der Antrag *mangels hinreichender Erfolgsaussicht* nach § 114 ZPO abgelehnt worden ist (BGH 23. 2. 2005 – XII ZB 1/03, juris Rn 8 ff, NJW 2005, 1659; OLG Zweibrücken 16. 12. 2021 – 2 WF 202/21, NZFam 2022, 82; OLG Hamburg 2. 2. 2021 – 12 WF 5/21, FamRZ 2021, 1218; OLG Hamm 4. 8. 2016 – 14 WF 119/16, juris Rn 7, FamRZ 2017, 47; Prütting/Helms/Dürbeck § 76 FamFG Rn 13); anders aber wenn Verfahrenskostenhilfe aus anderen Gründen versagt wurde oder es um die Beiordnung eines Rechtsanwalts nach § 78 FamFG geht (vgl BGH 18. 5. 2011 – XII ZB 265/10, juris Rn 17 f, FamRZ 2011, 1138).

15. Kosten

a) Kostenentscheidung

In Umgangssachen ist stets über die **Kosten zu entscheiden**, da es sich um Familiensa- **483**
chen handelt (§ 81 Abs 1 S 3 FamFG). Die Verteilung der Kosten bestimmt sich grundsätzlich nach § 81 Abs 1 S 1 FamFG nach **billigem Ermessen**. Nur in Ausnahmefällen ist von einer *Erhebung von Kosten abzusehen* (§ 81 Abs 1 S 2 FamFG), wozu **schlechte wirtschaftliche Verhältnisse** der Beteiligten nicht gehören (OLG Celle 18. 8. 2011 – 10 UF 179/11, juris Rn 17, ZKJ 2012, 28; KG 8. 12. 2011 – 19 UF 128/11, juris Rn 5, FamRZ 2012, 1162; Zöller/Feskorn § 81 FamFG Rn 13). Da in Kindschaftssachen nicht die **Frage des Obsiegens oder Unterliegens** von Beteiligten im Vordergrund steht, sondern das *Kindeswohl* (§ 1697a BGB) oberste Richtschnur für die Entscheidung in der Hauptsache ist, entspricht es in Umgangssachen im ersten Rechtszug regelmäßig der **Billigkeit**, gemäß § 81 Abs 1 S 1 FamFG die Gerichtskosten *hälftig unter den Eltern a*ufzuteilen und von einer *Erstattung außergerichtlicher Auslagen abzusehen* (OLG Frankfurt 10. 2.

2021 – 8 UF 175/20, FamRZ 2021, 1142 zu § 1685 BGB; OLG Brandenburg 8. 12. 2020 – 9 WF 252/20, juris: OLG Düsseldorf 8. 6. 2020 – 3 WF 4/20, FamRZ 2021, 877; OLG Frankfurt 18. 12. 2019 – 4 WF 162/19, FamRZ 2020, 1109: auch bei Umgangsausschluss; OLG Karlsruhe 13. 3. 2019 – 20 WF 37/19, FamRZ 2019, 1640; OLG Jena 28. 3. 2018 – 1 WF 79/18, juris Rn 68; OLG Hamm 7. 5. 2015 – 11 WF 90/15, juris Rn 9, NZFam 2016, 88; OLG Naumburg 9. 8. 2013 – 8 WF 168/13, juris Rn 4 ff, FamRZ 2014, 687; KG 8. 12. 2011 – 19 UF 128/11, juris Rn 2, FamRZ 2012, 1162; OLG Nürnberg 17. 12. 2009 – 7 WF 1483/09, juris Rn 51 ff; FamRZ 2010, 998 f; Heilmann/Dürbeck § 81 FamFG Rn 9; Zöller/Feskorn § 81 FamFG Rn 6). Erhebliche *Einkommensunterschiede der Eltern* begründen für sich keine Unbilligkeit (OLG Bremen 4. 3. 2013 – 5 UF 11/12, juris Rn 7, NJW-RR 2013, 963; Heilmann/Dürbeck § 81 FamFG Rn 9).

Dem **minderjährigen Kind** können Kosten nicht auferlegt werden (§ 81 Abs 3 FamFG). Auch dem **Verfahrensbeistand** sind keine Kosten aufzuerlegen (§ 158c Abs 4 FamFG). **Dritten**, nicht formell iSd § 7 FamFG am Verfahren Beteiligten können nach § 81 Abs 4 FamFG Kosten nur unter sehr engen Voraussetzungen (Veranlassung des Verfahrens durch grobes Verschulden) auferlegt werden. Befindet sich der Umgangsberechtigte in Haft, kann die **Justizvollzugsanstalt** nicht zu den Kosten herangezogen werden (so aber AG Schwäbisch Hall 26. 10. 2021 – 2 F 650/21 eA, juris in einem einstweiligen Anordnungsverfahren, mangels Statthaftigkeit der Kostenbeschwerde der JVA nach § 57 S 1 FamFG war diese vom OLG Stuttgart 16. 12. 2021 – 16 UF 124/21, NZFam 2022, 745 verworfen worden; vgl dazu Obermann NZFam 2022, 728).

Pflegepersonen des Kindes, welche nicht selten nach §§ 161 Abs 1, 7 Abs 2 Nr 1 FamFG am Verfahren auch formell zu beteiligen sind (dazu oben Rn 407), werden jedenfalls im ersten Rechtszug Gerichtskosten nicht aufzuerlegen sein (OLG München 22. 4. 2015 – 4 WF 436/15, juris Rn 28 ff, ZKJ 2015, 433; OLG Bremen 22. 4. 2013 – 5 WF 24/13, juris Rn 7, JAmt 2014, 39; vgl OLG Hamburg 15. 6. 2018 – 5 UF 44/18, juris zu § 84 FamFG), sofern nicht ein Ausnahmefall von § 81 Abs 2 FamFG vorliegt. Für ehemalige Pflegeeltern, die ein Umgangsrecht nach § 1685 Abs 2 BGB beanspruchen, gilt dies aber nicht (OLG Bremen 11. 11. 2019 – 4 UF 60/19, ZKJ 2020, 71).

Auch soweit sich das **Jugendamt** nach § 162 Abs 2 S 2 FamFG auf seinen Antrag hin am Umgangsverfahren beteiligt hat, erscheint kaum ein sachlich gerechtfertigter Grund vorstellbar, das Jugendamt, das insoweit bei der Mitwirkung im Verfahren eine *öffentliche Aufgabe* wahrnimmt, jedenfalls im ersten Rechtszug an den Kosten zu beteiligen (OLG Frankfurt 13. 3. 2015 – 5 WF 313/14, juris Rn 7, JAmt 2015, 568 zu § 1666 BGB; OLG Celle 4. 5. 2012 – 10 UF 69/12, juris Rn 20 ff, ZKJ 2012, 321; Heilmann/Dürbeck § 81 FamFG Rn 10). Dabei ist auch zu berücksichtigen, dass Jugendämter nach § 2 Abs 2 FamGKG iVm § 64 Abs 3 S 2 SGB X (im Innenverhältnis zur Justizkasse) von den Gerichtskosten befreit sind, was nach Auffassung des BGH auch bei der Abwägung von § 81 Abs 1 S 1 und 2 FamFG zu berücksichtigen ist und auch der Heranziehung des Jugendamts in seiner Eigenschaft als **Amtsvormund** im Regelfall entgegenstehen soll (BGH 28. 9. 2016 – XII ZB 251/16, juris Rn 29 ff, ZKJ 2017, 26 zum Amtsvormund; **aA** OLG Hamm 6. 5. 2016 – 12 WF 156/15, juris Rn 8, JAmt 2016, 459; vgl dazu ausführlich Dürbeck ZKJ 2017, 19). Ausnahmen wurden in der Rechtsprechung nur bei offenkundig rechtswidrigen Inobhutnahmen (§ 42 SGB VIII) in Verfahren nach § 1666 BGB gemacht (vgl etwa AG Frankfurt aM 3. 9. 2018 – 456 F 5142/18, ZKJ 2019, 74). In Umgangsverfahren sind dem Jugendamt – gleich in welcher Funktion) aber im zweiten Rechtszug die Kosten ggf nach **§ 84 FamFG** aufzuerlegen, wenn eine von ihm eingelegte Beschwerde keinen Erfolg hat, was vor allem im Hinblick auf die außergerichtlichen Auslagen der Eltern von Bedeutung ist (vgl Dürbeck ZKJ 2017, 9, 20).

Einem Beteiligten soll das Gericht die Kosten ganz oder teilweise auferlegen, wenn ein *Regelbeispiel* des **§ 81 Abs 2 FamFG** vorliegt.

Bedeutung hat im Umgangsverfahren insbesondere § 81 Abs 2 Nr 4 FamFG bei **schuldhafter Verletzung** der aus § 27 FamFG folgenden **Mitwirkungspflicht** an der Sachverhaltsaufklärung. Eine einmalige *Säumnis* in dem frühen Termin gemäß § 155 Abs 2 FamFG wird hier nicht genügen (Heilmann/Dürbeck § 81 FamFG Rn 15). In Betracht kommt eine Auferlegung der Kosten aber in den in der Praxis immer häufiger auftretenden Fällen der unzureichenden oder unterbliebenen *Mitwirkung an der Erstellung eines Sachverständigengutachtens* (OLG Celle 12. 12. 2019 – 10 UF 266/19, NZFam 2020, 589; KG 14. 9. 2015 – 3 WF 119/15, juris Rn 11 ff, ZKJ 2015, 464; OLG Celle 1. 9. 2014 – 10 UF 134/14, juris Rn 27, ZKJ 2014, 479; Prütting/Helms/Feskorn § 81 FamFG Rn 25), wobei allerdings das *Verschulden* des betreffenden Beteiligten festzustellen ist.

§ 81 Abs 2 Nr 1 FamFG (durch **grobes Verschulden Anlass für das Verfahren** gegeben) dürfte in Umgangssachen eher selten zur Anwendung kommen. Es genügt hier jedenfalls bei konfliktreichen Elternauseinandersetzungen nicht allein der Umstand, dass der Umgangselternteil vor Einleitung des Verfahrens keinen Kontakt zum anderen Elternteil (OLG Schleswig 5. 7. 2016 – 10 WF 123/16, juris Rn 12 ff) oder zum Jugendamt aufgenommen hat (**aA** AG Ebersberg 12. 11. 2013 – 2 F 648/13, juris Rn 14 ff). Auch der Umstand, dass die Einholung eines Sachverständigengutachtens letztlich auf der Umgangsverweigerungshaltung des betreuenden Elternteils beruht, dürfte es nicht rechtfertigen, diesem allein die Auslagen für die Entschädigung des Sachverständigen aufzuerlegen (so aber OLG Köln 1. 4. 2016 – 10 UF 81/15, juris Rn 4; wie hier OLG Karlsruhe 14. 3. 2019 – 20 WF 37/19, FamRZ 2019, 1640). In Ausnahmefällen (etwa bei völliger Negierung des ablehnenden Kindeswillens) kann aber § 81 Abs 2 Nr 1 FamFG auch in Umgangssachen anzuwenden sein (vgl KG 28. 1. 2021 – 16 WF 1170/20, juris Rn 13 f, FamRZ 2021, 1143).

§ 81 Abs 2 Nr 2 FamFG (von vornherein **fehlende Erfolgsaussicht eines Antrages**) kommt in Umgangssachen schon deshalb nicht in Betracht, weil es sich bei diesen – mit Ausnahme von §§ 1686, 1686a BGB – um amtswegige Verfahren iSd 24 FamFG handelt (siehe oben Rn 381) und die Vorschrift auf Antragsverfahren iSd § 23 FamFG beschränkt ist (OLG Hamburg 17. 1. 2022 – 12 UF 32/22, NZFam 2022, 1081 m Anm Kischkel; OLG Frankfurt 10. 2. 2021 – 8 UF 175/20, FamRZ 2021, 1142; KG 28. 1. 2021 – 16 WF 1170/20, juris Rn 9, FamRZ 2021, 1143; Sternal/Weber § 81 FamFG Rn 39 § 81 FamFG Rn 57; vgl hierzu auch OLG Hamm 12. 8. 2013 – 5 WF 121/13, juris Rn 11, FamRZ 2014, 686).

Schließlich kann in Ausnahmefällen auch § 81 Abs 2 Nr 3 FamFG (**schuldhaft unwahre Angaben zu einer wesentlichen Tatsache**) in Umgangssachen anzuwenden sein (vgl OLG Hamburg 17. 1. 2022 – 12 UF 32/22, NZFam 2022, 1081: Drogenkonsum; KG 28. 1. 2021 – 16 WF 1170/20, juris Rn 16 f, FamRZ 2021, 1143: Verschweigen des Verfahrensziels; abgelehnt bei OLG Düsseldorf 8. 6. 2020 – 9 WF 4/20, FamRZ 2021, 877).

Soweit die Beteiligten einen **Vergleich** über das Umgangsrecht geschlossen haben und dieser eine Kostenregelung nicht enthält, kann § 83 Abs 1 FamFG, wonach die

Gerichtskosten jedem zu gleichen Teilen zur Last fallen und außergerichtliche Auslagen nicht zu erstatten sind, nicht zur Anwendung gelangen, da die Vorschrift auf Antragsverfahren iSd § 23 FamFG beschränkt ist und das Familiengericht im Regelfall noch über die Billigung des Vergleichs nach § 156 Abs 2 FamFG zu entscheiden hat (vgl OLG Frankfurt 21. 1. 2014 – 5 WF 310/13, juris Rn 5 ff, NZFam 2014, 610; Heilmann/Dürbeck § 81 FamFG Rn 2). Haben die Beteiligten sich *außergerichtlich geeinigt* und das Umgangsverfahren **übereinstimmend für erledigt** erklärt, so richtet sich die Kostenfolge nach § 83 Abs 2 FamFG iVm § 81 Abs 1 FamFG (OLG Bremen 4. 3. 2013 – 5 UF 11/12, juris Rn 5, FamRZ 2013, 1926), wobei allerdings das Familiengericht wegen der fehlenden Dispositionsbefugnis der Beteiligten bzgl der Hauptsache verfahrensabschließend festzustellen hat, dass eine Umgangsregelung nicht veranlasst ist (OLG Frankfurt 3. 12. 2012 – 1 WF 327/12, juris Rn 14, ZKJ 2013, 127; OLG Braunschweig 12. 5. 2020 – 2 UF 187/19, FamRZ 2020, 1189).

Soweit daher regelmäßig zumindest im ersten Rechtszug über die Kosten nach billigem Ermessen gemäß § 81 Abs 1 S 1 FamFG zu entscheiden ist, ist auch das Kriterium der **unrichtigen Sachbehandlung** (analog § 20 FamGKG) zu berücksichtigen (BGH 7. 1. 2015 – XII ZB 143/14, juris Rn 13, FamRZ 2015, 570). Dieses kann, etwa bei einer erheblichen Verfahrensverzögerung durch das Gericht, im Einzelfall dazu führen, dass die Auslagen für die Einholung eines Sachverständigengutachtens nicht von den Beteiligten zu tragen sein können (OLG Frankfurt 20. 11. 2015 – 1 UF 189/15, juris Rn 14, FamRZ 2016, 479).

Die oben genannten Grundsätze finden nur bedingt im **zweiten und dritten Rechtszug** Anwendung. Ist die Beschwerde oder Rechtsbeschwerde nämlich **ohne Erfolg**, so sollen nach **§ 84 FamFG** die Kosten des Rechtsmittels dem Rechtsmittelführer auferlegt werden. § 84 FamFG gilt insoweit auch für den Fall der **Rücknahme** des Rechtsmittels (OLG Frankfurt 6. 8. 2013 – 20 W 40/13, juris Rn 2, FamRZ 2014, 688; BT-Drucks 16/6308, 216). Hat das **Kind** nach § 60 FamFG Beschwerde eingelegt, so wird nach zutreffender Ansicht auch bei einer erfolglosen Beschwerde § 84 FamFG durch § 81 Abs 3 FamFG, wonach einem Minderjährigen in Kindschaftssachen, die seine Person betreffen, Kosten nicht auferlegt werden dürfen, verdrängt (KG 12. 6. 2015 – 3 UF 191/14, juris Rn 4, FamRZ 2016, 81; Heilmann/Dürbeck § 84 FamFG Rn 5; **aA** Zöller/Feskorn § 84 FamFG Rn 6). § 84 FamFG dürfte aber auch dann grundsätzlich anzuwenden sein, wenn das **Jugendamt**, der **Vormund** oder die **Pflegeperson** ein Rechtsmittel ohne Erfolg einlegen. Die vorbezeichnete Privilegierung dieses Personenkreises findet im ersten Rechtszug eine Rechtfertigung, im Rechtsmittelzug dagegen grundsätzlich nicht. Da es sich aber bei § 84 FamFG um eine **Sollvorschrift** handelt, kann bei Vorliegen besonderer Umstände (zB sich nach Einlegung des Rechtsmittels neu ergebende Tatsachen) eine anderweitige Kostenverteilung gerechtfertigt sein (vgl etwa OLG Hamburg 15. 6. 2018 – 5 UF 44/18, juris: Pflegemutter; OLG Frankfurt 11. 3. 2013 – 4 UF 305/12, juris Rn 16, ZKJ 2013, 298; OLG Karlsruhe 18. 2. 2013 – 18 UF 13/11, juris Rn 86 ff, FamFR 2013, 213: sexueller Missbrauchsverdacht; Prütting/Helms/Feskorn § 84 FamFG Rn 4).

Zur isolierten Anfechtung der Kostenentscheidung vgl unten Rn 490.

b) Verfahrenswert

484 Der **Gebührenverfahrenswert** im isolierten Umgangsverfahren ist nach **§ 45 Abs 1 Nr 2 FamGKG** zu bestimmen und beträgt – nach Inkrafttreten des Gesetzes zur Änderung

des Justizkosten- und des Rechtsanwaltsvergütungsrechts (BGBl 2020 I 3229) zum 1. 1. 2021 – **regelmäßig 4.000 EUR** (ausführlich Schneider/Dürbeck, Gebühren in Familiensachen [2. Aufl 2021] § 15 Rn 896 ff und § 4 Rn 236 ff zu Umgangssachen; Dürbeck/Schneider FamRZ 2021, 1341).

Gemäß § 63 Abs 1 S 1 FamGKG ist noch der vor dem 1. 1. 2021 geltende Verfahrenswert iHv 3.000 EUR heranzuziehen, wenn ein (Antrags-)Verfahren vor diesem Stichtag anhängig bzw (bei Amtsverfahren) eingeleitet worden ist. Nach § 63 Abs 1 S 2 FamGKG gilt dies nicht für Rechtsmittelverfahren, wenn das Rechtsmittel nach dem 31. 12. 2020 eingelegt worden ist, sodass hier abweichend vom ersten Rechtszug der neue Wert iHv 4.000 EUR anzuwenden ist. § 40 Abs 2 S 1 FamGKG, wonach der Beschwerdewert durch den Wert der Vorinstanz begrenzt wird, steht dem nicht entgegen, da § 63 Abs 1 S 2 FamGKG hier der Vorrang gebührt (OLG Frankfurt 17. 3. 2021 – 6 UF 22/21, FamRZ 2021, 776).

Es handelt sich um einen „relativen Festwert" (OLG Celle FamRB 2012, 243), von dem als Regelwert nur bei **Unbilligkeit nach den besonderen Umständen des Einzelfalls** abzuweichen ist (§ 45 Abs 3 FamGKG). Die früher zT vertretene Auffassung, Umgangsverfahren seien im Vergleich zu Sorgerechtsverfahren weniger werthaltig (vgl etwa OLG Saarbrücken 10. 4. 1984 – 9 WF 16/84, FamRZ 1984, 1031), ist damit längst überholt. Die Regelung gilt auch für die **Abänderung** gerichtlich gebilligter Umgangsvereinbarungen oder gerichtlicher Umgangsregelungen gemäß § 1696 BGB, wobei hier bei nur unbedeutenden Abänderungsbegehren eine Wertabsenkung nach § 45 Abs 3 FamGKG in Betracht kommt (OLG Koblenz 2. 8. 2017 – 13 UF 313/17, juris Rn 36, FamRB 2018, 143: 1.000 EUR). Der Regelwert von 4.000 EUR ist auch dann anzusetzen, wenn das Umgangsverfahren **mehrere Kinder** betrifft, es kommt nach § 45 Abs 2 FamGKG zu keiner Wertaddition. Auch reicht dieser Umstand für sich gesehen nicht für eine Werterhöhung nach § 45 Abs 3 FamGKG (OLG Karlsruhe 19. 9. 2006 – 20 WF 132/06, juris Rn 2, FamRZ 2007, 848). Mehraufwand für das Gericht und die Verfahrensbevollmächtigten kann aber hier dann zu einer Werterhöhung nach § 45 Abs 3 FamGKG führen, wenn die *Kinder unterschiedliche Interessen* haben, weil sie zB bei verschiedenen Elternteilen leben und der Umgang beider Elternteile zu regeln ist (BeckOK-Streitwert/Dürbeck [1. 4. 2023] „Umgangsverfahren" Rn 4; **aA** OLG Koblenz 12. 8. 2016 – 11 WF 778/16, juris Rn 5 ff, FamRZ 2017, 55). Eine **Zusammenrechnung** nach § 33 Abs 1 S 1 FamGKG findet auch dann nicht statt, wenn beide Elternteile nach § 1684 Abs 3 BGB verschiedene Umgangsregelungsanregungen stellen, weil es sich nach § 39 Abs 1 S 3 FamGKG um dieselbe Angelegenheit handelt (OLG Koblenz 11. 2. 2020 – 9 WF 101/20, FamRZ 2020, 2024; Schneider/Dürbeck, Gebühren in Familiensachen [2. Aufl 2021] § 4 Rn 237). Bei einem Umgangsbegehren von **zwei Elternteilen** bei einem fremduntergebrachten Kind ist nicht nach § 33 Abs 1 FamGKG aufgrund der subjektiven Beteiligtenhäufung eine Wertaddition vorzunehmen, da die Grundsätze der subjektiven Klagehäufung wegen der Kindeswohlorientierung des Verfahrens hier keine Anwendung finden (BeckOK-Streitwert/Dürbeck [1. 4. 2023] „Umgangsverfahren" Rn 4a; ebenso BGH 12. 7. 2017 – XII ZB 350/16, NJW 2017, 2908 bei zwei umgangsberechtigten Großeltern nach § 1685 Abs 1 BGB; **aA** OLG Brandenburg 17. 1. 2018 – 13 UF 152/17, juris Rn 31, NZFam 2018, 373 und OLG Brandenburg 8. 6. 2020 – 13 UF 182/19, juris Rn 33).

Eine Addition nach § 33 Abs 1 S 1 FamGKG findet aber statt, wenn das Gericht ein **484a**
Sorgerechtsverfahren nach § 45 Abs 1 Nr 1 FamGKG mit einem Umgangsverfahren

in einem einheitlichen Verfahren (ggf nach einer Verbindung nach § 20 FamFG) führt (OLG Saarbrücken 5. 3. 2018 – 6 UF 116/17, juris Rn 50; ebenso zum früheren Recht OLG Naumburg 1. 4. 2008 – 3 WF 335/07, juris mwNw). Hier ist dann von einem Wert iHv 8.000 EUR auszugehen.

Angesichts der durch die Wechselmodellentscheidungen des BGH ausgelösten Probleme für die **Abgrenzung von Sorge- und Umgangsrecht** ist auch die gebührenrechtliche Behandlung dieser Fälle erschwert worden. Noch einfach zu beurteilen ist der Fall, in dem in einer Umgangssache eine Vereinbarung über das nicht anhängige Sorgerecht geschlossen wird. Hier ist dann von einem **Vergleichsmehrwert** (Nr 1500 KV-FamGKG) iHv 4.000 EUR (§ 45 Abs 1 Nr 1 FamGKG) auszugehen.

Wird in einer Sorgerechtssache eine **Umgangsvereinbarung** geschlossen, so ist die Beurteilung schwieriger. Billigt das Familiengericht diese Vereinbarung nach § 156 Abs 2 FamFG, so liegt kein Mehrwertvergleich vor, weil in diesem Fall amtswegig (§ 24 FamFG) und ggf stillschweigend eine Umgangssache (§ 151 Nr 2 FamFG) eingeleitet worden ist. Hier wird zu Recht vertreten, der Wert der Umgangssache (§ 45 Abs 1 Nr 2 FamGKG) sei durch die erfolgte Verbindung mit der Sorgesache dem gerichtlichen Verfahrenswert nach § 33 Abs 1 S 1 FamGKG hinzuzurechnen (OLG Zweibrücken 9. 3. 2021 – 2 WF 49/21, FamRZ 2021, 1145; OLG Karlsruhe 12. 3. 2019 – 5 WF 196/18, AGS 2019, 285; im Erg auch OLG Nürnberg 16. 1. 2020 – 11 WF 1243/19, FamRZ 2020, 857). In diesem Fall besteht ein addierter Verfahrenswert iHv 8.000 EUR.

Billigt das Familiengericht die Vereinbarung insoweit nicht (so im Fall OLG Nürnberg 16. 1. 2020 – 11 WF 1243/19, FamRZ 2020, 857), so dürfte ein Vergleich über einen *nicht anhängigen* Gegenstand iSd Nr 1500 FamGKG-KV vorliegen (zutreffend OLG Karlsruhe 12. 3. 2019 – 5 WF 196/18, AGS 2019, 285; ausführlich Dürbeck/Schneider FamRZ 2021, 1341; 1343 f).

Ein Mehrwertvergleich liegt auch dann vor, wenn in einer Sorgerechtssache das nicht anhängige **Auskunftsrecht nach § 1686 BGB** im Wege einer Vereinbarung geregelt wird (OLG Karlsruhe 12. 3. 2019 – 5 WF 196/18, AGS 2019, 285).

Wird in einer Sorgerechtssache (Streit um das Aufenthaltsbestimmungsrecht) durch Vereinbarung ein **Wechselmodell** begründet, hängt die gebührenrechtliche Einordnung davon ab, ob man in der Vereinbarung des Wechselmodells die periodische Aufteilung des Aufenthaltsbestimmungsrechts sieht oder aber eine solche zur Regelung des Elternumgangs (dazu oben Rn 260 und zutreffend als Umgangsregelung angesehen von OLG Zweibrücken 9. 3. 2021 – 2 WF 49/21, FamRZ 2021, 1145). Letztlich wird die kostenrechtliche Einordnung davon abhängen müssen, ob das Familiengericht die Vereinbarung iSd § 156 Abs 2 FamFG billigt (dann amtswegige Einleitung der Umgangssache und Verbindung der Verfahren, § 45 Abs 1 Nr 1 und 2 FamGKG und kein Mehrwertvergleich). Billigt es sie nicht, ist in Ansehung der Gerichtsgebühren von einem Mehrwertvergleich nach Nr 1500 KV-FamGKG auszugehen (ausführlich Dürbeck/Schneider FamRZ 2021, 1341; 1343 f).

484b Legt ein Beteiligter gegen die Hauptsacheentscheidung **Beschwerde** ein, während der andere Beteiligte lediglich die **Kostenentscheidung** anficht, sind nach §§ 40, 33 S 1 FamGKG der Wert der Hauptsache und das Kosteninteresse des anderen Beteiligten

(§ 37 Abs 3 FamGKG) zu addieren (KG 1. 8. 2016 – 13 UF 106/16, juris Rn 24, MDR 2016, 1269). Gleiches gilt, wenn **neben** dem Umgangsrecht ein **Auskunftsanspruch** nach §§ 1686, 1686a Abs 1 Nr 2 BGB geltend gemacht wird (OLG Karlsruhe 12. 3. 2019 – 5 WF 196/18, AGS 2019, 285; OLG Frankfurt 7. 9. 2017 – 1 WF 181/17, juris Rn 4, FamRZ 2018, 204), im Falle **hilfsweiser Geltendmachung** des Auskunftsanspruchs gilt § 39 Abs 1 S 2 FamGKG (vgl BeckOK-Streitwert/Dürbeck [1. 4. 2023] „Umgangsverfahren“ Rn 5).

Im Vordergrund der Rspr seit Inkrafttreten des FamGKG zum 1. 9. 2009 steht bei Umgangsverfahren nach § 45 Abs 1 Nr 2 FamGKG die Frage, wann **Abweichungen vom Regelwert** nach oben hin gemäß § 45 Abs 3 FamGKG vorzunehmen sind (vgl dazu ausführlich OLG Frankfurt 17. 5. 2021 – 6 WF 58/21, juris; OLG Frankfurt 10. 8. 2020 – 5 WF 118/20, FamRZ 2021, 546; Schneider/Dürbeck, Gebühren in Familiensachen [2. Aufl 2021] § 4 Rn 239 f). Dies kommt aber nur dann in Betracht, wenn der Arbeitsaufwand für das Gericht und die beteiligten Rechtsanwälte das *durchschnittliche Maß erheblich übersteigt* (KG 25. 9. 2012 – 17 WF 268/12, juris Rn 4, FamRZ 2013, 723; OLG Frankfurt 10. 8. 2020 – 5 WF 118/20, FamRZ 2021, 546). Umstände, die für eine **Erhöhung des Regelwertes** sprechen, sind eine ungewöhnlich lange Verfahrensdauer, die Bestellung eines Umgangspflegers, erhebliche Persönlichkeitsstörung der Eltern (OLG Hamburg 4. 12. 2009 – 12 WF 216/09, juris Rn 4, AGS 2010, 248), mehrere Anhörungstermine (OLG Brandenburg 19. 8. 2020 – 13 WF 134/20, FamRZ 2021, 53; OLG Hamm 19. 9. 2011 – 6 WF 307/11, juris Rn 3, FamFR 2011, 574; **aA** OLG Bremen 21. 11. 2017 – 5 UF 81/16, juris Rn 25; zu Recht aber verneinend OLG Frankfurt 17. 5. 2021 – 6 WF 58/21, juris und OLG Frankfurt 10. 8. 2020 – 5 WF 118/20, FamRZ 2021, 546 bei zwei Terminen und Fehlens sonstiger für eine Erhöhung sprechender Umstände), die Einholung eines oder mehrerer kinderpsychologischer **Sachverständigengutachten** (OLG Frankfurt 17. 5. 2021 – 6 WF 58/21, juris; OLG Celle 11. 2. 2011 – 10 WF 399/10, juris Rn 8, NJW 2011, 1373; Schneider/Kurpat/Schneider, Streitwert [15. Aufl 2022] Rn 3.1936; **aA** OLG Bremen 21. 11. 2017 – 5 UF 81/16, juris Rn 25: Fall der Gutachtenergänzung; OLG Brandenburg 18. 7. 2016 – 9 WF 177/16, juris Rn 3, FuR 2017, 34; OLG Koblenz 21. 1. 2015 – 7 WF 57/15, juris Rn 3, FamRZ 2015, 1751; OLG Düsseldorf 19. 9. 2014 – 8 WF 105/14, juris Rn 8, MDR 2015, 38), mehrere betroffene Kinder mit jeweils unterschiedlichen Interessen, zB wenn sie bei verschiedenen Elternteilen leben oder bei erschwerter Kommunikation wegen fehlender Deutschkenntnisse der Eltern und der Kinder (BeckOK-Streitwert/Dürbeck [1. 4. 2023] „Umgangsverfahren“ Rn 6). Nicht ausreichend sind unterschiedliche „Anträge“ der Kindeseltern auf Umgangsregelung bzw Umgangsausschluss oder die Anzahl und der Umfang der Schriftsätze der Verfahrensbeteiligten in hochkonflikthaften Auseinandersetzungen (OLG Brandenburg 18. 7. 2016 – 9 WF 177/16, juris Rn 3, FuR 2017, 34). Auch die Bestellung eines **Verfahrensbeistandes** nach § 158 Abs 1 FamFG stellt heute in Umgangsverfahren keine Abweichung mehr vom Regelfall dar. Umstände, die eine Erhöhung indizieren, sind aber wiederum mit Umständen, die gegen eine Erhöhung des Wertes sprechen (zB geringer Umfang der Akte, Einkommens- und Vermögensverhältnisse der Eltern), in Relation zu setzen (KG 25. 9. 2012 – 17 WF 268/12, juris Rn 4 f, FamRZ 2013, 723; OLG Düsseldorf 28. 3. 2011 – 5 WF 6/11, juris Rn 5, RVGreport 2011, 347). 485

Ist in einem Hauptsacheverfahren wegen besonderer Umstände eine Werterhöhung nach § 45 Abs 3 FamFG vorzunehmen, führt dies im Regelfall ohne besondere Gründe nicht auch zu einer Werterhöhung für das parallel betriebene einstweilige Anordnungsverfahren (OLG Saarbrücken 29. 11. 2011 – 9 WF 127/11, juris Rn 1, FuR 2013, 342 zum Sorgerecht). Für eine **Absenkung des Regelwertes** spricht dagegen, wenn Gegenstand des

Umgangsverfahrens oder der Beschwerde lediglich ein begrenzter Teilbereich des Umgangsrechts ist, wie zB die konkrete Übernachtungsregelung (KG 10. 1. 2011 – 17 UF 225/10, juris Rn 8, FamRZ 2011, 825), nur eine auf § 1684 Abs 3 S 2 BGB gestützte Beratungsanordnung angefochten wird (KG 29. 1. 2019 – 13 UF 161/18, NJW-RR 2019, 904), lediglich die Dauer eines Umgangsausschlusses verkürzt werden soll (OLG Frankfurt 28. 6. 2019 – 4 UF 136/19, juris Rn 20) oder die bloße Regelung von Ferien oder Feiertagen oder gleichgerichtete Anträge der Beteiligten bereits zu Beginn des Verfahrens (BeckOK-Streitwert/Dürbeck [1. 4. 2023] „Umgangsverfahren" Rn 7). Auch der Umstand, dass im Beschwerdeverfahren wegen Erledigung der Hauptsache nur noch die Feststellung der Rechtswidrigkeit einer Anordnung nach § 62 FamFG begehrt wird, dürfte eine Absenkung des Gebührenwertes rechtfertigen (OLG Stuttgart 27. 6. 2013 – 17 WF 121/13, juris Rn 28, FamRZ 2014, 234).

Für die in § 1684 Abs 3 S 3 BGB vorgesehene Bestellung eines **Umgangspflegers** entstehen nach § 4 FamGKG, Anm Abs 2 zu KV Nr 1310 FamGKG keine besonderen Gerichtsgebühren. Es handelt sich um einen gebührenneutralen Teil des Verfahrens (BT-Drucks 16/6308, 301, 311). Die Umgangspflegschaft kann jedoch als Indiz für eine Erhöhung des Verfahrenswertes nach § 45 Abs 3 FamGKG in Betracht kommen (siehe oben). Wird dagegen ein **Umgangsbestimmungspfleger** bestellt, handelt es sich dabei um eine Sorgerechtsentscheidung nach §§ 1666, 1809 BGB, deren Wert (§ 45 Abs 1 Nr 1 FamGKG) nach § 33 S 1 FamGKG zu addieren ist, wenn sie im selben Verfahren getroffen wird.

Für **einstweilige Anordnungen** ist in Umgangssachen im Regelfall gemäß § 41 S 1 und 2 FamGKG ein Wert iHv 2.000 EUR anzusetzen. Der Ansatz des vollen Hauptsachewerts des § 45 Abs 1 Nr 2 FamGKG kommt auch dann nicht in Betracht, wenn die einstweiligen Anordnung im Ergebnis ein Hauptsacheverfahren entbehrlich macht, da das einstweilige Anordnungsverfahren seiner Natur nach auch im Bereich der Leistungsanordnungen nur auf eine vorläufige Regelung ausgerichtet ist und es den Beteiligten jederzeit offen steht, eine endgültige Regelung in einem Hauptverfahren zu erreichen, ohne dass eine Bindung an die vorläufige Entscheidung im einstweiligen Anordnungsverfahren bestünde. Beenden die Beteiligten das einstweilige Anordnungsverfahren durch eine endgültige gerichtlich gebilligte Umgangsregelung, ist der volle Wert nach §§ 41, 45 FamGKG nur für den Vergleichswert anzusetzen, auch wenn dadurch ein Hauptsacheverfahren entbehrlich wird (OLG Nürnberg 15. 9. 2010 – 7 WF 1194/10, juris Rn 27, FamRZ 2011, 756; Heilmann/Dürbeck § 80 FamFG Rn 20; Schneider NZFam 2016, 606, 611). Keine Werterhöhung findet statt, wenn in der Vereinbarung der Umgang nur für einen befristeten Zeitraum geregelt wird, da dann kein Hauptsacheverfahren entbehrlich ist (OLG Bremen 31. 3. 2020 – 4 WF 4/20, JurBüro 2020, 263).

Zur Wertbestimmung im Scheidungsverbund vgl unten Rn 489.

c) Höhe der Kosten

aa) Gerichtskosten

486 § 80 FamFG unterteilt den Begriff der Gerichtskosten in die **Gerichtsgebühren** und **Auslagen** des Gerichts (ausführlich Heilmann/Dürbeck § 80 FamFG Rn 6 ff; Schneider NZFam 2016, 606; Dürbeck/Schneider FamRZ 2021, 1341). Für **erstinstanzliche** Umgangssachen entsteht nach Nr 1310 KV FamGKG eine wertabhängige 0,5 Verfahrensgebühr, sodass bei einem Regelwert von 4.000 EUR nach § 28 FamGKG eine Verfah-

rensgebühr von 70 EUR anfällt. Im einstweiligen Anordnungsverfahren entsteht nach Nr 1410 KV FamGKG eine 0,3 Verfahrensgebühr, was bei einem Regelwert von 2.000 EUR eine Gebühr von 29,40 EUR ausmacht. Keine gesonderten Gebühren fallen nach § 4 FamGKG, Nr 1310 Abs 2 KV FamGKG bei der Anordnung einer Umgangspflegschaft an. Für das **Beschwerdeverfahren** sieht Nr 1314 KV FamGKG eine erhöhte Verfahrensgebühr von 1,0 vor (140 EUR bei einem Regelwert von 4.000 EUR). Eine Reduzierung der Verfahrensgebühr im Beschwerdeverfahren erfolgt nach Nr 1315 Abs 3 KV FamGKG, wenn in der Umgangssache ein Vergleich geschlossen wird, obwohl dieser wegen der Notwendigkeit der Billigung nach § 156 Abs 2 FamFG das Verfahren nicht unmittelbar beendet (vgl Heilmann/Dürbeck § 80 FamFG Rn 9). Bei einer *Beschwerderücknahme* kommt es nach KV 1315 FamGKG wegen der Notwendigkeit einer Kostenentscheidung (§ 81 Abs 1 S 3 FamFG) nur dann zu einer Gebührenermäßigung, wenn sie zugleich mit der Erklärung verbunden ist, die Kosten des Beschwerdeverfahrens zu übernehmen (OLG Celle 20. 4. 2012 – 10 WF 46/12, juris Rn 16 ff, FamRZ 2012, 1969; Schneider/Dürbeck, Gebühren in Familiensachen [2. Aufl 2021] § 3 Rn 163).

Ein **Vorschuss** für die Gerichtskosten kann in amtswegigen Umgangssachen nicht verlangt werden, da im § 14 Abs 3 FamGKG iVm § 21 FamGKG dies nur für Antragsverfahren vorgesehen ist (KG 15. 6. 2018 – 13 WF 142/18, FamRZ 2019, 708; OLG Saarbrücken 10. 10. 2011 – 6 WF 104/11, juris Rn 5, NJW 2012, 163). Aber auch soweit Verfahren nach §§ 1686, 1686a BGB antragsabhängig sind, kann wegen des Beschleunigungsgrundsatzes nach § 155 FamFG in erweiternder Auslegung von § 15 Nr 3b FamGKG ein Vorschuss nach zutreffender Ansicht nicht verlangt werden (Volpert FPR 2010, 327, 330; Heilmann/Dürbeck § 80 FamFG Rn 4; **aA** KG 25. 8. 2011 – 16 WF 112/11, juris Rn 4, AGS 2013, 195 zu § 1671 BGB).

Die erstattungspflichtigen **Auslagen** des Familiengerichts sind in Teil 2 KV FamGKG Nr 2000-2015 abschließend geregelt. Von Bedeutung sind insbesondere Aufwendungen für vom Gericht veranlasste Zustellungen (Nr 2002 KV), für die Versendung der Akten (Nr 2003 KV), für die Entschädigung von Zeugen, Sachverständigen und Dolmetschern (Nr 2005 KV) und für die Vergütung des Verfahrensbeistands (Nr 2013 KV) und des Umgangspflegers (Nr 2014 KV).

Auch bei *Einholung eines Sachverständigengutachtens* kann dieses nicht von der Zahlung eines **kostensichernden Vorschusses** seitens der Eltern abhängig gemacht werden, da diese in Umgangssachen von Amts wegen (vgl § 16 Abs 3 FamGKG) erfolgt (OLG Stuttgart 20. 6. 2016 – 16 WF 99/16, juris Rn 19, FamRZ 2016, 2144; OLG Celle 2. 5. 2012 – 10 WF 93/12, juris Rn 12 ff, ZKJ 2012, 403; Sarres FamFR 2012, 276). Ein gleichwohl geforderter Vorschuss kann zur Ablehnung des betreffenden Richters wegen Befangenheit führen (OLG Stuttgart 20. 6. 2016 – 16 WF 99/16, juris Rn 23, FamRZ 2016, 2144).

Einwendungen gegen die Höhe der Vergütung eines Zeugen oder Sachverständigen sind mit der **Erinnerung gegen den Kostenansatz** nach § 57 FamGKG geltend zu machen.

bb) Aufwendungen der Beteiligten

Die Kostenregelung nach §§ 80 ff FamFG umfasst auch die zur Durchführung des Verfahrens notwendigen Aufwendungen der Beteiligten (§ 80 S 1 FamFG), insbeson- 487 dere auch **Reisekosten** eines Beteiligten (§ 80 S 2 FamFG iVm § 91 Abs 1 S 2 ZPO). Auch die Reisekosten eines im Ausland wohnenden Elternteils sind hiernach erstattungsfähig; dies gilt auch, wenn der Beteiligte anwaltlich vertreten ist und persönliches Erscheinen nicht angeordnet war, da grundsätzlich eine persönliche Anhörung der Eltern geboten ist (OLG Braunschweig FamFR 2012, 186 m Anm Schneider). Etwas anderes kann sich ausnahmsweise ergeben, wenn der anwaltlich vertretene Beteiligte missbräuchlich seine Beteiligtenrechte nutzt, ohne zum Verfahren beitragen zu können oder zu wollen (Motzer FamRBint 2013, 9, 10). Auslagen für die Einholung eines **Privatgutachtens** sind in Kindschaftssachen wegen des nach § 26 FamFG Amtsermittlungsgrundsatzes regelmäßig nicht erstattungsfähig (OLG Frankfurt 25. 3. 2021 – 8 WF 7/21, ZKJ 2021, 379; Dutta/Jacoby/Schwab/Bartels § 80 FamFG Rn 23).

Kosten der Vertretung durch einen **Rechtsanwalt** sind hingegen nicht zwingend notwendige und damit in die Kostenerstattung einbezogene Aufwendungen, da § 80 FamFG nicht auf § 91 Abs 2 ZPO verweist. Die Notwendigkeit der Zuziehung eines Rechtsanwalts ist daher *im Einzelfall* zu beurteilen und im Kostenfestsetzungsverfahren nach § 85 FamFG iVm §§ 103 ff ZPO zu prüfen (OLG Karlsruhe 28. 7. 2016 – 18 WF 166/15, juris Rn 14; MünchKommFamFG/Schindler § 80 Rn 11; Heilmann/Dürbeck § 85 FamFG Rn 6). Ist ein Beteiligter von Beruf Rechtsanwalt und war im Verfahren anwaltlich nicht vertreten, kann er nicht die Vergütung geltend machen, die er selbst als Rechtsanwalt hätte verdienen können (OLG Karlsruhe 28. 7. 2016 – 18 WF 166/15, juris Rn 16; Zöller/Feskorn § 80 FamFG Rn 4). Zieht das **Jugendamt** zur Vertretung in Kindschaftssachen einen Rechtsanwalt hinzu, gelten die dadurch verursachten Kosten nur dann als notwendige Kosten der Rechtsverfolgung, wenn neben der pädagogisch fachlichen Einschätzung eine besondere rechtliche Ebene zu bearbeiten ist. Im Lichte des § 50 SGB VIII ist die Beauftragung eines Rechtsanwalts durch das Jugendamt iSd § 80 FamFG nur notwendig, wenn das Verfahren in tatsächlicher oder rechtlicher Hinsicht ganz besonders schwierig ist (OLG Frankfurt 8. 9. 2020 – 2 WF 128/20, FamRZ 2021, 633).

cc) Anwaltsgebühren

488 Die **Gebühren des Verfahrensbevollmächtigten** bestimmen sich nach Maßgabe des RVG aus dem **Gegenstandswert** (§ 13 RVG). Gemäß § 23 Abs 1 S 1 RVG ist in Umgangssachen auch für den Wert des Gegenstands der anwaltlichen Tätigkeit auf § 45 Abs 1 Nr 2 FamGKG abzustellen. Für die *Vertretung eines Beteiligten* in einer Umgangssache erhält der Rechtsanwalt nach Nr 3100 VV RVG zunächst eine 1,3 Verfahrensgebühr und bei der Wahrnehmung eines gerichtlichen *Anhörungstermins* zusätzlich nach Nr 3104 VV RVG eine 1,2 Termingebühr, sodass sich bei einem Regelwert von 4.000 EUR Anwaltsgebühren von 715 EUR netto ergeben (vgl Tabelle Anlage 2 zu § 13 Abs 1 S 3 RVG). Eine **(fiktive) Termingebühr** nach Nr 3104 Abs 1 Nr 1 VV RVG entsteht nach zutreffender Ansicht nicht, wenn das Familiengericht von einer persönlichen Anhörung der Beteiligten abgesehen hat (OLG München 20. 9. 2019 – 11 WF 666/19, FamRZ 2020, 367; OLG Frankfurt 10. 3. 2017 – 4 WF 42/17, juris Rn 6 zu Nr 3104 Abs 1 Nr 1 VV RVG; Schneider/Dürbeck, Gebühren in Familiensachen [2. Aufl 2021] § 15 Rn 911), was allerdings im Hinblick auf den nach § 155 Abs 2 FamFG vorgeschriebenen Erörterungstermin zunehmend in Zweifel gezogen wird (vgl zur Gegenansicht OLG Frankfurt 3. 2. 2022 – 7 WF 179/21, NJW 2022, 1822 mwNw; OLG Brandenburg 7. 1. 2022 – 10 WF 60/21, MDR 2022, 728). Die gleiche gebührenrechtliche Problematik besteht, wenn das Beschwerdegericht nach § 68 Abs 3 S 2 FamFG ohne Wiederholung der persönlichen

Anhörungen entscheidet, wobei auch hier nach zutreffender hM eine fiktive Terminsgebühr nicht entsteht (vgl OLG Köln 18. 12. 2020 – 2 Wx 300/20, MDR 2021, 263; OLG Hamburg 27. 8. 2019 – 2 WF 83/19, FamRZ 2021, 455).

Auch für die Anreise zu einer vom Gericht beabsichtigten **Kindesanhörung** entsteht die (fiktive) Termingebühr nach Nr 3104 Abs 1 Nr 1 VV RVG nicht (OLG Hamm 11. 7. 2017 – 6 WF 137/17, juris Rn 13 f, FamRZ 2018, 377).

Hinzukommen kann für die Mitwirkung an einer *Umgangsvereinbarung* nach Nr 1000, 1003 VV RVG eine 1,0 Einigungsgebühr (278 EUR netto beim Regelverfahrenswert), was für Umgangssachen vor Inkrafttreten des 2. Kostenmodernisierungsgesetzes zum 31. 8. 2013 noch umstritten war und jetzt in Nr 1003 Abs 2 VV RVG ausdrücklich geregelt ist (vgl dazu Heilmann/Dürbeck § 80 FamFG Rn 30; Schneider NZFam 2015, 825, 826).

Wird anlässlich einer Sorgerechtsangelegenheit auch eine (**nicht gerichtlich gebilligte**, vgl oben Rn 484a) **Vereinbarung zum Umgangsrecht** getroffen, erhält der Rechtsanwalt für den **Mehrvergleich** zusätzlich eine 0,8 Differenzverfahrensgebühr (Nr 3101 Ziff 2 VV RVG), eine aus der Wertaddition von Umgang und Sorge erhöhte Termingebühr (Nr 3104 Abs 1 und 2 VV RVG) und eine 1,5 Einigungsgebühr für das Umgangsrecht nach Nr 1000 VV RVG (begrenzt durch § 15 Abs 3 RVG; vgl Schneider NZFam 2015, 825, 826; OLG Karlsruhe 12. 3. 2019 – 5 WF 196/18, JurBüro 2019, 204). Dies gilt entgegen vormaliger hM (vgl unten Rn 494) auch für den Fall, dass dem betreffenden Beteiligten **Verfahrenskostenhilfe** bewilligt und ein Rechtsanwalt nach § 78 FamFG beigeordnet war (vgl BGH 17. 1. 2018 – XII ZB 248/16, juris Rn 6, FamRZ 2018, 602 m Nachw zum früheren Streitstand). Dies hat der Gesetzgeber in der Zwischenzeit auch in § 48 Abs 1 S 2 RVG klargestellt.

Wird dagegen in einer Sorgesache eine Vereinbarung zum Umgangsrecht geschlossen, die nach § 156 Abs 2 FamFG **gebilligt** wird, hat das Familiengericht jedenfalls stillschweigend von Amts wegen ein Umgangsverfahren eingeleitet und es entstehen alle Anwaltsgebühren in voller Höhe aus einem zusammengerechneten Regelwert von 8.000 EUR, § 33, 45 Abs 1 Nr 1 und 2 FamGKG (vgl OLG Zweibrücken 9. 3. 2021 – 2 WF 49/21, NZFam 2021, 429; Schneider/Dürbeck, Gebühren in Familiensachen [2. Aufl 2021] § 15 Rn 356 mit Berechnungsbeispielen).

Wird in einer Sorgerechtsverfahren auch ein gerichtlich gebilligter Vergleich über das ebenfalls anhängige Umgangsrecht geschlossen, so bemisst sich die nur einmal anfallende Einigungsgebühr gemäß Nr 1003 iVm Nr 1000 Nr 1 VV RVG aus den zusammengerechneten Werten beider Verfahren und ist in dem Verfahren festzusetzen, in dem der Vergleich geschlossen wurde (OLG Celle 10. 7. 2023 – 21 WF 78/23, juris).

Noch nicht abschließend geklärt war bisher die Frage, ob eine Einigungsgebühr nach **488a**
Nr 1000, 1003 VV RVG auch bei Abschluss einer in der Praxis durchaus häufig vorkommenden **Zwischenvereinbarung** zur Regelung des Umgangs (zB für den Zeitraum bis zur Erstellung eines Sachverständigengutachtens) anfallen kann, was jedenfalls dann bejaht wurde, wenn dadurch eine Umgangsregelung durch einstweilige Anordnung nach §§ 49 ff FamFG vermieden wird (bejahend OLG Hamburg 9. 7. 2020 – 7 WF 61/20, FamRZ 2021, 451; OLG Dresden 21. 12. 2015 – 18 WF 86/15, juris Rn 27, MDR 2016, 241; OLG

Koblenz 19. 9. 2016 – 11 WF 718/16, juris Rn 11, FamRZ 2017, 319; OLG Zweibrücken 6. 3. 2014 – 6 WF 16/14, juris Rn 7, AGS 2014, 269; sehr eng OLG Köln 12. 11. 2008 – 4 WF 122/08, juris Rn 6, FamRZ 2009, 714, FamRZ 2009, 714; ablehnend: OLG Jena 16. 6. 2015 – 3 WF 279/15, juris Rn 13 ff, JurBüro 2015, 640; OLG Hamm 2. 1. 2013 – 6 WF 254/12, juris Rn 13 f, AGS 2013, 226). Der *BGH* (BGH 25. 5. 2023 – IX ZR 161/22, juris) hat diese Ansicht bei einer gerichtlich bestätigten Zwischenvereinbarung zum Umgang nunmehr bestätigt. Dies gilt ausweislich Nr 1003 Abs 2 VV RVG auch dann, wenn die Umgangsvereinbarung nicht gerichtlich nach § 156 Abs 2 FamFG gebilligt worden ist, weil es RVG VV Nr 1003 Abs 2 Alt 2 in amtswegigen Verfahren genügen lässt, dass durch die Einigung eine gerichtliche Entscheidung – hier im Wege einstweiliger Anordnung – entbehrlich wird (vgl auch OLG Karlsruhe 12. 3. 2019 – 5 WF 196/18, AGS 2019, 285). Bejaht man das Entstehen der anwaltlichen Einigungsgebühr, ist der Wert der anwaltlichen Tätigkeit für den Abschluss der Zwischenvereinbarung **auf Antrag nach § 33 Abs 1 RVG** festzusetzen (zum Verfahren nach § 33 RVG vgl Dürbeck/Schneider NZFam 2021, 573). Hier kann naturgemäß nicht der volle Hauptsachewert anzusetzen sein, sondern nur ein Bruchteil hiervon. Zu begrüßen ist insoweit der Vorschlag von Schneider (AGS 2014, 272, 273), hier § 41 FamGKG analog anzuwenden und im Zweifel die Hälfte des Hauptsachewerts anzusetzen (OLG Dresden 21. 12. 2015 – 18 WF 86/15, juris Rn 40, MDR 2016, 241; OLG Koblenz 19. 9. 2016 – 11 WF 718/16, juris Rn 14, FamRZ 2017, 319; BeckOK-Streitwert/Dürbeck [1. 4. 2023] „Vergleich" Rn 6a). Wird das Verfahren später durch eine weitere gerichtliche Umgangsvereinbarung beendet, so kann die Einigungsgebühr im Hinblick auf § 15 Abs 2 RVG aber nur einmal anfallen (OLG Frankfurt 21. 6. 2016 – 7 WF 33/16, juris Rn 2 f, FamRZ 2017, 393).

Im **Beschwerdeverfahren** erhöht sich die Verfahrensgebühr auf 1,6 (Nr 3200 VV RVG). Entscheidet das Oberlandesgericht nach § 68 Abs 3 S 2 FamFG ohne neuerliche persönliche Anhörung, fällt die Termingebühr nach Nr 3202 VV RVG nicht an, da § 68 Abs 3 FamFG nicht in Nr 3202 VV RVG genannt ist (vgl OLG Köln 18. 12. 2020 – 2 Wx 300/20, MDR 2021, 263; OLG Hamburg 27. 8. 2019 – 2 WF 83/19, FamRZ 2021, 455; OLG Celle 18. 12. 2012 – 17 WF 165/12, juris Rn 7, FF 2013, 168).

Zu den Gebühren des Rechtsanwalts kommen im Übrigen seine erstattungsfähigen Auslagen (Fahrtkosten etc) hinzu, die in Nr 7000 ff VV RVG geregelt sind, sowie die Umsatzsteuer auf Gebühren und Auslagen (Nr 7008 VV RVG).

d) Besonderheiten der Umgangsregelung im Scheidungsverbund

489 Befindet sich die Umgangssache auf Antrag nach § 137 Abs 3 FamFG im **Scheidungsverbund**, so hat nach Maßgabe von § 150 FamFG eine **einheitliche Kostenentscheidung** stattzufinden. Insbesondere nehmen die Kosten der Umgangssache an der regelmäßigen Kostenaufhebung nach § 150 Abs 1 FamFG teil. Dies gilt auch für Kosten, die in einem isolierten, jedoch nach § 153 FamFG an das Gericht der Ehesache abgegebenen und zur Verbundsache gewordenen Umgangsverfahren vor der Abgabe angefallen sind. Eine kostenrechtliche Sanktion einer Nichtteilnahme an – wahlweise nach § 135 FamFG oder § 156 Abs 1 S 3 FamFG angeordneten (MünchKommFamFG/Heiter § 135 Rn 4) – Informationsgesprächen in der Folgesache Umgang ist auch im Verbund möglich (§ 150 Abs 4 S 2 FamFG).

Im Übrigen gilt für den **Umfang der Einbeziehung** der dem Gericht und den Beteiligten erwachsenen Auslagen **§ 80 FamFG**.

In Ansehung der Gerichtskosten erhöht die Umgangssache als Folgesache im Ehescheidungsverbund den **Gebührenverfahrenswert** der **einheitlich zu bewertenden Verbundsache** um 20 %, höchstens jedoch um 4.000 EUR (§ 44 Abs 2 S 1 HS 1 FamGKG); dies gilt auch, wenn die Umgangsregelung mehrere Kinder betrifft (§ 44 Abs 2 S 1 HS 2 FamGKG). § 44 Abs 2 S 1 FamGKG findet nach überwiegender Auffassung auch dann Anwendung, wenn gegen eine im Scheidungsverbund geführte Umgangssache **Beschwerde** eingelegt wird. Hier gilt für das Beschwerdeverfahren wegen der insoweit abschließenden Regelung von § 40 Abs 2 FamGKG nicht der Regelwert nach § 45 Abs 1 Nr 2 FamGKG iHv 4.000 EUR, sondern ebenfalls § 44 Abs 2 FamGKG, also 20 % des Wertes der Ehescheidung nach § 43 FamGKG (OLG Saarbrücken 2. 11. 2018 – 6 UF 82/18, AGS 2018, 572; OLG Frankfurt 30. 1. 2015 – 5 UF 360/14, juris Rn 3, NZFam 2015, 325; BeckOK-Streitwert/Dürbeck [1. 4. 2023] „Verbund" Rn 3a; **aA** OLG Dresden 16. 8. 2010 – 23 UF 507/09, juris Rn 1, RVGreport 2010, 472). Bei einem Verfahrenswert für die Ehescheidung nach § 43 Abs 1 S 2 FamGKG in Höhe des Mindestwerts von 3.000 EUR führt dies dazu, dass der Wert der im Verbund stehenden Kindschaftssache 600 EUR beträgt. Eine Erhöhung des Werts ist nur bei besonderen Umständen nach § 44 Abs 3 FamGKG möglich.

Wird die Umgangssache aus dem Scheidungsverbund nach § 140 Abs 2 Nr 3 FamFG **abgetrennt**, wird diese nach § 137 Abs 5 S 2 FamFG als selbständige Familiensache fortgeführt, was auch kostenrechtlich zur Auflösung des Verbunds nach §§ 44 Abs 2 FamGKG, 16 Nr 4 RVG führt. Die Gebühren entstehen aber nicht zweimal, der Rechtsanwalt hat in Bezug auf seine Gebühren ein **Wahlrecht**, ob er aus dem isolierten Wert des abgetrennten Verfahrens oder aber die Umgangssache im Verbund abrechnet (vgl Schneider NZFam 2014, 984 mit Berechnungsbeispiel).

e) Anfechtung der Kostenentscheidung

Die Beschwerde nach § 58 Abs 1 FamFG ist nach heute unbestrittener Ansicht in Familiensachen der freiwilligen Gerichtsbarkeit auch statthaft gegen **Kostenentscheidungen**, sei es, dass diese isoliert oder als Nebenentscheidung einer Entscheidung über den Umgang ergangen sind (BGH 9. 12. 2010 – V ZB 149/10, juris Rn 6; BGH 25. 9. 2013 – XII ZB 464/12, juris Rn 6, NJW 2013, 3523; BT-Drucks 16/6308, 168, 216). **490**

Nachdem sich nach Inkrafttreten des FamFG in der Rechtsprechung eine hM dahin gebildet hatte, dass für Kostenbeschwerden der **Mindestbeschwerdewert** von § 61 Abs 1 FamFG in Höhe von 600 EUR erreicht sein müsse, hat der BGH dem in seiner Entscheidung vom 25. 9. 2013 eine Absage erteilt (BGH 25. 9. 2013 – XII ZB 464/12, juris Rn 6, NJW 2013, 3523 auch mit Nachweisen zum damaligen Streitstand). **Ausnahmen der Statthaftigkeit** der Kostenbeschwerde bestehen aber bzgl Umgangssachen in Verfahren der **einstweiligen Anordnung** im Hinblick auf § 57 S 1 FamFG (dazu oben Rn 482).

Ein weiterer Streitpunkt besteht in der Frage, ob bei im Ermessen des Amtsgerichts liegenden Kostenentscheidungen (vgl § 81 Abs 1 S 1 FamFG) das **Beschwerdegericht** diese lediglich in beschränkter Weise auf einen **Ermessensfehlgebrauch** überprüfen und keine eigene Ermessensentscheidung treffen darf, wie dies der BGH im Jahr 2007 im Rahmen einer sofortigen Beschwerde nach § 269 Abs 5 ZPO in einer Unterhaltssache entschieden hatte (BGH 28. 2. 2007 – XII ZB 165/06, juris Rn 15, FamRZ 2007, 893). Die früher überwiegende Rechtsprechung vertritt dies zum Teil bis heute auch im Rahmen von Kostenbeschwerden nach § 58 FamFG (OLG Celle 10. 12. 2019 – 10 UF

266/19, NZFam 2020, 589; OLG Jena 28. 3. 2018 – 1 WF 79/18, juris Rn 63 f; OLG Koblenz 2. 8. 2017 – 13 UF 313/17, FamRB 2018, 143; OLG Saarbrücken 30. 4. 2015 – 6 WF 36/15, juris Rn 4, FamRZ 2015, 1746; OLG Celle 1. 9. 2014 – 10 UF 134/14, juris Rn 22, ZKJ 2014, 479; OLG Frankfurt 26. 2. 2013 – 4 WF 279/12, juris Rn 12, FamRZ 2013, 1979; OLG Hamm 3. 1. 2013 – 2 UF 207/12, juris Rn 8, MDR 2013, 469; Sternal/Weber § 81 FamFG Rn 61; weitere Nachweise bei Augstein FamRZ 2016, 1833), obwohl §§ 58 ff FamFG eine beschränkte Überprüfungsmöglichkeit durch das Beschwerdegericht, wie §§ 65 Abs 3, 69 Abs 1 und 3 FamFG zeigen, nicht entnommen werden kann (ablehnend daher zu Recht: OLG Frankfurt 20. 10. 2016 – 1 WF 185/16, juris Rn 3, FamRZ 2017, 829; Heilmann/Dürbeck § 68 FamFG Rn 14; ders ZKJ 2017, 19, 20). Der BGH hat allerdings in einer Entscheidung zu § 18 Abs 1 VersAusglG klar zum Ausdruck gebracht, dass auch das Beschwerdegericht nach § 69 FamFG eine eigene Ermessensentscheidung zu treffen hat und dabei nicht darauf beschränkt ist, zu überprüfen, ob eine Ermessensüberschreitung des Familiengerichts vorliegt, sondern sein Ermessen vielmehr selbst auszuüben hat (BGH 12. 10. 2016 – XII ZB 372/16, juris Rn 8 ff, FamRZ 2017, 97). Damit ist die Frage auch für im Rahmen der Überprüfung von im Ermessen der Familiengerichte liegenden Kostenentscheidungen ohne jeden Zweifel im Sinne der zuletzt genannten und vormaligen Mindermeinung entschieden (vgl OLG Karlsruhe 14. 2. 2023 – 2 WF 22/23, FamRZ 2023, 786; OLG Bamberg 14. 5. 2020 – 2 WF 90/20, MDR 2020, 880; OLG Frankfurt 10. 2. 2021 – 8 UF 175/20, FamRZ 2021, 1142; OLG Frankfurt 18. 12. 2019 – 4 WF 162/19, FamRZ 2020, 1109; OLG Brandenburg 30. 8. 2019 – 9 WF 183/19, juris; OLG Frankfurt 20. 1. 2017 – 1 WF 182/16, juris Rn 17 ff, FamRZ 2017, 1415). Eine auf Ermessensfehlgebrauch beschränkte Überprüfung der Kostenentscheidung findet damit nur im Rechtsbeschwerdeverfahren vor dem BGH statt (vgl etwa BGH 19. 1. 2014 – XII ZB 15/13, juris Rn 14, FamRZ 2014, 744).

16. Verfahrenskostenhilfe

a) Anwendbare Bestimmungen

491 Die Bewilligung von **Verfahrenskostenhilfe** in isolierten Umgangsverfahren bestimmt sich gemäß **§§ 76 Abs 1 FamFG** iVm §§ 114 ff ZPO; wesentliche Sonderbestimmungen im FamFG gegenüber der ZPO betreffen ausschließlich das Verfahren (§ 77 FamFG) sowie die Voraussetzungen der Beiordnung eines Rechtsanwalts (§ 78 FamFG). Im Scheidungsverbund gelten die §§ 114 ff ZPO ohne die in §§ 76–78 FamFG bestimmten Abweichungen (§ 113 Abs 1 S 2 FamFG). Wird eine Folgesache Umgangsrecht nach § 137 Abs 3 FamFG in den *Scheidungsverbund* aufgenommen, ist hierfür gesondert Verfahrenskostenhilfe zu beantragen (Gottschalk, in: Gottschalk/Schneider, PKH/VKH [10. Aufl 2021] Rn 585). Wird im Rahmen einer Scheidungsfolgenvereinbarung auch eine Umgangsregelung getroffen, so erstreckt sich die Beiordnung eines Rechtsanwalts für die Ehescheidung nach § 48 Abs 3 Nr 4 RVG auch auf den Mehrvergleich für das Umgangsrecht. Im *Verfahren der Verfahrenskostenhilfe* besteht kein Anwaltszwang (§ 114 Abs 4 Nr 5 FamFG). Der Antrag ist bei dem für das Verfahren in der Hauptsache zuständigen Gericht (§ 127 Abs 1 S 2 ZPO) zu stellen. Verfahrenskostenhilfe kann im Übrigen nur **formell** am Verfahren **Beteiligten** iSd §§ 7, 161 FamFG (vgl oben Rn 401 ff) gewährt werden (BT-Drucks 16/6308, 213), die zudem in *eigenen Rechten betroffen* sein müssen (BGH 22. 10. 2014 – XII ZB 125/14, juris Rn 8, FamRZ 2015, 133 zum Betreuungsrecht; OLG Frankfurt 11. 12. 2014 – 1 WF 245/14, juris Rn 7, FamRZ 2015, 1312; Heilmann/Dürbeck § 76 FamFG Rn 3). Hieran fehlt es, wenn der *nichtsorgeberechtigte Elternteil* Verfahrenskostenhilfe bei einem fremduntergebrachten Kind betreffend den Umgang *des anderen Elternteils* begehrt, soweit er nicht selbst eine Schmälerung des eige-

nen Umgangsrechts zu erwarten hat (OLG Frankfurt 11. 12. 2014 – 1 WF 245/14, juris Rn 7 f, FamRZ 2015, 1312; Prütting/Helms/Dürbeck § 76 FamFG Rn 10). Zur Bewilligung von Verfahrenskostenhilfe für das **Kind** vgl Rn 408 und unten 493.

Für die materiellen Voraussetzungen der Gewährung von Verfahrenskostenhilfe gilt hingegen über die Verweisung von § 76 Abs 1 FamFG immer § 114 ZPO. Keine Besonderheiten bestehen für Umgangssachen in Bezug auf die **subjektiven Bewilligungsvoraussetzungen** nach §§ 114, 115 ZPO, sodass insoweit auf die vorhandene Spezialliteratur zu verweisen ist (vgl etwa Gottschalk, in: Gottschalk/Schneider, PKH/VKH [10. Aufl 2021] Rn 241 ff). Die **Umgangskosten** fließen dabei nach sozialrechtlichen Grundsätzen als **Mehrbedarf** (§ 115 Abs 1 S 3 Nr 4 ZPO iVm § 21 Abs 6 SGB II, insbesondere Fahrtkosten und Lebenshaltungskosten des Kindes im Rahmen der Grundsätze der temporären Bedarfsgemeinschaft, vgl oben Rn 170 ff und Christl NJW 2016, 3687) in die Einkommensberechnung ein, umgangsbedingte Wohnungsmehrkosten sind im Rahmen von § 115 Abs 1 S 3 Nr 3 ZPO zu berücksichtigen. Zu den Freibeträgen im Wechselmodell vgl oben Rn 270, 270a.

Ist einem Beteiligten in einer Umgangssache Verfahrenskostenhilfe bewilligt worden, so sind seine **Reisekosten** zu einem Gerichtstermin, zu dem sein persönliches Erscheinen angeordnet worden ist, von der Staatskasse zu erstatten, wobei sich hier das Verfahren und die Höhe in entsprechender Anwendung des **JVEG** richten (OLG Frankfurt 14. 6. 2022 – 6 WF 86/22, NJW 2022, 2283). Nicht zu erstatten sind dagegen Auslagen für die Einholung eines **privaten Zweitgutachtens** (OLG Frankfurt 25. 3. 2021 – 8 WF 7/21, ZKJ 2021, 379).

b) Erfolgsaussicht der Rechtsverfolgung

Das Grundgesetz gebietet eine weitgehende Angleichung der Situation von Bemittel- **492**
ten und Unbemittelten bei der Verwirklichung des Rechtsschutzes. Dies ergibt sich aus Art 3 Abs 1 GG iVm dem Rechtsstaatsprinzip, das in Art 19 Abs 4 GG seinen besonderen Ausdruck findet (vgl BVerfG 28. 7. 2022 – 2 BvR 1814/21, GesR 2022, 635; BVerfG 25. 5. 2022 – 1 BvR 326/22, NZFam 2022, 845 zum Umgangsrecht; BVerfG 13. 3. 1990 – 2 BvR 94/88, juris Rn 23, NJW 1991, 413). Verfassungsrechtlich ist es zwar nicht zu beanstanden, wenn die Gewährung von Verfahrenskostenhilfe davon abhängig gemacht wird, dass die beabsichtigte Rechtsverfolgung oder Rechtsverteidigung hinreichende Aussicht auf Erfolg hat und auch nicht mutwillig erscheint. Die **summarische Prüfung** der **Erfolgsaussicht** soll jedoch nicht dazu dienen, die Rechtsverfolgung oder Rechtsverteidigung selbst **in das Nebenverfahren der Prozesskostenhilfe vorzuverlagern** und dieses an die Stelle des Hauptsacheverfahrens treten zu lassen (BVerfG 4. 9. 2017 – 1 BvR 2443/16, juris Rn 9 ff, FamRZ 2017, 2031; BVerfG 5. 12. 2008 – 1 BvR 746/08, juris Rn 63, ZKJ 2009, 207). Dies bedeutet zugleich, dass Verfahrenskostenhilfe nur verweigert werden darf, wenn ein Erfolg in der Hauptsache zwar nicht schlechthin ausgeschlossen, die Erfolgschance aber nur eine entfernte ist (BVerfG 5. 12. 2008 – 1 BvR 746/08, juris Rn 63, ZKJ 2009, 207; Heilmann FamRZ 2016, 1060). Auch ist gerade im Umgangsrecht zu berücksichtigen, dass bei einer Verweigerung von Verfahrenskostenhilfe für den um Umgang nachsuchenden Elternteil dies auch faktisch zu einer Zurückweisung des Anspruchs auf Umgang mit dem Kind führen kann, ohne dass der betreffende Elternteil Kenntnis erlangen würde, ob und in welchem zeitlichen Abstand er eine neue Anregung zu einer gerichtlichen Umgangsregelung stellen kann (BGH 13. 4. 2016 – XII ZB 238/15, juris Rn 17, FamRZ 2016, 1058 m Anm Heilmann). Gerade in Umgangssachen kann die Versagung von Ver-

fahrenskostenhilfe deshalb auch das Elternrecht verletzen (BVerfG FamRZ 2009, 399, 401). Kommt es in der Umgangssache auf eine Beweisaufnahme (zB Sachverständigengutachten) oder auf das Ergebnis der (persönlichen) Anhörungen nach §§ 159 ff FamFG an, ist **im Regelfall** Verfahrenskostenhilfe zu gewähren (BGH 13. 4. 2016 – XII ZB 238/15, juris Rn 18, FamRZ 2016, 1058; OLG Brandenburg 20. 5. 2020 – 13 WF 88/20, FamRZ 2020, 1567; OLG Brandenburg 26. 3. 2019 – 13 WF 31/19, FamRZ 2019, 1632; OLG Celle 8. 5. 2015 – 10 WF 11/15, juris Rn 10, NZFam 2016, 92; OLG Schleswig 27. 6. 2018 – 10 WF 110/18, FamRZ 2019, 48; Prütting/Helms/Dürbeck § 76 FamFG Rn 22). Insoweit ergibt sich die Erfolgsaussicht jedenfalls bei Nichtvorhandensein eines Umgangstitels bereits aus dem Anspruch auf gerichtliche Regelung des Umgangs (OLG Frankfurt 9. 10. 2020 – 4 WF 158/20, FamRZ 2021, 205; OLG Schleswig 27. 6. 2018 – 10 WF 110/18, FamRZ 2019, 48). In Grenzen ist es jedoch statthaft, im Bewilligungsverfahren eine *antizipierte Beweiswürdigung* im Rahmen der Prüfung der Erfolgsaussichten vorzunehmen (BVerfG 28. 10. 2019 – 2 BvR 1813/18, NJW 2020, 534; BVerfG 19. 2. 2008 – 1 BvR 1807/07, juris Rn 22, NJW 2008, 1060; BGH 29. 7. 2020 – XII ZB 172/18, FamRZ 2020, 1855; BGH 14. 12. 1993 – VI ZR 235/92, juris Rn 5, NJW 1994, 1160), was auch bei dem vom BGH entschiedenen Fall der Bewilligung von Verfahrenskostenhilfe für einen inhaftierten Kindesvater, der die Mutter eines Kleinkindes vorsätzlich getötet hatte (BGH 13. 4. 2016 – XII ZB 238/15, juris Rn 18, FamRZ 2016, 1058), hätte erwogen werden können (ähnlich Heilmann FamRZ 2016, 1060 f). Dies hat jedenfalls das **BVerfG** bei der Ablehnung eines Verfahrenskostenhilfe-Antrages eines inhaftierten Vaters mangels Erfolgsaussichten für einen Umgang mit seinem fremduntergebrachten Kind bestätigt (BVerfG 25. 5. 2022 – 1 BvR 326/22, NZFam 2022, 845).

Das **OLG Brandenburg** (OLG Brandenburg 20. 5. 2020 – 13 WF 88/20, FamRZ 2020, 1567) hatte dagegen Verfahrenskostenhilfe für einen Kindesvater bewilligt, der im Jahr 2004 wegen schweren **sexuellen Missbrauchs** an seiner Stieftochter zu einer mehrjährigen Freiheitsstrafe verurteilt worden war, wobei das Opfer später Suizid begangen hatte. Der Umgang mit seinem Kind wurde von der Kindesmutter wegen der Straftat und der Haltung des Vaters dazu verweigert.

Im Übrigen kommt es in amtswegigen Umgangsverfahren nicht darauf an, ob der Vortrag des Beteiligten genügt, die von ihm erwünschte Regelung herbeizuführen, sondern ob der Verfahrensgegenstand **Anlass zur Überprüfung des Umgangsregelungsbedürfnisses** gibt und zu erwarten ist, dass der Beteiligte Tatsachen und Rechtsansichten darlegen kann, um seine Lage zu verbessern und seine Rechte zu verwirklichen (OLG Brandenburg 24. 5. 2016 – 13 WF 118/16, juris Rn 5, FamRZ 2017, 310; OLG Hamm 12. 7. 2010 – 8 WF 70/10, juris Rn 3; OLG Hamm 23. 10. 2007 – 1 WF 284/07, juris Rn 3, FamRZ 2008, 420). Zu weitgehend erscheint aber die Auffassung, in amtswegigen Verfahren iSd § 24 FamFG käme es nach Einleitung des Verfahrens durch Zusendung der Anregung an die anderen Beteiligten und das Jugendamt überhaupt nicht auf die Erfolgsaussicht an (OLG Frankfurt 27. 6. 2011 – 4 WF 144/11, juris Rn 10; ähnlich OLG Frankfurt 9. 10. 2020 – 4 WF 158/20, FamRZ 2021, 205; wie hier OLG Hamburg 18. 8. 2022 – 12 WF 87/22, MDR 2022, 1374). Die Erfolgsaussichten spielen für die Frage der Bewilligung von Verfahrenskostenhilfe vor allem im **Rechtsmittelverfahren** und bei Anregungen, eine bestehende Umgangsregelung nach § 166 FamFG iVm § 1696 BGB **abzuändern**, durchaus auch in Umgangssachen eine große Rolle. Besitzt ein Rechtsmittel nach Auffassung des Rechtsmittelgerichts keine Erfolgsaussicht oder liegen Abänderungsgründe iSd § 1696 Abs 1 und 2 BGB offenkundig nicht vor, wird dem betreffenden Beteiligten auch vor dem Hintergrund von Art 6 Abs 2 GG Verfahrenskostenhilfe zu versagen sein (vgl OLG Hamburg 25. 9. 2020 – 12 WF 106/20, FamRZ 2021, 201 m Anm Dürbeck; OLG Karlsruhe 31. 7. 2020 – 20 WF 44/20, FamRZ 2021, 206; OLG Koblenz 25. 9. 2019 – 13 WF 828/19, FamRZ 2020, 1289; Prütting/Helms/Dürbeck § 76 FamFG Rn 22). Das gilt auch dann, wenn bei einem im Raum stehenden Umgangsausschluss nach § 68 Abs 5 Nr 2 FamFG die persönlichen Anhörungen nach §§ 159, 160 FamFG im Beschwerdeverfahren zu wiederholen sind (vgl OLG Koblenz 23. 9. 2022 – 9 UF 352/22, NZFam 2023, 378 m Anm Preisner; Strube NZFam 2021, 901, 906).

Ist der Aufenthalt des Kindes dem Umgangsberechtigten unbekannt, kann der Verfahrenskostenhilfe-Antrag im Hinblick auf den Amtsermittlungsgrundsatz nicht allein deshalb zurückgewiesen werden (OLG Hamm 27. 10. 2020 – 13 WF 204/20, FamRZ 2021, 1126).

Ist im Erkenntnisverfahren ein **Warnhinweis** nach § 89 Abs 2 FamFG unterblieben, kann für ein vom Umgangselternteil angestrebtes neues Verfahren zur Nachholung des Hinweises mangels Erfolgsaussicht Verfahrenskostenhilfe nicht bewilligt werden, weil der Hinweis Teil des Ausgangsverfahrens ist (OLG Zweibrücken 30. 8. 2013 – 2 WF 181/13, MDR 2014, 110).

c) Mutwilligkeit

Negative Voraussetzung für die Bewilligung von Verfahrenskostenhilfe ist das Fehlen **493**
von **Mutwilligkeit**. Dieser Begriff ist ab 1. 1. 2014 in § 114 Abs 2 ZPO legaldefiniert. Es kommt darauf an, ob ein *mutmaßlicher Selbstzahler* trotz Erfolgsaussicht von einer gerichtlichen Geltendmachung absehen würde. Der BGH ist der Auffassung entgegengetreten, der Begriff der Mutwilligkeit sei weit auszulegen; es sei vielmehr allein entscheidend, dass zur Durchsetzung der Rechte des Antragstellers das Beschreiten des Rechtswegs unverzichtbar erscheine und sich eine bemittelte Person in derselben Weise verhalten würde (BGH 13. 4. 2016 – XII ZB 238/15, juris Rn 26, FamRZ 2016, 1058). Ein um Umgang nachsuchender Elternteil muss dabei regelmäßig vor Einleitung eines umgangsrechtlichen Verfahrens **Kontakt zu dem anderen Elternteil** aufnehmen, um eine einverständliche Lösung zu versuchen (OLG Düsseldorf 8. 6. 2020 – 3 WF 36/20, FamRZ 2021, 1391; OLG Brandenburg JAmt 2003, 374; OLG Brandenburg ZFE 2008, 429; Prütting/Helms/Dürbeck § 76 FamFG Rn 51). Bei einem heranwachsenden Kind muss der Umgangselternteil sich auch zunächst selbst um **Kontakt mit dem Kind** bemühen, jedenfalls, wenn der andere Elternteil gegen den Umgang keine Einwendungen erhebt und die Kontaktaufnahme daher nur vom Bemühen des Umgangselternteils abhängt (OLG Düsseldorf FamRZ 1998, 758). Mutwilligkeit kann nach zutreffender Ansicht nicht allein deshalb angenommen, wenn der Umgangselternteil durch eine **Straftat** die Einleitung des Umgangsverfahrens veranlasst hat (BGH 13. 4. 2016 – XII ZB 238/15, juris Rn 27 ff, FamRZ 2016, 1058: Tötung der Kindesmutter; OLG Brandenburg 20. 5. 2020 – 13 WF 88/20, FamRZ 2020, 1567: Sexualstraftat ggü der Stiefschwester mit anschließendem Suizid; **aA** OLG Celle 8. 5. 2015 – 10 WF 11/15, juris Rn 14 ff, NZFam 2016, 92; ähnlich OLG Hamm 23. 10. 2007 – 1 WF 284/07, juris Rn 3, FamRZ 2008, 420). Wurde erst in der nahen Vergangenheit eine Umgangsregelung getroffen, kann das Betreiben eines *Abänderungsverfahrens* nach § 1696 BGB mutwillig sein, weil Umgangsregelungen zunächst gelebt werden müssen, bevor Anlass für eine Abänderung der Regelung besteht (OLG Brandenburg 16. 9. 2015 – 9 WF 207/15, juris Rn 2, MDR 2016, 216). Kommt es nach Einleitung des Umgangsverfahrens zu einer Versöhnung der Eltern, kommt Mutwilligkeit nicht in Betracht (OLG Frankfurt 15. 12. 2020 – 4 WF 191/20, NZFam 2021, 181).

493a Höchst umstritten ist die Frage, ob Verfahrenskostenhilfe wegen Mutwilligkeit für einen Antrag auf Regelung des Umgangs nicht zu gewähren ist, wenn der Umgangsuchende vor Einleitung des gerichtlichen Umgangsregelungsverfahrens die **Hilfe des Jugendamtes** (§ 18 Abs 3 S 3 SGB VIII) zur Herbeiführung einer einverständlichen Umgangsregelung nicht in Anspruch nimmt. Einerseits ist von dem Verfahrenskostenhilfe beantragenden Beteiligten zu erwarten, dass er alle Möglichkeiten zur Vermeidung des gerichtlichen Verfahrens ausschöpft, die auch ein Beteiligter ausschöpfen würde, der selbst die Verfahrenskosten trägt. Andererseits besteht hinsichtlich der Beurteilung, ob die Einschaltung des Jugendamtes und dessen Vermittlungsbemühen in gebotener Zeit Aussicht auf Erfolg hat oder ob schließlich doch eine gerichtliche Entscheidung erforderlich werden wird, ein *Einschätzungsvorrang der Eltern* (OLG München FamRZ 2008, 1089). Gleichwohl fordert die wohl heute vorherrschende Ansicht eine vorherige Einschaltung des Jugendamts *als Regel* und *verweigert* Verfahrenskostenhilfe wegen Mutwilligkeit, wenn dies nicht geschehen ist (OLG Hamburg 18. 8. 2022 – 12 WF 87/22, MDR 2022, 1374; OLG Brandenburg 7. 4. 2022 – 13 WF 52/22, FuR 2022, 480; OLG Saarbrücken 17. 9. 2019 – 6 WF 126/19, NZFam 2020, 304; OLG Karlsruhe 21. 1. 2019 – 18 WF 5/19, NZFam 2019, 459; OLG Köln 20. 6. 2017 – 27 WF 85/17, juris Rn 3; OLG Köln 17. 12. 2012 – 4 WF 156/12, juris Rn 2, FamFR 2013, 87; OLG Köln 26. 1. 2011 – 4 WF 1/11, juris Rn 1, FamFR 2011, 133; OLG Saarbrücken 25. 8. 2009 – 9 WF 77/09, juris Rn 14, FamRZ 2010, 310; OLG Stuttgart NJW-RR 2009, 149; OLG Brandenburg ZFE 2008, 429; OLG Brandenburg FamRZ 2006, 1549; OLG Dresden FamRZ 2006, 808; OLG Koblenz FamRZ 2005, 1915; OLG Brandenburg JAmt 2003, 374; Johannsen/Henrich/Markwardt § 114 ZPO Rn 28). Nach einer *vermittelnden Ansicht* soll allenfalls bei *erkennbarer Aussichtslosigkeit* eine Ausnahme zur Pflicht der vorherigen Inanspruchnahme der Leistungen des Jugendamts bestehen (OLG Karlsruhe 7. 1. 2016 – 20 WF 209/15, juris Rn 10 f, ZKJ 2016, 109; OLG Rostock FamFR 2011, 305; MünchKommFamFG/Viefhues § 76 Rn 55). Auch das *BVerfG* (BVerfG 13. 7. 2020 – 1 BvR 631/19, FamRZ 2021, 279) ist der Ansicht, dass das Unterlassen der vorherigen Anrufung des Jugendamts dann nicht mutwillig ist, wenn der andere Elternteil bereits signalisiert hat, eine Vermittlung abzulehnen. Nach der *zutreffenden Gegenansicht* ist die Entscheidung, ob zunächst das Jugendamt eingeschaltet wird, dem Antragsteller zu überlassen und es gibt insbesondere auch keinen Erfahrungssatz, wonach ein nicht bedürftiger Beteiligter immer vor Anrufung des Familiengerichts das Jugendamt einschalten würde (OLG Frankfurt 27. 3. 2017 – 2 WF 164/16, juris Rn 21, FuR 2017, 515; OLG Brandenburg 24. 9. 2012 – 3 WF 85/12, juris Rn 12 ff; OLG Hamm NJW-RR 2011, 1577; OLG Hamm 12. 7. 2010 – 8 WF 70/10, juris Rn 5; OLG Karlsruhe FamRZ 2002, 1712; OLG Karlsruhe FamRZ 2004, 1115; OLG München FamRZ 2008, 1089; OLG Hamm FamRZ 2004, 1116; Sternal/Weber § 76 Rn 17; Prütting/Helms/Dürbeck § 76 FamFG Rn 51). Eine Inanspruchnahme des Jugendamtes ist schon deshalb regelmäßig nicht geboten, weil dessen Leistungen auf dem Prinzip der *freiwilligen Inanspruchnahme* (FK-SGB VIII/Meysen/Münder/Trenczek Einleitung Rn 38) beruhen und es dem Umgangselternteil vorbehalten bleiben muss, der Gefahr einer Entfremdung durch unmittelbare Anrufung des Familiengerichts zu begegnen. Anders wird nur dann zu entscheiden sein, wenn der betreuende Elternteil das Jugendamt eingeschaltet hat und dessen Vermittlungsbemühungen ohne sachlichen Grund negiert werden (OLG Celle 27. 4. 2012 – 10 WF 323/11, juris Rn 10, ZKJ 2012, 358: kein Eingehen auf erfolgte Einschaltung des Jugendamts; Hennemann FamFR 2013, 87; DIJuF-Rechtsgutachten JAmt 2011, 201, 202).

Hat der **betreuende Elternteil** aber bereits gerichtlich um eine *Beschränkung* des Umgangs nachgesucht, so muss der Umgangselternteil ebenfalls nicht die Vermittlung des Jugendamts suchen (OLG Düsseldorf FamRZ 2011, 51; im Ergebnis auch OLG Saarbrücken

17. 9. 2019 – 6 WF 126/19, NZFam 2020, 304 bei Hochkonflikthaftigkeit). Eine Differenzierung zwischen dem Umgang begehrenden und dem den Umgang des anderen abwehrenden Elternteils (so MOTZER FPR 2009, 158, 159) ist insoweit verfehlt.

Die Mutwilligkeit der Rechtsverfolgung bei Nichtinanspruchnahme des Jugendamts iSd § 114 ZPO darf – auch wenn man der hM folgt – nicht verwechselt werden mit dem **Rechtsschutzbedürfnis** für eine gerichtliche Umgangsregelung nach § 1684 Abs 3 S 1 BGB (OLG Brandenburg 10. 7. 2018 – 10 WF 71/18, FamRZ 2020, 694). Soweit Verfahrenskostenhilfe nicht lediglich für ein beabsichtigtes Umgangsverfahren beantragt war, hat das Familiengericht zwingend einen frühen Termin nach Maßgabe von § 155 Abs 2 FamFG zu bestimmen. Es kann nicht deshalb davon absehen, weil es dem Umgangselternteil zunächst nach § 156 Abs 1 S 4 FamFG aufgeben will, Möglichkeiten der außergerichtlichen Vermittlung des Jugendamts in Anspruch zu nehmen (OLG Brandenburg 10. 7. 2018 – 10 WF 71/18, FamRZ 2020, 694 im Rahmen einer Entscheidung zu § 155c FamFG).

Auch auf eine **Mediation** kann der Umgangselternteil nicht verwiesen werden (OLG Hamm FamRZ 2003, 1758; OLG Hamm FamRZ 2004, 1116; MOTZER FPR 2009, 158, 159). Gerade die Ausgestaltung der Verpflichtung zur Inanspruchnahme einer Information über Möglichkeiten der Mediation in § 156 Abs 1 FamFG zeigt, dass jenseits einer solchen Information kein Zwang zur Inanspruchnahme ausgeübt werden soll. **Verfahrenskostenhilfe für eine außergerichtliche Mediation** kann im Übrigen nicht vom Familiengericht bewilligt werden (vgl SCHNEIDER, in: GOTTSCHALK/SCHNEIDER, PKH/VKH [10. Aufl 2021] Rn 18 ff). Die Einleitung eines Umgangsverfahrens kann aber dann mutwillig sein, wenn sich die Beteiligten in einem vorangegangenen Verfahren auf die Durchführung einer Mediation geeinigt haben, die Mediation erst begonnen hat und keine Gründe erkennbar sind, das Ergebnis der Mediation nicht abzuwarten (OLG Nürnberg 22. 7. 2015 – 11 WF 700/15, juris Rn 15, FamRZ 2016, 251).

Nicht mutwillig ist auch nach der Entscheidung des *BVerfG* vom 1. 4. 2008 (BVerfG **493b**
NJW 2008, 1287) **die Geltendmachung des Anspruchs des Kindes** auf Umgang mit einem umgangsunwilligen Elternteil (OLG Stuttgart FamRZ 2009, 354; so schon OLG Stuttgart FamRZ 2006, 1060). Mag auch die Vollstreckung des Anspruchs auf Umgang nicht durchsetzbar sein, so würde eine Versagung der Verfahrenskostenhilfe dem bedürftigen Kind die Chance nehmen, den in der Titulierung liegenden Appell an den Elternteil zu erreichen. Auch kann dem **Kind** – im Fall der Geltendmachung seines eigenen Umgangsrechts im Hinblick auf § 9 Abs 1 Nr 3 FamFG in Ausnahmefällen auch auf eigenen Antrag hin (vgl oben Rn 408) – nach § 78 Abs 2 FamFG ein *Rechtsanwalt beizuordnen* sein. Dies gilt aber auch für das verfahrensfähige Kind nur unter den Voraussetzungen von § 78 Abs 2 FamFG (OLG Frankfurt 10. 5. 2022 – 6 WF 73/22, NJW-RR 2022, 874: dort verneint) und unter der Prämisse, dass man unterstellt, dass das Kind mit dem Anwalt analog § 107 BGB einen Geschäftsbesorgungsvertrag schließen kann, was aber zu verneinen ist (vgl dazu oben Rn 408 und DÜRBECK, in: FS Dose [2022] 87, 95 f). In einem solchen Fall ist auch dem bedürftigen *betreuenden Elternteil,* der die Einleitung des Verfahrens angeregt hat (vgl OLG Frankfurt 9. 7. 2013 – 6 UF 140/13, FamRZ 2014, 576), Verfahrenskostenhilfe zu bewilligen, da auch er am Verfahren beteiligt ist und in eigenen Rechten, im Regelfall des Umgangsbestimmungsrechts, betroffen ist (**aA** zu Unrecht OLG Karlsruhe 28. 2. 2014 – 16 WF 53/14, juris Rn 13, NJW 2014, 1973, das der Mutter Verfahrenskostenhilfe verweigert hat). Soweit das Kind – wie im Regelfall in

Umgangssachen – nicht selbst nach § 9 Abs 1 Nr 3 FamFG **verfahrensfähig** ist (oben Rn 408), kann der Antrag auf Bewilligung von Verfahrenskostenhilfe mit dem Ziel der Beiordnung eines Rechtsanwalts für das Kind (§ 78 FamFG) nur *in Vertretung des Kindes* von dem insoweit *Sorgeberechtigten* gestellt werden (**aA** zu Unrecht OLG Hamburg 29. 12. 2017 – 12 WF 111/17, ZKJ 2018, 193, vgl dazu oben Rn 408). Bei Uneinigkeit der gemeinsam sorgeberechtigten Eltern gilt § 1628 BGB (BGH 27. 6. 2018 – XII ZB 46/18, NJW 2018, 2962).

493c Ist ein Ehescheidungsverfahren anhängig, führt die Geltendmachung des Umgangsrechts in einem isolierten Verfahren außerhalb des Scheidungsverbunds (§ 137 Abs 3 FamFG) nicht zur Annahme von Mutwilligkeit (OLG Brandenburg 23. 4. 2019 – 13 WF 87/19, NZFam 2019, 739; Prütting/Helms/Dürbeck § 76 FamFG Rn 51). Hierfür spricht nicht nur der Umstand, dass das Gesetz das Antragsrecht nach § 137 Abs 3 FamFG in das freie Ermessen der Ehegatten stellt, sondern auch, dass sich der für das Umgangsverfahren geltende Beschleunigungsgrundsatz (§ 155 Abs 1 FamFG) mit den Verfahrensregeln für Ehe- und Versorgungsausgleichssachen im Regelfall nicht verwirklichen lässt.

493d Das *BVerfG* (BVerfG 13. 7. 2020 – 1 BvR 631/19, juris Rn 33, FamRZ 2021, 279) hat sich im Rahmen einer Verfassungsbeschwerde gegen die Versagung von Verfahrenskostenhilfe für einen Sorgerechtsantrag nach § 1626a Abs 2 BGB (Herstellung gemeinsamer elterlicher Sorge) wegen fehlender Erfolgsaussicht und **Mutwilligkeit** auch mit der Frage befasst, ob die **getrennte Geltendmachung einer Umgangsregelung (§ 151 Nr 2 FamFG) und des Sorgerechtsantrages (§ 151 Nr 1 FamFG)** wegen der damit verbundenen Mehrkosten mutwillig iSd § 76 Abs 1 FamFG iVm § 114 Abs 2 ZPO sein kann. Das Problem wird auch im Zusammenhang mit der Vergütung eines nach § 78 FamFG beigeordneten Anwalts nach §§ 45 ff RVG wegen eines möglichen Verstoßes gegen den Grundsatz **kostensparender Verfahrensführung** erörtert (s Rn 494). Zu Recht weist das BVerfG darauf hin, dass es durchaus sachliche Gründe für die getrennte Einleitung von Sorge- und Umgangsverfahren gibt und dass etwa im Hinblick auf den Beschleunigungsgrundsatz in § 155 Abs 1 FamFG hier auch unterschiedliche Verfahrensregeln gelten. Stellt ein Kindesvater einen Sorgerechtsantrag nach §§ 1626a Abs 2 BGB, 155a FamFG und regt gleichzeitig die Einleitung eines Umgangsverfahrens iSd § 24 FamFG an, so obliegt die Entscheidung, ob die beiden Verfahren getrennt geführt werden oder miteinander verbunden werden (§ 20 FamFG), allein dem Familiengericht, sodass schon aus diesem Grund Mutwilligkeit nicht in Betracht kommen kann.

d) Beiordnung eines Rechtsanwalts

494 Im isolierten Umgangsverfahren ohne Anwaltszwang hängt die **Beiordnung eines Rechtsanwalts** von der **Schwierigkeit der Sach- und Rechtslage** ab (§ 78 Abs 2 FamFG). Dem Gesetzgeber erschien dabei im Bereich der Familienverfahren der freiwilligen Gerichtsbarkeit eine von § 121 Abs 2 ZPO abweichende Regelung erforderlich, weil in **Amtsermittlungsverfahren** das *Gebot der Waffengleichheit* nicht allein die Notwendigkeit anwaltlicher Vertretung begründen könne (BT-Drucks 16/6308, 214). Der BGH hat bereits mehrfach zur Auslegung von § 78 Abs 2 FamFG Stellung bezogen (speziell für Umgangssachen: BGH 13. 4. 2016 – XII ZB 238/15, juris Rn 32, FamRZ 2016, 1058; BGH 23. 6. 2010 – XII ZB 232/09, juris Rn 6 ff, FamRZ 2010, 1427; noch zum alten Recht: BGH 18. 2. 2009 – XII ZB 137/08, FamRZ 2009, 857). Danach sollen für die Beurteilung der Schwierigkeit der Sach- und Rechtslage und der Erforderlichkeit der Beiordnung eines Rechtsanwalts stets die **Umstände des Einzelfalls** maßgeblich sein (BGH 13. 4. 2016 – XII ZB 238/15, juris Rn 32, FamRZ 2016, 1058; so bereits auch BGH 18. 2. 2009 – XII ZB 137/08, juris Rn 9, FamRZ 2009, 857). Hierbei genügt es nicht, wenn die *Sachlage oder die Rechtslage schwierig* ist (OLG Düsseldorf 25. 1. 2010 – II- 8 WF 11/10, juris Rn 10). Maßgeblich ist, ob auch ein *bemittelter Rechtssuchender* in der Lage des Bedürftigen vernünftiger Weise einen Rechtsanwalt mit der Wahrnehmung seiner Interessen beauftragt hätte (BGH 23. 6. 2010 – XII ZB 232/09, juris Rn 25, FamRZ 2010, 1427; Heilmann/Dürbeck § 78 FamFG Rn 4), wobei – anders als in Vaterschaftsanfechtungsverfahren (BGH 13. 6. 2012 – XII ZB 218/11, juris Rn 18, FamRZ 2012, 1290) – ein *Regel-Ausnahmeverhältnis* in Kindschaftssachen nicht bestehen soll. Die **Schwere eines Grundrechtseingriffs**, der gerade in Umgangssachen im Hinblick auf Art 6 Abs 2 GG häufig droht, soll nach Auffassung des BGH kein entscheidendes Kriterium für die Erforderlichkeit anwaltlicher Vertretung sein (BGH 23. 6. 2010 – XII ZB 232/09, juris Rn 19, FamRZ 2010, 1427; BT-Drucks 16/6308, 214). Entgegen der Gesetzesbegründung misst der BGH dem Grundsatz der **Waffengleichheit** bei anwaltlicher Vertretung anderer Beteiligter aus verfassungsrechtlichen Gründen (vgl BVerfG 22. 6. 2007 – 1 BvR 681/07, juris Rn 11 ff, NJW-RR 2007) auch in Amtsermittlungsverfahren durchaus Bedeutung bei der Beurteilung einer schwierigen Sach- oder Rechtslage zu (BGH 23. 6. 2010 – XII ZB 232/09, juris Rn 17, FamRZ 2010, 1427; so auch OLG Celle 13. 1. 2010 – 17 WF 149/09, juris R 5 f, MDR 2010, 392; OLG Brandenburg 17. 11. 2014 – 10 WF 121/14, juris Rn 3, FUR 2015, 542; **aA** OLG Hamm 3. 2. 2010 – 6 WF 363/09, juris Rn 10, AGS 2010, 244). Neben den objektiven Umständen sollen bei der Bemessung der Schwierigkeit der Sach- und Rechtslage iSv § 78 Abs 2 FamFG aber auch **subjektive Umstände** des betreffenden Beteiligten zu berücksichtigen sein (BGH 13. 4. 2016 – XII ZB 238/15, juris Rn 32, FamRZ 2016, 1058; BGH 23. 6. 2010 – XII ZB 232/09, juris Rn 21, FamRZ 2010, 1427). Auch angesichts dieser Vorgaben hat sich die Rechtsprechung der Amts- und Oberlandesgerichte in Umgangssachen nicht einheitlich entwickelt (vgl dazu Büte FPR 2011, 17; Nickel NJW 2011, 117; Heilmann/Dürbeck § 78 FamFG Rn 5 ff).

Auch bei **erstmaliger Einleitung** eines Umgangsverfahrens wird nicht jede Umgangsregelung per se tatsächlich oder rechtlich schwierig sein (BGH FamRZ 2009, 857, 858; OLG Köln FamRZ 2004, 289; OLG Karlsruhe FamRZ 2005, 2004; **aA** OLG Nürnberg FamRZ 1997, 215), insbesondere nicht jede bloße Ausgestaltung im Detail (OLG Saarbrücken FamRZ 2010, 1690). Umstände wie die Notwendigkeit der *Umgangsbegleitung* (OLG Schleswig 23. 2. 2011 – 10 WF 29/11, juris Rn 9, FamRZ 2011, 1241; OLG Zweibrücken 28. 12. 2009 – 2 WF 237/09, juris Rn 15, FamRZ 2010, 1002) oder der Durchführung des Umgangs in einer *Justizvollzugsanstalt* sprechen für die Beiordnung eines Rechtsanwalts (BGH 13. 4. 2016 – XII ZB 238/15, juris Rn 32, FamRZ 2016, 1058; OLG München 25. 2. 2011 – 33 WF 328/11, juris Rn 11 ff, FamRZ 2011, 1240). Weiterhin dürfte auch die Bestellung eines *Verfahrensbeistands* Indiz für eine schwierige Sachlage sein. Bedeutsam sind in Umgangssachen auch der *Grad der Zerrüttung* der Beziehung der Eltern und erhebliche Kommunikationsprobleme (OLG Brandenburg 17. 11. 2014 – 10 WF 121/14, juris Rn 4, FuR 2015, 542; OLG Frankfurt 27. 6. 2011 – 4 WF 144/11, juris Rn 15), der Umfang etwaiger Meinungsverschiedenheiten in Bezug auf den Umgang (zu Recht Beiordnung verneint von OLG Saarbrücken 6. 4. 2010 – 9 WF 27/10, juris Rn 12, FamRZ 2010, 1690; OLG Düsseldorf 9. 12. 2010 – 8 WF 271/10, juris Rn 2, FamFR 2011, 234; OLG Brandenburg 22. 6. 2010 – 9 WF 4/10, juris Rn 6 ff, FamRZ 2010, 2009; OLG Hamburg 3. 5. 2010 – 2 WF 49/10, juris Rn 6 f, FamRZ 2010, 1689; bejaht von OLG Stuttgart 28. 5. 2010 – 17 WF 134/10, juris Rn 10) oder eine *hartnäckige Umgangsverweigerung* durch den anderen Elternteil (OLG Hamm 21. 9. 2010 – 2 WF 117/10, juris Rn 9, MDR 2010, 1468). Hinsichtlich der im Einzelfall zu prüfenden **subjektiven Kriterien** des Bedürftigen sind vor allem seine Fähigkeit, sich *schriftlich und mündlich auszudrücken* (BGH 23. 6. 2010 – XII ZB 232/09, juris Rn 22, FamRZ 2010, 1427; OLG Düsseldorf 22. 4. 2010 – 6 WF 87/10, juris Rn 3, AGS 2010, 332: keine ausreichenden Deutschkenntnisse; OLG Brandenburg 31. 8. 2010 – 9 WF 22/10, juris Rn 3, FamFR 2010, 494; OLG Celle 11. 11. 2009 – 17 WF 131/09, juris Rn 3 f, FamRB 2010, 44; Sternal/Weber § 78 FamFG Rn 6) und das Vorhandensein von *Erkrankungen* (BGH 23. 6. 2010 – XII ZB 232/09, juris Rn 32, FamRZ 2010, 1427: Psychose; OLG Braunschweig 4. 10. 2022 – 1 WF 125/22, FF 2022, 511: psychische Belastung (zweifelhaft); OLG Köln 9. 1. 2015 – 4 WF 160/14, juris Rn 8, FamRZ 2015, 1921: Depressionen) von Bedeutung. Für das Verfahren der Aufhebung einer *Umgangspflegschaft,* ist grundsätzlich die Beiordnung eines Rechtsanwalts nicht erforderlich (OLG Koblenz 27. 10. 2010 – 13 WF 881/10, juris Rn 3, NJW-RR 2011, 507; Gottschalk, in: Gottschalk/Schneider, PKH/VKH [10. Aufl 2021] Rn 688).

Wenn das Gericht bis zum Erörterungstermin nach § 155 Abs 2 FamFG nicht auf Bedenken gegen die Beiordnung eines Anwalts **hingewiesen** hat, darf der betreffende Beteiligte bei vorheriger Entscheidungsreife wegen des **Gebots des fairen Verfahrens** darauf vertrauen, dass die Beiordnung erfolgt (OLG Braunschweig 4. 10. 2022 – 1 WF 125/22, FF 2022, 511).

Zur umstrittenen Frage der Beiordnung eines Rechtsanwalts im **Vermittlungsverfahren nach § 165 FamFG** vgl unten Rn 526.

494a Hinsichtlich des **Vergütungsanspruchs** des beigeordneten Rechtsanwalts gegenüber der Staatskasse (vgl dazu ausführlich Schneider/Dürbeck, Gebühren in Familiensachen [2. Aufl 2021] § 9 Rn 147 ff) erhält dieser – wie der Wahlanwalt – wertabhängige Gebühren bis zu einem Verfahrenswert iHv **4.000 EUR** gemäß § 13 RVG, bei einem Wert über 4.000 EUR lediglich **reduzierte Gebühren** gemäß der Tabelle nach § 49 RVG. Zu den umstrittensten Problemen zählte früher die Frage, ob der beigeordnete Rechtsanwalt für den Abschluss eines **Mehrvergleichs** (zB Umgangsvereinbarung in einem Sorgerechts- oder Gewaltschutzverfahren) neben der um den Wert der nicht rechtshängigen Sache erhöhten Vergleichsgebühr nach Nr 1000, 1003 VV RVG auch die *Verfahrensdifferenzgebühr* nach Nr 3101 VV RVG und die *(erhöhte) Termingebühr* (Nr 3104 VV RVG) aus dem zusammengerechneten Wert des Mehrvergleichs erhält, was nach § 48 Abs 3 RVG nur für den Scheidungsfolgenvergleich gesetzlich geregelt ist (dafür: OLG Karlsruhe 20. 2. 2017 – 2 WF 214/16, juris Rn 28, NJW-RR 2017, 575; OLG Celle 13. 6. 2016 – 21 WF 118/16, juris Rn 6, FamRZ 2017, 394; dagegen: OLG Dresden 2. 2. 2017 – 20 UF 1100/16, juris Rn 6 ff, AGS 2017, 197; OLG Koblenz 19. 5. 2014 – 13 WF 369/14, juris Rn 18, FamRZ 2014, 1877; vgl dazu ausführlich Schneider, in: Gottschalk/Schneider, PKH/VKH [10. Aufl 2021] Rn 837). Der *BGH* (BGH 17. 1. 2018 – XII ZB 248/16, juris Rn 6, FamRZ 2018, 602) hat sich aber der Ansicht angeschlossen, dass bei einem Mehrvergleich über das nicht anhängige Umgangsrecht im Rahmen eines Sorgerechtsverfahrens der Rechtsanwalt auch in Ansehung der Verfahrensdifferenzgebühr und der erhöhten Termingebühr für den Vergleich in der Umgangssache beizuordnen und sodann zu vergüten ist (vgl oben Rn 488). Dies ist nunmehr auch in dem zum 1. 1. 2021 neu gefassten § 48 Abs 1 S 2 RVG klargestellt.

Ein Rechtsanwalt verstößt nach zutreffender Ansicht nicht gegen das **Gebot kostensparender Verfahrensführung**, wenn er eine **Umgangsanregung und einen Sorgerechtsantrag** (insbesondere nach §§ 1671 Abs 1, 1626a Abs 2 BGB) mit *getrennten Schriftsätzen* geltend macht (OLG Brandenburg 10. 8. 2016 – 9 WF 208/16, juris Rn 2 ff, FamRZ 2017, 311; OLG Bremen 11. 6. 2015 – 5 WF 20/15, juris Rn 10, FF 2015, 370; Heilmann/Dürbeck § 76

FamFG Rn 34; **aA** OLG Hamm 22. 8. 2013 – 6 WF 210/13, juris Rn 15 ff, MDR 2014, 286; vgl dazu auch BVerfG 13. 7. 2020 – 1 BvR 631/19, juris Rn 33, FamRZ 2021, 279 und oben Rn 493d). Hiergegen spricht schon der Umstand, dass Umgangssachen von Amts wegen eingeleitet werden und es allein das Familiengericht bestimmt, ob es die Umgangssache mit der Sorgesache *verbindet* (so zB bei OLG Saarbrücken 5. 3. 2018 – 6 UF 116/17, juris). Auch sprechen verschiedene Verfahrensregelungen hinsichtlich der Beschleunigung (§ 155 Abs 1 und 2 FamFG) gegen eine gemeinsame Geltendmachung und die Verbindung der Verfahren.

e) Sofortige Beschwerde

Entscheidungen im Rahmen der Verfahrenskostenhilfe sind nach § 76 Abs 2 FamFG, 495
127 Abs 2, 567 ff ZPO mit der **sofortigen Beschwerde** anfechtbar. Für Umgangssachen ergeben sich insoweit zumindest für Hauptsacheverfahren keine Besonderheiten (vgl zum Beschwerdeverfahren ausführlich Schneider, in: Gottschalk/Schneider, PKH/VKH [10. Aufl 2016] Rn 1033 ff). Wird Verfahrenskostenhilfe in einer Umgangssache dagegen im **einstweiligen Anordnungsverfahren** verweigert, ist im Hinblick auf den Rechtsgedanken von § 127 Abs 2 S 2 ZPO die sofortige Beschwerde wegen § 57 S 1 FamFG nicht statthaft, soweit Verfahrenskostenhilfe wegen **fehlender Erfolgsaussicht** iSd § 114 ZPO verweigert wurde (BVerfG 27. 12. 2022 – 1 BvR 1791/22, juris; OLG Karlsruhe 9. 9. 2022 – 20 WF 104/22, juris; vgl oben Rn 482). Wurde Verfahrenskostenhilfe dagegen wegen fehlender Bedürftigkeit oder Mutwilligkeit nicht bewilligt oder die Beiordnung eines Rechtsanwalts nach § 78 FamFG verweigert, so trägt dieser Rechtsgedanke nicht und die sofortige Beschwerde ist statthaft (BGH 18. 5. 2011 – XII ZB 265/10, juris Rn 15 ff, NJW 2011, 2434; BGH 22. 6. 2005 – XII ZB 247/03, juris Rn 5, FamRZ 2005, 1477; OLG Brandenburg 17. 1. 2017 – 13 WF 11/17, juris Rn 2, FF 2017, 156; OLG Köln 4. 4. 2012 – 4 WF 24/12, juris Rn 1, FamRZ 2012, 1239).

f) Beratungshilfe

Beratungshilfe ist Hilfe für die Wahrnehmung von Rechten **außerhalb eines gerichtlichen Verfahrens** (§ 1 Abs 1 BerHG) und gewährleistet die aus Art 3 Abs 1 GG iVm 496
Art 20 Abs 1 und 3 GG hergeleitete *Rechtswahrnehmungsgleichheit* von Bemittelten und Unbemittelten im außergerichtlichen Bereich (BVerfG 29. 4. 2015 – 1 BvR 1849/11, juris Rn 10, NJW 2015, 2322; ausführlich Schneider, in: Gottschalk/Schneider, PKH/VKH [10. Aufl 2021] Rn 1117 ff und Schneider/Dürbeck, Gebühren in Familiensachen [2. Aufl 2021] § 11 Rn 1 ff). Sie steht nach § 1 Abs 2 BerHG nur solchen Rechtssuchenden zu, denen – im Fall einer Inanspruchnahme der Gerichte – *ratenfreie* Verfahrenskostenhilfe zu gewähren wäre (vgl § 115 Abs 2 ZPO). Anders als die Verfahrenskostenhilfe setzt ihre Gewährung *nicht eine Erfolgsaussicht* der Rechtswahrnehmung voraus und sie zielt in erster Linie auf *Beratung* und nur soweit erforderlich auf die *Vertretung* des Rechtssuchenden ab (vgl § 2 Abs 1 BerHG). Geleistet wird sie, soweit das Umgangsrecht betroffen ist, nach § 3 Abs 1 S 1 BerHG durch *Rechtsanwälte* oder nach § 3 Abs 2 BerHG durch das *Amtsgericht* in Person des Rechtspflegers (§ 24a Abs 1 Nr 2 RPflG), in letzterem Fall aber nur in Form der Beratung. Gewährt sie ein **Rechtsanwalt**, wozu dieser nach § 49a Abs 1 BRAO grundsätzlich verpflichtet ist, so erhält dieser gegenüber dem Rechtssuchenden nach Nr 2500 VV RVG eine Schutzgebühr iHv 15 EUR und gegenüber der Justizkasse (§§ 8 Abs 1 BerHG, 44 RVG) eine Beratungsgebühr nach Nr 2501 VV RVG iHv 38,50 EUR, im Falle der Vertretung eine Geschäftsgebühr nach VV Nr 2503 iHv 93,50 EUR und im Falle des Mitwirkens an einer Einigung nach Nr 2508 VV RVG eine Einigungsgebühr iHv 165 EUR (vgl dazu Schnei-

der/Dürbeck, Gebühren in Familiensachen [2. Aufl 2021] § 11 Rn 38 ff; Clauss-Hasper NZFam 2016, 735). Eingeschränkt wird der Zugang zu Leistungen nach dem BerHG jedoch gerade in Umgangssachen durch die Bestimmung von § 1 Abs 1 Nr 2 BerHG, wonach Beratungshilfe nicht zu gewähren ist, soweit *eine andere Möglichkeit* für eine Hilfe zur Verfügung steht, deren Inanspruchnahme dem Rechtssuchenden *zuzumuten* ist. Hierzu zählen in Angelegenheiten des Umgangsrechts nach hM die **Beratungs- und Vermittlungsleistungen des Jugendamts** nach § 18 Abs 3 SGB VIII (AG Pforzheim 30. 7. 2018 – 211 BHG 18/18, FamRZ 2019, 49; AG Halle 3. 6. 2011 – 103 II 180/09, juris Rn 3, AGS 2011, 384 zum Kindesunterhalt; AG Halle 7. 9. 2012 – 103 II 2012, juris Rn 11 zum Umgang; AG Zeven 14. 8. 2007 – 6 II 171/07, juris Rn 2, Rpfleger 2007, 671 zum Umgang; Schneider/Dürbeck, Gebühren in Familiensachen [2. Aufl 2021] § 11 Rn 9; Lissner FamRB 2016, 32).

Im Bereich des Beratungsbedarfs im Familienrecht steht gerade anlässlich einer Elterntrennung in der Praxis die gebührenrechtliche Frage im Vordergrund, **wie viele Angelegenheiten** iSd §§ 2 Abs 2 BerHG, 15 Abs 1 und 2 RVG vorliegen, wenn die anwaltliche Beratung (und ggf Vertretung) für eine *Vielzahl familienrechtlicher Fragen* anlässlich einer Trennung (zB Scheidung, Versorgungsausgleich, Zugewinn, Ehegatten- und Kindesunterhalt, Ehewohnung und Haushaltsgegenstände, Sorge- und Umgangsrecht, sonstige Vermögensauseinandersetzung) geleistet wird. Die heute wohl überwiegende Ansicht ist der Auffassung, dass hier *typisierend bis zu vier* gebührenrechtlich selbständige Angelegenheiten (Scheidung – Umgangs- und Sorgerecht – Ehewohnung und Haushalt – Unterhalt, Güterrecht und Vermögensauseinandersetzung) vorliegen können (OLG Karlsruhe 16. 10. 2019 – 11 W 90/18 (Wx), FamRZ 2020, 360; OLG Düsseldorf 1. 2. 2018 – 10 W 24/18, NZFam 2018, 860; OLG München 26. 2. 2015 – 11 WF 1738/14, juris Rn 14 ff, NJW 2015, 2435; OLG Frankfurt 12. 5. 2014 – 20 W 237/13, juris Rn 23 ff, NZFam 2014, 998; AG Pforzheim 5. 10. 2015 – 215 BHG 5/14, juris Rn 12, FamRZ 2016, 396; Schneider/Dürbeck, Gebühren in Familiensachen [2. Aufl 2021] § 11 Rn 58; **aA** aber OLG Hamm 8. 4. 2016 – 25 W 295/15, juris Rn 10, AGS 2016, 539: bis zu sechs Angelegenheiten). Innerhalb des Beratungshilfeverfahrens kann im Übrigen keine Verfahrenskostenhilfe für die Einlegung von Rechtsbehelfen, wie die Erinnerung nach § 7 BerHG oder die Gehörsrüge nach § 5 S 1 BerHG iVm § 44 FamFG, gewährt werden (BVerfG 9. 11. 2017 – 1 BvR 2440/16, juris Rn 13 ff, NJW 2018, 449).

17. Rechtsmittel

a) Isolierte Umgangsverfahren

aa) Beschwerde

497 Gegen **Endentscheidungen** (§ 38 Abs 1 S 1 FamFG) des Familiengerichts in Umgangssachen (im Einzelnen zu den insoweit anfechtbaren Entscheidungen MünchKommFamFG/Fischer § 58 Rn 23 f; Heilmann/Dürbeck § 58 FamFG Rn 3 ff) findet die **Beschwerde (§§ 58 ff FamFG)** statt. Mit der Beschwerde anfechtbar sind auch Beschlüsse, die nach § 156 Abs 2 FamFG **Umgangsvereinbarungen billigen** (OLG Saarbrücken 10. 9. 2019 – 9 UF 21/19, FamRB 2020, 18; OLG Frankfurt 17. 9. 2018 – 4 UF 62/18, juris; OLG Hamm 21. 5. 2015 – 2 UF 3/15, juris Rn 15, FamRZ 2015, 1988; OLG Düsseldorf 23. 3. 2015 – 5 UF 51/15, juris Rn 7; OLG Hamm 7. 8. 2014 – 10 UF 115/14, juris Rn 5, FamRZ 2015, 273; OLG München 1. 9. 2014 – 4 UF 508/14, juris Rn 6, ZKJ 2015, 116 m Anm Dürbeck; OLG München 14. 12. 2011 – 11 WF 1050/11, juris Rn 15, AGS 2012, 76; Cirullies FPR 2012, 473, 474; **aA** OLG Nürnberg 28. 4. 2011 – 4 UF 508/14, juris Rn 5 f, FamRZ 2011, 1533; siehe bereits ausführlich oben Rn 146), was inzwischen auch der **BGH** klargestellt hat (BGH 10. 7. 2019 – XII ZB 507/18, FamRZ 2019, 1616 Rn 12). Ebenfalls

anfechtbar sind Entscheidungen, aufgrund derer ob der Amtswegigkeit (§ 24 FamFG) es abgelehnt wird, ein Umgangsverfahren oder Abänderungsverfahren (§§ 166 FamFG, 1696 BGB) einzuleiten, wenn der die **Einleitung des Verfahrens** Anregende in eigenen subjektiven Rechten betroffen ist (BVerfG 17. 9. 2016 – 1 BvR 1547/16, juris Rn 39, ZKJ 2016, 457; OLG Hamburg 13. 9. 2022 – 12 UF 118/22, juris Rn 23, FamRZ 2023, 219; OLG Frankfurt 30. 12. 2021 – 6 UF 237/21, FamRZ 2022, 545 zu §§ 1696 Abs 1, 1685 Abs 2 BGB; OLG Koblenz 15. 11. 2016 – 7 UF 611/16, juris Rn 3 ff, FamRZ 2017, 898; OLG Brandenburg 6. 5. 2015 – 15 WF 91/15, juris Rn 3 ff, FamRZ 2015, 1993; OLG Frankfurt 31. 3. 2015 – 5 UF 272/14, juris Rn 22, ZKJ 2015, 275; OLG Hamm 26. 1. 2010 – 15 W 361/09, juris Rn 10 ff, FGPrax 2010, 143 zum Registerrecht; Heilmann/Dürbeck § 58 FamFG Rn 3; **aA** BGH 24. 4. 2012 – II ZB 8/10, juris Rn 12, Rpfleger 2012, 445 zum Vereinsregisterverfahren; MünchKommFamFG/Ulrici § 24 Rn 13).

Soweit das Familiengericht in seiner Endentscheidung einem Elternteil eine auf § 1684 Abs 3 S 2 BGB zu stützende **Beratungsauflage** erteilt hat, ist diese – auch wenn sie analog § 156 Abs 1 S 5 FamFG nicht erzwingbar ist – selbständig mit der Beschwerde nach § 58 Abs 1 FamFG anfechtbar (KG 29. 1. 2019 – 13 UF 161/18, NZFam 2019, 313; vgl dazu Rn 121).

Zur isolierten Anfechtung der Kostenentscheidung vgl oben Rn 490, zur in Umgangssachen unstatthaften Beschwerde gegen **einstweilige Anordnungen** oben Rn 481.

Die Beschwerde ist **befristet** nach § 63 FamFG; die Frist beträgt **einen Monat** (§ 63 **498**
Abs 1 FamFG), die verkürzte Frist des § 63 Abs 2 Nr 1 FamFG wird in Umgangssachen im Hinblick auf § 57 S 1 FamFG für einstweilige Anordnungen nicht relevant (oben Rn 481); die Frist **beginnt** nach § 63 Abs 3 S 1 FamFG mit der *schriftlichen Bekanntgabe* des Beschlusses an den jeweiligen (sodann Beschwerde führenden) Beteiligten. Wird förmlich zugestellt, wie dies § 41 Abs 1 S 2 FamFG vorsieht, ist bei anwaltlicher Vertretung von Beteiligten nach § 15 Abs 2 FamFG iVm § 172 ZPO an den Verfahrensbevollmächtigten zuzustellen. Gegen die Versäumung der Beschwerdefrist ist **Wiedereinsetzung** gemäß §§ 17 ff FamFG statthaft. Bei unrichtiger *Rechtsbehelfsbelehrung* wird fehlendes Verschulden an der hierdurch verursachten Verzögerung – jedenfalls bei fehlender anwaltlicher Vertretung (vgl Prütting/Helms/Ahn-Roth § 17 FamFG Rn 33 m Nachw der Rspr des BGH) – gemäß § 17 Abs 2 FamFG vermutet.

Nach **Erledigung der Hauptsache** kann die Beschwerde mit dem Antrag weiterver- **499**
folgt oder auch erst erhoben werden (OLG Köln FGPrax 2011, 44; OLG Stuttgart 27. 6. 2013 – 17 UF 121/13, juris Rn 9 ff, FamRZ 2014, 234), festzustellen, dass die Entscheidung des Familiengerichts den Beschwerdeführer in seinen Rechten verletzt hat, wenn er an der Feststellung ein berechtigtes Interesse hat (§ 62 FamFG; **Fortsetzungsfeststellungsbeschwerde**). Dies setzt nach § 62 Abs 2 Nr 1 und 2 FamFG in der Regel einen über die bloße Rechtsbetroffenheit hinausgehenden schwerwiegenden Grundrechtseingriff oder eine konkrete Wiederholungsgefahr voraus, was bei Auskünften iSd § 1686 BGB kaum in Betracht kommt (zutreffend OLG Stuttgart 27. 6. 2013 – 17 UF 121/13 juris Rn 18 ff, FamRZ 2014, 234) und allenfalls bei **Beschränkung oder Ausschluss des Umgangs** nach § 1684 Abs 4 BGB denkbar ist (Heilmann/Dürbeck § 62 FamFG Rn 8). Allerdings kann sich auch bei Verfahren mit geringerer Eingriffsintensität ein schutzwürdiges Feststellungsinteresse aus der schwerwiegenden Verletzung von Verfahrensrechten ergeben (OLG Naumburg FamRZ 2013, 66: Verletzung von § 160 FamFG).

500 Die Beschwerde ist einzulegen bei dem Gericht, dessen Beschluss angefochten wird, somit beim **Familiengericht** (§ 64 Abs 1 S 1 FamFG). Einlegung beim **Ausgangsgericht** sowie die **Rechtsbehelfsbelehrung** (§ 39 FamFG) vereinfachen zwar das Verfahren; wird die Beschwerde gleichwohl beim Beschwerdegericht eingelegt, so trifft dieses zwar die Pflicht zur unverzüglichen **Weiterleitung an das Amtsgericht im ordentlichen Geschäftsgang**, doch ist die Frist erst mit Eingang beim Familiengericht gewahrt (BGH 26. 6. 2013 – XII ZB 83/13, juris Rn 14, NJW-RR 2014, 2; BGH 19. 12. 2012 – XII ZB 61/12, juris Rn 9, MDR 2013, 240; Johannsen/Henrich/Althammer/Althammer § 63 FamFG Rn 9). Bei einem Verstoß gegen die Weiterleitungspflicht kann dies nach §§ 17 ff FamFG die Wiedereinsetzung in die versäumte Beschwerdefrist begründen (BGH 17. 8. 2011 – XII ZB 50/11, juris Rn 22 ff, FamRZ 2011, 1649). Wird zunächst **Verfahrenskostenhilfe für eine beabsichtigte Beschwerde** beantragt, ist dieser Antrag nach dem zum 1. 1. 2013 neu gefassten § 64 Abs 1 S 2 FamFG (BGBl 2012 I 2418) ebenfalls bei dem Amtsgericht einzureichen (zu dem sich anschließenden Verfahren beim Beschwerdegericht vgl Heilmann/Dürbeck § 63 FamFG Rn 12 ff).

Das Familiengericht kann der Beschwerde **nicht abhelfen**, § 68 Abs 1 S 2 FamFG (Zorn Rpfleger 2009, 421, 434).

Da Entscheidungen zum Umgangsrecht nach § 40 Abs 1 FamFG schon **mit der Bekanntgabe** der Entscheidung an die Beteiligten **wirksam** werden und auch vollstreckt werden können, kann das Beschwerdegericht nach **§ 64 Abs 3 FamFG** auf Antrag oder von Amts wegen durch einstweilige Anordnung die **Vollziehung des angefochtenen Beschlusses aussetzen**. § 64 Abs 3 FamFG gilt entsprechend im Rechtsbeschwerdeverfahren vor dem BGH (BGH 31. 10. 2018 – XII ZB 411/18, NJW 2019, 432 Rn 3). Es handelt sich dabei um keine selbständige einstweilige Anordnung iSd §§ 49 ff FamFG, die Entscheidung ist weder anfechtbar noch löst sie gesonderte Gerichts- oder Anwaltsgebühren aus (BGH 1. 3. 2010 – II ZB 1/10, FGPrax 2010, 102 Rn 16; OLG Frankfurt 30. 6. 2017 – 4 UFH 1/17, juris Rn 3, NZFam 2017, 967; vgl zu den Einzelheiten Sternal/Sternal § 64 FamFG Rn 75 ff; Rackl, Das Rechtsmittelrecht nach dem FamFG [2011] 162 ff). Für ein **selbständiges einstweiliges Anordnungsverfahren** nach §§ 49 ff FamFG besteht im umgangsrechtlichen Beschwerdeverfahren wegen der Möglichkeit von § 64 Abs 3 FamFG kein Raum (OLG Frankfurt 30. 6. 2017 – 4 UFH 1/17, juris Rn 3, NZFam 2017, 967). In Umgangssachen hängt die Entscheidung nach § 64 Abs 3 FamFG von einer Abwägung der Interessen des Umgangsberechtigten mit den Interessen des Kindes, dessen Wohl durch den Vollzug einer Umgangsregelung möglicherweise gefährdet werden könnte, ab und setzt Erfolgsaussichten des Rechtsmittels voraus (vgl BGH 31. 10. 2018 – XII ZB 411/18, NJW 2019, 432 Rn 5; Heilmann/Dürbeck § 64 FamFG Rn 10).

bb) Einlegung, Begründung

501 Die Beschwerde wird durch Einreichung einer **Beschwerdeschrift** beim Familiengericht (§ 64 Abs 2 S 1 Alt 1 FamFG) oder zur **Niederschrift** von dessen Geschäftsstelle (§ 64 Abs 2 S 2 Alt 2 FamFG) eingelegt. Anwaltszwang besteht nicht. Allerdings ist die Beschwerde, soweit sie nicht zu Protokoll der Geschäftsstelle eingelegt wird, als **elektronisches Dokument** nach § 14b Abs 1 FamFG zu übermitteln, soweit sie durch einen *Rechtsanwalt* oder eine *Behörde* eingereicht wird (BGH 7. 12. 2022 – XII ZB 200/22, NJW 2023, 849). Die Vorschrift gilt daher auch für das *Jugendamt* (OLG Frankfurt 15. 2. 2022 – 4 UF 8/22, JAmt 2022, 216), und zwar unabhängig davon, ob es als anzuhörende Behörde nach § 162 Abs 3 S 2 BGB oder Amtsvormund das Rechtsmittel einlegt.

Eine Übermittlung per E-Mail oder über das E-Mail-to-Fax-Verfahren genügt nicht (vgl OLG Dresden 4. 12. 2020 – 22 WF 872/20, MDR 2021, 382 für den Umgangspfleger). Noch nicht geklärt ist die Frage, ob § 14b Abs 1 FamFG auch diejenigen *Verfahrensbeistände* (§ 158 FamFG) erfasst, die als Rechtsanwälte zugelassen sind (dafür Sternal/Sternal § 14b FamFG Rn 8; Prütting/Helms/Ahn-Roth § 14b FamFG Rn 5; dagegen Bumiller/Harders/Schwamb/Schwamb § 14b FamFG Rn 1). Nach einer Ansicht ist danach zu unterscheiden, ob der anwaltliche Verfahrensbeistand berufsmäßig oder ehrenamtlich iSd § 158c Abs 1 und 2 FamFG tätig ist (Fritzsche NZFam 2022, 1, 3). Der *BGH* hat jedenfalls den anwaltlichen Insolvenzverwalter (BGH 24. 11. 2022 – IX ZB 11/22, WM 2023, 89), den anwaltlichen Verfahrenspfleger nach § 419 FamFG (BGH 31. 1. 2023 – XIII ZB 90/22, FamRZ 2023, 719) und den anwaltlichen Berufsbetreuer (BGH 31. 5. 2023 – XII ZB 428/22, juris) nicht vom Anwendungsbereich von §§ 14b FamFG, 130d ZPO ausgenommen, was eindeutig dafürspricht, dass auch anwaltliche Verfahrensbeistände und Berufsvormünder oder Pfleger ihre Rechtsmittel als elektronisches Dokument einzureichen haben dürften.

Im Gegensatz zum früheren Recht (§ 621e Abs 3 ZPO aF) ist die **Beschwerdebegründung** nicht mehr Zulässigkeitsvoraussetzung; die Beschwerde **soll** jedoch begründet werden (§ 65 Abs 1 FamFG); hierzu kann das Beschwerdegericht oder der Vorsitzende dem Beschwerdeführer eine **Frist** setzen (§ 65 Abs 2 FamFG). Wird sie gleichwohl nicht begründet, führt dies zwar zu keiner Präklusion, es kann aber dann, wenn die Entscheidung die Billigung des Beschwerdegerichts findet, eine Zurückweisung der Beschwerde nach § 68 Abs 3 S 2 FamFG ohne erneute persönliche Anhörungen veranlasst sein (vgl Heilmann/Dürbeck § 65 FamFG Rn 3). **501a**

Eine **Form** ist nicht vorgesehen; auch wenn die im Übrigen an § 571 ZPO orientierte Bestimmung dies nicht ausdrücklich erwähnt, kann die Beschwerdebegründung, ebenso wie die Beschwerde selbst, auch zu Protokoll der Geschäftsstelle erfolgen (MünchKommFamFG/Fischer § 65 Rn 8).

Bestimmter **Anträge**, die im amtswegigen Umgangsverfahren ohnehin nicht erforderlich sind, bedarf die Beschwerde weiterhin nicht (Elzer/Gutowski NZFam 2015, 1042, 1043; schon zum früheren Recht BGH NJW 1979, 766; BGH FamRZ 1979, 909, 910; BGH FamRZ 1992, 538; BGH NJW 1994, 312, 313; OLG Frankfurt FamRZ 1983, 1041, 1042; OLG Frankfurt FamRZ 1988, 1315).

cc) Beschwerdegegenstand

Zum Gegenstand der Beschwerde kann auch **neuer Tatsachenvortrag** gemacht werden (§ 65 Abs 3 FamFG), jedoch kann die Beschwerde nicht darauf gestützt werden, dass das Familiengericht seine (sachliche, örtliche oder funktionelle) **Zuständigkeit** zu Unrecht angenommen hat (§ 65 Abs 4 FamFG). Nicht anwendbar ist § 65 Abs 4 FamFG dagegen auf die *internationale Zuständigkeit,* die auch im Beschwerdeverfahren jederzeit von Amts wegen zu prüfen ist (BGH 30. 9. 2015 – XII ZB 635/14, MDR 2015, 1323 Rn 13; BGH 5. 3. 2007 – II ZR 287/05, juris Rn 2 f, NJW-RR 2007, 1509 zu § 545 Abs 2 ZPO; OLG Frankfurt 5. 11. 2019 – 8 UF 152/29, NJW-RR 2020, 260; OLG Hamm 15. 9. 2014 – II-3 UF 109/13, juris Rn 34, JAmt 2014, 576; Heilmann/Dürbeck § 65 FamFG Rn 6; vgl dazu bereits oben Rn 394). Gegen die Verneinung der Zuständigkeit ist hingegen die Beschwerde zulässig (MünchKommFamFG/Fischer § 65 Rn 28). Wegen des Amtsermittlungsgrundsatzes (§ 26 FamFG) kommt eine Zurückweisung von neuem Vorbringen als *verspätet* nicht **502** in Betracht, es können vielmehr nach § 65 Abs 3 FamFG mit der Beschwerde neue Tatsachen und Beweismittel vorgebracht werden, da die Funktion des Beschwerdeverfahrens auf eine neue Sachentscheidung zum Zeitpunkt seiner Entscheidung beschränkt ist (BGH 14. 8. 2013 – XII ZB 206/13, juris Rn 9, NJW-RR 2013, 1473 zum Betreuungsrecht; OLG Brandenburg 5. 1. 2016 – 13 UF 12/15, juris Rn 18, NZFam 2016, 624; OLG Rostock 28. 11. 2013 – 3 W 162/13, juris Rn 3, FamRZ 2014, 1047). Bevor die Entscheidung des Beschwerdegerichts nicht durch Übergabe des Beschlusses an die Geschäftsstelle **erlassen iSd § 38 Abs 3 FamFG** ist, hat das Beschwerdegericht selbst dann in Schriftsätzen enthaltenes neues Vorbringen der Beteiligten und des Jugendamts zu berücksichtigen, wenn bereits alle Senatsmitglieder den Beschluss unterschrieben haben (BGH 15. 7. 2015 – XII ZB 525/14, juris Rn 8, FGPrax 2015, 286; Prütting/Helms/Abramenko § 65 FamFG Rn 10).

502a Dagegen ist eine **Änderung des Verfahrensgegenstandes** im Beschwerdeverfahren nicht zulässig (BGH FamRZ 1990, 606, 607). Im Umgangsregelungsverfahren kann insbesondere nicht erstmals vor dem Beschwerdegericht eine Abänderung der Sorgerechtsregelung begehrt werden. Auch im Sorgerechtsverfahren kann nicht das Beschwerdegericht erstmals über den Umgang entscheiden (OLG Brandenburg 10. 4. 2019 – 13 UF 171/18, juris Rn 21, NJW-RR 2019, 901; BayObLG 12. 6. 1968 – BReg 1 b Z 93/67, FamRZ 1968, 663; OLG Hamm FamRZ 1980, 488; auch nicht in einem Verfahren nach § 1666 BGB: BayObLG FamRZ 1995, 1437, 1438). Hiervon ist eine Ausnahme geboten, wenn sich die Eltern in der Beschwerdeinstanz in einer **Sorgerechtssache über das Umgangsrecht einigen**, solchermaßen auch einen bisher *nicht anhängigen* Verfahrensgegenstand einbeziehen, und das Beschwerdegericht diese Einigung nach **§ 156 Abs 2 FamFG** (als vollstreckungsfähig) **billigt** (OLG Stuttgart FamRZ 1981, 1105; OLG Karlsruhe FamRZ 1994, 1401; Prütting/Helms/Hammer § 156 FamFG Rn 48a; Johannsen/Henrich/Althammer/Althammer § 69 FamFG Rn 4; Völker/Clausius, Sorge- und Umgangsrecht [8. Aufl 2021] § 2 Rn 246; Schlünder FamRZ 2012, 9, 10; **aA** Heilmann/Wegener § 156 FamFG Rn 11; Heilmann NJW 2012, 887, 889: nur Protokollierung, aber nicht Billigung möglich; vgl dazu bereits Rn 150 f). Dies rechtfertigt sich aus dem Vorrang der elterlichen Vereinbarung, die zu einer abschließenden Streitbefriedung nur führen kann, wenn beide sich berührenden Gegenstände in die Einigung einbezogen werden können. Voraussetzung ist aber, dass auch das Kind zur Frage des Umgangs persönlich angehört wurde (vgl oben Rn 149).

dd) Beschwerdeberechtigung

503 Die **Beschwerdeberechtigung** bestimmt sich nach § 59 FamFG. Beschwerdeberechtigt ist jeder, der **materiell rechtsbetroffen** ist, unbeschadet seiner formellen Beteiligung vor dem Familiengericht (BT-Drucks 16/6308, 204; OLG Koblenz 23. 2. 2021 – 11 UF 704/20, juris; OLG Brandenburg 5. 7. 2011 – 9 UF 112/11, juris Rn 6, FamRZ 2012, 461). Ein bloß nachvollziehbares Interesse reicht nicht (OLG Hamm FamRZ 2013, 140). Allerdings folgt aus einer Muss-Beteiligung nach § 7 Abs 2 Nr 1 FamFG (unmittelbar durch das Verfahren betroffenes Recht) regelmäßig auch eine Beschwerdebefugnis nach § 59 Abs 1 FamFG. Insbesondere ist gegen die **Beschränkung oder den Ausschluss des Umgangs** beschwerdeberechtigt, wer aus § 1684 Abs 1 BGB ein eigenes Umgangsrecht herleitet (OLG Köln FamRZ 2009, 1422). Auch dann, wenn der Umgangselternteil von seinem Wunsch, Umgang mit dem Kind zu haben, Abstand genommen hat (vgl dazu oben Rn 184) und das Familiengericht gleichwohl den Umgang nach § 1684 Abs 4 S 2 BGB ausgeschlossen hat, steht ihm ein Beschwerderecht zu (OLG Nürnberg 24. 5. 2012 – 16 WF 519/16, juris Rn 181, NZFam 2016, 1206). Eine Beschwerdebefugnis kann auch bestehen,

wenn das Familiengericht „antragsgemäß“ entschieden hat (OLG Koblenz 23. 2. 2021 – 11 UF 704/20, juris – dort aber verneint). Für eine geltend gemachte Beschwer gemäß § 59 FamFG bedarf es keines konkreten Antrags und auch keiner zwingenden Begründung der Beschwerde. Es muss jedoch ein bestimmtes Ziel erkennbar sein, wobei die Rüge von formellen Verstößen nicht genügt (OLG Brandenburg 23. 11. 2020 – 9 UF 187/20, juris).

Gegen **Umgangsregelungen** können im Übrigen aber auch beide Eltern beschwerdeberechtigt sein, durch die Einrichtung einer **Umgangspflegschaft** sind beide Elternteile materiell betroffen, somit beschwerdeberechtigt (im Einzelnen MünchKommFamFG/Fischer § 59 Rn 38 ff). Eine unselbständige **Anschlussbeschwerde** kann ein materiell Beteiligter auch einlegen, wenn sein eigenes Beschwerderecht verfristet ist oder er auf die Beschwerde verzichtet hat (§ 66 FamFG).

Der *BGH* hat nunmehr auch bestätigt, dass Elternteile, die einer Umgangsvereinbarung nach **§ 156 Abs 2 FamFG zugestimmt** haben, ebenfalls berechtigt sind, gegen den Billigungsbeschluss des Familiengerichts Beschwerde nach §§ 58, 59 FamFG einzulegen (BGH 10. 7. 2019 – XII ZB 507/18, FamRZ 2019, 1616 Rn 22). Dass der Beschwerde führende Elternteil dem vereinbarten Umgang zuvor zugestimmt hat, steht seiner Beschwerdebefugnis nicht entgegen, weil das aus Art 6 Abs 2 S 1 GG folgende Elternrecht eine **„treuhänderische“ Wahrnehmung** von Rechten des Kindes gegenüber dem Staat oder gegenüber Dritten ermöglicht. Auch der vom BGH herangezogene Vergleich zur Anfechtung von Entscheidungen nach § 1671 Abs 1 S 2 Nr 1 BGB durch den Elternteil, der zuvor der Übertragung des Sorgerechts auf den anderen Elternteil zugestimmt hat (vgl BGH 24. 5. 2000 – XII ZB 72/97, juris Rn 19, DAVorm 2000, 704), spricht für eine Beschwerdebefugnis in diesen Fällen.

Allerdings besitzt ein **nicht sorgeberechtigter Elternteil** – insbesondere bei fremd- **503a**
untergebrachten Kindern – kein eigenes Beschwerderecht bei einer Umgangsregelung betreffend den anderen Elternteil, wenn nicht sein eigenes Umgangsrecht durch die Entscheidung tangiert wird (KG 26. 11. 2013 – 18 UF 224/13, juris Rn 10 ff, NJW-RR 2014, 522; OLG Bremen 29. 5. 2012 – 4 UF 50/12, juris Rn 5, ZKJ 2012, 405; OLG Nürnberg FamRZ 2009, 1687, 1688: Umgangsausschluss; OLG Frankfurt 11. 12. 2014 – 1 WF 245/14, juris Rn 8, FamRZ 2015, 1312 zu § 1685; Heilmann/Dürbeck § 59 FamFG Rn 8). Im Übrigen steht auch sorgeberechtigten Eltern kein Beschwerderecht gegen die Festsetzung des aus der Staatskasse an den **Umgangspfleger** oder Verfahrensbeistand zu zahlenden Aufwendungs- und Vergütungsersatzes zu (OLG Nürnberg 29. 10. 2014 – 7 WF 1307/14, juris Rn 6, FamRZ 2015, 601; Heilmann/Dürbeck § 168 FamFG Rn 18). Nicht beschwerdeberechtigt sind sie auch hinsichtlich der Auswahl des Umgangspflegers, es sei denn ihr Vorschlag wurde überhaupt nicht erwogen oder ihre Anhörung dazu ist unterblieben (OLG München 24. 5. 2016 – 16 WF 519/16, juris Rn 4, FamRZ 2016, 1475).

Pflegepersonen des Kindes sind dann nach § 59 Abs 1 FamFG in eigenen Rechten betroffen, wenn ihnen durch die Umgangsregelung Pflichten, wie zB das Bringen, Abholen oder Bereithalten des Kindes, auferlegt werden (OLG München 1. 9. 2014 – 4 UF 508/14, juris Rn 12 f, ZKJ 2015, 116 m Anm Dürbeck; OLG Hamburg 4. 1. 2008 – 2 UF 132/07, juris Rn 9, FamRZ 2009, 1001; Heilmann NJW 2014, 48, 54). Im Übrigen – zB wenn sie eine Beschränkung des Umgangsrechts der Eltern anstreben – wird ihnen von der hM ein Beschwerderecht versagt (BGH 13. 4. 2005 – XII ZB 54/03, juris Rn 13 ff, FamRZ 2005, 975;

OLG Köln 26. 7. 2010 – 4 UF 131/10, juris Rn 4, FamRZ 2011, 233; Johannsen/Henrich/Althammer/Althammer § 59 FamFG Rn 5a; Sternal/Jokisch § 59 FamFG Rn 71), was dem unter Art 6 Abs 1 GG fallenden Schutz der Pflegefamilie aber kaum gerecht wird (vgl Heilmann/Dürbeck § 59 FamFG Rn 10).

Das **Jugendamt als Amtsvormund** oder als Amtspfleger, dem das Umgangsbestimmungsrecht übertragen worden ist, ist ebenfalls durch eine Entscheidung zum Umgangsrecht in eigenen Rechten, nämlich dem Umgangsbestimmungsrecht, betroffen, auch wenn sich sein Sorgerecht nicht aus Art 6 Abs 2 GG herleitet (BGH 28. 9. 2016 – XII ZB 251/16, juris Rn 13, ZKJ 2017, 26 zu § 7 Abs 2 Nr 1 FamFG; OLG Nürnberg 19. 7. 2016 – 7 UF 746/16, juris Rn 39, FamRZ 2017, 298; Dürbeck ZKJ 2017, 19, 20; **aA** Oberloskamp ZKJ 2016, 336, 342). Ist ihm allerdings als Amtspfleger nur das Aufenthaltsbestimmungsrecht, *nicht aber die Umgangsbestimmung* nach § 1632 Abs 2 BGB zugewiesen, ist seine Beschwerde in einer Umgangssache unzulässig (OLG Schleswig 11. 12. 2019 – 15 UF 158/19, juris).

Im Übrigen kann auch das nach § 162 Abs 1 FamFG (nur) **anzuhörende Jugendamt** nach §§ 59 Abs 3, 162 Abs 3 S 2 FamFG Beschwerde in Umgangssachen einlegen.

Hat das **Kind** bei Erlass der Entscheidung das 14. Lebensjahr vollendet, so kann es ohne Mitwirkung seines gesetzlichen Vertreters Beschwerde einlegen (§ 60 S 1, 3 FamFG; Zorn Rpfleger 2009, 421, 433). Ist das im Verfahren beteiligte **Kind** zum Zeitpunkt des Erlasses der Entscheidung (vgl § 38 Abs 3 S 3 FamFG) noch 13 Jahre alt und vollendet es das 14. Lebensjahr erst danach, aber noch vor Einlegung seiner Beschwerde, verbleibt es gleichwohl beim Ausschluss seiner Beschwerdeberechtigung, da § 60 S 3 FamFG ausdrücklich auf das Alter des Kindes zum Zeitpunkt des **Erlasses des Beschlusses** und nicht auf dessen Bekanntgabe abstellt (OLG München 8. 7. 2019 – 26 UF 285/19, FamRZ 2019, 1706; Prütting/Helms/Abramenko § 60 FamFG Rn 2).Weil das Kind in diesem Fall unabhängig von § 9 Abs 1 Nr 3 FamFG **verfahrensfähig ist** (Köhler ZKJ 2018, 50, 55; vgl oben Rn 408), kann es auch einem Rechtsanwalt Vollmacht erteilen und einen Antrag auf Bewilligung von Verfahrenskostenhilfe nebst Beiordnung eines Rechtsanwalts stellen (vgl dazu aber oben Rn 408). Strittig ist, welche Befugnisse daneben den Sorgeberechtigten zukommen; zweifelsfrei können diese nicht die eigene Beschwerdebefugnis des Kindes durch zuwiderlaufende Verfahrenshandlungen untergraben. Der allgemein angenommene **Vorrang der Beschwerdebefugnis des Minderjährigen** (Johannsen/Henrich/Althammer/Althammer § 60 FamFG Rn 2) ist jedoch nicht notwendig auch ein negativer Vorrang; zur Wahrung des Kindeswohls – das nicht notwendig mit dem Willen des über 14-jährigen harmonieren muss – kann es erforderlich sein, dass der Sorgeberechtigte Beschwerde einlegt, auch wenn der Minderjährige dies nicht wünscht (so auch MünchKommFamFG/Fischer § 60 Rn 12). In diesem Fall löst sich die Entscheidung über das Kindeswohl auf materieller Ebene in der Beschwerdeentscheidung. Legt das Kind nicht selbst Beschwerde ein, sondern ein anderer Verfahrensbeteiligter, so ergibt sich aus § 60 FamFG nicht, dass das Kind im Beschwerdeverfahren verfahrensfähig wäre (**aA** zu Unrecht Köhler ZKJ 2018, 50, 55). Seine Verfahrensfähigkeit beurteilt sich dann vielmehr nach § 9 Abs 1 Nr 3 FamFG, die im Regelfall in Umgangssachen nicht gegeben ist (vgl oben Rn 408).

Der **Verfahrensbeistand** ist zur Einlegung der Beschwerde nur in eigenem Namen befugt (vgl § 158 Abs 4 S 6 FamFG und MünchKommFamFG/Fischer § 59 Rn 76). Auch das **Ju-**

gendamt ist beschwerdeberechtigt (dazu oben Rn 420) nur in eigenem Namen als Behörde.

ee) Anhörung im Beschwerdeverfahren

504 Das Beschwerdeverfahren hat durch das am 1. 7. 2021 in Kraft getretene **Gesetz zur Bekämpfung sexualisierter Gewalt gegen Kinder** (BGBl 2021 I 1810) wesentliche Änderungen auch in Ansehung von Umgangssachen erfahren (vgl dazu Strube NZFam 2021, 901; Volke/Kriewald FamRB 2021, 436; Witt FamRZ 2021, 1510; Splitt NZFam 2022, 392).

Das Verfahren in Umgangssachen bestimmt sich grundsätzlich nach den Verfahrensvorschriften für den ersten Rechtszug (§ 68 Abs 3 S 1 FamFG), somit in Umgangssachen auch nach den §§ 155 ff FamFG. Insbesondere gelten auch für die **Anhörung von Beteiligten** und sonstigen Personen bzw Institutionen die §§ 159 ff FamFG (Johannsen/Henrich/Althammer/Althammer § 68 FamFG Rn 7). Von der erneuten Anhörung einzelner Beteiligter kann aber nach § 68 Abs 3 S 2 FamFG grundsätzlich nach **freiem Ermessen** (BGH 24. 9. 2014 – XII ZB 111/13, juris Rn 14, FamRZ 2014, 1992; BT-Drucks 16/6308, 167, 207) **abgesehen** werden, wenn diese keine zusätzlichen Erkenntnisse verspricht und die erforderlichen Verfahrenshandlungen, insbesondere die persönliche Anhörung der Eltern, bereits im ersten Rechtszug – verfahrensfehlerfrei (BGH 10. 2. 2016 – XII ZB 478/15, juris Rn 10, FamRZ 2016, 802; BGH 12. 7. 2017 – XII ZB 350/16, juris Rn 19, FamRZ 2017, 1668 m Anm Dürbeck) – vorgenommen worden sind. Anders als in Ehe- und Familienstreitsachen (§ 117 Abs 3 FamFG) bedarf es eines **vorherigen Hinweises** des Beschwerdegerichts nicht (BGH 12. 7. 2017 – XII ZB 350/16, juris Rn 17, FamRZ 2017, 1668; Heilmann/Dürbeck § 68 FamFG Rn 10). Eine erneute persönliche Anhörung der Eltern (§ 160 FamFG) ist insbesondere dann nicht erforderlich, wenn diese nichts zur weiteren Sachaufklärung beitragen kann (OLG Frankfurt 24. 3. 2015 – 5 UF 270/14, juris Rn 10, ZKJ 2015, 240; OLG Köln FamRZ 1996, 310, 311; OLG Düsseldorf DAVorm 1996, 273; Heilmann/Dürbeck § 58 FamFG Rn 8). Dies wird vor allem dann der Fall sein, wenn das Oberlandesgericht die Beschwerde für *unbegründet* hält. Die Entscheidung ohne mündliche Verhandlung ist aber nach dem Gesetz nicht auf den Fall beschränkt, dass die Beschwerde insgesamt zurückzuweisen ist, weil das Absehen von einer persönlichen Anhörung der Beteiligten lediglich voraussetzt, dass von einer erneuten Vornahme keine zusätzlichen Erkenntnisse zu erwarten sind, weil die vom erstinstanzlichen Gericht getroffenen Feststellungen auch unter Berücksichtigung der vorgebrachten Beschwerdegründe ausreichend sind. Dementsprechend ist der Gesetzgeber davon ausgegangen, dass die Zurückweisung eines insgesamt erfolglosen Rechtsmittels nur einen Teil der von § 68 Abs 3 S 2 FamFG erfassten Fallgestaltungen ausmacht (BGH 24. 9. 2014 – XII ZB 111/13, juris Rn 15, FamRZ 2014, 1992; BT-Drucks 16/6308, 167, 207; BT-Drucks 16/6308, 412). Allerdings wird der Anspruch der Beteiligten auf rechtliches Gehör (Art 103 Abs 1 GG) und der in Art 6 EMRK enthaltene Grundsatz der mündlichen Verhandlung (vgl dazu Rackl, Das Rechtsmittelrecht nach dem FamFG [2011] 169 ff) in diesen Fällen häufig zumindest dann eine persönliche Anhörung erfordern, wenn das Oberlandesgericht *erheblich von der Ausgangsentscheidung abweichen* will (BGH 15. 6. 2016 – XII ZB 419/15, juris Rn 43, FamRZ 2016, 1439; Hennemann NZFam 2014, 871, 873 zur Kindesanhörung) oder *neue entscheidungserhebliche Tatsachen* vorliegen (BGH 12. 7. 2017 – XII ZB 350/16, juris Rn 19, FamRZ 2017, 1668 m Anm Dürbeck).

Von der erneuten Anhörung des **Kindes** kann gemäß § 68 Abs 3 S 2 FamFG nach denselben Grundsätzen abgesehen werden (BGH 12. 7. 2017 – XII ZB 350/16, juris Rn 19,

FamRZ 2017, 1668; OLG Köln 5. 2. 2013 – 4 UF 188/12, juris Rn 4, FamRZ 2014, 1464; BayObLG FamRZ 1982, 737; BayObLG FamRZ 1984, 208, 209; BayObLG FamRZ 1992, 1212; JOHANNSEN/HENRICH/ALTHAMMER/ALTHAMMER § 68 FamFG Rn 8). Auch hier ist maßgeblich, ob die erstinstanzliche Anhörung nicht längere Zeit zurückliegt, sich nach dem Beschwerdevorbringen oder Akteninhalt keine neuen entscheidungserheblichen Tatsachen oder rechtlichen Gesichtspunkte ergeben, das Beschwerdegericht das in den Akten dokumentierte Ergebnis der erstinstanzlichen Anhörung nicht abweichend werten will und es auf den persönlichen Eindruck des Gerichts von dem Betroffenen nicht ankommt (vgl BVerfG 13. 5. 2020 – 1 BvR 663/19, FamRZ 2020, 1579 Rn 12). Jedoch werden die Voraussetzungen für ein Absehen hier seltener vorliegen, weil schon der Zeitablauf mit Rücksicht auf die Entwicklung vor allem kleinerer Kinder häufig eine Veränderung der Verhältnisse erwarten lässt, die eine erneute Anhörung erforderlich macht (BGH NJW 1987, 1024; BayObLG FamRZ 1984, 196; BayObLG FamRZ 1984, 933; OLG Zweibrücken FamRZ 1986, 1037). Die erneute Anhörung ist also nur entbehrlich, wenn seit der Anhörung vor dem Familiengericht nicht längere Zeit vergangen ist und eine andere Äußerung des Kindes, zB wegen seines stabilen und kontinuierlichen Willens nicht zu erwarten ist oder sein Wille letztlich nicht ausschlaggebend ist (OLG Koblenz FamRZ 2001, 515; MünchKommFamFG/FISCHER § 68 Rn 35).

Das Beschwerdegericht hat bei einer Anwendung von § 68 Abs 3 S 2 FamFG die Gründe, aus denen es von einer gesetzlich vorgesehenen persönlichen Anhörung absehen will, in seiner Entscheidung *nachprüfbar dazulegen,* wobei sich dies aber auch aus den weiteren Entscheidungsgründen ergeben kann (BGH 26. 2. 2014 – XII ZB 503/13, juris Rn 5, FamRZ 2014, 828 zum Betreuungsrecht; STERNAL/STERNAL § 68 FamFG Rn 76).

504a Nach dem zum 1. 7. 2021 in Kraft getretenen § 68 Abs 5 Nr 2 FamFG, finden § 68 Abs 4 FamFG (**Übertragung auf den Einzelrichter**) und § 68 Abs 3 S 2 FamFG (**Absehen von Termin und einzelnen Verfahrenshandlungen**) keine Anwendung, wenn die Beschwerde ein *Hauptsacheverfahren* betrifft, in dem ein *Ausschluss des Umgangsrechts nach § 1684 BGB in Betracht kommt.* Rechtspolitischer Hintergrund der Reform des Verfahrensrechts durch das Gesetz zur Bekämpfung sexualisierter Gewalt gegen Kinder (BGBl 2021 I 1810) waren die schwerwiegenden Missbrauchsfälle von Staufen, Bergisch-Gladbach, Lüdge und Münster (BT-Drucks 19/23707, 20). Ziel der Reform soll die verfahrensrechtliche Stärkung der Kinderrechte sein und insoweit soll im Beschwerdeverfahren sichergestellt werden, dass dort in den besonders grundrechtssensiblen Kindschaftsverfahren, insbesondere den Kinderschutzverfahren, stets vom Senat in Dreierbesetzung und nach Durchführung einer „mündlichen Verhandlung“ Entscheidungen getroffen werden (BT-Drucks 19/23707, 21; vgl zur Entstehungsgeschichte VOLKE/KRIEWALD FamRB 2021, 436, 437). Durch die gesetzliche Neuregelung, die nach § 68 Abs 5 Nr 1 und 3 FamFG auch Verfahren nach §§ 1666 Abs 3 Nr 6, 1632 Abs 4 BGB betrifft, hat der Gesetzgeber aber durch die ausnahmslose Einschränkung von § 68 Abs 3 S 2 FamFG verkannt, dass gerade die *Beschleunigung von Kinderschutzverfahren* (vgl § 155 Abs 1 und 2 FamFG) ein zentrales Element des Kinderschutzes darstellt und sich die Verzögerung von Verfahren im Hinblick auf von betroffenen Eltern eingelegten Rechtsmitteln wegen des *belastenden Schwebezustandes* nicht kindeswohldienlich auswirkt. Es handelt sich insoweit um eine Stärkung der Elternrechte zu Lasten des Bedürfnisses des Kindes, schnell Klarheit über seine Sorge- und Umgangsverhältnisse zu erhalten. Auch hat sie zu einer erheblichen Mehrbelastung der Familiensenate an den Oberlandesgerichten geführt, die in den Gesetzesmaterialien weder in Bezug auf die damit verbundenen Kosten noch auf die personellen Folgen für die Länder Erwähnung findet (vgl zur Kritik STRUBE NZFam 2021, 901, 905 f; GÖTZ NJW Editorial 42/2022).

In Bezug auf die Auslegung von § 68 Abs 5 Nr 2 FamFG sind viele Fragen noch klä- **504b** rungsbedürftig. Klar ist, dass die Norm in Verfahren der **einstweiligen Anordnung** nicht gilt, was aber im Hinblick auf die fehlende Anfechtbarkeit nach § 57 S 1 FamFG für Umgangsverfahren letztlich unerheblich ist. Durch den Verweis auf § 1684 Abs 4 BGB ist auch eindeutig, dass Entscheidungen über den Ausschluss des Umgangsrechts nach §§ 1685 Abs 3, 1686a Abs 2 S 1 BGB nicht erfasst werden (WITT FamRZ 2021, 1510, 1511). Bei einem Entzug des **Umgangsbestimmungsrechts** nach § 1666 BGB ist § 68 Abs 5 Nr 1 FamFG zu beachten (SPLITT NZFam 2022, 392, 394; WITT FamRZ 2021, 1510, 1512; **aA** und für teleologische Reduktion OLG Frankfurt 17. 5. 2022 – 1 UF 31/22, NJW 2022, 3370; STRUBE NZFam 2021, 901, 904). Nach zutreffender Ansicht erfasst § 68 Abs 5 FamFG auch nicht **Abänderungsverfahren nach § 1696 Abs 2 BGB** (HAMMER FamRZ 2022, 1591; offen gelassen von BVerfG 13. 7. 2022 – 1 BvR 580/22, FamRZ 2022, 1616 Rn 20; **aA** STRUBE NZFam 2021, 901, 904). Schließlich findet die Vorschrift auch dann keine Anwendung, wenn das Beschwerdegericht nicht in der Sache entscheidet, sondern die Beschwerde nach § 68 Abs 2 S 2 FamFG als **unzulässig** verwirft oder gemäß § 69 Abs 1 S 2 oder 3 FamFG die angefochtene Entscheidung aufhebt und das Verfahren an das Amtsgericht **zurückverweist** (BT-Drucks 19/23707, 52; OLG Zweibrücken 20. 1. 2022 – 6 UF 132/21, FamRZ 2022, 1117; ZÖLLER/FESKORN § 68 FamFG Rn 12; WITT FamRZ 2021, 1510, 1511). Gleiches dürfte für den Fall gelten, dass das OLG die Beschwerde wegen Entfallens der internationalen Zuständigkeit wegen Wegzugs in einen KSÜ-Staat im Hinblick auf § 14 KSÜ zurückweist (OLG Karlsruhe 27. 7. 2023 – 18 UF 233/22, juris).

Inhaltlich erfasst § 68 Abs 5 Nr 2 FamFG nur Entscheidungen, in denen ein Umgangsausschluss *„in Betracht kommt“*, sodass Einschränkungen des Umgangsrechts durch die Anordnung von Umgangsbegleitung nach § 1684 Abs 4 S 3 BGB oder einer Umgangspflegschaft (§ 1684 Abs 3 S 3 BGB) nicht ausreichen (STERNAL/STERNAL § 68 FamFG Rn 82). Die Frage, wann ein Umgangsausschluss „in Betracht kommt“ ist noch nicht hinreichend geklärt. Hat das Amtsgericht einen solchen angeordnet, ist dies unzweifelhaft gegeben (anders STRUBE NZFam 2021, 901, 903: nur indizielle Bedeutung). Für eine Unterscheidung von Umgangsausschlüssen von kürzerer oder längerer Dauer wie in § 1684 Abs 4 S 1 und 2 BGB bietet die Norm keinen Anhaltspunkt (VOLKE/KRIEWALD FamRB 2021, 436, 438). War dies nicht der Fall und wird mit der Beschwerde ein Umgangsausschluss begehrt, dürfte dies allein nicht genügen (so aber OLG Saarbrücken 28. 6. 2021 – 6 UF 58/21, FamRZ 2022, 471 zu § 158 Abs 2 Nr 5 FamFG idF bis zum 30. 6. 2021). Dies wird vielmehr dann anzunehmen sein, wenn nach der rechtlichen Beurteilung auf Grundlage des Akteninhalts und Beschwerdevorbringens ein Umgangsausschluss *jedenfalls in Erwägung zu ziehen ist* (STRUBE NZFam 2021, 901, 903).

Rechtsfolge von § 68 Abs 5 FamFG ist es, dass in den betroffenen Umgangsverfahren eine Übertragung auf den Einzelrichter (§ 68 Abs 4 FamFG) unzulässig ist und sämtliche persönliche Anhörungen, insbesondere die Anhörung des Kindes (§ 159 FamFG) und der Eltern (§ 160 FamFG) zu wiederholen sind. Dies gilt auch dann, wenn die Beschwerde offenkundig keine Erfolgsaussicht besitzt und aus diesem Grund auch Verfahrenskostenhilfe für die Durchführung des Beschwerdeverfahrens verweigert worden ist (STRUBE NZFam 2021, 901, 906). Nicht zu wiederholen sind die bereits im ersten Rechtszug durchgeführten Ermittlungen und Beweiserhebungen, wenn diese zu einer ausreichenden und überzeugenden Tatsachenfeststellung geführt haben (BT-Drucks 19/23707, 51 f; Dutta/Jacoby/Schwab/Müther § 68 FamFG Rn 23; Witt FamRZ 2021, 1510, 1513 f).

ff) Entscheidung

505 Die **Entscheidung des OLG als Beschwerdegericht** (§ 119 Abs 1 Nr 1 lit a GVG) kann in Verwerfung des Rechtsmittels bei Unzulässigkeit (§ 68 Abs 2 S 2 FamFG), der Zurückweisung der Beschwerde bei Unbegründetheit oder einer Änderung der angefochtenen Entscheidung bestehen. Der **Grundsatz des Verbots der reformatio in peius** gilt dabei in den amtswegigen Umgangssachen nicht (OLG Brandenburg 31. 8. 2020 – 15 UF 40/18, juris Rn 16; OLG Braunschweig 27. 8. 2018 – 2 UF 57/18, juris: Umgangspflegschaft; OLG Brandenburg 22. 6. 2018 – 10 UF 109/15, juris Rn 78; OLG Bremen 21. 11. 2017 – 5 UF 81/16, juris Rn 23; OLG Saarbrücken 21. 4. 2017 – 6 UF 20/17, juris Rn 27; ZKJ 2017, 379; OLG Nürnberg 20. 4. 2016 – 7 UF 270/16, juris Rn 187, NZFam 2016, 1206; OLG Stuttgart 23. 2. 2015 – 15 UF 192/13, juris Rn 54, FamRZ 2015, 1727; OLG Brandenburg 20. 10. 2009 – 10 UF 177/08, juris Rn 25, NJW-RR 2010, 301; OLG Düsseldorf FamRZ 1998, 1460, 1461; Johannsen/Henrich/Althammer/Rake § 1684 Rn 26; Heilmann/Dürbeck § 68 FamFG Rn 4).

505a Schließlich kommt nach § 69 Abs 1 S 2 und 3 FamFG auch eine Aufhebung der Entscheidung des Amtsgerichts und **Zurückverweisung** des Verfahrens an das Familiengericht in Betracht. Diese kann nach S 2 zunächst, ohne dass es eines *Zurückweisungsantrages* bedarf, dann vom Amts wegen erfolgen, wenn das Amtsgericht in der Sache *noch nicht entschieden* hat. Der Anwendungsbereich der Norm ist für Umgangssachen groß, weil sie insbesondere auch **unzulässige Teilentscheidungen** erfasst (vgl Heilmann/Dürbeck § 69 FamFG Rn 5 ff). Zu nennen sind hier die **Nichtbeteiligung eines Muss-Beteiligten** am Verfahren, wie einen nach § 158 FamFG notwendig zu bestellenden **Verfahrensbeistand** (OLG Zweibrücken 20. 1. 2022 – 6 UF 132/21, FamRZ 2022, 1117; OLG Frankfurt 8. 6. 2021 – 6 UF 79/21, FamRZ 2021, 1817; OLG Hamm 20. 11. 2017 – 9 UF 168/17, FamRZ 2018, 456; OLG Rostock 4. 7. 2011 – 11 UF 111/14, juris Rn 5, FamRZ 2014, 2020; Prütting/Helms/Abramenko § 69 FamFG Rn 9; nach **anderer Ansicht** soll hier nur auf Antrag nach § 69 Abs 1 Nr 3 FamFG zurückverwiesen werden, vgl OLG Saarbrücken 28. 6. 2021 – 6 UF 58/21, FamRZ 2022, 471; OLG Koblenz 26. 5. 2020 – 9 UF 244/20, FamRZ 2021, 46; OLG Brandenburg 8. 8. 2016 – 13 UF 94/16, juris Rn 15; Prütting/Helms/Hammer § 158 FamFG Rn 52), eines **Elternteils** (vgl OLG Frankfurt 17. 3. 2021 – 6 UF 22/21, FamRZ 2021, 776 zu § 1686a BGB) oder der **Pflegeeltern** (OLG Schleswig 22. 11. 2018 – 10 UF 185/18, ZKJ 2019, 187), die **Billigung einer Umgangsvereinbarung** nach § 156 Abs 2 FamFG ohne Zustimmung aller Beteiligter (OLG Hamm 4. 9. 2018 – 9 UF 138/18, FamRZ 2018, 1844; OLG München 1. 9. 2014 – 4 UF 508/14, juris Rn 19, ZKJ 2015, 116 m Anm Dürbeck), die Billigung der Vereinbarung **nach Widerruf** des Einvernehmens eines Elternteils (OLG Brandenburg 11. 7. 2022 – 13 UF 19/22, juris; OLG Brandenburg 28. 10. 2021 – 10 UF 22/21, NJW-RR 20277, 76), bei formeller Unwirksamkeit der Vereinbarung wegen Protokollierungsmängeln (OLG Saarbrücken 10. 9. 2019 – 9 UF 21/19, FamRB 2020, 18), die gesetzlich nicht vorgesehene **„Zurückweisung eines Umgangsantrages"** iSd der Ablehnung einer Umgangsregelung (OLG Frankfurt 22. 8. 2023 – 6 UF 119/23, juris; OLG Brandenburg 24. 8. 2022 – 9 UF 97/22, juris; OLG Schleswig 28. 8. 2017 – 8 UF 131/17, juris Rn 14 f, ZKJ 2018, 23; OLG Frankfurt 11. 7. 2013 – 5 UF 167/13, juris Rn 12, ZKJ 2013, 421; OLG Frankfurt 8. 7. 2015 – 5 UF 135/15, juris Rn 5, FamRZ 2016, 482; vgl dazu oben Rn 182 ff), **nicht vollstreckungsfähige Umgangsregelungen** (OLG Brandenburg 13. 1. 2021 – 13 UF 95/20, juris; OLG Frankfurt 5. 9. 2013 – 1 UF 244/13, juris Rn 5, FamFR 2013,

525, vgl unten Rn 533 ff), insbesondere im Zusammenhang mit der Bestellung eines Umgangspflegers und/oder der Anordnung einer *Umgangsbegleitung* (vgl dazu OLG Frankfurt 10. 8. 2016 – 5 UF 167/16, juris Rn 7, FamRZ 2016, 1787; OLG Saarbrücken 20. 4. 2015 – 6 UF 42/15, juris Rn 3, FamRZ 2015, 1928; OLG Schleswig 23. 3. 2015 – 10 UF 6/15, juris Rn 29, FamRZ 2015, 1040; OLG Hamm 2. 5. 2012 – 9 UF 105/12, juris Rn 15, FamRZ 2013, 310). Schließlich gehören hierher auch mit einer isolierten Kostenentscheidung beendete Umgangsverfahren unter Verkennung der nicht verfahrensbeendenden Wirkung von **„Antragsrücknahmen"** und **„Erledigungserklärungen"** in dem amtswegigen Verfahren (vgl OLG Frankfurt 13. 12. 2021 – 6 WF 155/21, FamRZ 2022, 798; OLG Köln 12. 10. 2021 – 10 UF 86/21, FamRZ 2022, 369; OLG Koblenz 12. 9. 2019 – 13 UF 506/19, juris; ausführlich Keuter FamRZ 2022, 1003). Zu nennen sind schließlich noch unzulässige **(verdeckte) Teilentscheidungen** bei einer unterbliebenen Anschlussregelung bei **zeitlich befristetem begleitetem Umgang** (OLG Karlsruhe 9. 5. 2023 – 20 UF 25/23, juris; OLG Frankfurt 16. 9. 2022 – 3 UF 86/22, NJW-RR 2022, 1658; OLG Hamburg 24. 8. 2021 – 12 UF 128/21, FamRZ 2022, 360) oder unzulässige **offene Teilentscheidungen** (OLG Frankfurt 22. 4. 2021 – 8 UF 71/21, ZKJ 2022, 143).

Verkennt das Familiengericht seine **internationale Zuständigkeit** und stellt das Verfahren wegen eines Verfahrenshindernisses ein, so wird die Entscheidung im Beschwerdeverfahren gemäß § 69 Abs 1 S 2 FamFG ebenfalls aufzuheben sein und das Verfahren in die erste Instanz zurückzuverweisen sein, weil dort noch keine Entscheidung in der Sache ergangen ist (OLG Bremen 21. 6. 2017 – 4 UF 20/17, juris Rn 21, MDR 2017, 1127).

Eine Zurückverweisung wegen eines **wesentlichen Verfahrensmangels** nach § 69 Abs 1 **505b**
S 3 FamFG setzt voraus, dass ein Beteiligter diese **beantragt** und zur Entscheidung eine **umfangreiche oder aufwendige Beweiserhebung** durch das Beschwerdegericht notwendig wäre. Zu nennen sind hier Verstöße gegen die *Amtsermittlungspflicht* nach § 26 FamFG, insbesondere bei Unterlassen der Einholung eines erforderlichen *Sachverständigengutachtens* (OLG Bremen 5. 8. 2016 – 4 UF 49/16, juris Rn 15 ff, FuR 2017, 215; OLG Schleswig 22. 9. 2015 – 10 UF 105/15, juris Rn 33 ff, ZKJ 2015, 466; OLG Saarbrücken 3. 4. 2012 – 6 UF 10/12, MDR 2012, 1231), unterbliebene *Anhörungen des Kindes* nach § 159 FamFG (OLG Hamburg 2. 4. 2020 – 12 UF 35/20, FamRZ 2020, 1736; OLG Brandenburg 29. 8. 2012 – 3 UF 77/12, juris Rn 4; BGH 15. 6. 2016 – XII ZB 419/15, juris Rn 34, FamRZ 2016, 1439; vgl dazu oben Rn 437), der *Eltern* nach § 160 FamFG (OLG Frankfurt 9. 8. 2016 – 5 UF 169/16, juris Rn 13, FamRZ 2017, 244; OLG Frankfurt 5. 1. 2015 – 5 UF 350/14, juris Rn 4, NZFam 2015, 169; OLG Bremen 26. 1. 2015 – 5 UF 123/14, juris Rn 13, ZKJ 2015, 202; vgl dazu oben Rn 442), von *Pflegepersonen* des Kindes nach § 161 FamFG (OLG Saarbrücken 13. 11. 2013 – 6 UF 181/13, juris Rn 15 ff, ZKJ 2014, 209; vgl dazu oben Rn 443) oder des *Jugendamts* nach § 162 Abs 1 FamFG (BGH 18. 6. 1986 – IVb ZB 105/84, juris Rn 16, FamRZ 1986, 895: Unterlassen der Anhörung in zweiter Instanz; OLG Frankfurt 5. 1. 2015 – 5 UF 350/14, juris Rn 7 f, FamRZ 2015, 1521; vgl dazu oben Rn 448).

gg) Zulassungs-Rechtsbeschwerde

Gegen Entscheidungen des Beschwerdegerichts in Umgangssachen findet nach § 70 **506**
FamFG die Rechtsbeschwerde zum **BGH** (§ 133 GVG) nur dann statt, wenn sie das **Beschwerdegericht zugelassen** hat (§ 70 Abs 1 FamFG). Ausnahmefälle nach § 70 Abs 3 FamFG betreffen nicht das Umgangsverfahren. Die Zulassungsgründe ergeben sich aus § 70 Abs 2 FamFG (vgl dazu Sternal/Göbel § 70 FamFG Rn 22 ff; Heilmann/Dürbeck § 70 FamFG Rn 5 ff speziell für Kindschaftssachen); der BGH ist an die Zulas-

sung auch dann gebunden, wenn Zulassungsgründe zu Unrecht angenommen wurden (§ 70 Abs 2 S 2 FamFG). Eine **Nichtzulassungsbeschwerde** findet in Familiensachen nicht statt (MünchKommFamFG/Fischer § 70 Rn 18); dies gilt selbst dann, wenn das Beschwerdegericht die Zulassung versehentlich nicht geprüft hat (BGH 9. 7. 2014 – XII ZB 7/14, juris Rn 7 ff, FamRB 2014, 462; Johannsen/Henrich/Althammer/Althammer § 70 FamFG Rn 5: keine Berichtigung oder Nachholung). Eine Nachholung der Entscheidung kommt in diesem Fall nur bei Fortsetzung des Verfahrens aufgrund einer **Gehörsrüge** (§ 44 FamFG) in Betracht (MünchKommFamFG/Fischer § 70 Rn 37; zu den engen Grenzen BGH 28. 2. 2018 – XII ZB 634/17, juris Rn 6 ff zum Betreuungsrecht). Entscheidungen des BGH zu § 1684 BGB sind im Übrigen eher sehr selten und haben zuletzt vor allem das Wechselmodell betroffen. Nach der Entscheidung des Beschwerdegerichts verbleibt nur der nicht selten gewählte Weg zum BVerfG und zum EGMR. Allerdings enthält der aktuelle Koalitionsvertrag 2021 (S 80) die Bestimmung, dass „die Hürden für die Nichtzulassungsbeschwerde in Familiensachen gesenkt werden sollen" und es ist mit einer gesetzlichen Einführung derselben zu rechnen.

Im Verfahren der Rechtsbeschwerde besteht im Übrigen **Anwaltszwang** (§ 114 Abs 2 FamFG).

b) Abweichungen im Scheidungsverbund

507 Besonderheiten für die Umgangssache im Verbund mit der Scheidungssache ergeben sich vor allem hinsichtlich der **Vertretung der Beteiligten** im Beschwerdeverfahren. Nach der inzwischen vom BGH geklärten Streitfrage müssen sich diese gemäß § 114 Abs 1 FamFG bei der **Einlegung der Beschwerde** in einer Scheidungsfolgesache der freiwilligen Gerichtsbarkeit durch einen **Rechtsanwalt** vertreten lassen (BGH 26. 4. 2017 – XII ZB 3/16, juris Rn 19, NZFam 2017, 556). Im Übrigen gelten bei der Anfechtung einer im Scheidungsverbund nach § 137 Abs 3 FamFG geführten Umgangssache die Bestimmungen des FamFG. Bei der **Kostenentscheidung** gilt aber insoweit § 150 FamFG, und zwar unabhängig davon, ob die Beschwerde erfolgreich oder erfolglos war (BGH 5. 10. 2022 – XII ZB 74/20, NJW-RR 2023, 1 Rn 43).

XIII. Umgangsvermittlungsverfahren (§ 165 FamFG)

1. Zweck des Verfahrens, Verhältnis zur Vollstreckung

a) Vermittlung bei vorliegender Umgangsentscheidung

508 Erstmals im **KindRG** (§ 52a FGG aF, Prinz zu Wied FuR 1998, 193; Morawe FPR 2004, 193; Schael FamRZ 2005, 1796; Maier FPR 2007, 301; mit geringfügigen Änderungen übernommen in § 165 FamFG, vgl Rauscher FamFR 2010, 28; Schlünder FamRZ 2012, 9) wurde die Möglichkeit der Durchführung eines **gerichtlichen Vermittlungsverfahrens in Umgangssachen** geschaffen. Dieses Verfahren soll bei **Vorliegen** einer gerichtlichen Umgangsentscheidung (dazu Schael FamRZ 2005, 1796) den Eltern eine Chance geben, **vor dem Einsatz von Zwangsmaßnahmen** noch eine **einverständliche Konfliktlösung** zu versuchen, ohne dass sie sich bereits mit konkreten Verfahrensanträgen gegenüberstehen (BT-Drucks 13/4899, 75). Hierdurch soll nach dem Willen des Gesetzgebers insbesondere dem *Kind* eine es belastende Vollstreckung mit Zwangsmitteln erspart werden (BT-Drucks 16/6308, 242) und der Lebensstandard von einkommensschwachen Elternteilen durch die Verhängung von Ordnungsgeldern nicht beeinträchtigt werden (BT-Drucks 13/4899, 47; Jeske, Das Vermittlungsverfahren nach § 52a FGG [2001] 125). Das Verfahren ist damit ein

Instrument der **konsensualen Lösung** zwischen den tendenziell streitigen Alternativen der Vollstreckung (§ 89 FamFG), des Abänderungsverfahrens (§ 166 FamFG) und der Einleitung sorgerechtlicher Verfahren (§§ 1671, 1666 BGB).

Das Verfahren ist hingegen nicht als Vermittlung **bei erstmaliger Einleitung** eines Umgangsverfahrens konzipiert. In diesem Stadium soll die Vermittlung weiterhin den außergerichtlichen Beratungsstellen, insbesondere der kostenlosen Beratung durch das Jugendamt (§ 18 Abs 3 SGB VIII), überlassen bleiben (BT-Drucks 13/4899, 133; Sternal/Schäder § 165 FamFG Rn 3). In Betracht kommt im Erstverfahren vor allem das auf einen gerichtlich gebilligten Vergleich (§ 156 Abs 2 FamFG) abzielende Instrumentarium des § 156 Abs 1 FamFG, insbesondere Anordnung einer Beratung oder eines Informationsgesprächs zur Mediation (Reinken FPR 2010, 428; Spangenberg/Spangenberg FPR 2009, 156) und schließlich auch das in der Praxis immer mehr angewandte Verfahren vor dem Güterichter nach § 36 Abs 5 FamFG (vgl dazu Heilmann/Wegener § 36 FamFG Rn 9 ff). Auch die in § 163 Abs 2 FamFG beweisrechtlich etablierte lösungsorientierte Begutachtung zielt auf Konsens bereits im Erkenntnisverfahren. Die nach § 52 Abs 2 FGG aF vorgesehene Möglichkeit der Aussetzung für solche Maßnahmen wurde hingegen im FamFG bewusst beseitigt (BT-Drucks 16/6308, 237; MünchKommFamFG/Schumann § 156 Rn 10), da unter § 52 Abs 2 FGG aF die Gefahr einer für das Kindeswohl nachteiligen Verzögerung bestand.

b) Risiken

Gegen die Regelung des Vermittlungsverfahrens nach § 52a FGG aF war ursprünglich im Gesetzgebungsverfahren die **Kompliziertheit** des Verfahrensablaufs, vor allem aber die Gefahr der sanktionslosen **Verschleppung** der Durchsetzung des Umgangs eingewendet worden (Stellungnahme des Bundesrates BT-Drucks 13/4899, 163). Von anderer Seite wurde ein Konflikt zwischen dem zugrundeliegenden Gedanken der **Freiwilligkeit** und den heute in § 165 Abs 2 und 3 FamFG angeführten **Sanktionsdrohungen** gesehen (vgl Deutscher Familiengerichtstag FamRZ 1997, 337, 342). **509**

Diese Thesen beschreiben deutlich die zwei denkbaren verfahrenspsychologischen Ansätze gerichtlicher Umgangsentscheidungen: Der *entschlossenen Entscheidung,* Umgangsverschleppung nicht zu dulden – also mit Vollstreckungsmaßnahmen zu reagieren – steht die früher in der Rechtsprechung verbreitete *sanftmütige Entscheidung* gegenüber, die auf Verständnis setzt. § 165 FamFG eröffnet den Beteiligten und den Familiengerichten einen dritten Weg: Den Appell an die *Vernunft.* Es soll noch ein letztes Mal Einverständnis gesucht werden, weil eine einverständliche Regelung stabiler ist (BT-Drucks 13/4899, 173; FamRefK/Maurer § 52a FGG Rn 3). Dies dient dem Kindeswohl, ist also eine geringe Verzögerung vor Einleitung der Vollstreckung wert, zumal Vollstreckungsmaßnahmen ebenfalls oft nicht sofort greifen (BT-Drucks 13/4899, 173). Wer aber an die Vernunft appellieren will, bedarf auch der Autorität; richterliche Autorität aber beruht meist auf den dem Richter verfügbaren Sanktionen. Der wehrlose Richter wäre ein untauglicher Vermittler; und deshalb, nicht etwa, weil § 165 FamFG förmlich schon Teil der Vollstreckung wäre, bedarf es der Sanktionsdrohung. Im Übrigen erweitert § 165 FamFG nicht die bestehenden Sanktionen, sondern verdeutlicht ihren Einsatzbereich.

Entscheidend für den **Erfolg des Vermittlungskonzepts** ist, dass es den Familienrichtern gelingt, aus der Rolle des Entscheidungsorgans in die des Vermittlers zu wechseln, ohne dabei die Autorität zu verleugnen, die hinter ihrer Entscheidungszuständigkeit steht. Das ist nicht zuletzt ein Zeitproblem (Bedenken äußerte auch WILLUTZKI KindPrax 1998, 10, 11 und rief zu Engagement der Familiengerichte auf: WILLUTZKI KindPrax 1998, 37, 39); insbesondere muss eine Anhörung stattfinden, die – ganz anders als im Vollstreckungsverfahren – das Ansprechen bereits entschiedener Fragen erlaubt und um *Verständnis* für die getroffene Entscheidung wirbt, auch wenn es vorrangig um deren Umsetzung geht. In der **Praxis** wurde das Vermittlungsverfahren aber gleichwohl bis in die Gegenwart *eher wenig angenommen* (HEILMANN/GOTTSCHALK § 165 FamFG Rn 1; MAIER FPR 2007, 301, 303) und es stellt sich durchaus die Frage, ob es angesichts der durch das Verfahren vor dem Güterichter (§ 36 Abs 5 FamFG) eröffneten Möglichkeiten nicht abgeschafft werden sollte. Eine Möglichkeit, das Umgangsvermittlungsverfahren künftig auszuweiten, bestünde aber darin, verstärkt in gerichtlich gebilligten Umgangsvereinbarungen aufzunehmen, dass vor der Einleitung von Vollstreckungs- oder Abänderungsverfahren verpflichtend Anträge auf Durchführung des Verfahrens nach § 165 FamFG zu stellen sind (REINKEN FPR 2010, 428, 430). Auch eine großzügigere Anwendung von § 78 FamFG bei der Frage der **Beiordnung eines Rechtsanwalts** für das Vermittlungsverfahren (dazu unten Rn 526) würde das Verfahren ggf attraktiver für von Umgangskonflikten betroffenen Eltern machen.

c) Verhältnis zu Vollstreckungsmaßnahmen

510 Das Verhältnis des Verfahrens nach § 165 FamFG zu **Vollstreckungsmaßnahmen** nach § 89 FamFG entspricht in seiner formalen Gestalt weitgehend diesem inhaltlichen Ziel: § 165 FamFG ist ein **selbständiges Verfahren** (OLG Brandenburg FamRZ 2008, 2218; STERNAL/SCHÄDER § 165 FamFG Rn 1), welches nach § 92 Abs 3 S 1 FamFG auch **kein notwendiges Vorschaltverfahren** zur Vollstreckung darstellt (noch zu § 52a FGG aF im Verhältnis zu § 33 FGG aF: OLG Bamberg FamRZ 2001, 169; OLG Rostock FamRZ 2002, 967; missverständlich OLG Zweibrücken DAVorm 1999, 783: Zwangsmediation); mithin sind das Vermittlungsverfahren und das **Vollstreckungsverfahren** zwei voneinander unabhängige Verfahren (PRÜTTING/HELMS/HAMMER § 165 FamFG Rn 2). Die Durchführung eines Vermittlungsverfahrens steht nach § 92 Abs 3 S 2 FamFG im Übrigen weder der Festsetzung von Ordnungsmitteln (§ 89 FamFG) noch der Anwendung unmittelbaren Zwangs (§ 90 FamFG) entgegen. Eine *Verknüpfung beider Verfahren* besteht aber insoweit, als das für die Vollstreckung zuständige Familiengericht gemäß § 93 Abs 1 S 1 Nr 5 FamFG die Vollstreckung **einstweilig einstellen**, beschränken oder aufheben kann, wenn ein Antrag auf Durchführung des Vermittlungsverfahrens gestellt wird. Eine einstweilige Einstellung der Vollstreckung wird in der Praxis der Regelfall sein müssen, um eine einvernehmliche Lösung des Umgangskonflikts im Rahmen des Vermittlungsverfahrens nicht zu gefährden.

Die Ausgestaltung als **Antragsverfahren** stellt sicher, dass nicht nur das Gericht unter den Voraussetzungen des § 165 Abs 1 S 2 FamFG, sondern auch die Eltern, indem kein Antrag gestellt wird oder der Antragsgegner nicht zum Termin erscheint (§ 165 Abs 5 S 1 FamFG), die Aussichtslosigkeit eines Vermittlungsversuchs beurteilen und daraus die Konsequenz eines sofortigen Vollstreckungsverfahrens ziehen dürfen.

Solange ein Vermittlungsverfahren nach § 165 FamFG **anhängig und nicht gescheitert** ist, kommen jedoch Vollstreckungsmaßnahmen nicht in Betracht; die vor dem Inkrafttreten des FamFG bestehende Problematik der vorherigen Androhung von Zwangsmitteln nach § 33 Abs 3 FGG aF (OLG Zweibrücken DAVorm 1999, 783) hat sich durch § 89 Abs 2 FamFG erledigt. Das folgt aus dem Zweck des § 165 FamFG, auf eine Verständigung hinzuwirken, sowie aus der Systematik des § 165 FamFG, der in Abs 5 S 2 bei *Scheitern* ua den Übergang zur Prüfung von Ordnungsmitteln vorsieht.

Ein **kostenrechtlicher Anreiz** zur Nutzung des Vermittlungsverfahrens ergibt sich aus § 165 Abs 5 S 3 FamFG: Endet das Vermittlungsverfahren erfolglos und wird von Amts wegen oder auf binnen eines Monats gestellten Antrag ein weiteres Verfahren, insbesondere ein Vollstreckungsverfahren, eingeleitet, so entsteht durch das Vermittlungsverfahren kein Kostennachteil; dessen Kosten sind Teil der Kosten des anschließenden Verfahrens (dazu unten Rn 525).

2. Verfahrenseinleitung, Zuständigkeit, Beteiligte (§ 165 Abs 1 FamFG)

a) Selbständiges Verfahren

Das Verfahren nach § 165 FamFG ist ein **selbständiges Verfahren**, das nicht im Ver- 511
bund mit der Ehescheidung oder einer Folgesache stehen kann (FamRefK/Maurer § 52a FGG Rn 6): Verfahrensvoraussetzung ist das Vorliegen einer **gerichtlichen Umgangsregelung** (OLG Hamm FamRZ 1998, 1303; OLG München FamRZ 1999, 522; Prinz zu Wied FuR 1998, 193), die *wirksam* geworden ist. Eine gerichtlich gebilligte **Umgangsvereinbarung** genügt nach der gesetzlichen Neuregelung von § 165 Abs 1 S 1 FamFG im Gegensatz zur vormaligen Rechtslage nach § 52a FGG (vgl BT-Drucks 16/6308, 242); nicht erforderlich ist, dass es sich um eine Umgangsvereinbarung aus einem früheren Vermittlungsverfahren (§ 165 Abs 4 S 2 FamFG) handelt. Nicht ausreichend ist dagegen das Vorliegen einer **außergerichtlichen** (zB beim Jugendamt vereinbarte Regelung) oder eine lediglich vom Gericht **protokollierten**, aber nicht gemäß § 156 Abs 2 FamFG gebilligte Umgangsvereinbarung (Prütting/Helms/Hammer § 165 FamFG Rn 3; Heilmann/Gottschalk § 165 FamFG Rn 1).

b) Antrag, Zuständigkeit

Das Verfahren wird **eingeleitet** durch den **Antrag** (§ 23 FamFG) **eines Elternteils**, der 512
hierzu geltend macht, dass der andere Elternteil die Durchführung der gerichtlichen Umgangsverfügung vereitelt oder erschwert (§ 165 Abs 1 S 1 FamFG). Andere Umgangsberechtigte (§§ 1685, 1686a BGB) sind nicht antragsberechtigt (Johannsen/Henrich/Althammer/Rake § 165 FamFG Rn 3). Dies gilt bei fremduntergebrachten Kindern auch für den **Vormund** (OLG Bremen 15. 6. 2015 – 4 WF 77/15, juris Rn 4, MDR 2015, 952; Heilmann/Gottschalk § 165 FamFG Rn 2) oder **Pflegepersonen** des Kindes (Prütting/Helms/Hammer § 165 FamFG Rn 4). Auch der **Verfahrensbeistand des Kindes** kann das Umgangsvermittlungsverfahren ebenso wenig beantragen (KG FamRZ 2003, 1039; Johannsen/Henrich/Althammer/Rake § 165 FamFG Rn 3) wie das nach § 9 Abs 1 Nr 3 FamFG verfahrensfähige Kind (OLG Bremen 15. 6. 2015 – 4 WF 77/15, juris Rn 4, MDR 2015, 952; Reinken FPR 2010, 428, 430). Auch soweit Eltern ein Antragsrecht besitzen, kommt bei **fremduntergebrachten Kindern** das Verfahren nach § 165 FamFG bei Umgangsstreitigkeiten mit Dritten nicht in Betracht (Prütting/Helms/Hammer § 165 FamFG Rn 4).

Auch **von Amts wegen** kann das Verfahren nicht eingeleitet werden; dies folgt aus dem mit dem Sinn und Zweck übereinstimmenden Wortlaut (BT-Drucks 13/4899, 69: „freiwillig“; Rauscher FamRZ 1998, 341; Maier FPR 2007, 301; FamRefK/Maurer § 52a FGG Rn 9; MünchKommFamFG/Schumann § 165 Rn 3).

Liegt eine Umgangsregelung vor und wird eine **Anregung auf Abänderung oder Ausschluss** des Umgangsrechts gestellt, so kann diese unter Umständen als Vermittlungsantrag ausgelegt werden (OLG Hamm 2. 9. 1998 – 8 UF 346/98, FamRZ 1998, 1303; Johannsen/Henrich/Büte § 165 FamFG Rn 4). Zwingend ist jedoch eine solche Auslegung nicht; der Vermittlungswunsch muss vielmehr eindeutig, wenngleich nicht ausdrücklich, sein (Prinz zu Wied FuR 1998, 193). Im Zweifel muss das Familiengericht bei dem betreffenden Elternteil um Klarstellung bitten (Prütting/Helms/Hammer § 165 FamFG Rn 4). Wünscht der Antragsteller ausdrücklich keine Vermittlung iSd § 165 FamFG und stellt auch der andere Elternteil keinen entsprechenden Antrag, so kann ihm das Gericht dieses Verfahren nicht als Vorschaltverfahren oktroyieren.

Zuständig ist das **Familiengericht**; eine Einleitung vor dem Beschwerdegericht ist nicht zulässig (Prinz zu Wied FuR 1998, 193, 194). Das Vermittlungsverfahren ist im Annex zu § 151 Nr 2 iVm § 111 Nr 2 FamFG **Familien- und Umgangssache**, obgleich die Zuweisung nicht aus dem BGB, sondern aus § 165 Abs 1 S 1 FamFG folgt (vgl FamRefK/Maurer § 52a FGG Rn 7); die **örtliche Zuständigkeit** bestimmt sich nach § 152 FamFG; das Verfahren kann jedoch **nicht Verbundsache** nach § 137 Abs 3 FamFG sein, da sein Ziel nicht die *Regelung* des Umgangs ist (FamRefK/Maurer § 52a FGG Rn 8).

c) Ablehnung der Verfahrensaufnahme

513 Das Familiengericht kann die Vermittlung nach pflichtgemäßem Ermessen (nur dann) **ablehnen**, wenn bereits ein früheres Vermittlungsverfahren oder eine – in einem Vermittlungsverfahren vereinbarte (§ 165 Abs 5 S 1 FamFG; BT-Drucks 13/4899, 133; Prütting/Helms/Hammer § 165 Rn 6; MünchKommFamFG/Schumann § 165 Rn 6) – außergerichtliche Beratung erfolglos geblieben ist. Das Scheitern einer außergerichtlichen Beratung ohne vorangegangene gerichtliche Vereinbarung ist kein Ablehnungsgrund. Eine **außergerichtliche Beratung** nach § 18 SGB VIII ist auch **nicht Voraussetzung** für die Einleitung des Verfahrens; das Familiengericht kann die Vermittlung nicht unter Hinweis auf die Beratungsmöglichkeit nach § 18 SGB VIII ablehnen (OLG Hamm FamRZ 1998, 1303).

Das Familiengericht entscheidet im Fall der Ablehnung durch Beschluss nach §§ 38 ff FamFG, der mit der **Beschwerde** nach §§ 58 ff FamFG anfechtbar ist (Heilmann/Gottschalk § 165 FamFG Rn 4; Völker/Clausius, Sorge- und Umgangsrecht [8. Aufl 2021] § 2 Rn 252).

Ist ein früheres Vermittlungsverfahren durch **Nichterscheinen** eines Elternteils gescheitert (§ 165 Abs 5 S 1 FamFG) und entschuldigt dieser Elternteil nach erfolglosem Abschluss jenes Verfahrens sein Nichterscheinen, so kann dies als *neuer* Vermittlungsantrag behandelt werden, dem trotz des Scheiterns der ersten Vermittlung Folge zu geben sein kann (Prinz zu Wied FuR 1998, 194, 195).

3. Vermittlungstermin (§ 165 Abs 2, 3 FamFG)

a) Vermittlungstermin

514 Kernstück der Vermittlung ist der **Vermittlungstermin**. Das Gericht muss – um den Zweck zu erreichen und eine Verschleppung zu vermeiden – **unverzüglich** die **Eltern hierzu laden**. Das **persönliche Erscheinen** wird hierzu grundsätzlich angeordnet (§ 165 Abs 2 S 2 FamFG); ein Ermessen des Gerichts bestand schon nach altem Recht kaum, denn ein Vermittlungsverfahren unter alleiniger Beteiligung des Verfahrens-

bevollmächtigten einer Seite kann schwerlich die Überzeugungsarbeit leisten, auf die die Bestimmung zustrebt. Das **persönliche Erscheinen** sichert die ausreichende und unmittelbare Erörterung des Konflikts (BT-Drucks 13/4899, 134). **Ordnungsmittel** nach § 33 Abs 3 FamFG können jedoch auch nach Anordnung des persönlichen Erscheinens bei unentschuldigtem Nichterscheinen nicht verhängt werden, weil das Verfahren insoweit freiwillig ist (OLG Frankfurt 20. 1. 2017 – 5 WF 277/16, juris Rn 16 ff, FamRZ 2017, 1332; Heilmann/Gottschalk § 165 FamFG Rn 5). Folge des Nichterscheinens ist nach § 165 Abs 5 S 1 FamFG die Erfolglosigkeit des Verfahrens (FamRefK/Maurer § 52a FGG Rn 21).

Hingegen hat das Gericht hinsichtlich der Ladung des **Jugendamts** Ermessen (§ 165 Abs 2 S 4 FamFG). Die Teilnahme des Jugendamts kann sinnvoll sein, wenn dieses im vorangegangenen Umgangsverfahren aktiv von seinen Mitwirkungsmöglichkeiten Gebrauch gemacht hat oder wenn überlegt werden soll, inwieweit Möglichkeiten einer außergerichtlichen Konfliktlösung über das Jugendamt bestehen (BT-Drucks 13/4899, 134). Auch soweit begleiteter Umgang angeordnet worden ist oder zukünftig in Betracht kommt, sollte das Jugendamt im Hinblick auf § 18 Abs 3 S 3 und 4 SGB VIII geladen werden (Prütting/Helms/Hammer § 165 FamFG Rn 9).

Der mit der Ladung erforderliche (§ 165 Abs 2 S 3 FamFG) **Hinweis auf die möglichen Rechtsfolgen nach Abs 5** (Vollstreckung, Änderung der Umgangsregelung, sorgerechtliche Maßnahmen) im Fall des erfolglosen Vermittlungsverfahrens erinnert formal an Belehrungen über Säumnisfolgen, hat hier aber die Funktion, die beschriebene Ausgewogenheit von Freiwilligkeit und Autorität zu sichern: Es wird der Ladung Nachdruck verliehen (BT-Drucks 13/4899, 134) und verdeutlicht, dass das Fernbleiben nicht zur Verschleppung, sondern zu sofortigem Eintritt des Gerichts in die Erwägung der in Abs 5 genannten Maßnahmen führt (FamRefK/Maurer § 52a FGG Rn 18; Rauscher FamRZ 1998, 330, 341).

b) Beteiligung des Kindes

Die **Beteiligung des Kindes** am Vermittlungstermin erwähnt § 165 FamFG nicht. **515**
Schon zu § 50 FGG aF wurde vertreten, angesichts der Betroffenheit des Kindes sei seine Teilnahme selbstverständlich (Prinz zu Wied FuR 1998, 193, 194). Das ist nicht zweifelsfrei. Der Gesetzgeber hat die Beteiligung des Kindes wohl nicht vergessen oder als selbstverständlich erachtet, sondern ist von der Situation eines Konflikts um die bloße *Durchführung* der Umgangsregelung ausgegangen. Hier kann eine Beteiligung des Kindes entbehrlich sein, wenn sie die reine Vermittlungssituation belastet (FamRefK/Maurer § 52a FGG Rn 23).

Eine Beteiligung des Kindes wird auch in solchen Fällen – besonders bei älteren Kindern – meist zweckmäßig sein. Ggf kann das Gericht das Kind *vor dem Vermittlungstermin* anhören.

Notwendig bedarf es der Beteiligung des Kindes, wenn die Umgangsregelung durch **gerichtlich gebilligten Vergleich** der Eltern **geändert** werden soll (§ 165 Abs 4 S 2 FamFG); gemäß § 7 Abs 2 Nr 1 FamFG ist das Kind als Beteiligter hinzuzuziehen, da seine Rechte unmittelbar betroffen sind (MünchKommFamFG/Schumann § 165 Rn 10); die Anhörung entsprechend § 159 FamFG ist ebenfalls geboten, auch, weil das Gericht nur nach Anhörung beurteilen kann, ob ein Vergleich der Eltern dem Kindeswohl nicht widerspricht (§ 156 Abs 2 FamFG; Prütting/Helms/Hammer § 165 FamFG Rn 10; MünchKommFamFG/Schumann § 165 Rn 10; Rauscher FamFR 2010, 28, 31).

Dem Kind kann im Vermittlungsverfahren unter den Voraussetzungen des § 158 FamFG ein **Verfahrensbeistand** zu bestellen sein; die Bestellung eines Verfahrensbeistands im Umgangsregelungsverfahren wirkt nicht fort. Die Erforderlichkeit kann in Abhängigkeit von den im Umgangsvermittlungsverfahren zu klärenden Fragen ggf anders zu beurteilen sein; im Regelfall wird es aber an der Erforderlichkeit der Bestellung eines Verfahrensbeistands nach § 158 Abs 1 FamFG fehlen (Prütting/Helms/Hammer § 165 FamFG Rn 11; **aA** MünchKommFamFG/Schumann § 165 Rn 11; Reinken FPR 2010, 428, 430).

c) Gestaltung des Vermittlungstermins

516 Die **Gestaltung des Vermittlungstermins** ist im Gesetz in § 165 Abs 3 FamFG außergewöhnlich eingehend (Prinz zu Wied FuR 1998, 193, 194) beschrieben (ausführlich zur Vorgehensweise des Gerichts Jeske, Das Vermittlungsverfahren nach § 52a FGG [2001] 146 ff). Auch hier kommt die Ausgewogenheit zwischen Einvernehmen und Autorität zum Ausdruck. Die Darstellung der möglichen Folgen für das Wohl des Kindes (Abs 3 S 1) und die **Pflicht zum Hinweis** auf außergerichtliche Beratungsmöglichkeiten nach § 18 Abs 3 SGB VIII (Abs 3 S 3) muss sicher nicht in jedem Fall zwingend durch eine vollständige Aufzählung der möglichen Maßnahmen nach § 89 FamFG (auf die nun schon mit der Umgangsregelung hinzuweisen ist, § 89 Abs 2 FamFG) und §§ 1666, 1671, 1696 BGB begleitet sein. Das Gesetz fordert aber den Richter durch die Gestaltungshinweise eindeutig auf, auch die Autorität der Umgangsentscheidung in geeigneter Weise in die Vermittlung einzubeziehen, erlaubt ihm also nicht den Standpunkt resignierter Nachgiebigkeit.

Ob das Gericht **eigene Ermittlungen** (§ 26 FamFG), auch zu den Gründen der Hindernisse bei der Durchführung der Umgangsregelung, anstellen kann, ist umstritten. Da es sich um ein selbständiges Verfahren handelt, ist das Gericht trotz des eingeschränkten Gegenstandes des Verfahrens (daher ablehnend FamRefK/Maurer § 52a FGG Rn 22) nicht grundsätzlich daran gehindert, nach pflichtgemäßem Ermessen Ermittlungen anzustellen; jedenfalls im Hinblick auf eine mögliche Änderung der Regelung durch gerichtlich gebilligten Vergleich können solche Ermittlungen erforderlich werden (MünchKommFamFG/Schumann § 165 Rn 12), werden aber gleichwohl die Ausnahme sein.

4. Erfolgreiche Vermittlung (§ 165 Abs 4 FamFG)

a) Ziel: Einvernehmen

517 Ziel der gerichtlichen Vermittlung ist es, Einvernehmen zwischen den Eltern über die Ausübung des Umgangs herzustellen (§ 165 Abs 4 S 1 FamFG). Diese Einigung kann darin bestehen, dass die vorhandene Umgangsregelung durchgeführt wird, nachdem Streit über periphere Fragen der Durchführung ausgeräumt ist. Die Einigung kann aber auch in einer von der gerichtlichen Anordnung abweichenden Regelung des Umgangs bestehen. Insoweit ergaben sich anlässlich der Überführung des Verfahrens von § 52a FGG aF nach § 165 FamFG Änderungen, die jedoch im Ergebnis eher technischer Natur sind. Während § 52a Abs 4 S 2, 3 FGG aF die Schaffung eines Titels im Umgangsvermittlungsverfahren eigenständig regelte, kann § 165 Abs 4 S 2

FamFG für den erfolgreichen Ausgang des Verfahrens auf das Instrument des **gerichtlich gebilligten Vergleichs** (§ 156 Abs 2 FamFG) Bezug nehmen.

b) Einigungsalternativen

Der Erfolg des gerichtlichen Hinwirkens auf Einvernehmen (§ 165 Abs 4 S 1 FamFG) **518** kann darin bestehen, dass die Eltern den Streit um die Durchführung der bisherigen Umgangsregelung beilegen und es **keiner geänderten Regelung** bedarf. Dies ist ggf in einem Vermerk nach § 28 Abs 4 FamFG festzuhalten.

Einigen sich die Eltern auf eine geänderte Umgangsregelung, so unterliegt diese den Bestimmungen über den **gerichtlich gebilligten Vergleich** (§ 165 Abs 4 S 2, § 156 Abs 2 FamFG).

Dritte Variante einer erfolgreichen Umgangsvermittlung ist die Einigung über die **Inanspruchnahme einer außergerichtlichen Beratung** (§ 165 Abs 5 S 1 FamFG). Auch dies ist im Vermerk über den Termin (§ 28 Abs 4 FamFG) aufzunehmen (MünchKommFamFG/Schumann § 165 Rn 15).

c) Ersatz der alten Umgangsregelung durch gerichtlich gebilligten Vergleich

Der **gerichtlich gebilligte Vergleich** tritt an die Stelle der vormaligen gerichtlichen Um- **519** gangsverfügung (§ 165 Abs 4 S 2 FamFG). Er hat im Übrigen die Wirkungen, die ihm nach § 156 Abs 2 FamFG zukommen, ist also insbesondere **vollstreckungsfähig**. Auch wenn – was die Regel sein dürfte – die Eltern die bisherige Umgangsregelung nur teilweise abändern oder lediglich Ergänzungen zur Durchführung bestimmen wollen, sind in den Vergleich auch die unverändert beibehaltenen Regelungen aufzunehmen. Im Gegensatz zu § 52a Abs 4 S 1 FGG aF sieht § 165 Abs 4 S 2 FamFG keine teilweise Neutitulierung vor, sodass ein Nebeneinander zweier Umgangstitel vermieden wird (Heilmann/Gottschalk § 165 FamFG Rn 9).

d) Einvernehmen über Inanspruchnahme von Beratung

Auf den ersten Blick erscheint es merkwürdig, dass das Gesetz bereits das Einver- **520** nehmen über die **nachfolgende Inanspruchnahme außergerichtlicher Beratung** als Erfolg eines gerichtlichen Vermittlungsverfahrens behandelt (Umkehrschluss aus § 165 Abs 5 S 1 2. Alt FamFG; BT-Drucks 13/4899, 134; Willutzki KindPrax 1998, 10, 11), welcher das Verfahren beendet (BT-Drucks 13/4899, 134). Es liegt die Gefahr einer Verschleppung hier nicht fern. Lässt sich freilich der Umgangselternteil auf eine solche Einigung ein, so muss zunächst eine Vollstreckung dahinstehen; dass es dennoch nicht zu einer ungebührlichen Verzögerung kommt, wird dadurch sichergestellt, dass auch die Einigung über die außergerichtliche Beratung das Vermittlungsverfahren *abschließt* und im Fall des Scheiterns dieser außergerichtlichen Beratung das Gericht ein *weiteres Vermittlungsverfahren* ablehnen kann (§ 165 Abs 1 S 2 FamFG), sodass sodann unmittelbar die in § 165 Abs 5 S 2 FamFG genannten Maßnahmen zu erwägen sind. Das Scheitern außergerichtlicher Beratung führt also zwar formal nicht zur Erfolglosigkeit des Vermittlungsverfahrens iSd § 165 Abs 5 FamFG. Regelmäßig ist aber ein zweites Vermittlungsverfahren nicht mehr zu gewähren, sodass in der Sache die in Abs 5 S 2 vorausgesetzte Situation eintritt.

5. Erfolglose Vermittlung (§ 165 Abs 5 FamFG)

a) Erfolglosigkeit

521 Die Vermittlung ist **erfolglos**, wenn weder Einvernehmen über den Umgang noch über eine nachfolgende Inanspruchnahme außergerichtlicher Beratung erreicht wird oder wenn mindestens ein Elternteil im Vermittlungstermin nicht erscheint (§ 165 Abs 5 S 1 FamFG). Letztgenannte Voraussetzung tritt freilich nicht ein, wenn das Gericht ausnahmsweise *nicht das persönliche Erscheinen angeordnet* hat und der nicht erschienene Elternteil ordnungsgemäß vertreten ist. Scheitert das Verfahren mangels Einigung, so werden die Streitpunkte im **Terminvermerk** (§ 28 Abs 4 FamFG) festgehalten (§ 165 Abs 4 S 3 FamFG), um für das sich anschließende Amtsverfahren nach § 165 Abs 5 S 2 FamFG die unterschiedlichen Auffassungen der Eltern klarzustellen (BT-Drucks 13/4899, 134).

b) Feststellung der Erfolglosigkeit

522 Die **Erfolglosigkeit** des Verfahrens wird durch **nicht anfechtbaren Beschluss** festgestellt (§ 165 Abs 5 S 1 FamFG). Diese Regelung scheint zunächst überflüssig förmlich; sie ist jedoch ein wesentliches Element, um zu verhindern, dass das Verfahren zur Verschleppung missbraucht wird. Der Beschluss ist zwar nicht formell Voraussetzung für den Eintritt in die Prüfung von Maßnahmen nach § 89 FamFG oder §§ 1666, 1696 BGB. Solange jedoch ein Vermittlungsverfahren schwebt, widerspricht der Eintritt in die Prüfung solcher Maßnahmen dem Zweck des Verfahrens (vgl allerdings § 92 Abs 3 S 1 FamFG). Zudem ist der Beschluss Voraussetzung für die Ablehnung eines erneuten Vermittlungsantrags nach § 165 Abs 1 S 2 FamFG.

Strittig ist, ob § 165 Abs 5 S 1 FamFG auch Anwendung findet, wenn das Umgangsregelungsverfahren erfolglos bleibt, weil das Gericht die von den Eltern einverständliche vorgeschlagene **Umgangsregelung nicht billigt**. Teils wird vertreten, dass gegen den die Billigung ablehnenden Beschluss die Beschwerde stattfinde (Prinz zu Wied FuR 1998, 195). Jedenfalls liegt in diesem Fall nicht eine von § 165 Abs 5 S 1 FamFG erfasste Situation vor; seit Inkrafttreten des FamFG ist das gegen den die Billigung eines Umgangsvergleichs verweigernden Beschluss statthafte Rechtsmittel am Grundmodell des gerichtlich gebilligten Vergleichs in § 156 Abs 2 FamFG zu orientieren, wogegen die ablehnende Zwischenentscheidung unanfechtbar ergeht (§ 58 Abs 2 FamFG); das würde es nahelegen, dass auch im Verfahren nach § 165 FamFG eine Ablehnung der Billigung unanfechtbar ist und nur im Hinblick auf einen neuen Vermittlungsantrag die Gründe des Scheiterns darzulegen wären (MünchKommFamFG/Schumann § 165 Rn 19). Dies verkennt aber die besondere Situation der Ablehnung der Billigung im Umgangsvermittlungsverfahren: Im Erkenntnisverfahren folgt der Ablehnung der Billigung eine gerichtliche Umgangsregelung nach, die ihrerseits rechtsmittelfähig ist, sodass zumindest implizit die nicht gebilligte elterliche Vereinbarung zum Prüfungsmaßstab in der Beschwerdeinstanz wird: Einer dem Kindeswohl nicht schädlichen Elternvereinbarung durfte das Familiengericht keine eigene Lösung entgegensetzen (Art 6 Abs 2 GG). Hingegen führt die Verweigerung der Billigung im Umgangsvermittlungsverfahren in die nächste Eskalationsstufe (§ 165 Abs 5 S 2 FamFG), obgleich die Eltern diese hätten einverständlich vermeiden wollen; es besteht also durchaus ein berechtigtes Interesse, in diesem Sonderfall gegen die das Verfahren beendende Ablehnung der Billigung die Beschwerde zu ermöglichen.

c) Amtsprüfung der Vollstreckung

Wesentliche Konsequenz des Scheiterns der Vermittlung ist, dass das Gericht nach § 165 Abs 5 S 2 FamFG nunmehr **von Amts wegen** in die Prüfung eintritt, ob und welche Maßnahmen zum Wohl des Kindes zu ergreifen sind. Anträge der Eltern sind hierzu angesichts der Amtswegigkeit von Umgangssachen nicht erforderlich (vgl § 87 Abs 1 S 1 FamFG). Richtig ist aber gleichwohl, dass das Gericht ohne einen Antrag des an der Durchführung der Umgangsregelung interessierten Elternteils oder des Kindes sich (immer) nur zur Vermeidung einer Kindeswohlgefährdung (so einschränkend MünchKommFamFG/Schumann § 165 Rn 20) für die Verhängung eines Ordnungsmittels entscheiden wird. Ausgangspunkt der Ermessensausübung wird allerdings sein, dass angesichts der generellen Wertung des § 1626 Abs 3 S 1 BGB und deren Konkretisierung durch die gegenständliche Umgangsregelung eine nachhaltige Beeinträchtigung von deren Befolgung die Vermutung der Kindeswohlgefährdung in sich trägt. 523

Leitet das Gericht ein Vollstreckungsverfahren ein, so ist dies ein gegenüber dem – abgeschlossenen – Vermittlungsverfahren selbständiges Verfahren (das aber **kostenrechtlich** nach § 165 Abs 5 S 3 FamFG das Vermittlungsverfahren einschließt, wenn es von Amts wegen oder auf einen binnen eines Monats gestellten Antrag eingeleitet wird). Diese formale Verfahrenstrennung hindert nicht daran, im selben Termin, in dem die Vermittlung scheitert, bereits – nach Gewährung rechtlichen Gehörs – das Verfahren nach § 165 Abs 5 S 2 FamFG einzuleiten oder bei Entscheidungsreife eine Anordnung zu erlassen (ähnlich MünchKommFamFG/Schumann § 165 Rn 21).

d) Amtsprüfung von Sorgemaßnahmen und Abänderung der Umgangsregelung

Bereits der Gesetzgeber des KindRG hat neben der Möglichkeit der Einleitung von Vollstreckungsmaßnahmen nach § 89 FamFG ausdrücklich in § 165 Abs 5 S 2 FamFG die Prüfung von **Maßnahmen in Bezug auf die Sorge** als mögliche Reaktion angeführt. Damit wird jedenfalls verdeutlicht, dass ein sorgeberechtigter Elternteil, der wiederholt die Ausübung des Umgangsrechts erschwert oder vereitelt, Gefahr läuft, die elterliche Sorge ganz oder teilweise zu verlieren (Wiesner ZfJ 1998, 275, 277). Als **amtswegige** Sorgerechtsmaßnahme kommt nach § 1666 Abs 3 Nr 6 BGB vor allem der *Entzug des Umgangsbestimmungsrecht* (dazu oben Rn 126) und die Bestellung eines Umgangsbestimmungspflegers (§ 1809 BGB) in Betracht (OLG Frankfurt 5. 3. 2008 – 4 UF 95/07, NJW-RR 2009, 4). Ein Verfahren nach *§ 1671 Abs 1 Nr 2 bzw Abs 2 Nr 2 BGB* kann dagegen nur **auf Antrag** des Umgangselternteils eingeleitet werden (§ 23 FamFG). Von Amts wegen kann dagegen nach § 1696 Abs 1 BGB iVm § 166 Abs 1 FamFG ein **umgangsrechtliches Abänderungsverfahren** eingeleitet werden, welches etwa zur Anordnung einer Umgangspflegschaft nach § 1684 Abs 3 S 3 BGB (Heilmann/Gottschalk § 165 FamFG Rn 10) oder sonstiger Anpassungen der Umgangsregelung (zB Anordnung oder Aufhebung der Umgangsbegleitung) führen kann. Beruht das Scheitern wesentlich auf dem Unvermögen des Umgangselternteils zur Kooperation, so kann mehrmaliges Scheitern auch zum gänzlichen **Ausschluss des Umgangs** führen (OLG Köln 21. 12. 2011 – 4 UF 206/11, juris Rn 14). 524

6. Kosten

Bei einer **erfolgreichen Vermittlung** iSd § 165 Abs 4 FamFG entstehen anders als noch 525
unter Geltung von § 52a FGG aF (vgl § 94 KostO aF) **Gerichtskosten** in Höhe einer

0,5 Gebühr nach Nr 1310 KV FamGKG (OLG Düsseldorf 30. 9. 2020 – 3 WF 72/20, MDR 2021, 391; OLG Koblenz 4. 7. 2019 – 13 WF 579/19, BeckRS 2019, 39034; OLG Karlsruhe 2. 10. 2012 – 18 WF 264/12, juris Rn 13, ZKJ 2013, 80; BeckOK-Streitwert/Dürbeck [1. 4. 2023] „Umgangsverfahren" Rn 10; Schneider NZFam 1014, 906, 907; **aA** Johannsen/Henrich/Büte [6. Aufl 2015] § 165 FamFG Rn 12; Keidel/Engelhardt [20. Aufl 2020] § 165 FamFG Rn 22: gerichtsgebührenfrei). Über die Frage der **Kostenverteilung** hat das Gericht in diesem Fall nach §§ 81 ff FamFG zu befinden.

Der nach § 55 Abs 2 FamGKG festzusetzende **Gebührenverfahrenswert** richtet sich nach § 45 Abs 1 Nr 2 FamGKG (4.000 EUR als Regelwert), was gemäß § 23 Abs 1 S 1 RVG auch für die Anwaltsgebühren gilt. Gemäß § 45 Abs 3 FamGKG wird hier aber regelmäßig erwogen werden müssen, den Verfahrenswert wegen des geringeren Aufwands für das Gericht und die Verfahrensbevollmächtigten abzusenken (OLG Karlsruhe 2. 10. 2012 – 18 WF 264/12, juris Rn 16 ff, ZKJ 2013, 80: 1.500 EUR; Einzelheiten bei BeckOK-Streitwert/Dürbeck [1. 4. 2023] „Umgangsverfahren" Rn 10), was allerdings nicht zwingend ist (OLG Düsseldorf 30. 9. 2020 – 3 WF 72/20, MDR 2021, 391).

In Bezug auf die **Anwaltsgebühren** entsteht eine 1,3-Verfahrensgebühr nach Nr 3100 VV RVG, eine 1,2-Terminsgebühr nach Nr 3104 VV RVG und im Falle eines Vergleichs eine 1,0 Einigungsgebühr nach Nr 1000, 1003 VV RVG.

Schließt sich im Falle eines **erfolglosen Vermittlungsverfahrens** nach § 165 Abs 5 S 2 FamFG ein neues Verfahren, zB Umgangsverfahren an, entstehen **gesonderte Gerichtsgebühren**. Die im ursprünglichen Vermittlungsverfahren entstandene Gerichtsgebühr wird nicht angerechnet (Schneider NZFam 2014, 906, 907) und gilt unter den Voraussetzungen von § 165 Abs 5 S 3 FamFG *als Teil der Kosten des neuen Verfahrens.* Dies gilt im Grundsatz auch für die Anwaltsgebühren (vgl § 17 Nr 8 RVG), hier wird allerdings die Verfahrensgebühr – nicht aber die Termingebühr – des Vermittlungsverfahrens auf die Verfahrensgebühr des nachfolgenden Verfahrens angerechnet (Anm III zu Nr 3100 VV RVG – vgl Schneider/Dürbeck, Gebühren in Familiensachen [2. Aufl 2021] § 15 Rn 1523 mit Berechnungsbeispiel).

7. Verfahrenskostenhilfe und Beiordnung eines Rechtsanwalts

526 **Verfahrenskostenhilfe** ist den Eltern unter den Voraussetzungen von § 76 Abs 1 FamFG iVm §§ 114 ff ZPO für das Vermittlungsverfahren zu gewähren (dazu oben Rn 491 ff).

Höchst umstritten ist dagegen die Frage, ob den Eltern auch für das Umgangsvermittlungsverfahren des § 165 FamFG ein **Rechtsanwalt nach § 78 Abs 2 FamFG** wegen der Schwierigkeit der Sach- und Rechtslage **beizuordnen** ist. Dies beurteilt sich nach den Umständen des Einzelfalles und unter Einbeziehung objektiver und subjektiver Kriterien (vgl oben Rn 494). Soweit nicht *besondere subjektive Kriterien* (wie zB psychische Erkrankung – vgl OLG Köln 9. 1. 2015 – 4 WF 160/14, juris Rn 8, FamRZ 2015, 1921 – oder Sprachbarrieren – vgl OLG Hamm 28. 4. 2020 – 2 WF 39/20, MDR 2020, 998) vorliegen, verneint die Mehrzahl der obergerichtlichen Entscheidungen die Notwendigkeit einer Hinzuziehung eines Rechtsanwalts (OLG Hamm 28. 4. 2020 – 2 WF 39/20, MDR 2020, 998; OLG Frankfurt 12. 3. 2013 – 5 WF 52/13, juris Rn 3 ff, NJW-RR 2013, 962; OLG Hamm 19. 7. 2012 – 2 WF 88/12, juris Rn 11 ff, FamRZ 2013, 565; OLG Hamm 28. 12. 2011 – 8 WF 299/11, juris Rn 6; OLG

Hamm 15. 6. 2011 – 8 WF 148/11, juris Rn 4, FamFR 2011, 521; OLG Karlsruhe 8. 7. 2010 – 2 WF 77/10, juris Rn 9 ff, FamRZ 2010, 2010; OLG Oldenburg 22. 12. 2010 – 11 WF 325/10, juris Rn 3 f, FamRZ 2011, 916; OLG Celle 15. 2. 2010 – 10 WF 59/10, juris Rn 7 ff, FamRZ 2010, 1363). Stellt man dagegen in der erforderlichen Abwägung stärker auf das *Konfliktniveau* und bei anwaltlicher Vertretung des anderen Elternteils auf den Grundsatz der *Waffengleichheit* ab, so kann dies im Einzelfall aber auch die Beiordnung eines Rechtsanwalts im Verfahren nach § 165 FamFG rechtfertigen (OLG Bremen 16. 2. 2017 – 5 WF 3/17, juris Rn 8 f, MDR 2017, 653; OLG Zweibrücken 2. 1. 2015 – 2 WF 297/14, juris Rn 5, FamRZ 2016, 141).

XIV. Vollstreckung (§ 89 FamFG)

1. Beibehaltung der Vollstreckung – Wandel der Instrumente

a) Ablehnung von Gewalt zur Umgangsdurchsetzung

Um die Frage, ob Umgangsregeln vollstreckt werden sollen und wie sich eine Vollstreckung **zum Kindeswohl** verhält, wurde lange gestritten. In der dem KindRG vorangehenden Diskussion verlor jedoch wohl erstmals die bislang in § 33 FGG aF angelegte Vollstreckbarkeit der Umgangsregelung die in ihrer Natur als gerichtliche Entscheidung angelegte Selbstverständlichkeit; sie wurde, trotz Beibehaltung, jedenfalls rechtfertigungsbedürftig. 527

Die **gegen eine Vollstreckung sprechenden Gesichtspunkte** wurzelten in der Ansicht, „Gewalt" und „Zwang" führten in familiären Problemlagen nicht zu einer Lösung, sondern zur *Verschärfung des Problems*; die Umgangsvollstreckung fördere nicht das *Kindeswohl* und diene noch nicht einmal dem Umgangsrecht des Umgangselternteils, weil das Kind den *erzwungenen Umgang* absehbar nicht positiv wahrnehme; in hochemotionalen Familiensituationen eskaliere Vollstreckung die Lage (Salgo FPR 2008, 401; Kloeckner, Die Durchsetzung der Kindesherausgabe und des Umgangsrechts im Elternstreit [2002] 238 ff; Coester FuR 1991, 70; ders JZ 1992, 809, 815; Knöpfel FamRZ 1989, 1017, 1018; Lempp FamRZ 1989, 16, 17).

Belebt wurde die Diskussion zudem durch das Urteil des *BVerfG* zur regelmäßigen Kindeswohlwidrigkeit einer **Umgangsvollstreckung gegen den unwilligen Umgangselternteil** (BVerfG 1. 4. 2008 – 1 BvR 1620/04, FamRZ 2008, 845). Insbesondere wurde hinterfragt, ob die Situation der Vollstreckung bei Verweigerung des Umgangselternteils, bei Boykott durch den Betreuungselternteil oder bei Unwillen des Kindes letztlich im Hinblick auf das Kindeswohl nicht vergleichbar sind.

b) Verhinderung von Umgangsvereitelung und Entfremdung

Die vom Gesetzgeber in KindRG und FamFG weiterhin vertretene Position der Notwendigkeit der Vollstreckung von Umgangsregelungen beruhte auf der Erkenntnis, dass Vollstreckbarkeit ein Grundelement gerichtlicher Entscheidungen ist und wesentlich zur **richterlichen Autorität** beiträgt (Spangenberg FamRZ 2007, 13, 14). Diese Autorität ist nicht Selbstzweck, sondern dient der Durchsetzung der mit der Umgangsregelung verfolgten und dem im Vollstreckungstitel geprüften und anerkannten Ziel der Aufrechterhaltung der Bindungen zwischen Umgangselternteil und Kind. 528

Hier trifft auch die Vollstreckungsproblematik auf ihre Grundlage in der **Zwecksetzung der Umgangsregelung**. Hat das Gericht eine Umgangsregelung getroffen, so spricht nicht mehr nur die grundsätzliche, aber zu widerlegende Wertentscheidung des § 1626 Abs 3 S 1 BGB, sondern die konkret an den Lebensumständen des Kindes gemessene Entscheidung des Gerichts für die Kindeswohldienlichkeit. Daher setzte schon das KindRG insbesondere auf die **Signalwirkung der Vollstreckungsmöglichkeit**. Deren Beseitigung würde einen Anreiz geben, sich nicht mehr schlecht und recht mit ungeliebten Umgangsregelungen abzufinden, sondern den Umgang – in der Hoffnung auf Sanktionslosigkeit – zu boykottieren (BT-Drucks 13/4899, 69). Für den **Gesetzgeber des FamFG** stand hingegen nicht die – insoweit entschiedene – Frage des „Ob" der Vollstreckung im Vordergrund, sondern die Effizienz der Methode, was zu einem Wechsel von der Zwangsmittelvollstreckung des FGG aF hin zur Ordnungsmittelvollstreckung geführt hat (dazu Rn 529). Auch das **BVerfG** hat inzwischen seine Entscheidung vom 1. 4. 2008 zur eingeschränkten Vollstreckung des Umgangs gegenüber dem **Umgangsberechtigten** (BVerfG 1. 4. 2008 – 1 BvR 1620/04, FamRZ 2008, 845) im Hinblick auf den Wechsel zur Vollstreckung durch **Ordnungsmittel** relativiert (BVerfG 17. 2. 2022 – 1 BvR 743/21, FamRZ 2022, 794 Rn 33 ff).

Eine Infragestellung der Notwendigkeit der Vollstreckung von Umgangsentscheidungen wäre im Übrigen auch nicht mit **Art 8 EMRK** zu vereinbaren. Der **EGMR** har gerade in der jüngeren Vergangenheit immer wieder betont, dass die innerstaatlichen Institutionen gehalten seien, alle zur Verwirklichung des Umgangsrechts erforderlichen Schritte in Bezug auf die Vollstreckung zu unternehmen und hat in einer Vielzahl von Fällen die nicht hinreichend effiziente und beschleunigte **Vollstreckung** von Umgangsentscheidungen beanstandet (EGMR 6. 10. 2016 – 23280/08, juris Rn 59 ff, NJW 2017, 3699 [*Moog/Deutschland*]: kein Vollzug von Ordnungsgeldbeschlüssen; EGMR 23. 6. 2016 – 53377/13, FamRZ 2016, 1569 LS [*Strumia/Italien*]: kein Vollzug von Sanktionen; EGMR 15. 1. 2015 – 62198/11, juris Rn 100 ff, FamRZ 2015, 469 [*Kuppinger/Deutschland*]: Ordnungsgeld in Höhe von 300 EUR bei wiederholten Verstößen zu niedrig; vgl auch EGMR 20. 7. 2006 – 1633/05, FamRZ 2008, 1059 [*Koudelka/Tschechische Republik*]; vgl dazu Weber NZFam 2015, 337, 341).

528a Auch das *OLG Saarbrücken* (OLG Saarbrücken 11. 12. 2019 – 6 WF 156/19, juris Rn 28, ZKJ 2020, 184) hat in einer durchaus bemerkenswerten Entscheidung zur Verhängung von Ordnungshaft für die Dauer von fünf Tagen darauf verwiesen, dass es der Schutz des unter Art 6 Abs 2 S 1 GG fallenden Elternrechts des umgangsberechtigten Elternteils erfordere, dass Gerichte bei einer unberechtigten Umgangsverweigerung des anderen Elternteils nicht prinzipiell Instrumente, die von der Rechtsordnung zur Durchsetzung des Rechts vorgesehen sind, ohne nähere Darlegung für untauglich erklären können. Hierauf hatte in Bezug auf die Vollstreckung nach §§ 88 ff FamFG in Fällen der Umgangsverweigerung auch bereits das *BVerfG* (BVerfG 28. 2. 2012 – 1 BvR 3116/11, juris Rn 32, FamRZ 2012, 1127) im Jahre 2012 hingewiesen. Auch wenn die Entscheidung des BVerfG im Kontext der Verhältnismäßigkeitsprüfung bei einem Sorgerechtsentzug einer umgangsverweigernden Mutter ergangen war, beansprucht der Grundsatz, dass von der Rechtsordnung zur Durchsetzung und Vollstreckung des Rechts zur Verfügung gestellte Instrumente von den Gerichten effizient anzuwenden sind, auch für die Fälle Geltung, in denen das Umgangsrecht des anderen Elternteils zu schützen bzw zu verwirklichen ist.

c) Vom Zwangsmittel zum Ordnungsmittel

529 Schon der Entwurf zum KindRG stellte neben einem grundsätzlichen Bekenntnis zur Notwendigkeit der Vollstreckung eine nicht hinreichende Effizienz der tradierten

Vollstreckung durch Zwangsmittel fest (ausführlich zur Zwangsmittelvollstreckung nach dem FGG aF: Schweitzer, Die Vollstreckung von Umgangsentscheidungen [2007] 117 ff). Die Überlegungen gingen in zwei Richtungen:

Einerseits stellte sich die Frage nach der **Effizienz vollstreckungsrechtlicher Sanktionen**. *Finanzieller Zwang* (nach § 33 FGG aF *Zwangsgeld)* scheiterte in vielen Fällen an der Beitreibbarkeit (Gottschalk FPR 2007, 308, 309) und wirkte sich nur bei guten Einkommens- und Vermögensverhältnissen nicht auf den Lebensstandard der „Restfamilie" und damit mittelbar des Kindes aus. *Freiheitsbeschränkende Maßnahmen* (nach § 33 FGG aF *Zwangshaft)* können nur in äußersten Fällen verhängt werden, in denen angesichts der Schwere der Kindeswohlgefährdung die Schwelle zu einer Änderung der Sorgerechtsregelung erreicht wird. Auf *Zwang* gegen das *Kind,* der schon vor 1998 in der Praxis oft verweigert wurde (BT-Drucks 13/4899, 47), verzichtete schon das KindRG ausdrücklich (§ 33 Abs 2 S 2 FGG aF). Dies stärkt schon in Vorbereitung des KindRG aus der Rechtsvergleichung gewonnene Überlegungen, Sanktionen auf der Ebene des **Sorgerechts** zu suchen, sei es durch Bevorzugung des stärker umgangstoleranten Elternteils in der Sorgerechtsverteilung, sei es durch sorgerechtliche Reaktion auf Umgangsboykott, wie zB des Entzugs des Umgangsbestimmungsrechts (zur rechtsvergleichenden Voruntersuchung zum KindRG BT-Drucks 13/4899, 45; Gottschalk FPR 2007, 308, 309 ff).

Andererseits stellte sich, ebenfalls schon im Vorfeld des KindRG, die Frage nach dem Verhältnis von **Durchsetzung, Sanktion und Prävention**. Die tradierte Vollstreckung durch Zwangsmittel (§ 33 FGG aF) hatte wegen des *reinen Beugecharakters* in ihrer Anwendung auf zeitlich definierte Umgangsregelungen den Nachteil, dass mit Scheitern der Durchsetzung zugleich auch die Grundlage für eine Vollstreckungsmaßnahme entfiel (OLG Karlsruhe FamRZ 2007, 2097). Zwangshaft wurde in der Praxis als Zwangsmittel zur Durchsetzung des Umgangs nicht eingesetzt (Schweitzer, Die Vollstreckung von Umgangsentscheidungen [2007] 142). Rechtsvergleichend wurden damals Ansätze für spezialpräventiv wirkende *Sanktionen* im Straf- und Ordnungswidrigkeitenrecht gesehen (vgl etwa Kloeckner, Die Durchsetzung der Kindesherausgabe und des Umgangsrechts im Elternstreit [2002] 159 ff zum kanadischen Recht). Mit dem **Internationalen Familienrechtsverfahrensgesetz** (IntFamRVG), das bereits die Vollstreckung von Umgangstiteln nach Kapitel III der Brüssel IIb-VO (OLG Koblenz FamRZ 2007, 1034; Motzer FPR 2007, 275), nach dem Europäischen Sorgerechtsübereinkommen, dem KSÜ und nach dem Haager Kindesentführungsübereinkommen den Sonderbestimmungen in § 44 IntFamRVG unterstellt (vgl dazu Heilmann/Schweppe § 44 IntFamRVG Rn 1 ff), wurde insoweit der Systemwechsel zur Vollstreckung durch **Ordnungsmittel** begonnen, der mit der Umgangsvollstreckung nach **§ 89 FamFG** auf alle Umgangsregelungen ausgedehnt wurde; das FamFG wählt die Vollstreckung durch Ordnungsmittel, weil diese nicht ausschließlich der Einwirkung auf den Willen der pflichtigen Person dienen, sondern auch **Sanktionscharakter** (BT-Drucks 16/6308, 218; verweisend auf Empfehlung des 16. Deutschen Familiengerichtstages FamRZ 2005, 1962, 1964, AK 20; BGH 17. 8. 2011 – XII ZB 621/10, juris Rn 11, FamRZ 2011, 1729) und damit *spezialpräventive Wirkung* haben.

d) Umgangsvermittlung – Vollzugsbeschränkungen

Dem Ziel der Vermeidung von Vollstreckungsmaßnahmen bei gleichzeitiger aktiver **530**
Förderung des Umgangsrechts dienen insbesondere zwei durch das KindRG geschaffene Instrumente:

Das **Umgangsvermittlungsverfahren** (§ 165 FamFG; dazu oben Rn 508 ff) hat als *fakultatives Vorschaltverfahren* zu Vollstreckungsmaßnahmen das Ziel der einvernehmlichen Regelung, das Gericht steht aber der Obstruktion nicht wehrlos gegenüber, weil die Überleitung in das Vollstreckungsverfahren nach § 165 Abs 5 FamFG vorgesehen ist und zudem die gleichzeitige Vollstreckung nach § 92 Abs 3 S 2 FamFG nicht ausgeschlossen ist (oben Rn 523, vgl aber § 93 Abs 1 Nr 5 FamFG). Zudem hat das KindRG mit dem ausdrücklichen Hinweis auf die Möglichkeit **sorgerechtlicher Maßnahmen** (nun § 165 Abs 5 S 2 FamFG) eine Entwicklung in der Rechtsprechung aufgegriffen, gegenüber der Umgangsverweigerung nicht zu resignieren (vgl dazu oben Rn 524).

2. Gegenstand und Grundlage der Vollstreckung

a) Verfahrensgrundsätze

531 Die Durchsetzung der Umgangsregelung, einschließlich einstweiliger (§§ 49 ff FamFG) Anordnungen, erfolgt nach **§§ 86 ff FamFG**, in Umgangssachen insbesondere **§§ 88 ff FamFG**, sowohl **gegenüber dem anderen Elternteil** als auch gegenüber **Dritten** (zur Verfassungsmäßigkeit BVerfGE 31, 194). Eine Vollstreckung kommt auch **gegen den Umgangselternteil** in Betracht, wenn dieser dem Umgangsrecht des Kindes nicht nachkommt; nur in Ausnahmefällen steht das **Kindeswohl** einem erzwungenen Umgang mit dem umgangsunwilligen Elternteil entgegen (BVerfG 17. 2. 2022 – 1 BvR 743/21, FamRZ 2022, 794 Rn 33 ff in Abgrenzung zu BVerfG 1. 4. 2008 – 1 BvR 1620/04, FamRZ 2008, 845; vgl schon BVerfG NJW 2002, 1863; BGH FamRZ 2008, 1334).

Das Vollstreckungsverfahren setzt nicht das Umgangsregelungsverfahren fort, sondern ist ein **selbständiges Verfahren** (BVerfG 19. 2. 2020 – 1 BvR 2375/19, FamRZ 2020, 776; BGH 30. 9. 2015 – XII ZB 635/14, juris Rn 6, FamRZ 2015, 2147; BGH 17. 8. 2011 – XII ZB 621/10, juris Rn 6, FamRZ 2011, 1729; BGH FamRZ 1990, 35, 36; Johannsen/Henrich/Althammer/Dürbeck § 86 FamFG Rn 1), auch im Sinne der Übergangsregelung in Art 111 FGG-RG (BGH 17. 8. 2011 – XII ZB 621/10, juris Rn 6, FamRZ 2011, 1729; OLG Karlsruhe FamRZ 2010, 1103; OLG Stuttgart FamRZ 2010, 1594; OLG Hamm NJW-RR 2011, 82). Da die Umgangsregelung **von Amts wegen** erfolgt, wird das Gericht zur Vollstreckung gemäß § 87 Abs 1 S 1 und 2 FamFG sowohl **auf Antrag als auch von Amts wegen** tätig (BGH 1. 2. 2012 – XII ZB 188/11, juris Rn 19, FamRZ 2012, 533; Prütting/Helms/Hammer § 87 FamFG Rn 3). Auch Umgangstitel, die vor dem Stichtag ergangen sind, werden bei Einleitung seit dem 1. 9. 2009 nach neuem Recht vollstreckt (BGH 17. 8. 2011 – XII ZB 621/10, juris Rn 6, FamRZ 2011, 1729; OLG Hamm 13. 4. 2010 – 13 WF 55/10, juris Rn 1, FamRZ 2010, 1838).

Die **örtliche Zuständigkeit** ergibt sich aus § 88 FamFG. Zuständig ist das Gericht, in dessen Bezirk das Kind seinen *gewöhnlichen Aufenthalt* hat; die Vollstreckung obliegt damit nicht notwendig dem die Umgangsregelung erlassenden Gericht (vgl schon zu § 33 FGG aF BGH FamRZ 1990, 35), was insbesondere bei einem Umzug des Kindes nach Abschluss des Erkenntnisverfahrens von Bedeutung ist. **Sachlich zuständig** ist das Familiengericht, da auch die Vollstreckung einer unter § 151 Nr 2 FamFG fallenden Regelung Kindschaftssache und damit Familiensache ist (BGH 30. 9. 2015 – XII ZB 635/14, juris Rn 18, FamRZ 2015, 2147; Johannsen/Henrich/Althammer/Dürbeck § 88 FamFG Rn 2). **Funktionell** zuständig ist nach § 14 Abs 1 Nr 7 RPflG der Richter.

Die **internationale Zuständigkeit** der deutschen Gerichte für die Vollstreckung von Umgangstiteln ist weder in der zum 1. 8. 2022 geltenden Brüssel IIb-VO noch im Int-

FamRVG geregelt (BGH 27. 11. 2019 – XII ZB 311/19, FamRZ 2020, 272 zur Brüssel IIa-VO). Hieran hat sich auch zum 1. 8. 2022 nichts geändert (Prütting/Helms/Hau Vor §§ 98–106 FamFG Rn 3a; Klinkhammer FamRZ 2022, 325, 326). Es gilt daher § 99 FamFG, wonach deutsche Familiengerichte zuständig sind, wenn das Kind Deutscher ist, seinen gewöhnlichen Aufenthalt in Deutschland hat oder soweit das Kind der Fürsorge deutscher Gerichte bedarf (BGH 30. 9. 2015 – XII ZB 635/14, FamRZ 2015, 2147; BGH 27. 11. 2019 – XII ZB 311/19, FamRZ 2020, 272 zur Brüssel IIa-VO).

Damit kann eine internationale Zuständigkeit deutscher Gerichte auch dann bestehen, wenn ein inländischer Umgangstitel vorliegt und der gewöhnliche Aufenthalt des Kindes im Ausland liegt, das Kind aber die deutsche Staatsangehörigkeit besitzt (§ 99 Abs 1 S 1 Nr 1 FamFG). Auch die Möglichkeit einer Vollstreckung im EU-Staat des gewöhnlichen Aufenthalts des Kindes nach Maßgabe der Verfahren von Art 34 ff Brüssel IIb-VO schließt es nicht aus, dass das (inländische) Gericht, das den Umgangstitel geschaffen hat, diesen selbst nach den dort geltenden Bestimmungen vollsteckt (BGH 27. 11. 2019 – XII ZB 311/19, FamRZ 2020, 272 Rn 18).

Offen gelassen hat der BGH, woraus sich für Fälle der vorliegenden Art die **örtliche Zuständigkeit** des Vollstreckungsgerichts ergibt. Hier besteht unzweifelhaft eine Gesetzeslücke, weil § 88 Abs 1 FamFG davon ausgeht, dass sich der gewöhnliche Aufenthalt des Kindes im Inland befindet. Diese kann entweder durch eine entsprechende Anwendung von § 10 Nr 2 IntFamRVG (so Köhler ZKJ 2019, 400, 401), von § 87 Abs 1 FamFG (OLG Karlsruhe 27. 6. 2019 – 18 WF 105/19, juris Rn 27; Rauscher NZFam 2015, 95: das erkennende Gericht) oder vorzugswürdig von § 152 Abs 3 FamFG (Prütting/Helms/Hammer § 88 FamFG Rn 11: Fürsorgebedürfnis) geschlossen werden. Für die zuletzt genannte Ansicht lässt sich anführen, dass der BGH in einer früheren Entscheidung die Ansicht vertreten hat, dass auch Vollstreckungsverfahren iSd §§ 88 ff FamFG *Kindschaftssachen kraft Sachzusammenhangs* nach § 151 Nr 2 FamFG sind (BGH 30. 9. 2015 – XII ZB 635/14, juris Rn 18, FamRZ 2015, 2147).

b) Vollstreckungstitel, insbesondere: Umgangsvereinbarung

Gegenstand der Vollstreckung in Umgangssachen ist zunächst nach § 86 Abs 1 Nr 1 **532**
FamFG der **gerichtliche Beschluss**, der einem Beteiligten gemäß § 1684 BGB eine konkrete Verpflichtung auferlegt, für die eine ausreichende Rechtsgrundlage besteht. Eine **Umgangsvereinbarung** ist nach § 86 Abs 1 Nr 2 FamFG Gegenstand der Vollstreckung, wenn sie als gerichtlich gebilligter Vergleich iSd § 156 Abs 2 FamFG (dazu oben Rn 144 ff) einem Beschluss gleichsteht (BGH 1. 2. 2012 – XII ZB 188/11, FamRZ 2012, 533). Da ein im Rahmen einer Umgangsvereinbarung erteiltes Einverständnis frei widerruflich ist (oben Rn 148), muss das Einvernehmen der Beteiligten zum Zeitpunkt der gerichtlichen Billigung nach § 156 Abs 2 FamFG noch vorliegen (OLG Düsseldorf 31. 8. 2017 – 1 UF 113/17, juris Rn 11, FamRZ 2018, 128; oben Rn 148). **Außergerichtliche Vereinbarungen** sind ebenso wenig wie gerichtliche, aber **nicht nach § 156 Abs 2 FamFG gebilligte** Vergleiche nicht der Vollstreckung zugänglich (OLG Brandenburg 23. 5. 2017 – 9 WF118/17, juris Rn 4, FamRZ 2018, 288; OLG Nürnberg 10. 10. 2012 – 9 WF 1326/12, juris Rn 6 ff, FamRZ 2014, 146; Cirullies, Vollstreckung in Familiensachen [2. Aufl 2017] Rn 420; Krekeler FuR 2017, 240). Nicht vollstreckbar sind schließlich auch **außergerichtliche Vereinbarungen** zur **Abänderung oder Ausgestaltung** eines vollstreckbaren Umgangstitels (OLG Brandenburg 1. 10. 2020 – 13 WF 148/20, juris Rn 8, ZKJ 2021, 70; OLG Frankfurt 18. 10. 2018 – 3 WF 142/18, FuR 2019, 296; OLG Nürnberg 21. 8. 2017 – 7 WF 881/17, FamRZ 2018, 595; OLG Brandenburg 23. 5.

2017 – 9 WF 118/17, juris Rn 4, FamRZ 2018, 288). Da Umgangsregelungen bereits mit ihrer Bekanntgabe (§ 40 Abs 1 FamFG) wirksam werden, kommt es im Rahmen der Vollstreckung nicht darauf an, ob der Verpflichtete Beschwerde (§ 58 FamFG) im Erkenntnisverfahren eingelegt hat (OLG Celle 20. 2. 2023 – 10 WF 32/23, juris).

532a Streitig war im Vollstreckungsrecht aber in der Vergangenheit, ob **Grundlage der Vollstreckung** nach § 86 Nr 2 FamFG der *Vergleich oder der Billigungsbeschluss* ist (vgl dazu Hennemann NZFam 2019, 910; Kischkel FamRZ 2019, 907). Das hatte insbesondere für Fälle Bedeutung, in denen die gebilligte Umgangsvereinbarung an einem Mangel litt, insbesondere bei *nicht ordnungsgemäß erfolgter Protokollierung* nach § 36 Abs 2 FamFG iVm §§ 162 Abs 1, 160 Abs 3 Nr 1 ZPO (OLG Oldenburg 17. 1. 2017 – 11 WF 269/16, juris Rn 10, FamRZ 2017, 1333; OLG Saarbrücken 10. 9. 2019 – 9 UF 21/19, FamRB 2020, 18) oder bei *fehlender Zustimmung* eines Beteiligten zur Umgangsvereinbarung (vgl OLG Brandenburg 5. 10. 2020 – 9 WF 161/20, FamRZ 2021, 627).

Mit seiner Entscheidung vom 10. 7. 2019 hat der *BGH* (BGH 10. 7. 2019 – XII ZB 507/18, FamRZ 2019, 1616) wichtige Grundfragen um die Bedeutung der familiengerichtlichen Billigung von Umgangsvereinbarungen nach § 156 Abs 2 FamFG geklärt. Er ist dabei der vorherrschenden und auch hier vertretenen Ansicht gefolgt, dass die Billigung einer Umgangsvereinbarung zwingend in der Form eines **gerichtlichen Beschlusses** (§ 38 FamFG) erfolgen muss, welcher von den Beteiligten selbständig mit der Beschwerde nach § 58 Abs 1 FamFG angefochten werden kann. Geklärt ist nunmehr auch, dass allein der **Billigungsbeschluss** – und nicht die mit Zustimmung aller Beteiligten geschlossene Umgangsvereinbarung – **Grundlage der Vollstreckung** der Umgangsregelung nach § 86 Abs 1 Nr 2 FamFG ist (BGH 10. 7. 2019 – XII ZB 507/18, FamRZ 2019, 1616 Rn 13; vgl auch KG 29. 1. 2020 – 3 WF 200/19, FamRZ 2020, 852; OLG Brandenburg 5. 10. 2020 – 9 WF 161/20, FamRZ 2021, 627). Damit lassen sich nunmehr in der Praxis Probleme bei der Vollstreckung von gerichtlich gebilligten Umgangsvereinbarungen in den Fällen lösen, in denen die Umgangsvereinbarung unter **formellen Mängeln** leidet, etwa, weil der Vergleich nicht ordnungsgemäß nach den Regeln der ZPO **protokolliert** worden ist oder ein formell Beteiligter (insbesondere der Verfahrensbeistand) der Vereinbarung, zB wegen Abwesenheit im Termin, **nicht zugestimmt** hat. Solche Mängel sind im *Erkenntnisverfahren* mit der Beschwerde nach § 58 Abs 1 FamFG zu rügen (OLG Brandenburg 1. 10. 2020 – 13 WF 148/20, juris Rn 13, ZKJ 2021, 70). Wird dies versäumt, so finden sie im Vollstreckungsverfahren – entgegen der hier vormals noch für den fehlerhaft protokollierten Vergleich vertretenen Ansicht – keine Beachtung (vgl Prütting/Helms/Hammer § 156 FamFG Rn 70; OLG Karlsruhe 8. 5. 2019 – 5 WF 239/18, FamRZ 2019, 1451: Protokollierungsmangel; **aA** für den Fall der fehlenden Zustimmung des Verfahrensbeistands noch OLG Brandenburg 31. 5. 2019 – 13 WF 118/19, FamRZ 2019, 1454).

532b Eine Verpflichtungserklärung der Eltern zur **Teilnahme an einer gemeinsamen Erziehungsberatung** ist nicht unmittelbarer Gegenstand der gerichtlich gebilligten Umgangsvereinbarung nach § 156 Abs 2 FamFG, sondern insoweit Teil eines darüberhinausgehenden Vergleichs der Eltern iSd § 86 Nr 3 FamFG iVm § 794 Abs 1 Nr 1 ZPO. Als Vollstreckungstitel iSd § 95 Abs 1 Nr 3 FamFG ist dieser aber nicht geeignet, weil die Beteiligten über den Gegenstand des zugrunde liegenden amtswegigen Umgangsverfahrens nicht verfügen können (OLG Frankfurt 24. 5. 2021 – 4 WF 47/21, NJW-RR 2021, 796; OLG Frankfurt 19. 2. 2015 – 5 WF 45/15, juris Rn 6, ZKJ 2015, 195; Sternal/Giers § 86 FamFG Rn 10). Soweit die Teilnahme an einer Beratung in einem gerichtlichen Beschluss den Eltern als Pflicht auferlegt wurde, folgt die fehlende Vollstreckbarkeit schon aus § 156 Abs 1 S 5 FamFG (KG 30. 4. 2018 – 19 UF 71/17, juris Rn 42, FamRZ 2018, 1324; KG 17. 6. 2015 – 18 WF 109/14, juris Rn 12).

Vollstreckungsfähig sind auch (nach §§ 108, 109 FamFG oder vorrangigen völkervertraglichen Regelungen, zB dem Haager KSÜ) **anerkennungsfähige ausländische Umgangsregelungen** (OLG Bamberg NJW-RR 1999, 515; OLG Düsseldorf FamRZ 1982, 534), soweit nicht §§ 44 ff IntFamRVG vorgehen.

3. Vollstreckungsfähigkeit

a) Bestimmtheit

Vollstreckungsfähig sind – wie schon unter § 33 FGG aF – nur **konkret bestimmte** **Handlungen** oder **Unterlassungen**, die dem Verpflichteten auferlegt und ausschließlich **von dessen Willen abhängig** sind (BGH 1. 2. 2012 – XII ZB 188/11, juris Rn 18, ZKJ 2012, 219; OLG Frankfurt FamRZ 2010, 740; OLG Saarbrücken FamRZ 2007, 2095). Aus diesem Erfordernis ergibt sich die korrespondierende Notwendigkeit einer *detaillierten und vollständigen gerichtlichen Regelung* des Umgangs nach § 1684 Abs 3 BGB; das Bestimmtheitserfordernis gilt jedoch in gleicher Weise für gerichtlich gebilligte Umgangsvereinbarungen nach § 156 Abs 2 FamFG (BGH 1. 2. 2012 – XII ZB 188/11, juris Rn 18, ZKJ 2012, 219; vgl oben Rn 151). Die bestimmte Verpflichtung muss sich aus der **Entscheidungsformel** ergeben und darf sich nicht erst aus den Gründen oder aus Schlussfolgerungen erschließen; eine ausdehnende Auslegung der Verpflichtung für Vollstreckungszwecke ist unzulässig (BGH 1. 2. 2012 – XII ZB 188/11, juris Rn 18, ZKJ 2012, 219; OLG Saarbrücken 19. 4. 2013 – 6 WF 65/13, juris Rn 11, ZKJ 2013, 360; OLG Bamberg 12. 3. 2013 – 7 WF 356/12, juris Rn 22, NJW 2013, 1612; KG 8. 11. 2010 – 19 WF 112/10, juris Rn 4, FamRZ 2011, 588; noch zu § 33 FGG aF: KG FamRZ 1977, 405; BayObLGZ 1970, 240; BayObLGZ 1974, 351; OLG Braunschweig FamRZ 1973, 268; OLG Düsseldorf FamRZ 1999, 522, 523; OLG Stuttgart FamRZ 1979, 342; OLG Zweibrücken FamRZ 1982, 429; OLG Zweibrücken FamRZ 1984, 508; Cirullies, Vollstreckung in Familiensachen [2. Aufl 2017] Rn 430; Völker FPR 2012, 485). 533

Andererseits sind die Anforderungen nicht zu überspannen. Wenn die Regelung eine Verpflichtung enthält, so ist sie vollstreckbar, auch wenn mit der Verpflichtung verbundene **Nebenhandlungen**, *wie das Bereithalten oder Abholen des Kindes,* nicht ausdrücklich aufgenommen sind (BGH 1. 2. 2012 – XII ZB 188/11, juris Rn 18, ZKJ 2012, 219). Besteht eine Verpflichtung, das Kind zur Wohnung des Umgangselternteils zu bringen, so umfasst dies die Verpflichtung, das Kind von der Straße bis zur Wohnungstür zu bringen und dort zu klingeln. Es genügt nicht, mit dem Kind auf der Straße oder im eigenen PKW vor der Wohnung des Umgangselternteils zu verharren (BayObLGZ 1974, 351, 353).

Umstritten ist immer noch die Frage, ob auch dann, wenn der Titel außerhalb der 533a Umgangsregelung selbst **kein ausdrückliches Kontaktaufnahmeverbot** enthält, dem Bestimmtheitsgrundsatz Genüge getan ist, was insbesondere bei Kontaktaufnahmen des Umgangselternteils mit dem Kind (zB Herbeiführung eines Zusammentreffens nach der Schule) *außerhalb der geregelten Umgangszeiten* relevant ist (vgl dazu Dürbeck ZKJ 2020, 209). Hier wird zum einen vertreten, dass eine gerichtliche Umgangsregelung stets auch das konkludente Verbot enthalte, sich außerhalb der festgelegten Umgangszeiten eines Kontaktes zum Kind zu enthalten, weshalb diese Verpflichtung bei

Verstößen mit Ordnungsmitteln nach § 89 FamFG durchsetzbar sei (KG 13. 2. 2015 – 13 WF 203/14, juris Rn 13, ZKJ 2015, 191; Heilmann/Cirullies § 89 FamFG Rn 13; Völker/Clausius, Sorge- und Umgangsrecht [8. Aufl 2021] § 6 Rn 17; Schwab/Ernst/Schäder, Handbuch Scheidungsrecht [8. Aufl 2019] § 5 Rn 332). Nach anderer Ansicht können Kontaktaufnahmen wegen des Bestimmtheitsgrundsatzes und der Funktion des Warnhinweises nach § 89 Abs 2 FamFG nur dann mit Ordnungsmitteln sanktioniert werden, wenn der Titel ausdrücklich ein Kontaktaufnahmeverbot ähnlich einer Anordnung nach § 1 GewSchG enthält (OLG Frankfurt 5. 6. 2023 – 6 WF 68/23, NZFam 2023, 791 m Anm Cirullies; OLG Brandenburg 14. 2. 2023 – 9 WF 2/23, juris; OLG Zweibrücken 19. 10. 2021 – 6 WF 202/21, NZFam 2022, 1073 m Anm Cirullies; OLG Frankfurt 13. 9. 2017 – 5 WF 63/16, juris Rn 14, ZKJ 2018, 28; OLG Frankfurt 31. 10. 2016 – 2 WF 302/16, juris Rn 16, FamRZ 2017, 744; OLG Jena 17. 7. 2015 – 1 WF 154/15, juris Rn 26, FuR 2016, 664; Prütting/Helms/Hammer § 89 FamFG Rn 11; wohl auch BGH 6. 7. 2016 – XII ZB 47/15, juris Rn 50, FamRZ 2016, 1752). Der zuletzt genannten Ansicht ist für diejenigen Fälle zuzustimmen, in denen das Umgangsrecht positiv geregelt ist, da sowohl das Bestimmtheitsgebot als auch die Funktion des Warnhinweises nach § 89 Abs 2 FamFG es erfordern, dass dem Verpflichteten hinreichend deutlich gemacht wird, welche genauen Handlungen er zu unterlassen hat. Will das Familiengericht im Übrigen ein Kontaktverbot außerhalb der von ihm bestimmten Umgangszeiten ausdrücklich in den **Tenor** aufnehmen – was aus Gründen der Rechtsklarheit und der Vollstreckbarkeit ratsam ist –, so müssen hierfür nicht die strengen Voraussetzungen von § 1684 Abs 4 Satz 2 BGB vorliegen, sondern es genügt, dass das Kontaktverbot dem Wohl des Kindes nach §§ 1684 Abs 3 S 1, 1697a BGB dienlich ist (AG Flensburg 10. 10. 2018 – 90 F 145/17, juris Rn 32; Dürbeck ZKJ 2020, 209, 211; Schmid FamRB 2012, 317, 319). Anders ist aber zu entscheiden, wenn der Umgang gemäß § 1684 Abs 4 BGB ausgeschlossen worden ist, denn hier ist für den Umgangselternteil auch ohne ein ausdrückliches Näherungsverbot hinreichend erkennbar, dass ihm auch nur kurzzeitige Kontaktaufnahmen zu dem Kind untersagt sind (OLG Saarbrücken 21. 4. 2017 – 6 UF 20/17, juris Rn 27, ZKJ 2017, 379; OLG Saarbrücken 17. 11. 2016 – 6 UF 90/16, juris Rn 29, ZKJ 2017, 152; Dürbeck ZKJ 2020, 209, 212; **aA** Prütting/Helms/Hammer § 89 FamFG Rn 11; wohl auch OLG Celle 17. 6. 2011 – 10 UF 125/11, juris Rn 13, ZKJ 2011, 393). Allerdings bedarf es dann – entgegen weit verbreiteter Praxis – für die Vollstreckbarkeit des Titels auch in Bezug auf den Umgangsausschluss eines *Warnhinweises* nach § 89 Abs 2 FamFG.

Sofern bei einem Verstoß gegen ein befristetes Kontaktaufnahmeverbot dieser **innerhalb der Verbotsfrist** lag, kann er auch *nach Ablauf der Frist* noch mit der Verhängung eines Ordnungsmittels geahndet werden (BGH 10. 5. 2017 – XII ZB 62/17, juris Rn 13, FamRZ 2017, 1329 zu § 1 GewSchG mNw zum Streitstand; KG 29. 7. 2021 – 16 WF 97/21, NJ 2021, 450).

b) „Art, Zeit und Ort“

534 Erforderlich ist nach einer in das neue Recht übernommenen Formel „eine erschöpfende Bestimmung über **Art, Ort und Zeit des Umgangs**“ (BGH 1. 2. 2012 – XII ZB 188/11, juris Rn 18, ZKJ 2012, 219; OLG Frankfurt 30. 10. 2018 – 3 WF 163/18, juris; OLG Brandenburg 4. 3. 2014 – 10 UF 190/13, juris Rn 16, NZFam 2014, 428; OLG Bamberg 12. 3. 2013 – 7 WF 356/12, juris Rn 22, NJW 2013, 1612; OLG Saarbrücken 11. 10. 2013 – 6 UF 128/13, juris Rn 10, ZKJ 2014, 75; KG 8. 11. 2010 – 19 WF 112/10, juris Rn 4, FamRZ 2011, 588; Hennemann FamFR 2013, 316; Völker FPR 2012, 485, 486; Cirullies, Vollstreckung in Familiensachen [2. Aufl 2017] Rn 430; *schon zu § 33 FGG aF:* BayObLGZ FamRZ 1971, 184; BayObLG NJWE-FER 1998, 184, 185; OLG Bamberg FamRZ 2000, 489, 490; OLG Brandenburg FamRZ 1995, 484; OLG Brandenburg FamRZ 1997,

1548; OLG Brandenburg FamRZ 2006, 1620; OLG Düsseldorf ZfJ 1995, 426; OLG Frankfurt OLGR 2008, 841; OLG Zweibrücken FamRZ 1996, 877).

Die **Vollstreckungsfähigkeit fehlt**, wenn die Umgangsregelung zwar den Umfang des Umgangs bestimmt, nicht aber genau die **Zeit** des Umgangs (OLG Karlsruhe 17. 4. 2023 – 5 WF 29/23, FamRZ 2023, 1026: „Freitags nach der Schule"; OLG Brandenburg 1. 10. 2020 – 13 WF 148/20, ZKJ 2021, 70: „Hälfte der Ferien"; OLG Frankfurt 30. 10. 2018 – 3 WF 163/18, juris: fehlender Beginn und Ende des Ferienumgangs; OLG Frankfurt 10. 8. 2016 – 5 UF 167/16, juris Rn 8, FamRZ 2016, 1787: begleiteter Umgang; OLG Brandenburg 4. 3. 2014 – 10 UF 190/13, juris Rn 6, NZFam 2014, 428; OLG Frankfurt 17. 5. 2013 – 4 UF 45/13, juris Rn 14, FamRZ 2013, 1824: begleiteter Umgang; OLG Bamberg 12. 3. 2013 – 7 WF 356/12, juris Rn 23, NJW 2013, 1612: fehlende Uhrzeit von Beginn und Ende des Ferienumgangs; OLG Brandenburg FamRZ 1995, 484: genaue Zeit für Abholen und Zurückbringen; OLG Düsseldorf FamRZ 1999, 522, 523: Daten des Umgangs nur durch einen Rechenvorgang zu ermitteln, der jeweils zum Beginn der Regelung zurückweist und daher fehleranfällig ist; ebenso OLG Zweibrücken FamRZ 1996, 877, 878; OLG Düsseldorf ZfJ 1995, 426: Bestimmung der maßgeblichen Woche für den Ferienumgang). Die Zeiten des Umgangs kann auch nicht einem **Dritten** überlassen werden (BVerfG 7. 2. 2022 – 1 BvR 2180/21, FamRZ 2022, 709 Rn 7: Umgangspfleger; OLG Hamm 28. 12. 2020 – 4 WF 231/20, juris).

Hingegen ist die exakte Bestimmung des **Ortes** des Umgangs nicht notwendige Voraussetzung der Vollstreckungsfähigkeit, da der Umgang mangels abweichender Regelung bei dem Umgangselternteil bzw nach dessen Bestimmung stattfindet (OLG Koblenz 25. 4. 2016 – 13 UF 142/16, FuR 2017, 563; oben Rn 213 ff). Jedenfalls genügt die übliche Regelung, der Umgangselternteil habe das Recht, das Kind „zu sich zu nehmen". Auch in Bezug auf den *Ferienumgang* bedarf es grundsätzlich keiner Regelung, wo der Umgang stattfinden soll (KG 23. 6. 2017 – 13 WF 97/17, juris Rn 10, ZKJ 2017, 375). Anders verhält es sich aber beim **begleiteten Umgang**; hier muss neben der Zeit, Dauer und Person oder Institution des Umgangsbegleiters auch der Ort in der Regelung bestimmt sein, weil es nicht dem begleitenden Dritten überlassen bleiben kann, insoweit die Umgangsregelung auszufüllen (OLG Celle 28. 3. 2013 – 19 UF 61/13, juris Rn 7, FamRZ 2013, 1237; OLG Celle FamRZ 2006, 556; MünchKommFamFG/Zimmermann § 89 Rn 14; vgl dazu ausführlich oben Rn 360). Dies gilt auch für die Frage, *ob* der Umgang zu begleiten ist oder nicht (OLG Saarbrücken 11. 10. 2013 – 6 UF 128/13, juris Rn 14, ZKJ 2014, 75).

Das *OLG Brandenburg* (OLG Brandenburg 17. 4. 2020 – 9 UF 57/20, NJ 2020, 451) hat sich **534a**
in einem Erkenntnisverfahren mit der Frage befasst, ob eine Bestimmung in der gerichtlichen Umgangsregelung, das Kind sei ausnahmsweise bereits morgens bei der alleinbetreuenden Mutter abzuholen, soweit die Kindertagesstätte wegen Feiertagen oder sonstigen Gründen geschlossen ist, auch den Fall regelt, dass das Kind **krankheitsbedingt** nicht den Kindergarten besucht. Zu Recht hat es darauf verwiesen, dass auch Bestimmungen über Art, Ort und Zeit des Umgangs mit dem Kind einer **Auslegung** zugänglich sind (OLG Brandenburg 14. 3. 2006 – 9 WF 27/06, FamRZ 2006, 1620; AG Detmold 26. 10. 2016 – 33 F 219/15, FuR 2017, 276). Insoweit muss die Regelung nicht jede denkbare Abweichung von möglichen Ausnahmen beinhalten. Dass der Umgang bei Erkrankung des (transportfähigen) Kindes stattzufinden hat, ist selbstverständlich. Ob in dem der Entscheidung des OLG Brandenburg zugrundeliegenden Fall auf die Beschwerde der Kindesmutter dies nicht doch in die angefochtene Umgangsregelung aus Klarstellungsgründen hätte mitaufgenommen werden müssen, ist aber eine andere Frage.

c) Abholen und Zurückbringen

535 Das Fehlen einer Regelung zum **Abholen und Zurückbringen** steht der Vollstreckungsfähigkeit nicht entgegen (BGH FamRZ 2012, 533; OLG Koblenz FamRZ 1996, 560, 561; Cirullies FPR 2012, 473, 475), da dies mangels anderweitiger Regelung Aufgabe des Umgangselternteils ist (oben Rn 244 ff). Soweit dieser also den Umgang durchsetzen will und zum Abholen/Bringen des Kindes bereit ist, spricht nichts gegen eine Vollstreckung, sofern der Betreuungselternteil sich dem widersetzt. Zu bestimmen sind aber die Uhrzeiten für das Abholen und Zurückbringen (OLG Frankfurt 30. 10. 2018 – 3 WF 163/18, juris Rn 9). Was den Ort des Abholens anbelangt, darf sich eine Umgangsregelung aber nicht damit begnügen, dass das Kind von der Schule oder der Kinderbetreuungseinrichtung abzuholen ist. Eine solche Regelung ist zumindest für solche Tage nicht hinreichend bestimmt, in denen keine Schule stattfindet oder die Kinderbetreuungseinrichtung geschlossen ist (OLG Karlsruhe 17. 4. 2023 – 5 WF 29/23, FamRZ 2023, 1026).

Schwieriger verhält es sich, wenn der Umgangselternteil das Kind nicht abholt und der Umgangstitel **gegen den Umgangselternteil vollstreckt** werden soll; insoweit dürfte es an der Bestimmtheit des Titels fehlen, sofern insbesondere eine Umgangsvereinbarung offenlässt, in welcher Weise das Kind zu dem Umgang gelangen soll (OLG Koblenz FamRZ 2007, 1682). Dies gilt auch dann, wenn gegen den Umgangselternteil eine Anordnung nach **§ 1 GewSchG** ergangen ist und er sich der Wohnung des betreuenden Elternteils nicht nähern darf (OLG Frankfurt 21. 2. 2013 – 5 UF 25/13, BeckRS 2014, 17407; Heilmann/Gottschalk Rn 46).

d) Bereithalten und Vorbereiten

536 Strittig war schon zu § 33 FGG aF, ob die Bezeichnung **konkreter Befugnisse des Umgangselternteils** genügt, um die Vollstreckungsfähigkeit dazu logisch korrespondierender Verpflichtungen des anderen Elternteils auszulösen. Anders als im Fall der *Nebenhandlungen* (soeben Rn 533) wird insoweit ggf überhaupt keine ausdrückliche Verpflichtung aufgenommen, der Charakter der Regelung geht aber aus logischen Gründen über die bloße Duldung hinaus und verlangt (marginale) Mitwirkung. Dies betrifft insbesondere die Verpflichtung, das Kind **zum Abholen bereitzuhalten**. Einerseits sollte diese Verpflichtung mit Rücksicht auf das Streitpotential ausdrücklich in die Regelung nach § 1684 Abs 3 BGB aufgenommen werden (sie ist insbesondere zulässig, OLG Frankfurt FamRZ 2002, 1585), andererseits fehlt sie häufig, wenn die Eltern – zunächst – den Umgang einverständlich regeln, ohne vorauszusehen, zu welchen haarspalterischen Argumentationen später einer von ihnen fähig sein wird. In diesem Fall ist der Ansicht der Vorzug zu geben, welche der Logik gegenüber formaler Argumentation die Ehre gibt: Eine Regelung, welche Zeiten des Umgangs und die Pflicht des Umgangselternteils zur Abholung bestimmt, enthält **auch ohne ausdrückliche Bestimmung** die Pflicht des anderen Elternteils, das Kind zur Ausübung des Umgangsrechts bereitzuhalten (BGH FamRZ 2012, 533, 534; Prütting/Helms/Hammer § 89 FamFG Rn 7; ebenso schon zu § 33 FGG aF: KG FamRZ 1977, 405; OLG Frankfurt FamRZ 1996, 876; wohl auch OLG Celle FamRZ 1998, 1130, 1131, jedoch Klarstellung empfehlend; **aA** BayObLGZ 1970, 240; BayObLGZ 1974, 351 mwNw; OLG Bamberg FamRZ 1995, 428; OLG Brandenburg FamRZ 1997, 1548; OLG Düsseldorf ZfJ 1995, 426; OLG Stuttgart FamRZ 1966, 256).

Gerade bei einverständlichen Umgangsregelungen würde die Befriedungsfunktion einverständlicher Regelungen eher gefährdet, wenn das Familiengericht auf Vereinbarungen hinwirken müsste, die den Beteiligten erst zeigen, welches Streitpotential zur Verfügung steht; eine zu enge Regelung nimmt den Eltern den letzten Spielraum einer Abstimmung in einzelnen Punkten, die letztlich zu einem wünschenswerten einverständlichen und flexiblen Umgangsrecht führen könnte (Van Els ZfJ 1995, 426, 427; Spangenberg FamRZ 2007, 13, 14). Hält der betreuende Elternteil das Kind nur formal zum Umgang bereit, **überlässt es aber ausdrücklich dessen Willen**, ob es mit dem Umgangselternteil mitgeht, so liegt ein ahndungsfähiger Verstoß vor (OLG Frankfurt 11. 9. 2012 – 4 WF 196/12, juris Rn 30, ZKJ 2013, 263; OLG Saarbrücken 2. 4. 2012 – 6 WF 130/11, juris Rn 18, ZKJ 2012, 398; OLG Karlsruhe JAmt 2004, 443; Prütting/Helms/Hammer § 89 FamFG Rn 39). In Betracht kommt außer Vollstreckungsmaßnahmen nach § 89 FamFG insbesondere auch die Anordnung einer **Umgangspflegschaft**, wenn das Familiengericht solche Verstöße feststellt (BGH FamRZ 2012, 533, 534; BGH FamRZ 2012, 99).

4. Hinweis auf die Folgen der Zuwiderhandlung

a) Hinweis im Beschluss zur Umgangsregelung

§ 33 Abs 3 FGG aF sah eine Androhung von Zwangsmitteln in unterschiedlicher **537**
Ausgestaltung (§ 33 Abs 3 S 1 für Zwangsgeld „muss“, § 33 Abs 3 S 3 für Zwangshaft „soll“, § 33 Abs 3 S 6 für Gewalt „soll“) vor. Diese konnte zwar in der Umgangsregelung erfolgen, war strukturell jedoch Teil des Vollstreckungsverfahrens (BayObLGZ 1961, 119; BayObLGZ 1964, 357; KG OLGZ 1966, 352; OLG Düsseldorf FamRZ 1979, 966; OLG Hamm OLGZ 1966, 205; OLG Karlsruhe FamRZ 1967, 228; OLG Karlsruhe FamRZ 1988, 1196; OLG Köln FamRZ 1977, 735; OLG Stuttgart FamRZ 1979, 342; AG Kerpen FamRZ 1994, 1486, 1487; Van Els FPR 2009, 161, 163; Kloeckner, Die Durchsetzung der Kindesherausgabe und des Umgangsrechts im Elternstreit [2002] 33 ff; **aA** OLG Stuttgart FamRZ 1966, 256; im Einzelnen Kraeft FuR 2000, 417 ff). Nach § 33 Abs 3 S 6 FGG aF sollte Gewaltanwendung in der Regel vorher angedroht werden.

§ 89 Abs 2 FamFG sieht nun zwingend vor, dass bereits der Beschluss (nicht genügend ist ein nur beigegebenes Formblatt, MünchKommFamFG/Zimmermann § 89 Rn 7), der die Regelung des Umgangs anordnet, auf die **Folgen einer Zuwiderhandlung gegen den Vollstreckungstitel hinweist** (BVerfG NJW 2011, 2347). Der Hinweis steht, anders als die spätere Anordnung von Ordnungsmitteln, *nicht im Ermessen des Gerichts*; er hat auch zu erfolgen, wenn eine Vollstreckung, insbesondere bei Regelung der Umgangspflicht eines Elternteils, absehbar nicht in Betracht kommt (BVerfG 17. 2. 2022 – 1 BvR 743/21, FamRZ 2022, 794 Rn 36; BGH NJW 2011, 3163, 3165; Altrogge FPR 2009, 34, 38). Auch bei einem **Umgangsausschluss** ist der Hinweis erforderlich (OLG Saarbrücken 22. 11. 2018 – 6 UF 120/18, NJW-RR 2019, 327; OLG Saarbrücken 21. 4. 2017 – 6 UF 20/17, juris Rn 27, ZKJ 2017, 379; OLG Saarbrücken 17. 11. 2016 – 6 UF 90/16, juris Rn 29, ZKJ 2017, 152; OLG Saarbrücken FamRZ 2011, 122; Völker/Clausius, Sorge- und Umgangsrecht [8. Aufl 2021] § 6 Rn 37), ebenso bei einem **Kontakt- und Näherungsverbot** nach § 1684 Abs 4 BGB (OLG Frankfurt 31. 10. 2016 – 2 WF 302/16, juris Rn 16, ZKJ 2017, 73; OLG Celle 17. 6. 2011 – 10 UF 125/11, juris Rn 13 f, ZKJ 2011, 393; Dürbeck ZKJ 2020, 209, 212; vgl dazu oben Rn 533a). Bei einer Umgangsregelung in Form des **gerichtlich gebilligten Vergleichs** (§ 156 Abs 2 FamFG) ist der Hinweis entgegen dem Wortlaut von § 89 Abs 2 FamFG gleichwohl erforderlich und in den Billigungsbeschluss aufzunehmen (BVerfG 9. 3. 2011 – 1 BvR 752/10, juris Rn 9, FamRZ 2011, 957; BGH 1. 2. 2012 – XII ZB 188/11, juris Rn 28, FamRZ 2012, 533; OLG Frankfurt 26. 2. 2018 – 8 WF 22/18, juris; Zöller/Feskorn § 89 FamFG Rn 7; Prütting/Helms/Hammer § 89 FamFG Rn 29). Auch wenn eine bereits bestehende Umgangsregelung nach §§ 166 FamFG, 1696 **abgeändert oder ergänzt** wird, ist der Hinweis erneut zu erteilen (BGH 3. 8. 2016 – XII ZB 86/15, juris Rn 15, ZKJ 2016, 461; Cirullies ZKJ 2011, 458, 460).

Für unter Anwendung des FGG erlassene **Alttitel** ersetzt eine bereits erfolgte Androhung eines Zwangsmittels nicht den Hinweis nach § 89 Abs 2 FamFG (BGH NJW 2011, 3163; OLG Celle FGPrax 2010, 189; **aA** OLG Köln FamRZ 2011, 663); der Hinweis kann jedoch sowohl in Altfällen als auch bei **versehentlichem Unterlassen** in dem FamFG unterliegenden Verfahren in einem gesonderten Beschluss nachgeholt werden (BVerfG NJW 2011, 2347; OLG Frankfurt FamRZ 2010, 917).

Im Übrigen kann der unterbliebene oder formell fehlerhafte (unten Rn 538) Warnhinweis auch im **Beschwerdeverfahren** – mit Wirkung für die Zukunft (OLG Köln 4. 7. 2014 – 4 WF 6/13, juris Rn 3, FamRZ 2015, 163; OLG Oldenburg 25. 3. 2013 – 4 WF 34/13, juris Rn 7, FamRZ 2014, 156; OLG Hamm 13. 4. 2010 – 13 WF 55/10, juris Rn 10, FamRZ 2010, 1838; Prütting/Helms/Hammer § 89 FamFG Rn 25 und 33) – **nachgeholt** werden (BVerfG 9. 3. 2011 – 1 BvR 752/10, FamRZ 2011, 957 Rn 13; OLG Frankfurt 26. 2. 2018 – 8 WF 22/18, juris; OLG Saarbrücken 21. 4. 2017 – 6 UF 20/17, juris Rn 27, ZKJ 2017, 379; OLG Schleswig 21. 9. 2015 – 10 WF 144/15, juris Rn 26, FamRZ 2016, 845; OLG Naumburg 7. 7. 2014 – 8 WF 120/14, juris Rn 2, NZFam 2015, 182; OLG Oldenburg 25. 3. 2013 – 4 WF 34/13, juris Rn 6, FamRZ 2014, 156; Sternal/Giers § 89 FamFG Rn 15), nicht aber im **Vollstreckungsverfahren**, da er Teil des Erkenntnisverfahrens ist. Es kann daher auch nicht isoliert **Verfahrenskostenhilfe** für Nachholung des Hinweises bewilligt werden (OLG Naumburg 8. 5. 2013 – 3 WF 116/13, juris Rn 5, FamRZ 2014, 145; OLG Zweibrücken 30. 8. 2013 – 2 WF 181/13, MDR 2014, 110).

b) Form des Hinweises

538 Die in der Zwischenzeit vorliegende Rechtsprechung zu den **formellen Anforderungen** des Hinweises nach § 89 Abs 2 FamFG ist kritisch zu bewerten und offenbart die Scheu deutscher Familiengerichte, das Umgangsrecht mit Mitteln des Vollstreckungsrechts durchzusetzen (zutreffend Keuter FamRZ 2016, 1732; Cirullies NZFam 2015, 182). So soll der nach § 89 Abs 2 FamFG in den Beschluss zur Umgangsregelung bzw Billigung einer Vereinbarung aufzunehmende Hinweis grundsätzlich im **Tenor** des Beschlusses erfolgen (BGH 3. 8. 2016 – XII ZB 86/15, juris Rn 11, FamRZ 2016, 1763; OLG Schleswig 21. 9. 2015 – 10 WF 144/15, juris Rn 24, FamRZ 2016, 845), eine Aufnahme in die **Beschlussgründe** soll nur dann genügen, wenn der Hinweis durch eine *besondere Formatierung des Textes* oder eine *Überschrift* hervorgehoben wird (OLG Oldenburg 17. 8. 2015 – 11 WF 159/15, juris Rn 5, FamRZ 2016, 844; Cirullies, Vollstreckung in Familiensachen [2. Aufl 2017] Rn 465; **aA** Keuter FamRZ 2016, 1732, 1733). Nicht ausreichend ist eine Aufnahme des Hinweises im **Terminvermerk** oder **Vergleichstext** (OLG Frankfurt 26. 2. 2018 – 8 WF 22/18, juris; OLG Schleswig 21. 9. 2015 – 10 WF 144/15, juris Rn 24, FamRZ 2016, 845; OLG Brandenburg 29. 7. 2014 – 13 WF 259/13, juris Rn 2 ff, FamRZ 2015, 693; Prütting/Helms/Hammer § 89 FamFG Rn 28).

Der Hinweis muss alle möglichen **Ordnungsmittel**, die in Betracht zu ziehen sind, **umfassen** (OLG Naumburg 5. 1. 2016 – 3 WF 231/15, FamRZ 2016, 1106; OLG Hamm 23. 12. 2015 – 2 WF 207/15, juris Rn 12, FamRZ 2016, 1105), wobei auf das Verständnis des Pflichtigen als **Laien** abzustellen sein soll (OLG Schleswig 21. 9. 2015 – 10 WF 144/15, juris Rn 24, FamRZ 2016, 845; OLG Brandenburg 29. 7. 2014 – 13 WF 259/13, juris Rn 3, FamRZ 2015, 693; MünchKommFamFG/Zimmermann § 89 Rn 7; kritisch Keuter FamRZ 2016, 1732, 1733) und insbesondere auch auf die Möglichkeit einer nachträglichen Sanktion, die das Ordnungsmittel vom **Zwangsmittel** unterscheidet, hinweisen (BGH NJW 2011, 3163, 3164; OLG Saarbrücken 29. 8. 2013 – 6 WF 136/13, juris Rn 2 f, ZKJ 2013, 507: Androhung von Zwangsmitteln statt Ordnungsmitteln). Der Hinweis auf **Ordnungsgeld** soll auch, wie bisher zum Zwangsgeld (OLG Brandenburg FamRZ 2008, 2136; OLG Naumburg 5. 1. 2016 – 3 WF 231/15, FamRZ 2016, 1106), die **maximale Höhe** umfassen (OLG Saarbrücken 16. 7. 2019 – 6 WF 94/19, BeckRS 2019, 56905; OLG Brandenburg 2. 5. 2016 – 13 WF 75/16, juris Rn 17, FamRZ 2016, 1960; OLG Oldenburg 25. 3. 2013 – 4 WF 34/13, juris Rn 6, FamRZ 2014, 145; Cirullies ZKJ 2016, 450, 451). Dies gilt auch für die **Ordnungshaft** (OLG Hamm 24. 1. 2022 – 13 WF 210/21, MDR 2022, 522; OLG Frankfurt 11. 9. 2020 – 7 WF 84/20, FamRZ 2021, 377) und das Ersatzordnungsmittel (OLG Brandenburg 31. 5. 2019 – 13 WF 118/19, NJW 2020, 1150). Auch die Grundsätze zur Präzisierung, auf welchen Teil umfänglicher Regelungen sich die mögliche Sanktionierung bezieht (vgl OLG Frankfurt FamRZ 2009, 1080), sind einzuhalten, wobei ein genereller Hinweis auf die Durchsetzung aller vollstreckungsfähigen Verpflichtungen der Umgangsregelung erst recht, wie schon unter § 33 Abs 3 FGG aF, zulässig bleibt (Staudinger/Rauscher [2006] § 1684 Rn 234).

Der Nennung sowohl von Ordnungsgeld und Ordnungshaft bedarf es nicht, wenn feststeht, dass Ordnungsgeld keinen Erfolg verspricht (MünchKommFamFG/Zimmermann § 89 Rn 7). Auf der anderen Seite kann auch Ordnungsgeld verhängt werden, wenn der Hinweis insoweit vollständig ist und der Mangel *nur die Ordnungshaft* erfasst (OLG Hamm 24. 1. 2022 – 13 WF 210/21, MDR 2022, 522; OLG Frankfurt 6. 1. 2020 – 8 WF 162/19, FamRZ 2021, 218; OLG Brandenburg 15. 12. 2014 – 13 WF 298/14, juris Rn 8, FamRZ 2015, 1224: allerdings zutreffend ohne Ersatzordnungshaft; Prütting/Helms/Hammer § 89 FamFG Rn 33; Cirullies ZKJ 2016, 450; **aA** OLG Naumburg 7. 7. 2014 – 8 WF 120/14, NZFam 2015, 182). Auf die mögliche Anwendung von **Zwang** (§ 90 FamFG) muss nicht hingewiesen werden (obgleich BT-Drucks 16/6308, 218 gerade § 33 Abs 3 S 6 FGG aF nennt), da sich die Voraussetzungen für die Anwendung unmittelbaren Zwangs abschließend aus § 90 FamFG ergeben (Prütting/Helms/Hammer § 89 FamFG Rn 32; Heilmann/Cirullies § 89 FamFG Rn 4).

Keines Hinweises bedarf es dagegen auf die nach § 89 Abs 4 FamFG bestehende Möglichkeit des Verpflichteten, sich wegen **fehlendem Verschulden zu entlasten** (OLG Hamm 24. 1. 2022 – 13 WF 210/21, MDR 2022, 522; OLG Naumburg 5. 1. 2016 – 3 WF 231/15, FamRZ 2016, 1106; Heilmann/Cirullies § 89 FamFG Rn 5; Keuter FamRZ 2016, 1732, 1734). Gleiches gilt für die Möglichkeit der nachträglichen Sanktionierung von Verstößen gegen die Umgangsregelung (Keuter FamRZ 2016, 1732, 1734; **aA** OLG Brandenburg 29. 7. 2014 – 13 WF 259/13, juris Rn 3, FamRZ 2015, 693).

c) Anfechtbarkeit

Der nach § 89 Abs 2 FamFG erteilte **Warnhinweis** ist **nicht isoliert** nach § 58 Abs 1 FamFG **anfechtbar**, da es sich nicht um eine Endentscheidung handelt (OLG Hamm 19. 7. 2018 – 11 UF 93/18, FamRZ 2018, 1938, 1940; OLG Köln 10. 2. 2011 – 4 WF 19/11, juris Rn 2 f, FamFR 2011, 186; OLG Köln 3. 11. 2010 – 4 WF 189/10, juris Rn 2, FamRZ 2011, 574; Prütting/Helms/Hammer § 89 FamFG Rn 34; Cirullies ZKJ 2016, 451, 452). Er ist erst im Vollstreckungsverfahren im Rahmen der **sofortigen Beschwerde** nach § 87 Abs 4 FamFG auf seine Richtigkeit hin zu überprüfen. Wird die Erteilung des Warnhinweises dagegen **versagt**, ist die Entscheidung anfechtbar, da hierdurch das Vollstreckungsverfahren unzumutbar verzögert wird (BVerfG 9. 3. 2011 – 1 BvR 752/10, juris Rn 10, ZKJ 2011, 219; BGH 10. 7. 2019 – XII ZB 507/18, NJW 2020, 687 Rn 14; Heilmann/Dürbeck § 58 FamFG Rn 3; Völker FPR 2012, 485, 490; **aA** noch OLG Frankfurt 9. 2. 2010 – 1 UF 327/09, juris Rn 5, FamRZ 2010, 917). 539

5. Vollstreckungsklausel und Zustellung des Titels

540 Gemäß § 86 Abs 3 FamFG bedürfen Vollstreckungstitel der **Vollstreckungsklausel** nur, wenn die Vollstreckung nicht durch das Gericht erfolgt, das den Teil erlassen hat, was insbesondere bei einer in der Zwischenzeit erfolgten Veränderung des gewöhnlichen Aufenthalts des Kindes (vgl § 88 Abs 1 FamFG) der Fall ist (vgl OLG Oldenburg 17. 1. 2017 – 11 WF 269/16, juris Rn 14, FamRZ 2017, 1333). Für die Vollstreckung einer **einstweiligen Anordnung** gilt § 53 Abs 1 FamFG. Keiner Vollstreckungsklausel bedarf es auch, wenn das Oberlandesgericht den Titel im zweiten Rechtszug geschaffen hat (OLG Zweibrücken 15. 5. 2020 – 2 WF 75/20, FamRZ 2020, 1672). Dies folgt schon daraus, dass das Oberlandesgericht erstinstanzlich niemals als Vollstreckungsgericht sachlich zuständig sein kann. Auch der Zweck von § 86 Abs 3 FamFG, dass auf eine Vollstreckungsklausel dann verzichtet werden kann, wenn das Amtsgericht den Bestand und die Wirksamkeit mit Hilfe der Akte selbst prüfen kann, spricht eindeutig für diese Ansicht. Nur dann, wenn sich in einer solchen Konstellation die Akten noch bei dem Beschwerdegericht befinden, bedarf es für die Vollstreckung des vom OLG geschaffenen Umgangstitels durch das erstinstanzliche Familiengericht einer Vollstreckungsklausel (OLG Brandenburg 9. 7. 2019 – 13 WF 138/19, NZFam 2019, 694 m Anm Dürbeck; OLG Brandenburg 11. 1. 2019 – 13 WF 8/19, FamRZ 2019, 1268).

540a Weitere Voraussetzung der Vollstreckung ist – wie in § 750 Abs 1 S 1 ZPO – nach § 87 Abs 2 FamFG die **Zustellung** des Titels. Diese wurde in der Praxis früher vor allem bei gerichtlich gebilligten Vergleichen häufig versäumt, obwohl sie gemäß § 41 FamFG auch hier von Amts wegen zu erfolgen hatte (OLG Brandenburg 15. 12. 2016 – 13 WF 279/16, juris Rn 8, MDR 2017, 405; OLG Brandenburg 10. 10. 2016 – 13 WF 226/16, FamRZ 2017, 391: allerdings zu Unrecht auf § 750 ZPO abstellend; KG 16. 12. 2016 – 15 WF 22/16, juris Rn 6, FamRZ 2017, 919; OLG Frankfurt 2. 11. 2011 – 5 WF 151/11, juris Rn 3, ZKJ 2012, 573; Cirullies, Vollstreckung in Familiensachen [2. Aufl 2017] Rn 447), weil insoweit der Billigungsbeschluss Grundlage der Vollstreckung ist (vgl oben Rn 532). Nur soweit der Billigungsbeschluss den Inhalt der Vereinbarung nicht wiedergibt, bedarf es zusätzlich der amtswegigen Zustellung des Vergleichs (OLG Frankfurt 11. 9. 2020 – 7 WF 84/20, FamRZ 2021, 377; Prütting/Helms/Hammer § 87 FamFG Rn 9a; Johannsen/Henrich/Althammer/Dürbeck § 87 FamFG Rn 4). Eine Zustellung des Umgangsvergleichs und des Billigungsbeschlusses im Wege der Parteizustellung genügt nicht (KG 29. 1. 2020 – 3 WF 200/19, FamRZ 2020, 852; OLG Oldenburg 10. 8. 2018 – 11 WF 104/18, FamRZ 2018, 1943; Kischkel FamRZ 2019, 907, 910).

Unterbleibt die Zustellung, können etwaige Verstöße gegen die Umgangsregelung aus vor der später nachgeholten Zustellung liegenden Zeiträumen nicht vollstreckt werden, weil der Warnhinweis nach § 89 Abs 2 FamFG nicht zurückliegende, sondern nur **zukünftige Verstöße** erfassen kann (OLG Köln 4. 7. 2014 – 4 WF 6/13, juris Rn 3, FamRZ 2015, 163; OLG Oldenburg 25. 3. 2013 – 4 WF 34/13, juris Rn 7, FamRZ 2014, 156; OLG Hamm 13. 4. 2010 – 13 WF 55/10, juris Rn 10, FamRZ 2010, 1838; Prütting/Helms/Hammer § 89 FamFG Rn 25 und 33).

6. Festsetzung der Ordnungsmaßnahme

a) Sanktionscharakter

541 In wesentlicher Unterscheidung von § 33 FGG aF können Ordnungsgeld und Ordnungshaft auch zum Zwecke der **Sanktionierung eines zurückliegenden Verstoßes** ge-

gen eine Umgangsregelung angeordnet werden (BT-Drucks 16/6308, 218; BGH 19. 2. 2014 – XII ZB 165/13, juris Rn 11, FamRZ 2014, 732; ALTROGGE FPR 2009, 34). Dies gilt vor allem auch dann, wenn – zB infolge eines Wechsels des Kindes in den Haushalt des Umgangselternteils oder weil der Pflichtige seiner Pflicht inzwischen nachkommt – eine **Wiederholungsgefahr nicht droht** (OLG Frankfurt 29. 5. 2013 – 5 WF 120/13, juris Rn 4 f, FamFR 2013, 327; BT-Drucks 16/6308, 371; PRÜTTING/HELMS/HAMMER § 89 FamFG Rn 18).

b) Ermessen

Die Anordnung von Ordnungsmitteln steht im Ermessen des Gerichts (§ 89 Abs 1 **542** FamFG: „kann"). Da das BVerfG die Vollstreckung einer Umgangsregelung **gegenüber dem Umgangsberechtigten, der den Umgang mit dem Kind gänzlich verweigert, am Wohl des Kindes** misst (BVerfG 17. 2. 2022 – 1 BvR 743/21, FamRZ 2022, 794 Rn 35; BVerfG 1. 4. 2008 – 1 BvR 1620/04, juris Rn 85 ff, FamRZ 2008, 845; dazu Rn 77), wird hierdurch sichergestellt, dass in dieser Ausnahmekonstellation auch im Vollstreckungsverfahren das Kindeswohl zu berücksichtigen ist (MünchKommFamFG/ZIMMERMANN § 89 Rn 17). In diesem Fall *kann* die Vollstreckung ausnahmsweise unterbleiben, es sei denn im Einzelfall bestehen hinreichende Anhaltspunkte dafür, dass ein erzwungener Umgang gleichwohl dem Kindeswohl dient (bejaht von BVerfG 17. 2. 2022 – 1 BvR 743/21, FamRZ 2022, 794; OLG Oldenburg 28. 7. 2016 – 13 WF 55/16, juris Rn 11, FamRZ 2017, 390; verneint: OLG Hamm 25. 7. 2017 – 6 WF 179/17, juris Rn 4, FamRZ 2018, 111; OLG Frankfurt 12. 9. 2013 – 5 WF 171/13, juris Rn 15 ff, FamRZ 2014, 403). Anderes gilt, wenn ein umgangsberechtigter Elternteil den Umgang *grundsätzlich wünscht*, sich aber nicht an die konkreten gerichtlichen Umgangsregelungen halten möchte (BVerfG 17. 2. 2022 – 1 BvR 743/21, FamRZ 2022, 794; OLG Frankfurt 22. 8. 2022 – 6 WF 112/22, FamRZ 2022, 1961; OLG Brandenburg 1. 7. 2021 – 9 WF 112/21, juris; OLG Frankfurt 11. 5. 2021 – 4 WF 55/21, FamRZ 2022, 551).

Zu bedenken ist stets, dass es sich bei der vom BVerfG entschiedenen **Konstellation** um den Ausnahmefall des gänzlich umgangsunwilligen Umgangselternteils handelt; ist hingegen eine Umgangsregelung **gegen den anderen betreuenden Elternteil oder einen Dritten** (zB den Vormund oder die Pflegeperson) durchzusetzen, so kann die Ermessensausübung nicht zur Grundlage einer erneuten Prüfung des Kindeswohls werden (dazu unten Rn 544). Es wird sich im Regelfall vielmehr das **Entschließungsermessen** des Gerichts zu einer **Anordnungspflicht verdichten** müssen, um Art 6 Abs 2 GG und Art 8 EMRK hinreichend Rechnung zu tragen (BVerfG 17. 2. 2022 – 1 BvR 743/21, FamRZ 2022, 794 Rn 35; OLG Brandenburg 23. 5. 2017 – 9 WF118/17, juris Rn 2, FamRZ 2018, 288; OLG Frankfurt 11. 9. 2012 – 4 WF 196/12, juris Rn 20, ZKJ 2013, 263; OLG Frankfurt 28. 6. 2012 – 4 WF 122/12, juris Rn 12, FamRZ 2013, 475; OLG Karlsruhe 5. 5. 2011 – 5 WF 51/11, juris Rn 24, FamRZ 2011, 1669; PRÜTTING/HELMS/HAMMER § 89 FamFG Rn 17; vgl auch BT-Drucks 16/9733, 292). Vor diesem Hintergrund und wegen des Sanktionscharakters der Ordnungsmittel steht auch eine etwaige Einigung der Eltern der Festsetzung von Ordnungsmitteln nicht entgegen (OLG Brandenburg 23. 5. 2017 – 9 WF 118/17, juris Rn 2, FamRZ 2018, 288).

Der Anordnung eines Ordnungsmittels kann jedoch in dieser Konstellation die *Verhältnismäßigkeit,* insbesondere bei nur geringen Verstößen, entgegenstehen.

c) Kreis der Verpflichteten und mögliche Verstöße

Im Vordergrund der Praxis der Vollstreckung von Umgangstiteln stehen Verstöße **543** des zur **Gewährung von Umgang Verpflichteten**, vor allem wegen **Verstößen gegen die Wohlverhaltenspflicht** durch *Nichtbereithaltung* des Kindes oder nicht hinreichender *erzieherischer Einwirkung* auf das umgangsunwillige Kind (dazu unten Rn 545). Auch soweit dem betreuenden Elternteil Pflichten zur **Mitgabe von Sachen** des Kindes, wie zB Bekleidungsgegenstände, auferlegt wurden, kommen Ordnungsmittel bei Verstößen in Betracht (KG 7. 3. 2017 – 13 WF 39/17 – 13 WF 39/17, juris Rn 18 ff, ZKJ 2017, 234: Wechselbekleidung; zu Recht verneint von KG 17. 8. 2016 – 13 WF 116/16, juris Rn 19, FamRZ 2017, 457 bei Tennisbekleidung). Auch im Kontext vollstreckbar geregelter **Telefonkontakte** sind Ordnungsmittel denkbar, weil der Betreuungselternteil gehalten ist, nicht nur die telefonische Erreichbarkeit der Kinder sicherzustellen, sondern auch für eine ungestörte Umgebung bzw Atmosphäre Sorge zu tragen hat, in der eine gute Verständigung ohne ablenkende Umstände möglich ist (vgl OLG Celle 16. 2. 2023 – 10 WF 168/22, juris).

Es genügt dabei auch, dass der Pflichtige den Umgang nicht unmittelbar selbst vereitelt, sondern den Umgang dadurch verhindert, indem er die *Polizei einschaltet* und dadurch einen geplanten Ferienumgang im Ausland verhindert (KG 23. 6. 2017 – 13 WF 97/17, juris Rn 10, FamRZ 2017, 1708: Verhinderung einer Reise nach Thailand durch die Bundespolizei).

Soweit das **Jugendamt als Amtsvormund** Verpflichteter einer Umgangsregelung ist, können auch gegen dieses bei schuldhaften Verstößen Ordnungsmittel nach § 89 FamFG festgesetzt werden, wobei insbesondere §§ 1802 Abs 2 S 3, 1862 Abs 3 S 3 BGB (kein Zwangsgeld gegenüber dem Amtsvormund) dem nicht entgegensteht (BGH 19. 2. 2014 – XII ZB 165/13, juris Rn 13 ff, ZKJ 2014, 251; OLG Schleswig 10. 5. 2021 – 13 WF 20/21, ZKJ 2022, 105; DIJuF-Rechtsgutachten JAmt 2013, 208). Keiner Vollstreckung zugänglich ist dagegen der **Umgangsbegleiter** nach § 1684 Abs 4 S 3 BGB, da dessen Mitwirkung stets von seinem jederzeit widerruflichen Einverständnis abhängt, sodass auch gegenüber dem Jugendamt in seiner Eigenschaft als zur jugendhilferechtlichen Bewilligung nach § 18 Abs 3 S 4 SGB VIII zuständige Behörde Ordnungsmittel nicht in Betracht kommen (BGH 9. 6. 2021 – XII ZB 513/20, FamRZ 2021, 1622; OLG Frankfurt 23. 6. 2020 – 5 WF 107/20, ZKJ 2020, 437; Prütting/Helms/Hammer § 89 FamFG Rn 15; Finke FamFR 2013, 142; **aA** zu Unrecht AG Erfurt 22. 12. 2016 – 36 F 1485/16, juris Rn 11 und 1. 3. 2021 – 34 F 1373/19, juris). Dies gilt auch dann, wenn das Jugendamt formell am Verfahren **beteiligt** war und in einer Vereinbarung die Bewilligung begleiteten Umgangs **zugesichert** hat (BGH 9. 6. 2021 – XII ZB 513/20, FamRZ 2021, 1622; DIJuF-Rechtsgutachten JAmt 2012, 648, 649 f; Prütting/Helms/Hammer § 89 FamFG Rn 15; Finke FamFR 2013, 142; **aA** OLG Frankfurt 28. 11. 2012 – 1 WF 294/12, juris Rn 8, ZKJ 2013, 167; offen gelassen, aber von der Tendenz her bereits BGH 19. 2. 2014 – XII ZB 165/13, juris Rn 20, ZKJ 2014, 251). Als Verpflichtete kommen schließlich auch **Pflegepersonen des Kindes** in Betracht (Cirullies, Vollstreckung in Familiensachen [2. Aufl 2017] Rn 470), soweit ihnen in der Umgangsregelung Pflichten auferlegt worden waren.

Geht es schließlich um Verstöße des **Umgangsberechtigten**, wie zB das eigenmächtige *Verlängern der Umgangszeit* (OLG Brandenburg 3. 6. 2015 – 10 WF 54/15, juris Rn 7 ff), *Verspätungen* bei der Abholung des Kindes (OLG Saarbrücken 10. 1. 2011 – 6 UF 126/10, juris Rn 12, FamRZ 2011, 826), beim Zurückbringen des Kindes (KG 22. 6. 2022 – 16 WF 29/22, FamRZ 2023, 64) oder die Nichtwahrnehmung von Umgangsterminen (BVerfG 17. 2. 2022 – 1 BvR 743/21, FamRZ 2022, 794; OLG Frankfurt 22. 8. 2022 – 6 WF 112/22, FamRZ 2022, 1961; OLG Brandenburg 1. 7. 2021 – 9 WF 112/21, juris; OLG Frankfurt 11. 5. 2021 – 4 WF 55/21, FamRZ 2022, 551; Prütting/Helms/Hammer § 89 FamFG Rn 14), sind auch gegen ihn Vollstreckungsmaßnahmen möglich. Nur dann, wenn er Umgangskontakte **gänzlich ab-**

lehnt, ist die oben (Rn 542) erwähnte Kindeswohlprüfung im Rahmen des Entschließungsermessens von § 89 Abs 1 FamFG anzustellen.

d) Kindeswohlprüfung

Eine **Kindeswohlprüfung** findet im Vollstreckungsverfahren im Interesse einer beschleunigten Durchsetzung des Umgangsrechts (§ 88 Abs 3 S 1 FamFG) grundsätzlich **nicht statt**, da diese im Erkenntnisverfahren vorzunehmen ist (BVerfG 10. 11. 2022 – 1 BvR 1496/22, NZFam 2023, 87; BGH 1. 2. 2012 – XII ZB 188/11, juris Rn 22, FamRZ 2012, 533; BGH 19. 2. 2014 – XII ZB 165/13, juris Rn 26, ZKJ 2014, 251; BGH 30. 9. 2015 – XII ZB 635/14, juris Rn 30, FamRZ 2015, 2147; OLG Braunschweig 20. 7. 2022 – 1 WF 165/21, FamRZ 2022, 1804; OLG Brandenburg 19. 10. 2018 – 13 WF 181/18, FuR 2019, 290; OLG Schleswig 16. 7. 2014 – 12 WF 67/14, juris Rn 4, FamRZ 2015, 1222; BT-Drucks 16/6308, 218; Prütting/Helms/Hammer § 89 FamFG Rn 42; Krekeler FuR 2017, 240, 243; zum alten Recht nach § 33 FGG aF vgl Gottschalk FPR 2008, 147). Ist eine erstinstanzlich getroffene Umgangsregelung mit Bekanntgabe (§ 40 Abs 1 FamFG) wirksam geworden und liegen die weiteren Vollstreckungsvoraussetzungen vor, findet eine Kindeswohlprüfung auch dann nicht statt, wenn der Verpflichtete Beschwerde (§ 58 FamFG) im Erkenntnisverfahren eingelegt hat (OLG Celle 20. 2. 2023 – 10 WF 32/23, juris). 544

Eine Ausnahme hiervon gilt aufgrund der Rechtsprechung des *BVerfG* nur für den Fall der Durchsetzung der Umgangspflicht *gegenüber einem gänzlich unwilligen Elternteil* (BVerfG 17. 2. 2022 – 1 BvR 743/21, FamRZ 2022, 794 Rn 35; BVerfG 1. 4. 2008 – 1 BvR 1620/04, juris Rn 81 ff, FamRZ 2008, 845; vgl oben Rn 77, 543).

Neu hinzu getretene Umstände, die im Erkenntnisverfahren nicht berücksichtigt werden konnten, können nur dann beachtlich sein, wenn hierauf eine *Anregung zur* **Abänderung des Umgangstitels** nach § 166 Abs 1 FamFG iVm § 1696 Abs 1 BGB gestützt wird und *zeitgleich ein* **Antrag auf vorläufige Einstellung der Vollstreckung** nach § 93 Abs 1 Nr 4 FamFG gestellt wird (BGH 1. 2. 2012 – XII ZB 188/11, juris Rn 23, FamRZ 2012, 533; BGH 19. 2. 2014 – XII ZB 165/13, juris Rn 26, ZKJ 2014, 251; OLG Braunschweig 20. 7. 2022 – 1 WF 165/21, FamRZ 2022, 1804; OLG Brandenburg 20. 8. 2019 – 13 WF 174/19, FamRZ 2020, 44; OLG Jena 9. 10. 2020 – 1 WF 375/20, FamRZ 2021, 628; OLG Köln 9. 7. 2012 – 4 WF 63/12, juris Rn 3, FF 2012, 504; Sternal/Giers § 89 FamFG Rn 8; Völker FPR 2012, 485, 487).

Nur in engen *Ausnahmefällen* bedarf es keines Antrages nach § 93 Abs 1 Nr 4 FamFG (OLG Karlsruhe 3. 7. 2014 – 18 WF 11/14, juris Rn 20, FamRZ 2014, 2012: Ankündigung des Umgangsberechtigten, den Umgang nur begleitet wahrzunehmen). Handelt es bei dem Titel um eine **einstweilige Anordnung**, sind § 54 Abs 1 FamFG (Abänderung der Entscheidung) und § 55 Abs 1 S 1 FamFG (einstweilige Aussetzung der Vollstreckung) maßgeblich (BGH 30. 9. 2015 – XII ZB 635/14, juris Rn 29, FamRZ 2015, 2147). In schwerwiegenden Fällen, zB bei einem *konkreten Verdacht des sexuellen Missbrauchs oder einer sonstigen Kindeswohlgefährdung,* wird das Familiengericht aber Veranlassung haben, von Amts wegen ein Abänderungsverfahren einzuleiten und die Vollstreckung nach § 93 Abs 1 Nr 4 FamFG einzustellen (BVerfG 10. 11. 2022 – 1 BvR 1496/22, NZFam 2023, 87; OLG Braunschweig 20. 7. 2022 – 1 WF 165/21, FamRZ 2022, 1804; OLG Hamburg 9. 2. 2021 – 12 WF 11/21, FamRZ 2021, 1406; OLG Brandenburg 20. 8. 2019 – 13 WF 174/19, FamRZ 2020, 44; OLG Karlsruhe 3. 7. 2014 – 18 WF 11/14, juris Rn 20, FamRZ 2014, 2012; OLG Celle 12. 8. 2011 – 10 WF 246/11, juris Rn 12 f, ZKJ 2011, 433; Prütting/Helms/Hammer § 89 FamFG Rn 42).

Macht der betreuende Elternteil im Vollstreckungsverfahren geltend, der Umgang habe deshalb nicht stattgefunden, weil das Kind infolge einer psychosomatischen Reaktion diesen verweigert habe und erhebt das Familiengericht im Abänderungsverfahren Beweis über diese Frage, wird das Vollstreckungsverfahren **nicht gemäß § 21 FamFG auszusetzen** sein, sondern dort ebenfalls Beweis zu erheben sein, weil diese Frage auch das Erfordernis des Verschuldens nach § 89 Abs 4 FamFG (unten Rn 545) tangiert (**aA** OLG Braunschweig 12. 3. 2018 – 1 WF 17/18, juris Rn 11 ff, FamRZ 2018, 927: Aussetzung trotz insgesamt 44 in der Vergangenheit liegenden Verstößen; vgl dazu auch BVerfG 10. 11. 2022 – 1 BvR 1496/22, NZFam 2023, 87). Solange über den Antrag über die einstweilige Einstellung der Vollstreckung im Abänderungsverfahren noch nicht entschieden ist, bleibt der Ausgangstitel vollstreckbar (OLG Jena 9. 10. 2020 – 1 WF 375/20, FamRZ 2021, 628).

Eine spätere Einstellung der Vollstreckung bzw Abänderung des Titels hindern im Vollstreckungsverfahren nicht die Ahndung von Verstößen, die **vor Wirksamwerden der Einstellung bzw Abänderung** begangen worden sind (OLG Frankfurt 11. 9. 2012 – 4 WF 196/12, juris Rn 23, ZKJ 2013, 263; offenkundig verkannt von OLG Braunschweig 12. 3. 2018 – 1 WF 17/18, juris Rn 11 ff, FamRZ 2018, 927). Dies dürfte auch dann gelten, wenn der Umgangsberechtigte für **längere Zeit** mit der Stellung eines **Vollstreckungsantrages zugewartet** hat und sich die Umstände der Umgangsregelung in der Zwischenzeit verändert haben (**aA** OLG Frankfurt 7. 7. 2017 – 4 WF 23/17, juris Rn 9, NZFam 2017, 966: Antrag erst 15 Monate nach dem Verstoß), weil Vollstreckungsanträge nicht fristgebunden sind.

e) Vertretenmüssen (§ 89 Abs 4 FamFG)

545 Die Festsetzung von Ordnungsmitteln setzt wegen ihres Sanktionscharakters eine **schuldhafte Zuwiderhandlung** voraus; **darlegungspflichtig** hierfür ist nach § 89 Abs 4 S 1 FamFG der Verpflichtete, der auch die **Feststellungslast** trägt (BGH 1. 2. 2012 – XII ZB 188/11, juris Rn 26, FamRZ 2012, 533; OLG Brandenburg 23. 5. 2023 – 13 WF 67/23, juris; OLG Düsseldorf 3. 3. 2022 – 5 WF 4/22, NZFam 2022, 611; OLG Brandenburg 15. 1. 2021 – 9 WF 8/21, juris; OLG Schleswig 21. 8. 2018 – 10 WF 122/18, FamRZ 2018, 1946; OLG Brandenburg 13. 3. 2017 – 10 WF 5/17, juris Rn 5, NZFam 2017, 813; OLG Naumburg 8. 5. 2013 – 3 WF 120/13, juris Rn 15, FamRZ 2014, 145; OLG Saarbrücken 2. 4. 2012 – 6 WF 130/11, juris Rn 19, ZKJ 2012, 398; Cirullies, Vollstreckung in Familiensachen [2. Aufl 2017] Rn 473); werden Gründe nachträglich vorgetragen, aus denen sich fehlendes Verschulden ergibt, so ist die Festsetzung aufzuheben (§ 89 Abs 4 S 2 FamFG). Der Pflichtige hat in diesem Zusammenhang konkret darzulegen, warum er an der Durchführung des Umgangs verhindert war, weil die hierfür maßgeblichen Gründe regelmäßig allein in seiner Sphäre liegen (BGH 1. 2. 2012 – XII ZB 188/11, juris Rn 26, FamRZ 2012, 533; OLG Brandenburg 10. 12. 2020 – 9 WF 289/20, juris Rn 6; OLG Köln 14. 4. 2015 – 26 WF 57/15, FamRZ 2015, 1734; OLG Saarbrücken 2. 4. 2012 – 6 WF 130/11, juris Rn 19, ZKJ 2012, 398; BT-Drucks 16/6308, 218).

Ob bei der Verteilung der Darlegungs- und Feststellungslast hinsichtlich des Verschuldens gesetzgeberischer Handlungsbedarf besteht, wie 2017 vom Deutschen Familiengerichtstag gefordert (vgl 22. DFGT 2017, AK Nr 7, These 2), erscheint zweifelhaft, weil dies sowohl dem Beschleunigungsgrundsatz (§ 88 Abs 3 FamFG) als auch der effektiven Durchsetzung des Umgangsrechts zuwiderlaufen würde.

Da Verschulden auch **Schuldfähigkeit** voraussetzt, muss auch diese gegeben sein und unterliegt der *Amtsermittlungspflicht* im Vollstreckungsverfahren (OLG Koblenz 29. 3.

2017 – 13 WF 168/17, FamRZ 2017, 1933; OLG Hamm 3. 3. 2017 – 7 WF 130/16, juris Rn 50; OLG Frankfurt 4. 6. 2014 – 5 WF 110/14, juris Rn 4, FamRZ 2014, 1956 jeweils zu § 890 ZPO in Gewaltschutzsachen).

Grundsätzlich ist **Fahrlässigkeit** des Verpflichteten genügend (KG 22. 6. 2022 – 16 WF 29/22, FamRZ 2023, 64; Sternal/Giers § 89 FamFG Rn 11; MünchKommFamFG/Zimmermann § 89 Rn 10; so auch schon die ältere Rspr OLG Bamberg FamRZ 2000, 489, 490; OLG Braunschweig FamRZ 1972, 576; BayObLGZ 1974, 351; BayObLG NJWE-FER 1998, 184; OLG Celle FamRZ 1998, 1130; OLG Düsseldorf FamRZ 1978, 619; OLG Düsseldorf FamRZ 1998, 838). Das Maß des Verschuldens ist jedoch in die Ermessensausübung nach § 89 Abs 1 S 1 FamFG einzubeziehen, da leichtes Verschulden den Verstoß insgesamt geringfügig erscheinen lassen kann (vgl unten Rn 547).

Wird der zur Umgangsgewährung Verpflichtete **anwaltlich unzutreffend beraten**, kann **545a** im Einzelfall ein unvermeidbarer Verbotsirrtum entsprechend § 17 StGB vorliegen (KG 8. 11. 2010 – 19 WF 112/10, juris Rn 6, FamRZ 2011, 588; OLG Karlsruhe 2. 11. 2022 – 5 WF 102/22, juris Rn 26). Das gleiche gilt für den Fall, dass vom **Jugendamt** ein rechtlich unzutreffender Rat auf die fehlende Pflicht zur Umgangsgewährung erteilt wurde (OLG Düsseldorf 3. 2. 2022 – 5 WF 4/22, NZFam 2022, 611; OLG Frankfurt 6. 1. 2020 – 8 WF 162/19, FamRZ 2021, 218). Auch die nicht rechtzeitige **Weiterleitung** des dem Verfahrensbevollmächtigten **zugestellten Beschlusses** zur Umgangsregelung an den Pflichtigen lässt das Verschulden für solche Verstöße, die vor Empfang des Beschlusses liegen, entfallen (OLG Jena 17. 7. 2015 – 1 WF 154/15, juris Rn 27, FuR 2016, 664). Soweit das *OLG Brandenburg* der Ansicht ist, dass das Verschulden des Rechtsanwaltes dem Umgangsverpflichteten nach §§ 10, 11 S 5 FamFG, 85 Abs 2 ZPO (OLG Brandenburg 1. 10. 2020 – 13 WF 148/20, juris Rn 12) bzw § 278 BGB (OLG Brandenburg 15. 6. 2021 – 9 WF 129/21, juris Rn 7) *zuzurechnen* sei, kann dem nicht zugestimmt werden. Vielmehr ist der Gegenansicht (OLG Frankfurt 6. 1. 2020 – 8 WF 162/19, FamRZ 2021, 218; OLG Karlsruhe 2. 11. 2022 – 5 WF 102/22, juris Rn 26) zu folgen, dass im Falle einer rechtlichen fehlerhaften Auskunft des Rechtsanwalts regelmäßig ein zur Exkulpierung (§ 89 Abs 4 FamFG) führender *Verbotsirrtum* (analog § 17 StGB) vorliegt. Wegen des Ordnungsmitteln immanenten Strafcharakters (BGH 19. 2. 2014 – XII ZB 165/13, juris Rn 11, FamRZ 2014, 732) kommt es auf den individuellen Schuldvorwurf an, der die zivilrechtliche Zurechnung des Verschuldens Dritter ausschließt (vgl KG 8. 11. 2010 – 19 WF 112/10, FamRZ 2011, 588; Prütting/Helms/Hammer § 89 FamFG Rn 38). Dies gilt auch dann, wenn die rechtlich unzutreffende Auskunft – etwa, dass bei einer Ablehnungshaltung des Kindes der Umgang nicht gewährt werden müsse (Rn 546) – vom Jugendamt oder vom zuständigen Umgangsbegleiter eines freien Trägers der Jugendhilfe erteilt worden ist (OLG Frankfurt 6. 1. 2020 – 8 WF 162/19, FamRZ 2021, 218). Allerdings ist nicht zu verkennen, dass diese Gesetzesauslegung beträchtliche Missbrauchsgefahren heraufbeschwört, wenn allein die Berufung auf eine – falsche – Auskunft des Rechtsanwalts dazu führt, dass Umgangsverweigerung sanktionslos bleibt.

Nicht ausreichend sind etwa das Vorbringen *„wichtiger Termine“* (OLG Koblenz 3. 6. **545b** 2015 – 11 WF 415/15, juris Rn 31, FamRZ 2016, 1104), das Kind hätte *anderweitige Verpflichtungen* (Burschel NZFam 2015, 623, 624) oder der Antritt einer *Urlaubsreise* mit dem Kind (OLG Köln 9. 9. 2010 – 21 WF 231/10, juris Rn 3, FamRZ 2011, 663). Exkulpiert ist der Verpflichtete dagegen, wenn er darlegt und festgestellt werden kann, dass er infolge einer **Erkrankung** gehindert war, den Umgang wahrzunehmen oder das Kind zu übergeben (OLG Brandenburg 13. 3. 2017 – 10 WF 5/17, juris Rn 5, NZFam 2017, 813: Einsatz der Wehen; KG 16. 12. 2016 – 15 WF 22/16, juris Rn 7 ff, FamRZ 2017, 919: seelische Erkrankung). Macht der betreuende Elternteil geltend, das **Kind** habe infolge einer **Erkrankung** den Umgang nicht wahrnehmen können, wird hierzu detailliert vorzutragen und ggf auch ein *ärztliches Attest* vorzulegen sein, das auch Auskunft über die Frage der *Transportfähigkeit* des Kindes gibt (OLG Schleswig 21. 8. 2018 – 10 WF 122/18, juris Rn 6; Cirullies, Vollstreckung in Familiensachen [2017] Rn 477; Finke NZFam 2015, 1114, 1117; Burschel NZFam 2015, 623, 624), da der Umgang auch bei einem erkrankten Kind grundsätzlich stattzufinden hat. Wird das Vorliegen eines das Vertretenmüssen ausschließenden Grundes **bestritten**, hat das Familiengericht dies im Vollstreckungsverfahrens **von Amts wegen aufzuklären und ggf auch Beweis zu erheben** (OLG Naumburg 8. 5. 2013 – 3 WF 120/13, juris Rn 16, FamRZ 2014, 145; Cirullies, Vollstreckung in Familiensachen [2. Aufl 2017] Rn 474).

545c Nach dem Ausbruch der **Corona-Pandemie** Anfang 2020 hat sich in Umgangssachen häufig die Frage gestellt, inwieweit *Ansteckungsrisiken, Ausgangsbeschränkungen oder behördlich angeordnete Schutzmaßnahmen* den zur Gewährung von Kindesumgang verpflichteten Elternteil zu einer Aussetzung des Umgangs berechtigten und insoweit den Verschuldensvorwurf nach § 89 Abs 4 FamFG entfallen lassen können. Die hier zu § 89 FamFG ergangene Rechtsprechung hat konsequent Ordnungsmittel verhängt, weil auch nach dem Willen der Bundes- und Landesregierungen zu keinem Zeitpunkt beabsichtigt war, den Elternumgang einzuschränken (vgl Rauscher COVuR 2020, 2, 3; Rake FamRZ 2020, 650; Lack NJW 2020, 1255). So hatte sich zuerst das *Amtsgericht Frankfurt am Main* (AG Frankfurt aM 16. 4. 2020 – 456 F 5086/20, FamRZ 2020, 930) mit dem Einwand der alleinbetreuenden und den Umgang verweigernden Kindesmutter auseinandersetzen müssen, das 1-jährige Kind würde dadurch der Gefahr der Ansteckung mit dem **Corona Virus SARS-CoV-2** ausgesetzt. Zu Recht ist das Amtsgericht von einer schuldhaften Verletzung der Pflicht der Kindesmutter ausgegangen, das Kind zu den begleiteten Umgangsterminen zu bringen. Der Fall hatte insoweit die Besonderheit, dass die betreffende vorläufige Umgangsregelung vom 31. 3. 2020 datierte und sich das Amtsgericht dort bereits mit den von der Mutter angeführten Ansteckungsgefahren befasst hatte. Da im Vollstreckungsverfahren nach § 89 FamFG keine erneute Kindeswohlprüfung stattfindet und die Mutter mehrfach auf die Vollstreckbarkeit der Umgangsregelung hingewiesen worden, war die Verhängung eines Ordnungsgeldes für insgesamt vier Verstöße in Höhe von insgesamt 20.000 EUR – bei einem Monatseinkommen zwischen 30.000 und 50.000 EUR – nicht unangemessen. Der Ansicht, dass die von den Bundesländern erlassenen Kontakt- und Ausgangbeschränkungen im Lichte von Art 6 Abs 2 S 1 GG *umgangsrechtsfreundlich auszulegen* sind und dass Ansteckungsgefahren durch den Umgang mit dem anderen Elternteil nicht anders zu werten sind als diejenigen, die von dem betreuenden Elternteil ausgehen, haben sich in der Folgezeit alle damit befassten Oberlandesgerichte angeschlossen (vgl OLG Schleswig 26. 5. 2020 – 10 WF 77/20, ZKJ 2020, 434; OLG Brandenburg 5. 6. 2020 – 13 WF 100/20, FamRZ 2020, 1673; OLG Frankfurt 8. 7. 2020 – 1 WF 102/20, NJW 2020, 3793; OLG Nürnberg 16. 9. 2020 – 10 WF 622/20, MDR 2021, 38).

Eine Aussetzung des Umgangs nach Maßgabe von § 93 FamFG kommt nur dann in Betracht, wenn eine konkrete Ansteckungsgefahr für das Kind besteht, etwa weil der Umgangsberechtigte positiv getestet wurde bzw an COVID-19 erkrankt ist oder sich das Kind oder der Umgangsberechtigte aufgrund gesetzlicher Vorgaben in häuslicher Quarantäne befinden.

Der am häufigsten in der Praxis vorgebrachte Entschuldigungsgrund ist die **Verweigerung des Umgangs durch das Kind**. Solche Verweigerung lässt nicht ohne Weiteres das Verschulden des verpflichteten Elternteils entfallen. 546

Nicht nur, wenn Zweifel an der Selbstbestimmtheit des Kindeswillens bestehen (OLG Hamm FamRZ 1996, 363), kann gegen den verpflichteten Elternteil ein Ordnungsgeld verhängt werden. Dieser hat vielmehr auch bei nicht ersichtlich beeinflusstem Willen im Einzelnen darzulegen, in welcher Weise er die gebotenen **erzieherischen Bemühungen** unternommen hat, das **Kind von seinem entgegenstehenden Willen abzubringen und es zum Umgang zu bewegen** (BGH 1. 2. 2012 – XII ZB 188/11, juris Rn 26, FamRZ 2012, 533; BGH 19. 2. 2014 – XII ZB 165/13, juris Rn 22, ZKJ 2014, 251; OLG Brandenburg 23. 5. 2023 – 13 WF 67/23, juris; OLG Brandenburg 1. 7. 2021 – 9 WF 112/21, juris Rn 7; OLG Köln 14. 4. 2015 – 26 WF 57/15, juris Rn 4 ff, FamRZ 2015, 1734; OLG Frankfurt 29. 5. 2013 – 5 WF 120/13, juris Rn 3, FamRZ 2013, 327; OLG Saarbrücken 8. 10. 2012 – 6 WF 381/12, juris Rn 3, ZKJ 2013, 79; MünchKommFamFG/Zimmermann § 89 Rn 26; Ernst NZFam 2015, 641, 642; BT-Drucks 16/6308, 218). Keinesfalls hinreichend ist die Behauptung, es dem Kind *freizustellen,* ob dieses den Umgang wahrnehmen möchte oder nicht (OLG Brandenburg 4. 9. 2019 – 9 WF 208/19, juris Rn 10; OLG Frankfurt 11. 9. 2012 – 4 WF 196/12, juris Rn 30, ZKJ 2013, 263; OLG Saarbrücken 2. 4. 2012 – 6 WF 130/11, juris Rn 15, ZKJ 2012, 398). Der Verpflichtete hat im Einzelnen vielmehr darzulegen, wie er auf das Kind aufgrund seiner **elterlichen Autorität** erzieherisch eingewirkt hat, um einen etwaigen **Widerstand des Kindes zu überwinden** (OLG Köln 14. 4. 2015 – 26 WF 57/15, juris Rn 7, FamRZ 2015, 1734; OLG Frankfurt 29. 5. 2013 – 5 WF 120/13, juris Rn 3, FamRZ 2013, 327), wobei hier *strenge Anforderungen* zu stellen sind (OLG Frankfurt 11. 9. 2012 – 4 WF 196/12, juris Rn 29, ZKJ 2013, 263). **Vergleichsmaßstab** ist das erzieherische Einwirken zum Zwecke der **Sicherstellung des Schulbesuchs** des Kindes (OLG Saarbrücken 29. 10. 2014 – 6 WF 186/14, juris Rn 20, FamRZ 2015, 863; Cirullies, Vollstreckung in Familiensachen [2. Aufl 2017] Rn 475).

Jedenfalls bei Kindern *unter neun Jahren* ist regelmäßig davon auszugehen, dass erzieherische Maßnahmen erfolgreich sind (OLG Brandenburg 23. 5. 2023 – 13 WF 67/23, juris; OLG Frankfurt 28. 6. 2012 – 4 WF 122/12, juris Rn 18, FamRZ 2013, 475; OLG Saarbrücken 2. 4. 2012 – 6 WF 130/11, juris Rn 19, ZKJ 2012, 398; OLG Brandenburg FamRZ 1996, 1092; Sternal/Giers § 89 FamFG Rn 13; Heilmann/Cirullies § 89 FamFG Rn 26). Ab einem Alter von *neun bis elf Jahren* kann jedoch im Einzelfall ein etwaiger entgegenstehender Wille des Kindes auch in Bezug auf die erzieherischen Einwirkungsmöglichkeiten des betreuenden Elternteils einer Vollstreckung des Umgangstitels entgegenstehen (OLG Köln 12. 3. 2014 – 4 WF 167/13, juris Rn 6; OLG Düsseldorf 27. 3. 2009 – 6 UF 191/08, juris Rn 10; FamRZ 2009, 1419; MünchKommFamFG/Zimmermann § 89 Rn 26; Prütting/Helms/Hammer § 89 FamFG Rn 40). Zu weitgehend ist allerdings die weit verbreitete Ansicht, dass ab einem Alter zwischen 9 und 11 Jahren *„in der Regel“* von keiner erzieherischen Einwirkungsmöglichkeit auszugehen sei (OLG Köln 12. 3. 2014 – 4 WF 167/13, juris Rn 6; OLG Hamm 12. 12. 2007 – 10 WF 196/07, juris Rn 9, FamRZ 2008, 1371; Prütting/Helms/Hammer § 89 FamFG Rn 40; Sternal/Giers § 89 FamFG Rn 13). Die Prüfung, ob ein dem Umgang entgegenstehender Wille im Hinblick auf das Persönlichkeitsrechts des Kindes zu beachten ist, ist Aufgabe und zentraler Bestandteil des Erkenntnisverfahrens (vgl dazu oben Rn 202, 302 ff). Erfolgt eine Umgangsregelung, weil der Wille des Kindes im Ergebnis zurückzutreten hat, dann wird auch im Vollstreckungsverfahren davon ausgegangen werden können, dass erzieherische Mittel zur Durchsetzung der Regelung jedenfalls in Betracht kommen. Auch würde bei Bejahung fehlender Einwirkungsmöglichkeiten bereits ab einem Kindesalter von neun bis elf Jahren der – zutreffende und anerkannte – Vergleich mit der erzieherischen Verantwortung für den Schulbesuch des Kindes völlig außer Acht gelassen. Es wird – zB in einem Ordnungswidrigkeitsverfahren – schwerlich zu vertreten sein, dass Eltern eines 9-jährigen Kindes außer Stande seien, für den Schulbesuch des Kindes zu sorgen. Es ist daher auch bei Kindern ab neun Jahren **im Einzelfall** unter Einbeziehung der Möglichkeit der Kindesanhörung auch im Vollstreckungsverfahren (dazu unten Rn 550) zu prüfen, ob erzieherische Einwirkungsmöglichkeiten des Pflichtigen bestehen (OLG Köln 14. 4. 2015 – 26 WF 57/15, juris Rn 7, FamRZ 2015, 1734). Dabei kommt auch der Frage entscheidende Bedeutung zu, *wie lange die Kindeswohlprüfung im Erkenntnisverfahren zurückliegt* (OLG Saarbrücken 29. 10. 2014 – 6 WF 186/14, juris Rn 17 f, FamRZ 2015, 863; was auch von Prütting/Helms/Hammer § 89 FamFG Rn 40 unten eingeräumt wird). Dass im Übrigen bei einem Kind im Alter von 16 Jahren eine Vollstreckung wegen fehlender Einwirkungsmöglichkeiten ausscheidet (zutreffend OLG Frankfurt 5. 10. 2009 – 1 WF 188/09, juris Rn 7, FamRZ 2010, 740), versteht sich von selbst.

Erweist sich, dass der verpflichtete Elternteil alle möglichen und zumutbaren Erziehungsmaßnahmen ergriffen hat und bleibt das Kind bei seiner nachhaltig ablehnenden Haltung, so kommt eine Fortsetzung der Vollstreckung gegen den Elternteil nicht in Betracht (BayObLG FamRZ 1984, 197; OLG Zweibrücken FamRZ 1984, 508; OLG Düsseldorf FamRZ 2009, 1419; OLG Frankfurt FamRZ 2010, 740; **aA** OLG Celle FamRZ 1987, 623). Sanktioniert werden soll das Verhalten des verpflichteten Elternteils; befolgt dieser Elternteil die Regelung, so kann nicht mittelbar durch ein Ordnungsgeld auf das Kind eingewirkt werden.

f) Auswahl und Bemessung der Ordnungsmittel

547 Die **Höhe des Ordnungsgeldes** liegt *für jeden Einzelfall* der Verhängung zwischen 5 (Art 6 Abs 1 S 1 EGStGB) und 25.000 EUR (§ 89 Abs 3 S 1 FamFG). Der **Ersatz** eines nicht beitreibbaren Ordnungsgeldes **in Ordnungshaft** ist, anders als unter § 33 FGG aF (BayObLG FamRZ 1993, 825), in § 89 Abs 1 S 1 FamFG vorgesehen, eine entsprechende Umrechnung ist mit der Anordnung zu tenorieren (zur Bemessung MünchKommFamFG/Zimmermann § 89 Rn 28). Die Festsetzung von **Ordnungshaft** ist nicht nur als Ersatzhaft möglich; Ordnungshaft kann sogleich angeordnet werden, wenn die Verhängung von Ordnungsgeld keinen Erfolg verspricht (§ 89 Abs 1 S 2 FamFG). Die Ordnungshaft dauert nach Art 6 Abs 2 EGStGB mindestens einen Tag und gemäß § 89 Abs 3 S 2 FamFG iVm § 802j Abs 1 ZPO *höchstens sechs Monate.* Die Anordnung setzt nicht notwendig eine vorherige erfolglose Anordnung von Ordnungsgeld voraus, sondern steht im pflichtgemäßen Ermessen des Gerichts. Einer *erstmaligen Anordnung von Ordnungshaft* ohne vorherige Verhängung von Ordnungsgeldern wird aber im Regelfall der **Grundsatz der Verhältnismäßigkeit** entgegenstehen (OLG Jena 24. 3. 2015 – 1 WF 60/15, juris Rn 10, NZFam 2015, 1174; Völker/Clausius, Sorge- und Umgangsrecht [8. Aufl 2021] § 6 Rn 32; Cirullies FamRB 2020, 241, 245).

Die **Auswahl** des Ordnungsmittels und dessen **Höhe** stehen im **Ermessen** des Familiengerichts (OLG Koblenz 3. 6. 2015 – 11 WF 415/15, juris Rn 25, FamRZ 2016, 1104; OLG Jena 24. 3. 2015 – 1 WF 60/15, juris Rn 10, NZFam 2015, 1174; OLG Frankfurt 11. 9. 2012 – 4 WF 196/12, juris Rn 31, ZKJ 2013, 263; Sternal/Giers § 89 FamFG Rn 18). Maßgeblich sind die Umstände des Einzelfalles. In die Abwägung miteinzubeziehende Kriterien sind die hinter der Missachtung stehende *Willensentschlossenheit,* der *Grad des Verschuldens, Art* *und Umfang des Verstoßes* (OLG Saarbrücken 11. 12. 2019 – 6 WF 156/19, NJW-RR 2020, 195), die *wirtschaftlichen Verhältnisse* des Pflichtigen (EGMR 15. 1. 2015 – 62198/11 Nr 105, FamRZ 2015, 469 [*Kuppinger/Deutschland*]), ein etwaiges *Mitverschulden* des anderen Teils und die Wirkungslosigkeit *bisheriger Ordnungsmaßnahmen* (OLG Koblenz 3. 6. 2015 – 11 WF 415/15, juris Rn 25, FamRZ 2016, 1104; OLG Jena 24. 3. 2015 – 1 WF 60/15, juris Rn 10, NZFam 2015, 1174; OLG Saarbrücken 26. 11. 2010 – 6 WF 118/10, juris Rn 21, ZKJ 2011, 104; BayObLGZ 1974, 351; BayObLG 1993, 824, 825: Erhöhung für zweiten Verstoß innerhalb relativ kurzer Zeit); auch wenn das Ordnungsmittel zurückliegende Verstöße sanktioniert, ist auch das (umgangsfördernde) Verhalten des Pflichtigen **in der Zwischenzeit** zu berücksichtigen (OLG Koblenz 3. 6. 2015 – 11 WF 415/15, juris Rn 25, FamRZ 2016, 1104; OLG Frankfurt 11. 9. 2012 – 4 WF 196/12, juris Rn 32, ZKJ 2013, 263; Prütting/Helms/Hammer § 89 FamFG Rn 19 und 20). Ein Ordnungsgeld kann dabei auch bei Pflichtigen mit **geringen Einkommen** verhängt werden (OLG Koblenz 3. 6. 2015 – 11 WF 415/15, juris Rn 23, FamRZ 2016, 1104), wobei bei Empfängern staatlicher Sozialleistungen keine Veranlassung besteht, das Ordnungsgeld nicht über den monatlichen Regelsatz zu bemessen (**aA** KG 17. 6. 2015 – 18 WF 109/14, juris Rn 18). Zu Gunsten des Pflichtigen kann bei der Bemessung des Ordnungsgelds auch zu berücksichtigen sein, dass er wegen desselben Verstoßes bereits vom anderen Elternteil auf *Schadensersatz* (dazu oben Rn 38 ff) in Anspruch genommen worden ist (OLG Köln 4. 7. 2014 – 4 WF 6/13, juris Rn 3, FamRZ 2015, 163)

Soweit danach die Verhängung eines **Ordnungsgeldes** in Betracht kommt, sollte der zur Verfügung stehende Rahmen von immerhin bis zu 25.000 EUR auch ausgeschöpft werden. Die in der Praxis der Familiengerichte zu beobachtende Handhabung, auch bei schwerwiegenden und beharrlichen Verstößen lediglich Ordnungsgelder im unteren dreistelligen Bereich zu verhängen (vgl etwa die Fälle von OLG Frankfurt 29. 5. 2013 – 5 WF 120/13 FamFR 2013, 327: 100 EUR oder OLG Saarbrücken 2. 4. 2012 – 6 WF 130/11, juris Rn 28, ZKJ 2012, 398: 300 EUR) hat auch der EGMR im Hinblick auf Art 8 EMRK beanstandet (EGMR 15. 1. 2015 – 62198/11 Nr 105, FamRZ 2015, 469 [*Kuppinger/Deutschland*]). Bei *vorsätzlichen und wiederholten* Verstößen sollte der Rahmen in einem Bereich von 1.000 bis 5.000 EUR liegen (OLG Köln 9. 7. 2012 – 4 WF 63/12, juris Rn 5, MDR 2012, 1293; Prütting/Helms/Hammer § 89 FamFG Rn 20).

Vollstreckt wird Ordnungsgeld von Amts wegen nach § 1 Abs 1 Nr 3, Abs 2 JBeitrO durch den *Rechtspfleger.*

Liegen **mehrere Verstöße** vor, so kann nicht auf die Grundsätze des früher in der straf- **548**
rechtlichen Konkurrenzlehre vertretenen *Fortsetzungszusammenhangs* zurückgegriffen werden (BGH 18. 12. 2008 – I ZB 32/06, juris Rn 14, NJW 2009, 921 zu § 890 ZPO; OLG Hamm 7. 6. 2017 – 2 WF 30/16, FamRZ 2017, 1953; Sternal/Giers § 89 FamFG Rn 20; **aA** OLG Jena 24. 3. 2015 – 1 WF 60/15, juris Rn 12, NZFam 2015, 1174). Stehen die einzelnen Verstöße aber in einem **inneren und räumlich-zeitlichen Zusammenhang**, kann es im Einzelfall gleichwohl angemessen sein, bei wiederholten Verstößen eine **natürliche Handlungseinheit** anzunehmen und nicht das Vielfache der für eine einzelne Zuwiderhandlung als angemessen erachteten Sanktion zu verhängen, sondern – entsprechend § 53 StGB – ein **Gesamtordnungsmittel** (BGH 18. 12. 2008 – I ZB 32/06, juris Rn 14, NJW 2009, 921 zu § 890 ZPO; OLG Jena 24. 3. 2015 – 1 WF 60/15, juris Rn 12, NZFam 2015, 1174; OLG Hamm 28. 2. 2013 – 4 WF 47/13, juris Rn 17 ff, Streit 2015, 76 zum GewSchG). Im Übrigen kommt aber eine Zusammenfassung der einzelnen Verstöße zu einem Gesamtordnungsmittel nicht in Betracht (BGH 17. 12. 2020 – I ZB 99/19, juris Rn 21 zu § 890 ZPO; OLG Schleswig 10. 12. 2013 –

15 WF 401/13, juris Rn 7, MDR 2014, 561 zum GewSchG; PRÜTTING/HELMS/HAMMER § 89 FamFG Rn 20a). Gleichwohl kann einer Addition der einzelnen Ordnungsmittel der Grundsatz der Verhältnismäßigkeit entgegenstehen (vgl HOFFMANN NJW 2019, 2126, 2130 f). In jedem Fall hat das Familiengericht aber *jeden behaupteten Verstoß aufzuklären.*

549 Insbesondere in Wiederholungsfällen kommt auch die unmittelbare Verhängung von **Ordnungshaft** in Betracht (OLG Saarbrücken 11. 12. 2019 – 6 WF 156/19, NJW-RR 2020, 195: 5 Tage; OLG Jena 24. 3. 2015 – 1 WF 60/15, juris Rn 12 ff, NZFam 2015, 1174: 6 Tage; OLG Schleswig 16. 7. 2014 – 12 WF 67/14, juris Rn 4, FamRZ 2015, 1222: 5 Tage; ausführlich CIRULLIES FamRB 2020, 241). Eine kumulative Anordnung von Ordnungsgeld und Ordnungshaft ist aber gesetzlich nicht vorgesehen (BGH 23. 10. 2003 – I ZB 45/02, juris Rn 24, NJW 2004, 506 zu § 890 ZPO; VÖLKER FPR 2012, 485, 488). Die Praxis verfährt bei der Verhängung von Ordnungshaft aber immer noch sehr zurückhaltend, weil im Hinblick auf die Inhaftierung des betreuenden Elternteils negative Auswirkungen für das Wohl des Kindes befürchtet werden (OLG Koblenz 3. 6. 2015 – 11 WF 415/15, juris Rn 19 ff, FamRZ 2016, 1104; BeckOGK/ALTROGGE [15. 11. 2021] § 1684 Rn 580; bereits zum alten Recht: GOTTSCHALK FPR 2007, 308; SALGO FPR 2008, 401, 405; zu Recht kritisch zu dieser Zurückhaltung CIRULLIES FamRB 2020, 241, 245). Gleichwohl hat der Gesetzgeber mit der Möglichkeit der Verhängung von Ordnungshaft die Effektivität der Vollstreckung von Umgangsentscheidungen erhöhen und die Sanktionen auf Pflichtverstöße gegen Umgangsregelungen verschärfen wollen, sodass in geeigneten Fällen, etwa bei Wiederholungstaten oder wenn das Kind selbst den Umgang möchte, auch Ordnungshaft verhängt werden sollte (PRÜTTING/HELMS/HAMMER § 89 FamFG Rn 21; STERNAL/GIERS § 89 FamFG Rn 19; CIRULLIES, Vollstreckung in Familiensachen [2. Aufl 2017] Rn 481). Für den **Vollzug der Ordnungshaft** gelten nach § 89 Abs 3 S 2 FamFG die Regelungen von §§ 802g Abs 1 S 2 und Abs 2, 802h, 802j Abs 1 ZPO entsprechend (ausführlich CIRULLIES FamRB 2020, 241, 246 f). Es hat daher ein **richterlicher Haftbefehl** nach §§ 802g Abs 1 S 2 ZPO, 4 Abs 2 Nr 2 RPflG zu ergehen, den der Gerichtsvollzieher nach § 802g Abs 2 S 1 ZPO zu vollstrecken hat (OLG Saarbrücken 11. 12. 2019 – 6 WF 156/19, NJW-RR 2020, 195; weitere Einzelheiten bei CIRULLIES, Vollstreckung in Familiensachen [2017] Rn 485). In Härtefällen kann bei einer **Ersatzordnungshaft** nach Art 8 Abs 2 EGStGB iVm § 765 ZPO *Vollstreckungsschutz* zu gewähren sein.

7. Verfahren

a) Anhörung

550 Gemäß § 92 Abs 1 S 1 FamFG ist der **Verpflichtete** vor der Festsetzung von Ordnungsmitteln **anzuhören**. Wie ein Vergleich zu § 160 Abs 1 S 1 FamFG zeigt, genügt grundsätzlich die **schriftliche** Anhörung, zumal die Vorschrift § 891 S 2 ZPO nachgebildet ist (OLG Nürnberg 21. 8. 2017 – 7 WF 881/17, FamRZ 2018, 595; STERNAL/GIERS § 92 FamFG Rn 2; JOHANNSEN/HENRICH/ALTHAMMER/DÜRBECK § 92 FamFG Rn 1; BT-Drucks 16/6308, 219).

Umstritten ist dagegen die Frage, ob daneben auch die **§§ 158 ff FamFG anzuwenden** sind, also insbesondere die **Eltern und das Kind persönlich anzuhören** sind, ein Verfahrensbeistand zu bestellen ist und das **Jugendamt** nach § 162 FamFG anzuhören ist. Die Frage wird in der Literatur unter Hinweis auf die rechtliche Selbständigkeit des Vollstreckungsverfahrens und seine Einordnung als Kindschaftssache iSd § 151 Nr 2 FamFG vielfach bejaht (MünchKommFamFG/ZIMMERMANN § 92 Rn 2; STERNAL/GIERS § 92

FamFG Rn 2; Johannsen/Henrich/Büte [6. Aufl 2015] § 89 FamFG Rn 1). Auch finden sich in den Gesetzesmaterialien Hinweise, dass der Gesetzgeber davon ausgegangen ist, dass §§ 158 ff FamFG im Vollstreckungsverfahren Geltung beanspruchen (BT-Drucks 16/6308, 241; Dürbeck ZKJ 2015, 284). Gleichwohl ist mit der wohl überwiegenden Gegenauffassung davon auszugehen, dass §§ 158 ff FamFG unmittelbar ausschließlich im Erkenntnisverfahren Anwendung finden (OLG Hamm 12. 9. 2019 – 11 WF 196/19, FamRZ 2020, 1490; OLG Nürnberg 21. 8. 2017 – 7 WF 881/17, FamRZ 2018, 595 zu § 162 FamFG, OLG Karlsruhe 18. 3. 2015 – 18 WF 46/14, juris Rn 14, ZKJ 2015, 283; OLG Köln 18. 7. 2011 – 4 WF 140/11, juris Rn 2; OLG Schleswig 3. 3. 2011 – 15 UF 2/11, juris Rn 37, FamRZ 2012, 151; tendenziell auch schon OLG Karlsruhe 5. 5. 2011 – 5 WF 51/11, juris Rn 15 f, FamRZ 2011, 1669; Prütting/Helms/Hammer § 92 FamFG Rn 3; Johannsen/Henrich/Althammer/Dürbeck § 92 FamFG Rn 1; Zöller/Feskorn § 92 FamFG Rn 2, Völker FPR 2012, 485, 490; Cirullies, Vollstreckung in Familiensachen [2. Aufl 2017] Rn 454; Hennemann FamFR 2013, 316, 319). Denn mit **§ 92 Abs 1 S 1 FamFG** hat der Gesetzgeber für das Vollstreckungserfahren eine **vorrangige Spezialregelung** für den Kreis der Anzuhörenden geschaffen, die die Geltung von §§ 158 ff FamFG ausschließt und im Übrigen grundsätzlich auch nur eine schriftliche Anhörung des Pflichtigen genügen lässt. Auch bedarf es einer persönlichen Anhörung der Eltern und des Kindes, der Bestellung eines Verfahrensbeistandes und der Mitwirkung des Jugendamts deshalb nicht, weil es im Vollstreckungsverfahren – vorbehaltlich des Ausnahmefalles der Umgangsverweigerung durch den Umgangsberechtigten (oben Rn 564) – **keiner erneuten Kindeswohlprüfung bedarf** (oben Rn 563).

Eine **persönliche Anhörung** der Beteiligten und des Kindes, eine Hinzuziehung des Jugendamts oder eines Verfahrensbeistands wird nur dann im Interesse einer effizienten und beschleunigten Vollstreckung (§ 88 Abs 3 FamFG) zu erfolgen haben, wenn die **Pflicht zur amtswegigen Sachaufklärung** (§ 26 FamFG) dies gebietet, was etwa dann der Fall sein wird, wen der Pflichtige vorbringt, er könne auf das unwillige Kind nicht einwirken und die Kindesanhörung im Erkenntnisverfahren schon längere Zeit zurückliegt oder gänzlich unterblieben ist (Prütting/Helms/Hammer § 92 FamFG Rn 3; Dürbeck ZKJ 2015, 284). Auch kann in einem solchen Fall ein Verfahrensbeistand (§ 158 FamFG) für das Vollstreckungsverfahren zu bestellen sein. Besteht aufgrund der Erkenntnisse im Vollstreckungsverfahren Anlass für die Einleitung eines Abänderungsverfahrens nach § 166 Abs 1 FamFG oder § 54 Abs 1 FamFG, werden dort ohnehin §§ 158 ff FamFG zu beachten sein. Einer Anhörung des Jugendamts wird es nur in Ausnahmefällen bedürfen.

b) Beschleunigung

Der durch das Gesetz zur Änderung des Sachverständigenrechts ua v 15. 10. 2016 **551**
(BGBl 2016 I 2222) neu eingefügte § 88 Abs 3 S 1 FamFG sieht nunmehr auch in umgangsrechtlichen Vollstreckungsverfahren das – für das Erkenntnisverfahren in § 155 Abs 1 FamFG geregelte (dazu oben Rn 461 ff) – **Vorrang- und Beschleunigungsgebot** vor, weil insbesondere auch hier ein Bedürfnis für die zeitnahe Durchsetzung des Umgangsrecht besteht (BT-Drucks 18/9092, 16). Hintergrund der gesetzgeberischen Tätigkeit waren Beanstandungen des EGMR über ein über zehn Monate dauerndes Vollstreckungsverfahren in einer Umgangssache (EGMR 15. 1. 2015 – 62198/11 Nr 108, FamRZ 2015, 469 [*Kuppinger/Deutschland*]). Das Vorrang- und Beschleunigungsgebot ist dabei für das gesamte Vollstreckungsverfahren zu beachten, umfasst mithin auch die Beitreibung des Ordnungsgeldes und den Vollzug von Ordnungshaft (Prütting/Helms/Hammer § 88 FamFG Rn 16). Gemäß § 88 Abs 3 S 2 FamFG finden auch im Vollstreckungs-

verfahren die in §§ 155b, 155c FamFG enthaltenen Regelungen über die **Beschleunigungsrüge und die Beschleunigungsbeschwerde** in Umgangssachen Anwendung.

551a Das *BVerfG* (BVerfG 19. 2. 2020 – 1 BvR 2375/19, FamRZ 2020, 776) hat seine bereits zu Beschleunigungsbeschwerden (§ 155c FamFG) im Erkenntnisverfahren (siehe Rn 465) entwickelte Rechtsprechung (BVerfG 23. 8. 2018 – 1 BvR 700/18, ZKJ 2019, 25) nunmehr auch für solche im Vollstreckungsverfahren eingelegte Rechtsbehelfe bestätigt, wonach mit einer instanzbeendenden Entscheidung (dort Festsetzung eines Ordnungsmittels nach § 89 FamFG) nicht nur das Rechtschutzbedürfnis für die Beschleunigungsbeschwerde, sondern auch das für eine wegen der Zurückweisung dieses Rechtsbehelfs erhobene Verfassungsbeschwerde entfällt. Nach einer Erledigung des verfolgten Begehrens besteht im Verfahren der Verfassungsbeschwerde ein Rechtsschutzbedürfnis nur dann ausnahmsweise fort, wenn entweder die Klärung einer verfassungsrechtlichen Frage von grundsätzlicher Bedeutung anderenfalls unterbliebe und der gerügte Grundrechtseingriff besonders belastend erscheint oder eine Wiederholung der angegriffenen Maßnahme zu besorgen ist oder die aufgehobene Maßnahme den Beschwerdeführer noch weiterhin beeinträchtigt (BVerfG 23. 8. 2018 – 1 BvR 700/18, ZKJ 2019, 25). Bestätigt hat das BVerfG auch die herrschende Ansicht, dass es sich bei Vollstreckungsverfahren nach §§ 88 ff FamFG um rechtlich selbständige Verfahren handelt (Rn 531).

c) Kosten

552 Eine allgemeine Regelung über die **Kosten des Vollstreckungsverfahrens** beinhaltet § 87 Abs 5 FamFG, wonach §§ 80–82, 84 FamFG entsprechende Anwendung finden. Soweit in Umgangssachen allerdings ein Ordnungsmittel gegen den Pflichtigen festgesetzt wurde, ist § 92 Abs 2 FamFG vorrangig, wonach dem Pflichtigen die Kosten aufzuerlegen sind (OLG Frankfurt 11. 9. 2012 – 4 WF 196/12, juris Rn 35, ZKJ 2013, 263; Prütting/Helms/Hammer § 92 FamFG Rn 6). Für eine Billigkeitsentscheidung ist hier kein Raum (OLG Hamm 5. 4. 2017 – 3 WF 41/17, FamRZ 2017, 1580; Johannsen/Henrich/Althammer/Dürbeck § 92 FamFG Rn 3). Dies gilt auch dann, wenn wegen mehrerer behaupteter Verstöße gegen die Umgangsregelung nur wegen eines Verstoßes ein Ordnungsmittel festgesetzt wird (OLG Hamm 5. 4. 2017 – 3 WF 41/17, FamRZ 2017, 1580; Prütting/Helms/Hammer § 92 FamFG Rn 6; **aA** zu Unrecht OLG Frankfurt 5. 6. 2023 – 6 WF 68/23, NZFam 2023, 791 m Anm Cirullies). Wird der Vollstreckungsantrag zurückgewiesen, verbleibt es dagegen bei § 87 Abs 5 FamFG. Hier wird es im Regelfall nach § 81 Abs 1 S 1 FamFG billigem Ermessen entsprechen, dass die Eltern die Gerichtskosten hälftig tragen und von der Anordnung einer Erstattung außergerichtlicher Auslagen abzusehen sein. Anders wird nach § 81 Abs 2 Nr 1 und 2 FamFG zu verfahren sein, wenn der Antrag von vornherein keine Erfolgsaussicht hatte oder der Antragsteller durch grobes Verschulden die Einleitung des Verfahrens veranlasst hat (Sternal/Giers § 87 FamFG Rn 18; vgl dazu auch den Fall von KG 17. 8. 2016 – 13 WF 116/16, juris Rn 30, FamRZ 2017, 457, bei dem allerdings zu Unrecht bei einer erfolgreichen Beschwerde auf § 84 FamFG abgestellt worden ist).

553 Hinsichtlich der **Gerichtsgebühren** bedarf es im Vollstreckungsverfahren keiner Wertfestsetzung nach § 55 FamGKG, da Nr 1602 KV FamGKG für FamFG-Verfahren Festgebühren (22 EUR je Anordnung) im Falle der Anordnung eines Ordnungsmittels vorsieht (vgl Prütting/Helms/Dürbeck § 89 FamFG Rn 44). Für den Fall der Ablehnung eines Ordnungsmittels entsteht nach hM gemäß Nr 1602 KV FamGKG die Gebühr nicht (BeckOK-Streitwert/Dürbeck [1. 7. 2023] „Ordnungsmittelverfahren“ Rn 2 mNw zum Streitstand).

Für die nach § 18 Abs 1 Nr 14 RVG, § 18 Abs 2 RVG gesondert anfallenden **Anwaltsgebühren** kann nach § 33 RVG die Bestimmung des Wertes des Gegenstands der anwaltlichen Tätigkeit durch das Familiengericht beantragt werden, da nach Nr 3309, 3310 VV RVG wertabhängige Gebühren entstehen (je 0,3 Verfahrens- und ggf Termingebühr). Hier bestimmt 25 Abs 1 Nr 3 RVG, dass sich der **Gegenstandswert** (bei einer Vertretung des Gläubigers) nach dem **Interesse** bestimmt, die die Duldung oder Unterlassung für den Gläubiger hat. Nicht maßgeblich für den Verfahrenswert im ersten Rechtszug ist bei Verhängung eines Ordnungsgeldes dessen Höhe (OLG München 10. 3. 2011 – 33 WF 430/11, juris Rn 13 f, FamRZ 2011, 1686). Im Übrigen wird zur Frage der Schätzung des Wertes des Interesses des Gläubigers vertreten, dieser orientiere sich im Regelfall an derselben Höhe wie das Erkenntnisverfahren selbst (OLG Hamm 26. 3. 2015 – 4 W 15/15, juris Rn 4, AGS 2015, 523 zu § 890 ZPO; Schneider NZFam 2021, 893), während andere meinen, es müsse ein Bruchteil des Hauptsachewertes angesetzt werden (KG 24. 6. 2021 – 16 WF 79/21, NZFam 2021, 893 für den zweiten Rechtszug; OLG München 10. 3. 2011 – 33 WF 430/11, juris Rn 15, FamRZ 2011, 1686; Völker FPR 2012, 485, 490: 1/3).

d) Rechtsmittel

Entscheidungen über die Festsetzung von Ordnungsmitteln nach § 89 FamFG sind **554**
mit der **sofortigen Beschwerde** nach § 87 Abs 4 ZPO anfechtbar, sodass insoweit §§ 567 ff ZPO gelten. Auch soweit einstweilige Anordnungen in Umgangssachen im Erkenntnisverfahren nicht anfechtbar sind (vgl §§ 57 S 1, 70 Abs 4 FamFG), ist die sofortige Beschwerde bzw bei Zulassung auch die Rechtsbeschwerde (§ 574 ZPO) statthaft, weil Vollstreckungsverfahren selbständige Verfahren sind und § 87 Abs 4 FamFG insoweit keine Einschränkungen enthält (BGH 30. 9. 2015 – XII ZB 635/14, juris Rn 6, FamRZ 2015, 2147; Prütting/Helms/Hammer § 87 FamFG Rn 13: Johannsen/Henrich/Althammer/Dürbeck § 87 FamFG Rn 6). Die Beschwerde ist anders als im Erkenntnisverfahren nach § 569 Abs 1 ZPO binnen einer Frist von zwei Wochen einzulegen und das Amtsgericht hat nach § 572 Abs 1 ZPO zunächst über die Abhilfe der Beschwerde zu entscheiden. Im Beschwerdeverfahren vor dem Oberlandesgericht besteht nach § 568 ZPO eine originäre Zuständigkeit des Einzelrichters. Isoliert anfechtbar nach § 567 Abs 4 ZPO ist auch die vom Amtsgericht im Vollstreckungsverfahren getroffene **Kostenentscheidung**, soweit nach § 567 Abs 2 ZPO die Beschwer über 200 EUR liegt (OLG Köln 16. 4. 2014 – 25 WF 45/14, juris Rn 11, FamRZ 2015, 163; OLG Hamm 13. 4. 2010 – 13 WF 55/10, juris Rn 4 ff, FF 2010, 257). Auch wenn die Entscheidung über Ordnungsmittel im Ermessen des Amtsgerichts steht, besteht keine eingeschränkte Überprüfungskompetenz des Beschwerdegerichts, weil dieses eine eigene Ermessensentscheidung zu treffen hat (BGH 12. 10. 2016 – XII ZB 372/16, juris Rn 8 ff, FamRZ 2017, 97 zu § 18 VersAusglG; **aA** OLG Frankfurt 11. 9. 2012 – 4 WF 196/12, juris Rn 31, ZKJ 2013, 263). Die Rechtsbeschwerde zum BGH ist nur bei Zulassung durch das Oberlandesgericht gemäß § 574 Abs 1 Nr 2 ZPO statthaft.

Bleibt die sofortige Beschwerde **ohne Erfolg**, sind dem Beschwerdeführer – gleich ob **555**
es sich um den Pflichtigen oder den anderen Elternteil handelt – die **Kosten der Beschwerde** nach §§ 87 Abs 5, 84 FamFG aufzuerlegen. Ist sie **erfolgreich**, so ist auf § 81 Abs 1 und 2 FamFG bzw bei erstmaliger Festsetzung von Ordnungsmitteln in der Beschwerde auf § 92 Abs 2 FamFG abzustellen (vgl oben Rn 552).

Hinsichtlich der **Gerichtsgebühren** bedarf es im Beschwerdeverfahren keiner Wertfestsetzung, da bei einer (Teil-)Verwerfung oder Zurückweisung der Beschwerde nach Nr 1912 KV FamGKG eine Festgebühr von 66 EUR erhoben wird. Bei Erfolg der sofortigen Beschwerde entstehen gar keine Gerichtsgebühren (BeckOK-Streitwert/Dürbeck [1. 7. 2023] „Ordnungsmittelverfahren" Rn 3d). Soweit ein anwaltlicher Verfahrensbevollmächtigter nach § 33 RVG in Ansehung der **Anwaltsgebühren** (Nr 3500 VV RVG: 0,5 Gebühr) die Wertbestimmung für das Verfahren der sofortigen Beschwerde beantragt, bemisst sich dieser bei einem **Rechtsmittel des Pflichtigen** nach dem Interesse des Beschwerdeführers an der Aufhebung des Ordnungsgeldes, sodass dessen Höhe maßgeblich ist (BGH 17. 8. 2011 – XII ZB 621/10, NJW 2011, 3163; Frankfurt 29. 5. 2013 – 5 WF 120/13, juris Rn 8, FamFR 2013, 327). Wurde dagegen vom Familiengericht ein vom Antragsteller begehrtes Ordnungsgeld **nicht verhängt**, so ist auch für das Beschwerdeverfahren der für das erstinstanzliche Verfahren maßgebliche Wert (oben Rn 553) anzusetzen (OLG Karlsruhe 3. 7. 2014 – 18 WF 11/14, juris Rn 21, FamRZ 2014, 2012; Prütting/Helms/Dürbeck § 89 FamFG Rn 44; **aA** KG 24. 6. 2021 – 16 WF 79/21, NZFam 2021, 893: Bruchteil des Hauptsachewerts).

8. Unmittelbarer Zwang, kein Zwang gegen das Kind (§ 90 FamFG)

556 Die **Anwendung unmittelbaren Zwangs** zur Durchsetzung einer Umgangsregelung regelt § 90 FamFG. Unmittelbarer Zwang ist auf der Grundlage eines ausdrücklichen **Beschlusses des Gerichts** statthaft, wenn (alternativ) die Festsetzung von Ordnungsmitteln erfolglos geblieben ist (§ 90 Abs 1 Nr 1 FamFG), diese keinen Erfolg verspricht (§ 90 Abs 1 Nr 1, 2 FamFG) oder eine alsbaldige Vollstreckung der Entscheidung unbedingt geboten ist (§ 90 Abs 1 Nr 3 FamFG). Die Anordnung unmittelbaren Zwangs **gegen einen Elternteil oder Dritte** steht im pflichtgemäßen Ermessen des Gerichts unter dem strengen Grundsatz der Verhältnismäßigkeit, sie ist nach Scheitern von Ordnungsmitteln äußerstes Mittel, wenn andere Mittel nicht in Betracht kommen (Zöller/Feskorn § 90 FamFG Rn 3). Insoweit sind nicht nur die Ordnungsmittel gemäß § 89 FamFG zu erwägen, sondern auch die Chancen einer Umgangspflegschaft (MünchKommFamFG/Zimmermann § 90 Rn 22).

Wie schon § 33 Abs 2 FGG aF (dazu Zimmermann FPR 2008, 420; Hammer FPR 2008, 413) schließt § 90 Abs 2 S 1 FamFG die Anwendung **unmittelbaren Zwangs gegen das Kind** in der Umgangsvollstreckung aus. Hintergrund ist die zutreffende Abwägung, dass ein gegen das sich weigernde Kind mit Zwang durchgesetzter Umgang nicht dem Kindeswohl dienen wird (BT-Drucks 13/4899, 128); dies gilt umso mehr, als es sich insoweit um den zutreffenden Vergleichsfall zu der vom BVerfG entschiedenen Konstellation des sich weigernden Umgangselternteils (oben Rn 527) handelt. Allerdings bestehen gerade angesichts der zutreffenden Verlagerung von der in § 33 Abs 2 FGG aF untersagten „Gewalt" in die Kategorie des unmittelbaren Zwangs Zweifel, ob das Verbot nicht zu weit geht, da die schon zu § 33 Abs 2 FGG aF verfehlte Identifikation von (Vollstreckungs-) Gewalt und Kindesmisshandlung iSd § 1631 Abs 2 BGB (zutreffend Hammer FPR 2008, 413, 415) für unmittelbaren Zwang (Festhalten des Elternteils, Mitnehmen des sich nicht wehrenden Kindes) kaum zutreffen kann.

Die unter § 33 FGG aF vor allem im Hinblick auf Art 13 GG sensible Frage, ob die Bestimmung auch eine richterlich angeordnete **Wohnungsdurchsuchung** (zB zum Auffinden von warmer Kleidung des Kindes) deckt (BVerfG NJW 2000, 943; dazu: Hammer

FPR 2008, 413, 416), stellt sich insoweit unter § 90 Abs 1 FamFG nicht mehr, da nach § 91 FamFG ein richterlicher Durchsuchungsbeschluss ergehen kann.

XV. Abänderungsverfahren

Da gerichtliche Umgangsregelungen und gerichtlich gebilligte Vergleiche nicht in **materielle Rechtskraft** erwachsen, müssen sie bei nachträglicher Änderung der ihnen zugrundeliegenden Umstände abänderbar sein. Dies gilt auch für **ausländische Umgangstitel**, soweit sie im Inland anerkennungsfähig sind (OLG Stuttgart 8. 6. 2017 – 17 UF 45/16, juris Rn 42 f, FamRZ 2018, 39: kroatische Umgangsregelung; Staudinger/Coester § 1696 Rn 149). 557

In **verfahrensrechtlicher Hinsicht** regelt dies als speziellere Norm zu § 48 FamFG die Bestimmung von § 166 FamFG. § 166 Abs 1 FamFG verweist insoweit hinsichtlich der **materiell-rechtlichen Voraussetzungen** auf § 1696 BGB. Nach dessen Abs 1 bedarf es für die Abänderung einer bestehenden gerichtlichen Umgangsregelung **triftiger, das Kindeswohl nachhaltig berührender Gründe** (vgl dazu Staudinger/Coester § 1696 Rn 35 ff). Maßstab ist insoweit das **Kindeswohl** und nicht die Geschäftsgrundlage einer Regelung oder Elternvereinbarung iSd § 313 BGB (OLG Koblenz 2. 8. 2017 – 13 UF 313/17, FamRB 2018, 143). Die hierfür vorliegenden Gründe müssen von solcher Bedeutung sein, dass die mit der Veränderung einer bestehenden Umgangsregelung verbundenen **Vor- bzw Nachteile für das Kindeswohl das Bedürfnis der Kontinuität der bestehenden Regelung deutlich überwiegen** (OLG Hamburg 13. 9. 2022 – 12 UF 118/22, FamRZ 2023, 219 m Anm Jokisch; OLG Koblenz 2. 8. 2017 – 13 UF 313/17, FamRB 2018, 143; OLG Brandenburg 11. 4. 2014 – 3 UF 50/13, juris Rn 46, FamRZ 2014, 862 zum Sorgerecht; Heilmann/Gottschalk § 1696 Rn 20). Hierbei kommt aufgrund der Elternautonomie dem übereinstimmenden Willen der Eltern ebenso wie dem Willen des Kindes entscheidende Bedeutung zu (OLG Brandenburg 10. 4. 2014 – 10 UF 212/13, juris Rn 23, FamRZ 2014, 1859; Staudinger/Coester § 1696 Rn 113; Grüneberg/Götz § 1696 Rn 11; vgl auch BVerfG 27. 12. 2022 – 1 BvR 1791/22, juris Rn 11). Die Eingriffsschwelle für eine Änderung der Umgangsregelung ist trotz Neufassung des § 1696 BGB wie schon vor dem KindRG **niedriger** als für eine Änderung der Sorgerechtsregelung (OLG Bamberg 30. 1. 2023 – 7 UF 190/22, juris Rn 22; OLG Frankfurt 26. 10. 2021 – 6 UF 147/21, juris Rn 12, FamRZ 2022, 362; Staudinger/Coester § 1696 Rn 113).

Dieser gleichwohl strenge Abänderungsmaßstab gilt allerdings nicht für **kinderschutzrechtliche Maßnahmen** iSd §§ 166 Abs 2 FamFG, 1696 Abs 2 BGB, zu denen der Ausschluss oder die Beschränkung des Umgangsrechts nach § 1684 Abs 4 S 2 BGB, also auch die Anordnung begleiteten Umgangs (OLG Schleswig 23. 3. 2015 – 10 UF 6/15, juris Rn 32, FamRZ 2015, 1040), zählen (BVerfG 17. 9. 2016 – 1 BvR 1547/16, juris Rn 38, ZKJ 2016, 457; MünchKommBGB/Hennemann § 1684 Rn 128) gehören. Hier kommt es nach § 1696 Abs 2 BGB ausschließlich darauf an, ob auch weiterhin eine Gefährdung des Kindeswohls vorliegt, die den Ausschluss oder die Beschränkung des Umgangs erforderlich macht. Dieser materielle Änderungsmaßstab wird verfahrensrechtlich durch § 166 Abs 2 FamFG abgesichert, der die Gerichte dazu verpflichtet, kinderschutzrechtliche Maßnahmen in angemessenen Abständen **von Amts wegen** zu überprüfen. Soll eine titulierte Umgangsregelung dahingehend abgeändert werden, dass der Umgang ausgeschlossen wird, ist Maßstab weiterhin allein § 1684 Abs 4 BGB und nicht § 1696 Abs 1 BGB (OLG Saarbrücken 22. 11. 2018 – 6 UF 120/18, NJW-RR 2019, 327). § 1696 Abs 1

BGB ist dagegen anzuwenden, wenn ein gerichtlich geregelter begleiteter Umgang – bei fortbestehender Kindeswohlgefährdung nach § 1684 Abs 4 S 2 BGB – reduziert werden soll (VerfGH Berlin 14. 12. 2022 – VerfGH 84/21, NZFam 2023, 322 m Anm Prinz).

557a Zum anderen kann der vom Umgang ausgeschlossene Elternteil eine Abänderung durch eine Anregung, ein Abänderungsverfahren einzuleiten, herbeiführen, da insoweit auch Abänderungsverfahren in Umgangssachen zu den amtswegigen Verfahren iSd § 24 FamFG zählen (OLG Frankfurt 28. 6. 2019 – 4 UF 136/19, juris Rn 11; OLG Celle 12. 8. 2011 – 10 WF 246/11, juris Rn 12, ZKJ 2011, 433; BeckOGK/Altrogge [15. 11. 2021] § 1684 Rn 239). Lehnt das Amtsgericht die Einleitung eines Abänderungsverfahrens ab, so steht dem betroffenen Elternteil hiergegen ein **Beschwerderecht** nach §§ 58, 59 Abs 1 FamFG zu (BVerfG 17. 9. 2016 – 1 BvR 1547/16, juris Rn 39, ZKJ 2016, 457; OLG Hamburg 13. 9. 2022 – 12 UF 118/22, FamRZ 2023, 219; OLG Frankfurt 30. 12. 2021 – 6 UF 237/21, FamRZ 2022, 545 zu § 1685 BGB; OLG Brandenburg 6. 5. 2015 – 15 WF 91/15, juris Rn 3 ff, FamRZ 2015, 1993; OLG Frankfurt 31. 3. 2015 – 5 UF 272/14, juris Rn 21 f, ZKJ 2015, 275; Prütting/Helms/Hammer § 166 FamFG Rn 11). Gleiches gilt, wenn das Familiengericht mit der Nichteinleitung des Verfahrens zu Unrecht eine Kostenentscheidung getroffen hat (OLG Bamberg 12. 1. 2023 – 7 WF 5/23e, FGPrax 2023, 92).

Umstritten ist, ob ein Abänderungsverfahren bei einer bereits vorliegenden gerichtlich gebilligten Umgangsvereinbarung (§ 156 Abs 2 FamFG) nach § 166 Abs 1 FamFG iVm § 1696 Abs 1 BGB auch auf eine Eingabe des vormaligen **Verfahrensbeistands** (§ 158 FamFG) vom Amts wegen eingeleitet werden kann. Soweit eine gerichtlich gebilligte Umgangsvereinbarung vorliegt, wird von der hL unter Bezugnahme auf die Gesetzesbegründung (BT-Drucks 16/6308, 346) die Ansicht vertreten, dass im Hinblick auf die Elternautonomie ein Abänderungsverfahren nur auf *„Antrag" eines Elternteils* in Betracht komme und amtswegig ein Verfahren nur bei einer im Raum stehenden *Kindeswohlgefährdung iSd § 1666 BGB* eingeleitet werden könne (AG Frankfurt aM 9. 4. 2020 – 456 F 5092/20, ZKJ 2020, 274; MünchKommFamFG/Heilmann § 166 Rn 15; MünchKommBGB/Lugani § 1696 Rn 22; Heilmann/Gottschalk § 166 FamFG Rn 11; Staudinger/Coester § 1696 Rn 136; Schlünder FamRZ 2012, 9, 16). Die Annahme der hL und ihr folgend des AG Frankfurt aM, ein Abänderungsverfahren könne bei einer vorangegangenen gerichtlich gebilligten Umgangsvereinbarung – bei fehlender Kindeswohlgefährdung – nur auf „Antrag" eines Elternteils eingeleitet werden, überzeugt jedoch nicht. Die Frage, ob es für die Einleitung eines Abänderungsverfahrens eines Antrages iSd § 23 FamFG bedarf oder ob dies amtswegig einzuleiten ist, beurteilt sich ausschließlich danach, ob das Ausgangsverfahren ein Antrags- oder Amtsverfahren war (Prütting/Helms/Hammer § 166 FamFG Rn 11). Da Umgangsverfahren nach §§ 151 Nr 2 FamFG, 1684 BGB unzweifelhaft zu den amtswegigen Verfahren iSd § 24 FamFG zählen (Rn 381), sind auch Abänderungsverfahren nach § 166 Abs 1 FamFG amtswegig einzuleiten, ohne dass es darauf ankäme, ob es sich bei der Ursprungsentscheidung um eine gerichtliche Regelung des Umgangs nach § 1684 Abs 3 BGB oder einen Billigungsbeschluss nach § 156 Abs 2 FamFG handelt (OLG Celle 12. 8. 2011 – 10 WF 246/11, ZKJ 2011, 433). Die von der hL hervorgehobene Elternautonomie besteht auch bei einer Umgangsvereinbarung iSd § 156 Abs 2 FamFG nur in sehr eingeschränktem Maße, hängt doch die gerichtliche Billigung der Vereinbarung auch von der Zustimmung des Verfahrensbeistands als Beteiligter des Verfahrens ab, und die Vereinbarung ist zudem einer (negativen) Prüfung der Kindeswohldienlichkeit nach § 156 Abs 2 S 2 FamFG zu unterziehen, welche sich nicht auf die Verneinung einer

Kindeswohlgefährdung (so wie bei § 1671 Abs 4 BGB) beschränkt (Prütting/Helms/Hammer § 156 FamFG Rn 58). Die Autonomie der Eltern und ihr etwaiges Interesse am Fortbestand der Umgangsregelung kann hinreichend bei der Prüfung der Begründetheit einer Abänderung wegen *„triftiger Gründe"* iSd § 1696 Abs 1 BGB berücksichtigt werden und bedarf keines formellen Antragserfordernisses.

Soweit das Familiengericht in einem Streit der Eltern über das Aufenthaltsbestimmungsrecht dieses nach § 1671 Abs 1 S 2 Nr 2 BGB auf einen Elternteil übertragen hat und nunmehr der andere umgangsberechtigte Elternteil über eine Umgangsregelung nach § 1684 Abs 3 S 1 BGB die Anordnung des paritätischen **Wechselmodells** begehrt, stellt sich die Frage, ob für diese der erhöhte Maßstab von § 1696 Abs 1 BGB (analog) Geltung beansprucht. Das OLG Frankfurt (OLG Frankfurt 16. 10. 2018 – 1 UF 74/18, juris Rn 39 ff, FamRZ 2019, 206) hatte diese Frage bejaht, da nach seiner Ansicht die umgangsrechtliche Anordnung eines Wechselmodells nicht losgelöst von einer zuvor ergangenen Entscheidung über das Aufenthaltsbestimmungsrechts und des damit verbundenen Residenzmodells gesehen werden könne. Der *BGH* (BGH 27. 11. 2019 – XII ZB 512/18, FamRZ 2020, 255 Rn 12 ff) hat dem jedoch eine Absage erteilt. Er hält an der strikten verfahrens- und materiell-rechtlichen Trennung von Umgangs- und Sorgeverfahren fest und bestätigt seine bereits in der ersten Wechselmodellentscheidung (BGH 1. 2. 2017 – XII ZB 601/15, FamRZ 2017, 532) vertretene Ansicht, dass mit einer Zuweisung des Aufenthaltsbestimmungsrechts auf einen Elternteil nicht notwendigerweise eine gerichtliche Vorbestimmung des Residenzmodells verbunden ist. Folgerichtig misst der BGH die Frage, ob die Voraussetzungen für die umgangsrechtliche Regelung des Wechselmodells vorliegen, allein an §§ 1684, 1697a BGB. Auch soweit es die **Abänderung eines umgangsrechtlich titulierten Wechselmodells** betrifft, soll dies nach Ansicht des BGH (BGH 19. 1. 2022 – XII ZA 12/21, FamRZ 2022, 601 Rn 13; **aA** noch OLG Brandenburg 23. 3. 2020 – 15 UF 68/17, FamRZ 2020, 1655) ausschließlich über ein umgangsrechtliches Abänderungsverfahren möglich sein und nicht über eine sorgerechtliche Erstentscheidung über das Aufenthaltsbestimmungsrecht nach § 1671 Abs 1 S 2 Nr 2 BGB (ebenso zu Recht KG 21. 12. 2022 – 3 UF 87/21, NZFam 2023, 220 m Anm Fuchs). **557b**

Fraglich ist schließlich, ob triftige Gründe für die Abänderung einer gerichtlichen Umgangsregelung auch dann vorliegen, wenn der umgangsberechtigte Elternteil den Umgang über längere Zeit nicht wahrgenommen hatte und der betreuende Elternteil die Beseitigung des Titels begehrt. Nach Ansicht des *OLG Hamburg* (OLG Hamburg 25. 9. 2020 – 12 WF 106/20, FamRZ 2021, 201) sei es weder gewollt noch realisierbar, dass sämtliche gerichtliche Umgangsregelungen bis zur Volljährigkeit des Kindes permanent abgeändert werden und etwaige Anpassungen von den Eltern einvernehmlich vorzunehmen seien. Dem dürfte so nicht zuzustimmen sein. Nimmt der umgangsberechtigte Elternteil den Umgang aus grundsätzlichen Erwägungen nicht wahr, so kann zwar gegen ihn im Regelfall der Umgang nicht erzwungen werden (s Rn 542), allerdings dürfte in einem solchen Fall das Fortbestehen des Titels weder aus Sicht des Kindes noch aus der des betreuenden Elternteils hingenommen werden. Auch wenn ein Umgang, den der Berechtigte nicht einfordert, vom Verpflichteten nicht iSd § 89 Abs 1 FamFG vereitelt werden kann (vgl OLG Nürnberg 21. 8. 2017 – 7 WF 881/17, juris Rn 19, FamRZ 2018, 595), dürfte das formale Fortbestehen, wie von der Kindesmutter im Fall des OLG Hamburg geschildert, weder für sie noch die dadurch belasteten Kinder hinzunehmen sein. Anders als der Hamburger Familiensenat meint, **557c** kommt es in einem solchen Fall auch nicht auf die Kindeswohlschwelle von § 1684 Abs 4 S 2 BGB an, da auch die Nichtregelung des Umgangs im Einzelfall in Betracht kommt, wenn der Umgangsberechtigte kein ernsthaftes Interesse an der Wahrnehmung des Umgangs zeigt (s Rn 184).

XVI. Internationales Privatrecht

1. KSÜ

558 **EU-rechtliche** Bestimmungen zum IPR in Kindschaftssachen bestehen nicht (Wagner/Janzen FPR 2011, 110; Winter, Internationales Familienrecht [2023] Rn 510; Völker/Clausius, Sorge- und Umgangsrecht [8. Aufl 2021] § 11 Rn 60); die Brüssel IIb-VO (oben Rn 384) enthält nur verfahrensrechtliche Regelungen.

Im persönlichen Anwendungsbereich (also bei gewöhnlichem Aufenthalt des Kindes in einem KSÜ-Vertragsstaat) des **KSÜ** (oben Rn 386) ist die **lex fori** (Anwendung des Rechts der nationalen Gerichte, Art 21 Abs 1 KSÜ) gemäß Art 15 Abs 1 KSÜ berufen, sodass der **Gleichlauf** zwischen internationaler Zuständigkeit und anzuwendendem Recht gewährleistet ist. Das MSA spielt nach Beitritt der Türkei zum KSÜ (oben Rn 387) keine Rolle mehr. Im Verhältnis zum **Iran** ist das deutsch-iranische Niederlassungsabkommen von 1929 zu beachten (vgl Völker/Clausius, Sorge- und Umgangsrecht [8. Aufl 2021] § 11 Rn 66 f).

2. Bei Zuständigkeit nach der Brüssel IIb-VO

559 Zweifelhaft ist, wie sich das anwendbare Recht bestimmt, wenn sich die internationale Zuständigkeit aus der **Brüssel IIb-VO** ergibt, also bei gewöhnlichem Aufenthalt des Kindes in einem Brüssel IIb-Mitgliedstaat (Art 7 Brüssel IIb-VO). Zwar ist insoweit das KSÜ anwendbar. Dessen Kollisionsregeln setzen aber eine Zuständigkeit nach dem Übereinkommen voraus (Art 5 KSÜ). Daher bestimmt sich das anwendbare Recht nach heute hM nur dann nach diesen Übereinkommen (Art 15 KSÜ), wenn das Gericht auch **(fiktiv)** in Anwendung von dessen Zuständigkeitsregeln (Art 5 KSÜ) zuständig wäre (BGH 20. 12. 2017 – XII ZB 333/17, juris Rn 20, FamRZ 2018, 457; OLG Karlsruhe 5. 3. 2013 – 18 UF 298/12, juris Rn 11, ZKJ 2013, 299; OLG Köln 8. 12. 2016 – 25 UF 109/16, juris Rn 14, FamRB 2017, 299; BeckOK-BGB/Heiderhoff [1. 8. 2022] Art 21 EGBGB Rn 15; Rauscher/Rauscher, EuZPR [3. Aufl 2016] Art 8 Brüssel II-VO Rn 25 und Art 3 Brüssel IIa-VO Rn 3; Heilmann/Schweppe Art 15 KSÜ Rn 3; Winter, Internationales Familienrecht [2023] Rn 538; **aA** Solomon FamRZ 2004, 1409, 1416 Fn 67 jeweils mit Nachweisen). Im Übrigen gilt nach zutreffender Ansicht, insbesondere auch für den Fall, dass der betreffende Staat nicht Vertragsstaat des KSÜ ist und auch keine fiktive Zuständigkeit nach dem KSÜ besteht, Art 21 EGBGB (OLG Stuttgart 15. 10. 2020 – 15 UF 8/20, juris Rn 22, FamRZ 2021, 783; Prütting/Helms/Hau § 99 FamFG Rn 18; **aA** die wohl hL: OLG Köln 8. 12. 2016 – 25 UF 109/16, juris Rn 14, FamRZ 2017, 1514 m Anm Menne; Winter, Internationales Familienrecht [2023] Rn 540: Art 15 KSÜ auch bei fehlender fiktiver Zuständigkeit). Damit ist hier das Statut durch Verlegung des gewöhnlichen Aufenthalts des Kindes ex nunc wandelbar (BGH 16. 3. 2011 – XII ZB 407/10, juris Rn 39, FamRZ 2011, 739 zum Sorgerecht).

3. Deutsches IPR bei Zuständigkeit lege fori

In den gar nicht seltenen Fällen des Bestehens einer deutschen internationalen Zuständigkeit außerhalb des Anwendungsbereichs der Brüssel IIb-VO und des KSÜ (oben Rn 389), insbesondere bei deutscher Staatsangehörigkeit des Kindes nach § 99 Abs 1 Nr 1 FamFG, bestimmt sich das anwendbare Recht nach **Art 21 EGBGB**; vorbehaltlich einer Rück- oder Weiterverweisung gemäß Art 4 Abs 1 EGBGB (BeckOK-BGB/Lorenz [1. 8. 2022] Art 4 EGBGB Rn 2 ff) ist das Recht des Staates maßgeblich, in dem das Kind seinen **gewöhnlichen Aufenthalt** hat. 560

In den Anwendungsbereich des Art 21 EGBGB fällt dabei nicht nur der Umgang des Kindes mit seinen Eltern; auch der Umgang mit Dritten, insbesondere der Umgang mit den in § 1685 BGB genannten Berechtigten, ist sorgerechtlich zu qualifizieren und unterfällt daher dem auf das Eltern-Kind-Verhältnis anwendbaren Recht (MünchKommBGB/Helms Art 21 EGBGB Rn 19).

§ 1685
Umgang des Kindes mit anderen Bezugspersonen

(1) Großeltern und Geschwister haben ein Recht auf Umgang mit dem Kind, wenn dieser dem Wohl des Kindes dient.

(2) Gleiches gilt für enge Bezugspersonen des Kindes, wenn diese für das Kind tatsächliche Verantwortung tragen oder getragen haben (sozial-familiäre Beziehung). Eine Übernahme tatsächlicher Verantwortung ist in der Regel anzunehmen, wenn die Person mit dem Kind längere Zeit in häuslicher Gemeinschaft zusammengelebt hat.

(3) § 1684 Abs. 2 bis 4 gilt entsprechend. Eine Umgangspflegschaft nach § 1684 Abs. 3 Satz 3 bis 5 kann das Familiengericht nur anordnen, wenn die Voraussetzungen des § 1666 Abs. 1 erfüllt sind.

Materialien: neuer Inhalt idF des KindRG: BT-Drucks 13/4899 v 13. 6. 1996; BT-Drucks 13/8511 v 12. 9. 1997, 68; KindRG v 16. 12. 1997; Abs 2 geändert durch LPartG v 16. 2. 2001, BGBl I 266; BT-Drucks 14/3751 v 4. 7. 2000; BT-Drucks 14/4545 v 8. 11. 2000; BT-Drucks 14/4550 v 9. 11. 2000; erneut geändert durch G zur Änderung der Vorschriften über die Anfechtung der Vaterschaft und das Umgangsrecht von Bezugspersonen des Kindes etc v 23. 4. 2004, BGBl I 598; BT-Drucks 15/2253 v 17. 12. 2003; BT-Drucks 15/2492 v 12. 2. 2004; BT-Drucks 15/2716 v 16. 3. 2004; BT-Drucks 15/2831 v 31. 3. 2004 (Vermittlungsausschuss); Abs 3 S 2 eingefügt durch Art 50 Nr 29 FGG-RG, BGBl 2009 I 2586; BT-Drucks 16/9733 v 23. 6. 2008; BT-Drucks 16/13082 v 19. 5. 2009.

Schrifttum

Balloff, Stieffamilien – Psychologische Aspekte und sozialwissenschaftliche Erkenntnisse, FPR 2004, 50

Bernau, Der Einzug der Patchwork-Familie in den juristischen Sprachgebrauch – eine Definition, KJ 2006, 320

BIRK, Das Verkehrsrecht der Großeltern/ Rechtsvergleichende und kollisionsrechtliche Bemerkungen zur deutschen Rechtsprechung, FamRZ 1967, 306
BONGARTZ, Zur gebotenen rechtlichen Behandlung von Ehen unter Beteiligung Minderjähriger, NZFam 2017, 541
BOSCH, Aktuelle Probleme des Familien- und Erbrechts, FamRZ 1970, 497
BOTTHOF, Die Annahme als Kind als Alternative zur Dauerpflege, FamRZ 2016, 768
ders, Das Adoptionshilfe-Gesetz: Freiwilligkeit, Abschreckung und Kindeswohl, NJW 2021, 1127
BÜTE, Änderungen der Vorschriften über die Anfechtung der Vaterschaft und das Umgangsrecht von Bezugspersonen des Kindes, FPR 2005, 5
CAMPBELL, Das Umgangsrecht von nicht-elterlichen Bezugspersonen, NJW-Spezial 2011, 644
COESTER-WALTJEN, Das Umgangsrecht des genetischen Vaters nach Adoption seines Kindes, ZKJ 2022, 399
DIJuF, Vaterschaft und Umgangsrecht auf dem Prüfstand, JAmt 2003, 470
DJI, Empfehlungen des Expertise- und Forschungszentrums Adoption zur Weiterentwicklung des deutschen Adoptionswesens und zu Reformen des deutschen Adoptionsrechts (2017) 56
DÜRBECK, Unbegleitete minderjährige Flüchtlinge im Familienrecht, FamRZ 2018, 553
GIERS, Das Umgangsrecht nach § 1685 BGB, FamRB 2011, 229
HELMS, Gutachten F zum 71. Deutschen Juristentag (2016)
HELMS/BOTTHOF, Besuchskontakte nach Adoption und Formen schwacher Adoption – Rechtsvergleichende Studie unter Einbeziehung des schweizerischen, französischen, italienischen, spanischen, griechischen, englischen und US-amerikanischen Rechts (2017)
HÖFELMANN, Das neue Gesetz zur Änderung der Vorschriften über die Anfechtung der Vaterschaft und das Umgangsrecht von Bezugspersonen des Kindes, FamRZ 2004, 745
HÖFLINGER, Kollision zwischen persönlichem Umgangsrecht der Großeltern und Sorgerecht, ZfJ 2002, 131
HOFFMANN, Umgangsrecht leiblicher Eltern nach Adoption, JAmt 2003, 453
KEUTER, Umgangsrecht nach Adoption, NZFam 2021, 816
KLAPDOR, Das Umgangsrecht von Großeltern mit dem Kind im BGB (2014)
KLOSTER-HARZ, Beteiligung der Großeltern in Kindschaftsverfahren, NZFam 2016, 529
KÖHLER, Zurückweisung eines „Antrags“ im Amtsverfahren, ZKJ 2018, 9
LAUTERBACH, Bedeutung der Abstammung für die Familien- und Verwandtschaftszugehörigkeit, Zeitschrift für Familienforschung, Sonderheft 8, Pluralisierung von Elternschaft und Kindschaft (2011) 191
LIPP, Elternschaft, „sozial-familiäre Beziehung“ und Bindungsperson, Zeitschrift für Familienforschung, Sonderheft 8, Pluralisierung von Elternschaft und Kindschaft (2011) 121
ders, Das elterliche Sorgerecht für das nichteheliche Kind nach dem Kindschaftsreformgesetz (KindRG), FamRZ 1998, 65
LÖHNIG, Das Umgangsrecht der Großeltern aus § 1685 I BGB – Dogmatische Struktur und Praxis, NZFam 2017, 1030
ders, Zur Tragung der Kosten des Umgangs von Personen, die nicht rechtliche Eltern sind, mit einem Kind, FamRZ 2013, 1866
LUTHIN, Kein Kontakt mit Oma und Opa?, FamRB 2016, 319
MOTZER, Das Umgangsrecht Verwandter und enger Bezugspersonen des Kindes, FamRB 2004, 231
ders, Neuere Tendenzen beim Umgangsrecht, FPR 2007, 275
NEUMANN, Der Umgang des Kindes mit anderen Bezugspersonen, FamRZ 2009, 157
OBERLOSKAMP, Das Märchen von der bösen Stiefmutter, ZKJ 2008, 484
OSTHOLD, Das Umgangsrecht der Großeltern nach § 1685 Abs 1 BGB – eine Zwischenbilanz, FF 2017, 347
PESCHEL-GUTZEIT, Stiefkinder und ihre Familien in Deutschland – Rechtlicher Status und tatsächliche Situation, FPR 2004, 47
PLÖTZGEN, Das Umgangsrecht von „Nicht-Eltern“ – Ein Vergleich des deutschen Rechts mit den umgangsrechtlichen Regelungen in England und in der Schweiz (2005)

RAKETE-DOMBEK, Das Umgangsrecht des Stiefelternteils zu seinem Stiefkind gem § 1685 II BGB, FPR 2004, 73
RAUSCHER, Das Umgangsrecht im Kindschaftsrechtsreformgesetz, FamRZ 1998, 329
SANDERS/BÜNTE, Umgang mit Großeltern und Geschwistern als gesetzliches Recht des Kindes, FamRZ 2023, 85
SCHNITZERLING, Das Recht auf Verkehr mit dem Kinde, FamRZ 1958, 444
SCHULZE, Le printemps des grands-parents – Das Umgangsrecht Dritter im Entwurf des Bundesjustizministeriums, FuR 1996, 275
SCHÜRMANN, Großeltern im Visier (Teil 1), FF 2018, 230
SCHWAB, Rechte am Kind ohne Verantwortung? – Zur Begründung von Umgangsbefugnissen Dritter, in: FS Coester-Waltjen (2015) 223
ders, Was ist und was bedeutet Familie?, FF 2022, 53
SPANGENBERG/SPANGENBERG, Das großelterliche Umgangsrecht, FamRZ 2017, 426
SPLITT, Umgang des Kindes mit anderen Bezugspersonen – § 1685 BGB, FamRB 2021, 341
TEUBER/SCHRAPPER, Geschwister in der Jugendhilfe – Problem oder Ressource?, JAmt 2021, 490
THEURER, Das Umgangsrecht von Großeltern und anderen Bezugspersonen, MDR 2005, 250
WALTER, Umgang mit dem in Familienpflege untergebrachten Kind, §§ 1684, 1685 BGB – psychologische Aspekte, FPR 2004, 415
ders, Unterschiede zwischen Beziehungen und Bindungen – was sagen der Gesetzgeber und die psychologische Wissenschaft?, FPR 2013, 177
WEYCHARDT, Die familiengerichtliche Regelung der elterlichen Verantwortung, ZfJ 1999, 326
WILLUTZKI, Zum Umgangsrecht der Großeltern oder wie § 1685 Abs 1 BGB eigentlich aussehen sollte, in: FS Koch (2019) 557
ZIMMERMANN, Großeltern 2.0 – Umgangsrecht der Großeltern mit dem Kind, ZRP 2019, 40.

Systematische Übersicht

Alphabetische Übersicht

I. Normgeschichte, Normzweck

1. Entstehungsgeschichte

a) Die Entwicklung bis zum KindRG

1 Das deutsche Kindschaftsrecht sah bis zum 1. 1. 1998 ein Umgangsrecht von Großeltern, Geschwistern oder sonstigen sozialen Bezugspersonen des Kindes nicht vor (zur historischen Entwicklung ausführlich Staudinger/Peschel-Gutzeit [1997] § 1634 Rn 102, 103; Soergel/Gietl § 1685 Rn 1 ff; Klapdor, Das Umgangsrecht von Großeltern mit dem Kind im BGB 3 ff). Die zum 1. 1. 1900 in Kraft getretene Urfassung des BGB v 18. 8. 1896 (RGBl 1896, 195) gewährte in § 1636 aF lediglich ein *„Verkehrsrecht"* des nach einer Ehescheidung nicht sorgeberechtigten Elternteils. Ein Verkehrsrecht dritter Personen wurde in der Folgezeit – außerhalb des Kreises der rechtlichen Eltern – lediglich für die Großeltern des Kindes erwogen, was insoweit auch in Zusammenhang mit der These stand, das Verkehrsrecht des § 1634 aF mit dem Kind beruhe auf der *„Blutsverwandtschaft"* (vgl KG RJA 11, 254; Schnitzerling FamRZ 1958, 444). Ungeachtet von wenigen Stimmen in der Literatur, die sich für eine analoge Anwendung des elterlichen Verkehrsrecht auf die Großeltern des Kindes aussprachen (Krüger, in: Krüger/Breetzke/Nowak, GleichberG [1958] Einl 210 f, 228 f; Birk FamRZ 1967, 306, 310; Bosch FamRZ 1970, 497, 503), lehnte die Rechtsprechung – erstmals bereits das BayObLG mit Beschluss vom 31. 5. 1921 (BayObLG OLGE 42, 115) – bis zum Inkrafttreten des KindRG ein großelterliches Umgangsrecht mit dem Enkelkind durchgängig ab (vgl etwa KG JW 1937, 2197; OLG Hamm Rpfleger 1948/49, 111; BayObLG 18. 11. 1963 – BReg 1 Z 105/63, MDR 1964, 417; 10. 5. 1965 – BReg 1 a Z 17/65, NJW 1965, 1716; 1. 2. 1983 – BReg 1 Z 51/82, DAVorm 1983, 377; OLG Düsseldorf 17. 3. 1967 – 3 W 47/67, OLGZ 1967, 250; OLG Braunschweig FamRZ 1973, 268; LG Kassel 2. 4. 1997 – 2 T 89/96, FamRZ 1997, 1552; OLG Köln 20. 3. 1998 – 14 Wx 4/98, juris Rn 5 f, FamRZ 1998, 695). Dies stand insoweit im Einklang mit der damals geltenden verfassungsrechtlichen Anschauung, der Familienbegriff des Art 6 Abs 1 GG umfasse lediglich die Eltern-Kind-Beziehung (BVerfG 29. 7. 1957 – 1 BvR 205/58, juris Rn 27 ff, NJW 1959, 1483; BVerfG 8. 12. 1965 – 1 BvR 662/65, juris Rn 20, FamRZ 1966, 89). Eine Ausnahme hiervon machten die (damals noch zuständigen) Vormundschaftsgerichte allerdings dann, wenn sich die Entscheidung des oder der Sorgeberechtigten, dem Kind keinen Umgang mit seinen Großeltern zu gewähren, als rechtsmissbräuchlich darstellte und ein Umgang für das Kind zur Abwendung einer **Gefährdung für sein Wohl** nach § 1666 aF erforderlich war, was zB dann in Betracht kam, wenn das Kind zuvor für längere Zeit bei den Großeltern in Pflege oder der die Verwandtschaft vermittelnde Elternteil verstorben war (vgl etwa BayObLG 10. 5. 1965 – 1 BReg 1 a Z 17/65, NJW 1965, 1716; BayObLG 4. 7. 1979 – BReg 1 Z 35/79, DAVorm 1979, 768; BayObLG 3. 3. 1981 –

BReg 1 Z 107/80, juris Rn 28 ff, FamRZ 1981, 707; BayObLG 1. 2. 1983 – BReg 1 Z 51/82, DAVorm 1983, 377; OLG Köln 28. 7. 1961 – 8 W 189/60, NJW 1961, 2163; Staudinger/Peschel-Gutzeit [1997] § 1634 Rn 102, 103). Dass die Gerichte im Ergebnis zu Recht davon ausgingen, dass es für eine Rechtsanalogie insoweit schon an einer planwidrigen Gesetzeslücke mangelte, kann auch den Gesetzesmaterialien zum Gesetz zur Neuregelung des Rechts der elterlichen Sorge v 18. 7. 1979 entnommen werden, wonach verhindert werden müsse, dass das Kind durch Zubilligung eines Umgangsrechts für nahe Angehörige in einen Streit zwischen Eltern und Angehörigen „hineingezogen" werde und im Übrigen dem verfassungsrechtlich verbürgten **Elternrecht** bei der Bestimmung, mit welchen dritten Personen dem Kind Umgang gewährt werde, der **Vorrang** eingeräumt werden müsse (BT-Drucks 8/2788, 54).

b) KindRG

§ 1685 BGB wurde als Teil der reformierten Gesamtregelung des Umgangsrechts 2
durch das **KindRG** (dazu § 1684 Rn 3 ff) neu eingefügt. Die ursprüngliche Fassung geht zurück auf den Regierungsentwurf (BT-Drucks 13/4899, 11, 106 f). Als Gründe für die Ausweitung des Umgangsrechts auf Dritte wurde der Umstand genannt, dass immer mehr Kinder nicht von ihren Eltern, sondern von anderen Personen (Großeltern, Pflegeeltern, Stiefelternteile) tatsächlich betreut werden (BT-Drucks 13/4899, 46 f, 106 f), und auch die abweichende Rechtslage in anderen europäischen Ländern wurde herangezogen (BT-Drucks 13/4899, 44 f). Der Bundesrat hatte in seiner Stellungnahme (BT-Drucks 13/4899, 153 Nr 20) auch ein explizites *Recht des Kindes* für den Umgang mit den in § 1685 BGB genannten Personen, freilich ebenfalls eingeschränkt durch die Kindeswohldienlichkeit, gefordert und im Übrigen um Prüfung gebeten, ob ein eigenständiges Umgangsrecht von Großeltern, Geschwistern und sonstigen Bezugspersonen erst dann zu erwägen sein solle, wenn ein Elternteil dauernd oder langfristig, zB durch Tod oder Strafhaft, in Wegfall gekommen sei (BT-Drucks 13/4899, 154 Nr 22). Die vom Bundesrat geäußerten Bedenken, es könne zu konkurrierenden Umgangsrechten mehrerer in § 1685 BGB genannter Personen (und der Eltern) kommen, sah die Bundesregierung in ihrer Gegenäußerung (BT-Drucks 13/4899, 169) als nicht durchgreifend an, da die Umgangsrechte nach § 1685 BGB unter dem Vorbehalt der Kindeswohldienlichkeit stünden und § 1626 Abs 3 BGB nicht in jedem Fall eine Vermutung der Kindeswohldienlichkeit des Umgangs mit diesem Personenkreis begründe, sodass Raum für den Schutz des Kindes gegen Belastungen durch konkurrierende Umgangsrechte sei. Der Rechtsausschuss übernahm, anders als zu § 1684 BGB, die Bedenken des Bundesrates nicht und empfahl die Annahme des Gesetzesentwurfs zu § 1685 BGB (BT-Drucks 13/8511, 68).

c) Reichweite in der Fassung des KindRG

Die inhaltlich gänzlich neue Regelung in § 1685 BGB idF des KindRG v 19. 12. 1997 3
(BGBl 1997 I 2942) folgte dem in der Reformdiskussion vielfach vorgetragenen (Bosch FamRZ 1970, 497, 503; Schwenzer FamRZ 1992, 121, 127; vgl Rauscher FamRZ 1998, 329, 336) Gedanken einer rechtlichen Stärkung der **über die Kleinfamilie hinausgehenden Sozialbeziehungen** des Kindes. Die Regelung setzt die in der Rechtsprechung bereits ausnahmsweise über § 1666 BGB gefundene Durchsetzung des Umgangs von Großeltern – ggf auch gegen den Willen der Eltern – mit dem Kind fort (siehe oben Rn 2).

Die Bestimmung schafft das nach der früheren Rechtslage allgemein abgelehnte Umgangsrecht der **Großeltern** und **Geschwister** und erstreckte es in der ursprünglichen Fassung des § 1685 Abs 2 aF auf **Stiefelternteile** und **frühere Pflegeeltern**. Letzteren sollte nach § 1685 Abs 2 aF dann ein Umgangsrecht gewährt werden, wenn sie mit dem Kind längere Zeit in häuslicher Gemeinschaft gelebt haben und wenn der Umgang dem Kindeswohl dient. Damit sollte die Bestimmung der rechtstatsächlichen Erkenntnis gerecht werden, dass Kinder, insbesondere Kinder unverheirateter (oder geschiedener) Eltern, häufig mit anderen Bezugspersonen, insbesondere mit Verwandten der Mutter, zusammenleben. Die Regelung macht jedoch das Umgangsrecht durchgängig davon abhängig, dass der Umgang **positiv dem Wohl des Kindes dient** (BT-Drucks 13/4899, 107, 169; vgl das Modell des § 1711 aF). Dies verdeutlicht, dass das Umgangsrecht des § 1685 BGB, obgleich es als *subjektives Recht* der Bezugspersonen ausgestaltet ist und ihm **kein Recht des Kindes korrespondiert**, nicht um dieser Personen willen, sondern um des Kindeswohls willen besteht (vgl auch Osthold FF 2017, 346 f; kritisch Willutzki, in: FS Koch [2019] 557, 559).

Durch die Enumeration der Umgangsberechtigten sollte verhindert werden, dass es zu einer zu starken **Ausweitung von Umgangsrechten** und damit von **Umgangsstreitigkeiten** kommt, weshalb § 1685 Abs 2 BGB idF des KindRG den Kreis der Umgangsberechtigten bewusst enger fasste, als die Grundsatznorm des **§ 1626 Abs 3 S 2 BGB** den Kreis der Personen beschreibt, zu denen bestehende und förderliche Bindungen im Regelfall zugunsten des Kindeswohls aufrechterhalten werden sollen (BT-Drucks 13/4899, 107; Klapdor, Das Umgangsrecht von Großeltern mit dem Kind im BGB 13). Mithin sollte der von § 1685 BGB genannte Personenkreis **abschließend** sein (BT-Drucks 13/8511, 68). Nicht erfasst von § 1685 BGB waren insbesondere der nicht mit einem Elternteil verheiratete Lebensgefährte und der **leibliche, nicht rechtliche Vater**, die mit dem Kind längere Zeit in einer häuslichen Gemeinschaft gelebt haben.

Konsequenterweise wurde in der auf das KindRG anschließenden Rechtsprechung eine Anwendung von § 1685 Abs 2 BGB auf den ehemaligen **nicht mit dem betreuenden Elternteil verheirateten Lebenspartner** überwiegend abgelehnt (OLG Dresden 17. 12. 1999 – 10 UF 503/99, juris Rn 21 ff, MDR 2000, 705; OLG Bamberg 29. 1. 1999 – 2 UF 282/98, juris Rn 13 ff, FamRZ 1999, 810; OLG Oldenburg FamRZ 2003, 1582; Otto FamRZ 2000, 44; Rakete-Dombek FPR 2004, 73, 74; ebenso für den gleichgeschlechtlichen ehemaligen Partner ohne eingetragene Lebenspartnerschaft OLG Hamm FamRZ 2000, 1600, dazu unten Rn 22 sowie Staudinger/Rauscher [2006] § 1685 Rn 9d), obgleich aus Sicht des Kindeswohls der identische Ausgangspunkt einer sozialen Elternschaft zu dem Kind eine Analogie nahegelegt hatte (so OLG Karlsruhe 8. 4. 2002 – 2 WF 93/01, juris Rn 15, FamRZ 2002, 1210, 1211; AG Rostock 19. 2. 2003 – 14 F 261/02, juris Rn 11, FamRZ 2005, 296).

Auch der **leibliche, nicht rechtliche Vater**, der nicht in häuslicher Gemeinschaft mit dem Kind gelebt hat, blieb außen vor, da § 1685 Abs 2 BGB nach Ansicht der Rechtsprechung nicht dazu diene, eine noch nicht bestehende sozial-familiäre Beziehung zu begründen (BGH 4. 7. 2001 – XII ZB 161/98, juris Rn 16, NJW 2001, 3337 für ehemalige Pflegeeltern; vgl § 1686a Rn 1). Auch eine Anwendung auf die **Eltern des leiblichen Vaters** wurde abgelehnt (OLG Celle 18. 5. 2004 – 21 UF 67/04, FamRZ 2005, 126).

Ungelöst war schließlich die Frage eines Umgangsrechts der Eltern (meist der alleinstehenden Mutter) nach **Adoption** des Kindes durch Dritte (dazu unten Rn 19, 25).

d) LPartG

Die zwischenzeitlich bereits wieder überholte und für die Ausfüllung des in Abs 2 angesprochenen Personenkreises nur noch indizielle Fassung des Abs 2 durch das **LPartG** v 16. 2. 2001 (BGBl 2001 I 266) nahm formal den **früheren Lebenspartner** neben dem früheren Ehegatten als Umgangsberechtigten auf, hielt aber im Übrigen am Prinzip der engen Enumeration und der Orientierung am Status des Stiefelternteils im Verhältnis zu einem Elternteil fest. 4

e) G zur Änderung der Vorschriften über die Anfechtung der Vaterschaft und das Umgangsrecht

aa) Neuer Anknüpfungspunkt: Sozial-familiäre Beziehung

Anlass für die Reform von § 1685 Abs 2 aF im Sinne der heutigen Fassung war der Fall eines **biologischen, nicht rechtlichen Vaters**, der bereits nach der Geburt des Kindes mit diesem und der mit einem anderen Mann verheirateten Mutter für eine gewisse Zeit **zusammenlebte** und dem entsprechend der damaligen Gesetzeslage ein Umgangsrecht versagt wurde (vgl LG Köln 5. 9. 1995 – 1 T 657/14, juris Rn 13 ff, FamRZ 1996, 433). Auf dessen Verfassungsbeschwerde stellte das **BVerfG** in seinem Beschluss vom 9. 4. 2003 (BVerfG 9. 4. 2003 – 1 BvR 1493/96 und 1 BvR 1724/01, NJW 2003, 2151; vgl auch BVerfG FamRZ 2008, 2185) fest, dass Art 6 Abs 2 GG auch das Interesse des leiblichen Vaters eines Kindes, die rechtliche Stellung als Vater einzunehmen, schütze und dass Art 6 Abs 1 GG die Anerkennung eines Umgangsrechts auch für den leiblichen Vater verlange, wenn zwischen ihm und dem Kind bereits in der Vergangenheit eine **sozial-familiäre Beziehung** bestanden habe (vgl zu diesem Ansatz Schwab, in: FS Coester-Waltjen [2015] 223, 227 f). Daher sei § 1685 BGB insoweit mit Art 6 Abs 1 GG nicht zu vereinbaren. 5

Hierauf hat der Gesetzgeber sehr schnell mit einer Neufassung von § 1685 Abs 2 BGB reagiert. § 1685 Abs BGB 2 idF des **Gesetzes zur Änderung der Vorschriften über die Anfechtung der Vaterschaft und das Umgangsrecht von Bezugspersonen des Kindes etc** v 23. 4. 2004 (BGBl 2004 I 598; vgl dazu Büte FPR 2005, 5; Höfelmann FamRZ 2004, 745; Motzer FamRB 2004, 231) bedeutete eine Abkehr der Definition des umgangsberechtigten Personenkreises von der Enumeration hin zu einem am Einzelfall orientierten Rückgriff auf die dem Umgangsrecht zugrundeliegende **Sozialsituation des Kindes**. Die Neuregelung war ohne Überleitungsbestimmung in Kraft getreten, also für alle bestehenden Kindschaftsverhältnisse auch in laufenden Umgangsverfahren anzuwenden (BGH FamRZ 2005, 705). Damit war auch die Streitfrage geklärt, ob auch nicht mit einem Elternteil verheiratete Lebenspartner umgangsberechtigt sein können.

Die im Gesetzgebungsverfahren mehrfach umgestaltete Bestimmung greift den vom BVerfG in seinem zum Anlass des Gesetzes genommenen Beschluss geprägten Begriff der **sozial-familiären Beziehung zu engen Bezugspersonen** auf und macht diesen zur positiven Grundlage des Umgangsrechts. Gegenüber dem Entwurf aufgegeben wurde hingegen jede formale Erweiterung des in § 1685 Abs 1 BGB beschriebenen Personenkreises auf Verwandte dritten Grades (dazu BT-Drucks 15/2253, 5, 9, 15, 21). Im Hinblick auf den entwicklungspsychologischen Erkenntnisstand und anknüpfend an § 1626 Abs 3 S 2 BGB wäre es allerdings sinnvoller gewesen, das Umgangsrecht von Nichteltern an das Bestehen bzw die Aufrechterhaltung **sozialer Bindungen** zu knüpfen (zu Recht kritisch Walter FPR 2013, 177), wie dies auch die Rechtsprechung bei der Prüfung der Kindeswohldienlichkeit handhabt (vgl unten Rn 34 ff).

bb) Fortbestehende Defizite beim Umgangsrecht biologischer Väter

6 Damit wurde bei dieser Gesetzesänderung aber zunächst noch bewusst nicht der Weg beschritten, das Umgangsrecht des **biologischen/leiblichen**, aber nicht rechtlichen **Vaters** als einen Sonderfall zu regeln (Motzer FPR 2007, 275, 278). Auch wenn die geänderte Gesetzeslage eine erhebliche Verbesserung der Rechte leiblicher Väter mit sich brachte, war in Bezug auf das Umgangsrecht der praktisch bedeutsame Fall, dass eine Mutter dem Erzeuger ihres Kindes den Aufbau einer sozialen Beziehung zu dem Kind von vornherein nicht gewährte, nicht erfasst (kritisch Roth NJW 2003, 3153, 3160). So verwunderte es nicht, dass auch nach der Reform von § 1685 BGB denjenigen leiblichen Vätern, die bislang nicht die Möglichkeit hatten, tatsächliche Verantwortung für das Kind zu übernehmen und die auch wegen einer sozial-familiären Beziehung des rechtlichen Vaters mit dem Kind eine eigene rechtliche Vaterschaft nicht begründen konnten, ein Umgangsrecht nach § 1685 BGB zunächst weiter verwehrt wurde (aus der Rspr vgl OLG Düsseldorf 15. 9. 2003 – 8 UF 14/03, juris Rn 7 ff, FamRZ 2004, 290; OLG Celle 26. 7. 2004 – 10 UF 147/04, juris Rn 13, NJW 2005, 78; OLG Frankfurt 9. 2. 2006 – 2 UF 386/05, juris Rn 15 ff; OLG Karlsruhe 12. 12. 2006 – 2 UF 206/06, juris Rn 13 ff, FamRZ 2007, 924). Die vorgenannten Entscheidungen waren in der Folge vom BVerfG bestätigt worden, da nach seiner Ansicht Art 6 Abs 1 GG nicht die Bereitschaft des leiblichen Vaters schütze, Verantwortung für das Kind tragen zu wollen oder eine sozial-familiäre Beziehung zu ihm aufzubauen (BVerfG 20. 9. 2006 – 1 BvR 1337/06, juris Rn 12 ff, FamRZ 2006, 1661; BVerfG 31. 8. 2004 – 1 BvR 2073/03, juris Rn 5 ff, FamRZ 2004, 1705; BVerfG 29. 3. 2007 – 1 BvR 183/07, nv). Eine Änderung sollte erst im Jahr 2013 durch die zwischenzeitlich vom EGMR (vgl § 1686a Rn 2) motivierte weitere Ausdehnung des Umgangsrechts des biologischen Vaters durch eine Sonderregelung in § 1686a BGB erfolgen (vgl § 1686a Rn 4).

f) Änderung von § 1685 Abs 3 durch das FGG-RG

7 Die vorerst letzte Änderung erfuhr § 1685 BGB zum 1. 9. 2009 durch das G zur Reform des Verfahrens in Familiensachen und in den Angelegenheiten der freiwilligen Gerichtsbarkeit v 17. 12. 2008 (BGBl 2008 I 2586), wonach der neu hinzugefügte Abs 3 S 2 die Bestellung eines **Umgangspflegers** im Rahmen von § 1685 BGB einschränken sollte (vgl dazu unten Rn 50).

2. Gesetzeszweck und Bewertung

8 Die zum Gesetz gewordene heutige Gesetzesfassung wollte vermeiden, dass sich erneut jenseits eines enumerierten Personenkreises Lücken ergeben und strebte insoweit eine Harmonisierung mit dem zur Zeichnung aufgelegten Europarats-Übereinkommen über den Umgang von und mit Kindern an.

Die gewählte Lösung verdient Zustimmung, weil sich die Problematik des Umgangs nach Bestehen einer sozial-familiären Beziehung angesichts dynamischer Entwicklungen von heute als **„Patchwork-Familie“** (zum Einzug dieses Begriffs in die juristische Sprache Bernau KJ 2006, 320; zum Wertbegriff der „Familie“ vgl Schwab FF 2022, 53) bezeichneten Lebensformen schwerlich enumerativ erfassen lässt; insbesondere erwies sich der Ausschluss eines früheren nichtehelichen Lebensgefährten eines Elternteils, mit dem das Kind zusammengelebt hatte, als nicht gerechtfertigt. Der Filter der sozial-familiären Beziehung ist geeignet, den vom Bundesrat angesprochenen *„Umgangstourismus“* (BT-Drucks 15/2761, 1) des Kindes mit mehreren Umgangsberechtigten, der in der Tat bei der ursprünglich geplanten unspezifischen Erweiterung auf Onkel und

Tante zu befürchten gewesen wäre, zu vermeiden. Die zuletzt noch vorhandene Lücke um das Umgangsrecht des (potenziellen) leiblichen Vaters ist im Jahr 2013 durch § 1686a BGB geschlossen worden. Gleichwohl entstehen im Zuge der Wandelbarkeit von sozial-familiären Beziehungen und auch des Fortschritts der Fortpflanzungsmedizin neue Fragestellungen in Bezug auf das Umgangsrecht, zB in Bezug auf die Wunschmutter nach Geburt eines Kindes durch eine Leihmutter (Rn 24).

II. Umgangsrecht, keine Umgangspflicht

1. Keine Verpflichtung der ferneren Bezugspersonen

§ 1685 Abs 1 und 2 BGB begründen ein Umgangsrecht für die dort genannten Personen. Dem korrespondiert **kein Umgangsrecht des Kindes** (FamRefK/Rogner § 1685 Rn 2; Grüneberg/Götz § 1685 Rn 1; Johannsen/Henrich/Althammer/Rake § 1685 Rn 1; Soergel/Gietl § 1685 Rn 13; Zimmermann ZRP 2019, 40, 43; Löhnig NZFam 2017, 1030, 1031; Osthold FF 2017, 346, 347; **aA** zu Unrecht: Theurer MDR 2005, 250, 253). Dies hat sowohl im Gesetzgebungsverfahren (oben Rn 1 ff) als auch hieran anschließend Kritik herausgefordert (vgl etwa Horndasch FPR 2012, 208, 212; Schürmann FF 2018, 230, 237). **9**

Die Bundesländer Hamburg und Sachsen-Anhalt hatten am 16. 6. 1999 – ohne Erfolg – einen Entwurf eines **Kinderrechteverbesserungsgesetzes** (BR-Drucks 369/99) eingebracht, der die Ausgestaltung des Umgangsrechts nach § 1685 BGB in gleicher Weise wie die des Umgangsrechts nach § 1684 Abs 1 BGB als ein Recht des Kindes vorsah.

Auf den ersten Blick erscheint die kritische Argumentation zutreffend: Wenn schon im Verhältnis zu seinen Eltern der Umgang primär ein Recht des Kindes ist und § 1684 Abs 1 BGB dies auch anerkennt, so erscheint es fragwürdig, wenn im Verhältnis zu dem in § 1685 BGB erfassten Personenkreis das Gesetz die unzeitgemäße Sicht eines Rechts des Dritten gegenüber dem Kind einzunehmen scheint (Lipp FamRZ 1998, 65, 75). Großeltern und Geschwistern kann zwar ein achtenswertes Eigeninteresse am Umgang mit dem Kind nicht grundsätzlich abgesprochen werden; im Zentrum steht aber zweifellos das Kindeswohl, sodass § 1685 BGB sicher nicht als Bestimmung zur Förderung der um den Umgang bemühten älteren Generation missverstanden werden darf (vgl OLG Köln FamRZ 1998, 695, 696; anders Schulze FuR 1996, 275, 277). Die Ausgestaltung als Umgangsrecht *mit dem Kind* erweckt auf den ersten Blick den Eindruck, als werde das Kind, dem § 1684 BGB eine Subjektstellung verschaffen will, gegenüber Dritten wieder in die *Objektrolle* gedrängt (so auch die Begründung des Gesetzesantrags zu einem KinderrechteverbesserungsG, BR-Drucks 369/99, 5; ebenso Schwab, in: FS Coester-Waltjen [2015] 223, 231 ff).

Dennoch erscheint die gewählte Gestaltung zustimmungswürdig. Einerseits kann Großeltern, Geschwistern und noch weniger den in § 1685 Abs 2 BGB genannten Personen schwerlich der Umgang mit dem Kind zur Pflicht gemacht werden, sodass ein Umgangsanspruch des Kindes sich nicht *gegen die Umgangspersonen* richten könnte (weshalb auch auf Anregung der *Eltern* – vgl Weychardt ZfJ 1999, 326, 327 – nur Regelungen in Betracht kommen, wenn die Eltern uneins sind oder Einschränkungen beantragt werden). Wollte man dagegen dem Kind einen Anspruch *gegen die Eltern* auf Gestattung des Umgangs mit den Umgangspersonen geben (so Lipp FamRZ 1998, 65, 75; Arbeitsgemeinschaft Jugendhilfe ZfJ 1996, 94, 97; so iE auch Zimmermann ZRP 2019, 40. 43), so würde dies zwar theoretisch die Subjektstellung des Kindes verdeutlichen; in praxi aber würde der *Streit* um den Umgang in das Eltern-Kind-Verhältnis getragen. Selbst im Anwendungsbereich von § 1684 Abs 1 HS 1 BGB ist diese Verlagerung des Streits um den Anspruch auf das Kind ein Problem; dort aber ist die Ausgangssituation im Eltern-Kind-Verhältnis ohnehin bereits gespannt, weil ein Elternteil sich dem Umgang des anderen widersetzt. Im Anwendungsbereich des § 1685 BGB würde womöglich erst Streit in das Eltern-Kind-Verhältnis getragen. Die Regelung ist also auch Ausdruck einer Abwägung zwischen den Vorteilen, die der angestrebte Umgang für das Kindeswohl bedeutet, und dem Nachteil einer Belastung des Verhältnisses des Kindes zu seinen Eltern als den engsten Bezugspersonen. Gleichwohl beabsichtigt die aktuelle Bundesregierung – entsprechend des **Koalitionsvertrages** aus dem Jahr 2021 (Koalitionsvertrag 2021, 102) – ein **gesetzliches Recht des Kindes auf Umgang mit seinen Großeltern und Geschwistern einzuführen** (vgl dazu Sanders/Bünte FamRZ 2023, 85). Ob dadurch tatsächlich in hochkonflikthaften Auseinandersetzungen zwischen Großeltern und Eltern um den Kindesumgang andere rechtliche Wertungen in Bezug auf das Kindeswohl einhergehen werden, erscheint aber höchst zweifelhaft.

9a Auch soweit den Verwandten und sozialen Bezugspersonen iSd § 1685 BGB ein Recht zum Umgang zusteht, korrespondiert dem **keine Umgangspflicht des Kindes**. Eine solche lässt sich auch nicht mittelbar dadurch erreichen, dass es von einem Umgangsberechtigten **testamentarisch als Erbe** eingesetzt wird und dies unter die aufschiebende Bedingung gestellt wird, dass es einer vom Erblasser erwarteten **Umgangspflicht** nachkommt. Das *OLG Frankfurt* (OLG Frankfurt 5. 2. 2019 – 20 W 98/18, NJW-RR 2019, 394) hat in einer Nachlasssache eine solche Bedingung zu Recht als sittenwidrig nach § 138 Abs 1 BGB angesehen.

2. Treuhänderisches Recht der Umgangsberechtigten

10 Trotz seiner Gestaltung als subjektives Recht der in § 1685 Abs 1 und 2 BGB genannten Umgangsberechtigten erweist sich das Umgangsrecht aber als ein **treuhänderisches Recht** im Interesse des Kindes (OLG Brandenburg 8. 6. 2020 – 13 UF 182/19, juris Rn 22; OLG Brandenburg 27. 8. 2018 – 13 WF 151/18, juris Rn 5, NJW-RR 2019, 130; OLG Koblenz 17. 8. 2015 – 7 WF 770/15, juris Rn 3, FamRZ 2016, 391; Johannsen/Henrich/Althammer/Rake § 1685 Rn 1; BeckOK-BGB/Veit [1. 1. 2023] § 1685 Rn 3; Löhnig NZFam 2017, 1030, 1031; Luthin FamRB 2016, 319). Der Umgang mit Personen, zu denen das Kind Bindungen besitzt, dient grundsätzlich dem *Kindes*wohl (§ 1626 Abs 3 S 2 BGB) und ist um des Kindes willen in § 1685 BGB als Recht der Bindungspersonen formuliert. Allerdings korrespondiert dem Umgangsrecht der Dritten iSd §§ 1685, 1626 Abs 3 S 2 BGB gleichwohl – anders als bei § 1684 Abs 1 BGB – **kein Umgangsrecht des Kindes** (vgl oben Rn 9).

Verweigert der Sorgerechtsinhaber den Umgang, so ist es im Übrigen Sache des Umgangsberechtigten, den Umgang durchzusetzen, insbesondere eine familiengerichtliche Regelung nach § 1685 Abs 3 BGB iVm § 1684 Abs 3 BGB herbeizuführen. Dies hält das Kind aus dem formalen Streit heraus und ist überdies deshalb sinnvoll, weil ohne Initiative des Umgangsberechtigten nicht absehbar wäre, ob dieser den Umgang überhaupt ausüben würde.

3. Hinwirken des Kindes auf Umgangsregelung durch das Familiengericht

11 Auch wenn das Kind im Rahmen von § 1685 BGB kein subjektives Recht auf Umgang besitzt, kann es versuchen über die Beratung und Vermittlung des **Jugendamtes**, das im Rahmen der Aufgabenzuweisung des § 18 Abs 3 S 2 SGB VIII Kinder und Jugendliche auch darin unterstützen soll, dass die nach § 1685 BGB berechtigten Personen von diesem Recht zum Wohl des Kindes Gebrauch machen (vgl dazu Wiesner/Wapler/Dürbeck § 18 SGB VIII Rn 23), auf eine Umgangsregelung hinzuwirken. Eine familiengerichtliche Regelung von Amts wegen lässt sich damit gleichwohl nicht erreichen (so aber offenbar Johannsen/Henrich/Jaeger [6. Aufl 2015] § 1685 Rn 4). Grundlage könnte nur eine familiengerichtliche Befugnis zur amtswegigen Umgangsregelung sein, was jedoch eine Umgangspflicht des Dritten voraussetzen würde. § 1685 Abs 3 BGB iVm § 1684 Abs 3 BGB kommt also hierfür nicht in Betracht (wie hier: BeckOK-BGB/Veit [1. 1. 2023] § 1685 Rn 3; BeckOGK/Altrogge [15. 2. 2021] § 1685 Rn 160). Kommen Eltern dem (berechtigten) Wunsch des Kindes nach Umgang mit Dritten nicht nach, so kann ein Eingriff des Gerichts von Amts wegen nur auf der Grundlage des § 1666 BGB erfolgen (OLG Dresden 12. 10. 2011 – 21 UF 581/11, juris Rn 34, ZKJ 2012, 69; OLG Zweibrücken 22. 3. 1999 – 3 W 22/99, juris Rn 17, FamRZ 1999, 1161; Staudinger/Coester [2020] § 1666 Rn 150). § 1685 BGB hat zwar im Verhältnis zu den Umgangsberechtigten die Eingriffsvoraussetzungen in das elterliche Sorgerecht verschoben und macht die Regelung nicht mehr von einer Kindeswohlgefährdung durch die Umgangsverweigerung abhängig, sondern nur noch von der Kindeswohldienlichkeit des Umgangs. Solange der Umgangsberechtigte aber nicht aktiv wird, geht das Erziehungs- und Umgangsbestimmungsrecht der Eltern bis zu der durch das staatliche Wächteramt (Art 6 Abs 2 S 2 GG) gezogenen Grenze vor.

Es ist also im Ergebnis nicht irrelevant, dass § 1685 BGB kein Recht des Kindes gegen seine Eltern vorsieht. Die Regelung ist Ausdruck der grundsätzlichen Wertung, das Eltern-Kind-Verhältnis nicht durch unmittelbaren Streit um den Umgang mit Dritten zu belasten. Dass die Eltern verpflichtet sind, einen dem Kindeswohl entsprechenden Umgang mit Dritten zu fördern, ergibt sich schon aus § 1626 Abs 3 S 2 BGB. Umgekehrt können aber auch die Eltern jedenfalls die Einleitung eines Umgangsverfahrens nach § 24 FamFG anregen (zur Amtswegigkeit des Verfahrens vgl unten Rn 53), wenn sie der Auffassung sind, dass ein Umgang des Kindes mit seinen Großeltern wünschenswert wäre (vgl BT-Drucks 13/4899, 107).

4. Verfassungsrechtliche Rechtfertigung

12 Die Gewährung eines Rechtsanspruchs auf Umgang mit dem Kind für nicht sorgeberechtigte Dritte greift in das durch Art 6 Abs 1 und 2 GG geschützte Elternrecht insoweit ein, als nach § 1632 Abs 2 BGB das **Umgangsbestimmungsrecht** den Personensorgeberechtigten zugewiesen ist. Zwar werden das Familien- und Elterngrundrecht vorbehaltlos gewährleistet. Sie sind jedoch ausgestaltungsbedürftig und aufgrund verfassungsimmanenter Schranken beschränkbar (BVerfG 19. 11. 2014 – 1 BvR 2843/14 Rn 10, FamRZ 2015, 119). Nachdem das BVerfG inzwischen anerkennt, dass Art 6 Abs 1 GG auch familiäre Bindungen zwischen Großeltern und ihrem Enkelkind schützt (BVerfG 24. 6. 2014 – 1 BvR 2926/13 Rn 21, FamRZ 2014, 1435 zur Vormundauswahl) und auch Pflegefamilien hierunter fallen (BVerfG 17. 10. 1984 – 1 BvR 284/84 Rn 42, FamRZ 1985, 39; vgl dazu auch Kogan, Rechtsfragen und Entwicklung des (beabsichtigten) Familienlebens in der EMRK, der

EU-Grundrechtecharta und dem nationalen Recht am Maßstab des Art 8 EMRK [2018] 143 ff zum Schutz nach Art 8 EMRK) stellen diese verfassungsimmanenten Schranken für das Elternrecht dar, die gesetzlich durch die Regelung von § 1685 BGB konkretisiert wurden. Gleiches gilt für das Umgangsrecht des leiblichen Vaters, gleich ob sich das Umgangsrecht aus § 1685 Abs 2 BGB oder § 1686a BGB ergibt und auch unabhängig von der Frage, ob dieser durch Art 6 Abs 1 GG oder bei nicht geklärter Vaterschaft durch Art 2 Abs 1 GG iVm Art 1 Abs 1 GG geschützt wird (vgl BVerfG 19. 11. 2014 – 1 BvR 2843/14 Rn 10, FamRZ 2015, 119; BVerfG 19. 5. 2015 – 2 BvR 1170/14 Rn 37 ff, FamRZ 2015, 1263). Soweit allerdings **elterliche Umgangsrechte** nach § 1684 BGB mit Umgangsrechten Dritter nach § 1685 BGB **konkurrieren**, gebührt auch von Verfassung wegen dem Elternrecht der Vorrang (BVerfG 24. 7. 2006 – 1 BvR 971/03 Rn 18, FamRZ 2007, 335; OLG Frankfurt 15. 8. 2014 – 6 UF 82/14, BeckRS 2014, 118955; Heilmann/Gottschalk § 1685 Rn 2). Gleichwohl leitet sich das Umgangsrecht von Großeltern nicht unmittelbar aus Art 6 Abs 1 GG ab (BGH 12. 7. 2017 – XII ZB 350/16, juris Rn 36, FamRZ 2017, 1668 m Anm Dürbeck; kritisch Löhnig NZFam 2017, 1030, 1031).

III. Personenkreis (§ 1685 Abs 1 HS 1, Abs 2)

1. Abs 1: Verwandte

a) Großeltern, Geschwister

13 Abs 1 HS 1 nennt als **Verwandte**, die ein Umgangsrecht mit dem Kind haben, die *Großeltern* und die *Geschwister*. Das Gesetz geht dabei **typisierend** davon aus, dass es sich bei diesem Personenkreis um üblicherweise dem Kind nahestehende Bezugspersonen handelt (BT-Drucks 13/4899, 107; Johannsen/Henrich/Althammer/Rake § 1685 Rn 2), zu denen aber gemäß § 1626 Abs 3 S 2 BGB bereits vorhandene Bindungen bestehen müssen.

Der Beschreibung dieses Personenkreises liegt der Verwandtschaftsbegriff des § 1589 BGB zugrunde (Splitt FamRB 2021, 341, 342). In beiden Fällen kommt nur **durch Geburt oder Adoption** begründete Verwandtschaft in Betracht.

Großeltern sind also nur die mit dem Kind im zweiten Grad gerader Linie verwandten Personen; die nicht rechtlich begründete **biologische Verwandtschaft** vermittelt auch zu den Eltern des biologischen Vaters kein Umgangsrecht nach § 1685 Abs 1 BGB (OLG Celle FamRZ 2005, 126; Osthold FF 2017, 346, 348; Giers FamRB 2011, 229). Auch der **Ehegatte eines Großelternteils** hat kein eigenes Umgangsrecht nach § 1685 Abs 1 BGB (OLG Koblenz 17. 8. 2015 – 7 WF 770/15, juris Rn 6, FamRZ 2016, 391; Grüneberg/Götz § 1685 Rn 7; Heilmann/Gottschalk § 1685 Rn 6); in Betracht kommt in diesen Fällen aber ein Umgangsrecht – unter eingeschränkten Voraussetzungen – nach § 1685 Abs 2 BGB (OLG Celle FamRZ 2005, 126), wenn das Kind längere Zeit ohne einen Elternteil bei den Großeltern gelebt hat (OLG Koblenz 17. 8. 2015 – 7 WF 770/15, juris Rn 7, FamRZ 2016, 391; Grüneberg/Götz § 1685 Rn 7; vgl dazu auch OLG Brandenburg 22. 5. 2017 – 10 WF 71/17, juris Rn 8 f, FamRZ 2017, 1675). Erst recht gilt dies für **„Pflegegroßeltern"**, also ein Paar, das, ohne dass einer von ihnen mit dem Kind verwandt ist, eine soziale Großelternrolle eingenommen hat (OLG Koblenz FamRZ 2009, 1229; Osthold FF 2017, 346, 348). Die Scheidung der Ehe der Großeltern hat im Übrigen keinen Einfluss auf das Umgangsrecht (BeckOK-BGB/Veit [1. 1. 2023] § 1685 Rn 5; MünchKommBGB/Hennemann § 1685 Rn 3).

Geschwister iSd Abs 1 sind sowohl voll- als auch **halbbürtige** (KG 24. 10. 2016 – 19 UF 32/16, juris Rn 13, FamRZ 2017, 899) Geschwister sowie **Adoptivgeschwister** (NK-BGB/PESCHEL/GUTZEIT/EBELING § 1685 Rn 4; CAMPBELL NJW-Spezial 2011, 644); zu beachten ist in dieser Konstellation die **Reziprozität** des Umgangsrechts, da jedes Geschwisterteil mit dem anderen umgangsberechtigt ist. Die (Weg-)**Adoption** eines Kindes aus einem leiblichen Geschwisterpaar lässt die Anwendung von § 1685 Abs 1 BGB entfallen, da nach § 1755 Abs 1 BGB auch das bisherige Verwandtschaftsverhältnis zwischen Geschwistern erlischt (OLG Dresden 12. 10. 2011 – 21 UF 581/11, juris Rn 14, FamRZ 2012, 1153; BeckOK-BGB/VEIT [1. 1. 2023] § 1685 Rn 6). Damit verbleibt in dieser Konstellation nur ein Umgangsrecht nach § 1685 Abs 2 BGB. Dass zwischen den leiblichen Geschwistern eine sozial-familiäre Beziehung iSd § 1685 Abs 2 BGB bestanden hat, wird aber mangels Übernahme tatsächlicher Verantwortung äußerst selten der Fall sein können (OLG Dresden 12. 10. 2011 – 21 UF 581/11, juris Rn 15, FamRZ 2012, 1153). Zum Umgangsrecht leiblicher Eltern nach einer Adoption des Kindes vgl unten Rn 25. 14

Kein eigenes Umgangsrecht nach § 1685 Abs 1 BGB haben auch Kinder eines **Stiefelternteils** des Kindes, auch wenn diese eine längere Zeit mit dem Kind zusammen aufgewachsen sind (GIERS FamRB 2011, 231, 232; ERMAN/DÖLL § 1685 § 1685 Rn 2).

Wegen des abschließenden Charakters von § 1685 Abs 1 BGB kommt auch eine analoge Anwendung auf sonstige Verwandte, wie zB **Tanten und Onkel** (OLG Bremen 7. 2. 2020 – 4 UF 131/19, juris Rn 16, ZKJ 2021, 112; OLG Bremen 27. 8. 2012 – 4 UF 89/12, juris Rn 5, ZKJ 2012, 494; OLG Zweibrücken 22. 3. 1999 – 3 W 22/99, juris Rn 7, FamRZ 1999, 1161; SPLITT FamRB 2021, 341, 342; RAUSCHER FamRZ 1998, 329, 336) oder **Cousins und Cousinen** (HEILMANN/GOTTSCHALK § 1685 Rn 8) nicht in Betracht.

Dem Geschwisterumgang kommt in der Praxis vor allem bei fremduntergebrachten Geschwistern große Bedeutung zu (zu den Anforderungen für die Jugendhilfe vgl TEUBER/SCHRAPPER JAmt 2021, 490).

b) Keine Abhängigkeit von sozial-familiärer Beziehung, Kindeswohldienlichkeit

Das Umgangsrecht der in § 1685 Abs 1 BGB genannten Personen ist nicht davon abhängig, dass sie mit dem Kind in **häuslicher Gemeinschaft** gelebt haben. Insbesondere bedarf es keiner sozial-familiären Beziehung iSd § 1685 Abs 2 BGB, die sogar regelmäßig fehlen wird, weil, solange die Eltern leben, regelmäßig weder Geschwister noch Großeltern Erziehungsverantwortung tragen. Die Bestimmung geht vielmehr davon aus, dass Großeltern und Geschwister ohne ein zusätzliches soziales Element schon aufgrund der Verwandtschaft dem Kind so nahestehen können, dass ein Umgang regelmäßig wünschenswert ist. § 1626 Abs 3 S 2 BGB konkretisiert dies insoweit, als zu den in § 1685 Abs 1 BGB genannten Verwandten bereits **vorhandene Bindungen** bestehen müssen. Dies entspricht hinsichtlich des in der Praxis im Vordergrund stehenden Großelternumgangs auch den heutigen sozialwissenschaftlichen Erkenntnissen, wonach Kinder von den Kontakten zu ihren Großeltern profitieren, indem sie diese je nach Alter als Spielpartner, „Familienhistoriker", wichtige emotionale Bezugspersonen und in Einzelfällen auch als Ersatzeltern erleben (LAUTERBACH, Zeitschrift für Familienforschung 2011, Sonderband 8, 191, 198 ff; ZIMMERMANN ZRP 2019, 40; KLAPDOR, Das Umgangsrecht von Großeltern mit dem Kind im BGB 107 ff). Sie sind also auch, soweit sie nicht in ehemals elternähnlicher Funktion tätig waren, vor dem Hintergrund einer Sozialbeziehung in der größeren Familie zum Umgang berufen. Auch stehen sie vielfach als 15

„Reservebetreuungsperson“ des Kindes zur Verfügung für den Fall, dass die Eltern ihre Verantwortung für das Kind, zB infolge von Tod, Krankheit oder Lebenskrisen, nicht mehr wahrnehmen können (Spangenberg/Spangenberg FamRZ 2017, 426).

Auch das Umgangsrecht von Großeltern und Geschwistern steht aber unter dem Vorbehalt der **Kindeswohldienlichkeit**. Hinsichtlich der Frage, ob im Streit zwischen Eltern und Großeltern deren Umgang dem Kindeswohl dient, entfaltet § 1685 Abs 1 BGB in der Rechtsprechung die größte Relevanz (dazu unten Rn 37 ff; Giers FamRB 2011, 229), während der Umgang mit Geschwistern in der Gerichtspraxis nur eine geringe Rolle spielt, was nicht für seine Bedeutungslosigkeit, sondern für weitgehende Konfliktfreiheit spricht, was damit im Zusammenhang stehen dürfte, dass es bei einer Trennung von Eltern eher selten zu einer Trennung auch der Geschwister kommt. Erfolgt sie in Ausnahmefällen gleichwohl, kommt der Geschwisterumgang im Regelfall durch das wechselseitige Elternumgangsrecht zum Tragen. Wachsen von ihren Eltern getrennte Geschwister allerdings in unterschiedlichen Pflegefamilien oder Einrichtungen der Kinder- und Jugendhilfe auf, kommt der Aufrechterhaltung der Bindungen der Kinder zueinander größte Bedeutung zu (zu den Aufgaben der Jugendhilfe in diesen Fällen Teuber/Schrapper JAmt 2021, 490).

Bindungen iSd § 1626 Abs 3 S 2 BGB haben für die Beurteilung des Kindeswohls regelmäßig entscheidende Bedeutung, begründen aber auch zugunsten des in § 1685 Abs 1 BGB genannten Personenkreises keine im Verhältnis zu den Eltern relevante **Vermutung** (BGH 12. 7. 2017 – XII ZB 350/16, juris Rn 29, FamRZ 2017, 1668 m Anm Dürbeck).

2. Abs 2: Sozial-familiäre Bezugspersonen

a) Abstrakte Definition des Berechtigtenkreises

aa) Sozial-familiäre Beziehung

16 § 1685 Abs 2 BGB erweitert den Kreis der Umgangsberechtigten auf bestimmte Fälle einer **sozial begründeten Familienbeziehung**. Den in Abs 2 genannten Fällen liegt der Gedanke zugrunde, dass eine gewachsene soziale Familienbeziehung, in der das Kind gelebt hat, nicht gänzlich beseitigt werden soll, sondern ein Umgangsrecht begründet. § 1685 Abs 2 BGB in der ursprünglichen Fassung stellte hierzu ausschließlich auf das Leben in häuslicher Gemeinschaft (§ 1685 Abs 2 1. Alt aF, siehe oben Rn 2) – das nach der heutigen Gesetzesfassung von § 1685 Abs 2 S 2 BGB zur Vermutungsgrundlage wird (unten Rn 18) – bzw das Bestehen einer Familienpflege (§ 1685 Abs 2 2. Alt aF, zum Begriff im Rahmen von Abs 2 aF OLG Hamburg FamRZ 2002, 842, 843; Staudinger/Rauscher [2006] § 1685 Rn 9) ab.

Die nicht mehr enumerative geltende Fassung von § 1685 Abs 2 BGB bedient sich des vom BVerfG (NJW 2003, 2151) geprägten Begriffes der **sozial-familiären Beziehung** (aus psychologischer Sicht zustimmend Balloff FPR 2013, 208, 209). Dieser Begriff ist, dem Anlass jener Entscheidung entsprechend, primär auf den Umgang begehrenden biologischen Vater (unten Rn 24) zugeschnitten, wo er als **Übernahme von Elternverantwortung** durch den Vater charakterisiert ist (BVerfG NJW 2003, 2151, 2153; vgl auch die Verwendung in § 1600 Abs 2 BGB, wo die sozial-familiäre Beziehung allerdings den biologischen Vater gegenüber dem rechtlichen Vater negativ ausgrenzend verwendet wird, dazu Staudinger/Rauscher [2011] § 1600 Rn 42). Der Begriff wird aber in § 1685 Abs 2 S 1 BGB als das zentrale abstrakte Definitionskriterium des umgangsberechtigten Personenkreises verwendet, auch um weiteren Grundrechtsentwicklungen in Europa Rechnung zu tragen (BT-Drucks 15/2492), weshalb es hier, anders als in § 1600 Abs 2 BGB, einer zusätzlichen Charakterisierung des Personenkreises bedarf. Bemerkenswert ist insoweit, dass der Begriff gerade für den biologischen Vater, auf den gemünzt ihn das BVerfG eingeführt hat, in der Rechtsprechung des EGMR als zu eng und damit untauglich erkannt wurde (vgl § 1686a Rn 2). Durch das Inkrafttreten von § 1686a BGB ist der Umgang mit dem biologischen Vater über den engen Rahmen der bereits vorhandenen sozial-familiären Beziehung hinausgetreten. Andererseits wird aus Sicht der Psychologie aber auch darauf hingewiesen, dass sozial-familiäre Beziehung als Verantwortungsübernahme nicht notwendig auch eine **entwicklungspsychologische Bindung** bedeutet (Walter FPR 2013, 177).

Regelmäßig kann eine solche, von Verantwortungsübernahme geprägte Beziehung nur zu Personen entstehen, welche eine **elterngleiche Rolle** übernehmen. Fraglich ist, ob die das Umgangsrecht begründende sozial-familiäre Beziehung iSd § 1685 Abs 2 BGB auch innerhalb einer sozialen Elternfamilie des Kindes zu **„sozialen Geschwistern"** vermittelt wird. Teils wird eine solche mittelbare sozial-familiäre Beziehung sozialer Geschwister als möglich angesehen, etwa bei *Stiefgeschwistern, Cousins* (Büte FPR 2005, 5, 6) oder durch *Adoption rechtlich getrennten leiblichen Geschwistern* (OLG Dresden FamRZ 2012, 1153 verneint iE das elternlose Zusammenleben). Dem ist entgegenzuhalten, dass mit Rücksicht auf den Ausgangspunkt des BVerfG eine sozial-familiäre Beziehung *Übernahme von Verantwortung* voraussetzt, was mehr ist als bloße soziale Familienbeziehung. Daher kommt eine sozial-familiäre Beziehung in dieser Fallgruppe nur in Betracht, wenn soziale Geschwister zumindest teilweise elternersetzende Funktionen ausgeübt haben. Dasselbe gilt für Verwandte dritten und weiteren Grades (OLG Bremen 7. 2. 2020 – 4 UF 131/19, juris Rn 14, FamRZ 2021, 435: Tanten und Onkel nach Tötung der Mutter durch den Vater; OLG Bremen 27. 8. 2012 – 4 UF 89/12, juris Rn 5, ZKJ 2012, 494: Tante).

Nicht erforderlich ist, dass das Umgangsrecht in unmittelbarem **Anschluss an die früher bestehende sozial-familiäre Beziehung** geltend gemacht wird. Selbst nach einer mehrere Jahre dauernden Unterbrechung der sozial-familiären Beziehung besteht grundsätzlich, also so lange das Kindeswohl nicht entgegensteht, ein Umgangsrecht (BGH 9. 2. 2005 – XII ZB 40/02, juris Rn 9, FamRZ 2005, 705; OLG Brandenburg 22. 5. 2017 – 10 WF 71/17, juris Rn 8, FamRZ 2017, 1675; OLG Brandenburg 5. 6. 2014 – 10 UF 47/14, juris Rn 28, FamRZ 2014, 1717). Insbesondere in einer Übergangsphase nach Inkrafttreten der Neuregelung konnten zahlreiche nach altem Recht vom Umgang ausgeschlossene Umgangsberechtigte, insbesondere leibliche Väter, ihr Umgangsrecht aus § 1685 Abs 2 BGB geltend machen, sofern der Umgang weiterhin dem Kindeswohl diente (BGH FamRZ 2005, 705). Andererseits ist nicht zu verkennen, dass bei sonstigen sozial-familiären Bezugspersonen der **Zeitfaktor** eine erhebliche Rolle in der Beurteilung der Kindeswohldienlichkeit spielt, weil es durch einen längeren Kontaktabbruch zu einer Entfremdung zwischen Kind und Kontaktperson gekommen sein kann (OLG Brandenburg 5. 6. 2014 – 10 UF 47/14, juris Rn 29, FamRZ 2014, 1717; OLG Brandenburg 15. 12. 2010 – 9 UF 73/10, juris Rn 6, FamRZ 2011, 1154; MünchKommBGB/Hennemann § 1685 Rn 7). Auch hier ist zu beachten, dass es zum Versuch der gerichtlichen Durchsetzung des Umgangswunsches regelmäßig nur kommt, wenn die Eltern den Umgang ablehnen; hier ist umso stärker der Bindung des Kindes in der elterlichen Familie der Vorzug zu geben, je länger die sozial-familiäre Beziehung zurückliegt und Entfremdung eingetreten ist (OLG Koblenz FamRZ 2009, 1229, 1230).

bb) Enge Bezugsperson

17 Dem durch Aufgabe der Enumerierung entstandenen Bedarf nach **Begrenzung des Personenkreises** versucht die Legaldefinition in § 1685 Abs 2 BGB dadurch Rechnung zu tragen, dass neben das Kriterium des **Tragens tatsächlicher Verantwortung** das Kriterium der **engen Bezugsperson des Kindes** tritt. Nachdem die Fassung des KindRG 1998 nur Stiefeltern und Pflegeeltern umfasste, war die Neufassung 2004 primär auf den biologischen Vater hin fokussiert (vgl den Gesetzentwurf BT-Drucks 15/2253, 16), wurde aber auf weitere Verhältnisse sozial-familiärer Beziehung ausgedehnt, um bisher strittige Fälle zu erfassen (Gegenäußerung der Bundesregierung BT-Drucks 15/2253, 21: früherer Lebenspartner der Mutter, Onkel mit engen Bindungen; ebenso Beschlussempfehlung des Rechtsausschusses BT-Drucks 15/2492, 9). Um die dadurch verursachte Unschärfe der Norm zu lindern, wurde im Vermittlungsausschuss (BT-Drucks 15/2716; BT-Drucks 15/2831) der Begriff „sonstige Bezugspersonen" durch „*enge* Bezugspersonen" ersetzt. Dies lässt klar erkennen, dass nur solche Personen von § 1685 Abs 2 BGB erfasst sind, deren Verantwortung für das Kind **(klein-)familiäre** (BT-Drucks 15/2492, 9), insbesondere **elterngleiche Züge** trägt, dass also zu dem Kind ein „aktueller persönlich-vertrauter Bezug" (BGH FamRZ 2005, 705; zustimmend Luthin FamRZ 2005, 706) bestehen muss. Andere Personen, zu denen das Kind zwar Bindungen iSd § 1626 Abs 3 S 2 BGB besitzt, die aber keine hinreichende Verantwortung für das Kind getragen haben, wie zB entfernte Verwandte, Kindergärtnerinnen oder Lehrer, werden also nicht erfasst (kritisch aus psychologischer Sicht insoweit Walter FPR 2013, 177, 178). Das Kriterium der engen Bezugsperson beschränkt also die erfassten Fälle von Verantwortung für das Kind (Höfelmann FamRZ 2004, 745, 751), wie auch das Beispiel des Lebens in einer Wohngemeinschaft zeigt, deren Mitglieder unbeschadet von Verantwortungsübernahme regelmäßig keine *engen Bezugspersonen* des Kindes sind. § 1685 Abs 2 BGB ist also insbesondere kein Vehikel, um generell Angehörigen sozialer Familienstrukturen oder Verwandten ab dem dritten Grad, die bewusst nicht in Abs 1 einbezogen wurden, ein Umgangsrecht zu gewähren.

Vor diesem Hintergrund empfiehlt es sich, § 1685 Abs 2 S 1 BGB trotz seiner offenen Fassung ausgehend von der ursprünglichen Enumerierung und vom Anlass der Neufassung 2004 anhand von **Fallgruppen** zu entwickeln (dazu unten Rn 20 ff).

cc) Vermutung bei längerer häuslicher Gemeinschaft (§ 1685 Abs 2 S 1)

18 Die **Darlegungs- und Feststellungslast** für das (vormalige) Bestehen einer sozial-familiären Beziehung trägt der Umgang Begehrende (OLG Braunschweig 2. 10. 2020 – 2 UF 185/19, juris Rn 36, FamRZ 2021, 195; OLG Brandenburg 5. 6. 2014 – 10 UF 47/14, juris Rn 26, FamRZ 2014, 1717; OLG Hamm 25. 4. 2003 – 5 UF 117/03, juris Rn 10, FamRZ 2004, 57; BeckOGK/Altrogge [15. 2. 2021] § 1685 Rn 161), wobei diese jedoch durch die **Amtsermittlungspflicht** des Familiengerichts (§ 26 FamFG) begrenzt wird und nur bei verbleibenden Zweifeln – was in der Praxis kaum vorkommt – zum Tragen kommt (vgl BGH 15. 6. 2016 – XII ZB 419/15, juris Rn 37 f, FamRZ 2016, 1439 zum Sorgerecht). § 1685 Abs 2 S 2 BGB schafft eine Regelvermutung für die **Übernahme tatsächlicher Verantwortung** iSd Abs 2 S 1, wenn die betreffende Person mit dem Kind **längere Zeit in häuslicher Gemeinschaft gelebt** hat. Dadurch soll insbesondere vermieden werden, dass sich der Kreis der Umgangsberechtigten gegenüber der vorherigen Fassung verengt (BT-Drucks 15/2253, 12). Die Vermutung erstreckt sich jedoch ausdrücklich nicht auf den gesamten Tatbestand des § 1685 Abs 1 BGB; das Merkmal der *engen Bezugsperson* (oben Rn 17) muss auch bei längerer häuslicher Gemeinschaft gesondert festgestellt

werden, wird aber bei den in der bisherigen Fassung des Abs 2 genannten Personen (Stief- und Pflegeeltern) ebenfalls in der Regel zu bejahen sein.

Die Ausfüllung der Vermutungsbasis entspricht der tatbestandlichen Voraussetzung des Abs 2 in der vormaligen Gesetzesfassung:

Zur Bestimmung der **längeren Zeit** ist, wie bei § 1632 Abs 4 BGB, auszugehen von dem *Alter* des Kindes und dem *kindlichen Zeitbegriff* (OLG Braunschweig 2. 10. 2020 – 2 UF 185/19, juris Rn 28, FamRZ 2021, 195; OLG Bremen 27. 8. 2012 – 4 UF 89/12, juris Rn 5, ZKJ 2012, 494; BeckOK-BGB/Veit [1. 1. 2023] § 1685 Rn 18; Luthin FamRZ 2005, 706; Heilmann, Kindliches Zeitempfinden und Verfahrensrecht [1998] 71 ff; DIJuF-Rechtsgutachten JAmt 2011, 83, 84). Maßgeblich ist, ob das Kind in der Person eine **Bezugsperson** gefunden hat (vgl BGHZ 40, 11; BayObLG NJW 1965, 1716; Johannsen/Henrich/Althammer/Rake § 1685 Rn 5), was bei einem Zusammenleben mit dem Kind über mehr als ein Jahr ohne Weiteres anzunehmen ist (vgl BGH FamRZ 2005, 705), während bei kürzeren, unterbrochenen oder alternierenden Betreuungsverhältnissen durch Dritte dieses Merkmal einer einzelfallbezogenen Prüfung bedarf (OLG Nürnberg 4. 8. 2021 – 11 UF 655/20, juris Rn 41 ff, ZKJ 2022, 67; OLG Celle 18. 5. 2004 – 21 UF 67/04, FamRZ 2005, 126; DIJuF-Rechtsgutachten JAmt 2011, 83, 84). Deshalb wird, obgleich die Übernahme von Verantwortung auch nach § 1685 Abs 2 S 2 BGB anderweitig festgestellt werden kann (OLG Hamm 17. 3. 2016 – 2 WF 31/16, juris Rn 16, NZFam 2016, 525), wenn die Regelvermutung von Abs 2 S 1 nicht eingreift, häufig das Merkmal der *engen Bezugsperson* fehlen, wenn die Vermutungsbasis des *längeren* Zusammenlebens nicht gegeben ist (OLG Nürnberg 4. 8. 2021 – 11 UF 655/20, juris Rn 43 ff, ZKJ 2022, 67; OLG Celle 27. 11. 2015 – 10 WF 303/15, juris Rn 7, ZKJ 2016, 104; OLG Hamm MDR 2011, 545, 546). Zwingend ist dies allerdings nicht. Auch soweit keine längere häusliche Gemeinschaft vorliegt, kann die Übernahme tatsächlicher Verantwortung auch anderweitig erfolgt sein, etwa durch das Erbringen **wesentlicher Betreuungsleistungen** für das Kind (BGH 16. 6. 2021 – XII ZB 58/20, NJW 2021, 2801 Rn 17; BGH 15. 11. 2017 – XII ZB 389/16, FamRZ 2018, 275 Rn 18 zu § 1600 Abs 3 BGB; OLG Braunschweig 2. 10. 2020 – 2 UF 185/19, juris Rn 32, FamRZ 2021, 195; BeckOK-BGB/Veit [1. 1. 2023] § 1685 Rn 19).

Bloße **Wochenendbetreuung** oder bloße **Umgangskontakte** genügen grundsätzlich nicht, auch wenn sie sich über einen längeren Zeitraum erstrecken, das Kind in der Woche aber nicht in familiärer Gemeinschaft mit dem Umgang Begehrenden gelebt hat (OLG Hamm 17. 3. 2016 – 2 WF 31/16, juris Rn 16, NZFam 2016, 525; OLG Hamm 9. 11. 2010 – 2 WF 201/10, juris Rn 8, MDR 2011, 545; dahingestellt in OLG Koblenz FamRZ 2009, 1229, 1230: zwei Jahre regelmäßige Betreuung über verlängerte Wochenenden und Ferienzeiten; ebenfalls offen gelassen von OLG Brandenburg 22. 5. 2017 – 10 WF 71/17, juris Rn 8, FamRZ 2017, 1675: keine Entscheidung der Rechtsfrage im Rahmen der Verfahrenskostenhilfe; KG Berlin 19. 12. 2019 – 13 UF 120/19, juris Rn 31, FamRZ 2020, 1271: Umgangskontakte unter Aufsicht beider Mütter, bestätigt durch BGH 16. 6. 2021 – XII ZB 58/20, NJW 2021, 2801 Rn 18).

Die Vermutung entfaltet andererseits vorzugsweise ihre Wirkung, wenn die **häusliche Gemeinschaft** mit dem Umgang Begehrenden **nicht mehr besteht**, sei es, dass ein Partner des Elternteils nicht mehr mit diesem und dem Kind lebt, sei es, dass das Kind anderwärts, insbesondere bei seinem anderen Elternteil, lebt (BGH NJW-RR 2005, 729, 730).

dd) Kein Aufbau einer sozial-familiären Beziehung

19 Fehlt es bei dem in § 1685 Abs 2 BGB genannten Personenkreis an einer in der Vergangenheit gelebten sozial-familiären Beziehung, kommt ein Umgangsrecht nach Abs 2 im Regelfall nicht in Betracht, weil dieses schon nach der Entstehungsgeschichte nicht dazu dient, ein bisher nicht vorhandenes Familienleben zu begründen (BVerfG 20. 9. 2006 – 1 BvR 1337/06, juris Rn 12 ff, FamRZ 2006, 1661; BVerfG 31. 8. 2004 – 1 BvR 2073/03, juris Rn 5 ff, FamRZ 2004, 1705 jeweils zum biologischen Vater; OLG Bremen 7. 2. 2020 – 4 UF 131/19, juris Rn 15, FamRZ 2021, 435; Grüneberg/Götz § 1685 Rn 10; Splitt FamRB 2021, 341, 342). Zwar hat dieses Verständnis von § 1685 Abs 2 BGB sich bei der Frage des Umgangsrechts des **leiblichen, nicht rechtlichen Vaters** als nicht mit Art 8 Abs 1 EMRK vereinbar erwiesen, weil der EGMR auch ein noch nicht vorhandenes, aber beabsichtigtes Familienleben als schützenswert gesehen hat, was auch zur Neuregelung von § 1686a BGB geführt hat (vgl § 1686a Rn 2 ff). Dass dies aber auch für entferntere Verwandte außerhalb von Abs 1 oder sonstige Bezugspersonen des Kindes Geltung beanspruchen könnte, kann indes nicht festgestellt werden. Für eine leibliche Mutter, die in die **Adoption** ihres Kindes eingewilligt hat und noch keine sozial-familiäre Beziehung zu ihrem Kind hergestellt hatte, hat der EGMR in der Verweigerung eines Umgangsrechts nach § 1685 Abs 2 BGB keinen Verstoß gegen Art 8 Abs 1 EMRK gesehen (EGMR 5. 6. 2014 – 31021/08 Nr 67 ff, FamRZ 2014, 1351; vgl dazu unten Rn 25). Damit wird sich auch gegenwärtig ein Umgangsrecht dritter Personen nach § 1685 Abs 2 BGB nicht darauf stützen lassen, eine sozial-familiäre Beziehung zu dem Kind erst aufbauen zu wollen (OLG Bremen 7. 2. 2020 – 4 UF 131/19, juris Rn 15, FamRZ 2021, 435; OLG Bremen 27. 8. 2012 – 4 UF 89/12, juris Rn 12, ZKJ 2012, 494: Tante; BeckOGK/Altrogge [15. 2. 2021] § 1685 Rn 103, 104; Erman/Döll § 1685 Rn 3; **aA** zu Unrecht OLG Celle 27. 11. 2015 – 10 WF 303/15, juris Rn 7, FamRZ 2016, 916 nach Tötung der Kindesmutter für die Schwester des Tätervaters). Dies gilt grundsätzlich auch für den **Großelternumgang** nach § 1685 Abs 1 BGB (vgl dazu unten Rn 36).

b) Stiefeltern

aa) Ehegatte eines Elternteils

20 Schon nach der ursprünglichen Fassung des Abs 2 waren der Ehegatte oder der frühere Ehegatte eines Elternteils, mit denen das Kind in *längerfristiger häuslicher Gemeinschaft* zusammengelebt hatte, umgangsberechtigt. Hintergrund dieses **„Stiefkindumgangsrechts"** (vgl dazu Oberloskamp ZKJ 2008, 484; Rakete/Dombek FPR 2004, 73; Peschel-Gutzeit FPR 2004, 47) ist die Erkenntnis, dass in solchen Lebensverhältnissen intensive elternähnliche soziale Beziehungen zum Kind entstehen (eingehend zur Stiefelternrolle aus psychologischer Sicht Balloff FPR 2004, 50), deren Beendigung dem Kindeswohl schaden kann. Angesichts der gewandelten Sozialsituation, in der das klassische Stiefkindverhältnis nicht mehr nach dem Tod eines Elternteils, sondern durch das verbreitete Phänomen der sog *patchwork family* (teils wird neben dem im Sprachgebrauch auch auf Stiefkindverhältnisse gemünzten Begriff ein engerer juristischer Begriff gefordert, der das Fehlen einer Ehe zur Bedingung des *patchwork*-Begriffs macht: Bernau KJ 2006, 320, 325) entsteht, darf aber die Gefahr erheblicher Konflikte mit dem anderen rechtlichen Elternteil bzw der durchaus realen Situation mehrerer aufeinanderfolgender sozialer Elternteile nicht unterschätzt werden. Stiefkindverhältnisse werden zwar häufiger, teilen aber durchaus mit anderen Familienbeziehungen deren zunehmende Instabilität. Das nur im Rahmen des § 1685 BGB, also für den Stiefelternteil geltende, einschränkende Tatbestandsmerkmal der (positiv festzustellenden) Kindeswohldienlichkeit muss bei Konflikten mit dem leiblichen Elternteil, für den § 1684 BGB gilt,

besondere Aufmerksamkeit geschenkt werden, zumal das Umgangsrecht nach § 1684 BGB Vorrang genießt (BVerfG 24. 7. 2006 – 1 BvR 971/03 Rn 18, FamRZ 2007, 335; OLG Hamm 17. 3. 2016 – 2 WF 31/16, juris Rn 26, NZFam 2016, 525; HEILMANN/GOTTSCHALK § 1685 Rn 2). Ein Umgangsrecht von Stiefelternteilen kommt nur dann in Betracht, wenn sie für längere Zeit tatsächliche Verantwortung iSd § 1685 Abs 2 S 1 oder 2 BGB getragen haben, wofür im Regelfall die Teilhabe an Umgangskontakten des leiblichen Elternteils nicht genügt (OLG Hamm 17. 3. 2016 – 2 WF 31/16, juris Rn 16, NZFam 2016, 525; OLG Hamm 9. 11. 2010 – 2 WF 201/10, juris Rn 8, MDR 2011, 545; **aA** OLG Brandenburg 5. 6. 2014 – 10 UF 47/14, juris Rn 30, FamRZ 2014, 1717).

Aufgrund der **Regelvermutung** der Verantwortungsübernahme im Fall des Bestehens einer längeren häuslichen Gemeinschaft, die auch für soziale Eltern gilt (AG Essen 15. 4. 2011 – 106 F 264/10, juris Rn 12, FamRZ 2011, 1803), ergibt sich grundsätzlich keine Schlechterstellung für (frühere) Stiefeltern (BT-Drucks 15/2253, 12). Obgleich die Vermutung nur auf die Verantwortungsübernahme, nicht aber auf die Charakterisierung als *enge Bezugsperson* gerichtet ist, kann auch dies für Stiefelternteile regelmäßig vermutet werden; deren Verantwortungsübernahme ist in der geforderten Weise *elternähnlich,* sofern sie ausreichend lange mit dem Kind zusammengelebt haben.

Ob dem Elternteil selbst die elterliche Sorge zusteht oder während des Zusammenlebens mit dem Kind und dem Stiefelternteil in häuslicher Gemeinschaft zugestanden hat, ist unerheblich; maßgeblich sind die tatsächlichen Bindungen. Hat das Kind in einer neuen Familie sowohl des einen als auch des anderen leiblichen Elternteils gelebt, so können Umgangsrechte von Stiefeltern auf beiden Seiten bestehen. Ein Umgangsrecht besteht deshalb grundsätzlich auch für einen Ehemann, der im Zeitpunkt der Geburt mit der Mutter des Kindes verheiratet war, daher nach § 1592 Nr 1 BGB Vater des Kindes war, dessen Vaterschaft sodann aber angefochten wurde **(Scheinvater)**, sofern die Voraussetzung des längeren Zusammenlebens in häuslicher Gemeinschaft mit dem Kind besteht und damit die Regelvermutung des § 1685 Abs 2 S 2 BGB ausgelöst wird. Denn die Art der vom Scheinvater übernommenen Verantwortung ist wiederum typischerweise *elternähnlich,* macht ihn also zu einer *engen Bezugsperson* iSd Abs 2 S 1.

bb) Nichtehelicher Partner eines Elternteils

Umstritten war zur Fassung des § 1685 Abs 2 BGB idF des KindRG, ob der Gesetz- **21**
geber durch die Beschränkung auf den **Ehegatten** eines Elternteils die Stiefkindsituation den heutigen sozialen Verhältnissen entsprechend typisiert hatte (vgl oben Rn 2). Nach dem Wortlaut der Bestimmung hatte der **nichteheliche Partner** des Elternteils kein Umgangsrecht, auch wenn er mit dem Kind, wie Abs 2 es ohnehin voraussetzen würde, längere Zeit in häuslicher Gemeinschaft gelebt hatte. Überwiegend wurde ein solches Umgangsrecht verneint (OLG Bamberg NJW-RR 1999, 804; OLG Dresden KindPrax 2000, 98; OLG Oldenburg FamRZ 2003, 1582; OTTO FamRZ 2000, 44; RAKETE-DOMBEK FPR 2004, 73, 74; ebenso für den gleichgeschlechtlichen ehemaligen Partner ohne eingetragene Lebenspartnerschaft OLG Hamm FamRZ 2000, 1600), obgleich der identische Ausgangspunkt einer sozialen Elternschaft zu dem Kind eine Analogie nahegelegt hatte (so OLG Karlsruhe FamRZ 2002, 1210, 1211; STAUDINGER/RAUSCHER [2006] § 1685 Rn 9d; **aA** OLG Dresden KindPrax 2000, 98). Der Gesetzgeber des KindRG hielt wohl sogar das soziale Phänomen der Stiefelternschaft durch Abs 2 S 1 aF für erfasst (BT-Drucks 13/4899, 106 f rekurriert nicht auf die Ehe, sondern auf „Stiefeltern“).

Durch die Neufassung des Abs 2 in 2004 ist dieser Personenkreis **zweifelsfrei erfasst** (OLG Hamm 17. 3. 2016 – 2 WF 31/16, juris Rn 16, NZFam 2016, 525; AG Essen 15. 4. 2011 – 106 F 264/10, juris Rn 12, FamRZ 2011, 1803; AG Rostock FamRZ 2005, 296); hier erweist sich der Zweck des Verzichts auf eine Enumerierung (zur Entwicklung BT-Drucks 15/2253, 21; BT-Drucks 15/2492, 9), welche auf ein Rechtsverhältnis zwischen dem Umgangsberechtigten und einem Elternteil des Kindes abstellen hätte müssen. Insbesondere wird auch für „nichteheliche Stiefeltern" durch ein längeres häusliches Zusammenleben mit dem Kind die *Regelvermutung* des § 1685 Abs 2 S 2 BGB ausgelöst, also die erforderliche Übernahme von Verantwortung vermutet. Da es aus der Sicht des Kindes schon unter der früheren Fassung bedeutungslos war, ob sein Stiefelternteil mit dem Elternteil verheiratet war oder nicht (hierzu Staudinger/Rauscher [2006] § 1685 Rn 9d), stellt sich auch die Charakterisierung dieser Verantwortung als *elternähnlich* und damit das Merkmal der *engen Bezugsperson* nicht anders dar als bei einer ehelichen Stiefelternschaft.

Dies gilt heute ohne Zweifel (skeptisch noch Staudinger/Rauscher [2014] § 1685 Rn 9d) vor dem Hintergrund gewandelter gesellschaftlicher Vorstellungen auch für **gleichgeschlechtliche Partner** (ohne Lebenspartnerschaft oder Ehe), wenn die übrigen Tatbestandsvoraussetzungen erfüllt sind (OLG Karlsruhe 30. 6. 2022 – 18 UF 22/22, FamRZ 2022, 1288; OLG Frankfurt 11. 5. 2020 – 4 UF 17/20, NJW-RR 2020, 1204; AG Berlin-Tempelhof-Kreuzberg 1. 6. 2015 – 135 F 19780/14, BeckRS 2016, 11946; NK-BGB/Peschel-Gutzeit/Ebeling § 1685 Rn 13).

cc) Eingetragener Lebenspartner oder gleichgeschlechtlicher Ehegatte eines Elternteils

22 Der eingetragene Lebenspartner oder gleichgeschlechtliche Ehegatte eines Elternteils ist – vorbehaltlich einer Adoption – nicht Vater oder Mutter, auch wenn das Kind während des Bestehens einer eingetragenen Lebenspartnerschaft oder Ehe geboren wird, auch wenn diese verfassungsrechtlich problematische Frage derzeit im Hinblick auf Vorlagen des OLG Celle (OLG Celle 24. 3. 2021 – 21 UF 146/20, FamRZ 2021, 862) und des KG Berlin (KG Berlin 24. 3. 2021 – 3 UF 1122/20, FamRZ 2021, 854) nach Art 100 GG vom BVerfG überprüft wird. Mutter iSd § 1591 BGB ist immer eine Frau, Vater iSd § 1592 BGB ist immer ein Mann (OLG Karlsruhe 16. 11. 2010 – 5 UF 217/10, juris Rn 12, NJW 2011, 1012, 1013). Damit hat der eingetragene Lebenspartner oder gleichgeschlechtliche Ehegatte kein Umgangsrecht nach § 1684 BGB, sondern kann nur unter § 1685 Abs 2 BGB fallen. Dies entspricht auch der Interessenlage, weil Abs 2 auf eine lediglich soziale Herkunft zugeschnitten ist, während § 1684 BGB an die biologische und/oder rechtliche Elternschaft anknüpft (OLG Karlsruhe 16. 11. 2010 – 5 UF 217/10, juris Rn 14, NJW 2011, 1012, 1013).

Der eingetragene Lebenspartner des Elternteils war bereits durch § 1685 Abs 2 BGB idF des LPartG in den Anwendungsbereich einbezogen worden (vgl OLG Oldenburg FamRZ 2003, 1582; Rakete-Dombek FPR 2004, 73). Das BVerfG erachtet das Zusammenleben eines eingetragenen Lebenspartners mit dem leiblichen oder angenommenen Kind des anderen Lebenspartners zudem als Familie iSd Art 6 Abs 1 GG (BVerfG FamRZ 2013, 521). Durch das Gesetz zur Einführung des Rechts auf Eheschließung für Personen gleichen Geschlechts vom 28. 7. 2017 (BGBl 2017 I 2787) sind Ehegatten gleichgeschlechtlicher Ehen nunmehr ohnehin auch in Bezug auf das Umgangsrecht nach § 1685 Abs 2 BGB wie sonstige Ehegatten eines Elternteils zu behandeln (vgl oben Rn 20).

Das *OLG Braunschweig* (OLG Braunschweig 5. 10. 2020 – 2 UF 185/19, ZKJ 2021, 117) hat in einer jüngeren Entscheidung einer von der Kindesmutter getrenntlebenden Lebenspartnerin ein Umgangsrecht nach § 1685 Abs 2 BGB mit deren 2- und 3-jährigen Kindern zuerkannt. Der Fall hatte die Besonderheit, dass beide Kinder aufgrund des gemeinsamen Entschlusses der beiden Frauen durch offene Samenspenden (ohne Hinzuziehung medizinischer Fachkräfte) gezeugt worden sind und das ältere Kind zunächst von beiden betreut wurde, während das andere Kind erst unmittelbar vor der Trennung zur Welt kam. Zutreffend war hier im Rahmen von § 1685 Abs 2 BGB dahin zu differenzieren, dass in Bezug auf das erste Kind der Regelfall des Zusammenlebens in einer häuslichen Gemeinschaft iSd § 1685 Abs 2 S 2 BGB vorlag, während es für das andere Kind eingehender Begründung bedurfte, ob die Lebenspartnerin tatsächliche Verantwortung für das Kind übernommen hatte. Auch dies war im Hinblick darauf, dass diese auch nach der Trennung Umgangskontakte wahrgenommen hatte und der Mutter bei Betreuungsengpässen aushalf, zu bejahen. Bemerkenswert ist, dass der Braunschweiger Familiensenat die Elternanhörung in Anwesenheit der Kinder durchführte und sich dort davon überzeugen konnte, dass die Kinder hinreichende Bindungen zu der umgangsberechtigten Lebenspartnerin besitzen. Zu Recht hat der Senat schließlich dem Umstand, dass die Kindesmutter den Umgang wegen vermeintlicher Zerwürfnisse verweigerte, keine entscheidende Bedeutung für die Annahme der Kindeswohldienlichkeit beigemessen. Gerade in einem solchen Fall der Zeugung der Kinder durch einen Samenspender kommt dem Umgang mit der Lebenspartnerin auch die Funktion zu, den Kindern ein Verständnis für ihre eigene familiäre Herkunft zu schaffen, zumal hier auch der Schutzbereich von Art 6 Abs 1 GG eröffnet ist (vgl BVerfG 19. 2. 2013 – 1 BvR 3247/09, FamRZ 2013, 521).

c) Pflegeeltern

In der ursprünglichen Fassung rechneten zu den in Abs 2 enumerierten Umgangsberechtigten auch **Pflegeeltern**, bei denen das Kind längere Zeit in Familienpflege war (zum Begriff vgl BVerfG FamRZ 2000, 413; BGH NJW 2001, 3337, 3339; OLG Bamberg NJW-RR 1999, 804; OLG Hamburg FamRZ 2002, 842, 843). Auch diesem Personenkreis wurde dadurch ein eigenes Umgangsrecht, nicht lediglich ein Reflexrecht zugunsten des Kindes (so aber Lipp FamRZ 1998, 65, 75; zutreffend BGH NJW 2001, 3337, 3338), eingeräumt (zum spiegelbildlichen Problem des Umgangs der Eltern mit dem in Familienpflege lebenden Kind vgl § 1684 Rn 275 ff). 23

Pflegeeltern sind insbesondere mittels der **Regelvermutung** des § 1685 Abs 2 S 2 BGB auch in der Neufassung grundsätzlich in den Kreis der (potenziell) Umgangsberechtigten einbezogen (BT-Drucks 15/2253, 12; OLG Brandenburg 8. 6. 2020 – 13 UF 182/19, juris Rn 21). Zwar ergibt sich hieraus nur die Vermutung der Übernahme von Verantwortung für das Kind; jedoch liegt bei Pflegeeltern auch das Kriterium der *engen Bezugsperson* regelmäßig vor (vgl zum Parallelproblem des Stiefelternteils oben Rn 20). Insbesondere bei kurzfristigen (Bereitschaftspflege, hierzu DIJuF-Rechtsgutachten JAmt 2011, 83) oder nur alternierenden Pflegeverhältnissen (Tagespflege) kann sich jedoch schon aus dem Tatbestandsmerkmal der *engen Bezugsperson* eine Einschränkung ergeben. Insbesondere aber ist die Intensität der Pflegebeziehung ausschlaggebend für die Beurteilung der Kindeswohldienlichkeit des späteren Umgangs; der Nutzen des Umgangs mit früheren Tagespflegeeltern für das Kindeswohl reduziert sich insbesondere mit Zeitablauf seit Beendigung des Pflegeverhältnisses (BGH NJW 2001, 3337, 3339). Ein Umgangsrecht nach § 1685 Abs 2 S 1 BGB kann auch für frühere Pflegegroßeltern nur bestehen, wenn sie längere Zeit tatsächliche Verantwortung für das Kind getragen haben (OLG Koblenz 17. 9. 2008 – 7 UF 237/08, juris Rn 19, FamRZ 2009, 1229: regelmäßige verlängerte Wochenenden und Ferien). Das *OLG Schleswig* (OLG Schleswig 22. 11. 2018 – 10 UF 185/18, ZKJ 2019, 187) hat in einer Entscheidung zu § 1685 Abs 2 BGB die auch hier vertretene Ansicht bestätigt, dass auch ehemaligen Pflegeeltern nach einem Wechsel des Kindes in eine andere Pflegefamilie ein Umgangsrecht zustehen kann, soweit dieser dem Wohl des Kindes dient, was insbesondere für die nach der Trennung folgende Übergangszeit in Betracht kommen kann (vgl BGH 4. 7. 2001 – XII ZB 161/98, NJW 2001, 3337). In einem solchen Fall sind aber zwingend die gegenwärtigen Pflegeeltern am Verfahren zu beteiligen (s § 1685 Rn 55), weshalb das OLG Schleswig das Verfahren an das Amtsgericht zurückverwiesen hat. Hingegen hat sich die Problematik, dass das Zusammenleben mit einem Elternteil formal das Bestehen einer Familienpflege zu einem im selben Haushalt lebenden Dritten ausschließt (OLG Dresden DAVorm 2000, 176, 177), durch die Neufassung erledigt: Da maßgebliches Tatbestandsmerkmal nicht mehr die Pflegeelternschaft im Sinne der Familienpflege ist, sondern die Übernahme von *elternähnlicher* Verantwortung (= sozial-familiäre Beziehung), ist es unerheblich, ob diese Verantwortung allein oder zusammen mit einem rechtlichen Elternteil übernommen wurde.

d) Biologischer Vater ohne rechtliche Vaterschaft – Verhältnis zu § 1686a

24 Mit der Regelung eines eigenständigen Umgangsrechts des biologischen Vaters, der nicht rechtlicher Vater ist und diese Stellung wegen der bestehenden rechtlichen Vaterschaft eines anderen Mannes nicht erlangen kann, wurde fraglich, ob § 1686a BGB als Spezialregelung die Anwendung des § 1685 Abs 2 BGB auf den biologischen Vater verdrängt. Nach der hier vertretenen Auffassung (vgl § 1686a Rn 8) ist dies nicht der Fall, weil sich insoweit § 1685 Abs 2 BGB und § 1686a BGB ergänzen können, wenn der leibliche Vater bereits eine enge Bezugsperson des Kindes ist und tatsächliche Verantwortung für längere Zeit getragen hat (vgl OLG Frankfurt 29. 8. 2018 – 4 UF 52/18, FamRZ 2019, 37). In diesem Fall ergibt sich bei Bejahung von Kindeswohldienlichkeit ein Umgangsrecht bereits aus § 1685 Abs 2 BGB, das ggf ergänzt werden kann durch den Auskunftsanspruch nach § 1686a Abs 1 Nr 2 BGB. Fehlt es an den Voraussetzungen der „engen Bezugsperson“ oder einer „sozial-familiären Beziehung“, ist allein § 1686a BGB maßgeblich. Dieses Verständnis des Verhältnisses von § 1685 Abs 2 BGB und § 1686a Abs 1 Nr 1 BGB hat inzwischen auch der BGH bestätigt (BGH 16. 6. 2021 – XII ZB 58/20, NJW 2021, 2801 Rn 12 ff). Als soziale Bezugsperson iSd § 1685 Abs 2 BGB kann dabei auch der Vater in Betracht kommen, der das Kind mittels einer (offenen) **Samenspende** gezeugt hat (BGH 16. 6. 2021 – XII ZB 58/20, NJW 2021, 2801 Rn 14 ff; KG Berlin 19. 12. 2019 – 13 UF 120/19, juris Rn 29 ff, ZKJ 2020, 430; OLG Frankfurt 29. 8. 2018 – 4 UF 52/18, juris Rn 19, FamRZ 2019, 37, allerdings unter Verkennung des Verhältnisses zu § 1686a BGB). Allerdings wird es in diesen Fällen meist bereits am Vorliegen einer sozial-familiären Beziehung mangeln, sodass sich ein Umgangsrecht letztlich nur aus § 1686a Abs 1 Nr 1 BGB ergeben kann. Ist das Kind dagegen durch eine **Leihmutterschaft** gezeugt worden, kann sich bei Scheitern einer Adoption ein Umgangsrecht der Wunschmutter ebenfalls nur bei Vorliegen einer sozial-familiären Beziehung iSd § 1685 Abs 2 BGB ergeben, was dann nicht der Fall ist, wenn sie nur wenige Monate mit dem Kind bis zur Trennung mit dem Vater und dem Kind in häuslicher Gemeinschaft gelebt hat (OLG Nürnberg 4. 8. 2021 – 11 UF 655/20, juris Rn 44, FamRZ 2021, 1807).

Ist die Vaterschaft zwischen den rechtlichen Eltern und dem potenziellen leiblichen Vater im Streit, besteht aber zwischen letzterem und dem Kind eine sozial-familiäre Beziehung iSd § 1685 Abs 2 BGB, ist die Regelung von § 1685 Abs 2 BGB gegenüber § 1686a Abs 1 Nr 1 BGB vorrangig, da es dann keiner inzidenten Klärung der Vaterschaft bedarf und ein Eingriff in das Grundrecht der bestehenden Familie nach Art 6 Abs 1 GG durch eine Abstammungsuntersuchung (vgl BVerfG 19. 11. 2014 – 1 BvR 2843/14 Rn 8, ZKJ 2015, 72) vermieden werden kann.

Zur Frage der Anwendung von § 1685 Abs 2 BGB auf den leiblichen Vater vor Inkrafttreten von § 1686a BGB vgl § 1686a Rn 1.

e) Eltern und andere leibliche Verwandte nach Adoption des Kindes

Nach § 1685 Abs 2 BGB idF des KindRG kam für die **leibliche Mutter** des Kindes 25
(oder, höchst selten, zusammenlebender Eltern) **nach Rechtskraft der Adoption** ein Umgangsrecht nur in der Fallgruppe der *Familienpflege* in Betracht, die begrifflich zweifelhaft war und regelmäßig daran scheiterte, dass Adoptionsfreigabe alsbald nach der Geburt einem längeren Zusammenleben in häuslicher Gemeinschaft entgegensteht (OLG Schleswig FamRZ 2004, 1057; AG Reinbek FamRZ 2004, 55).

Hieran hat sich auch durch die Neufassung der Norm jedenfalls im Ergebnis nur wenig geändert. Da § 1684 BGB an die rechtliche Elternschaft anknüpft, die mit Rechtskraft der Adoption grundsätzlich entfällt (§ 1755 Abs 1 BGB), kommt de lege lata ein Umgangsrecht allenfalls über § 1685 Abs 2 BGB in Betracht. Daneben ist in Bezug auf den Vater – sei es in Person des vormals rechtlichen oder nur biologischen Vaters – § 1686a Abs 1 Nr 1 BGB in Betracht zu ziehen.

Die Diskussion um das Umgangsrecht der Herkunftseltern nach einer Adoption hat durch die überraschende Entscheidung des BGH vom 16. 6. 2021 (BGH 16. 6. 2021 – XII ZB 58/20, NJW 2021, 2801) eine völlig neue Situation geschaffen.

Zum Teil wurde in der Vergangenheit vertreten, dass § 1685 Abs 2 BGB im Hinblick auf die rechtlichen Folgen der Adoption nach §§ 1751 Abs 1 S 2, 1755 BGB schon nicht auf leibliche Eltern nach der Adoption anwendbar sei (jurisPK-BGB/Heiderhoff [15. 10. 2019] § 1755 Rn 3; Staudinger/Frank [2007] § 1755 Rn 7; Enders FPR 2004, 60, 63; BeckOGK/Altrogge [1. 4. 2018] § 1685 Rn 32, 35). Die Rechtsprechung hat die Frage der grundsätzlichen Anwendbarkeit von § 1685 Abs 2 BGB letztlich offengelassen. Da es bei Freigabe zur Adoption kurze Zeit nach der Geburt meist an der Regelvermutung einer längeren häuslichen Gemeinschaft fehlt und die Geburt als solche oder ein kurzfristiges Zusammenleben mit dem Kind nicht **die sozial-familiäre Beziehung** begründen können, ist in diesen Fällen ein Umgangsrecht nach § 1685 Abs 2 BGB nicht begründbar (OLG Schleswig FamRZ 2004, 1057, 1058; AG Reinbek FamRZ 2004, 55). Der **EGMR** hat diese Rechtslage auch bei einer **halboffenen Adoption** als mit Art 8 Abs 1 EMRK – anders als beim Umgangsrecht leiblicher Väter (vgl § 1686a Rn 2) – vereinbar gesehen und den durch das deutsche Kindschaftsrecht vorgesehenen **Vorrang der Adoptivfamilie** als legitimes Ziel zur Rechtfertigung nach Art 8 Abs 2 EMRK gesehen (EGMR 5. 6. 2014 – 31021/08, FamRZ 2014, 1351 Nr 67 ff – *I.S./Deutschland*). Auch die nach deutschem Recht geltende **Unverbindlichkeit von Abreden** zwischen Adoptiveltern und leiblichen Eltern über das Umgangs- und Auskunftsrecht hat er bestätigt (vgl hierzu aber die abweichende Meinung der Richter Power-Forde und Zupancic im Anhang nach Nr 92 der Entscheidungsgründe). Damit scheiden diese Fälle, ebenso wie Fälle der **Inkognitoadoption**, auf die das nicht mehr zeitgemäße Adoptionsrecht des BGB zugeschnitten ist (zur berechtigten Kritik hieran vgl Helms, Gutachten F zum 71. DJT [2016] 85 ff), für eine Anwendung von § 1685 Abs 2 BGB aus.

Selbst wenn eine längere häusliche Gemeinschaft vor der Adoptionsfreigabe bestanden hat, wurde ein Umgangsrecht des leiblichen Elternteils von der vormals überwiegenden Meinung als nicht dem Kindeswohl dienlich angesehen (OLG Stuttgart FamRZ 2006, 1865, 1866; Giers FamRB 2011, 229, 230). Für diese Ansicht spricht, dass Adoptiveltern nach Freigabe des Kindes zur Adoption in ihrer Elternstellung deutlich weniger schutzbedürftig sind, als es der sich positiv zu dem Kind positionierende biologische Vater im Rahmen von § 1686a BGB ist.

Gleichwohl spricht sich eine immer mehr im Vordringen befindliche Meinung dafür aus, jedenfalls bei Formen der **(halb-)offenen Adoption** den leiblichen Eltern über § 1685 Abs 2 BGB ein Umgangsrecht mit dem Kind zu gestatten (BeckOK-BGB/Veit [1. 1. 2023] § 1685 Rn 11; Oberloskamp ZKJ 2008, 484, 490; Helms/Botthof, Besuchskontakte nach Adoption und Formen schwacher Adoption [2017] 5 ff; Botthof FamRZ 2016, 768; Hoffmann JAmt 2003, 453, 459 noch zu § 1685 Abs 2 aF; Gernhuber/Coester-Waltjen § 67 Rn 19 f; Helms, Gutachten F zum 71. DJT [2016] 93 ff; 21. DFGT 2015, Arbeitskreis 24, These 8c). Für diese Ansicht spricht insbesondere der Umstand, dass nach den heute vorliegenden sozialwissenschaftlichen Erkenntnissen es in den meisten Fällen die Entwicklung des Kindes fördert, wenn es möglichst früh die Identität seiner leiblichen Eltern kennt und auch der Umgang des Kindes mit verschiedenen sozialen Familiensystemen kann nicht generell als kindeswohlschädlich bewertet werden (Walper/Wendt Zeitschrift für Familienforschung 2011, Sonderheft 8, 211, 219 ff; Helms, Gutachten F zum 71. DJT [2016] 85 ff mit zahlreichen Nachweisen anglo-amerikanischer sozialwissenschaftlicher Quellen). Auch der internationale Vergleich spricht gegen die generelle Ablehnung eines Umgangsrechts der leiblichen Eltern nach einer Adoption (vgl die Studie von Helms/Botthof, Besuchskontakte nach Adoption und Formen schwacher Adoption [2017] 7 ff). Schließlich wird eine gesetzliche Neuregelung auch vom Expertise- und Forschungszentrum Adoption zur Weiterentwicklung des deutschen Adoptionswesens und zu Reformen des deutschen Adoptionsrechts des DJI empfohlen (DJI, Empfehlungen des Expertise- und Forschungszentrums Adoption zur Weiterentwicklung des deutschen Adoptionswesens und zu Reformen des deutschen Adoptionsrechts [2017] 56 ff). Schließlich sieht nunmehr auch § 8a AdVermiG einen Informationsaustausch oder Kontakt zwischen Herkunftseltern und Adoptiveltern unter Vermittlung der Adoptionsvermittlungsstelle vor, der nach § 8b AdVermiG auch Informationen über die persönlichen Verhältnisse des Kindes – allerdings auf freiwilliger Basis – beinhalten kann (vgl dazu Botthof NJW 2021, 1127).

Durch seine Entscheidung zum Umgangsrecht eines privaten Samenspenders nach §§ 1685 Abs 2, 1686a BGB nach erfolgter Einwilligung in die Adoption des Kindes durch die Lebenspartnerin der Mutter hat der BGH (BGH 16. 6. 2021 – XII ZB 58/20, NJW 2021, 2801) die Streitfrage letztlich dahin entschieden, dass auch nicht über § 1755 Abs 1 BGB bestehende Umgangsrechte nach §§ 1685 Abs 2, 1686a BGB kraft Gesetzes erlöschen, da es sich – anders bei § 1684 BGB – um keine aus dem Verwandtschaftsverhältnis folgenden Rechte handelt. Auch im Falle einer etwaigen Einwilligung des (leiblichen) Vaters in die Adoption soll nach Ansicht des BGH kein Verzicht auf sein Umgangsrecht angenommen werden können (BGH 16. 6. 2021 – XII

ZB 58/20, NJW 2021, 2801 Rn 26 ff). Nur dann, wenn in einer etwaigen (sogar rechtlich unverbindlichen) Vereinbarung mit den Adoptiveltern ein Verzicht auf das Umgangsrecht erklärt wurde, könne die Geltendmachung eines Umgangsrechts wegen *„widersprüchlichem Verhalten"* (BGH 16. 6. 2021 – XII ZB 58/20, NJW 2021, 2801 Rn 34) ausgeschlossen sein. Auch wenn die Entscheidung zugunsten des leiblichen, nicht rechtlichen Vaters ergangen ist, muss schon aus Gründen der Gleichbehandlung (Art 3 GG) der weitere Schluss gezogen werden, dass sich auch der vormals rechtliche (und zugleich biologische) Vater, der der Adoption zugestimmt oder dessen Einwilligung ersetzt wurde, sich auf etwaige Umgangsrechte nach §§ 1685 Abs 2, 1686a BGB berufen können muss (so ebenfalls Coester-Waltjen ZKJ 2022, 399, 401). Für die (biologische und vormals rechtliche) Mutter kann sich nach einer Adoption dagegen nur ein Umgangsrecht aus § 1685 Abs 2 BGB, nicht aber aus § 1686a BGB ergeben, es sei denn man wendet § 1686a BGB analog auf sie an (so in der Tat Löhnig FamRZ 2015, 806; MünchKommBGB/Hennemann § 1686a Rn 5), was jedoch die Grenzen zulässiger Rechtsfortbildung überschreiten würde (zutreffend Keuter NZFam 2021, 816, 818 f und hier unter § 1686a Rn 14).

Gleichwohl hat die Entscheidung des BGH eine befriedigende Lösung des Umgangsrechts leiblicher Eltern nach einer Adoption des Kindes nicht herbeiführen können. § 1686a BGB privilegiert den leiblichen Vater und verschließt sich der Herkunftsmutter. § 1685 Abs 2 BGB ist schon tatbestandsmäßig nicht erfasst, wenn noch keine sozial-familiäre Beziehung zwischen Kind und leiblichen Eltern bestand, und ist schließlich auch in Fällen der Inkognitoadoption schon im Hinblick auf das Ausforschungsverbot des § 1758 BGB praktisch nicht justitiabel (vgl BeckOK-BGB/Veit [1. 1. 2023] § 1685 Rn 10; Staudinger/Helms [2019] § 1751 Rn 13). Eine befriedigende Lösung kann nur durch eine Neugestaltung des Adoptionsrechts hin zur offenen Adoption, durch ein an § 1685 Abs 1 BGB angelehntes Umgangsrecht mit positivem Kindeswohlvorbehalt und durch die Anerkennung rechtsverbindlicher und vollstreckungsfähiger Umgangsvereinbarungen entweder im Rahmen des familiengerichtlichen Adoptionsverfahrens (Botthof FamRZ 2016, 768, 770), entsprechend § 156 Abs 2 FamFG in einem Umgangsverfahren oder unter der Zuständigkeit des Jugendamts (Helms, Gutachten F zum 71. DJT [2016] 96 f), etwa unter Erweiterung von § 59 SGB VIII, erfolgen. Außerdem bedürfte es der Schaffung eines an §§ 1686, 1686a Abs 1 Nr 2 BGB angelehnten Auskunftsrechts über die persönlichen Verhältnisse des Kindes. Solange diese Regelungen allerdings noch nicht erfolgt sind, verbleibt nur ein geringer Anwendungsbereich für § 1685 Abs 2 BGB, der allerdings nicht grundsätzlich durch die Rechtswirkungen der Adoption ausgeschlossen ist, da § 1755 BGB nur das Umgangsrecht nach § 1684 BGB beseitigt.

Andere leibliche Verwandte, insbesondere **leibliche Geschwister** (vgl OLG Dresden 12. 10. 2011 – 21 UF 581/11, FamRZ 2012, 1153), verlieren durch Adoption das Umgangsrecht nach § 1685 Abs 1 BGB zwar nicht willentlich, fallen aber regelmäßig deshalb nicht unter Abs 2, weil es meist an einer sozial-familiären Beziehung im Sinn der Übernahme elterlicher Verantwortung fehlt (vgl oben Rn 14). Bei den (leiblichen) **Großeltern** und Geschwistern bleibt aber im Sonderfall des § 1756 Abs 2 BGB (Stiefkindadoption nach Versterben eines sorgeberechtigten Elternteils) das Verwandtschaftsverhältnis in Bezug auf den verstorbenen Elternteil bestehen, sodass hier unter Umständen sechs Großelternteile einem Enkelkind gegenüber stehen können.

f) Ehegatte des Kindes

26 Mit dem **Gesetz zur Bekämpfung von Kinderehen** vom 17. 7. 2017 (BGBl 2017 I 2429) hat auch der vormalige Ehegatte des Kindes bei unwirksamer Ehe nach § 1303 S 2 BGB (unter 16 Jahre bei Eheschließung) oder nach § 1314 Abs 1 Nr 1 BGB aufgehobener Ehe (über 16 Jahre alt bei Eheschließung) unter Umständen ein Umgangsrechts nach § 1685 Abs 2 BGB. Die Gesetzesreform betrifft vor allem nach Deutschland eingereiste **unbegleitete minderjährige Flüchtlinge**, die in ihrem Heimatland geheiratet haben und in Begleitung ihres zumeist volljährigen Ehegatten eingereist sind (vgl den viel diskutierten Fall eines mit 14 Jahren verheirateten syrischen Mädchens des OLG Bamberg 12. 5. 2016 – 2 UF 58/16, FamRZ 2016, 1270). Da durch die vorbezeichnete Reform auch § 1800 S 1 aF (es gilt jetzt die Verweisung von § 1795 Abs 1 S 3 BGB nF) geändert wurde, obliegt nunmehr dem **Vormund** bei unwirksamer oder aufgehobener Ehe auch das **Umgangsbestimmungsrecht** (§ 1632 Abs 2 BGB) für den betreffenden Jugendlichen, sodass es ggf zu seinem Schutz auch notwendig sein kann, den Minderjährigen von seinem (vormaligen) Ehegatten zu trennen und den Umgang zu regeln oder falls erforderlich auch zu untersagen (BT-Drucks 18/12377, 21; Dürbeck FamRZ 2018, 553, 564; Bongartz NZFam 2017, 541, 546). Im Streitfall ist das Familiengericht zu einer Entscheidung über den Umgang auch in diesen Fällen berufen.

g) Auswirkung auf Umgangs-Drittregelung nach § 1684 Abs 3 S 1?

27 Das Umgangsrecht der Berechtigten nach § 1685 Abs 1 und Abs 2 BGB hat über die unmittelbare Wirkung hinaus auch keine **mittelbare Auswirkung** auf die Umgangsregelung nach § 1684 Abs 3 S 1 BGB (anders hier noch Staudinger/Rauscher [2014] § 1685 Rn 11). Im Rahmen der Regelung des Umgangs mit einem Elternteil kann das Familiengericht nach § 1684 Abs 3 S 1 Alt 2 BGB zwar den Umgang auch gegenüber Dritten regeln. Dritte in diesem Sinn sind aber nur Personen, die das Kind in Obhut haben, wie zB Pflegepersonen (vgl § 1684 Rn 273 ff).

3. Verhältnis zu anderen Bestimmungen

a) § 1682

28 Hat das Kind **längere Zeit** mit einem Elternteil und dessen Ehegatten oder mit einem Elternteil und einer nach § 1685 BGB umgangsberechtigten volljährigen Person gelebt, so wird diese soziale Familiengemeinschaft ggf **durch § 1682 BGB stärker geschützt** als durch die bloße Einräumung eines Umgangsrechts. Ruht die elterliche Sorge dieses Elternteils oder verstirbt dieser Elternteil und wird der andere Elternteil allein aufenthaltsbestimmungsberechtigt, so kann das Familiengericht auf Antrag oder von Amts wegen den Verbleib des Kindes bei dem Stiefelternteil anordnen, wenn und solange das Kindeswohl durch die von dem anderen Elternteil unternommene Wegnahme gefährdet wäre (§ 1682 S 1 BGB; ausführlich Salgo FPR 2004, 83).

b) § 1632 Abs 4

29 Hinsichtlich von **Pflegeeltern** tritt § 1685 Abs 2 BGB neben die Regelung des § 1632 Abs 4 BGB, überschneidet sich aber nicht mit deren Anwendungsbereich. § 1632 Abs 4 BGB ermöglicht ggf den Verbleib des Kindes bei den Pflegeeltern, während § 1685 Abs 2 BGB die Aufrechterhaltung des Umgangs mit den Pflegeeltern insbesondere dann sicherstellt, wenn das Kind wieder zu seinen rechtlichen Eltern zurückgekehrt ist. Bei der Regelung des Umgangs mit Pflegeeltern ist zu beachten, dass die Pflegefamilie den Schutz des Art 6 Abs 1 GG genießt (BVerfG FamRZ 2000, 413).

c) § 1685 als Restbestand mangels Verbleibensanordnung

Das Schutzbedürfnis ist in den Fällen von §§ 1632 Abs 4, 1682 BGB vergleichbar; 30
kommt es nicht zu einer Verbleibensanordnung, weil die Intensität des sozialen Bezuges und der Bindungen des Kindes hierfür nicht ausreichen, so **verbleibt ggf ein Umgangsrecht** nach § 1685 Abs 2 BGB (BGH NJW 2001, 3337, 3338). Da § 1682 S 2 BGB allerdings nur hinsichtlich des Personen*kreises* Bezug nimmt auf § 1685 Abs 1 BGB, nicht aber das Bestehen eines Umgangsrechts im konkreten Fall voraussetzt (BT-Drucks 13/4899, 104), bleibt nicht in allen von § 1682 BGB erfassten Fällen wenigstens ein Umgangsrecht erhalten. Nicht erfasst ist insbesondere der **nichteheliche Lebensgefährte** (zur streitigen Frage einer analogen Anwendung vgl Heilmann/Keuter § 1682 BGB Rn 5). Hingegen sind die Ausgangsfälle der Familienpflege in § 1632 Abs 4 BGB und in § 1685 Abs 2 BGB identisch.

§ 1685 BGB ist dadurch insbesondere geeignet, die Trennung von Pflegeeltern und anderen Bezugspersonen zu erleichtern und Anordnungen nach § 1632 Abs 4 BGB, insbesondere aber solche nach § 1682 BGB, auf das unbedingt erforderliche Maß zu reduzieren. Wenngleich nicht zu bestreiten ist, dass ein Bedürfnis bestehen kann, das Kind durch eine Anordnung nach § 1682 BGB gegen das Herausnahmeverlangen eines aufenthaltsbestimmungsberechtigt gewordenen Elternteils bei einer Bezugsperson iSd § 1685 BGB zu belassen, ist insbesondere in den Fällen Vorsicht geboten, in denen **Großeltern** seitens eines verstorbenen Elternteils mit dem überlebenden Elternteil um den Aufenthalt des Kindes streiten (vgl zur Situation des nicht mit der Mutter verheirateten Vaters, der nach dem Tod der Mutter das Kind zu sich nehmen möchte: Rauscher FamRZ 1998, 329, 338). § 1685 Abs 1 BGB eröffnet hier die Chance, dass das Kind bei seinem leiblichen Elternteil lebt und dennoch nicht den Kontakt zu seiner bisherigen sozialen Bezugsperson verliert.

4. Sonstige Bezugspersonen

a) Fernere Verwandte, losere Sozialbeziehungen

Anderen als den in § 1685 Abs 1 BGB ausdrücklich genannten und den über die so- 31
zial-familiäre Beziehung in Abs 2 erfassten Personen steht **kein Umgangsrecht** zu. Die durch § 1685 Abs 2 BGB bewirkte Öffnung nimmt der Norm zwar insoweit den enumerativen Charakter; der Katalog abstrakt Umgangsberechtigter in Abs 1 bleibt jedoch weiterhin enumerativ und ist gerade wegen der Auflockerung zugunsten der Figur der sozial-familiären Beziehung nicht analogiefähig. Hieran vermag auch der weiter gefasste § 1626 Abs 3 S 2 BGB nichts zu ändern. Insbesondere wurde im Gesetzgebungsverfahren zur Neufassung (oben Rn 5 f) der Gedanke verworfen, alle **Verwandten** bis zum dritten Grad einzubeziehen (so noch der Entwurf BT-Drucks 15/2253, 9; hiergegen zutreffend Bundesrat BT-Drucks 15/2253, 15).

Für nicht in § 1685 Abs 1 BGB genannte Verwandte kommt also ein Umgangsrecht nur nach Abs 2 in Betracht; insoweit begründet jedoch nicht die verwandtschaftliche Beziehung, sondern nur eine durch Übernahme von – elternähnlicher – Verantwortung geprägte sozial-familiäre Beziehung ein Umgangsrecht; auch der Wunsch eines Verwandten, eine solche Beziehung erst aufzubauen, genügt nicht (OLG Bremen 27. 8. 2012 – 4 UF 89/12, juris Rn 12, ZKJ 2012, 494). Eine dem nicht-elterlichen Grad der Verwandtschaft entsprechende soziale Beziehung reicht mithin nicht. Hier ist auch dann keine andere Beurteilung veranlasst, wenn der Kindesvater wegen vorsätzlicher Tötung der Mutter längere Zeit inhaftiert ist und Verwandte des Vaters die einzigen Bezugspersonen der väterlichen Familie sind (so bedenklich OLG Celle 27. 11. 2015 – 10 WF 303/15, juris Rn 7 f, FamRZ 2016, 916 für eine Schwester des Vaters, die lediglich Wochenendkontakte mit dem Kind ohne Übernachtung gepflegt hatte; zutreffend vielmehr OLG Bremen 7. 2. 2020 – 4 UF 131/19, juris Rn 15 ff, ZKJ 2021, 112 in einer ähnlichen Konstellation der Tötung der Mutter durch den Vater).

Andere als in § 1685 Abs 2 BGB genannte Personen haben kein Umgangsrecht auch dann, wenn zwischen ihnen und dem Kind eine bedeutsame Sozialbeziehung besteht, die aber nicht sozial-familiärer Natur im Sinn elterlicher Verantwortungsübernahme ist. Abs 2 ist gerade in seiner nicht enumerierenden Neufassung zu Recht begrenzt auf diesen Typus einer ohne Verwandtschaft begründeten sozialen Beziehung.

Diesen Personen kein Umgangsrecht zu gewähren, ist einerseits erforderlich, um den trotz Abstraktion der Definition in Abs 2 erweiterten Personenkreis *überschaubar zu halten* und zahlreiche Umgangsstreitigkeiten zu vermeiden, andererseits würde sich bei einer Vielzahl regelmäßig umgangsberechtigter Personen eine hohe Belastung des Kindes durch *Umgangstourismus* ergeben.

b) Elternvorrang bei Förderungswürdigkeit gemäß § 1626 Abs 3 S 2

32 Dies bedeutet auch keinen Widerspruch zu **§ 1626 Abs 3 S 2 BGB**. Jene Bestimmung beschreibt den Kreis der Personen, mit denen Umgang zu pflegen grundsätzlich **dem Kindeswohl dient**. Eine andere Frage ist, ob ein Umgangs*recht* besteht in dem Sinn, dass ein Umgang auch unterhalb der Grenze der Kindeswohlgefährdung *gegen das elterliche Umgangsbestimmungsrecht* des § 1632 Abs 2 BGB durchsetzbar sein soll. Hier hat sich der Gesetzgeber zu Recht gegen den weiten Personenkreis des § 1626 Abs 3 S 2 BGB entschieden (OLG Bamberg NJW-RR 1999, 804), weil der mit einer Umgangsregelung gegen den Willen der Eltern verbundene Eingriff in das Elternrecht bei weniger intensiven sozialen Kontaktpersonen (zB Kindergarten-Erzieher/in) oder ferneren Verwandten dem Kind mehr schaden als nützen würde. Die damit verbundene Begrenzung des Personenkreises ist nicht willkürlich (so aber Lipp FamRZ 1998, 65, 75); sie versucht vielmehr auf einer vorhersehbaren Grundlage zu entscheiden, für welchen Umgang mit Dritten notfalls auch eine Belastung des Eltern-Kind-Verhältnisses hingenommen werden muss und für welche nicht.

Verweigern die Eltern den Umgang mit solchen Personen, so kommt eine amtswegige gerichtliche Regelung nur in Betracht, wenn dadurch das **Kindeswohl gefährdet** wäre (§ 1666 BGB; OLG Zweibrücken FamRZ 1999, 1161, 1162; Staudinger/Coester [2020] § 1666 Rn 150), nicht aber bereits dann, wenn ein solcher Umgang dem Kindeswohl dienen würde. § 1626 Abs 3 S 2 BGB gibt insoweit keine Eingriffsgrundlage (Heilmann/Fink § 1626 Rn 24; Grüneberg/Götz § 1626 Rn 24; **aA** zu Unrecht für den leiblichen Großvater nach einer Stiefkindadoption: OLG Rostock 30. 10. 2004 – 10 WF 76/04, juris Rn 4, FamRZ 2005, 744), § 1685 BGB ist nicht anwendbar. Versagt die vom Gesetz gewählte Typisierung ausnahmsweise aufgrund der besonderen Fallumstände, so gibt § 1666 BGB den erforderlichen Raum, um den Umgang mit einer vom Kind als besonders bedeutsam empfundenen Bezugsperson zumindest vorübergehend zur Abwehr einer Gefahr für das Kindeswohl herzustellen.

c) Personen ohne Umgangsrecht

Kein Umgangsrecht nach § 1685 Abs 1 BGB haben **Tanten** und **Onkel** (OLG Bremen 27. 8. 2012 – 4 UF 89/12, juris Rn 12, ZKJ 2012, 494; OLG Zweibrücken FamRZ 1999, 1161; WEYCHARDT ZfJ 1999, 326, 327; kritisch LIPP FamRZ 1998, 65, 75), fernere Verwandte in gerader Linie und Seitenlinie und Verschwägerte, wenn sie nicht im Einzelfall dem umgangsberechtigten Personenkreis des Abs 2 angehören (BT-Drucks 15/2253, 21; BT-Drucks 15/2492, 9; zB ein Onkel oder eine Tante, bei der das Kind längere Zeit gelebt hat). 33

Kein Umgangsrecht nach § 1685 Abs 2 BGB haben unbeschadet einer gewissen Verantwortungsübernahme die zum **sozialen Umfeld** des Kindes gehörenden Personen, wie Kindergarten-Erzieher/in, Grundschullehrer/in, Tagesmütter/-väter (vgl den noch nach altem Recht entschiedenen Fall in BayObLG NJWE-FER 1998, 53), Freunde oder Nachbarn, weil es sich nicht um enge Bezugspersonen iSd Abs 2 handelt. Auch die Funktion als **Kindermädchen** oder Haushaltshilfe begründet regelmäßig kein Umgangsrecht nach Abs 2, weil solchen Personen nur eine neben die Eltern tretende subsidiäre und nicht gleichwertige partielle Erziehungsaufgabe obliegt (OLG Brandenburg FamRZ 2011, 1154 misst zutreffend an Art 6 Abs 2 GG). Kein Umgangsrecht aus Abs 2 haben insbesondere Angehörige einer **Wohngemeinschaft**, in der die Eltern oder ein Elternteil mit dem Kind gelebt haben, auch wenn in Wohngemeinschaften nicht selten eine gewisse Verantwortung, etwa durch Beaufsichtigung oder Verköstigung von Kindern anderer Mitbewohner, übernommen wird. Solchen Personen fehlt die für eine enge Bezugsperson zu fordernde elternähnliche Exklusivität. Selbstverständlich kann der *Partner* des Elternteils des Kindes auch dann unter Abs 2 fallen, wenn beide mit dem Kind in einer Wohngemeinschaft leben oder gelebt haben.

IV. Kindeswohldienlichkeit (§ 1685 Abs 1 HS 2)

1. Keine Vermutung der Kindeswohldienlichkeit

a) Feststellungslast beim Umgang Begehrenden

Das Umgangsrecht nach § 1685 BGB besteht nur, wenn der Umgang dem Wohl des Kindes dient. Dies gilt aufgrund der Verweisung auf Abs 1 auch für den in Abs 2 beschriebenen Personenkreis, wobei auch bei diesen trotz des Bestehens einer sozial-familiären Beziehung keine Annahme dahin besteht, dass hier regelmäßig Kindeswohldienlichkeit gegeben sein dürfte (BGH 12. 7. 2017 – XII ZB 350/16, juris Rn 29, FamRZ 2017, 1668 m Anm DÜRBECK; **aA** STAUDINGER/RAUSCHER [2014] § 1685 Rn 18; iE ähnlich NK-BGB/PESCHEL-GUTZEIT/EBELING § 1685 Rn 8). Ob sich zugunsten der **Großeltern** eine **Vermutung der Kindeswohldienlichkeit** ergibt, ist strittig; während die herrschende Ansicht zu Recht eine solche Vermutung verneint (BGH 12. 7. 2017 – XII ZB 350/16, juris Rn 29, FamRZ 2017, 1668 m Anm DÜRBECK; BT-Drucks 13/4899, 107, 169; OLG Brandenburg 17. 12. 2015 – 13 UF 186/15, juris Rn 3, FamRZ 2016, 1092; OLG Brandenburg 17. 5. 2010 – 10 UF 10/10, juris Rn 17; OLG Koblenz MDR 2000, 160, 161; OLG Naumburg ZKJ 2008, 170; LÖHNIG NZFam 2017, 1030, 1031; HEILMANN/GOTTSCHALK § 1685 Rn 9; NEUMANN FamRZ 2009, 157), wird von einem Teil der Rechtsprechung und des Schrifttums teilweise zugunsten des Umgangs mit den Großeltern eine Vermutung der Kindeswohldienlichkeit aus § 1626 Abs 3 S 2 BGB hergeleitet (OLG Hamm ZKJ 2011, 227; CAMPBELL NJW-Spezial 2011, 644: „wichtiger Anhaltspunkt“). Der zuletzt genannten Ansicht ist jedoch nicht zu folgen, da § 1626 Abs 3 S 2 BGB gerade voraussetzt, dass das Kind zu den genannten Personen Bindungen besitzt (VÖLKER/CLAUSIUS, Sorge- und Umgangsrecht § 2 Rn 119; OSTHOLD FF 2017, 346, 349); bestehen sol- 34 che Bindungen, fließt dies auch positiv in die Prüfung der Kindeswohldienlichkeit mit ein (OLG Frankfurt 15. 8. 2014 – 6 UF 82/14, BeckRS 2014, 118955; JOHANNSEN/HENRICH/ALTHAMMER/RAKE § 1685 Rn 7; BeckOGK/ALTROGGE [15. 2. 2021] § 1685 Rn 59). Andererseits kommt es bei bestehenden Bindungen des Kindes – insbesondere zu Großeltern – dann zum Schwur, wenn die Eltern sich dem Umgang widersetzen. Dann aber kann § 1626 Abs 3 S 2 BGB nicht für das Umgangsrecht von Personen streiten, denen im Gegensatz zu den Eltern nicht Art 6 Abs 2 GG zur Seite steht. Da grundsätzlich die Bestimmung des Umgangs Teil der Personensorge ist (vgl § 1632 Abs 2 BGB; anerkannt von BGH 6. 7. 2016 – XII ZB 47/15, juris Rn 44, ZKJ 2016, 419 zu § 1684 BGB), bedeutet ein Umgangsrecht Dritter gegen den Willen des Personensorgeberechtigten, regelmäßig also der Eltern, einen Eingriff in das Elternrecht. Dies gebietet einen positiv erwogenen umfassenden Ausgleich zwischen den Interessen des Kindes im Verhältnis zu seinen Eltern und dem Kindesinteresse am Umgang (BGH 12. 7. 2017 – XII ZB 350/16, juris Rn 27, FamRZ 2017, 1668 m Anm DÜRBECK; BeckOK-BGB/VEIT [1. 1. 2023] § 1685 Rn 29 f; SCHULZE FuR 1996, 275), bei dem Vermutungen nicht helfen (iE auch OLG Hamm ZKJ 2011, 227).

Für diesen Interessenausgleich hat der Gesetzgeber des KindRG das **Modell des § 1711 aF** gewählt; dass dieses Modell für den Vater, dem jedenfalls nach jüngerem Verständnis das Elternrecht des Art 6 Abs 2 GG zusteht, nicht geeignet war, spricht nicht gegen diese Modellwahl, allenfalls gegen ihre Begründung; den in Abs 1 und 2 der ursprünglichen Fassung Genannten wird zwar ein subjektives Recht auf Umgang gewährt; dieses ist jedoch nicht verfassungsgestützt, sodass der gewählte maßvolle Vorrang des Erziehungsrechts der Eltern auch den Vorgaben des Art 6 Abs 2 GG besser gerecht wird, als es eine Gleichgewichtigkeit würde.

Daraus folgt, dass der nach § 1685 Abs 1 oder 2 BGB Umgangsberechtigte nach Ausschöpfung des Amtsermittlungsgrundsatzes nach § 26 FamFG (BGH 5. 10. 2016 – XII ZB 280/15, juris Rn 35, FamRZ 2016, 2082 zu § 1686a; OSTHOLD FF 2017, 346, 349 f) die **Feststellungslast** dafür trägt, dass sein Umgang mit dem Kind dessen Wohl dient (OLG Braunschweig 5. 10. 2020 – 2 UF 185/19, juris Rn 36, NJW-RR 2021, 135; OLG Oldenburg 23. 10. 2017 – 3 UF 120/17, juris Rn 32, ZKJ 2018, 234; OLG Koblenz FamRZ 2000, 1111; HEILMANN/GOTTSCHALK § 1685 Rn 9; BeckOK-BGB/VEIT [1. 1. 2023] § 1685 Rn 41). Eine **formelle Beweisführungslast** besteht hingegen im Amtsermittlungsverfahren der freiwilligen Gerichtsbarkeit nicht (PRÜTTING/HELMS/PRÜTTING § 26 FamFG Rn 50; missverständlich OLG Hamm FamRZ 2000, 1601). Gleichwohl haben die Umgangsberechtigten Dritten im Rahmen ihrer Mitwirkungspflicht (§ 27 FamFG) die Tatsachen darzulegen, aus denen sich ein etwaiges Umgangsrecht ergeben kann.

Auch in der **Beschwerdeinstanz** (§§ 58 ff FamFG) ist die Kindeswohldienlichkeit uneingeschränkt zu prüfen. Insbesondere gilt nicht das Verbot der Schlechterstellung des Beschwerdeführers, da es sich bei Verfahren nach § 1685 BGB um amtswegige Verfahren iSd § 24 FamFG handelt (siehe unten Rn 53), sodass Abänderungen der erstinstanzlichen Entscheidung auch zum Nachteil des Beschwerdeführers erfolgen können (OLG Dresden FamRZ 2005, 1275; HEILMANN/DÜRBECK § 69 FamFG Rn 4).

b) Vermutung der Kindeswohldienlichkeit für den biologischen Vater?

35 Auch soweit § 1685 Abs 2 BGB auf den biologischen, nicht rechtlichen Vaters anzuwenden ist (siehe oben Rn 17), besteht entgegen älteren Ansichten (STAUDINGER/RAUSCHER [2014] § 1685 Rn 18a) keine Vermutung der Kindeswohldienlichkeit, da dessen

Rechte hinreichend durch § 1686a BGB geschützt sind und auch dort keine Vermutung der Kindeswohldienlichkeit des Umgangs besteht.

Die Kindeswohldienlichkeit entfällt allerdings nicht bereits deshalb, weil das Kind in einem Familienverband mit der Mutter und einem rechtlichen Vater lebt. Da nur bei Bestehen eines sozial-familiären Familienverbands zum rechtlichen Vater die Anfechtung von dessen Vaterschaft durch den biologischen Vater scheitert (§ 1600 Abs 2 BGB), bei möglicher Anfechtung aber das Umgangsrecht nach § 1685 Abs 2 BGB allenfalls vorübergehende Bedeutung bis zur Herstellung der rechtlichen Vaterschaft des biologischen Vaters hat (OLG Celle NJW 2005, 78, 79), liefe Abs 2 für den biologischen Vater leer, wenn die Kindeswohlabwägung immer zugunsten der sozial verfestigten rechtlichen Elternschaft ausginge. Vielmehr kann durchaus ein Umgang mit dem biologischen Vater dem Kindeswohl dienen, auch wenn das Kind mit dem rechtlichen Vater zusammenlebt. Es gelten insoweit hier die unter § 1686a Rn 16 erläuterten Erwägungen, wobei aber bei bestehender sozial-familiärer Beziehung zwischen leiblichem Vater und Kind, der zudem eine enge Bezugsperson des Kindes sein muss, sicher weit mehr Raum bleibt für die Bejahung der Kindeswohldienlichkeit als bei § 1686a BGB.

2. Verhältnis zum Elternrecht

a) Umgangsbestimmungsrecht

Das Verhältnis zwischen dem Elternrecht und dem Umgangsrecht Verwandter, insbesondere der Großeltern, hat seit Inkrafttreten der Regelung zu einer größeren Anzahl von Streitigkeiten geführt, was deutlich macht, dass hier ein wesentliches **Konfliktpotential** der Norm liegt (im Einzelnen Höflinger ZfJ 2002, 131). Die Sorge um das Umgangsrecht von Großeltern mit ihren Enkeln hat in der letzten Legislaturperiode Abgeordnete der FDP-Fraktion zu einer Anfrage an die Bundesregierung veranlasst (vgl BT-Drucks 19/30185 und die Antwort der Bundesregierung in BT-Drucks 19/30694 v 14. 6. 2021), wobei nach dort angeführten Schätzungen jedes Jahr etwa 150.000 Kinder den Kontakt zu ihren Großeltern verlieren (vgl Kloster-Harz NZFam 2016, 529, allerdings ohne Quellenangabe). Konflikte bestehen sowohl zwischen **Alleinerziehenden** und den Großeltern von Seiten des anderen Elternteils (dazu unten Rn 20) als auch bei Konflikten zwischen nicht getrennten Eltern und Großeltern. Hinzukommen Umgangsfragen bei fremduntergebrachten Kindern, die bei Pflegeeltern oder in Heimen oder sonstigen betreuten Einrichtungen leben. 36

Versagen die Eltern den Großeltern den Umgang, so hat das **elterliche Erziehungsrecht** aufgrund des Umgangsbestimmungsrechts (§ 1632 Abs 2 BGB) einen **relativen Vorrang** (VerfG Brandenburg 30. 11. 2018 – 19/18, juris Rn 10). Dieser darf aber nicht als ein grundsätzlicher Vorrang gesehen werden (so aber OLG Koblenz FamRZ 2000, 1111; OLG Hamm FamRZ 2000, 1601; MünchKommBGB/Hennemann § 1685 Rn 1; wie hier OLG Brandenburg 17. 1. 2018 – 13 UF 152/17, juris Rn 27, NZFam 2018, 373), der die anschließende Kindeswohlwertung einseitig determiniert (zutreffend Spangenberg/Spangenberg FamRZ 2002, 48, 49 f). Vorrang genießt das Erziehungsrecht nicht in Ansehung der Umgangsausübung, sondern hinsichtlich sonstiger Erziehungsfragen, in die sich die Umgangsberechtigten nicht einzumischen haben (OLG Hamm 2003, 953, 954; OLG Brandenburg FamRZ 2010, 1991). Ist letzteres der Fall, spricht dies gegen Kindeswohldienlichkeit nach § 1626 Abs 3 S 2 BGB (BGH 12. 7. 2017 – XII ZB 350/16, juris Rn 29 f, FamRZ 2017, 1668 m Anm Dürbeck; OLG

Brandenburg 17. 12. 2021 – 9 UF 188/21, juris Rn 11, FuR 2022, 264; OLG Braunschweig 30. 6. 2021 – 2 UF 47/21, juris Rn 68, NJW-Spezial 2021, 710; OLG Frankfurt 11. 6. 2021 – 6 UF 55/21, juris Rn 13; NZFam 2021, 748; OLG Brandenburg 3. 3. 2008 – 10 UF 210/07, juris Rn 8, FamRZ 2008, 2303).

Dem Personensorgeberechtigten kommt also insoweit **kein abschließendes Bestimmungsrecht** dahin zu, kraft dessen er den Umgang ausschließen könnte. Vielmehr muss sich die elterliche Entscheidung **pflichtgebunden** am Wohl des Kindes messen lassen und ggf eine Einschränkung des Sorgerechts durch eine gerichtliche Umgangsregelung nach § 1685 Abs 3 S 1 BGB iVm § 1684 Abs 3 S 1 BGB hinnehmen (OLG Brandenburg 17. 1. 2018 – 13 UF 152/17, juris Rn 27, NZFam 2018, 373). Gleichwohl dürfen Eltern nach § 1632 Abs 2 BGB dem Kind auch den Umgang mit Großeltern verbieten, wenn er nicht dem Kindeswohl dient und, falls die Großeltern dieses Verbot missachten, auch ein **gerichtliches Kontaktverbot** nach § 1632 Abs 3 BGB oder nach § 1685 Abs 3 BGB iVm § 1684 Abs 4 BGB erwirken (OLG Brandenburg 17. 12. 2015 – 13 UF 186/15 Rn 4, FamRZ 2016, 1092; Johannsen/Henrich/Althammer/Dürbeck § 1632 BGB Rn 17).

Der elterliche Vorrang besteht im Grunde darin, dass der den Umgang Begehrende die *Feststellungslast* dafür trägt, dass der Umgang dem Wohl des Kindes dient. Keinesfalls kann der Sorgeberechtigte nach Belieben über die Umgangskontakte des Kindes befinden (OLG Karlsruhe FamRZ 2002, 1210). Daraus, dass § 1626 Abs 3 S 2 BGB auch den in § 1685 BGB berechtigten Personenkreis einschließt, ergibt sich für die Kindeswohldienlichkeit zwar keine *Vermutung* (die der Personensorgeberechtigte zu widerlegen hätte), jedoch eine **Auslegungshilfe** (BGH 12. 7. 2017 – XII ZB 350/16, juris Rn 26, FamRZ 2017, 1668 m Anm Dürbeck; OLG Frankfurt 11. 6. 2021 – 6 UF 55/21, juris Rn 13; NZFam 2021, 748; MünchKommBGB/Hennemann § 1685 Rn 12; vgl auch FamRefK/Rogner § 1685 Rn 3). Dieses Indiz wird für den Personenkreis des § 1685 Abs 1 BGB dadurch verstärkt, dass nach der Lebenserfahrung Kontakte zu Großeltern und Geschwistern üblich und im Allgemeinen auch dem Kindeswohl dienlich sind. Dabei bedarf es zwar nicht ausnahmslos **bereits existierender Beziehungen bzw Bindungen**, bestehen allerdings solche nicht, müssen besondere Umstände vorliegen, die einen regelmäßigen Kontakt zwischen Kind und Großeltern als kindeswohldienlich erscheinen lassen, woran es bei noch ganz kleinen Kindern fehlen kann, wenn noch keine Beziehung zu dem betreffenden Großelternteil besteht (OLG Frankfurt 11. 6. 2021 – 6 UF 55/21, juris Rn 14; NZFam 2021, 748; OLG Koblenz 17. 8. 2015 – 7 WF 770/15, juris Rn 3 ff, FamRZ 2016, 391; Schürmann FF 2018, 230, 237; Osthold FF 2017, 347, 349 f) oder Konflikte zwischen den Beteiligten bestehen (BGH 12. 7. 2017 – XII ZB 350/16, juris Rn 27, FamRZ 2017, 1668 m Anm Dürbeck; OLG Köln 2. 4. 2008 – 14 UF 241/07, juris Rn 3, FamRZ 2008, 2147).

b) Bedeutung der Weigerung der Eltern, insbesondere gegenüber Großeltern

37 Die **Weigerung** des Personensorgeberechtigten ist ein wichtiger Faktor in der **Kindeswohlabwägung**; die Ansicht, bei Umgangsablehnung durch die Eltern müssten insbesondere die Großeltern die Kindeswohldienlichkeit dartun und beweisen (OLG Naumburg ZKJ 2008, 170), verschiebt allerdings die Bewertung des Kindeswohls zu stark von der dem Gericht obliegenden Würdigung auf eine nur vermeintlich bestehende Beweislastebene, die zudem in Amtsermittlungsverfahren (§ 26 FamFG) nicht existiert. Die Weigerung der Eltern ist vielmehr im Rahmen der Kindeswohlprüfung abzuwägen gegen **Indizien**, die **für eine Umgangsgewährung** sprechen (OLG Koblenz 19. 5. 2020 – 9 UF 191/20, ZKJ 2021, 65; KG 20. 3. 2009 – 17 UF 2/09, juris Rn 8, FamRZ 2009, 1229; kritisch gegen eine zu starke Orientierung am Willen der Eltern Theurer MDR 2005, 250, 253; Spangenberg/

Spangenberg FamRZ 2017, 426, 427), mögen diese auch vom Umgang Begehrenden beizubringen sein. Ein wesentliches Indiz, das über die generelle Annahme hinausgeht, dass ein konfliktfreier Umgang auch mit der weiteren Verwandtschaft grundsätzlich dem Kindeswohl dient, ergibt sich, wenn in der Vergangenheit gute und intensive Beziehungen bestanden haben und der Kontakt gegen den Willen der Eltern (oder eines Elternteils) aufrechterhalten werden soll (OLG Hamm FamRZ 2003, 953). Natürlich spielen auch der zu beachtende **Wille des Kindes** (OLG Koblenz 19. 5. 2020 – 9 UF 191/20, juris Rn 11 ff; ZKJ 2021, 65) und seine **seelische Belastbarkeit** in solchen Konfliktfällen eine entscheidende Rolle.

Auch die Personensorgeberechtigten müssen jedoch **verständliche Gründe** für ein Verbot dartun (OLG Brandenburg 22. 7. 2022 – 9 UF 30/22, juris Rn 18; OLG Brandenburg 27. 8. 2018 – 13 WF 151/18, juris Rn 5, NJW-RR 2019, 130; OLG Koblenz FamRZ 2000, 1111; OLG Brandenburg FamRZ 2010, 1991; Osthold FF 2017, 346, 351). Solche bestehen jedenfalls dann, wenn **schwere Zerwürfnisse** mit den Großeltern bestehen, die im Verhalten der Großeltern eine nachvollziehbare Ursache finden (OLG Brandenburg 22. 7. 2022 – 9 UF 30/22, juris Rn 17 ff; VerfG Brandenburg 30. 11. 2018 – 19/18, juris Rn 10; KG NJWE-FER 2001, 119; AG Konstanz FamRZ 2004, 290, 291; letztlich lagen solche wohl auch im Fall OLG Hamm FamRZ 2000, 1601 vor), insbesondere die Großeltern die **Erziehungsfähigkeit der Eltern** öffentlich in Frage stellen (BGH 12. 7. 2017 – XII ZB 350/16, juris Rn 30, FamRZ 2017, 1668 m Anm Dürbeck; OLG Braunschweig 30. 6. 2021 – 2 UF 47/21, juris Rn 68; OLG Brandenburg 17. 1. 2018 – 13 UF 152/17, juris Rn 24, NZFam 2018, 373; OLG Oldenburg 23. 10. 2017 – 3 UF 120/17, juris Rn 30, ZKJ 2018, 235; OLG Dresden FamRZ 2010, 310; OLG Brandenburg 31. 3. 2010 – 9 UF 176/09, juris Rn 6, JAmt 2011, 419), deren **Weltanschauung** öffentlich kritisieren (AG Kulmbach FamRZ 2007, 850), deren **Erziehungsvorrang** nicht respektieren (OLG Brandenburg 17. 12. 2021 – 9 UF 188/21, juris Rn 11, FuR 2022, 264; OLG Frankfurt 11. 6. 2021 – 6 UF 55/21, juris Rn 13, NZFam 2021, 748; OLG Brandenburg 27. 8. 2018 – 13 WF 151/18, juris Rn 5, NJW-RR 2019, 130; OLG Oldenburg 23. 10. 2017 – 3 UF 120/17, juris Rn 30, ZKJ 2018, 235; OLG Saarbrücken 21. 4. 2017 – 6 UF 20/17, juris Rn 12, FamRZ 2017, 1673; OLG Frankfurt 15. 8. 2014 – 6 UF 82/14, BeckRS 2014, 118955; OLG Brandenburg 31. 3. 2010 – 9 UF 176/09, juris Rn 6, JAmt 2011, 419) oder zum Spannungsabbau nicht bereit sind (OLG Brandenburg 17. 1. 2018 – 13 UF 152/17, juris Rn 24 ff, NZFam 2018, 373; OLG Hamm FamRZ 2004, 57: Verweigerung von Beratung; OLG Dresden FamRZ 2010, 310: Verweigerung der Thematisierung der eigenen Haltung).

Bloße **Meinungsverschiedenheiten** oder **Abneigungen** genügen zwar nicht, um insbesondere Großeltern den Umgang zu versagen (KG 20. 3. 2009 – 17 UF 2/09, juris Rn 9, FamRZ 2009, 1229; AG Langen FF 2001, 28), da sonst die Eltern de facto dem Umgang zustimmen müssten. Maßstab für das Umgangsrecht ist stets das **Kindeswohl**. Allerdings kann auch ein auf nicht rationalen Gründen basierendes zerrüttetes Verhältnis zwischen Eltern und Großeltern das Kind in einen massiven **Loyalitätskonflikt** bringen, die einen gegen den Willen der Eltern erzwungenen Umgang als kindeswohlschädlich erscheinen lassen können (OLG Brandenburg 17. 12. 2021 – 9 UF 188/21, juris Rn 11, FuR 2022, 264; OLG Frankfurt 11. 6. 2021 – 6 UF 55/21, juris Rn 13 f, NZFam 2021, 748; OLG Brandenburg 17. 1. 2018 – 13 UF 152/17, juris Rn 24, NZFam 2018, 373; OLG Oldenburg 23. 10. 2017 – 3 UF 120/17, juris Rn 29, ZKJ 2018, 235; OLG Saarbrücken 21. 4. 2017 – 6 UF 20/17, juris Rn 20, FamRZ 2017, 1673; OLG München 12. 7. 2011 – 12 UF 600/11, juris Rn 19, FamRZ 2011, 1804; OLG Karlsruhe 30. 5. 2007 – 18 UF 217/06, juris Rn 20, FamRZ 2008, 915; OLG Hamm 15. 9. 2009 – 11 UF 108/09, juris Rn 17 f, FamRZ 2010, 909; OLG Hamm 25. 4. 2003 – 5 UF 117/03, juris Rn 15, FamRZ 2004, 57; OLG Hamm 25. 5. 2005 – 11 UF 165/04, juris Rn 13, FamRZ 2005, 2012;

Salzgeber, Familienpsychologische Gutachten Rn 683; Klapdor, Das Umgangsrecht von Großeltern mit dem Kind im BGB 148 ff; BeckOK-BGB/Veit [1. 1. 2023] § 1685 Rn 38; Osthold FF 2017, 346, 351; zur Bedeutung der Gefahr eines Loyalitätskonflikts vgl auch BGH 12. 7. 2017 – XII ZB 350/16, juris Rn 27, FamRZ 2017, 1668 m Anm Dürbeck). Wünscht das Kind hingegen trotz des Konflikts zwischen Eltern und Großeltern ausdrücklich den Umgang, kann dies gegen die Annahme eines das Kind belastenden Loyalitätskonfliktes sprechen (OLG Koblenz 19. 5. 2020 – 9 UF 191/20, juris Rn 21, ZKJ 2021, 65; BeckOK-BGB/Veit [1. 1. 2023] § 1685 Rn 38).

Schon anfänglich geäußerten Befürchtungen, die Rechtslage nach § 1685 BGB könne auf den alten Stand der Beurteilung nach § 1666 BGB zurückfallen (Schulze FuR 1996, 275, 277), sind aber unbegründet und ihnen kann dadurch begegnet werden, dass auch bei Meinungsverschiedenheiten mit den Eltern eine ernsthafte Abwägung der Kindeswohlbelange stattfindet, da sonst § 1685 Abs 1 BGB leer liefe. Für Fälle der *Einigkeit* zwischen Eltern und Großeltern wäre Abs 1 nicht erforderlich.

37a Dass konfliktreiche Beziehungen zwischen dem Umgangsberechtigten und dem elterlichen Träger des Umgangsbestimmungsrechts für das Kind die Gefahr eines Loyalitätskonflikts begründen und einem Umgang entgegenstehen können, ist auch außerhalb des Großelternumgangs häufig gegeben. In einem Fall des *OLG Frankfurt* (OLG Frankfurt 11. 5. 2020 – 4 UF 17/20, juris, FamRZ 2020, 1923) wollte der ehemalige Verlobte der Kindesmutter, der mit dieser nach einer nicht abgeschlossenen Geschlechtsumwandlung und dem Kind zusammengelebt hatte, mit dem Kind Umgang. Die Besonderheit des Falles lag darin begründet, dass das Kind nach dem übereinstimmenden Wunsch beider im Wege der **Fremd-Insemination** gezeugt worden war und dass die noch vor der Geburt des Kindes beabsichtigte Eheschließung mit der Mutter mangels Verfügbarkeit der erforderlichen Urkunden nicht mehr zustande kam. Da auch das inzwischen fast 6-jährige Kind trotz drei Jahre Zusammenlebens mit dem ehemaligen Partner der Mutter in seiner Anhörung keine Erinnerung mehr an diesen besaß, konnte ein Umgangsrecht auch nicht auf den Willen des Kindes gestützt werden und die sachverständigenseits festgestellte Gefahr eines Loyalitätskonfliktes für das bereits beeinträchtigte und vulnerable Kind stand einer Regelung des Umgangs entgegen.

37b Besondere Bedeutung kommt dem ablehnenden Willen der Eltern schließlich dann zu, wenn diese das Kind – im Wege der offenen oder halboffenen Adoption – angenommen haben. Ist hier in Bezug auf die Herkunftseltern oder vormals Verwandten von einer sozial-familiären Beziehung iSd § 1685 Abs 2 BGB auszugehen, besteht ein grundsätzlicher Vorrang der Integration des Kindes in die neue Familie (OLG Koblenz 17. 9. 2008 – 7 UF 237/08, FamRZ 2009, 1229; BeckOK-BGB/Veit [1. 1. 2023] § 1685 Rn 33). Hier wird entscheidend darauf abzustellen sein, welche Absprachen die Betroffenen im Kontext von §§ 8a, 8b AdVermiG insoweit getroffen haben, möge diese auch rechtlich nicht bindend sein (Gernhuber/Coester-Waltjen § 67 Rn 15, 19; vgl auch BGH 10. 6. 2021 – XII ZB 58/20, NZFam 2021, 775 Rn 33 ff m Anm Plettenberg).

c) Streit der Eltern; Schwiegerelternproblematik

38 Erst recht verschieben sich die Parameter der Feststellungslast, wenn sich die **Eltern** über den Umgang mit Dritten selbst **nicht einig** sind; in solchen – nicht seltenen – Fällen *(„Schwiegermutterstreit“)* wird schon von Elternseite Widersprüchliches zum Kindeswohl zu hören sein. Zudem ist dieser Konflikt nicht mehr vorrangig bei § 1685

BGB angesiedelt, wenngleich er auch in diesem Verfahren entschieden werden kann (BT-Drucks 13/4899, 107), sondern im Bereich der §§ 1627 S 2, 1628 BGB. Die Entscheidung über die Ausübung des Umgangs mit Dritten nach § 1685 BGB ist keine Entscheidung des täglichen Lebens und obliegt nach § 1687 Abs 1 S 1 BGB bei gemeinsamem Sorgerecht der Entscheidung beider Elternteile, sodass auf Antrag nach § 1628 BGB eine Entscheidung des Familiengerichts herbeizuführen sein kann (OLG Jena 24. 5. 2006 – 1 UF 503/05, juris Rn 16 f, FamRZ 2009, 894; OLG Dresden 2. 11. 2004 – 21 UF 468/04, FamRZ 2005, 1274; Klapdor, Das Umgangsrecht von Großeltern mit dem Kind im BGB 245 f; **aA** Staudinger/Salgo [2019] § 1687 Rn 41). Dort es ist aber nicht Aufgabe des Familiengerichts, selbst über den Umgang des Kindes mit der Umgangsperson zu entscheiden. Auch kann der älteren Rechtsprechung (OLG Dresden 2. 11. 2004 – 21 UF 468/04, FamRZ 2005, 1274) nicht darin gefolgt werden, dass ohne Vorabentscheidung nach § 1628 BGB der Umgang nach § 1685 BGB nicht geregelt werden könne, da Umgangsverfahren nach § 1685 BGB amtswegig gerade auf Anregung der Umgangsperson eingeleitet werden können und sich sodann – unabhängig vom Streit der sorgeberechtigten Eltern – ausschließlich nach der Kindeswohldienlichkeit richten (BeckOK-BGB/Veit [1. 1. 2023] § 1685 Rn 55).

Ähnlich problematisch sind Schwiegerelternfälle nach **Versterben eines Elternteils.** **38a**
Hier wird zunächst vieles dafür sprechen, dass das Kind in seiner Entwicklung davon profitiert, mit den Hinterbliebenen des verstorbenen Elternteils Kontakt zu haben (BayObLG 3. 3. 1981 – BReg 1 Z 107/80, juris Rn 26, FamRZ 1981, 707; Salzgeber, Familienpsychologische Gutachten Rn 683; zu weitgehend aber OLG Celle 27. 11. 2015 – 10 WF 303/15, juris Rn 8, ZKJ 2016, 916, welches der **Tante** des Vaters, der die **Mutter vorsätzlich getötet** hat, ohne das Bestehen einer sozial-familiären Beziehung ein Umgangsrecht zur Aufrechterhaltung der Beziehung zur väterlichen Familie einräumt). Wenn die Großeltern allerdings glauben, die Beziehung zur Schwiegertochter habe ihren Sohn, den Vater des Kindes, in den Selbstmord getrieben (so in OLG Hamm FamRZ 2000, 1601) oder ähnlich schwerwiegende Vorwürfe erheben (vgl den Fall von OLG Brandenburg 17. 1. 2018 – 13 UF 152/17, NZFam 2018, 373), lässt sich eine kaum überwindbare Spannung nicht leugnen. Gleichwohl fällt es schwerer, hier den Vorrang eindeutig der Sicht des überlebenden Elternteils einzuräumen, weil möglicherweise die Schwiegereltern die Sicht des verstorbenen Elternteils repräsentieren, der nicht mehr gefragt werden kann. Hat zu Lebzeiten des Verstorbenen ein guter Kontakt des Kindes zu dessen Eltern bestanden, so ist dessen Fortsetzung regelmäßig kindeswohldienlich (OLG Hamm FamRZ 2003, 953). Der Umstand allein, dass das Kind durch den Kontakt mit den Großeltern an den Tod des verstorbenen Elternteils erinnert wird, steht dem Kindeswohl nicht entgegen (OLG Hamm FamRZ 2003, 953, 954), zumal es in solchen Fällen zu den wichtigsten Erziehungsaufgaben gehört, dem Kind ein gutes Andenken an sein *Leben* mit dem verstorbenen Elternteil zu bewahren.

Anders zu bewerten sind selbstverständlich Fälle, in denen Schwiegereltern die Beziehung schon anfangs abgelehnt haben und die Schwiegereltern-Problematik eindeutig verursacht haben oder aber unauflösbare Konflikte und ggf auch der entgegenstehende Kindeswille gegen einen Umgang sprechen (OLG Brandenburg 17. 1. 2018 – 13 UF 152/17, juris Rn 24 ff, NZFam 2018, 373; OLG Hamm FamRZ 2000, 1110: Trauerkarte zur Verlobung).

d) Elternvorrang im schweren Loyalitätskonflikt

Differenzierend zu sehen ist die verbreitet geäußerte Ansicht, bereits der durch die – **39** auch grundlose – Ablehnung seitens der Eltern entstehende **Loyalitätskonflikt** (siehe bereits oben Rn 37) bewirke, dass der Umgang (insbesondere mit Großeltern) dem Kindeswohl nicht diene (OLG Brandenburg 31. 3. 2010 – 9 UF 176/09, juris Rn 6, JAmt 2011, 419; LG Köln FamRZ 2008, 2147; OLG Koblenz FamRZ 2009, 1229, 1230; OLG Hamm 25. 5. 2000 – 11 UF 165/04, juris Rn 13, FamRZ 2005, 2012; OLG Hamm FamRZ 2000, 1601, 1602; AG Nördlingen FamRZ 2006, 882; zweifelnd AG Kulmbach FamRZ 2007, 850). Zuzugeben ist, dass Loyalitätskonflikte für das Kind immer auch belastend wirken (OLG Brandenburg 22. 5. 2017 – 10 WF 71/17, juris Rn 3, FamRZ 2017, 1675; Salzgeber, Familienpsychologische Gutachten Rn 683; Dettenborn, Kindeswohl und Kindeswille [5. Aufl 2017] 35). Andererseits ist die Abschirmung um den Preis der Reduktion des Kindes auf eine sich insbesondere gegen Großeltern unreflektiert ablehnend verhaltende Kernfamilie der sozialen Entwicklung des Kindes gewiss nicht zuträglich (vgl OLG München KirchE 48, 158: Erfahrungsgewinn durch Umgang mit Großeltern, die den Zeugen Jehovas angehören). Eltern sollten daher durchaus gefordert sein, nachvollziehbar vorzutragen, warum ein negativer Einfluss der Großeltern auf das Kindeswohl befürchtet wird (AG Langen FF 2001, 28).

Zutreffend ist aber gleichwohl, dass – anders als im Verhältnis der Eltern zueinander – kein Gleichgewicht in dieser Konfliktlage besteht. Dem Kindeswohl ist nicht gedient, wenn es den Umgang zu einem Dritten gewinnt, dafür aber **schwere Störungen des Verhältnisses zu seinen Eltern** oder zu einem Elternteil gewärtigen muss. Gerade angesichts der Entwicklung zur Kleinfamilie hin kann es in extremen Spannungsfällen (auch wenn diese Spannungen auf Elternseite irrational übertrieben werden) besser sein, mit seinen Eltern in Frieden zu leben und Loyalitätskonflikte zu vermeiden, auch wenn der Preis dafür der Kontaktverlust zu Großeltern sein sollte (BGH 12. 7. 2017 – XII ZB 350/16, juris Rn 27 ff, FamRZ 2017, 1668 m Anm Dürbeck; OLG Brandenburg 22. 7. 2022 – 9 UF 30/22, juris Rn 17 ff; OLG Brandenburg 17. 1. 2018 – 13 UF 152/17, juris Rn 24 ff, NZFam 2018, 373; OLG Oldenburg 23. 10. 2017 – 3 UF 120/17, juris Rn 29, ZKJ 2018, 235; OLG Saarbrücken 21. 4. 2017 – 6 UF 20/17, juris Rn 20, ZKJ 2017, 379; OLG Hamm 15. 9. 2009 – 11 UF 108/09, juris Rn 17 f, FamRZ 2010, 909; OLG Koblenz MDR 2000, 162, 163; AG Konstanz FamRZ 2004, 290; Rauscher FamRZ 1998, 329, 337). Selbst bei einem den Eltern zuzurechnenden massiven Loyalitätskonflikt dient daher eine mit starken Belastungen des Kindes verbundene zwangsweise Durchsetzung von Umgang mit Großeltern nicht dem Kindeswohl (AG Nördlingen FamRZ 2006, 882; OLG Hamm FamRZ 2005, 2012; OLG Karlsruhe FamRZ 2008, 915; vgl OLG Koblenz FamRZ 2009, 1229, 1230 betreffend ehemalige Pflege-Großeltern). Dies ist Konsequenz des Art 6 Abs 2 GG, der den Erziehungsvorrang auch unvernünftiger oder in ihrer Erziehungsfähigkeit eingeschränkter Eltern bis zur Grenze der Kindeswohlgefährdung schützt (BVerfG 19. 12. 2007 – 1 BvR 2681/07 Rn 18, FamRZ 2008, 492 zu § 1666; VerfG Brandenburg 30. 11. 2018 – 19/18, juris Rn 10; vgl auch zum bei Umgangsboykott durch Eltern OLG Karlsruhe FamRZ 2002, 1210, 1211); diese Wertung liegt insbesondere § 1685 Abs 3 S 2 BGB zugrunde (unten Rn 50). Auch wenn in der Praxis der Familiengerichte in Konfliktfällen zwischen Großeltern und Elternteil nahezu ausschließlich ein Umgangsrecht nicht zuerkannt wird, ist dies im Hinblick auf den Vorrang des Elternrechts hinzunehmen und der Vorschlag, die Vorschrift de lege ferenda dahin zu ändern, dass statt der positiven Kindeswohlprüfung eine **negative Kindeswohlprüfung** (wie zB in § 1686 BGB) vorzusehen sei (so Willutzki, in: FS Koch [2019] 557, 561), abzulehnen. Auch das Vorhaben der Regierungsparteien, ein gesetzliches Recht des Kindes auf Umgang mit seinen Großeltern zu begründen (vgl Koalitionsvertrag 2021, 102 und Sanders/Bünte FamRZ 2023, 95), wird in Bezug auf das Kindeswohl in Konfliktfällen kaum andere Entscheidungen bewirken können.

Soweit ein Kind fremduntergebracht ist, kann auch bei einer Ablehnungshaltung der Eltern gegenüber dem Dritten das Ausmaß eines das Kind belastenden Loyalitätskonflikts reduziert sein (OLG Koblenz 19. 5. 2020 – 9 UF 191/20, juris Rn 21, ZKJ 2021, 65; OLG Brandenburg 22. 5. 2017 – 10 WF 71/17, juris Rn 5, FamRZ 2017, 1675).

3. Sonstige Aspekte zur Kindeswohldienlichkeit

a) A fortiori: Kein Umgangsrecht bei Kindeswohlgefährdung

Erst recht sprechen jene **konkreten Gefährdungsgründe** gegen einen Umgang mit Be- 40
rechtigten nach § 1685 BGB, die selbst zu einer Einschränkung des Umgangs mit einem Elternteil führen müssten. Solche Gründe fallen gegenüber der Kindeswohldienlichkeit des Umgangs mit Dritten stärker ins Gewicht, weil der ohne den Umgang zu befürchtende langfristige Nachteil, den die Entfremdung gegenüber einem Elternteil mit sich brächte, hier nicht besteht. Besondere Anstrengungen, die bei § 1684 BGB einen Umgang gerade noch unter Einschränkungen ermöglichen, insbesondere ein *begleiteter Umgang,* kommen daher bei § 1685 BGB kaum in Betracht, weil die Belastung des Kindes im Verhältnis zum Nutzen des Umgangs sich schwerlich vertreten lässt (vgl unten Rn 49). Gesichtspunkte der Kindeswohlgefährdung spielen auch dann eine Rolle, wenn einem Elternteil der Umgang mit dem Kind gemäß **§ 1684 Abs 4 BGB** untersagt wurde und keine hinreichende Gewähr dafür besteht, dass der nach § 1685 Abs 1 oder 2 BGB Umgangsberechtigte (zB Eltern oder Lebenspartner des betreffenden Elternteils) das Kind während des Umgangs dem betreffenden Elternteil zuführt, was bei einem nach § 1684 Abs 4 BGB angeordneten Kontaktverbot noch verschärft wird (OLG Frankfurt 19. 3. 2013 – 4 UF 261/12, juris Rn 12, FamRZ 2013, 1994). Dies wird vor allem dann anzunehmen sein, wenn sich zB Großeltern nicht hinreichend von einem etwaigen Fehlverhalten oder Erziehungsversagen des oder der vom Umgang ausgeschlossenen Elternteils oder Elternteile distanzieren. Auch bei einer Gefahr der Entführung oder (strafrechtlich relevanten) Entziehung des Kindes durch die Großeltern wird Kindeswohldienlichkeit nicht in Betracht kommen (OLG Brandenburg 31. 3. 2010 – 9 UF 176/09, juris Rn 8, JAmt 2011, 419: laufendes Strafverfahren gegen Großeltern). Lehnt das Kind den Umgang mit seiner früheren **Pflegeperson** wegen dort erlebter **Gewalterfahrungen** ab, kann ebenfalls ein Kindesumgang nicht gewährt werden (OLG Brandenburg 8. 6. 2020 – 13 UF 182/19, juris Rn 25 ff).

b) Kindeswille

Auch der **Wille des Kindes** ist im Rahmen von § 1685 BGB in eher größerem Maß be- 41
achtlich (Johannsen/Henrich/Althammer/Rake § 1685 Rn 10; BeckOK-BGB/Veit [1. 1. 2023] § 1685 Rn 30; **aA** BeckOGK/Altrogge [15. 2. 2021] § 1685 Rn 118.1: wie bei § 1684 BGB) als er gegenüber dem Umgang mit Eltern beachtlich wäre (OLG Frankfurt 11. 6. 2021 – 6 UF 55/21, juris Rn 14, NZFam 2021, 748; OLG Frankfurt FamRZ 1998, 1042, 1043). Insbesondere sollte auch ein Wille des Kindes, der von nachvollziehbaren, wenngleich nicht notwendigerweise sozial wertvollen Motiven getragen sein muss (Krankheit, Gebrechlichkeit, altersbedingte Dysfunktionen eines Umgangsberechtigten), respektiert werden (OLG Brandenburg 17. 1. 2018 – 13 UF 152/17, juris Rn 30, NZFam 2018, 373; OLG Saarbrücken 21. 4. 2017 – 6 UF 20/17, juris Rn 18, ZKJ 2017, 379; OLG Frankfurt 19. 3. 2013 – 4 UF 261/12, juris Rn 12 ff, FamRZ 2013, 1994; OLG Hamm 15. 9. 2009 – 11 UF 108/09, juris Rn 17, FamRZ 2010, 909).

Ebenso spricht der **positive Umgangswunsch** des Kindes grundsätzlich für einen Umgang (OLG Koblenz 19. 5. 2020 – 9 UF 191/20, juris Rn 21, ZKJ 2021, 65; OLG Köln 11. 12. 2012 –

27 UF 122/12, juris Rn 38, FamRZ 2013, 1748; OLG Hamm FamRZ 2003, 953; AG Backnang FF 2001, 28, 29), kann aber nicht immer beachtlich sein, sofern der Umgang objektiv dem Kindeswohl eher abträglich ist (OLG Brandenburg 3. 7. 2015 – 10 UF 173/14, juris Rn 49 f, FamRZ 2015, 1818; AG Essen 15. 4. 2011 – 106 F 264/10, juris Rn 12, FamRZ 2011, 1803; OLG Koblenz FamRZ 2000, 1111; AG Köln DAVorm 1999, 311), wobei auch hier wiederum die Gefahr von **Loyalitätskonflikten** zu beachten ist (OLG München 12. 7. 2011 – 12 UF 600/11, juris Rn 17, 19, FamRZ 2011, 1804; Osthold FF 2017, 346, 352).

Dem Umgang kann auch entgegenstehen, wenn zwar in der Person des Umgangsberechtigten keine Gründe gegen den Umgang sprechen, das Kind jedoch durch den Umgang an **traumatische Erlebnisse** im Konflikt seiner Eltern erinnert würde, insbesondere, wenn es anlässlich des Besuchs bei Großeltern mit der noch nicht bewältigten Erinnerung an eine innerfamiliäre Straftat eines Elternteils konfrontiert würde (AG Köln DAVorm 1999, 311, 312).

c) Konkurrierende Umgangsrechte

42 Dem Kindeswohl nicht dienlich sind auch **konkurrierende Umgangsrechte**. Umgangsrechte nach § 1685 BGB dürfen das Kind nicht einem *„Umgangstourismus"* (Weychardt ZfJ 1999, 326, 327; Soergel/Gietl § 1685 Rn 9; vgl schon BT-Drucks 13/4899, 154) aussetzen. Da die Umgangsrechte nach § 1685 Abs 1 und 2 BGB gleichrangig gestaltet sind, muss insbesondere durch die Ausgestaltung des Umgangs (unten Rn 47) einer Überlastung des Kindes durch dauernde Besuche vorgebeugt werden. Eine Einschränkung des elterlichen Umgangsrechts kann jedoch schon aus verfassungsrechtlichen Gründen grundsätzlich nicht mit den Umgangsinteressen Dritter begründet werden (BVerfG FamRZ 2007, 335). Insoweit gebührt auch etwaigen **elterlichen Umgangsrechten** nach § 1684 BGB schon von Verfassung wegen der **Vorrang** (OLG Hamm 17. 3. 2016 – 2 WF 31/16, juris Rn 26, FamRZ 2016, 1945; OLG Brandenburg 3. 7. 2015 – 10 UF 173/14, juris Rn 50, FamRZ 2015, 1818; OLG Frankfurt 15. 8. 2014 – 6 UF 82/14, BeckRS 2014, 118955; BeckOK-BGB/Veit [1. 1. 2023] § 1685 Rn 40). Bei Überforderung des Kindes durch mehrere Umgangsrechte muss vorrangig auf den Elternumgang Rücksicht genommen werden, ggf ist der Umgang Dritter – auch der Großeltern – einzuschränken oder zu versagen (OLG Brandenburg FamRZ 2008, 2303; OLG Hamm 23. 2. 2011 – 8 WF 27/11, juris Rn 2, ZKJ 2011, 227). In diesem Zusammenhang spielt auch eine Rolle, ob der unter § 1685 Abs 1 und 2 BGB fallende Berechtigte bereits an Umgangskontakten eines Elternteils nach § 1684 BGB **partizipiert** (zB Teilhabe an den Besuchswochenenden des nicht betreuenden Elternteils), sodass hier regelmäßig keine Veranlassung für die Regelung eines eigenständigen Umgangsrechts nach § 1685 BGB bestehen wird (OLG Brandenburg 3. 7. 2015 – 10 UF 173/14, juris Rn 51, FamRZ 2015, 1818).

d) Zeitliche Komponente

43 Im Gegensatz zu biologischer und rechtlicher Elternschaft beruht eine sozial begründete elternähnliche Rolle nur auf dem **Sozialbezug**. Lösen sich der aktuelle Sozialbezug und die dem zugrundeliegenden Bindungen auf, so verbleiben zwar seine in § 1685 Abs 2 BGB zum Anlass des Umgangsrechts genommenen Fortwirkungen. Eine selbständige, von der Aktualisierung des Sozialbezugs unabhängige Rechtfertigung entfällt jedoch. Dies hat zur Folge, dass Umgangsrechte nach Abs 2 im Gegensatz zum elterlichen Umgangsrecht einem Begründungsverlust im Zeitverlauf unterliegen. Es ist nicht vorstellbar, dass ein Umgang mit allen Personen, zu denen das Kind irgendwann in einer Beziehung iSd Abs 2 gestanden hat, ein solches Maß der

Kindeswohldienlichkeit beanspruchen kann, dass ein Umgangsrecht dieser Personen besteht; das gilt nicht nur für von Anfang an weniger intensive Sozialbeziehungen wie die Tagespflege (zutreffend BGH NJW 2001, 3337, 3339), sondern betrifft durchaus auch Stiefeltern aus einer längst wieder aufgelösten *patchwork-family.* Auch ein Stiefelternteil kann nicht geraume Zeit nach Trennung von dem Kind unter dem Schutz des Abs 2 erstmals Umgang fordern (OLG Brandenburg 5. 6. 2014 – 10 UF 47/14, juris Rn 45, FamRZ 2014, 1717; OLG Köln 2. 4. 2008 – 14 UF 241/07, juris Rn 3, FamRZ 2008, 2147; vgl auch den Fall eines Samenspenders von OLG Frankfurt 29. 8. 2018 – 4 UF 52/18, juris). Wird der Umgang alsbald gesucht und gepflegt, aktualisiert sich die Sozialbeziehung zwar kontinuierlich neu. Gleichwohl kann sich die Frage der Kindeswohldienlichkeit auch hier im Zeitverlauf anders stellen, insbesondere wenn es gilt, das Kind vor dem Umgang mit mehreren (ehemaligen) Stiefelternteilen in Konkurrenz zu einem umgangsberechtigten biologischen/rechtlichen Elternteil zu bewahren.

e) Umgang mit Pflegekindern oder in Heimen untergebrachten Kindern

Besondere Sorgsamkeit ist bei der Regelung des Umgangs von nach § 1685 BGB Be- 44
rechtigten bei in **Familienpflege** (§ 33 SGB VIII) oder in **Heimerziehung** (§ 34 SGB VIII) lebenden Kindern angezeigt, da hier in besonderem Maße – vor allem bei Pflegekindern – auf eine erfolgreiche **Integration** des Kindes in die Pflegefamilie bzw sonstige Einrichtung und die Bedürfnisse des Kindes nach Kontinuität, Stabilität und Zuverlässigkeit geachtet werden muss (vgl OLG Hamm 17. 3. 2016 – 2 WF 31/16, juris Rn 26, NZFam 2016, 525; DFGT KRK FamRZ 2014, 891; Tschrepp, Umgang und Pflegekindschaft [2021] 32 ff, 248 ff; Walter FPR 2004, 415; Heilmann ZKJ 2014, 48 und hier unter § 1684 Rn 275 ff). Hierbei sind vor allem der Grund der Fremdunterbringung im Hinblick auf eine mögliche **Traumatisierung** des Kindes (Walter FPR 2004, 415, 416) und vor allem die Frage einer realistischen **Rückkehroption** des Kindes in den elterlichen und ggf großelterlichen Haushalt von entscheidender Bedeutung auch für den Zweck des Umgangsrechts (OLG Koblenz 30. 9. 2016 – 11 UF 418/16; DFGT KRK FamRZ 2014, 891, 898). Haben die Eltern bereits Umgang mit dem fremduntergebrachten Kind, wird sich im Hinblick auf den Vorrang des Elternrechts gegenüber dem Umgangsrecht nach § 1685 BGB ein weiterer Umgang mit Großeltern oder sonstigen Bezugspersonen kaum in kindeswohldienlicher Weise realisieren lassen können (anders OLG Frankfurt 15. 8. 2014 – 6 UF 82/14, BeckRS 2014, 118955 für die Großmutter des Kindes trotz erheblicher Verhaltensauffälligkeiten des Kindes und Konflikten mit den Pflegeeltern). Wünscht das Kind den Umgang dagegen, kann dies dafür sprechen, Umgang auch gegen den Willen des Sorgeberechtigten zu gewähren (OLG Koblenz 19. 5. 2020 – 9 UF 191/20, juris Rn 21 ff, ZKJ 2021, 65). Haben die Eltern lediglich **begleiteten Umgang**, wird sich im Falle der Notwendigkeit der Umgangsbegleitung auch für Verwandte oder Bezugspersonen nach § 1685 BGB ein solcher im Hinblick auf die Belastung des Kindes allein durch die Kontakte mit den Eltern (zutreffend OLG Hamm 17. 3. 2016 – 2 WF 31/16, juris Rn 25, FamRZ 2016, 1945: Verlobter der Kindesmutter) kaum zusätzlich bewerkstelligen lassen. Dieser Gesichtspunkt einer unzumutbaren Belastung des Kindes kann je nach **Alter und Vulnerabilität des Kindes** (Walter FPR 2004, 415, 416) natürlich auch bei unbegleiteten Kontakten mit den Eltern gelten. Hier kann ggf versucht werden, zB Großeltern am (begleiteten) Umgang der Eltern zu beteiligen. Lehnen Großeltern die Fremdunterbringung des Kindes ab, wird Kindeswohldienlichkeit häufig zu verneinen sein, wenn sie diese Haltung auch gegenüber dem Kind zum Ausdruck bringen und dieses verunsichern und so in einen Loyalitätskonflikt bringen (vgl dazu Salzgeber, Familienpsychologische Gutachten Rn 824) und die Integration in seine Pflegefamilie oder in seine

soziale Umgebung in einem Heim gefährden (Heilmann/Gottschalk Rn 11; **aA** OLG Köln 11. 12. 2012 – 27 UF 122/12, juris Rn 31 ff, FamRZ 2013, 1748 bei einer Heimunterbringung des Kindes; BeckOGK/Altrogge [15. 2. 2021] § 1685 Rn 90). Von besonderer Bedeutung ist bei fremduntergebrachten Kindern, die auch von **Geschwistern** getrennt worden sind, der Umgang mit diesen, wobei aber bei älteren Kindern darauf geachtet werden muss, dass diese gegenüber ihren jüngeren Geschwistern nicht in **parentifizierte** Rollen gedrängt werden (Tschrepp, Umgang und Pflegekindschaft [2021] 254 f; Walter FPR 2004, 415, 419; Castellanos, Psychologische Sachverständigengutachten im Familienrecht Rn 1022).

V. Entsprechende Anwendung von § 1684 Abs 2 bis 4 (§ 1685 Abs 3 S 1)

1. Wohlverhaltensgebot entsprechend § 1684 Abs 2, Abs 3 S 2

45 Die Beteiligten trifft aufgrund der Verweisung in § 1685 Abs 3 S 1 BGB auf § 1684 Abs 2 BGB das **Wohlverhaltensgebot**. Dies ist für Zwecke des § 1685 BGB auf das mögliche Spannungsverhältnis zwischen Umgangsberechtigtem und Sorgeberechtigten zu übertragen, also dahin zu verstehen, dass sowohl die Eltern als auch die Umgangsberechtigten die Wohlverhaltenspflicht trifft. Die **Eltern** haben eine – nicht wohlbegründete – Beeinträchtigung des Verhältnisses des Kindes zu Umgangsberechtigten zu unterlassen (KG 20. 3. 2009 – 17 UF 2/09, juris Rn 8, FamRZ 2009, 1229; BeckOK-BGB/Veit [1. 1. 2023] § 1685 Rn 42). Sie haben auch die Pflicht, das Kind zu Besuchen zu motivieren. Sie sind aber nicht – wie beim elterlichen Umgang nach § 1684 BGB (vgl § 1684 Rn 110 ff) – verpflichtet, bei einer ablehnenden Haltung des Kindes dem mit erzieherischen Mitteln entgegenzuwirken (BeckOGK/Altrogge [15. 2. 2021] § 1685 Rn 126; Kloster-Harz NZFam 2016, 529, 531).

Umgekehrt haben die **Umgangsberechtigten** sich vor allem der Einmischung in Sorgerechts- und Erziehungsfragen zu enthalten, was nicht selten als praktisches Problem im Verhältnis zu Großeltern festzustellen ist (BGH 12. 7. 2017 – XII ZB 350/16, juris Rn 27, ZKJ 2017, 463; OLG Saarbrücken 21. 4. 2017 – 6 UF 20/17, juris Rn 12, NZFam 2017, 671; OLG Frankfurt 15. 8. 2014 – 6 UF 82/14, BeckRS 2014, 118955; OLG Hamm FamRZ 2000, 1601; zutreffend abgrenzend OLG Hamm FamRZ 2003, 953, 954). Da den nach § 1685 BGB Umgangsberechtigten keine erzieherischen Aufgaben zukommen (anders als einem auch nicht sorgeberechtigten Elternteil), sind sorgerechtliche Fragen, auch hinsichtlich des Umgangs mit Außenstehenden anlässlich des Umgangs mit den Berechtigten nach § 1685 BGB, als Teil der Personensorge von den Sorgeberechtigten zu entscheiden. Diesem erlegt dabei freilich wiederum das Wohlverhaltensgebot Zurückhaltung auf, den Umgang nicht durch zweckwidrige Anordnungen zu erschweren. Freilich ist das Wohlverhaltensgebot hier schwächer sanktioniert, da sich selbst unbegründete Ablehnung durch Eltern im Einzelfall mit Rücksicht auf das Kindeswohl durchsetzen kann (oben Rn 37 ff).

Das **Familiengericht** kann zur Erfüllung der sich aus § 1684 Abs 2 BGB ergebenden Pflichten sowohl die Eltern als auch die Umgangsberechtigten durch **Weisungen** anhalten (§ 1685 BGB Abs 3 S 1 BGB iVm § 1684 BGB Abs 3 S 2; Grüneberg/Götz § 1685 Rn 11; vgl § 1684 Rn 118 ff).

2. Umgangsregelung durch das Familiengericht entsprechend § 1684 Abs 3

a) Verfahrensrechtliche Verweisung

Die Verweisung auf § 1684 Abs 3 BGB besagt, dass über den Umfang und die Ausübung des Umgangsrechts das **Familiengericht** entscheidet. Dasselbe gilt für eine **Einschränkung** oder den **Ausschluss** des Umgangs nach § 1684 Abs 4 BGB (FamRefK/Rogner § 1685 Rn 4). 46

Diese Verweisung ist jedoch grundsätzlich **nur verfahrensrechtlich** zu verstehen; für die Regelung ist das Familiengericht zuständig. In Betracht kommt sowohl eine Umgangsregelung durch Beschluss als auch eine **gerichtlich gebilligte Umgangsvereinbarung** (§ 156 Abs 2 FamFG), die ihrerseits nach hM (BGH 10. 7. 2019 – XII ZB 507/18, FamRZ 2019, 1616 Rn 11; OLG München 14. 12. 2011 – 11 WF 1050/11, juris Rn 15, AGS 2012, 76; Prütting/Helms/Hammer § 156 FamFG Rn 68) eines Beschlusses bedarf und ebenso – wie bei § 1684 BGB – **vollstreckbar** geregelt sein muss (OLG Brandenburg 21. 2. 2014 – 10 UF 159/13, juris Rn 19 f, ZKJ 2014, 445; OLG Saarbrücken 11. 10. 2013 – 6 UF 128/13, juris Rn 12 ff, ZKJ 2014, 75; OLG Frankfurt FamRZ 2003, 250; AG Backnang FF 2001, 28, 29; BeckOK-BGB/Veit [1. 1. 2023] § 1685 Rn 64). Insbesondere sind Art, Ort und Zeit des Umgangs zwingend zu regeln (BGH 1. 2. 2012 – XII ZB 188/11 Rn 18, ZKJ 2012, 190 zu § 1684 BGB), wobei dies auch bei begleiteten Umgängen gilt und dort auch die Person oder Institution des Umgangsbegleiters benannt sein muss (OLG Frankfurt 10. 8. 2016 – 5 UF 167/16, juris Rn 8, FamRZ 2016, 1787; Heilmann/Gottschalk § 1684 Rn 75). Für die *Abänderung* solcher Titel gilt § 1696 BGB (OLG München FamRZ 2011, 1804; OLG Frankfurt FamRZ 2013, 312); die absehbare Erforderlichkeit der Vollstreckung wird in der Rechtsprechung aber teilweise als Grund gesehen, die Kindeswohldienlichkeit zu verneinen (oben Rn 37 ff). War zunächst der Umgang von Großeltern befristet ausgeschlossen worden, richtet sich die Umgangsfrage nach Ablauf der Frist nicht nach § 1696 Abs 2 BGB, sondern nach § 1685 Abs 1 BGB (OLG Frankfurt 11. 6. 2021 – 6 UF 55/21, juris Rn 12, NZFam 2021, 748).

Hingegen ergeben sich die *materiell-rechtlichen Voraussetzungen* der Umgangsregelung, insbesondere aber der Umgangseinschränkung, unmittelbar aus § 1685 Abs 1 und 2 BGB.

b) Ausgestaltungskriterien

Die **Ausgestaltung des Umgangs** orientiert sich an der Üblichkeit im Verhältnis zu der jeweiligen Gruppe von Umgangspersonen und natürlich vornehmlich am **Kindeswohl**. Neben persönlichen Kontakten kommen auch solche per Brief, E-Mail oder Telefon in Betracht. Grundsätzlich ist bei Großeltern und Geschwistern eine Ausübung des Umgangs durch einen gerichtlich angeordneten eigenständigen Aufenthalt des Kindes bei dem Umgangsberechtigten – vorbehaltlich einer anderweitigen Handhabung in der Vergangenheit und bereits bestehender enger Bindungen – eher nicht der Regelfall (Rauscher FamRZ 1998, 338; MünchKommBGB/Hennemann § 1685 Rn 2; **aA** Johannsen/Henrich/Althammer/Rake § 1685 Rn 12; Splitt FamRB 2021, 341, 345; Spangenberg/Spangenberg FamRZ 2017, 426; BeckOK-BGB/Veit [1. 1. 2023] § 1685 Rn 45: Wohnung des Umgangsberechtigten). Regelmäßig wird der Umgang vielmehr anlässlich üblicher *Tagesbesuche* stattfinden (KG 20. 3. 2009 – 17 UF 2/09, juris Rn 8, FamRZ 2009, 1229: 5 Stunden einmal im Monat; OLG Frankfurt 15. 8. 2014 – 6 UF 82/14, BeckRS 2014, 118955: 7 Stunden zweimal im Monat; OLG Koblenz 19. 5. 2020 – 9 UF 191/20, juris Rn 26, ZKJ 2021, 65: 2 Stunden pro Monat bei einem „Heimkind"; OLG Braunschweig 5. 10. 2020 – 2 UF 185/19, juris Rn 52, NJW-RR 2021, 47

15: 7 Stunden alle zwei Wochen), die im Idealfall wechselseitig, also auch bei dem Kind, stattfinden sollten (FamRefK/Rogner § 1685 Rn 5), soweit dies das Verhältnis zu dem betreffenden Elternteil zulässt. Das schließt den Umgang in der Wohnung des Umgangsberechtigten aber nicht aus (Johannsen/Henrich/Althammer/Rake § 1685 Rn 12), gibt ihm aber von der zeitlich-räumlichen Dimension einen anderen Charakter. Von besonderer Bedeutung ist auch hier der Kindeswille, sein Alter, seine Belastbarkeit, die Intensität seiner Bindungen zum Umgangsberechtigten und sein Bedürfnis nach Ruhe und Kontakten auch zu Gleichaltrigen (Salzgeber, Familienpsychologische Gutachten Rn 683 f). In erheblich streitigen Fällen, die gemeinsame Besuche der Eltern mit dem Kind bei den Großeltern nicht zulassen, kommen natürlich auch eigenständige Besuche des Kindes in Betracht (Heilmann/Gottschalk Rn 25). Einen Anspruch, mit dem Kind einen Urlaub zu verbringen, haben Großeltern aber grundsätzlich nicht (MünchKommBGB/Hennemann § 1685 Rn 16: nur bei gewachsener Bindung); bei größerer räumlicher Entfernung können sich jedoch kürzere Ferienaufenthalte bei Großeltern durchaus als geeignete Umgangsregelung anbieten, wenn diese auch vom Kind als attraktiv empfunden werden oder aber bereits in der Vergangenheit regelmäßig stattgefunden haben (OLG Brandenburg 21. 2. 2014 – 10 UF 159/13, juris Rn 21, ZKJ 2014, 445; AG Backnang FF 2001, 28, 29). Im Regelfall besteht kein Anspruch auf Kontakt an Geburts- oder Feiertagen (BeckOGK/Altrogge [15. 2. 2021] § 1685 Rn 107).

Auch das Instrument des **begleiteten Umgangs** (§ 1684 Abs 4 S 3 BGB) kann im Verhältnis zu Umgangspersonen nach § 1685 BGB angewendet werden (OLG Hamm FamRZ 2004, 57, 58); dies wird aber nur in **Ausnahmefällen**, zB zur kurzfristigen Kontaktanbahnung nach Kontaktabbruch, bei besonders starken Bindungen oder bei Fremdunterbringung des Kindes, in Betracht kommen, da auch eine niedrigschwellige Kindeswohlgefährdung, wie sie § 1684 Abs 4 S 3 BGB im Regelfall voraussetzt, häufig bereits zur Verneinung von Kindeswohldienlichkeit führen wird, weil begleiteter Umgang auch für das Kind eine Belastung darstellt, die nicht ohne Weiteres wie bei dem unter Art 6 Abs 2 GG geschützten elterlichen Umgangsrecht zur Ermöglichung eines Umgangs der nach § 1685 BGB Berechtigten hinzunehmen ist (MünchKommBGB/Hennemann § 1685 Rn 18; BeckOGK/Altrogge [15. 2. 2021] § 1685 Rn 140; **aA** OLG Brandenburg 22. 5. 2017 – 10 WF 71/17, juris Rn 12, FamRZ 2017, 1675). Im Übrigen knüpft das Umgangsrecht nach § 1685 BGB gemäß § 1626 Abs 3 S 2 BGB insbesondere an das Bestehen bereits vorhandener Bindungen an (OLG Koblenz 17. 9. 2008 – 7 UF 237/08, juris Rn 18 ff, FamRZ 2009, 738; Osthold FF 2017, 346, 350), sodass sich – anders als beim Elternumgang – Fragen der Notwendigkeit einer Kontaktanbahnung im Regelfall nicht stellen können.

Bei den in § 1685 **Abs 2** BGB genannten Berechtigten ist die Situation der eines Elternteils eher vergleichbar (kritisch zu diesem Ansatz im Hinblick auf eine Benachteiligung von Großeltern: Klapdor, Das Umgangsrecht von Großeltern mit dem Kind im BGB 253; Plötzgen, Das Umgangsrecht von „Nicht-Eltern" [2005] 264). So können durchaus Gestaltungen geeignet sein, die an die Umgangsregelung gegenüber Eltern angelehnt sind. Besteht zu einer engen Bezugsperson iSd Abs 2 eine für das Kind elternähnliche Bindung und kommt es zu keiner Konkurrenz mit anderweitigen elterlichen Umgangsrechten nach § 1684 BGB, kann aber auch Anlass sein für eine an § 1684 BGB orientierte Umgangsregelung mit regelmäßigen Übernachtungen und Ferienumgang (AG Berlin-Tempelhof-Kreuzberg 1. 6. 2015 – 135 F 19780/14, BeckRS 2016, 11946: frühere Lebensgefährtin der Mutter bei durch Samenspende gezeugtem Kind; BeckOK-BGB/Veit [1. 1. 2023] § 1685 Rn 45.1).

Einer **Überlastung des Kindes** durch Besuche und Reisen zu mehreren Umgangsberechtigten, bei Kindern getrenntlebender Eltern ggf auch noch zu einem Umgangselternteil, ist dadurch vorzubeugen, dass der Umgang der Berechtigten nach § 1685 BGB eingeschränkt, insbesondere in größeren Zeitabständen gehandhabt wird oder aber mit dem Umgang des Elternteils verbunden wird (vgl oben Rn 42); wöchentliche Besuchsrundreisen kommen grundsätzlich nicht in Betracht (FamRefK/Rogner § 1685 Rn 5).

c) Entscheidungsbefugnisse des Umgangsberechtigten

Anders als bei der Wahrnehmung des elterlichen Umgangsrechts liegt die Entscheidungskompetenz während der Ausübung des Umgangs im Rahmen von § 1685 BGB auch hinsichtlich der **täglichen Angelegenheiten** des Lebens (zB Ernährung, Fernsehen, Kleidung) allein bei den sorgeberechtigten Eltern, da § 1687 Abs 1 S 2 BGB insoweit nicht gilt (Schwab/Ernst/Schäder, Handbuch Scheidungsrecht § 5 Rn 390). Dies gilt auch für die Frage des Umgangs des Kindes mit Dritten (§ 1632 Abs 2 BGB), sodass sich ein umfassender **Entscheidungs- und Erziehungsvorrang** der Eltern bzw sonst Sorgeberechtigten ergibt. Wird dieser nicht beachtet, kommt die Abänderung und Aufhebung der Umgangsregelung nach Maßgabe von § 1696 Abs 1 BGB in Betracht. 48

3. Einschränkung oder Ausschluss entsprechend § 1684 Abs 4

Für eine **Einschränkung** oder den **Ausschluss** des Umgangs gelten materiell nicht die Voraussetzungen des § 1684 Abs 4 S 2 BGB. Die Verweisung aus § 1685 Abs 3 S 1 BGB ist insoweit missverständlich (vgl Rauscher FamRZ 1998, 329, 338). Da das Umgangsrecht ohnehin nur besteht, wenn es dem Kindeswohl *dient*, besteht es schon dann nicht in vollem Umfang, wenn eine Einschränkung zum Wohl des Kindes **erforderlich** ist. Für Einschränkung und Ausschluss gilt also der Maßstab des Abs 1: Eine Einschränkung oder ein Ausschluss ist zulässig, wenn *oder soweit* der Umgang nicht dem Kindeswohl dient (MünchKommBGB/Hennemann § 1685 Rn 19). Es genügen also jedenfalls die von § 1684 Abs 4 S 1 BGB vorausgesetzten *vernünftigen Gründe des Kindeswohls*. Ein Umgangsausschluss wird etwa für Großeltern dann zu veranlassen sein, wenn diese den eigenen Umgang dazu nutzen, einem Elternteil, dessen Umgang ausgeschlossen oder nur in begleiteter Form stattfinden darf, Kontakt zu dem Kind zu ermöglichen (OLG Frankfurt 19. 3. 2013 – 4 UF 261/12, juris; MünchKommBGB/Hennemann § 1685 Rn 19). 49

Damit bedarf es auch im **Beschlusstenor** bei Fehlen der Voraussetzungen nicht eines (ggf befristeten) **Ausschlusses des Umgangs**, sondern lediglich der **Feststellung, dass eine Umgangsregelung nicht veranlasst ist** (OLG Celle 12. 8. 2011 – 10 UF 118/11, juris Rn 14, ZKJ 2011, 431; Heilmann/Gottschalk § 1685 Rn 21; MünchKommBGB/Hennemann § 1685 Rn 15). Nach der Gegenansicht ist die Verweisung von Abs 3 als Rechtsfolgenverweisung zu verstehen und es soll insoweit stets bei Nichtgewährung von Umgang ein (zu befristender) Ausschluss des Umgangs anzuordnen sein (OLG Frankfurt 12. 6. 2017 – 3 UF 278/16, juris Rn 90, FamRZ 2017, 1675 und OLG Frankfurt 19. 3. 2013 – 4 UF 261/12, juris Rn 9, FamRZ 2013, 1994: befristeter Ausschluss; OLG Saarbrücken 21. 4. 2017 – 6 UF 20/17, juris Rn 14, NZFam 2017, 671: unbefristeter Ausschluss; Völker/Clausius, Sorge- und Umgangsrecht § 2 Rn 215). Die zuletzt genannte Ansicht überzeugt jedoch nicht. Anders als bei dem unter Art 6 Abs 2 GG fallenden Elternumgang bedarf es bei den unter § 1685 BGB fallenden Berechtigten auch im Hinblick auf die Abänderungsmöglichkeit von § 1696

Abs 1 BGB keiner Gewissheit, ab welchem Zeitpunkt eine solche wieder begehrt werden kann. Auch spricht gegen diese Ansicht, dass dann bei einer Abänderung der Maßstab von § 1696 Abs 2 BGB gelten müsste. Schließlich besteht bei § 1685 BGB im Gegensatz zum elterlichen Umgangsrecht nach § 1684 BGB bei der bloßen Zurückweisung einer Umgangsregelungsanregung kein Eingriff in ein Grundrecht, weil das Umgangsrecht aus § 1685 BGB sich nicht unmittelbar aus einer eigenen Grundrechtsposition des Umgangsberechtigten ableitet. Der **BGH** hat sich daher zu Recht der Ansicht angeschlossen, dass es bei Verneinung der Kindeswohldienlichkeit des Umgangs nach § 1685 BGB genügt, das Umgangsrecht abzulehnen und es daher – anders als bei § 1684 BGB – nicht erforderlich ist, den Umgang (befristet) auszuschließen (BGH 12. 7. 2017 – XII ZB 350/16, juris Rn 34 ff, FamRZ 2017, 1668 m Anm Dürbeck). Nicht überzeugend ist allerdings die Ansicht des BGH, dass trotz des Charakters als Amtsverfahren es zulässig sein soll, den „Antrag" des Umgangsberechtigten im Tenor zurückzuweisen (BGH 12. 7. 2017 – XII ZB 350/16, juris Rn 36, FamRZ 2017, 1668), da ein solcher in amtswegigen Verfahren iSd § 24 FamFG gerade nicht vorliegt (ebenso BeckOK-BGB/Veit [1. 1. 2023] § 1685 Rn 44; Heilmann/Gottschalk § 1685 Rn 21 entgegen der nun vorherrschenden Praxis).

Die Verweisung auf § 1684 Abs 4 S 2 BGB ist gleichwohl nicht überflüssig, weil Fälle denkbar sind, in denen das Umgangsbegehren der in § 1685 BGB genannten Personen kindeswohlgefährdend ist, zB wenn sie ein elterliches Umgangsverbot oder eine gerichtliche Entscheidung, in der ihnen kein Umgang gewährt wurde, hartnäckig missachten. In solchen Fällen kann über § 1684 Abs 4 BGB nicht nur ein vollstreckbarer Umgangsausschluss (OLG Frankfurt 19. 3. 2013 – 4 UF 261/12, juris Rn 12, FamRZ 2013, 1994: Gefahr der Missachtung eines Kontaktverbots gegenüber einem Elternteil durch den Großvater), sondern auch **Schutzmaßnahmen**, wie **Näherungs- und Kontaktaufnahmeverbote**, als spezielle Regelung zu § 1 GewSchG und § 1666 BGB angeordnet werden (OLG Frankfurt 11. 3. 2013 – 4 UF 305/12, juris Rn 11 ff, ZKJ 2013, 298; Heilmann/Gottschalk § 1685 Rn 21; vgl dazu auch Dürbeck ZKJ 2020, 209). Zur Tenorierung im Beschluss des Familiengerichts bei Ablehnung einer Umgangsregelung vgl im Übrigen unten Rn 59.

4. Umgangspflegschaft nur unter Voraussetzungen des § 1666 Abs 1 (§ 1685 Abs 3 S 2)

50 § 1685 Abs 3 S 2 BGB idF des FGG-RG bezieht sich auf die zwar vorher bereits in der Rechtsprechung zu § 1666 BGB entwickelte, durch § 1684 Abs 3 S 3 bis 6 BGB nun ausdrücklich geregelte **Umgangspflegschaft**, die abzugrenzen ist von dem auf § 1666 BGB gestützten Entzug des elterlichen Umgangsbestimmungsrechts (sog **Umgangsbestimmungspflegschaft**, vgl BGH 6. 7. 2016 – XII ZB 47/15 Rn 44 ff, ZKJ 2016, 419; vgl dazu § 1684 Rn 126). Im Gegensatz zu den anderen von der Verweisung des Abs 3 S 1 erfassten Regelungsoptionen bedeutet die Anordnung einer Umgangspflegschaft einen Eingriff in das elterliche Sorgerecht, der, anders als im Verhältnis von Eltern zugunsten des Umgangsrechts Dritter nur zur Abwehr einer Gefährdung des Kindeswohls, also unter den Voraussetzungen des § 1666 BGB zulässig ist (OLG Saarbrücken 11. 10. 2013 – 6 UF 128/13, juris Rn 21, ZKJ 2014, 75). Voraussetzung ist daher, dass sich der Umstand, dass die Eltern den Umgang des Kindes mit der Bezugsperson verweigern, nicht nur als nachhaltige Verletzung der Wohlverhaltenspflicht darstellt, sondern als Gefährdung des Kindeswohls, die nur durch eine Umgangspflegschaft abgewendet werden kann. Dies entspricht der bisherigen Praxis (BT-Drucks 16/6308, 346) sowie der

grundsätzlichen Wertung, dass eine Durchsetzung von Umgangsrechten Dritter gegen den nachhaltigen Widerstand der Eltern wegen der Höherwertigkeit des Elternrechts (Art 6 Abs 2 GG) letztlich bis zur Grenze des § 1666 BGB hingenommen werden muss. Umgangspflegschaften kommen daher in der Praxis – anders als beim Elternumgang – im Rahmen von § 1685 BGB kaum vor (Osthold FF 2017, 346, 353). Dass in der Praxis der Familiengerichte der Entzug des Umgangsbestimmungsrechts und die damit einhergehende Bestellung von Umgangsbestimmungspflegern zu leichtfertigt gehandhabt wird, zeigt eine im Rahmen eines Umgangsverfahrens nach § 1685 Abs 2 BGB ergangene Entscheidung des *OLG Brandenburg* (OLG Brandenburg 10. 4. 2019 – 9 UF 231/18, juris Rn 14 ff, FuR 2020, 45). Dort hatte es das Amtsgericht als ausreichend für eine Umgangspflegschaft erachtet, dass die allein sorgeberechtigte Mutter den Umgang ihres 4-jährigen fremduntergebrachten Kindes mit ihrem ehemaligen Lebensgefährten zeitlich beschränken wollte. Das OLG Brandenburg hat die Entscheidung zu Recht aufgehoben.

5. Kosten des Umgangs

Die für die Ausübung des Umgangs anfallenden Kosten des nach § 1685 BGB Um- **51**
gangsberechtigten, wie auch der für das Kind anfallenden Kosten (zB Fahrt-, Übernachtungs- und Verpflegungskosten; vgl dazu § 1684 Rn 159 ff), hat nach ganz überwiegender Auffassung auch im Falle von § 1685 BGB der Umgangsberechtigte zu tragen (Völker/Clausius, Sorge- und Umgangsrecht § 2 Rn 137 ff; Wohlgemuth FamRZ 2014, 356; Spangenberg FamRZ 2014, 355; BeckOGK/Altrogge [15. 2. 2021] § 1685 Rn 149; BeckOK-BGB/Veit [1. 1. 2023] § 1685 Rn 3.1; Heilmann/Gottschalk § 1685 Rn 27). Der insbesondere von Löhnig (FamRZ 2013, 1866) vertretenen Gegenauffassung, umgangsbedingte Aufwendungen für den Unterhalt des Kindes einschließlich seiner Reisekosten seien nach §§ 677, 683 S 1, 670 BGB von den Eltern zu tragen, kann nicht zugestimmt werden, weil der Umgangsberechtigte kein objektiv fremdes Geschäft wahrnimmt, da die Ausübung des Umgangsrechts zwar pflichtgebunden und treuhänderisch ist, aber der Erfüllung seines eigenen Anspruchs dient.

VI. Verfahren

1. Zuständigkeit des Familiengerichts

Für das **familiengerichtliche Verfahren** gelten die zu § 1684 BGB erörterten Grundsät- **52**
ze (§ 1684 Rn 379 ff). Die örtliche Zuständigkeit folgt demgemäß im Regelfall aus § 152 Abs 2 FamFG nach dem **gewöhnlichen Aufenthaltsort des Kindes**. Funktionell ist bei dem Amtsgericht nach § 14 Abs 1 Nr 7 RPflG der **Richter** zuständig.

Umgangsverfahren nach § 1685 BGB werden nach § 137 Abs 3 S 1 FamFG auch bei gleichzeitiger Anhängigkeit einer Scheidungssache **nicht Verbundsache** (MünchKomm-FamFG/Heiter § 137 Rn 74). Die **Zuständigkeitskonzentration** bei Anhängigkeit **einer Ehesache** (§ 152 Abs 1 FamFG) erfasst seinem Wortlaut nach zwar auch Verfahren nach § 1685 BGB, sofern das Umgangsbegehren ein gemeinschaftliches Kind der Ehegatten betrifft; nach dem Zweck der Zuständigkeitskonzentration ist jedoch die Regelung des Umgangs mit Dritten nicht erfasst (Stösser FamRZ 2009, 656, 657; Prütting/Helms/Hammer § 152 FamFG Rn 8).

In Bezug auf die **internationale Zuständigkeit** erfassen Art 1 Abs 2 lit a, 2 Abs 2 Nr 7 Brüssel IIb-VO auch das Umgangsrecht Dritter, insbesondere Großeltern des Kindes, sodass bei grenzüberschreitenden Fällen der gewöhnliche Aufenthalt des Kindes nach Art 7 Brüssel IIb-VO maßgeblich ist (EuGH 31. 5. 2018 – C-335/17, juris Rn 34 ff, NJW 2018, 2034 – *Valcheva v Babanarakis*; vgl im Übrigen § 1684 Rn 384 ff jeweils zu Art 8 Abs 1 Brüssel IIa-VO).

2. Verfahrenseinleitung

53 Auch das Verfahren nach § 1685 BGB – wie dasjenige nach § 1684 BGB – ist nach zutreffender hM **Amtsverfahren** iSd § 24 FamFG, weil sich weder aus dem materiellen Recht noch aus dem FamFG ergibt, dass es zur Einleitung des Verfahrens eines **Antrages** iSd § 23 FamFG bedarf (BGH 12. 7. 2017 – XII ZB 350/16, juris Rn 36, FamRZ 2017, 1668 m Anm Dürbeck; BGH 1. 2. 2017 – XII ZB 601/15, juris Rn 7, ZKJ 2017, 190 zu § 1684; BT-Drucks 13/4899, 107; OLG Brandenburg 22. 5. 2017 – 10 WF 71/17, juris Rn 11, FamRZ 2017, 1675; OLG Frankfurt 31. 3. 2015 – 5 UF 272/14, juris Rn 15, ZKJ 2015, 275; OLG Frankfurt 19. 3. 2013 – 4 UF 261/12, juris Rn 9, FamRZ 2013, 1994; OLG Saarbrücken 10. 10. 2011 – 6 WF 104/11, juris Rn 5, FamRZ 2012, 319; Heilmann/Gottschalk § 1685 Rn 28; Völker/Clausius, Sorge- und Umgangsrecht § 2 Rn 215; Zöller/Feskorn § 23 FamFG Rn 1; Osthold FF 2017, 346, 353; **aA** BGH 14. 5. 2008 – XII ZB 225/06, juris Rn 12, FamRZ 2008, 1334 noch für das alte Verfahrensrecht nach FGG; KG 24. 10. 2016 – 19 UF 32/16, juris Rn 13 f, FamRZ 2017, 899). Damit genügt eine **Anregung** iSd § 24 FamFG, um das Familiengericht zur Prüfung der Einleitung eines Verfahrens zu veranlassen. Eine solche Anregung können auch minderjährige Geschwister iSd § 1685 Abs 1 BGB geben, ohne dass es an dieser Stelle auf ihre Verfahrensfähigkeit iSd § 9 Abs 1 Nr 3 FamFG ankäme (BeckOK-BGB/Veit [1. 1. 2023] § 1685 Rn 54.1; zu Unrecht auf ein Antragsrecht abstellend KG 24. 10. 2016 – 19 UF 32/16, juris Rn 11 f, FamRZ 2017, 899).

Das gilt auch für die **Abänderung** einer Entscheidung zum Umgangsrecht nach §§ 166 Abs 1 FamFG, 1696 Abs 1 BGB (vgl OLG Frankfurt 31. 3. 2015 – 5 UF 272/14, juris Rn 15, ZKJ 2015, 275; 10. 5. 2012 – 1 UF 409/11, juris Rn 13, FamRZ 2013, 312). Im Regelfall wird aber das Ermessen des Familiengerichts in Bezug auf die Verfahrenseinleitung im Hinblick auf die betroffenen subjektiven Rechte erheblich reduziert sein, eine Ermessensreduktion auf Null besteht aber gerade bei querulatorischen Eingaben auch im Hinblick auf den Justizgewährungsanspruch nach Art 19 Abs 4 GG nicht (OLG Frankfurt 30. 12. 2021 – 6 UF 237/21, FamRZ 2022, 545; **aA** Lies-Benachib NZFam 2018, 581, 584). Die subjektiven Rechtspositionen der Betroffenen und der Anspruch auf Justizgewährung sind durch die Eröffnung eines Beschwerderechts nach §§ 58, 59 FamFG bei Nichteinleitung des Umgangsverfahrens hinreichend gewahrt (OLG Frankfurt 30. 12. 2021 – 6 UF 237/21, FamRZ 2022, 545; OLG Frankfurt 31. 3. 2015 – 5 UF 272/14, juris Rn 15, ZKJ 2015, 275; so auch BVerfG 19. 9. 2016 – 1 BvR 1547/16, juris Rn 39, ZKJ 2016, 457 zu § 1684 BGB).

Aus der Amtswegigkeit des Verfahrens folgt auch, dass das Verfahren **nicht zur Disposition der Beteiligten** steht, sodass etwa das Verfahren weder durch Rücknahme (§ 22 FamFG) noch durch übereinstimmende Erledigung oder Vergleich (vgl § 83 FamFG), sondern nur durch eine **Endentscheidung** des Familiengerichts – ggf durch Billigung eines Vergleichs nach § 156 Abs 2 FamFG (OLG Frankfurt 21. 1. 2014 – 5 UF 310/13, juris Rn 5, NZFam 2014, 610) – beendet werden kann (OLG Braunschweig 13. 5. 2020 – 2 UF 187/19, juris Rn 40, FamRZ 2020, 1189; OLG Frankfurt 19. 3. 2013 – 4 UF 261/12, juris Rn 9,

FamRZ 2013, 1994). Auch kann die **Vollstreckung** nach § 87 Abs 1 FamFG von Amts wegen eingeleitet werden. Schließlich kann aus diesem Grund die Einleitung des Verfahrens auch nicht gemäß § 14 Abs 3 FamGKG von der Zahlung eines **Gerichtskostenvorschusses** abhängig gemacht werden (OLG Saarbrücken 10. 10. 2011 – 6 WF 104/11, juris Rn 5, FamRZ 2012, 319; HEILMANN/DÜRBECK § 80 FamFG Rn 3).

Weitere Folge ist, dass die um Umgang mit dem Kind Nachsuchenden – entgegen weit verbreiteter Praxis in anwaltlichen Schriftsätzen und gerichtlichen Entscheidungen – nicht als *„Antragsteller"* zu bezeichnen sind und auch in einer Endentscheidung der *„Antrag nicht zurückzuweisen"* ist, sondern festzustellen ist, dass eine Umgangsregelung nicht stattfindet (HEILMANN/GOTTSCHALK § 1685 Rn 21; BeckOK-BGB/VEIT [1. 1. 2023] § 1685 Rn 44). Der *BGH* hat aber auch die vom Amtsgericht im Tenor gewählte Formulierung der Zurückweisung des „Antrages" nicht beanstandet (BGH 12. 7. 2017 – XII ZB 350/16, juris Rn 36, FamRZ 2017, 1668 m Anm DÜRBECK; dem BGH folgend OLG Brandenburg 17. 1. 2018 – 13 UF 152/17, juris Rn 1, NZFam 2018, 373; OLG Oldenburg 23. 10. 2017 – 3 UF 120/17, juris Rn 43, ZKJ 2018, 235), was allerdings in der Sache wegen der Amtswegigkeit des Verfahrens im Hinblick auf § 24 FamFG verfehlt ist.

Lehnt das Familiengericht auf eine Anregung hin **die Einleitung eines Umgangs- oder Abänderungsverfahrens ab**, so kann hiergegen nach zutreffender Ansicht auch Beschwerde nach §§ 58, 59 FamFG eingelegt werden, da mit der Entscheidung in subjektive Rechte des Anregenden aus § 1685 BGB eingegriffen wird (BVerfG 17. 9. 2016 – 1 BvR 1547/16, juris Rn 39, ZKJ 2016, 457; OLG Frankfurt 30. 12. 2021 – 6 UF 237/21, FamRZ 2022, 545; OLG Koblenz 15. 11. 2016 – 7 UF 611/16, juris Rn 3 ff, FamRZ 2017, 898; OLG Brandenburg 6. 5. 2015 – 15 WF 91/15, juris Rn 3 ff, FamRZ 2015, 1993; OLG Frankfurt 31. 3. 2015 – 5 UF 272/14, juris Rn 22, ZKJ 2015, 275; OLG Hamm 26. 1. 2010 – 15 W 361/09, juris Rn 10 ff, FGPrax 2010, 143 zum Registerrecht; HEILMANN/DÜRBECK § 58 FamFG Rn 3; **aA** BGH 24. 4. 2012 – II ZB 8/10, juris Rn 12, Rpfleger 2012, 445 zum Vereinsregisterverfahren; MünchKommFamFG/ULRICI § 24 Rn 13).

Ein Eingreifen des Gerichts von Amts wegen mit dem Ziel der Herstellung eines **54** Umgangs kommt jedoch nur in Betracht, wenn ein Umgangsberechtigter oder, wenn die Eltern über den Umgang mit dem Berechtigten streiten, ein Elternteil dies anregt (BT-Drucks 13/4899, 107). Im Übrigen besteht – außerhalb von Fällen der Kindeswohlgefährdung nach Abs 3 S 1 iVm § 1684 Abs 4 BGB – kein Bedürfnis zu einer Regelung von Amts wegen, zumal der Umgangsberechtigte zu einem Umgang nicht gegen seinen Willen bewegt werden kann. Zudem bestünden Bedenken, von Amts wegen in das elterliche Erziehungsrecht unterhalb der Schwelle des § 1666 BGB einzugreifen, solange es nur um das Verhältnis zwischen Eltern und Kind geht und der Umgangsberechtigte keine Initiative ergreift. Das Kind, dem kein Umgangsrecht zusteht, kann aber ebenfalls unabhängig von seiner Verfahrensfähigkeit selbst und sonst über seine gesetzlichen Vertreter oder das Jugendamt (§ 18 Abs 3 S 2 SGB VIII) die Einleitung eines Verfahrens nach § 1685 BGB anregen. Eine **familiengerichtliche Regelung** von Amts wegen gegen den Willen der Bezugsperson lässt sich damit gleichwohl nicht erreichen.

3. Beteiligte

Umgangspersonen nach § 1685 BGB sind in diesem Verfahren nicht Dritte (wie im **55** Verfahren nach § 1684 Abs 3 S 1 BGB), sondern **Beteiligte nach § 7 Abs 2 Nr 1 FamFG**, da sie in eigenen Rechten betroffen sind (Kloster-Harz NZFam 2016, 529, 533; BeckOGK/Altrogge [15. 2. 2021] § 1685 Rn 168). Ebenfalls unter § 7 Abs 2 Nr 1 FamFG fallen **sorgeberechtigte Eltern**, da ihr Umgangsbestimmungsrecht (§ 1632 Abs 2 BGB) als Teil der elterlichen Sorge tangiert ist (OLG Hamm 12. 7. 2011 – 2 WF 156/11, juris Rn 8, ZKJ 2011, 434: Pflegekind; Heilmann/Gottschalk § 1685 Rn 29). Dies gilt auch für den **Vormund**, insbesondere auch für das **Jugendamt** als Amtsvormund, da auch sein Recht zur Ausübung der Personensorge betroffen ist (BGH 28. 9. 2016 – XII ZB 251/16 Rn 13, ZKJ 2017, 26; Dürbeck ZKJ 2017, 19; **aA** Oberloskamp ZKJ 2016, 336, 342). **Nichtsorgeberechtigte Eltern** sind nur dann Beteiligte nach § 7 Abs 2 Nr 1 FamFG, wenn durch die Umgangsregelung nach § 1685 BGB ihr eigenes Umgangsrecht nach § 1684 BGB tangiert werden könnte (OLG Frankfurt 11. 12. 2014 – 1 WF 245/14, juris Rn 7, FamRZ 2015, 1312; Heilmann/Gottschalk § 1685 Rn 29). Das **Kind** ist materiell und formell Beteiligter (vgl § 1684 Rn 402, 408). Soweit es ein eigenes Umgangsrecht als **Geschwister** iSd § 1685 Abs 1 BGB geltend macht, ist es bei Erreichen des 14. Lebensjahres nach § 9 Abs 1 Nr 3 FamFG verfahrensfähig (KG 24. 10. 2016 – 19 UF 32/16, juris Rn 11 ff, FamRZ 2017, 899; vgl § 1684 Rn 408). Nicht Beteiligter ist der **Ehegatte** des sorgeberechtigten Elternteils in einem Verfahren um das Umgangsrecht einer anderen von § 1685 BGB erfassten Person; weder greift die Umgangsregelung unmittelbar in dessen Rechte ein (KG FamRZ 2000, 1520), noch ist dessen eigenes Umgangsrecht aus § 1685 Abs 2 BGB unmittelbar berührt. Das anzuhörende **Jugendamt** ist nach § 162 Abs 2 S 2 FamFG nur auf Antrag zu beteiligen, was in der Praxis bei fremduntergebrachten Kindern oft veranlasst ist. **Pflegepersonen** des Kindes sind in Umgangsverfahren nicht nur gemäß § 161 Abs 1 FamFG auf Antrag zu beteiligen, sondern gemäß § 7 Abs 2 Nr 1 FamFG Muss-Beteiligte, wenn ihnen im Rahmen einer Umgangsregelung Pflichten, wie zB Holen, Bringen oder Bereithalten des Kindes auferlegt werden sollen (Johannsen/Henrich/Althammer/Dürbeck § 161 FamFG Rn 3; Dürbeck FamRZ 2016, 1784 f, Anm zu KG FamRZ 2016, 1780; Prütting/Helms/Hammer § 161 FamFG Rn 6). Begehren ehemalige Pflegepersonen selbst Umgang nach § 1685 Abs 2 BGB, sind sie Beteiligte nach § 7 Abs 2 Nr 1 FamFG (OLG Bremen 11. 11. 2019 – 4 UF 60/19, juris Rn 12, ZKJ 2020, 70).

Wurde ein **Verfahrensbeistand** (§ 158 FamFG) bestellt, ist auch dieser zu beteiligen (§ 158b Abs 3 S 1 FamFG). Die Bestellung eines Verfahrensbeistands bestimmt sich nach der bis zum 30. 6. 2021 geltenden Rechtslage nach § 158 Abs 1 FamFG aF (OLG Koblenz 19. 5. 2020 – 9 UF 191/20, juris Rn 44, ZKJ 2021, 65; OLG Frankfurt FamRZ 1998, 1042); es lag insbesondere kein Regelfall nach § 158 Abs 1, 2 Nr 5 FamFG aF vor (OLG Oldenburg 23. 10. 2017 – 3 UF 120/17, juris Rn 42, ZKJ 2018, 235; OLG Celle 12. 8. 2011 – 10 UF 118/11, juris Rn 12, FamFR 2011, 449).

Nach der zum 1. 7. 2022 geltenden Fassung (BGBl 2021 I 1810) liegt zunächst kein Muss-Fall nach § 158 Abs 2 Nr 2 FamFG vor, da dies nur bei einem in Betracht kommenden Ausschluss des elterlichen Umgangsrechts nach § 1684 BGB vorgesehen ist. § 158 Abs 3 Nr 4 FamFG sieht dagegen die Bestellung eines Verfahrensbeistands als Regelfall vor, wenn *„eine wesentliche Beschränkung des Umgangsrechts in Betracht kommt“*. Die fehlende Bezugnahme auf das elterliche Umgangsrecht könnte als Argument dafür dienen, dass die Vorschrift auch auf Umgangsrechte nach §§ 1685, 1686a BGB anzuwenden ist (so Dutta/Jacoby/Schwab/Lack § 158 FamFG Rn 44; Prütting/Helms/Hammer § 158 FamFG Rn 40). Den Gesetzesmaterialien ist insoweit nichts zu dieser Frage zu entnehmen. Angesichts der geringeren Grundrechtsintensität eines Eingriffs in das Elternrecht gegenüber der Verweigerung eines Umgangsrechts für Verwandte oder soziale Bezugspersonen und der Verwendung des Begriffs der „Beschränkung“ – wie er offenbar aus § 1684 Abs 4 BGB abgeleitet wurde – kann aber nicht davon ausgegangen werden, dass der Gesetzgeber hier Umgangsrechte nach §§ 1685, 1686a BGB erfassen wollte (so bereits zur vormaligen Rechtslage OLG Celle 12. 8. 2011 – 10 UF 118/11, FamRZ 2011, 1805). Es bleibt daher – wie nach früherem Recht – beim Maßstab des § 158 Abs 1 FamFG (ebenso Sternal/Schäder § 158 FamFG Rn 26).

4. Persönliche Anhörung

Es gelten auch im Rahmen von § 1685 BGB die Anhörungsvorschriften der §§ 159 ff FamFG. 56

Das Familiengericht hat nach § 160 Abs 1 FamFG die **Eltern** persönlich anzuhören (OLG Celle 12. 8. 2011 – 10 UF 118/11, juris Rn 19, ZKJ 2011, 431). Dies gilt im Regelfall auch dann, wenn dem betreffenden Elternteil das **Sorgerecht** nicht zusteht, er aber in seinem eigenen Umgangsrecht betroffen sein kann (OLG Naumburg 30. 12. 2009 – 8 UF 209/09 Rn 6, juris; Heilmann/Heilmann § 160 FamFG Rn 23). Das **Jugendamt** ist nach § 162 Abs 1 FamFG anzuhören (zur Aufgabe des Jugendamts in Verfahren nach § 1685 BGB: Wiesner/Wapler/Dürbeck SGB VIII Anh 3 Rn 104 ff).

Auch die nach § 159 Abs 1 FamFG vorgeschriebene **Kindesanhörung** ist durchzuführen (OLG Hamm FamRZ 2009, 338; OLG Düsseldorf ZKJ 2010, 166; zu den Einzelheiten Heilmann/Heilmann § 159 FamFG Rn 1 ff). **Pflegepersonen** des Kindes sind nach § 161 Abs 2 FamFG anzuhören. Die **Umgangsberechtigten** sind, obwohl nicht unter §§ 159 ff FamFG fallend, ebenfalls im Rahmen des nach § 155 Abs 2 FamFG durchzuführenden Erörterungstermins und auch im Hinblick auf das nach § 34 Abs 1 Nr 1 FamFG einem Beteiligten zu gewährende rechtliche Gehör persönlich anzuhören (im Erg auch BeckOGK/Altrogge [15. 2. 2021] § 1685 Rn 168).

5. Beschleunigung – Verfahrensverzögerung

Gemäß § 155 Abs 1 FamFG sind Verfahren, die das Umgangsrecht betreffen, vorrangig und beschleunigt zu führen. Nach Abs 2 der Vorschrift hat das Familiengericht spätestens **einen Monat** nach Beginn des Verfahrens die Sache mit den Beteiligten in einem Termin zu erörtern. Fälle, wie vor der zum 1. 9. 2009 geltenden Rechtslage unter Geltung des FGG, in denen erst mit mehrmonatiger Verspätung Termine anberaumt werden (vgl den Fall von EGMR 4. 12. 2008 – 44036/02, FamRZ 2009, 1037), erscheinen heute kaum mehr vorstellbar. 57

Der Erlass einer **einstweiligen Anordnung** nach § 156 Abs 3 S 1 FamFG ist nur dann zu erörtern, wenn sich, zB wegen der Notwendigkeit weiterer Ermittlungen zur Frage der Kindeswohldienlichkeit, die Entscheidungsreife des Verfahrens verzögert. Ein dringendes Bedürfnis iSd § 49 Abs 1 FamFG für eine vorläufige Regelung des Umgangs wird sich jedoch bei noch nicht absehbarer Kindeswohldienlichkeit nur in Ausnahmefällen ergeben können. Anders ist dies, wenn Kinderschutzmaßnahmen nach § 1685 Abs 3 S 1 BGB iVm § 1684 Abs 4 BGB erforderlich sind (siehe oben Rn 49).

Bei **Verzögerungen** stehen den Beteiligten in Umgangsverfahren nach § 1685 BGB die am 15. 10. 2016 durch das Gesetz über das Verfahren in Familiensachen und in den Angelegenheiten der freiwilligen Gerichtsbarkeit v 11. 10. 2016 (BGBl 2016 I 2222) in Kraft getretenen Rechtsbehelfe der **Beschleunigungsrüge** und der **Beschleunigungsbeschwerde** gemäß §§ 155b, 155c FamFG zur Verfügung (vgl dazu Keuter FamRZ 2016, 1817). Daneben kommen auch bei überlangen Umgangsverfahren nach § 1685 BGB **Entschädigungsansprüche** nach §§ 198 ff GVG in Betracht (OLG Köln 21. 3. 2013 – 7 SchH 5/12, juris: dort mangels Substantiierung verneint; vgl dazu § 1684 Rn 462).

6. Amtsermittlung

58 Auch in Verfahren nach § 1685 BGB gilt nach § 26 FamFG der **Amtsermittlungsgrundsatz**. Es obliegt dabei dem Familiengericht, die für die Prüfung eines Umgangsrechts erforderlichen Tatsachen auf eine hinreichend **sichere und verfahrensfehlerfreie Erkenntnisgrundlage** zu stützen. Dies gilt insbesondere für die Frage der Kindeswohlprüfung. Dabei kann es in schwierigen Ausnahmefällen auch erforderlich sein, ein psychologisches Sachverständigengutachten einzuholen. Bei Vorhandensein zureichender Erkenntnisse aus der (persönlichen) Anhörung des Kindes und der sonstigen Beteiligten und des Jugendamts ist ein Sachverständigengutachten aber entbehrlich (OLG Brandenburg 8. 6. 2020 – 13 UF 182/19, juris Rn 31). Erst wenn das Gericht alle zur Verfügung stehenden Aufklärungsmöglichkeiten ausgeschöpft hat, stellt sich die Frage der **Feststellungslast**, die hinsichtlich der Kindeswohldienlichkeit der Umgangsberechtigte trägt (BGH 5. 10. 2016 – XII ZB 280/15 Rn 35, MDR 2016, 1382 zu § 1686a; BGH 15. 6. 2015 – XII ZB 419/15 Rn 15, 37 f, FamRZ 2016, 1439 zum Sorgerecht; Soergel/Gietl § 1685 Rn 26).

7. Entscheidung des Familiengerichts

59 Aus dem Charakter der Amtswegigkeit des Verfahrens nach § 1685 BGB folgt, dass das Familiengerichts das Verfahren stets durch eine Endentscheidung iSd § 38 FamFG zu beenden hat. Besteht ein Umgangsrecht nach § 1685 Abs 1 und 2 BGB nicht, hat es – mangels **Antrages** iSd § 23 FamFG – festzustellen, dass eine Umgangsregelung nicht zu treffen ist (Heilmann/Gottschalk § 1685 Rn 21; Köhler ZKJ 2018, 9, 10; Dürbeck FamRZ 2017, 1672; Löhnig NZFam 2017, 1030, 1031; inkonsequent BGH 12. 7. 2017 – XII ZB 350/16, juris Rn 36, FamRZ 2017, 1668, der die Zurückweisung des „Antrages" im Tenor des Beschlusses nicht beanstandet hat, obwohl er die Amtswegigkeit des Verfahrens bestätigt; ebenso OLG Oldenburg 23. 10. 2017 – 3 UF 120/17, juris Rn 43, ZKJ 2018, 235). Nur im Falle einer Kindeswohlgefährdung ist der Umgang nach § 1685 Abs 3 S 1 iVm § 1684 Abs 4 S 2 BGB auszuschließen (BGH 12. 7. 2017 – XII ZB 350/16, juris Rn 36, FamRZ 2017, 1668; siehe oben Rn 49). Besteht ein Umgangsrecht, ist dieses in vollstreckungsfähiger Weise zu regeln (siehe oben Rn 46). Eine vergleichsweise Vereinbarung, der alle Beteiligten zustimmen müssen (OLG München 1. 9. 2014 – 4 UF 508/14, juris Rn 15, ZKJ 2015, 116 m Anm Dürbeck; Heilmann/Wegener § 156 FamFG Rn 65), ist bei Kindeswohldienlichkeit nach § 156 Abs 2 FamFG familiengerichtlich durch gesonderten Beschluss zu billigen (BGH 10. 7. 2019 – XII ZB 507/18, NJW 2020, 687).

8. Beschwerde

60 Gegen Endentscheidungen können Beteiligte nach § 58 Abs 1 FamFG Beschwerde einlegen, soweit sie durch die Entscheidung des Familiengerichts **in ihren Rechten beeinträchtigt** sind (§ 59 Abs 1 FamFG). Als Beschwerdeberechtigte kommen insoweit

die **umgangsbegehrenden Verwandten und Bezugspersonen, sorgeberechtigte Eltern**, der **Verfahrensbeistand** (§ 158b Abs 3 S 2 FamFG) und auch das **verfahrensfähige Kind** (§ 60 FamFG) in Betracht. **Nicht sorgeberechtigte Eltern** sind im Rahmen von § 1685 BGB nur dann beschwerdeberechtigt, wenn durch den Umgang des Dritten ihr eigenes Umgangsrecht beeinträchtigt ist (Heilmann/Dürbeck § 59 FamFG Rn 8; siehe auch oben Rn 55). Auch der **Vormund**, insbesondere auch das **Jugendamt als Amtsvormund**, ist nach § 59 Abs 1 FamFG zur Beschwerde berechtigt, weil auch er in seinem Recht zur Ausübung der Personensorge betroffen ist und ihm im Regelfall durch eine Umgangsregelung auch vollstreckbare Pflichten, wie das Holen, Bringen oder Bereithalten des Kindes auferlegt werden (OLG Nürnberg 19. 7. 2016 – 7 UF 746/16, juris Rn 19, ZKJ 2017, 33; Dürbeck, in: Oberloskamp/Dürbeck, Vormundschaft § 3 Rn 150; vgl zur Frage der Beteiligung des Amtsvormunds in Umgangssachen BGH 28. 9. 2016 – XII ZB 251/16 Rn 13, ZKJ 2017, 26). Entgegen der wohl hM steht **Pflegepersonen** des Kindes ein eigenes Beschwerderecht gegen Entscheidungen zur Regelung des Umgangs des Kindes mit seinen Eltern oder Dritten zu, da auch in diesem Fall die Rechtssphäre der von Art 6 Abs 1 GG geschützten Pflegefamilie betroffen ist und aufgrund ihrer Beteiligung am Verfahren (siehe oben Rn 55) ihnen im Regelfall auch vollstreckbare Pflichten, wie das Bringen, Holen oder Bereithalten des Kindes, auferlegt werden (OLG Hamburg 4. 1. 2009 – 2 UF 132/07, juris Rn 9, FamRZ 2009, 1001; Heilmann ZKJ 2014, 48, 51; Heilmann/Dürbeck § 59 FamFG Rn 11; **aA** BGH 13. 4. 2005 – XII ZB 54/03, juris Rn 12 ff, FamRZ 2005, 975; OLG Köln 26. 7. 2010 – 4 UF 131/10, juris Rn 4, FamRZ 2011, 233; Johannsen/Henrich/Althammer/Althammer § 59 FamFG Rn 5a). Im Beschwerdeverfahren gilt im Übrigen, wie bei § 1684 BGB (vgl § 1684 Rn 505), der Grundsatz der **reformatio in peius** nicht (OLG Frankfurt 12. 6. 2017 – 3 UF 278/16, juris, FamRZ 2017, 1675; OLG Saarbrücken 21. 4. 2017 – 6 UF 20/17, juris Rn 27, NZFam 2017, 671). Gemäß § 68 Abs 3 S 2 FamFG kann im Beschwerdeverfahren von einer **Anhörung des Kindes** (§ 159 FamFG) und der sonstigen Beteiligten abgesehen werden, wenn diese bereits im ersten Rechtszug – ohne Verletzung zwingender Verfahrensvorschriften – stattgefunden hat und neue entscheidungserhebliche Tatsachen nicht vorliegen, sodass von einer Wiederholung der Anhörung keine neuen Erkenntnisse zu erwarten sind (BGH 12. 7. 2017 – XII ZB 350/16, juris Rn 19 f, FamRZ 2017, 1668 m Anm Dürbeck). Der zum 1. 7. 2021 neugefasste § 68 Abs 5 Nr 2 FamFG findet keine Anwendung auf die Umgangsrechte nach §§ 1685, 1686a BGB.

9. Umgangsvermittlungsverfahren

Ein **Umgangsvermittlungsverfahren** kommt nicht in Betracht, da § 165 FamFG dieses 61
Verfahren ausdrücklich auf den Umgangskonflikt zwischen den **Eltern** beschränkt (Heilmann/Gottschalk § 165 FamFG Rn 2; Prütting/Helms/Hammer § 165 FamFG Rn 4).

10. Vollstreckung

Ordnet das Familiengericht Umgang des Verwandten oder der Bezugsperson mit 62
dem Kind an oder billigt es eine Umgangsvereinbarung nach § 156 Abs 2 FamFG, so ergeben sich für die Vollstreckung keine Besonderheiten. Diese bestimmt sich nach §§ 86–88, 89 ff FamFG (vgl § 1684 Rn 527 ff). Auch hier ist eine hinreichend bestimmte und konkrete Regelung des Umgangs nach Ort, Zeit und Art erforderlich (OLG Brandenburg 21. 2. 2014 – 10 UF 159/13, juris Rn 19 f, ZKJ 2014, 445; OLG Saarbrücken 11. 10. 2013 – 6 UF 128/13, juris Rn 12 ff, ZKJ 2014, 7; BeckOK-BGB/Veit [1. 1. 2023] § 1685 Rn 64).

11. Abänderung von Umgangsregelungen

63 Die Abänderung von rechtskräftig abgeschlossenen Umgangsverfahren nach § 1685 BGB unterliegt den Schranken von § 1696 Abs 1 BGB, sodass **triftige Gründe** vorliegen müssen, die zu einer veränderten Bewertung Anlass geben (OLG Frankfurt 10. 5. 2012 – 1 UF 409/11, juris Rn 13, FamRZ 2013, 312; OLG Frankfurt 31. 3. 2015 – 5 UF 272/14, juris Rn 26, ZKJ 2015, 1991; OLG München 12. 7. 2011 – 12 UF 600/11, juris Rn 13, FamRZ 2011, 1804; Heilmann/Gottschalk § 1685 Rn 33). Da es sich auch hier um amtswegige Verfahren handelt, kann es in Ausnahmefällen, zB bei querulatorischen Eingaben, veranlasst sein, schon die Einleitung des Verfahrens nach § 24 FamFG abzulehnen (vgl OLG Frankfurt 30. 12. 2021 – 6 UF 237/21, FamRZ 2022, 545).

12. Kosten

64 Die Kostenentscheidung in Verfahren nach § 151 Nr 2 FamFG richtet sich nach §§ 81 ff FamFG. Gemäß § 81 Abs 1 S 1 FamFG sind sie nach billigem Ermessen den Beteiligten ganz oder zum Teil aufzuerlegen. Da in Kindschaftssachen nicht die Frage des Obsiegens oder Unterliegens, sondern das Kindeswohl im Vordergrund steht, ist es im Regelfall unabhängig davon, wie die Kindeswohlprüfung ausgefallen ist, sachgerecht, nach § 81 Abs 1 S 1 FamFG die Gerichtskosten hälftig zwischen dem Umgangsbegehrenden und den Eltern zu teilen und im Übrigen von einer Erstattung außergerichtlicher Auslagen abzusehen (OLG Frankfurt 10. 2. 2021 – 8 UF 175/20, juris Rn 11, FamRZ 2021, 1142; so im Ergebnis auch OLG Brandenburg 3. 7. 2015 – 10 UF 173/14, juris Rn 53, FamRZ 2015, 1818; vgl allgemein zur Kostenverteilung in Kindschaftssachen Heilmann/Dürbeck § 81 FamFG Rn 1 ff).

Das *OLG Braunschweig* (OLG Braunschweig 2. 10. 2020 – 2 UF 185/19, juris Rn 53 ff, NJW-RR 2021, 135) hat in einer Entscheidung zum Umgangsrecht der Lebenspartnerin der Kindesmutter letzterer allein die Kosten beider Instanzen auferlegt und seine Entscheidung dabei in Bezug auf den ersten Rechtszug auf § 81 Abs 1 S 1 FamFG gestützt. Die Begründung hierfür, die Kindesmutter habe durch ihre Verweigerungshaltung die Bindungs- und Beziehungsverhältnisse ihrer Kinder nicht berücksichtigt und zudem den Versuch einer gemeinsamen Mediation mit ihrer Lebenspartnerin „ungerechtfertigt" abgelehnt, vermag allerdings nicht überzeugen. Auch in Umgangssachen nach § 1685 BGB kann es – wie bei § 1684 BGB – nicht auf den „Erfolg" des Verfahrens aus Sicht der Beteiligten ankommen. Wegen des Mediationen immanenten Elements der Freiwilligkeit dürfen auch aus dem Umstand, dass eine solche verweigert wurde, außerhalb des Anwendungsbereichs von § 81 Abs 2 Nr 5 FamFG keine negativen Rückschlüsse in Bezug auf die Kostenverteilung gezogen werden.

§ 83 Abs 2 FamFG kann in Verfahren nach § 1685 BGB keine Anwendung finden, weil Umgangsverfahren nach § 1685 BGB amtswegige Verfahren sind (OLG Braunschweig 13. 5. 2020 – 2 UF 187/19, FamRZ 2020, 1189).

In Ausnahmefällen kann nach § 81 Abs 1 S 2 FamFG auch von der Erhebung von Gerichtskosten abgesehen werden. War das Umgangsbegehren von Anfang an ohne Erfolgsaussicht, zB weil der Dritte offenkundig nicht unter den Personenkreis des Abs 1 und 2 fällt, kommt eine einseitige Kostenverteilung nach § 81 Abs 2 Nr 2 FamFG in Betracht. Im Beschwerdeverfahren gilt bei einem erfolglosen Rechtsmittel

§ 84 FamFG. Dem Jugendamt als Amtsvormund können nach Ansicht des BGH im Hinblick auf sein Amt und die Kostenbefreiung in § 64 Abs 3 S 2 SGB X im Regelfall keine Gerichtskosten auferlegt werden (BGH 28. 9. 2016 – XII ZB 251/16 Rn 13, ZKJ 2017, 26; zur Kritik an dieser Ansicht: DÜRBECK ZKJ 2017, 19).

Soweit es am Verfahren beteiligte Pflegepersonen betrifft, sind diese – wenn das Pflegeverhältnis beendet wurde und sie nunmehr selbst Umgang beanspruchen – grundsätzlich an den Gerichtskosten zu beteiligen (OLG Bremen 11. 11. 2019 – 4 UF 60/19, juris Rn 15, ZKJ 2020, 70). Bei Beteiligung während laufender Pflegeverhältnisse ist ihre Heranziehung zu den Kosten im Regelfall unbillig, weil ein allgemeines Interesse daran besteht, dass sich Personen als Pflegeeltern bereit erklären (OLG Bremen 11. 11. 2019 – 4 UF 60/19, juris Rn 14, ZKJ 2020, 70; OLG München 22. 4. 2015 – 4 WF 436/15, FamRZ 2015, 1745).

In Einzelfällen kann im Übrigen auch eine Anwendung von § 81 Abs 2 Nr 4 FamFG im Verfahren nach § 1685 BGB in Betracht kommen, wenn ein Beteiligter schuldhaft gegen seine Mitwirkungspflicht (§ 27 Abs 1 FamFG) verstößt. So hat das OLG Celle (OLG Celle 10. 12. 2019 – 10 UF 266/19, FamRZ 2020, 1765) seine Rechtsprechung zur Anwendung von § 81 Abs 2 Nr 4 FamFG bei schuldhafter Verletzung der Mitwirkungspflicht eines Elternteils konsequent fortgeführt und einer Kindesmutter in einem Umgangsverfahren nach § 1685 Abs 2 BGB (vormaliger Lebensgefährte der Mutter) die Kosten des erstinstanzlichen Verfahrens auferlegt, welche die Erstellung eines familienpsychologischen Sachverständigengutachtens zunächst mehrere Monate verzögert und sodann erklärt hatte, dass weder sie noch ihre Tochter an der Erstellung des Gutachtens mitwirken würden. Wegen der Einzelheiten vgl § 1684 Rn 483.

Zur Bewilligung von **Verfahrenskostenhilfe** in Umgangssachen vgl § 1684 Rn 491 ff.

13. Verfahrenswert

Der Gebührenverfahrenswert für **Umgangssachen** beläuft sich seit 1. 1. 2021 nach 65
§ 45 Abs 1 Nr 2 FamGKG im Regelfall auf 4.000 EUR. Für Übergangsfälle gilt in Ansehung der Gerichtskosten die Vorschrift des § 63 FamGKG (vgl dazu SCHNEIDER/DÜRBECK NZFam 2021, 206)

Gemäß § 45 Abs 3 FamGKG kann er aus Gründen der Billigkeit wegen besonderer Umstände des Einzelfalles erhöht oder herabgesetzt werden. Eine Erhöhung wird dann in Betracht kommen, wenn die Kindeswohlprüfung besonders aufwändig ist und zB ein psychologisches Sachverständigengutachten eingeholt wird und eine Vielzahl von Personen (Großeltern, Eltern, Vormund, Pflegepersonen, Verfahrensbeistand, mehrere Kinder) am Verfahren zu beteiligen sind (vgl zu den Einzelheiten BeckOK-Streitwert/DÜRBECK [1. 7. 2023] „Umgangsverfahren" § 1685 Rn 6).

Ausgehend von einem Verfahrenswert von 4.000 EUR fallen gemäß KV Nr 1310 FamGKG im ersten Rechtszug für ein Hauptsacheverfahren ½ **Gerichtsgebühren** an, also 70 EUR. Hinzukommen ggf Auslagen für die Vergütung des Verfahrensbeistandes (KV Nr 2013 FamGKG) oder für die Entschädigung von Zeugen oder Sachverständigen (KV Nr 2005 FamGKG). Findet ein Erörterungstermin statt, entstehen für die Vertretung eines Beteiligten nach VV RVG Nr 3100, 3104, 7002 **Anwaltsgebühren** im ersten Rechtszug in Höhe von 850,85 EUR (vgl weitere Einzelheiten bei Schneider/Dürbeck, Gebühren in Familiensachen [2. Aufl 2021] § 15 Rn 896 ff). Bei einem Umgangsbegehren von **zwei Großeltern- oder Pflegeelternteilen** ist nicht nach § 33 Abs 1 S 1 FamGKG aufgrund der subjektiven Beteiligtenhäufung eine Wertaddition vorzunehmen, da die Grundsätze der subjektiven Klagehäufung wegen der Kindeswohlorientierung des Verfahrens hier keine Anwendung finden (Dürbeck/Schneider FamRZ 2021, 1341, 1351; BeckOK-Streitwert/Dürbeck [1. 7. 2023] „Umgangsverfahren" § 1685 Rn 4a; **aA** OLG Brandenburg 17. 1. 2018 – 13 UF 152/17, juris Rn 31, NZFam 2018, 373 und 8. 6. 2020 – 13 UF 182/19, juris Rn 33). Hiervon geht erkennbar auch der BGH (BGH 12. 7. 2017 – XII ZB 350/16, NJW 2017, 2908) aus, der den Verfahrenswert in einem Umgangsverfahren betreffend zweier Großeltern im Tenor der Entscheidung ebenfalls nach § 45 Abs 1 Nr 2 FamGKG aF auf 3.000 EUR festgesetzt hatte.

VII. § 1685 im Öffentlichen Recht

1. Kinder- und Jugendhilferecht (SGB VIII)

66 Gemäß § 18 Abs 3 2 1 SGB VIII haben Kinder und Jugendliche Anspruch auf **Beratung und Unterstützung durch das Jugendamt** bei der Ausübung des Umgangsrechts nach § 1684 Abs 1 BGB. § 18 Abs 3 S 2 SGB VIII erweitert diesen Anspruch dahin, dass Kinder und Jugendliche auch darin vom Jugendamt unterstützt werden sollen, dass Personen, die nach § 1685 BGB zum Umgang berechtigt sind, von diesem Recht zu ihrem Wohl Gebrauch machen. Umgekehrt steht auch den nach § 1685 BGB Berechtigten nach § 18 Abs 3 S 3 SGB VIII ein Anspruch auf Beratung und Unterstützung bei der Ausübung des Umgangsrechts zu (vgl zu den Einzelheiten Wiesner/Wapler/Dürbeck § 18 SGB VIII Rn 15 ff; FK-SGB VIII/Tammen § 18 Rn 32 ff).

2. Einkommensteuerrecht

67 Aufwendungen, wie zB Reisekosten, die Verwandte oder sonstige Bezugspersonen zur Wahrnehmung ihres Umgangsrechts wahrnehmen, gelten im Einkommensteuerrecht trotz des Umstands, dass diese fremdnützig zum Wohl des Kindes erfolgen, nicht als außergewöhnliche Belastung iSd § 33 Abs 1 und 2 EStG und sind daher nicht abzugsfähig (BFH 5. 3. 2009 – VI R 60/07, juris Rn 12 ff, FamRZ 2009, 1139).

3. Aufenthaltsrecht

68 § 28 AufenthG knüpft die Aufenthaltserlaubnis in Abs 1 S 1 Nr 3 und Abs 1 S 4 ausschließlich an die (rechtliche) Elternschaft zur Ausübung der elterlichen Sorge oder für die Fortsetzung einer familiären Gemeinschaft mit einem deutschen minderjährigen Kind, sodass Umgangsrechte nach § 1685 Abs 1 oder 2 BGB, auch nicht für den unter Abs 2 fallenden leiblichen Vater, nicht erfasst werden (vgl VG Berlin 10. 10. 2014 – 22 K 93. 14 V, juris Rn 15, FamRZ 2015, 1069; kritisch Eichenhofer ZAR 2013, 89). Nicht unumstritten ist im Übrigen die Frage, ob ein auf § 1685 Abs 2 BGB gestütztes Umgangsrecht leiblicher oder sozialer Elternteile oder Stiefelternteile eine vorübergehende Aussetzung der Abschiebung (Duldung) iSd § 60a Abs 2 S 1 AufenthG begründen kann, was mehrheitlich verneint wird (VGH Mannheim 22. 11. 2006 – 13 S 2157/06, juris Rn 11, FamRZ 2007, 1353: sozialer Vater; OVG Münster 21. 3. 2007 – 18 B 2564/06, juris Rn 10: sozialer Vater; OVG Bautzen 23. 11. 2009 – 3 B 478/09, juris Rn 5; VG Kassel 13. 8. 2018 – 4 L 1374/18.

KS, juris Rn 52; **aA** OVG Hamburg 17. 6. 2008 – 4 Bs 76/08, juris Rn 12 ff, FamRZ 2009, 334: leiblicher Vater nach Adoption; VG Göttingen 22. 3. 2010 – 2 B 111/10, juris Rn 8: sozialer Vater). Im Bereich der Ausweisung eines Ausländers nach § 53 AufenthG ist bei der zu treffenden Abwägungsentscheidung zum Bleibeinteresse des Betroffenen auch ein nach § 1685 BGB bestehendes Umgangsrecht nach Maßgabe von § 55 Abs 2 Nr 3 und 5 AufenthG mit zu berücksichtigen (vgl VG München 13. 1. 2017 – M 25 S 16. 5917, juris Rn 110 ff).

4. Sozialrecht

Auch im Sozialrecht stellt sich die Frage der Behandlung für Aufwendungen zur Wahrnehmung des Umgangsrechts nach § 1685 BGB. Fahrtkosten von Großeltern anlässlich der Ausübung ihres Umgangsrechts begründen keinen unabweisbaren, laufenden Bedarf iSd § 21 SGB II und sind grundsätzlich nicht vom Grundsicherungsträger zu übernehmen (LSG Sachsen 10. 8. 2017 – L 3 AS 650/16, juris Rn 34; LSG Niedersachsen-Bremen – L 7 AS 1470/12, juris Rn 28, FamRZ 2014, 1409; SG Karlsruhe 23. 9. 2013 – S 11 AS 2299/13, juris Rn 19, NZS 2014, 78), auch bilden Großeltern und Enkel keine (temporäre) Bedarfsgemeinschaft (SG Karlsruhe 23. 9. 2013 – S 11 AS 2299/13, juris Rn 18, NZS 2014, 78; vgl dazu auch Schmidt NJW 2014, 2465, 2468). Dies gilt auch für das Umgangsrecht ehemaliger Pflegeeltern (BSG 21. 7. 2021 – B 14 AS 31/20 R, juris Rn 25, NZS 2022, 190). **69**

Die oben erwähnten Grundsätze gelten auch für Großeltern, die **Grundsicherungsleistungen nach dem SGB XII** erhalten. Nach einer zutreffenden Entscheidung des *LSG Baden-Württemberg* (LSG Baden-Württemberg 17. 4. 2019 – L 2 SO 4004/18, juris Rn 30) ist hier die Rechtsgrundlage für eine Erhöhung des Regelsatzes wegen wiederkehrender Sonderbedarfe in § 27a Abs 4 Nr 2 SGB XII zu erblicken. Danach wird der Regelsatz abweichend von der maßgebenden Regelbedarfsstufe festgesetzt, wenn ein durch die Regelbedarfe abgedeckter Bedarf nicht nur einmalig, sondern für eine Dauer von voraussichtlich mehr als einem Monat unausweichlich in mehr als geringem Umfang oberhalb durchschnittlicher Bedarfe liegt, wie sie sich nach den bei der Ermittlung der Regelbedarfe zugrundeliegenden durchschnittlichen Verbrauchsausgaben ergeben, und die dadurch bedingten Mehraufwendungen begründbar nicht anderweitig ausgeglichen werden können. Wie bei Empfängern von Leistungen nach dem SGB II im Rahmen von § 21 Abs 6 SGB II muss es sich um einen **unausweichlichen atypischen Mehrbedarf** handeln. Hierzu gehört das Bedürfnis zur Pflege familiärer Kontakte grundsätzlich nicht. Nur dann, wenn dem Bedürfnis nach Umgang mit einem Kind überdurchschnittliche familiäre Bindungen zugrunde liegen, etwa weil ein Großelternteil früher das Kind allein betreut hat (vgl LSG Sachsen 10. 8. 2017 – L 3 AS 650/16, juris Rn 36 ff), liegt ein unausweichlicher atypischer Mehrbedarf vor (LSG Baden-Württemberg 17. 4. 2019 – L 2 SO 4004/18, juris Rn 32).

Schließlich begründet ein auf soziale Elternschaft gestütztes Umgangsrecht keine Erhöhung des Unterkunftsbedarfs bzw der Wohnflächengrenze nach § 28 SGB II (SG Berlin 27. 1. 2016 – S 82 AS 17604/14, juris Rn 27, FuR 2016, 364; kritisch BeckOGK/Altrogge [15. 2. 2021] § 1685 Rn 152.1). Das *LSG Thüringen* (LSG Thüringen 8. 1. 2020 – L 4 AS 1246/16, juris) ist aber in einem Fall, in dem ein ehemaliges **Pflegekind** noch für die Dauer von drei Tagen pro Woche zum Zwecke des Umgangs nach § 1685 Abs 2 BGB sich in der Wohnung der vormaligen Pflegeeltern aufhielt, von der hier vertretenen Ansicht abgewichen, dass in solchen Fällen gemäß §§ 28 Abs 2, 22 Abs 1 S 1 und 3 SGB II kein erhöhter Bedarf an **Kosten der Unterkunft** und Heizung bzw der Wohnflächengrenze geltend gemacht werden können soll. Dies soll nach Ansicht des LSG im Hinblick auf Art 6 Abs 1 GG insbesondere dann gelten, wenn der praktizierte Umgang deutlich über dem „normalen" Umfang innerhalb sozial-familiärer Beziehungen iSd § 1685 Abs 2 BGB liege. Im Ergebnis wurde damit ein erhöhter Wohnraumbedarf für ein weiteres (Kinder-)Zimmer für das vormalige Pflegekind anerkannt. Das *BSG* (BSG 21. 7. 2021 – B 14 AS 31/20 R, juris Rn 39, NZS 2022, 190) ist dem nicht entgegengetreten.

Bei beabsichtigten Auslandsreisen zur Wahrnehmung eines Umgangsrechts nach § 1685 Abs 2 BGB, deren Kosten der Sozialsicherungsträger übernehmen soll, sind im Übrigen bei der Glaubhaftmachung des Bestehens eines solchen Rechts hohe Anforderungen zu stellen (LSG Bayern 21. 12. 2015 – L 11 AS 840/15 B, juris Rn 10, 12: Reise zur Stieftochter in die USA). Nur dann, wenn eine **atypische Bedarfslage** besteht, weil etwa ein Großelternteil nach dem Tod eines Elternteils zur engsten Bezugsperson des Kindes wird, kann hinsichtlich notwendiger Fahrtkosten zur Umgangsausübung ein Mehrbedarf nach § 21 Abs 6 SGB II bestehen (LSG Sachsen 10. 8. 2017 – L 3 AS 650/16, juris Rn 36 ff).

§ 1686
Auskunft über die persönlichen Verhältnisse des Kindes

Jeder Elternteil kann vom anderen Elternteil bei berechtigtem Interesse Auskunft über die persönlichen Verhältnisse des Kindes verlangen, soweit dies dem Wohl des Kindes nicht widerspricht.

Materialien: Beschlussempfehlung und Bericht des Rechtsausschusses zum Entwurf eines Gesetzes zur Neuregelung des Rechts der elterlichen Sorge, BT-Drucks 8/2788 v 27. 4. 1979; neuer Inhalt idF des KindRG: BT-Drucks 13/4899 v 13. 6. 1996; BT-Drucks 13/8511 v 12. 9. 1997, 68; KindRG v 16. 12. 1997. S 2 gestrichen durch Art 1 Nr 1 Gesetz zur Stärkung der Rechte des leiblichen, nicht rechtlichen Vaters v 4. 7. 2013, BGBl 2013 I 2176; BT-Drucks 17/12163; BT-Drucks 17/13269.

Schrifttum

Botthof, Das Adoptionshilfe-Gesetz: Freiwilligkeit, Abschreckung und Kindeswohl, NJW 2021, 1127
Clausius, Die Auskunftsansprüche nach §§ 1686, 1686a Abs 1 Nr 2 BGB, FamRB 2015, 65
dies, Auskunftsrecht des biologischen Vaters über das Kind, NZFam 2017, 893
Dürbeck, Der Auskunftsanspruch nach § 1686 BGB, ZKJ 2017, 457
ders, Der Gesetzesentwurf der Bundesregierung zur Reform des Vormundschafts- und Betreuungsrecht v 25. 9. 2020 – Das neue Vormundschaftsrecht im Bereich der Personensorge, FamRZ 2020, 1789
Finke, Beteiligung an der Hilfeplanung und Auskunft über die persönlichen Verhältnisse des Kindes bei Fremdunterbringung, NJOZ 2018, 881
Henne, Die Rechte der leiblichen Eltern von Pflegekindern (2009)
Kasenbacher, Der Auskunftsanspruch über die persönlichen Verhältnisse des Kindes, NJW-Spezial 2012, 4
ders, Neues zum Auskunftsanspruch über die

persönlichen Verhältnisse des Kindes, NJW-Spezial 2017, 324
Kentgens, Der Auskunftsanspruch im Familienrecht (1992)
Klapdor, Das Umgangsrecht von Großeltern mit dem Kind im BGB (2014)
Oelkers, Der Anspruch des nichtsorgeberechtigten Elternteils auf Auskunft, NJW 1995, 1335
Schwab, Elterliche Sorge bei Trennung und Scheidung der Eltern, FamRZ 1998, 457
Vogel, Der Auskunftsanspruch über die persönlichen Verhältnisse des Kindes nach § 1686 BGB, FamRB 2023, 116.

Siehe auch Schrifttum vor und zu § 1684.

Systematische Übersicht

I. Normgeschichte, Normzweck

1. Unabhängigkeit vom Sorgerecht

Die zum 1. 1. 1900 in Kraft getretene **Urfassung des BGB** v 18. 8. 1896 (RGBl 1896, 195) sah in § 1636 aF lediglich ein „*Verkehrsrecht*“ des nach einer Ehescheidung nicht sorgeberechtigten Elternteils vor. Ein Auskunftsanspruch in Bezug auf die persönlichen Verhältnisse des Kindes existierte nicht. Ein solcher Anspruch wurde vor allem von Teilen des Schrifttums (vgl Staudinger/Schwoerer [1966] § 1634 Rn 17; MünchKommBGB/Hinz [1978] § 1634 Rn 30) und von einem Teil der Rechtsprechung (OLG Schleswig 30. 5. 1978 – 10 UF 31/78, SchlHA 1978, 115) in der zweiten Hälfte des 20. Jahrhunderts in engen Ausnahmefällen befürwortet (vgl dazu auch die Darstellung von Kentgens, Der Auskunftsanspruch im Familienrecht 72 ff; Clausius NZFam 2017, 893 f). 1

Durch das **Gesetz zur Neuregelung der elterlichen Sorge** v 18. 7. 1979 (BGBl 1979 I 1061) wurde in **§ 1634 Abs 3 aF** erstmals ein Auskunftsanspruch des nicht personensorgeberechtigten Elternteils gegen den Personensorgeberechtigten im Gesetz geschaffen. Nach Ansicht des Gesetzgebers diene der Auskunftsanspruch als Ausgleich dafür, dass der persönliche Umgang des nicht sorgeberechtigten Elternteils aus Gründen des Kindeswohls eingeschränkt oder ausgeschlossen werden könne (BT-Drucks 8/2788, 55). Anders als das in § 1634 Abs 1 und 2 aF geregelte Umgangsrecht, das in die Zuständigkeit der Familiengerichte fiel, waren Streitigkeiten über den Auskunftsanspruch nach § 1634 Abs 3 S 2 aF vor dem **Vormundschaftsgericht** zu führen, was aber die Eigenständigkeit des Anspruchs gegenüber dem Umgangsrecht zeigt (zur Kritik an der damaligen Aufspaltung der Zuständigkeit vgl Staudinger/Peschel-Gutzeit [1989] § 1634 Rn 90).

In der früheren **DDR** sah das dortige Familiengesetzbuch v 20. 12. 1965 einen Auskunftsanspruch von Elternteilen über persönliche Verhältnisse nicht vor, zumal das Umgangsrecht in § 27 Familiengesetzbuch der DDR ohnehin sehr schwach ausgeprägt war (vgl Oelkers NJW 1995, 1335).

Der in § 1686 BGB durch das **KindRG** (v 16. 12. 1997, BGBl 1979 I 2942) neu formulierte Auskunftsanspruch geht inhaltlich im Wesentlichen auf den vorerwähnten § 1634 Abs 3 aF zurück. Auch dem **Vater eines „nichtehelichen" Kindes** stand aufgrund Verweisung aus § 1711 aF der Auskunftsanspruch zu. Wie schon das Umgangsrecht ist nach der Neufassung auch der Auskunftsanspruch nicht mehr von der sorgerechtlichen Lage abhängig. Dies trägt dem Umstand Rechnung, dass auch bei gemeinsamer elterlicher Sorge der Elternteil, der das Kind nicht betreut, ein Auskunftsbedürfnis haben kann (BT-Drucks 13/4899, 107). Änderungen an Inhalt und Voraussetzungen des Auskunftsanspruchs waren im Übrigen nicht beabsichtigt (BT-Drucks 13/4899, 107; Johannsen/Henrich/Jaeger [6. Aufl 2015] § 1686 Rn 1; FamRefK/Rogner § 1686 Rn 2).

Einen Auskunftsanspruch des leiblichen, nicht rechtlichen Vaters regelt § 1686a Abs 1 Nr 2 BGB idF des Gesetzes zur Stärkung der Rechte des leiblichen, nicht rechtlichen Vaters v 4. 7. 2013 (BGBl 2013 I 2176). Die **Streichung von § 1686 S 2 aF** („Über Streitigkeiten entscheidet das Familiengericht") durch dieses Gesetz hat nichts mit dem Zweck jenes Gesetzes zu tun; die Zuweisung an das Familiengericht ist nunmehr an systematisch richtiger Stelle in § 151 Nr 2 FamFG geregelt (BT-Drucks 17/12163, 14).

Durch Inkrafttreten der **Vormundschafts- und Betreuungsrechtsreform** zum 1. 1. 2023 (BGBl 2021 I 882) hat § 1686 BGB mittelbar insofern eine Änderung erfahren, als in § 1790 Abs 4 BGB nunmehr der Auskunftsanspruch von dem **Mündel** nahestehenden Angehörigen oder sonstigen Vertrauenspersonen betreffend die persönlichen Verhältnisse des Mündels gegenüber dem Vormund oder Ergänzungspfleger explizit geregelt und damit dem Anwendungsbereich von § 1686 BGB entzogen ist (§ 1686 Rn 5a).

2. Zweck

2 **Historischer Zweck** des Auskunftsanspruchs, der erstmals durch das SorgeRG eingefügt wurde, war es, einem Elternteil, der das Umgangsrecht nicht ausüben konnte (weil es ihm nicht gewährt – § 1711 aF –, er es nicht wahrnimmt oder es ausgeschlossen oder beschränkt ist), die Möglichkeit zu geben, **sich fortlaufend von dem Wohl-**

ergehen und der Entwicklung des Kindes zu überzeugen (BT-Drucks 8/2788, 55; OLG Bamberg 13. 4. 2022 – 7 UF 52/22, juris Rn 5, NZFam 2022, 797; BayObLG 12. 7. 1983 – BReg 1 Z 20/83, FamRZ 1983, 1169, 1170; JOHANNSEN/HENRICH/JAEGER [2015] § 1686 Rn 1; insbesondere im Fall des § 1711: LG Karlsruhe DAVorm 1984, 202). Insoweit kommt ihm gegenüber dem Umgangsrecht Ersatzfunktion zu (BT-Drucks 8/2788, 55; OLG Hamm 30. 7. 2013 – 9 WF 109/13, juris Rn 2, AGS 2013, 527; OLG Brandenburg 26. 7. 2007 – 9 UF 87/07, juris Rn 6, NJW-RR 2008, 226; NK-BGB/PESCHEL-GUTZEIT/EBELING § 1686 Rn 3). Diesem Verständnis der Auskunft als Restbestand des Umgangsrechts entsprach auch systematisch die Regelung in § 1634 aF, die angesichts zunehmend umgangsfreundlicherer Handhabung des § 1634 aF eine immer geringere Rolle spielte (OELKERS NJW 1995, 1335 weist allerdings darauf hin, dass in den neuen Bundesländern angesichts der schwächeren Ausgestaltung eines Umgangsrechts im FGB/DDR der seit 3. 10. 1990 bestehende Auskunftsanspruch in der Rechtspraxis zunächst eine erhebliche Bedeutung gewonnen hatte als letzter Versuch von Eltern, meist Vätern, zu einer Kontaktanbahnung mit Kindern zu gelangen, die den betroffenen Elternteil nicht mehr kannten).

Der Auskunftsanspruch ist jedoch **unabhängig** von der Möglichkeit der Ausübung des **Umgangsrechts**, was auch die selbständige Stellung in § 1686 BGB verdeutlicht, auch wenn die Ersatzfunktion des Auskunftsanspruchs bei fehlendem oder eingeschränktem Umgang in der Rechtsprechung eine vorrangige Bedeutung hat (OLG München 31. 3. 2022 – 16 UF 1406/21, FamRZ 2022, 1536; OLG Brandenburg FamRZ 2000, 1106; OLG Naumburg FamRZ 2001, 513). Dem Auskunftsanspruch kann im Einzelfall aber auch **Ergänzungsfunktion** zu einem wahrgenommenen Umgangsrecht zukommen, was zB dann der Fall ist, wenn es sich um ein Kleinkind handelt und der betreffende nichtsorgeberechtigte Elternteil nicht dazu in der Lage ist, sich anderweitig Informationen, zB über eine Erkrankung des Kindes, zu verschaffen (BGH 14. 12. 2016 – XII ZB 345/16 Rn 15, FamRZ 2017, 378; BGH 15. 3. 2017 – XII ZB 245/16, juris Rn 13, FamRZ 2017, 918; OLG Köln 28. 6. 2016 – 10 UF 21/15, juris Rn 10, NJW-Spezial 2016, 677; OLG Brandenburg 23. 6. 1999 – 9 UF 122/99, juris Rn 20, FuR 2000, 171; VG Freiburg 19. 4. 2012 – 4 K 2209/11 Rn 46, FamRZ 2013, 161; BeckOK-BGB/VEIT [1. 1. 2023] § 1686 Rn 1; BeckOGK/TILLMANNS [1. 3. 2022] § 1686 Rn 2; GRÜNEBERG/GÖTZ § 1686 Rn 1; DIJuF-Rechtsgutachten JAmt 2013, 585, 586; im Einzelnen unten Rn 12 ff). Der Umgang mit dem Kind soll im Übrigen auch nicht dadurch belastet werden, dass *das Kind vom Umgangselternteil im Übermaße „ausgefragt"* wird. Die Annahme, dass ein Kind etwa bereitwillig und zutreffend über seine schulischen Leistungen berichtet oder dazu in der Lage sein soll, Einzelheiten über eine ärztliche Diagnose oder Behandlung zu schildern (so aber OLG Hamm FamRZ 2001, 514; OLG Brandenburg 26. 7. 2007 – 9 UF 87/07, juris Rn 10, MDR 2007, 1427 bei einem 6-jährigen Kind), wäre lebensfremd, zumal intensive Nachfrage über solche Themen die Freude des Kindes am Umgang erheblich schmälern dürfte. Seine Ergänzungsfunktion bedingt auch, dass der Auskunftsanspruch im Einzelfall verfahrensrechtlich **kumulativ neben dem Umgangsrecht** geltend gemacht werden können muss, wie dies zB dann der Fall ist, wenn die Auskunft benötigt wird, um das Umgangsrecht kindeswohldienlich wahrnehmen zu können (zB Kenntnis von Krankheiten, Allergien und Lebensmittelunverträglichkeiten; vgl BeckOK-BGB/VEIT [1. 1. 2023] § 1686 Rn 1.2; NK-BGB/PESCHEL-GUTZEIT/EBELING § 1686 Rn 3; VÖLKER/CLAUSIUS, Sorge- und Umgangsrecht § 2 Rn 198).

Zwar kann auch der **betreuende Elternteil** im Einzelfall ein Bedürfnis haben, von **2a**
dem **umgangsberechtigten Elternteil** Auskunft zu erhalten, insbesondere über Vorgänge aus Anlass eines Besuches des Kindes bei dem Umgangselternteil (Erkrankungsursachen, Unfälle). Obwohl der Gesetzeswortlaut einem Anspruch des allein betreu-

enden Elternteils gegen den Umgangsberechtigten nicht entgegenstünde, ist ein Anspruch nach § 1686 BGB entgegen mancher Stimmen des Schrifttums (Grüneberg/Götz § 1686 Rn 4; Schwab/Ernst/Schäder, Handbuch Scheidungsrecht § 5 Rn 173; MünchKommBGB/Hennemann § 1686 Rn 4) und auch des BGH (BGH 14. 12. 2016 – XII ZB 345/16, juris Rn 16, FamRZ 2017, 378) in diesen Fällen zu verneinen, da § 1686 BGB vom Normzweck her ein ansonsten bestehendes Umgangsrecht ersetzen bzw ergänzen will. An einem solchen fehlt es aber einem allein betreuenden Elternteil bei einem Residenzmodell (Dürbeck ZKJ 2017, 457; zustimmend BeckOK-BGB/Veit [1. 1. 2023] § 1686 Rn 2).

Soweit allerdings das Kind bei **Pflegeeltern** oder in einem Heim bzw einer betreuten Einrichtung lebt und beide nicht mehr sorgeberechtigte Eltern ein Umgangsrecht besitzen, kommt ein Auskunftsanspruch des einen umgangsberechtigten Elternteils **gegen den anderen umgangsberechtigten Elternteil** in Betracht, soweit ein berechtigtes Interesse besteht und der andere Elternteil, zB wegen eines weitergehenden Umgangsrechts, dazu imstande ist, die Auskunft zu erteilen (BGH 14. 12. 2016 – XII ZB 345/16, juris Rn 14 und 28, FamRZ 2017, 378), was aber nur in seltenen Ausnahmefällen gegeben sein dürfte.

II. Auskunftsanspruch; Berechtigter, Verpflichteter

1. Anspruchsnatur

3 Der Auskunftsanspruch ist ein echter **Anspruch iSd § 194 BGB**, dem eine Leistungspflicht des Auskunftspflichtigen gegenübersteht (OLG Hamm FamRZ 1995, 1288; Grüneberg/Götz § 1686 Rn 1; Dürbeck ZKJ 2017, 457, 458). Innerhalb des Systems der familienrechtlichen Auskunftsansprüche dient er nicht, wie die sog **abgeleiteten Auskunftsansprüche** (zB §§ 1605, 1379 BGB), der Feststellung und Geltendmachung weitergehender Rechte, sondern als **autonomer Auskunftsanspruch** ist er **selbständig** und **unabhängig von der Existenz potenzieller Hauptansprüche** aus dem Umgangsrecht (BGH 15. 3. 2017 – XII ZB 245/16, juris Rn 13, ZKJ 2017, 232 m Anm Dürbeck; OLG Brandenburg 23. 4. 2020 – 13 UF 101/19, juris Rn 20; vgl eingehend Kentgens, Der Auskunftsanspruch im Familienrecht 69 ff).

Der verpflichtete Elternteil hat regelmäßig kein **Zurückbehaltungsrecht**, etwa wegen familienrechtlichen Gegenansprüchen (Unterhalt etc), denn der Auskunftsanspruch besteht auch im Interesse des Kindes; er soll dem Auskunftsberechtigten die Möglichkeit geben, sein Elternrecht in einer dem Kind dienlichen Weise auszuüben und bedarf daher der gegenwärtigen Erfüllung bei Auftreten des berechtigten Interesses (Grüneberg/Götz § 1686 Rn 1; MünchKommBGB/Hennemann § 1686 Rn 3).

2. Auskunftsberechtigter

4 **Auskunftsberechtigt** ist nach dem Gesetzeswortlaut **jeder Elternteil**. Auf die Verteilung der elterlichen Sorge oder das Bestehen eines Umgangsrechts kommt es grundsätzlich nicht an. Insbesondere führt eine Einschränkung oder ein Ausschluss des Umgangsrechts nicht von sich aus zu einer Beschränkung des Auskunftsanspruchs.

Zum Auskunftsrecht des **betreuenden Elternteils** vgl oben Rn 2a.

Soweit **gemeinsame elterliche Sorge** besteht, ergeben sich Abgrenzungsprobleme zu einem etwaigen Anspruch auf Auskunft gegen den **mitsorgeberechtigten Elternteil** aus §§ 1687 Abs 1 S 1, 1627, 1626 BGB (bejaht von Staudinger/Salgo [2019] § 1687 Rn 32; Staudinger/Rauscher [2014] § 1686 Rn 4; Schwab FamRZ 1998, 457, 469; MünchKommBGB/Hennemann § 1686 Rn 3). Dieser dient allerdings – anders als § 1686 BGB – der Informationsbeschaffung zur Herstellung gegenseitigen Einvernehmens iSd § 1687 Abs 1 S 1 BGB und ist vom Inhalt der Auskunft wesentlich weiter gefasst als der Auskunftsanspruch nach § 1686 BGB. Er ergibt sich nicht aus § 1686 BGB und steht als **sorgerechtlicher Anspruch** ggf neben diesem (MünchKommBGB/Hennemann § 1686 Rn 3; Grüneberg/Götz § 1687 Rn 1; Dürbeck ZKJ 2017, 457, 458; Kasenbacher NJW-Spezial 2012, 4; **aA** NK-BGB/Peschel-Gutzeit/Ebeling § 1686 Rn 9). Im Bereich der **Vermögenssorge** hat die Rechtsprechung auch einen aus § 242 BGB hergeleiteten Auskunftsanspruch gegen den mitsorgeberechtigten Elternteil für den Fall bejaht, dass letzterer eigenmächtig über das Vermögen des Kindes verfügt hat (OLG Oldenburg 30. 1. 2018 – 4 WF 11/18, juris Rn 11 ff, FamRZ 2018, 757; vgl dazu auch OLG Frankfurt 10. 8. 2018 – 8 UF 121/18, juris Rn 9, FamRZ 2019, 362).

Als Anspruchsberechtigter kommt auch der **alleinsorgeberechtigte Elternteil** in Betracht, wenn sich das Kind mit seinem Einverständnis beim anderen Elternteil in Obhut befindet (Johannsen/Henrich/Althammer/Rake § 1686 Rn 2; BeckOK-BGB/Veit [1. 1. 2023] § 1686 Rn 2; Kasenbacher NJW-Spezial 2017, 324). Dieser wird aber, zB in schulischen oder gesundheitlichen Fragen, vorrangig sein Sorgerecht zur Informationsbeschaffung auszuüben haben (OLG Koblenz 14. 2. 2014 – 13 WF 146/14, juris Rn 4, FamRZ 2014, 1473 zum Mitsorgerecht; Heilmann/Gottschalk § 1686 Rn 3).

Dritten, insbesondere den **sonstigen Umgangsberechtigten** nach § 1685 BGB, kommt kein Auskunftsanspruch zu (hM: Johannsen/Henrich/Althammer/Rake § 1686 Rn 2; Heilmann/Gottschalk § 1686 Rn 4; BeckOGK/Tillmanns [1. 3. 2022] § 1686 Rn 10; Klapdor, Das Umgangsrecht von Großeltern mit dem Kind im BGB 46; Büte, Das Umgangsrecht bei Kindern geschiedener oder getrennt lebender Elternteile Rn 229; Vogel FamRB 2023, 116, 117; Finke NJOZ 2018, 881, 887; Dürbeck ZKJ 2017, 457, 458; **aA** Palandt/Diederichsen [71. Aufl 2012] § 1686 Rn 2). Darin ist kein Verstoß gegen den Gleichbehandlungsgrundsatz zu sehen, denn der Auskunftsanspruch hat seine Grundlage nicht in der Ermöglichung, dem Ersatz oder der Ergänzung eines Umgangsrechts Dritter. Vielmehr beruht der Auskunftsanspruch unmittelbar auf dem Elternrecht nach Art 6 Abs 2 GG, das den in § 1685 BGB Genannten gerade nicht zusteht. Das Rechtsverhältnis, welches grundsätzlich für das Bestehen von Auskunftsansprüchen im BGB vorausgesetzt ist, ist im Fall des § 1686 BGB die Eltern-Kind-Beziehung, nicht aber das von ihr gelöste Umgangsrecht. Es erschiene auch dem Persönlichkeitsrecht des Kindes nicht angemessen, wenn der das Kind betreuende Elternteil jedem potenziell Umgangsberechtigten Auskunft über die persönlichen Verhältnisse des Kindes erteilen müsste. Hieran vermag auch der Umstand nichts zu ändern, dass nach Inkrafttreten der **Vormundschaftsrechtsreform** der nunmehr in § 1790 Abs 4 BGB geregelte Auskunftsanspruch betreffend die persönlichen Verhältnisse des Mündels auf der Ebene der Anspruchsberechtigten über die Herkunftseltern hinaus auf sonstige *„nahestehende Angehörige und Vertrauenspersonen"* des Kindes erweitert worden ist (kritisch insoweit Dürbeck FamRZ 2020, 1789, 1794), da dort vom Gesetzgeber das Bedürfnis des Mündels nach Kontakt mit seinen sozialen Bezugspersonen höher eingeschätzt worden ist.

Der Grundlage im Elternrecht entspricht es aber, dass § 1686a Abs 1 Nr 2 BGB nunmehr dem **leiblichen nicht rechtlichen Vater**, dessen Umgangsrecht bisher nur durch § 1685 Abs 2 BGB erfasst war, auch einen Auskunftsanspruch gibt (vgl dazu § 1686a Rn 19 f).

4a Kein Auskunftsrecht nach § 1686 besteht nach hM – unabhängig von den Voraussetzungen von § 1685 Abs 2 BGB – für vormalige rechtliche Eltern nach einer **Adoption** des Kindes (OLG Hamm 31. 8. 2017 – 13 WF 148/17, juris Rn 11, ZKJ 2018, 22; OLG Schleswig 30. 1. 2004 – 10 UF 199/03, juris Rn 20 f, FamRZ 2004, 211; AG Reinbek 28. 7. 2003 – 1 F 332/02, FamRZ 2004, 55; offen gelassen von OLG Stuttgart 21. 3. 2006 – 15 UF 4/06, juris Rn 39 f, FamRZ 2006, 1865; BeckOK-BGB/Veit [1. 5. 2018] § 1686 § 1686 Rn 2; Johannsen/Henrich/Jaeger § 1686 Rn 3; Vogel FamRB 2023, 116, 117). Diese Ansicht ist vom **EGMR** im Hinblick auf Art 8 Abs 1 EMRK auch bei einer halboffenen Adoption bestätigt worden, obwohl eine bestrittene mündliche Absprache zwischen Mutter und Adoptiveltern zur Auskunftserteilung im Raum stand. Eine etwaige Absprache sei rechtlich unverbindlich, weil ihrer Durchsetzung das Interesse der Adoptivfamilie an einem störungsfreien Familienleben entgegenstehe (EGMR 5. 6. 2014 – 31021/08, FamRZ 2014, 1351 Nr 78 ff). Gleichwohl hat sich die Rechtslage in Bezug auf das Beratungs- und Informationsbedürfnis der Herkunftseltern nach erfolgter Adoption inzwischen geändert. Der zum 1. 4. 2021 neu geschaffene *§ 8b AdVermiG* (vgl dazu Botthof NJW 2021, 1127) sieht in Abs 1 S 1 vor, dass die abgebenden Eltern gegen die **Adoptionsvermittlungsstelle** einen Anspruch auf Zugang zu allgemeinen Informationen über das Kind und seine Lebenssituation haben, die der Adoptionsvermittlungsstelle von den Annehmenden zum Zweck der Weitergabe an die abgebenden Eltern freiwillig und unter Wahrung des Persönlichkeitsrechts des Kindes zur Verfügung gestellt wurden. Nach Abs 1 S 2 gewährt die Adoptionsvermittlungsstelle den abgebenden Eltern den Zugang zu diesen Informationen, soweit dies dem Kindeswohl nicht widerspricht. Dem voraus gehen soll nach § 8a AdVermiG ein Informationsaustausch oder Kontakt zwischen Herkunfts- und Adoptiveltern unter Vermittlung der zuständigen Behörde vor und nach der Adoption. Gleichwohl wird aus der gesetzlichen Neuregelung in § 8b Abs 1 AdVermiG erkennbar, dass sich der Gesetzgeber bewusst gegen einen einklagbaren Auskunftsanspruch der Herkunftseltern gegenüber den neuen rechtlichen Eltern entschieden hat, was gegen eine entsprechende Anwendung von § 1686 BGB in diesem Verhältnis spricht. Auch betont § 8b Abs 1 S 1 AdVermiG die Freiwilligkeit der Informationsweitergabe durch die Adoptiveltern (vgl Wiesner/Wapler/Kukielka § 8b AdVermiG Rn 4).

Zur Frage, ob dem ehemaligen rechtlichen Vater nach einer Adoption als lediglich biologischer Vater ein Auskunftsrecht nach § 1686a Abs 1 Nr 2 BGB zustehen kann, vgl § 1686a Rn 10.

4b Ein Anspruch kann schließlich auch dem **Samenspender** eines durch offene Samenspende gezeugten Kindes zustehen, und zwar auch dann, wenn er auf diesem Wege eine Vielzahl von Kindern gezeugt hat, sofern die Vaterschaft anerkannt worden ist (OLG Düsseldorf 14. 3. 2017 – 5 WF 29/16, juris Rn 23 ff, FamRZ 2017, 809; OLG Hamm 7. 3. 2014 – 13 WF 22/14, juris Rn 7 ff, JAmt 2014, 322; BeckOGK/Tillmanns [1. 3. 2022] § 1686 Rn 5). Auch soweit der Samenspender vor der Befruchtung erklärt hat, auf sämtliche Elternrechte in Bezug auf das Kind zu verzichten, schließt dies wegen des nicht dispositiven Charakters des Umgangsrechts (vgl BGH 11. 5. 2005 – XII ZB 120/04, juris Rn 25, NJW-RR

2005, 1524; anders aber BGH 10. 6. 2021 – XII ZB 58/20, NZFam 2021, 775 Rn 29 ff zum Umgangsrecht des privaten Samenspenders nach § 1686a Abs 1 Nr 1 BGB: widersprüchliches Verhalten) wie auch des Auskunftsrechts nach § 1686 BGB die spätere Geltendmachung des Anspruchs nicht aus (OLG Düsseldorf 14. 3. 2017 – 5 WF 29/16, juris Rn 24, FamRZ 2017, 809).

3. Auskunftsverpflichteter

Auskunftsverpflichtet ist nach dem Wortlaut der Bestimmung nur der **andere Elternteil**. Insoweit kommt es im Verhältnis der Eltern zueinander nicht auf die Verteilung des Sorgerechts an, sondern die Passivlegitimation orientiert sich im Regelfall an der **Obhut** über das Kind (BGH 14. 12. 2016 – XII ZB 345/16, juris Rn 14, FamRZ 2017, 378; OLG Saarbrücken 1. 8. 2014 – 9 WF 58/14, juris Rn 11, FamRZ 2015, 162). Aber auch dann, wenn der andere Elternteil das Kind Dritten (zB Großeltern des Kindes) zur Obhut überlässt, bleibt er zur Auskunft verpflichtet (OLG Brandenburg 17. 1. 2007 – 10 WF 193/06, FamRZ 2007, 2003 Rn 9: Weggabe zur Adoption; BeckOK-BGB/Veit [1. 1. 2023] § 1686 Rn 7). Mit Eintritt der **Volljährigkeit** des Kindes ist der betreuende Elternteil nicht mehr passivlegitimiert, weil das volljährige Kind nun selbst darüber zu entscheiden hat, ob und welche Auskünfte es erteilt (KG 28. 10. 2010 – 19 UF 52/10, juris Rn 10, NJW-RR 2011, 438). Auch kann ein etwaiger Titel nicht mehr vollstreckt werden (OLG Saarbrücken 1. 8. 2014 – 9 WF 58/14, FamRZ 2015, 162 Rn 11; vgl auch unten Rn 22). 5

Problematisch ist aber die Frage einer **analogen Anwendung der Vorschrift auf Dritte**. 5a
Hier ist vieles umstritten. Einigkeit besteht noch dahingehend, dass Auskunft nicht von solchen Dritten beansprucht werden kann, die das Kind **nicht in Obhut** haben, wie zB Lehrer, Ärzte, Erzieher, Trainer, Therapeuten (OLG Brandenburg 15. 7. 2015 – 10 UF 191/13, juris Rn 72; AG Flensburg 16. 11. 2016 – 90 F 179/15, juris Rn 88; MünchKommBGB/Hennemann § 1686 Rn 5; Heilmann/Gottschalk § 1686 Rn 5; Völker/Clausius, Sorge- und Umgangsrecht § 2 Rn 197). Dies gilt auch für Ansprüche gegenüber einer Drogenberatungsstelle (OLG Frankfurt 17. 6. 2015 – 2 UF 144/15, juris Rn 3, FamRZ 2016, 313). Ein Teil des Schrifttums bejaht hingegen auch die entsprechende Anwendung von § 1686 BGB auf solche **Dritte, die das Kind in Obhut** haben, wie zB Pflegepersonen oder die Leitung eines Kinderheims, weil es aus Sicht des Auskunftsberechtigten keine Rolle spiele, in wessen Obhut sich das Kind befinde (Heilmann/Gottschalk § 1686 Rn 5; Staudinger/Rauscher [2014] § 1686 Rn 5; Kentgens, Der Auskunftsanspruch im Familienrecht 77; Henne, Die Rechte der leiblichen Eltern von Pflegekindern 104 ff; NK-BGB/Peschel-Gutzeit § 1686 Rn 5; DIJuF-Rechtsgutachten JAmt 2013, 203, 204). Dieser Auffassung kann jedoch nicht gefolgt werden (ebenso OLG Hamm 1. 8. 2016 – 4 UF 99/16, juris Rn 7, JAmt 2016, 572; BeckOK-BGB/Veit [1. 1. 2023] § 1686 Rn 8.1; Finke NJOZ 2018, 881, 888; Kasenbacher NJW-Spezial 2012, 4; so auch BGH 14. 12. 2016 – XII ZB 345/16, juris Rn 22, FamRZ 2017, 378). Dem steht nämlich schon der Umstand entgegen, dass es zur Auskunftserteilung, zB in schulischen oder gesundheitlichen Fragen, häufig einer rechtlichen Befugnis zur Verschaffung und der Weiterleitung der betreffenden Informationen bedarf, die Personen oder Institutionen nicht besitzen, die lediglich die Obhut über ein Kind tatsächlich innehaben (BGH 14. 12. 2016 – XII ZB 345/16, juris Rn 21, FamRZ 2017, 378). Auch soweit der BGH der Auffassung ist, dass § 1686 BGB analog auf in ihrer rechtlichen oder *tatsächlichen Stellung* einem Elternteil vergleichbaren Dritte anzuwenden sei (BGH 14. 12. 2016 – XII ZB 345/16, juris Rn 22, FamRZ 2017, 378), folgt hieraus nichts anderes, da Fälle, in denen sich der Inhaber der rechtlichen Sorge die nötigen Informationen über das Kind nicht selbst beschaffen kann, praktisch kaum denkbar sind (Finke NJOZ 2018, 881, 888 f).

5b Damit verbleibt noch die Frage einer **analogen Anwendung** von § 1686 BGB auf den **Vormund oder Ergänzungspfleger**, der das Kind in Obhut hat oder, wie im Fall der stationären Unterbringung des Kindes nach §§ 33, 34 SGB VIII (Heim, Pflegefamilie), lediglich die Personensorge ausübt. Die Frage war früher sehr umstritten. Für eine analoge Anwendung sprach sicher der Umstand, dass aus Sicht des nach Art 6 Abs 1 und 2 GG geschützten Elternrechts sich die Interessenslage nicht anders darstellt als bei dem Fall, dass das Kind sich bei dem anderen Elternteil befindet (für analoge Anwendung: OLG Hamm 1. 8. 2016 – 4 UF 99/16, juris Rn 7, JAmt 2016, 572; AG Flensburg 16. 11. 2016 – 90 F 179/15, juris Rn 88; Staudinger/Rauscher [2014] § 1686 Rn 5; Kentgens, Der Auskunftsanspruch im Familienrecht 75; MünchKommBGB/Hennemann § 1686 Rn 5). Gegen diese Ansicht lässt sich jedoch anführen, dass der Wortlaut von § 1686 BGB und seine Entstehungsgeschichte dafür sprechen, ihn ausschließlich im Verhältnis der Eltern des Kindes anzuwenden (ebenso BeckOK-BGB/Veit [1. 1. 2023] § 1686 Rn 8.1). Anders als bei § 1684 BGB (elterliches Umgangsrecht) besteht kein dahingehendes Recht, Auskunft auch gegenüber dritten Personen zu beanspruchen. Auch dürfte es für eine Analogie an einer **planwidrigen Gesetzeslücke** fehlen. Ob eine derartige Lücke vorliegt, ist vom Standpunkt des Gesetzes selbst, der ihm zugrundeliegenden Regelungsabsicht, der mit ihr verfolgten Zwecke sowie des gesetzgeberischen Plans zu beurteilen (vgl Larenz/Canaris, Methodenlehre der Rechtswissenschaft [3. Aufl 1995] 194). Der Gesetzgeber hat letztmals im Jahr 2013 § 1686 BGB durch Streichung von S 2 geändert (vgl oben Rn 1). Der Streit um die entsprechende Anwendung von § 1686 BGB war bekannt und hat den Gesetzgeber nicht dazu veranlasst, Dritte mit in den Kreis der Passivlegitimierten von § 1686 BGB einzubeziehen. Auch besteht konkret beim Vormund bzw Pfleger die Gefahr, dass vom Umgang ausgeschlossene Elternteile den Auskunftsanspruch dazu missbrauchen, den Vormund oder Pfleger zu überwachen. Diese Funktion ist aber nach § 1802 BGB dem Familiengericht zugewiesen. Der **BGH** hat sich gleichwohl über diese Bedenken hinweggesetzt und ist davon ausgegangen, dass der Gesetzgeber bei der letzten Änderung von § 1686 BGB im Jahr 2013 die Frage des Auskunftsverpflichteten nicht hinterfragt habe und geht deshalb von einer unbewussten Regelungslücke aus, die dadurch zu schließen sei, dass in analoger Anwendung der Anspruch auch gegen den **Vormund oder Ergänzungspfleger** gerichtet werden könne, der in seiner rechtlichen Stellung eine einem Elternteil vergleichbare Stellung einnehme (BGH 14. 12. 2016 – XII ZB 345/16, juris Rn 21, 23, FamRZ 2017, 378; BGH 26. 7. 2017 – XII ZB 85/17, juris Rn 7, FamRZ 2017, 1666; ihm folgend OLG München 31. 3. 2022 – 16 UF 1406/21, FamRZ 2022, 1536). Vor diesem Hintergrund besteht auch nach Ansicht des BGH kein Anspruch gegen die Pflegeeltern, welche über keine sorgerechtlichen Befugnisse verfügen (BGH 14. 12. 2016 – XII ZB 345/16, juris Rn 22, FamRZ 2017, 378).

Die Rechtslage hat sich aber durch das zum 1. 1. 2023 in Kraft getretene **neue Vormundschaftsrecht** grundlegend geändert. Nach § 1790 Abs 4 BGB hat der Vormund (und nach § 1813 Abs 1 BGB auch der Ergänzungspfleger) nunmehr bei berechtigtem Interesse **nahestehenden Angehörigen oder sonstigen Vertrauenspersonen** auf Verlangen Auskunft über die persönlichen Verhältnisse des Mündels zu erteilen, soweit dies dem Wohl des Mündels nicht widerspricht und dem Vormund bzw Ergänzungspfleger zuzumuten ist (vgl dazu Dürbeck, in: Oberloskamp/Dürbeck, Vormundschaft § 9 Rn 165 ff; BeckOK-BGB/Bettin [1. 2. 2023] § 1790 Rn 8 ff). Begründet wurde die Neuregelung damit, dass in Anlehnung an das Auskunftsrecht des Elternteils, bei dem das Kind nicht lebt, gegenüber dem (anderen) Elternteil über die persönlichen Verhältnisse des Kindes nach § 1686 BGB bzw § 1686a BGB auch der Vormund bei einem

berechtigten Interesse eines nahestehenden Angehörigen oder einer sonstigen Vertrauensperson, die die Entwicklung des Mündels verfolgen will, Auskunft über die persönlichen Verhältnisse des Mündels zu erteilen habe. Die Erweiterung des Kreises der Auskunftsberechtigten gegenüber den Ansprüchen aus §§ 1686, 1686a BGB soll der schwächeren Stellung des Vormundes bzw Pflegers im Vergleich zu den Eltern Rechnung tragen (vgl Regierungsentwurf BT-Drucks 19/24445, 204 f).

Damit sind Auskunftsansprüche von Eltern (und sonstigen Verwandten oder sozialen Bezugspersonen des Mündels) dem Anwendungsbereich von § 1686 BGB nunmehr (wieder) entzogen. Etwaige Ansprüche gegen den Vormund oder Pfleger sind verfahrensrechtlich als Vormundschafts- oder Pflegschaftssache nach § 151 Nr 4 und 5 FamFG geltend zu machen (BeckOK-BGB/Bettin [1. 2. 2023] § 1790 Rn 11).

Soweit das **Jugendamt** nicht Amtsvormund oder Amtspfleger ist, besteht kein Anspruch auf Auskunft gegen das Jugendamt als Erbringer von Leistungen nach § 18 Abs 3 S 4 SGB VIII zur Hilfestellung und Vermittlung in Bezug auf die Ausübung des elterlichen Umgangsrechts (OVG Schleswig 29. 11. 2017 – 3 O 40/17, juris Rn 3, FuR 2018, 208: unbekannter Aufenthalt des Kindes). In Bezug auf den Hilfeplan (§§ 36, 37 SGB VIII) ergeben sich bei einer Fremdunterbringung aber Auskunftspflichten gegenüber Eltern unmittelbar aus § 36 SGB VIII (ausführlich Finke NJOZ 2018, 881, 882 ff). Im Verhältnis zum Jugendamt überlagert jedoch das besondere Verbot der Weitergabe von Sozialdaten nach § 65 Abs 1 SGB VIII im Bereich der anvertrauten Daten die sich nach anderen Rechtsgrundlagen ergebenden Verpflichtungen der Jugendämter zur Datenweitergabe (OVG Saarlouis 29. 10. 2021 – 2 D 223/21, JAmt 2022, 219).

Zur Frage, ob sich der Anspruch auch **gegen den umgangsberechtigten Elternteil** richten kann, vgl oben Rn 2a.

III. Berechtigtes Interesse

1. Bei Fehlen von (regelmäßigem) Umgang

Der Anspruch setzt ein **berechtigtes Interesse** des Auskunft Begehrenden voraus, das 6
in dem Zeitpunkt der gerichtlichen Entscheidung über das Begehren bestehen muss (BGH 14. 12. 2016 – XII ZB 345/16, juris Rn 32, FamRZ 2017, 378; OLG Hamm FamRZ 1995, 1288, 1290; OLG Naumburg FamRZ 2001, 513; BeckOK-BGB/Veit [1. 1. 2023] § 1686 Rn 6). *Berechtigt* ist das Interesse dann, wenn der Elternteil keine andere **zumutbare Möglichkeit**, insbesondere persönlichen oder brieflichen Kontakt zu dem Kind, hat, sich über die Entwicklung und die persönlichen Verhältnisse des Kindes zu unterrichten (BGH 26. 7. 2017 – XII ZB 85/17, juris Rn 10, ZKJ 2017, 466 m Anm Dürbeck; BGH 14. 12. 2016 – XII ZB 345/16, juris Rn 25, FamRZ 2017, 378; OLG München 31. 3. 2022 – 16 UF 1406/21, FamRZ 2022, 1536; OLG Hamm 25. 11. 2015 – 2 WF 191/15, juris Rn 23, FamRB 2016, 186; OLG Koblenz 14. 2. 2014 – 13 WF 146/14, juris Rn 4, MDR 2014, 725; BayObLG FamRZ 1993, 1487, BayObLG FamRZ 1996, 813; OLG Schleswig FamRZ 1996, 1355; Kasenbacher NJW-Spezial 2012, 4).

Grundsätzlich ist das dann der Fall, wenn der Auskunft begehrende Elternteil keinen Umgang mit dem Kind hat, insbesondere, weil er nach § 1684 Abs 4 BGB vom **Umgang ausgeschlossen** ist (BT-Drucks 8/2788, 55). Dies gilt aber auch dann, wenn der fehlende Umgang mit dem Kind auf einer Willensentschließung des die Auskunft begehrenden Elternteils beruht, weil zB das **Kind ihn ablehnt** (BT-Drucks 8/2788, 55; OLG Düsseldorf 14. 12. 2021 – 3 WF 64/21, Rpfleger 2023, 161; OLG Köln 28. 6. 2016 – 10 UF 21/15, juris Rn 10, NJW-Spezial 2016, 677; wohl auch bei OLG Bamberg 13. 4. 2022 – 7 UF 52/22, NZFam 2022, 797; Clausius FamRB 2015, 65, 66; Johannsen/Henrich/Althammer/Rake § 1686 Rn 4) oder die **Hochkonflikthaftigkeit** der elterlichen Beziehung dafür ursächlich ist (BayObLG 14. 2. 1996 – 1Z BR 182/95, juris Rn 8 ff, FamRZ 1996, 813; **aA** aufgrund besonderer Umstände des Falles OLG Brandenburg 26. 7. 2007 – 9 UF 87/07, juris Rn 7 ff, FamRZ 2008, 638). Ursächlich für die Nichtwahrnehmung des Umgangs kann auch eine **psychische Erkrankung** des betreffenden Elternteils sein (OLG Düsseldorf 14. 3. 2017 – 5 WF 29/16, juris Rn 25, FamRZ 2017, 809: Angsterkrankung). Ein berechtigtes Interesse an der Erteilung von Auskünften besteht auch dann, wenn der persönliche Umgang mit dem Kind zwar stattfindet, aber aus tatsächlichen Gründen so **selten** ist, dass der Zweck des Umgangsrechtes, sich vom körperlichen und geistigen Befinden des Kindes und seiner Entwicklung fortlaufend persönlich zu überzeugen, die verwandtschaftlichen Beziehungen aufrechtzuerhalten bzw zu pflegen und dem gegenseitigen Liebesbedürfnis Rechnung zu tragen (vgl BVerfG 29. 11. 2012 – 1 BvR 335/12, FamRZ 2013, 361 Rn 19), ohne die Auskunft nicht erreicht werden kann (BGH 14. 12. 2016 – XII ZB 345/16, juris Rn 26, FamRZ 2017, 378). Dies ist dann der Fall, wenn zwar ein Umgang stattfindet, er sich aber auf seltene **Gelegenheiten** beschränkt (zB nur Ferienumgang, der andere Elternteil ist in das Ausland verzogen) oder die Abstände zwischen den einzelnen Besuchen so groß sind, dass in der Zwischenzeit ein Informationsbedürfnis anerkannt werden muss (OLG Jena 13. 5. 2016 – 1 UF 109/16, juris Rn 13, FuR 2017, 37; BeckOGK/Tillmanns [1. 3. 2022] § 1686 Rn 15; Grüneberg/Götz § 1686 Rn 4; BeckOK-BGB/Veit [1. 1. 2023] § 1686 Rn 4; Oelkers NJW 1995, 1335). Ein berechtigtes Interesse besteht in diesen Fällen auch dann, wenn der umgangsberechtigte Elternteil eine Umgangsvereitelung hinnimmt, nicht aber, wenn er den möglichen Umgang aus ihm zurechenbaren Gründen nicht ausübt (OLG Brandenburg 26. 7. 2007 – 9 UF 87/07, juris Rn 7 ff, FamRZ 2008, 638; Johannsen/Henrich/Althammer/Rake § 1686 Rn 6).

2. Neben regelmäßigem Umgang

7 Ein berechtigtes Interesse kann aber auch **neben regelmäßigem Umgang** bestehen, wenn das Kind die Auskunft nicht selbst geben kann, sei es, dass es erkrankt ist (OLG Schleswig SchlHA 1978, 115), sodass der Umgang ausfallen muss, sei es, dass das Kind wegen seines Alters und/oder der Art der Materie die Auskunft nicht geben kann (BGH 26. 7. 2017 – XII ZB 85/17, juris Rn 10, ZKJ 2017, 466 m Anm Dürbeck; OLG Köln 28. 6. 2016 – 10 UF 21/15, juris Rn 10, NJW-Spezial 2016, 677; OLG Jena 13. 5. 2016 – 1 UF 109/16, juris Rn 13, FuR 2017, 37; Kasenbacher NJW-Spezial 2012, 4) oder geben will (BGH 14. 12. 2016 – XII ZB 345/16, juris Rn 26, ZKJ 2017, 146). Während vor Inkrafttreten des KindRG in solchen Fällen ein Auskunftsanspruch nur ganz ausnahmsweise gewährt wurde (einschränkend AG Hamburg FamRZ 1990, 1382: nur Surrogat für Umgang), besteht aus heutiger Sicht kein Grund für eine restriktive Handhabung der Norm (MünchKommBGB/Hennemann § 1686 Rn 1; Grüneberg/Götz § 1686 Rn 4). Da § 1686 BGB keinen Bezug zum Umgang herstellt und das Bestehen des Auskunftsanspruchs sowohl von einem im Einzelfall berechtigten Interesse abhängig macht, als auch durch das **Kindeswohl** begrenzt, besteht kein Anlass, einen Ausnahmecharakter des Anspruchs zu konstruieren. Entscheidend sind auch insoweit das Kindeswohl sowie die angemessene Ermöglichung der **Wahrnehmung des Elternrechts**. Unproblematisch neben dem Umgang sind auch solche Auskünfte zu geben, die eine geordnete Planung der Umgangstermine ermöglichen (OLG Brandenburg 21. 6. 1999 – 9 UF 122/99, FamRZ 2000, 1106: Fußball-Spielplan).

Schließlich hat der das Kind nicht regelmäßig betreuende Umgangselternteil einen Anspruch auf Auskunft über **gesundheitliche Verhältnisse des Kindes** (BGH 26. 7. 2017 – XII ZB 85/17, juris Rn 10, ZKJ 2017, 466 m Anm Dürbeck: Therapie; OLG Zweibrücken FamRZ 1990, 779), auch soweit dies ihm erst ermöglicht, das Kind während des Umgangs sachgemäß zu betreuen (Allergien, Einnahme von Medikamenten, chronische Erkrankungen etc; Grüneberg/Götz § 1686 Rn 1; vgl bereits oben Rn 2). Ist das Kind aktuell erkrankt, so besteht ein Anspruch auf Auskunft über das gegenwärtige gesundheitliche Ergehen des Kindes, aber auch über seine Wünsche, die der Auskunftsberechtigte ihm ggf erfüllen möchte (Grüneberg/Götz § 1686 Rn 4).

Problematisch ist in diesem Zusammenhang, ob ein Auskunftsanspruch auch dann auf einem berechtigten Interesse beruht, wenn der Elternteil die Möglichkeit besitzt, **das Kind befragen zu können**. Dies ist unzweifelhaft bei Kleinkindern zu bejahen, wenn diese noch nicht dazu in der Lage sind, selbst die erforderlichen Informationen zu erteilen. Die Rechtsprechung hat hier teilweise bereits bei Kindern im Alter von 6 Jahren ein berechtigtes Interesse verneint, weil der betreffende umgangsberechtigte Elternteil imstande sei, durch Befragung des Kindes Kenntnis, zB über Schulzeugnisse oder Erkrankungen, zu erlangen (OLG Brandenburg 11. 4. 2014 – 3 UF 50/13, juris Rn 61; OLG Brandenburg 26. 7. 2007 – 9 UF 87/07, juris Rn 10, MDR 2007, 1427). Aber auch bei älteren Kindern sollte berücksichtigt werden, dass allzu intensives Befragen von Kindern, welche sich häufig in einem **Loyalitätskonflikt** befinden, während des Umgangs vermieden werden sollte (vgl BGH 14. 12. 2016 – XII ZB 345/16, juris Rn 26, FamRZ 2017, 378; MünchKommBGB/Hennemann § 1686 Rn 7; Dürbeck ZKJ 2017, 457, 459; vgl bereits oben Rn 2). Auch sind Fälle denkbar, in denen Kinder nicht oder nicht vollständig Auskunft geben möchten oder, etwa im gesundheitlichen Bereich, gar nicht tatsächlich in der Lage sind, fundierte Auskünfte zu geben.

Insbesondere bei Wiederanbahnung von Umgang und noch nicht ausreichendem Vertrauen des Kindes kann auch Auskunft über die Verwendung von **Geldgeschenken** verlangt werden, um **die Interessen und Wünsche des Kindes** kennenzulernen (OLG Brandenburg FamRZ 2000, 1106, 1107).

3. Berechtigtes Interesse des mitsorgeberechtigten Elternteils

Ein berechtigtes Interesse kann in Frage stehen, wenn der betreffende auskunft- 8
begehrende Elternteil **(mit-)sorgeberechtigt** ist. Ist er aufgrund des gemeinsamen Sorgerechts dazu in der Lage, sich die nötigen Informationen selbst zu beschaffen, zB durch Nachfrage bei dem behandelnden **Arzt oder Therapeuten**, so ist ein berechtigtes Interesse an der Auskunftserteilung im Regelfall zu verneinen (OLG Koblenz 14. 2. 2014 – 13 WF 146/14, juris Rn 4, MDR 2014, 725; Johannsen/Henrich/Althammer/Rake § 1686 Rn 4; Heilmann/Gottschalk § 1686 Rn 3, 6). Bei dem Anspruch auf Übermittlung eines **Schulzeugnisses** des Kindes wird allerdings entgegen der Auffassung der zuvor erwähnten Rechtsprechung (OLG Koblenz 14. 2. 2014 – 13 WF 146/14, juris Rn 4, MDR 2014, 725) zu berücksichtigen sein, dass nach der verwaltungsrechtlichen Rechtslage wohl kein Anspruch von mitsorgeberechtigten Eltern auf Übersendung von Zeugniskopien, sondern nur auf Akteneinsicht besteht (VG München 16. 5. 2011 – M 3 K 09.4361, juris Rn 22; Dürbeck ZKJ 2017, 457, 460) sodass sich, zB bei weiter Entfernung von Wohnort des betreffenden Elternteils zur Schule, gleichwohl ein Anspruch auf Auskunft ergeben kann. Ein berechtigtes Interesse kann im Übrigen auch dann zu verneinen

sein, wenn Auskünfte bei einem fremduntergebrachten Kind durch die Teilnahme an **Hilfeplangesprächen** oder Einsicht in die dort verfassten Protokolle erlangt werden können (BGH 14. 12. 2016 – XII ZB 345/16, NJW 2017, 1239 Rn 26; BeckOGK/Tillmanns [1. 3. 2022] § 1686 Rn 17; Vogel FamRB 2023, 116, 120).

IV. Einschränkung: Kindeswohl

1. Maßstab

9 Der Auskunftsanspruch besteht nicht, soweit die Auskunft dem **Wohl des Kindes** widerspricht. Gegenüber dem Wortlaut des § 1634 aF („mit dem Wohle des Kindes vereinbar") war keine Änderung gewollt (vgl BayObLG 7. 12. 1992 – 1Z BR 93/92, FamRZ 1993, 1487; Johannsen/Henrich/Jaeger [2015] § 1686 Rn 5). Durch diese Begrenzung wollte der Gesetzgeber die Orientierung des Auskunftsanspruchs am Kindeswohl (§ 1697a BGB) verdeutlichen. Dies erschien insbesondere vor dem historischen Hintergrund eines Zusammenhangs mit dem ebenfalls durch das Kindeswohl begrenzten Umgangsrecht plausibel. Der Auskunft Begehrende sollte über alles (und nur über dasjenige) Auskunft erlangen können, was er anlässlich des Umgangs von dem Kind erfahren könnte. Mit der **negativen Kindeswohlprüfung** soll vor allem **missbräuchlichen Ansprüchen** entgegen getreten werden (BayObLG 14. 2. 1996 – 1Z BR 182/95, juris Rn 7, FamRZ 1996, 813; Grüneberg/Götz § 1686 Rn 5).

2. Beschränkung nur bei Missbrauch

10 In dem **selbständigen Verständnis des Auskunftsrechts** beziehen sich zahlreiche Fälle der Auskunft auf Umstände, die von dem Kind auch anlässlich des Umgangs nicht zu erfahren wären (OLG Brandenburg DAVorm 2000, 72, 74; BayObLG 7. 12. 1992 – 1Z 93/92, FamRZ 1993, 1487; Grüneberg/Götz § 1686 Rn 5), ohne dass deshalb das **Kindeswohl** der Auskunft entgegenstünde. Das Kindeswohl wirkt aber **nicht positiv als Maßstab** für das Auskunftsrecht (BT-Drucks 13/4899, 107); die Auskunft muss dem Kindeswohl also nicht dienlich sein (OLG Schleswig FamRZ 1996, 1355). Das Kindeswohl **begrenzt** vielmehr den Auskunftsanspruch nur insoweit, als ein Missbrauch des Auskunftsrechts vorliegt, für den konkrete Anhaltspunkte bestehen müssen (BGH 26. 7. 2017 – XII ZB 85/17, juris Rn 11, FamRZ 2017, 1666; OLG Hamm 25. 11. 2015 – 2 WF 191/15, juris Rn 8, FamRB 2016, 186; OLG Hamm 17. 11. 2009 – 2 UF 84/09, juris Rn 20, MDR 2010, 88; BayObLG 14. 2. 1996 – 1Z BR 182/95, FamRZ 1996, 813; OLG Naumburg FamRZ 2001, 513; Grüneberg/Götz § 1686 Rn 5; FamRefK/Rogner § 1686 Rn 3; BeckOK-BGB/Veit [1. 1. 2023] § 1686 Rn 13). Der Maßstab für die Betroffenheit des Kindeswohls entspricht dem des § 1684 Abs 4 BGB; das Kindeswohl muss, um die Auskunft zu versagen, schon im Hinblick auf **Art 6 Abs 1 und 2 GG** und den Grundsatz der Verhältnismäßigkeit akut gefährdet und messbar beeinträchtigt sein (OLG Jena 13. 5. 2016 – 1 UF 109/16, juris Rn 17, FuR 2017, 37; OLG Hamm 17. 11. 2009 – 2 UF 84/09, juris Rn 20, MDR 2010, 88; OLG Schleswig FamRZ 1996, 1355; Grüneberg/Götz § 1686 Rn 5). Dabei kann § 1686 BGB im Regelfall keinen vollständigen Auskunftsausschluss (BT-Drucks 13/4899, 107) bewirken, sondern nur die Unzulässigkeit bestimmter Auskunftsthemen („soweit"). Insbesondere wenn ein Umgang nicht besteht und der Auskunftsanspruch die einzige Möglichkeit für den ausgeschlossenen Elternteil bedeutet, sich über das Wohlergehen des Kindes zu informieren, ist ein strenger Maßstab anzulegen (OLG Köln FamRZ 1997, 111); ein Ausschluss setzt insbesondere voraus, dass zum Schutz des Kindes mildere Mittel nicht

verfügbar sind (OLG Hamm FamRZ 2010, 909: Untersagung der Weiterverwertung der Auskunft).

3. Fallgruppen

Ein solcher Missbrauch wird nur in wenigen Fallgestaltungen anzunehmen sein, so, 11
wenn die Auskunft begehrt wird, um den **Aufenthalt des Kindes** auszuforschen, und einen persönlichen Kontakt herzustellen, der dem Auskunft Begehrenden nach § 1684 Abs 4 BGB untersagt wurde (OLG Naumburg FamRZ 2001, 513; BT-Drucks 8/2788, 55; Erman/Döll § 1686 Rn 2; Fröschle, Sorge und Umgang Rn 1327; BeckOK-BGB/Veit [1. 1. 2023] § 1686 Rn 13.1; DIJuF-Rechtsgutachten JAmt 2002, 458). Hingegen bedarf es – anders als bei § 1686a Abs 1 BGB – nicht der positiven Feststellung, dass der Elternteil in der Vergangenheit ernsthaftes Interesse an dem Wohl des Kindes gezeigt hat und die Auskunft aus ehrlichem Interesse an dem Kind begehrt oder dass er sich bisher um das Kind gekümmert hat (BayObLG 7. 12. 1992 – 1Z BR 93/92, NJW 1993, 1081; OLG Schleswig FamRZ 1996, 1355, 1356).

Missbräuchlich ist das Auskunftsbegehren auch, wenn die Auskunft **zweckwidrig verwendet** werden soll, insbesondere, um das Kind oder den anderen Elternteil bloßzustellen (BayObLG FamRZ 1996, 813) oder aber wenn zu befürchten ist, dass der auskunftsberechtigte Elternteil die Auskunft missbrauchen wird, um im Bereich der ihm entzogenen elterlichen Sorge **Einfluss zu nehmen** (BGH 26. 7. 2017 – XII ZB 85/17, juris Rn 11, FamRZ 2017, 1666: Einfluss auf die Therapiebereitschaft des Kindes; Dürbeck ZKJ 2017, 457, 459; OLG München 31. 3. 2022 – 16 UF 1406/21, FamRZ 2022, 1536; Clausius NZFam 2017, 893, 895 f). Ist die Art der Auskunft nicht von einer solchen Gefahr zu trennen (zB bei Fotografien), so kommen ergänzende Verwertungsverbote in Betracht (OLG Hamm FamRZ 2010, 909, 911). Nicht rechtsmissbräuchlich ist es, wenn der Auskunftsberechtigte auch die Absicht verfolgt, Tatsachen in Kenntnis zu bringen, die für seine **Unterhaltspflicht** gegenüber dem Kind von Bedeutung sind, da das Kind ohnehin gemäß § 1605 BGB auf Verlangen insoweit Auskunft schuldet (BayObLG 7. 12. 1992 – 1Z BR 93/92, juris Rn 11, FamRZ 1993, 1487; Büte, Das Umgangsrecht bei Kindern geschiedener oder getrennt lebender Eltern Rn 232).

Das Ziel, den betreuenden Elternteil oder den sonstigen Inhaber des Sorgerechts zu **kontrollieren**, kann im Einzelfall dem Auskunftsanspruch entgegenstehen (OLG Schleswig FamRZ 1996, 1355, 1356 und OLG Zweibrücken FamRZ 1990, 779); hier sind aber strenge Maßstäbe anzusetzen (vgl OLG Hamm 7. 3. 2014 – 13 WF 22/14, juris Rn 10 ff, FamRZ 2014, 1386 Rn 10 ff). Gleiches gilt für **schikanöse** Auskunftsbegehren, die darauf abzielen, **tagebuchähnliche Berichte** zu erstellen (OLG Frankfurt 15. 11. 2001 – 3 UF 194/01, juris; Clausius NZFam 2017, 893, 895; dazu unten Rn 13).

Führt die Auskunftserteilung vorhersehbar jeweils wieder zu neuen **Konflikten**, die sich auf das Wohl des Kindes negativ auswirken, so kann dem durch einen entsprechend längeren zeitlichen Abstand zwischen den einzelnen Auskunftszeitpunkten begegnet werden (BayObLG 14. 2. 1996 – 1Z BR 182/95, FamRZ 1996, 813). Dabei ist auch der zur Auskunft verpflichtete Elternteil gehalten, seine Aversionen wenigstens insoweit zu begrenzen, dass er die mit der Auskunftserteilung verbundene psychische Belastung nicht auf das Kind überträgt. Die Verweigerung von Auskunft wegen einer, womöglich grob geäußerten, aber nicht unverständlichen Empörung oder einer provozierten Unterhaltsvollstreckung kommt nicht in Betracht (vgl aber BayObLG 14. 2. 1996 – 1Z BR 182/95, FamRZ 1996, 813). Die **Ablehnung von Kontakten zu dem Kind** seitens des Auskunftsberechtigten schließt sein Auskunftsrecht nicht notwendigerweise aus (OLG Köln 28. 6. 2016 – 10 UF 21/15, juris Rn 10, NJW-Spezial 2016, 677); die dem zu Grunde liegenden Spannungen sind jedoch ebenfalls zu berücksichtigen, insbesondere durch eine Beschränkung der Auskunft auf ein erforderliches Mindestmaß (OLG Brandenburg FamRZ 2008, 638).

11a Die **Zustimmung des Kindes** zur Erteilung der begehrten Auskunft ist grundsätzlich nicht erforderlich (OLG Hamm FamRZ 2003, 1583: Schulzensuren; Soergel/Gietl § 1686 Rn 5). Gleichwohl ist sein **Wille**, namentlich bei älteren Kindern, im Rahmen der negativen Kindeswohlprüfung zu ermitteln und in die Abwägung miteinzubeziehen. Insoweit kann die **wachsende Selbständigkeit und Reife des Kindes** das Auskunftsrecht beschränken (OLG München 31. 3. 2022 – 16 UF 1406/21, FamRZ 2022, 1536; OLG Köln 28. 6. 2016 – 10 UF 21/15, juris Rn 11, NJW-Spezial 2016, 677; übersehen von OLG Bamberg 13. 4. 2022 – 7 UF 52/22, NZFam 2022, 797 mit zu Recht kritischer Anm von Jokisch: Übermittlung eines Fotos des 17-jährigen Kindes gegen dessen Willen). Bei infolge von **Gewalterfahrungen traumatisierten Kindern** kann das Kindeswohl ebenfalls einen befristeten Ausschluss des Anspruchs erfordern (AG Hamburg-Harburg 19. 7. 2016 – 631 F 391/15, juris Rn 7, Streit 2016, 120). So hat das *OLG Brandenburg* (OLG Brandenburg 3. 2. 2021 – 9 UF 233/20, FamRZ 2022, 275) neben der Anordnung eines Umgangsausschlusses auch den Auskunftsanspruch nach § 1686 BGB eines inhaftierten Vaters verneint, der zuvor die **Kindesmutter vorsätzlich getötet** hatte. Das *OLG Düsseldorf* (OLG Düsseldorf 9. 8. 2019 – 8 WF 170/18, JAmt 2020, 159) hat zutreffend den Auskunftsanspruch eines Vaters zurückgewiesen, der wegen **gefährlicher Körperverletzung** und vorsätzlicher Körperverletzung in mehreren Fällen zum Nachteil des damaligen Säuglings zu einer Freiheitsstrafe verurteilt worden war und dessen Unterbringung in einem psychiatrischen Krankenhaus angeordnet war, in dem er sich wegen einer krankhaften Persönlichkeitsstörung noch befand. Das OLG Düsseldorf kam nach Einholung eines psychologischen Sachverständigengutachtens – entgegen der Empfehlung des Sachverständigen – wohl zu Recht zu dem Ergebnis, dass die Erteilung der gewünschten Auskünfte über die persönlichen Verhältnisse des Kindes dem Wohl des betroffenen Kindes widersprochen hätte. Auch wenn das Kind zu einer autonomen Willensbildung noch nicht fähig sei, bestehe in der Offenbarung seiner persönlichen Verhältnisse die Gefahr, dass ihm die Verarbeitung seiner traumatischen Erlebnisse später erschwert werden würde und es nicht hinnehmbaren Risiken für seine psychische Gesundheit ausgesetzt werde. Ein möglichst optimaler Schutz des Kindes könne nur gewährleistet werden, wenn die Informationsweitergabe an den Vater so lange zurückgestellt werde, bis sich das Kind verständig selbst dazu oder dagegen entscheiden könne. Die sorgsam begründete Entscheidung zeigt, dass die Schwelle der negativen Kindeswohlprüfung von § 1686 BGB nicht das Bestehen einer konkreten Gefahr iSd § 1684 Abs 4 S 2 BGB verlangt. Das *OLG Bamberg* (OLG Bamberg 14. 3. 2022 – 2 UF 29/22, NZFam 2022, 454 m Anm Kischkel) hat in einer vergleichbaren Konstellation die Kindeswohldienlichkeit verneint, weil sich der Vater schwerwiegender **Straftaten gegen die sexuelle Selbstbestimmung** von Kindern, zum Teil auch der Geschwister der betroffenen Kinder, strafbar gemacht hatte und die 15- und 17-jährigen Kinder der Auskunft widersprochen hatten.

In Angelegenheiten eines Jugendlichen, die dessen **Intim- oder Persönlichkeitssphäre** berühren, die dieser nicht offenbart sehen möchte (BGH 26. 7. 2017 – XII ZB 85/17, juris

Rn 11, FamRZ 2017, 1666; KG 28. 10. 2010 – 19 UF 52/10, FamRZ 2011, 827, 828; OLG Hamm FamRZ 1995, 1288, 1290; AG Hamburg FamRZ 1990, 1382; Oelkers NJW 1995, 1335, 1336; vgl auch BeckOK-BGB/Veit [1. 1. 2023] § 1686 Rn 14: Kindeswille im Einzelfall) oder bei einer **nachvollziehbaren Aversion** gegen den Auskunft begehrenden Elternteil (zB wegen eines körperlichen oder sexuellen Missbrauchs) kann das Kindeswohl der Erteilung der Auskunft ebenfalls entgegenstehen. Ein solcher Wille muss sich freilich wenigstens derselben Überprüfung stellen, wie die Ablehnung des Umgangs (vgl dazu § 1684 Rn 202), weil der Auskunftsanspruch gerade in Fällen der Ablehnung des Elternteils durch das Kind nur noch letztes Surrogat eines abgelehnten Umgangs ist; die **bloße Ablehnung des Umgangs** mit dem Auskunft begehrenden Elternteil ist für sich noch kein Grund, den Auskunftsanspruch zu versagen (BayObLG 7. 12. 1992 – 1Z BR 93/92, MDR 1993, 655: auch bei 17-jährigem Jugendlichen). Allerdings ist hier zu differenzieren zwischen Auskünften aus dem **höchstpersönlichen Bereich** (zB Gesundheit) und Angelegenheiten **aus weniger intimen Bereichen** (zB Schulzeugnisse), sodass bei der Entscheidung über ein Auskunftsersuchen betreffend einen Jugendlichen im Hinblick auf seinen Willen zu unterscheiden sein kann (sehr überzeugend OLG Köln 28. 6. 2016 – 10 UF 21/15, juris Rn 11 ff, NJW-Spezial 2016, 677 bzgl einer 15-Jährigen).

Die **Interessen des auskunftsverpflichteten Elternteils** können dem Auskunftsbegehren grundsätzlich nicht entgegengesetzt werden. Insbesondere der Wunsch, mit dem anderen Elternteil als früherem Partner nichts mehr zu tun haben zu müssen, das Kind in die Familie mit einem neuen Partner zu integrieren oder allgemein die mit der Erteilung der Auskunft verbundene Belastung stehen dem Auskunftsanspruch nicht entgegen (BT-Drucks 8/2788, 55; Grüneberg/Götz § 1686 Rn 5; Heilmann/Gottschalk § 1686 Rn 7).

Die Auskunft muss zudem **nicht persönlich** durch den anderen Elternteil erteilt werden, sondern kann über eine Mittelsperson, auch einen Rechtsanwalt oder das Jugendamt, erteilt werden (OLG Düsseldorf 14. 3. 2017 – 5 WF 29/16, juris Rn 27, FamRZ 2017, 809; OLG Köln 28. 6. 2016 – 10 UF 21/15, juris Rn 22, NJW-Spezial 2016, 677: Jugendamt; OLG Hamm 25. 11. 2015 – 2 WF 191/15, juris Rn 33, FamRB 2016, 186; OLG Köln FamRZ 1997, 111; BeckOK-BGB/Veit [1. 1. 2023] § 1686 Rn 7.2; Dürbeck ZKJ 2017, 457, 460).

V. Inhalt der Auskunft

1. Umfang

Auskunftsgegenstand sind die **persönlichen Verhältnisse** des Kindes. Ein Auskunfts- 12
anspruch wegen **vermögensrechtlich** relevanter Umstände kann sich im Einzelfall nur aus §§ 1605, 242 BGB ergeben, insbesondere in Verbindung mit der beide Eltern treffenden Unterhaltspflicht (vgl OLG Frankfurt 10. 8. 2018 – 8 UF 121/18, FamRZ 2019, 362; AG Gütersloh FamRZ 1998, 576: im Hinblick auf den Ortszuschlag relevante Umstände; BGH 14. 12. 2016 – XII ZB 345/16, juris Rn 31, FamRZ 2017, 378; **aA** Oelkers NJW 1995, 1335, 1336; dagegen stellt BayObLG NJW 1993, 1081, 1082 nur die Verbindung zwischen dem berechtigten Interesse und der gleichzeitig bestehenden Unterhaltspflicht her; vgl auch unten Rn 13). Eine persönliche Auskunftserteilung ist nicht geschuldet (OLG Brandenburg 22. 2. 2007 – 10 UF 219/06, juris Rn 21); **schriftliche Auskunft** mit den durch den Auskunftsinhalt gebotenen Anlagen genügt. Stellvertretung ist ebenfalls möglich (vgl oben Rn 11).

2. Persönliche Verhältnisse

13 Die persönlichen Verhältnisse umfassen alle für das **Befinden und die Entwicklung** des Kindes wesentlichen Umstände (BayObLG 7. 12. 1992 – 1Z BR 93/92, FamRZ 1993, 1487, 1489), wobei in der Praxis schulische und gesundheitliche Angelegenheiten sowie die Übermittlung von Fotografien im Vordergrund stehen. Hierzu gehört aber auch, sofern im Einzelfall keine Missbrauchsgefahr besteht, die Bekanntgabe der **Wohnanschrift** des Kindes (OLG Stuttgart FamRZ 2006, 1628; BeckOK-BGB/Veit [1. 1. 2023] § 1686 Rn 11.1; zur örtlichen Zuständigkeit in diesem Fall OLG Karlsruhe FamRZ 2011, 1888).

Dabei sollte angesichts der Verknüpfung des Auskunftsrechts mit dem Umgangsrecht eine Beschränkung auf Umstände erfolgen, welche der Auskunftsberechtigte nach dem Zweck des Umgangsrechts erfahren darf und soll (so zutreffend Johannsen/Henrich/Althammer/Rake § 1686 Rn 7; **aA** Staudinger/Rauscher [2014] § 1686 Rn 13). Eine Beschränkung auf die schulische oder berufliche Entwicklung des Kindes findet aber nicht statt (LG Karlsruhe FamRZ 1983, 1169). Jedoch erfährt der Umfang der Auskunft eine Beschränkung mit Rücksicht auf das Kindeswohl, soweit es um **höchstpersönliche Umstände aus der Privat- und Intimsphäre** geht, die nach dem Alter und der Persönlichkeitsentwicklung des Kindes bereits in den Entscheidungsbereich des Minderjährigen selbst fallen (OLG München 31. 3. 2022 – 16 UF 1406/21, FamRZ 2022, 1536; OLG Köln 28. 6. 2016 – 10 UF 21/15, juris Rn 21, NJW-Spezial 2016, 677: gesundheitliche Belange einer 15-Jährigen; BayObLG 7. 12. 1992 – 1Z BR 93/92, NJW 1993, 1081; OLG Hamm FamRZ 1995, 1288, 1290; MünchKommBGB/Hennemann § 1686 Rn 9; vgl auch oben Rn 11). So dürfte etwa **gegen den Willen** eines über 14-Jährigen ein aktuelles Foto kaum beansprucht werden können (so aber OLG Bamberg 13. 4. 2022 – 7 UF 52/22, FamRZ 2022, 1788 mit zweifelhafter Güterabwägung; zutreffend dagegen OLG München 31. 3. 2022 – 16 UF 1406/21, FamRZ 2022, 1536; OLG Düsseldorf 14. 12. 2021 – 3 WF 64/21, Rpfleger 2023, 161). Auch erfasst der Anspruch nicht Angaben über die **tägliche Lebensführung des Kindes**, sodass etwa Angaben über den Umgang des Kindes mit Gleichaltrigen oder sonstigen Dritten (zu Unrecht mangels hinreichender amtswegiger Tatsachenfeststellung bejaht von OLG Hamm 1. 8. 2016 – 4 UF 99/16, juris Rn 8, JAmt 2016, 572), seine allgemeine Entwicklung oder seine Interessen grundsätzlich nicht umfasst sind (BGH 14. 12. 2016 – XII ZB 345/16, juris Rn 31, FamRZ 2017, 378; OLG Jena 26. 4. 2016 – 1 WF 93/16, juris Rn 42; OLG Koblenz 17. 10. 2001 – 13 UF 609/01, juris Rn 3, FamRZ 2002, 980). Dies ist im Einzelfall aber auch eine Frage, ob ein **berechtigtes Interesse** an der Erteilung der jeweiligen Auskunft gegeben ist, wobei die Gründe der nicht hinreichenden Wahrnehmung des Umgangsrechts (zB Umgangsausschluss wegen Missbrauchs oder Wegzug des betreuenden Elternteils) und eine hochkonflikthafte Beziehung der Eltern (OLG Brandenburg 26. 7. 2007 – 9 UF 87/07, juris Rn 14, FamRZ 2008, 638) hier nicht ganz außen vor bleiben können. Auch ist zu berücksichtigen, dass Verpflichtungen zur Auskunft über allgemeine Dinge im Leben des Kindes mangels hinreichender Bestimmtheit nicht einer Vollstreckung zugänglich wären (dazu unten Rn 22). Auch bei Ungewissheit über die Geburt des Kindes kann der Ehemann der Mutter Auskunft über die Existenz und das Schicksal (vermutete Adoption) eines von der Ehefrau (mutmaßlich) geborenen Kindes verlangen, dessen Vater er nach § 1592 Nr 1 BGB ist (OLG Brandenburg FamRZ 2007, 2003). Im Übrigen ist der Anspruch aus § 1686 BGB nicht beschränkt auf **periodisch wiederkehrende Ereignisse**, sondern kann **anlassbezogen** auch Auskünfte über einzelne gegenwärtige Ereignisse, wie zB das Datum einer Konfirmation (vgl OLG Stuttgart 27. 6. 2013 – 17 UF 121/13, FamRZ 2014, 234) oder einer Erkrankung des Kindes, erfassen (Heilmann/Gottschalk § 1686 Rn 11;

BeckOK-BGB/Veit [1. 1. 2023] § 1686 Rn 12). Nicht erfasst sind grundsätzlich in der **Vergangenheit** liegende Ereignisse (OLG Düsseldorf 14. 3. 2017 – 5 WF 29/16, juris Rn 34, FamRZ 2017, 809; Erman/Döll § 1686 Rn 2).

Über **vermögensrechtliche Verhältnisse** des Kindes ist hingegen nicht im Rahmen von § 1686 BGB, sondern nur nach § 1605 BGB, bei gemeinsamer Sorge auch gemäß § 242 BGB Auskunft geschuldet (OLG Frankfurt 10. 8. 2018 – 8 UF 121/18, FamRZ 2019, 362; OLG Oldenburg 30. 1. 2018 – 4 WF 11/18, juris Rn 11 ff, FamRZ 2018, 757: § 242 BGB; KG Berlin 28. 10. 2010 – 19 UF 52/10, juris Rn 11, FamRZ 2011, 827, 828; NK-BGB/Peschel-Gutzeit/Ebeling § 1686 Rn 10; Heilmann/Gottschalk § 1686 Rn 8; Grüneberg/Götz § 1686 Rn 6).

3. Einzelfragen

Im Einzelnen besteht ein Anspruch auf Auskunft über die **schulischen Leistungen**, 14
insbesondere auf Auskunft darüber, ob das Kind überhaupt noch zur Schule geht oder sich in einem Ausbildungsverhältnis befindet (Oelkers NJW 1995, 1335, 1336). Der Anspruch umfasst auch die Übersendung von **Kopien der Schulzeugnisse** (OLG Brandenburg 22. 6. 2018 – 10 UF 109/15, juris Rn 81; OLG Köln 28. 6. 2016 – 10 UF 21/15, juris Rn 16, NJW-Spezial 2016, 677; OLG Hamm 17. 11. 2009 – 2 UF 84/09, FuR 2010, 172); nach Abschluss der allgemeinen Schulausbildung genügt die Übermittlung des Abschlusszeugnisses sowie ggf aktueller Berufsschulzeugnisse (BayObLG 12. 7. 1983 – 1 Z 20/83, FamRZ 1983, 1169, 1170; BayObLG 7. 12. 1992 – 1Z 93/92, NJW 1993, 1081, 1082; OLG Köln FamRZ 1997, 111, 112; OLG Hamm FamRZ 2003, 1583; LG Karlsruhe FamRZ 1983, 1169). Darüber hinaus ist **nicht fortwährend** über den Fortgang der schulischen Entwicklung Auskunft zu geben, sodass eine monatliche Information oder Vorlage von geeigneten Unterlagen (Klassenarbeitshefte) nicht verlangt werden kann (OLG Hamm FamRZ 2001, 514; **aA** Zieroth Anm zu OLG Hamm FamRZ 2001, 514 – FamRZ 2001, 514; Staudinger/Rauscher [2014] § 1686 Rn 14).

Eine andere Frage ist, ob nicht bei **gemeinsamer elterlicher Sorge** Auskunftsansprüche und Mitteilungspflichten nach §§ 1687 Abs 1 S 1, 1626, 1627 BGB (dazu oben Rn 4) bestehen, wenn die schulischen Leistungen die Versetzung gefährden oder erhebliche disziplinarische Verfehlungen des Kindes im Raum stehen. Bei gemeinsamer elterlicher Sorge kann unabhängig von § 1686 BGB ein selbständiger Auskunftsanspruch gegen Schule und Lehrer bestehen (zum Streitstand DIJuF-Rechtsgutachten JAmt 2013, 31).

Über den **Gesundheitszustand** ist grundsätzlich ebenfalls Auskunft zu erteilen (OLG Schleswig 21. 10. 2020 – 13 UF 123/20, juris Rn 41; OLG Brandenburg 22. 6. 2018 – 10 UF 109/15, juris Rn 81; BayObLG FamRZ 1996, 813, 814; OLG Frankfurt FamRZ 2002, 1585, 1588; NK-BGB/Peschel-Gutzeit § 1686 Rn 9). Nach der Geburt des Kindes sind Größe und Gewicht des Kindes von Belang (OLG Düsseldorf 14. 3. 2017 – 5 WF 29/16, juris Rn 34, FamRZ 2017, 809). Bei kleineren Kindern ist dies regelmäßig unproblematisch; die Übersendung von schriftlichen Nachweisen ist grundsätzlich nicht erforderlich; insbesondere besteht kein Anspruch auf Überlassung von Nachweisen regelmäßiger Untersuchungen oder sonstiger ärztlicher Unterlagen (BGH 14. 12. 2016 – XII ZB 345/16, juris Rn 31, FamRZ 2017, 378; OLG Düsseldorf 14. 12. 2021 – 3 WF 64/21, juris; OLG Schleswig 21. 10. 2020 – 13 UF 123/20, juris Rn 41; OLG Zweibrücken FamRZ 1990, 779; BeckOK-BGB/Veit [1. 1. 2023] § 1686 Rn 11.1). Auch eine Kopie des **Impfpasses** des Kindes (vgl OLG Jena 26. 4. 2016 – 1 WF 93/16, juris Rn 40; MünchKommBGB/Hennemann § 1686 Rn 9) wird nur bei berechtigtem Interesse herausverlangt werden können, was bei fehlendem Mitsorgerecht der Fall sein wird. Umfasst sein kann auch eine Auskunft über das Ergebnis einer **Therapie** des Kindes (OLG Brandenburg 22. 6. 2018 – 10 UF 109/15, juris Rn 81, FamRZ 2018, 1757). Ein Anspruch auf **Entbindung behandelnder Ärzte von der Schweigepflicht** besteht generell nicht (OLG Bremen OLGR 1999, 86; OLG Schleswig SchlHA 1978, 115; OLG Hamm FamRZ 1995, 1288, 1289; Oelkers NJW 1995, 1335, 1336). Eine **Benennung behandelnder Ärzte** scheitert – bei fehlendem Sorgerecht – daher schon an einem berechtigten Interesse, da diese ohne Befreiung von der Schweigepflicht nicht auskunftsbefugt sind (KG FamRZ 2011, 827, 828). Etwas anderes kann gelten, wenn sich das Kind aktuell in stationärer Behandlung befindet und der umgangsberechtigte Auskunftsberechtigte einen Krankenbesuch durchführen möchte. Bei **gemeinsamer elterlicher Sorge** besteht allerdings ein Anspruch auf Benennung des Arztes (OLG Jena 26. 4. 2016 – 1 WF 93/16, juris Rn 39), damit der betreffende Elternteil Auskunft aus dem Behandlungsvertrag verlangen kann. Rechtsgrundlage gegenüber dem Arzt ist dann aber nicht § 1686 BGB (zum Streitstand DIJuF-Rechtsgutachten JAmt 2013, 31; vgl oben Rn 2a).

Das Begehren nach Auskunft über eine Diagnose anlässlich einer mehrere Jahre zurückliegenden **stationären Behandlung** kann trotz der Bedeutung der Erkrankung nicht mehr gerechtfertigt sein, wenn zwischenzeitlich kein aktuelles Interesse an der Auskunft mehr besteht (OLG Hamm FamRZ 1995, 1288, 1289; vgl auch KG FamRZ 2011, 827, 828).

Bei **Jugendlichen** kommt eine Auskunft über gesundheitliche Verhältnisse gegen deren Willen nicht in Betracht, weil der Bereich der Privat- und Intimsphäre betroffen ist (OLG Köln 28. 6. 2016 – 10 UF 21/15, juris Rn 11 ff, NJW-Spezial 2016, 677; KG FamRZ 2011, 827, 828; AG Hamburg FamRZ 1990, 1382). Ist das Kind inzwischen **volljährig**, so besteht schon deshalb ein Auskunftsanspruch wegen einer während der Minderjährigkeit erfolgten Behandlung nicht mehr (KG 28. 10. 2010 – 19 UF 52/10, juris Rn 10, NJW-RR 2011, 438, 439).

Soweit Auskunft wegen eines berechtigten Interesses im Einzelfall (vgl oben Rn 13) auch hinsichtlich der **allgemeinen Lebensführung** des Kindes verlangt werden kann, beschränkt sich der Auskunftsanspruch jedoch auf einfache Berichte, die einen Überblick über das Leben des Kindes geben. Detaillierte Auskünfte über den Tagesablauf im Einzelnen, insbesondere die Führung eines **Tagebuchs** über den Alltag des Kindes, können nicht verlangt werden; hierdurch würde über den Zweck der Auskunft hinaus in die Erziehung und die Ausübung des Sorgerechts eingegriffen (BGH 14. 12. 2016 – XII ZB 345/16, juris Rn 31, FamRZ 2017, 378; OLG Koblenz FamRZ 2002, 980; OLG Frankfurt FamRZ 2012, 888; MünchKommBGB/Hennemann § 1686 Rn 6). Auskunft kann auch im Voraus verlangt werden hinsichtlich **persönlicher Festtage** (Kommunion, Firmung, Konfirmation), an denen teilzunehmen der Umgangselternteil nach § 1684 BGB berechtigt ist (offen gelassen von OLG Stuttgart 27. 6. 2013 – 17 UF 121/13, juris Rn 16, FamRZ 2014, 234).

Außerdem besteht ein Anspruch auf regelmäßige Übersendung eines aktuellen **Fotos des Kindes** (OLG Bamberg 13. 4. 2022 – 7 UF 52/22, NZFam 2022, 797 mit zu Recht kritischer Anm Jokisch; OLG Brandenburg 22. 6. 2018 – 10 UF 109/15, juris Rn 81; OLG Frankfurt 12. 9. 2011 – 6 UF 193/11, juris Rn 10, FamRZ 2012, 888; OLG Hamm 17. 11. 2009 – 2 UF 84/09, juris Rn 12 ff, FamRZ 2010, 909; BayObLG FamRZ 1983, 1169, 1170; BayObLG NJW 1993, 1081, 1082; BayObLG FamRZ 1996, 813; OLG Frankfurt FamRZ 1998, 577; OLG Köln FamRZ 1997, 111, 112;

NK-BGB/Peschel-Gutzeit/Ebeling § 1686 Rn 8; Heilmann/Gottschalk § 1686 Rn 10). Die Vorlage von **Fotos aus der Vergangenheit** kann jedenfalls dann nicht beansprucht werden, wenn unklar ist, dass der andere Elternteil überhaupt über solche verfügt (OLG Brandenburg 15. 7. 2015 – 10 UF 191/13, juris Rn 72). Besteht die Gefahr einer **missbräuchlichen Verwendung** (zB Publikation in Netzwerken), so ist im Hinblick auf Art 6 Abs 1 und 2 GG ein Veröffentlichungsverbot über den engeren Familienkreis hinaus als milderes Mittel gegenüber dem Ausschluss der Übergabe von Fotografien zu prüfen (OLG Hamm FamRZ 2010, 909, 911). Ein Anspruch darauf, dass die Fotos in einer bestimmten Art und Weise gestaltet sind (zB kein Gruppenfoto), besteht nicht (OLG Frankfurt 12. 9. 2011 – 6 UF 193/11, juris Rn 10, FamRZ 2012, 888).

4. Häufigkeit der Auskunft

Die Auskunft ist – soweit sie sich auf wiederkehrende Ereignisse bezieht – grund- 15
sätzlich in **regelmäßigen Abständen** erneut zu erteilen. Bei besonderem Auskunftsbedürfnis, etwa einer akuten Erkrankung des Kindes, kann der Anspruch auch auf eine einmalige sofortige Auskunft gerichtet sein (OLG Brandenburg FamRZ 2008, 638, 639; BeckOK-BGB/Veit [1. 1. 2023] § 1686 Rn 12).

Als angemessener Zeitabstand wurde früher teils ein **halbes Jahr** genannt (OLG Hamm 17. 11. 2009 – 2 UF 84/09, juris Rn 30, FamRZ 2010, 909; OLG Frankfurt 3. 9. 2002 – 1 UF 103/00, juris Rn 32, NJW 2002, 3785; BayObLG FamRZ 1996, 813, 814; OLG Köln FamRZ 1997, 111, 112). Dies wird jedenfalls bei **Schulzeugnissen** zu gelten haben (OLG Brandenburg 22. 6. 2018 – 10 UF 109/15, juris Rn 81, FamRZ 2018, 1757; OLG Köln 28. 6. 2016 – 10 UF 21/15, NJW-Spezial 2016, 677; OLG Jena 13. 5. 2016 – 1 UF 109/16, juris). Im Übrigen wird in der jüngeren Rechtsprechung zum Teil eine *quartalsweise* Auskunft selbst in Spannungsfällen als Mindestmaß angesehen (OLG Brandenburg FamRZ 2008, 638, 639; Johannsen/Henrich/Jaeger [2015] § 1686 Rn 4; BeckOGK/Mehrle [1. 6. 2017] § 1686 Rn 30, anders jetzt BeckOGK/Tillmanns [1. 3. 2022] § 1686 Rn 27: halbjährlich). In besonders konfliktreichen Situationen kann eine Ausdehnung des Zeitabstandes zur Konfliktentlastung auf ein Mindestmaß geboten sein (OLG Frankfurt 3. 9. 2002 – 1 UF 103/00, juris Rn 32, NJW 2002, 3785; BayObLG 14. 2. 1996 – 1Z BR 182/15, FamRZ 1996, 813; OLG Brandenburg FamRZ 2008, 638). Bei gemeinsamer elterlicher Sorge kann in kürzeren Abständen Auskunft geschuldet sein (NK-BGB/Peschel-Gutzeit/Ebeling § 1686 Rn 11); insoweit ergibt sich die Pflicht aber aus §§ 1687 Abs 1 S 1, 1626 BGB unter dem Gesichtspunkt des Zusammenwirkens Mitsorgeberechtigter aus einem familienrechtlichen Verhältnis eigener Art (vgl oben Rn 2a, 4).

Im Übrigen ist ein Auskunftsanspruch nicht deshalb zu **befristen**, weil in der Zukunft ein vom Gericht angeordneter Umgangsausschluss abläuft, wenn unklar ist, ob und in welcher Form und Regelmäßigkeit der betreffende Elternteil wieder Umgang mit dem betroffenen Kind haben wird (OLG Jena 13. 5. 2016 – 1 UF 109/16, juris Rn 19 ff; Völker/Clausius, Sorge- und Umgangsrecht § 2 Rn 198).

VI. Familiengerichtliches Verfahren

1. Bedeutung in der Praxis

Der Auskunftsanspruch des § 1686 BGB hat in der Vergangenheit in der Gerichts- 16
praxis eher ein Schattendasein geführt (vgl dazu auch NK-BGB/Peschel-Gutzeit [3. Aufl

2014] § 1686 Rn 14). Er ist immer noch wenig bekannt und findet auch im Schrifttum, insbesondere den familienrechtlichen Fachzeitschriften, wenig Beachtung. Wird er geltend gemacht, herrscht in der Gerichtspraxis oft Unkenntnis über die funktionelle Zuständigkeit und die verfahrensrechtliche Einordnung des Anspruchs. Erst in jüngster Vergangenheit häufen sich veröffentlichte zweitinstanzliche Entscheidungen zu Voraussetzungen und Tragweite des Anspruchs. Auch der BGH hat nunmehr bereits viermal ausführlich zu § 1686 BGB Stellung genommen (BGH 14. 12. 2016 – XII ZB 345/16, FamRZ 2017, 378; BGH 15. 3. 2017 – XII ZB 245/16, ZKJ 2017, 232 m Anm Dürbeck; BGH 22. 3. 2017 – XII ZB 391/16, FamRZ 2017, 979; BGH 26. 7. 2017 – XII ZB 85/17, ZKJ 2017, 466). Dies verwundert insoweit nicht, als dass Fälle von Umgangsausschlüssen wegen der Ablehnungshaltung von Kindern auch schon im mittleren Alter immer mehr zunehmen (vgl § 1684 Rn 302 ff). Häufig werden betroffene Elternteile aber auch von seiner Geltendmachung deshalb absehen, weil sie ihn als nicht hinreichenden Ersatz für persönliche Umgangskontakte mit dem Kind empfinden.

2. Verfahrensart und Verfahrenseinleitung

17 Verfahren über Streitigkeiten hinsichtlich des Bestehens und des Umfangs eines Auskunftsanspruchs nach § 1686 BGB sind nach § 151 Nr 2 Alt 2 FamFG (eingefügt durch das G zur Stärkung der Rechte des leiblichen, nicht rechtlichen Vaters v 4. 7. 2013) **Kindschaftssachen**, für die die Vorschriften des 3. Abschnitts des 2. Buchs des FamFG anzuwenden sind. Aus der Ausgestaltung von § 1686 BGB als Anspruch iSd § 194 BGB (vgl oben Rn 3) folgt, dass er zu den Verfahren gehört, die nach § 23 FamFG **nur auf Antrag** eingeleitet werden (OLG Saarbrücken 17. 11. 2016 – 6 UF 90/16, juris Rn 28, ZKJ 2017, 152; OLG Saarbrücken 19. 10. 2009 – 6 UF 48/09, juris Rn 61, FamRZ 2010, 310; Heilmann/Gottschalk § 1686 Rn 13; Erman/Döll § 1686 Rn 2; MünchKommFamFG/Heilmann § 151 Rn 37; Dürbeck ZKJ 2017, 457, 460; **aA** noch Völker/Clausius, Sorge- und Umgangsrecht [7. Aufl 2016] § 2 Rn 212: nur auf „Betreiben" eines Elternteils, nunmehr aber in der 8. Aufl 2021 aufgegeben; ebenso FA-FamR/Büte [11. Aufl 2018] 4. Kap Rn 624; Fröschle, Sorge und Umgang Rn 1341: nur wenn Auskunft „verlangt" wird). Eine Verfahrenseinleitung von Amts wegen (§ 24 FamFG) ist ebenso ausgeschlossen wie seine amtswegige Einbeziehung **in ein laufendes Umgangsverfahren**. Das schließt es aber nicht aus, den Antrag nach § 1686 BGB in einem Umgangsverfahren **kumulativ zu einer begehrten Umgangsregelung** oder ihn **hilfsweise** für den Fall des Umgangsausschlusses zu stellen (Muster für entsprechende anwaltliche Schriftsätze finden sich bei Völker/Clausius, Sorge- und Umgangsrecht § 13 Rn 31; Vogel FamRB 2023, 116, 121; Clausius FamRB 2015, 65, 69). Im Übrigen handelt es sich bei der Geltendmachung von Ansprüchen nach § 1686 BGB um **eigenständige Verfahren**, die zwar, was die systematische Stellung von § 1686 BGB im Bereich der Umgangsrechte (§§ 1684, 1685, 1686a BGB) und die Aufnahme in § 151 Nr 2 FamFG zeigt, den Umgangssachen nahe stehen, allerdings in verfahrensrechtlicher Hinsicht – das zeigt zB die gesonderte gebührenrechtliche Stellung in § 45 Abs 1 Nr 3 FamGKG, die unterschiedliche funktionelle Zuständigkeit und die Rechtshistorie (ursprüngliche Zuständigkeit des Vormundschaftsgerichts vgl Rn 1) – einen **eigenständigen**, von Umgangssachen zu unterscheidenden Charakter besitzen (BGH 15. 3. 2017 – XII ZB 245/16, juris Rn 13, ZKJ 2017, 232 m Anm Dürbeck; OLG Brandenburg 20. 10. 2009 – 10 UF 177/08, juris Rn 27, NJW-RR 2010, 301; OLG Saarbrücken 19. 10. 2009 – 6 UF 48/09, juris Rn 61, FamRZ 2010, 310; Erman/Döll § 1686 Rn 2).

3. Zuständigkeit

Über Streitigkeiten hinsichtlich des Bestehens und des Umfangs eines Auskunftsanspruchs entscheidet seit der Neufassung durch das KindRG das **Familiengericht**. Die zunächst in § 1686 S 2 aF enthaltene Zuständigkeitszuweisung erfolgte erstmals durch das KindRG; sie ergab sich aus dem Ziel des KindRG, die Kompetenzen in sorgerechtsnahen Verfahren beim FamG zu bündeln (zur Kritik an der früheren Zuständigkeit des Vormundschaftsgerichts vgl Staudinger/Peschel-Gutzeit[12] § 1634 aF Rn 90). Nunmehr ist in § 151 Nr 2 FamFG klargestellt, dass es sich auch bei dem Verfahren nach § 1686 BGB um eine Kindschaftssache handelt, sodass sich die Zuständigkeit des Familiengerichts aus § 111 Nr 2 FamFG, §§ 23a Abs 1 Nr 1, 23b Abs 1 GVG ergibt (BT-Drucks 17/12163, 14). 18

Die **örtliche Zuständigkeit** ergibt sich aus § 152 FamFG. Nach dessen Abs 2 ist der gewöhnliche Aufenthaltsort des Kindes maßgeblicher Anknüpfungspunkt. Der vorrangige Gerichtsstand des Gerichts der Anhängigkeit der Ehesache hat für § 1686 BGB keine Bedeutung, da der Anspruch nach § 1686 BGB nicht als Folgesache iSd § 137 Abs 3 FamFG im Scheidungsverbund geltend gemacht werden kann, weil es sich insoweit nicht um eine Umgangssache in diesem Sinn handelt (Prütting/Helms/Helms § 137 FamFG Rn 59: nur §§ 1684, 1685 Abs 2 BGB). Wird während des Verfahrens nach § 1686 BGB **eine Ehesache** der Eltern bei einem anderen Familiengericht rechtshängig, so ist nach § 153 FamFG das Verfahren von Amts wegen nach dorthin **abzugeben**. Ist der Aufenthalt des Kindes dem Antragsteller nicht bekannt, zB weil polizeiliche oder gewaltschutzrechtliche Schutzanordnungen bestehen, gebietet das Recht auf effektiven Rechtsschutz (Art 19 Abs 4, 20 Abs 1 GG) eine entsprechende Anwendung von § 152 Abs 3 FamFG dahin, dass dasjenige Familiengericht am Wohnsitz des Antragstellers zuständig ist, weil in dessen Bezirk ein Fürsorgebedürfnis auftritt (OLG Karlsruhe 28. 7. 2011 – 18 UF 117/11, juris Rn 10 f, FamRZ 2011, 1888).

Funktionell zuständig ist der **Rechtspfleger** (§ 3 Nr 2 lit a RPflG). 1686 BGB ist vom Richtervorbehalt in § 14 Abs 1 Nr 7 RPflG (insoweit nur um § 1686a BGB ergänzt) nicht erfasst, weil es sich um keine Regelung des Umgangsrechts handelt, was aus dem Nebeneinander von Umgang und Auskunftsrecht in § 151 Nr 2 FamFG folgt (Heilmann/Heilmann § 14 RPflG Rn 15). Die Zuständigkeitszuweisung an den Rechtspfleger ist vielen Anwälten und unerfahrenen Familienrichtern nicht bekannt, sodass in der Praxis häufig entsprechende Verfahren von Richtern geführt werden. Die funktionelle Zuständigkeit der Rechtspfleger ist im Übrigen verfehlt (vgl Dürbeck ZKJ 2017, 457, 461). Bei aller Wertschätzung für ihre Arbeit zeigt die Praxis, dass sie insbesondere bei der Beachtung und Handhabung der kindschaftsrechtlichen Verfahrensvorschriften (vgl dazu unten Rn 19), die eine mündliche Anhörung von Eltern und Kind und zudem eine Anhörung des Jugendamts verlangen, überfordert sind, wie dies im Übrigen auch für andere ihnen zugewiesene, besonders grundrechtsintensive Kindschaftsverfahren, wie solche nach § 1674 BGB (Ruhen der elterlichen Sorge), § 1789 Abs 2 S 3 BGB (Entzug der Vertretungsmacht) und § 1666 Abs 2 BGB (Entzug der elterlichen Vermögenssorge), der Fall ist. Hier bedürfte es dringend einer gesetzlichen Neuregelung. Wird der Auskunftsanspruch – kumulativ oder hilfsweise – in einem (dem Richter zugewiesenen) Umgangsverfahren geltend gemacht, so gebietet § 6 RPflG es, das Verfahren nicht abzutrennen und an den Rechtspfleger abzugeben, sondern es **kraft Zusammenhangs** gemeinsam mit der Umgangssache zu bearbeiten (HEILMANN/HEILMANN § 14 RPflG Rn 15; DÜRBECK ZKJ 2017, 457, 460; i Erg auch CLAUSIUS FamRB 2015, 65, 68).

18a Wie eine jüngere Entscheidung des *OLG Stuttgart* (OLG Stuttgart 24. 2. 2020 – 18 WF 11/20, FamRZ 2020, 1120) zeigt, kann sich auch in Verfahren nach § 1686 BGB iVm § 151 Nr 2 FamFG die Frage der **internationalen Zuständigkeit** deutscher Gerichte stellen. In dem dortigen Fall – betreffend einen Antrag auf Bewilligung von Verfahrenskostenhilfe für einen beabsichtigten Antrag nach § 1686 BGB – war die das Kind allein betreuende Kindesmutter, nachdem ihr das alleinige Aufenthaltsbestimmungsrecht nach § 1671 Abs 1 S 2 Nr 2 BGB übertragen worden war, mit dem Kind (rechtmäßig) nach Marokko verzogen. Der Antrag auf Bewilligung von Verfahrenskostenhilfe zur gerichtlichen Verfolgung des Auskunftsrechts war offenkundig erst zu einem Zeitpunkt gestellt worden, als die Mutter mit dem Kind bereits ihren gewöhnlichen Aufenthalt (s § 1684 Rn 384, § 1684 Rn 386) in Marokko begründet hatte. Zu Recht hat das OLG Stuttgart die internationale Zuständigkeit deutscher Gerichte verneint. Hatte das Kind bereits zum Zeitpunkt der Einleitung des Verfahrens seinen gewöhnlichen Aufenthalt in Marokko, so ergibt sich aus Art 5 Abs 1 KSÜ eine Zuständigkeit der marokkanischen Gerichte, weil Marokko Mitglied des KSÜ ist (STAUDINGER/PIRRUNG [2018] Vorbem D 13 zu Art 19 EGBGB) und der Auskunftsanspruch nach § 1686 BGB insoweit dem Recht zum persönlichen Umgang iSd Art 3 lit b KSÜ zuzuordnen ist. Ebenfalls zutreffend hat der Stuttgarter Familiensenat darauf verwiesen, dass selbst dann, wenn der – rechtmäßige – Umzug während eines laufenden Verfahrens stattgefunden und das Kind in einem KSÜ-Staat seinen gewöhnlichen Aufenthalt begründet hätte, sich die Zuständigkeit marokkanischer Gerichte aus Art 5 Abs 2 KSÜ ergeben würde. Die aus Art 7 Brüssel IIb-VO folgende **perpetuatio fori** greift nämlich nicht gegenüber KSÜ-Staaten, die nicht auch Mitgliedstaaten der Brüssel IIb-VO sind (vgl OLG Frankfurt 5. 11. 2019 – 8 UF 152/19, juris Rn 13, NJW-RR 2020, 260; OLG Karlsruhe 12. 11. 2013 – 5 UF 140/11, juris Rn 25 ff, ZKJ 2014, 335; HEILMANN/SCHWEPPE Art 5 KSÜ Rn 7). Schließlich ergab sich auch keine Zuständigkeit deutscher Gerichte aus Art 7 KSÜ, da die Kindesmutter das Kind nicht widerrechtlich nach Marokko verbracht hatte. Zu weiteren Fragen der internationalen Zuständigkeit vgl § 1684 Rn 384 ff.

4. Anhörung, Mitwirkung des Jugendamts

19 Die Anhörungserfordernisse der §§ 159 ff FamFG bestehen auch in diesem Verfahren und sind vom Rechtspfleger zu beachten (vgl BGH 14. 12. 2016 – XII ZB 345/16, juris Rn 33, FamRZ 2017, 378; OLG Jena 26. 4. 2016 – 1 WF 93/16, juris Rn 28; OLG Frankfurt 5. 1. 2015 – 5 UF 350/14, juris Rn 3 ff, FamRZ 2015, 1521 zu § 1673 BGB; OLG Frankfurt ZKJ 2007, 118). Da anlässlich der klarstellenden Einbeziehung des § 1686 BGB in § 151 Nr 2 FamFG die Mitwirkung des Jugendamtes (anders als nach § 49a FGG aF) nicht eingeschränkt wurde, ist grundsätzlich auch § 162 FamFG anzuwenden. Daher ist nach Maßgabe von § 159 FamFG auch eine persönliche Anhörung des Kindes erforderlich (DÜRBECK ZKJ 2017, 457, 461; MünchKommBGB/HENNEMANN § 1686 Rn 12; **aA** SOERGEL/GIETL § 1686 Rn 8 im Falle von § 159 Abs 2 FamFG), die Eltern sind nach § 160 FamFG **persönlich anzuhören** und bei nicht unerheblichen Konflikten ist nach § 158 Abs 1 FamFG ein **Verfahrensbeistand** für das Kind zu bestellen. Eines Verfahrensbeistands bedarf es aber – trotz hohem elterlichen Konfliktniveaus – in einfach gelagerten Fällen, wie im Streit um die Überlassung von Fotografien des Kindes (OLG München 11. 1. 2018 – 33 WF 34/18, juris Rn 8 f, FamRZ 2018, 1003), nicht. Soweit der Rechtspfleger im Rahmen der ihm zugewiesenen funktionellen Zuständigkeit einen Verfahrensbeistand bestellt hat, ist seine Entscheidung trotz § 158 Abs 3 S 4 FamFG mit der **befristeten Erinnerung** nach § 11 Abs 2 RPflG anfechtbar (BGH 22. 3. 2017 – XII ZB 391/16, juris Rn 9 ff, FamRZ 2017, 979; auch bereits BayObLG 30. 8. 2002 – 3 Z BR 163/02, juris Rn 7, FamRZ 2003, 189 zum Betreuungsrecht; **aA** OLG Stuttgart 16. 3. 2016 – 11 WF 44/16, juris Rn 8, FamRZ 2016, 1696; Heilmann/Heilmann § 4 RPflG Rn 5; zum Verfahren der befristeten Rechtspflegererinnerung vgl Heilmann/Heilmann § 11 RPflG Rn 11 ff). Über die Erinnerung hat nach § 11 Abs 2 S 6 RPflG nach Nichtabhilfe durch den Rechtspfleger der zuständige Richter des Amtsgerichts abschließend und unanfechtbar (Heilmann/Heilmann § 11 RPflG Rn 27; **aA** OLG München 11. 1. 2018 – 33 WF 34/18, juris Rn 2, FamRZ 2018, 1003, das zu Unrecht die sofortige Beschwerde gegen die Entscheidung über die Erinnerung für statthaft hielt) zu entscheiden. Anders ist dies nur, wenn der über die Erinnerung entscheidende Richter des Amtsgerichts entsprechend § 61 Abs 3 FamFG die Beschwerde zulässt (BGH 17. 5. 2017 – XII ZB 621/15, FamRZ 2017, 1318). Zur Frage der Auswirkung etwaiger Verfahrensfehler vgl unten Rn 21.

Auch wenn das **Vorrang- und Beschleunigungsgebot** des § 155 FamFG und die neu eingefügten Vorschriften über die Beschleunigungsrüge und die Beschleunigungsbeschwerde (§§ 155a, 155b FamFG) nicht für Verfahren nach § 1686 BGB Geltung finden, ist das Verfahren angesichts der im Raum stehenden Grundrechtspositionen der Beteiligten und des Kindes beschleunigt zu führen und sind erforderliche Anhörungen zeitnah durchzuführen. In dringenden Fällen (zB zeitnaher Operationstermin) kann die Beantragung einer einstweiligen Anordnung nach §§ 49 ff FamFG in Betracht kommen.

5. Verfahrenskostenhilfe

Für die Geltendmachung des Auskunftsanspruchs nach § 1686 BGB und seiner Abwehr durch den anderen Elternteil ist den Beteiligten **Verfahrenskostenhilfe** nach § 76 Abs 1 FamFG iVm §§ 114 ff ZPO zu gewähren (vgl Einzelheiten für Kindschaftssachen bei Heilmann/Dürbeck § 76 FamFG Rn 3 ff). Neben der Bedürftigkeit des Betroffenen und der Frage der Mutwilligkeit kommt es vor allem auf das Bestehen von Erfolgsaussichten der Rechtsverfolgung bzw Rechtsverteidigung an. Dabei ist zu beachten, dass streitige tatsächliche Fragen oder schwierige Rechtsfragen nicht in das **summarische Verfahrenskostenhilfe-Prüfungsverfahren vorverlagert** werden dürfen (BVerfG 27. 8. 2014 – 1 BvR 192/12, FamRZ 2014, 1977 Rn 15; OLG Hamm 7. 3. 2014 – 13 WF 22/14, juris Rn 12, JAmt 2014, 322 zu § 1686). Für die Frage der Beiordnung von Rechtsanwälten (§ 78 FamFG) kann auf die zu Umgangssachen nach § 151 Nr 2 FamFG vorliegende Rechtsprechung des BGH zurückgegriffen werden (vgl § 1684 Rn 491 ff und die Darstellung bei Prütting/Helms/Dürbeck § 78 FamFG Rn 6 ff). 20

Auch dem bereits 14-jährigen **Kind** kann in Verfahren nach § 1686 BGB nicht Verfahrenskostenhilfe zum Zwecke der Beiordnung eines Anwalts bewilligt werden, weil es dort **nicht verfahrensfähig** ist (zur Problematik ausführlich Dürbeck, in: FS Dose [2022] 87). Es steht ihm nach § 9 Abs 1 Nr 3 FamFG kein aus dem BGB abgeleitetes subjektives Recht zu (vgl dazu ausführlich § 1684 Rn 408). Es genügt nicht, wie das OLG Dresden (OLG Dresden 31. 1. 2019 – 21 WF 1271/18, FamRZ 2019, 707) unter Hinweis auf die hiesige Kommentierung in § 1686 Rn 11 meint, dass im Einzelfall Kriterien des Kindeswohls dem Anspruch entgegenstehen können (OLG Koblenz 12. 12. 2018 – 13 WF 986/18, FamRZ 20a

2019, 706 zu § 1632 BGB; HAMMER FamRZ 2019, 708; KÖHLER ZKJ 2018, 50). Dieser Ansicht hat sich nunmehr auch der BGH (BGH 12. 5. 2021 – XII ZB 34/21, NJW 2021, 2734 m Anm LACK) angeschlossen. Anders ist die Rechtslage dagegen im zweiten Rechtszug dann, wenn das bereits 14-jährige Kind selbst von seinem **Beschwerderecht** nach § 60 FamFG Gebrauch gemacht hat, weil es in diesem Fall auch im Beschwerdeverfahren losgelöst von § 9 Abs 1 Nr 3 FamFG verfahrensfähig ist (DUTTA/JACOBY/SCHWAB/MÜTHER § 60 FamFG Rn 2).

6. Beschwerdeverfahren

21 Entscheidungen des Rechtspflegers des Familiengerichts über den Auskunftsanspruch nach § 1686 BGB sind nach §§ 11 Abs 1 RPflG, 58 ff FamFG mit der **Beschwerde** zum Oberlandesgericht anfechtbar. Eine Abhilfebefugnis des Rechtspflegers besteht nach § 68 Abs 1 S 2 FamFG nicht. Hat der Rechtspfleger die **Anhörungsvorschriften nach §§ 159 ff FamFG** nicht beachtet, so handelt es sich um einen schweren Verfahrensmangel und die angefochtene Entscheidung ist auf Antrag nach § 69 Abs 1 S 3 FamFG aufzuheben und das Verfahren **an das Amtsgericht zurückzuverweisen** (OLG Jena 26. 4. 2016 – 1 WF 93/16, juris Rn 28; OLG Frankfurt 5. 1. 2015 – 5 UF 350/14, FamRZ 2015, 1521, juris Rn 3 ff zu § 1673 BGB; OLG Frankfurt 9. 2. 2006 – 6 UF 20/06, juris Rn 6, ZKJ 2007, 118; HEILMANN/DÜRBECK § 69 FamFG Rn 6 ff). Im Beschwerdeverfahren kann gemäß § 68 Abs 3 S 2 FamFG auf eine erneute persönliche Anhörung der Beteiligten verzichtet werden, wenn sie im ersten Rechtszug durchgeführt worden sind und von einer Wiederholung im Beschwerdeverfahren keine neuen Erkenntnisse zu erwarten sind. Wegen des eigenständigen Charakters des Verfahrens nach §§ 1686 BGB, 151 Nr 2 FamFG kann der Anspruch – jedenfalls nach Ablauf der Beschwerdefrist – **nicht erstmals in einer Umgangssache nach §§ 1684 BGB, 151 Nr 2 FamFG im Beschwerdeverfahren geltend gemacht werden** (OLG Saarbrücken 17. 11. 2016 – 6 UF 90/16, juris Rn 28, ZKJ 2017, 152; OLG Zweibrücken 19. 10. 2012 – 6 UF 83/11, juris Rn 36, Streit 2013, 78; OLG Brandenburg 20. 10. 2009 – 10 UF 177/08, juris Rn 27, NJW-RR 2010, 301; OLG Saarbrücken 19. 10. 2009 – 6 UF 48/09, juris Rn 61, FamRZ 2010, 310: allerdings in einem Verfahren nach § 1666 BGB; **aA** offenbar OLG Brandenburg 22. 6. 2018 – 10 UF 109/15, juris Rn 79 ff). Auch ein Übergang von einem Anspruch nach § 1686 BGB nach zwischenzeitlich erfolgter **Adoption** des Kindes in einen solchen **nach § 1686a Abs 1 Nr 2 BGB** mit der Beschwerde ist wegen der Unterschiedlichkeit der Verfahrensgegenstände unzulässig (OLG Hamm 31. 8. 2017 – 13 WF 148/17, juris Rn 11 f, ZKJ 2018, 22 m Anm DÜRBECK).

Hat sich die vom Antragsteller begehrte Auskunft infolge Zeitablaufs oder sonst erledigt, kann zwar verfahrensrechtlich gemäß § 62 FamFG Beschwerde auch mit dem Ziel eingelegt werden, **festzustellen**, dass die Entscheidung des Amtsgerichts den Beschwerdeführer **in seinen Rechten** verletzt hat. Dies gilt nach § 62 Abs 1 FamFG allerdings nur, wenn der Beschwerdeführer ein berechtigtes Interesse an der Feststellung hat, woran es bei Ansprüchen nach § 1686 BGB mangelt (OLG Stuttgart 27. 6. 2013 – 17 UF 121/13, juris Rn 20, FamRZ 2014, 234).

Die **Rechtsbeschwerde** gegen die Entscheidung des Beschwerdegerichts ist nach § 70 FamFG nur dann statthaft, wenn das Oberlandesgericht sie zugelassen hat.

7. Vollstreckung – „Auskunftserfüllungspflegschaft"?

Der in einem gerichtlichen Beschluss oder Vergleich geregelte Auskunftsanspruch ist **vollstreckbar** gemäß § 86 Abs 1 Nr 1 und 3 FamFG. Nach zutreffender hM bezieht sich die für die Umgangsregelung (§§ 1684, 1685, 1686a Abs 1 Nr 1 BGB) geltende Vollstreckung nach §§ 88 ff FamFG wegen dessen eigenständigen Charakters (vgl Rn 17) nicht auf den Auskunftsanspruch nach § 1686 BGB (OLG Saarbrücken 1. 8. 2014 – 9 WF 58/14, juris Rn 9, FamRZ 2015, 162; HEILMANN/CIRULLIES § 95 FamFG Rn 4; BeckOK-BGB/VEIT [1. 1. 2023] § 1686 Rn 22; MünchKommBGB/HENNEMANN § 1686 Rn 13; VÖLKER/CLAUSIUS, Sorge- und Umgangsrecht § 2 Rn 214; MUSIELAK/BORTH § 95 FamFG Rn 5; ZÖLLER/FESKORN § 95 FamFG Rn 6; **aA** OLG Brandenburg 14. 4. 2016 – 10 WF 48/16, juris Rn 11, FamRZ 2016, 1945; OLG Brandenburg 15. 7. 2015 – 10 UF 191/13, juris Rn 73: Warnhinweis nach § 89 Abs 2 FamFG; NK-BGB/PESCHEL-GUTZEIT [3. Aufl 2014] § 1686 Rn 13 Fn 48; CLAUSIUS FamRB 2015, 65, 69). Soweit die Gegenauffassung hier wegen des systematischen Zusammenhangs des Auskunftsanspruchs mit dem Umgangsrecht wegen der Annahme einer Annexkompetenz §§ 88 ff FamFG anwenden wollte, vermag dies wegen des unter Rn 17 dargestellten eigenständigen verfahrensrechtlichen Charakters des Auskunftsanspruches nicht zu überzeugen. Aus diesem Grund bedarf es bei der Anordnung eines Auskunftsanspruches weder eines Warnhinweises nach § 89 Abs 2 FamFG, noch erfordert ein gerichtlicher Vergleich der Eltern nach § 156 Abs 2 FamFG die gerichtliche Billigung (vgl PRÜTTING/HELMS/HAMMER § 156 FamFG Rn 46). Würde man der Gegenmeinung folgen, wären Auskunftsansprüche aufgrund des von ihr angenommenen Sachzusammenhangs mit dem Umgangsrecht auch auf Antrag im Scheidungsverbund nach § 137 Abs 3 FamFG zu führen. Der hM hat sich nunmehr auch der **BGH** angeschlossen (BGH 15. 3. 2017 – XII ZB 245/16, juris Rn 12 ff, ZKJ 2017, 232 m Anm DÜRBECK). 22

Die Vollstreckung von Auskunftsverpflichtungen als nicht vertretbare Handlung erfolgt demgemäß nach § 95 Abs 1 Nr 3 FamFG iVm § 888 ZPO – auf Antrag des Auskunftsberechtigten gemäß § 87 Abs 1 FamFG – **durch Zwangsgeld oder Zwangshaft** (BGH 15. 3. 2017 – XII ZB 245/16, juris Rn 12 ff, ZKJ 2017, 232 m Anm DÜRBECK; VerfG Brandenburg 20. 5. 2021 – VfGBbg 61/19, NZFam 2022, 691 m Anm CIRULLIES; OLG Saarbrücken 1. 8. 2014 – 9 WF 58/14, juris Rn 9, FamRZ 2015, 162; HEILMANN/CIRULLIES § 95 FamFG Rn 4; ders, Vollstreckung in Familiensachen [2. Aufl 2017] Rn 558). Die allgemeinen Vollstreckungsvoraussetzungen nach §§ 86 ff FamFG müssen vorliegen, insbesondere muss der Inhalt des Titels, insbesondere die den Verpflichteten treffenden Auskunftspflichten, hinreichend bestimmt (vgl ZÖLLER/FESKORN § 86 FamFG Rn 5) sein. Damit bedarf es nach § 95 Abs 1 Nr 3 FamFG iVm § 888 Abs 2 ZPO keiner vorherigen **Androhung** der Zwangsmittel (BGH 15. 3. 2017 – XII ZB 245/16, juris Rn 16, ZKJ 2017, 232 m Anm DÜRBECK). Einer **Vollstreckungsklausel** bedarf es im Regelfall nach § 86 Abs 3 FamFG nicht. **Funktionell** zuständig ist nach § 3 Nr 2a RPflG iVm § 4 Abs 1 RPflG der auch im Erkenntnisverfahren tätig gewesene Rechtspfleger (OLG Saarbrücken 1. 8. 2014 – 9 WF 58/14, juris Rn 10, FamRZ 2015, 162). Die ersatzweise oder originäre Anordnung der Zwangshaft ist aber – das zeigt § 4 Abs 2 Nr 2 RPflG e contrario – ausschließlich dem Richter vorbehalten (PRÜTTING/HELMS/HAMMER § 95 FamFG Rn 13; CIRULLIES, Vollstreckung in Familiensachen [2. Aufl 2017] Rn 558). Der **Erfüllungseinwand** des Auskunftspflichtigen ist dabei bis zum Abschluss des Beschwerdeverfahrens im Verfahren nach § 888 ZPO zu berücksichtigen, kann jedoch auch im Verfahren nach § 767 ZPO geltend gemacht werden (VerfG Brandenburg 20. 5. 2021 – VfGBbg 61/19, NZFam 2022, 691 m Anm CIRULLIES; vgl auch BGH 29. 9. 2022 – I ZR 180/21, WM 2022, 1184).

Wird das Kind **volljährig**, kann aus dem Titel nicht mehr vollstreckt werden (OLG Saarbrücken 1. 8. 2014 – 9 WF 58/14, juris Rn 11, FamRZ 2015, 162).

Auch im Rahmen der Vollstreckung ist zwischen der Pflicht zur Erteilung von Auskünften und der Pflicht zur Vorlage von **Belegen** zu unterscheiden (OLG Brandenburg 14. 4. 2016 – 10 WF 48/16, juris Rn 14, FamRZ 2016, 1945).

Hat auch die Vollstreckung mit Zwangsmitteln zu keiner Erfüllung des Auskunftsanspruchs geführt oder verspricht die Vollstreckung wegen eines vorausgegangen Umgangs- und Auskunftsboykotts des betreuenden Elternteils keinen Erfolg, stellt sich die Frage, ob das Familiengericht zu **Eingriffen in das Sorgerecht nach § 1666 BGB** befugt ist. Die Bestellung eines Umgangspflegers iSd § 1684 Abs 3 BGB kommt mangels Anwendbarkeit in Verfahren nach § 1686 BGB nicht in Betracht (Johannsen/Henrich/Jaeger [2015] § 1686 Rn 5). Das OLG Frankfurt hat in Anwendung von § 1666 in zwei Fällen (OLG Frankfurt 3. 2. 2004 – 1 UF 284/00, juris Rn 10, FamRZ 2004, 1311; OLG Frankfurt 3. 9. 2002 – 1 UF 103/00, juris Rn 33, NJW 2002, 3785) der erfüllungsverweigernden Kindermutter neben dem Umgangsbestimmungsrecht auch das Sorgerecht insoweit entzogen als es um die Erfüllung der Auskunft nach § 1686 BGB ging und einen **Ergänzungspfleger** bestellt. Eine entsprechende Entscheidung hat jüngst auch das OLG Schleswig (OLG Schleswig 21. 10. 2020 – 13 UF 123/20, juris Rn 39) getroffen. Zwar ist die nach § 1666 BGB zu beurteilende Bestimmung eines Umgangsbestimmungspflegers im Rahmen von § 1684 BGB inzwischen höchstrichterlich anerkannt (BGH 6. 7. 2016 – XII ZB 47/15, ZKJ 2016, 419 Rn 44 ff). Ob es sich bei der Erfüllung der Auskunftspflicht nach § 1686 BGB aber um einen Teil der sorgerechtlichen Befugnis nach § 1626 Abs 1 BGB handelt, erscheint höchst zweifelhaft. § 1686 BGB ist als Anspruchsgrundlage ausgestaltet, die im Verhältnis der Eltern zueinander losgelöst von der Frage des Sorgerechts ihre Grundlage findet. Wäre die Befugnis zur Erfüllung des Anspruchs Teil der Personensorge, stünde sie im Falle gemeinsamer Sorge beiden Elternteilen zu, was zur Folge hätte, dass sie im Falle der Bejahung einer Kindeswohlgefährdung auch dem Anspruchsinhaber zu entziehen wäre. Es bestehen erhebliche dogmatische Bedenken gegen einen insoweit angeordneten Sorgerechtsentzug. Davon unabhängig lässt sich der Verzicht auf die Verhängung von Zwangsmitteln wegen vermeintlicher Ungeeignetheit wohl ebenfalls so nicht halten, zumal der EGMR etwa bei vergleichbaren Umgangsverpflichtungen verlangt, diese in effizienter Weise im Wege der Vollstreckung durchzusetzen (vgl EGMR 15. 1. 2015 – 62198/11, FamRZ 2015, 469 Nr 101).

8. Kosten

23 Die Kosten eines Verfahrens nach §§ 1686 BGB, 151 Nr 2 FamFG sind nach §§ 81 ff FamFG zu verteilen. Im ersten Rechtszug sind sie nach § 81 Abs 1 S 1 FamFG nach billigem Ermessen den Beteiligten ganz oder zum Teil aufzuerlegen. Da auch Verfahren nach § 1686 BGB zu den Kindschaftssachen zählen, gilt auch hier der Grundsatz, dass nicht die Frage des Obsiegens oder Unterliegens von Beteiligten, sondern das Kindeswohl auch für die Frage der Kostenverteilung im Vordergrund steht, sodass im Regelfall die Gerichtskosten zwischen den Eltern hälftig aufzuteilen sind und eine Anordnung der Erstattung außergerichtlichen Kosten unterbleibt (vgl OLG Köln 28. 6. 2016 – 10 UF 21/15, juris Rn 23, NJW-Spezial 2016, 677; Heilmann/Dürbeck § 81 FamFG Rn 9 mit Nachweisen der Rspr). Allerdings kommt wegen der Ausgestaltung von § 1686 BGB als Anspruchsgrundlage bei offensichtlich unbegründeten Ansprüchen oder of-

fensichtlich unbegründeter Verweigerung der Anspruchserfüllung auch eine einseitige Kostenverteilung nach § 81 Abs 2 Nr 1 und 2 FamFG in Betracht. Bei einer erfolglosen Beschwerde gilt § 84 FamFG. Gemäß § 81 Abs 1 S 2 FamFG kann in begründeten Ausnahmefällen auch von der Erhebung von Gerichtskosten abzusehen sein.

9. Verfahrenswert

In Bezug auf die Gerichtsgebühren hat der Gesetzgeber iRd Reform zur Stärkung **24**
der Rechte des leiblichen, nicht rechtlichen Vaters auch § 45 FamGKG geändert und in dem neuen § 45 Abs 1 Nr 3 FamGKG klargestellt, dass auch für Verfahren betreffend Auskünfte über die persönlichen Verhältnisse eines Kindes nach §§ 1686, 1686a BGB ein Regelverfahrenswert von (gegenwärtig) 4.000 EUR gilt (OLG Hamm 25. 11. 2015 – 2 WF 191/15, juris Rn 36, FamRB 2016, 186; OLG Frankfurt 25. 10. 2014 – 5 WF 286/14, BeckRS 2014, 22429). Durch das am 1. 1. 2021 in Kraft getretene Gesetz zur Änderung des Justizkosten- und des Rechtsanwaltsvergütungsrechts (BGBl 2020 I 3229) wurde auch der Verfahrenswert für Auskunftsansprüche nach § 1686 BGB gemäß § 45 Abs 1 Nr 3 FamGKG von vormals 3.000 auf 4.000 EUR erhöht. Für Übergangsfälle gilt in Ansehung der Gerichtskosten die Vorschrift des § 63 FamGKG (vgl dazu Schneider/Dürbeck NZFam 2021, 206).

Wird der Auskunftsanspruch im Verfahren **kumulativ zum Umgangsrecht** (vgl § 45 Abs 1 Nr 2 FamGKG) geltend gemacht, hat eine Wertaddition nach § 33 Abs 1 S 1 FamGKG zu erfolgen, sodass sich ein Gebührenverfahrenswert von 8.000 EUR ergibt (OLG Frankfurt 7. 9. 2017 – 1 WF 181/17, juris Rn 4, FamRZ 2018, 204). Wird der Auskunftsanspruch hilfsweise für den Fall der Nichtregelung oder des Ausschlusses des Umgangsrechts geltend gemacht, gilt § 39 Abs 1 S 2 FamGKG (BeckOK-Streitwert/Dürbeck [1. 7. 2023] „Auskunft" § 1686 Rn 2), sodass eine Addition dann erfolgt, wenn das Familiengericht über den hilfsweise gestellten Auskunftsantrag entschieden hat. Richtet er sich aber gegen Vormund/Pfleger und eine weitere dritte Betreuungsperson/Institution, ist nach § 33 S 1 FamGKG eine Wertaddition vorzunehmen (BeckOK-Streitwert/Dürbeck [1. 7. 2023] „Auskunft" § 1686 Rn 2; **aA** OLG Hamm 1. 8. 2016 – 4 UF 99/16, juris Rn 13, JAmt 2016, 572).

10. Abänderung

In Rechtskraft erwachsene Entscheidungen nach § 1686 BGB können bei nachträgli- **25**
cher Änderung der sie tragenden Umstände nicht nach §§ 1696 BGB, 166 FamFG abgeändert werden, da es sich nicht um Entscheidungen zum Umgangsrecht in diesem Sinne handelt (Dürbeck ZKJ 2017, 457, 461; i Erg auch Staudinger/Coester § 1696 Rn 30: nur Umgangsentscheidungen nach §§ 1684, 1685, 1686a BGB). Da Entscheidungen über das Auskunftsrecht aber Dauerwirkung besitzen, können sie nach § 48 Abs 1 S 1 FamFG – auf Antrag (§ 48 Abs 1 S 2 FamFG) – aufgehoben oder geändert werden, wenn sich die zugrundeliegende Sach- oder Rechtslage nachträglich wesentlich geändert (vgl dazu Sternal/Jokisch § 48 FamFG Rn 13 ff) hat.

§ 1686a
Rechte des leiblichen, nicht rechtlichen Vaters

(1) Solange die Vaterschaft eines anderen Mannes besteht, hat der leibliche Vater, der ernsthaftes Interesse an dem Kind gezeigt hat,

1. **ein Recht auf Umgang mit dem Kind, wenn der Umgang dem Kindeswohl dient, und**

2. **ein Recht auf Auskunft von jedem Elternteil über die persönlichen Verhältnisse des Kindes, soweit er ein berechtigtes Interesse hat und dies dem Wohl des Kindes nicht widerspricht.**

(2) Hinsichtlich des Rechts auf Umgang mit dem Kind nach Absatz 1 Nummer 1 gilt § 1684 Absatz 2 bis 4 entsprechend. Eine Umgangspflegschaft nach § 1684 Absatz 3 Satz 3 bis 5 kann das Familiengericht nur anordnen, wenn die Voraussetzungen des § 1666 Absatz 1 erfüllt sind.

Materialien: Eingefügt durch Gesetz zur Stärkung der Rechte des leiblichen, nicht rechtlichen Vaters, BGBl 2013 I 2176, Gesetzentwurf BT-Drucks 17/12163; Rechtsausschuss BT-Drucks 17/13269.

Schrifttum

Aust, Das Kuckuckskind und seine drei Eltern (2015)
BMJV (Hrsg), Arbeitskreis Abstammungsrecht – Abschlussbericht (2017)
Britz, Ausgewählte Verfassungsfragen umgangs- und sorgerechtlicher Streitigkeiten beim Elternkonflikt nach Trennung, FF 2015, 387
Büte, Das Umgangsrecht leiblicher, aber nicht rechtlicher Väter, FuR 2012, 676
Clausius, Das neue Umgangs- und Auskunftsrecht leiblicher, nicht rechtlicher Väter, MDR 2013, 685
dies, Die Auskunftsansprüche nach §§ 1686, 1686a Abs 1 Nr 2 BGB, FamRB 2015, 65
dies, Auskunftsrecht des biologischen Vaters über das Kind, NZFam 2017, 893
Coester, Reformen im Kindschaftsrecht, in: 20. DFGT 2013, Brühler Schriften zum Familienrecht Bd 18 (2014) 43
Coester-Waltjen, Statusrechtliche Folgen der Rechte nichtehelicher Väter, FamRZ 2013, 1693
Deutscher Familiengerichtstag (Kinderrechtekommission), Stellungnahme vom 8. 7. 2012 zum Referentenentwurf des BMJ vom 11. 5. 2012 eines Gesetzes zur Stärkung der Rechte des leiblichen, nicht rechtlichen Vaters, ZKJ 2012, 351
dies, Das Umgangsrecht des genetischen Vaters nach Adoption seines Kindes, ZKJ 2021, 399
Deutscher Juristinnenbund eV, Stellungnahme vom 6. 7. 2012 zum Entwurf eines Gesetzes zur Stärkung der Rechte des leiblichen, nicht rechtlichen Vaters – Gesetzentwurf des BMJ idF vom 11. Mai 2012
Dieckmann, Die rechtliche Stellung des lediglich biologischen Vaters im Wandel des gesellschaftlichen Familienbildes (2013)
DJI Deutsches Jugendinstitut, Stellungnahme vom 17. 10. 2012 zum Entwurf eines Gesetzes zur Stärkung der Rechte des leiblichen, nicht rechtlichen Vaters
Eckebrecht, Die geänderte Stellung des Vaters, NZFam 2016, 373
Eichenhofer, Umgangsrecht ohne Aufenthaltsrecht? Die Rechtsstellung nichtsorgeberechtigter

ausländischer Elternteile im Völker-, Verfassungs- und Aufenthaltsrecht – geltende Rechtslage und Reformbedarf, ZAR 2013, 89
Familienbund der Katholiken, Stellungnahme vom 6. 7. 2012 zum Gesetzentwurf zur Stärkung der Rechte biologischer Väter
Fehr, Umgangsrecht für Dritte, NJW-Spezial 2021, 708
Finger, Rechte des leiblichen, nicht rechtlichen Vaters, FuR 2016, 211
Frank, Die Adoption eines nichtehelichen Kindes mit unbekanntem Vater, FamRZ 2017, 497
Göppinger, Elterliche Gewalt über nichteheliche Kinder, FamRZ 1970, 57
Grziwotz, Umgangs- und Auskunftsrechte für den biologischen Vater, FF 2012, 382
Hähnchen, Vergangenheit und Zukunft der Rechte des nichtehelichen Vaters, JZ 2015, 708
Hammer, Das neue Verfahren betreffend das Umgangs- und Auskunftsrecht des leiblichen, nicht rechtlichen Vaters, FamRB 2013, 298
Heiderhoff, Kann ein Kind mehrere Väter haben?, FamRZ 2008, 1901
Helms, Anm zu EGMR FamRZ 2011, 1715, FamRZ 2011, 1717
ders, Das Nebeneinander von rechtlicher und anderweitiger leiblicher Verwandtschaft aus rechtlicher und rechtspolitischer Perspektive, Zeitschrift für Familienforschung, Sonderheft 8, Pluralisierung von Elternschaft und Kindschaft (2011) 105
ders, Gutachten F zum 71. Deutschen Juristentag (2016)
Hinz, Mutter- und Väterbilder im Familienrecht des BGB 1900–2010 (2014)
Höfelmann, Das neue Gesetz zur Änderung der Vorschriften über die Anfechtung der Vaterschaft und das Umgangsrecht von Bezugspersonen des Kindes, FamRZ 2004, 745
Hoffmann, Das Gesetz zur Stärkung der Rechte des leiblichen, nicht rechtlichen Vaters, FamRZ 2013, 1077
Horndasch, Umgangs- und Auskunftsrecht biologischer, nicht rechtlicher Väter im Konzept des BGB, FuR Jubiläumsausgabe 2015, 28
Keuter, Neue Rechte für den biologischen Vater Teil 1 und 2, ZKJ 2013, 484 und 2014, 16
ders, Umgangsrecht nach Adoption, NZFam 2021, 816
Kieninger, Die verweigerte Mitwirkung am Abstammungsgutachten, FPR 2011, 376
Kindler/Walper/Bovenschen, Kenntnis der Abstammung bei fragmentierter Elternschaft aus humanwissenschaftlicher Sicht, NZFam 2017, 929
Klinkhammer, Zum Verhältnis von Rechtsfortbildung und Rechtspolitik am Beispiel des Umgangsrechts des biologischen Vaters, in: Juristische Studiengesellschaft Jahresband 13 (2013) 89
ders, Wer gehört zur Familie?, ZfPW 2015, 5
Kloster-Harz, Gesetz zur Stärkung der Rechte des leiblichen, nicht rechtlichen Vaters auf Umgang und Auskunft, FamFR 2013, 337
Lang, Entwurf eines Gesetzes zur Stärkung der Rechte des leiblichen, nicht rechtlichen Vaters, FPR 2013, 233
Löhnig, Die leibliche, nicht rechtliche Mutter, FamRZ 2015, 806
ders, Zur Tragung der Kosten des Umgangs von Personen, die nicht rechtliche Eltern sind, mit einem Kind, FamRZ 2013, 1866
ders, Abstammungsrecht: Sozialer, rechtlicher Vater vs leiblicher, nicht rechtlicher Vater?, NZFam 2017, 141
ders, Anfechtung der Vaterschaft durch den leiblichen Vater – vorrangiges Elternrecht des rechtlichen vor dem leiblichen Vater, NJW 2018, 906
Löhnig/Preisner, Zur Reichweite des Einflusses der Rechtsprechung des EuGHMR auf das deutsche Kindschaftsrecht, FamRZ 2012, 489
Löhnig/Riege, Die Rechte des leiblichen, nicht rechtlichen Vaters im Adoptionsrecht – revisited, FamRZ 2015, 9
Machulla, Der Ausschluss leiblicher – aber nicht rechtlicher – Väter von der Anfechtung der Vaterschaft sowie vom Umgangsrecht, ZfJ 2003, 196
Osthold, Die Einwilligung des nur leiblichen, aber nicht rechtlichen Vaters in die Adoption im Falle einer Samenspende, FF 2016, 53 Paritätischer Wohlfahrtsverband Gesamtverband eV, Paritätische Stellungnahme zum Entwurf eines Gesetzes zur Stärkung der Rechte des leiblichen, nicht rechtlichen Vaters v 5. 7. 2012
Peschel-Gutzeit, Der doppelte Vater – Kritische Überlegungen zum Gesetz zur Stärkung der Rechte des leiblichen, nicht rechtlichen Vaters, NJW 2013, 2465

dies, Die geschichtliche Entwicklung der Vaterstellung im deutschen Recht seit 1900, FPR 2005, 167
Pheiler-Cox, Die gesetzliche Neuregelung des Umgangsrechts des leiblichen, nicht rechtlichen Vaters, jM 2014, 141
Plettenberg, Vater, Vater, Mutter, Kind – Ein Plädoyer für die rechtliche Mehrvaterschaft (2016)
Rauscher, Von einem getriebenen Gesetzgeber und mehreren Arten von Vätern, in: Gedächtnisschrift für Seebode (2014) 301
ders, Das Umgangsrecht im Kindschaftsrechtsreformgesetz, FamRZ 1998, 329
Rixe, Zur Rechtsstellung des leiblichen Vaters, FamRZ 2011, 1363
Roth, Vaterschaftsanfechtung durch den biologischen Vater, NJW 2003, 3153
Schwab, Die Begriffe der genetischen, biologischen, rechtlichen und sozialen Elternschaft (Kindschaft) im Spiegel rechtlicher Terminologie, Zeitschrift für Familienforschung, Sonderheft 8, Pluralisierung von Elternschaft und Kindschaft (2011) 41
ders, Rechte am Kind ohne Verantwortung? – Zur Begründung von Umgangsbefugnissen Dritter, in: FS Coester-Waltjen (2017) 223
ders, Was ist und bedeutet Familie?, FF 2022, 53
Spangenberg, Zur Tragung der Kosten des Umgangs von Personen, die nicht rechtliche Eltern sind, mit einem Kind, Erwiderung auf den Beitrag von Löhnig FamRZ 2013, 1866, FamRZ 2014, 355
VAMV eV, Stellungnahme zum Entwurf eines Gesetzes zur Stärkung der Rechte des leiblichen, nicht rechtlichen Vaters; http://www.vamv.de/uploads/media/VAMV_Stellungnahme_Staerkung_der_Rechte_biologischer_Vaeter_2012.pdf
Walper/Wendt, Die Bedeutung der Abstammung für die Identitätsfindung und Persönlichkeitsentwicklung in der Adoleszenz: Adoption, Samenspende und frühe Vaterabwesenheit nach Trennung der Eltern, Zeitschrift für Familienforschung, Sonderheft 8, Pluralisierung von Elternschaft und Kindschaft (2011) 211
Wellenhofer, Beweiserhebung bei der Klärung der leiblichen Abstammung, NZFam 2014, 117
dies, Der Europäische Gerichtshof für Menschenrechte und das Vaterschaftsanfechtungsrecht des leiblichen Vaters, FamRZ 2012, 828
dies, Schranke des Anfechtungsrechts des leiblichen Vaters nach § 1600 II, III BGB, NZFam 2017, 898
Willutzki, Das Umgangsrecht des biologischen Vaters – Eine neue Baustelle im Kindschaftsrecht?, ZKJ 2011, 90
Wohlgemuth, Zur Tragung der Kosten des Umgangs von Personen, die nicht rechtliche Eltern sind, mit einem Kind, Erwiderung auf den Beitrag von Löhnig FamRZ 2013, 1866, FamRZ 2014, 356.

Systematische Übersicht

I. Der leibliche, nicht rechtliche Vater im Wandel des Bürgerlichen Rechts

1. Die Entwicklung von 1900 bis 2010

1 Die rechtliche Stellung des lediglich biologischen Vaters ist seit Inkrafttreten des BGB einem grundlegenden Wandel (zur historischen Entwicklung Dieckmann, Die rechtliche Stellung des lediglich biologischen Vaters im Wandel des gesellschaftlichen Familienbildes [2013] 17 ff; Rauscher, in: GS Seebode [2014] 301 ff; Peschel-Gutzeit FPR 2005, 167) unterzogen, der begleitet und forciert wurde durch ein sich veränderndes Mutter- und Vaterbild in der Gesellschaft (ausführlich Hinz, Mutter- und Väterbilder im Familienrecht des BGB 1900–2010 [2014] 47 ff; Eckebrecht NZFam 2016, 673). Das am 1. 1. 1900 in Kraft getretene BGB war geprägt von der Vorstellung, dass es zur Begründung einer verwandtschaftlichen Beziehung zwischen Vater und Kind der sittlichen Basis der Ehe mit der Mutter bedurfte, die aber bei einem **nichtehelichen Kind** fehlte (Mot IV 851). Nach § 1589 Abs 2 aF galt das nichteheliche Kind als nicht mit dem Vater verwandt. Auf die biologische Abstammung des Kindes kam es nicht an, sodass die Nichtehelichkeit des Kindes auch nach § 1593 BGB von niemandem geltend gemacht werden konnte. Die nichteheliche Vaterschaft blieb zunächst allein einer **inzidenten Feststellung** zur Prüfung der **Unterhaltspflicht** vorbehalten. Ein „*Verkehrsrecht*" iSd heutigen Umgangsrechts war lediglich im Fall der Ehescheidung für den nicht sorgeberechtigten Elternteil nach § 1636 aF vorgesehen. Dieser Zustand dauerte in Bezug auf die Rechtsstellung des nichtehelichen Vaters auch nach Inkrafttreten des **Grundgesetzes** ungeachtet von Art 3 Abs 2 und Art 6 Abs 5 GG bis 1969 fort. So wurde im Jahr 1967 vom Katholischen Arbeitskreis noch ernsthaft die Auffassung vertreten, dass um Umgang mit dem Kind nachsuchende nichteheliche Väter „charakterlich minderwertig" und häufig „Straffällige, Trinker, Arbeitssuchende und Haltlose" seien (FamRZ 1967, 1, 7). Erst das **BVerfG** sorgte mit

zwei Entscheidungen in den Jahren 1958 (BVerfG 23. 10. 1958 – 1 BvL 45/56, FamRZ 1958, 451) und 1969 (BVerfG 29. 1. 1969 – 1 BvR 26/66, FamRZ 1969, 196) dafür, dass der Gesetzgeber die Rechte von biologischen Vätern stärkte. Durch das **NichtehelichenG** v 19. 8. 1969 (BGBl 1969 I 1243) wurde ua § 1589 Abs 2 aF gestrichen, die Möglichkeit der Begründung nichtehelicher Vaterschaft durch Anerkennung (§§ 1600b–m aF) oder gerichtliche Feststellung (§§ 1600n–o aF) und mit § 1711 aF ein Recht zum persönlichen Verkehr mit dem Kind geschaffen, das jedoch weitgehend vom Willen der Mutter abhängig war (vgl Göppinger FamRZ 1970, 57, 67). Die lediglich biologische Vaterschaft blieb dagegen – vor allem in Hinblick auf das Recht zur Anfechtung der Vaterschaft – noch völlig unberücksichtigt, was auch dem gesellschaftlichen Denken entsprach (vgl RegE BT-Drucks V/2370, 32). Nach Verbesserungen des Umgangsrechts nichtehelicher Väter durch das **SorgerechtsänderungsG** v 18. 7. 1979 (BGBl 1979 I 1061) erfolgte durch das **KindschaftsrechtsreformG** v 16. 12. 1997 (BGBl 1997 I 2942) mit § 1684 BGB eine Gleichstellung des Umgangsrechts von ehelichen und nichtehelichen Vätern (vgl dazu Rauscher FamRZ 1998, 329). In der Folge erkannte das BVerfG an, dass auch der nichteheliche Vater sich dann auf Art 6 Abs 2 GG berufen kann, wenn er nicht mit der Mutter zusammenlebt (BVerfGE 92, 158 – 1 BvR 790/91, juris Rn 64). In § 1685 aF wurde zudem ein Umgangsrecht von Großeltern und Geschwistern und in dessen Abs 2 ein solches von Ehegatten oder früheren Ehegatten des betreuenden Elternteils geregelt, die mit dem Kind längere Zeit in häuslicher Gemeinschaft gelebt haben, und für vormalige Pflegepersonen verankert. Der lediglich biologische Vater blieb weiterhin außen vor, da der in § 1685 aF benannte Personenkreis als abschließend betrachtet worden war (BGH 4. 7. 2001 – XII ZB 161/98, juris Rn 16, NJW 2001, 3337; BR-Drucks 180/96, 78; BT-Drucks 13/4899, 69: nur nach § 1666 BGB). Auch ein eigenes Vaterschaftsanfechtungsrecht blieb ihm noch verwehrt. Einen Wendepunkt der Rechte des leiblichen, nichtrechtlichen Kindesvaters stellte sodann die Entscheidung des BVerfG v 9. 4. 2003 (BVerfG 9. 4. 2003 – 1 BvR 1493/96 Rn 51 ff, FamRZ 2003, 816; vgl dazu Schwab FF 2022, 53, 56) dar, wonach der damalige § 1685 aF gegen Art 6 Abs 1 GG verstoße, als er demjenigen leiblichen Vater ein Umgangsrecht gänzlich verwehre, der mit dem Kind eine **sozial-familiäre Beziehung** unterhalte oder in der Vergangenheit unterhalten habe. Daneben rügte das BVerfG, dass der leibliche Vater verfahrensrechtlich von der **Anfechtung der Vaterschaft** auch für den Fall ausgeschlossen sei, dass zwischen dem Kind und seinem rechtlichen Vater keine sozial-familiäre Gemeinschaft bestehe. Damit wurde bestätigt, dass auch der leibliche Vater in den Schutzbereich von Art 6 Abs 1 GG fällt, wenn zwischen ihm und dem Kind eine soziale Beziehung besteht, die darauf beruht, dass er tatsächliche Verantwortung für das Kind getragen hat. Durch das hierauf folgende Gesetz zur Änderung der Vorschriften über die Anfechtung der Vaterschaft und das Umgangsrecht von Bezugspersonen des Kindes v 23. 4. 2004 (BGBl 2004 I 598; vgl dazu Höfelmann FamRZ 2004, 745; Machulla ZFE 2003, 197) wurde dem potenziell biologischen Vater in § 1600 Abs 1 Nr 2 BGB ein eigenes Vaterschaftsanfechtungsrecht gewährt und § 1685 Abs 2 BGB dahin erweitert, dass allen engen (sozialen) Bezugspersonen ein Umgangsrecht eröffnet wurde, sodass auch ein lediglich biologischer Vater, der eine sozial-familiäre Beziehung mit dem Kind unterhalten hat, in den Anwendungsbereich miteinbezogen wurde. Auch wenn es sich hierbei um eine erhebliche Verbesserung der Rechte leiblicher Väter handelte, war in Bezug auf das Umgangsrecht der praktisch bedeutsame Fall, dass eine Mutter dem Erzeuger ihres Kindes den Aufbau einer sozialen Beziehung zu dem Kind von vornherein nicht gewährt, nicht erfasst (kritisch Roth NJW 2003, 3153, 3160). So verwunderte es nicht, dass auch nach der Reform von § 1685 BGB denjenigen leiblichen Vätern, die bislang nicht die Möglichkeit hatten, tatsächliche Verantwortung für das Kind zu übernehmen und die auch wegen einer sozial-familiären Beziehung des rechtlichen Vaters mit dem Kind eine eigene rechtliche Vaterschaft nicht begründen konnten, ein Umgangsrecht nach § 1685 Abs 2 BGB zunächst weiter verwehrt wurde (aus der Rspr vgl OLG Düsseldorf 15. 9. 2003 – 8 UF 14/03, juris Rn 7 ff, FamRZ 2004, 290; OLG Celle 26. 7. 2004 – 10 UF 147/04, juris Rn 13, NJW 2005, 78; OLG Frankfurt 9. 2. 2006 – 2 UF 386/05, juris Rn 15 ff; OLG Karlsruhe 12. 12. 2006 – 2 UF 206/15, juris Rn 13 ff, FamRZ 2007, 924). Die vorgenannten Entscheidungen waren in der Folge vom BVerfG bestätigt worden, da nach seiner Ansicht Art 6 Abs 1 GG nicht die Bereitschaft des leiblichen Vaters schütze, Verantwortung für das Kind tragen zu wollen oder eine sozial-familiäre Beziehung zu ihm aufzubauen (BVerfG 20. 9. 2006 – 1 BvR 1337/06, juris Rn 12 ff, FamRZ 2006, 1661; BVerfG 31. 8. 2004 – 1 BvR 2073/03, juris Rn 5 ff, FamRZ 2004, 1705; BVerfG 29. 3. 2007 – 1 BvR 183/07, nv) und im Übrigen das Umgangsrecht nach § 1684 BGB ausschließlich dem rechtlichen Vater vorbehalten sei. Nur die bereits einmal gelebte sozial-familiäre Beziehung, in der der leibliche Vater Elternverantwortung für das Kind übernommen hat, entfaltet nach dieser Rechtsprechung einen nachwirkenden Schutz auch dann, wenn diese Beziehung endet und der leibliche Vater nicht rechtlicher Vater geworden ist.

2. Kehrtwende: Rechtsprechung des EGMR

Eine Kehrtwende im Bereich des Umgangsrechts für leibliche, nichtrechtliche Väter 2
erfolgte im deutschen Kindschaftsrecht – wie auch im Bereich der Begründung elterlicher Sorge (EGMR 3. 12. 2009 – 22028/04, FamRZ 2010, 103) und der Beschleunigungsrechtsbehelfe (EGMR 15. 1. 2015 – 62198/11, FamRZ 2015, 469) – durch die Rechtsprechung des EGMR (ausführlich zur Frage des Vorrangs der EMRK und zur Bedeutung und Bindung der Entscheidungen des EGMR gegenüber dem BVerfG und den nationalen Fachgerichten Klinkhammer, in: Juristische Studiengesellschaft Jahresband 2013, 89 ff; ders ZfPW 2015, 5, 17 f). Während der EGMR im Fall *Hülsmann/Deutschland* noch im Ergebnis ein Umgangsrecht des leiblichen Vaters mit seinem Kind verneinte, weil der betreffende Vater sein Kind nach der Geburt und in den zwei folgenden Jahren nur wenige Male besucht hatte, stellte er dort aber – in Abweichung zur Rechtsprechung des BVerfG zu Art 6 Abs 1 GG – fest, dass auch ein **beabsichtigtes Familien- bzw Privatleben** ausnahmsweise unter Art 8 EMRK fallen könne, wenn der Umstand, dass das Familien- bzw Privatleben noch nicht vollständig hergestellt sei, nicht dem leiblichen Vater **zuzurechnen sei** (EGMR 18. 3. 2008 – 33375/03, juris Rn 54, NJW-RR 2009, 1585). Insoweit war es nur eine Frage der Zeit, bis der EGMR den Ausschluss jedweden Umgangsrechts für leibliche Väter ohne vorherige soziale Beziehung zu dem Kind beanstanden würde. Unmittelbaren Anlass für die Einfügung des § 1686a BGB (BT-Drucks 17/12163, 8 f) gab dann die Rechtsprechung des EGMR in den Verfahren *Anayo v Deutschland* (EGMR 21. 12. 2010 – 20578/07, FamRZ 2011, 269; dazu Rixe FamRZ 2011, 1363) und *Schneider v Deutschland* (EGMR 15. 9. 2011 – 17080, FamRZ 2011, 1715; dazu Willutzki ZKJ 2011, 90), die zu der Erkenntnis führten, dass sich das Verhältnis des biologischen Vaters zu dem Kind **nicht auf den Topos der rechtlichen und sozialen Familie** reduzieren lässt. Insbesondere bezieht der EGMR im Schneider-Urteil auch das **Fehlen von Auskunftsansprüchen** ein. Der EGMR sieht es als einen Verstoß gegen Art 8 EMRK (jedenfalls **Achtung des Privatlebens**) an, dass die den Individualbeschwerden zu Grunde liegenden Entscheidungen deutscher Gerichte nicht berücksichtigen, dass die Beschwerdeführer aus rechtlichen und tatsächlichen Gründen an der Herstellung einer rechtlich anerkannten oder sozial-familiären Vaterschaft gehindert waren und dass die Frage,

ob ein Umgang gleichwohl dem Wohl des Kindes dienlich gewesen wäre, nicht im Einzelfall geprüft wird. Auch wenn der EGMR vordergründig auf das Recht auf Privatleben abgestellt hat, bedeutet die Entscheidung im Ergebnis eine **Erweiterung des Familienbegriffs** (zutreffend Klinkhammer ZfPW 2015, 5, 16; zur Familie als Wertbegriff: Schwab FF 2022, 53).

In beiden Entscheidungen wird im Übrigen betont, dass der Umstand, dass bislang kein Familienleben zwischen Erzeuger und Kind entstanden ist, **nicht dem Vater zuzurechnen** sein dürfe und dass dieser (aktiv) **Interesse an dem Kind** bekundet und sich zu ihm bekannt haben müsse. Dabei forderte der EGMR insbesondere eine **einzelfallbezogene gerichtliche Prüfung**, ob der Umgang mit seinem leiblichen Vater dem Wohl des Kindes diene, wobei auch die von den rechtlichen Eltern für ihre Weigerungshaltung angegebenen Gründe zu würdigen seien. Eine solche Einzelfallprüfung fand in der Tat vor den Entscheidungen des EGMR durch die deutschen Familiengerichte nicht statt. Soweit im Fall *Schneider* – anders im Fall *Anayo* – die Vaterschaft des Beschwerdeführers bestritten war, verwies der EGMR auf die Möglichkeit einer **statusunabhängigen Ermittlung der biologischen Vaterschaft** im jeweiligen Umgangsverfahren (EGMR 15. 9. 2011 – 17080, juris Rn 102, FamRZ 2011, 1715).

Hinsichtlich des Umgangsrechts von leiblichen Eltern, die in die **Adoption** des Kindes eingewilligt haben, hat der EGMR allerdings die vormals vorherrschende Ansicht (vgl § 1685 Rn 25) bestätigt, wonach ein Umgangs- und Auskunftsrecht im Hinblick auf § 1755 BGB – auch bei einer halboffenen Adoption und rechtlich unverbindlichen Absprachen – nicht bestehe (EGMR 5. 6. 2014 – 31021/08, NJW 2015, 2319).

Der Ansatz des EGMR stärkte die im deutschen Kindschaftsrecht nicht vorherrschende Ansicht, die der **natürlichen Abstammung** Gleichwertigkeit gegenüber dem Ansatz sozialer Familiengrundlagen sichern will. Im Bereich der **Anfechtung der Vaterschaft** durch den (potenziell) biologischen Vater hat der EGMR die im deutschen Recht verankerte Bevorteilung der rechtlich-sozialen Vaterschaft (§ 1600 Abs 2 BGB) aber unangetastet gelassen. In insgesamt vier Entscheidungen im Anschluss an die beiden zuvor genannten Urteile zum Umgangsrecht hat der EGMR entschieden, dass die Entscheidung, ob dem vermeintlichen biologischen Vater die Anfechtung einer bestehenden rechtlichen Vaterschaft zu gestatten ist, dem innerstaatlichen Ermessensspielraum überlassen sei und den Vorrang einer sozial-familiären Beziehung von rechtlichem Vater und Kind als mit Art 14 und Art 8 EMRK vereinbar gesehen (EGMR 22. 3. 2012 – 23338/09 *Kautzor v Deutschland*, NJW 2013, 1937; EGMR 5. 11. 2013 – 26610/09 *Ahrens v Deutschland*, NJW 2014, 3083; EGMR 2. 12. 2014 – 546/10 *Adebowale v Deutschland*, EuGRZ 2015, 644; EGMR 10. 3. 2015 – 42719/14 *Markgraf v Deutschland*, FamRZ 2016, 437; vgl zu den beiden zuerst genannten Entscheidungen Wellenhofer FamRZ 2012, 828). Auch die statusunabhängige außergerichtliche Klärung der Abstammung gemäß **§ 1598a BGB** ist dem leiblichen, nicht rechtlichen Vater nicht eröffnet, weil diese auf die Mitglieder der rechtlichen Familie beschränkt ist, was das BVerfG ebenfalls bestätigt hat (BVerfG 19. 4. 2016 – 1 BvR 3309/13, FamRZ 2016, 877 Rn 69 ff). Damit verbleiben aber immer noch zahlreiche Lücken und Wertungswidersprüche hinsichtlich der statusrechtlichen Folgen der Rechte nichtehelicher Väter (vgl Coester-Waltjen FamRZ 2013, 1693). Nicht ganz zu Unrecht wurde in der Rspr die Frage gestellt, ob es mit Art 6 Abs 1 GG und Art 8 Abs 1 EMRK zu vereinbaren ist, einem potenziell biologischen Vater das Recht zur Anfechtung der Vaterschaft auch dann zu versagen, wenn nicht nur der rechtliche Vater eine sozial-familiäre Beziehung zu dem Kind unterhält, sondern auch er selbst (für teleologische Reduktion von § 1600 Abs 2 BGB bei gleichwertiger sozial-familiärer Beziehung und aktuellem Zusammenleben mit dem Kind: OLG Hamm 20. 7. 2016 – 12 UF 51/16, FamRZ 2016, 2135; **aA** Löhnig NZFam 2017, 141, 142; vgl auch BVerfG 24. 2. 2015 – 1 BvR 562/13, FamRZ 2015, 817). Der BGH hat allerdings die Vereinbarkeit von § 1600 Abs 2 BGB mit Art 8 EMRK und Art 6 Abs 1 und 2 GG auch für den Fall bestätigt, dass der biologische Vater ebenfalls eine sozial-familiäre Beziehung zu dem Kind unterhält und sicher zu Recht auf den Gesetzgeber verwiesen (BGH 15. 11. 2017 – XII ZB 389/16, juris Rn 12 ff, ZKJ 2018, 144 m Anm Dürbeck; vgl auch BGH 18. 10. 2017 – XII ZB 525/16, juris Rn 15, FamRZ 2018, 41). In der Zwischenzeit hatte das BVerfG zwar die Diskussion um die Rechte des biologischen, aber nicht rechtlichen Vaters in einer Entscheidung zum Abstammungsrecht neu belebt (BVerfG 25. 9. 2018 – 1 BvR 2814/17, FamRZ 2019, 124 m Anm Helms). Danach müsse das Verfahren zur Erlangung der rechtlichen Vaterstellung hinreichend **effektiv** sein und deshalb darf dem leiblichen Vater, der ein gerichtliches Vaterschaftsfeststellungverfahren zu einem Zeitpunkt eingeleitet hat, in dem die Voraussetzungen seiner Vaterschaftsfeststellung erfüllt sind, die Erlangung der Vaterstellung grundsätzlich nicht dadurch versperrt werden, dass ein anderer Mann während des laufenden Vaterschaftsfeststellungsverfahrens die Vaterschaft anerkennt. Dies solle jedenfalls dann gelten, wenn im Zeitpunkt der Einleitung des gerichtlichen Vaterschaftsfeststellungsverfahrens durch den leiblichen Vater noch keine sozial-familiäre Beziehung des anderen Mannes zu den Kindern bestand und der leibliche Vater selbst bereits eine sozial-familiäre Beziehung zu seinen Kindern aufgebaut hatte. Der BGH (BGH 24. 3. 2021 – XII ZB 364/19, FamRZ 2021, 1127 Rn 53 entgegen OLG Frankfurt 8. 7. 2019 – 1 UF 1/19, FamRZ 2019, 1872; ihm folgend OLG Naumburg 28. 7. 2021 – 8 UF 95/21, NZFam 2023, 664 m Anm Oldenburger – beim BVerfG anhängig unter 1 BvR 2017/21) ist einer weiten Auslegung des vom BVerfG postulierten Effektivitätsgrundsatzes aber entgegengetreten und hält eine Vorverlagerung des Zeitpunkts des Vorliegens einer sozial-familiären Beziehung iSd § 1600 Abs 2 BGB dann für nicht angezeigt, wenn die rechtliche Vaterschaft bereits zum Zeitpunkt der Geburt des Kindes begründet war.

Der vom BJMV eingesetzte Arbeitskreis zur Reform des Abstammungsrechts hat sich im Übrigen bereits 2017 in diesem Zusammenhang dafür ausgesprochen, dem leiblichen Vater binnen einer Frist von sechs Monaten bis zu zwei Jahren ein Anfechtungsrecht ohne Rücksicht auf eine sozial-familiäre Beziehung des Kindes zu seinem rechtlichen Vater zu gewähren und auch außerhalb dieses Zeitraums das Bestehen einer sozial-familiären Beziehung des leiblichen Vaters zu dem Kind in eine vom Familiengericht vorzunehmende Abwägung miteinzubeziehen (BMJV [Hrsg], Arbeitskreis Abstammungsrecht Abschlussbericht [2017] Thesen 29 und 30, S 52 f; ebenso Helms, Gutachten F zum 71. Deutschen Juristentag [2016] 51; kritisch Löhnig ZRP 2017, 205). Ob diese Vorschläge politisch mehrheitsfähig sein können, muss abgewartet werden.

3. Die Entwicklung nach den Entscheidungen des EGMR

Die beiden Entscheidungen des EGMR (oben Rn 2) zum Umgangsrecht des leibli- 3
chen, nichtrechtlichen Vaters sorgten in Deutschland für große Aufmerksamkeit. In der Literatur wurde von einer „*neuen Baustelle*“ im Kindschaftsrecht gesprochen (Willutzki ZKJ 2011, 90) und die Notwendigkeit einer gesetzlichen Erweiterung des Umgangsrechts unterschiedlich beantwortet (kritisch Löhnig/Preisner FamRZ 2012, 489;

DFGT KRK ZKJ 2012, 351). Zum Teil wurde mit beachtlichen Gründen eine Lösung der Problematik durch eine Erweiterung des Vaterschaftsanfechtungsrechts des biologischen Vaters gefordert (HELMS FamRZ 2011, 1717 f). Es wäre sicher auch ein gangbarer Weg gewesen, wenn der Gesetzgeber die Entscheidung, ob §§ 1684 ff BGB im Hinblick auf den leiblichen, nichtrechtlichen Vater gegen das Grundgesetz verstoßen, dem BVerfG überlassen hätte.

Die familiengerichtliche **Rechtsprechung** verblieb auch im Anschluss an die Entscheidungen des EGMR bei ihrer Linie, dem leiblichen, nichtrechtlichen Vater das Umgangsrecht zu verwehren (KG FamRZ 2012, 647: keine Rechte des biologischen Vaters aus Art 6 GG und Art 8 Abs 1 EMRK bei bestrittener Vaterschaft; OLG Bamberg FamRZ 2013, 710, 711: nicht kindeswohldienlich, bereits die Klärung der vorfraglichen Abstammung zerbreche den „Halt, Orientierung, Sicherheit und Wärme spendenden Familienverband"; zu Recht kritisch KLINKHAMMER, in: Juristische Studiengesellschaft [Jahresband 2013] 89, 105 Fn 46). Im Fall *Schneider* gab das OLG Frankfurt dem auf die Entscheidung des EGMR folgenden Antrag des potenziell biologischen Vaters statt, das Verfahren nach der Entscheidung des EGMR gemäß §§ 48 Abs 2 FamFG, 580 Nr 8 ZPO **wiederaufzunehmen** und hielt § 35 EGZPO entgegen dem Wortlaut in Kindschaftssachen für nicht anwendbar (OLG Frankfurt 22. 8. 2013 – 2 UF 23/12, juris Rn 19, 23, FamRZ 2014, 682). Der BGH (BGH 19. 3. 2014 – XII ZB 511/13, juris Rn 12, FamRZ 2014, 927) trat dem jedoch entgegen und hielt § 35 EGZPO auch für Umgangsverfahren, die vor dem 31. 12. 2006 beendet worden sind, für anwendbar, was auch durch das BVerfG bestätigt worden ist (BVerfG 19. 5. 2015 – 1 BvR 1170/14, FamRZ 2015, 1263; zur Vorgeschichte vgl auch HAMMER 2019, 2007 f). Durch das angestrebte Wiederaufnahmeverfahren wollte der Beschwerdeführer offenkundig ein neues Umgangsverfahren im Vereinigten Königreich vermeiden. Der erneut von ihm angerufene EGMR (EGMR 25. 9. 2018 – 61595/15 *Schneider v Deutschland*, juris Rn 13 ff) sah in der Versagung der Wiederaufnahme des in Deutschland abgeschlossenen Umgangsverfahrens keinen Verstoß gegen Art 8 und 6 Abs 1 EMRK und hat zu Recht darauf verwiesen, dass auch die britischen Gerichte im Falle einer Anrufung durch den Antragsteller ungeachtet von Art 46 EMRK die Vorentscheidung des EGMR vom 15. 9. 2011 zu berücksichtigen hätten.

4. Die Reaktion des Gesetzgebers

4 Bereits am 11. 5. 2012 legte das BMJ einen **Referentenentwurf** eines Gesetzes zur Stärkung der Rechte des leiblichen, nicht rechtlichen Vaters vor. Danach sollte nach dem neu zu schaffenden § 1686a BGB der leibliche Vater, der durch sein Verhalten gezeigt hat, dass er für das Kind tatsächliche Verantwortung tragen will, ein Umgangsrecht besitzen, wenn dies dem Kindeswohl dient, und bei berechtigtem Interesse ein Auskunftsrecht über die persönlichen Verhältnisse des Kindes haben, soweit dies dem Kindeswohl nicht widerspricht. Nach S 2 des Entwurfs sollte eine eidesstattliche Versicherung dahin abzugeben sein, dass der Antragsteller der Mutter des Kindes beigewohnt hat. § 163a FamFG des Entwurfs sah in Abs 1 vor, dass, soweit die Feststellung der Vaterschaft erforderlich ist, jede Person Untersuchungen, insbesondere Blutproben zu dulden habe, soweit ihr dies zugemutet werden könne. Nach Abs 2 des Entwurfs sollten §§ 177 Abs 2 S 2, 178 Abs 2 FamFG entsprechend gelten. Die Reaktionen im Schrifttum und in den Verbänden auf den Referentenentwurf waren eher kritisch. So wurde etwa bemängelt, dass der Entwurf eine „*Elternschaft light*" vorsehe, die dem biologischen Vater ausschließlich **Rechte ohne gleichzeitige**

Pflichten gewähre, was auch mit Art 6 Abs 2 S 1 GG unvereinbar sei (DFGT KRK ZKJ 2012, 351, 353; ebenso Peschel-Gutzeit NJW 2013, 2465, 2468) und das Kind mangels eigenem Umgangsrecht zum **Objekt** des Umgangsrechts eines Dritten mache (Schwab, in: FS Coester-Waltjen [2017] 223, 231 ff). Kritik wurde weiterhin an der im Umgangsverfahren vorgesehenen **inzidenten Vaterschaftsfeststellung** geübt, die zwar nur inter partes wirke, aber im Ergebnis zu einer **doppelten Vaterschaft** führe und sich zudem gegen die Rspr des BVerfG (vgl BVerfG 20. 9. 2006 – 1 BvR 1337/06, FamRZ 2006, 1661) stelle (MünchKommFamFG/Heilmann § 167a Rn 3; Lang FPR 2013, 233, 235). Zudem wurde beanstandet, dass der Entwurf weit über das hinaus gehe, was der EGMR indirekt gefordert hatte (VAMV Stellungnahme v 11. 5. 2012), was in der Tat der Fall ist, zumal nur ein weiterer EMRK-Staat ein so weit reichendes Umgangsrecht des biologischen Vaters vorsieht (vgl ausführlich Aust, Das Kuckuckskind und seine Eltern [2015] 263 ff: Vereinigtes Königreich). Schließlich wurde kritisiert, dass auch solche Väter in die Regelung miteinbezogen seien, die nur einen kurzen sexuellen Kontakt mit der Mutter gehabt hätten und nie mit ihr zusammengelebt haben (Paritätischer Wohlfahrtsverband Stellungnahme v 11. 5. 2012) und ebenfalls solche, die bewusst nicht von einem aussichtsreichen Vaterschaftsanfechtungsrecht Gebrauch gemacht haben (DFGT KRK ZKJ 2012, 351, 353). Weiterhin wurden eine zu niedrige Kindeswohlschwelle (Lang FPR 2013, 233, 235), ein fehlender Verweis auf § 1684 Abs 2 und 3 BGB und eine zu unbestimmte Formulierung zur Frage, ob der biologische Vater in der Vergangenheit hinreichendes Interesse an dem Kind gezeigt hat, kritisiert (vgl DFGT KRK ZKJ 2012, 351, 352 ff). Zu Recht wurde auch beanstandet, dass der Entwurf kein Recht des Kindes auf Umgang mit seinem leiblichen Vater vorsehe (Grziwotz FF 2012, 382, 386).

Die Bundesregierung hielt jedoch ungeachtet der geübten Kritik am wesentlichen Inhalt des Referentenentwurfs fest. Der **Gesetzentwurf** der Bundesregierung v 25. 1. 2013 (BT-Drucks 17/12163) sah in § 1686a Abs 2 BGB-E nunmehr eine Verweisung auf § 1684 Abs 2–4 BGB vor, allerdings mit der Einschränkung, dass eine Umgangspflegschaft nur im Falle einer Kindeswohlgefährdung nach § 1666 BGB zulässig sein sollte. Das Erfordernis der eidesstattlichen Versicherung der Beiwohnung der Kindesmutter in der Empfängniszeit wurde richtigerweise in die verfahrensbegleitende Norm des § 167a FamFG-E eingefügt und das vom Antragsteller in der Vergangenheit zu fordernde Interesse am Kind nunmehr als *„nachhaltiges Interesse“* formuliert, welches in der Gesetzesbegründung (BT-Drucks 17/12163, 13) ausführlich erläutert wurde. Die Lösung über das Abstammungsrecht wurde weiterhin verworfen (dafür Staudinger/Rauscher [2014] § 1686a Rn 4; Helms FamRZ 2011, 1717 f) und an einer inzidenten Feststellung der Vaterschaft festgehalten. Der **Bundesrat** hat im Gesetzgebungsverfahren in seiner Stellungnahme v 14. 12. 2012 (BT-Drucks 17/12163 Anlage 3) angeregt, die im Gesetzentwurf vorgesehene inzidente Prüfung der biologischen Vaterschaft dadurch zu ersetzen, dass dem biologischen Vater unter einschränkenden Voraussetzungen ein Klärungsanspruch nach § 1598a BGB eingeräumt wird und sich dabei auf eine Empfehlung des 19. DFGT (Ziff C IV 8 der Empfehlung des Vorstands des 19. DFGT) bezogen. Ein außergerichtliches Klärungsverfahren sei weniger belastend und die hierfür erforderlichen Kosten seien von dem potenziellen biologischen Vater selbst zu tragen. Die **Bundesregierung** ist diesem Vorschlag aber entgegengetreten und hat dies vor allem mit verfahrensrechtlichen Argumenten begründet (BT-Drucks 17/12163 Anlage 4). Der **Rechtsausschuss** des Bundestages hat sich in seiner Beschlussempfehlung v 24. 4. 2013 (BT-Drucks 17/13269) für eine Annahme des Gesetzentwurfs ausgesprochen und angeregt, in § 1686a BGB-E die Formulierung „nachhaltiges Interesse" durch die Formulierung „*ernsthaftes Interesse*" zu ersetzen. Am 25. 4. 2013 hat der Bundestag das Gesetz in der vom Rechtsausschuss vorgeschlagenen Fassung beschlossen. Das **Gesetz zur Stärkung der Rechte des leiblichen, nicht rechtlichen Vaters** vom 4. 7. 2013 (BGBl 2013 I 2176) ist sodann am 13. 7. 2013 in Kraft getreten.

5. Bewertung

5 Die im vorstehenden Kapitel aufgezeigte Gesetzgebungsgeschichte zeigt eindrucksvoll, welchen großen Einfluss die Rechtsprechung des EGMR zwischenzeitlich auf das deutsche Kindschaftsrecht genommen hat. Dieser Prozess hat sich mit der schnellen Einführung der §§ 155b–c FamFG in das kindschaftsrechtliche Verfahrensrecht als unmittelbare Reaktion des Gesetzgebers auf die Entscheidung des EGMR v 1. 1. 2015 zum Fehlen eines Verzögerungsrechtsbehelfs (EGMR 15. 1. 2015 – 62198/11 *Kuppinger v Deutschland*, FamRZ 2015, 469) fortgesetzt. Mit der Regelung des Umgangsrechts leiblicher nichtrechtlicher Väter in §§ 1686a BGB, 167a FamFG ist der deutsche Gesetzgeber sogar über die Vorgaben des EGMR hinausgegangen. Die Gelegenheit für eine **Gesamtlösung** der Problematik der Rechte biologischer Väter unter Einschluss des Abstammungs- und Adoptionsrechts hat er leider nicht wahrgenommen. Die in § 1686a BGB gewählte „Insellösung" (so DFGT KRK ZKJ 2012, 351) über ein erweitertes Umgangs- (und Auskunfts-)recht verwirft zugleich den Ansatz, die Problematik allein auf **abstammungsrechtlicher Ebene** zu lösen. Die Zielsetzung, dem sich um Vaterschaft bemühenden leiblichen Vater ein Umgangsrecht zu eröffnen, hätte sich allein durch eine Erweiterung der Berechtigung zur Vaterschaftsanfechtung erreichen lassen. Hätte der Gesetzgeber § 1600 Abs 2 BGB gestrichen oder die Sperre der sozial-familiären Beziehung durch eine Kindeswohlprüfung ersetzt (vgl die Beschlüsse des 71. DJT Familienrecht Ziff D 15 a und c), hätte sich die Regelung eines gesonderten Umgangsrechts des biologischen Vaters erübrigen können (so auch mit beachtlichen Argumenten Helms, Gutachten F zum 71 DJT [2016] 44 ff; zur Kritik vgl auch Rixe FamRZ 2011, 1363, 1365; Staudinger/Rauscher [2011] § 1600 Rn 6 ff, 15 ff). Auch der Streit um die Einbeziehung von biologischen Vätern, die die rechtliche Vaterschaft anfechten könnten, es aber unterlassen, in das Umgangsrecht (unten Rn 10), wurzelt in dem systematisch unbefriedigenden Versuch einer Lösung außerhalb des Abstammungsrechts. Zu Recht wird auch kritisch gesehen, dass die inzidente Feststellung einer Vaterschaft, die sich abstammungsrechtlich nicht durchsetzen kann, zu einer bloßen Umgangsvaterschaft führt, aber gerade keine reale Verantwortung umsetzt (Grziwotz FF 2012, 382, 386 mit Hinweis auf die Kritik verantwortungsbereiter Betroffener an dem Gesetzentwurf; ähnlich DFGT-Stellungnahme vom 8. 7. 2012, 2). Auch wird in der Diskussion um § 1600 Abs 2 BGB vielfach nicht hinreichend wahrgenommen, dass die Einnahme der sozialen Vaterschaft des rechtlichen Vaters in der Realität häufig an die Aufrechterhaltung der Beziehung zur Kindesmutter gekoppelt ist. Endet diese Beziehung, wird nicht selten auch der Kontakt zum Kind abgebrochen (zutreffend Helms, Gutachten F zum 71 DJT [2016] 45; Staudinger/Rauscher [2014] § 1686a Rn 4; zu den Möglichkeiten einer Reform des Anfechtungsrechts vgl Wellenhofer NZFam 2017, 898). Demgegenüber würde eine auf die genetische Abstammung gestützte rechtliche Vaterschaft mehr Stabilität im Hinblick auf das Vater-Kind Verhältnis versprechen (Helms, Zeitschrift für Familienforschung 2011, Sonderheft 8, 105, 118). Gerät eine nicht biologisch gestützte rechtliche Vaterschaft in die Krise, wenn die Beziehung zur Mutter scheitert, bedürfte eine zuvor gelebte soziale Vaterschaft des Partners der Mutter auch im Hinblick auf § 1685 Abs 2 BGB nicht der abstam-

mungsrechtlichen Absicherung. Gleichwohl ist zu konstatieren, dass der Gesetzgeber bei der Schaffung eines Umgangsrechts für den biologischen Vater nicht dazu bereit war, sein Leitbild vom vorrangigen Schutz der rechtlich legitimierten sozial-familiären Elternschaft aufzugeben.

Nicht zu beanstanden ist hingegen die gesetzgeberische Entscheidung, eine Lösung nicht über die Öffnung der **statusfolgenlosen Abstammungsfeststellung** nach § 1598a BGB für den (vermeintlichen) biologischen Vater zu suchen. Zwar ist der in der Entwurfsbegründung genannte Grund, eine solche Einbeziehung sei abzulehnen, weil sie dem Mann, der die nötige Versicherung an Eides statt abgibt, losgelöst von den Interessen des Kindes ein Recht auf Ermittlung der Abstammung geben würde (BT-Drucks 17/12163, 10), so lange nicht stimmig, wie der Mann die statusmäßige Feststellung nicht erreichen kann. Zudem würde gerade wegen der familienrechtlichen Folgenlosigkeit eine Einbeziehung des biologischen Vaters in § 1598a BGB die Umgangsproblematik nicht lösen. Es geht ja bei der Gewährung eines Umgangsrechts für den leiblichen Vater des Kindes gerade nicht um die Erlangung der Kenntnis, sondern um die kindschaftsrechtlichen Folgerungen aus der (biologischen) Abstammung. Allerdings hätte eine gleichzeitige Erweiterung von § 1598a BGB den Vorteil, die Gefahr zu beseitigen, dass potenzielle biologische Väter § 1686a BGB dahin **missbrauchen**, indem sie ein Umgangs- und Auskunftsrecht nur zum Schein geltend machen, um Gewissheit über die leibliche Abstammung des Kindes zu erreichen (vgl zu dieser ernst zu nehmenden Gefahr LANG FPR 2013, 233, 234; COESTER, in: Brühler Schriften zum Familienrecht Bd 18 [2014] 43, 50; HÄHNCHEN JZ 2015, 708, 709). Im Übrigen würde ungeachtet der Kritik an der **Ausweitung der inzidenten Klärung der Vaterschaft**, welche bislang nur in sehr begrenzten Ausnahmefällen und nicht gegenüber dem Kind zulässig war (vgl dazu PRÜTTING/HELMS/DÜRBECK § 169 FamFG Rn 4), im Umgangsverfahren (etwa KEUTER ZKJ 2014, 16, 17; PESCHEL-GUTZEIT NJW 2013, 2465, 2466; MünchKommFamFG/HEILMANN § 167a Rn 16) sich bei einer Ausweitung von § 1598a BGB auf den biologischen Vater für die Beteiligten die Notwendigkeit der Führung zweier familiengerichtlicher Verfahren ergeben, welche nicht nur im Hinblick auf die Verfahrenskosten, sondern auch auf die seelische Mehrbelastung den Beteiligten nicht zugemutet werden sollte (vgl auch die Erwiderung der BReg auf den Vorschlag des Bundesrates, § 1598a BGB zu ändern in BT-Drucks 17/12163 Anlage 4).

Das BMJV hat im Übrigen bereits in der letzten Legislaturperiode auf die Rechtsprechung des BVerfG zur Effizienz des Zugangs zur rechtlichen Vaterschaft und auch auf die Empfehlungen des von ihm eingesetzten Arbeitskreises (vgl BMJV [Hrsg], Arbeitskreis Abstammungsrecht – Abschlussbericht [2017]) reagiert und am 13. 3. 2019 einen ersten Diskussionsteilentwurf zu einem Gesetzentwurf zur Reform des Abstammungsrechts vorgelegt (https://www.bmjv.de/SharedDocs/Gesetzgebungsverfahren/Dokumente/DiskE_Reform_Abstammungsrecht.pdf?__blob=publicationFile¨v=1). Dieser sieht ua in § 1594 Abs 2 S 2 BGB-E vor, dass die Anerkennung der Vaterschaft nicht wirksam möglich sein soll, solange ein gerichtliches Verfahren des potentiellen leiblichen Vaters zur Feststellung seiner Vaterschaft anhängig ist. In § 1600a Abs 1 Nr 2, Abs 2 S 1 BGB-E ist zudem ein Anfechtungsrecht des mutmaßlichen Vaters vorgesehen, das – soweit es in den ersten sechs Monaten nach der Geburt des Kindes ausgeübt wird – nicht mehr – wie bisher nach § 1600 Abs 2 BGB – vom Nichtbestehen einer sozial-familiären Beziehung zwischen rechtlichem Vater und Kind abhängig sein soll. Der vorbezeichnete Diskussionsteilentwurf zu einem Gesetzentwurf zur Reform des Abstammungsrechts sieht auch eine Änderung von § 1686a Abs 1 BGB vor. Nach S 1 soll ein neuer Satz mit folgendem Wortlaut eingefügt werden: „*Satz 1 gilt für die Person, die, wenn keine Vaterschaft oder Mit-Mutterschaft bestünde, als Vater oder Mit-Mutter des Kindes nach den §§ 1598a und 1598c festgestellt werden könnte, entsprechend.*" Hierdurch soll ein Wertungswiderspruch zur Regelung des § 1598c BGB-E vermieden werden, indem Personen mit in den Kreis der Umgangsberechtigten miteinbezogen werden, die nach den §§ 1598a, 1598c BGB-E als Vater oder Mit-Mutter des Kindes festgestellt werden könnten (Diskussionsteilentwurf, S 61). Eine Reform des Abstammungsrechts hat aber bis heute immer noch nicht stattgefunden.

6 Schwieriger stellt sich die Frage dar, inwieweit § 1686a BGB mit **Art 6 Abs 2 S 1 GG zu vereinbaren** ist (vgl dazu Plettenberg, Vater, Vater, Mutter, Kind 38 ff; Peschel-Gutzeit NJW 2013, 2465, 2468 f). Teilweise werden gegen die Bestimmung verfassungsrechtliche Bedenken erhoben, weil zwar der rechtliche und der soziale, nicht aber der biologische Vater den Schutz des Art 6 Abs 2 GG genieße und ein Umgangsrecht des biologischen Vaters, der nicht zugleich als (ehemals) sozialer Vater von Art 6 Abs 2 GG erfasst ist, in die Stellung des rechtlichen Vaters eingreife (DFGT KRK ZKJ 2012, 351, 353; Lang FPR 2013, 233, 236). Auch wird vorgebracht, dass durch die inzidente Feststellung der Vaterschaft, welche inter partes wirke, eine **doppelte Vaterschaft** begründet werde, welche aber verfassungswidrig sei (etwa Keuter ZKJ 2014, 16, 17; Peschel-Gutzeit NJW 2013, 2465, 2468 f; Lang FF 2013, 265). Zwar hat in der Tat das BVerfG stets betont, dass Träger des Grundrechts nach Art 6 Abs 2 S 1 GG nur eine Mutter und ein Vater sein können (BVerfG 9. 4. 2003 – 1 BvR 1493/06, juris Rn 58, FamRZ 2003, 816). Dem ist aber entgegenzuhalten, dass durch § 1686a BGB nicht zwei nebeneinander bestehende rechtliche Vaterschaften begründet werden und sich zudem die oben genannte Rechtsprechung auf die Konkurrenz sorgerechtlicher Befugnisse bezieht, sodass nicht davon auszugehen ist, dass § 1686a BGB insoweit verfassungswidrig ist (so auch überzeugend Coester, in: Brühler Schriften zum Familienrecht Bd 18 [2014] 43, 53 f). Auch geht es bei § 1686a BGB um die Frage, ob das Umgangsrecht des leiblichen Vaters von Art 8 Abs 1 EMRK gefordert ist. Schließlich ist dem auch entgegenzuhalten, dass der rechtliche Vater, ohne dass dies verfassungsrechtlich angezweifelt würde, verfassungskonform die umgangsrechtliche Einwirkung diverser Konstellationen von sozialen Vätern und elterngleichen Personen iSd § 1685 Abs 2 BGB hinnehmen muss. Eine andere Frage ist, ob die mit der Schaffung einer weiteren Kategorie zwischen „bloß" biologischem Vater und „sozialem" biologischen Vater verbundene inflationäre Entwicklung divergierender Vaterbegriffe (DFGT KRK ZKJ 2012, 351: „Wirrwarr"; im Einzelnen Rauscher, in: GS Seebode [2014] 301; vgl dazu auch Schwab Zeitschrift für Familienforschung 2011, Sonderband 8, 41) sinnvoll erscheint.

Verfassungsrechtlich bedenklich ist allerdings der Umstand, dass § 1686a BGB dem leiblichen Vater in Ansehung des Kindes ein Recht gewährt, ohne ihm entsprechende **Pflichten** aufzuerlegen (für Verfassungswidrigkeit insoweit Coester, in: Brühler Schriften zum Familienrecht Bd 18 [2014] 43, 51). Nach Ansicht des BVerfG schließt Art 6 Abs 2 S 1 GG ein Elternrecht ohne Pflichtentragung gegenüber dem Kind aus (BVerfG 9. 4. 2003 – 1 BvR 1493/06, juris Rn 60, FamRZ 2003, 816). Insoweit hätte es sich durchaus angeboten, dem leiblichen Vater für den Fall der Inanspruchnahme seines Umgangs- und Auskunftsrechts auch Pflichten, wie etwa die erbrechtliche Berücksichtigung des Kindes oder die Begründung einer Unterhaltspflicht gegenüber dem Kind, in Erwägung zu ziehen (so etwa VAMV, Stellungnahme v 11. 5. 2012, 6; Kloster-Harz FamFR 2013,

337, 340; Lang FPR 2013, 1866, 1868; Keuter ZKJ 2013, 484, 486). Auch verwundert es, dass dem leiblichen Vater keine § 1684 Abs 1 letzter HS BGB entsprechende Umgangspflicht auferlegt wurde (BeckOK-BGB/Veit [1. 1. 2023] § 1686a Rn 2). Schließlich begegnet die Regelung auch im Hinblick auf Art 3 GG und Art 2 Abs 1 GG iVm Art 1 Abs 1 GG erheblichen Bedenken, weil der Gesetzgeber nicht vorgesehen hat, dass auch ein **Kind**, das (potenziell) von einem anderem Vater als seinem rechtlichen Vater abstammt, **ein Recht beanspruchen könnte**, seinen leiblichen Vater kennenzulernen und regelmäßig Umgang mit ihm auszuüben (Plettenberg, Vater, Vater, Mutter, Kind 40 ff; Schwab, in: FS Coester-Waltjen [2017] 223, 231 ff; Peschel-Gutzeit NJW 2013, 2465, 2466; Grziwotz FF 2012, 382, 386; Aust, Das Kuckuckskind und seine Eltern [2015] 244). Ungeachtet dieser Bedenken war das **BVerfG** aber bereits mehrfach mit § 1686a BGB befasst und hat verfassungsrechtliche Bedenken nicht erkennen lassen (BVerfG 24. 3. 2014 – 1 BvR 734/14, FuR 2014, 708; BVerfG 19. 11. 2014 – 1 BvR 2843/14, FamRZ 2015, 119; BVerfG 6. 12. 2016 – 1 BvR 2046/16, juris; BVerfG 9. 3. 2017 – 1 BvR 401/17, juris; vgl auch Britz FF 2015, 387, 391). Nach Auffassung des BVerfG sei das von der Anordnung einer Abstammungsuntersuchung tangierte Grundrecht der rechtlichen Eltern aus Art 6 Abs 1 GG nicht verletzt, da das Grundrecht durch die verfassungsimmanente Schranke des verfassungsrechtlich anzuerkennenden Wunsches des leiblichen Vaters nach Umgang und Auskunft über das Kind eingeschränkt werde und der Gesetzgeber die Familiengerichte ermächtigt habe, unter den Voraussetzungen von §§ 1686 BGB, 167a FamFG den Schutz nach Art 6 Abs 1 GG hinter dem Interesse an Umgang und Auskunftserteilung zurücktreten zu lassen (BVerfG 19. 11. 2014 – 1 BvR 2843/14 Rn 10, FamRZ 2015, 119). In einer weiteren Entscheidung des BVerfG hat dieses anerkannt, dass dem potenziell leiblichen Vater, der ein Umgangsrecht mit dem Kind beansprucht, bei nicht feststehender Abstammung zwar nicht der Schutz von Art 6 Abs 1 GG zukomme, aber jedenfalls der **Schutz des allgemeinen Persönlichkeitsrechts** aus Art 2 Abs 1 GG iVm Art 1 Abs 1 GG (BVerfG 19. 5. 2015 – 2 BvR 1170/14, juris Rn 39, FamRZ 2015, 163). Der **BGH** hat sich diese Argumentation zu Eigen gemacht und sie in Bezug auf das Umgangsrecht und das Recht auf Auskunft auf Art 6 Abs 2 S 1 GG übertragen (BGH 5. 10. 2016 – XII ZB 280/15 Rn 54 f, MDR 2016, 1382 entgegen DFGT KRK ZKJ 2012, 351, 353; Peschel-Gutzeit NJW 2013, 2465, 2468 f; Lang FPR 2013, 233, 235 f).

Die Kritik, welche die Bestimmung bis heute erfährt, hätte sich systematisch widerspruchsfrei durch eine abstammungsrechtliche Lösung vermeiden lassen. Stattdessen hat der Gesetzgeber mehrfache Eingriffe in sein bestehendes System des vorrangigen Schutzes der sozialen und rechtlichen Familie vorgenommen, deren verfassungsrechtliche Einordnung und Überprüfung durch das BVerfG noch nicht abschließend erfolgt ist. Gleichzeitig hat er durch die Schaffung mehrerer Väterfiguren die Diskussion um die **Einführung pluraler rechtlicher Elternschaft** auch im Bereich des Abstammungs- und Sorgerechts eröffnet, welche immer mehr Befürworter findet (vgl Plettenberg, Vater, Vater, Mutter, Kind 84 ff mit ausführlichem Regelungsvorschlägen; Aust, Das Kuckuckskind und seine Eltern [2015] 279 ff; vgl auch Dieckmann, Die rechtliche Stellung des lediglich biologischen Vaters im Wandel des gesellschaftlichen Familienbildes 266 ff; vgl dazu auch Coester, in: Brühler Schriften zum Familienrecht Bd 18 [2014] 43, 53 ff; Löhnig NZFam 2017, 141, 143; ders NJW 2018, 906, 908).

II. Normzweck

1. Allgemeines

7 Die Bestimmung wurde durch das Gesetz zur Stärkung der Rechte des leiblichen, nicht rechtlichen Vaters vom 4. 7. 2013 (BGBl 2013 I 2176) eingefügt und ist am 13. 7. 2013 in Kraft getreten. Nach der Gesetzesbegründung dient sie der Umsetzung der Entscheidungen des EGMR v 21. 12. 2010 und 15. 9. 2011 (vgl oben Rn 4) und soll die Rechtsposition des biologischen Vaters stärken und sein Interesse an dem Kind anerkennen, indem sie ihm die Möglichkeit eröffnet, unter bestimmten Voraussetzungen Umgang mit seinem Kind bzw Auskünfte über seine persönlichen Verhältnisse zu erhalten (BT-Drucks 17/12163, 9). Eine damit einhergehende Pflicht zum Umgang, wie in § 1684 Abs 1 letzter HS BGB vorgesehen, besteht nicht (vgl oben Rn 5). Über die Verweisung in § 1686a Abs 2 S 1 BGB gilt lediglich die Wohlverhaltenspflicht nach § 1684 Abs 2 BGB (dazu Rn 17).

2. Verhältnis zu § 1685 Abs 2

8 Das Gesetz zur Stärkung der Rechte des leiblichen, nicht rechtlichen Vaters lässt das Umgangsrecht nach § 1685 Abs 2 BGB formal unberührt; da diese Bestimmung zwar auch andere soziale Elternschaft erfasst, jedoch unmittelbares Ergebnis der Rechtsprechung des BVerfG zur sozialen Elternschaft des biologischen Vaters ist, scheint es, als gelte § 1685 Abs 2 BGB für den biologischen/leiblichen, nicht rechtlichen Vater, der zu dem Kind eine sozial-familiäre Beziehung unterhalten hatte, unberührt weiter. Auch ausgehend von dem Hintergrund, dass § 1686a BGB das unmittelbare Ergebnis einer bei dem als unzulänglich erkannten § 1685 Abs 2 BGB ansetzenden Rechtsprechung des EGMR ist, liegt dieser Eindruck nahe.

Andererseits legt die Entwurfsbegründung an einigen Stellen nahe, § 1686a BGB als lex specialis für alle Gestaltungen des Umgangsrechts von biologischen/leiblichen Vätern ohne rechtliche Vaterstellung zu verstehen (so OLG Frankfurt 29. 8. 2018 – 4 UF 52/18, juris Rn 9, FamRZ 2019, 39; Soergel/Gietl § 1686a Rn 3). Die Begründung ist freilich schillernd; der allgemeine Begründungsteil spricht einerseits davon, der Entwurf „erweitere“ die Rechte, für den biologischen Vater solle ein Umgangsrecht „nicht nur dann bestehen, wenn er als enge Bezugsperson des Kindes angesehen werden kann“ (BT-Drucks 17/12163, 10); andererseits sollen ausdrücklich die Sonderregeln für biologische Väter „in § 1686a BGB zusammengefasst“ werden (BT-Drucks 17/12163, 10). Insbesondere das Ziel, nur Väter zu erfassen, die nicht rechtlicher Vater werden können, spricht, so es denn im Gesetz zum Ausdruck käme, für eine abschließende Regelung. Schließlich spricht auch der Umstand, dass nur unter den Voraussetzungen des § 1686a BGB ein Auskunftsanspruch besteht, wohl gegen eine weitere Anwendung des § 1685 Abs 2 BGB auf biologische Väter, die sogar die soziale Vaterrolle übernehmen durften; der durch soziale Vaterschaft gestärkte biologische Vater ohne Auskunftsanspruch und der nur ausreichend interessierte biologische Vater mit Auskunftsanspruch wäre wohl widersprüchlich (so Staudinger/Rauscher [2014] § 1686a Rn 8).

Dieser Ansicht kann allerdings mit der heute hM nicht gefolgt werden. § 1685 Abs 2 BGB und § 1686a BGB stehen vielmehr **nebeneinander** und betreffen denselben verfahrensrechtlichen Gegenstand, sodass ein Umgangsbegehren des leiblichen Vaters, der mglw auch eine sozial-familiäre Beziehung mit dem Kind unterhält, sowohl auf § 1685 Abs 2 BGB als auch § 1686a Abs Nr 1 BGB gestützt werden kann (Prütting/Helms/Hammer § 167a FamFG Rn 4; Heilmann/Gottschalk § 1686a Rn 3; BeckOK-BGB/Veit [1. 1. 2023] § 1686a Rn 33; MAH Familienrecht/Rakete-Dombek/Kretschmar § 14 Rn 107; Horndasch FuR Jubiläumsausgabe 2015, 28, 30). Verfügt der leibliche Vater bereits über eine soziale Beziehung zu dem Kind, so wird das Familiengericht zunächst ein Umgangsrecht nach § 1685 Abs 2 BGB prüfen, weil die Norm, anders als § 1686a BGB, kein „ernsthaftes Interesse" als Eintrittsvoraussetzung für das Umgangsrecht verlangt und auch keine inzidente Vaterschaftsfeststellung erforderlich macht. Dies entspricht auch der Rechtsprechung des BGH (BGH 16. 6. 2021 – XII ZB 58/20, FamRZ 2021, 1375 Rn 11 ff). Ist die Vaterschaft zwischen den rechtlichen Eltern und dem potenziellen leiblichen Vater im Streit, besteht aber zwischen letzterem und dem Kind eine sozial-familiäre Beziehung iSd § 1685 Abs 2 BGB, ist die Regelung von § 1685 Abs 2 BGB gegenüber § 1686a Abs 1 Nr 1 BGB vorrangig, da es dann keiner Klärung der Vaterschaft bedarf und ein Eingriff in das Grundrecht der bestehenden Familie nach Art 6 Abs 1 GG durch eine Abstammungsuntersuchung (vgl BVerfG 19. 11. 2014 – 1 BvR 2843/14 Rn 8, ZKJ 2015, 72) vermieden werden kann.

Wird das Bestehen einer sozial-familiären Beziehung zwischen leiblichem Vater und Kind verneint, ist § 1686a BGB zu prüfen (BGH 16. 6. 2021 – XII ZB 58/20, FamRZ 2021, 1375 Rn 20). Wird dagegen Umgang und ergänzend Auskunft beansprucht, was verfahrensrechtlich zulässig ist, ist § 1685 Abs 2 BGB und bei Bejahung eines Umgangsrechts sodann § 1686a Abs 1 Nr 2 BGB zu prüfen. Bei gemeinsamer Geltendmachung von Umgang- und Auskunftsrecht sind diese trotz unterschiedlicher funktioneller Zuständigkeit (siehe unten Rn 27) wegen des Sachzusammenhangs gemäß § 6 RPflG vom Familienrichter zu bearbeiten (Prütting/Helms/Hammer § 167a FamFG Rn 4).

3. Verhältnis zu §§ 1684, 1686

Im Verhältnis zu §§ 1684, 1686 BGB gibt es im Hinblick auf § 1686a Abs 1 BGB keine Abgrenzungsschwierigkeiten, da die zuerst genannten Vorschriften nur auf **rechtliche Elternteile** anzuwenden sind (vgl BGH 16. 6. 2021 – XII ZB 58/20, FamRZ 2021, 1375 Rn 11; OLG Hamm 31. 8. 2017 – 13 WF 148/17, juris Rn 8, ZKJ 2018, 22 zu § 1686 BGB). Ein Konkurrenzverhältnis kann daher nicht bestehen. 9

III. Gemeinsame Voraussetzungen von Umgangs- und Auskunftsrecht (§ 1686a Abs 1 Nr 1)

1. Bestehen der Vaterschaft eines anderen Mannes

Zweck dieses Merkmals ist es, das Umgangsrecht auf dem Weg über § 1686a Abs 1 Nr 1 BGB nur dem biologischen Vater zu eröffnen, „der eine Umgangs- und Auskunftsberechtigung nicht qua rechtlicher Vaterschaft erlangen kann" (BT-Drucks 17/12163, 12). Diese Beschränkung wird mit dem Ziel begründet, dort, wo es an einem rechtlichen Vater fehlt, dem biologischen Vater **keine „Elternschaft light"**, also keine Umgangsvaterschaft ohne Verpflichtung, zu erlauben, sondern ihn auf die rechtliche Vaterschaft durch Anerkennung oder Feststellung zu verweisen (BT-Drucks 17/12163, 12; Lang FPR 2013, 233, 234; Soergel/Gietl § 1686a Rn 11). Dieses Argument klingt auch 10 in den beiden Anlass gebenden EGMR-Urteilen an (vgl auch schon OLG Celle 26. 7. 2004 – 10 UF 147/04, juris Rn 12, NJW 2005, 78) und ist kindeswohlentsprechend und stimmig.

Das Tatbestandsmerkmal ist diesem Zweck und dem Wortlaut entsprechend nur auf das **objektive Bestehen** der anderweitigen Vaterschaft zu beziehen. Es muss also tatsächlich die Vaterschaft eines anderen Mannes – denknotwendig nach § 1592 Nr 1 oder Nr 2 BGB – bestehen. Nicht erforderlich ist hingegen, dass der biologische Vater außerstande wäre, diese rechtliche Vaterschaft nach § 1600 Abs 1 Nr 2, Abs 2 BGB **anzufechten** und sich solchermaßen den Weg zur Feststellung der eigenen Vaterschaft zu eröffnen. Der Gesetzgeber hat – von seinem Ausgangspunkt, die Lösung nicht im Abstammungsrecht zu suchen, konsequent – bewusst **keine Anfechtungsobliegenheit** begründet, da es nicht im Interesse des Kindes liege, wenn man dem biologischen Vater den Umgang nur um den Preis ermöglichen würde, dass das Kind den bisherigen rechtlichen Vater verliert; überdies müsste das Ergebnis einer Vaterschaftsanfechtung im Statusverfahren als Vorfrage im Umgangsverfahren prognostiziert werden (BT-Drucks 17/12163, 12). Diese Regelung wird zu Recht von weiten Teilen des Schrifttums sehr kritisch betrachtet, da sie gerade die Gefahr heraufbeschwört, dass betroffene leibliche Väter sich mit einer – vor allem in Ansehung des Kindesunterhalts – pflichtenlosen Elternschaft „light“ begnügen (kritisch DFGT KRK ZKJ 2012, 351, 354; BeckOK-BGB/Veit [1. 1. 2023] § 1686a Rn 4.1; Lang FPR 2013, 233, 234; Keuter ZKJ 2013, 484, 486; **aA** Hoffmann FamRZ 2013, 1077, 1079). Dieser Gefahr kann aber entgegen anders lautenden Stimmen in der Literatur nicht dadurch begegnet werden, indem man Vätern, die von ihrem Anfechtungsrecht keinen Gebrauch machen, ein ernsthaftes Interesse iSd § 1686a Abs 1 BGB abspricht, weil es auf das Interesse an dem Kind und nicht auf Erlangung einer Rechtsstellung ankommt (BeckOK-BGB/Veit [1. 1. 2023] § 1686a Rn 4.1; **aA** BeckOGK/Altrogge [15. 2. 2021] § 1686a Rn 72; Hoffmann FamRZ 2013, 1077, 1080).

Nach dem Zweck des Tatbestandsmerkmals steht es dem Umgangsrecht nach § 1686a Abs 1 Nr 1 BGB auch nicht entgegen, wenn der leibliche Vater zu einem früheren Zeitpunkt, insbesondere während eines sozial-familiären Zusammenlebens, die rechtliche Vaterschaft durch Anerkennung oder Feststellung hätte erreichen können.

Das Tatbestandsmerkmal der anderweitigen Vaterschaft ist nach dem Gesetzeswortlaut von Abs 1 nicht gegeben, wenn der biologische Vater das Kind mit einer Frau gezeugt hat, die in **eingetragener Lebenspartnerschaft oder Ehe** lebt. Da die andere Frau nicht nach § 1592 Nr 1 BGB Elternteil („Vater“) wird (vgl Grziwotz FF 2012, 382, 385), steht dem biologischen Vater die Feststellung seiner Vaterschaft nach § 1592 Nr 3 BGB offen. Hat eine Stiefkindadoption stattgefunden, so bleibt ebenfalls die gerichtliche Feststellung der Vaterschaft zulässig, weil die Adoption (in allen Fällen) zwar an die Stelle der leiblichen Verwandtschaft tritt, diese aber nicht rückwirkend ersetzt (Staudinger/Rauscher [2011] § 1600d BGB Rn 14; Gernhuber/Coester-Waltjen § 70 Rn 97). Gleichwohl hat der BGH § 1686a Abs 1 BGB auch für den Fall bejaht, dass das Kind im Wege der **Stiefkindadoption** – mit dessen Einwilligung – von einer **zweiten Mutter** adoptiert worden ist und sich dabei auf die Lückenhaftigkeit der Vorschrift berufen, die eine entsprechende Anwendung gebiete (BGH 16. 6. 2021 – XII ZB 58/20, FamRZ 2021, 1375 Rn 28; nach Ansicht von Coester-Waltjen ZKJ 2021, 399, 400 ein „kühner Schritt“ der Rechtsfortbildung).

Wurde das Kind **adoptiert**, so sind – unter Berücksichtigung der neuen Rechtsprechung des BGH (BGH 16. 6. 2021 – XII ZB 58/20, FamRZ 2021, 1375) – heute folgende Fälle zu unterscheiden: **10a**

(1) Unabhängig davon, ob im Zeitpunkt der Adoption der biologische Vater auch bereits rechtlicher Vater war, so hatte er nach vormals hM die rechtliche Vaterstellung mit seiner Einwilligung verloren (§ 1755 Abs 1 S 1 BGB) und damit jedenfalls kein Umgangsrecht aus § 1686a BGB (BT-Drucks 17/12163, 12; KG Berlin 19. 12. 2019 – 13 UF 120/19, ZKJ 2020, 430; MünchKommBGB/Hennemann [8. Aufl 2020] § 1686a Rn 8; Soergel/Gietl § 1686a Rn 12; kritisch Hoffmann FamRZ 2013, 1077, 1081 f; Clausius NZFam 2017, 893, 894). Der BGH ist dieser Ansicht jedoch nicht gefolgt (BGH 16. 6. 2021 – XII ZB 58/20, FamRZ 2021, 1375 Rn 25 ff). Er hat in einem Fall, in dem der biologische Vater (ein **privater Samenspender**) in die Stiefkindadoption durch die Lebenspartnerin der Mutter eingewilligt hatte, keinen Verlust des Umgangsrechts des Samenspenders nach § 1686a BGB angenommen. Er hat darauf verwiesen, dass auch in Fällen der Ersetzung der Einwilligung (§ 1748 BGB) oder des Übergehens des leiblichen Vaters (§ 1747 Abs 4 BGB) kein Verzicht auf das Elternrecht hergeleitet werden könne. § 1755 Abs 1 S 1 BGB sei nicht dahin auszulegen, dass durch die Adoption sämtliche Befugnisse verlustig gingen. Nur dann, wenn in der Einwilligung zugleich ein Verzicht auf das Umgangsrecht zu erblicken sei, könne das Umgangsrecht wegen *widersprüchlichen Verhaltens* ausgeschlossen sein, wobei hier unter Berücksichtigung des *Vertrauensschutzes* den **Absprachen der an der Adoption Beteiligten** maßgebliche Bedeutung zukommen soll (BGH 16. 6. 2021 – XII ZB 58/20, FamRZ 2021, 1375 Rn 32 ff). Hieran vermag nach Ansicht des BGH auch der Umstand nichts zu ändern, dass der Vereinbarung von Umgangskontakten für die Zeit nach der Adoption keine rechtliche Verbindlichkeit zukommen würden (vgl Staudinger/Helms [2023] § 1747 Rn 66 mwNw), was auch jüngst durch § 8a AdVermiG klargestellt worden sei. Dieser weiten Auslegung von § 1686a BGB stehe auch der Gesichtspunkt, dass der Gesetzgeber eine *Vaterschaft „light"* (BT-Drucks 17/12163, 12) habe verhindern wollen, nicht entgegen, da es dem privaten Samenspender nicht zum Nachteil gereichen könne, wenn er sich mit seinem Verzicht auf die Feststellung seiner Vaterschaft und seiner Einwilligung zur Stiefkindadoption bei Aufrechterhaltung seines Umgangswunsches an die Vereinbarung mit den anderen Beteiligten halte.

Konsequenz der vom BGH zu einem privaten Samenspender (ohne rechtliche Vaterschaft) entwickelten Auffassung ist, dass auch derjenige Erzeuger, der ursprünglich auch rechtlicher Vater war, sich bei einer Einwilligung in die Adoption trotz § 1755 Abs 1 S 1 BGB auf sein Umgangsrechts nach § 1686a BGB berufen kann, wenn er nicht gleichzeitig in etwaigen Vereinbarungen mit den Adoptiveltern auf dieses verzichtet hat, was der Gesetzgeber mit der Schaffung von § 1686a BGB sicherlich nicht bezweckt hatte (zutreffend Coester-Waltjen ZKJ 2021, 399, 401; kritisch zu den Konsequenzen der Entscheidung auch Keuter NZFam 2021, 816, 819; zur Fortsetzung des Falles beim Kammergericht vgl KG 24. 11. 2021 – 13 UF 120/19, FamRZ 2022, 1783).

Zur Frage, ob ihm ein Umgangsrecht nach § 1685 Abs 2 BGB zustehen kann, vgl § 1685 Rn 25.

(2) Das Gleiche gilt im Grundsatz auch dann, wenn die Einwilligung des vormals rechtlichen Vaters in die Adoption nach § 1748 BGB **ersetzt** wurde. Allerdings dürf-

ten die dafür bestehenden Voraussetzungen im Regelfall zugleich im Ergebnis ein Umgangsrecht nach § 1686a BGB ausschließen (Keuter NZFam 2021, 816, 818).

(3) Eine weitere Gesetzeslücke besteht in dem Fall, dass die Mutter und der rechtliche Vater in die Adoption eingewilligt haben, weil hier eine Einwilligung des leiblichen Vaters nach § 1747 Abs 1 S 2 BGB nicht erforderlich ist. Folgerichtig besteht ein etwaiges Umgangsrecht des leiblichen Vaters nach § 1686a BGB fort, weil § 1755 BGB lediglich das Erlöschen rechtlicher Verwandtschaftsbeziehungen vorsieht (MünchKommBGB/Hennemann § 1686a Rn 8; Grüneberg/Götz § 1755 Rn 3) und weil § 1751 Abs 1 BGB (Verlust des Umgangsrechts) hier nicht greift. Auch der BGH scheint dieser Ansicht zu sein (BGH 16. 6. 2021 – XII ZB 58/20, FamRZ 2021, 1375 Rn 26). Insoweit besteht aber ein dringender Handlungsbedarf für den Gesetzgeber dahin, die Einwilligung leiblicher Väter auch bei Bestehen einer rechtlichen Vaterschaft vorzusehen, mit der Folge, dass auch er seiner Umgangsrechte verlustig werden sollte, weil andernfalls die Adoption des Kindes und seine Integration in die Familie der Adoptiveltern gefährdet wäre (Löhnig/Riege FamRZ 2015, 9, 10 f; Eckebrecht NZFam 2016, 673, 678).

(4) Wurde das Kind ohne Zustimmung des biologischen Vaters adoptiert (weil dessen Vaterschaft nicht statusrechtlich festgestellt war), so kann der biologische Vater auch nach erfolgter Adoption die Feststellung seiner Vaterschaft betreiben (Frank FamRZ 2017, 497, 501); dadurch erlangt er jedoch nur die Stellung des ehemals rechtlichen Vaters, weil die Feststellung seiner Vaterschaft nicht die erfolgte Adoption überwindet (OLG Celle 25. 7. 2022 – 21 UF 37/21, MDR 2022, 1289, beim BGH anhängig unter XII ZB 358/22; OLG Celle 12. 10. 2020 – 21 WF 87/20, NZFam 2020, 1101 m Anm Löhnig). Formal ist § 1686a Abs 1 BGB damit auch in diesem Fall nicht gegeben. Da allerdings der biologische Vater der Adoption nie zugestimmt hat, wird man aber mit der Rechtsprechung des BGH § 1686a BGB entsprechend anwenden müssen, um eine Verletzung des Art 8 EMRK zu vermeiden. Andernfalls hätte insbesondere die Stiefkindadoption eines vorehelich geborenen Kindes ohne rechtlichen Vater durch den Ehemann der Mutter eine den biologischen Vater stärker verdrängende Wirkung als die in solchen Fällen gerne genutzte Anerkennung des rechtlich noch vaterlosen Kindes durch denselben Mann.

(5) Wurde der leibliche Vater **im Adoptionsverfahren nicht beteiligt**, weil die Kindesmutter ihn nicht benennen konnte oder wollte, wird man diesem nach der Adoption jedenfalls bei einer **offenen oder halboffenen Adoption** einen Auskunftsanspruch nach § 1686a Abs 1 Nr 2 BGB gegen die Kindesmutter über den Verbleib des Kindes und sodann auch ein Umgangsrecht nach § 1686a Abs 1 Nr 1 BGB zubilligen müssen (VG Neustadt 2. 10. 2015 – 4 K 292/15, juris Rn 37, FamRZ 2016, 148: Adoption in Unkenntnis des leiblichen Vaters; Frank FamRZ 2017, 497, 501), wozu auch der BGH neigt (BGH 16. 6. 2021 – XII ZB 58/20, FamRZ 2021, 1375 Rn 27). Ob bei einer Inkognito-Adoption in diesem Fall ein Auskunftsanspruch aus Art 2 Abs 1 GG iVm Art 1 Abs 1 GG gegen die Adoptionsvermittlungsstelle besteht (§ 1686a BGB ist in diesem Verhältnis nicht anwendbar), ist dagegen noch nicht geklärt (bejaht von VG Neustadt 2. 10. 2015 – 4 K 292/15, juris Rn 26 ff, FamRZ 2016, 148; wohl zu Recht aus datenschutzrechtlichen Erwägungen ablehnend Hoffmann JAmt 2015, 590).

2. Leiblicher Vater

a) Allgemeines

Die Rechte aus § 1686a BGB können nur dem **leiblichen Vater** des Kindes zustehen. 11
Leiblicher Vater ist derjenige, der in der gesetzlichen Empfängniszeit der Kindesmutter beigewohnt hat (§ 1600d Abs 2 S 1 BGB). Demgemäß bestimmt auch § 167a Abs 1 FamFG, dass der Antrag des leiblichen Vaters die **eidesstattliche Versicherung** enthalten muss, der Kindesmutter während der Empfängniszeit beigewohnt zu haben. Der Gesetzgeber wollte durch diese Formulierung auch verhindern, dass **Samenspender** Anträge nach § 1686a Abs 1 Nr 1 BGB stellen (BT-Drucks 17/12163, 14). Bei typischer Samenspende ohne Beziehungsgrundlage, an die offenbar der Gesetzgeber hier gedacht hat, wird ein Umgang in der Tat meist nicht kindeswohlentsprechend sein – und muss deshalb nicht über § 167a Abs 1 FamFG verhindert werden. Als Beiwohnung iSd § 1600 Abs 1 Nr 2 und § 1747 Abs 1 S 2 BGB hat der BGH aber auch die **offene private Samenspende** angesehen, die nicht unter § 1600 Abs 4 BGB fällt und bei der der Samenspender zudem nicht von vornherein auf seine elterlichen Grundrechte verzichtet hat (BGH 15. 5. 2013 – XII ZR 43/11, FamRZ 2013, 1209 zu § 1600 Abs 1 Nr 2; BGH 18. 2. 2015 – XII ZB 473/13, FamRZ 2015, 828 zu § 1747 Abs 1 S 2 BGB; vgl dazu Osthold FF 2016, 53) und dies nunmehr auch für § 1686a BGB entschieden (BGH 16. 6. 2021 – XII ZB 58/20, FamRZ 2021, 1375 Rn 23). Diese Differenzierung wurde auch bereits vor der Entscheidung des BGH von der der überwiegenden Ansicht bejaht, sodass auch ein offener Samenspender in diesem Sinne ein Umgangs- und Auskunftsrecht beanspruchen kann (OLG Frankfurt 29. 8. 2018 – 4 UF 52/18, FamRZ 2019, 37; MünchKomm-BGB/Hennemann § 1686a Rn 13; Hoffmann FamRZ 2013, 1077, 1078; Hammer FamRB 2013, 298, 299; Büte FuR 2013, 676; Heilmann/Gottschalk Rn 4).

Nicht unter § 1686a BGB fällt nach einer zutreffenden Entscheidung des OLG Frankfurt (OLG Frankfurt 11. 5. 2020 – 4 UF 17/20, NJW-RR 2020, 1204) der ehemalige Verlobte der Kindesmutter, der mit dieser nach einer nicht abgeschlossenen Geschlechtsumwandlung und dem Kind, welches nach dem übereinstimmenden Wunsch beider im Wege der **Fremd-Insemination** gezeugt worden war, bis zur Trennung zusammengelebt hatte.

b) Inzidente Feststellung der Vaterschaft

Die Bestimmung beschränkt sich nicht, wie dies in Erwägungen zu einer erweiternden Anwendung von § 1685 Abs 2 BGB nach Bekanntwerden der EGMR-Rechtsprechung vertreten wurde (KG FamRZ 2012, 647 f), auf Fälle unstreitiger biologischer Vaterschaft; eine solche Beschränkung wäre schon deshalb nicht möglich, weil die Mutter und/oder der rechtliche Vater sonst das Umgangsrecht des biologischen Vaters durch schlichtes Bestreiten regelmäßig leerlaufen lassen könnten. Vielmehr ist im Verfahren nach § 1686a Abs 1 BGB eine inzidente Feststellung der Vaterschaft erforderlich und möglich (BT-Drucks 17/12163, 13; Lang FPR 2013, 233, 234; Grziwotz FF 2012, 382, 385), wie dies teilweise auch bereits in der Rechtsprechung zu § 1685 Abs 2 BGB nach Bekanntwerden der EGMR-Rechtsprechung angenommen wurde (OLG Bamberg 20. 12. 2012 – 2 UF 210/11, FamRZ 2013, 710, 711). Allerdings hat es der **EGMR** in einer jüngeren Entscheidung zu einem vor Inkrafttreten von § 1686a BGB entschiedenen Fall (EGMR 26. 7. 2018 – 16112/15 *Fröhlich v Deutschland*, NJW 2019, 2449 Rn 57) gebilligt, dass die Fachgerichte die Aufklärung der Vaterschaft unterlassen haben und ein Umgangs- und Auskunftsrecht schon wegen fehlender Kindeswohldienlichkeit verneint haben.

(The margin number 12 stands beside the first line of this paragraph.)

Dass durch die gesetzliche Neuregelung Spannungen zum Abstammungsrecht entstehen, ggf auch die Gefahr, dass der Antrag nach § 1686a Abs 1 Nr 1 BGB als verkappter Antrag auf statusfolgenlose Abstammungsfeststellung missbraucht wird (Lang FPR 2013, 233, 234: Rücknahme des Antrags auf Umgangsregelung nach Beweiserhebung über die Vaterschaft), nimmt der Gesetzgeber bewusst – wenn auch kritikwürdig (Rn 5) – hin, ebenso erteilt er der bisher stringenten Handhabung der inzidenten Feststellung der Vaterschaft eine Absage. Zur verfahrensrechtlichen Umsetzung und Wirkung der Vaterschaftsfeststellung vgl unten Rn 32.

c) Vaterschaft nach Art 19 Abs 1 S 2 EGBGB

13 Handelt es sich bei dem leiblichen Vater um einen **ausländischen Staatsangehörigen**, kann auch zu prüfen sein, ob eine rechtliche Vaterschaft des Antragstellers nach Art 19 Abs 1 S 2 EGBGB in Betracht kommt (BGH 5. 10. 2016 – XII ZB 280/15 Rn 23, MDR 2016, 1382; BGH 3. 8. 2016 – XII ZB 110/16, FamRZ 2016, 1847). Hierzu kann insbesondere Veranlassung bestehen, wenn eine ausländische Rechtsordnung die Vaterschaft des bereits geschiedenen Ehemannes der Mutter vorsieht und der leibliche Vater die Vaterschaft später in Deutschland mit Zustimmung der Mutter anerkennt. Insoweit war in der Vergangenheit streitig, ob bei Anwendung des **Günstigkeitsprinzips** der Vorrang der Vaterschaftsanerkennung (so OLG Karlsruhe 2. 2. 2015 – 11 Wx 65/14, juris Rn 18, FamRZ 2015, 1636) oder – wie dies die zutreffende hM vertritt – der Vaterschaft des geschiedenen Ehemannes nach ausländischem Recht nach dem **Prioritätsprinzip** (so OLG Jena 27. 1. 2017 – 1 WF 525/16, juris Rn 37; KG 29. 11. 2016 – 1 W 7/16, juris Rn 11 ff; KG 5. 1. 2016 – 1 W 675/15, juris Rn 17, FamRZ 2016, 922; OLG Hamm 27. 3. 2014 – 15 W 421/13, juris Rn 13, 19, StAZ 2014, 239) gilt. Der **BGH** hat sich im Ergebnis der zuletzt genannten Auffassung angeschlossen und entsprechend des Personalstatuts auf die Vaterschaft des geschiedenen Ehemanns zum Zeitpunkt der Geburt des Kindes abgestellt (BGH 19. 7. 2017 – XII ZB 72/16, juris Rn 19 ff, FamRZ 2017, 1687: Anwendung polnischen Rechts; bestätigt durch BGH 13. 9. 2017 – XII ZB 403/16, juris Rn 13 ff, FamRZ 2017, 1848; BGH 12. 1. 2022 – XII ZB 562/20, NZFam 2022, 253 m Anm Löhnig).

d) Die leibliche, nicht rechtliche Mutter

14 Im Zuge des Fortschritts der künstlichen Fortpflanzungsmedizin und des nicht seltenen Divergierens von genetischer und rechtlicher Mutter wird zwischenzeitlich auch die Forderung erhoben, wie bei einer privaten Samenbecherspende § 1686a BGB analog auch auf Fälle vertrauter Eizellen- und Embryonenspenden anzuwenden, soweit nicht von vornherein vereinbart worden ist, dass die Spenderin auf jedwede Rechte verzichte (so insbesondere Löhnig FamRZ 2015, 806). Für diese Auffassung spricht im Hinblick auf Art 3 GG die vergleichbare Interessenslage mit dem nicht unter § 1600 Abs 5 BGB fallenden privaten Samenspender, der nicht auf seine Rechte verzichtet hat (vgl oben Rn 11). Gleichwohl fehlt es für die Annahme einer Analogie an einer planwidrigen Gesetzeslücke. Denn anders als bei einer privaten Samenspende sind Eizellenspende und Leihmutterschaft durch das ESchG untersagt und die Embryonenspende befindet sich in einer rechtlichen Grauzone. Dem Gesetzgeber lag es insoweit fern, mit der Schaffung eines Umgangsrechts für leibliche, nichtrechtliche Väter auch für Formen der genetischen, nicht rechtlichen Mutterschaft Regelungen zu treffen. In rechtsmethodischer Hinsicht ist die vorhandene Gesetzeslücke wegen des Verbots von Leihmutterschaft und Eizellenspende und der unklaren Rechtslage bei der Embryonenspende Ausdruck dafür, dass iS eines argumentum e contrario (vgl Canaris, Die Feststellung von Lücken im Gesetz [1983] 44) die Begründung eines Um-

gangsrechts für leibliche, nicht rechtliche Mütter gerade nicht erfolgen soll. Stammt bei einer im Ausland durchgeführten Leihmutterschaft die Eizelle ohnehin nicht von der Wunschmutter, fehlt es schon an der biologischen Verwandtschaft als Grundlage des Umgangsrechts nach § 1686a BGB (OLG Nürnberg 4. 8. 2021 – 11 UF 655/20, NJW-RR 2021, 1232).

3. Ernsthaftes Interesse

Das Tatbestandsmerkmal des **ernsthaften Interesses** dient dem Nachweis des für die EGMR-Rechtsprechung zentralen Gesichtspunktes der **Bereitschaft zur Übernahme von Verantwortung** (oben Rn 2). Auch steht das Erfordernis im Zusammenhang mit dem vom EGMR geforderten Umstand, dass die bislang fehlende Möglichkeit des Aufbaus einer Vater-Kind-Beziehung dem leiblichen Vater **nicht zurechenbar** sein darf (Grüneberg/Götz § 1686a Rn 4; vgl auch oben Rn 2). Im Gesetzentwurf noch als „nachhaltiges Interesse" charakterisiert, beruht die Gesetz gewordene Wendung des „*ernsthaften*" *Interesses* auf der Beschlussempfehlung des Rechtsausschusses, wo die geänderte Formulierung freilich schwach mit der familienrechtlichen Gebräuchlichkeit begründet wird (BT-Drucks 17/13269, 5). Die geforderte Ernsthaftigkeit drückt deutlich besser aus, dass nicht der Zeitfaktor, sondern die **Qualität des Interesses** und eine **gewisse Dauerhaftigkeit** maßgeblich sind. Gleichwohl handelt es sich um einen unbestimmten Rechtsbegriff (kritisch DFGT KRK ZKJ 2012, 351, 354; NK-BGB/Peschel-Gutzeit/Ebeling § 1686a Rn 15), der nur unter Rückgriff auf die genannte Zielsetzung ausgefüllt werden kann und im Übrigen den Familiengerichten einen großen Beurteilungsspielraum eröffnet. 15

Folgt man dem wohl erkennbaren Ziel des Gesetzgebers, auch bisher unter § 1685 Abs 2 BGB fallende Konstellationen unter § 1686a Abs 1 BGB zu fassen, so muss erst recht eine **sozial-familiäre Beziehung** (unterhalb der Schwelle von § 1685 Abs 2 BGB) genügen, die zwischen Kind und leiblichem Vater bestanden hat. Im Übrigen kann sich das ernsthafte Interesse nur aus einer **Gesamtschau** von einzelnen Faktoren ergeben, die eine ausreichende Bereitschaft zur Verantwortungsübernahme manifestieren. Im Gesetzentwurf (BT-Drucks 17/12163, 13) werden eine ganze Vielzahl von Kriterien (Begleitung zu oder Interesse an Schwangerschafts-Vorsorgeuntersuchungen, Begleitung zur Entbindung, Wunsch nach alsbaldigem Kennenlernen des Kindes, Bemühen um weitere Kontakte mit dem Kind, wiederholte Artikulierung des Wunsches nach Umgang, Entwicklung von Plänen bzgl Wohnort und Arbeitszeiten für die Realisierung des Umgangs, Sichbekennen zu dem Kind vor und nach der Geburt, Äußerung der Bereitschaft zur Verantwortungsübernahme und ggf finanzieller Unterstützung) genannt, die überdies wohl dem Typus der ohne Aufbau einer sozial-familiären Beziehung zum Kind gescheiterten Paarbeziehung folgen (Lang FPR 2013, 233, 234 f). Nach der Gesetzesbegründung soll aber auch zu würdigen sein, dass eine zurückhaltende Bekundung seines Interesses auch im Zusammenhang mit einer Rücksichtnahme auf das Kind und seiner sozialen Familie stehen kann (BT-Drucks 17/12163, 13).

Größere Bedeutung dürfte dem Interesse zukommen, das Kind alsbald kennenzulernen, mit ihm Kontakt zu haben und über sein Wohlergehen Auskunft zu erlangen (BT-Drucks 17/12163, 13). Diese **kindspezifische Art des Interesses** kann aber in gleicher Weise auch dann bestehen, wenn es dem Vater wegen einer **Verweigerungshaltung der Kindesmutter** weder vor- noch nachgeburtlich gelungen ist, Kontakt herzustellen.

Gerade in der normbegründenden EGMR-Rechtsprechung spielte das Bemühen um den Aufbau einer sozial-familiären Beziehung und das dem Vater nicht zurechenbare Scheitern dieser Bemühung die entscheidende Rolle (Willutzki ZKJ 2011, 90, 93), sodass auch solche Bemühungen nach dem gesetzgeberischen Willen, dieser Rechtsprechung gerecht zu werden, ein ernsthaftes Interesse begründen. Nicht in die Abwägung einbezogen werden darf der Umstand, dass der leibliche Vater auf die **Anfechtung der Vaterschaft** verzichtet hat, weil es auf das Interesse an der sozialen Beziehung zum Kind und auf dessen rechtliche Ausgestaltung ankommt (vgl zum Streitstand oben Rn 10). Hier sind leider noch viele Fragen völlig ungeklärt. So ist etwa das Verhältnis zum Tatbestandsmerkmal der Kindeswohldienlichkeit noch völlig offen, zumal der Gesetzgeber geäußert hat, es seien auch das Alter des Kindes und die Beziehungen der Mutter zu leiblichem und rechtlichem Vater mit zu berücksichtigen. Inwieweit dies das Vorliegen eines ernsthaften Interesses des leiblichen Vaters an seinem Kind tangieren soll, ist aber nicht nachzuvollziehen.

Die bisher ergangene Rechtsprechung ist wenig ergiebig. Während in der Fortsetzung des Falles *Anayo* des OLG Karlsruhe (OLG Karlsruhe 1. 6. 2015 – 20 UF 63/13, juris Rn 27 ff, FamRZ 2015, 1624) die vielfältigen und langjährigen Bemühungen des unstreitigen leiblichen Vaters unzweifelhaft waren, wurde dort aber zu Recht der Umstand thematisiert, dass der Antragsteller in einem **aufenthaltsrechtlichen Verfahren** sein von ihm behauptetes Aufenthaltsrecht auch auf seine von ihm beabsichtigten Umgangskontakte mit den leiblichen Kindern gestützt hatte, was aber nach zutreffender Ansicht des OLG Karlsruhe sein ernsthaftes Interesse an den Kindern letztlich nicht infrage stellen konnte, zumal dieses auch durch das dort eingeholte psychologische Sachverständigengutachten attestiert wurde. Elternteil iSd § 28 Abs 1 S 4 AufenthG ist im Übrigen nicht der leibliche Vater eines Kindes (VG Berlin 10. 10. 2014 – 22 K 93. 13 V, juris Rn 18, FamRZ 2015, 1069; zur Frage der Bedeutung des Umgangsrechts nach § 1686a im Aufenthaltsrecht und für die Schaffung eines Aufenthaltsrechts wegen Umgang mit einem Kind vgl Eichenhofer ZAR 2013, 89). Das OLG Bremen (10. 10. 2014 – 5 UF 89/14, juris Rn 18, FamRZ 2015, 266; zustimmend Johannsen/Henrich/Althammer/Rake § 1686a Rn 6) hat bei der Prüfung, ob ein ernsthaftes Interesse vorliegt, die Auffassung vertreten, dass ein solches im Regelfall voraussetze, dass sich der mutmaßliche biologische Vater in engem zeitlichem Zusammenhang mit der Kenntnis von seiner möglichen Vaterschaft um eine Kontaktaufnahme zumindest bemüht und sich zu dem Kind bekennt. Ein „ernsthaftes Interesse" sei dann zu verneinen, wenn dem Antragsteller seine mögliche Vaterschaft bereits vor der Geburt des Kindes bekannt war und er sich aber erst sieben Jahre später um eine Kontaktaufnahme bemühe. Ob dem in dieser allgemeinen Form zuzustimmen ist, erscheint zweifelhaft, weil auch im Rahmen von § 1684 BGB der Umstand, dass ein Interesse an dem Kind erst nach langen Jahren eines Desinteresses entsteht, nicht dazu führt, deshalb den Kindesumgang zu versagen (so zu Recht Keuter ZKJ 2013, 484, 486). Insgesamt dürfte viel dafür sprechen, **keine allzu hohen Anforderungen** an das Vorliegen eines ernsthaften Interesses zu stellen (ebenso Hammer FamRB 2013, 298, 299; Pheiler-Cox jM 2014, 141, 144; Büte FuR 2013, 676, 678; Keuter ZKJ 2013, 484, 486; MünchKommBGB/Hennemann § 1686a Rn 18; **aA** BeckOK-BGB/Veit [1. 1. 2023] § 1686a Rn 16: hohe Anforderungen).

Übereinstimmung besteht aber insoweit, als weder die Kontaktaufnahme zum Jugendamt noch die Stellung des gerichtlichen Antrages nach § 167a FamFG selbst das ernsthafte Interesse indizieren (Hoffmann FamRZ 2013, 1077, 1080; Keuter ZKJ 2013, 484,

486; Heilmann/Gottschalk § 1686a Rn 14). Im Ergebnis keine Rolle spielen darf der Umstand, ob der leibliche Vater mit der Mutter jemals zusammengelebt hat oder das Kind aus einem einmaligen sexuellen Kontakt entstanden ist (NK-BGB/Peschel-Gutzeit/Ebeling § 1686a Rn 18). Die Zahlung von **Unterhalt** für das Kind indiziert im Regelfall das Interesse (OLG Frankfurt 2. 1. 2019 – 6 WF 115/18, juris Rn 42, FamRZ 2019, 1254). Im Übrigen kommt es für das Vorliegen eines ernsthaften Interesses auf den **Zeitpunkt der Einleitung des Verfahrens** an. Es muss zu diesem Zeitpunkt die Aussicht bestehen, dass der Antragsteller langfristig und nachhaltig an einer sozialen Beziehung mit dem Kind interessiert ist und er muss dies in der Vergangenheit auch **nach außen hin verantwortungsvoll zum Ausdruck gebracht** haben (BGH 5. 10. 2016 – XII ZB 280/15 Rn 31, MDR 2016, 1382: mit angemessener Zurückhaltung; OLG Frankfurt 2. 1. 2019 – 6 WF 115/18, juris Rn 42, FamRZ 2019, 1254; BeckOK-BGB/Veit [1. 1. 2023] § 1686a Rn 16.1: verantwortungsvolle Äußerung; Völker/Clausius, Sorge- und Umgangsrecht § 2 Rn 134). Kann dies bejaht werden, können auch anfängliche Zurückhaltung oder Ablehnung des Kindes (zB Forderung einer Abtreibung) nicht als Ausschlusskriterien gelten (OLG Frankfurt 2. 1. 2019 – 6 WF 115/18, juris Rn 47, FamRZ 2019, 1254; Fröschle, Sorge und Umgang Rn 1282; Keuter ZKJ 2013, 484, 486; BeckOGK/Altrogge [15. 2. 2021] § 1686a Rn 64). Im Übrigen spielt es hier auch eine Rolle, wann der Antragsteller von der Geburt erfahren hat, ob ein persönlicher Kontakt von der Mutter und dem rechtlichen Vater oder dem Kind verweigert wurde oder ob wegen einer großen räumlichen Entfernung nur eingeschränkte Möglichkeiten zur Kontaktaufrechterhaltung bestanden (Clausius FamRB 2015, 65, 67).

Schließlich sollte eine Zurückweisung des Antrages nur bei **evident fehlendem ernsthaftem Interesse** erfolgen (so im Erg auch OLG Bremen 10. 10. 2014 – 5 UF 89/14, juris Rn 18, FamRZ 2015, 266), weil bei Bestehen von Zweifeln hierüber ggf Beweis zu erheben ist und verbleibende Zweifel auch in die **Kindeswohlprüfung** miteinfließen können (Hoffmann FamRZ 2013, 1077, 1080; Lang FPR 2013, 233, 235; Hammer FamRB 2013, 298, 299).

Die verfahrensrechtliche Feststellungslast für das von ihm darzulegende und von Amts wegen zu überprüfende ernsthafte Interesse liegt im Übrigen beim Antragsteller (BeckOGK/Altrogge [15. 2. 2021] § 1686a Rn 68; vgl dazu unten Rn 31).

IV. Das Umgangsrecht nach § 1686a Abs 1 Nr 1

1. Kindeswohldienlichkeit

§ 1686a Abs 1 BGB übernimmt den Maßstab des § 1685 BGB iS einer positiven **Kindeswohlprüfung** (Erman/Döll § 1686a Rn 5), erfordert also die Feststellung, dass der Umgang dem Kindeswohl dient. Dies ist grundsätzlich nicht zu beanstanden, weil hier wie in § 1685 BGB der potenziell Umgangsberechtigte in Konflikt zu einem rechtlichen Vater tritt. Auf die im Rahmen von § 1685 BGB entwickelten Abwägungskriterien zur Bestimmung der Kindeswohldienlichkeit kann aber nur eingeschränkt zurückgegriffen werden, da dort bereits gerade eine sozial-familiäre Beziehung zwischen Kind und der Bezugsperson besteht, die dem leiblichen Vater bei § 1686a BGB aber noch fehlt (OLG Frankfurt 29. 8. 2018 – 4 UF 52/18, juris Rn 12, ZKJ 2019, 65; Büte FuR 2013, 676; 678; Lang FPR 2013, 233, 235). Damit stellt sich die Frage, ob Umgangskontakte mit einem gewissermaßen zweiten Vater für das Kind eine **seelische Belastung** darstellen oder ob das Kind dadurch in einer dem Kindeswohl abträglichen 16

Weise verunsichert wird (BT-Drucks 17/12163, 13). Von Bedeutung sind nach der Gesetzesbegründung weiterhin, wie der Umgang im Interesse einer gesunden Persönlichkeitsentwicklung und Identitätsfindung des Kindes zu bewerten ist und inwieweit die Kindesmutter und der biologische Vater dazu in der Lage sind, ihre Konflikte zu begrenzen. Hierbei darf sich – obwohl § 1626 Abs 3 S 1 BGB nicht für den leiblichen Vater gilt (Pheiler-Cox jM 2015, 17, 19) – nicht die bisher selbst den Gesetzgeber leitende Tendenz durchsetzen, den leiblichen Vater generell **typisierend als „Störenfried"** der behüteten rechtlichen Familie anzusehen und damit praktisch eine Vermutung gegen die Kindeswohldienlichkeit zu etablieren. Dass diese Befürchtung nicht fernliegt, zeigten die erste Reaktionen auf die EGMR-Entscheidungen in der Rspr (OLG Bamberg FamRZ 2013, 710, 711) und auch ebenso wie die gerade an dieser Stelle ansetzende Kritik des Gesetzentwurfs, in der teils rundweg die Möglichkeit angezweifelt wird, dass Umgangskontakt zu dem bisher faktisch unbekannten biologischen Vater überhaupt je dem Kindeswohl dienen könne (Lang FPR 2013, 233, 235). Der hier vertretenen Auffassung ist auch der **BGH** beigetreten und fordert ebenfalls eine **ergebnisoffene Einzelfallprüfung** (BGH 5. 10. 2016 – XII ZB 280/15 Rn 35, MDR 2016, 1382). Für eine restriktive Handhabung der Kindeswohlprüfung, nach der die für das Kind zu erwartenden Vorteile des Umgangs die zu erwartenden Nachteile deutlich überwiegen müssen, besteht nach dem Gesetzeswortlaut und der Entstehungsgeschichte der Norm keine Veranlassung (so aber Hammer FamRB 2013, 298, 300). Der Umstand, dass der (potenzielle) leibliche Vater mit seinem Umgangsbegehren in ein oft **intaktes soziales Familiensystem** eindringt und dass dessen Ansinnen **dort von den rechtlichen Eltern abgelehnt wird**, ist § 1686a BGB immanent (BGH 5. 10. 2016 – XII ZB 280/15 Rn 35, MDR 2016, 1382; OLG Brandenburg 24. 1. 2018 – 13 WF 303/17, juris Rn 10, NZFam 2018, 367). Die Bindung des Kindes an seine rechtliche Familie ist im Übrigen bei der Entscheidungsfindung durchaus nachhaltig zu berücksichtigen, darf aber nicht in eine Typisierung umschlagen. In diesem Zusammenhang sind aber gleichwohl die *Stabilität und Belastbarkeit des Familienverbandes*, die *Beziehungskonstellation* und das *Konfliktniveau* zwischen den betroffenen erwachsenen Beteiligten von Bedeutung (BT-Drucks 17/12163, 13; OLG Frankfurt 20. 7. 2016 – 6 UF 98/16, juris Rn 15, FamRZ 2017, 307; OLG Jena 6. 12. 2016 – 3 UF 42/16, juris Rn 17, FamRZ 2017, 1410). Unerheblich ist es dagegen, dass das betroffene Kind noch sehr jung ist und naturgemäß den Gegenstand des Verfahrens noch nicht erfassen kann (OLG Oldenburg 14. 2. 2017 – 13 WF 14/17, juris Rn 8, FamRZ 2017, 895). Allein der Umstand, dass die rechtlichen Eltern die Gewährung von Umgang beharrlich verweigern, hindert die Gewährung eines Umgangs indes nicht und würde auch gegen Art 8 Abs 1 EMRK verstoßen (BGH 5. 10. 2016 – XII ZB 280/15 Rn 35, MDR 2016, 1382). Dies schließt es aber nicht aus, dass bei einem unüberwindbaren Zerwürfnis zwischen den Beteiligten und einer auch beim Antragsteller fehlenden Fähigkeit, das Konfliktniveau zu begrenzen, die Kindeswohldienlichkeit zu verneinen ist (EGMR 26. 7. 2018 – 16112/15, NJW 2019, 2449 Rn 42: „tief liegende Konflikte"; BVerfG 6. 12. 2016 – 1 BvR 2046/16, juris Rn 2; KG 24. 11. 2021 – 13 UF 120/19, FamRZ 2022, 1783; OLG Frankfurt 29. 8. 2018 – 4 UF 52/18, juris Rn 12 ff, FamRZ 2019, 37; OLG Frankfurt 20. 7. 2016 – 6 UF 98/16, juris Rn 16, FamRZ 2017, 307; BT-Drucks 17/12163, 13). Hier wird auch ein – von den rechtlichen Eltern beeinflusster – ablehnender Kindeswille nicht zu übergehen sein (KG 24. 11. 2021 – 13 UF 120/19, FamRZ 2022, 1783). Der EGMR hat es im Übrigen in einem vor Inkrafttreten des § 1686a BGB entschiedenen Fall des OLG Schleswig gebilligt, dass ein Umgangs- und Auskunftsrechts des potenziellen leiblichen Vaters mit der Begründung verneint wurde, dass andernfalls die Integration des Kindes in seine soziale Familie, die Vaterrolle des rechtlichen Vaters und Ehemannes der Mutter und die Ehe der rechtlichen Eltern gefährdet wäre und sogar den Verzicht auf die Einholung eines Sachverständigengutachtens und die Nichtaufklärung des Kindes über den Gegenstand des Verfahrens in seiner persönlichen Anhörung gebilligt (EGMR 26. 7. 2018 – 16112/15, NJW 2019, 2449 Rn 57 ff).

Ein weiterer wichtiger Faktor in diesem Zusammenhang ist auch die Fähigkeit des leiblichen Vaters, Kontakte mit dem Kind **feinfühlig zu gestalten** und im Bedarfsfall diese zunächst anzubahnen (Hammer FamRB 2013, 298, 300), wobei hier jedoch zur Unterstützung auch die Anordnung begleiteter Umgangskontakte (§ 1686a Abs 2 S 1 BGB iVm § 1684 Abs 4 S 3 BGB) erwogen werden kann. Gegen die Gewährung von Umgang spricht der Umstand, dass der leibliche Vater den **Erziehungsvorrang** der rechtlichen Eltern untergräbt, sich massiv in den sozialen Familienverband des Kindes drängt oder den rechtlichen Eltern ablehnend und feindselig gegenüber steht (BVerfG 9. 3. 2017 – 1 BvR 401/17, juris Rn 4; OLG Frankfurt 29. 8. 2018 – 4 UF 52/18, FamRZ 2019, 37; OLG Jena 6. 12. 2016 – 3 UF 42/16, juris Rn 17, FamRZ 2017, 1410; OLG Hamm 15. 9. 2009 – 11 UF 108/09, FamRZ 2010, 909; OLG Bamberg 20. 12. 2012 – 2 UF 210/11, juris Rn 73 ff, FamRZ 2013, 710; Heilmann/Gottschalk § 1686a Rn 17).

In Bezug auf das **Kind** sind sein **Alter**, seine **Belastbarkeit**, der Grad seiner **Bindung** an seine rechtlich-sozialen Eltern, die **Dauer seiner Kenntnis** von der Existenz eines biologischen Vaters und natürlich – gerade bei bereits älteren Kindern – sein **Wille** (BVerfG 17. 9. 2016 – 1 BvR 1547/14 Rn 20, ZKJ 2016, 457; KG 24. 11. 2021 – 13 UF 120/19, FamRZ 2022, 1783; OLG Frankfurt 29. 8. 2018 – 4 UF 52/18, juris Rn 17, FamRZ 2019, 37; zur Bedeutung für das Kindeswohl vgl auch Dettenborn, Kindeswohl und Kindeswille 82 ff) zu berücksichtigen. Dass zwischen Bindungssicherheit einerseits und dem später wachsenden Bedürfnis nach Kenntnis der eigenen Abstammung eine Spannung besteht, ist unbestreitbar (zutreffend DFGT KRK ZKJ 2012, 351, 354). Die Kindeswohlprüfung wird aber auch zusätzlich dadurch erschwert, dass hinreichende **sozialwissenschaftliche Forschungsergebnisse** zur Frage des Kindesumgangs mit zwei Vätern bis heute fehlen (DJI-Stellungnahme v 29. 11. 2012, 3 f; Salzgeber, Familienpsychologische Gutachten Rn 659). Gleichwohl sollte bei einem normal entwickelten Kind auch die Fähigkeit, sich mit Realitäten auseinanderzusetzen und die Chance, spätere Enttäuschungen und Irritationen zu vermeiden, durchaus Bedeutung finden. Je früher ein Kind von seinen rechtlichen und sozialen Eltern über die Vaterschaft eines Dritten unterrichtet wird, desto leichter und konfliktfreier lässt sich ein Umgang mit diesem anbahnen (Dettenborn/Walter, Familienrechtspsychologie 287 f). Ein allgemeiner Grundsatz, dass ein möglichst frühzeitiger Umgang mit seinem leiblichen Vater dem Kindeswohl dient – wie bei § 1684 Abs 1 BGB bestimmt –, weil das Kind ein Interesse habe, zu wissen, wer sein Vater ist, existiert aber nicht (BeckOK-BGB/Veit [1. 1. 2023] § 1686a Rn 24; Keuter FuR 2013, 484, 487; Lang FPR 2013, 233, 235; **aA** Kloster-Harz FamFR 2013, 337, 339). Dies entspricht auch den sozialwissenschaftlichen Erkenntnissen (Walper/Wendt Zeitschrift für Familienforschung 2011, Sonderheft 8, 211, 224; Lack/Hammesfahr, Psychologische Gutachten im Familienrecht Rn 719; Salzgeber, Familienpsychologische Gutachten Rn 660; Castellanos, Psychologische Sachverständigengutachten im Familienrecht Rn 978; zur Frage der Belastung des Kindes infolge des Verschweigens seiner biologischen Herkunft vgl Kindler/Walper/Bovenschen NZFam 2017, 929, 933). Bei Kindern, deren leibliche Väter aus anderweitigen ethnologischen Verhältnissen stammen, ist der Kontakt auch zu diesem Elternteil ein wesentlicher Bestandteil der Identitätsfindung (Castellanos, Psychologische Sachverständigengutachten im Familienrecht [2. Aufl 2021] Rn 1027; hierauf weist auch BGH 5. 10. 2016 – XII ZB 280/15 Rn 48, MDR 2016, 1382 hin).

Unbestreitbar ist, dass durch einen Umgang mit dem leiblichen Vater für das Kind erhebliche **Loyalitätskonflikte** entstehen können (OLG Frankfurt 20. 7. 2016 – 6 UF 98/16, juris Rn 21, FamRZ 2017, 307; OLG Jena 6. 12. 2016 – 3 UF 42/16, juris Rn 17, FamRZ 2017, 1410). Wird die Vaterschaft bei einem Mehrverkehr der Mutter in der Empfängniszeit erst im Umgangsverfahren zugunsten des Antragstellers geklärt, ist kaum abzusehen, wie sich dies auf die Beziehung des rechtlichen und sozialen Vaters auf das Kind auswirkt und ob dieser weiter in der Zukunft bereit sein wird, auch soziale Verantwortung zu übernehmen. Gleiches gilt für die Frage, wie das Kind die weitere Beziehung zu seinem rechtlichen Vater gestalten wird, wenn es mit der Enttäuschung konfrontiert wird, dass es von einem anderen Vater abstammt (Salzgeber, Familienpsychologische Gutachten Rn 659). Die Loyalitätskonflikte des Kindes werden dabei umso größer sein, je konfliktreicher die Beziehung von leiblichem Vater und rechtlichen Eltern ist (OLG Frankfurt 29. 8. 2018 – 4 UF 52/18, FamRZ 2019, 37; OLG Frankfurt 20. 7. 2016 – 6 UF 98/16, juris Rn 21, FamRZ 2017, 307; zustimmend BVerfG 6. 12. 2016 – 1 BvR 2046/16 Rn 2, juris; BVerfG 9. 3. 2017 – 1 BvR 401/17, juris Rn 4). Umgekehrt gilt, dass je geringer das Konfliktpotential ist, desto eher können sich förderliche Aspekte des Umgangs zwischen Kind und leiblichem Vater entwickeln (Lack/Hammesfahr, Psychologische Gutachten im Familienrecht Rn 720).

Die oben genannten Kindeswohlkriterien sind vom Familiengericht gegeneinander abzuwägen und ein Umgangsrecht ist dann zu gewähren, wenn die damit für das Kind zu erwartenden **Vorteile die zu erwartenden Nachteile überwiegen**. Um diesen schwierigen Abwägungsprozess auf eine hinreichend **sichere Erkenntnisgrundlage** zu stellen, wird unter Umständen die Einholung eines psychologischen **Sachverständigengutachtens** erforderlich sein (Hammer FamRB 2013, 298, 301; NK-BGB/Peschel-Gutzeit/Ebeling § 1686a Rn 18). Zur verfahrensmäßigen Feststellung der Kindeswohldienlichkeit, der Notwendigkeit der Unterrichtung und Anhörung des Kindes, der Feststellungslast und der Reihenfolge der Prüfung der Tatbestandsvoraussetzungen von § 1686a Abs 1 Nr 1 BGB vgl unten Rn 29 ff.

2. Inhalt und Ausgestaltung des Umgangsrechts (§ 1686a Abs 2)

17 Hinsichtlich des Inhalts des Umgangsrechts des leiblichen Vaters verweist § 1686a Abs 2 S 1 BGB auf § 1684 Abs 2–4 BGB; Abs 2 S 2 schränkt allerdings die Möglichkeit der Anordnung einer **Umgangspflegschaft** nach § 1684 Abs 3 S 3–5 BGB ein.

a) Wohlverhaltensgebot

Soweit das Familiengericht ein Umgangsrecht des leiblichen Vaters regelt, haben gemäß § 1686a Abs 2 S 1 BGB iVm § 1684 Abs 2 BGB der leibliche Vater und die rechtlichen Eltern alles zu unterlassen, was das Verhältnis des Kindes zu jedem Elternteil oder die Erziehung des Kindes erschwert. Dieses **Wohlverhaltensgebot** bewirkt für den leiblichen Vater insbesondere, den Erziehungsvorrang der Eltern zu respektieren, für die rechtlichen Eltern besteht die Pflicht, den Umgang des Kindes mit seinem leiblichen Vater zu unterstützen und nicht zu behindern (vgl Keuter ZKJ 2013, 484, 487). In Konfliktfällen können sowohl Kind als auch rechtliche Eltern und leiblicher Vater nach § 18 Abs 3 S 1–4 SGB VIII bei dem zuständigen Jugendamt Beratung und Unterstützung bei der Ausübung des Umgangsrechts beanspruchen, wobei § 1686a BGB ausdrücklich in § 18 Abs 3 S 2 SGB VIII aufgenommen worden ist (vgl zu den Einzelheiten Wiesner/Wapler/Dürbeck § 18 SGB VIII Rn 25a).

b) Art und Umfang des Umgangs

Die Intensität des Umgangs ist selbstverständlich den Besonderheiten dieser Umgangssituation entsprechend eher an § 1685 Abs 2 BGB zu orientieren als an § 1684 BGB (OLG Frankfurt 11. 6. 2019 – 5 UF 72/19, juris Rn 8, FamRZ 2019, 2008). Hatte der leibliche Vater noch keinen oder nur unzureichenden Kontakt zu dem Kind, sind Forderungen, nach denen das Umgangsrecht mit zweiwöchigem Rhythmus für Übernachtungs- und Feiertagsregelung zu treffen seien (so die anwaltlichen Musteranträge bei Clausius MDR 2013, 685, 688 und Zempel, Sorge- und Umgangsrecht für nichteheliche Kinder 174 f), nicht zielführend, wobei hier natürlich auch das Alter und der Wille des Kindes sowie seine Reaktion auf die Kenntnis seiner wahren biologischen Abstammung mit zu berücksichtigen sind. Häufig werden gerade bei kleineren Kindern zunächst **begleitete Umgangskontakte** anzuordnen sein, die durch die Verweisung von § 1686a Abs 2 S 1 BGB auf § 1684 Abs 4 S 3 BGB möglich sind (vgl Keuter ZKJ 2013, 484, 487 f; Dettenborn/Walter, Familienrechtspsychologie 287). Weitreichendere Umgangskontakte kommen in Betracht, wenn bereits eine soziale Beziehung zwischen leiblichem Vater und Kind besteht, die noch nicht unter § 1685 Abs 2 BGB fällt (BeckOGK/Altrogge [15. 2. 2021] § 1686a Rn 139). Aber auch in einem solchen Fall kann einer Ausweitung des Umgangs entgegenstehen, dass sich das Kind in einem Loyalitätskonflikt zwischen den Interessen seiner rechtlichen Eltern und denjenigen seines biologischen Vaters befinden kann, der durch eine Erweiterung des schon regelmäßige Übernachtungen beinhaltenden Umgangs noch verschärft werden könnte (OLG Frankfurt 11. 6. 2019 – 5 UF 72/19, juris Rn 8, FamRZ 2019, 2008). Im Übrigen sind auch Besuchsrechte **anderer Umgangsberechtigter** in die Entscheidung miteinzubeziehen (Finger FuR 2016, 211, 213; Grüneberg/Götz § 1686a Rn 5), wobei es bei einer Trennung der Mutter vom rechtlichen Vater auch zu einer Konkurrenz zweier väterlicher Umgangsrechte kommen kann. 18

c) Umgangspflegschaft

Für die Anordnung einer Umgangspflegschaft gilt, ebenfalls wie in § 1685 Abs 3 BGB, gemäß § 1686a Abs 2 S 2 BGB die erhöhte Eingriffsschwelle des § 1666 Abs 1 BGB (vgl § 1685 Rn 50), welche aus diesem Grund nur in seltenen Ausnahmefällen in Erwägung zu ziehen sein wird (Johannsen/Henrich/Althammer/Rake § 1686a Rn 10). 19

d) Umgangskosten

Die für die Ausübung des Umgangs anfallenden Kosten des Umgangsberechtigten, wie auch die für das Kind anfallenden Kosten (zB Fahrt-, Übernachtungs- und Verpflegungskosten; vgl dazu § 1684 Rn 159 ff), hat nach ganz überwiegender Auffassung auch im Falle von §§ 1685, 1686a BGB der Umgangsberechtigte zu tragen (Völker/Clausius, Sorge- und Umgangsrecht § 2 Rn 137 ff; Wohlgemuth FamRZ 2014, 356; Spangenberg FamRZ 2014, 355; BeckOGK/Altrogge [15. 2. 2021] § 1686a Rn 129). Der insbesondere von Löhnig (FamRZ 2013, 1866; zustimmend MünchKommBGB/Hennemann § 1686a Rn 28) vertretenen Auffassung, umgangsbedingte Aufwendungen für den Unterhalt des Kindes einschließlich seiner Reisekosten seien nach §§ 677, 683 S 1, 670 BGB von den rechtlichen Eltern zu tragen, kann nicht zugestimmt werden, weil der Umgangsberechtigte kein objektiv fremdes Geschäft wahrnimmt, da die Ausübung des Umgangsrechts trotz seiner treuhänderischen Bindung seinem eigenem Interesse dient. 20

e) Beschränkung oder Umgangsausschluss

§ 1686a Abs 2 S 1 BGB verweist auch auf § 1684 Abs 4 S 1 und 2 BGB, sodass das Familiengericht das Umgangsrecht des leiblichen Vaters auch einschränken und aus- 21 schließen kann. Anders als bei rechtlichen Eltern, denen nach § 1684 Abs 1 BGB ein originäres Umgangsrecht zusteht, bedarf es aber bei Verneinung der Voraussetzungen des Umgangsrechts keines Ausschlusses, sondern es genügt – wie auch im Falle von § 1685 BGB (BGH 12. 7. 2017 – XII ZB 350/16, juris Rn 34 ff, FamRZ 2017, 1668 m Anm Dürbeck) – die Zurückweisung des Antrages (OLG Frankfurt 29. 8. 2018 – 4 UF 52/18, juris Rn 21, FamRZ 2019, 37; OLG Karlsruhe 1. 6. 2015 – 20 UF 63/13, juris Rn 46, FamRZ 2015, 1624; Heilmann/Gottschalk § 1686a Rn 26; Hammer FamRB 2013, 298, 302). Ein Umgangsausschluss, ggf verbunden mit Schutzanordnungen, wie zB **Kontaktaufnahme- und Näherungsverboten**, kommt aber dann in Betracht, wenn Anhaltspunkte bestehen, dass der leibliche Vater, zB durch Missachtung der gerichtlichen Entscheidung, weiterhin gegen den Willen der Eltern versucht, Kontakt zu dem Kind aufzunehmen und dadurch das Kindeswohl gefährden würde (OLG Frankfurt 11. 3. 2013 – 4 UF 305/12, FamRZ 2013, 1237 zu § 1684 BGB; BeckOK-BGB/Veit [1. 1. 2023] § 1686a Rn 30.1). In einem solchen Fall ist § 1684 Abs 4 BGB lex specialis zu § 1 GewSchG und zu § 1666 BGB (OLG Frankfurt 11. 3. 2013 – 4 UF 305/12, FamRZ 2013, 1237; Dürbeck ZKJ 2020, 209).

V. Auskunftsanspruch (§ 1686a Abs 1 Nr 2)

1. Personenkreis

22 § 1686a Abs 1 Nr 2 BGB gibt dem leiblichen Vater nunmehr – anders als den von § 1685 Abs 1 und 2 BGB erfassten Umgangsberechtigten – auch einen **Auskunftsanspruch**. Auch dies beruht auf der Rechtsprechung des EGMR (15. 9. 2011 – 17080/07 Rn 104, FamRZ 2011, 1715) und spricht überdies dafür, auch den unter § 1685 Abs 2 BGB fallenden leiblichen Vater mit sozial-familiärer Beziehung zu dem Kind unter § 1686a Abs 1 Nr 2 BGB zu fassen (ebenso NK-BGB/Peschel-Gutzeit/Ebeling § 1686a Rn 24; BeckOK-BGB/Veit [1. 1. 2023] § 1686a Rn 34), weil sonst der nur ernsthaft interessierte Vater einen Auskunftsanspruch hätte, nicht aber der sogar dem Kind sozial-familiär verbundene Vater.

2. Voraussetzungen

23 Mit Ausnahme des Kindeswohlmaßstabes entsprechen die Voraussetzungen des Auskunftsanspruchs denen des Umgangsrechts nach § 1686a Abs 1 Nr 1 BGB; nur der nachgewiesene leibliche Vater, der ernsthaftes Interesse an dem Kind gezeigt hat, hat ein Recht auf Auskunft (BT-Drucks 17/12163, 13).

Hinsichtlich des **Kindeswohls** bedarf es jedoch – anders als beim Umgang – nicht des Nachweises der Kindeswohldienlichkeit. Vielmehr setzt der Auskunftsanspruch, wie jener nach § 1686 BGB, nur voraus, dass die Auskunft dem Kindeswohl nicht widerspricht (sog **negative Kindeswohlprüfung**). Dies entspricht der Erkenntnis, dass Auskunft über die persönlichen Verhältnisse des Kindes selten positiv seinem Wohl dienen wird, andererseits aber das Kind ausreichend geschützt ist, wenn eine seinem Wohl nachteilige Auskunft unterbleibt (BT-Drucks 17/12163, 14). Damit gelten grundsätzlich dieselben Maßstäbe wie unter § 1686 BGB (vgl § 1686 Rn 10 ff). Das Kindeswohl **begrenzt** den Auskunftsanspruch auch im Rahmen von § 1686a Abs 1 Nr 2 BGB, hier aber nur insoweit, als ein **Missbrauch des Auskunftsrechts** vorliegt, für den konkrete Anhaltspunkte bestehen müssen (OLG Hamm 25. 11. 2015 – 2 WF 191/15, FamRB 2016, 186, juris Rn 8 zu § 1686 BGB; OLG Frankfurt 20. 7. 2016 – 6 UF 98/16, juris Rn 22, FamRZ

2017, 307; Clausius NZFam 893, 895; vgl § 1686 Rn 10). Ein entgegenstehender **Wille des Kindes** begrenzt den Anspruch nur insoweit, als die gewachsene Selbständigkeit und Reife des Kindes dem entgegenstehen (OLG Köln 28. 6. 2016 – 10 UF 21/15, juris Rn 11, NJW-Spezial 2016, 677 zu § 1686 BGB) oder Angelegenheiten eines Jugendlichen tangiert sind, die dessen **Intim- oder Persönlichkeitssphäre** berühren, die dieser nicht offenbart sehen möchte (KG 28. 10. 2010 – 19 UF 52/10, FamRZ 2011, 827, 828 ebenfalls zu § 1686 BGB). Ebenso wie in § 1686 BGB ist das **berechtigte Interesse** des Auskunftsberechtigten zu beurteilen. Dies ist zu bejahen, wenn der leibliche Vater keine andere Möglichkeit, insbesondere persönlichen oder brieflichen Kontakt zu dem Kind, hat, sich über die Entwicklung und die persönlichen Verhältnisse des Kindes zu unterrichten (OLG Hamm 25. 11. 2015 – 2 WF 191/15, FamRB 2016, 186 Rn 23; OLG Koblenz 14. 2. 2014 – 13 WF 146/14, MDR 2014, 725, juris Rn 4 jeweils zu § 1686 BGB; vgl § 1686 Rn 6). Der EGMR (EGMR 28. 6. 2018 – 16112/15 *Fröhlich v Deutschland*, NJW 2019, 2449 Rn 62 ff) hat es aber gebilligt, dass ein Auskunftsanspruch verneint wurde, weil bereits die Klärung der Abstammungsfrage die Gefahr barg, dass der bestehende Familienverband zerstört werden könnte und die Beziehung der Eltern mit dem potentiellen biologischen Vater hochkonfliktHaft war.

Der Auskunftsanspruch kann – wie bei § 1686 BGB – **Ersatzfunktion** für ein nicht bestehendes Umgangsrecht haben, aber kumulativ der **Ergänzung eines Umgangsrechts** dienen (vgl § 1686 Rn 2). Er kann damit sowohl mit einem Umgangsantrag nach § 1686a Abs 1 Nr 1 BGB im Wege **objektiver Antragshäufung** verbunden werden, als auch hilfsweise für den Fall der Zurückweisung des Umgangsantrages geltend gemacht werden.

3. Inhalt, Adressaten

§ 1686a Abs 1 Nr 2 BGB ist Anspruch iSd § 194 Abs 1 BGB und bezieht sich ebenso **24**
wie jener nach § 1686 BGB auf die persönlichen Verhältnisse des Kindes (vgl zu den Einzelheiten § 1686 Rn 3, 13 ff), sodass insbesondere die regelmäßige Übersendung von Fotografien und Zeugnissen des Kindes in Betracht kommt (OLG Frankfurt 20. 7. 2016 – 6 UF 98/16, juris Rn 22, FamRZ 2017, 307).

Nicht umfasst von § 1686a Abs 1 Nr 2 BGB ist dagegen die Frage, ob sich der leibliche Vater ein Foto des Kindes selbst verschaffen darf (so zu Unrecht OLG Karlsruhe 14. 2. 2023 – 2 WF 22/23, FamRZ 2023, 786 m Anm Hammer). Dies beurteilt sich vielmehr nach den Kriterien von §§ 1687a, 1687 Abs 1 S 4 BGB (vgl Hammer FamRZ 2023, 1788 f).

Anspruchsgegner sind hier beide rechtliche Elternteile des Kindes (NK-BGB/Peschel-Gutzeit/Ebeling § 1686a Rn 23). Auch eine analoge Anwendung gegenüber einem Vormund oder Pfleger des Kindes kommt in Betracht (vgl § 1686 Rn 5). Im Übrigen kann auf die Ausführungen zu § 1686 Rn 12 ff verwiesen werden.

VI. Das familiengerichtliche Verfahren

1. Verfahrensart und Einleitung des Verfahrens

Verfahren über das Umgangsrecht nach § 1686a Abs 1 Nr 1 BGB und das Auskunfts- **25**
recht nach Abs 1 Nr 2 gehören zu den **Kindschaftssachen** gemäß § 151 Nr 2 FamFG.

Daraus folgt, dass auf sie die Verfahrensvorschriften der §§ 152–166 FamFG anzuwenden sind. Speziell der verfahrensrechtlichen Ausgestaltung von § 1686a BGB dient § 167a FamFG. **§ 167a Abs 1 FamFG** ist zu entnehmen, dass anders als bei §§ 1684, 1685 BGB ein Verfahren nur **auf Antrag** eingeleitet werden kann (MünchKommFamFG/Heilmann § 167a Rn 8; Johannsen/Henrich/Althammer/Rake § 167a FamFG Rn 3). Ein Antragsrecht steht insoweit nur dem (potenziell) leiblichen Vater zu, weder das Kind noch die rechtlichen Eltern können ein Umgangsrecht des Kindes mit dem leiblichen Vater beanspruchen, was verfassungsrechtliche Bedenken in Bezug auf die Grundrechtsposition des Kindes aufwirft (vgl oben Rn 6). Die Einstufung als Antragsverfahren iSd § 23 FamFG bedingt, dass der Antrag nach § 22 FamFG zurückgenommen werden kann, die Beteiligten das Verfahren übereinstimmend für erledigt erklären können, dass kostenrechtlich §§ 83 Abs 2, 81 FamFG anzuwenden sind und die Vollstreckung nach § 87 Abs 1 FamFG auch nur auf Antrag zulässig ist.

Der Auskunftsanspruch nach § 1686a Abs 1 Nr 2 BGB kann nach zutreffender Ansicht **nicht erstmals im Beschwerdeverfahren** geltend gemacht werden, wenn im ersten Rechtszug lediglich die Regelung des Umgangsrechts beantragt worden war (vgl die Nachweise bei § 1686 Rn 21). Dasselbe gilt, wenn im ersten Rechtszug ein Auskunftsrecht nach § 1686 BGB geltend gemacht wurde, der Antragsteller aber **infolge einer rechtskräftigen Adoption** die rechtliche Vaterschaft während des erstinstanzlichen Verfahrens verloren hat. Auch hier kann wegen der unterschiedlichen Verfahrensgegenstände nicht erstmals mit der Beschwerde ein Auskunftsrecht nach § 1686a Abs 1 Nr 2 BGB verfolgt werden (OLG Hamm 31. 8. 2017 – 13 WF 148/17, juris Rn 11 f, ZKJ 2018, 22 m Anm Dürbeck; zur Frage, ob in diesem Fall überhaupt ein Auskunftsrecht besteht, vgl oben Rn 10). Im Übrigen kann er auch nicht **hilfsweise** in einem **Vaterschaftsanfechtungsverfahren** nach § 1600 Abs 1 Nr 2 BGB geltend gemacht werden, da insoweit das Verbindungsverbot von § 179 Abs 2 FamFG gilt (OLG Hamm 12. 11. 2020 – 12 WF 221/20, juris Rn 8, NZFam 2021, 235; Prütting/Helms/Dürbeck § 179 FamFG Rn 7).

2. Versicherung an Eides Statt (§ 167a Abs 1 FamFG)

26 § 167a Abs 1 FamFG erfordert als spezielle Zulässigkeitsvoraussetzung des Antrags nach § 1686a Abs 1 Nr 1 und nach Nr 2 BGB eine – aus § 1600 Abs 1 Nr 2 BGB übernommene – **Versicherung an Eides statt** des Antragstellers, der Mutter des Kindes während der Empfängniszeit beigewohnt zu haben. Die Versicherung ersetzt nicht die Feststellung der biologischen Vaterschaft, begründet für diese auch keine Vermutung, soll jedoch als Glaubhaftmachung dieses Tatbestandsmerkmals anlasslose **Verfahren „ins Blaue hinein"** verhindern (BT-Drucks 12/12163, 14).

Der Gesetzgeber wollte damit auch verhindern, dass **Samenspender** Anträge nach Abs 1 Nr 1 stellen (BT-Drucks 12/12163, 14). Es verbleibt aber gleichwohl ein Anwendungsbereich für Samenspender, die nicht unter § 1600 Abs 4 BGB fallen und nicht von vornherein auf ihre Elternrechte verzichtet haben (BGH 16. 6. 2021 – XII ZB 58/20, NJW 2021, 2801 Rn 23; OLG Frankfurt 29. 8. 2018 – 4 UF 52/18, juris Rn 10, FamRZ 2019, 37; siehe oben Rn 11). Hier muss sich die Glaubhaftmachung auf die Urheberschaft des Antragstellers für die Samenspende und deren Verwendung zur Zeugung des Kindes beziehen (BGH 16. 6. 2021 – XII ZB 58/20, NJW 2021, 2801 Rn 24). Die eidesstattliche Versicherung ist **echte Zulässigkeitsvoraussetzung**, sodass bei einem Fehlen der Antrag – nach vorherigem Hinweis (MünchKommFamFG/Heilmann § 167a Rn 9) – als unzulässig zu verwerfen ist (BGH 5. 10. 2016 – XII ZB 280/15, juris Rn 20, MDR 2016, 1382; OLG Bremen 10. 10. 2014 – 5 UF 89/14, juris Rn 13, FamRZ 2015, 266; Prütting/Helms/Hammer § 167a FamFG Rn 9). Der BGH hat es aber als ausreichend erachtet, dass in einem vorhergehenden Verfahren vor dem EGMR die Feststellung getroffen worden ist, dass der Antragsteller der leibliche Vater der Kinder sei (BGH 5. 10. 2016 – XII ZB 280/15, juris Rn 21, MDR 2016, 1382). Sie ist nach dem Sinn und Zweck der Vorschrift auch dann entbehrlich, wenn die rechtlichen Eltern unstreitig stellen, dass der Antragsteller der Vater des Kindes ist (BGH 16. 6. 2021 – XII ZB 58/20, NJW 2021, 2801 Rn 24).

3. Zuständigkeit

Die örtliche Zuständigkeit des Familiengerichts richtet sich im Regelfall gemäß § 152 Abs 2 FamFG nach dem **gewöhnlichen Aufenthalt** des Kindes. Nach § 14 Abs 1 Nr 7 RPflG bleibt die Entscheidung über das **Umgangsrecht** nach § 1686a Abs Nr 1 BGB dem **Richter** des Familiengerichts vorbehalten. Demgegenüber ist für Entscheidungen über das Auskunftsrecht nach § 1686a Abs 1 Nr 2 BGB der **Rechtspfleger** funktionell zuständig (§ 3 Nr 2a RPflG). Soweit Anträge nach § 1686a Abs 1 Nr 1 und 2 BGB gemeinsam geltend gemacht werden, was zulässig ist (vgl oben Rn 22), ist der Richter gemäß § 6 RPflG kraft Sachzusammenhangs für beide Gegenstände zuständig. Wird der Auskunftsanspruch dagegen isoliert geltend gemacht und ist die **inzidente Feststellung der Vaterschaft erforderlich**, so verbleibt es trotz der Intensität der damit verbundenen Grundrechtseingriffe entgegen einer weit verbreiteten Ansicht (OLG Hamm 31. 8. 2017 – 13 WF 148/17, juris Rn 11, ZKJ 2018, 22; MünchKommBGB/Hennemann § 1686a Rn 36; Keuter ZKJ 2014, 16, 17) bei der funktionellen Zuständigkeit des Rechtspflegers, da nicht davon auszugehen ist, dass der Gesetzgeber bei der Schaffung von § 1686a BGB und der damit verbundenen Ergänzung von § 14 Abs 1 Nr 7 RPflG hier eine Differenzierung hat vornehmen wollen. 27

4. Beteiligte

Am Verfahren **formell zu beteiligen** sind nach § 7 Abs 1 FamFG der vermeintlich biologische Vater als Antragsteller sowie nach § 7 Abs 2 Nr 1 FamFG das Kind und die rechtlichen Eltern. Das Jugendamt ist nach § 162 Abs 2 S 2 FamFG nur auf Antrag zu beteiligen. Häufig wird in Verfahren nach § 1686a BGB auch ein Verfahrensbeistand für das Kind nach § 158 FamFG zu bestellen sein, der ebenfalls zu beteiligen ist (§ 158b Abs 3 S 1 FamFG). Wird in einem Verfahren betreffend das Umgangsrecht des leiblichen, nicht rechtlichen Vaters nach § 1686a BGB der rechtliche Vater der Kinder im ersten Rechtszug am Verfahren nicht beteiligt, so rechtfertigt dieser Mangel im Beschwerdeverfahren die Aufhebung der Entscheidung und Zurückverweisung des Verfahrens an das Amtsgericht nach § 69 Abs 1 S 2 FamFG auch ohne Antrag, weil insoweit eine unzulässige Teilentscheidung vorliegt (OLG Frankfurt 17. 3. 2021 – 6 UF 22/21, juris Rn 10, FamRZ 2021, 776; vgl § 1684 Rn 505). 28

5. Anhörungen

Das Familiengericht hat nach § 160 Abs 2 FamFG die **rechtlichen Eltern** persönlich anzuhören. Dass auch der **leibliche Vater** als Antragsteller persönlich anzuhören ist, folgt jedenfalls aus § 34 Abs 1 Nr 1 FamFG und dem Umstand, dass nach § 155 Abs 2 FamFG in Umgangssachen die Angelegenheit in einem frühen ersten Termin 29 mit den Beteiligten zu erörtern ist. Das **Jugendamt** ist nach § 162 Abs 1 FamFG anzuhören (zur Aufgabe des Jugendamts in Verfahren nach § 1686a BGB: Wiesner/Wapler/Dürbeck Anhang 3 Rn 108).

Auch auf die nach § 159 Abs 1 und 2 FamFG vorgeschriebene **Kindesanhörung** kann nicht verzichtet werden (zu den Einzelheiten Heilmann/Heilmann § 159 FamFG Rn 1 ff). Für den Fall, dass das Kind von seinen rechtlichen Eltern von einer möglichen oder feststehenden biologischen Vaterschaft des Antragstellers nicht unterrichtet worden ist, hat das *OLG Karlsruhe* die Ansicht vertreten, dass eine Anhörung der beiden dort betroffenen 10-jährigen Kinder nach § 159 Abs 2 FamFG nicht geboten gewesen sei, da wegen deren Unkenntnis von der wahren Vaterschaft weder Neigungen, Bindungen noch ihr Wille für die Frage der Kindeswohldienlichkeit von Bedeutung seien (OLG Karlsruhe 1. 6. 2015 – 20 UF 63/13, juris Rn 47, FamRZ 2015, 1624). Der **BGH** ist dem – wenn auch verfassungsrechtlich im Hinblick auf Art 6 Abs 2 S 1 GG nicht unbedenklich (MünchKommFamFG/Heilmann § 167a Rn 6b) – zu Recht entgegen getreten und hat festgestellt, dass auch im Rahmen von § 1686a Abs 1 Nr 1 BGB nur dann auf eine Kindesanhörung verzichtet werden kann, wenn der Antrag unzulässig oder wegen fehlenden ernsthaften Interesses oder mangelnder Abstammung des Kindes vom Antragsteller ohnehin zurückzuweisen ist (BGH 5. 10. 2016 – XII ZB 280/15, juris Rn 46, MDR 2016, 1382). Im Übrigen dient die Kindesanhörung auch der Gewährung rechtlichen Gehörs für das Kind und ist eine **unverzichtbare Quelle der Sachverhaltsaufklärung** und **Erforschung des Kindeswillens**, welcher bei einer Kindeswohlprüfung miteinzubeziehen ist (BGH 5. 10. 2016 – XII ZB 280/15 Rn 46, MDR 2016, 1382; BGH 15. 6. 2015 – XII ZB 419/15 Rn 45, FamRZ 2016, 1439 zum Sorgerecht; Heilmann/Heilmann § 159 FamFG Rn 2 f). Ähnlich wie das OLG Karlsruhe hat auch das *OLG Frankfurt* – wie auch das erstinstanzliche Familiengericht – in bedenklicher Weise auf eine Anhörung des nicht von seiner wahren Abstammung unterrichteten 9-jährigen Kindes verzichtet und dieses nach § 159 Abs 3 FamFG auf die Gefahr einer Störung des inneren Gleichgewichts des Kindes gestützt (OLG Frankfurt 20. 7. 2016 – 6 UF 98/16, juris Rn 23, FamRZ 2017, 307), ohne hierzu aber Ermittlungen, wie die Einholung eines kinderpsychologischen Sachverständigengutachtens, getätigt zu haben. Würde man die allgemeine Erwägung, ein Kind erleide durch die Unterrichtung seiner Abstammung eine schwerwiegende Störung seines inneren Gleichgewichts, für die Verneinung von Kindeswohldienlichkeit und den Verzicht auf seine Anhörung als ausreichend ansehen, könnten die rechtlichen Eltern allein durch die – auch nicht im Interesse des Kindes – liegende Verheimlichung seiner Abstammung gegenüber dem Kind ein Umgangsrecht des leiblichen Vaters ohne Weiteres verhindern. Das *BVerfG* hat zwar im Fall des OLG Frankfurt die Verfassungsbeschwerde des betroffenen Vaters nicht angenommen, diese aber bereits aus formellen Gründen mangels substantiierter Begründung für unzulässig gehalten (BVerfG 6. 12. 2016 – 1 BvR 2046/16 Rn 2, juris), sodass aus dieser Entscheidung nicht hergeleitet werden kann, das BVerfG halte den Verzicht auf die Kindesanhörung ohne besondere Feststellungen für verfassungsgemäß.

Ist demnach eine Kindesanhörung im Regelfall nach § 159 Abs 1 und 2 FamFG erforderlich und ist das Kind nach seinem Alter und seiner Reife dazu imstande, die Frage seiner leiblichen Abstammung zu verstehen, so ist das **Familiengericht unter Inanspruchnahme sachkundiger Hilfe** im Regelfall gleichwohl dazu gehalten, **das Kind über seine wahre Abstammung auch gegen den Willen seiner Eltern zu unterrichten** (BGH 5. 10. 2016 – XII ZB 280/15, juris Rn 55 ff, MDR 2016, 1382). Dieser durchaus bemerkenswerten Entscheidung des BGH ist, weil bei einer Unkenntnis des Kindes vom Zweck und Gegenstand eines familiengerichtlichen Verfahrens dieses zu einem bloßen „Verfahrensobjekt“ degradiert werden würde (vgl BVerfG 20. 8. 2003 – 1 BvR 1354/03 Rn 8, FamRZ 2004, 86, 87; ebenso Pheiler-Cox jM 2015, 141, 145), zuzustimmen. In welcher konkreten Art und Weise das Familiengericht die Unterrichtung des Kindes zu veranlassen hat, hat der BGH offengelassen. Er hat insoweit erwogen, den Eltern eine Frist zu setzen, innerhalb derer sie die Unterrichtung des Kindes selbst veranlassen können. Weigern diese sich weiter, dem nachzukommen, wäre es nicht ratsam, das Kind erst im gerichtlichen Anhörungstermin mit seiner wahren Abstammung zu konfrontieren. Insoweit bietet sich an, diese Aufgabe einem pädagogisch geschulten Verfahrensbeistand oder dem ohnehin im Verfahren tätigen psychologischen Sachverständigen zu überlassen. Gleichwohl ist zu konstatieren, dass der EGMR in einer aktuellen Entscheidung zu einem vor Inkrafttreten von § 1686a BGB entschiedenen Fall – in Kenntnis der Entscheidung des BGH – nicht beanstandet hat, dass das Beschwerdegericht im Rahmen der Kindesanhörung dieses aus Sorge um sein Wohl nicht über den Gegenstand der Anhörung, insbesondere über seine vermeintliche Abstammung unterrichtet und hierzu auch kein Sachverständigengutachten eingeholt hatte (EGMR 26. 7. 2018 – 16112/15 *Fröhlich v Deutschland*, NJW 2019, 2449 Rn 57 ff). Auch das Berliner Kammergericht (KG Berlin 19. 12. 2019 – 13 UF 120/19, JAmt 2021, 102) hat sich in seiner Entscheidung zum Umgangsrecht des (offenen) Samenspenders nach zuvor erfolgter Einwilligung in eine Stiefkindadoption durch die Lebenspartnerin der Kindesmutter mit der Frage der Kindesanhörung befasst. Es hatte dabei schon aus Rechtsgründen den Anwendungsbereich von § 1686a BGB verneint und die Ansicht des Amtsgerichts geteilt, dass in diesem Fall auf eine Kindesanhörung nach § 159 Abs 2 FamFG verzichtet werden könne, weil es weder auf den Willen des Kindes noch auf den persönlichen Eindruck von ihm ankomme. Nachdem der BGH (BGH 5. 10. 2016 – XII ZB 280/15, MDR 2016, 1382 Rn 47) die Entscheidung aufgehoben und das Verfahren zurück an die zweite Instanz verwiesen hat, hat er bei dieser Gelegenheit auf die Notwendigkeit der Anhörung des inzwischen 7-jährigen Kindes hingewiesen. Das KG Berlin (KG 24. 11. 2021 – 13 UF 120/19, FamRZ 2022, 1783) hat bei seiner folgenden Entscheidung, dem leiblichen Vater keinen Umgang zu gewähren, nunmehr auch maßgeblich auf den ablehnenden Kindeswillen abgestellt.

6. Beschleunigung

Gemäß § 155 Abs 1 FamFG sind Verfahren, die das **Umgangsrecht** betreffen, **vorrangig** 30
und beschleunigt zu führen. Nach Abs 2 der Vorschrift hat das Familiengericht spätestens einen Monat nach Beginn des Verfahrens die Sache mit den Beteiligten in einem Termin zu erörtern. Isolierte **Auskunftsverfahren** nach § 1686a Abs 1 Nr 2 BGB sind hiervon nicht erfasst. In dem frühen Termin wird das Familiengericht vor allem zu ermitteln haben, ob die Abstammung im Wege förmlicher Beweisaufnahme durch ein Abstammungsgutachten zu klären ist und ob von einem ernsthaften Interesse des Antragstellers an dem Kind auszugehen ist (Prütting/Helms/Hammer § 167a FamFG Rn 13). Der Erlass einer **einstweiligen Anordnung** nach § 156 Abs 3 S 1 FamFG ist nur dann zu erörtern, wenn die leibliche Vaterschaft des Antragstellers unstreitig ist und unzweifelhaft von einem ernsthaften Interesse und Kindeswohldienlichkeit auszugehen ist (vgl Heilmann/Gottschalk § 167a FamFG Rn 5). Ist dies tatsächlich der Fall, zB weil lediglich die Art oder der Umfang des Umgangsrechts im Streit steht, wird oft auch die Hauptsache bereits entscheidungsreif sein. Ist die Abstammung noch ungeklärt,

sind einstweilige Anordnungen unzulässig (Prütting/Helms/Dürbeck § 49 FamFG Rn 8). Ebenso kommt eine einstweilige Anordnung im Regelfall nicht in Betracht, wenn das Ergebnis der Kindeswohlprüfung noch völlig offen ist und zB der Aufklärung durch ein psychologisches Sachverständigengutachten bedarf (vgl Keuter ZKJ 2014, 16). Bei Verzögerungen stehen den Beteiligten in Umgangsverfahren nach § 1686a Abs 1 Nr 1 BGB die seit 15. 10. 2016 durch das Gesetz über das Verfahren in Familiensachen und in den Angelegenheiten der freiwilligen Gerichtsbarkeit v 11. 10. 2016 (BGBl 2016 I 2222) in Kraft getretenen Rechtsbehelfe der Beschleunigungsrüge und der Beschleunigungsbeschwerde nach §§ 155b, 155c FamFG zur Verfügung (vgl dazu Keuter FamRZ 2016, 1817).

7. Tatsachenfeststellung – Amtsermittlung

a) Allgemeines

31 Auch in Verfahren nach § 1686a BGB gilt nach § 26 FamFG der **Amtsermittlungsgrundsatz**. Es obliegt dabei dem Familiengericht, die für die Prüfung eines Umgangsrechts oder Auskunftsanspruchs erforderlichen Tatsachen auf eine **hinreichend sichere und verfahrensfehlerfreie Erkenntnisgrundlage** zu stützen. Dies gilt insbesondere für die Frage, **ob ein ernsthaftes Interesse an dem Kind** besteht, und für die vorzunehmende **Kindeswohlprüfung** (BGH 5. 10. 2016 – XII ZB 280/15 Rn 36 ff, MDR 2016, 1382). Dabei kann es auch erforderlich sein, bei begründeten Zweifeln am Vorliegen eines ernsthaften Interesses, diese – etwa durch Einbeziehung in ein psychologisches Sachverständigengutachten (OLG Karlsruhe 1. 6. 2015 – 20 UF 63/13, juris Rn 29, FamRZ 2015, 1624) – näher aufzuklären. Holt das Familiengericht zur Frage der Kindeswohldienlichkeit ein psychologisches **Sachverständigengutachten** ein, hat der Sachverständige die in die Begutachtung einzubeziehenden Beteiligten zu explorieren und darf sich nicht durch einseitige Vorgaben eines Beteiligten leiten lassen (BGH 5. 10. 2016 – XII ZB 280/15 Rn 37 ff, MDR 2016, 1382). Ebenso ist es für die Begutachtung unerlässlich, dass das Kind von seiner wahren Abstammung unterrichtet ist (BGH 5. 10. 2016 – XII ZB 280/15 Rn 37 ff, MDR 2016, 1382). Erst wenn das Gericht alle zur Verfügung stehenden Aufklärungsmöglichkeiten ausgeschöpft hat, stellt sich die Frage der **Feststellungslast**, die hinsichtlich des ernsthaften Interesses und der Kindeswohldienlichkeit der Antragsteller trägt (BGH 5. 10. 2016 – XII ZB 280/15 Rn 35, MDR 2016, 1382; BGH 15. 6. 2015 – XII ZB 419/15 Rn 15, 37 f, FamRZ 2016, 1439 zum Sorgerecht). Im Übrigen steht es aber im **Ermessen** des Familiengerichts, ob es zur Sachaufklärung und Beurteilung der Kindeswohldienlichkeit ein familienpsychologisches Sachverständigengutachten einholt (OLG Jena 2. 2. 2017 – 3 UF 42/16, juris Rn 4, NZFam 2017, 535), was auch der EGMR bei ausreichender Erkenntnisgrundlage bestätigt hat (EGMR 26. 7. 2018 – 16112/15 *Fröhlich v Deutschland*, NJW 2019, 2449 Rn 43).

b) Inzidente Feststellung der Vaterschaft (§ 167a Abs 2, 3 FamFG)

32 Da § 1686a BGB nur dem leiblichen Vater Rechte gewährt, ist die **Abstammung** des Kindes vom Antragsteller **als Vorfrage** zu prüfen und inzident festzustellen. Da § 167a Abs 3 FamFG nicht auf § 177 Abs 2 S 1 FamFG verweist, besteht **kein Zwang**, die Vaterschaft durch ein **Abstammungsgutachten** zu klären (BT-Drucks 17/12163, 14; Hammer FamRB 2013, 298, 301). Eine weitere Aufklärung der Abstammungsfrage ist insbesondere dann nicht veranlasst, wenn die rechtlichen Eltern die Vaterschaft des Antragstellers **unstreitig stellen** (BGH 16. 6. 2021 – XII ZB 58/20, NJW 2021, 2801 Rn 24; BGH 5. 10. 2016 – XII ZB 280/15 Rn 27, MDR 2016, 1382; Sternal/Schäder § 167a FamFG Rn 11). Hierdurch

wird die Einholung eines Gutachtens im Rahmen der Amtsermittlung aber nicht ausgeschlossen (MünchKommFamFG/Heilmann § 167a Rn 13; Keuter ZKJ 2014, 16, 17). Ein Abstammungsgutachten ist aber nach § 30 Abs 3 FamFG dann einzuholen, wenn die Vaterschaft des Antragstellers von den rechtlichen Eltern oder dem verfahrensfähigen Kind bestritten wird (BT-Drucks 17/12163, 14; OLG Frankfurt 2. 1. 2019 – 6 WF 115/18, juris Rn 37, FamRZ 2019, 1254; Wellenhofer NZFam 2014, 117). Eine Einbeziehung des rechtlichen Vaters in die Begutachtung ist nicht erforderlich, da lediglich die Abstammung des Kindes vom Antragsteller zu klären ist (Heilmann/Gottschalk § 167a FamFG Rn 16). Allerdings kann auch ein **außergerichtlich** eingeholtes privates Abstammungsgutachten nach §§ 167a Abs 3, 177 Abs 2 S 2 FamFG verwertet werden. Wird ein Gutachten nach Erlass eines Beweisbeschlusses (§§ 30 Abs 1 FamFG, 358 ff ZPO) eingeholt, begründet § 167a Abs 2 FamFG eine Verpflichtung zur **Duldung von Untersuchungen**; die Bestimmung ist § 178 Abs 1 FamFG nachgebildet (BT-Drucks 17/12163, 14). Insbesondere sind die Mutter des Kindes sowie die rechtlichen Eltern als Sorgeberechtigte hierdurch gehindert, sich und das Kind der Abstammungsfeststellung zu verweigern (OLG Frankfurt 2. 1. 2019 – 6 WF 115/18, juris Rn 49, FamRZ 2019, 1254). Damit wird insbesondere die vom BVerfG (BVerfG 23. 5. 2013 – 1 BvR 2059/12, ZKJ 2013, 407) in der Übergangsphase nach Bekanntwerden der Rechtsprechung des EGMR geforderte gesetzliche Grundlage für die Duldung von Untersuchungen anlässlich der inzidenten Vaterschaftsfeststellung geschaffen. **Beweisbeschlüsse** sind im Übrigen grundsätzlich nicht mit der sofortigen Beschwerde nach §§ 567 ff ZPO anfechtbar (BGH 17. 1. 2007 – XII ZB 171/07, juris Rn 5, FamRZ 2007, 549; OLG Koblenz 19. 11. 2012 – 7 WF 946/12, juris Rn 6, FamRZ 2013, 798; Heilmann/Dürbeck § 58 FamFG Rn 10). Gleichwohl verlangt das BVerfG (BVerfG 18. 12. 2018 – 1 BvR 1240/18, NJW 2019, 987) zur Erschöpfung des Rechtsweges vor Einlegung einer Verfassungsbeschwerde die Anfechtung des Beweisbeschlusses, weil die Beschwerde in Ausnahmefällen zulässig sein kann (vgl MünchKommBGB/A Fischer § 58 Rn 100 mNw der Rspr).

Da auch § 178 Abs 2 FamFG entsprechend gilt, kann die **Mitwirkung** an der Begutachtung gemäß § 386 ZPO mit der Begründung **verweigert** werden, dass die Begutachtung nicht zumutbar oder erforderlich ist (OLG Frankfurt 2. 1. 2019 – 6 WF 115/18, juris Rn 30, FamRZ 2019, 1254). Hier kann insbesondere eingewendet werden, dass es schon an einem erforderlichen ernsthaften Interesse des Antragstellers fehlt (Hammer FamRB 2013, 298, 301) oder vor Einholung des Gutachtens die Frage der Kindeswohldienlichkeit zu klären gewesen wäre (OLG Frankfurt 2. 1. 2019 – 6 WF 115/18, juris Rn 49, FamRZ 2019, 1254; dazu unten Rn 33). Über die Rechtmäßigkeit der Weigerung ist im **Zwischenverfahren** gemäß § 387 ZPO zu entscheiden (vgl OLG Frankfurt 2. 1. 2019 – 6 WF 115/18, juris Rn 30, FamRZ 2019, 1254; OLG Oldenburg 14. 2. 2017 – 13 WF 14/17, juris Rn 5, FamRZ 2017, 895). Gemäß § 390 Abs 3 ZPO ist die **sofortige Beschwerde** statthaft. Wird die Untersuchung gleichwohl verweigert, kommen **Ordnungsmittel** nach § 178 Abs 2 S 1 FamFG, 390 ZPO oder die zwangsweise Vorführung zur Untersuchung nach § 178 Abs 2 S 2 FamFG in Betracht (OLG Celle 11. 10. 2021 – 21 WF 133/21, FamRZ 2022, 371; Einzelheiten bei Prütting/Helms/Dürbeck § 178 FamFG Rn 10 ff; Kieninger FPR 2011, 376).

Die inzidente Feststellung der Abstammung erwächst auch bei förmlicher Beweisaufnahme **nicht in Rechtskraft** (BT-Drucks 17/12163, 14; Grziwotz FF 2012, 382, 385). Sie hat nur **inter-partes-Wirkung**. Ein vom Gericht förmlich eingeholtes Sachverständigengutachten kann jedoch nach §§ 30 Abs 1 FamFG, § 411a ZPO auch in einem Abstammungsverfahren, wo förmliche Beweisaufnahme zwingend ist (§ 177 Abs 1 S 1 FamFG), verwertet werden (BT-Drucks 17/12163, 14).

c) Reihenfolge

33 Der Gesetzgeber stellte es bewusst in das **Ermessen des Gerichts**, ob die biologische Vaterschaft vor oder nach den Tatbestandsmerkmalen des ernsthaften Interesses und des Kindeswohls geprüft wird. Die Begründung hierfür (BT-Drucks 17/12163, 13) ist nur bedingt plausibel. Bei zweifelhafter biologischer Vaterschaft sei zunächst die Abstammung zu prüfen, um belastende Erwägungen zum Kindeswohl ggf zu vermeiden; auf die Klärung der Vaterschaft könne dagegen verzichtet werden, wenn unschwer erkennbar sei, dass jedenfalls aus Gründen des Kindeswohls der begehrte Anspruch nicht gewährt werden könne. Gleichwohl könnte gerade die Vorabprüfung der Abstammung in Zweifelsfällen dem Missbrauch der Bestimmung als verkapptes Instrument der statusfolgenlosen Vaterschaftsprüfung Vorschub leisten. Andererseits weist die *a limine*-Abweisung aus Kindeswohlgründen in die gefährliche Richtung eines typisierten Schutzes der sozialen Familie.

Die Frage, in welcher Reihenfolge die erforderlichen Ermittlungen anzustellen sind, hat inzwischen auch das **BVerfG** beschäftigt (BVerfG 19. 11. 2014 – 1 BvR 2843/14, FamRZ 2015, 119 Rn 13 ff). Nach seiner Auffassung dürfen insoweit nicht Praktikabilitätserwägungen den Ausschlag für die Reihenfolge der Prüfung geben, weil bereits die Klärung der Abstammung einen Eingriff in das Familiengrundrecht darstelle. Insbesondere wenn sich die Frage der Kindeswohldienlichkeit ohne großen Aufwand klären lasse, sei eine vorab erfolgte Abstammungsklärung unverhältnismäßig. Dies gelte auch dann, wenn unwahrscheinlich sei, dass die sonstigen Voraussetzungen des Anspruchs gegeben seien. Dieser Ansicht hat sich der EGMR angeschlossen (EGMR 26. 7. 2018 – 16112/05 *Fröhlich v Deutschland*, NJW 2019, 2449 Rn 62 ff) und auch die Instanzgerichte folgen ihr, soweit sich die fehlende Kindeswohldienlichkeit des Umgangs, zB wegen schwerer Loyalitätskonflikte des Kindes und schwerwiegender Zerwürfnisse zwischen dem potentiellen Erzeuger und den rechtlichen Eltern, ohne größere Ermittlungen beurteilen lässt (vgl OLG Frankfurt 29. 8. 2018 – 4 UF 52/18, juris Rn 11, FamRZ 2019, 37). Hiergegen sind keine Einwände zu erheben. Liegen die Voraussetzungen für die Annahme eines ernsthaften Interesses vor und ist das Ergebnis der Kindeswohlprüfung – wie häufig der Fall – nicht abzusehen, weil zB ein psychologisches Sachverständigengutachten einzuholen ist oder sonst aufwendige Ermittlungen erfolgen müssen, was die Familie ebenfalls belasten wird, ist zunächst die Abstammungsfrage zu klären (OLG Frankfurt 2. 1. 2019 – 6 WF 115/18, juris Rn 50 ff, FamRZ 2019, 1254; OLG Brandenburg 24. 1. 2018 – 13 WF 303/17, juris Rn 11, NZFam 2018, 367; OLG Oldenburg 14. 2. 2017 – 13 WF 14/17, juris Rn 9 f, FamRZ 2017, 895; Prütting/Helms/Hammer § 167a FamFG Rn 18). Dies hat auch den Vorteil, dass sich bei einer aufgeklärten Vaterschaft die Chancen für die Herstellung eines Einvernehmens nach § 156 Abs 2 FamFG unter den Beteiligten verbessern werden.

8. Vollstreckung

34 Ordnet das Familiengericht Umgang des leiblichen Vaters mit dem Kind an, so ergeben sich für die Vollstreckung keine Besonderheiten. Diese bestimmt sich nach §§ 86–88, 89 ff FamFG (vgl § 1684 Rn 527 ff). Die Vollstreckung von Auskunftsverpflichtungen als nicht vertretbare Handlung erfolgt nach **§ 95 Abs 1 Nr 3 FamFG iVm**

§ **888 ZPO** durch **Zwangsgeld** oder **Zwangshaft** (BGH 15. 3. 2017 – XII ZB 245/16, juris Rn 11, FamRZ 2017, 918 zu § 1686; zum vormaligen Streit, ob nicht auch hier § 89 FamFG anzuwenden ist, vgl § 1686 Rn 22). Eine vorherige Androhung der Zwangsmittel ist nach § 888 Abs 2 ZPO nicht erforderlich.

9. Kosten

Die Kostenentscheidung in Verfahren nach § 151 FamFG richtet sich nach §§ 81 ff 35
FamFG. Gemäß § 81 Abs 1 S 1 FamFG sind die Kosten nach billigem Ermessen den Beteiligten ganz oder zum Teil aufzuerlegen. Soweit in der Literatur vertreten wird, es entspräche der Billigkeit, dem Antragsteller bei einem erfolglosen Antrag und darüber hinaus die Auslagen für eine erfolgte Abstammungsuntersuchung stets aufzuerlegen (so MünchKommFamFG/Heilmann § 167a Rn 17; DFGT KRK ZKJ 2012, 351, 354), kann dem so nicht zugestimmt werden. Nur dann, wenn der Antrag von vornherein ohne Erfolgsaussicht war, zB weil es offenkundig an einem ernsthaften Interesse mangelte, sind ihm nach § 81 Abs 2 Nr 2 FamFG die Gerichtskosten und außergerichtlichen Auslagen der anderen Beteiligten aufzuerlegen. Im Übrigen steht in Kindschaftssachen nicht die Frage des Obsiegens oder Unterliegens, sondern das Kindeswohl im Vordergrund. Es ist daher unabhängig davon, wie die Kindeswohlprüfung ausgefallen ist, sachgerecht, nach § 81 Abs 1 S 1 FamFG die Gerichtskosten hälftig zwischen dem Antragsteller und den rechtlichen Eltern zu teilen und im Übrigen von einer Erstattung außergerichtlicher Auslagen abzusehen (so im Ergebnis auch OLG Karlsruhe 1. 6. 2015 – 20 UF 63/13, juris Rn 49, FamRZ 2015, 1624; vgl allgemein zur Kostenverteilung in Kindschaftssachen Heilmann/Dürbeck § 81 FamFG Rn 1 ff; Dürbeck/Schneider FamRZ 2021, 1341). War der Antrag deshalb unbegründet, weil die Abstammungsuntersuchung ergeben hat, dass der Antragsteller nicht leiblicher Vater des Kindes war, dürfte es sachgerecht sein, die Gerichtskosten zwischen dem Antragsteller und der Kindesmutter aufzuteilen, wenn die Kindesmutter den Verkehr mit dem Antragsteller in der Empfängniszeit eingeräumt hat (vgl zur vergleichbaren Rechtslage in Abstammungssachen BGH 19. 2. 2014 – XII ZB 15/13 Rn 17, FamRZ 2014, 744; Prütting/Helms/Dürbeck § 183 FamFG Rn 4; Heilmann/Grün § 183 FamFG Rn 12 ff).

In Ausnahmefällen kann nach § 81 Abs 1 S 2 FamFG auch von der Erhebung von Gerichtskosten abgesehen werden.

Zur Bewilligung von **Verfahrenskostenhilfe** in Umgangssachen vgl § 1684 Rn 491 ff. Eine Kindeswohlprüfung kann im Regelfall nicht im Stadium des Verfahrenskostenhilfe-Prüfungsverfahrens im Wege einer summarischen Sachverhaltsprüfung erfolgen (OLG Brandenburg 24. 1. 2018 – 13 WF 303/17, juris Rn 9, NZFam 2018, 367).

10. Verfahrenswert

Durch das am 1. 1. 2021 in Kraft getretene Gesetz zur Änderung des Justizkosten- 36
und des Rechtsanwaltsvergütungsrechts (BGBl 2020 I 3229) wurde der Verfahrenswert für Umgangssachen nach § 45 Abs 1 Nr 2, 3 FamGKG von jeweils 3.000 auf 4.000 EUR erhöht. Für Übergangsfälle gilt in Ansehung der Gerichtskosten die Vorschrift des § 63 FamGKG (vgl dazu Schneider/Dürbeck NZFam 2021, 206). Maßgeblich ist in den antragsabhängigen Umgangsverfahren insoweit § 63 Abs 1 S 1 Alt 1 FamGKG. Danach gilt der bis zum 31. 12. 2020 maßgebliche Wert iHv 3.000 EUR,

wenn das Umgangsverfahren vor dem 1. 1. 2021 eingeleitet worden ist. Ist das Verfahren nach dem 31. 12. 2020 vom Familiengericht eingeleitet worden, gilt der neue Wert iHv 4.000 EUR. Für das Beschwerde- und Rechtsbeschwerdeverfahren gilt § 63 Abs 1 S 2 FamGKG. Danach gilt neues Recht, wenn das Rechtsmittel nach dem 31. 12. 2020 eingelegt wurde. § 40 Abs 2 S 1 FamGKG, wonach der Wert des Beschwerdeverfahrens durch den Wert der ersten Instanz begrenzt wird, steht dem nicht im Wege, da § 63 Abs 1 S 2 FamGKG insoweit lex specialis ist (OLG Frankfurt 17. 3. 2021 – 6 UF 22/21, FamRZ 2021, 776).

Gemäß § 45 Abs 3 FamGKG kann der Verfahrenswert aus Gründen der Billigkeit wegen besonderer Umstände des Einzelfalles erhöht oder herabgesetzt werden. Eine Erhöhung wird dann in Betracht kommen, wenn sowohl die Abstammungsfrage als auch die Kindeswohldienlichkeit durch ein Sachverständigengutachten geklärt werden muss (Keuter ZKJ 2014, 16; ausführlich Dürbeck/Schneider FamRZ 2021, 1341).

Auskunftsansprüche nach § 1686a Abs 1 Nr 2 BGB sind nach § 45 Abs 1 Nr 3 FamGKG ebenfalls mit 4.000 EUR zu bewerten.

Ausgehend von einem Verfahrenswert von 4.000 EUR fallen gemäß KV Nr 1310 FamGKG im ersten Rechtszug für ein Hauptsacheverfahren ½ **Gerichtsgebühren** an, also 70 EUR. Hinzukommen ggf Auslagen für die Vergütung des Verfahrensbeistandes (KV Nr 2013 FamGKG) oder für die Entschädigung von Zeugen oder Sachverständigen (KV Nr 2005 FamGKG). Findet ein Erörterungstermin statt, entstehen für die Vertretung eines Beteiligten nach VV RVG Nr 3100, 3104, 7002 **Anwaltsgebühren** im ersten Rechtszug iHv 850,85 EUR (vgl weitere Einzelheiten bei Schneider/Dürbeck, Gebühren in Familiensachen § 15 Rn 896 ff).

Wird der Auskunftsanspruch im Verfahren **ergänzend** im Wege der Antragshäufung zum Umgangsrecht geltend gemacht, hat eine Wertaddition nach § 33 Abs 1 S 1 FamGKG zu erfolgen, sodass sich ein Gebührenverfahrenswert von 8.000 EUR ergibt (OLG Frankfurt 7. 9. 2017 – 1 WF 181/17, juris Rn 4, FamRZ 2018, 204; BeckOK-Streitwert/Dürbeck [1. 7. 2023] „Auskunftsansprüche" § 1686a Rn 2; **aA** OLG Frankfurt 20. 7. 2016 – 6 UF 98/16, juris Rn 26, FamRZ 2017, 307: ohne Begründung 3.000 EUR nach § 45 Abs 1 Nr 2 FamGKG aF). Wird der Auskunftsanspruch **hilfsweise** für den Fall der Nichtregelung des Umgangsrechts geltend gemacht, gilt § 39 Abs 1 S 2 FamGKG, sodass eine Addition dann erfolgt, wenn das Familiengericht über den hilfsweise gestellten Auskunftsantrag entschieden hat.

11. Der leibliche, nicht rechtliche Vater außerhalb des Kindschaftsrechts

37 Es war zu erwarten, dass die rechtliche Anerkennung von Rechtspositionen für den biologischen, aber nicht rechtlichen Vater im Umgangsrecht Begehrlichkeiten auch in anderen Rechtsmaterien wecken würde. Der *BFH* (BFH 5. 12. 2019 – II R 5/17, juris Rn 34 ff, DStR 2020, 546) hat sich in einer Entscheidung zur maßgeblichen Steuerklasse beim unentgeltlichen Erwerb vom biologischen, nicht rechtlichen Vater für die **Schenkungssteuer** auch mit der Frage befassen müssen, ob die Regelung von § 1686a BGB iVm Art 6 Abs 1 und 2 S 1 GG, 8 Abs 1 EMRK es gebietet, für die Berechnung der Steuer Steuerklasse I anzuwenden und den biologischen Vater damit dem rechtlichen Vater gleichzustellen. In dem zugrundeliegenden Fall hatte der biologische Va-

ter seiner bereits erwachsenen Tochter einen Geldbetrag in Höhe von 30.000 EUR geschenkt und dieser zugesagt, etwa anfallende Schenkungssteuer zu übernehmen. Gemäß § 15 Abs 1 ErbStG richtet sich die Steuerklassenteilung im Regelfall nach dem persönlichen Verhältnis des Erwerbers zum Schenker. In § 15 Abs 1 Nr 2 ErbStG ist bestimmt, dass für eine Schenkung an ein Kind die Steuerklasse I gilt. Der BFH hat sich in seiner Entscheidung an dem abstammungsrechtlichen Begriff des Kindes orientiert und den Erwerb – entgegen der Ansicht der Vorinstanz (FG Hessen 15. 12. 2016 – 1 K 1507/16, ZEV 2017, 288) – nach Steuerklasse III eingestuft. Zu Recht hat er darauf verwiesen, dass weder Art 6 Abs 1 und 2 GG und Art 8 Abs 1 EMRK noch die einfachgesetzliche Regelung von § 1686a BGB es gebieten, den biologischen Vater mit dem rechtlichen Vater gleichzustellen und hat hinsichtlich der Frage, ob es rechtspolitisch wünschenswert sei, den Interessen des biologischen Vaters im Erb- und Schenkungssteuerrecht einen höheren Stellenwert einzuräumen, auf den Gesetzgeber verwiesen. Gegen die Entscheidung hat der Steuerpflichtige Verfassungsbeschwerde eingelegt, die das *BVerfG* nicht zur Entscheidung angenommen hat (BVerfG 27. 4. 2021 – 1 BvR 1880/20, StEd 2021, 328).

§ 1687
Ausübung der gemeinsamen Sorge bei Getrenntleben

(1) Leben Eltern, denen die elterliche Sorge gemeinsam zusteht, nicht nur vorübergehend getrennt, so ist bei Entscheidungen in Angelegenheiten, deren Regelung für das Kind von erheblicher Bedeutung ist, ihr gegenseitiges Einvernehmen erforderlich. Der Elternteil, bei dem sich das Kind mit Einwilligung des anderen Elternteils oder aufgrund einer gerichtlichen Entscheidung gewöhnlich aufhält, hat die Befugnis zur alleinigen Entscheidung in Angelegenheiten des täglichen Lebens. Entscheidungen in Angelegenheiten des täglichen Lebens sind in der Regel solche, die häufig vorkommen und die keine schwer abzuändernden Auswirkungen auf die Entwicklung des Kindes haben. Solange sich das Kind mit Einwilligung dieses Elternteils oder aufgrund einer gerichtlichen Entscheidung bei dem anderen Elternteil aufhält, hat dieser die Befugnis zur alleinigen Entscheidung in Angelegenheiten der tatsächlichen Betreuung. § 1629 Abs. 1 Satz 4 und § 1684 Abs. 2 Satz 1 gelten entsprechend.

(2) Das Familiengericht kann die Befugnisse nach Absatz 1 Satz 2 und 4 einschränken oder ausschließen, wenn dies zum Wohl des Kindes erforderlich ist.

Materialien: Art 1 Nr 24 KindRG.

Schrifttum

Amend-Traut, Sorgerechtsvollmachten, FamRZ 2020, 805
Amend-Traut/Schlereth, Die Behandlung Minderjähriger im Spannungsverhältnis von elterlicher Sorge und Selbstbestimmungsrecht des Kindes am Beispiel der COVID-19-Schutzimpfung, GuP 2022, 128
Bruns, Alle Jahre wieder: Umgangsregelungen an Feiertagen, in den Ferien und auf Reisen, FamRZ 2013, 553

COESTER, Die Reform des Kindschaftsrechts. Ein privatrechtlicher Überblick, RdJB 1996, 430
ders, Neues Kindschaftsrecht in Deutschland, DEuFamR 1999, 3
COESTER-WALTJEN/COESTER, „Doxing“, „Sexting“ und „Digital Immigrants“, in: FS Koch (2019) 457
DEINERT, Die Entwicklung des Kindschaftsrechtes, DAVorm 1998, 337
Deutscher Familiengerichtstag, Empfehlungen des 13. DFGT, FamRZ 2000, 273
Deutscher Familiengerichtstag, KINDERRECHTE-KOMMISSION, Das Wechselmodell im deutschen Familienrecht, FamRZ 2014, 1157
EHINGER, Bedeutung des Streits der Eltern über die Religionszugehörigkeit ihres Kindes im Sorgerechtsverfahren, FPR 2005, 367
FINKE, Rechtliche Grundlagen und Ausgestaltung durch Eltern und Dritte, NZFam 2014, 865
GERNHUBER/COESTER-WALTJEN, Familienrecht (7. Aufl 2020)
GÖTSCHE, Kindschaftsrechtliche Angelegenheiten von alltäglicher oder erheblicher Bedeutung, FuR 2017, 418
GÖTZ, Lach' doch mal – Das minderjährige Kind als Influencer – Fragen an das Familienrecht, DuD 2022, 357
dies, Digital Natives im Familienrecht, FamRZ 2017, 1725
GRESSMANN, Neues Kindschaftsrecht (1998)
GRISSE, Elterliche Sorge und Aufsichtspflichten bei der Nutzung digitaler Medien durch Kinder, NZFam 2022, 189
GROTKAMP, Kinder und Datenschutz, FamRZ 2022, 6
HAMMER, Elternvereinbarungen im Sorge- und Umgangsrecht (2004)
ders, Die gerichtliche Anordnung des Wechselmodells, FamRZ 2015, 1433
ders, Entwicklungslinien im Sorge- und Umgangsrecht bei Getrenntleben der Eltern, in: FS Koch (2019) 467
ders, Entwicklungslinien im Sorge- und Umgangsrecht bei Getrenntleben der Eltern, FamRZ 2021, 905
ders, Die rechtliche Verbindlichkeit von Elternvereinbarungen, FamRZ 2005, 1209
HEILMANN, Kindliches Zeitempfinden und Verfahrensrecht (1998)
ders, Die Reform des Sorgerechts nicht miteinander verheirateter Eltern. Das Ende eines Irrwegs?, NJW 2013, 1473
HEINE, Das System der sorgerechtlichen Alleinentscheidungsbefugnisse (2010)
HENNEMANN, Das Wechselmodell als Umgangsregelung, NJW 2017, 1787
HERBERGER, Veröffentlichung von Kinderfotos zu kommerziellen Zwecken gegen den Willen eines Elternteils, NZFam 2021, 1088
dies, Die Welt zu Gast im digitalen Kinderzimmer, jM 2020, 442
HOFFMANN, Personensorge (3. Aufl 2018)
KAISER, Gemeinsame elterliche Sorge und Wechselmodell, FPR 2008, 143
KELLER, Das gemeinsame Sorgerecht nach der Kindschaftsrechtsreform (1999)
KEUTER, Der Elternstreit um die Schule des Kindes, NZFam 2022, 285
KINDLER/WALPER, Das Wechselmodell im Kontext elterlicher Konflikte, NZFam 2016, 820
KISCHKEL, Die Einheitlichkeit des Verfahrensgegenstands in familiengerichtlichen Sorgerechtsverfahren – praktische Relevanz und dogmatische Herleitung, NZFam 2022, 107
KORITZ, Die grundsätzliche Bedeutung eines Kinderausweises für die Entwicklung eines Kindes. Die Tücken des § 1687 BGB nF in der Praxis, FPR 2000, 243
KOSTKA, Die Begleitforschung zur KindRG. Eine kritische Betrachtung, FamRZ 2004, 1924
KRAUSE, Getrennt und doch zusammen…sorgeberechtigt – Praxisprobleme für Betreuungseinrichtungen mit „Trennungseltern“, NZFam 2019, 709
LACK, Rechtliche Überlegungen zur religiös motivierten Beschneidung von Jungen im Kindesalter, ZKJ 2012, 336
dies, Grenzen der elterlichen Entscheidungsbefugnis – Wer bestimmt die Preisgabe persönlicher Daten des Kindes im Internet?, FamRZ 2017, 1730
dies, Die gerichtliche Anordnung des Wechselmodells, NJW 2021, 837
LEEB/STARNECKER, Rechtliche Grenzen des digitalisierten Alltags von Eltern und Kindern, NZFam 2021, 97
LETTMAIER, Die Veröffentlichung von Bildnissen des Kindes durch die sorgeberechtigten El-

tern: Rechtsprobleme des „Sharenting", in: FS Vieweg (2021) 355
dies, Schwangerschaftsabbrüche bei Minderjährigen nach der Beratungslösung, ZKJ 2020, 85
LÖHNIG/MAYR, Jeder wie er möchte? – Reformvorschlag für Sorge- und Umgangsrecht, ZRP 2019, 38
LÖHNIG/RUNGE-RANNOW, Aktuelle Entwicklung des § 1628 BGB im Zuge der Corona-Pandemie, NZFam 2022, 245
MARCHLEWSKI, Das Wechselmodell im Kindschaftsrecht (2018)
MARINOPOULOS, Entscheidungsrecht bei gemeinsamer elterlicher Sorge getrennt lebender Ehegatten in Deutschland und Australien (2003)
OPITZ, Sorgerechtliche Aspekte der COVID-19-Impfung für Kinder und Jugendliche, NZFam 2021, 767
OSTHOLD, Die rechtliche Behandlung von Elternkonflikten (2016)
PESCHEL-GUTZEIT, Die Entwicklung des Sorge- und Umgangsrechts (Teil 2), NJ 2005, 246
RAKE, Kindschaftsrechtliche Auswirkungen der Coronakrise, FamRZ 2020, 650
ders, Kinderrechte und Sorgerechtsbefugnisse bei elterlichen Foto-Postings in sozialen Medien, FamRZ 2020, 1064
ders, Elterliche Sorge und Umgang im Zeichen der Corona-Pandemie, FamRZ 2022, 1078
SALGO, Zur gemeinsamen elterlichen Sorge nach Scheidung als Regelfall. Ein Zwischenruf, FamRZ 1996, 449
ders, Grenzen der Staatsintervention zur Durchsetzung des Umgangsrechts – Anmerkung zu den Entscheidungen des AG Frankfurt am Main, Abt Höchst, FamRZ 2004, 1595 und des OLG Frankfurt am Main, FamRZ 2002, 1585, in: FS Schwab (2005) 891
ders, Religiöse Kindererziehung (k)ein Thema für das Recht im 21. Jahrhundert?! Eltern – Kind und ihr Recht, in: Nun sag, wie hast Du's mit der Religion? (2006) 45
SALZGEBER, Das Wechselmodell, NZFam 2014, 921
SALZGEBER/BUBLATH, Betreuungsmodelle aus Kindersicht, NZFam 2016, 837
SCHILLING, Rechtliche Probleme bei der gemeinsamen Sorge nach Trennung bzw Scheidung, NJW 2007, 3233
SCHLERETH, Die COVID-19-Schutzimpfung Minderjähriger – Mehr Freiheit als gedacht?, FamRZ 2022, 668
SCHMID, Wechselmodel, Definition, Voraussetzungen, rechtliche Funktion der Alltagssorge, NZFam 2016, 818
SCHWAB, Elterliche Sorge bei Trennung und Scheidung der Eltern. Die Neuregelungen des Kindschaftsrechtsreformgesetzes, FamRZ 1998, 457
ders, Kindschaftsrechtsreform und notarielle Vertragsgestaltung, DNotZ 1998, 437
ders, Wandlungen der „Gemeinsamen elterlichen Sorge", in: FS Gaul (1997) 717
SCHWAB/WAGENITZ, Einführung in das neue Kindschaftsrecht, FamRZ 1997, 1377
STEINBACH/AUGUSTIJN/HELMS/SCHNEIDER, Erste Ergebnisse der Studie „Familienmodelle in Deutschland" (FAMOD): Zur Bedeutung des Wechselmodells für das kindliche Wohlbefinden nach elterlicher Trennung und Scheidung, FamRZ 2021, 729
STOCKMANN, Wer bestimmt den Urlaubsort?, FamRB 2017, 315
TERP, Urlaubsreisen mit Kindern aus familienrechtlicher Sicht, JM 2017, 183
WAGNER, Streitfrage religiöse Kindererziehung nach Trennung und Scheidung, FamRB 2012, 254
WEBER, Gerichtliche Entscheidungen bei Meinungsverschiedenheiten der Eltern, NJW 2020, 523
WIESNER, Die Reform des Kindschaftsrechts. Auswirkungen für die Praxis der Kinder- und Jugendhilfe, ZfJ 1998, 269
WILLUTZKI, Empfiehlt es sich das Kindschaftsrecht neu zu regeln?, 59. DJT II (1992) M33
ZENZ, Empfiehlt es sich, das Kindschaftsrecht neu zu regeln? 59. DJT M9 (1992)
ZIMMERMANN, Das neue Kindschaftsrecht, DNotZ 1998, 404.

(*Allgemeines Schrifttum siehe bei § 1684 BGB.*)

Systematische Übersicht

Alphabetische Übersicht

I. Allgemeines

1. Normbedeutung

Die Vorschrift steht in unmittelbarem Zusammenhang mit § 1671 BGB: Das grundsätzliche **Fortbestehen der gemeinsamen Sorge trotz Trennung der Eltern** – soweit kein Antrag auf eine familiengerichtliche Sorgerechtsregelung gestellt wird **(„Antragssystem")** – erfordert eine möglichst flexible, **kraft Gesetzes** mit der (nicht nur vorübergehenden) Trennung **eintretende Änderung der Kompetenzverteilung** zwischen den Eltern. Zwar verzichtet der Gesetzgeber auf eine positive Regelung der Voraussetzungen gemeinsamer elterlicher Sorge – erst im Umkehrschluss aus § 1671 BGB 1 ergibt sich das Fortbestehen gemeinsamer elterlicher Sorge –, für die Folgen des dauerhaften Getrenntlebens schienen aber gesetzliche Zuständigkeitszuweisungen unabdingbar. § 1687 BGB entfaltet seine Wirkungen aber auch, wenn es nie ein Zusammenleben der Eltern gegeben hat (BeckOK-BGB/Veit [1. 1. 2023] § 1687 Rn 4), diese jedoch durch Sorgeerklärungen (§ 1626a Abs 1 Nr 1 BGB) oder durch Gerichtsentscheidung (§ 1626a Abs 1 Nr 3 BGB) zur gemeinsamen elterlichen Sorge gelangten.

2 Bei nicht nur vorübergehend getrennt lebenden (verheirateten oder geschiedenen) Eltern – aber auch bei aufgrund der **Sorgeerklärung** (§ 1626a Abs 1 Nr 1 BGB) oder Gerichtsentscheidung (§ 1626a Abs 1 Nr 3 BGB) gemeinsam sorgeberechtigten, nicht miteinander verheirateten Eltern, bei denen eine faktische Lebensgemeinschaft nicht mehr besteht oder nie bestand – war zumindest früher in der Regel ein Elternteil im Alltag nicht (mehr) so präsent wie der andere; dies würde in einer solchen Konstellation – jedenfalls nach der Vorstellung des Gesetzgebers – bei einem unveränderten (Fort-)Bestehen der umfassenden gemeinsamen elterlichen Sorge (iSd §§ 1626 Abs 1, 1629 Abs 1, 1631 Abs 1 BGB) wegen des **Auseinanderfallens von Lebenswirklichkeit und sorgerechtlicher Verantwortungszuweisung** zu belastenden und konfliktreichen Lebenssituationen führen, weil das Kind getrennt lebender Eltern hier nur in Lebensgemeinschaft mit dem einen oder anderen Elternteil leben kann (zu den Konsequenzen eines Verzichts auf eine dem § 1687 BGB entsprechende Norm vgl Salgo FamRZ 1996, 449, 451: eine Neuverteilung der Verantwortlichkeit sei unverzichtbar). Der Gesetzgeber war vom Bestreben geleitet, so viel an gemeinsam wahrgenommener Elternverantwortung trotz Trennung der Eltern, wie es nur geht, zu ermöglichen, zugleich sah er sich aber wegen der hier ohnehin sehr häufig vorfindlichen **Konfliktspannungen** zu **konfliktreduzierenden Rechtsvorsorgemaßnahmen** verpflichtet (BT-Drucks 13/4899, 58, 107, 154); zur weiterhin bestehenden staatlichen Verantwortung für das Kindeswohl und für das kindgerechte Funktionieren von Elternautonomie vgl Staudinger/Coester (2020) § 1671 Rn 12 f. Neben dieser **materiell-rechtlichen Abstützung des** vom KindRG favorisierten **Fortbestehens gemeinsamer elterlicher Sorge nach Trennung** durch § 1687 BGB haben die **verfahrensrechtlichen** (§§ 133 Abs 1 Nr 1 und 2, 156 FamFG) **und sozialrechtlichen Sicherungen** (§§ 17 Abs 2, 18 Abs 1 und 2 SGB VIII) zusätzliche Bedeutung. Somit ist § 1687 BGB aus Sicht des Gesetzgebers das unverzichtbare Gegenstück zu fortbestehender gemeinsamer elterlicher Sorge trotz Trennung im „Antragsystem“, die Norm „ist daher eine wichtige Ergänzung der gemeinsamen Sorge bei getrennt lebenden Eltern“ (BT-Drucks 13/4899, 58, 107): Sie reduziere bei „Getrenntleben“ die umfassende Sorgegemeinschaft gemeinsam sorgeberechtigter Eltern auf **Angelegenheiten**, deren Regelung für das Kind von **erheblicher Bedeutung** ist, weist im Übrigen im Wege eines **abgestuften Systems** jeweils dem (rechtmäßigen) Betreuungselternteil die Alleinsorge in allen **Angelegenheiten des täglichen Lebens** zu (zur Abgrenzung dieser beiden Sorgerechtsbereiche vgl unten Rn 6 ff) und sieht darüber hinaus eine Regelung der Entscheidungskompetenz über die **tatsächlichen Angelegenheiten** während des Umgangs des anderen Elternteils vor. **Gemeinsames Sorgerecht getrennt lebender Eltern** bedeutet somit etwas anderes als die umfassenden Pflichten und Rechte iSv § 1631 Abs 1 BGB: Gemeinsames Sorgerecht getrennt lebender Eltern bildet insoweit ein **„aliud gegenüber der eigentlichen gemeinsamen Sorge“** (Schwab FamRZ 1998, 457, 468).

Da die **gemeinsame Sorge nicht miteinander verheirateter Eltern** in keiner Konstellation ein Zusammenleben der Eltern voraussetzt, gilt § 1687 BGB auch im Verhältnis getrennt lebender Eltern, die zu keinem Zeitpunkt zusammen gelebt haben (Beck-

OGK/Tillmanns [1. 3. 2022] § 1687 Rn 2). Der Entstehungsgrund gemeinsamer Sorge ist aus der Perspektive von § 1687 BGB irrelevant, es kommt nur auf das **faktische Nichtbestehen** („Getrenntleben") **einer Lebensgemeinschaft gemeinsam sorgeberechtigter Eltern** an. Die durch Sorgeerklärung entstehende gemeinsame Sorge ist bei einer zu keinem Zeitpunkt bestehenden Lebensgemeinschaft der Eltern von Anbeginn an, im Übrigen ab dauerhaftem „Getrenntleben", ein **gespaltenes gemeinsames Sorgerecht** (Schwab FamRZ 1998, 457, 468) mit den Befugnissen gemäß § 1687 Abs 1 BGB.

2. Das abgestufte System von Befugnissen

Das Gesetz schafft ein **System abgestufter Befugnisse** zwar gemeinsam sorgeberechtigter, aber getrennt lebender Eltern für unterschiedliche Angelegenheiten und Situationen, weil die Situation des dauerhaften Getrenntlebens erheblich von den in den §§ 1626, 1627, 1629, 1631 BGB vorausgesetzten Situationen gemeinsam lebender Eltern abweicht: 3

- für *Angelegenheiten,* deren Regelung für das Kind *von erheblicher Bedeutung* ist, bleibt es bei der *Erforderlichkeit gemeinsamer Regelung* (Abs 1 S 1);
- in *Angelegenheiten des täglichen Lebens* hat der Betreuungselternteil die Befugnis zur *alleinigen Entscheidung* (Abs 1 S 2);
- in *Angelegenheiten der tatsächlichen Betreuung* hat der Elternteil, bei dem sich das Kind idR gewöhnlich nicht aufhält, während des Aufenthaltes des Kindes bei sich die Befugnis zur *alleinigen Entscheidung* (Abs 1 S 4);
- bei *Gefahr im Verzug* ist jeder Elternteil zu Rechtshandlungen *allein entscheidungsbefugt* (Abs 1 S 5 iVm § 1629 Abs 1 S 4 BGB);
- die *Alleinentscheidungsbefugnisse* nach Abs 1 S 2 und S 4 kann das Familiengericht *einschränken* oder *ausschließen* (Abs 2).

Der Zweck dieses Systems abgestufter Befugnisse liegt in der **konfliktvermeidenden Rechtsvorsorge** für die Alltagspraxis (vgl Gernhuber/Coester-Waltjen § 66 Rn 2; Johannsen/Henrich/Althammer/Rake § 1687 Rn 1). In diesem Kontext steht die Verweisung in Abs 1 S 5 HS 2 auf die gegenseitige **Verpflichtung zu loyalem Verhalten** auch bei der Wahrnehmung der jeweiligen Befugnisse gemäß § 1687 Abs 1 BGB. Gerade bei Fortbestehen gemeinsamer elterlicher Sorge nach Trennung kommt der unausweichlichen Aufgabenverteilung unter den Eltern besondere Bedeutung zu (Staudinger/Lettmaier [2020] § 1627 Rn 28).

Die **familiengerichtliche Konfliktregelung** über eine Angelegenheit von **erheblicher Bedeutung** mittels gerichtlichen Beitritts zur Meinung eines Elternteils bestimmt sich nicht nach § 1687 BGB, sondern gemäß § 1628 BGB. Hingegen erfolgt die **familiengerichtliche Qualifizierung** als Angelegenheit von erheblicher Bedeutung bzw als Angelegenheit des täglichen Lebens gemäß der Regelung in § 1687 Abs 2 BGB (vgl hierzu Rn 20 ff). Lehnt das gemäß § 1628 BGB angerufene Familiengericht eine Übertragung mit der Begründung ab, es handle sich nicht um eine Angelegenheit von erheblicher Bedeutung, so ist damit klargestellt, dass die Entscheidungsbefugnis dem Be- 4 treuungselternteil gemäß § 1687 Abs 1 S 3 BGB im Rahmen der „Alltagssorge" zugewiesen bleibt (vgl BT-Drucks 13/8511, 75). Qualifiziert das Familiengericht hingegen die Angelegenheit als eine von erheblicher Bedeutung, so ist die Übereinstimmung unter den gemeinsam sorgeberechtigten Eltern oder die Übertragung nach entsprechendem Antrag gemäß § 1628 erforderlich, damit eine Kompetenzzuweisung in diesem Bereich getroffen werden kann. Eine eigene Sachkompetenz für das Familiengericht sieht § 1628 BGB dagegen nicht vor (BT-Drucks 7/2060, 20; BVerfG 4. 12. 2002 – 1 BvR 1870/02, FamRZ 2003, 511; Staudinger/Lettmaier [2020] § 1628 Rn 70).

3. Entstehungsgeschichte

5 Bei § 1687 BGB handelt es sich um eine **völlig neue Regelung**, die keinen Vorläufer im damaligen Familienrecht des BGB vor dem KindRG hatte (vgl zur Entstehungsgeschichte auch BeckOGK/Mehrle [1. 11. 2018] § 1687 Rn 2 ff). Das nunmehr von § 1687 BGB geregelte Problem der Verteilung der Sorgekompetenzen stellte sich zwar schon seit der Entscheidung des BVerfG vom 3. 11. 1982 (BVerfGE 61, 358) – beließen doch die Familiengerichte mit zunehmender Tendenz die **gemeinsame elterliche Sorge beiden Eltern** (zwischen 1994 und 1995 bundesweit in 17,07 % der Fälle, BT-Drucks 13/4899, 37) –, solche Konflikte wurden indes im Rahmen der §§ 1671, 1696 jeweils aF geregelt (zu den Folgewirkungen bei gemeinsamer elterlicher Sorge nach alter Rechtslage vor Inkrafttreten des KindRG vgl Staudinger/Coester[12] § 1671 Rn 188; Staudinger/Salgo[12] § 1631 Rn 61; Schwab, Handbuch des Scheidungsrechts [3. Aufl 1995] III Rn 100 ff jeweils mwNw). Die **frühere Rechtslage** setzte idR einen **übereinstimmenden Antrag der Eltern** zur Fortführung gemeinsamer elterlicher Sorge voraus; in diesem Erfordernis mag es begründet gewesen sein, dass trotz Fehlens einer dem § 1687 BGB entsprechenden Kompetenznorm zunächst ein entsprechender Regelungsbedarf kaum thematisiert worden war.

6 Während die rechtspolitische Diskussion Anfang der 1990er Jahre sich noch auf das **„Ob"** gemeinsamer elterlicher Sorge nach Scheidung konzentrierte – die Beschlüsse des 59. DJT M256 ff enthalten **zur Kompetenzzuweisung bei gemeinsamer elterlicher Sorge** (ebd M261 f) **keine Empfehlungen**, obwohl bereits in einem der Referate gefordert worden war, dass in allen Problemen des täglichen Lebens der Elternteil, bei dem das Kind seinen Lebensmittelpunkt findet, allein entscheidungsberechtigt sein sollte (Willutzki 59. DJT M50) –, befassen sich die späteren rechtspolitischen Forderungen bereits mit dem **„Wie"**, also der konkreten **Ausgestaltung gemeinsamer elterlicher Sorge** nach Trennung/Scheidung (vgl Antrag der Fraktion der SPD, BT-Drucks 12/4024, 70, Nr 15 und 74). Der Referentenentwurf des KindRG (Stand 24. 7. 1995) aus dem BMJ nahm sich bereits in einem § 1687 BGB-E der Problematik der Alleinentscheidungsbefugnis des Elternteils, in dessen Obhut sich das Kind aufhält, an. Die zunächst von der SPD-Fraktion (BT-Drucks 13/1752 5, 15) favorisierte Verpflichtung an die Adresse der Eltern, in jedem Falle fortgeführter gemeinsamer elterlicher Sorge nach Scheidung eine **Elternvereinbarung („Sorgeplan")** vorzulegen, wurde im RegE ausdrücklich verworfen (BT-Drucks 13/4899, 64). Die Fassung des § 1687 BGB-E im **RegE des KindRG** (BT-Drucks 13/4899) fiel gegenüber der später Gesetz gewordenen Fassung dieser Norm wesentlich kürzer aus. Im RegE standen sich die Bereiche „grundsätzliche Entscheidungen" und „Angelegenheiten des täglichen Lebens" gegenüber. Die Norm hat erst nach einem **Änderungsvorschlag des BR** (BT-Drucks 13/4899, 154 Nr 23), dem die Bundesregierung nicht zugestimmt hatte (BT-Drucks 13/4899, 169), im **Rechtsausschuss** (BT-Drucks 13/8511, 18, 66 und 74 f) ihre schließlich vom Gesetz-

geber verabschiedete Fassung erhalten. Mit der verabschiedeten Unterscheidung im Gesetz („Angelegenheiten, deren Regelung für das Kind von erheblicher Bedeutung ist") und der Legaldefinition der „Angelegenheiten des täglichen Lebens" in Abs 1 S 3 glaubte der Gesetzgeber zu einer „größtmöglichen Klarstellung" gelangt zu sein (BT-Drucks 13/8511, 67). Bereits an diesem Verlauf der Beratungen während des Gesetzgebungsverfahrens, die vor allem von Präzisierungsbemühungen bestimmt waren, lässt sich die **Schwierigkeit der zu regelnden Problemstellung** und auch die dadurch ausgelöste Unsicherheit der Rechtspolitik ablesen.

4. § 1687 im System der gemeinsamen Sorge nach Trennung der Eltern

Die Vorschrift steht in engem Zusammenhang zum Sorgerechtsmodell im „Antragssystem" (§ 1671 Abs 1 und 2 BGB) – ist gewissermaßen das Gegenstück – und regelt die **gesetzlichen Auswirkungen dauerhaften Getrenntlebens gemeinsam sorgeberechtigter Eltern** (Staudinger/Coester [2020] § 1671 Rn 4: „erleichtert durch gesetzliche Funktionsteilung"). „Die alleinige Entscheidungsbefugnis des allein betreuenden Elternteils für Angelegenheiten des täglichen Lebens ist (…) eine wichtige Ergänzung der gemeinsamen Sorge bei getrennt lebenden Eltern" (BT-Drucks 13/4899, 58, 107). Das **Kooperationsgebot** des § 1627 BGB – wie auch das **Loyalitätsgebot** des § 1684 Abs 2 S 1 BGB („Wohlverhaltensklausel") – haben gerade für die Fortdauer gemeinsamer elterlicher Sorge trotz Trennung eine besondere Bedeutung (hierzu BVerfGE 31, 194, 205; OLG Oldenburg FamRZ 1998, 1464; OLG Bamberg FamRZ 1999, 803). Die drei Grundsätze dieser Bestimmung (Vorrangstellung der Eltern gegenüber dem Staat, gleichberechtigte und -verpflichtete Eltern, Bindung der Ausübung der elterlichen Sorge an das Kindeswohl) gelten gerade hier unverändert fort (Staudinger/Lettmaier [2020] § 1627 Rn 28 ff). Der Gesetzgeber geht davon aus, dass die Eltern – auch nach der Trennung – **in wichtigen Angelegenheiten zusammenwirken**, aber auch, dass sie sich jedenfalls grundsätzlich über alle das Kind betreffenden **Angelegenheiten des täglichen Lebens** verständigen (BT-Drucks 13/4899, 58). Deshalb fordert das BVerfG ein *„Mindestmaß an Übereinstimmung"* als Voraussetzung der gemeinsamen elterlichen Sorge (BVerfG 22. 3. 2018 – 1 BvR 399/18, FF 2018, 247 Rn 11; BVerfG 18. 12. 2003 – 1 BvR 1140/03, FamRZ 2004, 354, 355; vgl Rn 16; Staudinger/Coester [2020] § 1671 Rn 136). Die *ex lege* umgestaltete gemeinsame Sorge der Eltern bei nicht nur vorübergehendem Getrenntleben gemäß § 1687 BGB soll den Eltern die Fortführung gemeinsamer elterlicher Sorge erleichtern und zur Attraktivität dieses Sorgerechtsmodells beitragen. Der Gesetzgeber wollte mit den Ausübungsregeln die Akzeptanz des Antragsmodells mittels der Kompetenzregel erhöhen. Der Betreuungselternteil sollte sich nicht ständig Auseinandersetzungen über Detailfragen mit dem anderen Elternteil ausgesetzt sehen (BT-Drucks 13/4899, 107; vgl hierzu die Kritik von Schwab, in: FS Gaul [1997] 717, 726), andererseits sollte die konfliktvermeidende **Alleinentscheidungsbefugnis** nicht so weit gehen, „dass die gemeinsame elterliche Sorge zu einer leeren Hülse wird", und der Umfang der Alleinentscheidungsbefugnis sollte „möglichst klar geregelt werden" (BT-Drucks 13/8511, 67). Somit ist § 1687 BGB ein **Ausgleichsmodus** zwischen den **Idealen fortwährender gemeinsamer elterlicher Verantwortung trotz dauerhaften Getrenntlebens** und der **Lebenserfahrung**, dass unter Eltern in dieser Konstellation häufig **Konfliktspannungen** vorhanden sind (Zenz 59. DJT M9, M20; FamRefK/Rogener § 1687 Rn 3: „latenter Konfliktherd" sollte ausgeschaltet werden). 7

Im Gegensatz zur früheren Rechtslage **geht es nicht mehr um „alles oder nichts"**, denn die **„erzwungene Sorgegemeinsamkeit"** (Staudinger/Coester [2020] § 1671 Rn 122; Schwab 8

FamRZ 1998, 457, 468; Schwab DNotZ 1998, 41) ist aus den dargelegten Gründen gemäß § 1687 BGB **erheblich reduziert**.

II. Anwendungsbereich

1. Persönlich

a) Eltern mit gemeinsamer elterlicher Sorge

9 Die Norm gilt – wie auch § 1671 BGB – für alle dauerhaft getrennt lebenden Eltern, die **kraft Gesetzes, Sorgeerklärungen oder Gerichtsentscheidung gemeinsam sorgeberechtigt** sind (§§ 1626, 1626a, 1754 Abs 1 BGB). Ob jemals diese Eltern zuvor gemeinsam gelebt haben, darauf kommt es nicht an (Staudinger/Coester [2020] § 1671 Rn 40; Heilmann/Gottschalk § 1687 Rn 2). § 1687 BGB ist auch anwendbar in Teilbereichen der elterlichen Sorge, in denen – etwa nach Entscheidungen nach §§ 1666, 1671, 1696 BGB – noch gemeinsames Sorgerecht besteht (BeckOGK/Tillmanns [1. 3. 2022] § 1687 Rn 5).

b) Nicht nur vorübergehendes Getrenntleben

10 Dieses Tatbestandsmerkmal in § 1687 Abs 1 S 1 BGB ist identisch mit dem in § 1671 Abs 1 S 1 BGB, der seinerseits auf § 1567 Abs 1 BGB Bezug nimmt (Johannsen/Henrich/Althammer/Lack § 1671 Rn 15). Für die Wirkungen des § 1687 BGB reicht das **Nichtbestehen einer Lebensgemeinschaft** (objektiv), das zusätzliche Erfordernis der Ablehnung der Gemeinschaft für die Zukunft (subjektiv) steht im Kontext des § 1687 BGB nicht im Vordergrund. Im Mittelpunkt steht die Voraussetzung, dass für die gesetzlichen Wirkungen des § 1687 Abs 1 BGB der **gewöhnliche Aufenthalt des Kindes beim Betreuungselternteil rechtmäßig** sein muss (Grüneberg/Götz § 1687 Rn 6), dh, dass sich das Kind mit Einwilligung des anderen Elternteils oder aufgrund einer gerichtlichen Entscheidung beim Betreuungselternteil aufhält (BeckOK-BGB/Veit [1. 1. 2023] § 1687 Rn 21). Die Mitnahme des unter gemeinsamer elterlicher Sorge stehenden Kindes ohne entsprechende **Einwilligung des anderen Elternteils** oder ohne eine gerichtliche Entscheidung lässt die gesetzliche Wirkung des § 1687 BGB nicht eintreten (zum Dilemma in einer unzuträglichen Familiensituation vgl Staudinger/Coester [2020] § 1671 Rn 43). Bei Eltern mit gemeinsamer Sorge aufgrund **Sorgeerklärungen** gemäß § 1626a Abs 1 Nr 1 BGB bzw aufgrund **Gerichtsentscheidung** gemäß § 1626a Abs 1 Nr 3 BGB, die zu keinem Zeitpunkt in einer Lebensgemeinschaft zusammengelebt haben, lebt das Kind idR ebenfalls mit Einwilligung des anderen Elternteils beim Betreuungselternteil, und die Wirkung des § 1687 Abs 1 BGB tritt ipso jure mit Abgabe der Sorgeerklärungen bzw der gerichtlichen Entscheidung über die Übertragung der gemeinsamen elterlichen Sorge auf beide Eltern ein. **Uneinigkeit** unter gemeinsam sorgeberechtigten Eltern mit gemeinsamer elterlicher Sorge **über den Lebensmittelpunkt** des Kindes kann nach entsprechendem Antrag entweder zu einer Entscheidung gemäß **§ 1628** BGB oder zu einer Entscheidung gemäß **§ 1671 BGB** führen (zum Verhältnis dieser Alternativen vgl Hammer, in: FS Koch [2019] 467, 474 f; Schwab FamRZ 1998, 457, 467 f; Staudinger/Coester [2020] § 1671 Rn 55 ff; Staudinger/Lettmaier [2020] § 1628 Rn 24 ff; Osthold, Die rechtliche Behandlung von Elternkonflikten [2016] 569 ff). Nach der Wechselmodellentscheidung des BGH vom 1. 2. 2017 (BGH 1. 2. 2017 – XII ZB 601/15, FamRZ 2017, 532) wird es in der Rechtsprechung sogar für zulässig erachtet, den gewöhnlichen Aufenthalt des Kindes bei einem Elternteil durch eine **Umgangsregelung nach § 1684 Abs 3 BGB** erstmals zu bestimmen (OLG Frankfurt 19. 12. 2022 – 6 UF 208/22, NZFam 2023, 162

m Anm Ernst; OLG Frankfurt 16. 12. 2021 – 1 UF 113/21, NZFam 2023, 31 m Anm Hennemann; OLG Frankfurt 23. 2. 2021 – 8 UF 188/20, FamRZ 2021, 948; OLG Dresden 19. 2. 2021 – 21 UF 32/21, FamRZ 2021, 691; OLG Saarbrücken 5. 10. 2020 – 6 UF 122/20, ZKJ 2021, 75; OLG Brandenburg 6. 7. 2020 – 13 UF 36/20, ZKJ 2021, 71) oder zu verändern (KG Berlin 18. 5. 2018 – 3 UF 4/18, FamRZ 2018, 1329), wobei hier die zu § 1671 BGB entwickelten Kindeswohlkriterien der Kontinuität, der Bindungen, des Förderungsgrundsatzes und des Kindeswillens entsprechend der Vorgabe des BGH auch bei der Regelung der Betreuungsanteile in einer Umgangssache heranzuziehen sind (vgl zu dieser Entwicklung Hammer FamRZ 2021, 905, 908; § 1684 Rn 72 ff). Erfolgt eine Aufhebung des gemeinsamen Sorgerechts gemäß § 1671 BGB, so ist nicht § 1687 BGB, sondern § 1687a BGB **anwendbar** (Schwab FamRZ 1998, 457, 470), erfolgt hingegen lediglich eine Teilregelung entweder nach § 1671 BGB oder nach § 1628 BGB, dann bleibt es **im Übrigen** bei der **gemeinsamen elterlichen Sorge**, und die Kompetenzregelung des § 1687 BGB behält insoweit in den betreffenden Teilbereichen ihre Wirkung. Allerdings bleibt trotz der von § 1687 BGB angestrebten **Konfliktreduzierungswirkung** zu prüfen, ob es sich um ein Konfliktniveau handelt, das die grundsätzlich erforderliche Fähigkeit zur Kooperation noch nicht in Frage stellt (vgl Staudinger/Coester [2020] § 1671 Rn 136): so zB bei Uneinigkeit über den **Lebensmittelpunkt** des Kindes (warnend Schwab FamRZ 1998, 457, 463; ders, in: FS Gaul [1997] 717, 725: Aufenthaltsbestimmung isoliert gesehen ist etwas ganz Unsinniges, und Staudinger/Coester [2020] § 1671 Rn 259: Abspaltung des Aufenthaltsbestimmungsrechts sollte nicht zum Kunstgriff der Gerichte werden, um auch zerstrittenen Eltern Sorgerechtsgemeinsamkeit oktroyieren zu können).

Die gesetzlichen Wirkungen des § 1687 BGB entfallen, wenn die Eltern nicht mehr getrennt leben; hier entsteht nach Wiederaufnahme der Lebensgemeinschaft die („ungespaltene") gemeinsame elterliche Sorge automatisch sofort wieder. Während gemäß § 1567 Abs 2 BGB das **Zusammenleben** für kürzere Zeiträume die Trennungsfristen nicht unterbricht, führt ein Zusammenleben der Eltern mit gemeinsamer elterlicher Sorge (auch zu Versöhnungszwecken) im Kontext des § 1687 BGB **zur Aufhebung der gesetzlichen Wirkung dieser Norm**: Die gemeinschaftliche Zuständigkeit für alle Angelegenheiten der elterlichen Sorge lebt automatisch wieder auf (Heilmann/Gottschalk § 1687 Rn 3). Aus einer Änderung des Lebensmittelpunktes des Kindes etwa vom Betreuungselternteil zum anderen Elternteil oder wenn das Kind von Dritten betreut wird (§ 1688 BGB), ergeben sich die entsprechenden jeweiligen Verlagerungen der Kompetenzen. 11

2. Möglichkeiten und Grenzen abweichender Elternvereinbarung

Trotz entsprechender Forderungen nach einer individuell **gestaltbaren Typenvielfalt von Sorgerechtsmodellen** (Salgo FamRZ 1996, 449, 454; Staudinger/Coester [2020] § 1671 Rn 61 mwNw; Coester RdJB 1996, 430, 432: „auf die konkreten Familienverhältnisse maßgeschneiderte Vereinbarungen"; ders DEuFamR 1999, 3, 10; BeckOK-BGB/Veit [1. 1. 2023] § 1687 Rn 6: „offenes Modell, das der Konkretisierung bedarf") hat sich der Gesetzgeber des KindRG nicht für einen von den Eltern jeweils auszufüllenden Rahmen (**„Elternvereinbarung"** oder **„Sorgeplan"** [vgl Marinopoulos 151 ff] – gefordert auch von der Opposition, BT-Drucks 13/1752, 15) entschieden (vgl die nicht überzeugende Ablehnungsbegründung BT-Drucks 13/4899, 64), sondern mit den §§ 1628, 1671, 1687 BGB ein gesetzliches **Regelungsmodell vorgegeben**. Damit stellt sich die Frage, inwieweit vom kraft Gesetzes wirksamen (Residenz-)Modell des § 1687 BGB abweichende **individuelle Vereinbarungen** überhaupt 12 zulässig sind und von der Rechtsordnung anerkannt werden müssen (vgl BeckOK-BGB/Veit [1. 1. 2023] § 1687 Rn 6 ff). Das KindRG greift an diesem Punkt die **„grundsätzlich aufgewertete Elternautonomie als positiven Gestaltungsfaktor“** für Sorgerechtsverhältnisse (Staudinger/Coester [2020] § 1671 Rn 13, 59 ff) zu wenig auf. Das relativ offen gestaltete Regelungsmodell des KindRG wirft Fragen nach den **Möglichkeiten und Grenzen autonomer Gestaltung** (vgl Schwab DNotZ 1998, 437, 448; BeckOK-BGB/Veit [1. 1. 2023] § 1687 Rn 5) im Bereich elterlicher Sorge auf wie keine andere deutsche Regelung zuvor. Zum Mittelweg des FamFG zwischen elternautonomer und staatlicher Regelung vgl Staudinger/Coester (2020) § 1671 Rn 61; grundlegend Marchlewski, Das Wechselmodell im Kindschaftsrecht (2018) 102 ff und Hammer, Elternvereinbarungen im Sorge- und Umgangsrecht (2004) 67 ff.

a) Wahl des Betreuungsmodells

13 Zentrale Fragen, wie etwa die nach dem Lebensmittelpunkt des Kindes, beantworten sich zunächst nicht aus gesetzlichen Grundlagen, sondern aus der individuellen Elternvereinbarung. Eine solche können Eltern gar nicht vermeiden, auch wenn **das KindRG sie zur Vorlage entsprechender Absprachen beim Familiengericht nicht zwingt** (BT-Drucks 13/4899, 64). Das „gemeinsame Sorgerecht“ getrennt lebender Eltern als offenes Modell bedarf in jedem Fall der **Konkretisierung durch elterliches Einvernehmen** (Schwab, in: FS Gaul [1997] 717, 724). Die **obligatorische Anhörung der Eltern durch das FamG** gem § 128 Abs 2 FamFG sowie die obligatorische Erklärung gem § 133 Abs 1 Nr 2 FamFG in der Antragsschrift ersetzen nicht die hier **stets erforderlichen Absprachen**, sondern setzen sie eigentlich voraus. Das KindRG will zu so viel autonomer Regelung wie nur möglich ermutigen, es verzichtet bedauerlicherweise nur darauf, die Eltern zur Vorlage einer stets erforderlichen konkreten Ausgestaltung beim Familiengericht zu verpflichten (BT-Drucks 13/4899, 64: „der Zwang zur schriftlichen Niederlegung [gibt] erst Anlass für einen Streit“). Zwar sind die erwähnten Vorschläge zur autonomen (und auch nachzuweisenden) Gestaltung der Verhältnisse unter den Eltern nicht positiv vom Gesetzgeber aufgenommen worden (Staudinger/Coester [2020] § 1671 Rn 59), diese Rechtslage sollte indes eher als **Ermutigung zur individualisierten Vereinbarung** – stets im vom Gesetzgeber des KindRG eröffneten Rahmen (in diesem Sinne auch Staudinger/Coester [2020] § 1671 Rn 61; Schwab DNotZ 1998, 437, 443 ff; Zimmermann DNotZ 1998, 404, 423 f) –, denn als Hindernis für autonome Gestaltung verstanden werden. Gestaltungsrahmen, Bedingungen und Grenzen privatautonomer Regelung ergeben sich aus dem gesetzlichen Regelungsmodell des KindRG und des FamFG aus der hier **stets beachtlichen Kindeswohlmaxime** und der **Anpassungsfähigkeit** der getroffenen Vereinbarung; insbesondere unter dem Vorbehalt des Wandels der Verhältnisse und Bedürfnisse des Kindes (Schmid NZFam 2016, 818, 820; Finke NZFam 2014, 865, 867).

Soweit es die Wahl des Betreuungsmodells betrifft, schränkt die am Residenzmodell orientierte Regelung von § 1687 Abs 1 BGB die Eltern nicht dahin ein, sich für ein anderes Betreuungsmodell im Rahmen der Elternautonomie und insbesondere gegen den in § 1687 Abs 1 S 2 BGB vorgesehenen (einseitigen) gewöhnlichen Aufenthalt des Kindes zu entscheiden, was dem Gesetzgeber des KindRG auch bewusst war (BT-Drucks 13/4899, 36 f). Dies hat im Zuge sich verändernder gesellschaftlicher Entwicklungen, die bewirkt haben, dass sich inzwischen auch Väter verstärkt an der Erziehung und Betreuung ihrer Kinder beteiligen wollen, zur rechtstatsächlichen und auch juristischen Etablierung des **Wechselmodells** geführt, welches sich – jedenfalls im Kontext zu § 1687 Abs 1 BGB – dadurch auszeichnet, dass beide Eltern die Betreuung des Kindes mit nahezu gleichen Anteilen übernehmen (vgl aus juristischer Sicht KAISER FPR 2008, 143; HAMMER FamRZ 2015, 1433; aus sozialwissenschaftlicher Sicht SALZGEBER NZFam 2014, 921; KINDLER/WALPER NZFam 2016, 820; SALZGEBER/BUBLATH NZFam 2016, 837). Soweit in der Rechtsprechung zu §§ 1684, 1671 BGB (OLG Frankfurt 9. 7. 2021 – 4 UF 52/21, NZFam 2022, 698 und 5. 12. 2018 – 4 UF 167/18, juris Rn 24, ZKJ 2019, 267) und Forschung (vgl STEINBACH/AUGUSTIJN/HELMS/SCHNEIDER FamRZ 2021, 729) auch bei Betreuungsanteilen von über 30–40% in Anlehnung an das sozialwissenschaftliche Verständnis von einem *„asymmetrischen" Wechselmodell* gesprochen wird (zur Kritik hieran DÜRBECK ZKJ 2019, 270), hat dies im Kontext von § 1687 BGB keine Bedeutung, da auch bei einem solchen Betreuungsmodell trotz des erweiterten Umgangsrechts des anderen Elternteils von einem gewöhnlichen Aufenthalt des Kindes auszugehen ist (MünchKommBGB/HENNEMANN § 1687 Rn 5; **aA** HAMMER FamRZ 2015, 1433, 1440). Hat das Kind an einem Ort (regelmäßig die frühere gemeinsame Wohnung der Eltern) seinen dauernden Aufenthalt und wird es dort von beiden Eltern im Wechsel mit gleichen Anteilen betreut, spricht man von einem sog **Nestmodell**, was allerdings regelmäßig das Vorhandensein von insgesamt drei Wohnungen voraussetzt (vgl SALZGEBER NZFam 2014, 921, 923; SALZGEBER/BUBLATH NZFam 2016, 837, 838) und in der Praxis schon wegen des hohen finanziellen Aufwands keine große Bedeutung erlangt hat. Teilen sich die Eltern die Betreuung des Kindes im Sinne eines Wechselmodells, so bereitet die Anwendung von § 1687 Abs 1 S 2 BGB erhebliche Schwierigkeiten, auch wenn der BGH meint, dass sich die aus einem Wechselmodell ergebenden sorgerechtlichen Folgen „im Allgemeinen" aus § 1687 BGB entnehmen lassen können (BGH 1. 2. 2017 – XII ZB 601/15, NJW 2017, 206 Rn 21). Zur Lösung dieses Problems vgl unten Rn 15.

b) Elternvereinbarungen bei der Ausübung des Sorgerechts

Der Bereich der gesetzlichen Vertretung des Kindes ist vor allem unter dem Gesichts- **13a**
punkt der **Rechtssicherheit** privatautonomer Gestaltung entzogen (SCHWAB DNotZ 1998, 437, 448). Dies schließt aber nicht aus, dass die Eltern sich gegenseitig zur Untervertretungsmacht ermächtigen bzw **bevollmächtigen**, was selbstverständlich auch **Außenwirkungen** zur Folge hat (JOHANNSEN/HENRICH/ALTHAMMER/RAKE Rn 17; zum generell zulässigen Rahmen der Ermächtigung bzw Bevollmächtigung zwischen Eltern vgl BGH 29. 4. 2020 – XII ZB 112/19, NJW 2020, 2182; AMEND-TRAUT FamRZ 2020, 805; GERNHUBER/COESTER-WALTJEN § 66 Rn 5). Gleichwohl sind Vollmachten jederzeit **widerrufbar** (BGH 29. 4. 2020 – XII ZB 112/19, NJW 2020, 2182 Rn 26, 35; HOFFMANN, Personensorge [3. Aufl 2018] § 5 Rn 52, 55). Auch soweit in einer Angelegenheit von erheblicher Bedeutung iSd Abs 1 S 1 bereits ein **Einvernehmen** erzielt wurde, hindert dies einen Elternteil – wie bei einer Sorgerechtsvollmacht – nicht, dieses jedenfalls solange wieder einseitig aufzukündigen, wie im Außenverhältnis nicht bereits eine Entscheidung getroffen wurde (vgl auch MünchKommBGB/HENNEMANN § 1687 Rn 16).

Diese Möglichkeiten können aber das gesetzlich vorgegebene Modell nicht außer Kraft setzen (MünchKommBGB/HENNEMANN § 1687 Rn 9: **nicht dispositiv**; ebenso BeckOK-BGB/VEIT [1. 1. 2023] § 1687 Rn 14). Als Regelungsprinzip hinsichtlich der Grenzen der Gestaltungsfreiheit muss neben den bereits erwähnten Grundsätzen gelten, dass Erweiterungen und Flexibilisierungen erwünscht und zulässig, Verengungen (etwa der Alltagssorge des Betreuungselternteils) gegenüber dem Regelungsmodell des § 1687 Abs 1 BGB hingegen unzulässig sind, weil dies zu Konflikten führen kann, die § 1687 BGB gerade verhindern oder zumindest begrenzen will (JOHANNSEN/HENRICH/ALTHAM-

MER/RAKE § 1687 Rn 17); so würde zB eine Vereinbarung der erheblichen Reduzierung der Alltagssorge dem erkennbaren Willen des historischen Gesetzgebers zuwiderlaufen.

3. Gewöhnlicher Aufenthalt („Residenzmodell")

14 Ausgangspunkt für das Kompetenzzuweisungsmodell des Gesetzes ist der **rechtmäßige gewöhnliche Aufenthalt des Kindes bei einem Elternteil**, welcher das Kind allein oder überwiegend betreut (BT-Drucks 13/4899, 107). Diese Grundentscheidung, bei wem das Kind nach Getrenntleben seiner gemeinsam sorgeberechtigten Eltern leben und von wem es überwiegend betreut werden soll – damit die Wahl des Sorgemodells, das natürlich auch geteilte Betreuung im Sinne eines Wechselmodells vorsehen kann –, müssen die Eltern wegen der erheblichen Bedeutung für das Kind gemeinsam treffen (NK-BGB/PESCHEL-GUTZEIT/EBELING § 1687 Rn 4, 12). Von einer Arbeitsteilung im Sinne eines gewöhnlichen Aufenthalts des Kindes bei nur einem Elternteil unter gemeinsam sorgeberechtigten Eltern **(„Residenzmodell")** geht der Gesetzgeber in § 1687 Abs 1 S 2 BGB bei der gesetzlichen Einräumung der Befugnis zur alleinigen Entscheidung in Angelegenheiten des täglichen Lebens aus (BGH 1. 2. 2017 – XII ZB 601/15, NJW 2017, 206 Rn 18; GRÜNEBERG/GÖTZ § 1687 Rn 2). Das Kind lebt bei diesem Modell überwiegend mit dem Betreuungselternteil und unterhält Kontakte, verbunden mit entsprechenden Aufenthalten beim anderen Elternteil. Der Begriff des „gewöhnlichen Aufenthaltes" iSd § 1687 Abs 1 S 2 BGB orientiert sich am Begriff der „Obhut" iSv § 1629 Abs 2 S 2 BGB (s hierzu STAUDINGER/LETTMAIER [2020] § 1629 Rn 270 ff), ohne aber mit diesem vollständig identisch zu sein (BeckOK-BGB/VEIT [1. 1. 2023] § 1687 Rn 21; kritisch BeckOGK/TILLMANNS [1. 3. 2022] § 1687 Rn 8). Neben einem auf Dauer angelegten überwiegenden Verweilen des Kindes bei einem Elternteil bedarf es vor allem auch der **Rechtmäßigkeit** des Aufenthalts im Elternverhältnis. Nicht zwingend ist es – entgegen der hier noch in der Vorauflage vertretenen Ansicht (STAUDINGER/SALGO [2019] § 1687 Rn 14) –, dass das Zusammenleben mit dem Kind in einer Wohngemeinschaft zwischen Kind und Elternteil erfolgt, da sonst alle Angelegenheiten im gegenseitigen Einvernehmen der Eltern entschieden werden müssten (BeckOK-BGB/VEIT [1. 1. 2023] § 1687 Rn 21.1).

4. Bedeutung der Norm bei paritätischer Kindesbetreuung

15 Zu den umstrittensten Problemen bei der Anwendung von § 1687 Abs 1 BGB gehört die Frage, wie der „gewöhnliche Aufenthalt" des Kindes bei einem **Wechselmodell** zu beurteilen ist (vgl dazu bereits § 1684 Rn 261). Die konkrete Frage lautet hier, ob das Kind bei paritätischer Elternbetreuung *zwei gewöhnliche Aufenthalte* hat, mit der Folge eines *alternierenden Wechsels der Sorgerechtskompetenzen* in Alltagsangelegenheiten nach § 1687 Abs 1 S 2 BGB oder aber *gar keinen gewöhnlichen Aufenthalt* bei einem Elternteil besitzt mit der Folge, dass auch in Alltagsangelegenheiten Einvernehmen nach § 1687 Abs 1 S 1 BGB erforderlich ist. Der BGH hat in seiner ersten Wechselmodellentscheidung hierzu wenig Ergiebiges beigetragen und sich mit der Feststellung begnügt, dass sich die aus einem Wechselmodell ergebenden sorgerechtlichen Folgen „im Allgemeinen" aus § 1687 BGB entnehmen lassen könnten (BGH 1. 2. 2017 – XII ZB 601/15, NJW 2017, 206 Rn 21). Nach der heute wohl hL (BeckOK-BGB/VEIT [1. 1. 2023] § 1687 Rn 23 f; BeckOGK/TILLMANNS [1. 3. 2022] § 1687 Rn 8; HAMMER FamRZ 2021, 905, 911; SCHWAB/ERNST/SCHÄDER, Handbuch Scheidungsrecht [8. Aufl 2019] § 8 Rn 19; SCHILLING NJW 2007, 3233, 3236; ebenso OLG Schleswig 19. 12. 2013 – 15 UF 55/13, juris Rn 35, FamRB 2014, 251) wech-

selt hier jeweils auch die Alleinentscheidungsbefugnis jedenfalls analog § 1687 Abs 1 S 2 BGB auf den Elternteil, der das Kind gerade betreut: die Alltagssorge „geht praktisch immer mit dem Kind". Nach anderer, vorzugswürdiger Ansicht (siehe § 1684 Rn 261 mwNw; Johannsen/Henrich/Althammer/Rake § 1687 Rn 5; Coester FamRZ 2017, 584, 585; Kaiser FPR 2008, 143, 145) hat das Kind dagegen keinen gewöhnlichen Aufenthalt, sodass auch in Alltagsangelegenheiten iSd § 1687 Abs 1 S 2 und 3 BGB stets Einvernehmen bestehen muss. Für die zuletzt genannte Ansicht spricht, dass erhöhte Kommunikations- und Kooperationsbereitschaft unter den Eltern unverzichtbare Voraussetzung und Wesensmerkmal ist (§ 1684 Rn 256) und dass die Eltern sonst durch einander widersprechende Alltagsentscheidungen (zB Teilnahme des Kindes an unterschiedlichen Freizeitaktivitäten, vgl Heilmann/Gottschalk § 1687 Rn 13; NK-BGB/Peschel-Gutzeit/Ebeling § 1687 Rn 14) die Zuweisung der Alltagsbefugnis ad absurdum führen und zu Lasten des Kindeswohls ausüben könnten.

5. Die Bedeutung des Leitbildes aus § 1627

Der Gesetzgeber des KindRG sieht die Vorteile gemeinsamer Sorge in einer länger- 16
fristigen **Bewusstseinsänderung** (BT-Drucks 13/4899, 63; vgl auch BR-Drucks 465/12, 11). § 1627 BGB als **Grundregel mit Leitbildcharakter** (Staudinger/Lettmaier [2020] § 1627 Rn 5) entfaltet auch im Kontext der §§ 1626a Abs 1 Nr 1 und 3, 1671, 1687 BGB besondere Bedeutung (BT-Drucks 13/4899, 107: „Auch in diesem Fall gilt grundsätzlich § 1627, das heißt, die Eltern müssen ihre elterliche Sorge zum Wohle des Kindes ausüben, bei Meinungsverschiedenheiten müssen sie versuchen, sich zu einigen"). **Konsens- und Kooperationsbereitschaft** sind nach wie vor conditio sine qua non fortwährender gemeinsamer elterlicher Sorge nach Trennung (BVerfG FamRZ 2004, 354, 355: „... setzt die gemeinsame Ausübung der Elternverantwortung eine **tragfähige soziale Beziehung** zwischen den Eltern voraus, erfordert ein **Mindestmaß an Übereinstimmung** zwischen ihnen und hat sich am Kindeswohl auszurichten"; BGH 15. 6. 2016 – XII ZB 419/15, NJW 2016, 2497 Rn 23; BGH FamRZ 1999, 1646, 1648; ebenso Heilmann NJW 2013, 1473, 1476 zur Rechtslage aufgrund des Gesetzes zur Reform der elterlichen Sorge nicht miteinander verheirateter Eltern). Für dieses anspruchsvolle Modell behält das Leitbild in § 1627 BGB seine spezifische Bedeutung, wenn auch der Gesetzgeber, dem **Realitätsprinzip** gehorchend, gerade mit § 1687 BGB zum Ausdruck bringt, dass **Gemeinsamkeiten** in einer solchen Situation **begrenzt** sind: Der Hinweis auf das „gegenseitige Einvernehmen" in § 1356 Abs 1 BGB verfehlt die Situation zwar gemeinsam sorgeberechtigter, aber nicht in einer Lebensgemeinschaft zusammenlebender Eltern.

III. Abgrenzung zu anderen Vorschriften

1. § 1671

Soweit gemäß § 1671 BGB die elterliche Sorge insgesamt **einem Elternteil allein** über- 17
tragen worden ist, entfaltet das abgestufte System des § 1687 Abs 1 S 1 und 2 BGB **keinerlei Wirkungen**; allerdings gelten während eines rechtmäßigen Aufenthalts des Kindes beim Elternteil, der nicht Inhaber der elterlichen Sorge ist, gemäß § 1687a BGB die gesetzlichen Regelungen des § 1687 Abs 1 S 4 und 5 BGB entsprechend (s Erl bei § 1687a BGB).

Gleiches gilt für den Fall, dass der (überwiegende) Aufenthalt des Kindes nicht durch 18
eine Entscheidung über das Aufenthaltsbestimmungsrecht nach § 1671 BGB, son-

dern durch eine gerichtliche Regelung des **Umgangsrechts nach § 1684 Abs 3 S 1 BGB** bestimmt worden ist (vgl oben Rn 10).

2. § 1628

19 § 1628 BGB ist – soweit es die in § 1687 Abs 1 S 1 BGB geregelten Angelegenheiten von erheblicher Bedeutung für das Kind betrifft – die materiell-rechtliche Ergänzung für den Fall, dass es den Eltern in einer einzelnen Angelegenheit nicht gelingt, eine einvernehmliche Lösung zu erzielen. Die Vorschrift hat in der Praxis – nicht zuletzt im Kontext der **Corona-Pandemie** (vgl Löhnig/Runge-Rannow NZFam 2022, 245) – erheblich an Bedeutung gewonnen. § 1628 BGB verlangt einen **situativen Bezug**. Fehlt dieser, ist nach § 1671 BGB zu verfahren (vgl KG 24. 8. 2022 – 16 UF 64/22, FamRZ 2023, 698: elterlicher Streit um Bluttransfusion bei Angehörigkeit der Mutter zu den Zeugen Jehovas). Während die Abgrenzung von Teilanträgen gemäß § 1671 BGB zu Anträgen auf Entscheidungsübertragung nach § 1628 BGB erhebliche Probleme bereitet (Schwab FamRZ 1998, 457, 468; Staudinger/Coester [2020] § 1671 Rn 55 ff), ist die Abgrenzung zwischen § 1687 BGB und § 1628 BGB eindeutiger: Zuweisungs- und Regelungsnorm einschließlich familiengerichtlicher Konfliktlösung hinsichtlich Entscheidungen in Angelegenheiten des täglichen Lebens unter nicht nur vorübergehend getrennt lebenden Eltern mit fortbestehender gemeinsamer elterlicher Sorge ist ausschließlich § 1687 BGB. Besteht ein Elternkonflikt darüber, **ob** es sich um eine Angelegenheit der Alltagssorge oder um eine Angelegenheit, deren Regelung für das Kind von erheblicher Bedeutung ist, handelt, so darf zunächst eine **Konfliktregelung gemäß § 1628 BGB** im Wege der Kompetenzzuweisung **nicht automatisch** erfolgen, sondern es ergeht eine **Feststellungsentscheidung** gemäß § 1687 Abs 2 BGB – die ein **milderes Mittel** gegenüber einem Eingriff in die Elternautonomie nach § 1628 BGB darstellt (OLG Frankfurt 7. 6. 2010 – 2 WF 117/10, juris Rn 16, FamRZ 2011, 47; BeckOK-BGB/Veit [1. 1. 2023] § 1687 Rn 34) – darüber, um **welche Art von Angelegenheit** es sich handelt **(Qualifizierung)**; leider wird ein solches Verfahren in der Praxis fast nie durchgeführt (ebenso Hammer FamRZ 2021, 905, 911), sondern die Frage, ob es sich um eine erhebliche Angelegenheit oder eine Angelegenheit des Alltags handelt, wird meist **inzident im Rahmen von § 1628 BGB** entschieden. Eine Entscheidung nach § 1687 Abs 2 BGB führt im Falle der Zuweisung der im Streit befindlichen Angelegenheit zur Alltagssorge und somit zur alleinigen Entscheidungsbefugnis des Betreuungselternteils gemäß § 1687 Abs 1 S 2 BGB; im Falle der familiengerichtlichen Qualifizierung als „Angelegenheit von erheblicher Bedeutung" gemäß § 1687 Abs 1 S 1 BGB ist mit dieser Entscheidung festgestellt, dass mangels Einvernehmens unter den Eltern der Betreuungselternteil zur alleinigen Entscheidung **nicht** befugt ist – eine positive Kompetenzzuweisung gemäß § 1628 BGB erfolgt damit noch nicht.

20 Die qualifizierende Feststellung des Familiengerichts könnte dazu beitragen, dass die Eltern künftighin selbst Abgrenzungsfragen untereinander klären können (Johannsen/Henrich/Jaeger [6. Aufl 2015] § 1687 BGB Rn 3). Der **„obsiegende" Elternteil** kann mit der erlangten Feststellung, dass es sich um eine Angelegenheit von erheblicher Bedeutung und nicht um eine solche der Alltagssorge handelt – sofern er weiterhin an seiner Zustimmungsverweigerung festhält – **eine Unterlassung der vom Betreuungselternteil** beabsichtigten Handlung erreichen, erforderlichenfalls die Unterlassung der Umsetzung dieser Absicht gerichtlich durchsetzen (vgl OLG Frankfurt 7. 6. 2010 – 2 WF 117/10, juris Rn 16, FamRZ 2011, 57; OLG Köln FamRZ 1999, 249, 250). Während § 1628

BGB den Elternstreit jedenfalls in der umstrittenen Angelegenheit durch Entscheidungszuweisung beilegt, führt die positive **Feststellungsentscheidung** gemäß § 1687 Abs 1 S 1 BGB zunächst lediglich zu einer **Blockade** der beabsichtigten Alleinentscheidung eines Elternteils.

IV. Gespaltenes gemeinsames Sorgerecht

1. Das Dilemma der Gesetzgebung

Sein **Ziel**, das **gemeinsame Sorgerecht bei Getrenntleben gesetzlich auszugestalten**, hat 21
der Gesetzgeber nur mit einer juristischen Konstruktion der **Reduzierung** (Staudinger/Coester [2020] § 1671 Rn 100) **der** nach Trennung weiterhin **gemeinsam zu treffenden Entscheidungen auf Angelegenheiten von erheblicher Bedeutung** erreicht: „Gemeinsames Sorgerecht getrennt lebender Eltern" bildet ein aliud gegenüber der eigentlichen gemeinsamen Elternsorge (Schwab FamRZ 1998, 457, 468). Der Gesetzgeber, der sich dieser **Lebenstatsache** stellen musste, versucht mit dem gewählten Sorgerechtsmodell und der Unterscheidung zwischen Angelegenheiten von erheblicher Bedeutung und Angelegenheiten des täglichen Lebens zwischen den Idealen einer die Trennung überdauernden Elternverantwortung und den Realitäten der nicht ungewöhnlichen **Konfliktspannung** in Trennungssituationen zu vermitteln. Der Gesetzgeber wollte erreichen (BT-Drucks 13/8511, 67):

- „(...) dass der Elternteil, bei dem das Kind lebt, sich nicht ständigen Auseinandersetzungen über Detailfragen mit dem anderen Elternteil ausgesetzt sieht.
- Die konfliktvermeidende Alleinentscheidungsbefugnis darf jedoch andererseits nicht so weit gehen, dass die gemeinsame elterliche Sorge zu einer leeren Hülse wird.
- Der Umfang der Alleinentscheidungsbefugnis sollte möglichst klar geregelt werden."

Ob diese gleichzeitig nur schwer erreichbaren **Ziele** verwirklicht worden sind, ob der Gesetzgeber die „Lösung dieses Dilemmas (...) gefunden hat", lässt sich nicht beantworten (vgl hierzu insbesondere Kostka FamRZ 2004, 1924). Unvoreingenommene, repräsentative und qualitative Untersuchungen zu den tatsächlichen Wirkungen des KindRG liegen nicht vor.

2. Die Unterscheidung zwischen Angelegenheiten von erheblicher Bedeutung und Angelegenheiten des täglichen Lebens

a) Kritik an der Neuregelung

Die Mehrheit im **Rechtsausschuss** des Bundestags war der Ansicht, insbesondere mit 22
der **Definition von Angelegenheiten** des täglichen Lebens in § 1687 Abs 1 S 3 BGB, *„zur größtmöglichen Klarstellung"* beigetragen zu haben (BT-Drucks 13/8511, 67). Diese Einschätzung wurde im älteren juristischen Schrifttum mehrheitlich nicht geteilt, vielmehr überwogen hier die dieser Konstruktion gegenüber **kritischen Stimmen** (ua Schwab FamRZ 1998, 457, 468 f; ders, in: FS Gaul [1997] 717, 726: Streitpotenzial vergrößert; ders DNotZ 1998, 437, 441: der Praxis werden Probleme aufgebürdet; Deinert DAVorm 1998, 337, 347;

Wiesner ZfJ 1998, 269, 272; **aA** FamRefK/Rogener § 1687 Rn 10: praktikabler Kompromiss). Die Schwierigkeiten, praxistaugliche **Abgrenzungskriterien** zu bestimmen, hängen mit der Multidimensionalität, Interdependenz und **Ganzheitlichkeit elterlicher Sorge** zusammen. In der **bestehenden und funktionierenden Sorgegemeinschaft** gleichberechtigter Partner ist **„Recht nicht spürbar“** – den Eltern wird meist gar nicht bewusst sein, dass sie gerade eine Entscheidung in einer Angelegenheit von erheblicher Bedeutung – häufig unter stillschweigender Zustimmung des anderen Elternteils – getroffen oder Einigung in Grundfragen der Erziehung erzielt haben, und die Außenwelt akzeptiert idR einen der Eltern als Repräsentanten der Elterngemeinschaft; unterschiedliche Rollenwahrnehmung und Beteiligung haben – während des Bestehens dieser Lebensgemeinschaft – innerhalb der Partnerschaft, dem Kind wie Dritten gegenüber idR keine Relevanz. Dies alles verändert die Elterntrennung einschneidend.

b) Praktikabilität der Abgrenzung

23 Die vom Gesetz gewählte **Abgrenzung erfolgt nicht nach Lebensbereichen**, sondern die **Ganzheit elterlicher Sorge wird künstlich aufgespalten**, und es kommt **innerhalb der Bereiche** auf die Bedeutung der jeweiligen einzelnen Angelegenheit für das Kind an (Schwab FamRZ 1998, 457, 469). Eine **allgemeingültige Abgrenzung** innerhalb der Bereiche ist **nicht möglich**, und auch die **Konkretisierungsbemühungen** des **Rechtsausschusses** (BT-Drucks 13/8511, 67), die in § 1687 Abs 1 S 3 BGB ihren Niederschlag gefunden haben, helfen nicht immer weiter (vgl insbesondere die Kritik von Schwab FamRZ 1998, 457, 468 f; Schwab/Wagenitz FamRZ 1997, 1377, 1380: klare begriffliche Abgrenzung der beiden Bereiche ist nicht möglich). Das **Tägliche** kann für das Kind erhebliche Bedeutung haben – man denke nur an ein Kleinkind mit Ernährungs- und Verdauungsproblemen; die „tägliche“, „häufig vorkommende“ Frage der richtigen **Ernährung** kann für dieses Kind eine Überlebensfrage sein; das „Tägliche“ ist folglich nicht der Gegensatz zu „Angelegenheiten von erheblicher Bedeutung“ (Schwab FamRZ 1998, 457, 468). Die Verfasser der regierungsamtlichen Begründung (BT-Drucks 13/4899, 107) kommen nicht umhin einzuräumen, dass das **Alltägliche „prägenden“ Charakter** für das Kind hat. Zu Recht stellte Schwab (in: FS Gaul [1997] 717, 726) die Frage: *„Den Alltag des Kindes prägend!* – was gibt es Grundsätzlicheres?“

24 Die Empfehlung, ausschließlich „objektive Kriterien“ (BeckOK-BGB/Veit [1. 1. 2023] § 1687 Rn 17; kritisch Heine, Das System der sorgerechtlichen Alleinentscheidungsbefugnisse [2010] 49 f) heranzuziehen, ist angesichts der **„Individualisierung der Lebenswelten“**, pluraler **Lebensauffassungen** und **Wertvielfalt** nicht gänzlich hilfreich und klare und allgemein gültige Abgrenzungen nicht durchgängig möglich (vgl Grüneberg/Götz § 1687 Rn 4: „klare begriffliche Abgrenzung nicht möglich“). Was in der einen Familie zentrale Bedeutung hat, ist der anderen völlig fremd oder völlig ohne jede Bedeutung. Dies würde in jedem Einzelfall **(„Einzelfallgerechtigkeit“)** eine penible Aufklärung der Wertstruktur und der Lebensmodelle eines jeden im Streit befindlichen Elternpaares erfordern sowie die Abschätzung der langfristigen Auswirkungen auf das jeweils individuelle Kind, was die **Prognostizierbarkeit** und damit die **autonome Konfliktregelung unter Eltern** nicht gerade fördern würde. Andererseits lassen sich bis zu einem gewissen Grad – trotz **Individualisierung** und **Vielfalt** – Bereiche bestimmen, die sich eindeutig nach wie vor als Angelegenheiten von erheblicher Bedeutung qualifizieren lassen. Hinzu treten alters- und entwicklungsbedingte Veränderungen beim Kind bzw beim Jugendlichen: Alltagsprobleme können in grundsätzliche Probleme umschlagen und damit von erheblicher Bedeutung sein (Grüneberg/Götz § 1687 Rn 4). Auf der anderen

Seite unterliegt die Qualifizierung einer Angelegenheit als erheblich oder alltäglich auch dem **Wandel der Zeit**. Waren vor Beginn der *Corona-Pandemie* Reisen mit dem Kind ins europäische Ausland alltäglich iSd Abs 1 S 2, hat sich die Einschätzung gerade am Beginn der Pandemie wegen der mit einer Ansteckung verbundenen Gefahren für das Kind grundlegend geändert (vgl nur OLG Braunschweig 30. 7. 2020 – 2 UF 88/20, ZKJ 2021, 36: Reise nach Mallorca). Angesichts dieses bereits im Konzept des KindRG angelegten **Dilemmas** empfiehlt sich – auch und gerade unter Berücksichtigung der Begrenztheit justizieller Konfliktlösungen und Ressourcen – eine **kasuistische Abgrenzung und Qualifizierung** mit der Möglichkeit, bei Besonderheiten von der allgemeinen Zuordnung abzuweichen. Fragen der Ernährung etwa haben für die Mehrheit der Familien nicht die Bedeutung wie für Vegetarier, Veganer, Muslime, Juden oder Anhänger von Vollwert- oder Trennkost (vgl Keller 87). Was nach allgemein verbreiteter Auffassung eindeutig der Alltagssorge zuzuordnen wäre, kann also unter **besonderen Umständen** eine Angelegenheit von erheblicher Bedeutung sein. Ein anderer, mit Sicherheit einfacherer Weg – von vornherein gesetzlich eindeutig festgelegten Zuordnungen von Bereichen oder den der nachzuweisenden obligatorischen **Elternvereinbarung** in zentralen, für das Kind wichtigen Bereichen – ist durch den Gesetzgeber schließlich nicht beschritten worden. So wenig eine erschöpfende Aufzählung aller Bestandteile der Personensorge möglich ist (vgl Staudinger/Salgo [2020] § 1631 Rn 9 mwNw), so wenig kann eine solche orientierende und qualifizierende **Kasuistik** abschließend oder stets gültig sein.

Die vom Rechtsausschuss empfohlene Konkretisierung der „Angelegenheiten von erheblicher Bedeutung" durch Heranziehung der **Rechtsprechung** und Literatur zu § 1628 BGB als Hilfestellung bei der Anwendung des § 1687 Abs 1 BGB (BT-Drucks 13/8511, 75) kann zwar befolgt werden (vgl nur Staudinger/Lettmaier [2020] § 1628 Rn 44 ff mit wertvollen Hilfestellungen), wird aber auch nicht durchgängig jeden konkreten Streitfall lösen können (kritisch BeckOGK/Tillmanns [1. 3. 2022] § 1687 Rn 15). **25**

c) Grundsatz und Abgrenzungshilfen

Auch im Rahmen des § 1687 BGB (wie für § 1628 BGB) gilt gemäß § 1697a BGB das **Kindeswohl als zentrale Entscheidungsmaxime** (BT-Drucks 13/4899, 111). Die **erhebliche Bedeutung für das Kind** ergibt sich aus der **Relevanz für seine künftige Entwicklung** und Sozialisation, aber auch aus der Wichtigkeit für sein Sozialisationsfeld (Staudinger/Lettmaier [2020] § 1627 Rn 14). Gleichwohl scheidet ungeachtet dessen auch der Ansatz aus, die Qualifizierung einer Angelegenheit aus der subjektiven Sicht des Kindes zu bestimmen, weil das Kind die Eltern sonst gegeneinander „ausspielen könnte" (zutreffend BeckOK-BGB/Veit [1. 1. 2023] § 1687 Rn 17). § 1697a BGB – und dies hat besondere Bedeutung bei gemeinsam sorgeberechtigten, getrennt lebenden Eltern – fordert aber zusätzlich die Berücksichtigung der **tatsächlichen Gegebenheiten** und Möglichkeiten sowie der berechtigten Interessen der Beteiligten. Zu diesen Gegebenheiten gehört sicherlich der Umstand des dauerhaften Getrenntlebens der Eltern. **26**

Im Mittelpunkt der Diskussion um die Abgrenzung der Alltagssorgeangelegenheiten von denjenigen mit erheblicher Bedeutung steht die Frage, welchen beiden Gesetzesregelungen in Zweifelsfällen der **Vorzug** zu geben ist. **27**

Da nach einer Ansicht der Lebensmittelpunkt des Kindes und die dort vorhandenen Möglichkeiten und Ressourcen ausschlaggebend für eine gelingende Sozialisation sei, soll im Zweifel der **Alltagsbefugnis des betreuenden Elternteils** der Vorzug gebühren (Staudinger/Salgo [2019] § 1687 Rn 30 f; MünchKommBGB/Hennemann § 1687 Rn 7; ebenso 13. DFGT FamRZ 2000, 273, 274).

Nach anderer Ansicht soll dagegen im Zweifel elterliches Einvernehmen nach Maßgabe von § 1687 Abs 1 S 1 BGB erforderlich sein (Grüneberg/Götz § 1687 Rn 4; Johannsen/Henrich Althammer/Rake § 1687 Rn 3; Staudinger/Lettmaier [2020] § 1628 Rn 42; Heine, Das System der sorgerechtlichen Alleinentscheidungsbefugnisse [2010] 39 ff; Schilling NJW 2008, 3233, 3234).

Zutreffend erscheint aber die Erwägung, dass solche – im Gesetz nicht niedergelegten – Zweifelslösungen die Gefahr bergen, dass bei der konkreten Rechtsanwendung vorschnell auf eine Vermutung zurückgegriffen wird und die Entscheidungsfindung in nicht kindeswohldienlicher Weise verkürzt wird (zutreffend BeckOGK/Tillmanns [1. 3. 2022] § 1687 Rn 13).

Letztlich wird man nicht umhin kommen, die Abgrenzung aus der Sicht **eines objektiven Betrachters** im jeweiligen Einzelfall dahin vorzunehmen, ob es sich – wie in § 1687 Abs 1 S 3 BGB legal definiert, um eine Angelegenheit handelt, die häufig vorkommt oder die schwer abzuändernde Auswirkungen auf das Kind hat und hier im Hinblick auf Art 6 Abs 2 S 1 GG die Erziehungskonzepte der Eltern, aber auch den Willen des Kindes und seines Bedürfnisses nach einer klaren Regelung seiner Angelegenheiten (MünchKommBGB/Hennemann § 1687 Rn 7) miteinzubeziehen haben.

3. Fallgruppen

28 Jeder Versuch einer sinnvollen Unterscheidung, Abgrenzung und der Bildung von **Fallgruppen** steht unter dem Vorbehalt, dass im konkreten Einzelfall wegen dessen Besonderheiten im Hinblick auf das Kindeswohl etwas anderes gelten kann. Eine magische oder stets gültige Formel gibt es nicht, und **Präzisierungsbemühungen** stoßen sehr bald auf Grenzen. So kann die nachfolgende **Aufzählung weder abschließend** sein, **noch** ist die jeweilige Zuordnung **unwiderlegbar**: „Der Grundirrtum des Gesetzgebers besteht in der Annahme, für das Kind sei das ‚Tägliche' der Gegensatz von ‚erheblicher Bedeutung'" (Schwab FamRZ 1998, 457, 469). Die anschließenden Vorschläge für **Zuordnungen** orientieren sich vornehmlich an der in der Zwischenzeit reichlich vorhandenen Rechtsprechung zu § 1628 BGB (vgl hier insbesondere ergänzend Staudinger/Lettmaier [2020] § 1628 Rn 44 ff) und am Meinungsstand im juristischen Schrifttum.

a) Erziehung

29 „Erziehung" ist das **wichtigste Element der Personensorge** iSv § 1631 Abs 1 BGB (vgl Staudinger/Salgo [2020] § 1631 Rn 24 ff). Einvernehmen über die **Grundrichtung** (vgl zur einvernehmlichen Ausübung Staudinger/Lettmaier [2020] § 1627 Rn 28 mwNw) unter gemeinsam sorgeberechtigten Eltern ist gerade in diesem Bereich **essentiell** und damit prinzipiell eine Angelegenheit von erheblicher Bedeutung (BeckOK-BGB/Veit [1. 1. 2023] § 1687 BGB Rn 18; Schwab/Ernst/Schäder, Handbuch Scheidungsrecht [5. Aufl 2019] § 5 Rn 21), andererseits „geschieht" Erziehung kontinuierlich im Lebensalltag des Kindes:

„Erziehung ist nicht, wie sich das Gesetzesmacher vorstellen mögen, die juristische Festlegung von Erziehungsprinzipien, sondern wirkliches Leben; Erziehung ereignet sich in einer fortlaufenden Abfolge von Situationen, Begegnungen und Reaktionen. Erziehung ist nicht Einwirken auf das Kind bloß in bestimmten, herausgehobenen Erziehungsmomenten, sondern ein gegenseitiges persönliches Verhältnis, das im Alltag gelebt wird" (Schwab FamRZ 1998, 457, 468).

Fragen der Erziehung strahlen auf andere Bereiche der Personensorge wie der gesetzlichen Vertretung aus (§ 1629 BGB). Was in **Erziehungsfragen** bei bestehender Lebensgemeinschaft von Eltern gilt, kann im Kontext des § 1687 BGB nicht unbesehen den Maßstab bilden. Gerade in **Fragen der Erziehung führen Zweifelsfälle oft zur Qualifizierung als Alltagssorge** iSv § 1687 Abs 1 S 2 BGB, weil ansonsten bei dauerndem Streit über Erziehungsfragen und **Freizeitaktivitäten** oder gar bei ständiger Einmischung des anderen Elternteils die Erziehung des Kindes durch den Betreuungselternteil zu scheitern droht. Auf der anderen Seite können auch unscheinbare alltägliche Dinge, wie die Nutzung von bestimmten Medien durch das Kind, sich im Einzelfall als erheblich darstellen (Staudinger/Lettmaier [2020] § 1628 Rn 42 mwNw).

Verunsicherungen des Betreuungselternteils wirken sich im Übrigen nachteilig auf die Sozialisation des Kindes aus und sollten nach Möglichkeit vermieden werden. Die Inanspruchnahme der durch das KindRG ausgebauten **Rechtsansprüche** von Müttern und Vätern **auf Beratung** (§ 17 SGB VIII; zur Bedeutung im Vorfeld eines gerichtlichen Verfahrens vgl OLG Düsseldorf 19. 5. 2020 – 3 WF 186/19, FuR 2021, 550: keine Bewilligung von Verfahrenskostenhilfe vor Inanspruchnahme des Jugendamts) sowie der familienrichterliche Hinweis gemäß § 156 Abs 1 S 2 FamFG auf diese könnten bei Konflikten über „Erziehungsfragen" hilfreich sein (Staudinger/Coester [2020] § 1671 Rn 18 ff); die **Eltern sind grundsätzlich verpflichtet, diese Beratungsangebote in Anspruch zu nehmen** (§ 1627 BGB; § 156 Abs 1 S 3, 4 FamFG) – dem Familiengericht kommt nach dem KindRG hier die Funktion des „Brückenbauers" zu –, auch wenn dies nicht erzwingbar ist (vgl § 156 Abs 1 S 5 FamFG). Allerdings stellt eine **abgrundtiefe und unüberbrückbare Uneinigkeit** über die Erziehung des gemeinsamen Kindes, ebenso wie **Uneinigkeit über die sorgerechtliche Hauptfrage** des **Aufenthaltsbestimmungsrechts**, die das gemeinsame Sorgerecht tragende Einigung in Frage.

b) Religiöse und weltanschauliche Erziehung

Fragen der **religiösen** und **weltanschaulichen Erziehung** gehören grundsätzlich zu den **Angelegenheiten von erheblicher Bedeutung** (**hM**, Salgo 2006, 45; vgl Staudinger/Lettmaier [2020] § 1628 Rn 57; NK-BGB/Peschel-Gutzeit/Ebeling § 1687 Rn 12; Staudinger/Salgo [2020] Anh zu § 1631: § 2 RKEG Rn 3; Wagner FamRB 2012, 254; Schwab FamRZ 1998, 457, 468; FamRefK/Rogener § 1687 Rn 13; Grüneberg/Götz § 1687 Rn 4; BT-Drucks 13/4899, 107; BGH FamRZ 2005, 1167, 1168: Taufe Angelegenheit von erheblicher Bedeutung mit Hinweis auf § 1628 BGB – vgl hierzu Ehinger FPR 2005, 367; die Entscheidung über die Taufe als Angelegenheit von erheblicher Bedeutung kann bei gemeinsamer Sorge auf die Mutter übertragen werden, falls ansonsten das Gefühl der Zusammengehörigkeit beeinträchtigt würde, OLG Stuttgart 15. 8. 2017 – 16 UF 139/17, FamRZ 2018, 354: Taufe; OLG Karlsruhe 3. 5. 2016 – 20 UF 152/15, NJW 2016, 2433: Wahl des Bekenntnisses; OLG Stuttgart 24. 2. 2016 – 17 UF 292/15, FamRZ 2016, 1378: **Taufe** und **Kommunion**; offensichtlich **aA** OLG Schleswig FPR 2004, 510, 511 m Anm Britz; ob hingegen der BGH FamRZ 2005, 1167, den Genuss von Schweinefleisch tatsächlich als [„Alltags"-]Problem und damit als Alltagssorge iSv § 1687 Abs 1 S 2 und 3 BGB qualifiziert, bleibt unklar; für Juden und Muslime ist das Verbot des Genusses von Schweinefleisch stets eine Angelegenheit von erheblicher Bedeutung, vgl DIJuF-Rechtsgutachten JAmt 2017, 292, 293). 30

Die nach Vollendung des vierzehnten Lebensjahres eintretende **Religionsmündigkeit** (§ 5 RKEG), wie bereits die Stellung des Kindes nach Vollendung des 12. Lebensjahres nach dieser Bestimmung, begrenzen das elterliche Bestimmungsrecht (Staudinger/Salgo [2020] Anh zu § 1631: § 5 RKEG Rn 3 ff). Die Teilnahme am Gottesdienst, die Einhaltung von institutionell vorgegebenen religiösen Geboten uvam (zu Einzelheiten vgl Staudinger/Salgo [2020] Anh zu § 1631: § 1 RKEG Rn 1), dh Umsetzungen der gemeinsam zu treffenden **Grundentscheidung**, fallen in den Bereich der Alltagssorge (Staudinger/Lettmaier [2020] § 1628 Rn 59). Aber **die Taufe** in den christlichen Religionen (AG Lübeck FamRZ 2003, 549: Einigung über den Tauftermin keine Angelegenheit von erheblicher Bedeutung), die An- oder Abmeldung zum/vom **Religionsunterricht** (OLG Köln 18. 4. 2013 – 12 UF 108/12, FamFR 2013, 257), der Austritt aus der Religionsgemeinschaft, die Beschneidung nach jüdischem oder moslemischem Ritus (AG Düsseldorf 7. 4. 2014 – 269 F 58/14, FamRZ 2014, 1209) bleiben dennoch stets Angelegenheiten von erheblicher Bedeutung; vgl § 1631d, wonach die Personensorge auch das Recht umfasst, in eine medizinisch nicht erforderliche Beschneidung einzuwilligen (vgl Lack ZKJ 2012, 336). Gleiches gilt für weltanschauliche Gemeinschaften und **Sekten** (Staudinger/Peschel-Gutzeit [2015] § 1628 Rn 29; zur Kindeswohlgefährdung bei extremen ersatzreligiösen Strömungen vgl Staudinger/Salgo [2020] Anh zu § 1631: § 1 RKEG Rn 2, § 7 Rn 6; Staudinger/Coester [2020] § 1666 Rn 127 jeweils mwNw).

c) Aufenthalt

31 Dass der **Lebensmittelpunkt** des Kindes und damit die Wahl des Betreuungsmodells (DIJuF-Rechtsgutachten JAmt 2016, 313; Johannsen/Henrich/Althammer/Rake § 1687 Rn 9; Grüneberg/Götz § 1687 Rn 4) einvernehmlich oder durch gerichtliche Entscheidung bereits bestimmt wurde, ist Voraussetzung und bildet Grundlage der abgestuften Elternverantwortung gemäß § 1687 Abs 1 S 2 BGB (vgl OLG Stuttgart FamRZ 1999, 39, 40; Peschel-Gutzeit NJ 2005, 246, 247). Die Festlegung des **gewöhnlichen Aufenthalts** ist folglich **grundsätzlicher Natur** und kann bei gemeinsamer Sorge – als *die* Angelegenheit von erheblicher Bedeutung schlechthin – nur von beiden Eltern einvernehmlich getroffen werden. Wird eine gerichtliche Bestimmung bei **Uneinigkeit** der Eltern hierüber gemäß § 1671 BGB oder § 1628 BGB (vgl die Abgrenzungskriterien bei Staudinger/Coester [2020] § 1671 Rn 55 ff; Hammer FamRZ 2021, 905, 908 ff) oder aber nach der neueren Rechtsprechung nach § 1684 Abs 3 BGB (oben Rn 10) erforderlich, so schließt dies eine Beibehaltung gemeinsamer elterlicher Sorge und damit die Gültigkeit des Zuweisungsmodells des § 1687 BGB im Übrigen nicht aus („oder aufgrund einer gerichtlichen Entscheidung"). Allerdings birgt eine solche **Abspaltung** des **Aufenthaltsbestimmungsrechts** erhebliche Gefahren für das Funktionieren gemeinsamer elterlicher Sorge (hierzu Staudinger/Coester [2020] § 1671 Rn 259 f). Einerseits stellt die **Uneinigkeit** unter Eltern **über** den **Aufenthaltsort** bei gemeinsamer elterlicher Sorge dieses **Sorgerechtsmodell diametral in Frage**, weil in einem **Kernbereich des Personensorgerechts Uneinigkeit besteht** (Staudinger/Salgo [2020] § 1631 Rn 61 mwNw). Die Uneinigkeit über den Aufenthaltsort hat aber auch **Ausstrahlungswirkungen** (Staudinger/Coester [2020] § 1671 Rn 260) auf die anderen zentralen Sorgerechtsbereiche, wie zB **Erziehung, Aufsicht** und Umgangsregelung. Andererseits ist bei einer solchen Situation stets **zu prüfen, ob bereits die gesamte Basis der gemeinsamen Sorge zerstört** ist (so OLG Nürnberg FamRZ 2002, 188, 189). Häufig schafft richterliche Klärung und Beendigung einer im Streit befindlichen Grundfrage die **Basis für Kooperation** (vgl zur stets erforderlichen Prüfung der **Kooperationsbereitschaft** nach einer Verbleibensanordnung Staudinger/Salgo [2020] § 1632 Rn 94 mwNw); eine solche **Wirkung tritt keineswegs automatisch** und

in jedem Falle **ein**, sodass bei einer familiengerichtlichen Entscheidung über einen Streit in **Kernbereichen der Personensorge** die Auswirkung auf die übrigen Bereiche, insbesondere auf das **Funktionieren von Gemeinsamkeit** im Rahmen des § 1687 Abs 1 BGB mitbedacht und mit den Eltern stets erörtert werden muss. Diese abgestufte Vorgehensweise fordert der **Grundsatz des geringstmöglichen Eingriffs** (BVerfG 1. 3. 2004 – 1 BvR 738/01, juris Rn 9, FamRZ 2004, 1015) wie die **Rechtsfürsorgepflicht des Familiengerichts.**

Besondere Herausforderungen stellen sich in den Fällen gerichtlicher Übertragung **31a** gemeinsamer elterlicher Sorge bei nicht miteinander verheirateten Eltern gemäß § 1626a Abs 1 Nr 3 BGB. Hier wird das erforderliche Mindestmaß an Übereinstimmung (vgl BGH 15. 6. 2016 – XII ZB 419/15, NJW 2016, 2497 Rn 23) bereits im Zuordnungsverfahren, insbesondere hinsichtlich des Lebensmittelpunktes, von Amts wegen stets geprüft werden müssen. Bei extrem hoher Konfliktspannung, insbesondere hinsichtlich des künftigen Aufenthaltsortes des Kindes, wird die Übertragung gemeinsamer elterlicher Sorge ausscheiden (HEILMANN NJW 2013, 1473, 1474).

Die Pflicht und das Recht zur **Aufenthaltsbestimmung** hat vielfältige **Binnen-** und **32** **Außenwirkungen** (STAUDINGER/SALGO [2020] § 1631 Rn 50 ff). Der **Zusammenhang mit anderen aus dem Personensorgerecht fließenden Pflichten und Rechten** ist evident: So sind mit der konkreten Aufenthaltsbestimmung dem Kind gegenüber fast immer erzieherische Absichten verknüpft. Bei Einvernehmen über den Aufenthaltsort bestimmt der Betreuungselternteil den Aufenthalt des Kindes im Einzelnen (Wahl des **Wohnsitzes**, Teilnahme an **Freizeitaktivitäten** (VG Berlin 10. 1. 2013 – 3 L 1035.12, FamFR 2013, 166: Ski- und Snowboardkurs ist Angelegenheit des täglichen Lebens), **Ferienaufenthalte, Besuche** bei Freunden und Verwandten (vgl SCHWAB FamRZ 1998, 457, 469). Der sich aus dem **Aufenthaltsbestimmungsrecht** ergebende **Herausgabeanspruch** gemäß § 1632 Abs 1 BGB gegenüber Dritten steht aufgrund des Einvernehmens dem Betreuungselternteil, bei Aufenthalt beim anderen Elternteil diesem zu; ein Bezug auf die Entscheidungsbefugnis bei **Gefahr im Verzug** (§ 1687 Abs 1 S 5 BGB iVm § 1629 Abs 1 S 4 BGB) ist hier nicht erforderlich. Eine Entscheidung von wesentlicher Bedeutung liegt natürlich dann vor, wenn der Betreuungselternteil beabsichtigt, mit dem Kind in das **Ausland** zu verziehen (BGH 28. 4. 2010 – XII ZB 81/09, NJW 2010, 2805 m Anm PESCHEL-GUTZEIT). Das gleiche gilt für einen **Umzug im Inland**, wenn dadurch das Umgangsrecht des anderen Elternteils und des Kindes erschwert wird (OLG Frankfurt 4. 1. 2022 – 7 UF 117/21, NZFam 2022, 413; DIJuF-Rechtsgutachten JAmt 2016, 313). Die Bestimmung der Hauptwohnung zu **melde- oder sozialrechtlichen** Angelegenheiten unterfällt dagegen nach zweifelhafter hM der Alltagssorge (BVerwG 30. 9. 2015 – 6 C 38/14, juris Rn 24, FamRZ 2016, 44; OLG München 25. 1. 2008 – 12 UF 1776/07, FamRZ 2008, 1103; BeckOK-BGB/VEIT [1. 1. 2023] § 1687 Rn 17.2; **aA** KG 25. 7. 2017 – 13 UF 110/17, ZKJ 2018, 230; HEILMANN/FINK § 1628 Rn 12).

Aber auch **Internatsunterbringung** (SALGO FamRZ 1996, 449, 451; SCHWAB FamRZ 1998, 457, 469; HEILMANN/GOTTSCHALK § 1687 Rn 6; OLG Hamburg FamRZ 2001, 1088, 1089; AG Mainz 9. 3. 2021 – 31 F 8/21, FamRZ 2021, 1711), Unterbringung in einem Landschulheim sowie die Unterbringung in einem **rein privaten Pflegeverhältnis** (vgl OLG Karlsruhe 8. 1. 2020 – 20 UF 169/19, JAmt 2020, 588: Tagesmutter) zur Unterbringung in **Vollzeitpflege** als **„Hilfe zur Erziehung“** (vgl unten Rn 42) sind stets als **Angelegenheiten von grundsätzlicher Bedeutung** einzustufen.

d) Reisen mit dem Kind

33 In Bezug auf **Urlaubsreisen** mit dem Kind haben Elternstreitigkeiten nach § 1628 BGB in den letzten Jahren in der Praxis sehr zugenommen (vgl dazu Götsche FuR 2017, 418; Stockmann FamRB 2017, 315; Terp jM 2017, 183). Vor Beginn der Corona-Pandemie bestand kein Zweifel daran, dass die Mitnahme des (gesunden) Kindes auf Auslandsreisen zu Urlaubszwecken oder zum Besuch von Verwandten in die Entscheidungsbefugnis des jeweils betreuenden Elternteils fiel (vgl KG Berlin 1. 11. 2017 – 3 UF 144/17, BeckRS 2017, 157508: Vietnam; KG Berlin 1. 8. 2016 – 13 UF 106/16, juris Rn 20, FamRZ 2016, 2111 m Anm Schwonberg: England; OLG Köln 25. 11. 2011 – 4 UF 232/11, NJW-RR 2012, 453: Russland; MünchKommBGB/Hennemann [2020] § 1687 Rn 15; Stockmann FamRB 2017, 315, 316). Eine Ausnahme galt nur dann, wenn die Reise mit *Gefahren für das Kind* verbunden war, insbesondere durch mögliche *Terroranschläge* (OLG Frankfurt 21. 7. 2016 – 5 UF 206/16, FamRZ 2016, 1595: Türkei; ebenso zur Türkei: OLG Frankfurt 27. 6. 2018 – 4 UF 110/18, FuR 2019, 39; verneint für Thailand von KG 18. 5. 2020 – 13 UF 88/18, FamRZ 2020, 1731 und für England von KG 1. 8. 2016 – 13 UF 106/16, FamRZ 2016, 2111), durch *Kriege oder Bürgerkriege* (OLG Karlsruhe 5. 8. 2014 – 5 WF 115/14, FamRZ 2015, 150: Ostukraine; fragwürdig aber AG Freising FamRZ 2004, 968: Flugreise in ein am Krieg beteiligtes Land – hier in die USA – Angelegenheit von erheblicher Bedeutung; AG Heidenheim FamRZ 2003, 1404: Sprachreise nach Großbritannien angesichts des Irak-Kriegs Angelegenheit von erheblicher Bedeutung) oder wegen *genereller Unsicherheit im Zielland* (offenbar angenommen für Kasachstan ohne zureichende Begründung von OLG Hamburg 13. 7. 2011 – 12 UF 80/11, FamRZ 2012, 562; zutreffend dagegen für Nigeria OLG Köln 20. 12. 2019 – 10 UF 212/19, FamRZ 2020, 998; für Südafrika AG Göppingen 18. 7. 2018 – 6 F 535/18, juris). Keine alltägliche Sorgeangelegenheit liegt weiter vor, wenn die Gefahr einer *Entführung* durch den Elternteil besteht oder aber die Reise – vor allem für Kleinkinder – *besonders beschwerlich* ist (vgl OLG Naumburg 9. 8. 1999 – 3 WF 131/99, FamRZ 2000, 1241; OLG Köln 26. 10. 1998 – 14 UF 170/98, NJW 1999, 295).

34 Mit Beginn der **Corona-Pandemie** im Frühjahr 2020 hat sich die Beurteilung von Sorgeangelegenheiten iSd § 1687 Abs 1 BGB bei Reisen mit dem Kind grundlegend gewandelt (vgl dazu Löhnig/Runge-Rannow NZFam 2022, 245; Rake FamRZ 2022, 1078). So wurden am Anfang der Pandemie und vor der Zulassung von COVID-19-Impfstoffen selbst Urlaubsreisen in das europäische Ausland, aber auch sonstige Fernreisen wegen der im Urlaubsland bestehenden Ansteckungsgefahren und der Quarantänebestimmungen nach Rückkehr im Inland als erheblich iSd § 1687 Abs 1 S 1 BGB eingestuft und im Rahmen von Verfahren nach § 1628 BGB die Entscheidungsbefugnis regelmäßig dem anderen Elternteil übertragen (vgl OLG Braunschweig 30. 7. 2020 – 2 UF 88/20, ZKJ 2021, 36: Mallorca; OLG Frankfurt 13. 3. 2020 – 7 UF 17/20, FamRZ 2020, 761: Nicaragua). Nach Zulassung der COVID-Impfstoffe und Aufhebung diverser Reisewarnungen wurden dagegen wieder vermehrt Reisen als Alltagsangelegenheiten qualifiziert (vgl etwa OLG Dresden 25. 6. 2021 – 21 UF 350/21, FamRZ 2021, 1474: USA; OLG Koblenz 5. 8. 2021 – 7 UF 407/21, FamRZ 2022, 197: Türkei).

35 Die Beantragung eines **Kinderreisepasses** gehört dagegen – gerade auch im Kontext mit Urlaubsreisen – grundsätzlich zu den **Angelegenheiten von erheblicher Bedeutung** (OLG Köln FamRZ 2012, 1502; OLG Naumburg JAmt 2010, 388; OLG Karlsruhe Familienrecht kompakt 2005, 117; Staudinger/Lettmaier [2020] § 1628 Rn 56; BeckOK-BGB/Veit [1. 1. 2023] § 1687 Rn 17.2; Heilmann/Gottschalk § 1687 Rn 6; MünchKommBGB/Hennemann § 1687 Rn 15; **aA** OLG Bremen 8. 8. 2007 – 5 UF 34/06, FamRZ 2008, 810; Staudinger/Salgo [2019] § 1687 Rn 40; Grüneberg/Götz § 1687 Rn 7; Koritz FPR 2000, 243 mit Kritik an der Verwaltungspraxis

in Berlin). Anders ist dies nur zu beurteilen, wenn der betreffende Elternteil über das alleinige Aufenthaltsbestimmungsrecht verfügt (OLG Oldenburg 22. 8. 2017 – 13 UF 85/17, FamRZ 2018, 756; BeckOGK/Amend-Traut [1. 3. 2023] § 1628 Rn 49). Der Umgangselternteil besitzt im Übrigen einen **Anspruch auf Herausgabe** des Kinderreisepasses wegen einer Urlaubsreise gegen den anderen Elternteil analog §§ 1632 Abs 1, 1684 Abs 2 BGB (BGH 27. 3. 2019 – XII ZB 345/18, NJW-RR 2019, 897; Johannsen/Henrich/Althammer/Dürbeck § 1632 Rn 11).

e) Umgang

Dass der **Umgang** mit dem anderen Elternteil (§ 1684 Abs 1 HS 2 BGB), aber auch mit gemäß § 1685 BGB berechtigten Personen, als der Teil Personensorge (§ 1632 Abs 2 BGB) zu den **einvernehmlich zu regelnden Grundentscheidungen** von erheblicher Bedeutung bei gemeinsamer elterlicher Sorge zählt, kann nicht bezweifelt werden (OLG Dresden 3. 11. 2004 – 21 UF 468/04, FamRZ 2005, 1275; MünchKommBGB/Huber § 1628 Rn 14; Johannsen/Henrich/Althammer/Dürbeck § 1632 Rn 14). Zur wirksamen **Umgangsbestimmung** dem Kind gegenüber gemäß § 1632 Abs 2 BGB ist bei gemeinsamer elterlicher Sorge der Betreuungselternteil berechtigt (vgl Staudinger/Salgo [2020] § 1632 Rn 20). Dritten gegenüber bedarf es zur wirksamen Umgangsbestimmung einer Übereinstimmung der Eltern im Grundsatz (OLG Dresden NJW-RR 2005, 373: Entscheidung über Ausübung des Umgangsrechts mit Großeltern Angelegenheit von erheblicher Bedeutung; Johannsen/Henrich/Althammer/Dürbeck § 1632 BGB Rn 14). Die Bestimmung des Umgangs des Kindes mit Freunden, Nachbarn und Schulkameraden (auch mit Übernachtung verbunden) gehört allerdings zur Alltagssorge, sie trifft daher der Betreuungselternteil (Staudinger/Lettmaier [2020] § 1628 Rn 64; Schwab FamRZ 1998, 457, 469; **aA** OLG Jena 24. 5. 2006 – 1 UF 503/05, juris). Auch eine Umgangsbestimmung gegenüber Dritten, die keine soziale Bezugsperson des Kindes sind, zB ein Kontaktverbot, dürfte ebenfalls nicht als erheblich einzustufen sein (vgl OLG Brandenburg 13. 1. 2015 – 9 UF 24/14, NJW-RR 2015, 581: „Dorfoma“). 36

f) Tagesbetreuung

Die Entscheidung über die **Tagesbetreuung** des (unter gemeinsamer Sorge seiner getrennt lebenden Eltern stehenden) Kindes in **Tageskrippe, Kindergarten, Hort** und in vergleichbaren Einrichtungen oder bei einer **Tagesmutter** (§§ 22 ff SGB VIII) – sowie deren Auswahl (OLG Karlsruhe 8. 1. 2020 – 20 UF 169/19, JAmt 2020, 588: Tagesmutter; KG Berlin 7. 2. 2011 – 16 UF 86/10, NJW-RR 2011, 940; OLG Frankfurt FamRZ 2009, 894; BeckOK-BGB/Veit [1. 1. 2023] § 1687 Rn 17.2; MünchKommBGB/Hennemann § 1687 Rn 13) – muss als **Angelegenheit von erheblicher Bedeutung** gemeinsam unter Berücksichtigung der tatsächlichen Gegebenheiten und Möglichkeiten sowie der berechtigten Interessen der Eltern dem Wohl des Kindes am besten entsprechend (§ 1697a BGB) getroffen werden (OLG Brandenburg JAmt 2005, 47, 48: Besuch eines Kindes in der Kindertagesstätte Angelegenheit von erheblicher Bedeutung; DIJUF-Gutachten JAmt 2009, 369; VG Köln 1. 3. 2013 – 19 K 2690/11: Abmeldung des Kindes aus der Kindertageseinrichtung ist Angelegenheit von erheblicher Bedeutung; Kündigung des Betreuungsvertrages VG Köln 1. 3. 2013 – 19 K 2690/11, FamRZ 2014, 55). Als besonders konfliktträchtig erweist sich in diesem Zusammenhang in der Praxis der elterliche Streit um die **Wahl des Kindergartens** (vgl Weber NJW 2020, 523). Hier können zB unterschiedliche pädagogische Konzepte der Einrichtungen (vgl OLG Hamm 25. 5. 2018 – 4 UF 154/17, NJW 2018, 3021: Waldorfkindergarten) im Raum stehen oder aber – zB nach der Trennung der Eltern oder der Beendigung eines Wechselmodells – unterschiedliche Elternwohnsitze ursächlich sein. 37

Im Übrigen fallen die im Rahmen der getroffenen Grundentscheidung anstehenden Fragen in den Bereich der **Alltagssorge**. So ist die Frage, wer das Kind vom Kindergarten, Hort oder Schule **abholen** darf und in den Haushalt des betreuenden Elternteils begleiten darf, eine Angelegenheit des täglichen Lebens und somit vom rechtmäßig betreuenden Elternteil bei gemeinsamer Sorge allein zu entschieden (OLG Dresden 27. 2. 2019 – 23 UF 93/19, FamRZ 2019, 1334; OLG Bremen 1. 7. 2008 – 4 UF 39/08, FamRZ 2009, 355; Krause NZFam 2019, 709, 711). Bei bereits vorliegendem Einverständnis hinsichtlich der Tagesbetreuung ist ein Wechsel der Einrichtung aus Bequemlichkeitsgründen zur Zeitersparnis für das Erreichen der Einrichtung durch den Betreuungselternteil eine Angelegenheit des täglichen Lebens (OLG Brandenburg 17. 9. 2007 – 9 UF 156/07, juris). In Bezug auf Auskünfte betreffend das Kind steht beiden Elternteilen ein Anspruch gegen die Einrichtung zu (vgl Krause NZFam 2019, 709, 710 f, auch zu den Grenzen).

37a Am Beginn der **Corona-Pandemie** hat die Rechtsprechung auch die Frage beschäftigt, wie die Entscheidung über die Teilnahme an der damals angebotenen **Notbetreuung** für Beschäftigte von systemrelevanten Berufsgruppen sorgerechtlich zu beurteilen ist, wobei hier zutreffend von einer erheblichen Kindesangelegenheit ausgegangen wurde (AG Aachen 15. 5. 2020 – 220 F 136/20, NJW 2020, 2039; BeckOGK/Tillmanns [1. 3. 2022] § 1687 Rn 23). Zu Unrecht hatte zuvor das AG München (AG München 26. 3. 2020 – 566 F 2876/20, ZKJ 2020, 316 m Anm Dürbeck) in einem ähnlichen Fall die Inanspruchnahme der Notbetreuung als Frage des Umgangsrechts des die Betreuung ablehnenden Kindesvaters behandelt und diesem – durch eine nach § 57 S 1 FamFG unanfechtbare einstweilige Anordnung – die Betreuung des Kindes während der im Raum stehenden Zeiten überlassen.

g) Schule

38 Darüber, welche **Schule** das Kind besuchen oder ob ein **Schulwechsel** etwa zu einer weiterführenden Schule stattfinden soll, müssen gemeinsam sorgeberechtigte Eltern **Einvernehmen** herstellen, weil es sich hier um eine **Angelegenheit von erheblicher Bedeutung** handelt (einhellige Meinung, vgl BT-Drucks 13/4899, 107; Johannsen/Henrich/Althammer/Rake § 1687 Rn 7; Keuter NZFam 2022, 285, 286; Schwab FamRZ 1998, 457, 469; Heilmann/Gottschalk § 1687 Rn 6; BVerfG 4. 12. 2002 – 1 BvR 1870/02, FamRZ 2003, 511: Schulwahl; OLG Hamburg 22. 6. 2021 – 12 UF 61/21, NZFam 2021, 876 m Anm Kischkel; OLG Frankfurt 18. 4. 2019 – 4 UF 81/19, FamRZ 2019, 1244; KG Berlin 24. 7. 2017 – 13 UF 110/17, FamRZ 2018, 502; OLG Dresden 31. 3. 2016 – 20 UF 165/16, NJW 2016, 3042; OLG München FamRZ 1999, 111 f; OLG Nürnberg FamRZ 1999, 673, 674; OLG Hamm FamRZ 2000, 26, 27: Wechsel zur Sonderschule; OLG Dresden FamRZ 2003, 1489, 1490; OVG Bautzen 29. 4. 2014 – 2 B 437/13, SächsVBl 2014, 185 und 22. 12. 2017 – 2 B 261/17, juris; AG Lemgo FamRZ 2004, 49: Wechsel auf eine Waldorfschule; OVG Münster 28. 1. 2008 – 19 B 2010/07, juris: Schulwechsel; OLG Schleswig 7. 12. 2010 – 10 UF 186/10, FamRZ 2011, 1304). Der Bildung kommt heute eine zentrale Bedeutung für das gesamte spätere Leben zu (Staudinger/Salgo [2020] § 1631a Rn 6 mwNw).

Ursache für Elternstreitigkeiten in Bezug auf die **Schulwahl** sind häufig unterschiedliche *pädagogische Konzepte* der in Betracht kommenden Schulen (vgl etwa OLG Frankfurt 18. 4. 2019 – 4 UF 81/19, FamRZ 2019, 1244), die Grundsatzfrage, ob *Privatschule* oder staatliche Schule (OLG Dresden 31. 3. 2016 – 20 UF 165/16, NJW 2016, 3042) oder unmittelbar nach der Trennung oder bei Beendigung eines *Wechselmodells* (vgl OLG Hamburg 22. 6. 2021 – 12 UF 61/21, NZFam 2021, 876; OLG Rostock 10. 12. 2018 – 11 UF 112/18, FamRZ

2020, 102; KG Berlin 24. 7. 2017 – 13 UF 110/17, FamRZ 2018, 502) *unterschiedliche Elternwohnsitze.* Soweit es den von einem Elternteil erwünschten Besuch einer Privatschule betrifft, ist auch im Hinblick auf eine etwaige Unterhaltspflicht des anderen Elternteils in Bezug auf die Kosten als *Mehrbedarf* seine Zustimmung erforderlich (OLG Koblenz 1. 9. 2020 – 13 WF 540/20, juris Rn 4). Erhebliche Bedeutung hat dabei der Vorrang von § 1628 BGB gegenüber einem Sorgerechtseingriff nach § 1671 Abs 1 S 2 Nr 2 BGB durch Übertragung der (gesamten) schulischen Angelegenheiten (OLG Hamburg 22. 6. 2021 – 12 UF 61/21, NZFam 2021, 876; OLG Frankfurt 18. 4. 2019 – 4 UF 81/19, FamRZ 2019, 1244; Keuter NZFam 2022, 285, 286 f), wobei die Abgrenzung im Einzelfall schwierig sein kann (vgl Kischkel NZFam 2021, 880 f). Streiten die Eltern beim Familiengericht im Kontext der Trennung und bei unterschiedlichen Wohnorten neben der Schulwahl nach § 1628 BGB auch um das Aufenthaltsbestimmungsrecht (§1671 Abs 1 BGB), so können die Verfahren wegen der **Einheitlichkeit des Sorgerechts** (vgl dazu Kischkel NZFam 2022, 107) nicht gesondert geführt werden und zunächst nur eine Entscheidung über die Schulwahl getroffen werden. In einem solchen Fall liegt eine analog § 301 ZPO unzulässige Teilentscheidung vor, die in der Beschwerdeinstanz zur Aufhebung der Entscheidung und Zurückverweisung des Verfahrens nach § 69 Abs 1 S 2 FamFG führen wird (OLG Frankfurt 1. 11. 2021 – 6 UF 180/21, NZFam 2022, 121).

Erhebliche Bedeutung für die Entwicklung des Kindes hat in diesem Kontext auch die Frage der **Hauptfächerwahl** (OLG Köln 18. 4. 2013 – 12 UF 108/12, FamFR 2013, 257: Religionsunterricht; BeckOGK/Tillmanns [1. 3. 2022] § 1687 Rn 25; Schilling NJW 2007, 3233, 3234; **aA** MünchKommBGB/Hennemann § 1687 Rn 13), die **Wiederholung einer Klasse** (OLG Nürnberg 17. 11. 1998 – 11 UF 1752/98, FamRZ 1999, 673) oder die Teilnahme des Kindes an einem **Schüleraustausch** (Heilmann/Gottschalk § 1687 Rn 6).

Soweit die Schulwahl getroffen ist, gilt es aber zu bedenken, dass der **schulische Alltag** eine Vielzahl tagtäglich zu treffender Entscheidungen durch den Betreuungselternteil im Rahmen der Alltagssorge erfordert.

Fragen, wie etwa die Gewährung von **Nachhilfeunterricht** (OLG Naumburg 14. 6. 2005 – 3 UF 55/05, juris Rn 1, FamRZ 2006, 1058; OLG Düsseldorf 8. 7. 2005 – 3 UF 21/05, juris Rn 8, FamRZ 2006, 223; Schwab FamRZ 1998, 457, 469), Besprechungen mit den Lehrern und Wahrnehmung von **Elternabenden** (MünchKommBGB/Hennemann § 1687 Rn 13; **aA** Schwab FamRZ 1998, 457, 469), die Teilnahme an **Klassenausflügen** und Sonderveranstaltungen (OLG Bremen 1. 7. 2008 – 4 UF 39/08, FamRZ 2009, 355; Staudinger/Lettmaier [2020] § 1628 Rn 46), die Teilnahme des Kindes an **COVID-19-Schnelltests** in Schulen (OLG Bamberg 26. 7. 2021 – 7 UF 84/21, FamRZ 2021, 1537) oder **Entschuldigungen** im Krankheitsfall (Völker/Clausius, Sorge- und Umgangsrecht [8. Aufl 2021] § 1 Rn 335) sind nicht von erheblicher Bedeutung. Ein Informations- und Hospitationsanspruch gegen die Schule steht dem Nichtobhutselternteil nur dann zu, wenn dem eine Frage von wesentlicher Bedeutung zugrunde liegt (VG Bremen 1. 11. 2019 – 1 V 2246/19, juris). 38a

Ebenfalls nicht von erheblicher Bedeutung ist das **Bringen und Abholen** von der Schule (OLG Dresden 27. 2. 2019 – 23 UF 93/19, FamRZ 2019, 1334; OLG Bremen 1. 7. 2008 – 4 UF 39/08, FamRZ 2009, 355; Johannsen/Henrich/Althammer/Rake § 1687 Rn 7). Daher ist der Obhutselternteil berechtigt, dem anderen Elternteil das Abholen des Kindes von der Schule – außerhalb des Umgangs (vgl OLG Brandenburg 24. 2. 2020 – 13 UF 125/19, FamRZ 2020, 1654) – zu untersagen (OLG Dresden 27. 2. 2019 – 23 UF 93/19, FamRZ 2019, 1334). 38b

h) Ausbildung und Beruf

39 Was für die schulische Ausbildung gilt, muss auch für die **berufliche Ausbildung** Berücksichtigung finden: Die Grundsatzentscheidung, aber auch die Wahl der konkreten Ausbildungsstelle wie der Abschluss des **Ausbildungsvertrages** sind Angelegenheiten von **erheblicher Bedeutung** (BT-Drucks 13/4899, 107; KG Berlin 7. 2. 2011 – 16 UF 86/10, juris Rn 51, NJW-RR 2011, 940; Staudinger/Lettmaier [2020] § 1628 Rn 46 mwNw; Schwab/Ernst/Schäder, Handbuch Scheidungsrecht [8. Aufl 2019] § 5 Rn 25; Schwab FamRZ 1998, 457, 469). Hier – wie auch bereits je nach Alter und Entwicklung bei der Schulwahl – kommt dem **Selbstbestimmungsrecht des Jugendlichen** ein erheblicher Stellenwert zu (Staudinger/Salgo [2020] § 1631a Rn 4).

i) Gesundheitsversorgung

40 In diesem Bereich sind **medizinische Alltagsfragen**, aufschiebbare **Grundentscheidungen** und **Not- und Eilfälle** zu unterscheiden (vgl dazu DIJuF-Rechtsgutachten JAmt 2017, 542). Für **Not- und Eilfälle** besteht ein Entscheidungsrecht des Elternteils, bei dem sich das Kind gerade zu dem Zeitpunkt befindet, zu welchem eine solche unaufschiebbare Entscheidung zu treffen ist (§§ 1687 Abs 1 S 5, 1629 Abs 1 S 4 BGB). Zu den gemeinsam zu treffenden Grundentscheidungen zählen:

Die **Entfernung von Mandeln, die nicht eilbedürftige Bluttransfusion** (vgl KG 24. 8. 2022 – 16 UF 64/22, FamRZ 2023, 698), die aufschiebbare **Operation** insbesondere mit Risiken, Neben- und Folgewirkungen (OLG Bamberg 26. 8. 2002 – 7 UF 94/02, FamRZ 2003, 1403; BeckOGK/Tillmanns [1. 3. 2022] § 1687 Rn 30), die Entscheidung über den **Schwangerschaftsabbruch** (OLG Hamburg 5. 3. 2014 – 10 UF 25/14, ZKJ 2014, 339; vgl dazu Staudinger/Lettmaier [2020] § 1626 Rn 47), die Beendigung lebenserhaltender Maßnahmen (OLG Brandenburg NJW 2000, 2361; MünchKommBGB/Hennemann § 1687 Rn 14); Bestattungsart, -ort und Gestaltung der Grabstätte sind keine Entscheidungen im Rahmen der elterlichen Sorge, die mit **Tod des Kindes** endet, sondern Entscheidungen im Rahmen des Totenfürsorgerechts, welches sich an der Inhaberschaft zur elterlichen Sorge orientiert (vgl LG Bonn 19. 6. 2020 – 5 S 63/20, FamRZ 2020, 1877 zu einem Elternstreit um den Ort des Begräbnisses des Kindes); die aufschiebbare Behandlung schwerer Erkrankungen, langwierige **medizinische Behandlungen**, die Behandlung in der **Kinder- und Jugendpsychiatrie** (OLG Bremen 14. 1. 2013 – 5 UF 1/13, FamRZ 2013, 1227; Staudinger/Lettmaier [2020] § 1628 Rn 49 mwNw), einer Klinik, einem **Krankenhaus** oder einem **Sanatorium**, entsprechend langdauernde **Kiefer- und Zahnregulierungen** (AG Lemgo 18. 9. 2014 – 8 F 152/14, FuR 2015, 365; Schwab/Ernst/Schäder, Handbuch Scheidungsrecht [8. Aufl 2019] § 5 Rn 49), nicht nur die mit einer **Freiheitsentziehung** verbundene **Unterbringung** in der Kinder und Jugendpsychiatrie, sondern auch in Einrichtungen der **Jugendhilfe** mit diesem Merkmal (Staudinger/Salgo [2020] § 1631b Rn 12 ff). **Psychotherapeutische Behandlung** wird idR von längerfristiger Dauer sein und damit unter die Angelegenheiten von erheblicher Bedeutung fallen (OLG Hamm FamRZ 2000, 26, 27: Behandlung von Verhaltensauffälligkeiten; BeckOGK/Tillmanns [1. 3. 2022] § 1687 Rn 31). **Therapien** aller Art, insbesondere **mit** der Gefahr erheblicher **Nebenwirkungen** fallen in den gemeinsam zu entscheidenden Bereich von Angelegenheiten von erheblicher Bedeutung (vgl OLG Bamberg FamRZ 2003, 1403: Verabreichung von Ritalin wegen eines hyperkinetischen Syndroms). Von erheblicher Bedeutung sind schließlich auch **Piercings und Tätowierungen** (MünchKommBGB/Hennemann § 1687 Rn 22; Hoffmann, Personensorge [3. Aufl 2018] § 10 Rn 28), die **Beschneidung** (§ 1631d BGB) des männlichen Kindes (AG Düsseldorf 7. 4. 2014 – 269 F 58/14, FamRZ 2014, 1209) oder eine **Genitalverstümmelung** des weiblichen Kindes (MünchKommBGB/Huber § 1628 Rn 14) sowie nicht unter das Verbot des § 1631e BGB fallende Eingriffe bei Kindern mit **Varianten der Geschlechtsentwicklung**.

Der **Katalog der Alltagssorge** umfasst aber gleichwohl eine Vielzahl von **medizinischen Routinemaßnahmen** (BT-Drucks 13/4899, 107; SCHWAB FamRZ 1998, 457, 469), die allerdings im Einzelfall, wegen der Besonderheiten des Kindes bzw in seinem Sozialisationsfeld nicht in den Bereich der Angelegenheiten des täglichen Lebens fallen können.

Zur Alltagssorge in diesem Bereich gehören idR alle Vorsorge- und Routineuntersuchungen, insbesondere beim Kinder- oder Zahnarzt (GÖTSCHE FuR 2017, 418, 419). Auch die **Entfernung von Warzen**, die **Behandlung von üblichen Infektionskrankheiten** (so auch GRÜNEBERG/GÖTZ § 1687 Rn 7), einschließlich der Verabreichung von **Antibiotika**, sind Angelegenheiten der Alltagssorge.

Im Mittelpunkt der Rechtsprechung und Literatur standen in jüngster Zeit vor allem **41**
Schutzimpfungen des Kindes. Den früher bestehenden Streit um die Einordnung der Angelegenheit als alltäglich oder erheblich (vgl zum früheren Streitstand STAUDINGER/SALGO [2014] § 1687 Rn 45), hat der BGH mit seiner Entscheidung vom 3. 5. 2017 zur **Masernimpfung** beendet (BGH 3. 5. 2017 – XII ZB 157/16, NJW 2017, 2826; aus jüngerer Zeit vgl auch OLG Frankfurt 8. 3. 2021 – 6 UF 3/21, NJW 2021, 2051 ebenfalls zur Masernimpfung; OLG Frankfurt 11. 7. 2023 – 6 UF 53/23, juris zu einer Vielzahl von Impfungen für das Kind). Danach handelt es sich bei Impfungen nicht um Entscheidungen, die häufig vorkommen. Auch soweit die jeweilige Impfung eine oder mehrere Wiederholungen oder Auffrischungen erforderlich macht, ist die Entscheidung sinnvollerweise nur einheitlich zu treffen. Die Entscheidung, ob das Kind während der Minderjährigkeit gegen eine bestimmte Infektionskrankheit geimpft werden soll, fällt im Gegensatz zu Angelegenheiten des täglichen Lebens regelmäßig nur einmal an. Zudem kann nach Ansicht des BGH die Entscheidung im Hinblick auf mögliche Risiken schwer abzuändernde Auswirkungen auf die Entwicklung des Kindes haben.

Mit der Zulassung eines Impfstoffs gegen **COVID-19** für Kinder und Jugendliche hat im Zuge der Corona-Pandemie der elterliche Streit um die Durchführung von Impfungen neuerdings wieder erheblich zugenommen (vgl OPITZ NZFam 2021, 767; SCHMIDT NJW 2021, 2688; AMEND-TRAUT/SCHLERETH GuP 2022, 128; LÖHNIG/RUNGE-RANNOW NZFam 2022, 245, 247 ff), wobei hier ebenfalls nicht in Frage gestellt wird, dass es sich um eine Angelegenheit von erheblicher Bedeutung handelt (vgl aus der Rechtsprechung OLG Brandenburg 5. 7. 2022 – 13 UF 42/22, NJ 2022, 419; OLG München 21. 2. 2022 – 2 UF 60/21 e, NZFam 2022, 612; OLG Rostock 10. 12. 2021 – 10 UF 121/21, FamRZ 2022, 192; OLG Frankfurt 17. 8. 2021 – 6 UF 120/21, NZFam 2021, 872 und 30. 8. 2022 – 6 UF 134/22, juris; JOHANNSEN/HENRICH/ALTHAMMER/RAKE § 1687 Rn 8). Soweit es allerdings die Masernschutzimpfung betrifft, besteht im Hinblick auf § 20 Abs 8 S 1 Nr 1 und Abs 9 S 6 IfSG aber ohnehin de facto eine **staatliche Impfpflicht** für alle Kinder, die in Gemeinschaftseinrichtungen betreut werden, die auch verfassungsgemäß ist (BVerfG 21. 7. 2022 – 1 BvR 469/20, NJW 2022, 2904). Im Hinblick auf die Impfpflicht könnte es bei der Masernimpfung – ungeachtet etwaiger Impfrisiken – durchaus erwogen werden, diese nunmehr zu den Alltagsangelegenheiten iSd 1687 Abs 1 S 2 BGB zu zählen. Dies gilt umso mehr, als die Frage – der in der Praxis im Elternstreit oft auftretenden – medizinischen Impffähigkeit des Kindes nicht vom Familiengericht, sondern vom betreffenden, die Impfung vornehmenden Arzt zu beantworten ist (OLG Frankfurt 8. 3.

2021 – 6 UF 3/21, NJW 2021, 2051; OLG Frankfurt 30. 8. 2022 – 6 UF 134/22, juris; OLG Frankfurt 11. 7. 2023 – 6 UF 53/23, juris).

Die in § 630d BGB vorgesehenen **Einwilligungsfähigkeit** von Jugendlichen entlässt die Eltern nicht aus ihrer Verantwortung aus dem Sorgerecht und nach zutreffender Ansicht bedarf es auch bei Einwilligungsfähigkeit des Kindes eines **Co-Konsenses** der Sorgerechtsinhaber (OLG Frankfurt 17. 8. 2021 – 6 UF 120/21, NZFam 2021, 872 zur Corona-Impfung; OLG Frankfurt 16. 7. 2019 – 8 U 228/17, FamRZ 2020, 336: Zirkumzision; Lettmaier ZKJ 2020, 85, 86: Schwangerschaftsabbruch; **aA** OLG Saarbrücken 12. 8. 2020 – 1 U 85/19, juris: Kontrazeptivum; Schlereth FamRZ 2022, 668; Amend-Traut/Schlereth GuP 2022, 128, 129 f).

k) „Hilfen zur Erziehung"

42 Die den Personensorgeberechtigten als **Rechtsanspruch** zustehenden **„Hilfen zur Erziehung"** gemäß §§ 27 ff SGB VIII, die unmittelbare Auswirkung auf das Kind haben, längerfristig sind oder mit einer **Fremdplatzierung** des Kindes verbunden sind, wie **Tagesgruppe** (§ 32 SGB VIII), **Vollzeitpflege** (§ 33 SGB VIII), **Heimunterbringung** (§ 34 SGB VIII), uU die Inanspruchnahme von **sozialpädagogischer Familienhilfe** nach § 31 SGB VIII (BVerwG 14. 11. 2013 – 5 C 34/12, juris Rn 37, ZKJ 2014, 108; **aA** VG Stuttgart 24. 8. 2005 – 9 K 2390/04, juris), oder einer Erziehungsbeistandschaft (§ 30 SGB VIII) sind regelmäßig als Angelegenheiten von grundsätzlicher Bedeutung einzustufen (OVG Koblenz 29. 10. 2012 – 7 A 10868/12, JAmt 2012, 606; OVG Lüneburg 17. 10. 2008 – 4 LA 193/06, FamRZ 2009, 1360; vgl Wiesner/Wapler/Wapler § 27 SGB VIII Rn 11). Dies gilt insbesondere auch deshalb, weil als gesetzliche Voraussetzung für diese Hilfeformen gefordert ist, dass **„eine dem Wohle des Kindes oder Jugendlichen entsprechende Erziehung nicht gewährleistet ist"** (§ 27 Abs 1 SGB VIII); dies ist ein Zustand, mit dem, wie seiner Abhilfe, sich beide gemeinsam sorgeberechtigten Eltern und nicht nur der Betreuungselternteil intensiv auseinandersetzen müssen, da andernfalls uU **zivilrechtliche Schutzmaßnahmen** gemäß §§ 1666, 1666a zu ergreifen wären (§ 8a Abs 2 HS 1 SGB VIII). In der Praxis der Jugendhilfe kann das Auffinden und die Motivierung eines nicht mit dem Kind lebenden und desinteressierten, aber gemeinsam sorgeberechtigten Elternteil besondere Anstrengungen erfordern; unter diesen Umständen ist gemeinsame Sorge zweifach gescheitert: Das Wohl des Kindes ist nicht mehr gewährleistet und der mit dem Betreuungselternteil primär zur Abhilfe berufene mitsorgeberechtigte Elternteil nimmt die auch ihm mit dem anderen Elternteil gemeinsam zustehenden **Rechtsansprüche zur Veränderung dieser Situation** nicht wahr (Staudinger/Coester [2020] § 1666 Rn 169 ff); hier sind primär Zuweisungsverfahren gemäß §§ 1628, 1671 BGB, uU noch §§ 1666, 1666a BGB zu erwähnen. Aber auch die Inanspruchnahme von **Eingliederungshilfen** für **seelisch behinderte Kinder** und **Jugendliche** gem § 35a SGB VIII fordert Einvernehmen unter den Eltern, auch wenn die **Eltern** hier nicht aus eigenem Recht (Kinder und Jugendliche sind hier Anspruchsinhaber), sondern als **gesetzliche Vertreter** des noch nicht handlungsfähigen Kindes oder unter 15-jährigen Jugendlichen (§ 36 SGB I) handeln (vgl Wiesner/Wapler/Wiesner § 35a SGB VIII Rn 29). Soweit Elternteile **eigenständige Rechtsansprüche** (zB gemäß §§ 17, 18, 28 SGB VIII) geltend machen oder an anderen Maßnahmen zur Förderung der Erziehung in der Familie teilnehmen, so tun sie dies jeweils eigenständig, ein gegenseitiges Einvernehmen ist hier nicht erforderlich, auch wenn die Beteiligung beider Eltern sinnvoller wäre.

l) Status- und Namensfragen

Statusfragen, wie etwa Zustimmungen des Kindes zu Abstammungsgutachten oder zur Entscheidung über sein eigenes Vaterschaftsanfechtungsrecht (BGH 18. 2. 2009 – XII ZR 156/07, NJW 2009, 1496 Rn 30 ff) und **Namensfragen** (**Familien-** und **Vornamensgebung** – zur Letzteren vgl Staudinger/Lettmaier [2020] § 1628 Rn 54 mwNw; MünchKommBGB/Hennemann § 1687 Rn 15; OLG Dresden OLGR 2004, 380: Vornamen; OLG Frankfurt 22. 4. 2022 – 4 UF 17/22, juris Rn 9; auch im Vorfeld für die öffentlich-rechtliche **Namensänderung** nach dem NamÄndG, vgl BGH 19. 11. 2016 – XII ZB 298/15, NJW 2017, 1242 Rn 8; OLG Oldenburg 13. 8. 2014 – 13 UF 76/14, juris Rn 8, FamRZ 2015, 333; OLG Stuttgart FamRZ 2011, 305) wie auch eine **Einbenennung** (OLG Koblenz 23. 2. 2017 – 13 UF 71/17, juris Rn 9) sind stets **Angelegenheiten von erheblicher Bedeutung**, wobei einzelne Spezialnormen hier uU den Elternteilen unabhängig voneinander wahrnehmbare Rechte einräumen können (Schwab FamRZ 1998, 457, 469). Auch beim **Erwerb oder bei Entlassung aus einer Staatsangehörigkeit** handelt es sich um eine Angelegenheit von erheblicher Bedeutung (VGH Mannheim FamRZ 2004, 804; BeckOGK/Tillmanns [1. 3. 2022] § 1687 Rn 32). 43

m) Vermögenssorge

Die **Vermögenssorge**, insbesondere Fragen der Anlage und Verwaltung, fällt grundsätzlich in den Bereich der Angelegenheiten von erheblicher Bedeutung: **Anlage** und **Verwaltung** des **Kindesvermögens**, Verfügung über das Sparvermögen des gemeinsamen Kindes (OLG Oldenburg 30. 1. 2018 – 4 WF 11/18, MDR 2018, 601) und alle genehmigungspflichtigen Rechtsgeschäfte gemäß § 1643 BGB (Schwab FamRZ 1998, 457, 469; OLG Hamm FamRZ 2003, 172: Ausschlagung der Erbschaft). Hiervon ausgenommen und deshalb zur Alltagssorge gehörig sind Vermögenssorgeangelegenheiten geringerer Bedeutung (BT-Drucks 13/4899, 108) sowie die Gewährung von **Taschengeld** und die Einwilligung zur Verwendung der Mittel nach dem **Taschengeldparagraphen** (§ 110 BGB; Schwab/Ernst/Schäder, Handbuch Scheidungsrecht [8. Aufl 2019] § 5 Rn 29). 44

n) Unterhalt und Vertretung in Kindschaftssachen

Zwar sind **unterhaltsrechtliche Fragen von grundsätzlicher Bedeutung**, aber das KindRG privilegiert trotz gemeinsamer elterlicher Sorge den Elternteil, in dessen **Obhut** sich das Kind befindet (§ 1629 Abs 2 S 2 BGB). Diesem Elternteil steht ein **Alleinvertretungsrecht für die Durchsetzung** der **Unterhaltsansprüche** des Kindes gegen den anderen Elternteil zu (ebenso KG FamRZ 1999, 737). Mit dieser Lösung wollte der Gesetzgeber vermeiden, dass der Betreuungselternteil zuerst die Alleinsorge zugeteilt bekommen muss, um den Unterhalt des Kindes gegen den anderen Elternteil einklagen zu können (BT-Drucks 13/4899, 96). Eine **Beistandschaft** kann hier gemäß § 1713 Abs 1 S 2 BGB zur Geltendmachung von Unterhaltsansprüchen auch bei gemeinsamer elterlicher Sorge von dem Elternteil gestellt werden, in dessen Obhut sich das Kind befindet; einen Antrag auf Beistandschaft kann im Übrigen außerhalb gemeinsamer Sorge nur der allein sorgeberechtigte Elternteil bzw der ehrenamtliche Vormund stellen. Praktizieren die Eltern dagegen ein paritätisches **Wechselmodell**, ist § 1629 Abs 2 S 2 BGB mangels alleiniger Obhut nicht anwendbar und es bedarf zur gerichtlichen Geltendmachung von Kindesunterhalt vorher einer Entscheidung nach § 1628 BGB oder der Bestellung eines Ergänzungspflegers nach § 1809 BGB (BGH 12. 3. 2014 – XII ZB 234/13, FamRZ 2014, 917 Rn 16). 45

Führen die Eltern vor dem Familiengericht ein Verfahren betreffend das **Sorge- oder Umgangsrecht**, ist auch das Kind am Verfahren beteiligt, sodass es – außerhalb von 46

§ 9 Abs 1 Nr 3 FamFG – seiner gesetzlichen Vertretung bedarf. Die Vertretung des Kindes unterliegt trotz der widerstreitenden Interessen der Eltern der grundsätzlich unbeschränkten gemeinsamen elterlichen Sorge, insbesondere sind die Eltern nicht nach §§ 1629 Abs 2 Satz 1, 1824 BGB von der Vertretung des Kindes ausgeschlossen und es bedarf regelmäßig keiner Bestellung eines Ergänzungspflegers (BGH 7. 9. 2011 – XII ZB 12/11, FamRZ 2011, 1788 Rn 8 ff). Soweit ein Elternteil wünscht, dass für das Kind – trotz Bestellung eines Verfahrensbeistands – ein eigener Rechtsanwalt bevollmächtigt wird, handelt es sich um eine erhebliche Angelegenheit, die bei fehlendem Einvernehmen eine Entscheidung nach § 1628 BGB notwendig macht (BGH 27. 6. 2018 – XII ZB 46/18, ZKJ 2018, 424 Rn 10 betreffend ein Umgangsverfahren).

o) Medien und Datenschutz

46a Im Zuge der auch für Kinder zugänglichen Möglichkeiten der **Digitalisierung** rückt die Frage, ob und in welcher Form diese deren Entwicklung dienen oder gar gefährden, zunehmend in den Blickpunkt der Diskussion auch im Sorgerecht (vgl etwa Rake FamRZ 2022, 1507; Grisse NZFam 2022, 189; Leeb/Starnecker NZFam 2021, 97; Götz NZFam 2017, 1725). Neben Fragen der Aufsicht über das Kind (§ 1631 Abs 1 BGB; dazu Grisse NZFam 2022, 189), einer **Gefährdung seines Wohls (§ 1666 BGB)** durch Gefahren wie Sexting und Cybergrooming (Herberger jM 2020, 442), Cybermobbing, Kindertracking, Zugang zu gewaltverherrlichenden und pornographischen Bilddateien, Spielsucht durch die Nutzung von Computerspielen (ausführlich Rake FamRZ 2022, 1507, 1580 f) ist die Kompetenz der Eltern, dem Kind in altersgerechter Weise Zugang zu den neuen Medien der digitalen Welt zu eröffnen, heute auch ein nicht unwesentlicher Aspekt der **elterlichen Erziehungsfähigkeit**, der im Elternstreit um das Aufenthaltsbestimmungsrecht für das Kind im Rahmen der Kindeswohlprüfung nach § 1671 Abs 1 BGB durchaus mitentscheidend sein kann (Rake FamRZ 2022, 1507: „Medienkompetenzförderung").

In Bezug auf die hier relevante Frage der Abgrenzung von Alltagsangelegenheiten zu den Angelegenheiten von erheblicher Bedeutung kann im Einzelfall die Entscheidung, ob dem Kind ein **Smartphone**, Tablet oder ein elektronisches Spiel zur Nutzung überlassen werden soll, altersabhängig und im Hinblick auf die damit verbundenen Gefahren von wesentlicher Bedeutung sein und damit elterliches Einvernehmen erfordern (vgl BeckOGK/Tillmanns [1. 3. 2022] § 1687 Rn 34; Grisse NZFam 2022, 189, 197; Götz FamRZ 2017, 1725).

47 Ähnliches gilt auch für die Frage, ob **persönliche Daten des Kindes**, insbesondere Fotografien oder Videos, im Internet bzw in sozialen Netzwerken verbreitet werden dürfen (vgl OLG Düsseldorf 20. 7. 2021 – 1 UF 74/21, FamRZ 2021, 1714: Nutzung von Kinderbildern zu kommerziellen Werbezwecken auf der Homepage der Lebensgefährtin des Vaters; OLG Oldenburg 24. 5. 2018 – 13 W 10/18, NJW-RR 2018, 1134: Nutzung von Kinderbildern zu Werbezwecken durch den Ehemann der Mutter; AG Stolzenau 28. 3. 2017 – 5 F 11/17, FamRZ 2018, 35: Einstellen von Bildern des Kindes in Facebook durch den Vater; Herberger NZFam 2021, 1088; Rake 2020, 1064). Tangiert sind hier natürlich auch Fragen des **Datenschutzes** und des **Urheberrechts** (vgl Grotkamp FamRZ 2022, 6; Lettmaier, in: FS Vieweg [2021] 355) und des Persönlichkeitsrechts des Kindes (Lack FamRZ 2017, 1730, 1731 f). Schließlich ist auch die GPS-Ortung des Kindes (sog Tracking) keine alltägliche Angelegenheit und fällt im Hinblick auf den **Schutz der Privatsphäre** des Kindes nicht unter § 1687 Abs 1 S 2 BGB (DIJuF-Rechtsgutachten JAmt 2017, 124, 125; Coester-Waltjen/Coester, in: FS Koch

[2019] 457, 460). Auch der „Einsatz" des Kindes als *„Influencer"* im Internet ist keine alltägliche Angelegenheit (vgl dazu Götz DuD 2022, 357).

4. Alleinvertretungsrecht im Bereich der Alltagssorge

Zwar soll es nach dem im RegE eingenommenen Standpunkt bei Angelegenheiten des täglichen Lebens meist nicht um **Rechtshandlungen** (BT-Drucks 13/4899, 107) gehen, bei denen das **Vertretungsrecht** eine Rolle spielt. Diese Auffassung unterschätzt die Bedeutung der Alltagssorge. Wenn es dem Regelungskonzept des § 1687 BGB vor allem darum geht, den Alltag zu erleichtern und die Akzeptanz gemeinsamer Sorge trotz Trennung zu erhöhen, dann kommt dieses **Regelungssystem** in § 1687 BGB nicht um die Erkenntnis herum, dass seine **Kompetenzverteilung** auch auf die **gesetzliche Vertretung** jeweils durchschlägt (Argument aus § 1629 Abs 1 S 3 1 Alt 1 BGB): **§ 1687 BGB erstreckt sich in seinen unterschiedlichen Varianten auch auf die gesetzliche Vertretung** (MünchKommBGB/Hennemann § 1687 Rn 21; NK-BGB/Peschel-Gutzeit/Ebeling § 1687 Rn 7; Gernhuber/Coester-Waltjen § 66 Rn 6; Schwab DNotZ 1998, 437, 444; FamRefK/Rogener § 1687 Rn 21), sonst machte die Vorschrift keinen Sinn (so auch Grüneberg/Götz § 1687 Rn 6) und wäre kontraproduktiv im Hinblick auf die mit ihr verbundenen gesetzgeberischen Intentionen. Mit § 1687 BGB hat der Gesetzgeber das Prinzip der Gesamtvertretung beider Eltern partiell aufgehoben. Aber die Gesamtverantwortung der Eltern ist beibehalten (NK-BGB/Peschel-Gutzeit/Ebeling § 1687 Rn 5). 48

5. Folgen der Beendigung gemeinsamer elterlicher Sorge

Endet die gemeinsame elterliche Sorge, dann verliert § 1687 BGB seine Bedeutung und wird durch § 1687a BGB ersetzt. Dies kann der Fall sein bei einer Zuweisung der elterlichen Sorge an einen Elternteil gemäß § 1671 Abs 1 S 2 Nr 1 oder 2 BGB allein (Schwab FamRZ 1998, 457, 470). Bei **Beendigung** des **Getrenntlebens** lebt die („ungespaltene") gemeinsame elterliche Sorge automatisch sofort wieder auf. Aus einer *nicht nur vorübergehenden Änderung* des **Lebensmittelpunktes** des Kindes etwa vom Betreuungselternteil zum anderen Elternteil oder wenn das Kind *für längere Zeit* von Dritten betreut wird (§ 1688 BGB), ergeben sich die jeweils entsprechenden Verlagerungen der Kompetenzen. 49

V. Entscheidung in Angelegenheiten der tatsächlichen Betreuung, Abs 1 S 4

Der Elternteil, bei dem sich das Kind idR gewöhnlich nicht aufhält, hat **während des Aufenthaltes des Kindes** bei sich die Befugnis zur *alleinigen Entscheidung* (Abs 1 S 4) in *Angelegenheiten der tatsächlichen Betreuung*. Diese Entscheidungsbefugnis des Umgangsberechtigten fällt zwangsläufig geringer aus als die Entscheidungsbefugnis des Elternteils, bei dem das Kind überwiegend lebt, sonst hätte die Vorschrift keinen Sinn (vgl OLG Zweibrücken FamRZ 2001, 639, 641; Johannsen/Henrich/Althammer/Rake § 1687 Rn 6; „Unterfall" von § 1687 Abs 1 S 2 BGB). 50

Auch diese **engen Befugnisse** setzen einen rechtmäßigen **Aufenthalt** beim anderen Elternteil voraus (Heilmann/Gottschalk § 1687 Rn 15). Den Schwerpunkt dieser Befugnisse bilden nach den Vorstellungen des Gesetzgebers **Entscheidungen im Binnenverhältnis** dem Kind gegenüber: Wann es **ins Bett geht**, was es zu **essen** bekommt (BT-Drucks 13/4899, 108), welche **Freizeitaktivitäten** unternommen werden; welche Fernseh-

oder Computerprogramme und wie lange das Kind fernsehen darf (BeckOK-BGB/Veit [1. 1. 2023] § 1687 Rn 29.1). Ein derart enges Verständnis der Vorschrift wird aber der Bedeutung des elterlichen Umgangsrechts nach § 1684 BGB und der Mitinhaberschaft am Sorgerecht heute kaum mehr gerecht (zutreffend BeckOGK/Tillmanns [1. 3. 2022] § 1687 Rn 16; kritisch auch Hammer FamRZ 2005, 1209, 1211). So ist heute hM, dass der Umgangselternteil mit dem Kind (bis zur Grenze der Kindeswohlabträglichkeit) in den Ferien auch ins Ausland verreisen darf (Bruns FamRB 2013, 553, 554; **aA** BeckOK-BGB/Veit [1. 1. 2023] § 1687 Rn 29.1), dass er die Anwesenheit weiterer Personen (insbesondere seines Lebenspartners, vgl aber bei Kindeswohlgefährdung durch den pädophilen Ehemann des Umgangselternteils BVerfG 16. 6. 2021 – 1 BvR 709/21, ZKJ 2021, 457; OLG Hamm 22. 12. 2020 – 11 UF 211/18, juris) während des Umgangs gestatten darf und dass er den Umgang des Kindes mit Dritten während seiner Betreuungszeit bestimmt (OLG Zweibrücken 28. 8. 2000 – 5 UF 39/99, FamRZ 2001, 639; Heilmann/Gottschalk § 1687 Rn 16; **aA** noch Staudinger/Salgo [2019] § 1687 Rn 52). Die Befugnisse des § 1687 Abs 1 S 4 BGB sind daher gegenüber der Alltagssorge nach § 1687 Abs 1 S 2 BGB in ihrer fehlenden Außenwirkung, ihrer zeitlichen Begrenzung auf den Umgang und die Wohlverhaltenspflicht nach §§ 1687 Abs 1 S 5, 1684 Abs 2 S 1 BGB zu sehen (ähnlich BeckOGK/Tillmanns [1. 3. 2022] § 1687 Rn 16).

51 Fällt der Kindergartenbesuch in den Zeitrahmen des § 1687 Abs 1 S 4 BGB, so ist der umgangsberechtigte Elternteil mit gemeinsamer elterlicher Sorge berechtigt, das Kind **vom Kindergarten** oder der **Schule abzuholen** (DIJuF-Rechtsgutachten, JAmt 2003, 298). Diese Befugnis besteht aber nicht während der Betreuungszeiten des Obhutselternteils (OLG Dresden 27. 2. 2019 – 23 UF 93/19, FamRZ 2019, 1334; OLG Brandenburg 24. 2. 2020 – 13 UF 125/19, juris Rn 13 ff, FamRZ 2020, 1654). Fällt dagegen der Beginn des Umgangs auf die Beendigung des Schulunterrichts, steht die Entscheidung, ob das Kind von dort abgeholt wird oder sich allein und eigenständig auf den Weg zur Wohnung des Umgangsberechtigten begibt, allein dem Umgangsberechtigten zu (OLG Brandenburg 24. 2. 2020 – 13 UF 125/19, juris Rn 13 ff, FamRZ 2020, 1654).

Zu den Angelegenheiten der tatsächlichen Betreuung gehört auch die Frage, welche **Kleidung** das Kind trägt, und welche **Hygienestandards** einzuhalten sind (OLG Brandenburg 11. 5. 2016 – 13 UF 37/16, FamRZ 2017, 217).

Befugnisse zur **ärztlichen Betreuung** des Kindes bestehen grundsätzlich nur in Notfällen (§ 1687 Abs 1 S 5 BGB), allerdings kann die Durchführung eines **Corona-Schnelltests** durchaus noch unter § 1687 Abs 1 S 4 BGB fallen (AG Marl 29. 12. 2020 – 36 F 347/20, FamRZ 2021, 761). Die Befugnis für eine sozialgerichtliche Klage für Leistungen wegen der **temporären Bedarfsgemeinschaft** während des Umgangs gehören nicht zu den Angelegenheiten der tatsächlichen Betreuung (OLG Saarbrücken 6. 5. 2016 – 9 WF 91/15, FamRZ 2017, 286 m Anm Schürmann).

Die Befugnisse nach Abs 1 S 4 können im Übrigen aus den gleichen Gründen wie die Alltagssoge nach Abs 1 S 2 nach § 1687 Abs 2 BGB **familiengerichtlich eingeschränkt oder ausgeschlossen** werden (vgl unten Rn 56 und OLG Brandenburg 24. 2. 2020 – 13 UF 125/19, juris Rn 12, FamRZ 2020, 1654).

52 Bedeutsam ist schließlich für die Befugnisse des Umgangselternteils, dass sich aus Abs 1 S 4 und dem Begriff der „tatsächlichen Betreuung“ **kein Recht zur Vertretung**

des Kindes im Außenverhältnis gegenüber Dritten ableiten lässt (BeckOK-BGB/Veit [1. 1. 2023] § 1687 Rn 29; MünchKommBGB/Hennemann § 1687 Rn 23; Grüneberg/Götz § 1687 Rn 8; NK-BGB/Peschel-Gutzeit/Ebeling § 1687 Rn 15). Ein solches Recht besteht nur im Rahmen der Notvertretung nach Abs 1 S 5.

Im Rahmen eines **Wechselmodells** hängt die Frage der Anwendung von Abs 1 S 4 davon ab, ob man mit der hL hier § 1687 Abs 1 S 2 BGB anwendet (dann hat Abs 1 S 4 keine Bedeutung) oder aber nach der hier vertretenen Ansicht Abs 1 S 2 für nicht anwendbar hält mit der Folge, dass Abs 1 S 4 hier zur Geltung kommen kann (siehe hierzu oben Rn 15 und BeckOK-BGB/Veit [1. 1. 2023] § 1687 Rn 28.2). Aber auch unterhalb der Schwelle eines paritätischen Wechselmodells stellt sich durchaus die Frage, ob bei einem erweiterten Umgang die Kompetenzen von Abs 1 S 4 hinreichend die Wirklichkeit abbilden und nicht eine Reform von § 1687 BGB dringend angezeigt ist (vgl dazu Löhnig/Mayr ZRP 2019, 38). 53

VI. Rechtshandlungen bei Gefahr im Verzug, Abs 1 S 5

Auch das Notvertretungsrecht bei **Gefahr im Verzug** (§§ 1687 Abs 1 S 5, 1629 Abs 1 S 4 BGB) enthält nur Selbstverständliches (BT-Drucks 13/4899, 108; Staudinger/Peschel-Gutzeit [2015] § 1629 Rn 53); von nichts anderem wäre bereits **nach allgemeinen Grundsätzen des Zivilrechts** (mutmaßliche Einwilligung, § 630d Abs 1 BGB, GoA), insbesondere des Eltern-Kind-Verhältnisses auch ohne eine spezialgesetzliche Ausformulierung auszugehen. Die hier gesetzlich klargestellte Handlungsmacht ist zugleich eine – sogar strafbewehrte – **Handlungspflicht**, weil eine gesetzliche Garantenpflicht gemäß § 13 StGB gegenüber dem Kind besteht (BGH 17. 12. 1954 – 1 StR 183/54, NJW 1955, 1028). 54

Das Notvertretungsrecht erstreckt sich dabei auf alle Bereiche der elterlichen Sorge und umfasst dabei auch **Angelegenheiten von erheblicher Bedeutung** iSd Abs 1 S 1 (Grüneberg/Götz § 1687 Rn 9). Eine **familiengerichtliche** Einschränkung oder gar ein Ausschluss nach § 1687 Abs 2 BGB ist nicht zulässig (BeckOK-BGB/Veit [1. 1. 2023] § 1687 Rn 31). Wegen der Einzelheiten des Notvertretungsrechts vgl Staudinger/Lettmaier (2020) § 1629 Rn 56 ff.

VII. Die Wohlverhaltensklausel

Dass auch Eltern mit gemeinsamer elterlicher Sorge zu **wechselseitigem loyalem Verhalten** von Gesetzes wegen angehalten werden müssen (§§ 1687 Abs 1 S 5, 1684 Abs 2 S 1 BGB) zollt der Lebensrealität Rechnung (Johannsen/Henrich/Althammer/Rake § 1687 Rn 16; zu den Loyalitätspflichten der Eltern untereinander vgl OLG Zweibrücken FamRZ 2001, 639, 640 f). Auch außerhalb des Umgangsrechts haben gemeinsam sorgeberechtigte Eltern mithin alles zu unterlassen, was das Verhältnis des Kindes zum jeweils anderen Elternteil oder dessen Erziehung erschwert (BT-Drucks 13/4899, 108). Zu den vielfältigen Aspekten, den beiderseitigen Pflichten, zu Konsequenzen bei Verstößen gegen die **Wohlverhaltensklausel** vgl vor allem § 1684 Rn 108 ff. 55

VIII. Familiengerichtliche Einschränkung oder Ausschluss gemäß Abs 2

Die Befugnisse der Alltagssorge gemäß § 1687 Abs 1 S 2 BGB und die Befugnis zur alleinigen Entscheidung in Angelegenheiten der **tatsächlichen Betreuung** (§ 1687 56

Abs 1 S 4 BGB) können durch das Familiengericht eingeschränkt oder ausgeschlossen werden, wenn dies zum Wohle des Kindes erforderlich ist. Diese **familiengerichtlichen Maßnahmen** kommen idR nur auf Anregung eines Elternteils in Betracht, auch hier ist das Gericht aufgerufen, auf ein Einvernehmen unter den Beteiligten hinzuwirken (§ 156 FamFG). Inhaltlich geht es in der Regel um eine gerichtliche Feststellung, ob eine bestimmte Angelegenheit der Alltagssorge, der tatsächlichen Betreuung oder Abs 1 S 1 zuzuordnen ist. Darüber hinaus kann der Ausschluss oder die Einschränkung von Befugnissen nach Abs 1 S 2 und 4 angeordnet werden.

IX. Verfahrensfragen

1. Allgemeines

57 Zu den **Verfahrensfragen** vgl Staudinger/Coester (2020) § 1671 Rn 281 ff. Auf verfahrensrechtliche Fragen wird hier nur insoweit eingegangen, als sie im Kontext des § 1687 BGB Besonderheiten aufweisen. Nach der hier vertretenen Auffassung besteht ein isoliertes Qualifizierungsverfahren gemäß § 1687 Abs 1 S 1 und 2 BGB – neben dem Verfahren gemäß § 1628 BGB (vgl Rn 19). Ziel des Verfahrens ist die Wiederherstellung der Funktionsfähigkeit gemeinsamer elterlicher Sorge durch Zuordnung eines im Streit befindlichen Gegenstandes der elterlichen Sorge und damit die Wahrung des Kindeswohls trotz Elterntrennung. Es gilt der **Amtsermittlungsgrundsatz** gemäß § 26 FamFG. Besondere Bedeutung kommt im **Feststellungsverfahren** gemäß § 1687 Abs 1 und 2 BGB der **Vermittlungspflicht des Gerichts** gemäß § 156 FamFG (Rn 60) sowie der Beratung durch das Jugendamt gemäß §§ 17, 18 SGB VIII zu.

2. Zuständigkeit

58 Die **sachliche Zuständigkeit** für eine Feststellungsentscheidung nach § 1687 Abs 2 BGB liegt beim Familiengericht (§ 151 Nr 1 FamFG), es entscheidet der **funktionell zuständige Richter** (§ 14 Abs 1 Nr 7 RPflG). Soweit eine Ehesache nicht anhängig ist, richtet sich die **örtliche Zuständigkeit** nach § 152 Abs 2 FamFG. Maßgeblich ist der gewöhnliche Aufenthalt des Kindes beim Obhutselternteil. Soweit die Eltern ein paritätisches **Wechselmodell** praktizieren, ist ein zweifacher gewöhnlicher Aufenthalt des Kindes anzunehmen und es ist das Familiengericht örtlich zuständig, das zuerst mit der Angelegenheit befasst ist (Prütting/Helms/Hammer § 152 FamFG Rn 18).

3. Verfahrenseinleitung

59 Da das Verfahren nach § 1687 Abs 2 BGB weder materiell- noch verfahrensrechtlich ein Antragserfordernis iSd § 23 FamFG vorsieht, wird es nach § 24 FamFG von Amts wegen – idR auf Anregung eines Elternteils – eingeleitet. Eine Verfahrenseinleitung von Amts wegen erscheint aber – außerhalb von Fällen der Kindeswohlgefährdung – allenfalls dann denkbar, wenn während eines Verfahrens nach § 1671 BGB als „rechtliches Minus" eine Entscheidung nach § 1687 Abs 2 BGB genügt (BeckOK-BGB/Veit [1. 1. 2023] § 1687 Rn 38; anders Gernhuber/Coester-Waltjen § 66 Rn 6 und NK-BGB/Peschel-Gutzeit/Ebeling § 1687 Rn 17, die auf „triftige, das Kindeswohl nachhaltig berührende Gründe" für die Frage der amtswegigen Verfahrenseinleitung abstellen).

4. Vermittlungs- und Anhörungspflichten des Gerichts

60 Vorrangige Pflicht des in Anspruch genommenen Familiengerichts ist, jedenfalls soweit es sich um eine die Person des Kindes betreffende Angelegenheit gemäß § 156 FamFG handelt, auf ein **Einvernehmen** der Beteiligten unter Beachtung der Maxime des § 1697a BGB **hinzuwirken**. Im **Mittelpunkt** dieser Bemühungen steht das **Kindeswohl**, haben doch elterliche Konflikte um Kompetenzen zumeist negative Rückwirkungen auf das Kind. Die klarstellende richterliche Feststellung soll befrieden und stabilisieren und damit die **Kooperationsfähigkeit unter den Eltern wiederherstellen**. Die ganze Palette des § 156 FamFG muss daraufhin überprüft werden, was die **einvernehmliche Konfliktlösung** am ehesten fördert. Da ein **Kompetenzvakuum** zu Überschreitungen, Anmaßungen oder zum Unterbleiben wichtiger anstehender Entscheidungen für das Kind führen kann, sind die Beteiligten **so früh wie möglich anzuhören** (zur Eilbedürftigkeit bereits Heilmann, Kindliches Zeitempfinden [1998] 147 ff). Für die Anhörung der Beteiligten und des Jugendamts gelten §§ 159 ff FamFG ohne Einschränkung. Ein Verfahrensbeistand wird nach § 158 Abs 1 FamFG eher nur in Ausnahmefällen zu bestellen sein.

5. Inhalt der gerichtlichen Entscheidung

a) Feststellung

61 Scheitern die gerichtlichen Vermittlungsbemühungen – nur bei von vornherein aussichtslos erscheinenden Fällen dürfen sie unterbleiben –, so endet das Verfahren mit einer gerichtlichen (positiven oder negativen) **Feststellung**, die eine Qualifizierung der im Streit befindlichen Angelegenheit beinhaltet (vgl OLG Brandenburg 24. 2. 2020 – 13 UF 125/19, FamRZ 2020, 1654; OLG Brandenburg 11. 5. 2016 – 13 UF 37/16, FamRZ 2017, 217; OLG Frankfurt 7. 6. 2010 – 2 WF 117/10, juris Rn 16, FamRZ 2011, 57). Besteht danach weiterhin **Uneinigkeit**, so hat dies bei einer **Zuordnung zu den Angelegenheiten des täglichen Lebens keine Bedeutung** – abgesehen von der Beschwerdemöglichkeit des unterliegenden Elternteils –, denn dem Betreuungselternteil steht ohne Abstriche die Alleinentscheidungsbefugnis im Bereich der Alltagssorge zu, soweit das Gericht die anstehende Frage als eine solche der Alltagssorge qualifiziert (NK-BGB/Peschel-Gutzeit/Ebeling § 1687 Rn 11); ergeht hingegen eine **Qualifizierung als Angelegenheit von erheblicher Bedeutung**, dann besteht bei fortwährender **Uneinigkeit** die Möglichkeit für einen Elternteil, den Antrag gemäß **§ 1628 BGB** zu stellen; dies ist ein neues und gegenüber dem **Feststellungsverfahren** gemäß § 1687 Abs 1 BGB **selbständiges Verfahren** (§ 151 Nr 1 FamFG; vgl auch OLG Frankfurt 7. 6. 2010 – 2 WF 117/10, juris Rn 16, FamRZ 2011, 57).

b) Einschränkung oder Ausschluss gemäß Abs 2

62 Einschränkungen oder gar der **Ausschluss** von ohnehin beschränkten Kompetenzen sollten **nur im äußersten Fall** erfolgen, ansonsten kann der jeweils zu gestaltende Alltag mit dem Kind äußerst erschwert werden. Vor solchen Maßnahmen stehen gerichtliche Vermittlungsbemühungen gemäß § 156 FamFG, insbesondere auch die **Beratungs- und Hilfsmöglichkeiten der Jugendhilfe** gemäß §§ 17, 18 SGB VIII. Werden Restriktionen bereits gesetzlich beschränkter Kompetenzen erforderlich, ist die Grundentscheidung (gemeinsame elterliche Sorge trotz Trennung) in Frage gestellt – dies sollten Antragsteller wie das Gericht stets mitbedenken. Im Übrigen steht die Entscheidung über die Einschränkung oder den Ausschluss von Befugnissen unter dem Vorbehalt der Verhältnismäßigkeit (Heilmann/Gottschalk § 1687 Rn 20). Aus der

Gesetzesformulierung *„zum Wohl des Kindes erforderlich"* wird zutreffend gefolgert, dass hier **triftige, das Kindeswohl nachhaltig berührende Gründe** vorliegen müssen, die besorgen lassen, dass ohne die gerichtliche Maßnahme eine ungünstige Entwicklung des Kindes eintreten könnte (OLG Brandenburg 11. 5. 2016 – 13 UF 37/16, FamRZ 2017, 217; Johannsen/Henrich/Althammer/Rake § 1687 Rn 18).

6. Einstweiliger Rechtsschutz

63 In einem Verfahren gemäß § 1687 Abs 2 BGB als Kindschaftssache iSd § 151 Nr 1 FamFG sind **einstweilige Anordnungen** gemäß §§ 49 ff FamFG zulässig. Gerade im Kompetenzstreit kann ein besonderes Bedürfnis nach einer einstweiligen Anordnung wegen **eilbedürftiger Entscheidungsnotwendigkeiten** bestehen (vgl NK-BGB/Peschel-Gutzeit/Ebeling § 1687 Rn 20). Das **Notvertretungsrecht bei Gefahr im Verzug** (§§ 1687 Abs 1 S 5, 1629 Abs 1 S 4 BGB) gibt allerdings dem Elternteil, bei dem eine solche Rechtshandlung notwendig wird, eine **schnelle Reaktionsmöglichkeit** ohne Einschaltung des Gerichts in die Hand.

§ 1687a
Entscheidungsbefugnisse des nicht sorgeberechtigten Elternteils

Für jeden Elternteil, der nicht Inhaber der elterlichen Sorge ist und bei dem sich das Kind mit Einwilligung des anderen Elternteils oder eines sonstigen Inhabers der Sorge oder auf Grund einer gerichtlichen Entscheidung aufhält, gilt § 1687 Abs. 1 Satz 4 und 5 und Abs. 2 entsprechend.

Materialien: Art 1 Nr 24 KindRG.

Schrifttum

Siehe bei Erl zu § 1687.

Systematische Übersicht

I. Normbedeutung

Da sich § 1687 BGB nur auf getrennt lebende, aber gemeinsam sorgeberechtigte Eltern bezieht, war eine Regelung hinsichtlich der **Entscheidungsbefugnisse des nicht sorgeberechtigten Elternteils** für die Phasen des Umgangs (MünchKommBGB/Hennemann Rn 1), zu welchen sich das Kind bei ihm aufhält, notwendig, müssen doch auch hier während dieser Zeit Entscheidungen, jedoch in einem beschränkten Maße, getroffen werden können: Auch wenn ein Elternteil, der **nicht** Inhaber der elterlichen Sorge ist (Koch FuR 2016, 265), das Kind in Ausübung seines Umgangsrechts nach § 1684 BGB bei sich hat, soll dieser Elternteil eine alleinige Entscheidungsbefugnis in **Angelegenheiten der tatsächlichen Betreuung** gemäß § 1687 Abs 1 S 5 BGB haben und zu **Rechtshandlungen bei Gefahr im Verzug** berechtigt sein (§ 1629 Abs 1 S 4 BGB); die **Wohlverhaltenspflicht** (§§ 1627, 1687 Abs 1 S 5, 1684 Abs 2 S 1 BGB) gilt hier ebenso wie unter Eltern mit gemeinsamer elterlicher Sorge. Das Familiengericht kann durch die Verweisung auf § 1687 Abs 2 BGB die Befugnis ebenfalls einschränken oder ausschließen, wenn dies zum Wohl des Kindes erforderlich ist (BT-Drucks 13/4899, 108). 1

II. Anwendungsbereich: Eltern ohne elterliche Sorge

Die Norm bezieht sich auf Elternteile, die nicht Inhaber der elterlichen Sorge sind (BeckOK-BGB/Veit [1. 2. 2022] § 1687a Rn 2). Der Entstehungsgrund der Alleinsorge des Elternteils bzw der Grund, weshalb das Kind nicht unter elterlicher Sorge steht (zB gemäß §§ 1626a Abs 3, 1666, 1671, 1673, 1674, 1680 Abs 3, 1696 BGB), spielt keine Rolle (Grüneberg/Götz § 1687a Rn 1; Soergel/Gietl § 1687a Rn 2). § 1687a BGB findet auch dann Anwendung, wenn die elterliche Sorge beiden Eltern nicht mehr zusteht und das Kind fremduntergebracht ist (Heilmann/Gottschalk § 1687a Rn 4). 2

III. Aufenthalt des Kindes mit Einwilligung des Inhabers der elterlichen Sorge oder aufgrund gerichtlicher Entscheidung

Es besteht das besondere Erfordernis, dass für die gesetzlichen Wirkungen des § 1687a BGB der **Aufenthalt des Kindes beim Elternteil rechtmäßig** sein muss, dh, dass sich das Kind **mit Einwilligung** des anderen Elternteils, eines sonstigen Inhabers der elterlichen Sorge (Vormund oder Pfleger) oder aufgrund einer gerichtlichen Entscheidung (insbesondere Umgangsregelung nach § 1684 Abs 3 BGB) beim nicht sorgeberechtigten Elternteil aufhält. Die illegale Mitnahme oder Aufnahme des unter elterlicher Sorge des anderen Elternteils oder unter Vormundschaft oder Pflegschaft stehenden Kindes ohne entsprechende **Einwilligung des** jeweils **Berechtigten** oder ohne eine gerichtliche Entscheidung lässt die gesetzliche Wirkung des § 1687a BGB nicht eintreten (so auch NK-BGB/Peschel-Gutzeit/Ebeling § 1687a Rn 2). 3

IV. Befugnisse zur Alleinentscheidung in Angelegenheiten der tatsächlichen Betreuung

Der Elternteil, der nicht Inhaber der elterlichen Sorge ist und bei dem sich das Kind rechtmäßigerweise aufhält, hat **während des Aufenthalts des Kindes** bei sich die Befugnis zur alleinigen Entscheidung (§§ 1687a iVm 1687 Abs 1 S 4 BGB) in *Angelegenheiten der* **tatsächlichen Betreuung.** Die Entscheidungsbefugnis dieses umgangsberechtigten Elternteils fällt zwangsläufig geringer aus (vgl OLG Zweibrücken FamRZ 2001, 639, 641) 4 und es ist eine – schwierige – Abgrenzung zu den Alltagsangelegenheiten iSd § 1687 Abs 1 S 2 und 3 BGB vorzunehmen (vgl § 1687 Rn 50 ff und Heilmann/Gottschalk § 1687 Rn 11 ff). Den Schwerpunkt dieser Befugnisse bilden **Entscheidungen im Binnenverhältnis** dem Kind gegenüber: Wann es ins Bett geht, was es zu **essen** bekommt (BT-Drucks 13/4899, 108), welche **Freizeitaktivitäten** unternommen werden; welches Fernsehprogramm und wie lange das Kind fernsehen darf (BeckOK-BGB/Veit [1. 1. 2023] § 1687 Rn 24.1). Alleinentscheidungsbefugnisse im Sinne der Alltagssorge gemäß § 1687 Abs 1 S 2 BGB stehen diesem Elternteil nicht zu, wobei die Abgrenzung allerdings schwierig ist. Der Aufenthaltselternteil kann bestimmen, mit wem das Kind bei der Ausübung des Umgangs zusätzlich Umgang haben darf und auch über ärztliche Behandlungen (vgl § 1687 Rn 52), ohne dass bereits der enge Spielraum des § 1629 Abs 1 S 4 BGB erreicht sein muss (OLG Zweibrücken FamRZ 2001, 639, 641). Dieser **eingeschränkte Kreis von Befugnissen** sollte nicht darüber hinwegtäuschen, dass etwa bei einem **Kleinkind** oder einem unter medikamentöser oder diätischer Behandlung stehenden Kind sehr **präzise Absprachen** unter den Eltern unbedingt erforderlich sind. Hier spielt das immer erforderliche Einvernehmen der Eltern im Grundsätzlichen eine zentrale Rolle (zB Fernsehkonsum, Essgewohnheiten), weil mangels eines solchen auch im Bereich der tatsächlichen Betreuung Konflikte entstehen können, es zu äußerst belastenden Situationen insbesondere für das Kleinkind kommen kann. Diese sensiblen Bereiche beinhalten eigentlich Selbstverständlichkeiten, sie sind zu klein oder zu groß für eine gesetzliche Regelung, weshalb hier die Grenzen gesetzlicher Regulierung schnell erreicht sind. Für einen Elternteil, bei welchem Kinder dauerhaft leben sollen, sind die Entscheidungsbefugnisse gemäß § 1687 Abs 1 S 4 BGB nicht ausreichend (so aber OLG Frankfurt FamRZ 2005, 1700, vgl hierzu Salgo, in: FS Schwab [2005] 891, 909 f und Reichert Kind-Prax 2005, 187; Flügge FPR 2006, 1). Der Elternteil, bei dem sich das Kind vorübergehend aufhält, um wieder zum Betreuungselternteil zurückzukehren, hat nicht die Befugnis, die eigenen **Erziehungsgrundsätze**, die im Widerspruch zu denen des Sorgerechtsinhabers stehen, aufgrund dieser Vorschrift zur Geltung zu bringen (NK-BGB/Peschel-Gutzeit/Ebeling § 1687a Rn 3; Heilmann/Gottschalk § 1687a Rn 7). Die Befugnis auf sozialgerichtliche Klage für Leistungen wegen der **temporären Bedarfsgemeinschaft** während des Umgangs gehören ebenso nicht zu den Angelegenheiten der tatsächlichen Betreuung (OLG Saarbrücken 6. 5. 2016 – 9 WF 91/15, juris Rn 14 f, FamRZ 2017, 286).

Die begrenzten Befugnisse des § 1687a BGB gelten im Übrigen auch dann, wenn der nicht sorgeberechtigte Elternteil ein erweitertes Umgangsrecht bis hin zum **Wechselmodell** (vgl zu einem solchen Fall bei Alleinsorge eines Elternteils OLG Karlsruhe 21. 5. 2015 – 18 UF 231/14, FamRZ 2015, 1736 und hier unter § 1684 Rn 262) besitzt (BeckOK-BGB/Veit [1. 1. 2023] § 1687a Rn 6; Hennemann NZFam 2017, 1787, 1788; Finke NZFam 2014, 865, 867).

V. Rechtshandlungen bei Gefahr im Verzug und Wohlverhaltensklausel

5 Auch das Notvertretungsrecht bei **Gefahr im Verzug** (§§ 1687a, 1629 Abs 1 S 4 BGB) enthält nur Selbstverständliches (BT-Drucks 13/4899, 108); von nichts anderem wäre bereits **nach allgemeinen Grundsätzen des Zivilrechts** (mutmaßliche Einwilligung, GoA) – insbesondere des Eltern-Kind-Verhältnisses als ein Schuldverhältnis familiärer Art – auch ohne eine spezialgesetzliche Ausformulierung auszugehen. Die hier gesetzlich klargestellte Handlungsmacht ist zugleich eine – sogar nach § 13 StGB strafbewehrte –

Handlungspflicht. Die Verweisung auf das Wohlverhaltensgebot gemäß § 1684 Abs 2 S 1 BGB zollt der Lebensrealität Rechnung, dass in solchen Situationen Konfliktspannungen nicht selten sind. Zu den vielfältigen Aspekten, den beiderseitigen Pflichten, zu Konsequenzen bei Verstößen gegen die **Wohlverhaltensklausel** vgl vor allem § 1684 Rn 108 ff.

VI. Familiengerichtliche Einschränkung oder Ausschluss der Angelegenheiten der tatsächlichen Betreuung

Die Befugnisse zur alleinigen Entscheidung in Angelegenheiten der **tatsächlichen Betreuung** (§§ 1687a, 1687 Abs 1 S 4 BGB) können durch das Familiengericht wegen 6
der Verweisung auf § 1687 Abs 2 BGB eingeschränkt oder ausgeschlossen werden, wenn dies zum Wohle des Kindes erforderlich ist. Diese **familiengerichtlichen Maßnahmen** kommen idR nur auf Anregung in Betracht (vgl Erl zu § 1687 Rn 59), auch hier ist das Gericht aufgerufen, auf ein Einvernehmen unter den Beteiligten hinzuwirken (§ 156 FamFG bzw für das Jugendamt §§ 17, 18 SGB VIII). Vgl im Übrigen die Ausführungen in § 1687 Rn 56 ff.

Verfahren nach § 1687 Abs 2 BGB haben in der familiengerichtlichen Praxis aber keine Bedeutung. Kommt es zum Elternstreit über die Befugnisse des Umgangselternteils, werden die entsprechenden Fragen in einem Umgangsverfahren (§ 151 Nr 2 FamFG) zu klären sein.

VII. Verfahrensfragen

Vgl hierzu § 1687 Rn 56 ff. 7

§ 1687b
Sorgerechtliche Befugnisse des Ehegatten

(1) Der Ehegatte eines allein sorgeberechtigten Elternteils, der nicht Elternteil des Kindes ist, hat im Einvernehmen mit dem sorgeberechtigten Elternteil die Befugnis zur Mitentscheidung in Angelegenheiten des täglichen Lebens des Kindes. § 1629 Abs. 2 Satz 1 gilt entsprechend.

(2) Bei Gefahr im Verzug ist der Ehegatte dazu berechtigt, alle Rechtshandlungen vorzunehmen, die zum Wohl des Kindes notwendig sind; der sorgeberechtigte Elternteil ist unverzüglich zu unterrichten.

(3) Das Familiengericht kann die Befugnisse nach Absatz 1 einschränken oder ausschließen, wenn dies zum Wohl des Kindes erforderlich ist.

(4) Die Befugnisse nach Absatz 1 bestehen nicht, wenn die Ehegatten nicht nur vorübergehend getrennt leben.

Materialien: Art 2 Nr 13 Gesetz zur Beendigung der Diskriminierung gleichgeschlechtlicher Gemeinschaften – LPartG 2001.

Schrifttum

Balloff, Stieffamilien – psychologische Aspekte und sozialwissenschaftliche Erkenntnisse, FPR 2000, 50
Baumeister/Fehmel/Griesche/Hochgräber/Kayser/Wick, Familiengerichtsbarkeit (1992)
Brosius-Gersdorf, Soziale Elternschaft, JöR 62, 179
Carré-Jersch, Das Stiefkindverhältnis im Sorge- und Unterhaltsrecht (1995)
Coester, Reform des Kindschaftsrechts, JZ 1992, 809
Coester-Waltjen, Kinderarm, aber elternreich, in: Festschrift Schwab (2005) 761
Conradi, Heimfall des elterlichen Sorgerechts nach Trennung oder Scheidung der Elternehe, in: Familienrechtskommission des Juristinnenbundes (Hrsg), Neues elterliches Sorgerecht (1977)
Drischmann, Das Sorgerecht in Stieffamilien (2007)
Frank, Grenzen der Adoption (1978)
Heilmann, Kindliches Zeitempfinden und Verfahrensrecht (1998)
Heine, Das System der sorgerechtlichen Alleinentscheidungsbefugnisse (2010)
Helms, Gutachten F zum 71. Deutschen Juristentag (2016)
Helms, Rechtliche, biologische und soziale Elternschaft – Herausforderungen durch neue Familienformen, NJW-Beil 2016, 49
Kanther, Die „neue soziale Familie“ oder zur Verfassungswidrigkeit von § 9 LPartG, NJW 2003, 797
Löhnig, Neue Partnerschaften der gemeinsam sorgeberechtigt gebliebenen Eltern – Welche Rechte haben die neuen Partner?, FPR 2008, 157
Machulla-Notthoff, Das kleine Sorgerecht – § 1687b BGB, ZFE 2009, 262
Möller, Patchwork-Familie: Sorgerechtliche Befugnisse des Ehegatten des Alleinsorgeberechtigten, FK 2018, 098
Motzer, Die neueste Entwicklung von Gesetzgebung und Rechtsprechung auf dem Gebiet von Sorgerecht und Umgangsrecht, FamRZ 2001, 1034
Muscheler, Das Recht der Stieffamilie, FamRZ 2004, 913
Oberloskamp, Das Märchen von der bösen Stiefmutter, ZKJ 2008, 484
Osthold, Antrags- und Amtsverfahren in Kindschaftssachen, FamRZ 2017, 1643
Peschel-Gutzeit, Stiefkinder und ihre Familien in Deutschland – Rechtlicher Status und tatsächliche Situation, FPR 2004, 47
dies, Frühe Kindheit (2001) 28
vPuttkammer, Stieffamilien und Sorgerecht in Deutschland und England (1994)
vPuttkammer/Radziwill, Das Stiefeltern-Kind-Verhältnis, FPR 2000, 19
Sanders, Mehrelternschaft (2018)
Scheiwe, Die Ausübung elterlicher Sorge durch soziale Eltern, in: FS Coester-Waltjen (2015) 205
Schomburg, Die kindschaftsrechtlichen Regelungen des Lebenspartnerschaftsgesetzes, Kind-Prax 2001, 103
Schwab, Eingetragene Lebenspartnerschaft – Ein Überblick, FamRZ 2001, 385
Schwenzer, Vom Status zur Realbeziehung (1987)
dies, Empfiehlt es sich, das Kindschaftsrecht neu zu regeln?, Gutachten zum 59. DJT (1992)
Simitis, Kindschaftsrecht – Elemente einer Theorie des Familienrechts, in: FS Müller-Freienfels (1986) 579
Veit, Kleines Sorgerecht für Stiefeltern (§ 1687b BGB), FPR 2004, 67
Walper, Soziale Elternschaft in elternreichen Familien: Ein Blick auf Stieffamilien, in: Festschrift für Brudermüller (2014) 889.

Systematische Übersicht

I. Allgemeines

1. Entstehungsgeschichte

a) Das rechtspolitische Umfeld der Reform

Der schon vor Schaffung von § 1687b BGB seit langem erhobenen Forderung nach Anerkennung einer, wenn auch abgeschwächten, **personensorgerechtlichen Beziehung zwischen Stiefkind und Stiefelternteil** (vgl Frank 42 ff; Conradi FamRZ 1980, 103, 104; Schwenzer 59. DJT A 79 ff; Coester JZ 1992, 809, 816; vPuttkammer [1994] 106 ff; ablehnend hingegen Carré-Jersch [1995] 120 ff) ist zwar noch nicht vom KindRG, aber mit der Einführung eines sog **„kleinen" Sorgerechts** (§ 1687b BGB) durch das **LPartG**, wenn auch nur partiell, entsprochen worden; schließlich übernimmt der „Ehegatte eines allein sorgeberechtigten Elternteils" (Stiefelternteil) idR Aufgaben der Pflege und Erziehung (BT-Drucks 14/3751, 39, 45): mit dem „kleinen Sorgerecht" soll die **tatsächliche Übernahme** erzieherischer Verantwortung **durch den Stiefelternteil** rechtlich anerkannt und abgesichert werden. § 1687b BGB bringt neben anderen ebenfalls neu ins Familienrecht des BGB eingestellten Bestimmungen (zB §§ 1618, 1632 Abs 4, 1682, 1685 Abs 2, 1688 Abs 4, 1777, 1792 BGB) zum Ausdruck, dass modernes Familienrecht immer weniger sich der konkret gelebten Beziehung (Realbeziehung) im Einzelfall und der Vielfalt des sozialen Zusammenlebens von Menschen (vgl Schwenzer [1987] 274 ff) entziehen kann. § 1687b BGB sowie der gleichlautende § 9 LPartG verschaffen Stiefeltern bzw Lebenspartnern mit der Eheschließung bzw der Begründung der Lebenspartnerschaft **eine Teilhabe an der elterlichen Sorge einschließlich der gesetzlichen Vertretung kraft Gesetzes**, die – jedenfalls nach dem Gesetzeswortlaut – nur durch das Familiengericht eingeschränkt oder ausgeschlossen werden kann (§ 1687b Abs 3 1

BGB bzw § 9 Abs 3 LPartG) bzw die automatisch endet, wenn die Ehegatten bzw Lebenspartner dauerhaft getrennt leben (Abs 4) – im Gegensatz zum Sorgerecht gemeinsam sorgeberechtigter Eltern, deren Rechte durch die dauerhafte Trennung zwar nicht enden, aber eine Umgestaltung durch die gesetzliche Wirkung des § 1687 Abs 1 BGB erfahren (vgl Erl zu § 1687 Rn 2).

2 Der Gesetzgeber vermeidet tunlichst die Bezeichnungen **„Stiefeltern"** bzw **„Stiefkinder"** (zum Begriff vgl vPuttkammer [1994] 21), meint aber kein anderes Verhältnis, wenn in den genannten Bestimmungen der *Ehegatte eines Elternteils* bzw *der Lebenspartner des allein sorgeberechtigten Elternteils* Erwähnung findet. Angesichts der hohen Scheidungsraten und Wiederverheiratungsquoten (vgl Muscheler FamRZ 2004, 913) schien die Ablehnung einer weitergehenden Regelung von Stiefkindverhältnissen im Familienrecht des BGB nicht mehr haltbar (vgl noch die amtliche Begründung zum KindRG, BT-Drucks 13/4899, 66). Andererseits bestimmt das **Zusammenleben in neu zusammengesetzten Familienformen eine hohe Komplexität und Vielfalt** („meine, deine, unsere Kinder"), sodass die Regulierungs- und Steuerungsfähigkeit des Rechts in diesem „Dschungel" von Beziehungen („die Patchworkfamilie") schnell an Grenzen stoßen kann. Ein rechtlicher Rahmen, der flexibel genug ist, um den sehr unterschiedlichen tatsächlichen Lebenssituationen gerecht zu werden, scheint noch nirgends gefunden.

3 Entscheidend kommt es darauf an, dass und ob die sozial-familiäre Gemeinschaft **auf Dauer** angelegt ist (für Lebenspartner vgl BVerfG 26. 3. 2019 – 1 BvR 673/17, NJW 2019, 1793 Rn 87 ff; BVerfG 19. 2. 2013 – 1 BvL 1/11, FamRZ 2013, 521, 525). Der durch den **Children Act 1989** (England und Wales) erstmals eingeführte Sorgerechtserwerb durch Dritte (unter Beibehaltung des Sorgerechts der bisherigen Inhaber), die das Kind tatsächlich betreuen, kommt einem solchen flexiblen Rahmen noch am nächsten (vgl vPuttkammer [1994] 71 ff und Scheiwe, in: FS Coester-Waltjen [2015] 205; zu Lösungen in anderen Staaten vgl Veit FPR 2004, 67, 68). Das in § 47 FGB-DDR statuierte Mitsorgerecht des Ehegatten war sehr schwach hinsichtlich seiner Rechte, eindeutig nur hinsichtlich der Pflichten gestaltet (vgl amtlichen Kommentar des Justizministeriums der DDR, Erl 1 und 2 zu § 47 FGB). Hinzu kommt, dass die **Scheidungswahrscheinlichkeit bei Zweitehen höher** zu veranschlagen ist als bei Erstehen, was für die automatische Beendigung gem § 1687b Abs 4 BGB bei dauerhafter Trennung der Ehegatten spricht (dass Umgangsrechte uU dennoch bestehen können, ergibt sich aus § 1685 Abs 2 BGB). Befürchtungen bestanden, dass – bei einer fortwährenden gemeinsamen Sorge der leiblichen Eltern nach Trennung/Scheidung im Regelfall – eine gerichtlich einzuräumende oder gesetzlich geregelte sorgerechtliche Beteiligung von Stiefeltern zu Komplizierungen und Konflikten führen könnte (BT-Drucks 13/4899, 66); diese Befürchtung scheint beim Gesetzgeber nach wie vor zu bestehen: Das **„kleine Sorgerecht"** gem § 1687b Abs 1 BGB wird **auf Ehen mit Elternteilen beschränkt, die zuvor alleinige Inhaber der elterlichen Sorge sind** (BT-Drucks 14/3751, 45).

4 Während früher vor allem Verwitwung und anschließende Wiederheirat aus ökonomischen und sozialen Motiven zu Stiefkindverhältnissen geführt haben, sind heutzutage Scheidungen und neue – „eheliche" oder „nichteheliche" – Partnerschaften, also bewusst herbeigeführte Entwicklungen, für das Entstehen solcher vielfältigen familialen Lebensformen ursächlich (vgl dazu Wapler, in: FS Brudermüller [2014] 889 ff). So wenig die Ablehnung jeglicher gesetzlicher Sorgerechtsteilhabe von Stiefeltern schon im KindRG zu überzeugen vermochte, so wenig gelungen scheinen aber auch die Beschränkungen, Wege und Folgen der jüngeren Reformansätze durch **das Gesetz zur Beendigung der Diskriminierung gleichgeschlechtlicher Gemeinschaften**. Die Zielvorgabe des KindRG, die Rechte des Kindes zu stärken und das Kindeswohl auf bestmögliche Art und Weise zu fördern (BT-Drucks 13/4899, 1; Möller FK 2018, 098), gerät bei solchen Reformen uU, wie sich in der Praxis zeigte (vgl OLG Bamberg FamRZ 1999, 810), bei Nichtberücksichtigung von Bindungen und Beziehungen des Kindes zum nicht sorgeberechtigten Elternteil, aber auch zu „nichtehelichen" Stiefelternteilen oder zu „nicht-registrierten" Lebenspartnern ins Hintertreffen; für eine Gesetzesänderung Helms 71. DJT, F 62 f, F 101.

Der **steigenden Komplexität des Familienrechts** (vgl Simitis [1986] 587) kann sich auf 5
Dauer weder der Gesetzgeber noch eine restriktive Gesetzgebung und Rechtsanwendung der sozialen Entwicklung verschließen. Man denke aktuell etwa an die durch die Verbreitung des Wechselmodells notwendige Anpassung des Kindschaftsrechts (vgl § 1684 Rn 56 ff). Eine weitere notwendige Folge dieser Entwicklung – neben der Einführung des § 1687b BGB – war die Erweiterung des Personenkreises der Umgangsberechtigten in § 1685 Abs 2 BGB und die Öffnung der Stiefkindadoption für nicht miteinander verheiratete Paare (vgl nur BVerfG 26. 3. 2019 – 1 BvR 673/17, NJW 2019, 1793; BVerfG NJW 2013, 847 ff; BVerfG FPR 2013, 278 ff: die Adoptionsmöglichkeit durch den Lebenspartner). Zugleich werden **Überforderung und Begrenztheit gesetzlicher Steuerung** gerade am Beispiel der Stieffamilie deutlich: Während in der einen Stieffamilie die Lösung mit § 1687b BGB geradezu perfekt zu passen scheint, könnte gerade die **Rigidität dieser gesetzlichen Lösung** in der anderen Stieffamilie die ohnehin nicht einfache Balance stören. Ein Gesetzgeber, der privatautonomer Regelung durch die Beteiligten misstraut (nämliche Kritik auch von Veit FPR 2004, 67, 71) und sie deshalb hierzu auch nicht ermutigt, müsste sehr flexible und anpassungsfähige Regelungen schaffen, um der Vielfalt des Lebens gerecht zu werden.

Vor rechtsdogmatischem Perfektionismus, vor Automatismen und Schematismen – wie sie nun einmal in § 1687b BGB teilweise enthalten sind – ist immer wieder gewarnt worden. Gerade im Hinblick auf Kinder und Jugendliche, auf Letztere etwa in der Pubertät, erscheint die gesetzliche Wirkung wie auch die Aufhebungs- bzw Beschränkungsmöglichkeit nach § 1687b Abs 3 BGB zu mechanisch und zu wenig flexibel, um der **Diversität** und der **Dynamik in Stiefelternfamilien** gerecht zu werden. Immerhin wird **das Kind ungefragt der Mitsorge durch einen Dritten unterstellt** (hierzu Veit FPR 2004, 67, 71; BeckOGK/Tillmanns [1. 3. 2022] § 1687b Rn 2). Auf eine Kindeswohlprüfung, auf die Kindesanhörung gem § 159 FamFG, auf die Anhörung des allein sorgeberechtigten Elternteils gem § 160 FamFG und auf eine Anhörung des Jugendamtes (§ 162 Abs 1 S 1 FamFG) wird mit der automatischen Zuweisung der Alltagssorge durch § 1687b Abs 1 S 1 BGB verzichtet, weil der Gesetzgeber offensichtlich von der Kindeswohldienlichkeit seines Regelungsmodells ausgeht.

b) Der Gang der Gesetzgebung

Trotz der Ablehnung einer sorgerechtlichen Teilhabe von Stiefeltern durch das 6
KindRG (BT-Drucks 13/4899, 66 f) war die rechtpolitische Debatte nach 1998 in diesem Punkt nicht zur Ruhe gekommen (vgl BeckOGK/Mehrle [1. 11. 2018] § 1687b Rn 4 ff; Drischmann [2007] 123 ff; Peschel-Gutzeit, Frühe Kindheit [2001] 28; Vorschlag der SPD-Fraktion, BT-Drucks 12/4024, Nr 23 sowie BT-Drucks 13/1752, Nr 22). Die Sorgerechtskommission des *DFGT* (FamRZ 1992, 1164, 1165) empfahl, die Regelung offen zu halten und eine ge-

richtliche Regelung der Ausübung der elterlichen Verantwortung nur im Falle eines Antrages der Beteiligten, auch des Kindes oder eines Stiefelternteils oder bei Kindeswohlgefährdung zu treffen. Einzelne Bundesländer schlugen vor, ein „kleines Sorgerecht" für Stiefeltern einzuführen (BR-Drucks 369/99 v 16. 6. 1999). Diese Initiative wurde letztlich in das Gesetz zur Beendigung der Diskriminierung gleichgeschlechtlicher Gemeinschaften (LPartG; BGBl 2001 I 266) mit den gleichförmig gestalteten § 1687b BGB und § 9 LPartG aufgenommen (hierzu Schomburg FPR 2001, 103, 106: Das LPartG als „Zugpferd" für eine Regelung zur Stärkung der Stieffamilie).

Ob mit § 1687b BGB „ein großer Schritt hin zur rechtlichen Harmonisierung in der neuen Ehe getan worden ist" (Peschel-Gutzeit FPR 2004, 47, 49), erscheint zweifelhaft– entsprechende rechtstatsächliche Belege liegen bedauerlicherweise nicht vor. Leider ist die Vorschrift auch „relativ rasch und undiskutiert (...) in das Gesetz aufgenommen worden" (Peschel-Gutzeit FPR 2004, 47, 49) und weist „zahlreiche Schwachstellen auf" (so nicht unbegründet Veit FPR 2004, 67).

c) Struktur der Regelung

7 – Nach § 1687b Abs 1 BGB erhält der Ehegatte des allein sorgeberechtigten Elternteils (Stiefelternteil) im Einvernehmen mit seinem Ehegatten ein *Mitentscheidungsrecht in Angelegenheiten des täglichen Lebens*;

– nach § 1687b Abs 2 BGB erhält der Stiefelternteil das *Notvertretungsrecht*;

– gem § 1687b Abs 3 BGB kann das *Mitentscheidungsrecht* des Stiefelternteils durch familiengerichtliche Entscheidung *eingeschränkt oder ausgeschlossen werden*;

– bei *dauerhafter Trennung* der Ehegatten entfällt das Mitentscheidungsrecht des Stiefelternteils gem § 1687b Abs 4 BGB.

2. Begrenzte Reichweite der Reform

8 § 1687b BGB gilt nur für Stiefeltern, die mit dem **allein sorgeberechtigten Elternteil** verheiratet sind und nur solange, bis die Ehegatten nicht dauerhaft getrennt leben (Abs 4). **Die Neuregelung gilt somit nicht für die sog nichteheliche Lebensgemeinschaft und auch nicht für gleichgeschlechtliche Partner ohne Begründung der Lebenspartnerschaft gem § 1 Abs 1 LPartG** (vgl Kritik an dieser Beschränkung Staudinger/Salgo [2016] § 1682 Rn 3; Veit FPR 2004, 67, 70; Helms NJW-Beil 2016, 49, 52; Brosius-Gersdorf JöR 62, 179, 183; wobei NK-BGB/Peschel-Gutzeit/Ebeling § 1687b Rn 2 zu Recht auf die Schwierigkeit bei der Feststellung solcher Lebensgemeinschaften hinweist; ebenso Löhnig FPR 2008, 157, 159). Das *BVerfG* (BVerfG 17. 7. 2002 – 1 BvF 1/01, NJW 2002, 2543 Rn 113 ff) hat aber bereits im Jahr 2002 Zweifel an der Verfassungsmäßigkeit – auch im Hinblick auf die Rechtsstellung des nicht sorgeberechtigten Elternteils (vgl dazu Kanther NJW 2003, 797) – der gesetzlichen Regelung zurückgewiesen. Dass der Stiefelternteil bei fortgeltender gemeinsamer elterlicher Sorge seines Ehepartners kein Mitsorgerecht erwirbt, vermag kaum zu überzeugen, hat der Stiefelternteil in dieser Konstellation idR durch die **tatsächliche Übernahme von Pflege und Erziehung** ebenso Verantwortung gezeigt wie der Stiefelternteil in der Ehe mit einem allein sorgeberechtigten Elternteil. Entgegen dem eindeutigen Gesetzeswortlaut und dessen Begründung befürworten einige Stimmen in einer einschränkenden Auslegung des Merkmals „allein sorgeberechtigt" die Lösung

zu finden (so MOTZER FamRZ 2001, 1034, 1040; zu Recht kritisch gegen die Annahme einer Gesetzeslücke BeckOGK/TILLMANNS [1. 3. 2022] § 1687b Rn 6; HEINE [2010] 155 f). Bei Fortbestehen von gemeinsamer elterlicher Sorge nach Elterntrennung, in nichtehelichen Lebensgemeinschaften sowie in nicht registrierten Lebensgemeinschaften gleichgeschlechtlicher Lebenspartner kann die rechtliche Beteiligung des Partners nur über **rechtsgeschäftliche Akte** wie **Vollmachten** oder **„Gestattungen"** erfolgen (SCHWAB FamRZ 2001, 385, 394; LÖHNIG FPR 2008, 157, 159). Nach Ansicht des Gesetzgebers hätte dieser Weg für Stieffamilien nicht ausgereicht. Leider erfolgte zu diesen schwierigen Fragen der Stiefelternschaft weder eine rechtstatsächliche Aufklärung vor der Reform noch eine Nachuntersuchung zur tatsächlichen Wirkung von § 1687b BGB (sehr treffend GERNHUBER/COESTER-WALTJEN § 68 Rn 8, die Vorschrift sei *„aus der Wundertüte des Gesetzgebers gezaubert"* worden).

3. Normbedeutung und -struktur

Die **gesetzlichen Mitentscheidungsbefugnisse** in Fragen der elterlichen Sorge zugunsten des Ehepartners bzw der Ehepartnerin, der bzw die nicht Elternteil des Kindes ist – parallel zur Regelung zugunsten von Lebenspartnern (§ 9 LPartG) – sowie die gesetzlich begründete **Entscheidungsbefugnis** bei **Gefahr im Verzug**, die über die Angelegenheiten des täglichen Lebens hinausgehen und damit den Stiefelternteil partiell den gemeinsam sorgeberechtigten Elternteilen gleichstellen (§ 1629 Abs 1 S 4 BGB), bilden den wesentlichen Kern der im bundesdeutschen Recht völlig neuen Regelung. Die Bedeutung der Vorschrift dürfte angesichts des inzwischen weit verbreiteten gemeinsamen Sorgerechts, auch bei nicht miteinander verheirateten Eltern, gering sein (ebenso BeckOGK/TILLMANNS [1. 3. 2022] § 1687b Rn 6). Veröffentlichte Rechtsprechung zu familiengerichtlichen Entscheidungen in Streitfällen nach § 1687b Abs 3 BGB existiert überhaupt nicht. 9

§ 1687b BGB hat Wirkung im **Außen- wie im Innenverhältnis**. Die von der Mitentscheidung des Stiefelternteils erfassten Bereiche umfassen auch die entsprechende **gesetzliche Vertretung** (§ 1687b Abs 1 S 2 BGB; BT-Drucks 14/3751, 39). Dies führt zB zur Aufenthalts- und Umgangsbestimmung im **Verhältnis zu Dritten** sowie im Innenverhältnis dem Kind gegenüber (MünchKommBGB/HENNEMANN § 1687b Rn 3). Damit könnte (rechtlich betrachtet) aber das Kind/der Jugendliche auch nicht mehr dem Stiefelternteil gegenüber den Gehorsam mit dem Hinweis *„Du hast mir ohnehin nichts zu sagen"* verweigern. Mit der Lösung in § 1687b Abs 1 BGB sind solche **typischen Konflikte in Stieffamilien** indes nicht aus der Welt, wenn nicht sogar in manchen Stieffamilien verschärft, falls der Stiefelternteil auf seine vom Gesetz ihm verliehene Autorität hinweist – auch wenn der Satz „Du hast mir gar nichts zu sagen" rechtlich nicht mehr zutreffend ist (worauf SCHOMBURG FPR 2001, 103, 104 hinweist). Das Ausreizen dieser vom Gesetzgeber verliehenen Rechtsposition im Verhältnis Stiefelternteil-Kind könnte auch **kontraproduktive** und nicht ausschließlich die von der Gesetzgebung erhofften positiven **Effekte** haben. Das Verhältnis des mitentscheidungsberechtigen Stiefelternteils zum außerhalb der Partnerschaft stehenden nicht sorgeberechtigten Elternteils ist nur auf den ersten Blick nicht unproblematisch: Dieser Elternteil hat – außerhalb seines Umgangsrechts (§ 1687a BGB) – keine Entscheidungsbefugnis in Angelegenheiten des täglichen Lebens. Er lebt nicht mit dem Kind zusammen, braucht also im Gegensatz zu dem mit dem Kind den Alltag teilenden Stiefelternteil auch keine entsprechenden Befugnisse. Während das Kind bei ihm ist, stehen ihm Entscheidungsbefugnisse in Angelegenheiten der tatsächlichen Betreuung zu (§§ 1687 Abs 1 S 4, 1687a BGB; vgl § 1687 Rn 52). Die weitergehenden Befugnisse des Stiefelternteils und damit auch dessen Befugnis gegenüber dem nicht sorgeberechtigten Elternteil könnten diesen psychisch belasten oder gar kränken (ebenso Schwab FamRZ 2001, 385, 394): „Ich als Vater habe nichts mehr zu sagen, aber der Neue kann über mein Kind bestimmen." Die Position des nicht sorgeberechtigten Elternteils ist wesentlich schwächer gestaltet als die des Stiefelternteils. Wenig psychologisches Feingefühl zeigt die regierungsamtliche Begründung, indem sie formaljuristisch zutreffend darauf hinweist, dass **keine Anspruchskonkurrenz** mit den Befugnissen des Stiefelternteils besteht (BT-Drucks 14/3751, 39). Gleichwohl ist zu konstatieren, dass neuere Studien darauf hinweisen, dass sich das Verhältnis des Kindes zu seinem rechtlichen Vater durch das Vorhandensein eines Stiefelternteils nicht verschlechtern muss (Wapler, in: FS Brudermüller [2014] 889, 898 f; anders Salzgeber, Familienpsychologische Gutachten [7. Aufl 2020] Rn 1233 unter Hinweis auf widersprüchliche Befunde auf die Belastung des Kindes).

II. Anwendungsbereich

1. Alleinsorge des Ehegatten

10 Abs 1 setzt zunächst voraus, dass der leibliche Elternteil des Kindes über die **alleinige elterliche Sorge** verfügt. Unerheblich ist, auf welchem Grund die Alleinsorge beruht. In Betracht kommt insoweit § 1626a Abs 3 BGB bei einem nicht ehelich geborenen Kind oder aber bei ursprünglich gemeinsamem Sorgerecht die gerichtliche Übertragung der Alleinsorge nach §§ 1671, 1678 Abs 2, 1680 Abs 2 und 3, 1681, 1696 BGB. Nicht ausreichend ist es, dass der betreffende Elternteil nur über **Teilbereiche** der elterlichen Sorge allein verfügt (BeckOGK/Tillmanns [1. 3. 2022] § 1687b Rn 6; Drischmann [2007] 137 ff). Ob es de lege ferenda wünschenswert wäre, § 1687b BGB auch bei gemeinsamer elterlicher Sorge anzuwenden und damit bis zu vier Personen an der Ausübung der Alltagssorge im Sinne einer *„pluralen Elternschaft"* zu beteiligen (so Löhnig FPR 2008, 157, 158 f; Sanders, Mehrelternschaft [2018] 440), erscheint äußerst fragwürdig.

2. Ehe zwischen Elternteil und Stiefelternteil

11 § 1687b BGB setzt weiter voraus, dass der alleinsorgeberechtigte Elternteil mit dem neuen Partner verheiratet ist. Im Fall einer eingetragenen Lebenspartnerschaft gilt die weitgehend identische Sonderregelung von § 9 LPartG. Mit der Anerkennung der gleichgeschlechtlichen Ehe ist damit auch Stiefmitmüttern oder Stiefmitvätern das „kleine Sorgerecht" eröffnet. Die Ehe muss rechtswirksam sein, unerheblich ist, ob sie aufhebbar wäre (BeckOK-BGB/Veit [1. 2. 2022] § 1687b Rn 2). Erstaunlich ist, dass die Vorschrift nicht verlangt, dass Eltern- und Stiefelternteil im Rahmen einer **häuslichen Gemeinschaft** zusammenleben (zutreffend Hoffmann, Personensorge [3. Aufl 2018] § 3 Rn 62; NK-BGB/Peschel-Gutzeit/Ebeling § 1687b Rn 4), sodass die Regelung auch bei Vorhandensein zweier Wohnsitze trotz Eheschließung greift, solange es nicht zu einer Trennung iSd Abs 4 gekommen ist. Die Notwendigkeit der Bildung einer häuslichen Gemeinschaft kann auch Abs 4 nicht entnommen werden (so aber BeckOK-BGB/Veit [1. 1. 2023] § 1687b Rn 5). Unstreitig schadet es im Übrigen nicht, wenn das Kind etwa in einem Internat untergebracht ist (NK-BGB/Peschel-Gutzeit/Ebeling § 1687b Rn 4; BeckOK-BGB/Veit [1. 1. 2023] § 1687b Rn 5).

Nicht Voraussetzung ist weiterhin, dass der Stiefelternteil bereits *„längere Zeit"* mit dem Kind zusammengelebt hat, wie dies für die Entstehung von Sorgerechtskompetenzen von Pflegeeltern nach § 1688 Abs 1 BGB Voraussetzung ist. Dies verwundert, weil das Kindschaftsrecht sonst die Verleihung von Rechten für **soziale Bezugspersonen** des Kindes an ein Zusammenleben mit ihm in häuslicher Gemeinschaft von längerer Dauer knüpft, vgl etwa §§ 1632 Abs 4 S 1, 1682 S 1, 1685 Abs 2 S 2, 1688 Abs 1 S 1, 1777 Abs 1 Nr 1, 1797 Abs 1 S 1 BGB. § 1687b BGB erweckt insoweit den Eindruck, als habe der Gesetzgeber dem Umstand, dass der sorgeberechtigte Elternteil mit einem Dritten verheiratet ist, viel zu große Bedeutung zugemessen und den Blick für das Wohl des Kindes völlig aus den Augen verloren.

3. Die Bedeutung des Einvernehmens

Bereits in § 1627 S 1 BGB findet sich der gesetzgeberische Appell an die Adresse **12**
der Eltern, die elterliche Sorge in eigener Verantwortung und *gegenseitigem Einvernehmen* wahrzunehmen (kritisch gegenüber einem Rückgriff auf Begriffsbestimmungen in anderen Normen des Familienrechts BeckOK-BGB/Veit [1. 1. 2023] § 1687b Rn 6.1; anders dagegen BeckOGK/Tillmanns [1. 3. 2022] § 1687b Rn 11 und Johannsen/Henrich/Althammer/Rake § 1687b Rn 4, die auf die Regelung in §§ 1627, 1687 Abs 1 S 1 BGB abstellen). In der Diskussion zu der neuen Norm wurde die Frage aufgeworfen, was mit dem Begriff „Einvernehmen" gemeint sei: eine rechtsverbindliche Vereinbarung oder eine gesetzliche Wirkung, die erst mit der Trennung (§ 1687b Abs 4 BGB) oder durch eine familiengerichtliche Intervention gem § 1687b Abs 3 BGB aufgehoben bzw modifiziert werden kann (Schwab FamRZ 2001, 385, 394). „Im Einvernehmen" heißt, *wie* konkret der Stiefelternteil insbesondere dem Kind gegenüber von seinen **gesetzlichen Mitentscheidungsbefugnissen** Gebrauch macht (Schomburg Kind-Prax 2001, 103, 105). Da nun einmal die **Stiefelternrolle eine besondere** ist (Balloff FPR 2004, 50 ff), wollte der Gesetzgeber mit dem Hinweis „im Einvernehmen mit dem sorgeberechtigten Elternteil" auf eine möglichst **sensible Wahrnehmung** dieser rechtlichen Befugnis und auf die notwendige **Übereinstimmung zwischen Stiefelternteil und allein sorgeberechtigtem Elternteil** hinweisen. Somit ist eine immer wieder herzustellende und zu bekräftigende Harmonie im Alltag im Sinne eines gemeinsamen Willens zur Übernahme der Elternverantwortung im alltäglichen Bereich gemeint (BeckOK-BGB/Veit [1. 1. 2023] § 1687b Rn 6; Johannsen/Henrich/Althammer/Rake § 1687b Rn 4) und nicht etwa ein jederzeit aufkündbares Einvernehmen. Ansonsten würde die gesetzliche Wirkung der Norm wenig Sinn machen. Auch hier misstraute der Gesetzgeber dem Stiefelternteil und dessen Ehegatten, ansonsten wäre eine gesetzliche Verordnung des Einvernehmens überflüssig, zumal die Beteiligung des Stiefelternteils an der Erziehung durch die Gestattung des sorgeberechtigten Elternteils rechtlich abgesichert wäre (Grüneberg/Siede § 9 LPartG Rn 2, abrufbar unter rsw.beck.de). Konkret lautet die Frage also, ob sich das Mitspracherecht des Stiefelternteils auf einer der Vollmachtserteilung vergleichbaren Übertragung der Kompetenz durch den Sorgeelternteil begründet (vgl Veit FPR 2004, 67, 71; Drischmann [2007] 165 ff) oder aber – sich ebenfalls ableitend aus dem alleinigen Sorgerecht des anderen Ehegatten – aus dem Gesetz unmittelbar verliehen wird.

Bei dieser gesetzlichen Konstruktion kann nicht davon ausgegangen werden (so aber Schwab FamRZ 2001, 385, 394), dass das „kleine Sorgerecht" des Stiefelternteils rechtlich durch das „Einvernehmen" überhaupt quasi rechtsgeschäftlich erst begründet wird. Ansonsten hätte der Gesetzgeber eine Widerspruchlösung gewählt oder sich für eine Beurkundung des Einvernehmens wie etwa bei § 1626d Abs 1 BGB entschieden. Die **gesetzliche Wirkung tritt mit der Ehe** zwischen Stiefelternteil und Elternteil **ein**, ein Widerspruch, ein geheimer Vorbehalt oder ein Verzicht seitens des Stiefelternteils sind wegen der Außenwirkung nicht möglich.

12a Mit der der Einordnung der rechtlichen Bedeutung des Einvernehmens verbunden sind die Fragen, ob der Sorgerechtselternteil die Mitwirkung des Stiefelternteils an der Ausübung der Alltagssorge **einschränken oder ausschließen** kann und wie zu verfahren ist, wenn ein **Einvernehmen** in einer einzelnen Angelegenheit **nicht hergestellt** werden kann.

Soweit es die erste Frage betrifft, wird in der Tat unter Verweis auf die akzessorische Herleitung der Stellung des Stiefelternteils vom Sorgerecht des Ehegatten die Ansicht vertreten, letzterer könne die Ausübungsbefugnis des Stiefelternteils einschränken oder ausschließen (Gernhuber/Coester-Waltjen § 68 Rn 12; dies, in: FS Schwab [2005], 761, 767 f; MünchKommBGB/Hennemann § 1687b Rn 8; BeckOGK/Tillmanns [1. 3. 2022] § 1687b Rn 12). Zwar mag für diese Ansicht sprechen, dass sich aus dem Gesetz keine Rechtspflicht des Stiefelternteils zur Herstellung des Einvernehmens und der Mitwirkung an Entscheidungen der Alltagssorge entnehmen lässt. Gleichwohl ist dem Gesetz nicht der Gedanke zu entnehmen, dass es in der Rechtsmacht des Sorgerechtselternteils stehen würde, die Ausübungsbefugnis des Ehegatten nach eigenem Ermessen beliebig zu beschränken oder gar auszuschließen. Hätte der Gesetzgeber dies intendiert, hätte er eine § 1688 Abs 3 S 1 BGB entsprechende Regelung aufnehmen können. Auch der Vorbehalt der Klärung von Meinungsverschiedenheiten vor dem Familiengericht nach Abs 3 spricht dafür, eine entsprechende Dispositionsbefugnis der Regelung zu verneinen (zustimmend NK-BGB/ Peschel-Gutzeit/Ebeling § 1687b Rn 2, 3; im Erg wohl auch BeckOK-BGB/Veit [1. 1. 2023] § 1687b Rn 6.1). Da die Ausübungs- und Mitwirkungsbefugnis des Stiefelternteils in Bezug auf die Alltagssorge sich unmittelbar aus dem Gesetz ableitet (ebenso Hoffmann, Personensorge [3. Aufl 2018] Rn 63), ist auch die wohl überwiegende Ansicht (Gernhuber/Coester-Waltjen § 68 Rn 12; Johannsen/Henrich/Althammer/Rake § 1687b Rn 4; Heilmann/Gottschalk § 1687b Rn 5; Löhnig FPR 2008, 157, 158; Veit FPR 2004, 67, 72) abzulehnen, dass im Falle fehlenden Einvernehmens der Entscheidung des Sorgerechtselternteils der Vorrang gebührt (ebenso NK-BGB/Peschel-Gutzeit/Ebeling § 1687b Rn 6). Damit erübrigt sich im Ergebnis die Frage, ob der Sorgeelternteil berechtigt ist, ein einmal hergestelltes Einverständnis zu widerrufen (so BeckOGK/Tillmanns [1. 3. 2022] § 1687b Rn 12; Drischmann [2007] 163]. Dies mag zwar rechtlich zutreffend sein, hätte aber im Außenverhältnis bei der notwendigen Gesamtvertretung des Kindes (siehe unten Rn 14) keine Bedeutung.

Die **gesetzliche Wirkung** des § 1687b BGB verhindert – wie auch bereits § 1687 BGB – autonome und „maßgeschneiderte" Gestaltung und Typenvielfalt. Ein privatautonomer Ausschluss der gesetzlichen Wirkung des § 1687b BGB ist – wie auch der Wirkungen des § 1687 BGB (vgl § 1687 Rn 12 ff) – wegen deren Außenwirkung nicht möglich und nur über das Familiengericht erreichbar (§ 1687b Abs 3 BGB). Die **stiefelterliche Mitsorge** des Ehegatten eines des vor dieser Ehe ungeschmälert allein sorgeberechtigten Elternteils führt – ähnlich wie § 1687 BGB – zu einem **gespaltenen Sorgerecht** unter den Ehegatten: Für *Angelegenheiten von erheblicher Bedeutung* bleibt es bei der alleinigen Entscheidungsbefugnis des allein sorgeberechtigten Elternteils. Im Bereich der *Alltagssorge* erhält der Stiefelternteil mit der Eheschließung Befugnisse zur Mitentscheidung, die ihm zuvor nur durch Bevollmächtigung übertragen werden konnten, nunmehr automatisch. Der vor dieser Ehe ungeschmälert allein sorgeberechtigte Elternteil erfährt mit der Eheschließung ungefragt eine partielle Einbuße seiner zuvor in allen Bereichen ungeschmälerten elterlichen Sorge: Im Bereich der Alltagssorge ist er mit der Eheschließung auf die jeweilige Zustimmung des Stiefelternteils angewiesen (Motzer FamRZ 2001, 1034, 1039). Der Stiefelternteil seinerseits erhält zwar Befugnisse, die ihm aber nur „im Einvernehmen mit dem sorgeberechtigten Elternteil" zustehen sollen. Dieses Einvernehmen ist zwar durch den sorgeberechtigten Elternteil faktisch aufkündbar; um die rechtliche Wirkung dieser Aufkündigung zu erzielen und damit wieder in die unbeschränkte Position eines allein sorgeberechtigten Elternteils zu gelangen, ist die dauerhafte Trennung (Abs 4) oder die gerichtliche Entscheidung gemäß Abs 3 erforderlich, wobei das angerufene Familiengericht die dem Stiefelternteil vom Gesetz eingeräumten Befugnisse, nur wenn dies zum Wohl des Kindes erforderlich ist, einschränken oder ausschließen darf. Ob jemals ein Familiengericht von dieser Möglichkeit Gebrauch gemacht hat, erscheint fraglich.

4. Mitentscheidung in Angelegenheiten des täglichen Lebens

Der Begriff „Angelegenheiten des täglichen Lebens" in § 1687b Abs 1 BGB ist iden- 13
tisch mit dem bereits in § 1687 Abs 1 S 2 und 3 BGB verwendeten Begriff (BT-Drucks 14/3751, 19); allerdings ist die tatsächliche **Ausgangslage** dieser beiden Normen **völlig unterschiedlich** (kritisch hierzu bereits Schwab FamRZ 2001, 385, 394; Veit FPR 2004, 67, 72). Mit „Mitentscheidung in Angelegenheiten des täglichen Lebens" in § 1687b Abs S 1 BGB zielt der Gesetzgeber auf den Stiefelternteil und will seine Stellung verbessern, nicht aber die Stellung des allein sorgeberechtigten Elternteils schmälern (Grüneberg/Siede § 9 LPartG Rn 2; Oberloskamp ZKJ 2009, 484, 486 f) – tatsächlich führt die Konstruktion der Norm dennoch zu Beschränkungen der Rechte dieses Elternteils, obwohl Schomburg (Kind-Prax 2001, 103, 104) zur Reform meinte, dass *wesentliche praktische Veränderungen damit nicht verbunden sein würden*. Wenn dem so wäre, dann stellt sich die Frage danach, ob die Einführung von § 1687b BGB überhaupt notwendig war.

In Anlehnung an § 1687 Abs 1 S 2 und 3 BGB sind hier Angelegenheiten in Bezug auf das Kind gemeint, die *häufig vorkommen und keine nachhaltigen Auswirkungen* auf das Kind haben, etwa Alltagsfragen betreffend die Schule und Berufsausbildung, seiner Ernährung und seiner Freizeitgestaltung sowie seine gewöhnliche medizinische Versorgung (vgl § 1687 Rn 22 ff).

5. Vertretung des Kindes

Die Frage der Umsetzung der Mitentscheidungsbefugnis im Außenverhältnis, also die 14
Vertretung des Kindes iSd § 164 BGB, ist im Gesetz völlig unzureichend geregelt und führt noch heute zu großen Irritationen im Schrifttum. § 1687b BGB beschränkt sich in Abs 2 auf die Regelung eines (alleinigen) *Notvertretungsrechts* des Stiefelternteils und Abs 1 S 2 verweist in Bezug auf Interessenskollisionen auf die *entsprechende Anwendung von § 1629 Abs 2 S 1 BGB iVm § 1824 BGB*. Im Übrigen finden sich zur Frage der Art der Vertretung (Einzel- oder Gesamtvertretung) im Schrifttum unterschiedliche Ansichten. So wird etwa vertreten, der Stiefelternteil sei „allein" vertretungsbefugt (MünchKommBGB/Hennemann § 1687b Rn 5), andere nehmen in Anlehnung an die im Handelsrecht entwickelte *halbseitige Gesamtvertretung* ein Alleinvertre-

tungsrecht des Sorgerechtselternteils an, während der Stiefelternteil nur zusammen mit dem Sorgerechtselternteil vertretungsbefugt sein soll (Gernhuber/Coester-Waltjen § 68 Rn 11; jurisPK-BGB/Thormeyer § 1687b Rn 4; ähnlich Hk-BGB/Kemper § 1687b Rn 9 aber unter Verweis auf ein Widerspruchsrecht des Stiefelternteils, das die Alleinvertretungsbefugnis beschränken soll). Diese Auslegung von § 1687b BGB vermag nicht zu überzeugen. Jedenfalls im Außenverhältnis ist diese Gesetzeslücke durch eine entsprechende Anwendung von § 1629 Abs 1 S 2 BGB (Gesamtvertretung) zu schließen (ebenso BeckOGK/Tillmanns [1. 3. 2022] § 1687b Rn 14; Johannsen/Henrich/Althammer/Rake § 1687b Rn 5; BeckOK-BGB/Veit [1. 1. 2023] § 1687b Rn 11; Schwab FPR 2001, 385, 394 f).

Im Bereich der Alltagssorge hingegen führt die kraft Gesetzes eintretende **Gesamtverantwortung** des Elternteils **und** seines Ehegatten mithin dazu, dass beide Ehegatten **nur gemeinsam vertretungsberechtigt** werden (§ 1629 Abs 1 S 2 Hs 1 BGB entsprechend). Ist eine Willenserklärung gegenüber dem Kind abzugeben, genügt nach § 1629 Abs 1 S 2 Hs 2 BGB die Abgabe gegenüber dem Sorgeeltern- oder Stiefelternteil.

15 Im Rahmen des notwendigen Zusammenwirkens zwischen den Ehegatten sind gegenseitige ausdrückliche Bevollmächtigungen oder konkludente Gestattungen hier grundsätzlich notwendig und wünschenswert (BeckOK-BGB/Veit [1. 1. 2023] § 1687b Rn 6). So wird idR beim **Arztbesuch zum Zweck einer Routinebehandlung** (hierzu NK-BGB/Peschel-Gutzeit/Ebeling § 1687b Rn 6), ob nun das Kind vom leiblichen Elternteil oder vom Stiefelternteil dorthin begleitet wird, das **Einverständnis des jeweils anderen unterstellt** – anderenfalls muss sich der Arzt vom Vorliegen des Einverständnisses des jeweils anderen überzeugen. Dies ist nach der Rspr des BGH unter gemeinsam sorgeberechtigten Eltern selbstverständlich (BGH 28. 6. 1988 – VI ZR 288/87, NJW 1988, 2946), im Verhältnis des Stiefelternteils zum allein sorgeberechtigten Elternteil wie umgekehrt keineswegs selbstverständlich und deshalb erst mit § 1687b BGB klargestellt. Über diese Abhängigkeit des vor der Ehe mit dem Stiefelternteil ungeschmälert allein sorgeberechtigten Elternteils hat man sich während des Gesetzgebungsverfahrens keine Gedanken gemacht.

6. Entscheidungsbefugnisse und Unterrichtungspflichten des Ehegatten bei Gefahr im Verzug gemäß Abs 2

16 Besondere über die Alltagssorge hinausgehende Kompetenzen (NK-BGB/Peschel-Gutzeit/Ebeling § 1687b Rn 7) räumt § 1687b Abs 2 BGB dem Stiefelternteil bei **Gefahr im Verzug** ein: Dieser ist berechtigt, alle Rechtshandlungen vorzunehmen, die zum Wohl des Kindes notwendig sind. Diese Entscheidungsbefugnisse können und müssen im Einzelfall weit über die Angelegenheiten des täglichen Lebens hinausgehen, sie sind gerade für die Außenwirkung geschaffen und **schließen die gesetzliche Vertretung** etwa für die Einwilligung zu dringend gebotenen medizinischen Maßnahmen **ein** (BT-Drucks 14/3751, 39). Damit wird für diese Situation der Stiefelternteil in Bezug auf das **Notvertretungsrecht** mit einem gemeinsam sorgeberechtigten Elternteil und mit Pflegeeltern (§§ 1688 Abs 1, 3, 1797 Abs 1 S 2 BGB) gleichgestellt (§ 1629 Abs 1 S 4 BGB). Da es sich bei Entscheidungen dieser Art stets um Angelegenheiten von erheblicher Bedeutung iSv §§ 1687 Abs 1 S 1, 1628 S 1 BGB handeln wird, ist Voraussetzung jeder Entscheidung bei Gefahr im Verzug, dass der allein sorgeberechtigte und damit für Entscheidungen dieser Reichweite allein zuständige El-

ternteil vom Stiefelternteil nicht rechtzeitig (Schwab FamRZ 2001, 385, 395; BeckOGK/Tillmanns [1. 3. 2022] § 1687b Rn 15), auch nicht über die modernen Kommunikationsmittel, erreicht werden kann. Die hier gesetzlich entstehende Handlungsbefugnis dürfte aber zugleich keine **strafbewehrte Handlungspflicht** im Sinne einer Garantenstellung (§ 13 StGB) bei Gefahr im Verzug begründen, weil § 1687b BGB grundsätzlich keine Pflichten des Stiefelternteils statuiert (BeckOGK/Tillmanns [1. 3. 2022] § 1687b Rn 15; **aA** Staudinger/Salgo [2019] § 1687b Rn 16).

Eine familiengerichtliche Einschränkung der **Notfallkompetenz** des Stiefelternteils **17**
sieht § 1687b Abs 3 BGB nicht für Rechtshandlungen bei Gefahr im Verzug, sondern nur für die Alltagssorge vor. Dass nur die Befugnisse nach § 1687b Abs 1 BGB mit einer nicht nur vorübergehenden Trennung des Stiefelternteils vom allein sorgeberechtigten Elternteil wie auch umgekehrt enden (§ 1687b Abs 4 BGB), nicht jedoch die Notfallkompetenz, macht deutlich, dass es sich letztlich bei ihr um eine uU jedermann zustehende und nach GoA-Grundsätzen entstehende Kompetenz handelt, die auch **unabhängig von einem Stiefkindverhältnis** – und damit auch nach seiner Beendigung – bestehen kann. Somit würde es wenig Sinn machen, eine familiengerichtliche Ausschlussmöglichkeit für dieses Notvertretungsrecht gesetzlich vorzusehen – § 1687b Abs 3 BGB sieht lediglich die gerichtliche Beschränkungsmöglichkeit für die Befugnisse des Stiefelternteils nach Abs 1 vor. Gerichtsentscheidungen könnten in diesen Konstellationen ohnehin nur ex post mit feststellendem Charakter ergehen, jedoch Notfallentscheidungen, die sogar jedermann und damit auch einem Ex-Stiefelternteil zustehen könnten, **für die Zukunft nicht ausschließen.**

7. Familiengerichtliche Einschränkung und Ausschluss gemäß Abs 3

Die mit § 1687b Abs 3 BGB geschaffene Möglichkeit des Familiengerichts zur **Ein-** **18**
schränkung oder zum **Ausschluss der Mitentscheidungsbefugnisse**, wenn dies zum Wohl des Kindes erforderlich ist, entspricht der familiengerichtlichen Regelungsmöglichkeit in § 1687 Abs 2 BGB, obwohl die **tatsächliche Situation** eine vollkommen andere ist (worauf auch Veit FPR 2004, 67, 72 und Schwab FamRZ 2001, 385, 395 hinweisen). Voraussetzung der gesetzlichen Wirkung des § 1687b Abs 1 S 1 BGB ist **die eheliche Lebensgemeinschaft des Stiefelternteils mit dem allein sorgeberechtigten Elternteil** (§ 1687b Abs 4 BGB). Voraussetzung des Eintritts der **gespaltenen** gemeinsamen Sorge der Eltern hingegen ist die **dauerhafte Elterntrennung** (§ 1687 Abs 1 S 1 BGB). Gerade wegen der nicht unwahrscheinlichen Konfliktspannung (vgl § 1687 Rn 2, 25) unter gemeinsam sorgeberechtigten getrenntlebenden Eltern ist die gerichtliche Regelungsmöglichkeit durch das KindRG eingeführt worden (§ 1687 Abs 2 BGB). Hingegen erwartet der Gesetzgeber, dass durch die Ehe und das Zusammenleben des Stiefelternteils mit dem (allein sorgeberechtigten) Elternteil eine **„neue soziale Familie“** entsteht (BT-Drucks 14/3751); das **Zusammenleben** dieser Partner ist ebenso **konstitutiv** für die Sorgerechtsteilhabe gemäß § 1687b Abs 1 und 4 BGB wie umgekehrt für den Eintritt der gesetzlichen Wirkung des § 1687 Abs 1 S 1 BGB ein nicht nur vorübergehendes Getrenntleben der gemeinsam sorgeberechtigten Eltern erforderlich ist. Die vor 1998 gemachten Erfahrungen mit § 1628 BGB (Staudinger/Peschel-Gutzeit [2015] § 1628 Rn 10 f) zeigten, dass unter Aufrechthaltung der Lebensgemeinschaft der Eltern diese eine große Scheu davor haben, auch bei bestehenden Konflikten das Gericht einzuschalten. Die mit § 1687b Abs 3 BGB geschaffene **Regelungsbefugnis des Familiengerichts** bei Fortbestehen der Ehe zwischen dem Elternteil und dem Stiefelternteil

trifft auf eine äußerst prekäre Situation, soll doch eine gesetzlich automatisch eingetretene Befugnis zur Mitentscheidung unter diesen weiterhin zusammenlebenden Ehepartnern – wie im Regelfall des § 1628 BGB – durch ein Gericht eingeschränkt oder ausgeschlossen werden.

19 Der Gesetzgeber hat mit der gleichgestellten gerichtlichen Regelungsbefugnis in § 1687b Abs 3 BGB mit § 1687 Abs 2 BGB zwei **völlig unterschiedliche Situationen** einheitlich geregelt, weil er eine Notwendigkeit zur Einschränkung der automatisch dem Stiefelternteil zugewachsenen Befugnis zur Mitentscheidung in Angelegenheiten des täglichen Lebens zu erkennen glaubte: Fortwährende Streitigkeiten zwischen Stiefelternteil und dem allein sorgeberechtigten Elternteil über Angelegenheiten des Kindes könnten zu Belastungen führen, die dem Wohl des Kindes zum Nachteil gereichen (BT-Drucks 14/3751, 39). Damit stellte der Gesetzgeber klar, dass **allein ein Widerruf des Einvernehmens durch den sorgeberechtigten Elternteil nicht zum Erlöschen der gesetzlichen Befugnisse des Stiefelternteils ausreichen sollte**, vielmehr allein das Familiengericht die von Gesetzes wegen zugewachsene Befugnis des Stiefelternteils einzuschränken oder auszuschließen vermag bzw die Aufhebung der Mitentscheidungsbefugnis durch Beendigung der Lebensgemeinschaft auf Dauer gemäß § 1687b Abs 4 BGB herbeigeführt wird (siehe bereits oben Rn 12a). Die Hürde *„wenn dies zum Wohle des Kindes erforderlich ist"* ist im Vergleich zu den §§ 1666, 1671 Abs 2 Nr, 2, 1696 Abs 1 BGB niedrig, gleichwohl müssen gerichtliche Entscheidungen aus Sicht des Kindes verhältnismäßig sein (MünchKommBGB/Hennemann § 1687b Rn 6). Das gesetzliche Erfordernis, zur Einschränkung oder zum Ausschluss das Familiengericht anrufen zu müssen, erscheint lebensfremd. Die Notfallkompetenz von Abs 2 kann im Übrigen nicht durch das Familiengericht beschränkt oder ausgeschlossen werden (NK-BGB/Peschel-Gutzeit/Ebeling § 1687b Rn 7). Die Entscheidung des Familiengerichts kann im Übrigen Mitentscheidungsbefugnisse in einzelnen Alltagsangelegenheiten beschränken oder ausschließen, aber auch auf einen gänzlichen Ausschluss der Mitsorgeberechtigung gerichtet sein (BeckOK-BGB/Veit [1. 1. 2023] § 1687b Rn 6).

8. Auswirkungen der Trennung der Ehegatten

20 Die **Mitentscheidungsbefugnisse des Stiefelternteils enden** gemäß § 1687b Abs 4 BGB, wenn die Ehegatten **nicht nur vorübergehend getrennt** leben. Dieses Tatbestandsmerkmal in § 1687b Abs 4 BGB ist identisch mit den in den §§ 1671 Abs 1, 1687 Abs 1 S 1 BGB, die ihrerseits auf § 1567 Abs 1 BGB Bezug nehmen. Für die Wirkungen des § 1687b Abs 4 BGB reicht das **faktische Nichtbestehen einer Lebensgemeinschaft** zwischen Elternteil, Stiefelternteil und Kind (objektiv), das zusätzliche Erfordernis der Ablehnung der Gemeinschaft für die Zukunft (subjektiv) hat im Kontext des § 1687b Abs 4 BGB keine Bedeutung. Ein Internatsaufenthalt des Kindes jedoch, bei Fortführung der Lebensgemeinschaft zwischen Elternteil und Stiefelternteil, lässt die Mitentscheidungsbefugnisse des Stiefelternteils gemäß § 1687b Abs 1 S 1 BGB unberührt fortgelten (siehe oben Rn 11). Da der Elternteil allein sorgeberechtigt, jedenfalls im Bereich der Angelegenheiten von erheblicher Bedeutung bleibt, könnte dieser Elternteil ohne Zustimmung des Stiefelternteils die gemeinsame Wohnung unter Mitnahme des Kindes verlassen. Diese **Aufhebungsautomatik** im § 1687 Abs 4 BGB kann der Stiefelternteil nicht verhindern – ihm könnten lediglich Umgangsrechte aus § 1685 Abs 2 BGB zustehen. Allerdings tritt die automatische **Aufhebungswirkung nur bei einem nicht nur vorübergehenden Getrenntleben** ein.

In Bezug auf das Tatbestandsmerkmal der **nicht nur vorübergehenden Trennung** kann auf § 1567 BGB zurückgegriffen werden (Heilmann/Gottschalk § 1687b Rn 10; BeckOGK/Tillmanns [1. 3. 2022] § 1687b Rn 10; vgl Staudinger/Rauscher [2018] § 1567 Rn 23 ff). Über § 1687b Abs 4 BGB hinaus endet das „kleine Sorgerecht" des Stiefelternteils auch dann, wenn es durch das Familiengericht nach Abs 3 ausgeschlossen wird (oben Rn 19) oder aber der andere Ehegatte stirbt oder sein alleiniges Sorgerecht (zB nach §§ 1626a Abs 2, 1666, 1671, 1696 BGB) verliert (MünchKommBGB/Hennemann § 1687b Rn 8). 21

III. Das Verfahren beim Familiengericht

1. Allgemeines

Zu den **Verfahrensfragen** vgl Staudinger/Coester (2020) § 1671 Rn 281 ff. Auf verfahrensrechtliche Fragen wird hier nur insoweit eingegangen, als sie im Kontext des § 1687b BGB Besonderheiten aufweisen. Im Verfahren gemäß § 1687b Abs 3 BGB ist stets zu berücksichtigen, dass – anders als bei § 1687 BGB – unter Aufrechterhaltung der ehelichen Lebensgemeinschaft ein Konflikt zwischen dem Elternteil des Kindes und dem Stiefelternteil ausgetragen wird. Dem Elternteil böte sich der Weg, ohne Einschaltung des Gerichts durch Trennung vom Stiefelternteil dessen Befugnisse zum Erlöschen zu bringen (§ 1687b Abs 4 BGB). Dieser Weg wird aber bei Anrufung des Gerichts gemäß § 1687b Abs 3 BGB – ein sicherlich sehr seltener Fall – nicht beschritten. Nicht etwa deshalb, weil Streitigkeiten um die Befugnisse des Stiefelternteils nicht vorkommen, sondern weil die Einschaltung des Gerichts unter Aufrechterhaltung der ehelichen Lebensgemeinschaft kaum zu erwarten ist. Ziel des Verfahrens ist die Wiederherstellung der Funktionsfähigkeit des Sorgerechts des allein sorgeberechtigten Elternteils durch Einschränkung oder Ausschluss der Befugnisse des Stiefelternteils durch (Wieder-)Zuordnung der im Streit befindlichen Kompetenzen an den Elternteil und damit **die Wahrung des Kindeswohls**. Es gilt der **Amtsermittlungsgrundsatz** gem § 26 FamFG. Besondere Bedeutung kommt im **Verfahren** gemäß § 1687b Abs 3 BGB der **Vermittlungspflicht des Gerichts** nach § 156 FamFG sowie aus Sicht des Jugendamts der Beratung gemäß §§ 17, 18 SGB VIII zu. 22

2. Zuständigkeit und Einleitung des Verfahrens

Die **sachliche Zuständigkeit** für eine Entscheidung nach § 1687b Abs 3 BGB liegt beim Familiengericht (§§ 23b GVG, 151 Nr 1 FamFG), es entscheidet der **Richter** (§ 14 Abs 1 Nr 7 RPflG; zu Unrecht MünchKommBGB/Hennemann § 1687b Rn 9: Rechtspfleger) auf Anregung oder von Amts wegen (**aA** Osthold FamRZ 2017, 1643, 1645: Antragsverfahren). Ein amtswegiges Verfahren wird aber ohne Anregung der Ehegatten nur bei Erreichen der Schwelle von § 1666 BGB einzuleiten sein (MünchKommBGB/Hennemann § 1687b Rn 9). Die **örtliche Zuständigkeit** richtet sich regelmäßig nach § 152 Abs 2 FamFG. Der gewöhnliche Aufenthalt des Kindes besteht beim allein sorgeberechtigten Elternteil. Die Verfahrensregeln folgen aus den **Grundsätzen des FamFG**. 23

3. Vermittlungspflicht des Gerichts

Vorrangige Pflicht des angerufenen **Familiengerichts** ist, jedenfalls soweit es sich um eine die Person des Kindes betreffende Angelegenheit gemäß § 156 FamFG handelt, 24 auf ein **Einvernehmen** der Beteiligten unter Beachtung der Maxime des § 1697a BGB **hinzuwirken.** Beim Verfahren nach § 1687b Abs 3 BGB handelt es sich, soweit es um personensorgerechtliche Fragen – also nicht vermögenssorgerechtliche Fragen – geht, stets um eine Kindschaftssache gemäß § 151 Nr 1 FamFG. Im **Mittelpunkt** dieser Bemühungen steht das **Kindeswohl**, haben doch Konflikte um die Alltagssorge zumeist negative Rückwirkungen auf das Kind. Gelingt es dem Gericht nicht, die Kooperationsfähigkeit zwischen Stiefelternteil und Elternteil wiederherzustellen, so muss das Gericht durch Beschränkung oder Aufhebung der Kompetenzen des Stiefelternteils – und damit der Wiederherstellung der umfassenden Alleinentscheidungskompetenzen des Elternteils – die aufgetretenen Streitigkeiten beseitigen. Die ganze Palette des § 156 FamFG muss daraufhin überprüft werden, was die **einvernehmliche Konfliktlösung** am ehesten fördern könnte. Dem Elternteil steht kein Widerrufsrecht der gesetzlich zugewiesenen Kompetenzen des Stiefelternteils zu – es sei denn, durch Trennung (§ 1687b Abs 4 BGB). Der Gesetzgeber zwingt den alleinsorgeberechtigten Elternteil in ein Gerichtsverfahren zur Wiedererlangung ungeteilter Kompetenzen. Das Gericht wird stets prüfen müssen, ob eine Beschränkung der Befugnis in Angelegenheiten des täglichen Lebens ausreicht oder ob ein Ausschluss dieser Kompetenzen erforderlich ist. Dabei wird das Gericht unter Beachtung des **Verhältnismäßigkeitsgrundsatzes** prüfen müssen, ob und welche Entscheidung unter Wahrung des Kindeswohls erforderlich sein wird. Im Gegensatz zu Entscheidungen gem §§ 1671 Abs 2 Nr 2, 1685 Abs 4 S 1 und 3, 1687 Abs 2 BGB kann sich **ein Stiefelternteil nicht auf verfassungsmäßig verbriefte Elternrechte des Art 6 Abs 2 GG berufen** (vgl auch MünchKommBGB/Hennemann § 1687b Rn 7), auch wenn die Stieffamilie verfassungsrechtlichen Schutz genießt (vgl Staudinger/Salgo [2020] § 1682 Rn 8 mwNw). **Streitigkeiten** um Kompetenzen zwischen Elternteil und Stiefelternteil können für das Kind **äußerst belastend** sein, deshalb sind die Beteiligten **so früh wie möglich anzuhören** (zur Eilbedürftigkeit MünchKommFamFG/Heilmann § 155 Rn 29 ff mwNw).

4. Jugendhilferechtliche Beratungsansprüche

24a Dem alleinsorgeberechtigten Elternteil stehen **Beratungsansprüche** gem §§ 17 Abs 1, 18 Abs 1 und 2 SGB VIII zu. Auch dem Stiefelternteil steht ein Rechtsanspruch auf Beratung gem §§ 17 Abs 1, 18 Abs 1 SGB VIII zu, da er die tatsächliche Sorge gem § 17 Abs 1 S 1 SGB VIII mit ausübt. **Stiefeltern sind somit Leistungsempfänger** in einem sozialrechtlichen Sinne (Wiesner/Wapler/Struck § 17 SGB VIII Rn 10).

5. Beteiligung und Anhörungspflichten

25 Die **Anhörungspflichten** ergeben sich aus den §§ 159, 160, 161 FamFG. Über die Pflicht zur **persönlichen Elternanhörung** kann, schon im Hinblick auf § 156 FamFG, kein Zweifel bestehen. Im Mittelpunkt des Verfahrens steht ein Kompetenzstreit zwischen dem sorgeberechtigten Elternteil und dem Stiefelternteil. Die **Anhörungspflicht** bzgl des nicht sorgeberechtigten Elternteils ergibt sich aus § 160 Abs 1 FamFG, wobei es hier im Einzelfall genügen wird, diesen lediglich schriftlich anzuhören. Die Anhörungspflicht hinsichtlich des Stiefelternteils ergibt sich aus § 34 Abs 1 FamFG, weil dieser Beteiligter des Verfahrens ist und seine Anhörung zur sachgemäßen Beurteilung des Falles und zur Gewährung rechtlichen Gehörs erforderlich ist. Da das KindRG dem **Jugendamt** eine Vielzahl von Aufgaben bei Elternkonflikten auferlegt (§§ 17, 18 SGB VIII), ist eine **Anhörung des Jugendamtes bei Entscheidungen gemäß**

§ 1687b Abs 3 BGB nach § 162 Abs 1 FamFG verpflichtend. Hier wird sich das Jugendamt insbesondere dazu zu äußern haben, wie die Beziehung des Stiefelternteils zu dem Kind ist, ob er sich um es sorgt und es im Alltag begleitet und ob ihn das Kind als Erziehungsperson akzeptiert (vgl WIESNER/WAPLER/DÜRBECK SGB VIII Anh 3 Rn 38).

Obwohl in Verfahren gem § 1687b Abs 3 BGB der Kompetenzstreit der Eltern im 26
Mittelpunkt ist, steht **das Kind und sein Wohl** im Vordergrund (vgl auch MünchKomm-BGB/HENNEMANN § 1687b Rn 7). Seine **Neigungen, Bindungen** oder sein **Wille** können für die Entscheidung von Bedeutung sein oder für die Feststellung des Sachverhaltes angezeigt erscheinen. Der **Kompetenzstreit** kann unmittelbare Auswirkungen auf das Kind haben. Deshalb **muss** das betroffene **Kind,** nach der Neufassung von § 159 FamFG zum 1. 7. 2021 altersunabhängig, **persönlich angehört werden** (§ 159 Abs 1 FamFG; vgl LACK, in: DUTTA/JACOBY/SCHWAB § 159 FamFG Rn 11 ff).

Am Verfahren **förmlich beteiligt** iSd § 7 FamFG sind der Sorgerechtselternteil nach 27
§ 7 Abs 2 Nr 1 FamFG und nach der gleichen Norm auch der Stiefelternelternteil, da ihm § 1687a BGB eigene subjektive Rechte eröffnet. Beteiligter des Verfahrens ist auch das minderjährige Kind (vgl BGH 27. 6. 2018 – XII ZB 46/18, juris Rn 10, NJW 2018, 2962 zu § 1628 BGB). Das Jugendamt ist nur auf Antrag nach § 162 Abs 2 S 2 FamFG zu beteiligen. Für die Bestellung eines Verfahrensbeistands nach § 158 Abs 1 FamFG wird kaum Veranlassung bestehen. Nicht zu beteiligen (aber nach § 160 FamFG anzuhören) ist dagegen der andere nicht sorgeberechtigte Elternteil, vgl § 7 Abs 6 FamFG.

6. Inhalt der gerichtlichen Entscheidung

Scheitern die gerichtlichen **Vermittlungsbemühungen** – nur bei von vornherein aus- 28
sichtslos erscheinenden Fällen dürfen sie unterbleiben – so endet das Verfahren mit einer Entscheidung über die Einschränkung oder den Ausschluss der Befugnis zur Mitentscheidung des Stiefelternteils in Angelegenheiten des täglichen Lebens des Kindes. Mit der positiven Entscheidung ist das Sorgerecht des alleinsorgeberechtigten Elternteils wiederhergestellt. Besteht danach weiterhin **Uneinigkeit**, so hat dies **rechtlich keine Bedeutung.** Lehnt das Gericht den Antrag auf Beschränkung bzw Ausschluss ab, so besteht die gesetzliche Wirkung des § 1687b Abs 1 BGB zugunsten des Stiefelternteils fort.

7. Einstweiliger Rechtsschutz

In einem Verfahren gemäß § 1687b Abs 3 BGB als Kindschaftssache iSd § 151 Nr 1 29
FamFG sind **einstweilige Anordnungen** gemäß §§ 49 ff FamFG zulässig. Hier bestehen keine Besonderheiten.

8. Rechtsmittel

Eine Beschwerdebefugnis des **nichtsorgeberechtigten Elternteils** besteht nach § 59 30
Abs 1 FamFG grundsätzlich nicht, da er nicht an der elterlichen Sorge partizipiert und auch nicht verfahrensbeteiligt ist (vgl Rn 27).

§ 1688
Entscheidungsbefugnisse der Pflegeperson

(1) Lebt ein Kind für längere Zeit in Familienpflege, so ist die Pflegeperson berechtigt, in Angelegenheiten des täglichen Lebens zu entscheiden sowie den Inhaber der elterlichen Sorge in solchen Angelegenheiten zu vertreten. Sie ist befugt, den Arbeitsverdienst des Kindes zu verwalten sowie Unterhalts-, Versicherungs-, Versorgungs- und sonstige Sozialleistungen für das Kind geltend zu machen und zu verwalten. § 1629 Abs. 1 Satz 4 gilt entsprechend.

(2) Der Pflegeperson steht eine Person gleich, die im Rahmen der Hilfe nach den §§ 34, 35 und 35a Absatz 2 Nummer 3 und 4 des Achten Buches Sozialgesetzbuch die Erziehung und Betreuung eines Kindes übernommen hat.

(3) Die Absätze 1 und 2 gelten nicht, wenn der Inhaber der elterlichen Sorge etwas anderes erklärt. Das Familiengericht kann die Befugnisse nach den Absätzen 1 und 2 einschränken oder ausschließen, wenn dies zum Wohl des Kindes erforderlich ist.

(4) Für eine Person, bei der sich das Kind aufgrund einer gerichtlichen Entscheidung nach § 1632 Abs. 4 oder § 1682 aufhält, gelten die Absätze 1 und 3 mit der Maßgabe, dass die genannten Befugnisse nur das Familiengericht einschränken oder ausschließen kann.

Materialien: Art 1 Nr 21 KindRG.

Schrifttum

Coester, Reform des Kindschaftsrechts, JZ 1992, 809
Dürbeck, Der Gesetzentwurf der Bundesregierung zur Reform des Vormundschafts- und Betreuungsrechts v 25. 9. 2020, FamRZ 2020, 1789
Finke, Rechtliche Grundlagen und Ausgestaltung der Kindesbetreuung durch Dritte, NZFam 2014, 865
Gernhuber/Coester-Waltjen, Familienrecht (7. Aufl 2020)
Gross, Die Stellung von Pflegeeltern im Grundgesetz und im Zivilrecht, FPR 2004, 411
Heilmann, Kindliches Zeitempfinden und Verfahrensrecht (1998)
Hoffmann, Die Kooperation von Vormundin/Pflegerin und Pflegeperson nach dem Inkrafttreten des Gesetzes zur Reform des Vormundschafts- und Betreuungsrechts, JAmt 2022, 62
dies, Elterliche Sorge bei Unterbringung eines Kinds außerhalb der Herkunftsfamilie, insbesondere bei Unterbringung in einer Pflegefamilie, NZFam 2019, 1
Ivanits, Das Kinder- und Jugendstärkungsgesetz aus der Sicht von Pflegekindern, NZFam 2022, 813
Keller, Das gemeinsame Sorgerecht nach der Kindschaftsrechtsreform (1999)
Lack, Rechtliche Überlegungen zur religiös motivierten Beschneidung von Jungen im Kindesalter, ZKJ 2012, 336
Lakies, Tagespflege und Vollzeitpflege im Kinder- und Jugendhilfegesetz (KJHG), ZfJ 1990, 545
Salgo, Pflegekindschaft und Staatsintervention (1987)
ders, Die Pflegekindschaft in der Kindschaftsrechtsreform vor dem Hintergrund verfassungs- und jugendhilferechtlicher Entwicklungen, FamRZ 1999, 337
ders, Die Regelung der Familienpflege im Kin-

der- und Jugendhilfegesetz (KJHG), in: Wiesner/Zarbock, Das neue Kinder- und Jugendhilfegesetz 1991, 115
ders, Gesetzliche Regelungen des Umgangs und deren kindgerechte Umsetzung in der Praxis des Pflegekinderwesens, ZfJ 2003, 361
ders, Religiöse Kindererziehung (k)ein Thema für das Recht im 21. Jahrhundert?! Eltern – Kind und ihr Recht, in: Nun sag, wie hast Du's mit der Religion? (2006) 45
Schmidt, Änderungen durch das Gesetz zur Reform des Vormundschafts- und Betreuungsrechts – Pflegschaften für Minderjährige ab dem 1. 1. 2023 – Einführung des zusätzlichen Pflegers und der Pflegschaft der Pflegeperson, NZFam 2023, 1
Schwab, Elterliche Sorge bei Trennung und Scheidung der Eltern. Die Neuregelung des Kindschaftsrechtsreformgesetzes, FamRZ 1998, 457
Schwenzer, Empfiehlt es sich das Kindschaftsrecht neu zu regeln?, 59. DJT A 83 (1992)
Veit, Die Rechtsstellung der Pflegeperson nach dem Kinder- und Jugendstärkungsgesetz sowie dem Gesetz zur Reform des Vormundschafts- und Betreuungsrechts, FamRZ 2021, 1501
Wiesner, Die Reform des Kindschaftsrechts – Auswirkungen für die Praxis der Kinder- und Jugendhilfe, ZfJ 1998, 269
Windel, Zur elterlichen Sorge bei Familienpflege, FamRZ 1997, 713.

Systematische Übersicht

Alphabetische Übersicht

I. Allgemeines

1. Entstehungsgeschichte von § 1688

1 Die vom Bundestag verabschiedete Fassung von § 1688 BGB ist erst während der Beratungen zum KindRG auf **Initiative des Bundesrates** in Anlehnung an die §§ 1630 Abs 3, 1632 Abs 4 aF entwickelt und gegenüber dem Regierungsentwurf vollständig neu gefasst worden (BT-Drucks 13/4899, 154 f und BT-Drucks 13/8511, 75). Die **Pflegekindschaft** war zwar **kein zentrales Anliegen des KindRG**. Mit § 1688 BGB wollte die Rechtspolitik indes die bereits seit langem geforderte **Ausstattung** der Personen, bei denen sich das Kind tatsächlich aufhält, **mit Alltagsbefugnissen** endlich im Zivilrecht gesetzlich verankern (BT-Drucks 13/4899, 108). **Entscheidungs-** und **Vertretungsbefugnisse für Pflegepersonen** sah zwar bereits § 38 SGB VIII aF seit 1991 vor (BT-Drucks 11/6748, 19, 81), jedoch waren diese Ausübungsbefugnisse auf ausdrücklich genannte Unterbringungsverhältnisse im Kontext der Kinder- und Jugendhilfe nach dem SGB VIII beschränkt (Wiesner/Wapler/Gallep § 37 SGB VIII Rn 8; Salgo, in: Wiesner/Zarbock [1991] 115, 145). Zudem war der **systematische Standort** einer die rechtliche Zuständigkeit von Eltern und Pflegeeltern berührenden Regelung im SGB VIII seit Inkrafttreten kritisiert und die Überführung dieser Materie ins Familienrecht des BGB gefordert worden (s Salgo, in: Wiesner/Zarbock [1991] 115, 145; Schwenzer 59. DJT 1992, A83; Lakies ZfJ 1990 545, 553; Windel FamRZ 1997, 713). Zu dem **systematisch falschen Standort im Sozialrecht** (SGB VIII) war es gekommen, nachdem während der Beratungen des SGB VIII darin ein Defizit gesehen wurde, dass der Regierungsentwurf zur Neuordnung des **Kinder- und Jugendhilferechts** (BT-Drucks 11/5948) keinerlei Alltagsbefugnisse für diejenigen Personen vorsah, bei denen das Kind tatsächlich lebte. Erst in den Beschlussempfehlungen des Ausschusses für Jugend, Familie, Frauen und Gesundheit (BT-Drucks 11/6748, 19) fand sich erstmals eine entsprechende Regelung mit § 38 SGB VIII aF, nachdem das **BMJ** seinerzeit eine diesbezügliche Ergänzung von BGB-Bestimmungen nicht befürwortet hatte. Der **Bundesrat** ging während der Beratungen des KindRG davon aus, dass sich § 38 SGB VIII aF bewährt habe (BT-Drucks 13/4899, 155). Das **KindRG überführte** mit § 1688 BGB endlich diese **Materie ins BGB**, stellt sie damit in den **systematisch richtigen Regelungszusammenhang** der **Entscheidungs- und Vertretungsbefugnisse** nach den §§ 1687 ff BGB ein, hebt die nicht gerechtfertigte Beschränkung der Gültigkeit nur für nach dem SGB VIII begründete Betreuungsverhältnisse auf – **§ 1688 BGB gilt für alle Fälle der Familienpflege** sowie in den § 1688 Abs 2 BGB genannten Unterbringungen in **Einrichtungen der Kinder- und Jugendhilfe** – und erstreckt die Wirkungen von § 1688 Abs 1 und 3 BGB auch **auf Fälle der Verbleibensanordnung** nach den §§ 1632 Abs 4, 1682 BGB (BT-Drucks 13/4899, 108) mit der Maßgabe, dass **in diesen Fällen** nur das **Familiengericht** (nicht wie sonst die Inhaber der elterlichen Sorge) die Befugnisse der Betreuungspersonen einschränken oder ausschließen kann (§ 1688 Abs 4 BGB).

2 § 1688 BGB wurde durch Art 6 Nr 2 des **Gesetzes zur Stärkung von Kindern und Jugendlichen** mit Wirkung zum 10. 6. 2021 (BGBl 2021 I 1444) in Abs 2 dahin geändert, dass die Nennung von § 35a Abs 1 S 2 Nr 3 und 4 durch § 35a Abs 2 Nr 3 und 4 SGB

VIII ersetzt wurde. Insoweit handelt es sich lediglich um eine redaktionelle Anpassung in Folge eines vorangegangenen Versehens des Gesetzgebers bei der Änderung des SGB VIII aus dem Jahr 2001 (BGBl 2001 I 1046 – vgl MünchKommBGB/Hennemann § 1688 Rn 8).

2. § 1688 im System der Entscheidungs- und Vertretungsbefugnisse bei Drittbetreuung

Normadressat von § 1688 BGB sind nicht die Jugendämter, vielmehr bestimmt die Vorschrift den Umfang der rechtlichen Befugnisse einschließlich der gesetzlichen Vertretung von Pflegeeltern und anderen Personen (BT-Drucks 13/4899, 108). § 1688 BGB **schließt andere Formen der sorgerechtlichen Ausgestaltung** des Betreuungsverhältnisses und der entsprechenden Ausstattung der für das Kind in der Drittbetreuung verantwortlichen Erzieherperson (Pflegeeltern, Heimerzieher) **nicht aus (Pflegevertrag, Vollmacht)**. 3

§ 1688 BGB regelt indessen nur die Verteilung der **Alltagsbefugnisse** in Bezug auf das Kind (vgl § 1687 Abs 1 S 2 und 3 BGB). Angelegenheiten von wesentlicher Bedeutung iSd § 1687 Abs 1 S 1 BGB für das fremdbetreute Kind sind nicht von der Vorschrift erfasst, sondern befinden sich in § 1630 Abs 3 BGB. Die familiengerichtliche Sorgerechtsübertragung gemäß § 1630 Abs 3 BGB bietet insoweit erheblich mehr Vorteile gegenüber der gesetzlichen Ausübungsbefugnis gemäß § 1688 BGB und sollte deshalb trotz der ipso jure eintretenden gesetzlichen Wirkung des § 1688 BGB stets vorrangig geprüft werden.

3. Die Verteilung der Sorgerechtsbefugnisse im neuen Vormundschaftsrecht

Eine Regelung der Sorgerechtsbefugnisse von Pflegepersonen im Vormundschafts- und Pflegschaftsrecht existierte bis 31. 12. 2022 nicht. In der Vergangenheit wurde deshalb vorgeschlagen, soweit an die Stelle der Eltern **Vormünder** bzw **Ergänzungspfleger** getreten sind, die **Wirkungen** des § 1688 BGB analog **auch in diesem Verhältnis** gelten zu lassen (Staudinger/Salgo [2019] § 1688 Rn 13; Salgo FamRZ 1999, 337, 344). Es war in der Tat nicht einzusehen, warum Pflegeeltern (§ 1688 Abs 1 BGB) bzw die in Abs 2 genannten Personen im Bereich der Alltagssorge nur deshalb, weil das ihnen anvertraute Kind einen Vormund/Ergänzungspfleger hat, nicht weniger Befugnisse haben sollten als bei Minderjährigen, deren Eltern uneingeschränkt Inhaber der elterlichen Sorge verblieben sind. Für § 1630 Abs 3 BGB (Übertragung von Sorgeangelegenheiten von wesentlicher Bedeutung) wurde eine Analogie auf das Vormundschaftsrecht aber abgelehnt (vgl Staudinger/Lettmaier [2020] § 1630 Rn 69 mwNw). 4

Durch die am 1. 1. 2023 in Kraft getretene Vormundschaftsrechtsreform (BGBl 2021 I 882) wurde diese Gesetzeslücke nunmehr durch die Einfügung von § 1777 BGB (als „Ersatz" für § 1630 Abs 3 BGB) und von § 1797 BGB (Entscheidungsbefugnisse in Alltagsangelegenheiten entsprechend § 1688 BGB) geschlossen (vgl dazu Dürbeck FamRZ 2020, 1789; Veit FamRZ 2021, 1501; Hoffmann JAmt 2022, 62; Schmidt NZFam 2023, 1).

§ 1797 BGB regelt jetzt die Entscheidungsbefugnisse der Pflegeperson in Angelegenheiten der Alltagssorge, wenn das Kind unter Vormundschaft oder Pflegschaft steht. Die Pflegeperson soll nach § 1797 Abs 1 BGB, wenn der Mündel für *längere Zeit* bei ihr lebt, in *Angelegenheiten des täglichen Lebens* entscheiden und den *Vormund* (nicht das Kind) insoweit *vertreten* können. Dies entspricht insoweit der Regelung des § 1688 Abs 1 S 1 BGB für die Entscheidungs- und Vertretungsbefugnisse der Pflegeperson im Verhältnis zu den sorgeberechtigten Eltern bei Dauerpflege. Anders als bei § 1688 Abs 1 S 2 BGB soll aber bei dem unter Vormundschaft stehenden Mündel die *Verwaltung seines Arbeitsverdienstes* sowie die Geltendmachung von *Unterhalts-, Versicherungs-, Versorgungs- und sonstigen Sozialleistungen* für den Mündel in die Verantwortung des Vormunds fallen. Grund hierfür ist nach dem Willen des Gesetzgebers, dass der Vormund für die Vermögenssorge verantwortlich ist und hierüber dem Gericht Rechnung legen können muss (BT-Drucks 19/24445, 210). Im Einzelfall kann eine Übertragung solcher Sorgeangelegenheiten aber auf die Pflegeperson als Pfleger gemäß § 1777 BGB erfolgen. Mit der Verweisung in § 1797 Abs 1 S 2 BGB auf § 1629 Abs 1 S 4 BGB gilt für die Pflegeperson auch im Verhältnis zum Vormund das Notvertretungsrecht. Die gleichen Rechte wie Pflegepersonen haben nach § 1797 Abs 2 BGB iVm § 1796 Abs 3 BGB Personen, die den Mündel in einer Einrichtung über Tag und Nacht oder in sonstigen Wohnformen betreuen und erziehen (§ 34 SGB VIII) sowie diejenigen, die die intensive sozialpädagogische Betreuung des Mündels (§ 35 SGB VIII) übernommen haben.

Die Vertretungsbefugnisse der Pflegeperson und der gleichgestellten Erziehungspersonen stehen nach § 1797 Abs 3 BGB ebenfalls unter dem Vorbehalt, dass der *Vormund* diese nicht *einschränkt oder ausschließt*, wenn dies zum Wohl des Mündels erforderlich ist. Ist der Eingriff des Vormunds in die im Rahmen der Alltagssorge bestehenden Befugnisse der Pflegeperson sachlich nicht gerechtfertigt, soll ein Einschreiten des Familiengerichts im Rahmen seiner *Aufsicht* über den Vormund in Betracht kommen (BT-Drucks 19/24445, 210). Dies gilt auch, wenn der Vormund bei bestehendem Anlass die Befugnisse der Pflegeperson nicht einschränkt. Der bei § 1688 Abs 3 S 2 BGB geregelte Vorbehalt einer anderen Einschränkung durch das Familiengericht im Hinblick auf die Befugnisse der Pflegeperson wurde nicht in das Vormundschaftsrecht übernommen. Ebenfalls nicht in das Vormundschaftsrecht übernommen wurde § 1688 Abs 4 BGB, wonach bei Bestehen einer Verbleibensanordnung nach § 1632 Abs 4 BGB die Einschränkungsbefugnis des Vormunds entfallen soll. Nach Ansicht des Gesetzgebers reichen die Aufsichtsbefugnisse des Familiengerichts aus, um eine dem Wohl des Kindes am besten entsprechende Entscheidung zu treffen (BT-Drucks 19/24445, 210). Zu betonen ist allerdings, dass Vormund und Pflegepersonen dazu angehalten sind, zum Wohl des Mündels zusammenzuwirken (§§ 1796 Abs 2, 1792 Abs 2 BGB).

II. Anwendungsbereich des § 1688 Abs 1

1. Persönlich

a) Betroffene Minderjährige

5 Vom Wirkungsbereich der Norm erfasst sind **Minderjährige jeder Altersstufe** und **unabhängig von Sorgerechtsstatus** und **Staatsangehörigkeit** (bei gewöhnlichem Aufenthalt des Kindes in Deutschland), die unter (alleiniger oder gemeinsamer) **elterlicher Sorge** stehen. Die Norm entfaltet ihre **Wirkung allein aufgrund des Umstandes** der **Drittbetreuung** durch den umschriebenen Personenkreis in Abs 1 und 2. Die **tatsächliche** und **rechtmäßige Begründung**, dh die Unterbringung des Kindes durch den jeweiligen

Inhaber der elterlichen Sorge „für längere Zeit", lässt die gesetzlichen Wirkungen von § 1688 Abs 1 BGB eintreten. Somit entfaltet die Norm ihre Wirkung in allen Pflegeverhältnissen, die als Hilfe zur Erziehung gemäß §§ 27, 33 SGB VIII für längere Zeit begründet wurden bzw seit längerer Zeit bestehen; da diese Pflegeverhältnisse im Rahmen der Hilfeplanung gemäß §§ 27, 33, 36, 37b SGB VIII bereits intensiv überprüft worden sind, bedürfen sie gemäß § 44 Abs 1 S 2 Nr 1 SGB VIII keiner Pflegeerlaubnis. Des Weiteren gilt § 1688 Abs 1 BGB nach zutreffender Ansicht für alle Pflegeverhältnisse, die schon längere Zeit bestehen oder bestehen sollen, und zwar unabhängig von der Notwendigkeit einer Erlaubnis nach § 44 Abs 1 S 1 SGB VIII (MünchKommBGB/Hennemann § 1688 Rn 1, 4; NK-BGB/Harms/Bisping § 1688 Rn 7; BeckOK-BGB/Veit [1. 1. 2023] § 1688 Rn 2; vgl auch BGH 4. 7. 2001 – XII ZB 161/98, juris Rn 20, NJW 2001, 3337; Hoffmann NZFam 2019, 1, 2; **aA** Grüneberg/Götz § 1688 Rn 2). Darüber hinaus soll die gesetzliche Vertretungsmacht nach Abs 1 auf alle Fälle der Familienpflege ausgedehnt werden. Dabei wird an die bestehenden Regelungen für die Familienpflege in § 1630 Abs 3 BGB und § 1632 Abs 4 BGB angeknüpft" (BT-Drucks 13/8511, 75). Da es für die Geltung der von der Beschlussempfehlung des Rechtausschusses genannten Regelungen auf die Begründung des Pflegeverhältnisses nicht ankommt (Staudinger/Salgo [2020] § 1632 Rn 56; Staudinger/Lettmaier [2020] § 1630 Rn 64) und auch verwaltungstechnische Förmlichkeiten für die Anwendung der §§ 1630 Abs 3 und 1632 Abs 4 BGB ohne Bedeutung bleiben (so auch MünchKommBGB/Hennemann § 1688 Rn 1), erfasst § 1688 **auch Pflegeverhältnisse tatsächlicher Art**, etwa unter Verwandten und Großeltern, für die keine Erlaubnis nach § 44 Abs 1 S 2 Nr 3 SGB VIII erforderlich ist (OLG Dresden 12. 3. 2010 – 24 UF 57/10, juris Rn 13, FamRZ 2010, 1995; BeckOK-BGB/Veit [1. 1. 2023] § 1688 Rn 3; Gernhuber/Coester-Waltjen § 68 Rn 19; **aA** NK-BGB/Harms [2014] § 1688 Rn 4; Finke NZFam 2014, 865, 870). Hierfür spricht nunmehr auch § 27 Abs 2a SGB VIII nF, wonach Hilfen der Erziehung in Form der Vollzeitpflege auch durch unterhaltspflichtige Verwandte erbracht werden können (vgl Wiesner/Wapler/Wapler § 27 SGB VIII Rn 38 f).

Gerade hier werden – im Gegensatz etwa zu einer Internatsunterbringung – häufig die Rechtsbeziehungen nicht durch Vertrag geregelt (BT-Drucks 13/8511, 75), weshalb die Erleichterung durch § 1688 Abs 1 BGB auch für diese Pflegeverhältnisse ihre besondere Bedeutung erlangt.

Die Betreuung in einer **Bereitschaftspflegefamilie** dürfte im Regelfall nicht von § 1688 **5a**
Abs 1 BGB erfasst sein, da diese schon nach ihrem Zweck eine Übergangslösung darstellen soll (DIJuF-Rechtsgutachten JAmt 2017, 229; BeckOK-BGB/Veit [1. 1. 2023] § 1688 Rn 4.1; Salgo FamRZ 1999, 337, 343).

Die Betreuung in einer **Tagesgruppe** (§ 23 SGB VIII) genügt ebenfalls nicht (MünchKommBGB/Hennemann § 1688 Rn 4). Bei der Tagespflege – im Gegensatz zur Vollzeitpflege – ist regelmäßig die Einbindung und Verwurzelung des Kindes im Tagespflegeverhältnis nicht so verfestigt, immerhin verbringt das Kind die meiste Zeit in elterlicher Obhut, weshalb die Anwendung des § 1688 Abs 1 BGB nicht in Betracht kommt. Hier bestehen – wie bei Internatsunterbringung – idR die Rechtsbeziehungen im Einzelnen regelnde **vertragliche Beziehungen** (BR-Drucks 886/96, Anlage 2 f). Wird hingegen aus der Tagespflege eine Vollzeitpflege für längere Zeit, dann treten die gesetzlichen Wirkungen des § 1688 Abs 1 BGB automatisch ein.

b) „für längere Zeit“

6 Voraussetzung zur Ausübung von Alltagssorge ist in den §§ 1687, 1688 BGB jeweils ein **zeitliches Moment** – in der zuerst genannten Norm *ein nicht nur vorübergehendes Getrenntleben,* in der Letzteren ein **Aufenthalt außerhalb des Haushalts der Personensorgeberechtigten** *für längere Zeit.* Durch diese neu eingeführte Voraussetzung der **Ausstattung der Pflegeperson mit Befugnissen kraft Gesetzes**, nämlich unter der Voraussetzung, dass das Kind „für längere Zeit in Familienpflege“ lebt, ergeben sich gegenüber der Regelung in § 38 SGB VIII aF **gewisse Nachteile** (diese Einschätzung teilt auch WIESNER ZfJ 1998, 269, 275): Während die Wirkung des § 38 SGB VIII aF von Anbeginn der Unterbringung nach §§ 33 bis 35 und 35a Abs 2 Nr 3 und 4 SGB VIII eintrat, muss für die Wirkung des § 1688 Abs 1 BGB das Kind *für längere Zeit in Familienpflege* leben. Wie schon bei § 1630 Abs 3 BGB („für längere Zeit“), ist somit auch bei § 1688 Abs 1 BGB nicht ausschlaggebend, ob die Unterbringung bereits längere Zeit gedauert hat, sondern ob sie – unter Berücksichtigung des kindlichen Zeitempfindens – nach den Vorstellungen der Beteiligten **voraussichtlich längere Zeit** dauern soll (MünchKommBGB/HUBER § 1630 Rn 19; BeckOGK/SCHWEDLER [1. 3. 2023] § 1688 Rn 9; SALGO, Pflegekindschaft und Staatsintervention [1987] 284). Damit ist bei § 1688 Abs 1 BGB eine **prognostische Beurteilung über die voraussichtliche Dauer** gefordert (DIJuF-Rechtsgutachten JAmt 2014, 29; HEILMANN/GOTTSCHALK § 1688 Rn 6). Es muss folglich **nicht erst eine „längere Zeit“** der Unterbringung des Kindes seit der Aufnahme in der Pflegefamilie oder im Heim **verstrichen** sein, damit die gesetzlichen Wirkungen des § 1688 BGB eintreten. Allerdings kann die bisherige Dauer natürlich ein Indiz für die künftige Dauer darstellen (NK-BGB/HARMS/BISPING § 1688 Rn 8). Sofern die Unterbringung von vornherein als *auf Dauer* oder auf *längere Zeit angelegte Lebensform* (§§ 33 S 1 Alt 2, 34 S 2 Nr 3 SGB VIII) angestrebt wird, zeigen sich hinsichtlich der gesetzlichen Wirkungen des § 1688 Abs 1 BGB keine Schwierigkeiten. Indes könnten sich **bei den kurzfristigen Unterbringungen Unsicherheiten** ergeben, handelt es sich hier nicht um solche „für längere Zeit“, dennoch ergeben sich auch hier Regelungs- und **Entscheidungsnotwendigkeiten** hinsichtlich von „Angelegenheiten des täglichen Lebens“ in aller Regel **von Anbeginn an** und nicht erst nach „längerer Zeit“.

7 In den Gesetzesmaterialien zu § 1688 Abs 1 BGB finden sich **keinerlei Konkretisierungen von „längerer Zeit“**. Jedoch ist dort ersichtlich, dass der Gesetzgeber an die Voraussetzungen der §§ 1630 Abs 3, 1632 Abs 4 S 1 BGB anknüpfen wollte (BR-Drucks 886/96, Anlage 2 f). Dabei zeigt sich, dass sich eine **unpräzise Anknüpfung** jedenfalls an die Tatbestandsvoraussetzung in § 1632 Abs 4 S 1 BGB („seit längerer Zeit“), die in erheblichem Umfang andere Lebenssachverhalte regelt, nicht empfiehlt. In den §§ 1630 Abs 3, 1632 Abs 4 BGB geht es um weit **intensivere richterlich zu kontrollierende Dispositionsakte** der elterlichen Sorge (§ 1630 Abs 3 BGB) bzw um **familienrichterliche Eingriffe** in die elterliche Sorge gegen den Willen der Eltern (§ 1632 Abs 4 BGB). Hingegen betreffen die gesetzlich eingeräumten Befugnisse gemäß § 1688 **immer nur von den Eltern abgeleitete Befugnisse in Angelegenheiten des täglichen Lebens**, wozu zweifelsohne der von § 1632 Abs 4 BGB geregelte Streit um den Aufenthaltsort des Kindes niemals gehören kann. Die zeitlichen Anforderungen in den §§ 1630 Abs 3, 1632 Abs 4 BGB haben eine völlig andere Bedeutung als die gesetzliche Intention des § 1688 BGB: Mit dieser Bestimmung – wie auch mit § 1687 Abs 1 S 2 BGB – sollte die **Alltagssorge der Personen**, in deren Obhut das Kind ist, möglichst **verbessert** und **erleichtert** werden.

Für die kraft Gesetzes eintretenden Rechtswirkungen des § 1688 Abs 1 BGB kann es folglich auf die für die richterliche Entscheidungen gemäß § 1632 Abs 4 S 1 BGB relevanten Zeiträume („**seit** längerer Zeit“) nicht ankommen, weshalb die **zeitlichen Anforderungen** für die Geltung der Alltagssorge **nicht zu hoch angesetzt** werden sollten (Wiesner/Wapler/Gallep § 37 SGB VIII Rn 50). **Bei auf nur kurze Zeiträume angelegter Vollzeitpflege**, etwa bis zur Dauer von zwei Monaten (**aA** BeckOGK/Schwedler [1. 3. 2023] § 1688 Rn 9 unter Hinweis auf § 44 Abs 1 S 2 Nr 4 SGB VIII), tritt nach dem Wortlaut von § 1688 Abs 1 BGB die gesetzliche Wirkung noch nicht ein, sodass bei solchen Pflege- und Betreuungsverhältnissen stets **besondere Absprachen** hinsichtlich der Befugnisse der Pflege- und Betreuungsperson erforderlich sind – dies stellt zweifellos einen **Rückschritt** gegenüber § 38 SGB VIII aF dar. Die mit § 1688 erfolgte systematisch richtige Zuordnung des Fragenkomplexes ins Familienrecht ist um den Preis einer **partiellen Bedeutungseinbuße** und damit um den **Preis von Erschwerungen im Alltag einiger Pflegefamilien** („Kurzzeitpflege“, „Bereitschaftspflege“) erkauft worden (Salgo FamRZ 1999, 337, 342). Sofern ein Kind oder Jugendlicher gemäß § 42 SGB VIII in Obhut genommen wurde und bei einer Pflegeperson oder in einer Einrichtung untergebracht wurde, so leiten diese Personen ihre Entscheidungskompetenzen aus denen des Jugendamtes ab, weil während der **Inobhutnahme** das Jugendamt das Recht der Beaufsichtigung, Erziehung und Aufenthaltsbestimmung ausübt (§ 42 Abs 2 S 4 SGB VIII, vgl Wiesner/Wapler/Dürbeck § 42 SGB VIII Rn 30 f). Deshalb **muss das Jugendamt** bei Unterbringung des in Obhut genommenen Kindes **Teile der** ihm kraft Gesetzes zustehenden **Kompetenzen zwangsläufig** auf die für das Kind oder den Jugendlichen tatsächlich verantwortliche Person zur Ausübung **übertragen**, soll diese ihre Aufgaben verantwortlich wahrnehmen können. 8

c) Adoptionspflege

Für die **Adoptionspflege** bestimmt § 1751 Abs 1 S 4 BGB, dass während der Adoptionspflege § 1688 Abs 1 und 3 BGB entsprechend gilt; damit sind die künftigen Adoptiveltern auch berechtigt, Entscheidungen über die Angelegenheiten des täglichen Lebens zu treffen, zu denen aber nicht die Vornahme von Schutzimpfungen zählt (so noch OLG Dresden 7. 6. 2010 – 20 UF 350/10, FamRZ 2011, 48; **aA** heute die ganz hM, vgl BGH 3. 5. 2017 – XII ZB 157/16, JAmt 2017, 449). 9

Inhaber der elterlichen Sorge iSd § 1688 Abs 1 S 1 BGB sind bei der Adoptionspflege aber nicht die Eltern, sondern der Adoptionsvormund iSd § 1751 Abs 1 S 2 BGB (Staudinger/Helms [2023] § 1751 Rn 24).

2. Sachlich

a) Gesetzliche Entscheidungsbefugnis

Die vom KindRG gewählte **systematische Zuordnung** von § 1688 Abs 1 BGB ist als **gesetzliche Befugnis** und nicht lediglich als eine Handlungsmacht aufgrund gesetzlich vermuteter Einwilligung des Sorgerechtsinhabers zu qualifizieren (BeckOK-BGB/Veit [1. 1. 2023] § 1688 Rn 8; vgl zum früheren Meinungsstand Windel FamRZ 1997, 713, 719 f mwNw). Ein völliger **Ausschluss** der von § 1688 Abs 1 BGB intendierten Wirkung durch den Inhaber der elterlichen Sorge bzw durch einen Vormund **würde der gesetzgeberischen Intention widersprechen** und **kindeswohlabträglich** sein. Für die in § 1688 Abs 1 und 2 BGB genannten Minderjährigen sollen die im Alltag für das Kind Verantwortlichen die **Befugnis von Gesetzes wegen** erhalten, in Angelegenheiten des täglichen Lebens 10 allein **zu entscheiden** und **den Sorgerechtsinhaber – nicht das Kind –** insoweit **zu vertreten**. Insoweit verdrängen sie die Eltern als Sorgerechtsinhaber (Gernhuber/Coester-Waltjen § 68 Rn 20). Die Sorgerechtsinhaber können sogar jederzeit über die Reichweite des § 1688 Abs 1 BGB hinausgehende rechtsgeschäftliche Ermächtigungen in Form von Vollmachten erteilen (BeckOK-BGB/Veit [1. 1. 2023] § 1688 Rn 13; Gernhuber/Coester-Waltjen § 68 Rn 20). Im Gegenzug können sie aber auch nach Maßgabe von § 1688 Abs 3 S 1 BGB die Befugnisse der Pflegepersonen beschränken.

Lebt das Kind wieder auf Dauer beim Personensorgeberechtigten, so enden die Befugnisse der Erziehungs- und Betreuungspersonen gemäß § 1688 Abs 1 und Abs 2 BGB.

b) Angelegenheiten des täglichen Lebens

11 Auch wenn **Grundentscheidungen** zu den **Angelegenheiten von erheblicher Bedeutung** zu rechnen sind („Ob"), so gehört das **„Wie"**, also die Umsetzung dieser Entscheidungen, häufig zur Alltagssorge der Pflegeeltern und Erzieher (zur Definition des Begriffs der „Angelegenheiten des täglichen Lebens" vgl § 1687 Rn 22 ff). Zwar wollte der Bundesrat in Anknüpfung an § 38 Abs S 1 SGB VIII aF einen graduellen Unterschied zwischen dem Umfang der sorgerechtlichen Befugnisse von Pflegeeltern und Heimbetreuern und dem Umfang der Alleinentscheidungsbefugnisse des Elternteils, bei dem sich das Kind im Falle des Getrenntlebens der Eltern gewöhnlich aufhält (§ 1687 Abs 1 S 2), gewahrt wissen, da letzterer bei gemeinsamer Sorge – im Gegensatz zu **Pflegeeltern** und **Heimbetreuern** – zugleich auch Inhaber des Sorgerechts ist (vgl Stellungnahme des Bundesrats zu § 1688 BGB, BT-Drucks 13/4899, 155). Dies sollte durch die vom Bundesrat vorgeschlagene Formulierung „... den Inhaber der Personensorge in der Ausübung von Angelegenheiten des täglichen Lebens zu vertreten ..." sichergestellt werden (BT-Drucks 13/4899, 155). Der **Bundestag** ist dem aber nicht gefolgt – ganz abgesehen von der Frage, ob die vorgeschlagene Formulierung den angestrebten Unterschied bewirkt hätte –, sondern wählte für beide Fallkonstellationen fast **wortidentische Formulierungen**: für § 1687 Abs 1 S 2 BGB: „Befugnis zur alleinigen Entscheidung in Angelegenheiten des täglichen Lebens", und für § 1688 Abs 1 S 1 BGB: „(...) berechtigt, in Angelegenheiten des täglichen Lebens zu entscheiden (...)". Dass Pflegeeltern (bzw Heimbetreuern) keine Entscheidungen ohne Absprache mit den Eltern bzw Vormund oder Pfleger zustehen (anders bei entsprechender Übertragung gem § 1630 Abs 3 BGB), die für das Kind von *erheblicher Bedeutung* sind (§§ 1687, Abs 1 S 1, 1628 S 1 BGB), ergibt sich aus dem Wortlaut von § 1688 Abs 1 BGB sowie aus der **unterschiedlichen verfassungs- und sorgerechtlichen Stellung von Eltern und Pflegeeltern**. Das KindRG hat sich hinsichtlich der *Angelegenheit des täglichen Lebens* hingegen **nicht für unterschiedliche Reichweiten der Befugnisse** ausgesprochen. Der Gesetzgeber ist weder dem Vorschlag des Bundesrates zur Ausdifferenzierung gefolgt noch hat er in § 1688 Abs 1 BGB dem dort genannten Personenkreis lediglich „die Befugnis zur alleinigen Entscheidung in Angelegenheiten der tatsächlichen Betreuung" (§ 1687 Abs 1 S 4 BGB) gesetzlich zugestanden. Daraus folgt, dass die zu § 1687 Abs 1 S 2 und 3 BGB entwickelten Grundsätze zur Definition des Tatbestandsmerkmals der „Angelegenheiten des täglichen Lebens" auch für die Reichweite der gesetzlichen Befugnisse der von § 1688 Abs 1 und 2 BGB erfassten Betreuungspersonen des Kindes Geltung haben, es sei denn, dass im Einzelfall wegen der **besonderen Natur eines Pflegekindschafts- bzw Betreuungsverhältnisses** (wie zB bei Inobhutnahme gem § 42 Abs 2 SGB VIII) oder wegen einer **anderweitigen Erklärung der Inhaber der elterlichen**

Sorge etwas **Abweichendes** gilt (ebenso BeckOK-BGB/Veit [1. 1. 2023] § 1688 Rn 2; BeckOGK/Schwedler [1. 3. 2023] § 1688 Rn 10). Bei den jugendhilferechtlich begründeten Pflegekindschafts- bzw Betreuungsverhältnissen (und um die geht es zumeist) muss es ohnehin im Rahmen der **obligatorischen Hilfeplanung** gemäß §§ 36 Abs 2 S 2, 37 Abs 2 SGB VIII zu **detaillierten Absprachen zwischen Jugendamt, Eltern, Pflegeeltern bzw den Mitarbeitern in der Einrichtung** gekommen sein (vgl Wiesner/Wapler/Gallep § 37 SGB VIII Rn 51; Staudinger/Salgo [2020] § 1632 Rn 59 ff mwNw).

Die nachfolgende Aufzählung ist **exemplarisch**, die Reichweite der Alltagssorge der Betreuungspersonen – wie die der Personensorge – ist abschließend nicht deskriptiv oder enumerativ erfassbar; es sollen nur die im Falle der Fremdplatzierung eines Minderjährigen wichtigsten Bereiche angesprochen werden.

aa) Erziehung

Zum Begriff „Erziehung" vgl Staudinger/Lettmaier (2020) § 1626 Rn 181; Staudinger/Salgo (2020) § 1631 Rn 23 ff jeweils mwNw; Gernhuber/Coester-Waltjen § 59 Rn 4 f. Fragen der **Erziehung** gehören bei fremdplatzierten Minderjährigen zweifelsohne zu den **wichtigsten „Angelegenheiten des täglichen Lebens"**. Die Erziehung der hier betroffenen Minderjährigen litt häufig aus unterschiedlichen Gründen – *eine dem Wohl des Minderjährigen entsprechende Erziehung* war häufig *nicht gewährleistet* (§ 27 Abs 1 SGB VIII) – oder die Eltern sind an der Versorgung und Erziehung ihres Kindes aus anderen Gründen verhindert, weshalb sie für dessen Fremdbetreuung in Erfüllung ihrer elterlichen Pflichten nach § 1631 Abs 1 BGB Sorge tragen. **Ohne Erziehungskompetenzen der für die Minderjährigen Verantwortlichen kann Sozialisation nicht gelingen** – eine „Erziehung aus der Ferne" durch die personensorgeberechtigten Eltern funktioniert nicht. Dass es über Grundsätze der Erziehung **Absprachen** bedarf – am Besten im Rahmen der Hilfeplanung –, ändert nichts daran, dass in jeder Lage Minderjährigen *das Recht auf Erziehung zu einer eigenverantwortlichen und gemeinschaftsfähigen Persönlichkeit* (§ 1 Abs 1 SGB VIII) zusteht: Eltern handeln nur dann ihren Pflichten aus § 1631 Abs 1 BGB entsprechend, wenn sie dafür Sorge tragen, dass im Alltag des fremdplatzierten Kindes – sei es in Familienpflege oder in einer Einrichtung – „Erziehung" stattfinden kann, wozu auch Handlungskompetenzen derjenigen gehören, die im Alltag des Kindes Verantwortung tragen. **12**

bb) Religiöse und weltanschauliche Erziehung

Auch in einer zunehmend religiös indifferenten Welt gehören Fragen der **religiösen** und **weltanschaulichen Erziehung** fraglos zu den **Angelegenheiten von erheblicher Bedeutung** (**hM**, vgl Staudinger/Lettmaier [2020] § 1628 Rn 58; Staudinger/Salgo [2020] Anh zu § 1631: § 2 RKEG Rn 3; MünchKommBGB/Huber § 1630 Rn 26; Schwab FamRZ 1998, 457, 468; FamRefK/Rogener § 1687 Rn 13; Grüneberg/Götz § 1687 Rn 4; BT-Drucks 13/4899, 107; BGH NJW 2005, 2080; vgl hierzu Gross FPR 2005, 369; AG Weilburg FamRZ 2003, 1308, 1309; Salgo 2006, 45). Deshalb sind gerade auch in diesem Bereich **Absprachen** zwischen den Inhabern der elterlichen Sorge und den Pflegeeltern bzw den in der Einrichtung für den Minderjährigen Verantwortlichen **zwingend**. Immer wieder kommt es wegen Fragen der religiösen Erziehung in Pflegefamilien und Einrichtungen zu erheblichen **Spannungen**, denen nur mit einer **Klärung** dieser Fragen am besten **vorab** begegnet werden kann. Sehen sich die künftigen Pflegeeltern oder Heimerzieher außer Stande, den elterlichen Wünschen hinsichtlich der religiösen Erziehung des fremdzuplatzierenden Kindes zu entsprechen, sollten anderweitige Arrangements angestrebt werden. **Pfle-** **13**

geeltern sind in diesem Bereich nur dann bestimmungsberechtigt, wenn ihnen gemäß § 1630 Abs 3 BGB auch die **religiöse Kindererziehung übertragen** worden war, was (nach Staudinger/Lettmaier [2020] § 1630 Rn 86; MünchKommBGB/Huber § 1630 Rn 26; **aA** Windel FamRZ 1997, 713, 712; Soergel/Preisner § 1630 Rn 39) grundsätzlich zulässig ist (von der gesetzlichen Ausübungsbefugnis der Pflegeperson aufgrund von § 38 SGB VIII aF war die religiöse Erziehung *nicht* umfasst); **im Übrigen sind Pflegeeltern bzw Heimerzieher im Bereich religiöser Erziehung nicht bestimmungsberechtigt**. Die nach Vollendung des vierzehnten Lebensjahres eintretende **Religionsmündigkeit** (§ 5 RKEG), wie bereits die Stellung des Kindes nach Vollendung des 12. Lebensjahres nach dieser Bestimmung, **begrenzen das elterliche Bestimmungsrecht** (Staudinger/Salgo [2020] Anh zu § 1631: § 5 RKEG Rn 3 ff). Die Teilnahme am Gottesdienst, die Einhaltung von institutionell vorgegebenen religiösen Geboten uvam (zu Einzelheiten vgl Staudinger/Salgo [2020] Anh zu § 1631: § 1 RKEG Rn 1), dh **Umsetzung der von den Personensorgeberechtigten** zu treffenden Grundentscheidung, **fallen in den Bereich der Alltagssorge** der Pflegeeltern bzw für das Kind in der Einrichtung Verantwortlichen. Die Taufe und die Kommunion/Konfirmation in den christlichen Religionen (vgl BGH 11. 5. 2005 – XII ZB 33/04, FamRZ 2005, 1167; OLG Karlsruhe 28. 3. 2019 – 20 UF 27/19, NJW-RR 2019, 966), die An- oder Abmeldung zum/vom Religionsunterricht, der Austritt aus der Religionsgemeinschaft, die Beschneidung nach jüdischem oder moslemischen Ritus; s auch § 1631d BGB, wonach die Personensorge auch das Recht umfasst, in eine medizinisch nicht erforderliche Beschneidung einzuwilligen (vgl Lack ZKJ 2012, 336); religiös begründete Ernährungsgebote uä bleiben Angelegenheiten von erheblicher Bedeutung. Gleiches gilt für weltanschauliche Gemeinschaften und Sekten (zur Kindeswohlgefährdung bei extremen ersatzreligiösen Strömungen vgl Staudinger/Salgo [2020] Anh zu § 1631: § 7 RKEG Rn 6; Staudinger/Coester [2020] § 1666 Rn 126 jeweils mwNw).

cc) Aufenthalt und Umgang

14 Dass die **Festlegung des Lebensmittelpunktes** des Kindes, dh die Bestimmung des jeweiligen dauerhaften Aufenthaltsorts (§ 1631 Abs 1 BGB), **nicht zur Alltagssorge** gehört und deshalb als **Angelegenheit von erheblicher Bedeutung** nur vom Inhaber der elterlichen Sorge bzw vom aufenthaltsbestimmungsberechtigten Pfleger/Vormund bestimmt werden kann, darüber kann kein Streit bestehen (Staudinger/Lettmaier [2020] § 1628 Rn 44; Staudinger/Salgo [2020] § 1631 Rn 50 ff; Staudinger/Salgo [2020] § 1632 Rn 73, auch zur Uneinigkeit zwischen Eltern und Pflegeeltern; BeckOGK/Amend-Traut [1. 3. 2023] § 1628 Rn 39). Gefährdet die vom Inhaber der elterlichen Sorge getroffene Aufenthaltsbestimmung das Kind, dann sind zivilrechtliche Kindesschutzmaßnahmen gemäß §§ 1632 Abs 4, 1666 BGB zu ergreifen (Staudinger/Coester [2020] § 1666 Rn 49 ff; Staudinger/Salgo [2020] § 1632 Rn 82 ff). Zum Zeitpunkt der Fremdplatzierung ihres Kindes machen die Personensorgeberechtigten mit ihrer Entscheidung von ihrem Aufenthaltsbestimmungsrecht jeweils Gebrauch. Darüber hinaus gehören einzelne **Elemente des Aufenthaltsbestimmungsrechts**, die häufig in **engem Zusammenhang** mit dem **Erziehungsrecht** und der **Aufsichtspflicht** der Betreuungspersonen stehen (vgl Staudinger/Salgo [2020] § 1631 Rn 32), zur **Alltagssorge**. Die am Ort der Fremdplatzierung Verantwortlichen (Pflegeeltern, Heimerzieher) bestimmen den Aufenthalt des Kindes im Einzelnen, im Innen- wie im Außenverhältnis. Diesen **im Bereich der Alltagssorge Aufenthaltsbestimmungsberechtigten** stehen Entscheidungen über die Teilnahme an Sport- und Freizeitaktivitäten, schulischen Veranstaltungen, Ferienaufenthalten, auch an **Auslandsreisen** im heute üblichen Rahmen (hierzu § 1687 Rn 33 ff) zu; sie bestimmen auch über Besuche bei Freunden und Verwandten des Kindes.

14a Jedoch **stehen** den hier im Bereich der Alltagssorge Aufenthaltsbestimmungsberechtigten **Entscheidungen über den Umgang mit den Eltern** des fremdplatzierten Kindes nicht zu, da die Grundentscheidungen über diesen Umgang (§ 1632 Abs 2 BGB) betreffend das Ob, Wo, Wie, Wie-Lange, Wie-Oft etc zu den **Angelegenheiten von erheblicher Bedeutung** zu rechnen sind (OLG Koblenz 30. 9. 2016 – 11 UF 418/16, juris Rn 62; FamRZ 2017, 301 m Anm Dürbeck; DIJuF-Rechtsgutachten JAmt 2017, 487; zu Einzelheiten in dieser zentralen Frage von Pflegekindschaft vgl Salgo, Pflegekindschaft und Staatsintervention [1987] 299 ff; ders FamRZ 1999, 337, 345; Staudinger/Salgo [2020] § 1632 Rn 76, 95 jeweils mwNw; ders ZfJ 2003, 361; Johannsen/Henrich/Althammer/Dürbeck § 1632 Rn 13 ff; oben § 1684 Rn 275–278 mit umfangreichen Nachw). Im Rahmen der mit den Inhabern der elterlichen Sorge im Grundsätzlichen erforderlichen Absprachen bestimmen die Pflegeeltern bzw Heimerzieher den Umgang des Kindes mit Freunden, Nachbarn, Schulkameraden etc als Angelegenheit des täglichen Lebens (Schwab FamRZ 1998, 457, 469; Keller, Das gemeinsame Sorgerecht nach der Kindschaftsrechtsreform [1999] 87).

dd) Tagesbetreuung

15 Die Entscheidung über die **Tagesbetreuung** des fremdplatzierten Kindes in Tageskrippe, Kindergarten, Hort und in vergleichbaren Einrichtungen (§§ 22 ff SGB VIII) sowie deren Auswahl sollte, obwohl es sich um eine **Angelegenheit von erheblicher Bedeutung** handelt, nur gemeinsam unter Berücksichtigung der tatsächlichen Gegebenheiten und Möglichkeiten sowie der berechtigten Interessen von Eltern und Pflegeeltern dem Wohl des Kindes am besten entsprechend (§ 1697a BGB), getroffen werden; diese Entscheidung ist **von der Alltagssorge nicht umfasst** (vgl OLG Karlsruhe 8. 1. 2020 – 20 UF 169/19, juris Rn 13 ff, NJW-RR 2020, 581 [Tagesmutter] zu § 1687 BGB; OLG Hamm 25. 5. 2018 – 4 UF 154/17, NJW 2018, 3031 [Kindergarten]; Dürbeck, in: Oberloskamp/Dürbeck, Vormundschaft [5. Aufl 2023] § 9 Rn 277 zu § 1797 BGB).

ee) Schule

16 Im Übrigen fallen die im Rahmen der getroffenen Grundentscheidung anstehenden Fragen wie im schulischen Bereich in den Bereich der Alltagssorge (BeckOGK/Schwedler [1. 9. 2021] § 1688 Rn 11). Der schulischen Entwicklung von fremdplatzierten Kindern muss große Aufmerksamkeit geschenkt werden. Darüber, **welche Schule** das fremdplatzierte Kind besuchen oder ob ein **Schulwechsel** etwa zu einer **weiterführenden oder zu einer (Förder-)Schule** stattfinden soll, müssen die Pflegeeltern bzw die Heimerzieher mit den Eltern Einvernehmen herstellen, weil es sich hier um eine **Angelegenheit von erheblicher Bedeutung** handelt (einhellige Meinung, vgl BT-Drucks 13/4899, 107; Johannsen/Henrich/Althammer/Rake § 1687 Rn 7; Keuter NZFam 2022, 285; Schwab FamRZ 1998, 457, 469; BVerfG FamRZ 2003, 511: Schulwahl; OLG Brandenburg 9. 2. 2022 – 13 UF 156/21, NZFam 2022, 315 m Anm Billhardt; OLG Hamburg 22. 6. 2021 – 12 UF 61/21, NZFam 2021, 876 m Anm Kischkel; OLG Brandenburg 10. 11. 2021 – 13 UF 121/21, juris). Zwar steht dem **Inhaber der elterlichen Sorge** diese Entscheidung als Angelegenheit von erheblicher Bedeutung **allein** zu, aber beim fremdplatzierten Kind sind idR die Pflegeeltern bzw Heimerzieher über die schulischen Angelegenheiten, über die Stärken und Schwächen des Kindes oft besser informiert als die Eltern, und schließlich sind sie es, die Elternentscheidungen umzusetzen haben, sodass **isolierte Elternentscheidungen auf erhebliche Umsetzungsprobleme stoßen** könnten. Deshalb müssen die Inhaber der elterlichen Sorge hier nicht nur gemäß § 1631a Abs 1 BGB **auf die Eignung und Neigung des Kindes Rücksicht nehmen** (Staudinger/Salgo [2020] § 1631a Rn 8 f mwNw), sondern die für das Kind im Alltag **Verantwortlichen** in die zu treffende Schulwahlent-

scheidung **einbeziehen**. Dies gilt nicht, soweit gemäß § 1630 Abs 3 BGB schulische Angelegenheiten auf die Pflegeeltern übertragen worden waren oder falls eine entsprechende Vereinbarung zwischen Eltern und Pflegeeltern in einem Pflegevertrag oder mittels entsprechender Vollmacht erfolgte. Der schulischen Bildung kommt heute eine zentrale Bedeutung für das gesamte spätere Leben zu (Staudinger/Salgo [2020] § 1631a Rn 6 mwNw). Aber der **schulische Alltag erfordert eine Vielzahl tagtäglich zu treffender Entscheidungen durch Pflegeeltern/Heimerzieher** (Schwab FamRZ 1998, 457, 469; Keller, Das gemeinsame Sorgerecht nach der Kindschaftsrechtsreform [1999] 87: Entschuldigungen, Nachhilfe, Wahlfächer, Teilnahme an schulischen Sonderveranstaltungen, Teilnahme an Ausflügen und Schulsport; OLG Nürnberg FamRZ 1999, 673, 674: Klassenwechsel bzw -wiederholung sind keine Angelegenheiten der Alltagssorge; ebenso OLG Dresden FamRZ 2003, 1489, 1490: örtlicher Schulwechsel; vgl dazu Johannsen/Henrich/Althammer/Rake § 1687 Rn 7; zur Wahl der Fächerkombination als erhebliche Angelegenheit vgl Schilling NJW 2007, 3233, 3234). Die Notwendigkeit von **Nachhilfe** könnte die Grundentscheidung über die Schulwahl tangieren – die Versetzung könnte gefährdet sein (**aA** und für eine Alltagsangelegenheit Götsche FuR 2017, 418, 419); ebenso kann die Bestimmung über Wahlfächer eine Entscheidung mit einschneidenden Konsequenzen sein, insofern könnte es sich auch hierbei um eine Angelegenheit von erheblicher Bedeutung handeln. Die Unterschrift unter **Klassenarbeiten** und **Schulzeugnissen** (hierzu DIJUF-Gutachten, JAmt 2012, 268 f), die Teilnahme an **Elternabenden**, die **Mitwirkung in Elternbeiräten** uäm fallen in den Kreis der üblichen Rechtshandlungen im Rahmen der Schule und zählen somit zu **Angelegenheiten des täglichen Lebens**. Das **Schulrecht** in einer Reihe von **Bundesländern** berücksichtigt bereits den Umstand, dass die Erziehung mancher Schüler außerhalb der Schule von den Eltern in die Hände anderer Personen gelegt wurde und stellt diese Personen (Pflegeeltern, Verantwortliche in Einrichtungen) Eltern gleich (vgl dazu Staudinger/Salgo [2019] § 1688 Rn 25).

Bei Uneinigkeit der Eltern mit den Pflegeeltern bzw Betreuern des Kindes hinsichtlich der schulischen Grundentscheidungen kommt der **Beratungs- und Vermittlungspflicht des Jugendamtes** wie auch bei sonstigen Meinungsverschiedenheiten gemäß §§ 37 Abs 3, 37a, 37b SGB VIII zentrale Bedeutung zu (Wiesner/Wapler/Gallep § 37 SGB VIII Rn 46 ff; IVANITS NZFam 2022, 813, 817 f).

ff) Ausbildung

17 Was für die schulische Ausbildung gilt, muss auch für die **berufliche Ausbildung** Berücksichtigung finden: Die Grundsatzentscheidung, aber auch die Wahl der konkreten Ausbildungsstelle wie der Abschluss des **Ausbildungsvertrages** sind Angelegenheiten von **erheblicher Bedeutung** (BT-Drucks 13/4899, 107; Staudinger/Lettmaier [2020] § 1628 Rn 46 mwNw; BeckOGK/Amend-Traut [1. 3. 2023] § 1628 Rn 43). Hier (vgl § 1631a BGB) – wie auch bereits je nach Alter und Entwicklung bei der Schulwahl – kommt dem **Selbstbestimmungsrecht des Jugendlichen** ein erheblicher Stellenwert zu (Staudinger/Salgo [2020] § 1631a Rn 4).

gg) Gesundheitsversorgung

18 In diesem Bereich sind **medizinische Alltagsfragen** (vgl BGH 22. 1. 2014 – XII ZB 68/11, NZFam 2014, 362 Rn 32; OLG Saarbrücken 18. 12. 2015 – 6 UF 140/15, NZFam 2016, 719), aufschiebbare **Grundentscheidungen** und **Not- und Eilfälle** zu unterscheiden. Für **Not- und Eilfälle** besteht ein Entscheidungsrecht der Pflegeeltern bzw Heimerzieher, bei denen sich das Kind gerade zu dem Zeitpunkt befindet, zu welchem eine solche unaufschieb-

bare Entscheidung zu treffen ist (§§ 1688 Abs 1 S 3, Abs 2, 1629 Abs 1 S 4 BGB). Zu den zustimmungsbedürftigen Grundentscheidungen zählen: Die **Entfernung von Mandeln, die nicht eilbedürftige Bluttransfusion**, die aufschiebbare **Operation** insbesondere mit Risiken, Neben- und Folgewirkungen, die Entscheidung über den Schwangerschaftsabbruch, die Beendigung lebenserhaltender Maßnahmen (OLG Brandenburg NJW 2000, 2361), Bestattungsart, -ort und Gestaltung der Grabstätte (MünchKommBGB/Hennemann § 1687 Rn 10) als Entscheidung im Rahmen des Totenfürsorgerechts, die aufschiebbare Behandlung schwerer Erkrankungen, langwierige **medizinische Behandlungen**, die Behandlung in der **Kinder- und Jugendpsychiatrie** (OLG Bremen 14. 1. 2013 – 5 UF 1/13, FamRZ 2013, 1227; Staudinger/Lettmaier [2020] § 1628 Rn 49 mwNw), einer Klinik, einem **Krankenhaus** oder einem **Sanatorium**, entsprechend langdauernde Kiefer- und Zahnregulierungen (AG Lemgo 18. 9. 2014 – 8 F 152/14, FuR 2015, 365), nicht nur die mit einer **Freiheitsentziehung** verbundene **Unterbringung** in der Kinder- und Jugendpsychiatrie, sondern auch in Einrichtungen der **Jugendhilfe** mit diesem Merkmal (Staudinger/Salgo [2020] § 1631b Rn 12 ff). **Psychotherapeutische Behandlung** wird idR von längerfristiger Dauer sein und damit unter die Angelegenheiten von erheblicher Bedeutung fallen (OLG Hamm FamRZ 2000, 26, 27: Behandlung von Verhaltensauffälligkeiten). **Therapien** aller Art **mit** der Gefahr erheblicher **Nebenwirkungen** fallen in den Bereich von Angelegenheiten mit erheblicher Bedeutung (vgl OLG Bamberg FamRZ 2003, 1403: Verabreichung von Ritalin wegen eines hyperkinetischen Syndroms). Der **Katalog der Alltagssorge** umfasst eine Vielzahl von **medizinischen Routinemaßnahmen** (BT-Drucks 13/4899, 107; Schwab FamRZ 1998, 457, 469; zu „Alltagsmedikamenten" vgl DIJUF-Gutachten, JAmt 2012, 164 f), die im Einzelfall, wegen der Besonderheiten des Kindes bzw in seinem Sozialisationsfeld nicht in den Bereich der Angelegenheiten des täglichen Lebens fallen können. Zur Alltagssorge in diesem Bereich gehören idR: Vorsorge- und Routineuntersuchungen, einschließlich der **Entfernung von Warzen**, die **Behandlung von Infektionskrankheiten** (so auch Grüneberg/Götz § 1687 Rn 7) einschließlich der Verabreichung von **Antibiotika**, die übliche **zahnärztliche Untersuchung** und **Behandlung**, nicht aber Piercing und Tätowierung, die zum Teil schwer rückgängig zu machen sind. Inzwischen zählen nach der gefestigten Rechtsprechung des BGH (BGH 3. 5. 2017 – XII ZB 157/16, FamRZ 2017, 1057) **Schutzimpfungen** wie die Masernimpfung oder die Impfung gegen COVID-19 (vgl OLG Frankfurt 17. 8. 2021 – 6 UF 120/21, NZFam 2021, 872 m Anm Opitz) nicht mehr zu den Angelegenheiten der Alltagssorge. Bei Verweigerung der Einwilligung zu Schutzimpfungen durch Personenberechtigte kann das Familiengericht allenfalls nach § 1666 Abs 3 Nr 5 BGB entscheiden (vgl OLG Zweibrücken 28. 7. 2022 – 2 UF 37/22, NZFam 2023, 320 m Anm Schmidt). Die **Wundversorgung** einschließlich **Tetanusimpfung** wie die dringend erforderliche **Bluttransfusion** (vgl dazu KG 24. 8. 2022 – 16 UF 64/22, NZFam 2023, 707: Zeugen Jehovas) fällt in den Bereich der **unaufschiebbaren Entscheidungen** (§§ 1688 Abs 1 S 3, 1629 Abs 1 S 4 BGB). Bei Kindern mit Behinderungen oder **chronischen Erkrankungen** wird es sich immer wieder nicht mehr um medizinische Routinemaßnahmen handeln, über welche die Pflegeeltern nach Abs 1 entscheiden können, weshalb unter diesen Umständen besondere zusätzliche Übertragungsakte durch die Personensorgeberechtigten erforderlich sind.

hh) Hilfen zur Erziehung

Die den Personensorgeberechtigten als Rechtsanspruch **zustehenden „Hilfen zur Erziehung"** gemäß §§ 27 ff SGB VIII sind als **Angelegenheit von grundsätzlicher Bedeutung** einzustufen (vgl Wiesner/Wapler/Wapler § 27 SGB VIII Rn 17; Heilmann/Gottschalk § 1688 Rn 13); **diese sozialrechtlichen Ansprüche als Angelegenheiten von erheblicher Be-** 19

deutung stehen Betreuungspersonen des fremdplatzierten Kindes nicht zu, da sie nicht zum Kreis der Personensorgeberechtigten nach § 7 Abs 2 Nr 5 SGB VIII gehören (VG Bremen 9. 3. 2021 – 3 V 2737/19, juris; VG Saarland 5. 5. 2014 – 3 K 682/12, juris; VGH München 22. 9. 2005 – 12 C 05. 1642, juris; OVG Lüneburg 17. 10. 2008 – 4 LA 193/06, FamRZ 2009, 1360; OVG Bautzen 6. 12. 2010 – 1 D 120/10, juris; anders aber für § 35a SGB VIII, da hier das Kind Inhaber des Anspruchs ist, vgl OVG Lüneburg 25. 11. 2019 – 10 PA 204/19, juris Rn 17) – die meisten fremdplatzierten Kinder sind gemäß §§ 33, 34 SGB VIII untergebracht. Dies gilt insbesondere auch deshalb, weil als gesetzliche Voraussetzung für diese Hilfeformen gefordert ist, dass „eine dem Wohle des Kindes oder Jugendlichen entsprechende Erziehung nicht gewährleistet ist" (§ 27 Abs 1 SGB VIII); dies ist ein Zustand, mit dem sich die personensorgeberechtigten Eltern intensiv auseinandersetzen und für Abhilfe sorgen müssen, andernfalls wären uU **zivilrechtliche Schutzmaßnahmen** gemäß §§ 1666, 1666a BGB zu ergreifen. Die **Fremdplatzierung** erfolgte zumeist wegen **erzieherischer Defizite**, werden danach weitere **„Hilfen zur Erziehung"** notwendig, so ist deren **Geltendmachung** eine Angelegenheit von erheblicher Bedeutung und somit den Inhabern der **elterlichen Sorge vorbehalten** (Staudinger/Coester [2020] § 1666 Rn 174; DIJuF-Rechtsgutachten JAmt 2004, 184). Lehnen diese es ab, die ihnen von Gesetzes wegen zustehenden sozialrechtlichen Ansprüche geltend zu machen, kann in diesem Unterlassen ein **Sorgerechtsmissbrauch** iSv §§ 1666, 1666a BGB liegen (zum Vorrang einer Verbleibensanordnung als milderes Mittel vgl aber BGH 22. 1. 2014 – XII ZB 68/11, NZFam 2014, 362 m Anm Lack). Nehmen die **Personensorgeberechtigten** einen **Antrag auf Hilfe zur Erziehung zurück**, obwohl das Kind aufgrund einer Verbleibensanordnung gemäß § 1632 Abs 4 BGB im Pflegeverhältnis verbleibt, so ist diese Verhaltensweise **rechtsmissbräuchlich** und **unbeachtlich**, weil sie nur die zivilrechtliche Kindesschutzmaßnahme unterlaufen will (vgl OVG Lüneburg FamRZ 1998, 707, 708 m Anm Hoffmann). Passivität oder Desinteresse der Inhaber der elterlichen Sorge führen indes nicht automatisch zu Befugnissen der Betreuungspersonen, anstelle der Personensorgeberechtigten deren Rechtsansprüche geltend zu machen. Allerdings können und müssen die für das Kind während der Unterbringung verantwortlichen Pflegeeltern solche Entwicklungen dem Jugendamt mitteilen (§ 37 Abs 3 SGB VIII), welches dann zu prüfen hat, ob das Tätigwerden des Familiengerichts erforderlich ist (§ 8a Abs 2 HS 1 SGB VIII).

19a Die **Inanspruchnahme von Eingliederungshilfen für seelisch behinderte Kinder und Jugendliche** gemäß § 35a SGB VIII steht dagegen als Rechtsanspruch dem Kind selbst zu, sodass es bei Kindern unter 15 Jahren (§ 36 SGB I) ihrer gesetzlichen Vertretung bedarf. Nach zutreffender Ansicht umfasst die Rechtszuweisung nach § 1688 Abs 1 S 2 BGB („Sozialleistung") die Vertretung des Kindes zur Geltendmachung seines Anspruchs durch die Pflege- oder Betreuungsperson iSd Abs 2 (OVG Lüneburg 25. 11. 2019 – 10 PA 204/19, juris Rn 17; BeckOK-BGB/Veit [1. 1. 2023] § 1688 Rn 9.1; FK-SGB VIII/vBoetticher § 35a Rn 16; **aA** hier noch Staudinger/Salgo [2019] § 1688 Rn 28). Nicht personensorgeberechtigte Pflegeeltern haben aber keinen eigenen Zahlungsanspruch auf wirtschaftliche Jugendhilfe („Pflegegeld") aus § 39 SGB VIII, da es sich um einen Annexanspruch zu dem in § 27 SGB VIII geregelten Anspruch der Personensorgeberechtigten auf Hilfe zur Erziehung handelt (VG Bremen 9. 3. 2021 – 3 V 2737/19, juris; VG Saarland 5. 5. 2014 – 3 K 682/12, juris; VGH München 22. 9. 2005 – 12 C 05. 1642, juris; OVG Lüneburg 17. 10. 2008 – 4 LA 193/06, juris; VG Ansbach 26. 1. 2012 – AN 14 K 11. 02209, juris; VG Stuttgart 5. 9. 2012 – 7 K 5075/10, juris; Wiesner/Wapler/Gallep § 37 SGB VIII Rn73; DIJuF-Rechtsgutachten JAmt 2013, 188). Nur soweit die Personensorgeberechtigten mit den Pflegeeltern eine Vereinbarung getroffen haben (hierzu DIJuF-Rechtsgutachten JAmt 2013,

188; 2004, 185, 186), auf deren Grundlage sie die Ausübung der Personensorge einschließlich der Geltendmachung von Sozialleistungen übertragen haben bzw eine entsprechende familiengerichtliche Übertragung gemäß § 1630 Abs 3 BGB (BeckOK-BGB/Veit [1. 1. 2023] § 1688 Rn 9.1) erfolgt ist, können die entsprechenden Leistungen von den Pflegeeltern geltend gemacht werden; dies gilt auch, wenn Pflegeeltern zum Einzelvormund bzw zum Ergänzungspfleger mit entsprechendem Wirkungskreis bestellt wurden.

ii) Status- und Namensfragen

Status- und Namensfragen (Familien- und Vornamensgebung – vgl Staudinger/Lettmaier [2020] § 1628 Rn 54 mwNw; zur öffentlich-rechtlichen **Namensänderung** nach dem NamÄndG bei Dauerpflegekindern BVerwG StAZ 1987, 252 m Anm Salgo 254 ff; zum Vornamen OLG Frankfurt 11. 10. 2021 – 4 UF 171/21, juris; OLG Brandenburg 7. 3. 2016 – 9 UF 10/16, NZFam 2016, 811; zum Nachnamen bei § 1628 BGB: BGH 9. 11. 2016 – XII ZB 298/16, FamRZ 2017, 119) sind **stets Angelegenheiten von erheblicher Bedeutung** (Schwab FamRZ 1998, 457, 469) und sind den Inhabern der elterlichen Sorge vorbehalten, es sei denn, dass das Familiengericht den Eltern die entsprechenden Entscheidungszuständigkeiten entzogen hat. Auch beim **Erwerb oder der Entlassung aus einer Staatsangehörigkeit** handelt es sich um eine Angelegenheit von erheblicher Bedeutung (VGH Mannheim FamRZ 2004, 804). 20

kk) Reisen

Urlaubsreisen mit dem Kind können weder generell als erheblich oder alltäglich eingestuft werden (vgl Staudinger/Lettmaier [2020] § 1628 Rn 55 f mwNw). Maßgeblich sind die Umstände des Einzelfalles und von Bedeutung sind hier insbesondere Alter des Kindes, seine Gesundheit und Vertrautheit mit der Umgebung, Reisedauer und insbesondere die Frage, ob mit der Reise Gefahren für Leib oder Leben des Kindes verbunden sind, etwa bei Reisen in Regionen, die mit Terroranschlägen bedroht sind (OLG Frankfurt 21. 7. 2016 – 5 UF 206/16, FamRZ 2016, 1595: Türkei), in denen Krieg herrscht (OLG Karlsruhe 5. 8. 2014 – 5 WF 115/14, FamRZ 2015, 150: Ostukraine) oder Gefahren der Ansteckung mit gefährlichen Krankheiten (OLG Braunschweig 30. 7. 2020 – 2 UF 88/20, COVuR 2020, 529: COVID-19; vgl dazu Löhnig/Runge-Rannow NZFam 2022, 245). 21

ll) Medien im digitalen Zeitalter

Während Fragen des alltäglichen Konsums von **kindergerechten Fernsehsendungen oder Computerspielen** eher unerhebliche Bedeutung haben (Staudinger/Lettmaier [2020] § 1628 Rn 52), sind Fragen, ob dem Kind ein **Smartphone** oder Tablet zur Nutzung überlassen werden soll, altersabhängig im Hinblick auf die elterliche Verantwortung im Zeitalter der Digitalisierung wegen der damit verbundenen Gefahren für die kindliche Entwicklung (etwa durch Sexting, Cybermobbing, Pornographie; vgl dazu Grisse NZFam 2022, 189, 197; Götz FamRZ 2017, 1725; Rake FamRZ 2022, 1507) regelmäßig **Angelegenheiten von erheblicher Bedeutung** (Schwab FamRZ 1998, 457, 469). Ähnliches gilt auch für die Frage, ob **persönliche Daten des Kindes**, insbesondere Fotografien, im Internet bzw in sozialen Netzwerken verbreitet werden dürfen (vgl OLG Düsseldorf 20. 7. 2021 – 1 UF 74/21, FamRZ 2021, 1714; OLG Oldenburg 24. 5. 2018 – 13 W 10/18, NJW-RR 2018, 1134; Grisse NZFam 2022, 189; Herberger NZFam 2021, 1088; Rake 2020, 1064). Schließlich ist auch die GPS-Ortung des Kindes (sog **Tracking**) keine alltägliche Angelegenheit und fällt nicht unter § 1688 BGB (DIJuF-Rechtsgutachten JAmt 2017, 124, 125; MünchKommBGB/Hennemann § 1688 Rn 6). 22

mm) **Vermögenssorge**

23 Die **Vermögenssorge** fällt in den Bereich der Angelegenheiten von erheblicher Bedeutung: **Anlage** und **Verwaltung** des **Kindesvermögens**, alle genehmigungspflichtigen Rechtsgeschäfte gem § 1643 BGB (Grüneberg/Götz § 1687 Rn 4; Schwab FamRZ 1998, 457, 469; OLG Hamm FamRZ 2003, 172: Ausschlagung der Erbschaft). Hiervon ausgenommen und deshalb zur Alltagssorge gehörig sind Vermögenssorgeangelegenheiten geringerer Bedeutung (BT-Drucks 13/4899, 108) sowie die Gewährung von **Taschengeld** und die Einwilligung zur Verwendung der Mittel nach dem **Taschengeldparagraphen** (§ 110 BGB; MünchKommBGB/Hennemann § 1688 Rn 6).

3. Alleinvertretungsrecht im Bereich der Alltagssorge

24 Im Gegensatz zu § 1687 BGB erwähnt § 1688 Abs 1 S 1 BGB **explizit** das **Recht der Pflegeperson** (und der Erziehungspersonen gemäß § 1688 Abs 2 BGB), **den Inhaber der elterlichen Sorge in Angelegenheiten des täglichen Lebens zu vertreten**. Die hier berechtigten Personen vertreten folglich **nicht das Kind**, sondern **die Eltern** (NK-BGB/Harms/ Bisping § 1688 Rn 9; Gernhuber/Coester-Waltjen § 68 Rn 20). Solange die Eltern keine anderweitige Erklärung gemäß § 1688 Abs 3 S 1 BGB treffen, steht den Pflegeeltern und Erziehern das **Alleinvertretungsrecht im Bereich der Alltagssorge selbständig** und **unabhängig** von den Eltern zu; sie sollen in diesem Kreis von Angelegenheit **schnell** je nach Erfordernis reagieren und die anstehenden Entscheidungen **umstandslos** treffen können.

25 Zwar soll es nach dem im RegE eingenommenen Standpunkt bei Angelegenheiten des täglichen Lebens meist nicht um Rechtshandlungen (BT-Drucks 13/4899, 107) gehen, bei denen das Vertretungsrecht eine Rolle spielen soll. Diese Auffassung unterschätzt aber die Bedeutung der Alltagssorge. Wenn es dem Regime der §§ 1687, 1688 BGB vor allem darum geht, den Alltag zu erleichtern, dann kommt man bei Anwendung des § 1688 BGB nicht um die Erkenntnis herum, dass seine **Kompetenzverteilung auch auf die gesetzliche Vertretung durchschlägt** (Argument aus § 1629 Abs 1 S 3 Alt 1 BGB): Die §§ 1687, 1688 BGB erstrecken sich in ihren unterschiedlichen Varianten auch auf die jeweilige gesetzliche Vertretung (Schwab DNotZ 1998, 437, 444; FamRefK/Rogener § 1687 Rn 21), sonst machen die Vorschriften keinen Sinn und wären kontraproduktiv im Hinblick auf die mit ihnen verbundenen gesetzgeberischen Intentionen.

4. Explizit genannte Befugnisse gemäß § 1688 Abs 1 S 2

a) Arbeitsverdienst

26 Pflegeeltern und Erzieher iSd Abs 2 sind berechtigt, den Arbeitsverdienst, auch die Ausbildungsvergütung, des Kindes zu verwalten. Mit den hier betroffenen Minderjährigen ist im Hinblick auf das oberste **Erziehungsziel „Mündigkeit“** (Staudinger/Salgo [2020] § 1631 Rn 26 f), das auch und gerade für fremdplatzierte Kinder Gültigkeit hat (§ 1 Abs 1 SGB VIII, § 1626 Abs 2 BGB), die **Verwendung des Arbeitsverdienstes** zu besprechen, weil der selbständige Umgang mit Geld vermittelt werden soll (LPK-SGB VIII/Kunkel/Berneiser § 37 Rn 56).

b) Unterhalts-, Versicherungs-, Versorgungs- und sonstige Sozialleistungen

27 Der **familienrechtliche Kindesunterhalt** des fremdplatzierten Kindes gegenüber den Eltern gehört **nicht zu den hier gemeinten „Unterhaltsleistungen“** (**hM,** vgl OLG Dresden

12. 3. 2010 – 24 UF 57/10, juris Rn 14, FamRZ 2010, 1995; NK-BGB/Harms/Bisping § 1688 Rn 13; Grüneberg/Götz § 1688 Rn 4; MünchKommBGB/Hennemann § 1688 Rn 7; BeckOK-BGB/Veit [1. 1. 2023] § 1688 Rn 8.3).

Bei den im Rahmen der Hilfen zur Erziehung gemäß §§ 27, 33, 34 SGB VIII fremdplatzierten Minderjährigen erfolgen die Leistungen zum Unterhalt des Kindes oder Jugendlichen im Übrigen als **Annexleistungen** zur erzieherischen Leistung gemäß § 39 SGB VIII, zu deren Kosten das Kind, der Jugendliche und dessen Eltern gem § 91 Abs 1 Nr 5a SGB VIII herangezogen werden, sodass hier ebenfalls nur die Personensorgeberechtigten anspruchsberechtigt sind. Folglich kann es sich im Rahmen von § 1688 BGB lediglich um selten vorkommende **zivilrechtliche Unterhaltsansprüche gegenüber Dritten** handeln.

Versicherungs-, Versorgungs- und sonstige Sozialleistungen können von Pflegepersonen 28
oder Erziehern nur geltend gemacht werden, **soweit das Kind selbst Inhaber des Anspruchs ist** (Lebensunterhalt nach dem **SGB XII**, Leistungen nach dem **BAföG**; vgl Wiesner/Wapler/Gallep § 37 SGB VIII Rn 73). **„Hilfen zur Erziehung"** nach den §§ 27 ff SGB VIII scheiden hier aus (vgl Rn 19). Im Übrigen ist bei dieser Art von Leistungsverhältnissen auch zu prüfen, ob sie in den Bereich der Alltagssorge fallen.

5. Rechtshandlungen bei Gefahr im Verzug

Bereits § 38 Abs 1 Nr 5 SGB VIII aF kannte ein Notvertretungsrecht der Pflege- 29
person und der in der Einrichtung Verantwortlichen bei Gefahr im Verzug. Das KindRG überträgt dieses Regelungsmodell aus dem Pflegekinderrecht des SGB VIII als **allgemeingültigen Grundsatz der Vertretung** in den § 1629 Abs 1 S 4 BGB und verweist jeweils in unterschiedlichen Aufenthaltssituationen auf diesen Grundsatz (§§ 1687 Abs 1 S 5, 1688 Abs 1 S 3 BGB). Dieses **Notvertretungsrecht bei Gefahr im Verzug** enthält nur Selbstverständliches (BT-Drucks 13/4899, 108); von nichts anderem wäre bereits nach allgemeinen Grundsätzen des Zivilrechts (mutmaßliche Einwilligung) auszugehen. Die Alltagspraxis ging bereits bisher von einer bestehenden Handlungsmacht der Betreuungspersonen des Kindes in Gefahrensituationen aus. Hervorzuheben ist, dass nach § 1629 Abs 1 S 4 Hs 2 BGB die Pflege- oder Erziehungsperson den oder die Sorgerechtsinhaber **unverzüglich zu unterrichten** hat. Verstöße dagegen bleiben aber ohne Auswirkung auf die Wirksamkeit der in der Notvertretung getroffenen Maßnahme (Staudinger/Lettmaier [2020] § 1629 Rn 66).

III. Pflegepersonen gleichgestellte Personen gemäß § 1688 Abs 2

Mit der Übernahme der Erweiterung in § 1688 Abs 2 BGB auf **Erziehungspersonen,** 30
die im Rahmen der Hilfe nach den §§ 34, 35, 35a Abs 2 Nr 3 und 4 SGB VIII tätig sind, wollte der Gesetzgeber den Alltag auch in diesen Erziehungs- und Betreuungsverhältnissen mit der Einräumung der Alltagssorge zugunsten dieses Personenkreises **erleichtern** (BT-Drucks 13/4899, 108; BR-Drucks 886/96 Anlage S 2 f); dieser Personenkreis steht Pflegeeltern gleich. Es handelt sich hier **ausschließlich um jugendhilferechtlich geregelte Betreuungs- und Erziehungsverhältnisse**, für deren Zustandekommen die Mitwirkung personensorgeberechtigter Eltern bzw eines Vormundes/Pflegers unverzichtbar ist. Allerdings muss es sich auch hier um Maßnahmen voraussichtlich für längere Zeit handeln (vgl Rn 6 ff). Die betroffenen Kinder oder Jugendlichen leben in

diesen Formen **über Tag und Nacht außerhalb des Haushaltes der jeweiligen Personensorgeberechtigten**:

- in der **Heimerziehung** oder in sonstigen **betreuten Wohnformen** (§ 34 SGB VIII);
- in der intensiven **sozialpädagogischen Einzelbetreuung** bei Aufenthalt außerhalb des Haushalts der Personensorgeberechtigten **über Tag und Nacht** (zB erlebnispädagogische Maßnahme) für längere Zeit (§ 35 SGB VIII);
- bei der Gewährung von **Eingliederungshilfe für seelisch behinderte Kinder oder drohender seelischer Behinderung** durch Pflegepersonen (§ 35a Abs 2 Nr 3 SGB VIII) oder in Einrichtungen sowie sonstigen Wohnformen über Tag und Nacht (§ 35a Abs 2 Nr 4 SGB VIII).

31 Trotz einer entsprechenden Prüfbitte des **Bundesrates** (BR-Drucks 886/96 Anlage S 2 f) hat sich der Gesetzgeber nicht dafür ausgesprochen, die Alltagssorge auf sämtliche Unterbringungsfälle über Tag und Nacht auszudehnen (zB auf **Internate**), sondern mit Verweis auf die in solchen Verhältnissen üblichen rechtsgeschäftlichen Regelungen die Wirkung des § 1688 Abs 1 BGB auf Erziehungs- und Betreuungsverhältnisse auf der Grundlage des SGB VIII beschränkt). Die Internatsunterbringung des Kindes fällt damit nicht in den Anwendungsbereich der Norm (MünchKommBGB/Hennemann § 1688 Rn 8).

IV. Abweichende Regelungen gemäß § 1688 Abs 3

1. Anderweitige Erklärung der Sorgeberechtigten (§ 1688 Abs 3 S 1)

32 Mit der gesetzlichen Handlungsmacht der Pflegeperson in § 1688 Abs 1 BGB bringt der Gesetzgeber zugleich die **Notwendigkeit entsprechender**, wenn auch beschränkter, **Entscheidungs-** und **Vertretungsbefugnisse** zugunsten des in Abs 1 und 2 dieser Bestimmungen genannten Personenkreises zum Ausdruck. Eine rechtsgeschäftliche Erweiterung über die in Abs 1 genannten Befugnisse hinaus durch Ermächtigungen und Vollmachten ist ohne Weiteres ebenso möglich (DIJuF-Rechtsgutachten JAmt 2002, 346, 347; Grüneberg/Götz § 1688 Rn 6) wie die familiengerichtliche Übertragung von über die Alltagssorge hinausgehenden Befugnissen gemäß § 1630 Abs 3 BGB. Aber gerade wegen häufig nicht erfolgter entsprechender Dispositionen glaubte der Gesetzgeber des SGB VIII bereits im Jahre 1990 wie der Gesetzgeber des KindRG im Jahre 1997, nicht mehr ohne eine **von Gesetzes wegen** automatisch eintretende Alltagssorge der Betreuungsperson des Kindes auskommen zu können.

33 Der **Gesetzgeber ermutigt** die Inhaber der elterlichen Sorge trotz des eingeschlagenen Wegs der gesetzlichen Wirkung **zur individuellen Gestaltung des Pflege- und Erziehungsverhältnisses**. Ebenso wie gemäß § 36 Abs 2 S 2 SGB VIII dem Jugendamt die **Erstellung eines individuellen auf den Einzelfall zugeschnittenen Hilfeplans** (gleichsam eines „Maßanzugs") **bei Fremdplatzierung des Kindes für längere Dauer zwingend vorschreibt**, kommen Eltern ihren Pflichten nur entweder durch eine positive individuelle Ausgestaltung des Pflegeverhältnisses mittels entsprechender Erklärungen bzw einer Übertragung gemäß § 1630 Abs 3 BGB oder mindestens durch Akzeptierung der gesetzlichen Wirkungen des § 1688 Abs 1 BGB nach. Die im Gesetz erwähnte

anderweitige Erklärung („etwas anderes erklärt") der Eltern kann folglich kaum einmal zu einem völligen Ausschluss der Alltagssorge führen, wäre doch das Erziehungs- und Betreuungsverhältnis bei Drittbetreuung ohne entsprechende Handlungsmacht nicht zu bewältigen (zustimmend BeckOGK/Schwedler [1. 3. 2023] § 1688 Rn 19; **aA** BeckOK-BGB/Veit [1. 1. 2023] § 1688 Rn 11). Der **völlige Ausschluss der Befugnisse** nach Abs 1 und 2 ist in § 1688 Abs 3 S 2 BGB **dem Familiengericht** vorbehalten, **wenn dies zum Wohle des Kindes erforderlich ist. Modifikationen** der Entscheidungs- und Vertretungsbefugnisse der Pflegeeltern und Betreuungspersonen hingegen, sofern sie **nicht kindeswohlabträglich** sind und sofern sie nicht in unzumutbarer Weise den Alltag am Ort der Unterbringung des Kindes erschweren, sind zulässig. Allerdings gilt bei Fremdplatzierung, dass solche **Modifizierungen stets den Umstand berücksichtigen müssen**, dass die Inhaber der elterlichen Sorge den **Alltag mit dem Kind nicht teilen**. Wenn ein völliger Ausschluss der Alltagssorge bereits den Inhabern der elterlichen Sorge zukäme, hätte es der Aussage des Abs 3 S 2 nicht bedurft. Im Übrigen würde die Einräumung eines **völligen Ausschlusses** der Befugnisse durch die Inhaber der elterlichen Sorge die **gesetzgeberischen Absichten konterkarieren**. Deshalb kann die gesetzliche Aufforderung an die Adresse der Inhaber der elterlichen Sorge nur dahingehend verstanden werden, dass sie gegenüber den jeweils für das Kind Verantwortlichen **ihre besonderen Wünsche und Vorstellungen äußern** und überprüfen, ob diesen am Unterbringungsort entsprochen werden kann. Dabei trägt der Sorgerechtsinhaber die Feststellungslast für das Bestehen eines Grundes für die Einschränkung bzw für den Ausschluss der Befugnisse gemäß Abs 1 und 2 (Grüneberg/Götz § 1688 Rn 6; NK-BGB/Harms/Bisping § 1688 Rn 20), geht doch das Gesetz von der Vermutung aus, dass die Pflegeperson (Abs 1) bzw die in der Einrichtung verantwortliche Person (Abs 2) Inhaber der genannten Befugnisse ist. Gerade die von § 1688 Abs 1 S 1 BGB nicht erfassten Bereiche der Angelegenheiten von erheblicher Bedeutung, sofern deren Regelung den Inhabern der elterlichen Sorge vorbehalten bleibt, erfordern bei Fremdplatzierung hinsichtlich Berücksichtigung und Umsetzung über das „Wie" eine Vielzahl von Absprachen.

2. Vermittlungspflicht des Jugendamtes gemäß § 37 Abs 3 SGB VIII

Sofern der Inhaber der elterlichen Sorge durch eine Erklärung gemäß § 1688 Abs 3 **34**
S 1 BGB die Vertretungsmacht der Pflegeperson soweit einschränkt, dass hierdurch eine dem Wohle des Minderjährigen förderliche Erziehung nicht mehr möglich ist, sollen die Beteiligten das **Jugendamt** zwecks **Vermittlung** einschalten (§ 37 Abs 3 S 1 SGB VIII). Nach Satz 2 soll dies auch bei sonstigen Meinungsverschiedenheiten im Vorfeld möglicher Entscheidungen nach § 1688 Abs 3 S 1 BGB geschehen. Auch wenn der Wortlaut von § 37 Abs 3 S 1 SGB VIII lediglich auf die **Pflegeperson** hinweist, gilt diese **Vermittlungspflicht auch** und gerade **für Konflikte** in diesem Bereich **zwischen den Inhabern der elterlichen Sorge und den Betreuern und Erziehern** gemäß § 1688 Abs 2 BGB (Wiesner/Wapler/Gallep § 37 SGB VIII Rn 75; FK-SGB VIII/Eschelbach/Schönecker § 37 Rn 21; **aA** LPK-SGB VIII/Kunkel/Berneiser § 37 Rn 41). Hier dürfte es sich letztlich um ein **redaktionelles Versehen** während des ursprünglichen Gesetzgebungsverfahrens handeln, macht es doch überhaupt keinen Sinn, diese Konflikte von der jugendamtlichen Vermittlung auszuschließen.

3. Familiengerichtliche Regelungsbefugnis

35 Das **Familiengericht** kann gemäß § 1688 Abs 3 S 2 BGB die Befugnisse nach Abs 1 und 2 **beschränken** oder **ausschließen**, wenn dies zum Wohl des Kindes erforderlich ist. Diese familiengerichtlichen Maßnahmen kommen idR nur auf entsprechende Anregung (§ 24 FamFG) – uU aber auch von Amts wegen – in Betracht, und gerade hier ist das Gericht aufgerufen, **auf ein Einvernehmen unter den Beteiligten hinzuwirken** (§ 156 FamFG); dabei hat es zu überprüfen, ob die **in § 37 Abs 3 SGB VIII** vorgesehene **Vermittlung** durch das Jugendamt trotz Anrufung des Gerichts noch Sinn macht. Ob das Wohl des Kindes ein familiengerichtliches Einschreiten erforderlich macht, kann nur nach penibler Aufklärung des Konfliktes, des Konfliktniveaus, der Dauer und der Ziele des Pflegeverhältnisses, der Lebenssituation des Kindes und bei entsprechendem Alter seiner Wünsche und Vorstellungen entschieden werden. Ist es zum Konflikt **wegen Überschreitens der Befugnisse** durch die Pflegeeltern bzw Heimerzieher gekommen, so wird idR eine entsprechende **Feststellung** durch das Gericht **genügen**. Möglicherweise wäre eine über den Kompetenzrahmen des § 1688 Abs 1 BGB hinausgehende Übertragung von Angelegenheiten der elterlichen Sorge nach § 1630 Abs 3 BGB der Entwicklung des Pflegeverhältnisses angemessener; entsprechende **Anregungen zur Erweiterung** seitens des Gerichts können im Einzelfall angebracht sein, dem **Gericht steht eine solche Erweiterungsbefugnis von Amts wegen indes nicht zu**, es sei denn, dass die Verhaltensweise der Eltern das Kindeswohl gefährdet,§§ 1666, 1666a BGB (Grüneberg/Götz § 1688 Rn 6; BeckOK-BGB/Veit [1. 1. 2023] § 1688 Rn 17). Stellt hingegen das Gericht fest, dass die Pflegeperson noch im Bereich der ihr zustehenden Befugnisse gemäß § 1688 Abs 1 BGB handelt, so **spricht** zunächst **das Regelungsmodell des Gesetzes gegen eine Einschränkung oder** gar einen **Ausschluss der ohnehin beschränkten Befugnisse**. Zwar liegt die Eingriffsschwelle hier niedriger als bei § 1666 Abs 1 BGB, dennoch **setzt** das **Einschreiten** des Familiengerichts **triftige, das Kindeswohl nachhaltig berührende Gründe** voraus, die befürchten lassen, dass ohne Einschränkung oder Ausschluss der Befugnisse der Pflegeeltern bzw derer nach Abs 2 Verantwortlichen das Kind oder seine Interessen eine ungünstige Entwicklung nehmen könnten (Grüneberg/Götz § 1688 Rn 7; Heilmann/Gottschalk § 1688 Rn 18). Im Rahmen seiner Kindeswohlprüfung hat es nach § 1697a Abs 2 S 1 BGB auch zu berücksichtigen, ob und inwieweit sich die **Erziehungsverhältnisse bei den Eltern** innerhalb eines in Hinblick auf die Erziehung des Kindes vertretbaren Zeitraums derart verbessert werden, dass diese das Kind wieder erziehen können. Liegen die Voraussetzungen für eine **Dauerverbleibensanordnung** nach § 1632 Abs 4 S 2 Nr 1 BGB vor, muss das Familiengericht zusätzlich das **Bedürfnis des Kindes nach kontinuierlichen und stabilen Lebensverhältnissen** berücksichtigen.

Hinter solchen Konflikten könnten sich grundlegende Konflikte über die Zukunftsperspektive der Fremdplatzierung verbergen, sodass das Gericht häufig nicht umhinkommen wird, den **Gesamtkontext des Konfliktes** aufzurollen bzw dessen **Begrenzbarkeit** zu überprüfen. In jedem Fall sollte das Familiengericht im Auge behalten, dass durch seine Entscheidungen das Pflege- oder Erziehungsverhältnis nicht gefährdet werden darf und dass die Diskrepanz zwischen rechtlicher und sozialer Familie (sehr treffend OLG Koblenz 30. 9. 2016 – 11 UF 418/16, juris Rn 92 f, FamRZ 2017, 301 m Anm Dürbeck) in Bezug auf die Sorgerechtskompetenzen nicht auf dem Rücken des Kindes ausgetragen werden soll.

V. Gesetzliche Wirkungen nach einer Verbleibensanordnung gemäß § 1688 Abs 4

Ist der Aufenthaltsort und Lebensmittelpunkt des Kindes nicht mehr vom Willen der Inhaber der elterlichen Sorge getragen, und waren deshalb zur Abwendung einer Kindeswohlgefährdung bereits **zivilrechtliche Kindesschutzmaßnahmen** in Form von **Verbleibensanordnungen** gemäß § 1632 Abs 4 BGB oder nach § 1682 BGB erforderlich, so besteht **grundsätzlich ein Klärungsbedarf** hinsichtlich der Befugnisse der Personen, bei denen der Verbleib des Kindes angeordnet werden musste (vgl hierzu mwNw STAUDINGER/SALGO [2020] § 1632 Rn 94). Einerseits kann in diesen Konstellationen idR nicht mehr von einer vom Einverständnis der Inhaber der elterlichen Sorge getragenen Befugnis der Pflege- bzw Stiefeltern und der anderen umgangsberechtigten nahen Angehörigen des Kindes (§§ 1632 Abs 4, 1682 BGB) ausgegangen werden, andererseits wollte der Gesetzgeber gerade für solche zumeist **spannungsgeladenen Situationen eine Mindestausstattung dieses Personenkreises mit entsprechenden Befugnissen von Gesetzes wegen sichergestellt wissen**; deren Befugnisse zur Wahrnehmung alltäglicher Angelegenheiten sollten nicht durch widersprechende Erklärungen der Inhaber der elterlichen Sorge eingeschränkt werden können (BT-Drucks 13/4899, 108). 36

Da bereits vor Erlass der Verbleibensanordnung gemäß §§ 1632 Abs 4, 1682 BGB geprüft werden musste, ob der jeweilige Aufenthalt des Kindes seit **„seit längerer Zeit“** bestand, ist unter den Voraussetzungen von § 1688 Abs 4 BGB eine von § 1688 Abs 1 BGB **geforderte Prognose über die voraussichtliche Aufenthaltsdauer entbehrlich** (vgl WIESNER/WAPLER/GALLEP § 37 SGB VIII Rn 56). 37

1. Verbleibensanordnung gemäß § 1632 Abs 4

Der **Verbleibensanordnung** bei der Pflegeperson gehen eine Vielzahl **verfassungsrechtlicher Abwägungen** im Rahmen des Verfahrens gem § 1632 Abs 4 BGB voraus (s STAUDINGER/SALGO [2020] § 1632 Rn 47 ff mwNw; JOHANNSEN/HENRICH/ALTHAMMER/DÜRBECK § 1632 BGB Rn 27: verfassungsrechtliches „Dreiecksverhältnis“); des Weiteren müssen eine Reihe **verfahrensrechtlicher Besonderheiten** (STAUDINGER/SALGO [2020] § 1632 Rn 103 ff) beachtet werden. **Jugendamtliche Stellungnahmen** müssen stets eingeholt werden (§ 162 Abs 1 S 1 FamFG), häufig werden familienpsychologische **Sachverständigengutachten** erstellt (zur Notwendigkeit vgl OLG Frankfurt 3. 3. 2022 – 6 UF 225/21, NZFam 2022, 593 m Anm SALGO; STAUDINGER/SALGO [2020] § 1632 Rn 101). Unter diesen Umständen ist eine **weitere gesetzliche Beschränkung der Rechte der Inhaber der elterlichen Sorge** durch § 1688 Abs 4 BGB **auch verfassungsrechtlich gerechtfertigt: nur dem Familienrichter**, aber nicht mehr den Personenberechtigten steht die ohnehin nicht unproblematische Einschränkung bzw der Ausschluss der Befugnisse nach § 1688 Abs 1 und 3 BGB zu. Sofern die Inhaber der elterlichen Sorge folglich die Alltagsorge gemäß § 1688 Abs 1 BGB einschränken oder ausschließen wollen und eine Verbleibensanordnung nach § 1632 Abs 4 BGB ergangen ist, können sie dies nicht mehr durch einfache Erklärung gemäß § 1688 Abs 3 S 1 BGB erreichen, vielmehr müssen sie einen entsprechenden Antrag an das Familiengericht richten. Bis das Familiengericht entschieden hat, stehen den Pflegeeltern die Befugnisse nach § 1688 Abs 1 BGB zu. Unerheblich ist im Übrigen für die Anwendung von § 1688 Abs 4 BGB, ob die Verbleibensanordnung als einfache und befristete Anordnung nach § 1632 Abs 4 S 1 BGB oder als sog **Dauerverbleibensanordnung** nach § 1632 Abs 4 S 2 BGB ergangen ist (BeckOK-BGB/VEIT [1. 1. 2023] § 1688 Rn 13). 38

2. Verbleibensanordnung gemäß § 1682

39 Der schon seit langem erhobenen Forderung nach Anerkennung einer, wenn auch abgeschwächten, personensorgerechtlichen Beziehung zwischen Stiefkind und Stiefelternteil (vgl Coester JZ 1992, 809, 816) ist zwar vom KindRG noch nicht, aber mit der Einführung eines „kleinen" Sorgerechts (§ 1687b BGB), eingeführt durch das LPartG, partiell entsprochen worden. § 1682 BGB bringt neben anderen ebenfalls neu ins Familienrecht des BGB eingestellten Bestimmungen (zB §§ 1618, 1632 Abs 4, 1685 Abs 2, 1687a, 1687b, 1688 Abs 4 BGB) zum Ausdruck, dass modernes Familienrecht immer weniger sich der konkret gelebten Beziehung (Realbeziehung) im Einzelfall entziehen kann. § 1688 Abs 4 BGB verschafft *nach* einer gerichtlichen Verbleibensanordnung Pflege- und Stiefeltern, Lebenspartnern bzw den anderen Personen (iSv § 1682 S 2 BGB iVm § 1685 Abs 1 BGB) **eine Teilhabe an der elterlichen Sorge kraft Gesetzes**, die nur durch das Familiengericht eingeschränkt oder ausgeschlossen werden kann (§ 1688 Abs 4 BGB). Mit dem von § 1682 BGB erweiterten Personenkreis wird in § 1688 Abs 4 BGB eine weitere Gruppe von für das Kind **wichtigen Bezugspersonen einbezogen**, die in den vorausgehenden Absätzen dieser Norm nicht erfasst ist. Das bedeutet, dass dieser erweiterten Personengruppe die Befugnis zur Mitentscheidung in Angelegenheiten des täglichen Lebens kraft Gesetzes verliehen wird. Sofern die Inhaber der elterlichen Sorge die Alltagsorge gemäß § 1688 Abs 1 BGB bzw die Befugnisse nach den § 1688 Abs 3 S 1 BGB einschränken oder ausschließen wollen und eine Verbleibensanordnung nach § 1682 BGB ergangen ist, können sie dies nicht mehr durch einfache Erklärung gemäß § 1688 Abs 3 S 1 BGB erreichen, vielmehr müssen sie einen entsprechenden Antrag an das Familiengericht richten. Bis das Familiengericht entscheidet, stehen den von § 1682 BGB erfassten Personen die Befugnisse nach § 1688 Abs 1 S 1 BGB zu.

VI. Verfahrensfragen

1. Allgemeines

40 Grundsätzlich zu sämtlichen Verfahrensfragen vgl Staudinger/Coester (2020) § 1666 Rn 256 ff; § 1671 Rn 281 ff. Auf verfahrensrechtliche Fragen wird deshalb nur insoweit eingegangen, als sie im Kontext des § 1688 BGB **Besonderheiten** aufweisen. Besondere Bedeutung kommt der **Vermittlungspflicht** des **Gerichts** nach § 156 FamFG und des **Jugendamtes** gemäß § 37 Abs 3 SGB VIII zu (vgl Rn 34).

2. Zuständigkeit und Verfahrenseinleitung

41 Die **sachliche Zuständigkeit** für Entscheidung nach § 1688 Abs 3 S 2 und Abs 4 BGB liegt beim **Familiengericht** (§ 151 Nr 1 FamFG), es entscheidet der **Rechtspfleger beim Familiengericht** (§ 3 Nr 2a RPflG). § 1688 BGB ist anders als § 1687b BGB nicht in § 14 Abs 1 Nr 7 RPflG (Richtervorbehalt) genannt (Heilmann/Heilmann § 14 RPflG Rn 18). Die **örtliche Zuständigkeit** richtet sich regelmäßig nach § 152 Abs 2 FamFG. Der gewöhnliche Aufenthalt des Kindes besteht nicht beim Sorgeberechtigten, sondern bei der Pflege- bzw Erziehungsperson. Es handelt sich um ein amtswegiges Verfahren iSd § 24 FamFG, dessen Einleitung auf **Anregung** oder **von Amts wegen** erfolgt.

3. Beteiligung und Anhörungspflichten

Die **Anhörungspflichten** ergeben sich aus den §§ 159, 160, 161 FamFG. Über die Pflicht zur persönlichen Elternanhörung (§ 160 FamFG) kann, schon im Hinblick auf § 156 FamFG, kein Zweifel bestehen. Die Anhörungspflicht bzgl eines nicht sorgeberechtigten Elternteils ergibt sich ebenfalls aus § 160 Abs 1 FamFG, wobei es hier im Einzelfall genügen wird, diesen lediglich schriftlich anzuhören. Die Anhörungspflicht hinsichtlich der Pflege- bzw Erziehungsperson ergibt sich aus § 34 Abs 1 FamFG, weil dieser Beteiligter des Verfahrens ist und seine Anhörung zur sachgemäßen Beurteilung des Falles und zur Gewährung rechtlichen Gehörs erforderlich ist. Das Jugendamt ist nach § 162 Abs 1 S 1 FamFG zwingend anzuhören. Obwohl in Verfahren gem § 1688 BGB der Kompetenzstreit zwischen Eltern und Pflege- bzw Erziehungsperson den Verfahrensgegenstand bildet, steht **das Kind und sein Wohl** im Vordergrund (§ 1697a BGB). Seine **Neigungen, Bindungen** oder sein **Wille** können für die Entscheidung von Bedeutung sein oder für die Feststellung des Sachverhaltes angezeigt erscheinen. Der **Kompetenzstreit** kann unmittelbare Auswirkungen auf das Kind haben. Deshalb **muss** das betroffene **Kind,** nach der Neufassung von § 159 FamFG zum 1. 7. 2021 altersunabhängig, **persönlich angehört werden** (§ 159 Abs 1 FamFG; vgl Lack, in: Dutta/Jacoby/Schwab § 159 FamFG Rn 11 ff). 42

Am Verfahren **förmlich beteiligt** iSd § 7 FamFG sind die sorgeberechtigten Eltern nach § 7 Abs 2 Nr 1 FamFG und nach der gleichen Norm auch die Pflege- oder Erziehungsperson, da ihr § 1688 BGB eigene subjektive Rechte eröffnet. Auf § 161 FamFG kommt es nicht an. Beteiligter des Verfahrens ist auch das minderjährige Kind (vgl BGH 27. 6. 2018 – XII ZB 46/18, juris Rn 10, NJW 2018, 2962 zu § 1628 BGB). Das Jugendamt ist nur auf Antrag nach § 162 Abs 2 S 2 FamFG zu beteiligen. Für die Bestellung eines Verfahrensbeistands nach § 158 Abs 1 FamFG wird nur bei hochkonflikthaften Auseinandersetzungen Veranlassung bestehen. 43

4. Vermittlungspflicht des Gerichts

Gerichtliches Tätigwerden im Rahmen des § 1688 BGB ist auf Beschränkung oder Ausschluss des Vertretens in Angelegenheiten des täglichen Lebens beschränkt. Vorrangige Pflicht des in Anspruch genommenen Familiengerichts ist, jedenfalls, weil es sich um eine die Person des Kindes betreffende Angelegenheit gemäß § 156 FamFG handelt, auf ein **Einvernehmen der Beteiligten** unter Beachtung der Maximen des § 1697a Abs 1 und 2 BGB hinzuwirken. Im **Mittelpunkt** dieser Bemühungen steht das **Kindeswohl**, könnten doch Beschränkung oder Ausschluss der Alltagssorge von Pflegeeltern bzw Betreuungspersonen negative Rückwirkungen auf das Kind haben, weil es dadurch zu Schwierigkeiten bei der Bewältigung von Alltagsfragen kommen könnte. Die ganze Palette des § 156 FamFG muss daraufhin überprüft werden, was die einvernehmliche Konfliktlösung am ehesten fördert. Der Vermittlung durch das Jugendamt gem § 37 Abs 3 SGB VIII kommt eine wichtige Funktion zu. Die Beteiligten sind **so früh wie möglich anzuhören** und das Verfahren ist schnellstmöglich zum Abschluss zu bringen (zur Eilbedürftigkeit Heilmann, Kindliches Zeitempfinden und Verfahrensrecht [1998] 147 ff). 44

5. Inhalt der gerichtlichen Entscheidung

a) Entscheidungsalternativen

45 Scheitern die gerichtlichen und jugendamtlichen Vermittlungsbemühungen – nur bei von vornherein aussichtslos erscheinenden Fällen dürfen sie unterbleiben – so endet das Verfahren mit einer **gerichtlichen Entscheidung** gemäß § 1688 Abs 3 S 2 und Abs 4 BGB durch Beschluss (§ 38 FamFG): Entweder mit einer **Einschränkung** bzw **Ausschluss der Alltagssorge** oder mit Ablehnung des Antrags, dh, dass die **Alltagssorge** unbeschränkt fortbesteht. Eine Erweiterung der Befugnisse ist nur nach § 1630 Abs 3 BGB außerhalb des Sorgerechtsentzuges nach § 1666 Abs 3 Nr 6 BGB möglich.

b) Einschränkung und Ausschluss gemäß § 1688 Abs 3 und 4

46 **Einschränkungen** oder gar der **Ausschluss** von **ohnehin beschränkten Kompetenzen sollten nur im äußersten Fall** erfolgen, ansonsten kann der zu gestaltende Alltag mit dem Kind äußerst erschwert werden. Vor solchen Maßnahmen stehen **gerichtliche Vermittlungsbemühungen** gemäß § 156 FamFG, insbesondere die Vermittlungs-, Beratungs- und Hilfsmöglichkeiten **der Jugendhilfe** (gemäß § 37 Abs 3 SGB VIII). Werden gerichtliche Restriktionen bereits restringierter Kompetenzen erforderlich, bestehen zumeist Störungen im Grundverhältnis – dies sollte das Gericht stets mitbedenken.

6. Einstweiliger Rechtsschutz

47 In einem Verfahren gemäß § 1688 Abs 3 S 2 und Abs 4 BGB als Kindschaftssachen nach § 151 Nr 2 FamFG sind **einstweilige Anordnungen** gemäß §§ 49 ff FamFG zulässig. Gerade im Kompetenzstreit kann ein besonderes Bedürfnis nach einer einstweiligen Anordnung wegen **eilbedürftiger Entscheidungsnotwendigkeiten** bestehen (vgl Staudinger/Lettmaier [2020] § 1628 Rn 82). Gegen die einstweilige Anordnung nach mündlicher Erörterung ist die Beschwerde nach § 57 S 2 Nr 1 FamFG möglich, da es sich um eine Angelegenheit der elterlichen Sorge handelt. Das **Notvertretungsrecht bei Gefahr im Verzug** (§§ 1688 Abs 1 S 3, 1629 Abs 1 S 4 BGB) gibt allerdings der Pflegeperson, bei der eine solche Rechtshandlung notwendig wird, eine **schnelle Reaktionsmöglichkeit** ohne Einschaltung des Gerichts in die Hand.

7. Rechtsmittel

48 Die **Beschwerde** nach § 58 Abs 1 FamFG besteht gegen Entscheidungen des Familiengerichts zum Oberlandesgericht. Hier gelten keine Besonderheiten.

§§ 1689–1692
(aufgehoben)

§ 1693
Gerichtliche Maßnahmen bei Verhinderung der Eltern

Sind die Eltern verhindert, die elterliche Sorge auszuüben, so hat das Familiengericht die im Interesse des Kindes erforderlichen Maßregeln zu treffen.

Materialien: E I § 1544; II § 1556 Abs 1; III § 1642. Neugefasst durch GleichberG Art 1 Nr 22; SorgeRG Art 9 § 2 Nr 3; KindRG 1998 Art 1 Nr 24.

Systematische Übersicht

I. Allgemeines

1. Normbedeutung

1 Die Vorschrift ist Ausdruck der (subsidiären) staatlichen Mitverantwortung für Kinder (Art 6 Abs 2 S 2 GG). Diese drückt sich nicht nur im klassischen „Wächteramt" aus, wonach der Staat schützend einzugreifen hat, wenn das Kind gefährdet ist und die Eltern die Gefährdung nicht abwenden können oder wollen (§§ 1666–1667 BGB und verwandte Vorschriften). Die subsidiäre Verantwortung des Staates verpflichtet ihn auch, **anstelle der Eltern** einzuspringen und **unmittelbar für das Kind zu handeln**, wenn dies erforderlich ist und solange die Eltern an der Wahrnehmung ihrer Sorgeaufgaben **verhindert** sind (MünchKommBGB/Olzen § 1693 Rn 1 „Notzuständigkeit"). In Ergänzung zu anderen Regelungen für den Fall der elterlichen Verhinderung (§§ 1673, 1674, 1678 BGB) erlaubt § 1693 BGB gerichtlichen Schutz der Kindesinteressen, ohne dass es einer „Gefährdung" dieser Interessen iSv § 1666 BGB bedürfte. Allerdings wird hiermit die klassische Funktionsteilung von Judikative und Exekutive überschritten: „Die organisierende, entscheidende und kontrollierende Gewalt scheidet sich von der laufend handelnden Sorge" (Gernhuber/Coester-Waltjen § 50 Rn 4). Die Zuweisung auch der letzteren an das Gericht erweist sich damit als **Ausnahme**, die eng zu interpretieren ist (vgl Rn 3 f). Das gerichtliche Handeln nach § 1693 BGB **schränkt die elterliche Sorgemacht nicht ein**, es tritt vielmehr **ergänzend** in die durch den elterlichen Ausfall entstandene Lücke. Konzeptionell ist § 1693 BGB auf die **einstweilige Interessenwahrung des Kindes in dringlichen Fällen** beschränkt, in denen nicht gewartet werden kann, bis die Eltern wieder sorgerechtsfähig sind oder – bei längerem Ausfall – dauerhafte Schutzmaßnahmen für das Kind getroffen werden (§§ 1674 Abs 1, 1666 ff BGB, uU mit der Konsequenz einer Vormund- oder Pflegerbestellung). Dies wurde früher bestritten, um zu einem generellen Zuständigkeitsvorrang des Familiengerichts vor dem Vormundschaftsgericht (gem § 1909 aF) zu gelangen – dieser Streit ist seit Abschaffung des Vormundschaftsgerichts gegenstandlos.

Eine **entsprechende Regelung** gilt bei Fehlen oder Verhinderung des **Betreuers (§ 1867 BGB)**, kraft Verweises im **Vormundschaftsrecht (§ 1802 Abs 2 S 3 BGB)** und auch im **Pflegschaftsrecht (§ 1813 Abs 1 BGB)**.

2. Textgeschichte

2 Die Vorschrift entspricht § 1665 aF, sie ist durch das GleichberG 1957 (Art 1 Nr 22) neu gefasst und durch das SorgeRG 1979 sprachlich angepasst worden. Das KindRG 1998 hat lediglich das früher zuständige Vormundschaftsgericht durch das Familiengericht ersetzt.

II. Voraussetzungen

3 Die Eltern müssen **an der Ausübung der elterlichen Sorge verhindert** sein, und es muss ein **dringendes, anderweitig nicht abgedecktes Regelungsbedürfnis** bestehen. Die **Verhinderung** kann entweder insgesamt oder für einen Teilbereich – möglicherweise auch nur für eine einzelne Sorgemaßnahme – bestehen (KG JFG 12, 96; MünchKomm-BGB/Lugani § 1693 Rn 2; BeckOK-BGB/Veit [1. 1. 2023] § 1693 Rn 2). Die elterliche Sorge muss für diesen Bereich **ersatzlos** – allerdings nicht notwendig dauerhaft, Rn 4 – ausgefallen sein, die Verhinderung muss also bei beiden Eltern oder beim alleinsorgeberechtigten Elternteil bestehen. § 1693 BGB verleiht keine gerichtliche Handlungsbefugnis, wenn bei gemeinsamem Sorgerecht beider Eltern und Ausfall eines Elternteils der andere das Sorgerecht allein wahrnimmt (§§ 1678 Abs 1, 1680 Abs 1, 3; 1681 Abs 1 BGB; s aber § 1629 Abs 2 S 1 BGB: Die Verhinderung eines Elternteils disqualifiziert hier nach hM auch den anderen, Staudinger/Lettmaier [2020] § 1629 Rn 200). Anders im Verhältnis eines minderjährigen Elternteils zu einem Vormund/Pfleger des Kindes (§ 1673 Abs 2 BGB) – im Konfliktfall kann hier das Familiengericht gem § 1693 BGB zu Maßnahmen befugt sein (Staudinger/Coester [2020] § 1673 Rn 27). Trotz Verhinderung fehlt es an einem **dringenden Regelungsbedürfnis**, wenn die Eltern für den Verhinderungsfall hinreichend Vorsorge getroffen haben, zB durch rechtsgeschäftliche Bevollmächtigung oder Einsetzung einer Betreuungsperson. Ausnahmsweise können in diesem Fall dennoch gerichtliche Maßnahmen nach § 1693 BGB notwendig werden, wenn die Vorsorgemaßnahme nicht ausreicht oder die Hilfsperson ihrerseits ausfällt oder nicht im Elternsinne tätig wird (BeckOK-BGB/Veit [1. 1. 2023] § 1693 Rn 2). § 1693 BGB ist weiterhin nicht anwendbar, wenn die verhinderten Eltern oder ein Dritter die sachgerechten rechtlichen Schritte eingeleitet haben, um ihre Verhinderung zu überbrücken, zB durch Stellung eines Antrags nach § 1630 Abs 3 BGB oder auf Bestellung eines Ergänzungspflegers: Im zweiten Fall ist nach § 1809 BGB zu entscheiden, nicht gem § 1693 BGB für das Kind zu handeln. Das Gleiche gilt, wenn die Dringlichkeit aus anderen Gründen fehlt (vgl Rn 1).

4 Die **Art der elterlichen Verhinderung** ist gleichgültig, es kommen **tatsächliche** (§ 1678 Abs 1 BGB) oder **rechtliche Verhinderungen** in Betracht (§§ 1673, 1674, 1629 Abs 2 S 1 BGB; OLG Stuttgart FamRZ 1999, 1601; OLG Zweibrücken FamRZ 2000, 243, 244; OLG Naumburg FamRZ 2008, 639). Eine tatsächliche Verhinderung darf in Zeiten moderner Kommunikationstechniken nicht schon aus bloßer physischer Abwesenheit der Eltern gefolgert werden – hier gelten die gleichen Regeln wie beim Ruhen der elterlichen Sorge gem § 1674 BGB (vgl Staudinger/Coester [2020] § 1674 Rn 11; MünchKomm-BGB/Lugani § 1693 Rn 3). Auch die **Dauer der Verhinderung** ist unerheblich – es genügt, wenn gerade im Verhinderungszeitraum Sorgemaßnahmen notwendig werden, die nicht ohne Nachteil für das Kind aufgeschoben werden können (vgl MünchKomm-BGB/Lugani § 1693 Rn 2; BeckOK-BGB/Veit [1. 1. 2023] § 1693 Rn 2). Insbesondere können Maßnahmen nach § 1693 BGB dazu dienen, eine längere Verfahrensdauer bei

der Feststellung der Tatbestände der §§ 1673, 1674 BGB oder auch des § 1666 BGB und der gerichtlichen Anordnung von Vormundschaft oder Pflegschaft zu überbrücken (vgl § 1674 Rn 21). An die **Feststellung der Verhinderung** iSd § 1693 BGB sind dabei nicht die gleichen Anforderungen zu stellen wie bei § 1674 Abs 1 BGB, sonst liefe die Schutzfunktion des § 1693 BGB leer: Es **genügt hinreichender Anlass zu der Annahme, dass die Eltern verhindert sind** (KG FamRZ 1962, 200; vgl BayObLGZ 1961, 243, 249; BayObLG FamRZ 1979, 71, 73; **aA** Erman/Döll § 1693 Rn 3; Grüneberg/Götz § 1693 Rn 1; BeckOK-BGB/Veit [1. 1. 2023] § 1693 Rn 3). Dies ist beispielsweise der Fall, wenn das Kind Unterhaltsansprüche gegen den alleinsorgeberechtigten Elternteil geltend macht – wegen des Interessenkonflikts in dessen Person ist deshalb ein Ergänzungspfleger zu bestellen (OLG Naumburg FamRZ 2008, 639; OLG Koblenz FamRZ 2007, 412; vgl BGH NJW 1996, 658). Behaupten und beanspruchen jedoch zB geistig oder aufgrund äußerlicher Umstände behinderte Eltern ihre Sorgerechtsfähigkeit, so ist Zurückhaltung geboten – § 1693 BGB ist kein bequemes Mittel zur Umgehung tatbestandlicher Eingriffsvoraussetzungen in anderen Vorschriften (Rn 5).

Kein Anwendungsfall des § 1693 BGB ist gegeben, **wenn grundsätzlich handlungsfähige Eltern ihrer Sorgerechtsverantwortung nicht nachkommen** (OLG Oldenburg 19. 10. 2018 – 11UF 125/18, FamRZ 2019, 205 m Anm Hoffmann) – hier liegt Vernachlässigung oder sonstiges elterliches Versagen vor, dem ausschließlich gem §§ 1666 ff BGB zu begegnen ist (möglicherweise auch durch einstweilige Anordnung); bei Uneinigkeit der Eltern kann auch § 1628 BGB als mildere Eingriffsmöglichkeit in Betracht kommen. Das Gleiche gilt, wenn präventiv wegen einer Gefährdung der Vermögensinteressen des Kindes eingegriffen werden muss (OLG Karlsruhe FamRZ 2001, 41 f: zu Recht § 1693 BGB verneinend, aber §§ 1666, 1667 BGB übersehend). Diese Grundsätze gelten schließlich auch, wenn die grundsätzlich sorgerechtsfähigen Eltern Maßnahmen treffen, die das Gericht für sachlich ungeeignet hält – nicht eine Verhinderung an der „richtigen" Entscheidung, sondern an Sorgerechtsmaßnahmen *schlechthin* erfüllt den Tatbestand des § 1693 BGB (KG DFG 1943, 39, 40: angeblich unsachgemäße Weisungen des im Felde stehenden Vaters; BVerfG NJW 2007, 3560, 3562: Eltern verweigern vorläufige Unterbringung des delinquenten Kindes; unrichtig daher der Verweis auf § 1693 BGB in BGH FamRZ 2005, 29, 30, wo der Vater gerade nicht verhindert war, sondern nur möglicherweise kindeswohlwidrige Entscheidungen getroffen hatte). 5

III. Erforderliche Maßregeln

Aus dem Normzweck (Rn 1) folgt, dass die vom Gericht zu treffenden Maßregeln **nur zur einstweiligen Erledigung eines unaufschiebbaren Regelungsbedürfnisses dienen dürfen** – weitergehende Vorgriffe auf endgültige Regelungen sind unzulässig (KG JFG 14, 204, 206 f; Grüneberg/Götz § 1693 Rn 2 [„nur das unbedingt Erforderliche"]). Damit ist eine volle Erledigung einer Sachfrage nicht ausgeschlossen, wenn sie sich einstweilig nicht regeln lässt (Grüneberg/Götz § 1693 Rn 2: „Einwilligung in eine dringliche Operation bei Nichterreichbarkeit der Eltern"; anders MünchKommBGB/Lugani § 1693 Rn 6; BeckOK-BGB/Veit [1. 1. 2023] § 1693 Rn 2), maßgebliches Kriterium ist allein die Unaufschiebbarkeit. 6

Die Maßnahmen stehen im Übrigen im **pflichtgemäßen Ermessen** des Gerichts, sie können tatsächlicher oder rechtlicher Art sein. Das Gericht kann die Fürsorge durch Dritte sicherstellen (Pfleger, Verfahrensvertreter), aber auch unmittelbar selbst für das Kind handeln in Vertretung des Kindes oder durch Maßnahmen tatsächlicher 7

Fürsorge, zB Unterbringung (OLG Schleswig SchlHAnz 1955, 226; vgl BayObLG FamRZ 1979, 71, 73) – im Einzelfall auch durch einstweilige Anordnung (Grüneberg/Götz § 1693 Rn 2). Zur **Änderung** von Maßnahmen nach § 1693 BGB s § 1696 Rn 31.

IV. Zuständigkeit und Verfahren

8 Sachlich zuständig für Maßnahmen nach § 1693 BGB ist das Familiengericht, §§ 111 Nr 2, 151 Nr 1 FamG; örtlich zuständig ist das Gericht am gewöhnlichen Aufenthalt des Kindes (§ 152 Abs 2 FamG), daneben aber auch das Gericht, „in dessen Bezirk das Bedürfnis der Fürsorge bekannt wird" (§ 152 Abs 4 S 1 FamFG; zu Einzelfragen aus diesem Nebeneinander zuständiger Familiengerichte s MünchKommFamFG/Heilmann § 152 Rn 2). Innerhalb des Gerichts entscheiden Richter oder Rechtspfleger, je nach Art der zu treffenden Maßnahme (§§ 3 Nr 2a, 14 RPflG). Eine **Anhörung des Jugendamts** ist gem 162 Abs 1 FamFG grundsätzlich geboten. **Einstweilige Anordnungen** sind zulässig gem §§ 49 ff FamFG. Als **Rechtsmittel** ist die Beschwerde (§§ 58 ff FamFG) eröffnet. Beschwerdeberechtigt sind die sorgeberechtigten Eltern (§ 59 Abs 1 FamFG), das mindestens 14-jährige Kind (§ 60 FamFG) sowie das Jugendamt (§§ 59 Abs 3, 162 Abs 3 S 2 mit Abs 1 S 1 FamFG). Dass daneben auch eine Inobhutnahme durch Verwaltungsakt notwendig sein kann (zB im Rahmen des Strafvollzugs), kann konkurrierende Entscheidungen (OLG Stuttgart 7. 10. 2021, FamRZ 2022, 457; VGH Mannheim 4. 11. 2021 – 12 S 3125/21, FamRZ 2022, 450 m Anm Meysen) und Wertungswidersprüche verursachen. Die verfassungsrechtlich gebotene Zurückhaltung bei Eingriffen in die elterliche Sorge muss auch in diesen Fällen Vorrang haben. Auch hier kann es nicht darum gehen, dem Kind unter Eingriff in die elterliche Sorge und in die tatsächliche Betreuungsmöglichkeit (die in einer Haftanstalt eventuell nicht ganz optimal sein mag, aber nicht schon eine Trennung vom Elternteil rechtfertigen kann) die vermeintlich „besten" Entwicklungschancen durch Unterbringung in einer Pflegefamilie zu „sichern" (unkrit Meysen FamRZ 2022, 455, 456; dazu auch Spiegel 52/2022).

9 **Internationalprivatrechtlich** sind Maßnahmen nach § 1693 BGB als Schutzmaßnahmen einzustufen, die den gleichen Vorschriften unterliegen wie Maßnahmen nach § 1666 BGB (s ausführlich Staudinger/Coester [2020] § 1666 Rn 314 ff). Maßnahmen deutscher Familiengerichte nach § 1693 BGB können deshalb für alle Kinder mit gewöhnlichem Aufenthalt in Deutschland getroffen werden (Art 5 Abs 1 KSÜ, Art 7 Brüssel IIb-VO), darüber hinausgehend genügt sogar – da § 1693 BGB Dringlichkeit der Maßnahme voraussetzt – bei Anwendbarkeit des KSÜ schlichter Aufenthalt des Kindes im Inland (Art 11 KSÜ, Art 10 Brüssel IIb-VO).

§ 1694–1695
(weggefallen)

§ 1696
Abänderung gerichtlicher Entscheidungen und gerichtlich gebilligter Vergleiche

(1) Eine Entscheidung zum Sorge- oder Umgangsrecht oder ein gerichtlich gebilligter Vergleich ist zu ändern, wenn dies aus triftigen, das Wohl des Kindes nachhaltig berührenden Gründen angezeigt ist. Entscheidungen nach § 1626a Absatz 2 können

gemäß § 1671 Absatz 1 geändert werden; § 1671 Absatz 4 gilt entsprechend. § 1678 Absatz 2, § 1680 Absatz 2 sowie § 1681 Absatz 1 und 2 bleiben unberührt.

(2) Eine Maßnahme nach den §§ 1666 bis 1667 oder einer anderen Vorschrift des Bürgerlichen Gesetzbuchs, die nur ergriffen werden darf, wenn dies zur Abwendung einer Kindeswohlgefährdung oder zum Wohl des Kindes erforderlich ist (kindesschutzrechtliche Maßnahme), ist aufzuheben, wenn eine Gefahr für das Wohl des Kindes nicht mehr besteht oder die Erforderlichkeit der Maßnahme entfallen ist.

(3) Eine Anordnung nach § 1632 Absatz 4 ist auf Antrag der Eltern aufzuheben, wenn die Wegnahme des Kindes von der Pflegeperson das Kindeswohl nicht gefährdet.

Materialien: E I § 1551 S 1; II § 1562; III § 1648. GleichberG Art 1 Nr 22; EheRG Art 1 Nr 33; SorgeRG 1979 Art 1 Nr 37; KindRG Art 1 Nr 25; KiWoMaG 2008 Art 1 Nr 4; FGG-ReformG 2008 Art 50; SorgeRG 2013 Art 1 Nr 8; KJSG 2021.

Schrifttum

Coester, Neues Kindschaftsrecht in Deutschland, DEuFamR 1999, 3
ders, Sorgerecht nicht miteinander verheirateter Eltern, FamRZ 2012, 1337
Ehring, Die Abänderung der Sorgerechtsentscheidung und die Wünsche des Kindes (1996)
Ewers, Nachdenken über § 1696 BGB, neu?, FamRZ 1999, 477
Heilmann, Die Reform des Sorgerechts nicht miteinander verheirateter Eltern – das Ende eines Irrwegs?, NJW 2013, 1473
Holzner, Die Änderung von Sorgerechtsentscheidungen gem § 1696 Abs 1 BGB (2004)
Huber, Die elterliche Sorge zwischen Veränderung und Kontinuität, FamRZ 1999, 1625
Ivanits, Das Kinder- und Jugendstärkungsgesetz aus der Sicht von Pflegekindern, NZFam 2022, 813
Kinderrechtekommission des DFGT, Stellungnahme zum Referentenentwurf eines Gesetzes zur Reform des Sorgerechts vom 28. 3. 2012, ZKJ 2012, 263
Marchlewski, Das Wechselmodell im Kindschaftsrecht (2018)
Meysen, Neuerungen im zivilrechtlichen Kindesschutz, NJW 2008, 2673
Osthold, Die rechtliche Behandlung von Elternkonflikten (2016) (Zit: Elternkonflikte)
ders, Antrags- und Amtsverfahren in Kindschaftssachen nach dem FamFG, FamRZ 2017, 1643
Veit, Die Rechtsstellung der Pflegeperson nach dem Kinder- und Jugendstärkungsgesetz und nach dem Gesetz zur Reform des Vormundschafts- und Betreuungsrechts, FamRZ 2021, 1501.

Siehe im Übrigen die Schrifttumsangaben zu § 1671.

Systematische Übersicht

Alphabetische Übersicht

I. Allgemeines

1. Norminhalt und -konzeption

1 Die Vorschrift betrifft die Änderung oder Aufhebung gerichtlicher Entscheidungen zum Sorge- oder Umgangsrecht sowie von gerichtlich gebilligten Vergleichen über den Umgang oder die Herausgabe des Kindes (vgl Legaldefinition in § 156 Abs 2 S 1 FamFG; zum verfahrensrechtlichen Unterschied zwischen Rechtsinhaberschaft der Eltern – etwa nach § 1666 oder § 1671 BGB – und der nur tatsächlichen Ausübung: BGH 19. 1. 2022 – XII ZA 12/2021, FF 2022, 207). Solche Entscheidungen bzw Vergleiche regeln nicht abgeschlossene Vorgänge, sondern sind zukunftsgerichtete Ordnung des Eltern-Kind-Verhältnisses nach Maßgabe des Kindeswohls. Deshalb erwachsen sie **nicht in materielle Rechtskraft** (BGH NJW-RR 1986, 1130; OLG Frankfurt FamRZ 1987, 394), sondern sind abänderbar, wenn sich in der Folgezeit erweist, dass die getroffene Regelung (auch eine frühere Änderungsentscheidung) nicht oder nicht mehr den Kindesinteressen entspricht. Die aus der Wahrung des Kindeswohls legitimierte Regelungsbefugnis bei der gerichtlichen Erstentscheidung prägt damit auch die gerichtliche Anpassungsbefugnis im Wandel der Zeit; letztlich das Gleiche gilt für einvernehmliche Elternregelungen, wenn das FamG durch seine Billigung (§ 166 Abs 2 FamFG) die Mitverantwortung für das Kindeswohl übernommen hat (Rn 45 ff).

2 Diese allgemeine Rechtfertigung der Abänderbarkeit gerichtlicher Entscheidungen ist jedoch zu pauschal; sie verdeckt, dass der Vorschrift des § 1696 BGB **drei ganz unterschiedliche Ansätze** zugrunde liegen, die sich auch in unterschiedlichen Änderungsmaßstäben dokumentieren: **Abs 1** betrifft die Entscheidung von **Regelungsfragen** auf Elternebene (Abgrenzung und Verteilung von Sorge- oder Umgangskompetenzen) – die Änderung zielt auf positive Anpassung der Kompetenzverhältnisse an die Kindesbedürfnisse. **Abs 2** setzt **gerichtliche Eingriffe in Elternrechte zum Schutze des Kindes** voraus und regelt die **Beendigung solcher Maßnahmen**. **Abs 3** schließlich betrifft das Verhältnis von rechtlichen Eltern und Pflegepersonen. Der durch eine Verbleibensanordnung/Dauerverbleibensanordnung erfolgte Eingriff in die elterliche Sorge unterliegt der in Abs 3 vorgesehenen Regelung als *lex specialis* zu Abs 2. Dies ist im Folgenden zu vertiefen.

3 **Kindesschutzrechtlich** begründete Eingriffe in das elterliche Sorge- oder Umgangsrecht sind strikt dem Grundsatz der Erforderlichkeit und Verhältnismäßigkeit unterworfen (Staudinger/Coester [2020] § 1666 Rn 211, 238; § 1666a Rn 9 ff). Eingriffs- und Bestandslegitimation gehen dabei Hand in Hand (s auch BT-Drucks 16/6308, 346): Mit dem Wegfall der Erforderlichkeit ist die elternrechtsbeschränkende Maßnahme im Hinblick auf Art 6 Abs 2 S 1 GG zwingend aufzuheben (Rn 131 ff). Der Gesetzgeber hat (seit dem SorgeRG 1979) gemeint, diese sich schon aus den §§ 1666 ff BGB ergebenden Grundsätze in § 1696 Abs 2 BGB positivieren zu müssen; um mehr als eine deklaratorische Verdeutlichung handelt es sich bei dieser Vorschrift jedoch nicht. **Verfehlt** wäre es hingegen, **Abs 2 als konkretisierende Ausprägung von Abs 1** anzusehen: Der Gefahrwegfall entzieht per se der Eingriffsentscheidung die Bestandsgrundlage – ihn als „triftigen Grund" für eine Änderung iS von Abs 1 zu begreifen, wäre ein irreführender Umweg (zur historischen Bedingtheit der Normstruktur des § 1696 BGB Holzner 27 f). Abs 3 verdeutlicht das Zusammenspiel von Änderungsmöglichkeiten und den Verbleibensanordnungen von § 1632 Abs 4 BGB. Es geht also auch hier um ei-

nen **Eingriff** in das elterliche Sorge- und Umgangsrecht. Die Abänderung einer Verbleibensanordnung wird als Sonderfall zu den von Abs 2 betroffenen Maßnahmen geregelt – verfahrensrechtlich durch Verschiebung der Initiativlast, materiellrechtlich durch einen anderen Kindeswohlstandard (keine Kindeswohlgefährdung). Das Kind erhält nunmehr in „umgekehrter Richtung", dh zugunsten eines Verbleibens in der Pflegefamilie einen „negativen", also begrenzten Kontinuitätsschutz. Dass die Initiativlast (Antragerfordernis) bei den rechtlichen Eltern liegt, kann in dieser Situation gerechtfertigt werden: Das Aufnahmeinteresse und die Aufnahmebereitschaft dieser Personen kann als legitime Voraussetzung einer Änderung angesehen werden.

Bei **gerichtlichen Kompetenzregelungen zwischen den Eltern** (Abs 1) ist die Beendigung einer bestehenden Regelung nicht gleichermaßen zwingend vorgezeichnet. Insoweit **ergänzt Abs 1 S 1** alle Tatbestände, in denen den Gerichten Regelungs- oder Billigungsbefugnisse in Sorge- oder Umgangsfragen eröffnet werden, um das Element der zeitlichen Dauer und **unterwirft sie** hinsichtlich ihrer Bestandskraft bzw Abänderbarkeit **einem einheitlichen Maßstab** (Rn 61 ff). Dieser erlaubt ändernde Eingriffe von Amts wegen in ein zuvor schon gerichtlich geordnetes Eltern-Kind-Verhältnis deutlich früher, als dies bei gesetzlich begründetem Sorgerecht zulässig wäre: „triftige Gründe" des Kindeswohls statt „Kindesgefährdung" (§ 1666 Abs 1 BGB). Das ist rechtspolitisch und verfassungsrechtlich durchaus **problematisch**: 4

Der gesetzlich oder durch Elternantrag zur Erstentscheidung berufene Staat zieht sich danach *nicht mehr* hinter die *allgemeine Demarkationslinie* zwischen elterlicher und staatlicher Verantwortung zurück, sondern verharrt (als „parens patriae") auf *vorverlagertem Kontrollposten* – die erstmalige Gerichtsbefassung mit der Familie unterwirft diese fortdauernder intensivierter sorgerechtlicher Überwachung (krit insbesondere SIMITIS, in: FS Müller-Freienfels [1986] 579 ff, 613: aus dem „Wächteramt" des Staates werde ein „Kontrollamt"; zur Herkunft der Vorschrift aus der NS-Zeit HOLZNER 166 ff; zur weiteren Entwicklung SCHUMANN GutA zum 72. DJT [2018] B 37 ff). Dies könnte nur aus einer Art „Garantiehaftung des Staates für vorausgegangenes Tun" (= gerichtliche Sorgerechtsentscheidung) erklärt werden (grundlegende Kritik auch bei OSTHOLD, Elternkonflikte 603 ff; zur Vorstellung einer continuing jurisdiction der Gerichte nach Erstregelung in den USA COESTER, Kindeswohl 120 mwNw). Aus Kindessicht befremdet es außerdem, wenn die Schutzstandards für ein Kind unterschiedlich sind je nachdem, ob beispielsweise das gemeinsame Sorgerecht der Eltern bzw die Alleinsorge eines Elternteils auf Gesetz (bzw Sorgeerklärung) beruht oder auf gerichtlicher Übertragung (zum Amtseingriff Rn 55; zum Versuch einer **Rechtfertigung der niedrigeren Änderungshürde aus dem Kindeswohl** Rn 61 ff). 5

Dass § 1696 Abs 1 S 1 BGB auch aus dem umgekehrten *Blickwinkel der Elternautonomie* nicht durchdacht ist (dazu näher COESTER-WALTJEN/COESTER, in: FS Canaris [2017] 659 ff, 664 ff; ausführliche Darlegung der Verfassungswidrigkeit bei OSTHOLD, Elternkonflikte 603 ff; keine verfassungsrechtlichen Bedenken jedoch noch in BVerfG 27. 6. 2008 – B1VR 311/08, FamRZ 2008, 1737), zeigt sich im weiteren daran, dass *elterlicher Einigkeit* – anders als bei den Erstentscheidungen nach § 1671 Abs 1 und 2 BGB – im Normtext nicht der geringste Stellenwert eingeräumt ist (Rn 82 ff). Vorschlägen, die ändernde Anpassung der Sorgerechtsverhältnisse in erster Linie der autonomen Selbstregelung durch die Eltern zu überantworten (vgl COESTER FamRZ 1996, 1181, 1186 f; ders DEuFamR 1999, 3, 13), ist der Gesetzgeber bisher nicht gefolgt (verstärkte Elternautonomie fordert auch SCHUMANN GutA zum 72. DJT [2018] B 37 ff, 48, 57 112 [These 3] – jedenfalls dann, wenn beide Eltern den Übergang 6 von gerichtlich angeordneter Alleinsorge eines Teils zur gemeinsamen Sorge beider Eltern anstreben; Rn 65, 82 f).

7 Für eine besondere Situation ergibt sich allerdings schon aus Art 6 Abs 2 GG die Notwendigkeit einer *teleologischen Reduktion* des § 1696 Abs 1 BGB: Ist bei getrenntlebenden Eltern das Sorgerecht einem Elternteil übertragen worden und nehmen die Eltern später ihre Lebensgemeinschaft wieder auf, so ist das Familiengericht *verpflichtet*, das gemeinsame Sorgerecht beider Eltern wieder herzustellen (Rn 51, 161).

8 Schließlich ist die Änderungsschwelle des § 1696 Abs 1 BGB rechtssystematisch und rechtspolitisch nicht abgestimmt, weder mit konkurrierenden Spezialregelungen (insbesondere § 1671 BGB) noch auf die höchst unterschiedlichen Fallkonstellationen, für die sie gelten soll (zu § 1678 BGB siehe Rn 23 ff; zu § 1684 BGB siehe Rn 69 ff, 112 f).

2. Verfahrensrechtliche Bedeutung

9 § 1696 Abs 1 BGB begründet eine **materiell-rechtliche Änderungsbefugnis** (BayObLG DAVorm 1984, 1048, 1054; KG FamRZ 1983, 1055, 1056; zur formellrechtlichen Korrektur gem §§ 48, 116 FamFG Rn 12); sie erstreckt sich auch auf ausländische, anerkennungsfähige Entscheidungen (OLG Hamm 15. 9. 2014 – II-3 UF 109/13, juris Rn 40; Rn 168). Das Änderungsverfahren nach dieser Vorschrift ist nicht Fortsetzung oder erneute Aufrollung des Erstverfahrens, sondern ein neues, **selbständiges Verfahren** mit neuem Sachverhalt und eigenständigen Entscheidungskriterien (BGHZ 21, 306, 315; BGH FamRZ 1990, 1101; BayObLG DAVorm 1982, 611, 613; BayObLG FamRZ 2001, 775, 776; OLG Bamberg FamRZ 1998, 1130; zu Konsequenzen für die Zuständigkeit Rn 139, 167; für die Kosten Rn 166). Solange gegen die Erstentscheidung **Rechtsmittel** zulässig sind, haben diese Vorrang vor einer Änderung nach § 1696 BGB (OLG Brandenburg FamRZ 2009, 131 f; MünchKommBGB/Lugani Rn 18).

3. Gesetzesgeschichte

10 Die Änderungsthematik war ursprünglich in § 1671 BGB 1900 (bezogen auf kindesschutzrechtliche Maßnahmen) und § 1635 Abs 1 S 2 aF (bezogen auf scheidungsbedingte Sorgeanordnungen) (später § 74 Abs 6 EheG 1946) untergebracht worden. Das EheG 1938 fügte über Art 81 Abs 5 EheG 1938 die staatliche Eingriffs- und Änderungsmöglichkeit hinzu. Erst durch das GleichberG 1957 ist die Vorschrift hierhergesetzt worden. Das 1. EheRG erstreckte die Vorschrift auf familiengerichtliche Entscheidungen, während das SorgeRG 1979 mit Hinzufügung von Abs 2, 3 aF den Besonderheiten kindesschutzrechtlicher Eingriffe Rechnung trug. Das KindRG 1998 hat die Änderungsschwelle in Abs 1 verdeutlicht (Rn 61 ff), die Verweise auf § 1671 Abs 5 aF in Abs 2, 3 aF sind mit dieser Vorschrift weggefallen. Diese nur marginalen Änderungen des § 1696 BGB durch das KindRG 1998 dürfen nicht darüber hinwegtäuschen, dass die Vorschrift durch dieses Gesetz einen zT erheblichen Funktionswandel erfahren hat (ausführlich zur Normentwicklung bis 2000 Holzner 27 f, 162 ff; auch Osthold FamRZ 2017, 1643, 1648 f). Das KiWoMAG v 4. 7. 2008 hatte in § 1696 Abs 3 S 2 aF die gesetzliche Überprüfungspflicht erweitert. Kurz darauf hat das FGG-ReformG v 2008 den gesamten Abs 3 aF in das neu geschaffene FamFG (§ 166 Abs 2, 3 FamFG) verschoben (Rn 137) und § 1696 Abs 1 und 2 BGB (im Wesentlichen klarstellend) neu formuliert. Das SorgeRG 2013 schließlich hat die neu geschaffene Möglichkeit, das gemeinsame Sorgerecht nichtehelicher Eltern gerichtlich anzuordnen (§ 1626a Abs 2

BGB), dem eigentlich einschlägigen Änderungsmaßstab des § 1696 Abs 1 S 1 BGB entzogen und § 1671 Abs 1 BGB unterstellt (§ 1696 Abs 1 S 2 BGB; Rn 23). Bei den nicht unter § 1696 Abs 1 S 1 BGB fallenden Änderungs-Sondertatbeständen (Abs 2 S 2 aF) wurde der aufgehobene § 1672 aF gestrichen und der neue Änderungstatbestand des § 1678 Abs 2 BGB hinzugefügt (§ 1696 Abs 1 S 3 BGB; Rn 30). Auch hinsichtlich der Folgen eines Sorgerechtsentzugs bei einem Elternteil wurde der Anwendungsbereich des § 1696 BGB eingeschränkt (§ 1680 Abs 3 BGB; Rn 35).

Im Spannungsverhältnis zwischen Pflegepersonen und rechtlichen Eltern ist in § 1632 Abs 4 BGB die Position der Pflegepersonen gegenüber den rechtlichen Eltern mit der Möglichkeit einer Dauerverbleibensanordnung vorsichtig gestärkt worden. Das Kinder- und Jugendstärkungsgesetz (v 3. 6. 2021, BGBl 2021 I 1444) ergänzt § 1696 BGB um einen Abs 3, mit dem die nach Abs 2 ansonsten bestehende amtswegige Überprüfungspflicht durch ein Antragsrecht der rechtlichen Eltern (bei negativem Kindeswohlstandard) geändert wird. 11

II. Anwendungsfälle und Abgrenzung zu anderen Vorschriften

1. §§ 48, 166 Abs 1 FamFG

Während § 1696 BGB die *materiell-rechtliche Befugnis* und Verpflichtung des FamG zur Abänderung von kindschaftsrechtlichen Entscheidungen begründet und regelt, ergänzt § 166 FamFG diese Vorschrift um die entsprechende *verfahrensrechtliche* Befugnis und Pflicht (in Verdrängung materieller oder formeller Rechtskraft der Erstentscheidung; MünchKommFamFG/Heilmann § 166 Rn 2, 16). Das thematische Spektrum wird in § 166 Abs 1 FamFG durch Verweis auf § 1696 BGB mit dieser Vorschrift gleichgeschaltet. § 48 FamFG wird als lex generalis von der speziellen Vorschrift des § 166 FamFG verdrängt (MünchKommFamFG/Heilmann § 166 Rn 2, 16; zum Verfahrensrecht Rn 150 ff). 12

2. § 1626a

a) Abs 1 Nr 2 (Elternheirat)

Die **Heirat von Eltern**, die bei der Geburt des Kindes nicht miteinander verheiratet waren, führt nach § 1626a Abs 1 Nr 2 BGB **ex lege zu gemeinsamem Sorgerecht** der Eltern (Staudinger/Coester [2020] § 1626a Rn 15). Die Vorbehaltlosigkeit dieser Regelung und ihre Nichterwähnung in § 1626b Abs 3 BGB erlauben den Schluss, dass sie auch dann gelten soll, wenn das vor der Heirat bestehende Alleinsorgerecht eines Elternteils nicht auf Gesetz (§ 1626a Abs 3 BGB), sondern auf Gerichtsentscheidung beruht (§ 1671 Abs 1 BGB [wenn gemeinsames Sorgerecht kraft Sorgeerklärung, § 1626a Abs 1 Nr 1 BGB, später in Alleinsorge eines Elternteils umgewandelt worden war]; Rn 14 sowie Staudinger/Coester [2020] § 1626a Rn 19). Der gesetzliche Erwerb des gemeinsamen Sorgerechts durch Heirat gem § 1626a Abs 1 Nr 2 BGB **verdrängt deshalb die Notwendigkeit einer Änderungsentscheidung nach § 1696 Abs 1 BGB** (Staudinger/Coester [2020] § 1626a Rn 19; MünchKommBGB/Huber § 1626a Rn 23 ff; Johannsen/Henrich/Althammer/Rake § 1693 Rn 7; Ewers FamRZ 1999, 477, 478; offenbar auch BT-Drucks 13/4899, 94 [zu § 1626b Abs 3 BGB]). Dies gilt nicht nur bei zuvor niemals miteinander verheirateten Eltern, sondern auch bei der *Wiederheirat geschiedener Eltern in Bezug auf nachehelich geborene gemeinsame Kinder.* War für *in* der Ehe geborene Kinder 13 eine Sorgerechtsentscheidung gem § 1671 BGB ergangen, so ist § 1626a Abs 1 BGB tatbestandlich nicht anwendbar; die Entscheidung wird vielmehr – entsprechend bisheriger Rechtsauffassung (Staudinger/Coester [2020] § 1626a Rn 17 mwNw) – mit der Wiederheirat ohne Weiteres gegenstandslos: Dieses Ergebnis könnte nunmehr auch auf eine analoge Anwendung des § 1626a Abs 1 Nr 2 BGB gestützt werden.

b) Abs 1 Nr 3, Abs 2 (gerichtliche Übertragung des gemeinsamen Sorgerechts)

14 Das SorgeRG 2013 hat hier die Möglichkeit eröffnet, den nicht ehelichen Eltern auch **ohne ihren Konsens** das **gemeinsame Sorgerecht zu übertragen**. Eine **Änderung dieser Entscheidung** hat der Gesetzgeber ausdrücklich dem Anwendungsbereich des § 1696 Abs 1 S 1 BGB entzogen und dem Regime des **§ 1671 Abs 1 BGB** unterstellt (§ 1696 Abs 1 S 2 BGB): Der Weg aus dem gemeinsamen Sorgerecht soll denselben Regeln folgen, gleich ob dieses Sorgerecht auf Gesetz oder Gerichtsentscheidung beruht (BT-Drucks 17/11048, 22; OLG Hamm 24. 5. 2016 – II-3 UF 139/15, 3 Rn 49, juris; Osthold, Elternkonflikte 13–15; Rn 23 ff, 44, 67 ff).

15 Ist hingegen ein Antrag des Vaters gem § 1626a Abs 3 BGB nach Sachprüfung abgelehnt worden, so kommt für spätere Anträge auf Änderungen der Alleinsorge der Mutter in eine gemeinsame elterliche Sorge (wegen Nichteingreifens von § 1696 Abs 1 S 2 BGB) nur § 1696 Abs 1 S 1 BGB in Betracht (Staudinger/Coester [2020] § 1626a Rn 143; MünchKommBGB/Huber § 1626a Rn 85; Heilmann/Gottschalk § 1696 Rn 9; BeckOK-BGB/Veit [1. 1. 2023] § 1696 Rn 55 [zu Recht beschränkt auf Anträge auf gemeinsame elterliche Sorge]; OLG Bamberg 22. 3. 2022 – 7 UF 21/22, FamRZ 2022, 1780). Denn: In diesen Fällen besteht in gleicher Weise wie bei einer vorausgegangenen Übertragung der Alleinsorge auf einen Elternteil nach § 1671 Abs 1 BGB ein schützenswertes Interesse dieses Elternteils (und des Kindes) an Kontinuität und Stabilität (zur Ablehnung eines Sorgerechtsantrags nach § 1671 Abs 1 BGB Rn 23 f).

3. § 1628

16 Eine richterliche Entscheidungsübertragung nach § 1628 BGB konzentriert die (grundsätzlich gemeinsame) elterliche Sorge für den Konfliktbereich auf nur einen Elternteil (Staudinger/Lettmaier [2020] § 1628 Rn 69). Bei **punktuellen Entscheidungskonflikten** (etwa Vornamens- oder Schulwahl) ist mit der sodann in Alleinkompetenz getroffenen Maßnahme die Übertragungswirkung „verbraucht", Übertragung wie Sachentscheidung sind erledigt. Eine gerichtliche Änderung nach § 1696 BGB kommt deshalb nicht mehr in Betracht (Staudinger/Lettmaier [2020] § 1628 Rn 93; **aA** MünchKommBGB/Huber § 1628 Rn 24; BeckOK-BGB/Veit [1. 1. 2023] § 1628 Rn 18). Gerichtliche Eingriffe sind nur unter der Voraussetzung des § 1666 BGB zulässig; strebt der andere Elternteil eine Rückgängigmachung der Sachentscheidung an, kann er erneut einen Antrag nach § 1628 BGB stellen. Dies gilt auch, wenn der obsiegende Elternteil Beschränkungen oder Auflagen des Gerichts (§ 1628 Abs 1 S 2 BGB) missachtet hat (bei Beschränkungen handelte der Elternteil außerhalb seiner Macht, seine Entscheidung ist unwirksam).

17 Eine Entscheidungsübertragung nach § 1628 BGB ist hingegen gem § 1696 Abs 1 BGB **änderbar**, wenn sie sich auf eine **„bestimmte Art von Angelegenheiten"** bezieht, für die über einen **längeren Zeitraum** Sorgemaßnahmen anfallen (zB Gesundheitsfürsorge, Staudinger/Coester [2020] § 1671 Rn 55; Schwab FamR 1998, 457, 467 f; gegen eine der-

artige Übertragungsmöglichkeit bei Durchführung eines zeitlich ausgedehnten Plans, der immer neue Entscheidungen erfordert [Ausbildungskonzept], STAUDINGER/LETTMAIER [2020] § 1628 Rn 93; zur freien Änderbarkeit bei entsprechendem *elterlichen Konsens* GERNHUBER/COESTER-WALTJEN § 66 Rn 44; MünchKommBGB/HUBER § 1628 Rn 24). Hier kann – dem beschränkten Entscheidungsspektrum des § 1628 BGB entsprechend – die elterliche Zuständigkeit verändert werden (Alleinkompetenz des anderen Elternteils oder wieder gemeinsames Sorgerecht), nicht aber in der Sache selbst entschieden werden (Rn 40; STAUDINGER/LETTMAIER [2020] § 1628 Rn 92). Eines erneuten Elternantrags bedarf es hingegen nicht (Rn 60). Ähnliche Anpassungsprobleme können sich auch bei Modellen der *geteilten Betreuung (Wechselmodell)* ergeben, wenn sich die Lebensumstände des Kindes oder der Eltern im Laufe der Zeit ändern (dazu erste Überlegungen bei SCHUMANN GutA zum 72. DJT [2018] zu B 69 ff; Rn 48 ff).

4. § 2 Abs 3 RKEG

Auch der Elternstreit um einen Religionswechsel des Kindes unterfiele § 1628 BGB, **18** wenn es nicht die Sonderregelung des § 2 Abs 3 RKEG gäbe. Allerdings ist § 1696 Abs 1 BGB auf die familiengerichtliche Entscheidung nach § 2 Abs 3 RKEG nicht anwendbar. Es handelt sich um einen punktuellen Entscheidungskonflikt, der mit seiner Lösung erledigt ist (Rn 10). Die Entscheidung für oder gegen den Religionswechsel legt die religiöse Erziehung für die Zukunft fest, staatliche Kompetenzen zur Änderung bestehen nicht (ähnlich STAUDINGER/SALGO [2020] Anh zu § 1631: § 2 RKEG Rn 19). Neue Elternanträge gem § 2 Abs 3 RKEG (der Sache nach Änderungsanträge) sind dadurch nicht ausgeschlossen, führen aber nur zu neuen Erstentscheidungen des FamG.

5. § 1632 Abs 1, 3

Ist in einem Sorgerechtsverfahren gem § 1671 BGB einem Elternteil das alleinige Sor- **19** gerecht zugewiesen worden, so kann er vom anderen Elternteil die Herausgabe des Kindes gem § 1632 Abs 1 BGB verlangen. In diesem – selbständigen – Herausgabeverfahren ist eine erneute, wenngleich eingeschränkte Kindeswohlprüfung geboten. Wird dabei implizit festgestellt, dass die Änderungsvoraussetzungen des § 1696 Abs 1 BGB vorliegen, so ist zur Vermeidung mehrfacher Aufenthaltswechsel des Kindes der Herausgabeantrag abzulehnen und (von Amts wegen) das Änderungsverfahren einzuleiten (OLG Düsseldorf FamRZ 1981, 601 f; OLG Zweibrücken FamRZ 2005, 745; STAUDINGER/SALGO [2020] § 1632 Rn 11). Aber auch die Herausgabeentscheidung nach § 1632 Abs 3 BGB selbst kann gem § 1696 Abs 1 BGB vom FamG geändert werden. Voraussetzung für derartige Änderungen ist aber stets das Vorliegen eines „triftigen, das Wohl des Kindes nachhaltig berührenden Grundes". Allein die Unmöglichkeit der Vollstreckung der Herausgabeentscheidung kann bei fehlender Erziehungseignung des herausgabepflichtigen Elternteils eine Änderung nicht rechtfertigen (OLG Celle 1. 2. 2023 – 10 UF 116/22 Rn 88, FamRB 2023, 191; so schon in demselben Fall OLG Celle 5. 5. 2022 – 10 WF 51/22, FamRZ 2023, 148).

6. §§ 1666–1667 (Kindesschutzrecht)

Nach § 1666 BGB kann bei Gefährdungen des Kindeswohls in die elterliche Sorge **20** eingegriffen werden. Änderungen der gerichtlichen Entscheidung würden eigentlich unter § 1696 Abs 1 S 1 BGB fallen. Allerdings gilt nicht die allgemeine Änderungsschwelle dieser Vorschrift; an ihrer Stelle beansprucht der das *Kindesschutzrecht* beherrschende Grundsatz der Erforderlichkeit und Verhältnismäßigkeit *auch auf der Änderungsebene* ausschließliche Geltung (BeckOK-BGB/Veit [1. 1. 2023] § 1696 Rn 59; Grüneberg/Götz § 1696 Rn 6; Rn 3, 131). Soll in Abänderung einer früheren Sorgeentscheidung zwischen den Eltern nunmehr eine Regelung getroffen werden, die eine Herausnahme des Kindes aus der Familie bedeutet oder dem Jugendamt als Pfleger eine solche Maßnahme ermöglicht, wäre der Anwendungsbereich des § 1696 Abs 1 BGB überschritten – die Zulässigkeit solcher Regelungen richtet sich allein nach § 1666 BGB iVm Art 6 Abs 2 S 2, Abs 3 GG (BVerfG FamRZ 2009, 1472 Rn 25; MünchKommBGB/Lugani § 1696 Rn 16). **§§ 1696 Abs 2 BGB und 166 Abs 2 FamFG** regeln das weitere Verfahren nach einer solchen kindesschutzrechtlichen Maßnahme.

21 Trotz dieser Sonderregelung in Abs 2 kann jedoch ein **Normenvorrang des § 1696 Abs 1 S 1 BGB** zu beachten sein: Ist das Kindeswohl bei einem kraft Gerichtsentscheidung (mit-)sorgeberechtigten Elternteil gefährdet und kann der Gefährdung durch (Allein-)Übertragung auf den anderen Elternteil nach § 1696 Abs 1 BGB begegnet werden, so ist nach dieser Vorschrift zu verfahren (OLG Frankfurt 21. 3. 2022 – 6 UF 23/22, FamRZ 2022, 1037, 1038; OLG Brandenburg 2. 12. 2014 – 10 UF 74/14 juris = FamRZ 2015, 1214 [LS]; MünchKommBGB/Lugani § 1666 Rn 7, 10; Grüneberg/Götz § 1696 Rn 6). Eine Änderungsentscheidung macht einen Sorgerechtseingriff nach § 1666 BGB (mit Folgeentscheidung nach § 1680 Abs 3 BGB) entbehrlich und hat deshalb nach dem **Erforderlichkeitsgrundsatz** Vorrang (Rn 131 f und Staudinger/Coester [2020] § 1666 Rn 38 ff, 42 f). Sie trägt auch den Kontinuitätsinteressen des Kindes besser Rechnung: Der andere Elternteil ist nicht „Platzhalter" für den entzugsbedingt ausgefallenen Elternteil, sondern vollwertiger, dauerhafter Sorgerechtsinhaber; ein erneuter Rückwechsel kann sich im Kindesinteresse nicht nach § 1696 Abs 2 BGB, sondern nur nach Abs 1 beurteilen (anders bei der Sorgerechtsübertragung auf einen Vormund).

7. Sorgerechtsentscheidungen nach § 1671

a) § 1671 Abs 1

22 Änderungen von Sorgerechtsentscheidungen nach Trennung/Scheidung der Eltern sind der **klassische und wichtigste Anwendungsfall** des § 1696 Abs 1 S 1 BGB. So ist ein Wechsel der zunächst nach § 1671 Abs 1 oder 2 BGB angeordneten Alleinsorge eines Elternteils oder die Veränderung von dessen Sorgebefugnissen grundsätzlich am Maßstab des § 1696 Abs 1 S 1 BGB zu beurteilen (zB OLG Brandenburg 12. 3. 2007 – 10 UF 226/06 Rn 3). Die durch das KindRG 1998 geänderte Konzeption des § 1671 BGB hat jedoch zu erheblichen, vom Gesetzgeber nicht oder nicht befriedigend gelösten **Zweifelsfragen** für die Anwendung des § 1696 BGB geführt:

(1) Kann nach Anordnung elterlicher Alleinsorge gem § 1671 BGB durch Änderungsentscheidung nach § 1696 Abs 1 BGB **wieder gemeinsames Sorgerecht hergestellt** werden (Rn 53, 89 ff)?

(2) Welche **Bedeutung** kommt **der Antragsbindung** gem § 1671 Abs 1, 2 BGB **auf der Änderungsebene** zu (Rn 56)?

23 **(3)** Beruht das **gemeinsame Sorgerecht der Eltern auf einer Gerichtsentscheidung** (zB nach § 1626a Abs 1 Nr 3 BGB mit Abs 2 oder nach § 1696 Abs 1 BGB) und soll es in Alleinsorge

eines Elternteils geändert werden – ist dann (wieder) nach § 1696 BGB oder nach § 1671 BGB zu verfahren? Beide Normen sind vom Tatbestand her einschlägig, enthalten aber völlig verschiedene Maßstäbe. Zur Auflösung des Normenkonflikts könnte man § 1696 Abs 1 BGB als die Spezialnorm für Änderungsentscheidungen für vorrangig halten (so tendenziell – mit Einschränkungen – Schwab FamRZ 1998, 457, 471 f; OLG Nürnberg FamRZ 2000, 1603); man könnte § 1696 BGB anwenden, aber die Kriterien des § 1671 BGB in Abs 1 „hineinlesen" (so Holzner 156 ff); man könnte aber auch **§ 1671 Abs 1 BGB als die Spezialnorm für die richterliche Beendigung der gemeinsamen Sorge** ansehen, sodass insoweit § 1696 Abs 1 BGB verdrängt wäre (BeckOK-BGB/Veit [1. 1. 2023] § 1696 Rn 8, 52; allerdings nicht nachvollziehbar Ewers FamRZ 1999, 477, 480, der offenbar eine Änderung für gänzlich ausgeschlossen hält). Die letzte Auffassung ist bereits begründet worden (Staudinger/Coester [2020] § 1671 Rn 27 ff; MünchKommBGB/Lugani § 1696 Rn 6; ebenso OLG Hamm FamRZ 2007, 756, 757; OLG Dresden FamRZ 2010, 1992, 1993; aussagelos insoweit allerdings BGH FamRZ 2005, 1469, 1470 [m krit Anm Luthin]), an ihr ist auch weiterhin festzuhalten (nicht durchschlagend die Gegenargumente bei Holzner 157). Dies gilt – wenngleich immer noch umstritten – selbst dann, wenn die bisher (weiter-)bestehende gemeinsame elterliche Sorge auf der Abweisung eines Antrags nach § 1671 Abs 1 BGB beruht (OLG Oldenburg 16. 10. 2018 – 11 WF 188/18, ZKJ 2019, 114 m Anm Dürbeck; BeckOK-BGB/Veit [1. 1. 2023] § 1696 Rn 52; **aA** KG 10. 5. 2010 – 19 UF 7/09, FamRZ 2011, 122; OLG Brandenburg 11. 4. 2014 – 3 UF 50/13, FamRZ 2014, 1861; MünchKommBGB/Lugani § 1696 Rn 7 f). Dies führt zwar zu gewissen Argumentationsbrüchen, scheint aber durch die Sorgerechtsreform 2013 vorgegeben:

Für einen Teilbereich ist die Frage nämlich (in obigem Sinne) durch das SorgRG 2013 vom Gesetzgeber entschieden: Die Anordnung gemeinsamen Sorgerechts nach § 1626a Abs 1 Nr 3, Abs 2 BGB ist nicht gemäß § 1696 Abs 1 S 1 BGB zu ändern, sondern nach dem Regelungssystem des § 1671 Abs 1 BGB (**§ 1696 Abs 1 S 2 BGB**). Damit soll die Gleichbehandlung aller gemeinsam sorgeberechtigten Eltern gewährleistet werden, ohne Differenzierung nach dem Entstehungsgrund ihres gemeinsamen Sorgerechts (Ehe; Sorgeerklärung; Gerichtsentscheidung; BT-Drucks 17/11048, 22). Offen bleiben **andere Fälle gerichtlich angeordneten gemeinsamen Sorgerechts**, insbesondere nach §§ 1696 Abs 1 S 1 BGB (s Rn 77 ff), 1672 Abs 2 aF, Art 224 § 2 Abs 3 EGBGB aF. Für die **Auflösung** des so begründeten gemeinsamen Sorgerechts kann aber letztlich nichts anderes gelten als bei gemeinsamem Sorgerecht kraft § 1626a Abs 1 Nr 3 BGB: **§ 1671 Abs 1 BGB ist insoweit eine angemessene Spezialnorm** für die Auflösung gemeinsamen Sorgerechts, gleich, auf welcher Grundlage dieses beruht. Es wäre ein Wertungswiderspruch, wenn (zB) kraft Sorgeerklärung gemeinsam sorgeberechtigte Eltern dem Gericht die begehrte Alleinsorge nach § 1671 Abs 1 S 2 Nr 1 BGB bindend vorzeichnen könnten oder nach Nr 2 die Entscheidung in offener Abwägung zwischen gemeinsamem Sorgerecht und beantragter Alleinsorge zu finden wäre, während für gemeinsam sorgeberechtigte Eltern nach Gerichtsbeschluss aufgrund anderer Normen im Rahmen von § 1696 Abs 1 S 1 BGB „triftige, das Wohl des Kindes nachhaltig berührende Gründe" für die Alleinsorge gefunden werden müssten (vgl in diesem Sinne auch Heilmann NJW 2013, 1473, 1478; Osthold, Elternkonflikte 615, 616 f, 619). **24**

Allerdings wird damit das Bedürfnis der sorgeberechtigten Eltern und des Kindes nach Kontinuität und Stabilität nicht in befriedigendem Maße für die verschiedenen Fallvarianten in gleicher Weise gelöst: Anders als die Ablehnung eines Antrags des **25**

Vaters auf gemeinsame elterliche Sorge nach § 1626a Abs 2 Nr 3, Abs 3 BGB, der im Interesse der sorgeberechtigten Elternteils als (nur nach § 1696 Abs 1 S 1 BGB änderbare) Entscheidung gewertet wird (Rn 14), findet das Interesse des Mitsorgeberechtigten (und des Kindes) an Stabilität und Kontinuität bei einer ablehnenden Sachentscheidung nach § 1671 Abs1 BGB nicht den Schutz des § 1696 Abs 1 S 1 BGB. Erklärbar ist dies insofern, als der Gesetzgeber für den Weg von einer Alleinsorge in die gemeinsame elterliche Sorge andere Maßstäbe gesetzt hat als für den Weg aus der gemeinsamen elterlichen Sorge heraus (Rn 67 ff). Dass im Rahmen einer Gesamtreform der elterlichen Sorge hier bessere Lösungen zu finden sein werden, ist eine andere Frage.

26 Im Übrigen bleibt für § 1696 Abs 1 BGB aber immerhin auch bei Erstentscheidungen nach § 1671 Abs 1 BGB noch ein weites Anwendungsfeld: Wechsel der Alleinsorge zwischen den Eltern, Änderung von Sorgerechtsaufteilungen, Übergang zum gemeinsamen Sorgerecht (dazu Rn 77 ff). Insbesondere ist durch die vom BGH vorgenommene Einordnung des „Wechselmodells" als umgangsrechtliche Regelung eine Änderung der Betreuungsanteile der Anwendung des § 1671 Abs 1 BGB entzogen, sodass sich die Änderungsproblematik nach § 1696 Abs 1 BGB verschiebt.

b) § 1671 Abs 2

27 Eine Sorgerechtsübertragung auf den nichtehelichen Vater gemäß § 1671 Abs 2 BGB (nach früherem Recht: § 1672 Abs 1 aF) ist nach den Grundsätzen des § 1696 Abs 1 S 1 BGB änderbar. Es gibt also nicht – wie in früherer Gerichtspraxis – einen „Muttervorrang"; vielmehr genießen kraft Gerichtsentscheidung allein sorgeberechtigte Mütter und Väter gleichen Bestandsschutz nach dieser Vorschrift.

c) § 1671 Abs 3

28 Auch eine Sorgerechtsübertragung auf den Vater gemäß § 1671 Abs 3 iVm Abs 2 BGB (nach Adoptionsfreigabe durch die allein sorgeberechtigte Mutter) unterliegt der Änderungsmöglichkeit des § 1696 Abs 1 S 1 BGB, wenn die Mutter nach Kraftloswerden ihrer Adoptionseinwilligung (§ 1750 Abs 4 BGB) wieder grundsätzlich sorgerechtsfähig geworden ist.

8. § 1672 Abs 1 aF

29 Die Abgrenzungsschwierigkeiten zu § 1672 aF haben sich durch die Aufhebung dieser Vorschrift (SorgeRG 2013 Art 1 Nr 5) erledigt (zum früheren Recht s Staudinger/Coester [2006] § 1696 Rn 20–24). Die Änderung väterlicher Alleinsorge, die nach § 1672 Abs 1 aF begründet worden war, richtet sich unabhängig vom Änderungsziel (Alleinsorge der Mutter oder gemeinsames Sorgerecht beider Eltern) nach § 1696 Abs 1 S 1 BGB (zum gemeinsamen Sorgerecht Rn 53, 89). Zur Änderung einer nach § 1672 Abs 2 aF begründeten gemeinsamen Sorge der Eltern in Alleinsorge eines Elternteils Rn 23.

9. § 1678 (Elternausfall)

30 Ruht die elterliche Sorge eines von zwei sorgeberechtigten Elternteilen (§§ 1673, 1674 BGB), wächst das volle Sorgerecht automatisch dem anderen Elternteil an (§ 1678 Abs 1 HS 1 BGB). Ist der ausgefallene Elternteil alleinsorgeberechtigt, wird dem Sorgerechtserwerb des anderen Elternteils eine Kindeswohlkontrolle vorgeschaltet. Hatte das frühere Recht insoweit noch danach unterschieden, ob der ausgefallene Elternteil kraft Gesetzes (Muttersorge gemäß § 1626 Abs 2 aF = § 1626 Abs 3 BGB nF) oder kraft Gerichtsentscheidung sorgeberechtigt war (zum früheren Recht Staudinger/Coester [2006] § 1696 Rn 12 ff), so verfolgt das SorgeRG 2013 nunmehr ein anderes Konzept: Gesetzliche und gerichtlich angeordnete Alleinsorge (gem § 1671 Abs 1 oder 2 BGB) des ausgefallenen Elternteils werden gleichgestellt und einem einheitlichen, in § 1678 Abs 2 BGB geregelten Änderungsstandard unterworfen (Regelübertragung auf den anderen Elternteil nach negativer Kindeswohlkontrolle). Bei gerichtlich angeordneter Alleinsorge des nunmehr ausgefallenen Elternteils **verdrängt** damit **§ 1678 Abs 2 BGB** die sonst in dieser Situation angezeigte Anwendung des § 1696 Abs 1 S 1 BGB (so ausdrücklich § 1696 Abs 1 S 3 BGB; BT-Drucks 17/11048, 21 [Gleichstellung gesetzlicher und gerichtlich angeordneter Sorge; Negativkontrolle – statt der Änderungsschwelle des § 1696 Abs 1 S 1 BGB – ausreichend]; noch zum früheren Recht OLG Karlsruhe FamRZ 2011, 1514 f).

Das Recht schweigt zu Fällen, in denen die gerichtliche Anordnung alleinigen Sorgerechts des (nunmehr ausgefallenen) Elternteils auf anderer Grundlage beruht als auf § 1671 BGB (zB auf einer früheren Änderungsentscheidung gemäß § 1696 Abs 1 S 1 BGB oder auf § 1680 Abs 3 iVm Abs 2 BGB). Diese Fälle werden aber den in § 1678 Abs 2 BGB geregelten gleichgestellt werden müssen (Coester FamRZ 2012, 1337, 1340). **31**

Für **§ 1696 Abs S 1 BGB** bleibt bei Ausfall eines Elternteils demnach nur wenig Raum. In Betracht kommen insoweit vor allem Fälle, in denen der ausgefallene Elternteil später wieder sorgerechtsfähig wird und entweder die Rückübertragung des (inzwischen gemäß § 1678 Abs 2 BGB auf den anderen Elternteil übertragenen) Sorgerechts oder die Anordnung gemeinsamen Sorgerechts verlangt (Rn 89). Scheidet eine Sorgerechtsübertragung gemäß § 1678 Abs 2 BGB aus, weil Aussicht auf ein Ende des Ruhens beim sorgeberechtigte Elternteil besteht, so ist zur Überbrückung grundsätzlich ein Ergänzungspfleger (nach § 1809 BGB nF) zu bestellen (MünchKommBGB/Schneider § 1909 Rn 18); als solcher kommt uU auch der andere Elternteil in Betracht. Nur wenn – über den zeitweiligen Ausfall des sorgeberechtigten Elternteils hinausgehende – triftige Gründe des Kindeswohls eine Sorgerechtsänderung erfordern, könnte diese gemäß § 1696 Abs 1 S 1 BGB erfolgen. **32**

10. §§ 1680 Abs 2, 1681 (Tod, Todeserklärung)

Überschneidungen mit § 1696 BGB ergeben sich auch, wenn ein kraft Gerichtsentscheidung sorgeberechtigter Elternteil stirbt oder für tot erklärt wird. Für die Übertragung auf den anderen Elternteil sehen **§§ 1680 Abs 2, 1681 Abs 1 BGB** besondere, erleichterte Maßstäbe vor, die als **lex specialis** § 1696 Abs 1 S 1 BGB verdrängen – Abs 1 S 3 stellt dies ausdrücklich klar (vgl BT-Drucks 16/6308, 346; zum dortigen Maßstab iE Staudinger/Coester [2020] § 1680 Rn 7). Dasselbe gilt für die Rückübertragung der elterlichen Sorge auf einen für tot erklärten, aber unerwartet zurückgekehrten Elternteil (§ 1681 Abs 2 BGB). **33**

Analog zum physischen Tod ist der **rechtliche Wegfall eines Elternteils** zu beurteilen. **34**
Hat ein kraft Gerichtsbeschluss allein sorgeberechtigter Vater seine Vaterschaft er-

folgreich angefochten, so wird die gerichtliche Sorgeentscheidung (anders als das gesetzliche Sorgerecht, Veit FamRZ 1999, 902, 905, 907) nicht automatisch hinfällig, sondern ist aufzuheben (Staudinger/Rauscher [2011] § 1599 Rn 34). Für die Übertragung des Sorgerechts auf die Mutter bietet § 1680 Abs 2 S 1 BGB den angemesseneren Maßstab als § 1696 Abs 1 BGB (vgl Staudinger/Coester [2020] § 1680 Rn 3).

11. § 1680 Abs 3 (Sorgerechtsentzug)

35 § 1680 Abs 3 BGB verweist für den Fall eines gerichtlichen Sorgerechtsentzugs pauschal auf die entsprechende Anwendung der Abs 1 und 2 dieser Vorschrift. Wird demnach einem **kraft Gerichtsbeschluss alleinsorgeberechtigten Elternteil** das Sorgerecht entzogen (§ 1666 BGB), ergeben sich die **Folgen** für den anderen Elternteil jetzt **aus § 1680 Abs 3 BGB** (zum früheren Recht Staudinger/Coester [2007] § 1696 Rn 28 sowie Staudinger/Coester [2009] § 1680 Rn 19 ff). § 1696 Abs 1 S 1 BGB ist insoweit nicht mehr anwendbar– es findet nur noch die negative Kindeswohlprüfung des 1680 Abs 2 BGB statt (vgl BT-Drucks 17/11048, 22).

36 Bei gerichtlich angeordnetem **gemeinsamem Sorgerecht** ist der Kindesgefährdung durch einen Elternteil nicht durch Sorgerechtsentzug nach § 1666 BGB, sondern vorrangig durch Sorgerechtsänderung nach § 1696 Abs 1 BGB zu begegnen (Rn 20). Ein Entzug nach § 1666 BGB hätte im Übrigen die gesetzliche Alleinsorge des anderen Elternteils gem § 1680 Abs 3 BGB mit Abs 1 zur Folge – diese Konsequenz müsste bei der Entzugsentscheidung mitbedacht werden (Staudinger/Coester [2020] § 1666 Rn 250).

12. Umgangsregelungen, §§ 1684, 1685, 1686a

37 **Umgangsregelungen** nach §§ 1684 Abs 3, 1685 oder 1686a Abs 1 Nr 1 BGB unterliegen im besonderen Maße der Anpassungsnotwendigkeit im Laufe der Zeit; hierfür gilt – wenngleich in themenspezifischer Ausprägung (Rn 112 ff) – die Änderungsvorschrift des **§ 1696 Abs 1 BGB** (anders bei §§ 1684 Abs 4, 1685 Abs 3 BGB). Das Gleiche gilt, wenn ein Umgangsrecht nach § 1685 Abs 1 BGB oder § 1686a Abs 1 Nr 1 BGB abgelehnt wurde und später ein neuerlicher Antrag gestellt wird (OLG Frankfurt 26. 10. 2021 – 6 UF 147/21 , FamRZ 2022, 362 f; OLG München FamRZ 2011, 1804 f; AG Konstanz FamRZ 2004, 290 f: Überlagerung des Maßstabes aus § 1685 Abs 1 BGB durch den des § 1696 Abs 1 BGB; Rn 70, 125). Angesichts der umgangsrechtlichen Qualifikation des **Wechselmodells** durch den BGH (FamRZ 2017, 437 Rn 22) gilt dies grundsätzlich auch für diese Sorgerechtsgestaltung – gleich, ob sie auf gerichtlicher Anordnung oder nur auf gerichtlich gebilligter Elternvereinbarung beruht (OLG Frankfurt 26. 10. 2021 – 6 UF 147/21, FamRZ 2022, 362 f; Coester FamRZ 2017, 584; Marchlewski, Das Wechselmodell 327; zur Problematik auch Schumann, Gutachten 72. DJT, B 70 f sowie These 3a, B 112 [*de lege ferenda* für eine niedrigere Änderungsschwelle beim Wechselmodell]).

38 Dies bedeutet, dass bei einer Entscheidung oder einer gerichtlich gebilligten Vereinbarung eines Wechselmodells die Änderung der Betreuungsverteilung nicht in einem Sorgerechtsverfahren nach § 1671 Abs 1 BGB erfolgen kann, sondern durch eine Änderung der Umgangsregelung und damit unter den Voraussetzungen des § 1696 Abs 1 BGB (BGH 19. 1. 2022 – XII ZA 12/21, FamRZ 2022, 601; OLG Dresden 19. 2. 2021 – 21 UF 32/21, FamRZ 2021, 691; OLG Frankfurt 19. 12. 2023 – 6 UF 208/22; KG 22.12,2022 – 3 UF 87/21;

KG 13. 9. 2018 – 13 UF 74/18, FamRZ 2019, 363; anders noch OLG Frankfurt 16. 10. 2018 – 1 UF 74/18, FamRZ 2019, 206, 208). Voraussetzung ist aber auch hierbei, dass eine vorangegangene Umgangsentscheidung vorliegt; wurde lediglich über das Aufenthaltsbestimmungsrecht entschieden, so liegt noch keine gerichtliche Umgangsentscheidung vor. Damit greift § 1696 Abs 1 BGB nicht ein; die Erstentscheidung (über den Umgang) ergeht nach §§ 1684, 1697a BGB (BGH 27. 11. 2019 – XII ZB 512/18, FamRZ 2020, 255, 256 m krit Anm Schwonberg; krit BeckOK-BGB/Veit [1. 1. 2023] § 1696 Rn 57 – mögliche Umgehung der Änderungsschwelle; zu den Erstentscheidungen nach §§ 1684, 1697a BGB bei vorangegangener *außergerichtlicher* Umgangsregelung: OLG Hamburg 25. 9. 2020 – 12 WF 105/20, FamRZ 2021, 204; OLG Brandenburg 10. 6. 2020 – 13 WF 98/20 NZFam 2020, 734; stärker das Kontinuitätsinteresse auch in diesen Fällen betonend: OLG Koblenz 16. 8. 2018 – 13 WF 641/18, FamRZ 2019, 216). Im Streit über die Betreuungsverteilung gebührt demgemäß einer Umgangsentscheidung als dem milderen Mittel der Vorrang vor einer Sorgerechtsänderung (OLG Frankfurt 19. 12. 2022 – 6UF 208/22, FamRZ 2023, 289 m Anm Schwonberg; KG 22. 12. 2022 – 3 UF 87/21, FamRZ 2023, 606). Zu Recht betont (auch) der BGH (19. 1. 2022 – XII ZA 12/21, FamRZ 2022, 601) den Unterschied zwischen Rechtsinhaberschaft der elterlichen Sorge und Fragen der tatsächlichen Betreuung. Die in der Vergangenheit verschiedentlich genutzte Möglichkeit, statt einer Alleinsorgeübertragung das Aufenthaltsbestimmungsrecht bei Fortbestand der gemeinsamen elterlichen Sorge vorzusehen, tritt damit zurück (Schwonberg FamRZ 2023, 292, 293).

Gerichtliche Umgangseinschränkungen oder ein **Umgangsausschluss** gemäß § 1684 Abs 4 BGB sind hingegen eine themenspezifische Form des Kinderschutzes (vgl Rn 16; § 1684 Rn 280 ff); Aufhebung und Änderung dieser Gerichtsentscheidungen unterliegen deshalb nicht § 1696 Abs 1 BGB, sondern Abs 2 (BeckOK-BGB/Veit [1. 1. 2023] § 1696 Rn 58, 37.1; Jokisch/Brand FuR 2020, 684; BeckOGK/Tillmanns [1. 1. 2022] § 1696 Rn 112; Rn 129 ff). 39

13. § 1693

Obwohl Gerichtshandeln nach § 1693 BGB „erforderlich“ sein muss, handelt es sich nicht um eine kindesschutzrechtliche Regelung iS des § 1696 Abs 2 BGB: Das Gericht greift nicht in Rechtspositionen ein, sondern trifft *in loco parentum* sorgerechtliche Maßnahmen (s § 1693 Rn 1). Deren Bestandskraft richtet sich aber auch nicht nach § 1696 Abs 1 BGB: Endet die Verhinderung der Eltern, so liegt es in deren uneingeschränkter Kompetenz, die Maßnahmen bestehen zu lassen, abzuändern oder aufzuheben (Grenze nur § 1666 BGB). Solange aber die Verhinderung der Eltern andauert, wird weiteres Handeln des Gerichts vom Erforderlichkeitsprinzip des § 1693 BGB gesteuert. Dies betrifft Zusatzmaßnahmen, Änderungen oder Aufhebungen gleichermaßen. 40

14. § 1697a

Diese Auffangvorschrift sichert die Maßgeblichkeit des Kindeswohls und den anzulegenden Maßstab für alle kindschaftsrechtlichen Entscheidungen, auch soweit dieser in der Entscheidungsnorm nicht genannt ist (§ 1697a Rn 4, 10). Mit dem Eingangsvorbehalt: „Soweit nichts anderes bestimmt ist …“ wird jedoch klargestellt, dass spezielle Regelungen nicht berührt werden sollen. Für Änderungsentscheidungen nach § 1696 Abs 1 S 1 BGB gilt deshalb die dort definierte, qualifizierte Kindeswohlhürde; 41

diese wird nicht durch § 1697a BGB iS einer freien Kindeswohlabwägung wieder eingeebnet (verfehlt deshalb EWERS FamRZ 1999, 477, 479; § 1697a Rn 9). § 1697a Abs 2 BGB konkretisiert die im Rahmen von § 1696 Abs 3 BGB zu berücksichtigenden Gesichtspunkte.

15. Einstweilige Anordnungen

42 **Einstweilige Anordnungen** fallen **nicht unter § 1696 BGB**, diese Vorschrift betrifft *nur Endentscheidungen* (BVerfG FamRZ 2009, 1389; BVerfG 27. 8. 2014 – 1 BvR 1822/14, juris Rn 29; OLG Brandenburg FamRZ 2015, 1207, 1208). Die Änderung einstweiliger Anordnungen richtet sich nach § 54 FamFG (BT-Drucks 16/6308, 242; BVerfG FamRZ 2009, 1389; OLG Hamm FamRZ 2018, 830). Ob dies auch für gerichtlich gebilligte Vergleiche gilt, die in einstweiligen Anordnungsverfahren geschlossen werden, ist hingegen zweifelhaft (zum Streitstand SCHLÜNDER FamRZ 2012, 9, 16). Die freie Aufhebungs- und Änderungsmöglichkeit von einstweiligen Anordnungen gem § 54 FamFG ist durchaus problematisch, wenn man die Selbständigkeit des Anordnungsverfahrens bedenkt (dazu DOSE, Einstweiliger Rechtsschutz in Familiensachen [4. Aufl 2018] Rn 242; Rn 157) – so können die Familiengerichte die Änderungsschwelle des § 1696 BGB leicht unterlaufen (BeckOGK/TILMANNS [1. 1. 2022] § 1696 Rn 12 f). Zu einstweiligen Anordnungen *im Rahmen des Änderungsverfahrens* Rn 157 f.

16. Altrechtliche Entscheidungen

43 Erstentscheidungen auf der Grundlage des Rechts vor dem FGG-ReformG 2008 sind hinsichtlich ihrer Abänderbarkeit nach § 1696 BGB nF zu beurteilen. Das Gleiche gilt für die Normanwendung nach Inkrafttreten des SorgeRG 2013.

III. Änderung gerichtlicher Entscheidungen nach Abs 1 S 1

1. Gegenstand der Änderung

a) Gerichtliche Entscheidung

44 Die Änderungskompetenz nach Abs 1 S 1 setzt eine frühere gerichtliche sorge- oder umgangsrechtliche Entscheidung voraus, für deren Fortbestand oder Anpassung der Staat in § 1696 BGB fortdauernde Verantwortung reklamiert (Rn 1, 2, 4; zum historischen Ursprung des Gesetzeswortlauts s HOLZNER 25 f). Für die gerichtliche Übertragung des gemeinsamen Sorgerechts nichtehelicher Eltern gem § 1626a Abs 2 BGB gilt gem § 1696 Abs 1 S 2 BGB allerdings die Änderungsvorschrift des § 1671 Abs 1 BGB (Rn 14). Auch eine Änderungsentscheidung nach § 1696 BGB kann erneut nach dieser Vorschrift geändert werden (vgl OLG Brandenburg FamRZ 2008, 1471). Hingegen bietet § 1696 BGB keinen Ansatzpunkt für die gerichtliche Änderung *gesetzlicher Sorgerechtsverhältnisse* – etwa des Alleinsorgerechts der Mutter nach § 1626a Abs 3 BGB (hierfür gilt die Sondervorschrift des § 1626a Abs 1 Nr 3, Abs 2 BGB; OLG Brandenburg FamRZ 2015, 1207, 1208) oder des fortbestehenden gemeinsamen Sorgerechts geschiedener oder getrennt lebender Eltern (vgl § 1671 BGB; Rn 23). Dies würde eine durch nichts zu rechtfertigende Vorverlagerung der allgemeinen Demarkationslinie zwischen elterlicher und staatlicher Verantwortung gem § 1666 BGB bedeuten (vgl OLG Brandenburg FamRZ 2015, 1207, 1208; so auch SCHWAB FamRZ 1998, 457, 471; VEIT FamRZ 1999, 902, 908; JOHANNSEN/HENRICH/BÜTE § 1696 Rn 8; LIPP/WAGENITZ § 1696 Rn 1;

aA jedoch Büdenbender AcP 197 [1997] 197, 222). Allerdings *kann* die Ablehnung eines Antrags auf Änderung der gesetzlichen Sorgerechtsverhältnisse eine „gerichtliche Entscheidung" iS § 1696 Abs 1 BGB darstellen (Rn 14), sodass für Folgeanträge diese Vorschrift anzuwenden ist (Rn 13, 14, 23).

b) Gerichtlich gebilligter Vergleich

Die Eignung elterlicher Vereinbarungen als Anknüpfungspunkt für gerichtliche Änderungsentscheidungen gem § 1696 Abs 1 BGB war vor Inkrafttreten des FGG-ReformG 2008 unklar: Private Vereinbarungen konnten nach hM nicht Gegenstand einer Entscheidung nach § 1696 BGB sein (OLG Zweibrücken FamRZ 1997, 217 f; anders wohl OLG Brandenburg FamRZ 2008, 2055, 2056); anders hingegen, wenn die elterliche Vereinbarung gerichtlich protokolliert worden war (§ 52a Abs 4 S 3 HS 2 FGG aF; BeckOK-BGB/Veit [1. 1. 2023] § 1696 Rn 2.1; OLG Thüringen FamRZ 2008, 806). Der Gesetzgeber des FGG-ReformG 2008 hat diesen Gedanken aufgenommen und den „gerichtlich gebilligten Vergleich" im Rahmen des § 1696 Abs 1 S 1 BGB einer gerichtlichen Erstentscheidung gleichgestellt (s auch § 166 Abs 1 FamFG). Im Umkehrschluss wird daraus zu folgern sein, dass Elternvereinbarungen, die diesen Voraussetzungen nicht genügen, nicht als „Erstentscheidungen" iS von § 1696 Abs 1 BGB fungieren können. Dies betrifft zB rein private oder auch nur protokollierte, aber nicht durch Gerichtsbeschluss gebilligte Vereinbarungen (OLG Thüringen FamRZ 2008, 806; OLG Köln 31. 1. 2013 – II-4 UF 233/12, juris; BeckOK-BGB/Veit [1. 5. 2018] § 1696 Rn 10; **aA** Marchlewski, Das Wechselmodell im Kindschaftsrecht [2018] 124 ff; OLG Brandenburg FamRZ 2008, 2055, 2056; ausf zum Streitstand Staudinger/Coester [2020] § 1671 Rn 59 ff, 62, 81 ff; zum Billigungsbeschluss MünchKommFamFG/Schumann § 156 Rn 13, 17). Auch gerichtlich gebilligte Vergleiche im einstweiligen Anordnungsverfahren sollen nach hM nicht unter § 166 Abs 1 FamFG, sondern unter § 54 FamFG fallen (BeckOGK/Tillmanns [1. 1. 2022] § 1696 Rn 12 f; Rn 42). 45

Eine offene Frage ist hingegen, ob der Begriff des „gerichtlich gebilligten Vergleichs" iS des § 1696 Abs 1 BGB auf die (oft als „Legaldefinition" bezeichnete) Formulierung in § 156 Abs 2 FamFG Bezug nimmt (so zB MünchKommFamFG/Schumann § 156 Rn 3; MünchKommFamFG/Heilmann § 166 Rn 15) oder thematisch darüber hinausgeht, also insbesondere etwa auch das Sorgerecht umfasst (so OLG Naumburg 26. 3. 2010 – 8 UF 53/10 Rn 13; im Ergebnis auch **aA** Prütting/Helms/Hammer § 166 FamFG Rn 6; OLG Köln FamRZ 2013, 1591 f [LS]). Der Umstand, dass die Bundesregierung eine entsprechende, vom Bundesrat vorgeschlagene Erweiterung abgelehnt hat (BT-Drucks 16/6308, 414), besagt wenig, da die Begründung (die Eltern könnten über das Sorgerecht nicht disponieren) evident falsch ist (vgl § 1671 Abs 1 Nr 1 BGB: keine amtswegigen Kontrollbefugnisse des Familiengerichts unterhalb der Schwelle des § 1666 BGB). Sie verhindert nur eine analoge Ausdehnung des § 156 Abs 2 FamFG auch auf Sorgerechtsvereinbarungen (BeckOK-BGB/Veit [1. 1. 2023] § 1696 Rn 9; Kinderrechtekommission des DFGT FamRZ 2014, 1157 ff, 1166 f; **anders** Marchlewski, Das Wechselmodell im Kindschaftsrecht [2018] 124 ff). Es ist die – auch schon vor Inkrafttreten des FamFG mögliche – *gerichtliche Billigung,* die – nach den Vorstellungen des Gesetzgebers – der Elternvereinbarung die Bestandskraft verleiht, die wiederum die Unterstellung ihrer Änderung unter § 1696 Abs 1 BGB rechtfertigt, nicht aber die Thematik der Vereinbarung (vgl Coester, in: Lipp/Schumann/Veit, Reform des gerichtlichen Verfahrens [2009] 39, 53; Staudinger/Coester [2020] § 1671 Rn 61; eine entsprechende, ausdrückliche Ergänzung des § 156 Abs 2 FamFG fordert nunmehr auch Schumann GutA zum 72. DJT 2018, zu B.II. 3.b, die die Ausweitung des § 156 FamFG nach der *lex lata* verneint – MünchKommFamFG/Schumann § 156 Rn 3). Also 46 unterfallen auch gerichtlich gebilligte Vereinbarungen der Eltern zum Sorgerecht dem § 1696 Abs 1 BGB (vgl OLG Naumburg 26. 3. 2010 – 8 UF 53/10, juris Rn 13; BeckOK-BGB/Veit [1. 1. 2023] § 1696 Rn 14 [jedenfalls analog]; KG 5. 4. 2012 – 17 UF 50/12, juris Rn 15; **aA** BeckOGK/Tillmanns [1. 1. 2022] § 1696 Rn 23 – zwar kein gerichtlich gebilligter Vergleich in Sorgerechtsfragen möglich, aber Änderung einer entsprechenden Abmachung nach § 1696 Abs 1 BGB). *Fehlt* es hingegen an einer gerichtlichen Billigung von Elternvereinbarungen, so ist § 1696 Abs 1 BGB nicht anwendbar (BeckOK-BGB/Veit [1. 1. 2023] § 1696 Rn 10).

47 Die elterliche Einigung bleibt aber trotz gerichtlicher Billigung materielle Basis des Vergleichs (anders, wenn der elterliche Vergleich nur die gesetzliche Ausgangslage [gemeinsames Sorgerecht beider Eltern] bestätigt hat; KG 5. 4. 2012 – 17 UF 50/12, juris Rn 15). Dies hat zur Konsequenz, dass das Änderungsverfahren nach § 1696 Abs 1 S 1 BGB nicht – wie nach gerichtlichen Entscheidungen – von Amts wegen eingeleitet werden kann, sondern nur aufgrund eines entsprechenden Elternantrags (Rn 154).

c) Besonderheiten bei elterlicher Vereinbarung eines Wechselmodells

48 Bekanntlich hat der BGH eine elterlich vereinbarte geteilte Betreuung (Wechselmodell) als eine *umgangsrechtliche Regelung* eingestuft und behandelt, aber *auch* die Möglichkeit einer *sorgerechtlichen Qualifikation* offen gelassen (BGH 1. 2. 2017 – XII ZB 601/15, ZKJ 2017, 190; BVerfG 22. 1. 2018 – 1 BvR 2616/17, ZKJ 2018, 269; s schon BVerfG 24. 6. 2015 – 1 BvR 486/14 Rn 12). Die umgangsrechtliche Qualifikation eröffnet über § 156 Abs 2 FamFG dem Familiengericht die Möglichkeit einer gerichtlichen Billigung der elterlichen Vereinbarung („gerichtlich gebilligter Vergleich") und damit deren rechtliche Stabilisierung – Änderungen unterfallen dann dem Regelungsregime des § 1696 Abs 1 S 1 BGB (BGH 19. 1. 2022 – XII ZA 12/21, FamRZ 2022, 601; näher Staudinger/Coester [2020] § 1671 Rn 61 mwNw; Rn 37). Diesem Gewinn an Rechtsverbindlichkeit (einem bei Elterntrennung grundsätzlich bedeutsamen Vorteil) steht jedoch als Kehrseite die damit verbundene *Inflexibilität* des vereinbarten Betreuungsmodells gegenüber: Allfällige Anpassungen des Wechselmodells an geänderte Umstände auf Eltern- wie auf Kindesseite, wie sie in der Zeitspanne der Minderjährigkeit eines Kindes nahezu selbstverständlich sind, unterliegen dann den (tendenziell änderungsfeindlichen) Voraussetzungen des § 1696 Abs 1 S 1 BGB (Rn 61 ff).

49 Wie die notwendige Balance zwischen rechtlicher Absicherung der ursprünglichen elterlichen Vereinbarung einerseits, der notwendigen Flexibilität bei veränderten Lebensbedingungen oder -umständen andererseits hergestellt werden kann, ist unklar. **Sind sich die Eltern einig** über die Änderungen ihres bisherigen Betreuungsmodells, wollen aber auch die Neuregelung rechtlich absichern, so steht nur die rechtstechnische Durchführung in Frage: Der **elterliche Konsens** als solcher kann (schon *de lege lata)* als „triftiger Grund" zur Änderung iS von § 1696 Abs 1 S 1 BGB angesehen werden, er könnte aber auch – vorbehaltlich einer familiengerichtlichen Negativkontrolle – im Gesetzestext als „triftiger Grund" iS von § 1696 Abs 1 S 1 BGB ausdrücklich aufgeführt werden (entsprechender Formulierungsvorschlag bei Schumann (GutA zum 72. DJT 2018, unter C.III. 3. aE). Eine entsprechende gesetzliche Klarstellung wäre auch deshalb vorzugswürdig, weil sie geeignet wäre, einen konsentierten Übergang von einem Sorge-/Umgangsmodell zu einem Wechselmodell (derzeitige „Grenzlinie" ab 30 % der Mitbetreuung des bisherigen „Umgangs-Elternteils") vorzubereiten und abzusichern (zur Thematik auch [im Ergebnis noch offen] Schumann, GutA zum 72. DJT 2018, unter C.III. 3. aE). *De lege lata* ist für die rechtliche **Etablierung und Absicherung eines Wechselmodells** auch ein Lösungsweg über § 1628 BGB „angedacht" worden (Rn 12, 13; MünchKommBGB/Huber § 1628 Rn 10 ff, 24; Formulierung eines Gesetzesvorschlags bei Schumann GutA zum 72. DJT 2018, unter C.III. 3 B 69). Dieser Ansatz erscheint allerdings zweifelhaft, da eine Entscheidungsübertragung auf einen Elternteil der notwendigen dauerhaften Kooperation zwischen beiden Eltern nicht förderlich sein dürfte.

Sind sich die Eltern **nicht einig über die Fortführung eines Wechselmodells**, so ist – bei gerichtlicher Billigung der Wechselvereinbarung (§ 156 Abs 2 S 1 FamFG) – über eine mögliche Änderung gemäß § 1696 Abs 1 BGB gerichtlich zu entscheiden (OLG Dresden FamRZ 2017, 896, 897). Dies nimmt (nach BGH FamRZ 2017, 532 Rn 11 m Anm Schwonberg) das KG (13. 9. 2018 – 13 UF 74/18, FamRZ 2019, 363, 364) an und so ist auch der BGH (19. 1. 2022 – XII ZA 12/21, FamRZ 2022, 601) zu verstehen (Rn 37 ff): Bei einem kindgerecht praktizierten Wechselmodell sind die Stabilitäts- und Kontinuitätsinteressen des Kindes ebenfalls zu beachten, sodass von den Eltern (ein- oder beidseitig) begehrte Änderungen zu Gunsten eines Residenzmodells am Maßstab des § 1696 Abs 1 BGB zu messen sind. 50

2. Änderungspflicht

Ist eine Änderung der Erstentscheidung oder des gerichtlich gebilligten Vergleiches aus Gründen des Kindeswohls angezeigt, so besteht eine gerichtliche **Änderungspflicht** („ist zu ändern") (BeckOK-BGB/Veit [1. 1. 2023] § 1696 Rn 35; MünchKommBGB/Lugani § 1696 Rn 43). Wenn der Staat fortdauernde Verantwortung für das gerichtlich gestaltete oder gebilligte Kindeswohl übernimmt (Rn 1 f, 4), unterliegt er auch insoweit ohne Weiteres der Verpflichtung auf das Kindeswohl gem Art 6 Abs 2 S 2 GG. Pflicht und Recht zum ändernden Eingriff sind dabei kongruent, es besteht **keine weitergehende, ermessensabhängige Änderungsbefugnis** (Rn 67 ff). 51

3. Spektrum der Änderungsmöglichkeiten

a) Grundsatz

Die Änderung hat die **Gestaltungsgrenzen zu respektieren, die der Vorentscheidung gezogen waren** (BGH NJW-RR 1986, 1264 f; OLG Düsseldorf ZfJ 1988, 466, 467). Dies gilt grundsätzlich auch für den neu gefassten Abs 1 S 1: So ist beispielsweise das FamG auch bei der Änderung einer Entscheidung nach *§ 1628 BGB* darauf beschränkt, die Sachentscheidung einem Elternteil zu übertragen oder die Übertragung abzulehnen bzw aufzuheben – die Sachfrage selbst regeln darf es nicht (Staudinger/Lettmaier [2020] § 1628 Rn 70). Die Sorgerechtsübertragung auf einen *Pfleger oder Vormund* bei getrenntlebenden Eltern setzt auch im Rahmen des § 1696 Abs 1 S 1 BGB eine Kindeswohlgefährdung iS des § 1666 BGB voraus (vgl § 1671 Abs 4 BGB; BVerfG FamRZ 1994, 223, 224 f [auch schon bei einstweiligen Anordnungen]). Für *Aufteilungen des Sorgerechts* zwischen getrennt lebenden Eltern gelten die zu § 1671 BGB entwickelten Kriterien (Staudinger/Coester [2020] § 1671 Rn 250 ff). Für die *Beendigung gemeinsamen Sorgerechts* der Eltern gilt bei richtigem Verständnis sogar § 1671 Abs 1 S 2 BGB unmittelbar, nicht erst im Rahmen des § 1696 Abs 1 S 1 BGB (Rn 22; anders Schwab FamRZ 1998, 457, 471). Speziell zur Antragsbindung s Rn 43 ff, zum elterlichen Änderungskonsens Rn 71 ff. 52

53 Die fortdauernde Bindung des Änderungsgerichts an Interventionsgrenzen bei der Erstentscheidung darf aber nicht zu dem **Missverständnis** verleiten, das Änderungsgericht dürfe **nur Gestaltungen anordnen, die auch das Erstgericht hätte anordnen können** (so verbreitet das Verständnis vor dem KindRG 1998, Staudinger/Coester[12] § 1696 Rn 41; dagegen zum neuen Recht Coester DEuFamR 1999, 3, 13; Huber FamRZ 1999, 1625, 1626; Johannsen/Henrich/Büte § 1696 Rn 12; Holzner 72 ff). Vielmehr müssen dem Änderungsgericht auch Gestaltungsmöglichkeiten offenstehen, die sonst von Gesetzes wegen vorgesehen sind. So kann nach § 1696 Abs 1 BGB den Eltern das **gemeinsame Sorgerecht** übertragen werden, nachdem zuvor durch Gerichtsentscheidung Alleinsorge eines Elternteils begründet worden war – insoweit besteht in Rechtsprechung und Literatur heute weitgehende Einigkeit (OLG Hamm FamRZ 2011, 120 f [durch einstweilige Anordnung]; OLG Karlsruhe FamRZ 2000, 1605, 1606; OLG Naumburg JAmt 2001, 197, 198; OLG Rostock FamRZ 2007, 1352; OLG Köln 10. 10. 2006 – 4 UF 42/06 – Rn 2; OLG Dresden FamRZ 2010, 1992, 1993; Schwab FamRZ 1998, 457, 471; ders DNotZ 1998, 437, 441; Coester DEuFamR 1999, 3, 13; Ewers FamRZ 1999, 477, 479; P Huber FamRZ 1999, 1625, 1628 f Rn 46; Osthold FamRZ 2017, 1643, 1648 f; Grüneberg/Götz § 1696 Rn 13; MünchKommBGB/Lugani § 1696 Rn 44; BeckOK-BGB/Veit [1. 1. 2023] § 1696 Rn 35.1; Holzner 72 f, 129 ff). Folgerichtig wird auch eine klarstellende Gesetzesänderung in § 1696 BGB gefordert (DFGT ZKJ 2012, 263 ff, 266; Schumann GutA 72. DJT 2018, zu B.I. 3.). Die gegenteilige Auffassung der Verfasser des KindRG 1998 (BT-Drucks 13/4899, 101; krit dazu Büdenbender 223, 225; anders auch BT-Drucks 13/4878, 94) ist verfehlt: Andernfalls wäre der Übergang vom gemeinsamen Sorgerecht zur Alleinsorge nach § 1671 BGB ein Weg ohne Wiederkehr – ein der Gesetzespolitik offensichtlich zuwiderlaufendes Ergebnis. Gemeinsames Sorgerecht kann nach § 1696 Abs 1 BGB nur dann nicht hergestellt werden, wenn bislang Alleinsorge der Mutter nach § 1626a Abs 3 BGB bestand und diese nicht durch Ablehnung eines Antrags des Vaters gerichtlich „bestätigt" wurde (Rn 15) – hier scheidet eine *Änderungs*befugnis des FamG nach § 1696 BGB schon deshalb aus, weil eine gerichtliche Erstentscheidung fehlt (Rn 44). Gemeinsames Sorgerecht kann hier jedoch nach § 1626a Abs 1 Nr 1–3, Abs 2 BGB erreicht werden.

54 Das Änderungsgericht überschreitet in den vorstehenden Fällen mit der Anordnung gemeinsamen Sorgerechts nicht gesetzliche Grenzen. **Das Spektrum der Änderungsmöglichkeiten umfasst grundsätzlich alle rechtlich zulässigen Gestaltungen** (AG Würzburg FamRZ 1999, 1448; Schwab FamRZ 1998, 457, 471; Huber FamRZ 1999, 1625, 1626; Holzner 75); es ist insbesondere auch nicht auf eine „Rückkehr" zur Ausgangsgestaltung beschränkt (so aber andeutungsweise Ewers FamRZ 1999, 477, 479; dagegen Huber FamRZ 1999, 1625, 1626). Allerdings ist – wenn einem alleinsorgeberechtigten Elternteil das Sorgerecht entzogen werden soll – im Hinblick auf das Elternrecht gem Art 6 Abs 2 GG vorrangig zu prüfen, ob das Sorgerecht auf den anderen Elternteil übertragen werden kann. Dies gilt selbst dann, wenn diesem Elternteil früher das Sorgerecht seinerseits entzogen worden war (BGH FamRZ 2016, 1146, 1147 m Anm Fischer, ebenda S 1148).

b) Insbesondere: Antrags- und konsensgebundene Erstentscheidungen des Familiengerichts

55 Änderungen kindschaftsrechtlicher Gerichtsentscheidungen nach § 1696 Abs 1 S 1 BGB bedürfen grundsätzlich *keines* entsprechenden Elternantrags, sondern erfolgen **von Amts wegen** (Rn 153) (**aA** – nur auf Antrag eines Elternteils möglich, „Antrag"/Anregung des Kindes reicht nicht; OLG Karlsruhe 25. 5. 2020 – UF 47/20, FamRZ 2020, 1378 m Anm Hammer, Anm Dürbeck ZKJ 2020, 429). Die Betonung einer gerichtlichen Änderungs*pflicht* durch das KindRG 1998 (Rn 51) hat den Offizialcharakter der Vorschrift eher noch verstärkt. Die automatische Verknüpfung gerichtlicher Erstregelungen mit dem Damoklesschwert amtswegiger Änderungen, dh der Eingriffsmöglichkeit in das gerichtlich neu geordnete Eltern-Kind-Verhältnis unterhalb der allgemeinen Kindesschutzgrenze des § 1666 BGB ist jedoch schon grundsätzlich problematisch (Rn 5) – eine dogmatische und verfassungsrechtliche Absicherung dieses allgemein vertretenen Ansatzes steht noch aus (Holzner 161 ff belegt mit ausführlicher Begründung die sachliche Verfehltheit und verfassungsrechtliche Bedenklichkeit der amtswegigen Eingriffsmöglichkeit unterhalb § 1666 BGB: Hier sei verfassungskonform ein Elternantrag zu fordern [S 222]; Osthold, Elternkonflikte 613, hält § 1696 Abs 1 BGB sogar für verfassungswidrig; zur Problematik auch Coester-Waltjen FamRZ 2010, § 65 Rn 63 ff). Jedenfalls aber bedarf der Offizialansatz des § 1696 Abs 1 S 1 BGB einer Korrektur, seit der Gesetzgeber in § 1671 Abs 1 S 1 BGB zum **Antragssystem** übergegangen ist. Beide Ansätze stehen unverbunden in scharfem Kontrast nebeneinander, die Gefahr von Wertungswidersprüchen ist evident (für die Einführung des Antragssystems auch bei Änderungen nach § 1696 Abs 1 BGB [unterhalb der Gefährdungsschwelle] Osthold FamRZ 2017, 1643, 1648 f; ders, Elternkonflikte 603 ff; Schumann, GutA 72. DJT 2018, zu B.I. 3.). Antragsprinzip und Kindeswohlprinzip bedürfen einer sinnvollen wechselseitigen Zuordnung und Abgrenzung (iS „praktischer Konkordanz“). Dies ist am Beispiel der antragsgebundenen Erstentscheidungen nach §§ 1671, 1672 aF und § 1628 BGB darzulegen.

aa) Sorgerechtsentscheidungen nach § 1671 Abs 1

Einem **konsentierten Elternantrag** hat das FamG nach **§ 1671 Abs 1 S 2 Nr 1 BGB** zu 56
folgen, eine Kindeswohlprüfung unterhalb des § 1666 BGB findet nicht statt (Staudinger/Coester [2020] § 1671 Rn 65; ders FamRZ 2012, 1337, 1341; nachdrücklich Osthold, Elternkonflikte 603 ff; ders FamRZ 2017, 1643, 1648 f [verfassungsrechtlich geboten]; tendenziell auch schon Holzner 102 ff; bei Altentscheidungen nach § 1671 Abs 3 aF [vor 1998] bestand eine begrenzte Bindung des FamG, Staudinger/Coester[12] § 1671 Rn 145 ff). Wie man diese Regelung rechtspolitisch auch einschätzt – sie ist eindeutig und kann nicht dadurch unterlaufen werden, dass das FamG seine Bedenken gegen das Elternkonzept als „triftige, das Kindeswohl nachhaltig berührende Gründe“ deklariert und die gebundene Erstentscheidung sogleich iS des Gerichts abändert. § 1696 Abs 1 S 1 BGB ermöglicht dem Wortlaut nach auch bei konsensgetragenen Erstentscheidungen die anpassende Wahrung der Kindesinteressen im Wandel der Verhältnisse und Erkenntnisse und gibt die maßgebliche Änderungsschwelle vor (BGH FamRZ 1993, 314, 315; KG ZKJ 2009, 211, 212; Rn 70). Die Vorschrift ermöglicht aber *nicht* die Einbringung schon bei der Erstentscheidung bestehender Kindeswohlbedenken, die der Gesetzgeber dort ausdrücklich ausgeschlossen hat. Fraglich kann nur sein, ob *neue Umstände* dem Gericht den ändernden Zugriff auf die (gebundene) Erstentscheidung eröffnen. Das hängt davon ab, welche Bedeutung man der elterlichen Haltung im Änderungsverfahren einräumt (Rn 82): Fortbestehende elterliche Einigkeit iS der Erstentscheidung wird das FamG auch bei neuen Umständen (unterhalb der Schwelle des § 1666 BGB) idR nicht durchbrechen können (Rn 87); elterlicher Dissens über die Änderung oder gar ihre Einigkeit zugunsten einer Änderung lassen hingegen die bei der Erstentscheidung gem § 1671 Abs 1 S 2 Nr 1 BGB bestehende Bindung obsolet werden (vgl BGH FamRZ 1993, 314, 315 zu § 1671 Abs 3 aF; Rn 83 ff).

Bei einer **Streitentscheidung gem § 1671 Abs 1 S 2 Nr 2 BGB** gelten entsprechende 57
Grundsätze: Ist der Antrag nach § 1671 Abs 1 S 1 BGB gegenständlich beschränkt

(Teilantrag) oder hat nur ein Elternteil einen Übertragungsantrag gestellt, so ist dem FamG bei der Erstentscheidung damit ein begrenzter Entscheidungsrahmen vorgegeben – die Übertragung darf die sachlichen und persönlichen Grenzen des Antrags nicht überschreiten (Staudinger/Coester [2020] § 1671 Rn 102). Hält das Gericht eine weitergehende Entscheidung für sachgerecht (Übertragung der gesamten statt der beantragten Teilsorge; Übertragung auf den keinen Antrag stellenden Elternteil), so kann es nicht „für eine juristische Sekunde" (Ewers FamRZ 1999, 477, 479) iS des Antrags entscheiden, dann aber sogleich im eigenen Sinne abändern (**aA** Ewers FamRZ 1999, 477, 479). Erst neue, triftige Kindeswohlgründe berechtigen zur Änderung nach § 1696 Abs 1 BGB – nunmehr *ohne* die Beschränkungen des § 1671 BGB. Das muss sich auch der bislang nichtsorgeberechtigte Elternteil gefallen lassen, er kann sich nicht durch Nichtantragstellung dauerhaft seiner elterlichen Verantwortung gem Art 6 Abs 2 S 1 GG entziehen (OLG Karlsruhe FamRZ 1999, 801, 802; Rn 88).

bb) Sorgerechtsentscheidungen zugunsten des nichtehelichen Vaters nach § 1671 Abs 2 (bzw § 1672 Abs 1 aF)

58 Sorgerechtsübertragungen auf den nichtehelichen Vater gem **§ 1672 Abs 1 aF** setzten zwar elterlichen Konsens voraus, entbanden das FamG aber nicht von seiner Verantwortung für das Kindeswohl. Da es das Sorgerecht nur übertragen durfte, wenn dies dem Kindeswohl diente, musste es schon nach bisherigem Recht seine Entscheidung auch antragsunabhängig abändern können, wenn dies vom Kindeswohl iS des § 1696 Abs 1 BGB gefordert war (zum früheren Recht Staudinger/Coester [2006] § 1696 Rn 46). Das gilt erst recht, wenn Altentscheidungen nach § 1672 Abs 1 aF nunmehr geändert werden sollen.

59 Entsprechendes gilt nach einer Sorgerechtsübertragung auf den nichtehelichen Vater gemäß **§ 1671 Abs 2 oder 3 BGB**, sofern die Änderungsschwelle des § 1696 Abs 1 S 1 BGB (Rn 74) erreicht ist. Ein Muttervorrang, der eine erleichterte Rückänderung ermöglichen würde, besteht nicht. Wenn im Fall des § 1671 Abs 3 BGB die geplante Adoption scheiterte, liegt es nicht fern, dass die Mutter eine Änderung der nach dieser Vorschrift getroffenen Sorgerechtsentscheidung anstreben wird: Hierfür müsste sie aber ebenfalls „triftige, das Wohl des Kindes nachhaltig berührende Gründe" darlegen.

cc) Sorgerechtsentscheidungen nach § 1628

60 Entscheidungsübertragungen nach § 1628 BGB unterliegen idR nicht der richterlichen Abänderung (Rn 12). Ist dies bei Dauerkompetenzen ausnahmsweise doch einmal der Fall (Rn 17), lässt sich die amtswegige Änderungsbefugnis des FamG nach § 1696 Abs 1 S 1 BGB damit begründen, dass die ursprünglich antragsabhängige Alleinzuständigkeit eines Elternteils (gewissermaßen regelwidrig) fortbesteht und sich ständig neu realisiert – damit trägt der Staat eigenständige Verantwortung für das kindgerechte Funktionieren der Erstentscheidung im Laufe der Zeit. Eines erneuten Elternantrags zur Abänderung bedarf es deshalb nicht.

4. Änderungsschwelle

61 Die Änderungspflicht nach Abs 1 S 1 wird ausgelöst, wenn „dies aus **triftigen, das Wohl des Kindes nachhaltig berührenden Gründen angezeigt ist"**. Diese Formulierung aus der ständigen Rechtsprechung vor dem KindRG 1998 (vgl BGH NJW-RR 1986, 1130,

1131 mwNw) ist mit dieser Reform in das positive Recht übernommen worden; mit ihr soll klargestellt werden, dass sorge- und umgangsrechtliche Entscheidungen, obwohl materieller Rechtskraft nicht fähig (Rn 9), doch nicht beliebig und „jederzeit" (so der ursprüngliche Normtext), sondern erst nach Erreichung einer gewissen Änderungsschwelle abänderbar sind (Rn 70).

a) Grundsätzliche Rechtfertigung

Auch eine durch Gerichtsentscheidung neu geordnete Familie hat Anspruch auf Schutz und Förderung durch die staatliche Gemeinschaft iS von Art 6 Abs 1 GG (BVerfGE 18, 97, 106); dem oder den kraft Gerichtsentscheidung Sorgeberechtigten kommt grundsätzlich die volle Elternstellung gem Art 6 Abs 2 S 1 GG zu (BGHZ 3, 220, 227; Lüderitz FamRZ 1975, 605, 609). Die Staatsintervention aufgrund einer Konfliktlage ist durch Neuordnung des Eltern-Kind-Verhältnisses abgeschlossen, künftige Eingriffe in die rechtlich neugeordnete Familie müssten sich konsequenterweise nach §§ 1666 ff BGB richten. Demgemäß ist schon frühzeitig von einigen Autoren gefordert worden, auch die gerichtliche Änderung von Sorge- und Umgangsentscheidungen der allgemeinen kindesschutzrechtlichen Eingriffsgrenze zu unterwerfen (Cuny, in: Familienrechtskommission des Juristinnenbundes [Hrsg], Neues elterliches Sorgerecht [1977] 175; Simitis, in: FS Müller-Freienfels [1986] 579 ff, 613 ff, 615; tendenziell auch Holzner 204 f [Wechsel vom Offizialprinzip des § 1696 Abs 1 BGB zum Antragsprinzip]; ähnlich Osthold, Elternkonflikte 611 Fn 2577, der die folgenden Überlegungen für „irrelevant" hält und einen elterlichen Antrag auf Alleinsorge am Maßstab des § 1697a BGB [„positive Kindeswohlprüfung"] messen will). Auch in der Praxis wird der *Eingriffscharakter* der Änderungsentscheidung unter dem Aspekt der Familienautonomie durchaus gesehen (KG FamRZ 1978, 832, 833; OLG Stuttgart NJW 1985, 67; Luthin FamRZ 1981, 391). 62

Bisherige Praxis und auch der Gesetzgeber sind den Forderungen, Kindesschutzgrenze und Änderungsschwelle gleichzuschalten, jedoch nicht gefolgt: Ändernde Eingriffe in die gerichtlich geordneten Eltern-Kind-Verhältnisse sollen eher zulässig sein als originäre Eingriffe. Diese Position ist neuerdings wieder kritisiert und in Frage gestellt worden (insb Osthold, Elternkonflikte 599 ff, insb 607; zuvor schon Holzner 205 ff). Sie bedarf im Hinblick auf die verfassungsrechtliche Elternautonomie deshalb der Rechtfertigung (Rn 4). Diese sowie die Änderungsschwelle im Einzelnen kann sich nur (wie bei kindschaftsrechtlichen Entscheidungen generell) aus einer Ermittlung und Abwägung der primär maßgeblichen Kindesinteressen, dem Elternrecht gem Art 6 Abs 2 S 1 GG sowie der staatlichen Verantwortung für die Kinder gem Art 6 Abs 2 S 2 GG ergeben. 63

Die **Kindesinteressen** in der Änderungssituation sind ambivalent: **Gegen eine Änderung** sprechen regelmäßig das *Kontinuitätsbedürfnis* des Kindes (BVerfG 22. 9. 2014 – 1 BvR 2102/14, FamRZ 2015, 210 Rn 15; OLG Brandenburg 15. 2. 2022 – 10 UF 44/22; Staudinger/Coester [2020] § 1671 Rn 246 ff) sowie sein *Interesse an Stabilität der Lebensverhältnisse* (vgl Staudinger/Coester [2020] § 1671 Rn 203). Bei der Änderungsfrage gewinnt der Stabilitätsaspekt besonderes Gewicht – das Damoklesschwert der amtswegigen Änderbarkeit der familiären Strukturen macht insbesondere die Teilfamilie nach Elterntrennung zu einer „Familie auf Widerruf", schwebende Änderungsverfahren können den sorgeberechtigten Elternteil und das Kind zutiefst verunsichern sowie den kindlichen Entwicklungs- und Erziehungsprozess empfindlich stören (vgl Coester, Kindeswohl 328 ff mwNw). Eine fehlende oder zu niedrige Änderungsschwelle bedeutet eine 64

Versuchung für den nichtsorgeberechtigten Elternteil, über sein Umgangsrecht eine fortwährende Kontrolle über den anderen Elternteil und Kind auszuüben und wirkliche oder angebliche Missstände zur Grundlage immer neuer Änderungsanträge zu machen. Die Gerichte ihrerseits, derart vom nichtsorgeberechtigten Elternteil in seine Zwecke eingespannt, waren zumindest früher oft der Versuchung erlegen, die Änderungsmöglichkeit des § 1696 Abs 1 BGB als Disziplinierungsmittel zur Durchsetzung herrschender Erziehungsstandards zu benutzen (vgl KG FamRZ 1959, 253, 254; KG FamRZ 1968, 98, 99 f; OLG Hamm FamRZ 1968, 530, 532), zur Sanktionierung sonst missbilligten Elternverhaltens (zB Verstöße gegen Rechtsnormen oder gerichtliche Auflagen, Staudinger/Coester [2020] § 1671 Rn 169 f) oder zum Schutze des Kindes vor Umsiedlung ins Ausland (Rn 102). Eine derartige Praxis neigt zur Übergewichtung kindesfremder Gesichtspunkte, degradiert die Autonomie der (Teil-)Familie von sorgeberechtigtem Elternteil und Kind zu einer solchen minderen Ranges und destabilisiert die Entwicklungsbedingungen des Kindes (richtig daher OLG Nürnberg 15. 10. 2020 – 10 UF 651/20, FamRZ 2021, 600, 604 m Anm Rake).

65 Auf der anderen Seite können im Einzelfall die **Gründe für eine Änderung** so schwerwiegend sein, dass die vorgenannten Bedenken dagegen zurücktreten müssen. Dies gilt vor allem für die Fallgestaltung, dass das Kind schon seit längerem beim nichtsorgeberechtigten Elternteil lebt (Rn 83 f). Aber auch sonst kann sich – aufgrund von Verschlechterungen auf Seiten des sorgeberechtigten oder von Verbesserungen auf Seiten des nichtsorgeberechtigten Elternteils – die Platzierung des Kindes beim bislang nichtsorgeberechtigten Elternteil als so überlegen erweisen, dass sich eine Sorgerechtsänderung als vom Kindeswohl geboten darstellt (nach gängiger Diktion muss der *Vorteil* einer Änderung deren *Nachteile* „deutlich überwiegen“, OLG Dresden 14. 4. 2022 – 21 UF 304/21, FamRZ 2022, 1206; OLG Naumburg FamRZ 2015, 767, 768 mit Verweis auf NK-BGB/Harms § 1696 Rn 21 ff; Rn 115 ff). Schließlich kann auch die nachdrückliche Entscheidung des Kindes für den nichtsorgeberechtigten Elternteil oder für einen sonstigen Wechsel die generellen Bedenken aus dem Kontinuitätsinteresse zurücktreten lassen (Rn 109 ff). Auch das **Ziel** einer Änderung kann von Bedeutung sein: Es macht einen wesentlichen Unterschied, ob die elterliche Betreuungsperson *wechseln* soll oder ob ihr nur der andere Elternteil als Mitbetreuer zur Seite treten soll („Wechselmodell“, Rn 37 ff, 48 ff, 94).

66 Hieraus folgt im **Ergebnis**, dass *einerseits* zum Schutze des Kindes und der Familienautonomie Änderungen nicht leichthin, sondern nur bei Erreichen einer *gewissen Eingriffsschwelle* zuzulassen sind, dass aber *andererseits* die *Gefährdungsgrenze* des allgemeinen Kindesschutzrechts (§ 1666 BGB) *ungeeignet* ist, diese Schwelle zu kennzeichnen (bedauerlich deshalb die Verwechslung bzw Vermengung beider Regelungs- und Schutzsysteme in BVerfG FamRZ 2012, 1127 ff; grundlegend **anderer Auffassung** [§ 1696 Abs 1 S 1 BGB verfassungswidrig] Osthold, Elternkonflikte 610 ff, 615 ff, 620, 681). Erstens sind die vorerwähnten Wechselinteressen des Kindes situationsspezifisch für getrenntlebende Familien; sie erreichen regelmäßig nicht die Schwelle des § 1666 BGB und blieben demnach häufig unberücksichtigt. Mit der legitimen Abwehr kindesfremder Änderungsaspekte würden auch wichtige Kindesbelange ausgeblendet. Zweitens bedeutet die Existenz einer weiteren innerfamiliären Platzierungsalternative bei einem geeigneten und betreuungsbereiten Elternteil eben doch einen wesentlichen Unterschied zu der allgemeinen Abgrenzungssituation zwischen Staat und Familie gem Art 6 Abs 2 GG, §§ 1666–1667 BGB: Sie ist gewissermaßen das Surrogat für die gescheiterte Elterngemeinsamkeit, die verbliebene besondere Chance für das Kind nach der Belastung und Schädigung durch die Elterntrennung (vgl BVerfGE 31, 1194, 205, 208; BVerfGE 61, 358, 374; BVerfG FamRZ 1994, 223, 224). Diese Chance besteht darin, nicht bis zur Grenze aktueller Gefährdung Missstände im Elternhaus erdulden zu müssen (vgl Staudinger/Coester [2020] § 1666 Rn 84), sondern zwischen zwei Elternhäusern schon dann wechseln zu können, wenn das Wohl des Kindes beim anderen Elternteil auf Dauer wesentlich besser gewahrt erscheint oder wenn sich das Kind aufgrund achtenswerter Eigenentscheidung zu einem Wechsel entschlossen hat (Rn 109 ff). Mit dem Kind als Bindeglied bleibt die Gesamtfamilie auch nach Elterntrennung und Scheidung ein psychosozialer Verband, der fortlebt und sich verändert – diesen Realitäten ist im Rahmen des § 1696 Abs 1 S 1 BGB Rechnung zu tragen (vgl AG Melsungen FamRZ 1993, 108, 110; Coester JZ 1992, 809, 814 f; ders FamRZ 1995, 1245, 1248; ders DEuFamR 1999, 3, 8; Staudinger/Coester [2020] § 1666 Rn 94).

Zusammenfassend kann festgestellt werden: Die gesetzliche Definition der Änderungsschwelle in § 1696 Abs 1 S 1 BGB trifft trotz ihres formelhaften und generalklauselartigen Charakters im Wesentlichen das Richtige, sofern nur ihr Bezugspunkt präsent bleibt und ernst genommen wird: das generelle Bedürfnis jedes Kindes nach Kontinuität und Stabilität seiner Lebens- und Erziehungsbedingungen (Rn 14, 23, 44; OLG Bamberg 23. 2. 2022 – 7 UF 21/22, FamRZ 2022, 1780; Grüneberg/Götz § 1696 Rn 4; MünchKommBGB/Lugani § 1696 Rn 24). Dieses bildet den Maßstab, an dem konkrete Gesichtspunkte für eine Änderung zu messen sind (Huber FamRZ 1999, 1625; Rn 74 f). *Keine eigenständige normative Bedeutung* (etwa iS einer weiteren Schranke für die gerichtliche Änderungsbefugnis) entfaltet demgegenüber die gesetzliche Formulierung, die Änderung müsse „angezeigt“ sein (so aber Grüneberg/Götz § 1696 Rn 10) – sie bezeichnet nur das Ergebnis der in § 1696 Abs 1 BGB vorgeschriebenen Abwägung (Rn 64–66; ebenso MünchKommBGB/Lugani § 1696 Rn 25). Daraus folgt, dass § 1696 Abs 1 S 1 BGB nicht nur festlegt, unter welchen Voraussetzungen geändert werden muss, sondern auch, bis zu welcher Schwelle eine Änderung *nicht* zulässig ist – eine vom Tatbestand des Abs 1 S 1 unabhängige Änderungsbefugnis der Gerichte besteht nicht (zur Fragestellung Schwab FamRZ 1998, 457, 470 Fn 65; Rn 51). Die Änderungsschwelle des § 1696 Abs 1 S 1 BGB kann deshalb auch nicht durch unmittelbaren Rekurs auf **verfassungsrechtliche Normen** unterlaufen werden – sie ist vielmehr einfachrechtliche Konkretisierung der verfassungsrechtlich vorgezeichneten Abgrenzung von Kindeswohl und Elternrecht (dies entspricht auch der Sicht des BVerfG FamRZ 2008, 1737; BVerfG FamRZ 2005, 783, 785 [verfassungs- und völkerrechtliche Vorgaben aber bei *Auslegung* des § 1696 Abs 1 BGB zu beachten]; VerfG Brandenburg 24. 1. 2011 – 25/10 EA, juris Rn 16). Insoweit steht sie auch grundsätzlich im Einklang mit **Art 8 Abs 2 EMRK** (fairer Ausgleich zwischen den Interessen des Sorgeberechtigten, des anderen Elternteils sowie des Kindes; EGMR FamRZ 2013, 431 f), ist aber im Einzelfall auch im Einklang mit den Wertungen des EGMR zu interpretieren (BVerfG FamRZ 2005, 783, 785). 67

Damit entfaltet § 1696 Abs 1 S 1 BGB eine **Stabilisierungsfunktion für gerichtlich angeordnete Sorgeverhältnisse**, die dem Schutz des Kindes und des oder der Sorgeberechtigten vor Verunsicherung und Infragestellung dieser Ordnung dient. Die Stabilisierungsfunktion äußert sich nicht nur in der Forderung nach gewichtigen Kindesinteressen an einer Änderung, sondern auch in der nach „neuen oder neu zutage getretenen Umständen“ (Rn 56 ff). Dies rechtfertigt es, die Änderungsschwelle des § 1696 Abs 1 S 1 BGB grundsätzlich auch dann anzuwenden, wenn die **Korrektur frü-** 68

herer ablehnender Entscheidungen begehrt wird (OLG Bamberg 22. 3. 2022 – 7 UF 21/22, FamRZ 2022, 1780 Rn 32; KG FamRZ 2011, 122, 123; OLG Frankfurt 28. 2. 2014 – 6 UF 326/13, juris Rn 9; BeckOK-BGB/Veit [1. 1. 2023] § 1696 Rn 55 (zurückhaltend aber bei vorangegangener Anregung eines Verfahrens nach § 1666 BGB in Rn 55.2; im letzten Punkte ebenso OLG Brandenburg FamRZ 2015, 1207, 1208; AG Ludwigslust FamRZ 2006, 501 [LS]). Dabei macht es keinen Unterschied, ob die Erstentscheidung ihrerseits die Änderung einer gerichtlichen oder gesetzlichen Sorgeregelung betraf (**Beispiel 1**: Großmutter beantragt erfolglos Umgangsrecht nach § 1685 Abs 1 BGB; späterer, erneuter Antrag: § 1696 Abs 1 BGB [vgl AG Konstanz FamRZ 2004, 290 f]). Auch hier besteht ein Schutzbedürfnis vor ständig neuen Regelungsanträgen; die Änderungsschwelle des § 1696 Abs 1 BGB *überlagert* daher weniger strenge Regelungsmaßstäbe der Erstentscheidung. Das gilt naturgemäß nicht, wenn der Maßstab der Erstentscheidung *höher* lag (**Beispiel 2:** Nichtehelicher Vater beantragt erfolglos Sorgerechtsübertragung gem §§ 1666, 1680 Abs 3 mit Abs 2 BGB; auch bei erneutem Antrag müssen bei der sorgeberechtigten Mutter die Voraussetzungen des § 1666 BGB erfüllt sein; differenzierend allerdings OLG Frankfurt 28. 2. 2014 – 6 UF 326/13, juris Rn 9 ff). Im Gegensatz dazu **Beispiel 3:** Nichtehelicher Vater beantragt erfolglos eine Übertragung der gemeinsamen elterlichen Sorge. Sein erneuter Antrag wird nach § 1696 Abs 1 BGB entschieden (Rn 14).

69 Im **Verhältnis § 1696 Abs 1 S 1 BGB zu § 1671 Abs 1 S 2 Nr 2 BGB** kann allerdings offenbleiben, welcher Änderungsmaßstab höher liegt – **§ 1671 Abs 1 S 2 Nr 2 BGB** ist von der Thematik her (Übergang vom gemeinsamen Sorgerecht zur Alleinsorge) stets **lex specialis** (Rn 16) (**Beispiel 4**: Gemeinsames Sorgerecht ehelicher Eltern; Erstantrag der Mutter auf Übertragung der Alleinsorge gem § 1671 Abs 1 S 2 Nr 2 BGB abgelehnt; späterer, erneuter Antrag ist wiederum nach § 1671 Abs 1 S 2 Nr 2 BGB zu beurteilen; OLG Oldenburg 16. 10. 2018 – 11 WF 188/18, ZKJ 2019, 114 m Anm Dürbeck; AG Ludwigsburg FamRZ 2006, 501 [LS]; Schnitzler/Knittel MAH Familienrecht § 13 Rn 318). Denn es gilt die Grundregel: Für die **Aufhebung der gemeinsamen elterlichen Sorge** – gleichgültig worauf diese beruhen mag (Rn 23, 44) – greift stets § 1671 Abs 1 BGB ein. Für eine erstmalige **Herstellung der gemeinsamen elterlichen Sorge** nach einer gesetzlichen Alleinsorge eines Elternteils greift § 1626a Abs 1 Nr 3, Abs 2 BGB ein. Ergibt sich die Alleinsorge eines Elternteils aus einer gerichtlichen Entscheidung in der Sache (auch einer ablehnenden Entscheidung) oder einem gerichtlich gebilligten Vergleich, so kommt für eine Herstellung (Fall eines erneuten Antrags nach § 1626a Abs 1 Nr 3 BGB) oder Wiederherstellung (Fall einer vorangegangenen Entscheidung nach § 1671 Abs 1 BGB) § 1696 Abs 1 BGB zur Anwendung. Der Weg **in** die gemeinsame elterliche Sorge unterscheidet sich demnach von dem Weg **aus** einer solchen. – Die Stabilisierungsfunktion des § 1696 Abs 1 BGB läuft hingegen bei *Elternkonsens über die Änderung* weitgehend ins Leere – dem ist jedoch durch entsprechende Gewichtung des Elternkonsenses im Rahmen der Änderungsentscheidung Rechnung zu tragen (Rn 82 ff).

b) Einzelne Folgerungen

aa) Neue oder neu zutage getretene Umstände

70 § 1696 Abs 1 BGB dient nach den obigen Feststellungen (Rn 64 ff) der Wahrung der Kindesinteressen im Wandel der Verhältnisse, nicht aber unterwirft die Vorschrift die Bestandskraft kindschaftsrechtlicher Entscheidungen bloßem richterlichen Sinneswandel oder ermöglicht gar die Korrektur gesetzlicher Bindungen, die bei der Erstentscheidung bestanden (Rn 52, 56). Deshalb steckt nach allgemeiner Ansicht in den „triftigen Gründen“ des Abs 1 auch das Erfordernis, dass **neue Tatsachen** zu einer veränderten Beurteilung Anlass geben – eine abweichende Beurteilung bei unveränderter Sach- und Rechtslage genügt nicht (BGH FamRZ 1993, 314; KG FamRZ 2016, 1780 f; OLG Brandenburg ZKJ 2016, 142 f; OLG München FamRZ 2011, 1804 f; OLG Thüringen FamRZ 2005, 52, 53;). § 1696 BGB erlaubt keine beliebige Wiederaufrollung des Erstverfahrens (BT-Drucks 13/4899, 109; OLG Zweibrücken FamRZ 1997, 45, 46; Huber FamRZ 1999, 1625, 1626).

Allerdings ist das Erfordernis „neuer Umstände“ im Interesse optimaler Kindes- 71
wohlwahrung **großzügig zu interpretieren**: Dazu kann auch schon der nachdrückliche **Änderungswunsch des Kindes** gehören (BGH FamRZ 1986, 895, 896; Rn 74 ff), uU sogar manifestiert in einer planmäßig vorbereiteten Flucht des Kindes zum anderen Elternteil (OLG Koblenz FamRZ 2016, 1860, 1861), oder anderen Umständen, die die Nachhaltigkeit und Ernsthaftigkeit des Kindeswillens belegen. Daneben können auch **ein Änderungswunsch der Eltern** wegen **verschlechterter Partnerbeziehungen** (BGH FamRZ 1993, 314, 315) oder nachträgliche **Veränderungen des Gesetzesrechts** oder der **höchstrichterlichen Rechtsprechung** (VerfG Brandenburg 24. 11. 2011 – 25/10 EA, juris Rn 16; KG FamRZ 1983, 1055 f; KG FamRZ 1980, 821; OLG Karlsruhe FamRZ 2000, 1605, 1606) als „neue Umstände“ iS des § 1696 Abs 1 S 1 BGB angesehen werden. Insoweit können auch neue **Entscheidungen des EGMR** von Bedeutung sein, insbesondere, wenn sie die Erstentscheidung im Ausgangsfall für konventionswidrig erklärt haben (BVerfG FamRZ 2005, 783, 785). Das Änderungsgericht ist zwar nicht strikt an dieses Ergebnis gebunden, wohl aber hat die EGMR-Entscheidung den Stellenwert einfachen deutschen Rechts, mit dem sich das Gericht auseinandersetzen muss. Die EGMR-Entscheidung wirkt über das Gebot völkerrechtskonformer Auslegung auf die Änderungsentscheidung gem § 1696 Abs 1 BGB ein (Rixe FamRZ 2004, 1460, 1462; 2004, 1863, 1865; ders FamRZ 2005, 786) – eine Abweichung im Ergebnis bleibt möglich, ist aber sorgfältig zu begründen (BVerfG NJW 2004, 3407, 3409 ff, gegen OLG Naumburg FamRZ 2004, 1510 ff, mittelbar auch gegen OLG Naumburg FamRZ 2004, 1507 ff; bestätigt BVerfG FamRZ 2005, 783, 785). Damit stellt ein EGMR-Urteil allemal einen „neuen Umstand“ dar, der Anlass zur Überprüfung der Erstentscheidung gibt. Im Ergebnis das Gleiche gilt schließlich auch für einen **Wechsel des anwendbaren Rechts** (OLG Zweibrücken FamRZ 1975, 172, 176 [Erstentscheidung nach ägyptischem Recht, Änderungsentscheidung wegen Inkrafttreten des MSA nach deutschem Recht mit unbeschränkter Kindeswohlabwägung]) oder eine Veränderung der Rechtslage (Wegfall der Vaterschaft wegen Anfechtung oder gem § 1599 Abs 2 BGB, BeckOK-BGB/Veit [1. 1. 2023] § 1696 Rn 34).

Des Weiteren lässt es die hM genügen, wenn Umstände zwar nicht neu eintreten, 72
wohl aber erst **nachträglich** (dh nach der Erstentscheidung) **bekannt geworden sind** (BayObLG FamRZ 1976, 38, 39; BayObLG FamRZ 1964, 640; BayObLG FamRZ 1962, 32, 34; OLG Celle NdsRpfl 1969, 227; OLG Hamburg FamRZ 1960, 123; OLG Karlsruhe FamRZ 1998, 1064; OLG Stuttgart Justiz 1974, 128, 129). Hierzu können auch psychische Tatsachen gehören: Zeigt sich nach der Erstentscheidung, dass das Gericht die kindlichen Kontinuitätsbedürfnisse oder die Beharrlichkeit seines Willens unterschätzt hatte (vgl die Fallgeschichte in BayObLG FamRZ 1974, 150, 326, 534; OLG Hamburg FamRZ 1959, 255 und 1960, 23) oder dass die Erstentscheidung aus anderen Gründen dem Kind eher schadet als nützt, so kann auch dies als „neuer Umstand“ eine Änderungsentscheidung legitimieren (vgl KG FamRZ 2011, 122, 123; OLG Hamburg FamRZ 1994, 1128). Auch eine rechtsfehlerhafte, die Beteiligten auch nach ihrer rechtlichen Bestandskraft deshalb weiter

beeinträchtigende Erstentscheidung kann nach den Maßstäben des § 1696 Abs 1 BGB zu ändern sein (OLG Rostock FamRZ 2007, 1352 f).

73 Über das Erfordernis veränderter oder nachträglich bekannt gewordener Umstände hinaus besteht **keine Sperr- oder Wartefrist** nach der Erstentscheidung.

bb) Kindeswohl

74 Die Definition der Änderungsschwelle in Abs 1 bezeichnet darüber hinaus das **Kindeswohl** als **maßgebliches Entscheidungskriterium**. In der gesetzlichen Formulierung sind mehrere Aussagen enthalten (1) Das Kindeswohl ist hier wie in anderen Zusammenhängen (Staudinger/Coester [2020] § 1666 Rn 65; § 1671 Rn 153 ff) sowohl **Eingriffslegitimation** („muss geändert werden?") als auch **Entscheidungsmaßstab** („wie ist zu ändern?"). (2) Das Kindeswohl ist der ausschlaggebende Gesichtspunkt **(Primat des Kindeswohls)** – Elternrecht, Elterninteressen oder Gemeinschaftsinteressen sind nur im Rahmen des Kindeswohls, nicht aber unabhängig von oder gar gegen die Kindesinteressen zu berücksichtigen (vgl Staudinger/Coester [2020] § 1671 Rn 157 ff). (3) Innerhalb des Kindeswohls gebührt den **Bestands- oder Kontinuitätsinteressen** des Kindes **großes Gewicht**. Lehnt das Kind selbst eine Änderung ab, werden diese Interessen durch den subjektiven **Willen des Kindes** noch deutlich gestützt (vgl OLG Frankfurt FamRZ 2011, 1875 [bei 14-jährigem Kind „Recht auf Selbstbestimmung"]; die Ausführungen zum Kindeswillen bei Staudinger/Coester [2020] § 1671 Rn 233 ff gelten auch hier). Eine Änderung ist nur dann „angezeigt", dh zulässig und gerechtfertigt, wenn die **Änderungsinteressen** des Kindes im Einzelfall **deutlich überwiegen**: Es muss aus „triftigen, das Kindeswohl nachhaltig berührenden Gründen" geboten sein, entgegen dem grundsätzlichen Bestandsinteresse des Kindes eine Änderung vorzunehmen (BGH FamRZ 1993, 314, 315; OLG Zweibrücken FamRZ 2010, 138; OLG Frankfurt FamRZ 2011, 1875; KG ZKJ 2009, 211; OLG Brandenburg FamRZ 2010, 1993; zur Entscheidungspraxis der Gerichte ausf Ehring 41 ff). Zu einseitig und missverständlich scheint demgegenüber die Formulierung des OLG Hamm (FamRZ 1999, 394), eine Änderung komme nur dann in Betracht, „wenn die bisherige Regelung das Kindeswohl in erheblicher Weise beeinträchtigen würde". Das *kann* ein Änderungsgrund sein, es sind aber auch andere Konstellationen denkbar – etwa noch genügende Bedingungen beim bisher Sorgeberechtigten, aber deutlich bessere beim anderen Elternteil (zur Änderungsschwelle Rn 77 und ihrer Formulierung Rn 80).

75 Das Kriterium deutlich überwiegender Änderungsinteressen des Kindes ist der Kern der Änderungsschwelle des Abs 1 S 1. Es findet keine offene Neuabwägung der Kindesinteressen statt mit dem Ziel, die für das Kind beste Lösung zu ermitteln; vielmehr enthält Abs 1 S 1 bindende Vorgaben für Fragestellung und Gewichtung bei der Abwägung. Das OLG Hamburg (10. 9. 2020 – 14 F 156/20, FamRZ 2021, 201 f) definiert zu Recht die Vorschrift als „qualifizierte positive Kindeswohlprüfung", deren Ziel es sei, „die Kinder vor fortwährenden Gerichtsverfahren zu schützen".

76 Allerdings hat die zu überwindende Änderungsschwelle des Abs 1 S 1 nur Bedeutung für das „Ob" einer Änderung, dh die Eingriffslegitimation (Rn 74). Zwar kann schon diese Frage nicht ohne Blick auf die Alternativen zum status quo beantwortet werden, dennoch ist idealtypisch zu unterscheiden: Steht die Änderungsnotwendigkeit fest, so richten sich die zu treffenden Anordnungen unverkürzt nach dem, was für das Kind unter den gegebenen Umständen das Beste ist (deutlich OLG Karlsruhe FamRZ 1995, 562, 564).

77 (4) Die kindeswohlbezogene Definition der **Änderungsschwelle** des Abs 1 S 1 bedeutet aber auch, dass diese vom Gesetz **nicht abstrakt-generell festgelegt** ist: Der Kindeswohlbegriff enthält einen generalklauselartigen Verweis auf den Einzelfall, einen **Auftrag an die Gerichte zur Herstellung von Einzelfallgerechtigkeit** (Staudinger/Coester [2020] § 1666 Rn 66; § 1671 Rn 173). Trotz der tendenziellen Betonung der Bestandsinteressen in Abs 1 S 1 verleiht dies der Norm die nötige *Flexibilität,* um auf die Besonderheiten jedes Falles kindgerecht reagieren zu können – die vom Gesetz bezeichnete Änderungshürde ist kein Selbstzweck, sondern nur Konkretisierung generell vermuteten Kindeswohls. Das individuelle Kindeswohl ist aber letztlich maßgeblich und ausschlaggebender Gesichtspunkt (umfassender Überblick über die einzelnen Aspekte des Kindeswohls bei Staudinger/Coester [2020] § 1671 Rn 177 ff; § 1684 Rn 181 ff [für Umgangsfragen]). Hieraus können sich erhebliche **Relativierungen der Änderungsschwelle** ergeben, sowohl von den tatsächlichen Verhältnissen her wie auch von der normativen Ausgangslage.

78 Vom **Tatsächlichen** her können sich Stärke und Gewicht des kindlichen Stabilitätsinteresses ganz unterschiedlich darstellen: Bei Sorgerechtsentscheidungen kann es im Extremfall auf null reduziert sein, zB wenn das Kind schon langjährig beim nichtsorgeberechtigten Elternteil lebt (Rn 96). Im anderen Extremfall, wenn das Kind eine starke, nahezu ausschließliche Bindung an den sorgeberechtigten Elternteil hat, bei dem es seit langem lebt und bei dem es sich gut entwickelt hat, kann sich die Änderungsschwelle der Sache nach der Gefährdungsgrenze des § 1666 BGB annähern (vgl OLG Stuttgart NJW 1985, 67 [Änderung nur, wenn „unumgänglich“, „zwingend notwendig“]). Bei umgangsrechtlichen Entscheidungen ist schon von der Sache her größere Flexibilität (also eine niedrigere Änderungsschwelle) geboten als bei sorgerechtlichen Veränderungen (Rn 125 ff).

79 **Normative** Beeinflussungen der Abwägung nach Abs 1 S 1 können sich aus den rechtlichen Strukturen bei der Erstentscheidung ergeben. Wie bereits dargelegt, gelten staatliche Interventionsgrenzen bei der Erstentscheidung auf der Änderungsebene ebenfalls(Rn 42); auch die Antragsgebundenheit der Erstentscheidung kann bei Änderungen nicht unbeachtet bleiben (Rn 45). Darüber hinaus kann die originäre Entscheidungsnorm „Ausstrahlungswirkung“ haben auf die Konkretisierung der Änderungsschwelle nach Abs 1 – allerdings nicht iS unmittelbarer Verbindlichkeit der Entscheidungsvoraussetzungen der Erstnorm im Rahmen der Änderungsentscheidung (eine entsprechende „Regel“, wie sie P Huber FamRZ 1999, 1625, 1626, 1628 f behauptet [ähnlich Schwab FamRZ 1998, 457, 471], gibt es nicht). Wohl aber müssen die normativen Strukturen der Erstnorm *berücksichtigt* werden, wenn es nicht zu unerträglichen Wertungswidersprüchen kommen soll (vgl AG Freyung FamRZ 1999, 806, 807). So wäre es kaum nachvollziehbar, wenn der Elternautonomie zwar im Rahmen des § 1671 BGB eine beherrschende Rolle zuerkannt wird, der elterliche Konsens bei Änderungsentscheidungen nach § 1696 Abs 1 S 1 BGB jedoch keinen Stellenwert haben sollte (Rn 83 ff).

80 (5) Die **gesetzliche Formulierung der Änderungsschwelle** in Abs 1 ist schließlich als **einheitliche Definition** zu verstehen, in der mehrere sprachliche Wendungen kumuliert werden, um das einzig Gemeinte (Rn 74 ff) zu verdeutlichen. Es macht keinen Sinn, den Worten „triftig“, „nachhaltig berührend“ oder „angezeigt“ eigenständige tatbestandliche Bedeutung beizumessen und etwa im Einzelfall triftige, das Kindeswohl

nachhaltig berührende Gründe für eine Änderung zu bejahen, die „Angezeigtheit" jedoch zu verneinen (MünchKommBGB/Lugani § 1696 Rn 25; **aA** BeckOK-BGB/Veit [1. 1. 2023] § 1696 Rn 18; Grüneberg/Götz § 1696 Rn 9; P Huber FamRZ 1999, 1625, 1528). Insbesondere können frühere Spekulationen, ob mit „angezeigt" eine Kindeswohlschwelle oberhalb, unterhalb oder entsprechend der Erforderlichkeitsgrenze bezeichnet ist (Nachweise bei Staudinger/Coester[12] § 1696 Rn 32 f), spätestens mit der Neufassung des Gesetzes 1998 als überholt angesehen werden.

IV. Einzelne Anwendungsbereiche des Abs 1

81 Die Fragestellung des § 1696 Abs 1 S 1 BGB wird wesentlich durch die praktische und normative Ausgangssituation geprägt (Rn 77 ff). In diesem Sinne sind im Folgenden die wichtigsten Anwendungsfelder des Abs 1 näher zu untersuchen, aufgegliedert nach der Art der zur Änderung anstehenden Entscheidung („Erstentscheidung"; dieser Begriff wird im Folgenden auch verwandt, wenn die Vorentscheidung nicht die Erstentscheidung in der Fallgeschichte war oder wenn es sich um einen gerichtlich gebilligten Vergleich [Rn 45] handelte).

1. Erstentscheidungen nach § 1671 Abs 1 S 2 Nr 1

a) Bedeutung elterlichen Konsenses

82 **Elterlicher Konsens bei der Erstentscheidung** bindet gem § 1671 Abs 1 S 2 Nr 1 BGB auch den Änderungsrichter, so lange nicht neue Umstände den Weg zu einer Änderungsentscheidung eröffnen (Rn 56). Als solcher Umstand ist auch die spätere **Aufkündigung des Konsenses** durch einen Elternteil zu werten, einer zusätzlichen Veränderung der äußeren Verhältnisse bedarf es nicht (offenlassend KG FamRZ 2011, 122, 123; **aA** OLG Karlsruhe FamRZ 1995, 562, 564; OLG Karlsruhe FamRZ 1998, 1046 f; BeckOK-BGB/Veit [1. 1. 2023] § 1696 Rn 33). Eine Bindung der Eltern an ihren früheren Konsens besteht nicht (vgl Staudinger/Coester [2020] § 1671 Rn 59 ff; Holzner 75 ff). Über die Angezeigtheit einer Änderung ist damit noch nichts gesagt, sie ist nur zu bejahen, wenn sich der aufgebrochene Elterndissens zusammen mit den Umständen des Einzelfalls **als triftiger, das Kindeswohl nachhaltig berührender Grund** für eine Änderung darstellt.

83 **Elterlicher Konsens zugunsten einer Änderung** hat im Normtext des § 1696 Abs 1 S 1 BGB keinen Stellenwert; er kann jedoch, um unerträgliche Wertungswidersprüche zu § 1671 Abs 1 und 2 BGB zu vermeiden, nicht unbeachtlich sein (Rn 79; zur Kritik des geltenden Rechts insoweit vor allem Osthold, Elternkonflikte 607 ff; BeckOK-BGB/Veit [1. 1. 2023] § 1696 Rn 30, 30.1–30.3, 31, 32). Hierüber scheint, soweit das Problem gesehen wird, weitgehend Einigkeit zu bestehen – im Einzelnen zeichnen sich zwei Lösungswege ab:

84 (1) Eine „radikale Auffassung" will dem elterlichen Änderungskonsens in § 1696 Abs 1 S 1 BGB dieselbe Bindungswirkung zugestehen wie in § 1671 Abs 1 S 2 Nr 1 BGB – der Konsens *wäre* damit als solcher ein triftiger Grund iS des § 1696 Abs 1 BGB, eine weitere Kindeswohlprüfung durch das FamG wäre nicht zulässig (Osthold, Elternkonflikte 612; Büdenbender AcP 197 [1997] 197, 218 spricht von einem „Durchwirken" des Elternkonsenses auf die Änderungsebene; iE auch OLG Rostock FamRZ 1999, 1599). Grenzen der elterlichen Bestimmungsmacht setzt demnach nur das allgemeine Kindesschutzrecht (§§ 1666 ff BGB).

85 (2) Eine „gemäßigte Auffassung" räumt dem übereinstimmenden Elternwillen zugunsten einer Änderung ebenfalls normatives Gewicht ein, aber nur in dem Sinne, dass er die Gebotenheit einer Änderung iS von § 1696 Abs 1 S 1 BGB *indiziert.* Dem FamG bliebe demnach die *Negativkontrolle,* ob der Elternvorschlag dem Kindeswohl erheblich widerspricht – damit kehrt sich die Fragestellung des Abs 1 S 1 gewissermaßen in ihr Gegenteil um (so zuerst Schwab FamRZ 1998, 457, 471, beschränkt allerdings auf „Altfälle" der Alleinsorge, die in gemeinsames Sorgerecht überführt werden sollen; als übergreifendes Konzept Coester DEuFamR 1999, 3, 14; Kinderrechtekommission des DFGT ZKJ 2012, 263, 265 f; Schumann, GutA 72. DJT 2018 zu C.III.4.; dies NJW 2018, Beilage 2 zu Heft 24, S 43; BeckOK-BGB/Veit [1. 1. 2023] § 1696 Rn 30; MünchKommBGB/Lugani § 1696 Rn 38; Huber FamRZ 1999, 1625, 1628 f; OLG Dresden FamRZ 2002, 632 f; AG Würzburg FamRZ 1999, 1448 [Prüfung analog § 1671 Abs 3 aF]; AG Ludwigslust FamRZ 2006, 501 [LS]; ähnlich OLG Zweibrücken FamRZ 2001, 506 [bei elterlicher Einigung keine anwaltliche Vergleichsgebühr, weil keine Dispositionsmacht der Beteiligten; insoweit **aA** OLG Hamm 31. 5. 2016 – II-6 WF 259/15, juris; NK-BGB/Harms § 1696 Rn 32). Dem entspricht – im Rahmen der Erstentscheidung – nunmehr auch § 1671 Abs 2 Nr 1 BGB.

86 Der zweiten Auffassung ist der Vorzug zu geben, sie stellt einen ausgewogenen Ausgleich zwischen den (aufeinander nicht abgestimmten) normativen Strukturen der §§ 1671 und 1696 BGB dar. Begehren also die Eltern **übereinstimmend** eine Sorgerechtsänderung, so hat das Familiengericht dem zu folgen, wenn **nicht triftige, das Kindeswohl nachhaltig berührende Gründe gegen die Änderung** sprechen (ähnlich Schumann GutA zum 72. DJT [2018] zu B.I. 3. [„wenn die Übertragung dem Kindeswohl nicht widerspricht"]; auch Kinderrechtekommission des DFGT ZKJ 2012, 263, 266 sowie schon Holzner 159; Rn 6; zur [Wieder-]Begründung des gemeinsamen Sorgerechts Rn 89).

87 **Übereinstimmender Ablehnung einer Änderung** durch die Eltern muss entsprechendes Gewicht beigelegt werden. § 1671 Abs 1 S 2 Nr 1 BGB bezieht sich zwar nur auf die Abänderung des bisher gemeinsamen Sorgerechts; bei beiderseitiger Zufriedenheit mit dem status quo kann das FamG mangels Elternantrages gem § 1671 Abs 1 S 1 BGB jedoch gar nicht entscheiden. Im Rahmen des § 1696 BGB erhöht übereinstimmende elterliche Ablehnung die Anforderungen an die Änderungsschwelle des Abs 1 S 1 so erheblich, dass die eine Änderung rechtfertigenden „triftigen Gründe" für eine amtswegige Änderung der *Gefährdungsgrenze des § 1666 Abs 1 BGB* nahekommen müssen (NK-BGB/Harms § 1696 Rn 28; BeckOK-BGB/Veit [1. 1. 2023] § 1696 Rn 31; Rn 55).

b) Elterliche Übernahmebereitschaft

88 Gemäß § 1671 Abs 1 S 2 Nr 2 BGB ist die Bereitschaft eines Elternteils, die Alleinsorge zu übernehmen, konstitutive Voraussetzung einer gerichtlichen Übertragung (vgl, auch zur Kritik, Staudinger/Coester [2020] § 1671 Rn 15, 101, 148 ff). Diese Beschränkung kann das FamG zwar nicht nach § 1696 BGB unterlaufen (Rn 57); liegen jedoch neue, die Änderungsfrage aufwerfende Umstände vor, so verdrängt die grundsätzliche Elternpflicht aus Art 6 Abs 2 S 1 GG, § 1626 Abs 1 S 1 BGB die punktuelle (und systemwidrige) Einschränkung des § 1671 Abs 1 S 1 BGB: Der Elternteil, der aus triftigen Gründen des Kindeswohls zur Kindessorge berufen ist, hat diese auch gegen seinen Willen zu übernehmen *(unbeschadet* der Berücksichtigung seiner Ablehnung im Rahmen seiner *Eignungsprüfung*; OLG Karlsruhe FamRZ 1999, 801, 802; s auch Staudinger/Coester [2020] § 1678 Rn 24; § 1680 Rn 20).

c) Begründung des gemeinsamen Sorgerechts

89 Entgegen der Auffassung der Gesetzesverfasser kann gem § 1696 Abs 1 BGB auch gemeinsames Sorgerecht der Eltern wieder begründet werden (Rn 53). Für die *Beendigung* gemeinsamen Sorgerechts gilt ausschließlich § 1671 BGB, auch dann, wenn das gemeinsame Sorgerecht auf Gerichtsentscheidung (gem § 1696 Abs 1 BGB) beruht (Rn 23 ff). Liegt insoweit **elterlicher Konsens** vor, so hat das FamG das gemeinsame Sorgerecht anzuordnen, wenn nicht triftige, das Kindeswohl nachhaltig berührende Gründe *gegen* diese Gestaltung erkennbar sind (Rn 83; OLG Brandenburg FamRZ 2002, 1210 [LS]). Dabei ist der hohe rechtspolitische Stellenwert elterlicher Sorgegemeinsamkeit (Staudinger/Coester [2020] § 1671 Rn 115; BT-Drucks 17/11048, 17: „gesetzliches Leitbild") sowie der Umstand zu beachten, dass die Änderung elterlicher Alleinsorge in gemeinsames Sorgerecht in aller Regel nicht die Lebens- und Erziehungskontinuität für das Kind – dh die zentralen Schutzgüter des § 1696 Abs 1 S 1 BGB (Rn 64) – beeinträchtigen wird: Zum bisher sorgenden Elternteil tritt nur der andere Elternteil hinzu (näher Coester FamRZ 2012, 1337, 1341; Kinderrechtekommission des DFGT ZKJ 2012, 263, 265; Schumann, Gutachten B zum 72. DJT 2018, B 40; Wellenhofer NJW 2018, 2758, 2759 f).

90 Begehrt **nur ein Elternteil** (regelmäßig der bislang nichtsorgeberechtigte) die Herstellung gemeinsamen Sorgerechts, so stellt sich die **Frage**, ob diese Gestaltung am **mangelnden elterlichen Konsens scheitert**. Diese – früher streitige (zum früheren Recht Staudinger/Coester [2006] § 1696 Rn 78) – Frage ist spätestens seit der gerichtlichen Anordnungsmöglichkeit gem § 1626a Abs 1 Nr 3, Abs 2 BGB durch das SorgeRG 2013 eindeutig zu **verneinen**. Ist nach dieser Vorschrift die gerichtliche Anordnung gemeinsamen Sorgerechts erstmalig bei nicht miteinander verheirateten Eltern möglich, so muss dies im Rahmen des § 1696 Abs 1 S 1 BGB ebenfalls möglich sein – zumal es hier in der Regel um die Wiederherstellung schon früher bestehenden gemeinsamen Sorgerechts geht (Im Ergebnis ähnlich MünchKommBGB/Hennemann [2020] § 1671 Rn 16; s aber Rn 91 ff).

91 Dies entspricht auch einer schon vor der Sorgerechtsreform 2013 verbreiteten Auffassung (zum früheren Recht Staudinger/Coester [2006] § 1696 Rn 79 mwNw). Die nunmehr klare Rechtslage steht im Einklang mit der Möglichkeit, auch im Rahmen des § 1671 Abs 1 BGB das gemeinsame Sorgerecht gegen den Willen eines Elternteils aufrecht zu erhalten (näher Staudinger/Coester [2020] § 1671 Rn 108 ff); zudem stellt der Wortlaut des § 1696 Abs 1 BGB ausschließlich auf das Kindeswohl, nicht den Elternwillen ab. Elternpflicht und Kindesinteressen sprechen nach alledem für eine gegenüber dieser Norm vorverlagerte, also **konsensunabhängige Möglichkeit, das gemeinsame Sorgerecht anzuordnen** (so auch OLG Rostock FamRZ 2007, 1352; KG FamRZ 1999, 757; Holzner 129 ff; Ewers FamRZ 1999, 477, 478; Huber FamRZ 1999, 1625, 1629; auch Bode FamRZ 1999, 1400 ff).

92 Es bleibt nur die Frage nach dem **Änderungsmaßstab**. Folgt aus dem rechtspolitischen Stellenwert des gemeinsamen Sorgerechts, dass auch hier (Rn 89) „triftige Gründe" für eine Änderung *indiziert* sind (mit der Folge einer nur negativen Kindeswohlkontrolle durch das FamG; so iE KG FamRZ 1999, 737; so wohl auch MünchKommBGB/Lugani § 1696 Rn 38; BeckOK-BGB/Veit [1. 1. 2023] § 1696 Rn 30)? Oder ist die Änderungsschwelle des Abs 1 nur insoweit reduziert, dass eine offene Abwägung zwischen Alleinsorge und gemeinsamem Sorgerecht stattzufinden hätte (Ewers FamRZ 1999, 477 ff, teils unter Anwendung von § 1671 Abs 1 S 2 Nr 2 BGB [478], teils § 1697a BGB [479])? Oder gilt die konzeptionelle Änderungsschwelle des Abs 1 S 1 unverändert, sodass für das ge-

meinsame Sorgerecht triftige, das Kindeswohl nachhaltig berührende Gründe aufgezeigt werden müssen (OLG Karlsruhe FamRZ 2000, 1605, 1606; OLG Karlsruhe FamRZ 2000, 1595 f; OLG Düsseldorf FamRZ 2000, 1596 [LS]; OLG Thüringen FamRZ 2001, 436; OLG Braunschweig FamRZ 2002, 121, 122; AG Ravensburg FamRZ 2004, 133; Holzner 135 ff; Huber FamRZ 1999, 1625, 1629)?

Ausgangspunkt für die Beantwortung dieser Frage ist der Umstand, dass in der Ent- 93
scheidungssituation des § 1696 Abs 1 S 1 BGB stets eine frühere familiengerichtliche Entscheidung vorliegt, die alleiniges Sorgerecht eines Elternteils angeordnet hat, in der Regel nach § 1671 Abs 1 BGB – entweder basierend auf entsprechender elterlicher Einigung (§ 1671 Abs 1 S 2 Nr 1 BGB) oder auf der Wertung des Familiengerichts, dass die Alleinsorge eines Elternteils dem Kindeswohl „am besten entspricht" (§ 1671 Abs 1 S 2 Nr 2 BGB). Des Weiteren liegt nunmehr bezüglich einer Rückkehr zum gemeinsamen Sorgerecht kein elterlicher Konsens vor. *Für* eine Rückänderung der bisherigen Alleinsorge eines Elternteils in gemeinsames Sorgerecht als *Regelfall,* vorbehaltlich nur einer Negativkontrolle auf widersprechende Kindesinteressen, könnten das vom Gesetzgeber im SorgeRG 2013 proklamierte „Leitbild" gemeinsamer Elternverantwortung (BT-Drucks 17/11048, 17) sowie die Regelung in § 1626a Abs 2 BGB angeführt werden. Das „Leitbild" ist allerdings sehr abstrakt, als Ausfluss des beiderseitigen Elternrechts und idealtypischen Kindeswohls formuliert – es kann und will von vornherein nicht konkreten, situationsspezifischen Kindeswohlbeurteilungen vorgreifen. Es gibt nur eine Tendenz vor – in Ermangelung konkreter Gesichtspunkte zu Gunsten gemeinsamen Sorgerechts der Eltern. Für die Entscheidungssituation des § 1626a Abs 2 S 1 BGB ist dieser Gedanke konkret umgesetzt. Dort fehlt es aber an der für § 1696 Abs 1 S 1 BGB prägenden „Vorgeschichte" – diese relativiert und neutralisiert das generelle Leitbild: Es erscheint begründungsbedürftig, warum entgegen der früheren gerichtlichen Wertung fortan doch gemeinsames Sorgerecht kindeswohlgerecht sein soll.

Diese Begründung ist im Rahmen einer verkürzten „Negativkontrolle" nicht sachge- 94
recht zu leisten. Insbesondere ist auch der Gefahr zu wehren, dass § 1696 Abs 1 S 1 BGB ein Instrument zur Perpetuierung des durch die Erstentscheidung abgeschlossenen Sorgerechtsstreits zwischen den Eltern wird. Deshalb genügt weder die „allgemeine Vorzugswürdigkeit" des gemeinsamen Sorgerechts noch der einseitige Antrag eines Elternteils zur Abänderung bisheriger Alleinsorge in gemeinsames Sorgerecht (im Ergebnis gebilligt auch vom EGMR FamRZ 2013, 431, 432 im Lichte von Art 8 EMRK). Immerhin signalisiert das mangelnde Einverständnis des anderen Elternteils Konfliktpotenzial, ein faktisch eingespieltes Miteinander kann durch Verrechtlichung leicht in Dissonanz umschlagen (OLG Karlsruhe FamRZ 2000, 1605, 1606; OLG Karlsruhe FamRZ 2000, 1595 f [hier fehlte schon die anfängliche Kooperationsfähigkeit]; OLG Braunschweig FamRZ 2002, 121, 122 f; AG Ravensburg FamRZ 2004, 133 f; Ewers FamRZ 1999, 477, 479 [„… würde … das zarte Pflänzchen des Zusammenlebens nach früherer Trennung gefährden"]). Es kann deshalb für die Entscheidung nach § 1696 Abs 1 BGB, ob die Alleinsorge eines Elternteils trotz insoweit fehlenden Elternkonsenses in gemeinsames Sorgerecht beider Eltern zu ändern ist, **keine generelle Faustregel** geben – es gilt letztlich das Gleiche wie bei der gem § 1671 Abs 1 S 2 Nr 2 BGB zu treffenden Entscheidung über die nicht konsensgetragene Beendigung elterlicher Sorgegemeinsamkeit (dazu Staudinger/Coester [2020] § 1671 Rn 124 sowie ausf Rn 132 ff; OLG Rostock FamRZ 2007, 1352 f). Diese einzelfallbezogene Abwägung auch beim Streit um Wiederherstellung des gemeinsamen Sorgerechts

genügt den Anforderungen von Art 8 Abs 1 und 2 EMRK (EGMR FamRZ 2013, 431, 432).

d) Wechsel der Alleinsorge

95 Steht ein Wechsel der Alleinsorge in Frage (zu Sonderproblemen des Ausfalls oder Sorgerechtsentzugs beim bisher sorgeberechtigten Elternteil Rn 116; zum Wechsel von der gemeinsamen Sorge zur Alleinsorge Rn 22; zu Änderungsentscheidungen beim *Wechselmodell* s Schumann GutA DJT [2018] zu C.III. 4.: Rn 47 ff), so ist eine Änderung nach allgemeinen Grundsätzen (Rn 74 ff) dann angezeigt, wenn sich bei einem **Vergleich der elterlichen Platzierungsalternativen im Lichte der Gesamtheit aller Kindeswohlaspekte** die Situation beim nichtsorgeberechtigten Elternteil als so überlegen erweist, dass demgegenüber die Kontinuitäts- und Stabilitätsinteressen des Kindes zurücktreten. Dieser Befund kann beruhen auf einer Verschlechterung der Situation beim Sorgeberechtigten, auf Verbesserungen beim anderen Elternteil oder auch nur auf der Erkenntnis, dass die Erstentscheidung falsch war (Rn 71–73). Niemals kann dabei ein Kindeswohlaspekt für sich allein die Änderungsfrage entscheiden, ausschlaggebend darf stets nur eine Gesamtabwägung des Kindeswohls im konkreten Fall und auf beiden Elternseiten sein. Dieser Grundsatz ist an einigen typischen Fallgestaltungen zu verdeutlichen.

aa) Das Kind lebt seit längerem beim nichtsorgeberechtigten Elternteil

96 Lebt das Kind seit längerem beim nichtsorgeberechtigten Elternteil und begehrt dieser nun eine rechtliche Sanktionierung der faktischen Betreuungsverhältnisse, weicht der Sachverhalt ganz wesentlich von demjenigen ab, auf den § 1696 Abs 1 BGB und die darin enthaltene Änderungsschwelle ausgerichtet sind. Die zentralen Gesichtspunkte der Änderungsregelung – dh Kontinuität und Stabilität der kindlichen Lebensverhältnisse – sind primär auf die *tatsächliche* und nicht auf die rechtliche Zuordnung des Kindes bezogen (vgl OLG Hamburg FamRZ 1982, 532; Coester, Kindeswohl 330 f) – sie sprechen hier also nicht gegen, sondern **für eine Änderung**. Die Fragestellung des § 1696 Abs 1 S 1 BGB kehrt sich geradezu in ihr Gegenteil um: Was spricht ausnahmsweise *gegen* eine Änderung? Gibt es „gravierende Gründe für eine Rückführung des Kindes“ zum bisher sorgeberechtigten Elternteil (OLG Schleswig FamRZ 1990, 433, 434; ähnlich BGH NJW-RR 1986, 1130, 1131 [Nichtänderung wäre kindesschädlicher Kontinuitätsbruch]; OLG Düsseldorf ZfJ 1988, 466, 467 [ist Trennung Kind/nichtsorgeberechtigter Elternteil „erforderlich“?]; OLG Zweibrücken FamRZ 1975, 172, 176 f; weiter OLG Brandenburg FamRZ 2010, 1993, 1994)? Es wirkt eigentümlich sachverhaltsblind, wenn trotz 1 1/2-jährigen Aufenthalts des Kindes beim nichtsorgeberechtigten Elternteil die Sorgerechtsänderung mit Hinweis auf die Kontinuitätsinteressen des Kindes abgelehnt wird (vgl BayObLG FamRZ 1976, 41, 42 ff [iE aber aus anderen Gründen gerechtfertigt]). „Neue“ Tatsachen können sich daher auch daraus ergeben, dass ein Elternteil nach einer gemeinsamen Familienreise mit den Kindern ins Ausland aus beruflichen Gründen vorzeitig in das Heimatland zurückkehrt, der andere Elternteil aber mit den Kindern im Reiseland nicht nur absprachegemäß länger, sondern abredewidrig dauerhaft bleibt. Haben sich die Kinder aufgrund des fortdauernden Verbleibens des Elternteils und seiner beharrlichen Weigerung zur Rückkehr mit den Kindern dort über einen längeren Zeitraum eingelebt, so kann dies – ungeachtet der grundsätzlich zu verurteilenden Kindesentführung – als triftiger Grund iS des § 1696 Abs 1 BGB angesehen werden (OLG Nürnberg 26. 5. 2020 – 10 UF 51/20, FamRZ 2021, 600, 606 m Anm Rake).

97 Zuzugeben ist, dass dies problematisch erscheinen mag, wenn die tatsächliche Betreuungssituation auf **rechtswidrigem** (Kindesentführung) oder **illoyalem Verhalten** des nichtsorgeberechtigten Elternteils beruht (wie zB im oben erwähnten Fall oder bei einer abredewidrigen Weigerung, das Kind nach kurzzeitiger Betreuungsübernahme wieder herauszugeben – OLG Celle 14. 7. 2021 – 10 UF 245/20, FamRZ 2022, 611, 613; OLG Celle 1. 2. 2023 – 10 UF 116/22 Rn 96, FamRB 2023, 191 – nicht sorgeberechtigte Mutter entzieht Kind dem allein sorgeberechtigten Vater). In erster Linie liegt es in der Verantwortung der Gerichte, hier durch beschleunigte Verfahren und die konsequente Befolgung der internationalen Kindesentführungsabkommen kontinuitätsrelevante Betreuungszeiträume beim nichtsorgeberechtigten Elternteil gar nicht erst entstehen zu lassen. Sind diese dennoch entstanden, so ist in der Änderungsfrage die **strikte Orientierung am Kindeswohl** geboten: Eine nach den allgemeinen Grundsätzen des § 1696 Abs 1 S 1 BGB angezeigte Änderung darf nicht zwecks Sanktionierung elterlichen Fehlverhaltens versagt werden (vgl OLG Düsseldorf FamRZ 1981, 601, 602; OLG Schleswig FamRZ 1990, 433, 435; zum staatlichen Sanktionsinteresse als Entscheidungsgesichtspunkt s Staudinger/Coester [2020] § 1671 Rn 122, 137, 169 f, 225); legitim bleibt allerdings die (proportionale) Berücksichtigung des Elternverhaltens im Rahmen der allgemeinen Eignungsbeurteilung (vgl OLG Celle 1. 2. 2023 – 10 UF 116/22 Rn 86, FamRB 2023, 191 – nicht sorgeberechtigte Mutter entzieht Kind dem allein sorgeberechtigten Vater und verhindert Rückführung und Kontakte zum Vater; KG FamRZ 2000, 1606 f: Vater entzieht sorgeberechtigter Mutter die Kinder und beeinflusst sie massiv gegen die Mutter). Umgekehrt sind aber auch vorschnelle Änderungen zugunsten des Elternteils unzulässig, der das Kind aus dem Ausland nach Deutschland verbracht hat, (Staudinger/Coester [2020] § 1671 Rn 196, 210). Nationalistische und Sanktionierungstendenzen können zusammenwirken und gleichermaßen sachfremd Änderungsentscheidungen motivieren, wenn der sorgeberechtigte Elternteil mit dem Kind ins Ausland zieht (Rn 102 ff).

bb) Verstöße des Sorgeberechtigten gegen §§ 1626 Abs 3, 1684 Abs 2 (Umgangsvereitelungen)

98 Verletzungen der „Wohlverhaltenspflicht" des § 1684 Abs 2 BGB, insbesondere Vereitelung des Umgangs zwischen Kind und getrenntlebendem Elternteil durch den Betreuungselternteil, führen immer wieder zu Änderungsanträgen. Die Fähigkeit eines Elternteils, dem Kind auch nach der Trennung vom Partner ein positives Bild von diesem zu vermitteln und Kontakte zu ermöglichen, günstigenfalls sogar zu fördern, ist bereits im Rahmen der Erstentscheidung nach § 1671 BGB ein wesentliches Kriterium der Elterneignung („Bindungstoleranz", Staudinger/Coester [2020] § 1671 Rn 207 f). Nach der Sorgerechtsentscheidung verpflichtet § 1684 Abs 2 BGB die Eltern vor allem zu spannungsfreier, loyaler Gewährung bzw Ausübung des vereinbarten oder angeordneten Kontaktes zwischen Kind und abwesendem Elternteil. Die mangelnde „Bindungstoleranz" auf Seiten des **nichtsorgeberechtigten Elternteils** disqualifiziert ihn als Sorgerechtsprätendenten im Änderungsverfahren (OLG Frankfurt FamRZ 1999, 612, 613; OLG Hamm FamRZ 1999, 394, 395; KG FamRZ 2000, 1606 f; OLG Zweibrücken FamRZ 2005, 745 f; AG St Goar FamRZ 2001, 1722; OLG Zweibrücken FamRZ 2010, 138 f [beiderseitige Toleranzprobleme – Änderung abgelehnt]). Die Vereitelung des Umgangs durch den **Sorgeberechtigten** bedeutet regelmäßig eine schwerwiegende Verletzung der Kindesinteressen. Dennoch besteht weitgehende Einigkeit, dass als Reaktion auf diese Rechtsverletzung eine **Änderung der Sorgerechtszuweisung jedenfalls nicht als routinemäßige Sanktion** in Betracht kommt – auch hier entscheidet über die Änderungsfrage ausschließlich die nach § 1696 Abs 1 S 1 BGB gebotene **Abwägung von**

Änderungs- und Bestandsinteressen des Kindes (s § 1684 Rn 108 ff; Nachweise aus den Gesetzgebungsmaterialien bei BVerfG FamRZ 1983, 872, 874). Eine Sorgerechtsänderung scheidet demnach aus, wenn – trotz Entfremdungsstrategien des Sorgeberechtigten – der andere Elternteil insgesamt keine bessere Platzierungsalternative zu bieten hat (AG Korbach FamRZ 2003, 950 f). Das Fehlverhalten des Sorgeberechtigten kann legitimer Weise beim Eignungsvergleich der Eltern und bei der Frage berücksichtigt werden, ob das Kindeswohl beim nichtsorgeberechtigten Elternteil langfristig so viel besser gewahrt wäre, dass die Wechselnachteile demgegenüber zurücktreten (OLG Bamberg FamRZ 1990, 1135, 1137; OLG Schleswig FamRZ 1990, 433, 435). Dabei kann es für die Gewichtung des Eignungsmangels eine Rolle spielen, aus welchen Motiven der Sorgeberechtigte den Umgang vereitelt (etwa hasserfüllte Haltung gegenüber dem früheren Gatten oder gutgläubige Überzeugung besserer Kindeswohlwahrung; zu Letzterem OLG Karlsruhe 1978, 201 f; OLG Celle FamRZ 1998, 1045).

99 Gewinnt jedoch, darüber hinausgehend, das Sanktionsstreben des Familiengerichts entscheidungsleitende Bedeutung, wird das Kind zum Objekt staatlicher Rechtsdurchsetzung und zum eigentlich Bestraften für die elterliche Pflichtverletzung (vgl Staudinger/Coester [2020] § 1671 Rn 169 f; **aA** wohl früher Staudinger/Rauscher [2014] § 1684 Rn 101 ff). Insbesondere die (pseudowissenschaftliche) Lehre vom „Parental Alienation Syndrome“ (PAS) führt hier tendenziell zu kindeswohlfernem Rigorismus (vgl Staudinger/Coester [2020] § 1671 Rn 201a, 208; zum Diskussionsstand Fegert ZKJ 2013, 190 ff). Insoweit ist auch Vorsicht geboten mit Änderungsdrohungen schon bei der Erstzuweisung für den Fall, dass der Begünstigte den Kontakt zwischen Kind und nichtsorgeberechtigtem Elternteil blockieren sollte (vgl KG FamRZ 1983, 1159, 1161; OLG Köln FamRZ 1982, 1232, 1234 f). So notwendig nachdrückliche Ermahnungen bei zerstrittenen Eltern oft auch sein mögen, so sicher sollten die Gerichte doch auch selbstgesetzten Zugzwang ebenfalls vermeiden.

100 **Vorrangig** vor einer das Kind offenkundig belastenden Änderung sind **weniger einschneidende Maßnahmen**, die bei Verbleib des Kindes beim Sorgeberechtigten die Umgangsproblematik lösen könnten (BVerfG FamRZ 2012, 1127, 1129 [andernfalls Verletzung des Elternrechts des sorgeberechtigten Elternteils]). Insoweit kommt vor allem die **Androhung und Verhängung von Ordnungsmitteln** gem §§ 89 ff FamFG in Betracht. Auch Hilfen von Seiten des Jugendamts, vor allem aber auch engagierter Verbände sind – soweit erreichbar – zu vermitteln (vgl Gaier FamRZ 1990, 1330 zum „betreuten Besuchsrecht“; AG Frankfurt 9. 4. 2020 – 456 F 5092/20 EAUG, FamRZ 2020, 839 – Videoüberwachung der Übergabe bei Verhinderung des Umgangspflegers). Des Weiteren kann auch eine **Umgangspflegschaft** gem § 1684 Abs 3 S 3–5 BGB als milderer Eingriff dem Umgangsboykott durch den Sorgeberechtigten entgegenwirken (zur Umgangspflegschaft ausführlich § 1684 Rn 126 ff). Sie löst das Problem aber jedenfalls dann nicht, wenn der Sorgeberechtigte neben der physischen Kontaktverhinderung das Kind gegen den nichtsorgeberechtigten Elternteil negativ beeinflusst und eine entsprechende Umgangsverweigerung durch das Kind verursacht hat (OLG Bamberg FamRZ 1990, 1135, 1137; auch BGH FamRZ 1985, 165, 171). Aber auch sonst scheidet die Umgangspflegschaft als „geeignetes milderes Mittel“ zumindest dann aus, wenn die Fronten bereits verhärtet sind und der Sorgeberechtigte selbst vom Jugendamtsmitarbeiter unterstützte Abholungsversuche bereits vereitelt hat (BGH NJW-RR 1986, 1264, 1265; AG Fürstenfeldbruck FamRZ 2002, 118, 119 [Gefahr der Vereitelung]). Zur Änderung der Umgangsregelungen und der Betreuungsverteilung Rn 48 ff, 125 ff.

Bleibt dem Gericht nur die **Alternative**, entweder die **Sorgerechtszuweisung zu ändern oder das Verhalten des Sorgeberechtigten hinzunehmen**, so wird der Bereitschaft des derzeit nichtsorgeberechtigten Elternteils, im Änderungsfall seinerseits den Kontakt mit dem anderen Elternteil zu ermöglichen, sowie dem Bindungs- und Kontinuitätsaspekt im konkreten Fall ausschlaggebende Bedeutung zukommen (OLG Frankfurt FamRZ 2001, 638, 639). Hätte das Kind auch beim derzeit nichtsorgeberechtigten Elternteil voraussichtlich keinen befriedigenden Kontakt zu *beiden* Elternteilen, so scheidet eine Änderung als untaugliches Mittel zur Wahrung der Kindesinteressen aus (OLG Zweibrücken FamRZ 2001, 639, 640 [beide Eltern verursachen Loyalitätskonflikte beim Kind – Änderung des Sorgerechts keine Lösung]). Wäre der Umgang des Kindes bei einer Sorgerechtsänderung gewährleistet, wird diese regelmäßig vorzunehmen sein, wenn auch der nichtsorgeberechtigte Elternteil sorgegeeignet ist und eine tragfähige Beziehung zum Kind noch besteht – die Wechselprobleme könnten dann durch den langfristigen Vorteil, Kontakt zu beiden Eltern zu haben, aufgewogen werden (OLG Celle FamRZ 1998, 1045 [LS]; auch OLG München FamRZ 1991, 1343, 1345 f [zu § 1672 aF, de facto Umplatzierung]; AG Fürstenfeldbruck FamRZ 2002, 118 ff). Hat das Kind jedoch eine starke Bindung an den (im Übrigen geeigneten) sorgeberechtigten Elternteil und ist es dem anderen Elternteil weitgehend entfremdet oder lehnt es ihn aufgrund der Beeinflussung durch den Sorgeberechtigten nachdrücklich ab, dann würde eine dennoch angeordnete Sorgerechtsänderung vor allem das Kind bestrafen – der status quo kann also im Kindesinteresse hinzunehmen sein (zu dieser grundsätzlichen Wertabwägung BGH FamRZ 1985, 169 ff; OLG Bamberg FamRZ 1997, 102; OLG Karlsruhe FamRZ 1978, 201, 202; Ehring 96 f; bedenklich deshalb BGH NJW-RR 1986, 1264, 1265 [mit entwicklungspsychologisch längst überholten Aussagen zur Kindesbindung]). Das Abwägungsproblem ist gekennzeichnet durch die Schädigung des Kindes durch den Sorgeberechtigten (Zerstörung der Beziehung zum anderen Elternteil) einerseits, die Schädigung des Kindes durch erzwungene Umsetzung zum abgelehnten Elternteil – mit allen Folgeproblemen – andererseits (zur „sekundären Kindeswohlgefährdung" Dettenborn FPR 2003, 293, 295 ff). Derzeit geben weder Recht noch Fachwissenschaften den Gerichten verlässliche Entscheidungskriterien an die Hand. 101

cc) Auswanderung oder Wegzug des Sorgeberechtigten mit Kind

Wegzug an einen entfernten Ort oder Auswanderung von Sorgeberechtigtem mit dem Kind können dessen *Kontakt mit dem anderen Elternteil* faktisch sehr erschweren oder gar unmöglich machen. Außerdem können mit dem Umzug *Belastungen für das Kind* verbunden sein, die durch eine Sorgerechtszuweisung an den nichtsorgeberechtigten Elternteil vermieden werden könnten. Beide Aspekte sind strikt auseinanderzuhalten (Rn 67 ff). 102

Hinsichtlich des **Konflikts zwischen Sorgerecht und Umgangsrecht** ist auf die ausführliche Darstellung bei § 1684 BGB (§ 1684 Rn 88 ff; Coester, Kindeswohl 341 f, 343 f) zu verweisen. Demnach beschränkt das Umgangsrecht nicht die Kompetenz des Sorgeberechtigten zur Aufenthaltsbestimmung für das Kind, zur verantwortlichen Führung der Teilfamilie mit dem Kind sowie sein Recht auf Freizügigkeit. Grundsätzlich ist es nicht Sache der Gerichte zu beurteilen, ob der Sorgeberechtigte „triftige Gründe" für die Auswanderung oder den Wegzug hat (BGH FamRZ 2010, 1060 Rn 23 f; BGH FamRZ 2011, 796 Rn 54; OLG München FamRZ 2003, 1493, 1494 [Wegzug innerhalb Deutschlands]; **aA** MünchKommBGB/Lugani § 1696 Rn 32; § 1684 Rn 89 ff) – es handelt sich um eine freie, grundsätzlich nicht rechfertigungsbedürftige Lebensentscheidung (anders bei „dolosem 103

Wegzug", Rn 107; rechtsvergleichend zu diesem Problemkreis MARTINY FamRZ 2013, 1765, 1772 ff). Die geplante oder erfolgte **Auswanderung ist als ein Faktum zu nehmen**, das der nach § 1696 Abs 1 BGB grundsätzlich gebotenen **Abwägung der Kindesinteressen** zugrunde zu legen ist. Es wäre unfair und unzulässig, vom sorgeberechtigten Elternteil eine Erklärung zu verlangen, ob er/sie notfalls auch ohne Kind auswandern würde: Wird dies verneint, wäre das Gericht versucht, mit in Aussicht gestellter Änderung die Auswanderung zu verhindern – auf Kosten der Freizügigkeit des Sorgeberechtigten; wird die Frage bejaht, bedeutete dies eine unzumutbare Belastung des Verhältnisses Kind-Sorgeberechtigter und eine Chancenverschlechterung im Änderungsverfahren wegen vermeintlich „mangelnder Kindesorientiertheit" (dazu STAUDINGER/COESTER [2020] § 1671 Rn 194 ff).

104 Ergeben sich bei zugrunde gelegter Auswanderung keine triftigen, das Kindeswohl nachhaltig berührenden Gründe für eine Änderung, so muss der nichtsorgeberechtigte Elternteil die Auswanderung seines Kindes hinnehmen, seine Rechtsposition tritt hinter die stärkere des Sorgeberechtigten zurück (BGH FamRZ 1990, 392, 393; OLG Nürnberg FamRZ 2000, 1603, 1604; STAUDINGER/COESTER [2020] § 1671 Rn 210 f; EHRING 92 ff; zu Konsequenzen hinsichtlich geschuldeten Ehegattenunterhalts BGH FamRZ 1987, 356 ff; **aA** graduell eingeschränkter STAUDINGER/DÜRBECK§ 1684 Rn 88 ff). Immerhin ist auch der grenzüberschreitende Umgang durch das HKÜ und ESÜ sowie Art 10, 11 Brüssel IIa-VO abgesichert (vgl COESTER FF 2011, 285, 288; LIMBROCK FamRZ 1999, 1631 ff).

105 Eine **Untersagung der Auswanderung** auf der Grundlage von § 1684 Abs 3, 4 BGB oder § 1666 BGB kommt regelmäßig **nicht** in Betracht. Dementsprechend begründet der Umstand, dass eine Auswanderung das Umgangsrecht des nicht sorgeberechtigten Elternteils beeinträchtigt, auch regelmäßig noch nicht eine „Kindesentführung" im Sinne des HKÜ (RAUSCHER NJW 2011, 2332, 2333; MARTINY FamRZ 2012, 1765, 1769). Denkbar sind jedoch **präventive Sicherungen**, die die Schaffung vollendeter Tatsachen verhindern und damit die vorbezeichnete Abwägung nach § 1696 Abs 1 S 1 BGB ermöglichen sollen: Bei konkretem „Auswanderungsverdacht" Übertragung des Aufenthaltsbestimmungsrechts gem § 1696 Abs 1 S 1 BGB vom bisher Alleinsorgeberechtigten auf *beide* Elternteile (so OLG Hamm FamRZ 1999, 394, 395). Damit würde eine einseitige Auswanderung zum Entführungsfall iS des HKÜ; ein Dissens der Eltern wäre nach § 1628 BGB aufzulösen (OLG Hamm FamRZ 1999, 394, 395). Die bloße Stellung eines solchen Antrags nach § 1696 Abs 1 S 1 BGB macht eine Auswanderung während des schwebenden Verfahrens aber noch nicht zu einem „Entführungsfall" im Sinne des HKÜ oder der Brüssel IIa-VO (MARTINY FamRZ 2012, 1770; EuGH ZEuP 2011, 901). Denkbar wäre auch eine einstweilige Beschränkung des Aufenthaltsbestimmungsrechts des Sorgeberechtigten auf die bisherige Wohnregion (vgl OLG München FamRZ 2003, 1493 f; so auch die gängige Praxis US-amerikanischer Gerichte). Bei diesen Entscheidungen müsste das FamG allerdings die in Rn 103, 106 dargelegten Grundsätze beachten und das Verfahren (antragsunabhängig) auf die Fragen ausdehnen, ob und inwieweit Änderungen des Sorge- und Umgangsrechts angezeigt sind. Wäre demnach ein vollzogener Wegzug kein Grund für eine Sorgeänderung, darf auch nicht dauerhaft das Aufenthaltsbestimmungsrecht eingeschränkt werden.

106 Im Rahmen der **Kindesinteressen** ist der Umstand unbeachtlich, dass das Kind den Kontakt zu einem Elternteil weitgehend verlieren wird – dies wäre auch bei einer Sorgerechtsänderung zugunsten des zurückbleibenden Elternteils der Fall. Angesichts des auf jeden Fall eintretenden Wechsels des Aufenthaltsorts kommt der Umgebungskontinuität nur eine reduzierte Bedeutung als änderungsfeindlicher Gesichtspunkt zu (anders bei geplantem Umzug in eine sehr unterschiedliche, weit entfernte Kultur: KG ZKJ 2009, 211, 214 [China] oder bei seit längerem vollzogener Auswanderung). Umso größeres Gewicht erlangen angesichts des teilweisen Elternverlustes die *Bindungskontinuität* wie auch der *Kindeswille* (OLG Nürnberg FamRZ 2000, 1603, 1604). Im Übrigen sind die konkreten Umstände der (geplanten) Auswanderung sowie die Lebensverhältnisse am neuen Aufenthaltsort in die Abwägung einzubeziehen (zB Umschulung mitten im Schuljahr, OLG München FamRZ 1981, 389, 390 f; mangelnde Sprachkenntnisse der Kinder, OLG München FamRZ 1981, 389, 390 f, demgegenüber aber BGH FamRZ 1990, 392, 393 f [Vorteil späterer Zweisprachigkeit]; gesundheitliche Bedenken, OLG München FamRZ 1977, 749, 750 [einmonatiger Säugling nach Saudi-Arabien]; OLG Zweibrücken FamRZ 1984, 931 f [zwei Kleinkinder nach Pakistan, Fall des § 1666 BGB]). Auch wesentliche Verschlechterungen der kulturellen oder wirtschaftlichen Lebensbedingungen können zu beachten sein. *Unzulässig* ist jedoch eine pauschale Unterstellung schlechterer Lebensbedingungen im Ausland oder gar eine negative Bewertung fremder Kultur oder des Auslandsaufenthalts schlechthin (vgl Staudinger/Coester [2020] § 1671 Rn 210 f; OLG Karlsruhe FamRZ 1984, 91, 92).

Andere Grundsätze mögen gelten für die **„dolose Auswanderung"**, mit der der Sor- **107**
geberechtigte den Zweck verfolgt, den Umgang des Kindes mit dem anderen Elternteil zu unterbinden (BGH FamRZ 2010, 1060 Rn 24; BGH FamRZ 2011, 796 Rn 54 f; Johannsen/Henrich/Büte § 1696 Rn 26; § 1684 Rn 88 ff; OLG München FamRZ 2003, 1493, 1494 [Absicht, „räumliche Distanz zu schaffen"]; anders OLG Karlsruhe FamRZ 1978, 201 f). Insoweit steht die Auswanderung internen Umgangsvereitelungen gleich (Rn 98 ff).

Entsprechend ist schließlich zu entscheiden, wenn der aufgrund **ausländischer Ge- 108**
richtsentscheidung einschränkungslos sorgeberechtigte Elternteil mit dem Kind **nach Deutschland** zieht (die bloße Beeinträchtigung des Umgangsrechts des anderen Elternteils begründet keinen Entführungsfall iS des HKÜ, Staudinger/Pirrung [2018] Vorbem E 30 zu Art 19 EGBGB), ihm daraufhin vom ausländischen Gericht zugunsten des anderen Elternteils das Sorgerecht entzogen wird und er nun beim deutschen FamG eine Rückänderung und Wiederherstellung seines Sorgerechts beantragt. Ist die ausländische Änderungsentscheidung überhaupt anerkennungsfähig (was wegen ihres Sanktionscharakters zweifelhalt sein kann, Staudinger/Coester [2020] § 1671 Rn 169), so ist über eine erneute Änderung allein nach dem Kindeswohl entsprechend § 1696 Abs 1 S 1 BGB (iVm Art 5 Abs 1, 15 Abs 1 KSÜ) zu entscheiden (OLG Hamm 15. 9. 2014 – 3 UF 109/13 Rn 40, juris) – „Deutschtümelei" ist auch hier fehl am Platz (ebenso wie umgekehrt übertriebene Höflichkeit gegenüber dem ausländischen Staat, OLG Hamm FamRZ 1975, 426, 428 mit der Frage nach „triftigen Gründen" für eine Rückkehr der geschiedenen Mutter nach Deutschland). *Anderes* muss allerdings gelten, wenn die ausländische Sorgerechtszuweisung an einen Elternteil von vornherein mit der Einschränkung verbunden war, dass ein Umzug von Elternteil und Kind in ein anderes Land nur mit Zustimmung des anderen Elternteils oder mit gesonderter gerichtlicher Genehmigung zulässig ist (zu dieser Problematik mit umfassenden Nachweisen Staudinger/Pirrung [2018] Vorbem E zu Art 19 EGBGB).

dd) Änderungswille des Kindes

Der Wille des Kindes ist auch im Änderungsverfahren nach allgemeinen Grundsät- **109**
zen des Kindschaftsrechts ein **wichtiges Entscheidungskriterium** (MünchKommBGB/Lu-

GANI § 1696 Rn 26, 40; BeckOK-BGB/VEIT [1. 1. 2023] § 1696 Rn 21; OLG Dresden 14. 4. 2022 – 21 UF 304/21, FamRZ 2022, 1206; OLG Frankfurt 16. 10. 2018 – 1 UF 74/18, FamRZ 2019, 206, 211; ausführlich STAUDINGER/COESTER [2020] § 1671 Rn 233 ff, insb 235 f mwNw; zum Kindeswillen im Rahmen des § 1696 Abs 1 BGB BVerfG FamRZ 2008, 1737 ff; FamRZ 2015, 210 Rn 13). Ein *gegen* die Änderung gerichteter Wille des Kindes betont seine grundsätzlich beachtlichen Bestandsinteressen (Rn 74 f) und verstärkt deren Gewicht erheblich (vgl OLG Oldenburg FamRZ 2012, 1887, 1889; OLG Celle FamRZ 2011, 1875, 1876). Ein ambivalenter Kindeswille oder widersprüchliche Äußerungen, die häufig auch Ausdruck von Loyalitätskonflikten des Kindes im Sorgerechtsstreit seiner Eltern sind, können von vornherein kein triftiger Grund für eine Änderung sein (OLG Köln 5. 2. 2013 – 4 UF 188/12, juris; OLG Celle 1. 2. 2023 – 10 UF 116/22 Rn 110, FamRB 2023, 191).

110 Der Wunsch des Kindes, *zum nichtsorgeberechtigten Elternteil zu wechseln,* ist wie bei der Erstentscheidung ein **beachtlicher Kindeswohlfaktor** sowohl als Indiz für die persönlichen Bindungsverhältnisse als auch als Ausdruck bewusster Eigenentscheidung zwischen den getrennten Eltern (BVerfG FamRZ 2007, 105, 106; BVerfG FamRZ 2007, 1078, 1079; Rn 111). Typische Gründe für das Änderungsbegehren des Kindes sind die Übergehung seines Willens bei der Erstentscheidung, Situationsveränderungen beim einen oder anderen Elternteil oder eine entwicklungsbedingte Hinwendung zum nichtsorgeberechtigten Elternteil (ausf Analyse der Rspr bei EHRING 63 ff). Hieraus folgt, dass auch eine Sinnesänderung des Kindes im Laufe der Entwicklung die Ernsthaftigkeit und Beachtlichkeit seines Wunsches nicht notwendig in Frage stellt (OLG Hamm FamRZ 2005, 746; OLG Brandenburg FamRZ 2008, 1471 f).

111 Zwar ist der Änderungswille des Kindes, anders als bei der Erstentscheidung, auf den Wechsel von einem rechtlich konstituierten Familienverband in einen anderen gerichtet, dennoch gelten nicht die zum Konflikt zwischen Kind und Elternhaus entwickelten Grundsätze des § 1666 BGB. Zwischen den leiblichen Eltern, also innerhalb des natürlichen Familienverbandes, entfaltet das Kindeswohlprinzip größere Wirkungsmöglichkeiten als bei der Wahl zwischen Eltern und Dritten, und die Erkenntnis, dass der kindesschädliche Zerfall der elterlichen Gemeinschaft als Kehrseite eine Chancenerweiterung für das Kind mit sich bringt (Rn 66), ist auch beim Änderungsbegehren des Kindes zu berücksichtigen (vgl OLG Hamm FamRZ 2005, 746). Setzt sich der Kindeswille in Extremfällen sogar zugunsten einer Drittplatzierung durch (STAUDINGER/COESTER [2020] § 1666 Rn 159), so muss ihm wesentlich größeres Gewicht bei der Änderungsentscheidung zwischen den Eltern zukommen.

112 Trotz des somit erheblichen Gewichts des Kindeswillens (vgl BGH FamRZ 1986, 895, 896) bleibt dieser jedoch auch im Rahmen des § 1696 Abs 1 S 1 BGB **eines von mehreren Kriterien des übergeordneten und entscheidungsleitenden Kindeswohlprinzips**: Das Kind hat nicht die formale Entscheidungskompetenz über seinen Aufenthalt, sein Wille bleibt grundsätzlich der Kontrolle am Maßstab seines Wohls unterworfen (vgl STAUDINGER/COESTER [2020] § 1671 Rn 233 ff). Demgemäß besteht Einigkeit, dass der **Kindeswille allein eine Änderungsentscheidung noch nicht rechtfertigt** (BGH 27. 11. 2019 – XIIZB 511/18, FamRZ 2022, 252, 253; BayObLG FamRZ 1986, 38, 41; OLG Hamm FamRZ 1968, 533, 534; OLG Hamm FamRZ 1988, 1313, 1314; OLG Hamm FamRZ 1991, 1466, 1468; OLG Hamm FamRZ 2002, 270; OLG Köln FamRZ 1972, 572, 573; OLG Stuttgart FamRZ 1978, 827, 828; OLG Thüringen FamRZ 2005, 52, 53; OLG Zweibrücken FamRZ 2005, 745). Trotz des kindlichen Änderungswunsches behalten die Gesichtspunkte der Kontinuität und Stabilität der familiären Lebensverhältnisse ihre objektive Bedeutung für die Kindesentwicklung. Gleiches gilt für das grundsätzliche Erfordernis der Erziehungseignung des gewünschten Elternteils (OLG Zweibrücken FamRZ 2005, 745 f: mangelnde Bindungstoleranz; OLG Celle 1. 2. 2023 – 10 UF 116/22, FamRB 2023, 191). Die Überantwortung der Entscheidungskompetenz an das Kind könnte es verstärkt zum Objekt elterlicher Beeinflussungsstrategien machen, sei es auch nur durch vom Umgangsberechtigten dargebotene „Sonntagsbedingungen" (ausf OLG Hamm FamRZ 1988, 1313 f; OLG Bamberg FamRZ 1988, 750, 751), die die Qualität der elterlichen Erziehung, insbesondere hinsichtlich notwendiger, aber „unpopulärer" Entscheidungen, beeinträchtigen (vgl Coester, Kindeswohl 393). Folgerichtig ist – wie im Rahmen der Erstentscheidung nach § 1671 BGB – der **beeinflusste Kindeswille** auch im Änderungsverfahren nicht maßgeblich (s Staudinger/Coester [2020] § 1671 Rn 239, 244; KG FamRZ 2000, 1606 f; OLG Celle 1. 2. 2023 – 10 UF 116/22, FamRB 2023, 191).

Dennoch kann der Kindeswille den **Ausschlag für eine Sorgerechtsänderung geben**, **113** wenn beide Elternteile annähernd gleich gut erziehungsgeeignet sind oder die Platzierung beim nichtsorgeberechtigten Elternteil der bisherigen zwar leicht überlegen wäre, dieser Vorteil allein aber für die Überwindung der Änderungsschwelle des § 1696 Abs 1 BGB nicht ausreichen würde (BVerfG FamRZ 2008, 1737, 1739; OLG Schleswig FamRZ 1990, 433, 434). Auch wenn das Kind schon faktisch zum anderen Elternteil „übergelaufen" ist und beharrlich dort bleiben will, ist dem Kindeswillen bei annähernd gleicher Eignung der Eltern nachzugeben (KG FamRZ 1999, 737; OLG Brandenburg FamRZ 2010, 1993, 1994): Die änderungsfeindlichen Gesichtspunkte der Kontinuität und Stabilität haben bei dieser Fallgestaltung ihr Gewicht im Wesentlichen verloren. Aber auch sonst kann, ungeachtet der objektiven Erziehungseignung, dem strikten und nachhaltigen Willen heranwachsender Kinder kaum etwas entgegengesetzt werden, ein „Brechen" des Kindeswillens kommt regelmäßig nicht in Betracht: Es wäre mit der Grundrechtsposition des Kindes nicht vereinbar und würde das Kindeswohlprinzip pervertieren (vgl BayObLG FamRZ 1974, 534 [mit den Vorentscheidungen FamRZ 1974, 150 und 326]; OLG Brandenburg FamRZ 2008, 1474, 1475 f). Nicht selten ist es auch notwendig, Erstentscheidungen, in denen ein nachhaltiger Kindeswille übergangen wurde, später doch noch im Änderungsweg zu korrigieren (BayObLG FamRZ 1974, 534; OLG Hamburg FamRZ 1960, 123). Aus kinderpsychiatrischer Sicht ist ein *rechtzeitiger* Wechsel zum vom Kind gewünschten Elternteil sowohl für das Kind wie für seine Beziehungen zum noch sorgeberechtigten Elternteil schonender als beharrliche Versuche, die „eigentlich richtige" Lösung durchzusetzen (Kaltenborn FamRZ 1987, 990, 998). Eine *Ausnahme* muss gelten bei Defiziten des gewünschten Elternteils, die ihn im Lichte des Kindeswohls als *ungeeignet* zur Sorgerechtsausübung erscheinen lassen (Rn 99), oder wenn das Kind sich in schon psychopathischer Weise in seinen Wunsch „verrannt" hat, dieser also weder die wirklichen Bindungsverhältnisse repräsentiert noch als Ausdruck eigenverantwortlicher Selbstbestimmung genommen werden kann (OLG Celle 1. 2. 2023 – 10 UF 116/22, FamRB 2023, 191; OLG Hamm FamRZ 1988, 1313, 1314; OLG Hamm FamRZ 1991, 1466, 1468).

Die Haltung des Kindes ist aber auch und einschränkungslos zu respektieren, wenn **114** es eine Willensäußerung, dh eine **Positionsnahme im Elternstreit** nachdrücklich **ablehnt**. Dies indiziert regelmäßig Bindungen an beide Elternteile und den Wunsch, im Falle einer notwendigen Entscheidung für diese nicht verantwortlich zu sein (OLG Brandenburg FamRZ 2008, 1472, 1474). In dieser „typischen Situation eines Scheidungskindes" können auch angedeutete Wünsche, ohne klare Präferenz für den einen oder anderen Elternteil, als wichtig, nicht aber ausschlaggebend für die gerichtliche Entscheidung angesehen werden (OLG Koblenz FamRZ 2008, 2301, 2302).

ee) Sonstige Gesichtspunkte

115 Auch aus anderen als den vorerwähnten Gründen kann eine Sorgerechtsänderung angezeigt sein. Zu Änderungsverfahren geben vor allem Verschlechterungen der Situation beim Sorgeberechtigten (1) oder Verbesserungen beim anderen Elternteil (2) Anlass.

116 **(1)** Die Situation beim **sorgeberechtigten Elternteil** kann sich verschlechtern aufgrund ökonomischer oder sozialer Probleme, die auch das Eltern-Kind-Verhältnis belasten. Nimmt der bislang nicht berufstätige Sorgeberechtigte eine Erwerbstätigkeit auf und überlässt deshalb die **Betreuung des Kindes** weitgehend Dritten, so *kann* dies eine Änderung nahelegen, wenn das Kind beim anderen Elternteil von diesem persönlich betreut würde (OLG Stuttgart FamRZ 1976, 34, 35 f; AG Würzburg FamRZ 1998, 1319, 1320; dagegen OLG Hamm FamRZ 1968, 533, 534). Auch hierbei muss aber letztlich die Gesamtsituation der Betreuung entscheidend sein; eine zeitweise Drittbetreuung – inbesondere bei Fortbestehen der Wohngemeinschaft mit dem Kind – muss die Betreuungssituation nicht verschlechtern. Bei auftretenden oder erkennbar werdenden Betreuungsmängeln (KG NJW-RR 1990, 716), etwa wegen Alkohol- oder Drogenkonsums oder wegen forcierter Selbstverwirklichung des Elternteils ohne Rücksicht auf das Kind ist eine Prüfung der Änderungspflicht naheliegender. Der Beitritt des Sorgeberechtigten zu den **„Zeugen Jehovas"** rechtfertigt allein jedoch noch nicht eine Übertragung der „medizinischen Sorge" auf den anderen Elternteil (AG Meschede FamRZ 1997, 958; Staudinger/Coester [2020] § 1671 Rn 193, 260) und schon gar nicht einen Sorgerechtswechsel (vgl AG Ravensburg FamRZ 2004, 133). Auch unabhängig davon ist nach Trennung der Eltern häufig zunächst eine Verschlechterung des Eltern-Kind-Verhältnisses in der nachehelichen Teilfamilie festzustellen, die auf der veränderten Funktionsverteilung und Lebenssituation beruht (vgl Coester, Kindeswohl 336 mwNw). Bei **Gewaltanwendung gegen das Kind** sind die Toleranzgrenzen des Rechts durch § 1631 Abs 2 BGB allerdings auf „Null" reduziert (Staudinger/Coester [2020] § 1666 Rn 96 ff; § 1671 Rn 201) – unbeschadet jedoch der nach § 1696 Abs 1 S 1 BGB stets notwendigen Gesamtabwägung beider Platzierungsalternativen (Rn 95) im Lichte der Änderungsschwelle (Rn 61 ff).

117 Die **Neuheirat des Sorgeberechtigten** muss nicht stets negative Auswirkungen auf das Kind haben, sie birgt auch positive Chancen in sich (Staudinger/Coester [2020] § 1671 Rn 209; zur Wiederheirat geschiedener Eltern Rn 13; bei Wiederzusammenleben zuvor getrennter Eltern liegt eine Änderung zugunsten gemeinsamen Sorgerechts nahe, Rn 13, 55). Bei Heirat eines neuen Partners können allerdings Unverträglichkeiten mit dem Stiefelternteil oder Stiefgeschwistern (OLG Hamm FamRZ 1968, 532, 534; OLG Karlsruhe FamRZ 1968, 266 f; OLG Stuttgart OLGZ 1966, 471 ff; LG Berlin FamRZ 1969, 219; AG Würzburg FamRZ 1998, 1319, 1320) oder Bedenken aus der Person des neuen Ehegatten (BGHZ 3, 60; BayObLG FamRZ 1964, 640, 641 [erhebliche Vorstrafen]; LG Berlin FamRZ 1969, 219 [Schläge durch Stiefvater; überholt die gegenteilige Position des OLG Hamm FamRZ 1968 532, 534]) eine Änderung begründen. Dass der neue Ehegatte der „Scheidungsgrund" für die Elternehe war, genügt allein nicht; dieser Umstand mag jedoch eine strikte und dann zu berücksichtigende Ablehnung durch das Kind begründen. Die neue Familienbildung geht nicht selten mit einer kindeswohlwidrigen Abschottung gegenüber dem nichtsorgeberechtigten Elternteil einher, die zu Umgangsvereitelungen (Rn 98 ff) und Einbenennungsversuchen gem § 1618 BGB führen kann (vgl Fthenakis 192).

Im Wesentlichen gilt das Gleiche bei **nichtehelichem Zusammenleben des Sorgeberechtigten mit einem neuen Partner**. Die Ehelosigkeit der Lebensgemeinschaft ist als solche auch dann kein Änderungsgrund, wenn die Ehe der Eltern noch besteht oder der Partner noch anderweitig verheiratet ist (vgl Staudinger/Coester [2020] § 1671 Rn 190 f; ausf Ehring 109 ff; zu gegenteiliger früherer Rspr Coester, Kindeswohl 344). Anderes kann gelten, wenn das Kind durch häufigen Partnerwechsel verunsichert (Staudinger/Coester [2020] § 1671 Rn 209) oder dem elterlichen Geschlechtsleben unvermittelt ausgesetzt ist, etwa in einer promiskuitiven Lebensgemeinschaft (vgl OLG Stuttgart FamRZ 1985, 1285 [Änderung nach Gesamtabwägung des Kindeswohls dennoch vertretbar abgelehnt wegen guter Entwicklung des Kindes und enger Bindung zur sorgeberechtigten Mutter]; zu dieser Entscheidung s auch Staudinger/Coester [2020] § 1666 Rn 122 f, 125; § 1671 Rn 192). 118

Als Änderungsgrund wurden des Weiteren angesehen der Einzug des Sorgeberechtigten mit Kind in eine **Hausbesetzergemeinschaft** (AG Berlin-Charlottenburg KJ 1983, 208 ff [allerdings mit Aussetzung des Verfahrens, um der sorgeberechtigten Mutter eine Überlegungsfrist zu gewähren]; krit dazu Münder EzFamR § 1671 Nr 5; Rn 162), die **Unterlassung gebotener ärztlicher Behandlung** (KG NJW-RR 1990, 716 f) oder die **mangelnde Förderung eines sprachgestörten Kindes** (OLG Hamm FamRZ 1979, 855). 119

(2) Verbesserungen beim nichtsorgeberechtigten Elternteil können sich aus dessen gesundheitlicher oder psychischer Stabilisierung ergeben, aus ökonomischer Konsolidierung oder aus einer Neuheirat (vgl LG Berlin FamRZ 1969, 219; LG Landau FamRZ 1967, 405), insbesondere wenn der neue Partner stabilisierend oder kindeswohlförderlich wirkt (OLG Hamburg FamRZ 1982, 532, 533). Allerdings reichen derartige Situationsverbesserungen für eine Sorgerechtsänderung regelmäßig nicht aus, solange das Kind beim sorgeberechtigten Elternteil gut untergebracht ist (BayObLGZ 1951, 330, 334; KG FamRZ 1967, 411 f; OLG Stuttgart FamRZ 1978, 827, 829; OLG Thüringen FamRZ 2005, 52, 53; auch AG Detmold 13. 6. 2016 – 33 F 150/16; AG Detmold 7, 35, 36 f; zur Änderungsschwelle Rn 61 ff, 66). Das Gleiche wird anzunehmen sein bei gewissen, aber nicht unüberwindbaren Erschwernissen auf der einen oder anderen Elternseite bezüglich der Umgangsorganisation (AG Detmold 13. 6. 2016 – 33 F 150/16: Wegfall des eigenen Pkw). Anderes kann gelten, wenn die Zuweisung zum Sorgeberechtigten wegen Ausfalls des anderen Elternteils nur eine „Notlösung" war (OLG Stuttgart FamRZ 1976, 34, 35) oder wenn das Kind überwiegend nicht vom Sorgeberechtigten, sondern von dritten Personen betreut wird (allerdings kann eine gewachsene Bindung an die Betreuungsperson, zB Großeltern, der Änderung entgegenstehen). *Unzulässig* sind jedoch frühere Tendenzen der Gerichte, Sorgerechtsübertragungen auf den Vater regelmäßig oder jedenfalls bei Kleinkindern als „Notlösung" anzusehen und zugunsten der Mutter zu ändern, sobald sich deren Verhältnisse konsolidiert haben (OLG Stuttgart FamRZ 1978, 827, 829; Simitis, in: FS Müller-Freienfels [1986] 579, 614 Fn 97; Coester, Kindeswohl 335 Fn 844 mwNw; anders noch Ewers FamRZ 1999, 477, 478; Rn 30). 120

Ist nach der gebotenen Gesamtabwägung des Kindeswohls eine Änderung angezeigt, so muss diese nicht daran scheitern, dass der nichtsorgeberechtigte Elternteil sich inzwischen einer **Geschlechtsumwandlung** unterzogen hat (OLG Schleswig FamRZ 1990, 433, 434 f m zurückhaltender Anm Luthin). Auch nach der Umwandlung bleibt er „Eltern- 121 teil" im Rechtssinne und in der sozial-familiären Beziehung. Aus der Geschlechtsveränderung folgende Probleme für das Kind (vgl Staudinger/Coester [2020] § 1671 Rn 185) können durch persönliche Qualitäten oder andere Umstände (zB Kindeswille, OLG Schleswig FamRZ 1990, 433, 434 f) aufgewogen werden. Entsprechendes gilt bei einer Geschlechtsumwandlung beim sorgeberechtigten Elternteil (vgl Ehring 116 f).

2. Erstentscheidungen nach § 1671 Abs 2

122 Die Übertragung der Alleinsorge von der Mutter (§ 1626a Abs 3 BGB) auf den Vater gemäß § 1671 Abs 2 BGB **(früher: § 1672 Abs 1 aF)** ist nach den Grundsätzen des § 1696 Abs 1 S 1 BGB abänderbar (Rn 20). Die gesetzestechnische Einordnung dieser Regelungsmöglichkeit in § 1671 BGB befremdet zunächst wegen der völlig unterschiedlichen Thematik der Absätze 1 und 2 dieser Vorschrift. Wenn und soweit es um die spätere Änderung einer gerichtlichen Entscheidung nach diesen Vorschriften geht, zeigt sich jedoch eine gewisse Parallelität der insoweit maßgeblichen Fragestellungen und Entscheidungskriterien. Die für Sorgerechtsänderungen nach § 1671 Abs 1 BGB erörterten Fragestellungen und Entscheidungskriterien (Rn 82 ff) haben deshalb weitgehend auch Bedeutung für die Änderung von Entscheidungen nach Abs 2 dieser Vorschrift.

123 Dies gilt vor allem für die Bedeutung eines **Elternkonsenses** bezüglich der beantragten Änderung (Rn 82–87). Die oben vertretene Auffassung, wonach dem Änderungskonsens zwar Gewicht, aber nur im Sinne einer Indizwirkung für die beantragte Änderung beizumessen ist (Rn 86 f), kann sich bei Erstentscheidungen nach § 1671 Abs 2 BGB zusätzlich darauf stützen, dass hier – anders als in § 1671 Abs 1 S 2 Nr 1 BGB – schon dem Elternkonsens bei der Erstentscheidung keine verbindliche, sondern nur richtungsweisende Bedeutung zukommt (§ 1671 Abs 2 S 2 Nr 1 BGB). Ob dies im Hinblick auf die bei nichtehelichen Eltern gleichermaßen bestehende Elternautonomie angezeigt ist, ist eine andere Frage (dazu Staudinger/Coester [2020] § 1671 Rn 268).

124 Weitgehend unverändert können auch die übrigen zu § 1671 Abs 1 BGB erörterten Gesichtspunkte Geltung bei Änderungen von Entscheidungen nach Abs 2 dieser Vorschrift beanspruchen. Dies betrifft zum einen die Frage, ob auch (erneutes) *gemeinsames Sorgerecht der Eltern* als Änderungsziel in Betracht kommt (Rn 89 ff); des Weiteren, ob von einem Primat gemeinsamen Sorgerechts auszugehen ist (Rn 92 f), sowie für die im Einzelnen erörterten Entscheidungssituationen: Das schon seit längerem beim nichtsorgeberechtigten Elternteil lebende Kind (Rn 96 f); Umgangsvereitelung durch den sorgeberechtigten Elternteil (Rn 98 ff); Auswanderung oder Wegzug des Sorgeberechtigten (Rn 102); die Bedeutung eines Änderungswillens des Kindes (Rn 109 ff) und sonstige Einzelaspekte, die für die Änderungsfrage bedeutsam sein könnten (Rn 115 ff).

3. Umgangsregelungen (§§ 1684 Abs 3, 1685 Abs 3, 1686a Abs 1 Nr 1)

125 Häufig stellt sich die Abänderungsfrage bei gerichtlichen Entscheidungen oder gerichtlich gebilligten Vergleichen, die den Umgang des nichtsorgeberechtigten oder getrennt lebenden Elternteils mit dem Kind betreffen (Rn 37; BVerfG 27. 12. 2022 – 1 BvR 1791/22 Rn 11 – § 1696 statt § 1684 BGB). Einer gerichtlichen Entscheidung nach

§ 1696 Abs 1 BGB ist grundsätzlich ein *Vermittlungsverfahren* gem § 165 FamFG vorzuschalten (Ausnahmen: § 165 Abs 1 S 2 FamFG). Im Erfolgsfall (BVerfG 27. 12. 2022 – 1 BvR 1791/22 Rn 11) ist die elterliche Einigung als „gerichtlich gebilligter Vergleich" gem § 156 Abs 2 FamFG aufzunehmen (skeptisch zu den Erfolgsaussichten, angesichts der negativen Erfahrungen mit dem früheren § 52a FGG aF, MünchKommFamFG/Schumann § 165 Rn 2). Dieser tritt dann ohne Weiteres an die Stelle der bisherigen Regelung (§ 165 Abs 4 S 1 FamFG); Letztere kann eine gerichtliche Umgangsregelung, aber auch ihrerseits ein gerichtlich gebilligter Vergleich gem § 156 Abs 2 FamFG gewesen sein. Scheitert die Vermittlung, hat das FamFG gerichtliche Maßnahmen zu erwägen – insbesondere auch eine Änderung der bisherigen Regelung am Maßstab des § 1696 Abs 1 S 1 BGB (OLG Koblenz 2. 8. 2017 – 13 UF 313/17, juris).

Dabei ist die **Änderungsschwelle** für bloße Modifikationen oder Erweiterungen des Umgangs **niedriger** anzusetzen als bei Sorgerechtsentscheidungen, da Umgangsregelungen in die Lebensverhältnisse des Kindes weniger schwerwiegend eingreifen als ein grundsätzlicher Platzierungswechsel und Anpassungen an die Veränderungen in beiden Elternfamilien häufig notwendig werden können (Holzner 92 f; OLG Frankfurt 26. 10. 2022 – 6 UF 147/21, FamRZ 2022, 362, 363; OLG Brandenburg 27. 12. 2016 – 10 UF 23/16 Rn 105; OLG Brandenburg 10. 4. 2014 – 10 UF 212/13, BeckRS 2014, 11103; *keine* entsprechende Differenzierung bei OLG Naumburg FamRZ 2015, 767, 768; NK-BGB/Harms § 1696 Rn 23; auf den Einzelfall abstellend MünchKommBGB/Lugani § 1696 Rn 24, 25). Anpassungen an veränderte Umstände können demnach schon dann geboten sein, „wenn dies dem Kindeswohl dient" oder wenn sich die Eltern über die Änderung einig sind (OLG Brandenburg 27. 12. 2016 – 10 UF 23/16 Rn 105). Allerdings haben auch Umgangsregelungen eine „gewisse Bestandskraft", die ohne Änderung der Sach- oder Rechtslage nicht durchbrochen werden darf (BVerfG 27. 12. 2022 – 1 BvR 1791/22 Rn 11; OLG Köln 15. 3. 2012 – 4 UF 18/22, juris Rn 14, unter Betonung des Kontinuitätsinteresses des Kindes; OLG München FamRZ 2011, 1804, 1805; OLG Zweibrücken FamRZ 1997, 45, 46; OLG Stuttgart FamRZ 2009, 531 [Entfremdungstendenzen der Kinder aufgrund zu eng bemessenen Umgangs]; streng auf Notwendigkeit einer Elterneinigung verweisend: OLG Hamburg 25. 9. 2020 – 12 WF 106/201, FamRZ 2021, 201 – Nichtwahrnehmung des Umgangsrechts kein Änderungsgrund; zu recht krit Anm Dürbeck; OLG Karlsruhe 30. 1. 2023 – 20 UF 7/23). Dies gilt insbesondere, wenn Änderungen der Betreuungsanteile im Rahmen eines bisher praktizierten oder nunmehr begehrten Wechselmodells zur Diskussion stehen, die nach der Rechtsprechung des BGH (19. 1. 2022 – XIIZA 12/21, FamRZ 2022, 1409) als Umgangsänderungsverfahren zu klassifizieren sind (**aA** Heilmann/Gottschalk § 1696 Rn 9b; OLG Frankfurt 16. 10. 2018 – 1 UF 74/18, FamRZ 2019, 206). 126

Dieselben Grundsätze gelten auch für den Umgang von Bezugspersonen gemäß § 1685 BGB oder des leiblichen, nicht rechtlichen Vaters mit dem Kind nach § 1686a Abs 1 BGB. Ist der Umgang zunächst als dem Kindeswohl (derzeit) nicht dienlich abgelehnt worden, kann aufgrund geänderter Umstände (Alter des Kindes, Verhältnisse der rechtlichen Eltern bzw des leiblichen Vaters) später der Umgang dem Kindeswohl durchaus dienlich sein (Hoffmann FamRZ 2013, 1077, 1083). Allerdings darf auch dann nicht die grundsätzliche Abwehrfunktion des § 1696 Abs 1 S 1 BGB gegen jederzeitige Wiederaufrollung kindschaftsrechtlicher Verfahren aus den Augen verloren werden. Der Änderungsschwelle des § 1696 Abs 1 S 1 BGB ist in diesen Fällen jedoch Genüge getan, wenn an die „Dienlichkeit" erhöhte Anforderungen (im Vergleich zur Erstentscheidung) gestellt werden (etwa: „evident" oder „zweifelsfrei" dienlich). 127

128 Damit sind auch schon die **Entscheidungsmaßstäbe** für die Änderungsprüfung bezeichnet: Wie bei Erstentscheidungen gem § 1684 Abs 3 BGB kommt dem **Kindeswohl** vorrangige Bedeutung zu, § 1697a BGB (Rn 3), allerdings in der Fragestellung des § 1696 Abs 1 BGB. Das **Elternrecht** des getrennt lebenden Elternteils ist ebenfalls ein legitimer Gesichtspunkt, der *gegen* das Kindeswohl jedoch weder eine Umgangsregelung noch eine Änderung rechtfertigen kann (§ 1684 Rn 29, 58 ff; näher zu Änderungen von Umgangsregelungen § 1684 Rn 179; zur Frage von Sorgerechtsänderungen wegen Umgangsrechtsvereitelung durch den sorgeberechtigten Elternteil Rn 98 ff; zu *Umgangsbeschränkungen* Rn 37).

V. Kindesschutzrechtliche Eingriffe in das Sorge- oder Umgangsrecht (Abs 2)

1. Begriff

129 Während sich § 1696 Abs 2 aF nur auf Maßnahmen nach §§ 1666–1667 BGB bezog, gilt Abs 2 seit dem FGG-ReformG 2008 für alle **„kindesschutzrechtlichen Maßnahmen“** und definiert zugleich diesen allgemeinen Begriff. Erfasst werden demnach nicht nur gerichtliche Entscheidungen zur Abwehr von *Gefährdungen* des Kindeswohls oder Kindesvermögens (neben §§ 1666–1667, 1837 Abs 4 BGB auch §§ 1632 Abs 4, 1682 BGB), sondern auch solche, die (nur) zum Schutze des Kindes „erforderlich“ (§§ 1631b, 1684 Abs 4, 1685 Abs 3, 1687 Abs 2, 1687a, 1688 Abs 3 S 2, Abs 4 BGB) oder sonst sachlich geboten sind (§§ 1629 Abs 2 S 3 mit 1796 BGB). Der jetzige Gesetzestext hat im Wesentlichen *klarstellenden Charakter* – auf die vorerwähnten Entscheidungen war Abs 2 auch zuvor schon *analog* anwendbar (dazu früher schon Staudinger/Coester [2006] § 1696 Rn 99 mwNw). Der *Eingriffsmaßstab* folgt unmittelbar aus der jeweiligen Schutzvorschrift, § 1696 BGB enthält dazu keine Aussage (OLG Saarbrücken FamRZ 2015, 344, 345; unrichtig deshalb OLG Rostock FamRZ 2010, 997: „§ 1696 Abs 1 iVm § 1684 Abs 4 S 1 BGB“).

130 Schwierig erscheint die Abgrenzung zwischen Umgangs*regelungen* iS von § 1684 Abs 3 BGB, für die die vorstehenden Änderungsgrundsätze (einschließlich des allgemeinen Kontinuitätsprinzips; Rn 62) gelten (Rn 112-115), und Umgangs*einschränkungen* iS von § 1684 Abs 4 BGB, die als kindesschutzrechtliche Maßnahme der Änderungsvorschrift des § 1696 Abs 2 BGB unterliegen, dh aufzuheben sind, wenn die Kindeswohlgefährdung als Grundlage der Umgangseinschränkung weggefallen ist (zur Problematik § 1684 Rn 280 f; auch OLG Schleswig FamRZ 2016, 1788, 1789). Eine klare Grenze wird sich hier nicht formulieren lassen (§ 1684 Rn 280 f: „fließende Grenze“); entscheidend für die jeweilige Zuordnung ist die *Zielrichtung im Einzelfall:* Förderung des Kindeswohls durch bestmöglichen Erhalt der sozialen Beziehungen des Kindes auch zum nicht sorgeberechtigten Elternteil (dann: Umgang § 1684 I–III) *oder* Schutz des Kindeswohls (§ 1684 Abs 4 BGB) vor Gefährdungen des Kindes durch den nicht sorgeberechtigten Elternteil (näheres mit Beispielen bei § 1684 Rn 280 f; zur Fragestellung auch Hammer FamRZ 2016, 1790 m Anm zu OLG Schleswig FamRZ 2016, 1788, 1789).

2. Grundsätze

131 Maßnahmen zur Abwehr einer Kindeswohlgefährdung sowie andere kindesschutzrechtliche Maßnahmen unterliegen der strikten Bindung an den Grundsatz der **Erforderlichkeit und Verhältnismäßigkeit** (Rn 3). Sie sind auf die jeweilige konkrete Ge-

fahr „maßzuschneidern“ und bedürfen nicht nur hinsichtlich ihrer Anordnung, sondern auch ihres zeitlichen Bestands der Legitimation aus dem staatlichen Wächteramt. Die Gefährdungslage ist unmittelbar maßgeblich für die Änderungsfrage, eine zusätzliche Änderungsschwelle besteht nicht (BVerfG FamRZ 2016, 1917 Rn 38). Es ist deshalb zumindest irreführend, wenn die Formulierung der Änderungsvoraussetzungen in Abs 1 („triftige, das Wohl des Kindes nachhaltig berührende Gründe“) auch hier eingesetzt wird (so BayObLG DAVorm 1982, 604, 608 f; AG Tempelhof-Kreuzberg FamRZ 2004, 134) – allein der aktuelle Bestand einer Kindeswohlgefährdung ist maßgeblich für die Aufrechterhaltung, Änderung oder Aufhebung von Kindesschutzmaßnahmen (Rn 156 zur Beweislast). Dass Maßnahmen zur Gefahrabwendung aufzuheben sind, wenn die Gefahr nicht mehr besteht, ist demnach eine Selbstverständlichkeit – **Abs 2** stellt sich insoweit als **klarstellende Komplementärnorm zu den Eingriffstatbeständen der §§ 1666–1667 BGB** dar (vgl BT-Drucks 8/2788, 68; OLG Celle FamRZ 1998, 1188; zu § 1684 Abs 4 BGB [Umgangsausschluss] BVerfG FamRZ 2016, 1917 Rn 38). Die Beachtung und Effektivität dieser zeitlichen Schranken staatlicher Sorgerechtseingriffe wird abgesichert durch die periodische gerichtliche Überprüfungspflicht gemäß § 166 Abs 2, 3 FamFG (Rn 137).

Die vorstehenden Grundsätze entfalten aber auch Bedeutung **auf der Rechtsfolgenseite des Abs 2**: Hier ist nur von *Aufhebung* einer Kindesschutzmaßnahme bei *Wegfall* der Eingriffsnotwendigkeit die Rede. Aus dem Grundsatz der Erforderlichkeit und Verhältnismäßigkeit kann aber auch (nur) die Pflicht zur *Anpassung* einer getroffenen Maßnahme folgen (BayObLG FamRZ 1997, 956; Gernhuber/Coester-Waltjen § 57 Rn 128): Ist die Gefährdung des Kindes nicht weggefallen, haben sich aber die Umstände verändert, so kann die Erstmaßnahme dem anzupassen sein entweder iS einer *Abmilderung* (vgl BayObLG DAVorm 1984, 1048, 1052 f: Entzug nur des Aufenthaltsbestimmungsrechts statt bisher der Personensorge; Gernhuber/Coester-Waltjen § 57 Rn 128; MünchKommBGB/Lugani § 1696 Rn 45), einer *Verschärfung* (BayObLG DAVorm 1982, 611, 613 f; DAVorm 1984, 1048, 1053) oder aber einer *Ersetzung* durch geeignetere Maßnahmen (BayObLG DAVorm 1982, 611, 613 f). Hat sich die Maßnahme als nicht geeignet erwiesen und steht auch keine geeignete Maßnahme zur Verfügung, so gewinnt der elterliche Erziehungsprimat Vorrang (OLG Koblenz 20. 9. 2019 – 13 UF 415/19, FamRZ 2020, 923, 924; OLG Hamburg 30. 7. 2019 – 2 UF 86/19, FamRZ 2020, 922). 132

3. Aufhebungspflicht (Abs 2)

Abs 2 setzt voraus, dass **„eine Gefahr … nicht mehr besteht“** oder die **„Erforderlichkeit … entfallen ist“**. Die ursprüngliche Gefahr oder Erforderlichkeit muss *völlig* weggefallen sein, damit eine Aufhebung in Betracht kommt (vgl BayObLG FamRZ 1992, 97, 98; FuR 1999, 472 f; OLG Naumburg FamRZ 2002, 1274, 1275; OLG Brandenburg 15. 2. 2011 – 10 UF 158/10, BeckRS 2011, 04489 [kein Wegfall]; AG Tempelhof-Kreuzberg FamRZ 2004, 134 [nach Familientherapie]). Dies ist zB nicht der Fall, wenn eine psychische Erkrankung des Elternteils zwar seit mehr als einem Jahr nicht mehr aufgetreten ist, aber mit neuen Schüben gerechnet werden muss (BayObLG FamRZ 1997, 956 f), oder wenn trotz Einstellung des Strafverfahrens gegen den Stiefvater gem § 170 Abs 2 StPO der Verdacht sexuellen Kindesmissbrauchs fortbesteht (OLG Düsseldorf FamRZ 1992, 205 f). Eine Aufhebung darf auch dann nicht erfolgen, wenn dem Kind nunmehr zwar nicht mehr die ursprüngliche, aber eine *andere* Gefahr droht (BVerfG FamRZ 1993, 782, 784; OLG Brandenburg 28. 9. 2020 – 13 UF 161/18, FamRZ 2021, 281, 282; OLG Brandenburg 15. 2. 2011 – 10 UF 133

158/10 Rn 17 ff). Diese Gefahr kann darin bestehen, dass die Mutter nach Inhaftierung des kindesmissbrauchenden Vaters nicht in der Lage ist, dem gesteigerten therapeutischen und erzieherischen Bedarf des Kindes gerecht zu werden (OLG Brandenburg 15. 2. 2011 – 10 UF 158/10, juris Rn 19 ff). Sie kann auch darin begründet sein, dass das gem §§ 1666, 1666a BGB bei Dritten untergebrachte Kind inzwischen in der Pflegestelle verwurzelt ist und durch eine (unvermittelte) Herausnahme seelischen Schaden erleiden würde (BayObLG DAVorm 1982, 611, 614 ff; OLG Celle FamRZ 1998, 1188; aber OLG Karlsruhe FamRZ 1994, 393, 394: Sicherung künftiger Verwurzelung genügt nicht).

134 Die Gefahr kann auch weniger in dem Ursprungsproblem (zB Transsexualität eines 11-jährigen Kindes) bestehen, sondern gerade im (fortdauernden) Konflikt der Eltern über den sachgerechten Umgang mit diesem Problem (KG ZKJ 2012, 314 Rn 11). Häufig wird dann aber eine Modifizierung der Erstmaßnahme geboten sein (uU Verbleibensanordnung nach §§ 1632 Abs 4, 1682 BGB mit Aufhebung des Sorgerechtseingriffs im Übrigen [Rn 146 ff], § 1688 BGB; BVerfG FamRZ 1993, 782, 784; OLG Köln FamRZ 2008, 808 f; KG FamRZ 2008, 810, 811; Veit FF 2008, 358, 363 f; Staudinger/Coester [2020] § 1666 Rn 51). Eine Sorgerechtsmaßnahme nach §§ 1671 Abs 4 BGB mit 1666 BGB ist jedoch schon dann aufzuheben, wenn und soweit die elterliche Sorge auch nur *einem* Elternteil ohne Gefährdung des Kindeswohls übertragen werden kann (Rn 21). Für die Annahme einer fortbestehenden „Gefahr“ genügt nicht, dass die Aufrechterhaltung der Maßnahme für das Kind günstiger wäre als ihre Aufhebung (OLG Karlsruhe FamRZ 1994, 393 f).

135 Dem Gefahrwegfall **gleichzustellen** ist die Erkenntnis, dass eine **Gefahr** in Wirklichkeit **niemals bestanden** hat. Die Aufhebung hat auch dann zu erfolgen, wenn die Erstmaßnahme unzulässig war (BayObLG FamRZ 1990, 1132, 1134 [Verletzung des § 1666a BGB]). Entsprechendes gilt, wenn die Gefährdung zwar nicht weggefallen ist, die angeordnete Maßnahme sich aber als ungeeignet zu ihrer Beseitigung erwiesen hat und angemessene Mittel nicht zur Verfügung stehen (Rn 132; Staudinger/Coester [2020] § 1666 Rn 212).

136 Die Aufhebung hat **von Amts wegen** zu erfolgen, eines Antrags bedarf es nicht (zur Feststellungslast Rn 156). Die Aufhebung wirkt *ex nunc* mit Bekanntgabe an den von der Erstentscheidung betroffenen Elternteil; eine angeordnete Vormundschaft endet ipso iure mit der Aufhebung nach § 1806 BGB (MünchKommBGB/Spickhoff § 1882 Rn 9 f), eine Pflegschaft ist gem § 1812 BGB gleichzeitig aufzuheben. Sind kindesschutzrechtliche Sorgebeschränkungen beim alleinsorgeberechtigten Elternteil aufgehoben worden, so steht dem anderen, nicht sorgeberechtigten Elternteil insoweit kein Beschwerderecht zu, weil seine Rechtsposition nicht berührt ist (OLG Naumburg FamRZ 2015, 599, 600).

4. Nachträgliche Überprüfungspflicht des Gerichts (§ 166 Abs 2, 3 FamFG)

137 Die zuvor in § 1696 Abs 3 aF geregelte Überprüfungspflicht des FamG bei kindesschutzrechtlichen Maßnahmen ist als verfahrensrechtliche Regelung durch das FGG-ReformG 2008 in § 166 Abs 2, 3 FamFG verlagert worden (Rn 138; Staudinger/Coester [2020] § 1666 Rn 293; zur früheren Regelung in Abs 3 s Staudinger/Coester [2006] § 1696 Rn 103–108).

a) Überprüfung kindesschutzrechtlicher Maßnahmen (§ 166 Abs 2 FamFG)

Die Überprüfungspflicht nach § 166 Abs 2 FamFG hat den **Zweck**, die Begrenzung von kindesschützenden Sorgerechtseingriffen durch das **Erforderlichkeitsprinzip** auch hinsichtlich ihres zeitlichen Bestandes sicherzustellen. Die Überprüfungspflicht macht eine Befristung des Eingriffs entbehrlich; sie besteht nicht nur bei kindesschutzrechtlichen Eingriffen in das elterliche **Sorgerecht**, sondern auch bei Einschränkungen oder Ausschluss des elterlichen **Umgangsrechts** gem § 1684 Abs 4 BGB (BVerfG FamRZ 1971, 421; BVerfG FamRZ 2016, 1917 Rn 19 m Anm Splitt FamRZ 2016, 1921 f; Grüneberg/Götz § 1696 Rn 6). Sie sichert die *Erforderlichkeit* staatlicher Eingriffe in das Elternrecht nicht nur im Moment des Eingriffs, sondern auch bezüglich des Fortbestands im Laufe der Zeit (vgl BVerfG FamRZ 2016, 1917 Rn 39 – Folgeentscheidung zu EGMR 28. 4. 2016 – 20106/13 *Buchleither v Deutschland* Rn 52 ff; **grundlegend** OLG Braunschweig FamRZ 2018, 1157 ff). Es genügt deshalb nicht, wenn der Fortbestand einer Fremdunterbringung des Kindes für dieses förderlicher wäre als eine Rückführung zu den Eltern – nur eine *fortdauernde Gefährdung* des Kindeswohls bei den Eltern kann die Aufrechterhaltung eines Sorgerechtsentzugs rechtfertigen (BVerfG FamRZ 2016, 439, 441 [Rn 15] m Anm Finke FF 2016, 159, 160; zur Herausnahme aus der Pflegefamilie Rn 146 ff). Die Überprüfung dient der Sicherung der Aufhebungspflicht nach § 1696 Abs 2 BGB (BT-Drucks 7/2060, 39; 8/2788, 68; OLG Braunschweig FamRZ 2018, 1157 ff spricht von der Notwendigkeit einer „dauernden Rechtfertigung" des Sorgerechtseingriffs), aber auch aller sonstigen, durch das Erforderlichkeitsprinzip gebotenen Anpassungen von Sorgerechtseingriffen (vgl die Ausschussminderheit ebd; Rn 132). Für die Vertretung der Eltern im Überprüfungsverfahren kann **Verfahrenskostenhilfe** gewährt werden (OLG Naumburg 25. 8. 2011 – 3 WF 247/11, juris). Deren Gewährung darf nicht von den Erfolgsaussichten des Antragstellers abhängig gemacht werden – es genügt die Erwartung, dass der Antragsteller entscheidungsrelevante „Tatsachen oder Rechtsmeinungen" vortragen könne (OLG Braunschweig FamRZ 2018, 1160). 138

Zur Überprüfung (und ggf Änderung) verpflichtet ist **das für ein potenzielles Änderungsverfahren zuständige Gericht** (Rn 151 f), also nicht notwendig dasjenige, das die Erstentscheidung erlassen hat (BGH FamRZ 1992, 170; MünchKommFamFG/Heilmann § 166 Rn 21). Bei oberinstanzlichen Entscheidungen ist das Gericht erster Instanz, also das **FamG** zuständig (vgl BayObLG DAVorm 1984, 1048, 1055). Das Überprüfungsverfahren ist ein **informelles, selbständiges Vorverfahren**, es dient der Vergewisserung, ob ein Änderungsverfahren einzuleiten ist oder nicht (KG 6. 4. 2023 – 16 UF 34/23, NJW-RR 2023, 981; OLG Karlsruhe FamRZ 2015, 1903, 1904; Thalmann DRiZ 1980, 180 f; MünchKommFamFG/Heilmann § 166 Rn 22; **aA** Musielak/Borth § 166 FamFG Rn 4 [„Fortsetzung des Ausgangsverfahrens"]). Eines *Elternantrags* bedarf es nicht; ein entsprechender Antrag ist „lediglich als Anregung an das Gericht zu verstehen", die amtswegige Prüfung vorzunehmen (OLG Hamm FamRZ 2016, 1948, 1949). § 166 Abs 2 FamFG gebietet allerdings nicht die periodische Wiederaufrollung des Falles, an deren Ende eine förmliche Entscheidung über den Fortbestand der Maßnahme zu stehen hätte (so aber offenbar BayObLG FamRZ 1990, 1132, 1134), denn schon das Verfahren selbst kann das Kind und andere Beteiligte verunsichern (Rn 64; Salgo, Pflegekindschaft und Staatsintervention [1987] 258; Thalmann 181). 139

Der **Umfang der Überprüfung** richtet sich grundsätzlich nach dem *Einzelfall* – der Art der getroffenen Maßnahme, den Aussichten auf Veränderungen sowie dem Ergebnis vorangegangener Überprüfungen. Grundsätzlich ist aber auch im Überprüfungsverfahren, soweit die Fortdauer der Gefährdungslage nicht unbestritten oder evident ist, 140 der „Sachverhalt von Amts wegen umfassend zu ermitteln" (OLG Hamm FamRZ 2016, 1948, 1949). Die Zurückweisung des elterlichen Änderungsantrags nach Anhörung nur des Jugendamtes – ohne Anhörung der Beteiligten – genügt dann nicht (OLG Hamm FamRZ 2016, 1948, 1949). Das Überprüfungsverfahren findet seinen **Abschluss** in einem Aktenvermerk, in dem das Fehlen von Änderungsgründen oder die Einleitung des Änderungsverfahrens festgehalten wird. Der Vermerk ist allen Beteiligten, auch dem Jugendamt, zur Kenntnis zu bringen (MünchKommFamFG/Heilmann § 166 Rn 23; Musielak/Borth § 166 FamFG Rn 4).

141 Auch die **„angemessenen Zeitabstände"**, innerhalb derer die Überprüfung vorzunehmen ist, richten sich nach den Gegebenheiten des Einzelfalls, insbesondere der Intensität des Eingriffs und dem Alter des Kindes. Eine Erstüberprüfung ist regelmäßig nach kurzer Zeit angezeigt, nach mehreren ergebnislosen Überprüfungen können die Abstände größer werden. Genannt werden Fristen von drei Monaten bis drei Jahren (BayObLG FamRZ 1990, 1132, 1134 [8 Jahre jedenfalls zu lang, bei schwerwiegenden Eingriffen ein bis eineinhalb Jahre]; MünchKommFamFG/Heilmann § 166 Rn 19; Thalmann, DRiZ 1980, 180, 182: Überwachungsliste in der Geschäftsstelle anzulegen). Derartige Generalisierungen entbinden jedoch nicht von der Pflicht zur Aufhebung oder Änderung, wenn dem Gericht vorher Veränderungen bekannt werden.

142 Hat die Erstentscheidung zu einer **Trennung von Kind und Eltern** geführt, ist zusätzlich **§ 37 Abs 1 SGB VIII** zu beachten: Demnach haben mit der Herausnahme des Kindes aus seiner Familie **jugendhilferechtliche Bemühungen** um deren Rekonstituierung einzusetzen, nach Absprache mit dem FamG schon im Entzugsverfahren (Coester FamRZ 1991, 253, 259). Diese Bemühungspflicht ist begrenzt auf einen „im Hinblick auf die Entwicklung des Kindes oder Jugendlichen vertretbaren Zeitraum" (§ 37 Abs 1 S 2 SGB VIII), danach ist nach einer anderen Lebensperspektive für das Kind zu suchen (§ 37 Abs 1 S 3 SGB VIII; ausführlich Wiesner § 37 SGB VIII Rn 14–33). Die Formulierung in § 37 Abs 1 S 2 SGB VIII muss als **Konkretisierung der „angemessenen Zeitabstände"** gem § 166 Abs 2 FamFG verstanden werden, es kommt demnach wesentlich auf Alter und Entwicklung des Kindes, sein Zeitgefühl und sein Bedürfnis nach endgültiger Zuordnung an (Salgo, in: Wiesner/Zarbock, Das neue Kinder- und Jugendhilfegesetz [1991] 115 ff, 140; Heilmann, Kindliches Zeitempfinden und Verfahrensrecht [1998] 125; Wiesner § 37 SGB VIII Rn 16–18; zur kindlichen Zeitperspektive BT-Drucks 11/5948, 75; Zenz, Gutachten 54. DJT [1982] A 49, 50 sowie – im Hinblick auf die verfahrensrechtlichen Aspekte – grundlegend Heilmann 125). Die dem Kind zumutbare „Schwebephase" wird im Allgemeinen bei etwa einem Jahr angesiedelt (Zenz, Kindesmisshandlung 264, 299). Zu den Besonderheiten bei einer Verbleibensanordnung in einer Pflegefamilie Rn 146 ff.

143 Überprüfungspflicht des Gerichts gem § 166 Abs 2 FamFG und Bemühungspflicht des Jugendamts gem § 37 Abs 1 S 2–3 SGB VIII *ergänzen* sich somit. Kommt es wegen Fortbestands der Gefahr nach dem Vertretbarkeitszeitraum des § 37 Abs 1 S 2 SGB VIII nicht zu einer Aufhebung des Sorgerechtseingriffs, so entbindet der anschließende Richtungswechsel der jugendhilferechtlichen Intervention das Familiengericht nicht von weiteren Überprüfungen nach § 166 Abs 2 FamG, solange es nicht zu einer endgültigen Neuzuordnung des Kindes gekommen ist. Bei dauerhafter Fremdunterbringung ohne Adoption ist jedoch darauf zu achten, dass nicht Kind und Pflegeeltern durch ständig neue Überprüfungen verunsichert werden (Baer FamRZ 1982, 221, 231; Salgo, Pflegekindschaft und Staatsintervention [1987] 258 ff; zur Abwägung des Gefährdungspotentials bei Wechsel einer Pflegestelle: BVerfG 28. 8. 2023 – 1 BvR 1088/23). Dem soll nunmehr Abs 3 Rechnung tragen (Rn 146 ff).

b) Überprüfung nach Absehen von gerichtlichen Maßnahmen (§ 166 Abs 3 FamFG)

Auch wenn das (letztentscheidende) Gericht von kindesschutzrechtlichen Maß- **144** nahmen abgesehen und das Verfahren durch entsprechenden Aktenvermerk förmlich und rechtskräftig abgeschlossen hat (§ 38 FamFG), entlässt § 166 Abs 3 FamFG die Judikative noch nicht aus ihrer Wächterverantwortung gem Art 6 Abs 2 S 2 GG: Die Entscheidung ist nach einem „angemessenen Zeitabstand" auf ihre Richtigkeit zu überprüfen. Zur Überprüfungspflicht gem § 166 Abs 2 FamFG bestehende drei wesentliche Unterschiede:

- § 166 Abs 3 FamFG gilt nur für Maßnahmen „nach den §§ 1666–1667" BGB, nicht für andere kindesschutzrechtliche Maßnahmen,
- es wird eine Regel-Zeitspanne von drei Monaten für die Überprüfung festgelegt,
- die Überprüfung insgesamt ist nur als Soll-Vorschrift ausgestaltet.

§ 166 Abs 3 FamFG soll der Gefahr entgegenwirken, dass die Eltern nach (sankti- **145** onslosem) Abschluss des Gerichtsverfahrens wieder in kindeswohlwidrige Verhaltensweisen zurückfallen und insbesondere mit dem Jugendamt nicht kooperieren (Fellenberg FPR 2008, 125, 127; Coester, in: Lipp/Schuman/Veit [Hrsg], Reform des familiengerichtlichen Verfahrens [2009] 39, 50 f). Dennoch ist die Regelung im Lichte des Elternrechts und Familienschutzes (Art 6 Abs 1, 2 GG) nicht unproblematisch (AG Ludwigslust FamRZ 2010, 490, 491). Sie ermöglicht familiengerichtliche Befassung mit Familien, obwohl die Gefährdungsschwelle des Kindesschutzrechts (noch) nicht erreicht ist. Damit reiht sich § 166 Abs 3 FamFG der Sache nach ein in die zunehmende Zahl von Vorschriften, die der Gefährdungsgrenze des § 1666 BGB die niedrigere Schwelle einer „möglichen Gefährdung" vorlagern (§§ 8a SGB VIII, 157 Abs 1 FamFG; ausführlich Coester, in: 18. DFGT, Brühler Schriften zum FamR Bd 16 [2010] 60, 66 ff mwNw [auch zur Kritik]). Die „mögliche Gefährdung" ist auch ein ungeschriebenes Tatbestandsmerkmal der Überprüfungspflicht nach § 166 Abs 3 FamFG. Um verfassungsrechtlichen Bedenken entgegenzuwirken, soll nach hM die Überprüfungspflicht gem § 166 Abs 3 FamFG nicht andauern (wie nach Abs 2), sondern nur *einmal* bestehen (für die hM: BT-Drucks 16/8914, 12; MünchKommFamFG/Heilmann § 166 Rn 29; Prütting/Helms/Hammer § 166 FamFG Rn 22). Damit wird sie jedoch ineffektiv: Die Eltern können drei Monate abwarten, bevor sie ihre Kooperation mit dem Jugendamt einstellen – deshalb ist der abweichenden Meinung der Vorzug zu geben. Auch die Ausgestaltung als Sollvorschrift ist der Rücksicht auf Eltern- und Familienautonomie geschuldet: Gerechtfertigt ist die Nachkontrolle des Gerichts nur bei hinreichender Besorgnis doch noch eintretender Kindesgefährdung. Der Soll-Charakter des § 166 Abs 3 FamFG soll dem Familienrichter erlauben, von einer späteren Überprüfung abzusehen, wenn das Erstverfahren die Unbegründetheit des Gefährdungsverdachts oder den endgültigen Wegfall einer früheren Gefahr für das Kind klar ergeben hat (BT-Drucks 16/6308, 243; MünchKommFamFG/Heilmann § 166 Rn 24; Coester JAmt 2008, 1, 8). Immerhin bleibt die jugendamtliche Überwachung der Familie unberührt (§ 36 Abs 2 S 2 2. HS SGB VIII), eine erneute Anrufung des Familiengerichts durch das Jugendamt gem § 8a

SGB VIII ist stets möglich. Um für spätere Richter schon im Tenor deutlich zu machen, warum im Erstverfahren keine Maßnahmen ergriffen wurden, empfiehlt sich eine insoweit klarstellende Formulierung (entsprechend § 166 Abs 2 FamFG „Absehen von Maßnahmen" bei späterem Überprüfungsbedürfnis, also bei fortdauernder „möglicher" Gefährdung; „Verfahrenseinstellung" oder „Verfahrenserledigung" bei Nichtbestehen oder endgültiger Beseitigung einer Gefährdungslage, so AG Ludwigslust FamRZ 2010, 490, 491 f).

VI. Änderung einer Verbleibensanordnung nach § 1632 Abs 4

146 Abweichend von der Behandlung anderer Kindesschutzmaßnahmen hat der Gesetzgeber mit dem Kinder und Jugendstärkungsgesetz – KSJG (v 3. 6. 2021, BGBl 2021 I 1444) für die Fälle, in denen sich das Kind aufgrund einer Verbleibensanordnung oder einer Dauerverbleibensanordnung bei einer Pflegeperson befindet, eine – in der Literatur schon lange geforderte (KIRK des DFGT, FamRZ 2014, 891, 896; Scheiwe/Schuler/Harms/Walper/Fegert, Pflegefamilie als soziale Familien, ihre rechtliche Anerkennung und aktuelle Herausforderungen [2016] 33; Staudinger/Salgo [2020] § 1632 Rn 118) – Neuregelung geschaffen. Neben Verbesserungen der Unterstützungsmöglichkeiten für die Eltern (§ 37 SGB VIII) und Pflegepersonen (§§ 37a, 37b, 37c SGB VIII (dazu Ivanits NZFam 2022, 813, 817) ist nunmehr seit 1. 1. 2023 die Anordnung einer Dauerverbleibensanordnung nach § 1632 Abs 4 S 2 BGB möglich (dazu Veit FamRZ 2021, 1501, 1504). Zur Stabilisierung der Lage in der Pflegfamilie und zur Stärkung des Kontinuitätsbedürfnisses des Kindes gilt seit 1. 1. 2023 nicht mehr die Verpflichtung zur amtswegigen Überprüfung einer Verbleibens- oder Dauerverbleibensanordnung. Vielmehr erfolgt eine Überprüfung der Maßnahme mit dem Ziel, das Kind in die Herkunftsfamilie zurückzuführen, nur noch auf Antrag der rechtlichen Eltern.

147 Die Maßnahme ist nur dann aufzuheben, wenn die Wegnahme von der Pflegeperson das Kindeswohl nicht gefährdet. Es ist also zum einen zu prüfen, ob nunmehr in der Herkunftsfamilie keine Gefährdung mehr besteht. Zu prüfen ist aber auch, ob sich für das Kind aus dem Wechsel der Betreuungsperson eine Gefährdung ergibt (BT-Drucks 19/26107, 130; BVerfG 13. 7. 2022 – 1 BvR 580/22, FamRZ 2022, 1616; Hammer FamRZ 2022, 1581). Besteht in der Herkunftsfamilie keine Kindeswohlgefahr mehr, würde aber die Herausnahme des Kindes aus der Pflegefamilie das Kindeswohl gefährden, so kommt zwar eine Aufhebung der Verbleibensanordnung nicht in Betracht, es ist jedoch zu prüfen, ob zunächst eine befristete Verbleibensanordnung mit erneuter Überprüfung am Ende der Frist (Ivanits NZFam 2022, 813, 819) als milderer Eingriff in die Elternstellung anzuordnen ist und durch öffentliche Hilfen das Kind vorsichtig auf eine behutsam ausgestaltete Rückführung vorbereitet werden kann (Veit FamRZ 2021, 1501, 1505). Dies ist aus Sicht des BVerfG (15. 11. 2022 – 1 BvR 1667/22, FamRZ 2023, 280, 282) verfassungsrechtlich im Hinblick auf das Elternrecht der rechtlichen Eltern geboten.

VII. Änderungsfolgen

148 Die Änderung der Sorgerechtszuweisung lässt regelmäßig die **Geschäftsgrundlage** für eine **Unterhaltsvereinbarung** oder einen Unterhaltsvergleich wegfallen (OLG Köln FamRZ 1979, 328). Eine Unterhaltsberechtigung des bisher Sorgeberechtigten aus § 1570 BGB entfällt und kann umgekehrt in der Person des anderen Elternteils entstehen – demgemäß kommt die Abänderung von Unterhaltstiteln gem §§ 323, 323a ZPO oder eine Vollstreckungsgegenklage gem § 767 ZPO in Betracht.

Das **Kindesvermögen** ist gem § 1698 Abs 1 BGB an den nunmehr sorgeberechtigten Elternteil herauszugeben (zur Herausgabe von persönlichen Gebrauchsgegenständen des Kindes Peschel-Gutzeit MDR 1984, 890 ff). Das **Kind selbst** ist auf entsprechendes Verlangen gem § 1632 Abs 1 BGB herauszugeben, im Verweigerungsfall wird eine gesonderte Entscheidung gem § 1632 Abs 3 BGB (mit erneuter, aber eingeschränkter Kindeswohlprüfung) notwendig. Zur Verbleibensanordnung und ihrer Änderung Rn 146 ff. 149

VIII. Zuständigkeit und Verfahren

Zur Eigenständigkeit des Änderungsverfahrens (BGH FamRZ 1990, 1101 f; Prütting/Helms/Hammer § 166 FamFG Rn 12) und seinem Nachrang gegenüber noch möglichen Rechtsmitteln gegen die Erstentscheidung Rn 9. Es gelten die allgemeinen Regelungen des FamFG, insbesondere zu Kindschaftssachen (§§ 151 ff FamFG). 150

1. Zuständigkeit

Sachlich zuständig ist das FamG (§ 151 Nr 1 FamFG) auch dann, wenn die Erstentscheidung von einem oberinstanzlichen Gericht stammt, denn es handelt sich um ein neues, selbständiges Verfahren (BeckOK-BGB/Veit [1. 1. 2023] § 1696 Rn 51). Ob innerhalb des Gerichts der Richter oder der Rechtspfleger zuständig ist, richtet sich nach der jeweiligen Sachfrage (§§ 3 Nr 2a, 14 RPflG). 151

Die **örtliche Zuständigkeit** kann wegen der Selbständigkeit des Verfahrens eine andere sein als bei der Erstentscheidung (BGH FamRZ 1990, 1101, 1102; BayObLG FamRZ 1990, 1132, 1134; BayObLG FamRZ 1976, 41, 43). Sie folgt aus § 152 Abs 2, 3 FamFG (gewöhnlicher Kindesaufenthalt, hilfsweise Ort des Fürsorgebedürfnisses); anders nur bei Anhängigkeit einer Ehesache, § 152 Abs 1 FamFG: Hier ist das nach § 122 FamG zuständige Gericht auch für das Änderungsverfahren ausschließlich zuständig (ein zuvor eingeleitetes Änderungsverfahren ist an das Gericht der Ehesache abzugeben, § 153 FamFG). In den Scheidungsverbund wird das Änderungsverfahren allerdings nur einbezogen, wenn ein Ehegatte dies beantragt, § 137 Abs 3 FamFG. Bei eigenmächtiger Aufenthaltsveränderung des Kindes durch einen Elternteil kann das Verfahren an das Familiengericht des früheren gewöhnlichen Aufenthalts verwiesen werden (§ 154 FamFG). 152

2. Verfahren

Einleitung des Verfahrens und Ermittlungen erfolgen, wenn es um Abänderung einer gerichtlichen Entscheidung geht, grundsätzlich **von Amts wegen** (§ 26 FamFG; OLG Brandenburg FamRZ 2015, 1993; OLG Frankfurt FamRZ 2013, 1238 [LS]; OLG Frankfurt 17. 1. 2013 – 4 UF 143/12, juris Rn 9; zur Problematik Rn 55). Änderungsanträge haben in diesem Fall rechtlich nur die Bedeutung von „Anregungen" (BayObLG DAVorm 1982, 611, 613), die das Gericht nicht binden. In der Praxis herrschen derartige „Änderungsanregungen" vor. Ob ein Änderungsverfahren eingeleitet wird, entscheidet das Gericht nach **pflichtgemäßem Ermessen** – es kann trotz Änderungsantrags die Einleitung ablehnen, wenn keine Anhaltspunkte für eine Änderung, insbesondere keine neuen Umstände ersichtlich sind, oder bei rechtsmissbräuchlichen Anträgen, die nur als „Störfeuer" gegen die Teilfamilie des Sorgeberechtigten dienen (OLG Hamburg 13. 9. 2022 – 12 UF 118/22, FamRZ 2023, 219, 221 [Umgangsänderungsanregung]; OLG Frankfurt 28. 6. 153

2019 – 4 UF 136/19, juris; MünchKommBGB/Lugani § 1696 Rn 55; krit Dürbeck ZKJ 2020, 429 mwNw; **aA** OLG Karlsruhe 25. 5. 2020 – 5 UF 47/20, FamRZ 2020, 1378). Die Ablehnung ist dem „Antragsteller" mitzuteilen (§ 24 Abs 2 FamFG). Demjenigen, der einen Änderungsantrag gestellt hat oder durch die Nichteinleitung des Verfahrens in seinen subjektiven Rechten verletzt ist, steht jedoch dennoch nach der Rechtsprechung ein Beschwerderecht zu (OLG Hamburg 13. 9. 2022 – 12 UF 118/22, FamRZ 2023, 219, 220; OLG Frankfurt 30. 12. 2021 – 6 UF 237/21, FamRZ 2022, 545). Zur Einholung und Verwertung von **Sachverständigengutachten** Staudinger/Coester (2020) § 1666 Rn 281 ff; § 1671 Rn 286 ff (vgl auch OLG Zweibrücken FamRZ 2005, 745, 746).

154 Anderes gilt bei **Abänderung eines gerichtlich gebilligten Vergleichs**: Hier ist nach allgemeiner Meinung der **Antrag mindestens eines Elternteils** erforderlich, da das Gericht nicht von Amts wegen in eine einvernehmliche Regelung der Eltern eingreifen darf (BT-Drucks 16/6308, 346; NK-BGB/Harms § 1696 Rn 52; MünchKommBGB/Lugani § 1696 Rn 18; **aA** Dürbeck FamRZ 2021, 203). Mit der gerichtlichen Billigung der Elterneinigung hat das Gericht zwar Mitverantwortung für deren Inhalt (Rn 45), nicht aber die volle Verantwortung wie bei gerichtlichen Erstentscheidungen übernommen. Die allgemeine staatliche Wächterfunktion bei Kindesgefährdungen bleibt allerdings unberührt – Maßnahmen insbesondere nach § 1666 BGB hat das Gericht auch hier von Amts wegen zu treffen (BT-Drucks 16/6308, 346). Der Sache nach gilt allerdings das gleiche bei gerichtlichen Erstentscheidungen auf der Basis eines gemeinsamen Elternvorschlags nach § 1671 Abs 1 S 2 Nr 1 BGB (Rn 82, 87).

155 Für das Verfahren selbst gelten, auch bei Antragsgebundenheit der Einleitung (Rn 154), das Amtsermittlungsprinzip (§ 26 FamFG, **aA** wohl OLG Karlsruhe 25. 5. 2020 – 5 UF 47/20, FamRZ 2020, 1378), das Beschleunigungsgebot und die Regelungen zum „frühen 1. Termin" gemäß § 155 Abs 1, 2 FamFG sowie im Rahmen des § 156 FamFG die Pflicht, auf (erneute) einvernehmliche Regelung hinzuwirken. Bei Umgangsstreitigkeiten aufgrund der Erstregelung ist in der Regel ein Vermittlungsverfahren nach § 165 FamFG einer gerichtlichen Änderungsentscheidung vorzuschalten (§ 165 Abs 5 S 2 FamFG). Die **Anhörung der Beteiligten** richtet sich nach §§ 159, 160 FamFG (Einzelheiten bei Staudinger/Coester [2020] § 1666 Rn 273 ff); zu **Sachverständigengutachten** s Staudinger/Coester (2020)] § 1666 Rn 281 ff; zur Anhörung als Anerkennungsvoraussetzung bei ausländischen Sorgerechtsentscheidungen Rn 167. Ein **Verfahrensbeistand** ist **idR** zu bestellen, wenn ein Obhutswechsel des Kindes infrage steht (§ 158 Abs 2 Nr 3 FamFG) oder ein Ausschluss bzw eine wesentliche Einschränkung des Umgangsrechts (§ 158 Abs 2 Nr 5 FamFG). Aber auch außerhalb dieser Regelungsbeispiele kann die Bestellung gem § 158 Abs 1 FamFG geboten sein (dazu MünchKommFamFG/Schumann § 158 Rn 6), wie umgekehrt trotz eines Regelfalls gemäß Abs 2 ausnahmsweise von einer Bestellung abgesehen werden kann (dazu MünchKommFamFG/Schumann § 158 Rn 14, sowie im Fall des § 58 Abs 5 FamFG).

156 Eine **Beweislast (Feststellungslast)** gibt es im Änderungsverfahren nicht. Demgegenüber wird häufig behauptet, die Feststellungslast trage derjenige Elternteil, der die Änderung begehrt (OLG Frankfurt 17. 1. 2013 – 4 UF 143/12 Rn 12; BayObLG DAVorm 1984, 1048, 1053; BayObLG DAVorm 1982, 611, 613; OLG Stuttgart FamRZ 1974, 538, 540). Im Verfahren gem § 1696 Abs 1 BGB stimmt dies immerhin im praktischen Ergebnis wegen der zu überwindenden Änderungsschwelle (soweit diese nicht durch Elternkonsens oder aus anderen Gründen modifiziert ist). Ganz verfehlt ist diese Aussage jedoch bei kindesschutzrechtlichen Maßnahmen: Eingriffe in diesem Bereich bedürfen auch hinsichtlich ihres Bestandes der fortdauernden Legitimation aus den Kindesinteressen. Selbst bei früherer Kindeswohlgefährdung ist es nicht Sache der Eltern zu beweisen, dass sie ihr Kind nicht (mehr) gefährden, vielmehr haben die staatlichen Organe nicht nur den Eingriff, sondern auch dessen Fortbestand zu begründen (vgl BVerfG FamRZ 2016, 1917 Rn 39; OLG Frankfurt 17. 1. 2013 – 4 UF 143/12). Zweifeln kann im Rahmen der Tatsachenwürdigung Rechnung getragen werden, nicht über Beweislastregelungen (zu Beweisfragen im Kindesschutzrecht ZENZ, Kindesmisshandlung 376 ff).

Einstweilige Anordnungen sind möglich nach den Grundsätzen des § 49 FamFG (ausführlich zur Praxis im Bereich der elterlichen Sorge PRÜTTING/HELMS/DÜRBECK § 49 FamFG Rn 11 ff). Sie können während eines Verfahrens nach § 1696 BGB erlassen werden, setzen ein Hauptverfahren nach dieser Vorschrift aber nicht voraus. Das Anordnungsverfahren bleibt ein selbständiges Verfahren, auch wenn das Hauptsacheverfahren gem § 1696 BGB später eröffnet wird (§ 51 Abs 3 FamFG; zur Zuständigkeit der §§ 50, 152 FamFG; zur „Erzwingung" eines antragsgebundenen Hauptverfahrens nach Erlass einer einstweiligen Anordnung durch den Unterlegenen s § 52 Abs 2 FamFG). Eine einstweilige Anordnung beseitigt aber nicht das Rechtsschutzbedürfnis zur Einleitung eines Hauptverfahrens, denn die Hauptsacheentscheidung ist fundierter und bestandskräftiger als eine einstweilige Anordnung (OLG Nürnberg FamRZ 2010, 1679). Eines **Antrags** bedarf es nur, wenn auch das Hauptverfahren antragsabhängig ist (§ 51 Abs 1 FamFG) – hier also nur, wenn es um Abänderung eines gerichtlich gebilligten Vergleichs geht (Rn 154). Ist ein solches Hauptverfahren schon auf Antrag eingeleitet, bedarf es für den Erlass einer einstweiligen Anordnung eines besonderen Antrags; im Amtsverfahren können die Parteien den Erlass einer einstweiligen Anordnung anregen (§ 24 FamFG). **157**

Der Sache nach sind einstweilige Anordnungen gem § 1696 BGB zulässig und geboten, **wenn „ein dringendes Bedürfnis für ein sofortiges Tätigwerden besteht"** (§ 49 Abs 1 FamFG). Dies ist nach der Rechtsprechung zu § 1696 BGB der Fall, wenn andernfalls eine „nachhaltige Beeinträchtigung des Kindeswohls ernsthaft zu befürchten ist" (OLG Zweibrücken FamRZ 2005, 745). Um mehrfache Aufenthaltswechsel des Kindes zu vermeiden, ist auf den mutmaßlichen Ausgang des Änderungsverfahrens abzustellen: Eine vorläufige *Übertragung des Aufenthaltsbestimmungsrechts auf den nichtsorgeberechtigten Elternteil* sollte nur erfolgen, wenn (neben der stets erforderlichen Dringlichkeit einer alsbaldigen Regelung) eine Änderung zugunsten dieses Elternteils wahrscheinlich ist (BayObLGZ 1961, 262, 264 f; OLG Karlsruhe FamRZ 1984, 91, 92; OLG München FamRZ 1981, 389; OLG Bamberg FamRZ 2001, 1310) oder wenn eine Aufenthaltsänderung durch den Sorgeberechtigten verhindert werden soll (OLG Karlsruhe FamRZ 1992, 978, 979). Letztlich ausschlaggebend ist aber auch hier allein das Kindeswohl im Einzelfall (OLG Köln FamRZ 1971, 188, 189). Entsprechendes gilt für *Anordnungen zugunsten des Sorgeberechtigten,* wenn das Kind seit längerem tatsächlich beim anderen Elternteil lebt – der routinemäßige Erlass einer einstweiligen Anordnung der Herausgabe an den noch sorgeberechtigten Elternteil würde die Gefahr eines mehrfachen Wechsels erhöhen (vgl den Sachverhalt in OLG Schleswig FamRZ 1990, 433; Rn 96 f). Umgekehrt kann die einstweilige Herausgabeanordnung geboten sein, um die Schaffung vollendeter Fakten durch den nichtsorgeberechtigten Elternteil zu verhindern (OLG Zweibrücken FamRZ 2005, 745). Um der endgültigen Entscheidung nicht mehr als notwendig vorzugreifen, sind vorläufige Anordnungen strikt auf das *erfor-* **158** *derliche Ausmaß zu begrenzen* (BVerfG FamRZ 1994, 223, 224; BayObLGZ 1961, 262, 266, 268), sie können sich idR auf das Aufenthaltsbestimmungsrecht bzw die Herausgabe beschränken (vgl OLG München FamRZ 1981, 389, 390; OLG München FamRZ 1977, 749). Die trotz Eilbedürftigkeit möglichen Aufklärungen und Anhörungen sind durchzuführen (BVerfG FamRZ 1994, 223, 224 f). Im Änderungsverfahren nach §§ 1696, 1671, 1672 BGB kann durch vorläufige Anordnung auch dann der **Umgang** geregelt werden, wenn nicht zugleich ein Umgangsverfahren anhängig ist.

159 Eine **erlassene Anordnung** kann vom Gericht auch ohne Änderung der Sach- oder Rechtslage wieder aufgehoben werden (§ 54 Abs 1 S 1 FamFG; Rn 42), bei Antragsverfahren allerdings wiederum nur auf Antrag (§ 54 Abs 1 S 2 FamFG). Hatte das Gericht ohne mündliche Verhandlung entschieden, kann der Beschwerte gem § 54 Abs 2 FamFG erneute Entscheidung verlangen.

160 Die **eigenständige Beschwerdefähigkeit von einstweiligen Anordnungen** besteht nur in Ausnahmefällen. Sie richtet sich nach § 57 FamFG und ist im Bereich von § 1696 BGB in der Regel zulässig, wenn die Anordnung aufgrund mündlicher Erörterung ergangen ist (vgl § 51 Abs 2 S 2 FamFG; keine Beschwerde ohne mündliche Verhandlung, aber § 54 Abs 2 FamFG). Eine einstweilige Anordnung ist auch erstmalig im Beschwerdeverfahren zulässig (Schnitzler FF 2012, 62, 65). Die persönliche **Beschwerdefähigkeit** richtet sich nach §§ 59, 162 Abs 3 S 2 FamFG, die **Beschwerdefrist** beträgt zwei Wochen (§ 63 Abs 2 Nr 1 FamFG). Das Familiengericht, das die einstweilige Anordnung erlassen hat, ist nicht zur Abhilfe befugt, § 58 Abs 1 S 2 FamFG. In einem einstweiligen Anordnungsverfahren gebietet nach Ansicht des BVerfG (BVerfG 15. 2. 2023 – 1 BvR 1773/22, FamRZ 2023, 781; 7. 3. 2023 – 1 BvR 221/23, FamRZ 2023, 944) § 68 Abs 5 FamFG nicht unbedingt eine nochmalige Anhörung des Kindes.

161 Bei **Wiederheirat der Eltern während des Änderungsverfahrens** wird dieses gegenstandslos (Rn 13; KG FamRZ 1982, 736). Getroffene kindesschutzrechtliche Maßnahmen bleiben allerdings bestehen, sind jedoch aus diesem Anlass nach Abs 2 und § 166 Abs 2 FamFG zu überprüfen (Rn 138).

3. Entscheidung

162 Eine **Aussetzung der Entscheidung** bei eigentlich angezeigter Änderung kann aus dem Grundsatz der Verhältnismäßigkeit geboten oder zumindest sinnvoll sein, wenn die Hoffnung besteht, dass der grundsätzlich geeignete Sorgeberechtigte, der durch punktuelles Verhalten Anlass zum Änderungsverfahren gegeben hat, dieses unter dem Druck der angekündigten Änderungsentscheidung wieder aufgibt. Eine intensive Bindung des Kindes an den Sorgeberechtigten kann so erhalten und der kindesschädigende Einfluss dennoch beseitigt werden (vgl AG Berlin-Charlottenburg KJ 1983, 208, 210, dazu Rn 106). Die Überprüfungspflicht des Gerichts gem § 166 Abs 3 FamFG (Rn 144 ff) gilt auch in diesem Fall.

163 Gemäß *§ 21 Abs 1 FamFG* kann überdies ein Verfahren – wie etwa ein Ordnungsmittelverfahren wegen Verletzung einer Umgangsrechtsentscheidung – ausgesetzt werden, wenn die zugrunde gelegte Umgangsregelung von einem Elternteil angegriffen und eine Änderung gem § 1696 Abs 1 BGB beantragt worden ist. Das Ergebnis dieses Verfahrens kann die Durchsetzbarkeit von Sanktionen wegen Verletzung der bisherigen Umgangsregelungen in Frage stellen (OLG Braunschweig FamRZ 2018, 927 f).

164 Das Verfahren nach Abs 1, 2 ist **stets durch eine Endentscheidung (Beschluss, § 38 FamFG, mit Rechtsbehelfbelehrung**, § 39 FamFG) **abzuschließen**, auch wenn die Änderung abgelehnt wird. Das Verfahren **erledigt** sich allerdings ohne Weiteres, wenn das Kind inzwischen **volljährig** geworden ist (BGH FamRZ 1993, 314). Die Entscheidung wird **wirksam** mit (formloser) Bekanntgabe an die Eltern oder den künftigen Sorgeberechtigten (§§ 40, 41 FamFG).

4. Rechtsmittel

165 **Familiengerichtliche Entscheidungen** unterliegen der **befristeten Beschwerde** gem §§ 58 ff FamFG; insoweit gelten die Ausführungen zu einstweiligen Anordnungen (Rn 160) gleichermaßen. Dies gilt auch bei Ablehnung der Einleitung eines Änderungsverfahrens (Rn 153; OLG Hamburg 13. 9. 2022 – 12 UF 118/22, FamRZ 2023, 219, 220; OLG Frankfurt 30. 12. 2021 – 6 UF 237/21, FamRZ 2022, 545). Das Beschwerdegericht hat grundsätzlich selbst in der Sache zu entscheiden (§ 69 Abs 1 S 1 FamFG; Ausnahme S 2–4). Ob im Beschwerdeverfahren nach § 1696 Abs 2 auch § 68 Abs 5 FamFG zu beachten ist, also ein Termin mit einer mündlichen Verhandlung durchzuführen und die Betroffenen einschließlich des Kindes noch einmal anzuhören sind, ist streitig (Hammer FamRZ 2022, 1581, 1583). Ob eine unterbliebene Anhörung des Kindes einen Verfassungsverstoß darstellt, hängt von dem konkreten Fall und der Intensität der Ermittlungen der Vorinstanz ab (BVerfG 13. 7. 2022 – 1 BvR 580/22, FamRZ 2022, 1616; dazu Hammer FamRZ 2022, 1581 ff; Witt FamRZ 2021, 1510) ab.

5. Kosten

166 Eine Kostenentscheidung ist obligatorisch (§ 81 Abs 1 S 3 FamFG); die Kosten richten sich nach § 3 Abs 2 FamGKG, Anlage 1 (Kostenverzeichnis) Nr 1310. Das Gericht kann jedoch auch von der Erhebung von Kosten absehen, § 81 Abs 1 S 2 FamFG (OLG Schleswig 20. 10. 2022 – 15 WF 183/22 Rn 8 f).

IX. Auslandsbezüge

167 Die **internationale Zuständigkeit** folgt idR aus Art 7 Abs 1 Brüssel IIb-VO (Verordnung [EG] Nr 2019/1111 des Rates vom 25. 6. 2019, ABl EU 2019 L 178/1), maßgeblich ist demnach der **gewöhnliche Aufenthalt des Kindes** (dazu näher noch zur insoweit identischen Brüssel IIa-VO: Staudinger/Pirrung [2018] Vorbem C zu Art 19 EGBGB). Im Verhältnis zu Nichtmitgliedstaaten der Brüssel IIb-VO gilt im Grundsatz dasselbe gem Art 5 KSÜ. Das **anwendbare Recht** ist in der Brüssel IIb-VO nicht geregelt, insoweit sollte ebenfalls auf das KSÜ (Art 15 Abs 1 KSÜ: eigenes Recht des Gerichts) zurückgegriffen werden. Die *Anerkennung* ausländischer Sorgerechtsentscheidungen ist zu versagen, wenn die Voraussetzungen der §§ 108, 109 FamFG nicht erfüllt sind. Im Rahmen der EU ist die Brüssel IIb-VO (Art 30 ff) maßgeblich; fehlende Kindesanhörung kann deshalb der Anerkennung von Sorgerechtsentscheidungen auch aus EU-Staaten entgegenstehen, Art 39 Abs 2 Brüssel IIb-VO (OLG München FamRZ 2015, 602, 603; dazu auch noch zur insoweit identischen Brüssel IIa-VO: Staudinger/Pirrung [2018] Vorbem C 124 zu Art 19 EGBGB). Auch andere Möglichkeiten des ausländischen Gerichts, die Kin-

deswohlbelange und den Kindeswillen zu berücksichtigen, können ausreichend sein (OLG Nürnberg 15. 10. 2020 – 10 UF 652/20, FamRZ 20221, 600, 601).

168 Grundsätzlich sind **auch ausländische Sorge- oder Umgangsrechtsentscheidungen** bei Anwendbarkeit deutschen Rechts **nach den Maßstäben des § 1696 Abs 1 BGB abänderbar** (BVerfG 5. 9. 2023 – 1 BvR 1691/22 Rn 12 f), auch ausländische Änderungsentscheidungen (Rn 9; OLG Hamm FamRZ 1991, 1466, 1468; OLG Karlsruhe FamRZ 1995, 562 ff; OLG München FamRZ 1997, 106; AG Würzburg FamRZ 1998, 1319), nicht jedoch gesetzliche Sorgerechtsverhältnisse (OLG Karlsruhe FamRZ 1995, 562, 563). Die Anerkennungsfähigkeit von Entscheidungen steht nicht entgegen, sondern ist Voraussetzung der Abänderbarkeit (BGH NJW-RR 1986, 1130; OLG Stuttgart FamRZ 2018, 39 [LS] = 8. 6. 2017 – 17 UF 45/16, juris; OLG Hamm 15. 9. 2014 – 3 UF 109/13, juris Rn 40 = FamRZ 2015, 346 [LS]; OLG Bamberg FamRZ 1990, 1135, 1136). Bei fehlender Anerkennungsfähigkeit ist nach den Grundsätzen der Erstentscheidung zu verfahren. Bei **internationalen Kindesentführungen** schiebt sich *vor* die Änderungsfrage die Frage einer Rückführung des Kindes nach dem HKÜ bzw ESÜ (dazu Staudinger/Pirrung [2018] Vorbem D und E zu Art 19 EGBGB). Diese Abkommen können ein Änderungsverfahren ausschließen (Art 16 HKÜ; AG Würzburg FamRZ 1998, 1319, 1320; zur gebotenen Zurückhaltung bei Änderungen zugunsten des Entführers schon vor Inkrafttreten der Übereinkommen OLG Bamberg FamRZ 1990, 35 f; OLG Bamberg FamRZ 1987, 185). Allerdings kann in Ausnahmefällen auch eine rechtskräftige, aber noch nicht vollzogene Rückgabeentscheidung abgeändert werden, wenn sich beim begünstigten Elternteil disqualifizierende Umstände ergeben (OLG Karlsruhe FamRZ 2000, 1428; OLG Karlsruhe KindPrax 2002, 134, 136: Verhaftung wegen Diamantenraubs bzw Drogenmissbrauchs) oder schwerwiegende Gründe des Kindeswohl entgegenstehen (BVerfG 10. 8. 2022 – BvQ 50/22, juris). In diesem Fall sind „triftige Änderungsgründe" gem § 1696 Abs 1 BGB aber nur solche, die auch eine anfängliche Ablehnung der Rückgabe gem Art 13 HKÜ gerechtfertigt hätten. Die Änderungsentscheidung ist dann eine solche nach Art 19 HKÜ, nicht eine Sorgerechtsentscheidung. Erst die Ablehnung der Rückführung macht gem Art 16 HKÜ den Weg frei für die Einleitung eines Änderungsverfahrens nach § 1696 Abs 1 BGB. Bei *Entführungen ins Ausland* während eines Änderungsverfahrens besteht, wie bei Erstentscheidungen, die internationale Zuständigkeit begrenzt fort (Art 9 Brüssel IIb-VO). Von sanktionierenden Sorgerechtsentscheidungen zuungunsten des Entführers ist abzusehen, auch hier entscheidet ausschließlich das Kindesinteresse (Staudinger/Coester [2020] § 1671 Rn 43, 196, 225).

169 Ist bei **islamischen Familien** kraft des gemeinsamen Heimatrechts der beteiligten Personen die elterliche Sorge für ein Kleinkind dem Vater, die Personensorge aber zeitlich begrenzt der Mutter zugefallen *(hadanah),* so kann bei Ablauf der *hadanah* aus Kontinuitätsgründen das Sorgerecht der Mutter übertragen werden (OLG Zweibrücken FamRZ 1975, 172 ff). Ist in einem **US-amerikanischen Scheidungsurteil** beiden Eltern die rechtliche Sorge („joint legal custody") zugesprochen und einem Elternteil die tatsächliche Betreuung („sole physical custody" [das OLG Zweibrücken FamRZ 2000, 690 spricht irrtümlich von „joint physical custody"]), so entspricht dies der Kompetenzverteilung gem § 1687 Abs 1 BGB; ein Grund zur Änderung besteht regelmäßig nicht (OLG Zweibrücken FamRZ 2000, 690).

§ 1697
(weggefallen)

§ 1697a
Kindeswohlprinzip

(1) Soweit nichts anderes bestimmt ist, trifft das Gericht in Verfahren über die in diesem Titel geregelten Angelegenheiten diejenige Entscheidung, die unter Berücksichtigung der tatsächlichen Gegebenheiten und Möglichkeiten sowie der berechtigten Interessen der Beteiligten dem Wohl des Kindes am besten entspricht.

(2) Lebt das Kind in Familienpflege, so hat das Gericht, soweit nichts anderes bestimmt ist, in Verfahren über die in diesem Titel geregelten Angelegenheiten auch zu berücksichtigen, ob und inwieweit sich innerhalb eines im Hinblick auf die Entwicklung des Kindes vertretbaren Zeitraums die Erziehungsverhältnisse bei den Eltern derart verbessert haben, dass diese das Kind selbst erziehen können. Liegen die Voraussetzungen des § 1632 Absatz 4 Satz 2 Nummer 1 vor, so hat das Gericht bei seiner Entscheidung auch das Bedürfnis des Kindes nach kontinuierlichen und stabilen Lebensverhältnissen zu berücksichtigen. Die Sätze 1 und 2 gelten entsprechend, wenn das Kind im Rahmen einer Hilfe nach § 34 oder § 35a Absatz 2 Nummer 4 des Achten Buches Sozialgesetzbuch erzogen und betreut wird.

Materialien: Art 1 Nr 26 KindRG 1998;
KJSG 2021.

Systematische Übersicht

I. Normzweck

Das Kindeswohlprinzip ist beherrschender Leitgedanke des gesamten Kindschaftsrechts, entsprechend seiner zentralen Bedeutung auf verfassungsrechtlicher Ebene als Rechtfertigung und Leitpunkt des Elternrechts gem Art 6 Abs 2 GG als einer primär fremdnützigen Sorgekompetenz (ständige Rspr des BVerfG seit BVerfGE 24, 119, 143 f; BVerfGE 37, 217, 252; BVerfGE 60, 79, 88; BVerfGE 61, 358, 372; BVerfG FamRZ 2010, 1622, 1623; näher vMünch/Kunig/Heiderhoff Grundgesetz [2021] Art 6 Rn 137 ff). Dieser Leitgedanke war als solcher jedoch lange Zeit nicht herausgestellt, vielmehr ist die Maßgeblichkeit des Kindeswohls in einer Vielzahl von Einzelvorschriften, jeweils mit unterschiedlichem Gewicht, ausdrücklich normiert (zB §§ 1626a Abs 2, 1631b, 1

1631d Abs 1 S 2, 1631e Abs 3 S 2, 1632 Abs 4, 1666, 1671, 1678 Abs 2, 1684 Abs 4 S 1 und S 2, 1685 Abs 1, 1686, 1686a, 1687 Abs 2, 1687b Abs 2, 1693, 1696 Abs 1 S 1 BGB; rechtsdogmatische Analyse bei Coester, Das Kindeswohl als Rechtsbegriff [1983] S 143 ff, 162 ff). Der durch das KindRG 1998 neu geschaffene § 1697a Abs 1 BGB soll das über diesen Einzelvorschriften schwebende **Grundprinzip** verdeutlichen und zugleich eine **Auffangvorschrift** bereitstellen für Entscheidungssituationen, in denen das positive Recht den Maßstab für die gerichtliche Entscheidung offenlässt (BT-Drucks 13/4899, 110 f; näher unten Rn 3 f). In jüngerer Zeit wird diese Grundfunktion des § 1697a Abs 1 BGB auch in der Rechtspraxis zunehmend erkannt und die Leitbildfunktion des Kindeswohls betont (s unten Rn 6; vgl auch Osthold, Elternkonflikte, 681; deshalb für eine gesetzessystematische Verlagerung der Norm an eine prominentere Stelle ua Hammer FamRZ 2018, 229, 235; zur notwendigen Qualifikation von Richtern und Anwälten: Strnad FamRZ 2022, 1910).

2 Dem Wortlaut nach ist § 1697a Abs 1 BGB auf Sorge- und Umgangsverfahren nach dem 5. Titel (§§ 1626–1698b BGB) beschränkt; einer analogen Anwendung in anderen kindschaftsrechtlichen Verfahren steht jedoch nichts entgegen (zB § 1617 Abs 2 S 1 BGB; vgl Staudinger/ Lugani [2020] § 1617 Rn 73). Auch das Verfahren als solches ist dem Kindeswohlprinzip verpflichtet (daher Notwendigkeit eines einheitlichen Sorgerechtsverfahrens: KG 28. 11. 2022 – 16 UF 129/22, FamRZ 2023, 606 m Anm Rake). Selbst außerhalb des eigentlichen Kindschaftsrechts (und über den Wortlaut von § 1697a BGB hinaus) kann die Vorschrift Bedeutung entfalten, wenn es um kindesbezogene Entscheidungen von Gerichten geht (zur Vormundsauswahl gem § 1778 BGB nF (§ 1779 Abs 2 aF) s OLG Düsseldorf FamRZ 2010, 308, 309; zur gerichtlichen Genehmigung einer Entlassung aus der deutschen Staatsangehörigkeit gem § 19 Abs 1 StAG s OLG Stuttgart FamRZ 2004, 291, 292).

3 **Zum sachlichen Inhalt des Kindeswohlprinzips** kann auf grundsätzliche Darstellungen anderwärts verwiesen werden (Staudinger/Coester [2020] § 1666 Rn 65 ff, § 1671 Rn 153 ff). § 1697a Abs 1 BGB fügt dem **nichts Neues** hinzu – das Prinzip der Einzelfallgerechtigkeit (Staudinger/Coester [2020] § 1666 Rn 64, § 1671 Rn 173 ff) umfasst ohne Weiteres die „Berücksichtigung der tatsächlichen Gegebenheiten und Möglichkeiten" iS dieser Vorschrift, und die „berechtigten Interessen der Beteiligten" verweisen auf die stets notwendige, abgewogene Interessenabwägung aller Betroffenen unter Voranstellung des Kindeswohls (Staudinger/Coester [2020] § 1666 Rn 73, § 1671 Rn 157 ff, 174). Die neuere Rechtsprechung streicht in diesem Zusammenhang zunehmend die Bedeutung des Kindeswillens heraus. Dieser Wille ist – insbesondere, aber nicht nur bei dem urteilsfähigen Kind – ein gewichtiger Aspekt in der Feststellung des Kindeswohls (OLG Frankfurt 17. 8. 2021 – 6 UF 120/21, FamRZ 2021, 1533, 1535 m Anm Lipp – COVID-Impfung; OLG Bamberg 14. 3. 2022 – 24 UF 29/22, ZKJ 2022, 261 – strikte Ablehnung eines Auskunftsverlangens durch die Kinder bei vorangegangenem sexuellem Missbrauch durch den Elternteil). Dies setzt nach Meinung des BGH allerdings eine autonome Willensbildung des Kindes voraus und ist auch nur ein Element der Kindeswohlbestimmung (BGH 27. 11. 20219 – XIIZB 511/18, FamRZ 2020, 252 Rn 17 ff m Anm Schwonberg).

4 Soweit § 1697a Abs 1 BGB **andere Normen ergänzt** (unten Rn 6), wird dort eine „offene", dh nicht durch Eingriffshürden oder sonstige Modifikationen eingeschränkte Kindeswohlabwägung vorgeschrieben: Es ist die dem Kindeswohl „am besten entsprechende" Entscheidung zu treffen (BGH 1. 2. 2017 – XII ZB 601/15, BGHZ 214, 31 Rn 7 f;

OLG Brandenburg 31. 1. 2020 – 13 UF 207/19 Rn 25, NJW-RR 2020, 458), nicht eine, die dem Kindeswohl „dient" (§ 1685 Abs 1 BGB), „erforderlich" (§ 1684 Abs 4 S 1 BGB) oder aus „triftigen Gründen angezeigt" ist (§ 1696 Abs 1 S 1 BGB). Insoweit ist die Zitierung von § 1697a Abs 1 BGB kumulativ zu diesen Vorschriften nicht nur überflüssig, sondern irreführend (zu dieser Praxis vgl OLG Nürnberg FamRZ 2003, 163 f; OLG Schleswig FamRZ 2003, 1494, 1495; OLG Celle ZKJ 2012, 446 Rn 9; KG 5. 4. 2012 – 17 U 50/12, juris Rn 12). Das Gleiche gilt für Vorschriften, die auf Abwehr einer „Kindeswohlgefährdung" gerichtet sind (s unten Rn 7).

Der neue Abs 2 zu § 1697a BGB, der durch das Gesetz zur Stärkung von Kindern und Jugendlichen (KJSG) (v 3. 6. 2021, BGBl 2021 I 1444, in Kraft getreten am 10. 6. 2021) eingeführt wurde, weicht nicht von dessen sehr allgemein formuliertem Abs 1 ab, sondern konkretisiert ihn nur für die besondere Situation eines Konflikts zwischen Pflegefamilie und Herkunftsfamilie in den bezeichneten Familien-Konstellationen. Die Betonung des besonderen Bedürfnisses des Kindes nach Stabilität und Kontinuität (wie im – nicht erwähnten, aber wohl mitgedachten – „Kaukasischen Kreidekreis") ist als Ermahnung an die entscheidenden Instanzen zu verstehen, dem emotionalen und psychologischen Zugehörigkeitsempfinden des Kindes gebührendes Gewicht beizumessen. Allerdings sollte nicht vergessen werden, dass das BVerfG (BVerfG 15. 11. 2022 – 1 BvR 1667/22, FamRZ 2023, 280) noch einmal darauf hingewiesen hat, mit jedem Abbruch einer gelebten Eltern-Kind-Beziehung gehe eine Belastung für das Kind einher. Dies dürfe aber nicht automatisch dauerhaft eine Rückführung zu den rechtlichen Eltern ausschließen. Vielmehr sei der Staat verpflichtet, durch geeignete Schutzmaßnahmen für eine Rückkehrmöglichkeit des Kindes in den Elternhaushalt *ohne* Kindeswohlgefährdung Sorge zu tragen, 5

II. Auffangvorschrift

1. Ergänzung und Lückenfüllung

§ 1697a Abs 1 BGB soll sicherstellen, was zuvor durch Rechtsanalogie geleistet worden ist: Die Gewinnung eines übergreifenden Rechtsprinzips aus Einzelvorschriften und seine Anwendung auf andere, ergänzungsbedürftige Normen. Ist ein bestimmter Kindeswohlmaßstab gesetzlich vorgegeben, kann er nicht durch Rückgriff auf § 1697a BGB relativiert werden. Die – neuerdings zunehmende – Gerichtspraxis, *neben* speziellen Kindeswohlvorschriften auch noch § 1697a Abs 1 BGB zu zitieren (zB OLG Düsseldorf FamRZ 2018, 693, 694 [„§§ 1671, 1697a BGB"]), widerspricht dem ausdrücklich subsidiären Charakter dieser Vorschrift, ist aber letztlich unschädlich. Als **Anwendungsfelder** kommen solche Vorschriften in Betracht, die sich zu Anwendungsvoraussetzungen und Entscheidungsmaßstab nicht äußern (zB **§§ 1628** [vgl BVerfG FamRZ 2003, 511; KG 25. 7. 2017 – 13 UF 110/17, ZKJ 2018, 230, 231; OLG Düsseldorf FamRZ 2010, 1255 f; OLG Schleswig FamRZ 2011, 1304; OLG Koblenz FamRZ 2015, 1723, 1724; Staudinger/Lettmaier [2020] § 1628 Rn 72], **1632 Abs 3, 1643–1645** [vgl OLG Schleswig SchlHAnz 2013, 167 Rn 10], **1684 Abs 3 S 1 BGB** [vgl BVerfG FamRZ 2010, 1622, 1623; BGH FamRZ 2017, 532 Rn 8; OLG Karlsruhe FamRZ 2018, 758, 759; Brandenburgisches OLG FamRZ 2015, 1818 LS; OLG Frankfurt FamRZ 2013, 475 Rn 12; OLG Naumburg FamRZ 2002, 564; OLG Schleswig FamRZ 2003, 950; OLG Köln FamRZ 2004, 52; vgl auch Schumann GutA 72. DJT 2018, C.III. 1. und 2., C.IV.1.a, c]), aber auch solche mit insoweit unklaren Vorgaben (zB **§ 2 Abs 3 S 2 RKEG**: „Zwecke der Erziehung maßgebend", oder **§ 1778 BGB nF** [§ 1779 Abs 2 aF] 6

[Vormundsauswahl], dazu BVerfG FamRZ 2012, 938, 939; OLG Düsseldorf FamRZ 2010, 308, 309; OLG Düsseldorf FamRZ 2010, 1683; OLG Hamm FamRZ 2010, 1745). Keines Rückgriffs auf § 1697a Abs 1 BGB bedarf es (entgegen zunehmender Zitierpraxis, vgl OLG Düsseldorf FamRZ 2018, 693, 694) schließlich bei Vorschriften, die den gleichen positiven Kindeswohlmaßstab ausdrücklich anordnen (§ 1671 Abs 1 S 1 Nr 2 und Abs 2 S 2 Nr 2 BGB) – was eine wechselseitige Berücksichtigung einschlägiger Rechtsprechung oder Literatur nicht ausschließt. **Stets** muss es sich um **Entscheidungsnormen für die Gerichte** handeln, Adressat des § 1697a Abs 1 BGB sind *nicht die Eltern* (deren Kindeswohlbindung folgt aus §§ 1626, 1627 BGB; zur unterschiedlichen Bedeutung des Kindeswohls für Eltern und Gerichte vgl Coester, Das Kindeswohl als Rechtsbegriff 207 ff; Staudinger/Lettmaier [2020] § 1627 Rn 15).

7 Gleich bleibt, ob der Ergänzungsbedarf auf der Ebene der **Eingriffsvoraussetzungen** besteht (sofern nur der Eingriff als solcher grundsätzlich eröffnet ist, vgl Rn 10) oder nur auf der Ebene der **Maßnahmenauswahl** (BT-Drucks 13/4899, 110 f; die Alternative entspricht dem „Ob“ und dem „Wie“ einer Entscheidung). Beides kann zusammenfallen: Bei § 1628 BGB darf gem § 1697a Abs 1 BGB in die Sorgegemeinsamkeit der Eltern nur eingegriffen werden, wenn dies dem Kindeswohl am besten entspricht (vgl OLG Hamm FamRZ 2014, 1712 [noch keine Entscheidungsnotwendigkeit über religiöse Erziehung bei erst 8-jährigen Kindern]); derselbe Maßstab bestimmt aber auch, auf *welchen Elternteil* die Entscheidung gegebenenfalls zu übertragen ist. Bei der Schlichtungs- und Regelungsfunktion des Familiengerichts gemäß § 1684 Abs 3 BGB hingegen gilt das Kindeswohlprinzip schwerpunktmäßig für das „Wie“ der zu treffenden Regelung.

2. Keine Korrektur anderweitiger Gesetzeswertungen

8 Aus dem Einleitungssatz des § 1697a Abs 1 BGB („Soweit nichts anderes bestimmt ist“) ergibt sich zweifelsfrei die nur subsidiäre Geltung dieser Vorschrift, dh ihr **Nachrang gegenüber speziellen Regelungen**. § 1697a BGB ist keine die gesetzlichen Strukturen im 5. Titel relativierende, unter den generellen Vorbehalt des Kindeswohls stellende Generalklausel – dann wären alle Sonderregelungen überflüssig.

9 Insbesondere kann § 1697a Abs 1 BGB nicht herangezogen werden, um das Antragsprinzip des § 1671 Abs 1 S 1 BGB (so aber Diederichsen NJW 1998, 1977, 1986 [Begründung von Alleinkompetenzen eines Elternteils bei gemeinsamem Sorgerecht der Eltern]) oder die Bindung des Familiengerichts an den Elternkonsens nach § 1671 Abs 1 S 2 Nr 1 BGB (so aber Schwab FamRZ 1998, 457, 461) zu unterlaufen. Ist nach § 1671 Abs 1 S 2 Nr 2 BGB zu entscheiden, gilt der dort festgelegte Abwägungsmaßstab, nicht das allgemeine Kindeswohlprinzip des § 1697a Abs 1 BGB (anders Schwab FamRZ 1998, 457, 461). Auch kann unter Berufung auf § 1697a Abs 1 BGB nicht die qualifizierte Änderungsschwelle des § 1696 Abs 1 BGB umgangen werden (so aber Ewers FamRZ 1999, 477, 479; andeutungsweise auch OLG Karlsruhe FamRZ 1999, 801, 802; dagegen BVerfG FamRZ 2015, 210, 211; P Huber FamRZ 1999, 1625, 1629). Diese Schwelle ist flexibel genug, um den verschiedenen Anwendungssituationen Rechnung tragen zu können (§ 1696 Rn 69 ff). Schließlich sollte es einem Elternteil auch nicht ermöglicht werden, mittels Verweis auf das Kindeswohlprinzip des § 1697a Abs 1 BGB die Bindungswirkung gerichtlicher (Umgangs-)Entscheidungen zu relativieren (so aber Schwab FamRZ 2002, 1297, 1301 f). Angesichts der Subjektivität konkreter Kindeswohlinterpretationen stände die Bindungswirkung dann weitgehend zur Disposition des Elternteiles. Droht bei Durchführung einer gerichtlichen Anordnung Schaden für das Kind, ist dem primär durch Änderungsanträge (auch auf vorläufige Anordnung) Rechnung zu tragen.

Zu den verbindlichen Vorgaben für § 1697a Abs 1 BGB gehört auch die **grundsätzliche Demarkationslinie zwischen elterlicher und staatlicher Kindeswohlverantwortung**, wie sie in Konkretisierung von Art 6 Abs 2 GG insbesondere von den §§ 1631b, 1632 Abs 4, 1666 ff BGB definiert ist. Diese Grenze ist vom Gesetzgeber für einige Sondersituationen vorverlegt worden (zB §§ 1628, 1671, 1696 BGB). § 1697a BGB kann jedoch nicht als eine solche Vorschrift verstanden werden: Sie würde den verfassungsrechtlichen Elternvorrang zur Disposition des richterlichen Kindeswohlverständnisses stellen (so – mit Bezug auf § 1684 Abs 4 S 2 BGB – BVerfG NJW 2013, 1867 Rn 28). Die Entwurfsbegründung, nach der § 1697a BGB „allgemeine Eingriffsvoraussetzungen für gerichtliche Entscheidungen auf dem Gebiet der elterlichen Sorge" enthält (BT-Drucks 13/4899, 110), ist insoweit missverständlich. Die gerichtliche Eingriffslegitimation muss in einer anderweitigen Vorschrift grundsätzlich begründet sein (wie in § 1628 BGB, den die Entwurfsbegründung als Beispiel zitiert); bleibt offen, wann genau von ihr Gebrauch zu machen ist, kann § 1697a BGB konkretisierend hinzugezogen werden (Rn 7, Coester DEuFamR 1999, 3, 11; Gernhuber/Coester-Waltjen § 66 Rn 8 [zu § 1684 Abs 2 BGB]). Eingriffsmöglichkeiten in die elterliche Sorge, die anderweitig nicht eröffnet werden, können hingegen auch nicht auf § 1697a Abs 1 BGB gestützt werden (Rn 3; MünchKommBGB/Lugani § 1697a Rn 1; BeckOK-BGB/Veit [1. 1. 2023] § 1697a Rn 1). 10

III. Besonderheiten bei Pflegekindern und Kindern in Kinder- und Jugendhilfeeinrichtungen (Abs 2)

1. Anwendungsbereich

Mit dem neuen Abs 2 hat der Gesetzgeber versucht, den besonderen Bedürfnissen von Kindern, die von ihren rechtlichen Eltern getrennt (worden) sind, Rechnung zu tragen. Für diese Spezialfälle werden die Kindesbedürfnisse unter Berücksichtigung des Elternrechts konkretisiert. Dabei wird durch die Gleichheit der Formulierungen in § 1697a Abs 2 BGB und § 37c Abs 2 SGB VIII ein Gleichlauf der Wertungen von Familiengericht und Jugendamt ermöglicht. Diese Leitlinien finden auch dann Anwendung, wenn die relevanten Normen eigene Kindeswohlmaßstäbe enthalten (BT-Drucks 19/26107, 132). 11

Voraussetzung ist lediglich, dass sich das Kind in Familienpflege (Abs 2 S 1) oder in einer Kinder- und Jugendhilfeeinrichtung befindet (Abs 2 S 2). Auf die Dauer dieses Aufenthaltes kommt es hier (anders als in §§ 1630 Abs 3, 1632 Abs 4, 1688) nicht an. Die zu berücksichtigende Möglichkeit einer Rückführung des Kindes in seine Herkunftsfamilie ist nämlich ab Beginn der Maßnahme ein wichtiger Faktor und kann weichenstellend sein. Insofern dient dieser Aspekt dem Kindeswohl und dem Elternrecht. Ob es sich um ein Kindesschutzverfahren (nach §§ 1666, 1666a BGB) oder ein Umgangsverfahren (nach § 1684 Abs 3 BGB) handelt, ist ebenfalls unerheblich (BeckOK-BGB/Veit [1. 1. 2023] § 1697a Rn 6 ff). 12

2. Perspektive der Erziehungsfähigkeit der Herkunftsfamilie (Abs 2 S 1)

13 Nach Abs 2 S 1 ist der Fokus auf die (Wieder-)Herstellung der Erziehungsfähigkeit der Herkunftsfamilie zu richten. Dies entspricht der gemäß § 37 SGB VIII vom Jugendamt vorzusehenden Hilfeplanung. Es geht also zunächst um Beratung und Unterstützung der Herkunftsfamilie, um in dieser die Entwicklungs-, Teilhabe und Erziehungsbedingungen für das Kind zu verbessern. Dabei kommt es entscheidend aber auch auf die zeitliche Perspektive an: Die Hilfe und Unterstützung sollte in einem für die Kindesentwicklung vertretbaren Zeitraum erfolgsversprechend erscheinen. Für diese Beurteilung spielen viele Faktoren eine Rolle – wie das Alter des Kindes, die bisherigen Gefährdungen des Kindes, die Art der Defizite in der Herkunftsfamilie. Nicht ausgeschlossen ist, dass diese Wertungen und Vorhersagen aufseiten des Gerichts und des Jugendamtes differieren, was den bereits bekannten Streit über die Entscheidungskompetenz von Jugendamt und Familiengericht auslösen kann (Staudinger/Coester (2020) § 1666a Rn 13 ff).

3. Kindeswohlaspekte bei Entscheidung über Dauerverbleibensanordnungen (Abs 2 S 2)

14 Eine weitere Spezialregel von Kindeswohlaspekten enthält Abs 2 S 2. Ergibt sich – mit oder ohne vorangegangene Hilfe- und Unterstützungsmaßnahmen (BeckOK-BGB/Veit [1. 1. 2023] § 1697a Rn 10) – keine Perspektive einer Rückführung des Kindes in die Herkunftsfamilie in vertretbarem Zeitraum, so muss wesentliches Kriterium für eine Entscheidung über das weitere Vorgehen das Bedürfnis des Kindes nach kontinuierlichen und stabilen Lebensverhältnissen sein. Diese Situation entsteht, wenn es um die Entscheidung der Umwandlung einer Verbleibensanordnung in eine Dauerverbleibensanordnung geht (§ 1632 Abs 4 S 2 BGB). Dem Interesse des Kindes an kontinuierlichen und stabilen Lebensverhältnissen wird Vorrang vor den Elternrechten ungeachtet einer sich möglicherweise später einmal verwirklichenden Verbesserung ihrer Erziehungsfähigkeit eingeräumt. Abzuwägen ist also das Kontinuitätsinteresse des Kindes auf Verbleib in der Pflegefamilie gegen das Interesse des Kindes an einer voraussichtlichen dauerhaften Rückkehr in die Herkunftsfamilie. Ein sich daraus möglicherweise ergebendes Übergewicht für den Verbleib in der Pflegefamilie ist legitim, wenn man im Auge behält, dass nach § 1696 Abs 4 BGB eine Dauerverbleibensanordnung die Betreuungsverhältnisse nicht endgültig „zementiert", sondern Übergänge ermöglicht. Die vom BVerfG (BVerfG 15. 11. 2022 – 1 BvR 1667/22, FamRZ 2023, 280; jurisPK-BGB/Thormeyer [15. 11. 2022] § 1697a Rn 15) aufgezeigten Erwägungspunkte behalten gerade für diese späteren Situationen ihre Bedeutung. Geht es hingegen um einen Wechsel von einer Pflegestelle in eine andere, so ist das Gefährdungspotential des Kindes für die jeweiligen Situationen (Verbleib/Rückführung gegenüber Wechsel der Pflegestelle) abzuwägen (BVerfG 28. 8. 2023 – 1 BvR 1088/23).

15 Abs 2 S 2 hat aber darüber hinaus auch Bedeutung in den Situationen, in denen es um eine Entscheidung zwischen Dauerverbleibensanordnung und weitergehenden Eingriffen in die elterliche Sorge (zB durch Entzug einer Teilbestimmungsmacht) geht. Hier muss im Interesse des Kindes sichergestellt sein, dass die notwendigen sorgerechtlichen Entscheidungen kindgerecht und ohne unnötige Verzögerungen getroffen werden können und Umgangsfragen in einer kindeswohldienlichen Weise –

möglicherweise auch zu Lasten der rechtlichen Eltern – geregelt werden (BT-Drucks 19/26107, 133; BeckOK-BGB/Veit [1. 1. 2023] § 1697a Rn 14).

4. Alternativen bei Kindern in Kinder- und Jugendeinrichtungen (Abs 2 S 3)

Dass eine mögliche spätere (Wieder-)Herstellung der Erziehungsfähigkeit der Herkunftsfamilie gleichermaßen eine Rolle spielt, gleichgültig, ob das betroffene Kind in einer Familienpflege oder in einer Kinder- und Jugendhilfeeinrichtung lebt, ist offensichtlich. Die Bezugnahme von Abs 2 S 3 auf Abs 2 S 1 ist daher einleuchtend und problemlos. Die entsprechende Anwendung von Abs 2 S 2 ist hingegen bei Unterbringung in einer Kinder- und Jugendhilfeeinrichtung zu variieren. Eine Dauerverbleibensanordnung kommt mangels Anwendbarkeit von § 1632 BGB nicht in Betracht. § 37c Abs 2 SGB VIII erwähnt stattdessen eine Adoption als mögliche Alternative, um dem Kind eine auf Dauer angelegte Lebensperspektive zu ermöglichen. Da die Adoption allerdings der stärkste Eingriff in die Elternposition der Herkunftsfamilie ist, sind gegen den Willen der rechtlichen Eltern (§ 1748 BGB) beachtliche Hürden zu überwinden. Entscheidend müssen hier unter anderem das Alter des Kindes, die Art der Defizite in der Herkunftsfamilie und die möglichen Alternativen sein. Für ältere Kinder wird man eher betreute Wohnformen in Erwägung ziehen müssen, während für Kleinkinder die Chance, in einer Familie aufzuwachsen, stärker wiegt und das Interesse der Herkunftseltern an Erhaltung des rechtlichen Bandes eher zurücktreten lässt. 16

§ 1698
Herausgabe des Kindesvermögens; Rechnungslegung

(1) Endet oder ruht die elterliche Sorge der Eltern oder hört aus einem anderen Grunde ihre Vermögenssorge auf, so haben sie dem Kind das Vermögen herauszugeben und auf Verlangen über die Verwaltung Rechenschaft abzulegen.

(2) Über die Nutzungen des Kindesvermögens brauchen die Eltern nur insoweit Rechenschaft abzulegen, als Grund zu der Annahme besteht, dass sie die Nutzungen entgegen den Vorschriften des § 1649 verwendet haben.

Materialien: E I §§ 1503, 1700 Abs 1, II § 1570, III § 1657. Mot IV 746; Prot IV 562. Neugefasst durch GleichberG Art 1 Nr 22; SorgeRG Art 1 Nr 38.

Systematische Übersicht

I. Allgemeines

1. Normbedeutung

1 Die Eltern besitzen und verwalten das Vermögen des Kindes als Treuhänder für dieses, ihre Vermögenssorge ist (mit eng begrenzten Ausnahmen, § 1649 Abs 2 S 1 BGB) *fremdnützig* (vgl Staudinger/Heilmann [2020] Vorbem 1 zu §§ 1638–1665). Die sich hieraus ergebenden **Abwicklungspflichten bei Ende oder Ruhen der Vermögenssorge** sind Gegenstand des § 1698 BGB (weitere Nachwirkungen der elterlichen Sorge in §§ 1698a, 1698b BGB); die Eltern sind insoweit Gesamtschuldner. Vermögensherausgabe und Rechenschaft werden als Pflichten nur *grundsätzlich* angeordnet, Einzelheiten ergeben sich aus den allgemeinen Vorschriften der §§ 259–261 BGB. Eine entsprechende Regelung besteht für den *Vormund* durch Bezugnahme auf das Betreuungsrecht, §§ 1807, 1872 BGB nF (§ 1890 aF; über diese Vorschrift mittelbar auch für den *Pfleger,* § 1813 Abs 1 BGB nF [§ 1915 aF]).

Bei *bestehender Vermögenssorge* schulden die Eltern regelmäßig keine Rechenschaft (Ausnahme § 1667 Abs 2 BGB bei Vermögensgefährdung, vgl noch Rn 11).

2. Textgeschichte

2 Das GleichberG 1957 (Art 1 Nr 22) hat die ursprünglich in § 1681 aF enthaltene Regelung hierher übernommen und inhaltlich dem Gleichberechtigungsgrundsatz angepasst. Rechenschaft wurde nur noch bei Verlangen angeordnet, die Beschränkung in Abs 2 neu eingefügt. Das SorgeRG 1978 (Art 1 Nr 38) brachte nur sprachliche Anpassungen (ausführlich zur Gesetzesgeschichte Schael FamRZ 2007, 10). Zum 1. 1. 2023 haben sich nur die in Bezug genommenen Regeln der Vermögenssorge und des Vormundschafts-, Pflegschafts- und Betreuungsrechts geändert.

II. Herausgabe des Kindesvermögens und Rechenschaft (Abs 1)

1. Tatbestand

3 Die elterliche Sorge insgesamt oder die Vermögenssorge oder auch nur ein Teil der Vermögenssorge müssen **geendet** haben oder **ruhen**. Häufigster Anwendungsfall ist das Ende der elterlichen Sorge bei Volljährigwerden des Kindes; für sonstige, vorzeitige Beendigungsgründe vgl §§ 1666, 1671, 1696 BGB; Ruhenstatbestände enthalten §§ 1673, 1674 Abs 1, 1751 Abs 1 S 1 BGB. Es genügt, wenn die elterliche Sorge nur *eines* von zwei sorgeberechtigten Elternteilen endet oder ruht (dann Herausgabe an den anderen, vgl Rn 4). Auf die Dauerhaftigkeit des Ruhens oder der Beendigung der elterlichen Sorge kommt es nicht an (Gernhuber/Coester-Waltjen § 63 Rn 9).

2. Rechtsfolgen

a) Herausgabe des Kindesvermögens

Die Eltern (oder ihr Betreuer oder ihre Erben) haben kraft Gesetzes das Kindesvermögen **herauszugeben**, dh den Besitz zu übertragen entweder auf das Kind oder auf dessen neuen gesetzlichen Vertreter im Bereich der Vermögenssorge (das ist entweder der andere Elternteil, §§ 1678, 1680, 1681, 1696 BGB, oder ein Vormund oder Pfleger). Ist der andere Elternteil als nunmehr alleiniger gesetzlicher Vertreter schon im Besitz des Kindesvermögens, erübrigt sich eine förmliche Übergabe. Die Herausgabepflicht erstreckt sich auf den Stamm des Vermögens sowie die noch vorhandenen Nutzungen. Gem § 260 BGB ist ein **Bestandsverzeichnis** mit vorzulegen. Das Vermögen ist *in dem Zustand herauszugeben,* der einer bis zur Herausgabe fortdauernden ordnungsgemäßen Verwaltung entspricht; für die bei solcher Verwaltung eintretende gewöhnliche Abnutzung sind die Eltern nicht verantwortlich. Erheben das Kind oder sein gesetzlicher Vertreter oder Rechtsnachfolger Ersatzansprüche wegen Verschlechterung einzelner Vermögensbestandteile, so haben sie den behaupteten ursprünglichen Zustand zu beweisen; der Nachweis, dass eine eingetretene Verschlechterung nicht auf ihrem Verschulden beruht (vgl § 1664 BGB), obliegt den Eltern. 4

Trifft § 1698 Abs 1 BGB auf beide Eltern zu, so haften sie als **Gesamtschuldner**. Dies gilt nicht, wenn ein Elternteil keinen Besitz (auch nicht Mit- oder mittelbaren Besitz) an den herauszugebenden Vermögensgegenständen hat (BeckOK-BGB/Veit [1. 1. 2023] § 1698 Rn 3; MünchKommBGB/Lugani § 1698 Rn 4; Gernhuber/Coester-Waltjen § 63 Rn 9 Fn 18). Aus Kindesschutzgründen hier dennoch die gesamtschuldnerische Haftung des Elternteils anzunehmen (so OLG Oldenburg MDR 1962, 481; Grüneberg/Götz § 1698 Rn 1; jurisPK-BGB/Thormeyer § 1698 Rn 4), ist systemwidrig. Allerdings kann sich ein Elternteil nicht mit der bloßen Behauptung, er besitze das Vermögen des Kindes nicht (mehr), von seiner Herausgabepflicht befreien. Hat er einmal (zumindest Mit-)Besitz gehabt, was bei einem Inhaber der Vermögenssorge zu vermuten ist, so trifft ihn die Darlegungs- und Beweislast nicht nur für den Besitzverlust, sondern auch dafür, dass er den Besitz nicht pflichtwidrig und schuldhaft aufgegeben hat. Im letzteren Fall schuldet der Elternteil zwar keine Herausgabe nach § 1698 Abs 1 BGB, wohl aber uU Schadensersatz (BeckOK-BGB/Veit [1. 1. 2023] § 1698 Rn 3.1; Gernhuber/Coester-Waltjen § 63 Rn 9 Fn 18). 5

Gegenrechte der Eltern können sich zB aus § 1648 BGB ergeben; wegen dieses Ersatzanspruchs besteht ein Zurückbehaltungsrecht gem § 273 BGB (Staudinger/Heilmann [2020] § 1648 Rn 13). Haben die Eltern eine Sicherheitsleistung für das Kindesvermögen erbracht (§ 1667 Abs 3 BGB), hat das Kind diese Zug um Zug gegen die Herausgabe freizugeben. Auf Verlangen der Eltern ist ihnen eine *Quittung* zu erteilen, § 368 BGB. 6

b) Rechenschaft

Die Eltern haben über die von ihnen geführte Verwaltung für deren ganze Dauer dem Kind oder (bei Minderjährigkeit) dessen gesetzlichem Vertreter oder Rechtsnachfolger **Rechenschaft** abzulegen. Im Gegensatz zu früher trifft diese Verpflichtung die Eltern nicht mehr in jedem Fall, sondern nur noch, wenn das Kind ein entsprechendes **Verlangen** an die Eltern stellt. Diese Regelung soll sicherstellen, dass in den vielen Fällen vertrauensvoller Eltern-Kind-Beziehungen der Familienfriede nicht un- 7 nötig durch gesetzliche Rechenschaftspflichten gestört wird. Darüber hinaus ist selbst bei einem entsprechenden Verlangen des Kindes (oder seines gesetzlichen Vertreters oder Rechtsnachfolgers) die Rechenschaftspflicht über die *Nutzung des Kindesvermögens* gem Abs 2 eingeschränkt (Rn 8). Die Verpflichtung zur Rechenschaftslegung geht über bloße Auskunftserteilung (§ 260 BGB) hinaus, sie muss für das Kind auch verständlich sein (OLG Koblenz MittBayNot 2015, 54 Rn 17). Sie entfällt nur, wenn sich der Berechtigte selbst unschwer hinreichende Informationen verschaffen kann (vgl OLG Hamm FamRZ 2000, 974, 975). Für die Einzelheiten der Rechnungslegung s §§ 259, 261 BGB.

III. Rechenschaft über Nutzungen (Abs 2)

8 Bezüglich der Nutzungen des Kindesvermögens brauchen die Eltern Rechenschaft nur abzulegen, wenn Grund zur Annahme besteht, dass sie sie pflichtwidrig (§ 1649 BGB) verwendet haben. Angesichts des unbestimmten Tatbestandes des § 1649 BGB sollen dadurch unerfreuliche Streitigkeiten über die Verwendung vermieden werden, sofern nicht konkreter Missbrauchsverdacht besteht (Gernhuber/Coester-Waltjen § 63 Rn 8). Dabei genügt objektive Pflichtwidrigkeit, auf Verschulden der Eltern kommt es nicht an.

9 Was unter „Nutzungen“ iSd Abs 2 zu verstehen ist, ergibt sich aus der Bezugnahme auf § 1649 BGB, dh aus dem dortigen Begriff der „Vermögenseinkünfte“ (vgl Staudinger/Heilmann [2020] § 1649 Rn 16). Hierzu gehören *nicht* die Arbeitseinkünfte des Kindes (LG Krefeld FamRZ 1965, 281) sowie Renten (Gernhuber/Coester-Waltjen § 63 Rn 8 Fn 17; **aA** LG Krefeld FamRZ 1965, 281), über deren Verwendung uneingeschränkt Rechenschaft geschuldet ist (Gernhuber/Coester-Waltjen § 63 Rn 8 Fn 17; Rauscher FamR Rn 1045).

10 Das Kind muss nach Abs 2, über das Rechenschaftsverlangen nach Abs 1 hinaus, Tatsachen darlegen und ggf beweisen, aus denen sich der begründete Verdacht auf elterliche Pflichtverletzung bei der Verwendung der Vermögenseinkünfte ergibt. Die sodann von den Eltern nach den Grundsätzen der §§ 259–261 BGB abzulegende Rechenschaft ermöglicht dem Kind die Geltendmachung von Ersatzansprüchen (dazu Staudinger/Heilmann [2020] § 1649 Rn 39, 42).

11 Entgegen verbreiteter Meinung enthält Abs 2 keinen eigenständigen Rechenschaftsanspruch, sondern stellt nur besondere Voraussetzungen für den Anspruch aus Abs 1 auf Dies folgt eindeutig aus der Gesetzessystematik. Demgemäß gibt es *keinen Anspruch auf Rechnungslegung während bestehender Vermögenssorge der Eltern* (Gernhuber/Coester-Waltjen § 63 Rn 8 Fn 17; MünchKommBGB/Lugani § 1698 Rn 8; **aA** BeckOK-BGB/Veit [1. 1. 2023] § 1698 Rn 10). Bei Pflichtwidrigkeiten der Eltern, die zur Vermögensgefährdung führen, hat das Familiengericht gem §§ 1666 Abs 1, 2, 1667 Abs 1 BGB vorzugehen.

IV. Geltendmachung und Durchsetzung der Ansprüche

12 Die Ansprüche aus § 1698 BGB sind nicht mehr im *Prozesswege* (dazu ausführlich Schael FamRZ 2007, 10, 11 ff), sondern seit Inkrafttreten des FamFG vor dem Familiengericht geltend zu machen: Es handelt sich um eine **Familienstreitsache** („sonstige Familiensache“) gem §§ 266 Abs 1 Nr 4, 111 Nr 10, 112 Nr 3 FamFG, für die gem

§§ 23a, 23b GVG die Familiengerichte zuständig sind (vgl BT-Drucks 16/6308, 170, 263; OLG Dresden FamRZ 2012, 146, 147; MünchKommBGB/LUGANI § 1698 Rn 12; PRÜTTING/HELMS/HEITER § 266 FamFG Rn 57a; ERMAN/DÖLL § 1698 Rn 5). Die Ansprüche auf Rechnungslegung, ggf Abgabe der Versicherung an Eides Statt (§ 259 Abs 2 BGB) und Schadensersatz oder Herausgabe ungerechtfertigter Bereicherung können in einer **Stufenklage** miteinander verbunden werden (§ 254 ZPO). Jahrelange Nichtausübung der Rechte aus § 1698 BGB begründet *nicht den Verwirkungseinwand,* da es in familienrechtlichen Verhältnissen normal und eher sittenmäßig erscheint, wenn die Kinder ihre Ansprüche gegen die Eltern (zunächst) nicht gerichtlich durchsetzen (vgl § 207 Nr 2 BGB; OLG München NJW 1974, 703 [9-jähriger Verzug des Vaters]). Allerdings kann das volljährig gewordene Kind formfrei wirksam auf seinen Rechenschaftsanspruch verzichten (§ 397 [Erlass]; vgl GERNHUBER/COESTER-WALTJEN § 63 Rn 10).

§ 1698a
Fortführung der Geschäfte in Unkenntnis der Beendigung der elterlichen Sorge

(1) Die Eltern dürfen die mit der Personensorge und mit der Vermögenssorge für das Kind verbundenen Geschäfte fortführen, bis sie von der Beendigung der elterlichen Sorge Kenntnis erlangen oder sie kennen müssen. Ein Dritter kann sich auf diese Befugnis nicht berufen, wenn er bei der Vornahme eines Rechtsgeschäfts die Beendigung kennt oder kennen muss.

(2) Diese Vorschriften sind entsprechend anzuwenden, wenn die elterliche Sorge ruht.

Materialien: E II § 1571 Abs 2, III § 1659. Neugefasst durch GleichberG Art 1 Nr 22; SorgeRG Art 1 Nr 39.

Systematische Übersicht

I. Allgemeines

1. Normbedeutung

1 Die elterliche Sorge kann enden oder ruhen, ohne dass die Eltern hiervon wissen. Handeln sie demgemäß weiter für das Kind, drohen ihnen die Haftung des vollmachtlosen Vertreters gem § 179 BGB oder sonstige Nachteile. § 1698a BGB schützt die Eltern vor diesem Risiko für die Dauer ihrer Gutgläubigkeit, indem ihre fortbestehende Sorgemacht fingiert wird (entspr Regelungen in §§ 169, 674, 729 BGB). Eine Handlungs*pflicht* folgt für die Eltern aus dieser Vorschrift nicht (s aber § 1698b BGB).

Während bis zum 31. 12. 2020 diese Regelung kraft Verweises auch für *Vormund* (1893 Abs 1 aF), *Gegenvormund* (§§ 1895, 1893 aF), *Pfleger* (§§ 1915 Abs 1 aF iVm 1893 Abs 1 aF) und *Betreuer* (§§ 1908i Abs 1 aF iVm 1893 aF) galt, sind die Fragen nunmehr in § 1874 BGB für den Betreuer und kraft Verweises auf diese Regelung in § 1807 BGB für den Vormund und § 1813 BGB bzw § 1888 BGB für den Pfleger eigenständig (wenngleich im Wesentlichen inhaltsgleich) geregelt. Hinzu treten für die Rückgabe der Bestellungsurkunde §§ 168b Abs 3 FamFG und § 290 Abs 3 FamFG.

2. Textgeschichte

2 Die ursprünglich im § 1682 aF enthaltene Regelung wurde dem Gleichberechtigungsgedanken angepasst und hierher versetzt durch das GleichberG (Art 1 Nr 22). Das SorgeRG (Art 1 Nr 39) brachte im Wesentlichen nur textliche Anpassungen.

II. Tatbestand

3 Die elterliche Sorge muss **geendet** haben, entweder insgesamt oder nur teilweise (MünchKommBGB/Lugani § 1698a Rn 3), auch Beendigung bei nur einem Elternteil genügt. Der Beendigung gleichgestellt ist durch Abs 2 das **Ruhen** des Sorgerechts (§§ 1673, 1674 BGB). Dem Schutzzweck der Norm entsprechend sollte sie darüber hinaus immer dann zugunsten eines Elternteils *analog* angewendet werden, wenn dieser von seiner *alleinigen* Handlungsberechtigung für das Kind ausging, obwohl diese inzwischen durch gemeinsames Sorgerecht beider Eltern (§§ 1627, 1629 Abs 1 BGB) verdrängt wurde (**anders** allerdings BGHZ 39, 45 ff = NJW 1963, 759 f für den Vater nach Nichtigerklärung des § 1629 Abs 1 aF [Alleinvertretung] durch das BVerfG).

4 Der Elternteil oder die Eltern müssen nach einem der vorerwähnten Ereignisse ein **Geschäft geführt** haben, das in den Bereich der Personensorge oder der Vermögenssorge fällt. Hierbei kommen nicht nur *Rechtsgeschäfte im Namen des Kindes* in Betracht, sondern auch Handlungen der Eltern für das Kind *in eigenem Namen.*

5 Die Eltern müssen im Zeitpunkt der Vornahme des Rechtsgeschäfts **gutgläubig** gewesen sein. Der Fahrlässigkeitsmaßstab folgt aus §§ 122 Abs 2, 276 Abs 1 S 2 BGB; § 1664 BGB ist in diesem Zusammenhang nicht anwendbar (heute allgM). Bezugspunkt des guten Glaubens ist der Fortbestand der Sorgeberechtigung; Kenntnis nur der Tatsachen, die zu ihrem Wegfall geführt haben, schadet nicht bei schuldlosem Rechtsirrtum (allgM; bei schuldhaftem Rechtsirrtum liegt Fahrlässigkeit vor).

III. Rechtsfolgen

6 Die Eltern **gelten als berechtigt** zur Geschäftsführung für das Kind. Im **Innenverhältnis** ist also nicht § 677 BGB anwendbar, sondern § 1648 BGB zugunsten und § 677 BGB entspr zu Lasten der Eltern (insbes auch bei Handlungen der Eltern in eigenem Namen).

7 Geschäfte im Namen des Kindes sind **im Verhältnis zu Dritten wirksam**. Eine für das Geschäft erforderliche *familiengerichtliche Genehmigung* darf allerdings nach Ende der elterlichen Sorge nicht mehr erteilt werden, bei ihrer Versagung haften die Eltern auch nicht gem § 179 Abs 1 BGB (BayObLGZ 64, 350 = NJW 1965, 397). Im Übri-

gen begünstigt der Gutglaubensschutz der Eltern mittelbar auch die Geschäftspartner (vgl BGHZ 39, 45, 50 = NJW 1963, 759, 760). Dies aber nur, wenn *auch sie* gutgläubig sind hinsichtlich der elterlichen Vertretungsmacht **(Abs 1 S 2)** – sind sie bösgläubig, entfällt wegen § 179 Abs 3 BGB schon die Notwendigkeit des Elternschutzes gem Abs 1 S 1 (vgl entspr Regelung in § 169 BGB).

Sind die Eltern bösgläubig, aber die Dritten gutgläubig, werden letztere von § 1698a **8**
BGB nicht geschützt – ihnen bleiben nur Regressansprüche gegen die Eltern gem § 179 Abs 1 BGB (RGZ 74, 263, 266; Gernhuber/Coester-Waltjen § 63 Rn 31). Im Verhältnis zum Kind bestimmen sich Rechte und Pflichten der bösgläubigen Eltern nach §§ 677 ff BGB.

§ 1698b
Fortführung dringender Geschäfte nach Tod des Kindes

Endet die elterliche Sorge durch den Tod des Kindes, so haben die Eltern die Geschäfte, die nicht ohne Gefahr aufgeschoben werden können, zu besorgen, bis der Erbe anderweit Fürsorge treffen kann.

Materialien: E II § 1571 Abs 2, III § 1659. Neugefasst durch GleichberG Art 1 Nr 22; SorgeRG Art 9 § 2 Nr 3.

Systematische Übersicht

I. Allgemeines

1. Normbedeutung

1 Die Vorschrift begründet Pflicht und Recht der Eltern, nach dem Tode des Kindes, der zum automatischen Ende ihres Sorgerechts führt (vgl Staudinger/Lettmaier [2020] § 1626 Rn 145), mit Wirkung für und gegen die Erben des Kindes dringliche Geschäfte zu besorgen, bis die Erben selbst zu ihrer rechtsgeschäftlichen Interessenwahrnehmung in der Lage sind **(„Notgeschäftsführung“)**. § 1698b BGB begründet also kraft Gesetzes eine **einstweilige Fürsorgepflicht der Eltern für das bisherige Kindesvermögen** (ähnliche Rechtsgedanken in §§ 672 S 2, 1472 Abs 4, 1497 Abs 2 BGB; zur einstweiligen Fürsorge für den Nachlass s auch § 1960 BGB). Die Pflicht aus § 1698b BGB besteht unabhängig davon, ob auch die Eltern zum Kreis der Erben gehören.

Auch **persönliche Interessenwahrung** des Kindes kann **noch nach dessen Tod** geboten sein, etwa eine noch nicht vollzogene Namensbestimmung nach § 1617 Abs 1 BGB (Staudinger/ Lugani [2020] § 1617a Rn 29; AG Kleve StAZ 2011, 215) oder Entscheidungen im Rahmen der Totenfürsorge (Staudinger/Lettmaier [2020] § 1626 Rn 146); die entsprechenden Kompetenzen der Eltern sind jedoch anderweitig geregelt, nicht in § 1698b BGB.

2 Die Vorschrift ist – wie § 1698a BGB – entspr anwendbar auf *Vormund,* und *Pfleger* (§§ 1807, 1874, 1813 BGB nF = §§ 1893 Abs 1, 1895, 1915 Abs 1 aF [BGH FamRZ 1967, 462]). Gleiches gilt für den *Betreuer,* obgleich der Betreute stets volljährig sein muss (§ 1874 BGB nF = § 1908i Abs 1 aF iVm § 1893 aF; LG Koblenz FamRZ 1995, 1376; LG München NJW-RR 2006, 1517).

2. Textgeschichte

3 Die Regelung war ursprünglich in § 1683 aF enthalten, sie wurde durch das GleichberG geändert und an diese Stelle gesetzt (Art 1 Nr 22). Das SorgeRG brachte nur eine sprachliche Anpassung.

II. Voraussetzungen

4 **1.** Dem **Tod des Kindes** ist die **Todeserklärung** gleichzustellen (vgl § 1677 BGB). Diese Erklärung ist allerdings erst ab (hypothetischer) Vollendung des 25. Lebensjahres des verschollenen Kindes zulässig (§ 3 Abs 2 Verschollenheitsgesetz; s Staudinger/Fritsche [2018] § 3 VerschG Rn 3).

2. Die Eltern müssen zum Zeitpunkt des Todes oder der Todeserklärung **sorgeberechtigt** gewesen sein, ganz oder zumindest teilweise auf dem Gebiet der Vermögenssorge.

3. Die Eltern müssen **Kenntnis vom Tod** des Kindes haben – zuvor handeln sie in vermeintlicher Pflichterfüllung für das Kind und können nicht objektiv zur Geschäftsbesorgung für Dritte verpflichtet werden (Erman/Döll § 1698b Rn 1; MünchKommBGB/Lugani § 1698b Rn 4). Soweit sie allerdings dem Kind wegen unterlassener Vermögensfürsorge schadenersatzpflichtig geworden wären (Maßstab: § 1664 BGB), haften sie insoweit nunmehr den Erben – es besteht kein Grund, die Eltern von den Folgen ihrer Pflichtverletzung zu befreien.

4. Schließlich muss es sich zur Vermeidung eines Schadenseintritts als erforderlich erweisen, das Geschäft **sofort** zu besorgen (BeckOK-BGB/Veit [1. 1. 2023] § 1698b Rn 1; MünchKommBGB/Lugani § 1698b Rn 5 [„Notgeschäft"]; Deinert FamRZ 2002, 374 [zum Betreuer]). Darüber hinaus muss es sich um ein Geschäft handeln, das grundsätzlich zur Sorgekompetenz der Eltern gehörte. Dies ist nicht der Fall bei Maßnahmen der Totenfürsorge (diese obliegt den nahen Angehörigen, s OLG Frankfurt NJW-RR 1989, 1159; VG Leipzig FamRZ 2007, 1686, 1688; Deinert FamRZ 2002, 374 f; MünchKommBGB/Lugani § 1698b Rn 5) oder Abwicklungstätigkeiten, die nicht für das Kind bzw die betreute Person erfolgen, sondern die Beendigung des Fürsorgeamts betreffen (zur Betreuung OLG München FamRZ 2006, 1787 f; MünchKommBGB/Lugani § 1698b Rn 5).

III. Rechtsfolgen und Einzelheiten

Zur Erfüllung ihrer Fürsorgepflicht verleiht das Gesetz den Eltern **Geschäftsführungs- und Vertretungsbefugnisse gegenüber den Erben**. Die Eltern **haften** auch den Erben gegenüber nur für **eigenübliche Sorgfalt**, §§ 1664, 277 BGB. Zwar kann sich die teilweise Freistellung nicht auf das persönliche Verhältnis zu den Erben stützen (anders als beim Kind), wohl aber auf die auch sonst angebrachte Privilegierung des fremdnützig Tätigen (vgl §§ 521, 599, 680, 690, 968 BGB; Gernhuber/Coester-Waltjen § 63 Rn 28). 5

Aufwendungsersatz können die Eltern entspr § 1648 BGB verlangen (Gernhuber/Coester-Waltjen § 63 Rn 28; Grüneberg/Götz § 1698b Rn 1). Eine **Verwendungsbefugnis** entspr § 1649 Abs 2 BGB besteht jedoch **nicht** mehr. 6

Pflicht und Befugnisse der Eltern gem § 1698b BGB **erlöschen**, wenn die Erben die *Möglichkeit* zur eigenen Interessenwahrung erlangen (auf die tatsächliche Wahrnehmung kommt es nicht an, sie liegt im Risikobereich der Erben; LG Koblenz FamRZ 1995, 1376 f; BeckOK-BGB/Veit [1. 1. 2023] § 1698b Rn 1). Unberührt bleiben Handlungsbefugnisse der Eltern als Miterben, als „nahe Angehörige" (oben Rn 4) oder als gesetzliche Vertreter anderer Erben (etwa der Geschwister des verstorbenen Kindes; vgl LG Koblenz FamRZ 1995, 1376 f; MünchKommBGB/Lugani § 1698b Rn 2). 7

§§ 1699–1711
(weggefallen)

Titel 6
Beistandschaft

Vorbemerkungen zu §§ 1712–1717

Allgemeines Schrifttum

ERMAN, BGB (17. Aufl 2023)

GERNHUBER/COESTER-WALTJEN, Familienrecht (7. Aufl 2020)

GOTTSCHALK/SCHNEIDER, Prozess- und Verfahrenskostenhilfe, Beratungshilfe (10. Aufl 2021)

GRÜNEBERG, Bürgerliches Gesetzbuch (82. Aufl 2023)

GSELL/KRÜGER/LORENZ/REYMANN, beck-online. Großkommentar Zivilrecht (2023)

HAU/POSECK, Beck Online Kommentar zum BGB (2023)

HEILMANN, Praxiskommentar Kindschaftsrecht (2. Aufl 2020)

KAISER/SCHNITZLER/SCHILLING/SANDERS, BGB/ Familienrecht (4. Aufl 2021)

KUNKEL/KEPERT/PATTAR, Sozialgesetzbuch VIII (8. Aufl 2021)

Münchener Kommentar, BGB, Bd 9 (8. Aufl 2020)

MÜNDER/MEYSEN/TRENCZEK, Frankfurter Kommentar SGB VIII (8. Aufl 2022)

OBERLOSKAMP/DÜRBECK, Vormundschaft, Pflegschaft und Beistandschaft für Minderjährige (5. Aufl 2023)

PRÜTTING/HELMS, FamFG Kommentar (6. Aufl 2022)

SCHELLHORN/FISCHER/MANN/KERN, SGB VIII (5. Aufl 2016)

SCHLEGEL/VOELZKE, juris PraxisKommentar SGB VIII (3. Aufl 2022)

SOERGEL, BGB, Familienrecht 3/2 (13. Aufl 2017)

STERNAL, FamFG (21. Aufl 2023)

THOMAS/PUTZO, Zivilprozessordnung (43. Aufl 2022)

VÖLKER/CLAUSIUS, Das familienrechtliche Mandat – Sorge- und Umgangsrecht (8. Aufl 2021)

WIESNER/WAPLER, SGB VIII (6. Aufl 2022)

ZÖLLER, ZPO (34. Aufl 2022).

Abkürzungen

BeckOGK/Bearbeiter: siehe GSELL/KRÜGER/ LORENZ/REYMANN

BeckOK-BGB/Bearbeiter: siehe HAU/POSECK

FK-SGB VIII/Bearbeiter: siehe MÜNDER/MEYSEN/TRENCZEK

GK-SGB VIII/Bearbeiter: siehe WABNITZ/FIESELER/SCHLEICHER

jurisPK-SGB VIII: siehe SCHLEGEL/VOELZKE

LPK-SGB VIII/Bearbeiter: siehe KUNKEL/ KEPERT/PATTAR

MünchKommBGB/Bearbeiter: siehe Münchener Kommentar BGB

NK-BGB/Bearbeiter: siehe KAISER/SCHNITZLER/SCHILLING/SANDERS

Schrifttum (Beistandschaft)

AMEND-TRAUT, Beistandschaft des Jugendamts – quo vadis?, FamRZ 2021, 1599

BAER, Die Beistandschaft für ausländische Kinder, DAVorm 1998, 491

Beinkinstadt, Amtspflegschaft – „Zwangspflegschaft"? Zur Notwendigkeit einer Neuorientierung, ZfJ 1991, 595

ders, Die Zukunft der Amtspflegschaft, DAVorm 1993, 1

ders, Stellungnahme zum Referentenentwurf eines Gesetzes zur Abschaffung der gesetzlichen Amtspflegschaft und Neuordnung des Rechts der Beistandschaft, ZfJ 1993, 480 = DAVorm 1993, 755

ders, Die Kindschaftsrechtsreform und öffentliche Leistungen – das Ende des Amtspflegers?, DAVorm 1996, 441

ders, Die Beistandschaft ist volljährig, JAmt 2016, 346

Bennemann, Das neue Beistandschaftsgesetz vom 1. 7. 1998 (2000)

Berkhoff, Was alleinerziehende Mütter und Väter vom Beistand halten, JAmt 2016, 592

Bienwald, Wider das reine Antragsmodell im neuen Beistandschaftsrecht, FamRZ 1994, 10

Binschus, Die gesetzliche Amtspflegschaft – eine verfassungsrechtlich nicht mehr legitimierbare Tradition?, DAVorm 1989, 171

Birnstengel/Katzenstein, Beistandschaft oder Beratung und Unterstützung, JAmt 2015, 230

Brötel, Die gesetzliche Amtspflegschaft für nichteheliche Kinder im Kontext einer gemeineuropäischen Grundrechtsentwicklung, FamRZ 1991, 775

Dickmeis, Stellungnahme zum Referentenentwurf eines Gesetzes zur Abschaffung der gesetzlichen Amtspflegschaft und Neuordnung des Rechts der Beistandschaft, DAVorm 1993, 751

Diederichsen, Die Reform des Kindschafts- und Beistandschaftsrechts, NJW 1998, 1977

ders, Von der Amtspflegschaft zur kooperativ geführten Beistandschaft – das Verhältnis des allein sorgeberechtigten Elternteils zum Jugendamt als Beistand, in: Gedächtnisschrift Lüderitz (2000) 135

DIV-Gutachten, BeistG: Übergangsregelungen, Ende der Aufsicht des VormG über frühere Amtspflegschaften auch bei Überleitung in Beistandschaften des neuen Rechts; zum Verlangen des VormG auf einen Schlußbericht und Herausgabe der Bestallung, ZfJ 1998, 432

DIV-Gutachten, Neues BeistG: Errichtung einer Beistandschaft nach geltendem und künftigem Recht für ein Kind bei gemeinsamer Sorge der Eltern, Unterstützungsbefugnis nach § 18 KJHG, Verstoß gegen RechtsberG, § 1629 II nF, Vollmacht auf JA-Bedienstetem, ZfJ 1998, 118

DIV-Gutachten, Neues Recht: Beendigung von Beistandschaften durch schriftliches Verlangen des Antragsberechtigten; zur Frage der Aushändigung von Unterlagen des Beistands an den sorgeberechtigten Elternteil, DAVorm 1998, 905

DIV-Gutachten, Unrichtiges Anfechtungsurteil, DAVorm 1999, 599

DIV-Gutachten, Volljährige: Unterhaltsverpflichtung über das 18. Lebensjahr hinaus; zur Reichweite einer Mahnung oder eines Auskunftsverlangens vor Vollendung des 18. Lebensjahres, DAVorm 1999, 49

Donatin, Gesetzliche Amtspflegschaft – geplantes Beistandschaftsrecht, DAVorm 1994, 7

Dürbeck, Das Gesetz zur Reform der elterlichen Sorge nicht miteinander verheirateter Eltern aus Sicht der Praxis, ZKJ 2013, 330

ders, Die Verweigerung begleiteten Umgangs durch das Jugendamt, ZKJ 2015, 457

ders, Der Gesetzesentwurf der Bundesregierung zur Reform des Vormundschafts- und Betreuungsrechts v 25. 9. 2020, FamRZ 2020, 1789

Eberhardt, Erfahrungen mit der Beistandschaft auf Antrag, FamRZ 1999, 139

Ekrath, Das Sachgebiet „Beistandschaft" im Jugendamt, DAVorm 2000, 530

Finger, Die Beendigung der Amtspflegschaft des Jugendamtes nach § 1707 BGB, FamRZ 1983, 429

Fröschle, Familiengericht und Jugendamt – gekreuzte Rechtswege, FamRZ 2016, 1905

Gawlitta, Die neue Beistandschaft als Mogelpackung?, ZfJ 1998, 156

Gressmann, Neues Kindschaftsrecht (1998)

Gressmann/Beinkinstadt, Das Recht der Beistandschaft (1998)

Hennemann, § 1629 II 2 und III BGB – Probleme der gesetzlichen Vertretung und der Prozessstandschaft beim Wechselmodell, FPR 2006, 295

Hoffmann, Sorgerechtsvollmacht bei rechtlicher Betreuung, BtPrax 2014, 151

Höhner, Amtspflegschaft: ein Produkt?, DAVorm 1995, 695

Jokisch, Das Wechselmodell – Grundlagen und Probleme (Teil 2), FuR 2014, 25
Joos, Beistandschaft im Wandel, JAmt 2004, 221
dies, Beratung, Unterstützung oder Beistandschaft?, JAmt 2009, 223
Katzenstein, Gesprächssteuerung im Rahmen der Beistandschaft und Beratung, JAmt 2008, 126
Katzenstein/Lohse/Schindler/Schönecker (Hrsg), Das Recht als Partner der Fachlichkeit in der Kinder und Jugendhilfe, in: Liber Amicorum für Thomas Meysen (2018)
Kaufmann/Seelbach, Die neue Beistandschaft – trotz gemeinsamer elterlicher Sorge?, Kind-Prax 1998, 178
Kemper, Die gesetzliche Amtspflegschaft und der Zeitgeist, DAVorm 1989, 169
ders, Eine Lanze für die gesetzliche Amtspflegschaft, FamRZ 1991, 1401
ders, Der Weg des Amtsbeistands in die Weisungsknechtschaft der Kindesmütter, ZfJ 1998, 308
Kirgis, Beistandschaft mit Leidenschaft – da geht noch was!, JAmt 2020, 243
Klinkhardt, Zum automatischen Eintritt der Amtspflegschaft, StAZ 1990, 181
Knittel, Beistandschaft ohne Vormundschaftsgericht – Ein folgerichtiger Schritt, DAVorm 1995, 917
ders, Reform des Kindschaftsrechts vor dem Ziel, DAVorm 1997, 649
ders, Kinderrechteverbesserungsgesetz verabschiedet – Kindschaftsrechtsreform in wichtigen Einzelpunkten fortentwickelt, JAmt 2002, 50
ders, Das Kinderrechteverbesserungsgesetz, FF 2003, 14
ders, Gerichtliche Vertretung eines Kindes durch den Beistand, JAmt 2007, 40
ders, Amtshaftung für Pflichtwidrigkeiten des Beistands bei der Unterhaltseinziehung, JAmt 2012, 192
ders, 20 Jahre Beistandschaft – Rückblick, Entwicklungen, Perspektiven, in: Liber Amicorum Thomas Meysen (2018) 79
Knittel/Birnstengel, Beendigung einer Beistandschaft, Themengutachten TG-1140, DIJuF-Rechtsgutachten (2015)
dies, Begründung einer Beistandschaft, Themengutachten TG-1139, DIJuF-Rechtsgutachten (2015)
Knoll, Abschaffung der Amtspflegschaft, ZfJ 1993, 529
Kohler, Kindschaftsrechtsreform im Blickwinkel der Kinder, ZfJ 1999, 128
Landesjugendamt Thüringen, Arbeitsorientierungen des Landesjugendamtes Thüringen zu den Aufgabenbereichen Beistandschaften, Pflegschaften, Vormundschaften, DAVorm 1999, 191
Künne, Die Beistandschaft (2003)
Kraus, Zustimmung zu einer pränatalen Vaterschaftsanerkennung bei Minderjährigkeit der Mutter, Fachausschuss Nr 4038, StAZ 2015, 381
Leutheusser-Schnarrenberger, Zur Abschaffung der gesetzlichen Amtspflegschaft, zum Erbrecht und Unterhaltsrecht, DAVorm 1993, 17
Lissner, Die Aufgaben des Jugendamts als Ausschlusstatbestand für die Beratungshilfe, FamRB 2016, 32
Löhnig, Probleme des neuen Verfahrens in Abstammungssachen nach §§ 169 ff FamFG, FamRZ 2009, 1798
Lück, Beginn und Ende der gesetzlichen Amtspflegschaft nach dem Einigungsvertrag, FamRZ 1992, 886
Mann, Zukunft der Amtspflegschaft – Optimierung des Kindesschutzes, DAVorm 1992, 1043
Meyer-Stolte, Zum Familienrechtsänderungsgesetz 1961 und zur Änderung des Jugendwohlfahrtsgesetzes, Rpfleger 1961, 427
Meysen, Beistandschaft – mehr als eine umbenannte Amtspflegschaft, JAmt 2001, 261
ders, Beginn und Ende von Beistandschaften, JAmt 2008, 120
Mix, Beistandschaft im Wandel, JAmt 2005, 279
ders, Die Beistandschaft nach §§ 1712, 1713 BGB in Konkurrenz zur Verfahrensbeistandschaft nach § 1629 Abs 3 BGB, JAmt 2013, 122
Mutschler, Das neue Beistandschaftsrecht – ein Wagen ohne Räder?, DAVorm 1995, 691
ders, Die Neuregelungen der Beistandschaft nach der Wiederaufnahme der Reformbemühungen, DAVorm 1995, 555
Oberloskamp, Zum Stand der Diskussion um die gesetzliche Amtspflegschaft – historische und systematische Aspekte, ZfJ 1991, 586
Peschel-Gutzeit, Das Kinderrechteverbes-

serungsgesetz – KindRVerbG – vom 9. 4. 2002, FPR 2002, 285

Richter, Soll die gesetzliche Amtspflegschaft abgeschafft werden?, FamRZ 1994, 5

Roos, Das Sachgebiet „Beistandschaft“ im Jugendamt, DAVorm 2000, 529

Rossmann, Auswirkungen eines Obhutswechsels auf Verfahren bzw Titel zum Kindesunterhalt, jM 2015, 55

Roth, Das Jugendamt als Beistand –Vertreter des Kindes oder Beauftragter der Mutter?, KindPrax 1998, 148

ders, Die rechtliche Ausgestaltung der Beistandschaft, KindPrax 1998, 12

ders, Das Kinderrechteverbesserungsgesetz, JZ 2002, 651

Rüting, Beistandschaft – ein wichtiger Sensor für soziale Bedarfslagen im niederschwelligen Beratungssektor, JAmt 2004, 223

vSachsen Gessaphe, Nachbesserung im Familienrecht – eine unendliche Geschichte, NJW 2002, 1853

Schimpf, Zur Aufhebung der Amtspflegschaft gemäß § 1707 BGB, StAZ 1983, 192

Schnitzler, Kompetenz von Jugendämtern und Betreuungsunterhalt nach § 1615l BGB, FF 2016, 117

Schölper, Disziplinierung der Geschlechter im Namen des Kindeswohls – Eine Geschichte der Beistandschaft des Jugendamts für „uneheliche“ Kinder (2011)

Schulz, Stellungnahme zum Entwurf eines Gesetzes zur Abschaffung der gesetzlichen Amtspflegschaft und Neuordnung des Rechts der Beistandschaft (Beistandschaftsgesetz), DAVorm 1993, 1030

Schumann, Das Nichtehelichenrecht: Gesetzeslage und Reformbestrebungen, JuS 1996, 506

Seidenstücker, Zur Umsetzung des neuen Kindschaftsrechts in der Arbeit von Jugendämtern, ZfJ 2001, 88

Seiler, Wechselmodell – unterhaltsrechtliche Fragen, FamRZ 2015, 1845

Sickfeld, Soll der Beistand Verzugszinsen einfordern?, JAmt 2002, 166

Ständiger Ausschuss des Deutschen Instituts für Vormundschaftswesen, Thesen zur Neuordnung der Vertretungsbefugnis für Mütter nichtehelicher Kinder, DAVorm 1995, 401

Stockmann, Verfahrensstandschaft nach § 1629 Abs 3 BGB und Beteiligtenwechsel, FamRB 2015, 393

Veit/Marchlewski, Die Reform des Vormundschaftsrecht geht in die nächste Runde, FamRZ 2017, 779

Vogel, Die Geltendmachung des Unterhalts minderjähriger Kinder durch die gesetzlichen Vertreter und die Grenzen elterlicher Stellvertretung, FPR 2013, 517

Walther, Datenschutz im Fachdienst Beistandschaft, in: Liber Amicorum Thomas Meysen (2018) 119

Weber, Unterhalt beim Wechselmodell, NZFam 2016, 829

Wellenhofer, Haftung im Familienrecht, FPR 2012, 529

Wiesner, Konsequenzen der Reform des Kindschaftsrechts für die Jugendhilfe, ZfJ 1997, 29

Will, Die Abschaffung der Amtspflegschaft – Emanzipation der nichtehelichen Mutter?, ZfJ 1998, 401

Wolf, Beistandschaft statt Amtspflegschaft, KindPrax 1998, 40

dies, Die Auswirkungen der Kindschaftsrechtsreform auf die jugendamtliche Praxis im Bereich Amtspflegschaften, Beistandschaften, DAVorm 1998, 53

dies, Beratung und Unterstützung nach § 52a SGB VIII, DAVorm 1998, 883

Zarbock, Entwurf eines Gesetzes zur Abschaffung der gesetzlichen Amtspflegschaft und Neuordnung des Rechts der Beistandschaft, Darstellung und Bemerkungen, DAVorm 1995, 658

ders, Entwurf eines Gesetzes zur Abschaffung der gesetzlichen Amtspflegschaft und Neuordnung des Rechts der Beistandschaft, Darstellung und Bemerkungen, ZfJ 1995, 395 (erweiterte Fassung)

Zenz/Salgo, Zur Frage der Diskriminierung der Frau im Recht der Eltern-Kind-Beziehung (1983)

Zimmermann, Die Verfahrensstandschaft im Unterhaltsrecht – Teil 1 und 2, FuR 2011, 376; 2011, 440.

Systematische Übersicht

Alphabetische Übersicht

I. Reform durch das BeistandschaftsG

1. Historische Entwicklung

a) Das BGB idF v 1. 1. 1900 bis zum NEhelG

1 Bereits das BGB in seiner Urfassung v 18. 8. 1896 (RGBl S 195) kannte das Rechtsinstitut der Beistandschaft (ausführlich Oberloskamp/Kunkel, Vormundschaft [4. Aufl 2017] § 19 Rn 17 ff; Künne, Die Beistandschaft [2003] 7 ff; Bennemann, Das neue Beistandschaftsgesetz v 1. 7. 1998 [2000] 1 ff). Sie war geregelt in §§ 1687–1695 aF und lediglich für Mütter ehelicher Kinder zugänglich. **Nichteheliche Kinder** standen nach der damaligen Vorstellung des Gesetzgebers, die auf konservativen Vorstellungen der damals noch patriarchisch strukturierten Gesellschaft beruhten (vgl Mot IV 851), nicht unter der elterlichen Gewalt der Mutter (§ 1707 aF) und bedurften der Bestellung eines Vormunds, wobei zunächst die Amtsvormundschaft noch nicht gesetzlich vorgesehen war. Auch soweit eheliche Kinder betroffen waren, war die **elterliche „Gewalt"** und damit Vertretung des Kindes allein dem Vater zugewiesen, die Mutter war nach § 1634 aF für die **tatsächliche Personensorge** zuständig. Nur dann, wenn die elterliche Gewalt des Vaters ruhte, er durch Krankheit, Abwesenheit oder Gefangenschaft verhindert war oder er verstorben war, kamen der Mutter aushilfsweise sorgerechtliche Befugnisse zu (§§ 1684, 1685 aF). In diesen Fällen hatte das Vormundschaftsgericht nach § 1687 aF der Mutter einen Beistand zu bestellen, wenn der Vater es nach § 1777 aF angeordnet, die Mutter es beantragt oder das Vormundschaftsgericht es aus besonderen Gründen von Amts wegen angeordnet hatte. Sein Wirkungskreis konnte nach § 1688 aF alle Angelegenheiten betreffen oder auf gewisse Teilbereiche beschränkt werden. Nach § 1689 aF kamen ihm sowohl Unterstützungsaufgaben zu, als auch die „Überwachung" der Mutter bis hin zu Mitteilungspflichten ggü dem Vormundschaftsgericht bei jedwedem Einschreiten. Für die Fälle, in denen auch ein Vormund der gerichtlichen Genehmigung bedurfte, war auch die Genehmigung des Beistands erforderlich (§ 1690 aF). Diese Ausgestaltung der Beistandschaft blieb über Jahrzehnte hinweg von Bestand. Für nicht eheliche Kinder wurde durch das **RJWG** von 1922 die gesetzliche **Amtsvormundschaft** der obligatorisch zu schaffenden Jugendämter eingerichtet (vgl Bennemann, Das neue Beistandschaftsgesetz v 1. 7. 1998 [2000]

5 ff). Durch das **G über die Gleichberechtigung von Mann und Frau** auf dem Gebiet des bürgerlichen Rechts v 18. 6. 1957 (BGB 1957 I 609) wurde beide vorerwähnten Formen der **Zwangsbeistandschaft** in § 1687 Nr 1 und 3 aF beseitigt und die nun in §§ 1685–1692 aF enthaltene Beistandschaft auf Fälle **freiwilliger Inanspruchnahme** beschränkt und ebenso die Überwachungspflicht des Beistands abgeschafft. Durch das **Familienrechtsänderungsgesetz** v 11. 8. 1961 (BGBl 1961 I 1221) wurde § 1690 aF dahin erweitert, dass das Vormundschaftsgericht auf Antrag der Mutter oder des Vaters dem Beistand die Geltendmachung von Unterhaltsansprüchen ganz oder teilweise übertragen konnte (vgl BT-Drucks 3/2812, 5; MEYER-STOLTE Rpfleger 1961, 427).

b) Amtspflegschaft nach dem NEhelG

aa) Die durch das Beistandschaftsgesetz mit Wirkung vom 1. 7. 1998 abgelöste **Amtspflegschaft** räumte nach § 1705 aF grundsätzlich der Mutter eines „nichtehelichen" Kindes die elterliche Sorge (damals noch „elterliche Gewalt") ein. **2**

Dies bedeutete gegenüber der erstmals durch das *Familienrechtsänderungsgesetz* (FamRÄndG) v 11. 8. 1961 in § 1707 BGB vormaliger Fassung geschaffenen Möglichkeit der vormundschaftsgerichtlichen *Übertragung* der elterlichen Gewalt auf die Mutter eine **Fortentwicklung**; in der insoweit bis zum FamRÄndG geltenden Urfassung des BGB stand das Kind zwingend unter *Vormundschaft,* regelmäßig unter Amtsvormundschaft, wobei jedoch auch die Mutter Vormündin werden konnte (zum FamRÄndG: BOSCH FamRZ 1983, 433; KÜNNE, Die Beistandschaft [2003] 11).

bb) Die elterliche Sorge der Mutter für ihr **nichteheliches Kind** war nach § 1706 BGB idF des NEhelG durch eine **Amtspflegschaft für bestimmte Angelegenheiten** beschränkt, nämlich für die Feststellung der väterlichen Abstammung, die Geltendmachung von Unterhalt und die Verfolgung erbrechtlicher Ansprüche. Insoweit war die Mutter nicht vertretungsbefugt. Die Amtspflegschaft konnte auf Antrag aufgehoben werden (§ 1707 aF), was aber durch den BGH (BGH 11. 11. 1981 – IVb ZB 783/81, juris Rn 11, FamRZ 1982, 159; ausführlich BENNEMANN, Das neue Beistandschaftsgesetz v 1. 7. 1998 [2000] 28 ff) versagt wurde, wenn die Mutter an der Vaterschaftsfeststellung nicht sachdienlich mitwirkte (hierzu FINGER FamRZ 1983, 429). Durch Art 9 § 2 des Gesetzes zur Neuregelung des Rechts der elterlichen Sorge v 18. 7. 1979 (BGBl 1979 I 1061) wurde schließlich der Begriff der elterlichen „Gewalt" durch den der elterlichen „Sorge" ersetzt. **2a**

Für Eltern **ehelicher Kinder** kam hingegen die in der Praxis wenig bedeutsame Beistandschaft nach §§ 1685–1692 aF in Betracht, die auf *Antrag* angeordnet werden konnte und nicht notwendig vom Jugendamt geführt wurde; insoweit stand den Eltern das Recht zu, den Antrag von der Bestellung einer bestimmten Person abhängig zu machen; der Beistand erlangte nicht die Stellung eines gesetzlichen Vertreters; ihm konnten aber auf Antrag des Elternteils Vertretungsbefugnisse zur Geltendmachung von Unterhaltsansprüchen und die Vermögenssorge übertragen werden (§ 1690 aF; zumindest regelungstechnisch ist diese Beistandschaft ebenfalls als eine Wurzel der neuen Beistandschaft der §§ 1712 ff zu sehen: DIEDERICHSEN NJW 1998, 1977, 1987). Durch das SorgRG v 18. 7. 1979 wurden schließlich die letzten noch bestehenden Aufsichts- und Kontrollfunktionen des Beistands abgeschafft (KÜNNE, Die Beistandschaft [2003] 12 f).

c) Keine Amtspflegschaft in den neuen Bundesländern

3 **aa)** In der **früheren DDR** waren bereits durch § 17 des *Gesetzes über den Mutter- und Kindesschutz und die Rechte der Frau* v 27. 9. 1950 (MKSchG) die vollen elterlichen Rechte der nicht verheirateten Mutter hergestellt und die Einsetzung eines Vormundes für das Kind abgeschafft worden. Dies wurde 1965 – unter gleichzeitiger Abschaffung des Begriffes „uneheliches Kind" – in § 46 Abs 1 FGB übernommen. Die durch § 17 MKSchG eingeräumte Möglichkeit der Unterstützung der Mutter auf deren Antrag durch das Organ der Jugendhilfe bei der Regelung von Unterhaltsansprüchen gegen den Vater wurde zum gesetzlichen und rechtstatsächlichen Ausnahmefall (im Einzelnen vgl Eberhardt FamRZ 1999, 139; Richter FamRZ 1994, 5, 6; Gesetzentwurf der BReg BT-Drucks 13/892, 21).

4 **bb)** Auf diesem Hintergrund wurde anlässlich der Inkraftsetzung des BGB in den **Neuen Bundesländern** durch Art 230 Abs 1 EGBGB aF (idF des **Einigungsvertrages**) die Geltung der Amtspflegschaft (§§ 1706 bis 1710 aF) aus rechtspolitischen Gründen (BT-Drucks 11/7817, 36 f; Richter FamRZ 1994, 5, 6; Bennemann, Das neue Beistandschaftsgesetz v 1. 7. 1998 [2000] 44 ff) nicht auf das in Art 3 des Einigungsvertrages genannte Gebiet (Neue Länder und Ostteil von Berlin) erstreckt. Der Gesetzgeber äußerte damals, auch mit Rücksicht auf die bereits länger in Teilen des Schrifttums in der Bundesrepublik schwelende Kritik an der Amtspflegschaft und der befürchteten Ablehnung der Amtspflegschaft in den neuen Bundesländern, die Absicht, im Rahmen einer Novellierung des Nichtehelichenrechts das Institut der Amtspflegschaft einer Prüfung zu unterziehen und eine einheitliche, bundesweit geltende Lösung zu entwickeln (BT-Drucks 11/7817, 36; Staudinger/Rauscher [2003] Art 230 EGBGB Rn 7; näher Staudinger/Rauscher [1996] Art 230 EGBGB Rn 12 ff; Lück FamRZ 1992, 886; Zarbock DAVorm 1995, 657, 660; Diederichsen, in: GS für Lüderitz [2000] 135; Künne, Die Beistandschaft [2003] 32 ff; Knittel, in: Liber Amicorum Thomas Meysen, 2018, 79, 81 ff). Insoweit ist die heutige Beistandschaft eine **„Frucht der Wiedervereinigung"** (Gawlitta ZfJ 1998, 156).

d) Einführung der Beistandschaft

5 Diese Neuregelung wurde angesichts divergierender Rechtslagen in den neuen und alten Bundesländern in der **12. Legislaturperiode** des Deutschen Bundestages als besonders dringlich empfunden (Leutheusser-Schnarrenberger DAVorm 1993, 17). Hinzu kam, dass in vielen Fällen alleinerziehende Mütter in den neuen Bundesländern nur dann staatliche Unterstützungsleistungen erhielten, wenn eine Vaterschaftsfeststellung vorlag oder zumindest eingeleitet worden war (Zarbock DAVorm 1995, 658, 662). Der deshalb eingebrachte Regierungsentwurf eines **Beistandschaftsgesetzes** wurde jedoch unbeschadet der damals noch nicht zum Stadium eines Entwurfs gediehenen Vorarbeiten der Gesamtreform des Kindschaftsrechts (BT-Drucks 12/7011) nicht mehr in der 12. Legislaturperiode verabschiedet. Das am 1. 7. 1998 gleichzeitig mit der Gesamtreform des Kindschaftsrechts durch das KindRG, das ErbrechtsgleichstellungsG und das KindesunterhaltsG in Kraft getretene Beistandschaftsgesetz geht daher zurück auf den in der 13. Legislaturperiode weitgehend unverändert erneut eingebrachten Gesetzentwurf der Bundesregierung (BT-Drucks 13/892), der allerdings seinerseits ursprünglich noch als Vorabregelung geplant war (BT-Drucks 13/892, 26).

Zur **historischen Entwicklung** im Einzelnen: RegEntwurf BT-Drucks 13/892, 20; Bennemann, Das neue Beistandschaftsgesetz v 1. 7. 1998 (2000) 1 ff; Zarbock ZfJ 1995, 395, 396 ff.

2. Motivationen der Reform

a) Rechtseinheit

6 Wegen der seit dem 3. 10. 1990 unterschiedlichen Rechtslage in den alten und neuen Bundesländern (oben Rn 4) war es zunächst das wohl dringlichste Ziel, die **Rechtseinheit** herzustellen. Die Herstellung der Rechtseinheit sowie die Schaffung bislang fehlender Hilfsangebote im Beitrittsgebiet waren der maßgebliche Grund, die Neuregelung des Beistandschaftsrechts der Gesamtreform zeitlich vorzuziehen (BT-Drucks 13/892, 26).

b) Hilfsangebot an Alleinerziehende und Gewährung finanzieller Leistungen

7 Angesichts der effektiven Arbeit der Jugendämter als Amtspfleger, insbesondere bei der Feststellung der Vaterschaft für Kinder in den alten Bundesländern, ging der Gesetzgeber davon aus, dass auch künftig eine **Hilfestellung des Jugendamtes** angeboten werden müsse (BT-Drucks 13/892, 37). Das Fehlen jeglicher über die Beratung alleinerziehender Elternteile hinausgehender Hilfen in den neuen Bundesländern wurde als Mangel empfunden. Dabei schien eine Hilfe, bei der dem Jugendamt nicht die Stellung eines gesetzlichen Vertreters zukommt, also eine lediglich beratende oder helfende Tätigkeit, nicht in allen Fällen ausreichend zu sein (BT-Drucks 13/892, 23). Die Beistandschaft der §§ 1685 ff aF schied als Lösung mangels durch sie vermittelter gesetzlicher Vertretungsbefugnis des Beistands aus (BT-Drucks 13/892, 23). Die Einbettung des Problems in die *bestellte Amtspflegschaft* (§§ 1909, 1915 Abs 1, 1791b BGB idF bis zum 31. 12. 2022) erschien wegen der Erforderlichkeit eines gerichtlichen Verfahrens zu umständlich und zeitraubend (BT-Drucks 13/892, 23). Hinzukam schließlich, dass in vielen Fällen Mütter in den neuen Bundesländern finanzielle staatliche Leistungen nur mehr dann erhielten, wenn eine Feststellung der Vaterschaft bereits vorlag oder zumindest eingeleitet worden war (Oberloskamp/Kunkel, Vormundschaft [4. Aufl 2017] § 19 Rn 5; Zarbock DAVorm 1995, 657, 662).

c) Vermeidung von Eingriffen in Elternrechte

8 Gegen die Fortführung und Ausdehnung der – durchaus als effizient anerkannten – bisherigen **gesetzlichen Amtspflegschaft** sprach die in unterschiedlicher Intensität auch im Schrifttum verbreitete, bis zu verfassungsrechtlichen Bedenken (**Art 6 Abs 2, Art 3 GG)** reichende Kritik an der *Ausnahmslosigkeit* dieses Rechtsinstituts (vgl Zenz/Salgo, Zur Frage der Diskriminierung der Frau im Recht der Eltern-Kind-Beziehung [1983] 51; Finger FamRZ 1983, 429; Schimpf StAZ 1983, 192; Oberloskamp ZfJ 1991, 586; Brötel FamRZ 1991, 775). Die *„Zwangs"pflegschaft,* die grundsätzlich bei jeder außerehelichen Geburt eintrat und das Sorgerecht der Mutter einschränkte, führte in einer Vielzahl von Fällen zu einem unnötigen und daher **unverhältnismäßigen Eingriff in das Elternrecht** (BT-Drucks 13/892, 23; Simitis StAZ 1970, 225; Oberloskamp ZfJ 1991, 586; hierzu Roth KindPrax 1998, 12). Die verbreitete Bereitschaft seitens mit der Mutter nicht verheirateter Väter, die Vaterschaft anzuerkennen, sowie ein gewachsenes Selbstbewusstsein der Mütter, die Vaterschaftsfeststellung und Unterhaltssicherung von sich aus zu betreiben, ließ die Bereitstellung eines Angebots aus Sicht des Elternteils (nicht aber für das Jugendamt) **freiwilliger Hilfen** angezeigt erscheinen (BT-Drucks 13/892, 23; vgl §§ 1712, 1715 BGB). Bestärkt wurde diese Einschätzung durch Erfahrungen aus Österreich, wo schon 1989 die vormalige gesetzliche Amtsvormundschaft durch eine Sachwalterschaft mit Zustimmung des alleinerziehenden Elternteils ersetzt wurde (§§ 144, 212 ABGB; BT-Drucks 13/892, 22). Auf der anderen Seite wurde von vielen Seiten aber

auch darauf verwiesen, dass sich die Amtspflegschaft in der vormaligen Praxis bewährt habe (Richter FamRZ 1994, 5, 7; Zarbock DAVorm 1995, 657, 666). Noch 1981 hatte allerdings das KG die Amtspflegschaft mit **Art 8 und 14 EMRK** vereinbar angesehen (KG 1. 9. 1981 – 1 W 3909/80, juris Rn 11 ff, DAVorm 1982, 87).

d) Erleichterung pränataler Vaterschaftsfeststellung

9 Durch das schließlich, entgegen den Plänen bei Vorlage des Entwurfs, gleichzeitige Inkrafttreten der Reform des Abstammungsrechts im KindRG (vgl dazu Diederichsen NJW 1998, 1977, 1979 f). wurde hingegen das – § 1713 Abs 2 BGB zugrundeliegende – Ziel der Erleichterung der **pränatalen Vaterschaftsfeststellung** weitgehend überholt. Nach § 1600c aF bedurfte die vor der Geburt zulässige Anerkennung der Vaterschaft der Zustimmung des *Kindes.* Diese konnte die Mutter nicht erteilen, da ihr nach der Geburt insoweit die elterliche Sorge nicht zustand; das Jugendamt erlangte aber hierzu die Stellung des gesetzlichen Vertreters erst mit der Geburt des Kindes, sodass es der umständlichen Bestellung eines *Leibesfruchtpflegers* bedurfte (BT-Drucks 13/892). Durch den Übergang zum Erfordernis der Zustimmung der Mutter (§ 1595 Abs 1 BGB idF des KindRG) unter Wegfall der Zustimmung des Kindes, sofern nur die Mutter sorgeberechtigt ist (§ 1595 Abs 2 BGB), war die Erleichterung der pränatalen Vaterschaftsanerkennung ohnehin mit jeder Regelung erreichbar, welche die elterliche Sorge der Mutter für die Vaterschaftsfeststellung nicht mehr einschränkte. Erledigt haben sich auch die vom *Bundesrat* (BT-Drucks 13/892, 49; vgl **§ 1600c Abs 2 BGB idF des BeistG**, der wegen Aufhebung durch das KindRG nie in Kraft getreten ist) geäußerten Bedenken, das gesetzgeberische Ziel werde nicht erreicht, weil nach § 1600c aF die vorgeburtliche Zustimmung (durch welchen Vertreter des Kindes auch immer) nicht zweifelsfrei zulässig sei; § 1595 Abs 3 BGB iVm § 1594 Abs 4 BGB stellt nunmehr die Zulässigkeit der vorgeburtlichen Zustimmung ausdrücklich klar.

e) Gleichstellung aller alleinerziehenden Eltern unabhängig von Ehe

10 Schließlich fließt auch ein Element der **Gleichstellung ehelicher und nichtehelicher Geburt**, die im Übrigen zentral in der Gesamtreform des Kindschaftsrechts im KindRG verwirklicht werden sollte, in die Motivation zum BeistandschaftsG ein (vgl Bennemann, Das neue Beistandschaftsgesetz v 1. 7. 1998 [2000] 48) Die bisher für „eheliche“ Kinder angebotene Beistandschaft ohne Vertretungsmacht (§§ 1685 ff aF), die in der Praxis geringe Bedeutung erlangt hatte, sollte in der Reform aufgehen. Auch für Kinder (ehemals) verheirateter alleinerziehender Elternteile wurde ein Bedürfnis nach vergleichbaren Hilfestellungen, wenn nicht im Bereich der Abstammungsfeststellung, so doch hinsichtlich der Unterhaltssicherung, anerkannt (BT-Drucks 13/892, 26). Ebenso auf **alleinerziehende, nicht mit der Mutter verheiratete Väter** war das neue Regelungsmodell zu erstrecken.

3. Modelle – Entscheidung für das Antragsmodell der §§ 1712–1717

a) Diskutierte Modelle

11 Aus der vorangegangenen Reformdiskussion standen dem Gesetzgeber zahlreiche Regelungsmodelle (ausführlich Bennemann, Das neue Beistandschaftsgesetz v 1. 7. 1998 [2000] 54 ff) zu Gebote. Bereits durch die Ausgangspunkte der Reform verworfen waren das **Erstreckungsmodell**, also die Übertragung der §§ 1706 ff aF auf das Beitrittsgebiet, sowie das **Abschaffungsmodell**, also die ersatzlose Streichung dieser Bestimmungen (BT-Drucks 13/892, 26).

Als Modifikationsmodelle der alten Amtspflegschaft standen zur Verfügung (vgl MünchKommBGB/vSachsen Gessaphe [2012] Vor § 1712 Rn 5; Bennemann, Das neue Beistandschaftsgesetz v 1. 7. 1998 [2000] 58 ff; BT-Drucks 13/892, 24 f):

- Das **Einschränkungsmodell** einer Erstreckung der §§ 1706 ff aF auf das Beitrittsgebiet unter gleichzeitiger Beschränkung des Wirkungskreises. Dabei war unter Beibehaltung für Vaterschaftsfeststellung und Unterhaltsdurchsetzung (Beinkinstadt DAVorm 1993, 1, 3, 7; ders DAVorm 1993, 755, 759) an die Ausklammerung der erbrechtlichen Aufgabenstellung gedacht, die verbreitet als überflüssig empfunden wurde (die Bedeutungslosigkeit bezweifelnd und für eine Einbeziehung im Rahmen einer Antragslösung dagegen die Stellungnahme des DIV DAVorm 1993, 1009, 1021). Zuletzt wurde häufiger die Reduzierung auf die Vaterschaftsfeststellung vertreten (Binschus DAVorm 1989, 171, 175; Knoll ZfJ 1993, 529; DIV DAVorm 1993, 1009; Ständiger Ausschuss des DIV DAVorm 1995, 401; Mutschler DAVorm 1995, 691; Richter FamRZ 1994, 5, 9; Stellungnahme des DIV DAVorm 1993, 1009, 1021).

- Das **Antragserleichterungsmodell** einer Erleichterung der Voraussetzungen der Aufhebung der Amtspflegschaft, etwa durch ausdrücklichen Ausschluss eines Anspruchs auf Vaterbenennung.

- Das **Widerspruchsmodell** bzw das **Antragsmodell**, welche beide, lediglich mit rechtstechnisch reziproken Mitteln, den Bestand oder die Begründung der Amtspflegschaft vom Willen der Mutter abhängig machen wollten.

- Das **Zeitschrankenmodell** eines Eintritts der gesetzlichen Amtspflegschaft, wenn nicht nach Ablauf einer bestimmten Zeit nach Geburt des Kindes die Vaterschaft festgestellt ist (vgl Mann DAVorm 1992, 1044; Dickmeis DAVorm 1993, 751, 752; Richter FamRZ 1994, 5, 9; Schumann JuS 1996, 506, 508).

- Das Modell der **„Zweiten Welle“** in Ergänzung eines Antragsmodells, welches den Standesbeamten verpflichten würde, das Jugendamt in Kenntnis zu setzen, wenn eine bestimmte Zeit nach der Geburt der Vater noch nicht beigeschrieben wäre, um dem Jugendamt die Prüfung der Gründe hierfür zu ermöglichen.

- Schließlich das nicht nur systematisch zu verstehende Modell der **Regelung im SGB VIII**, durch das die Materie der Beistandschaft aus dem BGB ausgegliedert und damit deutlich in den Bereich freiwilliger Hilfeangebote – ohne das Element der gesetzlichen Vertretung des Kindes – verlagert werden würde (Wiesner ZfJ 1997, 29, 34; AGJ DAVorm 1993, 1159; vgl zum Ganzen BT-Drucks 13/892, 24 f).

b) Entscheidung für das Antragsmodell

aa) Der Gesetz gewordene Entwurf entschied sich für das **Antragsmodell**. Die Neu- 12
bezeichnung als **„Beistandschaft“** sowie die systematische Verlagerung in einen neuen Siebenten Titel (§§ 1712 ff BGB) werden lediglich als Signale der durch das Antragserfordernis veränderten Qualität der früheren Amtspflegschaft verstanden. Der Begriff „Beistandschaft“ ist lediglich Abgrenzungsmittel: Er signalisiert, dass durch das Antragserfordernis die gesetzliche Amtspflegschaft abgelöst ist; zur vormaligen Beistandschaft der §§ 1685 ff BGB soll hingegen kein Bezug bestehen (BT-Drucks 13/892, 28).

13 **bb)** Die **Gründe** der Entscheidung für das Antragsmodell, dem sich sowohl der Bundesrat (BR-Drucks 7/95, 890/93; BT-Drucks 13/892, 49) als auch – einstimmig – der Rechtsausschuss angeschlossen hatten, sind vor allem an den bis zuletzt intensiv diskutierten, der Sicherung der Vaterschaftsfeststellung auch bei Untätigkeit der Mutter dienenden Modellen der *Zeitschranke* und der *„Zweiten Welle"* zu messen. Insbesondere im Rechtsausschuss konzentrierten sich die Erörterungen auf diese, zwischenzeitlich zur Kernfrage gewordene Problematik, ob das Kindesinteresse an der Feststellung der Vaterschaft unter einem reinen Antragsmodell leiden werde. Letztlich hatte es sich der Gesetzgeber zum Ziel gesetzt, demjenigen Modell den Vorzug zu geben, das am wenigsten mit Eingriffen in das Elternrecht verbunden ist (BT-Drucks 13/892, 26).

Die Begründung stellt im Übrigen die Herstellung des uneingeschränkten **Elternrechts der Mutter** stark in den Vordergrund. Das *Einschränkungsmodell* würde weiterhin zu einer unnötigen Entrechtung von Müttern nichtehelicher Kinder führen (BT-Drucks 13/892, 26), das *Antragserleichterungsmodell* in Abkehr vom sonst im Kindschaftsrecht üblichen Regel-Ausnahmeverhältnis der Mutter zumuten, ein Gerichtsverfahren anzustrengen, um die volle elterliche Sorge zu erlangen; selbst das *Widerspruchsmodell* sei abzulehnen, weil die Mutter von sich aus tätig werden müsse, um das volle Sorgerecht zu erlangen (BT-Drucks 13/892, 27).

Gegen das eingehend erwogene *Antragsmodell* mit Zeitschranke wendet der Entwurf neben den häufig beschworenen guten *österreichischen* Erfahrungen ein, es führe mangels Feststellung der Vaterschaft schematisch zu einer Sorgerechtseinschränkung, ohne dass es möglich wäre, im Einzelfall zu prüfen, weshalb die Mutter die Vaterschaftsfeststellung nicht betrieben hat (BT-Drucks 13/892, 28). Zudem wird eine Gefahr für die Akzeptanz des Antragsmodells gesehen, weil dieses nur als Alternative zu einer mit Ablauf der Zeitschranke eintretenden Entrechtung gesehen werden könnte (BT-Drucks 13/892, 28). Das Modell der *„Zweiten Welle"*, das nur Ermittlungen des Jugendamtes dahin auslösen würde, aus welchen Gründen die Vaterschaftsfeststellung unterblieben ist und nur bei Fehlen anerkennenswerter Gründe zu einem gerichtlichen Eingreifen auf Anregung des Jugendamtes führen sollte, behindere ebenfalls die Akzeptanz des Antragsmodells und führe gegenüber dem reinen Antragsmodell zu unerwünschten stärkeren staatlichen Aktivitäten in Ansehung der Vaterschaftsfeststellung (BT-Drucks 13/892, 30). Im Rechtsausschuss wurde insbesondere auf statistisches Material Bezug genommen, das keinen signifikanten Rückgang der Vaterschaftsfeststellungen seit 1989 in Österreich belege. Die Steigerung der Vaterschaftsfeststellungen im Beitrittsgebiet wird im Zusammenhang mit der vermehrten Information der Mütter über das Beratungsangebot der Jugendämter gesehen (BT-Drucks 13/8509, 16).

4. Kritik

a) Formale und systematische Einordnung in das BGB

14 Die systematisch begründete Kritik hat sich insoweit heute erledigt, als die zunächst in einem neuen 7. Titel in bewusster Abgrenzung gegen den frei gewordenen 6. Titel (§§ 1705 ff aF) geregelte Beistandschaft (vgl dazu Staudinger/Rauscher [2000] Vorbem 14 zu §§ 1712–1717) seit der Neubekanntmachung des BGB zum 2. 1. 2002 als 6. Titel eingeordnet ist. Gleichwohl ist zu konstatieren, dass sich §§ 1712–1717 BGB ausschließ-

lich an das Jugendamt als Träger öffentlicher Verwaltung richten und es daher durchaus systematisch nahegelegen hätte, die öffentlich-rechtlichen Normen im SGB VIII (etwa im Anschluss an §§ 55 ff SGB VIII) zu verankern (vgl Oberloskamp/Kunkel, Vormundschaft [4. Aufl 2017] § 19 Rn 18; **aA** im Hinblick auf die Regelung der gesetzlichen Vertretungsmacht: MünchKommBGB/vSachsen Gessaphe [6. Aufl 2012] Vor § 1712 Rn 7).

b) Neuer Name – gleicher Inhalt?

15 Die Verdeutlichung der **Inhaltsänderung** der Beistandschaft gegenüber der Amtspflegschaft ist durchaus nicht bedeutungslos, wurde doch befürchtet, die Beistandschaft sei eine „Mogelpackung" (Gawlitta ZfJ 1998, 156, 157), die zwar nur auf Antrag eintrete, inhaltlich aber die alte Amtspflegschaft sei. Dieser Eindruck ist zugleich zutreffend und unzutreffend. Soweit mit dem Begriff „Mogelpackung" ausgedrückt wird, es habe sich eigentlich *nichts* geändert, ist dies unzutreffend (ebenso Meysen JAmt 2001, 261: „mehr als eine umbenannte Amtspflegschaft"). Da dem alleinerziehenden Elternteil nicht nur die Beantragung, sondern auch die Beendigung (§ 1715 Abs 1 S 1 BGB) freisteht, ist jedes Zwangselement entfallen; der Amtsbeistand ist insoweit abhängig, als sein Amt jederzeit zur Disposition des Sorgeberechtigten steht. Durchaus zutreffend ist dagegen der Eindruck, der Gesetzgeber habe, abgesehen vom eingeschränkten Aufgabenbereich (§ 1712 BGB gegenüber § 1706 aF) und der Beschränkung der Person des Beistands auf das Jugendamt (zur früheren Rechtslage vgl Diederichsen NJW 1998, 1977, 1987), nichts an der eigentlichen *Aufgabenstellung* des Amtsbeistandes ändern wollen, solange er diese Aufgabe innehat. Er ist – wie bei der früheren Amtspflegschaft – gesetzlicher Vertreter des *Kindes* und nicht – wie bei der früheren Beistandschaft iSd § 1685 aF – Hilfsorgan des *Elternteils* und daher nur dem **Kindeswohl** verantwortlich. Die mit der Kritik verbundene Forderung, den Inhalt der Amtsbeistandschaft neu zu definieren, insbesondere den Beistand den *Weisungen* des Sorgeberechtigten unterzuordnen, entspricht also nicht der eindeutigen gesetzlichen Intention und Regelung (zutreffend Roth KindPrax 1998, 148; Zarbock DAVorm 1995, 688; Mutschler DAVorm 1995, 555 f). Zur Akzeptanz des neuen Rechtsinstituts unten Rn 22 f.

c) Mutterrecht und Kindesinteresse

aa) Wahrung von Kindesinteressen trotz Freiwilligkeit

16 Deutlich wurde die Sorge vorgetragen, das **Interesse des Kindes** an der Feststellung der Vaterschaft werde nicht genügend geschützt (vgl Richter FamRZ 1994, 5, 8 f; Kemper FamRZ 1991, 1401). Regierungsentwurf und Rechtsausschussbericht betonten das Kindesinteresse schon sprachlich weniger deutlich als das **Recht der Mutter**, auf dessen Seite sich der Regierungsentwurf sogar mit eher polemischem Vokabular (Entrechtung, Zwangspflegschaft) gestellt hat. Dies dürfte mit einer Grundtendenz der Kindschaftsrechtsreform zu tun haben, Rechte der *Mutter* auch als Rechte der *Frau* zu begreifen und deshalb ohne gesonderte, am Kindeswohl orientierte Begründung zu fördern (vgl zu diesem Phänomen im Abstammungsrecht Staudinger/Rauscher [2011] § 1595 Rn 4 ff; vgl auch noch die erste Entscheidung des BVerfG NJW 2003, 955 zu § 1626a Abs 2 idF des KindRG). Solche Förderung des Selbstbestimmungsrechts der Frau kann jedoch mit dem **Recht des Kindes** nach Art 2 Abs 1 GG iVm Art 1 Abs 1 GG, § 1618a BGB **auf Kenntnis seiner eigenen Abstammung** (BVerfG 6. 5. 1997 – 1 BvR 409/90, NJW 1997, 1769 Rn 24) kollidieren. In welchen Fällen das Recht des Kindes auf Kenntnis seiner eigenen Abstammung gegenüber dem allgemeinen Persönlichkeitsrecht der Mutter auf Achtung ihrer Intimsphäre überwiegt, ist durch die vorgenannte Rspr des BVerfG noch nicht hinreichend geklärt. Im Interesse des Kindes wäre es durchaus wün-

schenswert, das Selbstbestimmungsrecht und die Selbstverwirklichung der Frau bzw Mutter zurücktreten zu lassen (wie hier MünchKommBGB/vSachsen Gessaphe [6. Aufl 2012] Vor § 1712 Rn 8; auch Staudinger/Rauscher [2014] Vorbem 16 zu §§ 1712–1717; Binschus DAVorm 1989, 171, 173; Klinkhardt StAZ 1990, 181, 191; Kemper FamRZ 1991, 1401; Dickmeis DAVorm 1993, 751, 754; Richter FamRZ 1994, 5, 8; Schumann JuS 1996, 506, 508; Zarbock DAVorm 1995, 657, 664; Ständiger Ausschuss des DIV DAVorm 1995, 401, 403). Eine Lösung dieses Konflikts im Interesse des Kindes kann aber auch ohne Beibehaltung einer Amtspflegschaft erreicht werden, sondern wäre auch mit einer Anerkennung eines zivilrechtlichen Auskunftsanspruchs des Kindes gegen seine Mutter zu erreichen.

16a In der Praxis ebenso problematisch wie das Unterbleiben der Vaterschaftsfeststellung ist die von ähnlichen rechtspolitischen Zielen beförderte komplementäre Problematik der Feststellung und rechtlichen Anerkennung des **unrichtigen Vaters**. Die nach dem KindRG einsetzende Entwicklung zur Vaterschaftsanfechtung durch den biologischen Vater (§ 1600 Abs 1 Nr 2, Abs 2 BGB) und das Umgangsrecht des leiblichen, nicht rechtlichen Vaters (nun in § 1686a BGB geregelt) zeigen, dass der Gesetzgeber in vielen Fällen die rechtliche über die reale biologische Vaterschaft stellt. Dies freilich ist in § 1595 BGB (Anerkennung durch den Mann und Zustimmung der Mutter ohne Überprüfung der Vaterschaft) angelegt und könnte nicht isoliert durch eine verstärkte Einschaltung des Jugendamtes vermieden werden. Hier könnte nur helfen, die Zustimmung des Kindes zur Anerkennung zu verlangen und diese zur Vermeidung von Interessenkonflikten einem Pfleger zu übertragen. Noch weniger über eine Beistandschaft lösbar ist schließlich die Problematik der unrichtigen Vaterschaft des Ehemannes, gegen die nur ein erweitertes Anfechtungsrecht des biologischen Vaters hilft, weil das Jugendamt schwerlich in die Rolle des Störers der „heilen" Familie der Mutter gedrängt werden kann (im Einzelnen § 1712 Rn 19).

bb) Recht des Kindes auf Kenntnis der Abstammung

17 Die auffällige Fixierung im Gesetzgebungsverfahren auf die **österreichischen Erfahrungen** bedarf zumindest der Relativierung. Die **statistische Komponente** der Argumentation (insbesondere BT-Drucks 13/8509, 16) deutet auf eine Entwicklung, die auch in Deutschland erkennbar ist: Die Feststellungsrate, vor allem die Bereitschaft der Väter zur Vaterschaftsanerkennung, nimmt grundsätzlich zu; insbesondere belegt eine höhere Anerkennungsbereitschaft in den neuen Bundesländern, dass die Amtspflegschaft für *diese* Tendenz nicht entscheidend sein dürfte (vgl auch Staudinger/Rauscher [2011] § 1592 Rn 48; weiteres statistisches Material zur Vaterschaftsanerkennung DAVorm 1995, 55 und 701). Nach der zuletzt in 2005 erhobenen Statistik des Statistischen Bundesamts waren in 2,65 % der Verfahren bei den Jugendämtern die Väter nicht feststellbar (Statistiken der Kinder- und Jugendhilfe – Pflegschaften, Vormundschaften, Beistandschaften, Pflegeerlaubnis, Sorgerechtsentzug, Sorgeerklärungen, 2009, Tabelle ZR1, 1. 1 – die Erhebung der Vaterschaftsfeststellungen wurde danach eingestellt). Das bedeutet aber nicht, dass – jedenfalls aus Sicht betroffener Kinder – eine bestimmte Quote nicht festgestellter bzw dem Kind unbekannter Vaterschaften hinzunehmen wäre. Auch § 163a ABGB aF, der der Mutter das Verschweigen des Namens des Vaters erlaubte, ist im Österreichischem Recht zum 1. 2. 2013 entfallen. Das BVerfG hat in seiner Rechtsprechung zum **Recht des Kindes auf Kenntnis seiner Abstammung** (eingehend hierzu Staudinger/Rauscher [2011] Einl 80 ff zu §§ 1589–1600d; vgl auch Rn 16) jedenfalls ein solches aus Art 2 Abs 1 GG iVm Art 1 Abs 1 GG folgendes Grundrecht anerkannt, auch wenn es den Gerichten bis heute nicht gelungen ist, einen etwaigen Auskunftsanspruch analog § 1618a BGB hinreichend zu konkretisieren und verfahrensrechtlich abzusichern, auch wenn hier inzwischen Fortschritte in der Rechtsfortbildung zu verzeichnen sind (vgl BGH 19. 1. 2022 – XII ZB 183/21, FamRZ 2022, 633; OLG Frankfurt 13. 7. 2021 – 6 WF 92/21, FamRZ 2022, 120). Gleichwohl hat der Gesetzgeber die Eigenverantwortung der Kindesmutter im Hinblick auf die Feststellung der Vaterschaft in **§ 1629 Abs 2 S 3 HS 2 BGB** dahin abgesichert, dass ihre fehlende Bereitschaft zur Offenbarung und Betreibens eines Verfahrens nach § 169 Nr 1 FamFG nicht zu einem Teilentzug ihres Vertretungsrechts nach § 1789 Abs 2 S 3 und 4 BGB führt (zuletzt übersehen im Fall von OLG Frankfurt 1. 2. 2018 – 5 WF 254/17, NZFam 2018, 285). Damit bleibt nur in engen Grenzen ein staatliches Einschreiten wegen Kindeswohlgefährdung nach **§ 1666 BGB** denkbar, was aber dem eindeutigen gesetzgeberischen Willen entspricht (BT-Drucks 13/892, 34).

cc) Vorzüge des Antragsmodells

Auch vor dem Hintergrund dieser Erwägungen dürfte vieles für das **Antragsmodell auch in Ansehung der Vaterschaftsfeststellung** sprechen. 18

α) Zum einen stand auch der Amtspfleger am Ende seiner Mittel, wenn die Mutter entschlossen war, den Namen des Vaters zu verheimlichen (zutreffend Kemper DAVorm 1989, 169, 170). Diesen Umstand – und nicht etwa mangelnde Großzügigkeit der Gerichte in Anwendung von § 1707 aF – belegt auch die nicht geringe Zahl von Fällen, in denen im Anschluss an die Rspr des BGH (BGH 11. 11. 1981 – IVb ZB 783/81, juris Rn 11, FamRZ 1982, 159) die Aufhebung der Amtspflegschaft nach § 1707 aF versagt wurde, weil die Mutter an der Feststellung der Vaterschaft nicht mitwirkte. Nur erwies es sich als nicht verhältnismäßig, 100 % der unverheirateten Mütter mit einer beschränkenden Regelung zu überziehen, nur um die etwa 2–3 % problematischen Fälle mit einer Rechtsfolge zu bedrohen. Auch die Zeitschrankenlösung hätte daran wenig geändert.

β) Durchaus beachtenswert ist das Bemühen des Gesetzgebers um **Akzeptanz** des Beistandschaftsmodells. Hierbei war er ersichtlich von der Überlegung geleitet, dass die Beibehaltung auch nur einer eingeschränkten Amtspflegschaft für Mütter nichtehelicher Kinder gerade in den neuen Bundesländern auf große Vorbehalte gestoßen wäre. Auch der in den 1980er Jahren und bis heute herrschende Zeitgeist einer weitreichenden Ablehnung staatlicher Regulierung und Einflussnahme gerade im Privatbereich und der das Kinder- und Jugendhilferecht prägende Gedanke der Freiwilligkeit bei der Inanspruchnahme öffentlicher Hilfen (außerhalb von Fällen der Kindeswohlgefährdung, §§ 8a, 42 SGB VIII) lassen die Entscheidung des Gesetzgebers für das Antragsmodell auch aus heutiger Sicht als alternativlos erscheinen. Soweit es um diejenigen Fälle geht, in denen Mütter die Feststellung des Vaters gezielt unterlassen, ist auch zu berücksichtigen, dass an dem für das Kind unbefriedigenden Zustand der Vaterlosigkeit auch der potenzielle Erzeuger des Kindes Mitverantwortung trägt, zumal ihm die Möglichkeit offen stünde, vor dem Familiengericht in einem Verfahren nach § 169 Nr 1 FamFG seine Vaterschaft klären und feststellen zu lassen. 19

Die Mutter durch ein Konzept der Beratung und Unterstützung statt staatlichen Zwangs zur Kooperation zu bewegen, ist vor diesem Hintergrund nicht zu beanstanden. Dort, wo es infolge einer mangelnden Kooperation von Müttern bei der Offenbarung und Mitwirkung zur Begründung rechtlicher Vaterschaft zur Beeinträchtigung von Rechten Dritter, wie des Kindes auf Kenntnis seiner eigenen Abstammung oder des Scheinvaters bei der Durchsetzung seines Regressanspruchs (zur verfassungswidrigen Herleitung eines Auskunftsanspruchs aus § 242 BGB vgl BVerfG 24. 2. 2015 – 1 BvR 472/14, ZKJ 2015, 227 gegen BGH 2. 7. 2014 – XII ZB 201/13, FamRZ 2014, 1440) kommt, hat der Gesetzgeber entsprechende zivilrechtliche Ansprüche zu schaffen, die es den Betroffenen ermöglichen, diese Rechte durchzusetzen, wie es etwa immer noch beim Auskunftsanspruch des Scheinvaters der Fall ist (vgl den Regierungsentwurf zur Reform des Scheinvaterregresses v 31. 8. 2016, BT-Drucks 18/10343). Gelingt ein Interessensausgleich im Einzelfall gleichwohl nicht, so bleibt nur in Ausnahmefällen der Weg über § 1666 BGB.

5. Beratung und Unterstützung durch das Jugendamt (§§ 52a, 18 SGB VIII)

a) Verpflichtung zur Beratung

20 Durch das BeistandschaftsG wurde in § 52a SGB VIII eine **Verpflichtung des Jugendamtes** begründet, unverzüglich nach der Geburt eines Kindes, dessen Eltern nicht miteinander verheiratet sind, der **Mutter Beratung und Unterstützung**, insbesondere in den in § 1712 BGB genannten Bereichen, **anzubieten** (vgl dazu Birnstengel/Katzenstein JAmt 2015, 230; Wolf DAVorm 1998, 883). Dabei ist auf die Bedeutung der Vaterschaftsfeststellung, ihre Möglichkeiten der Feststellung, die Möglichkeiten zur Beurkundung der Verpflichtung zur Erfüllung von Unterhaltsansprüchen (§ 59 Abs 1 S 1 Nr 3 SGB VIII), die Möglichkeit der Beistandschaft und die der Begründung gemeinsamer elterlicher Sorge hinzuweisen. Diese Verpflichtung steht im engen Zusammenhang mit der Entscheidung für das *Antragsmodell* und soll diesem zum Erfolg verhelfen (BT-Drucks 13/892, 29; Birnstengel/Katzenstein JAmt 2015, 230, 231). Das Angebot kann auch schon **vor der Geburt** erfolgen, wenn anzunehmen ist, dass die Eltern bei der Geburt nicht verheiratet sein werden (§ 52a Abs 2 SGB VIII; DIJuF-Rechtsgutachten JAmt 2011, 326). Eine Mitteilungspflicht oder ein Mitteilungsrecht von Schwangerschaftsberatungsstellen gegenüber dem Jugendamt besteht allerdings nicht (LPK-SGB VIII/Kunkel/Leonhardt/Sievertsen § 52a SGB VIII Rn 24).

Das **Standesamt** hat die *Geburt* eines Kindes, dessen Eltern nicht miteinander verheiratet sind, unverzüglich dem Jugendamt anzuzeigen (§ 52a Abs 4 SGB VIII). § 52a Abs 3 SGB VIII verpflichtet für Fälle der *Anfechtung der Vaterschaft* (§ 169 Nr 4 FamFG) das **Familiengericht** dazu, das Jugendamt zu informieren und damit die Beratungsmöglichkeit auszulösen. Dies hat vor allem in den Fällen Bedeutung, in denen das Jugendamt nicht nach § 176 FamFG im Vaterschaftsanfechtungsverfahren anzuhören bzw auf dessen Antrag zu beteiligen ist (vgl Prütting/Helms/Dürbeck § 176 FamFG Rn 1 ff). Im Übrigen soll die Regelung von § 52a SGB VIII verdeutlichen, dass die Beistandschaft der §§ 1712 ff BGB nicht nur einen Anspruch auf Unterstützung begründet, sondern dass das Jugendamt von sich aus auf die Mutter zugehen muss (BT-Drucks 13/892, 44). Es soll nicht notwendig die Beistandschaft vermittelt, aber deutlich gemacht werden, dass für Mütter, die mit der Feststellung der Vaterschaft und der Geltendmachung von Unterhaltsansprüchen Schwierigkeiten haben oder sonst die Hilfe des Jugendamtes wünschen, jederzeit die Möglichkeit der Beistandschaft besteht (BT-Drucks 13/892, 44).

b) Verhältnis § 52a SGB VIII zu § 18 SGB VIII

20a Das **Beratung**sangebot von § 52a SGB VIII geht über § 18 SGB VIII hinaus. Die Regelung im Abschnitt „Beistandschaft" etc (Vierter Abschnitt SGB VIII) ist systematisch verfehlt, da es anders als das Beratungs- und Unterstützungsangebot von § 18 SGB VIII (§ 2 Abs Nr 2 SGB VIII) damit nicht zu den Leistungen der Jugendhilfe iSd § 2 Abs 2 SGB VIII gehört, sondern nach § 2 Abs 3 Nr 9 SGB VIII zu den anderen Aufgaben der Jugendhilfe. Konsequenz dieser Regelung sind etwa divergierende Regelungen über die örtliche Zuständigkeit (§ 86 SGB VIII einerseits und § 87c Abs 5 SGB VIII anderseits) und der Frage der Übertragung und Wahrnehmung der Aufgabe an bzw durch freie Träger (vgl § 76 Abs 1 SGB VIII). In der Literatur ist nicht zu Unrecht daraus der Schluss gezogen worden, § 52a SGB VIII regele nur die Verpflichtung des Jugendamts, betroffenen Müttern von sich aus die oben genannten Hilfen anzubieten, während auf der zweiten Ebene sich die konkrete Beratung und Unterstützung nach § 18 Abs 1 und 2 SGB VIII richte (Oberloskamp/Dürbeck/Walther, Vormundschaft [5. Aufl 2023] § 23 Rn 24).

Dem folgt aber die überwiegende jugendhilferechtliche Ansicht zu Recht unter Hinweis auf die Gesetzgebungsgeschichte und den Wortlaut von § 52a Abs 1 SGB VIII nicht (Wiesner/Wapler/Elmauer § 52a SGB VIII Rn 2a; Ivanits, in: Schellhorn/Fischer/Mann/Kern § 52a SGB VIII Rn 14; Birnstengel/Katzenstein JAmt 2015, 230), sodass insoweit von verschiedenen Rechtsgrundlagen der Beratung und Unterstützung auszugehen ist, die sich durch einen verschiedenen Adressatenkreis (ledige Mütter bei § 52a SGB VIII, allein betreuende oder sorgeberechtigte Elternteile bei § 18 SGB VIII) und zeitlichen Aspekt der Inanspruchnahme der Hilfe unterscheiden. Wird das Hilfsangebot des § 52a SGB VIII in zeitlichen Zusammenhang mit der Geburt des Kindes angenommen (vgl LPK-SGB VIII/Kunkel/Leonhardt/Sievertsen § 52a SGB VIII Rn 2: „im Dunstkreis des Kreißsaales“), so erfolgen Beratung und Unterstützung, auf die ein einklagbarer **Rechtsanspruch** (Wiesner/Wapler/Elmauer § 52a SGB VIII Rn 16) besteht, nach dem **vorrangigen § 52a SGB VIII,** im Übrigen gilt § 18 SGB VIII.

Ob die mit der Beistandschaft verbundenen Ziele auch fallweise durch **Unterstützung** nach § 18 SGB VIII erreichbar sind, hängt davon ab, wie weit die **Befugnisse des Jugendamts aus § 18 SGB VIII** verstanden werden. Jedenfalls eine **gerichtliche** Durchsetzung von Ansprüchen namens des Kindes durch das Jugendamt ist unzweifelhaft nur im Rahmen einer Beistandschaft möglich (zum Streitstand Joos JAmt 2009, 223). Im Übrigen ist die Frage, ob § 18 SGB VIII das Jugendamt auch legitimiert, Unterstützung für den betroffenen Elternteil **außergerichtlich** dadurch zu leisten, dass es zB in Kindesunterhaltssachen gegenüber dem Pflichtigen im Außenverhältnis im Namen des Betroffenen Ansprüche durch selbst verfasste Schreiben geltend macht, zur Auskunft auffordert oder zur Zahlung mahnt, noch nicht hinreichend in der Rechtsprechung geklärt (vgl zuletzt offen gelassen von OLG Celle 14. 3. 2013 – 10 WF 76/13, juris Rn 15, ZKJ 2013, 370; bejaht von KG 2. 8. 2001 – 16 UF 131/01, juris Rn 2, FamRZ 2002, 546; OLG Celle 12. 5. 2003 – 19 WF 111/03, FamRZ 2004, 63). Die Frage hat auch Bedeutung für die **Haftung** des betreffenden Jugendamtsmitarbeiters, der im Namen des Betroffenen nach außen hin tätig wird (vgl DIJuF-Rechtsgutachten JAmt 2015, 433). Sie dürfte mit der wohl überwiegenden Auffassung in der jugendrechtlichen Literatur zu bejahen sein, soweit **Vertretungsmacht** erteilt worden ist (DIJuF-Rechtsgutachten JAmt 2015, 433; JAmt 2009, 72; Wiesner/Wapler/Dürbeck § 18 SGB VIII Rn 8; FK-SGB VIII/Tammen § 18 Rn 7; BeckOGK/Uhl [1. 5. 2023] § 1712 Rn 9; **aA** Oberloskamp/Dürbeck/Walther, Vormundschaft [5. Aufl 2023] § 23 Rn 27; Oberloskamp DAVorm 1997, 65). Beratung und Unterstützung sind im Übrigen zwar **Rechtsdienstleistungen** iSd § 2 Abs 1 RDG, aber dem Jugendamt nach § 8 Abs 1 Nr 2 RDG erlaubt.

Das im SGB VIII im Zusammenhang mit § 52a SGB VIII stehende System der Jugendhilfe folgt im Übrigen einem **dreistufigen Aufbau** (Wiesner/Wapler/Elmauer § 52a SGB VIII Rn 4): Dem **Angebot** des Jugendamts nach § 52a Abs 1 SGB VIII auf der ersten Stufe folgt bei **Annahme** des Angebots die **Gewährung** von Beratung und ggf Unterstützung auch bei der außergerichtlichen Geltendmachung von Unterhalt (zweite Stufe, auch sog *„kleine Beistandschaft"* genannt, vgl Oberloskamp/Dürbeck/Walther, Vormundschaft [5. Aufl 2023] § 23 Rn 14). Das Ergebnis der Beratung auf der zweiten Stufe kann aber auch dazu führen, dass die Beistandschaft in Anspruch genommen wird und somit in die dritte Stufe übergehen.

c) Persönliches Beratungsgespräch

21 Das Jugendamt soll der Mutter ein **persönliches Gespräch** anbieten (§ 52a Abs 1 S 3 SGB VIII). Dem liegt die Erwartung zugrunde, dass die Mutter es häufig vorziehen dürfte, in einem solchen Gespräch mit einem partnerschaftlich agierenden Berater und Unterstützer (vgl Joos JAmt 2004, 221, 222) den Vater zu benennen und ein solches Gespräch auch vielfach geeignet sein wird, Bedenken und Ängste auszuräumen und die Grundlage für eine vertrauensvolle Zusammenarbeit mit dem Jugendamt zu schaffen (BT-Drucks 13/892, 29). Wenn die Mutter dies wünscht, ist ihr das Gespräch in ihrer **persönlichen Umgebung** anzubieten, um Schwierigkeiten zu vermeiden, die die Mutter am Aufsuchen des Jugendamtes hindern könnten (§ 52a Abs 1 S 4 SGB VIII; BT-Drucks 13/892, 29). Ist die Kindesmutter der deutschen Sprache nicht hinreichend mächtig und steht keine Person zur Verfügung, die unentgeltlich übersetzen könnte, sind die Kosten eines berufsmäßig tätigen **Dolmetschers** nach §§ 1716 S 2, 1813 Abs 1 BGB, 6 Abs 2 S 1 VBVG vom Träger der öffentlichen Kinder- und Jugendhilfe zu tragen (DIJuF-Rechtsgutachten JAmt 2015, 195 und JAmt 2017, 290).

d) Serviceorientierung der Beratung

22 **aa)** Diese Verpflichtung zur Beratung wurde in der Praxis mit Bereitschaft und Erwägungen zur angemessenen **konzeptionellen Durchführung** aufgenommen (Wolf Kind-Prax 1998, 40, 41; dies DAVorm 1998, 53, 59 ff; Landesjugendamt Thüringen DAVorm 1999, 191, 202 f; unangemessen kritisch Kemper ZfJ 1998, 308). Tatsächlich kam auf das Jugendamt unvermittelt die gerade für die Skeptiker der Reform eher ungewohnte Aufgabe zu, ihre „Kundschaft" aktiv und persönlich zu erreichen (Beinkinstadt DAVorm 1996, 441, 444: „Kompaktpaket" anbieten; ders schon ZfJ 1991, 595 kritisch zum bloßen Formularverkehr; ähnlich Höhner DAVorm 1995, 695: „Amtspflegschaft: ein Produkt?"). Insoweit geht § 52a SGB VIII von einer **„Bringschuld"** des Jugendamts aus. Gleichwohl ist zu konstatieren, dass – wie Umfragen ergeben haben (vgl Birnstengel/Katzenstein JAmt 2015, 230, 231 unter Hinweis auf eine Umfrage des Praxisbeirates Beistandschaft des DIJuF; Berkhoff JAmt 2016, 592, 596 f) – die Unterstützungsmöglichkeit der Beistandschaft in der Bevölkerung wenig bekannt sind. Auch die Diskussion der Zeitgemäßheit der Beistandschaft und deren Anpassung an die gesellschaftliche Entwicklung ist zu führen (vgl Kirgis JAmt 2020, 243).

Gerade die vielfach beklagte Folgenlosigkeit der Verweigerung des angebotenen Gesprächs (Knittel DAVorm 1997, 649, 651; Kohler ZfJ 1999, 128, 132) macht es erforderlich, das Gesprächsangebot so zu gestalten, dass Schwellenangst, Behördenabneigung, Leichtfertigkeit gegenüber der Bedeutung der Vaterschaftsfrage und andere überwindbare Hindernisse (vgl Will ZfJ 1998, 401, 402; Rüting JAmt 2004, 223, 224 f; Joos JAmt 2004, 221, 222; Katzenstein JAmt 2008, 126) das Gespräch nicht bereits im Keim verhindern.

bb) Der erste Schritt wird im Regelfall ein **Schreiben** des Jugendamtes sein. Hier kann bereits die Art der Formulierung (amtsdeutsch oder persönlicher Einschlag, vgl den Vorschlag Birnstengel/Katzenstein JAmt 2015, 230) ausschlaggebend sein. Sinnvoll erscheint auch eine Verbindung mit dem Angebot von Willkommensbesuchen (vgl § 2 Abs 2 KKG, dazu DIJuF-Rechtsgutachten JAmt 2012, 589). Nimmt die Mutter das Beratungs- und Unterstützungsangebot nicht an, muss es – entgegen der hier in einer Vorauflage vertretenen Auffassung (Staudinger/Rauscher [2014] Vorbem 22a zu §§ 1712–1717: wenigstens zwei Erinnerungen; Wolf KindPrax 1998, 40, 41) – hiermit sein Bewenden haben, da die Entscheidung über die Annahme des Angebots ausschließlich der Mutter zugewiesen ist (Wiesner/Wapler/Elmauer § 52a SGB VIII Rn 15; Ivanits, in: Schellhorn/Fischer/Mann/Kern § 52a SGB VIII Rn 12). Für eine Kontrollbefugnis oder ein **Erinnerungsschreiben** des Jugendamts bei einer fehlenden Reaktion der Mutter besteht im Regelfall weder eine Veranlassung noch eine Verpflichtung (DIJuF-Rechtsgutachten JAmt 2002, 175). **22a**

cc) Dabei muss immer beachtet werden, dass die **Beratung freiwillig** ist, nicht aus einem behördlichen Überordnungsverhältnis heraus erfolgen darf, das auf der Diskretion aufbauende Vertrauen befördern muss und auf gemeinsame Lösungssuche hin angelegt sein muss (Rüting JAmt 2004, 223, 225). Das sich als potenzieller Beistand anbietende Jugendamt kann nicht mehr, wie als früherer Amtspfleger, seine Vorstellungen zum Kindeswohl dem alleinerziehenden Elternteil aufdrängen (Meysen JAmt 2001, 262). Ob vor diesem Hintergrund bereits ein zweites Angebot zu Beratung und Unterstützung unzulässigen Druck auf die betroffene Mutter auszuüben vermag (so Wiesner/Wapler/Elmauer § 52a SGB VIII Rn 15; verneinend MünchKommBGB/Tillmanns § 52a SGB VIII Rn 2), braucht nicht entschieden zu werden, da für ein solches im Regelfall keine Veranlassung bestehen wird (vgl Rn 22a aE). **22b**

e) Umsetzung in der Praxis

Die Beistandschaft wird einerseits als **Aufwertung** der Funktion des Jugendamts verstanden (Rüting JAmt 2004, 223, 224) und erfreut sich durchaus hoher Akzeptanz, zumal sie von den entsprechend beratenen Betroffenen vor allem als eine kostenfreie Alternative zur Beauftragung eines Rechtsanwalts zum Zweck der Vaterschaftsfeststellung und Unterhaltstitulierung gesehen wird (Seidenstücker ZfJ 2001, 88, 91 gestützt auf Umfragen; zur Versagung von Beratungshilfe wegen des Vorrangs der Inanspruchnahme von öffentlicher Jugendhilfe unter Hinweis auf § 1712 Nr 2 BGB und §§ 18, 52a SGB VIII AG Leverkusen FamRZ 2002, 1715; AG Halle 10. 12. 2001 – 6317/10, AGS 2011, 384; zu möglichen Ausnahmen vgl aber AG Vechta 18. 10. 2011 – 4 II 1355/11, juris Rn 5, AGS 2012, 26; AG Helmstadt 5. 7. 2010 – 9 II 315/09, AGS 2010, 391; zu Konsequenzen für die Gewährung von Verfahrenskostenhilfe BGH 20. 12. 2005 – VII ZB 94/05, juris Rn 10 ff, MDR 2006, 950; OLG Zweibrücken FamRZ 2003, 1936; vgl weitere Einzelheiten zur Bedeutung der Beistandschaft für die Verfahrenskosten- und Beratungshilfe unter § 1712 Rn 30, 30a), wobei die Nutzung zur Unterhaltsdurchsetzung – vorbehaltlich bestehender regionaler Unterschiede (Kirgis JAmt 2020, 243, 244) – ersichtlich überwiegt. Auch für den staatlichen Haushalt ist sie von Vorteil, weil sie Kosten für die Vergütung von im Rahmen der Verfahrenskostenhilfe beigeordneten Rechtsanwälten vermeidet und auch im Bereich der Leistungen nach dem UVG und SGB II zu Einsparungen führt (Beinkinstadt JAmt 2016, 346, 347: „Der Beistand rechnet sich"). Die Beistandschaft für gerichtliche Vaterschaftsfeststellungen hat durch die Neuregelung des FamFG zum 1. 9. 2009 an Bedeutung verloren, als Mütter nach § 172 Nr 2 FamFG nunmehr selbst Verfahrensbeteiligte sind und den erforderlichen Antrag **22c** nach § 171 FamFG auch in eigenen Namen und sogar ohne anwaltliche Vertretung stellen können.

Deutlich wird das Engagement der Jugendämter nicht zuletzt durch die häufige Befassung des DIJuF mit Praxisfragen, die in der Zeitschrift *„Das Jugendamt"* auch zum Teil veröffentlicht werden.

Andererseits wird bemängelt, dass die Beratungsleistung in der **personalpolitischen Bewertung** der Ämter nur eine Randstellung einnimmt (Joos JAmt 2004, 221), was bei üblichen Bewertungsstrukturen im öffentlichen Dienst schwerlich hierzu motiviert.

Deutlich erkannt wird das **vielfältige Anforderungsprofil**, dem sich die Mitarbeiter der Jugendämter aufgrund des Beratungsangebots zu stellen haben (Rüting JAmt 2004, 223; Roos DAVorm 2000, 529, 531; Ekrath DAVorm 2000, 530); die Situation der (außerehelichen) Geburt stellt alleinstehenden Müttern nicht nur unmittelbar mit der Geburt zusammenhängende Fragen, sondern kann Anlass für die Aufdeckung bisher verdrängter oder gerade noch bewältigter sonstiger Sozialprobleme sein (dazu Rüting JAmt 2004, 223 ff). Gleichwohl wird bemängelt, die **Fortbildung** bleibe zu stark an den tradierten (juristischen) Aufgaben im Rahmen der Führung der Beistandschaft orientiert als an der Befähigung zur Beratung (Joos JAmt 2004, 221, 223). Hinzu kommt das nicht unerhebliche **Haftungsrisiko** der Jugendämter, das sich in den letzten Jahren in der Rechtsprechung vor allem zu Unterhalts-Beistandschaften manifestiert (dazu § 1716 Rn 14). Auch wird beklagt, dass gerade in der sehr komplexen Materie des Unterhaltsrechts zu wenig in die Aus- und Fortbildung der für die Führung von Beistandschaften zuständigen Mitarbeiter, die im Regelfall nicht ein rechtswissenschaftliches Studium absolviert haben, investiert wird und sich diese zu sehr auf Aktivitäten und Hilfebeiträge des DIJuF konzentriere (vgl die durchaus nicht unkritische Untersuchung der Dissertation von Schölper, Disziplinierung der Geschlechter im Namen des Kindeswohls [2011] 77 ff: „autodidaktisch erworbenes Expertenwissen").

II. Grundzüge des Beistandschaftsrechts (Verweis auf einzelne Bestimmungen)

1. Aufgabenkreise

23 Die **Aufgabenkreise**, für die eine Beistandschaft möglich ist, sind gegenüber der früheren Amtspflegschaft eingeschränkt. Sie kann sich beziehen auf die **Feststellung der Vaterschaft** und die **Geltendmachung und Verfügung von bzw über Unterhaltsansprüchen des Kindes**, wobei auch die Beschränkung auf einen der beiden Aufgabenkreise zulässig ist (§ 1712 BGB).

Ein Tätigwerden bei der Geltendmachung von **erbrechtlichen Ansprüchen** ist nicht vorgesehen; der Gesetzgeber ging davon aus, dass sich schon die Amtspflegschaft insoweit als weitgehend bedeutungslos erwiesen habe. Der allgemeine Beratungsanspruch gegenüber dem Jugendamt nach § 18 SGB VIII beinhaltet allgemeine erbrechtliche Fragestellungen nicht, sondern nur insoweit, als sie im Zusammenhang mit dem Kindesunterhalt stehen.

2. Alleinsorge und Alleinbetreuung

Das Angebot der Beistandschaft richtete sich nach der ursprünglichen Fassung von § 1713 aF **unabhängig vom Bestehen einer Ehe** zwischen den Eltern des Kindes an alle Elternteile, denen die **alleinige elterliche Sorge** zusteht oder – bei vorgeburtlicher Beantragung – zustünde **(§ 1713 Abs 1 BGB)** sowie seit der Neufassung von § 1713 Abs 1 S 2 BGB durch das Kinderrechtsverbesserungsgesetz v 9. 4. 2002 mit Wirkung zum 12. 4. 2004 (BGBl 2002 I 1239) an **allein betreuende Eltern** auch im Fall gemeinsamer elterlicher Sorge (im Einzelnen siehe § 1713 Rn 3 ff). In der Beistandschaft geht nicht nur die frühere Amtspflegschaft, sondern auch die bestellte Beistandschaft nach §§ 1685 ff aF auf. Der Aufgabenkreis der Feststellung der Vaterschaft kommt bei dem Kind einer im Zeitpunkt der Geburt verheirateten Frau wegen der Vaterschaftszuordnung nach § 1592 Nr 1 BGB nur ausnahmsweise in Betracht (nach Anfechtung der Vaterschaft, bei Identitätszweifeln). Bei adoptierten Kindern bleiben die Feststellung der (ursprünglichen) Vaterschaft und damit auch die Beistandschaft zu diesem Zweck möglich, obgleich durch die Adoption das Verwandtschaftsverhältnis zum ursprünglichen Vater erlischt (§ 1755 BGB; vgl BT-Drucks 13/892, 29). 24

3. Freiwilligkeit

Die Beistandschaft beruht auf dem Prinzip der **Freiwilligkeit**. Sie tritt auf **schriftlichen Antrag** nur des für den betroffenen Aufgabenkreis allein sorgeberechtigten Elternteils ein (§§ 1712 Abs 1, § 1713 Abs 1 BGB) oder der in § 1713 Abs 1 S 2 und 3 BGB genannten Personen (gemeinsam sorgeberechtigter Elternteil bei dem sich das Kind in Obhut befindet oder Vormund nach § 1776 BGB) und kann jederzeit durch schriftliches Verlangen des Antragstellers **beendet** werden (§ 1715 Abs 1 S 1 BGB). Auch die Beschränkung des Aufgabenkreises (oben Rn 23) steht ausschließlich dem Antragsberechtigten zu; beispielsweise kann eine allein sorgeberechtigte Mutter die Beistandschaft auf die Vaterschaftsfeststellung beschränken, wenn sie in sehr guten wirtschaftlichen Verhältnissen lebt und deshalb von der Geltendmachung ohnehin schwer realisierbarer Unterhaltsansprüche absehen will (BT-Drucks 13/892, 28). 25

Weder bedarf es zum Eintritt oder zur Beendigung der Beistandschaft einer **gerichtlichen Entscheidung**, noch kann die Beistandschaft durch gerichtliche Entscheidung begründet werden. Die Beistandschaft tritt durch Zugang des Antrags ein (§ 1714 BGB). Auch dem Jugendamt steht **kein Ermessen** zu, ob es tätig werden will (DIJuF-Rechtsgutachten JAmt 2011, 326). Gegen den Willen des allein Sorgeberechtigten können Maßnahmen zur Sicherung des Kindeswohls, also auch in den in § 1712 BGB genannten Aufgabenkreisen nur getroffen werden, wenn die Voraussetzungen des § 1666 BGB vorliegen. Dies gilt insbesondere für die Feststellung der Vaterschaft, wenn die Mutter diese nicht betreibt und zwischen Mutter und Kind ein konkreter Interessengegensatz erkennbar wird (Staudinger/Rauscher [2011] § 1595 Rn 17 ff). Die nach altem Recht mögliche Lösung über § 1629 Abs 2 S 3 aF ist durch die Neufassung von § 1629 Abs 2 S 3 *HS 2 BGB* für die Vaterschafts*feststellung* ausgeschlossen, um nicht in *jedem* Fall der unterbliebenen Vaterschaftsfeststellung die Abschaffung der Amtspflegschaft faktisch durch eine Ergänzungspfleger-Bestellung zu unterlaufen (BT-Drucks 13/892, 30; Staudinger/Peschel-Gutzeit [2007] § 1629 Rn 95; vgl auch OLG Frankfurt 1. 2. 2018 – 5 WF 254/17, FamRZ 2018, 1093).

Lediglich das *Angebot der Beratung* nach § 52a SGB VIII (oben Rn 20 ff) geht vom Jugendamt aus.

4. Keine Sorgerechtseinschränkung

26 Die Beistandschaft bewirkt **keine Einschränkung der elterlichen Sorge (§ 1716 S 1 BGB)**, obwohl der Beistand nach §§ 1716 S 2, 1813 Abs 1, 1789 Abs 2 S 1 BGB in dem betreffenden Aufgabenkreis **gesetzliche Vertretungsmacht** für das Kind erhält. Der Gesetzgeber war sich des dadurch bewirkten Nebeneinanders von zwei Sorgeberechtigten bzw gesetzlichen Vertretern bewusst, meinte dies aber mit Rücksicht auf die entsprechenden Erfahrungen in Österreich mit der vergleichbaren Lösung der Sachwalterschaft (§ 212 Abs 4 ABGB) und die ähnliche Situation bei der *Betreuung* (§ 1823 BGB) hinnehmen zu können (BT-Drucks 13/892, 28). Eine Verdrängung des sorgeberechtigten Elternteils erfolgt aber im **gerichtlichen Abstammungsverfahren**, wo die gerichtliche Vertretung durch das Jugendamt als Beistand die Vertretung durch den sorgeberechtigten Elternteil ausschließt (§ 173 FamFG und im **gerichtlichen Unterhaltsverfahren** aufgrund der dem entsprechenden Regelung von § 234 FamFG). Zivilprozesse kommen seit Inkrafttreten des FamFG im Aufgabenbereich der §§ 1712 ff BGB nicht mehr in Betracht, weshalb § 53a ZPO aF durch die beiden vorgenannten Bestimmungen ersetzt wurde.

5. Pränatale Beistandschaft

27 Gestärkt wird die Möglichkeit der Einrichtung einer **Beistandschaft vor Geburt des Kindes**. Dabei geht die Regelung über eine schon 1992 eingebrachte Initiative des Freistaats Bayern (BR-Drucks 686/92) deutlich hinaus und vermeidet das Erfordernis der Bestellung eines Pflegers für die Leibesfrucht. Die werdende Mutter kann vor der Geburt die Beistandschaft bereits beantragen – und zwar auch dann, wenn das Kind nach der Geburt unter Vormundschaft stünde. Nur die *geschäftsunfähige* Mutter wird hierbei von ihrem gesetzlichen Vertreter vertreten **(§ 1713 Abs 2 BGB)**. Dies bewirkt, dass die unverheiratete Mutter eine *Vaterschaftsfeststellung* durch das Jugendamt als Beistand in allen Fällen initiieren kann. Die Problematik der *Zustimmung* zu einer vorgeburtlichen Anerkennung ist einerseits durch das Abstammungsrecht entschärft, weil auch die vorgeburtliche Anerkennung nur der Zustimmung der Mutter bedarf, sofern diese (nicht notwendig allein) sorgeberechtigt sein wird (§ 1595 Abs 1 BGB). Ist hingegen mangels künftigen Sorgerechts der Mutter die Zustimmung des Kindes erforderlich (§ 1595 Abs 2 BGB), kann die Mutter vorgeburtlich dennoch die Beistandschaft beantragen und die Zustimmung des Kindes durch das Jugendamt als Beistand erklärt werden.

6. Führung durch das Jugendamt

28 Die **Führung der Beistandschaft** ist beim **Jugendamt** konzentriert (zur landesrechtlich möglichen Übertragung auf freie Träger vgl § 1712 Rn 33). Im Regelfall werden sie organisatorisch in gesonderten Sachgebieten geführt (vgl Roos DAVorm 2000, 530), wobei aber das zum 1. 1. 2023 in Kraft getretene Gebot der funktionellen, organisatorischen und personellen Aufgabentrennung (Verbot vom Mischarbeitsplätzen) für die Führung von Vormund- und Pflegschaften nicht auf die Beistandschaften erstreckt wurde (vgl dazu FK-SGB VIII/Hoffmann § 55 Rn 57 ff). Eine Führung der Beistandschaft durch ande-

re Beistände, wie sie für die bestellte Beistandschaft nach §§ 1685 ff aF möglich war, hatte keine nennenswerte praktische Bedeutung erlangt. Überdies erschien es wünschenswert, die Aufgaben der Vaterschaftsfeststellung und der Unterhaltssicherung bei den in diesen Angelegenheiten erfahrenen Jugendämtern zu konzentrieren (BT-Drucks 13/892, 29).

Im Übrigen unterliegt die Führung der Beistandschaft der entsprechenden Anwendung der Vorschriften über die *Pflegschaft* (**§ 1716 S 2 BGB**). Eine **gerichtliche Kontrolle** des Jugendamts und eine Rechnungslegung finden, im Gegensatz zur früheren Amtspflegschaft (durch das vormalige Vormundschaftsgericht) und anders als noch im Regierungsentwurf vorgesehen (BT-Drucks 13/892, 31, 41), jedoch nicht statt (§ 1716 S 2 BGB).

Zur Beratungspflicht des Jugendamts vgl oben Rn 20 ff.

§ 1712
Beistandschaft des Jugendamts; Aufgaben

(1) Auf schriftlichen Antrag eines Elternteils wird das Jugendamt Beistand des Kindes für folgende Aufgaben:

1. die Feststellung der Vaterschaft,

2. die Geltendmachung von Unterhaltsansprüchen sowie die Verfügung über diese Ansprüche; ist das Kind bei einem Dritten entgeltlich in Pflege, so ist der Beistand berechtigt, aus dem vom Unterhaltspflichtigen Geleisteten den Dritten zu befriedigen.

(2) Der Antrag kann auf einzelne der in Absatz 1 bezeichneten Aufgaben beschränkt werden.

Materialien: neuer Inhalt idF des BeistG Regierungsentwurf BT-Drucks 12/7011, BT-Drucks 13/892; Stellungnahme des Bundesrates BR-Drucks 890/93, BR-Drucks 7/95 = BT-Drucks 13/892, 49 ff; Bericht des Rechtsausschusses BT-Drucks 13/8509; ehem Abs 1 Nr 2 HS 1 zweiter Teilsatz gestrichen durch Gesetz zur Erleichterung familiengerichtlicher Maßnahmen bei Gefährdung des Kindeswohls, BGBl 2008 I 1188; Regierungsentwurf BT-Drucks 16/6815; Bericht des Rechtsausschusses BT-Drucks 16/8914.

Schrifttum

Siehe Vorbem zu §§ 1712–1717.

Systematische Übersicht

Alphabetische Übersicht

I. Normzweck, Gesetzgebungsgeschichte

1. Übernommene Aufgabenkreise aus Amtspflegschaft

1 Die durch das BeistG eingefügte Bestimmung entspricht der Fassung des Regierungsentwurfs. Sie regelt die **Voraussetzungen**, unter denen die **Beistandschaft** eintritt, wer Beistand wird und welche Aufgaben er hat (BT-Drucks 13/892, 35). Das in Abs 1 bestimmte *Antragserfordernis* fixiert die grundsätzliche rechtspolitische Entscheidung für das vom Gesetzgeber bevorzugte Antragsmodell (Vorbem 12 ff zu §§ 1712–1717).

Aus dem **Aufgabenkreis** der vormaligen Amtspflegschaft wurden thematisch nur die *Feststellung der Vaterschaft* und die *Geltendmachung bzw Verfügung von/über Unterhaltsansprüchen* und (§ 1706 Abs 1 Nr 1 und 2 aF) übernommen. Abs 1 Nr 2 entsprach ursprünglich wörtlich § 1706 Nr 2 aF; die Streichung der Worte „anstelle des Unterhalts zu gewährende Abfindung“ erfolgte nachträglich (vgl Materialien), weil sich diese auf den bereits durch das KindUG ersetzten § 1615e Abs 3 aF bezogen und damit von Geltungsbeginn an ins Leere gingen (BT-Drucks 16/6815, 16). Wie früher soll das Jugendamt nach § 1712 Abs 1 Nr 2 HS 2 BGB auch berechtigt sein, aus dem vom Unterhaltspflichtigen Geleisteten einen Dritten zu befriedigen, bei dem das Kind entgeltlich **in Pflege** ist. Hierdurch wird sichergestellt, dass der Dritte schnellstmöglich die ohnehin ihm zustehenden Beträge bekommt (BT-Drucks 13/892, 37).

Die besondere Stellung dieser beiden Aufgabenbereiche wird gestützt auf die *grundlegende Bedeutung* der Vaterschaftsfeststellung als Basis aller familien- und erbrechtlichen Ansprüche gegen den Vater und die Bedeutung des Unterhaltsanspruchs für die *wirtschaftliche Grundsicherung* des Kindes.

2. Nicht übernommene Aufgabenkreise

2 Ausschlaggebend für die **Ausgrenzung anderer Aufgabenkreise**, die – wie der erbrechtliche Bereich – teils von der früheren Amtspflegschaft nach § 1706 aF erfasst waren, teils von der angeordneten Beistandschaft nach § 1685 aF erfasst werden konnten, war zum einen die Effektivität von Beratung und Interessenvertretung, die mit der Zahl der Rechtsinstitute nicht steigen würde (BT-Drucks 13/892, 36). Vor allem aber offenbart das Antragsmodell ein Vertrauen des Gesetzgebers in die Fähigkeit des allein sorgeberechtigten Elternteils, eigenverantwortlich das Kind seinem Wohl entsprechend zu vertreten (Art 6 Abs 2 S 1 GG). Für die Beistandschaft schieden daher diejenigen Tätigkeiten aus, in denen der betreffende Elternteil entweder Erklärungen selbst ohne Schwierigkeiten abgeben kann oder, wenn er sie nicht abgibt, auch keinen Antrag auf Beistandschaft stellen wird. Für die *Zustimmung zur Adoption* und *Namenserklärungen* erschien daher die Beratung und Unterstützung nach §§ 51, 18 Abs 1 SGB VIII genügend. Auch die Schwierigkeit von Fragen, etwa im Bereich der Vermögenssorge, wurde nicht als Kriterium für eine Beistandschaft angesehen, weil hier dem Jugendamt mangels eigener Erfahrung oftmals auch nur die Einschaltung eines Experten verbliebe. Die in der jugendamtlichen Tätigkeit im Rahmen der alten Amtspflegschaft bedeutungsschwache (vgl nur LG Berlin FamRZ 1976, 461) Geltendmachung *erbrechtlicher Ansprüche* ist ebenfalls nicht mehr erfasst (vgl § 1706 Abs 1 Nr 3 aF), zumal auch in diesem Bereich in schwierigen Fragen häufig ein Rechtsanwalt oder Notar einzuschalten war (BT-Drucks 13/892, 36).

Auch ein Bedürfnis für eine Erstreckung der Vertretung durch den Beistand bei einem Antrag auf *Anfechtung der Vaterschaft* oder Feststellung der *Unwirksamkeit der Anerkennung der Vaterschaft* wurde nicht gesehen; das Kind sei hier durch Beratungshilfe, Prozesskostenhilfe (nunmehr Verfahrenskostenhilfe nach § 76 Abs 1 FamFG) und den zu seinen Gunsten uneingeschränkt geltenden *Untersuchungsgrundsatz* (vgl §§ 26, 177 FamFG) hinreichend geschützt (BT-Drucks 13/892, 37).

Entbehrlich erschien auch eine Beistandschaft für die positive oder negative Feststellung der *Mutterschaft,* da diese Frage wegen § 1591 BGB in Deutschland keine praktische Bedeutung hat (BT-Drucks 13/892, 37). Überdies sind durch die Festlegung des KindRG auf die Geburtsmutterschaft (§ 1591 BGB) Rechtsstreitigkeiten um die genetische Mutterschaft weitgehend ausgeschlossen (zum Ganzen auch FamRefK/Sonnenfeld § 1712 Rn 20 ff; Diederichsen NJW 1998, 1977, 1988).

II. Beistand für das Kind, Anwendungsbereich

1. Gesetzliche Vertretung des Kindes

Die Beistandschaft besteht nach dem Wortlaut und der ausdrücklichen gesetzgeberischen Intention **für das Kind**, nicht für den Elternteil. Das entspricht der früheren Amtspflegschaft und kommt auch darin zum Ausdruck, dass der Beistand im Rahmen seines Aufgabenbereichs nach §§ 1716 S 2, 1813 Abs 1, 1789 Abs 2 S 1 BGB **gesetzlicher Vertreter** des Kindes ist (BT-Drucks 13/892, 36). Obgleich die Beistandschaft in ihrer Entstehung (und in ihrem Bestand, § 1715 Abs 1 S 1 BGB) allein vom Willen des sorgeberechtigten Elternteils abhängt, untersteht der Beistand bei der Führung der Beistandschaft nicht den **Weisungen** des Elternteils (im Einzelnen § 1716 Rn 8). 3

2. Erfasste Kinder

Einen Beistand kann **jedes minderjährige Kind** erhalten, welches nach Maßgabe von § 1717 BGB im Inland lebt (im Einzelnen § 1717 Rn 1 ff). Wird das Kind **volljährig**, so kann eine Beistandschaft nicht mehr beantragt werden; eine bereits bestehende Beistandschaft endet kraft Gesetzes (OLG Frankfurt 23. 3. 2020 – 4 WF 27/20, juris Rn 8, FamRZ 2020, 1665; OLG Celle 14. 3. 2013 – 10 WF 76/13, juris Rn 14, ZKJ 2013, 370; LG Naumburg FamRZ 2003, 160). Maßgeblicher Zeitpunkt im familiengerichtlichen Verfahren ist insoweit der des Erlasses (§ 38 Abs 3 S 3 FamFG) des Beschlusses (OLG Frankfurt 23. 3. 2020 – 4 WF 27/20, juris Rn 8, FamRZ 2020, 1665). Eine Einschränkung des Personenkreises aus familienrechtlichem Status oder dem Geschlecht des sorgeberechtigten Elternteils ergibt sich nicht mehr. Sowohl Kinder unverheirateter als auch Kinder verheirateter oder inzwischen geschiedener Eltern können einen Beistand erhalten (FamRefK/Sonnenfeld § 1712 Rn 4). 4

Eine Einschränkung des persönlichen Anwendungsbereichs ergibt sich lediglich aus der **Einschränkung der Antragsbefugnis** nach § 1713 Abs 1 BGB. Voraussetzung ist, dass für den Aufgabenbereich, für den die Beistandschaft beantragt wird, die **elterliche Sorge** eines Elternteils besteht (§ 1713 Abs 1 BGB). Auf die Alleinsorge kommt es nach der Neufassung des § 1713 Abs 1 S 2 BGB nicht mehr an. Es kommt auch nicht darauf an, ob dem **Vater oder der Mutter** die (alleinige) Sorge zusteht; auch muss die nach § 1713 Abs 1 S 1 BGB weiterhin antragsrechtsbegründende Sorgeberechtigung nicht umfassend bestehen, sondern kann sich lediglich auf den von der Beistandschaft erfassten **Aufgabenkreis** beziehen (hierzu § 1713 Rn 4 ff).

3. Kinder unter Vormundschaft

5 Steht das Kind unter **Vormundschaft** (§§ 1773 BGB ff), so kommt eine Beistandschaft grundsätzlich nicht in Betracht. Der Regierungsentwurf hatte ein Antragsrecht des Vormunds erwogen, jedoch verworfen, weil nach den allgemeinen Grundsätzen des Vormundschaftsrechts der Vormund umfassend in der Lage sein muss, die Interessen des Kindes wahrzunehmen, und andernfalls ein anderer Vormund zu bestellen ist (BT-Drucks 13/892, 36). Allerdings hat der Gesetzgeber im Rahmen der zum 1. 1. 2023 in Kraft getretenen **Reform des Vormundschaftsrechts** dieses Postulat durch die Einführung eines „zusätzlichen Pflegers" für bestimmte Teilbereiche, in denen dem Vormund die erforderliche Kompetenz fehlt, aufgegeben (vgl § 1776 BGB) Das Verhältnis dieser neuen Rechtsfigur zur Beistandschaft ist noch nicht geklärt. Nach der bis zum 31. 12. 2022 geltenden Gesetzeslage wurde nur der **nach § 1776 aF berufene Vormund**, der von den Eltern in Ausübung ihres Bestimmungsrechts benannt worden ist, in § 1713 Abs 1 S 2 aF dem antragsberechtigten alleinerziehenden Elternteil gleichgestellt (hierzu im Einzelnen § 1713 Rn 13). Mit Inkrafttreten von § 1713 Abs 1 S 3 BGB nF zum 1. 1. 2023 können nunmehr **alle ehrenamtlichen Vormünder** sowie Pflegepersonen, denen nach **§ 1630 Abs 3 BGB** Angelegenheiten der Sorge übertragen worden sind, Anträge auf Einrichtung einer Beistandschaft stellen (vgl § 1713 Rn 13 ff).

III. Antrag (§ 1712 Abs 1 S 1), Beschränkung des Antrags (§ 1712 Abs 2)

1. Rechtsnatur des Antrags

6 Die Beistandschaft tritt auf **schriftlichen Antrag** ein (Abs 1 S 1; zur **Antragsbefugnis** § 1713 Abs 1 BGB; zur **Überleitung früherer Amtspflegschaften** Art 223 EGBGB, Staudinger/Rauscher [2003] Art 223 EGBGB Rn 3). Das Gesetz verwendet den Begriff *„Antrag"* hier in einem „untechnischen Sinn" (BT-Drucks 13/892, 35). Einerseits sollte gegenüber der bisherigen Amtspflegschaft klar zum Ausdruck gebracht werden, dass die Initiative von dem sorgeberechtigten Elternteil ausgeht (zur Antragsbefugnis § 1713 Rn 3 ff), der Eintritt der Beistandschaft also freiwillig sein; daher sollte im Gesetz nicht von „Einwilligung" oder „Zustimmung" die Rede sein (BT-Drucks 13/892, 35). Andererseits lässt der „Antrag" nach Abs 1 S 1 dem Adressaten Jugendamt (§ 1714 S 1 BGB) keine Entscheidungsalternative (Grüneberg/Götz § 1712 Rn 4; Zarbock ZfJ 1995, 395, 402; Meysen JAmt 2008, 120, 121; DIJuF-Rechtsgutachten JAmt 2011, 326), denn die Beistandschaft tritt durch **Zugang des Antrags** und nicht aufgrund einer durch den Antrag ausgelösten Entscheidung ein (§ 1714 S 1 BGB). Der Antrag ist daher in Wirklichkeit eine echte einseitige und empfangsbedürftige **Gestaltungserklärung** (BeckOGK/Uhl [1. 9. 2022] § 1712 Rn 17; Grüneberg/Götz § 1712 Rn 4; NK-BGB/Zempel § 1712 Rn 29; **aA** BeckOK-BGB/Pöcker [1. 5. 2022] § 1712 Rn 9: geschäftsähnliche Handlung). Die Regelung korrespondiert im Übrigen mit dem im Kinder- und Jugendhilferecht des SGB VIII als Teil des Verwaltungsrechts geltenden Grundsatz, dass öffentliche Leistungen nicht ohne Antrag erbracht werden (BVerwG 28. 9. 2000 – 5 C 29/99, ZfJ 2001, 310 Rn 12 ff; **aA** DIJuF-Rechtsgutachten JAmt 2012, 360).

2. Zugang, Inhalt

7 Der Antrag ist **zugangsbedürftige Willenserklärung** des antragsberechtigten Elternteils, die dieser in eigenem Namen abgibt. Dem steht nicht entgegen, dass die Antragsbefugnis sich aus der elterlichen Sorge bzw bei Antragstellung vor Geburt des Kindes (§ 1713 Abs 1 2. Alt BGB, nicht aber bei Abs 2) als deren Vorwirkung ergeben kann. Der Antrag bleibt auch zugangsbedürftige Willenserklärung, wenn er auf eine Anregung des Jugendamts hin gestellt wird; dies entspricht sogar dem von § 52a SGB VIII geforderten Beratungskonzept, das auch eine Beratung über die Möglichkeit der Beistandschaft umfasst (Vorbem 20 zu §§ 1712–1717). **Adressat** des Antrags ist das zuständige (unten Rn 31) Jugendamt (§ 1713 Abs 1 BGB).

Ein bestimmter **Inhalt** ist für den Antrag nicht vorgeschrieben; insbesondere bedarf es nicht der Verwendung des Begriffes „Beistandschaft". Es gelten die allgemeinen Grundsätze der **Auslegung von Willenserklärungen** (analog) §§ 133, 157 BGB; aus dem Antrag muss erkennbar werden, dass der Antragsteller die Hilfe des Jugendamts bei der Vaterschaftsfeststellung und/oder der Geltendmachung von Unterhaltsansprüchen in Anspruch nehmen will (NK-BGB/Zempel § 1712 Rn 26). Dabei kann der Aufgabenbereich auch aus den Umständen deutlich werden, etwa, wenn der Antragsteller unter Bezugnahme auf eine vorherige Beratung durch das Jugendamt über Unterhaltsangelegenheiten in einem Brief um das Tätigwerden des Jugendamts ersucht. Ohnehin werden in der Praxis verwendete Formblätter des Jugendamts inhaltliche Zweifel weitgehend ausschließen.

Da das Jugendamt keine Entscheidungsalternative hat (Soergel/Löhnig § 1712 Rn 4), über den Antrag also nicht zu entscheiden ist, bedarf der Antrag **keiner Begründung** (Grüneberg/Götz § 1712 Rn 4). Ein Ablehnungsrecht des Jugendamts besteht auch nicht in Fällen bestehender **Interessenskollision** (vgl DIJuF-Rechtsgutachten JAmt 2004, 301: beide Elternteile beantragen Beistandschaft für die jeweils bei ihnen lebenden gemeinsamen Kinder).

3. Schriftform

8 Der Antrag bedarf der **Schriftform** (§ 126 BGB). Dieses Erfordernis dient der Rechtssicherheit, da aufgrund des Antrags ohne weitere Entscheidung oder Bestellung das Jugendamt gesetzlicher Vertreter des Kindes im Rahmen des vom Antrag erfassten Aufgabenbereichs wird (§§ 1714 S 1, 1716 S 2, 1813 Abs 1, 1789 Abs 2 S 1 BGB; BT-Drucks 13/892, 35; FamRefK/Sonnenfeld § 1712 Rn 7; Zarbock ZfJ 1995, 395, 403).

Eigenhändigkeit ist nicht erforderlich; insbesondere genügt die Unterzeichnung eines vom Jugendamt bereitgestellten **Antragsformblatts** der Schriftform (BT-Drucks 13/892, 35; Meysen JAmt 2008, 120, 121). Hierbei ist freilich inhaltlich darauf zu achten, dass dem unterzeichnenden Elternteil der *Erklärungswert* deutlich wird. Der Unterzeichnung muss also selbstverständlich nicht nur eine Beratung durch das Jugendamt vorangehen; auch das Formblatt sollte so gestaltet sein, dass auch für einen Rechtsunkundigen klar wird, dass durch die Unterschrift eine *Vertretungsbefugnis* des Jugendamts begründet wird, was etwa durch eine inhaltliche Zusammenfassung der sich aus §§ 1716 S 2, 1813 Abs 1, 1789 Abs 2 S 1 BGB ergebenden Rechtsfolge in deutlich hervorgehobener Schrift erreichbar ist. Dem Kind wäre kein Gefallen getan, wenn sich nach Tätigwerden Streitigkeiten über eine Anfechtung nach § 119 Abs 1 Alt 1 BGB (zB mit dem Argument, man habe das Formblatt für eine bloß amtsinterne Bestätigung erfolgter Beratung gehalten) ergeben, welche die Wirksamkeit von Vertreterhandlungen in Frage stellen könnten.

Eine Erklärung zu **Protokoll des Jugendamts** genügt hingegen nicht dem Schriftformerfordernis (BT-Drucks 13/892, 35; BeckOGK/Uhl [1. 5. 2023] § 1712 Rn 19; MünchKommBGB/vSachsen Gessaphe § 1712 Rn 4; **aA** BeckOK-BGB/Pöcker [1. 8. 2023] § 1712 Rn 10), weil sich die Beurkundungsbefugnis des Jugendamts nach §§ 59, 60 SGB VIII nicht auf Anträge zur Begründung von Beistandschaften erstreckt (zum abschließenden Charakter der in § 59 SGB VIII genannten Tatbestände vgl Wiesner/Wapler/Dürbeck § 59 SGB VIII Rn 19). **Elektronische Antragstellung** ist nach Maßgabe von § 126a BGB zulässig (zu den Voraussetzungen Staudinger/Hertel [2017] § 126a Rn 39 ff).

4. Bestimmung der Reichweite der Beistandschaft (§ 1712 Abs 2)

a) Beschränkung auf Teilbereiche

9 Der Antrag kann für alle oder für einzelne der in § 1712 Abs 1 Nr 1 und 2 BGB bezeichneten **Aufgabenbereiche** gestellt werden (Abs 2).

Der Umfang des Antrags bestimmt auch insoweit unmittelbar die **Reichweite der Beistandschaft** und der damit verbundenen **Vertretungsmacht** des Jugendamts.

Zulässig und wirksam ist nach § 1712 Abs 2 BGB auch die Beschränkung auf **Teilbereiche** der beiden in Abs 1 genannten Aufgaben; so kann etwa die Beistandschaft für die *Geltendmachung von Unterhaltsansprüchen* beantragt und dabei eine *Regelung durch Vereinbarung* nach § 1614 BGB ausgeschlossen werden (vgl BT-Drucks 13/892, 37, das dort genannte Beispiel der Abfindung nach § 1615e Abs 3 aF hatte sich bereits bei Inkrafttreten erledigt, dazu Rn 1); es kann die Beistandschaft auch auf das Zustandebringen einer Vereinbarung oder auf die Unterhaltssicherung des in Familienpflege untergebrachten Kindes beschränkt werden. Weitere Beschränkungen sind dahin möglich, dass nur die Titulierung des Unterhalts, aber nicht dessen Einziehung erwünscht ist (BeckOGK/Uhl [1. 5. 2023] § 1712 Rn 42) oder umgekehrt nur die Vollstreckung und nicht die Abänderung eines Titels gewollt ist (Oberloskamp/Dürbeck/Walther, Vormundschaft [5. Aufl 2023] § 23 Rn 78; Wiesner/Wapler/Walther § 55 SGB VIII Rn 21). Eine Beschränkung ist allerdings dort nicht möglich, wo die Tätigkeit des Beistands durch eine **unzulässige Weisung** eingeschränkt wird (im Einzelnen unten Rn 10 und § 1716 Rn 8).

b) Beschränkung nach den Fallumständen

10 Wird der Antrag auf Beistandschaft **ohne Beschränkung** gestellt, so bezieht sich die Beistandschaft grundsätzlich auf beide in Abs 1 Nr 1 und Nr 2 genannten Aufgaben (MünchKommBGB/vSachsen Gessaphe § 1712 Rn 5). Eine **Beschränkung** kann sich jedoch im Wege der Auslegung aus den Umständen ergeben, zB, wenn die Vaterschaft bereits festgestellt ist. Insbesondere auf Antrag des *Vaters* wird meist (vgl aber den Fall der Anerkennung durch einen anderen Mann vor wirksamer Anfechtung der Vaterschaft unten Rn 14) nur eine Beistandschaft für die Geltendmachung von Unterhaltsansprüchen in Betracht kommen (FamRefK/Sonnenfeld § 1712 Rn 8, 19).

Über solche Fälle der objektiven Erledigung eines möglichen Teilbereichs der Aufgaben des Beistands hinaus kann die Auslegung des Antrags mit Rücksicht auf die vorangegangene Erörterung mit dem Jugendamt ergeben, dass die Beistandschaft nur für einen Teilbereich gewünscht wird und daher trotz formal umfassender Antragstellung nur für diesen Teilbereich eintritt. Das Jugendamt sollte mit Rücksicht auf das Prinzip der Freiwilligkeit und den Erhalt des Vertrauens des Elternteils bemüht sein, jeden Zweifel an der Reichweite des Antrags vor dem Tätigwerden aufzuklären. Wendet sich zB eine nicht verheiratete Mutter an das Jugendamt, um sich – wegen rechtlicher Unkenntnis – über die Möglichkeiten der Vaterschaftsfeststellung beraten zu lassen, sollte das Jugendamt nicht ohne Klärung der Reichweite eines entsprechenden Antrags die Unterhaltssicherung betreiben. Dies könnte durchaus als störend empfunden werden, wenn der Vater bereits Unterhalt leistet oder sogar mit Mutter und Kind zusammenlebt oder dies aus sonstigen Gründen (zB höheres Einkommen der Mutter) nicht erwünscht ist.

Teilbereiche können jedoch **nur über Aufgabenstellungen** definiert werden; eine Beschränkung der Aufgabe auf bestimmte *Handlungen,* zB das Betreiben der Vaterschaftsfeststellung nur gegen einen bestimmten Mann oder Unterhalt nur in einer begrenzten Höhe zu fordern, liefe auf die Erteilung **unzulässiger Weisungen** (dazu § 1716 Rn 8) an den Beistand hinaus und ist als Beschränkung nicht zulässig (MünchKommBGB/vSachsen Gessaphe § 1712 Rn 6; BeckOK-BGB/Pöcker [1. 8. 2023] § 1712 Rn 25.1).

c) Kein Begründungserfordernis

Eine **Begründung** für eine Beschränkung muss der Antragsteller nicht geben. Erweist 11
sich die Beschränkung des Antrags und damit der Beistandschaft aus Sicht des Jugendamts als *unzweckmäßig,* was insbesondere bei einer Beschränkung auf Teilbereiche der Unterhaltssicherung der Fall sein kann, aber auch dann, wenn das Jugendamt (wie es unter der früheren Amtspflegschaft üblich war) im Zusammenhang mit der Protokollierung einer Vaterschaftsanerkennung zeitgleich einen Unterhaltstitel schaffen möchte, so kann das Jugendamt lediglich eine Erweiterung der Beistandschaft anregen. Eine Erweiterung der Vertretung des Kindes durch das Jugendamt gegen den Willen des Antragsberechtigten kommt nur bei Gefährdung des Kindeswohls nach Maßgabe des § 1666 BGB durch familiengerichtliche Entscheidung in Betracht.

IV. Aufgabenkreis Feststellung der Vaterschaft (§ 1712 Abs 1 Nr 1)

1. Reichweite

Der Aufgabenkreis „Feststellung der Vaterschaft" **umfasst** alle Handlungen im Zu- 12
sammenhang mit der Herbeiführung eines Zuordnungstatbestandes der Vaterschaft nach § 1592 Nr 2 (Anerkennung der Vaterschaft) oder Nr 3 BGB (gerichtliche Feststellung).

Zu den Aufgaben des Beistands gehören alle **Rechtshandlungen**, die seitens des Kindes für das Zustandekommen des Zuordnungsgrundes erforderlich sind.

2. Anerkennung der Vaterschaft

a) Zustimmung der Mutter

Die **Anerkennung der Vaterschaft** (§ 1592 Nr 2 BGB) bedarf grundsätzlich der Zu- 13
stimmung der Mutter (§ 1595 Abs 1 BGB).

Da es sich hierbei um eine **Zustimmung der Mutter im eigenen Namen** handelt, kann das Jugendamt als Beistand nach Abs 1 Nr 1 diese Zustimmung *nicht* erklären (Grüneberg/Götz § 1712 Rn 1). Zwar kann das Jugendamt auf die Erteilung der Zustimmung hinwirken; dies wird freilich, da seine Stellung als Beistand von dem Willen der Mutter abhängt, nur in konfliktfreien Fällen erfolgreich sein. Insbesondere besteht wenig Aussicht, dass das Jugendamt das Interesse des Kindes durchsetzt, wenn die Mutter nicht bereit ist, einer nach Lage des Falles den biologischen Verhältnissen entsprechenden Vaterschaftsanerkennung zuzustimmen. In solchen Fällen dürfte es erfolgversprechender sein, wenn das Jugendamt den Anerkennenden darauf hinweist, dass er die Vaterschaft auch gerichtlich nach § 169 Nr 1 FamFG feststellen lassen kann (§§ 1600d Abs 1, 1600 Abs 1 BGB).

b) Zustimmung des Kindes

14 Lediglich in Fällen, in denen der Mutter insoweit nicht die elterliche Sorge zusteht (vgl Staudinger/Rauscher [2011] § 1595 Rn 21; Heilmann/Grün § 1595 Rn 10 f), ist die **Zustimmung des Kindes** erforderlich, die das Jugendamt als Beistand erklären kann (BeckOGK/Uhl [1. 5. 2023] § 1712 Rn 30; Kraus StAZ 2015, 381; nur für diesen Fall zutreffend Roth KindPrax 1998, 12, 13). Dies ist insbesondere dann der Fall, wenn die Mutter minderjährig ist und mit Zustimmung ihrer gesetzlichen Vertreter noch vor der Geburt der bereits erfolgten pränatalen Anerkennung des Vaters zugestimmt und gemeinsame Sorgeerklärungen abgegeben hat. In diesem Fall kann die minderjährige Mutter noch vor der Geburt ohne Zustimmung ihrer gesetzlichen Vertreter gemäß § 1713 Abs 2 S 2 BGB einen Antrag auf Beistandschaft stellen und der Beistand kann sodann als gesetzlicher Vertreter der Leibesfrucht vorgeburtlich die Zustimmung für das Kind erteilen (DIJuF-Rechtsgutachten JAmt 2014, 319; BeckOGK/Uhl [1. 5. 2023] § 1712 Rn 30; Schulz JAmt 2002, 341, Anm zu DIJuF-Rechtsgutachten v 10. 5. 2002) sodass bei Geburt des Kindes infolge des alleinigen Sorgerechts des Vaters Amtsvormundschaft nach § 1786 S 1 BGB vermieden wird. Steht allerdings der Mutter die elterliche Sorge für diesen Aufgabenkreis nicht zu, so wird es auch nur in Ausnahmefällen zu einer Beistandschaft kommen können, denn die Antragsbefugnis der Mutter nach § 1713 BGB hängt nach der Geburt ebenfalls davon ab, dass ihr die elterliche Sorge zusteht. Das Zusammentreffen einer Beistandschaft mit dem Erfordernis der Zustimmung des Kindes nach § 1595 Abs 2 BGB ist also beschränkt auf folgende Gestaltungen (im Einzelnen vgl Staudinger/Rauscher [2011] § 1596 Rn 22):

- die *pränatale Anerkennung* (§ 1594 Abs 4 BGB), weil vor Geburt die Mutter den Antrag auf Beistandschaft nach § 1713 Abs 2 S 1 BGB auch stellen kann, wenn ihr nach der Geburt die elterliche Sorge nicht zusteht; ist das Kind im Zeitpunkt der Zustimmung bereits geboren, stimmt das Jugendamt als *Amtsvormund* nach § 1786 Abs 1 BGB zu (Grüneberg/Siede § 1595 Rn 3; **aA** LG Halle 5. 3. 2009 – 2 T 412/08, juris Rn 5, FamRZ 2010, 744: Ergänzungspflegschaft).

- die seltene Situation der Anerkennung der Vaterschaft zu einem Kind, dem bereits (meist nach § 1592 Nr 1 BGB) ein *anderer Mann als Vater zugeordnet* ist, der die alleinige elterliche Sorge innehat und daher den Antrag auf Beistandschaft stellen kann.

- die ebenfalls eher seltene Situation, dass das Kind nach dem *Tod seiner Mutter* unter der Vormundschaft eines ehrenamtlichen Vormunds (oder einer Pflegeperson nach § 1630 Abs 3 BGB) steht, der die Beistandschaft beantragen kann (§ 1713 Abs 1 S 3 BGB; FamRefK/Sonnenfeld § 1712 Rn 12). Streitig war hier allerdings, ob nach dem Tod der Mutter überhaupt noch Raum für eine Vaterschaftsanerkennung ist oder die Vaterschaft nur noch nach § 169 Nr 1 FamFG gerichtlich festgestellt werden kann (zum Streitstand Grüneberg/Siede § 1595 Rn 3 und jüngst diese Frage verneinend AG Ellwangen 15. 8. 2022 – 4 UR III 10/22, juris). Der BGH (BGH 30. 8. 2023 – XII ZB 48/23, juris) hat die Frage aber nunmehr dahin entschieden, dass auch im Falle des Todes der Mutter die Anerkennung möglich bleibt und bei einem minderjährigen Kind der Zustimmung des Vormunds bedarf. Hat im Übrigen ein ehrenamtlicher Vormund die Beistandschaft beantragt, gibt er als Inhaber des Sorgerechts die Zustimmung für das Kind ab (§ 1596 Abs 2 S 1 BGB) bzw die Zustimmung zur Zustimmung des Kindes nach § 1596 Abs 2 S 2 BGB.

Kann die Anerkennung nach Art 19 Abs 1 S 2 oder 3 EGBGB in *alternativer Anknüpfung* nach einer **ausländischen Rechtsordnung** wirksam sein, so kommt auch bei Bestehen der elterlichen Sorge der Mutter die Zustimmung durch das Jugendamt als Beistand in Betracht, sofern diese Rechtsordnung die Zustimmung des Kindes erfordert.

c) Beurkundung

15 Die **Beurkundung** der Anerkennung und/oder der Zustimmung durch hierzu ermächtigte Urkundspersonen beim Jugendamt (§ 59 Abs 1 Nr 1 SGB VIII; vgl dazu Wiesner/Wapler/Dürbeck § 59 SGB VIII Rn 20 ff) hat hingegen mit der Stellung des Jugendamts als Beistand des Kindes nichts zu tun. Der jeweilige Beamte ist vielmehr gehalten, nicht selbst die Beurkundung vorzunehmen, wenn ihm die Aufgabe des Beistandes übertragen ist (§§ 59 Abs 2, 55 Abs 2 SGB VIII; MünchKommBGB/vSachsen Gessaphe § 1712 Rn 10; Wiesner/Wapler/Dürbeck § 59 SGB VIII Rn 17).

3. Gerichtliche Feststellung der Vaterschaft

16 Im Fall der **gerichtlichen Feststellung der Vaterschaft** (§ 1592 Nr 3 BGB) vertritt das Jugendamt das Kind als Antragsteller oder sonstigen Beteiligten (§ 1600 BGB; §§ 171, 172 FamFG) im Verfahren. Ein Vaterschaftsfeststellungsantrag des Mannes kommt am ehesten in Betracht, wenn die Mutter die Zustimmung zu einer Anerkennung verweigert hat (FamRefK/Sonnenfeld § 1712 Rn 16). Für einen Feststellungsantrag seitens des Mannes fehlt aber auch dann nicht das Rechtsschutzbedürfnis, wenn er die Vaterschaft anerkennen könnte; auch der Mann kann ein Interesse daran haben, dass das Familiengericht die nach dem Amtsermittlungsgrundsatz (§§ 26, 177 FamFG) gebotenen Ermittlungen über das Bestehen seiner Vaterschaft anstellt. Sein Antrag auf Bewilligung von Verfahrenskostenhilfe für die Feststellung der Vaterschaft kann daher auch nicht als mutwillig iSd § 114 ZPO gelten (Gottschalk/Schneider, PKH/VKH, Beratungshilfe [10. Aufl 2021] Rn 576 mwNw). Die gerichtliche Vertretung des Kindes durch den Sorgeberechtigten ist ausgeschlossen, wenn das Jugendamt als Beistand das Kind vertritt (§ 173 FamFG).

4. Vorbereitende Ermittlungen

17 Im Zusammenhang mit der Vorbereitung einer Vaterschaftsfeststellung stellt das Jugendamt als Beistand auch die **erforderlichen Ermittlungen** an (Gernhuber/Coester-Waltjen § 68 Rn 31; Roth KindPrax 1998, 12, 13; Oberloskamp/Dürbeck/Walther, Vormund-

schaft [5. Aufl 2023] § 23 Rn 65, auch zu den Grenzen der Nachforschung). Ausgangspunkt ist dabei häufig die Klärung der Sachlage im **Beratungsgespräch** mit der Mutter. Neben den tradierten Vorstellungen entsprechenden Aufgaben, einen von der Mutter als Vater benannten Mann zu informieren, der nicht bereit ist, die Verantwortung zu übernehmen, bzw bei Mehrverkehr der Mutter die Feststellung des wirklichen Vaters zu betreiben (Roos DAVorm 2000, 529, 533), muss der Beistand auch versuchen, dem **Recht des Kindes auf Kenntnis seiner Abstammung** (vgl Vorbem 17 zu §§ 1712–1717) gerecht zu werden. In diesem Zusammenhang obliegt es ihm, zB auch etwaige erforderliche Ermittlungen zum Aufenthaltsort des von der Mutter benannten Erzeugers anzustellen, die etwa dann veranlasst sein können, wenn dessen Wohnort der Mutter unbekannt ist, er obdachlos ist oder im Ausland lebt.

Nach dem vor dem 1. 1. 1998 geltenden Recht war umstritten, ob das Jugendamt als Amtspfleger auch dann Ermittlungen anzustellen habe, wenn die *Mutter Angaben über den Vater verweigert.* Die herrschende Rechtsprechung bejahte dies, freilich mit der Einschränkung, dass im Weigerungsfall das Jugendamt nicht von sich aus ungezielte Ermittlungen anstellen, sondern lediglich mit der Sache befasst bleiben müsse (BayObLG FamRZ 1972, 521; OLG Hamm FamRZ 1991, 1229; OLG Karlsruhe FamRZ 1972, 95; Soergel/Strätz § 1706 aF Rn 10). Die Geltendmachung eines Auskunftsanspruchs des Kindes gegen die Mutter aus unterhaltsrechtlichen Interessen durch das Jugendamt als Amtspfleger wurde überwiegend abgelehnt (LG Landau DAVorm 1989, 634; AG Neunkirchen DAVorm 1996, 718; Staudinger/Rauscher [2011] Einl 92 zu §§ 1589 ff).

Diese Frage hat sich für das Jugendamt als Beistand erledigt. Die Mutter, die nicht bereit ist, den Vater des Kindes zu offenbaren und die Feststellung der Vaterschaft zu fördern, wird kaum durch ihren Antrag eine auf diesen Aufgabenkreis bezogene Beistandschaft einleiten. Nach früherem Recht stellte sich gerade an dieser Stelle die Problematik umgekehrt; die einzige Sanktion für mangelnde Mitwirkungsbereitschaft der Mutter bestand in der – wenig effizienten – Verweigerung der Aufhebung der Amtspflegschaft (BGH NJW 1982, 515; BayObLGZ 1972, 196; OLG Hamm FamRZ 1991, 1229; OLG Karlsruhe FamRZ 1972, 95; LG Berlin DAVorm 1988, 883; LG Berlin FamRZ 1988, 1202; LG Braunschweig DAVorm 1986, 440; LG Köln DAVorm 1986, 910; **aA** OLG Hamm OLGZ 1982, 8; nur ausnahmsweise anders, wenn die Vaterschaftsfeststellung anderweit betrieben wurde: OLG Schleswig FamRZ 1984, 200; LG Augsburg FamRZ 1997, 1300). Sucht die Mutter den Rat des Jugendamts oder beantragt eine Beistandschaft, wirkt sie aber dennoch nicht hinreichend bei der Benennung des oder der möglichen Erzeuger mit, so ist dem Beistand gleichwohl nicht die Rolle eines „Fahnders" zugewiesen (Oberloskamp/Dürbeck/Walther, Vormundschaft [5. Aufl 2023] § 23 Rn 65), sodass etwaige Ermittlungen auch auf die Intimsphäre der Mutter Rücksicht zu nehmen haben und unter dem Vorbehalt der Verhältnismäßigkeit stehen.

5. Anfechtung der Vaterschaft

18 **Nicht erfasst** vom möglichen Aufgabenkreis des Abs 1 Nr 1 sind nach ganz hM die **Anfechtung der Vaterschaft** (§§ 1600 BGB ff; OLG Nürnberg FamRZ 2001, 705; Grüneberg/Götz § 1712 Rn 1; FamRefK/Sonnenfeld § 1712 Rn 14; BeckOK-BGB/Pöcker [1. 5. 2022] § 1712 Rn 18; Roth KindPrax 1998, 12, 13; DIJuF-Rechtsgutachten JAmt 2010, 480) sowie die unter § 1706 Nr 1 aF fallenden sonstigen Angelegenheiten zur Feststellung oder Änderung des Eltern-Kind-Verhältnisses oder des Familiennamens des Kindes. Soweit die

Vaterschaft durch ein minderjähriges Kind angefochten werden soll und ein Vertretungshindernis (§ 1629 BGB) besteht, ist ein **Ergänzungspfleger** (ggf das Jugendamt) zu bestellen (DIJuF-Rechtsgutachten JAmt 2010, 480; zu den einzelnen Konstellationen Prütting/Helms/Dürbeck § 172 FamFG Rn 4 ff).

a) Vereinzelt wurde eine **entsprechende Anwendung des Abs 1 Nr 1**, also eine Ausdehnung der Beistandschaft auf die Anfechtung der Vaterschaft vertreten, da das Schutzbedürfnis des Kindes bei der Durchführung der Vaterschaftsanfechtung dem bei der Vaterschaftsfeststellung entspreche (Palandt/Diederichsen [58. Aufl 1999] § 1712 Rn 3).

Dieser Gedanke konnte sich zutreffend nicht durchsetzen: der Wortlaut des § 1712 Abs 1 Nr 1 BGB hinterlässt **keine planwidrige Lücke**, sondern bringt den im Gesetzgebungsverfahren deutlich gewordenen gesetzgeberischen Willen klar zum Ausdruck. Der Regierungsentwurf betont nicht nur das Ziel, sonstige Änderungen des Eltern-Kind-Verhältnisses, insbesondere die Anfechtung der Vaterschaft, in die Beistandschaft *nicht* einzubeziehen. Er *begründet* auch die Differenzierung gegenüber der Vaterschaftsfeststellung damit, dass die Vaterschaftsanfechtung immer in einem gerichtlichen Verfahren erfolgt, in dem der Amtsermittlungsgrundsatz das Kind hinreichend schützt (BT-Drucks 13/892, 37; dazu oben Rn 2). Damals erhobenen Forderungen aus der Praxis, die Vaterschaftsanfechtung in den Aufgabenkreis des § 1712 BGB einzubeziehen (Beinkinstadt ZfJ 1993, 481; Donatin DAVorm 1994, 7, 10), wurde im weiteren Verfahren nicht nachgegeben.

b) Zuzugeben ist, dass die Bewertung des **Schutzes der Kindesinteressen rechtspolitisch fraglich** ist (so auch MünchKommBGB/vSachsen Gessaphe § 1712 Rn 9; Erman/Roth § 1712 Rn 9). Dass das Kind jedenfalls im Grundsatz ein schützenswertes Interesse hat, einen unzutreffenden Vater durch Anfechtung der Vaterschaft zu verlieren, erscheint angesichts des Rechts des Kindes auf Kenntnis der Abstammung nicht fraglich (unzutreffend daher OLG Nürnberg FamRZ 2001, 705, 706, das ein öffentliches Interesse am Verlust des rechtlichen Vaters – wohl aus fiskalischen Interessen – verneint). Gleichwohl ist zu konstatieren, dass der Gesetzgeber, das zeigen Regelungen wie § 1600 Abs 2 BGB (Einschränkung des Anfechtungsrechts des biologischen Vaters) und jüngst § 1686a BGB (Umgangsrecht des leiblichen, nicht rechtlichen Vaters), in zunehmender Weise dem Erhalt der rechtlichen, nicht biologischen Vaterschaft den Vorzug gibt, auch wenn die Vaterschaft in sozial-familiärer Hinsicht gelebt wird (vgl BGH 15. 11. 2017 – XII ZB 389/16, juris Rn 22 ff, ZKJ 2018, 44, sogar für den Fall, dass auch der biologische Vater eine soziale Beziehung zu dem Kind unterhält). 19

Sucht man gleichwohl nach den Ursachen des Schutzdefizits, so liegt der Mangel nicht in der Ausgrenzung der Vaterschaftsanfechtung aus dem Aufgabenkreis des § 1712 Abs 1 Nr 1 BGB: Insoweit trifft es zu, dass *im Anfechtungsverfahren* die Interessen des Kindes durch das Gericht selbst ausreichend geschützt sind (OLG Nürnberg FamRZ 2001, 705, 706).

Gerade in dem Bereich der Vaterschaftsfeststellung aber, für den das Gesetz eine Beistandschaft ermöglicht, gibt es dem Jugendamt keine Möglichkeit, *manipulierte Vaterschaftsanerkennungen* zu verhindern, also den Schutz des Kindes zu realisieren. Dies gilt freilich nicht nur für den Beistand, sondern für den Staat selbst, der als Folge der Nichtigkeitserklärung der Behördenanfechtung nach § 1600 Abs 1 Nr 5 aF durch das BVerfG (BVerfG 17. 12. 2013 – 1 BvL 6/10, FamRZ 2014, 449 Rn 25 ff) in der Folge – bis zur Schaffung von § 1597a BGB durch das Gesetz zur besseren Durchsetzung der Ausreisepflicht (BGBl 2017 I 2780) – über keine Mittel verfügte, unrichtige Vaterschaftsanerkennungen zu beseitigen. Gegen das Zusammenwirken der Mutter und eines neuen Partners, der die Vaterschaft anerkennt, obwohl er nicht der Vater ist, kann im Übrigen auch anerkennungsrechtlich nichts unternommen werden, weil das Kind nach § 1595 BGB idF des KindRG regelmäßig nicht mehr zustimmungsbefugt ist. Hier hilft nur die Anfechtung durch das Kind; den Schutzbedarf hinsichtlich der Entscheidung, *ob* es überhaupt zu einem Anfechtungsverfahren kommt, kann selbstredend der Amtsermittlungsgrundsatz *nicht* gewährleisten. Letztlich liegt diese Konsequenz aber in der Systematik der Neuregelung, die der Mutter im Rahmen der Vaterschaftsfeststellung gegenüber dem Kind sehr weitgehende Befugnisse einräumt (zur Kritik im Einzelnen Staudinger/Rauscher [2011] § 1595 Rn 3 ff). Und sie würde im Fall einer manipulierten Vaterschaft, folgte man einer analogen Anwendung auf die Anfechtung der Vaterschaft, in diesem Fall schwerlich anschließend das Jugendamt zum Beistand des Kindes machen, damit dieses die Vaterschaft anficht. In Betracht kommt allerdings eine Vaterschaftsfeststellung durch den Beistand nach einer erfolgreichen Anfechtung der Vaterschaft.

6. Feststellung der Vaterschaft bei Ehe der Mutter?

20 Entgegen der hier noch in einer früheren Vorauflage vertretenen Auffassung (Staudinger/Rauscher [2014] § 1712 Rn 20) ist § 1712 Abs 1 Nr 1 BGB auf Fälle der Vaterschaft nach § 1592 Nr 2 oder Nr 3 BGB beschränkt. Auch soweit ausnahmsweise für eine **Vaterschaft nach § 1592 Nr 1 BGB** (Ehemann der Mutter) die Feststellung nach § 169 Nr 1 FamFG beantragt werden kann (zum Streitstand MünchKommFamFG/Coester-Waltjen/Lugani § 169 Rn 11), der Vater des Kindes zu sein, weil die Voraussetzungen des § 1592 Nr 1 BGB in Frage stehen, insbesondere, wenn die Wirksamkeit der Ehe oder ihr Bestehen im Zeitpunkt der Geburt im Streit sind, ist § 1712 Abs 1 Nr 1 BGB nicht anzuwenden, weil die Beistandschaft dazu dient, dem Kind einen Vater zu verschaffen und nicht, die wahren Rechtsverhältnisse aufzuklären.

7. Restitutionsantrag

21 Zur Stellung eines **Restitutionsantrags** nach §§ 48 Abs 2, 185 FamFG, §§ 578 ff, 584 ZPO ist das Jugendamt als Beistand berechtigt, sofern der Restitutionsantrag darauf abzielt, die *Vaterschaft festzustellen.* Das ist dann der Fall, wenn die angefochtene Fehlentscheidung einer Anfechtung der Vaterschaft (oder nach früherem Recht einer Ehelichkeitsanfechtung bzw Anfechtung der Anerkennung) stattgegeben hatte. In diesem Fall ist das mit dem Restitutionsantrag angestrebte Ziel die (Wieder-)*Herstellung der Zuordnung* zu dem von § 1592 Nr 1 oder Nr 2 BGB als Vater bezeichneten Mann (**aA** DIV-Gutachten DAVorm 1999, 599, 601; LPK-SGB VIII/Kunkel/Leonhardt/Sievertsen Exkurs vor §§ 52a-58a Rn 17).

Nicht vom Aufgabenkreis des Abs 1 Nr 1 erfasst ist dagegen ein Restitutionsantrag gegen einen die Vaterschaft feststellenden oder die Anfechtung der Vaterschaft abweisenden Beschluss, da in beiden Fällen die *Beseitigung einer bestehenden Vaterschaft* Ziel des Restitutionsverfahrens wäre.

8. Verfahren nach § 1598a

21a Verfahren zur isolierten außergerichtlichen Feststellung einer Vaterschaft iSd § 1598a BGB können schon deshalb nicht in den Anwendungsbereich einer Beistandschaft fallen, weil sich ihr persönlicher Anwendungsbereich auf eine bereits vorhandene rechtliche Familie beschränkt und daher auch mangels Statuswirkung die Vaterschaft nicht festzustellen ist (OLG Zweibrücken 2. 8. 2022 – 6 UF 70/22, NZFam 2022, 1043 m Anm Löhnig; OLG Koblenz 21. 6. 2013 – 13 WF 522/13, juris Rn 5, FamRZ 2014, 406; BeckOK-BGB/Pöcker [1. 5. 2022] § 1712 Rn 18; Soergel/Löhnig § 1712 Rn 14). Eine analoge Anwendung von § 1598a BGB auf den vermeintlich biologischen Vater kommt ebenfalls nicht in Betracht (BVerfG 19. 4. 2016 – 1 BvR 3309/13, ZKJ 2016, 261 Rn 32 ff), was aber auch nichts an der fehlenden Statuswirkung ändern würde. Das schließt es aber nicht aus, dass der Beistand im Zusammenwirken mit der Mutter und dem von ihr benannten Erzeuger einen außergerichtlichen Vaterschaftstest durchführt, der sodann bei einem positiven Ergebnis zu einem Vaterschaftsanerkenntnis führen soll.

V. Aufgabenkreis Geltendmachung von Unterhaltsansprüchen (§ 1712 Abs 1 Nr 2)

1. Reichweite

22 Der **Aufgabenkreis** *„Geltendmachung von Unterhaltsansprüchen“* (§ 1712 Abs 1 Nr 2 BGB) entspricht dem früheren Aufgabenkreis des § 1706 Abs 1 Nr 2 aF (BT-Drucks 13/892, 37; FamRefK/Sonnenfeld § 1712 Rn 18). Aus der Abhängigkeit der Beistandschaft vom Willen des insoweit allein sorgeberechtigten Elternteils, der die Beistandschaft jederzeit und ohne Grund auch beenden kann (§ 1715 Abs 1 S 1 BGB), ergeben sich allerdings in der Praxis Veränderungen. Regelmäßig wird es um Unterhaltsansprüche gegen den nicht sorgeberechtigten bzw das Kind nicht überwiegend betreuenden Elternteil (zu Ansprüchen gegen den Antragsteller unten Rn 25) oder gegen nachrangig haftende Verwandte (DIJuF-Rechtsgutachten JAmt 2002, 459) gehen. Gemäß § 1713 Abs 1 S 2 BGB kommen auch Unterhaltsansprüche gegen den **mitsorgeberechtigten Elternteil** in Betracht; Ansprüche gegen den antragstellenden Elternteil sind zwar nicht dem Grunde nach ausgeschlossen, aber wenig sinnvoll, da dieser Elternteil nach § 1715 Abs 1 S 1 BGB der Beistandschaft jederzeit die Grundlage entziehen kann (DIJuF-Rechtsgutachten JAmt 2010, 128; MünchKommBGB/vSachsen Gessaphe § 1712 Rn 13).

In den Aufgabenkreis fällt die **gerichtliche und außergerichtliche Geltendmachung und Durchsetzung** der Unterhaltsansprüche des Kindes aus §§ 1601 ff BGB einschließlich der **Vollstreckungsmaßnahmen** (DIJuF-Rechtsgutachten JAmt 2011, 326, 327). Sobald das Jugendamt in der Unterhaltssache die **Verfahrensvertretung** des Kindes angezeigt hat, ist eine gerichtliche Vertretung durch den Sorgeberechtigten ausgeschlossen (§ 234 FamFG; OLG Naumburg FamRZ 2006, 1223). Insbesondere in der Vergangenheit *aufgelaufene Unterhaltsansprüche* gegen einen zu diesem Zeitpunkt noch nicht im Rechtssinne festgestellten Vater können durch den Beistand nach § 1613 Abs 2 S 1 Nr 2a BGB geltend gemacht werden, sobald die Vaterschaft festgestellt ist (Grüneberg/Götz § 1712 Rn 5; MünchKommBGB/vSachsen Gessaphe § 1712 Rn 13). Der Vorrang der Vertretungsbefugnis des Beistands gilt allerdings nicht im **außergerichtlichen Bereich** (OLG Jena 30. 8. 2013 – 1 WF 429/13, juris Rn 35, FamRZ 2014, 965). § 1712 Abs 1 Nr 2 BGB beschränkt sich im Übrigen nicht lediglich auf Unterhaltsansprüche des Kindes gegen seine Verwandten nach §§ 1601 BGB ff, sondern erstreckt sich zB auch auf Ansprüche des Minderjährigen, der selbst bereits ein eigenes Kind betreut, gegen den anderen Elternteil nach § 1615l BGB (DIJuF-Rechtsgutachten ZfJ 1998, 388, 389; BeckOK-BGB/Pöcker [1. 8. 2023] § 1712 Rn 21; **aA** OLG Brandenburg 15. 12. 2005 – 10 WF 277/05, juris Rn 3, FamRZ 2006, 1784; Grüneberg/Götz § 1712 Rn 2; Oberloskamp/Dürbeck/Walther, Vormundschaft [5. Aufl 2023] § 23 Rn 66; Schnitzler FF 2016, 117). Zu nennen sind hier auch Ansprüche des Kindes nach § 1751 Abs 4 BGB (Adoptionsbewerber; vgl dazu DIJuF-Rechtsgutachten JAmt 2016, 367), § 1969 BGB (Erbe des Unterhaltspflichtigen) oder nach § 1371 Abs 4 BGB (Stiefelternteil) (LPK-SGB VIII/Kunkel/Leonhardt/Sievertsen Exkurs vor §§ 52a-58a Rn 24).

Zur Durchsetzung von Unterhaltsansprüchen **Volljähriger** ist das Jugendamt schon deshalb nicht befugt, weil die Beistandschaft mit Volljährigkeit des Kindes endet (OLG Frankfurt 23. 3. 2020 – 4 WF 27/20, juris Rn 8, FamRZ 2020, 1665; OLG Celle 14. 3. 2013 – 10 WF 76/13, juris Rn 14, ZKJ 2013, 370); soweit jedoch im Hinblick auf spätere Unterhaltszeiträume Handlungen des gesetzlichen Vertreters kurze Zeit vor Erreichen der Volljährigkeit erforderlich sind (insbesondere Aufforderung nach § 1613 Abs 1 S 1 BGB), kann diese Handlungen auch das Jugendamt vornehmen, so lange es noch Beistand ist (DIJuF-Rechtsgutachten JAmt 2009, 73). Im Zweifel sollte das Jugendamt sich hierzu jedoch nach § 167 BGB durch den Sorgeberechtigten namens des Kindes gesondert Vollmacht erteilen lassen, die dann bis zum Widerruf der Vollmacht durch das volljährige Kind wirkt, sodass spätere Zweifel an der Wirksamkeit einer Aufforderung nach § 1613 Abs 1 BGB ausgeschlossen sind.

2. Einzelne Aufgabenbereiche

23 Der Aufgabenkreis umfasst auch **Vereinbarungen über den Unterhaltsanspruch** sowie aufgrund ausdrücklicher Erwähnung in § 1712 Abs 1 Nr 2 BGB **Verfügungen** über den Anspruch (Roth KindPrax 1998, 12, 13; zur Verfügung über vereinnahmte Zahlungen unten Rn 27 f), die nach Inkrafttreten des KindUG allerdings für alle Kinder an § 1614 BGB zu messen sind. Die vormals noch erwähnte **Abfindung** wurde gestrichen (oben Rn 1; zur Problematik LJA Thüringen DAVorm 1999, 191, 194).

Auch den Unterhaltsanspruch vorbereitende **Auskunftsbegehren** (§ 1605 BGB), die Entgegennahme, ggf die **zwangsweise Beitreibung** des Unterhalts nach Titulierung sowie **Änderungsbegehren** und die Vertretung des Kindes anlässlich von **Änderungsverfahren** (§§ 238 ff FamFG), unabhängig davon, ob das Kind einen *höheren Unterhalt* begehrt oder der Unterhaltsschuldner **Herabsetzung** verlangt, fallen in den Aufgabenkreis des Beistands (OLG Naumburg 27. 9. 2005 – 3 WF 172/05, juris Rn 2, JAmt 2006, 307; OLG Celle JAmt 2004, 544; OLG Hamm JAmt 2004, 144; Grüneberg/Götz § 1712 Rn 2; Prütting/Helms/Bömelburg § 234 FamFG Rn 4b; BeckOK-BGB/Pöcker [1. 8. 2023] § 1712 Rn 23; NK-BGB/Zempel § 1712 Rn 17 f; Knittel JAmt 2003, 364 f; **aA** OLG Naumburg JAmt 2003, 364). Damit obliegt dem Beistand auch die Vertretung des **passivlegitimierten Kindes**. Wurde die Beistandschaft anlässlich der Schaffung eines Unterhaltstitels errichtet, so gilt sie und das Alleinvertretungsrecht des Beistands (§ 234 FamFG) auch für die Vertretung des Kindes in einem **Abänderungsverfahren auf Herabsetzung** des Unterhalts fort und findet keine Erledigung durch die Errichtung des Titels, sodass das Kind durch den betreuenden Elternteil im Abänderungsverfahren nicht ordnungsgemäß vertreten wäre (DIJuF-Rechtsgutachten JAmt 2015, 386; OLG Hamm 7. 2. 2003 – 9 UF 63/

02, juris Rn 6 f, JAmt 2004, 144; **aA** zu Unrecht: OLG Hamm 11. 9. 2012 – 6 WF 113/12, juris Rn 18, FamRZ 2013, 799 m **abl** Anm KNITTEL). Soweit der Unterhaltspflichtige Ansprüche auf **Schadensersatz oder ungerechtfertigter Bereicherung gegen das minderjährige Kind** im Zusammenhang mit der Geltendmachung von Kindesunterhalt verlangt, erstreckt sich hierauf die Beistandschaft nicht, weil das Kind nicht Anspruchsteller, sondern Anspruchsgegner ist (DIJuF-Rechtsgutachten JAmt 2015, 601, 602; BeckOK-BGB/PÖCKER [1. 8. 2023] § 1712 Rn 20.2). Dies dürfte aber dann kraft Sachzusammenhangs nicht gelten, wenn der Anspruch gegen das Kind, zB wegen überzahlten Unterhalts (§§ 241 FamFG, 812 ff BGB) im Wege des Widerantrages im selben gerichtlichen Verfahren geltend gemacht wird (vgl auch OBERLOSKAMP/DÜRBECK/WALTHER, Vormundschaft [5. Aufl 2023] § 23 Rn 69 zur Vertretung in Verfahren auf Rückforderung zu viel gezahlten Unterhalts).

Zu den Aufgaben des Beistands gehören auch **rechtsgeschäftliche Vereinbarungen** über bestehende Unterhaltstitel, insbesondere die Abänderung von Unterhaltsvereinbarungen (OLG Köln FamRZ 2002, 50) oder die Vereinbarung eines begrenzten **Vollstreckungsverzichts**, um ein Abänderungsverfahren zu vermeiden (OLG Nürnberg JAmt 2001, 48, 49). Auch ein vorübergehender faktischer oder vereinbarter Vollstreckungsverzicht wegen unstreitiger Zahlungsschwäche des Schuldners ist zulässig; das Jugendamt kann nicht verpflichtet sein, mit absehbar aussichtslosen Vollstreckungsmaßnahmen Kosten auszulösen (LG Magdeburg JAmt 2006, 94). Das Jugendamt verstößt auch nicht gegen seine Pflicht zur Geltendmachung aller Unterhaltsansprüche des Kindes, wenn es von der Beitreibung von Unterhaltsrückständen absieht, um die Leistungsfähigkeit des Unterschuldners für die Zukunft zu sichern (OLG Hamm 27. 4. 2011 – 13 W 10/11, juris Rn 3, FamRZ 2011, 1828; WIESNER/WAPLER/WALTHER § 55 SGB VIII Rn 19a). Zur **Stundung** des für das Kind titulierten Unterhalts ist der Beistand zwar befugt, dem Kind gegenüber aber nur ausnahmsweise berechtigt, wenn hierin eine den Interessen des Kindes auch unter Berücksichtigung seines sonstigen Verhältnisses zu dem Unterhaltspflichtigen gerechte Lösung zu sehen ist (vgl OLG Köln NJW-RR 1991, 711, 712).

Als Vertreter des Kindes treffen das Jugendamt auch die unterhaltsrechtlich begründeten **Nebenpflichten des Unterhaltsgläubigers**. Ob das Jugendamt ihm bekannt gewordene Tatsachen, die zu einer Verringerung des Unterhaltsanspruchs des Kindes führen, dem Unterhaltsschuldner mitteilt, hängt weder von der Zustimmung des Sorgeberechtigten ab noch geht es um verwaltungsrechtliche Pflichten gegenüber dem Schuldner oder gar um bloßen Anstand (DIJuF-Rechtsgutachten JAmt 2009, 596: „Gewissensfrage"). Das Jugendamt hat selbständig zu beurteilen, ob eine bürgerlich-rechtliche Mitteilungspflicht besteht und hat diese ggf zu erfüllen; anderenfalls wird das Kind ggf schadensersatzpflichtig. Für das Jugendamt steht Amtshaftung, für den einzelnen Mitarbeiter Strafbarkeit wegen Betrug durch Unterlassen im Raum. Auch im Übrigen muss sich das Kind das Verhalten des Beistands – etwa dessen Untätigkeit bei der gerichtlichen Geltendmachung des Unterhalts, die zur Verwirkung des Anspruchs führen kann – zurechnen lassen, weil der Beistand nach §§ 1716 S 2, 1813 Abs 1, 1789 Abs 2 S 1 BGB insoweit sein gesetzlicher Vertreter ist (OLG Hamm 17. 3. 2014 – 6 UF 196/13, juris Rn 28, ZKJ 2014, 385).

Ob die Erstattung einer **Strafanzeige** wegen Unterhaltspflichtverletzung (§ 170 StGB) zu den Aufgaben nach § 1712 Abs 1 Nr 2 BGB gehört, erscheint fraglich (bejahend OBERLOSKAMP/DÜRBECK/WALTHER, Vormundschaft [5. Aufl 2023] § 23 Rn 69); aus § 68 Abs 1

S 1 SGB VIII lässt sich hierfür, entgegen einer verbreiteten Ansicht im jugendhilferechtlichen Schrifttum (dazu DIJuF-Rechtsgutachten JAmt 2011, 132), nichts herleiten, da § 68 Abs 1 S 1 und Abs 4 SGB VIII gerade voraussetzen, dass die Datenübermittlung an die Staatsanwaltschaft zu den Aufgaben des Jugendamts gehört, die hier nur nach § 1712 Abs 1 Nr 2 BGB beschrieben werden können. Da die Erstattung einer Strafanzeige zwar ein Druckmittel sein mag, jedoch kein Mittel der Geltendmachung des zivilrechtlichen Unterhaltsanspruchs, scheidet eine solche Befugnis aus.

3. Typen der Unterhaltsfestsetzung

24 Der Aufgabenkreis erstreckt sich auf alle im Gesetz vorgesehenen **Varianten der Unterhaltsfestsetzung.** Das Jugendamt kann als Beistand den *konkret berechneten Unterhaltsanspruch* nach §§ 1601, 1602 Abs 1, 1603 Abs 1 BGB oder den *dynamischen Unterhalt in Prozentsätzen des Mindestunterhalts* (§ 1612a BGB) geltend machen. Es kann neben Hauptsacheverfahren (§§ 231 ff FamFG) auch *einstweilige Anordnungen* (§§ 49 ff, 246, 247 FamFG) beantragen.

4. Begriff des Unterhalts

24a Die Beistandschaft ist nicht auf die Geltendmachung gesetzlichen Unterhalts beschränkt. Soweit etwa das Kind im Anschluss an die Rechtsprechung des BGH (BGH 23. 9. 2015 – XII ZR 99/13, JAmt 2015, 632 Rn 9 ff) gemäß § 328 BGB **vertragliche Unterhaltsansprüche** des im Wege heterologer Insemination gezeugten nichtehelichen Kindes gegen seinen die Anerkennung verweigernden Erzeuger besitzt, sprechen auch vom Schutzzweck der Norm betrachtet keine Gründe gegen die Anwendung von § 1712 Abs 1 Nr 2 BGB, zumal sich der Anspruch der Höhe nach den gesetzlichen Voraussetzungen richten soll (ebenso DIJuF-Rechtsgutachten JAmt 2018, 28, 29: Lebenspartnerin der Mutter; BeckOGK/Fröschle/Fischer [1. 4. 2018] § 1712 Rn 33.2; BeckOK-BGB/Pöcker [1. 8. 2023] § 1712 Rn 21). **Verzugszinsen** sind jedenfalls dann als Unterhalt zu qualifizieren, wenn sie als Nebenforderung geltend gemacht werden (Sickfeld JAmt 2002, 166; Wiesner/Wapler/Walther § 55 SGB VIII Rn 19b; **aA** Oberloskamp/Kunkel, Vormundschaft [4. Aufl 2017] § 19 Rn 50). Werden sie isoliert als Hauptforderung verlangt, fallen sie als Schadensersatzansprüche nicht in den Anwendungsbereich von § 1712 Abs 1 Nr 2 BGB (DIJuF-Rechtsgutachten JAmt 2003, 522, 523; BeckOGK/Uhl [1. 5. 2023] § 1712 Rn 34; **aA** BeckOK-BGB/Pöcker [1. 8. 2023] § 1712 Rn 21.2). Nicht erfasst sind dagegen auf eine Unterhaltsrente erfasste Schadensersatzansprüche nach § 844 Abs 2 BGB (BeckOGK/Uhl [1. 5. 2023] § 1712 Rn 33).

5. Unterhaltsansprüche gegen den alleinerziehenden Elternteil und das Problem des Wechselmodells

25 Theoretisch erfasst der Aufgabenkreis auch weiterhin die Geltendmachung von **Unterhaltsansprüchen des Kindes gegen den sorgeberechtigten bzw betreuenden Elternteil.** Dies war (damals die sorgeberechtigte Mutter betreffend) in der Rechtsprechung zu § 1706 Abs 1 Nr 2 aF anerkannt (BayObLG FamRZ 1980, 828; über die vom AG Brakel FamRZ 1988, 849 angezweifelte Verfassungsmäßigkeit hat das BVerfG FamRZ 1988, 475 nicht entschieden). In der Praxis kommt die Geltendmachung gegen den Sorgeberechtigten nicht mehr in Betracht, weil dieser nach § 1715 Abs 1 S 1 BGB die Beistandschaft jederzeit beenden kann (MünchKommBGB/vSachsen Gessaphe § 1712 Rn 13) und dies

auch tun wird. Insbesondere für die Geltendmachung von Unterhaltsansprüchen gegen beide Elternteile bedarf es aus diesem Grund einer Ergänzungspflegschaft (vgl den im DIJuF-Rechtsgutachten JAmt 2005, 229 behandelten Fall).

Hingegen ist durch den erweiterten persönlichen Anwendungsbereich der Beistandschaft gegenüber der früheren Amtspflegschaft die Möglichkeit hinzugetreten, dass das Jugendamt als Beistand des unter der elterlichen Sorge des Vaters stehenden Kindes Unterhaltsansprüche gegen die **nichtsorgeberechtigte Mutter** geltend macht (Roth KindPrax 1998, 12, 13).

In der Praxis wird der Beistand überwiegend auf die Geltendmachung von Unterhaltsansprüchen gegen sonstige Verwandte sowie gegen den das Kind nicht betreuenden Elternteil beschränkt sein (Roth KindPrax 1998, 12, 13).

Praktizieren die Eltern dagegen ein **Wechselmodell** (zu den Voraussetzungen in unterhaltsrechtlicher Hinsicht BGH 5. 11. 2014 – XII ZB 599/13, FamRZ 2015, 236 Rn 20 ff; BGH 15. 1. 2017 – XII ZB 565/15, FamRZ 2017, 437 Rn 20 ff zur Berechnung des Unterhalts), so ist mangels alleiniger Obhut iSd § 1713 Abs 1 S 2 BGB kein Raum für eine Beistandschaft (DIJuF-Rechtsgutachten JAmt 2014, 139, 140; Seiler FamRZ 2015, 1845; Jokisch FuR 2014, 25; vgl auch § 1713 Rn 7). Soll bei einem bestehenden Wechselmodell Kindesunterhalt geltend gemacht werden, ist nach derzeitiger Rechtslage noch über § 1628 BGB oder §§ 1789 Abs 2 S 2, 1824, 1809 BGB zu verfahren (BGH 12. 3. 2014 – XII ZB 234/13, FamRZ 2014, 917 Rn 16; vgl Weber NZFam 2016, 829 zu den jeweiligen Auffassungen).

6. Öffentlich-rechtliche Leistungen

Der Aufgabenkreis erstreckt sich **nicht** auf **unterhaltsersetzende Leistungen des öffentlichen Rechts**, also Renten (BSG FamRZ 1971, 530; Grüneberg/Götz § 1712 Rn 2), Leistungen nach SGB II oder SGB XII (LJA Thüringen DAVorm 1999, 191, 194; BeckOK-BGB/Pöcker [1. 5. 2018] § 1712 Rn 24) oder Unterhaltsleistungen nach dem UVG (BGH 17. 6. 1999 – III ZR 248/98, juris Rn 17 ff, FamRZ 1999, 1342; Grüneberg/Götz § 1712 Rn 2). § 1712 Abs 1 Nr 2 BGB ist beschränkt auf den gesetzlichen oder vertraglichen Unterhalt nach §§ 1601 ff BGB. 26

Feststellbar ist allerdings, dass auch **Sozialhilfebehörden** die Beistandschaft „entdeckt" haben und sorgeberechtigte Mütter zur Antragstellung zu bewegen suchen, um eine effiziente Durchsetzung von Unterhaltsansprüchen zu sichern, welche Sozialleistungen vorgehen (vgl Beinkinstadt JAmt 2016, 346, 347: „Zulieferbetriebe Unterhaltsvorschuss und Jobcenter"). Hiergegen ist zwar nichts einzuwenden, wenn Anzeichen bestehen, dass ein Antragsteller nicht fähig oder nicht willens ist, einen realisierbaren Unterhaltsanspruch des Kindes durchzusetzen; Sozialbehörden dürfen jedoch nicht ungezielt mit Leistungskürzung drohen und die Risiken fraglicher Unterhaltsbeitreibung auf dem Umweg über den Zwang zum Beistand abwälzen (dazu DIJuF-Rechtsgutachten JAmt 2002, 348).

Eine ähnliche Behördenstrategie ergibt sich im Fall des **Regresses wegen unterhaltsersetzender Sozialleistungen**: Der Beistand kann zwar nicht die leistende Sozialhilfebehörde im Regressverfahren nach §§ 94 Abs 1 SGB XII, 7 Abs 1 UVG, 33 SGB II vertreten. Da der Unterhaltsanspruch seine Natur nicht dadurch verändert, dass er auf einen Träger öffentlicher Leistungen übergeht, bleibt jedoch das Jugendamt als Beistand zur Geltendmachung befugt, wenn der Träger der öffentlich-rechtlichen Unterhaltsersatzleistung den Unterhaltsanspruch zur **treuhänderischen Geltendmachung zurücküberträgt** (LJA Thüringen DAVorm 1999, 191, 194; DIJuF-Rechtsgutachten JAmt 2012, 91, 92; JAmt 2002, 459; BeckOK-BGB/Pöcker [1. 8. 2023] § 1712 Rn 22). Dasselbe gilt, wenn ein nach § 1607 Abs 2 S 2 oder Abs 3 BGB übergegangener Unterhaltsanspruch auf das Kind zur Geltendmachung zurückübertragen wurde, weil dieser Anspruch dann weiter Unterhaltsanspruch des Kindes bleibt (BGH NJW 1982, 515, 516 zu § 1615b aF). Der **BGH** (BGH 18. 3. 2020 – XII ZB 213/19, JAmt 2020, 314 Rn 26 ff) hat aber inzwischen die Möglichkeit der Rückübertragung auf die Sozialhilfeträger übergegangener Ansprüche bei gemeinsamer elterlicher Sorge eingeschränkt, da nach seiner Ansicht hier § 1629 Abs 2 S 2 BGB nicht gilt und daher der Rückübertragungsvertrag auch vom anderen Elternteil mitzuunterzeichnen sein soll (zur Möglichkeit der Geltendmachung des künftigen Unterhalts durch das Jugendamt als Beistand und als Gläubiger des übergegangenen Unterhalts im Wege der Streitgenossenschaft im vereinfachten Verfahren vgl Limbach/Diehl JAmt 2022, 10).

Diese Haltung führt im Behördendenken zu Abwälzungsstrategien; einerseits ist der Sozialhilfeträger versucht, den sorgeberechtigten Elternteil zur Rückübertragung und Beantragung einer Beistandschaft zu drängen, andererseits reagieren Jugendämter hierauf mit Ablehnung und raten den Antragstellern von der Beantragung einer Beistandschaft ab (gegen solche Abwehrhaltung DIJuF-Rechtsgutachten JAmt 2004, 230).

Nicht Aufgabe des Jugendamts ist hingegen die Mitwirkung an einer solchen **treuhänderischen Rückabtretung** (BGH 17. 6. 1999 – III ZR 248/98, juris Rn 17 ff, FamRZ 1999, 1342; DIJuF-Rechtsgutachten JAmt 2002, 405, 406; LJA Thüringen DAVorm 1999, 191, 194). Der Sozialhilfeträger kann, sofern eine Rückübertragung nicht stattfindet, die Übermittlung von Sozialdaten zum Zweck des Regresses vom Jugendamt nur nach Maßgabe von § 68 Abs 1 SGB VIII verlangen (vgl DIJuF-Rechtsgutachten JAmt 2020, 503, 504 – anders aber, wenn der Obhutselternteil mit der Datenweitergabe einverstanden ist; zur Zusammenarbeit zwischen UV-Stellen und Beiständen vgl auch SFK 3 des DIJuF JAmt 2019, 190). Ist der Anspruch aufgrund der Gewährung einer Sozialleistung bzw Unterhaltsvorschusses bereits in Unkenntnis des Beistands übergegangen und hat der Beistand das erhaltene Geld an das Kind bzw dessen betreuenden Elternteil weitergeleitet, so kann der Sozialleistungsträger nicht Erstattung vom Beistand verlangen, sondern muss sich an den betreffenden Elternteil wenden, der den Bezug von Sozialleistungen verschwiegen hat (DIJuF-Rechtsgutachten JAmt 2015, 446; BeckOK-BGB/Pöcker [1. 8. 2023] § 1712 Rn 22.1).

7. Vollstreckung

26a Unter den Begriff der „Geltendmachung" des Unterhaltsanspruches des Kindes fällt auch dessen **Vollstreckung** (BGH 20. 12. 2005 – VII ZB 94/05, FamRZ 2006, 481; DIJuF-Rechtsgutachten JAmt 2014, 201, 202; 2011, 326, 327; Soergel/Löhnig § 1712 Rn 18; Erman/Roth § 1712 Rn 3; Oberloskamp/Dürbeck/Walther, Vormundschaft [5. Aufl 2023] § 23 Rn 69). Dies schließt nicht nur die einzelnen Vollstreckungsmaßnahmen ein, sondern auch die Vertretung des Kindes in gerichtlichen Verfahren, die den Titel vollstreckungsfähig machen sollen (wie die Klauselerteilungsklage nach § 731 ZPO), aber auch die Vertretung des Kindes auf der Passivseite, wie etwa in einer **Vollstreckungsabwehr- oder Drittwiderspruchsklage** (§§ 767, 771 ZPO; vgl auch Künne, Die Beistandschaft [2003] 215 f und oben Rn 23). Auf ein entsprechendes Verlangen des zuständigen Vollstreckungsorgans hat der Beistand gemäß § 56 Abs 1 ZPO seine **Legitimation** als gesetzlicher Vertreter des Kindes durch Vorlage einer Abschrift des Antrages des antragstellenden Elternteils und des jugendamtsinternen Bestellungsakts nach § 55 Abs 2 S 1 SGB VIII nachzuweisen (DIJuF-Rechtsgutachten JAmt 2016, 430, 431). Außerhalb der Beistandschaft kann eine Vertretung des Kindes im Vollstreckungsverfahren durch das Jugendamt – auch nicht durch Bevollmächtigung – nach § 79 Abs 2 ZPO nicht stattfinden (BGH 29. 6. 2022 – VII ZB 14/19, NJW-RR 2022, 1430 Rn 7).

8. Verwendung vereinnahmter Beträge

a) Verpflichtung zur Herausgabe

Die **Verwaltung und Verwendung** der vereinnahmten Unterhaltsbeträge fallen nicht in den Aufgabenkreis des Beistands. 27

Der Beistand darf solche Gelder nicht anlegen oder für den Unterhalt des Kindes verwenden, sondern hat sie unverzüglich **an den Sorgeberechtigten auszukehren** (Grüneberg/Götz § 1712 Rn 3; MünchKommBGB/vSachsen Gessaphe § 1712 Rn 14; BeckOK-BGB/Pöcker [1. 8. 2023] § 1712 Rn 23; Gernhuber/Coester-Waltjen § 68 Rn 35). Hierfür sind entsprechende Vorkehrungen, insbesondere die Führung von Unterhalts-Anderkonten, bei den Jugendämtern zu treffen (LJA Thüringen DAVorm 1999, 191, 194: Weiterleitung möglichst am gleichen Tag). Eine Kontrollfunktion hinsichtlich der Verwendung des Unterhalts für Zwecke des Kindes obliegt ihm nicht. Erlangt er Kenntnis von einer missbräuchlichen Verwendung des Unterhalts, kann er nach § 8a Abs 3 SGB VIII das Familiengericht anrufen (Oberloskamp/Dürbeck/Walther, Vormundschaft [5. Aufl 2023] § 23 Rn 70).

b) Ausnahme: Unterbringung in Familienpflege

Eine Ausnahme von der Pflicht zur Herausgabe des Kindesunterhalts an den antragstellenden Elternteil sieht § 1712 Abs 1 Nr 2 HS 2 BGB vor. Befindet sich das Kind in **entgeltlicher Pflege** bei einem Dritten, so ist das Jugendamt als Beistand kraft Gesetzes berechtigt, aus eingehenden Unterhaltsleistungen den Dritten unmittelbar zu befriedigen. Hierdurch soll sichergestellt werden, dass der Dritte schnellstmöglich die ihm ohnehin zustehenden Beträge bekommt (BT-Drucks 13/892, 37). **Dritter** iSd Regelung sind private Pflegeeltern (Familienpflege nach § 33 SGB VIII) sowie private Träger von Heimen (§ 34 SGB VIII) und Einrichtungen der Tagespflege (§ 23 SGB VIII; vgl Wiesner/Wapler/Walther § 55 SGB VIII Rn 20). Nicht Dritte sind Träger der Jugendhilfe (OVG Berlin FamRZ 1975, 350; Grüneberg/Götz § 1712 Rn 3). 28

Dieser Berechtigung korrespondiert weder eine Verpflichtung des Beistands, die Unterhaltsmittel in dieser Weise zu verwenden; noch ist der Unterhaltspflichtige gehalten, den Unterhalt an den Beistand zu leisten (BeckOK-BGB/Pöcker [1. 8. 2023] § 1712 Rn 23.3); er kann auch mit unmittelbar befreiender Wirkung an die Pflegeperson leisten. Überdies beruht die aus § 1706 Abs 1 Nr 2 aF unverändert übernommene Regelung auf dem Geist des Misstrauens gegenüber dem Sorgeberechtigten, der durch die Beistandschaft eigentlich überwunden werden sollte (Gressmann/Beinkinstadt, Das Recht der Beistandschaft [1998] 81). Gleichwohl hat die Vorschrift geringe praktische Bedeutung, da Pflegepersonen, Heime und sonstige Dritte vom Träger der Jugendhilfe ohnehin Leistungen bzw Aufwendungsersatz in Form von Pflege- und Leistungsentgelt erhalten und unterhaltspflichtige und leistungsfähige Personen vom Jugendhilfeträger zur Kostenbeteiligung nach Maßgabe von §§ 10 Abs 2, 92 SGB VIII herangezogen werden (vgl Wiesner/Wapler/Walther § 55 SGB VIII Rn 20). Auch bestünde im Regelfall mangels Vorrangigkeit von Unterhaltspflichten gegenüber Leistungen nach dem SGB VIII ohnehin kein Unterhaltsanspruch des Kindes, wenn sein Bedarf im Rahmen einer stationären Jugendhilfemaßnahme gedeckt ist, vgl §§ 19 Abs 3, 39, 10 Abs 2 SGB VIII (DIJuF-Rechtsgutachten JAmt 2006, 186; 2005, 511; FK-SGB VIII/Schönecker/Meysen § 10 Rn 32 ff).

9. Unterhaltsansprüche der Mutter

29 Unterhaltsansprüche der Mutter gegen den Vater des Kindes, insbesondere solche aus § 1615l BGB, aber auch nachehelichen Unterhalt nach § 1570 BGB kann hingegen das Jugendamt **als Beistand nicht geltend machen**. Dies folgt eindeutig daraus, dass das Jugendamt Beistand des Kindes ist und dieses gesetzlich vertritt, nicht aber Beistand und Vertreter des allein sorgeberechtigten Elternteils. Nicht befugt ist der Beistand daher, anlässlich einer außergerichtlichen Aufforderung zur Auskunftserteilung nach § 1605 BGB in Ansehung des Kindesunterhalts Auskunft auch für die Kindesmutter wegen ihres Betreuungsunterhaltsanspruchs nach § 1615l BGB geltend zu machen, sodass insoweit auch die Voraussetzungen nach § 1613 Abs 1 BGB für die Geltendmachung rückständigen Unterhalts nicht eintreten können (OLG Celle 12. 5. 2011 – 10 WF 135/11, juris Rn 17, JAmt 2011, 425). Eine andere Frage ist, ob das Jugendamt im Rahmen einer Beratungs- und Unterstützungsfunktion nach § 18 Abs 1 Nr 2 SGB VIII tätig werden kann (vgl Wiesner/Wapler/Dürbeck § 18 SGB VIII Rn 11 ff).

VI. Verfahrenskosten- und Beratungshilfe

1. Verfahrenskostenhilfe

30 Das Jugendamt kann auch als Beistand namens des Kindes sowohl für Abstammungs- als auch für Unterhaltssachen **Verfahrenskostenhilfe** beantragen (zur VKH in Abstammungsverfahren vgl Staudinger/Rauscher [2011] Anh zu § 1600d Rn 84 ff und Heilmann/Grün § 169 FamFG Rn 12 ff). Hinsichtlich der **Bedürftigkeit** iSd §§ 114, 115 ZPO kommt es auf die Einkommens- und Vermögensverhältnisse des Kindes an (OLG Frankfurt 20. 1. 2015 – 3 WF 11/15, juris Rn 5, MDR 2015, 402; Prütting/Helms/Dürbeck § 76 FamFG Rn 28), allerdings ist ein etwaiger **Verfahrenskostenvorschussanspruch** des Kindes nach § 1360a Abs 4 BGB analog gegen seine Eltern (BGH 23. 3. 2005 – XII ZB 13/05, FamRZ 2005, 883 Rn 18) als Vermögen des Kindes in Betracht zu ziehen (vgl Einzelheiten bei Gottschalk/Schneider, PKH/VKH, Beratungshilfe [10. Aufl 2021] Rn 424 ff). Bei der Antragstellung ist für die Angaben zur Frage der Bedürftigkeit das **amtliche Formular** nach § 117 Abs 1 S 3 und 4 ZPO zu verwenden, das von dem jeweils sorgeberechtigten Elternteil als gesetzlicher Vertreter und nicht vom Beistand zu unterschreiben ist (DIJuF-Rechtsgutachten JAmt 2016, 306, 307). Allerdings kann bei fehlendem Kindeseinkommen und -vermögen von der Möglichkeit der Abgabe einer **vereinfachten Erklärung nach § 2 PKHFV** Gebrauch gemacht werden (OLG Karlsruhe 2. 1. 2023 – 2 WF 155/22, juris). Soweit der betreuende Elternteil der Aufforderung des Beistands bzw des Gerichts, seinerseits im Hinblick auf einen möglichen Verfahrenskostenvorschussanspruch des Kindes eine Erklärung über seine persönlichen und wirtschaftlichen Verhältnisse einzureichen, nicht nachkommt, ist dem Kind vertreten durch den Bei-

stand Verfahrenskostenhilfe zu bewilligen, da ihm die vorherige gerichtliche Geltendmachung eines Auskunftsanspruchs nach § 1605 BGB nicht zumutbar ist (OLG Karlsruhe 2. 1. 2023 – 2 WF 155/22, juris). Hinsichtlich der Frage der **Mutwilligkeit** (§ 114 Abs 1 und 2 ZPO) eines Vaterschaftsfeststellungsantrages nach § 169 Nr 1 FamFG darf das vom Beistand vertretene Kind nicht auf die kostengünstigere Möglichkeit der Zustimmung seiner Mutter zu einem vom potenziellen Vater beabsichtigten Anerkenntnis verwiesen werden, wenn die Mutter diese verweigert (OLG Hamburg 25. 1. 2012 – 12 WF 263/11, juris Rn 10, FamRZ 2012, 1156; Heilmann/Grün § 169 FamFG Rn 16). Abzulehnen ist schließlich die Auffassung, dass ein Verfahrenskostenhilfegesuch für ein Unterhaltsverfahren mutwillig sei, wenn der Obhutselternteil die Beistandschaft des Jugendamts beendet habe (so AG Essen 19. 4. 2016 – 109 F 20/16, juris Rn 2, FamRZ 2016, 1950), weil dies mit dem Grundsatz der Freiwilligkeit der Beistandschaft nicht zu vereinbaren ist. Keine Verfahrenskostenhilfe erhält das Unterhalt fordernde Kind für nach §§ 33 SGB II, 94 SGB XII, 7 Abs 1 UVG **übergegangene Ansprüche** vor Rechtshängigkeit, die ihm vom **Sozialhilfeträger** gemäß §§ 33 Abs 4 S 1 SGB II, 94 Abs 5 S 1 SGB XII, 7 Abs 4 S 2, 3 UVG **zurückübertragen** worden sind, weil das Kind insoweit einen Verfahrenskostenvorschussanspruch gegenüber dem Sozialhilfeträger besitzt (BGH 2. 4. 2008 – XII ZB 266/03, FamRZ 2008, 1159 Rn 13; Einzelheiten bei Gottschalk/Schneider, PKH/VKH, Beratungshilfe [10. Aufl 2021] Rn 455).

Die Vertretung des Kindes durch das Jugendamt als Beistand kann angesichts der bei ihm vorhandenen Fachkenntnisse die **Beiordnung eines Rechtsanwalts** (§ 78 Abs 2 FamFG für Abstammungsverfahren, §§ 113 Abs 1 S 2, 121 ZPO für Unterhaltssachen) entbehrlich machen, auch wenn die andere Seite anwaltlich vertreten ist (OLG Brandenburg 24. 2. 2011 – 10 WF 265/10, juris Rn 5, FamRZ 2011, 131; OLG Zweibrücken JAmt 2003, 545; Prütting/Helms/Dürbeck § 78 FamFG Rn 3; Heilmann/Grün § 169 FamFG Rn 18; **aA** OLG Karlsruhe FamRZ 2009, 1614 und BGH 20. 12. 2005 – VII ZB 94/05, FamRZ 2006, 481 für die Vollstreckung des Unterhalts). Dies wird jedenfalls im Regelfall in Vaterschaftsfeststellungsverfahren zu gelten haben, es sei denn die Sach- oder Rechtslage (§ 78 Abs 2 FamFG) erweist sich im Einzelfall als schwierig, was etwa dann anzunehmen wäre, wenn sich diffizile Rechtsfragen der Anwendung internationalen Rechts stellen (Heilmann/Grün § 169 FamFG Rn 18) oder für einen auswärtigen Beweistermin anwaltlicher Beistand erforderlich erscheint, weil das Kind nicht für auswärtige Termine auf die Vertretung durch ein ersuchtes, nicht mit der Sache vertrautes Jugendamt verwiesen werden kann (im Einzelnen Staudinger/Rauscher [2004] § 1600e Rn 107). In Unterhaltssachen dürfte ähnlich zu verfahren sein (**aA** OLG Schleswig 24. 2. 2009 – 8 WF 37/09, juris Rn 3, FamRZ 2009, 900; DIJuF-Rechtsgutachten JAmt 2013, 406), wenn die Sach- oder Rechtslage im Einzelfall besonders schwierig ist. **Anwaltszwang** für das Kind besteht im Übrigen für das Unterhaltsverfahren bei der Vertretung durch einen Beistand nach § 114 Abs 4 Nr 2 FamFG nicht. Im Übrigen darf aber in einem Abstammungs- oder Unterhaltsverfahren die Beiordnung eines Rechtsanwalts nicht mit der Begründung abgelehnt werden, es bestünde die Möglichkeit der Begründung einer Beistandschaft, weil dies mit dem der Beistandschaft zugrunde liegenden Grundsatz der Freiwilligkeit nicht zu vereinbaren ist (BGH 20. 12. 2005 – VII ZB 94/05, juris Rn 15, MDR 2006, 950; OLG Frankfurt 6. 5. 2010 – 2 WF 119/10, juris Rn 23, ZFE 2011, 71; OLG Karlsruhe 21. 1. 2009 – 2 WF 205/08, juris Rn 14, FamRZ 2009, 1614; DIJuF-Rechtsgutachten JAmt 2013, 406, 407).

2. Beratungshilfe

30a **Beratungshilfe** nach dem BerHG ist Hilfe für Minderbemittelte von Rechten auf Beratung und ggf Vertretung **außerhalb eines gerichtlichen Verfahrens** (vgl § 1 Abs 1 BerHG und die ausführliche Darstellung von Gottschalk/Schneider, PKH/VKH, Beratungshilfe [10. Aufl 2021] Rn 1117 ff). Neben der Bedürftigkeit des Betroffenen setzt ihre Bewilligung voraus, dass gemäß § 1 Abs 1 Nr 2 BerHG nicht **andere Möglichkeiten für eine Hilfe** zur Verfügung stehen, deren Inanspruchnahme dem Rechtssuchenden zuzumuten ist. Im Bereich der Vaterschaftsfeststellung und des Kindesunterhalts stellt sich deshalb die Frage, ob die Inanspruchnahme von **Beratung durch das Jugendamt** gemäß §§ 18, 52a BerHG (vgl Vorbem 20 zu §§ 1712–1717) und die Möglichkeit der **Begründung einer Beistandschaft** für die außergerichtliche Vertretung als eine in diesem Sinne vorrangige und zumutbare Alternative anzusehen ist. Dies wird von der hM zutreffend bejaht, weil § 1 Abs 1 Nr 2 BerHG die Nutzung vorhandener kostenfreier und spezialisierter Beratung fördern will (AG Pforzheim 30. 7. 2018 – 211 BHG 18/18, FamRZ 2019, 49 zum Sorge- und Umgangsrecht; AG Halle 3. 6. 2011 – 6317/10, juris Rn 3, AGS 2011, 384; AG Oldenburg 13. 5. 2009 – 17 II 1042/08, juris Rn 10; AG Konstanz 17. 2. 2008 – UR II 80/08, juris Rn 27; AG Leverkusen FamRZ 2002, 1715; Gottschalk/Schneider, PKH/VKH, Beratungshilfe [10. Aufl 2021] Rn 1168; Lissner FamRB 2016, 32; **aA** jedenfalls zum Vorrang einer Beistandschaft BeckOK-BGB/Pöcker [1. 8. 2023] § 1712 Rn 7.2). Ausnahmen sind aber denkbar, soweit ein Rechtsanwalt bereits in der Vergangenheit für den Betroffenen tätig war, zB bei der Schaffung des Titels bei einem nun anstehenden Abänderungsverfahren (vgl AG Vechta 18. 10. 2011 – 4 II 1355/11, juris Rn 5, AGS 2012, 26 Rn 5; AG Helmstadt 5. 7. 2010 – 9 II 315/09, juris Rn 3, AGS 2010, 391).

VII. Das Jugendamt als Beistand

1. Aufgabe des Jugendamts

31 Als Beistand ist **ausschließlich das Jugendamt** vorgesehen. Eine Beistandschaft von Einzelpersonen oder Verbänden gibt es im Rahmen der §§ 1712 BGB ff nicht. Dies entspricht der Konzeption der ohne gerichtliche Entscheidung eintretenden Beistandschaft und nutzt überdies die in den Aufgabenbereichen des Abs 1 bei dem Jugendamt gesammelte Sachkompetenz (BT-Drucks 13/892, 35; die Jugendamts-Lobby wies nicht ohne Stolz und nicht zu Unrecht darauf hin, dass zu den, zugegeben juristisch eng begrenzten, Aufgabenkreisen der früheren Amtspflegschaft Kompetenz angesammelt wurde, die weit über das hinausgeht, was ein Volljurist bei Berufseintritt gemeinhin weiß: Gressmann/Beinkinstadt, Das Recht der Beistandschaft [1998] 82). Die entsprechende **jugendhilferechtliche Aufgabenzuweisung** für die Jugendämter ergibt sich aus §§ 2 Abs 3 Nr 11, 55 Abs 1 SGB VIII.

2. Zuständigkeit

32 **a) Örtlich zuständig** zur Entgegennahme des **Antrags** (oben Rn 7), zur **Führung der Beistandschaft** und zur **Beratung** nach § 52a SGB VIII (Vorbem 20 ff zu §§ 1712–1717) ist das Jugendamt, in dessen Bezirk der **den Antrag stellende Elternteil** seinen **gewöhnlichen**, in Ermangelung eines solchen seinen tatsächlichen **Aufenthalt** hat (§ 87c Abs 5 iVm Abs 1 S 1 und 3 SGB VIII; FamRefK/Sonnenfeld § 1712 Rn 6; BeckOK-BGB/Pöcker [1. 8. 2023] § 1714 Rn 4; NK-BGB/Zempel § 1714 Rn 5; Baer DAVorm 1998, 491, 493; Knittel DAVorm 1997, 649, 651; Meysen JAmt 2008, 120). Entgegen der insoweit verunglückten Ver-

weisung von § 87c Abs 5 S 1 SGB VIII auf Abs 1 S 1 und S 3 kommt es nicht auf den Aufenthaltsort der Mutter, sondern des Antragstellers, der auch der Vater oder der ehrenamtliche Vormund (bzw die Pflegeperson nach § 1630 Abs 3 BGB) sein kann, an (BeckOGK/Uhl [1. 5. 2023] § 1714 Rn 7). Nicht gesetzlich geregelt ist der Fall, dass der antragstellende und noch sorgeberechtigte Elternteil seinen Wohnsitz im Ausland hat, was nach § 1717 BGB der Beistandschaft nicht unbedingt im Wege steht. Die insoweit vorhandene Gesetzeslücke ist durch eine analoge Anwendung von § 87c Abs 3 S 1 SGB VIII zu schließen, sodass das ursprünglich zuständige Jugendamt die Beistandschaft an das Jugendamt abzugeben hat, in dessen Bereich das Kind seinen gewöhnlichen Aufenthalt hat (DIJuF-Rechtsgutachten JAmt 2010, 127, 128).

Bei Stellung des Antrages bei einem **örtlich unzuständigen Jugendamt**, treten die Wirkungen der Beistandschaft nicht ein (DIJuF-Rechtsgutachten JAmt 2021, 144, 145; Grüneberg/Götz § 1714 Rn 1).

Bei **Aufenthaltswechsel** des antragstellenden Elternteils in den Bereich eines anderen Jugendamts hat nach § 87c Abs 5 S 2 SGB VIII das bisher zuständige Jugendamt bei dem neuen Aufenthalts-Jugendamt die Weiterführung der Beistandschaft beantragen. Gemäß § 87c Abs 5 S 2 HS 2 SGB VIII iVm § 87c Abs 2 S 2 SGB VIII wechselt die Zuständigkeit kraft Gesetzes auf das übernehmende Jugendamt, die Beistandschaft geht jedoch erst mit der Erklärung des anderen Jugendamts über (DIJuF-Rechtsgutachten JAmt 2004, 361, 362; Wiesner/Wapler/Walther § 55 SGB VIII Rn 60). Das erstzuständige Jugendamt muss aber nach §§ 87c Abs 5 S 2, 86c SGB VIII die Beistandschaft so lange weiterführen, bis das das übernehmende Jugendamt tatsächlich tätig wird (vgl LPK-SGB VIII/Kunkel § 87c Rn 38). Dies gilt auch für den Fall, dass die Übernahme verweigert wird (VG Köln 30. 11. 2018 – 26 L 2667/18, JAmt 2019, 583). Auch trifft es die Obliegenheit zur Fertigung eines **„Schlussberichts"** bzgl seiner bisherigen Amtsführung und des gegenwärtigen Sachstands (DIJuF-Rechtsgutachten JAmt 2014, 251). Eine Verpflichtung zum vorläufigen Tätigwerden (Notzuständigkeit) besteht für das Jugendamt am Aufenthaltsort des Kindes mangels Verweisung auf § 86d SGB VIII grundsätzlich nicht (BeckOGK/Uhl [1. 5. 2023] § 1714 Rn 6; in Fällen mit Auslandsaufenthalt der Eltern vgl § 1717 BGB und Knittel DAVorm 1997, 649, 651; MünchKommBGB/vSachsen Gessaphe § 1717 Rn 3). Anders als bei der bestellten Amtsvormund- und Amtspflegschaft erfolgt bei einem Aufenthaltswechsel **keine Beteiligung des Familiengerichts** (vgl § 87c Abs 2 S 3 und 4 SGB VIII und FK-SGB VIII/Eschelbach § 87c Rn 11). Zieht der antragstellende Elternteil, zu dessen Gunsten bereits eine Beistandschaft existiert, um und beantragt bei dem Jugendamt seines neuen Aufenthaltsorts eine Beistandschaft, kann es – auch infolge organisatorischer Unzulänglichkeiten bei den Jugendamtsverwaltungen – zur **Führung zweier Beistandschaften** kommen, die sogar zur Schaffung zweier Vollstreckungstitel führen kann (vgl DIJuF-Rechtsgutachten JAmt 2016, 483 auch zur Frage, welcher Titel dann maßgeblich ist).

Grundsätzlich entspricht die Regelung in § 87c Abs 5 SGB VIII den schon für die Amtspflegschaft angenommenen Wertungen: den Interessen des Kindes wird am besten gedient sein, wenn bei Verlegung des gemeinsamen gewöhnlichen Aufenthalts von Sorgeberechtigtem und Kind das Jugendamt am neuen Aufenthalt die Beistandschaft führt (BayObLG ZfJ 1984, 377, 378); lebt das Kind nicht bei dem Sorgeberechtigten – also in Familien- oder Heimpflege – so dürfte sich mangels Bedürftigkeit des Kindes die Frage von Unterhaltsansprüchen nicht stellen.

Bedenklich ist aber (vgl Gressmann/Beinkinstadt, Das Recht der Beistandschaft [1998] 87), dass § 87c Abs 5 und Abs 2 SGB VIII die Jugendämter zur *Einigung* auffordert und bei Nicht-Übernahme durch das neue Jugendamt nur die verwaltungsgerichtliche oder aufsichtsrechtliche Klärung zwischen den Ämtern bleibt (DIJuF-Gutachten JAmt 2002, 505: Verpflichtungsklage; JAmt 2003, 18; LPK-SGB VIII/Kunkel § 87c Rn 38: Aufsichtsverfahren nach § 2 Abs 1 S 2 SGB X).

33 **b)** Innerhalb des Jugendamts ist die **Ausübung** der Aufgabe der Beistandschaft gemäß § 55 Abs 2 S 1 SGB VIII auf einen **bestimmten Beamten oder Angestellten** zu **übertragen**. Die Übertragung erfolgt – wie beim Amtsvormund und Amtspfleger – im Wege eines **öffentlich-rechtlichen behördeninternen Organisationsakts** und nicht als Verwaltungsakt iSd § 35 VwVfG (DIJuF-Rechtsgutachten JAmt 2020, 146; Wiesner/Wapler/Walther § 55 SGB VIII Rn 78; Heilmann/Köhler §§ 55–58 SGB VIII Rn 7; **aA** noch DIJuF-Rechtsgutachten JAmt 2013, 95; jurisPK-SGB VIII/Fröschle § 55 Rn 22). Eine bestimmte Form ist nicht vorgesehen. Entgegen dem Wortlaut von § 55 Abs 2 S 2 SGB VIII, wonach bei der Übertragung auf den einzelnen Mitarbeiter die Grundsätze für die **Auswahl durch das Familiengericht**, also §§ 1778, 1779 BGB anzuwenden sind, gilt die Vorschrift nur für den Amtsvormund bzw Amtspfleger und nicht für die interne Auswahl bei der Beistandschaft (zutreffend FK-SGB VIII/Hoffmann § 55 Rn 47). Die Übertragung bedarf daher anders als bei der Vormundschaft und Pflegschaft keiner Einzelverfügung und keines internen Auswahlverfahrens, sondern kann auch durch einen Geschäftsverteilungsplan erfolgen (Ivanits, in: Schellhorn/Fischer/Mann/Kern § 55 SGB VIII Rn 18). Anders als beim Amtsvormund oder Amtspfleger (dort § 55 Abs 2 S 2 SGB VIII) erfolgt keine vorherige Anhörung des Antragstellers oder des Kindes. Wie beim Amtsvormund und dem Amtspfleger besteht eine (relative) **Unabhängigkeit** des bestellten Mitarbeiters bei der Führung des Amts (DIJuF-Rechtsgutachten JAmt 2004, 233; DAVorm 2000, 390; Wiesner/Wapler/Walther § 55 SGB VIII Rn 84). In dem der Übertragung umschriebenen Rahmen ist der betreffende Beamte oder Angestellte nach § 55 Abs 4 S 2 SGB VIII **gesetzlicher Vertreter** des Kindes oder Jugendlichen. **Träger** der Beistandschaft bleibt aber das Jugendamt (Wiesner/Wapler/Walther § 55 SGB VIII Rn 77). Eine gesetzliche **Begrenzung auf eine bestimmte Fallzahl**, wie beim Amtsvormund und Amtspfleger (§ 55 Abs 3 SGB VIII), ist für den Beistand nicht vorgesehen. Bei der Übertragung der Aufgabe auf bestimmte Mitarbeiter ist auch darauf zu achten, dass **Interessenskollisionen** vermieden werden, wie sie etwa dann bestehen, wenn ein Elternteil bzgl eines Kindes auf der Antragstellerseite steht und bzgl eines anderen Kindes Unterhaltsschuldner ist (DIJuF-Rechtsgutachten JAmt 2014, 78 unter Hinweis auf den Rechtsgedanken von §§ 43, 43a Abs 6 BRAO, 3 BORA); zur **Anzeigepflicht des Standesbeamten** Vorbem 20 zu §§ 1712–1717; zur **Beratungspflicht** nach § 52a SGB VIII Vorbem 20 ff zu §§ 1712–1717.

Eine **Mandatierung von Rechtsanwälten** durch das Jugendamt ist zwar im Rahmen schwieriger rechtlicher Fragen, insbesondere zu führender Gerichtsverfahren, grundsätzlich zulässig, sollte aber nicht unter dem Aspekt der Kostenentlastung der kommunalen Träger ausgebaut werden (dazu DIJuF-Rechtsgutachten JAmt 2005, 287). Zur Haftung des Jugendamts vgl § 1716 Rn 14.

3. Vereinsbeistandschaft

34 Gemäß **Art 144 EGBGB** idF des BeistG kann landesgesetzlich bestimmt werden, dass das Jugendamt die Beistandschaft mit Zustimmung des Elternteils auf einen

rechtsfähigen Verein übertragen kann. Eine besondere Erlaubnis nach § 54 Abs 1 S 1 SGB VIII muss nicht erteilt werden (BeckOK-BGB/Pöcker [1. 8. 2022] § 1712 Rn 16.1) Damit wurde dem Anliegen einzelner Bundesländer Rechnung getragen, die Führung von Beistandschaften auf freie Träger übertragen zu können (BT-Drucks 13/8509, 17; näher BeckOK-BGB/Pöcker [1. 5. 2022] § 1712 Rn 16 f). Hiervon haben bislang die Länder Bayern (Art 61 BayAGSG), Berlin (§ 54 Abs 3 AGKJHG) sowie Sachsen und Sachsen-Anhalt Gebrauch gemacht (vgl LPK-SGB VIII/Kunkel/Leonhardt/Sievertsen Exkurs vor § 52a -58a Rn 91). Sofern in der landesrechtlichen Regelung nicht vorgesehen, führte diese Übertragung nach der bis zum 31. 12. 2022 geltenden Rechtslage nicht zu einem Vergütungs- oder Aufwendungsersatzanspruch; insbesondere bestand kein Anspruch gegen den Justizfiskus; § 277 Abs 4 FamFG aF war nicht anwendbar (OLG München JAmt 2010, 501). Anders als bei der Vereinsvormundschaft und Vereinspflegschaft (§ 1791a aF ließ sich ein Vergütungs- und Aufwendungsersatzanspruch gegenüber der Staatskasse (anerkannt vormals bei der Vormundschaft und Pflegschaft durch BGH 25. 5. 2011 – XII ZB 625/10, FamRZ 2011, 1394 Rn 22 ff und 13. 3. 2013 – XII ZB 398/12, JAmt 2013, 291 Rn 10; vgl Heilmann/Dürbeck § 1791a Rn 14) auch nicht dadurch bewirken, dass ein einzelner Mitarbeiter des Vereins zum Beistand bestellt wurde, da die Übertragung der Beistandschaft auf eine Einzelperson gesetzlich nicht vorgesehen ist. Nach der zum 1. 1. 2023 geltenden Rechtslage ist aber nunmehr in § 5 Abs 1 VBVG ein Vergütungs- und Aufwendungsersatzanspruch des Vereins auch für die Führung von Beistandschaften gesetzlich vorgesehen.

Anders als bei der Delegation nach § 76 SGB VIII geht nicht nur die Ausübung der Aufgabe, sondern die Aufgabe selbst auf den Verein über. Streitig ist im Übrigen, ob der Übertragungsakt eine Beleihung darstellt, was die wohl hM zutreffend verneint (Wiesner/Wapler/Walther § 55 SGB VIII Rn 48 mwNw auch zur Gegenmeinung).

§ 1713
Antragsberechtigte

(1) Den Antrag kann ein Elternteil stellen, dem für den Aufgabenkreis der beantragten Beistandschaft die alleinige elterliche Sorge zusteht oder zustünde, wenn das Kind bereits geboren wäre. Steht die elterliche Sorge für das Kind den Eltern gemeinsam zu, kann der Antrag von dem Elternteil gestellt werden, in dessen Obhut sich das Kind befindet. Der Antrag kann auch von einem ehrenamtlichen Vormund, sowie von einer Pflegeperson, der nach § 1630 Absatz 3 Angelegenheiten der elterlichen Sorge übertragen wurden, gestellt werden. Er kann nicht durch einen Vertreter gestellt werden.

(2) Vor der Geburt des Kindes kann die werdende Mutter den Antrag auch dann stellen, wenn das Kind, sofern es bereits geboren wäre, unter Vormundschaft stünde. Ist die werdende Mutter in der Geschäftsfähigkeit beschränkt, so kann sie den Antrag nur selbst stellen; sie bedarf hierzu nicht der Zustimmung ihres gesetzlichen Vertreters. Für eine geschäftsunfähige werdende Mutter kann nur ihr gesetzlicher Vertreter den Antrag stellen.

Materialien: neuer Inhalt idF des BeistG Regierungsentwurf BT-Drucks 12/7011, BT-Drucks 13/892; Stellungnahme des Bundesrates BR-Drucks 890/93, BR-Drucks 7/95 = BT-Drucks 13/892, 49 ff; Bericht des Rechtsausschusses BT-Drucks 13/8509; Abs 1 S 2 idF des KindRVerbG Bundesratsentwurf BT-Drucks 14/2096; Bericht des Rechtsausschusses BT-Drucks 14/8131; Regierungsentwurf BT-Drucks 19/24445.

Schrifttum

Vgl Schrifttum zu Vorbem §§ 1712–1717.

Systematische Übersicht

Alphabetische Übersicht

I. Normzweck, Gesetzgebungsgeschichte

1. Antragsbefugnis

Die Bestimmung regelt die **Antragsbefugnis** für den nach § 1712 BGB zum Eintritt der Beistandschaft erforderlichen Antrag, der nach § 1714 BGB unmittelbar mit Zugang kraft Gesetzes die Beistandschaft entstehen lässt. Gerade durch diese Regelung kommt das Ziel der am 1. 1. 1998 in Kraft getretenen Gesetzesreform zum Ausdruck, 1 die Beistandschaft nicht vom familienrechtlichen Status oder dem Geschlecht des betreuenden Elternteils abhängig zu machen, sondern lediglich von dem Bestehen einer *alleinigen* elterlichen **Sorge** bzw einer alleinigen **Obhut**.

Der durch § 1713 BGB jeweils bestimmte Antragsberechtigte hat nicht nur die Befugnis zur Stellung des Antrags nach § 1712 Abs 1 BGB, sondern auch das Recht **zur Beschränkung** der Beistandschaft nach § 1712 Abs 2 BGB (vgl dazu § 1712 Rn 9 ff).

Gelöst wird auch das Problem der *pränatalen Vaterschaftsfeststellung* (vgl Vorbem 9 zu §§ 1712–1717). Einerseits schafft § 1713 Abs 1 S 1 BGB die grundsätzliche Möglichkeit einer Beistandschaft vor Geburt, wodurch eine frühzeitige Vaterschaftsfeststellung und Unterhaltssicherung ermöglicht wird (BT-Drucks 13/892, 37). Andererseits füllt § 1713 Abs 2 BGB die Schutzlücke, die vor der Geburt des Kindes einer in der Geschäftsfähigkeit beschränkten Mutter im Vergleich mit Kindern geschäftsfähiger Mütter entstünde, weil die Amtsvormundschaft (§ 1786 BGB) erst mit der Geburt kraft Gesetzes eintritt. Hierzu erhält die in der Geschäftsfähigkeit beschränkte Mutter ein Antragsrecht.

2. Entwicklung der ursprünglichen Fassung

2 Die Regelung geht mit Ausnahme von § 1713 Abs 1 S 2 und 3 BGB zurück auf den Regierungsentwurf (BT-Drucks 13/892, 37). § 1713 **Abs 1 S 3 BGB** in der bis zum 31. 12. 2022 geltenden Fassung wurde auf Vorschlag des Bundesrats (BT-Drucks 13/892) durch den Rechtsausschuss (BT-Drucks 13/8509) angefügt. Im Regierungsentwurf war ein Antragsrecht des **Vormunds** oder Pflegers nicht vorgesehen, da bei einer bestellten Vormundschaft oder Pflegschaft der Vormund oder Pfleger so auszuwählen sei, dass er das Kind selbst vertreten kann und bei der gesetzlichen Amtsvormundschaft (§ 1786 BGB) ohnehin das Jugendamt Vormund sei (BT-Drucks 13/892, 37). Der Bundesrat wies darauf hin, dass einem nach § 1776 idF bis zum 31. 12. 2022 berufenen Vormund auf dieser Prämisse ggf die Vormundschaft nicht übertragen werden könne, obgleich das Gesetz die Übergehung des Vorgeschlagenen nur aus den in § 1778 Abs 1 idF bis zum 31. 12. 2022 genannten Gründen erlaube. Die Einbeziehung dieses Personenkreises in die Antragsbefugnis trug daher dem Umstand Rechnung, dass der von den Eltern letztwillig bezeichnete Vormund wie jeder Elternteil einer staatlichen Hilfe bei den in § 1712 BGB genannten Aufgaben bedürfen kann.

3. Fassung durch das KindRVerbG

2a Die erst im Rechtsausschuss (BT-Drucks 14/8131) in das KindRVerbG eingefügte Erweiterung der Antragsbefugnis in § 1713 Abs 1 S 2 BGB der heutigen Fassung trägt dem Umstand Rechnung, dass sich in der Praxis entgegen der Erwartung im Gesetzgebungsverfahren zum BeistG ein Bedürfnis nach einer Beistandschaft mit dem Aufgabenkreis der Geltendmachung von Unterhaltsansprüchen auch bei **gemeinsamer elterlicher Sorge** ergab. Die Hoffnung, gemeinsame Sorge werde Unterhaltsstreitigkeiten weitgehend ausschließen, hat sich eindeutig nicht bestätigt (Roth JZ 2002, 651, 654; NK-BGB/Zempel § 1713 Rn 3). Die überwiegende Praxis der Jugendämter hatte sich – angesichts der klaren Gesetzesfassung zu Recht (vgl Staudinger/Rauscher [2006] § 1713 Rn 6 sowie unten Rn 5) – einer analogen Anwendung auf solche Fälle verschlossen, bedauerte aber, dass nur Beratung, nicht aber eine Beistandschaft möglich war (Knit-

TEL JAmt 2002, 50, 54; ders FF 2003, 14, 18; PESCHEL-GUTZEIT FPR 2002, 285, 288). Die strittige Frage, ob dem nach § 1629 Abs 2 S 2 BGB zur Geltendmachung der Unterhaltsansprüche gegen den anderen Elternteil befugten Elternteil, in dessen Obhut sich das Kind befindet, insoweit iSd § 1713 Abs 1 S 1 BGB die elterliche Sorge allein zustehe, hat sich damit erledigt. § 1713 Abs 1 S 2 BGB lehnt sich – auch begrifflich (BT-Drucks 14/8131, 10) – bewusst an die Situation des § 1629 Abs 2 S 2 BGB, insbesondere den dort verwendeten Begriff der **Obhut**, an. Zugleich sollte vermieden werden, dass der betreuende Elternteil nur wegen der bestehenden Unterhaltsprobleme die Übertragung der Alleinsorge betreibt, um sich die Antragsbefugnis zur Beistandschaft zu eröffnen (BT-Drucks 13/8131, 10; vgl dazu AG Tempelhof-Kreuzberg FamRZ 2002, 1280). Trotz früher geäußerter Bedenken (STAUDINGER/RAUSCHER [2006] § 1713 Rn 7; ebenso vSACHSEN GESSAPHE NJW 2002, 1853, 1855) ist dieser Motivation zuzugeben, dass das gemeinsame Sorgerecht – auch nach dem neuen Leitbild des Gesetzgebers anlässlich der von ihm zum 19. 5. 2013 neu geschaffenen Regelung von § 1626a Abs 2 BGB zur Begründung des gemeinsamen elterlichen Sorgerechts (BT-Drucks 17/11048, 12) – nicht unbedingt aufgegeben werden muss, wenn die Eltern unterschiedliche Vorstellungen über das Maß des geschuldeten Kindesunterhalts haben, zumal die Angemessenheit von Beiträgen zum Familienunterhalt selbst bei noch intakten Familien nicht seltenes Streitthema sein dürfte.

4. Fassung durch die Reform des Vormundschaftsrechts

Durch das Gesetz zur Reform des Vormundschafts- und Betreuungsrechts (BGBl 2021 I 882), das zum 1. 1. 2023 in Kraft getreten ist, wurde § 1713 Abs 1 S 3 BGB dahin geändert, dass nunmehr alle ehrenamtlich tätigen Vormünder und zudem Pflegepersonen, denen nach § 1630 Abs 3 BGB Angelegenheiten der elterlichen Sorge übertragen worden sind, den Antrag auf Begründung einer Beistandschaft stellen können. Nach Ansicht des Gesetzgebers könne auch hier ein entsprechendes Bedürfnis für eine Beistandschaft bestehen (BT-Drucks 19/24445, 188). **2b**

II. Antragsrecht geschäftsfähiger Personen

1. Allein sorgeberechtigter Elternteil (Abs 1 S 1 Alt 1)

a) Bestehen der Alleinsorge – Fallsituationen

Antragsberechtigt ist nach § 1713 Abs 1 S 1 Alt 1 BGB der Elternteil, dem **für den Aufgabenkreis** der beantragten Beistandschaft die **alleinige elterliche Sorge** zusteht. Ein Elternteil, der für den betroffenen Aufgabenkreis *nicht sorgeberechtigt* ist, kann den Antrag nicht stellen (FamRefK/SONNENFELD § 1713 Rn 4). **3**

Dass nach § 1713 Abs 1 S 2 BGB idF des KindRVerbG für Kinder, die unter *gemeinsamer elterlicher Sorge* stehen, ebenfalls eine Beistandschaft beantragt werden kann, macht die Variante der Alleinsorge in § 1713 Abs 1 S 2 BGB nicht obsolet. Bei Alleinsorge kommt es, anders als in Abs 1 S 2, auf die *Obhutsverhältnisse* nicht an; antragsberechtigt ist in diesem Fall (nur) der allein Sorgeberechtigte (MünchKommBGB/vSACHSEN GESSAPHE § 1713 Rn 4; DIJuF-Gutachten JAmt 2004, 25). Unter Alleinsorge wird sich freilich das Kind in aller Regel auch in der Obhut des allein Sorgeberechtigten befinden. Ist es fremduntergebracht, zB in Pflege oder Heimbetreuung (§§ 33, 34 SGB VIII), ist sein Unterhaltsbedarf im Regelfall gedeckt, und leistungsfähige Unterhaltspflichtige sind im Rahmen von § 92 SGB VIII zur Kostenbeteiligung heranzuziehen (vgl FK-SGB VIII/Schönecker/Meysen § 10 Rn 32 ff).

Am häufigsten dürften Fälle sein, in denen die **elterliche Sorge insgesamt** einem Elternteil allein zusteht; genügend ist jedoch die alleinige elterliche Sorge in dem Bereich, der den jeweils mit dem Antrag intendierten Aufgabenkreis des Jugendamts als Beistand abdeckt. Insbesondere kann der alleinige Inhaber der **Personensorge** für sämtliche Aufgabenkreise des § 1712 BGB den Antrag nur stellen, sofern ihm auch die **gesetzliche Vertretung** (§ 1629 BGB) insoweit zusteht. Das Bestehen der Personensorge ohne Einschluss der gesetzlichen Vertretung (§ 1673 Abs 2 S 2 BGB) genügt nach dem Zweck der Regelung nicht, weil die Beistandschaft auf die gesetzliche Vertretung des Kindes abzielt (§ 1716 S 2 BGB). Eine Regelung des **Aufenthaltsbestimmungsrechts** begründet für Zwecke des § 1713 Abs 1 S 1 BGB nicht die Alleinsorge (OLG Nürnberg 24. 8. 2018 – 7 UF 872/18, juris Rn 22 ff zu § 1629 Abs 2 S 2 BGB), kann aber Grundlage der alleinigen Obhut iSd § 1713 Abs 1 S 2 BGB sein. Die Frage, ob § 1629 Abs 2 S 2 BGB Alleinsorge iSd § 1713 Abs 1 BGB begründet, hat sich durch § 1713 Abs 1 S 2 BGB erledigt (unten Rn 5).

Dem Antrag steht es nicht entgegen, wenn für **zwei gemeinsame Kinder** die elterliche Sorge für das eine Kind dem Vater und für das andere der Mutter zusteht („aufgeteilte Kinder") und der andere Elternteil bereits die Beistandschaft für „sein" Kind beantragt hat; insbesondere besteht keine Ablehnungsbefugnis des Jugendamts aus dem Gesichtspunkt der Interessenkollision. Die Beistandschaften sind jedoch durch verschiedene Mitarbeiter zu führen (DIJuF-Rechtsgutachten JAmt 2004, 301).

Die Antragsberechtigung besteht in **Fallgestaltungen**, in denen eine *gemeinsame elterliche Sorge jemals bestanden* hat, nach einer Entscheidung gemäß § 1671 Abs 1 BGB, nach dem Tod eines Elternteils (§ 1680 Abs 1 BGB), der Sorgerechtsentziehung gegenüber einem Elternteil (§ 1680 Abs 3 und 1 BGB) oder nach einer Entscheidung gemäß § 1680 Abs 2 S 1 BGB (Übertragung nach Tod des gemäß § 1671 BGB allein Sorgeberechtigten). Auch bei *alleiniger Ausübung* im Fall des Ruhens (§ 1674 BGB) oder tatsächlicher Verhinderung der elterlichen Sorge des anderen Elternteils (§ 1678 Abs 1 HS 1 BGB) besteht das Antragsrecht (BeckOGK/Uhl [1. 5. 2023] § 1713 Rn 8); die Schutzbedürftigkeit ist in gleicher Weise zu bejahen und auch der Wortsinn des Abs 1 („zusteht") steht einer Anwendung auf die alleinige *Ausübung* nicht entgegen.

Antragsberechtigt ist auch der Elternteil, dem die elterliche Sorge zusammen mit dem anderen, **minderjährigen Elternteil** zusteht, weil dieser zwar zur Personensorge berechtigt ist, jedoch unter Ausschluss der gesetzlichen Vertretung (§ 1673 Abs 2 S 2 BGB), sodass dem volljährigen Elternteil insoweit die *zur Vertretung berechtigende* elterliche Sorge ausschließlich zusteht (BeckOK-BGB/Pöcker [1. 8. 2023] § 1713 Rn 2.2). Eine praktisch nicht unbedeutende Fallgestaltung liegt etwa bei der Geltendmachung von Unterhaltsansprüchen des Kindes gegen seine *Großeltern* vor, wenn sich beide Elternteile noch in Ausbildung befinden.

Bestand **nie eine gemeinsame Sorge**, so ist die *Mutter* antragsberechtigt, wenn ihr die elterliche Sorge nach § 1626a Abs 3 BGB allein zusteht oder sie ihr nach Bestehen einer gemeinsamen Sorge oder alleiniger Sorge des Vaters gemäß §§ 1671 Abs 1, 2 oder 3, § 1678 Abs 2, § 1680 Abs 2, § 1680 Abs 3 iVm Abs 2, 1696 Abs 1 BGB übertragen wurde. Der *Vater* ist antragsberechtigt, wenn ihm die elterliche Sorge nach §§ 1671 Abs 2 oder 3, § 1678 Abs 2, § 1680 Abs 2 oder § 1680 Abs 3 iVm Abs 2 BGB übertragen wurde.

Soweit es die Geltendmachung des **Kindesunterhalts** betrifft, kommt es in Bezug auf die Inhaberschaft des Sorgerechts nicht auf die Zuweisung der **Vermögenssorge** an. Das *OLG Celle* (OLG Celle 18. 11. 2019 – 21 UF 153/19, juris Rn 29, FamRZ 2020, 424) hat zwar in einer Entscheidung zur Frage der Beendigung einer Beistandschaft nach § 1715 Abs 2 BGB wegen Wegfalls des gemeinsamen Sorgerechts während eines laufenden vereinfachten Unterhaltsverfahrens die Ansicht vertreten, dass die Geltendmachung von Kindesunterhalt und die Vertretung des Kindes in dieser Angelegenheit der Vermögenssorge zuzuordnen seien. Dieser Ansatz ist jedoch nicht zutreffend. Nach ganz hM (BGH 3. 6. 1953 – IV ZB 39/53, NJW 1953, 1546; BeckOK-BGB/Veit [1. 1. 2023] § 1626 Rn 61.1; MünchKommBGB/Huber § 1626 Rn 35) sind diese Entscheidungs- und Vertretungsbefugnisse vielmehr Fragen der **Personensorge**, da der Kindesunterhalt nicht der Vermögensbildung, sondern der Befriedigung des persönlichen Bedarfs des Kindes dient. 3a

b) Nachweis der Alleinsorge

Fraglich ist, welche **Nachweise der alleinigen Sorgeberechtigung** des Antragstellers zu fordern sind. Probleme ergeben sich vor allem deshalb, weil das alleinige Sorgerecht der nicht verheirateten Mutter (§ 1626a Abs 3 BGB) durch *gemeinsame Sorgeerklärungen* (§ 1626a Abs 1 Nr 1 BGB) oder eine Entscheidung nach § 1626a Abs 2 BGB endet; Voraussetzung einer alleinigen Sorge ist also eine negative Tatsache (Wolf KindPrax 1998, 40; dies DAVorm 1998, 53, 55). Für die beiden zuerst genannten Fälle kann jedoch auf das bei dem Jugendamt des Geburtsorts des Kindes zu führenden **Sorgerechtsregisters** nach § 58 SGB VIII nF zurückgegriffen werden. § 58a SGB VIII aF wurde durch das Gesetz zur Reform der elterlichen Sorge nicht miteinander verheirateter Eltern v 16. 4. 2013 (BGBl 2013 I 795; vgl dazu Dürbeck ZKJ 2013, 330) und durch das Gesetz zur Reform des Vormundschafts- und Betreuungsrechts v 4. 5. 2021 (BGBl 2021 I 882) neu in § 58 SGB VIII nF geregelt. Nach § 58 Abs 1 Nr 2 SGB VIII sind im Sorgerechtsregister neben in Nr 1 genannten Sorgeerklärungen nach § 1626a Abs 1 Nr 1 BGB nunmehr auch gerichtliche Entscheidungen, aufgrund derer die elterliche Sorge den Eltern ganz oder zum Teil gemeinsam übertragen worden sind, in das Sorgerechtsregister aufzunehmen. Die Mitteilungspflichten des Familiengerichts nach § 155a Abs 3 S FamFG und des im Verfahren angehörten oder beteiligten Jugendamts nach § 50 Abs 3 SGB VIII gegenüber dem das Sorgerechtsregister führenden Jugendamt (§§ 58 Abs 1 S 1, 87c Abs 6 S 2 SGB VIII) stellen die Erfassung entsprechender Veränderungen des Sorgerechtsstatus sicher. Nunmehr vom Sorgerechtsregister erfasst werden nach § 58 Abs 1 Nr 3 SGB VIII auch Entscheidungen, durch die die elterliche Sorge aufgrund einer rechtskräftigen gerichtlichen Entscheidung ganz oder zum Teil der Mutter entzogen oder auf den Vater allein übertragen worden ist (vgl Wiesner/Wapler/Walther § 58a SGB VIII Rn 5). Jedenfalls in Bezug auf das Vorhandensein von Sorgerechtserklärungen und des Fehlens von Entscheidungen nach §§ 1626a Abs 2 BGB kann nach § 58a Abs 2 SGB VIII eine Negativ-Bescheinigung in Form einer schriftlichen Auskunft verlangt werden, die, soweit das mit der Beistandschaft betraute Jugendamt nicht selbst auf die entsprechenden Daten bei dem das Sorgerechtsregister führenden Jugendamt am Geburtsort des Kindes ggf vom Antragsteller zugreifen kann, vorzulegen ist. Da aber ein über § 58 Abs 2 SGB VIII hinausgehender 4

Nachweis des alleinigen Sorgerechts im Rechtsverkehr nicht existiert, genügt das Jugendamt in diesem Fall seinen Sorgfalts- und Ermittlungspflichten, wenn es den Antragsteller über mögliche anderweitige sorgerechtsbeschränkende Entscheidungen befragt und erkennbaren Hinweisen von außen nachgeht. Mehr ist nicht zu veranlassen, da Sorgerechtsbeschränkungen nicht die Regel sind. Im Übrigen kann davon ausgegangen werden, dass der auf Unterhalt in Anspruch genommene Vater dem Jugendamt bereitwillig Auskunft über Umstände geben wird, die der Vertretungsbefugnis des Jugendamts entgegenstehen. Schließlich ist selbst dann, wenn der antragstellende Elternteil das Bestehen gemeinsamer Sorge verschweigen würde, die Beistandschaft im Regelfall infolge alleiniger Obhut nach § 1713 Abs 1 S 2 BGB zulässig.

2. Antragsberechtigung bei gemeinsamer elterlicher Sorge (Abs 1 S 2)

a) Situation des § 1629 Abs 2 S 2

5 § 1713 Abs 1 S 2 BGB idF des KindRVerbG (oben Rn 2a) begründet ein Antragsrecht auch bei gemeinsamer elterlicher Sorge zugunsten des Elternteils, in dessen **Obhut** sich das Kind befindet. Im Gegensatz zu § 1713 Abs 1 S 1 BGB beruht das Antragsrecht also nicht auf der bestehenden Sorgerechtslage. Entscheidendes Tatbestandsmerkmal ist die (alleinige) Obhut (dazu unten Rn 7 f). Besteht ein Unterhaltsstreit, muss jedenfalls nicht mehr zur Erreichung einer Beistandschaft die Alleinsorge beantragt werden; wird ein Sorgerechtsantrag (nur) hiermit begründet, so fehlt das Rechtsschutzbedürfnis (AG Tempelhof-Kreuzberg FamRZ 2002, 1280, 1281).

Die Regelung ist unmittelbar zugeschnitten auf die Situation gemeinsamer Sorge **ohne Bestehen einer Ehe** (§ 1629 Abs 2 S 2 BGB), also die Fälle gemeinsam sorgeberechtigter geschiedener oder nie miteinander verheiratet gewesener Eltern. Sie betrifft auch den für alleinige Obhut eines Elternteils atypischen Fall **zusammenlebender verheirateter Eltern ohne Anhängigkeit einer Ehesache** (AG Regensburg JAmt 2003, 366, 367). Insoweit hat sich damit der Streit erledigt, ob § 1713 Abs 1 S 1 BGB mit Rücksicht auf eine aus § 1629 Abs 2 S 2 BGB folgende Alleinvertretung entsprechend anzuwenden sei (dazu Staudinger/Rauscher [2006] § 1713 Rn 6 sowie unten Rn 6b). Während für eine Analogie insbesondere das in der Praxis erkannte, dem Fall der Alleinsorge entsprechende Bedürfnis sprach (vgl oben Rn 2a; OLG Stuttgart JAmt 2001, 548; AG Frankfurt aM JAmt 2001, 548, 549; AG Hamm DAVorm 1999, 158, 159; FamRefK/Sonnenfeld § 1713 Rn 4; Kaufmann/Seelbach KindPrax 1998, 178, 179), war gegen eine Analogie der klare Wortlaut, der Wille des Gesetzgebers des BeistG (VG Berlin ZfJ 2001, 163; DIJuF-Rechtsgutachten JAmt 2001, 276; MünchKommBGB/vSachsen Gessaphe § 1713 Rn 9) und damit die Gefahr eines Handelns des Jugendamts ohne letztlich gesicherte Vertretungsmacht (DIJuF-Rechtsgutachten JAmt 2001, 286, 287) anzuführen. Insoweit besteht nun eine gesicherte Rechtsgrundlage: Bei gemeinsamer elterlicher Sorge in diesen Fällen steht das Antragsrecht dem Elternteil zu, in dessen Obhut (unten Rn 7) sich das Kind befindet Zur Ausdehnung des Anwendungsbereichs der Norm durch die inzwischen vom BGH befürwortete Anwendung auf die Fälle der Verfahrensstandschaft nach § 1629 Abs 3 BGB vgl unten Rn 6.

b) Situation und Anwendung von § 1629 Abs 3

6 **aa)** Die Situation gerichtlicher Geltendmachung bei gemeinsamer elterlicher Sorge im Fall des **Getrenntlebens miteinander verheirateter Eltern** oder bei **anhängiger Ehesa-**

che (§ 1629 Abs 3 BGB) war hingegen gerade wegen der ausdrücklich an § 1629 Abs 2 S 2 BGB orientierten Neuregelung weniger klar als zuvor. Nach § 1629 Abs 3 BGB kann ein Elternteil Unterhaltsansprüche des Kindes gegen den anderen Elternteil nur **in eigenem Namen** im Wege einer **Verfahrensstandschaft** geltend machen, wenn die Eltern miteinander verheiratet sind oder in einer Lebenspartnerschaft leben, solange die Eltern getrennt leben (Nr 1) oder eine Ehesache oder Lebenspartnerschaftssache iSd § 269 Abs 1 Nr 1 FamFG zwischen ihnen anhängig ist (vgl dazu Vogel FPR 2013, 517; Zimmermann FuR 2011, 376; 2011, 440). Die Frage, ob § 1713 Abs 1 S 2 BGB auch in diesen Fällen anzuwenden ist, gehörte zu den umstrittensten Problemen der Beistandschaft.

Die Vertreter einer analogen Anwendung des Abs 1 S 1 wollten schon nach Inkrafttreten der Vorschrift vor dem Hintergrund der vergleichbaren Interessenlage überwiegend beide Fälle in gleicher Weise behandelt sehen (OLG Stuttgart JAmt 2001, 548; FamRefK/Sonnenfeld § 1713 Rn 4; Kaufmann/Seelbach KindPrax 1998, 178, 179).

Auch nach Inkrafttreten von Abs 1 S 2 blieb die Anwendung der Beistandschaft auf die Situation **des § 1629 Abs 3 BGB** strittig.

In der Rechtsprechung und in der Literatur wurde teilweise eine **Verdrängung von § 1713 Abs 1 S 2 BGB durch § 1629 Abs 3 BGB** angenommen (OLG Hamm 24. 3. 2014 – 12 WF 11/14, juris Rn 9 ff, FamRZ 2015, 422; OLG Oldenburg 2. 4. 2014 – 11 UF 34/14, juris Rn 10 ff, JAmt 2014; OLG Celle 8. 5. 2012 – 10 UF 65/12, juris Rn 4, NJW-RR 2012, 1409; OLG Celle 10. 4. 2012 – 10 UF 65/12, juris Rn 12 ff, FamRZ 2013, 53; AG Regensburg JAmt 2003, 364, 366; Prütting/Helms/Bömelburg [3. Aufl 2014] § 234 FamFG Rn 5; Zöller/Lorenz § 234 FamFG Rn 5; Staudinger/Rauscher [2014] § 1713 Rn 6a ff).

Im Schrifttum und anderen Teilen der Rechtsprechung herrschend wurde hingegen die Ansicht vertreten, § 1713 Abs 1 S 2 BGB sei auch auf Fälle des § 1629 Abs 3 BGB anzuwenden (OLG Schleswig 11. 7. 2014 – 10 UF 87/14, juris Rn 28 ff, FamRZ 2014, 1712; OLG Stuttgart JAmt 2007, 40; DIJuF-Rechtsgutachten JAmt 2002, 243; Grüneberg/Götz § 1713 Rn 3; BeckOK-BGB/Veit [1. 5. 2018] § 1629 Rn 51; MünchKommBGB/vSachsen Gessaphe [6. Aufl 2013] § 1713 Rn 8; Wiesner/Walther [5. Aufl 2015] § 55 SGB VIII Rn 23; NK-BGB/Zempel [3. Aufl 2014] § 1713 Rn 6; Gernhuber/Coester-Waltjen [6. Aufl 2010] § 60 Rn 27; Mix JAmt 2013, 122, 123 f; Meysen JAmt 2008, 120, 121 f; Knittel JAmt 2007, 40 ff; Zimmermann FuR 2011, 440, 443 f).

In der Praxis der Jugendämter wurde entsprechend der unterschiedlichen Rechtsprechung der Oberlandesgerichte nicht einheitlich verfahren (vgl DIJuF-Rechtsgutachten JAmt 2015, 369, 370).

bb) Anders als unter der vormaligen Fassung war die Entscheidung zwischen beiden Ansichten nicht mehr eindeutig durch den **gesetzgeberischen Willen** vorgezeichnet. Der Gesetzgeber des KindRVerbG hat dezidiert das Bedürfnis für eine Beistandschaft bei gemeinsamer Sorge anerkannt. Ein solches Fürsorgebedürfnis scheint auch bei Getrenntleben verheirateter Eltern zu bestehen. **6a**

cc) Im Übrigen wurde von den Vertretern eines Vorrangs von § 1629 Abs 3 BGB gegenüber § 1713 Abs 1 S 2 BGB vorgebracht, dass der mit § 1629 Abs 3 BGB ver- **6b**

folgte Zweck, das Kind während der Trennungszeit und bei Anhängigkeit einer Ehesache aus dem Streit der Eltern herauszuhalten (BT-Drucks 13/4899, 96) und **keine weitere Verfahrensfront** zu eröffnen (OLG Celle 8. 5. 2012 – 10 UF 65/12, juris Rn 4, NJW-RR 2012, 1409; OLG Celle 10. 4. 2012 – 10 UF 65/12, juris Rn 12 ff, FamRZ 2013, 53; AG Regensburg JAmt 2003, 366; Staudinger/Rauscher [2014] § 1713 Rn 6c), verfehlt werden würde. Dieses Ziel würde beschädigt, wenn das Jugendamt als Beistand *namens des Kindes* den Unterhaltsanspruch geltend machen sollte und im Vorfeld mit der Beantragung der Beistandschaft gedroht werden könnte. Das im Ehescheidungsverfahren immer auch zu beachtende Ziel der Wahrung von Versöhnungschancen werde nicht gefördert, wenn die Drohung mit dem Jugendamt als Waffe im Unterhaltsstreit zur Verfügung gestellt werde. Zudem sei bei Anhängigkeit einer Ehesache das Fürsorgebedürfnis geringer, weil der Unterhaltsanspruch unschwer in diesem Verfahren geltend gemacht werden könne (so OLG Hamm 24. 3. 2014 – 12 WF 11/14, juris Rn 17, FamRZ 2015, 422; Staudinger/Rauscher [2014] § 1713 Rn 6b). Weiterhin sei zu berücksichtigen, dass im Falle einer Kündigung der Beistandschaft durch den betreuenden Elternteil während des laufenden Unterhaltsverfahrens das Kind entgegen § 1629 Abs 3 BGB Verfahrensbeteiligter bleibe (OLG Celle 10. 4. 2012 – 10 UF 65/12, juris Rn 12 ff, FamRZ 2013, 53). Schließlich wurde eingewandt, dass, falls der Gesetzgeber die Beistandschaft nach § 1713 Abs 1 S 2 BGB auch auf den Fall des § 1629 Abs 3 BGB hätte anwenden wollen, auch § 1629 Abs 3 BGB entsprechend geändert hätte werden müssen (AG Regensburg JAmt 2003, 366). Da dies nicht geschehen sei, sei davon auszugehen, dass der Gesetzgeber unter den Voraussetzungen des § 1629 Abs 3 BGB die gesetzliche Verfahrensstandschaft beibehalten wollte. § 1713 Abs 1 S 2 BGB sei daher bei gemeinsamer elterlicher Sorge nur auf die Fälle anzuwenden, in denen die Eltern nicht miteinander verheiratet und nicht getrennt leben oder rechtskräftig geschieden sind.

Die Befürworter einer Anwendung von § 1713 Abs 1 S 2 BGB auf miteinander verheiratete Eltern für die Zeit vor Rechtskraft der Ehescheidung waren dagegen der Auffassung, dass es gerade Intention des Gesetzgebers bei Schaffung von § 1713 Abs 1 S 2 BGB gewesen sei, bereits nach der Trennung auch von miteinander verheirateten Eltern die Möglichkeit der Beistandschaft zu schaffen und eine Benachteiligung von verheirateten Eltern und deren Kind auszuschließen (OLG Schleswig 11. 7. 2014 – 10 UF 87/14, juris Rn 28 ff, FamRZ 2014, 1712; Erman/Roth § 1713 Rn 2a; Knittel JAmt 2007, 40). Die ursprünglichen Vertreter einer Analogie zu § 1713 Abs 1 S 1 BGB wiesen darauf hin, dass § 1629 Abs 2 S 2 und Abs 3 BGB dem betreuenden Elternteil eine **faktische Alleinvertretungsbefugnis** für die Geltendmachung des Unterhalts zuweise (dazu Staudinger/Rauscher [2006] § 1713 Rn 6; OLG Stuttgart JAmt 2001, 548; AG Hamm DAVorm 1999, 157; FamRefK/Sonnenfeld § 1713 Rn 4; Kaufmann/Seelbach KindPrax 1998, 178, 179; ebenso schon zu § 1685 aF: KG DAVorm 1998, 242; OLG Stuttgart FamRZ 1995, 1168; LG Berlin DAVorm 1979, 298; LG Berlin FamRZ 1991, 103; LG Oldenburg DAVorm 1974, 669; Soergel/Strätz § 1685 aF Rn 2; Staudinger/Coester[12] § 1685 aF Rn 6; nicht zu Unrecht kritisch insoweit Staudinger/Rauscher [2014] § 1713 Rn 6b).

6c **dd)** Der **BGH** hat sich in seiner Entscheidung vom 29. 10. 2014 (BGH 29. 10. 2014 – XII ZB 250/14, NJW 2015, 232 Rn 14 ff) zu Recht für eine Anwendung von § 1713 Abs 1 S 2 BGB auch für miteinander verheirate Eltern während der Trennungszeit bis zur Anhängigkeit der Ehescheidung ausgesprochen und damit die Frage für die Praxis geklärt. Nach Auffassung des BGH spreche schon der Wortlaut von § 1713 Abs 1 S 2 BGB für diese Auslegung, da sich hieraus eine Beschränkung auf nichteheliche Kinder nicht entnehmen lasse. Aus § 1629 Abs 3 BGB ließe sich ebenfalls kein Vertretungsverbot durch den Beistand entnehmen, sondern hierdurch werde lediglich eine Vertretung durch den betreuenden Elternteil ausgeschlossen. Der Gesetzgeber habe bei der Schaffung von Abs 1 S 2 gerade möglichst vielen betroffenen Eltern die Unterstützung bei der Geltendmachung von Kindesunterhalt durch die Beistandschaft eröffnen wollen, zumal die Beistandschaft eine kostenfreie Möglichkeit der Vertretung durch das Jugendamt schaffe. Auch habe der Gesetzgeber Kinder verheirateter Eltern nicht benachteiligen wollen. Der Zweck von § 1629 Abs 3 BGB, Kinder aus dem Streit der Eltern um den Kindesunterhalt heraushalten zu wollen, werde durch die Eröffnung der Möglichkeit der Begründung einer Beistandschaft nicht verfehlt, sondern eher gefördert, weil durch die Aufgabenwahrnehmung des Beistands sowohl das Kind als auch der betreuende Elternteil aus dem gerichtlichen Verfahren herausgehalten würden und so sogar im Zweifel Konflikte eher vermieden werden würden (so auch bereits zu Recht Mix JAmt 2013, 122, 123). Auch systematische Bedenken wies der BGH zurück, weil infolge einer Beendigung der Beistandschaft durch Kündigung der Beistandschaft die dann fortdauernde und gegen § 1629 Abs 3 BGB verstoßende Beteiligtenstellung des Kindes im Wege des gewillkürten Beteiligtenwechsels beseitigt werden müsse.

ee) Die Auffassung des BGH vermag zu überzeugen. Zwar kann durchaus bezweifelt werden, dass der historische Gesetzgeber bei der Einfügung von § 1713 Abs 1 S 2 BGB bedacht hat, den Anwendungsbereich von § 1629 Abs 3 BGB zu begrenzen und auch miteinander verheirateten Eltern die Möglichkeit der Beistandschaft zu eröffnen. Gleichwohl besteht aus Sicht betroffener Kinder und der sie betreuenden Elternteile keine Rechtfertigung einer Differenzierung in der Frage des Zugangs zu einem kostenfreien Hilfsangebot der öffentlichen Kinder- und Jugendhilfe. § 1713 Abs 1 S 2 BGB kann nicht allein in seinem zivilrechtlichen Umfeld betrachtet werden, sondern gestaltet eine öffentlich-rechtlich zu beurteilende staatliche Aufgabe (§ 2 Abs 3 Nr 11 SGB VIII) der Kinder- und Jugendhilfe aus, deren Angebote grundsätzlich nicht weiten Teilen von Familien unzugänglich sein dürfen. Auch der angebliche rechtspolitische Zweck von § 1629 Abs 3 BGB erscheint fragwürdig (ebenso Stockmann FamRB 2015, 393, 396). Dass es aus Sicht des Kindes tatsächlich erreicht werden kann, dieses in seinem Loyalitätskonflikt zwischen betreuendem und barunterhaltspflichtigem Elternteil zu unterstützen, indem es seiner formalen Beteiligung am gerichtlichen Unterhaltsverfahren nicht bedarf, erscheint auch aus kinderpsychologischer Hinsicht mehr als zweifelhaft. Dem BGH ist jedenfalls uneingeschränkt dahin zuzustimmen, dass gerade durch einen Beistand betreuender Elternteil und Kind entlastet und aus der „Schusslinie“ genommen werden. **6d**

ff) Soweit der Kindesunterhalt im **Scheidungsverfahren** für den Fall der Ehescheidung als Verbundfolgesache (§ 137 Abs 2 Nr 2 FamFG) geltend gemacht werden soll, kann allerdings eine Beistandschaft nicht begründet werden, weil das Kind nicht Beteiligter des Ehescheidungsverfahrens sein kann (BGH 29. 10. 2014 – XII ZB 250/14, NJW 2015, 232 Rn 21; DIJuF-Rechtsgutachten JAmt 2015, 369, 370). Durch die Anhängigkeit eines Ehescheidungsverfahrens wird im Übrigen die Möglichkeit der Begründung und Fortführung einer bereits bestehenden Beistandschaft nicht tangiert, soweit nicht ausdrücklich Kindesunterhalt für den Fall der Ehescheidung beansprucht werden soll. In letzterem Fall ist Antragstellung nach § 1629 Abs 3 BGB zwingend. Anders als der Ehegattenunterhalt handelt es sich aber beim Kindesunterhaltsanspruch um **6e**

einen einheitlichen Anspruch, der ungeachtet des Ehescheidungsverfahrens isoliert außerhalb des Scheidungsverbunds geltend gemacht werden kann (Prütting/Helms/Helms § 137 FamFG Rn 33; Zöller/Lorenz § 137 FamFG Rn 8; **aA** zu Unrecht: DIJuF-Rechtsgutachten JAmt 2014, 369, 370 f: nicht für die Zeit nach Rechtskraft der Ehescheidung).

c) Obhut

aa) Voraussetzungen

7 Antragsberechtigt ist bei gemeinsamer Sorge nur der Elternteil, in dessen **Obhut** sich das Kind befindet. Die Anlehnung des Gesetzgebers an **§ 1629 Abs 2 S 2** BGB (oben Rn 2a; Knittel FF 2003, 14, 18) führt zu einem Rückgriff auf die dort entwickelte Begriffsausfüllung (im Einzelnen Staudinger/Lettmaier [2020] § 1629 Rn 270 ff). Dem entsprechend kann der Beistand auch im **vereinfachten Unterhaltsverfahren** nach § 249 Abs 1 FamFG den Kindesunterhalt nicht geltend machen, wenn das Kind nicht (überwiegend) im Haushalt des den Beistand beantragenden Elternteils lebt (OLG Nürnberg 4. 12. 2017 – 7 WF 1144/17, juris Rn 11 ff, NJW 2018, 479: überwiegende Betreuung durch den Vater; OLG Brandenburg 19. 8. 2017 – 9 WF 160/17, juris Rn 13, NZFam 2017, 1062; auch bei einem echten **Wechselmodell fehlt die alleinige Obhut**, vgl OLG Brandenburg 22. 12. 2020 – 9 WF 211/20, NZFam 2021, 227; OLG Dresden 30. 8. 2019 – 20 WF 628/19, JAmt 2019, 627; OLG Celle 11. 2. 2003 – 15 WF 20/03, juris Rn 4, FamRZ 2003, 1475; OLG München 12. 8. 2002 – 26 UF 1103/02, FamRZ 2003, 248). Bei **alleiniger elterlicher Sorge** kommt es hingegen auf die Obhutsverhältnisse verfahrensrechtlich und in Bezug auf die Begründung und Beendigung der Beistandschaft nicht an (OLG Koblenz 20. 12. 2017 – 13 UF 464/17, juris Rn 12, MDR 2018, 345: Obhutswechsel während des Verfahrens). Lebt das Kind trotz des alleinigen Aufenthaltsbestimmungrechts des Vaters bei der im Übrigen mitsorgeberechtigten Mutter, kann die Mutter gleichwohl Beistandschaft erhalten, weil das Kind in ihrer Obhut ist (OLG Nürnberg 24. 8. 2018 – 7 UF 872/18, juris Rn 22 ff; Prütting/Helms/Bömelburg § 249 FamFG Rn 13).

Maßgeblich sind die **tatsächlichen** Betreuungsverhältnisse. Ein Kind befindet sich in der Obhut desjenigen Elternteils, bei dem der **Schwerpunkt der tatsächlichen Fürsorge und Betreuung** liegt, der also die elementaren Lebensbedürfnisse des Kindes nach Pflege, Verköstigung, Kleidung, ordnender Gestaltung des Tagesablaufs und emotionaler Zuwendung vorrangig befriedigt oder sicherstellt (BGH 12. 3. 2014 – XII ZB 234/13, FamRZ 2014, 917 Rn 16; Grüneberg/Götz § 1629 Rn 25). Auch eine **rechtswidrig**, insbesondere unter Missachtung von sorgerechtlichen Entscheidungen, ausgeübte Obhut berechtigt bei gemeinsamer Sorge zur Antragstellung, weil auch hier Bedürfnis der Sicherung des Unterhalts des Kindes besteht (OLG Nürnberg 24. 8. 2018 – 7 UF 872/18, juris Rn 22 ff, NJW 2019, 689; OLG München 12. 8. 2002 – 26 UF 1103/02, FamRZ 2003, 248: Wechselmodell; NK-BGB/Kaiser § 1629 Rn 42; Staudinger/Lettmaier [2020] § 1629 Rn 270; **aA** Staudinger/Rauscher [2014] § 1713 Rn 7; Roth JZ 2002, 651, 655). **Vorübergehende Unterbrechungen** der Obhut, wie zB durch zeitweise Unterbringung des Kindes bei Verwandten oder dem anderen Elternteil, bleiben außer Acht (OLG Koblenz 20. 12. 2017 – 13 UF 464/17, juris Rn 19, MDR 2018, 345; OLG Köln 13. 12. 2004 – 14 WF 175/04, juris Rn 9, FamRZ 2005, 1852). Unschädlich ist es auch, wenn sich das Kind während der Woche überwiegend bei seinem Freund aufhält, wenn der betreffende Elternteil vorrangig für die Befriedigung der elementaren Bedürfnisse des Kindes sorgt (OLG Hamm 8. 6. 2018 – 2 SAF 9/18, FamRZ 2018, 1685). Hält sich ein Kind aber für **längere Zeit bei Dritten** auf, ohne dass ein Elternteil auf die Betreuung Einfluss nimmt, so besteht keine alleinige Obhut eines Elternteils (DIJuF-Rechtsgutachten JAmt 2008, 576: einjähriger Schüleraustausch nach

USA; vgl aber auch OLG Köln 13. 12. 2004, 14 WF 175/04, juris Rn 9, FamRZ 2005, 1852; Knittel/Birnstengel Themengutachten TG-1139, Nr 2). Bei einem **Internatsaufenthalt** des Kindes besteht die Obhut fort, wenn das Kind am Wochenende und in den Ferien regelmäßig in den Haushalt des vormals betreuenden Elternteils zurückkehrt (OLG Brandenburg 26. 4. 2004 – 10 WF 58/04, juris Rn 5, FamRZ 2005, 2094: offen gelassen; BeckOGK/Uhl [1. 5. 2023] § 1713 Rn 20.1). Bei **stationärer Unterbringung** des Kindes nach Maßgabe von §§ 33, 34 SGB VIII besteht dagegen im Regelfall keine Obhut mehr (DIJuF-Rechtsgutachten JAmt 2014, 319; Meysen JAmt 2008, 120, 124).

Das *OLG Düsseldorf* (OLG Düsseldorf 21. 5. 2019 – 6 UF 62/19, juris Rn 3 f, FamRZ 2020, 343) hat sich in einer Entscheidung zur Notwendigkeit der Ergänzungspflegerbestellung nach § 1629 Abs 2 S 2, 1909 aF für die Geltendmachung von Kindesunterhalt durch eine Kindesmutter mit der Frage befasst, ob auch dann, wenn ein bereits 17-jähriges Kind bereits **eine eigene Wohnung bewohnt** sich dieses noch in der Obhut des vormals alleinbetreuenden Elternteils befinden kann. Das Problem stellt sich in gleicher Weise für die Antragsberechtigung einer Beistandschaft nach § 1713 Abs 1 S 2 BGB. Zutreffend hat das OLG Düsseldorf ausgeführt, dass es der Begriff der „Obhut" nicht erfordert, dass der betreffende Elternteil mit dem Kind zusammenlebt. Maßgebend ist bei einer eigenen Wohnung des Kindes vielmehr, ob der Elternteil weiterhin die elementaren Lebensbedürfnisse des Kindes nach Pflege, Ernährung, Kleidung, Gestaltung des Tagesablaufs, schulischer bzw beruflicher Förderung, ständig verfügbarer emotionaler Zuwendung befriedigt oder sichert (BGH 12. 3. 2014 – XII ZB 234/13, juris Rn 16, MDR 2014, 662). Diese Voraussetzungen lagen in dem betreffenden Fall offenkundig vor, da sich die Kindesmutter an 3–4 Werktagen pro Woche für einen Zeitraum von 3–5 Stunden in der Wohnung des Kindes aufhielt, mit ihm zusammen Einkäufe tätigte, im Haushalt Hilfestellungen leistete und es zu Vorstellungsgesprächen begleitete. Für die Bestellung eines Ergänzungspflegers bestand daher kein Anlass und es hätte auch auf Antrag der Mutter eine Beistandschaft des Jugendamts begründet werden können.

Erforderlich ist eine **alleinige Obhut** (BeckOK-BGB/Pöcker [1. 8. 2023] § 1713 Rn 3), sodass regelmäßig nur im Fall des **Residenzmodells** (Roth JZ 2002, 651, 655), nicht aber bei einem (echten, weitgehend gleichmäßig alternierenden) **Wechselmodell** (Soergel/Löhnig § 1713 Rn 8; MünchKommBGB/vSachsen Gessaphe § 1713 Rn 9; zu den Voraussetzungen in unterhaltsrechtlicher Hinsicht BGH 5. 11. 2014 – XII ZB 599/13, FamRZ 2015, 236 Rn 20 ff; BGH 12. 3. 2014 – XII ZB 234/13, FamRZ 2014, 917 Rn 17 ff) eine Antragsbefugnis besteht. Nur bei einem echten Wechselmodell ist mangels alleiniger Obhut iSd § 1713 Abs 1 S 2 BGB kein Raum für eine Beistandschaft (DIJuF-Rechtsgutachten JAmt 2014, 139, 140; Seiler FamRZ 2015, 1845; Jokisch FuR 2014, 25; vgl auch § 1712 Rn 25). Ein **erweitertes Umgangsrecht** bzw **asymmetrisches Wechselmodell** steht allerdings nicht entgegen (OLG Brandenburg 19. 1. 2022 – 13 WF 216/21, NZFam 2022, 369; OLG Dresden 30. 8. 2019 – 20 WF 628/19, JAmt 2019, 627; OLG Brandenburg 19. 8. 2017 – 9 WF 160/17, juris Rn 13, NZFam 2017, 1062). Soll bei einem bestehenden Wechselmodell Kindesunterhalt geltend gemacht werden, ist nach § 1628 BGB oder §§ 1789 Abs 2 S 2, 1824, 1809 BGB zu verfahren (str, zu den beiden Ansichten vgl Staudinger/Lettmaier [2020] § 1629 Rn 285 ff; Weber NZFam 2016, 829). Der BGH misst bei der Qualifizierung einer Betreuungsaufteilung als Wechselmodell der zeitlichen Komponente nur eine Indizwirkung zu, auch bei einer genau hälftigen Aufteilung der Betreuung könnten die Umstände des Einzelfalls ergeben (zB Begleitung des Kindes bei Arztterminen, Besuch von Elternsprechtagen etc), dass ein Elternteil die Hauptverantwortung für das Kind trage (BGH 5. 11. 2014 – XII ZB 599/13, FamRZ 2015, 236 Rn 21; BGH 12. 3. 2014 – XII ZB 234/13, FamRZ 2014, 917 Rn 17 ff).

Leben die Eltern in *derselben Wohnung* – was bei Begrenzung der Bestimmung auf Fälle des § 1629 Abs 2 S 2 BGB selten vorkommen wird – so setzt alleinige Obhut die ausschließliche oder deutlich überwiegende (zweifelnd DIJuF-Gutachten JAmt 2004, 25, 26) tatsächliche Fürsorge für das Kind voraus, wofür der Elternteil die **Beweislast** trägt, der die alleinige Obhut bei sich behauptet (vgl OLG Brandenburg 13. 7. 2015 – 3 UF 155/14, juris Rn 11, JAmt 2015, 576; OLG Hamburg FamRZ 2001, 1235; OLG Zweibrücken FamRZ 2001, 290; Staudinger/Lettmaier [2020] § 1629 Rn 275). Versorgen beide Eltern das Kind, so besteht keine alleinige Obhut und § 1713 Abs 1 S 2 BGB ist unanwendbar (DIJuF-Rechtsgutachten JAmt 2002, 244; NK-BGB/Zempel § 1713 Rn 5).

bb) Beendigung der Obhut, Obhutswechsel

8 Endet die alleinige Obhut durch den Antragsteller, so erlischt gemäß § 1715 BGB auch die Beistandschaft (BeckOK-BGB/Pöcker [1. 8. 2023] § 1713 Rn 3). Die Beistandschaft endet in einem solchen Fall auch dann, wenn der andere Elternteil nunmehr die Obhut allein übernimmt, da dann nach § 1715 BGB die Beistandschaft ebenfalls erlischt (AG Kassel 15. 2. 2019 – 532 F 3070/17 UK, juris Rn 32; Rossmann jM 2015, 55, 59; NK-BGB/Zempel § 1715 Rn 8). Bei **alleiniger elterlicher Sorge** berührt allerdings ein Obhutswechsel den Fortbestand der Beistandschaft nicht (OLG Koblenz 20. 12. 2017 – 13 UF 464/17, juris Rn 12, MDR 2018, 345).

Dies gilt auch für die Geltendmachung einschließlich der Vollstreckung **rückständigen Unterhalts** für die Zeit vor dem Obhutswechsel (OLG Bamberg 28. 1. 2014 – 2 WF 52/13, juris Rn 7, FamRZ 2014, 2014; OLG Köln 4. 12. 2012 – 4 UF 158/12, juris Rn 8, JAmt 2013, 165; OLG Rostock 14. 1. 2012 – 10 UF 146/11, juris Rn 26, FamRZ 2012, 890). Der andere Elternteil kann nach dem Obhutswechsel sodann erneut eine Beistandschaft beantragen (vgl § 1715 Rn 12a). Hier sollte aber nicht innerhalb des Jugendamts (§ 55 Abs 2 SGB VIII) wegen einer möglichen Interessenkollision derselbe Mitarbeiter mit der Wahrnehmung der Aufgabe betraut werden (Knittel/Birnstengel Themengutachten TG-1139, Nr 9).

cc) Adoptivelternteile

8a Eine Antragsbefugnis steht grundsätzlich auch **Adoptivelternteilen** zu, in deren alleiniger Obhut sich das Kind befindet (BeckOGK/Uhl [1. 5. 2023] § 1713 Rn 24; BeckOK-BGB/Pöcker [1. 8. 2023] § 1713 Rn 4 ff). Dies erstreckt sich auch auf ein durch den Lebenspartner adoptiertes Kind (§§ 9 Abs 7 S 2 LPartG, 1754 Abs 3 BGB; vgl dazu DIJuF-Rechtsgutachten JAmt 2014, 139). Unterhaltsansprüche des Kindes können ungeachtet von § 1755 Abs 1 S 2 BGB auch bestehen gegenüber den früheren rechtlichen Eltern, soweit es um **rückständigen Unterhalt** für die Zeit vor Wirksamkeit der Annahme geht (vgl BGH 8. 7. 1981 – IVb ZR 597/80, juris Rn 16 ff, FamRZ 1981, 949; DIJuF-Rechtsgutachten JAmt 2006, 343). Bei Trennung von Eltern nach einer gemeinschaftlichen Adoption oder Stiefkindadoption gilt ebenfalls § 1713 Abs 1 S 2 BGB.

3. Antrag vor Geburt (Abs 1 S 1 Alt 2)

a) Fallsituation

9 **aa)** Die 2. Alternative des § 1713 Abs 1 S 1 BGB gibt die Antragsbefugnis **vor Geburt des Kindes** dem Elternteil, dem die elterliche Sorge **zustünde, wenn das Kind be-**

reits geboren wäre (OLG Schleswig NJW 2000, 1271). Auch in diesem Fall tritt die Beistandschaft mit dem Zugang des Antrags beim Jugendamt ein (§ 1714 S 2 BGB).

Die Regelung betrifft hauptsächlich die nicht verheiratete, voll geschäftsfähige **werdende Mutter**, die nach § 1626a Abs 3 BGB mit der Geburt des Kindes allein sorgeberechtigt wird, sofern keine Sorgeerklärungen abgegeben wurden, die Eltern bis dahin geheiratet haben (§ 1626a Abs 1 BGB) oder dem Vater die (Mit-)Sorge übertragen wurde (§ 1626a Abs 2 BGB). Durch die Erweiterung der Antragsbefugnis und damit der Beistandschaft auf den **vorgeburtlichen Zeitraum** wird das gesetzgeberische Ziel der frühzeitigen Vaterschaftsfeststellung und Unterhaltssicherung erreicht (BT-Drucks 13/892, 38).

Für die **Vaterschaftsfeststellung** unter Beteiligung des Beistands kommt vorgeburtlich nur die **Anerkennung** (§§ 1592 Nr 2, 1594 ff BGB) in Betracht, weil es für eine gerichtliche Feststellung (§§ 1592 Nr 3, 1600d BGB) auf Antrag des Kindes an dessen Verfahrensfähigkeit fehlt, die durch Abs 1 nicht überwunden wird (Prütting/Helms/Dürbeck § 171 FamFG Rn 6; Heilmann/Grün § 171 FamFG Rn 3a; iE ebenso FamRefK/Sonnenfeld § 1713 Rn 6; **aA** OLG Schleswig NJW 2000, 1271, 1272 ff; OLG München 13. 4. 2016 – 16 F 242/16, juris Rn 10 ff, ZKJ 2016, 370). Der BGH hat zwischenzeitlich auch entschieden, dass vor der Geburt eines Kindes – entgegen der Auffassung der zuvor genannten Rechtsprechung – überhaupt kein gerichtliches Verfahren der Vaterschaftsfeststellung zulässig ist (BGH 24. 8. 2016 – XII ZB 351/15, FamRZ 2016, 1849 Rn 28: extrakorporal aufbewahrter Embryo). Die *Zustimmung* zur Anerkennung der Vaterschaft, soweit es überhaupt der Zustimmung des Kindes bedarf (§ 1595 Abs 2 BGB; vgl oben § 1712 Rn 14), ist dagegen vor der Geburt zulässig (§ 1595 Abs 3 BGB iVm § 1594 Abs 4 BGB; MünchKommBGB/vSachsen Gessaphe § 1713 Rn 7). Ist die Zustimmung des Kindes notwendig, kann sie durch den Beistand erfolgen (Kraus StAZ 2015, 381; BeckOK-BGB/Pöcker [1. 5. 2022] § 1713 Rn 9.1; vgl oben § 1712 Rn 14). Im Bereich des **Kindesunterhalts** hat die pränatale Beistandschaft Bedeutung in Bezug auf die in § 247 FamFG vorgesehene Möglichkeit der Beantragung einer einstweiligen Anordnung bereits vor der Geburt zur Regelung des Kindesunterhalts für die ersten drei Monate nach der Geburt des Kindes (BeckOK-BGB/Pöcker [1. 8. 2023] § 1713 Rn 8.1; Prütting/Helms/Bömelburg § 237 FamFG Rn 7).

bb) Für die **Fallsituation des § 1713 Abs 1 S 2 BGB** (gemeinsames Sorgerecht) besteht kein vorgeburtliches Antragsrecht; diese Möglichkeit ist nicht nur nach dem **9a**
Wortlaut des § 1713 Abs 1 S 2 BGB nicht vorgesehen, sondern auch von dessen Zweck nicht erfasst. Insbesondere kann die werdende Mutter, die nach Geburt des Kindes gemeinsam mit dem Vater sorgeberechtigt wäre, den Antrag nicht mit der Begründung stellen, sie lebe von dem Vater getrennt und das werdende Kind befinde sich in ihrer Obhut oder werde sich nach der Geburt in ihrer Obhut befinden. Weder begründet die Schwangerschaft eine Obhut der Mutter an dem Kind, noch kann, gerade bei absehbarer gemeinsamer Sorge nach Geburt, eine sichere Prognose über die künftige Obhut getroffen werden.

b) Fiktion des Bestehens der elterlichen Sorge

Durch diese Regelung wird im Vergleich zur 1. Alternative (oben Rn 3 f) ausschließ- **10**
lich das Tatbestandsmerkmal der **bestehenden** alleinigen elterlichen Sorge durch die **fiktive Anwendung der Sorgerechtsregeln** in einem Zeitpunkt vor der Geburt des Kin-

des ersetzt. Dabei ist abzustellen auf die Verhältnisse im **Zeitpunkt** der *Antragstellung* (ebenso BeckOK-BGB/Pöcker [1. 8. 2023] § 1713 Rn 8). Die nicht verheiratete werdende Mutter kann den Antrag nach dieser Alternative also (nur) stellen, wenn sie bei Antragstellung voll geschäftsfähig ist; dass sie im voraussichtlichen Zeitpunkt der Geburt des Kindes das 18. Lebensjahr vollendet haben wird, genügt nicht, da die Alternative nicht von einer Prognose abhängt (vgl zur **Antragsbefugnis aus Abs 2** unten Rn 17 f). Eine im Zeitpunkt der Antragstellung bereits erfolgte *Eheschließung* oder bereits wirksame *gemeinsame Sorgeerklärungen* (§§ 1626a, 1626b Abs 2 BGB) schließen die Antragsbefugnis auch vorgeburtlich aus. Hingegen steht eine noch vor Geburt geplante Eheschließung wiederum der Antragsbefugnis nicht entgegen. Im Gegensatz zur Beistandschaft für die Leibesfrucht nach § 1713 Abs 2 BGB, die mit der Geburt des Kindes erlischt und damit nur vorläufigen Charakter hat, setzt sich die Beistandschaft nach § 1713 Abs 1 S 1 Alt 1 BGB mit der Geburt des Kindes fort (Oberloskamp/Dürbeck/Walther, Vormundschaft [5. Aufl 2023] § 23 Rn 104).

Antragsbefugt ist auch die rechtskräftig **geschiedene werdende Mutter**, da in diesem Fall die Geburt nach Auflösung der Ehe unter Lebenden erfolgt und deshalb eine Zuordnung zum geschiedenen Ehemann der Mutter nach § 1592 Nr 1 BGB nicht stattfindet (vgl § 1593 S 1 BGB); daher gilt für das fiktiv zu bestimmende Sorgerecht ebenfalls § 1626a Abs 3 BGB. Die **schwangere Witwe** ist antragsbefugt, auch wenn zwischen dem Tod des Ehemannes und der Geburt des Kindes ein Zeitraum von weniger als 300 Tagen verstreichen wird, sodass der verstorbene Ehemann Vater des Kindes ist (§§ 1592 Nr 1, 1593 S 1 BGB), da die Mutter nach § 1680 Abs 1 BGB nach der Geburt allein sorgeberechtigt wäre.

c) Pränataler Antrag des Vaters

11 Eine vorgeburtliche Antragstellung durch den Vater ist **rechtlich möglich** (MünchKommBGB/vSachsen Gessaphe § 1713 Rn 17; BeckOK-BGB/Pöcker [1. 8. 2023] § 1713 Rn 8; **aA** BeckOGK/Uhl [1. 5. 2023] § 1713 Rn 30); wird aber selten praktisch relevant. Ist die Vaterschaft vorgeburtlich festgestellt, so bestünde bei Geburt des Kindes die *alleinige* elterliche Sorge des Vaters nur, wenn die elterliche Sorge der Mutter entfällt. Dies ist der Fall, wenn die beschränkt geschäftsfähige Mutter (mit Zustimmung ihres gesetzlichen Vertreters nach § 1626c Abs 2 S 1 BGB) mit dem voll geschäftsfähigen Vater eine gemeinsame Sorgeerklärung abgegeben hat (oder die Eltern verheiratet sind), die elterliche Sorge der Mutter aber nach § 1673 Abs 2 S 1 BGB ruhen würde; die nach § 1673 Abs 2 S 2 BGB bestehende Personensorge steht der minderjährigen Mutter nur unter Ausschluss der gesetzlichen Vertretung zu (§ 1673 Abs 2 S 2 BGB; vgl oben Rn 3; BeckOK-BGB/Pöcker [1. 8. 2023] § 1713 Rn 12). Allein sorge- und vertretungsberechtigt und damit antragsbefugt ist insoweit nach § 1678 Abs 1 BGB der Vater. Das gilt erst recht, wenn die Mutter nach Abgabe der Sorgeerklärung *geschäftsunfähig* wird.

4. Vormund, Pfleger (Abs 1 S 3), Pflegepersonen

a) Ehrenamtlicher Vormund, Pfleger

12 Ein bestellter Vormund oder Pfleger des Kindes war bis zum 31. 12. 2022 grundsätzlich **nicht antragsbefugt**. Insoweit war der eindeutige gesetzgeberische Wille (oben Rn 2) durch die Einfügung der begrenzten Ausnahme in § 1713 Abs 1 S 3 BGB im Gesetz bestätigt, sodass eine Analogie ausscheiden musste (MünchKommBGB/vSachsen Ges-

SAPHE § 1713 Rn 12). Bei der Auswahl eines Vormunds nach §§ 1778 f BGB ist von vornherein darauf zu achten, dass der Vormund staatlicher Hilfe bei der Vaterschaftsfeststellung und der Geltendmachung von Unterhaltsansprüchen des Kindes möglichst nicht bedarf (FamRefK/SONNENFELD § 1713 Rn 8). Hieraus kann sich eine Spannung zu dem Bedürfnis ergeben, möglichst einen nahen Familienangehörigen – vor allem bei Kindern minderjähriger unverheirateter Mütter – zum Vormund zu bestellen (deshalb für eine Erweiterung de lege ferenda bereits DIJuF-Rechtsgutachten JAmt 2005, 230). Der Gesetzgeber hat jedoch mit der Schaffung der Rechtsfigur des sog zusätzlichen Pflegers nach § 1776 BGB im Rahmen des zum 1. 1. 2023 reformierten Vormundschaftsrechts gerade für Fälle, in denen dem (ehrenamtlichen) Vormund die erforderliche Kompetenz für die Wahrnehmung einer bestimmten Aufgabe fehlt, die Bestellung eines zusätzlichen Pflegers ermöglicht, um seine vorrangige Auswahl gegenüber Berufsvormündern, insbesondere des Jugendamts, sicher zu stellen (vgl dazu HOFFMANN FamRZ 2021, 1773; OBERLOSKAMP/DÜRBECK/SCHMIDT, Vormundschaft [5. Aufl 2023] § 17 Rn 1 ff). Damit einher ging eine Erweiterung des Anwendungsbereichs von § 1713 Abs 1 S 3 BGB.

b) Benannter Vormund

13 In der bis zum 31. 12. 2022 geltenden Fassung von § 1713 Abs 1 S 3 aF war ein Antragsrecht lediglich für den berufenen Vormund nach § 1776 aF, also dem von den sorgeberechtigten Eltern (§ 1777 aF) des Kindes vor ihrem Tod durch **letztwillige Verfügung** benannten Vormund vorgesehen (zur rechtspolitischen Motivation oben Rn 2). Nach der zum 1. 1. 2023 geltenden Fassung ist nunmehr jeder **ehrenamtliche Vormund sowie eine Pflegeperson, der nach § 1630 Abs 3 BGB Angelegenheiten der elterlichen Sorge übertragen wurden,** antragsberechtigt. Ein realer Anwendungsbereich wird dieser neuen Möglichkeit jedoch in der Praxis kaum zukommen (vgl DÜRBECK FamRZ 2020, 1789, 1794). Im Bereich des Kindesunterhalts werden die Unterhaltsansprüche des Kindes im Rahmen seiner Fremdunterbringung durch jugendhilferechtliche Maßnahmen nach §§ 33 ff SGB VIII im Regelfall durch die öffentlich-rechtlichen Kostenerstattungsansprüche gegen die Unterhaltspflichtigen nach §§ 39, 92 ff SGB VIII verdrängt (vgl FK-SGB VIII/SCHÖNECKER/MEYSEN § 10 Rn 32 ff). Damit verbleibt de facto nur der eher seltene Fall der Vaterschaftsfeststellung. Für den berufsmäßig tätigen Vormund (§ 1774 Abs 1 Nr 2 bis 4 BGB) besteht weiterhin kein Antragsrecht. Gleiches gilt für den ehrenamtlichen Ergänzungspfleger nach § 1809 BGB, auch wenn ihm der entsprechende Sorgebereich zugewiesen ist.

c) Vormund des sorgeberechtigten Elternteils

14 Die Regelung bezieht sich nach Wortlaut, Sinn und Zweck nur auf den **Vormund des Kindes**, also auf die Situation des durch Tod seiner Eltern oder des allein sorgeberechtigten Elternteils eines Vormundes bedürftig gewordenen Kindes, für welches die Beistandschaft beantragt wird. Auf den Fall einer unter Vormundschaft stehenden werdenden **minderjährigen Mutter** bezieht sich die Bestimmung nicht. Wer namens der nicht voll geschäftsfähigen Mutter den Antrag stellt, ist ausschließlich in § 1713 Abs 2 BGB geregelt (unten Rn 25 ff).

d) Pflegepersonen

14a **Pflegepersonen** sind nach dem Wortlaut des § 1713 Abs 1 BGB nicht in den Kreis der Antragsberechtigten einbezogen. Soweit ihnen nach § 1630 Abs 3 BGB die elterliche Sorge übertragen ist (vgl etwa OLG Celle 12. 9. 2016 – 19 UF 95/16, ZKJ 2017, 149), besteht jedoch ein dem benannten Vormund vergleichbares Bedürfnis, weil auch Pflegeeltern nicht nach ihrer Rechtskunde, sondern nach dem Maßstab des Kindeswohls mit der elterlichen Sorge bedacht werden. Eine analoge Anwendung von Abs 1 S 3 wurde bereits in der Vergangenheit erwogen (DIJuF-Rechtsgutachten JAmt 2002, 116; MünchKommBGB/vSachsen Gessaphe § 1713 Rn 12; BeckOK-BGB/Pöcker [1. 5. 2018] § 1713 Rn 6; **aA** BeckOGK/Fröschle/Fischer [1. 9. 2022] § 1713 Rn 26; Meysen JAmt 2008, 120, 123). Der Gesetzgeber hat dies aufgegriffen und nunmehr zum 1. 1. 2023 auch der Pflegeperson, der nach § 1630 Abs 3 BGB Angelegenheiten der elterlichen Sorge übertragen wurden, ein Antragsrecht gewährt.

5. Höchstpersönlichkeit (Abs 1 S 4)

a) Keine gewillkürte Stellvertretung

15 Der Antrag kann nur **höchstpersönlich** gestellt werden; Stellvertretung ist ausgeschlossen (§ 1713 Abs 1 S 4 BGB). Hiermit ist, wie in § 1596 Abs 4 BGB im Verhältnis zu § 1596 Abs 1 BGB, die **gewillkürte Stellvertretung** gemeint (vgl BT-Drucks 13/892, 38). Diese Regelung entspricht zum einen dem höchstpersönlichen Charakter des Rechtsgeschäfts, da die Beistandschaft bereits mit dem Zugang des Antrags eintritt (§ 1714 BGB); es soll aber auch die Frage, ob eine Beistandschaft entstanden ist, nicht von der Prüfung der Wirksamkeit der Erteilung einer Vollmacht abhängig gemacht werden (BT-Drucks 13/892, 38; Grüneberg/Götz § 1713 Rn 5; Oberloskamp/Dürbeck/Walther, Vormundschaft [5. Aufl 2023] § 23 Rn 50). Die Regelung in § 1713 Abs 1 S 4 BGB verdrängt auch § 13 Abs 4 SGB X, wonach Anträge durch Verfahrensbevollmächtigte gestellt werden können (BeckOGK/Uhl [1. 5. 2023] § 1713 Rn 31).

b) Gesetzliche Vertretung

16 Die Zulässigkeit der **gesetzlichen Vertretung** bei der Antragstellung ergibt sich im Einzelnen aus § 1713 Abs 2 BGB. Auch insoweit ist Ausgangspunkt jedoch die **Höchstpersönlichkeit**; dabei steht allerdings im Vordergrund, dass in Fällen, in denen es einer gesetzlichen Vertretung bedarf, der betreffende Elternteil schon nicht (allein oder gemeinsam) sorgeberechtigt und damit nicht antragsberechtigt sein kann. Daher erweist sich § 1713 Abs 2 BGB nicht primär als Ausnahme zum Grundsatz der Höchstpersönlichkeit (anders FamRefK/Sonnenfeld § 1713 Rn 10), sondern als Ausnahme vom Grundsatz der Inhaberschaft der elterlichen Sorge. Diese Ausnahme zieht dann die Notwendigkeit der gesetzlichen Vertretung aus rechtsgeschäftlichen Gründen nach sich, wobei, soweit dies möglich erscheint, nämlich beim beschränkt Geschäftsfähigen, wiederum der Grundsatz der Höchstpersönlichkeit durchdringt (BT-Drucks 13/892, 38). Steht der betreffende Elternteil **unter Betreuung** und ist zudem **geschäftsunfähig** und ist gleichwohl kein Vormund oder Pfleger für das bereits geborene Kind (zur Rechtslage bei der pränatalen Beistandschaft vgl Rn 26, 27) bestellt, kann der Betreuer gleichwohl nicht den Antrag als gesetzlicher Vertreter (§ 1823 BGB) stellen, da die Wahrnehmung der elterlichen Sorge nicht Gegenstand einer Betreuung sein kann (BayObLG 28. 7. 2004 – 3 Z 98/04, BtPrax 2004, 239 Rn 17; DIJuF-Rechtsgutachten JAmt 2016, 480, 482; zur Möglichkeit der Erteilung einer Sorgerechtsvollmacht vgl Hoffmann BtPrax 2014, 151). In einem solchen Fall verbleiben nur sorgerechtlichen Maßnahmen nach §§ 1666 BGB.

III. Antragsrecht der nicht sorgeberechtigten Mutter (Abs 2)

1. Fallgruppen

a) Künftige Vormundschaft

aa) Vor der Geburt des Kindes ist die werdende Mutter auch dann antragsbefugt, wenn die Voraussetzung nach § 1713 Abs 1 S 1 2. Alt BGB (alleinige elterliche Sorge, wenn das Kind bereits geboren wäre; oben Rn 9 ff) nicht vorliegt, aber das Kind, sofern es bereits geboren wäre, unter **Vormundschaft** stünde. Die Beurteilung, ob dies der Fall ist, setzt, wie schon § 1713 Abs 1 S 1 2. Alt BGB, *nicht* bei einer Prognose für den Geburtszeitpunkt an (MünchKommBGB/vSachsen Gessaphe § 1713 Rn 15; **aA** FamRefK/Sonnenfeld § 1713 Rn 11: „voraussichtlich"), sondern geht von den Verhältnissen im **Zeitpunkt der Antragstellung** aus (oben Rn 10). Diese Erweiterung dient dem Zweck, das *Schutzbedürfnis* des Kindes einer minderjährigen oder geschäftsunfähigen unverheirateten Mutter zu decken (MünchKommBGB/vSachsen Gessaphe § 1713 Rn 14), das wenigstens ebenso hoch zu bewerten ist wie das Schutzbedürfnis des Kindes einer voll geschäftsfähigen werdenden Mutter (BT-Drucks 13/892, 38). 17

bb) **Ob** nach den vorliegenden Umständen das Kind, wäre es bereits geboren, **eines Vormunds bedürfte**, bestimmt sich nach § 1773 Abs 1 BGB. Daraus ergibt sich ein Antragsrecht der Mutter, wenn weder der Mutter noch dem Vater die elterliche Sorge zusteht oder zumindest einem Elternteil nicht die Vertretung des Kindes zusteht. 18

Seitens der **Mutter** ist das der Fall, wenn sie minderjährig oder geschäftsunfähig ist (§ 1673 Abs 2 S 1, S 2 HS 2 BGB bzw § 1673 Abs 1 BGB) oder ihre elterliche Sorge wegen eines tatsächlichen Hindernisses nach Geburt des Kindes gemäß § 1674 BGB ruhen würde.

Seitens des **Vaters** ist dies der Fall, wenn er die elterliche Sorge nicht innehat, weil die Eltern weder verheiratet sind noch eine wirksame Sorgeerklärung abgegeben haben (was auch zusammen mit der minderjährigen Mutter wirksam möglich ist: § 1626c Abs 2 S 1 BGB) oder wenn der Vater selbst minderjährig oder geschäftsunfähig ist. Die Möglichkeit einer Übertragung der elterlichen Sorge auf den Vater nach § 1626a Abs 2 BGB bleibt außer Betracht, weil diese Übertragung schon wegen der für die Mutter frühestens 6 Wochen nach der Geburt endenden Stellungnahmefrist nie auf den Zeitpunkt der Geburt wirkend ausgesprochen werden kann (§ 155a Abs 2 S 2 HS 2 FamFG; vgl dazu Dürbeck ZKJ 2013, 330, 332 f).

b) Keine Abgrenzung nach bestehender Ehe der Mutter

Ungeeignet zur Beschreibung der Anwendungsfälle ist daher der Umstand, dass die **Mutter unverheiratet** sein müsse. Diese Konstellation ist zwar Ausgangspunkt des Gesetzgebers und in der Praxis häufiger Anwendungsfall, nicht aber Tatbestandsmerkmal des § 1713 Abs 2 S 1 BGB. Eine unverheiratete minderjährige/geschäftsunfähige werdende Mutter kann zB den Antrag *nicht* stellen, wenn eine wirksame gemeinsame Sorgeerklärung abgegeben wurde und der Vater voll geschäftsfähig ist, also nach der Geburt sorgeberechtigt wäre (§ 1678 Abs 1 BGB). Andererseits kann eine *verheiratete* minderjährige/geschäftsunfähige werdende Mutter den Antrag stellen, wenn auch der Vater minderjährig oder geschäftsunfähig ist (MünchKommBGB/vSachsen Gessaphe § 1713 Rn 15). 19

2. Pränatale Beistandschaft – Wirkungen nach der Geburt

a) Nur pränatales Antragsrecht

20 Das Antragsrecht nach § 1713 Abs 2 S 1 BGB besteht **nur vor der Geburt** des Kindes. Mit der Vollendung der Geburt endet das Antragsrecht (Oberloskamp/Dürbeck/Walther, Vormundschaft [5. Aufl 2023] § 23 Rn 44).

Die pränatale Beistandschaft nach § 1713 Abs 2 BGB ist im Übrigen nur eine vorläufige und endet mit der Geburt (unten Rn 23). Der Gesetzgeber ging davon aus, dass mit der Geburt des Kindes die Schutzlücke durch den Eintritt der **gesetzlichen Amtsvormundschaft** (§ 1786 BGB) entfällt. Dies ist aber nicht uneingeschränkt richtig.

b) Eintreten der Amtsvormundschaft

21 In dem vom Gesetzgeber vorausgesetzten Ausgangsfall der **unverheirateten minderjährigen/geschäftsunfähigen Mutter** (ohne Sorgeerklärung) tritt grundsätzlich die Amtsvormundschaft nach § 1786 BGB ein. Ist allerdings bereits die Vaterschaft vor Geburt des Kindes festgestellt, so kann der Amtsvormundschaft nicht nur die bereits vor der Geburt erfolgte Bestellung eines Vormunds entgegenstehen (§ 1786 S 2 BGB). Vielmehr hat nach § 1678 Abs 2 BGB das Familiengericht die elterliche Sorge dem Vater zu übertragen, wenn keine Aussicht besteht, dass der Grund des Ruhens wegfallen wird und wenn dies dem Wohl des Kindes dient. Ist die Mutter geschäftsunfähig und eine Heilung dieses Zustands nicht absehbar, so liegen die Voraussetzungen für eine solche Übertragung vor, wenn der Vater bereit und in der Lage ist, die elterliche Sorge zu übernehmen (vgl dazu Heilmann/Fink § 1678 Rn 11; Staudinger/Coester [2020] § 1678 Rn 14 ff).

c) Ehe der Mutter

22 Ist die **Mutter verheiratet**, so kommt eine Amtsvormundschaft nach § 1786 BGB nicht in Betracht, auch wenn vor der Geburt die Voraussetzungen des § 1713 Abs 2 S 1 BGB vorgelegen haben, weil auch die elterliche Sorge des Vaters ruht. Eine dauerhafte Schutzlücke (siehe aber sogleich Rn 23) entsteht dennoch nicht, denn für das Kind ist nach § 1773 BGB Vormundschaft anzuordnen, weil die Voraussetzungen des § 1773 Abs 1 BGB vorliegen.

d) Beendigung der Beistandschaft bei Amtsvormundschaft

23 Fraglich ist sowohl bei **Eintritt der Amtsvormundschaft** mit der Geburt nach § 1786 BGB als auch bei Anordnung der Vormundschaft nach § 1773 Abs 2 BGB vor oder nach der Geburt, in welcher Weise eine **Beistandschaft endet**, die aufgrund eines Antrags nach § 1713 Abs 2 S 1 BGB entstanden war. Das Jugendamt kann aber die Beistandschaft nicht selbst beenden (§ 1715 BGB). Gemäß § 1715 Abs 2 BGB endet die Beistandschaft jedoch kraft Gesetzes (und unabhängig davon, ob in diesem Zeitpunkt eine Vormundschaft eintritt), sobald der Antragsteller keine der in § 1713 BGB genannten Voraussetzungen mehr erfüllt; das ist auch dann der Fall, wenn das Kind geboren ist und die Mutter nicht (allein) sorgeberechtigt ist; dann liegen weder die Voraussetzungen des § 1713 Abs 1 BGB vor, denn die Mutter ist *nicht sorgeberechtigt*; noch liegen die des § 1713 Abs 2 BGB mehr vor, denn die Mutter ist nicht mehr *„werdende“* Mutter (BT-Drucks 13/892, 38; MünchKommBGB/vSachsen Gessaphe § 1715 Rn 10).

Damit endet allerdings die Beistandschaft auch dann, wenn das Kind zwar eines Vormunds bedarf, aber *keine* Amtsvormundschaft eintritt, sondern eine Vormundschaft anzuordnen ist (oben Rn 21 f), sodass bis zur Bestellung des Vormunds das Kind ohne gesetzlichen Vertreter ist. Dies aber ist aus Sicht des Beistandschaftsrechts hinzunehmen, da diese Lücke dem *Vormundschaftsrecht* immanent ist und eine Fortdauer der Beistandschaft dem Mangel des gesetzlichen Vertreters ohnehin nur in den Teilbereichen des § 1712 BGB abhelfen könnte.

e) Beendigung der Amtsvormundschaft

Endet die Amtsvormundschaft durch Wegfall ihrer Voraussetzungen, insbesondere, weil die minderjährige Mutter volljährig wird oder weil durch eine Sorgeerklärung oder Eheschließung der (voll geschäftsfähige) Vater die elterliche Sorge erlangt, so findet **keine Überleitung in die Beistandschaft** statt. Die Beistandschaft tritt auch in diesem Fall nur auf Antrag ein, der nach § 1713 Abs 1 BGB von dem nunmehr allein sorgeberechtigten Elternteil gestellt werden kann (Gressmann/Beinkinstadt, Das Recht der Beistandschaft [1998] 79). Erwirbt der Vater die elterliche Mitsorge nach § 1626a Abs 2 BGB nach der Geburt, so endet damit die übergeleitete Beistandschaft; ist er allein sorgeberechtigt, so kann nunmehr er eine Beistandschaft beantragen. 24

3. Antrag der beschränkt geschäftsfähigen werdenden Mutter (Abs 2 S 2)

Die nach §§ 2, 106 BGB **beschränkt geschäftsfähige**, nach § 1713 Abs 2 S 1 BGB antragsfähige werdende Mutter kann den Antrag **nur selbst stellen**. Sie bedarf hierzu nicht der Zustimmung ihres gesetzlichen Vertreters (§ 1713 Abs 2 S 2 BGB). Dies entspricht dem in § 1713 Abs 1 S 4 BGB für die rechtsgeschäftliche Vertretung ebenfalls normierten Grundsatz der Höchstpersönlichkeit (BT-Drucks 13/892, 38). Anders als für die Zustimmung zu einer Vaterschaftsanerkennung (§ 1596 Abs 1 S 4 iVm S 2 BGB) erscheint die Zustimmung des gesetzlichen Vertreters hier tatsächlich verzichtbar, weil durch die Beistandschaft weder der Mutter noch dem Kind Nachteile erwachsen können. 25

4. Antrag der geschäftsunfähigen werdenden Mutter (Abs 2 S 3)

a) Antrag durch gesetzlichen Vertreter

Für die **geschäftsunfähige** werdende Mutter kann nur ihr **gesetzlicher Vertreter** den Antrag stellen (§ 1713 Abs 2 S 3 BGB). Es musste insoweit der Grundsatz der Höchstpersönlichkeit durchbrochen werden; während man bei einer minderjährigen beschränkt geschäftsfähigen werdenden Mutter von dem erforderlichen Maß an Einsichtsfähigkeit ohne Weiteres ausgehen kann, kann einer Geschäftsunfähigen die Entscheidung nicht überlassen werden; teilweise wird sie zu einer Entscheidung gar nicht in der Lage sein (BT-Drucks 13/892, 38). 26

Da andererseits dem werdenden Kind der Schutz der Beistandschaft in diesem Fall nicht versagt werden sollte (BT-Drucks 13/892, 38), wurde der Konflikt zu Recht durch eine Durchbrechung des Höchstpersönlichkeitsprinzips gelöst (vgl auch die Lösung bei der Anerkennung der Vaterschaft und der Zustimmung der Mutter bei Geschäftsunfähigkeit in §§ 1596 Abs 1 S 2 und 3 und Abs 4 BGB – hier ist auch die Genehmigung des Familien- bzw Betreuungsgerichts erforderlich).

b) Zweifelhafte Geschäftsunfähigkeit, Betreuung

27 Die **Feststellung der Geschäftsunfähigkeit** der volljährigen werdenden Mutter kann Schwierigkeiten aufwerfen, insbesondere dann, wenn die Mutter einen **Betreuer** hat. An der Regelung wurde daher Kritik geäußert (vgl Staudinger/Bienwald [2017] § 1896 Rn 49 ff und § 1903 Rn 66); da das Betreuungsrecht wegen der Schutzbedürftigkeit Betroffener sowohl bei der Anordnung der Betreuung nach § 1814 BGB als auch bei der Anordnung eines Einwilligungsvorbehalts nach § 1825 BGB gerade auf die Anknüpfung an die Geschäftsfähigkeit verzichtet habe, sei die Anknüpfung in § 1713 Abs 2 S 3 BGB systemwidrig; für die Feststellung der Geschäftsfähigkeit gebe es kein geregeltes Verfahren. Der Beistand könne nicht wissen, ob er bei Antragstellung die Mutter vertrete (Bienwald FamRZ 1994, 10; FamRefK/Sonnenfeld § 1713 Rn 17). Diese Kritik ist *nicht berechtigt:* Unzutreffend ist bereits die Parallele zum Betreuungsrecht. Dort geht es um den Schutz des möglicherweise geschäftsunfähigen *Betreuten.* In § 1713 Abs 2 BGB geht es um den Schutz des *Kindes,* dessen besondere Schutzbedürftigkeit durch die Geschäftsunfähigkeit der Mutter *ausgelöst* ist. Überdies würde die Kritik die gesamte Systematik der Sorgerechtsregelung bei Geschäftsunfähigkeit eines Elternteils treffen: Nach der Geburt wird die Feststellung der Geschäftsunfähigkeit der Mutter nicht einfacher und dennoch knüpft das Gesetz hieran gemäß §§ 1673 Abs 1, 1773 Abs 1, 1786 BGB den Eintritt der Amtsvormundschaft. Das Jugendamt muss also die Geschäfts(un)fähigkeit der Mutter prüfen, sei es, dass die Mutter den Antrag stellt und Zweifel an der Geschäftsfähigkeit bestehen, sei es, dass ihn ein Betreuer stellt. Bei dieser seitens der Kritik als bedenklich herausgestellten Folge (FamRefK/Sonnenfeld § 1713 Rn 17) handelt es sich um nichts anderes als um das Risiko, das das Betreuungsrecht dem Rechtsverkehr – man denke an die alltäglichen Probleme für Sparkassen und Banken im Umgang mit Betreuten – zugemutet hat, indem die konstitutive Feststellung der Geschäftsunfähigkeit beseitigt und die Geschäftsunfähigkeit auf den Fall der natürlichen Geschäftsunfähigkeit nach § 104 Nr 2 BGB eingeschränkt wurde. Die Diskussion über Vor- und Nachteile dieser Grundentscheidung wird man schwerlich am Antragsrecht nach § 1713 Abs 2 S 3 BGB führen dürfen.

Von Geschäftsunfähigkeit ist nach § 104 Nr 2, 105 Abs 2 BGB dann auszugehen, wenn sich die Mutter in einem Zustand befindet, der ihre Einsichts- und Steuerungsfähigkeit ausschließt und nicht lediglich vorübergehender Natur ist (vgl dazu Staudinger/Klumpp [2021] § 104 Rn 6 ff). Die Feststellung der Frage der Geschäftsfähigkeit hat das Jugendamt von Amts wegen aufzuklären (Erman/Roth § 1713 Rn 6; BeckOGK/Uhl [1. 5. 2023] § 1713 Rn 34). Hierzu muss es sich ein persönliches Bild von der betroffenen Mutter machen, um die Einschätzung des Betreuers bitten und Einsicht in die Akten des Betreuungsgerichts (vgl § 13 Abs 2 FamFG) und der Betreuungsbehörde nehmen (zu den Voraussetzungen DIJuF-Rechtsgutachten JAmt 2016, 480, 482 f). Verbleiben dennoch Zweifel, kann das Jugendamt die Einholung eines Sachverständigengutachtens vermeiden, wenn es veranlasst, dass sowohl der **Betreuer als auch die betroffene Mutter** den Antrag unterschreibt, sodass dessen Wirksamkeit ohne verbleibende Zweifel gegeben ist.

Das Gesetz lässt es wegen des Höchstpersönlichkeitsgrundsatzes nicht zu, dass ein **Vorsorgebevollmächtigter** die Erklärung für die Mutter abgibt, da dieser nicht gesetzlicher Vertreter ist (BeckOGK/Uhl [1. 5. 2023] § 1713 Rn 33).

c) Anordnung von Betreuung und Antragsrecht

Die **Bestellung eines Betreuers** für die volljährige Mutter berührt als solche ihr Antragsrecht nicht, da die Anordnung einer Betreuung – auch iVm einem Einwilligungsvorbehalt – die Geschäftsfähigkeit nicht beeinflusst. Ist die betreute werdende Mutter geschäftsfähig, so ist sie nach § 1713 Abs 1 BGB antragsbefugt, ist sie geschäftsunfähig, so ergibt sich die Antragsbefugnis aus § 1713 Abs 2 S 1 BGB, die Vertretungsbefugnis des Betreuers folgt aus § 1713 Abs 2 S 3 BGB, sofern der Betreuer für diesen Aufgabenkreis bestellt ist. Dies ist anzunehmen, wenn er speziell für diese Aufgabe bestellt wird (was kaum praktikabel sein wird) oder wenn er für den Aufgabenkreis „Personensorge“ bestellt ist (insoweit zutreffend FamRefK/Sonnenfeld § 1713 Rn 17). 28

Ist ein **Einwilligungsvorbehalt** nach § 1825 BGB angeordnet, so erstreckt sich dieser nicht auf den Antrag nach § 1713 BGB, da es sich hierbei um eine Willenserklärung handelt, zu der ein beschränkt Geschäftsfähiger nach § 1713 Abs 2 S 2 BGB *nicht* der Zustimmung seines gesetzlichen Vertreters bedarf (§ 1825 Abs 2 Nr 5 BGB). Entscheidendes Kriterium bleibt auch in diesem Fall die Geschäfts-(un-)fähigkeit der Mutter.

5. Antragsrecht des in der Geschäftsfähigkeit beschränkten werdenden Vaters?

a) Nach dem **Wortlaut** des § 1713 Abs 2 BGB besteht ein vorgeburtliches Antragsrecht bei Beschränkung der Geschäftsfähigkeit nur für die Mutter. Der **Vater** ist nach § 1713 Abs 1 BGB nur antragsberechtigt, wenn ihm die elterliche Sorge allein zustünde, wäre das Kind bereits geboren. 29

b) Diese Beschränkung auf die Mutter dürfte sich daraus ergeben, dass der Gesetzgeber von dem Modellfall der unverheirateten werdenden Mutter ausging. Betrachtet man jedoch alle in Betracht kommenden Konstellationen (oben Rn 17), so zeigt sich, dass der intendierte **Schutz des Kindes** ohne ein Antragsrecht des werdenden Vaters in Ausnahmefällen **lückenhaft** sein kann. 30

Sind die *Eltern verheiratet,* ist der Vater minderjährig (vgl § 1303 Abs 2 aF) und wird die werdende Mutter geschäftsunfähig, so kann zwar ein Betreuer der Mutter den Antrag stellen. Effizienteren Schutz erhielte das Kind, wenn der minderjährige Vater den Antrag stellen könnte. Dass dies in § 1713 Abs 2 BGB nicht geregelt ist, erweist sich als systemwidrige und wohl nicht bedachte Lücke: Wäre der Vater in dieser Konstellation voll geschäftsfähig, so könnte er bei Eintritt der Geschäftsunfähigkeit der werdenden Mutter den Antrag nach § 1713 Abs 1 BGB stellen, weil nach Geburt des Kindes das Sorgerecht gemäß § 1678 Abs 1 BGB von ihm allein auszuüben wäre. Der Gesetzgeber hat in seiner Fixierung auf das Modell der unverheirateten werdenden Mutter (vgl auch MünchKommBGB/vSachsen Gessaphe § 1713 Rn 17) nicht gesehen, dass angesichts der Geschäftsunfähigkeit der Mutter und der Minderjährigkeit des Vaters das Kind ggf noch mehr schutzbedürftig sein kann als im Vergleichsfall und auch im Übrigen Art 6 Abs 1 und 2 S 1 GG durch ein väterliches Antragsrecht in diesen Ausnahmefällen eine solche Lösung verlangen können. Nach Inkrafttreten des KinderehenG (BGBl 2017 I 2429) und des nunmehr geltenden Verbots der Minderjährigenehe (§ 1303 BGB nF) hat sich aber dieses Problem weitgehend erledigt.

Ähnlich verhält es sich bei *gemeinsamer Sorgeerklärung,* bei der sogar beide Eltern minderjährig sein können (§ 1626c Abs 2 S 1 BGB); in Betracht kommt daneben auch hier, dass die volljährige Mutter nach Abgabe der Sorgeerklärung geschäftsunfähig wird. Wiederum kann zwar die minderjährige werdende Mutter oder der Betreuer der Geschäftsunfähigen den Antrag stellen; doch erscheint es angesichts der gewollt herbeigeführten gemeinsamen elterlichen Sorge nicht befriedigend, dass der werdende Vater die Initiative zum Schutz des Kindes nicht soll ergreifen können; zumal dies bei minderjährigen Eltern oft der einzig effiziente Weg ist, Unterhaltsansprüche des Kindes gegen seine *Großeltern* schon vor der Geburt zu sichern.

Die Lücke kann durch **analoge Anwendung** des Abs 2 auf den werdenden Vater geschlossen werden (wie hier BeckOK-BGB/Pöcker [1. 8. 2023] § 1713 Rn 8; Erman/Roth § 1713 Rn 5; MünchKommBGB/vSachsen Gessaphe § 1713 Rn 17; **aA** BeckOGK/Uhl [1. 5. 2023] § 1713 Rn 30: keine konkurrierenden Antragsrechte). Diese Analogie ist (nur) dann zu ziehen, wenn dem Sorgerecht des Vaters nur der Mangel oder die Beschränkung seiner Geschäftsfähigkeit entgegensteht. Hingegen kommt eine Analogie nicht in Betracht, wenn der Vater die elterliche Sorge auch nicht innehätte, wenn er voll geschäftsfähig wäre (Situation des § 1626a Abs 3 BGB). Die weiteren Voraussetzungen ergeben sich aus der wortlautentsprechenden Übertragung des § 1713 Abs 2 BGB auf den Vater. Insbesondere kann auch der werdende Vater nur dann die Beistandschaft beantragen, wenn das Kind unter Vormundschaft stünde, sofern es bereits geboren wäre.

§ 1714
Eintritt der Beistandschaft

Die Beistandschaft tritt ein, sobald der Antrag dem Jugendamt zugeht. Dies gilt auch, wenn der Antrag vor der Geburt des Kindes gestellt wird.

Materialien: neuer Inhalt idF des BeistG Regierungsentwurf BT-Drucks 12/7011, BT-Drucks 13/892; Stellungnahme des Bundesrates BR-Drucks 890/93, BR-Drucks 7/95 = BT-Drucks 13/892, 49 ff; Bericht des Rechtsausschusses BT-Drucks 13/8509.

Schrifttum

Siehe Vorbem zu §§ 1712–1717.

Systematische Übersicht

I. Normzweck, Gesetzgebungsgeschichte

1 Die unverändert auf den Regierungsentwurf des BeistG (BT-Drucks 13/892, 38) zurückgehende Bestimmung verwirklicht das Prinzip der **ausschließlich vom Willen des Antragstellers abhängigen** Begründung der Beistandschaft (Vorbem 12 f zu §§ 1712–1717). Die Beistandschaft ist ein unbedingtes Hilfsangebot, das weder von einer gerichtlichen Entscheidung abhängt (BT-Drucks 13/892, 38) noch von der Prüfung eines Fürsorgebedürfnisses durch das Jugendamt oder dessen Zustimmung (Grüneberg/Götz § 1714 Rn 1; FK-SGB VIII/Hoffmann § 55 Rn 11).

II. Wirksamwerden der Beistandschaft (Satz 1)

1. Wirksamwerden mit Zugang

a) Zugang, Adressat

2 Der Antrag nach § 1712 BGB bedarf des **Zugangs** (§ 130 Abs 3, Abs 1 BGB; Grüneberg/Götz § 1714 Rn 1); dies gilt, da es sich um eine schriftliche, also verkörperte, Willens- bzw Gestaltungserklärung (vgl § 1712 Rn 6) handelt, auch in dem voraussichtlich häufigen Fall, dass der Antrag in Gegenwart eines zuständigen Mitarbeiters des Jugendamts abgegeben wird. Erforderlich ist Zugang bei dem **örtlich zuständigen Jugendamt** (§ 1712 Rn 32) am gewöhnlichen Aufenthalt des Antragstellers (Meysen JAmt 2008, 120). Ausreichend ist der Zugang bei der **Eingangsstelle** des Jugendamts; der Zugang beim *Träger des Jugendamts* genügt zwar nicht (Oberloskamp/Dürbeck/Walther, Vormundschaft [5. Aufl 2023] § 23 Rn 35 f), dieser ist jedoch aufgrund der **allgemeinen Amtspflicht** zur Weiterleitung verpflichtet (NK-BGB/Zempel § 1714 Rn 5). Geht der Antrag bei einem örtlich unzuständigen Jugendamt ein, tritt Beistandschaft nicht ein, da auch § 16 Abs 1 S 2 SGB I nicht anwendbar ist (LPK-SGB VIII/Kunkel/Leonhardt/Sievertsen Exkurs §§ 52a-58a Rn 49; Meysen JAmt 2008, 120; **aA** Wiesner/Wapler/Walther § 55 SGB VIII Rn 31: § 16 Abs 1 SGB I analog). Eine Verpflichtung zur Weiterleitung durch unzuständige Jugendämter oder sonstige Behörden kann sich zwar nicht aus § 16 Abs 2 SGB I, aber aus einer allgemeinen Amtspflicht ergeben (BeckOK-BGB/Pöcker [1. 8. 2023] § 1714 Rn 4.1).

b) Eintritt der Beistandschaft durch Zugang

3 Über das Wirksamwerden des Antrags als Willenserklärung hinaus knüpft § 1714 S 1 BGB an den Zugang zugleich den **Eintritt der Beistandschaft**. Dieser ist unmittelbare gesetzliche Rechtsfolge des Zugangs des Antrags, ohne dass es einer Annahme oder einer Entscheidung durch das Jugendamt oder einer Bestellung des Beistands durch ein Gericht bedarf (BT-Drucks 13/892, 38; Oberloskamp/Dürbeck/Walther, Vormundschaft [5. Aufl 2023] § 23 Rn 36; Grüneberg/Götz § 1714 Rn 1; FamRefK/Sonnenfeld § 1714 Rn 2; Roth KindPrax 1998, 12, 14). Auch wird dem Jugendamt weder eine gerichtliche Bestellungsurkunde iSv § 168b Abs 1 FamFG noch eine Bescheinigung iSv von § 168b Abs 2 FamFG ausgestellt (Knittel DAVorm 1995, 917). Anders als noch im Regierungsentwurf vorgesehen (BT-Drucks 13/892, 46, E § 57a SGB VIII), ist auch keine *Mitteilung* des Jugendamts an das Familiengericht vorgesehen, da eine Aufsicht über die Tätigkeit des Jugendamts als Beistand nicht vorgesehen ist (BT-Drucks 13/892, 50).

Wurde der **Antrag beschränkt** gemäß § 1712 Abs 2 BGB auf einzelne der in § 1712 Abs 1 BGB bezeichneten Aufgaben, so begrenzt dies unmittelbar die Reichweite der mit Zugang eines solchen Antrags eintretenden Beistandschaft.

2. Prüfung der Entstehensvoraussetzungen durch Jugendamt und Gerichte

4 Da mit dem Eintritt der Beistandschaft das Jugendamt im Umfang der erfassten Aufgabenkreise **gesetzlicher Vertreter** des Kindes wird, ist das Jugendamt berechtigt und verpflichtet, die Voraussetzungen der Wirksamkeit des Antrags zu prüfen, ehe es von der gesetzlichen Vertretungsmacht Gebrauch macht. Zum Nachweis der alleinigen elterlichen Sorge des antragstellenden Elternteils – sofern nicht die Voraussetzungen des § 1713 Abs 2 BGB vorliegen – vgl § 1713 Rn 4. Zur Prüfung der Frage der Geschäftsfähigkeit des Antragstellers vgl § 1713 Rn 16, 26, 27.

Ist der Antrag fehlerfrei, die Beistandschaft also eingetreten, so ist kein **Bescheid** vorgesehen (Oberloskamp/Dürbeck/Walther, Vormundschaft [5. Aufl 2023] § 23 Rn 36; Grüneberg/Götz § 1714 Rn 1; **aA** Völker/Clausius, Sorge- und Umgangsrecht [8. Aufl 2021] § 12 Rn 151: Entscheidung durch Verwaltungsakt); das Jugendamt wird angesichts der gestaltenden Wirkung des Antrags kraft Gesetzes als Beistand tätig. Erweist sich der Antrag als fehlerhaft, so hat das Jugendamt den Antragsteller entsprechend zu verbescheiden; erst dieser Bescheid ist Verwaltungsakt, gegen den der Verwaltungsrechtsweg eröffnet ist (OVG Münster JAmt 2001, 596; LPK-SGB VIII/Kunkel/Leonhardt/Sievertsen Exkurs §§ 52a-58a Rn 46; NK-BGB/Zempel § 1714 Rn 2; **aA** BeckOGK/Uhl [1. 5. 2023] § 1714 Rn 21: keine Befugnis zum Erlass eines Negativbescheids, daher nur Feststellungsklage nach § 43 VwGO). Ergeht kein Verwaltungsakt, kann der betroffene Elternteil Feststellungsklage nach § 43 Abs 1 VwGO erheben. Unterlässt das Jugendamt eine Benachrichtigung des Antragstellers und wird wegen Fehlens der Voraussetzungen der Beistandschaft nicht tätig, so können sich Schadensersatzansprüche aus **Amtspflichtverletzung** ergeben, insbesondere wenn hierdurch Fristen versäumt werden (zur Haftung des Jugendamts § 1716 Rn 14).

Vertritt das Jugendamt das Kind in einer **Unterhaltssache, einem Vollstreckungsverfahren** oder in einem Verfahren nach dem **FamFG**, so prüft das Gericht die **ordnungsgemäße Vertretung als Verfahrensvoraussetzung** von Amts wegen nach § 56 ZPO, der nach § 9 Abs 5 FamFG auch im Abstammungsverfahren gilt (OLG Naumburg FamRZ 2002, 834; DIJuF-Rechtsgutachten JAmt 2016, 430). § 56 ZPO gilt insoweit auch für die Frage, ob ein minderjähriger Beteiligter ordnungsgemäß gesetzlich vertreten ist (OLG Karlsruhe 23. 3. 2015 – 9 W 6/15, juris Rn 12, FamRZ 2015, 1413). Eine Nachprüfung der Legitimation des Beistands wird aber nur dann veranlasst sein, wenn Umstände vorliegen, die Zweifel hieran begründen können (Thomas/Putzo/Hüsstege § 56 ZPO Rn 1). Sieht das Familien- oder Vollstreckungsgericht solche Zweifel, muss der Beistand eine Kopie des Antrages des betreffenden Elternteils und des jugendamtsinternen Bestellungsakts bzw der Geschäftsverteilung (§ 55 Abs 2 S 1 SGB VIII) vorlegen (DIJuF-Rechtsgutachten JAmt 2016, 430, 431). Wird das JAmt außerhalb der Beistandschaft kraft einer Vollmacht tätig, ist § 80 ZPO zu beachten (vgl BGH 29. 6. 2022 – VII ZB 14/19, FamRZ 2022, 1638 für das Zwangsvollstreckungsverfahren, bei dem eine gewillkürte Vertretung nach § 79 Abs 2 ZPO unzulässig ist).

III. Antrag vor der Geburt des Kindes (Satz 2)

5 Der vor der Geburt des Kindes gestellte Antrag lässt ebenfalls bereits mit Zugang die Beistandschaft entstehen (§ 1714 S 2 BGB). Dies gilt gleichermaßen für den Antrag vor Geburt aufgrund § 1713 Abs 1 2. Alt BGB (§ 1713 Rn 9 ff) als auch für den

Antrag nach § 1713 Abs 2 BGB (§ 1713 Rn 17 ff). Hierdurch wird lediglich klargestellt (FamRefK/Sonnenfeld § 1714 Rn 3), dass die Beistandschaft bereits vor der Geburt des Kindes entsteht, das Jugendamt also gesetzlicher Vertreter des Kindes im Aufgabenkreis des § 1712 BGB wird und daher die Bestellung eines Pflegers für die Leibesfrucht im Rahmen der Vaterschaftsfeststellung und Unterhaltssicherung nicht erforderlich ist (Grüneberg/Götz § 1714 Rn 2).

§ 1715
Beendigung der Beistandschaft

(1) Die Beistandschaft endet, wenn der Antragsteller dies schriftlich verlangt. § 1712 Abs. 2 und § 1714 gelten entsprechend.

(2) Die Beistandschaft endet auch, sobald der Antragsteller keine der in § 1713 genannten Voraussetzungen mehr erfüllt.

Materialien: neuer Inhalt idF des BeistG Regierungsentwurf BT-Drucks 12/7011, BT-Drucks 13/892; Stellungnahme des Bundesrates BR-Drucks 890/93, BR-Drucks 7/95 = BT-Drucks 13/892, 49 ff; Bericht des Rechtsausschusses BT-Drucks 13/8509.

Schrifttum

Siehe Vorbem zu §§ 1712–1717.

Systematische Übersicht

Alphabetische Übersicht

I. Normzweck, Gesetzgebungsgeschichte

1. Beendigung bei Wegfall der Voraussetzungen

1 Die unverändert auf den Regierungsentwurf (BT-Drucks 13/892, 38 ff) zurückgehende Bestimmung enthält Regelungen über die **Beendigung der Beistandschaft**, die jedoch nicht abschließend sind, sondern durch § 1717 BGB und die in § 1716 S 2 BGB enthaltene Verweisung auf das Pflegschaftsrecht (§ 1812 Abs 2 BGB nF) ergänzt werden (BT-Drucks 13/892, 39). Die in § 1715 Abs 1 und 2 BGB genannten Beendigungsgründe bringen den engen Zusammenhang zwischen dem Bestand der Beistandschaft und dem Willen des Antragstellers, den §§ 1712, 1713 BGB für die Entstehung der **freiwilligen** Beistandschaft normieren, auch für deren Fortbestand und deren Beendigung zum Ausdruck. § 1715 Abs 1 BGB stellt die Beistandschaft zur jederzeitigen Disposition des Antragstellers. Dem Charakter der Beistandschaft als freiwilliges Hilfsangebot entspricht es, dass der Antragsteller sie jederzeit beenden kann (BT-Drucks 13/892, 39).

§ 1715 Abs 2 BGB bindet den Bestand der Beistandschaft an die für die Antragsbefugnis vorausgesetzten Tatbestände. Auch dies beruht auf dem **Freiwilligkeitsprinzip**; das Bestehen der Beistandschaft soll nur vom Willen des allein sorgeberechtigten Elternteils abhängen. Endet die Antragsberechtigung, so soll der andere Elternteil – sofern er die Antragsvoraussetzungen erfüllt – selbst entscheiden, ob er auch die Hilfe des Jugendamts in Anspruch nehmen will (BT-Drucks 13/892, 39 f). Die Beistandschaft verselbständigt sich also nicht von Antrag und Antragsbefugnis, sondern bleibt mit beiden kausal verbunden.

2. Keine Beendigung durch Zweckerreichung

2 Im **Gesetzgebungsverfahren** hatte der **Bundesrat** angeregt, weitere Beendigungsgründe aufzunehmen. Die Beistandschaft sollte hiernach wegen **Zweckerreichung** enden, wenn „die Vaterschaft festgestellt ist und titulierte Zahlungsansprüche erfüllt bzw Unterhaltszahlungen ein Jahr seit ihrer Festlegung regelmäßig geleistet worden sind" (BT-Drucks 13/892, 49). Dem wurde nicht gefolgt, da eine solche Beendigung in vielen Fällen zur Folge hätte, dass den betroffenen Elternteilen und Kindern bei später erforderlichen Anpassungen der Unterhaltstitel keine Unterstützung zuteilwürde. Die Möglichkeit, die Beistandschaft bei späterer Säumigkeit des Unterhaltsschuldners durch einen erneuten Antrag wieder aufleben zu lassen, erschien nicht ausreichend (Gegenäußerung der Bundesregierung BT-Drucks 13/892, 54).

Ausnahmsweise kann eine Anregung des Jugendamts in Betracht kommen, der Sorgeberechtigte möge die Aufhebung beantragen, weil absehbar keine Aufgaben mehr bestehen. Das dient jedoch allenfalls der Bereinigung von Akten, weil eine aufgabenlose Beistandschaft weder Kosten noch Mühen verursacht (DIJuF-Rechtsgutachten JAmt 2011, 326, 327). Als Beendigungsgrund kommt aber aufgrund der **Verweisung von § 1716 S 2 BGB auf das Pflegschaftsrecht** die **Erledigung nach § 1812 Abs 2 Hs 2 BGB** in Betracht, dessen Anwendungsbereich bei der Beistandschaft aber auf die Vaterschaftsfeststellung beschränkt ist, vgl unten Rn 22.

Der außerdem vorgeschlagene Beendigungsgrund der **Aufenthaltsverlegung in das Ausland** (BT-Drucks 13/892, 49) wurde aus systematischen Gründen in § 1717 BGB aufgenommen.

3. Keine Beendigung durch das Jugendamt

3 Anregungen aus Jugendamtskreisen, auch dem **Jugendamt** die Möglichkeit zu geben, **sich von der Beistandschaft zu lösen** (Beinkinstadt DAVorm 1993, 755, 757; Gawlitta ZfJ 1998, 156), wurden im Gesetzgebungsverfahren zu Recht nicht aufgegriffen. Auch der Praxisbeirat Beistandschaft beim DIJuF hat in seiner Sitzung vom 25. 11. 2019 (abrufbar unter dijuf.de/Weitere Fachgremien) im Rahmen der von ihm unterbreiteten Reformvorschläge unter Ziffer III 2 gefordert, § 1715 BGB dahin zu ergänzen, dass die Beistandschaft auch durch die zuständige Fachkraft des Jugendamts beendet werden können soll, etwa wenn der betreffende Elternteil nicht mit der Fachkraft zusammenarbeite oder dieser in der Zwischenzeit einen Rechtsanwalt mit der Geltendmachung des Kindesunterhaltsanspruchs beauftragt hat. In diesen Fällen solle die Mitteilung der Beendigung einen Hinweis enthalten, dass jederzeit die Errichtung einer (neuen) Beistandschaft wieder beantragt werden könne. Das Anliegen der Jugendämter, in den zuvor geschilderten Fällen von sich aus die Beistandschaft beenden zu können, ist sicher nachvollziehbar. Allerdings bestünde hier – vor allem in der zuerst genannten Fallgruppe – die Gefahr, dass auf diesem Wege unbequeme oder gar querulatorische Elternteile von der Beistandschaft ausgeschlossen werden könnten. Zuzugeben ist auch, dass es Ausnahmefälle geben mag, in denen der allein Sorgeberechtigte die Arbeit des Beistands zu steuern versucht, eine am Kindeswohl orientierte Interessenwahrnehmung erschwert, aber das „erlösende" Beendigungsverlangen nicht stellt. Eine solche Konstellation kann auch eintreten, wenn der betreffende Elternteil einen Dritten, zB seinen Ehegatten, mit der Korrespondenz mit dem Jugendamt bevollmächtigt hat (vgl DIJuF-Rechtsgutachten JAmt 2015, 230: „unverschämter Kommunikationsstil"). Dem Jugendamt eine Lösungsmöglichkeit zu geben, hätte aber bedeutet, dass in Einzelfällen das Jugendamt den Sorgeberechtigten durch Drohung mit der Niederlegung der Beistandschaft hätte disziplinieren können (so auch DIJuF-Rechtsgutachten JAmt 2010, 230). Wenn im Konflikt zwischen Sorgeberechtigtem und Beistand die Behörde gegenüber dem Sorgeberechtigten weniger Handlungsmöglichkeiten hat als dieser, so entspricht das, bis zur Grenze des § 1666 BGB, durchaus der subsidiären Bedeutung des staatlichen Wächteramtes. Verhält sich der Antragsteller oder ein von ihm bestellter Vertreter querulatorisch, so sollte das Jugendamt mit sachlicher Distanz reagieren; eine Verpflichtung, sich auf Erörterungen der Vorgehensweise einzulassen, besteht mangels Weisungsbefugnis nicht (DIJuF-Rechtsgutachten JAmt 2010, 230). Auch bei konflikthafter Kommunikation obliegt es dem Jugendamt, diese im notwendigen Umfang beizubehalten (DIJuF-Rechtsgutachten JAmt 2015, 230).

II. Ende der Beistandschaft auf Verlangen (Abs 1)

1. Berechtigter

a) Verlangen des Antragstellers

4 Die Beistandschaft endet auf **schriftliches Verlangen** des **Antragstellers** (§ 1715 Abs 1 S 1 BGB; Meysen JAmt 2008, 120, 123).

Zu diesem Verlangen **berechtigter** Antragsteller ist der Elternteil oder Vormund, auf dessen Antrag die Beistandschaft eingetreten ist. Ein anderer nunmehr Antragsberechtigter, kann das Beendigungsverlangen nicht stellen; hierfür besteht auch kein Bedürfnis: Liegen in der Person des vormaligen Antragstellers die Voraussetzungen der Antragsbefugnis nach § 1713 BGB nicht mehr vor, so ist die Beistandschaft ohnehin bereits nach § 1715 Abs 2 BGB kraft Gesetzes beendet (FamRefK/Sonnenfeld § 1715 Rn 4; Grüneberg/Götz § 1715 Rn 3).

War die Beistandschaft durch **Überleitung** nach Art 223 EGBGB entstanden, so war ein *ursprünglicher Antragsteller,* auf den § 1715 Abs 1 S 1 BGB abstellt, nicht vorhanden. Da auch in diesem Fall die Beistandschaft nicht ohne oder gar gegen den Willen der allein sorgeberechtigten Mutter (nur im Fall des § 1705 aF konnte eine Amtspflegschaft nach §§ 1706 ff aF bestehen) bestehen sollte, stand die Befugnis, das Beendigungsverlangen zu stellen, der **allein sorgeberechtigten Mutter** zu (BT-Drucks 13/892, 48; DIV-Gutachten DAVorm 1999, 868, 869). War die Mutter nicht mehr allein sorgeberechtigt, übte jedoch die Obhut über das Kind aus, so galt dasselbe. Bei gemeinsamer Sorge ohne Obhut der Mutter endete die Beistandschaft gemäß § 1715 Abs 2 BGB.

b) Antragstellender Vormund

War Antragsteller ein ehrenamtlich tätiger **Vormund** oder eine Pflegeperson iSd § 1630 Abs 3 BGB (§ 1713 Abs 1 S 3 BGB nF), so kann ebenfalls nur dieser das Aufhebungsverlangen stellen; wurde der Vormund durch einen Vormund abgelöst oder ist die Vormundschaft beendigt, weil das Kind nunmehr unter elterlicher Sorge steht (§ 1812 Abs 2 Hs 1 BGB), so geht die Befugnis zur Stellung des Beendigungsverlangens *nicht* auf den neuen Vormund oder den sorgeberechtigten Elternteil über. Vielmehr endet auch in diesen Fällen die Beistandschaft nach § 1715 Abs 2 BGB. Dies entspricht der Bindung ihres Fortbestandes an den Willen und damit auch an die Antragsbefugnis des vormaligen Antragstellers. Maßgeblich ist dabei dessen *Person,* nicht dessen *Funktion* (Vormund). Insbesondere entspricht es dem Zweck der Regelung, dass der nachfolgende Sorgeberechtigte selbst entscheiden dürfen soll, ob er das Hilfsangebot der Beistandschaft annimmt. Ist der neu bestellte Vormund ebenfalls ein ehrenamtlicher Vormund oder eine Pflegeperson mit Kompetenzen nach § 1630 Abs 3 BGB (§ 1713 Abs 1 S 3 BGB), steht ihm ein eigenes neues Antragsrecht zu (BeckOGK/Uhl [1. 5. 2023] § 1715 Rn 25). Fällt er nicht unter den Personenkreis des § 1713 Abs 1 S 3 BGB, ist er nicht antragsbefugt. 5

2. Zugang, Form, Zeitpunkt

Das Beendigungsverlangen ist, ebenso wie der Antrag, **schriftlich** zu stellen (dazu § 1712 Rn 8). Es ist in gleicher Weise wie der Antrag **zugangsbedürftige Willenserklärung** (Meysen JAmt 2008, 120, 123). Adressat ist aufgrund Verweisung aus § 1715 Abs 1 S 2 BGB auf § 1714 BGB das Jugendamt. **Zuständig** ist das Jugendamt, das im Zeitpunkt des Zugangs die Beistandschaft führt. Wurde im Fall des Aufenthaltswechsels die Führung der Beistandschaft von einem anderen Jugendamt übernommen (§ 1712 Rn 32), so ist das Aufhebungsverlangen an dieses Jugendamt zu richten. Wird das Verlangen an das Jugendamt gerichtet, welches ursprünglich den Antrag entgegengenommen hatte, so ist dieses aufgrund allgemeiner Amtspflicht zur unverzüglichen **Weiterleitung** an das zuständige Jugendamt verpflichtet (BeckOGK/Uhl [1. 5. 2023] § 1715 Rn 11; vgl § 1712 Rn 32); die Beistandschaft endet auch in diesem Fall (erst) mit Zugang 6 bei dem zuständigen Jugendamt (MünchKommBGB/vSachsen Gessaphe § 1715 Rn 3; vgl unten Rn 7). Das Beendigungsverlangen kann bereits **vor Geburt des Kindes** gestellt werden (§ 1715 Abs 1 S 2 iVm § 1714 S 2 BGB).

Obgleich § 1715 Abs 1 BGB nicht auf § 1713 Abs 1 S 4 BGB verweist, ist auch für das Beendigungsverlangen **Höchstpersönlichkeit** zu verlangen (wie hier Wiesner/Wapler/Walther § 55 SGB VIII Rn 36; MünchKommBGB/vSachsen Gessaphe § 1715 Rn 3; BeckOK-BGB/Pöcker [1. 8. 2023] § 1715 Rn 2; DIJuF-Rechtsgutachten JAmt 2013, 316; JAmt 2010, 230; **aA** FK-SGB VIII/Hoffmann § 55 Rn 15; Amend-Traut/Schlereth FamRZ 2021, 1599, 1601); rechtsgeschäftliche Vertretung, etwa durch einen **Rechtsanwalt**, ist ausgeschlossen. Da das Beendigungsverlangen die Bindung der Beistandschaft an den Willen des allein Sorgeberechtigten zum Ausdruck bringt und deshalb vollständig parallel zum Antrag konstruiert ist, widerspräche es seiner Natur ebenso wie der des Antrags, gewillkürte Stellvertretung zuzulassen. Einer entsprechenden Anwendung von § 1713 Abs 1 S 4 BGB steht nicht entgegen, dass § 1715 Abs 2 S 2 BGB diese Bestimmung nicht in die Verweisung auf die Bestimmungen zur Reichweite und rechtsgeschäftlichen Behandlung des Antrags aufnimmt; offenbar wurde übersehen, dass § 1713 Abs 1 in Satz 4 BGB nicht nur die – für das Beendigungsverlangen nicht relevante – Antrags*befugnis*, sondern auch die *Rechtsnatur des Antrags* regelt.

3. Beendigung mit Zugang

7 Soweit das Beendigungsverlangen reicht, **endet die Beistandschaft** mit Zugang des Verlangens beim Jugendamt. Einer Annahme oder Entscheidung bedarf es, ebenso wie für den Antrag, nicht (§ 1715 Abs 1 S 2 iVm § 1714 BGB; missverständlich insoweit BGH 2. 12. 2020 – XII ZB 303/20, NJW 2021, 1956 Rn 12, der auf die Bestätigung durch das Jugendamt abstellt, allerdings mit dem Zusatz „spätestens"). Auch die im Regierungsentwurf vorgesehene *Mitteilung* an das Gericht (damals Vormundschaftsgericht; BT-Drucks 13/892, 46, E § 57a SGB VIII) ist bei Beendigung der Beistandschaft auch im Fall des § 1715 Abs 1 BGB *nicht* vorgesehen. Auch einer **inhaltlichen Begründung** des Aufhebungsverlangens bedarf es nicht. Ist zum Zeitpunkt des Eingangs des Aufhebungsverlangens ein gerichtliches Abstammungs- oder Unterhaltsverfahren **rechtshängig**, sollte das Jugendamt den betreffenden Elternteil oder Vormund darauf **hinweisen**, dass er seine gesetzliche Vertretung und sein Interesse an der Fortführung des Verfahrens dem Gericht gegenüber anzuzeigen hat (DIJuF-Rechtsgutachten JAmt 2002, 245; Wiesner/Wapler/Walther § 55 SGB VIII Rn 37). Im Falle eines verheirateten gemeinsam sorgeberechtigten Elternteils sollte bei einem **anhängigen Unterhaltsverfahren** ein Hinweis darauf erfolgen, dass aufgrund der dann eintretenden Rechtsfolge von § 1629 Abs 3 BGB (Verfahrensstandschaft) ein **gewillkürter Beteiligtenwechsel** vorzunehmen ist und nunmehr **Anwaltszwang** nach § 114 Abs 1 FamFG besteht (vgl Stockmann FamRB 2015, 395, 396). Ist der Zugang der Beendigungserklärung beim Jugendamt ungewiss (vgl den Fall von BGH 2. 12. 2020 – XII ZB 303/20, NJW 2021, 1956), dürfte die Erklärung des Jugendamts, es sei mit der Beauftragung eines Rechtsanwalts durch den Sorgeberechtigten einverstanden, für die Annahme der Beendigung der Beistandschaft genügen und auf den Nachweis des Zugangs eines förmlichen Beendigungsverlangens verzichtet werden (zutreffend Amend-Traut/Schlereth FamRZ 2021, 1599, 1602 f).

4. Eingeschränkte Beendigung

Eine **Beschränkung des Beendigungsverlangens** auf einzelne Aufgabenbereiche des § 1712 BGB ist in gleicher, aber nur sehr begrenzter Weise (dazu § 1712 Rn 9 ff) möglich wie eine Beschränkung des Antrags (§ 1715 Abs 1 S 2 BGB iVm § 1712 Abs 2 BGB). Es kommt also nicht nur eine Beschränkung auf einen der beiden in § 1712 Abs 1 BGB genannten Wirkungskreise in Betracht (vgl Diederichsen NJW 1998, 1977, 1989), sondern auch eine Einschränkung innerhalb des einzelnen Wirkungskreises, insbesondere innerhalb der Geltendmachung von Unterhaltsansprüchen. Allerdings kann eine Beschränkung der Aufhebung in einer Unterhaltssache nicht dahin erfolgen, dass die Beistandschaft insoweit fortgelten solle, als sie Unterhaltsansprüche des Kindes nur bis zu einem bestimmten Zeitpunkt betrifft, weil dies auf eine insoweit unzulässige Weisung an das Jugendamt hinauslaufen würde (DIJuF-Rechtsgutachten JAmt 2013, 316, 317; Wiesner/Wapler/Walther § 55 SGB VIII Rn 40). 8

5. Keine Aufrechterhaltung gegen den Beendigungsantrag

a) Kein Zustimmungserfordernis

Eine **Aufrechterhaltung** der Beistandschaft **gegen den Willen** des zur Stellung des Beendigungsverlangens befugten Elternteils ist nicht vorgesehen. 9

Der Gesetzgeber hat davon abgesehen, die Beendigung der Beistandschaft von einer **Zustimmung des Jugendamts** abhängig zu machen, bei deren Verweigerung der Sorgeberechtigte die Beendigung durch einen Rechtsbehelf hätte geltend machen müssen. Eine Zustimmungsbedürftigkeit könnte bei den allein sorgeberechtigten Elternteilen den Eindruck erwecken, der Antrag auf Beistandschaft berge ein Risiko in sich, dessen Eingehung reiflich überlegt werden müsse (BT-Drucks 13/892, 39).

b) Beendigung zur Unzeit

Damit besteht in seltenen Fällen die Gefahr, dass der Antragsberechtigte das Verlangen nach § 1715 Abs 1 BGB zur Unzeit stellt, also zu einem Zeitpunkt, in dem das **Kindeswohl einer Beendigung der Beistandschaft entgegensteht**. Diese Gefahr hat der Gesetzgeber gesehen; in Betracht kommen vor allem Fallgestaltungen, in denen die Vaterschaftsfeststellung oder die Unterhaltstitulierung in einem bereits laufenden Verfahren kurz bevorsteht und der allein sorgeberechtigte Elternteil auf Druck des anderen Elternteils die Beistandschaft beendet. Das ändert aber nichts daran, dass auch bei Eingang eines Aufhebungsverlangens zur Unzeit die Beistandschaft kraft Gesetzes endet (BeckOK-BGB/Pöcker [1. 8. 2023] § 1715 Rn 2.2; MünchKommBGB/vSachsen Gessaphe § 1715 Rn 4; Künne, Die Beistandschaft [2003] 278). 10

Wird in einer solchen Situation das Verlangen nach § 1715 Abs 1 BGB erklärt, so endet die Beistandschaft zwar mit Zugang des Beendigungsverlangens. Das Jugendamt hat jedoch, wenn es das Tätigwerden des *Familiengerichts* zur Abwendung einer **Gefährdung des Kindeswohls** für erforderlich hält, das Familiengericht anzurufen (§ 8a Abs 2 SGB VIII). Das Familiengericht entscheidet dann am Maßstab des § 1666 BGB, ob und in welchem Umfang die elterliche Sorge zu beschränken und ein Pfleger zu bestellen ist (§ 1809 BGB; MünchKommBGB/vSachsen Gessaphe § 1715 Rn 4; BeckOK-BGB/Pöcker [1. 8. 2023] § 1715 Rn 2.2; Diederichsen NJW 1998, 1977, 1989).

Von dieser Möglichkeit sollten Jugendämter **zurückhaltend Gebrauch machen** (MünchKommBGB/vSachsen Gessaphe § 1715 Rn 4). Es sind zahlreiche gute Gründe vorstellbar, die auch in einem laufenden Vaterschaftsfeststellungs- oder Unterhaltsverfahren den Antragsberechtigten veranlassen mögen, das Verfahren an sich zu ziehen. Ist zB eine Vaterschaftsanerkennung zu erwarten oder haben die Kindeseltern ihre Beziehung wieder aufgenommen, so muss eine die beidseitigen Gefühle schonende Lösung nicht unbedingt kindeswohlschädlich sein. Jugendämter mögen aus schlechter Erfahrung heraus dazu neigen, das im Verfahren schon Erreichte nicht aus der Hand geben zu wollen. Mancher Beistand mag auch von der Abstimmung seiner Verfahrensweise mit dem Sorgeberechtigten wenig halten (vgl die Glosse von Kemper ZfJ 1998, 308).

III. Ende der Beistandschaft durch Wegfall der Antragsbefugnis (Abs 2)

1. Wegfall der Voraussetzungen nach § 1713

11 Gemäß § 1715 Abs 2 BGB endet die Beistandschaft kraft Gesetzes, sobald der Antragsteller **keine der in § 1713 BGB genannten Voraussetzungen** mehr erfüllt (MünchKommBGB/vSachsen Gessaphe § 1715 Rn 5). Dies führt zwar in vielen Fällen zu dem Ergebnis, das sich auch aufgrund Verweisung aus § 1716 S 2 BGB auf das Pflegschaftsrecht und mittelbar (§ 1915 Abs 1 BGB) auf das Vormundschaftsrecht ergäbe. Die Regelung dient jedoch zum einen der Klarheit (BT-Drucks 13/892, 40). Zum anderen macht sie das Freiwilligkeitsprinzip, also die Verknüpfung der Beistandschaft mit dem Willen eines Antragsbefugten, deutlich (BT-Drucks 13/892, 39 f).

Der Fortbestand der Beistandschaft ist jedoch nicht an das Fortbestehen des konkret bei Antragstellung gegebenen Antragsrechts gebunden. Es genügt vielmehr, dass jederzeit der Antragsteller nach einem der in § 1713 Abs 1 *oder* Abs 2 BGB genannten Gründe antragsbefugt wäre (ebenso BeckOGK/Uhl [1. 5. 2023] § 1715 Rn 13); das ergibt sich aus dem Wortlaut des Abs 2 („keine der … Voraussetzungen mehr erfüllt").

2. Fallsituationen

a) Nach Geburt

12 **aa)** Die Beistandschaft endet damit nach Geburt des Kindes, wenn der Antragsteller gemäß § 1713 Abs 1 S 1 BGB antragsberechtigt war und nicht mehr **allein sorgeberechtigt** ist. Aus welchem Grund das alleinige Sorgerecht entfällt, ist unerheblich. Deshalb endet die Beistandschaft wegen

– **Wegfall des Sorgerechts** als solches, weil das Kind **volljährig** wird (OLG Frankfurt 23. 3. 2020 – 4 WF 27/20, juris Rn 8, FamRZ 2020, 1665; OLG Celle 14. 3. 2013 – 10 WF 76/13, juris Rn 14, ZKJ 2013, 370; OLG Saarbrücken 13. 12. 2011 – 4 U 456/10, juris Rn 97, FamRZ 2012, 801; OLG Karlsruhe 8. 8. 2000 – 2 WF 99/00, JAmt 2001, 302; OLG Naumburg FamRZ 2003, 160; DIJuF-Rechtsgutachten JAmt 2011, 146, 147), verstirbt (OLG Rostock FamRZ 2007, 1683; Grüneberg/Götz § 1715 Rn 3) oder die Vormundschaft (oben Rn 5) entfällt. Im familiengerichtlichen Verfahren ist insoweit der Zeitpunkt des Erlasses des die Instanz beendigenden Beschlusses iSd § 38 Abs 3 S 3 FamFG maßgeblich (OLG Frankfurt 23. 3. 2020 – 4 WF 27/20, juris Rn 8, FamRZ 2020, 1665).

- Erlangung einer **gemeinsamen elterlichen Sorge**, weil die Eltern einander heiraten, eine Sorgeerklärung abgeben (§ 1626a Abs 1 BGB) oder das gemeinsame Sorgerecht durch familiengerichtlichen Beschluss begründet wird (§ 1626a Abs 2 BGB), eine das Sorgerecht eines Elternteils entziehende *Entscheidung* aufgehoben wird (§ 1696 Abs 2 BGB), der Grund für das *Ruhen* der elterlichen Sorge eines Elternteils entfällt (§§ 1673, 1674 Abs 2 BGB) oder im Fall der *Stiefkindadoption* (§ 1755 Abs 2 BGB; DIJuF-Rechtsgutachten JAmt 2006, 343, 344). In diesen Fällen besteht die Beistandschaft jedoch fort, wenn der Antragsteller nunmehr (im unmittelbaren Anschluss) die Antragsvoraussetzungen nach § 1713 Abs 1 S 2 BGB erfüllt, das Kind sich also in seiner **alleinigen Obhut** befindet. Dies kommt insbesondere auch im Fall der Aufhebung oder Änderung von Sorgerechtsentscheidungen in Betracht. In diesem Fall bedarf es keines erneuten Antrags, wenn die Antragsbefugnis in der Person des vormaligen Antragstellers, wenn auch aus anderem Grund, fortbesteht.

- Verlust der elterlichen Sorge durch **Gründe in der Person des bisher allein Sorgeberechtigten**, also *Entzug des Sorgerechts* (§ 1666 BGB), *Ruhen* (§§ 1673, 1674 Abs 1 BGB), **Tod des Sorgeberechtigten** (§ 1680 Abs 2 oder 3 BGB; vgl DIJuF-Rechtsgutachten JAmt 2021, 16 und JAmt 2011, 453), **Wechsel in der Person des Vormunds oder Adoption** *des Kindes* durch einen Dritten (§ 1755 Abs 1 BGB; zum Ganzen: BT-Drucks 13/892, 39; Grüneberg/Götz § 1715 Rn 3; FamRefK/Sonnenfeld § 1715 Rn 10; Diederichsen NJW 1998, 1977, 1989; LJA Thüringen DAVorm 1999, 191, 195; DIJuF-Rechtsgutachten JAmt 2006, 343, 344). Das *OLG Celle* (OLG Celle 18. 11. 2019 – 21 UF 153/19, FamRZ 2020, 424) hat sich in einer Entscheidung zur Frage der Beendigung einer Beistandschaft nach § 1715 Abs 2 BGB wegen Wegfalls des gemeinsamen Sorgerechts während eines laufenden vereinfachten Unterhaltsverfahrens damit auseinandersetzen müssen, dass aufgrund vorangegangener Sorgerechtsentscheidungen nach § 1666 BGB und § 1626a Abs 2 BGB wegen unzureichender Tenorierung des vormaligen Beschwerdegerichts unklar war, ob der vormals zum Teil gemeinsam sorgeberechtigte Elternteil, in dessen Haushalt sich das Kind bei Begründung der Beistandschaft aufhielt, noch über das gemeinsame Sorgerecht verfügte. Zu Recht hat das OLG Celle ausgeführt, dass der Fortbestand der Beistandschaft von den Instanzgerichten bis zur Beendigung des jeweiligen Verfahrens zu prüfen ist. Allerdings kommt es insoweit nicht darauf an, ob der Obhutselternteil noch Mitinhaber der **Vermögenssorge** ist, weil nach ganz hM (BGH 3. 6. 1953 – IV ZB 39/53, NJW 1953, 1546; BeckOK-BGB/Veit [1. 11. 2019] § 1626 Rn 43.1; MünchKommBGB/Huber § 1626 Rn 35) die Geltendmachung von Kindesunterhalt und die Vertretung des Kindes die Personensorge betreffen. Der Kindesunterhalt dient nämlich nicht der Vermögensbildung, sondern der Befriedigung des persönlichen Bedarfs des Kindes. Auf das Ergebnis der Entscheidung hat sich dies aber nicht ausgewirkt.

- Die Beistandschaft endet auch, wenn beim Antragsteller die elterliche Sorge mit der Einwilligung in die Adoption des Kindes nach § 1751 Abs 1 BGB ruht (BeckOK-BGB/Pöcker [1. 5. 2022] § 1715 Rn 3.1; BeckOGK/Uhl [1. 9. 2022] § 1715 Rn 23.1; **aA** DIJuF-Rechtsgutachten JAmt 2006, 343, 345).

Stirbt der unterhaltspflichtige Elternteil, führt dies nicht zum Wegfall der Beistandschaft, da dem Beistand noch die Aufgabe zufällt, ggf Ansprüche gegen die Erben oder den Insolvenzverwalter geltend zu machen (DIJuF-Rechtsgutachten JAmt 2018, 17;

JAmt 2011, 72). Auch muss in diesem Fall auf die Möglichkeit der Beantragung einer Halbwaisenrente hingewiesen werden (DIJuF-Rechtsgutachten JAmt 2008, 149). Wird dem Sorgeberechtigten ein **Betreuer** bestellt, so berührt diese Bestellung die Beistandschaft nicht, selbst wenn das Betreuungsgericht fälschlich Betreuung mit dem Aufgabenkreis „Geltendmachung von Unterhaltsansprüchen für das Kind" anordnet (vgl DIJuF-Rechtsgutachten JAmt 2010, 481); maßgeblich ist ebenso wie für die wirksame Antragstellung, ob der Elternteil durch *Geschäftsunfähigkeit* an der Sorge verhindert ist (dazu § 1713 Rn 28). Anders ist dies beim berufenen Vormund, der bei Anordnung einer Betreuung zwingend nach § 1804 Abs 1 Nr 4 iVm § 1784 Abs 2 Nr 2 BGB zu entlassen ist.

12a **bb)** War der Antragsteller nach § 1713 Abs 1 S 2 BGB antragsberechtigt, so endet die Beistandschaft, wenn das Kind sich **nicht mehr in der alleinigen Obhut** des Antragstellers befindet (OLG Celle 10. 4. 2012 – 10 UF 65/12, juris Rn 14, FamRZ 2013, 53; dazu § 1713 Rn 8; AG Kassel 15. 2. 2019 – 532 F 3070/17 UK, juris; BeckOK-BGB/Pöcker [1. 8. 2023] § 1715 Rn 4). Die Beistandschaft endet zwar ex nunc, aber ein noch nicht abgeschlossenes Gerichtsverfahren wird von Anfang unzulässig und erfasst auch vor dem Obhutswechsel entstandene Unterhaltsansprüche (OLG Bamberg 28. 1. 2014 – 2 WF 52/13, juris Rn 7, FamRZ 2014, 2014; OLG Köln 4. 12. 2012 – 4 UF 158/12, juris Rn 8, JAmt 2013, 165; OLG Rostock 14. 1. 2012 – 10 UF 146/11, juris Rn 26, FamRZ 2012, 890). Kommt das Kind in die alleinige Obhut des anderen Elternteils, so kann dieser eine neue Beistandschaft beantragen (DIJuF-Gutachten JAmt 2004, 25). Bei **alleiniger elterlicher Sorge** berührt allerdings ein Obhutswechsel den Fortbestand der Beistandschaft nicht (OLG Koblenz 20. 12. 2017 – 13 UF 464/17, juris Rn 12, MDR 2018, 345).

Bei einem in der Praxis nicht seltenen **Obhutswechsel „auf Probe"** wird der Fortbestand der Beistandschaft auch im Falle der gemeinsamen elterlichen Sorge zunächst für die Dauer der Probezeit nicht tangiert (DIJuF-Rechtsgutachten JAmt 2011, 578; Knittel/Birnstengel Themengutachten TG-1140 Nr 5.1). War bereits zum Zeitpunkt der Einleitung eines gerichtlichen Unterhaltsverfahrens die Beistandschaft infolge eines Obhutswechsels beendet, haftet das Jugendamt als **falsus procurator** für die Kosten des Verfahrens (OLG Celle 10. 4. 2012 – 10 UF 65/12, juris Rn 16, FamRZ 2013, 53).

Allerdings kann der betreffende Elternteil nach Ansicht des BGH den Mangel der Vertretungsmacht des Beistands rückwirkend bis zum Schluss der mündlichen Verhandlung (in Unterhaltssachen) bzw bis zum Zeitpunkt des Beschlusserlasses (in Abstammungssachen) genehmigen, soweit er weiterhin zur Vertretung des Kindes (also nicht bei einem Obhutswechsel bei gemeinsamer Sorge) berechtigt ist (BGH 2. 12. 2020 – XII ZB 303/20, NJW 2021, 1956 Rn 10 im Anschluss an BGH 14. 12. 2017 – V ZB 35/17, Grundeigentum 2018, 397; vgl dazu Amend-Traut/Schlereth FamRZ 2021, 1599).

Hingegen endet die Beistandschaft nicht, wenn der Elternteil, in dessen Obhut sich das Kind befindet, die **Alleinsorge erwirbt**; in diesem Fall kommt es wiederum zum Austausch der Tatbestände von § 1713 Abs 1 S 1 und S 2 BGB, die zum Antrag berechtigen, in der Person desselben Elternteils (soeben Rn 12). Erwirbt der andere Elternteil die Alleinsorge, so endet hingegen die Beistandschaft, selbst wenn der nicht sorgeberechtigte Elternteil das Kind noch in Obhut hat; bei Alleinsorge ist nur der allein Sorgeberechtigte antragsberechtigt. Er kann ggf einen erneuten Antrag stellen.

Bei **Unterbringung** des Kindes in einer vollstationären Einrichtung ist deshalb zu differenzieren: Ist der Antragsteller weiterhin allein sorgeberechtigt (§ 1712 Abs 1 S 1 BGB), so endet die Beistandschaft nicht (zu den Einflüssen der Unterbringung auf die Beistandschaft DIJuF-Rechtsgutachten JAmt 2008, 151). Beruht in diesem Zeitpunkt hingegen die Antragsbefugnis nur (noch) auf der alleinigen Obhut iSd § 1712 Abs 1 S 2 BGB, so endet die Beistandschaft, wenn die Unterbringung von einer so wesentlichen Dauer ist, dass sie die Obhut des Antragstellers entfallen lässt (DIJuF-Rechtsgutachten JAmt 2007, 478; BeckOGK/Uhl [1. 5. 2023] § 1715 Rn 26; Meysen JAmt 2008, 120, 124). Dasselbe gilt bei Unterbringung des Kindes in einer **Pflegefamilie**; dadurch verliert zwar der Elternteil regelmäßig die Obhut (Meysen JAmt 2008, 120, 124), die Beistandschaft besteht aber fort, wenn der Antragsteller allein sorgeberechtigt bleibt, selbst wenn der Antragsteller ins Ausland umzieht (DIJuF-Rechtsgutachten JAmt 2010, 127). Dies gilt in diesem Fall auch dann, wenn dem antragstellenden Elternteil das Aufenthaltsbestimmungsrecht nach § 1666 BGB entzogen worden ist, weil bei einer Beistandschaft nach §§ 1712 Nr 2, 1713 Abs 1 Nr 1 Alt 1 BGB entscheidend, ist ob der betreffende Elternteil noch die aus der Personensorge folgende (BGH 3. 6. 1953 – IV ZB 39/53, NJW 1953, 1546; BeckOK-BGB/Veit [1. 1. 2023] § 1626 Rn 61.1; MünchKommBGB/Huber § 1626 Rn 35; **aA** zu Unrecht OLG Celle 18. 11. 2019 – 21 UF 153/19, FamRZ 2020, 424, das auf die Vermögenssorge abstellt) Befugnis hat, den Unterhalt für das Kind geltend zu machen (DIJuF-Rechtsgutachten JAmt 2010, 127).

b) Vor Geburt

Vor Geburt des Kindes endet die Beistandschaft, wenn der Antragsteller, wäre das **13**
Kind schon geboren, nicht die alleinige elterliche Sorge innehätte, es sei denn, die Voraussetzungen des § 1713 Abs 2 BGB *dauern an,* also das Kind stünde, wäre es geboren, unter Vormundschaft (MünchKommBGB/vSachsen Gessaphe § 1715 Rn 8). Die Beistandschaft endet also durch

- **Wegfall des potenziellen Sorgerechts**, wenn die **Schwangerschaft** auf andere Art **endet** als durch die Geburt des Kindes (BT-Drucks 13/892, 40).

- Eintritt einer Situation, in der (auch) der **andere Elternteil sorgeberechtigt** würde, wäre das Kind bereits geboren, also *Abgabe einer gemeinsamen Sorgeerklärung* oder *Eheschließung* der werdenden Mutter mit einem voll geschäftsfähigen Mann (§ 1626a BGB). Die Beistandschaft kann in diesem Fall auch bei für den Zeitpunkt der Geburt prognostizierter Obhut des Kindes beim Antragsteller nicht entsprechend § 1713 Abs 1 S 2 BGB andauern. § 1713 Abs 1 S 2 BGB sieht zutreffend, anders als § 1713 Abs 1 S 1 BGB, keinen Antragstatbestand aufgrund vorgeburtlicher Prognose vor (dazu § 1713 Rn 9a) und kann deshalb auch nicht als Anschlusstatbestand bei Wegfall der Voraussetzungen des § 1713 Abs 1 S 1 BGB eingreifen.

- Verlust des Antragsrechts durch **Gründe in der Person des Antragstellers**, also *Tod* des Antragstellers.

- Tritt ein **Ruhensgrund in der Person des Antragstellers** ein, so besteht die Beistandschaft fort, wenn aufgrund des Ruhens die Voraussetzungen des § 1713 Abs 2 BGB vorliegen, also der Antragsteller zunächst antragsbefugt nach § 1713 Abs 1 Alt 2 BGB war (potenziell Sorgeberechtigter, wäre das Kind bereits geboren) und nunmehr das Kind, wäre es bereits geboren, unter Vormundschaft stünde; denn der Antragsteller erfüllt nunmehr die Voraussetzungen nach § 1713 Abs 2 BGB, zB bei einem Antrag der zunächst voll geschäftsfähigen, dann geschäftsunfähig gewordenen werdenden Mutter; dass der Antrag im Fall der Geschäftsunfähigkeit nicht durch den gesetzlichen Vertreter gestellt wurde (§ 1713 Abs 2 S 3 BGB), sondern durch den damals noch selbst zur Antragstellung Befugten, schadet nicht, denn § 1713 Abs 2 BGB stellt auf die Antrags*befugnis* ab, nicht auf die Berechtigung zu deren *Ausübung* (BT-Drucks 13/892, 40).

c) Mit der Geburt

14 Durch die **Geburt** des Kindes endet die Beistandschaft, wenn der Antragsteller nicht spätestens mit Vollendung der Geburt die Voraussetzungen des § 1713 Abs 1 BGB erfüllt, also durch

- **Tod des Kindes** oder der **Antragstellerin** in der Geburt.
- Eintritt der Voraussetzungen des **§ 1773 BGB mit der Geburt**, zB wegen Minderjährigkeit der Mutter, also durch Wegfall des Antragsrechts nach § 1713 Abs 2 BGB ohne Bestehen des Antragsrechts nach § 1713 Abs 1 BGB. Daher ist die Beistandschaft im Falle des § 1713 Abs 2 BGB im Regelfall lediglich eine vorläufige, was aber nicht aus § 1810 S 2 BGB folgt (BeckOGK/Uhl [1. 5. 2023] § 1715 Rn 24).

Nach Inkrafttreten von § 1713 Abs 1 S 2 BGB genügt es aber, wenn der Antragsteller unmittelbar nach der Geburt zwar nicht allein sorgeberechtigt ist, aber bei gemeinsamer Sorge das Kind in seiner Obhut hat (MünchKommBGB/vSachsen Gessaphe § 1715 Rn 6).

Wurde der Antrag ursprünglich auf § 1713 Abs 2 BGB gestützt, zB weil die werdende Mütter geschäftsunfähig war, ist aber im Zeitpunkt der Geburt die nun geschäftsfähige Antragstellerin *allein* sorgeberechtigt oder hat sie bei gemeinsamer Sorge das Kind in Obhut, so endet die Beistandschaft nicht, denn die Antragstellerin erfüllt nunmehr die Voraussetzungen des § 1713 Abs 1 BGB (BT-Drucks 13/892, 40; **aA** Oberloskamp/Kunkel, Vormundschaft [4. Aufl 2017] § 19 Rn 89: nur neue Beistandschaft begründbar).

d) Beistandschaft aufgrund Überleitung

15 Ist die Beistandschaft nicht durch Antrag nach § 1712 BGB, sondern durch **Überleitung** nach Art 223 EGBGB entstanden, so ist für § 1713 Abs 2 BGB abzustellen auf die Person der allein sorgeberechtigten Mutter. Die übergeleitete Beistandschaft endet, wenn die alleinige elterliche Sorge der Mutter endet, es sei denn, es liegen die Voraussetzungen des § 1713 Abs 1 S 2 BGB (gemeinsame Sorge, Obhut der Mutter) vor, also unter denselben Voraussetzungen, aus denen eine beantragte Beistandschaft nach Geburt des Kindes endet (oben Rn 12; DIV-Gutachten DAVorm 1999, 868, 869).

e) Neuantrag durch anderen Sorgeberechtigten

16 Ob ein anderer Sorgeberechtigter erneut eine Beistandschaft beantragen kann, beurteilt sich ohne Rückschau auf die vorher bestehenden Sorgerechtsverhältnisse danach, ob eine **Antragsbefugnis** nach § 1713 BGB in der Person des neuen Sorgeberechtigten vorliegt. In der – regelmäßig vorliegenden – Situation des Übergangs des Sorgerechts *nach Geburt* des Kindes ist also auf § 1713 Abs 1 BGB abzustellen; ein

allein sorgeberechtigter *Elternteil* ist antragsbefugt; ein *Vormund* oder *Pfleger* nur, wenn die Voraussetzungen des § 1776 BGB vorliegen (§ 1713 Abs 1 S 3 BGB; BT-Drucks 13/892, 39). Dasselbe gilt bei einem Wechsel der Obhut im Fall gemeinsamer Sorge (oben Rn 12a). Eine *„Überleitung der Beistandschaft"* bei Wechsel der Person des Antragsberechtigten scheidet jedenfalls aus, weil sie bereits durch Wegfall der Antragsvoraussetzungen in der Person des früher Antragsberechtigten entfallen ist, ehe die Antragsvoraussetzungen in der Person des Nachfolgers eingetreten sind (oben Rn 5; FamRefK/Sonnenfeld § 1715 Rn 13). Auch besteht hier die Notwendigkeit der Übertragung der Aufgabe auf einen anderen Mitarbeiter iSd § 55 Abs 2 S 1 SGB VIII infolge einer möglichen Interessenskollision (vgl oben § 1713 Rn 8).

f) Prüfungspflicht des Jugendamtes

Fraglich ist, in welchem Umfang das Jugendamt eine Pflicht zur Prüfung hat, ob nach wirksamer Beantragung einer Beistandschaft diese **kraft Gesetzes** nach § 1715 Abs 2 BGB **beendet** ist. Während zahlreiche Beendigungsgründe im objektiven Bereich entweder für das Jugendamt offenkundig sind (Volljährigkeit des Kindes) oder ihm kaum verborgen bleiben (Tod von Antragsberechtigtem oder Kind), ist der *Fortbestand der alleinigen elterlichen Sorge* und auch der *Obhutsverhältnisse* nicht ohne Weiteres offenbar. Gerade bei letzteren Fällen können sich Haftungsrisiken ergeben, wenn das Jugendamt in Unkenntnis eines Obhutswechsels im Namen des Kindes ein Unterhaltsverfahren einleitet, weil es als falsus procurator dann mit den Kosten des unzulässigen Antrages belastet werden kann (OLG Celle 10. 4. 2012 – 10 UF 65/12, juris Rn 16, FamRZ 2013, 53; vgl oben Rn 12a). Muss das Jugendamt insbesondere in bestimmten Zeitabständen prüfen, ob eine *gemeinsame Sorgeerklärung* abgegeben wurde (Wolf Kind-Prax 1998, 40), ein Obhutswechsel stattgefunden hat oder ob der Antragsteller noch geschäftsfähig ist? Insoweit empfiehlt sich ein ähnlicher Maßstab wie für die Prüfung des Vorliegens der Antragsvoraussetzungen: Vom Fortbestand der Geschäftsfähigkeit ist auszugehen, solange keine entgegenstehenden Indizien erkennbar werden (§ 1713 Rn 27). Vom Fehlen der – wünschenswerten – Sorgeerklärung sollte nicht ohne Weiteres ausgegangen werden (§ 1713 Rn 9); allerdings wird das Jugendamt im praktischen Leben von einer Sorgeerklärung durch die Mutter oder den in Anspruch genommenen Vater meist erfahren. Solange das Kind in der Obhut des bisher Sorgeberechtigten verbleibt, besteht wegen § 1713 Abs 1 S 2 BGB ohnehin kein Anlass zu Zweifeln. Allerdings sollte hier gerade vor Einleitung eines gerichtlichen Verfahrens wegen des oben genannten Kostenrisikos noch einmal beim Antragsteller nachgefragt werden, ob das Kind weiterhin in seiner Obhut lebt und sich Änderungen im Hinblick auf das Sorgerecht ergeben haben. 17

g) Ansprüche nach Beendigung

Endet die Beistandschaft, so stellt sich die Frage, ob das Jugendamt dem/den Sorgeberechtigten oder dem Antragsteller **Akten herausgeben, Einsicht gewähren, Rechnung zu legen** oder **Auskunft erteilen** muss. Bei Beendigung der Amtspflegschaft früheren Rechts wurde eine solche Verpflichtung jedenfalls von Jugendamtsseite verneint (DIV-Gutachten DAVorm 1993, 407; vgl auch zur Rechtslage im Kontext der DSGVO Walther, in: Liber Amicorum Thomas Meysen [2018] 119). Die Frage, inwieweit hier etwaige Ansprüche nach privatrechtlichen oder verwaltungsrechtlichen Normen bestehen und auf welchem Rechtsweg etwaige Ansprüche geltend zu machen sind, ist bislang weder von der Rechtsprechung noch im bürgerlich-rechtlichen oder jugendhilferechtlichen Schrifttum hinreichend geklärt. § 68 Abs 3 SGB VIII idF des Beistandschaftsgesetzes 18 v 1. 7. 1998 sah ein Akteneinsichtsrecht bei einer Beistandschaft lediglich für das volljährig gewordene Kind (S 1) und in beschränktem Umfang für das einsichts- und urteilsfähige minderjährige Kind vor (vgl dazu VG Sigmaringen 21. 5. 2001 – 4 K 607/01, juris Rn 30 ff auch zur Frage des Entgegenstehens berechtigter Interessen des Unterhaltspflichtigen; DIJuF-Rechtsgutachten JAmt 2016, 367, 368 f). Teilweise wurden in der Praxis in der Folgezeit eingeschränkte Ansprüche bejaht, etwa ein Anspruch auf *Urkundenvorlegung nach § 810 BGB,* der insbesondere auch die Einsichtnahme in eine vom Jugendamt eingeholte Auskunft des Unterhaltsschuldners nach § 1605 Abs 1 BGB umfassen sollte (DIV-Gutachten DAVorm 1998, 905, 906; DIJuF-Rechtsgutachten JAmt 2018, 247) oder Ansprüche auf Herausgabe von Unterhaltstiteln, Informationen über laufende Beitreibungsmaßnahmen, ggf auch rechtliche Hinweise, sofern das Jugendamt ein Informationsbedürfnis erkennt (DIJuF-Rechtsgutachten JAmt 2006, 389, JAmt 2018, 247). Hierzu ist festzustellen, dass es aus Anlass der Beendigung einer Beistandschaft selbstverständlich geboten ist, die erforderlichen Maßnahmen zur **Übergabe der Geschäfte** an den Sorge- oder Obhutsberechtigten, ggf auch an das volljährig gewordene Kind, zu treffen, damit diese nunmehr selbst dazu in der Lage sind, die für die Vaterschaftsfeststellung oder Unterhaltsgeltendmachung erforderlichen Schritte zu unternehmen. Die Aufgaben des Jugendamtes gehen insoweit fließend über von der beendeten Beistandschaft in den allgemeinen Beratungs- und Unterstützungsanspruch aus § 18 SGB VIII. Besteht im Einzelfall eine Informationspflicht, so kann ein Unterlassen Ansprüche wegen **Amtspflichtverletzung** auslösen (DIJuF-Rechtsgutachten JAmt 2008, 149, 151). Hinsichtlich des Auskunftsanspruchs des antragstellenden Elternteils wurde 2005 durch das Gesetz zur Weiterentwicklung der Kinder- und Jugendhilfe (KICK) die vorhandene Regelungslücke dadurch geschlossen, dass nunmehr **§ 68 Abs 3 S 3 SGB VIII** vorsieht, dass der **Elternteil**, der die Beistandschaft **beantragt** hat, auch das Recht hat, **nach Beendigung** der Beistandschaft Kenntnis von den beim Jugendamt **gespeicherten Daten** zu nehmen, solange das Kind minderjährig ist und der Elternteil antragsberechtigt wäre (vgl dazu Wiesner/Wapler/Walther § 68 SGB VIII Rn 34; Oberloskamp/Dürbeck/Walther, Vormundschaft [5. Aufl 2023] § 24 Rn 70 ff). Für die Zeit **laufender Beistandschaft** oder bei Beendigung der Beistandschaft und Wegfalls der Antragsbefugnis besteht ein Informationsrecht nach Maßgabe von § 68 Abs 1 S 3 SGB VIII iVm Art 13, 14 DSGVO (vgl LPK-SGB VIII/Kunkel § 68 Rn 19, 12). Ob daneben ein Bedürfnis besteht, auf privatrechtliche Anspruchsgrundlagen wie § 810 BGB (so FK-SGB VIII/Hoffmann § 68 Rn 25 ff; Wiesner/Wapler/Walther § 68 Rn 29; DIJuF-Rechtsgutachten JAmt 2018, 247; JAmt 2014, 34) oder das Auftragsrecht nach §§ 666, 667 BGB (Staudinger/Rauscher [2014] § 1715 Rn 18; Wolf KindPrax 1998, 40, 42; ablehnend OLG Celle FamRZ 2001, 706; offen gelassen von OLG Hamm 19. 4. 2013 – 2 WF 51/13, juris Rn 9, ZKJ 2013, 420) zurückzugreifen, erscheint sehr zweifelhaft. Für das *volljährige Kind* besteht ein in § 68 Abs 3 S 1 SGB VIII iVm Art 15 DSGVO geregelter Anspruch auf Dateninformation (vgl FK-SGB VIII/Hoffmann § 68 Rn 41; DIJuF-Rechtsgutachten JAmt 2019, 567; 2019, 401), für das *minderjährige Kind* ist dieser nach S 2 der Vorschrift an die Einsichts- und Urteilsfähigkeit geknüpft. § 68 Abs 3 S 3 SGB VIII sieht nach Beendigung der Beistandschaft einen Auskunftsanspruch des Elternteils vor, der die Beistandschaft beantragt hatte, allerdings nur so lange, wie das Kind minderjährig ist, die Antragsberechtigung nach § 1713 BGB fortdauert und die Datenweitergabe nicht nach § 68 Abs 3 S 1 SGB VIII ausgeschlossen ist. Im Übrigen gilt Art 15 DSGVO.

Der Vorrang dieser Rechtsgrundlagen ist dem Umstand geschuldet, dass die Beistandschaft ungeachtet ihrer zivilrechtlichen Wirkungen und ihres Standorts auch im

BGB letztlich doch ein Rechtsinstitut ist, das im öffentlichen Recht wurzelt und in der Wahrnehmung in einer öffentlichen Aufgabe der Kinder- und Jugendhilfe nach § 2 Abs 3 Nr 11 SGB VIII besteht. (OLG München 22. 6. 2010 – 33 Wx 33/10, juris Rn 24, JAmt 2010, 501; OLG Celle 30. 1. 2001 – 15 WF 15/01, juris Rn 7, JAmt 2001, 301). Das Rechtsverhältnis zwischen Antragsteller und Jugendamt ist daher – vorbehaltlich von Verweisungen in das Pflegschaftsrecht durch §§ 1716 S 2 BGB, 56 Abs 1 SGB VIII – dem **öffentlichen Recht** zugehörig (DIJuF Anm zu VG München JAmt 2014, 34, 35; VG München 14. 10. 2013 – M 18 K 13.953, juris Rn 5, NVwZ-RR 2014, 624). Ansprüche auf Akteneinsicht, Auskunft, Herausgabe von Unterlagen etc des antragstellenden Elternteils sind daher auf dem **Verwaltungsrechtsweg** (§ 40 VwGO) geltend zu machen (ebenso im Erg FK-SGB VIII/Hoffmann § 68 Rn 57; BeckOGK/Uhl [1. 5. 2023] § 1715 Rn 34; DIJuF-Rechtsgutachten 2014, 35).

Soweit es dagegen um Ansprüche auf Akteneinsicht oder Auskunftsansprüche des **Unterhaltsschuldners** geht, ist zunächst danach zu differenzieren, gegen wen der Anspruch geltend gemacht wird. Richtet er sich gegen das Jugendamt, so ist der Anspruch nur dann an § 83 SGB X, Art 15 DSGVO zu messen, wenn sich der Akteneinsichtsanspruch auf die zweckgemäße **Amtsführung als Behörde** richtet und ist dann vor dem Verwaltungsgericht geltend zu machen (OVG Münster 28. 9. 2001 – 12 E 489/01, juris Rn 5 ff, JAmt 2001, 596; DIJuF Anm zu VG München JAmt 2014, 34, 35; **aA** BeckOK-BGB/Pöcker [1. 8. 2023] § 1716 Rn 10.3 unter Hinweis auf VGH Kassel 16. 9. 2014 – 10 A 500/13, juris Rn 46 ff, ZKJ 2014, 493). Bezieht er sich dagegen – wie im Regelfall – auf das **Unterhaltsverhältnis**, ist der Anspruch auf Auskunft bzw Urkundenherausgabe an das Kind vertreten durch den Beistand in entsprechender Anwendung von § 810 BGB vor den ordentlichen Gerichten geltend zu machen (OVG Münster 28. 9. 2001 – 12 E 489/01, juris Rn 5 ff, JAmt 2001, 596; DIJuF Anm zu VG München JAmt 2014, 34, 35; im Erg auch VG München 14. 10. 2013 – M 18 K 13.953, juris Rn 3 ff, NVwZ-RR 2014, 624; BeckOGK/Uhl [1. 5. 2023] § 1715 Rn 34; BeckOK-BGB/Pöcker [1. 8. 2023] § 1716 Rn 10.3; LPK-SGB VIII/Kunkel § 68 Rn 22).

Hingegen wird ein **Rechnungslegungsanspruch** gegen das Jugendamt allgemein verneint (dazu auch § 1716 Rn 17). Soweit dies die Frage der Erteilung eines **Schlussberichts** gegenüber dem Antragsteller bzw Kind **nach Beendigung der Beistandschaft** nach §§ 1807, 1872 BGB betrifft, folgt dies schon daraus, dass § 1716 S 2 BGB die Anwendung der Vorschriften über die Pflegschaft in Bezug auf die Rechnungslegung ausschließt (OLG Hamm 19. 4. 2013 – 2 WF 51/13, juris Rn 8, ZKJ 2013, 420; OLG Celle 30. 1. 2001 – 15 WF 15/01, juris Rn 7, JAmt 2001, 301; OLG Hamm 20. 5. 1999 – 15 W 87/99, juris Rn 12 ff, NJW-RR 2000, 147; BeckOK-BGB/Pöcker [1. 8. 2023] Rn 11.1). Diese Pflicht besteht mangels Anwendbarkeit von §§ 1802 Abs 2 S 3, 1863 Abs 3 S 1 BGB und fehlender Kontrollbefugnis auch nicht gegenüber dem Familiengericht (BayObLG 20. 8. 1999 – 1Z BR 110/99/13, juris Rn 9, NJW-RR 2000, 4 für die Übergangsbeistandschaft nach Art 223 EGBGB; Erman/Roth § 1716 Rn 4). Zugleich aber hat sich mangels familiengerichtlicher Überwachung das Bedürfnis nach einer Kontrolle während **laufender Beistandschaft** durch den Sorgeberechtigten eher verstärkt. Berücksichtigt man den Wandel, den die Stellung des Jugendamts erfahren hat, von einem vom Willen der Mutter nicht abhängigen Amtspfleger hin zu einem Beistand, dem der antragsberechtigte Elternteil jederzeit „kündigen“ kann, so liegt es nahe, Auskunfts- und Rechenschaftspflichten während laufender Beistandschaft jedenfalls nicht generell zu verneinen, auch wenn anerkannt ist, dass kein Rechtsanspruch auf laufende Rechnungslegung besteht (OLG Celle 30. 1. 2001 – 15 WF 15/01, juris Rn 7, JAmt 2001, 301; DIJuF-Rechtsgutachten JAmt 2001, 183). Ob ein solcher Anspruch im Einzelfall entsprechend §§ 666, 667 BGB anzunehmen ist (ablehnend OLG Celle 30. 1. 2001 – 15 WF 15/01, JAmt 2001, 301; offen gelassen von OLG Hamm 19. 4. 2013 – 2 WF 51/13, juris Rn 9, ZKJ 2013, 420; bejahend STAUDINGER/RAUSCHER [2014] § 1715 Rn 18; GERNHUBER/COESTER-WALTJEN § 60 Rn 42), erscheint aber wegen des öffentlich-rechtlichen Charakters der Beistandschaft zweifelhaft. Davon unabhängig steht es im pflichtgemäßen Ermessen des Beistands, den Antragsteller über das Ergebnis seiner Aufgabenwahrnehmung zu unterrichten, wobei bei sachlich begründeten Nachfragen eine Ermessenreduzierung auf Null bestehen wird. Im Übrigen verbleibt die Kontrolle der Frage des rechtmäßigen Handels des Beistands im Wege der behördlichen **Dienst- und Rechtsaufsicht** des Beistands bzw der Jugendämter (OLG Hamm 19. 4. 2013 – 2 WF 51/13, juris Rn 8, ZKJ 2013, 420; BT-Drucks 13/892, 50; vgl dazu LPK-SGB VIII/KUNKEL/LEONHARDT/SIEVERTSEN Exkurs §§ 52a–58a Rn 73).

Soweit in der Literatur Kritik daran geübt worden ist, dass Sorgeberechtigte bei Streitigkeiten mit dem Beistand wegen Auskünften über die Amtsführung letztlich auf den Weg verwaltungsrechtlicher Remonstrationen oder gar den Verwaltungsrechtsweg verwiesen werden würden, weil dies der familienrechtliche Natur des Nebeneinanders zweier gesetzlicher Vertreter des Kindes zuwider laufe (so noch STAUDINGER/RAUSCHER [2014] § 1715 Rn 18), ist dies die Folge des wenig geglückten Versuchs des Gesetzgeber, die im öffentlichen Recht wurzelnde Beistandschaft im bürgerlichen Recht zu verankern. Hier ist die Beistandschaft aber kein Ausnahmefall. Auch bei der Regelung des begleiteten Umgangs (vgl dazu DÜRBECK ZKJ 2015, 457) und bei der Frage der gerichtlichen Kontrolle von Sorgerechtseingriffen (dazu FRÖSCHLE FamRZ 2016, 1905) ist es dem Gesetzgeber nicht gelungen, Regelungen des formellen und materiellen Familienrechts und diejenigen des Kinder- und Jugendhilferechts in hinreichender Weise miteinander abzustimmen.

IV. Wirkung der Beendigung der Beistandschaft

1. Wirkung ex nunc

19 Die Beistandschaft endet mit **Wirkung ex nunc** mit Zugang des Beendigungsverlangens (§§ 1715 Abs 1 S 2, 1714 BGB) oder mit Verwirklichung des gesetzlichen Beendigungsgrundes.

Tritt Beendigung **vor Zustellung** eines vom Jugendamt als Beistand anhängig gemachten Unterhaltsantrags bzw eines Antrags im vereinfachten Verfahren ein, so ist der Antrag mangels wirksamer Vertretung als unzulässig abzuweisen (OLG Naumburg FamRZ 2003, 160). Allerdings besteht nach der Rechtsprechung des BGH (BGH 2. 12. 2020 – XII ZB 303/20, FamRZ 2021, 447) die Möglichkeit für den betreffenden Elternteil, das Handeln des nicht vertretungsberechtigten Beistandes bis zum Schluss der mündlichen Verhandlung (im Unterhaltsverfahren) bzw des Erlasses der Entscheidung (bei der Vaterschaftsfeststellung) rückwirkend zu genehmigen und den Verfahrensmangel damit zu heilen (vgl dazu AMEND-TRAUT/SCHLERETH FamRZ 2021, 1599), soweit dieser Elternteil weiterhin zur Vertretung des Kindes berechtigt ist. Beim Erlöschen der Beistandschaft wegen des Verlusts der Obhut ist dies nicht der Fall.

Endet die Beistandschaft **nach Rechtshängigkeit**, so entfällt die Vertretungsbefugnis des Jugendamts *ex nunc.* Der Mangel der Vertretungsmacht des Jugendamts ist nach

§ 56 ZPO, der nach § 9 Abs 5 FamFG auch in Abstammungssachen gilt, von Amts wegen in jeder Phase des Verfahrens zu berücksichtigen (OLG Karlsruhe JAmt 2001, 302; MünchKommBGB/vSACHSEN GESSAPHE § 1715 Rn 14).

Vor Beendigung der Beistandschaft durch das Jugendamt namens des Kindes abgegebene prozessuale oder materiell-rechtliche Erklärungen und sonstige Rechtshandlungen, wie zB der Abschluss eines Vergleichs, bleiben gleichwohl wirksam (BT-Drucks 13/892; GRÜNEBERG/GÖTZ § 1715 Rn 4). Das gilt auch für rechtsgeschäftsähnliche Handlungen wie *Auskunftsverlangen* oder *Mahnung* (KG 20. 9. 2004 – 19 WF 210/04, NJW-RR 2005, 155, 156; DIV-Gutachten DAVorm 1999, 49). Allerdings führt in einem rechtshängigen Unterhaltsverfahren der Wegfall der Berechtigung zur gesetzlichen Vertretung eines minderjährigen Kindes infolge eines Obhutswechsel dazu, dass das Vertretungsrecht des antragstellenden Elternteils rückwirkend auch hinsichtlich der Unterhaltsansprüche entfällt, die bis zu diesem Zeitpunkt geltend gemacht worden sind (OLG Bamberg 27. 1. 2014 – 2 WF 52/13, juris Rn 7, FamRZ 2014, 2014).

2. Keine Fortführung von Geschäften

Hingegen ist das Jugendamt **nach Beendigung der Beistandschaft** nicht mehr befugt, 20
namens des Kindes tätig zu werden, insbesondere angebahnte Vergleiche abzuschließen oder eingeleitete Verfahren zu Ende zu führen (GRÜNEBERG/GÖTZ § 1715 Rn 4). Wie schon zu § 1706 aF ergibt sich aus der Verweisung aus § 1716 S 2 BGB auf §§ 1813, 1807, 1874 BGB keine Befugnis zur Fortführung der Geschäfte nach Beendigung der Beistandschaft; die in §§ 1698a, 1698b BGB genannten Ausnahmen enthalten eine abschließende Regelung, die nicht auf andere Tatbestände nach Beendigung einer Pflegschaft übertragen werden kann (LG Berlin StAZ 1992, 247).

Nach Beendigung der Beistandschaft können im Übrigen weder rechtswirksame Mahnungen oder Auskunftsverlangen durch den Beistand erfolgen (OLG Celle 14. 3. 2013 – 10 WF 76/13, juris Rn 14 f, ZKJ 2013, 370; OLG Brandenburg 28. 6. 2006 – 10 WF 107/06, juris Rn 6, JAmt 2006, 519), noch Ansprüche geltend gemacht oder eingezogen werden, die vor Beendigung entstanden sind (OLG Koblenz 16. 3. 2015 – 13 WF 226/15, juris Rn 4, FamRZ 2015, 1514). Führt der weiterhin vertretungsberechtigte antragstellende Elternteil das Verfahren nicht fort, ist der Antrag als unzulässig abzuweisen (DIJuF-Rechtsgutachten JAmt 2014, 245; OLG Bamberg 27. 1. 2014 – 2 WF 52/13, juris Rn 7, FamRZ 2014, 2014; BeckOK-BGB/PÖCKER [1. 8. 2023] § 1715 Rn 10).

Das Jugendamt ist andererseits im Verhältnis zu dem Kind auch **nicht mehr verpflichtet**, tätig zu werden, insbesondere Unterhalt beizutreiben (OLG Saarbrücken 13. 12. 2011 – 4 U 456/10, juris Rn 98, ZKJ 2012, 158: dort Beendigung durch Volljährigkeit).

V. Sonstige Beendigungsgründe

1. Aufenthaltsverlegung

Weitere Gründe für die Beendigung der Beistandschaft ergeben sich aus § 1717 S 1 21
HS 2 BGB (Begründung eines **gewöhnlichen Aufenthalts des Kindes im Ausland**; vgl § 1717 Rn 7 ff) sowie aufgrund der Verweisung aus § 1716 BGB auf das **Pflegschaftsrecht** (vgl § 1812 Abs 2 BGB).

2. Erledigung der Angelegenheit

22 Die Beistandschaft endet daher auch mit **Erledigung der Angelegenheit**, für die sie beantragt wurde (§§ 1716 S 2, 1812 Abs 2 BGB; Grüneberg/Götz § 1715 Rn 1; Diederichsen NJW 1998, 1977, 1989). Der Anwendungsbereich der Vorschrift ist aber im Wesentlichen auf die Vaterschaftsfeststellung beschränkt.

In Anwendung von § 1812 Abs 2 BGB ist nämlich dem Willen des Gesetzgebers des BeistG Rechnung zu tragen, die Beistandschaft nicht schon enden zu lassen, wenn die Vaterschaft festgestellt und der Unterhaltsanspruch tituliert und eine Zeit lang erfüllt wurde (oben Rn 2). Daher führt die bloße **Titulierung des Unterhaltsanspruchs** nicht nach §§ 1716, 1812 Abs 2 BGB zur Beendigung der Beistandschaft mit dem Aufgabenkreis des § 1712 Abs 1 Nr 2 BGB. Da der Aufgabenkreis insoweit auch die laufende Anpassung und die (passive) Vertretung in **Abänderungsverfahren oder Verfahren nach §§ 767, 771 ZPO** erfasst (§ 1712 Rn 23), besteht die Beistandschaft trotz Titulierung fort (DIJuF-Rechtsgutachten JAmt 2015, 386; OLG Hamm JAmt 2004, 144; FamRefK/Sonnenfeld § 1715 Rn 16; MünchKommBGB/vSachsen Gessaphe § 1715 Rn 14; BeckOK-BGB/Pöcker [1. 8. 2023] § 1715 Rn 7; NK-BGB/Zempel § 1715 Rn 12; Erman/Roth § 1715 Rn 5; Prütting/Helms/Bömelburg § 234 FamFG Rn 7). Die Gegenansicht (OLG Hamm 11. 9. 2012 – 6 WF 113/12, juris Rn 18, FamRZ 2013, 799) übersieht, dass die Beistandschaft (anders als eine Ergänzungspflegschaft) nicht für ein konkretes Unterhaltsverfahren, also eine einzelne Angelegenheit iSd § 1812 Abs 2 BGB „eingerichtet“ wird, sondern dass sie für einen Aufgabenbereich entsteht; folgte man der Gegenansicht, so müsste nicht erst für die Vertretung des Kindes in einem Abänderungsverfahren, sondern selbst für die Vollstreckung des Unterhaltstitels eine neue Beistandschaft beantragt werden.

Selbst der **Tod des Unterhaltsverpflichteten** beendet die Beistandschaft mit dem Aufgabenkreis § 1712 Abs 1 Nr 2 BGB nicht, solange noch Rückstände gegen Erben oder in der Nachlassinsolvenz geltend zu machen sind (DIJuF-Rechtsgutachten JAmt 2018, 17; JAmt 2011, 72). Soweit bereits ein Titel gegen den verstorbenen Unterhaltsschuldner besteht, ist dieser nach § 727 Abs 1 ZPO gegen die Erben umzuschreiben.

Hingegen führt die wirksame **Feststellung der Vaterschaft** zur Erledigung des Aufgabenkreises des § 1712 Abs 1 Nr 1 BGB; da sich dieser Aufgabenkreis nicht auf eine mögliche spätere Anfechtung erstreckt (§ 1712 Rn 18), ist insoweit die Beistandschaft mit erfolgter Vaterschaftsfeststellung, zB durch Anerkenntnis mit Zustimmung der Mutter, erledigt (Grüneberg/Götz § 1715 Rn 1; NK-BGB/Zempel § 1715 Rn 12; Oberloskamp/Dürbeck/Walther, Vormundschaft [5. Aufl 2023] § 23 Rn 109). Auf die Hypothese, dass nach einer erfolgreichen Anfechtung die Vaterschaft eines anderen Mannes festzustellen wäre, kann ein Bedürfnis nach Fortbestand der Beistandschaft nicht gestützt werden.

3. Geburt des Kindes

23 Durch die Geburt des Kindes (§ 1810 S 2 BGB) **endet die Beistandschaft nicht in allen Fällen** (vgl oben Rn 14). Während die von § 1810 S 2 BGB erfasste Pflegschaft für ein ungeborenes Kind den Zustand bis zum Eintritt einer mit der Geburt wirksam werdenden Vormundschaft oder Pflegschaft überbrückt, wird bei der vorgeburtlichen

Beistandschaft nach § 1713 Abs 1 Alt 2 BGB und nach § 1713 Abs 2 BGB lediglich der Zeitpunkt des Eintritts eines einheitlichen Rechtsinstituts vorverlagert (BT-Drucks 13/892, 41; FamRefK/SONNENFELD § 1715 Rn 17; GRÜNEBERG/GÖTZ § 1715 Rn 1). Die vorgeburtliche Beistandschaft endet also nur aus den sich aus § 1715 Abs 2 BGB ergebenden Gründen mit der Geburt, was insbesondere im Fall von § 1713 Abs 2 BGB gegeben ist, weil dort mit Geburt Amtsvormundschaft eintritt (dazu oben Rn 14).

§ 1716
Wirkungen der Beistandschaft

Durch die Beistandschaft wird die elterliche Sorge nicht eingeschränkt. Im Übrigen gelten die Vorschriften über die Pflegschaft für Minderjährige mit Ausnahme derjenigen über die Aufsicht des Familiengerichts und die Rechnungslegung sinngemäß.

Materialien: neuer Inhalt idF des BeistG Regierungsentwurf BT-Drucks 12/7011, BT-Drucks 13/892; Stellungnahme des Bundesrates BR-Drucks 890/93, BR-Drucks 7/95 = BT-Drucks 13/892, 49 ff; Bericht des Rechtsausschusses BT-Drucks 13/8509; „Familiengericht" eingefügt durch FGG-RG.

Schrifttum

Siehe Vorbem zu §§ 1712–1717.

Systematische Übersicht

Alphabetische Übersicht

I. Normzweck, Gesetzgebungsgeschichte

1. Pflegschaftsrecht ohne Sorgerechtseinschränkung

1 Während die gesetzliche Amtspflegschaft früheren Rechts immer zu einer Einschränkung der **elterlichen Sorge** führte, ordnet **S 1** – als ein wesentliches Element der auf Freiwilligkeit beruhenden Beistandschaft – an, dass die elterliche Sorge durch die Beistandschaft nicht eingeschränkt wird (BT-Drucks 13/892, 40). Ansonsten unterstellt **S 2** die Wirkungen der Beistandschaft weitgehend dem **Pflegschaftsrecht**. Diese Technik entspricht im Prinzip der Rechtslage bei §§ 1706 ff aF (Amtspflegschaft) und § 1690 aF (bestellte Beistandschaft mit Vertretungsmacht). Bei den Vorarbeiten zu dem Entwurf war erwogen worden, diese Verweisung durch spezifische Regelungen zu ersetzen; sie geht hinsichtlich zahlreicher Regelungen ins Leere, so etwa hinsichtlich des Eintritts und des Umfangs der Beistandschaft sowie der Person des Beistands, da in diesen zentralen Fragen die §§ 1712 ff BGB Sonderregelungen enthalten. Die Entscheidung für die Verweisung wurde vor allem mit dem ansonsten erheblich höheren Normaufwand und der Gefahr der Lückenhaftigkeit der Regelung begründet (BT-Drucks 13/892, 40). Die Möglichkeit der Verweisung auf *einzelne Vorschriften* des Pflegschafts- und Vormundschaftsrechts wurde erwogen, jedoch aufgeschoben, bis nähere Vorstellungen zur beabsichtigten Reform des Vormundschafts- und Pflegschaftsrechts für Minderjährige – die im Anschluss an die Kindschaftsrechtsreform erarbeitet werden sollen – vorliegen (BT-Drucks 13/892, 40).

2. Rechnungslegung

Bereits der Entwurf nahm die Vorschriften über die **Rechnungslegung** (§§ 1840, 1890 ff aF) von der Verweisung auf Pflegschaftsrecht aus, da für eine Rechnungslegung durch das Jugendamt angesichts der Beschränkung der Aufgabenkreise (§ 1712 BGB) kein praktisches Bedürfnis bestehe (dazu unten Rn 17 und § 1715 Rn 18). Im Zusammenhang mit der Geltendmachung von Unterhaltsansprüchen seien Unregelmäßigkeiten kaum vorstellbar, weil der antragstellende Elternteil von sich aus hinreichende Kontrolle gewährleiste (BT-Drucks 13/892, 31). Vgl dazu aber oben § 1715 Rn 18. Durch die zum 1. 1. 2023 in Kraft getretene Reform des Vormundschaftsrechts (BGBl 2021 I 882) ist S 2 der Vorschrift redaktionell an die neue Systematik des Pflegschaftsrechts („Pflegschaft für Minderjährige" als Titel 2 vor §§ 1809 ff BGB nF) angepasst worden. §§ 1802 Abs 2 S 3, 1864 BGB und §§ 1807, 1872 BGB sind damit in der Beistandschaft nicht anzuwenden. 2

3. Keine familiengerichtliche Aufsicht

Die Ausnahme der Verweisung auf die Vorschriften über die **gerichtliche Aufsicht** (nunmehr geregelt in §§ 1802 Abs 1, 1862 BGB) – zunächst des Vormundschaftsgerichts, seit Inkrafttreten des FGG-RG des Familiengerichts – geht zurück auf die Stellungnahme des Bundesrats (BT-Drucks 13/892, 50; Rechtsausschuss: BT-Drucks 13/8509, 17). Die Tätigkeit des Jugendamts als Beistand erfordere eine solche Aufsicht nicht; nachdem das Jugendamt nicht zur Rechnungslegung mehr verpflichtet werde, würde sich eine solche Aufsicht darauf beschränken, eventuellen Beschwerden über das Verhalten des Jugendamts nachzugehen, etwa dem Vorwurf unzureichenden oder auch zu nachdrücklichen Einsatzes für die Belange des Antragstellers; solche Beschwerden sollten behördenintern geklärt werden (BT-Drucks 13/892, 50). Diese Verweisung des Antragstellers auf die verwaltungsinterne Struktur und letztlich auf den Verwaltungsrechtsweg ist nicht ohne Kritik geblieben (vgl bereits § 1715 Rn 18 und Künne, Die Beistandschaft [2003] 289 f). Der Beistand wird im Rahmen der §§ 1712 ff BGB privatrechtlich tätig; eine gerichtliche Aufsicht erschiene daher systematisch geeigneter als die verwaltungsgerichtliche Kontrolle (vgl noch BT-Drucks 13/892, 31). Andererseits erwies sich auch gegenüber der Amtspflegschaft die gerichtliche Aufsicht als wenig effizient; eine Zweckmäßigkeitskontrolle, um die es bei solcherlei Beschwerden oft geht, stand auch vormals dem Vormundschaftsgericht im Rahmen des § 1837 Abs 2 S 1 aF nicht zu (LG Kempten DAVorm 1995, 1064, 1065). Eine Rechtmäßigkeitskontrolle, so eine Pflichtwidrigkeit des Jugendamts vorgetragen wird, findet aber auch im Rahmen verwaltungsgerichtlicher Kontrolle statt. Die gesetzliche Freistellung der Beistandschaft von der Aufsicht des (damals noch zuständigen) Vormundschaftsgerichts galt auch für die nach Art 223 EGBGB in Beistandschaften umgewandelten Amtspflegschaften des vormaligen Rechts (BayObLG 20. 8. 1999 – 1 Z BR 110/99, DAVorm 1999, 891 Rn 4 ff). 3

In diesem Zusammenhang ist auch die Nichtanwendung der §§ 1791, 1791c Abs 3 BGB idF bis zum 31. 12. 2022 (jetzt § 168b FamFG) zu sehen: Nachdem die Beistandschaft auf Antrag eines Elternteils eintritt, kommt die Ausstellung einer Bestellungsurkunde nicht in Betracht. Es schien auch nicht erforderlich, dass das Gericht dem Jugendamt eine *Bescheinigung* ausstellt; das Jugendamt könne selbst eine Bestätigung über den gestellten Antrag und die damit verbundenen Rechtsfolgen ausstellen (BT-Drucks 13/892, 50).

Entsprechend entfiel auch die im Entwurf in **§ 57a SGB VIII** vorgesehene Mitteilungspflicht des Jugendamts über den Eintritt und die Beendigung der Beistandschaft an das (damalige) Vormundschaftsgericht (BT-Drucks 13/892, 50).

4. Weiterverwiesene Bestimmungen des Pflegschaftsrechts

4 Dem weitergehenden Vorschlag des Bundesrats, auch **§ 1915 Abs 1** aF (§ 1813 Abs 1 BGB nF) von der Verweisung auszunehmen, wurde nicht gefolgt; hiermit wurde klargestellt, dass nicht sämtliche Vorschriften, auf die § 1915 Abs 1 aF verweist, von der Anwendung ausgeschlossen sein sollen (BT-Drucks 13/8509, 17); auf den Vorschlag hin war sogar befürchtet worden, die Ausnahme von der Verweisung könnte stillschweigend die Beseitigung der gesetzlichen Vertretungsmacht des Beistands zur Folge haben (Mutschler DAVorm 1995, 691, 692).

II. Keine Einschränkung der elterlichen Sorge (S 1)

1. Grundsatz

5 Die Beistandschaft **schränkt die elterliche Sorge nicht ein** (§ 1716 S 1 BGB). Ist das Kind bereits geboren, so behält der antragstellende Elternteil die elterliche Sorge auch in den Aufgabenkreisen, für die eine Beistandschaft besteht. Dasselbe gilt bei gemeinsamer Sorge im Fall des § 1713 Abs 1 S 2 BGB für beide Elternteile.

2. Konkurrierende gesetzliche Vertretung

6 Da für die Beantragung (§ 1713 Abs 1 BGB) und den Fortbestand (§ 1715 Abs 2 BGB) die elterliche Sorge des Antragstellers einschließlich der gesetzlichen Vertretungsbefugnis für das Kind erforderlich ist, das Jugendamt als Beistand aber ebenfalls gesetzlicher Vertreter im Rahmen der Aufgabenkreise der Beistandschaft nach §§ 1716 S 2, 1813 Abs 1, 1789 Abs 2 S 1 BGB wird (unten Rn 12), kommt es immer zu einem **Nebeneinander zweier gesetzlicher Vertreter** (OLG Brandenburg 8. 3. 2017 – 10 WF 27/17, juris Rn 5, JAmt 2017, 447). Bei gemeinsamer elterlicher Sorge und Alleinobhut stehen sich sogar drei gesetzliche Vertreter in unterschiedlichem Verhältnis gegenüber, von denen im Falle des Unterhaltsanspruchs des Kindes aber nur zwei zur Vertretung berechtigt sind. An dieser Stelle ist jedoch nur das Verhältnis des sorgeberechtigten Antragstellers zum Jugendamt als Beistand relevant. Da es in solchen Fällen nur um die Geltendmachung von Unterhaltsansprüchen gehen kann, ist ein Drei-Personen-Konflikt nur in der theoretischen Situation, dass beide Eltern und der Beistand Unterhalt von einem Dritten fordern und ggf Vergleiche schließen, vorstellbar.

Der Gesetzgeber ist insoweit den positiven Erfahrungen des österreichischen Rechts gefolgt, zumal auch dem deutschen Betreuungsrecht nach der Reform 1990 das Nebeneinander zweier Handlungsbefugnisse nicht fremd ist (BT-Drucks 13/892, 28), weil Betreuung nicht mehr wie früher an die fehlende Geschäftsfähigkeit des Betroffenen anknüpft (vgl dazu bereits § 1713 Rn 26 ff). Dieser Erwartung wird man grundsätzlich zustimmen können; divergierendes *rechtsgeschäftliches* Handeln ist vor allem im Aufgabenkreis der Geltendmachung von Unterhaltsansprüchen vorstellbar. Nachdem dort eine Unterhaltsabfindung nicht mehr möglich ist und das Jugendamt Stundungen nur sehr zurückhaltend vereinbaren sollte, ist selbst dort das Risiko schwerwiegend widersprüchlichen Handelns der beiden gesetzlichen Vertreter eher gering. Dass die Mahnung des Unterhaltsschuldners durch das Jugendamt mit einer Stundung durch den Sorgeberechtigten zusammentreffen könnte (WOLF KindPrax 1998, 42; ROTH KindPrax 1998, 148, 149), ist nicht so bedenklich, dass deshalb Zweifel an der – mit Rücksicht auf die Freiwilligkeit kaum anders vorstellbaren – Sorgerechtslösung aufkommen sollten (zu Wirksamkeitsfragen unten Rn 9). *Verfahrensrechtlich* ist der Konflikt ohnehin durch **§§ 173, 234 FamFG** gelöst (sogleich Rn 7; iE ähnlich GRÜNEBERG/GÖTZ § 1716 Rn 2; FamRefK/SONNENFELD § 1716 Rn 3; DIEDERICHSEN NJW 1998, 1977, 1988). Das Nebeneinander von zwei gesetzlichen Vertretern kann im Übrigen im außergerichtlichen Bereich auch dazu führen, dass der antragstellende Elternteil eigenständig Auskunft über die Einkommens- und Vermögensverhältnisse des Unterhaltspflichtigen verlangen kann, auch wenn die Auskunft zuvor schon dem Jugendamt erteilt worden ist (OLG Jena 30. 8. 2013 – 1 WF 429/13, juris Rn 35, FamRZ 2014, 965).

Für die Frage der **Notwendigkeit anwaltlicher Vertretung** in vom Jugendamt als Beistand geführten Verfahren ist zwischen Abstammungs- und Unterhaltssachen zu differenzieren. In **Abstammungssachen** herrscht im ersten und zweiten Rechtszug kein Anwaltszwang, im Rechtsbeschwerdeverfahren vor dem BGH gilt der nach § 10 Abs 3 S 1 FamFG angeordnete Anwaltszwang nach dessen Abs 3 S 2 nicht für das Jugendamt, soweit ein **Beschäftigter mit Befähigung zum Richteramt** die Vertretung übernimmt. Die Vorschrift gilt nach zutreffender Ansicht auch dann, wenn das Jugendamt nicht selbst Verfahrensbeteiligter, sondern als gesetzlicher Vertreter tätig ist (PRÜTTING/HELMS/AHN-ROTH § 10 FamFG Rn 24; MünchKommFamFG/PABST § 10 Rn 6; **aA** BeckOK-BGB/PÖCKER [1. 8. 2023] § 1716 Rn 8.3; LÖHNIG FamRZ 2009, 1798). In den nach § 114 Abs 1 FamFG grundsätzlich dem Anwaltszwang unterliegenden **Unterhaltssachen** ist das von einem Beistand vertretene Kind nach § 114 Abs 4 Nr 2 FamFG vom Anwaltszwang befreit. Dies gilt nach § 114 Abs 3 S 2 FamFG auch für die Vertretung vor dem BGH, soweit ein Beschäftigter mit Befähigung zum Richteramt die Vertretung übernimmt (PRÜTTING/HELMS/HELMS § 114 FamFG Rn 31; **aA** BeckOK-BGB/PÖCKER [1. 8. 2023] § 1716 Rn 8.3).

3. Vorrang des Jugendamts im gerichtlichen Verfahren

Ein sorgeberechtigter Elternteil kann jedoch in einer **Abstammungs- oder Unterhaltssache**, in der das Kind durch den Beistand vertreten wird, das Kind nicht vertreten **(§§ 173, 234 FamFG)**. Diese Bestimmungen sind aus § 53a ZPO aF entstanden, der § 53 ZPO nachgebildet war, und stellen sicher, dass der sorgeberechtigte Elternteil und das Jugendamt **keine widerstreitenden Erklärungen** im Verfahren abgeben können (BT-Drucks 13/892, 47). Sie gelten aber nicht im **außergerichtlichen** Bereich (OLG Jena 30. 8. 2013 – 1 WF 429/13, juris Rn 35, FamRZ 2014, 965), in dem es in der Tat zu sich widersprechenden Rechtshandlungen kommen kann (dazu unten Rn 9). 7

Die gesetzliche Vertretung durch den Sorgeberechtigten im Verfahren endet nicht bereits durch den Eintritt der Beistandschaft. Maßgeblich ist, ob im jeweiligen Verfahren das **Jugendamt als Vertreter des Kindes auftritt** (OLG Koblenz 16. 9. 2020 – 9 UF 213/20, juris Rn 24, FuR 2021, 427; BeckOK-BGB/PÖCKER [1. 8. 2023] § 1716 Rn 4; NK-BGB/ZEMPEL § 1716 Rn 5; BeckOGK/UHL [1. 9. 2022] § 1716 Rn 14; DIJuF-Gutachten, JAmt 2001, 276). Stellt das Jugendamt namens des Kindes einen Antrag, so ist in diesem Verfahren die Vertretung durch den Sorgeberechtigten ausgeschlossen (OLG Frankfurt 5. 6. 2020 – 1 UF

196/19, BeckRS 2020, 39912). Wird das Kind zunächst vom Sorgeberechtigten vertreten, endet dessen Vertretungsbefugnis mit dem Eintritt des Jugendamts als Vertreter des Kindes in diesem Verfahren (BT-Drucks 13/892, 47; Grüneberg/Götz § 1716 Rn 2; FamRefK/Sonnenfeld § 53a ZPO Rn 2). Hat der betreffende Elternteil das Kind im Wege der **Verfahrensstandschaft** nach § 1629 Abs 3 BGB vertreten (zur Zulässigkeit der Beistandschaft in diesen Fällen § 1713 Rn 6 ff), kommt es nach der zwischenzeitlich geänderten Rechtsprechung des BGH zu keinem gesetzlichen Beteiligtenwechsel, sondern es hat ein gewillkürter Antragstellerwechsel zu erfolgen (BGH 19. 6. 2013 – XII ZB 39/11, FamRZ 2013, 1378 zu der vergleichbaren Konstellation, dass das Kind volljährig wurde; vgl dazu Stockmann FamRB 2015, 393). Im Vaterschaftsfeststellungsverfahrens bleibt allerdings die Verfahrensführung der Kindesmutter durch ihre eigene Beteiligtenstellung nach § 172 Nr 2 FamFG unberührt (Prütting/Helms/Dürbeck § 173 FamFG Rn 2).

Die durch §§ 173, 234 FamFG bewirkte Einschränkung der gesetzlichen Vertretung durch den Sorgeberechtigten muss im Übrigen im Interesse einer ordnungsgemäßen Verfahrensführung hingenommen werden; und sie kann hingenommen werden, weil der Sorgeberechtigte die Beistandschaft jederzeit auch während des laufenden Verfahrens gemäß § 1715 Abs 1 BGB beenden kann (BT-Drucks 13/892, 47; zur Beendigung **zur Unzeit** vgl § 1715 Rn 10). Ist das Kind trotz noch bestehender Beistandschaft im gerichtlichen Unterhaltsverfahren durch den sorgeberechtigten Elternteil vertreten, kann der Mangel der nicht ordnungsgemäßen Vertretung durch den unterhaltspflichtigen Gegner geltend gemacht werden (OLG Brandenburg 8. 3. 2017 – 10 WF 27/17, juris Rn 5, JAmt 2017, 447 zur Verfahrenskostenhilfe).

Im Übrigen führt die Vertretung des Kindes durch den Beistand im gerichtlichen Verfahren dazu, dass **Zustellungen** nur an ihn zu bewirken sind, nur er kann wirksam **Rechtsmittel** einlegen, Verfahrenserklärungen, wie zB Antragsrücknahme oder Anerkenntnis, abgeben und einem Rechtsanwalt **Verfahrensvollmacht** erteilen (OLG Frankfurt 5. 6. 2020 – 1 UF 196/19, BeckRS 2020, 39912; BeckOK-BGB/Pöcker [1. 8. 2023] § 1716 Rn 4; NK-BGB/Zempel § 1716 Rn 2). War der Beistand bereits in demjenigen Unterhaltsverfahren tätig, in dem ein Titel geschaffen wurde, setzt sich die Beistandschaft auch für ein vom Unterhaltspflichtigen betriebenes Herabsetzungsverfahren fort (vgl § 1715 Rn 22), sodass auch im **Abänderungsverfahren** nach §§ 238 ff FamFG Zustellungen nur an ihn zu bewirken sind (vgl den Fall von DIJuF-Rechtsgutachten JAmt 2015, 386; **aA** BeckOGK/Uhl [1. 5. 2023] § 1716 Rn 15: erst bei Eintritt in das Verfahren). Auch wenn dem nach § 55 Abs 2 S 1 SGB VIII zuständigen Beamten oder Angestellten des Jugendamts die gesetzliche Vertretung des Kindes nach § 55 Abs 3 S 3 SGB VIII zugewiesen ist, genügt es, dass **Zustellungen** an den Leiter des Jugendamts oder an andere Beamte des Jugendamts (§ 174 ZPO) bewirkt werden (VGH Kassel 22. 11. 2000 – 9 UZ 3294/00.A, juris Rn 5 ff, FamRZ 2001, 1739; MünchKommBGB/Tillmanns § 55 SGB VIII Rn 10). Nicht ausreichend ist aber die Zustellung an den Träger des Jugendamts (Oberloskamp/Dürbeck/Steinbüchel, Vormundschaft [5. Aufl 2023] § 21 Rn 141).

Der **Einleitung** eines *anderweitigen Verfahrens* durch den **Sorgeberechtigten**, sofern das Jugendamt bereits namens des Kindes ein Verfahren zum selben Gegenstand angestrengt hat, stehen nicht §§ 173, 234 FamFG entgegen (so aber Wolf DAVorm 1998, 53, 55), sondern der Einwand der anderweitigen Rechtshängigkeit (MünchKommBGB/vSachsen Gessaphe § 1716 Rn 7). Umgekehrt führt bei der vorherigen Beendigung der Beistandschaft, zB infolge eines Obhutswechsels, die Einleitung eines Verfahrens durch den Beistand dazu, dass ihm die Vertretungsbefugnis fehlt und der Antrag als unzulässig zurückgewiesen müsste, wobei das Jugendamt als falsus procurator auch in der Kostenhaftung wäre (OLG Celle 8. 5. 2012 – 10 UF 65/12, juris Rn 6, NJW-RR 2012, 1409).

Wurde die Beistandschaft bereits bei Vornahme einer Verfahrenshandlung durch das Jugendamt (zB die Einlegung eines Rechtsmittels) **beendet**, insbesondere durch eine schriftliche Erklärung des berechtigten Elternteils iSd § 1715 Abs 1 S 1 BGB, so lebt die Vertretungsmacht des betreffenden Elternteil im Verfahren wieder auf und er kann nach Ansicht des BGH den **Mangel der Vertretungsmacht** des Beistands **rückwirkend** bis zum Schluss der mündlichen Verhandlung (in Unterhaltssachen) bzw bis zum Zeitpunkt des Beschlusserlasses (in Abstammungssachen) genehmigen und den Verfahrensmangel beseitigen, soweit er weiterhin zur Vertretung des Kindes (also nicht bei einem Obhutswechsel bei gemeinsamer Sorge) berechtigt ist (BGH 2. 12. 2020 – XII ZB 303/20, NJW 2021, 1956 Rn 10 im Anschluss an BGH 14. 12. 2017 – V ZB 35/17, Grundeigentum 2018, 397; vgl dazu Amend-Traut/Schlereth FamRZ 2021, 1599).

4. Klärung von Meinungsverschiedenheiten

Vereinzelt wurde ein Zwang zur Abstimmung sowie das Handeln des Jugendamts nach Weisung aus § 1716 S 1 BGB hergeleitet: Die Nicht-Einschränkung der elterlichen Sorge sei das Prinzip, mit dem es sich nicht vertrage, wenn das Jugendamt im rechtsgeschäftlichen Bereich parallel handlungsbefugt sei und im Verfahren der Antragsteller bzw Sorgeberechtigte sogar „entmachtet" werde (Gawlitta ZfJ 1998, 156). 8

Nach heute ganz herrschender und zutreffender Ansicht ist hingegen das Jugendamt als Beistand **nicht weisungsgebunden** (Grüneberg/Götz § 1712 Rn 5; FamRefK/Sonnenfeld § 1716 Rn 3; MünchKommBGB/vSachsen Gessaphe § 1716 Rn 8; BeckOK-BGB/Pöcker [1. 8. 2023] § 1716 Rn 10; Diederichsen, in: GS Lüderitz [2002] 146 ff; Roth KindPrax 1998, 148, 149; DIJuF-Rechtsgutachten JAmt 2010, 230). Dies entspricht nicht nur der Ansicht des Gesetzgebers, der von einem Nebeneinander ausging (oben Rn 6); das Jugendamt ist Beistand *des Kindes* und darf deshalb nur nach seiner besten Einschätzung die gesetzliche Vertretung zum Wohl des Kindes wahrnehmen. Dass das Jugendamt rechtswidrigen Weisungen schon wegen des Grundsatzes der Rechtmäßigkeit des Verwaltungshandelns nicht folgen dürfte (Roth KindPrax 1998, 148, 149), bezeichnet nur die äußerste Grenze. Grundsätzlich hat das Jugendamt auch innerhalb rechtmäßiger Handlungsalternativen die dem **Kindeswohl vorteilhafteste** zu wählen. Überdies würde ein weisungsgebundener Beistand, der, anders als ein Verfahrensbevollmächtigter, sein Amt nicht niederlegen kann, ggf gezwungen sein, wider seine bessere sachkundige Einsicht zu handeln. Die Berufung auf *S 1* verfängt nicht; der Sorgeberechtigte wird in keiner Situation entmachtet, denn er kann jederzeit durch Beendigung der Beistandschaft die sorgerechtliche Verantwortung übernehmen; er kann nur nicht das Jugendamt zum verlängerten Arm seines eigenen Willens machen. Diese jederzeitige Möglichkeit zur eigenen Handlungskompetenz unterscheidet insbesondere auch die Verfahrenssituation von der des Anwaltsprozesses.

Das schließt allerdings eine **freiwillige Abstimmung** mit dem Antragsteller nicht aus. Diese ist selbstverständlich geboten (NK-BGB/Zempel § 1716 Rn 2; Oberloskamp/Dürbeck/Walther, Vormundschaft [5. Aufl 2023] § 23 Rn 84), um Konfliktlagen bis hin zur Beendigung der Beistandschaft durch den Antragsteller zu vermeiden und um die auch für das Kindeswohl relevanten Vorstellungen des Antragstellers in die Entscheidung einzubeziehen.

5. Widersprechende Rechtshandlungen

9 Liegen **widersprechende Rechtsgeschäfte** oder **rechtsgeschäftsähnliche Handlungen** vor, wie sie vor allem im **außergerichtlichen Bereich** mangels Geltung von §§ 173, 234 FamFG vorkommen können, so ist der Konflikt rein rechtsgeschäftlich zu lösen. Alle Rechtsgeschäfte seiner gesetzlichen Vertreter wirken für und gegen das Kind. Grundsätzlich sind die Wirkungen nach der zeitlichen Abfolge zu beurteilen. Bei **Verfügungen** über denselben Anspruch gilt danach das **Prioritätsprinzip** (Roth Kind-Prax 1998, 148, 149; BeckOGK/Uhl [1. 5. 2023] § 1716 Rn 7). Im Übrigen ist zu prüfen, ob das spätere Rechtsgeschäft auf der Grundlage des früheren noch Wirkungen entfalten kann. So wirkt bei zwei Mahnungen mit Fristsetzung zu unterschiedlichen Terminen die längere Frist; eine spätere Stundung beendet einen durch vorherige Mahnung ausgelösten Verzug, eine frühere Stundung hindert trotz Mahnung mangels Fälligkeit den Verzugseintritt (Roth KindPrax 1998, 148, 149; MünchKommBGB/vSachsen Gessaphe § 1716 Rn 6). Verhandeln beide gesetzlichen Vertreter mit einem Unterhaltspflichtigen und kommt es zu widersprüchlichen Vereinbarungen, so muss nicht notwendig das Prioritätsprinzip entscheiden (vgl aber Wolf DAVorm 1998, 53, 62). Zwar beendet die zuerst geschlossene Vereinbarung im Regelfall die Verhandlungen, sodass ggf das Jugendamt seine Bemühungen als vergeblich empfinden mag. Wird tatsächlich erneut verhandelt und mit demselben Vertragspartner eine weitere Vereinbarung geschlossen, so wird die *Auslegung* regelmäßig ergeben, dass die spätere Vereinbarung gilt, soweit sie die frühere abändert (MünchKommBGB/vSachsen Gessaphe § 1716 Rn 6).

6. Vormund bzw Pflegeperson nach § 1630 Abs 3 und Jugendamt als Beistand

10 § 1716 S 1 BGB gilt **entsprechend für** einen **ehrenamtlichen Vormund** oder eine **Pflegeperson nach § 1630 Abs 3 BGB**, der eine Beistandschaft nach § 1713 Abs 1 S 3 BGB beantragt hat. Anlässlich der Einbeziehung solcher Personen in den Kreis der Antragsberechtigten während des ursprünglichen Gesetzgebungsverfahrens (§ 1713 Rn 2) wurde zwar eine entsprechende zusätzliche Regelung in S 1 nicht getroffen; hierbei handelt es sich jedoch offenbar um ein Versehen (FamRefK/Sonnenfeld § 1716 Rn 4; MünchKommBGB/vSachsen Gessaphe § 1716 Rn 16); jedenfalls sollte dieser Personenkreis nicht bewusst aus S 1 ausgenommen werden. Vielmehr diente die Einbeziehung der Antragsbefugnis dem Zweck, auch den Vormündern bzw Pflegepersonen *in gleicher Weise* wie alleinerziehenden Elternteilen – also ebenfalls ohne Einschränkung des Sorgerechts des Vormunds – die Hilfe der Beistandschaft anzubieten.

III. Verwiesene Bestimmungen des Pflegschafts- und Vormundschaftsrechts (S 2 HS 1)

1. Weiterverweisung aus § 1813 Abs 1

11 § 1716 S 2 HS 1 BGB erklärt die **Vorschriften über die Pflegschaft** für sinngemäß anwendbar. Diese Verweisung schließt insbesondere § 1813 Abs 1 BGB ein, also die Weiterverweisung aus dem Pflegschaftsrecht auf Bestimmungen des Vormund-

schaftsrechts (vgl oben Rn 4). Die „sinngemäße" Anwendung ist deshalb angeordnet, weil sich zahlreiche Vorschriften des Pflegschaftsrechts aufgrund der Natur der (freiwilligen und nicht vom Familiengericht beaufsichtigten) Beistandschaft oder aufgrund ausdrücklich abweichender Bestimmung in §§ 1712 bis 1715 BGB zur Anwendung auf die Beistandschaft nicht eignen. Hingegen bedeutet die „sinngemäße" Anwendung keine Einschränkung dergestalt, dass die sich aus der Verweisung ergebende Rechtsstellung des Beistands aufgrund von S 1 einzuschränken wäre (so aber Gawlitta ZfJ 1998, 156; dazu oben Rn 8). Ausgenommen von der Verweisung sind nach § 1716 S 2 BGB ausdrücklich die Vorschriften über die Aufsicht (§§ 1802, 1862 BGB) und die Rechnungslegung (§§ 1807, 1872 BGB). Die gleichwohl erfolgte Pauschalverweisung auf die Vorschriften des Pflegschafts- und Vormundschaftsrecht ist insgesamt wenig ergiebig. Nur wenige Bestimmungen sind für die Tätigkeit und das Rechtsverhältnis zwischen Beistand, Kind und Sorgeberechtigten praktisch relevant. Neben der bereits genannten Zuweisung der gesetzlichen Vertretungsmacht sind dies vor allem die Bestimmungen über die **Haftung des Beistands** nach §§ 1794, 1826 BGB (vgl Rn 14) und die Beendigung der Beistandschaft durch Erledigung (§ 1812 Abs 2 BGB).

2. Gesetzliche Vertretung

Der Beistand ist – unbeschadet der gesetzlichen Vertretungsbefugnis des allein oder der gemeinsam Sorgeberechtigten (S 1, vgl oben Rn 5 ff) – **gesetzlicher Vertreter** des Kindes (§§ 1813, 1789 Abs 2 S 1 BGB) im Rahmen der Aufgabenkreise, für die die Beistandschaft nach § 1712 BGB, ggf in Verbindung mit einem entsprechend einschränkenden Antrag (§ 1712 Abs 2 BGB) oder Beendigungsverlangen (§ 1715 Abs 1 S 2 BGB), besteht. Er handelt durch denjenigen Beamten oder Angestellten, dem nach § 55 Abs 2 SGB VIII die Ausübung der Aufgaben des Beistands übertragen worden ist (BT-Drucks 13/892, 40; FamRefK/Sonnenfeld § 1716 Rn 6). 12

3. Vergütung, Aufwand

Dem Jugendamt kann **keine Vergütung** bewilligt werden (§§ 1813 Abs 1 BGB, 6 Abs 1 VBVG). Ihm steht auch **keine Aufwandsentschädigung** zu. Das entspricht dem Ziel, das Kind im Rahmen der Beistandschaft nicht schlechter zu stellen als nach der früheren Amtspflegschaft und bestellten Beistandschaft bzw als ein Mündel oder einen Pflegebefohlenen (BT-Drucks 13/892, 41; Grüneberg/Götz § 1716 Rn 2). 13

Für **Aufwendungen** kann das Jugendamt auch nach § 6 Abs 2 S 1 VBVG *keinen Vorschuss* verlangen; **Aufwendungsersatz** kann es nur insoweit verlangen, als das einzusetzende Einkommen und Vermögen des Kindes ausreicht (§ 6 Abs 2 S 2 VBVG iVm §§ 1877 Abs 1, 1880 BGB; FamRefK/Sonnenfeld § 1716 Rn 7; MünchKommBGB/vSachsen Gessaphe § 1716 Rn 11). Ein Anspruch gegen die Staatskasse ist ausgeschlossen.

Für den **Vereinsbeistand** iSd Art 144 EGBGB (vgl § 1713 Rn 34) galt vor dem 1. 1. 2023 dasselbe (vgl § 1712 Rn 34). Er konnte bis zu diesem Zeitpunkt nur dann eine Vergütung beanspruchen, wenn eine landesrechtliche Regelung oder eine Vereinbarung mit dem öffentlichen Träger der Jugendhilfe dies vorsahen (OLG München 22. 6. 2010 – 33 WX 33/10, JAmt 2010, 501 Rn 23 ff; OVG Koblenz 12. 1. 2018 – 7 A 11652/17, juris Rn 11 ff; BeckOGK/Fröschle/Fischer [1. 4. 2018] § 1716 Rn 41; vgl oben § 1712 Rn 24). Seit Inkrafttreten des neuen Vormundschaftsrechts zum 1. 1. 2023 sieht aber § 5 Abs 1 S 1 VBVG ausdrücklich vor, dass dem Verein, der eine Beistandschaft führt, eine Vergütung nach § 3 VBVG (Stundensatz je nach Ausbildung) zu bewilligen ist. Nach S 3 besteht zudem ein Anspruch auf Vorschuss und Ersatz der Aufwendungen entsprechend § 1877 Abs 1 BGB. Allgemeine Verwaltungskosten werden dem Verein nicht ersetzt (§ 5 Abs 1 S 4 VBVG). Die Neuregelung übersieht jedoch, dass – anders als bei der Vereinsvormundschaft – die Beistandschaft des Vereins nicht durch gerichtliche Entscheidung begründet wird, sondern durch Beleihung und Übertragung durch das Jugendamt, in dem auch Fragen der Finanzierung und Ersatz der Aufwendungen zu regeln sind (Oberloskamp/Dürbeck/Walther, Vormundschaft [5. Aufl 2023] § 23 Rn 91). Ob hieraus aber gefolgert werden kann, dass dem Verein, der eine Beistandschaft führt, Ansprüche gegen die Justizkasse entgegen dem Wortlaut des Gesetzes zu versagen sind (so Oberloskamp/Dürbeck/Walther, Vormundschaft [5. Aufl 2023] § 23 Rn 91), erscheint aber fragwürdig.

4. Haftung

14 Die Frage der **Haftung des Jugendamts** als Beistand des Kindes steht schon seit langer Zeit im Mittelpunkt der Rechtsprechung und auch der Beratungspraxis des DIJuF. Dies verwundert angesichts der Komplexität und Schwierigkeit des Unterhaltsrechts in tatsächlicher und rechtlicher Hinsicht nicht. Bedenkt man, dass innerhalb des Jugendamts die mit der Wahrnehmung der Aufgaben des Beistands gemäß § 55 Abs 2 S 1 SGB VIII betrauten Mitarbeiter nicht Volljuristen des höheren Dienstes sind, sind Fehler in der Verfahrensführung zwangsläufig, wie sie alltäglich auch Familienrichtern und Fachanwälten für Familienrecht vor allem im Unterhaltsrecht unterlaufen.

Für die Frage der **Haftung des Jugendamts** gelten seit 1. 1. 2023 zunächst **§§ 1813 Abs 1, 1794 Abs 1, 1826 BGB** nF (vormals § 1833 aF) (BGH 4. 12. 2013 – XII ZR 157/12, JAmt 2014, 35 Rn 10; OLG Saarbrücken 13. 12. 2011 – 4 U 456/10, juris Rn 74, FamRZ 2012, 801). Für die aus Pflichtverletzungen des **Beamten oder Angestellten**, dem die Ausübung der Beistandschaft übertragen ist, resultierende Schäden haftet die Körperschaft, bei der das Jugendamt errichtet ist (BT-Drucks 13/892, 41; Grüneberg/Götz § 1716 Rn 2; FamRefK/Sonnenfeld § 1716 Rn 8; NK-BGB/Zempel § 1716 Rn 7). Neu an der seit 1. 1. 2023 geltenden Regelung von § 1794 Abs 1 BGB ist, dass hier in Abweichung von § 1833 aF nach Abs 1 S 2 das **Verschulden** des Beistands **zu vermuten** ist und er insoweit die Beweislast dafür trägt, dass er die Pflichtverletzung nicht zu vertreten hat. Insoweit soll nach dem Willen des Gesetzgebers (BT-Drucks 19/24445, S 207 f) eine Anpassung an § 280 Abs 1 S 2 BGB erfolgen. Vor dem Hintergrund, dass bereits auf der Grundlage der vormaligen Regelung wegen des gesetzlichen Schuldverhältnisses familienrechtlicher Art zwischen Mündel und Vormund in der Rechtsprechung jedenfalls zum Teil eine **Beweislastumkehr** zugunsten des Mündels angenommen wurde, soll künftig eine Beweislastumkehr im Gesetz verankert sein. Die Anpassung trage unter Wertungsgesichtspunkten dem Gedanken Rechnung, dass ein Mündel nicht weniger schutzwürdig als ein sonstiger Gläubiger, insbesondere ein Vertragspartner sei. Der Gedanke des gesetzlichen Schuldverhältnisses familienrechtlicher Art trifft allerdings für den Beistand nicht zu. Gleichwohl wird angesichts der uneingeschränkten Verweisung von § 1716 S 1 BGB die Regelung von § 1794 Abs 1 BGB auch für den Beistand anzuwenden sein.

Daneben besteht in **Anspruchskonkurrenz** (BGH 4. 12. 2013 – XII ZR 157/12, JAmt 2014, 35 Rn 10; WELLENHOFER FPR 2012, 529, 530) eine **Haftung für Amtspflichtverletzungen** aus **§ 839 BGB, Art 34 GG**.

Eine Inanspruchnahme der Jugendämter wegen Amtspflichtverletzung wird in der Praxis nicht selten versucht. Zunächst ist darauf abzustellen, dass eine Pflichtverletzung in jedem Verstoß gegen das Gebot treuer und gewissenhafter Amtsführung besteht (MünchKommBGB/KROLL-LUDWIGS § 1833 Rn 3). Dem Jugendamt als Behörde obliegt es, durch geeignete organisatorische Maßnahmen sicherzustellen, dass die mit der Beistandschaft betrauten Mitarbeiter über die für die Erfüllung ihrer täglichen Aufgaben benötigten **Rechtskenntnisse** verfügen oder sich in Zweifelsfällen an andere Beschäftigte, die größere Rechtskunde besitzen, hilfesuchend wenden (BGH 4. 12. 2013 – XII ZR 157/12, JAmt 2014, 35 Rn 11; BGH 27. 2. 2013 – XII ZB 6/13, FamRZ 2013, 779 Rn 8).

Schwerpunkte in der Praxis sind zB Fehler und Unzulänglichkeiten bei der **Ermittlung des Einkommens** des Pflichtigen (DIJuF-Rechtsgutachten JAmt 2013, 83; OLG Saarbrücken 13. 12. 2011 – 4 U 456/10, juris Rn 84, FamRZ 2012, 801), oder bei der **Anpassung eines Titels** infolge des Erreichens einer höheren Altersstufe oder aufgrund einer erfolgten Änderung der Düsseldorfer Tabelle (BGH 4. 12. 2013 – XII ZR 157/12, JAmt 2014, 35 Rn 20). Weiterhin zu nennen sind Versäumnisse bei der **regelmäßigen Überprüfung der Einkommensentwicklung** des Pflichtigen durch die Geltendmachung von Auskunftsansprüchen nach § 1605 Abs 1 BGB (DIJuF-Rechtsgutachten JAmt 2005, 462). Hierzu gehören auch Fehler, die bei der Berechnung und Geltendmachung von Unterhaltsansprüchen unterlaufen, auch namens des Kindes abgeschlossene nicht erforderliche **ungünstige Vergleiche** (OLG Hamm FamRZ 2001, 548), langjährig ungenügende Berechnung und **Durchsetzung des Unterhaltsanspruchs** (LG Magdeburg JAmt 2006, 94), Verursachung der **Verwirkung** von Ansprüchen infolge Untätigkeit (OLG Hamm 17. 3. 2014 – 6 UF 196/13, juris Rn 28, ZKJ 2014, 385 auch zur Frage der Zurechnung gegenüber dem Kind), unnötiges **Verursachen von Verfahrenskosten** (DIJuF-Rechtsgutachten JAmt 2011, 203), Absehen von Vollstreckung (OLG Hamm FamRZ 2011, 1828), mangelndes **Inverzugsetzen** wegen eines Unterhaltsanspruches nach Volljährigkeit (DIJuF-Rechtsgutachten JAmt 2009, 73). Zu denken ist auch an die Verletzung von **Hinweis- und Aufklärungspflichten** anlässlich der Ausübung des Amts, wie etwa im Zusammenhang mit Ansprüchen des Kindes auf Halbwaisenrente (DIJuF-Rechtsgutachten JAmt 2000, 149) oder der Geltendmachung von Ansprüchen nach dem UVG (vgl BGH 17. 6. 1999 – III ZR 248/98, FamRZ 1999, 1342 Rn 23, dort verneint). Zu nennen ist weiter die **unterlassene Einlegung eines Rechtsmittels**, wenn das Familiengericht in seiner Entscheidung zu Unrecht freiwillige Zahlungen des Pflichtigen auf den Unterhaltsrückstand angenommen hat (vgl DIJuF-Rechtsgutachten JAmt 2022, 444).

Eine Haftung scheidet dagegen aus, wenn das Jugendamt es unterlässt, Unterhaltsrückstände gegen den Pflichtigen durchzusetzen, um dessen Arbeitsplatz nicht zu gefährden und seine Leistungsfähigkeit für die Zukunft zu sichern (OLG Hamm 27. 4. 2011 – 13 W 10/11, juris Rn 3, FamRZ 2011, 1828), wenn Unterhalt wegen Fehlens rechtlicher oder tatsächlicher Vollstreckungsmöglichkeiten nicht durchgesetzt werden kann (LG Berlin 7. 12. 2004 – 13 O 615/03, JAmt 2005, 595) oder Falschangaben des Pflichtigen ohne hinreichende Zweifel nicht erkannt worden sind (LG Saarbrücken 20. 4. 2001 – 4 O 82/00, FamRZ 2002, 819).

Der Anspruch aus § 1794 Abs 1 BGB bleibt gegenüber dem Amtshaftungsanspruch schon im Hinblick auf die neue Beweislastregel in Abs 1 S 2 weiterhin vorteilhaft, auch wenn die **Verjährungsfrist** nunmehr nach Aufhebung des § 197 Nr 2 aF (zur 30-jährigen Verjährung vormals BGH NJW 2002, 3773) für beide Ansprüche gemäß § 195 BGB drei Jahre beträgt (OLG Saarbrücken 13. 12. 2011 – 4 U 456/10, juris Rn 118 ff, FamRZ 2012, 801, allerdings unter fehlerhafter Berechnung der Frist, vgl dazu Knittel JAmt 2012, 192, 196). Jedenfalls die Verjährung des Anspruchs aus § 1794 BGB ist gemäß § 207 Abs 1 S 1 u 2 Nr 5, S 3 BGB während des Bestehens der Beistandschaft gehemmt (OLG Saarbrücken 13. 12. 2011 – 4 U 456/10, juris Rn 120, FamRZ 2012, 801; BeckOGK/Fröschle/Fischer [1. 4. 2018] § 1716 Rn 32). Überdies unterliegt der Anspruch aus § 1794 BGB nicht wie jener aus § 839 BGB dem Vorrang einer **anderweitigen Ersatzpflicht**, sondern besteht bei **jeder Fahrlässigkeit** unmittelbar (vgl LG Saarbrücken 20. 4. 2001 – 4 O 82/00, FamRZ 2002, 819; Wellenhofer FPR 2012, 529, 531). Bei beiden Ansprüchen trägt auch künftig der Kläger die **Beweislast** für das Vorliegen einer Amtspflichtverletzung, des Schadens und der Kausalität (RG 1. 5. 1911 – IV 413/10, RGZ 76, 186; BGH 4. 5. 2011 – XII ZR 86/10, NJW-RR 2011, 1009 Rn 21). Hinsichtlich des Verschuldens gilt bei § 1794 Abs 1 BGB dessen S 2, wobei auch schon nach vormaligem Recht hinsichtlich der Beweislast zum Teil **§ 280 Abs 1 S 2 BGB** angewendet worden ist (vgl OLG Saarbrücken 13. 12. 2011 – 4 U 456/10, juris Rn 108, FamRZ 2012, 801; Staudinger/Veit [2014] § 1833 Rn 61; MünchKommBGB/Kroll-Ludwigs § 1833 Rn 2).

Soweit es die Frage eines **Mitverschuldens** des vertretungsberechtigten Elternteils nach § 254 BGB betrifft, kann der Beistand nicht einwenden, dass dieser den Schaden dadurch mitverursacht habe, dass (auch) ihm Fehler bei der Tatsachenfeststellung in einer erstinstanzlichen Entscheidung nicht aufgefallen seien, da es – wie bei der Anwaltshaftung – nicht zulässig ist, das Rechtsanwendungsrisiko auf den Vertretenen zu verlagern (DIJuF-Rechtsgutachten JAmt 2022, 444 mit Nachweisen der Rspr zur Anwaltshaftung und auf BGH 11. 10. 2001 – III ZR 63/00, NJW 2002, 432).

5. Beendigung bei Erledigung

15 Aus **§ 1812 Abs 2 BGB** ergibt sich **die Beendigung der Beistandschaft**, wenn die einzelnen Angelegenheiten, für die sie bestanden hat, erledigt sind. Dieser Beendigungsgrund tritt neben die in §§ 1715 und 1717 S 1 HS 2 BGB genannten Gründe (BT-Drucks 13/892, 41; im Einzelnen s § 1715 Rn 22).

IV. Nicht anzuwendende Bestimmungen des Pflegschafts- und Vormundschaftsrechts (S 2 HS 2)

1. Einzelbestimmungen

16 Mit Ausnahme der §§ 1813 Abs 1 und 1812 Abs 2 BGB (oben Rn 11 und 15) geht die Verweisung auf die **§§ 1809 ff BGB** ins Leere. Das ist für die Entstehungsgründe für Pflegschaften in §§ 1809 bis 1811 BGB offenbar.

Aus dem durch § 1813 Abs 1 BGB weiterverwiesenen **Vormundschaftsrecht** sind wesentliche Bereiche in S 2 HS 2 („mit Ausnahme") für unanwendbar erklärt (unten Rn 17 ff). Im Übrigen kommen für eine entsprechende Anwendung nur die Bestimmungen über die *Führung der Vormundschaft* in Betracht, die aber weitgehend (mit

Ausnahme von § 1789 Abs 2 S 1 BGB und den Vergütungs- und Haftungsregeln, oben Rn 12 ff) nicht auf die Beistandschaft passen, weil sie sich auf Aufgabenkreise beziehen, die dem Jugendamt als Beistand nicht zukommen.

2. Rechnungslegung

Der Gesetzgeber hat in der – wohl irrigen – Erwartung, angesichts der begrenzten Aufgabenkreise des Beistands bestehe hierfür kein praktisches Bedürfnis (BT-Drucks 13/892, 31), die pflegschaftsrechtlichen Bestimmungen über die Rechnungslegung (§§ 1802 Abs 2 S 3, 1863 ff BGB) von der Verweisung in § 1716 S 2 BGB ausgenommen. Da zugleich auch auf die familiengerichtliche Aufsicht nicht verwiesen wird, folgt hieraus jedenfalls, dass eine Rechnungslegung gegenüber dem Familiengericht ausscheidet; zur Frage, ob Ansprüche des Kindes oder seines gesetzlichen Vertreters auf abschließende Rechnungslegung aus §§ 1807, 1872 BGB bestehen, vgl § 1715 Rn 18. 17

3. Keine familiengerichtliche Aufsicht

Die Beistandschaft unterliegt keiner **familiengerichtlichen Aufsicht** (§§ 1802 Abs 1, 1861 BGB ff; vgl oben Rn 3). Will der Antragsteller oder der andere Elternteil gegen vermutete Pflichtverstöße des Jugendamts vorgehen, so ist zunächst der Weg der behördlichen **Dienstaufsicht**, also der Möglichkeit der Beschwerde gegenüber dem Leiter des Jugendamts (FamRefK/Sonnenfeld § 1716 Rn 12; vgl dazu Wolf DAVorm 1998, 53, 58 f) zu beschreiten, wobei hier jedoch wegen der im Rahmen von § 55 Abs 2 SGB VIII bestehenden **„sog relativen Weisungsfreiheit"**, die innerhalb der Behörde auch dem Beistand zukommt (DIJuF-Rechtsgutachten JAmt 2004, 233; Wiesner/Wapler/Walther § 55 SGB VIII Rn 84; Knittel DAVorm 1995, 917, 919), nur begrenzte Möglichkeiten der Einwirkung im Hinblick auf das Handeln bestehen, die jedenfalls die Zweckmäßigkeit nicht umfassen (LPK-SGB VIII/Kunkel/Leonhardt/Sievertsen Exkurs §§ 52a-58a Rn 73). Ob angesichts des Umstands, dass der Sorgeberechtigte die Beistandschaft jederzeit ohne Grund beenden kann, auch Beschwerden im Rahmen der Rechtsaufsicht durch die Gebietskörperschaft (zu Unrecht für Fachaufsicht Staudinger/Rauscher [2014] § 1716 Rn 18; Wolf KindPrax 1998, 40, 42) oder gar der Verwaltungsrechtsweg (§ 40 VwGO im Wege der allgemeinen Leistungsklage, vgl LPK-SGB VIII/Kunkel/Leonhardt/Sievertsen Exkurs §§ 52a-58a Rn 73; MünchKommBGB/vSachsen Gessaphe § 1716 Rn 9) beschritten werden kann, erscheint zweifelhaft. 18

4. Keine gerichtliche Dokumentation

Eine gerichtliche Dokumentation der Beistandschaft findet nicht statt. Dies ergibt sich schon daraus, dass die Beistandschaft ohne gerichtliche Entscheidung entsteht, sodass eine **Bestellung** durch einen gerichtlichen Beschluss nach § 168b FamFG nicht in Betracht kommt. Das Familiengericht erteilt aber auch **keine Bescheinigung** über die Beistandschaft; § 168b Abs 2 FamFG ist mangels Verweisung nicht anwendbar. 19

Das Jugendamt prüft also eigenverantwortlich die Voraussetzungen des Eintritts der Beistandschaft. Vertritt das Jugendamt das Kind in einem Gerichtsverfahren, so prüft das Familiengericht die Vertretungsmacht. Hierzu sollte insbesondere die Antragstellung nach § 1714 S 1 BGB und die Fortdauer der alleinigen elterlichen Sorge des Antragstellers im Zweifel nachgewiesen werden (zu den Prüfungsanforderungen und Nachweismöglichkeiten § 1713 Rn 4; § 1714 Rn 4). Die in den Materialien erwähnte **eigene Bestätigung des Jugendamts** über den Eintritt der Beistandschaft (BT-Drucks 13/892, 50) ist in ihrer Beweiskraft fraglich. Da es sich weder um die Beurkundung einer eigenen Entscheidung noch um die bloße Beurkundung von Tatsachen handelt, sondern um die Bescheinigung einer Rechtslage, kommt weder die Beweiskraft nach § 417 ZPO noch nach § 418 ZPO in Betracht. Soweit die Vertretungsbefugnis in **gerichtlichen Verfahren nach §§ 9 Abs 5 FamFG, 56 ZPO** nachzuweisen ist, genügen die Vorlage des schriftlichen Antrags des Sorgeberechtigten und ein Nachweis des Übertragungsakts iSd § 55 Abs 2 S 1 SGB VIII (DIJuF-Rechtsgutachten JAmt 2016, 430, 431).

§ 1717
Erfordernis des gewöhnlichen Aufenthalts im Inland

Die Beistandschaft tritt nur ein, wenn das Kind seinen gewöhnlichen Aufenthalt im Inland hat; sie endet, wenn das Kind seinen gewöhnlichen Aufenthalt im Ausland begründet. Dies gilt für die Beistandschaft vor der Geburt des Kindes entsprechend.

Materialien: neuer Inhalt idF des BeistG Regierungsentwurf BT-Drucks 12/7011, BT-Drucks 13/892; Stellungnahme des Bundesrates BR-Drucks 890/93, BR-Drucks 7/95 = BT-Drucks 13/892, 49 ff; Bericht des Rechtsausschusses BT-Drucks 13/8509.

Schrifttum

Siehe Vorbem zu §§ 1712–1717.

Systematische Übersicht

I. Gesetzgebungsgeschichte, kollisionsrechtliche Bedeutung

1. Historischer Kontext

Nach § 1717 S 1 BGB tritt die Beistandschaft nur ein, wenn das Kind seinen gewöhnlichen Aufenthalt im Inland hat und endet, auch wenn dies ursprünglich der Fall war, wenn es seinen **gewöhnlichen Aufenthalt in das Ausland verlegt**. Nach § 1717 S 2 BGB soll dies entsprechend für die vor der Geburt begründete Beistandschaft (vgl § 1713 Abs 1 Nr 1 Alt 2 und Abs 2 BGB) gelten. S 1 HS 1 entspricht der Fassung durch den Regierungsentwurf (BT-Drucks 13/892, 41). Nach der Ansicht des Gesetzgebers solle die Vorschrift den Eintritt von Beistandschaften deutscher Jugendämter auf Fälle mit ausreichender Inlandsberührung begrenzen und als Sondervorschrift zu Art 24 EGBGB – der in der bis 31. 12. 2022 geltenden Fassung an die Staatsangehörigkeit des Kindes anknüpfte – die Voraussetzungen für die Anwendung deutschen Sachrechts regeln. Da Art 1 des damals geltenden MSÜ nicht einschlägig bei einer Beistandschaft sei, würde diese, wie die vormalige Amtspflegschaft, Art 24 EGBGB (aF) unterfallen und daher solle die Regelung den für die vormalige Amtspflegschaft geltenden § 1709 aF ersetzen (BT-Drucks 13/892, 41, 42). Die korrespondierende Regelung in S 1 HS 2 für den Fall, dass das Kind seinen gewöhnlichen Aufenthalt im Ausland begründet, entspricht einem Vorschlag des Bundesrates zu § 1715 BGB, der aus systematischen Gründen in § 1717 BGB eingestellt wurde (BT-Drucks 13/892, 49, 54; BT-Drucks 13/8509, 17). Die Vorschrift habe **kollisionsrechtlichen Charakter**. 1

2. § 1709 aF (Amtspflegschaft)

Inhaltlich soll nach dem in Rn 1 skizzierten Willen des Gesetzgebers die Bestimmung die vormals für die Amtspflegschaft geltende Norm des **§ 1709 aF** fortsetzen. Nach § 1709 aF setzte der Eintritt der Amtspflegschaft mit der Geburt voraus, dass das (deutsche) Kind seinen gewöhnlichen Aufenthalt im Inland hatte; sonst trat die Amtspflegschaft erst mit Verlegung des gewöhnlichen Aufenthalts in das Inland ein (§ 1709 Abs 2 aF). Trotz des Risikos unentdeckter Fälle (DIV-Gutachten DAVorm 1987, 382: „Geisterpflegschaften") wurde allgemein angenommen, dass die Amtspflegschaft sich auch auf Kinder ausländischer Staatsangehörigkeit erstrecke (BayObLG 15. 3. 1988 – BReg 1 Z 67/87, NJW-RR 1988, 1355; OLG Celle DAVorm 1987, 547; OLG Düsseldorf 25. 11. 1987 – 3 Wx 423/87, DAVorm 1988, 193; OLG Hamburg FamRZ 1987, 974; OLG Stuttgart NJW 1989, 673; LG Frankfurt aM DAVorm 1988, 468; LG Hamburg ZfJ 1988, 290; LG Köln FamRZ 1988, 430; AG Hamburg DAVorm 1987, 449; früher teilweise anders: LG Darmstadt 20. 9. 1988 – 5 T 1172/18, DAVorm 1989, 523; LG Dortmund DAVorm 1989, 523; LG Traunstein DAVorm 1984, 732; AG Freiburg DAVorm 1987, 1014), sobald sie ihren gewöhnlichen Aufenthalt im Bundesgebiet begründeten; strittig war dagegen die Rechtslage bei Verlegung des gewöhnlichen Aufenthalts des Kindes in das Ausland (OLG Hamm DAVorm 1989, 793; LG Aachen FamRZ 1994, 1134; LG Kassel NJW-RR 1993, 1356; LG Memmingen DAVorm 1989, 796; LG Stuttgart DAVorm 1989, 521; zum Ganzen BGHZ 111, 199). 2

Der Anwendungsbereich des **Art 230 Abs 1 EGBGB aF**, also die Abgrenzung der Amtspflegschaft zwischen dem Beitrittsgebiet und den alten Bundesländern, wurde im Ergebnis ähnlich entsprechend Art 20 Abs 2 EGBGB aF bestimmt: Für das Entstehen der Amtspflegschaft von Geburt an war grundsätzlich der gewöhnliche Aufenthalt bei Geburt sowie bei nachfolgender Verlegung in das Beitrittsgebiet maßgeblich (LG Bochum ZfJ 1994, 249; LG Lüneburg Rpfleger 1992, 346; LG Lüneburg FamRZ 1992, 1101); im Fall der *Aufenthaltsverlegung* war jedoch mit Rücksicht auf den legislativen Zweck der Regelung die Ausnahme zu machen, dass ein im Beitrittsgebiet geborenes Kind auch bei Zuzug in das alte Bundesgebiet nicht unter die Amtspflegschaft fiel (Staudinger/Rauscher [1996] Art 230 EGBGB Rn 17 ff; vgl auch Staudinger/Rauscher [2003] Art 230 EGBGB Rn 7).

3. Kollisionsrechtlicher Charakter?

3 Die in Rn 1 genannten historischen Erwägungen des Gesetzgebers sprechen sicher vordergründig dafür, § 1717 BGB als Norm mit **kollisionsrechtlichem Charakter** und **Spezialnorm zu Art 24 EGBGB** zu begreifen. Dem ist auch der wohl überwiegende Teil der Literatur gefolgt (Staudinger/Rauscher [2014] § 1716 Rn 3; Grüneberg/Götz § 1717 Rn 1; MünchKommBGB/vSachsen Gessaphe § 1717 Rn 2; Erman/Roth § 1717 Rn 1). Nach anderer Ansicht stellt sie keine Sonderbestimmung zu Art 24 EGBGB dar, sondern unterliegt aufgrund ihres freiwilligen gesetzlichen Eintritts **Art 21 EGBGB** (Grüneberg/Thorn Art 24 EGBGB Rn 5 und Art 21 EGBGB Rn 5). Die Anknüpfung von Art 24 EGBGB an die Staatsangehörigkeit des Kindes ist im Übrigen zum 1. 1. 2023 entfallen.

Der Wortlaut der Norm und die fehlende Notwendigkeit ihrer Anwendung bei der Bestimmung der Anwendung deutschen Rechts sprechen aber, wie insbesondere Fröschle/Fischer überzeugend dargelegt haben (vgl BeckOGK/Fröschle/Fischer [1. 4. 2018] § 1717 Rn 3 ff – fortgeführt von BeckOGK/Uhl [1. 5. 2023] § 1717 Rn 3), dagegen, ihr kollisionsrechtlichen Charakter einzuräumen. § 1717 S 1 HS 1 BGB stellt schon seinem Wortlaut nach eine zusätzliche Wirksamkeitsvoraussetzung für die Entstehung einer Beistandschaft auf, Abs 1 S 1 HS 2 ergänzt die Beendigungsgründe von § 1715 BGB, was auch die Entstehungsgeschichte des Gesetzes belegt (siehe oben Rn 1). Gleichzeitig steht § 1717 BGB im Zusammenhang mit der **verwaltungsrechtlichen Zuständigkeitsvorschrift** des § 6 SGB VIII und modifiziert diese dahingehend, dass es bei der Wahrnehmung der Aufgabe einer Beistandschaft nicht auf den tatsächlichen Aufenthalt des Kindes im Inland ankommt. Damit stellt sich die Vorschrift als eine **Regelung der (internationalen) Zuständigkeit des Jugendamts als Verwaltungsbehörde** dar (BeckOGK/Uhl [1. 9. 2022] § 1717 Rn 3). Sie wird insoweit nicht tangiert durch die vorrangigen Art 5 ff KSÜ, weil die Beistandschaft keine staatliche Maßnahme zum Schutz des Kindes iSd Art 1 Abs 1 Nr a, 5 Abs 1 KSÜ darstellt (Staudinger/Rauscher [2014] § 1716 Rn 3; BT-Drucks 13/892, 41 zum MSA; MünchKommBGB/vSachsen Gessaphe § 1717 Rn 4). Da sie damit unter Art 1 Abs 2, 16 Abs 2 KSÜ fällt *(„Zuweisung elterlicher Verantwortung durch ein einseitiges Rechtsgeschäft ohne Beteiligung eines Gerichts oder einer Verwaltungsbehörde“)* bestimmt sich nach Art 16 Abs 2 KSÜ hieraus die Anwendung deutschen Rechts aufgrund des gewöhnlichen Aufenthalts des Kindes im Inland (Soergel/Löhnig § 1717 Rn 4; BeckOK-BGB/Pöcker [1. 8. 2023] § 1717 Rn 1.1; BeckOGK/Uhl [1. 5. 2023] § 1717 Rn 4). Soweit das KSÜ auf das ungeborene Kind nach Art 2 KSÜ nicht anzuwenden ist, folgt die Anwendung deutschen Rechts nach zutreffender Ansicht aus Art 21 EGBGB (Grüneberg/Thorn Art 24 EGBGB Rn 5 und Art 21 EGBGB Rn 5; BeckOGK/Uhl [1. 5. 2023] § 1717 Rn 7).

Im Übrigen enthält **Art 13 des Zusatzabkommens zum NATO-Truppenstatut** (BGBl 1961 II 1183) eine vorrangige Sonderregelung für Kinder von Angehörigen der Truppe oder des zivilen Gefolges, die ihren gewöhnlichen Aufenthalt im Inland haben, die die Begründung einer Beistandschaft nach §§ 1712 ff BGB ausschließt (Grüneberg/Thorn Art 21 EGBGB Rn 5; vgl auch OLG Karlsruhe 4. 2. 1993 – 2 U 19/12, FamRZ 1993, 848 noch zur vormaligen Amtspflegschaft).

II. Eintritt nur bei gewöhnlichem Aufenthalt in Deutschland (S 1 HS 1)

1. Gewöhnlicher Aufenthalt des Kindes

Die Beistandschaft tritt nur ein, wenn das Kind seinen **gewöhnlichen Aufenthalt** im 4 Inland hat. Dies bestimmt sich nach den üblichen kollisionsrechtlichen Grundsätzen. Maßgeblich ist der Schwerpunkt aller sozialen, kulturellen und wirtschaftlichen Beziehungen, bei Kindern insbesondere familiären Bindungen (vgl BGH 29. 10. 1980 – IVb ZB 586/80, FamRZ 1981, 135 Rn 14; Grüneberg/Thorn Art 5 EGBGB Rn 10; DIJuF-Rechtsgutachten JAmt 2015, 195). Die bloße Anmeldung eines inländischen (Zweit-)Wohnsitzes genügt insbesondere nicht (dazu DIJuF-Rechtsgutachten JAmt 2016, 479; JAmt 2002, 116).

Wo der die Beistandschaft beantragende **Elternteil** sich gewöhnlich aufhält, ist ebenso irrelevant (DIJuF-Rechtsgutachten JAmt 2006, 289; DIJuF-Rechtsgutachten JAmt 2010, 127) wie die **Staatsangehörigkeit** des Kindes (BeckOK-BGB/Pöcker [1. 8. 2023] § 1717 Rn 4). Im Regelfall leitet sich der Aufenthalt eines Kleinkindes aber von der Person ab, die es betreut (EuGH 22. 10. 2010 – C-497/10 PPU, FamRZ 2011, 619 Rn 56). Im Übrigen wird davon ausgegangen, dass sich erst bei einer sechsmonatigen Aufenthaltsdauer der Aufenthalt so verfestigt hat, dass er ein gewöhnlicher im Rechtssinne wird (BGH 29. 10. 1980 – IVb ZB 586/80, FamRZ 1981, 135 Rn 14; OLG Hamm 12. 6. 2012 – 11 UF 117/12, juris Rn 58, ZKJ 2013, 35), wobei in der Rechtspraxis in zunehmender Weise weniger auf einen bereits vollzogenen Aufenthalt, sondern auf die **beabsichtigte Dauer** des Aufenthalts abgestellt wird, sodass gerade bei Flüchtlingen ein gewöhnlicher Aufenthalt bereits mit der Einreise in das Bundesgebiet begründet werden kann (DIJuF-Rechtsgutachten JAmt 2016, 246 unter Aufgabe seiner vormaligen Rechtsansicht in JAmt 2015, 195 bei einem neu geborenen Kind; LPK-SGB VIII/Kunkel/Leonhardt/Sievertsen §§ 52a-58a Rn 85).

Ob ein gewöhnlicher Aufenthalt eines **Kindes mit ausländischer Staatsangehörigkeit** vorliegt, hängt im Einzelfall auch von den jeweiligen ausländerrechtlichen Gegebenheiten des Aufenthalts im Bundesgebiet ab (dazu BeckOK-BGB/Pöcker [1. 8. 2023] § 1717 Rn 5 ff; DIJuF-Rechtsgutachten JAmt 2016, 246; JAmt 2016, 190; JAmt 2006, 289: Duldung). Eine unerlaubte Einreise kann zunächst dann keinen gewöhnlichen Aufenthalt begründen, wenn mit einer baldigen Ausreise oder Ab- bzw Zurückschiebung zu rechnen ist (vgl Grüneberg/Thorn Art 5 EGBGB Rn 10). Ist die Abschiebung allerdings nicht nur vorübergehend unmöglich, zB weil kein Pass oder Ausweisersatz vorliegt, wird ein gewöhnlicher Aufenthalt durch faktische soziale Integration begründet (BeckOK-BGB/Pöcker [1. 5. 2022] § 1717 Rn 5.3).

Im Übrigen kann eine Beistandschaft auch für ein deutsches Kind mit gewöhnlichem Aufenthalt im Ausland nicht geführt werden, da § 1717 S 1 BGB nicht auf die Staatsangehörigkeit abstellt (BeckOK-BGB/Pöcker [1. 8. 2022] § 1717 Rn 2, 4).

Auf den Aufenthalt des sorgeberechtigten Elternteils kommt es im Übrigen nicht an.

2. Zeitpunkt

5 Maßgeblicher Zeitpunkt für das Bestehen des gewöhnlichen Aufenthalts in Deutschland ist der Zugang des Antrags beim Jugendamt (§ 1714 BGB). Stellt ein Elternteil angesichts eines beabsichtigten, aber im Zeitpunkt des Zugangs noch nicht erfolgten Aufenthaltswechsels den Antrag, so führt § 1717 S 1 HS 1 BGB jedoch nicht zur Unwirksamkeit des Antrags; nimmt das Kind sodann seinen gewöhnlichen Aufenthalt in Deutschland, so entsteht aufgrund des bereits vorher zugegangenen Antrags die Beistandschaft.

3. Konkurrierende ausländische Institute

6 Dem Eintritt der Beistandschaft steht nicht entgegen, wenn für das Kind eine **Pflegschaft** oder **Beistandschaft im Ausland** besteht. Eine § 1709 Abs 2 S 2 aF entsprechende Bestimmung wurde nicht in das Beistandschaftsrecht übernommen, da die Beistandschaft nicht mehr automatisch eintritt, sondern nur auf Antrag (BT-Drucks 13/892, 41). Es steht dadurch dem allein sorgeberechtigten Elternteil frei, die Beistandschaft und Vertretung durch ein *deutsches* Jugendamt herbeizuführen, auch wenn weiterhin eine ausländische Behörde die Interessen des Kindes wahrnimmt (LPK-SGB VIII/Kunkel/Leonhardt/Sievertsen §§ 52a-58a Rn 83; Wiesner/Wapler/Walther § 55 SGB VIII Rn 52; NK-BGB/Zempel § 1717 Rn 2; **aA** BeckOGK/Uhl [1. 5. 2023] § 1717 Rn 13, unter Hinweis auf die wegen der Beschränkung der Sorgerechtsbefugnis fehlende Antragsberechtigung nach § 1713 BGB).

III. Beendigung bei Aufenthaltsverlegung in das Ausland

1. Beendigung kraft Gesetzes

7 Die Beistandschaft endet, wenn das Kind seinen **gewöhnlichen Aufenthalt im Ausland begründet**. Die Beendigung tritt ohne eine behördliche oder gerichtliche Entscheidung und ohne ein Beendigungsverlangen (vgl § 1715 Abs 1 BGB) **kraft Gesetzes** ein (DIJuF-Rechtsgutachten JAmt 2022, 81, 82; Zarbock ZfJ 1995, 395, 403). Die Verlegung des gewöhnlichen Aufenthalts ins Ausland muss aber feststehen, Zweifel genügen insoweit nicht. Auf der anderen Seite ist es nicht Aufgabe des Beistands, den genauen Aufenthaltsort des Kindes im Ausland zu ermitteln (BeckOGK/Uhl [1. 5. 2023] § 1717 Rn 15) und zu überprüfen, ob dieser bereits zu einem gewöhnlichen Aufenthaltsort geworden ist. Auch wenn das Kind mit seinem allein sorgeberechtigten Elternteil, der dem **Auswärtigen Dienst** angehört, seinen gewöhnlichen Aufenthalt im Ausland nimmt, entfällt die Beistandschaft; zwar sind Angehörige des Auswärtigen Dienstes so zu behandeln, als hätten sie ihren *Wohnsitz* im Inland beibehalten; für den nur an tatsächlichen Gegebenheiten orientierten gewöhnlichen Aufenthalt kann dies jedoch nicht gelten (vgl zum praktischen Problem DIV-Gutachten ZfJ 1998, 37). Auch längere, wenn auch ihrer Natur nach vorübergehende Auslandsaufenthalte können zu einer Verlegung des gewöhnlichen Aufenthalts führen, wobei es, wie immer beim gewöhnlichen Aufenthalt von Minderjährigen, einer Abwägung im Einzelfall bedarf; insbesondere **Auslandsschuljahre und Internatsbesuche** werfen in der Praxis Probleme auf. Selbst ein Jahr im Ausland wird wohl noch keinen vom ständigen Wohnsitz abweichenden gewöhnlichen Aufenthalt vermitteln (DIJuF-Rechtsgutachten JAmt 2006, 193: 11 Monate Auslandsschuljahr in den USA; zustimmend Meysen JAmt 2008, 120, 124). Gleichwohl kann die nur auf der Obhut, nicht der Alleinsorge, beruhende Beistandschaft schon bei durch

Auslandsaufenthalte bedingten Unterbrechungen der Obhut entfallen (DIJuF-Rechtsgutachten JAmt 2008, 576: Wegfall der Beistandschaft mangels Obhut bei einem Jahr Schüleraustausch in USA). Zutreffend ist jedenfalls, dass eine wöchentliche Rückkehr an den mit dem Sorgeberechtigten geteilten Aufenthalt, wie bei einem Internatsbesuch im Inland, nicht zur Begründung bzw zum Fortbestand eines gewöhnlichen Aufenthalts des Kindes reicht (DIJuF-Rechtsgutachten JAmt 2007, 479: Wegfall der Beistandschaft bei Wegzug mit Sorgeberechtigtem in die Schweiz trotz Internatsbesuch in Deutschland; zustimmend Meysen JAmt 2008, 120, 123).

Verlegt das Kind seinen gewöhnlichen Aufenthalt **nach Deutschland zurück**, so lebt die frühere Beistandschaft nicht wieder auf. Es bedarf eines erneuten Antrags.

2. Zeitpunkt

Maßgeblicher Zeitpunkt ist die **Begründung des ausländischen gewöhnlichen Aufenthalts**. Wird der Aufenthalt des Kindes ohne Einwilligung des allein sorgeberechtigten Elternteils ins Ausland verlegt, so ist zu beachten, dass dies nicht sofort zu einer Verlegung des gewöhnlichen Aufenthalts führt (Entführungsfälle; vgl dazu EuGH 12. 5. 2022 – C-644/20, NZFam 2022, 736 m Anm Rieländer). Da der gewöhnliche Aufenthalt in diesem Fall von den tatsächlichen Gegebenheiten (Integration des Kindes, Rückführungsbemühungen) abhängt, kann also für einen vorübergehenden Zeitraum (etwa 6 Monate) die Beistandschaft noch fortbestehen. 8

Im Fall der **Kindesentführung** in das Ausland durch einen Elternteil wird also die Beistandschaft nicht berührt, sofern der antragstellende Elternteil in angemessener Zeit die Rückführung betreibt und damit die soziale Integration des Kindes verhindert (MünchKommBGB/vSachsen Gessaphe § 1717 Rn 4).

3. Unabhängigkeit von konkurrierenden ausländischen Instituten

Ohne Bedeutung ist, ob im Land des neuen gewöhnlichen Aufenthalts eine **Beistandschaft** oder **Pflegschaft ausländischen Rechts** eintritt. Während hiervon teilweise der Fortbestand der Amtspflegschaft früheren Rechts abhängig gemacht wurde, entfällt die Beistandschaft bei Aufenthaltsverlegung ins Ausland jedenfalls; eine *Abgabe* der Beistandschaft an eine ausländische Behörde ist in § 99 FamFG nicht vorgesehen. Dies schließt aber internationale Rechtshilfe nicht aus. Bei einem Wegzug des Kindes ins Ausland ist auf der anderen Seite der nunmehr wieder allein vertretungsberechtigte Elternteil nicht daran gehindert, ein bereits in Deutschland anhängiges Gerichtsverfahren im Namen des Kindes fortzuführen (vgl DIJuF-Rechtsgutachten JAmt 2022, 81, 82). 9

IV. Anwendung auf Beistandschaft vor der Geburt

1. Geltung

Gemäß § 1717 S 2 BGB gilt S 1 für die Beistandschaft vor der Geburt des Kindes entsprechend. Mit dieser Verweisung wird die Selbstverständlichkeit bestätigt, dass die vorgeburtliche Beistandschaft ebenso zu behandeln ist wie die Beistandschaft nach Geburt. 10

2. Gewöhnlicher Aufenthalt der Mutter

11 Die Verweisung ist aber kaum geeignet, die einzige offene Frage zu beantworten, an **wessen gewöhnlichen Aufenthalt** anzuknüpfen ist. Da das Kind vor seiner Geburt keinen gewöhnlichen Aufenthalt hat, ist nach einem anderen Anknüpfungssubjekt zu suchen. Der Regierungsentwurf will hierzu auf die Mutter abstellen (BT-Drucks 13/892, ebenso FamRefK/Sonnenfeld § 1717 Rn 7). Dabei ist freilich unklar, ob damit die Mutter im Hinblick auf die biologischen Umstände, also deshalb, weil sie dem Ungeborenen gleichsam einen vorgeburtlichen gewöhnlichen Aufenthalt vermittelt, oder im Hinblick auf die Antragsbefugnis gemeint ist. Dies spielt dann eine Rolle, wenn ausnahmsweise der vorgeburtliche Antrag nicht von der Mutter, sondern vom Vater gestellt werden kann (vgl § 1713 Rn 11, 29 f).

In diesem Fall wird schwerlich auf den gewöhnlichen Aufenthalt der Mutter abzustellen sein. Da die Anbindung an den gewöhnlichen Aufenthalt das Bedürfnis nach Unterstützung durch ein deutsches Jugendamt zum Ausdruck bringen soll, erscheint es vielmehr sinnvoll, an den **gewöhnlichen Aufenthalt des Antragstellers** in Deutschland anzuknüpfen (**aA** die hL, vgl MünchKommBGB/vSachsen Gessaphe § 1717 Rn 8 mwNw).

3. Folgerungen für die Anwendung

12 Die vorgeburtliche Beistandschaft entsteht also nur, wenn der Antragsteller seinen gewöhnlichen Aufenthalt in Deutschland hat; sie endet, wenn er seinen gewöhnlichen Aufenthalt in das Ausland verlegt. Sie endet auch, wenn das Kind geboren wird und seinen ersten gewöhnlichen Aufenthalt nicht in Deutschland hat (NK-BGB/Zempel § 1717 Rn 5).

§§ 1718–1740
(weggefallen)

Sachregister

Die fetten Zahlen beziehen sich auf die Normen, die mageren Zahlen auf die Randnummern.

J. von Staudingers Kommentar zum Bürgerlichen Gesetzbuch mit Einführungsgesetz und Nebengesetzen

Übersicht vom 15. 12. 2023

Die Übersicht informiert über die Erscheinungsjahre der Kommentierungen in der 13. Bearbeitung und deren Neubearbeitungen (= Gesamtwerk STAUDINGER).

Die Übersicht ist für die 13. Bearbeitung und für deren Neubearbeitungen zugleich ein Vorschlag für das Aufstellen des „Gesamtwerk STAUDINGER“ (insbesondere für solche Bände, die nur eine Sachbezeichnung haben). Es wird empfohlen, die Austauschbände chronologisch neben den überholten Bänden einzusortieren, um bei Querverweisungen auf diese schnell Zugriff zu haben. Bei Platzmangel sollten die ausgetauschten Bände an anderem Ort in gleicher Reihenfolge verwahrt werden.

	Neubearbeitungen				
Buch 1. Allgemeiner Teil					
Einl BGB; §§ 1-14; VerschG	2004	2013	2018		
§§ 21-79a	2005	2019	2023		
§§ 80-89	2011	2017			
§§ 90-124; 130-133	2012	2016	2021		
§§ 125-129; BeurkG	2012	2017	2022		
§§ 134-138	2003	2011	2017	2021	
§§ 139-163	2003	2010	2015	2020	
§§ 164-240	2004	2009	2014	2019	
Buch 2. Recht der Schuldverhältnisse					
§§ 241-243	2005	2009	2014	2019	
§§ 244-248	2016	2021			
§§ 249-254	2005	2016	2021		
§§ 255-304	2004	2009	2014	2019	
§§ 305-310; UKlaG	2006	2013	2019	2022	
Anh zu §§ 305-310			2019	2022	
§§ 311, 311a-c	2013	2018	2023		
§§ 312, 312a-k	2013	2019			
§§ 313, 314	*2025*				
§§ 315-326	2001	2004	2009	2015	2020
§§ 327-327u	2023				
§§ 328-345	2009	2015	2020		
§§ 346-354	2012	2022			
§§ 358-360	2016	2021			
§§ 362-396	2000	2006	2011	2016	2022
§§ 397-432	2005	2012	2017	2022	
§§ 433-480	2004	2013			
§§ 433-448			2023		
Wiener UN-Kaufrecht (CISG)	1999	2005	2013	2017	
§§ 488-490; 607-609	2011	2015			
§§ 491-512	2004	2012			
§§ 516-534	2005	2013	2021		
§§ 535-556g (Mietrecht 1)	2011	2014	2017	2021	
§§ 557-580a; Anh AGG (Mietrecht 2)	2011	2014	2017	2021	
Leasing	2004	2014	2018	2023	
§§ 581-606	2005	2013	2018		
§§ 607-610 (siehe §§ 488-490; 607-609)	./.				
§§ 611-613	2005	2011	2015	2020	2022
§§ 613a-619a	2011	2016	2019	2022	
§§ 620-630	2012	2016	2019	2022	
§§ 630a-630h	2021				
§§ 631-651	2003	2008	2013		
§§ 631-650v				2019	
§§ 651a-651m	2003	2011	2015		
§§ 652-655; 656a-656d	2021				
§§ 655a-656; 657-661a	2020				
§§ 662-675b	2017				
§§ 675c-676c	2012	2020			
§§ 677-704	2015	2020			
§§ 705-740	2003				
§§ 741-764	2002	2008	2015	2021	
§§ 765-778	2013			2020	
§§ 779-811	2002	2009	2015		
§§ 779-782				2020	
§§ 809-811				2023	
§§ 812-822	1999	2007			
§§ 823 A-D	2016				
§§ 823 E-I, 824, 825	2009	2021			
§§ 826-829; ProdHaftG	2003	2009	2013	2018	2021
§§ 830-838	2002	2008	2012	2017	2022
§§ 839, 839a	2007	2013	2020		
§§ 840-853	2007	2015	2023		
AGG	2017	2020			
UmweltHR	2002	2010	2017		
Buch 3. Sachenrecht					
§§ 854-882	2000	2007	2012	2018	
§§ 883-888	2002	2008	2013	2020	
§§ 889-902	2019				
§§ 903-924	2002	2009	2015	2020	

§§ 925–984; Anh §§ 929 ff	2004	2011	2016	2020	
§§ 985–1011	1999	2006	2013	2019	2023
ErbbauRG; §§ 1018–1112	2002	2009	2016		
§§ 1030–1112				2021	
ErbbauRG				2021	
§§ 1113–1203	2002	2009	2014	2019	
§§ 1204–1296; §§ 1–84 SchiffsRG	2002	2009	2018		
§§ 1–17 WEG	2017	2023			
§§ 18–49 WEG	2017	2023			

Buch 4. Familienrecht

§§ 1297–1352	2007	2012	2015	2018	2023
LPartG	2010				
§§ 1353–1362	2007	2012	2018		
§§ 1363–1407	2017				
§§ 1408–1563	2018	2023			
§§ 1564–1568; §§ 1568 a+b	2004	2010	2018		
§§ 1569–1586b	2014				
§§ 1587–1588; VAHRG	2004				
§§ 1589–1600d	2000	2004	2011		
§§ 1601–1615n	2000	2018	2022		
§§ 1616–1625	2007	2014	2020		
§§ 1626–1633; §§ 1–11 RKEG	2007	2015	2020		
§§ 1638–1683	2004	2009	2015	2020	
§§ 1684–1717	2006	2013	2018	2023	
§§ 1741–1772	2007	2019	2023		
§§ 1773–1895	2004	2013	2020		
§§ 1896–1921	2006	2013	2017		

Buch 5. Erbrecht

§§ 1922–1966	2000	2008	2016		
§§ 1967–2063	2002	2010	2016	2020	
§§ 2064–2196	2003	2013	2019		
§§ 2197–2228	2003	2012	2016	2021	
§§ 2229–2302	2022				
§§ 2303–2345	2014	2021			
§§ 2346–2385	2010	2016			
§§ 2346–2352			2022		
§§ 2353–2370			2023		

EGBGB

Einl EGBGB; Art 1, 2, 50–218	2005	2013	2018		
Art 219–232	2015				
Art 233–248	2015				

EGBGB/Internationales Privatrecht

Einl IPR	2012	2018			
Art 3–6	2013				
Art 3–4		2019			
Art 7–12, 47, 48	2007	2013	2018		
IntGesR	1998				
Art 13–17b	2003	2011			
Art 18; Vorbem A + B zu Art 19	2003				
Haager Unterhaltsprotokoll (HUP)		2016	2021		
Vorbem C–H zu Art 19	2009				
EU-VO u Übk z Schutz v Kindern		2018			
IntVerfREhe 2	2016				
IntVerfREhe (Brüssel IIb-VO)	2014	2023			
Art 19–24	2008	2014	2018	2022	
Art 25, 26	2000	2007			
Art 1–10 Rom I-VO	2011	2016	2021		
Art 11–29 Rom I-VO; Art 46b, c; IntVertrVerfR	2011	2016	2021		
Art 1–3; 10–14 Rom II-VO	2023				
Art 38–42	2001				
IntWirtschR	2006	2010	2015	2019	2023
Art 43–46	2014				

Eckpfeiler des Zivilrechts	2012	2014	2018	2020	2022

Demnächst erscheinen

§§ 1353–1362				2024	
Einl IPR				2024	
Art 7–12, 47, 48 EGBGB				2024	

Otto Schmidt Verlagskontor / Walter de Gruyter Verlag OHG
Genthiner Str. 13, 10785 Berlin, Telefon (030) 2 60 05-0, Fax (030) 2 60 05-222